UN VRAI DICTIONNAIRE

Jean Girodet
Agrégé de Grammaire

adaptation canadienne
André Clas
professeur,
université de Montréal

TRÉCARRÉ/Bordas

Direction artistique
Bruno Loste
Dessins
Liliane Blondel, Stanislas Bouvier, Pascale Collange,
Jean-Marc Lanusse, Marie Mallard, Isabelle Molinard,
François Place et Jacques Toussat
Documentation iconographique
Christine Varin
assistée de Catherine Delleré
Couverture
Martin Dufour et fille
Composition et montage
Ateliers de typographie Collette inc.

ISBN 2-89249-259-9

Dépôt légal — 2e trimestre 1988
Bibliothèque nationale du Québec

Imprimé au Canada

Éditions du Trécarré
Saint-Laurent (Québec) Canada

C'est avec plaisir que nous présentons ce nouveau dictionnaire, ouvrage de référence dont il convient de souligner les aspects particuliers.

Tout d'abord, il s'agit d'un vrai dictionnaire, c'est-à-dire qui présente les mots dans l'ordre alphabétique habituel. On peut donc trouver facilement les mots que l'on cherche. Chaque mot est suivi d'une définition qui éclaire son sens et explicite ainsi son utilisation dans un contexte particulier. Très souvent, des exemples sont ajoutés aux mots expliqués pour bien montrer les utilisations possibles et concrétiser davantage les explications fournies. S'il y a lieu, on indique aussi les synonymes et les contraires utiles. Parfois des renvois à d'autres mots complètent les articles des entrées.

Les entrées ont été soigneusement choisies en fonction des besoins des élèves. En effet, les mots retenus sont des termes utiles qu'ils rencontrent au cours de leurs lectures à l'école ou à la maison, ou encore qu'ils entendent à la radio et à la télévision. En plus, pour satisfaire la curiosité naturelle des enfants, très souvent on a indiqué la relation culturelle gréco-latine d'origine ou la relation possible avec le contexte local. C'est ainsi que **villa** comporte, en plus du sens moderne, la description de la villa romaine, et que l'expression **au large de** est illustrée par un exemple tiré de la géographie canadienne.

Il est important de signaler encore qu'un grand nombre de mots du Québec et du Canada, québécismes et canadianismes, font partie de la nomenclature normale du dictionnaire. On a retenu les mots usuels de la vie quotidienne et des mots fréquents utilisés dans des ouvrages littéraires. On s'est appuyé, pour faire ce choix, sur la liste des **canadianismes de bon aloi**, de l'Office de la langue française, sur notre répertoire **Richesses et particularités de la langue écrite au Québec** et sur notre **Dictionnaire des expressions et locutions figurées du Québec**. Tous les mots retenus respectent les critères donnés dans l'**Énoncé d'une politique linguistique relative aux québécismes** de l'Office de la langue française. Ce sont des mots utiles, ils ont une vivacité intéressante, une fréquence assez élevée, et ils sont, nous en sommes persuadés, un apport au français de la francophonie.

Nous avons aussi indiqué, partout où cela semblait indispensable ou utile, la forme féminine des fonctions et noms de métier. Nous avons en cela appliqué les principes proposés dans le document **Titres et fonctions au féminin: essai d'orientation de l'usage** de l'Office de la langue française.

Nous croyons donc que nous avons fait œuvre utile et notre vœu le plus profond est que les élèves trouvent ce qu'ils cherchent et soient heureux de consulter souvent ce dictionnaire qui se veut une aide sûre pour une meilleure connaissance du français.

André Clas

Professeur,
Université de Montréal

LISTE DES ABRÉVIATIONS
EMPLOYÉES DANS LE DICTIONNAIRE

adj.	adjectif	*n.*	nom
adv.	adverbe	*n. m.*	nom masculin
conj.	conjonction	*n. f.*	nom féminin
CONTR.	contraire	*n. m. ou f.*	nom masculin
f.	féminin		ou féminin
interj.	interjection	*pl.*	pluriel
inv.	invariable	*prép.*	préposition
loc. adv.	locution adverbiale	REM.	remarque
loc. conj.	locution conjonctive	*sing.*	singulier
loc. prép.	locution prépositive	SYN.	synonyme
m.	masculin	*v.*	verbe

L'indication *conjugaison* suivie d'un numéro renvoie à l'un des tableaux placés à la fin du volume. Par exemple, **abattre,** v. (conjugaison **98**) signifie que le verbe *abattre* se conjuge selon le modèle n° 98 des tableaux.

ALPHABET PHONÉTIQUE

Signes phonétiques et transcription

VOYELLES

[i] il, mie, cygne, île
[e] thé, donner
[ɛ] lait, très, jouet, bec
[a] chat, patte
[ɑ] pas, pâte
[ɔ] fort, donner
[o] sot, rôle, beau, gauche
[u] genou, boue, où
[y] uni, cru, mûr
[ø] feu, deux, nœud
[œ] jeune, meuble, peur
[ə] le, premier
[ɛ̃] vin, plein, main, examen
[ɑ̃] ange, sans, vent, paon
[ɔ̃] mon, ombre
[œ̃] lundi, aucun, parfum

SEMI-CONSONNES

[j] yeux, piano, maille

[w] oui, ouest, noir

[ɥ] lui, bruit, muet

CONSONNES

[p] pain, soupe, appât
[t] table, vite, natte
[k] coq, quatre, sac, képi
[b] beau, robe
[d] donner, laide
[g] gare, guerre
[f] feu, chef, phrase
[s] savant, cire, ça, tasse
[ʃ] chose, tache, schéma
[v] voir, rêve
[z] zéro, saison, dose
[ʒ] je, gigot, geôle
[l] laid, sol, mollet
[ʀ] rue, cour, arrondi, rhume
[m] mou, femme
[n] neuf, canne, animal
[ɲ] agneau, campagne

———————

[h] hop ! (exclamatif)
['] hautbois, hublot (pas de liaison)

———————

[ŋ] camping (mots empr. anglais)

a a a a a a a a
a a a a a a a
a a a a A a a
a a a a a a a
a a a a a a a
a a a a a a a a a
a a a a a a a a a
a a a a a a a a a

a, n. m. ♦ Première lettre de l'alphabet.
● *Par a + b,* par un raisonnement en apparence irréprochable : *Et bien sûr, il m'a démontré par a + b que j'avais tort !*

a ♦ Troisième personne du singulier du présent de l'indicatif du verbe **avoir** : *Elle a un vélo. Il a un manteau rouge.*

à, prép. ♦ **1.** Indique l'endroit : *Mon frère est à la maison. Léonie ira à Québec. J'ai mal à la main.* **2.** Indique le moment : *Nous partons à 6 heures.* **3.** Indique le moyen utilisé : *Marie est venue à bicyclette.* **4.** Introduit le complément d'attribution : *Elle a offert des fleurs à sa tante.* ● Introduit le complément d'objet indirect : *Il pense souvent à son vieil ami.* ● Introduit le complément de certains adjectifs : *Restons fidèles à nos amis. Voici un problème facile à résoudre.* **5.** Exprime la possession : *Cette voiture est à notre voisin.*

abaissement, n. m. ♦ Action d'abaisser ou de s'abaisser : *L'orage a amené un abaissement de température.* — SYN. baisse. — CONTR. élévation, hausse.

abaisser, v. ♦ **1.** Mettre en position basse : *Pour débloquer les roues du chariot, abaissez le levier.* ● *S'abaisser,* faire un mouvement du haut vers le bas : *La barrière du passage à niveau s'abaisse : le train va passer.* — SYN. descendre. — CONTR. se lever,

monter. **2.** Rendre moins haut, moins fort : *La pluie a abaissé la température.* ● *La température s'est abaissée.* — SYN. baisser. — CONTR. monter. **3.** *S'abaisser,* s'humilier, se mettre dans une situation humiliante : *Tu ne vas pas t'abaisser à lui demander de l'argent !* — SYN. s'avilir, déchoir, descendre à, s'humilier.

abandon, n. m. ♦ Action d'abandonner : *Au cours du marathon, il y aura sûrement des abandons.* ● *A l'abandon :* qui est abandonné ou laissé sans surveillance.

abandonner, v. ♦ **1.** Se séparer d'une personne et ne plus s'en occuper : *Est-il possible qu'une mère abandonne ses enfants ?* **2.** Quitter un lieu, une occupation : *Avant même l'arrivée des policiers, les bandits avaient abandonné leur repaire.* — SYN. s'en aller de, évacuer, laisser, quitter. **3.** Renoncer à quelque chose. *Je voulais passer huit jours en Gaspésie mais, à cause du mauvais temps, j'ai abandonné mon projet.* — CONTR. persister dans. **4.** Ne pas aller jusqu'à la fin d'une épreuve sportive : *La coureuse a abandonné dans l'étape de montagne.*

abasourdir [abazuRdiR], v. ♦ **1.** Étourdir par un bruit trop fort : *Cette sirène nous abasourdit.* **2.** Étonner beaucoup : *Comment ? Son frère s'est tué à moto ? Voilà une nouvelle qui m'abasourdit.*

abatis ou **abattis,** n. m. ♦ **1.** Branches et brindilles qui traînent sur un terrain défriché : *Les bûcherons n'ont pas nettoyé l'abatis et il est difficile de marcher.* **2.** Terrain qu'on a déboisé, mais sans enlever les souches des arbres : *Paul cueillait des bleuets dans l'abatis.*

abat-jour, n. m. inv. ♦ Objet qui atténue la lumière et la renvoie vers le bas : *Pour ma lampe, je veux un abat-jour bleu.*

abats, n. m. pl. ♦ Les rognons, les tripes, le foie, le cœur, etc. des gros animaux de boucherie (bœuf, veau, mouton, porc).

abattage, n. m. ♦ Action d'abattre : *L'abattage de ces beaux ormes, quel dommage!*

abattement, n. m. ♦ Très grande tristesse, accompagnée de découragement : *La mort de son vieil ami a plongé mon oncle dans un abattement profond.* — SYN. accablement, affliction, consternation, découragement, désespoir.

abattis, n. m. pl. ♦ La tête, les pattes, les ailerons, le cou, le foie, le gésier, les rognons, le cœur d'une volaille : *Aujourd'hui nous mangeons le blanc de la dinde, demain nous mangerons les abattis.*

abattoir, n. m. ♦ Bâtiment où l'on tue les bœufs, les veaux, les moutons et les porcs, pour livrer la viande aux bouchers : *Un camion chargé de veaux arrive dans la cour de l'abattoir.*

abattre, v. (conjugaison 98) ♦ **1.** Faire tomber : *Louise vient d'abattre toutes les quilles avec une seule boule.* ● Couper un arbre : *On va abattre le vieux peuplier.* ● Démolir : *On est en train d'abattre le vieux garage.* **2.** Tuer un animal : *Il a fallu abattre le cheval blessé.* ● Tuer ou blesser grièvement avec un pistolet, un fusil : *Les policiers ont abattu la terroriste.* **3.** Détruire un avion en vol, ou l'endommager et le faire tomber : *L'avion de chasse abattit le bombardier ennemi.* **4.** Affaiblir beaucoup : *Cette*

longue grippe m'a abattu. ● Attrister et décourager : *La nouvelle de sa mort m'a abattu.* — SYN. atterrer, consterner. **5.** *Abattre une carte* (à jouer), la mettre sur la table, à plat, pour la montrer : *La joueuse hésita longuement, puis elle abattit sa carte.* **6.** *S'abattre,* se laisser tomber de haut pour attaquer : *L'aigle s'abattit sur les perdrix.* ● Attaquer brusquement : *Les troupes ennemies s'abattirent sur le pays.* ● *L'orage s'est abattu sur la ville.* — SYN. éclater sur.

abattu, ue, adj. ♦ Très triste et découragé : *Mon frère vient d'échouer à son examen, il est très abattu.* — SYN. atterré, déprimé, consterné.

abbaye [abei], n. f. ♦ Ensemble d'édifices (église, dortoir, réfectoire, bibliothèque, etc.) où vivent, travaillent et prient des moines ou des religieuses, sous la direction d'un abbé ou d'une abbesse. — SYN. couvent, monastère.

abbé, n. m. ♦ **1.** Moine qui dirige une abbaye. — REM. La religieuse qui dirige une abbaye est une *abbesse.* **2.** Désigne certains prêtres catholiques : *Tous les dimanches, je rencontre l'abbé Charbonneau. Bonjour, monsieur l'abbé.*

a b c [abese], n. m. ♦ Ce qui est le plus facile et qu'on apprend en premier : *Bien scier une planche, c'est l'a b c du métier de menuisier.*

abcès [apsɛ], n. m. ♦ Petite poche, sous la peau ou sous la gencive, pleine de pus. — SYN. furoncle, panaris, phlegmon.

abdiquer, v. ♦ Renoncer à être roi ou empereur, en signant une déclaration solennelle ou officielle : *En 1814, Napoléon Ier fut contraint d'abdiquer.*

abdomen [abdɔmɛn], n. m. ♦ Le ventre : *Elle a été blessée à l'abdomen.*

abdominal, ale, aux, adj. *ou* n. m. ♦ De l'abdomen : *Pour avoir le ventre plat, il faut développer les muscles abdominaux* (= qui soutiennent le ventre). ● *Il faut développer les abdominaux.*

abeille, n. f. ♦ Insecte qui fait le miel avec le pollen qu'il récolte sur les fleurs, et qui fait aussi de la cire.

aberrant, ante, adj. ♦ Tout à fait contraire au bon sens, à la raison : _Confier la conduite d'un tracteur à un enfant de dix ans, c'est une idée aberrante !_ — SYN. déraisonnable, fou, insensé. — CONTR. raisonnable, sage, sensé.

abêtir, v. ♦ Rendre bête : _L'ignorance abêtit l'homme._ — SYN. abrutir.

abhorrer, v. ♦ Avoir en horreur, ne pas aimer du tout : _Nous abhorrons le mensonge._ — SYN. détester, exécrer, haïr.

abîme, n. m. ♦ Trou naturel ou ravin très profond aux bords très raides : _L'alpiniste avait le vertige au-dessus de l'abîme._ — SYN. gouffre, précipice.

abîmer, v. ♦ **1.** Mettre en mauvais état : _N'abîme pas ce livre, il n'est pas à toi._ **2.** _S'abîmer,_ devenir moins beau ou moins bon : _Par cette chaleur, les melons s'abîment vite._ — SYN. se détériorer, s'endommager, se gâter. **3.** _S'abîmer,_ aller au fond d'un précipice, aller au fond de l'eau : _Le navire, pris dans la tempête, s'abîma dans les flots._

abject, ecte [abʒɛkt, ɛkt], adj. ♦ Très honteux, très laid, très méprisable : _Dénoncer son meilleur ami, quelle conduite abjecte !_ — SYN. ignoble, infâme, vil.

abjurer, v. ♦ Renoncer à sa religion pour en adopter une nouvelle : _Pour devenir roi de France en 1593, Henri IV abjura sa religion._

ablette, n. f. ♦ Petit poisson des lacs et des rivières, à ventre argenté.

abnégation, n. f. ♦ Qualité d'une personne qui ne pense pas à elle-même et qui se dévoue pour soigner, pour secourir ou pour aider les autres : _Qu'elle est admirable, l'abnégation des infirmières !_ — SYN. altruisme, dévouement, oubli de soi, renoncement, sacrifice. — CONTR. égoïsme.

aboiement, n. m. ♦ Cri du chien.

abolir, v. ♦ Décider qu'une chose n'existera plus : _Les États-Unis ont aboli l'esclavage sur tout leur territoire en 1865._ — SYN. supprimer. — CONTR. créer, établir, instituer.

abolition, n. f. ♦ Décision par laquelle on ordonne qu'une chose n'existera plus. — SYN. suppression. — CONTR. création, établissement, institution.

abominable, adj. ♦ **1.** Qui est très triste et qui inspire un sentiment d'horreur et de révolte : _Ces millions d'enfants qui meurent de faim, c'est une chose abominable !_ — SYN. affreux, atroce, effroyable, épouvantable, exécrable, horrible, monstrueux, terrible. **2.** Très mauvais : _Ce repas était abominable !_

abomination, n. f. ♦ **1.** Chose qui nous révolte et nous fait horreur : _Ces enfants qui meurent de faim, quelle abomination !_ — SYN. horreur, monstruosité, scandale. **2.** _Avoir une chose en abomination,_ ne pas l'aimer du tout, en avoir horreur. — SYN. avoir en aversion, en horreur, détester, exécrer, haïr. — CONTR. aimer.

abondamment, adv. ♦ En grande quantité, beaucoup. — SYN. en abondance, copieusement, largement, à profusion.

abondance, n. f. ♦ Grande quantité : _Il y a des pêches et des melons **en abondance** au marché._ — SYN. à foison, à profusion.

abondant, ante, adj. ♦ Qui est en grande quantité. — SYN. nombreux. — CONTR. rare.

abonder, v. ♦ **1.** Être en grande quantité : _Les champignons abondent dans ce pré._ — SYN. foisonner. — CONTR. manquer, être rare. **2.** Contenir en grande quantité : _Ce pré abonde en champignons._

abonné, ée, n. ♦ **1.** Celui ou celle qui s'est abonné(e) à un journal, etc. : _Cette revue a plus de 20 000 abonnés._ **2.** Celui qui a signé un contrat pour avoir le téléphone,

abonné

l'électricité, le gaz, etc. : *Combien y a-t-il d'abonnés à la télévision par câble au Québec?*

abonnement, n. m. ♦ Contrat par lequel on s'abonne.

abonner (s'), v. ♦ Payer d'avance pour recevoir chaque numéro d'un journal, d'une revue, par la poste : *Ma sœur s'est abonnée à une revue d'aviation.*

abord, n. m. ♦ **1.** Manière dont une personne se comporte quand on s'adresse à elle : *Il m'intimide, son abord est glacial.* — SYN. accueil. **2.** *Il est d'un abord facile,* on peut l'approcher et lui parler facilement. **3.** *Les abords* : les endroits qui se trouvent près d'un bâtiment, d'une ville. — SYN. les accès, les alentours, les environs. **4.** *Au premier abord,* tout de suite, quand on commence : *Au premier abord, le problème a l'air facile.* — SYN. à première vue. **5.** loc. adv. *D'abord,* avant une autre chose : *Avant de peindre la porte, il faut d'abord bien la nettoyer.*

abordable, adj. ♦ Qui n'est pas très cher.

abordage, n. m. ♦ **1.** Action d'attaquer un navire pour le prendre d'assaut, après s'être rangé contre lui, bord contre bord. **2.** Collision accidentelle entre deux navires.

aborder, v. ♦ **1.** Arriver à un rivage : *Le bateau avait abordé à un rivage désert.* **2.** Attaquer un navire pour le prendre d'assaut : *Les pirates abordèrent le navire marchand.* **3.** Entrer en collision accidentellement avec un autre bateau : *Le pétrolier a abordé un bateau de pêche, qui a coulé aussitôt.* **4.** Commencer d'entrer une région, un lieu : *La route devient difficile : nous abordons la montagne.* **5.** Commencer à traiter un sujet, à en parler : *Je ne sais comment aborder le sujet de ma rédaction.* — SYN. attaquer, commencer, entamer, entrer dans. — CONTR. finir, terminer. **6.** S'approcher de quelqu'un pour lui parler ou lui demander quelque chose : *Les quêteurs abordent les passants dans les rues.* — SYN. accoster.

abords, n. m. pl. ♦ REGARDER *abord* (sens 3).

aboutir, v. ♦ **1.** Aller jusqu'à un endroit (qui marque l'extrémité d'une route, d'un couloir, etc.) : *Ce chemin aboutit à une maison isolée.* **2.** Donner un résultat : *Après des années, les recherches de ce savant ont enfin abouti.* — SYN. être couronné de succès, réussir. — CONTR. échouer.

aboutissement, n. m. ♦ Résultat d'une suite d'actes, de démarches, d'événements, etc. : *Cette découverte est l'aboutissement des travaux d'une équipe de chercheurs.* — SYN. couronnement, fin, issue, résultat, terme. — CONTR. début, origine.

aboyer, v. (conjugaison 21) ♦ *Le chien aboie,* pousse son cri.

abrasif, ive, adj. ♦ Qui sert à user, à polir, à nettoyer : *Pour enlever la rouille, j'ai frotté la plaque de fer avec de la poudre abrasive.*

abrégé, adj. *ou* n. m. ♦ **1.** *Mot abrégé,* qu'on a rendu plus court en enlevant une ou plusieurs syllabes : *Le mot* métro *est un mot abrégé tiré de* métropolitain. ● *En abrégé,* d'une manière qui utilise des abréviations : *Pour prendre des notes les étudiants écrivent en abrégé.* **2.** *Un abrégé* : livre qu'on a fait en raccourcissant un autre. — SYN. un condensé, un résumé.

abréger, v. (conjugaison 18) ♦ Diminuer la longueur d'un récit, d'un texte, etc. : *Ta rédaction est bien trop longue, il faudrait l'abréger.* **2.** Raccourcir un mot en supprimant une ou plusieurs syllabes : *On a abrégé le mot* télévision *en* télé.

abreuver, v. ♦ **1.** Faire boire les animaux domestiques. **2.** *Abreuver quelqu'un d'injures,* l'injurier copieusement. **3.** *S'abreuver,* boire : *Les vaches vont s'abreuver à la rivière.*

abreuvoir, n. m. ♦ Endroit d'une rivière (ou mare) où le bétail peut boire : *Ce chemin mène à la rivière, là où il y a un abreuvoir.* ● Bassin où le bétail peut boire.

abréviation, n. f. ♦ Manière plus courte de prononcer ou d'écrire un mot : *Le mot*

absolution

photo *est l'abréviation de* photographie. *L'a-bréviation de* monsieur *est* M. *et non* Mr.

abri, n. m. ♦ **1.** Endroit ou construction où l'on peut se protéger ou protéger quelque chose : *Il pleuvait fort, la vieille cabane m'a servi d'abri.* **2.** *A l'abri,* à un endroit où l'on est protégé : *Quelle averse! Mettons-nous à l'abri!* ● *A l'abri de,* à un endroit où l'on est protégé contre quelque chose : *Mettons-nous derrière ce mur, nous serons à l'abri du vent.*

abricot, n. m. *ou* adj. inv. ♦ **1.** Fruit à noyau, à peau de couleur jaune-orangé. **2.** D'une couleur jaune-orangé, comme la peau de l'abricot : *Elles portent des jupes abricot.*

abricotier, n. m. ♦ Arbre qui donne l'abricot.

abriter, v. ♦ **1.** Protéger : *Un auvent abrite de la pluie la porte de l'immeuble. Un auvent abrite la porte contre la pluie.* **2.** Servir d'habitation, de local : *Cet immeuble abrite douze familles.*

abroger, v. (conjugaison **16**) ♦ Supprimer une loi, un décret, un arrêté : *Seul le parlement peut abroger une loi.*

abrupt, upte [abʀypt, ypt(ə)], adj. ♦ **1.** Très raide et presque vertical : *Comment escalader cette colline aux pentes abruptes?* **2.** Qui parle sec, sans ménagements : *J'ai vu la directrice, elle a été abrupte avec moi.* ● Qui entre très vite dans le sujet, sans précaution : *Le début de ta lettre est trop abrupt.* — SYN. brusque, brutal, direct.

abrutir, v. ♦ Rendre incapable de penser, d'agir; fatiguer beaucoup au point de rendre stupide : *La drogue abrutit l'homme. Le bruit et le travail excessif abrutissent.* ● *Il s'est abruti en se livrant à l'ivrognerie.*

abrutissant, ante, adj. ♦ Qui abrutit : *Recopier des chiffres toute la journée, quelle besogne abrutissante!* — SYN. assommant. — CONTR. exaltant, passionnant, enrichissant.

abrutissement, n. m. ♦ Action d'abrutir ou état d'une personne abrutie : *L'abus de l'alcool provoque l'abrutissement.* — SYN. hébétude, stupidité.

absence, n. f. ♦ **1.** Le fait de n'être pas à un endroit où l'on devrait être : *Le professeur a remarqué l'absence de Christiane au cours de maths.* — CONTR. présence. **2.** Manque d'une chose : *On déplore l'absence d'une patinoire intérieure dans notre ville.*

absent, ente, adj. *ou* n. ♦ Qui n'est pas dans un lieu : *Je suis allé chez Nicole, mais elle était absente. Je serai absent de Montréal au mois de juillet.* ● *Le professeur a inscrit Michel sur la liste des absents.* — CONTR. présent.

absenter (s'), v. ♦ Quitter pour un temps seulement l'endroit où l'on est d'habitude : *Je vais m'absenter de mon bureau pendant un mois.* — SYN. s'éloigner, partir, quitter. — CONTR. rester.

abside, n. f. ♦ Extrémité en demi-cercle d'une église.

absidiole, n. f. ♦ Petite chapelle en demi-cercle construite contre le mur de l'extrémité d'une église.

absolu, ue, adj. ♦ **1.** Complet, total, sans atténuation : *Dans ces bois règne un calme absolu.* ● Très sévère et qui n'admet aucune exception : *Défense absolue de rouler à bicyclette sur l'autoroute.* — SYN. catégorique, formel, impératif. **2.** *Pouvoir absolu, monarchie absolue :* système politique dans lequel un homme, un roi est tout-puissant et peut faire ce qu'il veut.

absolument, adv. ♦ **1.** D'une manière absolue. **2.** Oui, c'est bien vrai (dans une réponse à une assertion).

absolution, n. f. ♦ Acte par lequel un religieux dit au pénitent que les péchés de celui-ci sont pardonnés : *Le prêtre donne l'absolution au pénitent qui vient de se confesser.*

absorbant, ante, adj. ♦ **1.** Qui absorbe un liquide : *Le papier buvard est une matière absorbante.* **2.** Qui occupe entièrement le temps ou l'attention : *Ma mère est en train de faire ses comptes, c'est un travail absorbant.*

absorber, v. ♦ **1.** Faire disparaître en buvant, en faisant entrer en soi : *Le buvard absorbe l'encre.* — SYN. s'imprégner de, s'imbiber de. **2.** Avaler, boire, manger : *Le malade a pu absorber un peu de bouillon.* — SYN. consommer, ingérer, ingurgiter. **3.** Occuper entièrement : *Les révisions absorbent ma sœur en ce moment.*

absoudre, v. (conjugaison 86) ♦ Donner l'absolution : *Le prêtre absout le pénitent qui vient de se confesser.*

abstenir (s'), v. (conjugaison 44) ♦ **1.** Se passer, se priver volontairement de quelque chose : *Abstenez-vous de fumer, vous vous porterez mieux.* — SYN. se dispenser, s'interdire, renoncer à. **2.** Éviter de faire une chose : *Tu es enrhumé, abstiens-toi de sortir.* — SYN. éviter, se garder de, se retenir de. **3.** Ne pas aller voter : *Aucun des candidats ne me plaît, je m'abstiendrai.*

abstention, n. f. ♦ Attitude de celui qui ne va pas voter.

abstentionniste, n. m. *ou* f. ♦ Celui, celle qui ne va pas voter.

abstraction, n. f. ♦ Chose qu'on ne peut ni voir ni toucher : *La Justice, la Vérité sont des abstractions.*

abstraire (s'), v. (conjugaison 57) ♦ Échapper à quelque chose, s'en distraire, s'en libérer : *Je suis fatigué et je n'arrive pas à m'abstraire de mes soucis.*

abstrait, aite, adj. ♦ **1.** Qu'on ne peut ni voir ni toucher : *Un caillou, un chien sont des réalités concrètes, mais la Justice et la Vérité sont des réalités abstraites.* — CONTR. concret. **2.** *Art abstrait :* art (peinture ou bien sculpture) dont les œuvres sont faites de taches ou de lignes colorées ou bien de volumes qui ne sont pas la représentation d'êtres ou d'objets.

absurde, adj. ♦ Qui n'a pas de sens, qui est contraire au bon sens, à la raison : *Tu dis qu'il y a des baleines dans la rivière Yamaska ? C'est absurde !* — SYN. aberrant, déraisonnable, extravagant, illogique, insensé. — CONTR. logique.

absurdité, n. f. ♦ Parole ou action absurde : *Cesse donc de dire des absurdités !* — SYN. folie, sottise.

abus, n. m. ♦ **1.** Action de manger trop, de boire trop d'une chose : *L'abus des pâtisseries et des crèmes est mauvais pour la santé.* — SYN. excès. **2.** Chose mauvaise dans la société : *Il faut lutter contre les abus, notamment contre le gaspillage de l'argent par l'État.*

abuser, v. ♦ **1.** Consommer une trop grande quantité d'une chose : *N'abusez pas des graisses et des sucres, c'est mauvais pour le foie.* **2.** Profiter d'une chose en dépassant les limites permises : *Je suis patiente, mais n'abuse pas de ma patience !* **3.** Tromper : *Ne vous laissez pas abuser par les apparences !* ● **S'abuser,** se tromper : *Je croyais ce garçon sérieux, mais je me suis abusé sur son compte.* **4.** *Abuser d'une femme, d'une fille,* la violer.

abusif, ive, adj. ♦ **1.** Exagéré : *La consommation abusive de vin est dangereuse.* **2.** Exagéré et faux : *Il serait abusif de dire que le vin est un poison violent.*

acabit [akabi], n. m. ♦ Sorte, espèce : *Il faut se méfier des gens de cet acabit.*

acacia, n. m. ♦ Arbre à fleurs blanches ou jaunes, en grappes, très parfumées, qui orne les parcs, les avenues.

académicien, ienne, n. ♦ Membre d'une académie, spécialement de l'Académie française.

académie, n. f. ♦ **1.** En France, société d'écrivains, de savants, etc. : *Cette mathématicienne vient d'être élue à l'Académie des sciences.* ● *L'Académie française* ou *l'Académie :* société de quarante écrivains qui se réunissent pour prononcer des discours, rédiger un dictionnaire, etc. **2.** Au Canada, société qui regroupe une vingtaine de personnalités des arts et des sciences : *Alain Grandbois et Germaine Guèvremont étaient membres de l'Académie canadienne-française.* **3.** En France, ensemble de départements dont toutes les écoles, les collèges, les lycées dépendent d'un haut fonctionnaire, le *recteur,* lequel exerce ses fonctions au chef-lieu de l'académie.

acajou, n. m. *ou* adj. inv. ♦ **1.** Bois précieux rouge foncé fourni par un arbre des pays chauds. **2.** Qui est d'une couleur brun rouge : *Pour bien faire briller tes chaussures, utilise une crème acajou.*

acariâtre, adj. ♦ Qui a un caractère méchant et querelleur : *Un caractère acariâtre ! Quelle chose affreuse !*

accablant, ante, adj. ♦ Qui accable, qui est très pénible : *Trente-cinq degrés à l'ombre, c'est vraiment une chaleur accablante !* — SYN. écrasant, lourd. — CONTR. léger.

accablement, n. m. ♦ État où l'on est très malheureux et écrasé par le chagrin. — SYN. abattement, consternation, découragement. — CONTR. allégresse, joie.

accabler, v. ♦ **1.** Fatiguer beaucoup, comme un fardeau très lourd : *La chaleur de midi accablait les cyclistes.* — SYN. écraser. **2.** Imposer à quelqu'un un travail excessif ou des dépenses excessives : *Le nouveau professeur nous accable de devoirs.* — SYN. écraser, surcharger. **3.** Rendre très malheureux, écraser de chagrin : *La mort de sa femme a accablé le pauvre homme.* — SYN. abattre, consterner, décourager, atterrer.

accalmie, n. f. ♦ Arrêt momentané du vent, de la tempête.

accaparer, v. ♦ **1.** Prendre toutes les choses et les garder pour soi : *Ma sœur accapare tous les livres de notre petite bibliothèque.* **2.** Occuper entièrement : *La préparation de l'examen accapare tout mon temps.* — SYN. absorber, dévorer.

accéder, v. (conjugaison 11) ♦ **1.** Arriver jusqu'à un endroit : *On accède à la citadelle par une grande avenue pavée.* ● Arriver à un poste, à un emploi : *Ce diplôme permet d'accéder à un poste de professeur de CÉGEP.* — SYN. arriver à, atteindre, parvenir à. **2.** *Accéder à une demande,* accorder ce qui est demandé : *Le directeur accéda à la demande des employés.* — SYN. accepter, acquiescer à, agréer, consentir à. — CONTR. rejeter.

accélérateur, n. m. ♦ Pédale sur laquelle on appuie, quand on conduit une voiture, pour aller plus vite.

accélération, n. f. ♦ Action d'accélérer. — CONTR. ralentissement.

accélérer, v. (conjugaison 11) ♦ **1.** Augmenter la vitesse : *Dès qu'elle fut sur la ligne droite, l'automobiliste accéléra.* — CONTR. ralentir. **2.** Aller plus vite dans son travail, ses actions : *On va accélérer la construction du pont, il doit être fini dans deux mois.* — SYN. activer, hâter, pousser, presser. — CONTR. ralentir. **3.** *S'accélérer,* aller plus vite, prendre un rythme, une cadence plus rapide : *Quand on a la fièvre, les battements du pouls s'accélèrent.*

accent, n. m. ♦ **1.** Manière particulière de prononcer une langue : *Si tu vas à Boston et si tu parles anglais, les Bostoniens remarqueront que tu as un accent.* **2.** Signe placé sur une voyelle : *Si tu écris le mot flèche, mets un accent grave et non un accent circonflexe sur le e.* **3.** Renforcement de la voix sur une syllabe d'un mot : *En français, l'accent porte toujours sur la dernière syllabe prononcée du mot.* **4.** *Mettre l'accent sur,* insister sur : *Le professeur a mis l'accent sur la nécessité d'apprendre ces formules par cœur.*

accentué, ée, adj. ♦ Qui est bien net, bien marqué : *Il a un visage maigre et osseux, aux traits bien accentués.*

accentuer, v. (conjugaison 19) ♦ Rendre plus net, renforcer : *La lumière du soleil*

accentuer

couchant accentue le relief des façades.
● *S'accentuer*, devenir plus net, plus marqué : *Avec l'âge, les traits du caractère s'accentuent.* — SYN. s'accuser, se marquer.

acceptable, adj. ◆ **1.** Qui peut être accepté : *Sa demande est acceptable, il n'y a donc pas de raison de la rejeter.* — SYN. admissible, recevable, valable. — CONTR. inacceptable, irrecevable. **2.** Assez bon, moyen : *Votre devoir n'est pas parfait, mais enfin il est acceptable.* — SYN. convenable, correct, honnête, moyen, satisfaisant, suffisant.

acceptation, n. f. ◆ Action d'accepter ; décision par laquelle on donne son accord. — SYN. accord, agrément, approbation, consentement. — CONTR. refus.

accepter, v. ◆ **1.** Prendre ce qui est offert, vouloir faire ce qu'une autre personne propose : *Allons ! Tu accepteras bien un autre morceau de gâteau ! J'ai accepté de l'accompagner, comme il me l'a demandé.* — CONTR. refuser. **2.** Permettre, autoriser : *Le maître n'accepte pas qu'on fasse du bruit en classe.* — SYN. admettre, consentir. — CONTR. défendre, interdire, refuser. **3.** Laisser entrer ; admettre comme membre d'un groupe : *Dans notre bande de copains, on n'accepte pas les garçons brutaux et grossiers.* — SYN. accueillir, admettre, recevoir. — CONTR. écarter, exclure, rejeter, repousser.

acception, n. f. ◆ Sens d'un mot : *Le mot* bureau *désigne la pièce où l'on travaille ou bien la table sur laquelle on travaille, il a donc plus d'une acception.*

accès, n. m. ◆ **1.** Possibilité plus ou moins grande d'aller à un endroit : *Ce village perché sur une colline était d'un accès difficile* (= il était difficile d'y aller). **2.** Droit d'entrer dans un lieu : *L'accès de ce local est réservé aux personnes munies d'une autorisation spéciale.* — SYN. entrée. **3.** *Donner accès à,* permettre d'arriver dans un lieu, à un emploi : *Cette porte donne accès au salon. Ce diplôme donne accès à une meilleure situation.* **4.** Montée brusque de la fièvre, etc. : *J'ai dû appeler le médecin, j'avais un*

accès de fièvre. ● Moment de colère, de violence, etc. : *Dans un accès de colère, elle a giflé sa fille.* ● *Par accès,* par moments : *Charles est grognon, par accès.*

accessible, adj. ◆ **1.** Où l'on peut facilement arriver, aller ; que l'on peut atteindre facilement : *Tâche de mettre la trousse de secours dans un endroit accessible.* — CONTR. inaccessible. **2.** Qui n'est pas trop cher, d'un prix raisonnable : *Ma tante cherche un chalet à louer à un prix accessible.* — SYN. abordable. — CONTR. inabordable, inaccessible.

accessoire, adj. *ou* n. m. ◆ **1.** Qui n'est pas important par rapport à autre chose : *Ne perdons pas de temps, cela n'est qu'une question accessoire.* — SYN. annexe, secondaire, subsidiaire. — CONTR. capital, essentiel, fondamental, primordial, principal. **2.** Objet qui n'est pas indispensable pour qu'un appareil fonctionne, mais qui peut être utile : *J'ai un appareil photo, mais je voudrais bien avoir les accessoires : l'étui, le pied et un téléobjectif.*

accident, n. m. ◆ **1.** Événement fâcheux qui arrive sans qu'on s'y attende : *Un grand nombre des accidents en montagne sont dus à l'imprudence des alpinistes.* **2.** Chose qui ne se produit pas souvent et qui est contraire à ce qui se passe d'habitude : *Line est très forte en maths ; sa mauvaise note de cette semaine n'est qu'un accident.* ● *Par accident,* de manière inhabituelle et sans qu'on le veuille : *C'est par accident que la porte s'est bloquée.* — SYN. accidentellement, par extraordinaire, fortuitement, par hasard. **3.** *Accident de terrain :* bosse ou creux, inégalité dans un terrain.

accidenté, ée, adj. ◆ **1.** Endommagé par un accident : *La dépanneuse emmène au garage la voiture accidentée.* **2.** Qui a beaucoup d'accidents de terrain : *Ici on ne peut pas employer de machines agricoles, le terrain est trop accidenté.* — SYN. inégal. — CONTR. plan, plat.

accidentel, elle, adj. ◆ **1.** Dû à un accident : *Il s'est tué en tombant d'une échel-*

le, _c'est une mort accidentelle._ **2.** Qui se produit sans qu'on l'ait voulu : _Le déclenchement accidentel du signal d'alarme a réveillé tout le quartier._

acclamation, n. f. ♦ Cri de joie par lequel on exprime son enthousiasme, sa joie : _Quand la chanteuse parut sur scène, elle fut saluée par des applaudissements et des acclamations._ — SYN. bravo, ovation. — CONTR. huée.

acclamer, v. ♦ Accueillir, saluer par des cris de joie et d'enthousiasme : _Les Saguenéens ont acclamé le vainqueur de la traversée à la nage du lac Saint-Jean._ — CONTR. conspuer, huer.

acclimatation, n. f. ♦ Action d'acclimater : _L'acclimatation des fleurs tropicales est impossible dans les pays froids._

acclimater, v. ♦ Introduire une espèce animale ou végétale dans un pays au climat très différent de celui du pays d'origine : _On a acclimaté en Europe la pomme de terre et la tomate._

accolade, n. f. ♦ **1.** _Donner l'accolade à quelqu'un,_ le serrer dans ses bras : _La ministre a donné l'accolade au chef d'État étranger pour lui souhaiter la bienvenue._ **2.** Signe qui sert à réunir deux ou plusieurs lignes : _Quand on fait un tableau des formes grammaticales, on utilise parfois des accolades._

accommodant, ante, adj. ♦ Qui n'est pas trop exigeant, avec qui on peut s'entendre. — SYN. arrangeant, conciliant, facile à vivre, souple. — CONTR. dur, inflexible, intraitable, intransigeant, rigide.

accommodement, n. m. ♦ Accord qui permet de régler une affaire par des concessions mutuelles. — SYN. accord, arrangement, compromis, conciliation, entente. — CONTR. conflit, désaccord, différend.

accommoder, v. ♦ **1.** Préparer un aliment d'une façon particulière : _On peut accommoder le poisson de plusieurs ma-_ nières : _bouilli, frit, grillé, en sauce, mariné, etc._ **2.** _S'accommoder à,_ s'adapter à quelque chose, changer sa manière d'agir pour se tirer d'affaire le mieux possible, compte tenu de la situation où l'on se trouve : _Il faut savoir s'accommoder aux circonstances._ — SYN. s'adapter, se soumettre, se plier. — CONTR. lutter, résister à, se révolter contre. **3.** _S'accommoder de,_ se contenter de quelque chose, en essayant d'en profiter le mieux possible : _Quand on n'a pas ce que l'on souhaite, il faut s'accommoder de ce que l'on a._

accompagnateur, trice, n. ♦ **1.** Celui, celle qui accompagne un groupe de touristes, un groupe d'enfants en déplacement. — SYN. guide. **2.** Celui, celle qui joue l'accompagnement : _J'ai besoin d'un accompagnateur. Je chanterai et, toi, tu joueras de la guitare._

accompagnement, n. m. ♦ Musique que l'on joue en même temps que quelqu'un chante.

accompagner, v. ♦ **1.** Aller avec quelqu'un : _Je vais t'accompagner jusqu'à la gare._ — SYN. conduire, convoyer, escorter, guider, reconduire. **2.** Être servi en même temps qu'un autre aliment : _Des petits pois accompagneront très bien le rôti de veau._ **3.** Faire ou dire quelque chose en même temps qu'on fait ou qu'on dit une autre chose : _Il accompagna ces mots d'un geste de colère._ **4.** Jouer l'accompagnement : _C'est toi qui accompagneras la jeune chanteuse à la guitare._

accompli, ie, adj. ♦ **1.** Qui sait faire et qui connaît tout ce qu'il faut savoir faire et connaître pour exercer une activité : _Mon frère suit les cours de l'école hôtelière, il veut devenir un cuisinier accompli._ — SYN. idéal, modèle, parfait. **2.** _Le fait accompli,_ ce qui est déjà fait, de manière qu'on ne peut plus revenir en arrière : _Je n'ai pas demandé la permission de sortir, j'ai mis mes parents devant le fait accompli._

accomplir, v. ♦ **1.** Faire une chose complètement et réellement : _Il faut accomplir sa tâche, quoi qu'il arrive._ — SYN. achever,

accomplir

effectuer, exécuter, faire, réaliser. **2.** *S'accomplir*, se produire réellement : *Tout ce qu'il avait prédit s'est accompli.*

accomplissement, n. m. ♦ Action de s'accomplir, de se produire réellement : *Je souhaite l'accomplissement de tous vos désirs.* — SYN. réalisation.

accord, n. m. ♦ **1.** Bonne entente : *L'accord règne entre ces trois sœurs.* — SYN. concorde, entente, union. — CONTR. désaccord. **2.** Décision par laquelle on adopte une solution qui convient à tout le monde : *Un accord a été signé entre ces trois pays pour délimiter les zones de pêche.* ● *D'un commun accord :* en étant du même avis, tous ensemble. ● *Être d'accord avec quelqu'un,* être du même avis que lui. **3.** Autorisation : *La directrice a donné son accord : nous aurons un jour de congé de plus.* ● *Être d'accord,* consentir, accorder son autorisation : *Le directeur est d'accord pour nous donner un jour de congé supplémentaire.* **4.** Forme que doit prendre un mot d'après un autre mot dont il dépend : *Voici les règles de l'accord du verbe avec son sujet.* **5.** Ensemble de plusieurs notes de musique qu'on fait entendre en même temps.

accordéon, n. m. ♦ **1.** Instrument de musique à soufflet et à clavier qui permet de faire des *accords,* à la différence d'autres instruments à vent, comme la flûte. **2.** *En accordéon,* qui fait des plis comme un soufflet d'accordéon : *Tu as vu le clown, avec son pantalon en accordéon ?*

accordéoniste, n. m. *ou* f. ♦ Celui, celle qui joue de l'accordéon.

accorder, v. ♦ **1.** Choisir des choses qui vont bien ensemble : *En achetant les rideaux, pense à accorder leur couleur à celle des murs du salon.* — SYN. adapter, allier, apparier, arranger, assembler, assortir, combiner, faire aller, harmoniser. **2.** Donner à un mot la forme qui convient, d'après un autre mot dont il dépend : *Il faut accorder l'adjectif avec le nom dont il est épithète ou attribut.* ● *Le verbe s'accorde en personne et en nombre avec son sujet.* **3.** Donner : *La patronne d'Henri lui a accordé deux cents dollars d'augmentation.* — SYN. allouer, attribuer, octroyer, offrir. — CONTR. refuser. **4.** *Accorder un instrument de musique,* le régler pour qu'il joue juste. **5.** *S'accorder,* bien s'entendre, ne pas se disputer, avoir les mêmes goûts : *Ces deux frères s'accordent parfaitement avec leur petit cousin.*

accostage, n. m. ♦ Action d'accoster.

accoster, v. ♦ **1.** *Le bateau accoste le quai* ou *accoste :* vient se ranger contre le quai. **2.** S'approcher de quelqu'un pour lui parler : *Une étrangère m'a accosté pour me demander son chemin.* — SYN. aborder.

accotement, n. m. ♦ Chacune des deux parties de la route qui bordent la chaussée. — SYN. bas-côté, bord, bordure.

accouchement, n. m. ♦ Action d'accoucher.

accoucher, v. ♦ **1.** Mettre un enfant au monde : *Notre voisine a un bébé : elle a accouché hier.* ● *Notre voisine a accouché d'un garçon.* **2.** Aider une femme à mettre un enfant au monde : *C'est le docteur Durand qui a accouché notre voisine.*

accouder (s'), v. ♦ S'appuyer sur quelque chose en y posant les coudes : *Elle s'était accoudée au parapet et regardait passer la péniche.*

accoudoir, n. m. ♦ Appui sur lequel on pose le coude : *Les accoudoirs du fauteuil sont rembourrés.* — SYN. bras.

accouplement, n. m. ♦ Action de s'accoupler.

accoupler (s'), v. ♦ S'unir avec la femelle pour avoir des petits : *Quand les oiseaux se sont accouplés, ils construisent leur nid.*

accourir, v. (conjugaison 32) ♦ Venir vers quelqu'un en courant, en allant très vite : *Henri a appelé à l'aide, son amie a*

accueillant

accouru aussitôt. Tous les enfants étaient accourus au chevet de leur vieille mère malade.

accoutrement, n. m. ♦ Habillement ridicule.

accoutrer (s'), v. ♦ S'habiller ridiculement. *Tu as l'air d'un clown, pourquoi t'es-tu accoutré ainsi ?* — SYN. s'affubler.

accoutumance, n. f. ♦ Habitude (du froid, de la fatigue, etc.) : *Grâce à l'accoutumance, les skieurs ne craignent pas le froid.*

accoutumé, ée, adj. ♦ **1.** Habitué : *Anne est accoutumée à se baigner dans l'eau froide. Il est accoutumé au froid.* — SYN. aguerri, endurci, habitué. **2.** Habituel : *Tous les jours, à 2 heures, elle fait sa promenade accoutumée.* — SYN. coutumier, habituel, ordinaire. — CONTR. inhabituel.

accoutumée (à l'), loc. adv. ♦ *Comme à l'accoutumée :* comme d'habitude.

accoutumer, v. ♦ Habituer : *Il faut accoutumer les enfants à l'effort physique.* ● *S'accoutumer,* s'habituer : *Il a mis longtemps à s'accoutumer à la vie de pensionnaire.*

accroc [akRo], **n. m.** ♦ Déchirure faite à une étoffe par une chose pointue qui accroche.

accrochage, n. m. ♦ Choc sans gravité entre deux voitures.

accrocher, v. ♦ **1.** Suspendre à un crochet : *Nous allons accrocher le tableau au mur du salon.* ● Atteler au moyen d'un crochet : *On accroche les wagons à la locomotive.* **2.** Retenir en empêchant de passer, d'aller et de venir : *Une branche d'arbre a accroché la ligne de la pêcheuse.* **3.** Heurter et traîner : *Le camion a accroché le cycliste.* ● Heurter sans gravité : *La camionnette a accroché la voiture.* ● *Les deux voitures se sont accrochées.* — SYN. se heurter, se tamponner. **4.** *S'accrocher,* saisir avec force : *Pour ne pas tomber en grimpant, je me suis accrochée aux branches du buisson.* ● Faire beaucoup d'efforts pour garder quelque chose : *La coureuse s'accroche à la première place.* ● Lutter et travailler avec énergie : *Dans la vie, pour réussir, il faut savoir s'accrocher !*

accrocheur, euse, adj. ♦ Qui lutte, qui travaille avec énergie : *Ce coureur est très doué, mais pas assez accrocheur.*

accroire, v. ♦ *En faire accroire à quelqu'un,* lui faire croire ce qui n'est pas vrai : *Tu veux m'en faire accroire, mais je ne suis pas si naïf que cela !* ● *S'en laisser accroire :* croire à des paroles qui ne sont pas vraies. — REM. Ce verbe ne s'emploie qu'à l'infinitif. Il n'existe que dans les deux expressions ci-dessus.

accroissement, n. m. ♦ Augmentation du nombre, de la quantité. — SYN. augmentation, croissance, élévation. — CONTR. baisse, diminution.

accroître, v. (conjugaison 100) ♦ Rendre plus grand : *La fermeture de ces usines va accroître le nombre des chômeurs.* ● *Le nombre des chômeurs s'est accru.* — SYN. augmenter. — CONTR. baisser, diminuer.

accroupir (s'), v. ♦ S'asseoir sur ses talons en pliant complètement les jambes.

accueil, n. m. ♦ **1.** Manière dont on reçoit quelqu'un chez soi : *Je vous remercie pour votre accueil si aimable.* **2.** Manière de répondre à une demande, à une proposition, etc. : *J'espère que ma demande recevra un accueil favorable.*

accueillant, ante, adj. ♦ **1.** Qui accueille volontiers et gentiment quelqu'un : *J'aime bien mes amis Martin, ils sont très accueillants.* — SYN. avenant, hospitalier. — CONTR. renfermé, inhospitalier. **2.** Qui a un aspect agréable ; où l'on est bien accueilli : *Cette maison crépie de blanc, ornée de vigne vierge, est très accueillante.* — SYN. agréable, riant. — CONTR. maussade, revêche, triste. ● *Une demeure accueillante.* — SYN. hospitalier.

accueillir, v. (conjugaison 34) ◆ **1.** Recevoir quelqu'un à son arrivée ou le recevoir chez soi : *J'irai vous accueillir à la gare.* **2.** Recevoir (bien ou mal) une demande, une proposition, etc. : *Ma demande a été mal accueillie.*

acculer, v. ◆ Coincer quelqu'un contre un obstacle de manière qu'il ne puisse plus reculer ni s'échapper : *Les garnements avaient acculé le pauvre animal contre le mur.*

accumulateur, n. m. ◆ Appareil dans lequel on stocke de l'électricité qui pourra être utilisée plus tard : *Il faut recharger les accumulateurs de la voiture.*

accumulation, n. f. ◆ Grande quantité de choses accumulées : *L'accumulation des débris et des feuilles mortes a fini par boucher le conduit d'évacuation.* — SYN. amas, monceau, quantité, tas.

accumuler, v. ◆ **1.** Former peu à peu un tas : *Le vent a accumulé les feuilles mortes et les vieux papiers contre le mur.* • *Les feuilles mortes s'accumulent contre le mur.* **2.** Faire, obtenir ou subir en grande quantité : *Notre équipe accumule les défaites, cette saison.* — SYN. collectionner, multiplier.

accus [aky], n. m. pl. ◆ Abréviation familière de *accumulateurs* : *Ma voiture ne démarre plus : les accus sont sûrement à plat !*

accusateur, trice, n. *ou* adj. ◆ Celui, celle qui accuse, qui lance une accusation.

accusation, n. f. ◆ Parole ou écrit qui dit qu'une personne a fait quelque chose de mal, a commis une faute, un délit, un crime : *Cette accusation de vol était mensongère.* — CONTR. défense, plaidoyer.

accusé, ée, n. *ou* adj. ◆ **1.** Personne qu'on accuse d'avoir commis un crime et qui va être jugée ou qui est jugée. — REM. La personne qu'on accuse d'avoir commis un délit est un *prévenu*. — REGARDER *inculpé.* **2.** Bien marqué, bien visible, qui a un relief net et fort : *C'était un homme grand et maigre, aux traits accusés.*

accusé de réception, n. m. ◆ Document par lequel on avertit l'expéditeur qu'on a bien reçu son envoi (lettre recommandée, colis).

accuser, v. ◆ **1.** Dire qu'une personne a fait quelque chose de mal : *On a accusé cette femme de vol. On l'a accusée d'avoir volé.* **2.** *Accuser réception :* faire savoir à l'expéditeur qu'on a bien reçu son envoi (lettre, colis, etc.) **3.** Donner du relief et rendre plus visible : *La lumière brutale des projecteurs accuse les traits du visage.* — SYN. accentuer, faire ressortir, marquer, souligner. — CONTR. adoucir, atténuer, effacer, estomper.

acéré, ée, adj. ◆ Pointu et coupant.

achalandé, ée, adj. ◆ Où viennent beaucoup de clients : *Ce dépanneur gagne beaucoup d'argent : il a une boutique bien achalandée.* — REM. Ne pas employer ce mot au sens de « approvisionné ».

achalant, e, adj. et n. ◆ **1.** Personne qui ennuie, qui dérange. Casse-pieds : *J'ai été dérangé toute la journée par des achalants qui sonnaient à ma porte.* **2.** Ennuyeux, fatigant, assommant : *Solange est achalante, elle n'arrête pas de réclamer des choses.*

achaler, v. ◆ Ennuyer, importuner quelqu'un : *Cesse de m'achaler, j'ai déjà dit non.* Se faire achaler : se faire ennuyer. Se laisser achaler : se laisser ennuyer.

acharné, ée, adj. ◆ **1.** Qui agit avec acharnement : *Nous avons affaire à un adversaire féroce et acharné.* — SYN. cruel, dur, enragé, féroce, obstiné, opiniâtre, tenace. **2.** Qui est fait avec acharnement : *Grâce à un travail acharné, elle réussit à passer tous ses examens.* — SYN. ardent, obstiné, opiniâtre, patient, persévérant, tenace.

acharnement, n. m. ◆ **1.** Fureur et obstination que l'on met à attaquer ou à défendre : *Ils poursuivirent leurs ennemis avec acharnement et les tuèrent jusqu'au dernier.* **2.** Ardeur et persévérance que l'on met à faire quelque chose : _La savante travailla pendant des années, sans arrêt. La découverte récompensa son acharnement._

acharner (s'), v. ♦ **1.** Attaquer avec fureur et obstination : _Le chien s'acharnait_ **contre** _le rat_ (ou **sur** _le rat_) _qu'il venait d'attraper._ **2.** Faire des efforts avec ardeur et persévérance pour obtenir un résultat : _Depuis trois ans, mon cousin s'acharne à passer son examen !_ — SYN. s'attacher, s'entêter, s'obstiner. — CONTR. abandonner, renoncer.

achat, n. m. ♦ **1.** Action d'acheter : _Ma tante a fait l'achat d'un téléviseur portatif._ — SYN. acquisition, emplette. — CONTR. vente. **2.** Ce qu'on a acheté : _J'ai pris un grand sac en plastique pour y mettre mes achats._

acheminer, v. ♦ **1.** Transporter jusqu'à la destination voulue : _Nous acheminerons ces caisses par camion._ **2.** _S'acheminer,_ se rapprocher d'un état, d'une période : _Courage ! Maintenant, nous nous acheminons vers l'été et les vacances._ — SYN. aller, s'approcher, avancer, marcher. — CONTR. s'éloigner.

acheter, v. (conjugaison 15) ♦ Obtenir une chose en payant : _J'ai acheté ce disque compact dans un grand magasin._

acheteur, euse, n. ♦ Celui, celle qui achète. — SYN. acquéreur, client. — CONTR. vendeur.

achèvement, n. m. ♦ Action d'achever. — SYN. fin. — CONTR. commencement, début.

achever, v. (conjugaison 12) ♦ **1.** Finir : _Dans cinq minutes, j'aurai achevé ma lettre._ ● _S'achever,_ prendre fin : _Nous sommes le 3 septembre, les vacances vont s'achever._ — SYN. se terminer. — CONTR. commencer, débuter. **2.** Tuer un homme ou un animal déjà blessé ou malade : _Le cheval était blessé, il a fallu l'achever._ — SYN. donner le coup de grâce.

achigan, n. m. ♦ Poisson des rivières et des lacs du Québec. Est aussi connu sous les noms de perche noire ou de perche truitée.

acide, adj. _ou_ n. m. ♦ **1.** Qui pique un peu la langue : _Le jus de citron a un goût acide._ — SYN. aigre, piquant. — CONTR. doux, sucré. **2.** _Un acide :_ substance qui a un goût acide et qui peut ronger les métaux, par exemple l'acide sulfurique, l'acide chlorhydrique, l'acide acétique.

acidité, n. f. ♦ Goût acide : _Le sucre atténue l'acidité du jus de citron._

acidulé, ée, adj. ♦ Un peu acide : _J'aime mieux les bonbons acidulés que les chocolats._

acier, n. m. ♦ Métal très dur qui est fabriqué avec du minerai de fer et qui est du fer contenant un tout petit peu de carbone. ● _Des muscles d'acier :_ très puissants.

aciérie, n. f. ♦ Usine où l'on fabrique de l'acier.

acné, n. f. ♦ Maladie de la peau qui est caractérisée par des petits boutons sur le visage et qui atteint surtout les adolescents.

acompte [akɔ̃t], n. m. ♦ Partie du prix qui est payée avant le reste : _Pour le tapis, vous versez un acompte maintenant, vous paierez le reste à la livraison._

à-coup, n. m. ♦ **1.** Irrégularité, secousse dans la marche d'une machine, d'un mécanisme. — PLUR. _des à-coups._ **2.** _Par à-coups,_ par moments et irrégulièrement : _Mon frère travaille, mais par à-coups._ — SYN. par intermittence. — CONTR. régulièrement, avec continuité.

acoustique, n. f. ♦ Qualité d'une salle en ce qui concerne la diffusion et la transmission du son : _L'acoustique de notre salle des fêtes est excellente._

acquéreur, n. m. ♦ Personne qui acquiert, qui achète quelque chose (maison, voiture, etc.) : *C'est Mme Dubois qui est l'acquéreur de la propriété à vendre.* — REM. Ce mot n'a pas de féminin officiel. On peut donc employer le mot tel quel au féminin ou former les féminins acquéreure ou acquéreuse.

acquérir, v. (conjugaison 29) ♦ **1.** Acheter : *Mon oncle vient d'acquérir une maison à la campagne.* **2.** Arriver à posséder, à avoir : *C'est pour acquérir des connaissances que nous allons au collège.* ● *Acquérir de la valeur,* avoir une plus grande valeur : *Depuis que le quartier a été rénové, cette maison a acquis de la valeur.*

acquiescement, n. m. ♦ Action d'acquiescer, de dire « oui ».

acquiescer, v. (conjugaison 17) ♦ Dire « oui », donner son accord : *Quand je lui ai proposé cette promenade, elle a acquiescé aussitôt.*

acquis, n. m. ♦ Choses qu'on a acquises, apprises : *Tu as déjà un solide acquis en mathématiques.* — REM. Ne confondez pas avec *par acquit de conscience.*

acquisition, n. f. ♦ **1.** Action d'acquérir : *Mon oncle a fait l'acquisition d'une maison de campagne* (= il l'a achetée). — SYN. achat. — CONTR. vente. **2.** Chose acquise, achetée : *Cette maison de campagne que mon oncle a achetée est une bonne acquisition.*

acquit, n. m. ♦ *Par acquit de conscience,* pour n'avoir rien à se reprocher, pour être quitte avec sa conscience : *Je sais que cette démarche ne servira à rien, mais je la fais par acquit de conscience.* — REM. Ne confondez pas avec *acquis.*

acquittement, n. m. ♦ Décision par laquelle un tribunal acquitte un accusé. — CONTR. condamnation.

acquitter, v. ♦ **1.** Déclarer non coupable et ne pas condamner : *L'accusé a pu prouver qu'il était en état de légitime défense ; le tribunal l'a acquitté.* — CONTR. condam-

ner. **2.** Payer : *Nous ne pouvons pas faire partie du club si nous n'avons pas acquitté le montant de l'inscription.* ● *S'acquitter d'une dette,* la payer. **3.** *S'acquitter de,* faire ce qu'on a à faire : *Elle s'est brillamment acquittée de cette mission difficile.* — SYN. accomplir, remplir.

acre, n. f. ♦ Ancienne mesure de superficie qui équivaut à environ 4 000 mètres carrés.

âcre, adj. ♦ Qui est désagréable et qui irrite la gorge : *Notre voisin fait brûler des ordures dans son jardin, quelle fumée âcre !* ● *L'odeur de pneus brûlés est âcre.*

âcreté, n. f. ♦ Défaut de ce qui est âcre : *L'âcreté de cette fumée est insupportable.*

acrobate, n. m. *ou* f. ♦ Personne qui fait des exercices périlleux ou exigeant beaucoup d'adresse (exercices au trapèze, marcher sur une corde, etc.).

acrobatie, n. f. ♦ Exercice périlleux ou exigeant beaucoup d'adresse.

acrobatique, adj. ♦ Qui constitue une acrobatie, qui est constitué par des acrobaties : *Cette artiste exécute des exercices acrobatiques sur la corde raide.*

acropole, n. f. ♦ Dans une ville grecque de l'Antiquité, colline aux pentes raides sur laquelle il y avait des temples, une forteresse, etc. ● *L'Acropole :* l'acropole d'Athènes.

1. acte, n. m. ♦ Ce que l'on fait : *On nous jugera sur nos actes et non sur nos paroles.* — SYN. action.

2. acte, n. m. ♦ Document qui constate un fait (naissance, mariage, décès, vente d'un immeuble, etc.) : *Mon père va demain chez le notaire pour signer l'acte de vente.*

3. acte, n. m. ♦ Chacune des parties d'une pièce de théâtre : *Le décor du premier acte représente une place publique.*

acteur, trice, n. ♦ Celui, celle qui joue un rôle dans une pièce de théâtre ou dans un film. — SYN. artiste, interprète, comédien, tragédien.

actif, ive, adj. *ou* n. m. ♦ **1.** Qui agit beaucoup et efficacement : *On demande une comptable active et compétente.* — SYN. diligent, laborieux, zélé. — CONTR. négligent, mou ; inactif. **2.** Qui aime se remuer : *Ma sœur ne veut pas travailler dans un bureau, elle est trop active pour cela.* — SYN. remuant, vif. **3.** Qui fait beaucoup d'effet : *Prends de ce sirop, il est très actif contre la toux.* — SYN. bon pour, efficace, énergique. — CONTR. inefficace. **4.** *Un verbe à l'actif* (ou *à la forme active*), qui indique que le sujet fait l'action, au lieu de la subir : *Dans la phrase « Le chien a mordu le facteur », le verbe est à l'actif. C'est une phrase active.* — REGARDER *passif, pronominal.*

1. action, n. f. ♦ **1.** Ce que l'on fait : *En défendant ton camarade plus faible, tu as fait une bonne action.* ● *Passer à l'action :* se mettre à faire ce qu'on a décidé de faire, se mettre à agir. ● *Entrer en action,* se mettre à agir, à se battre, etc. : *L'aviation est entrée en action contre les troupes ennemies.* ● *Un homme d'action,* qui aime se remuer, commander, prendre des risques, etc. : *Pour être un bon joueur de hockey, il faut être un homme d'action.* **2.** Ce qui se passe dans une pièce de théâtre, dans un film, dans un roman : *J'ai vu « Le pirate des Caraïbes » : l'action se passe au dix-huitième siècle dans la mer des Antilles.* ● *Film d'action,* où il se passe beaucoup de choses, où l'on se bat, où il y a des poursuites, etc. ● *De l'action,* des événements violents, des bagarres, des poursuites, etc., dans un film, un roman : *Moi, j'aime les westerns, parce qu'il y a toujours de l'action.* **3.** *En action,* en train de fonctionner : *Je voudrais bien voir en action notre nouvelle machine à laver.* ● *Mettre en action :* mettre en marche. ● *Sous l'action de quelque chose,* parce que cette chose a produit un effet : *Le métal se dilate sous l'action de la chaleur.* — SYN. sous l'effet de.

2. action, n. f. ♦ Part du capital d'une entreprise, qui donne le droit de recevoir des dividendes, c'est-à-dire une part des bénéfices, et qui peut être achetée ou vendue.

actionnaire, n. m. *ou* f. ♦ Personne qui possède des actions d'une société.

actionner, v. ♦ Faire fonctionner ou mettre en marche : *On actionne la vieille pompe à bras au moyen d'un levier.*

activer, v. ♦ **1.** Faire aller plus vite et plus fort : *La marche active la circulation du sang.* — SYN. accélérer, stimuler. **2.** *S'activer,* se dépêcher, faire vite ce qu'il y a à faire : *Il faut s'activer, le départ est dans une heure !*

activité, n. f. ♦ **1.** Ce que l'on fait, quand on travaille, qu'on agit : *Ma mère est très prise par ses activités professionnelles et syndicales.* — SYN. obligation, occupation, tâche, travail. **2.** Qualité d'une personne qui est active : *Le nouvel employé fait preuve de beaucoup d'activité et de conscience professionnelle.* **3.** Allées et venues de gens qui se remuent beaucoup et se dépêchent : *Quelle activité dans la cuisine du restaurant, quand midi arrive !*

actualité, n. f. ♦ **1.** Les événements qui se passent au moment où nous sommes : *Ma cousine s'intéresse beaucoup à l'actualité politique.* **2.** *Les actualités :* émission de télévision qui donne les nouvelles.

actuel, uelle, adj. ♦ De notre époque, du temps où nous vivons : *Avec les moyens de transports actuels, on peut traverser le Canada en quelques heures.* ● *A l'heure actuelle :* maintenant, en ce moment.

actuellement, adv. ♦ A notre époque ; en ce moment : *Actuellement, mon cousin est en congé.* — SYN. aujourd'hui, de nos jours, maintenant, présentement.

adaptation, n. f. ♦ **1.** Action de s'adapter : *L'adaptation d'un jeune enfant à la vie de pensionnaire est souvent difficile.* **2.** Film ou pièce de théâtre qu'on fait en changeant un peu l'histoire racontée dans un livre : *J'ai vu l'adaptation qu'on a faite de* La famille Plouffe *pour le cinéma.*

adapter

adapter, v. ♦ **1.** Fixer : *Il y a cinq brosses différentes qu'on peut adapter au tuyau de l'aspirateur.* — SYN. ajuster, fixer. **2.** Faire correspondre une chose à une autre pour qu'elle aille bien avec cette autre chose : *Essayez d'adapter votre style au sujet que vous traitez.* — SYN. accorder, assortir, conformer, harmoniser. **3.** Changer un peu l'histoire racontée dans un livre pour faire un film ou une pièce de théâtre : *On a adapté* La famille Plouffe *au cinéma.* **4.** *S'adapter,* changer ses habitudes pour prendre celles qui sont propres à un endroit, à un groupe. *Beaucoup de personnes de la campagne ont du mal à s'adapter à la vie des grandes villes.* — SYN. s'accoutumer.

addition, n. f. ♦ **1.** Opération qui permet d'obtenir la *somme* (ou *total*) de plusieurs nombres : *Faites l'addition suivante : 237 + 43 + 14.* — CONTR. soustraction. **2.** Note qui indique la somme à payer pour un repas au restaurant.

additionné, ée, adj. ♦ Dans lequel on a ajouté une autre substance : *Vous pressez le citron dans l'eau additionnée de sucre.*

additionner, v. ♦ Faire l'addition de plusieurs nombres : *Vous allez additionner 37 à 41 (ou additionner 37 et 41).*

adepte, n. m. *ou* f. ♦ **1.** Personne qui est partisane d'une doctrine ou qui croit à une religion : *On appelle « bouddhistes » les adeptes du bouddhisme, une religion de l'Orient.* — SYN. un fidèle, adhérent, disciple, initié. — CONTR. adversaire. **2.** Personne qui pratique un sport : *Ma sœur est une adepte du ski nautique.* — SYN. amateur, pratiquant.

adhérence, n. f. ♦ Qualité de ce qui reste bien appliqué contre une surface (route, etc.) : *Les pneus lisses manquent d'adhérence.*

adhérent, ente, n. ♦ Celui, celle qui fait partie d'un club, d'une association, etc. — SYN. membre.

adhérer, v. (conjugaison 11) ♦ **1.** Rester collé : *Des débris adhèrent au fond de la casserole.* ● Rester bien appliqué à une sur-face (route, etc.) : *Une locomotive doit être très lourde, pour que les roues adhèrent bien aux rails.* **2.** S'inscrire pour devenir membre d'une association, d'un club, etc. : *Mon père vient d'adhérer à un syndicat.* — SYN. s'affilier à, entrer dans, s'inscrire à. — CONTR. quitter. **3.** *Adhérer à une opinion, à une doctrine,* la considérer comme vraie.

adhésif, ive, adj. ♦ Qui colle tout seul, sans qu'on ait besoin de mouiller : *Pour fermer le carton solidement, mets un morceau de ruban adhésif.*

adhésion, n. f. ♦ Action de s'inscrire à une association, à un club, etc. — SYN. inscription.

adieu, n. m. ♦ **1.** Mot que l'on emploie à la place de « au revoir » quand on pense qu'on ne reverra jamais plus quelqu'un ou qu'on le quitte pour longtemps : *Adieu ! Qui sait quand nous nous reverrons !* **2.** *Les adieux,* gestes qu'on fait, paroles qu'on dit au moment de se quitter : *Demain, nous repartons ; ce soir, nous faisons nos adieux à nos amis de vacances.*

adjacent, ente, adj. ♦ Qui est situé tout contre une autre chose, qui la touche : *Ma maison est adjacente à la poste.* — SYN. contigu.

adjectif, ive, n. m. *ou* adj. ♦ **1.** Mot qui accompagne un nom pour en préciser le sens : *On distingue l'adjectif qualificatif, l'adjectif possessif, l'adjectif démonstratif, l'adjectif indéfini.* **2.** **Locution adjective :** groupe de mots qui joue le rôle d'un adjectif, par exemple *sans fin* dans « *Je suis fatigué de ces plaintes sans fin* » (= ces plaintes interminables).

adjoindre, v. (conjugaison 85) ♦ Nommer quelqu'un adjoint d'une autre personne : *On va adjoindre un sous-directeur à la directrice de ce collège.* ● *S'adjoindre,* prendre quelqu'un comme adjoint : *Le chef de service s'est adjoint un assistant.*

adjoint, ointe, n. ♦ Personne qui aide ou qui remplace une autre personne dans son travail : *L'adjoint au maire.*

adjudant, n. m. ♦ Dans l'armée de terre, sous-officier dont le rôle consiste notamment à veiller à la discipline dans une compagnie.

adjuger, v. (conjugaison **16**) ♦ **1.** Donner, décerner : *On a adjugé un prix littéraire à cette jeune romancière.* **2.** *S'adjuger,* prendre de soi-même, de sa propre autorité : *Naturellement, il s'est adjugé les meilleurs morceaux du poulet.*

adjurer, v. ♦ Demander, de manière pressante, de faire quelque chose : *Le père adjura son fils de renoncer à ce projet insensé.*

admettre, v. (conjugaison **99**) ♦ **1.** Recevoir (dans un groupe, dans une association, dans une classe, etc.) : *Nous avons admis Danielle dans notre club.* **2.** Considérer comme bon, comme vrai, comme valable : *Elle a fini par admettre mes raisons.* ● *Admettre que,* reconnaître que : *Elle a fini par admettre que c'était moi qui avais raison.* —SYN. avouer, convenir, reconnaître. — CONTR. nier. **3.** Supposer : *Admettons qu'on te fasse cadeau d'une moto, saurais-tu la conduire ?* — SYN. imaginer, supposer. **4.** Permettre : *Le professeur n'admet pas qu'on fasse du bruit en classe.* — SYN. accepter, consentir, permettre. — CONTR. interdire.

administrateur, trice, n. ♦ Personne qui administre : *Le nouveau maire est un excellent administrateur.*

administratif, ive, adj. ♦ Qui concerne l'administration : *Pour obtenir un permis de construire, il faut accomplir de nombreuses démarches administratives.*

administration, n. f. ♦ **1.** Action d'administrer : *L'administration d'une entreprise de mille salariés est une lourde tâche.* — SYN. direction, gestion. **2.** *L'Administration,* l'ensemble des services et des organisations qui dépendent de l'État : *Il voudrait être fonctionnaire, mais, pour entrer dans l'Administration, il faut un diplôme de fin d'études secondaires.*

administré, ée, n. ♦ Celui, celle qui dépend d'une personne chargée d'administrer : *Les habitants de la commune sont les administrés du maire.*

administrer, v. ♦ **1.** Diriger les affaires d'un pays, d'une province, d'une commune, d'une entreprise : *Il faut des hauts fonctionnaires capables, pour bien administrer un pays.* — SYN. diriger, gérer, gouverner, mener, organiser. **2.** Donner un médicament : *Il fallut administrer un contrepoison à l'enfant, qui venait d'avaler un produit toxique.* — SYN. appliquer, donner, faire prendre.

admirable, adj. ♦ Qui mérite d'être admiré. — CONTR. méprisable.

admirateur, trice, n. ♦ Celui, celle qui admire quelqu'un ou quelque chose. — CONTR. détracteur ; adversaire, ennemi.

admiratif, ive, adj. ♦ Qui éprouve ou qui exprime de l'admiration : *Nous regardions, admiratifs, ce magnifique paysage.* ● *Un regard admiratif.*

admiration, n. f. ♦ Sentiment de celui qui trouve une personne ou une chose très belle, très remarquable.

admirer, v. ♦ Trouver une personne ou une chose très belle, très remarquable : *J'admire beaucoup cette actrice.* ● Regarder avec émerveillement une chose très belle : *Montons sur la colline, nous pourrons de là-haut admirer le paysage.*

admissible, adj. *ou* n. ♦ **1.** Qui est reçu à l'écrit d'un examen et qui a le droit de se présenter à l'oral. **2.** Qui peut être accepté ou autorisé : *Sa force physique la rend admissible à la pratique de ce sport.* — SYN. acceptable, tolérable. — CONTR. inacceptable, inadmissible.

admission, n. f. ♦ Action de recevoir (dans un groupe, dans une association, dans une classe, etc.) : *Seul le bureau de l'association peut décider l'admission d'un nouveau membre.*

admonester, v. ◆ Réprimander sévèrement : *Le père admonesta énergiquement son fils, qui avait volé des billes à l'un de ses camarades.* — SYN. avertir, blâmer, réprimander, semoncer. — CONTR. féliciter.

adolescence, n. f. ◆ Période de la vie qui se situe entre l'enfance et l'âge adulte.

adolescent, ente, n. ◆ Personne qui n'est plus un enfant et qui n'est pas encore un adulte.

adon, n. m. ◆ Chance, heureux hasard. Qui arrive sans avoir été prévu : *C'est un pur adon. Je marchais comme ça, au hasard, quand je t'ai vu.* **Par adon** : par hasard : *Il venait souvent la voir par adon.* **Être d'adon :** être d'accord, être de bonne humeur : *Le travail allait vite, les deux ouvriers étaient d'adon.*

adonner (s'), v. ◆ Pratiquer une activité, en s'y consacrant entièrement : *Dès qu'elle a du temps libre, ma sœur s'adonne à la peinture.* ● **S'adonner bien (mal)** : se présenter bien (mal), se présenter au bon (mauvais) moment, bien (mal) s'entendre avec quelqu'un : *Ça s'adonne bien, nous partons pour Trois-Rivières, c'est donc sur notre chemin.*

adopter, v. ◆ **1.** Recueillir un enfant, lui donner le nom qu'on porte et l'élever comme son propre enfant : *Nos voisins, un couple sans enfants, ont adopté une petite Vietnamienne orpheline.* **2.** Approuver par un vote ou une décision : *Les députés ont adopté cette nouvelle loi.* — SYN. approuver, voter. — CONTR. rejeter. **3.** Choisir ce que l'on considère comme le meilleur : *Finalement, j'ai adopté sa méthode de travail.* — SYN. choisir, opter pour.

adoptif, ive, adj. ◆ *Enfant adoptif,* qu'on a adopté.

adoption, n. f. ◆ **1.** Action d'adopter un enfant. **2.** *Pays, ville d'adoption,* où l'on vit parce qu'on a choisi d'y vivre, bien qu'on n'y soit pas né. **3.** Action d'approuver ou de choisir : *L'adoption de ce projet de loi a été obtenue par 220 voix contre 190.* — SYN. approbation, vote. — CONTR. rejet.

adorable, adj. ◆ Très joli et digne d'être aimé. — SYN. charmant, gentil, joli, mignon, ravissant.

adorateur, trice, n. ◆ **1.** Celui ou celle qui adore un dieu ou une chose divinisée : *Autrefois, certains peuples étaient des adorateurs du Soleil.* **2.** Celui qui admire et aime beaucoup quelqu'un : *Cette jeune fille est toujours entourée d'une cour d'adorateurs.* —SYN. admirateur, amoureux, soupirant.

adoration, n. f. ◆ **1.** Culte que l'on rend à un dieu : *Pour les chrétiens, seul Dieu a droit à l'adoration.* **2.** Sentiment d'admiration et d'affection très vive : *Pierre a une véritable adoration pour sa sœur aînée.*

adorer, v. ◆ **1.** Rendre un culte à un dieu (ou à Dieu), en lui offrant des sacrifices, en lui adressant des prières : *Les catholiques adorent Dieu et vénèrent les saints.* **2.** Aimer beaucoup une personne : *Cet enfant est très affectueux : il adore sa grand-mère.* **3.** Aimer beaucoup une chose : *J'adore les westerns.*

adosser (s'), v. ◆ Se placer en se mettant le dos appuyé contre quelque chose : *Fatigué, il s'assit par terre et s'adossa à l'arbre.* — SYN. s'appuyer contre.

adouber, v. ◆ Au Moyen Age, nommer quelqu'un chevalier et l'équiper d'une armure et des armes nécessaires : *Le seigneur adouba le nouveau chevalier.*

adoucir, v. ◆ **1.** Rendre plus doux : *La brume adoucit l'éclat de la lumière.* — SYN. atténuer, amortir. **2.** *S'adoucir,* devenir plus doux : *Quand il parle à sa petite fille, sa voix s'adoucit.* ● Devenir plus doux, c'est-à-dire moins froid : *Le vent a tourné, le temps s'adoucit.*

adoucissement, n. m. ◆ Action d'adoucir ou de s'adoucir : *Le vent du sud a*

aérodrome

provoqué l'adoucissement du temps. — SYN. réchauffement. — CONTR. refroidissement.

1. adresse, n. f. ♦ **1.** Indication de l'endroit où habite une personne : *Je vais vous donner mon adresse et mon numéro de téléphone.* — SYN. domicile. **2.** *A l'adresse de,* destiné à : *Voilà un compliment à l'adresse d'Arlette. C'est une remarque à mon adresse.*

2. adresse, n. f. ♦ **1.** Qualité de celui qui sait se servir vite et bien de ses mains et de ses membres : *Jongler avec trois boules, cela demande beaucoup d'adresse.* — SYN. agilité, dextérité, habileté, prestesse. — CONTR. maladresse. **2.** Qualité de celui qui fait et dit ce qu'il faut pour obtenir ce qu'il veut : *Il a fait preuve de beaucoup d'adresse au cours de l'entrevue avec la directrice.* — SYN. diplomatie, finesse, habileté, souplesse, subtilité. — CONTR. gaucherie, lourdeur, maladresse.

adresser, v. ♦ **1.** Envoyer une lettre : *Ma mère a adressé une lettre recommandée au gérant de l'immeuble.* **2.** Exprimer, dire : *Il m'adressa de violents reproches.* ● *Adresser la parole à quelqu'un,* lui parler. **3.** *S'adresser à quelqu'un,* aller le trouver ou lui écrire pour demander quelque chose : *Pour obtenir cette attestation, adresse-toi au secrétaire de la directrice.* — SYN. avoir recours à.

adroit, oite, adj. ♦ Qui a de l'adresse : *Cet ouvrier est très adroit : il saura faire ce travail délicat.* ● *Un diplomate adroit.* — CONTR. maladroit, malhabile.

adulte, adj. ou n. ♦ **1.** Qui est devenu une grande personne et qui ne grandit plus : *Mon cousin a vingt-deux ans, il est adulte.* ● *Mon cousin est un adulte.* — SYN. majeur, mûr. — CONTR. enfant, adolescent. **2.** Qui ne grandit et ne grossit plus : *Mon chien a deux ans, il est adulte. Quand ce chêne sera adulte, il aura vingt mètres de hauteur.* — CONTR. jeune, petit.

advenir, v. (conjugaison 44) ♦ Arriver, se produire : *Quoi qu'il advienne, je serai toujours à vos côtés. Voici les événements qui sont advenus depuis lors.*

adverbe, n. m. ♦ Mot qui accompagne un verbe, un adjectif ou un autre adverbe pour en préciser les sens.

adverbial, ale, aux, adj. ♦ *Locution adverbiale :* groupe de mots qui joue le rôle d'un adverbe, par exemple *sans fin* dans « *Il parle sans fin* » (= il parle interminablement).

adversaire, n. m. ou f. ♦ **1.** Celui, celle contre qui on combat, contre qui on dispute un match : *Nos adversaires nous ont battus par 4 à 0.* — SYN. ennemi ; rival. **2.** Celui, celle qui est contre quelque chose : *Les adversaires de la dictature ont enfin gagné !* — CONTR. partisan, allié.

adverse, adj. ♦ Contre qui on se bat, contre qui on dispute un match : *Nous avons marqué cinq buts contre l'équipe adverse.*

adversité, n. f. ♦ Situation malheureuse : *Nous devons secourir nos amis qui sont dans l'adversité.* — SYN. détresse, difficulté, malheur. — CONTR. bonheur.

aération, n. f. ♦ Action d'aérer : *On a ouvert dans le mur des orifices d'aération.*

aéré, ée, adj. ♦ Où l'air frais entre bien, où l'air est changé souvent.

aérer, v. (conjugaison 11) ♦ Faire entrer de l'air frais, changer l'air d'un local : *J'ai ouvert toute grande la fenêtre pour aérer ma chambre.*

aérien, ienne, adj. ♦ **1.** Qui est en l'air, dans l'air, et non sur le sol ou dans la terre : *Dans les villes, pas de lignes téléphoniques aériennes, elles sont souterraines.* **2.** Qui se fait par avion : *Les transports aériens sont rapides, mais coûteux.* ● *Photo aérienne,* prise d'un avion. **3.** Léger et très gracieux : *La jeune fille avait une démarche aérienne.*

aérodrome, n. m. ♦ Terrain d'où décollent et où atterrissent les petits avions ou les avions militaires.

aérodynamique, adj. ♦ Qui a une forme diminuant la résistance de l'air et permettant d'aller très vite : *Les voitures de sport ont une carrosserie très aérodynamique.*

aérogare, n. f. ♦ **1.** Grand édifice qui fait partie d'un aéroport et qui joue le rôle d'une gare : *Avant de prendre l'avion, j'ai acheté quelques souvenirs dans les boutiques de l'aérogare.* **2.** Dans une grande ville, gare desservant un aéroport.

aéroglisseur, n. m. ♦ Véhicule qui se déplace en restant un peu au-dessus de la surface de l'eau, soutenu par de l'air projeté sous lui.

aéronaute, n. m. *ou* f. ♦ Personne qui fait un voyage en ballon, qui pilote un dirigeable.

aéronautique, adj. *ou* n. f. ♦ **1.** Qui concerne la construction ou l'utilisation des avions : *L'industrie aéronautique est très développée aux États-Unis.* **2.** *L'aéronautique :* la navigation aérienne, l'organisation des lignes aériennes et des aéroports, la construction des avions, etc.

aéroplane, n. m. ♦ Nom qu'on donnait aux premiers avions, avant la guerre de 1914-1918.

aéroport, n. m. ♦ Ensemble qui sert au trafic aérien des voyageurs et des marchandises et qui comprend un grand terrain d'aviation, des pistes, des hangars, des ateliers d'entretien, une tour de contrôle et des bâtiments (appelés *aérogare*).

aérosol, n. m. ♦ Appareil qui projette un produit liquide sous forme d'un nuage de gouttelettes extrêmement fines.

affabilité, n. f. ♦ Qualité d'une personne affable. — SYN. amabilité, aménité, courtoisie, gentillesse. — CONTR. discourtoisie, rudesse.

affable, adj. ♦ Très aimable, très poli et très accueillant : *Le directeur est très affable, il met tout de suite ses visiteurs à l'aise.* — SYN. accueillant, agréable, aimable, amène, courtois, gentil, sociable. — CONTR. désagréable, discourtois, froid, rude.

affaiblir, v. ♦ **1.** Rendre faible, plus faible, faire perdre ses forces : *La grippe a beaucoup affaibli ma tante.* ● **2.** *S'affaiblir,* perdre ses forces, devenir moins fort, moins vif : *Le soir, l'éclat du soleil s'affaiblit peu à peu.* —SYN. s'amortir, s'atténuer, diminuer, s'estomper.

affaiblissement, n. m. ♦ Action d'affaiblir ; état d'une personne ou d'une chose affaiblie.

affaire, n. f. ♦ **1.** Chose qu'on a à faire, dont on doit s'occuper : *Je n'ai pas de temps à perdre. Je dois régler tout de suite cette affaire importante.* ● *C'est mon affaire :* cela me regarde seul, les autres n'ont pas à s'en occuper. ● *C'est toute une affaire :* c'est une chose compliquée et difficile. **2.** *Avoir affaire à quelqu'un,* être en rapport avec lui pour régler une question. ● *Si tu désobéis, tu auras affaire à moi :* je te gronderai, je te punirai, etc. **3.** *Se tirer d'affaire :* se tirer d'une difficulté, d'un mauvais pas. ● *Être à son affaire :* être heureux, au milieu de choses auxquelles on s'intéresse. ● *Faire l'affaire,* être suffisant et convenir : *Je n'ai pas de stylo, mais un crayon fera l'affaire.* **4.** Événement, fait plus ou moins compliqué : *Les journaux parlent beaucoup de cette affaire d'espionnage.* **5.** Acquisition ou vente (avantageuse ou désavantageuse) : *Cette voiture d'occasion est presque neuve. C'est une bonne affaire.*

affaires, n. f. pl. ♦ **1.** Activités qui concernent un domaine particulier : *Il faut des hommes et des femmes capables pour s'occuper des affaires de l'État.* ● *Les affaires étrangères :* les relations entre un pays et les pays étrangers. **2.** Le commerce, l'industrie : *Mon oncle Henri est fonctionnaire, ma tante Pierrette est dans les affaires.* ● *Un homme, une femme d'affaires :* personne qui s'occupe de commerce, d'industrie. **3.** Objets, vêtements : *Retire tes affaires de la valise et range-les dans le placard.*

affairé, ée, adj. ♦ Qui est très occupé et qui se remue beaucoup : *Il est midi, les cuisiniers et les serveurs du restaurant sont très affairés.* — SYN. actif, occupé. — CONTR. désœuvré, oisif.

affairement, n. m. ♦ Grande activité de gens qui sont affairés. — SYN. activité, occupation. — CONTR. désœuvrement, oisiveté.

affairer (s'), v. ♦ Se remuer beaucoup pour faire son travail : *Les sauveteurs s'affairent dans les ruines du village détruit par un tremblement de terre.* — SYN. s'activer.

affaisser (s'), v. ♦ **1.** Se déformer en descendant à un niveau plus bas : *Sous le poids de la neige, le toit de la cabane s'est affaissé.* — SYN. s'ébouler, s'effondrer. **2.** Tomber, parce que les jambes se plient : *La vieille dame, prise d'un malaise, s'affaissa soudain.* — SYN. s'abattre, s'affaler, s'écrouler, s'effondrer.

affaler (s'), v. ♦ **1.** Tomber lourdement de tout son long : *Il s'est pris les pieds dans le tuyau d'arrosage et s'est affalé dans l'allée du jardin.* — SYN. s'abattre, s'affaisser, s'écrouler. **2.** *S'affaler,* s'asseoir en se laissant tomber : *Rouge et suant, le gros bonhomme s'affala sur la banquette.*

affamer, v. ♦ Faire souffrir de la faim en privant de nourriture : *Ces marchands gardaient le blé dans leurs greniers et affamaient le peuple.*

1. affectation, n. f. ♦ Manque de simplicité et de naturel : *Je n'aime pas les gens qui parlent avec affectation.* — CONTR. naturel, simplicité, spontanéité.

2. affectation, n. f. ♦ Poste auquel une personne est nommée : *Ma cousine a été nommé ambassadrice, mais elle ne connaît pas encore son affectation.*

affecté, ée, adj. ♦ Qui n'est pas simple et naturel : *Quand tu parles à tes cama-* rades, pourquoi emploies-tu ce langage affecté ? —SYN. recherché. — CONTR. naturel, simple, spontané.

1. affecter, v. ♦ Prendre une attitude par laquelle on fait semblant d'éprouver des sentiments que l'on n'éprouve pas : *Mon amie affecta alors une grande gaieté pour masquer son trouble.*

2. affecter, v. ♦ **1.** Nommer à un poste ou dans un service : *On a affecté la nouvelle secrétaire au service financier.* **2.** Réserver à une utilisation déterminée : *Le conseil municipal a affecté une somme importante à l'entretien du jardin public.* — SYN. assigner, attribuer, consacrer, destiner.

3. affecter, v. ♦ Causer beaucoup de peine : *La mort de sa femme a beaucoup affecté notre voisin.* — SYN. abattre, accabler, affliger.

1. affection, n. f. ♦ Sentiment de tendresse et d'amitié vive. — SYN. amour, attachement, tendresse.

2. affection, n. f. ♦ Maladie : *La grippe est une affection contagieuse.*

affectionner, v. ♦ Aimer particulièrement, plus qu'une autre chose : *Mon frère affectionne les lainages aux couleurs vives.*

affectueux, euse, adj. ♦ **1.** Qui éprouve facilement beaucoup d'affection : *Les enfants de santé fragile sont souvent plus affectueux que les autres.* — SYN. aimant, câlin, caressant, tendre. — CONTR. dur, froid, insensible. **2.** Qui indique de l'affection : *Un mot affectueux de ta part, de temps en temps, me ferait plaisir.*

affermir, v. ♦ Rendre plus fort : *Notre délégué de classe veut affermir son autorité.* — SYN. fortifier, renforcer. — CONTR. affaiblir.

affichage, n. m. ♦ Action d'afficher.

affiche, n. f. ♦ Feuille de papier, portant un texte ou une image, que l'on colle sur un mur ou un panneau pour donner des informations, faire de la publicité, de la propagande politique.

affilée (d'), loc. adv. ♦ De suite, sans s'arrêter : *L'oratrice a parlé pendant deux heures d'affilée.* — SYN. à la file, sans discontinuer, sans interruption.

affilé, ée, adj. ♦ Rendu très tranchant : *La bouchère a des couteaux bien affilés.*

affilier (s'), v. (conjugaison 20) ♦ S'inscrire à un organisme, à une mutuelle, à un syndicat, à un parti, etc.

affinité, n. f. ♦ Ressemblance des goûts et du caractère qui entraîne de la sympathie : *Je me sens beaucoup d'affinités avec mon camarade Louis, franc et sportif comme moi.* — SYN. attirance, sympathie.

affirmatif, ive, adj. ♦ Qui répond «oui» : *J'ai demandé à Antoine s'il viendrait et j'ai reçu une réponse affirmative.* — CONTR. négatif.

affirmation, n. f. ♦ Parole par laquelle on dit qu'une chose est vraie, qu'elle est possible, qu'elle existe : *On peut traverser le lac Ontario à la nage, dis-tu? Voilà une affirmation très discutable!* — SYN. déclaration. — CONTR. négation.

affirmative, n. f. ♦ *Répondre par l'affirmative :* donner une réponse affirmative, répondre « oui ». — CONTR. la négative.

affirmer, v. ♦ Dire avec force et assurance : *J'affirme que j'ai vu Michèle dans la salle de gymnastique. J'affirme avoir vu Michèle dans la salle de gymnastique.* — SYN. assurer, attester, certifier, déclarer, garantir, soutenir. — CONTR. nier.

affliction, n. f. ♦ Grande peine, grande tristesse. — SYN. abattement, chagrin, douleur.

affligeant, eante, adj. ♦ **1.** Très triste : *Ces champs ravagés par la grêle, quel spectacle affligeant!* — SYN. attristant, déso-

lant, pénible, triste. **2.** Très laid et très mauvais : *Cette émission de télévision est affligeante.* — SYN. déplorable, lamentable.

affliger, v. (conjugaison 16) ♦ Causer une grande peine, une grande tristesse : *La maladie de ma tante afflige beaucoup ma mère.* ● *S'affliger,* avoir beaucoup de peine : *Mon père s'afflige beaucoup de la maladie de sa sœur.*

affluence, n. f. ♦ Grand nombre de gens qui viennent ou qui sont au même endroit à la fois : *Quelle affluence à l'aéroport de Mirabel le 1er août!* — SYN. foule.

affluent, n. m. ♦ Cours d'eau qui se jette dans un autre cours d'eau.

affluer, v. (conjugaison 19) ♦ Arriver en grand nombre au même endroit, en même temps : *C'est la fête au village : les gens affluent sur la place.*

afflux [afly], n. m. ♦ Grande quantité de gens ou de choses qui arrivent au même endroit, en même temps : *Un peu avant Noël, ce magasin doit faire face à un afflux de commandes.*

affolant, ante, adj. ♦ Excessif et très inquiétant : *Soixante-cinq fautes dans ta dictée? Mais c'est affolant!* — SYN. effrayant, exorbitant, monstrueux.

affolé, ée, adj. ♦ Qui a perdu la tête sous l'effet de la peur : *Les enfants, affolés, se sauvaient dans toutes les directions.*

affolement, n. m. ♦ État de celui qui perd la tête sous l'effet de la peur : *Dans un moment d'affolement, le baigneur crut qu'il allait se noyer.* — SYN. panique. — CONTR. sang-froid.

affoler, v. ♦ Faire perdre la tête en causant une très grande peur : *Les aboiements du chien affolèrent le facteur.* ● *Allons! Ne t'affole pas, le chien n'est pas méchant.*

affranchi, ie, n. ♦ Dans l'Antiquité, personne qui, ayant été esclave, avait reçu sa liberté par une décision de son maître ou des autorités.

affranchir, v. ♦ **1.** Rendre libre un esclave : *Dans la Rome antique, un maître avait le droit d'affranchir son esclave dans les conditions prévues par la loi.* ● Libérer, délivrer : *Il faut affranchir les enfants des craintes superstitieuses.* ● *Nous devons nous affranchir de toute superstition.* — SYN. se libérer. **2. Affranchir une lettre :** coller sur l'enveloppe un timbre d'une valeur suffisante.

affranchissement, n. m. ♦ **1.** Action d'affranchir un esclave. **2.** Prix payé (sous forme de timbres collés) pour l'envoi d'une lettre, d'un paquet : *Quel est le montant de l'affranchissement pour une lettre de trente grammes ?*

affres, n. f. pl. ♦ Douleurs très grandes, angoisses : *Le pauvre homme se débattait dans les affres de la mort.*

affreux, euse, adj. ♦ **1.** Qui est très triste et très cruel : *Je viens d'apprendre une affreuse nouvelle : notre voisine est morte.* — SYN. abominable, atroce, effroyable, épouvantable, horrible, terrible. **2.** Très laid, qui dégoûte et fait peur : *La pieuvre passe bien à tort pour un animal affreux.*

affront, n. m. ♦ Acte par lequel on fâche quelqu'un gravement en lui faisant sentir qu'on le méprise : *En nous renvoyant notre cadeau, il nous a fait un affront.* — SYN. avanie, camouflet, humiliation, injure, offense, outrage. — CONTR. honneur.

affrontement, n. m. ♦ Guerre entre deux pays ou lutte dure entre deux partis, deux organisations : *Ces deux pays voisins ne s'entendent pas, cela pourrait aboutir à un affrontement.*

affronter, v. ♦ **1.** Faire face à un adversaire, pour se battre, pour lutter contre lui : *Dimanche prochain, notre club affrontera une équipe très forte.* ● Faire face à un danger, à un désagrément : *Avec ce gros pardessus, tu pourras affronter le froid !* **2. S'affronter,** se battre, entrer en lutte : *Les deux armées s'affrontèrent dans la plaine.*

affubler, v. ♦ Habiller d'une manière ridicule : *Notre voisine a affublé son fils d'un manteau à carreaux bien trop long.* — SYN. accoutrer. ● *Pour aller au carnaval de Québec, Laurent s'est affublé d'un casque de pompier et d'un pantalon bouffant.*

affût, n. m. ♦ **1.** Partie d'un canon qui supporte le tube. **2.** Endroit où l'on se cache pour attendre le gibier. **3.** *A l'affût,* en étant caché pour guetter : *Le chasseur se mit à l'affût derrière le buisson.* ● *Être à l'affût de,* attendre et guetter : *Nous sommes à l'affût des nouvelles.* — SYN. aux aguets.

affûter, v. ♦ Rendre plus coupant : *Passe-moi la pierre à aiguiser, il faut que j'affûte le couteau.* — SYN. aiguiser, repasser.

afin ♦ Ce mot ne s'emploie que dans deux locutions (exprimant le but). **1. Afin de** (suivi de l'infinitif), pour : *Dépêche-toi, afin d'arriver à l'heure.* **2. Afin que** (suivi du subjonctif), pour que : *Dépêche-toi, afin que nous arrivions à l'heure.*

africain, aine, adj. *ou* n. ♦ De l'Afrique : *Les peuples africains ont des traditions très intéressantes.* ● *Le continent africain :* l'Afrique. ● *Les Africains. Un Africain. Une Africaine.*

agaçant, ante, adj. ♦ Qui agace

agacement, n. m. ♦ État d'une personne que quelque chose agace. — SYN. énervement, exaspération, impatience, irritation.

agacer, v. (conjugaison 17) ♦ Rendre irritable et mécontent : *Ce bruit de bavardage, pendant que je travaille, m'agace beaucoup.*

âge, n. m. ♦ **1.** Nombre d'années écoulées depuis la naissance : *Quel est ton âge ?* — *Douze ans.* **2.** *Un enfant en bas âge :* un bébé. ● *L'âge tendre :* l'enfance. ● *Le bel âge :* la jeunesse. ● *A la fleur de l'âge :* au début de la jeunesse. • *Un homme d'un certain âge*, pas vieux, mais plus très jeune, par exemple âgé de cinquante à soixante ans. • *Le troisième âge :* la vieillesse. • *Atteindre un âge avancé :* vivre très vieux. **3.** *L'âge de pierre, l'âge du bronze, l'âge du fer :* les périodes successives de la préhistoire, caractérisées par l'emploi d'outils en pierre, en bronze, en fer.

âgé, ée, adj. ♦ **1.** Qui a tel âge : *Ma sœur est âgée de dix-sept ans.* **2.** Qui est vieux ou assez vieux : *Notre voisin est un homme âgé, qui marche difficilement.*

agence, n. f. ♦ Bureau qui, moyennant paiement, offre certains services (trouver un logement à louer, organiser les voyages, etc.).

agencement, n. m. ♦ Manière dont sont placés, disposés les éléments à l'intérieur d'un ensemble : *Nous allons étudier l'agencement des mots dans la phrase.* — SYN. aménagement, arrangement, combinaison, disposition.

agenda [aʒɛ̃da], n. m. ♦ Carnet ou registre sur lequel sont marqués tous les jours de l'année et sur lequel on note ce que l'on doit faire tel jour à telle heure. — SYN. calepin, carnet.

agenouiller (s'), v. ♦ Se mettre à genoux.

agent, e, n. ♦ **1.** Personne qui dirige une agence : *Grâce à cette agente d'immeubles, nous avons pu trouver un logement.* • Personne qui s'occupe de certaines affaires : *Ma cousine est agente d'assurances.* **2.** *Un agent secret* ou *un agent*, un espion : *Cette femme vient d'être arrêtée par le contre-espionnage : elle était une agente ennemie.* **3.** *Un agent de police* ou *un agent :* policier en uniforme qui exerce ses fonctions dans une ville. **4.** Employé de certaines entreprises publiques : *Les agents du Canadien Pacifique se sont mis en grève.* **5.** Ce qui agit en provoquant certains effets : *Ce microbe est l'agent de la tuberculose.* **6.** *Complément d'agent,* nom qui indique par qui ou par quoi

l'action a été faite, quand le verbe est au passif ; par exemple *le chien* est complément d'agent dans la phrase : *Le facteur a été mordu par le chien.*

agglomération, n. f. ♦ **1.** Concentration d'habitations qui constitue un village, une petite ville ou une grande ville. — SYN. cité, localité, ville. **2.** Ensemble de municipalités dont le territoire est bâti et forme un bloc : *L'agglomération montréalaise* (= Montréal et sa banlieue) *compte trois millions d'habitants.*

aggloméré, n. m. ♦ Matériau fait de sciure et de tout petits morceaux de bois, le tout étant lié par de la colle : *La porte du placard est en aggloméré.* • Matériau constitué par des blocs de ciment dans lesquels sont pris des cailloux : *Les murs du garage sont en aggloméré.*

agglomérer (s'), v. (conjugaison 11) ♦ Se serrer et se coller en une seule masse : *Le paquet de pâtes est resté trop longtemps à l'humidité, les nouilles se sont agglomérées !* — SYN. s'agglutiner, se coller.

agglutiner (s'), v. ♦ **1.** Se coller et former une seule masse : *Ce riz colle : les grains se sont agglutinés.* — SYN. s'agglomérer, se coller. **2.** S'assembler en un groupe serré : *Les enfants s'agglutinaient devant la vitrine du marchand de jouets.* — SYN. s'attrouper, se masser, se rassembler, se réunir. — CONTR. se disperser.

aggravant, ante, adj. ♦ *Circonstance aggravante,* fait qui entraîne une peine plus sévère pour celui qui a commis un délit ou un crime : *Le voleur était armé : c'est une circonstance aggravante.* — CONTR. atténuant.

aggraver, v. ♦ **1.** Rendre plus grave, plus dangereux : *Ne sors pas : le froid pourrait aggraver ta grippe.* • *S'aggraver,* devenir plus grave : *Attention ! Ta grippe risque de s'aggraver !* — SYN. empirer. — CONTR. s'améliorer. **2.** Rendre plus fort, augmenter : *Ces mesures maladroites aggravèrent le mécontentement de la population.*

agrandir

agile, adj. ◆ Qui sait se servir de ses membres avec souplesse et agilité : _Julien était agile : en un instant, il grimpa sur le mur._ — SYN. adroit, alerte, habile, léger, leste, souple. — CONTR. lourd.

agilité, n. f. ◆ **1.** Qualité d'une personne ou d'un animal agile. **2.** _Agilité d'esprit :_ qualité de ceux qui ont l'esprit fin et rapide. — SYN. vivacité d'esprit. — CONTR. lourdeur d'esprit.

agir, v. ◆ **1.** Faire quelque chose : _Nous parlons, nous parlons, Messieurs, nous ferions mieux d'agir !_ **2.** Se conduire : _Bravo ! Tu as agi en garçon honnête et courageux !_ **3.** Produire son effet : _Tu as pris du sirop contre la toux, il va agir vite._ **4.** _Il s'agit de,_ il est question de : _Explique-moi de quoi il s'agit._

agissements, n. m. pl. ◆ Actions malhonnêtes et blâmables : _Les agissements de cet escroc ont pris fin : il est en prison._

agitateur, trice, n. ◆ Personne qui pousse les gens à se révolter, à manifester, à faire grève, etc. — SYN. meneur.

agitation, n. f. ◆ **1.** Ensemble des mouvements, des allées et venues de personnes qui se remuent beaucoup de façon plus ou moins désordonnée : _Quelle agitation dans la cour de l'école, au moment de la récréation !_ — SYN. animation, effervescence, excitation, grouillement, remue-ménage, va-et-vient. — CONTR. calme, paix, tranquillité. **2.** Ensemble d'actions politiques telles que grèves, manifestations, émeutes : _Le gouvernement était impopulaire, il y avait de l'agitation chez les ouvriers et les paysans._ — SYN. contestation, désordre, effervescence, troubles.

agité, ée, adj. ◆ **1.** Qui est en mouvement, de manière violente : _Aujourd'hui, pas de promenade en bateau, la mer est trop agitée._ — SYN. démonté. — CONTR. calme. **2.** Qui se remue de manière plus ou moins désordonnée : _Cette fille est trop agitée, elle me fatigue._

agiter, v. ◆ **1.** Remuer dans tous les sens : _Le vent violent agite les branches._ **2.** _S'agiter :_ se remuer beaucoup en allant et en venant, en faisant beaucoup de choses de manière désordonnée. — SYN. s'affairer, aller et venir, bouger, se démener, remuer.

agneau, n. m. ◆ Petit de la brebis.

agonie, n. f. ◆ **1.** Moment qui précède la mort d'un malade, d'un blessé : _L'agonie du vieillard fut longue et douloureuse._ ● _Le vieillard était à l'agonie._ **2.** Période de faiblesse qui précède la fin d'une chose : _Vers 450, l'Empire romain était à l'agonie._

agoniser, v. ◆ Être sur le point de mourir, lutter contre la mort : _Le vieillard agonisait sur un lit d'hôpital._

agora, n. f. ◆ Dans l'Antiquité grecque, place publique sur laquelle se tenaient les marchés, les réunions politiques, etc.

agrafe, n. f. ◆ **1.** Chacun des petits crochets qui servent à fermer un vêtement. **2.** Petit crochet qui sert à attacher des feuilles de papier et que l'on pose au moyen d'une agrafeuse. **3.** Crochets fins, en métal, qui servent à maintenir une plaie fermée.

agrafer, v. ◆ Attacher avec des agrafes : _Il faut agrafer ces deux feuilles de papier._

agrafeuse, n. f. ◆ Instrument qui sert à agrafer des feuilles de papier.

agraire, adj. ◆ **1.** _Unité agraire,_ unité de surface qui sert à exprimer la superficie des champs, des terres : _L'hectare est une unité agraire._ **2.** _Réforme agraire,_ ensemble de lois (_lois agraires_) par lesquelles on décide de distribuer aux paysans pauvres les grands domaines des riches propriétaires : _En 1936, on fit une réforme agraire au Mexique._

agrandir, v. ◆ Rendre plus grand : _On va construire un nouveau bâtiment pour agrandir notre école._ ● _Notre école va s'agrandir._ — SYN. se développer, s'étendre.

agrandissement

agrandissement, n. m. ♦ **1.** Action d'agrandir. — SYN. développement, extension. **2.** Reproduction en plus grand d'une photographie. — CONTR. réduction.

agréable, adj. ♦ **1.** Qui fait plaisir : *J'ai passé des vacances très agréables.* — SYN. attrayant, bon. — CONTR. désagréable. **2.** Beau, joli : *Ces teintes douces sont très agréables. Elles sont agréables à regarder.* — SYN. charmant, exquis, ravissant. **3.** Sympathique, gentil : *Notre nouvelle voisine est une femme très agréable.* — SYN. charmant. — CONTR. désagréable, déplaisant.

agréer, v. (conjugaison 19) ♦ **1.** Accepter : *Je vous prie d'agréer, Monsieur, mes salutations respectueuses.* **2.** Répondre favorablement en accordant ce qui est demandé : *La directrice a bien voulu agréer ma demande.* — SYN. accepter, accueillir, admettre. — CONTR. refuser, rejeter, repousser. **3.** Plaire, être bien accueilli : *Cette idée de promenade agréera à tout le monde.*

agréger, v. (conjugaison 18) ♦ Unir en un tout en collant ensemble : *La pression a agrégé les grains de sable en une masse compacte.*

agrément, n. m. ♦ **1.** Caractère de ce qui est agréable, beau, joli : *Ce parc ombragé a beaucoup d'agrément.* **2.** Plaisir qu'on prend à quelque chose : *J'ai trouvé beaucoup d'agrément à cette soirée récréative.* **3.** Autorisation : *Pour faire abattre cette cloison, il me faut l'agrément de ma propriétaire.* — SYN. acceptation, accord, approbation, autorisation, consentement, permission. — CONTR. interdiction, refus.

agrémenter, v. ♦ Rendre plus beau, plus intéressant en ajoutant quelque chose : *Vous avez eu raison d'agrémenter votre rédaction de détails amusants.* — SYN. décorer, orner, parer.

agrès [agrɛ], n. m. pl. ♦ **1.** Appareils de gymnastique, tels que la barre fixe, les barres parallèles, les anneaux, etc. **2.** Les vergues, les voiles, les cordages, etc. d'un bateau. — SYN. gréement.

agresser, v. ♦ Attaquer : *Un voyou a agressé notre professeur de judo pour lui prendre son portefeuille.* — SYN. attaquer.

agresseur, n. m. ♦ Celui qui attaque ou qui a attaqué quelqu'un : *L'agresseur du professeur de judo est à l'hôpital, il a un bras cassé.* — REM. Ce mot n'a pas de féminin officiel, mais on peut former agresseuse.

agressif, ive, adj. ♦ Qui est porté à attaquer les autres, par des paroles ou par des actes, sans raison. — SYN. batailleur, belliqueux, méchant, querelleur. — CONTR. doux, pacifique, paisible.

agression, n. f. ♦ Action d'attaquer quelqu'un : *Le voyou qu'on vient d'arrêter avait commis plusieurs agressions contre des passants isolés.*

agressivité, n. f. ♦ Caractère ou attitude de celui qui attaque les autres, par des paroles ou par des actes, sans raison. — SYN. brutalité, combativité, méchanceté. — CONTR. douceur, placidité.

agreste, adj. ♦ Qui est particulier à la campagne : *J'aime le charme agreste des vallées verdoyantes.* — SYN. champêtre, rustique.

agricole, adj. ♦ Qui concerne l'agriculture : *Les machines agricoles* (tracteurs, moissonneuses, etc.) *servent aux travaux agricoles* (labourage, moisson, etc.).

agriculteur, trice, n. ♦ Personne qui cultive la terre, élève du bétail. — SYN. cultivateur, exploitant, fermier, métayer, paysan, propriétaire rural, éleveur.

agriculture, n. f. ♦ Culture de la terre, et aussi élevage du bétail.

agripper, v. ♦ Attraper vite, en serrant fort : *Je glissais : j'ai agrippé la première branche que j'ai trouvée.* ● *S'agripper :* s'accrocher en attrapant quelque chose et en serrant fort. — SYN. s'accrocher, se cramponner, se suspendre, se tenir.

agrumes, n. m. pl. ♦ Les citrons, les oranges, les mandarines, les clémentines, les pamplemousses.

aguerri, ie, adj. ♦ Entraîné et capable de supporter la fatigue, le froid, etc., d'affronter le danger.

aguerrir, v. ♦ Habituer à supporter une chose pénible (fatigue, froid, danger, etc.) : *La vie rude des Abitibiens les a aguerris contre le froid.* ● *Elle fait du sport en plein air, l'hiver, pour s'aguerrir.* — SYN. s'accoutumer, s'endurcir, s'entraîner, s'habituer, se préparer.

aguets, loc. adv. ♦ *Aux aguets,* en train de guetter quelqu'un ou quelque chose : *Nous nous mîmes aux aguets derrière le mur du jardin, pour surprendre le voleur de pommes.* — SYN. à l'affût.

aguichant, ante, adj. ♦ Qui attire, qui séduit : *Cet homme avait un air aguichant.* — SYN. attirant, charmant, engageant, séduisant.

ah! interj. ♦ Cri de joie, de douleur, d'étonnement, etc. : *Ah! Quelle bonne nouvelle! Ah! que j'ai mal! Ah! il est revenu, alors?*

ahuri, ie, adj. *ou* n. ♦ 1. A la fois bête et étonné : *Mais enfin, ne reste pas là à me regarder d'un air ahuri!* 2. *Un ahuri (une ahurie),* une personne à la fois distraite et pas très avisée : *Regarde-moi cet ahuri qui stationne au milieu de la route!* — SYN. un(e) imbécile. — REM. Ce mot est familier.

ahurissant, ante, adj. ♦ Très étonnant, qui laisse dans un état tel qu'on ne sait quoi répondre. — SYN. confondant, déconcertant, étourdissant, surprenant.

ahurissement, n. m. ♦ Grand étonnement.

1. aide, n. f. ♦ Action par laquelle on unit ses efforts à ceux d'une autre personne pour qu'elle puisse faire quelque chose : *J'ai besoin de ton aide. Apporte-moi ton aide. A*

l'aide! ● *Venir en aide à quelqu'un,* l'aider, le secourir : *Cette œuvre charitable vient en aide aux clochards.* ● *A l'aide de,* au moyen de, en se servant de : *J'ai serré l'écrou à l'aide d'une clé à molette.*

2. aide, n. m. *ou* f. ♦ Personne qui en aide une autre : *Le maçon a besoin d'un aide pour lui passer les briques.* ● *Un aide-infirmièr.* ● *Un aide familial.*

aide-mémoire, n. m. inv. ♦ Petit livre qui contient des résumés, des formules, etc. : *Pour tes révisions, je te prêterai mon aide-mémoire de mathématiques.*

aider, v. ♦ 1. Unir ses efforts à ceux d'une autre personne, pour qu'elle puisse faire quelque chose : *Va donc aider ta sœur à ranger ses livres.* — SYN. assister, collaborer avec, seconder. 2. Secourir d'une manière quelconque, par exemple en donnant de l'argent : *Le gouvernement veut aider les agriculteurs sinistrés.* — SYN. assister, faire quelque chose pour, secourir, subventionner.

aïe! [aj], interj. ♦ Cri de douleur : *Aïe! Je me suis cogné à la table!*

aïeul, aïeule, n. ♦ Grand-père, grand-mère : *Il était né à Rimouski, mais son aïeul était breton et son aïeule était normande.* — PLUR. des aïeuls, des aïeules.

aïeux [ajø], n. m. pl. ♦ Les gens dont on descend, les ancêtres : *Nos aïeux du Moyen Age avaient une vie plus rude que la nôtre.*

aigle, n. m. *ou* f. ♦ 1. Grand oiseau de proie : *Un grand aigle planait dans le ciel. Une grande aigle* (= aigle femelle) *apportait une proie à ses petits.* 2. *Une aigle :* enseigne militaire romaine surmontée d'un aigle en métal.

aiglon, n. m. ♦ Petit de l'aigle.

aigre, adj. *ou* n. m. ♦ 1. Qui a un goût acide, piquant et désagréable : *La bouteille est débouchée depuis un mois, le vin est devenu aigre.* 2. Dur et méchant : *Elle m'a*

aigre

adressé d'aigres reproches. ● *Tourner à l'ai-gre,* dégénérer en devenant méchant : *Il va-lait mieux arrêter le débat : la discussion tournait à l'aigre.* **3. Vent aigre,** froid, fort, qui mord la peau : *Sans arrêt soufflait une aigre bise de décembre.* — SYN. coupant, glacé, glacial, mordant, piquant.

aigrelet, ette, adj. ♦ Qui est un peu acide, mais pas forcément désagréable : *Ce sirop a un goût aigrelet, que j'aime bien.* — SYN. acidulé.

aigrette, n. f. ♦ **1.** Groupe de plumes que certains oiseaux ont sur la tête. **2.** Grou-pe de plusieurs plumes qui sert d'ornement à un chapeau, à une toque, etc.

aigreur, n. f. ♦ **1.** Goût acide de ce qui est aigre. — SYN. acidité, âcreté, âpreté. — CONTR. douceur. **2.** Dureté et méchanceté : *Il me répondit avec aigreur.* — SYN. hargne, méchanceté.

aigri, ie, adj. *ou* n. m. ♦ Qui n'est pas heureux et qui est devenu désagréable, ja-loux, méchant.

aigrir, v. ♦ **1.** Devenir aigre : *Le lait a aigri* ou *le lait s'est aigri.* — SYN. s'altérer, se piquer. **2.** Rendre aigre : *La chaleur a aigri le lait.* — SYN. altérer, faire tourner. **3.** Ren-dre désagréable, jaloux, méchant : *Les dé-ceptions et les injustices ont aigri ce mal-heureux.* — SYN. remplir d'amertume.

aigu, aiguë [egy, egy], adj. ♦ **1.** Poin-tu : *Le clocher est surmonté d'une flèche aiguë.* **2. Angle aigu,** plus petit qu'un angle droit. — CONTR. obtus. **3. Accent aigu,** qui se place sur la lettre *e* et qui indique qu'elle se prononce [e]. — REGARDER grave, circon-flexe. **4.** Qui fait souffrir beaucoup : *La carie des dents peut provoquer des douleurs aiguës.* — SYN. cruel, déchirant, intense, vif, violent. **5. Crise aiguë,** vive, forte, mais qui ne dure pas très longtemps : *En ce moment, mon grand-oncle a une crise aiguë de rhu-matisme.* — CONTR. état chronique. **6.** Très fort, qui perce les oreilles : *L'enfant, furieuse, se mit à pousser des cris aigus.* — SYN. per-çant, strident. — CONTR. assourdi, sourd.

7. Voix aiguë, haute, comme celle des enfants, des femmes. (Les hommes ont une voix plus grave.) ● **Note aiguë,** haute.

aiguillage, n. m. ♦ Système qui per-met à un train de passer d'une voie à une autre et qui comprend une portion de rail mobile.

aiguille, n. f. ♦ **1.** Tige d'acier poin-tue, qui sert à coudre. ● *Des travaux d'ai-guille :* des travaux tels que la couture, la broderie, la tapisserie, etc. ● Tige qui sert à tricoter : *Une paire d'aiguilles à tricoter.* **2.** Tige d'acier pointue et creuse qui s'adapte à une seringue et sert à faire les piqûres. **3.** Tige qui se déplace sur le cadran d'une montre, d'une horloge, d'un instrument. **4.** Chacune des feuilles dures, fines et poin-tues de certains arbres : *Les aiguilles des sapins, tombées à terre, ne pourrissent pas et forment un épais tapis.*

aiguiller, v. ♦ **1.** Diriger un train sur une voie en manœuvrant un aiguillage : *Le chef de gare fit aiguiller le train sur la voie n°4.* **2.** Diriger vers une activité, un genre d'études, etc. : *On a aiguillé mon frère sur l'enseignement technique.* — SYN. diriger, orienter.

aiguilleur, n. m. ♦ Employé chargé de la manœuvre d'un aiguillage de chemin de fer. ● *Les aiguilleurs du ciel :* ceux qui, à terre, donnent par radio aux avions les indi-cations sur la route à suivre, pour assurer la sécurité du trafic aérien.

aiguillon, n. m. ♦ **1.** Long bâton, muni d'une pointe de fer, avec lequel on piquait les bœufs pour les faire avancer plus vite. ● Ce qui donne envie de faire quelque chose. — SYN. encouragement, incitation, stimulant. **2.** Petite pointe que les guêpes, les abeilles (et quelques autres insectes) ont à l'arrière de l'abdomen et avec laquelle elles piquent. — SYN. dard.

aiguillonner, v. ♦ Pousser à agir, à réussir, à vaincre : *Le désir de terminer en tête du championnat aiguillonne notre équi-pe.* — SYN. animer, encourager, inciter, pous-ser, stimuler.

aiguiser [egɥize], v. ♦ Rendre plus coupant : _Avant de couper la viande, le boucher aiguise son couteau en le passant sur une pierre._

aïkido [ajkido], n. m. ♦ Sport de combat, d'origine japonaise.

ail, n. m. ♦ **1.** Plante potagère. **2.** Le bulbe de cette plante, qui sert à donner du goût à la salade, au gigot, etc. — PLUR. _des ails_ ou _des aulx._

aile, n. f. ♦ **1.** Chacune des parties du corps des oiseaux, des chauves-souris, des insectes, qui leur servent à voler. ● _Voler de ses propres ailes :_ être capable d'agir, de se tirer d'affaire tout seul, sans l'aide de personne. **2.** Chacune des parties d'un avion, planes et horizontales, qui lui permettent de se soutenir en l'air. ● _Aile libre :_ Deltaplane. **3.** Châssis garni de toile qui tournait sous l'action du vent et faisait marcher un moulin à vent. **4.** Partie de la carrosserie d'une voiture située au-dessus d'une roue. **5.** Chacune des parties d'un bâtiment qui s'étendent de chaque côté de la partie centrale d'un édifice. **6.** Partie d'une armée qui se trouve à l'extrémité de la ligne de bataille. ● Partie droite ou gauche de la ligne d'attaque d'une équipe.

ailé, ée, adj. ♦ Qui a des ailes : _Un insecte ailé._

aileron, n. m. ♦ **1.** Volet mobile à l'extrémité de l'aile d'un avion : _Pour amorcer son virage, la pilote ouvrit les ailerons._ **2.** L'extrémité de l'aile d'un oiseau. **3.** Nageoire de certains poissons, notamment des requins.

ailette, n. f. ♦ **1.** Chacune des lames fixées autour d'une roue de turbine. — SYN. aube. **2.** Chacune des lames qui sont placées à l'arrière de certains projectiles et qui servent à rendre la trajectoire plus stable.

ailier, n. m. ♦ Au soccer, chacun des deux avants jouant le plus à droite ou le plus à gauche.

ailleurs, adv. ♦ **1.** A un autre endroit : _Allez donc jouer ailleurs. Vous pourriez bien jouer ailleurs que dans le jardin._ ● _D'ailleurs,_ d'un autre endroit, d'un autre pays : _Ce ne sont pas des habitants de notre ville, ce sont des gens d'ailleurs._ **2.** _D'ailleurs,_ en outre, en plus, de toute façon : _Je suis fatigué, je n'irai pas me promener ; d'ailleurs, il pleut._

aimable, adj. ♦ Qui se conduit avec gentillesse : _Tâche d'être aimable envers ta nouvelle camarade._ — SYN. affable, amène, charmant, courtois, gracieux, obligeant. — CONTR. désagréable, discourtois, grognon, hargneux, désobligeant.

1. aimant, ante, adj. ♦ Qui est très porté à aimer son entourage. — SYN. affectueux, câlin, caressant, tendre. — CONTR. froid, insensible.

2. aimant, n. m. ♦ Pièce en acier, souvent en forme de fer à cheval, qui attire le fer et l'acier.

aimanter, v. ♦ Frotter contre un aimant une pièce d'acier pour lui donner le pouvoir d'attirer le fer et l'acier : _Voici une tige d'acier : nous allons l'aimanter en la frottant contre le gros aimant._

aimer, v. ♦ **1.** Avoir pour une personne, un animal ou une chose un sentiment d'affection, d'attachement : _Tous les enfants aiment leur mère. Jacqueline aime beaucoup son chat. Mon oncle aime tellement son village qu'il ne voudrait pas vivre ailleurs._ — CONTR. détester, haïr. **2.** Éprouver de l'amour, de la passion pour quelqu'un : _Dès qu'il vit cette femme, il l'aima follement._ — SYN. adorer, être amoureux de, être épris de. **3.** Trouver du plaisir à manger, à regarder, à faire, etc., quelque chose : _Je n'aime pas les carottes, mais j'aime beaucoup les petits pois. Ma sœur aime la lecture. Elle aime lire._ ● _Aimer mieux,_ préférer : _J'aime mieux le sport que la lecture. J'aime mieux nager et courir que lire._ **5.** Désirer, souhaiter, vouloir : _J'aime qu'on soit franc avec moi._

aine, n. f. ♦ Région du corps entre la cuisse et le bas-ventre.

aîné, ée, adj. *ou* n. ♦ **1.** Qui est le plus âgé, parmi plusieurs frères et sœurs : *C'est la fille aînée qui a succédé à son père dans son métier de boulanger.* — CONTR. cadet. ● *Olivier est l'aîné d'une famille de quatre enfants.* — CONTR. le benjamin. **2.** Celui qui est plus âgé qu'une autre personne : *Mon amie Line est mon aînée de deux ans.* ● *Nos aînés :* les personnes qui sont plus âgées que nous, ou plus anciennes dans un métier.

ainsi, adv. ♦ **1.** De cette façon : *Je prends un imperméable, ainsi je ne me mouillerai pas.* ● *La fête est prévue ainsi : à 10 heures, défilé, à 11 heures, concert.* ● *Pour ainsi dire,* presque : *Sabine va mieux, elle est pour ainsi dire guérie.* **2.** Donc, puisque les choses sont comme cela : *Tu savais que ce sac n'était pas à toi ; ainsi, tu es une petite voleuse !* **3.** *Ainsi que,* comme : *La fièvre est tombée, ainsi que le médecin l'avait prévu.* ● *Ainsi que,* comme (unit deux noms) : *Marcel, ainsi que Louis, sera invité. Marcel ainsi que Louis seront invités* (= Marcel et Louis seront invités). — REM. Quand deux sujets sont unis par *ainsi que,* s'il y a des virgules, l'accord se fait avec le premier sujet ; s'il n'y a pas de virgules, l'accord se fait avec les deux sujets (verbe au pluriel).

1. air, n. m. ♦ **1.** Mélange d'oxygène, d'azote et de divers gaz, qui entoure la Terre et que nous respirons : *Le vent ? C'est tout simplement de l'air en mouvement.* ● *Courant d'air :* vent qui peut se produire dans une salle quand deux portes ou deux fenêtres sont ouvertes en même temps. ● *En plein air :* en dehors d'un bâtiment. ● *Le grand air :* l'air qu'on respire dehors, dans les espaces dégagés, à la campagne, etc. ● *Prendre l'air :* sortir dans la rue, dans la cour, etc., pour respirer l'air du dehors. **2.** L'espace qui est au-dessus du sol, plus ou moins haut : *Il jeta son chapeau en l'air en signe de joie.* ● *Les transports par air,* par avion. ● *L'armée de l'air :* l'aviation militaire. ● *Le mal de l'air :* les malaises qu'on éprouve en avion.

2. air, n. m. ♦ **1.** Aspect, attitude, expression du visage d'une personne : *Avec* son chapeau cabossé, sa barbe sale et ses vêtements troués, ce bonhomme avait un drôle d'air. **2.** *Avoir l'air,* sembler, paraître : *Julie avait l'air revêche, mais elle était gentille. Ce rôti a l'air délicieux !* **3.** *(Avoir) l'air, un air,* avoir telle expression, telle attitude : *Marinette avait l'air gracieux et intelligent qu'ont les filles de son pays. Margot avait l'air craintif des enfants malheureux. Notre nouvelle camarade, Gilberte, a un air espiègle.*

3. air, n. m. ♦ Musique sur laquelle on chante une chanson : *Les paroles de cette chanson sont insignifiantes, mais l'air est charmant.* — SYN. mélodie.

airain, n. m. ♦ Synonyme poétique ou littéraire de « bronze ».

aire, n. f. ♦ **1.** Surface de terre durcie sur laquelle, autrefois, on mettait le blé pour le battre au fléau. **2.** Surface : *Sais-tu calculer l'aire d'un triangle ?* — SYN. superficie, surface. **3.** Surface, terrain qui sert à un usage particulier : *Pour changer la roue, nous nous sommes arrêtés sur l'aire de stationnement de l'autoroute.* **4.** Nid de l'aigle et de quelques autres oiseaux de proie.

airelle, n. f. ♦ Baie rouge ressemblant à une myrtille, au goût acidulé, qu'on sert souvent en compote ou en confiture pour accompagner des viandes, particulièrement le gibier.

aisance, n. f. ♦ **1.** Qualité de celui qui n'est pas embarrassé, intimidé. — SYN. assurance, facilité, grâce, le naturel. — CONTR. gaucherie, lourdeur, maladresse. **2.** État de celui qui a assez d'argent pour vivre sans se priver : *Il n'est pas très riche, mais il vit dans l'aisance.* — CONTR. gêne, pauvreté.

1. aise, n. f. ♦ **1.** *Être à l'aise,* dans une position commode ou confortable : *Asseyez-vous devant la table, vous serez plus à l'aise pour écrire.* **2.** *Se mettre à l'aise :* se débarrasser des vêtements qui gênent (manteau, imperméable). **3.** *A l'aise, à son aise,* qui n'est pas embarrassé, intimidé : *Cette fille*

n'est pas timide ; elle est à son aise partout.
● *Mettre quelqu'un à l'aise,* le rendre moins timide, plus hardi : *Le directeur s'est montré très gentil, il m'a bien reçu et m'a tout de suite mis à l'aise.* ● *Être mal à l'aise, mal à son aise :* être embarrassé, intimidé.

2. aise, adj. ◆ *Être bien aise, tout aise, fort aise de quelque chose,* en être bien content, bien heureux : *Tu as reçu des compliments? J'en suis bien aise !*

aisé, ée, adj. ◆ **1.** Facile à faire. — SYN. élémentaire, enfantin, simple. — CONTR. difficile, malaisé. **2.** Qui a assez d'argent pour vivre sans se priver : *Nos voisins sont de hauts fonctionnaires, ce sont des gens aisés.* — SYN. assez riche. — CONTR. gêné, pauvre.

aisément, adv. ◆ Facilement. — CONTR. difficilement, malaisément.

aisselle, n. f. ◆ Le creux situé sous le bras, à l'articulation de l'épaule.

ajonc [aʒɔ̃], n. m. ◆ Arbuste épineux, à fleurs jaunes, qui pousse sur les landes en France : *Qu'elle est belle, la Bretagne, au printemps, quand les ajoncs étendent leur broderie dorée sur la lande !* — REM. Ne confondez pas avec *jonc.*

ajouré, ée, adj. ◆ Percé d'ouvertures découpées comme une dentelle : *J'ai admiré la façade ajourée de la cathédrale gothique.*

ajourner, v. ◆ Décider qu'une chose n'aura pas lieu à la date prévue, mais plus tard, un autre jour : *A cause de la neige, on a ajourné le match.* — SYN. remettre, renvoyer, reporter.

ajouter, v. ◆ **1.** Mettre quelque chose en plus : *La citronnade est trop acide, ajoute un peu de sucre.* ● Dire en plus : *Elle partit en ajoutant que ce n'était qu'un au revoir.* ● *S'ajouter,* venir, se produire en plus d'autre chose : *La fatigue et le surmenage s'ajoutaient à la maladie.* **2.** Additionner : *Ajoute 12 à 29, tu obtiens 41.* — CONTR. retrancher, soustraire.

ajustage, n. m. ◆ Action d'ajuster des pièces mécaniques, c'est-à-dire de les travailler avec des outils ou des machines pour leur donner les dimensions exactes nécessaires, par exemple au dixième de millimètre.

ajusté, ée, adj. ◆ *Vêtement ajusté,* qui suit de très près la ligne du corps, qui est étroit. — SYN. collant, étroit. — CONTR. ample, flottant, large.

ajuster, v. ◆ **1.** Assembler et fixer (des éléments qui s'emboîtent) : *Il faut ajuster la brosse à tapis au tuyau de l'aspirateur.* — SYN. adapter, appliquer, assembler, fixer, joindre, monter sur. **2.** Retoucher un vêtement pour qu'il soit bien à la taille de quelqu'un : *Ma robe tombe mal, je vais la donner au couturier pour qu'il l'ajuste.* **3.** Prendre pour cible en mettant le fusil dans la direction voulue : *Le grand chasseur ajusta la perdrix, tira... et manqua son coup.* — SYN. coucher en joue, pointer son arme sur, viser.

ajusteur, n. m. ◆ Ouvrier qui fait l'ajustage des pièces métalliques.

alambic, n. m. ◆ Appareil à distiller qui sert à extraire d'un liquide (par exemple du vin) un autre liquide (par exemple de l'eau-de-vie).

alarmant, ante, adj. ◆ Qui inquiète beaucoup. — SYN. inquiétant, préoccupant. — CONTR. rassurant.

alarme, n. f. ◆ **1.** Action d'avertir de l'approche de l'ennemi, ou action d'avertir qu'un danger menace : *Voyant approcher les soldats ennemis, la sentinelle donna l'alarme.* ● *Signal d'alarme :* signal qui avertit qu'il y a un danger. **2.** Inquiétude très vive : *Ma sœur a été très malade ; elle va mieux, mais quelle chaude alarme !* — SYN. une alerte, inquiétude.

alarmer, v. ◆ Inquiéter très vivement : *La maladie de ma sœur nous a alarmés.* ● *Ma sœur va mieux, nous nous sommes alarmés pour rien.* — SYN. affoler, effrayer, faire peur, inquiéter.

albâtre

albâtre, n. m. ♦ Pierre blanche qui sert à faire des statuettes, des vases.

albatros [albatʀos], n. m. ♦ Grand oiseau de mer, très vorace, aux ailes très longues.

albigeois, eoise, n. ♦ *Les albigeois :* au Moyen Age, hérétiques du Languedoc appelés aussi « Cathares ». ● *La croisade des albigeois :* expédition, dirigée contre les albigeois, à laquelle prirent part les seigneurs de diverses régions françaises.

album [albɔm], n. m. ♦ **1.** Livre aux pages non imprimées sur lesquelles on colle des photographies, des timbres, etc. **2.** Grand livre où il y a surtout des illustrations. **3.** Pochette avec des disques.

alchimie, n. f. ♦ Chimie du Moyen Age, dans laquelle des pratiques magiques et des croyances irrationnelles se mêlaient à des techniques artisanales sans fondements scientifiques.

alchimiste, n. m. ♦ Autrefois, celui qui était très savant en alchimie : *Les alchimistes essayaient de découvrir la « pierre philosophale » qui était supposée pouvoir transformer les métaux ordinaires en or.*

alcool [alkɔl], n. m. ♦ **1.** Substance liquide incolore, au goût brûlant, qui sert à désinfecter, à nettoyer. ● Cette substance, contenue dans le vin, la bière, le cidre, les apéritifs, l'eau-de-vie, etc. : *L'alcool est dangereux pour la santé.* **2.** *Un alcool :* Une eau-de-vie telle que le cognac, l'armagnac, le whisky, etc. **3.** *Alcool à brûler* ou *alcool :* liquide (différent de *l'alcool* au sens 1) qui sert de combustible. ● *Un réchaud à alcool.*

alcoolique [alkɔlik], adj. *ou* n. ♦ **1.** Qui contient naturellement de l'alcool : *Le vin, la bière, le rhum sont des boissons alcooliques.* **2.** Qui boit trop d'alcool : *Dans cet hôpital, on essaie de guérir les alcooliques.*

alcoolisé, ée [alkɔlize], adj. ♦ *Boisson alcoolisée,* qu'on prépare en ajoutant de l'alcool à autre chose (eau par exemple) : *Le grog est une boisson alcoolisée.*

alcoolisme [alkɔlism], n. m. ♦ Habitude de boire trop d'alcool : *L'alcoolisme est la cause de nombreuses maladies.*

alcootest [alkɔtest], n. m. ♦ Petit appareil dans lequel on souffle et qui permet de voir si quelqu'un a bu trop d'alcool.

alentour, adv. ♦ Autour : *Le village est situé près de la rivière, les prés s'étendent alentour.*

alentours, n. m. pl. ♦ Les endroits qui s'étendent autour d'un lieu : *Allons nous promener, vous visiterez les alentours de la petite ville.* ● *Aux alentours de,* dans les environs de : *Il y a plusieurs fermes aux alentours du village.*

1. alerte, adj. ♦ Capable de marcher vite et bien, de se mouvoir avec facilité : *Notre voisin a soixante-quinze ans, mais il est encore très alerte.* — SYN. agile, fringant, leste, vif. ● *Un esprit alerte :* un esprit qui comprend vite et facilement.

2. alerte, n. f. ♦ **1.** Signe qui annonce la possibilité d'un danger : *Philippe est peureux comme un lièvre : à la moindre alerte, il est prêt à s'enfuir !* ● *Donner l'alerte :* avertir d'un danger. — SYN. donner l'alarme, alerter, avertir, prévenir. **2.** Moment pendant lequel il y a danger de bombardement par les avions ennemis : *En temps de guerre, tout le monde doit descendre à l'abri pendant l'alerte.* **3.** *En état d'alerte :* prêt à agir tout de suite, s'il le faut : *Il y a danger de guerre, les troupes sont en état d'alerte.*

alexandrin, n. m. ♦ Vers de douze syllabes : *«Ici gronde la mer aux vagues écumantes».* Ce vers de Lamartine est un alexandrin.

algèbre, n. f. ♦ Partie des mathématiques dans laquelle les nombres sont représentés par des lettres : *Voici une formule d'algèbre :* $ax + bx = x (a + b)$.

algérien, ienne, adj. *ou* n. ♦ Du pays d'Afrique appelé «Algérie» : *Bejaia et Annaba sont des villes algériennes.* ● *Les Algériens. Un Algérien. Une Algérienne.*

algue, n. f. ♦ Plante qui pousse sur le fond de la mer, des rivières et des lacs.

alibi, n. m. ♦ Preuve qu'un accusé ou un suspect se trouvait ailleurs qu'à l'endroit du crime ou du délit, au moment où le crime ou le délit a été commis.

aliénation, n. f. ♦ *Aliénation mentale :* folie.

aliéné, ée, n. ♦ Un fou, une folle. *Un asile d'aliénés :* un hôpital psychiatrique.

alignement, n. m. ♦ Disposition sur une ligne droite.

aligné, ée, adj. ♦ Disposé sur une ligne droite.

aligner, v. ♦ Disposer sur une ligne droite : *La jardinière replante les poireaux en les alignant régulièrement.*

aliment, n. m. ♦ Tout ce qui sert à se nourrir. — SYN. nourriture.

alimentaire, adj. ♦ Qui constitue l'alimentation, qui concerne l'alimentation. ● *Les produits alimentaires.* ● *Un régime alimentaire.*

alimentation, n. f. ♦ Ensemble des aliments qu'une personne mange : *Les enfants ont besoin d'une alimentation riche et variée.* ● *Magasin d'alimentation,* où l'on vend des produits alimentaires (crémerie, épicerie, etc.).

alimenter, v. ♦ **1.** Donner à manger à une personne, à un animal : *J'alimente mon chien avec de la pâtée toute préparée.* ● *S'alimenter :* manger, se nourrir. **2.** Fournir ce qu'il faut à une chose : *Plusieurs aqueducs alimentaient la ville de Rome en eau.*

aliter (s'), v. ♦ Se mettre et rester au lit parce qu'on est malade.

alizé, n. m. ♦ Dans les régions chaudes, vent régulier qui souffle sur l'océan Atlantique et l'océan Pacifique.

allaiter, v. ♦ Nourrir avec le lait de ses seins, de ses mamelles : *Autrefois, presque toutes les mères allaitaient leur bébé ; de nos jours, elles leur donnent le biberon.*

allant, n. m. ♦ Qualité de celui qui met toute sa force à agir, qui met beaucoup d'ardeur à entreprendre et à faire quelque chose. — SYN. ardeur, énergie, entrain, esprit d'initiative. — CONTR. indolence, inertie, laisser-aller, mollesse, nonchalance, paresse, passivité.

alléchant, ante, adj. ♦ Qui donne envie de manger, de goûter quelque chose : *Ces belles tartes aux cerises sont bien alléchantes !*

allécher, v. (conjugaison 11) ♦ **1.** Attirer en mettant en appétit : *L'odeur du rôti avait alléché le chien.* **2.** Laisser espérer quelque chose de bon, de profitable : *L'escroc avait alléché la vieille dame par de belles promesses.* — SYN. appâter, attirer, séduire, tenter.

allée, n. f. ♦ Chemin, souvent bordé d'arbres, dans un jardin, un parc, un bois. — SYN. chemin, sentier, avenue.

allées et venues, n. f. pl. ♦ Mouvements de gens qui vont et viennent, qui se déplacent dans tous les sens : *Que c'est bruyant, toutes ces allées et venues dans le couloir !*

allégeance, n. f. ♦ Au Moyen Age, fidélité et dévouement que le vassal devait à son seigneur : *Le vassal prêtait à son seigneur un serment d'allégeance.*

allégement, n. m. ♦ Action d'alléger : *Nous demandons un allégement du programme scolaire !*

alléger, v. (conjugaison 18) ♦ **1.** Rendre plus léger, moins lourd : *J'emporte le moins d'affaires possible : ainsi, j'allégerai ma valise.* — CONTR. alourdir. **2.** Rendre moins pénible, diminuer : *Ce médicament a bien allégé mon mal de tête.*

allégorie, n. f. ♦ Statue ou personnage dans un tableau ou un poème qui représente et personnifie une idée, une vertu, un pays, etc. : *Cette statue représente la Liberté, cette autre la Patrie : ce sont des allégories.*

allègre, adj. ♦ **1.** Plein d'une joie très vive que l'on montre à tous par ses propres paroles, son allure. — SYN. gai, joyeux. **2.** Vif, rapide et joyeux : *En allant à la fête, nous marchions d'un pas allègre.* — CONTR. lent, lourd.

allégrement, adv. ♦ D'une manière allègre.

allégresse, n. f. ♦ Joie très vive que l'on montre à tous par ses paroles, son allure : *Pleins d'allégresse, les enfants chantaient et dansaient autour de l'arbre de Noël.* — SYN. bonheur, enthousiasme, gaieté, joie, liesse. — CONTR. abattement, accablement, tristesse.

alléguer, v. (conjugaison 11) ♦ Dire pour se justifier ou pour prouver : *Pour excuser son absence, elle allégua qu'elle n'avait pas été convoquée.*

1. aller, v. (conjugaison 9) ♦ **1.** Se déplacer pour être dans un lieu : *Où va ton oncle? Il va à Moncton.* ● *S'en aller,* partir, quitter un lieu : *Si je m'ennuie trop à la réunion, je m'en irai.* ● *S'en aller,* disparaître : *Une tache d'encre s'en va difficilement.* **2.** *Se laisser aller à,* s'abandonner à, se livrer à : *Mais non, il ne faut pas te laisser aller au découragement!* **3.** Fréquenter : *Je vais à l'école communale depuis l'âge de six ans.* **4.** Conduire, aboutir à un lieu : *Ce chemin va à la ferme.* — CONTR. venir de. **5.** *Aller à quelqu'un,* lui convenir pour la taille, pour la forme, etc. : *Cette robe me va bien.* ● *Aller (bien) avec quelque chose,* former avec cette chose un ensemble beau, convenable : *Ce chemisier blanc va bien avec ma jupe rose.* — SYN. s'accorder, s'harmoniser. **6.** Agir, travailler à une certaine vitesse : *Il faut aller plus vite dans ton travail.* **7.** *Aller bien, aller mal :* être en bonne santé, en mauvaise santé. ● Bien marcher, mal marcher : *Les affaires vont mal en ce moment,*

mais elles iront peut-être mieux l'an prochain. **8.** Être sur le point de faire quelque chose : *Il est six heures, ma mère va rentrer* (= elle rentrera bientôt). **9.** *Allons!* ou *Allez!* sert à encourager, à accompagner un ordre, un conseil : *Allons! les enfants, en route! Allez! en avant, tout le monde!*

2. aller, n. m. ♦ **1.** Trajet d'un lieu à un autre lieu, d'où l'on reviendra : *A l'aller, nous sommes passés par Chambly; au retour, nous sommes passés par Iberville.* **2.** *Un aller simple* ou *un aller,* un billet de chemin de fer, etc., valable seulement pour l'aller : *Je vais à New York, je prendrai seulement un aller simple.* ● *Un aller et retour* ou *un aller-retour :* un billet valable pour l'aller et le retour.

alliage, n. m. ♦ Mélange de deux métaux fondus ensemble, ou d'un métal et d'une autre substance (carbone, par exemple) : *Le cuivre et le fer sont des métaux purs, tandis que le laiton est un alliage de cuivre et de zinc et que l'acier est un alliage de fer et de carbone.*

alliance, n. f. ♦ **1.** Accord entre deux pays qui s'engagent à se porter mutuellement secours, notamment en cas de guerre. — SYN. accord, entente, pacte, traité. **2.** Anneau que les personnes mariées portent au doigt appelé « annulaire ».

allié, ée, adj. *ou* n. ♦ Uni par une alliance : *Les deux nations alliées combattront jusqu'à la victoire.*

allier, v. (conjugaison 20) ♦ **1.** Employer ensemble plusieurs moyens, avoir en même temps plusieurs qualités : *Cette peintre a su allier la précision du dessin à l'éclat des couleurs.* — SYN. associer, joindre, marier, réunir, unir. **2.** *S'allier,* s'unir par une alliance : *L'Angleterre, la France, le Canada et les États-Unis s'allièrent pour lutter contre le nazisme.*

alligator, n. m. ♦ Grand crocodile d'Amérique.

allitération, n. f. ♦ Répétition de consonnes qui font un effet de style : « *Mais le*

alors

bancal cassa beaucoup de beaux bocaux. »
Ce vers contient des allitérations en [b] *et
en* [k].

allô! interj. ♦ Sert à appeler au téléphone : *Allô! André? C'est Luc à l'appareil.*

allocation, n. f. ♦ Somme d'argent
qui est donnée régulièrement à quelqu'un
par l'État. ● *Les allocations familiales.*

allocution, n. f. ♦ Discours assez court
et de style simple.

allongé, ée, adj. ♦ Qui est beaucoup
plus long que large. — SYN. étiré, long. —
CONTR. large.

allongement, n. m. ♦ Action d'allonger ou de s'allonger. — CONTR. raccourcissement.

allonger, v. (conjugaison 16) ♦ **1.** Rendre plus long : *Ta jupe est trop courte, je
vais l'allonger. Ah! On devrait bien allonger
les vacances!* ● *En mars, les jours s'allongent beaucoup.* **2.** Déplier : *Elle allongea le
bras pour saisir le livre.* — CONTR. plier,
replier. **3.** Mettre en position couchée : *Elle
allongea l'enfant sur la banquette arrière de
la voiture.* ● *Il s'allongea près de la rivière,
à l'ombre d'un grand arbre.* — SYN. se
coucher.

allophone, adj. ou n. ♦ Personne dont
la langue maternelle n'est ni le français ni
l'anglais : *Un quart de la population de
Montréal est allophone. Les allophones sont
nombreux à Montréal.*

allouer, v. ♦ **1.** Attribuer une somme
d'argent : *Le gouvernement a alloué des
sommes d'argent importantes aux commissions scolaires pour l'achat de micro-ordinateurs.* **2.** Accorder un certain temps : *Pour
apprendre notre leçon, l'institutrice nous a
alloué une semaine.*

allumage, n. m. ♦ **1.** Action d'allumer : *C'est le concierge qui s'occupe de l'allumage de la chaudière.* — CONTR. extinc-

tion. **2.** Système qui provoque une étincelle
dans le cylindre pour enflammer le mélange
d'air et d'essence qui poussera le piston.

allumer, v. ♦ **1.** Faire du feu; faire
produire du feu, de la chaleur à un appareil :
Il fait froid, je vais allumer le chauffage.
● Faire produire de la lumière à une lampe
(en enflammant une mèche ou en manœuvrant un interrupteur) : *La nuit tombe, les
automobilistes allument leurs phares.* ● *Le
soir, toutes les lumières de la ville s'allument.* **2.** *Son regard s'allume,* se met à
briller.

allumette, n. f. ♦ Petit bâton dont
l'extrémité est enduite d'un produit spécial
et qui s'enflamme quand on le frotte sur une
surface rugueuse.

allure, n. f. ♦ **1.** Vitesse, plus ou moins
grande : *Le peloton aborde la montagne :
son allure se ralentit.* ● *A toute allure :* très
vite. **2.** Aspect, manières d'une personne :
*Avec son chapeau sur les yeux, son col
relevé et sa barbe de huit jours, l'homme
avait une allure inquiétante.* — SYN. apparence, aspect, attitude, maintien, manières,
tournure. **3.** *Avoir de l'allure,* avoir une belle
apparence, une bonne présentation : *Avec
leur tenue neuve, ils ont de l'allure, les pompiers de notre village!* — SYN. prestance.

allusion, n. f. ♦ Parole, phrase plus
ou moins vague au sujet de quelque chose :
Sois gentille avec Albert, ne fais pas allusion à l'échec de son frère à l'examen.

alluvions, n. f. pl. ♦ Sable, gravier,
boue, vase qu'un fleuve ou une rivière abandonne sur le sol : *Pendant chaque crue, le
Nil dépose dans sa vallée des alluvions épaisses qui fertilisent le sol.* — REM. Attention :
ce mot est féminin.

almanach [almana], n. m. ♦ Livre
qui paraît chaque année et qui contient toutes sortes de choses : un calendrier, les heures
du lever et du coucher du soleil, des conseils
pratiques, des histoires drôles.

alors, adv. ♦ **1.** A ce moment-là : *Il
s'est mis à pleuvoir à verse; j'étais alors sur

alors

la route, sans parapluie. ● **Jusqu'alors** : jusqu'à ce moment-là. **2.** Dans ce cas, puisqu'il en est ainsi : *Tu triches? Alors je ne joue plus.* ● C'est pourquoi : *Je ne veux pas mouiller mon costume neuf : alors je prends mon parapluie.* — SYN. ainsi, aussi, donc. **3. Alors que,** pendant que : *La pluie s'est mise à tomber alors que j'étais encore dehors.* **4. Alors que,** tandis que : *Françoise veut aller se baigner, alors que Louise veut rester à la maison.*

alouette, n. f. ♦ Petit oiseau des champs, au plumage gris ou brun.

alourdir, v. ♦ **1.** Rendre plus lourd : *Je n'emporte pas de livres en vacances : je ne veux pas alourdir ma valise.* — SYN. charger, surcharger. — CONTR. alléger. **2.** Rendre plus lourd, plus pénible : *Le fait d'alourdir les impôts est toujours une mesure impopulaire.* ● *Le bilan de la catastrophe s'est encore alourdi : il y a eu trois nouveaux décès.* **3. S'alourdir,** devenir trop gros : *Tante Éliane mange trop, elle s'alourdit.* — SYN. s'empâter, grossir. — CONTR. s'amincir, maigrir.

alpaga, n. m. ♦ **1.** Animal d'Amérique du Sud qui ressemble à un lama et dont la toison donne une laine très douce. **2.** Tissu fait avec la laine de l'alpaga : *Ma grand-mère a un beau châle en alpaga.*

alpage, n. m. ♦ Pâturage de haute montagne.

alpestre, adj. ♦ Des Alpes : *Des forêts de sapins, des pâturages, des rochers et des neiges éternelles, quel beau paysage alpestre !*

alphabet, n. m. ♦ Ensemble des lettres qui servent à écrire une langue : *L'alphabet français compte vingt-six lettres.*

alphabétique, adj. ♦ *L'ordre alphabétique* : l'ordre des lettres de l'alphabet : A, B, C, D, E, F, G, H, I, J...

alpin, ine, adj. ♦ Des Alpes : *Les sommets alpins sont plus hauts que les sommets pyrénéens.* ● *Le ski alpin* : ski de descente, par opposition au ski de randonnée ou de fond.

alpinisme, n. m. ♦ Sport qui consiste à grimper à pied dans la montagne.

alpiniste, n. m. *ou* f. ♦ Celui, celle qui fait de l'alpinisme.

alsacien, ienne, adj. *ou* n. ♦ De l'Alsace : *J'aime bien les villages alsaciens et leurs maisons fleuries, aux grands toits pointus.* ● *L'alsacien* : langue qui est parlée en Alsace et qui ressemble un peu à l'allemand. ● *Les Alsaciens. Un Alsacien. Une Alsacienne.*

altération, n. f. ♦ Action d'altérer ou de s'altérer. — SYN. corruption, détérioration. — CONTR. conservation.

altercation, n. f. ♦ Dispute violente. — SYN. dispute, querelle.

altéré, ée, adj. ♦ **1.** Gâté, devenu moins bon : *Le lait altéré est mauvais pour la santé.* **2.** Changé : *Il parlait d'une voix altérée.* **3.** Qui a soif : *J'ai chaud et je suis altéré.* ● Avide : *Ce tigre altéré de sang semait la terreur.*

altérer, v. (conjugaison 19) ♦ Mettre en mauvais état, rendre moins bon : *La chaleur altère la viande, le lait et les gâteaux à la crème.* ● *En plein soleil, les couleurs délicates s'altèrent vite.*

alternance, n. f. ♦ Succession de choses qui alternent.

alternateur, n. m. ♦ Machine qui produit le courant électrique alternatif.

alternatif, ive, adj. ♦ Qui va tantôt dans un sens et tantôt dans un autre : *Regarde le mouvement alternatif du piston de la machine.* ● *Le courant alternatif* : l'une des formes du courant électrique.

alternative, n. f. ♦ Situation où l'on est obligé de choisir entre deux décisions ou deux solutions, et entre deux seulement : _Me voici devant une alternative bien embarrassante._

alterner, v. ♦ Se succéder tour à tour : _En octobre, la pluie alterne avec le beau temps._ ● _La pluie et le beau temps alternent._ — SYN. se succéder.

altier, ière, adj. ♦ Qui indique l'orgueil propre aux personnes d'un rang élevé : _La reine avait une attitude altière._ — SYN. hautain. — CONTR. humble, modeste.

altitude, n. f. ♦ **1.** Hauteur par rapport au niveau de la mer : _Cette station de sports d'hiver est située à 2 050 mètres d'altitude._ **2.** Hauteur par rapport au sol : _L'hélicoptère survole la ville à une altitude de 150 mètres._

altruisme, n. m. ♦ Vertu de ceux qui pensent aux autres et se sacrifient pour eux : _J'admire l'altruisme de ces médecins qui vont soigner les réfugiés dans le tiers monde._ — CONTR. égoïsme.

altruiste, adj. _ou_ n. ♦ Qui se conduit avec altruisme ; qui montre qu'on a de l'altruisme : _Elle passe toutes ses vacances à s'occuper des personnes âgées : voilà un geste altruiste !_ — SYN. bon, charitable, dévoué, généreux. — CONTR. égoïste.

aluminium, n. m. ♦ Métal blanc, léger, susceptible d'un beau poli, qui sert en particulier dans l'industrie automobile et la construction aéronautique.

alunir, v. ♦ Se poser sur la Lune : _Le vaisseau spatial vient d'alunir._

alunissage, n. m. ♦ Action de se poser sur la Lune : _Le premier alunissage eut lieu le 21 juillet 1969._

alvéole, n. m. ♦ **1.** Chacune des petites cases en cire que les abeilles font dans leur ruche et dans lesquelles elles déposent leurs œufs et leur miel. **2.** Cavité, niche. — REM. Il est préférable de dire _un alvéole,_ mais on dit aussi parfois _une alvéole._

amabilité, n. f. ♦ **1.** Qualité de ceux qui sont aimables, gentils, serviables. — SYN. aménité, bienveillance, courtoisie, gentillesse, serviabilité. **2.** _Des amabilités,_ des choses gentilles, des paroles aimables : _Il m'a écrit une lettre pleine d'amabilités._

amadouer, v. (conjugaison 19) ♦ Amener quelqu'un à faire quelque chose, en le flattant, en étant gentil avec lui : _Mon camarade a essayé d'amadouer la surveillante pour pouvoir sortir avant l'heure._ — SYN. se concilier, enjôler, flatter, fléchir, mettre dans son jeu.

amaigrir, v. ♦ Rendre maigre, faire maigrir : _La fatigue et la maladie ont amaigri notre voisin._ — CONTR. faire grossir.

amaigrissant, ante, adj. ♦ Qui fait maigrir : _Oncle Antoine est trop gros : il veut suivre **un régime amaigrissant.**_ — SYN. amincissant.

amaigrissement, n. m. ♦ Action de maigrir : _Surtout, pas de **cure d'amaigrissement** sans surveillance médicale !_

amande, n. f. ♦ Fruit sec, de forme allongée, contenu dans une coque dure de couleur verte, produit par l'amandier. ● _Des yeux **en amande** :_ allongés. — REM. N'écrivez pas _amande_ « fruit » comme _amende_ (à payer).

amandier, n. m. ♦ Arbre qui donne les amandes.

amanite, n. f. ♦ Champignon très dangereux à manger : _Une seule amanite peut empoisonner toute une famille._

amant, n. m. ♦ **1.** Homme qui aime une femme et qui en est aimé : _L'héroïne épouse son amant à la fin du film._ ● Homme qui a des relations amoureuses avec une femme avec laquelle il n'est pas marié. **2.** _Des amants,_ un homme et une femme qui s'aiment : _Longtemps séparés, les amants se trouvent de nouveau réunis, à la fin du roman._ — SYN. des amoureux.

amarrage

amarrage, n. m. ♦ Action d'amarrer un bateau : *Les matelots se tiennent prêts à lancer les câbles pour l'amarrage.*

amarre, n. f. ♦ Câble qui sert à amarrer un bateau : *Les amarres se sont rompues ; le bateau a dérivé dans le port.*

amarrer, v. ♦ Attacher un bateau avec des câbles pour le retenir près du bord de l'eau ou contre le quai : *Les marins sont en train d'amarrer le chalutier.*

amas, n. m. ♦ Tas qui s'est formé petit à petit, plus ou moins vite : *Un amas de débris bouche le siphon de l'évier.* — SYN. amoncellement, entassement, monceau, tas.

amasser, v. ♦ **1.** Mettre en tas : *Le vent a amassé les feuilles mortes contre le mur du jardin.* — SYN. accumuler, amonceler, entasser. — CONTR. disperser. **2.** Faire une provision de quelque chose : *Les enfants amassaient du bois dans le coin de la cheminée.*

amateur, n. m. ♦ **1.** Celui qui aime et qui collectionne certaines choses : *Cet amateur de peinture possède une belle collection de tableaux.* — REM. Ce mot n'a pas de féminin : *Cette femme est amateur de tableaux.* **2.** Celui qui exerce une activité sans en faire un métier : *J'ai vu une pièce de théâtre jouée par des amateurs.*

amazone, n. f. ♦ Femme qui porte une longue jupe spéciale, appelée aussi *amazone,* et qui monte à cheval *en amazone,* c'est-à-dire en ayant les jambes du même côté : *Sur la gravure, on voit une élégante amazone montée sur un beau cheval.*

ambages (sans), loc. adv. ♦ Bien franchement, sans employer de paroles inutiles pour dissimuler la vérité : *Allons ! Dis-moi sans ambages ce qui s'est passé.*

ambassade, n. f. ♦ **1.** Bâtiment où demeure un ambassadeur et où sont installés ses services : *Je vais aller à l'ambassade de Chine pour faire viser mon passeport.* **2.** Autrefois, groupe de personnes qu'on envoyait auprès d'un souverain étranger pour négocier un traité, etc. : *Le roi de Perse envoya une ambassade à Louis XIV, roi de France.*

ambassadeur, drice, n. ♦ Celui qui représente son gouvernement dans un pays étranger : *L'ambassadrice d'Angleterre en France a été reçue par le président de la République.*

ambiance, n. f. ♦ **1.** Joie, tristesse, etc., qu'il y a dans une réunion, dans un lieu : *A la fête de l'école, l'ambiance était joyeuse.* — SYN. atmosphère. **2.** *De l'ambiance,* de l'animation et de la gaieté : *Ce soir, surprise-partie chez Simone : il y aura de l'ambiance !*

ambigu, uë [ãbigy, y], adj. ♦ Qui peut avoir plusieurs sens : « *Ce parti politique défend les grèves.* » *Une telle phrase est ambiguë* (*défendre* = prendre la défense de ou bien interdire).

ambiguïté [ãbigɥita], n. f. ♦ **1.** Défaut d'une phrase qui peut se comprendre de deux façons différentes : *Cette phrase est mal faite : elle présente une ambiguïté.* **2.** Manque de netteté, de franchise : *Allons, réponds-moi sans ambiguïté* (= bien franchement). — SYN. une équivoque.

ambitieux, euse, adj. ou n. ♦ **1.** Qui désire de toutes ses forces réussir dans sa profession, dans la société, arriver à un rang élevé : *Antoinette est ambitieuse, elle veut être un jour gouverneure du Canada.* **2.** Qui est exigeant, qui vise un résultat à la fois difficile et remarquable : *Jacques était trop ambitieux : il voulait courir un cent mètres en moins de 12 secondes.* ● Qui est difficile à atteindre : *Supprimer le chômage, voilà un projet ambitieux !* — CONTR. facile, modeste.

ambition, n. f. ♦ **1.** Qualité de celui qui est ambitieux : *Marie réussira dans la vie, car elle a de l'ambition, de l'intelligence et de la volonté.* **2.** But qu'on se propose : *L'ambition de notre association est d'organiser les loisirs dans notre petite ville.* — SYN. but, objectif.

ambre, n. m. ♦ **1.** *L'ambre gris* ou *l'ambre* : substance produite dans l'intestin des cachalots et qui, flottant sur la mer, est recueillie et sert à faire des parfums. **2.** *L'ambre jaune* ou *l'ambre* : substance jaune transparente, qui est la résine durcie de sapins préhistoriques et qui sert à faire des bijoux, des bibelots.

ambré, ée, adj. ♦ D'une belle couleur jaune ou dorée.

ambroisie, n. f. ♦ Dans la mythologie grecque, nourriture qui donnait l'immortalité aux dieux. — REGARDER *nectar.*

ambulance, n. f. ♦ Voiture faite pour le transport des malades et des blessés.

ambulancier, ière, n. ♦ Celui, celle qui conduit une ambulance ou qui s'occupe du malade dans une ambulance.

ambulant, ante, adj. ♦ Qui se déplace pour vendre, pour travailler : *Dans ce train, il y a un vendeur ambulant qui propose des boissons fraîches.*

âme, n. f. ♦ **1.** Selon la religion, esprit de l'homme, quand on considère qu'il survit après la mort : *Les âmes des justes vont au ciel.* ● *Rendre l'âme :* mourir. **2.** Le cœur, l'esprit : *A l'annonce de cette heureuse nouvelle, mon âme s'emplit de joie.* ● *De toute son âme :* de tout son cœur, avec la plus grande ardeur. ● *Corps et âme,* complètement, sans réserve : *Le vieux jardinier est dévoué à son maître, corps et âme.* ● *Force d'âme :* courage. ● *Une âme généreuse, une âme fière :* une personne généreuse, une personne fière. ● *Une bonne âme :* une personne secourable, charitable. **3.** Habitant : *Lachine est une ville de 50 000 âmes.* ● *Il n'y a pas âme qui vive :* il n'y a personne. **4.** Partie centrale et invisible de certaines choses : *Voici un câble de nylon, avec une âme en acier.*

amélioration, n. f. ♦ Action d'améliorer ou de s'améliorer. — SYN. progrès. — CONTR. aggravation, détérioration.

améliorer, v. ♦ Rendre meilleur : *Entraîne-toi, tu amélioreras tes performances en natation.* ● *S'améliorer,* devenir meilleur : *La pluie a cessé : le temps va s'améliorer.*

aménagement, n. m. ♦ Travaux de transformation et d'amélioration : *Ma tante a acheté une maison à la campagne, il faudra y faire beaucoup d'aménagements.* — SYN. transformation, travaux.

aménager, v. (conjugaison 16) ♦ Transformer ou améliorer, pour rendre plus commode ou pour adapter à un nouvel usage : *Je vais aménager la remise en atelier de bricolage.*

amende, n. f. ♦ **1.** Somme d'argent qu'il faut payer quand on a commis une faute : *Mon voisin a eu cent dollars d'amende pour stationnement interdit.* — REM. N'écrivez pas comme *amande :* « fruit ». **2.** *Amende honorable,* autrefois, aveu public d'une faute : *Le condamné, tenant un cierge à la main, dut faire amende honorable devant la porte de l'église.*

amender, v. ♦ Rendre meilleur, rendre honnête : *La prison devrait servir à amender les délinquants.* ● *Les délinquants peuvent s'amender.* — SYN. se corriger. — CONTR. se corrompre, se dépraver, se pervertir.

amène, adj. ♦ Aimable, gentil : *Nous aimons bien notre voisin ; il est toujours souriant, amène, serviable. Elle m'a reçu avec des paroles amènes.* — SYN. affable, aimable, courtois, gentil. — CONTR. grincheux, hargneux.

amener, v. (conjugaison 12) ♦ **1.** Faire venir avec soi : *Si tu viens me voir à la campagne, amène donc tes amis.* **2.** Transporter à l'endroit où l'on est quand on parle : *Tu vois l'autobus rouge ? C'est celui qui nous a amenés.* — CONTR. emmener. **3.** Faire venir une chose qui se déplace toute seule : *Ce canal amène l'eau à l'usine.* — SYN. conduire. **4.** Provoquer, causer : *La vieillesse amène souvent toutes sortes de maladies.* — SYN. s'accompagner de, attirer, causer, entraîner, occasionner. **5.** Pousser à prendre une décision : *Ce grand froid m'a amené à reporter mon voyage en avril.* — SYN. déterminer, engager, pousser. — CONTR. détourner.

aménité, n. f. ♦ Qualité, manières d'une personne amène : *Mon ancienne institutrice m'a reçu avec aménité.* — SYN. affabilité, courtoisie, gentillesse.

amenuiser, v. ♦ Rendre plus petit, plus faible : *Cette longue maladie avait amenuisé les forces de la vieille dame.* ● *Ses ressources s'amenuisèrent progressivement.* — SYN. s'affaiblir, s'amoindrir, diminuer.

amer, ère, adj. ♦ **1.** Qui a un goût spécial, assez désagréable : *Tu n'as pas sucré ton café, il va être amer !* — CONTR. doux, sucré. **2.** Qui éprouve un sentiment de découragement, de tristesse, de douleur : *Notre ami vient d'être puni injustement : il est amer.* ● Pénible, douloureux : *Cette injustice sera pour lui un souvenir amer.* ● Dur, sévère : *Elle m'adressa des reproches amers.*

amèrement, adv. ♦ D'une manière pénible, douloureuse.

américain, aine, adj. *ou* n. ♦ **1.** Du continent appelé « Amérique ». ● *Le continent américain :* l'Amérique (du Nord, centrale, du Sud). **2.** Des États-Unis d'Amérique : *Le gouvernement américain a nommé à Londres un nouvel ambassadeur.* ● *Les Américains. Un Américain. Une Américaine.*

amerrir, v. ♦ Se poser sur l'eau : *L'hydravion vient d'amerrir sur le lac.*

amerrissage, n. m. ♦ Action d'amerrir.

amertume, n. f. ♦ **1.** Goût de ce qui est amer. **2.** Découragement, tristesse, douleur. — SYN. aigreur, chagrin, découragement, dépit, douleur.

ameublement, n. m. ♦ Ensemble des meubles : *Pour sa maison de campagne, ma tante a choisi un ameublement rustique.* — SYN. mobilier.

ameublir, v. ♦ Rendre la terre meuble, c'est-à-dire non compacte, non tassée : *Le jardinier bêche la terre pour l'ameublir.*

ameublissement, n. m. ♦ Action d'ameublir la terre.

ameuter, v. ♦ Attirer et faire s'attrouper des gens : *Ne pousse pas des hurlements comme ça, tu vas ameuter les voisins !*

ami, ie, n. *ou* adj. ♦ **1.** Personne qu'on aime bien, qu'on fréquente : *Depuis qu'elle est à Ottawa, elle s'est fait quelques amis.* — CONTR. ennemi. **2.** Celui, celle qui aime bien quelque chose : *Je suis un ami de la nature, je veux la protéger.* — CONTR. ennemi, adversaire. **3.** Qui appartient à des amis : *La malheureuse fut accueillie dans une maison amie.* — CONTR. hostile.

amiable, adj. *ou* loc. adv. ♦ *Accord amiable,* qui se fait directement entre deux personnes, sans recours à une autorité, à un tribunal. ● *A l'amiable : Arrangeons-nous à l'amiable, ce sera plus simple.*

amiante, n. m. ♦ Produit minéral qui peut se filer et se tisser, qui ne s'enflamme pas et qui ne brûle pas. ● *Une combinaison d'amiante.*

amical, ale, aux, adj. ♦ **1.** Qui exprime de l'amitié : *Il m'a répondu par une lettre très amicale.* — CONTR. inamical, hostile. **2.** *Match amical,* qui ne compte pas pour le classement officiel.

amicale, n. f. ♦ Association qui regroupe les anciens élèves d'une école, d'un CEGEP, les anciens soldats d'un régiment, etc.

amidon, n. m. ♦ Substance blanche, tirée d'une farine, que l'on mélange à l'eau pour obtenir une sorte de colle blanche servant à amidonner le linge.

amidonner, v. ♦ Enduire le linge, avant de le repasser, d'une colle blanche à base d'amidon, afin de donner au linge une certaine raideur, de la tenue. — SYN. empeser.

amour

amincir, v. ♦ Rendre plus mince, moins épais : *A force de raboter la planche, je l'ai amincie.* ● *Depuis que ma cousine ne mange plus de sucreries, elle s'est amincie.* — SYN. maigrir. — CONTR. s'empâter, s'épaissir, grossir.

amincissement, n. m. ♦ Action d'amincir ou de s'amincir. — CONTR. empâtement, épaississement.

amiral, aux, n. m. ♦ Dans la marine, l'équivalent d'un général : *L'amiral, à bord d'une vedette, passa en revue l'escadre alignée.*

amitié, n. f. ♦ **1.** Sentiment et lien qui unissent deux ou plusieurs personnes qui s'aiment bien, et qui sont plus que de simples camarades : *Peu à peu, une amitié s'établit entre les deux voisins.* — SYN. attachement, sympathie. — CONTR. antipathie, inimitié. **2.** *Les amitiés,* salut amical : *Je vous adresse toutes mes amitiés.*

amoindrir, v. ♦ Rendre moins grand : *A soixante-dix ans, ma grand-tante est toujours active, l'âge n'a pas amoindri sa vitalité.* ● *Avec l'âge, les forces de mon oncle se sont amoindries.* — SYN. s'affaiblir, s'amenuiser, se réduire, se restreindre, s'user. — CONTR. s'agrandir, augmenter, se renforcer.

amollir, v. ♦ Rendre mou, faible de caractère : *Vous gâtez trop votre fils, vous allez l'amollir.* ● *Son caractère risque de s'amollir.* — CONTR. se durcir.

amonceler, v. (conjugaison 13) ♦ Former un tas plus ou moins gros : *Pourquoi avez-vous amoncelé tous ces objets inutiles dans votre grenier?* ● *Poussée par le vent, la neige s'amoncelle contre les talus.* — SYN. s'accumuler, s'entasser. — CONTR. se disperser.

amont, n. m. ♦ Sur un cours d'eau, direction de la source, dans le sens contraire au courant : *Pour trouver un endroit commode pour vous baigner, allez donc vers l'amont.* ● *En amont,* entre le lieu où l'on est et la source : *Montréal est en amont de Québec.* — CONTR. en aval.

amorce, n. f. ♦ **1.** Ce que l'on jette dans l'eau pour attirer le poisson. — SYN. appât. **2.** Capsule de poudre qui explose sous le choc du percuteur, ce qui fait exploser la poudre d'une cartouche. ● *Pistolet à amorces :* pistolet jouet dans lequel on met des amorces claquantes, sans cartouches ni projectiles. **3.** Début de ce qui est en train de se faire : *Les affaires vont mieux, c'est peut-être l'amorce d'une reprise économique.* — SYN. commencement, début, ébauche, esquisse.

amorcer, v. (conjugaison 17) ♦ **1.** Attirer le poisson en jetant une amorce dans l'eau : *Avant de pêcher, amorce donc avec du pain.* ● *Amorcer une ligne,* accrocher un appât à l'hameçon. ● *Amorcer un piège,* y mettre de la nourriture pour attirer un animal. — SYN. appâter. **2.** Mettre de l'eau dans une pompe, pour qu'elle puisse commencer à fonctionner : *La pompe à bras ne marche pas? Bien sûr! Tu as oublié de l'amorcer!* **3.** Commencer à faire quelque chose : *Ce matin, au cours d'histoire, le professeur a amorcé l'étude de la guerre de Cent Ans.* ● *La reprise économique s'est amorcée* (= a commencé de se produire). — SYN. débuter, s'ébaucher, s'esquisser.

amortir, v. ♦ Rendre moins dur, moins brutal, moins fort : *Hervé est tombé de l'arbre. Heureusement, un buisson a amorti sa chute.* ● *Quand il y a de la neige, les bruits de la rue sont amortis.* — SYN. adoucir, affaiblir, assourdir, étouffer, réduire. — CONTR. se renforcer.

amortisseur, n. m. ♦ Sur un véhicule, chacun des organes qui, combinés avec des ressorts, servent à diminuer les secousses.

amour, n. m. *ou* f. ♦ **1.** Sentiment d'attachement durable et de tendresse profonde, comme celui qui unit les membres d'une même famille : *Rien ne remplace l'amour d'un père pour ses enfants.* — CONTR. animosité, antipathie, haine, hostilité. **2.** Sentiment de tendresse profonde et de passion qui unit un homme et une femme. **3.** N. f. pl. Liaison entre un homme et une femme qui s'aiment : *Les amours de la vingtième année sont les plus belles.* **4.** *Amour* *du prochain :* sentiment qui porte à vouloir faire du bien aux autres. — SYN. charité, philanthropie. **5.** Attachement profond, goût très vif pour une chose : *Ses vacances à la campagne lui ont donné l'amour de la nature.* — CONTR. aversion, dégoût, haine. **6.** Soin minutieux et goût délicat dans l'accomplissement de son travail : *L'artiste a peint ces fleurs avec amour.*

amoureux, euse, adj. *ou* n. ♦ **1.** Qui aime quelqu'un avec passion : *Louisette est très amoureuse de son fiancé.* ● Personne par qui l'on est aimé : *Elle est sortie avec son amoureux.* — SYN. ami, amant, bien-aimé, soupirant. **2.** *Des amoureux :* couple formé par un homme et une femme qui s'aiment. **3.** Personne qui a un goût très vif pour quelque chose : *Ma sœur ne vit que pour l'alpinisme, c'est une amoureuse de la montagne.* — SYN. amateur, un fervent, un passionné.

amour-propre, n. m. ♦ Sentiment du respect que l'on se doit à soi-même et désir d'être bien jugé : *Par amour-propre, il refusa de reconnaître qu'il était déçu.* — SYN. dignité, fierté.

amovible, adj. ♦ Que l'on peut enlever et remettre facilement : *Ce petit voilier est muni d'un moteur hors-bord amovible.*

amphibie [ãfibi], adj. ♦ **1.** Qui peut vivre aussi bien dans l'eau que sur terre : *Les grenouilles sont des animaux amphibies.* **2.** Qui peut se déplacer aussi bien sur l'eau que sur terre : *Ce régiment est équipé de véhicules amphibies.*

amphithéâtre [ãfiteatʀ], n. m. ♦ **1.** Dans l'Antiquité, édifice rond ou en forme d'ellipse, muni de gradins, où avaient lieu notamment les combats de gladiateurs. **2.** Salle de classe qui a des gradins.

amphore [ãfɔʀ], n. f. ♦ Dans l'Antiquité, vase de terre cuite à deux anses, étroit ou à base pointue.

ample, adj. ♦ Grand et large : *Je n'aime pas être serré dans mes vêtements, je les choisis amples.* — SYN. large. — CONTR. collant, étriqué.

amplement, adv. ♦ Largement, bien assez : *Tu as cinq cahiers? C'est amplement suffisant.* — SYN. largement.

ampleur, n. f. ♦ **1.** Qualité de ce qui est grand et large : *Ce chandail me serre, il n'a pas assez d'ampleur.* — SYN. largeur. — CONTR. étroitesse. **2.** Grandeur : *L'ampleur des progrès accomplis doit nous encourager.* — SYN. étendue, grandeur.

amplificateur, n. m. ♦ Appareil qui amplifie les sons.

amplifier, v. (conjugaison **20**) ♦ Rendre plus grand, plus fort : *Le haut-parleur amplifie la voix.* ● *La violence du vent s'est encore amplifiée.* — SYN. s'accroître, s'agrandir, augmenter, grossir, se renforcer. — CONTR. s'affaiblir, s'atténuer.

ampoule, n. f. ♦ **1.** Objet creux, en verre, contenant un fil métallique qui devient lumineux quand passe le courant électrique. **2.** Petit tube de verre, fermé aux deux bouts, qui contient un médicament liquide. ● Contenu de ce tube : *Prendre une ampoule avant chaque repas.* **3.** Poche de liquide qui se forme sous la peau et qui est provoquée par un frottement : *J'ai tellement marché que j'ai des ampoules aux pieds.* — SYN. cloque.

amputation, n. f. ♦ Action d'amputer.

amputer, v. ♦ Couper un membre.

amulette, n. f. ♦ Objet que les gens superstitieux portent sur eux et qui, selon eux, protège contre la mauvaise chance, la maladie, etc. — SYN. fétiche, mascotte, porte-bonheur, talisman.

amusant, ante, adj. ♦ Qui amuse, qui fait rire. — SYN. comique, drôle. — CONTR. triste.

amusement, n. m. ♦ Occupation qui amuse. — SYN. distraction, jeu.

amuser, v. ♦ **1.** Distraire d'une manière agréable : *Sa nouvelle poupée amuse beaucoup la fillette.* — SYN. distraire, divertir. — CONTR. s'ennuyer. **2.** Faire rire : *Les grimaces de notre ami Luc nous ont bien amusés.* — SYN. divertir, égayer. **3.** *S'amuser,* se distraire, se divertir : *Marie s'amuse volontiers avec son petit chien.* ● Traîner et perdre son temps : *Je t'attends à six heures, ne t'amuse pas en route.* — SYN. lambiner, musarder, traîner.

amygdales [amidal], n. f. pl. ♦ Les deux petits organes qui sont situés au fond de la gorge : *L'amygdalite est une inflammation des amygdales.*

an, n. m. ♦ **1.** Période de douze mois : *Linda habite Hull depuis deux ans.* — SYN. année. **2.** *Le Jour de l'An* ou *le premier de l'An,* le premier janvier, premier jour de l'année : *Le Jour de l'An, j'irai souhaiter la bonne année à mon oncle.*

anachronique [anakʀɔnik], adj. ♦ Qui est trop vieux et inadapté à notre époque : *A l'époque du turbotrain, la locomotive à vapeur, c'est vraiment anachronique !* — SYN. désuet, périmé, vieillot, vieux. — CONTR. actuel, moderne.

anachronisme [anakʀɔnism], n. m. ♦ Erreur qui consiste à placer à une époque ce qui n'existait plus à ce moment ou ce qui n'existait pas encore : *Dans ce film fantaisiste, on voit Napoléon, en armure du Moyen Age, téléphoner au général Cambronne : voilà deux anachronismes énormes !*

analogue, adj. ♦ Qui ressemble à une autre chose, sans être tout à fait semblable : *Le problème que vous avez eu en maths était difficile, mais vous aviez déjà traité un problème analogue.* — SYN. comparable, semblable, similaire. — CONTR. différent, dissemblable.

analyse, n. f. ♦ **1.** Action de rechercher quels sont les éléments contenus dans un ensemble : *Après la dictée, nous ferons l'analyse d'une phrase* (= nous décomposerons la phrase en propositions). **2.** Opération qui consiste à rechercher les substances

qui se trouvent dans quelque chose : *La chimiste a fait l'analyse de l'eau et celle-ci n'est pas potable.*

ananas [anana], n. m. ♦ **1.** Plante des pays chauds. **2.** Fruit de cette plante.

anarchie, n. f. ♦ Situation d'un pays ou d'un groupe dans lequel personne n'obéit et où règne le désordre. — SYN. chaos, confusion, désorganisation, désordre. — CONTR. discipline, ordre.

anarchique, adj. ♦ Où règne le désordre. — SYN. désordonné. — CONTR. discipliné, ordonné.

anarchisme, n. m. ♦ Doctrine politique de ceux qui veulent supprimer tout gouvernement, quel qu'il soit.

anarchiste, n. m. *ou* f. *ou* adj. ♦ Celui, celle qui est partisan de l'anarchisme.

anatomie, n. f. ♦ Science qui étudie la forme et la constitution des diverses parties du corps.

anatomique, adj. ♦ Qui concerne l'anatomie.

ancestral, ale, aux, adj. ♦ Qui vient des ancêtres : *Dans certaines campagnes, on a conservé des usages ancestraux.*

ancêtre, n. m. ♦ **1.** Homme dont on descend et qui a vécu il y a longtemps. **2.** *Les ancêtres,* les gens, hommes et femmes, qui ont vécu il y a longtemps et dont des gens vivant actuellement descendent : *Nos ancêtres les Gaulois n'avaient pas tous les cheveux blonds !* — CONTR. les descendants.

anchois [ãʃwa], n. m. ♦ Petit poisson de la Méditerranée qui se mange surtout salé et conservé dans le vinaigre, en hors-d'œuvre ou comme condiment.

ancien, ienne, adj. *ou* n. ♦ **1.** Qui existe depuis longtemps : *Cette église est très ancienne : elle a été construite à l'époque de la Nouvelle-France.* ● Qui a existé

ancien

autrefois : *Les anciennes coutumes du Moyen Age étaient parfois cruelles : les hérétiques étaient brûlés.* — SYN. antique, vieux. — CONTR. nouveau, récent, moderne ; actuel. **2.** Qui a été remplacé par autre chose : *Notre ancienne voiture était moins rapide que la nouvelle.* — SYN. précédent. **3.** Qui n'est plus dans une maison, une entreprise, une école, etc. : *Notre voisin, retraité, est un ancien employé des chemins de fer.* • Qui n'exerce plus un métier : *Son grand-père est un ancien médecin.* **4.** *Un ancien, une ancienne,* celui, celle qui est depuis un certain temps dans une entreprise, dans un régiment, dans une école, etc. : *Cette année, dans la classe, il y a cinq nouveaux ; moi, je suis une ancienne : je suis dans cette école depuis deux ans.* **5.** *Les Anciens,* les peuples de l'Antiquité, notamment les Grecs et les Romains : *Les Anciens nous ont laissé des édifices et des œuvres d'art admirables.*

ancienneté, n. f. ♦ Temps depuis lequel on travaille dans une administration, une entreprise : *Ma tante a quinze ans d'ancienneté dans cette société.*

ancre, n. f. ♦ Gros crochet en acier qu'on jette au fond de l'eau et qui, relié par une chaîne au navire, maintient celui-ci à la même place. • *Le navire va jeter l'ancre,* s'arrêter dans un port. • *Le bateau va lever l'ancre,* partir. — REM. N'écrivez pas comme l'*encre,* liquide coloré qui sert à écrire.

andalou, ouse, adj. *ou* n. ♦ De l'Andalousie, région du sud de l'Espagne : *Notre nouveau camarade, José, est andalou : il est né près de Séville.* • *Les Andalous. Un Andalou. Une Andalouse.*

andouille, n. f. ♦ **1.** Charcuterie, faite de tripes de porc hachées et mises dans un boyau, qui se mange froide. **2.** Personne sotte et peu dégourdie. — REM. Ce sens est très familier.

andouillette, n. f. ♦ Petite andouille qui se mange chaude.

âne, n. m. ♦ **1.** Animal qui ressemble à un petit cheval et qui est reconnaissable à ses longues oreilles. — REM. La femelle de l'âne est l'*ânesse,* le petit l'*ânon.* Cri : l'âne *brait.* — REGARDER *mule, mulet.* **2.** Homme ou garçon sot et ignorant : *Tu ne sais pas qui est Samuel de Champlain ? Tu n'es qu'un âne !*

anéantir, v. ♦ Détruire complètement : *Le feu vient d'anéantir les vieilles baraques en bois.*

anéantissement, n. m. ♦ Action d'anéantir.

anecdote, n. f. ♦ Histoire d'un petit fait intéressant ou amusant, mais pas très important : *L'histoire du vase de Soissons, ce n'est qu'une anecdote.* — SYN. historiette.

anecdotique, adj. ♦ Qui constitue une anecdote sans importance.

anémie, n. f. ♦ Maladie du sang qui entraîne une fatigue permanente et une pâleur de la peau et qui est due à un manque de globules rouges.

anémier, v. (conjugaison 20) ♦ Rendre anémique, faire perdre ses forces : *La nourriture insuffisante et l'air malsain anémient les enfants des villes.*

anémique, adj. ♦ Qui souffre d'anémie.

anémone, n. f. ♦ **1.** Plante sauvage, aux fleurs de couleur rose ou blanche, dont les variétés cultivées ont des fleurs aux couleurs variées et très vives. **2.** *Anémone de mer :* animal marin, fixé au sol, qui ressemble à une fleur.

ânerie, n. f. ♦ Grave erreur, grosse sottise. — SYN. bêtise, sottise.

ânesse, n. f. ♦ Femelle de l'âne.

anesthésie, n. f. ♦ Action d'anesthésier.

anesthésier, v. (conjugaison 20) ♦ Rendre insensible à la douleur une partie du corps ou une personne en lui faisant une piqûre avec un produit spécial : *Avant d'extraire la dent, la dentiste a anesthésié ma gencive.*

anesthésique, adj. *ou* n. m. ♦ Qui rend insensible à la douleur : *L'éther et le chloroforme sont des produits anesthésiques.* ● **Un anesthésique.**

anfractuosité, n. f. ♦ Trou, cavité dans un rocher, une muraille. — SYN. cavité, creux, fente, trou.

ange, n. m. ♦ **1.** Selon la religion, chacun des êtres surnaturels qui entourent Dieu, lui servent de messagers, etc. : *L'art chrétien représente les anges avec des ailes.* ● **Une patience d'ange** : une très grande patience. ● **Être aux anges** : être tout à fait heureux et satisfait. **2.** Personne très douce : *Louis est un ange.* — CONTR. diable, démon.

1. angélique, adj. ♦ Très doux : *Christian a un visage et un regard angéliques.* ● **Douceur, patience angélique** : très grande douceur, très grande patience.

2. angélique, n. f. ♦ **1.** Plante que l'on cultive pour ses tiges utilisées en confiserie. **2.** Tige confite (de couleur verte) de cette plante, qui, coupée en morceaux, sert à décorer les gâteaux.

angélus [ãʒelys], n. m. ♦ **1.** Prière catholique qui commence par le mot latin *angelus* « ange ». **2.** Sonnerie de cloche, qui, le matin, à midi et le soir, donne le signal de cette prière.

angine, n. f. ♦ Maladie de la gorge due à une inflammation des amygdales.

anglais, aise, adj. *ou* n. ♦ De l'Angleterre : *Le climat anglais est doux et humide.* ● **Les Anglais. Un Anglais. Une Anglaise.** — SYN. britannique. Désigne aussi les habitants de langue anglaise du Canada. ● **L'anglais** : langue parlée en Angleterre, aux États-Unis, en Australie, en Nouvelle-Zélande, au Canada, etc.

angle, n. m. ♦ **1.** Figure géométrique formée par deux segments de droite issus du même point. **2.** Coin d'une rue, d'une salle, d'un meuble : *L'épicerie est située à l'angle de la rue et du boulevard.*

angoissant, ante, adj. ♦ Qui cause de l'angoisse. — CONTR. rassurant.

angoisse, n. f. ♦ Très grande inquiétude qu'on éprouve quand on s'attend à une chose très grave : *Depuis que ma sœur est malade, mon père vit dans l'angoisse.* — SYN. anxiété, crainte, effroi, peur.

angoissé, ée, adj. ♦ Qui éprouve de l'angoisse. — SYN. anxieux, effrayé, tourmenté. — CONTR. rassuré.

angora, adj. *ou* n. ♦ Qui a des poils longs, très fins et très doux : *Murielle a une jolie chatte angora.* ● **Sa chatte est une angora.** — REM. Prend le *s* du pluriel : *des chattes angoras ; des lapins angoras ; des chèvres angoras.*

anguille [ãgij], n. f. ♦ Poisson à peau glissante, à l'aspect d'un serpent, qui va pondre dans la mer des Sargasses (près des Antilles) et revient dans les fleuves.

anguleux, euse, adj. ♦ Qui n'est pas rond, qui est plein de saillies et d'angles : *Son grand nez, son menton en galoche, ses pommettes saillantes donnaient à ce vieux paysan un visage anguleux.* — CONTR. arrondi, rond.

anicroche, n. f. ♦ **Sans anicroche** : sans difficulté, sans ennui, sans incident.

animal, aux, n. m. *ou* adj. ♦ **1.** Être vivant qui n'est pas une plante et qui n'appartient pas à l'espèce humaine : *Le chat et le chien sont des animaux domestiques, le zèbre et le tigre sont des animaux sauvages.* — SYN. une bête. **2.** Qui concerne les animaux : *En sciences naturelles, nous étudierons cette année la physiologie animale.*

animateur, atrice, n. ♦ Celui, celle qui invente et organise des distractions, dirige des activités amusantes, qui présente une émission de variétés à la radio, à la télévision, etc.

animation, n. f. ♦ Mouvement, allées et venues de gens nombreux qui se remuent : *C'est la fête au village. Quelle animation sur la place !*

animé, ée, adj. ♦ **1.** Où il y a de l'animation : *Ce quartier est plein de magasins, de cafés, de cinémas. Aussi est-il très animé.* — SYN. vivant. — CONTR. calme, tranquille. **2.** *Dessin animé :* film constitué par une série de dessins qui, à la projection, donnent l'impression du mouvement.

animer, v. ♦ **1.** Faire remuer, de manière à donner l'impression de la vie : *Un mécanisme ingénieux anime les personnages de cette horloge à automates.* **2.** Mettre de la vie, du mouvement dans un endroit : *Le dimanche, des centaines de personnes venues de Montréal animent cette petite plage d'Oka.* ● *Les rues du village s'animent le dimanche.* ● Être l'animateur d'une soirée, d'une émission, d'un centre de loisirs, etc. : *Cet ancien instituteur anime les soirées de la maison des jeunes.* **3.** Pousser à agir : *Est-ce l'amitié pour moi ou un autre sentiment qui l'anime ?* — SYN. conduire, déterminer, pousser. **4.** *S'animer,* s'éclairer, devenir plus vivant sous l'effet de la joie, de la colère, etc. : *Dès qu'on parle de Noël, les yeux des enfants s'animent.*

animosité, n. f. ♦ Sentiment qui pousse à attaquer quelqu'un, à lui faire du tort : *Serge est jaloux de moi. C'est pourquoi il met tant d'animosité dans son attitude à mon égard.* — SYN. antipathie, haine, hostilité, malveillance, méchanceté. — CONTR. amitié, sympathie.

anis [ani], n. m. ♦ Plante qui sert à parfumer les bonbons, les liqueurs, les apéritifs, etc. : *Tu aimes les sucettes à la menthe, moi je préfère les bonbons à l'anis.*

ankylose, n. f. ♦ Raideur dans un membre, que l'on ressent quand on a gardé longtemps la même position.

ankyloser, v. ♦ Rendre raide par ankylose : *Je suis restée assise trop longtemps, ça m'a ankylosée.*

annales, n. f. pl. ♦ Livre qui raconte les événements historiques année par année : *Cet écrivain fut chargé par le roi d'écrire les annales du règne.* — SYN. une chronique.

anneau, n. m. ♦ **1.** Cercle, en métal, en bois, etc., qui sert à divers usages : *Les anneaux du rideau glissent le long de la tringle.* **2.** Agrès de gymnastique constitués par des cercles de fer suspendus à des cordes : *Dans le gymnase, il y a une barre fixe, un trapèze et des anneaux.* **3.** Alliance, bague : *Ils se sont mis l'anneau au doigt* (= ils se sont épousés). **4.** Cercle que forme le corps d'un serpent quand il s'enroule : *Le boa étouffa le malheureux lapin en le serrant dans ses anneaux.*

année, n. f. ♦ **1.** Période qui va du 1er janvier au 31 décembre : *C'était au début de l'année 1963, en janvier ou en février.* ● *Année scolaire :* période qui va de la rentrée de septembre aux vacances d'été. **2.** Durée de douze mois : *Il a fallu quatre années pour construire ce chalet.* — SYN. an. **3.** Durée de douze mois de la vie d'une personne : *La grand-mère de Juliette entre dans sa 88e année* (= dans moins d'un an, elle aura 88 ans).

annelé, ée, adj. ♦ Qui porte des anneaux ou des bandes circulaires d'une couleur différente de celle du fond : *Le raton laveur a une queue annelée.*

annexe, adj. *ou* n. f. ♦ Qui est à proximité ou à la suite d'une chose plus importante : *Les salles de gymnastique sont installées dans des bâtiments annexes de l'école, de l'autre côté de la rue.* ● *Elles sont installées dans une annexe de l'école.* ● *Les annexes d'un livre :* ce qui est à la fin du livre (index, table des matières, tableaux, etc.). — SYN. appendice.

annexer, v. ♦ Rattacher une chose à une chose plus importante ; particulièrement, rattacher un territoire à un pays, pour qu'il en fasse partie : *Montréal a annexé Pointe-aux-Trembles.*

annexion, n. f. ♦ Action d'annexer.

anniversaire, n. m. ♦ **1.** Jour de l'année qui est le même que celui de notre naissance : *Samedi prochain, c'est le quinzième anniversaire de ma sœur.* ▪ Jour de l'année qui est le même que celui où un événement particulier s'est produit : *Demain, 12 octobre 1990, notre école fêtera le dixième anniversaire de sa fondation.* (Elle a été fondée le 12 octobre 1980.) **2.** Fête par laquelle on célèbre l'anniversaire d'une personne ou d'un événement : *J'ai invité ma cousine et mon ami Étienne à mon anniversaire.*

annonce, n. f. ♦ **1.** Nouvelle qu'on apprend : *L'annonce du mariage de Danielle m'a fait plaisir.* **2.** Avis par lequel on propose quelque chose (offre d'emploi, demande d'emploi, achat, vente, etc.) à quelqu'un : *Mon cousin a trouvé un appartement en lisant les annonces dans le journal.*

annoncer, v. (conjugaison 17) ♦ **1.** Faire savoir ce qui s'est passé ou ce qui va se passer : *La radio a annoncé le succès du lancement de la fusée.* **2.** Laisser prévoir : *Ce ciel gris et ce temps froid annoncent de la neige.* ▪ *L'automne s'annonce beau et doux.*

annonceur, euse, n. ♦ **1.** Personne ou entreprise qui fait publier des annonces, de la publicité. **2.** Personne qui fait des annonces à la radio ou à la télévision.

annonciateur, atrice, adj. ♦ Qui annonce quelque chose : *Ces bourgeons sur les branches sont les signes annonciateurs du printemps.*

annotation, n. f. ♦ Remarque écrite en marge d'un texte.

annoter, v. ♦ *Annoter un texte,* y inscrire des annotations.

annuaire, n. m. ♦ Livre, mis à jour chaque année, qui donne les noms des personnes, leur adresse, leur numéro de téléphone.

annuel, elle, adj. ♦ Qui se fait, qui a lieu tous les ans, une fois par an.

annuellement, adv. ♦ Tous les ans, une fois par an.

annulaire, n. m. ♦ Quatrième doigt de la main, à partir du pouce. (C'est le doigt qui porte l'*anneau.*)

annulation, n. f. ♦ Action d'annuler. — SYN. suppression.

annuler, v. ♦ **1.** Décider qu'une chose n'aura pas lieu : *L'oncle Louis est malade, il a dû annuler son voyage.* — SYN. supprimer. **2.** Décider qu'une promesse, une réservation, etc., ne sera pas suivie d'effet : *Je ne pourrai pas aller en vacances, c'est pourquoi j'ai annulé ma location.*

anoblir, v. ♦ Donner le titre de noble à quelqu'un : *Pour la récompenser de sa bravoure, le roi l'avait anoblie.* — REGARDER ennoblir.

anoblissement, n. m. ♦ Action d'anoblir. — REGARDER ennoblissement.

anodin, ine, adj. ♦ Pas bien grave : *J'ai eu un rhume, c'est une maladie bien anodine.* ▪ Pas bien méchant : *Ne te vexe pas pour une remarque aussi anodine.*

anomalie, n. f. ♦ Chose anormale.

ânon, n. m. ♦ Petit de l'âne.

ânonner, v. ♦ Dire, lire, réciter en butant sur chaque syllabe : *L'écolier ânonne sa fable, qu'il sait mal.*

anonymat, n. m. ♦ État de celui dont le nom n'est pas connu : *La généreuse donatrice a voulu garder l'anonymat.*

anonyme, adj. ♦ Qui n'a pas fait connaître son nom, dont le nom n'est pas connu : *Un donateur anonyme a remis dix mille dollars, dans une enveloppe, au comité de secours.* ● *Une lettre anonyme,* qui n'est pas signée ou qui est signée d'un faux nom.

anorak, n. m. ♦ Vêtement de dessus, sorte de blouson en tissu imperméable, qui peut se serrer aux poignets et à la taille et qu'on porte pour se protéger du froid et de la pluie.

anormal, ale, aux, adj. *ou* n. ♦ **1.** Qui ne devrait pas se produire si tout allait bien : *Ce ronflement saccadé du moteur, accompagné d'un bruit de ferraille, est anormal.* ● Contraire à ce qui se passe d'habitude : *A 10 heures du soir, Béatrice n'est pas encore rentrée, c'est anormal !* **2.** Qui n'est pas comme tout le monde en ce qui concerne l'intelligence ou le caractère : *Les enfants anormaux ont besoin de beaucoup d'affection.* ● *Son fils est un anormal : il ne pourra jamais travailler.*

1. anse, n. f. ♦ Poignée arrondie : *Pour faire réchauffer les haricots, mets-les dans le plat émaillé à deux anses.*

2. anse, n. f. ♦ Partie de la mer qui avance dans la terre en formant une petite échancrure arrondie. — SYN. baie, crique, golfe.

antarctique, adj. ♦ Du pôle Sud : *Le climat antarctique est le plus froid du monde.* ● *Le continent antarctique* ou *l'Antarctique.*

antécédent, n. m. ♦ Mot (nom ou pronom) qui est représenté et repris par le pronom relatif : *Dans la phrase « Je dessine l'arbre qui est dans le jardin », le nom* arbre *est l'antécédent du relatif* qui.

antécédents, n. m. pl. ♦ Conduite, bonne ou mauvaise, qu'on a eue précédemment ou anciennement : *Les mauvais antécédents de l'accusé lui ont valu d'être condamné sévèrement.*

antenne, n. f. ♦ **1.** Chacun des organes allongés et mobiles que certains animaux (insectes notamment) ont sur la tête et qui leur servent à sentir et à toucher : *Le papillon agite ses longues antennes.* **2.** Ensemble de tiges ou de fils métalliques qui servent à émettre ou à recevoir les ondes de radio ou de télévision.

antérieur, eure, adj. ♦ **1.** Qui a existé, qui a eu lieu avant autre chose : *Mais oui, la « Révolution tranquille » est antérieure à la fondation du Parti québécois.* — CONTR. postérieur. **2.** Qui est situé à l'avant : *La girafe a les pattes antérieures très longues* (= les pattes de devant). — CONTR. postérieur.

anthologie, n. f. ♦ Livre qui contient les plus beaux morceaux de prose ou les plus beaux poèmes écrits en une langue ou sur un sujet : *Ma sœur s'est acheté une anthologie de la poésie française.* — SYN. morceaux choisis.

anthracite, n. m. *ou* adj. inv. ♦ **1.** Charbon d'une espèce particulière, qui produit beaucoup de chaleur en brûlant. **2.** D'une couleur gris foncé presque noire : *Pour aller à l'enterrement de leur ami, mon père et mon oncle avaient mis des costumes anthracite.*

anthropophage, adj. *ou* n. ♦ Qui mange de la chair humaine : *Autrefois, ces îles étaient habitées par des populations anthropophages.* ● *L'explorateur fut mangé par les anthropophages.* — SYN. cannibale.

antibiotique, n. m. ♦ Médicament qui détruit rapidement les bactéries.

antichambre, n. f. ♦ Pièce qui sert d'entrée et où l'on fait attendre les gens qui viennent en visite, avant de les introduire dans un salon, un bureau.

anticipation, n. f. ♦ Action d'anticiper : *Tu dis que tu es ingénieure, à douze ans ? C'est une anticipation !* ● *Film, roman d'anticipation,* qui raconte les choses qui pourraient se passer dans l'avenir, quand on aura fait des inventions extraordinaires.

anxieux

anticiper, v. ♦ Agir ou parler comme si ce qui doit arriver plus tard s'était déjà produit : _Tu dis, à douze ans, que tu es ingénieur ? Tu anticipes beaucoup !_ ● Dire dès maintenant ce qui doit venir plus tard dans le récit : _Cette fille devint plus tard une peintre célèbre, mais laissons cela, je ne veux pas anticiper sur la suite de mon récit._

anticlérical, ale, aux, adj. _ou_ n. ♦ Qui est hostile à l'intervention de l'Église dans les affaires politiques, qui n'aime pas les prêtres.

antidote, n. m. ♦ Produit qu'on fait prendre à quelqu'un qui a absorbé du poison, pour combattre les effets de ce poison. — SYN. contrepoison.

antillais, aise [ɑ̃tije, ɛz], adj. _ou_ n. ♦ Des Antilles, îles situées à l'est de l'Amérique centrale : _Cette gravure représente un village antillais, avec un moulin à sucre._ ● _Un Antillais. Une Antillaise. Les Antillais._

antilope, n. f. ♦ Animal d'Asie et d'Afrique qui se nourrit d'herbe et rumine, et qui est très rapide à la course.

antimilitariste, adj. _ou_ n. ♦ Qui n'aime pas l'armée, les militaires. — CONTR. militariste.

antimite, adj. _ou_ n. m. ♦ Qui tue ou qui éloigne les mites.

antipathie, n. f. ♦ Sentiment qu'on éprouve à l'égard d'une personne qu'on n'aime pas, qui ne plaît pas. — CONTR. sympathie.

antipathique, adj. ♦ Qui inspire de l'antipathie. — CONTR. sympathique.

antipodes, n. m pl. ♦ **1.** Point situé sur le globe terrestre juste à l'opposé du point où l'on se trouve : _La Nouvelle-Zélande est aux antipodes de la France._ **2.** _Aux antipodes de,_ tout à fait contraire à : _René aime le bruit, le mouvement, le sport. Moi, j'aime le calme et la lecture ; ses goûts sont aux antipodes des miens._ — SYN. à l'opposé de.

antiquaire, n. m _ou_ f. ♦ Celui, celle qui fait le commerce des meubles et des objets anciens.

antique, adj. ♦ **1.** Qui date d'une époque très ancienne : _Regarde bien cette chapelle gothique et ce donjon : ces antiques monuments datent de l'époque de saint Louis._ **2.** Qui existait dans l'Antiquité ou qui existe depuis l'Antiquité (époque des Grecs et des Romains) : _Ce temple de Jupiter, cet aqueduc romain, ce sont des monuments antiques._

Antiquité, n. f. ♦ Période très ancienne, qui va de la fin de la préhistoire à 500 environ après Jésus-Christ et qui est surtout connue par l'histoire des Grecs et des Romains.

antiquités, n. f. pl. ♦ **1.** Meubles et objets anciens : _J'ai acheté ce guéridon Empire dans un magasin d'antiquités._ **2.** Œuvres d'art et objets qui datent de l'Antiquité : _Demain, mercredi, le professeur d'histoire nous emmènera voir les antiquités grecques du musée._

antisepsie [ɑ̃tisɛpsi], n. f. ♦ Ensemble des moyens qu'on utilise pour détruire les microbes qui peuvent provoquer une infection.

antiseptique [ɑ̃tisɛptik], adj. _ou_ n. m. ♦ Qui détruit les microbes qui peuvent causer une infection : _Tu t'es blessé au genou, il faut mettre un produit antiseptique._ ● _Un antiseptique._

antre, n. m. ♦ Grand trou profond dans un rocher, qui sert de repaire à une bête fauve. — SYN. caverne, grotte.

anxiété, n. f. ♦ Sentiment de vive inquiétude. — SYN. angoisse, inquiétude. — CONTR. confiance, tranquillité.

anxieux, euse, adj. ♦ **1.** Qui éprouve une vive inquiétude : _Ma tante craint d'avoir un cancer et elle est très anxieuse en ce moment._ — SYN. angoissé, inquiet. — CONTR.

confiant, tranquille. **2.** Qui attend ou désire quelque chose avec impatience : *Je suis anxieux de voir mes étrennes.*

août [u], n. m. ♦ Huitième mois de l'année, après juillet et avant septembre : *Le mois d'août a 31 jours.*

apaisement, n. m. ♦ Paroles, promesses, concessions par lesquelles on calme la colère ou l'inquiétude de quelqu'un : *Elle était furieuse, croyant que je voulais lui faire du tort, mais je lui ai donné des apaisements.*

apaiser, v. ♦ **1.** Calmer une personne en colère ou inquiète : *La propriétaire était furieuse, le locataire l'a apaisée en lui remettant tout de suite le montant du loyer.* ● *La propriétaire s'est apaisé.* — SYN. se calmer, se rasséréner, se rassurer, se tranquilliser. — CONTR. s'exaspérer, s'irriter. **2.** Rendre moins pénible : *Ces comprimés apaisent mes douleurs à l'estomac.* — SYN. adoucir, soulager. — CONTR. aggraver, réveiller. **3.** *S'apaiser,* devenir moins violent : *Le vent est tombé, la tempête s'apaise.*

apanage, n. m. ♦ Ce qui appartient seulement à une personne ou à un groupe : *L'instruction ne doit pas être l'apanage des enfants issus des familles riches.*

apathie, n. f. ♦ Manque d'initiative, d'énergie, d'intérêt : *Ce journal essaie d'arracher l'opinion publique à son apathie.* — SYN. engourdissement, indolence, inertie, résignation.

apathique, adj. ♦ Qui manque d'initiative, d'énergie, d'intérêt. — SYN. engourdi, indolent, inerte. — CONTR. actif, remuant, vigilant.

apercevoir, v. (conjugaison 58) ♦ **1.** Voir d'une manière rapide ou pas très nette : *J'ai aperçu l'avion à réaction, pendant une seconde, quand il est passé au-dessus de ma tête.* **2.** *S'apercevoir de* (ou *que*), remarquer : *Elle ne s'était pas aperçue de cette erreur. Eliane s'aperçut brusquement qu'elle n'avait plus son sac à main.* — SYN. s'aviser, découvrir, se rendre compte.

aperçu, n. m. ♦ Ensemble de renseignements donnés en peu de mots, sans qu'on entre dans le détail : *Nous n'allons pas étudier en détail l'histoire des États-Unis, je vais vous en donner seulement un aperçu.*

apéritif, n. m. ♦ Boisson qui contient de l'alcool et qu'on prend avant le repas.

apesanteur, n. f. ♦ État dans lequel les hommes et les objets n'ont plus aucun poids : *A l'intérieur de son vaisseau spatial, l'astronaute flottait dans l'air : c'est un effet de l'apesanteur.*

à peu près, loc. adv. ♦ **1.** Un peu plus ou un peu moins que la quantité indiquée : *Ce gâteau pèse à peu près 200 grammes.* — SYN. approximativement, environ. **2.** Presque : *J'ai à peu près terminé le rangement de mes affaires.* — SYN. pour ainsi dire.

à-peu-près, n. m. inv. ♦ Ce qui n'est pas tout à fait faux ou mauvais, mais qui n'est pas bien exact et précis : *Le professeur de mathématiques n'aime pas l'à-peu-près dans les raisonnements et les calculs.* — SYN. approximation. — CONTR. exactitude, précision, rigueur.

apeuré, ée, adj. ♦ Rempli de peur : *L'enfant, apeuré, se serrait contre son père.* — SYN. effrayé, terrifié.

aphte [aft], n. m. ♦ Petite plaie, qui fait mal, dans la bouche.

aphteuse [aftøz], adj. f. ♦ *Fièvre aphteuse :* maladie très contagieuse qui touche surtout les vaches et les bœufs et qui donne des aphtes.

apiculteur, n. m. ♦ Celui qui élève des abeilles.

apiculture, n. f. ♦ Élevage des abeilles.

apitoiement, n. m. ♦ Action de s'apitoyer. — SYN. compassion.

apitoyer, v. (conjugaison 21) ♦ Faire éprouver de la pitié à quelqu'un : _Pour apitoyer les passants, le mendiant montrait ses plaies._ ● **S'apitoyer,** éprouver de la pitié : _Tout le monde s'apitoyait sur le pauvre infirme._

aplanir, v. ♦ **1.** Rendre plan, c'est-à-dire uni et sans bosses ni creux : _Avec son rabot, la menuisière aplanit la planche._ — SYN. niveler. **2.** Supprimer les obstacles, les difficultés : _Pour obtenir le permis de construire, notre voisin s'est adressé à son ami du ministère : cela a aplani les difficultés._

aplatir, v. ♦ Rendre plat : _Martin aplatit ses cheveux avec une pommade parfumée, tu te rends compte !_

aplomb, n. m. ♦ **1.** Audace qui va jusqu'à l'insolence : _Lucie a osé donner un ordre au concierge, quel aplomb !_ — SYN. culot, toupet. — CONTR. réserve, retenue, timidité. **2.** _D'aplomb :_ bien droit et bien en équilibre.

apocalyptique, adj. ♦ Horrible à voir et très effrayant : _Les maisons effondrées, les arbres déracinés, les voitures renversées, quel spectacle apocalyptique, après le passage du typhon !_

apogée, n. m. ♦ Moment où un homme, un pays est le plus puissant, le plus glorieux.

apologue, n. m. ♦ Petite fable destinée à illustrer une vérité morale. — SYN. fable.

apostolat, n. m. ♦ Profession que l'on exerce non pour gagner de l'argent, mais pour rendre service aux autres et pour répandre ses idées.

1. apostrophe, n. f. ♦ Signe (') qui remplace _e, a_ ou _i_ à la fin de certains mots devant un autre mot commençant par une voyelle ou un _h_ muet : _Au lieu de « le apprenti » et de « la herbe », on dit « l'apprenti » et « l'herbe », en écrivant avec une apostrophe_ (l').

2. apostrophe, n. f. ♦ **1.** Parole grossière ou brutale qu'on dit en s'adressant

brusquement à quelqu'un. **2.** Dans une phrase, mot placé entre virgules, qui sert à appeler quelqu'un : _Dans la phrase « Dis-moi, Josée, veux-tu venir m'aider ? »,_ le nom _Josée est mis en apostrophe._

apostropher, v. ♦ Interpeller grossièrement ou brutalement : _L'employé du métro apostropha la dame âgée : « Dites donc, la vieille, c'est un passage interdit, ici ! »_

apothéose, n. f. ♦ Partie la plus belle, à la fin d'une fête ou d'un spectacle : _La fête se termina en apothéose par un feu d'artifice._

apôtre, n. m. ♦ **1.** Chacun des douze compagnons de Jésus-Christ, qui furent chargés de faire connaître l'Évangile. **2.** Celui qui se dévoue pour répandre une idée, défendre un idéal : _Les écrivains du XVIIIᵉ siècle se firent les apôtres de la tolérance._ — SYN. défenseur, missionnaire, propagateur.

apparaître, v. (conjugaison 94) ♦ **1.** Se montrer brusquement : _Au détour du chemin, la vieille maison nous apparut._ **2.** Avoir l'air : _Ce nouveau camarade m'apparaissait dur et orgueilleux ; en réalité, il avait très bon cœur._ — SYN. paraître, sembler. **3.** _Il apparaît que,_ d'après ce qu'on voit et ce qu'on sait, on peut penser que : _Il apparaît que le bateau ne pourra pas être réparé à temps._ — SYN. il est clair, il est évident que.

appareil, n. m. ♦ **1.** Instrument plus ou moins compliqué qui sert à un usage particulier : _Avec mon appareil photo, je peux prendre des vues de loin ou de près._ **2.** Combiné téléphonique (support avec écouteur) : _Allô ! Alain ? C'est Claudine à l'appareil._ **3.** Avion : _Les missiles sol-air ont abattu plusieurs appareils ennemis._ **4.** Ensemble d'organes qui servent à une même fonction physiologique : _Cette année, en sciences naturelles, nous étudions l'appareil digestif : l'estomac, l'intestin, le foie, etc._

1. appareillage, n. m. ♦ Ensemble d'appareils : _De nos jours, l'appareillage électronique d'un avion est très compliqué._

appareillage

2. appareillage, n. m. ♦ Départ d'un navire.

appareiller, v. ♦ *Le navire appareille,* part : *Le cargo appareille à 11 heures.*

apparemment, adv. ♦ Comme on peut le penser, d'après ce qu'on voit, ce qu'on entend, etc. — SYN. à ce qu'il paraît, à première vue.

apparence, n. f. ♦ Ce que l'on voit, mais qui n'est pas forcément vrai : *Cette maison a l'air neuve, mais ce n'est qu'une apparence, c'est une maison ancienne qu'on a recrépie.* — SYN. aspect. — CONTR. réalité.

apparent, ente, adj. ♦ **1.** Qui se voit bien : *J'ai accroché cette gravure au mur, pour masquer la tache, qui est très apparente.* — SYN. visible. — CONTR. discret. **2.** Qui n'est pas vrai, mais qui donne l'impression d'être vrai : *Il y a eu une amélioration apparente, mais la maladie de mon oncle s'est ensuite aggravée.* — CONTR. réel, véritable, vrai.

apparenté, ée, adj. ♦ **1.** Qui est de la même famille, qui est uni par un lien de parenté : *Par sa mère, il est apparenté à mon ami Antoine.* **2.** Qui a une relation de ressemblance ou une origine commune : *L'espagnol, le français, l'italien, le portugais sont des langues apparentées, car elles viennent toutes du latin.*

apparition, n. f. ♦ **1.** Action d'arriver et de se montrer en un lieu : *L'apparition de la vedette a déclenché des manifestations frénétiques d'enthousiasme.* **2.** *Avoir une apparition,* croire voir un être qui n'est pas vraiment présent : *Notre vieille voisine un peu folle a des apparitions : elle dit qu'elle a vu l'archange saint Michel.* — SYN. avoir une hallucination, une vision. **3.** *Faire son apparition,* commencer d'exister et d'être visible : *C'est le printemps, les oiseaux ont fait leur apparition.* — SYN. apparaître.

appartement, n. m. ♦ Logement de plusieurs pièces, dans un immeuble où il y a plusieurs logements.

appartenance, n. f. ♦ État d'une personne ou d'une chose qui appartient à un groupe, à un ensemble : *L'appartenance du Canada au groupe des pays industrialisés est une évidence.*

appartenir, v. (conjugaison 44) ♦ **1.** Être la propriété de quelqu'un : *Cette belle propriété appartient au maire de notre ville.* **2.** Faire partie d'un groupe, d'un ensemble : *Les écureuils appartiennent à l'ordre des rongeurs.* **3.** *Il appartient à quelqu'un de* (faire quelque chose), c'est lui et lui seul qui doit faire cette chose : *Il t'appartient de prendre cette décision.*

appât, n. m. ♦ **1.** Nourriture qu'on accroche à un hameçon pour attirer le poisson ou qu'on met dans un piège pour attirer un animal. **2.** Ce qui attire, ce qui pousse à agir : *C'est l'appât du gain* (= le désir de gagner beaucoup d'argent) *qui poussait les marchands d'autrefois à aller commercer dans les pays lointains.*

appâter, v. ♦ **1.** Attirer le poisson, un animal, par un appât : *La pêcheuse a appâté, en lançant dans l'eau des morceaux de pain.* — SYN. amorcer, attirer. **2.** Attirer, séduire par des promesses souvent fausses : *L'escroc avait appâté sa victime en lui faisant espérer un gain énorme.* — SYN. allécher, séduire.

appauvrir, v. ♦ Rendre pauvre, plus pauvre : *Des impôts excessifs et une mauvaise politique économique appauvrissaient le pays.* — CONTR. enrichir.

appel, n. m. ♦ **1.** Cri de quelqu'un qui appelle : *On entendit un appel dans le silence de la nuit.* **2.** *Lancer un appel au public,* lui demander, par la presse, la radio ou la télévision, de faire quelque chose. ● *Faire appel à quelqu'un,* lui demander de l'aide ou un conseil. **3.** Action d'appeler au téléphone : *Toute la nuit, un secrétaire de permanence est là pour répondre aux appels téléphoniques d'urgence.* **4.** Action d'appeler par leur nom les personnes d'un groupe, pour savoir qui est présent et qui est absent : *Attention, le maître a fait l'appel, tu es porté absent.*

appellation, n. f. ♦ Nom par lequel on désigne une chose : *L'appellation de cognac est réservée à l'eau-de-vie produite dans la région de Cognac.*

appeler, v. (conjugaison 13) ♦ **1.** Prononcer ou crier un nom, ou faire un bruit, un geste, pour faire venir : *Aussitôt, l'enfant appela sa grande sœur : « Odile, Odile, viens voir. »* **2.** Téléphoner à quelqu'un pour le prévenir ou pour le faire venir : *Quand il vit sa fille malade, il appela le médecin.* — SYN. avertir, prévenir. **3.** Donner un nom à un être ou à une chose : *Il a appelé son chien « Fifi ». On appelle ce sommet « Le Grand Bossu ».* ● *Son chien s'appelle « Fifi ».* — SYN. se nommer. **4.** Attirer : *J'appelle votre attention sur ce point difficile de grammaire.*

1. appendice [apɛ̃dis], n. m. ♦ Ensemble des pages placées à la fin d'un livre et où l'on trouve des renseignements divers.

2. appendice [apɛ̃dis], n. m. ♦ Organe en cul-de-sac, sur l'intestin, susceptible de s'enflammer : *On a dû opérer de l'appendice mon cousin Denis.*

appendicite, n. f. ♦ Inflammation de l'appendice.

appentis [apãti], n. m. ♦ Abri, petite construction qui s'appuie contre un mur.

appesantir (s'), v. ♦ Parler longuement d'une chose, en donnant beaucoup de détails : *Je ne veux pas m'appesantir sur cette quesion peu importante.* — SYN. appuyer sur, insister sur. — CONTR. glisser sur.

appétissant, adj. ♦ Qui excite l'appétit, qu'on a envie de manger. — SYN. alléchant, savoureux.

appétit, n. m. ♦ Envie de manger : *Quand j'étais malade, j'avais perdu l'appétit.* ● *Ouvrir l'appétit, donner de l'appétit,* donner envie de manger : *Quatre heures de marche en montagne, voilà qui ouvre l'appétit !* ● *Couper l'appétit :* enlever l'envie de manger.

applaudir, v. ♦ **1.** Montrer, en battant des mains, qu'on est content, qu'on admire ou qu'on approuve : *Tous les spectateurs ont longuement applaudi la chanteuse.* — SYN. battre, claquer des mains, acclamer. **2.** *Applaudir à quelque chose,* approuver vivement une chose : *J'applaudis à ton idée de fonder une amicale des anciens de l'école.* — SYN. acquiescer, adhérer à, se rallier à. — CONTR. refuser, rejeter, blâmer.

applaudissement, n. m. ♦ Action d'applaudir ; bruit que font des gens qui applaudissent : *L'oratrice descendit de la tribune sous les applaudissements de l'assistance.*

application, n. f. ♦ **1.** Action d'étendre, d'étaler quelque chose : *L'application d'une couche de minium protège le fer contre la rouille.* **2.** Action d'appliquer une règle, un principe, une décision, une théorie, etc. : *Cette découverte théorique est susceptible d'applications industrielles très importantes.* **3.** Attention et soin qu'on apporte dans son travail : *Mon cousin est très doué, mais il manque d'application.* — SYN. attention, sérieux, soin. — CONTR. laisser-aller, négligence.

applique, n. f. ♦ Support fixé au mur pour soutenir une ou plusieurs lampes électriques.

appliqué, ée, adj. ♦ Qui fait preuve d'application dans son travail, ses études. — SYN. attentif, sérieux, soigneux. — CONTR. négligent.

appliquer, v. ♦ **1.** Poser une chose contre une autre : *Applique bien les deux pièces de bois l'une contre l'autre, quand tu veux les coller.* ● Étaler, étendre sur une surface : *Je vais appliquer une première couche de peinture sur le panneau.* **2.** Suivre une règle, obéir à une loi, à un principe, etc. : *C'est bien de savoir par cœur les règles de grammaire, mais il faut aussi les appliquer quand tu écris.* ● *Cette règle doit s'appliquer dans tous les cas.* **3.** *S'appliquer,* travailler avec attention, avec soin : *Tu veux avoir de bonnes notes ? Alors applique-toi davantage.*

appoint

appoint, n. m. ♦ **1.** Supplément, qui vient s'ajouter à une chose plus grande : *Les pourboires apportent un appoint non négligeable au salaire des employés de ce café.* ● *Un salaire d'appoint.* **2.** *Faire l'appoint :* donner la somme exacte, pour le prix à payer, sans qu'il y ait de monnaie à rendre.

appointements, n. m. pl. ♦ Ce qu'un employé ou un cadre gagne régulièrement chaque mois. — SYN. salaire.

apport, n. m. ♦ Ce qu'on fournit, ce qui contribue : *L'apport des Grecs à la civilisation est très important.*

apporter, v. ♦ **1.** Porter une chose à l'endroit où quelqu'un se trouve : *Tiens, je t'apporte les disques que tu m'as demandés.* — REM. Ne dites pas *j'amène les disques.* **2.** Découvrir, créer quelque chose pour enrichir une science, une civilisation, etc. : *Les grands peintres de la Renaissance italienne ont apporté beaucoup à l'art européen.* **3.** Fournir, donner : *Tu apportes un argument nouveau qui va dans mon sens.* ● Mettre, montrer une qualité, dans son travail, son activité : *Tu dois apporter plus de soin dans la rédaction de tes devoirs.*

apposer, v. ♦ **1.** Coller, fixer sur un mur, une surface : *Il est interdit d'apposer des affiches sur les murs.* — SYN. appliquer. — CONTR. décoller, enlever. **2.** Écrire ou imprimer : *Elle apposa sa signature au bas du contrat. L'employé de la mairie apposa un cachet sur l'attestation.*

apposition, n. f. ♦ Nom ou adjectif placé à côté d'un nom ou d'un pronom, pour préciser son sens : *Le mot* épicier *est en apposition à* mon ami *dans la phrase suivante : « Mon ami l'épicier me salue tous les matins ».*

appréciable, adj. ♦ Qui, sans être très grand, est cependant assez grand : *Deux cents dollars de plus par mois, c'est une augmentation de salaire appréciable.* — SYN. notable, sensible. — CONTR. faible, infime, minime, modeste, modique, petit.

appréciation, n. f. ♦ Remarque par laquelle on exprime ce qu'on pense d'une personne ou d'une chose : *Le professeur a porté une mauvaise appréciation sur ma rédaction.* — SYN. avis, jugement.

apprécier, v. (conjugaison 20) ♦ **1.** Juger, trouver bon : *J'ai beaucoup apprécié ce film.* ● Trouver agréable : *Ma vieille tante apprécie beaucoup les sucreries.* **2.** Estimer la distance, la vitesse, etc. : *Par temps de brouillard, il est difficile d'apprécier les distances.*

appréhender, v. ♦ **1.** Arrêter quelqu'un, procéder à son arrestation : *Les policiers, avertis par un coup de téléphone anonyme, ont appréhendé les trois terroristes.* **2.** Avoir une certaine peur, à l'avance : *Mon oncle est malade, il appréhende l'opération qu'il doit subir.*

appréhension, n. f. ♦ Peur, plus ou moins grande, qu'on éprouve à l'avance. — SYN. angoisse, anxiété, crainte, peur. — CONTR. tranquillité.

apprendre, v. (conjugaison 82) ♦ **1.** Dire ou montrer à quelqu'un ce qu'il faut faire pour exercer correctement une activité : *Ma cousine m'apprend à conduire une moto.* ● Enseigner (une science, une langue, etc.) : *L'instituteur nous apprend l'arithmétique.* **2.** Faire ce qu'il faut pour savoir quelque chose : *Je voudrais bien apprendre à piloter un avion.* **3.** Faire savoir quelque chose : *Jean-Marc m'a appris l'ouverture de la nouvelle piscine.* — SYN. annoncer, aviser de, informer de, mettre au courant de. **4.** Entendre dire ou lire qu'une chose s'est produite : *J'ai appris par la radio la mort de mon chanteur préféré.*

apprenti, ie, n. ♦ Jeune homme, jeune fille qui apprend un métier manuel, soit dans un centre d'apprentissage, soit en travaillant dans une usine ou chez un artisan.

apprentissage, n. m. ♦ Action d'apprendre un métier manuel. ● *Faire son apprentissage.* ● *Être en apprentissage.*

apprêt, n. m. ♦ **1.** Substance dont on enduit une étoffe neuve, pour lui donner de la tenue. **2.** Caractère de ce qui est trop soigné, pas assez naturel : _Je n'aime pas le style plein d'apprêt de cet écrivain._ — SYN. affectation, manque de naturel, recherche.

apprêté, ée, adj. ♦ Qui est trop soigné, trop recherché, qui manque de naturel : _Le style de cet écrivain est élégant, mais trop apprêté._ — SYN. affecté, recherché. — CONTR. naturel, simple.

apprêter (s'), v. ♦ Se préparer ou être sur le point de faire quelque chose : _Tapi dans les hautes herbes, le tigre s'apprête à sauter sur la proie qui va passer._

apprivoiser, v. ♦ Habituer un animal sauvage à vivre en compagnie de l'homme : _On ne peut pas apprivoiser le chat sauvage._

approbation, n. f. ♦ Action d'approuver ; parole ou écrit qui indique qu'on approuve, qu'on est d'accord : _Le projet a reçu l'approbation de tous les membres du club._ — SYN. acceptation, accord, acquiescement, adhésion, agrément, autorisation, consentement.

approchant, ante, adj. ♦ Qui ressemble assez à quelque chose, sans être vraiment la même chose : _Je voudrais du tissu à rayures, comme celui-ci, ou quelque chose d'approchant._ — SYN. analogue, comparable, ressemblant, similaire.

approche, n. f. ♦ **1.** Moment où une chose est près de se produire : _A l'approche de la nuit, les rues du village deviennent désertes._ **2.** _Les approches,_ les environs : _Voici des usines, des entrepôts : le train arrive aux approches de Toronto._ — SYN. les abords, les alentours, les environs.

approcher, v. ♦ **1.** Mettre plus près : _S'il te plaît, veux-tu approcher de la fenêtre le fauteuil de grand-père._ ● _S'approcher_ ou **approcher,** venir tout près : _Allons, approche-toi, je ne vais pas te manger ! J'entends siffler le train, il approche de la gare._ —

SYN. arriver. — CONTR. s'écarter, s'éloigner. **2.** Être sur le point de commencer, de se produire : _Déjà le 15 juin ! Les vacances approchent !_ ● Être sur le point d'avoir, de faire quelque chose : _Encore un petit effort ! Nous approchons de la victoire !_ — SYN. toucher à.

approfondir, v. ♦ **1.** Rendre plus profond : _On va approfondir le fleuve pour en permettre l'accès aux navires de haute mer._ — SYN. creuser. **2.** Étudier à fond, plus complètement : _Il faut approfondir cette idée. Je vais approfondir la question._

approprié, ée, adj. ♦ Qui convient bien. — SYN. adapté, convenable. — CONTR. impropre.

approprier (s'), v. (conjugaison 20) ♦ Prendre une chose et la garder : _Mon camarade Louis s'est approprié mon atlas._

approuver, v. ♦ Trouver bon, trouver que quelqu'un a raison de faire une chose : _Je ne puis que vous approuver d'avoir protesté avec énergie._

approvisionner, v. ♦ Fournir ce qu'il faut : _Voici la marchande qui nous approvisionne en fruits et en légumes._ ● _Nous nous approvisionnons chez une commerçante du quartier._

approximatif, ive, adj. ♦ Qui est seulement une approximation, qui n'est pas rigoureusement exact : _La surface de notre jardin doit être de 200 mètres carrés, mais ce n'est qu'un chiffre approximatif._

approximation, n. f. ♦ Quantité qui n'est pas exactement la vraie, mais un peu plus ou un peu moins.

appui, n. m. ♦ **1.** Chose contre laquelle on peut se placer pour se soutenir : _J'étais fatigué de rester debout, l'arbre m'a servi d'appui._ — SYN. soutien, support. **2.** Aide qu'on apporte à quelqu'un pour lui faire obtenir quelque chose : _Son fils a retrouvé un emploi grâce à l'appui de son amie._ —

appui

SYN. protection, soutien. **3.** *A l'appui,* comme preuve : *Voici une lettre à l'appui de ce que je dis.*

appuyer, v. (conjugaison 24) ♦ **1.** Placer une chose contre ou sur une autre qui peut la soutenir : *L'enfant s'assit par terre en appuyant son dos contre l'arbre.* • *Il s'appuya contre l'arbre* (ou *à l'arbre*). **2.** *S'appuyer sur quelqu'un,* le prendre pour compagnon, pour soutien : *Elle n'a plus de famille, mais elle peut s'appuyer sur ses amis.* **3.** Rendre solide un raisonnement, une opinion en fournissant des preuves : *Ce que vous dites est intéressant, mais il faudrait l'appuyer sur des arguments sérieux.* — SYN. étayer, fonder, justifier, prouver. **4.** Aider quelqu'un à obtenir ce qu'il veut : *M. Durand veut être élu président de l'association : nous sommes plusieurs à l'appuyer.* — SYN. aider, assister, épauler, patronner, soutenir. **5.** Presser sur quelque chose pour l'appliquer contre une autre ou pour l'enfoncer : *Appuyez sur le bouton et poussez la porte en même temps.* — SYN. pousser, presser. **6.** Parler beaucoup et longuement d'une chose, en disant que c'est très important. — SYN. insister sur. — CONTR. glisser sur.

âpre, adj. ♦ **1.** Qui a un goût désagréable, qui racle la langue et le palais : *Ne mange pas ces fruits sauvages, ils sont âpres.* — CONTR. doux, sucré. **2.** Qui est froid et violent et qui racle et mord la peau : *L'âpre vent de décembre soulevait des tourbillons de neige.* — SYN. coupant, glacé, glacial, mordant, piquant, rude. — CONTR. doux, tiède. **3.** Dur et acharné : *La discussion entre le vendeur et l'acheteur fut particulièrement âpre.* • *Âpre au gain :* qui aime gagner beaucoup d'argent et qui ne cède pas facilement dans les discussions d'affaires.

après, prép. *ou* adv. ♦ **1.** Plus tard, par rapport à un autre événement, à un moment donné : *La retraite aux flambeaux aura lieu après le feu d'artifice.* **2.** *Après que,* quand une autre chose se sera produite : *J'irai te voir après que j'aurai fini mon travail.* — REM. *Après que* est toujours suivi de l'indicatif. — CONTR. avant que. **3.** Plus loin, dans un parcours : *Le restaurant se trouve après la place Youville.* — CONTR.

avant. **4.** Derrière, dans un cortège, un convoi, etc. : *Les enfants des écoles venaient après les conseillers municipaux et les pompiers.* **5.** *D'après,* en prenant pour modèle : *Ma sœur a peint ce paysage d'après une gravure ancienne.* • Si l'on en croit (telle personne, tel livre, etc.) : *D'après cette journaliste, il y aura des élections avant la date prévue.*

après-demain, adv. ♦ Dans la journée qui suivra demain.

après-midi, n. m. inv. ♦ Partie de la journée comprise entre le repas de midi et la soirée : *Il est venu en début d'après-midi, vers 2 heures, et il est reparti en fin d'après-midi, vers 5 heures.*

âpreté, n. f. ♦ **1.** Goût âpre : *Je n'aime pas ce vin à cause de son âpreté.* — CONTR. douceur. **2.** Acharnement et dureté dans une discussion.

à-propos, n. m. inv. ♦ Qualité de celui qui sait agir et parler comme il faut, juste au moment où il faut, sans laisser passer l'occasion : *Ah ! S'il avait eu de l'à-propos, voilà ce qu'il aurait dû répondre.*

apte, adj. ♦ Capable de faire quelque chose, qui a les qualités pour cela : *Mon camarade a une mauvaise vue, il ne sera jamais apte à piloter un avion.* — SYN. bon à, bon pour, capable, doué, propre à. — CONTR. inapte, incapable.

aptitude, n. f. ♦ Qualité qui rend capable d'exercer une activité.

aquarelle [akwaʀɛl], n. f. ♦ **1.** Art de peindre avec une peinture délayée dans de l'eau : *Qu'elles sont jolies, ces fleurs peintes à l'aquarelle !* **2.** Peinture exécutée ainsi : *Cette aquarelle a été peinte par ma cousine, je vais la mettre sous verre.*

aquarium [akwaʀjɔm], n. m. ♦ Récipient de verre, rempli d'eau, dans lequel on fait vivre des poissons d'agrément : *Tous les matins, je mets dans l'aquarium de la nourriture pour les poissons rouges.*

aquatique [akwatik], adj. ♦ Qui vit ou qui pousse dans l'eau douce ou près des rivières, des lacs, des étangs, ou dans les marais : _La poule d'eau est un oiseau aquatique._ _Le roseau ne pousse pas au sommet des collines : c'est une plante aquatique, voyons !_

aqueduc, n. m. ♦ Canal, conduit qui amène l'eau, de la source à la ville où on l'utilise. ● Pont sur lequel est établi un tel conduit. ● Réseau de distribution des eaux d'une ville.

aquilin [akilɛ̃], adj. m. ♦ _Nez aquilin,_ nez courbé comme un bec d'aigle : _Le chef de la tribu des Cheyennes était un vieil Indien au nez aquilin._

arabe, n. m. _ou_ f. _ou_ adj. ♦ **1.** _L'arabe,_ langue parlée en Arabie, au Proche-Orient, dans le nord de l'Afrique : _L'arabe s'écrit au moyen d'un alphabet différent du nôtre._ ● _Les Arabes :_ les habitants des pays où l'on parle l'arabe. ● _Un Arabe. Une Arabe._ **2.** _Les chiffres arabes :_ les chiffres 1, 2, 3, 4, 5, 6, 7, 8, 9, 0, qu'on distingue des chiffres romains, I, II, III, IV, V, etc.

arabesque, n. f. ♦ Ligne courbe au tracé capricieux qui va, revient sur elle-même, se recoupe : _Son doigt distrait traçait sur la buée de la vitre une arabesque incertaine._

arable, adj. ♦ _Terre arable, sol arable,_ qu'on peut labourer et cultiver.

arachide [aʀaʃid], n. f. ♦ Plante des pays chauds dont les fruits, appelés _cacahuètes,_ se forment dans la terre et donnent une huile de table appelée _huile d'arachide._

araignée, n. f. ♦ Animal invertébré, à huit pattes, venimeux, qui tisse des toiles (_toiles d'araignée_), dans lesquelles viennent se prendre les insectes volants.

arbalète, n. f. ♦ Ancienne arme qui lançait de grosses flèches et qui était formée par un arc monté sur un fût et dont la corde se bandait avec un ressort : _Le tir à l'arbalète est revenu à la mode._

arbitrage, n. m. ♦ **1.** Action d'arbitrer un différend, de juger pour décider qui a raison. **2.** Action d'arbitrer un match.

arbitraire, adj. ♦ **1.** Qui dépend de la seule volonté d'une ou plusieurs personnes et non d'une règle : _C'est par un choix arbitraire qu'on décida que la circulation se ferait à droite, et non à gauche comme en Angleterre._ — CONTR. logique, motivé, nécessaire, rationnel. **2.** Qui n'est pas conforme à la loi, à la justice : _Par une décision arbitraire, la reine fit emprisonner plusieurs innocents._ — SYN. autoritaire, despotique, dictatorial, totalitaire, tyrannique.

arbitre, n. m. ♦ **1.** Celui qui juge et décide qui a raison : _Éric et moi, nous ne sommes pas d'accord, veux-tu être notre arbitre ?_ — SYN. juge. **2.** Celui qui arbitre un match.

arbitrer, v. ♦ **1.** Décider, juger qui a raison, pour mettre fin à une querelle, à un désaccord, à un différend : _Nadine dit que le dauphin est un poisson, moi je dis que c'est un mammifère : toi qui es savante, tu vas pouvoir arbitrer._ **2.** Surveiller le déroulement d'un match pour veiller à ce que tout se passe correctement, conformément aux règles : _Arbitrer une finale de coupe, ce n'est pas facile !_

arborer, v. ♦ **1.** Dresser droit comme un arbre, montrer fièrement (un drapeau, un étendard, etc.) : _Les insurgés arboraient un drapeau tricolore._ **2.** Porter en montrant bien visiblement, avec un peu de provocation : _Il arborait un foulard rouge vif, tout neuf._

arboriculture, n. f. ♦ Culture des arbres fruitiers et des arbres d'ornement destinés à décorer les jardins.

arbre, n. m. ♦ **1.** Plante qui est de taille élevée et qui a une grosse tige dure en bois appelée « tronc ». **2.** Dessin qui montre les parties de la phrase et les relations entre ces parties. ● _Arbre généalogique :_ dessin qui montre les liens de parenté qui unissent les membres d'une même famille. **3.** Grosse

arbre

tige qui tourne et transmet le mouvement : *Sous le plancher de la voiture passe l'arbre de transmission, qui transmet le mouvement aux roues.*

arbrisseau, n. m. ♦ Arbre de petite taille, quel que soit son âge, qui a un tronc mince et peu élevé.

arbuste, n. m. ♦ Arbre de petite taille, quel que soit son âge, dont les branches se séparent les unes des autres à ras de terre : *Un groseillier est un arbuste, un noisetier est un arbrisseau, un jeune chêne est un jeune arbre.*

arc, n. m. ♦ **1.** Arme qui sert à lancer des flèches et qui est constituée par une tige flexible et une corde. **2.** Segment de cercle : *La mesure d'un arc, exprimée en degrés, est la même que celle de l'angle qui le détermine.* **3.** Ensemble de pierres taillées qui forme l'encadrement arrondi d'une porte, qui soutient une voûte, etc. : *Voici une église romane, les arcs sont en plein cintre ; les églises gothiques ont des arcs brisés.* **4.** *Arc de triomphe :* à Rome, monument percé d'une ouverture sous lequel passait le général vainqueur. ● Dans d'autres villes, monument ayant la même forme que l'arc de triomphe romain.

arcade, n. f. ♦ **1.** Galerie couverte, le long d'une rue, d'une place, avec des ouvertures en forme d'arcs. **2.** *Arcade sourcilière :* saillie, arrondie en forme d'arc, au-dessus de l'œil, qui porte les sourcils.

arc-boutant, n. m. ♦ Chacun des arcs de pierre qui s'appuient sur un massif de maçonnerie et qui soutiennent de l'extérieur une voûte. — PLUR. *des arcs-boutants.*

arc-bouter (s'), v. ♦ S'appuyer contre quelque chose, en poussant et en arrondissant son corps comme un arc.

arceau, n. m. ♦ Ouverture en forme d'arc.

arc-en-ciel, n. m. ♦ Arc présentant les sept couleurs : violet, indigo, bleu, vert, jaune, orangé, rouge et qui apparaît dans le ciel quand le soleil perce alors qu'il pleut encore. — PLUR. *des arcs-en-ciel.*

archaïque [aʀkaik], adj. ♦ Qui est démodé et qui ne s'emploie plus guère dans le monde moderne : *La lampe à pétrole, c'est un moyen d'éclairage bien archaïque !*

archange [aʀkɑ̃ʒ], n. m. ♦ Selon la religion, ange d'un rang supérieur.

arche, n. f. ♦ Voûte en forme d'arc qui s'appuie sur les piles d'un pont : *Le mât est trop haut, son bateau ne passera pas sous l'arche.*

archéologie [aʀkeɔlɔʒi], n. f. ♦ Science qui étudie les vestiges matériels (monuments, vases, etc.) des civilisations anciennes.

archéologue [aʀkeɔlɔg], n. m. ou f. ♦ Celui, celle qui s'occupe d'archéologie.

archer, n. m. ♦ Autrefois, celui qui combattait armé de l'arc.

archet, n. m. ♦ Baguette sur laquelle sont tendus des crins, lesquels, en frottant sur les cordes d'un instrument de musique, font vibrer celles-ci.

archevêque, n. m. ♦ Évêque qui a autorité sur plusieurs autres évêques.

archipel, n. m. ♦ Groupe de plusieurs îles formant un ensemble géographique.

architecte, n. m. ♦ Celui qui fait le plan des constructions et qui dirige les travaux.

architecture, n. f. ♦ Art de construire, de faire les plans et les projets de construction.

archives, n. f. pl. ♦ Ensemble des documents, des papiers anciens que l'on préserve ; lieu où on les conserve.

arctique, adj. ♦ Du pôle Nord : _L'océan glacial Arctique est couvert par une gigantesque banquise. L'archipel Arctique est situé entre le Groenland et le Canada._

ardemment, adv. ♦ Avec ardeur.

ardent, ente, adj. ♦ **1.** Très chaud, qui brûle : _Nous ne sortirons pas ce soir avant six heures, le soleil est trop ardent._ — SYN. brûlant, chaud, torride. — CONTR. froid, glacé, glacial. **2.** Qui a de l'ardeur pour faire quelque chose : _Toujours levée la première, elle était la plus ardente au travail._ — SYN. actif, fervent, fougueux, passionné.

ardeur, n. f. ♦ **1.** Grande chaleur, qui brûle : _L'ardeur du soleil était telle que le bitume de la route se ramollissait._ **2.** Grand désir, sentiment violent : _Avec quelle ardeur je souhaitais recevoir ce prix ! L'ardeur de son désir de partir s'accroissait avec le temps._ — SYN. avidité, élan, enthousiasme, exaltation, ferveur, feu, impétuosité, passion, violence, vivacité. — CONTR. froideur.

ardoise, n. f. ♦ **1.** Roche bleu noir, imperméable, qui se divise facilement en plaques très minces. **2.** Plaque mince de cette roche, qui sert à couvrir les maisons.

ardu, ue, adj. ♦ Très difficile, qui demande beaucoup d'efforts : _Construire un pont sur la Manche, ce serait un travail ardu._ — SYN. difficile, malaisé. — CONTR. aisé, facile.

are, n. m. ♦ Unité de superficie utilisée pour les terrains et qui vaut 100 mètres carrés.

arène, n. f. ♦ **1.** Dans un amphithéâtre romain, surface elliptique ou ronde, entourée par les gradins. **2.** Aire sablée d'un cirque ou d'un amphithéâtre où ont lieu les courses de taureaux. ● _Des arènes :_ un amphithéâtre romain (l'arène et les gradins).

aréopage, n. m. ♦ Jury ou tribunal sévère, impressionnant.

arête, n. f. ♦ **1.** Os de poisson mince, pointu et piquant. **2.** Chacune des lignes qui forment l'intersection de deux surfaces : _Une pyramide a huit arêtes, un cube en a douze. Arête d'un toit._

argent, n. m. ♦ **1.** Métal précieux, blanc et brillant, qui sert à faire des bijoux, des couverts, etc. **2.** Billet ou monnaie : _Tu vas magasiner, as-tu assez d'argent ?_ ● _Avoir de l'argent :_ être riche.

argenté, ée, adj. ♦ Recouvert d'une mince couche d'argent : _Ma sœur porte un bracelet en métal argenté._ **2.** D'un blanc brillant : _La lumière argentée de la lune joue à travers les feuillages noirs._

argenterie, n. f. ♦ Cuillers, fourchettes, couteaux, plats, etc. en argent.

argentin, ine, adj. ♦ Clair, aigu et sonore comme le bruit d'un objet en argent qu'on frappe : _Josette a une jolie voix argentine._

argile, n. f. ♦ Terre grasse et imperméable, facile à modeler quand elle est humide, devenant dure quand elle est sèche et très dure quand elle est cuite. — SYN. terre glaise. — REGARDER céramique, poterie, faïence, grès, porcelaine.

argot, n. m. ♦ **1.** Langue spéciale employée par les voleurs, les malfaiteurs, les voyous : « _Une tire_ », qu'est-ce que c'est ? — _C'est une voiture, en argot._ **2.** Langue que parlent entre eux les étudiants, les gens d'un même métier, etc. : _Dans l'argot des jeunes,_ « _tripant_ » _veut dire très excitant._

argument, n. m. ♦ Ce que l'on dit pour prouver, pour démontrer quelque chose : _L'avocate développa longuement ces deux arguments pour démontrer l'innocence de son client._ — SYN. preuve, raison.

aride, adj. ♦ Où il ne pleut guère et où les plantes ont du mal à pousser : _Pas d'herbe, pas un arbre : ce paysage aride est un paysage saharien._ — SYN. sec, désertique.

aristocrate, n. m. _ou_ f. ♦ Personne qui appartenait à la catégorie des grands

aristocrate

seigneurs, très riches et très puissants : *Tous les aristocrates étaient des nobles, mais tous les nobles n'étaient pas des aristocrates.*

arithmétique, n. f. ♦ La partie des mathématiques qui étudie les nombres et les opérations qu'on peut faire sur ces nombres (addition, soustraction, etc.).

armagnac, n. m. ♦ Eau-de-vie très estimée qu'on fabrique en Armagnac, province du sud-ouest de la France.

armateur, n. m. ♦ Celui qui possède des navires de pêche ou de commerce et qui les fait naviguer à son profit.

armature, n. f. ♦ Ensemble de pièces rigides qui maintiennent un ensemble en lui donnant sa solidité. — SYN. cadre, carcasse, charpente, châssis, membrure.

arme, n. f. ♦ **1.** Ce qui sert à combattre ou à chasser. ● *Arme blanche :* épée, sabre, poignard, etc. ● *Arme à feu :* fusil, pistolet, etc. ● *Prendre les armes :* commencer à combattre. ● *Déposer les armes :* cesser de combattre. ● *Salle d'armes :* salle d'escrime. ● *Maître d'armes :* professeur d'escrime. **2.** Moyen de lutter, de se défendre, de défendre ses intérêts : *La grève est la meilleure arme des travailleurs.* **3.** *Les armes,* écu qui est le signe distinctif d'une famille noble, d'une ville : *Sur la façade de l'hôtel de ville, tu vois, sculptées, les armes de la ville.* — SYN. armoiries, blason, écu.

armé, ée, adj. ♦ **1.** Muni d'une arme. ● *Attaque à main armée :* attaque (contre une banque, une bijouterie, etc.) faite par des gangsters armés. — SYN. hold-up. **2.** Renforcé, dans sa masse, par une armature métallique : *Voici le nouveau pont : il est en béton armé.*

armée, n. f. ♦ **1.** Grand nombre de soldats commandés par un même chef et combattant ensemble : *Deux armées ennemies convergeaient vers la capitale, pour la prendre ou l'encercler.* **2.** Ensemble des officiers, des sous-officiers, des soldats d'un pays : *Mon cousin veut être officier : il veut*

faire carrière dans l'armée. ● *L'armée de terre* ou *l'armée :* l'infanterie, l'artillerie, les blindés, etc. ● *L'armée de mer :* la marine de guerre. ● *L'armée de l'air :* l'aviation militaire. **3.** Grand nombre : *Une armée de balayeurs vint enlever la neige.* — SYN. foule, troupe.

armement, n. m. ♦ Ensemble des armes : *Notre armée dispose d'un armement moderne.* **2.** Activité de l'armateur : *Cette milliardaire grecque a fait fortune dans l'armement des pétroliers.*

armer, v. ♦ **1.** Munir d'armes : *L'ennemi approchait de la ville ; on arma tous les hommes valides de fusils et de pistolets.* **2.** *S'armer de patience, de courage,* faire preuve de patience, de courage pour attendre un événement, pour affronter une épreuve : *Le travail ne sera pas facile, armons-nous de courage.* **3.** Mettre un mécanisme en état de se déclencher (en tendant le ressort, etc.) : *Le reporter arma son appareil photo.* **4.** *Armer un navire,* l'équiper à ses frais et le faire naviguer à son profit.

armistice, n. m. ♦ Accord par lequel deux pays décident d'arrêter les combats. — SYN. cessez-le-feu.

armoire, n. f. ♦ Meuble haut, fermé, où l'on range des vêtements, du linge, etc.

armoiries, n. f. pl. ♦ Écu et figures qui constituent le signe distinctif d'une famille noble, d'une ville, etc. — SYN. armes, blason, écu.

armure, n. f. ♦ Vêtement fait de mailles de fer ou de plaques de fer que les guerriers et les chevaliers portaient pour se protéger contre les coups, au combat.

armurerie, n. f. ♦ Magasin où l'on vend des armes et des munitions.

armurier, n. f. ♦ Celui qui fabrique ou qui vend des armes et des munitions.

aromate, n. m. ♦ Plante qu'on met dans un plat pour lui donner un goût plus agréable, plus fort : *Sur l'étagère s'alignaient des petits pots pleins d'aromates : estragon, laurier, romarin, thym.*

aromatiser, v. ♦ Parfumer avec quelque chose qui donne un bon goût particulier : *J'ai aromatisé le lait chaud avec un peu de vanille.*

arôme, n. m. ♦ Parfum agréable que dégage une plante ; bonne odeur d'un aliment, d'une boisson.

arpent, n. m. ♦ Autrefois, mesure de superficie utilisée pour les champs et qui valait de 1/3 à 1/2 hectare, selon les régions.

arpenter, v. ♦ **1.** Mesurer les dimensions d'un terrain : *On a arpenté ce champ : il a une longueur de 192 mètres et une largeur de 103 mètres.* **2.** Aller et venir à grands pas (comme si on mesurait avec ses pas la longueur d'un terrain) : *Mon oncle, inquiet, arpentait nerveusement la salle d'attente.*

arpenteur, n. m. ♦ Celui qui mesure les dimensions d'un terrain pour en calculer la superficie.

arqué, ée, adj. ♦ Légèrement courbé en forme d'arc : *C'était un grand bonhomme, sec, voûté, avec des jambes arquées de cavalier.*

arquebuse, n. f. ♦ Arme à feu du XVIᵉ siècle qui ressemblait un peu à un fusil.

arrachement, n. m. ♦ Peine, chagrin qu'on éprouve quand on s'arrache à quelqu'un ou à quelque chose qu'on aime, quand on s'en sépare.

arrache-pied (d'), loc. adv. ♦ Avec acharnement, avec énergie et sans s'arrêter : *Marie veut être reçue à son concours, elle travaille d'arrache-pied.*

arracher, v. ♦ **1.** Tirer hors de l'endroit une chose qui y était enfoncée : *Allons au jardin, nous arracherons les mauvaises herbes.* ● *La dentiste m'a arraché une dent gâtée.* — SYN. extraire. **2.** Prendre en tirant

très fort : *Le voyou a arraché le sac à main de la vieille dame.* **3.** Obtenir avec peine : *Ce ne sera pas facile de lui arracher cette autorisation.* **4.** Enlever à une chose à laquelle on tient ou dont on est prisonnier : *Voilà un bouleversement dans sa vie qui va l'arracher à ses habitudes.* ● *Il aura du mal à s'arracher à sa vie familiale bien tranquille.*

arracheur, n. m. ♦ *Mentir comme un arracheur de dents :* mentir beaucoup, en disant des mensonges énormes.

arraisonner, v. ♦ S'approcher d'un bateau, se ranger contre lui pour procéder à une vérification : *La vedette garde-côtière arraisonna le bateau suspect.*

arrangeant, eante, adj. ♦ Qui accepte facilement un accord, qui comprend les difficultés des autres et qui n'est pas trop exigeant sur le règlement. — SYN. accommodant, conciliant, souple. — CONTR. dur, inflexible, intransigeant, sévère, strict.

arrangement, n. m. ♦ **1.** Manière dont quelque chose est arrangé, disposé : *L'arrangement des fleurs est un art typiquement japonais.* — SYN. agencement, disposition, ordonnance, ordre. **2.** Entente qui met fin à un désaccord : *Enfin ! Il n'y aura pas de procès, ma mère a trouvé un arrangement avec son propriétaire.* — SYN. accord, compromis, entente. — CONTR. conflit, désaccord, différend.

arranger, v. (conjugaison 16) ♦ **1.** Mettre dans un certain ordre, disposer d'une certaine manière, correctement : *Ton pupitre est en désordre, arrange-le mieux que cela.* — SYN. disposer, mettre en ordre. **2.** Remettre en bon état, remettre en état de bien marcher : *La pompe à bras est détraquée : pourrais-tu l'arranger ?* — SYN. réparer. **3.** Régler au mieux une affaire, pour qu'elle n'ait pas de suites fâcheuses : *Tu as eu une histoire avec la directrice ? Je vais essayer d'arranger cela.* — SYN. aplanir. — CONTR. aggraver, envenimer. **4.** *S'arranger,* aller mieux : *Si seulement sa santé s'arrangeait !* — SYN. s'améliorer. — CONTR. s'aggraver. **5.** *S'arranger pour,* trouver le moyen de : *Arrangez-vous pour vous procurer ce livre.* **6.** Convenir bien à quelqu'un et lui faciliter les choses : *Tiens, un taxi libre, voilà qui nous arrange bien, car il pleut.* — CONTR. déranger, ennuyer. **7.** *S'arranger,* se mettre d'accord : *Le propriétaire et le locataire ont fini par s'arranger : cela vaut mieux qu'un procès.* — SYN. s'accorder, s'entendre.

arrestation, n. f. ♦ Action d'arrêter quelqu'un : *Un policier a été blessé au cours de l'arrestation des terroristes.*

arrêt, n. m. ♦ **1.** Moment où un véhicule s'arrête ; endroit où il s'arrête : *Je t'attendrai près de la poste, là où il y a un arrêt d'autobus.* — SYN. halte, station. **2.** Moment où une action cesse, interruption d'une action : *Le gouvernement a décidé l'arrêt de la construction des centrales nucléaires.* ● *La pluie tombe sans arrêt.* ● *Un arrêt de travail :* période pendant laquelle on s'arrête de travailler parce qu'on est malade.

1. arrêté, ée, adj. ♦ Net, clair et ferme : *En politique, ma tante a des opinions bien arrêtées.* — SYN. catégorique, formel, franc, marqué, tranché. — CONTR. flou, indécis, vague.

2. arrêté, n. m. ♦ Décision prise par un ministre ou un maire et concernant une personne ou l'ensemble de la population : *Par arrêté municipal, il est interdit de stationner devant le cimetière.*

arrêter, v. ♦ **1.** Empêcher de continuer à avancer : *Un rocher, dans la rivière, a arrêté notre barque.* — CONTR. partir, repartir. **2.** Attraper quelqu'un, s'en saisir pour le mettre en prison : *La police vient d'arrêter l'homme qui tirait à la carabine sur les voitures.* — SYN. appréhender. — CONTR. libérer, relâcher. **3.** Fixer définitivement (une décision, un choix) : *Ma mère a arrêté sa décision : mon frère ira en pension.* **4.** *S'arrêter,* cesser de faire quelque chose : *Je m'arrête de travailler à sept heures.* — CONTR. commencer, recommencer.

arrhes, n. f. pl. ♦ Somme qu'on paye à l'avance à un hôtelier ou à un fournisseur et qui sera conservée par ceux-ci si le client ne loge pas à l'hôtel ou ne prend pas livraison de la marchandise.

arrière, n. m. *ou* adj. inv. ♦ **1.** La partie qui se trouve à l'extrémité qui est dans le sens opposé à la marche. — CONTR. l'avant. ● *L'arrière d'un navire.* — SYN. poupe. — CONTR. proue. **2.** Qui est à l'arrière : *Les pneus arrière de la voiture sont dégonflés.* ● *La voiture fait marche arrière,* recule. **3.** Au soccer, chacun des joueurs qui se trouvent près des buts : *Nos avants ont bien joué, mais nos arrières maîtrisent mal le ballon.* **4.** *En arrière,* à une certaine distance derrière quelqu'un ou quelque chose : *Attendons Louis : il ne marche pas vite et il est resté en arrière.* ● *Revenir en arrière :* revenir sur ses pas. **5.** *Arrière !* reculez, éloignez-vous : « *Arrière, brigand !* » cria le chevalier.

arriéré, ée, adj. *ou* n. ♦ **1.** Dont l'intelligence est restée celle d'un enfant qui serait beaucoup plus jeune : *Cette fillette a quatorze ans, mais elle ne sait pas lire et parle avec difficulté : elle est arriérée.* ● *C'est une arriérée.* **2.** Qui ne possède pas les machines et les moyens de notre époque : *Dans ce pays arriéré, les hommes transportent les marchandises sur leur dos, car il n'y a ni routes ni camions.* — CONTR. développé, évolué, moderne.

arrière-boutique, n. f. ♦ Pièce située derrière un magasin, une boutique et où le commerçant entrepose ses marchandises. — PLUR. *des arrière-boutiques.*

arrière-garde, n. f. ♦ Troupe qui marche derrière une armée qui se déplace, pour la protéger contre les attaques qui pourraient venir par derrière. — PLUR. *des arrière-gardes.*

arrière-goût, n. m. ♦ Goût qui reste dans la bouche et qui est souvent désagréable : *Ces biscottes sont trop vieilles, elles laissent un arrière-goût d'huile rance.* — PLUR. *des arrière-goûts.*

arrière-grand-mère, n. f. ♦ Mère du grand-père ou de la grand-mère. — PLUR. *des arrière-grands-mères.*

arrière-grand-père, n. m. ♦ Père du grand-père ou de la grand-mère. — PLUR. *des arrière-grands-pères.*

arrière-grands-parents, n. m. pl. ♦ Le père et la mère des grands-parents.

arrière-pays, n. m. inv. ♦ Région qui est située dans l'intérieur des terres, juste derrière un port de mer, un littoral.

arrière-pensée, n. f. ♦ Idée «de derrière la tête», idée qu'on ne dit pas : *Pourquoi est-il tout à coup si gentil avec nous? Il doit bien avoir une arrière-pensée.* — PLUR. *des arrière-pensées.*

arrière-petite-fille, n. f. ♦ Fille du petit-fils ou de la petite-fille. — PLUR. *des arrière-petites-filles.*

arrière-petit-fils, n. m. ♦ Fils du petit-fils ou de la petite-fille. — PLUR. *des arrière-petits-fils.*

arrière-petits-enfants, n. m. pl. ♦ Enfants du petit-fils ou de la petite-fille.

arrière-plan, n. m. ♦ Dans la partie qui représente l'endroit le plus éloigné. — PLUR. *des arrière-plans.*

arrière-saison, n. f. ♦ L'extrême fin des beaux jours, en automne, quand le temps rappelle parfois un peu l'été (été des Indiens). — PLUR. *des arrière-saisons.*

arrière-train, n. m. ♦ Partie arrière du corps d'un animal, celle qui comprend les pattes de derrière. — PLUR. *des arrière-trains.*

arrivage, n. m. ♦ Quantité de marchandises qui arrivent en ville : *Les cerises ne sont pas chères, car les arrivages sont abondants.*

arrivée, n. f. ♦ Action d'arriver; moment où une personne ou une chose arrive. — CONTR. départ.

arriver, v. ♦ **1.** Venir à l'endroit qui est la fin du voyage ou qui est un arrêt : *Dans cinq minutes, le train va arriver à Ottawa.* **2.** Aller jusqu'à un certain endroit : *C'est l'inondation, l'eau arrive sur la place de la Poste.* **3.** Approcher d'un moment, d'une époque : *1986, nous arrivons bientôt au troisième millénaire !* **4.** Réussir à faire, à obtenir quelque chose : *Henri n'arrive pas à prononcer correctement l'anglais.* — SYN. parvenir à, réussir à. **5.** Se passer, se produire : *Je vais vous raconter l'étrange affaire qui m'est arrivée.* — SYN. advenir, survenir.

arrogance, n. f. ♦ Défaut d'une personne arrogante. — SYN. mépris, morgue, orgueil. — CONTR. humilité, modestie.

arrogant, ante, adj. ♦ Qui se croit supérieur aux autres et qui le montre en étant, de manière très visible, désagréable et méprisant : *Les officiers de l'armée ennemie se montraient arrogants envers les vaincus.* — SYN. méprisant, orgueilleux. — CONTR. humble, modeste.

arrondi, ie, adj. ♦ De forme ronde, et non carrée, anguleuse.

arrondir, v. ♦ **1.** Donner une forme ronde : *Nous avons coupé la feuille de tôle, nous allons maintenant en arrondir les coins.* ● *Arrondir les angles :* agir de manière à ne pas heurter les gens, à ne pas les provoquer, les vexer par un excès de dureté. ● *Arrondir une jupe,* l'arranger pour qu'elle ait la même longueur sur tout son bord. **2.** Remplacer un nombre exact par un chiffre rond, c'est-à-dire plus simple : *J'ai calculé les frais : cela fait 994 dollars. Arrondissons : cela fait 1 000 dollars.* **3.** Compléter, accroître un salaire, un gain régulier par des ressources moins importantes : *Pour arrondir son traitement d'enseignante, elle donne des leçons particulières et fait des travaux de traduction.*

arrondissement, n. m. ♦ **1.** En France, chacune des divisions du département, qui est administrée par un sous-préfet. **2.** Chacune des parties de certaines grandes villes de France (notamment Paris, Marseille et Lyon).

arrosage, n. m. ♦ Action d'arroser.

arroser, v. ♦ **1.** Verser de l'eau sur des plantes, sur un terrain cultivé : *Pense à arroser mes géraniums.* **2.** *Le fleuve arrose une ville, une région,* y passe : *Le Saint-Laurent arrose Montréal et Québec.* — SYN. baigner.

arroseuse, n. f. ♦ Camion qui a un grand réservoir d'eau et qui verse de l'eau dans les rues pour les laver.

arrosoir, n. m. ♦ Récipient qui sert à arroser les plantes.

arsenal, aux, n. m. ♦ **1.** Dans un port militaire, endroit où l'on construit, où l'on entretient, où l'on répare les navires de guerre. **2.** Bâtiment militaire de l'armée de terre où l'on conserve les armes. — SYN. dépôt d'armes. **3.** Grande quantité d'armes : *La police a découvert un arsenal chez l'un des gangsters : sept pistolets et deux mitraillettes.* **4.** Ensemble de produits, d'objets, de moyens qui servent à lutter contre quelque chose : *La médecine moderne dispose d'un arsenal d'antibiotiques contre les maladies infectieuses.*

arsenic [aRsənik], n. m. ♦ **1.** Élément chimique de couleur grise. **2.** Oxyde de cet élément, qui constitue un poison très violent.

art, n. m. ♦ **1.** Activité qui a pour objet la création de tableaux, de statues, de monuments, d'œuvres musicales, etc. : *Les gouvernements encouragent les arts et les lettres.* ● *OEuvre d'art :* une peinture, une sculpture. ● *Objet d'art :* un beau vase, une tapisserie, etc. **2.** Métier, activité qui exige des connaissances particulières : *La médecine est l'art de soigner les maladies.* ● *L'art culinaire :* la manière de bien faire la cuisine. ● *Les arts ménagers :* les moyens de rendre plus facile le travail de la ménagère.

3. Manière habile de faire quelque chose : *Notre amie a l'art d'apaiser les disputes.* — SYN. talent.

artère, n. f. ♦ **1.** Gros vaisseau qui conduit le sang du cœur vers les organes et les membres. — REGARDER *vaisseau, veine.* **2.** Grande rue, avenue, boulevard : *Des feux de signalisation règlent la circulation dans les artères de la ville.*

artériel, elle, adj. ♦ Des artères : *Le sang artériel est rouge vif.* — REGARDER *veineux.*

artichaut, n. m. ♦ **1.** Plante potagère à fleur bleue. **2.** Légume constitué par la partie comestible de cette plante. ● *Le cœur de l'artichaut :* le fond, charnu, de la boule qu'on atteint après avoir enlevé toutes les feuilles.

article, n. m. ♦ **1.** Dans un journal, texte sur un sujet donné : *Dans le journal, il y a un long article sur l'inauguration du nouveau pont.* **2.** Chacun des paragraphes d'un contrat, d'un traité : *Je ne signerai pas le contrat : l'article 14 est trop désavantageux.* **3.** Chacun des objets en vente dans un magasin : *Je vous recommande ce séchoir : c'est un article robuste et pratique.* **4.** Petit mot qui se met devant un nom : *On distingue l'article défini* (le, la, les), *indéfini* (un, une, des), *partitif* (du *pain,* de la *brioche*). **5.** *A l'article de la mort,* sur le point de mourir : *A l'article de la mort, elle rédigea son testament.*

articulaire, adj. ♦ Propre aux articulations : *Mon grand-père se plaint de ses douleurs articulaires.*

articulation, n. f. ♦ **1.** Endroit où un os s'emboîte dans un autre : *Le genou et le coude sont des articulations très importantes.* **2.** Façon de prononcer les mots de manière plus ou moins nette : *Mon oncle n'a plus de dents, ce qui lui donne une mauvaise articulation.*

articulé, ée, adj. ♦ Dont les parties sont mobiles et peuvent se replier : *Un parapluie a une armature articulée, ce qui fait qu'on peut le fermer et l'ouvrir.*

articuler, v. ♦ **1.** Prononcer les mots d'une manière plus ou moins nette : _Tu veux être actrice? Alors, apprends à bien articuler._ **2.** _S'articuler,_ être mobile et pouvoir se replier : _Le bras s'articule sur le tronc à l'endroit de l'épaule._

artifice, n. m. ♦ **1.** Moyen compliqué et habile, capable de tromper : _Pour délivrer sa fiancée prisonnière du méchant seigneur, le chevalier dut employer des artifices ingénieux._ — SYN. astuce, feinte, invention, ruse, stratagème, subterfuge, truc. **2.** _Feu d'artifice :_ ensemble de fusées qui explosent en l'air, la nuit, en produisant de beaux effets lumineux.

artificiel, elle, adj. ♦ Qui est fabriqué par l'homme et non produit par la nature : _Aux fleurs artificielles les plus belles, il manquera toujours une chose : le parfum._ — CONTR. naturel.

artificieux, euse, adj. ♦ Plein de ruse, d'habileté : _Un courtisan artificieux parvint à capter la confiance du roi._ — SYN. adroit, astucieux, habile, malin, matois, madré, rusé. — CONTR. maladroit, malhabile, naïf, niais.

artillerie, n. f. ♦ **1.** Ensemble des canons d'une armée, d'un navire : _L'artillerie de ce navire comprend douze gros canons et vingt-quatre petits._ **2.** Partie de l'armée qui combat au moyen de canons : _En temps de guerre, il est plus dangereux d'être mobilisé dans l'infanterie que dans l'artillerie._

artilleur, n. m. ♦ Soldat ou officier de l'artillerie.

artisan, ane, n. ♦ Celui qui est installé à son compte et qui, seul ou aidé de quelques ouvriers, exerce un métier manuel : _Ces quartiers de l'est de la ville sont peuplés d'artisans : menuisiers, ébénistes, plombiers, relieurs, potiers... : Ma grand-mère est une merveilleuse artisane._

artisanal, ale, aux, adj. ♦ Propre aux artisans, fabriqué par les artisans.

artisanat, n. m. ♦ Activité des artisans. ● Ensemble des artisans.

artiste, n. m. _ou_ f. ♦ **1.** Personne qui crée des tableaux, des statues, etc. : _Assise devant son chevalet, l'artiste peignait le paysage._ **2.** Celui, celle qui joue au théâtre, au cinéma, qui chante, qui danse, qui joue d'un instrument, etc. — SYN. acteur, comédien, exécutant, interprète.

artistique, adj. ♦ Qui concerne les arts.

as [ɑs], n. m. ♦ **1.** La carte qui a un seul signe : _Tu as gagné, bien sûr, tu avais les quatre as !_ **2.** Celui qui excelle dans une activité : _Bertrand est un as en maths et en français, il est toujours premier._ — SYN. champion.

ascendance, n. f. ♦ L'ensemble des ascendants. — CONTR. descendance.

1. ascendant, ante, n. ♦ Personne dont on descend (père, mère, grands-parents, arrière-grands-parents...). — SYN. ancêtre. — CONTR. un descendant.

2. ascendant, ante, adj. ♦ Qui monte : _Le planeur monte, il a trouvé un courant ascendant._ — CONTR. descendant.

3. ascendant, n. m. ♦ Autorité et influence qu'on exerce sur quelqu'un : _André, plus âgé et plus fort que ses camarades, avait pris de l'ascendant sur eux._ — SYN. autorité, influence, prestige.

ascenseur, n. m. ♦ Ensemble formé par une _cage_ verticale et une _cabine_ montant et descendant dans cette cage, qui sert à monter ou à descendre d'un étage à un autre.

ascension, n. f. ♦ **1.** Action de monter au sommet d'une tour ou d'une montagne, ou action de monter dans les airs en ballon. — SYN. montée. — CONTR. descente. **2.** _L'Ascension :_ la montée de Jésus-Christ au ciel, quarante jours après Pâques. ● Fête qui commémore cet événement : _L'Ascension tombe toujours un jeudi._

ascète

ascète, n. m. *ou* f. ♦ Celui, celle qui, pour faire pénitence ou par dégoût du luxe et de la vie facile, vit dans la plus grande simplicité, mange peu, etc. — CONTR. bon vivant, jouisseur.

asiatique, adj. *ou* n. ♦ D'Asie : *Les États asiatiques, tels que la Chine et l'Inde, sont en général très peuplés.* ● *Le continent asiatique :* l'Asie. ● *Les Asiatiques. Un Asiatique. Une Asiatique.*

asile, n. m. ♦ **1.** Endroit où l'on peut aller pour se mettre à l'abri d'un danger : *Notre pays a souvent été un asile pour les réfugiés et les persécutés des autres nations.* ● *Donner asile à quelqu'un,* le recueillir chez soi, sur son territoire, pour le protéger. **2.** Établissement où l'on recueille les pauvres, les vieillards infirmes ou sans ressources. ● *Asile d'aliénés :* synonyme vieilli de : *hôpital psychiatrique.*

aspect [aspɛ], n. m. ♦ Ce qui apparaît aux yeux, quand on regarde une personne ou une chose : *Il avait une barbe sale, un chapeau déformé, une veste déchirée : son aspect effrayait les enfants.* ● *Avoir l'aspect de,* ressembler à : *Cette église, perchée sur la colline, a l'aspect d'un château fort.*

asperge, n. f. ♦ Légume très délicat en forme de longue tige pointue.

asperger, v. (conjugaison 16) ♦ Lancer de l'eau (ou un autre liquide) : *Avec un pistolet à eau, Mariette a aspergé Simon.*

aspérité, n. f. ♦ Petite bosse, petite pointe qui fait que la surface n'est pas lisse : *La planche est pleine d'aspérités : donne donc un coup de rabot et tu passeras ensuite la ponceuse.* — SYN. inégalité, irrégularité, rugosité, saillie.

asphalte, n. m. ♦ Produit noirâtre, mou quand il est chaud, qui durcit en se refroidissant et sert à revêtir les trottoirs, les rues, les routes.

asphyxie, n. f. ♦ Arrêt de la respiration susceptible d'entraîner la mort.

asphyxier, v. (conjugaison 20) ♦ Tuer en empêchant de respirer : *La fumée dégagée par la combustion des vieux papiers a failli asphyxier l'occupant de cette maison.*

aspic [aspik], n. m. ♦ Serpent venimeux appelé aussi « vipère ».

aspirant, n. m. ♦ Personne qui souhaite obtenir un titre, un poste, une fonction.

aspirateur, n. m. ♦ Appareil ménager qui sert à aspirer la poussière, pour nettoyer.

aspiration, n. f. ♦ **1.** Action d'aspirer : *Une pompe à dépression assure l'aspiration de la buée et de la fumée.* **2.** Désir : *Il faut satisfaire les légitimes aspirations du peuple à la liberté.* — SYN. attirance, besoin, demande, désir, espoir, goût, volonté.

aspiré, ée, adj. ♦ *Un h aspiré,* un *h* placé au début du mot et qui empêche de faire la liaison et l'élision, par exemple le *h* de *hameau* : on dit *les hameaux* [le 'amo] et non [lezamo], *le hameau* et non *l'hameau.* — CONTR. un *h* muet.

aspirer, v. ♦ **1.** Faire entrer l'air dans les poumons : *Tous les matins, je me mets à la fenêtre et j'aspire l'air à pleins poumons.* — SYN. inspirer. — CONTR. expirer. **2.** Attirer, faire monter un gaz, un liquide, etc. : *La pompe aspire l'air vicié et le rejette à l'extérieur.* **3.** *Aspirer à,* désirer avec ardeur : *Tous les hommes aspirent au bonheur. Ma sœur aspire à être aviatrice.*

aspirine, n. f. ♦ Médicament qui calme la douleur, notamment les maux de tête.

assagir (s'), v. ♦ Devenir plus sage, moins agité : *Jusqu'à l'âge de huit ans, mon petit frère était très remuant, mais il est devenu plus calme : avec l'âge, il s'est assagi.* — CONTR. se dissiper.

assaillant, n. m. ♦ Dans un combat, celui qui attaque : *Dollard des Ormeaux a repoussé victorieusement les assaillants.*

asseoir

assaillir, v. (conjugaison **30**) ♦ Se lancer à l'attaque : *Dans le film, on voit les bandits assaillir un train, dans la prairie américaine.*

assainir, v. ♦ Rendre plus propre ce qui est sale, malsain, mauvais pour la santé : *Cette rivière est devenue un égout à ciel ouvert : il est grand temps de l'assainir.* — SYN. épurer, purifier. — CONTR. polluer, souiller.

assaisonnement, n. m. ♦ Ce qu'on met dans un plat pour l'assaisonner : *N'oublie pas l'assaisonnement de la salade.* — SYN. condiment.

assaisonner, v. ♦ Mettre dans un plat ce qu'il faut pour qu'il ait du goût (sel, poivre, vinaigre, ail, épices, etc.) : *Mets donc un peu de poivre pour assaisonner ta sauce.* — SYN. relever le goût, épicer.

assassin, n. m. ♦ Celui qui tue quelqu'un, après avoir décidé à l'avance et préparé son crime. — REM. Ce mot n'a pas de féminin.

assassinat, n. m. ♦ Crime de celui qui tue quelqu'un, après avoir décidé à l'avance et préparé son crime : *La victime avait été attirée dans un guet-apens : ce n'est donc pas un meurtre, mais un assassinat.*

assassiner, v. ♦ Tuer en commettant un assassinat : *Deux terroristes viennent d'assassiner un diplomate étranger.*

assaut, n. m. ♦ **1.** Attaque brusque que l'on déclenche pour s'emparer d'un bien : *L'assaut commença à dix heures : après un dur combat, la tranchée ennemie fut prise à onze heures.* ● *Monter à l'assaut de, donner l'assaut à,* attaquer : *Les soldats montèrent à l'assaut du fortin en trois vagues successives. A onze heures, nos troupes ont donné l'assaut à la position tenue par l'ennemi.* **2.** *Prendre d'assaut,* prendre par une attaque vive : *L'ennemi prit d'assaut le village.* ● Prendre en se bousculant : *A six heures du soir, les voyageurs prennent d'assaut les trains de banlieue.*

assèchement, n. m. ♦ Action d'assécher.

assécher, v. (conjugaison **11**) ♦ Rendre sec en faisant évaporer ou en faisant écouler l'eau : *Ce marécage est malsain, on va l'assécher.* ● *En été, cette mare s'assèche.*

assemblage, n. m. ♦ Action de mettre ensemble les pièces d'un mécanisme, les éléments d'un tout et de les joindre comme il faut : *Maintenant, nous allons faire l'assemblage des pièces de la maquette.*

assemblée, n. f. ♦ **1.** Ensemble de personnes réunies au même endroit pour parler, voir un spectacle, écouter quelqu'un, etc. : *Aujourd'hui, c'est la fête au village : il y a une grande assemblée sur la place.* — SYN. assistance, auditoire, foule, masse, rassemblement, réunion. **2.** Ensemble de personnes qui se réunissent pour décider, pour gouverner, pour administrer, etc. : *L'Assemblée nationale vote les lois.*

assembler, v. ♦ **1.** Réunir des pièces, des éléments pour former un ensemble : *Maintenant, je vais assembler et coller les pièces de ma maquette de bateau.* — SYN. monter. — CONTR. démonter. **2.** *S'assembler,* venir au même endroit pour former un groupe ou une foule : *Les habitants du village s'assemblèrent sur la place pour voir le défilé des majorettes.* — SYN. s'attrouper, se grouper, se masser, se rassembler, se réunir. — CONTR. se disperser.

assener, v. (conjugaison **12**) ♦ Donner un coup avec force : *Il assena un terrible coup de bâton à son adversaire et l'étendit raide.*

assentiment, n. m. ♦ Accord que l'on donne à une proposition, à une demande : *Nous n'avons pas le droit de faire ces transformations sans l'assentiment du propriétaire.* — SYN. acceptation, accord, approbation, consentement. — CONTR. refus.

asseoir, v. (conjugaison **59**) ♦ **1.** Placer sur un siège : *Assieds ta petite sœur sur la chaise haute.* **2.** Se mettre sur un siège : *Tu es fatigué? Assieds-toi un instant sur le banc.*

assermenté, ée, adj. ♦ Qui, avant d'entrer en fonction, a prêté, devant un tribunal, le serment de dire la vérité : *Les policiers et les gendarmes sont assermentés.*

assertion [asɛʀsjɔ̃], n. f. ♦ Ce que l'on affirme au sujet d'une personne ou d'une chose : *Tu dis que le bœuf est plus fort que l'éléphant? Voilà une assertion bien discutable!* — SYN. affirmation, jugement, proposition.

asservir, v. ♦ Rendre esclave ou soumettre à son autorité, en privant de l'indépendance, de la liberté : *Les Romains avaient asservi de nombreux peuples.*

asservissement, n. m. ♦ Action d'asservir. ● État d'une personne ou d'une nation asservie. — SYN. esclavage, soumission. — CONTR. délivrance, libération, liberté.

assez, adv. ♦ **1.** D'une manière qui suffit, sans qu'il y ait besoin d'ajouter une plus grande quantité ou d'en faire plus : *Il y a assez de sucre dans mon café, je ne veux pas un second morceau. Tu as bien assez travaillé ainsi, repose-toi.* ● **En avoir assez,** être fatigué, irrité, mécontent : *Nous en avons assez de ce bruit et de cette agitation!* **2.** A peu près, un peu plus que les autres, mais pas énormément : *Oui, ce film est assez bon.* — SYN. passablement.

assidu, ue, adj. ♦ **1.** Qui n'est jamais absent et qui travaille avec application et surtout avec régularité : *Cette artisane est assidue à son travail, elle est dans son atelier du matin jusqu'au soir.* — SYN. appliqué, consciencieux, exact, régulier, sérieux, zélé. **2.** Régulier, jamais interrompu : *Pas besoin d'avoir du génie pour être un bon élève, un travail assidu suffit la plupart du temps.*

assiduité, n. f. ♦ Qualité d'une personne ou d'une chose assidue. — SYN. application, constance, régularité. — CONTR. irrégularité.

assidûment, adv. ♦ Avec assiduité.

assiégé, n. m. ♦ *Les assiégés :* ceux qui sont dans une forteresse, une ville qu'on assiège.

assiégeant, n. m. ♦ *Les assiégeants :* ceux qui font le siège d'une forteresse, d'une ville.

assiéger, v. (conjugaison 18) ♦ **1.** Se tenir tout autour d'une forteresse, d'une ville, pour empêcher qu'on en sorte ou qu'on y entre et pour obliger ainsi, par la famine, les défenseurs à se rendre : *Le seigneur décida d'assiéger le château fort de son ennemi, car il ne pouvait s'en emparer par la force.* **2.** Se presser autour d'un endroit : *Au moment des fêtes, les voyageurs assiègent les guichets des gares.*

assiette, n. f. ♦ **1.** Pièce de vaisselle, dans laquelle on met les aliments que l'on va manger. **2.** Contenu d'une assiette : *Bébé a mangé une assiette de purée.* ● *Assiette anglaise :* de la viande froide et de la charcuterie, le tout servi sur une même assiette.

assiettée, n. f. ♦ Contenu d'une assiette : *Je n'ai plus faim, j'ai mangé deux assiettées de pâtes.*

assigner, v. ♦ Donner une chose à quelqu'un et à lui seul, par une décision : *Chacun devra rester à la place que je lui aurai assignée.* — SYN. affecter, attribuer, donner, fixer.

assimilation, n. f. ♦ Action d'assimiler.

assimiler, v. ♦ **1.** Considérer comme semblable, comme appartenant à la même catégorie : *Tu as assimilé à tort les chauves-souris aux oiseaux.* **2.** Transformer les aliments en sang, en chair : *Mâche bien tes aliments, tu les assimileras bien mieux.* ● Devenir parfaitement maître des connaissances qu'on a fait entrer dans son esprit, au point que ces connaissances deviennent comme des réflexes et qu'elles peuvent servir à tout moment : *Il faut d'abord comprendre, ensuite apprendre et enfin assimiler ce qu'on t'enseigne.*

assise, n. f. ♦ Rangée de pierres, horizontale, dans un mur.

assistance, n. f. ♦ **1.** Ensemble des personnes présentes à une réunion : _Toute l'assistance a applaudi l'allocution de la présidente du club._ — SYN. assemblée, compagnie, auditoire, le public. **2.** Aide ou secours que l'on apporte à quelqu'un : _Anne a entendu que Claudine appelait à l'aide, elle a accouru aussitôt pour lui porter assistance._

assistant, ante, n. ♦ **1.** Personne qui aide quelqu'un dans son travail : _Le dentiste ne travaille jamais sans son assistant._ ● _Assistante sociale :_ femme qui aide les gens à obtenir l'aide à laquelle ils ont droit quand ils sont malades, sans ressources, etc. **2.** _Les assistants,_ ceux qui sont présents : _L'un des assistants s'est levé et a protesté violemment contre les paroles de l'orateur._ — REM. Dans ce sens, ne s'emploie qu'au pluriel.

assister, v. ♦ **1.** Être présent au moment où un événement se produit : _Nous avons assisté à l'entrée du paquebot dans le port._ ● Être présent à une réunion : _Mon père assistera à la réunion des parents d'élèves._ **2.** Être près de quelqu'un pour l'aider dans son travail : _Deux préparateurs assistent cette savante dans ses expériences._ ● Être près de quelqu'un pour l'aider, le réconforter : _Il a assisté sa sœur malade avec beaucoup de dévouement._ — SYN. secourir, soutenir.

association, n. f. ♦ Groupe de personnes qui s'unissent pour exercer une activité, défendre leurs intérêts, obtenir un résultat : _Les habitants de notre quartier ont formé une association pour la défense des espaces verts._ — SYN. club, société.

associé, ée, n. ♦ Chacune des personnes qui possèdent et dirigent une société commerciale (usine, commerce) : _Ils sont quatre associés, qui se partagent les bénéfices._

associer, v. (conjugaison 20) ♦ **1.** Faire de quelqu'un un associé : _Elle a associé son beau-frère à son entreprise de transports._ **2.** Posséder une qualité (un défaut) en plus d'une autre qualité (d'un autre défaut) : _Vous associez le courage à la gentillesse._ **3.** _S'associer,_ se grouper pour former une association :

les habitants du quartier se sont associés pour défendre les espaces verts. **4.** _S'associer à,_ éprouver le même sentiment qu'une autre personne : _Je m'associe bien sincèrement à votre peine._ — SYN. partager, prendre part à, participer.

assoiffé, ée, adj. ♦ Qui a soif : _Vite, un verre d'eau, je suis assoiffé._ — SYN. altéré.

assolement, n. m. ♦ Pratique agricole qui consiste à faire, sur chaque pièce de terre, une culture différente chaque année (par exemple, des pommes de terre la première année, de la luzerne la deuxième, du blé la troisième), pour ne pas épuiser le sol. — REGARDER _jachère._

assombrir, v. ♦ **1.** Rendre plus sombre : _Ces gros nuages noirs assombrissent le ciel._ ● _Le ciel s'assombrit._ — SYN. se couvrir, s'obscurcir. **2.** Rendre triste : _La maladie a assombri les dernières années de sa vie._ — CONTR. éclairer, illuminer.

assommant, ante, adj. ♦ Très ennuyeux. — CONTR. intéressant, passionnant.

assommer, v. ♦ **1.** Tuer ou blesser (en faisant perdre connaissance) par un coup violent sur la tête : _Les voyous ont assommé le voisin qui voulait s'interposer dans la bagarre._ **2.** Ennuyer beaucoup : _Cette émission de télévision m'assomme !_ — CONTR. intéresser, passionner.

assortiment, n. m. ♦ Ensemble de choses qui s'adaptent harmonieusement entre elles : _Dans cette boîte, vous avez un assortiment de chocolats._

assortir, v. ♦ Unir deux choses qui vont bien ensemble : _Louis est élégant : il assortit toujours la couleur de sa cravate à celle de ses chaussettes._

assoupir (s'), v. ♦ S'endormir, mais sans plonger dans un sommeil bien profond.

assouplir, v. ♦ **1.** Rendre plus souple une matière, un objet : _Je vais faire une marche avec mes chaussures neuves pour_

assouplir

assouplir les semelles. ● Rendre plus souple le corps : *La culture physique, rien de tel pour assouplir les membres.* — CONTR. ankyloser, durcir. **2.** Rendre moins strict, moins sévère : *On va assouplir la réglementation sur le travail temporaire.* **3.** Rendre moins dur, moins brutal, moins rebelle le caractère : *L'âge et l'expérience assouplissent le caractère.*

assouplissement, n. m. ♦ Action d'assouplir. ● *Exercice d'assouplissement.*

assourdir, v. ♦ **1.** Rendre comme sourd en faisant mal aux oreilles : *Cette pétarade de moto nous assourdit !* **2.** Rendre un bruit plus sourd, c'est-à-dire moins fort : *La neige assourdit le bruit des pas et des voitures.* ● *Le bruit s'assourdit.* — SYN. s'affaiblir, s'amortir, s'atténuer.

assourdissant, ante, adj. ♦ Qui assourdit.

assouvir, v. ♦ Faire disparaître un désir en le satisfaisant : *Une bouteille de jus de fruit, voilà de quoi assouvir notre soif !*

assujettir, v. ♦ **1.** Fixer solidement : *Il faut assujettir avec des cordes les bagages sur la galerie de la voiture.* **2.** Soumettre à son autorité : *Les Romains avaient assujetti les peuples du bassin méditerranéen.* **3.** Soumettre à des règles, à une obligation : *Les prisonniers sont assujettis à une discipline stricte.* ● *Chacun doit s'assujettir à la discipline.* — SYN. s'astreindre, s'obliger à. — CONTR. se libérer de.

assumer, v. ♦ Se charger de quelque chose, en accepter les obligations et les conséquences : *Tu es déléguée de classe, tu dois assumer tes obligations.* — CONTR. se décharger, se dérober à, refuser.

assurance, n. f. ♦ **1.** Contrat par lequel on verse régulièrement une somme d'argent à une société, laquelle rembourse les frais qu'on a en cas d'accident, de vol, d'incendie, de dégât des eaux, de maladie, etc. **2.** Confiance en soi qui fait qu'on n'est pas intimidé : *Louis est encore très jeune et*

très timide, mais il prendra de l'assurance. — SYN. aisance. — CONTR. embarras, gaucherie. **3.** Certitude qu'on a : *J'ai l'assurance que vous réussirez.* ● *Je peux vous en donner l'assurance :* vous pouvez en être sûr.

assuré, ée, adj. ♦ **1.** Dont on est sûr : *Le succès de ma sœur à l'examen n'est pas du tout assuré.* — SYN. certain, sûr. — CONTR. incertain. **2.** Qui indique qu'on a de la confiance en soi : *Jacques marche d'un pas assuré.* **3.** Qui est sûr d'une chose : *Elle était d'avance assurée de réussir à son examen.*

assurément, adv. ♦ Oui, bien sûr, c'est certain. — SYN. à coup sûr, certainement, sans aucun doute, sûrement.

assurer, v. ♦ **1.** Dire de manière nette qu'on est sûr d'une chose : *Antoine m'a assuré qu'il avait aperçu Nadine l'autre jour.* — SYN. affirmer, attester, déclarer, garantir, soutenir. **2.** Faire un travail, remplir une mission : *Le facteur assure la distribution du courrier.* **3.** *S'assurer,* se garantir par un contrat d'assurance : *L'agriculteur s'est assuré contre la grêle.* ● *Ma tante a assuré sa maison contre le vol.* **4.** *S'assurer,* prendre les précautions pour être sûr d'une chose : *Avant de mettre ta lettre à la poste, assure-toi qu'elle est affranchie au tarif voulu.* — SYN. vérifier.

assyrien, ienne, adj. *ou* n. ♦ De l'Assyrie, pays d'Orient, dans l'Antiquité (Irak actuel) : *En histoire, nous étudierons la civilisation assyrienne.* ● *Les Assyriens. Un Assyrien.*

astérisque, n. m. ♦ Petite étoile (*) qu'on place devant ou après un mot pour le signaler.

asthmatique [asmatik], adj. *ou* n. ♦ Qui souffre d'asthme.

asthme [asm], n. m. ♦ Maladie qui empêche de bien respirer, qui donne des crises où l'on suffoque.

asticot, n. m. ♦ Petit ver de couleur blanche, larve de la mouche, qui se trouve parfois dans le fromage avarié, dans la viande pourrie.

astigmatisme, n. m. ◆ Défaut de vision, dû à une malformation du cristallin et qui fait que, quand on regarde un point, on voit une tache plus ou moins régulière.

astiquer, v. ◆ Nettoyer, en frottant, pour faire briller : *Et maintenant, prenons tous un chiffon, nous allons bien astiquer les meubles en chêne ciré.*

astre, n. m. ◆ Étoile, planète : *Par cette belle nuit d'été, le ciel étincelait, tout parsemé d'astres brillants.* ● *L'astre du jour :* le soleil. ● *L'astre des nuits* ou *l'astre d'argent :* la lune.

astreignant, ante, adj. ◆ Qui laisse peu de liberté, peu de temps libre : *Il est dépanneur, c'est un métier astreignant.* — SYN. contraignant.

astreindre, v. (conjugaison **84**) ◆ Obliger à faire quelque chose : *Le mauvais temps m'astreint à rester chez moi.* — SYN. contraindre, forcer.

astrologie, n. f. ◆ Fausse science qui prétend prédire l'avenir en se fondant sur la position des planètes.

astrologue, n. m. *ou* f. ◆ Celui, celle qui prétend prédire l'avenir en se fondant sur la position des planètes.

astronaute, n. m. *ou* f. ◆ Celui, celle qui fait des voyages dans l'espace à bord d'un vaisseau spatial. — SYN. cosmonaute.

astronautique, n. f. ◆ Technique de la navigation dans l'espace.

astronome, n. m. *ou* f. ◆ Celui, celle qui est spécialiste en astronomie.

astronomie, n. f. ◆ Science exacte qui étudie les astres : Soleil, Lune, planètes, étoiles, comètes, etc.

astronomique, adj. ◆ **1.** *Lunette astronomique :* instrument, différent du télescope, qui sert à observer les astres.

2. *Quantité astronomique :* très grande quantité. ● *Prix astronomique,* prix très élevé : *Six cents dollars par personne! C'est un prix astronomique!*

astuce, n. f. ◆ **1.** Finesse d'esprit qui permet d'inventer des ruses : *Il faut beaucoup d'astuce pour être escroc et ne pas se faire prendre.* **2.** Moyen habile pour obtenir un résultat : *J'ai trouvé une astuce pour réparer le guidon cassé de mon vélo.* — SYN. artifice, invention, stratagème, subterfuge, truc.

astucieux, euse, adj. ◆ Plein d'astuce, rusé ou habile.

asymétrie, n. f. ◆ Manque de symétrie; caractère de ce qui est asymétrique. — SYN. dissymétrie. — CONTR. symétrie.

asymétrique, adj. ◆ Qui n'a pas la même forme du côté droit et du côté gauche : *La toiture de ce pavillon est asymétrique.* — SYN. dissymétrique. — CONTR. symétrique. ● *Les barres asymétriques :* appareil de gymnastique formé de deux barres parallèles dont l'une est plus haute que l'autre.

atelier, n. m. ◆ Local où l'on fait un travail manuel. ● Local où travaille un peintre, un sculpteur.

athée, adj. *ou* n. ◆ Qui ne croit pas en Dieu.

athéisme, n. m. ◆ Doctrine de ceux qui ne croient pas en Dieu.

athénien, ienne, adj. *ou* n. ◆ D'Athènes, ville de Grèce : *Dans l'Antiquité, la marine athénienne était la plus puissante de toute la Grèce.* ● *Les Athéniens. Un Athénien. Une Athénienne.*

athlète, n. ◆ **1.** Celui ou celle qui pratique l'athlétisme. **2.** Homme ou garçon grand, bien bâti, très fort.

athlétique, adj. ◆ **1.** Qui concerne le sport et plus spécialement l'athlétisme : *Les Américains excellent en natation et dans les disciplines athlétiques.* **2.** Très grand et très

athlétique

fort : *Ce gaillard athlétique soulève un sac énorme à bout de bras.*

athlétisme, n. m. ♦ Sport individuel qui comprend la course à pied, le saut, le lancer (poids, disque, javelot, marteau).

atlas [atlɑs], n. m. ♦ Livre qui contient uniquement des cartes de géographie.

atmosphère, n. f. ♦ **1.** Couche d'air qui entoure la Terre. ● Couche de gaz qui entoure certaines planètes. **2.** Joie, tristesse, etc., dans laquelle se passe quelque chose : *La réunion s'est déroulée dans une atmosphère détendue et sympathique.* — SYN. ambiance.

atmosphérique, adj. ♦ Qui se passe dans l'atmosphère : *Le vent est un phénomène atmosphérique.* ● *La pression atmosphérique :* la pression exercée par la couche d'air qui entoure la Terre, enregistrée par le baromètre.

atoca, n. m. ♦ Baie rouge de saveur aigrelette dont on fait de la marmelade pour accompagner la dinde.

atocatière, n. f. ♦ Lieu où poussent des atocas.

atoll, n. m. ♦ Dans les océans tropicaux, île en forme d'anneau, en corail, avec, au centre, un lac d'eau salée, appelé « lagon ».

atome, n. m. ♦ La plus petite partie de matière qui puisse exister : *Dans un millimètre cube de matière, il y a des milliards et des milliards d'atomes.*

atomique, adj. ♦ Qui concerne l'atome ou l'énergie qui résulte de la « fission » (division) des atomes ou de leur fusion : *La bombe atomique est une arme terrible, mais l'énergie atomique permet d'économiser le pétrole et le charbon.* — SYN. nucléaire.

atomiseur, n. m. ♦ Appareil qui projette un liquide en gouttelettes très fines : *Notre eau de toilette est vendue aussi en atomiseur.*

atomiste, adj. *ou* n. m. *ou* f. ♦ Qui étudie les atomes : *Les savants atomistes ont mis au point des armes terribles.*

atout, n. m. ♦ **1.** Aux cartes, « couleur » qui vaut plus que les autres : *C'est le « trèfle » qui est l'atout, cette fois.* **2.** Ce qui donne un avantage, ce qui constitue une force : *Notre équipe a un point faible : les arrières sont peu athlétiques. Elle a deux atouts : la vitesse de ses avants et un gardien imbattable.* — SYN. point fort.

âtre, n. m. ♦ Sol dallé de la cheminée ; partie de la cheminée où l'on fait du feu.

atrium [atʀijɔm], n. m. ♦ Cour intérieure d'une maison romaine : *Au centre de l'atrium se trouvait un bassin appelé « impluvium ».* — En latin, le pluriel est *atria.*

atroce, adj. ♦ **1.** Très cruel et très révoltant : *Ce massacre de femmes, d'enfants et de vieillards par des fanatiques est un crime atroce.* — SYN. abominable, affreux, barbare, cruel, féroce, horrible, ignoble. **2.** Très laid, très désagréable : *Cette peinture jaune est atroce.* — SYN. affreux, hideux, horrible. — CONTR. beau.

atrocité, n. f. ♦ **1.** Caractère d'une chose atroce : *L'atrocité de ce crime révolte l'opinion publique.* **2.** Crime atroce : *Villages brûlés, femmes, enfants et vieillards massacrés : que d'atrocités au cours de cette guerre !*

attabler (s'), v. ♦ Se mettre à table pour prendre un repas.

attachant, ante, adj. ♦ Qui attire la sympathie et l'affection : *Comme beaucoup d'enfants maladifs et délicats, Roger était un garçon très attachant.* **2.** Intéressant et agréable : *Je connais peu de pays plus attachants que la région du lac Saint-Jean.*

attache, n. f. ♦ **1.** Ce qui sert à attacher (lien, agrafe, etc.). **2.** Lien que l'on garde avec un pays, une ville où l'on a encore de la famille, des amis : *Ma cousine est née à Montréal, mais elle a encore des attaches dans la région de Charlevoix.*

atteler

1. attaché, ée, adj. ♦ Qui aime bien quelqu'un ou quelque chose : *Mon grand-oncle est très attaché à ses petits-enfants et à ses petits-neveux.*

2. attaché, ée, n. ♦ Titre donné à certaines personnes qui dépendent d'une administration, d'un service : *Nous avons été reçus non par la directrice, mais par un jeune **attaché de direction.***

attachement, n. m. ♦ Lien d'amitié ou d'affection à l'égard d'une personne : *J'ai gardé beaucoup d'attachement pour ce vieux camarade de classe.*

attacher, v. ♦ **1.** Maintenir, pour empêcher de partir ou de tomber, en utilisant une corde, une courroie, etc. : *Ton chien va se perdre, tu devrais l'attacher.* **2. Attacher de l'importance à une chose,** la considérer comme importante : *Le maître attache beaucoup d'importance à l'orthographe et à la bonne présentation des devoirs.* **3. S'attacher à,** se mettre à aimer quelqu'un ou quelque chose : *Il m'est dur de quitter mon école pour entrer au collège : je m'étais attaché à mes camarades et à mes maîtres.* **4. S'attacher à faire quelque chose,** faire des efforts pour le faire soigneusement : *Tu dois t'attacher à apprendre chaque jour tes leçons.*

attaquant, n. m. ♦ Celui qui prend part à une attaque : *Les attaquants ont été repoussés et ont subi de lourdes pertes.* — SYN. assaillant. — CONTR. défenseur.

attaque, n. f. ♦ **1.** Action de se lancer contre un adversaire pour se battre avec lui : *Les Iroquois ont lancé une attaque contre Ville-Marie.* **2.** Critique vive contre quelqu'un ou quelque chose : *Ce nouveau film a provoqué bien des attaques dans la presse.*

attaquer, v. ♦ **1.** Se lancer en avant pour se battre : *En 1759, l'armée anglaise de Wolfe a attaqué l'armée française de Montcalm.* ● Commettre un acte de violence pour voler : *Trois gangsters ont attaqué le grand magasin pour s'emparer de la recette.* **2.** Faire des critiques, des reproches vifs : *Tous les journaux de l'opposition attaquent le gouver-*nement. — SYN. blâmer, critiquer. — CONTR. féliciter, louer. **3.** Ronger, détruire : *Ces vers attaquent le bois en y creusant des galeries.* — SYN. dévorer, grignoter, manger, piquer, ronger. **4.** Commencer à faire, à jouer, à manger : *La fanfare municipale attaqua une marche militaire.* ● *Et maintenant, nous allons attaquer le rôti.* ● *Dès demain, je m'attaque à mes révisions de mathématiques.* — SYN. se mettre à. — CONTR. finir, terminer.

attardé, ée, adj. *ou* n. ♦ Qui est en retard pour son âge : *Il y a beaucoup d'enfants attardés qui, à dix ans, ne savent pas lire.* ● *Ce garçon est un attardé.*

attarder (s'), v. ♦ Se mettre en retard en perdant du temps, en traînant.

atteindre, v. (conjugaison 84) ♦ **1.** Arriver à un endroit : *Les explorateurs atteignirent enfin le pôle Nord, après trente jours de marche dans la neige.* **2.** Arriver à un résultat, à un état, à une situation : *Nous avons travaillé beaucoup, mais enfin nous avons atteint notre but !* **3.** Arriver à toucher : *Avec sa carabine, il a atteint le centre de la cible du premier coup.* ● Blesser avec un projectile : *La policière a atteint le gangster à un bras.* — SYN. toucher. — CONTR. manquer. **4.** Rendre malade, frapper : *La rougeole atteint surtout les enfants, mais aussi les adultes.*

atteinte, n. f. ♦ **1. Une atteinte,** mal que produit une maladie, une chose nuisible : *Déjà elle ressentait les premières atteintes du mal qui devait l'emporter.* **2. Porter atteinte à,** faire du tort à : *Cette accusation est grave, elle porte atteinte à l'honneur de notre ami.* **3. Hors d'atteinte :** trop loin pour être atteint, rattrapé, touché.

attelage, n. m. ♦ **1.** Action d'atteler. **2.** Ensemble des chevaux qui tirent une voiture, un chariot, etc. : *Ces deux chevaux blancs, quel bel attelage !*

atteler, v. (conjugaison 13) ♦ Accrocher une locomotive à un wagon; attacher un cheval à une voiture, à un chariot, etc. : *Le valet de ferme était en train d'atteler le cheval : on allait partir.*

attenant

attenant, ante, adj. ♦ Qui touche à une construction ou à un terrain : *Notre maison est attenante à celle de Mme Durand.* — SYN. adjacent, contigu.

attendant (en), loc. adv. *ou* conj. ♦ Pendant le temps qui nous sépare d'un fait à venir. ● *En attendant que le train arrive, allons donc prendre un café.*

attendre, v. (conjugaison 81) ♦ **1.** Rester à un endroit jusqu'à ce que quelqu'un ou quelque chose arrive : *Il attendait sa fiancée, en tenant un bouquet à la main.* **2.** Rester dans un état où telle chose peut arriver : *Je ne prends aucune initiative, j'attends les instructions.* **3.** *Attendre quelque chose de quelqu'un,* espérer que quelqu'un va donner quelque chose : *Ces parents attendent beaucoup de satisfactions de leur fille.* ● *Il n'attend plus rien de la vie.* — SYN. espérer. **4.** *S'attendre à,* penser que quelque chose va se produire : *Je m'attends à une amélioration du temps.*

attentat, n. m. ♦ Action violente, contre les personnes ou les biens, commise pour des raisons politiques : *Un attentat à la bombe a endommagé l'usine.*

attente, n. f. ♦ **1.** Action d'attendre : durée pendant laquelle on attend : *L'attente des résultats de l'examen est souvent pénible.* ● *Salle d'attente :* salle où les gens attendent, par exemple dans une gare. ● *Le salon d'attente du dentiste, du médecin.* **2.** *Répondre à l'attente,* agir ou se produire conformément à ce que quelqu'un pensait ou espérait : *Je suis content, le résultat a répondu à mon attente.* ● *Contre toute attente :* contrairement à ce qu'on pensait.

attenter, v. ♦ Faire une tentative criminelle : *Un fanatique voulait attenter à la vie du roi.*

attentif, ive, adj. ♦ Qui fait attention : *Juliette n'est pas assez attentive à la ponctuation et aux accents.* ● Qui indique qu'on fait attention : *Tous les enfants regardaient le spectacle d'un air attentif.* — SYN. vigilant. — CONTR. distrait.

attention, n. f. ♦ **1.** Attitude de celui qui écoute, regarde avec soin, sans penser à autre chose : *Ce problème est difficile, lisez l'énoncé avec attention.* ● *Il faut faire attention à l'énoncé du problème.* **2.** Acte gentil et délicat : *Bernard aime bien sa grand-mère, il est plein d'attentions pour elle.*

attentionné, ée, adj. ♦ Qui a des attentions pour quelqu'un : *Notre voisin est très attentionné pour sa mère âgée et malade.*

atténuant, ante, adj. ♦ *Circonstance atténuante,* circonstance qui accompagne un crime ou un délit et qui fait que le coupable peut être condamné moins sévèrement : *Le meurtrier avait été menacé et provoqué par la victime : c'est une circonstance atténuante.* — CONTR. aggravant.

atténuation, n. f. ♦ Action d'atténuer ou de s'atténuer. — CONTR. aggravation ; augmentation.

atténuer, v. (conjugaison 19) ♦ Diminuer la force d'une chose (généralement mauvaise) : *Ces mesures prises par le gouvernement devraient atténuer les effets de la crise économique.* — SYN. diminuer, adoucir. — CONTR. augmenter, aggraver.

atterrer, v. ♦ Abattre en causant beaucoup de peine : *La nouvelle de la mort de notre voisine nous a tous atterrés.* — SYN. abattre, accabler, consterner.

atterrir, v. ♦ *L'avion atterrit,* se pose sur le sol.

atterrissage, n. m. ♦ Action d'atterrir. ● *Train d'atterrissage :* les roues de l'avion et leurs supports.

attestation, n. f. ♦ Document, texte qui atteste quelque chose. — SYN. certificat.

attester, v. ♦ Dire ou écrire qu'une chose est vraie et en donner la certitude, le témoignage : *Je puis attester que mon ami est parfaitement honnête. Je puis attester son honnêteté.* — SYN. affirmer, assurer, garantir, témoigner.

attirail, n. m. ♦ Ensemble d'outils, d'instruments, d'appareils. — SYN. équipement.

attirance, n. f. ♦ Sympathie, goût qui attire vers quelqu'un ou quelque chose. — SYN. attrait. — CONTR. répulsion.

attirant, ante, adj. ♦ Vers lequel on est facilement attiré : _Cet homme d'âge mûr est encore très attirant._ — SYN. séduisant, sympathique. — CONTR. antipathique.

attirer, v. ♦ **1.** Faire venir un objet vers soi : _L'aimant attire les épingles et tous les petits objets en fer ou en acier._ — CONTR. repousser. **2.** Faire venir vers soi un être vivant : _Le sucre attire les fourmis._ — CONTR. chasser, écarter, éloigner. **3.** Inspirer du goût, de la sympathie : _Les mathématiques ne m'attirent pas. En revanche, je suis attirée par l'étude des langues._ **4.** Faire se diriger le regard ou l'attention : _Un étrange animal, au pelage roux et noir, attira mon regard._

attiser, v. ♦ **1.** Faire brûler un feu plus fort : _Pour attiser le feu, remue-le avec un tisonnier._ — SYN. activer, aviver, embraser. **2.** Rendre plus fort et plus violent : _Cette parole malheureuse ne fit qu'attiser la fureur du maître._ — SYN. accroître, aggraver, déchaîner, exacerber, exciter. — CONTR. calmer.

attitré, ée, adj. ♦ Qui a l'habitude de faire quelque chose, chez qui on a l'habitude d'aller : _Si je connais Mme Dubois ? C'est ma boulangère attitrée !_

attitude, n. f. ♦ **1.** Manière de se tenir, de disposer ses membres : _Jean-Luc avançait vers son camarade, dans l'attitude du boxeur qui va frapper._ — SYN. pose, posture. **2.** Manière de se conduire : _Comment ! Tu as laissé ton camarade se faire gifler, sans même donner un coup de poing ! Ce n'est pas une attitude courageuse !_ — SYN. comportement, conduite.

attraction, n. f. ♦ Action qui attire les objets les uns vers les autres : _Observez :_ _vous voyez l'attraction qu'exerce l'aimant sur les épingles ?_ **2.** Activité amusante, spectacle bref qui rend agréable une fête, une soirée : _Viens à la fête de l'école ; il y aura beaucoup d'attractions : tournoi de boules et de quilles, course en sac, concours de déguisements, numéros de chanteurs amateurs, etc._

attrait, n. m. ♦ **1.** Chose qui attire, qui plaît, qui intéresse : _Une mer toujours bleue, le soleil, les belles plages, la Californie a certes beaucoup d'attraits !_ — SYN. agrément, beauté, charme. — CONTR. désagrément, désavantage. **2.** Sentiment qu'on éprouve pour une chose qu'on aime bien : _Mais oui ! J'éprouve un grand attrait pour les films de cow-boys !_ — SYN. attirance, goût. — CONTR. aversion, dégoût, éloignement.

attrape, n. f. ♦ Chose, objet qui sert à faire des farces pour surprendre, pour distraire : _Ah ! On va bien rire au mariage de ma sœur ! J'ai acheté des attrapes : du sucre qui ne fond pas et des cuillers qui fondent dans le café. J'ai acheté tout ça chez le marchand de farces et attrapes._

attraper, v. ♦ **1.** Réussir à prendre une chose ou un être qui se déplace : _Vas-y ! attrape le ballon ! Tu crois que les agents vont attraper le voleur ?_ — SYN. atteindre, prendre, saisir, arrêter, capturer. **2.** _Être attrapé,_ être désagréablement surpris par une farce : _Cache donc le vélo de Fernand ! Il sera bien attrapé !_ **3.** Commencer à avoir une maladie : _Tu éternues ! Tu auras encore attrapé un rhume !_ **4.** Faire des reproches à quelqu'un : _Mon amie Julie a perdu son cartable : elle va joliment se faire attraper !_ — SYN. admonester, blâmer, gronder, réprimander, semoncer. — CONTR. féliciter, louer.

attrayant, ante, adj. ♦ Qui est intéressant, amusant et agréable. — SYN. attirant, captivant, engageant, intéressant, passionnant. — CONTR. assommant, ennuyeux.

attribuer, v. (conjugaison 19) ♦ **1.** Donner : _Bravo ! On t'a attribué une médaille pour tes résultats dans les épreuves de natation._ — SYN. adjuger, assigner, dé-

attribuer

cerner, donner. ● *S'attribuer,* donner à soi-même, de sa propre autorité : *Bien sûr, Renée s'attribue tout le mérite de la victoire de l'équipe !* **2.** Dire quel est celui qui a fort probablement écrit un livre, peint un tableau, etc. : *On attribue ce tableau à Léonard de Vinci.*

attribut, n. m. ◆ Adjectif relié au nom ou au pronom par un verbe, tel que « être », « sembler », « paraître », « devenir », etc. : *Dans la phrase « Cet arbre est grand », l'adjectif* grand *est attribut de* arbre.

attribution, n. f. ◆ **1.** Action de donner quelque chose : *Le jury a décidé l'attribution d'une médaille d'argent à notre équipe de gymnastique.* **2.** Ce qu'une personne est chargée de faire : *Ramasse les carnets de notes ; tu es déléguée de classe et cela fait partie de tes attributions.* — SYN. charge, fonction, office, rôle.

attristant, ante, adj. ◆ Qui rend triste. — SYN. affligeant, désolant, triste. — CONTR. gai, joyeux, réjouissant.

attrister, v. ◆ Rendre triste : *Oh oui ! La mort de notre petit chat nous a bien attristés !* ● *Tu as perdu ton sac de billes ? Ça n'est pas grave, ne t'attriste donc pas pour si peu !* — SYN. s'affliger, se désoler. — CONTR. se réjouir.

attroupement, n. m. ◆ Groupe de gens qui se sont attroupés. — SYN. rassemblement.

attrouper (s'), v. ◆ Se réunir au même endroit, parce qu'on voit ou qu'on entend quelque chose qui attire l'attention : *Les pompiers sont arrivés, et tout de suite les passants se sont attroupés.* — SYN. se réunir. — CONTR. se disperser.

au, article. ◆ Forme que prend l'article défini contracté, au masculin singulier : *Je vais au village* (= à le village).

aubade, n. f. ◆ Musique que l'on fait entendre le matin (à l'*aube*) sous les fenêtres de quelqu'un, pour l'honorer, lui faire

plaisir : *Le 14 juillet, à six heures du matin, la fanfare municipale a donné l'aubade au maire.* — CONTR. sérénade.

aubaine, n. f. ◆ Chose bonne qui arrive de manière inattendue : *Ma tante m'a envoyé cinquante dollars pour mon anniversaire, ça, c'est une aubaine !* — SYN. chance, occasion.

1. aube, n. f. ◆ La première lueur du jour, juste avant le lever du soleil.

2. aube, n. f. ◆ **1.** Robe blanche que met le prêtre pour dire la messe. **2.** Robe blanche que portent les jeunes catholiques le jour de la profession de foi (autrefois, le jour de la première communion).

3. aube, n. f. ◆ Chacune des planches disposées tout autour d'une roue de bateau (autrefois), d'une roue du moulin. ● *Une roue à aubes.*

aubépine, n. f. ◆ Arbuste épineux aux jolies fleurs blanches.

auberge, n. f. ◆ Maison, généralement à la campagne, où on peut manger et dormir.

aubergine, n. f. *ou* adj. inv. ◆ **1.** Légume violet de forme allongée. **2.** De la couleur violette rougeâtre propre aux aubergines : *Lucette portait une robe ornée de rubans aubergine.*

aubergiste, n. m. *ou* f. ◆ Celui, celle qui possède et dirige une auberge.

aucun, une, adj. indéfini *ou* pronom indéfini. ◆ Pas un seul : *Je ne vois aucun livre sur la table. J'ai beau regarder, je n'en vois aucun sur la table.* — SYN. nul.

audace, n. f. ◆ Qualité de celui qui ne craint pas le danger et qui l'affronte volontiers : *Admirons l'audace de ces aviateurs qui font des acrobaties si dangereuses !* — SYN. bravoure, courage, détermination, fougue, hardiesse, intrépidité, vaillance. — CONTR. couardise, lâcheté, peur, poltronnerie, pusillanimité.

audacieux, euse, adj. ♦ Qui a de l'audace. — SYN. brave, courageux, déterminé, hardi, intrépide, vaillant. — CONTR. couard, lâche, peureux, poltron, pusillanime.

au-dedans, adv. ♦ REGARDER *dedans.*

au-dehors, adv. ♦ REGARDER *dehors.*

au-delà, adv. ♦ REGARDER *delà.*

au-dessous, adv. ♦ REGARDER *dessous.*

au-dessus, adv. ♦ REGARDER *dessus.*

au-devant, adv. ♦ REGARDER *devant.*

audience, n. f. ♦ **1.** Entrevue pendant laquelle une personnalité reçoit un visiteur : *Pour régler cette affaire, mon oncle a demandé audience à la ministre.* — SYN. entretien, entrevue, rendez-vous. **2.** Séance du tribunal, pendant laquelle on interroge l'accusé, pendant laquelle les témoins déposent, l'avocat plaide, etc. **3.** Nombre de gens qui écoutent une émission : *Cette émission de radio a une grande audience au Québec.*

audiovisuel, elle, adj. *ou* n. m. ♦ **1.** Qui utilise à la fois le son (enregistrement sur disque ou sur bande) et l'image (projection de diapositives ou de films) : *Pas besoin d'aller en Ontario : avec une bonne méthode audiovisuelle, tu apprends l'anglais en trois ou quatre mois.* **2.** *L'audiovisuel :* le cinéma, la radio, la télévision, ou l'emploi de méthodes audiovisuelles d'enseignement.

auditeur, trice, n. ♦ Celui, celle qui écoute une conférence, une émission de radio.

auditif, ive, adj. ♦ Qui concerne l'oreille, l'ouïe : *Joël est un peu sourd, le médecin va mesurer son acuité auditive.*

auditoire, n. m. ♦ Ensemble de ceux qui écoutent un conférencier, un orateur.

au fur et à mesure ♦ REGARDER *fur.*

auge, n. f. ♦ Bassin, mangeoire de forme allongée.

augmentation, n. f. ♦ **1.** Action de rendre ou de devenir plus grand : *Tu manges trop de sucre ! C'est ça qui provoque l'augmentation de ton poids !* **2.** Élévation du prix ou du salaire : *Ma patronne m'a accordé une augmentation de salaire.*

augmenter, v. ♦ **1.** Rendre plus grand, plus fort : *Non ! Pas deux paires de chaussures ! Cela va encore augmenter le poids de la valise !* — SYN. accroître, agrandir, ajouter à, enfler, grossir. — CONTR. diminuer. ● Devenir plus grand, plus fort : *Attention ! Nous arrivons dans la zone dangereuse : la force du courant et des vagues augmente.* — SYN. s'accroître, s'accentuer, s'aggraver, s'agrandir, s'amplifier, croître, grandir, grossir. — CONTR. s'atténuer, diminuer. **2.** Rendre plus élevé un prix, un salaire : *L'État va augmenter prochainement le prix des timbres et de l'électricité.* ● *Augmenter quelqu'un,* augmenter son salaire : *Cela va faire cinq ans que nous n'avons pas été augmentés !*

1. augure, n. m. ♦ Prêtre romain qui prédisait l'avenir en observant le vol ou l'appétit des oiseaux.

2. augure, n. m. ♦ *C'est de bon augure (de mauvais augure) :* cela annonce quelque chose de bon (de mauvais).

auguste, n. m. ♦ Clown au maquillage violent, à l'allure très ridicule.

aujourd'hui, adv. ♦ **1.** Le jour où nous sommes, au moment où je parle : *Aujourd'hui, nous sommes le lundi 17 juin : bientôt les vacances !* **2.** A notre époque : *Aujourd'hui, il n'y a plus de locomotives à vapeur sur les lignes du CN.*

aumône, n. f. ♦ Argent qu'on donne à un pauvre, à un mendiant. ● *Faire l'aumône à un pauvre.*

aumônier, n. m. ♦ Prêtre qui est attaché à une école, à un hôpital, à un régiment, à une prison, etc.

auparavant, adv. ♦ Avant une autre chose : *Je vais aller me promener, mais auparavant, je vais écrire ma lettre.*

auprès de, loc. prép. ♦ **1.** Tout près de, à côté de : *Tu pourrais t'asseoir au premier rang de la classe, auprès d'Évelyne.* — SYN. près de. — CONTR. loin de. **2.** Dans l'esprit de : *Quel idiot ! Il croit qu'il passe pour riche auprès de ses voisins, parce qu'il a acheté une Cadillac d'occasion !* **3.** Par comparaison avec : *Que veux-tu ! Auprès de son village, Joliette est une grande ville !*

auquel, à laquelle, auxquels, auxquelles, pronom relatif *ou* interrogatif. ♦ Équivaut à « à lequel » : *Ce camarade, auquel je pense, pourrait nous être utile.* ● *Tu as eu beaucoup de camarades. Auquel d'entre eux penses-tu le plus souvent ?*

auréole, n. f. ♦ **1.** Cercle lumineux qui entoure la tête d'un saint dans un tableau. **2.** Tache ronde qui se forme sur un tissu mal nettoyé. — SYN. cerne.

auriculaire, n. m. ♦ Le plus petit doigt de la main.

aurochs [ɔʀɔk], n. m. ♦ Bœuf très grand et très fort qui vivait autrefois en Europe.

aurore, n. f. ♦ **1.** Moment qui succède à l'aube et où le soleil se lève, colorant de rose le ciel à l'horizon. **2.** Début d'une période : *Dans moins de vingt ans, ce sera l'aurore du troisième millénaire.* — SYN. aube.

ausculter, v. ♦ Examiner un malade en écoutant le bruit du cœur et de la respiration : *« Respirez fort »*, *m'a dit le médecin quand il m'a ausculté.*

aussi, adv. *ou* conj. ♦ **1.** De la même manière : *Tu aimes le football ? Moi aussi* (= j'aime le football, comme toi). — SYN. comme, également, pareillement. **2.** En plus : *Dans le salon, il y a six chaises, et aussi un fauteuil.* — SYN. en outre, en plus. **3.** Autant : *Tu crois vraiment que tu es aussi fort que Gabrielle en gymnastique ?* **4.** Tellement : *Tu soulèves un sac de trente kilos ? Je ne savais pas que tu étais aussi fort !* **5.** C'est pourquoi, pour cette raison : *Jacqueline était très gentille. Aussi nous avons tous beaucoup regretté son départ.*

aussitôt, adv. ♦ **1.** Tout de suite, sans perdre un instant : *L'officier commande, le soldat doit obéir aussitôt.* — REM. N'écrivez pas comme *aussi tôt* : « tellement tôt » : *Il est à peine quatre heures, pourquoi es-tu venu aussi tôt ?* **2.** *Aussitôt que,* dès que : *Aussitôt que je suis levée, je prends mon petit déjeuner.* — REM. On dit aussi : *Aussitôt levé, je prends mon petit déjeuner.*

austère, adj. ♦ **1.** Qui se prive des plaisirs de la vie, qui a l'air toujours sérieux et un peu triste : *Marcel ne boit pas, ne fume pas, ne va pas au cinéma : il est austère comme un moine !* — SYN. ascétique. — CONTR. jouisseur, bon vivant. ● *Marcel mène une vie austère.* **2.** Qui est triste et sans ornements : *Qu'elle est austère, la façade de l'Université, avec son mur plat et nu et ses fenêtres à barreaux !* — SYN. dépouillé, sévère, sobre. — CONTR. orné.

austérité, n. f. ♦ Caractère d'une personne ou d'une chose austère.

austral, ale, adj. ♦ De l'hémisphère Sud : *Il a navigué dans les mers australes.* — CONTR. boréal. — REM. Au masculin pluriel, on dit plutôt *australs* que *austraux*. Il vaut mieux éviter d'employer ce mot au masculin pluriel.

autant, adv. ♦ **1.** D'une manière aussi forte : *J'aime le sport autant que toi.* **2.** En quantité égale : *Nous avons autant de disques que de livres.* **3.** En si grande quantité : *Je n'avais jamais vu autant de livres !* **4.** *En faire autant,* faire la même chose : *Marc se mit à hurler de frayeur. Ses compagnes en firent autant.* **5.** *D'autant plus que,* encore plus, pour la raison que : *Elle sera d'autant plus gentille que nous aurons été moins durs avec elle.* ● *D'autant moins que,* encore moins, pour la raison que : *Les gens travailleront d'autant moins que le travail* *sera plus mal payé.* • **D'autant que,** pour cette raison supplémentaire que : *Je suis fatigué et je n'irai pas me promener, d'autant que je dois réviser mes leçons.*

autel, n. m. ♦ **1.** Chez les Anciens, table de pierre ou grande pierre taillée sur laquelle on offrait les sacrifices. **2.** Table sur laquelle le prêtre catholique dit la messe.

auteur, eure, n. ♦ **1.** Celui, celle qui a écrit un livre, composé une œuvre musicale : *Gabrielle Roy est une auteure célèbre.* **2.** Celui, celle qui a accompli un acte, écrit une lettre, dit une parole : *Cette femme est l'auteure d'une découverte sensationnelle.*

authenticité, n. f. ♦ Caractère de ce qui est authentique.

authentique, adj. ♦ **1.** Qui a été réellement écrit, peint, sculpté, par celui auquel on attribue l'œuvre : *Ce tableau attribué à Léonard de Vinci est bien authentique* (= c'est bien Léonard de Vinci qui l'a peint, et non un autre artiste). — CONTR. faux. **2.** Ce qui est absolument véridique : *Ce fait divers est authentique, j'en ai été témoin.*

auto, n. f. ♦ Automobile, voiture.

autobus, n. m. ♦ Grand véhicule automobile qui peut transporter de nombreuses personnes et qui circule à l'intérieur d'une ville.

autocar, n. m. ♦ Grand véhicule qui peut transporter de nombreuses personnes et qui circule en dehors des villes. — SYN. car.

autochtone [ɔ(o)tɔktɔn], adj. *ou* n. ♦ Personne qui habite depuis très longtemps un pays et qui n'est pas venue par immigration : *Les Amérindiens et les Inuit sont des autochtones du Canada.*

autocollant, ante, adj. *ou* n. m. ♦ **1.** Qui se colle tout seul par simple contact, sans qu'on ait besoin de mouiller : *Les*

enveloppes autocollantes, c'est joliment pratique ! **2.** **Un autocollant :** une image, une étiquette autocollante.

autodrome, n. m. ♦ Piste spéciale pour les courses de voitures.

auto-école, n. f. ♦ Sorte d'école où l'on apprend à conduire, où l'on apprend le code de la route. — PLUR. des auto-écoles.

autographe, adj. *ou* n. m. ♦ **1.** Qui a été écrit à la main par celui-là même qui a signé : *Vous voyez cette lettre de Louis XIV, dans la vitrine ? C'est une lettre autographe : le roi l'a écrite lui-même et non dictée à un secrétaire.* **2.** **Un autographe :** texte de quelques mots ou simple signature sur un papier ou une photographie.

automate, n. m. ♦ Machine qui a l'aspect d'un homme ou d'un animal et qui fait certains gestes, toujours les mêmes.

automatique, adj. ♦ Qui se fait tout seul ou qui fonctionne tout seul, par l'effet d'un mécanisme : *Attention ! Dans le métro, la fermeture des portes est automatique.*

automitrailleuse, n. f. ♦ Véhicule blindé monté sur roues et armé de mitrailleuses, et parfois aussi d'un canon.

automne, n. m. ♦ Saison qui va du 21 septembre environ au 21 décembre environ.

automobile, adj. *ou* n. f. ♦ **1.** Qui est muni d'un moteur à essence ou d'un moteur diesel et qui se déplace sans avoir besoin d'être tiré par un cheval. • *Les véhicules automobiles.* • *Canot automobile :* canot à moteur. **2.** *Une automobile :* une voiture automobile, une voiture particulière à moteur. **3.** Qui concerne l'automobile, les véhicules automobiles : *L'industrie automobile est très développée en Ontario.*

automobiliste, n. m. *ou* f. ♦ Celui ou celle qui conduit une automobile.

automoteur, trice, adj. *ou* n. ♦ Qui est muni d'un moteur et qui peut se déplacer tout seul sans avoir besoin d'être tiré : *Ce gros blindé, là-bas, ce n'est pas un char, c'est un canon automoteur.* ● *Un automoteur :* un bateau qui navigue sur les fleuves ou les canaux et qui n'a pas besoin d'un remorqueur ou d'un pousseur. ● *Une rame automotrice :* une rame de wagons de voyageurs qui n'a pas besoin d'être tirée par une locomotive.

autonome, adj. ♦ Qui s'administre tout seul, sans dépendre de la capitale du pays : *Tu crois que la Bretagne sera un jour une province autonome?* — REGARDER *indépendant.*

autonomie, n. f. ♦ Droit, pour une province, de s'administrer toute seule, sans dépendre de la capitale du pays : *Certains Québécois réclament l'autonomie pour leur province.* — REGARDER *indépendance.*

autonomiste, adj. *ou* n. ♦ Qui réclame l'autonomie.

autopsie, n. f. ♦ Examen d'un cadavre, en vue d'établir les causes et les circonstances de la mort.

autorail, n. m. ♦ Véhicule de chemin de fer, constitué par une ou plusieurs voitures à voyageurs, qui n'est pas tiré par une locomotive, mais qui est mû par un moteur à gazole.

autorisation, n. f. ♦ Droit de faire une chose qui est donné par celui qui a l'autorité. — SYN. accord, approbation, consentement, permission. — CONTR. défense, interdiction.

autoriser, v. ♦ Donner le droit de faire quelque chose : *Chic! on va autoriser les élèves à faire du patin à roulettes dans la cour de l'école.* — SYN. permettre. — CONTR. interdire.

autoritaire, adj. ♦ Qui veut toujours commander, qui veut imposer sa volonté aux autres. — SYN. despotique, impérieux, tyrannique. — CONTR. libéral.

autorité, n. f. ♦ **1.** Le droit de commander : *Qui détient l'autorité dans cette équipe? Personne? Alors, c'est le désordre!* **2.** Qualité de celui qui sait se faire obéir : *Le nouveau professeur a beaucoup d'autorité sur ses élèves : il n'y a plus du tout de chahut dans sa classe!* **3.** *Les autorités :* les personnalités importantes du gouvernement, de la commune. **4.** *Faire autorité,* être considéré comme un guide sérieux dans une science, une matière : *Sais-tu que ton professeur d'histoire est un savant? Il a écrit sur les châteaux forts un livre qui fait autorité.*

autoroute, n. f. ♦ Route spécialement construite pour la circulation rapide des voitures, des motos, des autocars et des camions.

auto-stop, n. m. ♦ Action de voyager en se faisant transporter gratuitement par des automobilistes, auxquels on fait signe au bord de la route. *Faire de l'auto-stop,* c'est faire du pouce. En auto-stop, c'est sur le pouce.

auto-stoppeur, euse, n. ♦ Celui, celle qui fait de l'auto-stop. — PLUR. *des auto-stoppeurs, des auto-stoppeuses.* — SYN. POPULAIRE : pouceur.

autour, adv. ♦ **1.** Selon un tracé qui fait le tour : *Construisons une cabane et creusons un fossé autour : ce sera notre château.* **2.** *Autour de,* en faisant le tour de : *Nous avons fait la course tout autour de la maison.* ● En entourant : *Mets donc une corde solide autour de la malle, tiens!* **3.** *Autour de,* environ : *Que gagnet-il? Autour de 3 000 dollars, par mois, au plus.* — SYN. approximativement, environ.

autre, adj. *ou* pronom indéfini. ♦ **1.** Différent : *J'ai déjà un chandail bleu. J'en voudrais un d'une autre couleur.* — CONTR. analogue, identique, même, similaire. **2.** Opposé, contraire : *La rive gauche de la rivière est bordée de peupliers, l'autre rive est dépourvue d'arbres.* **3.** *L'autre jour,* un de ces derniers jours : *Tiens, l'autre jour, j'ai aperçu Laure.* **4.** *Un autre, les autres,* une personne ou une chose, les personnes ou les choses qui ne sont pas celles dont on vient de parler : *Anne et Jacques viennent avec moi en patrouille. Les autres restent là pour garder la cabane.* ● *Non, je ne peux pas te prêter d'argent, adresse-toi à quelqu'un d'autre* (= une personne autre que moi). ● *Dis donc, tu n'es pas seul ! Les autres existent, eux aussi !* (= les personnes autres que toi). ● *Voici deux gâteaux : l'un est au chocolat, l'autre à la crème. Lequel veux-tu ?* **5.** *Un autre, deux autres, trois autres...* un, deux, trois... de plus : *Ce yaourt aux fraises était bien bon, je vais en acheter quatre autres.*

autrefois, adv. ◆ Il y a longtemps : *Autrefois, cette forêt était pleine de loups.* — SYN. anciennement, dans le temps, jadis. — CONTR. actuellement, de nos jours, maintenant.

autrement, adv. ◆ **1.** D'une manière différente : *Ça ne marche pas, il faut s'y prendre autrement.* — SYN. différemment. **2.** Dans le cas contraire : *Prends ton chandail et ton blouson, autrement tu auras froid.* — SYN. sinon.

autrichien, ienne, adj. *ou* n. ◆ De l'Autriche, pays d'Europe centrale : *Qu'il est joli, ce village autrichien, entouré de sapins, au milieu des montagnes !* ● *Les Autrichiens. Un Autrichien. Une Autrichienne.*

autruche, n. f. ◆ Grand oiseau d'Afrique aux longues jambes, au long cou, aux ailes courtes, qui ne vole pas mais qui court très vite.

autrui, pronom indéfini. ◆ Les autres personnes : *Nous devons apporter notre aide à autrui.* — REM. Ce mot ne s'emploie qu'au singulier. Il n'est jamais sujet, mais toujours complément.

auvent, n. m. ◆ Petit toit qui abrite une porte ou une fenêtre.

auvergnat, ate, adj. ou n. ◆ De l'Auvergne, province française du Massif central. ● *Les Auvergnats. Un Auvergnat. Une Auvergnate.* ● *L'auvergnat :* dialecte occitan parlé en Auvergne.

aux, article. ◆ Forme que prend l'article défini contracté, au pluriel : *Je songe aux vacances* (= à les vacances).

auxiliaire, adj. *ou* n. ◆ **1.** *Un verbe auxiliaire* ou *un auxiliaire,* un verbe qui sert à conjuguer les autres : *Tu sais qu'il y a deux auxiliaires :* avoir *et* être. **2.** Qui aide une autre personne dans son travail, sans avoir un emploi aussi important : *Elle travaille comme rédactrice auxiliaire dans un journal de province.* ● *Un, une auxiliaire.* **3.** *Moteur auxiliaire :* moteur pas très puissant monté sur un voilier.

auxquels, auxquelles, pronom relatif *ou* interrogatif. ◆ REGARDER *auquel.*

aval, n. m. ◆ Sur un cours d'eau, direction de l'embouchure, dans le sens du courant : *A la source, l'eau du ruisseau est pure, mais elle se pollue vers l'aval.* ● *En aval,* entre un lieu donné et l'embouchure : *Rimouski est en aval de Rivière-du-Loup.* — CONTR. en amont.

avalanche, n. f. ◆ **1.** Énorme masse de neige qui glisse et roule en descendant le long d'une montagne. **2.** Grande quantité de choses qui arrivent toutes à la fois : *Ah ! quelle avalanche de lettres de protestation il a reçue, le directeur du journal, après cet article scandaleux !* — SYN. masse, quantité.

avaler, v. ◆ **1.** Faire descendre dans le gosier et l'estomac : *Le père Arsène avala d'un seul coup le verre de vin.* **2.** Croire une chose fausse, difficile à admettre : *Voyons, Philippe, à ton âge, il ne faut pas avaler toutes ces sottises !* — SYN. gober.

avance, n. f. ◆ **1.** Distance ou temps qui sépare quelqu'un ou quelque chose de ce qui vient derrière lui : *La coureuse avait cinq cents mètres d'avance sur le peloton.* ● *Nous avons une avance d'une semaine par rapport au programme.* ● *En avance :* avant l'heure prévue ou voulue. — CONTR. en retard.

avance

● **Être en avance,** être plus instruit que les autres enfants du même âge : *Ma petite cousine a dix ans et elle entre en 6ᵉ : elle est joliment en avance!* ● *A l'avance,* assez tôt pour être sûr d'avoir largement le temps et de ne pas agir trop tard : *Si tu veux avoir une place dans le train, réserve ta place au moins huit jours à l'avance.* ● *D'avance,* avant d'agir : *Il faut tout calculer d'avance, pour ne pas être surpris par l'événement.* **2.** Somme d'argent qu'on donne avant le moment habituel ou prévu : *Au 20 du mois, il n'avait plus d'argent : il a demandé une avance de 2 000 dollars à sa patronne.* **3.** Marche en avant d'une armée : *L'avance de nos troupes a été arrêtée par l'artillerie ennemie.*

avancé, ée, adj. ♦ **1.** Déjà fait, en grande partie : *Dis donc, les travaux de peinture sont bien avancés : tous les murs ont déjà reçu la première couche.* **2.** Qui est plus instruit que les autres enfants de son âge : *Elle a cinq ans, Jacqueline? Et elle sait lire? Eh bien! Elle est avancée!* **3.** Qui a des idées révolutionnaires ou proches de celles des révolutionnaires : *Notre voisin est très avancé en politique : il lit des journaux d'extrême gauche.* ● *Il a des idées avancées.* **4.** *Un âge avancé :* un grand âge, la vieillesse. ● *Une heure avancée :* un moment qui est tard dans la nuit. — SYN. heure tardive.

avancée, n. f. ♦ Partie qui avance : *Ce bâtiment formait une avancée, qui rendait, à cet endroit, la rue plus étroite.* — SYN. saillie. — CONTR. renfoncement, retrait.

avancement, n. m. ♦ **1.** État où en sont les travaux, plus ou moins près de la fin : *L'entrepreneur visite le chantier : il surveille de près l'avancement des travaux.* — SYN. progression. **2.** Action de monter en grade dans l'armée, nomination à un emploi mieux payé et plus important : *Ça y est! Tante Carole a de l'avancement : de simple employée, elle devient sous-chef de bureau.* — SYN. montée en grade, promotion.

avancer, v. (conjugaison 17) ♦ **1.** Aller en avant : *Avance un peu. Là, c'est bien. Je vais te prendre en photo.* ● *Jacques s'est avancé vers moi, la main tendue, le sourire*

aux lèvres. — CONTR. (se) reculer. **2.** Être en avant en formant saillie : *Regarde cette vieille maison, qui a un toit qui avance.* **3.** Mettre une chose davantage en avant : *Avance un peu la table, s'il te plaît.* — CONTR. pousser, reculer. **4.** Faire une chose avant la date prévue : *On prévoit une grève des trains pour mardi, c'est pourquoi j'ai avancé mon départ.* — CONTR. différer, reporter, repousser, retarder. **5.** Marquer une heure avec de l'avance sur l'heure juste : *Ma montre avançait de dix minutes, je suis arrivé trop tôt.* — CONTR. retarder. **6.** Approcher de la fin, du moment où ce sera fini : *Alors, ils avancent, les travaux? C'est pour quand l'inauguration?* **7.** Monter en grade, recevoir un emploi mieux payé et plus important : *Lise? Elle est drôlement ambitieuse : elle avancera vite!* **8.** *Avancer en âge :* devenir plus vieux. **9.** Prêter de l'argent à quelqu'un : *Je ne serai payé que le 30 du mois. En attendant, pourrais-tu m'avancer cent dollars?*

1. avant, prép. *ou* adv. ♦ **1.** A un moment qui précède telle autre chose : *Ma sœur est tombée malade avant les vacances.* ● *Réfléchis bien avant de prendre cette décision.* ● *Prenez les précautions nécessaires avant que cet événement fâcheux ne se produise.* **2.** A un endroit qui est situé devant le lieu où l'on est, plus près que telle autre chose : *La maison de mes cousins est située avant la mairie, à droite.* ● *Courons, nous allons rattraper Renée, qui marche en avant, à deux cents mètres à peine.* ● *En avant!* avancez : «*En avant! Chargez!*», cria le capitaine à ses hommes.

2. avant, n. m. *ou* adj. inv. ♦ **1.** La partie qui se trouve à l'extrémité qui est dans le sens de la marche. ● *L'avant du navire.* — SYN. proue. — CONTR. arrière, poupe. **2.** Qui est à l'avant : *Je vais changer les pneus avant de ma voiture.* ● Chacun des joueurs qui se trouvent le plus près des buts de l'adversaire : *Nos arrières jouaient assez mal, mais nos avants étaient très combatifs et ont marqué trois buts.*

avantage, n. m. ♦ **1.** Qualité qui donne une supériorité, qui rend plus efficace : *Nous avons sur nos adversaires l'avantage* d'être mieux entraînés. — SYN. qualité, point fort, supériorité. — CONTR. défaut, désavantage, inconvénient, point faible. **2.** Ce qu'on gagne, ce dont on profite en dehors du salaire : *La gardienne est logée, nourrie, blanchie : voilà des avantages en nature qui ne sont pas négligeables.* **3.** *Être, tourner à l'avantage de quelqu'un,* se passer de manière à faire gagner quelqu'un : *En seconde mi-temps, le match a tourné à notre avantage : nous avons gagné par 6 à 2.* ● *Prendre l'avantage sur,* l'emporter sur, battre : *Bravo! vous avez pris l'avantage sur cette forte équipe par 4 à 0, c'est magnifique!*

avantager, v. (conjugaison 16) ♦ **1.** Donner la possibilité de faire mieux que les autres : *Tu comprends, Bernard a des jambes très longues : c'est cela qui l'avantage pour le saut en hauteur.* — CONTR. désavantager. **2.** Faire paraître plus beau, plus distingué, plus élégant : *Oh! regarde! Sa nouvelle coiffure, avec une frange, avantage François, tu ne trouves pas?*

avantageux, euse, adj. ♦ Qui procure un gain ou qui fait faire une économie : *Cinq cahiers pour deux dollars, c'est une affaire avantageuse!* — CONTR. désavantageux.

avant-bras, n. m. inv. ♦ Partie du bras allant du coude au poignet.

avant-centre, n. m. ♦ Joueur de soccer qui joue au centre de la ligne d'attaque. — PLUR. *des avant-centres.*

avant-dernier, ière, adj. *ou* n. ♦ Qui vient juste avant le dernier : *Accentue bien ce mot anglais sur l'avant-dernière syllabe.* ● *Michel est peu difficile : il est l'avant-dernier à la course et il est content!* —PLUR. *des avant-derniers, des avant-dernières.*

avant-garde, n. f. ♦ **1.** Dans une armée en marche, troupe qui est en avant du reste de l'armée. — PLUR. *des avant-gardes.* **2.** *D'avant-garde,* très moderne, très différent de ce qui existe déjà : *Cette peintre peint des femmes qui ont la forme de bouteilles : c'est une artiste d'avant-garde!* — CONTR. attardé, démodé.

avant-goût, n. m. ♦ Idée qu'on peut se faire, impression qu'on peut avoir au sujet d'une chose future : *Ce beau dimanche de juin au bord de la rivière nous a donné un avant-goût des vacances.* — PLUR. *des avant-goûts.* — SYN. préfiguration.

avant-hier, adv. ♦ Le jour qui a précédé hier : *Voyons, avant-hier, nous étions lundi, nous sommes donc mercredi.*

avant-poste, n. m. ♦ Poste militaire établi en avant des lignes principales ou en avant d'un ouvrage important. — PLUR. *des avant-postes.*

avant-propos, n. m. inv. ♦ Texte, placé au début d'un livre, dans lequel l'auteur explique pourquoi il a écrit son livre, quelle méthode il a suivie, etc.

avant-veille, n. f. ♦ Le jour qui a précédé la veille : *C'était le 23 décembre, donc l'avant-veille de Noël.* — PLUR. *des avant-veilles.*

avare, adj. *ou* n. ♦ **1.** Qui aime beaucoup l'argent, qui ne pense qu'à l'accumuler et qui a horreur de le dépenser. — CONTR. prodigue. **2.** *Avare de quelque chose,* qui ne dit pas, qui ne fait pas souvent quelque chose : *Le nouveau professeur a l'air dur, et il est plutôt avare d'éloges! Mais il n'est pas avare de mauvaises notes!*

avarice, n. f. ♦ Défaut, conduite de l'avare. — CONTR. générosité, prodigalité.

avarie, n. f. ♦ Dégâts qui endommagent un navire ou un avion. — SYN. dégâts, dommage.

avarié, ée, adj. ♦ Gâté, en mauvais état : *La marchande est furieuse : à cause de la chaleur, elle a dû jeter cent kilos de fruits avariés.* — SYN. détérioré, endommagé, gâté, pourri.

avec, prép. ♦ **1.** En compagnie de : *Ce soir, je vais au cinéma avec Claudine.* ● Près de, à côté de : *J'ai mis mes livres sur le deuxième rayon de l'étagère, avec mes* *disques.* **2.** En plus de : *Et avec la tarte, tu commanderas un kilo de petits fours.* **3.** Au moyen de, à l'aide de : *Je n'avais pas de marteau, j'ai enfoncé le clou avec une pierre.* **4.** De telle manière : *Nous attendons ta visite avec impatience.* **5.** A cause de : *Avec cette pluie, pas moyen de sortir !*

avenant, ante, adj. ♦ Qui accueille les gens avec beaucoup de gentillesse. — SYN. accueillant, affable, aimable, amène, courtois, gracieux, souriant. — CONTR. bourru, brusque, disgracieux, grincheux, hargneux, renfrogné, revêche. ● *Une maison avenante.*

avenant (à l'), loc. adv. ♦ Comparable, du même genre : *Dans cet hôtel, la cuisine est mauvaise, les chambres sont sales, les cabinets sont bouchés, et tout le reste est à l'avenant !*

avènement, n. m. ♦ **1.** Moment où un roi, un empereur commence à régner. **2.** Moment où une chose commence à exister, à régner : *Nous souhaitons ardemment l'avènement de la paix, de la fraternité et du bonheur.*

avenir, n. m. ♦ **1.** Ce qui se passera plus tard, dans un temps proche ou lointain : *Les tireuses de cartes, les prophètes et les « futurologues » prétendent prédire l'avenir, mais nul ne peut dire ce qu'il sera.* — SYN. le futur. — CONTR. le présent, le passé. ● *A l'avenir,* les prochaines fois, dans le temps qui viendra : *A l'avenir, tâche d'être plus prudent !* — SYN. désormais, dorénavant. **2.** La situation, la profession que l'on aura plus tard : *Dis-toi bien que c'est dès maintenant, par ton travail à l'école, que tu prépares ton avenir.*

aventure, n. f. ♦ Événement imprévu et extraordinaire qui arrive et auquel on participe : *Ah ! ils en ont eu des aventures, les cow-boys, dans le Far West !* ● *Roman, film d'aventures,* où des péripéties mouvementées sont racontées. ● *Diseuse de bonne aventure :* femme qui prétend prédire l'avenir en lisant dans les lignes de la main. **2.** *Tenter l'aventure,* essayer de faire une chose, sans savoir comment cela se terminera : *Prendre*

un billet de loterie, c'est risqué. Tant pis ! Je tente l'aventure ! — SYN. tenter sa chance. ● *A l'aventure,* au hasard, sans plan précis, sans bien savoir où l'on va : *Allez, en route ! Montons sur nos vélos et partons à l'aventure !* — SYN. au hasard.

aventurer (s'), v. ♦ Partir, sans prendre de précautions, pour un endroit dangereux : *Attention ! Si vous n'êtes pas une bonne alpiniste, ne vous aventurez jamais toute seule en montagne !* — SYN. s'exposer, se hasarder, se lancer, se risquer.

aventureux, euse, adj. ♦ **1.** Plein d'aventures : *Allons voir ce film ! Il raconte la vie aventureuse d'un explorateur de l'Afrique !* — CONTR. calme, tranquille. **2.** Qui présente beaucoup de risques et où l'on peut perdre beaucoup : *Tu sais, je ne te conseille pas de te lancer dans l'élevage des castors et des visons : c'est une affaire aventureuse.* — SYN. hasardeux, osé, risqué, téméraire. — CONTR. sûr, solide.

aventurier, ière, n. ♦ **1.** Personne courageuse qui aime l'aventure, le risque, la vie dangereuse : *Traverser l'Atlantique sur un voilier, partir à la conquête d'un empire immense, avec seulement quelques centaines d'hommes, tel fut l'exploit de ces aventuriers espagnols du XVIᵉ siècle qu'on nomme les conquistadors.* **2.** Personne qui essaie de gagner de l'argent par des moyens peu honnêtes, en trompant les gens : *Cet individu collectait de l'argent pour fonder une société. Ce n'était qu'un aventurier : ceux qui lui avaient confié leurs économies sont ruinés.* — SYN. escroc.

avenue, n. f. ♦ Rue large et bordée d'arbres.

averse, n. f. ♦ Forte pluie ou neige qui ne dure pas longtemps, mais qui tombe brusquement.

aversion, n. f. ♦ Haine violente mêlée de dégoût à l'égard d'une personne ou d'une chose. — SYN. antipathie, dégoût, éloignement, haine, horreur, répulsion, répugnance. — CONTR. amour, attirance, sympathie.

avis

avertir, v. ♦ **1.** Attirer l'attention sur un danger ou sur une manœuvre à faire : _Un système automatique avertit le conducteur que le moteur chauffe._ **2.** Demander à quelqu'un de venir : _Si un incendie se déclare, le gardien de nuit doit avertir aussitôt les pompiers._ — SYN. appeler, aviser, prévenir.

avertissement, n. m. ♦ Réprimande sévère par laquelle on dit à quelqu'un de ne plus recommencer à faire quelque chose de mal.

avertisseur, n. m. ♦ Appareil sonore, généralement électrique, qui est disposé sur un véhicule et qui sert au conducteur à faire entendre un signal, pour avertir les piétons et les autres conducteurs de son approche.

aveu, n. m. ♦ **1.** Paroles par lesquelles on reconnaît avoir fait ce dont on est accusé : _Le suspect a fait des aveux complets, il a reconnu avoir dévalisé la banque._ **2.** Paroles par lesquelles on déclare ce qu'on tenait secret : _Guy a fait à Monique l'aveu de son amour._

aveuglant, ante, adj. ♦ Qui est lumineux ou brillant au point d'éblouir : _Le soleil qui brille sur les champs de neige est aveuglant._ — SYN. éblouissant.

aveugle, adj. _ou_ n. m. _ou_ f. ♦ **1.** Qui est privé de la vue, qui ne voit pas. **2.** Qui ne se rend pas du tout compte de ce qui se passe : _Mais enfin, il est aveugle ! Tout le monde le vole, tout le monde le trompe, et il ne s'aperçoit de rien !_

aveuglement, n. m. ♦ État d'une personne qui ne se rend pas compte de ce qui se passe.

aveuglément, adv. ♦ Sans chercher à comprendre ni à discerner le vrai du faux.

aveugler, v. ♦ **1.** Éblouir et empêcher de voir : _Mets tes phares en code ; sinon, tu vas aveugler les automobilistes qui viennent en sens inverse._ **2.** Rendre incapable de juger comme il faut les gens et les choses : _Elle a_

un fils idiot, mais son amour maternel l'aveugle : elle le prend pour un petit génie !

aveuglette (à l'), loc. adv. ♦ Comme un aveugle, sans rien voir : _Qu'il faisait noir dans le souterrain ! Nous devions avancer à l'aveuglette._ — SYN. à tâtons.

aviateur, trice, n. ♦ Celui, celle qui pilote un avion, qui fait partie de l'équipage d'un avion.

aviation, n. f. ♦ **1.** Art de construire et de faire voler les avions. — SYN. aéronautique. **2.** Ensemble des avions de commerce ou de guerre : _Ce pays a une puissante aviation militaire : 5 000 bombardiers et 15 000 chasseurs._

avide, adj. ♦ Qui recherche avec force quelque chose : _Tous ces hommes et ces femmes politiques sont avides de pouvoir._ — SYN. désireux, insatiable.

avidité, n. f. ♦ Caractère d'une personne ou d'un animal avide. — SYN. appétit, âpreté, convoitise, désir, envie, gloutonnerie, rapacité. — CONTR. désintéressement, détachement, indifférence.

avilir, v. ♦ Rendre méprisable : _La drogue avilit l'homme._ — SYN. abaisser, dégrader. — CONTR. élever, ennoblir, grandir.

avion, n. m. ♦ Appareil, muni d'ailes et plus lourd que l'air, qui vole grâce à ses hélices ou à ses réacteurs.

aviron, n. m. ♦ **1.** Rame : _En cadence, et tirez fort sur les avirons, notre canot va passer en tête !_ **2.** Sport qui consiste à faire des courses en bateau à rames.

avis, n. m. ♦ **1.** Ce qu'on pense au sujet d'une chose, d'une décision à prendre : _Jacques veut aller se baigner, Chantal veut aller en forêt. Et toi, quel est ton avis ?_ ● _Je suis d'avis de rester ici._ ● _Je suis de ton avis._ **2.** Texte ou paroles pour faire savoir quelque chose au public : _Avis à la population : il est interdit de mettre les poubelles sur les trottoirs avant six heures du matin._ — SYN. annonce.

avisé

avisé, ée, adj. ♦ Intelligent, prudent et qui sait ce qu'il faut faire. — SYN. averti, expérimenté, habile, prudent, sage. — CONTR. imprévoyant, imprudent, inexpérimenté, maladroit.

aviser, v. ♦ **1.** Faire savoir quelque chose à quelqu'un : *Écris vite à tes cousins : il faut les aviser que ton voyage est retardé.* — SYN. avertir, faire connaître, informer, prévenir. **2.** Voir soudain et à propos : *Heureusement, en sortant, j'avise un taxi libre.* — SYN. apercevoir. ● *S'aviser,* se rendre compte soudain : *Et voilà qu'il se mit à pleuvoir! Je m'avisai alors seulement que j'avais oublié mon parapluie.* — SYN. s'apercevoir. **3.** *S'aviser de,* avoir l'idée, essayer de faire quelque chose : *Et surtout, ne t'avise pas de prendre ma bicyclette!* — SYN. essayer, tenter.

1. avocat, ate, n. ♦ Celui, celle qui parle devant le tribunal pour défendre quelqu'un. ● *L'avocat général :* celui qui soutient l'accusation.

2. avocat, n. m. ♦ Fruit à noyau des pays chauds, qui a la forme d'une poire et qui se mange surtout comme hors-d'œuvre.

avoine, n. f. ♦ **1.** Céréale cultivée des pays tempérés. ● *Folle avoine :* plante sauvage qui ressemble à l'avoine. **2.** Grain de l'avoine, qui sert surtout à nourrir les chevaux : *Ohé! valets! Qu'on donne à mon cheval une bonne ration d'avoine!*

1. avoir, v. (conjugaison 1) ♦ **1.** Posséder : *Ma marraine a une maison de campagne.* **2.** Éprouver : *J'ai beaucoup d'amitié pour Luc.* ● *Avoir quelque chose contre quelqu'un,* être fâché contre lui, lui en vouloir. **3.** Obtenir : *Dis donc, c'est une athlète canadienne qui a eu la médaille de bronze!* ● *Avoir quelque chose pour,* l'acheter à tel prix : *J'ai eu ce pantalon en solde pour trente dollars.* **4.** *En avoir pour,* dépenser telle somme pour acheter quelque chose : *Lise a acheté des fleurs : elle en a pour dix dollars.* ● *Le maçon a commencé son travail, il en a pour trois jours* (= il lui faudra trois jours pour le finir). **5.** *Avoir à,* être obligé de : *Christian a ses leçons à*

apprendre. ● *N'avoir qu'à,* il suffit que : *Pour arriver à l'heure, tu n'as qu'à partir plus tôt.* ● *N'avoir plus qu'à,* ne pouvoir faire autrement que : *Tu as perdu ton livre? Tu n'as plus qu'à en acheter un autre!* **6.** *Il y a,* il existe : *Il y a une station-service à cent mètres d'ici.* ● Indique le temps écoulé : *Il y a huit jours que sa tante est arrivée.* **7.** Sert d'auxiliaire aux temps composés : *J'ai couru. Nous avons couru. Ils avaient couru.*

2. avoir, n. m. ♦ Ce qu'on possède (argent, maison, terre) : *Il a un certain avoir, hérité de ses parents.* — SYN. les biens, la fortune.

avoisinant, ante, adj. ♦ Qui est tout près : *Nous ne risquons pas de mourir de soif : il y a quatre restaurants dans notre rue et dans les rues avoisinantes!* — SYN. proche, voisin. — CONTR. éloigné, lointain.

avoisiner, v. ♦ Être voisin de : *Saistu que la population du Québec avoisine sept millions d'habitants?* — SYN. approcher de, être approximativement de.

avouable, adj. ♦ Qu'on peut dire, faire connaître, sans avoir honte : *Cet individu n'a aucun métier avouable.* — SYN. honorable. — CONTR. inavouable.

avouer, v. (conjugaison 19) ♦ Reconnaître qu'on a fait ce dont on est accusé : *Grégoire a avoué : il a reconnu qu'il a copié sur le devoir de Suzanne.* — CONTR. nier. **2.** Dire une chose difficile à dire : *Luc ne savait comment avouer son amour à Sophie.* — SYN. déclarer, faire l'aveu. — CONTR. cacher. **3.** *S'avouer vaincu :* reconnaître qu'on est vaincu.

avril, n. m. ♦ Quatrième mois de l'année, après mars et avant mai : *Nous sommes aujourd'hui le jeudi 19 avril.*

axe, n. m. ♦ **1.** Tige autour de laquelle tourne une roue. — REGARDER *essieu, pivot.* **2.** *L'axe de la Terre :* ligne imaginaire qui passe par le pôle Nord et le pôle Sud et autour de laquelle tourne la Terre. **3.** Ligne qui divise une route ou une rue en deux parties égales : *Quand Jean est au volant, il ne tient ni sa droite ni sa gauche : il roule dans l'axe de la route !* **4. Axe routier, grand axe :** grande route (dans un réseau routier). **5. L'axe des temps :** ligne qui montre le présent, entre le passé et le futur.

azote, n. m. ♦ Gaz qui, mélangé à l'oxygène, constitue l'air que nous respirons.

azur, n. m. ♦ Belle couleur d'un bleu pur et profond, qui est celle d'un ciel sans nuages, de la mer par beau temps.

azuré, ée, adj. ♦ Couleur d'azur.

$$B$$

b b b b b b b b
b b b b _ _ _ b
b b b b _ _ _ b
b b b b _ _ _ b
b b b b _ _ _ b
b b b b b b b b
b b b b b b b b
b b b b b b b b

B.A., n. m. ♦ Abréviation pour baccalauréat ès arts : premier diplôme universitaire dans le domaine des sciences humaines.

B.A., n. f. ♦ Abréviation répandue par le scoutisme et signifiant « Bonne Action ».

baba, n. m. ♦ Gâteau, avec ou sans crème, arrosé de rhum.

babiche, n. f. ♦ Lanière de cuir : *Zita a acheté des raquettes tressées avec des babiches d'orignal.*

babillage [babijaʒ], n. m. ♦ **1.** Langage des tout petits enfants. — SYN. gazouillement, gazouillis. **2.** Conversation sotte et sans intérêt. — SYN. bavardage.

babillard, n. m. ♦ Tableau d'affichage : *Tous les renseignements utiles pour l'excursion sont affichés au babillard.*

babiller [babije], v. ♦ **1.** Parler à la manière des tout petits enfants : *Dans son berceau, Babette babille : qu'elle est gentille !* **2.** Faire un petit bruit qui ressemble aux paroles des petits enfants : *Cachée sous les herbes, la source babille.* — SYN. gazouiller, jaser.

babines, n. f. pl. ♦ Lèvres (des chiens,

etc.) : *Furieux, le chien retroussait ses babines.* ● *A s'en lécher les babines,* si bon qu'on aurait envie de se passer la langue sur les lèvres : *Sur la table, il y avait un pâté à s'en lécher les babines !*

babiole, n. f. ♦ Objet qui n'est pas très utile et qui ne coûte pas très cher. — SYN. bagatelle, bricole, colifichet, fanfreluche.

bâbord [babɔʀ], n. m. ♦ Côté gauche du navire : *Attention ! Une roche à bâbord !* — CONTR. tribord.

babouche, n. f. ♦ Chaussure qu'on porte en Orient et qui laisse l'arrière du pied découvert. ● Pantoufle qui a la forme de cette chaussure.

babouin, n. m. ♦ Singe d'Afrique à queue courte.

baboune, n. f. ♦ *Faire la baboune :* faire la tête, bouder. *Ce n'est pas en faisant la grosse baboune que tu vas régler ton problème.*

1. bac, n. m. ♦ Bateau à fond plat sur lequel on transporte les gens ou les véhicules d'un bord à l'autre d'un fleuve ou d'un bras de mer quand il n'y a pas de pont.

2. bac, n. m. ♦ **1.** Bassin servant surtout au lavage. **2.** Compartiment, tiroir d'un réfrigérateur : *N'oublie pas de mettre les tomates dans le bac à légumes.*

3. bac, n. m. ♦ Abréviation de *baccalauréat.* — REGARDER B.A.

baccalauréat, n. m. ♦ Premier diplôme universitaire. *Après son baccalauréat, Chantal pense travailler dans une banque.* — REGARDER bac 3, bachot, B.A.

bâche, n. f. ♦ Grande pièce de toile, très épaisse et imperméable, ou grand morceau de plastique qui protège contre la pluie.

bâcher, v. ♦ Recouvrir d'une bâche : *Il pleut. Vite ! Allons bâcher le bateau !*

bachot, n. m. ♦ Abréviation familière de *baccalauréat.*

bacille [basil], n. m. ♦ Microbe qui a la forme d'un petit bâton.

bâcler, v. ♦ Faire un travail très vite et très mal, pour en être débarrassé : *Pierre, tu es toujours pressé d'aller jouer, c'est pourquoi tu bâcles tes devoirs.*

bactérie, n. f. ♦ Microbe.

badaud, n. m. ♦ Personne curieuse qui est prête à s'arrêter, dans la rue, pour regarder n'importe quoi.

badigeon, n. m. ♦ Peinture faite avec de l'eau, de la chaux et un colorant.

badigeonner, v. ♦ **1.** Peindre avec du badigeon : *Ce pan de mur est bien sale, il faudrait le badigeonner.* **2.** Passer un médicament sur un endroit malade : *Tu as une angine, je vais te badigeonner le fond de la gorge avec un désinfectant.*

badin, ine, adj. ♦ Porté à la plaisanterie : *Ce jour-là, ma tante me taquinait, car elle était d'humeur badine.* — SYN. enjoué, espiègle, folâtre, gai, mutin. — CONTR. grave, sérieux, maussade, morose, triste.

badine, n. f. ♦ Baguette mince et souple que l'on tient à la main comme une sorte de canne.

badiner, v. ♦ Plaisanter gentiment : *Quand il était de bonne humeur, le vieux monsieur aimait bien badiner.*

bafouer, v. (conjugaison 19) ♦ **1.** Traiter de manière insultante et méprisante : *Tu ne dois pas te laisser bafouer par ton camarade, il faut savoir te défendre.* — SYN. humilier, ridiculiser. — CONTR. honorer, respecter. **2.** Ne pas obéir à une règle : *En déformant les paroles de cette femme politique, le journaliste a bafoué les règles de l'honnêteté.* — SYN. transgresser, violer. — CONTR. obéir à, respecter, suivre.

bagage, n. m. ♦ **1.** *Les bagages :* les valises, les malles, etc. **2.** *Plier bagage,* faire ses valises ou, simplement, partir : *Il est cinq heures : il est temps de plier bagage !* **3.** *L'armée se rendit avec armes et bagages,* en livrant à l'ennemi tout son armement et tout son matériel. **4.** *Un bagage,* un ensemble de connaissances ou de diplômes : *Louise a le baccalauréat et un diplôme de technicien : avec ce bagage, il peut espérer avoir une situation convenable.*

bagarre, n. f. ♦ Bataille entre plusieurs personnes. — SYN. échauffourée, rixe.

bagarrer (se), v. ♦ Se battre : *A coups de poing, à coups de pied, on se bagarrait dur, à la fin du match de football !*

bagatelle, n. f. ♦ Chose sans importance : *Tu as du travail à faire : ne perds donc pas ton temps à ces bagatelles !* — SYN. amusette, babiole, baliverne, futilité.

bagnard, n. m. ♦ Celui qui était au bagne (autrefois). — SYN. forçat.

bagne, n. m. ♦ **1.** Lieu où, autrefois, on envoyait les hommes condamnés aux travaux forcés. **2.** Endroit où l'on travaille très dur : *Les mines, autrefois, mais c'était le bagne !*

bagou

bagou, n. m. ♦ Art de savoir parler très vite, beaucoup, de manière amusante, mais assez vulgaire. — SYN. faconde, volubilité.

bague, n. f. ♦ Bijou constitué par un anneau de métal, orné parfois d'une pierre précieuse, que l'on porte au doigt.

baguette, n. f. ♦ **1.** Bâton mince et court : *Au restaurant chinois, pas de fourchettes : on mange avec des baguettes.* ● *Commander, diriger, faire marcher à la baguette,* avec autorité et sévérité. **2.** Pièce de bois longue, mince et plate. **3.** Pain long et mince, souvent moulé.

bah ! interj. ♦ Exprime l'indifférence, la résignation (= tant pis, cela n'a pas d'importance) : *Il n'y a pas de moutarde ? Bah ! on s'en passera.*

bahut [bay], n. m. ♦ Buffet rustique, bas et long.

1. baie, n. f. ♦ Partie de la mer qui avance dans les terres. — SYN. anse, crique, golfe.

2. baie, n. f. ♦ Grande fenêtre, parfois plus large que haute.

3. baie, n. f. ♦ Fruit en forme de petite boule : *En promenade, j'ai cueilli des baies rouges d'aubépine.*

baignade, n. f. ♦ **1.** Action de se baigner : *Courant dangereux, baignade interdite.* **2.** Endroit où l'on peut se baigner : *Où vas-tu te baigner ? Moi, je vais à la baignade qui est à deux cents mètres avant le moulin.*

baigner, v. ♦ **1.** Être au contact d'un territoire : *La mer du Nord, la Manche, l'océan Atlantique et la Méditerranée baignent la France.* **2.** Envelopper, entourer : *Une chaude lumière dorée baigne les collines et les arbres.* **3.** Être plongé dans un liquide : *Pouah ! Ce n'est guère appétissant, ces morceaux de viande trop grasse qui baignent dans une sauce huileuse et fade !* **4.** *Se baigner :* aller dans l'eau pour nager, sauter dans les vagues, etc.

baigneur, euse, n. ♦ **1.** Personne qui se baigne : *Dites, les baigneurs, soyez prudents : les vagues sont fortes aujourd'hui.* **2.** *Un baigneur :* poupée en matière plastique moulée qui représente un bébé.

baignoire, n. f. ♦ Grand récipient dans lequel on prend un bain.

bail [baj], n. m. ♦ Contrat, signé par le propriétaire et le locataire, qui fixe le montant du loyer, les droits et obligations de chacun, etc. — PLUR. *des baux.*

bâillement, n. m. ♦ Action de bâiller.

bâiller, v. ♦ **1.** Ouvrir la bouche bien grande, en respirant fort : *Tu bâilles, tu n'as pas assez dormi ?* **2.** S'ennuyer : *Oh ! comme nous avons bâillé, à cette conférence !* **3.** Ne pas être bien fermé, bien ajusté : *Tiens, tu vois, le col de mon blouson bâille.*

bâillon, n. m. ♦ Morceau d'étoffe qu'on met sur ou dans la bouche de quelqu'un pour l'empêcher de parler, d'appeler.

bâillonner, v. ♦ Mettre un bâillon a quelqu'un : *On a retrouvé le gardien de nuit bâillonné et ligoté.*

bain, n. m. ♦ **1.** Action de se plonger dans l'eau (dans une baignoire, ou dans une rivière, dans la mer). ● *Bain de soleil :* action de s'exposer au soleil pour se brunir. **2.** Eau dans laquelle on prend son bain : *Je voulais faire couler un bain, mais l'eau est coupée.*

bain-marie, n. m. ♦ Manière de faire cuire doucement les aliments en les mettant dans un récipient qui est plongé dans l'eau bouillante contenue dans un autre récipient. — PLUR. *des bains-marie.*

baïonnette, n. f. ♦ **1.** Arme formée d'une pointe aiguë ou d'un long poignard que l'on fixe au bout du fusil. **2.** *Ampoule à baïonnette :* ampoule électrique qui se fixe sur la douille au moyen de deux petites tiges qu'on accroche dans des encoches de la douille.

1. baiser, v. ♦ Donner un baiser : *Il baisa les mains de son sauveteur.* — SYN. embrasser.

2. baiser, n. m. ♦ Action d'embrasser : *Les deux amoureux échangeaient des baisers.*

baisse, n. f. ♦ Diminution du prix, de la température, etc. — CONTR. hausse.

baisser, v. ♦ **1.** Devenir plus bas : *L'eau baisse, la rivière sera bientôt à sec.* — CONTR. monter. **2.** Mettre plus bas, faire descendre : *Baisse donc la corde : Jacquou ne pourra jamais sauter aussi haut.* — CONTR. monter, hausser. • *Je me baisse pour passer sous les branches.* — SYN. s'incliner. **3.** Devenir plus faible, plus bas : *Ah non ! les prix ne baissent pas en ce moment : 10% de hausse sur le prix du beurre !* — CONTR. monter. **4.** Rendre plus petit, plus faible : *Elle ne veut pas baisser son prix ? Alors, je n'achète pas.* **5.** Devenir moins fort, moins bon : *Ta vue baisse, mon vieux : achète-toi des lunettes !*

bal, n. m. ♦ **1.** Réunion où l'on danse (dans la rue, dans une salle des fêtes, etc.). — PLUR. *des bals.* **2.** Établissement où l'on va pour danser : *Le patron du bal a engagé une nouvelle musicienne.* — SYN. dancing.

balade, n. f. ♦ Promenade. — REM. Ce mot familier s'écrit avec un seul *l*, à la différence de *ballade* : « poème ».

balader (se), v. ♦ Se promener. — REM. Ce mot familier s'écrit avec un seul *l*.

baladeur, n. m. ♦ Petite radiocassette portative à laquelle sont attachés de petits écouteurs.

balafre, n. f. ♦ Blessure ou cicatrice au visage, allongée et très apparente.

balai, n. m. ♦ Ustensile, formé d'une brosse fixée à un manche, qui sert à enlever la poussière, les débris.

balance, n. f. ♦ Instrument qui sert à peser.

balancement, n. m. ♦ Mouvement de va-et-vient comparable à celui d'une balançoire.

balancer, v. (conjugaison 17) ♦ Déplacer autour d'un point fixe par un mouvement de va-et-vient : *Pour égoutter la salade, balance le panier !* • *Julien se balance sur sa chaise.*

balancier, n. m. ♦ **1.** Pièce d'une pendule qui fait un mouvement de va-et-vient et qui permet de régulariser le mouvement. **2.** Grand bâton qu'on tient pour garder l'équilibre quand on marche sur une corde.

balançoire, n. f. ♦ Planche, pivotant autour d'un axe horizontal, qui permet à deux personnes de monter et de descendre alternativement. • Planchette, suspendue à deux cordes, qui permet à une personne de se balancer d'avant en arrière.

balayage [balɛjaʒ], n. m. ♦ Action de balayer.

balayer [balɛje], v. (conjugaison 23) ♦ **1.** Nettoyer avec un balai : *Voyons, il faut balayer le palier : regarde-moi tous ces copeaux qui sont tombés des caisses !* **2.** Pousser, chasser, comme avec un balai : *Et voilà ! Un grand coup de vent a balayé la brume !* **3.** Parcourir tout l'espace (un peu comme le fait un essuie-glace qui balaie le pare-brise) : *A intervalles réguliers, la lumière du phare balayait la plage et la lande.*

balayette [balɛjɛt], n. f. ♦ Balai à manche court.

balayeur [balɛjœʀ], n. m. ♦ Employé chargé de balayer les rues, les trottoirs, etc.

balayeuse [balɛjøːz], n. f. ♦ Véhicule automobile, muni d'une grosse brosse, qui passe dans les rues pour les nettoyer.

balayures [balɛjyʀ], n. f. pl. ♦ Débris qu'on pousse avec le balai.

balbutiement [balbysimɑ̃], n. m. ♦ Paroles qu'on dit en balbutiant.

balbutier

balbutier [balbysje], v. (conjugaison 20) ♦ Parler, dire des mots, en prononçant de manière peu distincte et en hésitant.

balcon, n. m. ♦ **1.** Plate-forme construite devant une fenêtre et qui avance en surplombant le mur. **2.** Dans un théâtre, un cinéma, plate-forme au-dessus du niveau le plus bas.

baldaquin [baldakɛ̃], n. m. ♦ Pièce d'étoffe tendue horizontalement et soutenue par des piliers ou une armature en bois, au-dessus d'un lit (autrefois) ou au-dessus d'un trône. — REGARDER *dais.*

baleine, n. f. ♦ **1.** Très gros mammifère qui vit dans la mer et dont la mâchoire, dépourvue de dents, porte des fanons. **2.** Chacune des tiges articulées, en acier, qui forment l'armature soutenant la toile d'un parapluie.

baleinier, n. m. ♦ Gros navire spécialement équipé pour la chasse à la baleine.

balise, n. f. ♦ Signal (bouée, etc.) destiné à guider les bateaux dans les endroits difficiles, près des côtes, dans un estuaire.

baliser, v. ♦ Signaler par des balises, des poteaux, etc. : *On a balisé ce parcours touristique en forêt.*

baliste, n. f. ♦ Dans l'Antiquité, machine de guerre qui servait à lancer des projectiles.

baliverne, n. f. ♦ Histoire, affaire sans intérêt ni importance. — SYN. faribole, sornette.

ballade, n. f. ♦ Poème qui comprend plusieurs strophes. (La dernière strophe, un peu différente des autres, s'appelle *envoi.*) — REM. Ce mot s'écrit avec deux *l*, à la différence de *balade* : « promenade ».

1. ballant, ante, adj. ♦ Qui pend dans le vide au lieu d'être posé sur quelque chose, au lieu d'être tendu, de tenir quelque chose : *Voyons ! Aide-moi ! Ne reste pas ainsi les bras ballants !*

2. ballant, n. m. ♦ *Avoir du ballant,* être trop lourd du haut et risquer de se renverser : *N'entasse pas toutes ces valises sur la remorque : elle aurait du ballant.*

ballast [balast], n. m. ♦ Couche de pierres cassées sur laquelle reposent les traverses d'une voie ferrée.

1. balle, n. f. ♦ Boule de caoutchouc avec laquelle on joue. **2.** Projectile lancé par un fusil, un pistolet, etc.

2. balle, n. f. ♦ Enveloppe du grain de blé, qui se sépare facilement du grain.

3. balle, n. f. ♦ Gros paquet lié avec des cordes et souvent enveloppé de toile : *Les balles de coton s'entassaient dans les entrepôts du port.*

ballerine, n. f. ♦ **1.** Danseuse (dans un ballet). **2.** Chaussure plate de femme.

ballet, n. m. ♦ **1.** Spectacle donné par une troupe de danseurs. • Troupe de danseurs. **2.** Évolution d'ensemble bien réglée : *Nous avons admiré le ballet aérien de la patrouille acrobatique, à la fête de l'air : dix avions évoluant ensemble, c'était extraordinaire !*

ballon, n. m. ♦ **1.** Grosse balle pour jouer au soccer, au football, au basket, etc. **2.** Très grosse enveloppe, gonflée avec un gaz plus léger que l'air, à laquelle est attachée une nacelle et qui peut voler et emmener des personnes dans les airs. • Enveloppe gonflée avec un gaz plus léger que l'air et que l'on peut tenir à la main par une ficelle : *Suzette lâcha son ballon rouge, qui monta droit vers le ciel.*

ballot, n. m. ♦ Paquet de linge, de vêtements, etc., enveloppé dans une toile, une grande feuille de papier fort.

ballottage, n. m. ♦ Situation qui se produit à la fin du premier tour d'une élection, quand aucun candidat n'a assez de voix pour être élu, ce qui fait qu'un second tour est nécessaire.

bandeau

ballotter, v. ♦ **1.** Secouer dans tous les sens : *Les vagues sont fortes, regarde comme elles ballottent la barque.* **2.** N'être pas tenu serré et remuer dans tous les sens : *Mes livres ballottent dans la valise trop grande.* — SYN. bouger, remuer.

balluchon, n. m. ♦ Paquet de vêtements enveloppé dans une étoffe nouée. ● *Faire son balluchon :* partir, s'en aller.

balnéaire, adj. ♦ *Station balnéaire :* ville située au bord de la mer et où l'on va pour prendre des bains de mer.

balustrade, n. f. ♦ Barrière en pierre, en bois ou en fer sur laquelle on peut s'appuyer et qui empêche de tomber. (Chacun des petits poteaux qui soutiennent la tablette d'une balustrade s'appelle *un balustre.*) — SYN. garde-fou, parapet.

bambin, n. m. ♦ Tout petit garçon.

bambou, n. m. ♦ Plante des pays chauds à longue tige creuse et solide.

ban, n. m. ♦ Applaudissement rythmé, fait en cadence par plusieurs personnes.

banal, adj. ♦ **1.** *Moulin banal, four banal, pressoir banal :* moulin, four à pain, pressoir qui appartenait au seigneur et que tout le monde devait utiliser en payant. — PLUR. *(des moulins) banaux, (des fours) banaux, (des pressoirs) banaux.* **2.** Très ordinaire, qui existe dans la vie de tous les jours, pour tout le monde : *Tu as vu un ivrogne qui faisait du scandale dans la rue? Bah! c'est un spectacle banal.* ● *Une histoire banale.* — PLUR. *(des spectacles) banals, (des faits) banals.* — SYN. commun, courant, ordinaire. — CONTR. extraordinaire, original.

banalité, n. f. ♦ **1.** Caractère de ce qui est banal, ordinaire : *Ce film est intéressant, malgré la banalité de l'intrigue.* — SYN. insignifiance, platitude. — CONTR. nouveauté, originalité. **2.** Chose que tout le monde connaît, dit ou peut dire : *Dans vos rédactions, évitez les banalités.* — SYN. cliché, lieu commun, poncif.

banane, n. f. ♦ Fruit allongé, à grosse peau jaune, produit par le bananier.

bananier, n. m. ♦ **1.** Arbre des pays chauds qui donne les bananes. **2.** Bateau frigorifique rapide qui sert au transport des bananes.

banc, n. m. ♦ **1.** Siège allongé, avec ou sans dossier, pour plusieurs personnes. **2.** *Banc de sable :* masse de sable, allongée, dans une rivière ou dans la mer. ● *Banc de poissons :* grand nombre de poissons de la même espèce qui se déplacent ensemble. ● *Banc de neige :* amas de neige entassée par le vent. — SYN. congère.

bancal, ale, als, adj. *ou* n. ♦ **1.** Qui a une jambe mal faite et qui boite. — SYN. boiteux. **2.** *Meuble bancal,* qui a un pied plus court que les autres.

bandage, n. m. ♦ **1.** Bande de tissu qui sert à faire un pansement. **2.** Ce qui entoure une roue (cercle de fer, pneu, etc.).

1. bande, n. f. ♦ **1.** Morceau de tissu, de papier, etc., long et étroit : *Pour consolider la boîte, collons une bande de papier fort.* ● Ruban sur lequel on enregistre des images, des sons ou des données. ● *Bande magnétique de magnétophone.* ● *Bande vidéo.* ● *Bande sonore d'une pellicule de cinéma.* ● *Bande d'un calculateur électronique.* **2.** Partie, longue et étroite, d'une couleur différente de celle du fond. **3.** *Bande dessinée :* suite de dessins, avec très peu de texte, qui racontent une histoire.

2. bande, n. f. ♦ **1.** Groupe d'hommes armés ou d'individus malfaisants qui agissent ensemble : *Une bande de pillards ravageait les campagnes.* — SYN. compagnie, troupe. ● *La police vient d'arrêter toute la bande.* — SYN. gang. **2.** Groupe de personnes qui sont souvent ensemble.

3. bande, n. f. ♦ *Le bateau donne de la bande à tribord (à bâbord) :* il penche du côté droit (gauche).

bandeau, n. m. ♦ Bande d'étoffe qui entoure la tête ou qu'on met sur les yeux pour empêcher de voir.

bandelette

bandelette, n. f. ♦ Bande étroite de tissu, de cuir, etc.

bander, v. ♦ **1.** Entourer d'une bande de tissu, de cuir, etc. : *Bande-toi le poignet, tu auras plus de force pour frapper la balle.* **2. Bander un arc, un ressort,** le tendre.

banderole, n. f. ♦ Bande d'étoffe sur laquelle on a écrit quelque chose.

bandit, n. m. ♦ Homme armé qui vole ou qui tue et qui agit souvent en bande. — SYN. brigand, gangster, malfaiteur.

banditisme, n. m. ♦ Activité des bandits.

bandoulière (en), loc. adv. ♦ Avec la courroie qui va d'une épaule à la ceinture, du côté opposé : *Le soldat portait une musette en bandoulière.* ● *Un sac en bandoulière.*

banlieue, n. f. ♦ Ensemble des municipalités qui entourent une grande ville.

bannière, n. f. ♦ Sorte de drapeau propre à une paroisse, à une confrérie religieuse. ● *C'est la croix et la bannière :* c'est très difficile, très compliqué.

bannir, v. ♦ **1.** Chasser hors d'un pays, pour punir : *Autrefois, on bannissait de la ville les voleurs : s'ils revenaient, ils étaient mis à mort.* — SYN. chasser, exiler, expulser, proscrire. **2.** Éviter soigneusement de faire ou de vouloir quelque chose : *Nous devons bannir tout désir de vengeance.* — SYN. s'abstenir de, écarter, éviter, exclure, rejeter.

banque, n. f. ♦ **1.** Entreprise qui reçoit de l'argent en dépôt et qui en prête. ● Agence d'une telle entreprise. **2.** Réserve, stock. ● *Banque du sang* (pour les transfusions). ● *Banque de données* (pour l'informatique).

banquet, n. m. ♦ Repas de cérémonie auquel assistent de nombreuses personnes. — SYN. festin.

banquette, n. f. ♦ Siège à plusieurs places, dans une voiture, un train, un café.

banquier, n. m. ♦ Patron d'une banque.

banquise, n. f. ♦ Très vaste étendue de glace très épaisse qui flotte sur la mer, dans les régions polaires.

baobab [baɔbab], n. m. ♦ Très gros arbre d'Afrique et d'Australie.

baptême [batɛm], n. m. ♦ **1.** Sacrement chrétien au cours duquel le prêtre verse de l'eau sur la tête d'une personne en prononçant certaines paroles, ce qui efface chez le baptisé le péché originel et le fait recevoir dans la communauté chrétienne. ● *Nom de baptême :* prénom. ● Petite fête familiale qui accompagne ce sacrement : *Je suis invitée au baptême de ma petite cousine, dimanche prochain.* **2. Baptême de l'air :** action de prendre l'avion pour la première fois. ● *Baptême d'un navire,* cérémonie qui accompagne son lancement.

baptiser [batize], v. ♦ **1.** Donner le sacrement du baptême : *Le prêtre baptisa le nouveau-né.* **2.** Donner un nom ou un surnom : *Nous avons baptisé notre camarade « la Puce », parce qu'il est très petit.* — SYN. appeler, nommer. — CONTR. débaptiser.

baptistaire, adj. *ou* n. m. ♦ Qui constate le baptême. ● Certificat qui prouve le baptême.

baquet, n. m. ♦ Récipient rond, en bois, qui servait notamment au lavage.

bar, n. m. ♦ **1.** Débit de boisson où les clients boivent debout. **2.** Comptoir d'un café, tablette haute sur laquelle on sert à boire aux clients qui consomment debout ou assis sur de hauts tabourets. — SYN. comptoir, zinc.

baraque, n. f. ♦ Abri simple et généralement petit, en planches, souvent démontable. — REGARDER *cabane.*

baraquement, n. m. ♦ Ensemble de baraques, de constructions en planches.

baratte, n. f. ♦ Récipient ou machine où l'on met la crème et où on la secoue pour faire du beurre.

barbacane, n. f. ♦ Construction fortifiée qui, placée en avant, gardait la porte d'un château fort ou les accès d'un pont.

barbare, n. ou adj. ♦ **1.** *Les Barbares :* les peuples de l'Antiquité autres que les Grecs et les Romains. **2.** Très cruel, comme l'étaient parfois les Barbares de l'Antiquité : *Ces soldats barbares brûlèrent le village et tuèrent les habitants.* — SYN. cruel, féroce, sauvage.

barbarie, n. f. ♦ Grande cruauté. — SYN. férocité, sauvagerie.

barbarisme, n. m. ♦ Déformation grave d'un mot, par exemple « mairerie » pour *mairie.*

barbe, n. f. ♦ **1.** Poils qu'on laisse pousser sur les joues, le menton. ● *Se faire la barbe :* se raser. **2.** *Rire dans sa barbe :* rire silencieusement. ● *A la barbe de quelqu'un,* devant lui et sans qu'il s'en aperçoive.

barbecue [baʀbəkju] ou [baʀbəky], n. m. ♦ Appareil que l'on installe en plein air et où l'on brûle du charbon de bois pour faire griller de la viande ou du poisson.

barbelé, adj. m. ou n. m. ♦ *Des fils de fer barbelés* ou *des barbelés :* fils de fer, garnis de petites pointes, utilisés pour les clôtures.

barbiche, n. f. ♦ Petite barbe, sous le menton.

barbier, n. m. ♦ Coiffeur pour hommes.

barboter, v. ♦ S'agiter dans l'eau : *Ma petite sœur ne sait pas nager, elle barbote.*

barbotte, n. f. ♦ **1.** Poisson de rivière qui a de longs filaments autour de la gueule. **2.** Maison de jeu clandestine.

barbouiller, v. ♦ **1.** Salir en étalant quelque chose : *Les enfants se sont barbouillés le visage avec de l'encre.* — SYN. maculer, salir, souiller, tacher. **2.** Écrire ou dessiner n'importe comment, de manière maladroite ou sale : *Qui donc a bien pu barbouiller ces dessins sur les murs de l'escalier ?* — SYN. gribouiller, griffonner.

barbu, ue, adj. ou n. m. ♦ Qui porte la barbe : *Le grand gaillard barbu, là-bas, c'est le cousin de Nicole.*

barda, n. m. ♦ Tout ce qu'on transporte avec soi (sac à dos, etc.) : *Les campeurs descendent du train, pliés sous le poids de leur barda.* — SYN. attirail.

bardasser, v. ♦ Secouer, agiter, remuer.

barde, n. m. ♦ Poète celte qui chantait lui-même ses poèmes.

bardeau, n. m. ♦ Planchette de bois qui sert de tuile.

bardé, ée, adj. ♦ Protégé ou couvert par quelque chose : *Les chevaliers du Moyen Age étaient bardés de fer* (= ils portaient une armure de fer). ● *Un rôti bardé de lard.*

barème, n. m. ♦ Livre, papier, etc., qui donne le montant des prix à payer, des taxes à acquitter, des salaires, etc. — SYN. tarif.

baril [baʀi] ou [baʀil], n. m. ♦ **1.** Petit tonneau. **2.** Contenu d'un tel tonneau (72 litres). **3.** Unité de capacité utilisée pour le pétrole (159 l).

barillet [baʀijɛ], n. m. ♦ Cylindre qui tourne autour de son axe et dans lequel on met les cartouches du revolver.

bariolé, ée, adj. ♦ De plusieurs couleurs très vives : *Rouge cerise, vert pomme, bleu vif, jaune canari : il est bariolé, le foulard de Michel !*

barman [baʀman], n. m. ♦ Celui qui sert au bar. — PLUR. *des barmen* [baʀmɛn].

baromètre

baromètre, n. m. ♦ Appareil qui mesure la pression atmosphérique et qui peut indiquer le temps qu'il va faire.

baron, baronne, n. ♦ Celui, celle qui porte un titre de noblesse traditionnellement placé au-dessous de celui de vicomte.

baroque, adj. ♦ **1.** *Style baroque :* style du XVIIᵉ et du XVIIIᵉ siècle (architecture, sculpture, peinture) caractérisé par une ornementation abondante. **2.** Pas ordinaire et un peu contraire au bon sens : *Tu veux faire du vélo sur la plage ? En voilà une idée baroque !* — SYN. abracadabrant, biscornu, bizarre, étrange, excentrique, extravagant, farfelu, insolite, singulier.

barque, n. f. ♦ Petit bateau à rames, à voiles ou à moteur. — SYN. canot. ● *Savoir mener sa barque :* savoir bien diriger ses affaires.

barquette, n. f. ♦ **1.** Petite tarte allongée, pointue aux deux bouts. **2.** Récipient rigide et léger dans lequel on vend des fruits ou des plats cuisinés.

barrage, n. m. ♦ **1.** Grand mur ou masse de terre qui barre un cours d'eau pour retenir l'eau. **2.** Dispositif installé par la police pour empêcher les voitures et les motos de passer et pour permettre aux policiers de demander leurs papiers aux conducteurs : *Les gangsters ont voulu forcer le barrage de police, mais ils n'ont pas réussi.*

barre, n. f. ♦ **1.** Long morceau de bois, de fer, etc., servant à divers usages : *Armés de barres de fer, les émeutiers envahirent le palais.* ● *Dans notre salle de gymnastique, nous avons une barre fixe, des barres parallèles et des barres asymétriques.* **2.** Chacune des parties allongées qui constituent une tablette de chocolat. **3.** Dans un tribunal, petite barrière près de laquelle vient le témoin quand il donne son témoignage devant le juge. **4.** Grosse tige de bois ou roue qui sert à manœuvrer le gouvernail d'un bateau. ● *L'homme de barre :* le marin qui tient la barre. **5.** Trait plus ou moins long : *Tu dois mettre une barre sur le t, non*

sur le b. **6.** Grosse vague qui se forme devant certaines côtes ou dans l'estuaire de certains fleuves.

barreau, n. m. ♦ **1.** Petite barre, tige qui relie deux montants : *Combien y a-t-il de barreaux à cette échelle ?* — SYN. barre, traverse, échelon. **2.** Chacune des tiges de fer qui empêchent de passer : *Tu es fou ! Ne passe pas ta main entre les barreaux de la cage du lion !* **3.** Liste, ensemble des avocats qui exercent leur profession dans une ville : *L'accusé sera défendu par Mᵉ Durand, avocate du barreau de Moncton.*

barrer, v. ♦ **1.** Être dans un passage et empêcher la circulation : *Un gros camion barre la rue.* ● *Ne barrez pas le passage, s'il vous plaît !* — SYN. bloquer, boucher, fermer, obstruer. — CONTR. ouvrir, laisser libre. ● *Barrer une porte :* verrouiller, fermer à clé une porte. **2.** Tirer un trait sur un ou plusieurs mots, pour indiquer qu'on les supprime : *Pourquoi as-tu barré cette phrase dans ta narration ? Elle ne te plaît pas ?* — SYN. biffer, raturer, rayer. **3.** Tracer un trait qui fait partie d'une lettre de l'alphabet : *N'oublie pas de barrer tes t.* **4.** Conduire un bateau en tenant la barre du gouvernail : *C'est Louis qui va barrer le bateau.*

barrette, n. f. ♦ Pince étroite qui sert à retenir les cheveux.

barreur, euse, n. ♦ Sur un bateau, celui ou celle qui tient la barre du gouvernail.

barricade, n. f. ♦ Barrage qu'on dresse sur une route ou surtout dans une rue et qui est fait par un entassement d'objets divers (barriques, voitures renversées, pavés, etc.) : *Le peuple se soulevait. C'était l'émeute. On dressait des barricades dans toutes les rues pour barrer le chemin aux soldats du roi.*

barricader, v. ♦ **1.** Fermer solidement : *Tu as peur des voleurs ? Alors, barricade bien ta porte et tes fenêtres !* **2.** *Se barricader,* s'enfermer en un endroit pour être tranquille : *Ma sœur se barricade dans sa mansarde pour lire.*

barrière, n. f. ♦ **1.** Porte de champ, de pré, de jardin, de passage à niveau, formée d'une claire-voie en bois ou en fer. **2.** Tout ce qui empêche de passer : _Cette colline abrupte était une barrière infranchissable._ — SYN. obstacle.

barrique, n. f. ♦ Gros tonneau (environ 200 litres).

barrir, v. ♦ _L'éléphant barrit,_ pousse son cri.

barrissement, n. m. ♦ Cri que pousse l'éléphant.

1. bas, basse [bɑ, bɑs], adj. ♦ **1.** Dont la distance par rapport au sol est faible : _Qu'elle est basse, la voûte de la vieille église!_ — SYN. haut, élevé. ● _Dis donc, il est bas de plafond, ton garage!_ ● _Ciel bas,_ couvert de nuages qui sont à une faible altitude. **2.** _La tête basse,_ la tête penchée en avant (signe de honte) : _Le voleur a été pris sur le fait : il est parti entre deux gendarmes, la tête basse._ ● _Faire main basse sur,_ s'emparer de, voler : _Les deux malfaiteurs sont entrés dans la bijouterie : ils ont fait main basse sur les bagues et les colliers._ **3.** Faible, peu élevé : _La pression était trop basse, la machine à vapeur s'arrêta._ ● _Enfant en bas âge :_ enfant très jeune, bébé. ● _Au bas mot,_ au moins : _La construction de la piscine municipale coûtera au bas mot six millions._ ● _Voix basse,_ pas forte : _Parle donc à voix basse, on nous écoute!_ **4.** De faible valeur, pas très bon : _Chez la bouchère, nous achetons les bas morceaux pour faire du hachis._ ● _Vue basse :_ mauvaise vue. **5.** Contraire à la morale, honteux. — SYN. abject, avilissant, dégradant, honteux, ignoble, indigne, infâme, laid, méprisable, vil. — CONTR. élevé, noble. ● _Une âme basse :_ une personne qui ne pense qu'à faire des choses honteuses. **6.** _Notes basses :_ notes de musique graves. — SYN. aigu, élevé, haut.

2. bas [bɑ], adv. ♦ **1.** A une faible hauteur par rapport au sol : _Voyons, tu as accroché ce miroir bien trop bas : il faut s'accroupir pour se voir!_ **2.** _Une femelle met bas,_ met au monde ses petits. **3.** _Tomber bas,_ en arriver à une situation peu glorieuse :

Cet ancien champion de boxe vendait de la drogue : il était tombé bien bas! **4.** _Parler, chanter bas,_ pas fort : _Parle plus bas : elle va nous entendre!_

3. bas [bɑ], n. m. ♦ **1.** Partie d'une chose qui est le plus près du sol : _Le bas de sa robe est orné de dentelle._ — SYN. la partie inférieure. — CONTR. le haut, la partie supérieure. **2.** _En bas,_ à un endroit plus bas que l'endroit où l'on est : _Dis donc à ton frère de monter. Pourquoi est-il resté en bas?_ ● _En bas de : Pourquoi ton frère reste-t-il en bas de l'escalier?_ — CONTR. en haut (de). **3.** _Des hauts et des bas,_ des moments où les choses vont bien et d'autres où elles vont mal : _Dans sa vie, elle a connu des hauts et des bas._

4. bas (à), loc. adv. ♦ Cri par lequel on exprime sa haine ou son hostilité : _Les émeutiers criaient : « A bas le roi! » A bas le racisme!_ — CONTR. vive!

5. bas [bɑ], n. m. ♦ **1.** Autrefois, vêtement d'homme qui couvrait la jambe et montait jusqu'au genou. **2.** De nos jours, vêtement de femme qui couvre la jambe et monte jusqu'aux cuisses.

bas-culotte, n. m. ♦ Sous-vêtement composé d'une culotte et de bas en une seule pièce. — SYN. collant.

basané, ée, adj. ♦ Très bruni : _Ce vieux marin avait la face basanée._ — SYN. bistré, bronzé, hâlé, tanné. — CONTR. blanc, clair, pâle.

bas-côté, n. m. ♦ **1.** Bande de terrain étroite, de chaque côté de la chaussée d'une route : _Attention aux voitures! Marchez plutôt dans l'herbe, sur le bas-côté._ — PLUR. les bas-côtés. — SYN. accotement. **2.** Dans une église, chacune des nefs qui sont de chaque côté de la nef centrale. — SYN. collatéral, nef latérale.

bascule, n. f. ♦ **1.** Grande balance, avec une grande plate-forme, qui sert à peser les gros sacs, les valises, etc. **2.** _A bascule,_ qui permet de se balancer d'avant en arrière : _Tonton a offert à mon petit frère un cheval_

à bascule. ● *Un fauteuil à bascule.* ● **Donner la bascule :** projeter quelqu'un en l'air le jour de son anniversaire autant de fois qu'il compte d'années.

basculer, v. ♦ **1.** Tomber en étant entraîné par son poids : *La remorque était trop chargée en hauteur, elle a basculé dans le fossé.* — SYN. culbuter. **2.** Faire tomber en retournant : *La caisse est trop lourde, tu ne peux pas la soulever, mais tu peux la basculer sur le côté.*

base, n. f. ♦ **1.** Partie la plus basse d'une chose : *La base de la montagne est couverte de forêts.* — SYN. pied. — CONTR. cime, sommet. ● *La base d'un triangle, d'une pyramide :* le côté opposé au sommet. **2.** Les membres d'une organisation qui ne sont pas des dirigeants : *Les dirigeants du syndicat étaient opposés à la grève, c'est la base qui l'a imposée.* — CONTR. direction, sommet. **3.** Ensemble des terrains, des installations, etc., qui sont nécessaires à une armée, à l'aviation militaire, à la marine de guerre, au lancement des fusées. ● *Une base militaire, aérienne, navale.* **4.** Chose qui est le commencement et le fondement d'une autre chose : *Le travail est à la base de toute réussite.* — SYN. à l'origine, à la source. ● *La grammaire est à la base de la connaissance du français.* ● Ce sur quoi l'on s'appuie pour dire quelque chose : *Quelle est la base de son raisonnement ?* — SYN. appui, fondement, principe. **5.** *A base de,* fabriqué surtout avec : *Cette friandise est à base de pâte d'amandes.*

basé, ée, adj. ♦ Qui est installé sur une base militaire ou aérienne : *Ce pays dispose de cinq mille avions basés à l'étranger.*

baser, v. ♦ Fonder : *C'est sur ces deux idées que j'ai basé mon raisonnement.* ● *Sur quoi te bases-tu pour accuser notre ami ?* — REM. On dit plus correctement *s'appuyer, se fonder.*

bas-fonds, n. m. pl. ♦ L'ensemble des gens très pauvres et qui n'exercent pas des métiers honorables (voleurs, voyous, femmes de mauvaise vie, etc.) : *L'action de ce film se passe dans les bas-fonds de Chicago.*

basilique, n. f. ♦ **1.** A Rome, dans l'Antiquité, grand bâtiment où l'on rendait la justice. **2.** Église, grande ou petite, qui a reçu du pape certains privilèges : *Cette petite église en brique, sais-tu que c'est une basilique ?*

basket [basket], n. m. ♦ **1.** Abréviation usuelle de *basket-ball.* **2.** *Des baskets :* chaussures de sport souples, en toile, à semelles de caoutchouc, qui montent jusqu'en haut de la cheville.

basket-ball [basketbol], n. m. ♦ Sport d'équipe où il faut lancer le ballon dans un filet, le « panier », qui est suspendu haut à un panneau.

basquetteur, euse, n. ♦ Personne qui joue au basket-ball.

basque, adj. *ou* n. ♦ *Pays basque :* région de France, dans l'extrême sud-ouest (entre Biarritz et Hendaye). ● *Les Provinces basques :* région d'Espagne, en face du Pays basque français. ● *Les Basques :* les habitants du Pays basque ou des Provinces basques. ● *Un Basque, un berger basque.* ● *Une jeune fille basque* (ou *Une jeune fille basquaise,* plus rare). *Une Basquaise* (ou *une Basque,* plus rare). ● *Le basque :* la langue des Basques.

bas-relief, n. m. ♦ Sculpture dont le relief est peu saillant. — PLUR. *des bas-reliefs.* — CONTR. haut-relief, ronde-bosse.

basse, n. f. ♦ La voix d'homme ou la partie musicale la plus grave.

basse-cour, n. f. ♦ Endroit où l'on élève les poules, les oies, les dindes, etc. — PLUR. *des basses-cours.*

bassesse, n. f. ♦ Caractère bas, honteux : *La bassesse de cette action provoqua l'indignation générale.*

basset, n. m. ♦ Chien très bas sur pattes.

bassin, n. m. ♦ **1.** Récipient portatif servant au lavage, à la toilette, etc. — SYN. bassine, cuvette. **2.** Construction creuse, en plein air, remplie d'eau : _Allons faire naviguer notre petit bateau dans le bassin du jardin public._ — SYN. pièce d'eau. ● **Bassin olympique** : piscine de dimension olympique (longueur : 50 m). **3.** Chaque partie d'un port, bordée de quais, où les navires viennent s'amarrer : _Le bassin n° 4 est celui qui est réservé aux minéraliers chargés de minerai de fer._ **4.** Région arrosée par un fleuve et ses affluents : _Le bassin du Saint-Laurent est très étendu._ **5. Bassin houiller** : région où il y a des gisements de charbon et des mines. **6.** Ensemble des os situés en bas du tronc.

bassine, n. f. ♦ Récipient rond, à poignées, en métal ou en plastique, qui sert au lavage, etc.

bastingage, n. m. ♦ Garde-fou, parapet qui entoure le pont d'un navire.

bastion, n. m. ♦ Construction en saillie, dans une fortification (du XVIIᵉ au XIXᵉ siècle).

bataille, n. f. ♦ **1.** Grand combat entre des armées, entre deux camps opposés. **2.** _Le chapeau en bataille,_ posé de travers.

batailleur, euse, adj. ♦ Qui aime se battre : _Que veux-tu ! Les garçons sont toujours un peu batailleurs !_ — SYN. bagarreur. — CONTR. doux, pacifique, paisible.

bataillon, n. m. ♦ Unité militaire comprenant plusieurs compagnies et commandée par un commandant.

bâtard, arde, n. ♦ **1.** Enfant naturel, illégitime. **2.** _Un bâtard :_ pain plus court que la baguette, mais plus gros.

bateau, n. m. ♦ Tout ce qui navigue sur les fleuves (péniche, chaland) ou sur la mer (barque, yacht ou même grand navire).

bateleur, n. m. ♦ Celui qui fait des acrobaties, des tours d'adresse, dans les foires, dans les rues. — SYN. acrobate, équilibriste, jongleur, prestidigitateur, saltimbanque.

batelier, n. m. ♦ Celui qui conduit un bateau sur un fleuve, un canal.

batellerie [batelʀi], n. f. ♦ Activité qui consiste à transporter les marchandises par bateau sur les fleuves et les canaux.

1. bâti, ie, adj. ♦ _Bien (mal) bâti,_ bien (mal) constitué physiquement : _Jacques est un grand gaillard solide et bien bâti._

2. bâti, n. m. ♦ **1.** Carcasse en bois ou en métal sur laquelle est monté un moteur ou un appareil. — SYN. armature, carcasse, charpente, châssis. **2.** Couture provisoire à grands points.

batifoler, v. ♦ S'amuser à des petits jeux, joyeusement, sans rien prendre au sérieux : _Après le pique-nique, nous avons batifolé dans la clairière._ — SYN. badiner, folâtrer.

bâtiment, n. m. ♦ **1.** Construction, quelle qu'elle soit : _Ce grand bâtiment de six étages abrite les bureaux de l'entreprise._ — SYN. construction, édifice, monument. **2.** Activité qui consiste à construire des maisons, des immeubles, etc. : _Il y a du chômage, en ce moment, dans le bâtiment._ ● _Un peintre en bâtiment :_ celui qui peint les murs, les portes, les fenêtres des édifices. **3.** Navire (autre qu'un navire de plaisance) : _Cette escadre comprenait deux cuirassés et plusieurs autres bâtiments de moindre puissance._

bâtir, v. ♦ **1.** Construire (une maison, un immeuble, etc.) : _Il faudra six mois aux maçons pour bâtir le nouveau collège._ — SYN. construire, édifier, élever, ériger. — CONTR. démolir, détruire. **2.** Mettre ensemble et dans l'ordre convenable les parties d'un tout : _Voici comment il faut bâtir votre rédaction._ — SYN. agencer, composer, construire. **3.** Coudre à grands points les

bâtir

morceaux d'un vêtement, avant l'essayage : *Le tailleur a bâti la veste, le client va pouvoir l'essayer.* — SYN. monter. — CONTR. débâtir.

bâtisse, n. f. ♦ Grand bâtiment, assez laid.

bâtisseur, n. m. ♦ Celui qui bâtit ou qui fait bâtir des édifices : *Nos ancêtres du Moyen Age furent de grands bâtisseurs de cathédrales.* — SYN. constructeur. — CONTR. démolisseur, destructeur.

bâton, n. m. ♦ 1. Long morceau de bois sur lequel on peut s'appuyer en marchant ou avec lequel on peut donner des coups. — SYN. canne, gourdin, trique, épieu. ● *Mettre des bâtons dans les roues à quelqu'un,* lui susciter des difficultés, essayer de l'empêcher de faire ce qu'il veut faire. ● *Parler, bavarder à bâtons rompus,* en passant d'un sujet à un autre, selon les idées qui viennent dans le cours de la conversation. 2. Morceau de forme longue : *Donne-moi donc un bâton de pâte à modeler.* — SYN. barre, morceau. 3. *Bâton de base-ball :* morceau de bois rond, plus épais à un bout, mesurant environ un mètre de long et qui sert à frapper la balle. *Bâton de hockey :* morceau de bois plat et allongé, formant un angle à un bout, mesurant environ un mètre cinquante de longueur et qui sert à guider et à lancer la rondelle. 4. *Avoir le gros bout du bâton :* l'emporter sur son adversaire, être le maître.

bâtonnet, n. m. ♦ Petit morceau de bois, de craie, etc., de forme allongée.

batracien, n. m. ♦ Animal vertébré dont la larve (ou *têtard*) est munie de branchies et vit dans l'eau : *La grenouille est un batracien.* — REGARDER *métamorphose.* — REM. On disait autrefois *un amphibie.*

battage, n. m. ♦ Action de battre le blé, le seigle, l'orge, etc., pour extraire le grain.

1. battant, ante, adj. ♦ 1. *Le cœur battant,* avec le cœur qui bat très fort, à cause de la peur, de l'impatience : *Le cœur battant, j'attendais le résultat de l'examen.* 2. *Une pluie battante,* qui tombe avec violence.

2. battant, n. m. ♦ 1. Sorte de massue de métal, suspendue à l'intérieur d'une cloche, qui vient frapper les parois de la cloche et les fait résonner. 2. Chacun des deux panneaux d'une porte qui peuvent s'ouvrir ou se fermer indépendamment l'un de l'autre : *Ouvrez la porte à deux battants.* — SYN. vantail.

battement, n. m. ♦ 1. Mouvement ou bruit répété : *Quand tu nages le crawl, tes battements de jambes doivent être plus rapides.* 2. Intervalle de temps entre deux activités : *Entre le cours de maths et la séance de gymnastique, il y a un quart d'heure de battement.*

batterie, n. f. ♦ 1. Groupe de plusieurs canons qui sont déplacés et qui tirent ensemble. 2. *Batterie de cuisine :* ensemble des ustensiles de cuisine en métal (casseroles, poêles, faitouts, etc.). 3. Dans un orchestre, ensemble des instruments qui marquent le rythme (caisses, tambours, cymbales, etc.). 4. Ensemble des accumulateurs d'une voiture.

batteur, n. m. ♦ 1. Instrument ou appareil qui sert à remuer vite et fort les aliments, à les mélanger. 2. *Batteur, euse :* personne qui tient la batterie dans un ensemble de musiciens.

batteuse, n. f. ♦ Machine qui sert à séparer le grain d'une céréale du reste de l'épi et de la paille.

battre, v. (conjugaison 98) ♦ 1. Frapper, donner des coups : *Il y a encore trop de parents qui battent leurs enfants.* 2. Être le vainqueur, le gagnant : *Nous les avons battus par 4 à 0.* — SYN. dominer, l'emporter sur, gagner, triompher de, vaincre. 3. Faire des mouvements répétés : *Tu as couru : ton cœur bat vite.* — SYN. palpiter. 4. Heurter, cogner : *Les vagues viennent battre le quai du port.* ● *La mer bat son plein :* la marée atteint son plus haut niveau. ● *Battre son plein,* être à son point le plus haut d'activité :

En ce moment, les fêtes battent leur plein.
● *Battre des mains :* applaudir. — **4.** Frapper à coups répétés et réguliers : *Il est défendu de battre les tapis à la fenêtre.* — SYN. frapper, taper. ● *Battre le blé*, le soumettre à des coups répétés pour séparer le grain de la paille. **5.** Remuer rapidement : *Prends le mixeur, tu battras les œufs en neige.* — SYN. fouetter. ● *Battre les cartes*, les mélanger en les remuant rapidement, avant de les distribuer. — SYN. mélanger, mêler. **6.** *Battre le tambour :* jouer du tambour. **7.** *Battre en retraite :* reculer devant l'ennemi, devant un adversaire. — SYN. décamper, s'en aller, partir, reculer, se replier. **8.** *Battre la mesure :* faire des mouvements réguliers avec sa main, une baguette, son pied, pour indiquer la cadence d'un air de musique. ● *Battre la semelle :* frapper le sol avec ses pieds pour se réchauffer ; aller et venir en attendant. **9.** Parcourir en allant partout, dans toutes les directions : *J'ai battu tout le quartier à la recherche d'une boulangerie ouverte.* — SYN. arpenter, explorer, fouiller. **10.** *Se battre,* combattre, lutter : *Les soldats se sont bien battus.* ● *Les passants ont séparé les deux voyous qui se battaient.*

battu, ue, adj. ♦ **1.** *De la terre battue :* de la terre bien tassée et bien durcie qui constitue le sol d'une maison, d'une remise, d'une cour. **2.** *Des yeux battus :* des yeux cernés (comme si on avait reçu un coup), signe de fatigue.

battue, n. f. ♦ Action de parcourir les bois et la campagne en frappant les buissons pour faire sortir le gibier.

batture, n. f. ♦ Partie du rivage que la marée descendante laisse à découvert. *Les canards assemblés par milliers formaient comme une île vivante sur la batture.*

baudet, n. m. ♦ Ane.

baudrier, n. m. ♦ Bande de cuir qui passe en diagonale sur la poitrine et le dos et qui sert à soutenir l'épée, le sabre, le pistolet.

baume, n. m. ♦ Pommade qui apaise la douleur. ● Ce qui console : *Ses paroles m'ont mis du baume au cœur.*

bavard, arde, adj. *ou* n. ♦ Qui parle trop, sans arrêt. — CONTR. silencieux, taciturne.

bavardage, n. m. ♦ Conversation trop longue sur des sujets sans intérêt. — SYN. babillage, caquetage, jacasserie, papotage.

bavarder, v. ♦ Parler trop longtemps et sur des sujets sans grand intérêt : *Le voisin bavarde sans fin sur le palier avec la concierge.* — SYN. babiller, caqueter, jacasser, papoter.

bave, n. f. ♦ **1.** Salive qui coule hors de la bouche. **2.** Trace gluante que laissent certains animaux (escargots, limaces).

bavasser, v. ♦ Parler beaucoup et souvent sans réfléchir.

bavasseur, euse, n. ♦ Personne bavarde qui rapporte des cancans.

baver, v. ♦ **1.** Laisser couler de la salive hors de sa bouche : *Le chien, malade, bavait abondamment.* — SYN. écumer. **2.** Déborder et couler là où il ne faut pas : *Attention ! La colle bave. Ça fait sale !* — SYN. couler, dégouliner. ● *En faire baver à quelqu'un :* lui rendre la vie difficile.

bavette, n. f. ♦ Serviette qu'on met autour du cou d'un bébé.

baveux, euse, adj. ♦ **1.** Qui laisse couler de la salive : *La gueule baveuse du chien me faisait peur.* **2.** *Omelette baveuse,* pas très cuite et bien moelleuse.

bavoir, n. m. ♦ Linge qui protège la poitrine d'un bébé quand il mange.

bavure, n. f. ♦ Tache de peinture, de colle, etc., qui déborde et qui coule là où il ne faudrait pas.

bazar, n. m. ♦ Magasin où l'on vend toutes sortes de choses : ustensiles de ménage, produits d'entretien, quincaillerie, etc.

B.D. [bede], n. f. ♦ Initiales de *bande dessinée.*

béant, béante, adj. ♦ Ouvert tout grand, très large : *Au milieu de la chaussée, le glissement de terrain avait ouvert un trou béant.*

béat, béate, adj. ♦ Qui exprime un bonheur, un contentement un peu niais : *C'était un gros homme, au regard et au sourire béats.*

beau, belle, bel, adj. *ou* n. ♦ **1.** Agréable à voir, à entendre, à lire, etc. : *J'aime les belles fleurs, les belles statues, les belles chansons, les beaux poèmes.* — REM. Le féminin est *belle.* Au masculin, on remplace *beau* par *bel* devant un nom qui commence par une voyelle ou un *h* muet : *Un bel ornement. Un bel habit.* — SYN. joli, magnifique, splendide, superbe. — CONTR. abominable, affreux, disgracieux, hideux, horrible, laid, repoussant. **2.** *Une belle,* une jolie jeune fille : *Antoine est galant, il cherche à plaire aux belles.* ● *Faire le beau,* se tenir sur ses pattes de derrière : *J'ai appris à mon chien à faire le beau.* **3.** Qui procure beaucoup de plaisir : *Ah ! nous avons passé de belles vacances !* — SYN. agréable, bon, délicieux, enchanteur, exquis, splendide. — CONTR. désagréable, mauvais, pénible. ● *Le beau temps :* le temps agréable, avec du soleil, de la chaleur, etc. ● *Il fait beau :* il y a du beau temps. **4.** Conforme à la morale : *En aidant ton camarade moins doué que toi à faire ses devoirs, tu as fait une belle action.* — SYN. bon, louable. — CONTR. mauvais, blâmable. **5.** Gros, grand : *On nous a servi de belles tranches de jambon.* — SYN. abondant, copieux, épais. — CONTR. mince, petit, faible. ● Grave, très mauvais : *Tu as fait une belle erreur dans ton devoir d'histoire !* ● *Un beau tricheur, un beau voleur, etc. :* quelqu'un qui triche beaucoup, qui vole beaucoup, etc. **6.** *Un beau jour, un beau matin, un beau soir :* un certain jour, un certain matin, un certain soir. **7.** *Avoir beau,* s'efforcer (en vain) de : *J'ai beau tirer, j'ai beau pousser, je n'arrive pas à déplacer ce sac.* ● *On a beau dire,* malgré ce qu'on dit : *On a beau dire, le train, c'est plus confortable que la voiture.*

beaucoup, adv. ♦ **1.** Fortement, de manière intense : *Ma sœur a beaucoup travaillé pour réussir à son examen.* — CONTR. peu. **2.** En grand nombre : *Ma sœur a beaucoup de disques : ils encombrent toute une armoire.* — SYN. en abondance, à profusion. ♦ Abondamment, à un degré élevé : *Nous avons beaucoup de peine de voir notre ami malade.* — CONTR. peu de.

beau-fils, n. m. ♦ **1.** Époux de la fille, gendre. — REM. Dans ce sens, on dit plutôt *gendre.* En revanche, au féminin, on dit plutôt *belle-fille* que *bru.* **2.** Celui dont on a épousé le père ou la mère : *M. Durand va épouser une veuve qui a un fils : ce fils va devenir le beau-fils de M. Durand.* — PLUR. *des beaux-fils.*

beau-frère, n. m. ♦ **1.** Le mari de la sœur. **2.** Le frère de la femme ou du mari. — PLUR. *des beaux-frères.*

beau-père, n. m. ♦ **1.** Le père du mari ou de la femme. **2.** Celui qui a épousé la mère de quelqu'un : *M. Durand va épouser une veuve qui a un fils, Bernard : M. Durand va devenir le beau-père de Bernard.* — PLUR. *des beaux-pères.*

beaupré, n. m. ♦ Mât oblique, parfois presque horizontal, à l'avant d'un navire à voiles.

beauté, n. f. ♦ Qualité de ce qui est beau : *Vous remarquerez la beauté de cette statue !* — CONTR. laideur.

beaux-arts [bozaʀ], n. m. pl. ♦ La peinture, la sculpture, la gravure, l'architecture, etc.

beaux-parents, n. m. pl. ♦ Les parents du mari ou de la femme.

bébé, n. m. ♦ **1.** Enfant très jeune (moins de deux ans). — SYN. nourrisson, poupon ; nouveau-né. **2.** *Un bébé éléphant, un bébé lion, un bébé chimpanzé, etc. :* un éléphant, un lion, un chimpanzé tout jeune, qui tète encore sa mère.

bébelle ou **bebelle,** n. f. ♦ Synonyme familier pour jouet, objet, chose : *La petite Sylvie jouait tranquillement avec ses bébelles.*

bébite ou **bibite,** n. f. ♦ Synonyme familier pour petite bête, insecte.

bec, n. m. ♦ **1.** Chez les oiseaux, organe formé de deux parties dures qui prolongent la bouche vers l'avant. **2.** Partie pointue d'une plume, divisée en deux dans le sens de la longueur. **3.** Partie du bord d'un récipient qui avance et qui sert à verser. **4.** *Bec de gaz,* autrefois, appareil public d'éclairage au gaz : *De nos jours, les lampadaires électriques ont remplacé les becs de gaz.*

bécasse, n. f. ♦ Oiseau aquatique au long bec.

bécassine, n. f. ♦ Oiseau qui ressemble à la bécasse, mais qui est plus petit.

bêche, n. f. ♦ Outil de jardinage qui comprend une lame d'acier plate et qui sert à retourner la terre.

bêcher, v. ♦ Retourner avec une bêche la terre d'un jardin, afin de rendre celle-ci plus meuble : *On laboure les champs et on bêche les jardins.*

becquée, n. f. ♦ Nourriture qu'un oiseau apporte dans son bec pour la donner à ses petits.

becqueter, v. (conjugaison 14) ♦ Piquer avec le bec : *Les oiseaux ont becqueté les poires de notre jardin.*

bedeau, n. m. ♦ Dans une église, employé qui veille au bon ordre, précède le quêteur ou le prêtre, etc.

bédouin, ine, n. *ou* adj. ♦ Arabe nomade, en Afrique ou en Orient : *Les Bédouins vivent sous la tente. ● Une tribu bédouine.*

bée, adj. ♦ *Être, rester bouche bée :* être, rester la bouche grande ouverte, sans pouvoir parler, sous l'effet de la surprise, de l'admiration.

beefsteak ♦ REGARDER *bifteck.*

beffroi, n. m. ♦ Dans une ville, au Moyen Age, tour de guet contenant une cloche et située en général près de l'hôtel de ville.

bégaiement, n. m. ♦ Défaut de prononciation du bègue.

bégayer, v. (conjugaison 23) ♦ Parler en butant sur les syllabes, comme un bègue : *Il se mit à bégayer : « I, i, il pa, paraît que, que, que... »*

bègue, adj. *ou* n. m. *ou* f. ♦ Qui parle avec difficulté, en répétant certaines syllabes, en coupant les mots au milieu.

beige [bɛʒ], adj. *ou* n. ♦ D'une couleur brun clair : *Elle porte toujours des robes ou des jupes beiges. ● Le beige, c'est joli, mais c'est salissant.*

beigne, n. m. ♦ Pâte frite en forme d'anneau. Beignet en anneau.

beignerie, n. f. ♦ Lieu où on fabrique et vend des beignes.

beignet, n. m. ♦ Pâte sucrée ou salée cuite dans la friture.

bel, adj. ♦ REGARDER *beau.*

bêlement, n. m. ♦ Cri du mouton, de la brebis.

bêler, v. ♦ *Le mouton, la brebis bêle,* pousse son cri.

belette, n. f. ♦ Petit animal carnassier au corps effilé.

belge, adj. *ou* n. ♦ De Belgique : *Notre amie Hélène est belge, elle est née à Liège. ● Les Belges. Un Belge. Une Belge.*

bélier, n. m. ♦ **1.** Mâle de la brebis. **2.** Machine de guerre, formée d'une grosse et longue pièce de bois, qui servait, au Moyen Age, à enfoncer les portes des châteaux forts et des villes.

belle

1. belle, adj. ♦ Féminin de *beau*.

2. belle, n. f. ♦ **1.** *La belle* : dans un jeu, la troisième partie quand un joueur a gagné la première partie et l'autre joueur la deuxième partie. **2.** *De belles,* des sottises, ou bien des nouvelles surprenantes : *Eh bien! tu en as fait de belles, encore!* **3.** *De plus belle* : de manière encore plus forte qu'auparavant.

belle-fille, n. f. ♦ **1.** Femme du fils. — SYN. (rare) bru. **2.** Celle dont on a épousé le père ou la mère : *M. Dubois va épouser une veuve qui a une fille : cette fille va devenir la belle-fille de M. Dubois.* — PLUR. *des belles-filles.*

belle-mère, n. f. ♦ **1.** La mère de la femme ou du mari. **2.** Celle qui a épousé le père de quelqu'un : *Mme Legris va épouser un veuf qui a un fils, Armand : Mme Legris va donc devenir la belle-mère d'Armand.* — PLUR. *des belles-mères.*

belle-sœur, n. f. ♦ **1.** La femme du frère. **2.** La sœur de la femme ou du mari : *Mon grand frère Nicolas se marie avec Arlette, qui a une sœur plus jeune, Julie : celle-ci va devenir la belle-sœur de Nicolas.* — PLUR. *des belles-sœurs.*

belliqueux, euse, adj. ♦ **1.** Qui fait souvent la guerre, qui aime faire la guerre : *Les Romains étaient belliqueux, les Gaulois et les Germains aussi.* — CONTR. pacifique. **2.** Qui aime à se battre : *Je n'aime pas les garçons belliqueux : se battre est une marque de bêtise.* — SYN. bagarreur, batailleur, violent. — CONTR. calme, doux, pacifique, paisible, tranquille.

belote, n. f. ♦ Jeu de cartes qui se joue avec 32 cartes.

belvédère, n. m. ♦ Petit pavillon construit sur un lieu élevé et d'où l'on a une belle vue. — SYN. kiosque, pavillon.

bénédictin, ine, n. *ou* adj. ♦ **1.** Religieux, religieuse de l'ordre de Saint-Benoît. ● *Un travail de bénédictin :* un travail intellectuel long et minutieux. **2.** Qui appartient à l'ordre des Bénédictins : *Ce grand édifice, c'est une abbaye bénédictine.*

bénédiction, n. f. ♦ **1.** Action de bénir : *Le pape a donné sa bénédiction aux fidèles massés sur la place Saint-Pierre.* **2.** Chose heureuse qui arrive à point : *Ce mandat de cinq cents dollars fut pour elle une bénédiction!*

bénéfice, n. m. ♦ **1.** Différence entre le prix d'achat et le prix de vente, qui constitue la rémunération du commerçant. — SYN. gain, profit ; marge. — CONTR. perte, déficit. **2.** Avantage que l'on retire d'une action : *Tu as lu beaucoup de livres : quel bénéfice en as-tu retiré?* — SYN. avantage, profit. — CONTR. désavantage, dommage, inconvénient, préjudice. **3.** *Au bénéfice de,* au profit de : *Cette tombola est organisée au bénéfice des personnes âgées.*

bénéficier, v. (conjugaison 20) ♦ Recevoir un avantage : *A cause de la tempête, nous bénéficions d'un jour de congé.* — SYN. jouir de, profiter de.

bénéfique, adj. ♦ Qui fait du bien : *J'en suis sûr : ce mois de vacances au bord de la mer m'a été très bénéfique!* — SYN. avantageux, bienfaisant, favorable. — CONTR. maléfique, nuisible.

benêt [bənε], n. m. ♦ Garçon, jeune homme assez sot, sans expérience de la vie et très crédule. — SYN. dadais, niais.

bénévole, adj. *ou* n. m. *ou* f. ♦ **1.** Qui agit sans se faire payer : *On demande des bénévoles pour aller faire la quête.* **2.** Qui est fait sans être payé : *Nous comptons sur la collaboration bénévole de beaucoup de nos amis.* — SYN. gracieux, gratuit, désintéressé.

bénin, bénigne, adj. ♦ Qui n'est pas très grave, qui n'est pas dangereux : *Tu as un rhume! C'est une maladie bénigne!* — SYN. anodin. — CONTR. malin.

bénir, v. (conjugaison 26) ♦ Dans la religion chrétienne, prononcer la bénédiction,

besoin

c'est-à-dire prononcer certaines paroles qui attirent la protection de Dieu sur une personne ou bien qui donnent à une chose un caractère saint : _Le prêtre bénit les fidèles en faisant le signe de la croix._

bénit, ite, adj. ♦ _Objet bénit,_ qui a reçu la bénédiction d'un prêtre. ● _De l'eau bénite._

bénitier, n. m. ♦ Petit bassin placé près de la porte d'une église catholique et dans lequel il y a de l'eau bénite.

benjamin, ine [bɛ̃ʒamɛ̃, in], n. ♦ Le plus jeune des enfants : _Mon frère a seize ans, ma sœur en a quatorze ; moi, le benjamin, j'en ai onze._

benne, n. f. ♦ **1.** Partie arrière d'un camion, qui peut basculer pour décharger les matériaux. **2.** Élément articulé d'une grue, qui prend et contient les matériaux.

béquille, n. f. ♦ **1.** Canne spéciale, munie d'un support horizontal, sur laquelle s'appuie un blessé ou un infirme pour marcher. **2.** Support qui permet à un objet de rester debout : _En Bretagne, les bateaux ont des béquilles, ce qui fait qu'à marée basse ils restent debout en reposant sur le fond._

berceau, n. m. ♦ Petit lit dans lequel on berce un tout petit enfant.

bercement, n. m. ♦ Mouvement doux et régulier de balancement comme celui par lequel on berce un enfant.

bercer, v. (conjugaison 17) ♦ Balancer doucement par un mouvement de va-et-vient régulier : _Les vagues légères bercent les barques dans le port._

berceuse, n. f. ♦ Chanson à rythme lent que l'on chante pour endormir un enfant.

béret, n. m. ♦ Coiffure plate, souple et ronde.

berge, n. f. ♦ Bord, relevé, d'un cours d'eau, d'un lac ou d'un canal.

berger, ère, n. ♦ **1.** Celui, celle qui garde les moutons. **2.** Chien de berger : _Le berger allemand, appelé aussi_ chien-loup, _était à l'origine un chien de berger ; de nos jours, il est surtout un chien de garde._

bergère, n. f. ♦ Fauteuil large et profond, à joues pleines et à coussin.

bergerie, n. f. ♦ Bâtiment où l'on loge les moutons (et aussi parfois les chèvres).

berlingot, n. m. ♦ Bonbon de forme particulière (4 faces et 6 arêtes). ● Emballage qui a la forme de bonbon : _On vend du lait, du shampooing en berlingots._

berne (en), loc. adv. ♦ _Drapeau en berne,_ hissé à mi-hauteur, en signe de deuil.

berner, v. ♦ Tromper, par des mensonges ou des promesses fausses, par des ruses grossières, en ridiculisant : _Comment un homme aussi avisé a-t-il pu se laisser berner de la sorte ?_ — SYN. attraper, duper, flouer, jouer, leurrer, mystifier.

besace [bəzas], n. f. ♦ Sac à deux poches qui se portait sur l'épaule (une poche en avant, l'autre en arrière).

besogne, n. f. ♦ Travail qu'on est obligé de faire : _La pauvre femme était accablée de besognes pénibles._ — SYN. corvée, occupation, tâche, travail.

besogneux, euse, adj. ♦ Qui vit dans le besoin, c'est-à-dire dans la pauvreté : _Il n'avait pu faire d'études, car les études coûtent cher et sa famille était fort besogneuse._ — CONTR. aisé, riche.

besoin, n. m. ♦ **1.** Chose qu'on doit absolument faire : _Respirer, boire, manger, dormir sont des besoins vitaux._ — SYN. exigence, nécessité. **2.** État, situation où l'on manque d'argent et où l'on vit en se privant : _Cette femme âgée vit dans le besoin._ — SYN. gêne, pauvreté. — CONTR. aisance, richesse. **3.** _Avoir besoin de,_ éprouver la nécessité d'une chose : _J'ai besoin de prendre l'air._

bestiaire

bestiaire, n. m. ✦ Chez les Romains, celui qui, dans le cirque, combattait contre les bêtes fauves.

bestial, ale, aux, adj. ✦ Qui a la brutalité et la stupidité de la bête.

bestiaux, n. m. pl. ✦ Les gros animaux (chevaux, vaches, moutons, porcs) élevés à la campagne : *Les bestiaux paissent dans les prés.* — SYN. bétail. — REM. Ce mot ne doit pas s'employer au singulier.

bestiole, n. f. ✦ Petite bête inoffensive, insecte, etc.

bétail, n. m. ✦ Ensemble des gros animaux élevés à la campagne pour leur viande ou leur lait ou pour le travail. On distingue *le gros bétail* (chevaux, ânes, mulets, bœufs et vaches) et le *petit bétail* (moutons, chèvres et porcs). — REM. Ce mot n'a pas de pluriel. — REGARDER *bestiaux.*

1. bête, n. f. ✦ Animal : *La forêt est pleine de bêtes que je ne connais pas.* ● *La bête noire de quelqu'un :* personne ou chose qu'on craint ou qu'on déteste beaucoup.

2. bête, adj. ✦ **1.** Peu intelligent. — SYN. idiot, imbécile, niais, sot. — CONTR. fin, intelligent. **2.** Qui est dû au manque d'intelligence : *Il nous fatigue, avec ses réflexions bêtes!*

bêtise, n. f. ✦ Manque d'intelligence, inaptitude à comprendre. — SYN. inintelligence, sottise. — CONTR. intelligence.

béton, n. m. ✦ Mélange de ciment, de sable, de cailloux, qui devient très dur en séchant. ● *Béton armé,* renforcé à l'intérieur par des tiges de fer.

bétonnière, n. f. ✦ Cuve tournante dans laquelle on prépare le béton.

betterave, n. f. ✦ Plante cultivée pour sa racine. ● *Betterave fourragère,* qui sert à nourrir le bétail. ● *Betterave à sucre,* qui sert à fabriquer le sucre. ● *Betterave rouge,* dont la racine se mange en salade.

beuglement, n. m. ✦ Cri de la vache, du veau, du bœuf, du taureau. — SYN. meuglement, mugissement.

beugler, v. ✦ *La vache, le bœuf, le taureau beugle,* pousse son cri. — SYN. meugler, mugir.

beurre, n. m. ✦ Produit gras, utilisé en cuisine, que l'on fabrique en battant la crème du lait dans une baratte.

beurrer, v. ✦ Couvrir d'une couche de beurre : *J'ai beurré les tranches de pain grillé.*

beurrier, n. m. ✦ Récipient pour servir le beurre.

bévue, n. f. ✦ Grosse erreur commise par inexpérience, par manque d'attention ou par sottise. — SYN. erreur, étourderie, faute, gaffe, maladresse, sottise.

biais, n. m. ✦ **1.** Moyen détourné : *Agis franchement ; ne prends pas de biais avec moi.* **2.** *En biais,* obliquement : *Il faut scier la planche en biais.* — SYN. en pan coupé. — CONTR. à angle droit.

biaiser, v. ✦ Prendre un moyen détourné pour agir ou pour dire les choses : *Inutile de biaiser : voici les choses telles qu'elles sont.* — SYN. ruser. — CONTR. aller droit au but.

bibelot, n. m. ✦ Petit objet décoratif (petit vase, statuette, etc.).

biberon, n. m. ✦ **1.** Bouteille, garnie d'une tétine, avec laquelle on fait boire du lait aux bébés. **2.** Contenu de cette bouteille : *Bébé a avalé tout son biberon.*

bible, n. f. ✦ **1.** *La Bible :* livre qui raconte la création du monde, l'histoire du peuple juif dans l'Antiquité, la vie de Jésus, etc. **2.** *Une bible,* un exemplaire de ce livre : *Le pasteur entre dans le temple, tenant une grosse bible sous le bras.*

bibliothécaire, n. m. ou f. ✦ Celui, celle qui s'occupe du classement et de la distribution des livres dans une bibliothèque.

bibliothèque, n. f. ♦ 1. Bâtiment ou local destiné à abriter une collection de livres. 2. Meuble destiné à abriter des livres. 3. Ensemble de livres : *Dis donc, il paraît que notre professeur a une bibliothèque de plus de deux mille volumes !*

biceps [bisɛps], n. m. ♦ Muscle du bras qui, en se contractant, ramène l'avant-bras contre le bras.

biche, n. f. ♦ Femelle du cerf.

bicolore, adj. ♦ Qui est de deux couleurs différentes : *Le maillot de notre club est bicolore : bleu et jaune.*

bicoque, n. f. ♦ Petite maison peu confortable. — REM. Ce mot est familier.

bicorne, n. m. ♦ Chapeau à deux pointes porté autrefois par certains officiers.

bicyclette, n. f. ♦ Véhicule à deux roues, mû par deux pédales. — SYN. vélo.

bidon, n. m. ♦ Récipient, en métal ou parfois en matière plastique, fermé par un bouchon et souvent muni d'une poignée.

bidonville, n. m. ♦ Ensemble de cabanes inconfortables (construites avec des vieilles planches, des morceaux de tôle, etc.) qui, aux abords d'une ville, constituent une agglomération misérable.

bief, n. m. ♦ Petit canal qui amène l'eau d'une rivière à un moulin.

bielle, n. f. ♦ Tige mécanique articulée qui rend solidaire deux roues ou relie un piston à une roue, à un axe, etc.

1. bien, adv. ♦ 1. Comme il faut : *Jacques se conduit bien avec ses parents.* — CONTR. mal. ● *Tant bien que mal :* en faisant comme on peut, plus ou moins bien. ● *Aller bien,* être en bonne santé, *ou* être prospère : *Est-ce que tu vas bien? Les affaires vont bien, en ce moment.* 2. Vraiment : *Cet arbre, c'est bien un érable.* ● Volontiers : *Je ferais bien une petite promenade.* 3. Beaucoup : *Je*

vous souhaite bien de la joie. — CONTR. peu. ● Très : *La directrice a été bien gentille avec moi.* ● Un peu trop : *Elle est bien petite, cette tarte, pour six personnes !* 4. *Eh bien !* — REGARDER eh ! 5. *Bien que,* malgré le fait que : *Je suis sorti, bien qu'il fasse mauvais.* — SYN. quoique.

2. bien, adj. inv. ♦ 1. Honnête, loyal, sérieux, sympathique, etc. : *Tu peux avoir confiance en Nina, c'est une fille bien.* ● De bonne qualité, agréable, bien fait, etc. : *J'ai vu ce film, il est très bien.* ● Conforme à la morale, au devoir, etc. : *Il est bien de secourir les faibles.* 2. En bonne santé : *J'ai pris froid, je ne me sens pas bien.* ● A l'aise, dans un état agréable : *Je crois que nous serons bien ici pour pique-niquer, juste à côté du ruisseau.* 3. En bons termes, en bonnes relations : *Mon oncle est très bien avec la présidente du club.* — CONTR. mal.

3. bien, n. m. ♦ 1. Ce qu'il faut faire : *La morale nous apprend à distinguer le bien et le mal.* — CONTR. le mal. 2. Ce qui est bon et profitable pour quelqu'un : *Je t'envoie en pension, parce que je veux ton bien.* ● *Faire du bien,* être bon et profitable pour quelqu'un : *Un mois de vacances à la mer te fera du bien.* ● *Faire le bien,* aider les autres, leur faire des dons : *La charité consiste à faire le bien autour de soi.* 3. *Mener à bien,* terminer et réussir : *Avec beaucoup de patience, nous mènerons notre travail à bien.* 4. Ce qu'on possède ; propriété : *Après avoir vendu ses biens, il entra dans un monastère.* — SYN. avoir, fortune, patrimoine, propriété.

bien-aimé, ée [bjɛ̃neme, e], adj. *ou* n. ♦ Qu'on aime beaucoup. ● *Le bien-aimé :* l'homme qu'une femme aime. ● *La bien-aimée :* la femme qu'un homme aime.

bien-être [bjɛ̃nɛtʀ], n. m. ♦ 1. État où l'on est bien : *Pour moi, le bien-être c'est faire la sieste à l'ombre des arbres, au bord de la rivière, en été !* — SYN. agrément, plaisir. — CONTR. malaise. 2. Situation, genre de vie d'une personne qui a assez d'argent pour vivre convenablement et agréablement : *De nos jours, grâce au progrès économique, de*

bien-être

plus en plus de gens peuvent connaître le bien-être. — SYN. aisance, opulence, richesse. — CONTR. gêne, misère, pauvreté.

bienfaisance [bjɛ̃fəzɑ̃s], n. f. ♦ Activité qui consiste à aider les pauvres ou les gens qui ont des difficultés (malades, vieillards, réfugiés...) ● *Une œuvre de bienfaisance.* — SYN. charité, générosité, philanthropie. — CONTR. malfaisance.

bienfaisant, ante [bjɛ̃fəzɑ̃, ɑ̃t], adj. ♦ Qui fait du bien : *L'air pur de la mer est bienfaisant.* — SYN. bénéfique. — CONTR. malfaisant, maléfique.

bienfait, n. m. ♦ **1.** Acte par lequel on aide quelqu'un, on lui donne quelque chose : *Elle avait comblé son neveu de bienfaits.* — SYN. don, faveur, grâce, largesse, libéralité, présent, service. **2.** Effet favorable sur la santé : *Va vivre à la campagne : tu verras les bienfaits d'une vie saine au grand air.* — CONTR. méfait, dommage.

bienfaiteur, trice [bjɛ̃fɛtœʀ, tʀis], n. ♦ Celui, celle qui fait du bien à quelqu'un : *Les grands savants sont les bienfaiteurs de l'humanité.* — CONTR. ennemi.

bien-fondé, n. m. ♦ Caractère de ce qui est justifié, conforme à la raison ou au bon droit : *Je ne discute pas le bien-fondé de ses prétentions.*

bienheureux, euse [bjɛ̃nœrø, øz], adj. *ou* n. ♦ Très heureux : *Ah ! bienheureuse époque que celle où l'on n'avait pas besoin de travailler pour vivre !* — REM. N'écrivez pas comme : *Je suis bien heureux de vous recevoir.* — CONTR. malheureux.

bien que ♦ REGARDER *bien* 1 au sens 5.

bienséance, n. f. ♦ **1.** Ce qu'il est convenable de faire : *La bienséance nous oblige à nous montrer reconnaissants envers nos bienfaiteurs.* — SYN. correction, décence. **2.** *Les bienséances :* les règles de la politesse. — SYN. les convenances, les usages.

bientôt, adv. ♦ **1.** Dans peu de temps, au bout d'un temps très court : *Nous sommes le 20 décembre : ce sera bientôt Noël.* — REM. N'écrivez pas comme *Six heures ? C'est bien tôt pour partir !* (= c'est un peu trop tôt) **2.** *A bientôt !* j'espère que nous allons nous revoir dans peu de temps.

bienveillance, n. f. ♦ Disposition favorable envers une personne à qui l'on veut du bien. — SYN. bon accueil, bonté, complaisance, indulgence. — CONTR. malveillance.

bienveillant, ante, adj. ♦ Qui veut du bien à quelqu'un : *Le directeur était très bienveillant à l'égard de son personnel.* — SYN. accueillant, bon, complaisant, indulgent. — CONTR. malveillant.

bienvenu, ue, adj. *ou* n. ♦ Qui est bien accueilli, bien reçu : *Un jour de congé est toujours bienvenu.* ● *Que votre amie vienne chez moi, elle sera toujours la bienvenue.* — REM. Ne pas écrire en deux mots, comme : *une phrase bien venue* (= bien formée, bien faite, élégante).

bienvenue, n. f. ♦ *Souhaiter la bienvenue à quelqu'un,* lui exprimer sa joie de le voir arriver.

1. bière, n. f. ♦ Boisson qui contient de l'alcool et qui est faite avec de l'orge fermentée et du houblon.

2. bière, n. f. ♦ Cercueil. ● *La mise en bière (du corps).*

bifteck [biftɛk], n. m. ♦ Tranche de bœuf qui se mange grillée. ● *Gagner son bifteck :* gagner sa vie. — REM. On n'écrit plus *beefsteak.*

bifurcation, n. f. ♦ Endroit où une route, une voie ferrée se divise en deux parties qui vont dans deux directions différentes.

bifurquer, v. ♦ Se diviser en formant une bifurcation : *A cent mètres d'ici, le chemin bifurque : pour aller au village, prenez à droite.*

bigarré, ée, adj. ✦ Qui a des couleurs nombreuses et vives : *Rouge, mauve, jaune, bleu : quel tapis bigarré, ce parterre de fleurs !* — SYN. bariolé, multicolore.

bijou, n. m. ✦ **1.** Objet de parure, plus ou moins précieux, tel que bague, broche, bracelet, collier, etc. — SYN. joyau. **2.** Chose petite dans son genre, mais très bien faite, bien travaillée, très jolie, etc. : *Cette chapelle, sur la colline, est un bijou d'architecture.* — SYN. chef-d'œuvre, merveille. — CONTR. horreur. — PLUR. *des bijoux.*

bijouterie, n. f. ✦ Magasin où l'on vend des bijoux, des objets précieux.

bijoutier, ière, n. ✦ Celui, celle qui vend des bijoux. — SYN. joaillier.

bilan, n. m. ✦ Tableau qui représente les comptes annuels d'un commerçant, d'une entreprise : *Le bilan a fait apparaître un bénéfice appréciable.* ● *Déposer son bilan :* faire faillite.

bilboquet, n. m. ✦ Jouet qui est formé d'une boule percée, reliée par un cordon à une tige pointue. (On lance en l'air la boule et on essaie de l'enfiler sur la tige.)

bile, n. f. ✦ Liquide amer, produit par le foie, qui joue un rôle important dans la digestion.

bilingue, adj. ✦ Qui parle deux langues : *Notre amie est bilingue : elle parle le français et le flamand.*

bilinguisme, n. m. ✦ Utilisation de deux langues par un individu, par une région, un pays.

billard, n. m. ✦ **1.** Jeu qui consiste à pousser des boules sur une table recouverte d'un tapis vert, au moyen d'une longue tige de bois appelée « queue ». **2.** Table sur laquelle on joue à ce jeu.

1. bille, n. f. ✦ **1.** Petite boule avec laquelle les enfants jouent. ● *Les billes,* le jeu de billes : *Quatre enfants jouaient aux* billes, à la sortie de l'école. **2.** *Un crayon* (ou *un stylo*) *à bille,* muni d'une toute petite bille de métal qui joue le rôle d'une plume.

billet, n. m. ✦ **1.** Rectangle de papier qui représente une somme d'argent : *Je préfère les billets aux pièces, c'est moins lourd.* — REM. On dit aussi *billet de banque.* **2.** Petit morceau de papier qui donne droit à une place dans le train, dans l'avion, au théâtre, ou qui permet de gagner à une loterie, etc. — REGARDER ticket.

billetterie, n. f. ✦ Distributeur automatique de billets de banque, que l'on fait fonctionner au moyen d'une carte spéciale. ● Endroit où l'on vend des billets.

billot [bijo], n. m. ✦ Gros bloc de bois dont le dessus est plat et sur lequel on fend, on coupe quelque chose.

biner, v. ✦ Briser la croûte de terre autour d'une plante, pour ameublir la terre et enlever les mauvaises herbes : *Aujourd'hui, je vais biner mes semis de laitue.* — SYN. sarcler.

binette, n. f. ✦ Outil de jardinage qui sert à biner.

biniou, n. m. ✦ Instrument de musique à vent, semblable à la cornemuse, utilisé en Bretagne.

biographie, n. f. ✦ Récit de la vie d'un personnage.

biologie, n. f. ✦ Science qui étudie les êtres vivants, la matière vivante.

biplan, adj. ou n. m. ✦ *Un avion biplan* ou *un biplan,* qui avait deux ailes superposées.

bique, n. f. ✦ Chèvre. — REM. Ce mot est familier.

1. bis, bise [bi, biz], adj. ✦ De couleur grise tirant sur le beige : *Voici de la toile bise pour faire des stores.* ● *Du pain bis,* dont la mie est de couleur grise et qui contient du son.

bis

2. bis [bis], adv. *ou* interj. ♦ **1.** Se place après un numéro, pour indiquer que celui-ci est la répétition d'un autre : *Elle habite au 14 bis rue Saint-Barnabé.* (Il y a un immeuble déjà numéroté 14.) **2.** Indique qu'un vers, dans une chanson, doit être répété : *Et vive le printemps!* (bis). **3.** Exclamation par laquelle on demande à un artiste de chanter encore une chanson, de la répéter.

bisaïeul, bisaïeule, n. ♦ Arrière-grand-père, arrière-grand-mère. — PLUR. *des bisaïeuls, des bisaïeules.*

biscornu, ue, adj. ♦ **1.** Qui a une forme irrégulière, avec des saillies, des pointes. **2.** Bizarre, compliqué, contraire au bon sens : *Il veut élever des truites dans un tonneau, en voilà une idée biscornue!* — SYN. absurde, bizarre, déraisonnable, excentrique, extravagant, farfelu.

biscotte, n. f. ♦ Tranche de pain, séchée et recuite au four, en usine, qui se vend en paquets.

biscuit, n. m. ♦ **1.** Galette, faite de farine et d'eau comme le pain et cuite deux fois, qui servait d'aliment à longue conservation, dans l'armée et la marine. **2.** Gâteau sec : *Elle trempa son biscuit dans le thé.* ● *Biscuit de Savoie :* gâteau fait avec de la farine, du sucre et des œufs.

1. bise, n. f. ♦ Vent du nord ou du nord-est, froid et sec.

2. bise, n. f. ♦ Un baiser : *Aller, fais-moi une grosse bise et dis-moi « au revoir ».* — REM. Ce mot est familier.

biseau, n. m. ♦ Bord taillé en biais : *La glace de l'armoire est une glace en biseau.*

bison, n. m. ♦ Bœuf sauvage d'Amérique ayant une bosse sur le cou et une fourrure laineuse.

bissectrice, n. f. ♦ Ligne qui divise un angle en deux parties égales.

bissextile [bisɛkstil], adj. ♦ *Année*

bissextile, dont le mois de février a 29 jours au lieu de 28 (ce qui fait que l'année compte 366 jours au lieu de 365) : *Les années bissextiles reviennent tous les quatre ans.*

bistouri, n. m. ♦ Instrument tranchant dont se servent les chirurgiens pour inciser.

bistre, n. m. *ou* adj. inv. ♦ Couleur d'un brun noirâtre, d'un gris brun plus ou moins foncé : *Sur le mur sali, on voyait un dégradé de tous les bistres.* ● *Des taches bistre marquaient le mur, par endroits.*

bistré, ée, adj. ♦ De couleur brune : *Un voyageur au teint bistré descendit de l'avion.* — REM. Prend un *s* au pluriel : *des visages bistrés.*

bistrot, n. m. ♦ **1.** Débit de boissons, café. — REM. Ce mot est familier. **2.** Patron d'un café : *Notre voisin, le bistrot, est d'origine auvergnate.* — REM. Ce sens est très familier.

bitume, n. m. ♦ Produit noirâtre, liquide quand il est chaud, durcissant quand il se refroidit, qui sert à recouvrir les routes, les trottoirs. — SYN. asphalte, goudron.

bivouac, n. m. ♦ Campement provisoire des soldats, des alpinistes.

bivouaquer, v. ♦ S'installer ou passer une nuit ou quelques jours dans un bivouac : *Les alpinistes bivouaquaient à 2 000 mètres d'altitude.*

bizarre, adj. ♦ **1.** Peu ordinaire, pas facile à comprendre, contraire au bon sens : *Aline veut élever des grenouilles dans la baignoire, en voilà une idée bizarre!* — SYN. abracadabrant, baroque, biscornu, cocasse, curieux, étonnant, étrange, excentrique, extraordinaire, extravagant, saugrenu, singulier, surprenant. **2.** Qui a des idées étranges, qui n'est pas comme tout le monde, qui a l'air un peu fou : *On avait peur de Mathieu, car il était parfois bizarre.*

bizarrerie, n. f. ♦ **1.** Caractère de ce qui est bizarre : *La bizarrerie de sa conduite* *nous intriguait tous.* — SYN. étrangeté, extravagance, singularité. **2.** Chose bizarre : *Son récit est plein de bizarreries.* — SYN. anomalie.

blafard, arde, adj. ♦ **1.** Très pâle, sans couleur, sous l'effet de la maladie, de la peur, etc. : *Il avait le teint blafard des grands malades.* — SYN. blême, décoloré, hâve, livide. — CONTR. coloré. **2.** Qui est pâle et triste : *Une aube blafarde d'hiver se levait sur la ville.* — SYN. blême, livide. — CONTR. éclatant, radieux.

blague, n. f. ♦ **1.** Petit sac de poche dans lequel on met son tabac. **2.** Histoire fausse, inventée. • Plaisanterie. • Farce, bon tour qu'on joue à quelqu'un.

blaireau, n. m. ♦ **1.** Animal carnivore, bas sur pattes, qui creuse des terriers. **2.** Sorte de brosse à poils doux avec laquelle on se savonne le visage avant de se raser.

blâme, n. m. ♦ **1.** Opinion défavorable qui consiste à penser (et à dire) du mal d'une personne qui a mal agi, à juger mal une action : *En abandonnant sa femme et ses enfants, il s'attira le blâme de tout le village.* — SYN. condamnation, critique, désapprobation, réprobation. — CONTR. approbation, éloge, louange. **2.** Sanction qui consiste à faire savoir à quelqu'un, officiellement, qu'il a mal agi : *Il est passé en conseil de discipline et on lui a infligé un blâme.* — SYN. avertissement, censure, réprimande. — CONTR. félicitation, encouragement.

blâmer, v. ♦ Dire, écrire ou penser qu'une personne a mal agi, qu'une action est mauvaise : *On blâmait le maire d'avoir installé la crèche au bord d'une route à grande circulation.* — SYN. critiquer, désapprouver, reprocher. — CONTR. approuver, féliciter, louer.

blanc, blanche, adj. *ou* n. ♦ **1.** Qui est de la couleur du lait, de la neige, etc. : *Louis a mis son bel habit blanc.* • *Blanc comme neige :* tout à fait innocent. • *Une nuit blanche,* pendant laquelle on n'a pas dormi. • *Le blanc,* la couleur blanche : *Je n'aime pas le marron, j'aime le bleu et le blanc.* • *Le blanc,* le linge (en tant qu'il est vendu dans les magasins) : *Dans les grands magasins, janvier est le moment du blanc* (= où l'on fait de grandes ventes de blanc). **2.** *Le blanc,* partie blanche (ou claire) de quelque chose : *Il faut bien mélanger le blanc et le jaune de l'œuf, pour faire une omelette.* • *Le blanc du poulet :* les parties sans os qui sont formées de chair bien blanche. **3.** Sur lequel on n'a rien écrit : *Avant d'écrire, je réfléchissais devant la page blanche.* • *Un blanc :* sur une feuille, espace dans lequel on n'a rien écrit. **4.** Qui est de couleur claire (mais non vraiment blanche) : *Aimes-tu mieux le vin rouge ou le vin blanc ?* • *La race blanche :* la race des gens à peau claire, c'est-à-dire ceux qui n'ont pas la peau noire ou jaune. • *Les Blancs :* les personnes de race blanche. **5.** *Tirer à blanc,* avec des cartouches sans balles.

blanc-bec, n. m. ♦ Personne sans expérience.

blanchâtre, adj. ♦ D'un blanc pas très net, pas éclatant, pas très beau.

blancheur, n. f. ♦ Couleur blanche : *L'écume de la mer, sous le soleil, était d'une blancheur éclatante.*

blanchir, v. ♦ **1.** Rendre blanc, peindre en blanc : *L'âge a blanchi les cheveux du vieil homme. Les ouvriers vont blanchir la façade à la chaux.* — CONTR. noircir. **2.** Devenir blanc : *Elle a vieilli : ses cheveux ont blanchi.* **3.** Laver et repasser du linge : *Tiens, porte donc le linge à blanchir au nouveau blanchisseur.*

blanchissage, n. m. ♦ Action de blanchir le linge.

blanchisserie, n. f. ♦ Atelier ou magasin du blanchisseur.

blanchisseur, euse, n. ♦ Personne qui a pour métier de blanchir le linge.

blanchon, n. m. ♦ Phoque nouveau-né.

blanc-manger, n. m. ✦ Gelée faite de lait, de sucre et de poudre d'amande.

blanquette, n. f. ✦ Ragoût de veau ou d'agneau à la « sauce blanche ».

blasé, ée, adj. ✦ Qui ne prend plus de plaisir à une chose, qui ne s'en étonne plus : *Elle a visité tant de pays lointains qu'elle est blasée sur les voyages.* — SYN. dégoûté, indifférent, insensible, rassasié, revenu (de tout). — CONTR. avide, désireux, intéressé, passionné.

blason, n. m. ✦ Dessin peint sur un bouclier (à l'origine), qui est devenu le signe distinctif d'une famille noble, d'une ville, etc. — SYN. armes, armoiries, écu.

blasphème, n. m. ✦ Juron.

blé, n. m. ✦ **1.** Plante qui donne du grain, lequel, écrasé, donne la farine. — SYN. froment. **2.** Grain de la plante appelé « blé » : *On livre des sacs de blé au moulin.*

blé d'Inde, n. m. ✦ Maïs : *Les parents de Pierre organisent une épluchette de blé d'Inde.*

blême, adj. ✦ **1.** Très pâle, sans couleur : *Un homme entra, maigre, à l'air triste, au teint blême.* — SYN. blafard, décoloré, exsangue, hâve, livide. — CONTR. coloré. **2.** Pâle, sans éclat et triste : *Je me souviens, c'était par un matin blême d'hiver.* — SYN. blafard, livide. — CONTR. éclatant, lumineux, radieux.

blêmir, v. ✦ Devenir blême : *Surpris, il blêmit de peur. Le ciel se couvrait, la lumière blêmissait.* — SYN. blanchir, pâlir. — CONTR. se colorer, s'éclairer, s'illuminer.

blessant, ante, adj. ✦ Qui fait de la peine aux autres : *Ce camarade est extrêmement sensible, il faut éviter de lui dire des paroles blessantes.* — SYN. déplaisant, désobligeant, humiliant, mortifiant, offensant.

blessé, ée, adj. *ou* n. ✦ Qui a reçu une ou plusieurs blessures.

blesser, v. ✦ **1.** Faire une blessure : *Il a blessé son adversaire au bras d'un coup de couteau.* ● *Notre voisine s'est blessée en glissant dans l'escalier.* — SYN. choquer, heurter, offenser. **3.** Faire de la peine : *Tu as blessé ton amie en te moquant de sa timidité.* — SYN. choquer, froisser, heurter, offenser, vexer.

blessure, n. f. ✦ **1.** Dégât fait à une partie du corps par un choc, par une chose tranchante ou pointue, par une brûlure. — SYN. balafre, choc, coup, contusion, coupure, écorchure, entaille, meurtrissure, morsure, piqûre, plaie. **2.** Ce qui fait de la peine : *Ne parle pas à ton camarade de ce malheur qui l'a frappé, tu ouvrirais une blessure oubliée.* — SYN. coup, douleur. ● *Une blessure d'amour-propre.* — SYN. froissement, offense.

blet, blette [blɛ, blɛt], adj. ✦ *Fruit blet,* trop mûr et ramolli.

bleu, bleue, adj. *ou* n. m. ✦ **1.** Qui est de la couleur d'un beau ciel sans nuages : *Sabine portait une robe bleue.* ● *Le bleu,* la couleur bleue : *J'aime le bleu, je n'aime pas le violet.* **2.** *Un bleu (de travail) :* vêtement bleu, en toile solide, qu'on met pour faire un travail salissant. **3.** *Du bleu,* du fromage qui a des points bleus et des traînées bleues dans sa masse : *Aimes-tu mieux du bleu d'Auvergne ou du bleu de Bresse ?* **4.** *Un bleu :* une marque de couleur plus ou moins bleue ou violacée qu'un choc laisse sur la peau. — SYN. ecchymose, meurtrissure. **5.** *Bleu, e, :* membre du Parti conservateur fédéral.

bleuâtre, adj. ✦ Qui est d'un bleu pas très net, un peu gris : *Au loin, une vapeur bleuâtre masquait l'horizon.*

bleuet [bløɛ], n. m. ✦ **1.** Baie bleue de la myrtille d'Amérique. **2.** Fleur bleue qui pousse dans les champs de blé.

bleuetière, n. f. ✦ Lieu où poussent des bleuets.

bleuir, v. ✦ **1.** Devenir bleu ou bleuâtre : *Elle avait froid, son visage bleuissait.* **2.** Rendre bleu ou bleuâtre : *Le froid bleuissait le visage de l'enfant.*

bocal

bleuté, ée, adj. ♦ Qui est d'un bleu très clair, presque blanc.

blindage, n. m. ♦ Plaque ou ensemble de plaques d'acier qui protège une porte contre les cambrioleurs, un véhicule ou un navire contre les projectiles.

blindé, ée, adj. *ou* n. ♦ Protégé par un blindage. ● *Un blindé :* un véhicule militaire blindé (char d'assaut, automitrailleuse, etc.).

blizzard [blizaʀ], n. m. ♦ Aux États-Unis, au Canada, dans les régions polaires, vent glacé accompagné de tempêtes de neige.

bloc, n. m. ♦ **1.** Gros morceau, grosse masse, d'un seul tenant, d'une matière quelconque : *Un gros bloc de pierre se détacha et roula au fond du ravin.* — SYN. masse. **2.** Ensemble de feuilles de papier reliées, qui peuvent se détacher une à une : *Voici un bloc de papier à lettres.* **3.** *A bloc,* complètement, en serrant le plus possible : *J'ai fermé le robinet à bloc.* — SYN. à fond.

blocage, n. m. ♦ Action de bloquer (au sens 1 ou 2) ou état de ce qui est bloqué. — SYN. serrage.

blockhaus [blɔkos], n. m. ♦ Petite construction fortifiée.

bloc-notes, n. m. ♦ Groupe de feuillets reliés, détachables un à un, servant à noter quelque chose. — PLUR. *des blocs-notes.*

blocus [blɔkys], n. m. ♦ Action d'empêcher toute communication avec une ville, une île, un pays : *L'ennemi organisa le blocus de l'île en l'entourant de bateaux de guerre.* — PLUR. *des blocus.*

blond, blonde, adj. *ou* n. ♦ **1.** *Cheveux blonds,* d'un jaune plus ou moins doré. — CONTR. brun, noir. **2.** Qui a de tels cheveux : *Lucie est blonde, grande et mince.* ● *Une blonde,* petite amie, fiancée.

bloquer, v. ♦ **1.** Serrer de manière à immobiliser, à empêcher de remuer : *Vas-y,*

bloque bien les écrous ! ● *Se bloquer :* être coincé et ne plus pouvoir tourner, fonctionner. **2.** Empêcher de changer, d'être augmenté ou diminué : *Le gouvernement avait bloqué les salaires.* **3.** Empêcher d'avancer, de passer : *Un grand autobus à l'arrêt bloque la circulation dans la rue.* — SYN. arrêter, entraver, interrompre.

blottir (se), v. ♦ Se faire tout petit, en se ramassant sur soi-même, dans un petit espace, ou en se serrant contre quelqu'un. — SYN. se pelotonner, se presser, se ramasser, se recroqueviller, se serrer, se tapir. — CONTR. s'étendre, s'allonger.

blouse, n. f. ♦ **1.** Vêtement que l'on porte par-dessus les autres vêtements, pour protéger ceux-ci. **2.** Autrefois, vêtement de toile, ample, porté par les paysans et les ouvriers. **3.** Chemisier.

blouson, n. m. ♦ Veste courte, serrée à la hauteur de la ceinture.

blue-jean [bludʒin] ou **jeans,** n. m. ♦ Pantalon en grosse toile bleue, à coutures apparentes.

boa [bɔa], n. m. ♦ Gros serpent d'Amérique du Sud qui étouffe sa proie dans ses anneaux avant de l'avaler tout entière.

bobinage, n. m. ♦ Enroulement de fils de cuivre autour d'un noyau métallique.

bobine, n. f. ♦ Cylindre autour duquel on enroule du fil, un film, une bande magnétique, etc.

bocage, n. m. ♦ **1.** Petit bois ; lieu ombragé d'arbres. **2.** Type de paysage caractérisé par des prés que séparent de hautes haies, par des rangées d'arbres plantées sur des levées de terre.

bocal, n. m. ♦ Grand récipient de verre : *Mets donc de la nourriture dans le bocal du poisson rouge.* ● *Le bocal à cornichons.*

bœuf

bœuf, n. m. ♦ **1.** Mâle de la vache, castré. — REM. On prononce *un bœuf* [bœf], et *des bœufs* [bø]. **2.** Animal domestique qui rumine et dont le mâle s'appelle « taureau » et la femelle « vache » : *Dans mon pays, on élève des bœufs et des moutons.* — SYN. bovin. **3.** Viande de bœuf (ou de vache) : *Mon père aime bien le bœuf bouilli ; je préfère le veau grillé.*

bohème, n. m. *ou* f. ♦ **1.** *Vie de bohème :* vie joyeuse et libre, sans souci du lendemain. **2.** *Un bohème, une bohème :* un homme, une femme qui mène une vie de bohème. — REM. S'écrit avec accent grave, à la différence de *la Bohême*, pays d'Europe centrale (Tchécoslovaquie).

bohémien, ienne, n. ♦ Nomade, qui vit souvent dans une roulotte. — REGARDER *gitan, romanichel, tsigane.*

boire, v. (conjugaison 76) ♦ **1.** Avaler un liquide : *Je boirais bien un jus de fruit !* ● Boire du vin, de l'alcool, etc., en quantité excessive : *Pas étonnant que notre voisin soit malade, il boit !* **2.** *Boire les paroles de quelqu'un,* les écouter avec attention et admiration. **3.** Absorber un liquide en le laissant pénétrer : *Le papier buvard boit l'encre comme le sable boit la pluie.*

bois, n. m. ♦ **1.** Endroit couvert d'arbres : *Qu'il fait bon, en été, se promener dans les bois pleins d'ombre !* — REGARDER *forêt.* **2.** Matière dure tirée du tronc ou des branches des arbres et qui sert à faire du feu, à faire des meubles, des poutres, etc. : *Que c'est gai, un beau feu de bois dans la cheminée !* ● *Il verra de quel bois je me chauffe :* il verra que je suis capable de me fâcher et de me défendre. ● *Toucher du bois :* vouloir éviter un événement non souhaité et ainsi conjurer le sort. ● *Ne pas être sorti du bois :* ne pas en avoir terminé avec des ennuis. **3.** *Les bois :* cornes caduques et ramifiées du cerf, du daim, du chevreuil, du renne, de l'élan, de l'orignal, du caribou.

boisé, ée, adj. ♦ Où il y a beaucoup d'arbres, de bois, de forêts. — CONTR. déboisé.

boiseries, n. f. pl. ♦ Panneaux de bois, sculptés ou garnis de moulures, qui revêtent un mur.

boisson, n. f. ♦ Liquide qu'on peut boire. ● *Arriver, être, se mettre en boisson :* (familier) en état d'ivresse.

boîte, n. f. ♦ **1.** Objet, récipient en bois, en fer, en carton, en matière plastique, souvent muni d'un couvercle, où l'on met différentes choses. ● *Boîte (aux lettres)* ou *boîte (à lettres) :* boîte ou caisse où le facteur dépose les lettres qu'il distribue ou boîte où les gens déposent les lettres qu'ils envoient. **2.** Contenu d'une boîte : *J'ai mangé toute une boîte de thon.* **3.** *Boîte à musique :* boîte contenant un mécanisme à ressort qui joue un air de musique. **4.** *Boîte de vitesses :* grosse boîte métallique qui contient les engrenages du changement de vitesses d'une voiture, d'un camion. ● *Mettre quelqu'un en boîte :* se moquer de quelqu'un. **5.** *Boîte à lunch :* récipient en métal ou en plastique muni d'un couvercle et qui sert à transporter un repas léger. **6.** *Boîte de nuit :* établissement où l'on boit et qui présente des spectacles la nuit.

boiter, v. ♦ Marcher de manière irrégulière, en penchant le corps d'un côté au moment où l'on pose le pied : *Son oncle boite et marche avec une canne.*

boiteux, euse, adj. *ou* n. ♦ **1.** Qui boite. **2.** *Meuble boiteux,* qui a un pied plus court (ou plus long) que les autres et qui n'est donc pas bien stable. — SYN. bancal. **3.** *Phrase boiteuse,* mal construite.

boîtier, n. m. ♦ Partie d'une montre qui contient le mécanisme, ou partie d'une lampe de poche qui contient la pile.

bol, n. m. ♦ **1.** Récipient sans anse, en forme de demi-boule, avec un pied bas. **2.** Contenu de ce récipient : *Elle a bu un grand bol de lait.*

boléro, n. m. ♦ **1.** Veste de femme, courte et sans manches. **2.** Danse espagnole à trois temps.

bond

bolet, n. m. ♦ Champignon dont certaines espèces (le *cèpe* notamment) sont comestibles.

bolide, n. m. ♦ Véhicule qui va très vite.

bombarde, n. f. ♦ Canon du Moyen Age.

bombardement, n. m. ♦ Action de bombarder.

bombarder, v. ♦ **1.** Attaquer en lançant des obus avec des canons, en lançant des bombes d'avions, en envoyant des fusées : *Les avions ennemis ont bombardé les usines.* **2.** *Bombarder quelqu'un de questions,* lui poser sans arrêt des questions. — SYN. accabler, mitrailler de questions.

bombardier, n. m. ♦ Avion spécialement construit pour lancer des bombes.

bombe, n. f. ♦ **1.** Projectile rempli d'explosif, qui est lancé d'un avion. **2.** Engin qui est lancé à la main ou bien qui explose au moyen d'un mécanisme spécial. **3.** Récipient qui contient un gaz sous pression et qui pulvérise, par simple pression sur un bouton, un liquide en fines gouttelettes : *Il y a des mouches, je vais acheter une bombe insecticide.*

bombé, ée, adj. ♦ Qui est arrondi, renflé, et non plat : *Le toit des wagons est bombé, ce qui facilite l'écoulement de l'eau de pluie.*

bomber, v. ♦ Gonfler, en donnant une forme renflée, arrondie : *La nageuse bombe la poitrine avant de plonger.*

1. bon, bonne, adj. *ou* adv. *ou* interj. *ou* n. m. ♦ **1.** Qui fait du bien aux autres, qui est porté à les aider : *Cette dame était très bonne, elle se consacrait entièrement aux œuvres de charité.* — SYN. charitable, complaisant, dévoué, généreux, secourable. — CONTR. cruel, dur, mauvais, méchant. **2.** Qui fait bien ce qu'il fait, qui réussit bien dans son métier, dans son activité : *J'ai les*

dents gâtées : *connaîtrais-tu un très bon dentiste ?* — SYN. capable, compétent, excellent, remarquable. — CONTR. incapable, incompétent, mauvais, médiocre. **3.** Qui est bien fait, qui fonctionne bien, qui va bien : *J'ai vu cette émission de télévision, elle était très bonne.* — SYN. beau, excellent, remarquable. — CONTR. mauvais, médiocre. **4.** *Bon!* c'est bien ainsi : *Tu es prêt? Bon! alors, partons!* **5.** *Le bon,* ce qui est favorable, acceptable, souhaitable : *Dans ton idée, il y a du bon et du mauvais.* ● *Avoir du bon :* avoir des avantages. **6.** Qui est agréable à manger, à boire, etc. : *Ah! que l'omelette était bonne!* — SYN. délicieux, exquis. — CONTR. infect, mauvais. ● *Sentir bon :* avoir une bonne odeur. ● *Il fait bon :* il fait un temps agréable, ni froid, ni trop chaud. **7.** *Bon pour,* utile à, qui fait du bien à : *Les bains de mer sont bons pour les enfants fatigués.* — SYN. bénéfique, bienfaisant. — CONTR. malfaisant, mauvais, nocif, nuisible. **8.** *Bon à,* prêt à : *Les blés sont mûrs et bons à moissonner.* **9.** Grand, gros, long, etc. : *Donnez-moi donc un bon morceau de gruyère.* — SYN. grand. — CONTR. petit.

2. bon, n. m. ♦ Papier sur lequel il est écrit qu'une personne a droit à quelque chose : *Prends ce bon : il te donne droit à deux cahiers gratuits.*

bonbon, n. m. ♦ Petite friandise, solide et sucrée.

bonbonne, n. f. ♦ **1.** Très grosse bouteille ronde. **2.** Contenu d'une bonbonne : *Ils buvaient une bonbonne de vin par semaine.*

bonbonnière, n. f. ♦ Jolie boîte, en porcelaine, en bois précieux, etc., où l'on met des bonbons.

bond, n. m. ♦ **1.** Saut brusque. **2.** Mouvement d'une chose qui rebondit : *Son œil suivait les bonds et les rebonds de la balle.* **3.** Augmentation ou progrès brusque et notable : *La production industrielle de ce pays a fait un bond cette année.* **4.** *Faire faux bond à quelqu'un,* ne pas venir à son rendez-vous.

bonde

bonde, n. f. ♦ **1.** Trou au fond d'un évier, d'une baignoire pour évacuer l'eau. **2.** Trou en haut d'un tonneau, qui sert à remplir celui-ci. ● Le bouchon de bois qui ferme ce trou.

bondé, ée, adj. ♦ Complètement plein de gens : *Dans notre train, toutes les voitures étaient bondées.* — CONTR. vide.

bondir, v. ♦ **1.** Faire un bond, des bonds : *Regarde le poulain qui bondit dans le pré.* — SYN. sauter. **2.** Avoir un vif mouvement de surprise, d'indignation : *Cette punition m'a paru tellement injuste que j'ai bondi de colère.* **3.** *Bondir sur quelque chose :* se précipiter sur quelque chose pour s'en saisir. — SYN. s'élancer vers, sauter. ● *Bondir sur une occasion,* en profiter dès qu'elle se présente.

bonheur, n. m. ♦ **1.** État dans lequel on est très heureux et où l'on a tout ce que l'on désire : *Nous avons souhaité aux nouveaux mariés beaucoup de bonheur.* — SYN. félicité, joie. — CONTR. malheur. **2.** Chance : *J'ai eu le bonheur de tomber sur une examinatrice pas trop intimidante.* ● *Porter bonheur :* porter chance, donner de la chance. ● *Par bonheur,* par un coup de chance : *Il se mit à pleuvoir ; par bonheur, j'ai trouvé un taxi.* — SYN. par chance. ● *Au petit bonheur :* au hasard, sans réfléchir, ni calculer.

bonhomie, n. f. ♦ Grande simplicité dans les manières, jointe à la gentillesse. — CONTR. morgue, rudesse, sévérité.

bonhomme, n. m. *ou* adj. ♦ **1.** Synonyme familier et parfois péjoratif de *homme :* *Tu as vu le bonhomme, avec son chapeau cabossé ?* **2.** Qui exprime la bonhomie : *Son oncle a un air bonhomme, qui me plaît.* — SYN. débonnaire, simple. — CONTR. hautain, rogue, rude, sévère.

bonjour, interj. *ou* n. m. ♦ Formule par laquelle on salue quelqu'un : *Bonjour, monsieur ; bonjour, madame. Je passerai lui donner le bonjour de ta part.* ● *Simple comme bonjour :* très simple.

bon marché, loc. inv. ♦ *A bon marché* ou **bon marché,** pour un prix qui n'est pas élevé : *J'ai acheté cette voiture d'occasion à bon marché. Tiens, voilà des chaussures bon marché !* — REM. Au comparatif : *à meilleur marché.* Au superlatif : *au meilleur marché.*

bonne, n. f. ♦ Domestique, nourrie et logée, qui fait le ménage, la vaisselle, les courses, la cuisine, etc.

bonnet, n. m. ♦ Coiffure sans bord et souple : *La skieuse portait un bonnet à pompon.* ● *Triste comme un bonnet de nuit :* très triste. ● *Avoir la tête près du bonnet :* se mettre facilement en colère.

bonneterie [bɔntʀi], ou, moins bien, [bɔnetʀi], n. f. ♦ **1.** Fabrication ou commerce des tissus en mailles. **2.** Articles tels que bas, collants, chaussettes, sous-vêtements : *Je voudrais des chaussettes, où est le rayon de la bonneterie ?*

bon sens, n. m. ♦ La qualité de ceux qui savent raisonner simplement et correctement : *S'il avait du bon sens, il ne serait pas sorti en mer avec son voilier par une tempête pareille !* — SYN. jugement, raison, sagesse. — CONTR. folie, irréflexion, légèreté. ● *En dépit du bon sens :* de travers, de manière déraisonnable.

bonsoir, interj. *ou* n. m. ♦ Formule par laquelle on salue quelqu'un, le soir, ou par laquelle on prend congé de lui, le soir : *Bonsoir, monsieur.*

bonté, n. f. ♦ Qualité de celui qui est bon, charitable, généreux, qui a bon cœur : *Il recueillit et traita avec bonté sa vieille voisine malade.* — SYN. abnégation, altruisme, charité, compassion, dévouement, générosité.

boqueteau, n. m. ♦ Groupe de quelques arbres, très petit bois. — SYN. bosquet.

bord, n. m. ♦ **1.** Endroit qui s'étend le long d'une route, d'une rivière, de la mer, etc. : *N'allez pas sur la chaussée, restez au bord de la route.* — SYN. accotement, bas-

botanique

côté; berge, rive; littoral, rivage; bordure, lisière. — CONTR. milieu. **2. Au bord de,** tout près de : *Solange était au bord des larmes.* **3. A bord d'un bateau, d'un avion :** sur un bateau, dans un avion. ● **Journal de bord :** livre sur lequel on note tout ce qui se passe, jour après jour, au cours d'une navigation. ● **Tableau de bord :** ensemble des cadrans placés devant le conducteur d'un véhicule ou devant le pilote d'un avion.

bordages, n. m. pl. ♦ Glace qui adhère aux rives des lacs et des cours d'eau.

bordée de neige, n. f. ♦ Forte chute de neige : *Il est tombé cinquante centimètres de neige, c'est une bonne bordée de neige.*

border, v. ♦ **1.** S'aligner le long de quelque chose : *Une rangée de peupliers borde le chemin.* — SYN. longer. **2. Bordé de,** muni d'une telle bordure : *Le rideau est bordé d'une bande de velours rouge.* **3. Border un lit :** replier les draps et les couvertures sous le matelas. ● **Border quelqu'un,** border le lit où il est couché : *La mère borda son enfant et l'embrassa.*

bordure, n. m. ♦ Ce qui est disposé le long du bord : *Le gazon est entouré d'une bordure de fleurs.* — SYN. feston, haie, garniture, rebord. ● **En bordure de,** au bord de : *Mᵐᵉ Duval habite un chalet en bordure de la route.*

boréal, ale, adj. ♦ Qui est proche du pôle Nord : *Dans les régions boréales, la nuit dure six mois.* — REM. Le masculin pluriel est *boréaux.* Il est rare. — SYN. arctique. — CONTR. tempéré, tropical, équatorial.

borgne, adj. *ou* n. ♦ Qui a perdu un œil, qui ne voit que d'un œil. — REM. Au féminin, on dit *une femme borgne.* On ne dit guère *une borgne.* On ne dit plus *une borgnesse.*

borne, n. f. ♦ **1.** Pierre qui marque la limite d'un champ : *Dans notre pays, pas de haies; les propriétés sont séparées par des*

bornes. ● Limite : *Y a-t-il des bornes au progrès technique?* ● **Dépasser les bornes :** exagérer, aller trop loin.

borné, ée, adj. ♦ Qui n'est pas très intelligent, qui n'a pas l'esprit ouvert : *Sa mère était une personne dure, bornée, têtue.* ● *Un esprit borné.* — SYN. étroit, fermé, obtus. — CONTR. large, ouvert.

borne-fontaine, n. f. ♦ Prise d'eau dans la rue destinée à assurer l'eau nécessaire aux pompiers en cas d'incendie.

borner, v. ♦ **1.** Être ou mettre une limite à une chose matérielle : *Un ruisseau bornait la propriété vers le nord.* **2.** Mettre une limite à une chose non matérielle : *Il faut savoir borner ses ambitions : tout le monde ne peut être ministre!* ● **Se borner,** se limiter : *Je ne raconte pas tous les détails, je me bornerai à résumer l'essentiel.*

bosquet, n. m. ♦ Petit bois, groupe d'arbres. — SYN. boqueteau.

bosse, n. f. ♦ **1.** Petite grosseur qui apparaît sur le corps à la suite d'un coup, d'un choc. **2.** Grosseur qui déforme le dos de certaines personnes. **3.** Grosseur naturelle sur le dos de certains animaux : *Le dromadaire a une bosse, le chameau en a deux.* **4.** Élévation de terrain : *Ce champ est difficile à labourer, il est plein de creux et de bosses.* — SYN. butte, éminence, tertre. **5.** Partie déformée qui est en saillie : *Ce vieux chaudron est tout cabossé : il est plein de bosses.* — CONTR. creux.

bosseler, v. (conjugaison 13) ♦ Déformer par un choc, en formant une ou plusieurs bosses : *Tous ces petits chocs bossellent les chaudrons.*

bossu, ue, adj. *ou* n. ♦ Qui a une bosse sur le dos : *Tiens-toi droit, sinon tu vas devenir bossu!*

botanique, n. f. *ou* adj. ♦ **1. La botanique :** science des plantes, des arbres. **2. Jardin botanique :** jardin public où l'on cultive de très nombreuses espèces de plantes.

botte

1. botte, n. f. ♦ Chaussure à tige montante qui couvre le mollet, parfois même la cuisse.

2. botte, n. f. ♦ Groupe de tiges végétales liées ensemble : *Donnez-moi une botte de poireaux et une botte de radis.*

3. botte, n. f. ♦ Coup donné à l'adversaire avec l'épée, le sabre : *Le mousquetaire, par une botte secrète, étendit raide mort le garde du Cardinal.*

botté, ée, adj. ♦ Chaussé de bottes.

bottillon [bɔtijɔ̃], n. m. ♦ Courte botte de femme.

bottine, n. f. ♦ Chaussure montante ajustée. ● *Avoir les deux pieds dans la même bottine :* être peu débrouillard, être empoté.

bouc, n. m. ♦ **1.** Mâle de la chèvre. **2.** Petite barbe pointue.

boucane, n. f. ♦ Fumée : *Hélas! Ils fumaient, la maison était pleine de boucane.*

boucaner, v. ♦ Enfumer. Faire de la fumée.

bouche, n. f. ♦ **1.** Ouverture et cavité, dans la tête, qui sert à absorber les aliments et à parler. ● *Faire la fine bouche :* faire le difficile, faire le dégoût. **2.** Ouverture qui donne accès à un égout ou à une station de métro. ● *Bouche d'aération, d'incendie.*

bouchée, n. f. ♦ **1.** Quantité de nourriture que l'on peut introduire dans la bouche en une seule fois. ● *Pour une bouchée de pain :* pour très peu d'argent. ● *Mettre les bouchées doubles :* travailler vite et beaucoup. **2.** Gros bonbon au chocolat.

1. boucher, v. ♦ **1.** Fermer en mettant le bouchon : *J'ai oublié de boucher la bouteille que j'ai mise dans le coffre de la voiture, pour le pique-nique !* — CONTR. déboucher. **2.** Remplir un trou, pour le supprimer : *Tu bouches bien les trous de la planche avec du mastic; quand tout est sec, tu ponces au*

papier de verre. — SYN. obturer. **3.** Fermer accidentellement un tuyau, un passage : *Un gros camion bouche la rue.* — SYN. obstruer; bloquer. ● *Boucher la vue,* empêcher de voir en faisant obstacle : *Le grand immeuble d'en face nous bouche la vue.*

2. boucher, ère, n. ♦ Commerçant, commerçante qui vend de la viande de bœuf, de veau, de mouton.

boucherie, n. f. ♦ Magasin du boucher.

bouchon, n. m. ♦ **1.** Objet qui sert à fermer une bouteille, un bidon, un tube. **2.** Encombrement qui arrête la circulation sur une route ou une autoroute ou dans une rue. **3.** Flotteur en liège ou en bois qui est fixé sur la ligne de pêche et dont les mouvements indiquent si le poisson mord.

boucle, n. f. ♦ **1.** Anneau, avec une pointe, qui sert à fermer une ceinture, une courroie, etc. **2.** *Boucles d'oreilles :* bijoux qui se portent aux oreilles. **3.** Courbe fermée par un nœud : *Pour lacer tes souliers, tu dois faire deux boucles.* ● Courbe fermée, constituée par une ligne qui revient sur elle-même : *Quand tu écris tes l, tu formes mal la boucle.* **4.** Mèche de cheveux qui s'enroule sur elle-même.

bouclé, ée, adj. ♦ Plein de boucles : *Qu'il est mignon, ce bébé, avec sa chevelure bouclée !*

boucler, v. ♦ **1.** Fermer au moyen de la boucle : *Boucle bien les courroies : la valise est lourde.* **2.** *Les cheveux bouclent,* forment des boucles.

bouclier, n. m. ♦ Arme défensive constituée par une plaque de bois, une armature de bois recouverte de cuir, etc., que l'on tient avec le bras gauche pour se protéger contre les coups. — SYN. écu, pavois.

bouddhisme, n. m. ♦ Religion asiatique répandue en Chine, au Japon et surtout dans le sud-est de l'Asie.

bouder, v. ♦ Rester sans parler, pour montrer qu'on n'est pas content : *Parce qu'on s'est moqué d'elle, Lise boude toute seule dans son coin.*

boudeur, euse, adj. *ou* n. ♦ Qui boude.

boudin, n. m. ♦ Charcuterie faite d'un mélange de graisse et de sang de porc introduit dans un boyau.

boudoir, n. m. ♦ Petit salon de femme, très élégant et décoré de manière délicate.

boue, n. f. ♦ Mélange pâteux de terre et d'eau qui se forme sur le sol. — SYN. crotte, fange, vase.

bouée, n. f. ♦ **1.** Gros anneau qui flotte et auquel on peut s'accrocher quand on est dans l'eau. **2.** Gros objet flottant, fixé au fond par une chaîne ou un câble, qui sert de signal ou de repère pour la navigation. — SYN. balise.

boueux, euse, adj. ♦ Plein de boue. — SYN. fangeux, bourbeux. ● Taché de boue. — SYN. crotté.

bouffant, ante, adj. ♦ Très large, comme un sac qui serait gonflé : *En voilà un habillement : avec ton pantalon bouffant, tu as l'air d'un clown !* — CONTR. ajusté, étroit, serré.

bouffée, n. f. ♦ Masse d'air, de fumée ou bien odeur qui arrive d'un seul coup.

bouffi, ie, adj. ♦ Gros, comme gonflé : *Tu as les yeux tout bouffis : tu as pleuré ?* — SYN. boursouflé, empâté, enflé, gonflé, joufflu, mafflu. — CONTR. anguleux, maigre, sec.

bouffon, onne, n. m. *ou* adj. ♦ **1.** *Un bouffon :* acteur qui fait rire par de grosses plaisanteries. — SYN. bateleur, clown, histrion, paillasse, pitre. **2.** Qui amuse d'une manière pas très fine et assez vulgaire : *Ce film se termine par une scène bouffonne : on voit des magistrats en robe se battre et se rouler dans la boue.* — SYN. burlesque, grotesque. — CONTR. grave, sérieux.

bougeoir [buʒwaʀ], n. m. ♦ Ustensile sur lequel on fixe une bougie pour s'éclairer.

bouger, v (conjugaison 16) ♦ **1.** Déplacer : *Ne bouge pas la tête : je vais te prendre en photo.* — SYN. mouvoir, remuer. ● Se déplacer, changer de position : *Si tu bouges tout le temps, je ne pourrai pas faire la piqûre.* — SYN. s'agiter, remuer. **2.** S'éloigner : *Je n'ai pas bougé d'ici de toute la soirée.*

bougie, n. f. ♦ **1.** Cylindre de cire ou de stéarine, muni d'une mèche, qui sert à s'éclairer. — REGARDER *chandelle.* **2.** Dans le moteur d'une voiture, pièce qui produit l'étincelle enflamme le mélange d'air et d'essence dans le cylindre.

bougon, onne, adj. *ou* n. ♦ Qui a l'habitude de grogner, de dire des paroles désagréables : *Ton grand-oncle est bougon ? Il est peut-être malade.* — SYN. grincheux, grognon, grondeur, ronchonneur.

bougonner, v. ♦ Dire des paroles désagréables, grogner en parlant entre ses dents : *Allons, ne passe pas ton temps à bougonner : sois de bonne humeur, que diable !* — SYN. grogner, grommeler, gronder, ronchonner.

bouillant, ante, adj. ♦ **1.** Qui est en train de bouillir : *Pour peler les tomates, plonge-les dans l'eau bouillante.* ● Très chaud : *Sers-moi donc une bonne tasse de café bouillant, j'ai froid !* **2.** Vif, impatient : *Olga a un caractère bouillant ? Tant mieux, c'est signe de bonne santé.* — SYN. ardent, vif. — CONTR. endormi, lent, mou.

bouilli, ie, adj. *ou* n. m. ♦ **1.** Qui a bouilli : *Ah ! non ! pas de café bouilli ! Ce n'est pas bon !* **2.** Qu'on a fait cuire dans l'eau bouillante : *J'adore le bœuf bouilli, avec de la moutarde.* ● *Du bouilli :* de la viande bouillie.

bouillie, n. f. ♦ **1.** Mélange presque liquide de farine et d'eau (ou de lait). **2.** *En bouillie,* tout écrasé. — SYN. en compote, en marmelade.

bouillir

bouillir, v. (conjugaison 31) ♦ **1.** *Un liquide bout,* il se transforme en vapeur (avec formation de bulles dans la masse du liquide). **2.** Cuire dans de l'eau qui bout : *Les légumes ont bouilli avec la viande, c'est cela qui fait le bon bouillon gras !* **3.** *Bouillir d'impatience, de colère :* éprouver une vive impatience, une grande colère.

bouilloire, n. f. ♦ Récipient à bec verseur dans lequel on fait bouillir de l'eau.

bouillon, n. m. ♦ **1.** Aliment liquide qu'on prépare en faisant bouillir des légumes ou de la viande dans de l'eau. ● *Bouillon gras :* potage obtenu en faisant bouillir des légumes avec de la viande de bœuf. — SYN. soupe grasse. **2.** *A gros bouillons,* avec formation de grosses bulles : *Éteins le réchaud ! L'eau bout à gros bouillons !*

bouillonner, v. ♦ Former de grosses bulles : *L'eau de la fontaine tombe dans le bassin en bouillonnant.*

boulanger, ère, n. ♦ Artisan, commerçant qui fait le pain, les croissants et qui les vend.

boulangerie, n. f. ♦ Magasin du boulanger.

boule, n. f. ♦ **1.** Tout objet en forme de sphère. ● *Une boule de neige.* **2.** *Les boules :* jeu qui se joue avec des boules qu'on fait rouler sur le sol. — REGARDER *pétanque.*

bouleau, n. m. ♦ Arbre des climats froids ou tempérés, à petites feuilles, à belle écorce lisse et blanche.

bouledogue, n. m. ♦ Chien de garde, assez petit, au museau aplati.

boulet, n. m. ♦ **1.** Autrefois, gros projectile, sphérique et plein, lancé par un canon. — REGARDER *obus.* **2.** Grosse boule de métal avec laquelle on joue aux billes. **3.** Grosse boule de fer qui, autrefois, était attachée par une chaîne au pied des prisonniers, des bagnards. ● *Un boulet à traîner,*

un boulet au pied, obligation désagréable dont on n'arrive pas à se débarrasser, ou personne importune : *Traîner ce copain en vacances, quel boulet !* **4.** Chacune des boules d'aggloméré de poussière de charbon qu'on utilise parfois comme combustible.

boulette, n. f. ♦ **1.** Petite boule : *Je fais des boulettes de papier et je les lance à mon chat pour le faire jouer.* **2.** Boule de viande hachée.

boulevard, n. m. ♦ Grande rue large, généralement plantée d'arbres, souvent établie sur une ligne parallèle à la périphérie d'une ville.

bouleversant, e, adj. ♦ Qui bouleverse, qui est émouvant.

bouleverser, v. ♦ **1.** Mettre dans un grand désordre, défaire ce qui était bien rangé : *Pourquoi as-tu fouillé dans mes papiers ? Tu as tout bouleversé !* — SYN. brouiller, mettre sens dessus dessous, mêler, emmêler. **2.** Changer complètement : *Nous allons nous installer à l'étranger : voilà qui va bouleverser notre vie.* — SYN. changer, modifier, transformer. **3.** Émouvoir profondément, en rendant très malheureux : *Cette affreuse nouvelle a bouleversé mon oncle.* — SYN. abattre, consterner, troubler.

bouleversement, n. m. ♦ Grand changement.

boulier, n. m. ♦ Instrument servant à calculer, formé d'un cadre en bois qui porte des tringles sur lesquelles glissent des boules représentant les unités, les dizaines, les centaines, etc.

boulon, n. m. ♦ Vis qui sert à fixer deux pièces et sur laquelle se visse un écrou.

boulonner, v. ♦ Fixer avec des boulons et des écrous : *Il faut boulonner solidement cette plaque d'acier sur le bâti en fonte.*

boulot, otte, adj. ♦ Petit de taille et gros. — SYN. courtaud, grassouillet, rondelet. — CONTR. maigre, sec, élancé, mince, svelte.

boulot, n. m. ♦ Synonyme familier de travail.

boum! interj. ♦ Onomatopée qui imite un bruit de choc, d'explosion.

1. bouquet, n. m. ♦ **1.** Ensemble de fleurs coupées qu'on a réunies pour les disposer dans un vase ou pour les offrir. — SYN. gerbe (de fleurs). **2.** Ensemble de fusées, les plus belles, qu'on tire à la fin d'un feu d'artifice. **3.** Parfum délicat particulier à un vin. ● *C'est le bouquet :* c'est le comble, il ne manquait plus que cela.

2. bouquet, n. m. ♦ Grosse crevette rose (qui devient rouge à la cuisson).

bouquin, n. m. ♦ Synonyme familier de *livre.*

bouquiniste, n. m. ♦ Libraire qui vend des livres d'occasion.

bourbeux, euse, adj. ♦ Plein de boue. — SYN. boueux, fangeux.

bourbier, n. m. ♦ Endroit, terrain, chemin plein de boue. ● Affaire compliquée.

bourde, n. f. ♦ Grosse erreur, grosse bêtise.

bourdon, n. m. ♦ **1.** Gros insecte velu qui ressemble à une abeille. **2.** *Faux bourdon :* mâle de l'abeille. **3.** Grosse cloche.

bourdonnement, n. m. ♦ **1.** Bruit que produisent en volant certains insectes. — REGARDER vrombir. **2.** Bruit de ronflement plus ou moins semblable au bourdonnement d'un insecte : *Tous les élèves apprenaient leur leçon à mi-voix : un bourdonnement emplissait la classe.* — SYN. bruissement, murmure, ronflement, ronronnement, vrombissement.

bourdonner, v. ♦ Produire un bourdonnement : *Les abeilles bourdonnent autour de la ruche.* — REGARDER vrombir. ● *Mes*

oreilles bourdonnent : j'entends comme un ronflement (par exemple, parce que j'ai de l'eau dans les oreilles).

bourg [buR], n. m. ♦ Grand village.

bourgade, n. f. ♦ Petit bourg, localité à peine plus grande et plus commerçante qu'un village.

bourgeois, eoise [buRʒwa, waz], n. ou adj. ♦ Personne qui a un niveau de vie et d'instruction élevé ou assez élevé et qui exerce une profession non manuelle : *Un médecin, une avocate, deux ingénieurs, un professeur, une directrice commerciale, un chef de service de ministère : cet immeuble n'est habité que par des bourgeois.* ● *Ces gens habitent un immeuble bourgeois.*

bourgeoisie [buRʒwazi], n. f. ♦ Ensemble des bourgeois.

bourgeon [buRʒɔ̃], n. m. ♦ Petite boule qui apparaît sur une branche et qui se transforme, en se dépliant, en feuille ou en fleur.

bourgeonner, [buRʒɔne], v. ♦ Avoir des bourgeons : *Les pêchers bourgeonnent : ils auront bientôt des fleurs.*

bourguignon, onne, adj. ou n. ♦ De la Bourgogne, province française : *Ce vieux vigneron bourguignon connaît bien le bon vin ! ● Les Bourguignons. Un Bourguignon. Une Bourguignonne.*

bourlinguer, v. ♦ Naviguer beaucoup et au loin : *Ce vieux marin avait bourlingué sur toutes les mers du globe.*

bourrade, n. f. ♦ Coup, pas très violent, donné avec la main, le coude.

bourrasque, n. f. ♦ Coup de vent très fort, mais qui ne dure pas longtemps.

bourreau, n. m. ♦ **1.** Celui qui a pour métier d'exécuter les condamnés à mort. ● *Bourreau d'enfants :* celui qui maltraite gravement des enfants. **2.** *Bourreau de travail :* celui qui travaille beaucoup, sans arrêt.

bourrée

bourrée, n. f. ♦ **1.** Danse d'Auvergne. **2.** Musique sur laquelle on exécute cette danse.

bourrelet, n. m. ♦ **1.** Bande épaisse d'étoffe, de cuir, etc. qui sert à boucher une ouverture en forme de fente : *Quel bruit dans la rue! Il faut installer des bourrelets aux fenêtres. En même temps, ils empêcheront l'air froid de passer.* **2.** Pli arrondi et peu joli que forme la peau d'une personne trop grasse.

bourrelier, n. m. ♦ Celui qui fait des harnais pour les chevaux.

bourrer, v. ♦ **1.** Remplir le plus possible : *Nina a bourré son cartable de livres, et aussi de gâteaux et de jouets.* **2.** *Bourrer une pipe :* mettre le tabac dans le fourneau de la pipe.

bourricot, n. m. ♦ Ane de petite taille (à distinguer de l'*ânon,* petit de l'ânesse).

bourrique, n. f. ♦ Femelle de l'âne, ânesse. ● *Têtu comme une bourrique :* très têtu.

bourru, ue, adj. ♦ Qui a des manières brusques, qui n'est pas souriant. — SYN. abrupt, brusque, cassant, rébarbatif, revêche, rude. — CONTR. affable, aimable, courtois, souriant.

1. bourse, n. f. ♦ **1.** Autrefois, petit sac où l'on mettait ses pièces de monnaie. (De nos jours, la bourse est remplacée par le porte-monnaie.) ● *Sans bourse délier :* sans dépenser de l'argent. **2.** Somme donnée par l'État ou une institution pour qu'un enfant doué ou un étudiant puisse faire ou poursuivre ses études. ● *Une bourse d'études.*

2. Bourse, n. f. ♦ Établissement où l'on négocie les actions et les obligations et où l'on en fixe le cours.

boursier, ière, n. ♦ Celui, celle qui a obtenu une bourse d'études.

boursouflé, ée, adj. ♦ Qui a des endroits enflés : *Qu'est-il arrivé à Renée? Elle a le visage tout boursouflé.* — SYN. bouffi, enflé, gonflé.

bousculade, n. f. ♦ Désordre dans un groupe où les gens se bousculent.

bousculer, v. ♦ **1.** Heurter, pousser plus ou moins brutalement : *Un voyageur était si pressé de prendre son train qu'il a bousculé une vieille dame sur le quai.* ● *Les enfants sortent de la classe en criant et en se bousculant.* **2.** Contraindre à se presser, à agir plus vite qu'on ne le souhaiterait : *On a avancé la date du concours, ce qui m'a bousculé dans mes révisions.*

bouse, n. f. ♦ Excrément très mou des vaches et des bœufs.

boussole, n. f. ♦ Instrument qui est constitué par une aiguille aimantée indiquant le nord sur un cadran. — SYN. compas.

bout, n. m. ♦ **1.** Partie qui se trouve à une extrémité : *Le bout de la règle est muni d'une plaque de cuivre.* ● *La maison de Paul est au bout de la rue.* ● *Il faut coller ces deux planches bout à bout,* de telle sorte que l'extrémité de l'une soit tout contre l'extrémité de l'autre et que les deux planches soient dans le prolongement l'une de l'autre. **2.** *Au bout de,* à la fin de : *Au bout d'un mois, elle termina enfin son travail.* ● *Jusqu'au bout,* jusqu'à l'achèvement : *J'ai commencé ce travail, j'irai jusqu'au bout.* ● *D'un bout à l'autre :* du début à la fin, entièrement. ● *Venir à bout de,* achever, terminer : *Enfin, il est venu à bout de ses révisions d'histoire!* ● *Être à bout :* être épuisé ou exaspéré. ● *Être à bout de,* ne plus avoir de : *Elle est à bout de forces.* ● *Pousser à bout :* exaspérer. **3.** Morceau : *Un bout de pain, un bout de fromage, cela me suffira comme goûter.*

boutade, n. f. ♦ Plaisanterie.

boute-en-train, n. m. inv. ♦ Personne de bonne humeur qui sait animer les réunions, les soirées.

bouteille, n. f. ♦ **1.** Récipient de verre, de matière plastique, de métal, à goulot plus ou moins large, destiné à contenir un liquide (ou, parfois, un gaz liquéfié). **2.** Contenu de ce récipient : *A quatre, nous avons bu toute une bouteille de champagne.*

boutique, n. f. ♦ Petit magasin.

boutiquier, ière, n. ♦ Celui, celle qui tient une boutique. — SYN. (petit) commerçant, détaillant.

bouton, n. m. ♦ **1.** Petit objet, plat ou en forme de boule, cousu à un vêtement, qui sert à fermer celui-ci quand il est passé dans une boutonnière. **2.** Fleur dont les pétales ne sont pas encore déployés. **3.** Petite grosseur ou petite rougeur sur la peau. **4.** Objet que l'on tourne ou sur lequel on appuie pour manœuvrer quelque chose.

● *Ne pas avoir inventé les boutons à quatre trous :* ne pas avoir l'esprit très éveillé, ne pas être très intelligent, ne pas avoir inventé le fil à couper le beurre.

bouton-d'or, n. m. ♦ Fleur des champs de couleur jaune. — PLUR. *des boutons-d'or.*

boutonner, v. ♦ Fermer un vêtement avec des boutons : *Quel vent ! Boutonne bien ton manteau jusqu'au cou !* — CONTR. déboutonner.

boutonnière, n. f. ♦ Fente (dans un vêtement) dans laquelle on passe le bouton.

bouture, n. f. ♦ Petite tige, coupée sur une plante, que l'on met en terre et qui prend racine et se développe.

bouvreuil, n. m. ♦ Petit oiseau gris et noir, au ventre rose.

bovin, ine, adj. *ou* n. m. ♦ *L'espèce bovine* ou *les bovins :* les vaches, les bœufs, les taureaux, les veaux.

box, n. m. ♦ **1.** Dans un parking souterrain ou un garage, emplacement pour une voiture. **2.** Salle d'écurie pour loger un cheval. — PLUR. *des boxes.*

boxe, n. f. ♦ Sport qui consiste à combattre à coups de poing, selon certaines règles.

boxer, v. ♦ Se battre à coups de poing selon les règles de la boxe.

boxeur, n. m. ♦ Celui qui pratique la boxe.

boyau [bwajo], n. m. ♦ **1.** *Les boyaux :* les intestins d'un animal ou (par plaisanterie) de l'homme. **2.** Pneu léger d'une bicyclette de course. **3.** Tranchée étroite, souvent en zigzag, qui relie des tranchées parallèles à la ligne du front, ou qui donnent accès à ces tranchées.

boycottage [bɔjkɔtaʒ], n. m. ♦ Action de boycotter.

boycotter [bɔjkɔte], v. ♦ S'abstenir d'acheter, de faire du commerce ou de participer à des manifestations sportives ou culturelles, pour infliger une sanction : *Plusieurs pays ont décidé de boycotter les produits en provenance de cet État, tant qu'il n'aura pas aboli la ségrégation raciale.*

bracelet, n. m. ♦ **1.** Bijou qui entoure le poignet. **2.** Élastique qui sert à maintenir, à entourer : *Pour que le couvercle reste en place, mets donc un bracelet autour de la boîte.*

bracelet-montre, n. m. ♦ Montre qui est attachée au poignet par un bracelet de cuir ou de métal. — PLUR. *des bracelets-montres.* — SYN. montre-bracelet.

braconnage, n. m. ♦ Action de braconner.

braconner, v. ♦ Chasser ou pêcher dans la période où la chasse ou la pêche est interdite, ou bien avec des moyens interdits, ou bien encore dans un endroit où il est interdit de chasser ou de pêcher.

braconnier, n. m. ♦ Celui qui braconne.

brader

brader, v. ♦ Vendre une marchandise à bas prix pour s'en débarrasser vite : *Cette commerçante brade ses marchandises, car elle cède son commerce et se retire des affaires.* — SYN. sacrifier, liquider, solder.

braderie, n. f. ♦ Vente à bas prix, organisée par les commerçants d'une rue ou d'une ville, quand ils veulent se débarrasser de leurs stocks, tout en se procurant rapidement de l'argent.

brahmanisme, n. m. ♦ Religion de l'Inde. — SYN. hindouisme.

braies, n. f. pl. ♦ Pantalon que portaient les Gaulois.

braillard, arde, adj. *ou* n. ♦ Qui est en train de brailler ou qui a l'habitude de brailler.

brailler, v. ♦ **1.** Crier ou chanter très fort, de manière vulgaire ou désagréable : *Il ne peut rien dire sans brailler, on l'entend d'un bout de la rue à l'autre.* **2.** Pleurer, pleunicher, se lamenter.

braiement, n. m. ♦ Cri de l'âne.

braire, v. (conjugaison 53) ♦ *L'âne brait,* pousse son cri.

braise, n. f. ♦ Ensemble de morceaux de bois qui brûlent en rougeoyant, sans faire de flammes.

bramer, v. ♦ *Le cerf, le daim brame,* pousse son cri.

brancard, n. m. ♦ **1.** Chacune des deux longues pièces de bois entre lesquelles on attelle un cheval, un âne, un mulet. **2.** Ensemble, constitué par deux barres de bois réunies par une toile, sur lequel on transporte un blessé, un malade. — SYN. civière.

brancardier, n. m. ♦ Celui qui transporte les blessés, les malades sur un brancard.

branchages, n. m. pl. ♦ Branches coupées d'un arbre : *Tu aimerais vivre au milieu de la forêt, dans une hutte couverte de branchages ou de chaume ?*

branche, n. f. ♦ **1.** Chacune des tiges qui partent du tronc d'un arbre et vont dans diverses directions. **2.** Chacune des parties d'une chose qui partent d'un point commun : *A la sortie du village, le chemin bifurque et forme deux branches.* ● Ensemble des membres d'une famille qui descendent d'un ancêtre commun : *La branche des Orléans est une branche de la famille des Bourbons : elle descend de Monsieur, frère cadet de Louis XIV.* ● *La branche cadette.* **3.** Tige qui fait partie d'un objet : *Il porte des lunettes à branches d'écaille.*

branchement, n. m. ♦ Action de brancher. Endroit où se branche un fil, une canalisation : *Dans le sous-sol, sous le trottoir, il y a un branchement d'eau devant chaque immeuble.* — SYN. raccordement.

brancher, v. ♦ Raccorder à une prise de courant, à une canalisation de distribution : *Ta lampe de bureau ne marche pas ? Bien sûr ! Tu as oublié de brancher le cordon !* — SYN. raccorder.

brandir, v. ♦ Tenir en levant ou en agitant : *Mathieu poursuivit le galopin en brandissant un gros bâton.* ● *Brandir une menace :* exprimer une menace.

branlant, ante, adj. ♦ Qui n'est pas solide, qui branle : *Il monta l'escalier branlant de la vieille masure.* — SYN. chancelant, instable. — CONTR. ferme, solide.

branle, n. m. ♦ **1.** *Mettre en branle,* mettre en mouvement une chose immobile, pour qu'elle se balance : *Il fallait quatre sonneurs robustes pour mettre en branle la grosse cloche.* **2.** *Mettre en branle, donner le branle à,* mettre en train, faire commencer : *La prise de la Bastille, le 14 juillet 1789, donna le branle à la Révolution française.*

branle-bas, n. m. inv. ♦ **1.** *Branle-bas de combat :* ordre donné aux marins d'un navire de guerre de rejoindre chacun son poste de combat. **2.** *Un branle-bas :* une agitation brusque et vive, quand un événement oblige à se préparer fébrilement.

branler, v. ♦ Remuer, être peu solide, ne pas être stable et bien fixé : *La rampe de l'escalier branle, je n'ose pas m'appuyer dessus.* — SYN. chanceler, osciller, remuer, vaciller.

braquer, v. ♦ **1.** Diriger vers : *L'homme braqua son fusil sur le sanglier.* — SYN. diriger, orienter, pointer. **2.** Faire tourner un véhicule avec le plus petit rayon possible : *Arrivée au milieu de la rue, l'automobiliste braqua à gauche et s'engouffra dans la ruelle.* — SYN. tourner, virer.

bras, n. m. ♦ **1.** Partie du corps qui va de l'épaule au coude. — REM. La partie qui va du coude au poignet s'appelle *l'avant-bras.* **2.** Ensemble formé par le bras proprement dit et l'avant-bras : *Les bras sont les membres supérieurs de l'homme, les jambes sont les membres inférieurs.* ● *Il prit l'enfant dans ses bras et l'embrassa.* ● *Recevoir quelqu'un à bras ouverts,* chaleureusement. ● *Donner le bras à quelqu'un.* ● *Ils s'en vont bras dessus bras dessous,* en se donnant le bras. ● *Tomber sur quelqu'un à bras raccourcis,* le battre violemment. *Avoir le bras long,* avoir des relations haut placées et être, de ce fait, puissant : *Notre voisine a le bras long : elle est l'amie intime du ministre.* ● *Baisser les bras :* renoncer à se battre, à agir, à travailler. ● *Les bras lui en tombent :* il est extrêmement étonné. **3.** Partie d'un élément qui couvre le bras. — SYN. manche. ● *Être en bras de chemise :* être sans veste. **4.** *Des bras,* des travailleurs manuels, de la main-d'œuvre : *L'industrie manquait de bras : on fit venir des ouvriers étrangers.* **5.** Partie d'un fauteuil sur laquelle on appuie les bras. **6.** Chacune des branches en lesquelles se divise un fleuve quand il y a une île longue au milieu de son lit ou bien quand le fleuve forme un delta. ● *Bras de mer :* partie de mer resserrée entre deux terres.

brasier, n. m. ♦ Grand feu, amas de choses qui flambent.

bras-le-corps (à), loc. adv. ♦ Avec les bras et par le milieu du corps : *Elle prit l'enfant à bras-le-corps et l'emporta jusqu'à la voiture.*

brassard, n. m. ♦ Ruban large dont on s'entoure le bras et qui sert d'insigne, de marque de reconnaissance.

brasse, n. f. ♦ **1.** En marine, mesure de profondeur qui valait 1,60 mètre. **2.** Style de nage usuel, dans lequel on avance par des mouvements symétriques des bras et des jambes. **3.** Espace qu'on parcourt à chaque mouvement de bras, en nageant : *En dix brasses, elle traversa la rivière.*

brassée, n. f. ♦ Quantité de tiges, de fleurs, qu'on peut tenir dans les bras.

brasser, v. ♦ **1.** *Brasser la bière,* la fabriquer. **2.** Remuer en mélangeant : *Le chocolat en pâte est brassé dans des cuves avant d'être moulé en tablettes.* — SYN. agiter, battre, brouiller, fouetter, malaxer, mélanger, remuer. **3.** *Brasser des affaires, brasser de l'argent :* traiter de nombreuses affaires commerciales, manier de grandes sommes d'argent.

brasserie, n. f. ♦ **1.** Usine où l'on fabrique de la bière. **2.** Grand café qui est aussi un restaurant.

brasseur, n. m. ♦ **1.** Fabricant de bière ; marchand de bière en gros. **2.** *Brasseur d'affaires :* celui qui brasse des affaires. — REGARDER *brasser* au sens 3.

bravade, n. f. ♦ Action, attitude par laquelle on s'oppose à quelqu'un par un défi souvent insolent. — SYN. défi.

brave, adj. *ou* n. m. ♦ **1.** Qui a beaucoup de courage physique, notamment au combat : *Ces soldats étaient vraiment des braves : ils se firent tuer sur place plutôt que de reculer.* — SYN. courageux, héroïque, vaillant, valeureux. — CONTR. lâche, peureux, poltron. **2.** Honnête et pas méchant : *Le père Arnaud ? Il ne vous fera sûrement aucun tort : c'est un très brave homme.* — REM. Dans ce sens, le mot *brave* est toujours épithète et placé devant le nom.

braver

braver, v. ♦ **1.** S'opposer à quelqu'un ou à quelque chose par défi, souvent avec insolence : *Elle a bravé toutes les règles pour réussir.* — SYN. défier, narguer. **2.** Faire face courageusement à un danger : *Ces explorateurs bravaient tous les dangers du désert et de la forêt vierge.*

bravo, interj. *ou* n. m. ♦ Cri par lequel on acclame quelqu'un : « *Bravo ! Bravo !* » *criaient les assistants en applaudissant l'oratrice.* ● *Le député termina son discours sous les bravos de l'assistance.*

bravoure, n. f. ♦ Grand courage physique : *Quelle bravoure ! Les pompiers n'ont pas hésité à pénétrer dans la maison en flammes.* — SYN. courage, héroïsme, vaillance, valeur. — CONTR. lâcheté, poltronnerie.

brebis, n. f. ♦ Femelle du bélier.

brèche, n. f. ♦ Trou, ouverture dans un mur, une clôture : *On pouvait pénétrer dans le jardin par une brèche dans le mur.* — SYN. ouverture, passage, trou, trouée.

bréchet, n. m. ♦ Os en forme de crête à l'avant de la poitrine d'un oiseau.

bredouille, adj. ♦ Qui n'a pas obtenu le résultat espéré (d'une démarche, d'une entrevue, etc.), qui n'a pas pris de gibier à la chasse, de poisson à la pêche : *Voici nos fiers chasseurs qui rentrent avec la gibecière vide : ils reviennent encore bredouilles !*

bredouiller, v. ♦ Parler sans articuler nettement, et de manière confuse : *Quand tu récites ta fable, articule bien, tu as tendance à bredouiller.* ● *En me quittant, il bredouilla un vague remerciement.*

bref, brève, adj. *ou* adv. ♦ **1.** Qui ne dure pas longtemps : *Trois jours : ce congé a été bref !* — SYN. court, éphémère. — CONTR. long. **2.** Qui contient peu de mots, peu de phrases, peu de pages : *Elle parle par phrases brèves.* — SYN. court, succinct. — CONTR. long. **3.** Pour résumer, pour tout dire en un mot : *Il passe son temps à dormir, à jouer, à traîner, à bavarder. Bref, il est paresseux.*

breloque, n. f. ♦ Petit bijou, sans grande valeur, qui est attaché par une chaînette à un collier, à un bracelet et qui pend.

bretelle, n. f. ♦ **1.** Courroie d'un fusil, qui permet de porter celui-ci suspendu à l'épaule. ● *Les chasseurs marchaient, l'arme à la bretelle,* le fusil suspendu par la bretelle. **2.** Bande d'étoffe qui passe sur l'épaule et permet de maintenir un vêtement : *La bretelle de ma robe d'été est décousue !* **3.** *Des bretelles* : bandes élastiques amovibles qui soutiennent le pantalon (quand on ne porte pas de ceinture). **4.** Petite route qui raccorde une route importante à une autre.

breton, onne, adj. *ou* n. ♦ De la Bretagne : *Nous avons passé nos vacances dans un petit port breton, Bénodet, pas très loin de Quimper.* ● *Les Bretons. Un Breton. Une Bretonne.* ● *Le breton :* langue parlée en Bretagne.

breuvage, n. m. ♦ Boisson compliquée à préparer ou dotée de propriétés spéciales : *La fée fit boire à la jeune fille un breuvage magique.*

brevet, n. m. ♦ Diplôme qui atteste qu'on a certaines capacités ; examen qui permet d'obtenir ce diplôme : *Tiens, je vais te montrer le brevet de pilote de ma sœur.*

bréviaire, n. m. ♦ Livre qui contient des prières et qu'un prêtre catholique doit lire chaque jour.

bribe, n. f. ♦ **1.** Petit morceau : *Des bribes de nourriture étaient restées sur la nappe.* — SYN. débris, fragment, miette, morceau, parcelle. **2.** Petite partie : *J'ai su par cœur ce poème, mais je n'en sais plus que des bribes.*

bric-à-brac, n. m. inv. ♦ Entassement de choses variées, sans grande valeur, disposées en désordre.

bricolage, n. m. ♦ Action de bricoler.

bricole, n. f. ♦ Petit objet sans grande valeur ; chose peu importante. — REM. Ce mot est familier. — SYN. babiole.

bricoler, v. ♦ Faire un petit travail manuel, pour soi, sans être un professionnel : *Ton cousin sait réparer une prise de courant, changer un robinet, installer des rayonnages. Il n'a jamais besoin de l'électricien, ni du plombier, ni du menuisier : c'est utile de savoir bricoler !*

bricoleur, euse, n. *ou* adj. ♦ Personne qui aime bricoler : *Ta cousine est très bricoleuse.*

bride, n. f. ♦ **1.** Courroie qui sert à diriger un cheval. — REGARDER *guide, rêne.* ● *A bride abattue :* à toute vitesse. ● *Laisser à quelqu'un la bride sur le cou,* lui laisser faire ce qu'il veut. **2.** Ruban qui sert à attacher (un bonnet, un tablier).

bridé, ée, adj. ♦ *Yeux bridés :* yeux dont les paupières ont une forme particulière et qui sont l'un des caractères de la race jaune.

brider, v. ♦ Mettre une bride à un cheval : *Mon cheval est à l'écurie, bridé, sellé, prêt à partir.* ● Empêcher quelqu'un d'agir comme il veut : *La discipline du collège bridera le caractère difficile de cet enfant.*

1. bridge, n. m. ♦ Jeu qui se joue avec cinquante-deux cartes.

2. bridge, n. m. ♦ Appareil dentaire fixe qui réunit deux vraies dents et qui comprend une ou plusieurs fausses dents.

brie, n. m. ♦ Fromage qui provient de la Brie, une région de France.

brièvement, adv. ♦ D'une manière brève. — CONTR. longuement.

brièveté, n. f. ♦ Caractère de ce qui est bref, de ce qui ne dure pas longtemps, de ce qui n'est pas long : *Les poètes ont écrit des vers magnifiques sur la brièveté de la vie.* — CONTR. longueur.

brigade, n. f. ♦ **1.** Grande unité militaire qui comprend en principe deux régiments. ● *Un général de brigade.* **2.** Groupe

de gendarmes installés dans une localité sous le commandement d'un seul chef. ● Groupe de policiers chargés d'une mission particulière : *La brigade de surveillance de la voie publique fait des patrouilles la nuit dans les rues.*

brigadier, ière, n. ♦ Personne responsable de la sécurité des écoliers traversant la rue près de l'école.

brigand, n. m. ♦ Autrefois, chacun de ceux qui, organisés généralement en bandes, attaquaient les voyageurs sur les routes, pillaient les maisons des paysans, etc. — SYN. bandit.

brigandage, n. m. ♦ Activité des brigands. — SYN. banditisme.

brillamment, adv. ♦ De manière brillante.

1. brillant, ante, adj. ♦ **1.** Qui brille : *Pour peindre la cuisine, il faut de la peinture brillante, pas de la peinture mate.* — SYN. étincelant, luisant, miroitant, resplendissant. — CONTR. blafard, blême, délavé, éteint, mat, terne, terni. **2.** Très beau et très remarquable : *Ma sœur a gagné le premier prix de musique : c'est un brillant succès.* — SYN. beau, éclatant, magnifique, splendide. ● Qui fait très bien ce qu'il fait : *Mon cousin est un étudiant très brillant : il a été reçu premier à son concours.*

2. brillant, n. m. ♦ **1.** Aspect de ce qui brille : *Pulvérise ce produit sur les meubles vernis et frotte avec un chiffon de laine : ils auront un brillant extraordinaire.* — SYN. le poli. **2.** Diamant taillé à facettes.

briller, v. ♦ **1.** Émettre une vive lumière : *Les enseignes lumineuses brillent dans la nuit.* — SYN. étinceler, flamboyer, resplendir, scintiller. **2.** Refléter vivement la lumière : *La batterie de cuisine est bien astiquée. Regarde comme elles brillent, les casseroles !* — SYN. étinceler, luire, miroiter, reluire, resplendir. **3.** *Ses yeux brillent :* ils semblent s'allumer. **4.** Être remarquable et très bien réussir : *Dis donc ! 90 sur 100 ? Tu as brillé dans ton devoir d'histoire !*

brimade

brimade, n. f. ♦ Acte méchant par lequel on maltraite et on humilie quelqu'un, sans raison. — SYN. vexation.

brimer, v. ♦ Infliger des brimades à quelqu'un, le traiter sans gentillesse, avec dureté.

brin, n. m. ♦ **1.** Petit fil, ou chacune des parties d'un fil, d'une ficelle, d'une corde qui sont tordues ensemble : *Tu vas défaire cette corde brin à brin.* **2.** Petite tige d'une plante : *Il me chatouillait le visage avec un brin d'herbe.* — SYN. pousse, tige. **3.** Petite quantité : *Quand tu écris, il faut mettre un brin de poésie dans ton style.* — SYN. grain.

brindille [bʀɛ̃dij], n. f. ♦ Très petite branche, très fine.

brio, n. m. ♦ Manière habile, vive et brillante de faire quelque chose : *Pour présenter les jeux télévisés, il faut beaucoup de brio.* — SYN. adresse, aisance, entrain, fougue, maîtrise, virtuosité. — CONTR. gaucherie, lenteur, lourdeur, maladresse.

brioche, n. f. ♦ Gâteau fait avec de la farine, du beurre, des œufs et de la levure.

brique, n. f. *ou* adj. inv. ♦ **1.** Bloc rectangulaire d'argile cuite qui sert à construire des murs, des cloisons, etc. **2.** De la couleur rouge de la brique. — REM. Dans cet emploi adjectif, *brique* est toujours invariable : *Des robes brique. Des robes rouge brique.*

briquet, n. m. ♦ Petit instrument qui produit une flamme.

brise, n. f. ♦ Vent léger, tiède et agréable. — REM. Ne confondez pas avec la *bise*, vent froid et violent.

brisé, ée, adj. ♦ *Ligne brisée,* formée d'une succession de segments de droite qui ne sont pas dans le prolongement l'un de l'autre.

brise-glace, n. m. inv. ♦ Navire à l'avant très solide qui peut avancer dans les eaux gelées en brisant la glace pour ouvrir un chemin d'eau libre.

briser, v. ♦ Casser : *Quelle tempête, cette nuit ! Le vent a brisé des tuiles et déraciné des arbres.* — SYN. casser, fracturer, pulvériser, rompre.

britannique, adj. *ou* n. ♦ De la Grande-Bretagne : *La marine britannique était autrefois la plus forte du monde.* ● *Les Britanniques :* les habitants de la Grande-Bretagne. ● *L'Empire britannique :* l'empire colonial de la Grande-Bretagne, autrefois. ● *Les îles Britanniques :* l'ensemble formé par la Grande-Bretagne et l'Irlande.

brocante, n. f. ♦ Métier, commerce du brocanteur.

brocanteur, euse, n. ♦ Celui, celle qui achète des meubles, des objets, etc., d'occasion, généralement de valeur médiocre, pour les revendre.

broche, n. f. ♦ **1.** Tige de fer pointue sur laquelle on enfile de la viande pour la faire rôtir en la tournant au-dessus du feu. **2.** Bijou de femme qui forme comme une grosse épingle. **3.** Fil de fer.

broché, ée, adj. ♦ *Livre broché,* qui a pour couverture un gros papier souple et non un carton ou une reliure rigide.

brochet, n. m. ♦ Poisson de rivière, très vorace, qui mange les autres poissons.

brochette, n. f. ♦ Petite broche sur laquelle on enfile des petits morceaux de viande pour les faire griller ; morceaux de viande ainsi grillés et servis enfilés sur cette petite broche.

brochure, n. f. ♦ Petit livre peu épais qui a une couverture en papier épais (et non en carton).

broder, v. ♦ Orner de broderies : *Ma grand-mère a brodé des nappes et des serviettes de table qu'elle a offertes à ma mère.*

brouillon

broderie, n. f. ♦ Dessin en relief, d'une seule ou de plusieurs couleurs, qui orne une étoffe et qui est fait avec du fil.

bronche, n. f. ♦ Chacun des deux canaux qui partent de la trachée et par où passe l'air qui va aux poumons : *Cet enfant est fragile des bronches.*

broncher, v. ♦ Remuer, bouger : *Ne fais pas de bruit et ne bronche pas : nous allons le surprendre.*

bronchite, n. f. ♦ Maladie des bronches (inflammation de la muqueuse des bronches).

bronzage, n. m. ♦ Couleur brune de la peau d'une personne bronzée. — SYN. hâle.

bronze, n. m. ♦ **1.** Alliage de cuivre et d'étain qui sert à faire des statues, des cloches. — SYN. airain. **2.** Statue, statuette en bronze : *Au musée, nous avons vu de beaux bronzes grecs et romains.*

bronzé, ée, adj. ♦ Qui a la peau brunie par l'exposition au soleil. — SYN. bruni, hâlé. — CONTR. blanc, pâle, pâli.

bronzer (se), v. ♦ **1.** Devenir brun sous l'effet de l'exposition au soleil : *Depuis que Jacques fait de la voile, son visage s'est bien bronzé.* ● *Arlette s'allonge sur sa terrasse, en maillot de bain, pour se bronzer.* — SYN. se brunir, se hâler. — REM. L'emploi intransitif de *bronzer* pour *se bronzer* est peu correct.

brosse, n. f. ♦ **1.** Ustensile, formé d'une plaque sur laquelle sont plantés des poils, qui sert à nettoyer. **2.** Pinceau large. **3.** Ivresse. ● *Prendre une brosse :* (fam.) s'enivrer.

brosser, v. ♦ **1.** Nettoyer avec une brosse : *Brosse ta manche : elle est pleine de poussière.* **2.** Peindre à la brosse : *L'artiste brosse le fond du tableau, avant de peindre les personnages.* ● *Brosser le tableau de,* décrire rapidement ou de manière expressive : *L'orateur a brossé un tableau trop noir de la situation politique.*

brou, n. m. ♦ *Brou de noix :* teinture brune que l'on fabrique avec l'enveloppe encore verte des noix et qui sert à teinter le bois blanc.

broue, n. f. ♦ Mousse, écume.

brouette, n. f. ♦ Véhicule à une roue que l'on pousse en le tenant par les brancards.

brouhaha, n. m. ♦ Bruit confus que font des gens qui sont assez nombreux et qui parlent tous en même temps. — SYN. rumeur, tohu-bohu.

brouillard, n. m. ♦ Masse de fines gouttelettes d'eau en suspension dans l'air, et qui forme un nuage gênant pour la visibilité. — SYN. brume.

brouille, n. f. ♦ Désaccord qui fait que des gens se fâchent les uns avec les autres, pas très gravement et pas très longtemps. — REM. Ce mot est familier. — SYN. désaccord, différend, discorde, fâcherie, mésentente. — CONTR. accord, entente.

brouillé, ée, adj. ♦ *Œufs brouillés :* œufs dont les jaunes et les blancs ont été mélangés pendant la cuisson, mais n'ont pas été battus comme dans l'omelette.

brouiller, v. ♦ **1.** Mélanger ou mettre en désordre : *S'il te plaît, ne brouille pas mes fiches !* — SYN. bouleverser, confondre, emmêler, mélanger, mêler. — CONTR. classer, ordonner, ranger, séparer, trier. **2.** Rendre peu net : *Les larmes lui brouillaient la vue.* ● *Se brouiller,* devenir brumeux, se couvrir de nuages : *Attention ! Ne partez pas en excursion : le ciel se brouille, il va y avoir de la pluie.* **3.** *Se brouiller avec quelqu'un,* se fâcher avec lui.

1. brouillon, onne, adj. ♦ Qui n'a pas d'ordre dans son travail, dans ses activités. — SYN. agité, désordonné. — CONTR. calme, ordonné, méthodique. ● Qui se fait avec désordre, sans plan, sans méthode : *Elle s'agite beaucoup, mais cette activité brouillonne n'aboutit à rien.*

brouillon

2. brouillon, n. m. ♦ Texte non définitif que l'on peut corriger, raturer, et qui est destiné à être recopié, mis au net. ● *Cahier de brouillon.*

broussaille, n. f. ♦ **1.** *Les broussailles :* les plantes emmêlées et souvent épineuses (ronces, etc.) qui poussent dans les terrains incultes. **2.** *Des cheveux en broussaille,* emmêlés, en désordre.

brousse, n. f. ♦ Dans les pays tropicaux secs, plaine couverte d'herbe, de buissons, d'arbustes.

brouter, v. ♦ *Un animal broute,* mange l'herbe ou les feuilles qu'il arrache avec ses dents : *Les moutons broutent sur la colline.* — SYN. paître. ● *Brouter l'herbe, les feuilles.*

broyer, v. (conjugaison 21) ♦ Écraser de manière à réduire en poudre ou en menus fragments : *Les cylindres du moulin broient les grains de blé.* — SYN. concasser, écraser, moudre, pulvériser.

bruine, n. f. ♦ Pluie très fine et froide qui se produit quand le brouillard se condense. — SYN. crachin.

bruire, v. ♦ Émettre un bruit léger, agréable : *On entend bruire le ruisseau sous les herbes.* — REM. Ce verbe est défectif. Seules formes employées : *il bruit, ils bruissent ; il bruissait, ils bruissaient ; qu'il bruisse, qu'ils bruissent.*

bruissant, ante, adj. ♦ Qui fait un bruit en général assez léger, toujours agréable : *J'entends les eaux bruissantes du ruisseau.* — REGARDER *bruyant.*

bruissement, n. m. ♦ Bruit léger et agréable.

bruit, n. m. ♦ **1.** Son quelconque : *Un bruit de moteur.* **2.** Rumeur, nouvelle qui se répand.

bruitage, n. m. ♦ Opération qui consiste à reproduire artificiellement les bruits pour un film, à la radio et au théâtre (bruit du vent, d'un train, etc.).

brûlant, ante, adj. ♦ Très chaud : *Quelle chaleur sur la plage ! A trois heures, le sable était brûlant.* — SYN. torride. — CONTR. froid, glacé, glacial.

brûlé, n. m. ♦ Odeur d'une chose qui brûle. ● Goût d'un aliment qu'on a laissé brûler.

brûlé ou **brûlis,** n. m. ♦ Étendue de forêt ou de végétation qui a été brûlée : *Le brûlis a été volontairement brûlé.*

brûle-pourpoint (à), loc. adv. ♦ Brusquement, sans transition ni introduction : *Elle me posa cette question à brûle-pourpoint.* — SYN. de but en blanc.

brûler, v. ♦ **1.** Produire du feu en étant en combustion : *La paille humide brûle en émettant une fumée épaisse.* — SYN. se consumer, flamber. **2.** Employer comme combustible : *Dans ce poêle, vous pouvez brûler aussi bien du charbon que du bois.* ● Consommer du carburant, de l'électricité : *Arrête ton moteur, tu brûles de l'essence pour rien.* **3.** Détruire par le feu : *Sur la décharge publique, on brûle les ordures ménagères.* — SYN. incinérer. ● Détruire en incendiant : *Les soldats ennemis ont brûlé le village.* — SYN. incendier. **4.** Être détruit par le feu, par un incendie : *La grange a été atteinte par la foudre et elle a brûlé.* ● Être endommagé par excès de cuisson : *La tarte a brûlé !* **5.** *Se brûler,* se faire mal avec une chose trop chaude : *Ne touche pas cette casserole, tu te brûlerais.* **6.** Ne pas s'arrêter devant un signal. ● *Brûler un feu rouge.* **7.** *Brûler de,* désirer ardemment faire quelque chose : *Il brûle de nous montrer son équipement de plongée sous-marine.*

brûleur, n. m. ♦ Élément d'une cuisinière ou d'un réchaud (ou bien d'une chaudière) où se produit la flamme par combustion du gaz ou du mazout.

brûlot, n. m. ♦ Petit insecte dont la piqûre brûle.

brûlure, n. f. ♦ Blessure faite par le feu ou une chose trop chaude.

brume, n. f. ♦ **1.** Brouillard pas très épais : _La brume, bleuâtre, adoucissait le contour des collines._ **2.** En mer, brouillard plus ou moins épais : _Perdu dans la brume, le bateau avançait très lentement._ ● _Banc de brume :_ masse de brouillard à un endroit limité, sur la mer. ● _Corne de brume :_ avertisseur sonore que les navires utilisent quand il y a de la brume.

brumeux, euse, adj. ♦ Caractérisé par la présence de beaucoup de brume : _Le climat de ce pays est brumeux et triste._ — CONTR. clair, ensoleillé.

brun, brune, adj. _ou_ n. ♦ **1.** De couleur marron : _Le berger portait une cape brune._ **2.** _Cheveux bruns,_ de couleur sombre. ● _Mon frère est blond, ma sœur est brune._ ● _Ma sœur est une brune._ **3.** _Teint brun, visage brun, peau brune,_ de couleur plus foncée que la moyenne.

brunante, n. f. ♦ Crépuscule. ● _A la brunante :_ à la tombée de la nuit.

brunir, v. ♦ Rendre brun : _Nous allons brunir le meuble en bois blanc avec du brou de noix._ ● _Se brunir,_ se bronzer, se hâler : _Pendant ses vacances en Floride, son visage s'est bruni._

brusque, adj. ♦ **1.** Qui se fait d'un seul coup, très vite, sans préparation ni transition : _Quand tu conduis, surtout pas de coups de frein brusques !_ — SYN. brutal, inopiné, soudain, subit. — CONTR. graduel, progressif, lent, souple. **2.** Pas assez doux : _Notre nouveau maître n'est pas méchant, mais il est parfois un peu brusque, et certains élèves ont peur de lui._ — SYN. bourru, brutal, cassant, nerveux, rude, sec. — CONTR. doux, calme, gentil, patient.

brusquement, adv. ♦ D'un seul coup.

brusquer, v. ♦ **1.** Traiter avec brusquerie : _Ne brusquez pas cet enfant, vous risqueriez de le rendre craintif._ **2.** Faire arriver les choses plus vite qu'elles ne seraient arrivées naturellement : _Attendons de voir_ comment la situation va évoluer, ne brusquons pas les événements._ — SYN. hâter, précipiter.

brusquerie, n. f. ♦ Manière d'agir pas assez douce.

brut, brute, adj. ♦ **1.** Qui n'est pas préparé, mais qui est tel qu'on le trouve dans la nature : _Le pétrole brut jaillit du puits, mais il faudra le raffiner pour en tirer du pétrole propre à l'éclairage, du mazout, de l'essence._ **2.** _Poids brut,_ avec l'emballage compris. — CONTR. poids net.

brutal, ale, aux, adj. ♦ **1.** Dur, violent, méchant : _Laurent frappe souvent ses camarades : c'est un garçon brutal._ — SYN. dur, rude, violent. — CONTR. doux. **2.** Qui est fait ou qui se produit très vite, d'un seul coup, sans qu'on s'y attende : _Quelle fin brutale ! Samedi elle était en bonne santé, lundi elle était morte !_ — SYN. brusque, inopiné, rapide, soudain, subit. — CONTR. graduel, lent, progressif, attendu, prévu.

brutaliser, v. ♦ Traiter de manière dure, violente : _Antoine est grand, fort et méchant : il brutalise ses camarades plus faibles._ — SYN. maltraiter.

brutalité, n. f. ♦ Manière dure, violente, méchante de traiter quelqu'un, de lui parler. — SYN. dureté, rudesse, violence. — CONTR. douceur.

brute, n. f. ♦ Homme brutal.

bruyamment [bʀɥijamɑ̃], adv. ♦ En faisant beaucoup de bruit. — CONTR. silencieusement.

bruyant, ante [bʀɥijɑ̃, ɑ̃t], adj. ♦ **1.** Qui fait beaucoup de bruit : _Cette moto est bien bruyante._ — CONTR. silencieux. **2.** Où il y a beaucoup de bruit : _Notre rue est très bruyante : il y passe des milliers de voitures par jour._

bruyère [bʀyjɛʀ], n. f. ♦ Plante sauvage aux fleurs violettes ou roses qui pousse sur certains terrains incultes.

buanderie

buanderie, n. f. ◆ Pièce, salle où l'on fait la lessive.

bûche, n. f. ◆ Morceau de bois de chauffage, généralement de forme cylindrique. ● *Bûche de Noël :* gâteau (à la crème moka), en forme de bûche, que l'on mange pour la fête de Noël.

bûcher, n. m. ◆ **1.** Local où l'on met en réserve le bois de chauffage. **2.** Dans l'Antiquité ou en Inde, amas de bois sur lequel on brûlait (ou brûle) le corps des morts. **3.** Autrefois, amas de bûches et de fagots sur lequel on brûlait vifs les hérétiques, les sorciers.

bûcheron, n. m. ◆ Celui dont le métier est d'abattre les arbres, dans une forêt.

budget [bydʒɛ], n. m. ◆ **1.** Ensemble des recettes et des dépenses (de l'État, d'une commune, etc.) pour un an : *Les députés ont enfin voté le budget : les impôts vont diminuer !* **2.** Argent dont on dispose pour faire face à ses dépenses : *Des vacances au Maroc ? C'est trop cher pour mon budget !*

buée, n. f. ◆ Vapeur d'eau visible sous forme d'un petit nuage : *Une buée chaude emplit la salle où l'on fait la lessive.* ● Vapeur d'eau qui se condense sous forme de fines gouttelettes : *Les vitres de la cuisine se couvrent de buée tandis que la soupe bout.*

buffet, n. m. ◆ **1.** Meuble dans lequel on range la vaisselle, le linge de table, des provisions. **2.** Table sur laquelle on dispose des boissons, des plateaux de petits sandwichs, de petits fours, dans une réception. **3.** Restaurant installé dans une gare.

buffle, n. m. ◆ Animal assez semblable au bœuf, qui vit en Afrique, en Asie et aussi dans l'Europe du Sud.

buis [bɥi], n. m. ◆ **1.** Arbuste à feuilles petites, ovales, vert foncé : *Le jour des Rameaux, les catholiques font bénir à l'église des rameaux de buis.* **2.** Bois de cet arbuste, jaune et dur.

buisson, n. m. ◆ Arbuste touffu ou ensemble de quelques arbustes serrés les uns contre les autres. — REGARDER *fourré, touffe.*

buissonnière, adj. f. ◆ *Faire l'école buissonnière :* aller se promener dans la campagne ou dans les rues au lieu d'aller à l'école.

bulbe, n. m. ◆ Sorte de boule qui est l'organe reproducteur souterrain de certaines plantes (tulipes, jacinthes, etc.). — SYN. oignon.

bulgare, adj. *ou* n. ◆ De Bulgarie : *Sur cette photo, tu vois des paysans bulgares en costume traditionnel.* ● *Les Bulgares. Un Bulgare. Une Bulgare.* ● *Le bulgare :* langue slave parlée en Bulgarie.

bulldozer [byldozœR], n. m. ◆ Engin, monté sur chenilles et muni d'une grosse plaque à l'avant, qui sert à déblayer, à pousser la terre, les matériaux de démolition.

bulle, n. f. ◆ **1.** Petite boule brillante, qui est une poche pleine d'air, de gaz et qui se forme parfois dans un liquide. **2.** Dans une bande dessinée, espace limité par un trait et dans lequel sont inscrites les paroles qui semblent sortir de la bouche d'un personnage.

bulletin, n. m. ◆ **1.** Feuille, papier qui fait connaître quelque chose et qui vient de l'autorité ou d'un organisme compétent : *Le premier ministre est malade : tous les jours, on publie un bulletin de santé.* ● *Bulletin scolaire :* rapport, rédigé par le professeur, qui donne les notes de l'élève et porte une appréciation sur son travail. ● *Bulletin météorologique.* **2.** Papier qui prouve qu'on a déposé quelque chose à la consigne d'une gare, qu'on a fait enregistrer ses bagages. **3.** Papier que l'électeur met dans une enveloppe (déposée ensuite dans l'urne) et sur lequel est inscrit le nom du candidat. ● *Bulletin blanc :* papier ne portant aucun nom. ● *Bulletin nul :* bulletin de vote non valable (par exemple parce qu'il porte le nom d'une personne qui n'est pas candidate).

bureau, n. m. ♦ **1.** Table sur laquelle on écrit. **2.** Local où un employé, un cadre, un fonctionnaire travaille. **3.** *Bureau de poste:* local, édifice où sont installés les services de la poste, les guichets.

bureautique, n. f. ♦ Application de l'informatique aux travaux de bureau et de secrétariat.

burette, n. f. ♦ Récipient à tube fin et long qui sert à verser l'huile de graissage.

burin, n. m. ♦ Outil de graveur qui sert à graver les traits dans la plaque de métal.

buriné, ée, adj. ♦ *Visage buriné,* marqué de rides profondes qui accentuent les traits.

burlesque, adj. ♦ Très drôle, et un peu fou et ridicule : *Tu as vu le film burlesque où une mégère poursuivait son mari dans la rue, en tenant un rouleau à pâtisserie?* — SYN. bouffon, comique, cocasse, désopilant, drôle, grotesque, loufoque, ridicule. — CONTR. grave, sérieux, triste.

burnous [byʀnus], n. m. ♦ **1.** Manteau ample, en laine, avec un capuchon, porté par les Arabes. **2.** [byʀnu] ou [byʀnus] Manteau de bébé, avec un capuchon.

bus [bys], n. m. ♦ Abréviation familière de *autobus.*

busard, n. m. ♦ Oiseau rapace diurne, aux formes élancées.

buse, n. f. ♦ Oiseau rapace diurne, aux formes rondes.

buste, n. m. ♦ **1.** Partie du corps qui va du cou à la ceinture. — SYN. torse. **2.** Sculpture qui représente la tête d'un personnage, ainsi que le haut de la poitrine.

but [by], n. m. ♦ **1.** Point que l'on vise : *Quand le cow-boy tirait au revolver, il mettait toutes ses balles au but.* — SYN. cible,

objectif. **2.** Endroit où l'on veut aller : *Le vieux château fort sur le rocher, là-haut, sera le but de notre excursion.* — SYN. terme. **3.** Ce que l'on veut faire : *Être reçue brillamment à son examen, voilà le but que se propose ma sœur cette année.* — SYN. fin, intention, projet, propos, visée. **4.** *Le but* ou *les buts :* dans certains sports (soccer, etc.), endroit où il faut envoyer le ballon pour marquer un point. ● *Le gardien de but.* ● *Un but :* chacun des points marqués.

but en blanc (de) [bytɑ̃blɑ̃], loc. adv. ♦ D'un seul coup, sans préparation, ni transition : *Essaie de présenter habilement ta demande : ne l'expose pas de but en blanc.* — SYN. à brûle-pourpoint.

butane, n. m. ♦ Gaz combustible vendu en bouteilles pour faire marcher les réchauds, les cuisinières.

buté, ée, adj. ♦ Qui refuse de comprendre, d'obéir, de céder. — SYN. entêté, obstiné, opiniâtre, têtu. — CONTR. docile, ouvert, souple.

buter, v. ♦ **1.** Heurter un obstacle qui peut faire tomber ou qui empêche de couler, de glisser : *J'ai buté et je suis tombé dans la flaque de boue.* **2.** Se heurter à une difficulté qui arrête : *Je bute sur cette phrase de ma dictée.* **3.** *Se buter,* refuser de comprendre, d'obéir, de céder : *Voyons, essaie de comprendre : tu ne dois pas te buter, nous voulons ton bien.* — SYN. s'entêter, s'obstiner.

butin, n. m. ♦ Ce qui est pris par pillage ou par vol.

butiner, v. ♦ *Les abeilles butinent,* vont de fleur en fleur pour prendre du pollen ou du nectar.

butoir, n. m. ♦ Assemblage de grosses poutres, avec des tampons, qui sert à arrêter un train à l'extrémité d'une voie ferrée. — SYN. heurtoir.

butor, n. m. ♦ Homme mal élevé, grossier, désagréable.

butte

butte, n. f. ♦ **1.** Élévation de terrain.
— SYN. petite colline, hauteur, monticule,
tertre. **2. Butte de tir :** élévation de terre
devant laquelle est posée la cible. ● **Être en
butte à :** être l'objet (de paroles méchantes,
de mauvais traitements).

buvable, adj. ♦ Qui n'est pas mauvais
à boire : *L'eau du robinet sent l'eau de
Javel : elle est certes potable, mais elle n'est
guère buvable !*

buvard, n. m. ♦ Papier épais et mou
qui absorbe l'encre.

buvette, n. f. ♦ Petite salle, baraque
ou comptoir où l'on sert à boire.

buveur, euse, n. ♦ **1. Buveur de,**
qui boit habituellement ou souvent telle
boisson : *Les Alsaciens sont des buveurs de
bière, les Normands des buveurs de cidre.*
2. Un buveur, celui qui a l'habitude de boire
beaucoup de vin, d'alcool : *Anatole est un
gros buveur : il lui faut ses six bouteilles de
bière par jour.*

byzantin, ine, adj. *ou* n. ♦ De Byzance (ville appelée plus tard *Constantinople,*
puis *Istambul*) : *L'Empire byzantin prit fin
en 1453.* ● *Les Byzantins :* les habitants de
Byzance ou de l'Empire byzantin.

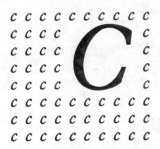

c′, pronom démonstratif. ♦ REGARDER *ce* 2.

ça, pronom démonstratif. ♦ REGARDER *cela.*

çà, ♦ REGARDER *çà et là.*

cabale, n. f. ♦ Action que mènent en secret plusieurs personnes pour faire du tort à une autre. — SYN. complot, conjuration, conspiration, intrigue.

caban, n. m. ♦ Veste longue, en étoffe de laine épaisse, que portent les marins.

cabane, n. f. ♦ Petite construction sommaire en pierre, en bois, etc. — REGARDER *baraque, hutte.*

cabane à sucre, n. f. ♦ Construction en bois située dans une érablière et où l'on fabrique le sirop et le sucre d'érable : *Il y avait beaucoup de monde dans la cabane à sucre, c'était une fête réussie.*

cabanon, n. m. ♦ Petite cabane ; très petite construction servant d'abri, de resserre.

cabaret, n. m. ♦ Établissement où l'on peut boire et danser et assister à un spectacle. — SYN. taverne.

cabas [kabɑ], n. m. ♦ Grand sac souple en matière tressée, avec deux grandes anses : *Jacques va faire son marché, le cabas au bras.*

cabestan, n. m. ♦ Gros treuil à axe vertical : *La chaîne de l'ancre du navire s'enroule autour d'un cabestan.*

cabine, n. f. ♦ **1.** Petit abri fermé. ● *Une cabine téléphonique.* **2.** Partie de l'avion où se trouve l'équipage. ● *La cabine de pilotage.* **3.** Chambre pour un ou plusieurs passagers, à bord d'un bateau. **4.** Partie de l'ascenseur où sont les gens et qui monte ou descend.

cabinet, n. m. ♦ **1.** Pièce dans laquelle travaille un avocat, un médecin, un dentiste. ● *Cabinet de travail :* pièce qui sert de bureau, à la maison. **2.** Ensemble des gens qui travaillent dans l'entourage immédiat d'un ministre : *Sa tante fait partie du cabinet des Relations extérieures.* ● *Le directeur, le chef de cabinet.* **3.** *Cabinet de toilette :* petite pièce qui contient un lavabo et une douche et des toilettes. ● *Les cabinets :* les W.-C.

câble, n. m. ♦ **1.** Grosse corde de chanvre, d'acier, etc. **2.** Fil conducteur (pour le passage de l'électricité, pour le téléphone, pour le télégraphe). ● *Télévision par câble,* dans laquelle les signaux vidéo sont transmis par câble. — REGARDER *télédistribution.*

cabochon

cabochon, n. m. ♦ Forte tête, personne têtue.

cabosser, v. ♦ Déformer en faisant des creux et des bosses : *D'un coup de canne, le clown cabossa le chapeau de sa partenaire.* ● *La casserole s'est cabossée en tombant.* — SYN. (se) bosseler.

caboteur, n. m. ♦ Bateau qui fait le « cabotage », c'est-à-dire qui transporte les voyageurs ou les marchandises entre les ports, peu éloignés, d'une même mer ou d'une même côte.

cabrer (se), v. ♦ **1.** *Le cheval se cabre,* se dresse sur ses jambes de derrière en levant les jambes de devant. — CONTR. ruer. **2.** Se révolter, se rebiffer : *Louis était un garçon rebelle : il se cabra contre la discipline du collège.* — SYN. se rebeller, se révolter. — CONTR. se soumettre.

cabri, n. m. ♦ Synonyme familier de *chevreau.*

cabriole, n. f. ♦ Petit saut joyeux sur place, culbute. — SYN. bond, culbute, galipette, gambade, pirouette, saut.

cabriolet, n. m. ♦ **1.** Autrefois, voiture à cheval, à deux roues, avec une capote rabattable. **2.** De nos jours, voiture automobile décapotable.

cacahuète [kakawɛt], n. f. ♦ Graine de l'arachide, qui, torréfiée, constitue un fruit sec très apprécié. — REM. On écrit quelquefois aussi *cacahouète* ou *cacahouette.*

cacao, n. m. ♦ **1.** Poudre qui sert à faire le chocolat et la boisson appelée aussi *cacao* et qui est faite avec la graine d'un arbre des pays tropicaux. **2.** Boisson chaude faite avec de la poudre de cacao délayée dans de l'eau ou du lait.

cacaoui, n. m. ♦ Petit canard sauvage.

cachalot, n. m. ♦ Gros mammifère qui vit dans la mer, comme la baleine.

cache, n. f. ♦ Cachette : *Mettons-nous dans cette cabane, c'est une cache sûre.*

cache-cache, n. m. inv. ♦ *Jeu de cache-cache :* jeu dans lequel un joueur doit trouver les autres, qui se cachent.

cache-col, n. m. inv. ♦ Bande d'étoffe dont on s'entoure le cou pour se protéger du froid. — SYN. cache-nez, écharpe.

cache-nez, n. m. inv. ♦ Cache-col large et long qui peut couvrir le bas du visage. — SYN. cache-col, écharpe.

cacher, v. ♦ **1.** Mettre à un endroit tel qu'on ne verra pas ou qu'on ne découvrira pas l'objet : *Pour lui faire une farce, cachons son cartable dans l'armoire.* — SYN. dissimuler. ● *Cachons-nous dans le débarras : personne ne nous verra.* **2.** Empêcher d'être visible : *Ce gros arbre cache la maison.* ● *De temps en temps, la lune se cachait derrière les nuages.* — CONTR. apparaître, se montrer, paraître. **3.** Ne pas dire, ne pas montrer un sentiment ou ce que l'on sait : *Essayons de cacher notre joie, pour ne pas faire de la peine à notre ami, qui a du chagrin.* — SYN. celer, dissimuler, taire. — CONTR. dire, exprimer, faire connaître, faire savoir, montrer, proclamer, révéler. ● *Ne pas se cacher de,* avouer franchement : *Je ne me cache pas d'être nul en maths.*

cachet, n. m. ♦ **1.** Marque imprimée avec un tampon : *D'après le cachet de la poste, cette lettre vient de Madrid.* ● *Lettre de cachet :* ordre donné par le roi de France de faire emprisonner ou exiler quelqu'un sans jugement. **2.** Élégance particulière qui fait qu'une chose ne ressemble pas aux autres de la même catégorie : *Ce meuble ancien va donner du cachet à notre entrée.* — SYN. caractère, originalité. — CONTR. banalité. **3.** Rémunération d'un acteur, d'un musicien, etc. : *Mylène dit qu'elle voudrait être une star d'Hollywood pour avoir de très gros cachets !* **4.** Médicament présenté sous forme de poudre contenue dans une enveloppe de pâte sèche.

cacheter, v. (conjugaison 14) ♦ Fermer une enveloppe en collant le bord : *Cachette bien la lettre et n'oublie pas de mettre le timbre.*

Le système solaire

Voici une représentation des **planètes du système solaire** et de leur orbite par rapport au soleil.

1. Soleil.
2. **Mercure:** la planète la plus proche du soleil.
3. Vénus.
4. Terre.
5. Mars.
6. Jupiter.
7. Saturne.
8. Uranus.
9. Neptune.
10. **Pluton:** la planète la plus éloignée du soleil.
11. La Terre vue de la Lune.

Ph. © N.A.S.A./Coll. P.P.P./ I.P.S./Arch. Photeb.

La découverte de l'espace

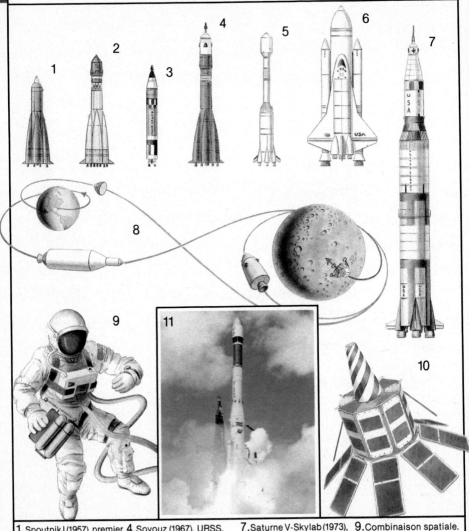

1. Spoutnik I (1957), premier satellite artificiel. URSS.
2. Vostok I (1961), URSS.
3. Gemini-Titan(1964), USA.
4. Soyouz (1967), URSS.
5. Ariane (1979), Europe.
6. Navette spatiale (1981), USA.
7. Saturne V-Skylab (1973), USA.
8. **Le 20 juillet 1969,** deux hommes ont marché sur la Lune. Trajet effectué par Apollo 11.
9. Combinaison spatiale.
10. Satellite Éole (1971), France.
11. Lancement d'Ariane à Kourou (Guyane) 1984.

Le globe terrestre

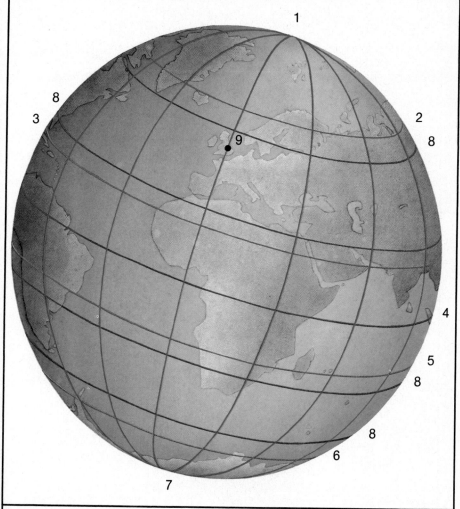

Pour mieux délimiter la surface de la Terre et comprendre les phénomènes qui l'animent, les scientifiques ont défini **des points et des lignes de repère imaginaires.**

1. Pôle Nord.
2. Cercle polaire arctique.
3. Tropique du Cancer.
4. Équateur.
5. Tropique du Capricorne.
6. Cercle polaire antarctique.
7. Pôle Sud.
8. Parallèle.
9. Méridien de Greenwich.

Nuages et atmosphère

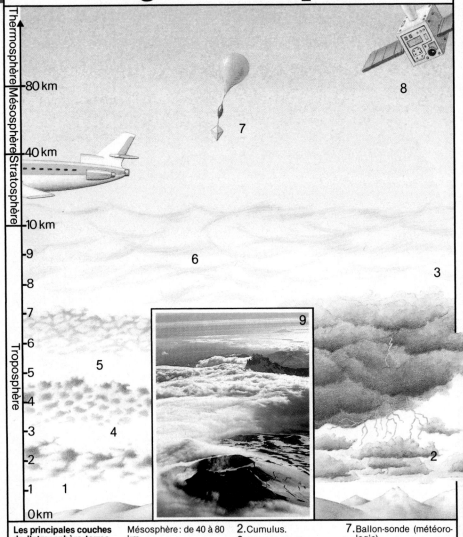

Thermosphère | Mésosphère | Stratosphère

80 km

40 km

10 km

9

8

7

6

5

4

3

2

1

0 km

Troposphère

Les principales couches de l'atmosphère terrestre:

Troposphère: de 0 à 10 km.

Stratosphère: de 10 à 40 km.

Mésosphère: de 40 à 80 km.

Thermosphère: à partir de 80 km.

Quelques nuages:

1. Strato-cumulus.
2. Cumulus.
3. Cumulo-nimbus.
4. Altocumulus.
5. Cirro-cumulus.
6. Cirrus.
7. Ballon-sonde (météorologie).
8. Satellite météorologique.
9. Une mer de nuages en Alaska.

Structure et relief de la Terre

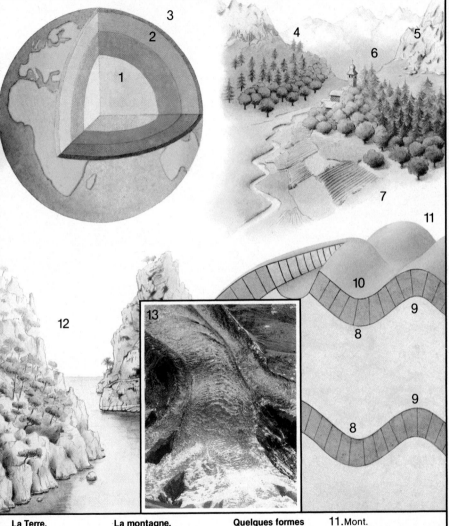

La Terre.	La montagne.	Quelques formes de relief.	11. Mont.
1. Noyau.	4. Ubac (versant à l'ombre).	8. Synclinal.	12. Falaise calcaire.
2. Manteau.	5. Adret (versant au soleil).	9. Anticlinal.	13. Langue glaciaire.
3. Croûte continentale.	6. Alpages.	10. Val.	
	7. Prairies et cultures.		

Ph. © Lang / RAPHO

Le cycle de l'eau

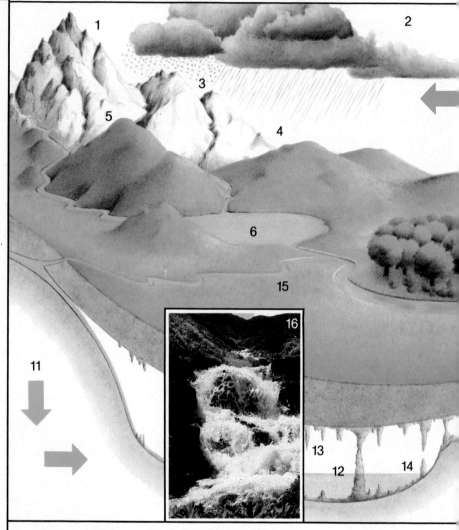

La circulation de l'eau se fait par voie aérienne (nuages), par voie terrestre (cours d'eau), par voie souterraine (rivières souterraines).

1. Glacier.
2. Nuages.
3. Neige.
4. Pluie.
5. Torrent.
6. Lac.
7. Évaporation de l'eau.
8. Fleuve.
9. Océan ou mer.

Le cycle de l'eau

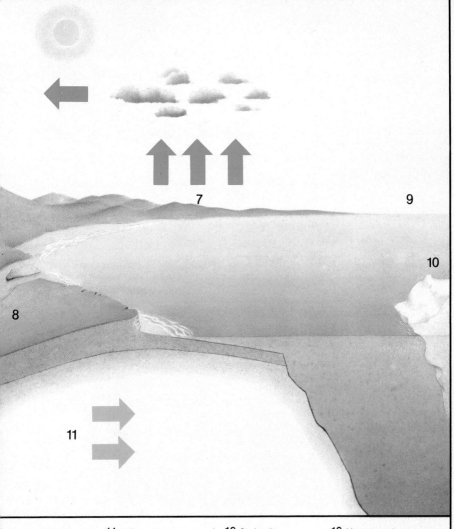

7

9

10

8

11

Iceberg: détaché de la banquise des régions polaires, il dérive au gré des courants et fond peu à peu.

11. Infiltrations souterraines.

12. Nappe d'eau souterraine.

13. Stalactites.

14. Stalagmites.

15. Rivière.

16. Un torrent de montagne.

Catastrophes naturelles

1. Tornade.
2. Éruption volcanique.
3. Tremblement de terre.
4. Inondation.
5. Avalanche.
6. Raz-de-marée.
7. Fontaines et coulées de lave du **Mauna-Loa** à Hawaï.

cachette, n. f. ♦ **1.** Endroit où l'on peut cacher quelque chose, où l'on peut se cacher. — SYN. une cache. **2.** _En cachette :_ sans se faire voir et sans le dire. ● _En cachette de : Juliette lit son album en cachette du maître._

cachot, n. m. ♦ Cellule de prison étroite et sombre.

cachotterie, n. f. ♦ Petit secret. _Faire des cachotteries :_ cacher de petites choses, ne pas les dire.

cachottier, ière, adj. _ou_ n. ♦ Qui aime faire des cachotteries.

cacophonie [kakɔfɔni], n. f. ♦ Mélange confus et désagréable de musiques diverses, de bruits, de chants, etc.

cactus [kaktys], n. m. ♦ Plante des pays chauds aux formes épaisses, sans feuilles, hérissées de piquants. — SYN. plante grasse.

cadastre, n. m. ♦ Plan sur lequel sont indiquées toutes les parcelles de terrain (bâties ou non bâties) d'une commune et qui est accompagné de la liste de ces parcelles, avec l'indication de leur surface et le nom de leur propriétaire.

cadavérique, adj. ♦ Qui a l'aspect d'un cadavre : _Paul est malade, il a un teint d'une pâleur cadavérique._

cadavre, n. m. ♦ Corps d'un homme ou d'un animal mort. — SYN. corps, dépouille.

cadeau, n. m. ♦ Ce qu'on offre à quelqu'un en signe d'amitié, pour lui faire plaisir, pour marquer une fête. — SYN. un présent. ● _Faire cadeau de,_ donner : _Nous avons trop de fruits au jardin : nous en ferons cadeau aux voisins et aux amis._ ● _Ne pas faire de cadeau :_ traiter quelqu'un avec sévérité. ● _Ce n'est pas un cadeau :_ ce n'est pas une chose agréable, c'est un problème.

cadenas [kadna], n. m. ♦ Serrure portative (à clé ou à combinaison) qui est munie d'un anneau et qui sert à fermer une barrière, une porte, une boîte.

cadenasser, v. ♦ Fermer avec un cadenas : _On ne peut plus entrer dans le pré : la propriétaire a cadenassé la barrière._

cadence, n. f. ♦ **1.** Suite régulière de sons ou de mouvements qui se produisent à des intervalles égaux : _La musique nous arrivait de loin, mais nous reconnaissions la cadence rapide d'une danse carrée._ — SYN. rythme, mesure. ● _En cadence :_ selon un rythme régulier. **2.** Vitesse à laquelle se déroule un événement, une action : _Si nous voulons avoir terminé le travail avant ce soir, il faut accélérer la cadence !_ — SYN. allure, rythme, vitesse.

cadencé, ée, adj. ♦ Qui se fait en cadence, selon un rythme régulier : _Dans la nuit africaine, on entendait le battement sourd et cadencé du tam-tam._ — SYN. rythmé. ● _Pas cadencé :_ manière de marcher des soldats quand ils marchent « au pas ». — CONTR. pas de route.

cadet, ette, adj. _ou_ n. ♦ **1.** Qui est né le second, dans une famille, après l'aîné. — REGARDER _aîné, benjamin._ **2.** Personne (d'une autre famille) qui est plus jeune qu'une autre personne : _Moi, Marie, je suis née en 1970 ; Isabelle, qui est née en 1972, est donc ma cadette de deux ans._ **3.** _Les cadets :_ catégorie de sportifs dont l'âge est compris entre quinze et dix-sept ans.

cadran, n. m. ♦ Espace rond ou carré, marqué de divisions, sur lequel se déplacent les aiguilles d'une montre, l'aiguille d'une boussole, etc. ● Partie d'un appareil téléphonique qui porte les chiffres.

cadre, n. m. ♦ **1.** Objet en bois, en métal, etc., qui constitue l'entourage d'un tableau, d'une photographie. **2.** Ce qui entoure quelque chose (paysage, etc.) : _Cette vallée verdoyante, quel beau cadre pour une maison de campagne !_ ● Endroit où l'on a l'habitude de vivre : _Quand on est âgé, on ne veut pas quitter le cadre où l'on a toujours vécu._ — SYN. environnement. **3.** Ensemble des limites qui définissent un sujet : _Je vous ai demandé de traiter la fondation de Montréal. Ne me parlez pas de son développement : cela sort du cadre du sujet._ **4.** Celui, celle qui commande, qui dirige un service, une entreprise. — SYN. dirigeant, responsable. **5.** Carcasse rigide qui soutient quelque chose : *Les décors en papier sont collés sur des cadres de bois.* ● Ensemble des tubes qui forment la partie principale d'une bicyclette et qui supporte la selle, le guidon, les roues, les pédales, etc. ● Très grande caisse employée pour les déménagements.

cadrer, v. ◆ **1.** Orienter un appareil photographique ou une caméra de manière que le sujet soit bien placé dans les limites de l'image : *Tu as mal cadré ton personnage : sa tête est restée en dehors de la photo.* **2.** *Cadrer avec,* aller avec, correspondre : *Le résultat que tu obtiens pour le calcul ne cadre pas avec les chiffres de nos mesures.* — SYN. s'accorder, s'ajuster, concorder, correspondre.

cadreur, n. m. ◆ Celui qui manœuvre et oriente une caméra de cinéma ou de télévision. — SYN. cameraman, opérateur.

caduc, uque, adj. ◆ **1.** *Feuilles caduques,* qui tombent tous les ans, à l'automne, et qui sont remplacées au printemps par des feuilles nouvelles : *Les érables ont des feuilles caduques ; les sapins ont des feuilles* (aiguilles) *persistantes.* **2.** Qui n'est plus en vigueur, qui n'est plus appliqué : *Il faut dactylographier le texte du nouveau règlement, l'ancien est devenu caduc.* — SYN. annulé, périmé, tombé en désuétude.

çà et là, loc. adv. ◆ A divers endroits.

cafard, n. m. ◆ Insecte de couleur brune qui vit dans les maisons, — SYN. blatte, cancrelat. ● Personne qui dénonce les autres. ● *Avoir le cafard :* être déprimé, triste.

cafarder, v. ◆ Dénoncer, rapporter ce que quelqu'un d'autre a fait.

cafardeux, euse, adj. ◆ Triste. Qui déprime.

café, n. m. ◆ **1.** Graine d'une plante des pays chauds qui, moulue, sert à faire une boisson chaude. **2.** Boisson chaude faite avec cette graine moulue. **3.** Établissement où l'on peut consommer du café ou toute autre boisson. — SYN. cabaret, bistrot *(familier).*

cafétéria, n. f. ◆ Restaurant où l'on se sert soi-même.

cafetière, n. f. ◆ Ustensile ou appareil dans lequel on fait le café. ● *Une cafetière électrique.*

cage, n. f. ◆ **1.** Abri fermé par un grillage ou des barreaux et où l'on enferme un animal. **2.** Espace vertical dans lequel est établi un escalier ou dans lequel monte et descend une cabine d'ascenseur : *La cage de l'ascenseur occupe le milieu de la cage de notre escalier.*

cageot [kaʒo], n. m. ◆ Caisse légère, à claire-voie, où l'on met des légumes, des fruits.

cagibi, n. m. ◆ Toute petite pièce qui sert de débarras. — REM. Ce mot est familier.

cagneux, euse, adj. ◆ Qui a les genoux tournés en dedans, ce qui donne aux jambes une allure disgracieuse.

cagnotte, n. f. ◆ Somme d'argent qui est constituée par les versements successifs de plusieurs personnes et qui sera dépensée toute à la fois par toutes ces personnes ensemble : *Avec ses collègues de bureau, ma sœur fait une cagnotte : quand il y aura assez d'argent, elles s'offriront à toutes un bon déjeuner.*

cagoule, n. f. ◆ Capuchon, sac recouvrant la tête et percé de deux trous permettant de voir.

cahier, n. m. ◆ Ensemble de feuilles cousues ou assemblées, sous une couverture.

cahin-caha [kaɛ̃kaa], adv. ◆ Comme on peut, tant bien que mal, avec des difficultés.

cahot [kao], n. m. ◆ Secousse provoquée par les inégalités de la route. — REM. N'écrivez pas comme *chaos :* « désordre, entassement ».

cahotant, ante [kaɔtã, ãt], adj. ♦ Qui cahote.

cahoter [kaɔte], v. ♦ Être secoué par les cahots d'une mauvaise route : _La charrette pleine de foin avançait en cahotant sur le chemin défoncé._

cahoteux, euse, adj. ♦ _Route cahoteuse, chemin cahoteux,_ où les bosses et les creux font cahoter les véhicules.

cahute [kayt], n. f. ♦ Cabane, hutte, maison petite et pauvre.

caille [kɑj], n. f. ♦ Oiseau assez semblable à la perdrix et très bon à manger.

caillé [kaje], n. m. ♦ Lait qu'on a fait cailler.

cailler [kaje], v. ♦ Se figer en masse solide, plus ou moins molle : _Le lait a caillé dans le moule à fromage._ ● _Le lait se caille._

caillot [kajo], n. m. ♦ Petite masse de sang coagulé et devenu solide.

caillou, n. m. ♦ Petite pierre. — PLUR. _des cailloux._

caïman [kaimã], n. m. ♦ Grand crocodile d'Amérique du Sud.

caisse, n. f. ♦ **1.** Grande boîte (en bois, en fer). **2.** Sorte de grand tambour. ● _La grosse caisse :_ gros tambour au son grave. ● _La caisse claire :_ tambour à son clair. **3.** Tiroir où un commerçant met l'argent, la monnaie. ● Endroit d'un magasin où l'on paye : _La vendeuse va nous conduire à la caisse._ **4.** Organisme qui reçoit, garde ou verse de l'argent : _Mon père cotise pour sa retraite à la Caisse nationale de prévoyance._ ● _Caisse d'épargne :_ établissement où l'on dépose ses économies et qui verse un intérêt.

caissette, n. f. ♦ Petite caisse aux parois peu épaisses. ● Son contenu.

caissier, ière, n. ♦ Celui, celle qui tient la caisse, dans un magasin, une banque.

cajoler, v. ♦ Traiter avec gentillesse, en disant des paroles très aimables, très douces : _Ce bon grand-père aime bien cajoler ses petits-enfants._ — SYN. câliner, caresser, choyer, dorloter. — CONTR. brusquer, rudoyer.

calamité, n. f. ♦ Grand malheur, grande catastrophe qui frappe beaucoup de gens : _Ce raz-de-marée qui a noyé cinq mille personnes, quelle effroyable calamité!_ — SYN. cataclysme, catastrophe, désastre, fléau.

calcaire, n. m. _ou_ adj. ♦ **1.** Roche qui contient du carbonate de calcium : _La craie, c'est du calcaire. Le calcaire dur est une excellente pierre à bâtir._ **2.** Qui contient du calcaire ou du carbonate de calcium : _Le sol calcaire de cette plaine convient bien à la betterave._ ● _L'eau calcaire mousse mal._

calciner, v. ♦ Brûler complètement : _Le feu trop vif a calciné le bifteck._ — SYN. carboniser.

calcium [kalsjɔm], n. m. ♦ Métal qui existe dans la nature sous forme de composés (carbonate de calcium, etc.) : _Les sels de calcium sont utilisés en médecine._

calcul, n. m. ♦ **1.** Action de chercher un résultat en opérant sur des nombres : _Déterminer la position d'un satellite artificiel, cela demande des calculs compliqués._ **2.** Raisonnement qui doit permettre de prévoir et d'agir.

calculateur, trice, adj. _ou_ n. m. ♦ **1.** Qui sait raisonner et prévoir minutieusement, prudemment et habilement : _Ma tante est très calculatrice ; elle ne se lance jamais à la légère dans une entreprise : elle réfléchit toujours avant d'agir._ **2.** Machine qui permet de faire des calculs très complexes.

calculatrice, n. f. ♦ Machine électronique qui permet de faire des calculs très vite.

calculer

calculer, v. ♦ **1.** Trouver par une série d'opérations mathématiques : *Vous calculerez la surface du cercle.* **2.** Réfléchir pour trouver le meilleur moyen de faire ce que l'on veut : *Je calcule : comment amener notre amie à accepter cet accord?*

calculette, n. f. ♦ Petite machine qui permet de faire des calculs.

1. cale, n. f. ♦ **1.** Morceau de bois ou de fer, etc., que l'on met sous un pied de meuble pour que ce meuble soit stable. **2.** Pierre, morceau de bois, etc., que l'on met contre une roue pour bloquer un véhicule.

2. cale, n. f. ♦ **1.** Partie basse, dans un navire, où l'on met les marchandises. **2.** Quai incliné où accostent les petits bateaux. **3.** *Cale sèche :* bassin où l'on peut mettre un navire à sec pour réparer ou repeindre la coque. — SYN. bassin de radoub.

calé, ée, adj. ♦ Savant. Difficile : *Michelle est calée en histoire. Pour résoudre ce problème, il faut être calé.*

calèche, n. f. ♦ Autrefois, belle voiture à cheval, à quatre ou à deux roues, ayant une capote à l'arrière et un siège surélevé à l'avant.

caleçon, n. m. ♦ Culotte à jambes courtes ou longues que les hommes portent sous le pantalon.

calembour, n. m. ♦ Jeu de mots plus ou moins spirituel : « *Je délace mes souliers, ça me délasse* », tel était le calembour qu'il faisait tous les jours en rentrant de promenade.

calendes [kalɑ̃d], n. f. pl. ♦ Chez les Romains, le premier jour du mois : *Il arriva à Rome aux calendes de mai* (= le 1ᵉʳ mai). ● *Renvoyer aux calendes grecques :* renvoyer à une date qui n'arrivera jamais. (Le calendrier grec n'avait pas de calendes.)

calendrier, n. m. ♦ Tableau des jours de l'année.

cale-pied, n. m. ♦ Petit morceau de métal et lanière de cuir qui maintiennent le pied du cycliste sur la pédale.

calepin, n. m. ♦ Carnet (pour les adresses, etc.). — SYN. agenda, carnet, mémento, répertoire.

caler, v. ♦ **1.** Stabiliser, rendre immobile en mettant une cale : *La table remue, il faudra la caler en mettant un bout de carton sous un pied.* **2.** *Le moteur cale,* s'arrête brusquement : *Mon moteur cale dans les côtes.*

calfat [kalfa], n. m. ♦ Celui qui calfate un bateau.

calfater, v. ♦ Mettre de l'étoupe et du goudron dans les joints de la coque d'un bateau, pour rendre celle-ci étanche : *Nous allons calfater la vieille barque : elle prend l'eau.*

calfeutrer, v. ♦ **1.** Boucher soigneusement avec des bourrelets, des joints étanches : *Calfeutrez vos fenêtres, vous dépenserez moins en chauffage.* **2.** *Se calfeutrer,* s'enfermer soigneusement chez soi : *Il ne veut voir personne et se calfeutre peureusement dans sa maison.*

calibre, n. m. ♦ **1.** Diamètre intérieur du canon d'une arme à feu ou du tube d'un canon : *Un canon de 75 est un canon qui a un calibre de 75 millimètres.* **2.** Grosseur d'un fruit, d'un œuf, etc.

calibrer, v. ♦ Classer selon la grosseur : *Pour calibrer les fruits, on les fait passer sur des tables percées de trous.*

calice, n. m. ♦ **1.** Vase en métal précieux dans lequel le prêtre met le vin qu'il consacre pendant la messe. **2.** Partie qui enveloppe la base de la fleur et qui est formée de sépales.

calicot, n. m. ♦ Toile de coton.

calife, n. m. ♦ Autrefois, souverain de certains pays musulmans.

califourchon (à), loc. adv. ♦ A cheval, en ayant une jambe de chaque côté : *Ne reste pas à califourchon sur le parapet du pont : j'ai peur de te voir tomber.* — SYN. à cheval.

câlin, ine, adj. ♦ Qui aime recevoir et donner des marques d'affection : *Qu'il est câlin, cet enfant : il vient toujours se blottir sur mes genoux.* — SYN. affectueux, aimant, tendre. — CONTR. froid, indifférent.

câliner, v. ♦ Traiter avec tendresse en donnant beaucoup de marques d'affection : *L'enfant adorait se faire câliner par sa grand-mère.* — SYN. cajoler, caresser, choyer, dorloter.

calmant, ante, adj. *ou* n. m. ♦ Qui calme la douleur ou l'agitation nerveuse : *Le malade s'agite beaucoup : pouvons-nous lui donner sa potion calmante?* ● *Docteur, pensez-vous qu'un calmant lui ferait du bien?* — SYN. sédatif, tranquillisant.

calmar, n. m. ♦ Mollusque marin assez semblable à la seiche et qui se mange. — SYN. encornet.

calme, adj. *ou* n. m. ♦ **1.** Qui n'est pas agité, troublé : *La mer est calme, nous pourrons aller nous baigner.* — SYN. tranquille. ● Où il n'y a pas de bruit, de mouvement : *Nous avons la chance d'habiter un quartier très calme : même avec les fenêtres ouvertes, nous n'entendons aucun bruit.* — SYN. tranquille, silencieux. **2.** *Le calme,* caractère d'une chose qui n'est pas agitée, bruyante : *Nous apprécions le calme de la forêt.* — SYN. tranquillité, silence. — CONTR. agitation, bruit. ● *Le calme plat :* état de la mer quand il ne souffle aucun vent. **3.** Qui n'est pas excité ou agressif : *J'aime les gens calmes et posés; les gens excités me fatiguent.* — SYN. pacifique, paisible, patient, placide, sage, tranquille. — CONTR. agité, nerveux, turbulent. **4.** *Le calme,* qualité d'une personne qui n'est pas agitée ou agressive : *J'admire ton calme : jamais tu ne te mets en colère.* — SYN. flegme, maîtrise de soi, patience, placidité, sagesse, sang-froid, tranquillité. — CONTR. agitation, nervosité, turbulence.

calmer, v. ♦ **1.** Rendre calme, tranquilliser : *Mon ami s'affolait, j'ai essayé de le calmer.* — SYN. rasséréner, rassurer, tranquilliser. — CONTR. affoler, inquiéter, troubler. ● *Mon ami a fini par se calmer.* **2.** Rendre moins pénible, moins douloureux : *Ma tante souffre de l'estomac : elle doit prendre une potion qui calme ses douleurs.* — SYN. adoucir, alléger, apaiser, soulager. — CONTR. aviver, exacerber. **3.** *Se calmer,* devenir moins violent : *Enfin ! nous allons pouvoir sortir : le vent s'est calmé !* — SYN. s'apaiser, tomber. — CONTR. s'aggraver, se lever.

calomnie, n. f. ♦ Parole ou écrit qui affirme faussement une chose qui peut faire du tort à quelqu'un. — SYN. diffamation. — REGARDER médisance.

calomnier, v. (conjugaison 20) ♦ Dire ou écrire une calomnie contre quelqu'un : *En disant que ton camarade est un voleur, alors que ce n'est pas vrai, tu l'as calomnié.* — SYN. diffamer.

calorie, n. f. ♦ Unité de chaleur. ● Unité de quantité d'énergie apportée par un aliment à l'organisme.

calot, n. m. ♦ Coiffure militaire en étoffe, sorte de bonnet allongé d'avant en arrière.

calotte, n. f. ♦ **1.** Coiffure ronde qui couvre seulement le sommet de la tête. **2.** *Calotte glaciaire :* vaste étendue de glace qui couvre les régions du pôle Nord et du pôle Sud.

calque, n. m. ♦ Dessin fait au moyen d'un papier-calque. ● *Papier-calque :* papier transparent qu'on applique sur un dessin pour en copier les contours et pour le reporter et le reproduire sur une autre feuille de papier.

calquer, v. ♦ **1.** Reproduire en faisant un calque : *Pour aller plus vite, tu n'as qu'à calquer ta carte sur celle de ton livre de géographie.* — REGARDER décalquer. **2.** *Calquer quelque chose sur,* faire quelque chose en imitant (tel modèle) : *Il faut calquer notre manière de jouer sur celle de l'équipe adverse : elle joue très bien.*

calumet, n. m. ♦ Pipe à long tuyau des Amérindiens. ● *Fumer le calumet de la paix :* conclure la paix avec un adversaire.

calvaire, n. m. ♦ **1.** Monument, constitué par trois croix en pierre et des personnages sculptés, qui rappelle la scène de la crucifixion du Christ sur le Calvaire (ou Golgotha), colline située près de Jérusalem. **2.** Succession de souffrances, de malheurs : *La pauvre femme avait perdu son mari, puis son fils et sa fille : sa vie fut un long calvaire.* — SYN. chemin de croix, enfer.

calvitie [kalvisi], n. f. ♦ État d'une personne chauve ; perte des cheveux.

camarade, n. m. *ou* f. ♦ Personne avec qui on va en classe, on travaille, etc.

camaraderie, n. f. ♦ Lien qui unit des camarades d'école, de régiment, etc. : *Julie regrettait la bonne camaraderie qu'elle avait connue à l'école de son quartier.*

cambouis [kãbwi], n. m. ♦ Mélange sale de poussière et d'huile de graissage.

cambrer, v. ♦ Redresser vers l'arrière : *Cambrez le torse et marchez au pas !* ● *Cambre-toi, tu auras plus fière allure !*

cambriolage, n. m. ♦ Action de cambrioler.

cambrioler, v. ♦ Voler en s'introduisant dans un local.

cambrioleur, euse, n. ♦ Celui, celle qui cambriole.

camée, n. m. ♦ Pierre fine, composée de plusieurs couches de couleurs différentes, qui est taillée de manière que ces diverses couleurs constituent un dessin.

caméléon, n. m. ♦ Petit reptile qui peut prendre la couleur de la surface sur laquelle il se trouve, ce qui le rend moins visible. ● Personne qui change de conduite ou d'idées tout le temps. ● Personne à laquelle on ne peut se fier.

camelot, n. m. ♦ Marchand ambulant qui vend sa marchandise en plein air, sur les trottoirs. ● Personne qui livre les journaux à domicile.

camelote, n. f. ♦ Marchandise, objet de mauvaise qualité.

camembert, n. m. ♦ Fromage de forme plate et ronde à pâte molle et grasse, fabriqué avec du lait de vache.

caméra, n. f. ♦ Appareil de prise de vues de cinéma ou de télévision.

cameraman [kameʀaman], n. m. ♦ Synonyme de *cadreur.* — PLUR. *des cameramen* [kameʀamɛn].

camion, n. m. ♦ Gros véhicule automobile pour le transport des marchandises.

camion-citerne, n. m. ♦ Camion avec un réservoir pour des liquides : eau, mazout, huile, etc.

camionnage, n. m. ♦ Transport par camion.

camionnette, n. f. ♦ Petit camion.

camionneur, euse, n. ♦ Conducteur, conductrice de camion ; transporteur qui a des camions.

camouflage, n. m. ♦ Couleur, chose qui sert à camoufler.

camoufler, v. ♦ Rendre difficile à voir, à repérer, en peignant d'une certaine manière, en dissimulant.

camp, n. m. ♦ **1.** Ensemble de tentes, de baraques : *A la fin de chaque journée de marche, les soldats romains installaient leur camp et le fortifiaient.* — SYN. campement, bivouac. **2.** Chacun des groupes d'adversaires : *La lutte était rude entre les deux camps.* **3.** *Camp de chasse, de pêche :* lieu aménagé pour la chasse ou la pêche. ● *Camp de bûcherons :* lieu où habitent et travaillent les bûcherons. ● *Camp d'été :* lieu où l'on passe les vacances d'été ou les fins de semaine. ● *Camp de vacances :* lieu aménagé pour les vacances des enfants.

campagnard, arde, adj. *ou* n. ♦ 1. De la campagne, propre à la campagne, aux gens de la campagne : *Ces meubles ont un style campagnard.* 2. *Un campagnard, une campagnarde :* un homme, une femme de la campagne.

campagne, n. f. ♦ 1. Les champs, les prés, les bois, loin des villes. 2. Suite d'opérations militaires (expéditions, batailles, etc.) qui se déroulent en une seule période : *Il fallut de nombreuses campagnes aux Romains pour vaincre les Espagnols.* 3. *Campagne électorale :* ensemble des discours, des réunions, des affiches, etc., qui servent aux candidats à se faire connaître, afin d'obtenir les voix des électeurs. ● *Faire campagne pour,* agir en faveur d'un candidat par des tracts, des discours, etc. : *Cet ancien ministre fait campagne pour notre député.* ● *Campagne publicitaire :* ensemble d'opérations publicitaires (messages à la radio, à la télévision, affiches, etc.) par lesquelles on fait connaître un produit. ● *En rase campagne :* en pleine campagne.

campement, n. m. ♦ Camp, groupe de tentes, de roulottes : *J'ai vu un campement de bohémiens à l'entrée du village.*

camper, v. ♦ 1. Loger sous la tente, dans un camp, un terrain de camping, etc. : *Cet été, nous irons camper en pleine nature, dans la forêt.* 2. *Se camper,* se tenir debout, bien planté sur ses jambes, dans une attitude décidée : *Elle se campa devant moi, les poings sur les hanches, et me regarda d'un air de défi.* — SYN. se planter.

campeur, euse, n. ♦ Celui, celle qui fait du camping.

camphre [kɑ̃fʀ], n. m. ♦ Produit à odeur forte, qui est extrait du *camphrier,* arbre d'Extrême-Orient, et qui sert notamment à éloigner les mites.

camping [kɑ̃piŋ], n. m. ♦ 1. Action

de loger sous la tente. 2. *Un camping :* un terrain de camping, c'est-à-dire un terrain où les campeurs peuvent installer leurs tentes.

canadianisme, n. m. ♦ Mot, expression, façon de s'exprimer typique du français du Canada.

canadien, ienne, adj. *ou* n. ♦ Du Canada : *Tu connais le sucre d'érable? C'est une spécialité canadienne.* ● *Les Canadiens. Un Canadien. Une Canadienne.*

canadienne, n. f. ♦ Veste longue, en toile imperméable, doublée de peau de mouton.

canaille [kanɑj], n. f. ♦ Individu très malhonnête, malfaisant et méprisable.

canal, aux, n. m. ♦ 1. Fossé creusé pour permettre à l'eau de couler. ● *Un canal d'irrigation.* 2. Grand fossé, rempli d'eau, creusé pour permettre le passage des bateaux : *On peut aller en bateau de Kingston à Ottawa par le canal Rideau. Le canal de Lachine à Montréal avait été construit pour éviter les rapides de Lachine.* 3. *Par le canal de,* par l'intermédiaire de : *J'ai loué une maison meublée par le canal d'une agence.* — SYN. filière, intermédiaire. 4. Chaîne de télévision.

canalisation, n. f. ♦ 1. Action de canaliser un cours d'eau. 2. Ensemble de tuyaux qui amènent ou emmènent l'eau, qui amènent le gaz.

canaliser, v. ♦ 1. Rendre un cours d'eau navigable en le creusant, en enlevant les bancs de sable, en installant des écluses : *En canalisant le Saint-Laurent, on a créé une voie maritime de l'Atlantique aux Grands Lacs.* 2. Régulariser le mouvement de la foule en obligeant les gens à suivre un certain chemin : *Quel monde à cette exposition! Heureusement, des barrières métalliques permettent de canaliser la foule.*

canapé, n. m. ♦ Siège confortable, rembourré ou muni de coussins, avec dossier et accoudoirs, qui a plusieurs places et sur lequel on peut éventuellement s'allonger. — REGARDER *divan.*

canard

canard, n. m. ♦ **1.** Oiseau aquatique, à pattes palmées, à bec plat, élevé comme oiseau de basse-cour. — REGARDER *cane, caneton.* **2.** Chair de cet animal : *J'aime mieux le poulet, mais ma sœur préfère le canard.* **3.** Bouilloire.

canarder, v. ♦ Tirer sur quelqu'un des coups de feu isolés, en étant à couvert : *Cachés derrière le parapet du pont, des voyous armés de carabines ont canardé les moineaux.*

canari, n. m. ♦ Petit oiseau jaune qu'on élève en cage pour son chant agréable. — REGARDER *serin.*

cancan, n. m. ♦ *Des cancans :* des propos plus ou moins malveillants que l'on tient sur les gens et qui sont généralement contraires à la vérité. — SYN. commérage, potin, ragot. — REM. Ce mot est familier.

cancer, n. m. ♦ Maladie grave provoquée par la prolifération des cellules du corps en un endroit donné, ce qui forme une tumeur.

cancéreux, euse, adj. *ou* n. ♦ **1.** Qui est de la nature du cancer : *Docteur, pensez-vous que cette tumeur soit cancéreuse ?* **2.** Atteint d'un cancer.

cancérigène, adj. ♦ Qui peut provoquer le cancer : *Le tabac est très cancérigène.*

cancre, n. m. ♦ Élève paresseux, qui réussit très mal en classe.

cancrelat [kɑ̃kʀəla], n. m. ♦ Insecte appelé aussi « cafard » ou « blatte ».

candélabre, n. m. ♦ Grand chandelier à plusieurs branches.

candeur, n. f. ♦ Qualité d'une personne pure et innocente, sans méfiance. ● Défaut d'une personne très crédule : *Gérard croit que toutes les informations communiquées par la presse sont vraies. Quelle candeur !* — SYN. crédulité, ingénuité, naïveté, simplicité. — CONTR. méfiance, prudence, ruse.

candi, adj. m. ♦ *Sucre candi :* sucre purifié et cristallisé, en gros morceaux.

candidat, ate, n. ♦ Celui, celle qui se présente à un examen, à un concours, à une élection, ou se propose pour occuper un emploi. — REM. Celui qui est reçu à un examen ou à un concours est un *lauréat.*

candidature, n. f. ♦ Action de se présenter à une élection ou de se proposer pour occuper un emploi : *Notre amie Hilda va poser sa candidature pour être déléguée de classe* (= se présenter comme candidat).

candide, adj. ♦ Qui est très crédule. — SYN. ingénu, naïf, simple. — CONTR. méfiant, prudent, rusé.

cane, n. f. ♦ Femelle du canard. — REM. N'écrivez pas comme la *canne*, « bâton ».

caneton, n. m. ♦ Petit du canard.

canette, n. f. ♦ **1.** Petite bouteille de bière. **2.** Bobine de fil disposée sur une machine à coudre.

canette ou **cannette,** n. f. ♦ Boîte en métal contenant de la bière, du jus ou une boisson gazeuse. — REGARDER *cannelle.*

canevas [kanva], n. m. ♦ **1.** Grosse toile à fils espacés sur laquelle on fait de la tapisserie à l'aiguille. **2.** Grandes lignes, idées principales d'un ouvrage, d'un texte : *Je vais vous donner un canevas pour votre rédaction : vous le compléterez et le développerez.* — SYN. plan, projet.

caniche, n. m. ♦ Chien à poil frisé, noir, brun, abricot, gris ou blanc.

canicule, n. f. ♦ Période de grande chaleur (juillet-août).

canif, n. m. ♦ Petit couteau de poche dont la lame se replie dans le manche.

canin, ine, adj. ♦ Des chiens : *L'espèce canine* (= les chiens) *comprend de nombreuses races.* ● *Les races canines.*

canine, n. f. ♦ Chacune des quatre dents longues et pointues disposées de part et d'autre des incisives.

caniveau, n. m. ♦ Dans une rue, rigole dans laquelle s'écoule l'eau.

canne, n. f. ♦ **1.** Bâton, régulier de forme, souvent à poignée recourbée, sur lequel on s'appuie pour marcher. — REM. N'écrivez pas comme *une cane,* « femelle du canard ». **2.** *Canne à pêche :* longue tige flexible qui porte à son extrémité un fil (*la ligne*) auquel sont accrochés le flotteur et l'hameçon. *Canne à sucre :* plante des pays chauds dont on extrait le sucre. ● *Sucre de canne.*

canneberge, n. f. ♦ Petite baie rouge, un peu acide. — SYN. Atoca.

1. cannelle, n. f. ♦ Épice tirée de l'écorce d'un arbre des pays chauds.

2. cannelle ou **cannette,** n. f. ♦ Petit robinet de bois fixé en bas d'un tonneau.

cannibale, n. m. *ou* f. *ou* adj. ♦ Celui, celle qui mange de la chair humaine. — SYN. un anthropophage.

cannibalisme, n. m. ♦ Action, habitude de manger de la chair humaine. — SYN. anthropophagie.

canoë ou **canoé** [kanɔe], n. m. ♦ Bateau léger que l'on fait avancer à la pagaie.

canon, n. m. ♦ **1.** Arme lourde qui lançait des boulets (autrefois) ou qui lance des obus (de nos jours). — SYN. bouche à feu, pièce d'artillerie. **2.** Tube d'un fusil, d'un revolver, etc., dans lequel se déplace la balle.

cañon [kaɲɔ̃], n. m. ♦ Vallée très profonde, très étroite, à parois verticales. — REM. On écrit aussi *canyon.*

canoniser, v. ♦ Déclarer qu'un personnage un saint et qu'on peut lui rendre un culte : *En 1982, l'Église a canonisé Jeanne Jugan, fondatrice des Petites Sœurs des Pauvres.*

canonnade, n. f. ♦ Suite de coups de canon.

canonner, v. ♦ Bombarder au canon : *Le croiseur ennemi a canonné l'arsenal du port militaire.*

canot [kano], n. m. ♦ Petit bateau sans pont, à rames ou à moteur. — SYN. barque, chaloupe, embarcation. ● *Les canots de sauvetage.* ● Bateau léger, relevé aux deux extrémités et qu'on fait avancer à la pagaie. — SYN. canoé.

canotage, n. m. ♦ Sport de loisir qui consiste à ramer sur un canot. — REGARDER aviron.

canoter, v. ♦ Faire du canotage, se promener sur un canot à rames : *Quel beau temps ! Allons donc canoter sur la rivière.*

canoteur, euse, n. ♦ Personne qui fait du canotage. — SYN. canotier.

canotier, n. m. ♦ **1.** Synonyme de *canoteur.* **2.** Chapeau de paille à fond plat.

cantaloup [kɑ̃talu], n. m. ♦ Melon à côtes rugueuses.

cantatrice, n. f. ♦ Chanteuse d'opéra, de chant classique.

cantine, n. f. ♦ Restaurant réservé aux élèves d'une école, aux employés d'une entreprise et installé dans l'établissement même.

cantinière, n. f. ♦ Autrefois, à l'armée, femme qui vendait à manger et à boire aux soldats.

cantique, n. m. ♦ Chant religieux en français composé de couplets et d'un refrain.

canton, n. m. ♦ Subdivision du cadastre, généralement quadrangulaire et mesurant environ 150 kilomètres carrés : *La région des cantons de l'Est au centre desquels il y a la ville de Sherbrooke est aussi appelée Estrie.*

cantonade (à la), loc. adv. ♦ En s'adressant à tout le monde et non à telle personne présente.

cantonnement, n. m. ♦ Endroit où cantonnent les soldats (dans des maisons, dans un village).

cantonner, v. ♦ **1.** *Les soldats cantonnent,* logent dans un village, dans des maisons, au cours d'une campagne (et non sous la tente, comme lorsqu'ils bivouaquent). **2.** *Se cantonner,* s'enfermer dans un lieu ; se limiter à une activité : *Notre association ne se cantonnera pas dans la défense des intérêts des riverains, mais s'intéressera à tous les aspects de la vie de la commune.* — SYN. se borner, se limiter.

cantonnier, n. m. ♦ Celui qui entretient les rues, les routes, les chemins.

canyon ♦ REGARDER *cañon.*

caoutchouc [kautʃu], n. m. ♦ **1.** Matière élastique et imperméable faite avec la sève de certains arbres ou produite artificiellement. **2.** Vêtement caoutchouté ou chaussures en caoutchouc.

caoutchouté, ée, adj. ♦ Garni de caoutchouc, imperméabilisé avec du caoutchouc.

cap [kap], n. m. ♦ **1.** Pointe de terre qui s'avance dans la mer. — SYN. pointe, promontoire. **2.** Direction d'un navire, d'un avion en marche : *Le capitaine ordonna : « Cap sur Dakar ».*

capable, adj. ♦ **1.** Qui peut exercer correctement une fonction, une profession : *La patronne cherche un caissier et une comptable honnêtes et capables.* — SYN. apte, bon, compétent, expérimenté, expert, habile, qualifié. — CONTR. inapte, incompétent, inexpérimenté, malhabile, mauvais, bon à rien. **2.** *Capable de,* qui peut faire telle chose : *Luc est un bon nageur : il est capable de remonter le courant de la rivière.* — SYN. apte à.

capacité, n. f. ♦ **1.** Qualité de celui qui est capable (dans sa profession) : *Cette*

jeune femme est sérieuse, travailleuse et elle a des capacités : pourquoi ne réussirait-elle pas ?* **2.** Contenance d'un récipient, d'un réservoir : *Ce bidon a une capacité de 12 litres.*

caparaçonné, ée, adj. ♦ Recouvert comme d'une housse. (Le *caparaçon* était une housse de parade qu'on mettait sur les chevaux) : *Le prince arriva tout caparaçonné d'un manteau brodé d'or et d'argent.* — REM. Ne dites pas : « carapaçonné ».

cape, n. f. ♦ **1.** Manteau ample, sans manches. — SYN. pèlerine. **2.** *Sous cape,* discrètement, en se cachant : *Tout le monde riait sous cape.* — SYN. (rire) dans sa barbe.

capitaine, n. m. ♦ Celui qui commande une compagnie (dans l'armée de terre ou dans l'aviation) ou qui commande un navire ou qui est le chef d'une équipe sportive.

1. capital, ale, aux, adj. ♦ **1.** Très important, plus important que le reste : *Il faut résoudre au plus vite cette question : elle est capitale.* — SYN. décisif, dominant, essentiel, fondamental, important, prédominant, primordial, principal. — CONTR. accessoire, secondaire. **2.** *La peine capitale,* la peine de mort : *La peine capitale a été supprimée au Canada et dans de nombreux pays.*

2. capital, aux, n. m. ♦ **1.** Argent que l'on place dans une entreprise, par exemple en achetant des actions, ou bien argent que l'on prête : *Si vous achetez des obligations à 12 % d'intérêt, votre capital de 100 000 dollars vous rapportera 12 000 dollars par an.* **2.** Ce que l'on possède, notamment argent, actions, obligations : *Notre voisin est assez riche : il a un capital de 250 000 dollars.* — SYN. fortune, patrimoine, richesse.

capitale, n. f. ♦ **1.** Ville d'un pays où est installé le gouvernement : *La Haye est la capitale des Pays-Bas, Washington, la capitale des États-Unis, Canberra, la capitale de l'Australie.* **2.** Majuscule d'imprimerie : *Écrivez votre nom en capitales, mais non votre prénom :* DUPONT Antoine.

capitalisme, n. m. ♦ Régime économique dans lequel les moyens de production (usines, commerces, terre) appartiennent à des particuliers et non à l'État. — CONTR. collectivisme, socialisme.

capitaliste, adj. *ou* n. ♦ **1.** Qui appartient au capitalisme, qui en relève : *Ce révolutionnaire dénonce les tares du système capitaliste.* — CONTR. collectiviste, socialiste. **2.** Celui qui est riche et qui possède des capitaux placés dans des entreprises.

capitonné, ée, adj. ♦ Garni d'un rembourrage recouvert d'un tissu qui est piqué par endroits : *La porte du cabinet du médecin est capitonnée.*

capitulation, n. f. ♦ Action de capituler ; texte par lequel on déclare que l'on capitule. — SYN. reddition.

capituler, v. ♦ Cesser de combattre et se livrer à l'ennemi, en s'avouant vaincu : *Le commandant du fort, à bout de munitions et encerclé par dix mille ennemis, a capitulé.* — SYN. se rendre. ● *Tu m'as tellement harcelé que je capitule.* — SYN. céder.

caporal, aux, n. m. ♦ Dans l'infanterie, le génie, l'aviation, gradé qui a le grade militaire le moins élevé. (Dans l'artillerie, les blindés, le grade correspondant est *brigadier.*)

capot, n. m. ♦ **1.** Partie avant d'une voiture, où se trouve généralement le moteur. ● Couvercle qui protège le moteur. **2.** *Capot de chat* ou *capot de poil :* grand manteau de fourrure de raton laveur.

capote, n. f. ♦ **1.** Partie d'une voiture décapotable en tissu imperméable, qui peut se lever. **2.** Manteau militaire.

capoter, v. ♦ *La voiture a capoté,* s'est retournée, en retombant sur le toit, les roues en l'air. ● Perdre un peu la tête. S'enthousiasmer : *Devant ce chanteur à succès, elle capote.*

caprice, n. m. ♦ Envie de faire ou d'avoir quelque chose, qui vient brusquement,

sans grande raison, qui ne dure pas, et qui s'accompagne souvent de mauvaise humeur, de bouderie. — SYN. coup de tête, fantaisie, lubie, saute d'humeur. ● *Charles boude, il fait un caprice.*

capricieux, euse, adj. *ou* n. ♦ Qui a souvent des caprices. — SYN. changeant, fantasque, inconstant, instable, irréfléchi, lunatique, versatile. — CONTR. constant, persévérant, réfléchi, stable.

capsule, n. f. ♦ **1.** Enveloppe soluble contenant un médicament. **2.** Bouchon plat, en métal ou en matière plastique, qui sert à boucher une bouteille. **3.** *Capsule spatiale :* cabine habitable lancée par une fusée. — SYN. vaisseau spatial.

capter, v. ♦ **1.** Prendre l'eau d'une source pour la faire venir au lieu où elle sera utilisée : *On va capter l'eau de la source à trente kilomètres d'ici et on l'amènera à la ville par un aqueduc.* **2.** Prendre, recevoir, entendre une émission de radio ou de télévision : *Avec ce récepteur très puissant, tu pourras capter les émissions des radios européennes.* **3.** *Capter l'attention de quelqu'un,* attirer et retenir son attention.

capteur, n. m. ♦ *Capteur solaire :* appareil qui recueille la chaleur du soleil pour la transformer en énergie.

captif, ive, n. *ou* adj. ♦ Prisonnier : *Les rebelles attaquèrent la prison et délivrèrent les captifs.* ● *Ils délivrèrent leurs camarades captifs.* — SYN. prisonnier, détenu. — CONTR. libre.

captivant, ante, adj. ♦ Qui captive l'attention, qui est très intéressant. — SYN. attachant, attirant, fascinant, intéressant, prenant. — CONTR. assommant, ennuyeux, insipide.

captiver, v. ♦ Retenir l'attention, intéresser beaucoup : *L'histoire que raconte ce livre me captive.* — CONTR. ennuyer.

captivité, n. f. ♦ État d'une personne prisonnière, d'un animal encagé : *A la fin de*

la guerre, les prisonniers revinrent de captivité.
● *Les animaux qui vivent en captivité au zoo aimeraient mieux être libres.* — CONTR. liberté.

capture, n. f. ♦ **1.** Action de capturer. **2.** Animal capturé : *Les chasseurs ont ramené leur capture dans une cage.*

capturer, v. ♦ Prendre vivant un homme ou un animal : *Les policiers ont capturé le tueur. Tu aimerais, toi, capturer des animaux dans la brousse, avec un filet ?* — SYN. arrêter, attraper, prendre.

capuchon, n. m. ♦ **1.** Partie de certains vêtements qui peut se rabattre pour couvrir la tête. **2.** Bout creux qui protège l'extrémité de certains objets : *Un capuchon de stylo.*

caquet, n. m. ♦ Bavardage désagréable ou malveillant : *Faites taire ces commères : leur caquet est insupportable !* ● *Rabattre le caquet à quelqu'un,* répondre sèchement à ses propos insolents.

caqueter, v. (conjugaison 14) ♦ **1.** *La poule caquette,* glousse avant de pondre ou après avoir pondu. **2.** Bavarder de manière désagréable ou malveillante.

car, conj. ♦ La raison est que : *Je ne vous ai pas téléphoné, car je ne voulais pas vous déranger.* — SYN. parce que.

carabine, n. f. ♦ Fusil léger de petit calibre.

carabiné, ée, adj. ♦ *Rhume carabiné, grippe carabinée :* rhume très fort, grippe très forte. — REM. Ce mot est familier.

caracoler, v. ♦ Obliger un cheval à faire des sauts sur place, des tours sur lui-même : *Le cavalier caracolait au milieu du manège.* ● *Le cheval caracole.*

caractère, n. m. ♦ **1.** Signe, lettre d'imprimerie : *Les livres pour les petits enfants sont imprimés en très gros caractères.* ● Chacun des signes d'un système d'écriture : *L'écriture chinoise comprend des milliers de caractères.* **2.** Particularité qui distingue un

être, une chose, une catégorie : *Trois caractères définissent le climat breton : hiver doux, pluies abondantes, été assez frais.* — SYN. caractéristique, marque, particularité, propriété, qualité, signe distinctif, trait. **3.** Ensemble de qualités, de goûts, de défauts, etc., qui est propre à une personne : *Jacky a un caractère doux, il ne se fâche jamais. Il a bon caractère. Cécile est désagréable avec tout le monde, elle a mauvais caractère.* — SYN. tempérament, nature. **4.** Singularité qui fait qu'une chose ne ressemble pas aux autres : *Ce village, perché sur une colline, a beaucoup de caractère.* —SYN. cachet, originalité. — CONTR. banalité.

caractériser, v. ♦ Distinguer des autres êtres, des autres choses, des autres catégories : *Les arcs en plein cintre caractérisent l'art roman.* — SYN. définir, distinguer, individualiser, marquer.

caractéristique, adj. *ou* n. f. ♦ **1.** Qui caractérise : *Des hivers froids et des étés chauds sont caractéristiques du climat continental.* — SYN. distinctif, particulier, propre, spécifique, typique. — CONTR. commun, général. **2.** *Une caractéristique,* chose qui caractérise : *Une coque étroite, une grande voilure : voilà les deux caractéristiques de ce type de voilier.* — SYN. caractère, marque, signe, trait.

carafe, n. f. ♦ Bouteille en verre de forme pansue, à col étroit, dans laquelle on met le vin ou l'eau, sur la table.

caramel, n. m. ♦ **1.** Sucre qu'on fait cuire et qui prend une couleur brune : *Ce gâteau de semoule est nappé de caramel !* **2.** Bonbon fait avec du sucre cuit et du lait.

carapace, n. f. ♦ Enveloppe dure et rigide qui couvre le corps de certains animaux (écrevisses, crevettes, crabes, langoustes, homards, tortues, etc.).

caraque, n. f. ♦ Grand navire à voiles, haut sur l'eau, employé au Moyen Age et jusqu'au XVIIe siècle.

1. caravane, n. f. ♦ Convoi de chameaux qui traverse le désert et transporte des voyageurs et des marchandises.

2. caravane, n. f. ♦ Grande remorque de voiture qui sert de roulotte et remplace la tente de camping.

caravanier, ière, adj. *ou* n. m. ♦ **1.** Des caravanes : *Les pistes caravanières du Sahara sont jalonnées de points d'eau.* **2.** Conducteur d'un chameau de caravane.

caravelle, n. f. ♦ Au XVᵉ et au XVIᵉ siècle, bateau à voiles triangulaires capable de naviguer sur l'océan.

1. carbone, n. m. ♦ Corps chimique qui se présente sous diverses formes : *Sais-tu que le diamant, comme le charbon, est formé de carbone ?*

2. carbone, n. m. ♦ Feuille de papier noir spécial qui sert à obtenir un double quand on écrit ou quand on tape à la machine.

carbonique, adj. ♦ *Gaz carbonique :* gaz qui se forme au cours de la combustion ou qui constitue les bulles des boissons gazeuses.

carboniser, v. ♦ Brûler au point de réduire à l'état de charbon noirâtre.

carburant, n. m. ♦ Essence, gazole, mazout, kérosène qui sert à faire marcher un moteur.

carburateur, n. m. ♦ Élément d'un moteur où se fait le mélange de l'air et de l'essence.

carcajou, n. m. ♦ Mammifère carnivore, semblable à un blaireau, appelé aussi glouton.

carcan, n. m. ♦ **1.** Autrefois, collier de fer qui enserrait le cou d'un condamné exposé en public. **2.** Ce qui gêne, entrave l'action. — SYN. contrainte, gêne, entrave.

carcasse, n. f. ♦ **1.** Ensemble des os d'un animal : *Nous avons mangé tout le canard, il ne reste que la carcasse.* — SYN. squelette, ossature. **2.** Ensemble des éléments à claire-voie, des poutres, qui assurent la solidité d'un édifice, d'un bateau, d'un véhicule, etc. : *La carcasse du bateau est en chêne, la coque, en sapin.* — SYN. armature, charpente, membrure, ossature.

carder, v. ♦ Démêler les fibres de coton ou de laine pour qu'elles soient toutes dans le même sens : *On va refaire le matelas, il faudra faire carder la laine.*

cardiaque, adj. *ou* n. m. *ou* f. ♦ **1.** Du cœur : *Ma tante souffre de troubles cardiaques.* **2.** Qui a une maladie de cœur : *Ma tante est cardiaque, elle ne supporterait pas une émotion violente.*

1. cardinal, ale, aux, adj. ♦ **1.** *Adjectifs numéraux cardinaux,* adjectifs numéraux qui expriment le nombre et non le rang : « *Premier, deuxième, troisième* » sont *des adjectifs numéraux ordinaux,* « *un, deux, trois* » *sont des adjectifs numéraux cardinaux.* **2.** *Les points cardinaux :* le nord, l'est, le sud, l'ouest.

2. cardinal, aux, n. m. ♦ Dans l'Église catholique, dignitaire de rang élevé, qui a, notamment, le droit de participer à l'élection du pape.

carême, n. m. ♦ Dans le catholicisme, période de quarante jours qui précède Pâques et pendant laquelle on jeûnait.

caressant, ante, adj. ♦ Qui prodigue volontiers les caresses. — SYN. affectueux, câlin, démonstratif, tendre. — CONTR. froid, indifférent, insensible, sec.

caresse, n. f. ♦ Geste par lequel on touche doucement un animal ou une personne pour lui montrer qu'on l'aime bien : *Tu peux caresser ce chien, il n'est pas méchant.* ● Marque de tendresse : *Cet enfant est très câlin, il aime les caresses.* — SYN. cajolerie, câlinerie.

caresser, v. ♦ Faire une caresse, donner une marque de tendresse par un geste : *Ma sœur caressait machinalement la tête du chien.*

cargaison

cargaison, n. f. ♦ Marchandises transportées par un navire. — SYN. fret.

cargo, n. m. ♦ Navire destiné au transport des marchandises.

caribou, n. m. ♦ **1.** Renne du Canada. **2.** Boisson alcoolisée formée par un mélange de vin et d'alcool : *Au carnaval de Québec, le caribou est la boisson traditionnelle.*

caricature, n. f. ♦ Dessin qui représente quelqu'un en déformant ses traits de manière amusante.

caricaturiste, n. m. ♦ Dessinateur qui fait des caricatures.

carie [kaʀi], n. f. ♦ Maladie qui atteint une dent et qui fait que l'émail disparaît et que la dent se creuse.

carier, v. (conjugaison 20) ♦ *La dent se carie,* est attaquée par la carie. ● *Il faut plomber cette dent cariée.*

carillon [kaʀijɔ̃], n. m. ♦ **1.** Ensemble de cloches dont chacune donne une note de musique, ce qui permet de jouer un air. ● Sonnerie joyeuse de plusieurs cloches ensemble. **2.** Horloge, pendule qui sonne les heures sur un air de musique.

carillonner [kaʀijɔne], v. ♦ **1.** *Les cloches carillonnent,* sonnent ensemble, joyeusement. **2.** Sonner bruyamment, joyeusement : *Holà ! Qui donc carillonne avec tant d'entrain à ma porte ?*

carlingue, n. f. ♦ Partie de l'avion où sont l'équipage et les passagers. — SYN. fuselage.

carmin, n. m. *ou* adj. inv. ♦ Couleur rouge vif : *La princesse avait des yeux de jais et des lèvres de carmin.* — SYN. vermillon.

carnage, n. m. ♦ Action de tuer en grand nombre et sauvagement : *Le loup tomba sur le troupeau de moutons : quel carnage !* — SYN. massacre, tuerie.

carnassier, ière, adj. *ou* n. m. ♦ *Un animal carnassier* ou *un carnassier,* qui se nourrit de proies qu'il a tuées lui-même. — REGARDER carnivore.

carnaval, als, n. m. ♦ Fête du mardi gras : *Le symbole du carnaval de Québec est un gros bonhomme de neige.*

carnet, n. m. ♦ **1.** Petit cahier de poche sur lequel on note des renseignements. — SYN. calepin. **2.** Ensemble de timbres vendus ensemble sous une couverture : *Un carnet de timbres, s'il vous plaît.* ● *Carnet de billets :* plusieurs billets vendus ensemble. **3.** *Carnet de chèques :* ensemble de chèques, reliés, qu'on détache les uns après les autres au fur et à mesure de leur utilisation. — SYN. chéquier.

carnivore, adj. *ou* n. m. ♦ **1.** *Animal carnivore,* qui se nourrit de viande (viande d'une proie que l'animal a tuée, ou bien charogne). — REGARDER carnassier. **2.** *Les carnivores,* mammifères, aux canines développées, qui se nourrissent uniquement ou surtout de viande : *Le lion, le chien, l'ours, la belette sont des carnivores.*

carotte, n. f. ♦ **1.** Plante potagère dont on mange la racine, laquelle est de couleur rouge orangé. **2.** Racine de cette plante, mangée comme légume.

carpe, n. f. ♦ Gros poisson d'eau douce. ● *Être muet comme une carpe :* ne pas parler du tout.

carpette, n. f. ♦ Petit tapis. — REGARDER moquette.

carquois [kaʀkwa], n. m. ♦ Étui, suspendu à l'épaule, où l'on mettait les flèches.

carré, ée, adj. *ou* n. m. ♦ **1.** Qui a quatre côtés égaux et quatre angles droits : *Prends un morceau de carton fort, carré, et trace les diagonales.* ● *Un carré :* figure géométrique qui a cette forme. **2.** *Mètre carré :* unité de surface égale à la surface d'un carré ayant 1 mètre de côté. ● *Centimètre carré, kilomètre carré, etc.* **3.** *Le carré* *d'un nombre,* nombre égal au nombre en question multiplié par lui-même : *25 est le carré de 5, car 5 × 5 = 25.* **4.** Sur un navire, salle où se réunissent les officiers pour prendre leur repas, parler ensemble, etc.

carreau, n. m. ♦ **1.** Chacun des dessins de forme carrée qui ornent un tissu : *Martine porte une jupe à carreaux : c'est une jupe écossaise.* **2.** Chacune des plaques de céramique qui revêtent le sol d'une pièce, d'une salle : *Nous allons refaire le carrelage de la cuisine : beaucoup de carreaux sont cassés.* **3.** Vitre d'une fenêtre : *Encore un carreau de cassé, voilà le vitrier qui passe !* — SYN. vitre. **4.** L'une des quatre « couleurs », dans un jeu de cartes : *J'ai le roi de carreau, la dame de trèfle et l'as de pique.*

carreauté, ée, adj. ♦ A carreaux : *Il porte une jolie chemise carreautée.*

carrefour, n. m. ♦ Endroit où se croisent des routes, des rues, des avenues. — SYN. bifurcation, croisée (des chemins), croisement, embranchement, patte d'oie, rond-point.

carrelage, n. m. ♦ Sol d'une pièce, d'une salle, revêtu de carreaux de céramique.

carreler, v. (conjugaison 13) ♦ Recouvrir d'un carrelage : *Le parquet ne convient pas pour la salle de bains, nous allons la faire carreler.*

carreleur, euse, n. ♦ Celui, celle dont le métier est de poser des carrelages.

carrément, adv. ♦ Avec netteté, avec franchise, sans détours, sans hésitation. — SYN. catégoriquement, fermement, franchement, nettement, sans ambages. — CONTR. mollement, vaguement.

1. carrière, n. f. ♦ Lieu d'où l'on extrait la pierre, le sable.

2. carrière, n. f. ♦ **1.** Profession qui comprend des étapes, une progression, un avancement, une hiérarchie et que l'on exerce pendant toute sa vie : *Mon cousin entre à*

l'École navale : il veut faire une carrière d'officier de marine. Peut-être sera-t-il un jour amiral. **2. Donner carrière à,** donner libre cours à : *Tu veux faire de la voile? Très bien, tu pourras donner carrière à ton besoin d'activité et d'aventure.*

carriole, n. f. ♦ Charrette à cheval, utilisée autrefois à la campagne. ● Voiture sur patins qui permettait les déplacements des personnes, en hiver.

carrossable, adj. ♦ *Chemin, route carrossable,* où les voitures peuvent passer et rouler.

carrosse, n. m. ♦ Autrefois, grande et luxueuse voiture tirée par des chevaux. ● Voiture pour promener les petits enfants.

carrosser, v. ♦ Munir d'une carrosserie : *Voici le même modèle de voiture, mais carrossé en cabriolet.*

carrosserie, n. f. ♦ L'ensemble des surfaces qui constituent la partie extérieure et visible d'un véhicule.

carrossier, n. m. ♦ Celui qui imagine ou fabrique des carrosseries.

carrousel [kaʀuzɛl], n. m. ♦ Parade de cavaliers qui exécutent ensemble des évolutions compliquées. ● Ensemble d'évolutions compliquées : *Les avions, au cours du meeting, se livraient à un véritable carrousel aérien.* — SYN. ballet (aérien, etc.).

carrure, n. f. ♦ Largeur du dos et des épaules.

cartable, n. m. ♦ Sac d'écolier où l'on met les livres, les cahiers.

carte, n. f. ♦ **1.** Petit rectangle de carton léger sur lequel on peut écrire une courte lettre. ● *Carte de visite,* qui porte, imprimés, le nom et l'adresse de l'expéditeur. ● *Carte postale,* qui porte une photographie (de paysage, etc.) sur l'une des faces. **2.** Petit rectangle de carton sur lequel sont portés certains renseignements ou qui donne certains droits au titulaire : *Tu n'as pas de passeport ni de* **carte** *d'identité ? Alors, tu n'as pas de papiers !* ● *J'ai oublié ma* **carte** *d'abonnement à la piscine !* ● **Donner carte blanche à quelqu'un,** lui donner toute liberté d'action. **3.** Feuille sur laquelle sont inscrits les plats qu'on peut choisir dans un restaurant. ● **Manger à la carte,** en choisissant les plats pour composer soi-même son menu. **4.** Chacun des petits cartons, portant des dessins et des figures (as, roi, dame, valet, etc.), avec lesquels on joue : *Voici* **un jeu de cartes,** *veux-tu jouer à la belote ?* ● **Jouer cartes sur table :** agir franchement, sans rien cacher. ● **Connaître le dessous des cartes :** connaître les intrigues secrètes, les motifs cachés. **5.** Dessin qui représente la configuration d'un pays, d'une région : *Voici une carte de France : montrez-moi où est Cherbourg.*

cartilage, n. m. ♦ Dans le corps, substance plus dure que la chair, mais plus souple que les os.

cartilagineux, euse, adj. ♦ Formé de cartilage. ● Qui contient du cartilage : *On nous servit un morceau de viande cartilagineux, absolument immangeable !*

carton, n. m. ♦ **1.** Papier épais et solide. **2.** Boîte en carton : *On m'a donné plusieurs cartons pour ranger mes jouets.* ● Objet fait de deux grandes plaques de carton très solide, qui se replient l'une sur l'autre, et dans lequel on met des dessins. ● **Un carton à dessins. 3.** Carte : *Pour entrer dans la salle, il faut* **un carton d'invitation.** ● **Carton d'allumettes :** pochette avec des allumettes.

cartonné, ée, adj. ♦ **Livre cartonné,** dont la couverture est en carton rigide.

carton-pâte, n. m. ♦ Matériau, fait d'un mélange de papier et de colle, utilisé notamment pour faire des décors de théâtre, de cinéma, des masques de carnaval, etc.

1. cartouche, n. f. ♦ **1.** Petit tube de cuivre (ou de carton) qui contient la poudre et la balle (ou les plombs). **2.** Tube qui contient l'encre pour recharger un stylo.

2. cartouche, n. m. ♦ Encadrement décoratif, peint, sculpté ou dessiné, qui entoure une inscription, une date, une légende.

cartouchière, n. f. ♦ Ceinture spéciale ou étui pour mettre les cartouches.

cas [kɑ], n. m. ♦ **1.** Chacune des situations qui peuvent se présenter : *Deux cas peuvent se présenter : ou bien tu es reçu à l'examen, et tu entres à l'université, ou bien tu es recalé, et tu essaies de trouver un emploi.* — SYN. circonstance, conjoncture, éventualité, hypothèse, occurrence, possibilité, situation. ● **Au cas où,** si : *Au cas où je ne serais pas arrivée, attends-moi dans le hall d'entrée.* ● **En cas de** danger, tirer la sonnette d'alarme. ● **En tout cas,** quoi qu'il arrive : *En tout cas, tu as de l'argent : si tu manques le train, prends un taxi.* ● **En aucun cas,** tu ne dois essayer de revenir à pied. **2.** Forme que prend une maladie chez tel malade : *Le médecin a examiné mon frère et a dit : « Voilà un cas de scarlatine qu'on ne voit pas souvent. »* **3.** **Faire grand cas de,** attacher beaucoup d'importance à une chose, estimer, apprécier beaucoup une personne ou une chose : *Le maître fait grand cas de l'intelligence d'Annie.* ● **Ne faire aucun cas de,** ne pas tenir compte de, mépriser : *Tu ne fais aucun cas des conseils de ton oncle : tu as tort, car c'est un homme avisé.* **4.** Dans certaines langues, chacune des formes que peut prendre un nom, un pronom ou un adjectif selon sa fonction dans la phrase : *En latin, il y a six cas : le nominatif, le vocatif, l'accusatif, le génitif, le datif et l'ablatif.*

casaque, n. f. ♦ **1.** Veste de jockey, de couleur vive. **2.** **Tourner casaque :** changer de parti ou d'opinion. — REM. Cette expression est familière.

cascade, n. f. ♦ Endroit où l'eau d'une rivière tombe verticalement. — SYN. cataracte, chute.

cascadeur, euse, n. ◆ Celui, celle qui exécute des exercices très périlleux, notamment pendant le tournage d'un film, à la place d'un acteur.

1. case, n. f. ◆ **1.** Petite enceinte fermée formant compartiment : _Ta valise ? Mets-la dans une case de la consigne et ferme bien la porte._ ● Division d'une boîte : _Il y a des cases superposées dans une boîte à outils._ **2.** Chacune des divisions d'un damier, d'un échiquier, d'une grille de mots croisés. **3.** _Case postale :_ boîte postale, adresse.

2. case, n. f. ◆ Dans certains pays chauds, habitation très simple en matériaux légers (bois, bambou, roseaux, paille ou feuilles pour la couverture). — SYN. hutte, paillote.

casemate, n. f. ◆ Abri militaire enterré ou protégé par une couche épaisse de béton ou ménagé dans l'épaisseur de la muraille d'un fort.

caser, v. ◆ Placer, ranger en trouvant une place : _Essaie de caser, si tu peux, ce livre dans la grande valise bleue._

caserne, n. f. ◆ Ensemble de bâtiments où sont logés les soldats, les gendarmes, les pompiers.

casier, n. m. ◆ **1.** Meuble qui comporte de nombreux compartiments et qui sert au rangement de certains objets (disques, etc.). **2.** _Casier judiciaire :_ document sur lequel sont indiquées les condamnations infligées à un individu. **3.** Cage que l'on descend au fond de la mer pour prendre les langoustes, les homards : _La pêcheuse va relever ses casiers._

casino, n. m. ◆ Établissement où l'on peut jouer de l'argent aux jeux de hasard (boule, roulette, baccara, chemin de fer, etc.).

casque, n. m. ◆ **1.** Coiffure en matière dure (métal, matière plastique) destinée à protéger la tête contre les coups, les projectiles, les chocs. **2.** Écouteurs attachés à une chaîne de haute fidélité, à un magnétophone ou à un baladeur. **3.** _En avoir plein le casque :_ en avoir assez, en avoir plein le dos.

casqué, ée, adj. ◆ Qui porte un casque.

casquette, n. f. ◆ Coiffure plate à visière.

cassant, ante, adj. ◆ **1.** Qui n'est pas flexible et qui casse facilement : _Le fer est malléable, la fonte est cassante._ **2.** Qui ne cherche pas à comprendre les autres et à discuter, mais qui commande ou refuse de manière dure, sans admettre de réplique : _Le contremaître était un homme nerveux, dur, cassant._ ● « _Inutile de discuter, obéissez !_ », _dit-il d'un ton cassant._ — SYN. brusque, dur, impérieux, tranchant. — CONTR. aimable, conciliant, doux.

casse-cou, n. m. inv. _ou_ adj. _ou_ interj. ◆ **1.** Celui qui est très imprudent et qui prend des risques graves : _Il a franchi le pont sur le parapet en marchant sur les mains, quel casse-cou !_ **2.** _Casse-cou !_ méfiez-vous, danger ! ● _Crier casse-cou à quelqu'un,_ l'avertir d'un danger.

casse-croûte, n. m. inv. ◆ Repas léger, aliments qu'on peut manger sans se mettre à table.

casse-noisettes ou **casse-noix,** n. m. inv. ◆ Instrument à deux branches articulées qui sert à casser la coque des noix, des noisettes, des amandes.

casse-pieds, adj. _ou_ n. inv. ◆ Insupportable. ● Personne insupportable, difficile à supporter : _Ce mot est familier._

casser, v. ◆ **1.** Rompre ce qui était d'un seul tenant : _Tu es fort en karaté ? Alors, casse donc cette brique avec le tranchant de la main !_ — SYN. briser, rompre. ● _Thérèse a voulu descendre l'escalier sur ses patins à roulettes : elle s'est cassé une jambe._ — SYN. (se) fracturer. ● Être rompu d'un seul coup : _Méfie-toi, une branche de cerisier, ça casse net._ ● _L'œuf s'est cassé._ **2.** _Casser la croûte :_ faire un repas rapide, sans se mettre à table. **3.** Démolir, rendre incapable de fonctionner : _Tu ne sais pas monter à bicyclette : tu as cassé mon vélo !_ — SYN. détériorer, détraquer. — CONTR. répa-

casser

rer. 4. Mettre en plusieurs morceaux : *Josée jouait au ballon dans le salon, et c'est comme ça qu'elle a cassé le beau vase en cristal !* — SYN. briser, pulvériser. **5. Casser les prix :** faire baisser brusquement le prix de vente d'un produit.

casserole, n. f. ♦ Récipient en métal, parfois émaillé, en forme de cylindre assez plat, muni d'un manche (*queue*), qui sert à faire cuire les aliments.

casse-tête, n. m. inv. ♦ Chose compliquée, difficile à résoudre, à faire : *Les règles de l'accord du participe passé sont un vrai casse-tête !* ● Jeu qui consiste à assembler des morceaux de diverses formes et ainsi reconstituer un dessin. — SYN. puzzle.

cassette, n. f. ♦ **1.** Petit coffre où l'on range des bijoux, de l'argent, des papiers précieux. — SYN. coffret. **2.** Étui en matière plastique qui contient une bande magnétique s'enroulant sur deux bobines, cette bande servant aux enregistrements ou portant un enregistrement. ● *Cassette vidéo.*

1. cassis [kasis], n. m. ♦ **1.** Arbuste qui donne des fruits semblables à des groseilles noires. **2.** Fruit de cet arbuste. **3.** Sirop ou liqueur qu'on tire de ce fruit.

2. cassis [kasi], n. m. ♦ Caniveau, rigole qui coupe une route.

cassonade, n. f. ♦ Sucre brun roux.

cassot ou **casseau,** n. m. ♦ Petit récipient carré en bois, en carton ou en plastique pour les petits fruits ou autres denrées. *Deux dollars un cassot de fraises, c'est cher !* ● *Être maigre comme un cassot :* être très maigre, maigre comme un clou.

cassure, n. f. ♦ Endroit où une chose est cassée. — SYN. brisure, fente, fissure, fracture, rupture.

castagnettes, n. f. pl. ♦ Chacun des deux morceaux de bois creusés que l'on s'attache aux doigts et que l'on fait claquer pour rythmer certaines danses espagnoles.

castrer, v. ♦ Enlever les organes de reproduction.

castor, n. m. ♦ Rongeur à queue plate qui construit des barrages sur les cours d'eau avec des troncs d'arbres, qu'il abat en les rongeant.

cataclysme, n. m. ♦ Catastrophe naturelle très grave : *Ces inondations qui ont ravagé des provinces entières, quel cataclysme terrible !* — SYN. calamité, catastrophe, fléau.

catafalque, n. m. ♦ Estrade, décorée de tentures, sur laquelle on place le cercueil, au cours d'une cérémonie funèbre.

catalogne, n. f. ♦ Étoffe généralement multicolore, faite de retailles. Couverture, tapis ou tenture faite de cette étoffe.

catalogue, n. m. ♦ Livre ou brochure qui donne la liste des objets vendus dans un magasin, avec leur photographie, leur prix, etc., ou qui énumère les objets présentés dans une exposition.

catamaran, n. m. ♦ Bateau à voiles à deux coques parallèles.

catapulte, n. f. ♦ **1.** Dans l'Antiquité, machine de guerre qui lançait de grosses pierres. **2.** Sur un porte-avions, dispositif qui permet de lancer les avions.

1. cataracte, n. f. ♦ Très grande et très haute chute d'eau.

2. cataracte, n. f. ♦ Maladie des yeux caractérisée par une altération du cristallin, qui devient opaque.

catastrophe, n. f. ♦ Très grave accident, très grand malheur : *La catastrophe aérienne a fait plus de cent victimes.* — SYN. accident, calamité, cataclysme, désastre, fléau.

catastrophique, adj. ♦ Qui constitue une catastrophe.

catch [katʃ], n. m. ♦ Lutte libre qui n'est pas un vrai sport, mais un spectacle.

154

cavalcade

catcheur, euse, n. ♦ Lutteur, lutteuse spécialiste du catch.

catéchèse, n. f. ♦ Enseignement de la religion catholique.

catéchisme [kateʃism], n. m. ♦ Enseignement de la religion chrétienne donné aux enfants.

catéchiste [kateʃist], n. m. *ou* f. ♦ Celui, celle qui enseigne le catéchisme aux enfants.

catégorie, n. f. ♦ Chacune des diverses sortes auxquelles peuvent appartenir des êtres ou des choses : *Ces véhicules se répartissent en quatre catégories : 1) camions ; 2) autobus et autocars ; 3) voitures individuelles ; 4) motocyclettes.* — SYN. classe, division, espèce, famille, genre, groupe, ordre, série, sorte.

catégorique, adj. ♦ Très net, qui ne laisse aucun doute, qui est sans aucune nuance : *Sa réponse est catégorique : c'est « non ».* — SYN. absolu, clair, explicite, formel, franc, net, péremptoire. — CONTR. équivoque, évasif, flou, vague. ● *La directrice est catégorique : elle refuse.*

cathédrale, n. f. ♦ Église principale de la ville où siège un évêque.

catholicisme, n. m. ♦ Religion dont la plus haute autorité est le pape.

catholique, n. *ou* adj. ♦ Qui a le catholicisme pour religion. ● *Un catholique. Une catholique.* ● Qui appartient au catholicisme : *Le dogme catholique admet sept sacrements.*

catin, n. f. ♦ **1.** Poupée. **2.** Pansement : *On lui a mis une catin pour couvrir sa coupure au doigt.*

catiner, v. ♦ Jouer à la poupée. Cajoler : *Elle catinait le chat toute la journée.*

cauchemar, n. m. ♦ Rêve terrifiant.

caucus, n. m. ♦ Réunion où les membres d'un gouvernement ou d'un parti politique discutent de questions politiques ou de stratégie.

cause, n. f. ♦ **1.** Ce qui fait qu'une chose existe, ce qui provoque cette chose : *Mais c'est le vent qui est la cause de l'agitation des feuillages !* — SYN. origine, raison, source, mobile, motif. — CONTR. effet, conséquence, résultat. ● *C'est à cause de ce grand vent que le feuillage est agité.* **2.** Affaire que plaide un avocat : *Me Durand est un grand avocat, spécialiste des causes criminelles.* ● *Avoir gain de cause,* gagner son procès ; obtenir ce qu'on réclame : *Les grévistes voulaient une augmentation, ils n'ont pas eu gain de cause.* ● *Soutenir la cause de quelqu'un,* prendre parti pour lui, défendre ses intérêts. ● *Prendre fait et cause pour quelqu'un,* prendre résolument parti pour lui. ● *En toute connaissance de cause :* en sachant parfaitement de quoi il s'agit. ● *Remettre en cause,* revenir sur ce qui a été décidé : *Nous n'allons tout de même pas remettre en cause l'accord qui a été signé !*

1. causer, v. ♦ Produire, provoquer : *Le réchauffement de la température a causé la fonte de la neige.* — SYN. être à l'origine de. — CONTR. empêcher, résulter de.

2. causer, v. ♦ *Causer avec quelqu'un,* avoir une conversation avec lui : *Le voisin cause avec la concierge sur le palier.* — REM. On doit dire *parler à quelqu'un* et *causer avec quelqu'un.*

causerie, n. f. ♦ Petite conférence faite sur un ton simple et même familier.

causette, n. f. ♦ *Faire la causette, faire un brin de causette :* avoir une conversation, bavarder avec quelqu'un. — REM. Ce mot est familier.

caution, n. f. ♦ Somme d'argent versée en garantie et rendue à la fin d'une location, si celui qui a versé l'argent a bien tenu ses engagements : *Tu veux louer une voiture ? Alors, tu dois verser une caution.*

cavalcade, n. f. ♦ **1.** Défilé de cavaliers, de chars : *Ah ! Si tu avais vu la caval-*

cade du mardi gras, autrefois! **2.** Bruit et mouvement des gens qui courent en désordre : *A quatre heures, c'est la cavalcade des élèves dans les couloirs de l'école.*

cavalerie, n. f. ♦ Ensemble des soldats qui combattaient à cheval.

cavalier, ière, n. m. *ou* f. *ou* adj. ♦ **1.** Celui, celle qui monte à cheval. — REGARDER *amazone.* **2.** Soldat qui combattait à cheval. **3.** Celui, celle qui accompagne quelqu'un au bal, à une cérémonie, qui danse avec lui : *Élise était la cavalière de Jacques au mariage de ma cousine.* **4.** *Faire cavalier seul :* agir tout seul, sans être lié à un parti, à un groupe. **5.** Qui prouve un manque de considération : *Il a pris cette décision sans avertir la rédactrice : c'est un procédé bien cavalier.* — SYN. désinvolte. — CONTR. correct.

1. cave, n. f. ♦ Local en sous-sol d'une maison.

2. cave, n. *ou* adj. ♦ Personne stupide. Qui est sans aucun intérêt, niais.

caveau, n. m. ♦ Tombe maçonnée ou cimentée, recouverte d'une dalle ou d'une petite construction.

caverne, n. f. ♦ Trou horizontal et profond, dans un sol rocheux, pouvant servir d'abri à des hommes ou à des animaux. — SYN. antre, grotte.

cavité, n. f. ♦ Creux, trou : *Dans les cavités du rocher, il y a peut-être des serpents, fais attention!* • *Les narines, les oreilles, la bouche sont des cavités du corps.* — SYN. orifice.

1. ce (cet devant voyelle ou *h* muet), **cette, ces,** adj. démonstratif ♦ Se place devant le nom désignant l'être ou la chose qu'on montre ou dont on parle : *Regarde ce champ, cet arbre, ce hameau, cet herbage, cette vallée, ces ruisseaux et ces prairies.* • *Ce pays-ci, ce pays-là :* la particule *ci* ou *là* peut renforcer *ce, cet, cette, ces.* • *Ces jours-ci :* ces derniers ou ces prochains jours.

2. ce, pronom démonstratif. ♦ Équivaut à « cela » ou à « ceci » et s'emploie seulement devant le verbe *être : Ce sera une belle fête. Ce sont tes amis.* — REM. On fait l'élision dans *c'est, c'était, c'étaient.*

ceci, pronom démonstratif. ♦ Cette chose-ci, la plus proche, par opposition à *cela,* cette chose plus éloignée. • D'autre part, *ceci* désigne ce que l'on va dire, *cela* ce qu'on vient de dire : *Je veux encore vous dire ceci. Cela étant dit, passons au point suivant.*

cécité, n. f. ♦ État d'une personne aveugle.

céder, v. (conjugaison 11) ♦ **1.** Vendre : *Mon oncle a cédé son terrain à une voisine pour 150 000 dollars.* • Donner : *Tiens, assieds-toi, je te cède ma place!* — SYN. abandonner, accorder, concéder, se dessaisir, donner, livrer, passer, transmettre. — CONTR. prendre, recevoir. **2.** Accepter de se soumettre à la volonté d'autrui : *Les ouvriers voulaient une augmentation de salaire, mais le patron n'a pas cédé.* — SYN. abdiquer, acquiescer, approuver, battre en retraite, capituler, composer, consentir, faiblir, s'incliner, obéir, obtempérer, plier, reculer, se rendre, renoncer, se résigner, se soumettre, transiger. — CONTR. refuser, résister, tenir bon. **3.** Se casser, s'effondrer, tomber : *Le mur de la terrasse du parc a cédé : toute la terre est tombée sur la route.* — SYN. s'affaisser, casser, s'écrouler, s'effondrer, s'enfoncer, fléchir, rompre, tomber.

cédille [sedij], n. f. ♦ Petit signe que l'on place sous le *c* (ç), devant *a* ou *o* ou *u,* pour indiquer qu'on doit le prononcer [s] et non [k] : *Quand tu écris* plaçons, *n'oublie pas la cédille.*

cèdre, n. m. ♦ Grand arbre de la famille du pin et du sapin, à branches horizontales. — REGARDER *thuya.*

CEGEP ou **cégep,** n. m. ♦ Sigle pour Collège d'enseignement général et professionnel. Cycle scolaire intermédiaire entre le secondaire et l'université. Diplôme de fin d'études : *Diplôme d'études collégiales (DEC).*

cégépien, ienne, adj. *ou* n. ♦ Élève du cégep. Qui est propre au cégep.

ceinture, n. f. ♦ **1.** Bande d'étoffe, de cuir qui serre un vêtement à la taille. ● *Ceinture blanche, jaune, orange, verte, bleue, marron, noire,* les différents grades du judoka : *Un voyou a attaqué notre voisin, qui est ceinture noire de judo : le voyou y est à l'hôpital.* **2.** *Ceinture de sécurité :* courroie qui maintient le corps contre le siège, quand on est en voiture, en avion. **3.** *Ceinture fléchée :* ceinture de laine rouge et à pointes de flèches multicolores. Se porte pendant le carnaval et les fêtes traditionnelles en hiver.

ceinturon, n. m. ♦ Grosse et large ceinture de cuir que les militaires portent sur leur veste ou leur capote.

cela, pronom démonstratif. ♦ Cette chose-là, la plus éloignée, par opposition à *ceci,* cette chose plus proche. ● D'autre part, *cela* désigne ce que l'on vient de dire, *ceci* ce que l'on va dire : *Cela, c'est une question réglée. Maintenant écoutez bien ceci.* — REM. Dans la langue parlée familière, *cela* est remplacé par *ça : Tiens, prends ça.*

célébration. n. f. ♦ Action de célébrer une fête, une cérémonie : *La célébration de la messe ; la célébration du culte.*

célèbre, adj. ♦ Très connu : *César, Napoléon, Champlain, de Maisonneuve sont des hommes célèbres.* — SYN. connu, fameux, illustre. — CONTR. inconnu, obscur.

célébrer, v. ♦ Fêter. Marquer par une cérémonie.

célébrité, n. f. ♦ État d'une personne célèbre : *Dès l'âge de trente-cinq ans, Victor Hugo avait atteint la célébrité.* — CONTR. obscurité.

céleri, n. m. ♦ Plante dont on mange les feuilles (*céleri à côtes*) ou la racine (*céleri-rave*).

célérité, n. f. ♦ Rapidité, vitesse.

céleste, adj. ♦ Du ciel : *Les oiseaux volent dans l'azur céleste.* ● *La voûte céleste.*

célibat, n. m. ♦ État d'une personne célibataire.

célibataire, adj. *ou* n. m. *ou* f. ♦ Qui est en âge d'être marié(e) et qui n'est pas marié(e) [et n'a jamais été marié(e)].

celle, celle-ci, celle-là, pronom démonstratif. ♦ REGARDER *celui.*

cellier [selje], n. m. ♦ Local frais et obscur où l'on garde le vin, certaines provisions, etc.

Cellophane [selɔfan], n. f. ♦ Matière souple et transparente qui se présente sous forme de feuille. — REM. Ce nom déposé prend une majuscule.

cellule, n. f. ♦ **1.** Petite pièce où vit un moine, un prisonnier. **2.** Chacun des petits éléments microscopiques qui composent un organisme (animal ou végétal).

cellulite, n. f. ♦ Couche graisseuse sous la peau qui donne à la personne un aspect gonflé.

cellulose, n. f. ♦ Matière tirée des plantes.

celui, celle, ceux, celles, pronom démonstratif. ♦ *Tu vois ces arbres? Celui qui est au bout de l'allée est un chêne. Regarde ces plantes : celle qui est au milieu du parterre est un hortensia. Messieurs, ceux qui veulent partir peuvent le faire tout de suite. Mesdemoiselles, que celles qui ont une question à poser lèvent la main.* ● *Celui-ci, celui-là, celle-ci, celle-là :* les particules *ci* et *là* peuvent renforcer le démonstratif *celui : celui-ci* (le plus proche, celui dont on a parlé en dernier), *celui-là* (le plus éloigné, celui dont on a parlé en premier) : *Alexandre le Grand et César furent de grands conquérants : celui-ci* (= César) *était romain, celui-là* (= Alexandre) *était grec.*

cendre

cendre, n. f. ♦ **1.** Débris de couleur grise, sous forme de poudre, qui restent d'une chose qui a brûlé. **2.** *Les cendres,* les restes d'un mort : *Les cendres de Napoléon furent transportées de Sainte-Hélène à Paris en 1840.*

cendrier, n. m. ♦ **1.** Endroit où tombent les cendres d'un foyer. **2.** Petit récipient où l'on met les cendres des cigarettes, les mégots.

cenelle, n. f. ♦ Baie rouge du cenellier.

cenellier, n. m. ♦ Arbuste à fleurs, aubépine.

censé, ée, adj. ♦ *Être censé* (suivi d'un verbe à l'infinitif), être supposé, en principe, faire telle chose : *Tout homme sensé est censé se conduire raisonnablement.*

censeur, n. m. ♦ **1.** Dans la Rome antique, magistrat romain qui dressait la liste des citoyens et surveillait les mœurs. **2.** A certaines époques ou dans certains pays, personne qui est chargée d'autoriser ou d'interdire la publication des livres, la sortie des films.

censure, n. f. ♦ A certaines époques ou dans certains pays, organisme chargé d'autoriser ou d'interdire la publication des livres, la sortie des films.

censurer, v. ♦ Interdire la publication ou supprimer des passages d'un texte : *En temps de guerre, l'autorité militaire peut censurer les articles de journaux qui risqueraient de donner des renseignements à l'ennemi.*

1. cent, adj. numéral. ♦ **1.** Dix fois dix : *D'ici à sa maison, il y a bien cent mètres.* — REM. On écrit avec *s : deux cents, trois cents...* car aucun nombre ne suit *cent.* En revanche, on écrit *deux cent un, deux cent deux, trois cent un, quatre cent vingt-cinq,* car un autre nombre suit *cent.* **2.** *Pour cent,* sur cent éléments : *Quinze pour cent des élèves vont en colonie de vacances.* — REM. On écrit souvent *15%, 21%,* etc.

2. cent [sãnt] ou [sãn], n. m. ♦ Pièce de monnaie valant la centième partie d'un dollar. — SYN. sou, sou noir.

centaine, n. f. ♦ Environ cent : *D'ici à la poste, il y a une centaine de mètres.*

centaure, n. m. ♦ Dans la mythologie grecque, être imaginaire qui avait un corps de cheval et un buste et une tête d'homme.

centenaire, adj. *ou* n. m. *ou* f. ♦ **1.** Qui a cent ans (ou plus) : *L'arrière-grand-mère de ma voisine est centenaire : elle a cent un ans.* **2.** *Le centenaire,* centième anniversaire : *On a fêté le centenaire de la fondation du club.*

centi- ♦ Préfixe du système métrique.

centième, adj. numéral ordinal *ou* n. m. *ou* f. ♦ **1.** Qui occupe le rang n° 100 : *Ma sœur est reçue : elle est la centième, sur 400 candidats.* **2.** *Le centième :* l'une des cent parties égales d'un tout.

centigramme, n. m. ♦ Centième partie du gramme (symbole : *cg*).

centilitre, n. m. ♦ Centième partie du litre (symbole : *cl*).

centime, n. m. ♦ Centième partie du franc.

centimètre, n. m. ♦ **1.** Centième partie du mètre (symbole : *cm*). **2.** Ruban divisé en centimètres qui sert aux tailleurs et aux couturières pour prendre les mesures.

central, ale, aux, adj. *ou* n. m. ♦ **1.** Qui est au centre : *La région centrale de l'Espagne est constituée par un grand plateau, la Meseta.* — SYN. médian. — CONTR. excentrique, périphérique. **2.** *Un central (téléphonique) :* endroit où est installé le dispositif qui met en relation les diverses lignes téléphoniques d'un quartier ou d'une région. — REGARDER *standard.*

centrale, n. f. ♦ Usine où l'on produit de l'électricité. ● *Centrale thermique, hydraulique, nucléaire.*

centralisation, n. f. ♦ État d'un pays où tout le pouvoir est détenu par le pouvoir central (le gouvernement qui siège dans la capitale). — CONTR. décentralisation. ● Réunion de tous les moyens d'action et de contrôle dans un centre unique de décision et de direction.

centralisé, ée, adj. ♦ Caractérisé par la centralisation. — CONTR. décentralisé.

centre, n. m. ♦ **1.** Point situé à égale distance de la périphérie : _Le centre du carré est au croisement des diagonales. Tracez un cercle de centre O et de diamètre D._ **2.** Partie d'une chose qui est éloignée des bords : _Elle habite dans le centre de Montréal, près du complexe Desjardins._ — SYN. cœur, milieu. — CONTR. bord, limite, périphérie. **3.** Endroit où s'exerce une activité de manière intense : _Bécancour est un grand centre industriel._ ● Local, édifice où s'exerce une activité : _Nous irons voir une exposition de peinture moderne au Musée des beaux-arts._ ● _Centre commercial :_ édifice où sont groupés, autour des galeries de circulation, de nombreux magasins.

centrifuge, adj. ♦ _Force centrifuge,_ qui tend à pousser loin du centre : _Pose une boulette de papier sur le plateau du tourne-disque et mets-le en marche : la force centrifuge projette la boule hors du plateau._

centrifuger, v. (conjugaison 16) ♦ Séparer les divers éléments d'un mélange, en soumettant celui-ci à l'action de la force centrifuge, dans une machine appelée « centrifugeuse » : _Pour écrémer le lait, on le centrifuge._

centuple [sãtypl], n. m. ♦ Quantité égale à cent fois une autre.

cep [sɛp], n. m. ♦ Bois d'un pied de vigne.

cèpe, n. m. ♦ Champignon, variété de bolet, très bon à manger.

cependant, adv. ♦ Malgré cela : _Louis est gentil; cependant, certains de ses camarades ne l'aiment pas._ — SYN. néanmoins, pourtant, toutefois.

céramique, n. f. ♦ **1.** Matière constituée par de la terre argileuse (terre glaise, faïence, grès, porcelaine) cuite au four. **2.** Art, technique de la fabrication des objets faits de cette matière : _Mon cousin veut être potier : il est dans une école professionnelle de céramique._

cerceau, n. m. ♦ Cercle de bois léger que l'on fait rouler avec un bâton (ancien jeu d'enfant).

cercle, n. m. ♦ **1.** Ensemble des points situés à une égale distance d'un point, appelé _centre._ **2.** Objet en forme de cercle : _On entoure les tonneaux de cercles de fer pour les rendre plus solides._ — SYN. anneau, rond ; disque. **3.** Ensemble de personnes ou de choses disposées en rond : _Les badauds faisaient cercle autour du saltimbanque._ **4.** Association, groupe de gens qui se réunissent pour jouer, faire du sport, causer, etc. : _Louise veut apprendre à monter à cheval, elle s'est inscrite au cercle hippique._ — SYN. club. ● Petit groupe de gens qui se connaissent : _Elle est à Paris depuis trois mois, elle s'est déjà fait un petit cercle d'amis._

cerclé, ée, adj. ♦ Entouré d'un cercle : _Dans la cave s'alignaient les tonneaux de chêne cerclés de fer._ — SYN. entouré.

cercueil [sɛʀkœj], n. m. ♦ Caisse allongée dans laquelle on place le corps d'une personne morte. — SYN. bière.

céréale, n. f. ♦ Plante telle que le blé, le seigle, l'orge, le sarrasin, l'avoine, le maïs, le riz.

cérébral, ale, aux, adj. ♦ Du cerveau : _Notre voisin souffre d'une tumeur cérébrale._

cérémonie, n. f. ♦ **1.** Fête ou réunion marquée par des discours, des chants, des prières, etc. : _Une cérémonie religieuse aura lieu à la cathédrale pour célébrer l'arrivée du nouvel évêque._ — SYN. solennité. **2.** _Des cérémonies,_ des manières, des complications : _Allez, pas de cérémonies, nous sommes entre copains !_ ● _Sans cérémonie,_ avec simplicité : *Nous recevrons nos amis pour fêter mon anniversaire, mais sans cérémonie.* — SYN. sans façon.

cérémonieux, euse, adj. ♦ Qui manque de simplicité, de naturel : *Voyons, tu écris à ton oncle : évite ce style trop cérémonieux !* — SYN. affecté, solennel. — CONTR. familier, simple.

cerf [sɛʀ], n. m. ♦ Animal ruminant qui vit dans les forêts. Le mot *cerf* désigne le mâle ; la femelle est la *biche* ; le petit, le *faon*. Le cerf mâle porte des cornes appelées « bois ».

cerf-volant, n. m. ♦ Jouet de plein air, fait d'une carcasse de bois léger tendue de papier, retenu par une ficelle, qui monte poussé par le vent. — PLUR. *des cerfs-volants.*

cerise, n. f. ♦ Fruit rouge ou jaune, rond, à noyau.

cerisier, n. m. ♦ **1.** Arbre qui donne les cerises. **2.** Bois de cet arbre.

cerne, n. m. ♦ Cercle foncé qui entoure parfois les yeux (signe de fatigue). ● Chacun des cercles concentriques qui se forment parfois sur une étoffe tachée. — SYN. auréole.

cerné, ée, adj. ♦ *Yeux cernés,* marqués d'un cerne.

cerner, v. ♦ Entourer de manière à empêcher le passage : *L'ennemi est cerné, il n'a plus qu'à se rendre.* — SYN. assiéger, bloquer, encercler, investir.

1. certain, aine, adj. ♦ **1.** Qui arrivera sûrement : *Tu dis que tu es sûre d'être reçu à ton examen ? Attention ! ton succès n'est pas certain !* — SYN. assuré, démontré, fixé d'avance, immanquable, inévitable. sûr. ● Qui est absolument vrai et qu'on ne peut mettre en doute : *Mais oui, Jeanne Mance a existé, c'est certain !* — SYN. admis, assuré, attesté, démontré, évident, flagrant, incontestable, indéniable, indiscutable, patent, reconnu, réel, sûr, véridique, vrai. — CONTR.

douteux, incertain, faux. **2.** Qui est absolument sûr de ce qu'il dit : *Mais oui, tu seras reçu à ton examen, j'en suis certain !*

2. certain, aine, adj. *ou* pronom indéfini. ♦ **1.** Devant le nom d'une personne, indique qu'on ne connaît pas cette personne : *Une certaine Mme Dubois m'a écrit pour me demander des renseignements sur notre voisin.* **2.** Devant un nom de chose, exprime qu'une quantité est assez grande, sans qu'on puisse préciser davantage : *D'ici au village, il y a une certaine distance. Un homme d'un certain âge :* — REGARDER âge, sens 2. **3.** Devant un nom au pluriel, signifie « quelque, pas tous, pas n'importe lesquels » : *Attention ! Certains fruits sauvages sont comestibles, d'autres sont vénéneux !* ● S'emploie comme pronom pluriel : *Parmi les fruits sauvages, certains sont comestibles.* ● *Certains,* certaines personnes : *Certains racontent qu'on aurait vu des loups cet hiver dans la forêt voisine.* — SYN. quelques personnes.

certainement, adv. ♦ Sûrement : *Quel vent ! Il va certainement y avoir de la tempête.*

certes, adv. ♦ Oui, c'est sûr, bien sûr : *Certes ! nous étions de joyeux compagnons !* ● *Il est intelligent certes, mais pas assez travailleur.*

certificat, n. m. ♦ **1.** Document, papier qui affirme quelque chose et qui a une valeur officielle : *Pour obtenir un certificat de domicile, adressez-vous à votre propriétaire.* — SYN. attestation. **2.** Nom de divers examens : *Ma cousine est étudiante à l'université de Montréal : elle passe le mois prochain son certificat en littérature québécoise.*

certifier, v. (conjugaison 20) ♦ Affirmer, dans un certificat : *Je soussignée, directrice de l'école Pierre-Laporte, certifie que l'élève Michel Gagnon a suivi les cours obligatoires.* — SYN. attester.

certitude, n. f. ♦ **1.** État de celui qui est sûr de quelque chose : *Gilbert nous aidera, j'en ai la certitude.* — SYN. assurance. — CONTR. doute. **2.** Chose certaine : *Garderons-nous la première place jusqu'à la fin du championnat ? Ce n'est pas une certitude.*

chagrin

cerveau, n. m. ♦ **1.** Organe qui se trouve dans la tête, sous le crâne, et qui commande les mouvements, reçoit les sensations, est le siège de la pensée. **2.** Celui qui calcule, pense, organise, et qui dirige une organisation : *La police vient d'arrêter deux comparses, mais le cerveau de la bande lui a échappé.*

cervelas [sɛʀvɔla], n. m. ♦ Saucisson cuit, gros, court, épicé.

cervelle, n. f. ♦ **1.** Cerveau des animaux, qui se mange : *A dîner nous avons eu une cervelle de mouton au beurre blanc.* **2.** Synonyme de *cerveau* au sens de « esprit, réflexion, bon sens » : *Tu n'as pas plus de cervelle qu'un moineau !*

cervoise, n. f. ♦ Autrefois, bière sans houblon.

ces, adj. démonstratif. ♦ REGARDER *ce* 1.

cessant, ante, adj. ♦ *Toutes affaires cessantes,* en abandonnant tout de suite tout autre travail : *Vite, toutes affaires cessantes, il faut que vous écriviez cette lettre.*

cesse (sans), loc. adv. ♦ Sans arrêt. — SYN. continuellement, toujours, sans arrêt, sans interruption.

cesser, v. ♦ **1.** S'arrêter : *Nous allons pouvoir sortir, la pluie a cessé.* — SYN. s'arrêter, finir, se terminer. — CONTR. continuer, poursuivre. **2.** Ne pas continuer de faire quelque chose : *Les ouvriers sont en grève, ils ont cessé le travail hier.* — SYN. arrêter. — CONTR. continuer, poursuivre. ● *Ils ont cessé de travailler.* — SYN. s'arrêter, finir, terminer. ● *Jacques ne cesse de bavarder.* (Le verbe *cesser* peut s'employer avec *ne,* sans *pas.*)

cessez-le-feu, n. m. inv. ♦ Accord qui décide l'arrêt des combats. — SYN. armistice.

cession, n. f. ♦ Action de céder, de donner, de vendre : *Pour la cession de son fonds de commerce, ce commerçant a obtenu un bon prix.* — REM. N'écrivez pas comme *session* (d'examen).

c'est-à-dire, loc. conj. ♦ Pour parler autrement, d'une manière plus précise ou plus facile à comprendre : *Les travaux coûteront cent millions de dollars, c'est-à-dire à peu près le prix de quinze mille voitures.*

césure [sezyʀ], n. f. ♦ Coupure, généralement au milieu du vers, marquée par un petit arrêt de la voix, par exemple : *La valeur n'attend pas//le nombre des années.* (La césure est entre *pas* et *le nombre.*)

cet, adj. démonstratif. ♦ REGARDER *ce* 1.

cétacé, n. m. ♦ Mammifère qui vit dans la mer et qui ressemble à un poisson : *Voyons, Carole, la baleine n'est pas un poisson, mais un cétacé !*

cette, adj. démonstratif. ♦ REGARDER *ce* 1.

ceux, pronom démonstratif. ♦ REGARDER *celui.*

chacal, n. m. ♦ Animal d'Asie et d'Afrique, gros comme un renard, ressemblant un peu au chien, se nourrissant des débris des proies tuées par les fauves. — PLUR. *des chacals.*

chacun, une, pronom indéfini singulier. ♦ Tous, mais un à un : *Chacun aura son livre.* — REGARDER *chaque.*

chagrin, ine, n. m. *ou* adj. ♦ **1.** Grande peine qu'on éprouve : *Il aime bien sa grand-mère : il a eu du chagrin de la quitter.* — SYN. accablement, affliction, amertume, consternation, déchirement, déplaisir, désespoir, désolation, douleur, peine, souffrance, tourment. — CONTR. allégresse, bonheur, gaieté, joie, plaisir. **2.** Triste et grognon : *Laisse Henri tranquille : il est d'humeur chagrine aujourd'hui.* — SYN. aigre, attristé, bourru, maussade, mélancolique, morose, sombre, soucieux, triste. — CONTR. aimable, allègre, gai, heureux, joyeux, jovial.

chagriner

chagriner, v. ♦ Faire de la peine, ennuyer un peu : *Nous devons retarder notre voyage de deux jours : ce contretemps me chagrine.* — SYN. contrarier, décevoir, ennuyer, mécontenter. — CONTR. réjouir, satisfaire.

chahut [ʃay], n. m. ♦ Agitation bruyante qui trouble une classe, une réunion.

chahuter [ʃayte], v. ♦ **1.** Faire du chahut : *Ce professeur n'a aucune autorité : les élèves chahutent pendant tout le cours.* **2.** Empêcher de parler, bousculer.

chahuteur, euse [ʃaytœR, ⌀z], adj. *ou* n. ♦ Qui aime bien chahuter.

chai [ʃɛ], n. m. ♦ Local où l'on stocke le vin en fûts, l'eau-de-vie, en grande quantité.

chaîne, n. f. ♦ **1.** Suite d'anneaux (les *maillons*), accrochés les uns aux autres, qui joue le rôle d'une corde solide ou d'un câble très fort. ● *Chaîne d'arpentage* ou *d'arpenteur :* suite d'éléments métalliques articulés qui sert à mesurer la longueur sur le terrain. **2.** Suite d'anneaux qui joue le rôle d'une courroie de transmission et qui relie deux roues dentées. ● *Chaîne de vélo.* **3.** Ensemble de sommets montagneux disposés en file. ● *Une chaîne de montagnes.* **4.** *Chaîne de fabrication :* succession de machines-outils et de postes de travail que suit une chose au cours de sa fabrication (par exemple, la *chaîne de montage* dans une usine d'automobiles). ● *Travail à la chaîne :* travail industriel dans lequel chaque ouvrier ne fait qu'une partie du travail nécessaire à la fabrication d'une chose, cette partie étant toujours la même (par exemple, poser et fixer une roue). **5.** Émetteur de radio ou de télévision, ayant son programme propre : *Ce soir, nous avons un feuilleton télévisé sur la deuxième chaîne.* **6.** *Chaîne stéréophonique :* ensemble formé par un tourne-disque, un amplificateur, des enceintes acoustiques et, éventuellement, par un magnétophone à cassettes, un lecteur à laser, etc. **7.** *En chaîne,* en série, en grand nombre et successivement : *Il y a eu des pannes en chaîne au cours du voyage.* **8.** *Chaîne de trottoir* ou *chaîne de rue :* bordure qui délimite la différence de niveau entre la rue et le trottoir.

chaînette, n. f. ♦ Petite chaîne ; notamment, petite chaîne servant de bijou.

chaînon, n. m. ♦ Chacun des anneaux d'une chaîne. — SYN. anneau, maillon.

chair, n. f. ♦ Partie molle du corps : *On mange la chair des animaux, pas les os !* ● *En chair et en os,* bien vivant, lui-même, en personne : *Mais oui, j'ai vu le président des États-Unis, en chair et en os, pas seulement en photo ou à la télévision.* ● *Être bien en chair,* assez gros et gras, avec des formes rondes. ● *La chair de poule,* la peau couverte de poils hérissés, signe de peur ou de froid (ce qui donne à la peau l'aspect de la peau d'un poulet plumé) : *Elle nous racontait des histoires de fantômes à donner la chair de poule.*

chaire, n. f. ♦ Tribune du prédicateur, dans une église.

chaise, n. f. ♦ **1.** Siège avec dossier, mais sans bras. ● *Chaise longue :* siège avec appui pour les jambes, sur lequel on peut s'asseoir en se renversant en arrière. **2.** *Chaise à porteurs :* autrefois, cabine avec siège, portée par deux hommes au moyen de deux bâtons, qui servait de moyen de transport en ville. **3.** *Chaise berçante* ou *chaise berceuse :* fauteuil à bascule qui permet de se bercer. **4.** *Chaise électrique :* chaise pour électrocuter les condamnés à mort.

1. chaland, n. m. ♦ Client : *Les marchands forains criaient pour attirer l'attention des chalands.* — REM. Ce mot est assez vieilli et littéraire.

2. chaland, n. m. ♦ Bateau à fond plat utilisé sur les cours d'eau, les canaux. —SYN. péniche.

châle, n. m. ♦ Grande pièce d'étoffe carrée ou triangulaire que les femmes portent sur leurs épaules. — SYN. fichu.

chalet, n. m. ♦ Maison en bois, près d'un lac, d'un cours d'eau ou dans la montagne : *Nous passerons l'été dans notre chalet des Laurentides, près du lac Matambin.*

chaleur, n. f. ♦ **1.** État d'un objet qui est chaud, d'un endroit où il fait chaud : *Quelle chaleur ici! Ouvre donc la fenêtre.* — CONTR. le froid. **2.** Enthousiasme dans les marques d'amitié, d'approbation : *La proposition a été accueillie avec chaleur.* — SYN. ardeur, enthousiasme. — CONTR. froideur, indifférence.

chaleureux, euse, adj. ♦ Plein de chaleur, d'enthousiasme, d'amitié. — SYN. ardent, enthousiaste. — CONTR. froid, indifférent.

chaloupe, n. f. ♦ Embarcation un peu plus grande qu'une barque ou un canot et capable de naviguer sur la mer. ● Petit bateau muni de rames.

chalumeau, n. m. ♦ Appareil qui lance un jet de gaz enflammé, à très haute température : *On est en train de découper au chalumeau la coque du vieux navire qu'on démolit.* ● *Soudure au chalumeau.*

chalut [ʃaly], n. m. ♦ Grand filet utilisé dans la pêche en mer.

chalutier, n. m. ♦ Bateau avec lequel on pêche au chalut.

chamailler (se), v. ♦ Se disputer, pas très gravement. — SYN. se disputer, se quereller.

chamarré, ée, adj. ♦ Couvert d'ornements de couleurs vives et variées : *L'officier était chamarré de décorations.*

chambranle, n. m. ♦ Encadrement, fixé au mur, qui entoure une porte ou une fenêtre.

chambre, n. f. ♦ **1.** Autrefois, chacune des pièces d'une maison. ● *Ouvrier artisan en chambre,* qui travaille chez lui, dans son logement, et non en atelier. **2.** *Chambre à coucher,* ou *chambre* : pièce (de la maison, de l'appartement) où l'on dort. ● *Garder la chambre* : rester chez soi quand on est malade. ● *Femme de chambre, valet de chambre* : domestique qui, dans un hôtel, s'occupe de l'entretien des chambres ou qui, dans une famille riche, s'oc-

cupe spécialement de l'entretien de l'appartement, de la maison. **3.** Ensemble des meubles (lit, armoire, tables de nuit, chaises) qui sont placés dans la chambre à coucher : *Ma cousine a une très belle chambre à coucher en acajou, de style Empire.* **4.** Local qui sert à un usage particulier : *La bouchère conserve ses quartiers de bœuf dans sa chambre froide.* ● *Chambre forte :* salle aux murs épais munie d'une porte blindée. **5.** *La Chambre des députés,* ou *la Chambre :* nom qu'on donnait autrefois à l'Assemblée nationale. **6.** *Chambre à air :* tube en caoutchouc très souple, plein d'air sous pression, contenu dans le pneumatique.

chambreur, euse, n. ♦ Locataire d'une chambre meublée : *Non, je ne peux plus rentrer à la maison, mes parents ont deux chambreuses.*

chameau, n. m. ♦ **1.** Animal ruminant des pays désertiques, à une ou deux bosses, qui sert de bête de somme dans les pays secs et dans les déserts d'Asie et d'Afrique. **2.** Spécialement, chameau à deux bosses (le chameau à une bosse étant appelé *dromadaire).*

chamelle, n. f. ♦ Femelle du chameau.

chamois, n. m. ♦ **1.** Animal ruminant à cornes recourbées, très agile, qui vit dans les montagnes d'Europe. **2.** *Peau de chamois :* peau de chèvre ou de mouton, tannée à l'huile de poisson, qui sert à nettoyer, à polir.

champ, n. m. ♦ **1.** Terrain cultivé, à la campagne : *Une haie vive entourait le champ de blé.* ● *Les champs,* la campagne : *Le jeune paysan, transplanté à la ville, regrettait la vie des champs.* ● *A travers champs :* à travers la campagne sans passer par les chemins. **2.** *Sur-le-champ :* tout de suite, immédiatement, sans plus tarder. ● *A tout bout de champ :* à chaque instant, très souvent. **3.** *Champ de courses :* terrain, avec pistes, tribunes, qui sert aux courses de chevaux. — SYN. hippodrome. **4.** *Champ de bataille :* terrain où a lieu une bataille. ● *Champ d'honneur,* la guerre, le combat où est mort un soldat : *Nous rendrons hommage aux* *héros morts au champ d'honneur.* **5.** Étendue, espace que borne une limite : *Attention ! Il y a une actrice qui n'est pas dans le champ de la caméra !*

champagne, n. m. ♦ Grand vin mousseux fabriqué en Champagne.

champêtre, adj. ♦ Des champs, de la campagne : *Là-bas, dans son hameau, il goûtait les charmes de la vie champêtre.* — SYN. agreste, campagnard, rural, rustique, villageois. — CONTR. citadin, urbain.

champignon, n. m. ♦ **1.** Plante sans feuilles qui pousse dans les prés ou dans les bois et dont certaines espèces sont très bonnes ; d'autres sont vénéneuses et peuvent faire mourir. ● *Champignons de Paris* ou *champignons de couche :* champignons cultivés dans les champignonnières. **2.** Plantes microscopiques qui constituent notamment les moisissures. **3.** *Ville champignon :* ville qui a grandi très vite.

champignonnière, n. f. ♦ Endroit où l'on cultive, sur des *couches* de fumier, les « champignons de couche », ou « champignons de Paris » (psalliotes champêtres).

champion, onne, n. ♦ **1.** Celui qui défend une cause : *Les défenseurs des droits de l'homme sont les champions de la liberté.* **2.** Celui, celle qui est le meilleur (la meilleure) dans une spécialité sportive : *Voici maintenant la championne du saut en longueur.*

championnat, n. m. ♦ Épreuve, ou suite d'épreuves, destinée à désigner le champion.

chance, n. f. ♦ **1.** Faveur du hasard qui fait qu'il arrive quelque chose d'heureux : *J'ai joué au loto : j'ai eu de la chance et j'ai gagné.* ● *Tiens, voici un fer à cheval, il va te porter chance.* — CONTR. malchance. **2.** Probabilité : *Il n'y a pas une chance sur trois que ce cheval arrive premier.*

chancelant, ante, adj. ♦ Qui chancelle. Fragile : *Elle ne va pas bien, sa santé est chancelante.*

chanceler, v. (conjugaison 13) ♦ Pencher alternativement d'un côté et de l'autre comme si on allait tomber : *Le bébé avance en trébuchant, il chancelle. Le voilà par terre !* — SYN. flageoler, tituber, vaciller.

chanceux, euse, n. *ou* adj. ♦ Qui a de la chance. Favorisé par la chance.

chandail, n. m. ♦ Gros tricot qu'on enfile par la tête. — SYN. pull-over.

chandelier, n. m. ♦ Support pour des bougies, des chandelles. — REGARDER *bougeoir, candélabre.*

chandelle, n. f. ♦ **1.** Autrefois, bâton de suif, avec une mèche, servant à l'éclairage. (De nos jours la *bougie* a remplacé la chandelle.) ● *Le jeu n'en vaut pas la chandelle :* le résultat qu'on pourrait obtenir ne vaut pas les efforts ou les dépenses qu'il faudrait faire. ● *Devoir une fière chandelle à quelqu'un,* lui devoir beaucoup : *C'est toi qui m'as tiré de ce mauvais pas, je te dois une fière chandelle.* **2.** *En chandelle,* tout droit, verticalement : *Brusquement, l'avion monta en chandelle.*

change, n. m. ♦ **1.** *Gagner, perdre au change :* gagner, perdre en faisant un échange, un changement. **2.** Action de changer une somme de la monnaie d'un pays contre l'équivalent en monnaie d'un autre pays : *Tu vas en Italie ? Alors, pour le change, adresse-toi à une banque : on te changera tes dollars contre des lires.*

changement, n. m. ♦ Action de changer, passage d'un état à un autre. — SYN. modification, remaniement, transformation.

changer, v. (conjugaison 16) ♦ **1.** Transformer : *La pluie a changé la cour en lac boueux.* ● *En été, cette plaine se change en steppe désertique.* ● Arranger, disposer autrement : *Ah ! ils ont encore changé l'horaire des trains !* — SYN. modifier. — CONTR. maintenir. **2.** Avoir ou prendre une autre chose : *A Montréal, nous changeons de train.* ● Échanger : *Voudrais-tu changer de place avec moi ?* **3.** Remplacer les vêtements de quelqu'un par d'autres : *Le petit Luc est tombé dans le bassin : il ne s'est pas noyé, mais sa mère a dû le changer!* • *Se changer :* changer de vêtements. **4.** Échanger une somme contre l'équivalent en une autre monnaie : *En arrivant à New York, j'ai changé mes dollars canadiens contre des dollars américains.*

chanoine, n. m. ♦ Prêtre catholique, membre du conseil qui entoure l'évêque (*chanoine titulaire*), ou revêtu d'une dignité particulière (*chanoine honoraire*).

chanson, n. f. ♦ Chant, composé de couplets et d'un refrain.

chansonnette, n. f. ♦ Petite chanson amusante, gaie.

chansonnier, ière, n. ♦ Personne qui compose et chante ses chansons : *Félix Leclerc est un chansonnier québécois célèbre.*

chant, n. m. ♦ **1.** Œuvre musicale qui se chante et qui comprend musique et paroles : *Les chants religieux résonnaient sous les voûtes de la cathédrale.* **2.** Bruit agréable ; cri des oiseaux, quand il est harmonieux : *J'aime mieux le chant du rossignol que le cri du corbeau!* **3.** Art de chanter : *Ce soir à cinq heures, je vais à mon cours de chant.*

chantage, n. m. ♦ Action d'exiger une chose de quelqu'un sous la menace de révéler un secret, ou en le menaçant de quelque chose de désagréable.

chantant, ante, adj. ♦ A la fois sonore et musical, comme un chant : *Je n'ai pas compris ce que disait Carmen, mais j'ai reconnu les sonorités chantantes de la langue espagnole.*

chanter, v. ♦ Émettre des sons musicaux avec la voix : *Paul montait l'escalier en chantant à tue-tête un air de rock.*

chanteur, euse, n. ♦ Celui, celle qui chante, par goût ou par profession.

chantier, n. m. ♦ **1.** Support en bois sur lequel on pose un tonneau. **2.** *Chantier naval* ou *chantier :* endroit aménagé pour la construction d'un navire, avec ateliers, installations diverses, etc. **3.** *Mettre en chantier,* commencer un travail : *Ma sœur, une auteure, a mis un nouveau roman en chantier.* **4.** Endroit où l'on est en train de construire un édifice, une route, etc. • *Un chantier de construction.* **5.** *Chantier forestier :* Lieu où l'on exploite la forêt.

chantonner, v. ♦ Chanter doucement, à voix faible, pour soi-même, souvent sans prononcer distinctement les paroles : *Le casque sur la tête, Nina chantonnait un air de rock en martelant le sol du pied.*

chantre, n. m. ♦ Celui qui chante à l'église.

chanvre, n. m. ♦ **1.** Plante cultivée pour ses fibres textiles. **2.** Fil, corde ou toile qu'on fabrique avec la fibre de cette plante : *Jadis, les paysans portaient des vêtements de chanvre.*

chaos [kao], n. m. ♦ **1.** Amoncellement de choses en grand désordre : *La colline s'était éboulée sous l'effet d'un glissement de terrain : c'était un chaos de rochers et d'arbres arrachés.* — SYN. confusion, désordre. — REM. N'écrivez pas comme *cahot :* « secousse ». **2.** Grand désordre dans un pays : *Lors de la dépression de 1929, l'Amérique était dans le chaos.* — SYN. anarchie, confusion, désordre, désorganisation, troubles. — CONTR. ordre, paix.

chaparder, v. ♦ Voler une chose qui n'a pas une très grande valeur : *Ah! les garnements! Ils ont encore chapardé des pommes dans le jardin.* — REM. est un peu familier, comme le dérivé, *chapardeur, euse,* « celui, celle qui chaparde ».

chape, n. f. ♦ Autrefois, grand manteau de cérémonie sans manches, attaché ou agrafé par-devant. — REGARDER *cape.*

chapeau, n. m. ♦ **1.** Coiffure en étoffe, parfois en cuir, que portent les hommes ou les femmes et qui est de forme plus haute que le béret ou la casquette. **2.** Partie supérieure d'un champignon. ● *Tirer son chapeau à quelqu'un :* montrer son admiration pour lui. ● *Faire* ou *réussir le tour du chapeau :* marquer trois buts dans un match de hockey. ● *Parler à travers son chapeau :* parler à tort et à travers.

chapelain, n. m. ♦ Prêtre qui disait la messe dans une chapelle privée.

chapelet, n. m. ♦ **1.** Objet de piété constitué par des grains de bois, etc., enfilés à la suite les uns des autres. (En récitant certaines prières, on les compte en faisant glisser les grains entre ses doigts.) **2.** Prière catholique qui se récite au moyen d'un chapelet. **3.** Suite de choses attachées les unes aux autres : *Le chien sortit de la boutique du charcutier, traînant un chapelet de saucisses qu'il avait volé.*

chapelier, ière, n. ♦ Celui, celle qui fabrique ou vend des chapeaux pour hommes, des casquettes, des bérets, etc. — REM. Celle qui confectionne des chapeaux pour dames est la modiste.

chapelle, n. f. ♦ **1.** Petite église qui n'est pas l'église d'une paroisse. **2.** Partie d'une église où est dressé un autel autre que le maître-autel et qui est consacrée au culte d'un saint.

chapiteau, n. m. ♦ **1.** Partie supérieure et élargie d'une colonne, d'un pilier. **2.** Grande tente qui abrite un cirque.

chapitre, n. m. ♦ **1.** Chacune des grandes divisions d'un livre : *Dans le premier chapitre de son roman, l'auteur décrit le cadre de son action et nous présente les personnages.* ● *Sur le chapitre de,* en ce qui concerne : *Tu sais, dans sa famille, on est très strict sur le chapitre de la morale !* **2.** Assemblée de moines ou de chanoines réunis pour discuter des affaires du couvent ou de la cathédrale. ● *Avoir voix au chapitre,* avoir le droit de donner son avis : *Chez Louis, c'est le père qui commande : les enfants n'ont pas voix au chapitre !*

chapitrer, v. ♦ Réprimander, gronder : *La directrice du collège a convoqué le chahuteur et l'a chapitré sévèrement.* — SYN. blâmer, disputer, gourmander, gronder, morigéner, réprimander, semoncer, sermonner, tancer.

chapon, n. m. ♦ Jeune coq castré que l'on a engraissé pour le manger.

chaque, adj. indéfini singulier. ♦ Un à un : *Chaque enfant a reçu un cadeau.* — REGARDER *chacun.*

char, n. m. ♦ **1.** Dans l'Antiquité, véhicule à deux roues, tiré par des chevaux, utilisé à la guerre ou pour les courses. **2.** Véhicule tiré par des bœufs, des chevaux : *Et tous ces gens, joyeux, allaient à la noce, assis dans le char à bancs.* **3.** Véhicule décoré, portant des personnages déguisés, des statues de carton, qui prend part à une fête, par exemple pour le carnaval. **4.** Véhicule blindé à chenilles, armé d'un canon. ● *Char d'assaut.*

charade, n. f. ♦ Devinette dans laquelle il faut trouver un mot dont les syllabes sont formées par la suite des syllabes d'autres mots. Exemple : *Verse du vin dans mon premier, pendant que les oiseaux font mon second dans l'arbre, et surtout ne raye pas mon tout !* Réponse : *vernis* [vɛʀni] (= [vɛʀ] + [ni] = *verre* + *nid*).

charançon, n. m. ♦ Insecte très nuisible qui dévore les grains de blé, de riz.

charbon, n. m. ♦ **1.** *Charbon de bois :* combustible constitué par du bois à demi carbonisé. **2.** *Charbon de terre* ou *charbon :* combustible solide, noir, extrait du sous-sol, dans des mines. — SYN. houille. **3.** *Être sur des charbons ardents :* être à la fois très inquiet et très impatient.

charbonnier, ière, n. ♦ Autrefois, celui, celle qui, dans les forêts, fabriquait le charbon de bois. **2.** Commerçant, commerçante qui vend du charbon de terre.

charcuterie, n. f. ♦ **1.** Magasin du charcutier. **2.** Produit fait avec de la viande de porc et vendu par le charcutier.

charcutier, ière, n. ♦ Commerçant, commerçante qui vend de la viande de porc, crue ou cuite, des produits à base de porc (jambon, saucisson, boudin, etc.) et parfois des plats cuisinés.

chardon, n. m. ♦ Plante épineuse, commune sous nos climats, dont il existe plusieurs espèces.

chardonneret, n. m. ♦ Petit oiseau, à plumage noir, jaune, blanc et rouge, qui mange les graines du chardon.

charge, n. f. ♦ **1.** Ce que l'on porte et qui est lourd : *Dix kilos? C'est une charge trop lourde pour un enfant : laisse-moi porter ce sac.* — SYN. chargement, fardeau, poids. **2.** Quantité de poudre ou d'explosif contenue dans une cartouche, un obus, une fusée : *Cette fusée transporte une charge nucléaire à 2000 kilomètres.* **3.** Travail à faire, mission à accomplir : *C'est toi qui auras la charge de surveiller ton petit frère pendant mon absence.* ● *Avoir à charge,* devoir s'occuper de quelqu'un, subvenir à ses besoins : *Il a sa vieille mère à charge.* ● *Prendre en charge,* s'occuper d'une personne ou d'une chose : *Tout ce travail de vérification, c'est toi qui devrais le prendre en charge.* ● *A charge de revanche,* à condition que quelqu'un rende le même service, plus tard : *Je fais ton problème de maths, puisque tu n'as pas le temps, mais c'est à charge de revanche.* **4.** *Les charges :* dépenses d'eau, d'électricité, de chauffage, etc., qui constituent les frais à payer (en plus du loyer), quand on occupe un appartement. **5.** Soupçons, preuves ou indices qui tendent à faire penser qu'une personne est coupable : *Mais enfin, quelles sont les charges qui pèsent sur cet accusé?* **6.** Attaque brusque d'une personne, d'un animal ou d'une troupe qui fonce en avant : *La charge furieuse du taureau sema la panique dans le groupe des pique-niqueurs.*

chargement, n. m. ♦ **1.** Action de charger. — CONTR. déchargement. **2.** Marchandises contenues dans un bateau, un avion, un véhicule : *Le camion s'est renversé avec son chargement de 20 000 œufs : quelle belle omelette sur la route!* — SYN. cargaison, charge, fret.

charger, v. (conjugaison 16) ♦ **1.** Mettre des choses sur (ou dans) un bateau, un véhicule, un avion, une valise, etc. : *Tu as trop chargé le porte-bagages de ton vélo : tu auras du mal a monter la côte!* ● *Les employés de l'aéroport chargent les bagages dans la soute de l'avion.* — CONTR. décharger. **2.** Mettre une cartouche dans une arme : *L'oncle Henri appuya sur la détente, mais il avait oublié de charger son fusil!* **3.** Confier un travail, une mission : *Je te charge de transmettre toutes mes amitiés à ta cousine.* ● *C'est moi qui me charge de cette petite corvée.* **4.** Foncer pour attaquer : *Les soldats chargèrent l'ennemi à la baïonnette.*

chargeur, n. m. ♦ Sorte d'étui qui contient les cartouches d'une arme à répétition ou d'une arme automatique.

chariot, n. m. ♦ Véhicule qui sert à transporter des marchandises, des bagages, etc., et qui est généralement, de nos jours, assez petit, mais qui, autrefois, pouvait être un lourd véhicule tiré par un ou plusieurs chevaux : *Tu as vu, dans le film, les chariots des immigrants du Far West?* ● *Sur le quai de la gare, je poussais le chariot chargé de trois grosses valises.*

charitable, adj. ♦ Qui est plein de charité. — SYN. bienveillant, bienfaisant, bon, généreux, secourable. — CONTR. dur, égoïste, méchant.

charité, n. f. ♦ **1.** Vertu qui pousse à aimer les autres, à les secourir, à leur faire du bien : *La charité est la première des vertus chrétiennes.* — SYN. bienfaisance, bonté, générosité, philanthropie. — CONTR. dureté, égoïsme, méchanceté. **2.** *Faire la charité à quelqu'un,* lui faire l'aumône, lui donner un peu d'argent. ● *Le mendiant va demander la charité.* — SYN. aumône.

charlatan, n. m. ♦ Celui qui n'est pas médecin et qui affirme qu'il peut guérir les gens, alors que ce n'est pas vrai. — REGARDER *guérisseur* ● Celui qui abuse de la crédulité des gens.

charmant

charmant, ante, adj. ♦ Qui a beaucoup de charme. — SYN. agréable, aimable, attachant, attirant, beau, captivant, gracieux, ravissant, séduisant. — CONTR. affreux, désagréable, déplaisant, hideux, laid, odieux, rebutant, repoussant, répugnant.

charme, n. m. ♦ **1.** Sort magique que jette un sorcier, un enchanteur : *La vieille fée jeta un charme, et la belle princesse s'endormit.* — SYN. enchantement, ensorcellement, envoûtement, sort, sortilège. ● *Se porter comme un charme :* avoir une santé très robuste. **2.** Qualité d'une personne qui sait plaire par sa beauté, sa grâce, sa gentillesse, son esprit : *J'aime bien cette actrice, elle a beaucoup de charme.* — SYN. agrément, attrait, beauté, séduction. — CONTR. hideur, laideur.

charmer, v. ♦ Séduire par son charme : *Par sa grâce, l'adolescent avait su charmer tout le monde.* — SYN. captiver, plaire à, ravir, séduire. — CONTR. déplaire à, heurter.

charnière, n. f. ♦ Ensemble de deux petites plaques articulées qui sert d'attache à une petite porte ou à un couvercle et permet d'ouvrir ou de fermer.

charnu, ue, adj. ♦ Qui est formé d'une masse épaisse de chair ou de pulpe : *Louisette a de belles lèvres rouges et charnues.* — CONTR. mince, sec, décharné.

charogne, n. f. ♦ Corps d'un animal mort : *Trois chacals se disputaient une charogne de zèbre à demi pourrie.*

charpente, n. f. ♦ Ensemble de poutres de bois ou de fer qui soutient la toiture.

charpentier, ière, n. ♦ Celui, celle qui pose et assemble les charpentes.

charpie, n. f. ♦ Autrefois, débris de fils tirés de vieilles toiles qui servaient à faire des pansements, comme, de nos jours, le coton hydrophile. ● *Mettre une chose en charpie,* en tout petits morceaux.

charretée, n. f. ♦ Contenu d'une charrette : *Les maçons déversèrent une charretée de sable dans la cour.*

charretier, ière, n. ♦ Celui, celle qui conduit une charrette. ● *Jurer comme un charretier :* dire des jurons grossiers.

charrette, n. f. ♦ Voiture à deux roues, tirée par un cheval, qui servait au transport des marchandises.

charrier, v. (conjugaison 20) ♦ Transporter avec soi, dans le courant de l'eau : *Tu vois, la rivière Bonaventure est toute jaune, parce qu'elle charrie du sable qui, ensuite, ira se déposer sur les plages de la baie des Chaleurs.*

charroi, n. m. ♦ Autrefois, transport de marchandises par charrettes, tombereaux, etc. : *Jadis, il fallait beaucoup de chevaux pour le charroi des pierres de taille.*

charron, n. m. ♦ Autrefois, celui qui fabriquait les charrettes, les tombereaux, les chariots, les brouettes etc., et les roues en bois de ces véhicules.

charrue, n. f. ♦ Instrument, tiré autrefois par des chevaux ou des bœufs, de nos jours par un tracteur, qui sert à labourer les champs. ● *Mettre la charrue devant les bœufs :* faire les choses dans l'ordre inverse de l'ordre convenable. — REM. Parfois synonyme de chasse-neige.

charte, n. f. ♦ Au Moyen Age, document qui prouvait qu'on possédait une terre, qu'on l'avait achetée, etc., ou bien qu'on avait reçu un privilège, des libertés. ● Acte juridique qui garantit des droits : *La charte des droits de l'homme.*

chas [ʃa], n. m. ♦ Trou dans une aiguille, par où passe le fil.

chasse, n. f. ♦ **1.** Action de chasser. ● *L'ouverture de la chasse.* **2.** Terrain où l'on a le droit de chasser et qui est réservé à ceux qui ont payé pour cela. **3.** *Avion de chasse :* avion puissamment armé, rapide, destiné à abattre les avions ennemis. ● *La chasse* ou *l'aviation de chasse :* l'ensemble des avions de chasse. **4.** *Chasse d'eau :* dispositif qui envoie une grosse quantité d'eau à la fois dans la cuvette des cabinets pour la nettoyer.

Êtres mythologiques

Fruits de l'imagination des hommes, **les animaux fabuleux** abondent dans les mythes et légendes des civilisations d'hier et d'aujourd'hui.

1. Centaure.
2. Dragon.
3. Chimère.
4. Licorne.
5. Harpie.
6. Sphinx.
7. « Anneau de Nibelungen » 1914. Lithographie de Franz Stassen. **Siegfried tuant le dragon.**

Animaux préhistoriques

Certains d'entre eux, parmi les plus anciens, vivaient il y a environ 250 millions d'années et avaient parfois des dimensions gigantesques.

Ils ont tous disparu pour des raisons encore obscures.

1. **Tyrannosaure** (Dinosaurien, Crétacé).

2. **Platéosaure** (Dinosaurien, Trias).

3. **Ptérosaurien** (Reptile volant, Crétacé).

4. **Stégosaure** (Dinosaurien, Jurassique).

5. **Compsognathus** (Dinosaurien, Jurassique).

Animaux préhistoriques

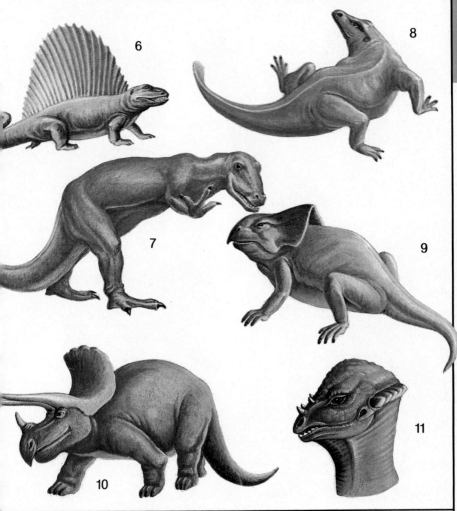

imétrodon (Dinosau-
en, Permien).

llosaure (Dinosaurien,
urassique).

8.**Seymouria** (Amphibien,
Permien).

9.**Protocératops** (Dinosaurien, Crétacé).

10.**Tricératops** (Dinosaurien, Crétacé).

11.**Tête de pachycéphalo-
saure** (Dinosaurien, Crétacé).

12.Deux tyrannosaures de-
vant la dépouille d'un
tricératops.

La savane africaine

1
3
2
4
5
6

La savane africaine est la région du globe la plus riche en grands animaux: herbivores et grands fau- ves. Malheureusement, ces grands animaux sont souvent l'objet d'une chasse abusive, et cer- taines espèces sont me- nacées de disparition.

1. Zèbre.
2. Girafe.
3. Hyène.

La savane africaine

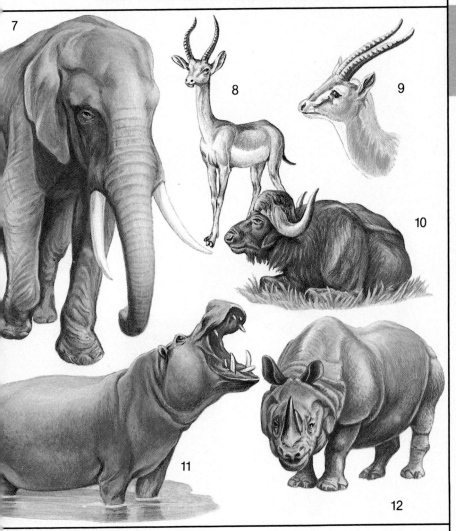

7

8

9

10

11

12

.Éland du Cap (grande antilope africaine).

.Lion.

6.Crocodile.

7.Éléphant d'Afrique.

8.Gazelle girafe.

9.Gazelle de Grant.

10.Buffle.

11.Hippopotame.

12.Rhinocéros africain.

Les habitants des mers

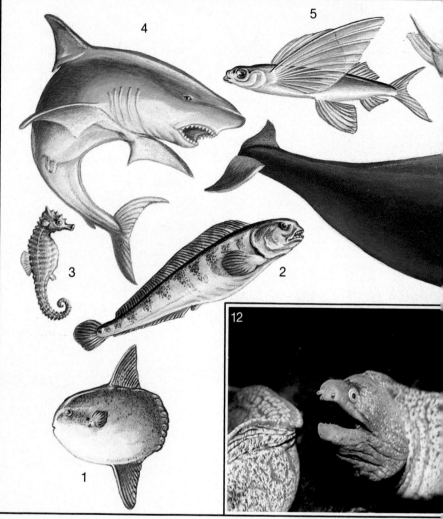

Les animaux marins ont des formes qui facilitent le déplacement dans l'eau. C'est pourquoi les mammifères marins (baleines, orques, etc.) ressemblent à certains poissons, bien qu'ils ne doivent pas être confondus avec eux.

1. **Poisson-lune** ou lune de mer ou môle.
2. **Loup de mer** ou bar.

Les habitants des mers

ippocampe.
equin mako.
xocet (poisson volant).

6. Poisson-clown.
7. **Baleine franche** (mammifère cétacé).

8. Espadon.
9. Dragon des mers.
10. **Orque** ou épaulard (mammifère cétacé).

11. Torpille.
12. Murène.
13. **Pieuvre** ou poulpe.

Les rapaces

Tous **les rapaces** possèdent un bec crochu et des griffes puissantes (les serres). Les uns sortent de jour **(rapaces diurnes)**, les autres de nuit **(rapaces nocturnes).**

1. **Crécerelle d'Amérique.**
2. **Serpentaire** ou secrétaire.
3. **Buse pattue.**
4. **Busard Saint-Martin.**
5. **Chouette lapone.**
6. **Harfang des neiges.**
7. **Patte de harfang des neiges.**
8. **Urubu à tête rouge.**

châsse [ʃɑs], n. f. ♦ Coffre richement orné qui contient les reliques d'un saint.

chasse-neige, n. m. inv. ♦ Engin ou véhicule spécialement construit pour enlever la neige dans les rues ou sur les routes.

chasser, v. ♦ **1.** Poursuivre les animaux pour les tuer ou les capturer : *Dans ces bois, on chasse le sanglier.* **2.** Faire partir, expulser : *Le gardien du square chasse impitoyablement les clochards qui viennent dormir sur les bancs.* — CONTR. admettre, attirer. **3.** Faire disparaître : *Allons ! Un peu de musique pour chasser nos idées noires !*

chasseur, euse, n. f. ♦ **1.** Celui, celle qui chasse. **2.** Soldat de certains régiments d'infanterie. **3.** Domestique en uniforme, attaché à un restaurant ou à un hôtel, qui fait les courses. **4.** Avion de chasse.

châssis [ʃɑsi], n. m. ♦ **1.** Carcasse, cadre qui soutient la carrosserie d'une voiture, encadre une fenêtre, etc. **2.** Coffre à couvercle vitré où l'on fait pousser les plantes à l'abri du froid.

chasuble, n. f. ♦ Vêtement, semblable à un manteau sans manches, à deux pans, que le prêtre revêt pour dire la messe.

chat, n. m. ♦ Animal domestique, mammifère carnivore à griffes rétractiles. — REM. La femelle du chat est la *chatte*, le petit le *chaton*, le chat mâle est appelé aussi *matou.* Nom familier du chat : *minet.* ● *Il n'y a pas un chat :* il n'y a personne. *Locution familière.* ● *Chat sauvage :* raton laveur.

châtaigne, n. f. ♦ Fruit comestible qui ressemble un peu au marron d'Inde. — SYN. marron.

châtaignier, n. m. ♦ **1.** Arbre qui donne les châtaignes. **2.** Bois de cet arbre.

châtain, adj. ♦ *Cheveux châtains,* d'une couleur intermédiaire entre le brun et le blond : *Louise et Francine ont les cheveux châtains.* ● *Francine est châtain* (ou, parfois, *châtaine*). *Une chevelure châtain* (ou *châtaine*).

château, n. m. ♦ **1.** *Château fort* ou *château :* au Moyen Age, demeure fortifiée d'un seigneur. **2.** Grande et belle demeure d'un seigneur, d'un roi : *Qu'il est beau, le château de Ramezay !* — SYN. palais. **3.** *Château d'eau :* réservoir d'eau, situé sur un point élevé, d'où descend l'eau qui alimente sous pression une localité.

châtelain, aine, n. ♦ Personne qui possède et habite un château.

châtier, v. (conjugaison 20) ♦ Punir : *Le roi châtia durement les rebelles : ils furent tous pendus.* — SYN. punir. — CONTR. récompenser.

châtiment, n. m. ♦ Punition. — SYN. peine. — CONTR. récompense.

1. chaton, n. m. ♦ Partie d'une bague où est fixée une pierre précieuse.

2. chaton, n. m. ♦ **1.** Jeune chat. **2.** Grappe de petites fleurs, du saule par exemple, dont la forme fait penser à la queue d'un petit chat.

chatouille, n. f. ♦ Action de toucher à certains endroits du corps, de manière à faire rire.

chatouiller, v. ♦ *Chatouiller quelqu'un,* lui faire des chatouilles.

chatouilleux, euse, adj. ♦ **1.** Qui craint les chatouilles, qui est sensible aux chatouilles. **2.** Qui se fâche ou se vexe facilement : *Ne te moque pas de la myopie de Jacques : il est très chatouilleux sur ce sujet.* — SYN. irritable, ombrageux, sensible, susceptible.

chaud, chaude, adj. *ou* n. m. ♦ **1.** Dont la température est élevée : *Le soleil est déjà chaud, et il n'est que dix heures.* — SYN. ardent, brûlant, cuisant, torride. — CONTR. froid, glacé, glacial. ● *Il fait chaud aujourd'hui !* ● *Nous allons avoir chaud.* ● *Au chaud :* dans un endroit bien chauffé. ● *Tenir chaud,* maintenir à une température élevée, protéger du froid : *Ces bonnes grosses*

chaussettes de laine, ça tient chaud aux pieds !
2. Qui tient chaud : *Prends un chandail, c'est plus chaud qu'un gilet.* **3.** Animé ou même violent : *La discussion a été chaude : à travers la porte, j'ai entendu les éclats de voix.* — SYN. âpre, dur. — CONTR. calme. **4.** Enthousiaste : *Ce chef politique comptait dans la ville de chauds partisans.* — SYN. ardent, enthousiaste, exalté. — CONTR. hésitant, tiède. **5.** Ivre : *Il est chaud car il a trop bu de bière.*

chaudement, adv. ♦ D'une manière chaude (au propre ou au figuré) : *Il gèle : habille-toi bien chaudement !* ● *Nous avons chaudement soutenu son initiative.*

chaudière, n. f. ♦ Appareil, composé d'un réservoir plein d'eau et d'un foyer, qui produit l'eau chaude ou la vapeur pour le chauffage central ou une machine à vapeur.

chaudron, n. m. ♦ Autrefois, grand récipient de cuivre ou de fer, suspendu par une anse, qui servait à faire bouillir de l'eau, à faire bouillir les légumes, la viande, la soupe.

chaudronnier, ière, n. ♦ Personne qui fabrique ou vend des chaudrons, des objets en cuivre martelé.

chauffage, n. m. ♦ **1.** Action de chauffer. **2.** *Chauffage central* : dispositif, constitué par une chaudière, des tuyaux et des radiateurs disposés dans les diverses pièces ou les divers appartements, et qui permet de les chauffer par circulation d'eau chaude.

chauffe-bain, n. m. ♦ Appareil qui produit de l'eau chaude pour la baignoire, la douche. — PLUR. *des chauffe-bains.*

chauffe-eau, n. m. inv. ♦ Appareil qui produit de l'eau chaude.

chauffer, v. ♦ **1.** Rendre plus chaud : *Un grand radiateur électrique chauffait le bureau de l'avocate.* **2.** Devenir chaud : *Il y a de l'eau qui chauffe dans la casserole, sur le réchaud.* — CONTR. refroidir. **3.** *Se chauffer :* se mettre à un endroit où l'on a chaud.

chaufferette, n. f. ♦ **1.** Appareil de chauffage d'une automobile. **2.** Petit radiateur électrique.

chauffeur, euse, n. ♦ **1.** Personne qui alimente et qui surveille une chaudière de chauffage central, de machine à vapeur. **2.** Celui, celle qui conduit un camion, un autocar, un autobus ou un taxi. **3.** Personne qui est payée pour conduire une voiture particulière.

chaume, n. m. ♦ **1.** Partie de la tige du blé qui reste quand on a fait la moisson. **2.** Paille dont on se sert pour couvrir les maisons, dans certaines régions.

chaumière, n. f. ♦ Autrefois, maison couverte de chaume, à la campagne, d'aspect généralement modeste ou pauvre.

chausse-pied, n. m. ♦ Objet qu'on glisse entre l'arrière du pied et la chaussure pour mettre celle-ci plus facilement. — PLUR. *des chausse-pieds.*

chaussée, n. f. ♦ Partie centrale d'une route ou d'une rue.

chausser, v. ♦ **1.** Mettre (une chaussure) : *Chaussez vos bottes, mettez vos casques et sautez sur vos motos !* **2.** Avoir telle pointure : *Ma petite sœur chausse du 6, mon cousin du 12.* **3.** *Se chausser,* mettre ses chaussures : *Oui, je me chausse, je prends mon pardessus et je sors tout de suite !*

chaussette, n. f. ♦ Partie du vêtement qui couvre le pied, la cheville et parfois le mollet et qui est en laine, en coton, en nylon, en fil, etc.

chausson, n. m. ♦ **1.** Grosse pantoufle montante. **2.** *Chausson aux pommes* ou *chausson :* gâteau qui contient de la compote de pommes enveloppée de pâte feuilletée et qui a la forme d'un demi-cercle.

chaussure, n. f. ♦ Tout ce que l'on met aux pieds et qui a une semelle (souliers, pantoufles, sandales, etc.).

chemise

chauve, adj. *ou* n. m. ♦ Sans cheveux : *Mon oncle a le crâne chauve, lisse comme une boule de billard !* ● *Mon oncle est chauve.*

chauve-souris, n. f. ♦ Petit mammifère insectivore dont le corps et la tête font penser à une souris et qui a des ailes membraneuses, ce qui lui permet de voler. — PLUR. *des chauves-souris.*

chauvin, ine, adj. ♦ Qui a une admiration excessive pour son pays, sa province, sa ville, pour l'équipe nationale : *Le public a été chauvin au Forum de Montréal : il sifflait à chaque fois que les Nordiques marquaient un but.*

chaux, n. f. ♦ Substance blanche, obtenue par calcination de pierres calcaires, qui entre dans la composition du ciment et qui, délayée dans l'eau, sert à blanchir les murs.

chavirer, v. ♦ *Le bateau a chaviré,* s'est retourné complètement.

cheddar, n. m. ♦ Fromage à pâte dure.

chef, n. m. *ou* n. f. ♦ Celui, celle qui commande : *Il y en a, des chefs : les chefs de service, les chefs de bureau, les chefs de gare, les chefs d'orchestre, les chefs d'atelier, les chefs cuisiniers, sans compter les chefs de bande, les sergents-chefs, les adjudants-chefs, les chefs comptables, les ingénieurs en chef !...* — *Et tu oublies les rois et les présidents, qui sont des chefs d'État !* — SYN. directeur, dirigeant, maître, patron, responsable. — CONTR. exécutant, subalterne, subordonné.

chef-d'oeuvre [ʃedœvʀ], n. m. ♦ Ce qu'il y a de plus beau : *Demain, tu verras le palais de Versailles : c'est le chef-d'œuvre de l'architecture classique en France.* — PLUR. *des chefs-d'œuvre.*

chefferie, n. f. ♦ Direction, tête d'un parti politique.

chemin, n. m. ♦ **1.** Petite route. — REGARDER *sentier.* **2.** Direction à prendre pour aller à un endroit : *Je ne connaissais pas la ville, je n'arrivais pas à retrouver mon chemin.* **3.** Trajet, distance à parcourir pour aller d'un endroit à un autre : *Courage ! On a fait les trois quarts du chemin !* ● *Par le chemin des écoliers :* en suivant le chemin, le parcours le plus long possible. ● *Chemin faisant :* tout en marchant. **4.** *Faire son chemin :* bien réussir dans la vie, dans une carrière. **5.** *Ne pas y aller par quatre chemins :* aller droit au but.

chemin de fer, n. m. ♦ **1.** Voie ferrée : *A deux cents mètres d'ici, vous passerez sous le pont du chemin de fer.* **2.** Moyen de transport par train : *Pour les marchandises lourdes, le transport par voie d'eau est plus économique que le chemin de fer.* — SYN. le rail. **3.** Société qui exploite et fait fonctionner ce moyen de transport : *Attention ! tous les employés des chemins de fer ne sont pas conducteurs de locomotive !*

chemineau, n. m. ♦ Vagabond qui va sur les routes, les chemins, dans les campagnes, et vit en demandant l'aumône. — SYN. vagabond, clochard. — REM. Ne confondez pas avec *cheminot* : « employé des chemins de fer ».

cheminée, n. f. ♦ **1.** Dans une pièce, endroit où l'on fait du feu. **2.** Tuyau qui conduit la fumée du foyer à l'air libre. ● Endroit où sort ce tuyau au-dessus du toit, ou au-dessus du pont d'un bateau, ou au-dessus d'une locomotive à vapeur : *Regardez les toits de Québec, tout hérissés de cheminées.*

cheminer, v. ♦ Avancer (lentement, péniblement), en allant à pied : *Les explorateurs cheminaient, dans la chaleur étouffante, à travers la forêt vierge encombrée de lianes.*

cheminot, n. m. ♦ Employé des chemins de fer. — REM. Ne confondez pas ce mot, familier, avec *chemineau* : « vagabond ».

chemise, n. f. ♦ **1.** Vêtement à manches longues ou courtes, qui couvre le haut du corps et descend plus ou moins bas au-dessous de la ceinture et que l'on porte à même la peau ou sur un maillot de corps.

● **Chemise de nuit** : chemise que l'on met pour dormir. **2.** Feuille de carton ou de papier fort pliée en deux et qui forme une sorte d'étui pour ranger des papiers.

chemisette, n. f. ♦ Chemise légère, à manches courtes.

chemisier, ière, n. ♦ Celui, celle qui fabrique des chemises, qui vend des chemises (et aussi des cravates, des mouchoirs, des gants, etc.). **2. n. m.** : Corsage de femme qui se boutonne par devant et dont le col et les poignets ressemblent un peu à ceux d'une chemise d'homme.

chenal, aux, n. m. ♦ Endroit où le fond est creusé assez profond pour permettre le passage des navires : *Dans l'estuaire encombré de bancs de sable, des balises indiquent le chenal à suivre.*

chenapan, n. m. ♦ Garçon mal élevé et malfaisant. — SYN. galopin, garnement, vaurien.

chêne, n. m. ♦ **1.** Bel arbre de nos forêts, dont le fruit est le gland. **2.** Bois de cet arbre.

chenet [ʃənɛ], **n. m.** ♦ Chacune des deux pièces métalliques que l'on met dans une cheminée pour supporter les bûches.

chenil [ʃəni], **n. m.** ♦ Local où on loge les chiens d'une meute. ● Établissement où l'on élève des chiens pour les vendre.

chenille [ʃənij], **n. f.** ♦ **1.** Larve qui sort de l'œuf d'un papillon et qui, après s'être entourée d'un cocon, deviendra un papillon à son tour. **2.** Chacune des deux bandes sans fin formées d'éléments articulés, en acier, qui constituent le train de roulement d'un char d'assaut, d'un tracteur, d'un engin de terrassement.

cheptel [ʃɛptɛl], **n. m.** ♦ Ensemble des animaux (vaches, moutons, chèvres, porcs) élevés dans une exploitation agricole.

chèque, n. m. ♦ Rectangle de papier qui sert de moyen de paiement et sur lequel on inscrit la somme que la banque versera au bénéficiaire du chèque en débitant le compte de celui qui émet le chèque. ● **Payer par chèque.** ● **Chèque sans provision** : chèque impayé parce qu'il n'y a pas suffisamment d'argent au compte en banque. ● **Chèque en blanc** : chèque qui n'indique pas le montant. ● **Chèque certifié** ou **chèque visé** : chèque dont le montant est garanti. ● **Chèque de voyage** : chèque spécial encaissable à l'étranger.

chéquier, n. m. ♦ Carnet contenant des chèques à détacher, au fur et à mesure qu'on les émet. — SYN. carnet de chèques.

cher, chère, adj. *ou* adv. ♦ **1.** Qu'on aime bien. ● *Chère amie, comment allez-vous ?* **2.** Qui coûte beaucoup d'argent : *Deux cents dollars ! Elles sont chères, ces robes !* — SYN. coûteux, onéreux. — CONTR. abordable, à bon marché. ● *Ces robes coûtent cher. Elles valent cher* (emploi adverbial, invariable).

chèrant, ante, adj. ♦ Qui vend trop cher : *N'achète pas ici, c'est un magasin chèrant.*

chercher, v. ♦ **1.** Essayer de trouver ce qui est égaré : *C'est ton crayon que tu cherches ? Tu l'as laissé sur ma table.* **2.** Aller à un endroit pour rapporter quelque chose : *Va donc me chercher le gros dictionnaire qui est resté sur ma table.* **3.** Essayer de faire quelque chose : *Je cherche à ouvrir ce tiroir et je n'y arrive pas.* — SYN. s'efforcer de, essayer de, tâcher de, tenter de. ● Essayer de trouver la solution d'un problème, la réponse à une question : *Peux-tu m'aider ? Je cherche les noms des généraux qui sont morts lors de la bataille des plaines d'Abraham.*

chercheur, euse, n. ♦ **1.** Personne qui essaie de faire une découverte : *Les chercheurs essaient de savoir comment l'atome est constitué.* On semble aussi employer *chercheuse* comme féminin. **2.** *Chercheur de*, celui qui cherche à découvrir quelque chose : *Et voici que nos chercheurs de trésor débarquent dans l'île mystérieuse !*

chère, n. f. ♦ *Faire bonne chère :* bien manger, faire un bon repas.

chéri, ie, adj. *ou* n. ♦ Qu'on aime bien : *Jacques commença ainsi sa lettre :* « *Ma petite Maman chérie.* » ● *Mon chéri, ma chérie :* termes d'affection.

chérir, v. ♦ Aimer beaucoup une personne ou une chose. — SYN. affectionner, avoir de l'affection, de l'attachement, de l'amour pour, aimer. — CONTR. abhorrer, abominer, avoir en aversion, en horreur, détester, exécrer, haïr.

cherté, n. f. ♦ Caractère de ce qui coûte très cher : *A cause de la cherté des framboises, nous n'en mangeons que rarement.*

chétif, ive, adj. ♦ Qui n'est pas grand, pas gros, pas fort et qui a l'air d'avoir une mauvaise santé. — SYN. malingre. — CONTR. robuste.

cheval, aux, n. m. ♦ **1.** Animal domestique herbivore, fort et rapide : *Un gros cheval de ferme tirait une lourde charrette. Le cheval peut aller au pas, trotter, galoper, se cabrer, ruer.* — REM. La femelle du cheval est la *jument ;* le petit, le *poulain.* Cri : le cheval *hennit.* ● *Faire du cheval, monter à cheval :* aller en étant assis sur le dos du cheval. — REGARDER *équitation.* ● *Être à cheval sur,* assis en ayant une jambe de chaque côté d'une chose : *Un garnement faisait le guet, à cheval sur le mur du jardin.* ● *Être à cheval sur,* être situé, placé, posé sur deux choses à la fois : *Le règne de Louis XIV est à cheval sur le XVIIᵉ et sur le XVIIIᵉ siècle.* ● *Être à cheval sur les principes, sur les règles :* être strict, sévère, en ce qui concerne les principes, les règles (de morale, de politesse, etc.). ● *Monter sur ses grands chevaux :* se mettre en colère, faire toute une histoire pour rien. **2.** *Cheval d'arçons* ou, mieux, *cheval arçons :* appareil de gymnastique. **3.** *Cheval-vapeur* ou *cheval :* unité de puissance, abandonnée par les physiciens, mais employée encore pour évaluer la puissance du moteur des voitures (abréviation : *CV*). — PLUR. *des chevaux-vapeur, des chevaux.*

chevaleresque, adj. ♦ Digne d'un chevalier par sa bravoure, sa générosité, son sens de l'honneur : *Jérôme est un garçon chevaleresque : il protège ses camarades plus faibles.*

chevalet, n. m. ♦ Support en bois sur lequel on pose la toile pour peindre un tableau.

chevalerie, n. f. ♦ Au Moyen Age, l'ensemble des chevaliers.

chevalier, n. m. ♦ Au Moyen Age, guerrier qui s'était engagé à être brave, loyal, généreux et à protéger les faibles.

chevalière, n. f. ♦ Grosse bague épaisse à chaton plat.

chevalin, ine, adj. ♦ **1.** *Boucherie chevaline,* où l'on vend de la viande de cheval. — SYN. boucherie hippophagique. **2.** *L'espèce chevaline :* les chevaux. **3.** *Visage chevalin,* allongé, avec une grande bouche qui montre de grandes dents.

cheval-vapeur, n. m. ♦ REGARDER *cheval* (sens 3).

chevauchée, n. f. ♦ Grande promenade à cheval, longue expédition à cheval.

chevaucher, v. ♦ **1.** Aller à cheval, sur une grande distance : *Les hommes d'armes chevauchèrent pendant trois jours à travers la forêt et arrivèrent devant le château fort.* **2.** Être assis à cheval sur quelque chose : *La fillette chevauchait un balai et jouait au cavalier.* ● Être situé sur deux choses à la fois, en s'étendant de part et d'autre d'une ligne : *La forêt chevauche la frontière.* ● Être mal aligné : *On va poser un appareil à mon petit frère : ses dents chevauchent un peu.*

chevelu, ue, adj. ♦ Qui a les cheveux longs, qui a une chevelure abondante.

chevelure, n. f. ♦ Ensemble des cheveux.

chevet, n. m. ♦ **1.** Partie du lit où se trouve le traversin. — SYN. tête (du lit). — CONTR. pied (du lit). ● *Être au chevet de* *quelqu'un,* être debout ou assis près de lui, quand il est malade au lit. ● *Table de chevet :* table placée près de la tête du lit. — SYN. table de nuit. ● *Lampe de chevet :* lampe placée sur la table de chevet. ● *Livre de chevet :* livre qu'on lit souvent, qu'on aime bien à relire constamment. **2.** Partie extérieure d'une église qui se trouve derrière le chœur. ● Partie du chœur d'une église : *Qu'il est beau, le chevet de la cathédrale, avec ses chapelles rayonnantes et ses arcs-boutants!*

cheveu, n. m. ♦ Chacun des poils que l'être humain a sur la tête. ● *Faire dresser les cheveux sur la tête :* terrifier, horrifier. ● *Couper les cheveux en quatre :* chercher des complications, des difficultés.

cheville [ʃəvij], n. f. ♦ **1.** Petite tige de bois qui sert à assembler deux pièces. **2.** Articulation de la jambe et du pied, tout en haut du pied.

chèvre, n. f. ♦ Femelle du bouc, animal ruminant à cornes recourbées et à longs poils. ● *Du lait de chèvre.* ● *Du fromage de chèvre.*

chevreau, n. m. ♦ Petit de la chèvre.

chevreuil [ʃəvRœj], n. m. ♦ Animal sauvage assez voisin du cerf et qui ressemble un peu à une chèvre. — REM. La femelle s'appelle *chevrette* et le petit, *faon.*

chevron, n. m. ♦ Chacune des poutres d'une charpente posées en pente : *Sur les chevrons, on cloue les lattes; sur les lattes, on pose les tuiles.*

chez [ʃe], prép. ♦ **1.** Dans la maison de : *Tu as vu les beaux meubles qu'il y a chez Claudine?* **2.** Dans le pays de : *Chez les Allemands, on aime beaucoup la musique.* **3.** Dans le caractère, dans la personnalité de, dans l'œuvre de : *Chez Véronique, il y a une timidité invincible. Il y a beaucoup de beaux vers, chez Émile Nelligan!*

chic, adj. *ou* n. m. *ou* interj. ♦ **1.** Élégant et de bon goût : *Voici des chaussures très chic.* — REM. L'adjectif *chic* est invariable. ● Qui s'habille avec élégance et bon

goût : *Martine est toujours très chic.* **2.** *Le chic,* l'élégance et le bon goût : *Cette jupe plissée a beaucoup de chic.* **3.** Généreux, très correct et gentil : *Tu t'es dénoncé pour ne pas faire punir un camarade, tu as été chic.* — REM. Ce sens est familier. **4.** *Chic!* interjection familière qui indique qu'on est content.

chicane, n. f. ♦ **1.** Difficulté que l'on provoque pour rendre plus compliqué un procès ou pour embrouiller une affaire. **2.** *Chercher chicane à quelqu'un,* lui faire des difficultés pour une chose sans grande importance. **3.** Passage en zigzag qui oblige à ralentir.

chicaner, v. ♦ Faire des difficultés à quelqu'un, discuter longuement pour une chose sans importance : *Voyons, nous n'allons pas chicaner pour quelques cents!*

1. chiche, adj. ♦ **1.** *Chiche de,* qui n'accorde pas facilement (telle chose) : *Le maître est chiche de louanges et de bonnes notes.* — SYN. avare de. **2.** Pas gros, pas abondant : *Les portions sont chiches, dans ce restaurant!*

2. chiche, adj. ♦ *Pois chiche :* légume, gros pois sec de couleur blanc-jaune, qui se mange surtout dans les pays méditerranéens.

chicorée, n. f. ♦ **1.** Plante cultivée pour ses feuilles et sa racine. **2.** Salade faite avec les feuilles de cette plante. **3.** Racine de cette plante séchée, torréfiée et broyée. **4.** Boisson faite avec cette racine et qui ressemble au café.

chien, n. m. ♦ **1.** Animal domestique carnivore employé pour garder les troupeaux (*chien de berger*), pour la chasse (*chien de chasse*), pour garder les maisons (*chien de garde*) ou comme animal de compagnie. — REM. La femelle du chien est la *chienne,* son petit, le *chiot.* Cri : le chien *aboie.* ● *Entre chien et loup :* à la tombée de la nuit (quand il devient difficile de distinguer un chien d'un loup). ● *Se regarder en chiens de faïence :* se regarder l'un l'autre sans se parler, d'un air hostile ou ennuyé ou étonné. **2.** Pièce coudée d'un fusil, d'un pistolet. ● *Être couché en chien de fusil,* sur le côté, les genoux pliés sur la poitrine.

chien-loup, n. m. ♦ Chien qui ressemble un peu au loup et qui est un excellent chien de berger et un excellent chien de garde. — PLUR. *des chiens-loups.* — SYN. berger allemand.

chienne, n. f. ♦ **1.** Femelle du chien. **2.** Blouse blanche de laboratoire.

chiffe, n. f. ♦ *Mou comme une chiffe :* très mou, sans énergie. — REM. Cette expression est familière.

chiffon, n. m. ♦ Morceau de tissu découpé dans un vieux vêtement et employé pour essuyer, nettoyer.

chiffonné, ée, adj. ♦ **1.** Très froissé : *Je vais donner un coup de fer à ma jupe : elle est toute chiffonnée.* **2.** *Visage, minois chiffonné :* visage d'enfant, de jeune fille, aux traits peu réguliers, mais agréables.

chiffonner, v. ♦ Froisser.

chiffonnier, ière, n. ♦ Autrefois, personne qui recueillait dans les poubelles les vieux chiffons, les vieux papiers, les objets usagés, en vue de la récupération. ● *Se battre, se disputer comme des chiffonniers,* violemment, grossièrement.

chiffre, n. m. ♦ **1.** Chacun des signes qui servent à écrire les nombres : *chiffres arabes* (0, 1, 2, 3, 4, 5, 6, 7, 8, 9) et *chiffres romains* (I, II, III, V, X, L, C, M). **2.** Nombre : *Le chiffre des victimes de la catastrophe atteint 5 000.* ● Somme : *Le chiffre des dégâts atteint deux millions de dollars.*

chiffrer, v. ♦ Évaluer, estimer, calculer.

chignon, n. m. ♦ Masse de cheveux longs roulés et noués derrière la tête ou sur la tête.

chimère, n. f. ♦ **1.** Animal fantastique qui tenait du lion et de la chèvre et qui avait une queue de dragon. **2.** Idée folle et irréalisable : *Tu veux devenir roi, quand tu seras grand ? C'est bien encore une de tes chimères !* — SYN. fantasme, illusion, mirage, rêve, songe, utopie, vision.

chimérique, adj. ♦ Qui n'est pas raisonnable, qui n'est pas réalisable. — SYN. fabuleux, fantastique, fou, illusoire, invraisemblable, irréalisable, irréel, utopique, vain. — CONTR. réaliste, sérieux.

chimie, n. f. ♦ Science qui étudie les substances, leurs propriétés, leurs combinaisons.

chimique, adj. ♦ **1.** Qui constitue une application de la chimie : *La fabrication des matières plastiques est une branche importante de l'industrie chimique.* **2.** Qui est produit par l'industrie chimique : *Il y en a, des produits chimiques, dans la pharmacie !*

chimiste, n. m. *ou* f. ♦ Personne qui est spécialisée dans les recherches ou les travaux de la chimie.

chimpanzé [ʃɛ̃pɑ̃ze], n. m. ♦ Grand singe d'Afrique, très intelligent.

chinois, oise, adj. *ou* n. ♦ De la Chine : *Sur la photo, tu vois un village chinois au milieu des rizières.* ● *Les Chinois. Un Chinois. Une Chinoise.* ● *Le chinois :* la langue parlée en Chine.

chiot [ʃjo], n. m. ♦ Petit de la chienne.

chiquenaude, n. f. ♦ Coup que l'on donne avec l'index replié contre l'intérieur du pouce et détendu brusquement.

chirurgical, ale, aux, adj. ♦ De chirurgie. ● *Une opération* (ou *une intervention*) *chirurgicale.*

chirurgie, n. f. ♦ Partie de la médecine qui consiste à opérer les malades, les blessés, sous anesthésie.

chirurgien, ienne, n. ♦ Celui, celle qui opère les malades ou les blessés.

chlorophylle [klɔʀɔfil], n. f. ♦ Substance qui donne aux feuilles des végétaux leur couleur verte et qui leur permet d'assimiler le carbone contenu dans l'air.

choc, n. m. ♦ **1.** Coup de deux choses qui se cognent : *La voiture a renversé un lampadaire, quel choc !* — SYN. coup, heurt. **2.** Émotion violente et pénible : *J'ai appris ce matin la mort de notre voisine : cela m'a donné un choc.* — SYN. bouleversement, commotion, coup, secousse.

chocolat, n. m. ♦ **1.** Produit alimentaire solide fait avec du cacao et du sucre. **2.** Bonbon fait avec du chocolat : *Pour Noël, on m'a offert une belle boîte de chocolats.* **3.** Boisson chaude faite avec du chocolat et de l'eau ou du lait.

chœur [kœʀ], n. m. ♦ **1.** Groupe de personnes qui chantent toutes ensemble. ● *En chœur :* en chantant ou en parlant tous ensemble et en disant ou en chantant les mêmes paroles. **2.** Partie de l'église, au bout de la nef, autour de l'autel. — REGARDER *abside, chevet.* ● *Enfant de chœur :* jeune garçon qui assiste le prêtre, pendant les cérémonies.

choisi, ie, adj. ♦ Recherché, excellent, élégant : *Elle s'exprime avec élégance, en employant des expressions choisies.* — SYN. châtié, élégant, distingué, précieux. — CONTR. banal, commun, trivial, vulgaire.

choisir, v. ♦ Décider de prendre, d'acheter ou de faire une chose plutôt qu'une autre : *Tu peux pratiquer plusieurs sports : la natation, le football, l'athlétisme. Lequel choisis-tu ?* — SYN. adopter, aimer mieux, décider, opter pour, préférer. — CONTR. refuser, laisser de côté.

choix, n. m. ♦ **1.** Possibilité de choisir : *Les impôts, il faut les payer : on n'a pas le choix !* **2.** Action de choisir : *Voyons, décide-toi : prends une glace ou un gâteau. Il faut faire ton choix !* **3.** Ce que l'on a choisi : *J'ai préféré la robe bleue à la robe rose. N'est-ce pas, mon choix est bon ?* **4.** Choses nombreuses entre lesquelles on peut choisir : *Douze sortes de desserts : nous avons le choix !* **5.** *De choix, de premier choix,* de très bonne qualité, de première qualité : *Chez notre bouchère, il n'y a que de la viande de premier choix.* ● *Un morceau de choix :* ce qu'il y a de meilleur.

chômage, n. m. ♦ Privation d'emploi, manque d'emploi pour les travailleurs.

chômé, ée, adj. ♦ *Jour chômé :* jour pendant lequel les salariés ne travaillent pas et sont payés. ● *Une fête chômée.*

chômer, v. ♦ Ne pas travailler, ne pas être en activité : *A cause du froid, les ouvriers du bâtiment ont chômé plusieurs jours en janvier.*

chômeur, euse, n. ♦ Personne sans travail, sans emploi.

chope, n. f. ♦ Grand verre, à parois épaisses, à anse, dans lequel on sert la bière.

chopine, n. f. ♦ Mesure de capacité pour les liquides, vaut environ un demi-litre.

choquant, ante, adj. ♦ Qui heurte les gens, qui est contraire à la morale ou à la politesse : *Pendant la cérémonie, Jean fumait et riait tout haut : son attitude était choquante.* — SYN. blessant, déplacé, inconvenant, déplaisant, désobligeant, gênant, incorrect, vexant. — CONTR. convenable, correct, décent.

choquer, v. ♦ **1.** Cogner une chose contre une autre : *Pour rythmer la chanson, tous les invités choquaient en cadence les petites cuillers contre les verres.* — SYN. heurter. **2.** Déplaire, vexer : *Jules et Jim chantaient une chanson grossière, qui a choqué notre voisine.* — SYN. heurter.

choral, ale, aux [kɔʀal, al, o], adj. ♦ *Chant choral :* art de chanter en chœur ; chant qui est fait pour être chanté en chœur.

chorale [kɔʀal], n. f. ♦ Groupe de personnes qui a l'habitude de se réunir pour chanter en chœur.

choriste [kɔʀist], n. m. *ou* f. ♦ Celui, celle qui fait partie d'une chorale ou d'un chœur.

chose, n. f. ♦ Tout ce qui existe et qui n'est pas un être vivant (animal ou personne), tout ce qu'on peut dire, penser, faire,

chrysanthème

etc. : *Il y en a des choses dans ce placard !* *Il faudrait faire un tri.* — SYN. objet. — REGARDER *grand-chose, quelque chose.*

chou, n. m. ♦ **1.** Plante dont on mange les feuilles en salade ou cuites, en potage, etc. — PLUR. *des choux.* ● *Des choux de Bruxelles :* petits choux, très savoureux. **2.** *Chou à la crème :* gâteau rond garni de crème Chantilly.

choucroute, n. f. ♦ Mets préparé avec des choux découpés en fins rubans et fermentés dans de l'eau salée.

chouette, n. f. ♦ Oiseau rapace nocturne qui ressemble un peu au hibou et qui se nourrit de souris. Cri : la chouette *ulule.*

chou-fleur, n. m. ♦ Plante dont on mange les fleurs, qui ont la forme d'une grosse boule blanche. — PLUR. *des choux-fleurs.*

chou-rave, n. m. ♦ Plante dont on mange la racine. — PLUR. *des choux-raves.*

choyer [ʃwaje], v. (conjugaison 21) ♦ Traiter, élever avec beaucoup de tendresse, de douceur, en entourant de soins : *Cette mère n'avait qu'un enfant : elle l'a beaucoup choyé.* — SYN. câliner, couver, dorloter, gâter. — CONTR. brutaliser, maltraiter, rudoyer.

chrétien, ienne, adj. *ou* n. ♦ **1.** Du christianisme : *Selon les croyances chrétiennes, il y a un seul Dieu en trois personnes.* **2.** Qui a le christianisme pour religion : *Les peuples d'Europe sont pour la plupart chrétiens.* ● *Les chrétiens. Un chrétien. Une chrétienne.*

chrétienté, n. f. ♦ Ensemble des peuples chrétiens.

christianisme, n. m. ♦ Religion qui admet l'existence d'un seul Dieu en trois personnes, Jésus-Christ étant la deuxième personne de cette Trinité.

chrome [kʀom], n. m. ♦ **1.** Métal brillant qui s'emploie en alliage (*acier au chrome,* très dur) ou pour recouvrir une pièce en acier.

2. Pièce d'acier recouverte de chrome : *La voiture neuve étincelait de tous ses chromes.* — REGARDER *chromé.*

chromé, ée [kʀome, e], adj. ♦ *Acier chromé,* recouvert de chrome, ce qui le rend inoxydable et brillant.

1. chronique [kʀɔnik], n. f. ♦ **1.** Livre d'un historien qui raconte les événements auxquels il a assisté, dans l'ordre où ils se sont passés. — SYN. annales. **2.** Article de journal qui donne des nouvelles ou des commentaires sur un sujet déterminé (politique, finance, littérature, théâtre, arts, etc.) : *Avant de choisir mon film, je lis la chronique de cinéma, dans mon quotidien.*

2. chronique [kʀɔnik], adj. ♦ *Maladie chronique,* qui dure tout le temps, au lieu de se manifester par accès, comme une maladie aiguë.

chroniqueur [kʀɔnikœʀ], n. m. ♦ **1.** Historien qui a vécu au Moyen Age : *Il y a quatre grands chroniqueurs français : Villehardouin, Joinville, Froissart, Commynes.* **2. Chroniqueur, euse,** n. : Journaliste qui écrit une chronique spécialisée.

chronologie [kʀɔnɔlɔʒi], n. f. ♦ Ordre dans lequel se sont déroulés des événements et ensemble des dates auxquelles ils ont eu lieu.

chronologique [kʀɔnɔlɔʒik], adj. ♦ *Ordre chronologique :* ordre qui suit la succession des faits dans le temps, en allant du plus ancien au plus récent.

chronomètre [kʀɔnɔmɛtʀ], n. m. ♦ Montre très précise qui permet de mesurer des durées à un dixième ou à un centième de seconde.

chronométrer [kʀɔnɔmetʀe], v. (conjugaison 11) ♦ Mesurer avec un chronomètre.

chrysanthème [kʀizɑ̃tɛm], n. m. ♦ Fleur à pétales nombreux et fins qui fleurit en automne.

chuchoter

chuchoter, v. ♦ Parler, dire à voix très basse : *En passant, elle me chuchota un conseil à l'oreille.*

chut! [ʃyt], interj. ♦ Interjection familière par laquelle on demande à quelqu'un de se taire : *Chut! Écoute, plutôt.*

chute, n. f. ♦ **1.** Action de tomber : *Luc a fait une chute dans l'escalier.* ● *Chute d'eau :* cascade. **2.** Fin d'un empire, d'un gouvernement ; fin du règne d'un roi, quand il est renversé par une révolution ; fin du siège d'une ville, quand elle est prise par l'ennemi : *Date de la chute de l'Empire romain : 476. Date de la chute de Byzance : 1453.* — SYN. renversement, capitulation, prise, reddition.

-ci ♦ REGARDER *ce* 1, *celui, -là.*

cible, n. f. ♦ Objet sur lequel on tire (à l'arc, au pistolet, au fusil, etc.), point que l'on veut toucher avec un projectile : *Julien est un bon tireur : au pistolet, il met toutes ses balles au centre de la cible.*

ciboire, n. m. ♦ Dans la religion catholique, vase sacré dans lequel on conserve les hosties consacrées. — REGARDER *calice.*

cicatrice, n. f. ♦ Trace que laisse une blessure sur la peau, après la guérison.

cicatrisation, n. f. ♦ Action de se cicatriser.

cicatriser, v. ♦ *La plaie, la blessure cicatrise* ou *se cicatrise,* se referme et guérit, parfois en laissant une cicatrice sur la peau.

cidre, n. m. ♦ Boisson alcoolique faite avec du jus de pomme fermenté.

ciel, cieux ou **ciels,** n. m. ♦ **1.** Espace qui s'étend à l'infini au-dessus de nos têtes et qui entoure le globe terrestre : *Mon pays ? C'est le plus beau pays qui soit sous la voûte des cieux !* — REM. Dans ce sens, le pluriel est *des cieux.* **2.** Partie d'un paysage qui représente le ciel : *Qu'ils sont beaux, les ciels de ce peintre !* — REM. Dans ce sens, le

pluriel est *des ciels.* **3.** *Le ciel, les cieux,* le paradis, l'endroit où est Dieu : *Après leur mort, dit la religion, les bons iront au ciel, les méchants en enfer.* ● *Notre Père qui êtes aux cieux.* **4.** *Ciel!* ou *Cieux!* ou *Justes Cieux!* exclamation qui équivaut à « mon Dieu ! » : *Ciel! Mais il est devenu fou !*

cierge, n. m. ♦ Longue bougie de cire qu'on allume devant la statue d'un saint, en signe d'hommage, ou bien qu'on porte à la main au cours d'une procession dans une église.

cigale, n. f. ♦ Insecte des pays méditerranéens, qui fait entendre un bruit strident.

cigare, n. m. ♦ Rouleau de feuilles de tabac, qu'on fume.

cigarette, n. f. ♦ Tabac coupé enveloppé dans une feuille de papier très mince et formant un petit rouleau qu'on fume.

ci-gît, loc. ♦ Ici repose (s'emploie dans une inscription gravée sur une tombe). *Ci-gît Médart Chouart des Groseilliers, explorateur et coureur des bois.*

cigogne, n. f. ♦ Grand oiseau, à long bec, à longues pattes.

cil [sil], n. m. ♦ Chacun des poils qui bordent les paupières. — REGARDER *sourcil.*

cime, n. f. ♦ Partie la plus haute, plus ou moins pointue, d'un arbre, d'une montagne, d'un clocher, etc. — SYN. crête, faîte, pointe, sommet. — CONTR. base, pied.

ciment, n. m. ♦ **1.** Poudre à base de chaux vive et d'argile que l'on mélange avec du sable et de l'eau pour obtenir une pâte grise, qui sert à fabriquer le béton, à recouvrir le sol ou les murs, à lier les pierres ou les briques. **2.** Cette pâte elle-même : *Avec sa truelle, le maçon étale le ciment avant de poser la pierre.* — SYN. mortier. **3.** Cette matière, durcie : *La cour n'est plus boueuse, depuis qu'elle a un revêtement en ciment.*

cimenter, v. ♦ Recouvrir de ciment ou lier avec du ciment.

circonscrire

cimeterre, n. m. ♦ Autrefois, sabre courbe et large des Turcs.

cimetière, n. m. ♦ Terrain où sont les tombes, où l'on enterre les morts.

cinéaste, n. m. ou f. ♦ Personne qui crée et réalise des films (metteur en scène, réalisateur, etc.).

cinéma, n. m. ♦ **1.** Art de faire des films; métier de ceux qui participent à la réalisation des films (cinéastes, techniciens, acteurs). — SYN. le septième art. **2.** Salle, établissement où l'on projette des films.

cinglant, ante, adj. ♦ **1.** Très froid et violent : _Une bise cinglante soufflait sans arrêt._ — SYN. âpre, mordant. **2.** Très blessant : _Sa réflexion sotte et désobligeante lui attira une réponse cinglante._ — SYN. blessant, cruel, méchant, mordant, vexant.

1. cingler, v. ♦ _Cingler vers,_ naviguer en direction de : _Le navire cinglait vers Dakar._ — SYN. faire route vers.

2. cingler, v. ♦ **1.** Frapper avec un fouet, une lanière. **2.** Frapper comme avec un fouet : _La pluie battante nous cinglait le visage et les mains._

cinq, adj. numéral ou n. m. ♦ Au nombre de 5 : _Nous avons cinq orteils à chaque pied._ ● Qui vient au 5ᵉ rang : _Ouvre ton livre à la page 5._ ● Le chiffre 5 ou le numéro 5 : _Ton cinq est mal écrit. Elle habite au 5 de la rue Ménard._

cinquième, adj. numéral ordinal ou n. m. ou f. ♦ **1.** Qui vient au 5ᵉ rang : _La cinquième porte est celle du bureau du directeur. Manon est cinquième en compétition de natation. C'est toi, Jean-Noël, qui es le cinquième._ **2.** La partie d'un tout divisé en 5 parties égales : _Nous avons parcouru un cinquième du trajet._

cinquantaine, n. f. ♦ **1.** Environ 50 : _Sur le quai de la gare, il y avait une cinquantaine de voyageurs._ **2.** L'âge de cinquante ans, environ.

cinquante, adj. numéral ou n. m. ♦ Au nombre de 50 : _D'ici à Val-David, il y a cinquante kilomètres._ ● Qui vient au 50ᵉ rang : _Ouvre ton livre à la page 50._ ● Le numéro 50 : _Il demeure au 50 de la rue des Marronniers._

cinquantième, adj. numéral ordinal ou n. m. ou f. ♦ **1.** Qui vient au 50ᵉ rang : _Par la population, notre ville est la cinquantième ville du Canada. Ma sœur est cinquantième à son concours. Elle est la cinquantième._ **2.** La partie d'un tout divisé en 50 parties égales : _Nous avons parcouru 3 kilomètres sur 150 : c'est tout juste le cinquantième du trajet à parcourir._

cintre, n. m. ♦ **1.** Objet, muni d'un crochet, que l'on passe sous les épaules d'un vêtement pour suspendre celui-ci sans qu'il se déforme. **2.** _Arc en plein cintre,_ en demi-cercle. **3.** _Les cintres :_ partie d'un théâtre qui est située au-dessus de la scène.

cirage, n. m. ♦ Produit qu'on passe sur les chaussures en cuir pour les faire briller.

circoncision, n. f. ♦ Petite opération qui consiste à couper une partie de la peau qui recouvre l'extrémité du sexe des enfants masculins. ● Cérémonie rituelle de cette opération pour les enfants juifs et musulmans.

circonférence, n. f. ♦ Ligne qui forme la limite d'un cercle, d'un disque, d'un cylindre.

circonflexe, adj. ♦ _Accent circonflexe :_ accent (ˆ) qui se met sur certaines voyelles, par exemple dans _âme, fête, épître, apôtre, mûrier._

circonscription, n. f. ♦ Partie d'un territoire constitué en zone électorale pour un député. — SYN. division, subdivision.

circonscrire, v. (conjugaison 48) ♦ Empêcher de dépasser les limites d'une certaine surface, d'une zone, empêcher de s'étendre : _Il y a un incendie dans la forêt : les pompiers s'efforcent de circonscrire le feu._ — SYN. limiter.

circonspect, ecte [siʀkɔ̃spɛ, ɛkt], adj.
♦ Qui est prudent, attentif, méfiant : *Nous ne connaissons pas cet homme : soyons circonspects dans nos rapports avec lui.* — SYN. méfiant, prudent, réfléchi, réservé, vigilant. —CONTR. imprudent, léger, téméraire.

circonspection [siʀkɔ̃spɛksjɔ̃], , n. f.
♦ Manière de se conduire, d'agir, prudente et méfiante. — SYN. méfiance, prudence, réflexion, réserve, retenue, prudence. — CONTR. imprudence, légèreté, témérité.

circonstance, n. f. ♦ **1.** Les conditions (lieu, moment, faits précédents ou simultanés, etc.) dans lesquelles se produit un fait, s'accomplit une action : *Quand vous racontez un événement, n'oubliez pas de mentionner les circonstances : le lieu, le moment, les causes, etc.* — SYN. conjoncture, situation, condition, donnée, particularité. **2.** Ce qui se passe, la situation : *En raison des circonstances, la rentrée des classes n'aura pas lieu à la date prévue.* — SYN. les événements, la situation.

circonstanciel, elle, adj. ♦ *Complément circonstanciel,* qui exprime une circonstance (temps, lieu, cause, conséquence, but, concession, condition, etc.).

circuit, n. m. ♦ **1.** Trajet qui se termine par un retour au point de départ : *Nous partons pour un circuit de douze kilomètres à travers la forêt.* **2.** Piste pour courses d'automobiles, en forme de ligne fermée : *Sur le circuit de l'île Notre-Dame, les voitures tournent à une vitesse vertigineuse.* **3.** Ensemble des fils électriques d'une installation, d'un appareil.

circulaire, adj. *ou* n. f. ♦ **1.** En forme de cercle. — SYN. rond. **2.** Qui revient à son point de départ : *Demain, petit voyage circulaire, qui nous permettra de visiter la région du lac Saint-Jean !* **3.** *Une circulaire :* lettre reproduite à plusieurs exemplaires et envoyée à plusieurs personnes, pour donner des explications, des instructions.

circulation, n. f. ♦ **1.** Action de circuler, mouvement de ce qui circule : *Il faut faciliter la circulation des idées, de l'information et des personnes à travers tous les pays du monde.* **2.** Mouvement des véhicules dans les rues, sur les routes, etc. : *Cinquante mille voitures par jour : quelle circulation sur cette place !* **3.** Mouvement du sang dans les artères et les veines : *Fais de la marche : cela active la circulation.*

circulatoire, adj. ♦ *L'appareil circulatoire :* l'ensemble formé par le cœur, les artères, les veines, les vaisseaux.

circuler, v. ♦ **1.** Se déplacer pour revenir à son point de départ : *Le sang circule dans l'organisme à partir du cœur, comme l'eau dans une installation de chauffage central à partir de la chaudière.* **2.** Se déplacer (en roulant, en marchant) : *À Montréal, au mois d'août, on peut prendre sa voiture : on circule facilement !* «*Allez, circulez* », dit l'agent aux personnes qui s'étaient attroupées. **3.** Se transmettre, se communiquer : *Une étrange rumeur circule actuellement : la présidente serait gravement malade.*

cire, n. f. ♦ **1.** Matière solide qui constitue les parois des alvéoles des abeilles et qui sert à faire des cierges, de l'encaustique, etc. **2.** *Cire à cacheter :* mélange de gomme et de résine qui servait à cacheter les lettres, qui sert à recouvrir le bouchon et le haut du goulot des bouteilles de bon vin.

ciré, ée, adj. *ou* n. m. ♦ **1.** Astiqué à l'encaustique. ● *Meuble ciré :* meuble, non verni, que l'on cire avec de l'encaustique. **2.** *Toile cirée :* toile enduite d'un produit qui la rend lisse et imperméable. **3.** *Un ciré :* vêtement imperméable en toile enduite d'un produit spécial.

cirer, v. ♦ Enduire de cire, de cirage, d'encaustique, et faire briller au moyen de ces produits.

cireux, euse, adj. ♦ *Teint cireux, visage cireux,* blanc jaunâtre comme la cire.

cirque, n. m. ♦ **1.** Installation démontable comprenant une grande tente (*chapiteau*) et des gradins en bois qui entourent une piste, où les clowns, les acrobates, les dresseurs d'animaux font leurs numéros. **2.** Chez les Romains, construction où avaient lieu les courses de chars. **3.** Ensemble de collines ou de parois rocheuses disposées en cercle : *La ville s'étend dans une petite plaine, entourée d'un cirque de collines.*

cisailler [sizɑje], v. ♦ Couper au moyen de cisailles, couper comme avec des cisailles : *Le frottement a cisaillé le câble d'acier.*

cisailles [sizɑj], n. f. pl. ♦ Gros ciseaux qui servent à couper le fil de fer, à découper les plaques de métal.

ciseau, n. m. ♦ **1.** *Un ciseau :* outil formé d'une tige d'acier plate et étroite, avec une extrémité tranchante. **2.** *Des ciseaux :* instrument coupant à deux lames articulées.

ciseler, v. (conjugaison **10**) ♦ Sculpter, découper, travailler finement avec un ciseau : *Regarde comme le sculpteur a ciselé délicatement ces feuillages très fins du chapiteau.*

citadelle, n. f. ♦ Autrefois, dans une ville fortifiée, forteresse qui, en cas de siège, était l'endroit où pouvaient se retirer et combattre encore les défenseurs, si la ville était prise. ● *La citadelle de Québec.*

citadin, ine, adj. *ou* n. ♦ De la ville, des villes : *La population citadine, au Canada, est plus nombreuse que la population rurale.* — SYN. urbain. — CONTR. campagnard, rural, villageois. ● *Un citadin :* un habitant de la ville.

citation, n. f. ♦ Phrase, vers que l'on cite.

cité, n. f. ♦ **1.** Dans l'Antiquité, chez les Grecs surtout, État comprenant une ville et le territoire qui l'entourait : *Les cités grecques, dont Athènes et Sparte étaient les plus célèbres, se faisaient souvent la guerre.* **2.** Ville : *Je connais toutes les grandes cités du midi de la France :* Nice, Toulon, Marseille, Nîmes, Montpellier, Béziers, Toulouse.

citer, v. ♦ **1.** Dire le nom : *Cite-moi donc cinq grandes villes italiennes.* — SYN. nommer. **2.** Dire ou écrire une phrase ou un vers qu'on emprunte à un écrivain, à un poète : *Dans son devoir de français, mon amie a cité ce vers de Verlaine :* « *L'espoir luit comme un brin de paille dans l'étable.* »

citerne, n. f. ♦ **1.** Grand réservoir où l'on recueille l'eau de pluie. **2.** Grand réservoir de pétrolier, d'usine, etc.

citoyen, enne [sitwajɛ̃, ɛn], n. ♦ Celui, celle qui a une nationalité déterminée, considéré en tant qu'il a des droits et des devoirs à l'égard de son pays.

citron, n. m. *ou* adj. inv. ♦ **1.** Fruit jaune à jus acide. **2.** *Jaune citron* ou *citron,* jaune vif (comme l'écorce de citron) : *Elles avaient des robes citron.*

citronnade, n. f. ♦ Boisson faite avec du jus de citron, additionné de sucre et d'eau.

citronnier, n. m. ♦ Arbre des climats méditerranéens qui produit le citron.

citrouille [sitʀuj], n. f. ♦ Gros légume jaune orangé. — SYN. potiron.

civet, n. m. ♦ Ragoût de lapin, de gibier, d'anguille, cuit avec du sang, du vin, de l'oignon.

civière, n. f. ♦ Synonyme de *brancard* (sens 2).

civil, ile, adj. ♦ **1.** *Guerre civile :* guerre entre les citoyens d'un même pays, divisés en deux camps (par exemple, les guerres de Religion, en France, de 1562 à 1598). **2.** Qui n'est pas militaire : *Le colonel était en tenue civile* (= n'était pas en uniforme). ● *Le colonel était en civil.* **3.** Qui n'est pas célébré à l'église : *Le mariage civil aura lieu à 10 heures au palais de Justice, le mariage religieux aura lieu à 11 heures.* **4.** Poli, courtois : *Il entra sans dire bonjour, le chapeau sur la tête, et commença à m'injurier : le procédé n'était guère civil !* — SYN. aimable, bien élevé, convenable, correct, courtois,

civil

poli. — CONTR. brutal, discourtois, effronté, grossier, impoli, inconvenant, incorrect, indélicat, insolent, mal élevé.

civilisation, n. f. ♦ **1.** Ensemble des manières de vivre des peuples qui connaissent les sciences, les arts, etc. : *Depuis les temps préhistoriques, elle en a fait des progrès, la civilisation !* — CONTR. barbarie, sauvagerie. **2.** Ensemble des arts, des sciences, des œuvres littéraires propres à un peuple ou à un groupe de peuples : *La civilisation arabe, la civilisation de l'Inde, la civilisation chinoise : trois grandes civilisations qui ont apporté beaucoup à l'humanité.* — SYN. culture.

civiliser, v. ♦ Apporter la civilisation à un peuple : *Les Romains auraient voulu civiliser tous les Barbares.* ● *Se civiliser* : recevoir la civilisation, sortir de la barbarie, de la sauvagerie.

civique, adj. ♦ Propre aux citoyens : *Voter et payer des impôts sont des devoirs civiques.* ● *Instruction civique* : instruction qu'on donne aux élèves pour leur apprendre leurs devoirs de futurs citoyens.

civisme, n. m. ♦ Qualité de celui qui accomplit bien ses devoirs de citoyen.

clac ! interj. ♦ Onomatopée qui imite le bruit d'un claquement sec.

clair, claire, adj. *ou* adv. *ou* n. m. ♦ **1.** Où il y a beaucoup de lumière : *Sa chambre est grande, bien aérée et très claire.* — SYN. bien éclairé. — CONTR. obscur, sombre. ● *Il fait clair,* il y a de la lumière : *Au mois de juin, les jours sont longs : il fait clair tard, le soir.* ● *Voir clair,* avoir assez de lumière pour voir : *Allume donc la lampe : je ne vois pas clair.* ● *Voir clair,* avoir une bonne vue : *Mon oncle est myope : sans lunettes, il ne voit pas bien clair.* ● *Voir clair,* avoir une idée exacte des choses : *Elle, on ne la trompe pas : elle voit clair !* — SYN. être lucide. ● *Clair de lune :* clarté que donne la lune. **2.** Qui est proche du blanc, qui est peu coloré : *En été, je porte des vêtements clairs. Ils ont des yeux bleu*

clair. — SYN. pâle. — CONTR. foncé, sombre. **3.** Transparent, qui n'est pas trouble : *Qu'elle est belle et claire, l'eau de ce lac de montagne !* — SYN. pur, transparent. — CONTR. trouble, troublé, sale. ● *Temps clair,* sans brume, ni brouillard, ni ciel couvert. —SYN. lumineux. — CONTR. bouché, brumeux, couvert, sombre. **4.** Qu'on peut bien comprendre : *Explique-toi mieux que cela : ton récit n'est pas clair.* — SYN. explicite, intelligible. — CONTR. compliqué, embrouillé, fumeux, inintelligible, obscur. **5.** Net et sonore : *L'agent parlait d'une voix claire et forte.* — SYN. distinct. — CONTR. enroué, voilé. **6.** Où il y a trop de liquide, qui n'est pas assez épais : *Ajoute de la farine, ta sauce est trop claire.* — SYN. liquide. — CONTR. compact, consistant, épais.

claire-voie, n. f. ♦ *Porte à claire-voie,* qui présente des pleins et des vides.

clairière, n. f. ♦ Dans un bois, une forêt, endroit où il n'y a pas d'arbres.

clair-obscur, n. m. ♦ Lumière très atténuée : *Dans le clair-obscur du sous-bois, on voyait passer des animaux apeurés.* — SYN. pénombre. — PLUR. *des clairs-obscurs.*

clairon, n. m. ♦ Instrument de musique à vent, en cuivre, utilisé pour les sonneries militaires. — REGARDER *trompette.*

claironnant, ante, adj. ♦ *Voix claironnante,* forte, sonore, joyeuse ou triomphale, qui sonne comme un clairon.

claironner, v. ♦ Faire connaître, sans se cacher et d'une manière joyeuse et triomphale : *Sois discrète : ne va pas claironner partout cette nouvelle.* — SYN. clamer, proclamer, publier. — CONTR. cacher, garder secret.

clairsemé, ée, adj. ♦ Peu nombreux et peu serrés, avec des espaces vides entre eux : *Sur la colline aride, il y avait des buissons clairsemés.* — SYN. dispersé, disséminé, épars, éparpillé, rare. — CONTR. abondant, dense, dru, épais, fourni, serré.

clairvoyance, n. f. ♦ Qualité d'une personne clairvoyante. — SYN. discernement, flair, intuition, lucidité, perspicacité, subtilité. — CONTR. aveuglement.

clairvoyant, ante, adj. ♦ Qui voit les choses comme elles sont, sans se laisser tromper par les apparences : _Comment ! Tu n'as pas vu qu'elle voulait te tromper ? Tu n'es guère clairvoyant !_ — SYN. avisé, fin, intelligent, intuitif, lucide, perspicace, subtil. — CONTR. aveugle.

clameur, n. f. ♦ Grand cri poussé par plusieurs personnes à la fois.

clandestin, ine, adj. ♦ Qui se fait en cachette : _La police a découvert un trafic clandestin de munitions et d'armes._ — SYN. caché, secret, subreptice. ● _Passager clandestin,_ qui s'est embarqué sans billet, en se cachant, à bord d'un bateau.

clandestinité, n. f. ♦ État d'une personne qui se cache parce qu'elle n'a pas le droit d'agir au grand jour. — CONTR. au grand jour.

clapier, n. m. ♦ Cabane pour l'élevage des lapins.

clapotement, n. m. ♦ Action de clapoter ; bruit d'une chose qui clapote : _On entend le clapotement des sabots dans les flaques d'eau._ — REGARDER clapotis.

clapoter, v. ♦ _L'eau clapote,_ est un peu agitée et fait un bruit de claquement mou et léger.

clapotis [klapɔti], n. m. ♦ Bruit de l'eau qui clapote : _Dans la nuit sans lune, on entendait seulement le clapotis du lac._ — REGARDER clapotement.

1. claque, n. f. ♦ Coup donné avec le plat de la main. — SYN. gifle.

2. claque, n. f. ♦ Chaussure de caoutchouc qu'on porte par-dessus la chaussure pour la protéger de la boue et de la neige.

claquement, n. m. ♦ Bruit sec produit par un choc.

claquer, v. ♦ **1.** Produire un bruit sec, bref : _Les sabots claquaient sur le pavé._ **2.** _Claquer des dents :_ avoir les dents qui s'entrechoquent, parce qu'on a peur ou qu'on a froid. ● _Claquer des mains :_ applaudir. **3.** Fermer brusquement, en faisant du bruit : _Furieuse, elle sortit en claquant la porte._

clarifier, v. (conjugaison 20) ♦ Rendre clair, limpide : _On filtre le liquide pour le clarifier._

clarinette, n. f. ♦ Instrument de musique à vent, en bois, à anche et à clefs.

clarté, n. f. ♦ Lumière : _La lune répand sa clarté bleutée sur le paysage endormi._ — SYN. lumière, lueur.

classe, n. f. ♦ **1.** Ensemble des gens qui sont plus ou moins semblables par leur fortune, leurs revenus, leur profession, leur éducation, leur instruction : _La classe ouvrière_ (= l'ensemble des ouvriers) _a dû lutter pour obtenir une amélioration de son niveau de vie._ **2.** Chacune des catégories entre lesquelles sont réparties les places dans un avion, etc. : _Elle voyage en première classe, c'est plus confortable._ **3.** _De classe, de grande classe,_ de grande valeur : _Ces trapézistes présentent un numéro de grande classe._ ● _Avoir de la classe,_ de l'allure, de la distinction, de l'élégance. **4.** Chacun des groupes d'élèves qui, dans une école, suivent des cours d'un niveau déterminé, par exemple la classe de sixième, la classe de cinquième, etc. ● Séance au cours de laquelle on étudie une matière déterminée : _Aujourd'hui, à 10 heures, nous avons classe de français._ ● _Faire la classe,_ enseigner : _Notre voisin est instituteur, il fait la classe aux élèves de la troisième année._ ● _Salle de classe_ ou _classe :_ salle dans laquelle les élèves suivent les cours.

classement, n. m. ♦ **1.** Action de classer. — SYN. classification, ordre, rangement. **2.** Manière de classer quelqu'un. — SYN. place, rang.

classer

classer, v. ♦ **1.** Ranger par catégories, selon un certain ordre : *Tu vas classer ces fiches selon l'ordre alphabétique.* — SYN. arranger, mettre en ordre, ordonner, placer, ranger, répartir, trier. **2.** *Se classer,* obtenir telle place : *L'équipe du cégep Ahuntsic se classe quatrième dans le championnat.*

classeur, n. m. ♦ Meuble, carton, boîte, casier où l'on classe des papiers.

classification, n. f. ♦ Manière dont on classe les animaux et les plantes en diverses catégories : *Voici la classification des vertébrés : poissons, batraciens, reptiles, oiseaux, mammifères.*

classicisme, n. m. ♦ Art ou littérature classique.

classique, adj. *ou* n. m. ♦ **1.** *Livre classique* : livre de classe. **2.** *Art classique, littérature classique* : art ou littérature ayant, à une certaine époque, atteint une certaine perfection (ce qui, en France, est le cas de l'art et de la littérature de l'époque de Louis XIV). ● *Racine et La Fontaine sont des poètes classiques, des auteurs classiques.* ● *Racine est l'un des grands classiques français.*

claudication, n. f. ♦ Infirmité de celui, de celle qui boite.

clause, n. f. ♦ Chacun des articles des paragraphes d'un contrat ou d'un traité.

clavicule, n. f. ♦ Os du devant de l'épaule, en haut de la poitrine.

clavier, n. m. ♦ Ensemble des touches d'un piano, d'un orgue, d'un accordéon, d'une machine à écrire, d'une machine à calculer, d'un ordinateur.

clé, n. f. ♦ **1.** Pièce de métal de forme particulière qui sert à ouvrir ou à fermer une serrure ou un cadenas, à manœuvrer un mécanisme, à monter un ressort. ● *Fermer bien la porte à clé.* ● *Mettre sous clé,* dans un endroit qui ferme à clé. ● *Prendre la clé*

des champs : se sauver, s'enfuir. — REM. On écrit aussi *clef,* mais on prononce toujours [kle]. **2.** Ce qui permet de comprendre une chose : *Ah! Enfin! Voilà la clé du problème!* **3.** Outil qui sert à serrer ou à desserrer un écrou, un boulon. **4.** Signe placé au début d'une portée musicale, par exemple la *clé de sol.*

clémence [klemɑ̃s], n. f. ♦ Caractère d'une personne clémente. — SYN. indulgence, mansuétude. — CONTR. sévérité.

clément, ente [klemɑ̃, ɑ̃t], adj. ♦ **1.** Qui pardonne facilement, qui ne punit pas sévèrement : *La reine fut clémente : elle gracia les coupables.* — SYN. indulgent. — CONTR. sévère. **2.** Qui n'est pas froid : *Le climat de la Floride est plus clément que celui de l'Ontario !* — SYN. doux. — CONTR. froid, rigoureux, rude.

clémentine, n. f. ♦ Sorte de mandarine à peau fine. — REGARDER *mandarine.*

clerc [klɛʀ], n. m. ♦ Au Moyen Age, homme d'Église (prêtre, moine).

clergé, n. m. ♦ L'ensemble des prêtres et des religieux. — REGARDER *laïc.*

clérical, ale, aux, adj. *ou* n. ♦ Qui est partisan de l'influence des prêtres et de l'Église, dans la politique et dans la vie sociale. — CONTR. anticlérical.

cliché, n. m. ♦ **1.** Photographie ; spécialement, négatif d'une photographie. — REGARDER *négatif, épreuve.* **2.** Expression trop souvent utilisée. — REGARDER *banalité.*

client, ente, n. ♦ Personne qui achète quelque chose, qui consomme dans un café, qui mange dans un restaurant. — SYN. chaland.

clientèle, n. f. ♦ L'ensemble des clients.

cligner, v. ♦ **1.** *Cligner un œil (les yeux),* fermer à demi un œil (les yeux) pour

mieux voir : _Les myopes clignent les yeux._
2. _Cligner de l'œil :_ fermer et ouvrir rapidement un œil pour faire un signe à quelqu'un. **3. _Cligner des yeux,_** les fermer et les ouvrir plusieurs fois de suite, sous l'effet d'une lumière vive.

clignotant, n. m. ♦ Lumière, lampe qui clignote.

clignoter, v. ♦ S'allumer et s'éteindre à intervalles très courts : _La lampe rouge clignote : arrête le moteur!_

climat, n. m. ♦ Les pluies, la température, le régime des saisons, dans une région donnée : _Un hiver long, froid et rigoureux, un été court et chaud : c'est le climat du Québec._

climatisation, n. f. ♦ Moyens pour obtenir une température et une humidité agréables dans une pièce. ● Résultats de cette action.

climatisé, ée, adj. ♦ _Air climatisé,_ maintenu à une température constante (dans un local ou un véhicule), été comme hiver, grâce à un appareil spécial.

climatiser, v. ♦ Maintenir la température et l'humidité à un niveau agréable.

climatiseur, n. m. ♦ Appareil qui climatise.

clin d'œil, n. m. ♦ **1.** Signe discret que l'on fait à quelqu'un en fermant et en ouvrant très vite un œil. **2. _En un clin d'œil :_** en un temps extrêmement court.

clinique, n. f. ♦ Établissement privé où l'on opère, où l'on soigne les malades ou les blessés (comme dans un hôpital).

clinquant, ante, adj. _ou_ n. m. ♦ Qui brille beaucoup, mais qui n'a aucune valeur : _Josette est couverte de bijoux clinquants._ ● _Tous ses bijoux ne sont que du clinquant._

clipper [klipœʀ], n. m. ♦ Au XIXᵉ siè-

cle, navire à voiles, à trois mâts, à la coque fine, à la voilure très grande, qui allait très vite.

clique, n. f. ♦ Ensemble des tambours et des clairons d'une musique militaire.

cliquetis [klikti], n. m. ♦ Bruit répété et sec de choses qui s'entrechoquent.

clochard, arde, n. ♦ Homme ou femme sans domicile, sans travail et sans ressources. — SYN. chemineau, vagabond.

cloche, n. f. ♦ **1.** Objet creux, en bronze, dont l'intérieur est muni d'un battant et qui produit un son. ● _Les différents sons de cloche :_ les diverses opinions émises au sujet d'une affaire. **2.** Objet qui recouvre et protège quelque chose : _La jardinière protège ses melons par des cloches à melon en verre._

cloche-pied (à), loc. adv. ♦ En sautant sur un seul pied.

clocher, n. m. ♦ Partie d'une église, en forme de tour, où sont placées les cloches.

clocheton, n. m. ♦ Petit clocher ou ornement d'architecture en forme de petit clocher.

clochette, n. f. ♦ **1.** Petite cloche : _La vache portait une clochette suspendue au cou._ **2.** Fleur qui a la forme d'une cloche (par exemple le muguet).

cloison, n. f. ♦ Mur intérieur, qui sépare deux pièces.

cloisonner, v. ♦ Diviser par une cloison : _Cette grande salle commune, nous allons la cloisonner pour en faire deux pièces._

cloître, n. m. ♦ **1.** Dans un couvent, cour carrée et ensemble des quatre galeries couvertes qui l'entourent. **2.** Monastère, couvent : _Elle aimait la prière et le service de Dieu, c'est pourquoi elle se retira dans un cloître._

cloîtrer

cloîtrer (se), v. ♦ Rester enfermé, sans jamais sortir.

clopin-clopant, loc. adv. ♦ En boitant un peu, en marchant avec difficulté. — REM. Cette locution est un peu familière.

cloque, n. f. ♦ Petite poche sous la peau, remplie de liquide, qui se forme après une brûlure ou quand il y a frottement. — SYN. ampoule.

clore, v. (verbe très défectif ; conjugaison 78) ♦ **1.** Fermer : *Le soir venu, il clôt portes et fenêtres.* — SYN. barricader, verrouiller. — CONTR. ouvrir. **2.** Entourer d'une clôture : *On a clos le champ par une haie vive.* — SYN. clôturer, enclore, fermer. **3.** Terminer : *Il faut clore la séance. L'incident est clos.* — SYN. achever, arrêter, mettre fin à, régler, terminer. — CONTR. commencer, continuer.

clos [klo], n. m. ♦ Terrain cultivé entouré d'un mur, d'une haie. — SYN. jardin.

clôture, n. f. ♦ Mur, haie, barrière, grillage, etc., qui entoure un terrain, un jardin, pour empêcher d'y entrer.

clôturer, v. ♦ Entourer d'une clôture : *Elle possédait un champ, clôturé d'une haie vive.* — SYN. ceindre, clore, enclore, fermer. — REM. Ne pas dire *clôturer une séance, une discussion,* mais *clore une séance, une discussion.*

clou, n. m. ♦ **1.** Tige d'acier ou de fer, pointue, munie d'une tête, qui sert surtout à assembler des planches. — SYN. pointe. **2.** Ce qu'il y a de plus beau : *Le clou de la fête, ce sera le défilé de chars fleuris.* — SYN. bouquet. ● *Cogner des clous :* s'endormir assis : *Mon grand-père, après le repas, s'asseyait dans son fauteuil et rapidement cognait des clous.* — REM. L'expression est familière.

clouer, v. (conjugaison 19) ♦ **1.** Fixer avec des clous. **2.** Empêcher de se déplacer, d'avancer, de bouger : *Sa peur était si grande qu'elle la clouait sur place.* ● *Clouer le bec à quelqu'un :* faire taire quelqu'un : *Je lui ai*

dit ce que je pensais, cela lui a cloué le bec immédiatement. L'expression est familière.

● *Être cloué, rester cloué sur place :* être immobilisé, être dans l'impossibilité de bouger : *Il avait tellement peur qu'il ne pouvait plus avancer d'un pas : il était cloué sur place.*

clouté, ée, adj. ♦ **1.** Garni de clous à tête saillante. **2.** *Passage clouté :* passage protégé, pour piétons, en travers de la chaussée, autrefois délimité par deux rangées de clous.

clown [klun], n. m. ♦ Artiste de cirque portant un maquillage et un costume caractéristiques, qui fait rire par ses plaisanteries, ses tours, etc.

club [klœb], n. m. ♦ **1.** Équipe sportive. **2.** Groupe, association de personnes qui se réunissent pour parler, dîner, se distraire, etc.

coaguler (se), v. ♦ Se figer : *La sauce s'est coagulée au fond du plat.* — SYN. cailler, se figer, se prendre.

coalition [kɔalisjɔ̃], n. f. ♦ Action de se coaliser. ● Ensemble de pays ou de partis coalisés. — SYN. alliance, entente, ligue, bloc, front.

coaliser (se), v. ♦ S'allier pour combattre contre un même adversaire : *Les syndicats s'étaient coalisés contre le gouvernement.* — SYN. s'allier, s'entendre, se liguer, faire bloc, faire front contre.

coasser, v. ♦ *La grenouille coasse,* pousse son cri. — REM. Le corbeau *croasse.* Ne confondez pas !

cobaye [kɔbaj], n. m. ♦ Petit rongeur utilisé souvent pour les expériences de biologie ou de médecine, en laboratoire. — SYN. cochon d'Inde.

cobra, n. m. ♦ Serpent très venimeux qui vit notamment en Inde (longueur : 4 mètres). Une espèce porte sur le dos un dessin qui lui a valu le nom de *serpent à lunettes.* — SYN. naja.

cocagne, n. f. ♦ **1.** *Un pays de cocagne :* un pays, une région riche, où l'on trouve tout en abondance. **2.** *Un mât de cocagne :* dans une fête publique, mât enduit de savon le long duquel il faut grimper pour aller décrocher les lots (jambons, bouteilles, etc.) qui sont suspendus en haut.

cocarde, n. f. ♦ Insigne rond aux couleurs d'un pays, d'un club.

cocasse, adj. ♦ Pas ordinaire, ridicule et très drôle : « *La vache est un animal qui a quatre pieds qui descendent jusqu'à terre.* » *En voilà une phrase cocasse !* — SYN. amusant, bizarre, bouffon, burlesque, comique, désopilant, drôle, grotesque, ridicule, risible.

coccinelle [kɔksinɛl], n. f. ♦ Insecte rond, rouge, à points noirs, utile parce qu'il dévore les pucerons. — SYN. bête à bon Dieu.

1. coche, n. m. ♦ *Coche d'eau :* autrefois, bateau de rivière tiré par des chevaux marchant sur la rive et servant au transport des voyageurs.

2. coche, n. m. ♦ Autrefois, grande voiture à voyageurs tirée par des chevaux.

1. cocher, v. ♦ Marquer d'un signe (un mot, un nom) : *Dans la liste des hôtels, j'ai coché ceux qui pourraient nous convenir.*

2. cocher, ère, n. ♦ Autrefois, celui, celle qui avait pour métier de conduire une voiture à chevaux transportant des personnes.

cochère, adj. f. ♦ *Porte cochère :* dans un immeuble, grande porte à deux battants, donnant sur la rue et assez grande pour laisser passer une voiture.

cochon, n. m. ♦ Synonyme un peu familier de *porc.*

cochon d'Inde, n. m. ♦ Synonyme de *cobaye.* — PLUR. *des cochons d'Inde.*

cochonnerie, n. f. ♦ **1.** Chose sale et dégoûtante. **2.** Chose sans aucune valeur.

cochonnet, n. m. ♦ Au jeu de boules, petite boule qui sert de cible.

cocker [kɔkɛʀ], n. m. ♦ Chien de chasse et d'agrément, à poils longs, à longues oreilles tombantes.

cockpit [kɔkpit], n. m. ♦ **1.** Sur un voilier, emplacement, à l'arrière, où se tient le barreur. **2.** Dans un avion, emplacement où se tient le pilote.

cocktail [kɔktɛl], n. m. ♦ **1.** Boisson faite d'un mélange de plusieurs boissons. **2.** Réception en fin d'après-midi, où les invités se voient offrir des boissons, des petits sandwiches.

coco, n. m. ♦ *Noix de coco :* fruit du cocotier, qui est formé d'une coque recouverte de fibres et qui contient du coprah (dont on tire de l'huile et des matières grasses) et un liquide blanc nourrissant, le *lait de coco.*

cocon, n. m. ♦ Enveloppe de fils de soie tissée par certaines chenilles, qui s'y enferment pour subir la métamorphose qui les transformera plus tard en papillons.

cocotier, n. m. ♦ Grand palmier des pays chauds qui produit la noix de coco.

cocotte, n. f. ♦ Marmite à couvercle, à fond plat, à deux anses, en fonte, ou en fonte d'aluminium, où l'on fait cuire longuement et doucement certains plats.

code, n. m. ♦ **1.** Ensemble des lois, des règlements : *Notre voisine connaît le code : elle est avocate !* • *Le code de la route.* • *Phares code :* phares d'automobile, de puissance réduite. — SYN. feux de croisement. • *On doit se mettre en code quand on croise un autre véhicule.* **2.** Langage secret. • Ensemble de lettres ou de chiffres connu d'une seule personne ou de quelques personnes et qui permet de manœuvrer un appareil en appuyant sur les touches d'un clavier : *Le milliardaire était bien ennuyé : il avait oublié le code de son coffre-fort !* **3.** *Code postal,* ensemble de chiffres et de lettres que l'on inscrit après le nom de la localité quand on écrit l'adresse, par exemple : *Monsieur Charles Dupont, 1200, rue Saint-Denis, Montréal, H5B 3G2.*

cœur [kœʀ], n. m. ♦ **1.** Organe qui est dans la poitrine et qui envoie le sang dans tout le corps, par les artères. **2.** Poitrine : *Elle prit l'enfant et le serra sur son cœur.* ● *Avoir mal au cœur :* avoir envie de vomir. — SYN. avoir la nausée. **3.** L'âme, le siège des sentiments : *Elle avait le cœur joyeux.* ● *Avoir le cœur gros, le cœur serré :* être triste, avoir de la peine. ● *A cœur joie :* avec ardeur, enthousiasme. ● *Avoir le cœur à,* être plein d'enthousiasme pour : *Dites, les enfants, vous n'avez pas beaucoup de cœur à l'ouvrage, ce matin!* ● *Avec cœur, de tout son cœur, de bon cœur :* avec ardeur. ● Courage : *Ce chevalier avait du cœur.* ● *Avoir du cœur, avoir bon cœur :* être sensible, généreux, compatissant. ● *Un homme de cœur :* un homme généreux. ● *Un cœur d'or :* une âme généreuse et sensible. ● *Avoir le cœur sur la main :* être toujours prêt à donner pour aider les autres. **4.** Le siège des pensées secrètes. ● *Parler à cœur ouvert,* bien franchement, sans rien cacher. **5.** *Savoir par cœur,* de manière à pouvoir réciter de mémoire, sans changer un seul mot, un seul signe. **6.** L'une des « couleurs » du jeu de cartes : *Dans mon jeu, j'ai l'as de trèfle, le roi de carreau, la dame de pique et le 10 de cœur.* **7.** Partie centrale d'une région ou d'une période : *Elle est née à Amos, en plein cœur de l'Abitibi. Nous étions alors au mois d'août, au cœur de l'été.*

coffre, n. m. ♦ **1.** Grande caisse solide qui se ferme avec une serrure. **2.** Coffrefort : *Tous les documents secrets sont enfermés dans un coffre.* **3.** Partie d'une voiture où l'on met les bagages.

coffre-fort, n. m. ♦ Armoire (ou caisse scellée dans le mur), en acier spécial, à parois épaisses, munie d'une serrure de sûreté, où l'on enferme des choses précieuses. — PLUR. *des coffres-forts.*

coffret, n. m. ♦ Petite boîte élégante.

cognac, n. m. ♦ Eau de vie fabriquée, par distillation du vin, dans la région de Cognac, en France.

cognée, n. f. ♦ Grosse hache de bûcheron, pour abattre les arbres.

cogner, v. ♦ Donner un ou des coups : *Pourquoi cognes-tu sur la table à coups de maillet?* — SYN. frapper, heurter. ● *Se cogner :* se heurter.

cohérence [kɔeʀɑ̃s], n. f. ♦ Caractère de ce qui est cohérent. — CONTR. contradiction, incohérence.

cohérent, ente [kɔeʀɑ̃, ɑ̃t], adj. ♦ Qui ne dit pas ou ne fait pas des choses contraires les unes aux autres : *Tu dois être cohérent : si tu n'aimes pas les menteurs, tu ne dois pas mentir toi-même.* ● *Tu dois avoir une conduite cohérente.* — CONTR. incohérent, contradictoire.

cohorte [kɔɔʀt], n. f. ♦ **1.** Dans l'armée romaine, unité de 600 hommes commandée par un tribun militaire. **2.** Groupe, troupe de gens.

cohue [kɔy], n. f. ♦ Foule en désordre, qui se bouscule. — SYN. affluence, foule, mêlée, multitude, bousculade.

coiffe, n. f. ♦ Bonnet, coiffure de femme, souple, en dentelle ou en tissu fin.

coiffer, v. ♦ **1.** Mettre une coiffure sur la tête : *Elle a coiffé son petit garçon d'une ridicule casquette à pompon.* ● *Il se coiffa de son béret et sortit.* **2.** Arranger les cheveux : *Agnès coiffe sa petite sœur.* ● Marc se coiffe devant la glace.

coiffeur, euse, n. ♦ **1.** Celui, celle qui a pour métier de couper les cheveux, de faire des shampooings, de coiffer les gens. **2.** *Une coiffeuse :* petite table, munie d'une glace verticale, devant laquelle une femme se maquille et se coiffe.

coiffure, n. f. ♦ **1.** Tout ce qu'on se met sur la tête (chapeau, béret, casquette, bonnet, toque, képi, etc.). **2.** Manière d'arranger ses cheveux : *Jocelyne, ta nouvelle coiffure, avec des franges sur le front, te va bien.* ● *Salon de coiffure :* boutique du coiffeur.

coin, n. m. ♦ **1.** Angle saillant ou rentrant : _Pousse donc le bureau dans le coin de la pièce !_ — SYN. encoignure. **2.** Endroit où deux rues se croisent : _Va donc acheter de la lessive : il y a un dépanneur au coin de la rue._ **3.** Endroit : _Allons nous promener : il y a de jolis coins dans les environs._ — REM. Ce sens est un peu familier. **4.** Petit espace : _Il passa toute sa vie sur le même coin de terre._

coincer, v. (conjugaison 17) ♦ Serrer en empêchant de se déplacer, de fonctionner : _Il y a un bout de bois qui coince la chaîne de mon vélo._ — SYN. bloquer. — CONTR. débloquer, décoincer. ● _Aïe ! Je me suis coincé un doigt sous la pile de livres !_ — SYN. pincer, serrer.

coïncidence [kɔɛ̃sidɑ̃s], n. f. ♦ Rencontre remarquable de deux ou de plusieurs faits qui est due au hasard : _Fâcheuse coïncidence : c'est le jour où les bus sont en grève que ma voiture tombe en panne !_

coïncider, v. ♦ **1.** Se produire en même temps : _Cette année, la fête de ma tante coïncide avec le jour de Pâques._ **2.** Se recouvrir exactement : _Replie la feuille : les deux triangles coïncident._ **3.** Bien correspondre : _Les déclarations du témoin coïncident avec les résultats de l'enquête des policiers._ — SYN. concorder, correspondre.

coing [kwɛ̃], n. m. ♦ Fruit jaune, en forme de poire, qui sert surtout à faire de la gelée, de la confiture, de la pâte de fruits.

col, n. m. ♦ **1.** Partie du vêtement qui entoure le cou ou par laquelle passe le cou. **2.** Endroit plus bas, entre deux sommets montagneux, qui est souvent le lieu par où passe une route.

colère, n. f. ♦ État d'une personne qui, n'étant pas du tout contente, prononce des paroles violentes, se livre à des actes violents. — SYN. courroux, emportement, exaspération, fureur, furie, irritation, rage. — CONTR. calme, douceur.

colérique, adj. ♦ Qui est souvent en colère : _Toujours des cris, des injures : qu'il_ était colérique, ce vieil oncle ! — SYN. emporté, irascible, rageur. — CONTR. calme, doux, pacifique, paisible, placide, tranquille.

colibri, n. m. ♦ Tout petit oiseau d'Amérique, au plumage très beau, au bec très long. — SYN. oiseau-mouche.

colimaçon, n. m. ♦ **1.** Synonyme vieux et rare d'_escargot._ **2.** _Escalier en colimaçon,_ qui monte en tournant sur lui-même.

colin, n. m. ♦ Poisson de mer, à la chair très délicate.

colin-maillard, n. m. ♦ Jeu dans lequel un joueur, les yeux bandés, doit en attraper un autre et dire le nom de celui qu'il a attrapé.

colique, n. f. ♦ Douleur du ventre, de l'intestin, parfois accompagnée de diarrhée.

colis [kɔli], n. m. ♦ Paquet qu'on envoie à quelqu'un.

collaborateur, trice, n. ♦ Celui, celle qui travaille avec quelqu'un.

collaboration, n. f. ♦ Aide qu'on apporte à quelqu'un en participant à son travail. — SYN. aide, appui, concours, coopération, participation.

collaborer, v. ♦ Travailler avec quelqu'un ou participer à un travail collectif : _Des centaines de techniciens ont collaboré à la mise au point de ce vaisseau spatial._ — SYN. concourir, coopérer, participer.

collage, n. m. ♦ Action de coller.

collant, ante, adj. _ou_ n. m. ♦ **1.** Qui colle, qui se colle. ● _Le papier collant._ **2.** Qui moule le corps, qui s'applique exactement sur lui : _Et voici Chantal, moulée dans un jean et un pull collant._ — SYN. moulant, serré, étroit. —CONTR. bouffant, flottant, large. **3.** _Un collant :_ vêtement de femme qui est formé par des bas et une culotte, en une seule pièce.

collation

collation [kɔlasjɔ̃], n. f. ♦ Repas léger.

colle, n. f. ♦ Matière liquide ou pâteuse qui durcit en séchant et qui sert à coller, à fixer deux pièces, deux surfaces l'une contre l'autre.

collecte, n. f. ♦ Action de recueillir de l'argent ou des objets pour les donner à quelqu'un : *La Croix-Rouge organise une collecte de vêtements chauds pour les victimes du tremblement de terre.*

collectif, ive, adj. ♦ Qui concerne plusieurs personnes et non une seule, qui appartient à la collectivité : *La classe a bien travaillé : le professeur lui a accordé une récompense collective.* — SYN. commun. — CONTR. individuel, particulier.

collectivisme, n. m. ♦ Doctrine et système politiques et économiques qui visent à faire des terres et des usines la propriété collective de l'État, en les enlevant aux propriétaires particuliers. — SYN. communisme, socialisme. — CONTR. capitalisme.

collectivité, n. f. ♦ L'ensemble des personnes : *En temps de crise, les sacrifices doivent être répartis entre tous les membres de la collectivité.* — SYN. communauté, société.

collection, n. f. ♦ **1.** Ensemble d'objets de même nature, mais différents les uns des autres : *Jean-Marc fait une collection d'images ; moi, j'ai une collection de modèles réduits d'avions.* **2.** Ensemble de tableaux, de sculptures, d'objets d'art : *Allons au Musée des beaux-arts : nous admirerons les collections de peinture italienne.* **3.** Ensemble de modèles de vêtements présentés par un grand couturier.

collectionner, v. ♦ Faire une collection de quelque chose : *Ma mère collectionne les timbres, ma sœur collectionne les petites poupées.*

collectionneur, euse, n. ♦ Celui, celle qui fait une collection, qui possède une collection.

collège, n. m. ♦ Établissement scolaire qui est intermédiaire entre l'école secondaire et l'université. — SYN. cégep.

collégial, iale, adj. ♦ Qui concerne le collège : *Lise termine ses études collégiales et ira ensuite à l'université.*

collègue, n. m. *ou* f. ♦ Personne (salariée, fonctionnaire) qui travaille dans la même entreprise ou dans la même administration qu'une autre. — REGARDER confrère.

coller, v. ♦ Assembler, fixer avec de la colle : *Commençons par coller les pièces de la maquette.* — CONTR. décoller.

collerette, n. f. ♦ Petit col rond, de linge fin ou de dentelle, souvent plissé.

collet, n. m. ♦ Nœud coulant qui forme un piège et qui sert à attraper les animaux.

colleur, euse, n. ♦ Celui, celle dont le métier est de coller quelque chose. ● *Un colleur d'affiches.*

collier, n. m. ♦ **1.** Bijou qui entoure le cou. **2.** Bande de cuir qui entoure le cou d'un chien, etc. **3.** Gros bourrelet de cuir qui entoure le cou et repose sur les épaules d'un cheval attelé. ● *Donner un coup de collier,* fournir un effort intense : *Donne un coup de collier, et tu seras reçu à ton examen !*

colline, n. f. ♦ Hauteur de forme plus ou moins arrondie, beaucoup moins haute qu'une montagne. — SYN. coteau, hauteur.

collision, n. f. ♦ Choc entre deux véhicules, deux bateaux, deux avions : *Les deux péniches sont entrées en collision : elles ont coulé toutes les deux.* — SYN. abordage, accrochage, choc, heurt, tamponnement, télescopage.

collusion, n. f. ♦ Entente secrète : *Il y a collusion entre les deux partis pour faire échouer le plan du gouvernement.* — SYN. alliance, entente, ligue, complot, conspiration.

colmater, v. ♦ Boucher, fermer : _Il y a une brèche dans la digue : vite, colmatons-la !_ — SYN. boucher, calfeutrer, clore, fermer, obturer. — CONTR. déboucher, ouvrir.

colombage, n. m. ♦ _Mur à colombage :_ mur formé par une charpente en bois, verticale, dont les vides sont remplis par de la maçonnerie. — SYN. mur à pan de bois.

colombe, n. f. ♦ Synonyme poétique de « pigeon blanc » : _La colombe est le symbole de la douceur, de l'innocence et de la paix._

colon, n. m. ♦ Personne venue pour s'installer dans une région non développée, notamment comme défricheur et cultivateur.

colonel, elle, n. ♦ Officier qui commande un régiment. — REM. L'officier du grade immédiatement inférieur est le _lieutenant-colonel._

colonialisme, n. m. ♦ Politique d'un pays qui essaie de conquérir ou de garder des colonies, de soumettre à sa loi des pays plus faibles en les occupant militairement. — REGARDER _impérialisme._

colonie, n. f. ♦ **1.** Pays (lointain ou proche) conquis et exploité par un autre pays d'une civilisation différente, plus puissant grâce à la possession de techniques plus modernes. **2.** _Colonie de vacances :_ groupe d'enfants qui sont en vacances, sans leurs parents, sous la direction de moniteurs. **3.** Groupe de nombreux animaux qui vivent groupés : _Les abeilles, les fourmis, les termites vivent en colonies._

colonisation, n. f. ♦ Action de coloniser. — CONTR. décolonisation.

coloniser, v. ♦ Transformer en colonie : _Les États européens colonisèrent l'Afrique au XIXe siècle._ — CONTR. décoloniser. ● Envoyer des colons dans une région : _Les Acadiens, venus au Québec, ont colonisé la région de Saint-Jacques l'Achigan._

colonnade, n. f. ♦ Ensemble de colonnes alignées sur une ou plusieurs rangées.

colonne, n. f. ♦ **1.** Support vertical qui soutient le haut d'un édifice. **2.** _Colonne vertébrale :_ suite de petits os (les _vertèbres_) qui forme la partie centrale du squelette, depuis l'arrière du crâne jusqu'au bas du dos. — SYN. épine dorsale. **3.** Ensemble de soldats, de personnes, de véhicules militaires qui se déplacent en un groupe allongé dans le sens de la marche : _Une longue colonne de blindés avançait lentement sur la route._ — SYN. convoi, file. **4.** Chacune des parties verticales de la page d'un journal, d'un dictionnaire : _Suite de l'article : page 6, colonne 5._

colorant, ante, adj. _ou_ n. m. ♦ _Matière colorante :_ substance qui sert à donner une couleur et à fabriquer de la teinture ou de la peinture. ● _Un colorant._

coloré, ée, adj. ♦ Qui n'est pas incolore (comme l'eau pure), qui n'est pas blanc, pâle : _Dans le thermomètre, la colonne contient un liquide coloré._

colorer, v. ♦ Donner de la couleur, une couleur : _L'usine a rejeté des produits dans la rivière et l'a colorée en bleu._ ● _A l'aube, le ciel se colore de teintes délicates._ — REM. Ne confondez pas avec _colorier._

colorier, v. (conjugaison 20) ♦ Mettre en couleurs : _Voici des crayons de couleur, tu vas colorier ta carte de géographie : du bleu pour la mer, du vert pour les plaines, du marron pour les montagnes._ — REM. Ne confondez pas avec _colorer._

coloris [kɔlɔri], n. m. ♦ Couleur ou ensemble de couleurs.

colossal, ale, aux, adj. ♦ Très grand, d'une grandeur écrasante : _Ce barrage est colossal : 2 000 mètres de longueur, 300 mètres de hauteur !_ — SYN. cyclopéen, énorme, géant, gigantesque, grand, immense, monumental, titanesque. — CONTR. minuscule, petit.

colosse, n. m. ♦ Homme très grand, très large d'épaules, très fort. — SYN. géant, hercule.

colporter, v. ◆ **1.** Transporter avec soi des marchandises : *Des marchands ambulants colportaient autrefois des almanachs dans les campagnes.* **2.** Transmettre des nouvelles à plusieurs personnes : *La commère colporta la nouvelle scandaleuse à travers tout le quartier.* — SYN. divulguer, propager, répandre.

colporteur, euse, n. ◆ Autrefois, marchand ambulant, marchande ambulante qui transportait sa marchandise sur le dos et allait dans les campagnes, de porte en porte.

colza, n. m. ◆ Plante dont la graine sert à faire de l'huile.

coma, n. m. ◆ État d'un blessé, d'un malade qui a perdu conscience.

combat, n. m. ◆ Action de se battre, bataille, lutte : *Après de violents combats, les troupes se sont emparées de la position ennemie.* — SYN. affrontement, bataille, choc, lutte, mêlée. ● *Combat de boxe :* match de boxe.

combatif, ive, adj. ◆ Qui se bat avec ardeur, qui cherche à gagner.

combattant, ante, n. ◆ Personne qui se bat, qui combat : *Les renforts affluent : trente mille combattants arrivent sur le front.* ● *Les anciens combattants :* ceux qui ont fait la guerre.

combattre, v. (conjugaison 98) ◆ **1.** Se battre : *Pendant la Seconde Guerre mondiale, les Canadiens ont combattu les Japonais.* — SYN. affronter, batailler, se battre, guerroyer, lutter. **2.** Faire des efforts pour obtenir une chose ou pour la supprimer : *Nous combattrons pour la liberté et contre l'injustice.* **3.** Permettre de lutter contre les effets d'une maladie : *Cet antibiotique combat l'infection.*

combien, adv. ◆ **1.** Quelle quantité, quel poids, quel prix : *Combien y a-t-il de tables dans la classe ? Dis-moi combien pèse ce sac. Combien coûte ce vélo ?* **2.** A quel point : *Oh ! combien j'aime ces paysages de l'île d'Orléans !*

combinaison, n. f. ◆ **1.** Arrangement d'éléments selon un ordre déterminé : *Avec les chiffres 1, 2 et 3, tu peux former six combinaisons : 123, 132, 213, 231, 312 et 321.* — SYN. agencement, arrangement, assemblage, disposition, organisation. ● Ensemble de chiffres qui correspondent à des touches et qui permettent d'ouvrir une serrure : *Seules, deux personnes dans la banque connaissaient la combinaison de la serrure du coffre.* — SYN. code. ● *Un coffre, une serrure à combinaison.* **2.** Vêtement formant à la fois blouson et pantalon : *Le pilote de l'avion de chasse enfila sa combinaison de cuir.* **3.** Dessous féminin, sorte de robe très légère qui se porte sous la robe.

combiné, n. m. ◆ Partie mobile d'un appareil téléphonique, qui réunit en une seule pièce l'écouteur et le micro et qui est reliée au support par un fil.

combiner, v. ◆ **1.** Arranger des éléments selon un ordre déterminé : *En combinant de différentes manières les 26 lettres de l'alphabet, tu peux former tous les mots de la langue française.* — SYN. agencer, arranger, assembler, disposer, organiser. **2.** Préparer selon un plan : *Nous avons combiné un petit voyage d'agrément pour les vacances de Pâques.* — SYN. arranger, organiser.

1. comble, n. m. ◆ **1.** Le plus haut degré, le maximum : *Quand les enfants virent les jouets dans leurs souliers, ils furent au comble de la joie.* — SYN. sommet. **2.** Charpente d'une maison, d'un édifice : *Le comble était pourri, le toit s'est effondré.* ● *Le comble* ou *les combles :* la partie de l'édifice située sous le toit (grenier ou mansarde). ● *Habiter sous les combles* (= juste sous le toit). ● *De fond en comble :* du haut en bas, complètement.

2. comble, adj. ◆ Complètement plein : *Les artistes étaient contents : la salle des fêtes était comble.* — SYN. bondé, complet, plein, rempli.

comblé, ée, adj. ◆ Très heureux, qui a tout ce qu'il désire : *Quelle fête magnifique, quels cadeaux splendides : je suis comblée !* — SYN. content, heureux, satisfait. — CONTR. déçu, insatisfait, malheureux, mécontent.

combler, v. ♦ **1.** Boucher, remplir : _Il y a un trou dans la cour : prends une pelle et va le combler._ — SYN. boucher, colmater, fermer, obturer, remplir. — CONTR. creuser, ouvrir, percer. **2. Combler un retard,** le rattraper. **3.** Donner beaucoup de choses à quelqu'un : _Le vieil oncle comblait ses nièces de cadeaux._ ● _Ah! voilà une nouvelle qui me comble de joie._ — SYN. remplir.

combustible, adj. _ou_ n. m. ♦ **1.** Qui peut brûler : _Le bois est un matériau combustible._ — CONTR. incombustible. **2. Un combustible :** substance (bois, charbon, mazout, gaz, alcool, etc.) que l'on brûle dans une cuisinière, un poêle, une chaudière, un réchaud.

combustion, n. f. ♦ Réaction chimique qui fait qu'un corps brûle : _La combustion du bois humide dégage beaucoup de fumée._

comédie, n. f. ♦ **1.** Pièce de théâtre qui amuse, qui fait rire. — CONTR. drame, tragédie. **2.** Attitude, conduite de celui qui fait semblant, qui ment : _Louis dit qu'il n'ira plus à l'école, si on ne lui achète pas un nouveau sac, mais c'est de la comédie!_

comédien, ienne, n. _ou_ adj. ♦ **1.** Celui, celle qui joue des comédies (ou d'autres pièces) au théâtre (ou joue dans un film) : _Dans leurs loges, les comédiens se maquillaient : ils allaient jouer une tragédie de Racine._ — SYN. acteur, artiste. — REGARDER tragédien. **2.** Celui, celle qui fait semblant : _Léonie dit qu'elle veut se laisser mourir de faim : quelle comédienne!_ ● _Léonie est très comédienne._

comestible, adj. _ou_ n. m. ♦ **1.** Qui peut se manger. **2. Un comestible,** un aliment : _En été, il faut garder les comestibles au frais._

comète, n. f. ♦ Astre qui se prolonge par une bande lumineuse qui va en s'élargissant.

cométique, n. m. ♦ Traîneau tiré par des chiens : _Avant l'invention de la motoneige, le cométique était le seul moyen de transport des Inuit._

comique, adj. _ou_ n. ♦ **1.** Très drôle. — SYN. amusant, bouffon, burlesque, cocasse, désopilant, drôle, grotesque, plaisant, risible. — CONTR. triste, tragique, pathétique. **2. Un acteur comique** ou **un comique,** acteur qui joue dans des pièces ou des films drôles : _Ah! Fernandel, c'était un grand comique!_ ● **Un comique,** un auteur de comédies : _Admirons Molière, le grand comique français!_ **3. Le comique,** ce qui fait rire : _Je n'ai guère apprécié le comique de la situation!_

comité, n. m. ♦ Groupe de personnes qui organise ou dirige quelque chose : _Un comité a été désigné pour organiser la cérémonie du centenaire._ — SYN. commission.

commandant, ante, n. ♦ **1.** Officier qui commande un bataillon. **2.** Celui, celle qui commande un navire de guerre ou un grand navire de commerce ou qui pilote un avion de ligne (_commandante de bord_).

commande, n. f. ♦ **1.** Ce qui met en marche, arrête, dirige, etc., un véhicule, un avion, une machine, etc., : _La pilote se mit aux commandes de l'hélicoptère._ ● **Un levier de commande. 2.** Demande faite à un commerçant de livrer de la marchandise : _Nous avons passé commande d'une armoire au marchand de meubles._

commandement, n. m. ♦ **1.** Action de commander : _Le commandant du croiseur fut tué dès le début du combat : son second prit aussitôt le commandement._ **2.** Ordre, consigne, précepte : _Au catéchisme, on t'apprendra les dix commandements de Dieu._

commander, v. ♦ **1.** Donner des ordres à quelqu'un : _Le chef commanda à ses hommes d'arrêter le tir._ — SYN. donner l'ordre, enjoindre, ordonner, prescrire, sommer, diriger. — CONTR. interdire, obéir. ● Être à la tête de : _Voici la colonelle qui commande ce régiment de soldats._ **2.** Demander à un commerçant de livrer une marchandise.

commando

commando, n. m. ♦ Groupe de soldats très entraînés qui mène une action rapide et difficile, par surprise, contre un objectif limité.

comme, prép., adv. *ou* conj. ♦ **1.** De la même manière que : *Jacky sautait comme un chevreau.* **2.** Combien, à quel point : *Comme il est beau, ce palais !* **3.** En tant que : *On a choisi Gisèle comme déléguée.* **4.** Au moment où : *Comme le train entrait en gare, je m'aperçus que j'avais oublié mon billet.* **5.** Parce que, puisque : *Comme Hubert est gentil, tout le monde l'aime bien.*

commémorer, v. ♦ Célébrer le souvenir d'un événement par des cérémonies : *Le 11 novembre, on commémore la fin de la guerre de 1914-1918.*

commencement, n. m. ♦ Le moment où une chose commence. — SYN. début. — CONTR. fin, terminaison.

commencer, v. (conjugaison 17) ♦ Se mettre à : *Commençons nos révisions dès maintenant, si nous voulons être prêts.* — SYN. débuter. — CONTR. finir, terminer.

comment, adv. *ou* interj. ♦ **1.** De quelle manière, par quel moyen : *Comment vas-tu grimper sur le mur ? Explique-moi comment tu as pu grimper sur le mur.* ● *N'importe comment,* quoi qu'il arrive : *Je ne sais quand je partirai, mais, n'importe comment, je te préviendrai par téléphone.* ● *N'importe comment,* sans goût, sans soin : *Regarde-moi ce travail : c'est fait n'importe comment !* **2.** *Comment !* interjection qui marque la surprise : *Comment ! Il est huit heures et tu n'es pas encore prêt !*

commentaire, n. m. ♦ Paroles, phrases par lesquelles on commente quelque chose. — SYN. explication, remarque.

commenter, v. ♦ Fournir des explications, des remarques, donner son opinion sur un événement, un texte : *Le professeur nous a expliqué et commenté un beau poème.*

commérage, n. m. ♦ Propos malveillants et sans fondement tenus par des commères. — SYN. cancan, ragot.

commerçant, ante, n. *ou* adj. ♦ **1.** Celui, celle qui fait du commerce : *Une épicière, un boulanger, deux charcutiers, une marchande de fruits : il y en a, des commerçants, dans notre rue !* — SYN. marchand, boutiquier. — REGARDER *négociant.* **2.** Où il y a beaucoup de commerçants, où le commerce est actif : *Notre petite ville est très commerçante.*

commerce, n. m. ♦ **1.** Activité qui consiste à acheter des marchandises pour les revendre avec bénéfice : *L'agriculture, l'industrie, le commerce sont les trois grands secteurs de l'économie.* ● *Être dans le commerce :* être en vente chez les commerçants. **2.** Magasin : *Ma tante tient un commerce de mercerie à Laval-des-Rapides.*

commercial, ale, aux, adj. ♦ Qui concerne le commerce, où il y a du commerce : *Les affaires reprennent : l'activité commerciale est plus intense.* ● *Centre commercial :* REGARDER *centre,* sens 3.

commère, n. f. ♦ Femme qui a l'habitude de bavarder et de tenir des propos souvent malveillants et sans fondement.

commettre, v. (conjugaison 99) ♦ Faire une action mauvaise ou une erreur : *Il a commis plusieurs vols : le voilà en prison !* — SYN. accomplir, exécuter, faire.

commis, ise, n. ♦ Employé, employée de magasin (surtout dans l'alimentation).

commissaire, n. ♦ En France, fonctionnaire de police d'un grade élevé qui a des inspecteurs et des agents sous ses ordres et qui dirige les services de police dans un quartier ou une ville, ou qui est placé à la tête d'un service spécialisé. ● *Commissaire d'école :* responsable élu d'une commission scolaire.

commission, n. f. ♦ **1.** Somme d'argent, pourcentage du prix de vente, qui est la rémunération de certaines personnes. — SYN. pourcentage, remise. **2.** Service qu'on rend à quelqu'un en faisant une chose à sa place : *Tiens, je te charge d'une commission : veux-tu dire à Marcel que je ne pourrai pas* *aller le voir demain?* — SYN. mission. **3.** *Les commissions :* achats que l'on fait chez les commerçants du quartier. — SYN. les courses. ● *Commission scolaire :* organisme responsable du fonctionnement des écoles dans une région.

commissionnaire, n. m. *ou* f. ◆ Personne qui fait une commission : *J'espère que tu seras une bonne commissionnaire et que tu n'oublieras rien.*

1. commode, adj. ◆ **1.** Facile ou agréable à utiliser : *Pour balayer le parquet, tu n'aurais pas quelque chose de plus commode que ce vieux balai?* — SYN. convenable, maniable, pratique. — CONTR. incommode. **2.** Facile à faire. — SYN. aisé, facile, simple. — CONTR. compliqué, difficile, incommode, malaisé.

2. commode, n. f. ◆ Meuble large et assez bas, à tiroirs, où l'on peut ranger du linge, des affaires.

commodité, n. f. ◆ **1.** Facilité : *Pour plus de commodité, mets donc tous les livres dont tu as besoin à portée de la main.* — CONTR. incommodité. **2.** *Les commodités,* ce qui rend une maison plus commode, plus agréable à habiter : *Pas de cabinets, pas de salle de bains, pas de chauffage central : cette maison n'a pas de commodités!* — SYN. le confort.

commotion [kɔmosjɔ̃], n. f. ◆ Grand choc, grande secousse qui ébranle l'organisme, sans causer de blessure : *Sylvain est tombé du premier étage : par chance, il s'en est tiré avec une forte commotion.*

commun, une, adj. ◆ **1.** Qui appartient à plusieurs personnes, qui est utilisé par plusieurs personnes : *Dans notre immeuble, nous avons une salle de jeu commune.* — CONTR. individuel, particulier. ● *Salle commune :* autrefois, à la campagne, grande salle où tout le monde vivait et qui servait à la fois de cuisine, de salle à manger, de salle de séjour et de chambre à coucher, avec, souvent, plusieurs lits. ● *L'intérêt commun, le bien commun :* l'intérêt de tout le monde, ce qui profite à tout le monde. — SYN.

général. — CONTR. individuel, particulier. ● *En commun,* en un seul ensemble, pour être partagé entre plusieurs personnes : *Mettons nos ressources en commun.* ● *Transports en commun :* autobus, métro, train. **2.** *Nom commun,* nom qui s'applique à une catégorie d'êtres ou de choses : « *Jean* », « *Louise* », « *Canada* », « *Québec* » *sont des noms propres;* « *écolier* », « *fillette* », « *pays* », « *ville* » *sont des noms communs.* **3.** Qu'on rencontre fréquemment, qui est en abondance : *Le nom de famille « Tremblay » est commun au Québec.* ● Ordinaire : *Notre amie Lucie était d'une intelligence peu commune* (= très supérieure à la moyenne). — SYN. accoutumé, banal, courant, fréquent, habituel, ordinaire, usuel. — CONTR. extraordinaire, inaccoutumé, inhabituel, rare. **4.** *Lieu commun :* idée qui est très souvent exprimée et répétée. **5.** Qui n'est pas très distingué : *Cette grosse femme avait une allure bien commune.* — SYN. vulgaire. — CONTR. distingué, élégant, raffiné.

communauté, n. f. ◆ **1.** Ensemble plus ou moins nombreux de personnes. ● *La communauté nationale.* — SYN. société, collectivité. — CONTR. un individu, un particulier. **2.** *En communauté,* ensemble, sous le même toit, en étant groupés : *Les pensionnaires vivent en communauté.* **3.** *Une communauté religieuse :* ordre religieux ou couvent.

commune, n. f. ◆ La plus petite circonscription administrative, qui comprend une ville (ou un village) et le territoire situé autour.

communément, adv. ◆ Selon l'usage le plus répandu : *Le dromadaire est appelé communément « chameau ».* — SYN. couramment, généralement, habituellement, ordinairement.

communiant, ante, n. ◆ Personne qui communie. ● *Un premier communiant :* celui qui fait sa « première communion » (sa profession de foi). — REM. Les deux mots s'accordent : *Des premiers communiants. Une première communiante. Des premières communiantes.*

communicatif

communicatif, ive, adj. ♦ **1.** Qui parle volontiers et fait connaître ses idées, ses sentiments. — SYN. confiant, démonstratif, expansif, exubérant, ouvert, loquace. — CONTR. renfermé, taciturne. **2.** Qui se communique facilement d'une personne à une autre : *La gaieté, comme l'ennui, est un sentiment communicatif.*

communication, n. f. ♦ **1.** Action de communiquer, moyen de communiquer : *J'ai demandé la communication de cette pièce du dossier.* ● *L'inondation a coupé les routes et les voies ferrées : il n'y a plus de voies (de lignes) de communication.* ● *Le téléphone est un moyen de communication plus rapide que les lettres.* **2.** Conversation par téléphone : *Quel est le prix d'une communication pour Vancouver?*

communier, v. (conjugaison 20) ♦ **1.** Recevoir le sacrement de l'Eucharistie (en avalant l'hostie) : *A la messe de Pâques, beaucoup de personnes ont communié.* — REGARDER *Eucharistie, hostie.* **2.** Éprouver le même sentiment en même temps que d'autres personnes : *A l'annonce de la victoire, tous les Canadiens communièrent dans un même élan de ferveur patriotique.*

communion, n. f. ♦ **1.** Acte par lequel un catholique reçoit le sacrement de l'Eucharistie (en avalant l'hostie). ● *La communion solennelle* (de nos jours, *la profession de foi*). **2.** *Être en communion avec quelqu'un,* penser ou éprouver les mêmes choses que lui.

communiqué, n. m. ♦ Information donnée officiellement par une autorité.

communiquer, v. ♦ **1.** Transmettre, donner un document : *Pouvez-vous me communiquer cette pièce du dossier?* — SYN. fournir, donner. ● Faire connaître : *Vous communiquerez cette information à tous les employés du service.* ● *Se communiquer,* se transmettre, passer d'une personne à une autre : *La gaieté se communique facilement.* **2.** Être muni d'une porte, d'un passage, qui permet d'aller d'un endroit à un autre : *Le salon communique par une porte vitrée avec la salle à manger.*

communisme, n. m. ♦ Doctrine politique de ceux qui veulent que les usines, les terres, les commerces appartiennent à l'État et non à des capitalistes. — SYN. collectivisme, socialisme.

communiste, adj. *ou* n. ♦ Partisan du communisme ou membre du parti communiste, parti qui veut appliquer le communisme.

compact, acte, adj. ♦ **1.** Très épais, qui coule mal, qui est très tassé : *La purée est trop compacte : ajoute du lait.* — SYN. épais, consistant. — CONTR. fluide, liquide, léger, meuble. **2.** Serré et nombreux : *Les curieux formaient un groupe compact autour du camelot.* — SYN. dense. — CONTR. clairsemé. **3.** *Disque compact :* disque de faible diamètre qu'on passe dans un lecteur à laser. **4.** *Une compacte,* une voiture de dimension moyenne.

compagne, n. f. ♦ REGARDER *compagnon.*

compagnie, n. f. ♦ **1.** Ensemble de personnes réunies, présentes en un endroit : *Salut, la compagnie!* ● *En compagnie de,* avec : *J'ai voyagé en compagnie de deux jeunes Anglais.* ● *Tenir compagnie à quelqu'un,* être près de lui pour qu'il ne soit pas seul. **2.** Société commerciale ou industrielle : *Cette compagnie de navigation possède deux paquebots et quinze cargos.* **3.** Unité militaire (de 150 à 200 hommes environ) commandée par un capitaine.

compagnon, n. m. (féminin : *une compagne*) ♦ **1.** Celui qui vit, qui travaille, qui voyage, etc., avec quelqu'un : *Henri est allé rejoindre ses compagnons de jeu.* — REGARDER *camarade, copain.* **2.** Ouvrier qualifié qui travaille chez un artisan.

comparable, adj. ♦ Qu'on peut comparer, qui est à peu près semblable : *Voici deux articles comparables par la qualité, mais non par le prix.* — SYN. analogue, approchant, assimilable, égal, semblable. — CONTR. différent, dissemblable, inégal, incomparable.

comparaison, n. f. ♦ **1.** Action de comparer : _Entre une ville comme Ottawa et un village de 200 habitants, il n'y a pas de comparaison possible._ **2.** Manière de s'exprimer qui consiste à comparer deux choses. Exemple : _Les vagues courent sur la plage comme des chevaux au galop._

comparaître, v. (conjugaison 94) ♦ Se présenter devant un tribunal : _L'accusé doit comparaître demain._

comparatif, n. m. ♦ Forme que prend l'adjectif ou l'adverbe dans une comparaison. ● _Comparatif d'égalité_ : _Je suis aussi rapide que toi. Je cours aussi vite que toi._ ● _Comparatif de supériorité_ : _Je suis plus rapide que toi. Je cours plus vite que toi._ ● _Comparatif d'infériorité_ : _Je suis moins rapide que toi. Je cours moins vite que toi._ — REGARDER _superlatif._

comparer, v. ♦ **1.** Examiner les ressemblances et les différences qui existent entre deux êtres ou deux choses : _Comparez la feuille de l'érable et celle (avec celle) de l'orme, que constatez-vous?_ **2.** Dire qu'un être ou un objet ressemble à un autre : _Tu as comparé notre voisine à un hippopotame, ce n'est pas gentil!_

comparse, n. m. _ou_ f. ♦ Complice qui joue un rôle peu important.

compartiment, n. m. ♦ Chacune des cases d'une boîte, d'un casier, d'un tiroir. ● En Europe, chacune des parties d'un wagon de voyageurs, isolée des autres par une cloison.

compas [kɔ̃pɑ], n. m. ♦ **1.** Instrument à deux branches, pour tracer des cercles. **2.** Boussole de navire ou d'avion.

compassé, ée, adj. ♦ Qui manque de naturel et de liberté d'allure. — SYN. affecté, guindé. — CONTR. libre, naturel.

compassion, n. f. ♦ Sentiment qui fait qu'on a pitié de quelqu'un et qu'on partage son chagrin : _Il avait un air si_ malheureux qu'il m'a inspiré de la compassion._ — SYN. apitoiement, commisération, miséricorde, pitié. — CONTR. indifférence, insensibilité.

compatible, adj. ♦ Qui peut exister en même temps qu'une autre chose : _La pratique du sport est parfaitement compatible avec les études._ — SYN. conciliable. — CONTR. incompatible, inconciliable.

compatir, v. ♦ Éprouver de la compassion et prendre part au chagrin de quelqu'un : _Je compatis bien sincèrement à votre peine._ — SYN. participer, prendre part.

compatissant, ante, adj. ♦ Qui éprouve facilement de la compassion. — SYN. miséricordieux, pitoyable, sensible. — CONTR. indifférent, insensible.

compatriote, n. m. _ou_ f. ♦ Personne qui est du même pays, de la même ville.

compensation, n. f. ♦ Action de compenser ; ce qui compense : _Ma mère a travaillé le jour de Pâques; en compensation,_ elle aura deux jours de congé la semaine prochaine. — SYN. en dédommagement, en récompense, en retour.

compenser, v. ♦ Ajouter ou enlever quelque chose pour faire équilibre : _Vois-tu, ton camarade François est moins doué que toi : pour compenser ce manque de dons, il doit travailler davantage._ — SYN. balancer, contrebalancer, corriger, équilibrer, faire contrepoids.

compère, n. m. ♦ Copain, compagnon : _Il allait faire la fête, avec son compère._

compétence, n. f. ♦ **1.** Capacité, dans l'exercice d'un métier. — SYN. aptitude, capacité, habileté, talent, valeur. — CONTR. inaptitude, incapacité, incompétence, inhabileté, médiocrité. **2.** Étendue du pouvoir d'un fonctionnaire, d'un magistrat, d'un tribunal : _Cette affaire est de la compétence du tribunal de commerce._ — SYN. attribution, autorité, ressort.

compétent, ente, adj. ◆ Qui connaît et fait bien son métier : *Cette avocate est compétente : elle gagne presque toujours ses procès.* — SYN. apte, capable, habile. — CONTR. inapte, incapable, incompétent, malhabile, médiocre.

compétition, n. f. ◆ Épreuve sportive dans laquelle on cherche à gagner. — SYN. épreuve, championnat, course, match.

complainte, n. f. ◆ Chant lent et triste.

complaisance, n. f. ◆ Qualité de celui qui est toujours prêt à rendre service. — SYN. amabilité, empressement, obligeance, serviabilité.

complaisant, ante, adj. ◆ Qui est toujours prêt à rendre service : *Ma grand-mère a eu de la chance : elle a voyagé avec un voyageur complaisant qui l'a aidée à descendre du train et à trouver un taxi.* — SYN. aimable, empressé, obligeant, prévenant.

complément, n. m. ◆ **1.** Ce qu'on ajoute pour qu'une chose soit complète. — REGARDER *supplément.* **2.** Mot ou groupe de mots ou proposition qui se rattache à un autre mot ou à une autre proposition et qui en complète ou en précise le sens : *Vous soulignerez les compléments d'objet direct dans le texte de la dictée.*

complémentaire, adj. ◆ Qui constitue un complément.

1. complet, ète, adj. ◆ **1.** A quoi il ne manque rien : *Ta phrase n'est pas complète : ajoute un mot.* — CONTR. incomplet. **2.** Tout à fait plein, où il n'y a plus de place : *Sur la porte de l'hôtel, un écriteau : « Complet ».* **3.** *Au complet, au grand complet,* sans que personne ne manque : *Toute la classe était là, dans la cour, au grand complet.*

2. complet, n. m. ◆ Costume d'homme dont les éléments, veston, pantalon (et gilet) sont de la même étoffe et du même style.

compléter, v. (conjugaison 11) ◆ Ajouter ce qu'il faut pour qu'un ensemble soit complet : *Complétez les phrases suivantes en remplaçant les points par les mots voulus.*

1. complexe, n. m. ◆ Manque de confiance en soi. ● *Avoir des complexes :* ne pas être sûr de soi. ● *Avoir un complexe d'infériorité :* se croire inférieur à un autre.

2. complexe, n. m. ◆ Groupe de constructions liées : *Dans le complexe Desjardins, à Montréal, on trouve un hôtel, quatre cinémas, plusieurs restaurants et des centaines de boutiques et de bureaux.*

3. complexe, adj. ◆ Qui comporte plusieurs éléments qui s'entremêlent et s'embrouillent un peu : *Que cette histoire est donc complexe ! Je n'y comprends rien !* — SYN. compliqué, confus, subtil. — CONTR. simple.

complexité, n. f. ◆ Caractère de ce qui est complexe. — SYN. complication, confusion, subtilité. — CONTR. simplicité.

complication, n. f. ◆ **1.** Caractère de ce qui est compliqué. — SYN. complexité. — CONTR. simplicité. **2.** *Des complications :* des difficultés qui viennent s'ajouter à autre chose. ● Ce qui aggrave et prolonge une maladie : *Ce rhume ne sera rien, s'il n'y a pas de complications pulmonaires.*

complice, n. m. *ou* f. *ou* adj. ◆ **1.** Celui, celle qui aide quelqu'un à commettre un délit ou un crime. — REGARDER *comparse.* **2.** Qui favorise une action : *Grâce à la nuit complice, les deux évadés échappèrent à leurs poursuivants.*

complicité, n. f. ◆ Action, conduite de celui qui est complice de quelqu'un : *Avec la complicité d'un gardien, les voleurs ont pu s'introduire dans l'entrepôt.*

compliment, n. m. ◆ Parole aimable par laquelle on dit à quelqu'un qu'on trouve bien ce qu'il a fait. — SYN. éloge, félicitation, louange. — CONTR. blâme, reproche.

complimenter, v. ♦ Adresser des compliments à quelqu'un. — SYN. féliciter, louer. — CONTR. blâmer, réprimander.

compliqué, ée, adj. ♦ Qui contient beaucoup d'éléments et qui est difficile à comprendre ou à faire : *Ce problème est trop compliqué pour un garçon de ton âge !* — SYN. complexe, difficile, embrouillé, obscur. — CONTR. clair, facile, simple.

compliquer, v. ♦ Rendre compliqué, plus difficile : *Ah ! non ! Ne viens pas compliquer encore la situation, elle est déjà bien assez embrouillée !*

complot, n. m. ♦ Projet secret dirigé contre quelqu'un par plusieurs personnes agissant ensemble. — SYN. conjuration, conspiration.

comploter, v. ♦ Monter un complot contre quelqu'un : *Ils avaient comploté contre le chef du parti : celui-ci demanda leur démission.* — SYN. conspirer.

comporter, v. ♦ 1. Entraîner, contenir : *Attention ! Ce projet comporte de grands risques !* 2. *Se comporter,* se conduire, agir : *Je me demande comment cette jeune athlète va se comporter lors du championnat national.*

composé, ée, adj. ♦ 1. *Mot composé,* formé par l'union de plusieurs autres mots, par exemple : *nouveau-né.* 2. *Temps composé :* temps du verbe qui se conjugue avec un auxiliaire, par exemple le passé composé (*j'ai chanté*), le plus-que-parfait (*j'avais chanté*), etc.

composer, v. ♦ 1. Faire une chose en assemblant plusieurs éléments : *Marie-Anne a composé un joli bouquet avec des fleurs des champs.* — SYN. agencer, arranger, assembler, associer, combiner, confectionner, constituer, disposer, organiser. 2. Entrer comme éléments dans un ensemble : *Quelles sont les parties qui composent une fleur ?* ● *Se composer de,* être formé de : *Voici les parties dont se compose une fleur.* 3. Écrire,

créer une œuvre musicale : *Jacky a composé la musique d'une chanson ; plus tard, il composera peut-être un opéra.*

compositeur, trice, n. ♦ Personne qui compose de la musique.

composition, n. f. ♦ 1. Liste et proportion des produits qui entrent dans un mélange : *Voici la composition de cette boisson : 1/3 de jus de citron, 1/6 de vin blanc, 1/2 de limonade.* 2. Épreuve qui sert à classer les élèves : *Arlette est première en composition d'histoire.* 3. *Composition française :* devoir de français dans lequel l'élève doit raconter une histoire, décrire quelque chose, discuter une question, etc. — SYN. narration, rédaction, dissertation.

composter, v. ♦ Marquer, tamponner au moyen d'un *composteur,* appareil qui imprime la date, un numéro, etc.

compote, n. f. ♦ Dessert, entremets, fait avec des fruits cuits, puis écrasés et sucrés. — SYN. marmelade.

compotier, n. m. ♦ Grand plat creux et profond, avec un pied, dans lequel on sert la compote ou des fruits.

compréhensible, adj. ♦ Qu'on peut comprendre. — CONTR. incompréhensible.

compréhensif, ive, adj. ♦ Qui tolère facilement qu'on fasse certaines fautes ou qu'on prenne certaines libertés avec la règle : *La directrice a été compréhensive et m'a laissé sortir.* — SYN. indulgent, tolérant. — CONTR. dur, sévère, strict.

compréhension, n. f. ♦ 1. Action de comprendre : *Toutes ces notes, toutes ces parenthèses, tous ces renvois, toutes ces abréviations gênent la compréhension du texte.* 2. Qualité d'une personne compréhensive : *La directrice a fait preuve de compréhension : elle ne m'a pas demandé de payer.* — SYN. indulgence, tolérance. — CONTR. sévérité.

comprendre, v. (conjugaison 82) ♦ 1. Saisir le sens d'une parole, d'un texte : *Je*

comprendre

n'ai pas compris sa question : il parlait anglais. ● *Elle comprend l'anglais, mais ne le parle pas.* **2.** Voir par l'esprit de quoi il s'agit et ce qu'il faut faire : *Tu comprends quelque chose à ce problème de maths?* **3.** Trouver la raison, la cause d'une action ou d'un fait : *11 heures du soir! Je ne comprends pas son retard!* **4.** Être formé de : *Son appartement comprend deux chambres, une salle de séjour, un cabinet de toilette, une cuisine et une entrée.* — SYN. se composer de, consister en, être constitué par.

compresse, n. f. ♦ Linge plié et humide que l'on applique sur une plaie, sur une bosse, etc.

compression, n. f. ♦ Action de comprimer.

comprimé, ée, adj. *ou* n. m. ♦ **1.** *Air comprimé :* air, porté à haute pression, qui sert à actionner un marteau-piqueur, les freins d'un camion ou d'un train, etc. **2.** *Un comprimé :* médicament sous forme d'une petite pastille. — REGARDER *cachet.*

comprimer, v. ♦ **1.** Serrer en appuyant : *Pour prendre la tension, le médecin comprime le bras avec un brassard.* **2.** *Comprimer un gaz,* lui faire occuper un volume moindre, ce qui a pour effet d'augmenter sa pression.

compris, ise, adj. ♦ Compté dans un ensemble : *Le loyer est de trois cents dollars, charges comprises.* — SYN. inclus.

compromettre, v. (conjugaison 99) ♦ **1.** Mettre en danger, risquer de faire échouer : *La pluie compromettrait le succès de la fête en plein air.* **2.** Risquer de faire perdre la bonne réputation, l'honorabilité : *Évite la fréquentation de ces voyous : cela pourrait te compromettre.*

compromis, n. m. ♦ Arrangement qui oblige à des concessions de part et d'autre.

comptabilité, n. f. ♦ L'ensemble des comptes que l'on tient de l'argent qui entre et qui sort, que l'on doit et qui est dû.

comptable [kɔ̃tabl], n. m. *ou* f. ♦ Personne qui tient la comptabilité d'une entreprise ou des commerçants.

comptant [kɔ̃tɑ̃], adv. ♦ *Payer, acheter comptant,* ou *au comptant,* en versant la totalité du prix au moment de l'achat. — CONTR. à crédit.

compte [kɔ̃t], n. m. ♦ **1.** Action de compter, de faire un calcul : *Je fais le compte des lettres qui me restent à écrire.* ● *Compte à rebours :* action de compter à l'envers le nombre de secondes qui reste avant le déclenchement d'une opération. ● *Les comptes,* le calcul de l'argent reçu, dépensé ou restant : *Le caissier fait ses comptes à la fin de la journée.* **2.** *Compte en banque* ou *compte bancaire :* somme d'argent déposée dans une banque. **3.** *A bon compte :* pour pas cher. ● *Loin du compte :* loin du total, du résultat qu'il faudrait. ● *En fin de compte* ou *tout compte fait :* si l'on examine le bon et le mauvais. **4.** *Pour le compte de :* au profit de (telle personne). ● *A son compte :* en étant soi-même patron. **5.** *Rendre compte à,* informer : *Le chef de service a rendu compte de l'incident à la directrice générale.* ● *Se rendre compte,* s'aviser, prendre conscience : *C'est à ce moment que je me suis rendu compte que je m'étais trompé de train.*

compte-gouttes, n. m. inv. ♦ Instrument qui permet de verser un médicament goutte à goutte.

compter [kɔ̃te], v. ♦ **1.** Dire les chiffres (1, 2, 3, 4, ...) dans l'ordre : *Ma petite sœur sait lire, écrire et compter jusqu'à mille.* **2.** Établir le nombre d'objets ou d'êtres qu'il y a : *J'ai compté les vaches du pré : il y en a dix-huit.* ● *Sans compter,* sans faire entrer tels éléments dans le total qu'on indique : *Nous partons avec cinq valises, sans compter les deux grandes que nous avons fait enregistrer.* ● *Dépenser sans compter,* sans économiser, sans regarder à la dépense. **3.** Avoir telle importance : *La toilette compte beaucoup pour Aline.* **4.** Avoir l'intention de : *Cette année, nous comptons visiter la Colombie britannique pendant les vacances.* ● *Compter sur quelqu'un :* penser qu'il rendra le service qu'on attend de lui, qu'il viendra.

concerter

compte rendu, n. m. ♦ Paroles ou texte informant quelqu'un de ce qui s'est passé. — PLUR. *des comptes rendus.* — SYN. rapport, procès-verbal.

compteur, n. m. ♦ Appareil qui indique la consommation d'eau, de gaz ou d'électricité, ou bien la vitesse d'une voiture.

comptoir, n. m. ♦ **1.** Table ou meuble sur lequel le commerçant présente sa marchandise, reçoit l'argent et rend la monnaie. **2.** Haut meuble sur lequel on pose le verre ou la tasse, quand on boit debout, dans un café.

comte, n. m. (féminin *comtesse*) ♦ Celui qui a un titre de noblesse traditionnellement placé au-dessous de celui de marquis.

comté, n. m. ♦ **1.** Autrefois, en France, province sur laquelle régnait un grand seigneur ayant le titre de comte, par exemple *le comté de Champagne.* **2.** Subdivision administrative et circonscription électorale : *Le comté de Lotbinière a élu un député bleu.*

comtesse, n. f. ♦ REGARDER *comte.*

concasser, v. ♦ Briser en petits morceaux : *Les pierres sont concassées pour être répandues ensuite sur les routes, mêlées au bitume.* — REGARDER *broyer, casser, écraser.*

concave, adj. ♦ Qui est creux, enfoncé : *L'eau s'accumulait dans la partie concave de la cour.* — SYN. creux, déprimé, enfoncé. — CONTR. bombé, convexe.

concavité, n. f. ♦ Un creux : *A cet endroit, une concavité dans le sol se transformait en flaque les jours de pluie.* — SYN. creux, dépression. — CONTR. bosse, convexité.

concentration, n. f. ♦ **1.** Grande masse de choses ou de personnes concentrées au même endroit : *La concentration des usines autour de cette ville industrielle pollue l'atmosphère.* **2.** Action de concentrer : *Une fois la concentration des troupes terminée,*

le général déclenche l'offensive. — CONTR. dispersion. **3.** *Camp de concentration :* camp où les gouvernements totalitaires enferment les gens dont ils veulent se débarrasser.

concentré, ée, adj. ♦ *Lait concentré,* dont on a enlevé l'eau en grande partie et qui a une consistance pâteuse.

concentrer, v. ♦ **1.** Faire venir ou mettre ou installer au même endroit : *Le général concentra ses troupes avant de donner l'ordre d'attaquer.* — SYN. accumuler, assembler, grouper, rassembler, réunir. — CONTR. disperser, disséminer, éparpiller, séparer. **2.** *Concentrer son attention* ou *se concentrer :* apporter une grande attention à une chose.

concentrique, adj. ♦ *Cercles concentriques,* qui ont le même centre.

conception, n. f. ♦ **1.** Idée, manière de se représenter une chose : *Telle est sa conception du bonheur : un bon foyer et de beaux enfants, un métier bien payé.* — SYN. idée, image. **2.** Phénomène biologique par lequel un enfant, un être vivant est conçu. — REGARDER *concevoir.*

concerner, v. ♦ Intéresser, s'adresser à, s'appliquer à : *Cette réduction d'impôts concerne les personnes gagnant moins de 20 000 dollars par an.*

concert, n. m. ♦ **1.** Séance au cours de laquelle un ou plusieurs musiciens jouent en public une œuvre musicale. **2.** *De concert,* ensemble, en accord : *Ne dispersons pas nos efforts : agissons de concert !* — SYN. conjointement, en accord, en harmonie, ensemble. — CONTR. individuellement, séparément, chacun pour soi, en ordre dispersé.

concertation, n. f. ♦ Action de se concerter.

concerter (se), v. ♦ Se mettre d'accord, après avoir discuté d'une action à faire : *Ils se sont concertés avant de faire cette démarche auprès du maire.* — SYN. s'accorder, s'entendre.

concerto

concerto, n. m. ♦ Œuvre musicale dans laquelle un instrument (violon, piano, etc.) et l'orchestre se répondent en alternant, comme dans un dialogue. — PLUR. *des concertos.*

concession, n. f. ♦ Action de celui qui accepte de céder, qui renonce en partie à ce qu'il veut faire et accepte ce que veut une autre personne.

concessionnaire, n. m. *ou* f. ♦ Celui, celle qui a le droit de vendre telle marque d'automobile, tel appareil ou tel produit. — SYN. dépositaire.

concevoir, v. (conjugaison 58) ♦ **1.** Avoir telle idée d'une chose : *Comment conçois-tu ton avenir?* — SYN. imaginer, se représenter, voir ● *Concevoir un projet :* faire, imaginer un projet **2.** *Concevoir un enfant, un être vivant :* se dit d'une femme ou d'une femelle dans le ventre de laquelle se forme un embryon.

concierge, n. m. *ou* f. ♦ Gardien, gardienne d'immeuble.

concile, n. m. ♦ Assemblée d'évêques réunis pour discuter et décider des choses de la religion.

conciliabule, n. m. ♦ Petite conversation où l'on parle à l'écart, à voix basse.

conciliant, ante, adj. ♦ Qui est naturellement porté à chercher un accord, un arrangement, à faire des concessions. — SYN. accommodant, arrangeant, coulant, doux, facile à vivre, souple, traitable. — CONTR. dur, intraitable, intransigeant.

conciliation, n. f. ♦ Accord qui évite une querelle, un procès. — SYN. accord, arrangement.

concilier, v. (conjugaison 20) ♦ **1.** Mettre en accord, permettre d'exister ensemble : *Mais oui, on peut concilier le travail scolaire et la pratique du sport.* **2.** *Se concilier l'amitié, la sympathie, les bonnes grâces de quelqu'un :* s'acquérir l'amitié, la sympathie, la bienveillance de quelqu'un.

concis, ise [kɔ̃si, iz], adj. ♦ Qui dit beaucoup de choses en peu de mots : *Douze lignes pour dire si peu! Essaye donc d'être plus concis!* ● *Style concis.* — SYN. bref, court, dense, dépouillé, ramassé, serré, sobre, succinct. — CONTR. diffus, long, prolixe.

concitoyen, enne, n. ♦ Celui, celle qui est du même pays ou de la même commune.

conclave, n. m. ♦ Réunion des cardinaux pour élire le pape.

concluant, ante, adj. ♦ Qui donne un résultat clair, permettant de savoir quelque chose de certain : *L'expérience est concluante : ton bateau ne flotte pas!*

conclure, v. (conjugaison 79) ♦ **1.** Terminer un texte, un discours par des mots qui résument l'essentiel ou qui expriment une idée importante : *Quand tu rédiges une composition française, n'oublie jamais de conclure.* **2.** Tirer les conséquences, comprendre qu'une chose est le résultat d'une autre : *Tu es sortie de l'école à quatre heures. Or, il est sept heures! J'en conclus que tu as beaucoup traîné en chemin.* — SYN. déduire. **3.** Signer un accord : *Enfin! Ils ont conclu la paix!*

conclusion, n. f. ♦ **1.** Partie d'un texte, d'un discours, par laquelle on le conclut. **2.** Résultat auquel on arrive en réfléchissant : *J'ai examiné la question : ma conclusion est qu'il est trop tard pour agir.*

concombre, n. m. ♦ Légume de forme allongée, de couleur verte, qui se mange le plus souvent cru, en salade, coupé en tranches.

concorde, n. f. ♦ Accord, bonne entente. — CONTR. discorde, dissension, mésentente.

concorder, v. ♦ Être en accord, bien correspondre : *Le résultat de tes mesures concorde avec le résultat des miennes. Donc, il n'y a pas d'erreur.*

concourir, v. (conjugaison 32) ♦ Contribuer au même résultat : *La pluie, le froid, la grêle : tout concourt à rendre le temps détestable.*

concours, n. m. ♦ **1.** Épreuve où il faut avoir la meilleure place possible : *Jacqueline est reçue première à son concours.* **2.** Groupe de gens qui viennent au même endroit : *Il y avait un grand concours de peuple sur la place, devant le palais.* — SYN. foule. **3.** Aide : *Je vous en prie : apportez-moi votre concours.* **4. Concours de circonstances :** ensemble de circonstances qui se produisent en même temps.

concurrence, n. f. ♦ Action de concurrencer : *Ces deux épiciers, installés dans la même rue, se font une concurrence acharnée.*

concurrencer, v. (conjugaison 17) ♦ Enlever une partie de la clientèle à un autre commerçant, à une autre entreprise : *Ce magasin à grande surface concurrence les détaillants du quartier.*

concurrent, ente, n. ♦ **1.** Personne qui fait concurrence. **2.** Ceux qui prennent part à une épreuve : *Combien de concurrentes dans le marathon, cette année?* — SYN. participant.

condamnable [kɔ̃danabl], adj. ♦ Qui mérite d'être blâmé, condamné. — SYN. blâmable. — CONTR. louable.

condamnation [kɔ̃danasjɔ̃], n. f. ♦ Peine à laquelle on condamne un accusé : *Le tribunal a prononcé de lourdes condamnations : trois ans et cinq ans de prison.*

condamné, ée [kɔ̃dane, e], n. ♦ Personne qui a subi un jugement la condamnant : *Les condamnés doivent subir leur peine.*

condamner [kɔ̃dane], v. ♦ **1.** Dire qu'un accusé subira telle peine : *Le tribunal condamna le voleur à deux ans de prison.* **2.** Trouver très mal : *Je condamne la conduite de cet individu.* **3.** Contraindre, forcer : *La pluie nous condamne à rester à la maison.*

4. Fermer de manière qu'on ne peut plus rouvrir : *Nous avons cloué des planches sur cette porte pour la condamner.*

condensé, n. m. ♦ Résumé : *Je n'ai pas le temps de lire ces livres : j'en lis le condensé dans une revue.* — SYN. un abrégé, un résumé.

condenser, v. ♦ **1.** Résumer : *Vous condenserez en trente lignes le récit qui est à la page 172 de votre livre.* — CONTR. développer. **2. Se condenser,** passer de l'état de vapeur à l'état de gouttelettes : *La vapeur s'est condensée sur les vitres froides.*

condiment, n. m. ♦ Ce qu'on ajoute à un plat pour lui donner du goût. — REGARDER assaisonnement, épice.

condisciple, n. m. *ou* f. ♦ Celui, celle qui est élève en même temps, dans le même établissement scolaire, dans la même classe. — SYN. camarade.

condition, n. f. ♦ **1.** Ce qui est dit dans un traité, un contrat, un accord : *Les conditions du traité étaient dures pour le pays vaincu.* **2.** Ce qui doit exister pour qu'une chose puisse se faire : *Pour que l'excursion ait lieu, il faut une condition : le beau temps.* ● *A condition de, à condition que : A condition d'être le chef, je veux bien faire partie de votre bande. A condition qu'il ne pleuve pas, nous irons en excursion.* **3.** *Les conditions,* les circonstances : *Il pleut, il fait froid : les conditions sont peu favorables pour une excursion en montagne.* **4. Condition sociale** ou **condition :** rang dans la société, classe sociale. **5.** État de santé : *Tes vacances t'ont fait du bien! Tu es maintenant en bonne condition physique.*

conditionnel, n. m. ♦ Mode du verbe qui exprime qu'une action ne peut se faire que si une condition est remplie, par exemple : « S'il faisait beau, je sortirais ».

condoléances, n. f. pl. ♦ Paroles par lesquelles on exprime qu'on prend part au chagrin d'une personne venant de perdre un membre de sa famille.

condor

condor, n. m. ♦ Grand vautour d'A-mérique du Sud (région des Andes, surtout).

conducteur, trice, n. ♦ **1.** Celui, celle qui conduit un véhicule. **2.** Substance qui transmet la chaleur ou l'électricité : *Le nickel est un bon conducteur de la chaleur.* **3.** *Un conducteur* (ou *un fil conducteur*) : fil ou câble électrique.

conduire, v. (conjugaison 46) ♦ **1.** Mener quelqu'un à un endroit, en guidant ou en surveillant : *Mon petit frère a cinq ans, mon père le conduit tous les matins à l'école maternelle.* — SYN. accompagner, emmener, guider, mener. **2.** Faire aller une chose d'un endroit à un autre : *Un canal conduit l'eau de la rivière à l'usine.* **3.** Aboutir à : *Cette route pavée? Elle conduit à la Vieille Ville.* **4.** Diriger un véhicule : *J'aimerais bien conduire une locomotive électrique!* ● *Le permis de conduire.* **5.** *Se conduire,* agir de telle ou telle manière : *En protégeant ton camarade plus faible, tu t'es bien conduite.* — SYN. se comporter.

conduit, n. m. ♦ Tuyau ou petit canal qui mène un liquide ou un gaz d'un endroit à un autre. — SYN. canal, conduite, tube, tuyau.

conduite, n. f. ♦ **1.** Action ou manière de conduire un véhicule. **2.** Manière de se conduire. **3.** Tuyau.

cône, n. m. ♦ Solide dont la base est un cercle et le sommet un point.

confection, n. f. ♦ **1.** Action de confectionner : *La confection de ce gâteau m'a demandé une heure.* **2.** Industrie et commerce du vêtement « prêt-à-porter ». ● *Magasin de confection.*

confectionner, v. ♦ Faire, préparer : *Ma mère est en train de confectionner un gâteau au chocolat.*

confédération, n. f. ♦ Groupement de plusieurs pays, de plusieurs syndicats. etc., par exemple : *la Confédération canadienne;* la confédération des syndicats nationaux (CSN).

conférence, n. f. ♦ **1.** Sorte de discours instructif sur un sujet donné : *Une historiene a donné une conférence, à l'université, sur l'histoire de notre ville.* **2.** *Conférence de presse :* réunion au cours de laquelle une personnalité répond aux questions des journalistes.

conférencier, ière, n. ♦ Celui, celle qui donne une conférence.

confesser, v. ♦ **1.** Reconnaître, avouer : *J'ai été très imprudent, je le confesse.* **2.** *Se confesser :* dans la religion catholique, dire à un prêtre les péchés que l'on a commis, pour recevoir l'absolution (pardon des péchés).

confession, n. f. ♦ Action de se confesser.

confessionnal, aux, n. m. ♦ Dans une église, cabine de bois, divisée en deux par une cloison, dans laquelle se mettent le prêtre et le pénitent, pour la confession.

confetti, n. m. ♦ Chacune des petites rondelles de papier de toutes les couleurs qu'on lance par poignées, dans certaines fêtes.

confiance, n. f. ♦ **1.** Sentiment de celui qui sait qu'il ne sera pas déçu, pas trahi : *Henri est un ami sûr, j'ai confiance en lui.* — CONTR. défiance, méfiance. **2.** *Avoir confiance en soi :* avoir de l'assurance, être sûr de soi.

confiant, ante, adj. ♦ Qui a confiance : *Sois confiant, tout ira bien.* — CONTR. défiant, méfiant.

confidence, n. f. ♦ Ce que l'on dit à quelqu'un et qu'il ne doit pas répéter : *Cela, je te le dis en confidence.*

confident, ente, n. ♦ Celui, celle à qui l'on fait ses confidences.

confidentiel, elle, adj. ♦ Qui doit rester secret.

confier, v. (conjugaison 20) ♦ **1.** Remettre une chose ou une personne à la garde de quelqu'un, pour qu'il en prenne soin : _Tiens, je te confie ma valise : garde-la bien pendant que je vais prendre les billets._ **2.** Dire en confidence : _Arlette m'a confié qu'elle aimait Paul._ ● _Arlette n'accepte de se confier qu'à une amie sûre._

configuration, n. f. ♦ Manière dont est faite une chose, la forme qu'elle a : _Regarde la carte : tu vois la configuration du Labrador, avec ses côtes découpées._ — SYN. conformation.

confiné, ée, adj. ♦ **1.** Qui reste enfermé : _Ne reste pas confiné dans l'appartement : va te promener !_ **2.** _Air confiné,_ qui n'est pas renouvelé.

confiner (se), v. ♦ S'isoler, s'enfermer _Ne te confine pas chez toi devant la télé : sors un peu, amuse-toi !_

confins, n. m. pl. ♦ Région qui est à la limite de deux pays, de deux régions : _Il s'est retiré dans son village, aux confins de l'Estrie et du Vermont._

confirmation, n. f. ♦ **1.** Parole, écrit qui confirme une nouvelle, un ordre, une supposition, etc. : _Le bruit circule que l'ennemi aurait demandé la paix, mais il n'y a aucune confirmation de cette rumeur._ **2.** Sacrement catholique qui a pour objet de confirmer la grâce divine reçue par le chrétien le jour du baptême.

confirmer, v. ♦ Dire qu'une nouvelle, une supposition est vraie, qu'un ordre a bien été donné : _La radio a confirmé la nouvelle._ — CONTR. annuler, démentir, infirmer.

confiserie, n. f. ♦ **1.** Magasin du confiseur. **2.** Ce que vend le confiseur (bonbons, chocolats, caramels, etc.).

confiseur, euse, n. ♦ Celui, celle qui fabrique ou qui vend des bonbons, des chocolats, des caramels, etc.

confisquer, v. ♦ Prendre à quelqu'un un objet qu'il n'a pas le droit d'avoir : _L'institutrice a confisqué à Étienne son pistolet à eau._

confit, ite, adj. ♦ _Fruits confits :_ confiserie faite de fruits imprégnés d'un sirop de sucre, ce qui leur permet de se conserver longtemps.

confiture, n. f. ♦ Mets composé de fruits cuits avec du sucre et qui peut se conserver longtemps en pots.

conflit, n. m. ♦ **1.** Guerre : _Si un conflit atomique survenait, crois-tu que tous les hommes seraient tués ?_ — SYN. guerre, conflagration. **2.** Désaccord grave, parfois accompagné de désordres : _Un conflit a éclaté entre le gouvernement et les syndicats._ — SYN. lutte.

confondre, v. (conjugaison 91) ♦ **1.** Se tromper en prenant un objet pour un autre, une personne pour une autre : _Laure était à Tadoussac ? Voyons, tu la confonds avec sa sœur._ — CONTR. distinguer. **2.** _Se confondre en excuses :_ exprimer des excuses très longues, en étant très gêné.

conforme, adj. ♦ _Conforme à,_ qui est fait selon (un modèle, une loi, un règlement, etc.) : _Ce modèle de voiture n'est pas conforme aux normes de sécurité._ — CONTR. contraire, différent.

conformer (se), v. ♦ Obéir à (la loi, la règle) : _Nous devons nous conformer aux usages en vigueur._ — SYN. obéir, respecter. — CONTR. désobéir, être en contravention avec.

conformiste, adj. ou n. ♦ Qui pense comme tout le monde et qui a les opinions imposées par l'entourage, les maîtres, etc. : _Dans tes devoirs de français, tu exprimes toujours les idées enseignées par le professeur et les manuels, tu es bien conformiste._ — CONTR. non conformiste, révolté. ● _Les conformistes sont soucieux de ne pas heurter l'opinion commune._

conformité

conformité, n. f. ♦ Caractère de ce qui est conforme. • *Agissez* **en conformité avec le règlement.** — CONTR. en contradiction avec, en contravention avec, en infraction avec.

confort, n. m. ♦ Ce qui rend la vie plus facile et plus agréable dans le domaine matériel : *Chauffage central, salle de bains, vide-ordures : cet appartement a tout le confort.* — CONTR. inconfort.

confortable, adj. ♦ Qui offre un grand confort. — CONTR. inconfortable.

confrère, n. m. ♦ Celui qui exerce la même profession libérale : *Notre médecin s'absente, mais il m'a indiqué l'adresse d'un confrère.* — REGARDER collègue.

confronter, v. ♦ **1.** Mettre en présence deux ou plusieurs personnes, pour essayer de savoir la vérité : *On va confronter les deux accusés.* **2.** Comparer en discutant : *Jacques et mon frère aiment bien se réunir pour confronter leurs idées.*

confus, use, adj. ♦ **1.** Désordonné et difficile à comprendre : *Essaie de faire un plan : ton devoir de français est bien confus !* — SYN. chaotique, désordonné, embrouillé, indistinct, inintelligible, obscur. — CONTR. clair, net, ordonné, précis. **2.** Très gêné et honteux : *Vraiment je suis confus : je ne sais comment me faire pardonner pour cette sottise.* — SYN. embarrassé, gêné, penaud. — CONTR. à l'aise.

confusion, n. f. ♦ **1.** Erreur qui consiste à prendre une chose ou une personne pour une autre : *Vancouver, dis-tu, est la capitale de la Colombie britannique ? Tu fais une confusion avec Victoria.* **2.** État de ce qui est confus, désordonné, peu clair : *Tout est dit en désordre dans ton devoir : quelle confusion !* — SYN. désordre. — CONTR. ordre, clarté, netteté. **3.** État d'une personne confuse : *Suzette a été surprise par le maître en train de rêver : elle était toute rouge de confusion.* — SYN. embarras, gêne, honte.

congé, n. m. ♦ **1.** Période où l'on ne travaille pas. — SYN. vacances. **2.** *Prendre*

congé : partir (à la fin d'une visite, d'une réception). • *Donner congé à (un locataire),* lui demander de quitter l'appartement qu'il occupe.

congédier, v. (conjugaison 20) ♦ Donner congé à un locataire ou bien licencier un employé : *L'employé négligent a été congédié pour faute professionnelle.*

congélateur, n. m. ♦ Appareil ménager qui permet de conserver les aliments à très basse température.

congeler, v. (conjugaison 10) ♦ **1.** Transformer en glace : *Le froid a congelé l'eau dans les tuyaux.* — SYN. geler. **2.** Conserver au moyen d'un froid intense : *On congèle le poisson à bord des grands bateaux de pêche.* — SYN. frigorifier, surgeler.

congénère, n. m. ♦ Ce qui est de la même espèce : *Il arrive que le loup se batte avec ses congénères.*

congère, n. f. ♦ Amas de neige formé sous la poussée du vent. — SYN. banc de neige.

congestion, n. f. ♦ Afflux excessif de sang dans une partie du corps.

congestionner, v. ♦ Provoquer la congestion d'une partie du corps : *La chaleur excessive et l'immobilité congestionnent le visage.*

congrégation, n. f. ♦ Compagnie, ordre, communauté de religieux ou de religieuses.

congrès [kɔ̃grɛ], n. m. ♦ Grande réunion des membres d'une profession, d'un parti, d'un syndicat.

congressiste, n. m. *ou* f. ♦ Personne qui assiste à un congrès.

conifère, n. m. ♦ Arbre (pin, sapin, mélèze, etc.) dont le fruit est appelé *cône* (par exemple la pomme de pin) et dont les feuilles sont des *aiguilles.*

conique, adj. ♦ En forme de cône : *Le toit de la tour ronde est conique.*

conjecture, n. f. ♦ Idée que l'on se fait pour essayer de deviner ce qui va se passer ou pour expliquer quelque chose : *Comment ce chien se trouvait-il dans ma chambre? Je me perdais en conjectures.* — SYN. hypothèse, supposition. — REM. Ne confondez pas avec *conjoncture* : « situation ».

conjoint, ointe, n. ♦ Le mari ou la femme (dans la langue de l'administration). ● *Les conjoints :* le ménage, l'homme et la femme. — SYN. les époux.

conjonctif, ive, adj. ♦ *Locution conjonctive,* groupe de mots qui joue le rôle d'une conjonction : « *Après que, avant que, pour que, bien que* » *sont des locutions conjonctives.*

conjonction, n. f. ♦ Mot invariable qui unit deux mots, deux groupes de mots ou deux propositions. ● *Conjonctions de coordination :* les conjonctions *mais, ou, et, ni, donc, car, or.* ● *Conjonction de subordination :* par exemple *que, quoique.*

conjoncture, n. f. ♦ Situation : *La conjoncture économique est meilleure : les affaires reprennent un peu.* — REM. Ne confondez pas avec *conjecture* : « supposition ».

conjugaison, n. f. ♦ Ensemble des formes que peut prendre un verbe.

conjugal, ale, aux, adj. ♦ *Le lien conjugal :* le lien du mariage, qui unit le mari et la femme. ● *Le domicile conjugal :* le domicile où habitent ensemble le mari et la femme.

conjuguer, v. ♦ 1. *Conjuguer un verbe,* en réciter, en écrire toutes les formes (personnes, temps, modes). 2. Unir en vue d'un but commun : *Conjuguons nos forces : nous réussirons !* — SYN. allier, assembler, combiner, joindre, rassembler. — CONTR. disjoindre, diviser.

connaissance, n. f. ♦ 1. Ce que l'on sait : *Mes connaissances en mathématiques*

sont bien limitées ! — SYN. le savoir, science. — CONTR. ignorance. **2.** Le fait de savoir : *La connaissance des langues est toujours utile.* ● *Prendre connaissance de,* lire (un document) pour s'informer : *J'ai pris connaissance des nouvelles consignes, affichées sur le panneau.* ● *En connaissance de cause :* en sachant bien ce qu'on fait. **3.** *Faire (la) connaissance,* rencontrer pour la première fois : *Enchanté de faire votre connaissance.* ● *Une connaissance :* une personne que l'on connaît. **4.** *Perdre connaissance :* avoir une syncope, s'évanouir. ● *Reprendre connaissance.*

connaisseur, euse, n. ♦ Personne qui s'y connaît : *Les connaisseurs estiment beaucoup cette jeune peintre.* — SYN. amateur.

connaître, v. (conjugaison 94) ♦ **1.** Savoir : *Paul connaît l'allemand et Monique, l'italien.* — CONTR. ignorer. ● *S'y connaître en,* avoir des connaissances en : *Tu t'y connais en électricité, je crois?* **2.** Avoir vu, avoir visité : *Connais-tu Percé?* **3.** Savoir le nom, l'identité d'une chose ou d'une personne, l'avoir vue, savoir quelque chose sur elle : *Tu connais cette fleur? moi pas.* **4.** Subir, éprouver, profiter de, avoir : *Oui, j'ai connu cette joie !*

connétable, n. m. ♦ Autrefois, haut personnage qui commandait l'armée du roi.

connivence, n. f. ♦ *Être de connivence avec quelqu'un,* agir en complicité avec lui.

connu, ue, adj. ♦ Que tout le monde connaît : *Dans ce film, il n'y a que des acteurs connus.* — REGARDER *célèbre, illustre.* — CONTR. inconnu, obscur.

conquérant, ante, n. m. *ou* adj. ♦ **1.** Souverain ou général qui a fait de grandes conquêtes. **2.** Qui exprime l'assurance, l'orgueil : *Elle entra dans la salle d'un air conquérant.*

conquérir, v. (conjugaison 29) ♦ Envahir, occuper, soumettre et annexer un pays, une province : *Les Romains avaient conquis tous les pays qui entourent la Méditerranée.*

conquête

conquête, n. f. ♦ Pays conquis : *Elles étaient immenses, les conquêtes d'Alexandre le Grand !* ● *Faire la conquête de,* conquérir : *César fit la conquête de la Gaule.*

conquistador [kɔ̃kistadɔʀ], n. m. ♦ Au XVIᵉ siècle, conquérant espagnol de l'Amérique.

consacré, ée, adj. ♦ *Expression consacrée,* expression toute faite, traditionnelle, par exemple : *être fier comme un paon.*

consacrer, v. ♦ **1.** Donner, employer : *Ma sœur consacre tout son temps à ses études.* ● *Elle se consacre à ses études.* **2.** *Le prêtre consacre le pain et le vin :* au cours de la messe, il prononce certaines paroles qui font que l'hostie et le vin deviennent le corps et le sang du Christ.

consciemment, adv. ♦ En sachant bien ce que l'on fait. — CONTR. inconsciemment.

conscience, n. f. ♦ **1.** Sentiment que l'on a de sa propre existence ; connaissance spontanée des choses. ● *Perdre conscience :* perdre connaissance, s'évanouir. ● *Reprendre conscience :* sortir de son évanouissement. ● *Avoir conscience de,* savoir, se rendre compte : *As-tu conscience de la mauvaise impression que tu fais ? As-tu conscience de faire mauvaise impression ?* **2.** Sorte de voix intérieure qui nous dit ce qui est bien et ce qui est mal : *Pierre avait volé un camarade : sa conscience le lui reprochait.* ● *Avoir quelque chose sur la conscience :* avoir quelque chose à se reprocher. **3.** Soin et application qu'on apporte à son travail : *Cette ouvrière est pleine de conscience : il n'y a jamais la moindre négligence dans son travail.* — SYN. diligence, exactitude, minutie, soin, zèle. — CONTR. laisser-aller, négligence.

consciencieux, euse, adj. ♦ Qui a beaucoup de conscience dans son travail : *Yvonne n'est guère consciencieuse : elle fait ses devoirs n'importe comment.* — SYN. minutieux, soigneux, zélé. — CONTR. négligent.

conscient, ente, adj. ♦ Qui a conscience de quelque chose : *Alain est conscient des sacrifices que font ses parents pour l'envoyer aux sports d'hiver.*

consécration, n. f. ♦ **1.** Le fait d'être approuvé, considéré comme bon : *Cette romancière a connu la consécration du public : elle est célèbre.* **2.** Acte par lequel, à la messe, le prêtre consacre le pain et le vin.

consécutif, ive, adj. ♦ **1.** Qui se succèdent sans interruption : *Pendant trois semaines consécutives, il a fait une chaleur torride.* — SYN. successif. **2.** *Consécutif à,* qui est la conséquence de : *Il y eut une mauvaise récolte, consécutive à la sécheresse.*

conseil, n. m. ♦ **1.** Ce qu'on dit à quelqu'un pour le guider, lui faire connaître ce qu'il est mieux de faire. — SYN. avertissement, avis, indication, recommandation. **2.** Groupe de gens qui se réunissent pour parler de certaines affaires et prendre des décisions : *Le Conseil de sécurité des Nations unies a ordonné un cessez-le-feu.* ● *Le conseil de classe.*

1. conseiller, v. ♦ **1.** Guider par ses conseils : *Cet avocat a bien conseillé ma tante : grâce à ses indications, elle a pu faire annuler l'augmentation de son loyer.* **2.** Donner un conseil à quelqu'un : *L'avocat a conseillé à ma tante d'envoyer une lettre recommandée au propriétaire.*

2. conseiller, ère, n. ♦ **1.** Celui, celle qui donne des conseils : *Écoute bien les avis de ta grand-mère : elle sera pour toi une bonne conseillère.* **2.** Celui, celle qui fait partie d'un conseil : *Mᵐᵉ Dupuy, notre voisine, est conseillère municipale.*

consensus, n. m. ♦ Accord entre personnes : *Pour choisir Pierrette comme déléguée, un large consensus s'est fait.*

consentement, n. m. ♦ Accord, autorisation. — SYN. acceptation, accord, acquiescement, agrément, assentiment, autorisation, permission. — CONTR. défense, interdiction, opposition, refus.

consentir, v. (conjugaison 42) ♦
1. Vouloir bien, accepter : *Élisabeth consent
à nous prêter son vélo.* — SYN. accepter de.
— CONTR. refuser de. **2.** Donner l'autorisation : *Jamais mon père ne consentira à ce
que je conduise sa voiture.* — SYN. autoriser,
permettre. — CONTR. défendre, interdire,
s'opposer à, refuser.

conséquence, n. f. ♦ Ce qui se produit comme résultat d'une action ou d'un
fait : *Ces pluies ont eu des conséquences
fâcheuses : il y a des inondations.* — SYN.
effet, résultat. — CONTR. cause, origine.

1. conséquent, ente, adj. ♦ Dont
les paroles ou les actions sont en accord les
unes avec les autres : *Tu veux être reçue à
ton examen, et tu ne travailles pas : tu n'es
guère conséquente !* — SYN. cohérent, logique. — CONTR. incohérent, inconséquent.

2. conséquent (par), loc. adv. ♦ Donc,
puisqu'il en est ainsi.

conservation, n. f. ♦ Action de conserver.

1. conserve, n. f. ♦ *Des conserves :*
des aliments qui se conservent longtemps
dans une boîte métallique, un bocal.

2. conserve (de), loc. adv. ♦ *Naviguer, aller, faire route de conserve,* ensemble.

conserver, v. ♦ **1.** Garder et ne pas
détruire, ne pas jeter : *Ces papiers peuvent
être utiles : conserve-les bien dans ton tiroir.*
— SYN. garder. **2.** Garder : *Je conserve un
souvenir précis de ces vacances.* **3.** Empêcher
de se gâter : *Pour conserver les fruits, mets-
les au réfrigérateur.*

considérable, adj. ♦ Grand, élevé :
*Trente kilomètres ? C'est une distance consi-
dérable, quand il faut la parcourir à pied !*

considération, n. f. ♦ **1.** Commentaire sur une chose : *Ne perdez pas de temps
en considérations inutiles !* ● *Prendre en considération :* tenir compte d'une chose. ● *En
considération de :* en raison de. **2.** Respect,

estime qu'on a pour quelqu'un : *Le docteur
Dumas jouissait de la considération de tous
les habitants.* — CONTR. mépris.

considéré, ée, adj. ♦ Qui a l'estime,
la considération des gens. — CONTR. méprisé.

considérer, v. (conjugaison 11) ♦
1. Regarder attentivement, assez longuement : *Elle considérait avec admiration les
chutes du Niagara.* — SYN. contempler,
observer. **2.** Penser : *Je considère qu'il est
trop tard pour agir.* — SYN. estimer. **3.** *Considérer ... comme,* juger... comme étant tel :
*Je considère Madeleine comme une bonne
camarade.* — SYN. tenir pour.

consigne, n. f. ♦ **1.** Ce qu'il faudra
faire dans le cas où telle chose se produi-
rait : *Voici les consignes à suivre pour l'évacuation du paquebot en cas de naufrage.* —
SYN. les ordres, les instructions. **2.** Endroit
d'une gare où l'on peut laisser ses bagages
pendant un certain temps et où ils sont à
l'abri du vol.

consigner, v. ♦ **1.** Noter, inscrire :
*J'ai consigné tous ces renseignements dans
mon carnet.* **2.** Interdire aux soldats de sortir
de la caserne : *On craint des troubles : on a
consigné les troupes.*

consistance, n. f. ♦ État plus ou
moins solide ou pâteux d'une substance :
*Chauffe ce morceau de beurre : il va prendre
une consistance molle.*

consistant, ante, adj. ♦ Épais, pas
très mou : *La purée est trop consistante :
ajoute du lait.* — SYN. épais. — CONTR. fluide,
liquide.

consister, v. ♦ **1.** *Consister à,* avoir
pour objet de : *Le rôle de l'arbitre consiste
à faire respecter les règles du jeu.* **2.** *Consister en,* être formé de : *Son domaine consiste
en champs, en prés et en un petit bois.* —
SYN. être constitué de, être formé de.

consœur, n. f. ♦ Celle qui exerce la
même profession. — REGARDER *collègue.*

consolant, ante, adj. ♦ Qui console.

consolation

consolation, n. f. ♦ Action de consoler ou de se consoler ; ce qui console.

console, n. f. ♦ **1.** Meuble fixe appliqué contre un mur et dont la partie horizontale sert de support. **2.** Terminal ou élément périphérique d'ordinateur, par exemple *une console de visualisation.*

consoler, v. ♦ Atténuer le chagrin, la peine de quelqu'un : *Merci, chère Rose, votre lettre m'a un peu consolé de mon chagrin.* — SYN. apaiser, calmer, rasséréner, soulager.

consolider, v. ♦ Rendre plus solide : *Le rayon de la penderie est en mauvais état : je vais le consolider avec des tiges de fer.* — SYN. renforcer.

consommateur, trice, n. ♦ **1.** Toute personne, en tant qu'elle achète et consomme, utilise ce qui se produit et se vend. — CONTR. producteur, commerçant. **2.** Personne qui boit quelque chose dans un café. — SYN. client.

consommation, n. f. ♦ **1.** Quantité consommée, utilisée : *Ne roule pas si vite : tu diminueras ta consommation d'essence.* **2.** Ce qu'on boit au café : *Le garçon apporte les consommations sur un plateau.*

consommé, n. m. ♦ Bouillon de viande concentré.

consommer, v. ♦ Manger, boire : *Les Canadiens consomment moins de vin que de bière.* ● Employer, pour fonctionner, telle quantité de carburant, de combustible, d'électricité : *Cette voiture consomme trop d'essence.*

consonance, n. f. ♦ Sonorité, sons d'un mot ou d'un nom : *Notre nouveau camarade s'appelle Harrison, c'est un nom à consonance anglaise.*

consonne, n. f. ♦ Son de la langue qui ne peut se prononcer seul, mais doit être accompagné d'une voyelle : [b] [t] [k] [R] *sont des consonnes,* [a] [e] [i] [ã] [ɔ̃] *sont des voyelles.*

conspirateur, trice, n. ♦ Celui, celle qui prend part à une conspiration. — SYN. conjuré.

conspiration, n. f. ♦ Action secrète menée par plusieurs personnes contre quelqu'un. — SYN. complot, conjuration.

conspirer, v. ♦ Former une conspiration : *Ils conspiraient pour pouvoir chasser le tyran.*

conspuer, v. (conjugaison 19) ♦ Crier des injures, des paroles hostiles : *Les manifestants ont conspué la ministre.* — SYN. huer. — CONTR. acclamer.

constamment, adv. ♦ Sans arrêt. — SYN. assidûment, continuellement, en permanence, fréquemment, incessamment, sans arrêt, sans cesse, toujours. — SYN. par moments, par intermittence, de temps en temps, rarement, jamais.

constance, n. f. ♦ **1.** Régularité de ce qui se produit toujours de la même manière, de ce qui dure sans interruption : *La constance du beau temps, c'est l'un des avantages de la Floride.* — SYN. continuité, invariabilité, permanence, régularité, stabilité. — CONTR. changement, inconstance, irrégularité. **2.** Qualité de celui qui agit sans s'interrompre, sans se décourager. — SYN. assiduité, persévérance.

constant, ante, adj. ♦ **1.** Qui ne s'arrête pas : *Des pluies constantes nous ont empêchés de sortir.* — SYN. continuel, durable, permanent, persistant. — CONTR. discontinu, intermittent. **2.** Qui ne varie pas, qui garde la même valeur : *L'avion vole à une vitesse constante, sans ralentissement ni accélération.* — SYN. fixe, immuable, invariable, régulier. — CONTR. changeant, irrégulier, variable.

constat, n. m. ♦ Document établi par un policier ou un huissier et qui décrit ce qui a été vu ou entendu. ● *Constat à l'amiable* (entre automobilistes).

constatation, n. f. ♦ Ce qu'on a observé, vu, entendu, etc. — SYN. observation.

constater, v. ♦ Observer, remarquer, voir, entendre, etc. : *Chauffons le fil de fer, que constatons-nous ?* — SYN. observer.

constellation, n. f. ♦ Groupe d'étoiles formant une figure et qui a un nom en astronomie.

constellé, ée, adj. ♦ **1.** *Un ciel constellé,* plein d'étoiles. **2.** Plein de taches, de points, etc. : *Le mur de la classe est constellé de taches d'encre.*

consternation, n. f. ♦ Grande tristesse et grand abattement. — SYN. accablement. — CONTR. allégresse, joie.

consterner, v. ♦ Plonger dans une grande tristesse et un grand abattement : *Cette affreuse nouvelle nous a tous consternés.* — SYN. abattre, accabler. — CONTR. réjouir.

constituant, ante, adj. ♦ Qui composent un ensemble : *L'azote est un élément constituant de l'air.*

constitué, ée, adj. ♦ *Bien (mal) constitué,* bien (mal) formé : *Elle mit au monde un enfant robuste et bien constitué.*

constituer, v. (conjugaison 19) ♦ **1.** Former : *Dix hectares de prairies, quinze hectares de terres labourables et cinq hectares de forêt constituent sa propriété.* — SYN. composer, former. • *Sa propriété est constituée par dix hectares de prairies.* — SYN. consister en. **2.** Mettre sur pied, organiser : *Les habitants du quartier ont constitué un comité de défense des espaces verts.*

constitution, n. f. ♦ **1.** Action de mettre sur pied, de créer, d'organiser : *Nous avons décidé la constitution d'un comité de défense des espaces verts.* **2.** Manière dont une personne est bâtie, santé dont elle jouit : *Ce gaillard-là a une constitution d'athlète : il peut vivre jusqu'à cent ans.* **3.** Ensemble des lois qui organisent les pouvoirs publics et définissent les pouvoirs du parlement, des ministres, etc.

constitutionnel, elle, adj. ♦ Qui est conforme à la Constitution.

constructeur, trice, n. ♦ Celui, celle qui construit quelque chose.

constructif, ive, adj. ♦ Capable de construire, de créer : *Pour avancer dans nos projets, il faut des idées constructives.*

construction, n. f. ♦ **1.** Action de construire. — SYN. édification. — CONTR. démolition, destruction. **2.** Édifice, ouvrage en pierre, en béton, etc. : *Maintenant, la route est bordée de constructions neuves sur plus d'un kilomètre.* — SYN. bâtiment, édifice. **2.** Manière dont est agencé un ensemble : *La construction d'une phrase affirmative* (Mon oncle est venu) *n'est pas la même que celle d'une phrase interrogative* (Mon oncle est-il venu ?). — SYN. agencement, disposition, structure.

construire, v. (conjugaison 46) ♦ **1.** Faire (un édifice, un bateau, un avion, un véhicule, une machine) : *On va construire une usine d'ordinateurs à Bromont.* — SYN. bâtir, édifier. — CONTR. démolir, détruire. **2.** Tracer selon une méthode déterminée : *On peut construire un carré dont le côté sera le rayon du cercle.* • Faire un ensemble en assemblant des éléments dans un certain ordre : *Avec les mêmes mots, tu peux construire une phrase active* (Le vent pousse les feuilles) *ou une phrase passive* (Les feuilles sont poussées par le vent). — SYN. agencer, disposer.

consul, n. m. ♦ **1.** A Rome, dans l'Antiquité, chacun des deux magistrats, élus pour un an, qui détenaient le pouvoir le plus élevé. **2.** Fonctionnaire qui, dans une ville étrangère, défend les intérêts des citoyens de son pays.

consulat, n. m. ♦ **1.** A Rome, fonction de consul ; durée pendant laquelle un consul exerçait ses pouvoirs : *Cette conjuration eut lieu sous le consulat de Cicéron.* **2.** Édifice où sont installés les services d'un consul.

consultation

consultation, n. f. ♦ **1.** Action de consulter quelqu'un ou quelque chose : *La consultation du dictionnaire m'a appris qu'on écrit* disgracieux *sans accent circonflexe.* **2.** Examen du malade par le médecin.

consulter, v. ♦ **1.** Demander à quelqu'un ou chercher dans un livre un renseignement : *Tu ne connais pas son numéro de téléphone? Consulte l'annuaire.* **2.** Aller en consultation chez un médecin : *Tu as toujours mal à l'estomac? Alors, va consulter un médecin.*

consumer, v. ♦ Brûler lentement et complètement : *Le feu consume la dernière bûche dans la cheminée.*

contact, n. m. ♦ **1.** Action de toucher : *Le contact de l'eau glacée me fit faire un mouvement brusque.* ● *Au contact de la flamme, la cartouche explosa.* ● *Mets le sucre* **en contact** *avec l'eau, que constatestu?* **2.** *Prendre contact avec quelqu'un,* entrer en relation avec lui (par téléphone, par lettre, en le voyant, etc.). **3.** *Contact électrique :* point où deux fils se touchent et où le courant passe. **4.** *Verres de contact :* REGARDER lentilles.

contagieux, euse, adj. ♦ **1.** *Maladie contagieuse,* qui peut se transmettre d'une personne à une autre. ● *Malade contagieux,* qui peut transmettre sa maladie. **2.** Qui se communique, se transmet facilement d'une personne à une autre : *Tu sais que la peur est un sentiment contagieux.*

contagion, n. f. ♦ Transmission d'une maladie d'une personne à une autre.

contaminer, v. ♦ Rendre malade en transmettant une maladie : *Lucien avait la rougeole : il a contaminé toute la classe.*

conte, n. m. ♦ Histoire courte qui raconte des faits imaginaires. ● *Un conte de fées.* — REM. N'écrivez pas comme : *un compte (en banque)* ni comme : *un comte* (noble).

contemplation, n. f. ♦ Action de contempler : *Nous restions* **en contemplation** *devant ce paysage splendide.*

contempler, v. ♦ Regarder longuement, attentivement, en général avec admiration : *Montons sur la colline : de là-haut, nous pourrons contempler cet admirable paysage.*

contemporain, aine, adj. *ou* n. ♦ **1.** Qui vit à la même époque qu'une autre personne ou qui date de la même époque : *Cette église est contemporaine de l'Hôtel-Dieu.* ● *Les contemporains de Jacques Cartier portaient la perruque.* **2.** Personne qui vit à notre époque : *Nos contemporains ne pourraient plus se passer du confort moderne.*

1. contenance, n. f. ♦ Quantité contenue : *Quelle est la contenance de ce bidon? Quatre litres ou six litres?* — SYN. capacité.

2. contenance, n. f. ♦ Attitude que l'on prend : *Elle dansait d'un pied sur l'autre, ne sachant quelle contenance prendre.* ● *Perdre contenance :* perdre son assurance, se troubler.

contenir, v. (conjugaison 44) ♦ **1.** Avoir en soi : *Ces gâteaux contiennent du sucre et du beurre.* **2.** Empêcher d'avancer, de sortir des limites imposées : *Les policiers ont essayé de contenir les manifestants.*

content, ente, adj. ♦ Heureux, qui a ce qu'il désire. — SYN. heureux, satisfait. — CONTR. mécontent.

contentement, n. m. ♦ État d'une personne qui est contente. — SYN. bonheur, satisfaction. — CONTR. mécontentement.

contenter, v. ♦ **1.** Rendre content : *Tiens! Pour te contenter, je vais te raconter l'histoire.* — SYN. satisfaire. — CONTR. mécontenter. **2.** *Se contenter de,* ne pas exiger autre chose que, avoir seulement : *Je voulais un vélo, je devrai me contenter de patins à roulettes.*

contenu, n. m. ♦ Ce qu'il y a dans quelque chose : *Sa valise est tombée, et tout son contenu s'est répandu sur le quai!*

conter, v. ♦ Raconter : _Oh! grand-mère, conte-nous l'histoire de Cendrillon!_ — SYN. narrer, raconter. — REM. N'écrivez pas comme : _compter_ (ses billes, son argent).

contestable, adj. ♦ Pas très sûr : _On peut être reçu à l'examen sans avoir travaillé? Cela est bien contestable!_ — CONTR. incontestable, certain, sûr.

contestataire, adj. _ou_ n. ♦ Qui n'est pas d'accord avec ce qui est décidé, avec ce qui existe, et qui le fait savoir violemment : _Les élèves contestataires avaient voté une journée de grève._ ● _La police a expulsé les contestataires._

contestation, n. f. ♦ Action de contester. — CONTR. acceptation.

conteste (sans), loc. adv. ♦ Sans qu'on puisse dire le contraire. — SYN. sans contredit, sans discussion possible, incontestablement.

contester, v. ♦ Faire savoir qu'on n'est pas d'accord avec une affirmation ou une décision. _Tu dis que le parc des Laurentides est moins beau que le parc La Vérendrye? Je conteste ton opinion!_ — SYN. discuter, mettre en doute, nier. — CONTR. accepter, approuver.

conteur, euse, n. ♦ Celui, celle qui a l'habitude de dire des contes, de raconter des histoires.

contigu, uë, adj. ♦ Qui touche à une autre chose : _Notre jardin est contigu au vôtre._ — SYN. adjacent. — CONTR. séparé.

continent, n. m. ♦ Grande étendue de terre, l'une des cinq parties du monde : _Il y a cinq continents : l'Asie, l'Europe, l'Afrique, l'Amérique et l'Océanie._

continental, ale, aux, adj. ♦ Propre à un continent tout entier. ● _Climat continental :_ climat tempéré froid de l'intérieur des terres (été court et chaud, hiver froid et long). — CONTR. océanique.

contingent, n. m. ♦ **1.** Part que l'on reçoit ou que l'on donne : _Chaque année apporte son contingent de joies et de peines._ — SYN. lot. **2.** En France, ensemble des jeunes gens qui, chaque année, sont appelés pour faire leur service militaire.

continu, ue, adj. ♦ Qui ne s'arrête pas : _Ce bruit continu est bien fatigant._ — SYN. constant, continuel, incessant, ininterrompu, permanent, persistant, sans arrêt. — CONTR. discontinu, interrompu, intermittent.

continuation, n. f. ♦ Action de continuer; ce qui continue quelque chose : _La continuation des travaux est remise à plus tard._ — SYN. poursuite. — CONTR. arrêt, interruption, fin, commencement, début.

continuel, elle, adj. ♦ Qui ne s'arrête pas : _Un vent continuel balaie les plages de la mer du Nord._ — SYN. constant, continu, incessant, ininterrompu, permanent, persistant, sans arrêt. — CONTR. discontinu, interrompu, intermittent.

continuellement, adv. ♦ Sans arrêt. — SYN. sans arrêt, sans cesse, toujours. — CONTR. parfois, quelquefois, par moments, par intermittence.

continuer, v. (conjugaison 19) ♦ **1.** Ne pas s'arrêter, ne pas interrompre : _Continue à travailler. Continue de travailler._ ● _La séance continue._ — SYN. (se) poursuivre. **2.** Aller jusqu'à : _La rue Notre-Dame continue jusqu'au bout de l'île de Montréal._ — SYN. se prolonger.

contorsion, n. f. ♦ Mouvement peu naturel du corps ou des membres.

contorsionner (se), v. ♦ Faire des contorsions.

contour, n. m. ♦ **1.** Limite d'une surface, d'un objet. — SYN. bord, courbe, forme, galbe, limite, périmètre, profil, tour. **2.** Détour (d'un chemin, d'un cours d'eau) : _Nous suivions les contours capricieux du sentier forestier._ — SYN. détour, lacet, méandre, tournant.

contourné

contourné, ée, adj. ♦ Qui a beaucoup de courbes dans tous les sens, qui a une forme très compliquée. — SYN. tarabiscoté. — CONTR. simple, droit.

contourner, v. ♦ Faire le tour d'une chose, sans passer à travers : *La grande route contourne le village.* — SYN. éviter, passer à côté. — CONTR. traverser.

1. contracter, v. ♦ *Contracter une assurance :* prendre une assurance, signer un contrat d'assurance.

2. contracter, v. ♦ *Contracter une maladie,* l'attraper. ● *Contracter une habitude,* la prendre.

3. contracter, v. ♦ Faire diminuer de volume ou de longueur : *Le froid contracte les métaux.* ● *Les métaux se contractent.* — CONTR. (se) dilater.

contradicteur, n. m. ♦ Celui qui contredit, qui apporte la contradiction.

contradiction [kɔ̃tradiksjɔ̃], n. f. ♦ **1.** Action de contredire. **2.** Opposition entre deux affirmations dont l'une dit le contraire de l'autre.

contredire, v. (conjugaison 47) ♦ Dire le contraire : *Le Saguenay n'est pas une rivière, dis-tu? Permets-moi de te contredire : elle se jette dans le Saint-Laurent à Tadoussac.*

contradictoire, adj. ♦ *Propositions, affirmations contradictoires,* dont l'une dit le contraire de l'autre.

contraignant, ante, adj. ♦ Qui impose une obligation lourde. — SYN. astreignant.

contraindre, v. (conjugaison 83) ♦ Forcer, obliger : *La pluie nous a contraints à rester à la maison.*

contrainte, n. f. ♦ **1.** Action de contraindre : *C'est la contrainte des circonstances qui l'a fait agir ainsi : elle n'était pas libre de*

faire autrement. ● *Il a agi sous la contrainte des circonstances.* **2.** Ce qu'on doit faire : *Être toujours en déplacement, cela fait partie des contraintes du métier de représentant.* — SYN. devoir, obligation.

contraire, adj. *ou* n. m. ♦ **1.** Opposé à une direction : *On roulait bien dans le sens Sorel-Nicolet, mais difficilement dans le sens contraire.* **2.** Tout à fait opposé : *J'aime la mer, Julie la déteste, elle a des goûts contraires aux miens.* — CONTR. identique, semblable. **3.** Le contraire, la chose opposée : *Je te dis de t'asseoir et tu te mets à courir : tu fais tout le contraire de ce qu'on te dit.* — SYN. l'inverse, l'opposé. ● *Le contraire,* le mot qui a un sens tout à fait opposé à celui d'un autre : « *Grand* » est le contraire de « *petit* ». ● *Au contraire,* mais : *Étienne n'est pas méchant : au contraire, c'est un garçon très doux et attentionné.*

contrairement, adv. ♦ D'une manière contraire : *Contrairement à ce que je t'avais annoncé, je ne partirai pas demain.* — CONTR. conformément.

contrariant, ante, adj. ♦ **1.** Gênant et désagréable : *Voilà un retard bien contrariant !* **2.** Qui aime à contrarier les autres : *Gertrude n'est pas aimée : elle est trop contrariante.*

contrarié, ée, adj. ♦ Mécontent, navré : *Vous me voyez sincèrement contrarié de ce contretemps.*

contrarier, v. (conjugaison 20) ♦ **1.** Mécontenter, ennuyer quelqu'un en disant le contraire de ce qu'il dit, en faisant le contraire de ce qu'il veut : *Denise, sois obéissante : ne contrarie pas ton père.* — SYN. fâcher. **2.** Gêner : *Pourvu que la pluie ne vienne pas contrarier nos projets !* — SYN. faire obstacle à. — CONTR. favoriser.

contrariété, n. f. ♦ Déception, ennui qui contrarie. — SYN. déception, désagrément, ennui, mécontentement. — CONTR. contentement, joie, satisfaction.

contraste, n. m. ♦ Très grande différence entre deux personnes ou deux choses :

Il y a un grand contraste entre ma rue, si calme, et la place voisine, si animée ! — SYN. différence, opposition. — CONTR. analogie, ressemblance, similitude.

contrat, n. m. ♦ Texte qui établit les droits et les obligations de chacun de ceux qui l'ont signé.

contravention [kɔ̃tʀavɑ̃sjɔ̃], n. f. ♦ État de celui qui « contrevient » à la loi ou au règlement, c'est-à-dire qui désobéit : *Elle n'a pas de plaque d'immatriculation sur sa voiture : elle est en contravention.*

contre, prép. ♦ **1.** Tout près d'une chose ou d'une personne, en la touchant : *La fillette vint s'asseoir sur le banc, tout contre moi.* **2.** En rivalisant avec, en combattant (tel adversaire) : *Les Iroquois se battirent souvent contre les Hurons.* **3.** Dans la direction contraire : *Tu veux nager contre le courant ?* **4.** En échange de : *Peux-tu me donner quatre pièces de vingt-cinq cents contre un billet d'un dollar ?*

contre-attaque, n. f. ♦ Attaque qu'on lance tout de suite après celle de l'adversaire, pour riposter. — PLUR. *des contre-attaques.* — REGARDER *contre-offensive.*

contre-attaquer, v. ♦ Lancer une contre-attaque : *L'attaque ennemie se déclencha à 11 heures, mais, à midi, nos troupes contre-attaquèrent.*

contre-balancer, v. (conjugaison 17) ♦ Rétablir l'équilibre : *Pour contre-balancer l'effet du vent, penchez-vous sur le côté gauche du bateau.* — SYN. compenser, équilibrer.

contrebande, n. f. ♦ Action d'introduire en fraude des marchandises dans un pays, sans payer de droits de douane.

contrebandier, ière, n. ♦ Celui, celle qui fait de la contrebande.

contrebas (en), loc. adv. ♦ Plus bas : *Nous étions sur la route : en contrebas, au fond du ravin, coulait un torrent.*

contrebasse, n. f. ♦ Sorte de très gros violon, aux sons très graves.

contrecarrer, v. ♦ Faire obstacle à : *Attention ! Il cherche à contrecarrer nos projets !* — SYN. contrarier, gêner, s'opposer à. — CONTR. favoriser.

contrecœur (à), loc. adv. ♦ En étant mécontent. — SYN. malgré soi, de mauvaise grâce, contre son gré, à regret. — CONTR. de bon cœur, de bonne grâce, volontiers.

contrecoup, n. m. ♦ Conséquence indirecte ou inverse : *Les impôts augmentent. Par contrecoup, les gens réduisent leurs achats.*

contredire, v. (conjugaison 47) ♦ Dire le contraire de ce que dit quelqu'un : *Personne ne me contredira, si je dis qu'il vaut mieux être riche et bien portant que pauvre et malade.* ● *Se contredire :* dire le contraire de ce qu'on a affirmé précédemment.

contrée, n. f. ♦ Pays, région.

contrefaçon, n. f. ♦ Action d'imiter malhonnêtement un produit ou un article de marque déposée : *Cet industriel a été condamné pour contrefaçon.* ● Objet fabriqué par imitation malhonnête.

contrefaire, v. (conjugaison 54) ♦ Imiter frauduleusement, malhonnêtement : *Arthur a été puni pour avoir contrefait la signature de sa mère sur son carnet de notes.*

contrefort, n. m. ♦ **1.** Renfort de maçonnerie plaqué contre un mur pour le rendre plus solide. **2.** Ensemble de pentes qui bordent une montagne plus haute : *La route escaladait les premiers contreforts des Rocheuses.*

contre-jour, n. m. ♦ *Photographie prise à contre-jour,* avec le sujet placé entre l'appareil photographique et la source lumineuse.

contremaître, contremaîtresse, n. ♦ Celui, celle qui, dans un atelier ou sur un chantier, surveille les ouvriers et qui les commande.

contre-offensive

contre-offensive, n. f. ♦ Grande contre-attaque : *Deux cent mille hommes prirent part à la contre-offensive.* — REGARDER *contre-attaque.*

contrepartie, n. f. ♦ Quantité équivalente (qui rétablit l'équilibre, qui se donne en échange) : *J'ai changé mon argent à la banque : j'ai donné trois cents dollars, on m'a donné la contrepartie en argent italien.* ● *En contrepartie :* en échange, en compensation.

contrepied, n. m. ♦ *Prendre le contrepied :* dire exactement le contraire de ce qu'affirme quelqu'un.

contre-plaqué, n. m. ♦ Matériau fait de fines plaques de bois collées les unes contre les autres.

contrepoids, n. m. ♦ Masse lourde qui fait équilibre : *Cette lourde plaque d'acier qui monte et qui descend en sens inverse de la cabine, c'est le contrepoids de l'ascenseur.*

contrepoison, n. m. ♦ Substance qu'on fait avaler pour combattre l'effet d'un poison.

contresens, n. m. ♦ **1.** Erreur de traduction grave. **2.** *A contresens,* en sens inverse du sens correct : *Quand tu es à vélo, ne roule pas à contresens sur l'avenue.*

contretemps, n. m. ♦ Retard ou incident qui empêche une chose de se faire à temps.

contribuable, n. m. *ou* f. ♦ Personne qui paie les impôts.

contribuer, v. (conjugaison 19) ♦ **1.** Payer sa part. *La ville de Montréal contribuera pour 5 millions à la construction de la salle de concert.* **2.** Participer à une action, à un résultat : *Les vacances ont bien contribué à te rétablir.* — SYN. aider, participer.

contribution, n. f. ♦ **1.** Part que l'on prend à la réalisation d'une action; somme que l'on paie, pour sa part. **2.** *Les contributions :* les impôts.

contrit, ite, adj. ♦ Qui éprouve ou qui exprime du repentir : *La fillette était toute contrite d'avoir fait cette sottise.* — SYN. navré, penaud. — CONTR. fier.

contrôle, n. m. ♦ **1.** Action de contrôler. — SYN. vérification. **2.** *Épreuve de contrôle :* devoir en temps limité que l'on fait en classe à intervalles réguliers afin que le maître ou le professeur puisse vérifier l'état des connaissances des élèves.

contrôler, v. ♦ S'assurer qu'une chose est correcte, que tout est en règle : *L'employé contrôla les billets.* — SYN. vérifier.

contrôleur, euse, n. ♦ Celui, celle qui contrôle (les billets, etc.).

controverse, n. f. ♦ Discussion, désaccord sur un sujet difficile, savant.

controversé, ée, adj. ♦ Qui est sujet d'une controverse, qui donne lieu à des opinions très différentes.

contusion, n. f. ♦ Blessure qui saigne pas, mais qui fait un bleu ou une bosse.

convaincant, ante, adj. ♦ Qui convainc, qui prouve : *Voilà un argument convaincant ! Il faut reconnaître que tu as raison !* — REM. N'écrivez pas comme : *convainquant,* participe présent invariable de *convaincre.*

convaincre, v. (conjugaison 101) ♦ **1.** Faire en sorte que quelqu'un soit sûr qu'une chose est vraie ou bonne : *Essaie de convaincre ta mère de te laisser sortir.* — SYN. persuader. — CONTR. dissuader. **2.** Prouver que quelqu'un a commis une faute, un crime : *L'individu a été convaincu de meurtre avec préméditation.*

convaincu, ue, adj. ♦ Sûr, certain d'une chose : *Tu peux tenir la tête de la classe, si tu le veux : j'en suis convaincue.* — SYN. assuré, certain, persuadé, sûr. — CONTR. incrédule, sceptique.

convalescence, n. f. ♦ État qui succède à une maladie et où l'on reprend peu à peu des forces.

convalescent, ente, adj. *ou* n. ♦ Qui est en convalescence.

convenable, adj. ♦ 1. Qui convient : *Un couteau de cuisine pour couper l'herbe du jardin : ce n'est pas un instrument convenable ! —* SYN. adapté, approprié. — CONTR. inadapté. 2. Qui est suffisant en qualité ou en quantité, qui n'est pas trop cher comme prix : *Restaurant convenable, repas convenable, prix convenable. Rien à dire ! —* SYN. correct. 3. Conforme aux règles de la politesse, conforme aux usages : *Jean-Louis, ne mets pas tes pieds sur la table : ce n'est pas convenable ! —* SYN. correct, poli. — CONTR. incorrect, impoli.

convenance, n. f. ♦ 1. *A ma (à ta, à sa... convenance),* qui me (te, lui...) convient : *Ma tante est heureuse : elle a trouvé enfin un appartement à sa convenance.* 2. *Les convenances :* les règles de la bonne éducation. — SYN. les usages, la politesse.

convenir, v. (conjugaison 44) ♦ 1. Aller bien, plaire : *Enfin, mon frère a trouvé un travail qui lui convient ! —* SYN. aller, agréer, contenter. — CONTR. déplaire. 2. *Il convient,* il faut, il est bien : *Il convient de retenir dès maintenant une chambre pour nos vacances.* 3. *Convenir de,* se mettre d'accord sur : *Nous sommes convenus, ma collègue et moi, d'une date pour la prochaine rencontre.* 4. *Convenir de, que,* reconnaître : *Je conviens de mon étourderie. Je conviens que je me suis trompé.*

convention, n. f. ♦ 1. Accord entre deux personnes ou deux groupes : *Ces deux compagnies de navigation aérienne ont signé une convention pour harmoniser leurs tarifs.* — SYN. accommodement, accord, alliance, arrangement, compromis, contrat, entente, pacte, traité. 2. Ce qu'il est d'usage de faire, de dire, de penser (ou de faire semblant de penser) : *S'il l'on veut vivre en société, bon gré mal gré, il faut bien respecter les conventions sociales.*

conventionnel, elle, adj. *ou* n. ♦ Qui résulte d'un accord, d'une convention et qui pourrait ne pas exister ou être autrement : *Au Canada, on roule à droite, en Angleterre, à gauche : les règles du code de la route sont conventionnelles.*

convergent, ente, adj. ♦ Qui converge. — CONTR. divergent.

converger, v. (conjugaison 16) ♦ 1. Se diriger vers le même point : *En sortant de la loupe, les rayons lumineux convergent.* — CONTR. diverger. 2. Tendre vers le même résultat, la même conclusion : *Les divers sondages d'opinion convergent ; ce parti politique ne dépassera pas 16% des voix aux élections.*

conversation, n. f. ♦ 1. Échange de paroles, assez long, entre deux ou plusieurs personnes. — SYN. entretien. 2. *Avoir de la conversation :* parler beaucoup et avoir des choses intéressantes à dire.

converser, v. ♦ Échanger des paroles avec quelqu'un, pendant plus ou moins longtemps : *Les deux dames conversaient tranquillement dans un coin du salon.*

conversion, n. f. ♦ 1. Action de se convertir ou de convertir quelqu'un à une autre religion. 2. Action de convertir l'expression d'une mesure en une autre : *Faites la conversion de 4,65 mètres carrés en décimètres carrés.*

convertir, v. ♦ 1. Faire passer d'une religion à une autre : *Les premiers chrétiens essayaient de convertir les païens au christianisme.* ● *Beaucoup de païens s'étaient déjà convertis au christianisme.* — REGARDER abjurer. 2. Exprimer en une autre unité : *Convertissez 7 265 décimètres cubes en mètres cubes.*

convexe, adj. ♦ Qui forme comme une bosse, une saillie arrondie : *La chaussée n'est pas plate, elle est convexe, ce qui permet l'écoulement de l'eau. —* SYN. bombé. — CONTR. concave.

conviction

conviction, n. f. ♦ **1.** Ce que l'on croit, ce dont on est convaincu, opinion : *Toutes les convictions politiques et religieuses doivent pouvoir s'exprimer.* — SYN. croyance, idée, opinion. **2.** Certitude : *J'ai la conviction que Julien ne voudra pas faire partie de notre bande.* — SYN. assurance, certitude. **3.** Attitude et ton de celui qui croit vraiment à une idée, à ce qu'il dit : *Voyons, si tu veux persuader tes amis, parle avec un peu plus de conviction !* — SYN. assurance, chaleur.

convive, n. m. *ou* f. ♦ Chacune des personnes qui sont assises à la même table pour manger.

convocation, n. f. ♦ **1.** Action de convoquer. **2.** Document par lequel on convoque quelqu'un.

convoi, n. m. ♦ **1.** Suite de véhicules ou de navires qui se déplacent ensemble. ● Train : *Le convoi entra en gare.* **2.** *Convoi funèbre* ou *convoi :* ensemble des personnes qui suivent le corbillard, le fourgon funèbre.

convoiter, v. ♦ Désirer vivement prendre ou avoir quelque chose : *L'enfant convoitait le beau voilier qu'il avait vu dans la vitrine du marchand de jouets.* — SYN. avoir envie de, désirer, rêver de, souhaiter, vouloir.

convoitise, n. f. ♦ Désir ardent d'avoir ou de prendre quelque chose. — SYN. envie. — CONTR. dégoût, indifférence.

convoquer, v. ♦ Faire venir ou faire se réunir : *Deux élèves ont été convoqués dans le bureau de la directrice. Le premier ministre convoqua les ministres.* — SYN. appeler, citer, mander, réunir. — CONTR. renvoyer, dissoudre.

convoyer, v. (conjugaison 21) ♦ Accompagner dans un voyage, un déplacement, pour protéger : *Des infirmiers vont convoyer les blessés qu'on évacue.* — SYN. accompagner, escorter.

convulsion, n. f. ♦ Chacun des mouvements violents, saccadés et involontaires qui se produisent au cours de certaines maladies.

coopération [kɔɔpeʀasjɔ̃], n. f. ♦ Action de coopérer. — SYN. aide, collaboration, participation.

coopérative [kɔɔpeʀativ], ou, un peu moins bien [kɔpeʀativ], n. f. ♦ Entreprise formée par le groupement de plusieurs personnes qui s'unissent pour acheter ou vendre ou produire.

coopérer [kɔɔpeʀe], v. (conjugaison 11) ♦ Travailler avec d'autres à une œuvre commune : *Nous avons tous coopéré à la création et à la réussite de notre club.* — SYN. aider, collaborer, participer.

coordination, n. f. ♦ **1.** Agencement bien ordonné d'actions qui concourent à un but commun : *La coordination des décisions est indispensable à la réussite d'une politique.* — SYN. accord, harmonisation, union. — CONTR. désaccord, incohérence. **2.** Lien qui unit deux mots, deux groupes ou deux propositions et qui est marqué par une *conjonction de coordination,* telle que *mais, ou, et, donc, or, ni, car.*

coordonné, ée, adj. ♦ *Proposition coordonnée,* reliée à une autre par une conjonction de coordination. — REGARDER *subordonné.*

coordonner, v. ♦ Agencer et ordonner en vue d'un but commun : *Pas d'efforts dispersés, pas de « chacun pour soi » : il faut coordonner toutes les initiatives !* — SYN. agencer, unir.

copain, n. m. (féminin *copine*) ♦ Personne avec qui on est très ami et avec qui on a des rapports très familiers. — REM. Ce mot est assez familier.

copeau, n. m. ♦ Lamelle très fine qui se détache d'une pièce de bois (ou de métal) qu'on travaille.

copie, n. f. ♦ **1.** Texte qu'on a écrit en reproduisant exactement un autre texte : *Voici une copie de la lettre recommandée que je lui ai envoyée.* **2.** Reproduction exacte : *Cette statue romaine est la copie d'une statue* _grecque du IVe siècle av. J.-C._ **3.** Feuille sur laquelle un élève écrit son devoir : _Dans cinq minutes, je ramasse les copies._

copier, v. (conjugaison 20) ♦ Reproduire en faisant une copie : _Passe-moi le texte du problème : je vais le copier._ — SYN. recopier.

copieux, euse, adj. ♦ Très gros, très abondant : _Les parts sont copieuses, dans ce restaurant !_ — SYN. abondant, gros. — CONTR. maigre, mesquin, petit.

copine, n. f. ♦ REGARDER copain.

copiste, n. m. ♦ Au Moyen Age, avant l'invention de l'imprimerie, celui qui recopiait les livres à la main.

coprah, n. m. ♦ Amande de noix de coco, débarrassée de sa coque, et séchée.

1. coq, n. m. ♦ Mâle de la poule.

2. coq, n. m. ♦ Cuisinier, sur un navire.

coque, n. f. ♦ **1.** _Oeuf à la coque,_ cuit dans sa coquille, mais qui n'est pas dur, le jaune restant liquide. **2.** Enveloppe dure d'un fruit : _Pour casser la coque de la noix de coco, prends le marteau._ — SYN. coquille. **3.** Nom d'un coquillage commun sur les côtes de France. **4.** Partie du navire constituée par le fond et par les parois latérales, jusqu'au pont.

coquelicot, n. m. ♦ Fleur rouge qui pousse dans les champs de blé en Europe.

coqueluche, n. f. ♦ Maladie contagieuse qui se manifeste notamment par des quintes de toux évoquant un peu le chant du coq.

coqueron, n. m. ♦ **1.** Petite armoire ou petit espace qui sert à ranger divers objets, notamment les conserves. **2.** Petit logement très modeste. — REM. Ce mot est familier.

coquet, ette, adj. ♦ **1.** _Femme, fille coquette,_ qui aime à plaire aux hommes,

aux garçons. **2.** Élégant, joli, soigné : _Avec ses rideaux de dentelles et ses meubles d'un style simple, il est coquet, cet appartement !_ — SYN. beau, chic, élégant, gracieux, joli, pimpant, soigné. — CONTR. laid, disgracieux, inélégant, négligé.

coquetier, n. m. ♦ Récipient où l'on met un œuf à la coque pour le manger.

coquetterie, n. f. ♦ Désir de plaire en étant bien habillé, très soigné : _Voyons, Denise, un peu de coquetterie ! Va donc chez le coiffeur !_

coquillage, n. m. ♦ Mollusque à coquille dure qui vit dans la mer.

coquille, n. f. ♦ **1.** Enveloppe dure de certains fruits (noix, amandes, etc.) ou de certains mollusques (escargots, moules, etc.).
• _Une coquille de noix._ — SYN. coque.
• _Une coquille d'huître._ — SYN. écaille.
• _Coquille Saint-Jacques :_ gros coquillage très bon à manger. **2.** Enveloppe dure de l'œuf.

coquillettes, n. f. pl. ♦ Pâtes alimentaires de forme spéciale.

coquin, ine, n. ou adj. ♦ **1.** _Un coquin :_ un individu malhonnête. — SYN. gredin, fripon. **2.** _Une coquine :_ une femme malfaisante ; une femme qui se conduit mal. **3.** _Un petit coquin :_ un enfant turbulent, espiègle : _Josette est très coquine._

cor, n. m. ♦ **1.** Instrument de musique à vent, en cuivre. • _Cor de chasse :_ trompe de chasse (employée pour la chasse à courre). **2.** Épaississement de la peau, sur le dessus d'un orteil, qui fait très mal.

corail [kɔʀaj], n. m. ♦ **1.** Animal marin à squelette calcaire, fixé au fond et vivant en colonies, susceptible d'édifier des récifs. — PLUR. des coraux. **2.** Matière (noire ou blanche et surtout rouge) tirée du squelette de ces animaux et utilisée pour faire des bijoux.

corbeau, n. m. ♦ Gros oiseau noir à grand bec courbé.

corbeille

corbeille, n. f. ♦ **1.** Sorte de panier sans anse, en osier, en paille tressée, en jonc. **2.** Dans un théâtre, balcon situé juste au-dessus de l'orchestre.

corbillard [kɔʀbijaʀ], n. m. ♦ Voiture qui transporte le cercueil de la maison mortuaire à l'église, puis au cimetière.

cordage, n. m. ♦ Grosse corde.

corde, n. f. ♦ **1.** Grosse ficelle. ● Câble auquel on grimpe, en gymnastique. ● *Corde à nœuds.* ● *Corde lisse.* ● *Corde à sauter.* ● *Danseur de corde :* acrobate qui marche sur une corde tendue. — SYN. funambule. ● *Être sur la corde raide,* dans une situation qui risque de mal tourner. **2.** Fil solide, tendu sur un arc. ● *Avoir plus d'une corde à son arc :* avoir des ressources variées, des talents variés, connaître beaucoup de ruses ou de moyens. **3.** Fil (en métal ou en boyau) qui résonne quand on le touche, quand il est frappé. ● *Un instrument à cordes.* **4.** *Cordes vocales :* les deux membranes, dans le larynx, qui vibrent quand on parle.

cordeau, n. m. ♦ Instrument formé d'une corde (qui peut se tendre sur deux piquets) et qui sert à tracer des lignes bien droites sur le sol.

cordée, n. f. ♦ Groupe d'alpinistes reliés les uns aux autres par une corde. (Ainsi, si l'un d'eux glisse, les autres peuvent le retenir.)

cordelette, n. f. ♦ Corde fine.

cordial, ale, aux, adj. ♦ Qui vient du cœur, qui manifeste une amitié vive, simple et sincère : *Recevez, cher ami, l'expression de mon cordial souvenir.* — SYN. bienveillant, chaleureux. — CONTR. froid, hostile, indifférent.

cordialité, n. f. ♦ Attitude cordiale. — SYN. bienveillance, chaleur. — CONTR. froideur, indifférence, hostilité.

cordon, n. m. ♦ **1.** Petite corde, tresse, lien. ● *Tenir les cordons de la bourse :* s'oc-cuper de la manière dont l'argent est dépensé. **2.** Rangée de soldats ou de policiers qui isole, qui protège : *Un cordon de gendarmes isolait de la foule les personnalités qui inauguraient le monument.* **3.** *Cordon littoral :* banc de sable, mince, qui s'allonge parallèlement au rivage.

cordon-bleu, n. m. ♦ Très bon cuisinier ou cuisinière. — PLUR. *des cordons-bleus.*

cordonnerie, n. f. ♦ Boutique du cordonnier.

cordonnet, n. m. ♦ Petit cordon.

cordonnier, n. m. ♦ Celui qui répare les chaussures usées.

coriace, adj. ♦ Très difficile à couper et à mâcher, à cause de sa dureté : *Il est coriace, ce bifteck ! Il faudrait une scie pour le couper !* — CONTR. tendre.

cormoran, n. m. ♦ Oiseau de mer, au plumage sombre, très bon plongeur.

cornac, n. m. ♦ Celui qui conduit un éléphant.

corne, n. f. ♦ **1.** Chacun des organes durs et pointus qui poussent sur la tête de certains animaux. **2.** Matière dure tirée de la corne des animaux : *Prête-moi ton canif, celui qui a un manche en corne.* ● Couche épaisse et dure de peau, sous les pieds. **3.** Chausse-pied en corne (ou en métal). **4.** Trompe qui émet un signal sonore. ● *Corne de brume :* sirène qu'on emploie sur les navires, quand il y a de la brume, pour avertir les autres navires. **5.** Coin fait à l'angle d'une feuille que l'on plie. **6.** *A la corne d'un bois :* au coin d'un bois, d'une forêt.

cornée, n. f. ♦ Partie transparente de l'enveloppe extérieure du globe oculaire, à l'avant.

corneille, n. f. ♦ Oiseau qui ressemble au corbeau, mais qui est plus petit.

cornemuse, n. f. ♦ Instrument de musique composé d'un sac de cuir que l'on tient sous le bras et que l'on gonfle avec la bouche, et de plusieurs tuyaux. — REGARDER _biniou._

corner, v. ♦ **1.** Jouer de la corne, de la trompe. **2.** Faire une corne à une feuille : _Qui donc a corné toutes les pages de mon livre?_

cornet, n. m. ♦ **1.** Sac en papier en forme de cône : _Va donc acheter un cornet de bonbons._ **2.** Instrument de musique à vent. **3.** _Cornet de crème glacée :_ biscuit en forme de cône avec de la crème glacée.

corniche, n. f. ♦ **1.** Ornement en surplomb, à moulures, en haut d'un bâtiment ou d'un meuble. **2.** _Route en corniche :_ route qui passe le long d'une pente abrupte.

cornichon, n. m. ♦ Concombre cueilli jeune, conservé dans du vinaigre, qui sert de condiment.

cornu, ue, adj. ♦ Qui a des cornes : _Mais quel est donc cet animal cornu?_

cornue, n. f. ♦ Instrument à long col utilisé en chimie, dans les laboratoires, notamment pour la distillation.

corolle, n. f. ♦ Partie de la fleur formée de sépales et souvent de couleur vive.

coron, n. m. ♦ Dans le nord de la France, ensemble de maisons de mineurs, toutes semblables, alignées le long d'une rue.

coroner [kɔʀɔnɛʀ] ou [kɔʀɔnœʀ], n. ♦ Celui, celle qui examine les circonstances d'un décès dont les causes sont suspectes.

corporation, n. f. ♦ Organisation qui regroupe les personnes exerçant un même métier.

corporel, elle, adj. ♦ Qui concerne le corps : _Un exemple de châtiment corporel? Une bonne fessée, tiens!_

corps, n. m. ♦ **1.** Partie visible d'un être (par opposition à l'esprit, à l'âme) : _Son fils? Il a une intelligence d'enfant de cinq ans dans un corps d'athlète olympique!_ **2.** Cadavre : _On mit le corps dans un cercueil de bronze._ **3.** Buste, tronc (par opposition à la tête, aux membres) : _Regarde ce bonhomme : il a une tête énorme, des membres grêles, un petit corps tout rond._ **4.** _Combattre corps à corps_ ou _au corps à corps,_ de près : _Dans la tranchée, les soldats se battirent corps à corps, à la baïonnette et au couteau._ ● _Le corps à corps fut terrible._ ● _A corps perdu :_ avec ardeur, en s'engageant à fond. **5.** Tout objet, toute masse solide ou liquide ou gazeuse : _En physique, tu étudieras les lois de la chute des corps._ ● _Les corps célestes :_ le Soleil, la Lune, les planètes, les comètes, les étoiles, etc. **6.** Substance chimique, matière : _Le soufre est un corps jaune, qui brûle en dégageant une fumée âcre._ **7.** Ensemble de personnes ayant des droits communs, exerçant la même activité. ● _Le corps électoral :_ l'ensemble des électeurs. ● _Le corps enseignant, le corps médical :_ l'ensemble des instituteurs et des professeurs, l'ensemble des médecins. ● _Un corps de métier :_ l'ensemble de ceux qui exercent le métier. ● _Un corps de troupe :_ un régiment. ● _Un corps d'armée :_ grande unité militaire groupant plusieurs divisions. **8.** Partie principale d'un ensemble : _Le château comprend **un corps de bâtiment** flanqué de deux ailes, ainsi que des écuries et deux pavillons à l'entrée._ ● _Navire perdu_ **corps et biens** [kɔʀzebjɛ̃], qui a sombré et qui est perdu, ainsi que les _biens_ (la cargaison) qu'il transportait. **9.** _Prendre corps,_ commencer d'exister, d'avoir sa forme définitive : _Ah! Enfin, ton dessin commence à prendre corps!_

corpulence [kɔʀpylɑ̃s], n. f. ♦ Grosseur du corps : _Ma tante Colette est de forte corpulence, mais ma mère a seulement une corpulence moyenne._

corpulent, ente, adj. ♦ Qui a un corps large, gros, fort. — SYN. gras, gros, fort. — CONTR. maigre, mince.

corpuscule, n. m. ♦ Tout petit morceau de matière. — SYN. grain, particule.

correct, ecte, adj. ♦ **1.** Conforme aux règles ; juste, exact : « *La table que je m'y assoya dessus* ». *Dis donc, cette phrase n'est guère correcte !* — CONTR. incorrect ; faux. **2.** Conforme aux règles de la politesse, aux bons usages : *Tu es entré sans dire bonjour à ton oncle, ce n'est pas correct.* — SYN. convenable, poli. — CONTR. incorrect, impoli.

correcteur, trice, n. ♦ **1.** Personne qui corrige des devoirs, des épreuves d'examen. **2.** Celui qui relit une épreuve d'imprimerie et corrige les fautes.

correctif, n. m. ♦ Remarque, nuance qui rectifie ce qu'une affirmation peut avoir d'excessif.

correction, n. f. ♦ **1.** Caractère de ce qui est correct : *Veille à la correction de tes phrases.* — CONTR. incorrection. **2.** Attitude correcte, en ce qui concerne la politesse, la conduite : *Bruno est un garçon bien élevé : il est toujours d'une parfaite correction.* — CONTR. incorrection. **3.** Action de corriger les devoirs. **4.** Annotation par laquelle on corrige un texte : *La marge est couverte de corrections à l'encre rouge.* **5.** Volée de coups, punition corporelle : *Albert a volé de l'argent à sa mère : il a reçu une bonne correction !*

corrélation, n. f. ♦ Lien, correspondance, relation : *Dans la phrase « Elle est aussi habile que toi », l'adverbe aussi est en corrélation avec que.*

correspondance, n. f. ♦ **1.** Relation ou accord entre deux choses : *Quand on est enfant, il y a une correspondance entre l'âge et la taille, puisqu'on grandit chaque année.* — SYN. corrélation, lien, rapport, relation. **2.** Changement de train, d'autocar, d'avion, quand les horaires sont en relation, à un endroit où ils s'arrêtent : *Je pars de Québec à 9 heures, j'arrive à Montréal à 13 heures ; je change de train et j'ai la correspondance pour Sherbrooke par le train qui part de Montréal à 14 heures.* **3.** Échanges de lettres : *J'ai une correspondance suivie avec mon ami anglais.*

correspondant, ante, adj. *ou* n. ♦ **1.** Qui correspond : *Voici le cadenas, avec la clef correspondante.* **2.** Personne à qui l'on écrit, avec qui on échange des lettres.

correspondre, v. (conjugaison 91) ♦ **1.** Être en relation, en accord, aller avec une autre chose : *Je crois que cette clef correspond à la serrure de la cave.* — SYN. aller avec. **2.** Communiquer avec une autre salle, une autre pièce par une porte, un couloir : *Le salon correspond avec la salle à manger par une porte vitrée.* — SYN. communiquer. **3.** Échanger des lettres avec quelqu'un : *Ma sœur correspond régulièrement avec un ami qu'elle a connu pendant les vacances.*

corrida, n. f. ♦ Course de taureaux, avec mise à mort de l'animal, comme cela se pratique en Espagne.

corridor, n. m. ♦ Couloir, galerie.

corriger, v. (conjugaison 16) ♦ **1.** Améliorer le caractère ou la conduite de quelqu'un en supprimant ses défauts : *C'est le devoir des parents de corriger leurs enfants de leurs défauts.* **2.** Indiquer ce qu'il aurait fallu dire ou écrire, à la place d'une faute : *Donne-moi le brouillon de ta lettre : je vais corriger les fautes d'orthographe.* ● Lire le devoir d'un élève pour y signaler les fautes et pour lui donner une note. **3.** Frapper pour punir : *Sa mère l'a corrigé en lui donnant une bonne fessée.*

corrompre, v. (conjugaison 102) ♦ **1.** Pourrir, gâter : *La chaleur corrompt la viande.* **2.** Donner de l'argent à quelqu'un pour lui faire faire ce qu'il ne doit pas faire : *Ce trafiquant a réussi à corrompre plusieurs fonctionnaires.*

corruption [kɔʀypsjɔ̃], n. f. ♦ **1.** État de ce qui est pourri, gâté : *L'exposition à l'air et à la chaleur provoque la corruption de la viande.* **2.** Action de corrompre quelqu'un : *Ce trafiquant est en prison pour corruption de fonctionnaire.* **3.** État d'un pays où les gens en place sont malhonnêtes : *La corruption provoqua la chute du régime.*

corsage, n. m. ♦ Vêtement de femme qui couvre le buste, du cou à la taille.

corsaire, n. m. ♦ **1.** Autrefois, capitaine de navire, qui, en temps de guerre, recevait le droit d'attaquer les navires marchands de l'ennemi et de prendre leur cargaison. — REGARDER *pirate.* **2.** Navire commandé par un corsaire.

corsé, ée, adj. ♦ Qui est fort, qui a beaucoup de goût : *Bravo! voilà un café corsé, qui va nous réveiller!*

corser, v. ♦ Rendre plus compliqué et plus intéressant à la fois : *Pour corser l'intrigue de son film d'espionnage, le metteur en scène a introduit l'épisode de la poursuite en hélicoptère.*

cortège, n. m. ♦ Groupe de gens qui se déplacent en colonne, en se suivant.

corvée, n. f. ♦ **1.** Au Moyen Age, travail gratuit que le paysan devait faire pour le seigneur. **2.** Besogne désagréable : *Ces lettres de vœux à écrire, quelle corvée!*

cosaque, n. m. ♦ Autrefois, en Russie, soldat qui servait dans des troupes spéciales, à cheval.

cosmique, adj. ♦ Du cosmos, de l'univers : *Qu'ils sont grands, les espaces cosmiques!*

cosmonaute, n. m. *ou* f. ♦ Celui, celle qui voyage dans l'espace, dans un vaisseau spatial. — SYN. astronaute.

cosmos [kɔsmɔs], n. m. ♦ L'univers, l'espace où il y a la Lune, le Soleil, les planètes, les étoiles. — SYN. univers.

cosse, n. f. ♦ Enveloppe qui contient plusieurs petits pois ou plusieurs haricots. — SYN. gousse.

costume, n. m. ♦ **1.** Ensemble des vêtements que l'on porte. **2.** Ensemble formé par un veston (parfois aussi un gilet) et un pantalon. — SYN. un complet.

cote [kɔt], n. f. ♦ **1.** *Les cotes,* les dimensions indiquées sur un plan : *Voici le plan de l'avion, avec les cotes.* — REM. N'écrivez pas comme : *cotte* (de mailles) et ne prononcez pas comme : *côte* (de mouton). **2.** Prix d'une chose, qui peut valoir plus ou moins cher suivant les circonstances : *C'est à la Bourse qu'on fixe chaque jour la cote des actions.* • Plus ou moins grande popularité, plus ou moins grande estime : *Grâce aux sondages périodiques, on peut suivre les variations de la cote des hommes politiques.*

côte, n. f. ♦ **1.** Chacun des os qui partent de la colonne vertébrale et qui entourent la poitrine. **2.** Ces os d'un animal, avec la viande qui y est attachée. — REGARDER *côtelette.* **3.** *Côte à côte :* l'un à côté de l'autre, tout près. **4.** Raie en saillie : *J'ai un pantalon en velours à côtes.* • Chacune des barres d'une tablette de chocolat. **3.** Pente d'une colline ; partie de route en pente : *A vélo, elle est dure à grimper, cette côte!* **4.** Bord de la mer. — SYN. littoral, rivage.

coté, ée, adj. ♦ **1.** Estimé, renommé : *Marie-Jeanne est très bien cotée auprès de ses professeurs : elle passe pour être la meilleure élève de sa classe.* **2.** *Dessin coté :* dessin de machine, d'appareil, avec l'indication des dimensions.

côté, n. m. ♦ **1.** Chacune des faces latérales de la poitrine : *J'ai mal au côté droit.* • *Aux côtés de,* près de quelqu'un : *Tu es triste, mais je ne t'abandonnerai pas : je resterai à tes côtés.* • *Aux côtés de,* en étant son allié : *Le Canada combattit aux côtés de la France pendant la guerre de 1914-1918.* • *A côté de,* près d'une personne : *Celui qui est à côté de moi, sur la photo, c'est mon cousin Pierre.* **2.** Partie latérale d'une chose, qui va de la face avant à la face arrière : *Je vais cirer le côté gauche du buffet.* • *A côté de,* près d'une chose : *La chaise est juste à côté de l'armoire.* **3.** *Du côté de,* dans les environs de : *Natacha habite du côté du marché couvert.* • *De tous les côtés,* de toutes les directions ou dans toutes les directions : *Les gens viennent en courant de tous les côtés.* • *Du côté de quelqu'un,* dans son camp, en étant son allié : *Nous*

côté

serons toujours du côté de ceux qui combattent pour la liberté. ● **Laisser de côté :** abandonner ou réserver pour plus tard. ● **Mettre de côté :** mettre à part ; économiser. **4.** Segment qui fait partie d'une figure telle que le triangle, le carré, le rectangle, le trapèze : *Un carré a quatre côtés égaux.* ● Face : *Bien sûr, cette boîte a six côtés.* **5.** Aspect, trait, caractère. ● **Les bons (les mauvais) côtés d'une chose,** ses avantages (ses inconvénients).

coteau, n. m. ◆ Petite colline ; pente d'une colline. — REM. Pas d'accent circonflexe sur *o*, à la différence de *côte*.

côtelé, ée, adj. ◆ Orné de côtes : *Je viens d'acheter un pantalon en velours côtelé.*

côtelette, n. f. ◆ Côte de mouton, de veau, de porc, avec la viande qui y est attachée.

côtier, ière, adj. ◆ Qui est près de la mer. ● **Fleuve côtier :** petit cours d'eau qui se jette dans la mer.

cotisation, n. f. ◆ Somme que chaque membre verse à un club, à une association, à une mutuelle, chaque année.

cotiser, v. ◆ **1.** Verser une cotisation : *Pour rester membres du club, nous cotisons chaque année.* **2.** *Se cotiser :* réunir de l'argent, en versant chacun sa part.

coton, n. m. ◆ **1.** Plante des pays chauds qui fournit une matière textile. **2.** Matière textile fournie par cette plante. ● **Coton hydrophile :** ouate. **3.** Étoffe faite avec cette matière textile : *Elle est en coton ou en synthétique, ta robe ?* **4.** **Filer un mauvais coton :** être dans une situation difficile. **5.** **Élever un enfant dans du coton :** l'élever avec des soins exagérés. **6.** **Au coton :** à l'extrême limite, à fond. — REM. Ces expressions sont familières.

cotonnade, n. f. ◆ Toute étoffe de coton.

cotte, n. f. ◆ **Cotte de mailles :** armure du Moyen Age, faite d'anneaux de fer entrelacés.

cou, n. m. ◆ Partie du corps entre tête et le corps. ● **Sauter au cou de quelqu'un,** l'embrasser. ● **Prendre ses jambes à son cou :** se mettre à courir très vite.

couard, couarde, adj. ◆ Très peureux, — SYN. lâche, peureux, poltron. — CONTR. brave, courageux, intrépide.

couardise, n. f. ◆ Manque total de courage. — SYN. lâcheté, poltronnerie. — CONTR. bravoure, courage, intrépidité.

couchant, adj. m. *ou* n. m. ◆ **1.** *Le soleil couchant,* sur le point de se coucher. — CONTR. soleil levant. **2.** *Le couchant :* l'endroit où le soleil se couche, l'ouest. — CONTR. levant.

couche, n. f. ◆ **1.** Épaisseur de matière étendue sur une surface : *Encore une couche de peinture sur les murs, et les travaux seront terminés !* **2.** Linge dont on enveloppe les bébés.

1. coucher, v. ◆ **1.** Mettre au lit ou mettre dans la position allongée : *On coucha le blessé sur une table.* ● *Onze heures ? Alors je vais me coucher.* — CONTR. (se) lever. **2.** Dormir : *Marianne avait oublié ses clés, elle a couché chez une amie !* **3.** Plier, incliner fortement : *Les rafales de vent couchent les roseaux de l'étang.* **4.** *Le soleil se couche,* disparaît à l'horizon, le soir.

2. coucher, n. m. ◆ **1.** Moment où on se couche. — CONTR. le lever. **2.** *Coucher de soleil :* moment où le soleil se couche, ou spectacle que constituent le soleil et le ciel à ce moment. — CONTR. un lever de soleil.

couchette, n. f. ◆ Petit lit, dans un bateau. ● Lit escamotable, dans un train.

coucou, n. m. ◆ **1.** Oiseau dont le cri est « coucou » et qui pond ses œufs dans le nid des autres oiseaux. **2.** Pendule qui imite le cri du coucou quand elle sonne les heures et qui comprend une figurine mobile représentant un coucou.

coude, n. m. ◆ **1.** Endroit où l'avant-bras s'articule sur le bras. ● *Se serrer les*

couloir

coudes : s'entraider. ● *Agir coude à coude* ou *au coude à coude,* avec ensemble, en se soutenant bien les uns les autres. **2.** Partie d'une manche qui est à l'endroit du coude : *Ton chandail a un trou au coude !* **3.** Endroit où une route, une rue, une rivière ou un tuyau tourne : *Les débris s'accumulent dans le coude, et c'est ainsi que le tuyau se bouche.* — SYN. angle, courbe, détour, méandre, sinuosité, tournant.

coudé, ée, adj. ♦ Qui forme un coude : *Un tuyau coudé raccorde la conduite des eaux usées à l'égout.*

coudée, n. f. ♦ **1.** Ancienne mesure de longueur (environ 50 cm). **2.** *Avoir les coudées franches :* pouvoir agir à son aise, sans contrainte.

cou-de-pied, n. m. ♦ Le haut du pied. — PLUR. *des cous-de-pied.* — REM. N'écrivez pas comme : (*donner, recevoir*) *un coup de pied.*

coudoyer [kudwaje], v. (conjugaison 21) ♦ Passer, être tout près de quelqu'un : *Quand on prend le métro tous les jours, on coudoie des millions d'inconnus.*

coudre, v. (conjugaison 87) ♦ Assembler ou fixer avec du fil et des aiguilles. — REGARDER *piquer.*

couenne [kwan], n. f. ♦ Peau de porc flambée et bien raclée.

cougouar [kugwaʀ], n. m. ♦ Synonyme de *puma.*

coulant, adj. m. ♦ *Nœud coulant,* qui forme une boucle qui se resserre quand on tire.

coulée, n. f. ♦ Masse de matière liquide ou pâteuse qui coule.

couler, v. ♦ **1.** Descendre, se déplacer sous l'effet de son propre poids : *J'ai pris une poignée de sable. Regarde : il coule entre mes doigts, comme un liquide.* **2.** Laisser échapper un liquide : *Attention ! La bassine*

est percée : elle coule ! **3.** Verser un liquide, une matière pâteuse : *Tu coules le plomb fondu dans le moule puis, un moment après, tu démoules.* **4.** Sombrer : *Le croiseur, atteint par une bombe, a coulé aussitôt.* ● Envoyer un navire au fond de l'eau : *L'avion attaqua le croiseur à la bombe et le coula.*

couleur, n. f. ♦ **1.** Aspect qu'a une chose selon qu'elle est verte, bleue, jaune, rouge, blanche, noire, etc. : *Une photo en noir et blanc peut être aussi belle qu'une photo en couleurs.* ● *Un homme, une femme de couleur,* qui n'est pas de race blanche. **2.** *Les couleurs,* le drapeau : *Tous les jours à 8 heures, on hisse les couleurs.* **3.** *Les couleurs,* la bonne mine : *Tu es tout pâlot, après ta maladie, mais tu vas reprendre tes couleurs.* **4.** Chacun des quatre modèles de figures du jeu de cartes (cœur, carreau, trèfle, pique) : *J'ai l'as et le roi dans la même couleur.* **5.** Peinture utilisée par les artistes : *Le peintre mélange ses couleurs sur la palette.* **6.** *Annoncer la couleur :* donner, dès le début, sa position sur un sujet. **7.** *En faire voir à quelqu'un de toutes les couleurs :* faire supporter à quelqu'un beaucoup d'ennuis. **8.** *En voir de toutes les couleurs :* avoir toutes sortes de difficultés. **9.** *Faire couleur locale :* avoir un aspect curieux, différent, folklorique. **10.** *Rêver en couleurs :* avoir des illusions. — REM. Ces expressions sont familières.

couleuvre, n. f. ♦ Serpent non venimeux, qu'il faut bien distinguer de la vipère.

coulisse, n. f. ♦ **1.** *Porte à coulisse* ou *porte coulissante,* qui se déplace en glissant, au lieu de tourner. **2.** *Les coulisses :* partie d'un théâtre, derrière la scène, où le public n'a pas accès.

coulisser, v. ♦ Glisser : *La porte coulissante coulisse dans une rainure.*

couloir, n. m. ♦ **1.** Dans un édifice, un appartement, passage long par rapport à sa largeur. **2.** Zone étroite et longue qui constitue un passage. ● *Un couloir d'avalanche,* emprunté par la masse de neige qui dévale la pente. ● *Un couloir aérien :* itinéraire que doivent emprunter les avions.

coup

coup, n. m. ◆ **1.** Choc par lequel on frappe : *Si un voyou t'attaque, défends-toi : à coups de poing, à coups de pied, à coups de bâton, à coups de couteau, mais défends-toi !* ● *Faire d'une pierre deux coups :* obtenir deux résultats en accomplissant une action unique. **2.** Émotion violente qui fait du mal : *La mort de sa petite amie lui a donné un coup.* **3.** Action violente qui fait du mal : *Julienne a pris un coup de soleil.* **4.** Lancement d'un projectile par une arme à feu, un canon : *Il tira plusieurs coups de revolver sur la cible.* ● *On entendit cinq ou six coups de feu.* **5.** Bruit soudain : *Un coup de sonnette ? Qui est-ce ?* **6.** Action brève. ● *Coup de fil :* brève conversation téléphonique. ● *Jeter un coup d'œil :* regarder rapidement. **7.** *Du premier coup :* dès la première tentative. ● *D'un seul coup,* tout à la fois : *D'un seul coup, Lise a abattu toutes les quilles.* ● *Tout à coup* ou *tout d'un coup :* brusquement. ● *Coup sur coup :* à peu de temps d'intervalle. ● *Après coup :* une fois l'action accomplie. **8.** Action audacieuse et soudaine : *Les bandits ont tenté un coup formidable contre le convoi.* ● *Coup d'État :* action par laquelle un homme ou un groupe s'empare du pouvoir grâce à la force militaire ou à l'action de partisans armés. **9.** *Coup franc :* au soccer, tir du ballon qui se fait sans que l'équipe adverse ait le droit de s'y opposer.

coupable, adj. *ou* n. ◆ Qui a commis une faute, un délit, un crime : *Pour cette fois, les élèves coupables ne seront pas punis.* — SYN. fautif. — CONTR. innocent.

coupant, ante, adj. ◆ Qui coupe : *Attention aux morceaux de verre : ils ont des arêtes coupantes.* — SYN. tranchant. — CONTR. émoussé. ● *Un ton coupant,* sans réplique possible. — SYN. cassant.

1. coupe, n. f. ◆ **1.** Récipient large, en verre ou en métal, avec un pied, dans lequel on boit. **2.** Grand vase en métal qui est remis au vainqueur ou à l'équipe victorieuse à la fin d'une compétition. ● Épreuve sportive dans laquelle les concurrents ou les clubs sont éliminés au fur et à mesure qu'ils sont battus.

2. coupe, n. f. ◆ **1.** Manière dont est

coupé un vêtement, sa forme : *J'aime les vestes de coupe ample.* ● Manière dont sont coupés les cheveux. **2.** Dessin qui montre l'intérieur d'une chose, comme si elle était coupée en deux.

coupe-papier, n. m. inv. ◆ Couteau à lame peu coupante qui sert à couper des feuilles de papier, à ouvrir les enveloppes.

couper, v. ◆ **1.** Diviser en deux ou en plusieurs parties : *La bouchère coupe la viande avec un couteau bien affilé.* — SYN. tailler, trancher. ● *Le tailleur coupe les vêtements,* taille les morceaux dans l'étoffe, avant de les assembler. ● Être coupant : *Donne-moi un autre couteau, celui-ci ne coupe pas.* ● Enlever en coupant : *L'oncle Arsène s'est coupé la moustache.* **2.** Croiser (une ligne, une route, etc.) : *Elle habite une maison isolée, près de l'endroit où la voie ferrée coupe la route.* **3.** Barrer en interdisant le passage : *Des coulées de boue ont coupé la route en cinq endroits.* **4.** Interrompre : *Voyons, Isabelle, ce n'est pas poli de couper la parole à ta grand-mère.* **5.** Arrêter le passage de l'eau, du gaz, de l'électricité : *Il y a des travaux dans le quartier : on a coupé l'eau.* **6.** *Couper les cartes :* diviser un jeu de cartes en intervertissant les deux parties, pour brouiller les cartes. **7.** *Couper le vin,* y mettre de l'eau ou un autre vin. **8.** *Couper par,* passer en prenant un chemin plus court : *Nous sommes en retard : pour rentrer, coupons par le petit chemin qui traverse les prairies.*

couple, n. m. ◆ **1.** Un homme et une femme qui sont ensemble. **2.** Ensemble formé par un mâle et une femelle.

couplet, n. m. ◆ Chacune des parties d'une chanson, qui sont séparées par un refrain, toujours le même.

coupole, n. f. ◆ Toiture ronde, assez plate. — REGARDER *dôme.*

coupon, n. m. ◆ Morceau de tissu neuf.

coupure, n. f. ◆ **1.** Blessure légère faite avec une lame, un morceau de verre.

courgette

2. Arrêt du passage du courant électrique, du gaz, de l'eau. **3.** Billet de banque : *Je préfère les coupures d'un dollar aux pièces métalliques.*

cour, n. f. ♦ **1.** Espace clos, non bâti, à l'intérieur d'un édifice ou près de lui : *Combien y a-t-il de patinoires dans la cour de l'école?* **2.** Ensemble des grands seigneurs et des grandes dames qui vivaient près du roi : *Toute la cour assistait aux fêtes brillantes que le roi donnait à Versailles.* **3.** *Faire la cour à une femme,* essayer de lui plaire en lui disant des paroles aimables, en sortant avec elle. **4.** Nom de certains tribunaux, par exemple : *les cours d'appel, la Cour suprême.*

courage, n. m. ♦ **1.** Qualité de celui qui n'hésite pas à affronter le danger. — SYN. audace, bravoure, hardiesse, héroïsme, intrépidité, vaillance, valeur. — CONTR. couardise, lâcheté, poltronnerie. **2.** Ardeur au travail, goût de l'effort. — SYN. ardeur, énergie, volonté. — CONTR. mollesse, paresse.

courageux, euse, adj. ♦ Qui a du courage. — SYN. audacieux, brave, hardi, intrépide, vaillant, valeureux, laborieux, travailleur.

couramment, adv. ♦ D'une manière courante, habituelle. — SYN. communément, fréquemment, habituellement, souvent. — CONTR. exceptionnellement, rarement.

1. courant, ante, adj. ♦ **1.** *Eau courante :* eau qui arrive au robinet dans la maison, par un tuyau. **2.** Ordinaire, fréquent : *Son boyau a crevé : c'est un accident courant dans les courses cyclistes.* — SYN. accoutumé, banal, commun, fréquent, habituel, ordinaire. — CONTR. exceptionnel, extraordinaire, inaccoutumé, inhabituel, rare.

2. courant, n. m. ♦ **1.** Mouvement de l'eau qui se déplace sur une longue distance : *Le courant du torrent est si rapide que personne ne pourrait le remonter à la nage.* **2.** *Courant d'air :* REGARDER *air* 1, sens 1. **3.** *Courant électrique :* l'électricité qui passe dans les câbles ou dans les fils. **4.** L'intérieur d'une période : *J'irai vous voir dans le courant de cette semaine ou au début de l'autre semaine.* — CONTR. début, fin **5.** *Au courant,* informé, qui sait ce qui se passe ou vient de se passer : *Comment? Marie-Laurence s'est mariée? Mais je n'étais pas au courant!*

courbatu, ue, adj. ♦ Qui a des courbatures. — REM. Ne dites pas « courbaturé ».

courbature, n. f. ♦ Douleur musculaire.

courbe, adj. *ou* n. f. ♦ **1.** *Une ligne courbe* ou *une courbe :* ligne dont le tracé a des changements de direction arrondis. **2.** Qui n'est pas droit mais qui a la forme d'un segment de cercle, d'ellipse, d'ovale : *Dans cette petite ville, les rues anciennes sont courbes et parfois tortueuses.* — CONTR. droit, rectiligne. **3.** *Une courbe,* un tournant : *A cet endroit, la voie ferrée fait une courbe, avant la gare.* — SYN. tournant, virage.

courber, v. ♦ **1.** Donner une forme courbe : *Le vent était si fort qu'il courbait les arbres.* — SYN. abaisser, fléchir, incliner, infléchir, plier, ployer, recourber. — CONTR. dresser, redresser. **2.** Pencher, incliner en avant : *Jacques a honte : il courbe la tête.* ● *Il se courba pour me saluer.* — CONTR. (se) dresser, (se) redresser.

courbette, n. f. ♦ Action de se courber pour saluer quelqu'un : *C'est un homme poli, trop poli même : il m'agace avec ses courbettes!*

courbure, n. f. ♦ Forme courbe.

coureur, euse, n. ♦ Celui, celle qui prend part à une course (cycliste, à pied ou d'automobiles). ● *Coureur de (des) bois,* n. m. : chasseur ou trappeur qui parcourait les grandes étendues du Canada et vivait du produit de sa chasse.

courge, n. f. ♦ Citrouille, potiron.

courgette, n. f. ♦ Légume allongé, de couleur verte.

courir

courir, v. (conjugaison 32) ♦ **1.** Se déplacer très vite, selon une allure telle qu'à certains instants aucun des deux pieds ne touche terre : *Inutile de courir : il suffit de marcher vite.* **2.** Aller vite : *Le train court sur les rails.* **3.** Se répandre, être transmis, se répéter : *Le bruit court que les vacances seront prolongées jusqu'en octobre.* **4.** Parcourir, aller dans de nombreux endroits : *J'ai passé mon samedi à courir les magasins pour trouver une chemise assortie à mon pantalon.* **5. Courir un danger :** être en danger. **6. Courir sa chance :** essayer, tenter sa chance.

couronne, n. f. ♦ **1.** Objet de métal de forme ronde qui se met sur la tête et qui est l'insigne de la royauté. **2. Couronne de fleurs :** guirlande de fleurs, ronde, qu'on se met sur la tête. **3. Couronne mortuaire** ou **couronne :** cercle de fleurs qu'on dépose sur une tombe. **4.** Pain en forme de gros anneau.

couronnement, n. m. ♦ **1.** Action de couronner quelqu'un roi ; cérémonie au cours de laquelle on couronne un roi, une reine, un empereur... — REGARDER *sacre.* **2.** Ce qui termine brillamment une carrière, une action : *Sa tante vient d'être nommée sénatrice : c'est le couronnement de sa carrière.*

couronner, v. ♦ **1.** Mettre une couronne sur la tête de quelqu'un qui devient roi ou empereur : *Napoléon fut couronné à Notre-Dame de Paris.* — REGARDER *sacrer.* **2.** Récompenser : *Cette victoire dans le championnat couronne les efforts de notre équipe.*

courre ♦ *Chasse à courre :* chasse qui se fait à cheval, avec des chiens.

courrier, n. m. ♦ **1.** Autrefois, homme qui portait une lettre, un message. **2.** Lettres qu'on reçoit ou qu'on envoie : *Il est dix heures : le facteur va apporter le courrier.* ● *Courrier électronique :* REGARDER *télécopie.*

courroie, n. f. ♦ Bande de cuir ou de tissu très solide qui sert à attacher.

● Bande souple qui sert à transmettre le mouvement d'une roue à une autre. ● *Courroie de transmission.*

courroux, n. m. ♦ Colère : *Pourquoi vous mettez-vous ainsi en courroux?* — REM. Ce mot est vieilli et littéraire.

cours [kuʀ], n. m. ♦ **1.** Mouvement de l'eau qui s'écoule : *Le cours impétueux du torrent emporte les branches mortes.* — SYN. courant. ● Trajet, chemin que suit un fleuve, une rivière : *Le Saint-Laurent est le plus long des fleuves canadiens : son cours dépasse 3 000 kilomètres.* ● *Cours d'eau :* fleuve, rivière, ruisseau, torrent. **2.** La suite du temps qui s'écoule, des faits qui se produisent : *Ma cousine est venue nous voir au cours du mois de janvier.* ● *Raconte-moi tout, en suivant le cours des événements.* **3.** Prix qui monte et qui descend, suivant les circonstances : *C'est à la Bourse que se fixe le cours des actions.* **4.** Leçon faite par le maître dans une matière donnée : *De 9 heures à 10 heures : cours de maths. De 10 heures à 11 heures : cours de géographie.*

course, n. f. ♦ **1.** Allure d'une personne ou d'un animal qui court : *J'ai pu rattraper l'autobus à la course.* **2.** Épreuve sportive (à pied, à vélo, à moto, en voiture, en bateau) où il faut aller le plus vite possible et arriver le premier. ● *Les courses,* les courses de chevaux : *Mon cousin François a encore perdu 200 dollars en jouant aux courses !* **3.** Longue excursion, expédition : *Demain, s'il fait beau, nous irons faire une course en montagne.* **4.** Sortie qu'on fait pour acheter quelque chose : *Déjà midi ! Il est temps d'aller faire les courses !* (= les commissions). *Mon frère est allé faire une course dans un magasin du quartier.*

coursier, n. m. ♦ **1.** Synonyme vieilli et littéraire de « cheval ». **2.** Celui qui, dans une entreprise, est chargé de faire les courses. Le féminin est *coursière.*

1. court, courte, adj. *ou* adv. ♦ **1.** Qui n'est pas long (dans l'espace) : *Jacqueline, ta jupe est trop courte, je vais l'allonger.* — CONTR. long. **2.** Qui n'est pas long (dans le temps) : *Deux heures de train ? Le* *voyage est court !* — CONTR. long. **3.** *Être à court de,* manquer de : *Moi, je suis toujours à court d'argent ; toi, tu es toujours à court d'imagination !* • **Tourner court** : s'arrêter avant d'avoir atteint un résultat. • **Couper court à,** arrêter, mettre fin à : *Coupons court à ces discussions sans intérêt.* • **Prendre de court** : surprendre et ne pas laisser le temps de réagir.

2. court, n. m. ♦ Terrain de tennis. — REM. N'écrivez pas comme : *une cour (de récréation).*

court-circuit, n. m. ♦ Accident qui se produit dans une installation électrique quand deux fils se touchent alors qu'ils ne devraient pas se toucher. — PLUR. *des courts-circuits.*

courtisan, n. m. ♦ Autrefois, homme de haut rang, grand seigneur, qui vivait à la cour du roi.

courtisane, n. f. ♦ Autrefois, femme de mauvaise vie, élégante, qui recevait les hommes et se faisait payer très cher.

courtiser, v. ♦ Faire la cour à une femme, à une jeune fille. — REGARDER *cour 3.*

courtois, oise, adj. ♦ Poli et gentil : *Tu dois être respectueuse à l'égard de tes professeurs et courtoise à l'égard de tes camarades.* — SYN. affable, aimable, bien élevé, convenable, correct, civil, gentil, gracieux, poli. — CONTR. désagréable, discourtois, grincheux, grossier, hargneux, impoli, incorrect, mal élevé.

courtoisie, n. f. ♦ Qualité d'une personne courtoise. — SYN. affabilité, amabilité, bonne éducation, civilité, gentillesse, politesse. — CONTR. grossièreté, hargne, impolitesse, incorrection, mauvaise éducation.

couscous [kuskus], n. m. ♦ Plat d'Afrique du Nord, à base de semoule, avec du poulet ou du mouton, et des légumes.

1. cousin, ine, n. ♦ Fils ou fille de l'oncle ou de la tante ou du grand-oncle ou de la grand-tante ou d'une personne avec qui on a une communauté d'ascendance. • **Cousin germain** : REGARDER *germain.*

2. cousin, n. m. ♦ Moustique.

coussin, n. m. ♦ **1.** Sac rembourré posé sur un siège. **2.** *Coussin d'air* : masse d'air poussée par un moteur, de haut en bas, et qui maintient au-dessus du sol ou de l'eau certains véhicules, tels que les aéroglisseurs.

coût, n. m. ♦ Prix qu'on paye. • *Le coût de la vie* : le prix des choses qu'on achète régulièrement (nourriture, habillement, etc.).

coûtant, adj. m. ♦ *Vendre à prix coûtant,* sans faire de bénéfice.

couteau, n. m. ♦ **1.** Instrument qui sert à couper. **2.** Arme composée d'une lame pointue et tranchante et d'un manche. • *Mettre le couteau sur la gorge à quelqu'un,* l'obliger à faire quelque chose sans retard et sans possibilité de résister.

coutelas [kutla], n. m. ♦ Grand couteau à lame large.

coutelier, n. m. ♦ Fabricant ou marchand de couteaux, de ciseaux, etc.

coutellerie, n. f. ♦ **1.** Fabrique de couteaux. **2.** Magasin du coutelier.

coûter, v. ♦ **1.** Être vendu à tel prix : *Je ne regrette pas les 350 dollars que ce vélo m'a coûté* (participe invariable). **2.** Exiger : *Ah ! je regrette les efforts inutiles que ce travail m'a coûtés !* (participe accordé). • *Coûter la vie,* provoquer la mort : *Il roulait à 200 kilomètres à l'heure sur sa moto : son imprudence lui a coûté la vie.* • *Coûte que coûte* : même si cela demande des sacrifices ; par tous les moyens.

coûteux, euse, adj. ♦ Qui coûte cher. — SYN. cher, dispendieux. — CONTR. à bon marché.

coutume, n. f. ♦ Habitude propre à un pays, à un milieu, à beaucoup de gens : *Pour Pâques, on offre des œufs en chocolat, c'est la coutume.* — SYN. habitude, tradition, usage.

coutumier, ière, adj. ♦ *Être coutumier du fait :* avoir l'habitude de faire, de commettre une action.

couture, n. f. ♦ **1.** Suite de points qui assemblent deux morceaux d'étoffe : *Change de pantalon : la couture a craqué !* **2.** Art de couper et de coudre les vêtements.

couturé, ée, adj. ♦ Marqué (de cicatrices) : *Le vieux pirate avait le visage tout couturé de cicatrices.*

couturier, n. m. ♦ Personne qui crée des modèles de vêtements.

couturière, n. f. ♦ Femme qui fait les vêtements de dame.

couvée, n. f. ♦ Ensemble de très jeunes oiseaux sortis d'œufs couvés en même temps par le même oiseau. — REGARDER *nichée.*

couvent, n. m. ♦ Maison (située généralement dans une ville) où vivent des moines ou des religieuses. — REGARDER *abbaye, cloître, monastère.*

couver, v. ♦ **1.** *L'oiseau couve les œufs,* reste accroupi sur eux, jusqu'à ce qu'ils éclosent. **2.** *Le feu couve sous la cendre :* sans qu'il y ait de signes bien visibles, un danger se prépare à éclater.

couvercle, n. m. ♦ Ce qui sert à fermer par le haut un récipient, une boîte.

1. couvert, erte, adj. ♦ **1.** Habillé : *Avec ce froid, je ne sors que couvert chaudement.* **2.** *Ciel couvert,* plein de nuages.

2. couvert (à) loc. adv. ♦ A l'abri, à un endroit où l'on ne peut être vu.

3. couvert, n. m. ♦ **1.** Ensemble assorti formé par la cuiller, la fourchette et le couteau. **2.** *Mettre le couvert :* disposer les assiettes, les verres, les fourchettes, les cuillers, les couteaux sur la table, pour le repas.

couverture, n. f. ♦ **1.** Étoffe chaude qu'on met sur le drap de dessus pour tenir chaud. **2.** Feuille de papier épais ou de carton qui constitue la partie extérieure d'un cahier ou d'un livre. **3.** Toiture.

couveuse, n. f. ♦ Appareil qui maintient les œufs à la température nécessaire, jusqu'à ce qu'ils éclosent.

couvre-feu, n. m. ♦ **1.** Au Moyen Age, sonnerie de cloche qui ordonnait aux gens de rentrer chez eux et d'éteindre feux et lumières (pour éviter tout risque d'incendie pendant la nuit). **2.** De nos jours, interdiction de sortir dans les rues après une certaine heure, dans les villes où il y a des troubles graves.

couvre-lit, n. m. ♦ Grande pièce d'étoffe qui recouvre un lit. — SYN. dessus-de-lit. — PLUR. *des couvre-lits.*

couvreur, n. m. ♦ Celui dont le métier est de poser les tuiles, les ardoises, le zinc sur les toits.

couvrir, v. (conjugaison 33) ♦ **1.** Mettre une couche de quelque chose sur une autre chose : *Elle couvrit la table d'une nappe blanche. Le toit est couvert en tuile. Le toit est couvert de neige.* — SYN. recouvrir. — CONTR. découvrir. **2.** *Se couvrir :* s'habiller chaudement. **3.** *Le ciel se couvre,* se remplit de nuages.

cow-boy [kɔbɔj], n. m. ♦ Au Canada et aux États-Unis, dans la Prairie, gardien de troupeau de bovins. — PLUR. *des cowboys* [bɔj].

crabe, n. m. ♦ Crustacé à carapace ronde qui vit au bord de la mer, qui a des pinces et qui marche sur le côté.

crac ! interj. ♦ Onomatopée qui imite le bruit d'une chose qui se casse.

crachat, n. m. ♦ Salive qu'on lance en crachant.

cracher, v. ♦ **1.** Rejeter de la salive par la bouche. • Rejeter ce qu'on a dans la bouche : *Sortant de la mer, Françoise crachait l'eau salée, en frissonnant.* — SYN. recracher. **2.** Rejeter hors de soi, avec force : *Le volcan crachait des flammes et de la lave.*

crachin, n. m. ♦ Petite pluie très fine.

craie, n. f. ♦ **1.** Roche calcaire blanche. **2.** Cette roche, coupée en bâtons et servant à écrire : *Prends un bâton de craie et écris au tableau...*

craindre, v. (conjugaison 83) ♦ **1.** Avoir peur de quelque chose : *Ma sœur ne craint pas les gros chiens, mais elle craint les souris.* — SYN. redouter. **2.** Mal supporter quelque chose : *Marius est d'Haïti, et il craint la chaleur !* • Risquer d'être altéré par quelque chose : *Le chocolat craint la chaleur et l'humidité.*

crainte, n. f. ♦ **1.** Peur. — SYN. appréhension, peur, terreur. — CONTR. assurance, sécurité. **2.** *De crainte que ... ne,* pour que ne ... pas : *Je ne désire pas m'éloigner, de crainte que je ne sois porté absent.*

craintif, ive, adj. ♦ Qui a facilement peur. — SYN. peureux, poltron, timide. — CONTR. audacieux, brave, courageux, hardi.

cramoisi, ie, adj. ♦ D'un rouge qui tire sur le violet.

crampe, n. f. ♦ Douleur vive à un muscle, qui reste contracté en raison du froid ou d'un effort prolongé, ou d'une mauvaise position.

crampon, n. m. ♦ Chacune des saillies placées sous la semelle de certaines chaussures pour empêcher de glisser.

cramponner (se), v. ♦ Se tenir en s'accrochant à quelque chose : *Je glissais : je me suis cramponnée au rideau, et crac ! tout a lâché !*

cran, n. m. ♦ **1.** Chacun des trous (ou des entailles) qui permettent de régler quelque chose à la bonne longueur : *La courroie est trop lâche : serre-la d'un cran ou deux.* **2.** *Couteau à cran d'arrêt :* couteau dont la lame peut rentrer dans le manche et peut rester fixe quand elle est ouverte grâce à un dispositif spécial ; il sert d'arme.

crâne, n. m. ♦ **1.** Ensemble des os plats qui forment le squelette du dessus de la tête. **2.** Dessus de la tête : *Notre facteur est chauve : il a le crâne lisse et rond comme un caillou !*

crapaud, n. m. ♦ Animal qui ressemble à une grenouille, mais qui vit sur terre.

craquelé, ée, adj. ♦ Couvert de fines fissures : *Tu vois le vernis du vieux tableau : il est tout craquelé.*

craquement, n. m. ♦ Bruit sec d'une chose qui se brise.

craquer, v. ♦ **1.** Se briser ; se déchirer : *La planche a craqué, tous les cartons sont par terre !* • *Plein à craquer,* très plein : *Mon sac de voyage est plein à craquer.* **2.** Faire entendre un bruit sec : *Les brindilles de bois mort craquaient sous les bottes du chasseur.*

crasse, n. f. ♦ Couche sale qui colle à une surface.

crasseux, euse, adj. ♦ Plein de crasse. — SYN. sale. — CONTR. propre.

cratère, n. m. ♦ **1.** Ouverture, au sommet d'un volcan, par où sortent les vapeurs, les cendres, les laves, etc. **2.** Vase grec à deux anses dans lequel les Grecs puisaient le vin mélangé à l'eau. (Les Grecs buvaient rarement le vin pur, car celui-ci était très épais.)

cravache, n. f. ♦ Baguette souple dont se servent les cavaliers pour stimuler leurs chevaux.

cravate, n. f. ♦ Bande d'étoffe qui se noue sous le col d'une chemise.

crawl

crawl [kʀol], n. m. ♦ Style de nage rapide, avec battements continus des jambes et mouvement alternatif des bras.

crayeux, euse [kʀɛjø, øz], adj. ♦ Formé de craie : *Ici le sol est crayeux, c'est ce qui fait cette poussière blanche.*

crayon [kʀɛjɔ̃], n. m. ♦ Instrument qui sert à écrire, à dessiner et qui est formé d'un bâton de bois contenant, au milieu, une mine de graphite. ● *Crayon optique :* appareil photoélectrique sensible aux tracés qui s'affichent sur l'écran de visualisation. Il permet de dialoguer avec l'ordinateur.

crayonner, v. ♦ Dessiner ou écrire au crayon, rapidement, plus ou moins bien.

créance, n. f. ♦ Somme qu'on a prêtée et dont on a le droit d'exiger le remboursement. — CONTR. dette.

créancier, ière, n. ♦ Celui, celle qui a prêté de l'argent et a le droit d'en exiger le remboursement. — CONTR. débiteur.

créateur, trice, n. *ou* adj. ♦ **1.** Celui qui a créé l'univers : *Dieu est le créateur du monde.* ● *Le Créateur :* Dieu. **2.** Celui, celle qui crée quelque chose, qui fait une œuvre d'art : *Parmi tous les musiciens de son temps, Mozart est incontestablement un des plus grands créateurs.* **3.** Qui produit, qui fait exister quelque chose : *Le développement de l'industrie est créateur d'emplois.*

création, n. f. ♦ **1.** Action de créer. ● *La création du monde.* **2.** L'ensemble des choses et des êtres qui existent, la nature. **3.** Chose nouvelle produite : *Voici la nouvelle création de cette constructrice d'automobiles* (= le nouveau modèle de voiture).

créature, n. f. ♦ Tout être vivant, homme ou animal.

crécelle, n. f. ♦ Petit instrument que l'on fait tourner et qui fait du bruit.

crèche, n. f. ♦ **1.** Mangeoire pour le bétail. **2.** Construction en matériaux légers qui représente l'étable où Jésus naquit et fut déposé dans une *crèche* (mangeoire), avec des statues qui représentent l'Enfant Jésus, la Vierge Marie, saint Joseph, les bergers, les Mages, le bœuf, l'âne. **3.** Établissement où l'on garde les petits enfants pendant la journée.

crédit, n. m. ♦ **1.** *Acheter, vendre à crédit,* le prix étant payé plus tard et non au moment de l'achat ou de la vente. — CONTR. au comptant. ● *Faire crédit à quelqu'un,* lui vendre à crédit. ● *Faire crédit à quelqu'un,* lui faire confiance. ● *Carte de crédit.* **2.** *Le crédit d'un compte :* la colonne où est inscrite la somme que possède le titulaire du compte ou les sommes qui lui sont versées. — CONTR. débit. **3.** *Les crédits :* argent affecté par l'État ou par une collectivité locale à des dépenses déterminées. **4.** Confiance, estime, prestige dont on jouit auprès de quelqu'un : *Notre aïeule jouit d'un grand crédit auprès de tous les notables.* — SYN. ascendant, autorité, influence, prestige. — CONTR. discrédit.

créditer, v. ♦ Porter au crédit d'un compte.

crédule, adj. ♦ Qui croit n'importe quoi. — SYN. candide, confiant, ingénu, naïf, simple. — CONTR. critique, méfiant, sceptique.

crédulité, n. f. ♦ Défaut d'une personne crédule ; tendance à croire n'importe quoi. — SYN. candeur, confiance, ingénuité, naïveté, simplicité. — CONTR. méfiance, scepticisme.

créer, v. (conjugaison 19) ♦ **1.** Faire exister ce qui n'existait pas : *Mais oui ! c'est Dieu qui a créé le monde !* **2.** Inventer : *Les Grecs ont créé les arts et les Romains le droit.* ● Faire une chose originale, une œuvre d'art : *Ce grand parfumeur vient de créer un nouveau parfum.*

crémaillère, n. f. ♦ **1.** Tige de fer, munie de crans, suspendue dans une cheminée et à laquelle, autrefois, on suspendait une marmite ou un chaudron, à la hauteur nécessaire. ● *Pendre la crémaillère :* donner une petite réception chez soi, pour fêter son installation dans un nouveau logement. **2. _Chemin de fer à crémaillère :_** chemin de fer avec deux rails normaux et un rail central muni de crans sur lequel s'engrène la roue dentée d'une motrice, ce qui permet de gravir de fortes pentes.

crème, n. f. ♦ **1.** Partie grasse du lait : _C'est avec la crème qu'on fait le beurre._ **2.** Dessert, entremets à base de lait et d'œufs, par exemple la crème à la vanille, la crème au chocolat. **3.** Produit liquide ou pâteux qu'on se passe sur le visage. ● _Crème de beauté._ **4.** _Crème glacée,_ mélange de lait, de crème et de sucre auquel on ajoute un parfum et qu'on fait geler.

crémeux, euse, adj. ♦ _Lait crémeux,_ riche en crème.

crémerie, n. f. ♦ Magasin du crémier.

crémier, ière, n. ♦ Commerçant, commerçante qui vend du lait, de la crème, du beurre, du fromage, des œufs.

créneau, n. m. ♦ En haut d'un rempart, chacune des fentes par où les défenseurs pouvaient tirer.

1. crêpe, n. f. ♦ Gâteau très plat, souple et rond, fait de farine, d'œufs et de lait.

2. crêpe, n. m. ♦ Caoutchouc épais dont on fait les semelles.

3. crêpe, n. m. ♦ **1.** Tissu. **2.** Bande d'étoffe noire qu'on portait au revers du veston, en signe de deuil.

crêperie, n. f. ♦ Petit restaurant où l'on sert des crêpes et où l'on vend des crêpes à emporter.

crépi, n. m. ♦ Couche de plâtre ou de ciment sur un mur, à l'extérieur.

crépir, v. ♦ Couvrir d'un crépi : _On a crépi le mur en gris clair._

crépissage, n. m. ♦ Action de crépir.

crépiter, v. ♦ Faire entendre une série de petits bruits secs et répétés : _On entend le feu crépiter dans la cheminée._

crépu, ue, adj. ♦ Qui frise naturellement de manière très fine. ● _Une chevelure crépue._

crépuscule, n. m. ♦ Moment de la journée entre l'instant où le soleil disparaît sous la ligne d'horizon et celui où la nuit est noire.

cresson [kʀɛsɔ̃], n. m. ♦ Plante qui pousse dans l'eau et qu'on mange en potage, en salade, et comme garniture avec la viande grillée.

crête, n. f. ♦ **1.** Morceau de chair rouge sur la tête du coq et de certains autres oiseaux. **2.** Sommet d'une montagne, étroit et allongé.

cretons, n. m. pl. ♦ Pâté fait d'un mélange de viandes de porc et de veau hachées.

creuser, v. ♦ **1.** Rendre creux, évider : _Les Africains font des pirogues en creusant les troncs d'arbres._ ● Faire un trou dans quelque chose : _Creuse la terre dans ton jardin : tu trouveras peut-être du pétrole !_ ● Faire un puits, un canal : _On va creuser un puits dans mon jardin._ **2.** Donner faim : _La marche, ça creuse l'estomac._

creuset, n. m. ♦ **1.** Récipient dans lequel on fait fondre un métal ou dans lequel on chauffe un produit, quand on procède à une expérience de chimie. **2.** Lieu où se crée quelque chose : _La Grèce fut le creuset de la civilisation occidentale._

creux, creuse, adj. _ou_ n. m. _ou_ adv. ♦ **1.** Dont l'intérieur est vide et non pas plein de matière : _Cette boule de fer est creuse, c'est pourquoi elle n'est pas lourde._ — CONTR. plein. ● _Il y a un creux dans cette boule._ ● _La muraille sonne creux_ (emploi adverbial : _creux_ reste invariable). **2.** Qui est enfoncé, qui est à un niveau plus bas : *En forêt, tu verras des chemins creux, encaissés entre des talus.* ● *Un creux,* un endroit enfoncé : *Dans les creux de la cour, l'eau s'accumule quand il pleut.* — SYN. trou ; dépression. — CONTR. bosse, saillie. ● *Le creux de la main :* la paume, quand les doigts et la main forment une sorte de coquille. **3.** Qui ne dit pas grand-chose, qui exprime peu d'idées : *Qu'ils sont creux, ces discours !* — SYN. vide. — CONTR. substantiel.

crevaison, n. f. ♦ Accident par lequel un pneu se crève.

crevasse, n. f. ♦ Fente plus ou moins profonde dans la terre, dans un glacier ou sur la peau.

crevé, ée, adj. ♦ *Animal crevé,* mort.

crever, v. (conjugaison 12) ♦ **1.** Percer : *Des garnements ont crevé les pneus des voitures en stationnement.* ● *Cela crève les yeux :* c'est tout à fait évident, visible. **2.** *Une plante, un animal crève,* meurt.

crevette, n. f. ♦ Petit crustacé qui vit dans la mer et qui est très bon à manger.

cri, n. m. ♦ **1.** Bruit fort émis avec la bouche. ● *Pousser des hauts cris :* protester avec violence, manifester vivement son mécontentement. ● Son émis par l'animal et propre à chaque espèce : *Le cri du corbeau s'appelle « croassement », celui de la grenouille « coassement ».* **2.** *Le dernier cri :* ce qui est à la dernière mode, le plus moderne.

criaillerie [kʀiajʀi], n. f. (employé surtout au pluriel) ♦ Cris, paroles désagréables, plaintes pour des choses qui n'en valent pas la peine.

criant, ante, adj. ♦ Qui est évident et scandaleux : *Toute la classe a été punie, sauf lui : c'est une injustice criante !*

criard, arde, adj. ♦ **1.** Qui crie beaucoup : *Quel poison, cet enfant criard !* — CONTR. silencieux. **2.** *Couleurs criardes :* couleurs vives et désagréables. — CONTR. discret, nuancé.

crible, n. m. ♦ Instrument, récipient à fond percé de trous, qui sert à trier une matière en grains. — SYN. tamis. ● *Passer au crible,* examiner de près pour séparer le bon du mauvais, le vrai du faux : *La déposition de ce témoin doit être passée au crible.*

criblée, ée, adj. ♦ *Être criblé de dettes :* avoir beaucoup de dettes.

cribler, v. ♦ Frapper, atteindre, percer en de nombreux endroits : *Attentat contre la ministre : sa voiture a été criblée de balles de mitraillette.*

cric [kʀik], n. m. ♦ Instrument qui se manœuvre avec une manivelle ou un levier et qui sert à soulever une chose très lourde.

criée, n. f. ♦ *La vente à la criée* ou *la criée,* vente aux enchères (au cours de laquelle chaque acheteur propose un prix, celui qui propose le prix le plus élevé se voyant attribuer la marchandise) : *Les chalutiers rentrent au port. Bientôt va commencer la criée, à la halle aux poissons.*

crier, v. (conjugaison 20) ♦ Pousser un cri, des cris.

crime, n. m. ♦ **1.** Action de tuer quelqu'un volontairement. — REGARDER assassinat, homicide, meurtre. **2.** Acte très grave : *Il a incendié volontairement une maison : c'est un crime puni par la loi.*

criminel, elle, n. *ou* adj. ♦ **1.** Celui, celle qui a commis un crime. **2.** Qui constitue une faute très grave, un crime : *L'auteur de cet acte criminel mérite la prison à vie.*

crin, n. m. ♦ **1.** Long poil de la crinière ou de la queue du cheval. **2.** Matière formée par ces poils : *Le coussin de la calèche était défoncé : le crin sortait.*

crinière, n. f. ♦ Ensemble des longs poils qui garnissent le cou d'un cheval ou d'un lion.

crique, n. f. ♦ Petit enfoncement de la mer dans la terre. — SYN. baie, calanque.

criquet, n. m. ◆ Grosse sauterelle des pays chauds qui vit en troupes très nombreuses et fait de graves dégâts aux cultures.

crise, n. f. ◆ **1.** Atteinte ou aggravation brusque de la maladie : *Ma marraine a une crise aiguë de rhumatisme.* **2.** Moment de colère, de désespoir, etc. : *Dans une crise de colère, il a cassé un verre.* **3.** Période où les affaires vont mal. • *La crise économique.* — SYN. marasme, récession. — CONTR. expansion, prospérité, relance, reprise.

crispé, ée, adj. ◆ Qui est inquiet, tendu, parfois agressif : *Détends-toi, Annie, pourquoi es-tu crispée ainsi ?* — SYN. tendu. — CONTR. détendu.

crisper, v. ◆ Contracter ou serrer, parce qu'on est inquiet, irrité : *L'enfant avait peur : il crispait sa main sur la mienne.* • *Ne te crispe pas ainsi.*

crissement, n. m. ◆ Bruit d'une chose qui crisse.

crisser, v. ◆ Produire un bruit de frottement, parfois aigu ou grinçant : *Les pneus crissent dans les virages.*

cristal, aux, n. m. ◆ **1.** Petit élément de forme régulière qui constitue la structure de certains corps : *Regarde à la loupe les cristaux de neige.* **2.** *Cristal de roche :* roche transparente comme du verre. **3.** Verre très lourd et très pur, dont on fait des objets de luxe.

cristallin, ine, adj. *ou* n. m. ◆ **1.** Clair et pur comme du cristal : *Les cailloux brillent sous l'onde cristalline du ruisseau.* **2.** Pur, aigu et clair comme le bruit du cristal que l'on frappe : *J'aime beaucoup la voix cristalline de Lucile !* **3.** *Le cristallin :* organe de l'œil, en forme de loupe.

cristallisé, ée, adj. ◆ Qui se présente sous forme de cristaux, par exemple *le sucre cristallisé.*

1. critique, adj. ◆ Dangereux : *Ferdinand était tombé dans son puits : les pompiers l'ont tiré de sa situation critique.*

2. critique, adj. ◆ *Esprit critique :* aptitude à discerner le vrai du faux et à ne pas croire n'importe quoi.

3. critique, n. f. ◆ **1.** Parole ou écrit qui affirme qu'une chose est mauvaise ou qu'une personne n'agit pas comme il faut. — SYN. blâme, désapprobation, grief, observation, réprimande, reproche. — CONTR. approbation, compliment, félicitation, louange. **2.** Analyse, étude que l'on fait d'une œuvre ou d'un texte et qui exprime un jugement : *Dans le journal, tu verras une critique très élogieuse de ce film.*

4. critique, n. m. *ou* f. ◆ Celui, celle qui écrit des critiques (sur des livres, des pièces de théâtre, des films, etc.).

critiquer, v. ◆ Faire des critiques, des reproches : *On a beaucoup critiqué le gouvernement pour sa politique économique.* — SYN. blâmer, désapprouver, réprimander, reprocher. — CONTR. approuver, complimenter, féliciter.

croassement, n. m. ◆ Cri du corbeau. — REM. Ne confondez pas avec le *coassement,* cri de la grenouille.

croasser, v. ◆ *Le corbeau croasse,* pousse son cri. — REM. Attention ! La grenouille *coasse.*

croc [kʀo], n. m. ◆ **1.** Chacune des quatre grosses dents pointues (*canines*) du chien, du chat. etc. **2.** Crochet : *De gros quartiers de viande pendaient aux crocs de la boucherie.*

croc-en-jambe [kʀɔkɑ̃ʒɑ̃b], n. m. ◆ Action de tirer avec son propre pied la jambe d'une personne pour faire tomber celle-ci. — PLUR. *des crocs-en-jambe* [kʀɔkɑ̃ʒɑ̃b]. — SYN. croche-pied.

croche, adj. *ou* adv. ◆ De travers, qui n'est pas droit. Peu honnête, menteur.

croche-pied, n. m. ◆ Croc-en-jambe. — PLUR. *des croche-pieds.*

crochet

crochet, n. m. ♦ **1.** Objet recourbé auquel on peut suspendre quelque chose. **2.** Grosse aiguille à bout recourbé qui sert à faire un ouvrage en laine ou en coton ou à faire de la dentelle. ● *Faire du crochet,* un ouvrage ou de la dentelle au crochet. **3.** Détour, par rapport au chemin le plus direct : *Veux-tu faire un crochet par la poste, en allant à l'école ? J'ai une lettre à envoyer.* **4.** *Vivre aux crochets de quelqu'un,* en se faisant nourrir, loger, entretenir par lui.

crocheter, v. (conjugaison 15) ♦ Ouvrir une serrure avec une fausse clef ou un instrument de métal.

crochu, ue, adj. ♦ Pointu et recourbé.

crocodile, n. m. ♦ **1.** Animal féroce des pays chauds, très grand (plusieurs mètres de longueur), qui ressemble à un très grand lézard, qui a de nombreuses dents fortes et pointues et qui vit dans les fleuves et les lacs. — REGARDER *alligator, caïman.* ● *Verser des larmes de crocodile :* manifester une douleur ou une pitié peu sincère. **2.** Peau, cuir de cet animal.

croire, v. (conjugaison 77) ♦ **1.** Être sûr de quelque chose : *Tu es croyant, donc tu crois que Dieu existe.* ● *Tu crois en Dieu.* ● *Tu n'es pas superstitieuse, donc tu ne crois pas aux revenants.* **2.** Penser, sans être bien sûr : *Je crois que je n'aurai pas une très bonne note.* **3.** *Croire quelqu'un,* penser que ce qu'il dit est vrai : *Voyons, quand je te dis que je suis ton meilleur ami, tu me crois, je pense ?* ● *Ne pas en croire ses yeux, ses oreilles :* être très surpris de ce qu'on voit ou de ce qu'on entend.

croisade, n. f. ♦ **1.** Au Moyen Age, chacune des expéditions que les chrétiens d'Occident menèrent contre les musulmans de Palestine ou d'Égypte ou contre les hérétiques. **2.** Campagne visant un but et mobilisant l'opinion publique : *Enfin ! on va faire une croisade contre la pollution !*

croisé, n. m. ♦ Au Moyen Age, celui qui prenait part à une croisade.

croisement, n. m. ♦ Endroit où deux routes, deux rues, deux chemins se croisent.

croiser, v. ♦ **1.** Mettre l'un sur l'autre de manière à former une croix ou un X : *Croise tes bras, ne croise pas les jambes.* ● Couper une ligne, une route, une rue, un chemin : *Elle habite une ferme isolée, près de l'endroit où la route croise le chemin forestier.* **2.** Rencontrer, en allant en sens inverse : *En allant au collège, j'ai croisé notre voisine, qui revenait de faire ses courses.* **3.** Naviguer en allant et en venant dans la même zone : *Des navires de guerre croisaient au large des côtes pour assurer le blocus.*

croiseur, n. m. ♦ Grand navire de guerre, rapide et puissamment armé, mais non cuirassé.

croisière, n. f. ♦ Voyage en bateau qu'on fait pour son plaisir.

croissance, n. f. ♦ **1.** Accroissement de la taille d'un être qui grandit : *Tu as quatorze ans : tu n'as pas fini ta croissance.* **2.** Accroissement de la production : *C'est la crise : la croissance est arrêtée.*

1. croissant, ante, adj. ♦ Qui croît : *Classe-moi ces bâtonnets par ordre de longueur croissante.* — CONTR. décroissant.

2. croissant, n. m. ♦ **1.** Surface formée par l'intersection de deux cercles inégaux. ● *Le croissant de lune.* **2.** Pâtisserie qui a la forme d'un *croissant* (en principe) et qu'on mange surtout au petit déjeuner.

croître, v. (conjugaison 100) ♦ **1.** Devenir plus grand. — SYN. s'accroître, s'agrandir, augmenter, se développer, grandir, grossir, monter. — CONTR. baisser, décroître, diminuer, se rapetisser. **2.** *Une plante croît,* pousse : *Les roseaux croissent au bord de l'étang.*

croix, n. f. ♦ **1.** Chez les Romains, instrument de supplice sur lequel on attachait les condamnés (esclaves notamment) pour les y laisser mourir et qui était formé d'un poteau et d'une traverse horizontale : *Jésus* *est mort sur une croix.* ● Objet qui, par sa forme, rappelle la croix de Jésus : *La chapelle est surmontée d'une croix.* **2.** Décoration (qui était, au moins à l'origine, constituée par un ruban supportant une croix de métal). ● *La croix de guerre.* **3.** Signe formé de deux petits traits qui se coupent : *Pourquoi as-tu mis une croix dans la marge, à cet endroit ?*

croque-mitaine, n. m. ◆ Monstre imaginaire qui sert à effrayer les enfants et à les faire obéir. — SYN. des croque-mitaines.

croque-monsieur, n. m. inv. ◆ Sandwich chaud au pain de mie, au jambon et au gruyère.

croquer, v. ◆ Manger (une chose dure qui craque sous les dents) : *Il croquait quelques noix pour passer le temps.*

cross, n. m. ◆ Sport qui consiste à courir le plus vite possible dans les bois ou les champs et non sur une piste.

crosse, n. f. ◆ **1.** Partie du fusil que le tireur appuie contre son épaule. ● Partie du pistolet ou du revolver par laquelle on tient l'arme. **2.** Bâton à extrémité recourbée, qui est l'insigne des évêques. **3.** Jeu qui se joue avec un bâton muni d'un filet qui permet d'attraper, de transporter et de lancer une balle. **4.** Le bâton de ce jeu.

crotale, n. m. ◆ Serpent venimeux d'Amérique qui a des anneaux mobiles à la queue, qu'il agite en faisant du bruit. — SYN. serpent à sonnettes.

crotte, n. f. ◆ **1.** Boue. **2.** Excrément de certains animaux (chèvres, moutons, lapins, rats, etc.). **3.** *Crotte au chocolat :* bonbon au chocolat.

crotté, ée, adj. ◆ Plein de crotte, de boue : *Quel temps ! Le bas de mon pantalon est tout crotté !*

crotter (se), v. ◆ Se mettre de la boue sur ses chaussures ou ses vêtements.

crottin, n. m. ◆ Excrément du cheval.

crouler, v. ◆ Tomber en ruine : *Une tour qui croule, c'est tout ce qui reste du fort !*

croupe, n. f. ◆ Partie arrière du corps du cheval. ● *En croupe,* sur la partie arrière du cheval, derrière le cavalier : *Le cavalier prit en croupe sa fiancée et partit au galop.*

croupi, ie, adj. ◆ *Eau croupie :* eau stagnante, pleine de matières organiques en décomposition et devenue sale et malodorante.

croupir, v. ◆ **1.** *L'eau croupit,* devient croupie. **2.** Rester au même endroit, dans l'inactivité, l'ennui, la misère, etc. : *Partons ! On ne va pas croupir ici !*

croustillant, ante [kʀustijɑ̃, ɑ̃t], adj. ◆ Qui croustille.

croustiller [kʀustije], v. ◆ Croquer sous la dent, au moment où il est mangé : *J'aime la mie bien tendre et la croûte qui croustille.*

croustilles, n. f. pl. ◆ Rondelles de pommes de terre frites, coupées finement.

croûte, n. f. ◆ **1.** Partie superficielle et dure du pain, des gâteaux. **2.** *Croûte terrestre :* partie extérieure et dure du globe terrestre. **3.** Partie dure de la surface de la neige.

croûton, n. m. ◆ Morceau de pain dur, où il y a beaucoup de croûte.

croyable [kʀwajabl], adj. ◆ Qu'on peut croire : *Comment ? Jules est premier en calcul ? Lui, si étourdi, ce n'est pas croyable !* — SYN. vraisemblable. — CONTR. incroyable.

croyance [kʀwajɑ̃s], n. f. ◆ Ce que l'on croit, notamment en matière de religion : *Selon les croyances des Romains, il y avait beaucoup de dieux.* — SYN. foi, opinion.

croyant, ante [kʀwajɑ̃, ɑ̃t], adj. ou n. ◆ Qui croit que Dieu existe : *Louis est croyant et il pense souvent que Dieu le regarde.* ● *Louis est un croyant.*

cru

1. cru, crue, adj. ♦ **1.** Qui n'est pas cuit. — CONTR. cuit. **2.** *Lumière crue,* brutale et dure. — CONTR. lumière douce. **3.** *Mots crus,* bruts et grossiers.

2. cru, n. m. ♦ Vin d'un bon vignoble : *On nous servit les meilleurs crus du Bordelais.*

cruauté, n. f. ♦ Caractère ou attitude d'une personne cruelle. — SYN. brutalité, férocité, inhumanité, méchanceté. — CONTR. bienveillance, bonté, charité, compassion, douceur, gentillesse, humanité, pitié, tendresse.

cruche, n. f. ♦ Récipient avec une ou deux anses et un bec verseur court.

cruchon, n. m. ♦ Petite cruche.

crucifier, v. (conjugaison 20) ♦ Attacher un homme sur une croix et l'y laisser mourir : *Les Romains crucifiaient les esclaves révoltés et les voleurs de grand chemin.* ● *Jésus fut crucifié.*

crucifix [kRysifi], n. m. ♦ Objet de piété, peint ou sculpté, qui représente le Christ sur la Croix.

crucifixion, n. f. ♦ Le supplice du Christ, mort sur la Croix.

crudité, n. f. ♦ **1.** *Des crudités :* des légumes servis crus (tomates, concombres, feuilles de salade, etc.). **2.** Caractère d'un langage où il y a des mots crus : *Le professeur de français n'admet pas la moindre crudité de langage dans les rédactions.*

crue, n. f. ♦ Montée des eaux d'une rivière ou d'un fleuve, quand elle provoque ou menace de provoquer des inondations : *Le fleuve est en crue.* — CONTR. décrue.

cruel, cruelle, adj. ♦ **1.** Qui aime à faire souffrir, sans raison. — SYN. brutal, féroce, inhumain, méchant. — CONTR. bon, charitable, humain, tendre. **2.** Qui fait souffrir beaucoup : *Le cancer, quelle cruelle maladie!*

crûment, adv. ♦ D'une manière brutale, sans ménagement.

crustacé, n. m. ♦ Animal à carapace, dépourvu d'os : homard, langouste, crabe, écrevisse, etc.

crypte, n. f. ♦ Dans certaines églises, souterrain creusé sous le chœur.

cube, n. m. ♦ **1.** Volume, objet à angles droits et à six faces carrées semblables. **2.** *Mètre cube,* unité de volume égale au volume d'un cube de 1 mètre de côté : *Un mètre cube vaut mille décimètres cubes.* ● *Un décimètre cube vaut mille centimètres cubes.* **3.** *Le cube d'un nombre,* nombre égal à ce nombre multiplié trois fois par lui-même : *Tu vois que 64 est le cube de 4, car* $4 \times 4 \times 4 = 64.$

cubique, adj. ♦ En forme de cube.

cueillette [kœjɛt], n. f. ♦ Action de cueillir des fleurs, des fruits, des champignons.

cueillir [kœjiR], v. (conjugaison 34) ♦ Ramasser sur l'arbre ou sur la plante des fleurs ou des fruits ; ramasser des champignons : *Regarde, j'ai cueilli ces roses pour toi.*

cuiller [kɥijɛR], n. f. ♦ **1.** Ustensile qui sert à manger les aliments liquides ou pâteux. ● *Une cuiller à soupe, à dessert, à café.*

cuillerée [kɥijRe], n. f. ♦ Contenu d'une cuiller.

cuir, n. m. ♦ **1.** Peau d'animal tannée : *Des semelles de cuir, c'est plus cher que des semelles de caoutchouc!* **2.** *Cuir chevelu :* peau du crâne, sur laquelle poussent les cheveux.

cuirasse, n. f. ♦ Autrefois, vêtement de cuir, puis de fer ou d'acier, qui protégeait la poitrine et le dos des guerriers, des soldats.

cuirassé, n. m. ♦ Autrefois, très grand navire de guerre, à vapeur, armé de gros canons et protégé par un blindage épais.

cuirassier, n. m. ♦ Autrefois, soldat revêtu d'une cuirasse, armé du sabre et combattant à cheval.

cuire, v. (conjugaison 46) ♦ **1.** Faire chauffer les aliments pour les rendre propres à être consommés : _Le feu trop vif, au lieu de cuire le rôti, l'a brûlé._ **2.** Être chauffé pour devenir propre à être consommé : _Le bœuf et les légumes cuisent doucement dans la marmite._ **3.** Chauffer une pièce de céramique pour la rendre dure : _On cuit la porcelaine dans des fours spéciaux._ **4.** Faire très mal : _Je me suis piqué dans les orties, ça me cuit !_

cuisine, n. f. ♦ **1.** Art et manière de préparer et de faire cuire les aliments ; les aliments ainsi préparés : _Non, je n'aime pas la cuisine au beurre, je préfère la cuisine à l'huile, la cuisine provençale._ **2.** Salle, pièce où l'on prépare et où l'on fait cuire les aliments.

cuisiné, ée, adj. ♦ _Plat cuisiné :_ plat qu'on achète tout cuit, prêt à être mangé.

cuisiner, v. ♦ Faire la cuisine : _Ma petite sœur sait cuisiner : elle sait déjà se faire cuire un œuf sur le plat !_

cuisinier, ière, n. ♦ **1.** Celui, celle dont le métier est de faire la cuisine. **2.** Personne qui sait faire la cuisine : _Mon grand-père est très bon cuisinier._

cuisinière, n. f. ♦ Fourneau pour faire cuire les aliments.

cuisse, n. f. ♦ Partie de la jambe qui est au-dessus du genou.

cuisson, n. f. ♦ Action de faire cuire les aliments. ● Durée pendant laquelle un aliment cuit : _Pour la viande, une demi-heure de cuisson suffira._

cuit, cuite, adj. ♦ Qu'on a fait cuire : _Préfères-tu les tomates crues ou les tomates cuites ?_

cuivre, n. m. ♦ **1.** Métal jaune rouge, malléable, bon conducteur de la chaleur et de l'électricité. — REGARDER _laiton, bronze._ **2.** _Les cuivres :_ les instruments de musique en cuivre (trombone, cornet, trompette, cor, etc.). ● _Les cuivres :_ les objets en cuivre ou en laiton (casseroles, boutons de porte, etc.).

cuivré, ée, adj. ♦ Qui a une couleur jaune rouge qui rappelle celle du cuivre.

cul [ky], n. m. ♦ **1.** Le derrière : _Cela mériterait un bon coup de pied au cul !_ — REM. Ce sens est grossier. **2.** Fond d'un récipient : _Le cul de la bouteille est fendu._

culasse, n. f. ♦ Partie arrière du tube d'un canon ou du canon d'un fusil, d'un pistolet, celle par laquelle on met le projectile ou la cartouche et qui est munie d'un mécanisme de verrouillage. — CONTR. bouche.

culbute, n. f. ♦ Tour sur soi-même qu'on fait en tombant ou en jouant. — REGARDER _cabriole._

culbuter, v. ♦ **1.** Faire une culbute ; basculer : _La voiture a culbuté dans le fossé._ **2.** Renverser : _Raïssa faisait du patin à roulettes sur le trottoir : elle a culbuté un passant._

culinaire, adj. ♦ De cuisine : _Elle en connaît, Mélanie, des recettes culinaires !_ ● _L'art culinaire :_ la cuisine, l'art de cuisiner.

culminant, ante, adj. ♦ _Point culminant :_ le point le plus haut d'une zone montagneuse.

culotte, n. f. ♦ **1.** Vêtement semblable au pantalon, mais qui s'arrête au genou (ou au-dessus). **2.** Slip de femme ou de fille.

culpabilité, n. f. ♦ État d'une personne coupable : _Le culpabilité de l'assassin est prouvée._ — CONTR. innocence.

culte

culte, n. m. ♦ **1.** Ensemble des cérémonies par lesquelles on rend hommage à Dieu ou à une personne sainte : *La Sainte Vierge est l'objet d'un culte chez les catholiques.* **2.** *Vouer un culte à,* aimer ou admirer beaucoup : *Je vouais un culte à mon institutrice, qui me paraissait très savante.*

cultivable, adj. ♦ *Terre cultivable,* qu'on peut cultiver (par exemple pour faire pousser du blé), par opposition aux forêts, aux terres incultes.

cultivateur, trice, n. ♦ Celui, celle dont le métier est de cultiver la terre (et aussi d'élever les animaux). — SYN. agriculteur, paysan, exploitant agricole.

cultivé, ée, adj. ♦ Très instruit.

cultiver, v. ♦ **1.** *Cultiver la terre,* la travailler pour y faire croître des plantes. **2.** *Cultiver une plante,* la faire pousser. **3.** *Se cultiver :* s'instruire, surtout en matière d'art, de littérature, d'histoire.

culture, n. f. ♦ **1.** Action de cultiver la terre ou une plante. **2.** *Une culture,* champ cultivé : *La grêle a ravagé les cultures.* **3.** Grande instruction, notamment en matière de littérature, d'histoire, d'art. ● Ensemble des activités, telles que la littérature, le théâtre, la peinture, la musique, etc. : *Un gouvernement doit encourager la culture.* **4.** Forme de civilisation propre à un peuple ou à une époque : *Ce savant est un spécialiste de la langue et de la culture arabes.* **5.** *Culture physique :* gymnastique.

culturel, elle, adj. ♦ Qui concerne la culture (au sens 3) : *Les musées font partie du patrimoine culturel d'un pays.*

cumuler, v. ♦ Avoir deux métiers, deux fonctions : *Notre voisine cumule des fonctions d'institutrice et de pianiste de concert.*

cunéiforme, adj. ♦ *Écriture cunéiforme :* écriture des Assyriens, des Suমériens.

cupide, adj. ♦ Qui est exagérément avide d'argent. — SYN. âpre au gain, avide, rapace. — CONTR. désintéressé.

cupidité, n. f. ♦ Défaut d'une personne cupide. — SYN. âpreté au gain, avidité, rapacité. — CONTR. désintéressement.

curare [kyʀaʀ], n. m. ♦ Poison, tiré d'une plante d'Amérique du Sud, dont les indigènes se servent pour empoisonner leurs flèches.

1. cure, n. f. ♦ *N'avoir cure de,* ne pas se soucier de : *Je n'ai cure de ce qu'on dira.*

2. cure, n. f. ♦ Traitement (au moyen d'un médicament, etc.) : *Le médecin m'a conseillé une cure de vitamines.* ● Séjour dans une station thermale ou au grand air, au bord de la mer, en montagne, qui permet d'améliorer la santé : *Ma tante souffre d'asthme, elle va faire une cure de grand air à Sainte-Agathe.*

3. cure, n. f. ♦ Maison du curé. — SYN. presbytère.

curé, n. m. ♦ Prêtre catholique qui administre une paroisse.

curer, v. ♦ Nettoyer un étang, une rivière, un puits : *Le puits est plein de vase : il faut le curer.*

curieux, euse, adj. *ou* n. ♦ **1.** Désireux de connaître et de s'instruire : *Sophie est une élève curieuse et éveillée : elle se passionne pour les émissions scientifiques.* **2.** Désireux de savoir les affaires d'autrui : *Mélanie était curieuse : elle écoutait aux portes.* — SYN. indiscret. **3.** *Les curieux,* les gens qui s'arrêtent pour voir : *Il y a eu un accident : les agents ont fait circuler les curieux qui gênaient l'arrivée des secours.* **4.** Pas ordinaire et intéressant : *Regardez : ce rocher a une forme curieuse, qui a donné naissance à une légende.* — SYN. étonnant, étrange, extraordinaire. — CONTR. banal, commun, ordinaire.

cyprès

curiosité, n. f. ♦ **1.** Caractère d'une personne curieuse. • Désir de savoir. **2.** Chose remarquable et intéressante à voir : *Que de curiosités dans cette ville : une citadelle, la maison natale d'un grand poète, une église du XVIII⁰ siècle, un musée historique !*

curiste, n. m. *ou* f. ♦ Personne qui fait une cure dans une ville d'eaux.

cuve, n. f. ♦ Grand réservoir ou grand récipient. — REGARDER *citerne.*

cuvée, n. f. ♦ Quantité de vin qui fermente dans une cuve.

cuvette, n. f. ♦ **1.** Récipient peu profond servant au lavage. **2.** Partie creuse d'un lavabo, des cabinets. **3.** Plaine située à une altitude plus basse que les terrains qui l'entourent de tous les côtés.

cyclable, adj. ♦ *Piste cyclable :* chemin cimenté, dans un bois, ou bien partie d'une route, d'une chaussée, que l'on réserve à la circulation des bicyclettes.

1. cycle, n. m. ♦ Ensemble de phénomènes qui se succèdent dans le même ordre, avec retour au point de départ. • *Le cycle des saisons. Le cycle de l'eau.*

2. cycle, n. m. ♦ Véhicule tel que les bicyclettes, les tandems, les tricycles, les cyclomoteurs, les vélomoteurs.

cyclique, adj. ♦ Qui a la forme d'un cycle : *La succession des saisons est un phénomène cyclique.* — REGARDER *cycle 1.*

cyclisme, n. m. ♦ Sport qui consiste à faire des courses à bicyclette.

cycliste, n. m. *ou* f. *ou* adj. ♦ Celui, celle qui fait de la bicyclette, qui va à bicyclette. • *Coureur cycliste.*

cyclo-cross, n. m. ♦ Sport qui consiste à faire des courses à bicyclette à travers les champs et les bois. — REGARDER *cross.*

cyclomoteur, n. m. ♦ Bicyclette munie d'un petit moteur.

cyclone, n. m. ♦ Tempête très violente, dans les pays tropicaux. — SYN. ouragan, typhon.

cyclopéen, éenne [siklɔpeɛ̃, eɛn], adj. ♦ *Ouvrage cyclopéen :* ouvrage de construction gigantesque. — SYN. titanesque.

cygne, n. m. ♦ Oiseau aquatique au long cou, généralement blanc, parfois noir.

cylindre, n. m. ♦ **1.** Volume limité par deux cercles parallèles et la surface courbe qui les joint. **2.** Pièce d'une machine à vapeur ou d'un moteur de voiture, qui a la forme d'un cylindre et dans laquelle se déplace le piston.

cylindrée, n. f. ♦ Contenance de l'intérieur de tous les cylindres d'un moteur de voiture, de moto ou de vélomoteur : *Voici une voiture de 1 400 centimètres cubes de cylindrée.*

cylindrique, adj. ♦ En forme de cylindre.

cymbale, n. f. ♦ Chacun des deux disques de cuivre que l'on frappe l'un contre l'autre pour rythmer la musique, à la manière d'un tambour. — REM. Ne confondez pas les *cymbales* avec la *timbale.*

cynique, adj. *ou* n. ♦ Qui exprime des opinions ou fait des choses contraires aux idées et aux habitudes normalement admises.

cynisme, n. m. ♦ Attitude cynique.

cyprès [sipRɛ], n. m. ♦ Arbre des pays méditerranéens, au feuillage sombre, en forme de fuseau.

d d d d d d d d
d d d d ***D*** *d*
d d d *d*
d d d d *d*
d d d d *d*
d d d d d d d d
d d d d d d d d
d d d d d d d d

dactylo, n. ♦ Celui, celle qui, par métier, tape à la machine à écrire. — RE-GARDER *sténo.*

dactylographie, n. f. ♦ Art de taper à la machine à écrire. — REGARDER *sténographie.*

dactylographier, v. (conjugaison **20**) ♦ Taper à la machine à écrire : *Il faut faire dactylographier tous ces documents.*

dada, n. m. ♦ Histoire qu'on raconte sans cesse ou idée que l'on mentionne constamment.

daigner, v. ♦ Accepter de, bien vouloir : *Enfin ! Il a daigné répondre à notre lettre !* — SYN. consentir à. — CONTR. dédaigner de.

daim [dɛ̃], n. m. ♦ **1.** Animal sauvage qui ressemble un peu au cerf. — REM. La femelle est la *daine ;* le petit, le *faon.* **2.** Peau qui ressemble à la peau du daim tannée : *Achète-toi des chaussures de daim : tu n'auras pas à les cirer !*

dallage, n. m. ♦ Revêtement du sol en dalles : *Le vestibule du palais avait un dallage de marbre blanc, sur lequel résonnait le pas des gardes.*

dalle, n. f. ♦ Chacune des pierres plates qui servent à revêtir le sol d'une cour, d'un édifice, etc. ● Grande pierre qui recouvre une tombe.

dallé, ée, adj. ♦ Revêtu de dalles.

1. dame, n. f. ♦ **1.** Forme polie pour désigner une femme : *Une dame est venue, accompagnée de deux enfants.* **2.** Au jeu de cartes, figure qui représente une reine : *J'ai la dame de cœur.* **3.** *Jeu de dames :* jeu qui se joue sur un damier, avec des pions noirs et blancs. ● *Une dame :* au jeu de dames, deux pions l'un sur l'autre, qui peuvent se déplacer d'un bout à l'autre du damier.

2. dame ! interj. ♦ Oui, bien sûr, évidemment : *Dame ! avec ce froid, on ne peut pas aller se promener !*

damier, n. m. ♦ Plateau, tablette qui comprend 100 cases blanches et noires et qui sert à jouer aux dames. ● *Tissu à damier,* à carreaux de couleurs différentes, dont l'aspect rappelle celui d'un damier.

damnation [dɑnasjɔ̃], n. f. ♦ Selon la religion catholique, état d'une âme qui, après la mort, est condamnée aux peines de l'enfer.

damner [dɑne], v. ♦ Condamner à l'enfer : *Ceux qui ont commis de grands crimes seront damnés éternellement !* — RE-GARDER *damnation.*

dandinement, n. m. ♦ Allure, démarche d'une personne ou d'un animal qui se dandine.

dandiner (se), v. ♦ Se tenir debout ou marcher en se balançant d'un côté à l'autre.

danger, n. m. ♦ Ce qui peut faire arriver un accident, une chose malheureuse ; situation où l'on court un risque : *Cette voiture qui n'a plus de freins est un danger public. Si tu vas nager loin du bord, tu seras en danger.* — SYN. menace, péril, risque. — CONTR. sécurité, sûreté.

dangereux, euse, adj. ♦ Qui présente un danger : *Cette passerelle pourrie est dangereuse.* — SYN. périlleux. — CONTR. sûr. ● Qui peut faire du mal : *La police vient d'arrêter un fou dangereux.* — CONTR. inoffensif.

danois, oise, adj. *ou* n. ♦ **1.** Du Danemark : *Notre amie Karin est danoise.* ● *Les Danois. Un Danois. Une Danoise.* ● *Le danois :* langue parlée au Danemark. **2.** *Un danois :* grand chien très fort, excellent chien de garde.

dans, prép. ♦ **1.** A l'intérieur de : *Il ne faut pas garder dans ton appartement ces meubles de jardin.* — REGARDER en. **2.** Au bout de telle durée (dans le futur) : *Je reviendrai vous voir dans deux semaines.* ● Au cours de telle période : *Dans l'année, j'ai été grippé trois fois.*

danse, n. f. ♦ **1.** Suite de pas et de mouvements rythmés et réglés par la musique : *Ma sœur aime la danse, mais surtout le rock !* **2.** Mouvements qui font penser à la danse : *Je regardais la danse des bateaux dans le bassin, où le vent soulevait des vagues.* **3.** *Danse carrée,* danse folklorique où les danseurs se disposent en forme de carré et où un meneur donne les directions.

danser, v. ♦ **1.** Exécuter une danse : *Mon frère danse aussi bien le tango que le rock.* **2.** Être agité de mouvements qui font penser à une danse : *La barque légère danse sur les flots.*

danseur, euse, n. ♦ **1.** Artiste qui danse : *Je la trouve plutôt gracieuse, cette danseuse de l'Opéra de Pékin.* **2.** Personne qui danse : *Les danseurs tournoient au son d'une valse.* **3.** *En danseuse,* en pédalant debout et en se balançant : *La côte est raide ! La cycliste la montera en danseuse, ou à pied !*

dard [daʀ], **n. m.** ♦ **1.** Autrefois, arme qu'on lançait sur l'ennemi. — SYN. javeline, javelot. **2.** Pointe située à l'arrière du corps d'une abeille ou d'une guêpe et avec laquelle l'insecte pique. — SYN. aiguillon.

darder, v. ♦ *Le soleil darde ses rayons,* envoie ses rayons avec force.

date, n. f. ♦ **1.** Moment du temps, indiqué par le jour, le mois et l'année, ou au moins par l'année : *Le 11 novembre 1918, c'est la date de l'armistice qui mit fin à la Grande Guerre.* **2.** *Le dernier en date :* le plus récent. ● *De longue date :* depuis longtemps.

dater, v. ♦ **1.** Inscrire la date : *Pourquoi as-tu daté ta lettre du 4 mai ? Nous sommes le 19 avril !* **2.** Avoir été accompli, construit, fait, établi à telle date, à telle époque : *Le vieux moulin date du XIXᵉ siècle.*

datte, n. f. ♦ Fruit allongé, très sucré, qui est produit par le dattier. — REM. N'écrivez pas comme *date* : « moment du temps ».

dattier, n. m. ♦ Palmier des pays chauds et secs qui produit les dattes.

daube, n. f. ♦ *Viande en daube,* cuite lentement dans un récipient fermé, avec une sauce au vin rouge concentrée.

1. dauphin, n. m. ♦ Mammifère marin, très intelligent, qui devient vite familier avec l'homme.

2. dauphin, n. m. ♦ Autrefois, fils aîné du roi de France, destiné à être lui-même roi un jour. — REM. La femme du dauphin était la *dauphine.*

daurade, n. f. ♦ Poisson de mer aux reflets dorés, à chair très savoureuse.

davantage

davantage, adv. ♦ Plus : *Je n'ai eu qu'une cuillerée de confiture, j'en prendrais bien davantage !* — REM. Ne dites pas « davantage que », mais *plus que*.

de, prép. ♦ **1.** Indique l'appartenance : *Voici la voiture de mon oncle.* **2.** Indique l'origine ou le point de départ : *Elle vient de l'Alberta.* **3.** Indique la matière : *On va poser une plaque de marbre.* **4.** Indique le contenu : *Nous avons bu une grande bouteille de jus de pomme.* **5.** Indique la cause : *Je grelotte de froid.* **6.** Indique la quantité : *L'eau a monté de vingt centimètres.* **7.** Indique le moyen : *Il frappe la porte de son bâton.* — REM. Devant *le, de* se contracte en *du* : *Du lundi au samedi.* Devant *les, de* se contracte en *des* : *Le parfum des roses.*

1. dé, n. m. ♦ **1.** Petit cube, marqué sur chaque face de points (au nombre de 1 à 6), qui sert à jouer. **2.** Petit cube coupé dans une matière : *Pour le ragoût, couper navets, carottes et pommes de terre en dés réguliers.*

2. dé, n. m. ♦ **1.** Petit étui en métal que l'on met au bout du doigt, pour le protéger, quand on coud. **2.** *Un dé à coudre de,* une toute petite quantité de (liquide) : *Ajoute un dé à coudre de rhum à ta crème, elle sera meilleure.*

déambulatoire, n. m. ♦ Dans une église (surtout romane ou gothique), galerie qui tourne autour du chœur et prolonge les bas-côtés.

déambuler, v. ♦ Marcher sans avoir de but précis : *On voyait des citadins en habits du dimanche déambuler dans les rues.*

débâcle, n. f. ♦ **1.** Sur un fleuve gelé, départ des glaces flottantes, qui sont emportées par le courant, après rupture de la couche glacée. **2.** Fuite en désordre d'une armée vaincue. — SYN. débandade, déroute.

déballer, v. ♦ Retirer quelque chose des emballages, des caisses, des boîtes : *Allez, les gars ! Déclouez-moi ces caisses, on va déballer toute la vaisselle !*

débandade, n. f. ♦ Fuite dans tous les sens, en désordre, d'un groupe qui se disperse. — SYN. débâcle, déroute, fuite.

débarbouiller (se), v. ♦ Se laver rapidement le visage. — REM. Ce mot est un peu familier.

débarbouillette, n. f. ♦ Petite serviette carrée, en tissu éponge, qui sert à se laver.

débarcadère, n. m. ♦ Quai, endroit aménagé pour que les passagers d'un bateau puissent débarquer ou pour que l'on puisse décharger les marchandises. — REM. On dit aussi *embarcadère*.

débardeur, n. m. ♦ Tricot sans manches ni col.

débardeur, euse, n. ♦ Celui, celle qui charge et décharge les navires de commerce. — SYN. docker.

débarquement, n. m. ♦ Action de débarquer. ● Opération militaire par laquelle une armée débarque sur une côte, pour combattre une armée ennemie qui y est installée.

débarquer, v. ♦ Descendre du bateau : *Le bateau vient à quai : les passagers vont débarquer.* ● Faire descendre du bateau : *Le capitaine débarqua sur une île déserte les matelots révoltés.* — CONTR. embarquer. ● Descendre de voiture, du métro : *Terminus, tout le monde débarque, cria le chauffeur.*

débarras, n. m. ♦ Pièce où l'on met les objets encombrants ou peu utiles.

débarrasser, v. ♦ Rendre un endroit libre et dégagé en enlevant ce qui l'encombre : *Allez, les enfants, nous allons débarrasser le grenier de tous ces vieux objets poussiéreux !* — CONTR. embarrasser. ● *Se débarrasser (de),* enlever ce qui gêne, ce qui engonce : *Débarrasse-toi de ton pardessus et viens t'asseoir.*

débarrer, v. ♦ Déverrouiller, ouvrir une porte.

débat, n. m. ♦ **1.** Discussion organisée entre plusieurs personnes d'opinions différentes sur un sujet précis : _Ce soir, en direct à la télévision, débat politique entre des personnalités des divers partis._ **2.** Discussions, discours au cours d'une séance d'assemblée : _Les débats à l'Assemblée nationale ont été agités : les députés ont failli se battre !_

débattre, v. (conjugaison **98**) ♦ **1.** _Débattre de,_ discuter de : _Au cours de l'émission télévisée, plusieurs journalistes ont débattu du problème de la faim dans le monde._ **2.** _Se débattre :_ se remuer et ne pas se laisser faire.

débauche, n. f. ♦ Conduite de ceux qui ont une mauvaise vie, qui s'enivrent, ont de mauvaises fréquentations, etc.

débauché, ée, adj. _ou_ n. ♦ Qui vit dans la débauche.

débaucher, v. ♦ Renvoyer du personnel parce qu'on n'a plus de travail à lui donner : _Cette entreprise est en difficulté : elle va débaucher 800 personnes._ — SYN. licencier, congédier. — CONTR. embaucher.

débile, adj. ♦ Faible, sans force. — SYN. affaibli, chétif, défaillant, faible, fatigué, languissant, mou. — CONTR. fort, puissant, robuste, solide.

débilité, n. f. ♦ Grande faiblesse. — SYN. affaiblissement, faiblesse, fatigue, langueur. — CONTR. force, puissance, robustesse, solidité.

1. débit, n. m. ♦ **1.** _Débit de tabac :_ magasin de tabac. ● _Débit de boissons :_ café, cabaret. **2.** Manière plus ou moins rapide de parler : _Parle plus lentement : ton débit est trop rapide, on ne te comprend pas bien._ **3.** Quantité de liquide qui s'écoule par unité de temps : _Le débit de cette rivière est de 30 mètres cubes par seconde._

2. débit, n. m. ♦ Action de débiter un compte. ● Colonne d'un compte où l'on inscrit les sommes dont ce compte est diminué. — CONTR. crédit.

1. débiter, v. ♦ **1.** Vendre au détail une chose achetée en gros, souvent en la coupant : _La marchande débite la pièce d'étoffe, coupon après coupon._ **2.** Laisser passer ou laisser écouler ou bien produire telle quantité par unité de temps : _Le tube d'alimentation débite 800 litres de carburant à l'heure._ **3.** Dire à la suite (de manière monotone ou sans sincérité) : _La vieille femme débitait ses prières devant la statue du saint._ — SYN. réciter. ● Dire des choses sottes ou sans intérêt : _Arrête-toi ! Tu ne fais que débiter des sottises !_

2. débiter, v. ♦ Diminuer un compte d'une certaine somme, qui est portée au débit du compte : _Si tu retires cent dollars au guichet automatique de la banque, ton compte sera immédiatement débité de cette somme._ — CONTR. créditer.

débiteur, trice, n. ♦ Personne qui doit de l'argent à une autre. — CONTR. créancier.

déblai [deblɛ], n. m. pl. ♦ Terre, pierres, etc., que l'on enlève en déblayant.

déblaiement [deblɛmã], n. m. ♦ Action de déblayer.

déblayer [deblɛje], v. (conjugaison **23**) ♦ Enlever de la terre, des pierres, des choses qui encombrent : _Il fallut déblayer vingt tonnes de terre pour dégager la route après l'éboulement._

déboires, n. m. pl. ♦ Déceptions, ennuis : _Elle a voulu créer sa propre entreprise, pour être patronne, mais elle a eu bien des déboires._ — SYN. déception, déconvenue, désillusion, échec, ennui. — CONTR. satisfaction, succès.

déboiser, v. ♦ Abattre les arbres qui couvrent une terre : _On a déboisé la colline. Résultat : la terre s'est éboulée sur la route !_ — CONTR. boiser, reboiser.

déboîter, v. ♦ **1.** Faire sortir accidentellement de l'emplacement normal : _Comment as-tu fait pour déboîter les barreaux_

déboîter

de ta chaise ? **2.** Sortir de la file pour aller dans une file à côté : *La voiture a déboîté... et s'est trouvée face à face avec un camion !*

débordé, ée, adj. ♦ Qui a trop de travail et qui n'arrive pas à s'en sortir. — SYN. surchargé (de travail).

déborder, v. ♦ **1.** Passer au-dessus ou par-dessus le bord : *C'est l'inondation : la rivière déborde.* **2. Déborder de,** avoir beaucoup de : *Quand on leur proposa cette excursion, les enfants débordèrent d'enthousiasme !* ● *Sa joie déborde,* se manifeste vivement.

débouché, n. m. ♦ **1.** Possibilité de vendre une marchandise : *Pour exporter, il faut trouver des débouchés à l'étranger.* **2.** Métier où l'on peut faire une carrière après ses études : *Tu veux faire des études de chant ? Cela n'offre pas beaucoup de débouchés !*

1. déboucher, v. ♦ **1.** Enlever le bouchon : *Allez, les amis, on va déboucher une bonne bouteille !* — CONTR. boucher ; fermer, reboucher. **2.** Enlever ce qui bouche un tuyau, etc. : *Avec ce crochet en fil de fer, essayons donc de déboucher le siphon du lavabo.* — CONTR. boucher.

2. déboucher, v. ♦ **1.** Sortir d'une rue, d'un passage, etc. : *Le cycliste a débouché brusquement d'un petit chemin et s'est jeté sous les roues du camion.* **2. Déboucher sur,** arriver à : *Le boulevard Belmont débouche sur la rue Marchesseault.* ● Aboutir à : *Cette politique économique débouchera sans doute sur une augmentation du nombre de chômeurs.*

débouler, v. ♦ Descendre très vite, comme en roulant : *Une bande de gamins déboulaient dans la rue en pente.* — SYN. dévaler.

débourser, v. ♦ Dépenser, verser de l'argent : *Tu veux voyager sans débourser le prix d'un billet de chemin de fer ? Alors, fais du pouce !* — SYN. payer. — CONTR. encaisser, toucher.

debout, adv. ♦ **1.** Verticalement, sur ses pieds, sans être assis : *Pendant le discours de la ministre, les assistants restèrent debout.* **2. Être debout,** levé : *Il faut être debout, demain, à cinq heures : l'autobus part à six heures.* **3.** Dans la position verticale : *Dans ta bibliothèque, range tes livres debout.* **4. Tenir debout,** être solide : *Cette maison a deux cents ans, mais elle tient encore debout !*

débraillé, ée [debʀaje, e], adj. ♦ Qui a les vêtements en désordre, mal boutonnés.

débrayage [debʀejaʒ], n. m. ♦ Action de débrayer. — CONTR. embrayage. ● Arrêt de travail, mouvement de grève.

débrayer [debʀeje], v. ♦ Interrompre la liaison entre le moteur et les roues (ou la machine) qu'il entraîne : *Aïe ! Tu as changé de vitesse sans débrayer !* — CONTR. embrayer. — REM. On écrit *je débraye* plutôt que *je débraie.* ● Cesser le travail.

débridé, ée, adj. ♦ Très libre, sans retenue : *Hélène dansait, chantait, criait, manifestant une gaieté débridée.*

débris [debʀi], n. m. ♦ Morceau d'une chose cassée ; chose inutilisable qui reste : *Nettoie la table et jette-moi ces débris de gâteau à la poubelle.* — SYN. déchet, détritus, reste.

débrouiller, v. ♦ Remettre en ordre ce qui est emmêlé : *Tiens, débrouille-moi cette ficelle.* — SYN. démêler. — CONTR. embrouiller.

début, n. m. ♦ Commencement : *Au début de juillet, j'irai en Gaspésie.* — SYN. commencement. — CONTR. fin, milieu, continuation. ● *Faire ses débuts :* commencer sa carrière. — SYN. débuter (sens 2).

débutant, ante, n. ♦ Celui, celle qui commence à apprendre, à faire quelque chose.

débuter, v. ♦ **1.** Commencer : *La séance débute à 16 heures et se termine à 18 heures.* — SYN. commencer. — CONTR. finir, prendre fin, se terminer, continuer. **2.** Commencer à apprendre, à faire quelque chose. ● Faire ses débuts : _Ma cousine est ingénieure, elle a débuté à Arvida._

deçà (en), loc. adv. _ou_ loc. prép. ♦ Moins loin que : _Pour un Montréalais, Valleyfield est au-delà du Saint-Laurent, Lachine est en deçà._ ● _Lachine est **en deçà** du Saint-Laurent._

décacheter, v. (conjugaison 14) ♦ Ouvrir une enveloppe cachetée : _Surtout, ne décachette pas cette lettre : elle n'est pas pour toi._

décadence, n. f. ♦ Affaiblissement d'un pays, d'une institution, etc. — SYN. déclin. — CONTR. apogée, montée.

décalage, n. m. ♦ Écart, différence dans le temps ou dans l'espace ou dans une évolution, etc. : _Il y a un décalage notable entre nos prévisions et ce qui s'est réellement passé._

décalcomanie, n. f. ♦ Procédé qui permet de porter sur du papier les images imprimées sur un autre papier.

décaler, v. ♦ Déplacer dans le temps : _A cause du discours du Trône, toutes les émissions sont décalées de vingt minutes._

décalquer, v. ♦ Dessiner en reportant sur le papier le tracé qui est sur un support transparent (papier calque) : _Pour aller plus vite, tu n'as qu'à décalquer la carte._

décalitre, n. m. ♦ Unité de contenance qui vaut dix litres (symbole : _dal_).

décamper, v. ♦ S'enfuir, se sauver.

décanter, v. ♦ _Un liquide se décante,_ se purifie en laissant se déposer les particules solides au fond du récipient.

décaper, v. ♦ Débarrasser une surface de la rouille, de la vieille peinture, de la saleté.

décapitation, n. f. ♦ Action de décapiter.

décapiter, v. ♦ Couper la tête : _Autrefois, en Angleterre, on pendait les criminels ; en France, on les décapitait au moyen de la guillotine._

décapotable, adj. ♦ _Voiture décapotable,_ munie d'une capote qui peut se relever.

décapoter, v. ♦ Découvrir une voiture en en relevant la capote.

décéder, v. (conjugaison 11) ♦ Mourir : _Notre voisine est décédée avant-hier, on l'enterre demain._ — SYN. mourir, trépasser.

déceler, v. (conjugaison 10) ♦ Découvrir une chose cachée ou peu visible : _J'ai décelé deux erreurs dans son récit._ — SYN. détecter, trouver.

décembre, n. m. ♦ Douzième mois de l'année, après novembre et avant janvier.

décemment [desamɑ̃], adv. ♦ De manière convenable.

décence, n. f. ♦ Respect des convenances : _La décence exige que tu ailles aux obsèques de ta tante, voyons !_ — SYN. bienséance, convenances, tact.

décent, ente, adj. ♦ Convenable : _Prends un costume décent !_ — SYN. convenable, bienséant. — CONTR. inconvenant, indécent.

décentraliser, v. ♦ Réformer une administration, un pays, une entreprise, de manière que toutes les décisions ne soient plus prises par l'autorité supérieure ou centrale, mais que beaucoup de ces décisions puissent être prises à l'échelon local ou régional : _Pour décentraliser l'administration, il faudrait donner beaucoup de pouvoir aux assemblées régionales._

déception, n. f. ♦ Mécontentement de celui qui n'a pas ce qu'il espérait. — SYN. désappointement, frustration. — CONTR. contentement, satisfaction.

décerner

décerner, v. ♦ Donner en récompense : *Le Grand Prix du Cinéma a été décerné à ce film.* — SYN. attribuer. — CONTR. refuser.

décès [dese], n. m. ♦ Mort : *Après le décès de leur oncle, ils se sont rendus chez le notaire pour connaître le testament.* — SYN. mort, trépas.

décevant, ante, adj. ♦ Qui n'est pas très bon et qui déçoit.

décevoir, v. (conjugaison **58**) ♦ Mécontenter, en étant moins bien que ce qui était espéré : *Nous sommes battus par 6 buts à 3 : ce résultat me déçoit.* — SYN. mécontenter. — CONTR. contenter, satisfaire.

déchaîné, ée, adj. ♦ **1.** *Mer déchaînée,* où règne une violente tempête. **2.** Très furieux.

déchaîner, v. ♦ **1.** Provoquer une chose violente, ardente : *Ce discours déchaîna la colère des uns et l'enthousiasme des autres.* **2.** *Se déchaîner,* se produire ou être agité avec une très grande violence : *La mer se déchaîne.*

déchanter, v. ♦ Être déçu, cesser d'espérer.

décharge, n. f. ♦ **1.** Tir de plusieurs armes en même temps, ou ensemble de projectiles (plombs, etc.) tirés à la fois. **2.** *Décharge électrique :* choc produit par le passage du courant quand on touche un fil, un appareil mal isolé. **3.** *Décharge publique :* endroit où l'on dépose les ordures d'une ville. — SYN. dépotoir.

décharger, v. (conjugaison **16**) ♦ **1.** Débarrasser du chargement : *Il faut décharger les deux cents sacs du camion, et tout de suite !* — CONTR. charger. ● *Décharger un camion.* **2.** Enlever à quelqu'un un travail, une mission : *Il me faudrait une assistante pour me décharger de ce travail de vérification.* **3.** Tirer avec une arme à feu : *La policière déchargea son pistolet sur le bandit qui s'enfuyait.*

décharné, ée, adj. ♦ Très maigre, qui n'a plus que la peau sur les os.

déchaumage, n. m. ♦ Action de débarrasser un champ du chaume, après la moisson.

déchausser (se), v. ♦ **1.** Enlever ses chaussures. — CONTR. (se) chausser. **2.** *Les dents se déchaussent,* ne sont plus bien maintenues dans les alvéoles, deviennent branlantes et peuvent tomber.

déchéance, n. f. ♦ Passage à un état très inférieur à celui où l'on était auparavant : *Jadis, cette ville était florissante, elle n'est plus maintenant qu'une bourgade endormie : quelle déchéance !* — SYN. décadence, chute. — CONTR. élévation, promotion.

déchet, n. m. ♦ Débris, reste inutilisable. — SYN. débris, résidu, reste.

déchiffrer, v. ♦ **1.** Arriver à comprendre un message secret, trouver la clef d'un code secret : *L'ennemi avait réussi à déchiffrer le code secret de l'armée.* — SYN. décrypter. **2.** Lire une écriture difficile ou inconnue : *On n'a pu encore déchiffrer l'écriture mystérieuse de cette civilisation disparue.* **3.** Lire de la musique : *Tu vas faire du solfège : on t'apprendra à déchiffrer les notes.*

déchiqueter, v. (conjugaison **14**) ♦ Couper ou déchirer en petits morceaux.

déchirant, ante, adj. ♦ Qui fait beaucoup de peine, qui suscite une grande pitié.

déchirement, n. m. ♦ Grande douleur morale, grande peine.

déchirer, v. ♦ **1.** Mettre en morceaux, en tirant : *Oh ! le vilain ! Il a déchiré tous les livres de classe de son grand frère !* **2.** Faire une déchirure à quelque chose : *Avec ses chaussures de foot, Arnaud a déchiré le tapis de sa tante.* **3.** *Déchirer le cœur :* faire beaucoup de peine. ● *Déchirer les oreilles,* faire mal aux oreilles : *Ces pétarades de moto nous déchirent les oreilles.*

déclarer

déchirure, n. f. ♦ Fente faite accidentellement dans une étoffe.

déchoir, v. (conjugaison 61) ♦ Tomber à un rang inférieur : *Le comte ne voulait pas déchoir en épousant une paysanne.*

déchu, ue, adj. ♦ Tombé à un rang inférieur et privé de son pouvoir : *En exil, le roi déchu pensait souvent à son royaume.*

décidé, ée, adj. ♦ **1.** Qui a fait l'objet d'une décision sur laquelle on ne reviendra plus : *Nous partons demain, c'est une chose décidée !* — SYN. arrêté, fixé, réglé. — CONTR. en suspens, à voir. **2.** Qui a de l'assurance et qui n'hésite pas : *Pour cette mission, il me faut deux volontaires décidés.* ● Qui exprime l'assurance, l'absence d'hésitation : *J'aime la voix de Caroline. Elle est franche : elle parle toujours d'un ton décidé.* — SYN. résolu. — CONTR. indécis.

décidément, adv. ♦ Certes, véritablement : *Julie s'est trompée de train : décidément elle est distraite !*

décider, v. ♦ **1.** Dire ce qu'il faut faire (en faisant un choix) : *J'ai décidé que nous partirons en expédition demain à 6 heures.* — SYN. choisir, se déterminer à, résoudre. **2.** *Se décider,* faire enfin le choix : *Alors tu te décides ? Tu prends les chaussures noires ou les chaussures marron ?* **3.** Amener quelqu'un à choisir de faire telle action : *J'ai pu décider notre copain Antoine à nous accompagner dans notre excursion.*

décigramme, n. m. ♦ Unité de poids égale au dixième du gramme (symbole : *dg*).

décilitre, n. m. ♦ Unité de contenance égale au dixième du litre (symbole : *dl*).

décimal, ale, aux, adj. ♦ **1.** *Système de numération décimale,* qui comprend des unités, des dizaines, des centaines, etc. **2.** *Nombre décimal,* qui s'écrit avec des chiffres à droite de la virgule. Exemples : 4,827 9,231 14,7168 3,2.

décimale, n. f. ♦ Chiffre placé à droite de la virgule. ● *Nombre à une décimale* (par

exemple 3,7), *à deux décimales* (par exemple 3,71), etc.

décimer, v. ♦ Tuer ou faire mourir des hommes ou des animaux en très grand nombre, presque en totalité : *Les guerres et les épidémies décimaient alors les populations.*

décimètre, n. m. ♦ Unité de longueur égale au dixième du mètre, soit dix centimètres (symbole : *dm*).

décisif, ive, adj. ♦ Qui détermine l'issue d'une action : *Cette bataille sera décisive : le pays qui la gagnera aura gagné la guerre.*

décision, n. f. ♦ **1.** Choix par lequel on dit que l'on fera telle chose : *Le chef a pris la décision d'envoyer trois gars en patrouille.* — SYN. choix, détermination, résolution. **2.** Qualité de celui qui sait choisir vite ce qu'il faut faire et qui ne revient jamais sur ce qu'il a choisi. — SYN. assurance, fermeté, initiative, résolution, volonté. — CONTR. indécision, mollesse, veulerie.

déclamation, n. f. ♦ Manière de réciter un poème ou de prononcer un discours de façon peu naturelle et trop solennelle.

déclamer, v. ♦ Réciter, dire, parler d'une voix solennelle et souvent ridicule : *Anaïs se leva et déclama en plein milieu du repas un poème de Victor Hugo : tous les invités éclatèrent de rire.*

déclaration, n. f. ♦ **1.** Paroles par lesquelles on dit, on annonce quelque chose à quelqu'un. — SYN. affirmation, annonce, communication, indication, information, notification, proclamation. — REGARDER *aveu, déposition, révélation, témoignage.* **2.** Document par lequel on fait savoir quelque chose à l'autorité, selon les formes voulues : *Avril, c'est le mois de la déclaration des revenus.*

déclarer, v. ♦ **1.** Faire savoir. — SYN. affirmer, annoncer, apprendre, communiquer, confier, dévoiler, dire, exposer, indiquer, notifier, porter à la connaissance de, révéler.

déclarer

— CONTR. cacher, celer, dissimuler. **2.** Faire savoir à l'autorité : *Tous les contribuables doivent déclarer au fisc leurs revenus annuels.* **3.** *Se déclarer,* commencer de se produire : *La varicelle est une maladie qui se déclare brusquement.* — SYN. éclater, se manifester.

déclassé, ée, n. ♦ Personne qui est passée d'une classe sociale supérieure (sa classe d'origine) à une classe inférieure.

déclasser, v. ♦ Mettre en désordre ce qui était bien classé : *Attention ! Ne déclasse pas mes fiches !* — CONTR. classer.

déclencher, v. ♦ **1.** Mettre en marche : *En se promenant dans la boutique du bijoutier pendant la nuit, le chat a déclenché la sirène d'alarme.* **2.** Provoquer, faire commencer : *Cet incident de frontière déclencha la guerre.*

déclic, n. m. ♦ Petit bruit, sec, d'un mécanisme qui se met en marche.

déclin, n. m. ♦ **1.** *Le déclin du jour, du soleil :* le moment où le soleil baisse à l'horizon. **2.** Affaiblissement : *Le déclin de l'Empire romain favorisa les grandes invasions.* — SYN. décadence. — CONTR. montée.

décliner, v. ♦ **1.** Baisser : *Regarde : le soleil décline à l'horizon.* • Diminuer, s'affaiblir : *Mon arrière-grand-père a 95 ans : ses forces déclinent.* **2.** *Décliner une invitation,* la refuser. **3.** Déclarer, faire connaître de manière précise : *Au tribunal, elle dut décliner son nom, son prénom, son âge et son domicile.* • *Décliner son identité.*

décocher, v. ♦ *Décocher des flèches,* les lancer.

décolérer, v. (conjugaison 11) ♦ *Ne pas décolérer :* ne pas cesser d'être en colère.

décollage, n. m. ♦ **1.** Action de décoller volontairement ce qui est collé : *Avant de coller le nouveau papier peint, procédons au décollage de l'ancien.* **2.** Moment où un avion s'envole et quitte le sol.

décollé, ée, adj. ♦ *Oreilles décollées,* qui s'écartent beaucoup du visage.

décollement, n. m. ♦ Action de se décoller accidentellement : *L'humidité a provoqué le décollement de la tapisserie.*

décoller, v. ♦ **1.** Séparer ce qui était collé : *Passe les bouteilles à l'eau chaude, pour décoller les étiquettes.* • *Enfin, l'étiquette s'est décollée !* **2.** *L'avion décolle,* s'envole, quitte le sol. — SYN. s'envoler. — CONTR. atterrir.

décolleté, ée, adj. *ou* n. m. ♦ Qui est très ouvert à l'endroit du cou : *Maryse porte une robe un peu trop décolletée.* • *Un décolleté.*

décolonisation, n. f. ♦ Action de décoloniser.

décoloniser, v. ♦ Donner son indépendance à une colonie : *Les Européens décolonisèrent l'Afrique au cours des années 1945-1975.*

décoloré, ée, adj. ♦ Qui a perdu sa couleur.

décolorer, v. ♦ Enlever la couleur : *Chouette ! l'eau de Javel a décoloré mon jean !*

décombres, n. m. pl. ♦ Ruines, débris, gravats qui restent quand une construction a été détruite.

décommander, v. ♦ Annuler un ordre, une commande, une demande : *La ministre du Commerce ne viendra pas inaugurer le nouveau complexe ; le maire a décommandé la cérémonie.*

décomposé, ée, adj. ♦ **1.** Pourri. **2.** *Visage décomposé,* pâle et abattu (sous l'effet de la peur, de la maladie, etc.).

décomposer, v. ♦ **1.** Défaire en séparant les éléments : *Le prisme décompose la lumière blanche du soleil en sept faisceaux colorés : violet, indigo, bleu, vert, jaune,*

découper

orangé, rouge. C'est un petit arc-en-ciel !
● Analyser : Décomposez la phrase suivante en propositions. **2. Se décomposer,** pourrir : Un cadavre de souris achevait de se décomposer au bord du chemin désert.

décompter [dekɔ̃te], v. ♦ Déduire, enlever : L'acompte versé vous sera décompté au moment du règlement définitif. — SYN. déduire, retrancher, soustraire. — CONTR. ajouter.

déconcertant, ante, adj. ♦ Qui surprend beaucoup. — SYN. bizarre, déroutant, embarrassant, étonnant, imprévu, inattendu, inquiétant, surprenant, troublant. — CONTR. attendu, banal, commun, prévu.

déconcerter, v. ♦ Surprendre beaucoup et embarrasser : Que faire ? Que dire ? Son attitude me déconcerte beaucoup. — SYN. décontenancer, dérouter, embarrasser, étonner, inquiéter, surprendre, troubler.

déconfit, ite, adj. ♦ Honteux, embarrassé : Roger a la mine toute déconfite : il a dû se faire gronder très fort. — SYN. penaud. — CONTR. triomphant.

déconseiller, v. ♦ Dire de ne pas faire quelque chose : Je te déconseille de faire de la moto : c'est un sport dangereux.

déconsidérer, v. (conjugaison 11) ♦ Priver de sa bonne réputation, enlever l'estime : La conduite scandaleuse de Jean-Baptiste l'a déconsidéré auprès de tous ses camarades de classe. — SYN. (se) discréditer.

décontenancer, v. (conjugaison 17) ♦ Priver de son assurance, troubler : Ne te laisse pas décontenancer par les questions de l'examinatrice : réponds avec vigueur et hardiesse. — SYN. déconcerter.

décor, n. m. ♦ **1.** Ce qui rend une chose plus belle : Le chapiteau de l'hôtel porte un décor de feuillage sculpté. — SYN. décoration, ornement. **2.** Ce qui, sur une scène de théâtre, représente le lieu où se passe l'action : Au premier acte, le décor

représente une place de village. **3.** Lieu où l'on vit (maison, paysage, etc.) : Vous vivez dans un décor bien agréable, dans cette maison au milieu d'un jardin. — SYN. cadre.

décorateur, trice, n. ♦ **1.** Personne qui réalise des décors de théâtre. **2.** Personne qui s'occupe de l'aménagement des appartements, choisit les peintures, etc.

décoratif, ive, adj. ♦ Qui orne bien, qui fait un joli effet : Ce papier peint à fleurs est très décoratif.

décoration, n. f. ♦ **1.** Ce qui rend une chose plus belle : Des plantes vertes ! Des guirlandes ! Quelle magnifique décoration pour notre salle des fêtes ! — SYN. décor, ornement. **2.** Médaille, ruban que l'on porte comme récompense : Tu as vu ? Il en a des décorations sur la poitrine, cet officier !

décorer, v. ♦ **1.** Rendre plus beau en garnissant de quelque chose de joli : J'ai décoré le salon avec des guirlandes, pour la réception du 1er janvier. — SYN. orner. **2.** Récompenser par une décoration, une médaille : La Gouverneure a décoré l'écolière pour sa bravoure.

décortiquer, v. ♦ Débarrasser de l'écorce, de l'enveloppe : Tiens, décortique-moi donc ces crevettes.

découdre, v. (conjugaison 87) ♦ **1.** Défaire une couture : Pour allonger ton pantalon, commence par découdre l'ourlet. **2. En découdre (avec quelqu'un),** se battre (avec lui).

découpage, n. m. ♦ Action de découper, manière dont une chose est découpée.

découper, v. ♦ **1.** Couper de manière régulière ou convenable ; couper en suivant un tracé, un contour : J'ai découpé des figures de personnages dans un vieux livre pour les coller sur mon cahier. **2. Se découper,** apparaître nettement avec un contour précis, sur un fond de couleur différente : Les montagnes se découpent sur l'azur profond du ciel. — SYN. se profiler.

décourageant

décourageant, ante, adj. ♦ Qui décourage, qui ne donne pas envie de continuer.

découragement, n. m. ♦ État, sentiment de celui qui perd l'espoir de réussir et qui n'a plus envie de continuer. — CONTR. espoir, enthousiasme.

décourager, v. (conjugaison 16) ♦ Enlever l'espoir de réussir, l'envie de continuer, le goût de l'effort et du travail. — SYN. dégoûter, détourner, dissuader, abattre, accabler, briser, désespérer, écœurer, rebuter. — CONTR. encourager, aider, aiguillonner, animer, engager à, exciter, exhorter, inciter, pousser, soutenir, stimuler.

décousu, ue, adj. ♦ Dont les parties ne vont pas bien ensemble; où l'on saute d'une idée à une autre, qui est sans rapport avec la précédente : *Ce devoir de français est trop décousu.* — SYN. désordonné, illogique, incohérent, inconséquent. — CONTR. cohérent, conséquent, construit, logique, ordonné.

découvert, erte, adj. ♦ *Terrain découvert,* assez plat ou très plat, sans hauteurs ni creux, sans arbres ni maisons.

découverte, n. f. ♦ **1.** Action de trouver une chose qui existait, mais que l'on ne connaissait pas : *Date de la découverte de l'Amérique par Christophe Colomb? 1492.* — REGARDER invention. **2.** Chose que l'on a découverte : *Alors, montre-nous la découverte que tu as faite dans le grenier.*

découvrir, v. (conjugaison 33) ♦ **1.** Dégarnir de ce qui couvre : *Devine ce que j'ai vu, quand j'ai découvert le panier en enlevant le linge qui le recouvrait?* — CONTR. couvrir, recouvrir. ● *Se découvrir,* enlever ses vêtements chauds : *Attention! le thermomètre a baissé : ne te découvre pas trop!* ● *Se découvrir :* enlever son chapeau, en signe de respect ou pour saluer. ● *Le ciel se découvre :* les nuages s'en vont. — CONTR. se couvrir. **2.** Trouver une chose qui existait, mais qu'on ne connaissait pas : *L'explorateur était tout heureux d'avoir découvert une île inconnue.*

décrasser, v. ♦ Débarrasser de la crasse : *Quand nous l'aurons décrassé et ciré, ce vieux buffet sera très joli.* — SYN. nettoyer. — CONTR. encrasser, salir.

décret, n. m. ♦ Décision du gouvernement : *Le décret a paru au Journal officiel.*

décréter, v. (conjugaison 11) ♦ Décider officiellement ou de manière autoritaire : *La directrice a décrété que tous les élèves devraient désormais arriver à l'heure.*

décrire, v. (conjugaison 48) ♦ **1.** Dire comment est faite une personne ou une chose : *Décrivez la maison où vous avez passé vos vacances.* **2.** Avoir ou faire tel tracé : *Le bateau décrivit une courbe et vint se ranger à quai.*

décrochement, n. m. ♦ Endroit où un mur cesse d'être dans le prolongement d'un autre et où il est en retrait.

décrocher, v. ♦ **1.** Enlever une chose du crochet qui la tenait suspendue : *Tiens, décroche donc le tableau, nous allons l'emballer.* — CONTR. accrocher. **2.** Dételer : *A la gare de Québec, on a décroché les cinq dernières voitures du train.* — CONTR. accrocher, atteler.

décrocheur, euse, n. ♦ Élève qui abandonne l'école avant la fin normale de la période scolaire obligatoire.

décroissant, ante, adj. ♦ Qui va en diminuant : *Range ces bâtonnets dans l'ordre de longueur décroissante.* — CONTR. croissant.

décroître, v. (conjugaison 100) ♦ Diminuer, devenir plus petit, plus court : *A partir du mois de juillet, les jours décroissent.* — SYN. baisser, décliner, diminuer, se raccourcir. — CONTR. croître, s'accroître, augmenter, s'allonger, grandir.

décrue, n. f. ♦ Baisse du niveau de l'eau : *La fonte des neiges est terminée, la décrue de la rivière des Prairies va commencer.*

défaillance

déçu, ue, adj. ♦ Qui n'est pas content, parce qu'un espoir ne s'est pas réalisé. — CONTR. comblé, content, satisfait.

décupler, v. ♦ Être multiplié par dix : *Notre petite ville avait 2 800 habitants il y a trente ans, elle en a maintenant 28 000 : sa population a donc décuplé.*

dédaigner, v. ♦ **1.** Considérer avec dédain : *Il faut savoir dédaigner les critiques et les injures.* — SYN. mépriser. — CONTR. estimer, s'intéresser à, prendre en considération. **2.** *Dédaigner de,* ne pas accepter de : *Il ne dédaignera pas de venir à notre petite réunion.* — SYN. refuser. — CONTR. daigner, accepter.

dédaigneux, euse, adj. ♦ Qui éprouve ou qui montre du dédain. — SYN. méprisant. — CONTR. admiratif.

dédain, n. m. ♦ Mépris à l'égard d'une chose ou d'une personne que l'on estime sans intérêt, sans valeur. — SYN. mépris. — CONTR. admiration, estime, respect.

dédale, n. m. ♦ Ensemble de petites rues où l'on se perd facilement. — SYN. labyrinthe.

dedans [dədɑ̃], adv. *ou* n. m. ♦ **1.** A l'intérieur : *Ouvre donc ce tiroir : tu mettras tous tes crayons dedans.* — CONTR. dehors. **2.** *Au-dedans,* à l'intérieur : *La boîte est propre au-dehors, mais, au-dedans, qu'elle est sale !* ● *Reste au-dedans du passage clouté.* — CONTR. au-dehors (de). **3.** *En dedans,* moins loin qu'une limite : *Attention ! Le ballon ne doit pas sortir du terrain : il doit rester en dedans.* — CONTR. en dehors. **4.** *Le dedans,* l'intérieur : *Le dedans de cette boîte est tapissé de papier bleu.* — CONTR. le dehors.

dédicace, n. f. ♦ Phrase, destinée à une personne, que l'on écrit à la main, sur une photo, sur un livre ou sur un disque.

dédicacer, v. (conjugaison 17) ♦ Munir d'une dédicace : *L'auteure dédicacera son dernier roman, au Salon de l'enfance, jeudi prochain.*

dédier, v. (conjugaison 20) ♦ **1.** *Dédier une église à un saint,* donner le nom de ce saint à l'église. **2.** *Dédier un livre à une personne,* faire imprimer le nom de cette personne sur la page de titre, en hommage.

dédire (se), v. (conjugaison 47) ♦ Dire qu'on ne fera pas ce qu'on avait d'abord promis : *Un homme d'honneur ne se dédit jamais.*

dédommagement, n. m. ♦ Ce que l'on donne pour dédommager quelqu'un. — SYN. compensation, indemnité.

dédommager, v. (conjugaison 16) ♦ Donner à quelqu'un quelque chose qui compense le dommage qu'on lui a fait subir. — SYN. indemniser.

dédoubler, v. ♦ Diviser en deux : *Ma laine est trop grosse, je vais la dédoubler en séparant les deux brins.*

déduction, n. f. ♦ **1.** Action d'enlever quelque chose d'une somme, d'une quantité : *Après déduction des frais généraux et des frais de personnel, que reste-t-il au commerçant ?* **2.** Action de déduire, de trouver par raisonnement : *D'après les déductions de l'inspectrice, l'assassin est entré chez la victime vers 11 heures du soir.* — SYN. conclusion.

déduire, v. (conjugaison 46) ♦ **1.** Enlever d'une somme, d'une quantité : *Il faut déduire les cotisations sociales du salaire brut.* — SYN. enlever, soustraire. — CONTR. ajouter. **2.** Trouver en raisonnant, à partir de certaines données : *Je vois que les passants ont des parapluies, j'en déduis qu'il pleut.* — SYN. conclure.

déesse, n. f. ♦ Divinité du sexe féminin, par exemple la déesse Athéna.

défaillance, n. f. ♦ **1.** Moment de faiblesse physique : *La vieille dame eut une défaillance : elle chancela et dut s'asseoir sur le banc.* **2.** Faute : *Pardonnons-lui : tout le monde peut avoir une défaillance.*

défaillant

défaillant, ante, adj. ♦ Qui s'affaiblit, qui décline : *Ses forces défaillantes le trahirent.*

défaillir, v. (conjugaison 30) ♦ Tomber en faiblesse : *Elle courait depuis longtemps : épuisée, elle se sentit défaillir.*

défaire, v. (conjugaison 54) ♦ **1.** Démonter, faire cesser d'exister en séparant les éléments : *Ma cousine Pénélope passe son temps à faire et à défaire le même tricot.* ● Ouvrir : *Veux-tu défaire ce paquet, s'il te plaît ?* **2.** Battre, vaincre : *Le général défit l'armée ennemie.* **3.** *Se défaire de,* se débarrasser de : *Je me suis défait de tous ces vieux livres de classe.*

défaite, n. f. ♦ Bataille perdue, match perdu. — SYN. débâcle, déroute, désastre, échec, insuccès, revers. — CONTR. succès, victoire.

défaut, n. m. ♦ **1.** Ce qui n'est pas bien dans les habitudes ou le caractère d'une personne : *Cette fille est voleuse, menteuse, paresseuse, méchante : elle a tous les défauts.* — SYN. vice. — CONTR. qualité, vertu. ● Ce qui ne va pas bien, dans une chose : *Le bateau de mon oncle a un défaut : il prend l'eau de partout !* **2.** *Prendre en défaut, être en défaut,* en faute, en train de faire une erreur, une étourderie. **3.** *Faire défaut,* manquer : *C'était la famine : le pain faisait défaut.* ● *A défaut de,* pour remplacer (telle chose qui manque) : *A défaut de pain, ces pauvres gens mangeaient des fèves.*

défavorable, adj. ♦ Qui gêne une action ou qui peut l'empêcher : *Avec cette tempête, les circonstances sont défavorables à des performances remarquables.* — CONTR. favorable.

défectueux, euse, adj. ♦ Qui a un défaut de fabrication, qui est en mauvais état : *Le réparateur a changé gratuitement la pièce défectueuse du réfrigérateur.*

défendant (à son corps), loc. adv. ♦ Bien malgré soi. — SYN. à contrecœur. — CONTR. volontiers.

défendre, v. (conjugaison 81) ♦ **1.** Protéger contre une attaque ou répondre à une accusation : *Quand tu seras grande, tu défendras les opprimés.* — SYN. protéger. — CONTR. attaquer. ● *Tu es grand et fort, tu sauras te défendre.* ● *Quelle est l'avocate qui va défendre le prévenu ?* **2.** Interdire : *Je te défends de crier.* — CONTR. autoriser, permettre.

1. défense, n. f. ♦ **1.** Action de défendre ou de se défendre : *Pour la défense du pays, il faut une armée solide : c'est l'affaire du ministère de la **Défense nationale**.* — SYN. protection. — CONTR. attaque. ● *Accusé, qu'avez-vous à dire pour votre défense ?* ● Avocat qui défend l'accusé : *La parole est à la défense.* — CONTR. accusation. ● Dans une équipe, groupe des joueurs qui protègent les buts. **2.** Interdiction : *Défense de déposer des ordures le long de ce mur.* — CONTR. autorisation, permission.

2. défense, n. f. ♦ Chacune des deux très longues dents qui sortent de la bouche de l'éléphant, du sanglier.

défenseur, n. m. ♦ Celui qui défend, qui protège : *Honneur aux vaillants défenseurs de la patrie !* ● Chacun de ceux qui doivent se défendre contre une attaque : *Les défenseurs ont repoussé les assaillants.* — CONTR. assaillant, attaquant. ● Avocat qui défend l'accusé.

défensif, ive, adj. ♦ Qui sert à la défense, qui concerne la défense et non l'attaque : *La cuirasse était une arme défensive, l'épée une arme offensive.*

défensive (sur la), loc. adv. ♦ Prêt à se défendre contre une attaque éventuelle.

déferlement, n. m. ♦ Action de déferler.

déferler, v. ♦ **1.** *Les vagues déferlent,* leur crête roule et retombe en se brisant. **2.** Se précipiter en masse, en recouvrant tout : *La foule déferla dans la rue, après la victoire.* — CONTR. refluer.

dégagé

défi, n. m. ♦ Parole par laquelle on provoque quelqu'un en lui disant qu'il n'est pas capable de faire quelque chose : *Je te mets au défi de soulever ce gros sac.*

défiance, n. f. ♦ Crainte d'être trompé, d'être entraîné à faire ce que l'on ne voudrait pas. — SYN. méfiance. — CONTR. confiance.

déficience, n. f. ♦ Faiblesse, défaut, insuffisance : *L'entraîneur l'a dit : il faut remédier aux déficiences de notre équipe.*

déficient, ente, adj. ♦ Faible, insuffisant. ● Qui a une mauvaise santé : *Pour les personnes déficientes : grand air, sport et bonne nourriture !*

déficit [defisit], n. m. ♦ Résultat qui se produit quand les sorties d'argent sont plus grandes que les entrées : *On a fait le bilan : l'entreprise est en déficit.* — CONTR. bénéfice.

1. défier, v. (conjugaison 20) ♦ Lancer un défi, mettre au défi : *Je te défie de sauter par-dessus ce mur.*

2. défier (se), v. (conjugaison 20) ♦ Ne pas avoir confiance en une personne ou en une chose, éprouver de la défiance : *Il faut se défier des conclusions hâtives.* — SYN. se méfier.

défigurer, v. ♦ Enlaidir beaucoup : *Son accident de moto l'a défigurée.*

défilé, n. m. ♦ **1.** Marche, en bon ordre, de soldats ou de sportifs : *J'ai assisté au défilé des joueurs qui ont remporté la coupe Stanley.* **2.** Passage étroit entre deux collines, deux montagnes.

défiler, v. ♦ **1.** Marcher en rang, en bon ordre : *Majorettes en tête, les joueuses défilaient, rue Sainte-Catherine.* **2.** Se succéder : *Tous ces souvenirs d'enfance défilaient dans ma tête.*

défini, ie, adj. ♦ **1.** Précis, déterminé : *Il faut établir, pour ce jeu, des règles bien définies.* — CONTR. vague. **2.** *Article défini :* l'article *le, la, les.*

définir, v. ♦ **1.** Donner des limites précises, une explication nette : *Il faut définir les limites du sujet à traiter.* **2.** Dire ce que signifie un mot : *Comment définis-tu l'adjectif « fertile » ?*

définitif, ive, adj. ♦ Sur lequel on ne revient plus : *Non, pas de brouillon ! Je veux que tu me donnes le texte définitif de ton devoir.* — CONTR. provisoire.

définition, n. f. ♦ Phrase par laquelle on définit un mot : *Quelle définition donnes-tu du nom « poney » ?*

définitive (en), loc. adv. ♦ Tout compte fait.

déflagration, n. f. ♦ Explosion.

défoncer, v. (conjugaison 17) ♦ Casser ou ouvrir en enfonçant : *D'un coup d'épaule, Joe défonça la porte de la grange.* ● Creuser profondément le sol : *On défonce et on refait sans cesse les trottoirs.*

déformer, v. ♦ Changer la forme en détériorant : *Le choc a déformé le châssis.* ● Transformer en faussant : *Tous les journaux ont déformé les faits.* — SYN. altérer, fausser.

défrayer, v. (conjugaison 23) ♦ **1.** Décharger de ses frais : *Quand ma mère voyage pour le compte de la société qui l'emploie, elle est défrayée.* **2.** Alimenter (une conversation) : *Sa conduite scandaleuse défraya la chronique de la ville.*

défricher, v. ♦ Débarrasser un terrain de sa végétation sauvage, pour en faire une terre cultivable.

défunt, unte, adj. *ou* n. ♦ Qui est mort : *Le défunt roi était très aimé de son peuple.* ● *La défunte fut enterrée dans le caveau de famille.*

dégagé, ée, adj. ♦ *Ciel dégagé,* sans nuages.

dégagement

dégagement, n. m. ♦ Action de dégager ou de se dégager. **2.** Couloir, passage : *Un dégagement conduit de la salle à manger à l'entrée.*

dégager, v. (conjugaison 16) ♦ **1.** Libérer ce qui est encombré, pris, coincé, menacé, etc. : *Dégageons le passage, s'il vous plaît !* **2.** Émettre, produire : *Un tas de vieux pneus brûlaient en dégageant une odeur âcre.*

dégainer, v. ♦ Tirer un pistolet, un revolver hors de son étui.

dégât, n. m. ♦ Détérioration causée à une chose : *Après le passage du typhon, on put mesurer l'ampleur des dégâts.* — SYN. dommage.

dégel, n. m. ♦ Fonte de la glace, de la neige : *C'est le dégel, et les chemins se transforment en bourbiers !* — CONTR. gel.

dégeler, v. (conjugaison 10) ♦ *L'étang commence à dégeler,* la glace qui le recouvre commence à fondre. — CONTR. geler. *Jean a fait dégeler des cuisses de poulet pour le repas.*

dégénéré, ée, adj. ♦ Qui a perdu les vertus ou les qualités physiques d'un être sain et normal ou encore les vertus des ancêtres : *Serions-nous les descendants dégénérés de nos ancêtres héroïques ?*

dégénérer, v. (conjugaison **11**) ♦ **1.** Perdre les vertus des ancêtres : *C'est dans l'oisiveté que les peuples dégénèrent.* **2.** Se transformer fâcheusement : *La réunion politique a dégénéré en bagarre.*

dégivrage, n. m. ♦ Action de dégivrer.

dégivrer, v. ♦ Enlever le givre : *En hiver, je dois dégivrer tous les matins les glaces de ma voiture.*

dégouliner, v. ♦ Couler partout, de manière malpropre ou bien là où il ne faut pas : *Patricia repeint sa chambre : la peinture dégouline sur le parquet.*

dégourdi, ie, adj. *ou* n. ♦ Malin, qui sait se tirer d'affaire. — CONTR. empoté.

dégourdir, v. ♦ Rendre moins raide (un membre qui est resté longtemps immobile) : *Cours un peu : cela te dégourdira les jambes.*

dégoût, n. m. ♦ Sensation que l'on éprouve devant une chose très sale ou très mauvaise à manger. — SYN. répugnance.

dégoûtant, ante, adj. ♦ Très sale, qui inspire du dégoût.

dégoûté, ée, adj. ♦ Qui exprime le dégoût, le mépris : *Ne prends pas cet air dégoûté.* — CONTR. admiratif.

dégoûter, v. ♦ Inspirer du dégoût, de la répugnance : *Cette odeur me dégoûte.* ● *Se dégoûter de,* se lasser de, perdre tout intérêt pour : *Marc s'est dégoûté du sport.* — CONTR. s'intéresser à, se passionner pour.

dégradation, n. f. ♦ **1.** Évolution en mal : *La dégradation de la situation politique provoquera peut-être un renversement du régime.* — CONTR. amélioration. **2.** Dégâts : *Les élèves coupables de dégradations doivent être punis sévèrement.*

dégradé, n. m. ♦ Ensemble de couleurs juxtaposées qui vont progressivement d'une nuance à une autre.

dégrader, v. ♦ **1.** Priver de son grade : *Le capitaine avait trahi : on le dégrada.* **2.** Endommager : *Les voyous ont dégradé les murs avec des crochets de fer.* — SYN. détériorer. — CONTR. réparer. **3.** Rendre méprisable et pitoyable : *La paresse, la misère et l'ivrognerie avaient dégradé ces vagabonds.*

degré, n. m. ♦ **1.** Chacune des étapes d'une évolution ou chacun des états, des niveaux dans une hiérarchie ou un classement : *Elle avait franchi peu à peu tous les degrés de l'échelle sociale.* ● *Par degrés :* pas d'un seul coup, mais petit à petit. — SYN. graduellement, progressivement, par

étapes. — CONTR. brusquement, brutalement.
2. Unité d'angle ou d'arc : _Trace un angle de 60 degrés._ ● Unité de température : _La température a baissé de 4 degrés._ ● Proportion d'alcool : _Voici du vin à 12 degrés._

dégringolade, n. f. ♦ Action de dégringoler.

dégringoler, v. ♦ Descendre très vite ou descendre en tombant : _Ah! si tu avais vu les enfants dégringoler l'escalier!_

dégrossir, v. ♦ Faire le travail en gros, avant de faire le détail : _Nous allons dégrossir le morceau de bois, avant de le creuser pour faire un bateau._

déguenillé, ée, adj. ♦ Vêtu de vêtements déchirés.

déguerpir, v. ♦ Partir en se sauvant : _Les policiers arrivent : les voyous déguerpissent aussitôt._ — SYN. fuir, décamper, détaler, s'enfuir, filer, se sauver.

déguisement, n. m. ♦ Ensemble des vêtements avec lesquels on se déguise.

déguiser, v. ♦ **1.** Modifier pour faire paraître autre : _Elle m'a appelé au téléphone, en déguisant sa voix. L'auteur de la lettre anonyme a déguisé son écriture._ **2.** _Se déguiser,_ se vêtir de manière à avoir l'aspect d'un autre personnage : _Je me suis déguisé en mousquetaire._

déguster, v. ♦ Goûter une chose pour voir si elle est bonne (à boire ou à manger) : _Ici, on déguste gratuitement les fameuses pommes de Rougemont._ ● Boire ou manger quelque chose avec beaucoup de plaisir, en prenant bien le temps d'apprécier la saveur.

dehors [dɔɔʀ], adv. _ou_ n. m. ♦ **1.** A l'extérieur : _Ne reste pas enfermé dans ta chambre : il fait si beau dehors!_ — CONTR. dedans. **2.** _Au-dehors,_ à l'extérieur : _Ici, il fait chaud, mais, au-dehors, il gèle._ ● _Ne reste pas au-dehors de la zone autorisée._ — CONTR. au-dedans (de). **3.** _En dehors,_ plus loin qu'une limite : _La juge de touche lève_

son drapeau : le ballon est en dehors du terrain._ — CONTR. en dedans. **4.** _Les dehors,_ l'aspect, les manières : _Oscar a des dehors bourrus, mais en fait il a un cœur d'or._

déjà, adv. ♦ Dès maintenant, si tôt : _Comment! Dix heures du matin, et tu es déjà rentrée de l'école!_

1. déjeuner, v. ♦ Prendre le petit déjeuner ou le déjeuner de midi : _Du chocolat chaud, des croissants : voilà de quoi déjeuner!_

2. déjeuner, n. m. ♦ Repas de midi. ● _Petit déjeuner,_ repas du matin : _Au petit déjeuner, je prends un bol de chocolat._

déjouer, v. (conjugaison 19) ♦ Échapper aux pièges de l'adversaire : _Martine est rusée : elle saura déjouer les pièges de ses ennemis._

delà, loc. adv. _ou_ loc. prép. ♦ **1.** _Au-delà,_ plus loin : _Tu vois cette colline? Au-delà s'étend une autre province._ — CONTR. en deçà. ● _Si nous allions au-delà de cette colline, nous irions dans l'autre province._ ● _Au-delà de ses espérances :_ plus qu'il n'espérait. **2.** _Par-delà,_ de l'autre côté de : _Par-delà l'océan, il existe des pays merveilleux._

délabré, ée, adj. ♦ En mauvais état.

délabrer (se), v. ♦ Se détériorer : _La masure se délabrait d'année en année._

délai, n. m. ♦ Durée au terme de laquelle une chose doit être faite : _Vous avez un délai de trente jours pour faire une réclamation._ ● _Sans délai :_ immédiatement.

délaisser, v. ♦ Laisser à l'abandon, sans s'en occuper, sans venir voir : _Alors! Tu délaisses tes vieux copains, maintenant?_

délassement, n. m. ♦ Repos.

délasser [delase], v. ♦ Reposer, enlever la fatigue : _Après le travail, une promenade te délassera._ ● _J'ai trop travaillé, je vais me délasser un instant._

délavé

délavé, ée, adj. ◆ Qui, après traitement ou lavage, a perdu la vivacité de sa couleur : *Achète plutôt un pantalon de velours, les jeans délavés ce n'est plus à la mode.*

délayer [deleje], v. (conjugaison 23) ◆ Mélanger à du liquide, pour obtenir une pâte fluide : *Il faut délayer la farine dans le lait, pour faire ta sauce.*

délectable, adj. ◆ Très bon à boire ou à manger. — SYN. délicieux, exquis.

délecter (se), v. ◆ Prendre un très grand plaisir à manger, à boire, à voir, à entendre, à faire quelque chose.

délégation, n. f. ◆ Groupe de personnes envoyées pour discuter de certaines questions à la place de ceux qui les envoient et qui seraient trop nombreux pour discuter.

délégué, ée, n. ◆ **1.** Personne qui fait partie d'une délégation. **2.** *Délégué de classe :* élève chargé de représenter la classe au conseil de classe.

déléguer, v. ◆ Envoyer en délégation : *Les habitants ont délégué trois personnes pour porter une pétition au maire.*

délibérer, v. (conjugaison 11) ◆ Discuter pour savoir ce qu'on doit faire : *Le conseil municipal délibère sur la construction du marché couvert.*

délicat, ate, adj. ◆ **1.** Attentif et habile, plein de douceur : *Avec des gestes délicats, la fillette prit le chat sur ses genoux.* **2.** Qui fait preuve à la fois de gentillesse et de finesse : *Je vous remercie de votre délicate attention : votre lettre si touchante m'a beaucoup ému.* **3.** Joli, fin, précieux : *J'aime les couleurs délicates de ces soies anciennes.* — CONTR. grossier, vulgaire, criard. **4.** Fragile : *Dominique est un enfant délicat : il supporte mal le froid.* — CONTR. robuste.

délicatesse, n. f. ◆ Attitude d'une personne délicate ou qualité d'une chose déli-

cate : *Elle a eu la délicatesse de m'inviter. J'admire la délicatesse des teintes de cette belle tapisserie.*

délice, n. m. *ou* f. ◆ Très grand plaisir : *Ce roi vivait au milieu des plus grandes délices.* ● Chose très bonne : *Cette crème à la noisette, quel délice !* — REM. Ce mot est masculin au singulier, féminin au pluriel.

délicieux, euse, adj. ◆ Très agréable ou très bon : *Cet entremets à la crème est vraiment délicieux !* — SYN. délectable, exquis. — CONTR. exécrable, mauvais, infect, imbuvable, immangeable.

délier, v. (conjugaison 20) ◆ Détacher ce qui était lié : *On délia les pieds du prisonnier.* — CONTR. lier.

délimiter, v. ◆ Constituer ou marquer ou fixer les limites de quelque chose : *La rivière délimite au nord le territoire de notre commune.* — SYN. borner.

délinquant, ante, n. ◆ Personne qui commet des délits (vols, par exemple).

délire, n. m. ◆ **1.** État provoqué par une forte fièvre et dans lequel le malade dit n'importe quoi, imagine des choses qui n'existent pas. **2.** Enthousiasme extrême : *Quand la chanteuse parut sur scène, ce fut un vrai délire.*

délirer, v. ◆ Avoir le délire.

délit, n. m. ◆ Acte moins grave que le crime, mais puni par la loi : *Le vol par effraction dans une maison est un délit, tout comme la conduite d'une automobile en état d'ébriété.*

délivrance, n. f. ◆ Action de délivrer. — SYN. libération.

délivrer, v. ◆ **1.** Rendre libre : *Les terroristes attaquèrent la prison pour délivrer leur camarade prisonnier.* — SYN. libérer. **2.** Donner un certificat, un papier, etc. : *Quel est le médecin qui t'a délivré cette ordonnance ?*

déloger, v. (conjugaison **16**) ♦ Chasser d'un endroit.

déloyal, ale, aux [delwajal, al, o], adj. ♦ Qui manque à la loyauté. ● Contraire à la loyauté. — CONTR. loyal, franc, régulier.

déloyauté [delwajote], n. f. ♦ Attitude d'une personne qui manque à la loyauté, qui triche, qui ment, qui ne tient pas ses engagements. — CONTR. loyauté, franchise.

delta, n. m. ♦ Embouchure d'un fleuve formée par plusieurs bras.

Delta-plane, n. m. ♦ Nom déposé d'un planeur ultra-léger.

déluge, n. m. ♦ **1.** _Le Déluge :_ selon la Bible, inondation qui aurait recouvert toute la surface de la Terre. **2.** _Un déluge,_ très forte pluie : _Quel déluge ! L'eau recouvre la chaussée !_ ● Grande quantité : _Un déluge de paroles._

déluré, ée, adj. ♦ Malin et hardi : _Toto n'a peur de rien : il est déluré, comme un vrai singe. !_ — CONTR. empoté, timide.

démagogie, n. f. ♦ Action de flatter le peuple pour s'en faire bien voir.

demain, adv. _ou_ n. m. ♦ **1.** Le jour qui vient après aujourd'hui : _Aujourd'hui, nous sommes samedi ; demain, c'est donc dimanche._ — CONTR. hier. **2.** Dans un avenir proche : _Demain, mon fils, tu seras un homme._

demande, n. f. ♦ Action de demander ; écrit par lequel on demande quelque chose.

demander, v. ♦ **1.** Chercher à savoir : _Demande donc au nouveau de quel pays il vient._ — SYN. questionner, poser une question, interroger. — CONTR. répondre. ● _Je me demande bien de quel établissement peut venir le nouveau?_ **2.** Chercher à obtenir : _J'ai demandé à la directrice l'autorisation de sortir._ ● _J'ai demandé à sortir._ ● _Je demande_

que l'on me dise la vérité. **3.** Exiger : _Soigner un malade, cela demande de l'attention._ — SYN. nécessiter.

démangeaison, n. f. ♦ Petite irritation sur la peau, qui donne envie de se gratter.

démanger, v. (conjugaison **16**) ♦ Provoquer une sorte d'irritation de la peau qui donne envie de se gratter : _Je dois avoir de l'urticaire, les bras me démangent._

démanteler, v. (conjugaison **10**) ♦ **1.** Détruire les fortifications, les remparts : _La reine ordonna de démanteler le château du seigneur rebelle._ **2.** Détruire, anéantir.

démarche, n. f. ♦ **1.** Manière de marcher : _Sarah est sportive : cela se voit à sa démarche ferme et souple._ — SYN. allure. **2.** Action que l'on fait pour obtenir quelque chose : _Mon père a fait une démarche auprès de la propriétaire pour que celle-ci fasse aménager les caves._

démarquage, n. m. ♦ Copie, imitation : _Ce roman n'est qu'un mauvais démarquage d'un livre de Jules Verne._

démarquer (se), v. ♦ Se distinguer de : _Pour se démarquer de ses camarades, Dominique garde toujours son écharpe en classe._

démarrer, v. ♦ _Le moteur démarre,_ se met en marche. ● _La voiture, la moto démarre._ — SYN. partir.

démarreur, n. m. ♦ Appareil qui fait démarrer le moteur d'une voiture.

démasquer, v. ♦ Trouver qui a fait quelque chose : _Les policiers essaient de démasquer l'auteur des lettres anonymes._ ● _Se démasquer :_ montrer qui l'on est, montrer ses véritables intentions, après les avoir dissimulées.

démêlé, n. m. ♦ Affaire compliquée dans laquelle les gens ne sont pas d'accord et se font des difficultés les uns aux autres. — SYN. désaccord, litige.

démêler

démêler, v. ♦ 1. Remettre en ordre ce qui était emmêlé : *Essaie donc de démêler ma laine à tricoter.* — SYN. débrouiller. — CONTR. emmêler. **2.** Tirer au clair : *Je n'y comprends rien, aide-moi donc à démêler cette histoire.*

démembrer, v. ♦ Diviser en plusieurs parties ce qui formait un ensemble unifié : *Les héritiers démembrèrent la propriété en la divisant en plusieurs lots.* — CONTR. remembrer, réunifier.

déménagement, n. m. ♦ Action de déménager.

déménager, v. (conjugaison 16) ♦ Changer de logement en transportant les meubles et les affaires de l'ancien au nouveau logement : *Demain, nous déménageons : emballons la vaisselle dans les caisses.*

déménageur, n. m. ♦ Celui dont le métier est de transporter les meubles des gens qui déménagent.

démence, n. f. ♦ Folie.

démener (se), v. (conjugaison 12) ♦ **1.** S'agiter de manière désordonnée, en faisant des gestes dans tous les sens. **2.** Se donner beaucoup de mal, faire beaucoup de démarches : *Démène-toi un peu, si tu veux trouver un emploi.*

dément, ente, adj. *ou* n. ♦ Fou. — CONTR. sain d'esprit.

démenti, n. m. ♦ Information par laquelle on dément quelque chose.

démentir, v. (conjugaison 42) ♦ Dire qu'une nouvelle était fausse : *On avait annoncé que les horaires des cours allaient changer, la directrice a démenti la nouvelle.*

démesuré, ée, adj. ♦ Très grand, trop grand : *Élise portait une écharpe démesurée.*

démettre, v. (conjugaison 99) ♦ **1.** Faire sortir de l'articulation : *le choc lui a démis l'épaule.* **2.** *Se démettre,* donner sa démission : *Impliqué dans une affaire louche, ce policier a dû se démettre de ses fonctions.*

1. demeure, n. f. ♦ 1. *Mettre en demeure de,* ordonner de (faire ce qui avait été déjà demandé ou décidé) : *Ma mère a mis en demeure le propriétaire de faire enfin réparer la toiture.* ● *A demeure :* de manière permanente, durable ou définitive.

2. demeure, n. f. ♦ Maison.

demeurer, v. ♦ 1. Habiter : *J'ai demeuré pendant dix ans à Toronto* (auxiliaire *avoir*). **2.** Rester : *Julie boude : elle est demeurée toute la soirée silencieuse* (auxiliaire *être*).

demi ♦ Mot qui s'emploie de plusieurs manières : **1.** Dans la locution adverbiale *à demi,* à moitié : *Mon travail est à demi terminé.* **2.** Comme préfixe invariable : *Une demi-douzaine* (la moitié d'une douzaine), *une demi-heure* (la moitié d'une heure). — PLUR. *des demi-douzaines, des demi-heures.* **3.** Comme adjectif, variable en genre mais non en nombre, placé après le nom : *Trois heures et demie. Cinq centimètres et demi.* **4.** Comme nom masculin ou féminin variable. ● *Un demi :* au soccer et au rugby, joueur qui joue entre les lignes d'avant et les lignes d'arrière. ● *La demie,* la demi-heure : *Vite, préparons-nous : la demie vient de sonner et le bus passe à moins vingt.*

demiard, n. m. ♦ Mesure de capacité pour les liquides, d'environ un quart de litre.

demi-frère, n. m. ♦ Celui qui est né du même père, mais non de la même mère, ou bien de la même mère, mais non du même père. — PLUR. *des demi-frères.*

demi-heure, n. f. ♦ Durée égale à la moitié d'une heure. — PLUR. *des demi-heures.*

demi-mot (à), loc. adv. ♦ Sans que tout soit exprimé clairement : *Il m'a fait comprendre à demi-mot qu'il n'était pas satisfait de son résultat à l'examen.*

demi-sœur, n. f. ♦ Celle qui est née du même père, mais non de la même mère, ou bien de la même mère, mais non du même père. — PLUR. _des demi-sœurs._

démission, n. f. ♦ Action de se démettre de ses fonctions.

démissionner, v. ♦ Donner sa démission : _Le directeur a démissionné._

demi-tarif, n. m. ♦ Tarif égal à la moitié du tarif normal.

demi-tour, n. m. ♦ Moitié d'un tour, qui permet de revenir sur ses pas, de repartir dans la direction d'où l'on est venu : _Louise fit demi-tour et repartit très vite._

démobiliser, v. ♦ Renvoyer à la vie civile : _La guerre était finie : on démobilisa les soldats._

démocrate, adj. _ou_ n. ♦ Qui est partisan de la démocratie. ● _Cet homme d'État fut un vrai démocrate._

démocratie [demɔkʀasi], n. f. ♦ Régime politique dans lequel tous les partis peuvent exister et s'exprimer librement. — CONTR. dictature, totalitarisme, despotisme, tyrannie.

démocratique [demɔkʀatik], adj. ♦ Conforme aux règles de la démocratie.

démodé, ée, adj. ♦ Qui n'est plus à la mode : _Les pantalons à revers, c'est démodé !_ — SYN. suranné. — CONTR. à la mode, en vogue. ● _Ma tante Hélène a des idées démodées._ — SYN. désuet, périmé, vieux. — CONTR. moderne.

démoder (se), v. ♦ Devenir démodé : _Achète plutôt des meubles scandinaves : ils se démoderont moins vite._ — SYN. passer de mode.

démographie, n. f. ♦ Science qui étudie la population : nombre d'habitants, taux de natalité, de mortalité, croissance de la population, etc.

demoiselle, n. f. ♦ Jeune fille. ● _Demoiselles d'honneur_ : jeunes filles qui accompagnent la mariée pendant les cérémonies du mariage.

démolir, v. ♦ Détruire un mur, une construction. — SYN. détruire. — CONTR. bâtir, construire.

démolisseur, n. m. ♦ Celui qui démolit. — CONTR. bâtisseur, constructeur.

démolition, n. f. ♦ Action de démolir. — CONTR. construction.

démon, n. m. ♦ **1.** _Un démon_ : un diable. ● _Le Démon_ : Satan. **2.** _Un démon,_ un enfant turbulent : _Oh ! cette gamine ! Quel petit démon !_

démoniaque, adj. ♦ Du démon, malfaisant, diabolique.

démonstratif, ive, adj. _ou_ n. m. ♦ **1.** _Adjectifs démonstratifs_ : ce, cet, cette, ces. ● _Pronoms démonstratifs_ : celui, celle, ceux, celles, cela, ceci, celui-ci, celle-ci, etc. ● _Un démonstratif_ : un adjectif ou un pronom démonstratif. **2.** Qui exprime facilement ses sentiments : _Éric est particulièrement démonstratif : dès qu'il est heureux, il se met à chanter._ — SYN. expansif, exubérant, ouvert. — CONTR. fermé, froid, renfermé, réservé, taciturne.

démonstration, n. f. ♦ **1.** Action de montrer comment une chose marche, comment on fait quelque chose : _Tiens, Sophie va nous faire une démonstration de la nouvelle prise de judo._ **2.** Raisonnement par lequel on prouve quelque chose : _Tu connais la démonstration de ce théorème de géométrie ?_ **3.** Acte ou parole qui exprime un sentiment : _Il m'en fait des démonstrations d'amitié, mon petit cousin Augustin !_

démontable, adj. ♦ Qui peut se démonter : _Des baraques démontables._

démontage, n. m. ♦ Action de démonter.

démonté

démonté, ée, adj. ♦ *Mer démontée,* où il y a une forte tempête.

démonter, v. ♦ **1.** Défaire un appareil, une machine, une construction, en séparant les divers éléments : *Mon frère a démonté son vélomoteur, mais il ne sait pas le remonter !* — CONTR. monter, remonter. **2.** *Le cheval a démonté son cavalier,* l'a jeté par terre. ● *Démonter quelqu'un,* le jeter dans l'embarras, au point qu'il ne peut plus répondre.

démontrer, v. ♦ Prouver par un raisonnement ; montrer qu'une chose est sûre : *Vous démontrerez que les triangles ABC et CDE sont égaux.* — SYN. établir, faire apparaître, justifier, montrer, prouver.

démoraliser, v. ♦ Faire perdre la confiance en soi, l'espoir du succès : *Si Nicole perd encore sa course, cela va la démoraliser.* — SYN. abattre, décourager, dégoûter. — CONTR. aiguillonner, exalter, inciter, réconforter, soutenir, stimuler.

démordre, v. (conjugaison 92) ♦ *Ne pas démordre d'une idée, d'une opinion,* y tenir beaucoup, ne pas y renoncer.

démunir (se), v. ♦ Ne pas garder : *Il ne faut pas te démunir de tes économies, grand-mère, tu en auras besoin.* — SYN. se dessaisir.

dénaturé, ée, adj. ♦ Très méchant à l'égard de ses proches : *Ce fils dénaturé avait laissé sa vieille mère dans la misère.* ● Qui a changé de nature : *Sucre dénaturé.*

dénicher, v. ♦ **1.** Enlever du nid les œufs ou les petits d'un oiseau : *René monta à l'arbre pour dénicher les œufs.* **2.** Découvrir une chose difficile à trouver : *Regarde : j'ai déniché chez une antiquaire un chandelier pareil à celui du salon.*

denier, n. m. ♦ **1.** Monnaie romaine ou ancienne monnaie française, de faible valeur. **2.** *De ses (propres) deniers :* avec son propre argent.

dénier, v. (conjugaison 20) ♦ Refuser de reconnaître, ne pas accorder : *On ne pouvait dénier à notre adversaire un certain courage.* — SYN. contester, nier, refuser. — CONTR. accorder, donner.

dénigrement, n. m. ♦ Action de dénigrer.

dénigrer, v. ♦ Dire du mal de quelqu'un ou de quelque chose. — SYN. attaquer, calomnier, critiquer, diffamer, médire, vilipender. — CONTR. approuver, féliciter, louer.

dénivellation, n. f. ♦ Différence de niveau, de hauteur.

dénombrement, n. m. ♦ Action de compter, de dénombrer.

dénombrer, v. ♦ Compter : *Qui saurait dénombrer les étoiles du ciel et les grains de sable de la mer ?*

dénomination, n. f. ♦ Mot ou expression qui désigne une chose ou une personne : *Un avare est connu sous la dénomination de « Séraphin ».*

dénommer, v. ♦ Appeler, nommer : *On dénomme « champignon de couche » ou « champignon de Paris » la psalliote champêtre, quand elle est cultivée.*

dénoncer, v. (conjugaison 17) ♦ **1.** Indiquer le nom de celui qui a fait une chose interdite. **2.** Faire connaître à tout le monde : *Il faut dénoncer la misère qui règne dans certains pays.* **3.** Dire que l'on rompt un traité, un accord, un contrat : *Vous pouvez dénoncer cet accord par simple lettre recommandée.*

dénonciateur, trice, n. ♦ Celui, celle qui dénonce quelqu'un. — SYN. délateur, mouchard, rapporteur, traître.

dénonciation, n. f. ♦ **1.** Action de dénoncer quelqu'un ; parole ou texte qui dénonce quelqu'un. — SYN. délation. **2.** Action de dénoncer un traité, etc. : *La dénonciation du traité de commerce est intervenue un an après sa signature.* — SYN. rupture.

dénoter, v. ♦ Indiquer, être le signe de : _Le grand nez et le haut front de notre camarade dénotaient un caractère hardi et fier._ — SYN. indiquer, montrer, révéler. — CONTR. masquer, dissimuler.

dénouement, n. m. ♦ Fin de l'intrigue d'une pièce de théâtre, d'un film ou d'un roman. ● Fin d'une histoire, d'une affaire, d'une crise, etc. : _A votre avis, quel peut être le dénouement de cette crise politique?_

dénouer, v. (conjugaison 19) ♦ **1.** Défaire le nœud : _Dénoue ta cravate si tu as trop chaud._ **2.** Résoudre : _Le premier ministre pourra-t-il dénouer cette grave crise politique?_

denrée, n. f. ♦ Marchandise qui sert à l'alimentation : _Le lait est une denrée périssable._

dense, adj. ♦ **1.** Qui a un grand poids pour un volume donné : _Le cuivre est bien plus dense que le liège._ — REGARDER densité. **2.** Épais, serré, abondant : _Sur le flanc de la colline, la végétation est dense._ — SYN. compact, dru, épais, serré. — CONTR. clairsemé, rare. **3.** Qui dit beaucoup de choses en peu de mots : _Qu'il est dense, le style de cet écrivain!_ — SYN. concis. — CONTR. diffus, délayé.

densité, n. f. ♦ **1.** Rapport du poids au volume : _La densité du cuivre est de 8,94._ **2.** Caractère de ce qui est dense : _La densité de la végétation gênait la marche des explorateurs._

dent, n. f. ♦ **1.** Chacune des petites masses dures que les personnes et de nombreux animaux ont dans la bouche et qui servent à couper et à mâcher les aliments. — REGARDER incisive, canine, molaire, croc. ● _Avoir la dent dure :_ exprimer des critiques dures. ● _Être sur les dents :_ être très occupé par un travail qu'il faut faire vite et ne pas avoir un moment à soi, ce qui rend irritable. ● _Dévorer à belles dents,_ avidement. ● _Dire quelque chose entre ses dents,_ en parlant indistinctement. **2.** Chacune des parties longues et pointues d'un peigne. ● Chacune des

parties saillantes et pointues d'une lame de scie, d'une roue d'engrenage, d'un bord de feuille, etc.

dentaire, adj. ♦ Des dents, qui concerne les dents : _En sciences naturelles, nous avons appris la formule dentaire du chien._ ● _L'art dentaire :_ la profession de dentiste.

denté, ée, adj. ♦ Muni de dents (au sens 2) : _Il y en a, des roues dentées, dans une montre!_

dentelé, ée, adj. ♦ Aux bords munis de petites découpures : _Regarde cette jolie feuille dentelée!_

dentelle, n. f. ♦ Ornement formé de dessins que constituent des fils entrecroisés.

dentellière [dɑ̃təljɛr], n. f. ♦ Celle dont le métier est de faire de la dentelle à la main.

dentelure, n. f. ♦ Ensemble des petites découpures qui bordent certaines surfaces.

dentier, n. m. ♦ Appareil qui remplace les dents absentes et que l'on peut mettre dans la bouche ou enlever. — SYN. prothèse mobile, râtelier.

dentifrice, n. m. ♦ Pâte qui sert au brossage des dents.

dentiste, n. m. _ou_ f. ♦ Celui, celle dont le métier est de soigner les dents : _Regarde la plaque : « Docteur R. Dubois, chirurgienne-dentiste »._

dentition, n. f. ♦ La pousse des dents : _Bébé est grognon : c'est la dentition._ — REM. N'employez pas ce mot au sens de _denture._

denture, n. f. ♦ Ensemble des dents.

dénuder, v. ♦ **1.** Enlever les vêtements ou une partie des vêtements : _Il se dénuda jusqu'à la ceinture._ — SYN. se déshabiller, se dévêtir. **2.** Dépouiller de l'enveloppe : _Attention! Ne touche pas ce fil électrique dénudé._ ● _Les arbres se dénudent,_ perdent leurs feuilles.

dénuement

dénué, ée, adj. ♦ *Dénué de,* qui manque de : *Notre amie était dénuée de toute imagination.* — SYN. démuni, dépourvu, privé. — CONTR. doté, doué.

dénuement [denymã], n. m. ♦ État de grande misère où l'on manque de tout. — SYN. besoin, misère, pauvreté. — CONTR. abondance, aisance, opulence, richesse.

dépannage, n. m. ♦ Action de dépanner.

dépanner, v. ♦ Réparer ce qui est en panne : *La télé ne marche pas : il faudra faire venir le réparateur pour la dépanner.*

dépanneur, euse, n. ♦ Celui, celle dont le métier est de dépanner les véhicules, les appareils.

dépanneur, n. m. ♦ Magasin qui a des heures d'ouverture très longues et où l'on trouve de la nourriture et des articles courants : *J'ai oublié d'acheter du pain, va en chercher au dépanneur.*

dépanneuse, n. f. ♦ Camion ou camionnette, portant une grue, qui vient chercher les voitures tombées en panne pour les emmener au garage.

dépareillé, ée, adj. ♦ Qui n'appartient pas à une série ou à une collection complète, mais à plusieurs séries, à plusieurs collections incomplètes : *Dans sa bibliothèque, on voyait plusieurs tomes dépareillés de dictionnaires.*

déparer, v. ♦ Rendre moins joli, moins beau : *Ce gros meuble métallique de bureau dépare son salon.* — SYN. enlaidir. — CONTR. embellir.

départ, n. m. ♦ Action de partir ; moment où l'on part. — CONTR. arrivée.

départager, v. (conjugaison 16) ♦ Faire la différence entre deux concurrents à égalité, pour pouvoir les classer : *Voici la question qui permettra de départager les candidats.*

département, n. m. ♦ Chacune des circonscriptions de la France administrées par un commissaire de la République et un conseil départemental.

départemental, ale, aux, adj. ♦ Qui concerne le département, qui en dépend.

dépassement, n. m. ♦ Action de dépasser : *Sur une route étroite, le dépassement d'un gros camion est dangereux et difficile.*

dépasser, v. ♦ **1.** Aller plus loin qu'un endroit donné : *Nous avons dépassé Beaupré : nous approchons de Baie-Saint-Paul.* — SYN. passer. ● Doubler (en passant devant) : *Sur l'autoroute, un motard nous a dépassés : il roulait au moins à 150 kilomètres à l'heure.* — SYN. doubler. **2.** Être trop long et être visible : *Lucette, ta combinaison dépasse : elle est trop longue pour ta robe.* **3.** Être plus grand que : *Les dépenses dépassent ce qui était prévu.* ● *Dépasser l'heure :* laisser passer l'heure où il faut finir.

dépayser [depeize], v. ♦ Changer agréablement ou désagréablement de pays, en produisant une sensation d'étrangeté : *Que j'aimerais passer un mois à l'île d'Anticosti : cela me dépayserait !*

dépecer, v. (conjugaison 12) ♦ Découper, déchirer en morceaux : *Les explorateurs avaient tué un buffle : ils le dépecèrent et le mangèrent.*

dépêche, n. f. ♦ Télégramme.

dépêcher, v. ♦ **1.** Envoyer en hâte quelqu'un qui va vite : *L'Empereur dépêcha un messager pour porter l'ordre de se mettre en marche.* **2.** *Se dépêcher,* aller vite, agir vite : *Dépêchons-nous : nous risquons d'arriver après la fermeture du magasin.* — SYN. se hâter, se presser.

dépeindre, v. (conjugaison 84) ♦ Décrire : *John était tel qu'on me l'avait dépeint : grand, large d'épaules, le visage maigre et osseux.* — SYN. décrire, peindre, représenter.

déplacer

dépendance, n. f. ♦ **1.** État de celui qui dépend de quelqu'un d'autre : *De nombreux paysans et serviteurs vivaient dans la dépendance du seigneur.* — CONTR. indépendance, liberté. **2.** Bâtiment qui fait partie d'un ensemble, sans être le bâtiment principal de cet ensemble : *Voici les dépendances de la ferme : les écuries, les remises, la grange.* — SYN. les annexes, les communs.

1. dépendre, v. (conjugaison 81) ♦ **1.** *Dépendre de,* être sous les ordres, sous l'autorité de : *Chaque employé dépend d'un chef de service.* **2.** *Dépendre de,* être réglé, exister selon telle cause : *J'ignore si nous irons en excursion : cela dépendra du temps qu'il fera.* ● *Cela dépend :* on ne peut encore rien dire, il n'y a pas de réponse uniforme et assurée.

2. dépendre, v. (conjugaison 81) ♦ Décrocher ce qui est pendu : *On va repeindre les murs : il faut dépendre tous les tableaux.* — SYN. décrocher.

dépens [depɑ̃], n. m. pl. ♦ **1.** *Aux dépens de (à mes, tes, ses dépens),* en étant payé ou entretenu par : *Ma grande sœur veut travailler et gagner sa vie : elle ne veut plus vivre aux dépens de mes parents.* — SYN. à la charge de. **2.** *A ses dépens,* en étant l'objet ou la victime de quelque chose : *Blaise est si naïf qu'il fait rire tous ses copains à ses dépens.*

dépense, n. f. ♦ Argent que l'on dépense. — CONTR. économie, recette, gain.

dépenser, v. ♦ **1.** Utiliser de l'argent pour acheter, etc. : *Pendant nos vacances, nous avons dépensé trop d'argent.* — SYN. débourser. — CONTR. économiser, recevoir, gagner. **2.** *Se dépenser,* se remuer, agir : *Marie s'est dépensée sans compter pour faire gagner son équipe.*

dépensier, ière, adj. ♦ Qui a l'habitude de dépenser trop d'argent. — SYN. gaspilleur, prodigue. — CONTR. économe.

déperdition, n. f. ♦ Perte : *Les fenêtres sont mal calfeutrées, ce qui entraîne une déperdition de chaleur.*

dépérir, v. ♦ S'affaiblir beaucoup : *La vieille dame est malade : elle dépérit à vue d'œil.* — SYN. s'anémier, languir. — CONTR. se développer, s'épanouir.

dépêtrer (se), v. ♦ **1.** Libérer ses pieds ou ses membres de ce qui les embarrasse : *Le chien s'est pris dans sa laisse : il n'arrive plus à s'en dépêtrer.* **2.** Se tirer d'affaire : *Comment vas-tu te dépêtrer de cette affaire compliquée?* — CONTR. s'empêtrer.

dépeupler, v. ♦ Priver de sa population, la faire diminuer beaucoup : *L'épidémie de peste dépeupla plusieurs villages.*

dépister, v. ♦ **1.** Retrouver ou trouver la trace, la piste d'un animal ou d'une personne qu'on poursuit : *Les chasseurs dépistèrent le tigre.* **2.** Parvenir à découvrir ce qui était peu visible : *Grâce au scanneur, on peut dépister facilement certains cancers.* — SYN. déceler.

dépit, n. m. ♦ **1.** Chagrin mêlé de colère que l'on éprouve quand on a une déception : *Léonie ne fut pas invitée : elle en éprouva beaucoup de dépit.* — SYN. amertume, rancœur, ressentiment. — CONTR. joie, satisfaction. **2.** *En dépit de,* malgré : *Nous réussirons, en dépit des difficultés.* — SYN. malgré, nonobstant.

dépité, ée, adj. ♦ Qui éprouve du dépit.

déplacé, ée, adj. ♦ Qui ne convient pas, en raison du lieu, des circonstances; qui est de mauvais goût et qui choque. — SYN. incongru, inconvenant, incorrect, inopportun, malvenu, malséant.

déplacement, n. m. ♦ **1.** Action de déplacer une chose. **2.** Action de se déplacer, d'aller d'un lieu à un autre : *Pour venir réparer le robinet, la plombière a compté vingt dollars pour le déplacement.*

déplacer, v. (conjugaison 17) ♦ **1.** Changer de place, d'endroit : *Pour élargir la chaussée, on va déplacer les lampadaires.* **2.** *Se déplacer,* aller d'un endroit à un autre :

déplacer

Mon cousin se déplace souvent pour aller inspecter les succursales dans les autres villes.

déplaire, v. (conjugaison 55) ♦ **1.** Ne pas sembler agréable ou sympathique : *Avec son air prétentieux, Lionel déplaît à tout le monde.* — CONTR. plaire. **2.** *Se déplaire*, ne pas aimer être à un endroit : *Je ne me déplais pas chez ma tante, en Virginie.* — CONTR. se plaire.

déplaisant, ante, adj. ♦ Qui déplaît, qui est peu agréable, peu sympathique. — SYN. désagréable, antipathique. — CONTR. agréable, plaisant, sympathique.

dépliant, n. m. ♦ Papier imprimé qui se plie plusieurs fois et qui contient des informations, de la publicité.

déplier, v. (conjugaison 20) ♦ Étendre (une chose qui était pliée) : *Retire ta robe de la valise, déplie-la et mets-la bien à plat sur le lit.* — CONTR. plier.

déploiement, n. m. ♦ Grande quantité d'hommes, de moyens employés : *Deux mille soldats et policiers gardaient le palais : quel déploiement de forces !*

déplorable, adj. ♦ Très mauvais : *Ton carnet de notes est vraiment déplorable ce trimestre.* — SYN. lamentable. — CONTR. brillant.

déplorer, v. ♦ Regretter : *Je déplore que personne n'ait eu l'idée d'inviter Alphonse.* ● *Déplorer des victimes, des dégâts*, constater qu'il y a des victimes, des dégâts : *Tremblement de terre en Iran : on déplore des milliers de victimes.*

déployer, v. (conjugaison 21) ♦ **1.** *L'oiseau déploie ses ailes*, les ouvre largement. **2.** Déplier en étalant bien : *Elle déploya sur la table la carte du pays.* **3.** *Se déployer*, se disposer sur une grande surface : *La police s'était déployée sur une longueur de quatre kilomètres.* **4.** Montrer, faire preuve de : *Au cours de ce match, nos joueurs ont déployé toute leur ardeur et leur habileté.*

dépoli, ie, adj. ♦ *Verre dépoli :* verre qui n'est pas lisse, qui laisse passer la lumière, mais qui ne permet pas de voir les objets.

déportation, n. f. ♦ Action de déporter (au sens 2) ; situation des déportés : *Le dictateur ordonna la déportation de tous les opposants.*

déporté, ée, n. ♦ Personne envoyée dans un camp de concentration : *Des millions de déportés souffrent et meurent dans les camps.*

déporter, v. ♦ **1.** Pousser hors de la direction voulue : *Le courant déporta le pétrolier en panne vers les écueils.* **2.** Envoyer dans un camp de concentration : *Le dictateur déporta tous ceux qui n'approuvaient pas sa politique.*

déposé, ée, adj. ♦ *Nom déposé, marque déposée :* nom de produit ou d'article, marque, qui est la propriété d'une société.

déposer, v. ♦ **1.** Poser à un endroit donné : *Défense de déposer des ordures le long de ce mur.* ● *La poussière se dépose sur les meubles.* **2.** Verser de l'argent : *Combien as-tu déposé à la Caisse d'épargne ?* ● Remettre un document : *La demande doit être déposée avant le 1er janvier.* ● *Déposer une plainte :* porter plainte. **3.** Exprimer son témoignage devant l'autorité : *Trois témoins ont déposé devant le tribunal.* **4.** Détrôner : *Les révolutionnaires déposèrent le roi.*

déposséder, v. (conjugaison 11) ♦ Priver d'un bien, l'enlever à quelqu'un : *Profitant de la simplicité d'esprit de leur cadet, les trois autres frères le dépossédèrent de sa part d'héritage.*

dépôt, n. m. ♦ **1.** Action de déposer : *La cérémonie fut marquée par le dépôt d'une gerbe au monument aux morts.* ● Ce qui se dépose : *Un dépôt blanc et malodorant restait au fond de la casserole.* **2.** Ce que l'on donne à garder à quelqu'un ; somme que l'on dépose à la banque, à la Caisse d'épargne : *Avant de partir, elle confia sa fortune en dépôt à une amie.* **3.** Lieu où l'on dépose, où l'on met quelque chose : *Cette cour servait de dépôt au marchand de charbon.* ● Bâtiment, endroit où l'on gare les locomotives, les wagons, les autobus.

dépotoir, n. m. ♦ Endroit où l'on met les ordures. — SYN. décharge publique.

dépouille, n. f. ♦ **1.** Peau d'un animal sauvage que l'on a tué. **2.** *La dépouille mortelle* ou *la dépouille :* le corps d'une personne qui vient de mourir. **3.** *Les dépouilles,* ce qu'une personne laisse ou ce qu'on lui prend : *Ils se partagèrent les dépouilles des vaincus.*

dépouillement, n. m. ♦ Action de dépouiller le courrier ou les bulletins de vote.

dépouiller, v. ♦ **1.** Écorcher un animal, lui enlever sa peau : *Après avoir tué l'ours, les chasseurs le dépouillèrent.* **2.** Enlever les armes, l'armure : *Les vainqueurs dépouillèrent les cadavres des ennemis sur le champ de bataille.* **3.** Voler quelque chose à quelqu'un : *Les bandits dépouillèrent de leur argent les voyageurs de la diligence.* **4.** *Dépouiller le courrier :* ouvrir les enveloppes, retirer les lettres et classer celles-ci. ● *Dépouiller les bulletins de vote :* retirer les bulletins des enveloppes, les classer et les compter.

dépourvu, ue, adj. *ou* n. m. ♦ **1.** Qui manque de : *Elle était dépourvue d'argent et de relations.* — SYN. démuni, dénué, privé. — CONTR. muni, pourvu. **2.** *Prendre au dépourvu :* surprendre une personne.

déprécier, v. (conjugaison 20) ♦ **1.** Critiquer : *Pourquoi déprécies-tu ton camarade? Tu en es jaloux?* — SYN. dénigrer. — CONTR. louer. **2.** *Se déprécier,* perdre de sa valeur : *Sa maison n'est pas entretenue : elle se déprécie.*

dépression, n. f. ♦ **1.** Partie plus basse, dans le sol : *L'eau s'accumule dans les dépressions.* — SYN. un creux. **2.** *Dépression nerveuse* ou *dépression :* maladie qui se manifeste par un grand abattement, une grande tristesse, un grand dégoût de la vie. — SYN. neurasthénie.

déprimer, v. ♦ Rendre très triste, décourager : *Ce temps maussade me déprime.*

depuis, prép. ♦ A partir de tel moment : *Ma sœur est malade depuis le 10 janvier.* ● *Depuis que Jeanne est malade, elle ne mange plus.*

député, ée, n. ♦ Personne qui est membre d'une assemblée chargée de faire les lois.

déraciné, ée, adj. *ou* n. ♦ Qui est arraché à son pays, loin de ses habitudes, de sa famille, de ses amis.

déracinement, n. m. ♦ État d'une personne déracinée.

déraciner, v. ♦ Abattre, en tirant du sol avec les racines : *Quelle tempête! Le vent a déraciné le gros chêne du jardin public.*

déraillement, n. m. ♦ Accident d'un train qui déraille.

dérailler, v. ♦ Sortir des rails : *le train aborda la courbe à une trop grande vitesse et dérailla.*

dérailleur, n. m. ♦ Sur un vélo, dispositif qui permet de changer de vitesse et fait passer la chaîne d'une roue dentée sur une autre.

déraisonnable, adj. ♦ Contraire à la raison, au bon sens. — CONTR. raisonnable.

déraisonner, v. ♦ Dire des choses contraires à la raison et au bon sens : *N'écoute pas ce que dit Léon : il déraisonne complètement!*

dérangement, n. m. ♦ **1.** Action de déranger quelqu'un ou de se déranger, le fait d'être dérangé : *Je vous prie de m'excuser de vous causer ce dérangement.* **2.** *En dérangement,* en panne : *Le téléphone est en dérangement.*

déranger

déranger, v. (conjugaison **16**) ♦ **1.** Mettre en désordre ce qui était bien rangé : *S'il te plaît, ne dérange pas mes fiches, j'ai eu assez de mal à les classer.* — CONTR. ranger. **2.** Gêner en empêchant de travailler, de se reposer : *Ne téléphone pas à Mme Dubois maintenant, tu risquerais de la déranger.* ● **Se déranger :** s'interrompre de faire ce que l'on fait, ou se déplacer, afin d'agir pour rendre service à quelqu'un.

déraper, v. ♦ Glisser sans rouler : *La voiture a dérapé sur une plaque de verglas.*

dératé, ée, n. ♦ *Courir comme un dératé,* très vite (et sans grande raison). — REM. Cette expression est familière.

déréglage, n. m. ♦ État d'un appareil qui s'est déréglé : *Le déréglage des appareils de navigation a provoqué l'accident d'avion.*

dérèglement, n. m. ♦ État d'un système qui s'est déréglé : *Il fait chaud l'hiver, et froid l'été ! Il y a comme un dérèglement des saisons !*

dérégler, v. (conjugaison **11**) ♦ Détraquer : *Ne touche pas à la pendule : tu vas la dérégler.* ● *La pendule s'est encore déréglée.*

dérider, v. ♦ Faire sortir de sa tristesse, de son sérieux, amuser : *Tiens, allons voir ce film comique ! Cela nous déridera !*

dérision, n. f. ♦ Moquerie : *Par dérision, il imitait la démarche du cheval boiteux.*

dérisoire, adj. ♦ Ridiculement faible : *Une bouteille pour dix ? C'est dérisoire !*

dérivatif, n. m. ♦ Ce qui distrait du chagrin, des ennuis.

dérivation, n. f. ♦ Action de dériver l'eau, la circulation. ● Conduit, route qui permet de les dériver. ● *Canal de dérivation.*

dérive, n. f. ♦ **1.** Angle entre la direction suivie par un avion ou un bateau et l'axe de l'avion ou du bateau, quand le vent (ou un courant) agit latéralement sur l'avion ou le bateau : *Le navigateur doit calculer la dérive et la corriger.* **2.** *Le bateau va à la dérive,* s'écarte beaucoup de sa route, sous l'effet du vent et du courant, parce qu'il ne peut plus être gouverné. **3.** Plaque qui est placée sous la coque de certains voiliers (les *dériveurs*) et qui tient lieu de quille, pour diminuer la dérive.

dérivé, n. m. ♦ **1.** Produit que l'on tire d'un autre : *Les matières plastiques, tu le sais peut-être, sont des dérivés du pétrole.* **2.** Mot que l'on forme en ajoutant un suffixe à un autre mot : *l'adjectif* occasionnel *est un dérivé de* occasion.

1. dériver, v. ♦ **1.** Détourner le cours d'une rivière, la circulation routière, etc. : *Pour alimenter en eau l'usine électrique, on a dérivé le fleuve.* **2.** *Dériver de,* venir de : *Le mot* arbre *dérive du latin* arbor.

2. dériver, v. ♦ *Le bateau, le navire dérive,* s'écarte de sa route sous l'effet du vent ou du courant.

dériveur, n. m. ♦ Petit voilier de plaisance, sans quille saillante, muni d'une dérive.

dernier, ière, adj. *ou* n. ♦ **1.** Qui vient tout à fait à la fin, au bout : *Cela s'est passé le dernier jour des vacances. Elle habite la dernière maison de la rue.* — CONTR. premier. ● Qui est tout à la fin du classement. ● *Le dernier des,* le pire des : *Si tu n'es pas le dernier des paresseux, tu dois réussir en classe cette année.* ● *Avoir le dernier mot :* avoir finalement raison, être finalement le gagnant (dans une discussion, un conflit). ● *Mettre la dernière main à,* faire le travail qui termine quelque chose : *Demain, c'est la fête de l'école : nous mettons ce soir la dernière main à la décoration de la salle.* **2.** Qui vient avant la période où l'on est : *La semaine dernière, j'étais à Rimouski.* — CONTR. prochain. **3.** Le plus grand : *Le héros se battit avec sa dernière énergie.*

dernièrement, adv. ♦ Il n'y a pas longtemps. — SYN. récemment.

dérobé, ée, adj. ♦ *Escalier dérobé, porte dérobée,* qu'on ne voit pas, qu'un panneau ou une tenture dissimule. — SYN. caché, secret.

dérobée (à la), loc. adv. ♦ Sans se faire remarquer. — SYN. en cachette, furtivement, secrètement, subrepticement.

dérober, v. ♦ **1.** Voler : « *Au voleur! au voleur! On m'a dérobé ma bourse »,* criait le malheureux. **2.** *Se dérober (à),* ne pas accepter de (faire son devoir, remplir ses obligations) : *Ne te dérobe pas à tes responsabilités : tu dois te porter volontaire.*

déroulement, n. m. ♦ Manière dont les événements se déroulent. ● *Le déroulement des faits.*

dérouler, v. ♦ **1.** Étendre, mettre à plat ce qui était roulé : *Prends un rouleau de papier peint, déroule-le et applique-le sur le mur.* **2.** *Se dérouler,* se passer : *Alors? Raconte-moi comment s'est déroulée la séance.*

déroute, n. f. ♦ Fuite désordonnée qui suit une défaite. — SYN. débâcle, débandade.

dérouter, v. ♦ Troubler, surprendre beaucoup. — SYN. embarrasser, déconcerter.

derrick, n. m. ♦ Tour de forage, construction métallique à claire-voie qui supporte le système de forage d'un puits de pétrole.

derrière, prép. *ou* adv. *ou* n. m. ♦ **1.** Plus près de l'arrière : *Notre wagon est derrière le wagon-restaurant.* ● *Le wagon-restaurant est au milieu du train, notre wagon est derrière.* — CONTR. devant. **2.** *Le derrière :* les fesses.

des, article. ♦ Article défini contracté qui équivaut à *de les.*

dès, prép. ♦ Immédiatement à partir de tel moment, de tel lieu : *Dès 6 heures du matin, les moissonneurs sont aux champs.*

● *Dès que le jour se lève, les moissonneurs sont au travail.* — SYN. aussitôt que. ● *Dès la sortie du village, la route devient sinueuse.*

désabusé, ée, adj. ♦ Qui n'a plus d'illusions, d'espoir.

désaccord, n. m. ♦ État de deux personnes, de deux partis qui ne s'entendent pas, qui ne sont pas du même avis. ● *Inès et moi, nous étions en désaccord.* — SYN. brouille, différend, discorde, dissension, dissentiment, divergence, mésentente. — CONTR. accord.

désaffecté, ée, adj. ♦ *Édifice désaffecté,* qui n'est plus utilisé pour l'usage auquel il était destiné.

désagréable, adj. ♦ Qui ne fait pas plaisir, qui gêne : *Ces courants d'air glacés sont bien désagréables.* ● *Laid : Qu'il est désagréable, ce rose! Je n'aime pas cette couleur!* — CONTR. agréable. ● Méchant, pas gentil : *Ne sois pas désagréable avec tes camarades!*

désagréger, v. (conjugaison 18) ♦ Détruire en séparant les éléments : *Le gel désagrège peu à peu les pierres telles que le granite.*

désagrément, n. m. ♦ Chose désagréable, gênante. — SYN. ennui. — CONTR. agrément, avantage.

désaltérer, v. (conjugaison 11) ♦ Enlever la soif : *Cette orangeade va te désaltérer!*

désappointement, n. m. ♦ Déception.

désappointer, v. ♦ Décevoir : *Les résultats de l'examen m'ont désappointé.*

désapprobateur, trice, adj. ♦ Qui indique qu'on n'approuve pas : *Cette plaisanterie lui avait déplu : Zoé me lança un regard désapprobateur.* — CONTR. approbateur.

désapprobation, n. f. ◆ Mécontentement devant ce qu'on n'approuve pas. — CONTR. approbation.

désapprouver, v. ◆ Trouver mauvais, critiquable : *Tu veux introduire Agnès dans notre bande? Je désapprouve ton initiative.* ● Je te désapprouve. — CONTR. approuver.

désarçonner, v. ◆ *Désarçonner un cavalier,* le faire tomber de sa selle. 2. Surprendre et faire perdre son assurance : *Au cours du débat elle a désarçonné son interlocuteur par une question embarrassante.*

désarmant, ante, adj. ◆ Qui est si grand qu'on n'a pas envie de se fâcher : *Pascal est d'une naïveté désarmante.*

désarmement, n. m. ◆ Politique qui consiste à supprimer ou à diminuer les armements.

désarmer, v. ◆ **1.** Priver de ses armes : *Les policiers désarmèrent les émeutiers capturés.* **2.** Réduire ou supprimer ses armements : *Ce serait trop beau si tous les pays désarmaient en même temps.* **3.** Ôter l'envie de se mettre en colère : *Sa candeur immense m'avait désarmé.* **4.** *Ne pas désarmer,* ne pas cesser, ne pas renoncer à la lutte, à la critique, à l'action : *Sa haine contre moi ne désarme pas.*

désarroi, n. m. ◆ Grand trouble mêlé de peur, de désespoir.

désastre, n. m. ◆ **1.** Très grande défaite : *Pour les Romains, la bataille de Cannes fut un désastre.* **2.** Très grand malheur : *Quel désastre, l'éruption de ce volcan : une ville détruite, vingt mille victimes!* — SYN. calamité, cataclysme, catastrophe.

désastreux, euse, adj. ◆ Qui est un désastre, très mauvais. — SYN. calamiteux, catastrophique.

désavantage, n. m. ◆ Ce qui met en position d'infériorité : *Ce boxeur est un peu lent : c'est un désavantage devant un adversaire aussi rapide.* — CONTR. avantage.

désavantager, v. (conjugaison 16) ◆ Traiter moins bien que les autres, donner moins : *Au moment du partage de l'héritage, le frère cadet fut désavantagé : il reçut une part bien plus petite que chacun de ses frères.* — SYN. défavoriser. — CONTR. avantager, favoriser.

désavantageux, euse, adj. ◆ Qui, au lieu d'être profitable, est au contraire moins profitable : *Si tu achètes la lessive par petits paquets, le prix au kilo est plus élevé : c'est désavantageux.* — CONTR. avantageux, profitable.

désavouer, v. (conjugaison 19) ◆ Dire qu'on trouve mauvaise la conduite de quelqu'un ou que l'on n'est pas d'accord avec ce qu'il a déclaré : *La présidente du club a désavoué la conduite scandaleuse des deux membres qui ont commis des brutalités.* — SYN. blâmer, condamner, désapprouver, réprouver. — CONTR. approuver.

desceller, v. ◆ Faire sortir du trou de fixation ce qui était scellé dans un mur, une pierre, etc. : *La voiture a heurté le parapet du pont : plusieurs barres de fer sont descellées.*

descendance, n. f. ◆ Ensemble des descendants. — CONTR. ascendance.

descendant, ante, adj. *ou* n. ◆ **1.** *La marée descendante,* qui descend. — CONTR. marée montante. **2.** *Un descendant, une descendante,* quelqu'un qui a telle personne pour ancêtre : *Louis-Joseph Papineau était un descendant de Samuel Papineau.* — CONTR. ascendant.

descendre, v. (conjugaison 81) ◆ **1.** Aller plus bas, à un niveau inférieur : *Si tu descends à la cave, prends la lampe de poche.* — CONTR. monter. ● Aller en pente de haut en bas : *La petite rue descend vers la rivière.* — CONTR. monter. ● *La marée, la mer descend,* son niveau baisse, entre la marée haute et la marée basse. — SYN. baisser. — CONTR. monter. ● Parcourir en allant du haut vers le bas : *Élisabeth descendit l'escalier en sautant de marche en marche.* — CONTR. monter. ● Aller sur un cours d'eau

désespoir

de l'amont vers l'aval : *Les troncs d'arbres, emportés par le courant, descendaient le fleuve.* — CONTR. remonter. **2.** Porter plus bas, à un niveau inférieur : *Va donc au grenier : tu descendras les deux valises vides.* — CONTR. monter. **3.** Aller loger chez quelqu'un ou dans un hôtel : *Quand tante Michèle vient à Montréal, elle descend chez mon cousin Marcel.* **4.** Baisser : *Hier il faisait 13°, aujourd'hui 9° : le thermomètre est descendu de 4°.* — CONTR. monter.

descente, n. f. ♦ **1.** Action de descendre. — CONTR. montée. **2.** Partie de chemin, de route, ou piste de ski qui descend : *Attention ! Ralentis ! La descente est très dangereuse.* **3.** *Descente de lit :* petit tapis disposé le long d'un lit.

description, n. f. ♦ Texte (ou paroles) qui décrit quelqu'un ou quelque chose.

désemparé, ée, adj. ♦ **1.** *Bateau, navire désemparé,* endommagé au point de ne plus pouvoir manœuvrer. **2.** Très troublé au point de se sentir perdu et de ne savoir que faire : *Tout seul, sans argent, sans amis, le pauvre garçon était bien désemparé dans cette ville.*

désemparer (sans), loc. adv. ♦ Sans s'arrêter : *Elle écrivait du matin jusqu'au soir, sans désemparer.*

désenchanté, ée, adj. ♦ Qui a perdu son enthousiasme, ses illusions. — SYN. déçu, désabusé. — CONTR. émerveillé, enchanté, enthousiaste.

déséquilibre, n. m. ♦ Absence d'équilibre, état de ce qui n'est pas équilibré.

déséquilibré, ée, adj. *ou* n. ♦ Fou.

déséquilibrer, v. ♦ Faire perdre l'équilibre : *Une secousse déséquilibra la voyageuse, qui tomba dans le couloir de l'autobus.*

1. désert, erte, adj. ♦ **1.** Où l'on ne voit personne : *Le dimanche, notre rue est déserte. Pas un promeneur, pas un enfant,*

pas même un chien ou un chat ! **2.** Inhabité : *Les matelots révoltés abandonnèrent le capitaine et les officiers sur une île déserte.*

2. désert, n. m. ♦ Vaste territoire sans végétation et sans habitants (ou presque).

déserter, v. ♦ **1.** Abandonner un lieu : *Chassés par la peur de l'épidémie, les habitants désertèrent la ville par milliers.* **2.** Abandonner son poste, son régiment, sans autorisation : *Des milliers de soldats désertaient et allaient rejoindre les rebelles, qu'ils étaient chargés de combattre.*

déserteur, n. m. ♦ Soldat qui déserte.

désertion, n. f. ♦ Action de déserter.

désertique, adj. ♦ Propre à un désert ; qui forme un désert : *L'immense plaine désertique s'étendait à l'infini.*

désespéré, ée, adj. *ou* n. ♦ **1.** Qui est très triste, qui est plongé dans le désespoir : *Quand elle apprit la mort de sa grand-mère, Sylvie fut désespérée.* ● *Un désespéré, une désespérée :* personne qui, poussée par le désespoir, se donne la mort. **2.** Qui ne laisse plus d'espoir : *La tante de Pierre, qui était malade, est dans un état désespéré.* **3.** *Des efforts désespérés,* très grands.

désespérer, v. (conjugaison 11) ♦ **1.** Rendre très triste et très malheureux : *La mort de son fils unique désespéra la malheureuse.* ● *Se désespérer,* avoir beaucoup de peine : *Il ne faut pas te désespérer, tu le reverras, ton copain.* **2.** *Désespérer de,* ne plus avoir l'espoir de : *Mon frère désespère de réussir à son examen.* — CONTR. espérer.

désespoir, n. m. ♦ **1.** État de celui qui a perdu tout espoir, qui est très triste : *Poussé par le désespoir, le malheureux se pendit.* — CONTR. espérance, espoir. ● *Faire le désespoir de quelqu'un,* lui causer de grands soucis et un grand mécontentement. — CONTR. faire la joie, être la joie, le bonheur de quelqu'un. **2.** *En désespoir de cause :*

désespoir

faute d'une possibilité meilleure. ● *Avec l'énergie du désespoir :* avec la plus grande énergie.

déshabiller, v. ♦ Enlever les vêtements à quelqu'un : *Le père déshabilla son bébé et le plongea dans la baignoire.* ● *Elle se déshabilla et avança dans la mer.* — SYN. (se) dévêtir. — CONTR. (s') habiller, (se) vêtir.

désherber, v. ♦ Débarrasser de l'herbe, des mauvaises herbes : *Il faudra désherber les laitues du jardin.*

déshérité, ée, n. ♦ Personne moins riche ou moins favorisée par la nature que les autres : *Il faut aider les pauvres, les infirmes, les vieillards, en un mot tous les déshérités.*

déshonorant, ante, adj. ♦ Qui déshonore.

déshonorer, v. ♦ Faire perdre l'honneur : *En trichant au jeu, ils ont déshonoré leur équipe.*

désignation, n. f. ♦ **1.** Action de désigner, de nommer à une fonction. — SYN. choix, nomination. **2.** Nom ou expression qui désigne quelque chose : *La psalliote champêtre est vendue dans le commerce sous la désignation de « champignon de Paris ».* — SYN. appellation, dénomination, nom.

désigner, v. ♦ **1.** Nommer quelqu'un pour remplir une fonction, faire quelque chose : *Nous avons désigné Véronique pour recueillir les cotisations du club.* — SYN. choisir, nommer. **2.** Montrer : *Il me désigna du doigt la vieille maison : « C'est là que ma sœur habite. »* **3.** Appeler par un nom, une expression : *On désigne sous le nom de « cacahuète » le fruit de l'arachide.* — SYN. appeler, dénommer, nommer.

désillusion, n. f. ♦ Déception qui fait perdre une illusion. — SYN. déception, désappointement. — CONTR. satisfaction.

désinfectant, n. m. ♦ Produit qui désinfecte.

désinfecter, v. ♦ Nettoyer avec un produit qui tue les microbes.

désinfection, n. f. ♦ Action de désinfecter.

désintégrer, v. (conjugaison 11) ♦ Détruire en brisant en morceaux : *Les munitions du croiseur ont explosé, désintégrant le navire.* ● *Au cours de la fission, l'atome se désintègre,* se décompose en particules élémentaires.

désintéressé, ée, adj. ♦ Qui agit pour aider autrui, sans chercher son intérêt. — SYN. altruiste, généreux. — CONTR. avide, insatiable, âpre au gain.

désintéressement, n. m. ♦ Qualité d'une personne désintéressée. — SYN. altruisme, générosité. — CONTR. âpreté au gain.

désintéresser (se), v. ♦ Ne pas s'intéresser à quelque chose ou cesser de s'y intéresser : *Monique rêve dans son coin et se désintéresse complètement de ce qui se passe autour d'elle.* — CONTR. s'intéresser à.

désintoxication, n. f. ♦ Traitement pour désintoxiquer.

désintoxiquer, v. ♦ Faire suivre une cure pour guérir quelqu'un d'un abus de drogue ou d'alcool.

désinvolte, adj. ♦ Qui est très libre, très dégagé dans sa conduite, ses propos, son attitude, avec une pointe d'indifférence ou même d'insouciance élégante. — CONTR. contraint, embarrassé, gauche, gêné, tendu.

désinvolture, n. f. ♦ Caractère ou attitude d'une personne désinvolte.

désir, n. m. ♦ Envie très forte d'avoir ou de faire quelque chose : *Elle fut prise soudain du désir de voyager.* — SYN. aspiration, attirance, convoitise, envie, goût, passion, penchant. — CONTR. dégoût, répugnance, répulsion.

désirer, v. ♦ 1. Avoir très fortement envie d'obtenir ou de faire quelque chose : *Oui, certes, je désire être reçu au concours !* 2. **Laisser à désirer,** être assez mauvais : *8 sur 20 : ta moyenne laisse à désirer !*

désireux, euse, adj. ♦ Qui désire quelque chose : *Nous sommes tous désireux de connaître les résultats de l'interrogation écrite.*

désobéir, v. ♦ Faire autre chose que ce qui était ordonné. — CONTR. obéir.

désobéissance, n. f. ♦ Action de désobéir. — CONTR. obéissance, docilité.

désobéissant, ante, adj. ♦ Qui a l'habitude de désobéir. — SYN. indocile. — CONTR. obéissant, docile.

désodorisant, n. m. ♦ Produit qui enlève les mauvaises odeurs.

désœuvré, ée, adj. *ou* n. ♦ Qui n'a rien à faire, qui n'a aucune occupation. — SYN. oisif.

désœuvrement, n. m. ♦ État d'une personne qui n'a rien à faire.

désolation, n. f. ♦ Très grande tristesse. — SYN. affliction, consternation, détresse. — CONTR. allégresse, joie, liesse.

désolé, ée, adj. ♦ 1. Très ennuyé, très contrarié : *Je suis vraiment désolée de vous causer tout ce tracas.* — SYN. navré. 2. Triste, désert, sans végétation ou sans rien de riant : *Cette grande plaine désolée, brûlée par le soleil, quelle triste campagne !* — SYN. lugubre. — CONTR. riant.

désoler, v. ♦ Rendre très triste ou ennuyer, contrarier beaucoup : *Cette mauvaise note en calcul désole ma sœur.* ● *Allons, ne te désole pas pour si peu !* — SYN. (s') affliger. — CONTR. se réjouir.

désordonné, ée, adj. ♦ 1. Qui manque d'ordre, qui ne range pas bien ses affaires : *Les chaussettes sur la table, les cahiers*

mélangés aux disques dans un coin ! Qu'il est donc désordonné, Alexis ! — CONTR. ordonné. 2. Qui ne se fait pas calmement et dans l'ordre : *Pas de course désordonnée dans les couloirs ! Tout le monde en rang !* — CONTR. ordonné.

désordre, n. m. ♦ 1. État où n'importe quoi est à n'importe quelle place. — CONTR. ordre. 2. Événements qui troublent l'ordre public : *De graves désordres se sont produits dans plusieurs villes : émeutes, grèves générales, voitures incendiées.* — SYN. troubles.

désorganiser, v. ♦ Mettre en désordre, faire mal marcher : *Ces grèves incessantes désorganisent la production.* — CONTR. organiser.

désorienter, v. ♦ 1. Empêcher de s'orienter (dans l'espace) : *Tous ces petits sentiers qui se croisent dans tous les sens m'ont désorienté.* 2. Déconcerter : *L'énoncé bizarre du problème m'a désorienté.*

désormais, adv. ♦ A l'avenir, à partir de maintenant. — SYN. dorénavant.

désosser, v. ♦ Débarrasser (la viande) des os : *Tu diras à la bouchère de désosser le gigot.*

desquelles ♦ REGARDER *lequel.*

desquels ♦ REGARDER *lequel.*

dessaisir (se), v. ♦ Ne pas garder : *Il ne faut pas te dessaisir de cette lettre : elle pourra t'être utile.* — CONTR. conserver, garder.

dessaler, v. ♦ Débarrasser du sel : *Il faut dessaler ces filets de morue douze heures à l'avance.* ● Se débarrasser de son sel : *Fais dessaler ce morceau de porc dans l'eau froide.* ● *Dessaler l'eau de mer.*

dessèchement, n. m. ♦ Action de se dessécher.

dessécher, v. (conjugaison 11) ♦ 1. Rendre sec : *Le soleil a desséché l'herbe.*

dessécher

● *L'herbe s'est desséchée.* **2.** Rendre sec, insensible : *Cette vie solitaire a desséché son cœur.*

dessein, n. m. ♦ **1.** Projet, intention, but : *Grâce à toi, nous pourrons réaliser notre dessein.* — REM. N'écrivez pas comme *dessin :* « image qu'on trace sur le papier ». **2.** *A dessein :* exprès.

desseller, v. ♦ Enlever la selle à un cheval : *Allez, dessellez vos chevaux et donnez-leur de l'avoine !* — CONTR. seller.

desserrer, v. ♦ Rendre moins serré : *Tu as trop mangé : desserre ta ceinture.* — CONTR. serrer, resserrer.

dessert, n. m. ♦ Aliment, généralement sucré, que l'on mange tout à la fin d'un repas.

1. desserte, n. f. ♦ Action de desservir (par un moyen de transport) : *Cet autobus assure la desserte des localités situées entre Montréal et Québec.*

2. desserte, n. f. ♦ Petit meuble sur lequel on pose les plats et les assiettes qu'on enlève de la table à chaque fois qu'on change les couverts.

desservi, ie, adj. ♦ *Bien desservi,* auquel il est facile d'accéder par des moyens de transport commodes et fréquents : *Elle habite en banlieue, à dix kilomètres de Montréal, mais c'est une banlieue bien desservie.* ● *Une localité mal desservie.*

1. desservir, v. (conjugaison 43) ♦ **1.** Assurer le transport qui permet d'aller d'une localité à une autre. *Un autobus dessert toutes les petites villes de cette côte.* **2.** Donner accès à une ou à plusieurs pièces : *Une longue galerie dessert toutes les pièces.*

2. desservir, v. (conjugaison 43) ♦ *Desservir la table,* en enlever les assiettes, les plats qui ont servi.

3. desservir, v. (conjugaison 43) ♦ Faire du tort à quelqu'un, être pour lui un désavantage : *Ses manières grossières et brutales le desservent.* — SYN. nuire. — CONTR. servir.

dessin, n. m. ♦ **1.** Ensemble de traits, qui représente quelque chose ou quelqu'un ou qui décore. — REM. N'écrivez pas comme *dessein.* **2.** *Dessin animé :* REGARDER *animé* (sens 2).

dessinateur, trice, n. ♦ Celui, celle dont le métier est de faire des dessins. ● *Dessinateur industriel :* celui qui fait les plans de machines, d'appareils, etc.

dessiné, ée, adj. ♦ *Bande dessinée :* REGARDER *bande* 1 (sens 3).

dessiner, v. ♦ **1.** Faire un dessin : *Oh ! Louise ! Tu as dessiné des bonshommes dans les marges du livre de ton frère !* **2.** *Se dessiner,* montrer ses contours nettement détachés sur un fond : *Le gratte-ciel se dessine sur le ciel bleu, au loin.* — SYN. découper, se détacher. — CONTR. se confondre avec.

dessous, adv. *ou* n. m. ♦ **1.** Plus bas ou sous une chose : *La table ? Pousse-la un peu, et mets le tabouret dessous.* — CONTR. dessus. ● *En haut de la bibliothèque, tu trouveras les romans d'aventures ; au-dessous, j'ai rangé les livres de classe.* — CONTR. au-dessus. ● *Les livres de classe sont au-dessous de la collection de romans.* — CONTR. au-dessus de. ● *Je cherchais mon livre au milieu de la pile, il était en dessous.* — CONTR. en dessus. ● *Il était en dessous de tous les autres livres.* — CONTR. en dessus de. ● *Le chien entra en sautant par-dessus la barrière, le chat se glissa par-dessous.* — CONTR. par-dessus. ● *Le chat se glissa par-dessous la barrière.* ● *J'ai soulevé le tas de cahiers : c'est là-dessous qu'était caché mon crayon.* — CONTR. là-dessus. ● *Ci-dessous,* plus bas, dans un texte, un livre : *Vous trouverez ci-dessous la traduction de ces mots anglais.* — CONTR. ci-dessus. **2.** *Le dessous,* partie qui est dessous, en bas : *Le dessous de la casserole est tout sale !* **3.** *Les dessous (d'une affaire),* ses aspects cachés, secrets. **4.** *Les dessous :* les sous-vêtements féminins. — SYN. la lingerie. **5.** *Avoir le dessous :* être le moins fort, être vaincu. — CONTR. avoir le dessus.

détachement

dessous-de-plat, n. m. inv. ♦ Petit plateau que l'on pose sur la table et sur lequel on met un plat chaud, ce qui évite de brûler la nappe.

dessus, adv. *ou* n. m. ♦ **1.** Plus haut, ou sur une chose : *Mets la grosse valise sous la table et la mallette dessus.* — CONTR. dessous. ● *Ne range pas ce livre sur le rayon du bas, mets-le au-dessus.* — CONTR. au-dessous. ● *Range ce livre dans le rayon qui est au-dessus de celui des livres de classe.* — CONTR. au-dessous de. ● *La barrière est fermée? Passe donc par-dessus!* ● *Passe par-dessus la barrière.* — CONTR. par-dessous. ● *Par-dessus tout,* plus que tout : *Je veux par-dessus tout que le travail soit bien fait et très soigné.* ● *Tu vois ce tas de papiers? Pose ton cahier là-dessus.* ● *Là-dessus,* en achevant ces mots : « *Tu es fou », dit-elle; là-dessus, elle partit.* — SYN. sur ces mots. ● *Ci-dessus,* plus haut, dans un texte, un livre : *Vous compléterez les phrases suivantes en appliquant les règles de grammaire énoncées ci-dessus.* — CONTR. ci-dessous. **2.** *Le dessus,* partie qui est dessus, en haut : *Le dessus de la malle est plein de poussière !* **3.** *Avoir le dessus :* être le plus fort, être vainqueur. — CONTR. avoir le dessous. ● *Prendre le dessus :* commencer à gagner.

dessus-de-lit, n. m. inv. ♦ Grande pièce d'étoffe que l'on met sur un lit, par-dessus l'édredon ou le couvre-pieds.

destin, n. m. ♦ Ce qui est réservé à quelqu'un par le hasard : *Cette femme eut un destin étrange : gardeuse de dindons dans son enfance, elle devint millionnaire.* — SYN. destinée.

destinataire, n. m. *ou* f. ♦ Personne à qui l'on envoie une lettre, un colis. — CONTR. expéditeur.

destination, n. f. ♦ **1.** Endroit où l'on veut aller. ● Endroit où va un véhicule, un bateau, un avion. — CONTR. provenance. **2.** Ce à quoi sert une chose : *Je me demande bien quelle peut être la destination de cet appareil bizarre.* — SYN. usage.

destinée, n. f. ♦ Destin : *Quelle destinée étrange : il mourut à trente-trois ans, maître du monde !* — SYN. destin.

destiner, v. ♦ **1.** *Destiner à,* réserver à (tel usage) : *Je destine ces vingt dollars à l'achat d'un cadeau pour Hélène.* ● *Être destiné à,* devoir servir à : *Ce dispositif de sécurité est destiné à arrêter automatiquement l'appareil en cas de fausse manœuvre.* **2.** *Se destiner à,* avoir l'intention de faire tel métier : *Ma sœur se destine à la profession d'ingénieure.*

destituer, v. (conjugaison 19) ♦ Priver un fonctionnaire de son poste, pour lui infliger une sanction : *Ce fonctionnaire fut destitué pour avoir commis une faute grave.* — SYN. démettre, renvoyer.

destruction, n. f. ♦ **1.** Action de détruire. — SYN. démolition. — CONTR. construction, reconstruction. **2.** Dégâts, ruines : *L'incendie a causé de graves destructions dans le centre de la ville.* **3.** Action de faire périr en grand nombre des animaux ou des plantes : *Les spécialistes sont arrivés : ils vont procéder à la destruction des cafards.*

désuet, ète [desɥɛ, ɛt], adj. ♦ Qui est de l'ancien temps, qui n'est plus à la mode. — SYN. démodé, suranné, vieillot, vieux. — CONTR. actuel, moderne.

désuétude [desɥetyd], n. f. ♦ *Tomber en désuétude,* cesser d'être appliqué ou d'être employé : *C'est une vieille loi, depuis longtemps tombée en désuétude.*

désunir, v. ♦ Rompre l'union, l'entente : *Cette affaire risque de désunir les deux partis.* — SYN. rompre. ● *Leur alliance s'est désunie.* ● *Un ménage désuni,* où règne une mauvaise entente.

détachant, n. m. ♦ Produit qui sert à enlever les taches.

détachement, n. m. ♦ **1.** Indifférence de celui qui ne se sent pas affecté par une chose. — SYN. indifférence, insensibilité, insouciance. **2.** Petit groupe de soldats détachés du reste du troupe : *Un détachement de vingt hommes était chargé de garder le pont.*

détacher

1. détacher, v. ♦ **1.** Libérer une personne ou une bête attachée : *Les voisins accoururent et détachèrent le chien qui hurlait à mort.* — CONTR. attacher. **2.** Séparer, décrocher : *A Moncton, on a détaché le dernier wagon du train.* — SYN. décrocher. ● *Se détacher,* partir en avant : *Ça y est ! Le favori s'est détaché ! Le peloton pédale désespérément pour essayer de le rejoindre.* **3.** Faire perdre l'attachement que l'on a pour une personne ou une chose : *L'éloignement m'a détaché peu à peu de mes anciens camarades de pension.* — CONTR. attacher. **4.** Séparer du gros de la troupe, pour envoyer en mission : *On détacha vingt-cinq hommes, qu'on envoya en patrouille.* **5.** *Se détacher,* apparaître avec des contours bien nets sur un fond de couleur différente : *La silhouette noire de la tour se détache à contre-jour sur le ciel.* — SYN. se découper, se dessiner.

2. détacher, v. ♦ Nettoyer en enlevant les taches : *N'essaie pas de détacher ta robe toi-même, porte-la chez le nettoyeur.* — SYN. nettoyer. — CONTR. salir, tacher.

détail, n. m. ♦ **1.** Chacune des petites choses qui constituent un ensemble : *Quand on aime le travail bien fait, on porte attention aux moindres détails.* ● *Tu dois revoir ton travail en détail.* **2.** *Vendre au détail,* par petites quantités, à des consommateurs individuels. — CONTR. en gros, en demi-gros.

détaillant, n. m. ♦ Commerçant qui vend au détail. — CONTR. grossiste.

détailler, v. ♦ **1.** Raconter avec beaucoup de détails : *Détaille-moi toutes les aventures qui te sont arrivées.* **2.** Couper pour vendre au détail : *La vendeuse va détailler l'énorme meule de gruyère.*

détaler, v. ♦ Se sauver en courant. — SYN. décamper, déguerpir, disparaître, s'enfuir, s'envoler, fuir, prendre la poudre d'escampette, prendre ses jambes à son cou, se sauver.

détecter, v. ♦ Trouver ce qui n'est pas facile à voir : *As-tu détecté le trou qu'il y a dans ta chambre à air ?* — SYN. déceler, repérer, trouver.

détection, n. f. ♦ Action de détecter.

détective, n. m. *ou* f. ♦ Personne chargée d'enquêtes policières.

déteindre, v. (conjugaison 84) ♦ Perdre sa couleur, à cause d'un lavage : *Ne mets pas ton chemisier dans la machine, il va déteindre.*

dételer, v. (conjugaison 13) ♦ Détacher ce qui était attelé : *Tu vois : on va dételer la locomotive.* — CONTR. atteler.

détendre, v. (conjugaison 81) ♦ **1.** Rendre peu tendu ou moins tendu : *L'humidité a détendu la corde.* **2.** Délasser, distraire, rendre moins inquiet : *Allons faire une promenade : cela nous détendra.* **3.** *Se détendre,* reprendre sa forme brusquement : *Le ressort se détendit, faisant sortir un diable de la boîte.*

détendu, ue, adj. ♦ Calme et reposé. — CONTR. anxieux, fatigué, tendu.

détenir, v. (conjugaison 44) ♦ **1.** Avoir, posséder ou garder : *Ce coureur détient le record du monde du 10 000 mètres depuis deux ans.* **2.** Garder en prison.

détente, n. f. ♦ **1.** Mouvement d'un ressort qui se détend, d'un muscle qui allonge brusquement un membre : *La détente du ressort projeta la boule au loin.* **2.** Repos, distraction : *Tu es fatiguée, tu as besoin de détente.* — CONTR. tension. **3.** Amélioration de la situation, des relations : *Une vraie détente internationale permettrait peut-être de réduire les armements.* — CONTR. tension.

détenteur, trice, adj. *ou* n. ♦ Qui détient : *Quelle est l'équipe détentrice du record ?* ● *Voici le détenteur du record du Canada.*

détention, n. f. ♦ Emprisonnement.

détenu, ue, n. ♦ Personne qui est en prison. — SYN. prisonnier.

détergent, n. m. ♦ Produit qui sert à laver, à nettoyer.

détriment

détérioration, n. f. ♦ Action de détériorer. ● État de ce qui est détérioré.

détériorer, v. ♦ Causer des dégâts à quelque chose : *Des voyous ont détérioré à coups de marteau la carrosserie des voitures en stationnement.* — SYN. dégrader, endommager.

déterminant, ante, adj. *ou* n. m. ♦ **1.** Qui exerce une action décisive, qui est la cause la plus importante : *La peur du ridicule a été déterminante dans son attitude.* — SYN. capital. **2.** *Un déterminant :* en grammaire, mot qui accompagne un nom et qui peut être un article (*le chien, une fleur*), un adjectif possessif ou démonstratif (*mon chien, cette fleur*).

détermination, n. f. ♦ Qualité de celui qui est déterminé. — SYN. constance, énergie, fermeté, résolution, ténacité. — CONTR. indécision, hésitation, mollesse.

déterminé, ée, adj. ♦ Qui est ferme dans sa décision et qui est prêt à agir, à lutter longtemps avec courage : *Devant un adversaire aussi déterminé, il a reculé.* — SYN. constant, énergique, ferme, résolu, tenace. — CONTR. indécis, hésitant, mou.

déterminer, v. ♦ **1.** Être la cause de : *Le glissement de terrain a déterminé la rupture du barrage.* — SYN. causer, provoquer. **2.** Savoir avec précision (ou avec plus de précision) : *Nous devons déterminer les raisons exactes de cette fausse manœuvre.* **3.** Décider, amener quelqu'un à faire quelque chose : *Son appel pressant m'a déterminé à agir.* ● *Se déterminer,* se décider, prendre une décision : *Tu dois te déterminer à choisir une solution ou une autre.*

déterrer, v. ♦ Retirer de la terre une chose enfouie. — SYN. exhumer, mettre au jour. — CONTR. enfouir, enterrer.

détestable, adj. ♦ Très mauvais : *Ah ! nous ne reviendrons plus dans ce restaurant ! Le repas était détestable !* — SYN. abominable, exécrable. — CONTR. délicieux, excellent.

détester, v. ♦ Ne pas aimer du tout : *Ma sœur déteste les huîtres.* — SYN. haïr, exécrer. — CONTR. aimer, raffoler de.

détonation, n. f. ♦ Bruit semblable à celui d'un pétard, d'une arme à feu.

détour, n. m. ♦ **1.** Partie du trajet qui s'écarte du chemin le plus direct : *En revenant de l'école, j'ai fait un détour pour envoyer une lettre.* — SYN. crochet. **2.** *Au détour de,* à l'endroit où une chose fait un tournant : *La pauvre fillette vit un loup énorme au détour du chemin.* **3.** *Sans détour,* bien franchement : *Dis-moi sans détour ce qui ne va pas.* — SYN. sans ambages.

détourné, ée, adj. ♦ Qui n'est pas direct, simple, franc : *François n'est pas toujours franc : il emploie souvent des moyens détournés pour parvenir à ses fins.*

détournement, n. m. ♦ *Détournement de fonds :* délit de celui qui détourne de l'argent qui lui a été confié.

détourner, v. ♦ **1.** Faire prendre une autre direction : *On va détourner la rivière pour alimenter l'usine en eau.* ● *Je me suis détourné de mon chemin pour passer par la poste.* ● *Détourner les yeux :* regarder d'un autre côté. **2.** *Détourner de l'argent,* le garder pour soi, de manière malhonnête : *La trésorière du club a détourné les 3 000 dollars des cotisations.*

détraquer, v. ♦ Dérégler un appareil, de telle sorte qu'il marche mal.

détremper, v. ♦ Rendre tout mou par excès d'humidité : *L'orage avait détrempé la terre des chemins, qui étaient devenus des bourbiers.*

détresse, n. f. ♦ **1.** Situation où l'on est très malheureux. — SYN. affliction, angoisse, dénuement, infortune, malheur, misère. — CONTR. joie, bonheur, prospérité. **2.** *En détresse :* en grand danger.

détriment, n. m. ♦ *Au détriment de,* en faisant du tort à : *L'employé s'enrichissait*

détriment

au détriment de sa patronne. — SYN. au désavantage de, au préjudice de. — CONTR. à l'avantage de, au profit de.

détritus [detʀitys], n. m. ♦ *Des détritus :* des débris, des ordures, des déchets.

détroit, n. m. ♦ Bras de mer étroit qui forme le passage entre deux mers.

détromper, v. ♦ Faire sortir quelqu'un de son erreur en lui montrant la vérité : *Je croyais que René était un garçon loyal, mais ce que j'ai appris sur sa conduite m'a détrompé.* — CONTR. tromper.

détrôner, v. ♦ 1. Priver un roi de son trône, c'est-à-dire lui enlever le pouvoir royal et le titre de roi : *La révolution française de 1830 détrôna Charles X.* 2. Remplacer (une chose ancienne, moins perfectionnée) : *Le tracteur a détrôné le cheval.* — SYN. supplanter.

détrousser, v. ♦ *Détrousser quelqu'un,* le voler : *Jadis, les bandits de grand chemin attaquaient les marchands sur les routes pour les détrousser.* — SYN. dépouiller, dévaliser.

détruire, v. (conjugaison 46) ♦ 1. Faire cesser d'exister : *L'incendie a détruit toutes les vieilles baraques.* — SYN. anéantir. • *On va détruire ces taudis insalubres.* — SYN. démolir. — CONTR. bâtir, construire, rebâtir, reconstruire. 2. Faire périr en grand nombre : *Va acheter une bombe insecticide : nous devons détruire tous ces cafards.*

dette, n. f. ♦ Somme d'argent que l'on doit à quelqu'un. — CONTR. créance.

deuil [dœj], n. m. ♦ 1. Grande tristesse : *Un accident terrible avait plongé notre pays dans le deuil.* — SYN. affliction, consternation. — CONTR. allégresse, joie, liesse. 2. Mort d'une personne de la famille : *Il y a eu plusieurs deuils dans la famille de nos voisins, depuis deux ans.* 3. *Être en deuil :* être dans la période qui suit la mort d'un membre de sa famille. • *Être en deuil* ou *porter le deuil :* être vêtu de noir, en signe de tristesse.

deux, adj. numéral *ou* n. m. ♦ Au nombre de 2 : *Nous avons deux pieds.* • Qui vient au 2ᵉ rang : *Ouvre ton livre à la page 2.* • Le chiffre 2 ou le numéro 2 : *Tes 2 sont mal écrits. Elle habite au 2 de la rue Saint-Bernard.*

deuxième, adj. numéral ordinal *ou* n. m. *ou* f. ♦ Qui vient au 2ᵉ rang : *La deuxième maison est celle du photographe. C'est toi, Julienne, qui es la deuxième.*

dévaler, v. ♦ Descendre très vite : *Bettina dévala le sentier à toute allure, au risque de se rompre le cou!* — SYN. dégringoler.

dévaliser, v. ♦ 1. *Dévaliser quelqu'un,* le voler : *Quatre voyous ont attaqué des passants isolés pour les dévaliser.* — SYN. détrousser. 2. Cambrioler : *Deux cambrioleurs ont forcé le coffre-fort et dévalisé la bijouterie pendant la nuit.*

dévaloriser, v. ♦ Déprécier, dire qu'une personne ou une chose a peu de valeur : *Pour dévaloriser leur camarade plus intelligent qu'eux, ils disaient par méchanceté qu'il était laid.* — SYN. déprécier. — CONTR. valoriser.

dévaluation, n. f. ♦ Action de dévaluer. — CONTR. réévaluation.

dévaluer, v. (conjugaison 19) ♦ 1. Décider qu'une monnaie vaudra moins qu'une ou que plusieurs monnaies étrangères : *Le gouvernement a pris la décision de ne pas dévaluer le dollar.* — CONTR. réévaluer. 2. *Se dévaluer :* perdre de sa valeur. — SYN. se déprécier.

devancer, v. (conjugaison 17) ♦ 1. Aller ou passer devant : *Des motards devancent le convoi exceptionnel.* — SYN. précéder. — CONTR. suivre. 2. Faire quelque chose avant une autre personne : *Je voulais te téléphoner, mais tu m'as devancé.*

devant, adv. *ou* n. m. ♦ 1. En avant de : *Suzon, plus courageuse, marchait devant son camarade.* • *C'était toujours Suzon qui* _marchait devant._ — CONTR. derrière. **2.** En face de : _L'arrêt de l'autobus ? Il est juste devant la boulangerie, là-bas._ • **Devant quelqu'un,** en sa présence : _Alice a lu son devoir devant la directrice : elle était émue._ **3. Au-devant de,** à la rencontre de : _L'enfant sortit de l'école et courut au-devant de sa mère en agitant joyeusement les bras._ **4.** **Le devant,** partie qui est en avant, le plus près de celui qui regarde : _Le devant de l'armoire est en bois verni._ — CONTR. le derrière, l'arrière, le fond. **5.** **Prendre les devants,** faire quelque chose avant une autre personne : _Si nous ne voulons pas laisser à nos concurrents l'avantage de l'initiative, prenons les devants : le premier qui agira gagnera._ — SYN. devancer.

devanture, n. f. ♦ Face avant d'un magasin, sur la rue. — REGARDER _étalage, vitrine._

dévaster, v. ♦ Causer de très grands dégâts à quelque chose : _L'ouragan a dévasté toutes les cultures de l'île._ — SYN. ravager.

développement, n. m. ♦ **1.** Action de développer, de se développer. • **Le développement économique.** **2.** Texte où l'on développe une idée : _Voici comment il fallait construire le développement de votre composition française._ **3.** Opération qui consiste à développer une pellicule photographique : _Apportez-nous vos pellicules : développement et tirage en 24 heures._

développer, v. ♦ **1.** Rendre plus grand, plus fort, plus actif : _Si nous voulons exporter, développons toutes nos industries !_ **2.** Exprimer longuement : _Voici l'idée que tu aurais dû développer dans ta rédaction._ **3.** Traiter une pellicule en la trempant dans un bain de produit chimique, pour faire apparaître l'image : _Quand la photographe développa la pellicule, elle vit que deux photos étaient manquées._

devenir, v. (conjugaison 44) ♦ **1.** Commencer d'être : _En mars, les jours deviennent sensiblement plus longs._ **2.** Exercer plus tard tel métier : _Si tu veux devenir ingénieur, commence par étudier les maths._

déverser, v. ♦ **1.** Décharger ou verser, répandre : _Les agriculteurs en colère ont déversé des tonnes de tomates dans la rue._ **2.** **Se déverser,** couler dans : _L'eau des gouttières se déverse directement dans les caniveaux._

dévêtir, v. (conjugaison 45) ♦ Déshabiller : _La fillette était en train de dévêtir sa poupée._ — SYN. déshabiller. — CONTR. habiller, vêtir. • _Sabine s'est dévêtue complètement._

déviation, n. f. ♦ Chemin, route qui évite de passer par un endroit : _Pour ne pas être bloqués à l'entrée de cette ville, prenons la déviation._ — SYN. dérivation.

dévier, v. (conjugaison 20) ♦ **1.** Faire prendre une autre direction que la direction initiale : _Le poteau des buts a dévié le ballon._ **2.** Changer de direction : _Le ballon a dévié en touchant le poteau._

devin, n. m. ♦ Autrefois, celui qui prétendait connaître ce qui est secret et prédire l'avenir : _Les Romains croyaient aux prédictions des devins._

deviner, v. ♦ Découvrir, en faisant des suppositions, ce que l'on ne sait pas vraiment : _Je ne savais pas que tu irais passer tes vacances dans le Maine, mais je l'avais deviné._

devinette, n. f. ♦ Jeu qui consiste à poser une question dont on doit deviner la réponse. Exemple : _Qu'est-ce qui tombe tous les soirs sans jamais faire de bruit ?_ (réponse : la nuit).

devis, n. m. ♦ Document sur lequel un entrepreneur indique ce que coûteront les travaux.

dévisager, v. (conjugaison 16) ♦ Regarder le visage de quelqu'un avec insistance, avec attention ou de manière peu discrète : _Mais pourquoi me dévisages-tu ainsi ?_

devise, n. f. ♦ **1.** Mot ou phrase qui résume un idéal, une règle de conduite. **2.** Monnaie d'un pays, par exemple le franc français, le franc belge, le franc suisse, le dollar canadien, la livre anglaise, la peseta, la lire, etc.

dévoiler, v. ♦ Révéler une chose secrète, inconnue : *Elle ne nous a pas encore dévoilé ses projets.*

1. devoir, v. (conjugaison 62) ♦ **1.** Avoir l'obligation de (faire telle chose) : *Tu dois travailler sérieusement si tu veux être reçu à ton examen.* ● *Comme il se doit :* comme c'est l'usage, la règle. **2.** *Devoir,* suivi de l'infinitif, exprime la probabilité forte : *Si tu travailles sérieusement, tu dois être reçu à ton examen.* **3.** Avoir l'intention, le projet de faire quelque chose : *Je devais aller au cinéma, mais mon camarade est venu me voir et je suis resté à la maison.* **4.** Avoir à payer : *Combien vous dois-je pour le ressemelage ?* ● Avoir à rembourser : *Ma mère a emprunté 20 000 dollars, elle en a remboursé 15 000, elle en doit encore 5 000.* **5.** *Devoir quelque chose à quelqu'un,* avoir reçu quelque chose, un service, de quelqu'un : *C'est à ce vieux maître que je dois d'avoir compris les mathématiques.* **6.** *Être dû à,* avoir telle chose pour cause : *L'éboulement est dû à un glissement de terrain.*

2. devoir, n. m. ♦ **1.** Ce que l'on doit faire pour obéir aux règles de la morale : *En défendant ta camarade, tu n'as fait que ton devoir.* **2.** Travail écrit qu'un écolier doit faire.

dévorer, v. ♦ **1.** Manger entièrement et vite : *Le chien a dévoré le poulet.* **2.** Détruire entièrement et vite : *L'incendie a dévoré les meules de paille.* **3.** Lire vite, avec avidité : *Ma sœur dévore les romans policiers.* **4.** Faire souffrir : *Une soif ardente dévorait les explorateurs perdus dans le désert.* ● *La curiosité le dévore, il est dévoré par la curiosité :* il éprouve une grande curiosité.

dévot, ote, adj. ♦ Très pieux, très pratiquant.

dévotion, n. f. ♦ Grande piété. ● *Objets de dévotion :* chapelets, images pieuses, médailles, etc.

dévoué, ée, adj. ♦ Qui est toujours prêt à rendre service, qui est fidèle et attaché à quelqu'un : *La vieille servante de ma grand-tante était vraiment dévouée.*

dévouement, n. m. ♦ Qualité d'une personne dévouée.

dévouer (se), v. (conjugaison 19) ♦ Rendre service à quelqu'un, même s'il faut faire des sacrifices pour cela : *Renaud se dévoua pour soigner sa vieille mère malade.*

dextérité, n. f. ♦ Grande habileté manuelle. — SYN. adresse, agilité, habileté. — CONTR. gaucherie, lourdeur, maladresse.

diable, n. m. ♦ **1.** Selon la religion, chacun des esprits malfaisants qui habitent l'enfer. — SYN. démon. **2.** *Un petit diable :* un enfant espiègle, turbulent. ● *Un pauvre diable :* un malheureux. ● *Un grand diable :* un homme grand, qui fait peur ou qui a une drôle d'allure. ● *Avoir le diable au corps :* montrer une vivacité extraordinaire. ● *Avoir le diable à ses trousses :* être très pressé. ● *Faire le diable à quatre ; mener le diable :* faire énormément de bruit. ● *Tirer le diable par la queue :* avoir du mal à vivre. ● *Aller, envoyer chez le diable, envoyer au diable :* envoyer promener, renvoyer, rejeter, se débarrasser de quelqu'un. ● *Se démener comme un diable dans l'eau bénite :* faire tout ce qui est possible de faire. ● *Être en diable :* être furieux, en colère.

diablerie, n. f. ♦ **1.** Scène de sorcellerie, etc., où apparaissent des diables : *Dans les ruines du château, il se passait des diableries effrayantes.* **2.** Espièglerie : *Ah ! Quel gamin ! Il n'en finit pas avec ses diableries !*

diablotin, n. m. ♦ **1.** Diable de petite taille. **2.** Enfant turbulent.

diabolique, adj. ♦ A la fois très dangereux et très habile. ● *Une méchanceté diabolique,* très grande.

diagnostic, n. m. ♦ Avis par lequel le médecin dit quelle maladie a le malade. — REGARDER *pronostic.*

diagnostiquer, v. ♦ Donner son diagnostic en indiquant la maladie dont souffre le malade : _Le médecin a diagnostiqué une rougeole._ — REGARDER _pronostiquer._

diagonale, n. f. ♦ **1.** _Les diagonales d'un carré, d'un rectangle, d'un losange, etc._ : les lignes qui joignent les sommets opposés. **2.** _En diagonale :_ en biais.

dialectal, ale, aux, adj. ♦ Qui appartient à un dialecte : _Thérèse dit « les fèdes » pour dire « les brebis » : c'est un mot dialectal._

dialecte, n. m. ♦ Forme particulière que prend une langue dans une région donnée : _Le champenois est un dialecte français, l'auvergnat est un dialecte occitan._ — REGARDER _langue, patois, idiome, parler._

dialogue, n. m. ♦ **1.** Conversation entre deux ou plusieurs personnages (dans une pièce de théâtre, dans un film ou dans un roman). **2.** Conversation entre deux personnes réelles.

dialoguer, v. ♦ Avoir une conversation : _Imaginez la scène et faites dialoguer les deux personnages._ — SYN. _converser._

diamant, n. m. ♦ Pierre précieuse, très dure, très belle, qui vaut très cher.

diamètre, n. m. ♦ _Le diamètre d'un cercle :_ tout segment de droite qui joint deux points de la circonférence en passant par le centre.

diapason, n. m. ♦ **1.** Instrument en métal qui donne la note _la._ **2.** _Être au diapason de,_ être en harmonie avec quelqu'un, penser, sentir, agir de la même manière : _Allons, Rosine, il faut te mettre au diapason du groupe !_

diaphragme, n. m. ♦ **1.** Muscle plat qui sépare la poitrine (où sont les poumons et le cœur) du ventre (où sont l'estomac, les intestins, le foie). **2.** Dispositif, formé de petites plaques mobiles, qui permet de laisser passer plus ou moins de lumière, quand on prend une photo.

diapositive, n. f. ♦ Petite photo que l'on projette sur un écran ou que l'on regarde avec une visionneuse.

dictateur, trice, n. ♦ Chef d'un pays qui a tous les pouvoirs et qui gouverne de manière très autoritaire.

dictatorial, ale, aux, adj. ♦ Propre à une dictature, qui constitue une dictature : _Ce pays est gouverné selon un régime dictatorial._

dictature, n. f. ♦ Système politique dans lequel le pouvoir est exercé par un homme, un groupe ou un parti, sans que les citoyens puissent intervenir par des élections libres. — SYN. _despotisme, tyrannie._

dictée, n. f. ♦ Exercice scolaire dans lequel le maître dicte un texte que l'élève doit écrire sans faire de fautes d'orthographe.

dicter, v. ♦ **1.** Lire ou dire quelque chose qu'une autre personne doit écrire : _J'ai une lettre urgente à dicter !_ **2.** Imposer : _Ce sont les circonstances qui ont dicté notre conduite._

dictionnaire, n. m. ♦ Livre où sont contenus, dans l'ordre alphabétique, les mots d'une langue, avec leur signification ou avec leur traduction dans une autre langue.

dicton [diktɔ̃], n. m. ♦ Sorte de proverbe d'origine populaire ou paysanne. Exemple : _S'il pleut à la Saint-Médard, il pleut quarante jours plus tard._

diesel [djezɛl], n. m. ♦ _Un diesel_ ou _le moteur Diesel :_ moteur qui fonctionne au gazole (moteur de camion, d'autobus, de locomotive, de bateau, etc.).

diète, n. f. ♦ Régime alimentaire qui consiste à rester un ou plusieurs jours en mangeant peu ou même en ne mangeant rien.

dieu, n. m. ♦ **1.** _Dieu :_ être unique, pur esprit, tout-puissant et éternel, créateur de tout ce qui existe. **2.** _Un dieu (des dieux ;_

dieu

une déesse), chacun des êtres supérieurs qui gouvernent le monde (selon certaines religions) : *Zeus, Apollon, Poséidon : trois grands dieux grecs.*

diffamation, n. f. ♦ Action de dire ou d'écrire faussement du mal de quelqu'un. — SYN. calomnie.

diffamer, v. ♦ Dire faussement du mal de quelqu'un : *Cet homme politique s'estime diffamé : il a attaqué la journaliste devant les tribunaux.* — SYN. calomnier.

différemment [difeRamɑ̃], adv. ♦ D'une manière différente. — SYN. autrement que. — CONTR. semblablement.

différence, n. f. ♦ **1.** Caractère qui fait qu'une chose ou une personne n'est pas semblable à telle autre : *Il y a sept différences entre ces deux dessins : trouvez-les.* **2.** Nombre ou quantité qui sépare deux nombres, deux quantités : *Ce bidon contient six litres, cet autre neuf litres : la différence est de trois litres.*

différend, n. m. ♦ Désaccord. — SYN. conflit, contestation, désaccord, discussion, opposition. — REM. N'écrivez pas comme l'adjectif *différent* ni comme *différant,* participe présent du verbe *différer.*

différent, ente, adj. ♦ **1.** Qui n'est pas pareil : *La vipère et la couleuvre sont différentes par la forme de la tête.* — SYN. autre, dissemblable, distinct. — CONTR. analogue, comparable, homologue, identique, le même, ressemblant, semblable, similaire. **2.** Plusieurs : *J'ai vu cette photo dans différents journaux.* — REM. Dans ce sens, *différent* est toujours au pluriel et toujours épithète, placé devant le nom.

différer, v. (conjugaison 11) ♦ **1.** Être différent de : *La poire diffère de la pomme par sa forme et par son goût.* — SYN. se distinguer. — CONTR. ressembler. **2.** Remettre à un autre moment, à une autre date, plus tardive : *A cause de la pluie, on a différé le match.* — SYN. ajourner, remettre à plus tard, reporter, retarder. — CONTR. avancer.

difficile, adj. ♦ **1.** Qui est compliqué, qui demande de grands efforts. — SYN. ardu, compliqué, dur, embarrassant, embrouillé, malaisé. — CONTR. abordable, accessible, aisé, à la portée, clair, élémentaire, facile, praticable, simple. **2.** Exigeant, pas facile à satisfaire : *Joël est difficile : il n'aime pas la viande bouillie, ni la viande rôtie, ni les pâtes, ni le riz, ni les pommes de terre.* **3.** Désagréable : *Maryvonne a un caractère difficile : pour un rien, elle se fâche ou elle boude.* — SYN. contrariant, exigeant, ombrageux. — CONTR. accommodant, aisé, coulant, facile, gentil.

difficulté, n. f. ♦ **1.** Caractère de ce qui est difficile. — CONTR. facilité. **2.** Point, chose difficile : *Il y a deux difficultés grammaticales dans ce texte.* **3.** *Faire des difficultés à quelqu'un,* lui créer des ennuis, faire obstacle à ses projets.

difforme, adj. ♦ Qui est très laid et qui n'a pas la forme normale.

diffuser, v. ♦ Répandre et faire connaître ; faire entendre : *La radio a diffusé cette nouvelle à 15 heures.*

diffusion, n. f. ♦ Action de diffuser.

digérer v. (conjugaison 11) ♦ Transformer et absorber les aliments dans le tube digestif : *Je digère bien la viande rôtie, mais très mal les haricots.*

digestif, ive, adj. *ou* n. m. ♦ **1.** Qui concerne la digestion. ● *Tube digestif :* l'ensemble formé par l'œsophage, l'estomac et l'intestin. ● *Appareil digestif :* ensemble formé par le tube digestif et les organes annexes (pancréas, foie, etc.). **2.** *Un digestif :* liqueur à l'alcool que l'on prend après le repas.

digestion, n. f. ♦ Action de digérer.

digital, ale, aux, adj. ♦ *Empreintes digitales :* REGARDER empreinte.

digne, adj. ♦ **1.** *Digne de,* qui mérite : *Ce tableau est très beau et digne d'admiration. Il mérite de figurer dans un musée.* —

diplomatie

CONTR. indigne. **2. *Digne de,*** qui correspond à (la valeur, etc., de quelqu'un) : *Ce tableau est digne d'un grand peintre.* **3.** Sérieux, solennel, grave : *Le vieux chef amérindien avait un air digne, qui imposait le respect.*

dignité, n. f. ♦ **1.** Gravité, solennité : *Le monarque avait un maintien plein de dignité.* **2.** Respect de soi-même, attitude à la fois calme et retenue, fière et discrète : *Voyons, un peu de dignité : ne te donne pas en spectacle en hurlant et en pleurant ainsi !*

digue, n. f. ♦ Muraille de pierre ou de terre, large et solide, qui sert à retenir l'eau ou à protéger contre les vagues.

dilapider, v. ♦ Dépenser avec excès et pour des raisons injustifiées. — SYN. gâcher, gaspiller. — CONTR. économiser, épargner, ménager.

dilatation, n. f. ♦ Action de dilater ou de se dilater. — CONTR. contraction.

dilater, v. ♦ Faire augmenter le volume d'une chose : *La chaleur dilate tous les corps.* — CONTR. contracter.

diligence, n. f. ♦ **1.** Qualité de celui qui agit vite, sans perdre de temps. — SYN. activité, ardeur, énergie, promptitude, rapidité, zèle. — CONTR. incurie, indolence, laisser-aller, lenteur, nonchalance, paresse. ● *Faire diligence :* agir vite et avec énergie. **2.** Autrefois, grosse voiture, tirée par des chevaux, qui servait à transporter les voyageurs d'une ville à l'autre, avant la construction des chemins de fer.

diligent, ente, adj. ♦ Qui fait preuve de diligence. — SYN. actif, ardent, énergique, prompt, rapide, zélé. — CONTR. inactif, indolent, négligent, mou, nonchalant, paresseux.

diluer v. (conjugaison 19) ♦ Mélanger à une grande quantité de liquide : *Tu as mis trop de lait et tu as trop dilué la crème.* — SYN. délayer. — CONTR. concentrer.

dimanche, n. m. ♦ Jour de la semaine, entre le samedi et le lundi.

dimension, n. f. ♦ Longueur, largeur, épaisseur ou hauteur d'une chose.

diminuer, v. (conjugaison 19) ♦ **1.** Rendre plus petit, moins élevé. — SYN. abaisser, affaiblir, amoindrir, atténuer, baisser, comprimer, modérer, réduire, restreindre. — CONTR. augmenter. **2.** Devenir plus petit, plus court : *Le coût de la vie va diminuer ? Cela m'étonnerait !* — SYN. baisser, décliner, décroître. — CONTR. augmenter, croître.

diminutif, n. m. ♦ Mot qui désigne une chose plus petite que le mot normal de la même famille : *Soit le mot* chambre ; *sur ce mot, on a formé le diminutif* chambrette, *« petite chambre ».*

diminution, n. f. ♦ Action de diminuer, état de ce qui diminue.

dinde, n. f. ♦ Femelle du dindon.

dindon, n. m. ♦ Gros oiseau de basse-cour dont la chair est très bonne à manger. ● *Être le dindon de la farce :* être la victime.

dindonneau, n. m. ♦ Petit de la dinde.

1. dîner, v. ♦ Prendre le repas de midi.

2. dîner, n. m. ♦ Repas de midi ; parfois du soir.

diocèse, n. m. ♦ Territoire sur lequel un évêque exerce son autorité.

diplomate, n. *ou* adj. ♦ **1.** Celui, celle qui représente son pays auprès d'un pays étranger ou qui occupe une fonction dans une ambassade, est habilité à négocier, etc. **2.** Très habile quand il faut discuter avec quelqu'un sans le heurter : *Tâche d'être diplomate si tu demandes cette permission à ta tante.* — CONTR. maladroit.

diplomatie [diplɔmasi], n. f. ♦ Métier de diplomate. ● Art de conduire la politique étrangère.

diplôme

diplôme, n. m. ♦ Document qui atteste que l'on a été reçu à un examen, à un concours.

diplômé, ée, n. ♦ Celui, celle qui a un diplôme (ou des diplômes), qui a été reçu à un examen, à un concours.

dire, v. (conjugaison 47) ♦ **1.** Faire connaître, exprimer par la parole : *Elle m'a dit que son frère avait été reçu au bac.* ● *Avoir son mot à dire :* avoir son avis à donner. ● *A vrai dire :* pour parler franchement. ● *Dit-on :* d'après ce que disent les gens. ● *Vouloir dire :* avoir tel sens, signifier. **2.** *Se dire,* penser : *Je me suis dit que rien ne pressait.* **3.** *Dire de,* conseiller, demander ou ordonner : *On m'a dit de m'adresser au service des réclamations.* ● *Dire que* (suivi du subjonctif) : *Le chef a dit que tout le monde se mette en rang.* **4.** *Dire que,* c'est incroyable, mais vrai : *Dire que des hommes ont pu aller sur la Lune, et en revenir!* ● *Dire que,* exprime le regret ou la déception : *Dire que nous aurions pu faire une si belle promenade, sans cette pluie!* **5.** *On dirait,* on croirait, on pourrait penser : *Ce lac sous le soleil, on dirait du plomb fondu* (= on croit que c'est du plomb fondu). ● *On dirait,* il semble bien : *Le ciel se couvre, on dirait qu'il va faire de l'orage.* **6.** *Ça me (te, lui) dit,* cela me (te, lui) plaît : *Ça te dit d'aller te baigner?*

direct, ecte, adj. *ou* n. m. ♦ **1.** Qui va droit au but, sans détour ou sans arrêt : *S'il vous plaît, la route la plus directe pour aller à Québec?* — CONTR. détourné, indirect. ● *Un train direct* ou *un direct,* qui va d'une ville à une autre sans qu'on ait à changer de train. **2.** Franc, net : *Avec moi, elle dit toujours clairement et nettement ce qu'elle a à me dire : elle emploie un langage direct.* — CONTR. détourné, voilé. **4.** *Complément d'objet direct,* introduit sans préposition. Exemple : *Je mange du pain.*

directeur, trice, n. ♦ Personne qui dirige une école, une entreprise, etc.

direction, n. f. ♦ **1.** Point vers où l'on se dirige : *L'avion allait dans la direction*

du nord. **2.** Mécanisme qui permet à une voiture de tourner à droite ou à gauche. **3.** Commandement : *La nouvelle patronne a pris la direction de l'usine.* **4.** Ensemble des personnes qui dirigent une entreprise : *La direction accepte d'augmenter les employés.*

dirigeable, n. m. ♦ Ballon de forme allongée, rempli d'un gaz plus léger que l'air et portant une nacelle et des moteurs, ce qui lui permet de se déplacer contre le vent.

dirigeant, eante, n. ♦ Personne qui dirige un pays, un parti, une organisation, un syndicat, une entreprise, un club sportif, etc. — SYN. cadre, chef, gouvernant, maître, patron, responsable.

diriger, v. (conjugaison 16) ♦ **1.** Faire aller vers tel endroit : *S'il n'y a plus de gouvernail à ton canot, comment vas-tu le diriger?* ● *Il dirigea son regard vers la maison.* — SYN. tourner. ● *Se diriger,* aller vers tel endroit : *La femme hésita un instant, puis se dirigea vers le pont.* **2.** Commander, gouverner, guider : *Qui dirige cette entreprise?*

disable, adj. ♦ *Ne pas être disable :* qui ne peut être dit, inexprimable, indescriptible, extraordinaire : *Montréal vue d'avion, la nuit en hiver, ce n'est pas disable!* Cette expression est familière.

discernement, n. m. ♦ Qualité de celui qui sait discerner le vrai du faux, le bon du mauvais.

discerner, v. ♦ **1.** Arriver à voir ce qui n'est pas facile à voir : *Dans le lointain, on discerne à peine le contour des collines.* — SYN. apercevoir, distinguer, entrevoir. **2.** Faire la différence en jugeant : *Nous devons discerner dans ce livre ce qui est encore moderne de ce qui a vieilli.* — SYN. démêler, distinguer, séparer.

disciple, n. m. *ou* f. ♦ **1.** Personne qui a reçu l'enseignement d'un savant ou d'un philosophe et qui reste fidèle à sa pensée, poursuit ses recherches.

discipline, n. f. ♦ **1.** Ensemble des règles et des mesures qui ont pour but d'assurer le bon ordre dans un groupe. **2.** Chacune des matières (sciences, langues, etc.) qui sont enseignées : *Ma sœur est forte dans deux disciplines : les maths et le français.* — SYN. matière.

discipliné, ée, adj. ♦ Qui obéit bien aux règles de la discipline. — CONTR. indiscipliné.

discipliner, v. ♦ Soumettre à une discipline et donner l'habitude de l'obéissance : *Heureusement, nous avons un bon entraîneur qui saura discipliner l'équipe !*

discontinu, ue, adj. ♦ Qui ne dure pas tout le temps, mais qui est coupé par des arrêts. — SYN. intermittent. — CONTR. continu, permanent.

discontinuer (sans), loc. adv. ♦ Sans arrêt.

discordant, ante, adj. ♦ Qui ne s'accorde pas, qui n'est pas harmonieux : *Notre voisin essaie de jouer du violon et ma sœur, en même temps, joue du piano : ces sons discordants me percent les oreilles !* — CONTR. harmonieux.

discorde, n. f. ♦ Mauvaise entente. — SYN. désaccord, désunion, dissension, division, mésentente, mésintelligence. — CONTR. accord, entente, harmonie, union.

discours, n. m. ♦ Paroles que l'on adresse au public ou à une assemblée, dans des circonstances solennelles. — REGARDER *allocution.*

discréditer, v. ♦ Faire perdre l'estime, la réputation : *Sa trahison l'a discrédité.* — SYN. déconsidérer. ● *Cet individu, en trahissant son parti, s'est discrédité.*

discret, ète, adj. ♦ **1.** Qui ne parle pas à tort et à travers, qui ne dit pas les secrets. — CONTR. bavard. **2.** Qui ne se mêle pas des affaires des autres, qui n'essaie pas de savoir leurs affaires. — CONTR. curieux, indiscret. **3.** Qui est peu perceptible, qui n'attire pas le regard, l'attention : *Son habit est orné d'un mince filet rose, très discret.* — CONTR. voyant.

discrétion, n. f. ♦ **1.** Qualité d'une personne ou d'une chose discrète. **2.** *A discrétion,* autant qu'on veut : *Pour 25 dollars, tu as un menu copieux, avec dessert à discrétion.*

discrimination, n. f. ♦ Le fait de traiter une personne de façon différente d'une autre. ● *Discrimination raciale :* le fait de traiter les gens d'une autre race de façon différente.

disculper, v. ♦ Prouver l'innocence de quelqu'un : *Ce témoignage a disculpé entièrement l'accusée.* — SYN. innocenter.

discussion, n. f. ♦ Conversation, débat entre gens qui discutent. — SYN. controverse, débat. ● *Sans discussion :* de manière évidente et certaine. — SYN. sans conteste.

discuter, v. ♦ Parler dans une conversation, un débat, pour faire connaître et faire valoir son avis : *Nous avons discuté sur les avantages de la mer et de la montagne, pour les vacances.* — SYN. débattre.

disgracieux, euse, adj. ♦ Pas joli : *Elle a un bouton sur le nez, ce qui est fort disgracieux !* — CONTR. gracieux, joli.

disjoindre, v. (conjugaison 85) ♦ Séparer en écartant : *Les racines de l'arbre, en grossissant, ont disjoint les pierres du vieux mur.* — SYN. disloquer, séparer. — CONTR. joindre, lier, unir.

dislocation, n. f. ♦ Action de disloquer ou de se disloquer.

disloquer, v. ♦ **1.** Démolir, casser en séparant les éléments : *La caisse tomba sur la route. La chute la disloqua.* ● *La caisse s'est disloquée.* — SYN. (se) disjoindre. **2.** *Le cortège s'est disloqué :* les gens qui défilaient se sont séparés, chacun partant de son côté.

disparaître

disparaître, v. (conjugaison **94**) ♦
1. Cesser d'être visible : *Parfois le paysage
disparaissait derrière le brouillard.* — CONTR.
apparaître, paraître. **2.** Cesser d'exister : *Les
dinosaures ont disparu depuis longtemps.*

disparate, adj. ♦ Qui n'est pas du
même modèle, du même style : *Des assiettes
et des couverts disparates, ce n'est pas très
joli !* — SYN. dépareillé, hétéroclite. — CONTR.
assorti.

disparition, n. f. ♦ Action de disparaître, de cesser d'exister. ● Mort, décès :
*On annonce la disparition de ce grand
peintre.*

disparu, ue, n. ♦ **1.** Personne qui est
sans doute morte, mais dont on n'a pas
retrouvé le corps. **2.** Personne décédée : *Tous
les jours, il se rendait sur la tombe de la
chère disparue.*

dispendieux, euse, adj. ♦ Qui coûte
cher : *Je ne peux pas acheter la nouvelle
voiture, elle est trop dispendieuse.*

dispensaire, n. m. ♦ Établissement
public où l'on peut consulter un médecin et
recevoir des soins, mais où l'on ne peut pas
séjourner, comme dans un hôpital.

dispenser, v. ♦ **1.** Donner, distribuer :
L'infirmière dispense les soins aux malades.
2. *Dispenser de,* dire que quelqu'un n'aura
pas à faire telle chose : *Le médecin a dispensé
de gymnastique notre camarade asthmatique.*
— SYN. exempter. **3.** *Se dispenser de,* ne pas
faire : *Ah ! si je pouvais me dispenser de ce
travail assommant !* — SYN. s'abstenir.

dispersé, ée, adj. ♦ Qui n'est pas
serré, mais séparé par de grands intervalles :
*Quelques arbres dispersés avaient poussé sur
la colline aride.* — SYN. clairsemé. — CONTR.
serré.

disperser, v. ♦ Mettre, disposer, en
étalant sur une grande surface et en laissant
de grands intervalles : *Le général avait
dispersé ses troupes.* — CONTR. concentrer.

● Faire aller dans tous les sens : *Le vent
disperse les feuilles mortes entassées.* — SYN.
disséminer, éparpiller.

dispersion, n. f. ♦ Action de disperser
ou de se disperser.

disponible, adj. ♦ Dont on peut se
servir : *Comment ? Plus un seul siège disponible !* — SYN. libre. — CONTR. indisponible,
occupé.

dispos, adj. m. ♦ En bonne santé et
plein d'entrain : *Après une bonne nuit de
sommeil, il se leva frais et dispos.* — REM.
Le féminin *dispose* est rare.

disposé, ée, adj. ♦ **1.** *Disposé à,*
prêt à, qui accepte de : *J'ai vu ma tante :
elle est disposée à me prêter 20 dollars.*
2. *Bien (mal) disposé,* qui est bienveillant
(hostile) à quelqu'un : *Tu peux compter sur elle :
elle est bien disposée à ton égard.*

disposer, v. ♦ **1.** Mettre, placer de
telle manière : *J'ai disposé les livres sur la
table de manière à avoir sous la main ceux
dont j'ai le plus souvent besoin.* **2.** *Disposer
de,* avoir, pouvoir se servir de : *Je dispose
de deux dictionnaires anglais-français.* **3.** *Se
disposer à,* se préparer à, être sur le point
de : *Au moment où Luc m'a téléphoné, je
me disposais à sortir.*

dispositif, n. m. ♦ **1.** Mécanisme,
appareil. **2.** Ensemble de mesures, de décisions : *Le gouvernement a mis en place un
dispositif contre la hausse des prix.*

disposition, n. f. ♦ **1.** Manière dont
sont placées les choses. **2.** *A la disposition
de,* dont telle personne peut se servir comme
elle veut : *Une voiture est à la disposition
de la ministre, à chaque instant.* **3.** *Les dispositions,* les préparatifs, les précautions, les
mesures nécessaires : *J'ai pris toutes mes dispositions pour pouvoir faire face à cette
situation.* **4.** *Les dispositions,* les intentions
bienveillantes ou malveillantes : *Méfie-toi de
lui : il n'est pas dans de bonnes dispositions
à ton égard.* **5.** *Les dispositions,* les aptitudes naturelles : *Rosette a des dispositions
pour le dessin et la peinture.*

dissolution

disproportion, n. f. ♦ Différence excessive entre deux choses dont l'une est trop grande ou trop petite par rapport à l'autre.

disproportionné, ée, adj. ♦ Qui présente une disproportion.

dispute, n. f. ♦ Conversation vive entre gens qui ne sont pas d'accord et qui se font des reproches, parfois violents. — SYN. altercation, querelle.

disputer, v. ♦ **1.** *Disputer quelqu'un,* lui adresser des reproches violents. — SYN. attraper, gourmander, gronder, réprimander, tancer. — REM. Ce sens de *disputer* est un peu familier. **2.** *Se disputer,* avoir une discussion violente au cours de laquelle on se fait mutuellement des reproches. — SYN. se quereller. **3.** *Se disputer quelque chose,* se battre ou être en concurrence pour avoir quelque chose : *Les deux chiens se disputaient le morceau de viande que l'un d'eux avait volé.* **4.** *Disputer un match,* y participer.

disqualifier, v. (conjugaison 20) ♦ Déclarer qu'un concurrent ne sera pas classé et sera éliminé pour avoir commis une faute : *Le boxeur a été disqualifié.*

disque, n. m. ♦ **1.** Objet rond et plat, plaque ronde : *Le train s'arrêta : un disque rouge indiquait que la voie n'était pas libre.* **2.** Objet rond et plat qu'un athlète doit lancer le plus loin possible. **3.** Plaque ronde en matière plastique dont les faces portent des sillons et sur laquelle on a enregistré le son. ● Plaque ronde sur laquelle on a enregistré des données informatiques. ● *Disque de hockey : Il lança le disque dans le but à la mise en jeu.*

disquette, n. f. ♦ Disque souple utilisé en informatique.

disséminer, v. ♦ Faire aller dans tous les sens, de tous les côtés, en écartant beaucoup les uns des autres : *Le vent dissémine les graines.* — SYN. disperser, éparpiller.

disséquer, v. (conjugaison 11) ♦ Ouvrir le corps d'un animal ou le cadavre d'une personne pour examiner l'intérieur.

dissidence, n. f. ♦ Action de ceux qui se révoltent et se séparent du reste du pays, du parti. ● Situation de ceux qui en sont ainsi séparés : *Sous la conduite d'un général factieux, une région entra en dissidence.* — SYN. rébellion, scission, sécession.

dissident, ente, adj. *ou* n. ♦ Qui est en dissidence.

dissimulation, n. f. ♦ Action de dissimuler. ● Caractère et conduite d'une personne habile à dissimuler ses pensées, ses intentions. — SYN. duplicité, hypocrisie, machiavélisme.

dissimulé, ée, adj. ♦ Qui fait preuve de dissimulation. — SYN. hypocrite. — CONTR. franc, loyal, sincère, candide.

dissimuler, v. ♦ **1.** Cacher : *Pour faire une farce à Martine, nous avons dissimulé son cartable sous un tas de feuilles mortes.* **2.** Ne pas montrer ce que l'on pense ou ce que l'on ressent : *Elle dissimula sa déception.*

dissipation, n. f. ♦ **1.** Conduite d'un élève dissipé. — CONTR. application, attention. **2.** Action de dissiper, de dilapider : *Les dépenses excessives entraînent la dissipation du patrimoine.*

dissipé, ée, adj. ♦ Qui s'amuse, au lieu d'écouter et de travailler en classe. — CONTR. attentif, concentré, appliqué.

dissiper, v. ♦ **1.** Supprimer en dispersant : *Un grand vent d'ouest dissipa soudain le brouillard.* **2.** Faire disparaître : *Une bonne et franche explication aurait pu dissiper ce malentendu.* **3.** Distraire en empêchant de concentrer l'attention : *Dites donc, aurez-vous bientôt fini de dissiper vos camarades en faisant les clowns ?*

dissocier, v. (conjugaison 20) ♦ Séparer : *Ce sont des cas bien différents : il faut les dissocier.* — CONTR. associer.

dissolution, n. f. ♦ Action de dissoudre ou de se dissoudre.

dissoudre

dissoudre, v. (conjugaison **86**) ♦
1. Faire fondre : *L'eau bouillante dissout le sel et le sucre.* ● *Le sucre s'est dissous.*
2. Supprimer une organisation : *Le gouvernement veut dissoudre cette société secrète.*

dissuader, v. ♦ Persuader, convaincre de ne pas faire : *J'ai dissuadé ma camarade de commettre cette imprudence.* — SYN. détourner, déconseiller. — CONTR. conseiller, encourager, pousser.

dissymétrique, adj. ♦ Qui n'est pas pareil du côté droit et du côté gauche. — SYN. asymétrique. — CONTR. symétrique.

distance, n. f. ♦ **1.** Longueur qui sépare deux points, deux endroits : *La distance du village à la ville? Environ huit kilomètres.* **2.** Intervalle dans le temps : *A dix ans de distance, le même événement s'est reproduit.* **3.** Différence, écart : *Elle est grande, la distance qui sépare le rêve de la réalité!* ● *Tenir quelqu'un à distance,* l'empêcher d'être trop familier.

distancer, v. (conjugaison **17**) ♦ Dépasser et prendre de l'avance : *Le cycliste a fait une échappée : il a distancé le peloton dans la montée!* — SYN. devancer.

distant, ante, adj. ♦ **1.** Qui est à telle distance : *Ces deux hameaux sont distants de deux kilomètres.* **2.** Réservé, froid avec les autres : *La nouvelle directrice m'a intimidé : elle est très distante avec ses subordonnés.* — SYN. altier, condescendant, dédaigneux, fier, hautain, réservé. — CONTR. chaleureux, cordial, familier.

distillation [distilasjɔ̃], n. f. ♦ Action de distiller.

distiller [distile], v. ♦ Chauffer un liquide dans un appareil appelé *alambic* pour en extraire un autre liquide : *Si tu distilles du vin, tu obtiens de l'eau-de-vie de vin.*

distillerie [distileʀi], n. f. ♦ Usine où l'on produit de l'alcool par distillation. ● Usine où l'on produit des liqueurs alcooliques.

distinct, incte [distɛ̃, ɛ̃kt], adj. ♦
1. Bien facile à voir, à entendre, qui est net et clair : *J'entendis une voix bien distincte qui m'appelait.* — SYN. clair, net, précis. — CONTR. brouillé, confus, flou, indistinct, vague. **2.** Différent, à ne pas confondre : *Attention! La baleine et le dauphin appartiennent à deux espèces distinctes.* — SYN. différent. — CONTR. identique, même.

distinction, n. f. ♦ **1.** Différence : *Il faut faire une distinction entre les serpents venimeux et les autres.* **2.** Récompense qui est accordée pour marquer le mérite d'une personne : *Notre instituteur a reçu une décoration : c'est une distinction bien méritée!* **3.** Allure élégante et manières courtoises propres aux gens qui sont bien élevés et qui appartiennent à un bon milieu. — CONTR. vulgarité.

distingué, ée, adj. ♦ Qui a de la distinction. — CONTR. commun, vulgaire.

distinguer, v. ♦ **1.** Voir ou entendre une chose parmi d'autres : *Regarde bien : au loin, tu distingues la flèche de la cathédrale.* **2.** Faire la différence, classer en deux (ou en plusieurs) catégories différentes : *Il faut distinguer le chameau d'Asie, qui a deux bosses, et le dromadaire, qui en a une.* — CONTR. confondre.

distraction, n. f. ♦ **1.** Inattention d'une personne distraite : *Sophie est d'une étonnante distraction. Un jour, elle est venue en classe avec un sac à provisions, qu'elle avait pris pour son cartable!* — SYN. étourderie. — CONTR. attention. **2.** Amusement : *Il y en a des distractions, à la fête : tirs forains, loteries, manèges, etc.* — SYN. divertissement.

distraire, v. (conjugaison **57**) ♦ **1.** Empêcher quelqu'un de porter à son travail l'attention qu'il faudrait : *Chut! Pas de bruit! Il ne faut pas distraire ton frère, qui révise ses mathématiques.* **2.** Amuser : *Jouez donc aux dames, cela vous distraira.*

distrait, aite, adj. ♦ Qui ne fait pas attention. — SYN. étourdi. — CONTR. attentif.

divorcé

distribuer, v. (conjugaison 19) ♦ Donner à chacun : _Devant le sapin, le père Noël distribuait des jouets aux enfants._

distributeur, n. m. ♦ Appareil automatique qui, après introduction de pièces ou d'une carte de crédit, distribue des billets de banque, des bonbons, des boissons, etc.

distribution, n. f. ♦ Action de distribuer.

diurne, adj. ♦ Qui se passe pendant le jour (et non pendant la nuit). — CONTR. nocturne. ● **Animal diurne,** qui vit, qui chasse pendant le jour et qui dort pendant la nuit : _L'aigle et le vautour sont des rapaces diurnes, la chouette et le hibou sont des rapaces nocturnes._

divaguer, v. ♦ **1.** Errer sur la voie publique, au hasard, sans surveillance : _Il est interdit de laisser les animaux domestiques divaguer dans les rues._ **2.** Dire n'importe quoi, penser ou dire des choses contraires au bon sens, à la raison : _Cette vieille folle divague._ — SYN. délirer, déraisonner.

divan, n. m. ♦ Siège long, à plusieurs places, confortable, garni de coussins ou rembourré, sans bras ni dossier, qui peut servir de lit de repos. — REGARDER canapé.

divergent, ente, adj. ♦ Qui diverge : _Plusieurs chemins divergents partent du hameau._ — SYN. convergent.

diverger, v. (conjugaison 16) ♦ **1.** Partir du même point en s'écartant vers des directions différentes : _En sortant de la lentille concave, les rayons lumineux divergent._ — CONTR. converger. **2.** Ne pas être semblable, mais opposé, aboutir à des conclusions différentes : _Comment savoir la vérité ? Même les opinions des experts divergent sur ce point !_

divers, erse, adj. ♦ **1.** De plusieurs sortes : _En France, les maisons sont très diverses : maisons à colombage de Normandie, maisons de granit à toit d'ardoise de Bretagne, hautes maisons à tuiles romaines_

de Provence. — REM. Dans ce sens, _divers_ est toujours attribut ou bien épithète et placé après le nom. — SYN. varié. — CONTR. monotone, uniforme. **2.** Plusieurs êtres ou objets différents : _Divers ustensiles traînaient sur la table._ — REM. Dans ce sens, _divers_ est toujours épithète et placé devant le nom. — SYN. différent, plusieurs. **3. Fait divers :** REGARDER _fait_ 2.

diversité, n. f. ♦ Caractère de ce qui est divers, varié. — SYN. variété. — CONTR. monotonie, uniformité.

divertir, v. ♦ Amuser, distraire.

divertissement, n. m. ♦ Amusement, distraction.

divin, ine, adj. ♦ **1.** De Dieu ou des dieux : _La miséricorde divine (de Dieu) est infinie._ **2.** Très beau, parfait : _Cette chapelle est d'une élégance divine !_

divinité, n. f. ♦ Chacun des dieux ou chacune des déesses du paganisme : _Elles étaient innombrables, les divinités païennes._

diviser, v. ♦ **1.** Couper, séparer : _La monitrice a divisé le groupe en deux équipes._ **2.** Faire l'opération arithmétique appelée « division » : _Si tu divises 238 par 14, tu obtiens 17._ — CONTR. multiplier. **3.** Mettre en désaccord : _Cette question divise les Franco-Ontariens._

division, n. f. ♦ **1.** Action de séparer, de couper : _La division du temps en semaines n'existait pas chez les Grecs._ **2.** Chacune des parties d'une règle, d'un cadran, etc., limitée par deux traits : _Chaque division de la règle correspond à 1 millimètre._ **3.** L'une des opérations arithmétiques qui permet de déterminer combien de fois une quantité est contenue dans une autre. — CONTR. multiplication. **4.** Grande unité militaire, commandée par un général de division.

divorce, n. m. ♦ Rupture des liens du mariage par décision d'un tribunal.

divorcé, ée, n. ♦ Personne qui a été mariée et dont le mariage a été rompu par un divorce.

divorcer

divorcer, v. (conjugaison 17) ♦ Se séparer de son conjoint en faisant rompre le mariage par un divorce : *Il a divorcé d'avec Suzanne, il y a deux ans.*

divulguer, v. ♦ Révéler, faire connaître ce qui doit rester secret : *Cette journaliste avait divulgué des secrets militaires : elle fut condamnée à une lourde peine.* — SYN. dévoiler, révéler. — CONTR. garder secret.

dix, adj. numéral *ou* n. m. ♦ Au nombre de 10 : *Il y a seulement dix élèves dans cette classe.* ● Qui vient au dixième rang : *Regardez la photo qui est à la page 10 de votre livre.* ● Le numéro 10 : *Aline habite au 10 de la rue Delacroix.*

dixième [dizjɛm], adj. numéral ordinal *ou* n. m. *ou* n. f. ♦ Qui vient au dixième rang : *La dixième porte à droite est celle de la salle de réunion.* ● *David est dixième au concours de dessin. Quant à Line, elle est la dixième au tournoi de tennis.*

dizaine, n. f. ♦ Quantité de dix environ.

do, n. m. inv. ♦ La première note de la gamme.

docile, adj. ♦ Obéissant. — SYN. discipliné. — CONTR. désobéissant, indiscipliné.

docilité, n. f. ♦ Caractère ou attitude d'une personne docile. — SYN. discipline, obéissance. — CONTR. désobéissance, indiscipline.

dock, n. m. ♦ 1. Dans un port, bassin entouré de quais, le long desquels viennent s'amarrer les cargos pour le chargement et le déchargement des marchandises. 2. Hangar, entrepôt construit sur le quai d'un port de marchandises.

docker [dɔkɛʀ], n. m. ♦ Celui dont le métier est de charger et de décharger les marchandises dans un port de commerce.

docteur, eure, n. ♦ Celui, celle qui a le titre de « docteur en médecine » et qui soigne les malades. — SYN. médecin.

doctrine, n. f. ♦ Ensemble des idées enseignées par une Église, par un philosophe ou défendues par un parti : *Voici les principaux points de la doctrine chrétienne.* — SYN. dogme. ● *Dans ce livre, tu trouveras un résumé de la doctrine de ce philosophe.* — SYN. théorie.

document, n. m. ♦ 1. Papier, officiel ou non, qui contient des renseignements : *La carte d'identité, un extrait d'acte de naissance, un acte de vente sont des documents.* 2. Livre, texte qui peut fournir des renseignements à l'historien, au chercheur.

documentaire, n. m. ♦ Film instructif qui apprend et montre quelque chose sur un sujet donné : *J'ai vu un documentaire sur la vie des Indiens en Amazonie : c'était passionnant !*

documentation, n. f. ♦ Ensemble de documents (textes, photos, dessins, etc.) : *Vous allez réunir une documentation sur les châteaux forts.*

documenter (se), v. ♦ Se renseigner en recherchant et en utilisant des documents.

dodeliner, v. ♦ Se balancer doucement par un mouvement régulier et lent : *Elle dodeline de la tête, comme une vieille grand-mère qui s'endort dans son fauteuil.*

dodu, ue, adj. ♦ Bien gras, bien rond, bien en chair : *Elle avait les bras courts et dodus.* — SYN. gras, potelé. — CONTR. maigre, sec, décharné.

dogme, n. m. ♦ Ensemble des choses enseignées par une religion. — SYN. doctrine.

dogue, n. m. ♦ Chien de garde trapu, à grosse tête, à museau plat.

doigt, n. m. ♦ 1. Chacune des cinq parties articulées qui sont à l'extrémité de la main. 2. Petite quantité : *Du porto ? Oui, merci, mais un doigt seulement.* ● *Comme les doigts de la main :* personnes inséparables, unies. ● *Les doigts dans le nez :* facilement, sans effort. — REM. L'expression est familière.

● *Se mettre le doigt dans l'oeil :* se tromper. — REM. L'expression est familière. *Toucher du doigt :* constater. ● *Se faire taper sur les doigts :* se faire punir. — REM. L'expression est familière.

doigté [dwate], n. m. ♦ Habileté et délicatesse : *Si tu veux obtenir cette permission de ton oncle, présente ta demande avec beaucoup de doigté, car il se vexe facilement.* — SYN. adresse, délicatesse, diplomatie, finesse, habileté, tact. — CONTR. lourdeur, maladresse.

dollar, n. m. ♦ Monnaie du Canada, des États-Unis, de l'Australie.

dolmen [dɔlmɛn], n. m. ♦ Monument préhistorique fait d'une très grosse pierre horizontale posée sur plusieurs pierres verticales. — REGARDER *menhir*.

domaine, n. m. ♦ **1.** Propriété agricole. **2.** Ce qui concerne quelqu'un ou quelque chose : *Le domaine de la biologie est immense.*

dôme, n. m. ♦ Toit arrondi et haut.

domestique, n. *ou* adj. ♦ **1.** *Un, une domestique :* employé(e) de maison (bonne, femme de chambre, valet de chambre, cuisinière...). **2.** *Les travaux domestiques :* la cuisine, la vaisselle, le ménage, le lavage, l'entretien des vêtements, etc. **3.** *Animal domestique :* animal qui vit près de l'homme (le chien, le chat, le cheval, le bœuf, le mouton, etc.). — CONTR. animal sauvage.

domestiquer, v. ♦ Transformer une espèce sauvage en espèce domestique : *Il y a des millénaires que l'homme a domestiqué le chien.*

domicile, n. m. ♦ Maison, appartement où l'on habite. ● L'adresse, telle qu'elle figure dans les papiers officiels (carte d'identité, etc.).

domicilié, ée, adj. ♦ Qui demeure à tel domicile : *M. Jean Dubois, domicilié 7, rue de Chambois, à Montréal (Québec).*

dominateur, trice, adj. ♦ Qui veut dominer, qui est autoritaire : *Virginie a un caractère dominateur : tout doit plier devant sa volonté.* — SYN. autoritaire. — CONTR. docile, humble, soumis.

domination, n. f. ♦ Autorité, pouvoir que l'on exerce sur une personne ou sur un peuple.

dominer, v. ♦ **1.** Exercer sa domination, son pouvoir sur : *Les Romains dominèrent tout le pourtour de la Méditerranée.* **2.** Être le plus fort : *L'équipe des Canadiens a dominé pendant la première mi-temps.* **3.** *Dominer sa colère, sa peur :* faire semblant de ne pas être en colère, de ne pas avoir peur. **4.** Être en plus grand nombre : *Dans notre province, les maisons en bois dominent.* **5.** Être situé plus haut que : *Le clocher, haut de quarante mètres, domine notre petite ville.*

dominical, ale, aux, adj. ♦ Du dimanche : *La messe dominicale donnait un peu d'animation à la place de l'Église.*

domino, n. m. ♦ **1.** Chacune des petites plaquettes blanches, marquées de points noirs, avec lesquelles on joue aux dominos. **2.** *Les dominos :* jeu qui consiste à placer des *dominos* dans un certain ordre.

dommage, n. m. ♦ **1.** Dégât : *Les gelées tardives ont causé de graves dommages aux arbres fruitiers et aux plantations de fleurs.* — SYN. dégât, ravage, dégradation. — CONTR. profitable. **2.** *C'est dommage :* c'est regrettable.

dommageable, adj. ♦ Qui cause des dégâts : *La gelé a été dommageable.*

dompter [dɔ̃te], v. ♦ **1.** Dresser des animaux féroces et les habituer à obéir : *Le tigre est plus difficile à dompter que le lion.* **2.** Soumettre à sa domination et réduire à l'obéissance : *Les Romains eurent du mal à dompter ces peuplades féroces et barbares.*

dompteur, euse [dɔ̃tœʀ, øz], n. ♦ Celui, celle qui dompte les lions, les tigres, les panthères, etc.

don

don, n. m. ♦ **1.** Ce qui est donné : *Le blé et les fruits sont les dons de la terre.* — SYN. cadeau, présent. ● *Faire don de,* donner : *Il m'a fait don d'un atlas.* **2.** Aptitude naturelle : *Marie a une très belle voix. Elle a vraiment des dons pour le chant.* — SYN. aptitude, facilité, talent.

donc, conj. ♦ **1.** Par conséquent : *Il pleut à verse, donc la promenade est impossible.* **2.** Renforce une interrogation : *Mais qui donc a pu avoir une idée aussi étrange?* **3.** Exprime la surprise : *Tu n'avais donc pas de pardessus, par ce froid!* **4.** Renforce un ordre : *Mais tais-toi donc, enfin!*

donjon, n. m. ♦ Tour la plus haute et la plus forte d'un château fort.

donné, ée, adj. ♦ **1.** Déterminé, fixé, précis, mais dont la valeur n'est pas énoncée : *Si dans un temps donné, une voiture parcourt douze kilomètres, dans un temps double, elle parcourra vingt-quatre kilomètres.* **2.** *Étant donné,* en raison de : *Étant donné les circonstances, agissons avec prudence.* ● *Étant donné que :* puisque.

donnée, n. f. ♦ **1.** *Les données d'un problème,* son énoncé. **2.** Information introduite dans un ordinateur.

donner, v. ♦ **1.** Remettre une chose à quelqu'un pour qu'il la garde, lui en faire cadeau : *Pour Noël, on m'a donné un jeu électronique.* **2.** Confier en vue d'une action : *J'ai donné ma veste à nettoyer.* **3.** Payer : *Combien as-tu donné pour le nettoyage de la veste?* **4.** Fournir un renseignement, une information : *Voulez-vous me donner le numéro d'immatriculation de votre carte d'étudiant?* **5.** Produire, fournir : *C'est le cognassier qui donne le coing.* **6.** *Donner sur* ou *dans,* ouvrir sur, avoir sa façade, ses fenêtres sur : *La porte donne sur le jardin.*

donneur, euse, n. ♦ Celui, celle qui donne quelque chose : *Ah! il y en a, des donneurs de conseils!* ● *Donneur de sang.*

dont, pronom relatif. ♦ De qui, de quoi : *Voici la liste des livres dont j'aurai besoin.*

doré, n. m. ♦ Poisson d'eau douce à chair délicate.

doré, ée, adj. ♦ Couvert d'une mince couche d'or ou bien qui a la couleur de l'or : *Les cadeaux? Enveloppe-les dans un papier doré.*

dorénavant, adv. ♦ A partir de maintenant : *Dorénavant, tu dois te conduire comme un grand garçon.* — SYN. désormais.

dorer, v. ♦ **1.** Revêtir d'une mince couche d'or. **2.** Donner la couleur de l'or, une couleur dorée : *Le soleil couchant dore les tuiles des toits.*

dorloter, v. ♦ Traiter avec beaucoup de tendresse : *Jean est un enfant affectueux qui adore se faire dorloter.* — SYN. cajoler, choyer. — CONTR. brutaliser, maltraiter.

dormant, ante, adj. ♦ *Eau dormante,* eau qui ne coule pas : *L'eau dormante de la mare reflétait le ciel bleu.* — CONTR. eau courante.

dormeur, euse, n. ♦ Personne en train de dormir.

dormir, v. (conjugaison 35) ♦ **1.** Être en état de sommeil : *J'étais fatiguée : j'ai dormi jusqu'à 10 heures du matin.* **2.** Traîner, rêver sans rien faire : *Ce n'est pas le moment de dormir : tous sur vos motos! On part en expédition!*

dortoir, n. m. ♦ Grande salle où dorment plusieurs personnes, dans un pensionnat, une colonie de vacances.

dorure, n. f. ♦ Partie dorée d'une chose : *Tu la vois, cette grille magnifique en fer forgé, pleine de dorures?*

doryphore [dɔʀifɔʀ], n. m. ♦ Insecte qui fait de gros dégâts en dévorant les feuilles des plants de pommes de terre.

dos, n. m. ♦ **1.** Partie arrière du corps humain, du bas du cou et des épaules aux fesses, ou bien partie supérieure du corps d'un animal, du cou à la queue. ● *J'ai aperçu Renée de dos.* — CONTR. de face. ● *Couche-toi sur le dos.* ● *Tu vas faire une promenade à dos de mulet.* **2. Dos à dos,** le dos de l'un contre le dos de l'autre : *Asseyez-vous dos à dos.* ● **Renvoyer dos à dos :** mettre sur un pied d'égalité et refuser de choisir. ● **Tourner le dos à quelqu'un,** refuser de le fréquenter, de le saluer. ● **Tourner le dos à quelque chose :** aller ou regarder dans la direction opposée. **3.** Côté opposé à l'endroit : *Au dos de l'enveloppe, il y avait l'adresse de l'expéditeur.* — SYN. envers, verso. — CONTR. endroit, recto. ● Partie du livre entre les deux faces de la reliure. **4.** Le dessus de la main. — CONTR. paume.

dos-d'âne, n. m. inv. ♦ Sur une route, montée raide suivie tout de suite d'une descente. ● *Un pont en dos d'âne* (sans trait d'union).

dosage, n. m. ♦ Action de doser. ● Proportions des produits à mélanger.

dose, n. f. ♦ **1.** Quantité de médicament à prendre en une seule fois : *Voici la dose : quinze gouttes avant le petit déjeuner.* **2.** Quantité ou proportion d'un produit entrant dans un mélange.

doser, v. ♦ Calculer et mettre la dose qu'il faut : *Oh! Mélanie, vous avez mal dosé le beurre : le gâteau est trop sec!*

dossier, n. m. ♦ **1.** Partie d'un siège contre laquelle on appuie le dos. **2.** Ensemble de documents contenus dans une chemise souple ou sous une couverture cartonnée.

dot [dɔt], n. f. ♦ Biens qu'une jeune fille apportait à son mari en se mariant.

doté, ée, adj. ♦ **1. Doté de,** qui possède : *Jacqueline est dotée d'une voix magnifique, elle devrait faire du chant.* — SYN. doué, pourvu, — CONTR. dénué, dépourvu, privé. **2. Doté de,** garni, équipé de quelque chose : *La moto est dotée d'une suspension hydraulique.*

douane, n. f. ♦ Service qui contrôle le passage des marchandises aux frontières et qui fait payer les taxes sur certains produits.

douanier, ière, n. ou adj. ♦ Employé, employée, fonctionnaire de la douane. ● Qui concerne la douane : *Tarif douanier.*

doublage, n. m. ♦ Action de doubler un film.

double, adj. ou n. m. ♦ **1.** Deux fois plus grand : *La longueur de ce rectangle est double de sa largeur.* ● *Elle est le double de la largeur.* **2. En double,** en deux exemplaires : *J'ai le texte en double, je peux t'en donner un exemplaire.* ● *Un double,* une copie : *Le dactylo m'a donné un double de la lettre.*

doubler, v. ♦ **1.** Multiplier par deux : *Ton morceau de corde est trop court, il faudrait en doubler la longueur.* **2.** Être multiplié par deux : *En cinq ans, tous les prix ont doublé.* **3.** Garnir d'une autre étoffe l'intérieur d'un vêtement : *On va doubler ta veste avec une étoffe légère.* **4.** Passer devant un autre véhicule qui va dans le même sens : *Elle appuya à fond sur l'accélérateur pour doubler le camion.* — SYN. dépasser. **5. Doubler un film étranger :** remplacer les paroles en langue étrangère par leur traduction en français. **6. Doubler un acteur,** le remplacer pour le tournage de scènes dangereuses ou physiquement difficiles.

doubleur, euse, n. ♦ Élève qui redouble une classe. — SYN. redoublant, redoublante.

doublure, n. f. ♦ **1.** Étoffe qui est disposée sur la face intérieure d'un vêtement. **2.** Celui, celle qui double un acteur, une actrice.

douceâtre, adj. ♦ D'une douceur fade, écœurante.

douceureux, euse, adj. ♦ Dont la douceur s'accompagne d'un manque de franchise : *Méfie-toi de son langage doucereux.* — SYN. hypocrite, mielleux. — CONTR. franc, bourru.

douceur

douceur, n. f. ♦ **1.** Qualité d'une personne ou d'une chose douce. — SYN. affabilité, amabilité, aménité, bienveillance, calme. — CONTR. brusquerie, brutalité, dureté, rudesse, violence, agressivité. ● *Elle berce avec douceur le bébé.* — SYN. délicatesse, légèreté. ● *J'aime la Virginie pour la douceur de son climat.* — SYN. clémence. — CONTR. inclémence, rudesse. **2.** *Une douceur,* chose délicate et sucrée bonne à manger : *Dans son colis, elle avait mis quelques douceurs : des pâtes de fruits, des chocolats, des caramels.*

douche, n. f. ♦ **1.** Appareil qui fait tomber l'eau en pluie sur le corps, ce qui permet de bien se laver. **2.** *Prendre une douche :* se laver sous la douche.

doucher (se), v. ♦ Se laver sous la douche.

doué, ée, adj. ♦ Qui a des dons naturels, des aptitudes, des dispositions : *Joël est très doué pour les langues : en deux mois, il a appris l'italien et il le parle couramment.*

douille, n. f. ♦ **1.** Étui qui contient la poudre et sur lequel est fixée la balle d'un fusil ou d'un pistolet ou sur lequel est fixé l'obus. **2.** Élément métallique creux sur lequel on fixe une ampoule électrique.

douillet, ette, adj. ♦ **1.** Qui est excessivement sensible à la plus petite douleur. **2.** Doux, mou, chaud et confortable : *Dors bien, mon petit Nicolas, sur ton oreiller bien douillet.*

douillette, n. f. ♦ Couverture matelassée.

douillettement, adv. ♦ Très confortablement.

douleur, n. f. ♦ **1.** Sensation qui fait mal : *Docteur, j'ai une douleur à l'endroit de l'estomac, est-ce grave ?* — SYN. souffrance. **2.** Grand chagrin : *La douleur du pauvre homme, au moment de la mort de sa femme,* faisait peine à voir ! — SYN. affliction, amertume, chagrin, déchirement, peine, souffrance. — CONTR. bonheur, joie.

douloureux, euse, adj. ♦ Qui cause de la douleur. — SYN. affligeant, amer, déchirant, pénible. — CONTR. heureux, joyeux.

doute, n. m. ♦ **1.** État, pensée de celui qui n'est pas sûr d'une chose : *Tu dis que nous aurons une bonne note au contrôle de maths ? Moi, j'ai un doute.* — SYN. incertitude. — CONTR. assurance, certitude. **2.** *Sans doute :* probablement (mais ce n'est pas absolument sûr). ● *Sans aucun doute :* c'est absolument sûr. ● *Je n'ai aucun doute :* j'en suis bien sûr.

douter, v. ♦ **1.** N'être pas sûr : *Je doute qu'il fasse beau demain.* **2.** *Douter de,* ne pas avoir confiance en : *Claude est un garçon loyal, il ne faut pas douter de lui.* ● *Douter de soi :* manquer de confiance en soi. **3.** *Ne douter de rien :* être toujours sûr qu'on réussira. **4.** *Se douter,* penser (sans être tout à fait sûr) que telle chose se produira ou existe : *Je me doutais bien que Rose était malade.* — SYN. soupçonner.

douteux, euse, adj. ♦ **1.** Pas sûr : *Il est douteux qu'on te laisse entrer sans billet.* — SYN. improbable, incertain. — CONTR. certain, sûr. **2.** Pas très honnête : *Elle a fait confiance à cet homme d'affaires douteux et elle a perdu beaucoup d'argent.* **3.** Pas très bon, pas très frais : *Ces œufs ? Jette-les : ils sont douteux.*

doux, douce, adj. *ou* adv. ♦ **1.** Qui est gentil et qui ne brutalise pas, qui ne rudoie pas les autres : *Qu'il est doux, Julien, surtout avec les petits enfants !* — SYN. affable, aimable, amène, bienveillant, alme. — CONTR. brusque, brutal, dur, rude, violent. **2.** Qui est lent et léger ; qui ne donne pas de secousses : *Le doux bercement de la barque sur l'eau m'a endormi.* — CONTR. brusque, brutal, violent. ● *Tout doux !* allez-y doucement ; soyez plus modéré, plus raisonnable. **3.** Lisse, fin, souple : *Qu'il est doux, le pelage du petit chat !* — CONTR. rêche, rude, rugueux. **4.** Pas froid, sans être trop chaud : *J'aime la Colombie britannique, ses hivers doux, ses printemps précoces. Aujourd'hui le temps est plus doux.* — SYN. clément. — CONTR. inclément, rude. • *Il fait doux :* le temps est doux. **5.** Sucré ; qui ne brûle pas le palais : *Du sirop de grenadine ? C'est plus doux que du rhum !* — CONTR. amer, fort, raide, sec. **6.** *Eau douce :* eau, non salée, des rivières, des fleuves et des lacs.

douzaine, n. f. ◆ **1.** Quantité de 12, exactement : *C'est combien, la douzaine d'œufs, s'il vous plaît ?* **2.** Environ 12 : *Une douzaine de personnes attendaient l'autobus.*

douze, adj. numéral *ou* n. m. ◆ Au nombre de 12 : *Il y a douze élèves dans ta classe ? C'est peu.* • Qui vient au douzième rang : *Faites l'exercice qui est à la page 12 de votre livre.* • Le numéro 12 : *Viens me voir : j'habite au 12 de la même rue que toi.*

douzième, adj. numéral ordinal *ou* n. m. *ou* n. f. ◆ Qui vient au douzième rang : *Manuel habite la douzième maison du chemin qui descend vers la rivière.* • *C'est toi qui es la douzième au saut.*

doyen, yenne [dwajɛ̃, jɛn], n. ◆ Celui, celle qui a le plus grand âge : *Tu connais la doyenne de notre village ? C'est M*ᵐᵉ *Lebeau : elle a 96 ans.*

dragée, n. f. ◆ Bonbon fait d'une amande ou de chocolat enrobé de sucre.

dragon, n. m. ◆ **1.** Dans les vieilles légendes, animal féroce imaginaire pourvu d'un corps de serpent, de pattes griffues, d'ailes de chauve-souris. **2.** Autrefois, soldat qui pouvait combattre à pied ou à cheval.

drague, n. f. ◆ Bateau spécial muni d'une machine qui retire du fond le sable, la vase, les graviers.

draguer, v. ◆ Nettoyer le fond de l'eau en enlevant le sable, la vase, les graviers : *On va draguer l'estuaire qui s'ensable.*

drainage, n. m. ◆ Action de drainer. — CONTR. irrigation.

drainer, v. ◆ *Drainer un terrain,* y creuser des fossés, y enfouir des tuyaux poreux, pour faire écouler l'eau qui l'imprègne. — CONTR. irriguer.

drakkar, n. m. ◆ Bateau long utilisé au IXᵉ siècle par les Vikings pour leurs expéditions maritimes et militaires.

dramatique, adj. *ou* n. f. ◆ **1.** *L'art dramatique :* le théâtre. • *Une dramatique :* émission de télévision qui est une pièce de théâtre. **2.** Qui est terrible : *La situation des alpinistes, isolés au-dessus du gouffre, était dramatique.* — SYN. tragique.

drame, n. m. ◆ **1.** Pièce de théâtre sérieuse ou même triste : *Je n'aime pas les drames, je préfère les comédies.* — REGARDER tragédie. **2.** Événement terrible : *Drame dans la montagne : deux alpinistes enfouis sous une avalanche.* — SYN. tragédie.

drap, n. m. ◆ **1.** Grand morceau de toile sur lequel on s'allonge pour dormir. • *Être dans de beaux draps,* dans une situation fâcheuse. — REM. Cette expression est familière. **2.** Étoffe de laine.

drapeau, n. m. ◆ Morceau d'étoffe qui est fixé à une tige (la *hampe*) et dont les couleurs servent d'insigne distinctif à un pays, à un club, etc. — REGARDER bannière, couleurs, étendard, pavillon.

draper, v. ◆ Disposer une étoffe en la faisant retomber en plis : *Elle drapa la pièce d'étoffe autour de sa taille.*

draperie, n. f. ◆ Grand morceau d'étoffe qui retombe en plis.

drave, n. f. ◆ Transport du bois par flottage sur les cours d'eau.

draver, v. ◆ Participer à la drave.

draveur, euse, n. ◆ Personne employée au transport du bois par flottage.

dressage, n. m. ◆ Action de dresser un animal.

dresser

dresser, v. ♦ **1.** Lever : *Elle dressa soudain la tête.* — CONTR. abaisser, baisser. ● *Dresser l'oreille :* se mettre d'un seul coup à écouter attentivement. ● *Se dresser,* se relever en se tenant droit : *Il se dressa soudain de toute sa taille.* — CONTR. se courber, s'incliner. **2.** Construire, installer : *On dressa sur la place le chapiteau du cirque.* — SYN. élever, ériger. — CONTR. abattre. ● *Se dresser,* s'élever, être là, visible : *La flèche de la cathédrale se dresse, solitaire, dominant toute la ville.* **3.** Écrire, établir, dessiner : *Commence par dresser la liste des questions à réviser.* ● *Dresser un plan.* **4.** Habituer un animal à faire certaines choses : *Pas facile de dresser un tigre à faire le beau !* — REGARDER dompter.

dresseur, euse, n. ♦ Celui, celle dont le métier est de dresser des animaux.

drogue, n. f. ♦ **1.** Médicament, considéré comme peu utile ou même mauvais : *Mange bien, bois bien, fais de l'exercice, ça vaudra mieux que toutes les drogues des médecins !* **2.** Substance qui donne une impression de bien-être, mais qui fait beaucoup de mal à la santé (opium, morphine, héroïne, cocaïne, haschisch, etc.). — SYN. stupéfiant.

drogué, ée, n. ♦ Celui, celle qui se drogue. — SYN. toxicomane.

droguer, v. ♦ **1.** Endormir, abrutir avec un produit spécial : *Pour calmer sa douleur, le médecin a été contraint de la droguer.* **2.** *Se droguer,* prendre de la drogue : *Il se droguait à l'héroïne : il est mort d'une dose trop forte.*

1. droit, droite, adj. *ou* n. f. *ou* adv. ♦ **1.** Qui a la forme d'un fil bien tendu : *Trace un cercle et une ligne droite passant par le centre de ce cercle.* — CONTR. courbe, brisé. ● *Trace une droite passant par le centre du cercle.* ● *Avant le pont, la route est sinueuse, ensuite elle est droite sur un kilomètre.* — CONTR. courbe, sinueux. ● *Droit* (employé comme adverbe), en ligne droite, directement : *Va toujours droit devant toi.* **2.** Qui n'est pas penché ni incliné, mais qui est bien vertical ; qui n'est pas de travers,

mais qui est bien aligné. **3.** Franc, loyal, honnête : *Tu peux faire confiance à Bianca, c'est une fille droite.* — CONTR. fourbe, déloyal.

2. droit, droite, adj. *ou* n. f. ♦ **1.** Qui est du côté opposé à celui du cœur : *J'ai une douleur à la jambe droite.* — CONTR. gauche. ● *La droite,* le côté de la main droite : *Prenez la deuxième rue à droite.* — CONTR. la gauche. **2.** *La droite :* les partis, les hommes politiques et les électeurs qui, selon leurs adversaires, seraient conservateurs. — CONTR. gauche.

3. droit, n. m. ♦ **1.** Ce que la loi, le règlement permet de faire : *Tu n'as pas le droit de quitter l'école avant l'heure sans autorisation.* **2.** *Avoir le droit pour soi :* agir d'une manière conforme à la justice. ● *Être dans son droit :* agir en faisant une chose permise par la loi, le règlement. **3.** L'étude des lois, de la procédure : *Notre jeune voisine, Ginette, fait ses études de droit : elle veut être avocate ou magistrate.* **4.** L'ensemble des lois : *Le droit canadien ne permet pas à un homme d'être marié à plusieurs femmes à la fois.* **5.** Taxe : *Les droits sur l'alcool sont très élevés.*

droitier, ière, adj. *ou* n. ♦ Qui se sert plus volontiers de la main droite que de la main gauche. — CONTR. gaucher.

droiture, n. f. ♦ Qualité ou conduite d'une personne droite, franche, honnête, loyale. — SYN. franchise, honnêteté, loyauté. — CONTR. fourberie, déloyauté.

drôle, adj. ♦ **1.** Amusant. — SYN. burlesque, cocasse, comique, désopilant, distrayant, divertissant, gai, joyeux, plaisant, réjouissant. — CONTR. sérieux, tragique, triste. **2.** Étrange, surprenant ou même inquiétant : *Il avait un drôle d'air, l'homme à la barbe grise, qui ne sortait que le soir, en rasant les murs, le col du pardessus relevé, le chapeau rabattu sur les yeux.* — SYN. bizarre, étrange, extraordinaire, inquiétant, insolite, louche, surprenant, singulier. — CONTR. banal, commun, normal.

drôlerie, n. f. ♦ **1.** Caractère de ce qui est drôle, amusant. **2.** Chose ou parole drôle : _Le gros homme amusait les autres voyageurs en racontant des drôleries._

dromadaire, n. m. ♦ Chameau d'A-frique, à une seule bosse. — REGARDER _chameau._

dru, drue, adj. _ou_ adv. ♦ Serré, épais et généralement dur : _L'homme portait une barbe noire, drue et raide._ — SYN. épais, serré, touffu. — CONTR. rare, clairsemé. ● _L'herbe pousse dru_ (invariable dans l'emploi adverbial).

druide, n. m. ♦ Prêtre gaulois.

1. du, article. ♦ Article défini contracté qui équivaut à « de le » : _Voici la boutique de la bijoutière._

2. du, article. ♦ Article partitif : _Je bois du sirop et je mange du pain._

1. duc, n. m. ♦ Nom de divers rapaces nocturnes proches du hibou : _le petit duc, le moyen duc, le grand duc._

2. duc, duchesse, n. ♦ Celui, celle qui portait le titre de noblesse le plus élevé.

duché, n. m. ♦ Autrefois, province dont le souverain était un duc, par exemple le duché de Bretagne, le duché de Bourgogne.

duchesse, n. f. ♦ REGARDER _duc 2._

duel, n. m. ♦ Combat à l'épée, au sabre ou au pistolet, entre deux personnes qui avaient une question d'honneur à régler.

dune, n. f. ♦ Colline formée par le sable qui a été poussé par le vent, le long de la mer ou bien dans un désert.

dunette, n. f. ♦ Petite construction, abri à l'arrière d'un bateau.

dupe, n. f. ♦ Celui, celle qui se laisse tromper par un escroc, par un menteur : _Le pauvre homme fut la dupe de ce vilain escroc._ ● _Ne pas être dupe :_ ne pas croire à une chose fausse.

duper, v. ♦ Tromper : _Méfie-toi de leurs belles promesses : ils ne cherchent qu'à te duper._ — SYN. abuser, attraper, berner, circonvenir, enjôler, escroquer, flouer, se jouer de, leurrer.

duplex, n. m. ♦ Maison de deux étages avec un appartement à chaque étage.

duplicata, n. m. inv. ♦ Copie d'un document. — SYN. copie, un double.

duquel, pronom relatif ou interrogatif. ♦ REGARDER _lequel._

dur, dure, adj. _ou_ adv. _ou_ n. m. _ou_ f. ♦ **1.** Qui ne s'enfonce pas quand on appuie, qui ne se raye pas, qui ne se coupe pas facilement : _Le plomb est un métal mou, l'acier est beaucoup plus dur._ — SYN. coriace. — CONTR. mou, tendre. ● _Œuf dur,_ cuit assez pour que le blanc et le jaune deviennent solides. ● _En dur :_ en pierre, en brique, en béton, et non en bois. ● _Coucher sur la dure,_ à même le sol, sans lit ni matelas. **2.** Froid et pénible : _Cet hiver a été dur : quinze tempêtes de neige._ — SYN. inclément, rude. — CONTR. clément, doux. **3.** Difficile, pénible : _Mon oncle est terrassier, c'est un métier dur._ — SYN. ingrat, pénible, rude. ● _Dur_ (employé adverbialement), beaucoup, avec assiduité, avec acharnement : _Elle travaille dur, ma sœur : elle veut être reçue à son concours._ **4.** Autoritaire, qui exige beaucoup des autres, qui ne leur pardonne rien, qui les traite avec rigueur : _Tu sais, à l'époque, les officiers étaient durs avec leurs soldats !_ — SYN. autoritaire, brutal, exigeant, impitoyable, implacable, inflexible, inhumain, intraitable, méchant, sévère, strict. — CONTR. accommodant, coulant, gentil, humain, indulgent, libéral, traitable. ● _Un dur :_ un homme courageux, brutal. ● _Dur_ (employé adverbialement), violemment, fort : _Méfie-toi de lui : il cogne dur !_ ● _Élever un enfant à la dure,_ sévèrement, sans le gâter. **5.** _Dur d'oreille :_ un peu sourd.

durable

durable, adj. ♦ Qui dure ou peut durer longtemps. — SYN. long. — CONTR. bref, court, éphémère, fugitif, momentané, passager.

durant, prép. ♦ **1.** (Devant le nom) Au cours de, pendant : *Durant l'hiver, j'ai eu deux petits rhumes.* **2.** (Derrière le nom) Pendant toute la période, du début à la fin, sans interruption : *La campagne resta couverte de neige cinq mois durant.*

durcir, v. ♦ **1.** Rendre dur : *Le gel durcit le sol.* **2.** Devenir dur : *La terre glaise durcit en séchant.* **3.** Rendre plus sévère, moins aimable, moins souriant : *La colère avait soudain durci les traits de son visage.*

durcissement, n. m. ♦ Action de durcir ou de se durcir.

durée, n. f. ♦ Temps pendant lequel dure une chose.

durer, v. ♦ **1.** Exister, se dérouler pendant telle durée : *Le voyage dure une heure et demie.* **2.** Exister, pouvoir servir pendant longtemps : *Achète des chaussures solides qui puissent durer !*

dureté, n. f. ♦ **1.** Caractère d'une chose dure : *Il est rassis, ton pain : il a la dureté du granit !* — CONTR. mollesse. **2.** Caractère d'une personne dure : *Avec quelle dureté ce méchant seigneur traitait les pauvres paysans !* — SYN. autoritarisme, brutalité, inhumanité, méchanceté, sévérité, rigueur. — CONTR. bonté, douceur, gentillesse, humanité, indulgence, libéralisme.

duvet, n. m. ♦ Ensemble de petites plumes très douces.

dynamite, n. f. ♦ Explosif très puissant, utilisé surtout pour les travaux publics.

dynastie, n. f. ♦ Famille de rois, qui se sont succédé sur le trône.

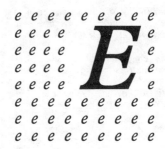

eau, n. f. (au pluriel : *les eaux*) ♦
1. Liquide incolore, très répandu dans la
nature, qui est une combinaison d'hydrogène
et d'oxygène. ● *Eau douce :* REGARDER *doux*
(sens 6) **2.** Rivière, fleuve, mer. ● *Au bord
de l'eau.* ● Tomber à l'eau. **3.** *Eau de :* désigne divers produits servant à la toilette (*eau
de Cologne*) ou aux lavages ménagers (*eau
de Javel*). **4.** *Les grandes eaux :* ensemble de
jets d'eau, dans un parc, dans une fontaine
publique. ● *A l'eau de rose :* histoire, récit fade, insipide. ● *Clair comme de
l'eau de roche :* très clair, évident. ● *Être en
eau :* en sueur. ● *Être à l'eau :* échouer.
● *Se jeter à l'eau :* se lancer, se décider.
● *Mettre de l'eau dans son vin :* être moins
catégorique, accepter un compromis. ● *Se
noyer dans une goutte d'eau :* ne pas savoir
faire face à la moindre difficulté. ● *Tomber
à l'eau :* échouer. ● *Donner un coup d'épée
dans l'eau :* faire quelque chose d'inutile.

eau-de-vie, n. f. ♦ Alcool très fort.
— PLUR. *des eaux-de-vie.*

ébahir, v. (conjugaison **25**) ♦ Étonner
beaucoup : *Ce spectacle nous avait ébahis.*
— SYN. abasourdir, déconcerter, étonner,
méduser, stupéfier, surprendre.

ébattre (s'), v. (conjugaison **98**) ♦
Jouer en se remuant beaucoup.

ébauche, n. f. ♦ **1.** Tableau à peine
commencé par le peintre et où seules les
lignes générales, les grandes masses sont
indiquées. — REGARDER *esquisse.* **2.** Commencement hésitant : *On vit sur son visage
l'ébauche d'un sourire.* — SYN. esquisse.

ébaucher, v. ♦ Faire l'ébauche d'un
tableau. ● Commencer (une chose, sans aller
jusqu'au bout) : *Elle ébaucha un projet.* —
SYN. esquisser.

ébène, n. f. ♦ Bois dur, lisse et noir,
employé pour faire de beaux meubles.

ébéniste, n. m. *ou* f. ♦ Menuisier
espécialisé dans la fabrication des beaux meubles.

ébénisterie, n. f. ♦ Métier de l'ébéniste ; fabrication des beaux meubles.

éblouir, v. ♦ **1.** Empêcher de voir,
par une lumière trop forte : *Mets donc tes
lunettes noires, le soleil va t'éblouir.* **2.** Provoquer une très vive admiration : *Le jongleur
nous a éblouis par son habileté.*

éboueur, n. m. ♦ Chacun des employés
municipaux qui passent régulièrement pour
enlever les ordures ménagères.

éboulement, n. m. ♦ Action de s'é-
bouler.

ébouler

ébouler (s'), v. ♦ Tomber en s'étalant, en se répandant : *Le mur de la terrasse s'est écroulé et la terre s'est éboulée.*

éboulis [ebuli], n. m. ♦ Masse de pierres et de terre qui résulte d'un éboulement.

ébouriffé, ée, adj. ♦ Qui a les cheveux en désordre, mal peignés.

ébranler, v. ♦ **1.** Secouer fortement : *Les rafales de vent ébranlaient les volets et la porte.* ● Rendre moins solide : *Ce scandale a ébranlé le gouvernement.*

ébrécher, v. (conjugaison 11) ♦ Endommager en enlevant un petit morceau sur le bord : *Comment as-tu fait pour ébrécher cette assiette?*

ébriété, n. f. ♦ État d'ivresse.

ébrouer (s'), v. (conjugaison 19) ♦ **1.** *Le cheval s'ébroue,* secoue la tête en soufflant avec bruit. **2.** Se secouer : *Après deux heures d'immobilité, l'enfant avait besoin de s'ébrouer, de remuer, de courir et de sauter.*

ébruiter, v. ♦ Faire connaître ce qui est caché, secret : *Une journaliste a ébruité la nouvelle concernant le remaniement ministériel.* — SYN. divulguer, répandre, révéler.

ébullition, n. f. ♦ État d'un liquide qui est en train de bouillir.

écaille, n. f. ♦ **1.** Chacune des petites plaques dures qui recouvrent le corps des poissons, des serpents, des tortues. **2.** Coquille de l'huître. **3.** Matière dure tirée de la carapace de la tortue. ● Matière plastique imitant cette matière : *L'inspecteur portait de grosses lunettes à monture en écaille.*

écailler, v. ♦ **1.** Enlever les écailles d'un poisson : *C'est bon, le poisson de rivière, mais c'est long à écailler!* **2.** Ouvrir la coquille de l'huître : *Sais-tu écailler les huîtres?* **3.** *S'écailler,* se détériorer par petites plaques, qui partent les unes après les autres : *Il faudra repeindre la porte du jardin : sa peinture s'écaille.*

écarlate, adj. ♦ Rouge vif : *Tu as vu Monique? Elle a une robe bleue, avec des rubans écarlates.*

écarquiller [ekarkije], v. ♦ *Écarquiller les yeux,* les ouvrir tout grands.

écart, n. m. ♦ **1.** Crochet brusque, mouvement de côté, quand on marche. **2.** *A l'écart,* éloigné, séparé (d'une chose) : *Elle habite dans une maison à l'écart.* ● *Sa maison est à l'écart de la ville.* ● *Tenir à l'écart :* ne pas admettre dans son groupe, avec soi. **3.** Différence : *Ta moyenne est de 8,5, la mienne est de 9 : il n'y a pas beaucoup d'écart.* **4.** *Grand écart :* mouvement de danse classique dans lequel les deux jambes sont appliquées contre le sol, dans le prolongement l'une de l'autre.

écartement, n. m. ♦ Distance entre deux choses.

écarter, v. ♦ **1.** Séparer davantage en augmentant la distance ou en ouvrant plus large : *Écarte un peu la table du mur. Écarte les jambes, tu risqueras moins de tomber.* **2.** Éloigner : *Écarte donc ta valise, elle me gêne pour passer.* ● *Ne t'écarte pas trop; tu dois être rentré dans une demi-heure.* **3.** Ne pas s'occuper d'une chose, ne pas y penser : *Écartons ce souci : cela ne nous concerne pas.*

ecchymose [ekimoz], n. f. ♦ Tache bleue laissée sur la peau par un coup.

ecclésiastique, n. m. ♦ Membre du clergé séculier de l'Église catholique, prêtre.

écervelé, ée, adj. *ou* n. ♦ Sans cervelle, étourdi, un peu fou.

échafaud, n. m. ♦ Estrade sur laquelle on exécutait les condamnés à mort. ● *Monter sur l'échafaud :* être exécuté.

échafaudage, n. m. ♦ Charpente démontable en bois ou en acier qui supporte les plates-formes sur lesquelles travaillent les ouvriers quand ils doivent être au-dessus du niveau du sol.

échafauder, v. ♦ _Échafauder des projets, des plans,_ les concevoir et les combiner.

échancrure, n. f. ♦ Ouverture d'un vêtement, au cou, qui descend assez bas.

échange, n. m. ♦ Action d'échanger. • _D'accord, je te donne un disque en échange de ton album._

échanger, v. (conjugaison 16) ♦ Donner une chose et en recevoir une autre : _Je veux bien échanger mon album contre ton disque._ • Se donner, se dire l'un à l'autre : _Ils échangèrent des injures, puis des coups._

échantillon, n. m. ♦ Petite quantité qui permet de juger, de choisir.

échappatoire, n. f. ♦ Moyen de se tirer d'affaire, quand on est dans une situation difficile.

échappée, n. f. ♦ Espace étroit qui permet de voir : _En haut de la colline, entre les arbres, il y avait, de place en place, des échappées magnifiques sur la vallée._ — SYN. percée. • Action du coureur cycliste qui cherche à prendre de l'avance sur les autres coureurs.

échappement, n. m. ♦ Sortie des gaz d'un moteur : _Elle n'a plus de pot d'échappement ni de tuyau d'échappement, sa vieille voiture ! C'est pourquoi elle pétarade comme une voiture de course à échappement libre !_

échapper, v. ♦ **1.** Ne pas être pris par : _La fugitive échappa de justesse à ses poursuivants._ • _S'échapper :_ se sauver, s'enfuir. — SYN. s'enfuir, s'évader, se sauver. **2.** _Échapper à,_ éviter d'être atteint : _Heureusement, ma petite sœur a échappé à l'épidémie de grippe !_ • _L'échapper belle :_ éviter de peu un danger. **3.** _S'échapper,_ sortir : _La fumée s'échappe par la cheminée._ **4.** Tomber des mains : _Elle poussa un cri de surprise, l'assiette lui échappa des mains et se brisa sur le sol._ **5.** _Échapper à quelqu'un,_ ne pas

être remarqué par lui, être sorti de la mémoire : _Olga avait un foulard jaune ? Peut-être, mais ce détail m'a échappé._

écharde, n. f. ♦ Petit morceau de bois pointu qui entre accidentellement sous la peau.

écharpe, n. f. ♦ **1.** Cache-nez, cache-col. **2.** En France, bande d'étoffe, bleu, blanc, rouge, que les maires et les députés portent autour de la taille ou en travers de leur poitrine, dans certaines circonstances. **3.** _Avoir le bras en écharpe,_ soutenu par une bande d'étoffe qui passe autour du cou, quand le bras est blessé.

échasse, n. f. ♦ Chacun des deux longs morceaux de bois, munis d'un support pour le pied, avec lesquels on marche en étant surélevé par rapport au sol.

échassier, n. m. ♦ _Les échassiers :_ les oiseaux à longues pattes qui peuvent se déplacer facilement dans l'eau ou dans les marécages, en restant au-dessus de l'eau. Exemples : le héron, la grue.

échauffer, v. ♦ **1.** Rendre plus chaud : _Avant de courir, saute sur place, pour échauffer tes muscles._ — CONTR. refroidir. **2.** _S'échauffer :_ s'exciter, s'exalter, s'irriter, s'assouplir. **3.** _Échauffer les oreilles :_ irriter, agacer : _Avec sa façon de toujours dire le contraire, il commence à m'échauffer les oreilles._

échauffourée, n. f. ♦ Bagarre, rixe : _Il y a eu des échauffourées entre les manifestants et la police._

échéance, n. f. ♦ **1.** Date à laquelle il faut payer une chose achetée à crédit. • Somme qu'il faut ainsi payer : _Ce commerçant n'arrive plus à faire face à ses échéances._ **2.** _A brève échéance :_ dans peu de temps. • _A longue échéance :_ dans un temps éloigné.

échéant (le cas), loc. adv. ♦ Si le cas, si l'occasion se présente. — SYN. éventuellement.

échec

échec, n. m. ♦ Le fait de ne pas réussir : *En cas d'échec à l'examen de passage, tu redoubleras ta classe.* — CONTR. succès, réussite.

échecs, n. m. pl. ♦ Jeu qui se joue à deux et où l'on déplace sur un *échiquier* diverses pièces (le roi, la reine, la tour, le fou, etc.).

échelle, n. f. ♦ **1.** Dispositif qui est formé de deux montants verticaux et de barres transversales (les *échelons*) et qui sert à monter. ● *Faire la courte échelle à quelqu'un,* l'aider à monter en lui présentant les mains et l'épaule comme supports pour les pieds. **2.** *L'échelle sociale :* l'ensemble des rangs dans la société, du plus modeste au plus élevé. — SYN. hiérarchie, pyramide sociale. **3.** *Échelle d'une carte (de géographie) :* proportion qui existe entre une longueur sur la carte et la longueur dans la réalité.

échelon, n. m. ♦ **1.** Chacun des barreaux d'une échelle. **2.** Chacun des degrés d'une hiérarchie : *Ma tante est fonctionnaire : tous les trois ans elle passe à l'échelon supérieur, c'est cela, l'avancement !*

écheveau, n. m. ♦ Masse de laine, de fil, allongée et disposée en rouleau lâche.

échevelé, ée, adj. ♦ Qui a les cheveux flottants et en désordre.

échine, n. f. ♦ Le dos.

échiner (s'), v. ♦ Se donner beaucoup de mal.

échiquier, n. m. ♦ Plateau à cases noires et blanches (un peu semblable au *damier*), sur lequel on joue aux échecs.

écho [eko], n. m. ♦ **1.** Répétition du son, des paroles, qui se produit en certains lieux, quand le son est renvoyé par un obstacle. **2.** *Avoir un écho, des échos de,* des nouvelles de (tel fait) : *J'ai eu des échos de ce qui a été décidé au cours du conseil de classe.*

échouer, v. (conjugaison 19) ♦ **1.** *Le bateau a échoué* ou *s'est échoué :* le fond du bateau repose sur le fond de l'eau et le bateau ne peut plus se déplacer. **2.** Ne pas réussir : *Pour la deuxième fois, Philippe a échoué à son examen d'entrée.*

éclabousser, v. ♦ Mouiller, salir en projetant du liquide, de la boue, etc.

éclaboussure, n. f. ♦ Liquide, boue qu'on projette quand on éclabousse.

éclair, n. m. ♦ **1.** Vive lumière qui se produit quand il y a de l'orage. ● *En un éclair :* en un temps bref. **2.** Gâteau allongé, à la crème.

éclairage, n. m. ♦ Action d'éclairer ; manière dont un endroit est éclairé. ● *Gaz d'éclairage :* ancien nom du gaz de ville (qui servait à éclairer les maisons et les rues).

éclaircie, n. f. ♦ Moment où, entre deux averses, le ciel se dégage et où il ne pleut plus. — SYN. embellie.

éclaircir, v. ♦ **1.** Rendre plus clair : *Pour éclaircir le vert de ta peinture, ajoute un tout petit peu de jaune et un peu de blanc.* — CONTR. assombrir, foncer. **2.** Rendre plus facile à comprendre : *Je ne comprends rien à ce que tu dis : fais donc un schéma, cela éclaircira les explications.* — CONTR. obscurcir. **3.** Rendre moins épais : *Ajoute un peu d'eau pour éclaircir ta sauce.* — CONTR. épaissir.

éclaircissement, n. m. ♦ Explication qui rend une chose plus claire.

éclairé, ée, adj. ♦ Assez instruit pour pouvoir distinguer le vrai du faux et ne pas croire n'importe quoi : *Non, les gens éclairés ne croient pas aux histoires de fantômes !*

éclairer, v. ♦ **1.** Donner de la lumière pour permettre de voir : *Comment ? Tu n'as qu'une lampe de chevet pour éclairer ta chambre ?* **2.** Rendre plus facile à comprendre. ● Instruire, informer : *Veux-tu m'éclairer*

écologie

sur cette affaire, je ne suis pas au courant. **3.** **Le visage, le regard s'éclaire,** devient plus joyeux, plus animé.

éclaireur, n. m. ♦ Soldat qui marche devant la troupe pour faire une reconnaissance, pour pouvoir avertir, s'il le faut, de la présence de l'ennemi.

éclaireur, euse, n. ♦ Qui fait partie d'une troupe de scouts.

éclat, n. m. ♦ **1.** Lumière vive : *Prends donc tes lunettes noires, l'éclat du soleil va t'éblouir.* ● Grande beauté, qui se fait remarquer : *Admirez l'éclat du style dans ce poème de Victor Hugo !* **2.** Morceau d'une chose brisée : *Les voyous ont cassé la vitrine : le sol est couvert d'éclats de verre.* ● Nous avons vu la vitrine **voler en éclats. 3. Rire aux éclats :** rire très fort. ● **Des éclats de rire.** ● Des éclats de voix : des paroles prononcées très fort et qui parviennent par instants.

éclatant, ante, adj. ♦ Très lumineux, très brillant : *Qu'elle est belle, la plage, sous la lumière éclatante de juillet !* — SYN. brillant, vif. — CONTR. terne, sombre. ● Très beau : *On ne peut qu'admirer le style éclatant de ce poème.*

éclater, v. ♦ **1.** S'ouvrir, se déchirer avec violence ou, parfois, avec bruit : *Le ballon rouge de Julie a éclaté.* — SYN. exploser. **2.** Commencer de manière brusque, très violente et très manifeste : *La guerre éclata le 2 août 1914.* **3.** Commencer avec bruit : *L'orateur termina son discours : les applaudissements éclatèrent.* ● **Éclater de rire :** se mettre à rire d'un seul coup, bruyamment. **4.** Apparaître brusquement et nettement : *Oui, je ferai éclater la vérité !*

éclipse, n. f. ♦ **1.** Phénomène astronomique qui fait que le Soleil ou la Lune cesse, pendant un certain temps, d'être visible. **2.** Période pendant laquelle la gloire ou la chance d'une personne est moins brillante.

éclipser, v. ♦ Faire oublier, faire

paraître plus faible, moins brillant : *Ce patineur de vitesse a éclipsé tous les autres concurrents.*

éclopé, ée, adj. *ou* n. ♦ Qui marche difficilement, après un accident ; qui est légèrement blessé : *Après huit jours d'hôpital, le boxeur éclopé revint au combat.*

éclore, v. (conjugaison 78) ♦ **1.** *L'œuf éclôt :* il se brise et le petit en sort. ● *Le poussin a éclos,* est sorti de l'œuf. **2.** *Le bouton éclôt,* se transforme en fleur.

éclosion, n. f. ♦ Action d'éclore.

écluse, n. f. ♦ Dispositif, muni de portes et de vannes, qui, sur une rivière, un fleuve ou un canal, permet de passer d'un niveau à un autre.

écœurant, ante, adj. *ou* n. ♦ Qui écœure, soulève le cœur, inspire le dégoût : *Cette décision est injuste, écœurante même. Ils n'ont rien fait pour l'aider, cette bande d'écœurants !*

écœurer, v. ♦ **1.** Donner un peu envie de vomir par un goût trop fade ou trop sucré : *Ce fromage blanc très sucré m'écœure.* **2.** Inspirer du dégoût. — SYN. dégoûter, répugner. **3.** Décourager.

école, n. f. ♦ **1.** Établissement où vont les enfants pour s'instruire. **2.** Établissement où l'on entre par concours pour faire des études supérieures spécialisées. **3.** Ensemble des élèves et des maîtres d'une école : *Toute l'école est venue sur la place du village pour accueillir le ministre.* **4.** *Être à bonne école :* être instruit, formé par quelqu'un qui connaît bien ce qu'il enseigne.

écolier, ière, n. ♦ Celui, celle qui va à l'école des enfants. ● **Le chemin des écoliers :** REGARDER chemin (sens 3).

écologie, n. f. ♦ Étude du milieu naturel dans lequel vit chaque espèce animale ou végétale et étude des relations qui existent entre les espèces et leur milieu.

écologiste

écologiste, n. m. *ou* f. ♦ *Les écologistes :* ceux qui veulent avant tout qu'on protège la nature, menacée par la civilisation industrielle de notre temps, et qui souhaitent le retour à une vie plus simple et plus saine.

économe, adj. *ou* n. m. *ou* f. ♦ **1.** Qui ne gaspille pas son argent. — CONTR. dépensier, prodigue. **2.** Celui, celle qui s'occupe des recettes et des dépenses, de la comptabilité, dans un couvent, dans un hôpital, etc.

économie, n. f. ♦ **1.** Science qui étudie la monnaie, la production, la consommation, etc. **2.** Situation d'un pays en ce qui concerne la production, les exportations, le commerce, etc. **3.** *Des économies :* argent qu'on n'a pas dépensé et qu'on a mis de côté.

économique, adj. ♦ **1.** Qui permet de moins dépenser. — CONTR. coûteux, dispendieux. **2.** Qui concerne la monnaie, la production, la consommation, l'emploi, etc. ● *La crise économique.*

économiser, v. ♦ **1.** Mettre de l'argent de côté : *Au cours de l'année, mes parents ont économisé 2 000 dollars : de quoi passer de belles vacances !* — SYN. épargner, mettre de côté. — CONTR. dépenser, gaspiller. **2.** Ne pas trop consommer : *Fais régler ton carburateur, tu économiseras de l'essence.*

écorce, n. f. ♦ **1.** Partie d'un végétal, sorte de peau qui entoure la tige, le tronc ou les branches : *Tu vois ces arbres à écorce blanche ? Ce sont des bouleaux.* **2.** Peau épaisse de certains fruits. ● *De l'écorce d'orange.* **3.** *Écorce terrestre :* enveloppe solide qui constitue l'extérieur du globe terrestre.

écorcer, v. (conjugaison 17) ♦ Enlever l'écorce : *On va écorcer le tronc de l'arbre avant de le scier en planches.*

écorcher, v. ♦ **1.** Dépouiller un animal, lui enlever sa peau : *Les chasseurs tuèrent le renard et l'écorchèrent.* — SYN. dépouiller. **2.** *Écorcher les oreilles,* faire mal aux oreilles par un bruit trop intense ou désagréable : *Qu'elle chante faux ! Elle m'écorche les oreil-*

les ! ● *Écorcher un mot,* le déformer. **3.** *S'écorcher,* se faire une petite plaie sur la peau.

écorchure, n. f. ♦ Petite plaie sur la peau. — SYN. égratignure, éraflure.

écossais, aise, adj. *ou* n. ♦ **1.** De l'Écosse, région du nord de la Grande-Bretagne : *Tu vois, sur la photo, le paysan écossais, avec sa jupe, qu'on appelle le « kilt ».* ● *Les Écossais. Un Écossais. Une Écossaise.* **2.** *Du tissu écossais* ou *de l'écossais :* tissu à carreaux, comme celui qui sert à faire le « kilt » (jupe) des Écossais.

écosser, v. ♦ Retirer les grains de la cosse, de la gousse : *Écosse les haricots ; moi, j'écosserai les petits pois.*

écouler (s'), v. ♦ **1.** Couler, en sortant d'un récipient, d'un lieu : *L'eau du lavabo s'écoule par un trou, qu'on appelle « la bonde ».* **2.** *Le temps s'écoule,* passe.

écourter, v. ♦ Rendre plus court, en n'allant pas jusqu'à la fin : *J'ai dû écourter mon voyage, car un télégramme m'a rappelée à mon bureau.* — SYN. abréger, raccourcir. — CONTR. allonger, prolonger.

écoute, n. f. ♦ Action d'écouter quelqu'un au téléphone ou d'écouter la radio : *Allô ! Je reste à l'écoute.*

écouter, v. ♦ **1.** Porter son attention sur des paroles, de la musique, un bruit : *Ce ronflement de moteur que j'entends me gêne pour écouter la musique.* **2.** Suivre les conseils, les ordres, obéir : *N'écoute pas Michel : c'est un étourdi. Écoute plutôt les conseils de ta mère.*

écouteur, n. m. ♦ Appareil qu'on s'applique contre l'oreille pour écouter au téléphone.

écoutille [ekutij], n. f. ♦ Sur le pont d'un bateau, ouverture rectangulaire qui permet de descendre dans l'intérieur.

écran, n. m. ♦ **1.** Ce qui forme obstacle et qui protège ou qui empêche de voir : _Heureusement, ces collines forment un écran qui nous protège du vent du nord._ **2.** Toile sur laquelle se projettent les images : _Les images du film défilent sur l'écran._ ● _L'écran,_ le cinéma : _Cette actrice joue à l'écran et aussi sur la scène_ (= au cinéma et aussi au théâtre). ● _Le petit écran :_ la télévision.

écraser, v. ♦ **1.** Réduire en pâte, en poudre ou en petits morceaux par une forte pression : _Écrase bien les pommes, si tu veux que la compote soit fondante._ — SYN. broyer, moudre. **2.** Aplatir par une forte pression : _Thierry s'est assis sur le chapeau de sa mère et l'a écrasé !_ ● Tuer en passant sur le corps : _Le camion a écrasé un écureuil qui traversait la route._ **3.** _S'écraser,_ être détruit par un choc violent : _L'avion s'est écrasé au sol._ **4.** Remporter une victoire totale : _Les Canadiens écrasèrent les Maple Leafs de Toronto._ **5.** Accabler, imposer des charges trop lourdes : _Cet instituteur nous écrase de devoirs._ — SYN. accabler, surcharger.

écrémer, v. (conjugaison 11) ♦ _Écrémer le lait,_ en retirer la crème.

écrevisse, n. f. ♦ Animal à carapace (crustacé) qui vit dans les cours d'eau ; sa chair est très délicate.

écrier (s'), v. (conjugaison 20) ♦ Dire brusquement, comme quand on pousse un cri : « _Quelle bêtise !_ », _s'écria-t-elle._ — SYN. s'exclamer.

écrin, n. m. ♦ Petite boîte très jolie où l'on met une chose précieuse.

écrire, v. (conjugaison 48) ♦ **1.** Tracer des lettres, des chiffres : _La vieille Marie n'avait jamais fréquenté l'école : elle ne savait ni lire ni écrire._ ● Assembler les lettres ou les chiffres pour noter un mot ou un nombre : _Oh ! Tu as écrit_ pharmacie _avec un f !_ — SYN. orthographier. **2.** Faire une lettre : _J'écris à ma marraine pour lui envoyer mes vœux._ ● Faire un livre : _La Fontaine ! Mais c'est le poète qui a écrit de si jolies fables !_ — SYN. composer.

écrit, n. m. ♦ **1.** Texte, livre, document : _On va publier tous les écrits politiques datant de la période de Louis Saint-Laurent._ **2.** _Par écrit :_ en écrivant ce qu'on a à faire connaître. — CONTR. oralement, verbalement. **3.** Partie d'un examen ou d'un concours où l'on rédige des devoirs. — CONTR. oral.

écriteau, n. m. ♦ Plaque sur laquelle on a écrit quelque chose qu'on veut faire savoir aux gens. — SYN. pancarte, placard.

écritoire, n. f. ♦ Autrefois, coffret, souvent en forme de pupitre, ou étui, qui contenait tout ce qui est nécessaire pour écrire : papier, plumes, encrier.

écriture, n. f. ♦ **1.** Manière de tracer les lettres : _Manuel a une écriture régulière, élégante et très lisible._ **2.** Manière de noter les sons par des signes (lettres, etc.) pour écrire une langue : _Les savants savent lire l'écriture des anciens Égyptiens et des Assyriens._ — REGARDER hiéroglyphe, cunéiforme.

écrivain, n. ♦ Celui, celle qui écrit des livres. — SYN. auteur. — REM. On utilise parfois _écrivaine,_ au féminin.

écrou, n. m. ♦ Pièce de métal, percée d'un trou fileté, dans laquelle se visse un boulon.

écrouler (s'), v. ♦ Tomber sur soi-même : _Le mur s'est écroulé._ — SYN. s'effondrer. ● _La masse de terre s'écroula soudain._ — SYN. s'ébouler, crouler. ● _Frappé d'une balle en plein front, l'officier s'écroula._ — SYN. s'affaisser.

écru, ue, adj. ♦ **1.** _Toile écrue,_ non blanchie. **2.** Qui a une couleur semblable à celle de la toile écrue (blanc mêlé de gris jaune clair).

écu, n. m. ♦ **1.** Bouclier du Moyen Age. **2.** Armoiries, blason. **3.** Ancienne monnaie française qui valait cinq livres (soit cinq francs), avant 1789. ● _Avoir des écus :_ être riche.

écueil [ekœj], n. m. ♦ **1.** Sur mer, rocher dangereux pour la navigation, qui ne dépasse guère la surface de l'eau. — SYN. récif. **2.** Difficulté, chose qui peut faire échouer un projet : *Le succès n'est pas assuré : il y a bien des écueils à éviter !*

écuelle, n. f. ♦ Petite assiette profonde, sans rebord.

écume, n. f. ♦ **1.** Mousse qui se forme à la surface d'un liquide pendant la cuisson ou la fermentation. **2.** Mousse blanche à la surface d'une eau agitée, des vagues. **3.** Bave : *Attention ! Le taureau a la bouche pleine d'écume !*

écumer, v. ♦ **1.** Débarrasser de l'écume : *Tiens, écume donc le pot-au-feu, qui bout.* **2.** Se couvrir d'écume : *Les vagues écument en se brisant sur le rivage.* **3.** *Écumer de rage :* être dans une grande colère. **4.** *Écumer la mer, les côtes,* y exercer l'activité de pirate.

écumeur, n. m. ♦ *Écumeur de mer* ou *écumeur :* pirate.

écumoire, n. f. ♦ Ustensile qui sert à écumer le bouillon, la confiture, et qui est formé d'un manche portant un disque percé de trous.

écureuil, n. m. ♦ Petit animal très agile, à longue queue touffue, qui vit dans les arbres et qui amasse des fruits (noisettes, châtaignes, etc.) pour les manger pendant l'hiver.

écurie, n. f. ♦ Local, bâtiment où on loge les chevaux. — REGARDER *étable.*

écusson, n. m. ♦ Insigne en étoffe cousu sur un vêtement.

écuyer, yère [ekɥije, jɛʀ], n. ♦ **1.** *Un écuyer :* au Moyen Age, jeune homme qui faisait son apprentissage de chevalier, qui portait l'écu d'un chevalier pendant les marches, en temps de guerre, et qui servait à table. **2.** *Un écuyer, une écuyère :* celui, celle qui, dans un cirque, fait des acrobaties à cheval.

édenté, ée, adj. ♦ Qui a perdu ses dents.

édifice, n. m. ♦ Toute construction. — SYN. construction, bâtiment, monument.

édifiant, ante, adj. ♦ Qui peut servir d'exemple de bonne conduite. — SYN. exemplaire.

édifier, v. (conjugaison **20**) ♦ **1.** Construire : *Sais-tu qu'on va édifier un nouveau gratte-ciel, à l'emplacement de l'ancienne usine ?* — SYN. bâtir, construire, élever, ériger. — CONTR. abattre, démolir, détruire. **2.** Instruire, en donnant le bon exemple pour la conduite : *Par sa vie irréprochable, cette sainte femme édifiait tout son entourage.*

édit, n. m. ♦ Avant 1789, décision du roi de France, qui avait valeur de loi. —SYN. ordonnance.

éditer, v. ♦ *Éditer un livre,* le faire imprimer et le vendre aux libraires.

éditeur, n. m. ♦ Personne ou entreprise qui édite des livres.

édition, n. f. ♦ **1.** Action d'éditer. **2.** Ensemble de livres ou de journaux imprimés en une seule fois : *Va au kiosque : tu demanderas la dernière édition du journal.*

édredon, n. m. ♦ Couvre-pieds épais rempli de plumes.

éducateur, trice, n. ♦ Personne chargée d'instruire et d'éduquer les enfants (instituteur, professeur, moniteur).

éducatif, ive, adj. ♦ Qui concerne l'éducation, qui sert à éduquer : *Les méthodes éducatives modernes font souvent appel au jeu et au sens artistique.* — SYN. pédagogique.

éducation, n. f. ♦ **1.** Action d'éduquer, d'instruire. ● *Ministère de l'Éducation nationale :* celui dont dépendent écoles, cégeps et universités. **2.** *Bonne, mauvaise éducation :* manières d'une personne bien (mal) élevée.

éduquer, v. ♦ Instruire et former le caractère : *Autrefois, on éduquait les enfants avec sévérité.*

effacer, v. (conjugaison 17) ♦ 1. Enlever une chose écrite, la faire disparaître : *Prends ta gomme et efface ce mot.* 2. *S'effacer,* se ranger, en se mettant sur le côté du passage : *Luc s'effaça pour laisser passer le cortège.*

effarant, ante, adj. ♦ Qui étonne, indigne et inquiète. — SYN. effrayant, stupéfiant.

effarement, n. m. ♦ État d'une personne effarée. — SYN. effroi, stupéfaction.

effarer, v. ♦ Surprendre beaucoup, en causant une vive peur : *Le taureau mugissant effarait les enfants.* — SYN. affoler, effaroucher, effrayer.

1. effectif, ive, adj. ♦ Qui existe bien : *Il y a une amélioration effective dans ton travail.* — SYN. réel. — CONTR. imaginaire, théorique.

2. effectif, n. m. ♦ Nombre de personnes qu'il y a dans une unité militaire, une classe, etc.

effectivement, adv. ♦ Vraiment, réellement : *Elle est venue effectivement, puisqu'elle a signé la feuille de présence.*

effectuer, v. (conjugaison 19) ♦ Faire : *Maintenant, nous allons effectuer une multiplication.* — SYN. accomplir, exécuter, faire, réaliser.

effervescence, n. f. ♦ 1. État d'une substance dans laquelle il se forme des bulles, comme si elle bouillait : *Jette de l'eau sur de la chaux vive : tu verras celle-ci entrer en effervescence.* 2. Agitation : *Quelle effervescence à l'école : c'est le dernier jour de classe !*

effet, n. m. ♦ 1. Fait qui se produit parce qu'un autre (*la cause*) s'est produit : *L'ébullition de l'eau est l'effet de l'élévation de la température.* — SYN. conséquence. —

CONTR. cause, origine, source. 2. Action que produit quelque chose : *L'aspirine va faire son effet : je n'aurai bientôt plus mal à la tête.* ● *L'aspirine est un bon médicament : elle va faire de l'effet sur ton mal de tête.* ● *Sous l'effet de l'aspirine, mon mal de tête a disparu.* — SYN. sous l'action de. 3. *À cet effet,* pour cela : *Vous devez noter tous les devoirs à faire : à cet effet, vous tiendrez à jour un cahier de textes.* 4. Impression que l'on produit sur les autres : *L'intervention de mon père à la réunion des parents d'élèves a fait très bon effet.* 5. *En effet,* vraiment, réellement : *Elle dit qu'elle est forte en gymnastique, et, en effet, elle est excellente.* 6. *En effet,* pour cette raison que, car : *Je ne puis aller t'attendre : en effet, je ne suis libre qu'à 6 heures.*

effeuiller, v. ♦ Dépouiller de ses feuilles ou de ses pétales.

efficace, adj. ♦ Qui donne un bon résultat : *Prends donc ce sirop contre la toux : il est très efficace.* — SYN. actif, bon (pour, contre).

efficacité, n. f. ♦ Caractère de ce qui est efficace. — CONTR. inefficacité.

effigie, n. f. ♦ Image, portrait, représentation d'une personne : *Sur les billets de 10 dollars, tu vois l'effigie de John A. Mac-Donald.*

effilé, ée, adj. ♦ Allongé, mince et pointu.

effilocher (s'), v. ♦ Partir en fils séparés, se terminer par des franges dues à l'usure : *Les manches de ma vieille chemise s'effilochent.*

efflanqué, ée, adj. ♦ Qui est maigre et qui a les flancs creux. — SYN. maigre. — CONTR. dodu, gras, potelé, rebondi, rond.

effleurer, v. ♦ 1. Toucher très légèrement : *Élise effleura les cheveux blonds et soyeux de l'enfant.* — SYN. frôler. 2. Venir un instant à l'esprit : *Cette pensée effleura mon esprit.*

effondrer (s'), v. ♦ **1.** Tomber sur place en se démolissant : *Le vieux mur, heurté par le camion, s'effondra.* — SYN. s'ébouler, s'écrouler. **2.** Tomber d'un seul coup, sur place : *Prise d'un malaise, la vieille dame s'effondra.* **3.** Être abattu soudain par un gros chagrin : *Quand on lui annonça la mort de sa grand-mère, Richard s'effondra.* **4.** Être nettement battu, sans bien résister : *Le Canadien s'est effondré devant les Nordiques de Québec.* **5.** Cesser brusquement d'exister : *Le régime du dictateur s'effondra dès le début de la grève.*

efforcer (s'), v. (conjugaison 17) ♦ Faire un effort, des efforts, pour atteindre un but : *Nous nous efforcions, en vain, de convaincre notre camarade.* — SYN. essayer de, s'évertuer à, tâcher de.

effort, n. m. ♦ Dépense d'énergie physique ou intellectuelle : *Pour soulever ce sac de 20 kilos, il faut faire un grand effort.*

effrayant, ante, adj. ♦ Qui cause une grande peur. — SYN. affolant, effarant, effroyable, épouvantable, formidable, redoutable, terrible, terrifiant. — CONTR. rassurant.

effrayer, v. (conjugaison 23) ♦ Causer une grande peur : *Ne hurle pas comme cela, tu vas effrayer ton petit frère !* — SYN. affoler, effarer, horrifier, terrifier, terroriser. — REGARDER *effroi, frayeur.* ♦ *Ce n'est qu'un aboiement de chien, ne t'effraie pas pour si peu.*

effréné, ée, adj. ♦ **1.** Sans frein, très rapide : *Les enfants dévalaient la piste de ski dans une course effrénée.* **2.** Sans limites, très exagéré : *Pour Noël, maman a fait des dépenses effrénées.*

effriter (s'), v. ♦ Diminuer de volume, parce que des petits morceaux partent les uns après les autres : *Regarde, la vieille statue du parc s'effrite.*

effroi, n. m. ♦ Très grande peur. — SYN. crainte, épouvante, frayeur, peur, terreur.

effronté, ée, adj. ♦ Très insolent.

effroyable [efʀwajabl], adj. ♦ Qui cause une grande peur et qui est très triste : *Tu as vu les photos de la ville détruite par le tremblement de terre : c'est effroyable !* — SYN. affreux, effrayant, épouvantable, horrible.

effusion, n. f. ♦ **1.** Mouvement d'amitié, manifestation de tendresse, d'affection : *Ah ! Si tu avais vu ces effusions, à la gare, quand Jacques a retrouvé ses parents après trois mois de pension !* — SYN. épanchement (de tendresse, etc.) **2.** *Sans effusion de sang :* sans qu'il y ait de morts ou de blessés.

égailler (s') [egaje], v. ♦ Se disperser : *En sortant de l'école, les enfants s'égaillèrent comme une volée de moineaux.*

égal, ale, aux, adj. ou n. ♦ **1.** De la même grandeur : *Voici un bâton de 80 centimètres de longueur : nous allons le couper pour faire 10 bâtonnets égaux.* — CONTR. inégal. **2.** Qui a les mêmes droits, les mêmes avantages, la même valeur : *Nous ne devons mépriser personne ; tous les hommes sont égaux.* — CONTR. inégal. **3.** *Un égal, une égale :* celui, celle qui a le même rang dans la hiérarchie. ● *D'égal à égal :* sans qu'il y ait apparence de différence sociale ou hiérarchique. ● *Sans égal :* meilleur que tous, plus fort que tous. **4.** *Être égal,* être indifférent, ne rien faire à quelqu'un : *Aller en excursion ou aller me baigner ? Cela m'est égal, je n'ai pas de préférence.* **5.** Régulier, sans changement de vitesse ni d'intensité : *Seul le bruit égal du ruisseau troublait le silence.* **6.** Sans montées ni descentes, sans creux ni bosses : *Sur le sol égal, le chariot avançait sans secousses.* — SYN. plan, uni.

égaler, v. ♦ **1.** Représenter la même quantité que : *17 multiplié par 8 égale 136.* **2.** Être de la même valeur, de la même force que : *À force de volonté, Sophie parvint à égaler les meilleurs de sa classe.*

égaliser, v. ♦ **1.** Rendre égal. **2.** Parvenir à avoir autant de points que l'adversaire : *À cinq minutes de la fin du match,*

eh!

nous avons égalisé : *3 buts partout.* **3.** Rendre plan, uni : *Égalise bien le sable dans l'allée avec le râteau.*

égalité, n. f. ♦ État, situation de deux choses ou de deux personnes entre lesquelles il n'y a pas de différence : *3 à 3 : les deux équipes sont à égalité.* ● État d'une société, d'un groupe, où il n'y a ni riches ni pauvres, ni privilégiés ni défavorisés.

égard, n. m. ♦ **1.** *A l'égard de,* pour, avec : *Tâche d'être correct à l'égard de tes camarades.* — SYN. envers. **2.** *Des égards :* des marques de respect et d'affection.

égaré, ée, adj. ♦ Comme fou : *Il criait, gesticulait, son regard égaré nous effrayait.*

égarement, n. m. ♦ Folie : *Dans un moment d'égarement, il a tiré sur sa voisine.*

égarer, v. ♦ **1.** Avoir mis un objet quelque part et ne pas savoir où il est : *J'ai encore égaré mon livre !* — REGARDER perdre. — CONTR. retrouver. **2.** Rendre comme fou : *La douleur égarait le pauvre homme : il courait dans tous les sens.* **3.** *S'égarer :* se tromper de chemin et ne plus pouvoir aller ou revenir à l'endroit voulu.

égayer [egeje], v. (conjugaison 23) ♦ **1.** Amuser, faire rire. **2.** Rendre plus gai et plus agréable : *Mettons des fleurs aux fenêtres pour égayer la façade.*

églantine, n. f. ♦ Rose sauvage de couleur blanche tirant sur le rose.

église, n. f. ♦ **1.** *Une église :* édifice où l'on célèbre le culte chrétien. **2.** *L'Église,* l'ensemble des catholiques, ou l'ensemble des protestants qui suivent une même doctrine, ou l'ensemble des chrétiens d'Orient d'un même pays : *Le pape est le chef de l'Église catholique.*

égoïsme, n. m. ♦ Défaut de l'égoïste. — CONTR. abnégation, altruisme, bonté, charité, dévouement, générosité.

égoïste, adj. *ou* n. m. *ou* f. ♦ Qui est prêt à sacrifier l'intérêt des autres à son propre intérêt.

égorger, v. (conjugaison 16) ♦ Tuer en coupant ou en déchirant la gorge : *Le loup égorgea l'agneau qui s'était égaré.*

égosiller (s'), v. ♦ Crier très fort, au point d'avoir mal au gosier.

égout, n. m. ♦ Conduit souterrain, dans une ville, qui sert à l'écoulement des eaux de pluie et des eaux sales venant des cabinets, des lavabos et des éviers.

égoutter, v. ♦ Faire tomber l'eau goutte à goutte : *Pour égoutter la vaisselle, pose-la sur la table.* ● *S'égoutter :* se débarrasser de l'eau goutte à goutte. ● *S'égoutter,* tomber goutte à goutte : *L'eau s'égoutte du toit.*

égratigner, v. ♦ Déchirer la peau sans qu'il y ait de blessure grave : *Les ronces égratignaient les jambes nues de l'enfant.*

égratignure, n. f. ♦ Petite déchirure de la peau, sans gravité. — REGARDER écorchure, éraflure.

égrener, v. (conjugaison 12) ♦ **1.** Défaire une grappe en enlevant les grains un par un : *Avant de faire la confiture, nous allons égrener les grappes de groseilles.* **2.** *Égrener un chapelet :* réciter des prières en faisant glisser entre les doigts un grain du chapelet à chaque fois qu'on a terminé l'une de ces prières.

égyptien, ienne, adj. *ou* n. ♦ De l'Égypte moderne ou antique : *Tu vois, sur la photo, le village égyptien au bord du Nil.* ● *Les Égyptiens. Un Égyptien. Une Égyptienne.*

eh ! interj. ♦ **1.** Exprime la surprise, l'admiration, etc., ou sert à interpeller : *Eh ! vous, là-bas, approchez !* — REGARDER hé ! **2.** *Eh bien !* exprime l'admiration, la surprise, etc., ou équivaut parfois à « alors, donc » : *Tu es malade ? Eh bien ! il ne faut pas sortir !* — REM. N'écrivez pas « et bien ! ».

éjectable

éjectable, adj. ♦ *Siège éjectable,* qui peut être projeté hors de l'avion.

éjecter, v. ♦ Projeter à l'extérieur : *A chaque fois qu'une balle est tirée, un mécanisme éjecte la cartouche vide.*

élaborer, v. ♦ Préparer, faire, en mettant au point soigneusement : *Voici le texte que nous avons élaboré et que nous allons soumettre à la discussion de l'assemblée.*

élaguer, v. ♦ **1.** *Élaguer un arbre :* couper certaines branches. **2.** *Élaguer un texte,* enlever certaines de ses parties qu'on juge inutiles.

1. élan, n. m. ♦ **1.** Mouvement que l'on fait quand on court pour sauter plus haut ou plus loin. ● *Prendre de l'élan, son élan.* **2.** Mouvement ardent et soudain du cœur qui fait qu'on éprouve un sentiment très intensément : *Dans un élan de générosité, elle décida d'aider le malheureux.*

2. élan, n. m. ♦ Grand cerf qui vit dans le nord de l'Europe. ● *L'élan d'Amérique* s'appelle *orignal.*

élancé, ée, adj. ♦ Grand ou haut, et mince : *Une athlète élancée courait sur le stade.* — SYN. mince, svelte. — CONTR. épais, massif, trapu.

élancer (s'), v. (conjugaison 17) ♦ **1.** Partir brusquement et vite : *Au coup de pistolet, les coureurs s'élancèrent sur la piste.* **2.** Monter haut : *La flèche de la cathédrale s'élance vers le ciel.*

élargir, v. ♦ Rendre plus large : *On va abattre ces vieilles maisons insalubres, pour élargir la rue.* ● *A cet endroit, la rue s'élargit.* — CONTR. (se) rétrécir.

élasticité, n. f. ♦ Caractère de ce qui est élastique.

élastique, adj. *ou* n. m. ♦ **1.** Qui peut s'allonger et reprendre ensuite sa forme. — SYN. extensible. **2.** *Un élastique :* rond de caoutchouc ou ruban tissé avec des fils de caoutchouc.

électeur, trice, n. ♦ Celui, celle qui vote.

élection, n. f. ♦ Action de voter pour élire quelqu'un.

électoral, ale, aux, adj. ♦ Qui concerne les élections.

électricien, ienne, n. ♦ Celui, celle dont le métier est de réparer les appareils électriques et de faire les installations électriques.

électricité, n. f. ♦ Forme d'énergie qui fait tourner des moteurs, sert à l'éclairage et au chauffage.

électrifier, v. ♦ *Électrifier une région,* y installer les pylônes et les câbles conducteurs, pour que l'électricité puisse être distribuée aux habitants. ● *Électrifier une voie ferrée,* l'équiper pour que les locomotives électriques puissent y circuler.

électrique, adj. ♦ Qui concerne l'électricité ou qui fonctionne à l'électricité.

électriser, v. ♦ Remplir d'enthousiasme et d'ardeur : *Par son style enflammé, l'oratrice savait électriser ses partisans.* — SYN. enflammer, enthousiasmer, exalter, exciter, galvaniser. — CONTR. décourager.

électro-aimant, n. m. ♦ Appareil qui fonctionne à l'électricité et qui est un aimant très puissant.

électrocuter, v. ♦ Tuer ou blesser par le courant électrique. ● *Il s'est électrocuté en touchant un câble électrique tombé à terre.*

électronicien, n. m. ♦ Celui dont le métier est de s'occuper d'électronique.

électronique, n. f. *ou* adj. ♦ **1.** *L'électronique,* science et technique qui étudie et utilise certaines propriétés de l'électricité : *La télévision, les radars sont des applications de l'électronique.* **2.** Qui concerne

élever

l'électronique, qui fonctionne en utilisant les applications de l'électronique : *Un système électronique assure le guidage de cette fusée.*

électrophone, n. m. ♦ Appareil sur lequel on met les disques pour les écouter. — SYN. tourne-disque.

élégance, n. f. ♦ Qualité d'une chose ou d'une personne élégante.

élégant, ante, adj. ♦ Qui est à la fois distingué, de bon goût et gracieux : *Admirez les formes élégantes de ces beaux meubles anciens !* ● Qui porte des vêtements élégants. — SYN. beau, chic, distingué, gracieux, harmonieux. — CONTR. inélégant, laid.

élément, n. m. ♦ **1.** Chacun des êtres ou des objets qui constituent un ensemble : *Soit deux ensembles qui s'intersectent : l'intersection est constituée par les éléments communs aux deux ensembles.* **2.** Chacune des parties qui peuvent s'assembler pour former un tout : *Nous pourrons acheter séparément des éléments de cette bibliothèque, au fur et à mesure que nous aurons des livres nouveaux à ranger.* **3.** Personne qui fait partie d'un groupe, d'une équipe : *Dans notre équipe de football, nous avons deux éléments de valeur : l'avant-centre et l'ailier droit.* **4.** Corps simple : *Le carbone, le soufre, le phosphore, l'oxygène, le fer, le cuivre sont des éléments chimiques.* ● Substance telle que l'air, l'eau, etc. : *Pour les savants de l'Antiquité, il y avait quatre éléments : l'eau, l'air, la terre, le feu.* ● *Les éléments,* les grandes forces de la nature : *La pluie, le vent, tous les éléments étaient déchaînés : la tempête faisait rage !* **5.** Milieu naturel dans lequel vit un animal : *L'eau est l'élément naturel de la baleine.* ● Ensemble de personnes, milieu social, genre d'activité où l'on se sent à l'aise : *Dans sa nouvelle classe, Gaby n'était pas dans son élément.* **6.** *Les éléments,* les notions les plus faciles : *En classe, on nous a donné quelques éléments de physique.* — SYN. rudiments.

élémentaire, adj. ♦ Très simple : *Voici quelques notions élémentaires d'électricité.* — SYN. rudimentaire.

éléphant, n. m. ♦ Gros animal dont le nez très long s'appelle la *trompe* et dont deux dents très longues et pointues, les *défenses,* sortent de la mâchoire supérieure.

élevage, n. m. ♦ Activité qui consiste à élever des animaux.

élévation, n. f. ♦ **1.** Augmentation, hausse, action de monter, de devenir plus élevé : *L'élévation du niveau de vie a été rapide de 1964 à 1973.* — CONTR. baisse. **2.** Caractère élevé, noble de sentiment : *Cette lettre témoigne d'une grande élévation de sentiments.* — CONTR. bassesse. **3.** Moment de la messe où le prêtre élève l'hostie, puis le calice, pour présenter l'Eucharistie à l'adoration des fidèles.

élève, n. m. *ou* n. f. ♦ Celui, celle qui va en classe. — REM. Selon l'établissement fréquenté, on dit aussi *écolier, cégépien, étudiant.*

élevé, ée, adj. ♦ **1.** Haut : *On construisait souvent les antennes de radio sur des points élevés.* — CONTR. bas. **2.** Cher, grand : *Le prix de ce train électrique est trop élevé pour que je puisse l'acheter.* — CONTR. bas, faible. **3.** Important dans la hiérarchie : *Son oncle a un grade élevé : il est colonel.* **4.** Noble, beau, qui témoigne de beaux sentiments : *J'ai été frappé par le ton élevé de son discours.* — SYN. bas. **5.** *Bien élevé :* poli. ● *Mal élevé :* impoli.

élever, v. (conjugaison 12) ♦ **1.** Faire monter, mettre plus haut : *Il faudrait élever de dix centimètres le niveau de l'estrade.* — CONTR. abaisser, baisser. ● *S'élever,* devenir plus grand, plus haut : *A partir de 8 heures, la température s'est élevée.* ● *Élever la voix :* parler plus haut, plus fort ou plus énergiquement. **2.** *S'élever,* aller plus haut, aller vers le haut : *Viens voir le feu d'artifice : tu admireras les belles fusées qui s'élèvent dans le ciel.* — SYN. monter. — CONTR. descendre. **3.** Placer à un rang, à un grade plus haut dans la hiérarchie : *Le vaillant capitaine fut élevé au grade de commandant.* — SYN. promouvoir. **4.** Construire, installer : *On va élever une statue à cette grande femme.* — SYN. ériger. — CONTR. abattre. **5.** *Élever un enfant,* s'en occuper, le nourrir, le soigner, l'éduquer, pourvoir à ses besoins. ● *Élever des animaux*, les nourrir, les soigner, les faire se reproduire.

éleveur, euse, n. ♦ Celui, celle qui élève des animaux.

élider, v. ♦ *Élider une voyelle,* la remplacer par une apostrophe. ● *Voyelle élidée.*

éligible, adj. ♦ Qui a l'âge voulu et qui remplit les conditions requises pour être élu.

éliminatoire, adj. *ou* n. f. pl. ♦ *Note éliminatoire :* note médiocre qui suffit pour éliminer un candidat à un examen, pour le faire refuser. ● *Les éliminatoires :* épreuve sportive destinée à écarter les concurrents les moins bons.

éliminer, v. ♦ **1.** Refuser un candidat à un examen, à un concours, ne pas le recevoir : *Le jury a éliminé tous les candidats qui avaient moins de 50 sur 100 en français.* **2.** Rejeter hors de l'organisme : *Il faut plusieurs heures pour éliminer l'alcool qu'on absorbe.* **3.** Supprimer : *Cette difficulté éliminée, passons à l'essentiel.*

élire, v. (conjugaison 50) ♦ Choisir par un vote pour exercer une fonction : *Tous les quatre ans, on élit les maires et les conseillers municipaux.*

élision, n. f. ♦ Suppression du *e*, du *i* ou du *a* et remplacement par une apostrophe, devant une voyelle ou un *h* muet.

élite, n. f. ♦ **1.** L'ensemble des personnes qui se distinguent des autres par leur rang social, leur talent ou leur valeur. **2.** *D'élite,* supérieur par la valeur : *La ville était défendue par des troupes d'élite.*

élixir, n. m. ♦ Liqueur à base d'alcool et de plantes, ou boisson magique, ou médicament liquide dont le goût rappelle celui d'une liqueur.

elle, elles, pronom. ♦ **1.** Pronom personnel féminin de la troisième personne :

Ma sœur est malade, elle ne viendra pas. **2.** *Elle-même* **(elles-mêmes),** forme de renforcement qui équivaut à « elle, en personne » : *J'ai vu la directrice elle-même, non son adjointe.*

1. ellipse, n. f. ♦ Figure géométrique qui a deux axes de symétrie, le *grand axe* et le *petit axe,* dont chaque point est tel que la somme de ses distances à deux points fixes, appelés *foyer,* est constante, et qui a la forme d'un rond allongé.

2. ellipse, n. f. ♦ Construction grammaticale par laquelle on omet un mot dont la présence n'est pas nécessaire pour que la phrase soit claire. Par exemple, il y a ellipse du verbe *vient* dans le proverbe : *Après la pluie, le beau temps.*

1. elliptique, adj. ♦ Qui a la forme d'une ellipse.

2. elliptique, adj. ♦ **1.** Qui contient une ellipse grammaticale : *Dans les proverbes, on rencontre souvent des phrases elliptiques.*

élocution [elɔkysjɔ̃], n. f. ♦ Manière de parler, d'articuler, de s'exprimer oralement.

éloge, n. m. ♦ Parole par laquelle on dit du bien de quelqu'un : *Ce garçon est intelligent, travailleur, instruit, honnête, serviable ! On fait beaucoup d'éloges de lui.* — SYN. compliment, louange. — CONTR. critique, reproche.

élogieux, euse, adj. ♦ Qui contient ou qui dit beaucoup d'éloges : *Tu sais, ton instituteur m'a écrit une lettre très élogieuse à ton sujet.*

éloigné, ée, adj. ♦ Qui est loin dans l'espace ou dans le temps : *Cela se passait à une époque éloignée.* — SYN. lointain. — CONTR. proche.

éloignement, n. m. ♦ Grande distance qui sépare : *L'éloignement atténuait le bruit du feu d'artifice.* — CONTR. proximité.

éloigner, v. ♦ Mettre plus loin : _Tu as trop chaud? Alors, éloigne ta chaise du radiateur !_ — SYN. écarter. — CONTR. approcher. ● _S'éloigner :_ aller plus loin. — SYN. s'écarter. — CONTR. s'approcher.

éloquence [elɔkɑ̃s], n. f. ♦ **1.** Art de parler en public. **2.** Qualité d'une personne éloquente.

éloquent, ente [elɔkɑ̃, ɑ̃t], adj. ♦ Habile à parler en public.

élu, ue, n. ♦ Personne qui a été choisie par un vote : _Le lendemain des élections, les journaux donnent la liste des élus._

élucider, v. ♦ Rendre claire une question obscure, trouver la solution, la réponse à une question : _Grâce aux indices, la police a élucidé le mystère de la maison hantée._

élucubration, n. f. ♦ Parole ou pensée bizarre et dénuée de bon sens, de raison.

éluder, v. ♦ _Éluder une question,_ s'arranger adroitement pour ne pas y répondre, quand elle est embarrassante.

émail [emaj], n. m. ♦ **1.** Substance dure et colorée dont on recouvre les objets précieux et qui sert à décorer. ● _Un émail,_ objet d'art orné de cette substance : _Au Moyen Age, les émaux de Limoges étaient célèbres._ ● _L'art de l'émail._ **2.** Peinture dure : _Voici une cuvette recouverte d'émail._ **3.** Substance dure et blanche qui recouvre les dents.

émaillé, ée [emaje], adj. ♦ Recouvert d'émail.

émanation, n. f. ♦ Fumée, vapeur, gaz, odeur qui s'échappe d'un endroit.

émancipation, n. f. ♦ Action d'émanciper ou de s'émanciper.

émanciper, v. ♦ Rendre libre : _Dans l'Antiquité, un maître avait le droit d'émanciper ses esclaves._ — SYN. libérer. — CONTR. asservir, soumettre.

émaner, v. ♦ Provenir, venir, sortir de : _Une bonne odeur de brioche émanait de la boulangerie._

embâcle, n. f. ♦ Obstruction d'un cours d'eau causée par un amoncellement de glace ou de billes de bois : _Pour éviter les inondations au printemps, on a fait sauter à la dynamite l'embâcle de glace._

emballage, n. m. ♦ **1.** Action d'emballer un objet. — CONTR. déballage. **2.** Carton, caisse, papier, etc., qui sert à emballer un objet.

emballé, ée, adj. ♦ _Cheval emballé,_ qui n'obéit plus à son cavalier, à son conducteur et qui se met à galoper. ● _Moteur emballé,_ qui tourne trop vite.

emballer, v. ♦ **1.** Mettre dans une caisse, dans un carton, envelopper de papier : _Nous emballons soigneusement nos livres : demain, nous déménageons._ — CONTR. déballer. **2.** _Le cheval s'est emballé,_ a cessé d'obéir et s'est mis à galoper. — SYN. prendre le mors aux dents.

embarcadère, n. m. ♦ Quai, endroit aménagé pour que les passagers d'un bateau puissent s'embarquer ou pour qu'on puisse charger les marchandises. — REM. On dit aussi _débarcadère._

embarcation, n. f. ♦ Petit bateau (barque, canot, radeau, pirogue, etc.).

embardée, n. f. ♦ Brusque détour, brusque écart d'un véhicule ou d'un bateau, par rapport à la ligne droite.

embarquement, n. m. ♦ Action de s'embarquer.

embarquer, v. ♦ **1.** Faire monter ou mettre sur un bateau, un navire ou dans un avion : _On embarqua les moutons à bord du vieux cargo._ — CONTR. débarquer. **2.** Monter sur un navire ou dans un avion : _Les passagers vont bientôt embarquer à bord du paquebot._ **3.** Monter dans un véhicule.

embarras, n. m. ♦ Gêne, difficulté, situation difficile : *Voilà une question qui me jette dans l'embarras.* ● Trouble d'une personne qui est intimidée : *Pour dissimuler son embarras, elle se mit à rire aux éclats.*

embarrassant, ante, adj. ♦ Qui cause de l'embarras.

embarrassé, ée, adj. ♦ Qui est dans l'embarras, qui dénote de la gêne : *A cette question, il prit un air embarrassé.*

embarrasser, v. ♦ **1.** Gêner le passage : *Enlève donc ces grosses valises qui embarrassent le couloir.* — SYN. encombrer. **2.** Gêner les mouvements de quelqu'un : *Son imperméable et son sac à dos embarrassaient la pauvre fille.* ● *S'embarrasser de,* se charger d'objets inutiles et encombrants : *Ne t'embarrasse pas de ce parapluie, de ce sac à dos et de ce pliant.* — CONTR. se débarrasser. **3.** Gêner, présenter une difficulté pour quelqu'un : *Dans ma dictée, il y a une phrase qui m'embarrasse.*

embarrer, v. ♦ **1.** Enfermer, fermer à clé. **2.** *S'embarrer,* s'enfermer.

embauche, n. f. ♦ Action d'embaucher quelqu'un. ● Possibilité de se faire embaucher : *Dans cette usine, paraît-il, il y a de l'embauche.*

embaucher, v. ♦ Engager comme travailleur salarié : *On construit un nouveau pont : on embauche des terrassiers et des maçons.* — SYN. engager. — CONTR. débaucher, licencier.

embaumer, v. ♦ **1.** Sentir bon : *Les orangers en fleurs embaumaient.* **2.** *Embaumer un cadavre,* le préparer au moyen de certaines substances pour qu'il ne pourrisse pas.

embellie, n. f. ♦ Moment de beau temps après la pluie. — SYN. éclaircie.

embellir, v. ♦ **1.** Rendre plus beau : *Pour embellir notre ville, on va créer un jardin public.* — CONTR. enlaidir. **2.** Devenir plus beau : *Myriam embellit de jour en jour !*

emblée (d'), loc. adv. ♦ Du premier coup et immédiatement. — SYN. aussitôt, immédiatement, tout de suite.

emblème, n. m. ♦ Objet ou signe qui représente une abstraction ou qui sert de signe de reconnaissance à un parti, à un groupe : *La fleur de lis est l'emblème du Québec.* — SYN. insigne, symbole.

emboîter, v. ♦ Faire entrer l'un dans l'autre : *Je n'arrive pas à emboîter les deux sections du tuyau de l'aspirateur.* — SYN. ajuster. — CONTR. déboîter. **2.** *Emboîter le pas à quelqu'un,* se mettre à marcher derrière lui en le suivant de près, à la même allure.

embonpoint, n. m. ♦ État d'une personne un peu grosse, un peu grasse, assez ronde. — REM. S'écrit avec *n* devant le *p.*

embouché, ée, adj. ♦ *Mal embouché :* grossier, mal élevé, qui dit de vilains mots.

embouchure, n. f. ♦ **1.** Endroit où un fleuve se jette dans la mer. — REGARDER *delta, estuaire.* **2.** Partie d'un instrument de musique que l'on applique contre la bouche.

embourber (s'), v. ♦ **1.** *Le véhicule s'embourbe,* ses roues s'enfoncent dans la boue et il n'arrive plus à avancer.

embouteillage, n. m. ♦ Encombrement dû à la présence d'un trop grand nombre de véhicules qui se bloquent les uns les autres et n'arrivent plus à avancer. — SYN. bouchon, encombrement.

embouteiller, v. ♦ Synonyme familier de *encombrer, obstruer, boucher* : *Plusieurs camions embouteillent la rue.*

embranchement, n. m. ♦ Endroit où une route, un chemin, une voie ferrée se divise en deux. — SYN. bifurcation.

embrasement, n. m. ♦ Grande illumination par des feux de Bengale, etc. ● Incendie.

émerveiller

embraser, v. ♦ **1.** Mettre en feu : _Une allumette, lancée sur la meule, embrasa la paille en un instant._ — SYN. enflammer, incendier. **2.** Illuminer violemment : _Le soleil couchant embrasait les collines et les bois._

embrassade, n. f. ♦ Action de deux ou de plusieurs personnes qui se serrent dans les bras, qui s'embrassent.

embrasser, v. ♦ **1.** Serrer dans ses bras ou donner un baiser : _Tony, embrasse ta grand-mère et dis-lui bonsoir._ **2.** Saisir par le regard tout un espace : _Debout sur la falaise, elle embrassait du regard tout le golfe parsemé d'îlots._ **3.** Adopter, choisir : _Sous l'influence de son ami, elle embrassa les idées républicaines._

embrayage [ɑ̃bʀɛjaʒ], n. m. ♦ Mécanisme permettant d'embrayer. — CONTR. débrayage.

embrayer, v. (conjugaison 23) ♦ Mettre en relation le moteur et les roues, pour que le moteur entraîne les roues : _Pour changer de vitesse, tu débrayes, tu manœuvres le levier, puis tu embrayes._ — CONTR. débrayer. — REM. On écrit _j'embraye_ plutôt que _j'embraie._

embrocher, v. ♦ **1.** Enfiler sur une broche : _Embroche le rôti, nous allons le faire cuire._ **2.** Transpercer : _Avec son épée, le mousquetaire embrocha le garde du cardinal._

embrouillé, ée, adj. ♦ Compliqué. — SYN. confus, emmêlé. — CONTR. clair, simple.

embrouiller, v. ♦ **1.** Emmêler : _Attention, Pierre, tu vas embrouiller ma laine !_ — SYN. enchevêtrer. — CONTR. débrouiller, démêler. **2.** Rendre compliqué : _Tes explications confuses, loin d'éclaircir l'histoire, l'ont embrouillée._

embruns, n. m. pl. ♦ Les très fines gouttelettes d'eau de mer qui se forment quand les vagues se brisent.

embryon, n. m. ♦ Être vivant (homme ou animal) qui en est au début de son développement, à l'intérieur de la mère ou dans l'œuf. — REGARDER _fœtus._

embûches, n. f. pl. ♦ Difficultés, pièges, complications : _Attention ! Il y a des embûches dans la vie, plus dangereuses que celles que tu trouves dans tes dictées !_ — SYN. traquenard.

embué, ée, adj. ♦ Recouvert de buée ou d'une sorte de buée : _Le brave homme était si ému qu'il avait les yeux embués de larmes._

embuscade, n. f. ♦ Piège qu'on tend en se cachant à un endroit, pour attaquer l'ennemi au moment où il passera. — SYN. guet-apens.

embusquer (s'), v. ♦ Se cacher pour surprendre le gibier, l'ennemi, etc. — SYN. se mettre à l'affût.

émeraude, n. f. _ou_ adj. inv. ♦ **1.** _Une émeraude :_ belle pierre précieuse de couleur verte. **2.** _Émeraude,_ de la couleur verte de l'émeraude : _Élise avait une robe ornée de rubans émeraude._

émergé, ée, adj. ♦ _Terres émergées :_ les continents et les îles.

émerger, v. (conjugaison 16) ♦ **1.** Sortir hors de l'eau : _L'écueil émerge à marée basse._ — REGARDER _immerger._ **2.** Apparaître, se faire connaître : _Parfois un vieux souvenir émerge._ — CONTR. disparaître, s'évanouir.

émerveillement, n. m. ♦ Sentiment d'une personne qui s'émerveille. — SYN. admiration, enthousiasme, exaltation, ravissement. — CONTR. déception, dégoût, désenchantement.

émerveiller, v. ♦ Remplir d'admiration et de joie : _La vitrine du magasin de jouets nous émerveilla !_ — SYN. enflammer, enthousiasmer, exalter, ravir, transporter. — CONTR. décevoir, dégoûter, désenchanter.

émetteur

émetteur, trice, adj. *ou* n. ♦ *Un poste émetteur* ou *un émetteur :* appareil ou installation qui permet d'émettre (en radio ou en télévision). — CONTR. récepteur.

émettre, v. (conjugaison 99) ♦ **1.** Produire de la fumée, une odeur, un son, etc. : *Les cheminées de l'usine émettent une fumée noire et malodorante.* ● Produire et envoyer un message radio, des images de télévision, etc. : *Cette station de radio émet toute la nuit.* — SYN. diffuser. — CONTR. recevoir. **2.** Exprimer : *On a émis les opinions les plus contradictoires sur l'origine de l'univers.* **3.** Mettre en circulation : *On va émettre des pièces d'un dollar.*

émeute, n. f. ♦ Action de la foule qui se rassemble pour protester avec violence contre l'autorité et pour se battre contre la police, l'armée. — SYN. soulèvement, révolte.

émeutier, ière, n. ♦ Personne qui prend part à une émeute.

émietter, v. ♦ Réduire en miettes : *Jacky émiettait du pain pour le donner à son oiseau.*

émigrant, ante, n. ♦ Celui, celle qui émigre.

émigration, n. f. ♦ Action d'émigrer. ● Résultat de cette action.

émigré, ée, n. ♦ Celui, celle qui a émigré.

émigrer, v. ♦ Quitter son pays pour aller s'installer et vivre dans un autre : *Beaucoup de personnes d'origines diverses ont émigré de leur pays pour s'installer au Canada.*

éminence, n. f. ♦ Petite élévation de terrain. — SYN. butte, colline, hauteur, tertre.

éminent, ente, adj. ♦ Très remarquable et supérieur : *Sais-tu que notre professeur d'histoire est un savant éminent ?* — SYN. brillant, distingué, remarquable, supérieur. — CONTR. médiocre, ordinaire.

émir, n. m. ♦ Souverain arabe.

émirat, n. m. ♦ Pays arabe dont le souverain a le titre d'émir.

émissaire, n. m. ♦ Celui qu'on envoie en le chargeant d'une mission. — SYN. envoyé.

émission, n. f. ♦ Partie du programme de la radio ou de la télévision : *Dépêche-toi, l'émission sur la vie des animaux va commencer !*

emmagasiner, v. ♦ Accumuler et mettre de côté : *Ah ! si on pouvait emmagasiner la chaleur du mois d'août pour la retrouver en hiver !* — SYN. accumuler, amasser, entreposer, mettre en réserve, stocker.

emmailloter, v. ♦ Envelopper en serrant : *Que t'est-il arrivé ? Pourquoi as-tu la tête emmaillotée dans un pansement ?* — SYN. bander.

emmêler, v. ♦ Mettre les uns dans les autres, en désordre : *J'ai emmêlé ma laine, je ne peux plus tricoter !* — SYN. embrouiller, mêler. — CONTR. débrouiller, démêler.

emménager, v. (conjugaison 16) ♦ S'installer dans un nouveau logement : *Nous emménageons ce soir.*

emmener, v. (conjugaison 12) ♦ ■ **1.** Faire aller avec soi en quittant un lieu : *Tous les matins, ma mère emmène mon petit frère à l'école.* — CONTR. amener. — REM. Ne dites pas « emmener » pour *emporter.* On doit dire : *J'emporte mon livre,* et non « J'emmène mon livre ». **2.** Faire partir, conduire hors d'un lieu : *Ce tuyau d'évacuation emmène les eaux usées.* **3.** Transporter en éloignant d'un lieu : *Voici l'autobus qui va nous emmener.*

emmitoufler, v. ♦ Couvrir et habiller bien chaudement : *Elle arriva, bien emmitouflée dans un gros manteau et un gros cache-col.*

émotif, ive, adj. ♦ Qui est facilement et fortement bouleversé : *Attention! ne grondez pas trop cet enfant : il est très émotif!*

émotion, n. f. ♦ Ce que l'on ressent quand on éprouve brusquement une grande joie, une grande tristesse, une grande peur : *Iris quittait ses parents pour la première fois : son émotion était si grande qu'elle se mit à pleurer.*

émousser, v. ♦ **1.** Rendre moins aigu, ou moins tranchant : *Tu as coupé du ferblanc avec mes ciseaux et tu les as émoussés.* **2.** Rendre moins vif, moins douloureux, etc. : *Les années ont passé sans émousser ma peine.*

émouvant, ante, adj. ♦ Qui excite la pitié, qui donne envie de pleurer.

émouvoir, v. (conjugaison **65**) ♦ **1.** Provoquer une émotion, exciter la pitié, donner envie de pleurer : *L'histoire de la pauvre orpheline nous avait émus jusqu'aux larmes.* **2.** *Sans s'émouvoir :* sans se troubler.

empailler, v. ♦ Garnir de paille la peau d'un animal mort pour lui donner l'aspect de l'animal vivant : *Il avait fait empailler une chouette.*

empaqueter, v. (conjugaison **14**) ♦ Mettre dans un papier, un emballage, pour faire un paquet : *Empaquette bien tes affaires d'été et mets-les dans la grande armoire.*

emparer (s'), v. ♦ **1.** Prendre de force, d'assaut : *L'ennemi s'empara de la ville forte, après un siège de deux mois.* — SYN. conquérir, emporter, enlever. — CONTR. abandonner. **2.** Prendre sans autorisation ce qui appartient à une autre personne : *Louise s'est emparée des billes de son copain.* — SYN. s'approprier, enlever, prendre, rafler, se saisir de. — CONTR. donner, rendre, restituer. **3.** Être envahi brusquement et violemment par une émotion : *Une angoisse atroce s'empara de l'enfant, quand il s'aperçut qu'il s'était perdu dans la forêt.* — SYN. se saisir de.

empêchement, n. m. ♦ Ce qui empêche de venir, de faire quelque chose. — SYN. contretemps.

empêcher, v. ♦ **1.** Rendre impossible : *Cette pluie empêche la promenade.* • Interdire : *Ma mère m'a empêché de sortir.* **2.** *N'empêche que,* cela n'empêche pas que : *Minna n'est pas une bonne nageuse, dis-tu? N'empêche qu'elle est deuxième à l'épreuve de natation!* — SYN. cependant, néanmoins, pourtant, toutefois. **3.** *S'empêcher de,* se retenir de : *Quand j'ai vu l'arbre de Noël, je n'ai pu m'empêcher de pousser un cri d'admiration.*

empereur, n. m. ♦ Souverain d'un empire. — Au féminin : *une impératrice.*

empester, v. ♦ Sentir très mauvais : *Ces débris de poisson empestent!* • Ça empeste le poisson pourri, ici! • Emplir d'une mauvaise odeur : *La fumée qui s'échappe de l'usine empeste toute la rue!*

empêtrer (s'), v. ♦ Se mettre les pieds ou les membres dans quelque chose dont on n'arrive pas à se libérer : *Le chien, en tournant, s'empêtra dans sa laisse.* — CONTR. se dépêtrer.

empiéter, v. (conjugaison **11**) ♦ *Empiéter sur,* aller au-delà de la limite permise, en débordant sur une surface : *Dis donc, pousse tes affaires, tu empiètes sur mon coin de table!*

empiler, v. ♦ Mettre en pile, les uns sur les autres : *Claude, empile-moi ces vieux journaux.* — SYN. entasser.

empire, n. m. ♦ **1.** Vaste royaume, souvent formé de plusieurs pays, dont le souverain porte le titre d'empereur. **2.** Vaste ensemble de colonies : *Le Portugal et l'Espagne, plus tard l'Angleterre et la France, possédèrent de grands empires coloniaux.* **3.** *Sous l'empire de,* sous l'effet d'un sentiment violent : *Sous l'empire de la peur, il se mit à hurler.* • *Avoir de l'empire sur soi-même :* savoir dissimuler ses émotions.

empirer, v. ♦ Devenir plus mauvais : *Notre voisine est bien malade : son état empire de jour en jour.* — SYN. s'aggraver, se détériorer. — CONTR. s'améliorer.

emplacement

emplacement, n. m. ♦ Lieu, endroit où l'on peut faire ou mettre ou construire une chose, ou bien endroit où une chose a existé : *Ce terrain, ce serait un bon emplacement pour construire notre maison de campagne.*

emplâtre, n. m. ♦ Sorte de cataplasme.

emplette, n. f. ♦ Achat d'une chose peu coûteuse, peu volumineuse.

emplir, v. ♦ Synonyme, assez littéraire, de « remplir » : *Des milliers de promeneurs emplissaient les rues et les places.* ● *Le dimanche, les rues s'emplissent de promeneurs.*

emploi, n. m. ♦ **1.** Action ou manière de se servir d'une chose, de l'utiliser : *Donne-moi donc ces feuilles de carton, au lieu de les jeter : j'en aurai l'emploi.* — SYN. usage, utilisation. ● *Emploi du temps :* programme de ce qu'on a à faire tel jour, à telle heure. ● *Mode d'emploi :* notice qui dit comment on doit se servir d'un appareil ou d'un produit. **2.** Travail payé que l'on fait chez un patron : *Ma cousine a trouvé un emploi à mi-temps comme secrétaire.* — SYN. place, situation.

employé, ée, n. ♦ Personne qui travaille comme salariée.

employer, v. (conjugaison 21) ♦ **1.** Se servir de quelque chose, l'utiliser : *Pour faire ta carte de géographie, tu peux employer des feutres.* — SYN. user de, utiliser. **2.** Faire travailler comme salarié : *Ce magasin emploie douze vendeurs.* **3.** *S'employer à,* faire des efforts pour, travailler à : *Je me suis employé à persuader notre ami de nous accompagner.*

employeur, euse, n. ♦ Celui, celle qui emploie des salariés. — SYN. patron.

empocher, v. ♦ Mettre dans sa poche : *Il rafla les pièces de monnaie et les empocha.* ● Recevoir de l'argent : *Elle a dû empocher une belle somme, pour ce travail !*

empoignade [ɑ̃pwaɲad], n. f. ♦ Discussion très violente, échange de coups. — SYN. querelle, rixe.

empoigner [ɑ̃pwaɲe], v. ♦ **1.** Saisir fortement : *Guignol empoigna le manche à balai et se mit à frapper le jeune voyou, qui prit aussitôt la fuite.* ● Saisir brutalement une personne : *Les agents empoignèrent l'ivrogne et l'embarquèrent dans le car de police.* **2.** *S'empoigner :* se quereller violemment, se battre.

empoisonner, v. ♦ Tuer ou rendre très malade en faisant prendre du poison.

emporté, ée, adj. ♦ Qui se met facilement en colère : *Sa grand-mère est une femme emportée : pour le moindre motif, elle se met à crier.* ● Elle a un caractère emporté. — SYN. agressif, furieux, irascible, irritable, vif, violent. — CONTR. calme, doux, gentil, paisible, placide, serein, tranquille.

emporter, v. ♦ **1.** Porter avec soi, en s'éloignant d'un endroit : *Mais oui, tu peux emporter ces disques pour les écouter chez toi, je te les prête.* — CONTR. apporter, rapporter. — REM. On *emmène* quelqu'un, on *emporte* quelque chose. — REGARDER *emmener.* ● Enlever et entraîner loin d'un endroit : *Quelle tempête !* Quand le vieux monsieur est passé sur le pont, le vent a emporté son chapeau. **2.** Provoquer une mort rapide : *Notre vieille voisine avait quatre-vingt-seize ans : une mauvaise grippe l'a emportée en trois jours.* **3.** *S'emporter :* se mettre en colère. — SYN. s'irriter. **4.** *Emporter la bouche, le palais, la langue :* avoir un goût trop fort et qui brûle. **5.** *L'emporter sur,* être supérieur à, meilleur que, gagner, vaincre : *Nous l'avons emporté sur nos adversaires par 8 buts à 0.*

empoté, ée, adj. *ou* n. ♦ Maladroit, peu dégourdi. — SYN. gauche, lourdaud, maladroit. — CONTR. dégourdi, malin.

empreint, einte, adj. ♦ *Empreint de,* marqué de, qui exprime, qui montre (tel sentiment, tel caractère) : *Il parlait d'une voix grave, empreinte d'émotion.*

empreinte, n. f. ♦ Marque en creux ou en relief : _Dans la boue séchée du chemin, on voyait les empreintes laissées par les chevaux des brigands._ ● _Empreintes digitales :_ traces laissées sur un objet par les petits sillons qui sont sur la peau des doigts.

empressé, ée, adj. ♦ Plein de zèle, d'égards, de prévenances. — SYN. attentionné, complaisant, dévoué, prévenant, zélé. — CONTR. indifférent, négligent.

empressement, n. m. ♦ Qualité ou conduite d'une personne empressée. — SYN. complaisance, dévouement, zèle. — CONTR. indifférence, négligence.

empresser (s'), v. ♦ **1.** Agir avec zèle pour servir quelqu'un : _Nous aimons bien notre grand-mère : quand elle vient nous voir, nous nous empressons autour d'elle._ **2.** _S'empresser de,_ se hâter de : _Empresse-toi de faire les provisions : les magasins vont fermer._

emprisonner, v. ♦ Mettre en prison : _Le roi fit emprisonner tous les rebelles._ — CONTR. libérer, délivrer.

emprunt, n. m. ♦ **1.** Action d'emprunter de l'argent ; somme qu'on a empruntée. — CONTR. prêt. **2.** Mot pris à une autre langue : _Le mot_ week-end _est un emprunt à l'anglais._ **3.** _D'emprunt,_ qu'on a emprunté, qui n'est pas le vrai : _La baronne voyagea dans tout le pays sous_ un nom d'emprunt. — REGARDER _incognito, pseudonyme._

emprunté, ée, adj. ♦ Qui manque d'aisance, de naturel, qui est gauche et raide : _Avec son costume démodé, son air timide et son expression ahurie, qu'il avait l'air emprunté, le grand Barnabé !_ — SYN. contraint, embarrassé, gauche. — CONTR. aisé, dégagé, libre, naturel.

emprunter, v. ♦ **1.** Demander à titre de prêt : _Ma tante n'avait pas assez d'argent pour faire construire son chalet : elle a dû emprunter 25 000 dollars à la banque._ — CONTR. prêter. **2.** Prendre un mot à une autre langue : _Le français a emprunté à l'anglais le mot_ chewing-gum. **3.** Prendre un chemin, un passage : _Empruntez le passage souterrain, s'il vous plaît !_

ému, ue, adj. ♦ Qui éprouve une émotion vive, qui est prêt à pleurer, qui est remué profondément : _Quand je quitte ma grand-mère, à la fin des vacances, je suis très ému._

émulation, n. f. ♦ Sentiment ou conduite de ceux qui cherchent à s'égaler ou à se surpasser les uns les autres. — SYN. concurrence, rivalité.

émule, n. m. _ou_ f. ♦ Celui, celle qui cherche à égaler ou à surpasser quelqu'un.

1. en, prép. ♦ **1.** Dans : _Je suis née en Ontario._ **2.** Pendant : _C'est en hiver qu'il faut visiter la Floride._ **3.** Fait de telle matière : _Tu vois cette plaque en marbre ?_ **4.** Habillé de telle manière : _Elle ne porte jamais de robe, elle est toujours en pantalon._ **5.** _En,_ suivi d'un participe présent : _Nous marchions en chantant. C'est en faisant du sport que tu deviendras fort._

2. en, pronom personnel _ou_ adv. ♦ De lui, d'elle, d'eux, d'elles : _Si je connais Arvida ? J'en viens_ (= de là). _Tu ne connais pas la place des Quinconces ? En voici une photo. Des disques ? J'en ai deux cents, et on m'en donne souvent. Des disques ? Mon étagère en est pleine !_

encadrer, v. ♦ **1.** Garnir d'un cadre : _Il est bien beau, ton dessin : tu devrais le faire encadrer._ **2.** Commander et surveiller : _Il faut beaucoup de monitrices et de moniteurs pour encadrer des enfants en vacances._

encadreur, euse, n. ♦ Celui, celle dont le métier est d'encadrer les tableaux, les gravures.

encaissé, ée, adj. ♦ Étroit et profond, entre des parois escarpées : _Au fond d'une vallée encaissée serpente un torrent impétueux._

encaisser

encaisser, v. ♦ Recevoir de l'argent en paiement : *Le garçon de café encaisse le montant des consommations.*

encan, n. m. ♦ 1. Vente aux enchères.

encanter, v. ♦ Vendre aux enchères.

encanteur, euse, n. ♦ Personne qui dirige un encan.

en-cas, n. m. inv. ♦ Petit repas froid, tout prêt, que l'on peut manger dans le cas où l'on a faim.

encastrer, v. ♦ Placer dans un endroit creux de même forme et de mêmes dimensions, sans qu'il y ait d'espace libre : *La barre de fer est encastrée dans un trou de la pierre.* — SYN. emboîter.

encaustique, n. f. ♦ Substance pâteuse ou liquide, faite avec de la cire et de l'essence, qui sert à cirer les parquets.

1. enceinte, n. f. ♦ 1. Clôture, muraille qui entoure un espace : *Une triple enceinte protégeait le donjon.* — SYN. muraille, rempart. 2. Espace délimité par des limites précises : *Toute quête est interdite dans l'enceinte de la gare.* 3. *Enceinte acoustique :* ensemble des haut-parleurs d'une chaîne de haute-fidélité.

2. enceinte, adj. ♦ *Femme enceinte,* qui est en état de grossesse, qui attend un bébé.

encens [ãsã], n. m. ♦ Produit d'origine végétale qui, en brûlant, répand une fumée odorante.

encenser [ãsãse], v. ♦ 1. Honorer en balançant l'encensoir allumé : *On encense l'Évangile, à la messe, pour honorer la parole de Dieu.* 2. Flatter par des louanges excessives et déplacées : *On reproche parfois aux journalistes d'encenser les gens qui nous gouvernent.*

encensoir [ãsãswar], n. m. ♦ Petit réchaud suspendu par des chaînes et dans lequel on brûle de l'encens.

encercler, v. ♦ Entourer complètement.

enchaînement, n. m. ♦ Succession de choses liées entre elles.

enchaîner, v. ♦ 1. Lier, attacher avec des chaînes : *On enchaîna les prisonniers et on les enferma dans les cachots sans lumière du château.* 2. Lier des choses qui viennent à la suite les unes des autres : *Essaie d'enchaîner plus logiquement les idées, dans ta rédaction.*

enchanté, ée, adj. ♦ 1. Qui est sous l'influence d'un charme magique. 2. Très content : *Je suis enchantée d'apprendre que tu es reçue à ton examen.* — SYN. charmé, ravi. — CONTR. consterné, navré, peiné.

enchantement, n. m. ♦ 1. État de celui qui est très content. 2. Chose très belle à voir : *Ce jardin plein de fleurs, quel enchantement !* 3. *Comme par enchantement :* comme par l'effet d'un charme magique, de manière miraculeuse et inexplicable.

enchanteur, enchanteresse, n. *ou* adj. ♦ 1. Magicien : *Ce château fut, dit-on, construit en un jour par Merlin l'enchanteur.* 2. Très beau : *Regarde ces collines, ces beaux arbres, ces cascades et ces rochers dorés par le soleil couchant : quel paysage enchanteur !* — SYN. charmant, ensorcelant, ravissant. — CONTR. hideux, laid, repoussant. ● *Lucie avait une voix enchanteresse.*

enchère, n. f. ♦ *Vente aux enchères :* vente publique dans laquelle chaque chose est vendue à celui qui offre le meilleur prix.

enchevêtrer, v. ♦ Emmêler : *Comment as-tu fait ? Tu as enchevêtré tous ces bouts de ficelle !* — SYN. embrouiller, emmêler. — CONTR. débrouiller, démêler.

enclin, ine, adj. ♦ Porté par son caractère à telle attitude, à telle action : *Il est naturellement enclin à ne rien faire et à laisser faire.* ● *Il est enclin à la paresse.*

enclos, n. m. ♦ Terrain fermé par une clôture, une haie, etc.

enclume, n. f. ♦ Gros bloc d'acier sur lequel le forgeron pose le morceau de fer à travailler.

encoche, n. f. ♦ Petit creux, petite marque sur une planche, un bâton, etc. — SYN. entaille.

encoignure [ɑ̃kɔ(wa)ɲyʀ], n. f. ♦ Coin, à l'angle de deux murs.

encolure, n. f. ♦ **1.** Partie du corps du cheval qui joint la tête au poitrail. **2.** Grosseur du cou d'un homme. ● Pointure du col d'une chemise. **3.** Partie d'un vêtement par où passe le cou : *Louis a un chandail à encolure triangulaire.*

encombre (sans), loc. adv. ♦ Sans difficulté : *Tout s'est bien passé : nous sommes arrivés sans encombre.*

encombrement, n. m. ♦ Quantité de voitures, de gens qui circulent mal et forment un bouchon. — SYN. bouchon, embouteillage.

encombrer, v. ♦ **1.** Gêner, en empêchant les mouvements : *Voyons, tu as trop de choses sur toi : pose donc ce sac à dos et toutes ces affaires qui t'encombrent !* **2.** Gêner le passage : *Ces sacs encombrent le couloir !*

encontre de (à l'), loc. prép. ♦ Contrairement à, à l'opposé de : *Il ne faut pas agir à l'encontre de la volonté de tes parents.*

encore, adv. ♦ **1.** Marque la continuation d'une action ou la persistance d'un état : *Qu'elle est appliquée, Marie ! à minuit, elle travaille encore !* **2.** *Pas encore,* pas maintenant, mais plus tard : *La peinture ? Elle n'est pas encore sèche.* — CONTR. déjà. **3.** Marque la répétition : *La voiture est encore en panne* (= une fois de plus). **4.** Marque une quantité supplémentaire : *Il faut encore 100 grammes de farine.* ● Marque un degré supplémentaire : *Ce film est*

encore plus beau que celui de la semaine dernière. **5.** *Encore que,* bien que, quoique : *Luc est un bon élève, encore qu'il soit un peu faible en mathématiques.*

encourageant, ante, adj. ♦ Qui donne bon espoir : *Voyons tes notes : 70 en français, 65 en maths, 75 en histoire. Voilà des résultats encourageants.* — CONTR. décourageant.

encouragement, n. m. ♦ Chose ou parole qui encourage.

encourager, v. (conjugaison **16**) ♦ **1.** Inciter, pousser à faire quelque chose : *La directrice de l'école m'a encouragé à persévérer dans mon travail.* — CONTR. décourager. **2.** Favoriser : *Pour encourager l'esprit d'équipe, le maître nous fait travailler par groupes.*

encrasser, v. ♦ Salir en recouvrant d'un dépôt de crasse : *La poussière et la fumée avaient encrassé le crépi des façades.* — CONTR. décrasser.

encre, n. f. ♦ Liquide coloré qui sert à écrire, à imprimer. — REM. N'écrivez pas comme : *une ancre de bateau.*

encrier, n. m. ♦ Récipient où l'on met l'encre.

encyclopédie, n. f. ♦ Sorte de dictionnaire qui donne des renseignements détaillés sur divers sujets.

encyclopédique, adj. ♦ *Connaissances encyclopédiques,* qui portent sur des sujets extrêmement variés.

endetter (s'), v. ♦ Faire des dettes, emprunter de l'argent : *Pour agrandir son magasin, cette marchande a dû s'endetter.*

endiablé, ée, adj. ♦ Très vif, très rapide : *Le son d'une flûte magique entraîna les villageois dans une danse endiablée.* — CONTR. lent.

endiguer, v. ♦ Retenir par une digue, un barrage, canaliser par une digue : *Pour éviter le retour de ces inondations catastrophiques, on va endiguer le fleuve.*

endimanché, ée, adj. ♦ Qui porte de beaux habits, des « habits du dimanche », et qui a un air gêné, peu naturel.

endive, n. f. ♦ Plante aux feuilles blanches et serrées, qui se mange crue en salade, ou cuite.

endolori, ie, adj. ♦ Qui est encore douloureux, qui fait encore mal : *Carole a passé tout son mercredi après-midi à faire du poney, et aujourd'hui, elle a les fesses endolories.*

endommager, v. (conjugaison 16) ♦ Mettre en mauvais état, provoquer des dégâts : *Un violent orage de grêle a endommagé les toits des voitures et des maisons.* — SYN. dégrader, détériorer.

endormir, v. (conjugaison 35) ♦ Faire dormir : *Chante-nous quelque chose de plus gai : tu vas nous endormir avec ta berceuse !* ● *Jacques s'endormit sur la table.* — CONTR. se réveiller.

endosser, v. ♦ Mettre un vêtement (qui couvre le dos, le haut du corps) : *Elle endossa son manteau et sortit.*

endroit, n. m. ♦ **1.** Partie d'un espace où se trouve une chose : *Je ne sais plus à quel endroit j'ai mis mon livre.* — SYN. lieu, place. **2.** Le côté fait pour être vu, le devant. ● *Tu as mis ta culotte à l'envers ? Alors il faut la remettre à l'endroit !*

enduire, v. (conjugaison 46) ♦ Couvrir d'une couche de produit liquide ou pâteux : *Ils ont enduit de colle le papier peint.*

enduit, n. m. ♦ Couche de produit qu'on passe sur une surface : *Le jardin était fermé par un mur de maçonnerie grossière recouverte d'un enduit de plâtre.* — SYN. revêtement.

endurance, n. f. ♦ Qualité de celui, de celle qui peut résister longtemps à la fatigue, à l'effort. — SYN. résistance.

endurant, ante, adj. ♦ Qui a de l'endurance. — SYN. résistant.

endurcir, v. ♦ **1.** Habituer à la fatigue, au froid, à la chaleur, à la douleur : *Pour endurcir les campeuses, on les faisait nager dans l'eau froide du lac Massawipi.* — SYN. aguerrir, entraîner, exercer. — CONTR. amollir. **2.** Rendre dur, insensible, cruel : *Une vie égoïste endurcit le cœur.*

endurer, v. ♦ Subir une chose pénible : *Pour traverser le désert, les explorateurs durent endurer la soif et la fatigue.* — SYN. subir, supporter.

énergie, n. f. ♦ **1.** Force, vigueur qu'on met dans un mouvement, dans une action, une activité : *Nous devons combattre le racisme avec la plus grande énergie.* — SYN. courage, détermination, fermeté, résolution, rigueur, volonté. — CONTR. apathie, indolence, nonchalance, mollesse, paresse. **2.** Tout ce qui produit de la chaleur ou du mouvement : *L'énergie calorique,* c'est la chaleur, *l'énergie mécanique,* c'est le mouvement. *Et n'oubliez pas l'énergie nucléaire !* ● *Le pétrole est une source d'énergie.*

énergique, adj. ♦ Qui a de l'énergie : *Pour atteindre notre but il faudrait un chef énergique !* — SYN. décidé, déterminé, ferme, résolu, volontaire. — CONTR. apathique, indolent, nonchalant, mou.

énergumène, n. m. *ou* f. ♦ Personne agitée, violente. — SYN. un agité, un exalté.

énervé, ée, adj. ♦ **1.** Amolli, privé de son énergie : *Ces peuples énervés ne surent pas résister aux Romains, durs et rudes.* — SYN. amolli. — CONTR. dur, fort, rude, viril. — REM. Ce sens est légèrement littéraire et vieilli. **2.** Excité, agité, irrité : *Le professeur est bien énervé aujourd'hui : la moitié des élèves ont oublié leur cahier.* — SYN. exaspéré, excédé, irrité, nerveux. — CONTR.

enfin

calme, maître de soi, paisible, serein, tranquille. — REM. Ce sens est familier et peu correct. On dira plutôt, selon les cas, *agacé, agité, irrité...*

énervement, n. m. ♦ **1.** État d'une personne ou d'un peuple qui a perdu son énergie : *Dans l'énervement où ils étaient tombés, ces peuples asservis ne songèrent même pas à se défendre.* — SYN. mollesse. — CONTR. dureté, énergie, force, rudesse, virilité. — REM. Ce sens est littéraire et vieilli. **2.** Agacement, agitation, irritation : *L'énervement gagnait toute la classe : les élèves s'agitaient, parlaient, criaient.* — SYN. agacement, agitation, exaspération, excitation, irritation, nervosité. — CONTR. le calme, maîtrise de soi, placidité, sang-froid, sérénité, tranquillité. — REM. Ce sens est familier et peu correct. On dira plutôt, selon les cas, *agacement, agitation, irritation...*

énerver, v. ♦ **1.** Priver d'énergie, rendre mou : *Le luxe et la vie facile énervent les peuples et leur enlèvent la volonté de combattre.* — SYN. amollir. — CONTR. aguerrir, durcir. — REM. Ce sens est légèrement littéraire et vieilli. **2.** Agacer, exciter, irriter, agiter et faire perdre le sang-froid : *La chaleur, le bruit, l'approche du départ, tout énervait les enfants, qui criaient, se disputaient et pleuraient à chaque instant, pour rien.* — SYN. agacer, agiter, excéder, impatienter, irriter. — CONTR. apaiser, calmer, rasséréner, tranquilliser. — REM. Ce sens est familier et peu correct. On dira plutôt, selon les cas, *agacer, agiter, irriter...* ● *Gardons notre calme! Nous avons le temps : pourquoi s'énerver?*

enfance, n. f. ♦ Temps pendant lequel on est un enfant. ● *Des souvenirs d'enfance.*

enfant, n. m. *ou* f. ♦ **1.** Être humain très jeune (jusqu'au début de l'adolescence). **2.** Fils ou fille : *Notre vieille voisine a quatre enfants : tous sont mariés.*

enfantillage [ɑ̃fɑ̃tijaʒ], n. m. ♦ Chose peu sérieuse, indigne d'un adulte.

enfantin, ine, adj. ♦ **1.** Propre aux enfants : *Malgré ses seize ans, elle a gardé une expression enfantine.* **2.** Très simple, très facile. ● *C'est d'une simplicité enfantine.*

enfarger, v. ♦ Faire trébucher, faire tomber quelqu'un : *Il avait la manie de nous enfarger avec sa canne.*

enfarger, (s'), v. pr. ♦ S'empêtrer, s'embarrasser : *Il avait du mal à marcher et s'enfargeait sans cesse les pieds. Son histoire devenait de moins en moins claire, elle s'enfargeait dans les détails.*

enfer, n. m. ♦ **1.** *L'enfer :* selon la religion, lieu où vont les âmes des méchants, après la mort. — CONTR. ciel, paradis. **2.** *Les Enfers :* dans la mythologie antique, lieu où allaient les âmes des morts. **3.** Lieu, situation où l'on souffre beaucoup ; chose très pénible : *La traversée de l'Amazonie fut un enfer pour les explorateurs.* **4.** *D'enfer,* très grand, terrible, très chaud : *Pourquoi chauffes-tu autant? Tu fais un feu d'enfer! La carriole roulait à un train d'enfer.* — SYN. infernal.

enfermer, v. ♦ Mettre dans un lieu qu'on ferme : *Ne laisse pas traîner tes affaires : enferme-les dans l'armoire.*

enferrer (s'), v. ♦ **1.** *Le poisson s'enferre,* se prend à l'hameçon. **2.** S'embrouiller dans ses mensonges.

enfiler, v. ♦ **1.** Passer le fil dans le trou de l'aiguille : *Je ne peux pas enfiler l'aiguille : le fil est trop gros.* **2.** Passer une chose sur une autre : *Enfile les anneaux avant de poser la tringle du rideau.* **3.** Mettre un vêtement : *Enfile ton manteau et va jouer dans la cour.*

enfin, adv. ♦ **1.** En dernier lieu : *On gratte la vieille peinture, on passe l'enduit ensuite, et enfin on étale la peinture.* **2.** Ce n'est pas trop tôt : *Enfin! te voilà! Il y a une heure que je t'attends!* **3.** Marque l'impatience : *Mais enfin! cesse donc de crier ainsi!*

enfirouaper, v. ♦ Tromper, berner, duper : *Ne cherche pas à m'enfirouaper avec des belles paroles, dis plutôt la vérité toute simple !* — REM. Ce mot est familier.

enflammé, ée, adj. ♦ Où il y a de l'inflammation : *Tu as la gorge enflammée.*

enflammer, v. ♦ **1.** Mettre en flamme, en feu : *Une étincelle enflamme la meule de paille.* — SYN. embraser. **2.** Exciter, provoquer l'ardeur, l'enthousiasme : *L'oratrice parlait si bien qu'elle enflamma l'auditoire.* ● *Quand on est jeune, on s'enflamme facilement pour les idées nouvelles.*

enfler, v. ♦ **1.** Rendre plus gros, plus grand, plus fort : *N'enfle pas la voix ainsi, tu vas réveiller ton petit frère.* — SYN. gonfler. **2.** Devenir plus gros : *Ta jambe droite enfle et devient rouge : il faut voir le médecin.* — SYN. (se) gonfler.

enflure, n. f. ♦ Gonflement de la peau. — SYN. bosse, fluxion, gonflement.

enfoncer, v. (conjugaison 17) ♦ **1.** Faire entrer : *Pour enfoncer le clou, tape sur lui, pas sur tes doigts !* — CONTR. arracher, faire sortir, retirer. **2.** Faire descendre bas : *N'enfonce pas ainsi ta cagoule sur ta tête.* **3.** *S'enfoncer,* aller loin : *Dites, les enfants, ne vous enfoncez pas trop dans le bois, vous pourriez vous perdre !* **4.** *S'enfoncer,* s'engloutir : *Touché par une torpille, le croiseur s'enfonça rapidement sous les eaux.* **5.** *S'enfoncer* ou *enfoncer,* avoir les pieds ou les roues qui pénètrent dans la boue, la vase : *Ne marchons pas sur la terre mouillée : on enfonce.* **6.** Défoncer : *D'un coup d'épaule, il enfonça la porte... et se cassa le bras !*

enfouir, v. ♦ Mettre dans le sol ou sous quelque chose : *Ne laissez pas traîner les papiers gras sur le sol : enfouissez-les.*

enfourcher, v. ♦ Se mettre à califourchon, à cheval sur quelque chose : *Allez, les gars, enfourchez vos motos !*

enfourner, v. ♦ Mettre dans un four pour faire cuire : *La boulangère enfourna les pains et les croissants.*

enfreindre, v. (conjugaison **84**) ♦ Désobéir à un ordre, à une règle : *Tout élève qui enfreindra le règlement sera puni.* — SYN. contrevenir, désobéir, transgresser. — CONTR. obéir, observer, respecter.

enfuir (s'), v. (conjugaison **37**) ♦ Se sauver vite, prendre la fuite : *Les policiers arrivent : aussitôt les voyous s'enfuient.* — SYN. décamper, déguerpir, détaler, s'échapper, s'esquiver, s'évader, filer, fuir, se sauver. — CONTR. demeurer, rester.

enfumé, ée, adj. ♦ Plein de fumée.

engageant, ante, adj. ♦ Agréable, attirant, sympathique : *Avec ses yeux clairs, son sourire très doux, son air rieur, Marie-Laure a une expression très engageante.* — SYN. aimable, attirant, séduisant. — CONTR. déplaisant, désagréable, rébarbatif, revêche.

engagement, n. m. ♦ Action de s'engager ; papier par lequel on s'engage : *J'ai pris l'engagement de mieux apprendre mes leçons. Mon cousin a signé un engagement de deux ans dans l'armée.*

engager, v. (conjugaison **16**) ♦ **1.** Embaucher, prendre un salarié : *La menuisière a engagé deux ouvriers et un apprenti.* **2.** *S'engager,* faire une promesse : *Je m'engage à te venir en aide dès que tu feras appel à moi.* ● Signer un papier par lequel on promet de servir dans l'armée, la marine, l'aviation : *Il s'engagea dans l'artillerie pour la durée de la guerre.* **3.** *S'engager,* entrer dans un passage, un chemin, etc. : *La voiture s'engagea dans le chemin qui mène à la ferme.* — SYN. prendre. — CONTR. sortir de, quitter.

engelure, n. f. ♦ Petite blessure provoquée sur la peau par le froid.

engendrer, v. ♦ Causer : *L'absence de discipline engendre parfois la pagaille.* — SYN. amener, causer, donner lieu à, entraîner, occasionner, produire, provoquer.

engin, n. m. ♦ Machine, appareil : *Des chars d'assaut, des fusées, des mitrailleuses, des canons : en voilà des engins de guerre !*

englober, v. ♦ Comprendre, mettre en une seule catégorie : *L'ordre des mammifères englobe aussi la chauve-souris et la baleine.*

engloutir, v. ♦ **1.** Avaler vite, en grande quantité ou par grosses bouchées : *Regarde l'éléphant, comme il engloutit le pain qu'on lui donne !* **2.** Faire disparaître vite et complètement ; couler un navire : *La tempête avait englouti le navire.* ● *Le navire s'engloutit dans les flots.* — SYN. s'abîmer.

engoncer, v. (conjugaison 17) ♦ Habiller mal, en donnant l'impression que la tête entre dans les épaules : *Qu'il est mal habillé ! Regarde comme son manteau l'engonce !*

engorger, v. (conjugaison 16) ♦ Boucher, obstruer (un conduit) : *Tous ces débris ont engorgé le siphon de l'évier.*

engouement, n. m. ♦ Mode, goût qui dure peu.

engouffrer (s'), v. ♦ Entrer vite ou fort : *Quelle tempête ! Le vent s'engouffre dans la rue, en soulevant des tourbillons de feuilles mortes.*

engourdir, v. ♦ Rendre tout raides et insensibles les doigts, les membres : *Ce froid m'a engourdi les doigts !* — CONTR. dégourdir.

engrais, n. m. ♦ Produit qu'on met dans la terre pour que les plantes poussent mieux.

engraisser, v. ♦ **1.** Rendre gras, en donnant la nourriture qu'il faut : *Il en faut des pommes de terre pour engraisser un porc !* **2.** Devenir gras : *Elle a tellement engraissé, Sophie, qu'elle ne peut plus entrer dans son jean !* — SYN. grossir. — CONTR. maigrir.

engrenage, n. m. ♦ Système de deux ou de plusieurs roues dentées qui s'entraînent les unes les autres.

enhardir [ɑ̃aRdiR], v. ♦ Rendre plus hardi, moins timide : *L'attitude bienveillante*

de son interlocutrice avait enhardi le jeune homme. — SYN. encourager. — CONTR. intimider.

énigmatique, adj. ♦ Pas clair du tout : *Cette phrase est bien énigmatique : peux-tu me l'expliquer ?* — SYN. mystérieux, obscur. — CONTR. clair, évident, limpide.

énigme, n. f. ♦ Devinette : « *On me pend souvent, on me voit rarement. Qui suis-je ?* » *Quelle est la solution de cette énigme ?* (la crémaillère). ● Chose difficile à découvrir ou à expliquer : *L'histoire ancienne est pleine d'énigmes non encore résolues.* — SYN. mystère.

enivrer [ɑ̃nivRe], v. ♦ **1.** Rendre ivre. — SYN. soûler, griser. **2.** Exalter, mettre dans un grand état d'excitation, faire perdre la modestie ou le sens du réel : *Sa trop facile victoire l'a enivré.* — SYN. griser.

enjambée, n. f. ♦ Espace qu'on parcourt en faisant un pas.

enjamber, v. ♦ Passer par-dessus quelque chose en faisant un pas : *Avec ses longues jambes, elle enjamba facilement le petit fossé.*

enjeu, n. m. ♦ **1.** Somme que chaque joueur met sur le tapis au début de la partie. — SYN. mise. **2.** Ce pour quoi on se bat, on agit ; ce qu'on peut gagner ou ce qu'on risque de perdre : *L'enjeu de ce tournoi de ping-pong était un trophée en bronze.*

enjoindre, v. (conjugaison 85) ♦ Ordonner, commander : *On enjoignit aux rebelles de déposer les armes.* — CONTR. défendre, interdire.

enjôler, v. ♦ Séduire et tromper par de belles paroles, des flatteries : *Méfie-toi, ne te laisse pas enjôler par les discours de ce charmeur.*

enjoué, ée, adj. ♦ Qui manifeste une gaieté pleine de gentillesse et le goût de plaisanter : *Elle était ce jour-là d'humeur enjouée.* — SYN. badin, gai. — CONTR. chagrin, maussade, morose, triste.

enlacer

enlacer, v. (conjugaison 17) ♦ Entourer, serrer dans ses bras.

enlaidir, v. ♦ Rendre laid : *Non, pas de queue de cheval, ça m'enlaidit !* — CONTR. embellir.

enlèvement, n. m. ♦ Action d'enlever : *Les auteurs de l'enlèvement du bébé demandent une rançon de cinq millions.* — SYN. rapt.

enlever, v. (conjugaison 12) ♦ **1.** Prendre une chose et la mettre ailleurs : *Enlève tes valises : tu vois bien qu'elles bouchent le couloir.* — SYN. ôter, retirer. **2.** Supprimer : *Comment vas-tu faire pour enlever ces taches de confiture sur ton jean blanc?* **3.** Emmener de force : *Les terroristes ont enlevé le riche industriel et demandent une rançon de huit millions.* — SYN. ravir.

enliser (s'), v. ♦ S'enfoncer dans le sable, la boue, la vase.

enneigé, ée, adj. ♦ Couvert de neige : *L'autoroute des Laurentides est souvent enneigée.*

enneigement, n. m. ♦ Hauteur de la couche de neige tombée : *La radio donne tous les jours, en hiver, l'enneigement des pistes de ski.*

ennemi, ie, adj. *ou* n. ♦ **1.** Personne qu'on déteste et qui vous déteste, qui cherche à vous nuire : *Elle fut assassinée par l'un de ses ennemis.* — CONTR. ami. **2.** *Les ennemis*, ceux contre qui on combat, dans une guerre. — CONTR. les alliés. ● *L'ennemi*, l'armée des ennemis : *L'ennemi a été mis en déroute.* ● Qui appartient aux ennemis : *Deux sous-marins ennemis ont été coulés.* **3.** Celui qui est contre une chose : *Tu sais, il y a encore des ennemis du progrès et de la science.* — CONTR. partisan, défenseur.

ennoblir [ãnɔbliʀ], **v.** ♦ Rendre plus noble moralement ; rendre plus beau : *C'est par des images que les poètes ennoblissent leur style.* — REM. Ne confondez pas avec *anoblir* : « donner la qualité de noble ».

ennui, n. m. ♦ **1.** État de celui qui s'ennuie. **2.** Chose désagréable, gênante, fâcheuse : *Il faut que je change de voiture : j'ai sans cesse des ennuis mécaniques avec la mienne.* — SYN. désagrément, difficulté, souci, tracas.

ennuyer, v. (conjugaison 24) ♦ **1.** Ne pas intéresser, ne pas amuser et provoquer la lassitude et l'impatience : *Cette conférence sans intérêt a ennuyé tous les élèves.* ● *S'ennuyer* : ne pas savoir que faire et trouver le temps long. **2.** Déranger : *Je ne voulais pas vous ennuyer pour une affaire si peu importante.* — SYN. déranger, importuner. ● Donner du souci, être une cause de contrariété : *Ma moto est en panne, cela m'ennuie.* — SYN. contrarier.

ennuyeux, euse, adj. ♦ **1.** Qui cause l'ennui, qui n'intéresse pas. — SYN. assommant, fastidieux, rebutant. — CONTR. amusant, distrayant, intéressant, passionnant. **2.** Qui cause une contrariété, qui donne du souci : *J'ai manqué un cours, c'est ennuyeux.* — SYN. fâcheux.

énoncé, n. m. ♦ Texte d'un problème, d'une question. ● *L'énoncé du problème.* — SYN. les données.

enorgueillir (s') [ãnɔʀgœjiʀ], **v.** ♦ Tirer de l'orgueil de : *La ville de Gravenhurst s'enorgueillit d'avoir vu naître Norman Bethune.* — SYN. se glorifier.

énorme, adj. ♦ Très gros. — SYN. colossal, gigantesque, gros, immense. — CONTR. petit, minuscule.

énormité, n. f. ♦ Grosse sottise : *Tu as écrit que New York s'appelait autrefois Hochelaga? Mais c'est une énormité !*

enquérir (s'), v. (conjugaison 29) ♦ Se renseigner sur, chercher à savoir : *Je me suis enquis de son adresse.* — SYN. demander, s'informer, se renseigner.

enquête, n. f. ♦ **1.** Recherches qu'on fait pour savoir la vérité : *Le commissaire Maigret mène l'enquête : va-t-il découvrir le* _coupable?_ **2.** Recherches que l'on fait en interrogeant les gens, en consultant des documents : _Le maître a chargé notre groupe de travail d'une enquête sur le fonctionnement du conseil municipal._

enquêter, v. ♦ Faire une enquête : _On a trouvé une valise abandonnée pleine de drogue : la police enquête._

enquêteur, euse, n. ♦ Celui, celle qui fait une enquête.

enraciné, ée, adj. ♦ Solide, profondément fixé dans l'esprit : _Croire que le vin donne des forces est une erreur bien enracinée._

enragé, ée, adj. ♦ **1.** _Chien enragé,_ atteint de la maladie appelée « rage ». **2.** Furieux : _Des manifestants enragés lançaient des bouteilles sur les policiers._

enrager, v. (conjugaison 16) ♦ **1.** Être furieux : _J'enrage d'avoir manqué cette occasion inespérée !_ **2.** _Faire enrager quelqu'un,_ le mettre en colère, en étant moqueur, désagréable.

enrayer, v. (conjugaison 23) ♦ **1.** Bloquer en serrant, en coinçant, en frottant. **2.** Empêcher de continuer, de se développer : _Vite, prends ce cachet, il faut enrayer cette grippe._

enregistrement, n. m. ♦ **1.** Action d'enregistrer : _Pour l'enregistrement des bagages, adressez-vous au guichet n° 3._ **2.** Action d'enregistrer un film sur vidéocassette. **3.** Texte, chanson, musique sur disque ou sur cassette.

enregistrer, v. ♦ **1.** Inscrire sur un registre : _Le comptable enregistre toutes les recettes et toutes les dépenses._ **2.** _Faire enregistrer les bagages,_ les confier à un service de la gare qui assure leur transport. **3.** _Enregistrer une chanson, de la musique, un texte,_ les mettre sur disque, sur bande ou sur cassette. ● _Enregistrer un film sur magnétoscope._

enregistreur, euse, adj. ♦ _Appareil enregistreur,_ qui inscrit des chiffres, des résultats, des données, etc. ● _Une caisse enregistreuse._

enrhumé, ée, adj. ♦ Qui a un rhume.

enrhumer (s'), v. ♦ Attraper un rhume.

enrichir, v. ♦ Rendre riche : _C'est le travail des citoyens qui enrichit une nation._ — CONTR. appauvrir. ● _C'est par la lecture que tu enrichiras ton esprit._ ● _La voisine s'est enrichie en jouant au loto._

enrober, v. ♦ Entourer complètement d'une couche ou d'une feuille : _J'aime les bonbons enrobés de chocolat._

enrôler, v. ♦ Inscrire pour engager dans l'armée, dans une organisation : _Pour arrêter le feu de forêt, les pompiers avaient besoin d'aide : on enrôlait des volontaires._ — SYN. engager.

enroué, ée, adj. ♦ Qui ne peut pas parler clairement, parce qu'il a la gorge fatiguée : _Il a tant crié qu'il est enroué._ ● _Michèle a la voix enrouée._

enrouler, v. ♦ Mettre en rouleau : _Enroule bien soigneusement la feuille de papier._ — CONTR. dérouler.

ensabler (s'), v. ♦ Se remplir de sable : _L'estuaire s'ensable : il faudra draguer le fond._

ensanglanté, ée, adj. ♦ Couvert ou taché de sang : _Nicole est tombée de vélo : elle a le visage ensanglanté._

enseignant, ante, n. ♦ Celui, celle qui enseigne (instituteur ou professeur).

1. enseigne, n. f. ♦ **1.** Objet, panneau qui signale un magasin. **2.** _Être logé à la même enseigne :_ être dans la même situation.

2. enseigne, n. m. ♦ _Un enseigne de vaisseau de première classe :_ dans la marine,

enseigne

officier qui a le grade correspondant à celui de lieutenant. ● *Un enseigne de vaisseau de deuxième classe :* dans la marine, officier qui a le grade correspondant à celui de sous-lieutenant.

enseignement, n. m. ◆ **1.** Action d'enseigner : *C'est un professeur spécialisé qui assure l'enseignement de l'anglais.* **2.** Métier d'instituteur ou de professeur : *Ma cousine est dans l'enseignement : elle est professeur de mathématiques.* **3.** Ce qui peut apprendre quelque chose, servir de modèle : *La vie de ce grand homme doit être un enseignement pour tous.*

enseigner, v. ◆ Apprendre quelque chose à quelqu'un : *C'est Mme Durand qui nous enseigne l'histoire et la géographie.* ● *L'histoire nous enseigne qu'il ne faut jamais désespérer.*

1. ensemble, adv. ◆ **1.** A la fois, en même temps : *Ne parlez pas tous ensemble, s'il vous plaît.* — CONTR. l'un après l'autre, séparément. **2.** Avec quelqu'un, l'un avec l'autre : *Je connais bien Joël : nous passons nos vacances ensemble.* — CONTR. l'un sans l'autre.

2. ensemble, n. m. ◆ **1.** *L'ensemble de,* la totalité (ou la grande majorité) de : *Laissons de côté les cas particuliers et considérons l'ensemble de la population.* ● *Dans son ensemble, la population dispose de ressources suffisantes.* ● *Tu vois cette photo aérienne : elle donne une bonne vue d'ensemble du port de Montréal.* ● *Mouvements d'ensemble :* mouvements de gymnastique que tout le monde exécute en même temps. **2.** *Un ensemble,* une veste et une jupe assorties : *Lisette portait un ensemble de lainage gris.* ● *Grand ensemble :* groupe d'immeubles du même style. **3.** Collection d'éléments semblables : *En mathématiques, nous étudions la théorie des ensembles.*

ensemencer, v. (conjugaison 17) ◆ Mettre des graines, de la semence dans la terre : *Le jardin est bêché : il va falloir l'ensemencer.* — REGARDER *semer.*

enserrer, v. ◆ Entourer en serrant ; entourer sans laisser d'espace libre : *Un rempart enserrait la petite ville fortifiée.*

ensevelir, v. ◆ **1.** Enterrer, mettre au tombeau : *On ensevelissait les rois de France dans la basilique de Saint-Denis.* — SYN. enterrer, inhumer. **2.** Recouvrir complètement : *La coulée de lave du volcan a enseveli plusieurs fermes isolées.* — SYN. engloutir. — CONTR. dégager.

ensoleillé, ée, adj. ◆ Où il y a beaucoup de soleil. — CONTR. ombragé.

ensorceler, v. (conjugaison 13) ◆ **1.** Jeter un sort à quelqu'un : *Le cruel enchanteur avait ensorcelé la pauvre petite princesse.* — REGARDER *enchanter.* **2.** Séduire beaucoup : *Quel beau pays, l'Alaska : il m'a ensorcelé !* — SYN. captiver, charmer, envoûter, fasciner, séduire.

ensuite, adv. ◆ **1.** Après cela : *Nous allons sortir les affaires de l'armoire ; ensuite, nous ferons les valises.* — SYN. puis. **2.** Derrière : *Dans le défilé, les pompiers marchent devant, les majorettes viennent ensuite.*

ensuivre (s'), v. (conjugaison 103) ◆ *Il s'ensuit que,* il résulte que : *La rivière est à sec : il s'ensuit que nous ne pourrons pas aller nous baigner.*

entaille, n. f. ◆ Creux, encoche qu'on fait avec une lame. — SYN. encoche. ● Coupure, blessure : *Elle avait une profonde entaille à la jambe droite.*

entailler, v. ◆ Faire une entaille.

entame, n. f. ◆ Premier morceau coupé : *Veux-tu l'entame du saucisson ?*

entamer, v. ◆ **1.** Couper le premier morceau (d'un pain, etc.) : *Entamons le pain !* ● Enlever un morceau : *Le choc a entamé la borne de pierre.* **2.** Commencer : *L'année est déjà bien entamée.*

entassement, n. m. ◆ Tas. — SYN. accumulation, amas, amoncellement, empilement, monceau.

Le matériel agricole

De nos jours, l'agriculteur utilise des machines de plus en plus perfectionnées...

1. **Charrue** primitive (araire) dérivée de la houe.

2. **Bêche** et fourche-bêche.
3. **Tracteur.**
4. **Déchaumage:** ramassage du chaume ou des mauvaises herbes.

5. **Ramassage** du foin.
6. **Chargement** mécanique du fumier.
7. **Récolte** du fourrage destiné à la nourriture du bétail.

8. **La tarière** creuse des trous permettant la plantation d'arbres, de mâts, de pieux, de piquets...
9. **Moissonneuse-batteuse.**

Engins de terrassement

Autrefois, les grands travaux de terrassement (construction des routes, etc.) s'effectuaient à la main. Aujourd'hui, grâce à une gamme complète de machines puissantes, ces travaux ont été rendus moins pénibles et les délais de réalisation ont été raccourcis.

1. **Pelle** et pic.
2. **Camion-benne.**
3. **Pelle mécanique.**
4. Confection du revêtement d'**asphalte** d'une route.

Engins de terrassement

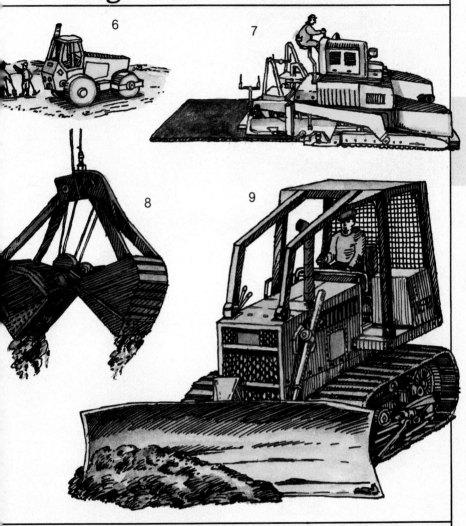

Roue-pelle à godets (excavateur): cette machine creuse le sol en surface.

6. **Rouleau compresseur:** il aplatit et dame le sol.

7. **Lisseuse de surface:** elle rend lisse et stable le revêtement des routes.

8. **Pelle ouvrante** suspendue au câble d'une grue.

9. **Bouteur:** engin sur tracteur à chenilles qui sert à déblayer.

10. **Engin de terrassement** sur la Transamazonienne.

Matériel industriel

La fonte est produite dans les hauts fourneaux, puis transformée en acier. On fabrique la tôle, les rails, etc., en faisant passer l'acier dans les laminoirs.

On creuse les puits de pétrole en forant les roches avec des trépans.

Le pétrole brut est traité dans une raffinerie et donne l'essence, le kérosène, le gazole, etc.

1. **Atelier de forgeron** avec fourneau artisanal.
2. **Haut fourneau:** fabrication de la fonte.

Matériel industriel

électroaimant servant à transporter la ferraille (acier de récupération).
...our Martin.

5. **Premier puits de pétrole** (États-Unis, 1859).

6. Deux types de **trépan**; certains trépans peuvent forer des roches très dures et s'enfoncer rapidement dans le sous-sol.

7. **Raffinerie de pétrole:** traitement et stockage du pétrole brut.

8. **Plate-forme de forage** en mer.

9. **Train à bandes** (laminoir), Usinor; Dunkerque.

10. **Plate-forme pétrolière** en mer du Nord (Norvège).

Ph. 10 Foulon © Photothèque du groupe Total.

L'informatique

L'informatique a profondément bouleversé l'organisation des sociétés d'aujourd'hui. L'invention du micro-ordinateur a même permis la pénétration de l'informatique dans les activités quotidiennes.

1. **Écran** de visualisation.

2. **Unité centrale** (lecteur de disquettes).

3. **Clavier:** il permet d'introduire les informations que l'ordinateur aura à traiter.

4. **Imprimante:** elle peut restituer sur papier le travail de l'ordinateur.

5. **Modem:** dispositif transformant les signaux informatiques en signaux téléphoniques et inversement. Prise de téléphone.

L'informatique

6. **Tablette graphique** et crayon optique.

7. **Quelques applications industrielles, commerciales ou domestiques de l'informatique:**

a. Programmation des mouvements d'un bras robotisé (industrie).

b. Programmation d'une partition musicale.

c. Programmation d'effets spéciaux sur du matériel Hi-Fi.

d. Transports et voyages: renseignements et réservations à partir du domicile.

e. Opérations bancaires effectuées à domicile ou depuis un guichet informatique.

8. **L'informatique dans une gare:** réservation électronique.

Techniques de pointe

1. **Une centrale nucléaire:**
   a. Cuve du réacteur.
   b. Cœur du réacteur.
   c. Barres de contrôle.
   d. Séparateur et sécheur de vapeur.

   e. Turbine.
   f. Alternateur.
   g. Condenseur.
   h. Transformateur et départ des lignes à haute tension.

   i. Tour de réfrigération.
   2. **Chauffage** d'une maison par **l'énergie solaire.**
   3. **Capteurs solaires** (ou photopiles) d'un satellite.

   4. Cabine téléphonique fonctionnant à l'énergie solaire.

Document E.D.F.

entasser, v. ◆ Accumuler, mettre en tas : *Il faut entasser ces cartons dans un coin de la cour : quelqu'un passera demain pour les enlever.* — SYN. amasser, amonceler, empiler. ● Mettre de côté en grande quantité : *Le vieil avare avait entassé une fortune dans son coffre-fort.*

entendre, v. (conjugaison 81) ◆ **1.** Percevoir par l'ouïe : *D'ici, on entend le bruit de la mer.* ● Écouter : *Allons au parc Jarry pour entendre les fanfares des écoles.* **2.** Comprendre : *Moi, je n'entends rien aux mathématiques.* ● **Faire entendre raison à quelqu'un,** lui faire comprendre ce qui est raisonnable et l'amener à se conduire conformément au bon sens. **3.** *S'entendre,* se mettre d'accord : *Nous devons nous entendre sur le programme de la réunion.* ● *Bien s'entendre :* vivre, agir en étant d'accord, sans se disputer. ● *mal s'entendre.* **4.** *Entendre que,* vouloir, exiger : *Le maître entend que tout le monde remette les devoirs à la date prévue.*

entendu, adj. *ou* adv. ◆ **1.** *Un air entendu :* l'expression ou le ton de quelqu'un qui sait, mais ne veut pas tout dire. **2.** *C'est entendu :* c'est convenu, nous sommes d'accord. ● *Bien entendu :* bien sûr, évidemment.

entente, n. f. ◆ **1.** Accord conclu entre deux pays, deux groupes, deux personnes : *Il y a une entente secrète entre ces industriels pour faire monter les prix.* — SYN. accord, convention, alliance. **2.** *Bonne entente :* bonnes relations qui existent entre des gens qui veulent la même chose, ne se disputent pas. — SYN. bonne intelligence, concorde, harmonie, union. ● *Mauvaise entente.* — SYN. désaccord, discorde, mésentente.

enterrement, n. m. ◆ **1.** Action d'enterrer un mort. — SYN. inhumation. ● Cérémonie qui a lieu à l'occasion de la mise en terre d'un mort. ● *Un enterrement civil. Un enterrement religieux.* — SYN. funérailles, obsèques, sépulture. **2.** Cortège des gens qui suivent le corbillard, le fourgon mortuaire. — SYN. cortège funèbre.

enterrer, v. ◆ **1.** Mettre un mort en terre ou dans le caveau, le tombeau : *On enterra la vieille tante dans le cimetière de son village.* — SYN. ensevelir, inhumer. — CONTR. exhumer. **2.** Enfouir, mettre une chose dans la terre : *Ne laissons pas ces débris sur le sol, il faut les enterrer.* — CONTR. déterrer.

entêté, ée, adj. ◆ Qui, malgré les conseils, continue de vouloir faire une chose peu raisonnable. — SYN. buté, obstiné, opiniâtre, têtu. — CONTR. docile, souple.

entêtement, n. m. ◆ Défaut d'une personne entêtée. — SYN. obstination, opiniâtreté. — CONTR. docilité, souplesse.

entêter (s'), v. ◆ Continuer à vouloir faire une chose peu raisonnable ou impossible : *Pourquoi t'entêtes-tu à faire fonctionner ce distributeur de bonbons? Tu vois bien qu'il est en panne!* — SYN. s'obstiner.

enthousiasme, n. m. ◆ État où l'on est à la fois excité, plein de joie, d'ardeur et d'admiration. — SYN. admiration, ardeur, exaltation, frénésie, passion, ravissement, transport. — CONTR. apathie, détachement, indifférence, scepticisme.

enthousiasmer, v. ◆ Remplir d'enthousiasme : *Aller au cirque? Voilà une idée qui m'enthousiasme!*

enthousiaste, adj. ◆ Plein d'enthousiasme.

entier, ière, adj. ◆ **1.** Non coupé et qui n'est pas un morceau, mais le tout : *Un demi-camembert? Ce ne sera pas suffisant. Achète un camembert entier.* ● Dans sa totalité : *Pendant une semaine entière, elle est restée au lit, malade.* — SYN. tout (*toute une semaine*). — REGARDER complet, intégral, total. **2.** *En entier,* dans sa totalité : *Nous avons mangé la tarte en entier : il n'en reste rien.* **3.** Complet, sans réserve : *Elle fait ce qu'elle veut, sa liberté d'action est entière.* — SYN. complet, total. **4.** *Nombre entier,* sans décimale. **5.** Sans nuances, qui aime les décisions nettes, claires, tranchées : *Avec Marc, c'est oui ou c'est non : c'est un garçon entier.* ● *Il a un caractère entier.* — CONTR. conciliant, nuancé, souple.

entièrement, adv. ♦ En entier : *Le gâteau est entièrement fini.* ● Complètement : *Ton devoir est entièrement faux.* — SYN. intégralement, totalement. — CONTR. partiellement.

entonner, v. ♦ Commencer à chanter : *Pendant le cours de français, Danièle, au fond de la classe, entonna une chanson.*

entonnoir, n. m. ♦ Ustensile qui sert à verser un liquide dans un récipient à orifice étroit.

entorse, n. f. ♦ Blessure qu'on se fait quand on se tord une articulation, ce qui tire violemment les tendons. — REGARDER *foulure.*

entortiller, v. ♦ Enrouler (ou envelopper) en tordant : *En tournant, le chien a entortillé sa laisse autour du réverbère.*

entourage, n. m. ♦ La famille, les amis, les voisins.

entourer, v. ♦ **1.** Mettre ou être autour : *Tu vas entourer la valise d'une courroie solide.* **2.** Être près de quelqu'un, faire partie de son cercle d'amis : *Les personnes qui entourent ma vieille tante peuvent lui donner de bons conseils.*

entracte, n. m. ♦ Courte interruption dans un spectacle (par exemple, au cinéma, entre deux séances).

entraide, n. f. ♦ Action de s'entraider. — SYN. solidarité.

entraider (s'), v. ♦ S'aider les uns les autres.

entrailles [ɑ̃tʀɑj], n. f. pl. ♦ Les organes qui sont à l'intérieur du ventre (estomac, intestin, etc.). — SYN. les boyaux, les tripes.

entrain, n. m. ♦ Animation, ardeur qui met de la gaieté autour de quelqu'un. — SYN. activité, allant, ardeur, bonne humeur, chaleur, enthousiasme, fougue, gaieté, vie. — CONTR. abattement, accablement, tristesse.

entraînant, ante, adj. ♦ Vif et joyeux, qui donne envie de marcher, de se remuer : *Au son d'une marche entraînante, les clowns défilent sur la place du village.*

entraînement, n. m. ♦ Action de s'entraîner.

entraîner, v. ♦ **1.** Emmener, emporter au loin : *C'est l'inondation : le courant du fleuve en crue entraîne des troncs d'arbres et des débris.* ● Emmener de force : *Jean ne voulait pas aller chez la dentiste ; il a fallu l'y entraîner.* **2.** Communiquer le mouvement : *Les bielles entraînent les roues de la locomotive.* **3.** Avoir pour effet, pour conséquence : *Les pluies incessantes entraînent des inondations.* — SYN. amener, causer, provoquer. **4.** Exercer pour rendre plus fort, plus habile : *Le maître nageur nous entraîne en vue de la compétition de natation.* ● *Si tu veux gagner, tu dois t'entraîner.*

entraîneur, euse, n. ♦ Celui, celle qui entraîne un sportif ou une équipe.

entrave, n. f. ♦ Empêchement, gêne : *J'espère qu'elle ne mettra pas d'entrave à nos projets.*

entraver, v. ♦ **1.** Mettre aux pieds quelque chose (barre de bois, chaînes, etc.) qui gêne la marche et empêche un animal ou une personne de s'enfuir : *On entrava le prisonnier avec des chaînes de fer.* **2.** *S'entraver* : se prendre les pieds dans quelque chose. **3.** Gêner, retarder : *Sa mauvaise volonté entrave nos projets.* — SYN. arrêter, embarrasser, freiner, gêner, retarder. — CONTR. faciliter, favoriser.

entre, prép. ♦ **1.** Dans l'espace qui sépare deux objets, deux personnes, deux lieux : *Ma maison est située à mi-chemin entre la poste et l'église.* **2.** Dans le temps qui sépare deux événements, deux moments, deux dates : _Entre la rentrée scolaire et Noël, tu as le temps de faire des progrès !_ **3.** Exprime la relation entre deux termes : _Quelles sont les différences et les ressemblances entre le lion et le tigre ?_

entrebâillement, n. m. ♦ Espace laissé libre par une porte ou une fenêtre entrebâillée.

entrebâiller, v. ♦ Ouvrir un peu : _Entrebâille la fenêtre, mais ne l'ouvre pas complètement._ — SYN. entrouvrir.

entrechoquer (s'), v. ♦ Choquer, se heurter l'un contre l'autre : _En mettant les verres dans le lave-vaisselle, évite qu'ils s'entrechoquent._

entrecôte, n. f. ♦ Morceau de bœuf situé entre les côtes.

entrecoupé, ée, adj. ♦ Coupé, interrompu de place en place : _Tu vois cette immense plaine rase, entrecoupée de petits bois ?_

entrecroiser (s'), v. ♦ Se croiser à plusieurs endroits ou plusieurs fois.

entrée, n. f. ♦ **1.** Action d'entrer ; moment où une personne entre : _A l'entrée de la surveillante, tous les élèves se turent._ — CONTR. sortie. **2.** Endroit par où l'on entre en un lieu : _Où est l'entrée du musée, s'il vous plaît ?_ — CONTR. sortie. ● Pièce qui est située près de la porte. — SYN. vestibule. **3.** Prix qu'il faut payer pour avoir le droit d'entrer : _C'est combien, l'entrée, s'il vous plaît ?_ ● Billet, ticket qui donne le droit d'entrer : _Je vais prendre les entrées au guichet._ **4.** Possibilité d'être admis ou reçu dans un groupe : _Le DEC est obligatoire pour l'entrée en faculté._ — CONTR. sortie. **5.** Plat qui suit immédiatement les hors-d'œuvre : _Et comme entrée, un poisson ?_ **6.** Introduction des données dans un ordinateur.

entrefaites, loc. adv. ♦ _Sur ces entrefaites,_ à ce moment-là : _je discutais avec Jean-Pierre ; sur ces entrefaites, on m'appelle au téléphone._ — SYN. alors.

entrefilet, n. m. ♦ Article de journal très court.

entrelacer, v. (conjugaison 17) ♦ Enlacer l'un dans l'autre, plus au moins étroitement : _Pour fabriquer le panier, l'artisan entrelaçait les brins d'osier._ — SYN. entrecroiser, natter, tisser, tresser.

entrelacs [ɑ̃tRəlɑ], n. m. ♦ Ensemble de choses qui s'entrelacent. — SYN. arabesque, lacis.

entremets [ɑ̃tRəmɛ], n. m. ♦ Plat sucré servi au dessert ou au goûter.

entremise, n. f. ♦ _Par l'entremise de,_ grâce à une personne qui sert d'intermédiaire : _Ma cousine a eu cet emploi par l'entremise d'un ami._

entrepont, n. m. ♦ Sur un navire, espace compris entre le pont supérieur et le pont au-dessous (appelé _faux pont_).

entreposer, v. ♦ Placer, déposer dans un entrepôt, une réserve, un magasin : _Débarquées du cargo, les marchandises sont entreposées dans les entrepôts du port._

entrepôt, n. m. ♦ Grand bâtiment, hangar fermé, où l'on dépose des marchandises. — SYN. dépôt, dock, magasin.

entreprenant, ante, adj. ♦ Qui a beaucoup d'audace et d'esprit d'entreprise : _C'est grâce aux personnes entreprenantes que l'économie d'un pays peut subsister et se développer._ — SYN. actif, audacieux, hardi. — CONTR. pusillanime, timide, timoré.

entreprendre, v. (conjugaison 82) ♦ Commencer : _Ma sœur a entrepris de ranger méthodiquement ses livres._

entrepreneur, euse, n. ♦ Patron, patronne d'une entreprise de construction ou d'installation (électricité, peinture, plomberie, sanitaire, etc.).

entreprise, n. f. ♦ **1.** Action qu'on entreprend, projet qu'on exécute : _Espérons_

entreprise

que nous réussirons dans notre entreprise de fonder un club. ● *Esprit d'entreprise,* goût de l'action et du risque, qui pousse à créer, à prendre des responsabilités, à se lancer dans les affaires : *C'est l'esprit d'entreprise qui est à la base de la prospérité des nations.* **2.** Société industrielle ou commerciale. ● *Un chef d'entreprise.*

entrer, v. ♦ **1.** Aller dans un lieu en passant du dehors au dedans : *Le chien est entré dans ma chambre.* — SYN. pénétrer. — CONTR. sortir. **2.** Commencer à être dans une période : *Les jours sont longs, il fait chaud, nous sommes en juin : nous entrons dans l'été.* — CONTR. sortir. **3.** Commencer de faire partie d'un groupe, d'une école, d'une classe, d'une entreprise : *Ma cousine entre au cégep l'année prochaine.* — CONTR. quitter. **4.** Faire partie d'un mélange : *Le sable entre dans la composition du verre.*

entresol [ɑ̃tʀəsɔl], n. m. ♦ Dans certains immeubles, dans certains grands magasins, étage compris entre le rez-de-chaussée et le premier étage. (Il est souvent plus bas de plafond que les autres étages.)

entre-temps, adv. ♦ Pendant ce temps : *J'ai déposé ma demande lundi, j'aurai l'autorisation vendredi; entre-temps, je ferai les autres démarches.*

entretenir, v. (conjugaison 44) ♦ **1.** Maintenir en bon état : *Il faut plusieurs mécaniciens pour entretenir les camions de cette entreprise.* **2.** Fournir de quoi vivre : *Notre voisin a une famille nombreuse à entretenir.* **3.** Parler de quelque chose : *J'ai vu Marie : elle m'a entretenu de ses projets de vacances.* ● *Marie et moi, nous nous sommes entretenus de nos projets de vacances.*

entretien, n. m. ♦ **1.** Action de maintenir en bon état : *Qui s'occupe de l'entretien du chauffage, dans cet immeuble?* **2.** Conversation. — SYN. audience, discussion, entrevue.

entrevoir, v. (conjugaison 74) ♦ Apercevoir pendant un très bref instant : *J'ai entrevu Mme Dubois, qui passait.* ● Ne pas

voir nettement : *Là-bas, au loin, tu peux entrevoir le clocher.* ● Deviner ou pressentir : *Le journaliste dit qu'on entrevoit une solution à ce conflit social.*

entrevue, n. f. ♦ Conversation, rencontre. — SYN. audience, dialogue, discussion, entretien, rendez-vous.

entrouvrir, v. (conjugaison 33) ♦ Ouvrir un peu, pas complètement : *Entrouvre la porte, pour faire courant d'air.* — SYN. entrebâiller.

énumération, n. f. ♦ Liste de personnes ou de choses qu'on énumère.

énumérer, v. (conjugaison 11) ♦ Nommer ou écrire à la suite : *Elle est forte en histoire ancienne, Simonne : elle peut énumérer tous les empereurs romains!* — SYN. citer.

envahir, v. ♦ **1.** Entrer de force et en nombre dans un pays : *Les Huns envahirent l'Empire romain, mais ne purent ni l'occuper ni le conquérir.* **2.** S'introduire en grand nombre : *Les rats ont envahi les caves du quartier.* **3.** S'emparer de quelqu'un complètement : *Un sentiment de lassitude envahissait son cœur.*

envahisseur, n. m. ♦ Ennemi qui envahit un pays. — REGARDER occupant, oppresseur.

envaser (s'), v. ♦ Se remplir de vase : *Le canal est inutilisé, il s'envase peu à peu.*

enveloppe, n. f. ♦ **1.** Ce qui entoure une chose : *La gousse (ou cosse) est l'enveloppe qui contient plusieurs grains de haricots, de petits pois.* **2.** Petit sac plat en papier dans lequel on met une lettre pour l'envoyer.

envelopper, v. ♦ Entourer : *J'ai enveloppé mes vêtements d'été dans du papier fort pour les protéger.* ● *Philippe s'enveloppa dans un drap de lit pour se déguiser en Romain.*

envenimer (s'), v. ♦ **1.** Rendre plus grave, en infectant : *Va voir le médecin, ta* *blessure s'est envenimée.* **2.** Rendre plus violent, plus méchant : *La querelle a fini par s'envenimer.* — SYN. s'aggraver, s'aigrir. — CONTR. s'apaiser, se calmer.

envergure, n. f. ♦ **1.** Distance qui sépare les extrémités des ailes. **2.** Grande capacité, grande valeur : *Jean est un brave garçon, mais il n'a pas l'envergure nécessaire pour être délégué de classe.*

1. envers, prép. ♦ A l'égard de, avec, pour : *Essaie d'être gentille envers tes camarades plus faibles que toi.*

2. envers, n. m. ♦ Côté opposé à l'endroit : *Ne rien écrire sur l'envers de la feuille.* — SYN. verso. — CONTR. endroit, recto. • *A l'envers,* dans le sens inverse : *Tu vas me réciter l'alphabet à l'envers : z, y, x, w, v, u...* • *A l'envers,* en sens contraire du bon sens : *Tout le monde riait en voyant Antoine : il avait mis son pantalon à l'envers !* — CONTR. à l'endroit.

enviable, adj. ♦ Qui est bon, avantageux, et qu'on peut envier.

envie, n. f. ♦ **1.** Sentiment bas et vil qui fait qu'on déteste ceux qui ont quelque avantage qu'on n'a pas. — SYN. jalousie. **2.** Désir d'avoir, de boire, de manger, de faire quelque chose : *J'aurais envie de fraises à la crème !* • *Ces fraises à la crème vont te faire envie.*

envier, v. (conjugaison 20) ♦ **1.** Éprouver de l'envie, de la jalousie à l'égard de quelqu'un : *Les médiocres envient souvent les gens de valeur.* — SYN. jalouser. **2.** Désirer faire ou avoir quelque chose que fait ou que possède une autre personne : *J'envie tes dons pour les maths. Nous t'envions d'avoir une grand-mère si gentille.* **3.** *N'avoir rien à envier à,* être semblable, égal à : *Pour la force et l'agilité, notre ami Jean n'avait rien à envier à Tarzan.*

envieux, euse, adj. *ou* n. ♦ Qui éprouve de l'envie, de la jalousie : *Les envieux et les médiocres détesteront toujours ceux qui réussissent.* — SYN. jaloux.

environ, adv. ♦ A peu près, un peu plus ou un peu moins : *A cet endroit, la rivière est large de dix mètres environ.* — SYN. approximativement. — CONTR. exactement, précisément.

environnant, ante, adj. ♦ Qui est autour : *Allons nous promener dans les prairies environnantes.* — SYN. voisin.

environnement, n. m. ♦ L'ensemble des choses qui nous entoure (l'air, les maisons, les rues, les champs, les bois, etc.) : *Sauver la qualité de l'environnement, voilà l'idéal des écologistes.*

environner, v. ♦ Être autour : *Des bois, des prairies et des marécages environnent la ferme.* — SYN. entourer.

environs, n. m. pl. ♦ Endroits qui sont autour d'un lieu : *Les environs du village sont fort plaisants et très verdoyants.* — SYN. les abords, les alentours.

envisager, v. (conjugaison 16) ♦ Avoir l'intention de choisir, d'exécuter, de faire : *Je n'envisage pas de voyage, dans l'immédiat.* — SYN. penser à, projeter.

envoi, n. m. ♦ **1.** Action d'envoyer : *Il y a envoi du ballon en touche : le juge de touche a levé son drapeau.* • *Coup d'envoi :* le premier coup de pied sur le ballon, au début du match. **2.** Chose qu'on envoie.

envol, n. m. ♦ Action de s'envoler.

envoler (s'), v. ♦ **1.** Prendre son vol : *L'aigle s'envola et plana au-dessus de la vallée.* **2.** Partir en l'air : *Un grand coup de vent, et le chapeau de la vieille dame s'envola !* **3.** Partir par avion : *Demain, à 10 heures, nous nous envolerons pour New York.*

envoûtant, ante, adj. ♦ Qui a beaucoup de charme, qui captive : *J'aime la poésie envoûtante des paysages nordiques.* — SYN. captivant, ensorcelant, fascinant, séduisant. — CONTR. ennuyeux, repoussant.

envoûtement

envoûtement, n. m. ♦ **1.** Action d'envoûter par magie. — SYN. maléfice, sortilège. **2.** Charme puissant qui captive. — SYN. charme, fascination, séduction.

envoûter, v. ♦ **1.** Jeter un sort à quelqu'un, opération magique à laquelle croient les gens superstitieux : *La vieille Marion était malade : « C'est la sorcière du village qui m'a envoûtée », disait-elle.* **2.** Captiver par un charme puissant : *Nous étions tous envoûtés par la grâce et le charme de Salvator.* — SYN. captiver, charmer, ensorceler, fasciner, séduire, subjuguer.

envoyé, ée [ãvwaje], n. ♦ Personne qu'on envoie en la chargeant d'une mission : *Une envoyée du gouvernement faisait une enquête.* — SYN. courrier, émissaire, messager. ● *Envoyé spécial :* journaliste qu'on envoie spécialement à un endroit où il se passe quelque chose.

envoyer [ãvwaje], v. (conjugaison 21) ♦ **1.** Faire aller une personne en un lieu, chez quelqu'un : *J'ai envoyé mon frère acheter des sucettes à la confiserie.* **2.** Expédier ou faire porter : *Ma grand-mère nous a envoyé un colis pour Noël.* **3.** Lancer : *Vas-y, envoie le ballon dans les buts !*

épagneul, eule, n. ♦ Chien, chienne de chasse à longs poils et à oreilles pendantes.

épais, aisse, adj. ♦ **1.** Qui a une grande dimension entre le haut et le bas : *Quelle épaisse couche de neige !* — CONTR. fin, mince. **2.** Peu liquide : *Ajoute de l'eau, voyons, ta sauce est trop épaisse !* — SYN. consistant. — CONTR. clair, fluide, liquide. **3.** Serré, qui laisse difficilement passer le soleil, la lumière : *Qu'il est épais et sombre, le feuillage de ces marronniers !* — SYN. dense, fourni, serré. — CONTR. clairsemé, léger. ● Abondant et opaque : *Tu as vu ce brouillard épais ? On ne voit pas à dix mètres.* **4.** Peu apte à comprendre : *Un esprit épais.* ● Un épais, une épaisse, une personne sotte, stupide : *Il ne comprend rien à rien, c'est un épais !*

épaisseur, n. f. ♦ **1.** L'une des dimensions d'une chose : *Voici les dimensions de la planche : longueur, 38 cm ; largeur, 17 cm ; épaisseur, 2 cm.* **2.** Caractère de ce qui est épais : *Grâce à l'épaisseur des remparts, le château fort pouvait résister au choc des projectiles.*

épaissir, v. ♦ **1.** Rendre plus épais : *Ajoute de la fécule, pour épaissir ta crème.* — CONTR. éclaircir. **2.** *Épaissir* ou *s'épaissir,* devenir plus épais : *Chauffe la sauce : elle va épaissir.* ● *La sauce s'épaissit.* **3.** *S'épaissir,* devenir plus gros : *Tante Zoé mange trop de gâteaux : sa taille s'épaissit.* — SYN. s'empâter. — CONTR. s'amincir.

épancher (s'), v. ♦ Faire ses confidences : *Quand elle veut s'épancher, elle vient me voir et me dit tout ce qu'elle a sur le cœur.* — SYN. s'abandonner, se confier, se livrer.

épandre, v. (conjugaison 80) ♦ Répandre sur une surface, en étalant : *Il faut épandre des engrais sur ce champ pour le rendre plus fertile.*

épanouissement, n. m. ♦ Action de s'épanouir.

épanouir (s'), v. ♦ **1.** *Les fleurs s'épanouissent,* s'ouvrent, en déployant largement leurs pétales. **2.** Devenir plus beau ou plus heureux : *Dans ce climat de confiance, les enfants peuvent s'épanouir.* **3.** Atteindre son plein développement : *La civilisation grecque s'épanouit à l'époque de Périclès.*

épargnant, ante, n. ♦ Personne qui épargne de l'argent.

épargne, n. f. ♦ **1.** Action d'épargner. ● *Caisse d'épargne.* **2.** Argent mis de côté. — SYN. les économies.

épargner, v. ♦ **1.** Mettre de l'argent de côté, au lieu de le dépenser : *L'argent qu'il a épargné, il le place à la Caisse d'épargne.* — SYN. économiser. — CONTR. gaspiller. **2.** *Ne pas épargner,* ne pas ménager, déployer, dépenser largement : *Ah ! elle est travailleuse, Laure, ce n'est pas elle qui épargne* *sa peine !* **3.** Permettre de ne pas faire (une chose pénible, ennuyeuse) : *Je voudrais t'épargner cette démarche inutile.* — SYN. dispenser de. **4.** Ne pas toucher, ne pas atteindre, ne pas frapper, ne pas détruire : *L'épidémie épargna les habitants des campagnes. Ceux des villes moururent en grand nombre.* ● Ne pas tuer : *Le général ordonna d'épargner les prisonniers.* — SYN. faire grâce à.

éparpiller [epaʀpije], v. ♦ Mettre en divers endroits, en séparant : *Ne mets pas les débris en tas ; au contraire, éparpille-les.* — SYN. disperser, disséminer. — CONTR. concentrer, grouper, masser, rassembler, recueillir, réunir.

épars, arse [epaʀ, aʀs], adj. ♦ Dispersé.

épaté, ée, adj. ♦ *Nez épaté,* large et comme écrasé. ● *Visage épaté,* au nez épaté.

épaule, n. f. ♦ Partie du corps qui contient l'articulation supérieure du bras. ● *Les épaules,* la partie du corps qui va d'une épaule à l'autre : *Il est fort, ce gaillard : quelle largeur d'épaules !*

épauler, v. ♦ **1.** Mettre l'extrémité de la crosse du fusil contre l'épaule pour tirer : *Tante Hélène épaula, visa, tira... et manqua le lièvre.* **2.** Aider à réussir, soutenir : *Laurent a du mal à suivre en français, sa grande sœur doit l'épauler de temps en temps.*

épaulette, n. f. ♦ **1.** Ornement fixé à chacune des épaules de certains uniformes militaires (autrefois, insigne de l'officier). **2.** Bretelle mince (de robe, de combinaison de femme).

épave, n. f. ♦ **1.** Débris, objet rejeté par la mer ou flottant sur les eaux. ● Navire coulé, qui repose sur le fond ou qui, parfois, flotte entre deux eaux. **2.** Personne misérable, qui se laisse aller.

épée, n. f. ♦ Arme constituée par une longue lame droite, tranchante des deux côtés, munie d'une garde et d'une poignée. — REGARDER *glaive, rapière.*

épeler, v. (conjugaison 13) ♦ *Épeler un mot, un nom,* dire dans l'ordre toutes les lettres qui servent à l'écrire.

éperdu, ue, adj. ♦ **1.** Profondément troublé et exalté, et parfois même rendu comme fou : *Devant cet amoncellement de cadeaux, l'enfant était éperdu d'admiration.* — SYN. affolé, agité, bouleversé, égaré, fou, passionné, troublé. **2.** Très fort, très violent : *Elle avait un désir éperdu de partir.* ● *Une fuite éperdue,* très rapide, désordonnée.

éperdument, adv. ♦ Très fortement, passionnément.

éperon, n. m. ♦ **1.** Objet fixé au talon de la botte, avec lequel le cavalier pique le flanc du cheval pour le faire aller plus vite. **2.** Sur les navires de guerre de l'Antiquité, pointe, fixée à l'avant, avec laquelle on éventrait la coque du navire ennemi, en le heurtant.

éperonner, v. ♦ **1.** *Éperonner un cheval,* le stimuler, le faire aller plus vite, en le piquant avec les éperons. **2.** *Éperonner un navire,* le heurter avec l'avant : *Le cargo a éperonné le chalutier, qui a coulé aussitôt.*

épervier, n. m. ♦ **1.** Oiseau de proie diurne qui se nourrit de petits oiseaux. **2.** Filet de pêche que l'on jette sur l'eau, en rivière, et qui emprisonne le poisson en tombant.

épeurant, ante, adj. ♦ Qui fait peur ; effrayant : *Elle aimait raconter des histoires épeurantes.*

éphémère [efemɛʀ], adj. ♦ Qui dure peu : *La jeunesse et la beauté sont choses bien éphémères.* — SYN. court, fugace, momentané, passager, provisoire. — CONTR. long, durable, perpétuel, éternel.

épi, n. m. ♦ Groupe de grains, serrés, sur une tige de blé, de seigle, d'orge, de maïs, etc.

épice, n. f. ♦ Toute substance qui sert à donner du goût aux aliments (poivre, can-

nelle, vanille, etc.). — SYN. condiment.
● *Pain d'épice* (mieux que *pain d'épices*) : gâteau fait avec de la farine de seigle, du miel et diverses épices.

épicé, ée, adj. ♦ Où l'on a mis beaucoup d'épices et qui a un goût relevé.

épicéa, n. m. ♦ Arbre des montagnes, qui ressemble au sapin.

épicerie, n. f. ♦ **1.** Magasin de l'épicier. **2.** Marchandises vendues par l'épicier. **3.** Métier d'épicier.

épicier, ière, n. ♦ Celui, celle qui vend des produits alimentaires.

épidémie, n. f. ♦ Maladie contagieuse qui atteint beaucoup de gens en même temps.

épiderme, n. m. ♦ Partie, couche superficielle de la peau.

épier, v. (conjugaison 20) ♦ Guetter en surveillant, sans se faire voir : *Derrière ses volets, la vieille épie les allées et venues de ses voisins.*

épieu, n. m. ♦ Autrefois, arme de guerre ou surtout de chasse, constituée par un gros bâton dont la pointe était durcie au feu ou garnie d'un fer pointu.

épilogue, n. m. ♦ **1.** Dernier chapitre d'un roman, qui dit ce qui s'est passé après l'achèvement de l'histoire racontée en détail. **2.** Conclusion, fin d'une affaire : *Cette affaire de trafic de drogue a trouvé son épilogue devant les tribunaux.*

épinard, n. m. ♦ **1.** Plante potagère. **2.** Légume constitué par les feuilles cuites de cette plante.

épine, n. f. ♦ **1.** Chacune des pointes aiguës qu'il y a sur la tige de certaines plantes. ● *Ôter à quelqu'un une épine du pied,* lui rendre service en le tirant d'embarras. — REM. Cette expression est familière. **2.** *Épine dorsale :* colonne vertébrale. — REGARDER *épinière.*

épinette, n. f. ♦ Arbre de la famille des sapins : *De la fenêtre, je pouvais voir les bouleaux, les cèdres et les épinettes.*

épineux, euse, adj. ♦ **1.** Qui a des épines. **2.** Difficile, compliqué : *Réduire le nombre des chômeurs ? Voilà un problème épineux !*

épingle, n. f. ♦ **1.** Petite tige d'acier, pointue d'un bout, munie d'une tête à l'autre, qui sert à attacher. ● *Épingle double* ou *épingle de nourrice* ou *épingle de sûreté.* **2.** *Être tiré à quatre épingles :* être bien habillé, bien coiffé, avoir un aspect très soigné. ● *Monter en épingle,* donner à une chose une importance qu'elle n'a pas : *Les journaux ont monté en épingle cet incident mineur.* **3.** *Épingle à cheveux :* tige d'acier recourbée qui sert à retenir les cheveux massés en chignon. ● *Virage en épingle à cheveux,* en forme de U très étroit.

épingler, v. ♦ Attacher avec une épingle : *J'ai épinglé la ceinture à la robe.*

épinière, adj. f. ♦ *Moelle épinière :* gros cordon nerveux qui descend du cerveau et remplit le canal situé à l'intérieur de la colonne vertébrale. — REGARDER *épine* (sens 2).

épique, adj. ♦ De l'épopée. ● *Poème épique :* épopée.

épiscopal, ale, aux, adj. ♦ De l'évêque. ● *Palais épiscopal :* évêché, résidence de l'évêque.

épiscopat, n. m. ♦ Dignité d'évêque. ● Temps pendant lequel un évêque exerce ses fonctions. ● Ensemble des évêques d'un pays.

épisode, n. m. ♦ **1.** Événement qui fait partie d'une suite d'événements et qui n'est pas forcément très important : *Ce film historique nous montre un épisode intéressant de la guerre de Cent Ans.* **2.** Chacune des parties dont se compose un feuilleton télévisé : *Aujourd'hui, vendredi, cinquième épisode de notre feuilleton télévisé.*

épisodique, adj. ◆ **1.** *Événement épisodique,* pas très important. **2.** Peu fréquent, discontinu, occasionnel. — SYN. sporadique. — CONTR. continu, continuel, durable, permanent, régulier, répété.

épitaphe, n. f. ◆ Inscription gravée sur un tombeau.

épithète, adj. *ou* n. f. ◆ *Un adjectif épithète* ou *une épithète,* qui n'est pas relié au nom par un verbe : *Dans la phrase « Je vois un gros arbre »,* l'adjectif gros *est épithète ; dans la phrase « Cet arbre est gros », il est attribut.*

épître, n. f. ◆ **1.** Autrefois, lettre envoyée à quelqu'un. ● Poème en forme de lettre, supposée adressée à quelqu'un. **2.** Chacune des lettres adressées par certains apôtres à une communauté de fidèles : *On lit, à la messe, des extraits des épîtres de saint Paul.*

éploré, ée, adj. ◆ En pleurs, très triste.

éplucher, v. ◆ Enlever la peau, la pelure d'un fruit ou d'un légume : *Tiens, prends le couteau et épluche les navets.* — SYN. peler.

épluchette, n. f. ◆ Action d'enlever les feuilles des épis de maïs. ● Fête où l'on mange les épis de maïs (blé d'Inde) : *Pour ma fête, en août, j'organiserai une épluchette de blé d'Inde et j'inviterai tous mes amis.*

épluchure, n. f. ◆ Ce qu'on enlève en épluchant.

éponge, n. f. ◆ **1.** Animal marin qui vit fixé au fond de la mer. **2.** Squelette souple de cet animal (ou masse de matière plastique pleine de trous) qui absorbe l'eau, la rejette et qui sert au lavage.

éponger, v. (conjugaison 16) ◆ Absorber le liquide, essuyer avec une éponge, un linge, etc. : *Prends la serpillière et éponge cette eau sur le carrelage.*

épopée, n. f. ◆ Long poème des temps très anciens qui raconte les aventures des héros et qui est plein d'événements merveilleux ou irréels : *Des exemples d'épopées ? l'Iliade,* l'Odyssée, *l'Énéide.* — REM. Pour les poèmes épiques du Moyen Age (*Chanson de Roland,* par exemple), on dit *chanson de geste.*

époque, n. f. ◆ Moment de l'histoire d'un peuple ou d'une personne : *A l'époque de Jacques Cartier, on ne connaissait pas l'électricité, bien sûr !* — SYN. période.

époumoner (s'), v. ◆ Crier très fort. — SYN. s'égosiller.

épouse, n. f. ◆ REGARDER *époux.*

épouser, v. ◆ **1.** Se marier avec : *On a bien vu des rois épouser des bergères, oui, mais dans les contes de fées !* **2.** Adopter : *Il a épousé les opinions politiques de son amie.* **3.** Suivre étroitement : *La voie ferrée épouse les méandres du fleuve.*

épousseter, v. (conjugaison 14) ◆ Débarrasser de la poussière : *Comment, Antoine, tu époussettes les meubles avec le balai-brosse ? Prends plutôt le plumeau !*

épouvantable, adj. ◆ **1.** Qui cause une très grande peur, qui provoque l'horreur. — SYN. affolant, effarant, effrayant, effroyable, horrible, monstrueux, terrible, terrifiant. **2.** Très mauvais : *Il pleut, il vente, il fait froid : quel temps épouvantable !* — SYN. abominable, affreux, infect.

épouvantail, n. m. ◆ Mannequin grossier, monté sur un poteau et habillé de vieux vêtements, que l'on place dans un jardin ou un champ, afin de faire peur aux oiseaux qui pourraient manger les fruits ou les graines. — PLUR. *des épouvantails.*

épouvante, n. f. ◆ Très grande peur. — SYN. crainte, effroi, frayeur, peur, terreur.

épouvanter, v. ◆ Remplir d'une très grande peur : *Pour épouvanter Marion, Mathieu s'était déguisé en revenant.* — SYN. affoler, effrayer, terrifier.

époux, épouse, n. ♦ **1.** *L'époux :* le mari. ● *L'épouse :* la femme. **2.** *Les époux :* le mari et la femme.

éprendre (s'), v. (conjugaison 82) ♦ Se mettre à aimer : *Elle s'était follement éprise d'un camarade de vacances.* — SYN. tomber amoureux.

épreuve, n. f. ♦ **1.** Malheur, moment difficile : *C'est dans l'épreuve qu'on est heureux d'avoir de vrais amis.* **2.** Chacun des devoirs ou chacune des interrogations, dans un examen ou un concours : *Ma cousine a réussi les épreuves des examens de fin de secondaire.* **3.** Rencontre sportive : *L'épreuve de natation se déroulera dans le grand bassin olympique.* **4.** *Mettre à l'épreuve,* essayer de savoir ce que vaut une personne ou une chose : *Avant de lui confier des responsabilités, le directeur a mis à l'épreuve la jeune cadre, en la chargeant d'une mission.* **5.** *A l'épreuve de,* qui peut résister à : *Ce blindage est à l'épreuve des balles.* ● *A toute épreuve :* très solide. **6.** Texte composé, sur lequel on fait les corrections : *L'auteure corrige les épreuves de son nouveau roman.* **7.** Photographie : *J'ai porté les pellicules à développer : si les épreuves sont bonnes, j'en ferai tirer des exemplaires pour toi.*

épris, ise, adj. ♦ Amoureux.

éprouvant, ante, adj. ♦ Très fatigant, très pénible.

éprouver, v. ♦ **1.** Sentir, ressentir : *Quand j'ai su que Bernadette viendrait me voir, j'ai éprouvé une grande joie.* **2.** Mettre à l'épreuve : *Pour éprouver la solidité du nouveau pont, on y a fait passer plusieurs très gros camions.* **3.** Fatiguer beaucoup : *Cette nuit passée en train a éprouvé ma grand-mère.* ● Faire souffrir, rendre malheureux : *La mort de sa femme a beaucoup éprouvé notre voisin.*

éprouvette, n. f. ♦ Tube en verre, pour les expériences de chimie.

épuisé, ée, adj. ♦ Très fatigué.

épuisement, n. m. ♦ **1.** Action d'épuiser ou de s'épuiser ; état de ce qui est épuisé : *L'épuisement des gisements de charbon a entraîné la fermeture de la mine.* **2.** Très grande fatigue.

épuiser, v. ♦ **1.** Employer jusqu'à ce qu'il ne reste plus rien : *Quand les matelots eurent épuisé leurs provisions, ils décidèrent de manger le mousse.* **2.** *S'épuiser,* devenir de moins en moins abondant : *Les réserves de charbon et de pétrole s'épuiseront un jour : il faudra bien trouver une autre source d'énergie.* **3.** Fatiguer beaucoup : *Ces marches incessantes et ces combats très durs avaient épuisé les soldats.* — SYN. exténuer. ● *Ne t'épuise pas à creuser ce trou, c'est le travail des terrassiers !*

épuisette, n. f. ♦ Filet de pêche, à manche.

épuration, n. f. ♦ Action d'épurer. ● *Station d'épuration des eaux.*

épurer, v. ♦ Rendre pur, propre, ce qui était souillé, pollué : *Avant de les rejeter à la rivière, on épure les eaux usées, dans une « station d'épuration ».*

équateur, n. m. ♦ Ligne imaginaire qui divise le globe terrestre en deux hémisphères, à égale distance des pôles.

équatorial, ale, aux, adj. ♦ De l'équateur : *Le climat équatorial, chaud et humide, caractérise la zone équatoriale, qui est occupée par la forêt équatoriale (= forêt dense).*

équerre, n. f. ♦ Instrument, en forme de triangle rectangle, qui sert à tracer les angles droits. ● *D'équerre* ou *à l'équerre,* à angle droit : *Les deux murs sont parfaitement d'équerre.* ● *Être d'équerre,* être de bonne humeur, jovial, en forme.

équestre [ekɛstʀ], adj. ♦ *Statue équestre,* qui représente un personnage monté sur un cheval. ● *Le sport équestre :* l'équitation.

équidistant, ante [ekɥidistɑ̃, ɑ̃t], adj. ♦ Situé à égale distance : _Sais-tu que la région de Cornwall est équidistante du pôle Nord et de l'équateur ?_

équilatéral, ale, aux [ekɥilateʀal, al, o], adj. ♦ **Triangle équilatéral,** dont les trois côtés (et les trois angles) sont égaux.

équilibre, n. m. ♦ **1.** État où une personne, une chose, ne risque pas de tomber : _Stéphane monte sur une table et perd l'équilibre : le voilà par terre !_ — CONTR. déséquilibre. **2.** État d'égalité : _La balance est **en équilibre**_ (= les deux plateaux sont à la même hauteur). **3.** État d'une personne calme, sûre d'elle-même, sage, sensée : _L'équilibre mental, c'est une chose précieuse et fragile._ — CONTR. déséquilibre (mental), folie.

équilibré, ée, adj. ♦ Calme, sûr de soi, sage et prudent. — CONTR. déséquilibré, fou.

équilibrer, v. ♦ **1.** Mettre en équilibre : _Il faut équilibrer le chargement. Sinon, la charrette va verser._ — CONTR. déséquilibrer. **2.** Rendre égal : _Essayons d'équilibrer les deux équipes : le jeu sera plus intéressant._ ● **Équilibrer le budget :** faire en sorte que les dépenses ne soient pas plus grandes que les recettes.

équilibriste, n. m. _ou_ n. f. ♦ Celui, celle qui fait des numéros d'équilibre dans un cirque, etc. : _La jeune équilibriste, le balancier à la main, avança sur la corde raide._ — REGARDER acrobate, funambule.

équinoxe [ekinɔks], n. m. ♦ Chacun des deux jours de l'année (21 mars, _équinoxe de printemps ;_ 23 septembre, _équinoxe d'automne_) où le jour et la nuit sont de longueur égale.

équipage, n. m. ♦ Ensemble des personnes qui assurent le fonctionnement et le service à bord d'un bateau (marins), d'un avion (pilote, radio, mécanicien, hôtesse...) ou qui sont dans un blindé.

équipe, n. f. ♦ Groupe de personnes qui travaillent ensemble ou bien qui jouent ensemble : _Le professeur de musique nous fait travailler par équipes._ ● **Une équipe de football.**

équipée, n. f. ♦ Aventure, expédition amusante et un peu folle.

équipement, n. m. ♦ Ensemble des vêtements ou des accessoires nécessaires pour exercer une activité, faire fonctionner quelque chose : _Et voilà Rachel, avec son sac à dos et tout son équipement de camping !_ — SYN. attirail.

équiper, v. ♦ Doter de l'équipement nécessaire : _On leva des milliers de soldats, on les équipa et on les arma._ ● _Je vais m'équiper pour faire du ski._

équipier, ière, n. ♦ Celui, celle qui fait partie d'une même équipe de football, de rugby, de basket, etc. — SYN. coéquipier.

équitable [ekitabl], adj. ♦ Conforme à l'équité, à la justice. — SYN. juste. — CONTR. inéquitable, injuste.

équitation [ekitasjɔ̃], n. f. ♦ Sport qui consiste à faire du cheval, à aller à cheval. — SYN. sport équestre.

équité [ekite], n. f. ♦ Justice : _L'équité exige que nous reconnaissions les mérites de tout le monde._

équivalent, ente [ekivalɑ̃, ɑ̃t], adj. _ou_ n. m. ♦ Qui a la même valeur, le même sens, etc. : _Trois quintaux ou trois cents kilogrammes ? Ce sont des poids exactement équivalents !_ ● _Le quintal est l'équivalent de cent kilos._

équivaloir [ekivalwaʀ], v. (conjugaison 73) ♦ Avoir la même valeur, le même sens, etc. : _Le mille marin est une mesure de longueur qui équivaut à 1 852 mètres._

équivoque, adj. _ou_ n. f. ♦ **1.** Dont le sens n'est pas clair, qui peut avoir plusieurs sens : _Si tu oublies de ponctuer tes phrases, elles deviennent équivoques._ — SYN. ambigu.

équivoque

2. *Une équivoque :* chose peu claire qui demanderait des explications et des précisions. — SYN. ambiguïté, malentendu.

érable, n. m. ♦ Arbre de grande taille, dont une espèce se nomme *sycomore* et donne un bois estimé. ● D'une autre espèce, l'érable à sucre ; on utilise sa sève pour faire du sirop d'érable et du sucre d'érable.

érablière, n. f. ♦ Lieu planté d'érables à sucre. On y trouve aussi une cabane à sucre.

érafler, v. ♦ Rayer un peu, égratigner, écorcher légèrement : *En passant la porte du garage, mon frère a éraflé l'aile de la voiture.*

éraflure, n. f. ♦ Endroit où une chose est éraflée.

éraillé, ée, adj. ♦ *Voix éraillée,* enrouée et désagréable.

ère, n. f. ♦ **1.** Période commençant en un point du temps qui sert de repère : *La naissance de Jésus-Christ est le point de départ de l'ère chrétienne.* **2.** Période caractérisée par une chose, une invention : *Nous vivons à l'ère de l'électronique et de l'informatique.*

éreinter (s'), v. ♦ Se fatiguer beaucoup : *Grand-mère s'est éreintée à bêcher son jardin.*

ergot, n. m. ♦ **1.** Griffe ou ongle derrière la patte, le pied de certains animaux. **2.** *Se dresser sur ses ergots :* prendre une attitude agressive, arrogante.

ériger, v. (conjugaison 16) ♦ Dresser, construire : *En souvenir de Jacques Cartier, on a érigé une croix lumineuse sur le mont Royal, à Montréal.* — SYN. bâtir, construire, dresser, édifier, élever. — CONTR. abattre, démolir, détruire, renverser.

ermitage, n. m. ♦ Lieu écarté, solitaire, où l'on vit loin des autres habitants ; petite maison isolée.

ermite, n. m. ♦ Autrefois, moine qui vivait seul dans un endroit désert, écarté. ● *Vivre en ermite,* tout seul, sans voir personne.

érosion, n. f. ♦ Usure des roches ou de la couche de terre, due à l'action des eaux courantes, de la mer, de la pluie, des glaciers, du vent.

errer, v. ♦ Marcher au hasard, sans but, sans suivre un chemin précis. — SYN. déambuler, divaguer, flâner, rôder, traîner, vagabonder.

erreur, n. f. ♦ **1.** Action de se tromper ; chose fausse ou inexacte. — SYN. bévue, confusion, faute, méprise. ● *Elle entra dans ma chambre par erreur, croyant entrer dans la sienne.* **2.** Action maladroite : *Le général commit l'erreur de dégarnir son aile droite, et il perdit la bataille !* — SYN. fausse manœuvre, maladresse.

erroné, ée, adj. ♦ Faux, qui contient des erreurs. — SYN. faux, inexact. —CONTR. exact, juste, vrai.

érudit, ite, adj. *ou* n. ♦ Très savant en matière d'histoire, de littérature, etc. ● *Notre voisine est une érudite.*

érudition, n. f. ♦ Science d'un érudit.

éruption, n. f. ♦ **1.** Phénomène par lequel un volcan laisse s'échapper de la lave, des cendres, etc. ● *Une éruption volcanique.* **2.** Apparition de nombreux boutons sur la peau, en même temps.

escabeau, n. m. ♦ **1.** Synonyme de *tabouret.* **2.** Petite échelle.

escadre, n. f. ♦ Ensemble de navires de guerre qui naviguent et combattent ensemble.

escadrille [ɛskadʀij], n. f. ♦ Groupe d'avions militaires commandés par un même officier.

escadron, n. m. ♦ Dans la cavalerie et les blindés, unité commandée par un capitaine et qui correspond à la *compagnie* de l'infanterie.

escalade, n. f. ♦ Action d'escalader. — SYN. ascension, montée.

escalader, v. ♦ Monter à un endroit où il n'est pas facile de grimper : *Les alpinistes ont mis deux heures à escalader ce piton rocheux.* — SYN. gravir.

escale, n. f. ♦ Endroit où s'arrête un navire, un avion, au cours d'un voyage. ● *L'avion doit faire escale à Bombay* (= s'arrêter).

escalier, n. m. ♦ Succession de marches qui permettent de passer d'un étage à un autre. ● *Escalier mécanique :* appareil dont les marches montent toutes seules, mues par un moteur, et qui permet de monter les étages sans fatigue.

escalope, n. f. ♦ Tranche de veau ou de dindonneau cuite dans la poêle.

escamoter, v. ♦ Faire disparaître rapidement (et sans que personne s'aperçoive comment s'est faite cette disparition) : *Le prestidigitateur, en un clin d'œil, escamota le lapin qui était sur la table... et le ressortit de sa poche.*

escampette, n. f. ♦ *Prendre la poudre d'escampette :* se sauver, s'enfuir très vite. — REM. Cette expression est familière.

escapade, n. f. ♦ Petite promenade qu'on fait pour se distraire, en se sauvant d'un endroit, en échappant à une surveillance.

escargot, n. m. ♦ Mollusque à coquille en spirale, qui se déplace lentement.

escarmouche, n. f. ♦ Bref combat entre des soldats peu nombreux. — SYN. accrochage, engagement.

escarpé, ée, adj. ♦ A pente très raide : *La baigneuse eut du mal à sortir de l'eau, tant les rives du fleuve sont escarpées à cet endroit.* — SYN. abrupt, raide. — CONTR. en pente douce.

escarpin, n. m. ♦ Chaussure fine, à semelle mince, qui dégage largement le dessus du pied.

escient (à bon) [esjɑ̃], loc. adv. ♦ Avec discernement, selon la raison, le bon sens.

esclandre, n. m. ♦ Scène violente de protestation, de colère. — SYN. éclat, scandale.

esclavage, n. m. ♦ **1.** Situation, condition d'esclave : *A Rome, l'esclavage était plus dur qu'à Athènes.* ● Le fait social que constituait l'existence des esclaves : *En 1848, la France décida d'abolir l'esclavage dans ses colonies.* **2.** État, situation où l'on n'a aucune liberté, où l'on est totalement dominé, soumis : *Ce peuple refuse l'esclavage et luttera jusqu'au bout pour défendre sa liberté.* — SYN. asservissement, assujettissement, captivité, dépendance, servitude. — CONTR. indépendance, liberté.

esclave, n. m. *ou* f. *ou* adj. ♦ **1.** Dans certains pays, à certaines époques, dans certaines civilisations, personne totalement privée de liberté et considérée comme une chose, qui peut être possédée, achetée, vendue. **2.** Qui est opprimé, privé de liberté.

escompte [ɛskɔ̃t], n. m. ♦ Diminution du prix consentie par le vendeur à l'acheteur. — SYN. rabais, réduction, remise, ristourne.

escompter [ɛskɔ̃te], v. ♦ Compter sur, espérer : *J'escompte bien une réponse favorable.*

escorte, n. f. ♦ Groupe de gens, de véhicules, de bateaux, d'avions, qui accompagnent pour faire honneur ou pour protéger.

escorter, v. ♦ Accompagner pour faire honneur ou pour protéger.

escorteur

escorteur, n. m. ♦ Navire de guerre, petit ou assez petit, destiné à protéger les flottes et les convois, notamment contre les sous-marins.

escouade, n. f. ♦ Très petit groupe de soldats.

escrime, n. f. ♦ Sport du combat à l'épée, au sabre ou au fleuret.

escrimer (s'), v. ♦ Essayer de faire quelque chose en se donnant beaucoup de mal : *Inutile de t'escrimer à soulever cette pierre : elle est scellée dans le sol.* — SYN. s'évertuer à.

escrimeur, euse, n. ♦ Celui, celle qui pratique l'escrime.

escroc, n. m. ♦ Personne malhonnête qui se fait donner de l'argent, en trompant les gens.

escroquer, v. ♦ Obtenir malhonnêtement de l'argent, en trompant les gens : *Il a escroqué des personnes naïves en leur vendant des propriété fictives ! ● Il a escroqué plusieurs millions de dollars à ces naïfs !*

escroquerie, n. f. ♦ Action d'escroquer.

espace, n. m. ♦ **1.** Place : *Pousse tes livres, j'ai besoin d'espace pour écrire.* **2.** *Un espace,* terrain, endroit dégagé : *Un grand espace sans arbres s'étendait devant le château.* ● *Espace vert :* dans une ville, parc, jardin public où il y a des arbres, de la verdure, des pelouses, etc. **3.** *L'espace,* ce qui entoure la Terre, au-delà de l'atmosphère, ou bien l'univers, où sont le Soleil, les planètes, les étoiles : *Un jour, peut-être, il y aura autant de satellites dans l'espace qu'il y a de voitures dans les rues.* **4.** Distance entre deux choses : *N'écris donc pas si serré : laisse un plus grand espace entre les mots.* — SYN. intervalle. **5.** Durée, temps : *En l'espace de dix ans, la population de notre ville a doublé.*

espacé, ée, adj. ♦ *Espacé de,* séparé par un intervalle de : *Des tours, espacées de vingt mètres, renforçaient le rempart de la ville.* — SYN. distant de.

espacer, v. (conjugaison 17) ♦ Séparer par un intervalle plus grand ou par une durée plus grande : *Mon amie espace ses visites.*

espadon, n. m. ♦ Grand poisson de mer dont la mâchoire supérieure est longue et pointue comme une épée.

espadrille [ɛspadʀij], n. f. ♦ Chaussure légère, avec dessus en toile et semelle de corde tressée.

espagnol, ole, adj. *ou* n. ♦ De l'Espagne, pays situé au sud de la France : *Dans ma classe, j'ai deux camarades d'origine espagnole, Juan et sa cousine Carmen.* ● *Un Espagnol. Une Espagnole. Les Espagnols.* ● *L'espagnol :* langue parlée en Espagne et dans une grande partie du continent américain.

espalier, n. m. ♦ Rangée d'arbres fruitiers qui poussent tout contre un mur : *Dans notre jardin, nous avons quatre pêchers en espalier.* — CONTR. (arbres) en plein vent.

espèce, n. f. ♦ **1.** Catégorie d'animaux qui peuvent s'accoupler ensemble et avoir des petits : *Le berger allemand et l'épagneul appartiennent à la même espèce, le chat siamois et le chat persan sont aussi deux races d'une même espèce, mais le chien et le chat appartiennent à deux espèces différentes.* — REM. Il existe, de même, des *espèces végétales.* — REGARDER essence, sens 3. **2.** Sorte : *Il y en a, des espèces de récipients : des bouteilles, des bidons, des cuves, des tonneaux, etc. ! ● Une espèce de,* une sorte de : *Il avait sur la tête une espèce de casque.* **3.** *Payer en espèces,* avec des billets de banque ou des pièces de monnaie, et non par chèque ou par carte de crédit.

espérance, n. f. ♦ Sentiment et pensée de celui qui espère : *C'est l'espérance de réussir qui nous donne du courage.* — SYN. espoir. — CONTR. désespoir. ● *Au-delà de toute espérance :* plus qu'on n'espérait.

espérer, v. (conjugaison **11**) ◆ Souhaiter une chose, l'attendre et penser qu'elle se produira : *J'espère que tu réussiras.*

espiègle, adj. ◆ Qui aime bien faire des petits tours, des petites farces.

espièglerie, n. f. ◆ Tour, farce d'un enfant espiègle.

espion, onne, n. ◆ Personne qui essaie de découvrir les secrets militaires, industriels ou politiques d'un pays étranger. — SYN. agent secret.

espionnage, n. m. ◆ Activité de l'espion.

espionner, v. ◆ Essayer de découvrir les secrets d'un pays : *Avec les satellites artificiels, on peut espionner les bases les plus secrètes de tous les pays.* ● Surveiller discrètement quelqu'un pour essayer de savoir ce qu'il fait : *Cachée derrière ses volets, la vieille espionnait ses voisins.* — SYN. épier, guetter.

esplanade, n. f. ◆ Grande surface plate et dégagée formant une très grande place, devant un monument.

espoir, n. m. ◆ **1.** Action d'espérer ; état de celui qui espère : *Ne perdons pas tout espoir : nous pouvons redresser la situation.* — SYN. espérance. **2.** Personne qui a un brillant avenir devant elle, dans une activité : *Et voici Luc Brot, l'un des plus sûrs espoirs de la natation canadienne.*

esprit, n. m. ◆ **1.** Ame, conscience, intelligence : *Tout homme a un corps et un esprit.* **2.** *Les esprits :* selon certaines croyances, êtres invisibles, tels que les démons, les fantômes, etc. **3.** *De l'esprit :* aptitude à dire des choses amusantes, à trouver des jeux de mots, etc. **4.** *Présence d'esprit :* aptitude à réagir vite, comme il faut. ● *Reprendre ses esprits :* reprendre connaissance, après une syncope, un étourdissement. **5.** Manière générale de se conduire : *Marie n'aime pas les garçons qui ont mauvais esprit.* ● *Pour être médecin dans les pays lointains, il faut avoir l'esprit de sacrifice.*

esquif [ɛskif], n. m. ◆ Petit bateau léger.

Esquimau, n. m. *ou* adj. ◆ Ancien mot pour désigner l'habitant indigène du Groenland et des régions glacées du Grand Nord : *Les Esquimaux sont un peuple de race jaune.* ● Au féminin : *Une Esquimaude.* ● *Un chien esquimau.* ● Les autochtones des régions nordiques s'appellent les *Inuit.* ● Un ou une *Inuk.* ● *L'inuktitut* est la langue parlée par les Inuit.

esquisse [ɛskis], n. f. ◆ **1.** Dessin qu'un artiste fait et qui lui servira de guide quand il passera à l'exécution du tableau sur une autre toile. — REGARDER *ébauche.* **2.** Début : *Les observateurs notent l'esquisse d'une reprise économique.* — SYN. ébauche.

esquisser [ɛskise], v. ◆ Commencer, sans continuer : *En entrant dans la salle, elle esquissa un pas de danse.* ● *Un sourire s'esquissa sur son visage.* — SYN. ébaucher.

esquive [ɛskiv], n. f. ◆ Action d'esquiver un coup. ● Habileté à esquiver les coups : *Grâce à son esquive, le boxeur a pu tenir dix reprises.*

esquiver [ɛskive], v. ◆ **1.** Échapper à un coup en se déplaçant : *Le boxeur esquiva le direct du droit de son adversaire.* **2.** Échapper à une chose embarrassante, ne pas répondre à une question : *Très habile, elle esquivait les questions gênantes.* — SYN. éluder. **3.** *S'esquiver :* partir sans se faire remarquer.

essai, n. m. ◆ **1.** Action d'essayer, pour savoir, avant de faire quelque chose : *Avant d'acheter la voiture d'occasion, ma mère a demandé au garagiste s'il pouvait faire un essai.* ● Tentative : *Dès le premier essai, il a lancé le poids plus loin que ses concurrents.* **2.** Au football, action de porter le ballon derrière la ligne de but adverse. **3.** Livre qui traite d'une question de littérature, de morale, de philosophie, de politique, d'art, etc.

essaim [esɛ̃], n. m. ◆ **1.** Groupe d'abeilles, serré, qui quitte une ruche pour aller s'installer ailleurs. **2.** Groupe nombreux d'animaux, de personnes, de choses, qui se déplacent, remuent : *A ce moment, un essaim d'enfants s'échappa de l'école.* — SYN. bande, troupe, volée.

essayage, n. m. ♦ Action d'essayer un vêtement pour voir s'il va bien.

essayer, v. (conjugaison 20) ♦ **1.** Se servir d'une chose, pour savoir ce qu'elle vaut : *Avant d'acheter la voiture d'occasion, ma mère a voulu l'essayer. Elle a eu raison : elle n'avait pas de freins !* ● *Essayer un vêtement,* le mettre sur soi, afin de voir s'il va bien. **2.** Commencer, entreprendre de faire quelque chose (sans nécessairement réussir) : *Elle essaya d'entrer, mais les portes étaient toutes fermées.* — SYN. tenter.

essence, n. f. ♦ **1.** Liquide inflammable, obtenu par distillation du pétrole, qui sert notamment à faire marcher les moteurs des voitures. **2.** Extrait concentré liquide tiré d'une plante : *Oh ! quelle bonne odeur ! C'est de l'essence de jasmin ?* **3.** Espèce déterminée d'arbres : *Le bouleau, le sapin, le frêne : trois essences forestières très répandues dans nos pays.*

essentiel, elle, adj. *ou* n. m. ♦ Très important et indispensable : *Savoir lire et écrire fait partie des connaissances essentielles.* — SYN. capital, fondamental, important, primordial, principal. — CONTR. accessoire, mineur, secondaire, subsidiaire. ● *L'essentiel :* ce qu'il y a de plus important.

essieu, n. m. ♦ Barre qui relie les roues. — PLUR. *des essieux.*

essor, n. m. ♦ **1.** Envol d'un oiseau : *L'aigle prit son essor et s'éleva dans le ciel.* **2.** Développement grand et rapide : *L'essor de l'informatique, depuis 1960, a transformé les conditions de travail dans beaucoup d'entreprises.* — SYN. développement, élan, expansion. — CONTR. baisse, déclin, stagnation.

essorer, v. ♦ Débarrasser de l'eau contenue : *Didier tord le linge pour l'essorer.*

essoucher, v. ♦ Enlever les souches des arbres abattus.

essouffler, v. ♦ Faire perdre le souffle : *Cette longue course nous avait essoufflés.*

essuie-glace, n. m. ♦ Appareil qui balaie le pare-brise d'une voiture pour enlever les gouttes d'eau, quand il pleut. — PLUR. *des essuie-glaces.*

essuie-mains, n. m. inv. ♦ Serviette, disposée près d'un lavabo, avec laquelle on s'essuie les mains.

essuyer, v. (conjugaison 24) ♦ **1.** Enlever l'eau ou la poussière qui recouvre quelque chose : *Voyons, Barbara, n'essuie pas la vaisselle avec le chiffon qui sert à essuyer les meubles !* **2.** Subir : *Le navire essuya une terrible tempête. Dans la vie, on essuie parfois des affronts.*

est [ɛst], n. m. *ou* adj. inv. ♦ **1.** *L'est,* l'un des points cardinaux : *Notre façade est exposée à l'est : elle reçoit le soleil du matin.* — SYN. levant, orient. — CONTR. ouest, couchant. ● Qui est à l'est : *La côte est de la Corse est moins découpée que la côte ouest.* — SYN. oriental. — CONTR. occidental. **2.** *L'Est :* la partie d'un pays située à l'est. ● *Les Cantons de l'Est,* aujourd'hui l'Estrie, sont situés au sud-est du Québec : *Sherbrooke est une ville de l'Estrie.* **3.** *Les pays de l'Est :* les pays communistes de l'Europe orientale : U.R.S.S., Pologne, Roumanie, Bulgarie, Tchécoslovaquie, Hongrie, Allemagne de l'Est.

estampe, n. f. ♦ Gravure : *Mon oncle collectionne les belles estampes anciennes.*

est-ce que, loc. interrogative. ♦ Sert à introduire une interrogation : *Est-ce que tu as appris ta leçon ?* (= as-tu appris ta leçon ?)

esthète, n. m. *ou* f. ♦ Celui, celle qui s'intéresse d'abord aux belles choses et qui a un goût raffiné et savant en matière d'art, de poésie, de musique, etc.

esthétique, n. f. *ou* adj. ♦ **1.** Science de la beauté, des belles choses. ● Manière de concevoir la beauté, l'art : *Ce film inaugure une nouvelle esthétique du cinéma.* **2.** Caractère beau d'une chose : *Tout le monde déplore le manque d'esthétique de ces maisons.* **3.** Beau, élégant : *Ces baraques en bois devant la préfecture, ce n'est pas très esthétique !*

estimable, adj. ♦ Qui mérite d'être estimé, qui a de la valeur. — SYN. honorable, respectable. — CONTR. indigne, méprisable.

estimation, n. f. ♦ Action d'estimer, d'évaluer, notamment le prix, la valeur d'une chose. — SYN. évaluation.

estime, n. f. ♦ Sentiment favorable, bonne opinion au sujet d'une personne ou d'une chose : *Tout le monde dans notre ville a beaucoup d'estime pour le maire, homme dévoué, honnête et compétent.* ● *Nous pouvons le tenir en grande estime.* — SYN. considération. — CONTR. mépris.

estimer, v. ♦ **1.** Dire quelle est approximativement ou probablement la grandeur, la valeur d'une chose : *A combien estimez-vous ce terrain ? A dix mille, vingt mille dollars ?* — SYN. évaluer. **2.** Penser, juger : *J'estime que ce chemin est le plus court et le plus agréable.* ● Considérer comme : *J'estime cette équipe incapable de gagner.* **3.** Avoir bonne opinion de quelqu'un ou de quelque chose : *Nous estimions tous notre camarade Louise, fille loyale, gaie, courageuse et serviable.* — CONTR. mépriser.

estival, ale, aux, adj. ♦ De l'été : *Dans notre ville, la moyenne des températures estivales est de 17°.* — CONTR. hivernal. ● *Station estivale :* ville où l'on va en vacances en été.

estivant, ante, n. ♦ Celui, celle qui est en vacances à un endroit, pendant l'été.

estomac [ɛstɔma], n. m. ♦ Organe situé entre l'œsophage et l'intestin et où se fait une partie de la digestion. ● *Avoir l'estomac dans les talons :* avoir une grande faim. — REM. Cette expression est familière.

estomper, v. ♦ Rendre moins net, peu visible : *La brume estompe la silhouette des arbres.*

estrade, n. f. ♦ Plate-forme surélevée.

estropié, ée, adj. *ou* n. ♦ Qui est resté infirme à la suite d'une blessure grave.

estuaire, n. m. ♦ Embouchure d'un fleuve, qui va vers la mer en s'élargissant beaucoup (cas, par exemple, de l'estuaire du Saint-Laurent).

esturgeon, n. m. ♦ Grand poisson qui vit dans la mer, qui va pondre dans les fleuves et dont les œufs servent à faire le caviar.

et, conj. de coordination. ♦ Sert à joindre des mots ayant la même fonction : *Le sapin et le bouleau sont des arbres de nos forêts. Ce chêne est grand et beau. Sylvie travaille vite et bien.* ● Sert à joindre des propositions : *Le maître parle et les enfants écoutent.* ● Sert à introduire une phrase : *Et voilà Olivier qui se met à chanter !*

étable, n. f. ♦ Bâtiment, local où sont logées les vaches.

établi, n. m. ♦ Grosse table très solide sur laquelle travaille le menuisier, le serrurier...

établir, v. ♦ Poser, construire, installer : *On avait établi des moulins le long de cette rivière.* — SYN. bâtir, construire, édifier, fonder, installer, placer, poser. **2.** Écrire, rédiger : *Nous allons établir la liste de tout ce que nous avons à faire.* — SYN. dresser. **3.** Prouver, démontrer : *On n'a pu établir la culpabilité de cet homme.* **4.** *S'établir,* s'installer, fixer son domicile, son magasin, etc. : *Elle est allée s'établir comme commerçante à Baie-Comeau.*

établissement, n. m. ♦ **1.** Action d'établir ou de s'établir : *L'établissement d'une série de barrages permettra de régulariser ce cours d'eau.* — SYN. construction, édification, installation, mise en place. **2.** Édi-

établissement

fice servant à un usage particulier, par exemple **un établissement scolaire** (une école), **un établissement hospitalier** (un hôpital).

étage, n. m. ♦ **1.** Chacun des niveaux autres que le rez-de-chaussée : *Cet immeuble a trois étages.* • **Une maison sans étage,** qui n'a qu'un rez-de-chaussée, sans niveau habitable au-dessus. **2.** Chacun des éléments d'une fusée qui fonctionnent successivement.

étagé, ée, adj. ♦ Disposé en niveaux superposés : *Tu vois, sur la montagne, la* **végétation étagée** : *les cultures, puis, plus haut, la forêt des arbres à feuilles caduques, puis les sapins, puis les prairies.*

étagère, n. f. ♦ Meuble constitué par des planches horizontales et non fermé par des portes.

étai, n. m. ♦ Poutre placée obliquement pour soutenir un mur, un édifice peu solide.

étain, n. m. ♦ **1.** Métal gris qui sert à faire des plats, des vases. **2.** Objet en étain : *Notre voisine possède une belle collection d'étains anciens.*

étal, n. m. ♦ **1.** Sur un marché, table sur laquelle les commerçants disposent leurs marchandises. **2.** Table de bois épaisse sur laquelle le boucher découpe la viande. • Magasin de boucher. — REM. Le pluriel est toujours *des étals.*

étalage, n. m. ♦ Endroit où l'on expose les marchandises ; ensemble des marchandises disposées à cet endroit : *Nous serions restés des heures devant l'étalage du grand magasin, plein de jouets magnifiques.* — REGARDER *devanture, vitrine.*

étale, adj. ♦ *Mer étale,* dont le niveau ne monte ni ne descend, pendant un bref moment, entre deux marées.

étaler, v. ♦ **1.** Répartir sur une surface ce qui est entassé : *Prends le râteau et étale le sable dans l'allée.* — SYN. épandre, répandre. • Passer en couche : *Avec le couteau, étale l'enduit sur le plâtre.* **2.** Disposer des

marchandises sur une surface pour les montrer au public : *Arrivé sur le marché, le fruitier déballa ses cageots et étala les fruits.* **3.** Montrer de manière vaniteuse et déplaisante : *Qu'il est pédant, Laurent ! Il faut toujours qu'il étale ses connaissances.* — SYN. exhiber.

1. étalon, n. m. ♦ Cheval mâle destiné à la reproduction.

2. étalon, n. m. ♦ Objet (barre, poids, etc.) qui sert de modèle d'unité de mesure : *Tu as entendu parler du* **mètre étalon** *et du* **kilogramme étalon,** *déposés à Sèvres, en France ?*

étambot, n. m. ♦ Pièce de la charpente d'un navire située tout à fait à l'arrière. • *De l'étrave à l'étambot :* d'un bout à l'autre du navire.

1. étamine, n. f. ♦ Étoffe légère, peu serrée.

2. étamine, n. f. ♦ Chacune des parties de la fleur qui produisent et contiennent le pollen.

étanche, adj. ♦ Qui ne laisse pas passer l'eau, les liquides. — SYN. hermétique, imperméable.

étancher, v. ♦ *Étancher sa soif :* boire pour se désaltérer. • *Étancher les larmes de quelqu'un,* le consoler.

étang [etã], n. m. ♦ Étendue d'eau douce, permanente, moins grande et moins profonde qu'un lac.

étape, n. f. ♦ **1.** Chacune des parties d'une course, d'un voyage, d'une marche, entre deux longs arrêts : *C'étaient de bons marcheurs, les soldats de ce temps : ils faisaient chaque jour une étape de trente kilomètres !* **2.** Endroit où l'on s'arrête, au cours d'une course, d'un voyage, d'une marche : *Encore dix kilomètres et nous arrivons à l'étape !* • *Faire étape :* s'arrêter, au cours d'un voyage, d'une marche. **3.** Chacune des actions, chacun des états par où l'on passe :

étendre

Tu es au secondaire : avant d'être ingénieur ou médecin, tu en as des étapes à parcourir !
● **Brûler les étapes :** aller très vite, en faisant des progrès très rapides.

1. état, n. m. ♦ **1.** Chacun des aspects sous lesquels peut se présenter une substance : *Tu connais les trois états de l'eau :* **état solide** (glace), **état liquide** (eau), **état gazeux** (vapeur). **2.** Manière d'être, situation dans laquelle se trouve une personne ou une chose : *L'état du malade s'améliore rapidement. Bientôt son* **état de santé** *sera tout à fait bon. Essaie de me trouver une chambre à air* **en bon état.** *Ton pantalon est* **en mauvais état** *: il a un trou au fond.* ● **Être en état de,** pouvoir : *Ma tante est guérie et elle est maintenant en état de voyager.* ● **Être hors d'état de,** ne pas pouvoir : *Il y a deux semaines, ma tante, malade, était hors d'état de quitter la chambre.* **3.** Liste ou inventaire : *Le directeur du collège a fait dresser l'état des tables et des chaises de l'établissement.* **4.** **L'état civil d'une personne,** son nom, ses prénoms, la date et le lieu de sa naissance, etc. ● **L'état civil :** le service gouvernemental qui enregistre les naissances, les mariages, les décès.

2. État, n. m. ♦ **1.** Le gouvernement et l'ensemble des organismes qui gouvernent un pays : *C'est l'impôt qui assure des ressources à l'État.* ● **Chef d'État :** roi ou président de la République. ● **Homme d'État :** homme qui gouverne (président, ministre, etc.). ● **Coup d'État :** action brève, violente et illégale par laquelle on s'empare du pouvoir, en s'aidant de l'armée ou d'une organisation armée. **2.** Pays indépendant doté d'un gouvernement : *La France, la Grande-Bretagne, la Belgique, la Suisse sont des États européens.* — SYN. nation, pays, puissance. **3.** Au Canada, aux États-Unis, chacune des provinces dotées d'une certaine autonomie administrative : *Le Texas ? C'est le plus riche État des États-Unis.* ● L'État du Québec.

état-major, n. m. ♦ Ensemble des officiers qui aident un officier supérieur ou un général dans ses fonctions de commandement. — PLUR. *des états-majors.*

étau, n. m. ♦ Instrument fixé à un établi et qui sert à maintenir immobile une pièce de bois ou de métal pendant qu'on la travaille.

étayer, v. (conjugaison 23) ♦ **1.** Soutenir par des étais : *La maison, vétuste, menaçait de s'effondrer : il fallut l'étayer.* **2.** Appuyer, soutenir par des preuves, des arguments : *Tu devrais étayer ton raisonnement par des faits.*

etc. [ɛtsetɛʀa], loc. ♦ Et le reste, et les autres choses du même genre : *Que d'ustensiles sur sa table ! Des casseroles, des poêles, des marmites, etc. !*

été, n. m. ♦ Saison chaude de l'année, qui va du 21 juin au 22 septembre. — RE-GARDER estival. ● **Été des Indiens, été indien,** ou **été des Sauvages :** derniers beaux jours de l'automne, au mois d'octobre.

éteindre, v. (conjugaison 84) ♦ **1.** Faire s'arrêter de brûler : *Pour éteindre le feu, les pompiers ont déversé des tonnes d'eau.* — CONTR. allumer. ● *Le feu a fini par s'éteindre.* **2.** Faire en sorte qu'une lumière s'arrête de briller : *Éteins tes phares, nous sommes arrivés.* ● *Peu à peu, les lumières de la ville s'éteignirent.* **3.** **S'éteindre,** mourir : *Elle s'éteignit à l'âge de quatre-vingt-seize ans.*

éteint, einte, adj. ♦ **1.** *Volcan éteint,* qui n'a plus d'éruptions : *Les volcans d'Auvergne, en France, sont des volcans éteints.* **2.** *Regard éteint* (ou *yeux éteints*), qui ne brille pas, qui est triste : *Son regard éteint dénotait une mauvaise santé et un grand abattement.* ● *Voix éteinte,* faible, lente, sans éclat.

étendard, n. m. ♦ Autrefois, drapeau.

étendre, v. (conjugaison 81) ♦ **1.** Déplier : *Étends bien le bras.* — SYN. allonger, déplier, étirer. — CONTR. contracter, replier. **2.** Déplier et poser à plat : *L'automobiliste étendit la carte sur la table.* — SYN. étaler. ● Passer une couche sur quelque chose : *Étendez ensuite une couche de crème au chocolat sur le gâteau.* — SYN. étaler. **3.** Allonger, coucher : *On étendit le blessé*

étendre

sur un brancard. • *Tu as envie de dormir?
Alors, va t'étendre un moment sur le divan.*
4. S'étendre, exister, sur une surface, sur
une longueur, aller jusqu'à un endroit : *L'immense forêt de pins s'étend sur des dizaines
de kilomètres. Elle s'étend jusqu'à la mer.*
5. S'étendre, devenir plus grand : *La vague
de mécontentement s'étend.* **6.** Appliquer à
d'autres choses : *On peut étendre cette remarque à d'autres cas.* **7.** Délayer, diluer
dans un autre liquide : *Ne bois pas ton sirop
pur : il faut l'étendre d'eau.*

étendu, ue, adj. ♦ Grand, vaste, qui
va loin : *Montons sur la colline : de là-haut,
on a une vue très étendue.* — SYN. abondant,
grand, large, long, spacieux, vaste. — CONTR.
borné, bref, court, étroit, limité, petit, réduit,
restreint.

étendue, n. f. ♦ **1.** Surface, superficie :
*Son regard parcourut toute l'étendue de la
plaine.* **2.** Grandeur : *Quelle est l'étendue de
la catastrophe?*

éternel, elle, adj. ♦ **1.** Qui a toujours
existé et qui existera toujours : *Dieu seul est
éternel.* **2.** Qui n'aura pas de fin : *Au paradis,
nous connaîtrons le bonheur éternel.* **3.** Très
long, qui n'en finit pas : *Je suis fatiguée de
ses éternelles récriminations.* **4.** *Neiges éternelles :* REGARDER *neige.*

éterniser (s'), v. ♦ **1.** Rester très
longtemps au même endroit : *Allons, viens,
tu ne vas pas t'éterniser dans ce hall!*
2. Durer très longtemps : *Que c'est agaçant,
ces discussions qui s'éternisent!*

éternité, n. f. ♦ **1.** Durée sans commencement ni fin : *Dieu seul connaît l'éternité.* **2.** *Pour l'éternité :* pour toujours.
3. *Une éternité,* une durée très longue : *Mais
que faisais-tu? Cela fait une éternité que je
t'attends!*

éternuement, n. m. ♦ Action d'éternuer; bruit qu'on fait en éternuant.

éternuer, v. (conjugaison 19) ♦ Rejeter
l'air d'un seul coup, involontairement, par le
nez, avec un bruit spécial : *Tu ne cesses
d'éternuer! Tu es enrhumé?*

éther [etɛʀ], n. m. ♦ Liquide à odeur
forte employé en médecine comme désinfectant ou comme anesthésique.

ethnologie, n. f. ♦ Science qui a pour
objet l'étude des mœurs des peuples.

ethnologue, n. m. *ou* f. ♦ Celui,
celle qui étudie de manière scientifique les
mœurs des peuples.

étincelant, ante, adj. ♦ Très brillant.
— SYN. brillant, luisant, scintillant. — CONTR.
mat, obscur, terne.

étinceler, v. (conjugaison 13) ♦ Briller,
en reflétant vivement la lumière : *Sous le
soleil de midi, la mer étincelle comme un
diamant.* — SYN. briller, luire, scintiller.

étincelle, n. f. ♦ Petit point lumineux
mobile : *Sous le marteau du forgeron, les
étincelles jaillissent.*

étiqueter, v. (conjugaison 14) ♦ Munir
d'une étiquette : *Nous avons fait les confitures, nous allons étiqueter les bocaux.*

étiquette, n. f. ♦ **1.** Petit papier, collé
ou agrafé, indiquant la nature de l'objet,
son prix, le nom et l'adresse d'une personne,
etc. **2.** Ensemble des règles qui fixent les
usages à la cour d'un roi : *Chaque instant
de la vie du roi, à Versailles, était réglé par
l'étiquette.* — SYN. cérémonial, protocole.

étirer, v. ♦ Allonger en tirant : *On
étire le fer à travers une filière pour fabriquer
le fil de fer.* • *S'étirer,* déplier et allonger
ses membres : *Elle s'étira longuement, en
bâillant.*

étoffe, n. f. ♦ Tissu.

étoffer, v. ♦ **1.** Développer, enrichir :
Ta rédaction est trop sèche : il faut l'étoffer.
2. *S'étoffer,* devenir plus gros et plus fort :
Si tu veux t'étoffer, il faut manger beaucoup.

étoile, n. f. ♦ **1.** Corps céleste, semblable en réalité au Soleil, mais qui apparaît

sous forme d'un petit point lumineux dans le ciel. — REGARDER _astre, constellation, planète._ ● _Étoile filante :_ point lumineux qui passe très vite dans le ciel. **2.** Artiste de cinéma ou danseuse très connue. — SYN. star, vedette. **3.** Ornement, insigne ou emblème à plusieurs branches : _Cet officier qui a des étoiles à son képi? Mais c'est un général!_ **4.** _Étoile de mer :_ animal marin en forme d'étoile à cinq branches.

étoilé, ée, adj. ♦ _Ciel étoilé,_ rempli d'étoiles. — SYN. constellé.

étonnant, ante, adj. ♦ Qui étonne. — SYN. ahurissant, curieux, déconcertant, extraordinaire, fantastique, inattendu, inhabituel, insolite, prodigieux, rare, singulier, surprenant. — CONTR. banal, commun, courant, habituel, ordinaire.

étonnement, n. m. ♦ État d'une personne qui s'étonne. — SYN. saisissement, stupéfaction, surprise.

étonner, v. ♦ Produire un sentiment de surprise par son caractère inattendu : _La présence d'un chameau errant dans les rues du village étonna fort les habitants._ — SYN. abasourdir, ébahir, interloquer, sidérer, stupéfier, surprendre. ● _S'étonner,_ trouver extraordinaire, inattendu : _Je m'étonne de son absence. Je m'étonne d'apprendre qu'elle ne viendra pas. Je m'étonne qu'elle ne soit pas là._

étouffant, ante, adj. ♦ Très chaud : _Comment! 40° à l'ombre! Quelle chaleur étouffante!_ — SYN. suffocant.

étouffement, n. m. ♦ Difficulté à respirer.

étouffer, v. ♦ **1.** Tuer en empêchant de respirer. **2.** Respirer difficilement à cause d'une chaleur excessive : _Quelle chaleur dans cette salle! Ouvrez les fenêtres, on étouffe!_ **3.** _S'étouffer,_ perdre la respiration : _Elle riait, riait, jusqu'à s'étouffer!_ — SYN. s'étrangler. **4.** Rendre moins sonore, moins fort : _Une porte capitonnée étouffait les bruits du dehors._ — SYN. amortir.

étourderie, n. f. ♦ **1.** Défaut d'une personne étourdie. — SYN. distraction. **2.** Sottise qu'on dit ou qu'on fait par distraction : _Tu as écrit que Québec s'appelait autrefois Hochelaga : c'est une grosse étourderie!_

étourdi, ie, adj. _ou_ n. ♦ Qui ne fait pas attention à ce qu'il dit, à ce qu'il fait, qui oublie tout. — SYN. distrait, inattentif. — CONTR. attentif.

étourdiment, adv. ♦ Sans réfléchir.

étourdir, v. ♦ **1.** Faire perdre un peu connaissance, sans assommer complètement : _Il réussit à étourdir son adversaire d'un coup de poing._ **2.** Fatiguer : _Ce bruit et cette agitation nous étourdissent._

étourdissant, ante, adj. ♦ **1.** _Bruit étourdissant,_ trop fort et fatigant. **2.** Très étonnant et digne d'admiration : _Quinze à zéro, quelle victoire étourdissante!_ — SYN. éblouissant, étonnant, merveilleux, sensationnel.

étourdissement, n. m. ♦ Moment de vertige, qui fait perdre l'équilibre.

étourneau, n. m. ♦ Petit oiseau au plumage sombre, qui vit souvent en bande. — SYN. sansonnet.

étrange, adj. ♦ Qui surprend et qui est très inhabituel, inattendu : _Vêtu d'une vieille peau de chèvre et coiffé d'un casque de pompier, il avait un aspect étrange, le solitaire du Bois Maudit._ — SYN. baroque, bizarre, choquant, déplacé, étonnant, inaccoutumé, insolite, singulier, surprenant. — CONTR. accoutumé, banal, commun, habituel, normal, ordinaire.

étranger, ère, adj. _ou_ n. ♦ **1.** D'un autre pays : _Des Américains, des Allemands, des Belges, des Suisses : il y en a, des touristes étrangers à Québec, au mois d'août!_ ● _Québec, à cette époque, est plein d'étrangers._ ● _As-tu visité des pays étrangers?_ (= autres que le tien). ● _L'étranger,_ un pays étranger : _Tu passes tes vacances à l'étranger? Moi je préfère rester au Canada._ **2.** Qui ne fait pas

étranger

partie de la famille, du groupe, de l'entreprise, etc. : *Une personne étrangère au service a été vue rôdant par ici : que faisait-elle ?* ● *Ne racontons pas nos secrets de famille devant des étrangers !*

étrangeté, n. f. ♦ Caractère de ce qui est étrange.

étrangler, v. ♦ **1.** Tuer, en serrant le cou, de manière à empêcher de respirer. ● Serrer trop fort : *Je déboutonne ma chemise : le col m'étrangle !* **2.** *S'étrangler,* ne plus pouvoir respirer, parce qu'on s'est serré le cou ou bien parce qu'on a avalé quelque chose : *L'enfant s'étrangla en avalant un noyau de prune.*

étrave, n. f. ♦ Pièce de la charpente d'un navire située à l'avant. ● *De l'étrave à l'étambot :* REGARDER *étambot.* ● Extrémité avant, triangulaire ou arrondie, du navire : *Comme un soc de charrue, l'étrave du paquebot laboure la mer.*

1. être, v. (conjugaison 3) ♦ **1.** Exister : *Il est un pays, là-bas, derrière les nuages, où le soleil ne cesse de briller.* **2.** Unit le sujet à l'attribut : *Ma jupe est blanche.* **3.** *Être à,* appartenir à : *Ce vélo est à ma cousine.* ● *Être de,* faire partie de : *Tu peux faire confiance à Odette : elle est de notre bande.* **4.** Sert d'auxiliaire : *L'arbre est secoué par le vent. Éliane est venue.*

2. être, n. m. ♦ **1.** *Un être vivant :* tout ce qui vit (plante, animal, personne). ● *Un être humain :* un homme, une femme ou un enfant. **2.** *Un être,* une personne : *Son cousin Édouard était un être doux, délicat, maladif et sensible.*

étreindre, v. (conjugaison 84) ♦ Serrer : *Il m'étreignit le bras et me regarda d'un air suppliant.* ● Serrer dans ses bras : *Elle étreignit ses enfants, en leur disant adieu.*

étreinte, n. f. ♦ Action d'étreindre, de serrer : *Le python resserra son étreinte et étouffa le mouton dans ses anneaux.* ● Action de serrer dans ses bras : *Après une dernière étreinte, ils se dirent adieu.* — SYN. embrassade.

étrenner, v. ♦ Mettre, porter, utiliser pour la première fois : *Le jour où Thierry étrenna son survêtement neuf, il trouva le moyen de déchirer le pantalon !*

étrennes, n. f. pl. ♦ Cadeau qu'on offre à l'occasion du Jour de l'An. ● Somme d'argent qu'on donne à certaines personnes en plus de leur salaire, comme cadeau de fin d'année.

étrier, n. m. ♦ Support métallique sur lequel le cavalier pose le pied et qui est suspendu à la selle par une courroie. ● *Vider les étriers :* tomber de cheval. — SYN. être désarçonné.

étriqué, ée, adj. ♦ *Vêtement étriqué,* qui serre, gêne les mouvements, qui manque d'ampleur. — SYN. étroit. — CONTR. ample, large.

étroit, oite, adj. ♦ **1.** Qui n'est pas large. — SYN. large. **2.** *A l'étroit,* dans un espace trop serré, trop restreint : *La ville se développait : elle était maintenant à l'étroit dans ses remparts.* **3.** Intime et fort : *Une amitié étroite liait ces deux hommes depuis l'école.* **4.** Peu tolérant, peu ouvert au progrès : *L'oncle Henri dit que la femme doit être soumise à son mari : il a des idées étroites !* — CONTR. large.

étroitesse, n. f. ♦ Caractère de ce qui est étroit. — CONTR. largeur.

étude, n. f. ♦ **1.** Action d'étudier : *Cette année, en histoire, nous abordons l'étude de l'Antiquité.* **2.** *Les études :* le travail qu'on fait et le temps qu'on passe afin de s'instruire. **3.** Livre ou article qui traite d'une question déterminée : *Notre professeur a écrit une étude très remarquée sur la poésie du Moyen Age.* **4.** Temps que les élèves passent à apprendre leurs leçons et à faire leurs devoirs dans une salle spéciale, en dehors des heures de cours. ● *Une salle d'étude* ou *une étude :* salle d'une école où les élèves apprennent leurs leçons et font leurs devoirs. ● *Maître d'étude :* surveillant qui surveille les élèves en étude et les guide dans leur travail. **5.** Bureau d'un notaire, d'un huissier, d'un avoué (autrefois), d'un commissaire-priseur.

évasif

étudiant, ante, n. ♦ Celui, celle qui poursuit ses études à l'université.

étudier, v. (conjugaison 20) ♦ **1.** Apprendre quelque chose, faire des recherches sur un sujet : *En mathématiques, nous étudions les ensembles.* ● Faire ses études ; apprendre ses leçons, faire ses devoirs : *Il faut étudier pendant des années pour bien connaître les mathématiques. Seule dans sa chambre, Lélia passe ses mercredis à étudier.* **2.** *Étudier un instrument de musique :* faire des exercices sur cet instrument pour apprendre à en jouer.

étui, n. m. ♦ Petite boîte faite spécialement pour protéger et contenir un objet.

étymologie, n. f. ♦ **1.** Science qui étudie l'origine des mots. **2.** Origine d'un mot : *Sais-tu l'étymologie du mot « fable » ? Eh bien !* il vient du latin fabula, *mot de la même famille que « fabuleux ».*

eucalyptus, n. m. ♦ Grand et bel arbre, originaire d'Australie, dont les feuilles ont une bonne odeur.

Eucharistie [økaʀisti], n. f. ♦ **1.** Sacrement catholique par lequel le prêtre consacre le pain (hostie) et le vin, c'est-à-dire par lequel il rend présent le Christ vivant dans le pain et le vin. **2.** Le pain ou le vin consacré : *En communiant, le fidèle reçoit l'Eucharistie sous forme d'hostie.* — REGARDER *sacrement.*

eucharistique [økaʀistik], adj. ♦ Qui concerne l'Eucharistie.

euh ! interj. ♦ Marque l'hésitation, l'embarras : *A vrai dire, euh ! je n'en sais rien.*

européen, enne, adj. *ou* n. ♦ De l'Europe : *La France, l'Allemagne, l'Angleterre, l'Italie sont des pays européens.* ● *Un Européen. Une Européenne. Les Européens.*

eux, pronom personnel. ♦ Masculin pluriel de *lui.*

évacuer, v. (conjugaison 19) ♦ **1.** Faire partir d'un lieu et emmener : *L'ennemi avançait : on évacua les femmes, les enfants et les vieillards.* **2.** Quitter un lieu : *Lentement, les assistants évacuèrent la salle de conférences.*

évader (s'), v. ♦ S'enfuir, se sauver : *Pendant les vacances, mon chien s'est évadé de l'hôtel.* — SYN. s'échapper.

évaluation, n. f. ♦ Action d'évaluer ; chiffre auquel on évalue. — SYN. estimation.

évaluer, v. (conjugaison 19) ♦ Dire approximativement la valeur, la quantité : *On évalue les dépenses à quinze millions de dollars.* — SYN. estimer.

évangélique, adj. ♦ Qui appartient à l'Évangile.

évangéliste, n. m. ♦ Chacun de ceux qui ont écrit un Évangile.

Évangile, n. m. ♦ **1.** Doctrine du Christ : *Les missionnaires vont prêcher l'Évangile.* **2.** L'ensemble des livres qui racontent la vie du Christ.

évanouir, (s'), v ♦ **1.** Perdre connaissance. **2.** Devenir de plus en plus faible, puis disparaître : *Le navire quitta le port : sa silhouette s'évanouit dans la brume.*

évanouissement, n. m. ♦ Action de s'évanouir. — SYN. syncope.

évaporation, n. f. ♦ Phénomène par lequel un liquide s'évapore.

évaporer (s'), v. ♦ Se transformer en vapeur : *L'eau s'évapore plus vite quand l'atmosphère est sèche.* — CONTR. se condenser.

évasé, ée, adj. ♦ Qui va en s'élargissant. ● *Une jupe évasée.*

évasif, ive, adj. ♦ Pas très net, qui ne dit ni oui ni non : *Je ne me contenterai*

évasif

pas d'une réponse évasive. Qu'il accepte franchement, ou bien alors qu'il dise non ! — SYN. ambigu, équivoque, flou, fuyant, indécis, vague. — CONTR. catégorique, clair, ferme, net, précis.

évasion, n. f. ♦ Action de s'évader.

évêché, n. m. ♦ **1.** Palais, édifice où réside un évêque. **2.** Territoire soumis à l'autorité d'un évêque. — SYN. diocèse.

éveil, n. m. ♦ *En éveil :* sur ses gardes et attentif. ● *Donner l'éveil :* attirer l'attention.

éveillé, ée, adj. ♦ Vif et dégourdi, intelligent. — CONTR. endormi.

éveiller, v. ♦ **1.** Réveiller : *Le bruit des cloches m'éveilla, le matin de Pâques.* ● *Elle s'éveilla, s'étira et sauta à bas du lit.* **2.** Faire apparaître, faire naître : *L'attitude bizarre de notre camarade éveilla les soupçons du surveillant.*

événement [evɛnmã], n. m. ♦ Chose qui arrive : *Elle me racontait les mille petits événements de sa vie quotidienne.* — SYN. fait.

éventail [evãtaj], n. m. ♦ Autrefois, objet pliable avec lequel les dames s'éventaient. ● *En éventail :* en forme d'éventail ouvert, de segment de cercle.

éventaire, n. m. ♦ **1.** Plateau que porte devant lui un marchand ambulant et sur lequel il étale sa marchandise. **2.** Table en plein air (devant un magasin ou sur un marché) sur laquelle est exposée la marchandise.

éventer (s'), v. ♦ **1.** Se faire de l'air, en remuant quelque chose devant soi. **2.** Perdre sa fraîcheur, son goût, son parfum, en étant exposé à l'air.

éventualité, n. f. ♦ Chose qui peut arriver, se produire : *Dans l'éventualité où tu manquerais le train* (= si tu manquais le train), *téléphone-moi.*

éventuel, elle, adj. ♦ Qui pourrait se produire : *Prends ton parapluie, en prévision d'une averse éventuelle.*

éventuellement, adv. ♦ Le cas échéant, si l'occasion se présente : *Si, éventuellement, tu as besoin d'aide, n'hésite pas à faire appel à moi.*

évêque, n. m. ♦ Prêtre catholique placé à la tête d'un diocèse. — REGARDER archevêque.

évertuer (s'), v. (conjugaison **19**) ♦ Essayer, avec peine, de faire quelque chose : *Elle s'évertuait en vain à pousser la lourde brouette.* — SYN. s'escrimer, s'efforcer.

évidemment, adv. ♦ De manière évidente, certaine. — SYN. bien sûr, bien entendu, certainement, incontestablement, sans nul doute, sûrement.

évidence, n. f. ♦ **1.** Caractère de ce qui est évident, certain : *L'évidence de ta remarque saute aux yeux.* ● *De toute évidence :* cela est sûr et évident. ● *Se rendre à l'évidence :* admettre, reconnaître une chose évidente. **2.** *Une évidence :* une chose évidente. **3.** *En évidence,* à un endroit où une chose est très visible : *Anne avait mis le paquet en évidence, au milieu de la table.*

évident, ente, adj. ♦ Dont la vérité ou la réalité s'impose immédiatement à la pensée : *Si A est égal à C et si B est égal à C, il faut admettre que A est égal à B : c'est une conclusion évidente.* — SYN. assuré, certain, clair, incontestable, indéniable, indiscutable, manifeste, patent, sûr, visible. — CONTR. caché, contestable, discutable, dissimulé, douteux, incertain.

évider, v. ♦ Rendre creux, en enlevant la matière qui remplit l'intérieur : *Tu vas évider les tomates, puis nous les remplirons de hachis.*

évier, n. m. ♦ Bassin fixe placé sous un robinet, dans une cuisine, et muni d'un trou et d'un tuyau d'évacuation.

évincer, v. (conjugaison 17) ♦ Éliminer, écarter : _Elle réussit à évincer ses con-
currents._

éviter, v. ♦ **1.** Faire en sorte de passer
à côté, au lieu de heurter : _La voiture évita
de justesse le cycliste imprudent._ **2.**
S'arranger pour ne pas voir, pour ne pas rencontrer :
_Antoine est tellement pénible que je l'évite
autant que je peux._ **3.** Ne pas faire, ne pas
commettre : _Avec un peu d'attention, tu
pourrais éviter ces fautes stupides._ ● _Évite
donc de mettre un s à la fin de tous les
mots !_

évolué, ée, adj. ♦ _Pays évolué :_ pays
civilisé, où l'instruction est répandue, où
règnent la liberté et la prospérité.

évoluer, v. (conjugaison 19) ♦ **1.** Changer, se transformer : _Depuis l'époque du char
à bœufs, les transports ont bien évolué !_
2. Se déplacer de manière savante ou variée :
_Les planches à voile évoluent sur le plan
d'eau._

évolution, n. f. ♦ **1.** Changement,
transformation lente et continue. **2.** _Des
évolutions :_ des mouvements savants et
variés.

évoquer, v. ♦ **1.** Faire penser à : _Ce
rocher, par sa forme et sa couleur, évoque
un lion._ **2.** _Évoquer des souvenirs,_ les faire
apparaître à la mémoire, les raconter : _Dans
ce livre, l'auteure évoque ses souvenirs d'école._

ex-, préfixe. ♦ Sert à indiquer qu'une
personne a été ce qui est désigné par le nom :
Un ex-ambassadeur (= un homme qui a été
ambassadeur, mais qui ne l'est plus).

exact, acte [ɛgza, akt], adj. ♦ **1.** A
la fois vrai et précis : _Et voici l'heure exacte :
14 heures 12 minutes 35 secondes._ — SYN.
correct, fidèle, juste, précis, véridique, véritable, vrai. — CONTR. faux, incorrect, imprécis, inexact. **2.** Qui arrive bien à l'heure :
_Si tu prends le train, tâche d'être exact, car
il ne t'attendra pas !_ — SYN. ponctuel.

exactitude, n. f. ♦ **1.** Caractère d'une
chose exacte : _Vérifie l'exactitude de tes

calculs._ — CONTR. inexactitude. **2.** Qualité
d'une personne exacte : _Arlette est d'une
exactitude parfaite : jamais une minute de
retard !_ — SYN. ponctualité.

ex æquo [ɛgzeko], loc. adv. ♦ A égalité, à la même place, au même rang.

exagération, n. f. ♦ **1.** Action d'exagérer. **2.** Chose exagérée : _J'ai relevé plusieurs
exagérations dans cet article de journal._

exagérer, v. (conjugaison 11) ♦ Dire
les choses en les présentant plus grandes
qu'elles ne le sont : _Tu dis que cette rue a
soixante mètres de large ? Tu exagères ! Sa
largeur est exactement de vingt-sept mètres !_

exaltation [ɛgzaltasjɔ̃], n. f. ♦ État
d'une personne excitée et pleine d'enthousiasme. — SYN. agitation, animation, ardeur,
délire, enthousiasme, excitation, feu, fièvre,
ivresse, surexcitation, transports. — CONTR.
calme, impassibilité, maîtrise de soi, sang-
froid.

exalter, v. ♦ Exciter et remplir d'enthousiasme : _Ces chants patriotiques exal-
taient la foule._ ● _La foule s'exaltait._

examen, n. m. ♦ **1.** Action d'examiner : _Un examen minutieux de ce document a permis de le dater du XIIᵉ siècle._ —
SYN. étude, inspection, investigation, observation. **2.** Série d'épreuves écrites et orales
qu'on fait passer à un élève, à un étudiant,
pour savoir s'il a les connaissances voulues.

examinateur, trice, n. ♦ Celui, celle
qui fait passer un examen.

examiner, v. ♦ Regarder et étudier
pour essayer de savoir : _Les experts ont
examiné ce tableau attribué à Rubens : il est
faux._ — SYN. considérer, étudier, inspecter,
observer.

exaspération, n. f. ♦ État de grande
irritation. — SYN. agacement, colère, irritation.

exaspérer

exaspérer, v. (conjugaison 11) ♦ Mettre dans un état de grande irritation : *Le grincement de cette porte m'exaspère.* — SYN. excéder.

exaucer, v. (conjugaison 17) ♦ Dire oui à une demande, à une prière : *Enfin, le Ciel a exaucé nos vœux !* — REM. N'écrivez pas comme *exhausser.*

excavation, n. f. ♦ Grand trou dans la terre.

excavatrice, n. f. ♦ Machine qui sert à creuser de grands trous dans la terre.

excédé, ée, adj. ♦ Exaspéré.

excédent, n. m. ♦ Quantité qui dépasse : *L'excédent des recettes sur les dépenses constitue le bénéfice.*

excéder, v. (conjugaison 11) ♦ **1.** Dépasser : *Le poids de ton colis ne doit pas excéder cinq kilogrammes.* **2.** Exaspérer : *L'attitude insolente de Jean-Louis excédait l'instituteur.*

excellence, n. f. ♦ Qualité, valeur supérieure : *Tout le monde vantait l'excellence de la viande de ce pays.*

excellent, ente, adj. ♦ Très bon : *Goûte-moi de ce fromage, n'est-il pas excellent ?* — SYN. supérieur. — CONTR. mauvais, médiocre.

exceller, v. ♦ Être remarquable, supérieur, dans telle action : *Cet écrivain excelle dans les descriptions.* ● *Elle excelle à décrire les paysages.*

excentrique, adj. *ou* n. ♦ **1.** Qui est loin du centre : *Elle habite je ne sais où, dans un quartier excentrique.* — SYN. périphérique. — CONTR. central. **2.** Dont la conduite ou les idées sont bizarres : *Il avait un oncle excentrique, un peu fou.* ● *Son oncle était un vieil excentrique.* — SYN. original, extravagant.

excepté, prép. ♦ Sauf : *Tout le monde était à vélo, excepté Nicole, qui allait à pied.* — SYN. hormis, sauf. — CONTR. y compris.

excepter, v. ♦ Mettre à part : *Nous passons tous dans la classe supérieure, mais il faut excepter le cas de Luc, qui va redoubler.*

exception, n. f. ♦ Cas qui n'est pas comme les autres : *Tous les mots en -ou forment leur pluriel en -ous, sauf sept exceptions :* les bijoux, les cailloux, les choux, les genoux, les hiboux, les joujoux, les poux.

exceptionnel, elle, adj. ♦ Qui fait exception, qui arrive rarement. — SYN. rare. — CONTR. banal, commun, courant, habituel, normal, ordinaire, régulier.

exceptionnellement, adv. ♦ De manière exceptionnelle, rarement.

excès, n. m. ♦ **1.** Quantité qui dépasse la quantité normale ou correcte : *Avec un chiffon, enlève l'excès de cirage.* — CONTR. manque. **2.** *Des excès :* action de trop manger, de trop boire.

excessif, ive, adj. ♦ Trop grand. — SYN. démesuré, extrême, monstrueux. — CONTR. faible, mesuré, modéré, insuffisant. ● Exagéré : *Jean-Louis n'est peut-être pas très fin, mais il serait excessif de dire qu'il est stupide.* — SYN. outrancier, outré.

excitation, n. f. ♦ Grande émotion qui se marque par de l'agitation.

exciter, v. ♦ **1.** Faire naître, provoquer : *Ces paroles insultantes excitèrent sa colère.* — SYN. éveiller, faire naître, provoquer, susciter. — CONTR. adoucir, apaiser, arrêter, calmer, endormir, étouffer. **2.** Rendre furieux : *Des meneurs excitaient la foule contre le gouvernement.* **3.** Agiter, émouvoir beaucoup : *Cet incident excita les élèves : ils se mirent à chahuter.*

exclamatif, ive, adj. ♦ *Phrase exclamative :* phrase qui exprime une émotion vive et qui a une forme spéciale. Exemple : *Que tu es belle, Line, avec ton anorak neuf !*

exclamation, n. f. ♦ Cri bref et soudain qui exprime la surprise, la colère, la joie : *Ah! quelles exclamations de joie ils poussèrent, les petits, quand ils aperçurent l'arbre de Noël !* ● *Point d'exclamation :* signe (!) qu'on met à la fin d'une phrase exclamative ou après une interjection.

exclamer (s'), v. ♦ Pousser une exclamation, prononcer une phrase exclamative : *« Oh! quel sot! », s'exclama-t-elle.* — SYN. s'écrier.

exclu, ue, adj. ♦ Qui n'est pas compris dans le compte : *Les vacances vont du 15 juillet exclu au 17 août exclu.* — CONTR. compris, inclus.

exclure, v. (conjugaison 79) ♦ Mettre à la porte : *L'élève Bernadot a lancé des pierres dans les carreaux du bureau de la directrice : il sera exclu trois jours de l'école.* — SYN. renvoyer.

exclusion, n. f. ♦ **1.** Mise à la porte. — SYN. renvoi. **2.** *A l'exclusion de,* en excluant, en mettant à part : *Tous les arbres de la cour ont déjà perdu leurs feuilles, à l'exclusion du grand érable.* — SYN. hormis, sauf.

exclusivité, n. f. ♦ *Film en exclusivité :* film qui passe dans un petit nombre de salles, dans les semaines qui suivent sa sortie.

excréments, n. m. pl. ♦ Matières solides ou pâteuses que l'homme et les animaux rejettent par l'anus et qui sont les restes des aliments, après la digestion.

excursion, n. f. ♦ Longue promenade ou bref voyage que l'on fait pour visiter un lieu.

excusable, adj. ♦ Que l'on peut excuser. — CONTR. inexcusable.

excuse, n. f. ♦ **1.** Raison qui atténue la gravité d'une faute ou qui fait qu'il n'y a pas de faute. **2.** *Des excuses :* paroles que l'on dit pour se faire pardonner une faute.

excuser, v. ♦ **1.** Trouver une excuse à quelqu'un ou à une action : *N'essaie pas de l'excuser : il est coupable et il savait bien ce qu'il faisait.* — CONTR. accuser. **2.** Pardonner : *Je vous prie de m'excuser si je vous ai dérangé.*

exécrable, adj. ♦ Très mauvais, très désagréable : *De la pluie, du froid, du vent ! Quel temps exécrable !* — SYN. abominable, détestable, mauvais. — CONTR. agréable, beau, délicieux.

exécutant, ante, n. ♦ **1.** Celui ou celle qui ne fait qu'exécuter les ordres. **2.** Musicien qui joue d'un instrument.

exécuter, v. ♦ **1.** Faire une action : *Exécutez plus lentement vos mouvements de gymnastique.* — SYN. accomplir, effectuer, faire, réaliser. **2.** Faire ce qui était prévu : *Nous avons élaboré des plans, des projets, mais à quoi cela sert-il si nous ne les exécutons pas?* — SYN. appliquer, réaliser. **3.** Agir en obéissant à un ordre : *L'officier exige qu'on exécute ses ordres immédiatement.* ● *S'exécuter,* obéir : *« Sortez! » hurla le directeur, et Hélène s'exécuta immédiatement.* **4.** Mettre à mort un condamné en application de la sentence : *L'espionne fut condamnée à mort. On l'exécuta immédiatement.* **5.** Interpréter une œuvre musicale : *L'orchestre va exécuter une valse.*

exécutif, ive, adj. *ou* n. m. ♦ *Le pouvoir exécutif* ou *l'exécutif :* le pouvoir détenu par le gouvernement, les ministres. — REGARDER *législatif.*

exécution, n. f. ♦ Action d'exécuter.

1. exemplaire, adj. ♦ Qui peut servir d'exemple : *Prends modèle sur Gustave : son travail et sa conduite sont exemplaires.*

2. exemplaire, n. m. ♦ Chacun des livres ou des journaux exactement semblables : *L'institutrice a commandé pour la bibliothèque de la classe dix exemplaires des Fables de La Fontaine.*

exemple, n. m. ♦ **1.** Ce qui peut servir de modèle : *La conduite de votre camarade Jeanne doit être un exemple pour toute*

exemple

la classe. **2.** Ce qui peut servir à intimider : *Pour faire un exemple, le roi ordonna de pendre mille rebelles.* **3.** Cas précis et particulier qui sert à rendre une règle ou une affirmation plus claire et plus compréhensible : *Dans notre grammaire, chaque règle est suivie d'un exemple.* ● Phrase qui éclaire une définition : *Lisez bien les exemples de votre dictionnaire, vous comprendrez mieux les définitions.* ● *Par exemple,* pour donner un exemple, parmi d'autres possibles : *Les deltas des grands fleuves, en France par exemple, sont souvent marécageux.* **4.** *Par exemple!* exprime la surprise, parfois l'indignation : *Elle ne t'a même pas prévenu? Ah! par exemple!*

exempt, empte [εgzɑ̃, ɑ̃t], adj. ♦ Qui ne contient pas : *Tu crois qu'on peut écrire un livre exempt d'erreurs?*

exempter [εgzɑ̃te], v. ♦ Dispenser : *Cet élève a les pieds malades, on l'a exempté de gymnastique.*

exercer, v. (conjugaison 17) ♦ **1.** Entraîner : *Pour exercer les joueurs, on les fait courir pendant des kilomètres en terrain difficile.* **2.** Avoir tel métier, telle profession : *Elle exerce la profession d'avocate à Rimouski.* **3.** Accomplir une action, avoir une influence : *Le Soleil et la Lune exercent leur action sur les mers : c'est ce qui explique le phénomène des marées.*

exercice, n. m. ♦ **1.** Mouvement qu'on fait pour s'entraîner, devenir fort, résistant, souple : *Et maintenant, exercice d'assouplissement : On se penche en avant et on se redresse. Une, deux! Une, deux!* **2.** *De l'exercice,* de l'activité physique : *Tu t'alourdis? Alors fais de l'exercice : cours, saute, marche!* **3.** Ce qu'on fait pour apprendre quelque chose, petit devoir : *J'ai quatre exercices de grammaire à faire pour demain.* **4.** Pratique d'un métier, d'une profession : *Dans l'exercice de sa profession, Mᵐᵉ Dubois est très sérieuse, mais, chez elle, elle aime bien s'amuser.*

exhausser, v. ♦ Élever le niveau d'une chose, la surélever : *La digue n'est pas assez haute, on va l'exhausser.* — SYN. élever,

hausser, surélever. — CONTR. abaisser, baisser. — REM. N'écrivez pas comme *exaucer* (une prière).

exhiber, v. ♦ Montrer : *Notre voisin est très fier d'exhiber son chapeau neuf.*

exhorter, v. ♦ Encourager par des paroles : *La mère exhorta ses fils à travailler.*

exhumer, v. ♦ Retirer, en mettant hors de terre : *On va exhumer le corps pour procéder à une autopsie.* — CONTR. enterrer, inhumer.

exigeant, ante, adj. ♦ Qui exige beaucoup : *Qu'il est exigeant, Antoine : il lui faudrait trois personnes pour le servir!* — SYN. difficile. — CONTR. facile, docile.

exigence, n. f. ♦ Chose qu'on exige.

exiger, v. (conjugaison 16) ♦ **1.** Demander de manière pressante, autoritaire : *Antoine exige d'être servi comme un prince.* **2.** Avoir besoin de : *La culture des orangers exige du soleil et du travail.*

exigu, uë [εgzigy, y], adj. ♦ Très petit : *Elle logeait dans une chambre exiguë.* — SYN. minuscule. — CONTR. spacieux.

exil, n. m. ♦ État d'une personne contrainte de vivre hors de son pays.

exilé, ée, adj. *ou* n. ♦ Qui vit en exil.

exiler, v. ♦ Obliger à vivre à l'étranger : *Le roi exila ceux qui avaient comploté contre lui.* — SYN. expulser. ● *S'exiler :* aller vivre hors de son pays, s'expatrier. — SYN. émigrer.

existence, n. f. ♦ **1.** État de ce qui existe : *Tu crois à l'existence des fantômes?* — CONTR. inexistence. **2.** Vie : *Napoléon a vécu cinquante-deux ans : son existence fut brève, mais bien remplie!*

exister, v. ♦ **1.** Se trouver vraiment quelque part : *Mais oui, les mammouths ont*

expert

existé! *Ce ne sont pas des animaux fantastiques.* ● *Il existe encore des loups dans le nord du Québec.* **2.** Avoir de l'importance : *Pour ma sœur, rien n'existe, sauf le sport!*

exocet [ɛgzɔsɛ], n. m. ♦ Poisson des mers chaudes, aux grandes nageoires, qui peut sauter et planer hors de l'eau. — SYN. poisson volant.

exode, n. m. ♦ Départ massif et désordonné de la population, qui fuit la famine, l'invasion, etc.

exonérer, v. (conjugaison 11) ♦ Dispenser de payer une taxe, des impôts.

exorbitant, ante, adj. ♦ Excessif, scandaleusement élevé : *Comment? 80 dollars pour un repas? Mais c'est un prix exorbitant!*

exorbité, ée, adj. ♦ *Des yeux exorbités,* grands ouverts (sous l'effet de la surprise, de la peur) et qui semblent presque sortir de leur orbite.

exotique, adj. ♦ D'un pays lointain.

exotisme, n. m. ♦ Caractère de ce qui appartient à un pays lointain, et qui provoque le dépaysement : *Toi qui aimes l'exotisme, tu verras avec plaisir ce film brésilien.*

expansif, ive, adj. ♦ Qui parle beaucoup et qui exprime facilement ses sentiments, ses émotions. — SYN. démonstratif, exubérant, ouvert. — CONTR. distant, froid, renfermé, réservé, taciturne.

expansion, n. f. ♦ Développement : *La suppression des taxes favorisera l'expansion du commerce extérieur.* — SYN. développement, essor. — CONTR. affaiblissement, recul, régression, stagnation. ● Développement de l'activité économique : *Grâce à l'expansion, le nombre des chômeurs va diminuer.* — SYN. croissance, prospérité. — CONTR. crise, récession, stagnation.

expatrier (s'), v. (conjugaison 20) ♦ Quitter son pays. — SYN. émigrer.

expédient [ɛkspedjã], n. m. ♦ Petit moyen qui permet de résoudre provisoirement et mal une difficulté, mais qui ne la résout pas durablement et sérieusement. ● Moyen plus ou moins honnête de se procurer de l'argent : *Elle n'a ni travail ni ressources et elle vit d'expédients.*

expédier, v. (conjugaison 20) ♦ **1.** Envoyer : *Tu n'auras qu'à m'expédier ce livre par la poste.* **2.** Exécuter rapidement : *Il faut expédier la besogne avant demain.*

expéditeur, trice, n. ♦ Celui, celle qui expédie une lettre, un colis. — CONTR. destinataire.

expéditif, ive, adj. ♦ Rapide : *L'assassin fut arrêté à midi, jugé à 2 heures, condamné à 3 heures et exécuté immédiatement : c'est cela, la justice expéditive!*

expédition, n. f. ♦ **1.** Action d'expédier. **2.** Opération militaire au loin. ● Voyage d'exploration.

expérience, n. f. ♦ **1.** Opération scientifique qui met en évidence un fait : *Verse du vinaigre sur de la craie et tu verras des bulles se dégager : c'est une expérience de chimie.* **2.** Le savoir (ou le savoir-faire) qu'on acquiert avec le temps, en pratiquant une activité : *Ce patron-pêcheur navigue depuis vingt ans : il a une grande expérience de la mer.* — CONTR. inexpérience.

expérimenté, ée, adj. ♦ Qui a une grande expérience. — CONTR. inexpérimenté.

expérimenter, v. ♦ Essayer pour savoir, mettre à l'essai : *Arthur a expérimenté un bateau de sa fabrication : il a failli se noyer!*

expert, erte, adj. *ou* n. m. ♦ **1.** Qui connaît bien une activité. **2.** Personne qui connaît une question et que l'on consulte pour avoir une opinion sûre : *Consulté par le tribunal, l'experte a déclaré que le tableau était faux.*

expirer

expirer, v. ♦ **1.** Rejeter l'air en soufflant : « *Inspirez fort, expirez lentement* », *cria la monitrice d'éducation physique.* **2.** Mourir : *Il expira après une brève maladie.* **3.** Se terminer, prendre fin : *Le bail expirera le 31 décembre.*

explication, n. f. ♦ **1.** Paroles par lesquelles on explique. **2.** Fait qui explique, qui est la cause : *La rupture du câble électrique, voilà l'explication de la panne.* **3.** Discussion au cours de laquelle on s'explique, on tire au clair une affaire sur laquelle on est en désaccord.

expliquer, v. ♦ **1.** Dire ce qu'il faut pour faire comprendre : *Explique-moi cette règle de grammaire, je n'y comprends rien.* **2.** Être la raison, la cause de : *L'aridité du sol explique la pauvreté de cette province.* **3.** *S'expliquer,* donner les raisons de sa conduite, de son opinion : *Explique-toi, voyons ! Comment et pourquoi as-tu agi ainsi ?*

exploit, n. m. ♦ Action héroïque ou difficile. — SYN. prouesse.

exploitant, n. m. ♦ *Exploitant agricole :* celui qui exploite, qui travaille un domaine agricole.

exploitation, n. f. ♦ **1.** Action d'exploiter, de mettre en valeur. **2.** Domaine agricole : *Elle possède une exploitation agricole dans la Beauce.*

exploiter, v. ♦ **1.** Mettre en valeur, par son travail et par le travail des autres, une chose qui produit, qui rapporte : *Elle exploite un domaine de 120 hectares, avec l'aide de son fils et d'un ouvrier agricole.* **2.** Profiter de : *Notre équipe a dominé en première mi-temps, mais n'a pas su exploiter son avantage.* **3.** Faire travailler durement pour un maigre salaire : *Il est inadmissible que les riches propriétaires exploitent les pauvres ouvriers agricoles.*

exploiteur, euse, n. ♦ Celui, celle qui exploite les travailleurs.

explorateur, trice, n. ♦ Celui, celle qui fait un voyage d'exploration.

exploration, n. f. ♦ Action de voyager dans un pays inconnu ou mal connu, pour l'étudier.

explorer, v. ♦ Visiter pour découvrir : *De nos jours, il n'y a plus beaucoup de pays inconnus à explorer.*

exploser, v. ♦ Éclater en produisant un grand bruit, en faisant des dégâts : *Le camion-citerne a explosé à cause de l'incendie.*

explosif, n. m. ♦ Produit qui peut exploser (dynamite, plastic, etc.).

explosion, n. f. ♦ Éclatement accompagné d'un grand bruit.

exportateur, trice, adj. *ou* n. ♦ Qui exporte. — CONTR. importateur.

exportation, n. f. ♦ Action de vendre à l'étranger. ● Marchandises vendues à l'étranger. — CONTR. importation.

exporter, v. ♦ Vendre à l'étranger : *Le Canada exporte des céréales et importe des fruits tropicaux.*

exposé, n. m. ♦ Petit cours, petite conférence.

exposer, v. ♦ **1.** Montrer ou présenter des œuvres d'art ou des produits au public : *Ce constructeur d'automobiles expose plusieurs modèles nouveaux au Salon.* **2.** Exprimer, dire : *Elle m'a longuement exposé son point de vue et ses arguments.* **3.** *Exposer une pellicule,* la soumettre à l'action de la lumière : *La pellicule a été trop longtemps exposée à la lumière : la photographie est presque blanche.* **4.** *Être exposé à,* être tourné vers tel point de l'horizon : *La salle à manger reçoit le soleil le matin, car elle est exposée à l'est.* **5.** *S'exposer,* courir un risque, risquer de subir un désagrément : *En manquant tous les cours, tu t'exposes à être exclu de l'école.*

exténuer

exposition, n. f. ♦ **1.** Action d'exposer ou de s'exposer : *L'exposition de la pellicule à la lumière a été insuffisante.* **2.** Présentation de produits, d'objets, d'œuvres au public.
● **Exposition universelle :** manifestation qui dure plusieurs mois, dans une ville, et au cours de laquelle les divers pays du monde présentent chacun, dans un pavillon construit pour la durée de l'exposition, des produits, des œuvres caractéristiques. **3.** Orientation par rapport à l'un des points de l'horizon : *L'exposition de cette maison est excellente : elle reçoit le soleil le matin.*

1. exprès, esse [ɛkspʀɛ, ɛs], adj. ♦ Exprimé de manière absolument nette, sans atténuation ni sous-entendu : *Interdiction expresse fut faite aux habitants de se baigner dans la rivière.*

2. exprès [ɛkspʀɛ], adv. ♦ Volontairement. — SYN. délibérément, volontairement. — CONTR. par inadvertance, involontairement.

1. express [ɛkspʀɛs], n. m. inv. ♦ Train qui s'arrête seulement aux gares principales. — CONTR. omnibus.

2. express [ɛkspʀɛs], n. m. inv. ♦ Café fait rapidement avec une machine spéciale.

expressément, adv. ♦ D'une manière expresse : *Il est expressément interdit de déposer des ordures le long de ce mur.* — SYN. formellement.

expressif, ive, adj. ♦ Qui exprime des sentiments avec force et vivacité : *Le beau visage expressif de Lise s'illumina soudain.* — CONTR. inexpressif.

expression, n. f. ♦ **1.** Groupe de mots qui a un sens particulier : *Tu ne connais pas l'expression « pendre la crémaillère »? Alors, cherche au mot « crémaillère ».* **2.** Action d'exprimer ses idées, ses sentiments : *Le roman, la poésie, la peinture, le cinéma sont des moyens d'expression.* **3.** Apparence que prend le visage sous l'effet d'un sentiment : *L'expression joyeuse de son visage me fit deviner que tout s'était bien passé.*

exprimer, v. ♦ **1.** Faire sortir en pressant : *Regarde : pour exprimer le jus, tu presses ainsi l'orange.* **2.** Faire connaître ses idées, ses sentiments : *Voyons, quels sentiments l'auteur exprime-t-il dans ce poème?*
● **S'exprimer :** faire connaître ses idées ou ses sentiments par la parole ou par écrit.

exproprier, v. (conjugaison 20) ♦ Prendre un terrain ou un immeuble moyennant une indemnité préalable.

expulser, v. ♦ Chasser, mettre dehors : *Le gouvernement a fait expulser les faux réfugiés.* — REGARDER extrader.

expulsion, n. f. ♦ Action d'expulser, son résultat : *Si le locataire ne paie pas son loyer, le propriétaire demandera son expulsion.*

exquis, ise, adj. ♦ **1.** Très bon : *Oh! elle est exquise, cette glace aux noisettes!* — SYN. bon, délectable, délicat, délicieux, savoureux. — CONTR. infect, mauvais. **2.** Très joli : *Ce petit tableau est vraiment exquis.* — SYN. beau, charmant, délicieux, joli, ravissant. — CONTR. affreux, hideux, laid, monstrueux, vilain.

exsangue [ɛksɑ̃g], adj. ♦ Qui a perdu beaucoup de sang, qui n'a presque plus de sang.

extase, n. f. ♦ Grande admiration : *Les petits enfants restaient en extase devant l'arbre de Noël.* — SYN. émerveillement.

extasier (s'), v. (conjugaison 20) ♦ Exprimer avec vivacité une grande admiration, une joie intense. — SYN. s'émerveiller.

extension, n. f. ♦ Étendue d'une chose qui va en s'accroissant : *L'extension du chômage inquiète les pouvoirs publics.* — SYN. accroissement, augmentation, progrès. — CONTR. diminution, recul.

exténuant, ante, adj. ♦ Très fatigant. — SYN. épuisant.

exténuer, v. (conjugaison 19) ♦ Fatiguer beaucoup : *Mon père a bêché le jardin : ce travail l'a exténué.* — SYN. épuiser.

extérieur, eure, adj. *ou* n. m. ♦ **1.** Qui est dehors : *Le côté extérieur de la porte est peint en bleu, la face intérieure en gris.* — SYN. externe. — CONTR. intérieur, interne. **2.** Ce qui concerne les pays étrangers : *La politique extérieure du Canada n'avait pas d'autre but que d'assurer la paix.* — SYN. étranger, international. — CONTR. intérieur. ● *Le commerce extérieur :* les exportations et les importations. **3.** *L'extérieur,* ce qui est dehors : *L'extérieur du mur est en ciment, l'intérieur est recouvert de plâtre.* — SYN. le dehors. — CONTR. l'intérieur, le dedans.

exterminer, v. ♦ Tuer, détruire complètement : *Des milliers de cafards ont envahi l'immeuble : on va les exterminer au moyen d'un insecticide spécial.*

externe, adj. *ou* n. m. *ou* f. ♦ **1.** Intérieur : *La partie externe du mur se dégrade vite, car elle est exposée aux intempéries ; la face interne est évidemment mieux protégée.* — SYN. extérieur. — CONTR. interne, intérieur. **2.** *Un, une externe :* un, une élève qui suit les cours, mais qui ne couche pas dans l'établissement scolaire et qui n'y prend pas ses repas. — CONTR. interne.

extincteur, n. m. ♦ Appareil qui sert à éteindre un début d'incendie et qui est constitué par un récipient métallique contenant un liquide spécial.

extinction, n. f. ♦ **1.** Action d'éteindre. ● *Extinction des feux :* dans une caserne, moment auquel tous les soldats, dans les chambres, doivent éteindre les lampes. ● Sonnerie de clairon ou de trompette qui annonce ce moment. **2.** Disparition, fin de l'existence. ● *Les cafards, les puces, les poux et les punaises, voilà des espèces qui ne sont pas en voie d'extinction !* (= menacées de disparaître). ● *Extinction de voix :* état d'une personne dont la gorge est prise et qui ne peut plus parler.

extirper, v. ♦ Supprimer complètement et définitivement.

extorquer, v. ♦ Prendre par force ou par ruse : *Un individu armé a voulu lui extorquer ses économies.*

extra, adj. inv. ♦ De qualité supérieure : *Voici des sardines extra.*

extraction, n. f. ♦ Action d'extraire.

extrader, v. ♦ Livrer une personne à la justice d'un pays étranger, afin qu'elle soit jugée.

extradition, n. f. ♦ Action d'extrader.

extraire, v. (conjugaison 57) ♦ **1.** Arracher : *Ta molaire est en mauvais état : le dentiste va être obligé de l'extraire.* **2.** Retirer du sol, des profondeurs de la terre : *Pour extraire le charbon et les minerais, l'homme a dû creuser des galeries bien profondément sous terre !* **3.** Tirer un produit d'une substance, d'une plante : *On extrait de l'huile des cacahuètes : c'est l'huile d'arachide.* **4.** Tirer un passage d'une œuvre : *Ce poème est extrait d'un recueil de Victor Hugo.*

extrait, n. m. ♦ **1.** Produit tiré d'une substance, d'une plante. **2.** Passage tiré d'une œuvre.

extraordinaire, adj. ♦ Qu'on ne voit pas, qu'on n'entend pas, qu'on ne trouve pas tous les jours. — SYN. bizarre, étonnant, étrange, excentrique, exceptionnel, extravagant, fantastique, hors du commun, inhabituel, insolite, original, prodigieux, rare, singulier, spécial, stupéfiant. — CONTR. banal, commun, courant, coutumier, fréquent, habituel, naturel, normal, ordinaire, usuel.

extravagance, n. f. ♦ **1.** Caractère de ce qui est extravagant. **2.** Action ou parole contraire au bon sens, à la raison. — SYN. excentricité.

extravagant, ante, adj. ♦ Contraire au bon sens, à la raison : *Quelle idée extravagante ! Se promener en tenant un homard en laisse !* — SYN. excentrique. — CONTR. raisonnable, sensé.

extrême, adj. *ou* n. m. ♦ **1.** Très grand : *Cette parole jeta Sophie dans un extrême embarras.* ● *A l'extrême :* beaucoup, au plus haut point. **2.** Le plus éloigné, le

Le chemin de fer

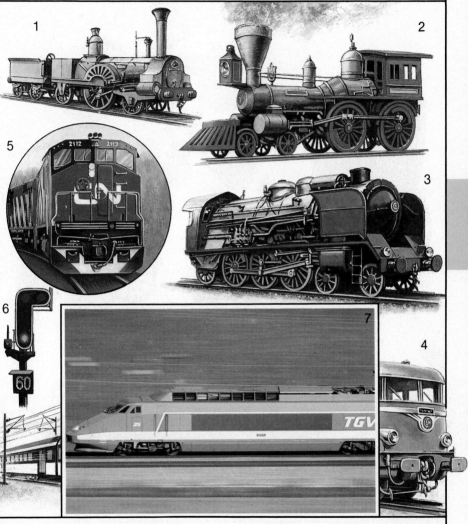

Reine du rail jusqu'au milieu du XXᵉ siècle, la locomotive à vapeur a été détrônée par la locomotive Diesel et la locomotive électrique.

1. **La Buddicom** (traction vapeur, 1853).
2. **La Général** (traction vapeur, 1860-1865).

3. **La Pacific 231** (traction vapeur, 1914-1922).
4. **La B.B. 9200** (traction électrique, 1962).
5. **Traction diésel.**

6. **Signaux lumineux destinés au conducteur.**
7. **Le T.G.V.** (Train à Grande Vitesse).

Ph. © Michel Henri. S.N.C.F.

Sur la route...

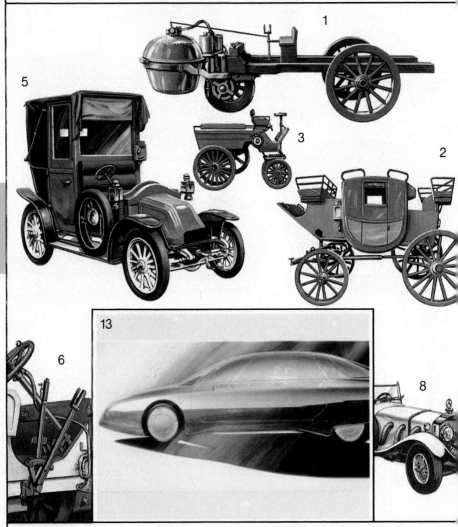

Les ancêtres de l'automobile, mus par des machines à vapeur, ne purent concurrencer efficacement les véhicules à traction animale (diligences, fiacres...). L'apparition du moteur à essence permit le développement extraordinaire de l'automobile, le véhicule roi de notre époque.

1. Fardier de Cugnot (1771).
2. Diligence (XIXᵉ siècle).
3. Automobile **Delamare-Debouteville** (1883).
4. Omnibus à vapeur **De Dion-Bouton** (1897).
5. **Renault** (1905).

Sur la route...

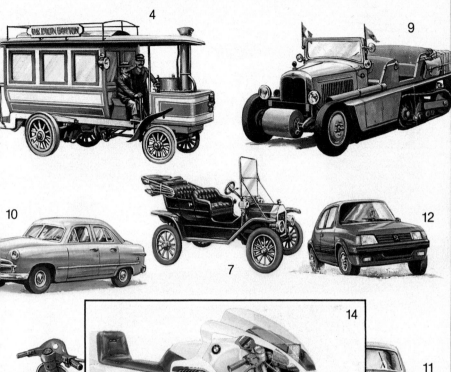

...la (1907, détail).

...rd modèle T (1909).

...ercedes-Benz (1927).

9. Véhicule semi-chenillé **Citroën** (1931).

10. **Berline Ford** (1949).

11. **Rolls-Royce.**

12. **Peugeot 205** (1984).

13. Renault : maquette d'un projet futuriste.

14 et 15. N'oublions pas les «deux roues» : **B.M.W. Futuro 81** et **Vespa.**

Sur l'eau...

De la rame à la voile, et de la voile à la propulsion mécanique...

1. **Drakkar normand** (IXᵉ siècle).

2. **La Victoria,** caraque de Magellan (1519). Ce voilier est le premier navire à avoir fait le tour du monde.

3. **Le Redoutable,** vaisseau de guerre français (XVIIIᵉ siècle).

4. **Le Flying Cloud,** clipper anglais (1851).

5. Le paquebot **France** (1960).

6. **L'Universe Ireland,** superpétrolier.

7. Traversée de la Manche par **le Hovercraft** (Sealink).

La navigation aérienne

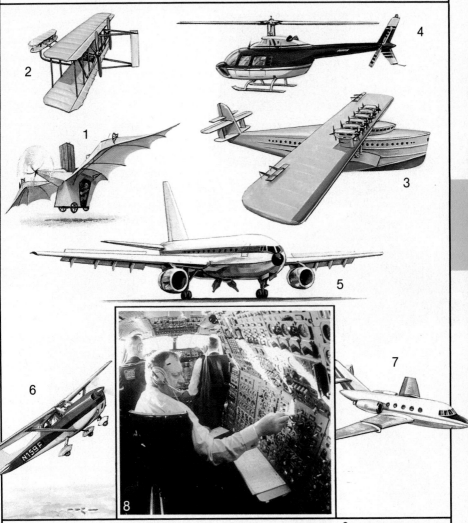

Il a fallu moins d'un siècle pour que l'avion supplante le paquebot et concurrence victorieusement le train sur les moyennes et longues distances.

1. Le premier appareil volant, **l'Éole** de Clément Ader (1890).

2. **Le Flyer des Frères Wright:** premier avion à voler.

3. **Hydravion Dornier Dox** (1929).

4. **Jet Ranger 206 B:** hélicoptère.

5. **L'Airbus A 300 B,** moyen-courrier européen.

6. **Le Skyhawk** (Cessna), avion de tourisme.

7. **Le Mystère 20,** avion d'affaires.

8. Poste de pilotage du **Concorde** (avion commercial supersonique).

Ph. © AIR-FRANCE.

Le téléphone

Le téléphone moderne a subi, grâce à l'électronique et à l'informatique, une véritable révolution.

Par le Minitel, l'usager peut dialoguer avec des banques de données : c'est la télématique.

1. **Un central** (vue générale).
2. Détail d'un central.
3. **Minitel** (clavier et écran).
4. Combiné à touches.
5. Téléphone sans fil.
6. **Publiphone** à carte à mémoire.
7. Satellite **Intelsat IV.**

La télévision

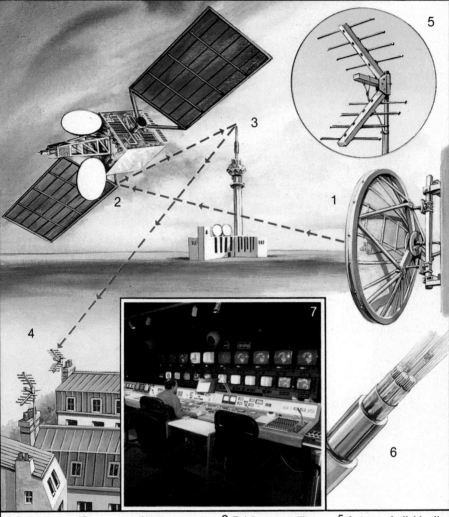

Grâce aux satellites-relais, les ondes de télévision peuvent être transmises à de très grandes distances. La télévision par câble pourra un jour concurrencer la télévision par ondes.

1. **Émetteur** d'ondes.

2. **Relais par satellite.**
3. **Relais** terrestre.
4. Réception par antenne individuelle.

5. **Antenne individuelle** (détail).
6. **Câble** de télévision (fibres optiques).
7. **Régie finale.**

Ph. Pierre Buet © Canal +

Le trajet d'une chanson

Une chanson peut être transmise directement par la voie des ondes ou bien enregistrée sur disque ou sur cassette. On l'écoute sur un transistor ou une chaîne Hi-Fi, sur un tourne-disque, sur un magnétophone ou même sur un Walkman.

1. Enregistrement en **studio.**
2. Réception sur un **tuner.**
3. Passage d'un disque sur **tourne-disque.**
4. **Magnétocassette.**
5. **Enceintes acoustiques.**
6. **Baladeur.**
7. **Lecteur de disque compact** à laser.

plus reculé : *Jusqu'à l'extrême pointe du banc de sable, on voyait l'écume lécher doucement le rivage.* ● Le plus éloigné du milieu, de la moyenne : *Voici les températures extrêmes relevées en janvier, sous abri, à Sept-Îles.* ● *D'un extrême à l'autre :* d'un excès à l'excès contraire, sans milieu raisonnable.

extrême-onction, n. f. ✦ Ancien nom du *sacrement des malades,* sacrement catholique qu'on administre aux malades.

extrême-oriental, ale, aux, adj. *ou* n. ✦ De l'Extrême-Orient, partie orientale du continent asiatique (Chine, Japon, Viêt-nam, Indonésie, etc.) : *Les populations extrême-orientales appartiennent à la race jaune.* ● *Les Extrême-Orientaux :* les habitants de l'Extrême-Orient. — REM. Dans ce mot, le préfixe *extrême-* est toujours invariable.

extrémité, n. f. ✦ 1. Bout : *Le train entra en gare : la locomotive s'arrêta à l'extrémité du quai.* 2. Situation mauvaise : *A quelle extrémité ne fut-il pas réduit !* ● *Réduit à la dernière extrémité,* il dut mendier pour vivre.

exubérance, n. f. ✦ 1. Caractère d'une végétation ou d'une ornementation exubérante. — SYN. luxuriance, opulence. 2. Caractère d'une personne exubérante. — SYN. faconde, volubilité. — CONTR. calme, froideur, réserve, retenue.

exubérant, ante, adj. ✦ 1. Très abondant, très riche : *As-tu remarqué la décoration exubérante de ces chapiteaux sculptés ?* — CONTR. abondant, luxuriant, opulent. — CONTR. austère, maigre, pauvre, sec, sobre. 2. Qui manifeste facilement, vivement et bruyamment ses sentiments, qui parle beaucoup : *Ah ! elle est plus exubérante que les Torontois, notre camarade Maria : c'est une vraie Montréalaiss !* — SYN. communicatif, démonstratif, expansif, loquace, volubile. — CONTR. calme, froid, réservé.

exulter, v. ✦ Être rempli d'une très grande joie, qu'on ne peut garder pour soi, mais qu'on montre vivement : *Nous exultions : notre équipe avait gagné par 6 à 0.* — SYN. déborder de joie, jubiler, se réjouir. — CONTR. s'affliger, se désoler.

exutoire, n. m. ✦ Ce qui permet de donner libre cours à un besoin, à un excès d'énergie, etc. : *Le football est un bon exutoire pour les élèves qui ont un excès de vitalité.*

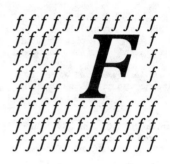

fa, n. m. inv. ♦ Quatrième note de la gamme.

fable, n. f. ♦ **1.** *Une fable :* petit récit, généralement en vers, qui a pour conclusion une leçon de morale ou une leçon pratique. — SYN. apologue. **2.** *La fable,* la mythologie : *Hercule, Thésée, Œdipe sont des héros de la fable.* ● *Une fable :* une légende, une histoire fausse.

fabricant, ante, n. ♦ Personne qui dirige une fabrique.

fabrication, n. f. ♦ Action de fabriquer.

fabrique, n. f. ♦ Usine où l'on produit des objets. — SYN. manufacture, usine.

fabriquer, v. ♦ Produire un objet : *Cette usine fabrique des meubles de bureau en métal.*

fabuleux, euse, adj. ♦ **1.** Qui existe seulement dans la fable, dans la mythologie, dans les légendes. — SYN. fantastique, légendaire, mythique, mythologique. — CONTR. réel. **2.** Très grand : *Cette année-là, les arbres donnèrent une quantité fabuleuse de fruits : les branches cassaient sous le poids.* — SYN. étonnant, extraordinaire, incroyable, prodigieux.

fabuliste, n. m. ♦ Auteur de fables.

façade, n. f. ♦ **1.** Mur extérieur d'un bâtiment, sur lequel s'ouvre l'entrée principale. **2.** Apparence : *Ne t'y trompe pas ! Sa dureté n'est qu'une façade ; en réalité, elle est douce et sensible.*

face, n. f. ♦ **1.** Visage, figure. ● *Se voiler la face :* éprouver un sentiment de honte ou d'horreur. ● *Sauver la face :* sauver les apparences ou l'amour-propre, en remportant un petit succès. — SYN. sauver l'honneur. ● *Perdre la face :* perdre son prestige, être ridiculisé. **2.** *Pile ou face :* REGARDER *pile.* **3.** Chacune des surfaces d'une chose : *Un cube a six faces, mais douze arêtes.* — SYN. côté. ● *Sous toutes ses faces,* sous tous ses aspects : *J'ai examiné le problème à fond, sous toutes ses faces.* **4.** *Face à face :* l'un en face de l'autre. ● *Un face-à-face* (invariable) : émission télévisée au cours de laquelle deux hommes politiques, deux personnalités exposent et opposent leurs opinions. ● *De face,* vu par quelqu'un qui regarde la face : *De face, Myriam est jolie ; de profil, elle est encore plus belle.* ● *En face de,* devant et du côté opposé : *Sa maison est située rue de Normandie, en face de la poste.* ● *Faire face :* affronter courageusement le danger. ● *Faire face :* pouvoir remplir ses engagements, payer des dépenses, etc. ● *Faire face,* être en face de : *Sur la place Saint-André, la mairie fait face au cinéma.*

facétie [fasesi], n. f. ♦ Plaisanterie.

facétieux, euse, adj. ♦ Qui aime à faire des plaisanteries, des farces.

facette, n. f. ♦ Chacune des petites faces planes d'une pierre taillée, d'un petit objet.

fâcher, v. ♦ **1.** Mécontenter gravement : _Jeanne a fâché ses parents lorsqu'elle a voulu quitter l'école._ **2.** _Se fâcher_ : se mettre en colère. — SYN. s'emporter, s'irriter. — CONTR. se calmer, se rasséréner. **3.** _Se fâcher,_ se mettre en mauvais rapport : _Mon père s'est fâché avec notre voisin : ils ne se disent plus bonjour._ — SYN. se brouiller. — CONTR. se réconcilier.

fâcheux, euse, adj. ♦ Qui constitue un désagrément : _Mon vélo a un défaut bien fâcheux : la chaîne saute à chaque instant !_ — SYN. désagréable, ennuyeux, regrettable.

facile, adj. ♦ **1.** Qu'on peut faire sans se donner beaucoup de mal : _Additionne 16 et 6 : c'est une opération facile !_ — SYN. aisé, élémentaire, enfantin, faisable, simple. — CONTR. ardu, compliqué, délicat, difficile, dur, épineux, laborieux, malaisé, pénible, rude. **2.** _Caractère facile_ : caractère agréable d'une personne qui évite de se fâcher avec les autres. — SYN. accommodant, arrangeant, bienveillant, complaisant, conciliant, coulant, de bonne composition, souple. — CONTR. acariâtre, âpre, contrariant, difficile, exigeant, intraitable, irascible, ombrageux, querelleur, rude. ● _Lina est facile à vivre :_ elle a un caractère facile.

facilité, n. f. ♦ **1.** Caractère de ce qui est facile. — CONTR. difficulté. **2.** _Des facilités,_ des moyens, des concessions, qui permettent de se tirer d'affaire : _Tu crois que le fournisseur nous consentira des facilités de paiement ?_ **3.** _Des facilités,_ des dons naturels, des aptitudes, qui rendent une activité facile : _Marion a des facilités pour les mathématiques et les langues étrangères._

faciliter, v. ♦ Rendre plus facile : _Une_ pompe à moteur, voilà qui va faciliter l'arrosage du jardin._ — SYN. favoriser. —CONTR. entraver, gêner.

façon, n. f. ♦ **1.** Méthode qu'on emploie pour faire quelque chose : _Philippe étale la peinture sur les murs avec ses doigts : curieuse façon de peindre !_ — SYN. manière. ● _De toute façon,_ dans toutes les hypothèses, dans tous les cas : _Quelle que soit l'heure à laquelle tu arriveras, tu auras, de toute façon, de quoi manger : un repas froid sera prêt._ — SYN. de toute manière. ● _De façon à, de façon que,_ introduit l'expression d'une conséquence : _Note bien mon numéro de téléphone, de façon à pouvoir me prévenir. Dépêche-toi, de façon que tout soit prêt pour huit heures._ — SYN. de manière (à, que), de sorte que. **2.** _Les façons,_ les manières, la conduite : _Voyons, Nadia, pourquoi as-tu ces façons brutales avec ton petit frère ?_ **3.** _Faire des façons_ : faire des manières, des cérémonies, ne pas accepter simplement, du premier coup. ● _Sans façon_ : très simplement, sans cérémonie. **4.** Le travail et son résultat, par opposition à la matière première : _Cette robe était fort belle, tant par l'étoffe dont elle était faite que par la façon._ ● _Travailler à façon_ : sans fournir la matière première.

faconde, n. f. ♦ Aptitude à parler beaucoup, vite, facilement, souvent avec une certaine vulgarité. — SYN. loquacité, volubilité. — CONTR. mutisme, réserve.

façonner, v. ♦ Donner une forme définie, au cours de la fabrication : _A coups de marteau, le forgeron façonne un fer à cheval._

facteur, n. m. ♦ **1.** Nom usuel du _préposé,_ employé des postes, qui porte les lettres. Le féminin est _factrice._ **2.** Chacun des nombres que l'on multiplie l'un par l'autre. **3.** Chacun des éléments qui concourent à un résultat : _La confiance est un facteur capital pour une bonne entente entre le maître et ses élèves._

factice, adj. ♦ Faux : _Cette énorme tablette dans la vitrine ? C'est du chocolat factice, voyons !_

factieux

factieux, euse [faksjø, øz], adj. *ou* n. m. ♦ Qui exerce une action illégale contre le pouvoir établi : *Des ligues factieuses voulaient, disait-on, renverser le gouvernement.* — SYN. séditieux. — CONTR. loyaliste.

faction [faksjɔ̃], n. f. ♦ **1.** Groupe de gens qui exercent une action illégale et violente. **2.** Temps pendant lequel un soldat monte la garde. ● *Un soldat en faction.* ● *Le soldat est de faction.*

factionnaire [faksjɔnɛʀ], n. m. ♦ Soldat qui monte la garde. — SYN. sentinelle.

facture, n. f. ♦ Papier qui indique la somme à payer. — REGARDER *addition, note.*

facultatif, ive, adj. ♦ Qu'on peut faire si on veut, mais qu'on n'est pas obligé de faire. — CONTR. obligatoire.

faculté, n. f. ♦ **1.** Possibilité : *Vous avez la faculté de vous arrêter en cours de route, à condition de faire viser votre billet.* **2.** Établissement d'enseignement supérieur.

fade, adj. ♦ **1.** Qui n'a pas de goût : *Pas de sel, pas de condiments! C'est pour cela que ce plat est si fade!* — CONTR. épicé, relevé. **2.** Sans intérêt, ennuyeux : *Je n'aime pas le style fade de cette romancière.*

fagot, n. m. ♦ Ensemble de petites branches liées ensemble et qui servent à allumer du feu.

fagoter, v. ♦ Habiller de manière ridicule : *Elle a fagoté bizarrement sa fille avec un manteau long à carreaux verts.*

faible, adj. *ou* n. m. ♦ **1.** Qui manque de forces : *La vieille dame a été fort malade : elle recommence à se lever, mais elle est encore bien faible.* — SYN. fragile. — CONTR. fort, robuste, vigoureux. **2.** *Les faibles :* les personnes pauvres, sans relations, sans moyens de défense. — SYN. les pauvres. — CONTR. les forts, les puissants, les riches. **3.** Qui réussit mal : *Nicolas est nul en français et très faible en maths.* — SYN. mauvais. — CONTR. bon, fort. **4.** Qui n'a pas assez de

volonté pour se conduire bien : *Ce garçon est faible : il est devenu un voleur.* ● *Son caractère est faible.* — SYN. mou. — CONTR. dur, énergique, ferme. ● Qui ne sait pas imposer sa volonté : *Le roi était faible : le désordre s'installa dans le royaume.* **5.** Pas très grand : *A une faible distance, on voyait une rangée d'arbres.* — SYN. petit. — CONTR. grand. ● *Une lumière faible fatigue la vue, quand on lit.* — CONTR. éclatant, fort, intense. ● *Personne ne t'entend : ta voix est trop faible.* — CONTR. éclatant, fort, haut, sonore.

faiblesse, n. f. ♦ **1.** État ou caractère d'une personne faible. **2.** Vertige, brusque fatigue, évanouissement.

faiblir, v. ♦ **1.** Céder, plier, fléchir : *Si la poutre faiblit, tout va s'effondrer.* ● Devenir faible : *Ton ardeur faiblirait-elle?* **2.** Relâcher son effort : *Allez, du nerf : ce n'est pas le moment de faiblir !*

faïence [fajɑ̃s], n. f. ♦ Terre cuite recouverte d'émail, de vernis.

faille [faj], n. f. ♦ **1.** Fente étroite et profonde dans la terre, dans le rocher. **2.** Défaut plus ou moins caché : *Il y a une faille dans son caractère, c'est pourquoi, malgré ses diplômes, il n'a pas réussi.*

faillir, v. (conjugaison 36) ♦ **1.** Manquer de (faire telle chose) : *Lancée à cent kilomètres à l'heure sur sa moto, elle a mal pris le virage et a failli tomber au fond du ravin.* **2.** *Faillir à,* manquer à, ne pas remplir : *Non, citoyens, je n'ai jamais failli à mes devoirs.*

faillite, n. f. ♦ État d'un commerçant ou d'une entreprise qui ne peut plus payer ses fournisseurs : *L'épicière va être en faillite.* ● *L'épicière risque de faire faillite.*

faim, n. f. ♦ **1.** Besoin de manger : *Vite, un morceau de pain, du fromage ! J'ai une grande faim !* **2.** État d'une personne qui n'a pas assez à manger : *Tu vois la photo : ces enfants très maigres, ils souffrent de la faim.*

faine, n. f. ♦ Fruit du hêtre. — REM. N'écrivez pas « faîne ».

fainéant, ante, adj. *ou* n. ♦ Paresseux, — CONTR. laborieux, travailleur.

fainéantise, n. f. ♦ Paresse.

faire, v. (conjugaison 54) ♦ **1.** Agir de manière à faire exister une chose, un objet : *Le menuisier fait une table.* — SYN. confectionner, construire, créer, exécuter, fabriquer, produire, réaliser. — CONTR. défaire, détruire, supprimer. ● Émettre, produire : *En brûlant, la paille humide fait beaucoup de fumée.* ● Exécuter une action : *S'il te plaît, veux-tu faire ce petit calcul ?* ● *Cela ne se fait pas :* ce n'est pas l'usage d'agir ainsi, cela est contraire à la bonne éducation. ● S'y prendre : *Comment fait-elle, Ariane, pour savoir toujours le sujet de la composition à l'avance ?* ● Agir : *Tu as bien fait d'aider ton camarade plus faible.* ● Mettre en ordre, balayer, nettoyer, etc. ● *Faire le lit. Faire la chambre. Faire les chaussures.* ● Pratiquer un sport ou jouer d'un instrument : *Lise fait du tennis, sa sœur fait du piano et du violon.* **2.** Avoir pour résultat : *Tout cela fait que je suis en retard.* ● *Cela ne fait rien :* cela n'a aucune importance. ● Égaler : *Sept et trois font dix* (7 + 3 = 10). **3.** *Faire* (suivi d'un infinitif), ordonner de : *Le roi fit construire une haute tour.* ● Aider à : *Tiens, fais donc manger ton petit frère !* ● Produire telle action : *C'est le soleil qui fait mûrir les fruits.* **4.** *Se faire,* devenir : *Notre voisin se fait vieux : il ne marche plus très facilement.* ● *Se faire,* s'arranger pour être ou paraître (tel ou tel) : *Catherine se fait belle pour aller au bal.* **5.** *Se faire à,* s'habituer à : *Ah ! elle a eu du mal à se faire à la vie du pensionnat, ma petite cousine !* **6.** *Faire* (suivi d'un adjectif), paraître : *En costume clair, mon oncle fait plus jeune.* ● *Faire* (suivi d'un nom), jouer le rôle de, faire semblant d'être (tel ou tel) : *Allez ! ce n'est pas le moment de faire l'enfant gâté !* **7.** *Il fait,* indique le temps, la température, etc. : *Il fait froid. Il fait chaud. Il faisait beau.* **8.** *C'en est fait de,* il est perdu : *Un peu plus, et c'en était fait du navire : un écueil était tout proche.* **9.** *Faire du pouce,* faire de l'auto-stop.

faire-part, n. m. inv. ♦ Carte imprimée par laquelle on annonce une naissance, un mariage ou un décès.

faisable, adj. ♦ Qui peut se faire, qui n'est pas impossible. — CONTR. infaisable, impossible.

faisan [fɔzɑ̃], **ane,** n. ♦ Oiseau à beau plumage, à longue queue, qui constitue un gibier estimé.

faisandé, ée, adj. ♦ Qui a commencé à se décomposer, à pourrir.

faisceau [fɛso], n. m. ♦ **1.** Chez les Romains, assemblage de verges, liées ensemble et entourant une hache, qui constituait un symbole de l'autorité et du droit de punir ; on fouettait avec les verges et on décapitait avec la hache : *Le consul avançait, précédé de six licteurs, qui portaient les faisceaux.* — REGARDER licteur. **2.** Assemblage de trois fusils, que les soldats forment, au cours d'une halte, par exemple, pour se débarrasser de leurs armes sans les laisser traîner par terre. **3.** Ensemble de choses longues liées ensemble : *Elle chargea sur le toit de sa voiture tout un faisceau de cannes à pêche.* **4.** Ensemble de choses qui tendent au même effet : *Il a réuni tout un faisceau d'arguments en faveur de son plan.* **5.** *Faisceau de lumière, faisceau lumineux :* rayon lumineux bien net.

1. fait, faite, adj. ♦ **1.** *Tout fait,* complètement fini, qu'on n'a pas à faire soi-même, à préparer : *J'ai acheté du couscous tout fait, en boîte.* **2.** *C'est bien fait :* c'est bien mérité. **3.** *Fromage, melon fait,* assez mou, assez mûr pour être bon à manger.

2. fait [fɛ], n. m. ♦ **1.** Événement : *Voici les grands faits de l'histoire du Canada, ceux que vous devez savoir absolument.* ● *Les faits divers,* les nouvelles qui ne concernent pas la vie politique, économique, sociale, culturelle : *Il n'y a que des faits divers dans ce journal : bagarres entre voyous, accidents de voitures, etc.* **2.** *C'est un fait :* c'est une chose sûre, constatée. ● *Mettre quelqu'un devant le fait accompli :* — REGARDER accompli, sens 1.

faîte

faîte, n. m. ♦ Partie la plus haute, endroit le plus élevé d'un toit, d'un arbre. — SYN. cime. ● Le plus haut point : *Cette chanteuse est au faîte de sa gloire.* — SYN. apogée.

faitout, n. m. ♦ Récipient cylindrique à deux anses, à couvercle, où l'on fait cuire les aliments. — PLUR. *des faitouts.* — REM. On écrit parfois *un fait-tout, des fait-tout.*

falaise, n. f. ♦ Côte, au bord de la mer, formée d'une paroi rocheuse verticale.

falloir, v. (conjugaison 64) ♦ **1.** *Il faut,* il est nécessaire : *Cinq heures? Il faut partir. Il faut que nous partions.* **2.** *Il faut à quelqu'un,* quelqu'un a besoin de : *Il faut à Louis deux cahiers et un cartable neuf.*

falsifier, v. (conjugaison 20) ♦ Modifier frauduleusement : *Il est interdit de falsifier les documents d'état civil.*

famé, ée, adj. ♦ *Mal famé :* qui a mauvaise réputation, qui est mal fréquenté.

fameux, euse, adj. ♦ **1.** Connu : *Bordeaux est une ville fameuse pour ses vins.* — SYN. célèbre, renommé, réputé. — CONTR. inconnu, obscur. **2.** Bon : *Il est fameux, ce dessert.*

familial, ale, aux, adj. ♦ De famille, de la famille : *Elle s'est retirée dans la propriété familiale, dans l'Estrie.*

familiariser, v. ♦ Accoutumer, habituer : *Il faut familiariser les enfants avec les règles du code de la route.*

familiarité, n. f. ♦ Manière familière de se conduire, de parler : « *Bonjour, mon vieux, comment ça va?* », a dit Bernard à l'instituteur; *le maître n'a pas aimé cette familiarité.*

familier, ière, adj. *ou* n. m. ♦ **1.** Qui vit habituellement avec quelqu'un : *Elle vivait entourée de ses animaux familiers : les deux chats, le chien et les canaris.* ● Bien connu de quelqu'un : *Tu es de la campagne, les*

travaux agricoles te sont familiers. — CONTR. étranger, inconnu. ● *Un familier :* personne qu'on voit souvent. — SYN. un habitué. **2.** Qui ne marque pas assez la distance avec un inconnu ou un supérieur, qui ne témoigne pas assez de respect : *Tu ne dois pas être trop familier avec ton maître : il n'est pas ton camarade.* **3.** *Mot familier, expression familière,* qu'on emploie seulement en famille ou avec des camarades : *Tu dois éviter les mots familiers dans tes devoirs de français, par exemple « bouquin » pour « livre ».*

familièrement, adv. ♦ De manière familière.

famille, n. f. ♦ **1.** Ensemble des gens qui ont une relation de parenté les uns avec les autres : *Toute la famille était réunie : le père, la mère, les enfants, les grands-parents, les frères, les sœurs, les beaux-frères, les belles-sœurs, les oncles, les tantes, les neveux et les nièces!* ● Ensemble formé par le père, la mère et les enfants. ● Ensemble des enfants : *Onze enfants, c'est une famille nombreuse!* ● *Un père de famille. Une mère de famille.* **2.** Ensemble d'animaux ou de plantes d'espèces différentes, mais qui ont des caractères communs : *Sais-tu que le pommier et le poirier appartiennent à la même famille botanique?* **3.** *Famille de mots,* ensemble de mots qui ont la même étymologie ou qui ont un radical commun : *Les mots père, parrain, patron, paternel, patronal, patronner, patronage appartiennent à la même famille (origine : latin* pater, *« père »).*

famine, n. f. ♦ Très grave manque de nourriture dû généralement à une mauvaise récolte.

fanatique, adj. ou n. ♦ **1.** Qui est prêt à commettre n'importe quel acte pour imposer ses idées, sa religion, et qui ne permet pas qu'on exprime ou qu'on approuve d'autres idées que les siennes, qu'on suive une autre religion que la sienne. — SYN. intolérant, sectaire. — CONTR. tolérant. **2.** Amateur passionné : *Marie est une fanatique du hockey.*

fanatisme, n. m. ♦ Caractère, conduite d'une personne fanatique.

fané, ée, adj. ♦ Desséché, qui a perdu sa fraîcheur : *La rose est fanée, jetons-la.* — SYN. flétri.

faner, v. ♦ **1.** Retourner sur le pré l'herbe coupée, pour qu'elle sèche et devienne du foin : *Que font ces paysans avec des fourches ? Mais ils fanent !* **2.** *Se faner,* se dessécher, perdre sa fraîcheur : *La rose s'est fanée.*

fanfare, n. f. ♦ Orchestre constitué par des musiciens qui jouent de divers instruments à vent (en cuivre) et du tambour, de la grosse caisse, etc.

fanfaron, onne, adj. *ou* n. ♦ Qui se fait passer pour un brave, pour un dur, et qui ne l'est pas.

fanfaronnade, n. f. ♦ Paroles d'un fanfaron.

fanion, n. m. ♦ Petit drapeau.

fantaisie, n. f. ♦ **1.** Qualité faite d'imagination et d'originalité amusante : *J'aime beaucoup cette chanson, pleine de fantaisie et de charme.* **2.** Manque de sérieux et d'application : *Tu travailles avec trop de fantaisie.* **3.** *Une fantaisie,* une chose peu indispensable, mais qui fait plaisir : *Je me suis acheté des boucles d'oreilles : c'est une petite fantaisie.* — SYN. caprice.

fantaisiste, adj. *ou* n. ♦ **1.** Peu sérieux : *Arnaud est un élève fantaisiste : il travaille quand il veut, mais il ne veut pas tous les jours !* • *Arnaud est un fantaisiste.* • Peu fondé, sans valeur : *Tu dis que la mer ne déborde jamais parce que les éponges absorbent l'excès d'eau ? C'est une explication fantaisiste !* **2.** *Un, une fantaisiste :* artiste qui chante des chansons gaies, qui raconte des histoires drôles, qui fait des imitations des gens connus, etc.

fantasque, adj. ♦ Qui change souvent d'avis, sans raison. — SYN. capricieux, changeant, instable.

fantassin, n. m. ♦ Soldat équipé et entraîné pour combattre à pied et qui fait partie de l'*infanterie.*

fantastique, adj. ♦ **1.** Qui n'existe pas : *Le griffon avait un corps de lion, une tête et des ailes d'aigle : c'était un animal fantastique, bien sûr !* — SYN. fabuleux, imaginaire, légendaire, mythique. — CONTR. réel. **2.** Où les personnages et les événements sont irréels, magiques : *Dans ce conte fantastique, on voit des enchanteurs et des fées intervenir à chaque instant.*

fantoche, n. m. ♦ Marionnette actionnée par des fils. — SYN. pantin.

fantôme, n. m. ♦ Selon les vieilles légendes, mort revenu sur la terre. — SYN. revenant, spectre.

faon [fã], n. m. ♦ Petit du cerf, du daim ou du chevreuil.

farandole, n. f. ♦ Danse provençale qui se danse sur une musique exécutée par les *galoubets* (flûtes) et les tambourins. Les danseurs se tiennent par la main et forment une longue file qui serpente, s'enroule et se déroule.

1. farce, n. f. ♦ Hachis qu'on met dans un autre aliment.

2. farce, n. f. ♦ **1.** Petite comédie très amusante, parfois assez grossière. **2.** Tour amusant qu'on joue à quelqu'un. • *Farce plate,* plaisanterie de mauvais goût. • *Ce n'est pas des farces,* c'est vrai.

farceur, euse, adj. *ou* n. ♦ Qui aime à faire des farces, des bons tours.

farci, ie, adj. ♦ Rempli de farce.

farcir, v. ♦ Remplir de farce : *Nous allons farcir les tomates avec un mélange de miettes de thon, de mayonnaise et d'œufs écrasés.*

fard, n. m. ♦ Produit qu'on applique sur le visage pour paraître plus beau, pour se maquiller. — SYN. maquillage.

fardeau, n. m. ♦ Objet très lourd qu'il faut porter ou soulever.

farder, v. ♦ Maquiller en mettant du fard : *Le clown farda son visage avec du rouge et du blanc.* — SYN. maquiller.

fardoches ou **ferdoches,** n. f. pl. ♦ Jeunes arbres dans une futaie, broussailles : *C'était un terrain peu cultivable où les fardoches poussaient vite.*

farine, n. f. ♦ Poudre obtenue par écrasement des grains de blé, de seigle, etc.

farlouche ou **ferlouche,** n. f. ♦ Marmelade composée de farine, de raisins secs et de mélasse. Sert de garniture pour les tartes : *La tarte à la farlouche est une spécialité québécoise.*

farouche, adj. ♦ **1.** Peureux et qui prend la fuite facilement : *Ce canard n'est pas farouche : il vient près de moi pour me demander à manger.* — SYN. craintif, sauvage. — CONTR. familier. **2.** Qui est violent, sauvage, dur, qui refuse de se soumettre : *Ces farouches montagnards luttèrent avec héroïsme contre les envahisseurs.* — SYN. dur, fier, féroce, rude. — CONTR. doux, mou, paisible, soumis. • *Les combats furent farouches.* — SYN. acharné, âpre, rude, violent.

fascinant, ante, adj. ♦ Qui a beaucoup de charme, d'attrait et qui provoque une vive admiration. — SYN. attachant, attirant, captivant, enchanteur, envoûtant, irrésistible, séduisant. — CONTR. dégoûtant, repoussant.

fascination, n. f. ♦ Charme, attrait irrésistible : *Hervé veut être navigateur : la mer exerce sur lui une véritable fascination.* — SYN. attachement, charme, enchantement, envoûtement, séduction.

fasciner, v. ♦ **1.** Immobiliser en regardant droit dans les yeux : *On dit que les vipères peuvent fasciner les petits oiseaux pour les empêcher de fuir.* **2.** Plaire beaucoup, en exerçant un attrait irrésistible, un grand prestige : *Les exploits d'Alexandre le Grand ont fasciné l'imagination des Anciens.* — SYN. attirer, captiver, charmer, enchanter, envoûter, séduire.

fascisme [fasism] *ou* [faʃism], n. m. ♦ Régime autoritaire qui fut celui de l'Italie à l'époque de Mussolini (1922-1945).

fasciste [fasist] *ou* [faʃist], adj. *ou* n. ♦ Partisan du fascisme.

1. faste, adj. ♦ Qui porte chance, qui est marqué par la chance : *Ce jour-là, j'ai eu une bonne note à mon interrogation écrite : c'était un jour faste.* — CONTR. néfaste.

2. faste, n. m. ♦ Grand luxe. — SYN. apparat, éclat, luxe, pompe, richesse, splendeur. — CONTR. simplicité, pauvreté.

fastidieux, euse, adj. ♦ Très ennuyeux et monotone. — SYN. assommant, ennuyeux, insipide, monotone, rebutant. — CONTR. amusant, intéressant, passionnant.

fastueux, euse, adj. ♦ Plein de luxe et d'éclat. — SYN. éclatant, luxueux, pompeux, riche, splendide, somptueux. — CONTR. simple.

fatal, ale, als, adj. ♦ Qui cause la mort, la perte, la ruine, le désastre : *Cette imprudence fut fatale à la cycliste.* — SYN. funeste.

fatalisme, n. m. ♦ Doctrine qui affirme que tout ce qui arrive est fixé à l'avance par Dieu ou par le destin.

fataliste, adj. *ou* n. ♦ Qui adhère au fatalisme, qui est ou semble inspiré par le fatalisme.

fatalité, n. f. ♦ Le destin, contre lequel on ne peut rien ; concours de circonstances imprévisible et malheureux : *Elle fut tuée par la foudre dans sa maison : c'était la fatalité !*

fatigant, ante, adj. ♦ Qui fatigue. — SYN. épuisant, exténuant, lassant. — CONTR. reposant. — REM. N'écrivez pas comme *fatiguant*, participe présent de *fatiguer.*

fatigue, n. f. ♦ Sensation que l'on éprouve quand on a fait beaucoup d'efforts, qu'on a beaucoup travaillé. — SYN. lassitude.

fatigué, ée, adj. ♦ Qui éprouve de la fatigue.

fatiguer, v. ♦ Causer de la fatigue : *Cette longue marche nous a tous fatigués.* — SYN. épuiser, exténuer. — CONTR. reposer.

fatras [fatRa], n. m. ♦ Entassement d'objets en désordre.

faubourg, n. m. ♦ Autrefois, partie d'une ville construite en dehors des remparts. ● De nos jours, quartier situé loin du centre d'une ville, à la périphérie.

faucher, v. ♦ 1. Couper l'herbe avec une faux : *En juin, on fauche l'herbe des prairies : c'est la saison des foins.* 2. Faire tomber, renverser, tuer plusieurs personnes.

faucheuse, n. f. ♦ Machine agricole qui sert à faucher l'herbe.

faucille [fosij], n. f. ♦ Autrefois, instrument à lame en croissant, qui servait à couper l'herbe, mais surtout le blé, quand on moissonnait.

faucon, n. m. ♦ Oiseau de proie diurne, très rapide, utilisé autrefois pour la chasse.

faufiler (se), v. ♦ Se glisser sans se faire voir à travers la foule.

1. faune, n. m. ♦ Dans la mythologie romaine, divinité des bois et des campagnes, représentée avec un corps velu, des cornes de bouc, des pieds de bouc. — REGARDER *satyre.*

2. faune, n. f. ♦ Ensemble des animaux d'une région. — REGARDER *flore.*

faussaire, n. m. *ou* f. ♦ Celui, celle qui fait un faux.

fausser, v. ♦ 1. Déformer : *En tombant, j'ai faussé la roue avant de mon vélo.*

— SYN. déformer, voiler. 2. Rendre faux : *Le récipient était sale, cela a faussé le résultat de l'analyse chimique.* 3. **Fausser compagnie à quelqu'un,** le quitter brusquement, en général sans se faire remarquer.

faute, n. f. ♦ 1. Erreur : *Comment ! 20 fautes dans ta dictée !* 2. Acte contraire à la règle, à la morale : *Mentir à tes parents ou voler tes camarades, ce sont des fautes graves.* ● **Prendre en faute :** surprendre quelqu'un au moment où il fait une chose interdite. ● **C'est la faute de Paul,** c'est lui le responsable. — REM. Ne dites pas « c'est de la faute de Paul » ni « c'est la faute à Paul ». 3. **Faute de,** par manque de : *Faute de temps, je n'ai pu écrire cette lettre.* 4. **Sans faute,** c'est sûr, c'est promis : *Je passe te prendre à 8 heures, sans faute.*

fauteuil, n. m. ♦ Siège avec un dossier et des bras.

fautif, ive, adj. *ou* n. ♦ 1. Qui contient une ou plusieurs fautes. 2. Celui qui a commis une faute : *C'est lui le fautif !*

fauve, adj. *ou* n. m. ♦ 1. D'une couleur jaune roux : *On voyait courir çà et là des renards fauves.* 2. **Un fauve :** un grand carnivore (lion, panthère, tigre, etc.). — REM. On dit aussi *une bête fauve.*

fauvette, n. f. ♦ Petit oiseau au plumage fauve, au chant agréable.

1. faux, fausse, adj. *ou* n. m. *ou* adv. ♦ 1. Qui n'est pas vrai, pas exact, pas juste : *Tu dis que le Saguenay est un fleuve ? C'est faux !* — SYN. inexact. — CONTR. juste, vrai. 2. Qui imite une chose : *Le mur est en faux marbre* (= une matière qui imite le marbre, mais n'en est pas). ● Qui constitue une imitation frauduleuse : *La police vient d'arrêter ceux qui fabriquaient des faux billets de dollars. La fabrication de fausse monnaie est interdite par la loi.* — REGARDER *faux-monnayeur.* ● **Un faux :** un faux tableau, un faux document. 3. Qui n'est pas franc, loyal, sincère. — SYN. fourbe. 4. Qui constitue une maladresse : *Il a fait un faux mouvement et s'est cogné. Elle a fait un faux pas et elle est tombée. Il a fait une fausse*

faux

manœuvre *et a défoncé la porte de son garage.* **5.** Qui n'est pas juste musicalement. • *Elle chante faux.* • *Tu as fait une fausse note.*

2. faux, n. f. ♦ Outil, constitué par une lame pointue et recourbée et un long manche, qui sert à couper l'herbe. — REGARDER *faucher, faucille.*

faux-fuyant [fofɥijɑ̃], n. m. ♦ Moyen détourné qu'on emploie pour éviter de répondre nettement, de s'engager, de dire la vérité. — PLUR. *des faux-fuyants.*

faux-monnayeur, n. m. ♦ Celui qui fabrique de la fausse monnaie (fausses pièces, faux billets). — PLUR. *des faux-monnayeurs.*

faveur, n. f. ♦ **1.** Considération, crédit dont on bénéficie auprès d'une personne, ce qui permet d'en obtenir des avantages : *Chaque courtisan cherchait à obtenir la faveur du roi.* — SYN. bienveillance. — CONTR. disgrâce. **2.** Avantage qu'on accorde à quelqu'un : *Le roi combla de faveurs ce courtisan.* — SYN. bienfait. • *Faire une faveur à quelqu'un,* lui donner quelque chose que les autres n'ont pas. **3.** *En faveur de,* à l'avantage, au profit de : *Des mesures spéciales sont prises en faveur des chômeurs.* **4.** *A la faveur de,* en profitant de : A la faveur d'une éclaircie, nous avons fait une petite promenade.

favorable, adj. ♦ **1.** Qui facilite une action, qui la rend possible : *Si l'état de la mer est favorable, nous irons faire une promenade sur le voilier.* — SYN. convenable, commode, opportun, propice. — CONTR. défavorable. **2.** Qui est pour une décision, une mesure : *Je suis favorable à l'entrée de Mona dans notre bande.* — SYN. partisan de. — CONTR. défavorable, hostile.

favori, ite, adj. *ou* n. ♦ **1.** Qu'on aime plus que les autres : *Émile Nelligan est mon poète favori.* — SYN. préféré, de prédilection. **2.** *Un favori, une favorite :* celui, celle qui avait la faveur du roi et qui, par là, avait une grande influence, un grand pouvoir.

favoriser, v. ♦ **1.** Donner à quelqu'un un avantage que n'ont pas les autres : *Quand je joue aux cartes avec mon petit frère, je le favorise souvent pour qu'il puisse gagner.* — SYN. privilégier. **2.** Rendre plus facile : *La sous-alimentation et la mauvaise hygiène favorisent l'extension des maladies contagieuses.* — SYN. faciliter. — CONTR. contrarier, défavoriser, gêner, empêcher.

fébrile, adj. ♦ **1.** *État fébrile :* état où un malade a de la fièvre. **2.** Très vif, très agité, très intense : *Une activité fébrile règne sur le port au moment où l'on décharge les bateaux de pêche.* — CONTR. calme, lent, tranquille.

fécond, onde, adj. ♦ **1.** *Terre féconde,* qui produit beaucoup. — SYN. fertile. — CONTR. infertile, ingrat, stérile. **2.** Qui a écrit beaucoup de livres : *Deux cents romans ! Voilà un écrivain fécond !* **3.** Qui apporte beaucoup de choses utiles : *Le XIXᵉ siècle fut une période féconde pour les sciences et les techniques.*

fécondité, n. f. ♦ Caractère de ce qui est fécond. — SYN. fertilité. — CONTR. infertilité, stérilité.

fédéral, ale, aux, adj. ♦ *État fédéral :* pays formé d'États qui gardent une certaine autonomie pour leurs affaires intérieures. • *Gouvernement fédéral,* gouvernement pour tout le Canada. • Le *Fédéral,* le gouvernement fédéral.

fédéralisme, n. m. ♦ Système politique où un gouvernement central partage des pouvoirs avec les États (provinces) qui le composent.

fédéraliste, adj. *ou* n. ♦ Qui relève du gouvernement fédéral. Partisan du fédéralisme.

fédération, n. f. ♦ Groupement d'États, de peuples.

fédérer, v. (conjugaison 11) ♦ Grouper en une fédération : *La présidente réussit à fédérer tous les syndicats qui étaient autonomes.*

fée, n. f. ♦ Personnage imaginaire, de sexe féminin, qui possède des pouvoirs magiques. ● *Des contes de fées.*

féerie, n. f. ♦ Spectacle extraordinaire, merveilleux.

féerique [feʀik], adj. ♦ Très beau et merveilleux, comme ce qu'on voit dans les contes de fées.

feindre, v. (conjugaison 84) ♦ Faire semblant : *Elle feignit de n'avoir rien entendu.*

feinte, n. f. ♦ Ruse par laquelle on fait semblant, on dissimule. — SYN. artifice, ruse.

fêler, v. ♦ Endommager en faisant une fente, sans que les parties se séparent : *En posant la cuvette, il a fêlé la tablette de marbre.* — REGARDER *fêlure.*

félicitations, n. f. pl. ♦ Paroles par lesquelles on félicite quelqu'un. — SYN. les compliments. — CONTR. blâme.

féliciter, v. ♦ Dire à quelqu'un qu'on trouve bien ce qu'il a fait ou qu'on est heureux de ce qui lui arrive : *Je te félicite d'avoir accompli cet acte de courage.* — SYN. complimenter. — CONTR. blâmer.

félin, ine, n. m. *ou* adj. ♦ **1.** *Un félin :* un animal, tel que le chat, le lion, le tigre, la panthère. **2.** Souple, gracieux et silencieux : *Ludovic avait la démarche féline des chasseurs.*

fêlure, n. f. ♦ Petite fente, dans une chose fêlée. — SYN. fissure.

femelle, n. f. ♦ Animal du sexe féminin, celui qui pond les œufs ou met au monde les petits. — CONTR. mâle.

féminin, ine, adj. *ou* n. m. ♦ **1.** De femme, de fille : *Le corsage est un vêtement féminin.* ● *Le sexe féminin :* le sexe auquel appartiennent les femmes. — CONTR. masculin. **2.** *Nom féminin,* devant lequel on met les articles *la* ou *une.*

femme, n. f. ♦ **1.** Être humain du sexe féminin : *Auguste fait le clown : il s'est mis un chapeau de femme !* — CONTR. homme. **2.** Épouse : *M. Durand est venu, avec sa femme et ses deux enfants.* — CONTR. mari.

fémur, n. m. ♦ Os de la cuisse.

fenaison, n. f. ♦ Récolte du foin.

fendiller (se) [fãdije], v. ♦ Se couvrir de petites fentes. — SYN. se crevasser.

fendre, v. (conjugaison 81) ♦ **1.** Couper dans le sens de la longueur : *Avec un coin et une masse, Manon essayait de fendre une bûche.* ● *Fendre le cœur à quelqu'un,* lui faire beaucoup de peine. **2.** Détériorer par une fente : *Le choc a fendu la pierre.* **3.** Avancer en écartant : *L'étrave du navire fend les flots.*

fenêtre, n. f. ♦ **1.** Ouverture dans un mur, destinée à laisser passer l'air et la lumière. **2.** Cadre vitré mobile qui garnit cette ouverture. ● *Jeter l'argent (de l'argent) par les fenêtres,* gaspiller, dilapider l'argent.

fente, n. f. ♦ Ouverture ou brisure longue et très étroite. — SYN. fissure.

féodal, ale, aux, adj. *ou* n. m. ♦ **1.** Qui concerne la féodalité, qui appartenait à un seigneur de la féodalité. ● *Un château féodal.* ● *Le système féodal :* la féodalité. **2.** *Un féodal :* un seigneur de l'époque de la féodalité.

féodalité, n. f. ♦ Système social et politique du Moyen Age, dans lequel chaque seigneur dépendait d'un autre seigneur plus puissant, qui lui avait remis une terre, le *fief.* — REGARDER *fief, seigneur, suzerain, vassal.*

fer, n. m. ♦ **1.** Métal gris, dur. — REGARDER *acier, fonte.* ● *De fer,* très solide, très fort, très ferme : *Il saisit son adversaire dans sa poigne de fer.* ● *Croire dur comme fer :* croire à une chose très fermement, comme si elle était vraie. **2.** *Fer à cheval* ou *fer :*

objet de fer qu'on cloue sous le sabot du cheval, pour empêcher l'usure. ● *Tomber les quatre fers en l'air,* sur le dos, les jambes et les bras en l'air. **3.** Nom de divers outils ou instruments en fer (ou en acier). ● *Fer à souder. Fer à friser. Fer à repasser.*

fer-blanc, n. m. ◆ Fer en feuille mince recouvert d'étain (pour empêcher la rouille).

férié, ée, adj. ◆ *Jour férié,* où l'on ne travaille pas.

ferdoches, REGARDER *fardoches.*

ferlouche, REGARDER *farlouche.*

fermage, n. m. ◆ **1.** Système selon lequel la terre est exploitée par des fermiers (qui payent au propriétaire une redevance fixe en argent). — REGARDER *métayage.* **2.** Redevance due par le fermier au propriétaire.

1. ferme, adj. ◆ **1.** Qui n'est pas mou, pas liquide : *Pas trop d'eau, ta pâte doit être ferme !* — SYN. compact, consistant, dur. — CONTR. flasque, fluide, mou. ● *La terre ferme :* la terre, par opposition à la mer. **2.** Énergique, qui ne cède pas : *Notre déléguée de classe est ferme : elle sait se faire écouter.* — SYN. assuré, décidé, déterminé, dur, énergique, résolu. — CONTR. faible, hésitant, indécis, mou. ● *De pied ferme,* avec énergie et résolution : *N'ayons pas peur : attendons-les de pied ferme !*

2. ferme, n. f. ◆ Exploitation agricole (terre et bâtiments); désigne plus spécialement une exploitation agricole tenue par un fermier.

ferment, n. m. ◆ Substance qui produit la fermentation ou une réaction dans une matière organique.

fermentation, n. f. ◆ Transformation d'une matière organique sous l'action de certaines bactéries : *C'est par la fermentation du jus de pomme qu'on produit le cidre.*

fermenter, v. ◆ Se transformer sous

l'action de certaines bactéries (parfois avec dégagement de bulles) : *Le levain fait fermenter la pâte à pain.*

fermer, v. ◆ Mettre dans la position qui empêche le passage : *Fermez les fenêtres, s'il vous plaît !* — CONTR. ouvrir. **2.** Replier : *Il ne pleut plus, ferme donc ton parapluie !* — CONTR. ouvrir. **3.** Ne pas être ouvert et ne pas recevoir le public : *Ce magasin ferme le dimanche soir et le lundi.* **4.** Entourer d'une clôture : *Les champs, dans ce pays, sont fermés par des haies vives.* — SYN. clore. **5.** *Fermer la marche :* venir en dernier, dans un cortège, un défilé, etc. — CONTR. ouvrir la marche.

fermeté, n. f. ◆ Caractère d'une chose ou d'une personne ferme : *Ne pleurniche pas pour un rien, montre un peu plus de fermeté !* — SYN. assurance, détermination, énergie, résolution. — CONTR. faiblesse, hésitation, indécision, mollesse.

fermeture, n. f. ◆ **1.** Action de se fermer : *Attention à la fermeture automatique des portes.* ● Heure à laquelle ferme un magasin, un musée, etc. : *18 heures ? Dépêchons-nous, pour arriver avant la fermeture !* — CONTR. ouverture. **2.** Période pendant laquelle un magasin est fermé : *Fermeture annuelle, du 27 juin au 28 juillet.* **3.** Système, dispositif qui sert à fermer : *La fermeture à glissière de mon anorak est encore bloquée !*

fermier, ière, n. ◆ Celui, celle qui cultive une exploitation agricole. ● *La fermière :* désigne aussi l'épouse du fermier.

féroce, adj. ◆ **1.** *Animal féroce,* très fort et dangereux. — SYN. bête fauve. **2.** Très cruel, très violent : *Des brigands féroces parcouraient les campagnes, pillant et égorgeant les pauvres paysans.* — SYN. barbare, brutal, cruel, sanguinaire, impitoyable, sauvage, violent. — CONTR. clément, doux, pitoyable. ● *Les combats furent féroces.* — SYN. acharné, dur.

férocité, n. f. ◆ Caractère d'un être ou d'une chose féroce. — SYN. acharnement, barbarie, cruauté, dureté, sauvagerie, violence. — CONTR. clémence, douceur, pitié.

ferraille, n. f. ♦ Ensemble d'objets en fer qui ne peuvent plus servir.

ferré, ée, adj. ♦ **1.** Garni d'un bout en fer. ● *Un bâton ferré.* **2.** Qui a des fers (à cheval) aux pieds : *Tous les chevaux étaient ferrés de neuf, sellés, prêts à partir.* **3.** *Voie ferrée :* chemin de fer.

ferrer, v. ♦ *Ferrer un cheval,* clouer des fers sous ses sabots.

ferroviaire, adj. ♦ Des chemins de fer. ● *Un réseau ferroviaire.*

ferrure, n. f. ♦ Garniture en fer (d'une porte, d'une fenêtre, etc.).

fertile, adj. ♦ **1.** *Terre fertile,* qui produit beaucoup. — SYN. fécond. — CONTR. ingrat, infertile, stérile. **2.** Qui contient beaucoup de choses : *Cette période-là fut fertile en événements.*

fertiliser, v. ♦ Rendre fertile : *Les crues du Nil fertilisaient l'Égypte. Les engrais servent à fertiliser les champs.*

fertilité, n. f. ♦ Aptitude d'une terre à produire beaucoup. — SYN. fécondité. — CONTR. stérilité.

féru, ue, adj. ♦ Passionné de quelque chose : *Monique est férue d'histoire ancienne : elle dévore tous les livres sur les Romains !*

fervent, ente, adj. *ou* n. ♦ **1.** Qui a beaucoup de zèle religieux, de piété. — SYN. dévot. — CONTR. indifférent, tiède. **2.** Qui a beaucoup de goût, de passion pour une chose : *Vanessa est une sportive fervente.* ● *Comme moi, tu es un fervent de la moto.* — SYN. ardent, enthousiaste, passionné.

ferveur, n. f. ♦ **1.** Piété vive et profonde : *Sous les voûtes de l'église illuminée de cierges, les fidèles agenouillés priaient avec ferveur.* — SYN. dévotion. **2.** Élan du cœur, vif et profond : *Avec quelle ferveur elle m'exprima sa reconnaissance !* — SYN. chaleur. — CONTR. froideur, indifférence, tiédeur.

fesse, n. f. ♦ Chacune des deux parties charnues du derrière.

fessée, n. f. ♦ Coups donnés sur les fesses.

festin, n. m. ♦ Grand repas de fête très bon, très copieux. — REGARDER *banquet.*

festival, als, n. m. ♦ Sorte de fête pendant laquelle on présente aux critiques ou au public beaucoup de films ou d'opéras, de pièces de théâtre, de ballets, de la musique.

festivités, n. f. pl. ♦ Jours de fête marqués par des réjouissances publiques.

festoyer [festwaje], v. (conjugaison 21) ♦ Faire la fête, bien boire et bien manger : *Quelle noce, mes amis ! Ils passèrent huit jours à festoyer !*

fête, n. f. ♦ **1.** Réjouissances qui marquent un jour important, une date. ● *La fête nationale.* ● *Un jour de fête.* ● *La fête du village.* **2.** *La fête de quelqu'un :* le jour où l'on célèbre le saint dont une personne porte le nom. **3.** *Faire fête à quelqu'un,* l'accueillir avec beaucoup de joie.

fêter, v. ♦ **1.** Célébrer une fête : *Demain nous fêterons la Saint-Jean.* ● Célébrer par une fête : *Nous avons fêté l'anniversaire de tante Mathilde.* **2.** Accueillir avec joie : *Toute la famille a fêté l'oncle Georges quand il est revenu de son long séjour au Sénégal.*

fétiche, n. m. ♦ Objet porte-bonheur.

fétide, adj. ♦ *Odeur fétide,* très mauvaise. — SYN. empesté, infect, nauséabond. ● Qui sent très mauvais : *Des ordures fétides s'accumulaient dans le caniveau.* — SYN. malodorant, puant. — CONTR. parfumé.

fétu, n. m. ♦ Brin de paille.

feu, n. m. ♦ **1.** Vive lumière, accompagnée d'une grande chaleur, que produit une chose qui brûle. — REGARDER *combustion,* flamme. ● *Feu de joie :* feu qu'on allume en plein air et autour duquel on danse pour exprimer sa joie. **2.** Famille, foyer : *Elle habitait dans un hameau qui comptait douze feux.* **3.** Incendie : *Les feux de forêt détruisent chaque année des millions d'arbres.* **4.** *Arme à feu :* pistolet, fusil, mitrailleuse, etc. ● *Coup de feu :* coup tiré avec une arme à feu. ● *Faire feu :* tirer avec une arme à feu. ● *« Feu! », ordonna l'officier* (= tirez !). ● *Ouvrir le feu :* commencer à tirer. **5.** Lumière, signal lumineux, phare : *Le feu passe au vert : les voitures démarrent.* ● *La voiture roulait lentement, tous feux éteints.* ● *Un navire a deux feux de position :* un feu vert à droite, un feu rouge à gauche. ● *Passer au feu,* brûler, être victime d'un incendie.

feuillage, n. m. ♦ Ensemble des feuilles d'un arbre ou d'une plante de grande taille.

feuille, n. f. ♦ **1.** Chacun des organes, généralement plats et verts, par lesquels une plante respire. — REGARDER *aiguille* (de pin, de sapin). **2.** Morceau plat d'une chose : *Elle prit une grande feuille de papier et se mit à dessiner.*

feuillet, n. m. ♦ Chacune des feuilles d'un livre ou d'un cahier.

feuilleté, ée, adj. ♦ *Pâte feuilletée :* pâte de gâteau ou de pâté, légère, faite de feuilles superposées.

feuilleter, v. (conjugaison 14) ♦ Tourner les feuillets, les pages d'un livre, en lisant rapidement quelques lignes de temps en temps ou en regardant rapidement les images : *Paola feuilletait distraitement une revue de cinéma.*

feuilleton, n. m. ♦ Histoire racontée en plusieurs épisodes, chacun donné un jour différent, dans un journal, à la radio ou à la télévision.

feutre, n. m. ♦ **1.** Étoffe épaisse faite de laine (ou de poils) qu'on a pressée et agglutinée, et non pas tissée. **2.** *Un feutre :* un chapeau de feutre. **3.** *Un crayon-feutre* ou *un feutre :* stylo à réservoir de feutre imbibé d'encre, avec une pointe en feutre ou en nylon. — PLUR. *des crayons-feutres* ou *des feutres.*

feutré, ée, adj. ♦ *Marcher à pas feutrés,* sans faire de bruit (comme si l'on avait des semelles de feutre).

fève, n. f. ♦ **1.** Sorte de gros haricot. **2.** Petit objet en porcelaine que l'on met dans la galette des Rois. ● *Fèves au lard :* plat cuit au four, composé de haricots secs, de lard et de mélasse.

février, n. m. ♦ Deuxième mois de l'année, entre janvier et mars. Ce mois a vingt-huit jours, sauf les années bissextiles, où il en a vingt-neuf.

fiable, adj. ♦ A qui on peut se fier. Matériel dans lequel on peut avoir confiance : *Paul est un garçon fiable, s'il a dit oui, c'est oui. C'est un appareil d'un fabricant fiable.*

fiançailles, n. f. pl. ♦ **1.** Fête de famille par laquelle on célèbre la promesse de mariage. **2.** Lien qui unit deux fiancés : *Gilberte a rompu ses fiançailles, mais elle a gardé la bague !* **3.** Temps pendant lequel on est fiancé : *Ceci se passait au début de leurs fiançailles.*

fiancer (se), v. (conjugaison 17) ♦ Se promettre mutuellement de se marier (en marquant cette promesse par une petite fête).

fiasco, n. m. ♦ Échec.

fibre, n. f. ♦ Chacun des fils, des filaments qui se trouvent dans les tiges des plantes, dans la viande.

fibreux, euse, adj. ♦ Qui a ou contient des fibres.

ficeler, v. (conjugaison 13) ♦ Attacher, lier par une ficelle : *Ficelle bien ce paquet, pour qu'il ne se défasse pas.*

ficelle, n. f. ♦ Corde mince.

fiche, n. f. ♦ Feuille de papier (ou rectangle de carton mince) sur laquelle on note des renseignements.

ficher, v. ♦ Enfoncer la pointe : _D'un geste sûr, l'alpiniste ficha le piton dans la paroi._

fichier, n. m. ♦ Boîte ou meuble où l'on classe les fiches ; ensemble de fiches.

fichu, n. m. ♦ Morceau d'étoffe dont les femmes se couvraient la tête, les épaules. — SYN. châle, foulard.

fictif, ive, adj. ♦ Qui n'existe pas, qui est inventé ou supposé : _Charlemagne est un personnage historique, il a existé, mais l'enchanteur Merlin, lui, est un personnage fictif !_ — SYN. fabuleux, imaginaire, légendaire, mythique. — CONTR. historique, réel, vrai.

fiction [fiksjɔ̃], n. f. ♦ Histoire inventée : _L'histoire de Tarzan ? Mais ce n'est pas vrai, c'est une fiction !_

fidèle, adj. _ou_ n. m. _ou_ f. ♦ **1.** Qui ne manque pas à sa parole, qui ne trahit pas ses engagements, qui sert loyalement son maître, son chef, son pays : _Un vrai chevalier doit être fidèle à sa parole et à son seigneur._ — SYN. loyal, dévoué. — CONTR. infidèle, traître. ♦ Qui reste attaché à ceux qu'il aime : _Tu n'auras jamais d'ami plus fidèle que ton chien._ — CONTR. infidèle. **2.** Conforme à la vérité : _Allons, Patricia, fais-nous un récit fidèle de ce qui t'est arrivé !_ — SYN. exact, vrai. ● Conforme au texte original en une autre langue : _Cette traduction de l'Iliade est fidèle, mais peu élégante._ **3.** _Les fidèles (d'une religion) :_ ceux qui croient à cette religion et qui la pratiquent.

fidélité, n. f. ♦ Qualité et conduite d'un être fidèle.

fief, n. m. ♦ Terre qu'un seigneur mettait à la disposition de son vassal pour que celui-ci en tirât des revenus. (En échange, le vassal devait aide et fidélité à son seigneur.)

fieffé, ée, adj. ♦ Accompagne un nom pour indiquer qu'une personne possède un vice ou un défaut à un très haut degré : _Ce camelot est un fieffé menteur._

fiel, n. m. ♦ **1.** Bile d'un animal. (C'est un liquide verdâtre, très amer.) **2.** Méchanceté dans les paroles, les écrits.

fielleux, euse, adj. ♦ Plein de haine, de méchanceté, de fiel (au sens 2).

1. fier (se) [fje], v. (conjugaison 20) ♦ Avoir confiance : _Tu peux te fier à cette camarade : c'est une fille loyale et franche._ — SYN. avoir confiance en. — CONTR. se défier, se méfier.

2. fier, fière [fjɛʀ, fjɛʀ], adj. ♦ **1.** Qui se croit supérieur aux autres et qui ne veut pas les voir, les fréquenter, leur parler : _Alors, Pierrot, tu es bien fier ! Tu ne dis plus bonjour aux copains ?_ — SYN. altier, arrogant, condescendant, dédaigneux, distant, hautain, méprisant, orgueilleux, prétentieux, suffisant. — CONTR. familier, humble, modeste, simple. **2.** Qui a un juste sentiment de sa dignité : _Elle était pauvre, très pauvre, mais elle était trop fière pour mendier._ — SYN. digne, noble. ● Qui a de la majesté, de la grandeur, de la noblesse : _Ils ont une allure fière, ces guerriers coiffés de turbans._ **3.** Qui tire une juste satisfaction, un orgueil légitime de quelque chose ou de quelqu'un : _Nos voisins sont fiers de leur fille : elle est la meilleure en tout._ — CONTR. honteux.

fièrement, adv. ♦ Avec fierté.

fierté, n. f. ♦ **1.** Caractère d'une personne fière. — SYN. arrogance, hauteur, morgue, orgueil. **2.** Sentiment d'une personne satisfaite à juste titre de quelqu'un ou de quelque chose : _Rémy est revenu de l'école rempli de fierté : il a eu une bonne note._

fièvre, n. f. ♦ **1.** Élévation de la température, quand on est malade. **2.** Grande agitation : _Quelle fièvre dans les gares, au moment des grands départs en vacances !_

fiévreux, euse, adj. ♦ **1.** Qui a de la fièvre. **2.** Très agité : *Quelle activité fiévreuse avant le départ en vacances !* — SYN. fébrile.

fifre, n. m. ♦ **1.** Petite flûte en bois au son très aigu. **2.** Joueur de fifre.

figer, v. (conjugaison 16) ♦ **1.** Rendre solide ou pâteux un liquide : *Le froid a figé l'huile dans la bouteille.* ● *L'huile s'est figée.* ● *Cette huile fige rapidement.* **2.** Immobiliser quelqu'un par un effet de peur, de surprise : *L'apparition soudaine du surveillant figea les chahuteurs.*

figue, n. f. ♦ Fruit du figuier, qui se mange frais ou sec.

figuier, n. m. ♦ Arbre des pays méditerranéens dont le fruit est *la figue.*

figurant, ante, n. ♦ Celui, celle qui figure, qui est présent dans une pièce de théâtre ou dans un film, mais qui ne joue pas le rôle d'un personnage important.

figuration, n. f. ♦ **1.** Métier de figurant ; rôle de figurant. **2.** Ensemble des figurants d'une pièce, d'un film.

figure, n. f. ♦ **1.** Visage. **2.** *Faire bonne figure :* faire bonne impression, obtenir des résultats convenables. ● *Faire figure de,* apparaître comme : *Marion est une élève simplement moyenne, mais, dans cette classe très faible, elle fait figure de très bonne élève.* **3.** *Les figures :* dans un jeu de cartes, le roi, la dame et le valet. **4.** Dessin, schéma, dans un livre. ● Objet étudié par la géométrie et susceptible d'être représenté par un dessin : *Le carré est une figure qui a quatre côtés égaux et quatre angles droits.* **5.** Ensemble de pas, quand on danse ou qu'on patine : *Oh ! regarde les patineurs ! Tu ne les trouves pas gracieuses, leurs figures acrobatiques ?* **6.** *Figure de style :* façon de s'exprimer qui sert à donner couleur, vie et mouvement au style, par exemple, la comparaison (*Elle courait comme un lièvre effrayé*), l'antithèse (*La mer était immense, la barque minuscule*).

figuré, ée, adj. *ou* n. m. ♦ *Sens figuré :* sens qui n'est pas le sens habituel appliqué aux choses matérielles, mais qui résulte d'une comparaison. Ainsi, le mot *orage* est pris au sens figuré (= difficulté, malheur, période agitée) dans la phrase : *Il avait traversé sans faiblir les orages de la vie.* ● *Au figuré,* au sens figuré : *Le mot* orage *est employé ici au figuré.*

figurer, v. ♦ **1.** Être présent : *Tiens, le nom de notre ami ne figure pas sur la liste des invités !* **2.** Représenter : *Dans les cartes de géographie, le bleu figure la mer.* **3.** *Se figurer,* s'imaginer : *Si tu te figures que tu seras reçu à l'examen sans travailler, tu te trompes !*

figurine, n. f. ♦ Statuette.

fil, n. m. ♦ **1.** Long brin d'une matière textile ou de métal étiré. ● *De fil en aiguille :* en passant d'un sujet à un autre, au cours de la conversation. ● *Donner du fil à retordre à quelqu'un,* lui donner de la peine, du travail. ● *Cousu de fil blanc :* si gros que cela ne trompe personne. ● *Fil à plomb :* instrument qui sert à voir si un mur est bien vertical. **2.** *Fil électrique :* conducteur électrique constitué par un fil de métal (cuivre). ● *Fil téléphonique.* ● *Donner un coup de fil à quelqu'un,* lui téléphoner. **3.** Succession de choses qui se lient les unes aux autres : *Je n'arrive plus à retrouver le fil de mes idées.* ● *Le fil de la conversation.* **4.** *Au fil de l'eau,* le courant, le sens du courant : *Le fleuve énorme était en crue, et l'on voyait descendre au fil de l'eau tout ce que l'inondation avait emporté.*

filament, n. m. ♦ Fil très mince.

filature, n. f. ♦ **1.** Usine où l'on file la laine, le coton, le lin, le chanvre, la soie, etc. **2.** Action de suivre discrètement quelqu'un pour savoir où il va : *La policière prit le suspect en filature.*

file, n. f. ♦ Suite de personnes ou de choses alignées les unes derrière les autres. ● *La file d'attente.* — SYN. queue. ● *Les enfants avançaient en file indienne,* les uns derrière les autres.

filer, v. ♦ **1.** *Filer la laine, le coton, le lin, la soie, etc.,* en faire du fil. **2.** Aller très vite : *A 250 kilomètres à l'heure, le turbotrain filait à travers la campagne.* — SYN. foncer. **3.** Se sauver, s'enfuir : *Dès que les policiers sont arrivés, les voyous ont filé.* — REM. Ce sens est un peu familier.

1. filet, n. m. ♦ **1.** Tissu à très larges mailles qui sert à prendre les poissons ou certains animaux. — REGARDER *chalut, épervier.* **2.** Tissu de mailles qui sépare le terrain en deux (au tennis, au volley-ball) et pardessus lequel la balle doit passer.

2. filet, n. m. ♦ **1.** *Un filet d'eau :* de l'eau qui s'écoule de manière continue, mais en petite quantité. **2.** *Un filet de voix :* une voix pas très forte.

3. filet, n. m. ♦ **1.** *Le filet :* partie du bœuf de boucherie située sur le dos. **2.** *Un filet de poisson :* morceau de chair sans arêtes situé le long de l'épine dorsale.

fileté, ée, adj. ♦ *Tige filetée,* sur laquelle il y a une rainure en spirale.

filial, ale, aux, adj. ♦ *Sentiment filial,* éprouvé par le fils ou la fille à l'égard de son père ou de sa mère. ● *Amour filial.* ● *Respect filial.* ● *Affection filiale.* — REGARDER *maternel, paternel.*

filiale, n. f. ♦ Société industrielle ou commerciale qui dépend d'une autre société ou d'un groupe financier.

filigrane, n. m. ♦ Dessin, dans la masse du papier, qui se voit seulement par transparence.

fille, n. f. ♦ **1.** Personne jeune ou enfant du sexe féminin. ● *Une petite fille.* ● *Une jeune fille.* **2.** Féminin de *fils : Nos voisins ont six enfants : trois fils et trois filles.*

fillette, n. f. ♦ Petite fille.

filleul, eule [fijœl, œl], n. ♦ Celui, celle dont on est le parrain ou la marraine.

film, n. m. ♦ **1.** Bande sur laquelle sont enregistrées les images (cinéma ou photo). — SYN. pellicule. **2.** Œuvre cinématographique : *Ma sœur préfère les films d'amour ; moi, j'aime mieux les films policiers.* **3.** Ensemble des événements qui se succèdent : *Voici le film des événements heure par heure.*

filmer, v. ♦ Prendre en film, enregistrer avec une caméra : *Les cadreurs de la télévision ont filmé le départ du rallye Paris-Dakar.*

filon, n. m. ♦ Masse de minerai ou de charbon qui s'allonge dans les profondeurs de la terre.

filou, n. m. *ou* adj. ♦ Personne rusée, malhonnête et voleuse. — SYN. escroc, fripon. ● *Méfie-toi de Jean-Pierre : il est un peu filou.*

fils, n. m. ♦ Celui dont on est le père ou la mère.

filtre, n. m. ♦ Appareil qui laisse passer un liquide, un gaz, en retenant certaines substances, les poussières. ● *Le filtre à air du moteur de la voiture.* ● *Un filtre à café.*

filtrer, v. ♦ Faire passer à travers un filtre pour purifier, pour éclaircir.

1. fin, n. f. ♦ **1.** Moment où une action se termine, s'arrête : *A la fin du voyage, j'étais fatiguée.* — SYN. achèvement, limite, terme. — CONTR. commencement, début. ● *Sans fin,* interminable *ou* interminablement : *J'en ai assez de leurs débats sans fin. Ils discutent sans fin.* ● *Prendre fin :* se terminer. ● *Mettre fin à,* faire se terminer : *Un orage violent et soudain mit fin à la fête en plein air.* **2.** *Parvenir à ses fins :* obtenir le résultat que l'on recherchait.

fin de semaine, n. f. ♦ Congé du samedi et du dimanche. — SYN. week-end.

fin, fine, adj. ♦ **1.** Pas gros : *Pour coudre ce bouton de chemise, prends du fil fin.* — SYN. menu, mince, ténu. — CONTR.

épais, gros. **2.** Joli et délicat : *Qu'elle est jolie, Sylvie, avec ses traits fins !* — SYN. délicat. — CONTR. grossier, épais, lourd. **3.** D'une qualité meilleure que la qualité moyenne : *Allons dans ce restaurant : la cuisine y est très fine.* — SYN. bon, délicat. — CONTR. gros, ordinaire. **4.** *Avoir l'oreille fine :* entendre très bien, même les petits bruits. ● *Avoir l'odorat, le nez fin :* avoir l'odorat très sensible. **5.** Intelligent et subtil : *Ève est fine : elle comprend tout, devine tout.* — SYN. astucieux, avisé, futé, malin, subtil. — CONTR. balourd, lourd, lourdaud.

final, ale, als, adj. ♦ Qui vient à la fin. — SYN. dernier. — CONTR. initial, premier. ● *Le point final,* qui se met à la fin de la dernière phrase d'un texte.

finale, n. f. ♦ Dernière épreuve d'un championnat, d'une coupe.

finaliste, n. ♦ Concurrent ou équipe participant à une finale.

finance, n. f. ♦ **1.** *La finance :* les affaires d'argent, la grande banque. **2.** *Les finances :* l'argent qui entre dans les caisses d'une entreprise, ou de l'État, et qui en sort. ● *Le ministère des Finances.*

financier, ière, n. *ou* adj. ♦ **1.** *Un financier :* un gros banquier, un homme qui s'occupe de finance. **2.** Qui concerne la finance, les finances : *Certains critiquent la politique financière du gouvernement.*

finaud, aude, adj. *ou* n. ♦ Fin et rusé.

finesse, n. f. ♦ **1.** Caractère d'une chose ou d'une personne fine : *Pour pêcher la truite, il faut une ligne d'une grande finesse.* — SYN. minceur. — CONTR. grosseur. ● *Marc-Aurèle a les traits d'une finesse extrême.* — SYN. délicatesse. — CONTR. grossièreté, lourdeur. ● *Luc comprend tout, et vite ! J'admire sa finesse.* — SYN. subtilité. — CONTR. balourdise, lourdeur. **2.** *Une finesse,* une chose difficile à comprendre : *Il faut des années d'études pour bien connaître toutes les finesses de la langue française.*

fini, ie, adj. *ou* n. m. ♦ **1.** *Produit fini :* objet fabriqué qui peut être utilisé sans subir d'autres opérations industrielles. Par exemple, une automobile est un produit fini, tandis que l'acier est une matière première. **2.** Qui est fabriqué avec soin et qui ne présente aucun défaut : *Notre voisine préfère les voitures allemandes : elle dit qu'elles sont mieux finies.* ● *Le fini de ces voitures est meilleur.*

finir, v. ♦ **1.** Faire complètement, jusqu'au bout : *Arthur, as-tu fini ton devoir de mathématiques ?* — SYN. achever, terminer. — CONTR. commencer. **2.** S'arrêter, cesser d'exister, d'avoir lieu : *La séance de cinéma finira vers quatre heures.* — SYN. cesser, s'achever, se terminer. — CONTR. commencer, débuter. **3.** Manger ou boire complètement : *Mon petit frère est particulièrement gourmand ! Il a fini cet énorme gâteau à lui tout seul !* **4.** Arriver finalement à être dans tel état, dans tel lieu : *Le pirate a fini pendu au bout d'une corde.* **5.** *Ne pas en finir,* ne pas se terminer : *Quelle malchance ! Cette pluie qui n'en finit pas !* ● *En finir avec,* terminer une action, une chose ennuyeuse : *Il faut en finir une fois pour toutes avec ces discussions inutiles !* ● *Finir par,* en arriver à : *A force de tirer sur la corde, Stéphanie a fini par la rompre.*

finissant, ante, n. ♦ Élève qui termine ses études.

finition [finisjɔ̃], n. f. ♦ Caractère de ce qui est fabriqué avec beaucoup de soin.

firmament, n. m. ♦ Le ciel, la voûte du ciel.

firme, n. f. ♦ Société industrielle ou commerciale.

fisc, n. m. ♦ L'État, en tant qu'il perçoit des impôts. ● L'administration des impôts.

fiscal, ale, aux, adj. ♦ Du fisc, des impôts.

fissure, n. f. ♦ Fente dans un mur, une roche. — SYN. lézarde.

flamant

fissurer, v. ◆ Provoquer des fissures : *Le tassement de terrain a fissuré le mur.* — SYN. lézarder.

fixation, n. f. ◆ Action de fixer ; manière dont une chose est fixée.

fixe, adj. ◆ **1.** Qui ne peut pas être déplacé, qui est solidaire du reste : *Sur le bateau, les tables et les sièges sont fixes : des vis les attachent au plancher.* — CONTR. amovible, mobile, articulé. ● *Barre fixe :* appareil de gymnastique. **2.** *Regard fixe,* qui ne se déplace pas, qui reste tourné vers le même point. **3.** Toujours le même : *Dans notre ville, le marché a lieu à jour fixe : le jeudi. Les réunions du comité ont lieu à date fixe. Il fait sa promenade à heure fixe.* — SYN. constant, invariable, stable. — CONTR. inconstant, instable, variable. ● *Salaire fixe,* déterminé et constant, de tant par mois. ● *Le beau fixe :* le beau temps durable. **4.** *Idée fixe :* sujet auquel on pense souvent, dont on parle souvent, de manière ridicule ou injustifiée. — SYN. obsession.

fixer, v. ◆ **1.** Attacher, lier de manière à rendre solidaire du reste : *Les élèves ne risquent pas de mettre les tables en désordre : elles sont fixées par des pattes de fer au plancher de la classe !* **2.** *Fixer son regard, ses yeux sur,* regarder sans détourner son regard, ses yeux : *Tous les enfants fixaient les yeux sur le bel arbre de Noël.* **3.** Décider de manière précise : *Nous allons fixer un jour et une heure pour la prochaine réunion.* **4.** *Se fixer,* s'installer définitivement à un endroit : *Les envahisseurs burgondes se fixèrent dans le pays que nous appelons la Bourgogne.*

fjord [fjɔʀ], n. m. ◆ Sur les côtes de Norvège, golfe très étroit, sinueux, bordé de montagnes, qui s'enfonce profondément dans les terres.

flacon, n. m. ◆ Petite bouteille, généralement destinée à contenir un médicament ou un parfum. — SYN. fiole (plus péjoratif ou vieilli).

flageoler, v. ◆ Trembler sous l'effet de la fatigue, de la peur, etc. : *Il avait une si grande peur, le pauvre, que ses jambes flageolaient.*

1. flageolet, n. m. ◆ Petite flûte à six trous.

2. flageolet, n. m. ◆ Haricot sec de couleur vert pâle.

flagrant, ante, adj. ◆ Qui est tellement évident qu'on ne peut dire le contraire : *C'est une injustice flagrante !* — SYN. certain, évident, incontestable, manifeste, patent. — CONTR. contestable, douteux, incertain, niable. ● *L'auteure du vol a été prise en flagrant délit par les policiers,* au moment même où elle commettait le délit.

flair, n. m. ◆ **1.** Sens de l'odorat : *Tu sais que les chiens ont le flair très fin.* **2.** Aptitude à deviner, à prévoir : *Les policiers ont eu du flair : en deux jours, ils ont découvert le coupable.*

flairer, v. ◆ **1.** Sentir pour savoir ce qu'est une chose, pour trouver une piste : *Le chat a flairé une souris : le voilà parti pour chasser.* — SYN. humer. **2.** Deviner : *Méfie-toi : je flaire un mensonge dans ce qu'il raconte.* — SYN. deviner, pressentir, prévoir, sentir, soupçonner.

flamand, ande, adj. *ou* n. ◆ De la Flandre (ou des Flandres), région du nord de la France et surtout de Belgique, qui s'étend depuis les collines de l'Artois jusqu'aux bouches de l'Escaut : *J'aime les plages flamandes, balayées par le grand vent de la mer du Nord.* ● *Les Flamands. Un Flamand. Une Flamande.* ● *Le flamand :* langue germanique, proche du néerlandais, qui est parlée dans le nord de la France (région de Dunkerque) et qui est l'une des deux grandes langues parlées en Belgique. — REGARDER wallon.

flamant, n. m. ◆ Oiseau échassier, à plumage blanc ou rose, qui vit près des lacs, des étangs et des marécages.

flambeau, n. m. ♦ **1.** Objet allongé dont on allume une extrémité pour éclairer (ou en guise de symbole). — SYN. torche. ● *Le flambeau olympique.* ● *Retraite aux flambeaux :* défilé qui se passe la nuit, chaque participant tenant à la main une torche allumée. **2.** Chandelier, candélabre : *Deux grands flambeaux d'argent étaient disposés sur la table de la salle à manger du château.*

flambée, n. f. ♦ **1.** Grand feu, vif et rapide. **2.** Hausse rapide des prix ; mouvement vif et passager de mécontentement, de colère, etc. : *La flambée des prix provoqua une flambée de mécontentement.*

flamber, v. ♦ Brûler vite et fort, avec de grandes flammes : *Quel incendie ! La grange a flambé en un quart d'heure !*

flamboyant, ante [flɑ̃bwajɑ̃, ɑ̃t], adj. ♦ **1.** Qui flamboie : *Nous admirions, émerveillés, le coucher de soleil flamboyant.* **2.** *Style gothique flamboyant :* dernière période du style gothique français (XVᵉ siècle), caractérisé par des ornements en forme de flamme.

flamboyer [flɑ̃bwaje], v. (conjugaison 21) ♦ **1.** Briller vivement en lançant des flammes ou en répandant une grande lumière : *Je ne vois, dit Anne, que le soleil qui flamboie, l'herbe qui verdoie et le chemin qui poudroie.* **2.** *Le regard flamboie,* brille vivement, sous l'effet de la colère, de la haine, etc.

flamme, n. f. ♦ **1.** Masse de gaz en combustion, qui produit une vive lumière et constitue le feu. **2.** Ardeur, vivacité, passion : *Voyons, Gilles, ne récite pas ce poème d'un ton monotone et endormi : mets un peu plus de flamme dans ta diction !* — SYN. animation, ardeur, enthousiasme, exaltation, ferveur, fougue, passion. — CONTR. froideur. ● *Être tout feu tout flamme,* plein d'enthousiasme.

flammèche, n. f. ♦ Parcelle enflammée qui se détache d'un feu.

flan, n. m. ♦ Gâteau, ou crème épaisse, au lait et aux œufs. — REM. N'écrivez pas comme *flanc* : « côté ».

flanc, n. m. ♦ Côté d'une personne, d'un animal ou d'une chose : *Le cavalier piqua des éperons les flancs de sa monture.* ● *Le flanc de la montagne.* — SYN. pente, versant. ● *Le village s'étage à flanc de coteau.* — REM. N'écrivez pas comme *flan :* « gâteau ».

flanc-mou, n. ♦ Tire-au-flanc, paresseux. — REM. Cette expression est familière.

flancher, v. ♦ Faiblir, céder. — REM. Ce verbe est familier.

flanelle, n. f. ♦ Tissu de laine léger et souple.

flâner, v. ♦ Se promener sans se presser, sans but bien précis. — SYN. musarder.

flânerie, n. f. ♦ Action de flâner.

flanqué, ée, adj. ♦ Accompagné : *Sylvie arriva, flanquée de son copain Laurent.*

flanquer, v. ♦ Être sur le côté de : *Deux tours flanquent le corps de logis du château.*

flaque, n. f. ♦ Liquide répandu sur le sol.

flash [flaʃ], n. m. ♦ **1.** Lampe spéciale qui produit un éclair et qui permet de photographier quand la lumière est faible. ● Cet éclair lui-même. **2.** Très brève information donnée à la radio ou à la télévision sur un événement qui vient de se produire. — PLUR. *des flashes* [flaʃ].

flasque, adj. ♦ Mou, tombant : *Une vieille Gitane aux joues flasques marmonnait je ne sais quelle malédiction.* — CONTR. ferme.

flatter, v. ♦ **1.** Faire des compliments plus ou moins vrais ou sincères : *Les courtisans flattaient le roi et lui cachaient la vérité.* **2.** Représenter plus beau que dans la réalité : *Regarde le portrait que s'est fait faire tante Éliane, elle est belle, n'est-ce pas ? — Oui, le*

fleuve

peintre l'a flattée ! **3.** Faire plaisir, en donnant satisfaction à l'amour-propre, à la fierté : *Ariane vient d'être élue déléguée de classe : cette marque d'estime la flatte.* **4.** Être agréable à la vue, à l'ouïe, au goût, etc. : *Cette douce mélodie flatte l'oreille.* **5.** Caresser : *Le cavalier flatta de la main l'encolure de son cheval.* **6.** *Se flatter de,* se vanter de, prétendre, se croire assuré de : *Ma grande sœur s'est flattée de réussir au concours du premier coup !*

flatterie, n. f. ♦ Parole par laquelle on flatte quelqu'un.

flatteur, euse, n. *ou* adj. ♦ **1.** Personne qui adresse beaucoup de flatteries. **2.** Élogieux, qui flatte l'amour-propre, l'orgueil : « *Excellent élève, intelligent, travailleur et plein d'avenir.* » *Voilà une appréciation flatteuse !*

fléau, n. m. ♦ **1.** Autrefois, instrument formé de deux bâtons liés par une lanière de cuir, avec lequel les paysans battaient les céréales sur l'aire. **2.** Partie horizontale d'une balance. **3.** Chose qui fait beaucoup de mal, de dégâts : *Un tremblement de terre, quel fléau terrible !* — SYN. calamité, cataclysme, catastrophe, désastre.

flèche, n. f. ♦ **1.** Projectile qu'on lance avec un arc. **2.** Signe (→) qui indique la direction à suivre. **3.** Clocher très pointu.

fléchir, v. ♦ **1.** Plier : *Le messager entra et fléchit le genou devant le roi.* — SYN. courber, ployer. **2.** Cesser d'être droit et s'incurver ou s'affaisser : *Le toit du chalet a fléchi sous le poids de la neige.* **3.** Amener quelqu'un à changer d'avis : *La surveillante veut te mettre une retenue? Essaie de la fléchir.*

flegmatique, adj. ♦ Qui a beaucoup de calme, qui ne s'émeut pas facilement. — SYN. calme, impassible, imperturbable, indifférent, placide, tranquille. — CONTR. agité, émotif, emporté, excité, exubérant, nerveux, passionné.

flegme, n. m. ♦ Qualité, conduite, tenue d'une personne flegmatique. — SYN.

calme, impassibilité, indifférence, tranquillité. — CONTR. agitation, émotivité, excitation, exubérance, nervosité, passion.

flétan, n. m. ♦ Grand poisson plat des mers froides.

1. flétrir, v. ♦ Faire perdre sa fraîcheur : *Le soleil trop ardent a flétri les roses. Les roses se sont flétries.* — SYN. se faner.

2. flétrir, v. ♦ Déshonorer : *Ce crime a flétri la gloire de ce roi.* ● Dénoncer une chose honteuse : *La journaliste a flétri ces nominations par patronage.*

1. fleur, n. f. ♦ **1.** Organe d'une plante, qui donne la graine ou le fruit. **2.** *La fleur de l'âge :* la jeunesse. **3.** *La fleur de, la fine fleur de,* ce qu'il y a de meilleur : *La fine fleur de la chanson française était à ce gala.* — SYN. élite.

2. fleur ♦ *A fleur de* (loc. prép.), au ras de : *On voyait le granit apparaître par endroits, à fleur de terre.*

fleurdelisé ou **fleurdelysé, ée,** adj. ♦ Orné de fleurs de lis. ● *Le fleurdelisé,* le drapeau du Québec.

fleuret, n. m. ♦ **1.** Épée de sport, fine, souple et légère. **2.** Escrime qui se pratique avec cette épée.

fleurir, v. ♦ **1.** *La plante fleurit,* se couvre d'une ou de plusieurs fleurs. **2.** Orner d'une ou de plusieurs fleurs : *Tous nos voisins ont fleuri leur balcon.*

fleuriste, n. m. *ou* n. f. ♦ Commerçant, commerçante qui vend des fleurs.

fleuron, n. m. ♦ **1.** Chacun des ornements qui ont la forme d'une fleur et qui ornent le bord supérieur d'une couronne. **2.** *Le plus beau fleuron,* ce qu'il y a de plus beau : *La littérature classique est le plus beau fleuron de la civilisation française.*

fleuve, n. m. ♦ Grand cours d'eau qui se jette dans la mer. ● *Fleuve côtier :* — REGARDER *côtier.*

flexible, adj. ♦ Qui peut se plier sans rompre. — SYN. souple. — CONTR. raide, rigide.

flexion, n. f. ♦ Action de plier ou de se plier.

flibustier, n. m. ♦ Au XVIIᵉ et au XVIIIᵉ siècle, pirate de la mer des Antilles.

flocon, n. m. ♦ **1.** Petite masse de neige en train de tomber. ● *Il neige à gros flocons.* **2.** Petite masse de laine, de coton, etc., qui ressemble, par sa légèreté, au flocon de neige.

floraison, n. f. ♦ Moment où les plantes, les arbres ont des fleurs.

flore, n. f. ♦ Ensemble des plantes et des arbres d'une région. — REGARDER *faune* (2).

florissant, ante, n. f. ♦ Prospère, qui marche bien, qui est vigoureux : *Ses affaires allaient bien, son commerce était florissant.*

flot, n. m. ♦ **1.** Grande quantité de matière liquide ou pâteuse qui coule : *Un flot de lave en fusion coulait le long du flanc du volcan.* **2.** *Les flots :* la mer (dans la langue poétique). **3.** *Un flot de, des flots de,* une grande quantité : *Pourquoi ce flot d'injures ? Que t'a-t-elle fait ?*

flottage, n. m. ♦ Transport du bois sur les cours d'eau. — REGARDER *drave.*

flottaison, n. f. ♦ *La ligne de flottaison* ou la flottaison : la ligne où arrive l'eau sur la coque d'un bateau.

flottant, ante, adj. *ou* n. m. ♦ **1.** *Vêtement flottant,* très large. **2.** *Un flottant :* culotte ample de coureur à pied.

flotte, n. f. ♦ **1.** Ensemble des navires d'un pays. ● *La flotte de guerre.* — SYN. marine. ● *La flotte de commerce.* **2.** Groupe nombreux de navires qui naviguent ensemble. — REGARDER *escadre.*

flottement, n. m. ♦ Indécision, hésitation, incertitude.

flotter, v. ♦ **1.** Rester à la surface d'un liquide, au lieu de s'enfoncer : *Dis donc, il a un défaut, ton bateau : il ne flotte pas, il coule à pic !* **2.** S'agiter au gré du vent : *Ils flottent joyeusement en haut des mâts, les drapeaux multicolores !* — SYN. ondoyer, onduler. **3.** *Flotter dans un vêtement :* être trop au large, dans un vêtement trop grand. **4.** Hésiter, ne pas être ferme, résolu : *Nous ne voulons plus d'un chef qui flotte constamment !*

flotteur, n. m. ♦ Objet qui flotte. ● Objet qui est fixé à la ligne et qui, par ses mouvements sur l'eau, indique que le poisson a mordu. — SYN. bouchon. ● Élément d'un hydravion, qui, en flottant, maintient l'appareil au-dessus de l'eau.

flottille [flɔtij], n. f. ♦ Grand nombre de petits bateaux réunis qui naviguent ensemble.

flou, floue, adj. ♦ **1.** Pas net, aux contours indécis : *Dans le brouillard, tous les objets apparaissaient flous.* — SYN. brouillé, fondu, indistinct, trouble, vaporeux. — CONTR. distinct, net, précis, bien découpé. **2.** Pas très net, pas certain, pas clair : *On nous fait beaucoup de promesses, mais elles sont floues.* — SYN. fumeux, incertain, imprécis, nébuleux, vague. — CONTR. clair, net, précis.

fluet, fluette, adj. ♦ **1.** Trop mince et d'apparence peu solide : *Une fillette maigre, aux jambes fluettes, demandait l'aumône.* — SYN. délié, fin, faible, gracile, grêle, maigre, menu, mince. — CONTR. épais, fort, gras, gros, lourd. **2.** *Voix fluette,* faible, timide. — CONTR. fort, sonore, assuré, ferme.

fluide, adj. *ou* n. m. ♦ **1.** Qui coule bien, qui n'est pas trop épais : *Attention ! c'est du miel d'acacia, il est très fluide.* — SYN. clair. — CONTR. compact, épais. **2.** *Un fluide :* un liquide ou un gaz. — CONTR. un solide.

fluor, n. m. ♦ Produit chimique qui aide à réduire les caries dentaires.

fluorescent, ente, adj. ♦ *Tube fluorescent :* appareil d'éclairage, en forme de tube, qui joue le rôle d'une ampoule. ● *Écran fluorescent :* écran lumineux (comme celui d'un poste de télévision, d'un radar).

flûte, n. f. ♦ Instrument de musique à vent, en bois ou en métal, percé de trous. — REGARDER *fifre, flageolet, pipeau.* ● *Être du bois dont on fait les flûtes :* être de caractère doux et accommodant. ● *Flûte de Pan :* instrument de musique à vent, formé de tuyaux juxtaposés d'inégale longueur.

fluvial, ale, aux, adj. ♦ Des fleuves, des rivières. ● *Navigation fluviale,* sur les cours d'eau et les canaux. — CONTR. navigation maritime. ● *Port fluvial.*

flux [fly], n. m. ♦ Marée montante. — CONTR. reflux.

foc, n. m. ♦ Voile triangulaire, à l'avant d'un bateau.

foi, n. f. ♦ **1.** Croyance en Dieu et en l'enseignement d'une religion : *La foi était vive au Moyen Age.* — CONTR. athéisme, incrédulité, incroyance, indifférence. **2.** Doctrine d'une religion : *Les évêques veillent fidèlement sur la foi catholique.* ● *Profession de foi :* déclaration par laquelle on expose ce à quoi l'on croit. ● *Profession de foi :* cérémonie à laquelle participent les jeunes catholiques (à leur douzième année) et au cours de laquelle ils affirment leur croyance en la doctrine de l'Église. **3.** *Un homme sans foi ni loi,* qui ne croit à rien, ne respecte rien et qui est prêt à tout. **4.** *Digne de foi :* que l'on peut croire. **5.** *Bonne foi :* attitude d'une personne sincère, même si elle se trompe. — SYN. sincérité. ● *Mauvaise foi :* attitude d'une personne qui ment délibérément.

foie, n. m. ♦ Organe situé dans l'abdomen et qui joue un rôle capital dans la digestion et dans certaines transformations chimiques.

foin, n. m. ♦ **1.** Herbe coupée et séchée qui sert de nourriture aux animaux. **2.** *Les foins :* la fenaison, action de couper l'herbe pour en faire du foin. **3.** *Le foin :* partie non comestible de l'artichaut, formée de poils. **4.** *Avoir du foin,* avoir de l'argent. — REM. Cette expression est familière. ● *Faire du foin,* protester violemment, faire un scandale. — REM. Cette expression est familière.

foire, n. f. ♦ **1.** Grand marché où l'on vend des produits agricoles, du bétail. **2.** Exposition où les industriels, les négociants peuvent obtenir ou passer commande des produits exposés : *Notre voisine est fabricante de meubles : elle aura un stand à la foire du meuble.* **3.** Nom de certaines fêtes foraines. **4.** *S'entendre comme larrons en foire,* s'entendre parfaitement.

fois, n. f. ♦ **1.** Nombre de cas où un événement se produit ou se reproduit : *Il a plu deux fois cette semaine.* **2.** *Chaque fois (que), toutes les fois (que),* indique la répétition sans exception : *Toutes les fois que tu manges du chocolat, tu es malade.* ● *Une autre fois,* dans un cas semblable, à l'avenir : *Une autre fois, pense à faire le plein d'essence avant de prendre la route.* ● *Une fois,* un jour, à un moment du passé ; autrefois : *Il était une fois un prince charmant...* **4.** *A la fois,* ensemble, en même temps : *Je ne comprends pas comment tu arrives à la fois à lire une bande dessinée et à regarder la télévision.* **4.** *Une fois (que),* après que : *Une fois que nous aurons repeint le bateau, il aura l'air neuf.* ● *Une fois repeint, le bateau aura l'air neuf.*

foison (à), loc. adv. ♦ En grande quantité.

foisonner, v. ♦ Être en grande quantité : *Les champignons foisonnent dans ce pré.* — SYN. abonder.

fol, adj. REGARDER *fou.*

folie, n. f. ♦ **1.** État d'un fou ; maladie mentale. — SYN. démence. — CONTR. bon sens, équilibre mental. **2.** Chose déraisonnable, contraire au bon sens, à la prudence :

folie

Christophe a essayé de traverser le lac Champlain sur un matelas pneumatique : c'est une folie !

folklore, n. m. ♦ Ensemble des coutumes anciennes et pittoresques propres à une province, à une ville, à un pays.

folklorique, adj. ♦ Qui appartient au folklore. ● *Des danses folkloriques.* ● *Groupe folklorique :* groupe de chanteurs et de danseurs qui interprètent des chansons et des danses folkloriques.

follement, adv. ♦ Beaucoup, très : *Les gamines se sont follement amusées au cirque.*

folle, adj. ♦ REGARDER *fou.*

foncé, ée, adj. ♦ *Couleur foncée,* sombre. — CONTR. clair.

1. foncer, v. (conjugaison 17) ♦ **1.** Rendre plus sombre : *Pour foncer ton vert, ajoute un peu de noir à la peinture.* — CONTR. éclaircir. **2.** Devenir plus sombre : *La chevelure de Jojo a foncé.* — CONTR. s'éclaircir.

2. foncer, v. ♦ **1.** *Foncer sur,* aller très vite vers quelqu'un pour l'attaquer : *Le rhinocéros fonça brusquement sur le chasseur.* — SYN. fondre sur. **2.** Aller très vite : *A travers la campagne verdoyante, le train fonçait à cent cinquante kilomètres à l'heure.* — SYN. filer. — CONTR. se traîner.

fonction, n. f. ♦ **1.** Profession : *Elle exerçait la fonction de notaire dans une petite ville de la Beauce.* ● *En fonction :* en activité. — CONTR. en retraite, honoraire, en disponibilité. ● *Les fonctions,* l'exercice d'une profession : *Le policier a été tué dans l'exercice de ses fonctions.* ● *La fonction publique :* l'ensemble des fonctionnaires. **2.** Rôle, travail propre à une personne ou à un groupe : *La fonction des surveillants est d'assurer la discipline.* **3.** Ce que fait un organe dans le corps, une pièce dans une machine : *Épurer le sang, c'est la fonction des reins.* **4.** Rôle grammatical d'un mot dans une proposition ou d'une proposition dans une phrase : *Dans*

la phrase : « *Le vent agite les branches* », le mot branches *remplit la fonction de complément d'objet direct.* **5.** *En fonction de,* d'après, selon : *Nous irons nous promener ou nous resterons ici, en fonction du temps qu'il fera.*

fonctionnaire, n. m. *ou* f. ♦ Celui, celle qui exerce un travail salarié, en étant payé par l'État ou par une collectivité publique.

fonctionnement, n. m. ♦ Action de fonctionner, manière dont une chose fonctionne.

fonctionner, v. ♦ *Un appareil, une machine fonctionne,* marche.

fond, n. m. ♦ **1.** Partie la plus basse, surface qui est en bas d'un récipient, d'un bassin, d'une rivière, de la mer, etc. : *Le navire coulé repose sur le fond de la mer.* ● *Mineur de fond :* ouvrier mineur qui travaille dans la partie souterraine de la mine et non à la surface. ● Profondeur de l'eau : *Le bateau s'est échoué : il n'y avait pas assez de fond, bien sûr !* ● Partie la plus profonde, la plus intime du cœur et de l'esprit : *Voilà une réponse jaillie du fond du cœur !* **2.** Partie la plus éloignée de l'entrée ou du point où l'on se place : *Le fond du magasin était occupé par des rayonnages.* **3.** *A fond :* complètement. ● *Au fond :* quand on réfléchit bien, sans se laisser tromper par les apparences. **4.** Ce qui est le plus important : *Mais non, voyons, là n'est pas le fond du problème !* ● Les idées exprimées, par opposition à la *forme,* au style : *Tant par le fond que par la forme, ta rédaction est excellente.* **5.** La surface sur laquelle se détache quelque chose : *Pour ta chambre, je te conseille ce papier peint, orné de fleurs jaunes sur fond bleu clair.* **6.** *Course de fond, natation de fond, ski de fond,* qui se pratique sur une longue distance.

fondamental, ale, aux, adj. ♦ Qui est très important, qui constitue la base, le fondement d'une chose. — SYN. capital, décisif, essentiel, majeur, primordial, principal. — CONTR. accessoire, mineur, secondaire.

fondant, ante, adj. ◆ Qui semble fondre dans la bouche : *J'aime les poires, juteuses et fondantes !* — CONTR. dur. ● Qui est en train de fondre. Qui fond : *Avec ses bottes neuves, elle aime marcher dans la neige fondante.*

fondateur, trice, n. ◆ Celui, celle qui a fondé quelque chose.

fondation, n. f. ◆ **1.** Action de fonder. **2.** Ville fondée (par tel peuple, tel roi à telle époque) : *La fondation de Montréal date de 1642.* **3.** *Les fondations :* maçonnerie enterrée sur laquelle reposent les murs d'un édifice.

fondé, ée, adj. ◆ Justifié par des faits, des motifs, des arguments sérieux : *Mais non, ces accusations ne sont pas fondées !* — CONTR. gratuit.

fondement, n. m. ◆ **1.** Principe ou réalité qui est la base sur laquelle repose quelque chose : *L'obéissance à la règle est le fondement de toute discipline.* — SYN. base. **2.** Fait, motif, argument qui justifie quelque chose : *On accuse, sans fondement, notre camarade Julien d'être un hypocrite.*

fonder, v. ◆ **1.** Créer une ville, un établissement : *Sais-tu que c'est Paul de Chomedy de Maisonneuve qui a fondé Montréal?* **2.** Appuyer sur des faits, des motifs, des arguments : *Sur quels faits fondes-tu cette hypothèse ?* ● *Sur quels faits te fondes-tu ?*

fonderie, n. f. ◆ Usine, atelier où l'on fabrique des objets en coulant dans des moules du métal fondu.

fondre, v. (conjugaison 91) ◆ **1.** Passer de l'état solide à l'état liquide ou pâteux : *Enfin, il ne gèle plus, la glace et la neige vont fondre !* — SYN. se liquéfier. — CONTR. se congeler, se figer, geler. ● Se dissoudre : *Le sucre fond plus vite dans un liquide chaud.* ● *Fondre en larmes :* se mettre à pleurer beaucoup. ● Faire passer un métal ou un alliage à l'état liquide, en le portant à haute température : *On fond le bronze pour fabriquer les cloches.* ● Fabriquer un objet, en coulant dans un moule un métal devenu liquide sous l'effet de la chaleur : *Jadis, on fondait les canons, car ils étaient faits de bronze.* — SYN. couler. **3.** *Se fondre,* disparaître en se mêlant à autre chose : *Pour échapper à ses poursuivants, elle se fondit dans la foule qui entrait dans le stade.* **4.** *Fondre sur,* se précipiter sur (pour attaquer, pour aborder) : *On vit soudain l'aigle fondre sur la perdrix, la saisir et l'enlever.* — SYN. s'abattre sur, foncer sur, se jeter sur, se précipiter sur, tomber sur.

fondrière, n. f. ◆ Trou, ornière, dépression où vient s'accumuler l'eau ou la boue.

fonds, n. m. ◆ **1.** *Des fonds,* de l'argent : *Notre voisine est riche : elle a des fonds déposés dans plusieurs banques.* ● *Être en fonds :* avoir de l'argent (à un moment donné). **2.** *Un fonds (de commerce) :* un commerce, en tant qu'il représente un capital ou qu'il peut s'acheter, se vendre.

fontaine, n. f. ◆ **1.** Source, eau qui sort de terre. **2.** Petite construction qui comprend en général un bassin et où coule de l'eau.

1. fonte, n. f. ◆ **1.** Action de fondre, phénomène par lequel une substance passe de l'état solide à l'état liquide : *A la fonte des neiges, le sol est transformé en boue.* **2.** Métal dur et cassant, facile à mouler, qui est un alliage de fer et de carbone.

2. fonte, n. f. ◆ *Les fontes :* autrefois, fourreaux de cuir attachés de part et d'autre de l'arçon d'une selle et contenant des pistolets.

fonts, n. m. pl. ◆ *Les fonts baptismaux :* bassin, monté sur un socle, qui contient l'eau avec laquelle on baptise les enfants à l'église. ● *Tenir un enfant sur les fonts,* être son parrain.

football [futbol], n. m. ◆ Sport d'équipe dans lequel il s'agit de porter le ballon dans les buts adverses.

footballeur, euse, n. ◆ Celui, celle qui joue au football.

forage

forage, n. m. ♦ Action de forer; trou que l'on fait en forant.

forain, aine, adj. *ou* n. m. ♦ **1.** *Fête foraine :* fête qui dure quelques jours et où il y a des manèges, des loteries, des stands de tir, etc. ● *Baraques foraines :* baraques d'une fête foraine. **2.** *Un marchand forain* ou *un forain :* commerçant qui n'a pas de magasin, qui vend seulement dans les foires et sur les marchés.

force, n. f. ♦ **1.** Capacité à faire de grands efforts : *Tu veux être déménageur? Il faudra que tu aies beaucoup de force dans les bras !* ● *La force musculaire.* — SYN. puissance. — CONTR. faiblesse. ● *Les forces :* la vigueur physique qui accompagne la bonne santé. — SYN. vigueur, vitalité. — CONTR. faiblesse. **2.** Énergie du caractère, qui permet de faire des efforts de volonté : *Il faut beaucoup de force de caractère pour résister à ces tentations.* — SYN. énergie, volonté. — CONTR. faiblesse, veulerie. **3.** Contrainte physique, violence : *Il a fallu employer la force pour jeter dehors l'agitateur qui troublait la séance.* ● *On l'a fait sortir de force.* **4.** Capacité à réussir quelque chose, à obtenir un résultat : *En français, je suis meilleure que toi, mais, en maths, tu es d'une force inégalée.* ● *Tour de force,* chose très difficile à faire : *Philippe a appris l'anglais en trois mois : c'est un tour de force !* — SYN. exploit. **5.** *Les forces armées, les forces militaires :* l'armée d'un pays. ● *Les forces aériennes :* l'aviation militaire. ● *Les forces navales :* la marine de guerre. ● *Les forces de l'ordre :* la police et la gendarmerie. ● *La force de frappe :* les fusées et les bombes atomiques. **6.** Grandeur, intensité d'un phénomène physique : *La force du courant est telle que les bateaux ont du mal à remonter le fleuve.* ● Ce qui peut faire fonctionner quelque chose : *C'est la force de l'eau qui actionne les moulins et les turbines des centrales hydrauliques.* **7.** *Par la force des choses :* parce qu'on ne peut pas faire autrement. — SYN. forcément, nécessairement. **8.** *A force de,* au moyen de beaucoup de : *A force d'application, elle est devenue la meilleure élève de la classe.*

forcé, ée, adj. ♦ *Travaux forcés :*

autrefois, peine à laquelle étaient condamnés certains criminels (qui étaient astreints à des travaux très pénibles). — SYN. bagne.

forcément, adv. ♦ Nécessairement, cela ne peut être autrement.

forcené, ée, n. ♦ Fou furieux, folle furieuse.

forcer, v. (conjugaison 17) ♦ **1.** Obliger : *Antoine et Gloria ont forcé leur camarade à venir à la fête foraine.* — SYN. contraindre, obliger. **2.** *Forcer une porte, une serrure,* l'ouvrir de force, autrement qu'avec la clef.

forer, v. ♦ Creuser un trou profond : *Jean-Luc a décidé de forer un puits de pétrole dans le jardin de sa tante.*

forestier, ière, adj. *ou* n. m. ♦ **1.** De la forêt : *En suivant l'allée forestière, vous irez tout droit à la cabane à sucre.* ● Où il y a des forêts : *Le Canada est une immense réserve forestière.* ● *Garde forestier :* celui qui est chargé de garder et de protéger les forêts. **2.** *Les forestiers :* ceux qui exploitent les forêts.

forêt, n. f. ♦ Grand bois, vaste étendue couverte d'arbres.

1. forfait, n. m. ♦ *Déclarer forfait :* dire qu'on ne prendra pas part à une épreuve.

2. forfait, n. m. ♦ Prix fixé à l'avance qui ne tient pas compte du temps passé ni de la quantité des marchandises fournies.

3. forfait, n. m. ♦ Grand crime.

forfaitaire, adj. ♦ *Prix forfaitaire,* qui constitue un forfait. — REGARDER *forfait 2.*

forge, n. f. ♦ Atelier du forgeron ou du maréchal-ferrant.

forger, v. (conjugaison 16) ♦ **1.** Travailler le métal, porté au rouge, en le frappant avec un marteau. **2.** Inventer une chose fausse : *Les histoires de la mythologie ? Ce sont les hommes qui les ont forgées, pour expliquer les phénomènes naturels et la création de l'univers.*

forgeron, n. ♦ Celui, qui travaille le métal en le forgeant. — REGARDER *maréchal-ferrant.*

formaliser (se), v. ♦ Se fâcher, se vexer de : *Il ne faut pas te formaliser pour si peu !*

formalité, n. f. ♦ Démarches à faire, papiers à remplir.

format, n. m. ♦ *Le format d'un livre,* ses dimensions (hauteur et largeur).

formation, n. f. ♦ **1.** Action de former ou de se former. **2.** Instruction qui permet d'exercer un métier, de suivre un enseignement : *Si l'on n'a pas une bonne formation scientifique, on ne peut entrer dans une école d'ingénieurs.* **3.** Groupe organisé qui agit ou se déplace ensemble : *Une formation de blindés essaya de franchir la zone fortifiée.*

forme, n. f. ♦ **1.** Figure qu'a un objet et qui est constituée par ses contours : *Voici des jetons : les uns ont une forme ronde, d'autres une forme carrée, d'autres une forme rectangulaire.* ● *Prendre forme :* commencer à avoir un aspect précis, achevé. **2.** Le style, par opposition au *fond,* aux idées exprimées : *Pour le fond, rien à dire, ton devoir est correct, mais la forme est mauvaise : il faut récrire ta narration en bon français !* **3.** Variété, sorte, espèce : *Il y a plusieurs formes d'entraide et d'amitié.* ● *Il faut cultiver l'entraide et l'amitié sous toutes leurs formes.* **4.** *Les formes,* les usages de la politesse : *Quand on écrit à un supérieur, il faut respecter les formes.* **5.** *En bonne forme :* en bonne condition physique.

formel, elle, adj. ♦ **1.** Qui ne souffre ni atténuation ni exception : *Interdiction formelle d'entrer dans le transformateur : danger de mort.* — SYN. absolu, catégorique. **2.** Qui concerne la forme, le style : *Ce poème est d'une grande beauté formelle.*

former, v. ♦ **1.** Constituer, faire (en traçant) : *Avec un bâton, elle formait des ronds dans le sable.* ● *Ici, la rivière forme des méandres.* ● *Se former,* se créer : *un banc de sable s'est formé ici.* **2.** Façonner, modifier pour rendre meilleur : *L'instruction, c'est bien, mais il faut aussi former le caractère des enfants.* **3.** Instruire, en préparant à une activité : *C'est dans ce centre d'apprentissage que l'on forme les futurs mécaniciens.*

formidable, adj. ♦ **1.** Qui fait peur : *Il voyait s'approcher l'heure formidable de la mort.* — SYN. redoutable, terrible, terrifiant. **2.** Très grand, très puissant, très habile, très bon, etc. — REM. Ce sens est familier.

formulaire, n. m. ♦ Papier imprimé à remplir et à compléter.

formule, n. f. ♦ **1.** Groupe de mots, toujours les mêmes, qu'on emploie dans certaines circonstances. ● *Une formule épistolaire* (par exemple : *Je vous prie d'agréer, Madame, mes salutations distinguées*). **2.** Groupe de lettres, de chiffres, de symboles, utilisé en mathématiques, en physique-chimie.

formuler, v. ♦ Exprimer de telle ou telle manière : *Vous avez formulé de manière inexacte une observation pourtant intéressante.*

fort, forte, adj. *ou* n. m. *ou* adv. ♦ **1.** Qui a les muscles puissants : *Mon oncle est déménageur, il est fort comme un bœuf !* — SYN. athlétique, musclé, robuste, vigoureux. — CONTR. chétif, faible, malingre. ● *Luc cogne fort* (emploi adverbial). ● Assez gros : *Mᵐᵉ Legris était une femme blonde, petite et forte.* **2.** *Les forts,* ceux qui sont puissants : *Les forts doivent protéger les faibles.* — CONTR. les faibles. **3.** Grand, intense : *Le courant est si fort qu'il nous empêche de remonter la rivière.* — SYN. intense, puissant. — CONTR. faible. ● *Le vent souffle très fort* (emploi adverbial). ● *Nicole a une voix forte.* — SYN. puissant, sonore. — CONTR. étouffé, faible. ● *Jérôme parle fort* (emploi adverbial). — CONTR. (parler) bas. **4.** Grand, élevé : *Deux cent mille dollars ? Mais c'est une très forte somme !* — SYN. considérable, élevé, grand, gros. — CONTR. faible, petit.

fort

5. Épais ou solide : *Pour contenir le ciment, on emploie des sacs en papier, oui, mais c'est du papier très fort !* — SYN. épais, résistant, robuste, solide. — CONTR. mince, fragile. ● *La colle forte.* **6.** Qui a de grandes capacités, qui réussit bien : *Tu sais, ce médecin est très fort : il a guéri des malades qui étaient dans un état désespéré.* — SYN. bon, capable, compétent, habile. — CONTR. incapable, incompétent, malhabile, maladroit, mauvais. ● *Se faire fort de,* se vanter de pouvoir réussir, affirmer qu'on peut faire quelque chose : *Les filles se sont fait fort de nous battre au volley-ball !* (participe invariable). **7.** Capable de gagner : *Leur équipe est plus forte que la nôtre, car sa technique est meilleure.* ● Capable de convaincre : *Essaie de trouver un argument plus fort pour le décider !* ● *Point fort,* ce en quoi on est supérieur : *Le point fort de notre équipe, c'est sa vitesse en attaque.* ● *Le fort de,* le point fort, ce en quoi on excelle : *Je suis toujours première en gymnastique, mais le calcul, ce n'est pas mon fort !* **8.** Qui a beaucoup de goût : *Dis donc, elle est forte, ta moutarde : elle emporte la bouche !* ● Qui contient beaucoup d'alcool : *Ce vin est fort et bon.* ● *Les liqueurs fortes :* les eaux-de-vie, les digestifs. ● Qui est très concentré : *Pas de café trop fort, cela m'empêcherait de dormir !* — CONTR. léger.

2. fort, adv. ♦ Très, bien : *Oui, ce pays est fort beau !*

3. fort, n. m. ♦ Ouvrage militaire fortifié.

forteresse, n. f. ♦ Édifice fortifié.

fortification, n. f. ♦ Ensemble des remparts, des fossés, des tours, des casemates, etc., qui protègent une ville fortifiée, une forteresse, une zone militaire.

fortifier, v. (conjugaison 20) ♦ **1.** Protéger, entourer, au moyen de fortifications : *Le roi fit fortifier la ville : on l'entoura de hautes murailles et l'on creusa un profond fossé.* **2.** Rendre fort.

fortin, n. m. ♦ Petit ouvrage fortifié.

fortuit, uite [fɔʀtɥi, ɥit,], adj. ♦ Qui se fait par hasard, de manière inattendue : *Il a fallu une circonstance tout à fait fortuite pour que je fasse sa connaissance.* — SYN. accidentel, imprévu, inattendu, inopiné. — CONTR. attendu, nécessaire, obligatoire, organisé, prévu.

fortuitement, adv. ♦ Par hasard.

fortune, n. f. ♦ **1.** Grande richesse que possède quelqu'un. ● *Faire fortune :* devenir riche, gagner beaucoup d'argent. **2.** Le sort, le hasard : *C'est la fortune qui en a décidé ainsi.* **3.** *De fortune,* qu'on improvise faute de mieux : *Les rescapés logent dans un campement de fortune.*

fortuné, ée, adj. ♦ Qui a beaucoup de chance, qui est favorisé par la chance : *Cette femme fortunée n'a jamais connu la maladie ni le deuil !* — CONTR. infortuné. — REM. Ce mot n'est pas synonyme de *riche.*

forum [fɔʀɔm], n. m. ♦ Dans une ville romaine, place sur laquelle se tenaient les assemblées politiques ou les marchés. — PLUR. *des forums.*

fosse, n. f. ♦ **1.** Grand trou qu'on creuse dans la terre. ● *Fosse commune :* dans un cimetière, fosse où l'on enterre ensemble les corps des personnes trop pauvres pour avoir un caveau. ● *Fosse d'aisances, fosse septique :* fosse (ou grand réservoir) placée sous les cabinets, quand il n'y a pas de raccordement à l'égout. **2.** Lieu bas où vivent certains animaux en captivité dans un jardin zoologique. **3.** *Fosse marine, fosse océanique :* endroit où la mer est extrêmement profonde.

fossé, n. m. ♦ Trou ou creux dans la terre, de forme allongée : *La voiture est allée dans le fossé.*

fossette, n. f. ♦ Petit creux naturel dans le modelé de la joue, du menton.

fossile, adj. *ou* n. m. ♦ **1.** *Animal, plante fossile,* dont l'espèce a disparu depuis longtemps. **2.** *Un fossile :* ossement ou empreinte minérale.

fouine

fossoyeur [fɔswajœʀ], **euse,** n. ♦ Celui, celle qui creuse les fosses, les tombes, dans un cimetière.

fou, folle, fol, adj. *ou* n. ♦ **1.** Qui a perdu la raison, qui a l'esprit complètement dérangé. — SYN. dément ; déséquilibré. — CONTR. sain d'esprit. **2.** Contraire à la raison, au bon sens : *Une pommade pour faire repousser les poils sur les vieux balais, mais c'est une invention folle !* — CONTR. raisonnable, sensé. — REM. Devant un nom masculin commençant par une voyelle ou un *h* muet, on dit *fol : Un fol amour. Un fol héroïsme.* **3.** *Un monde fou :* beaucoup de monde. **4.** *Fou de,* passionné de : *Ma sœur est folle de musique : elle a trois cents disques !* **5.** *Fou de joie, de colère, etc.,* qui éprouve ce sentiment très fortement. **6.** *Faire les fous :* s'amuser beaucoup de manière bruyante, agitée. **7.** *Le fou :* l'une des pièces du jeu d'échecs. **8.** *Le fou du roi :* personnage qui faisait le clown et qui était chargé de distraire le roi. — SYN. bouffon.

1. foudre, n. f. ♦ Éclair accompagné d'un coup de tonnerre et d'une puissante décharge électrique. ● *Comme la foudre,* vite et fort : *Nous sommes de vrais durs : si l'on nous attaque, nous frappons comme la foudre !*

2. foudre, n. m. ♦ *Un foudre de guerre :* un homme terrible et courageux, un grand chef d'armée.

foudroyant, ante, adj. ♦ Rapide, dur et fort : *D'un coup de poing foudroyant, il abattit son adversaire.*

foudroyer, v. (conjugaison 21) ♦ **1.** Tuer par la foudre ou le courant électrique : *Valérie toucha avec un bâton une ligne à haute tension : une décharge de 20 000 volts la foudroya sur-le-champ.* **2.** Tuer ou détruire très vite : *Un missile antiaérien foudroya l'avion ennemi.* **3.** *Foudroyer quelqu'un du regard,* lui lancer un regard furieux, mécontent.

fouet, n. m. ♦ **1.** Instrument constitué par un manche et une lanière qui sert à produire un bruit sec pour stimuler les chevaux. ● *Un coup de fouet :* ce qui stimule, redonne vigueur pour un moment. **2.** Le même instrument, utilisé pour frapper, pour infliger un châtiment. ● *Donner le fouet à quelqu'un,* le fouetter. **3.** *De plein fouet,* tout droit et fort : *Le pêcheur sur la jetée fut atteint de plein fouet par une vague.* **4.** Ustensile de cuisine qui sert à battre les œufs en neige, à faire la mayonnaise, etc.

fouetter, v. ♦ **1.** Frapper avec un fouet. — SYN. cingler, flageller, fustiger. **2.** Heurter vivement : *La pluie froide lui fouettait le visage.* **3.** Agiter vivement (avec un fouet de cuisine).

fougère, n. f. ♦ Plante sans fleurs qui pousse dans les forêts et les lieux incultes.

fougue, n. f. ♦ Ardeur, vivacité, passion : *Quel feu ! Quelle fougue ! On voit que cette oratrice croit vraiment à ce qu'elle dit.* — SYN. élan, enthousiasme, exaltation, feu, frénésie, impétuosité, véhémence, verve. — CONTR. le calme, froideur, lenteur, tranquillité.

fougueux, euse, adj. ♦ Plein de fougue, d'ardeur. — SYN. ardent, enflammé, exalté, frénétique, impétueux, vif, véhément. — CONTR. calme, froid, lent, posé, tranquille.

fouille, n. f. ♦ **1.** Action de fouiller. **2.** *Des fouilles :* action de creuser le sol avec méthode pour trouver des vestiges de monuments anciens, des objets.

fouiller, v. ♦ **1.** Chercher en remuant, en déplaçant les choses : *Si je te reprends à fouiller dans mon tiroir, je te tirerai les oreilles !* **2.** Creuser le sol pour découvrir ce qui est enfoui : *En fouillant le sol, les archéologues ont mis au jour les soubassements d'une ancienne muraille.*

fouillis, n. m. ♦ Entassement de toutes sortes de choses en désordre. — SYN. fatras.

fouine, n. f. ♦ Petit animal sauvage, au museau pointu, au corps allongé, qui se nourrit du sang des oiseaux et des volailles.

fouiner, v. ♦ Chercher en fouillant (parfois de manière indiscrète).

foulard, n. m. ♦ Bande ou carré d'étoffe qu'on se met autour du cou ou que les femmes se mettent sur la tête. — SYN. cachecol, cache-nez, écharpe, fichu.

foule, n. f. ♦ **1.** Grand nombre de gens réunis au même endroit. ● *Il y a foule dans les gares, aujourd'hui !* ● *Les habitants du village étaient venus en foule pour voir le feu d'artifice.* **2.** *Une foule de,* une grande quantité de : *Consulte donc ce livre : tu y trouveras une foule de renseignements utiles.*

foulée, n. f. ♦ Enjambée que l'on fait quand on court.

fouler, v. ♦ **1.** Presser avec les pieds, marcher sur : *Enfin, après tant de mois passés à l'étranger, il foulait le sol de son pays !* ● *Fouler aux pieds :* mépriser, traiter avec mépris. — SYN. piétiner. **2.** *Se fouler le pied, le poignet, etc. :* se faire une foulure.

foulure, n. f. ♦ Petite entorse.

four, n. m. ♦ **1.** Appareil fermé où règne une chaleur plus ou moins forte, et où l'on cuit le pain, les aliments, la porcelaine, les poteries, où l'on fond les métaux. ● *Four de boulanger.* ● *Four à porcelaine.* ● *Four à chaux.* **2.** *Petits fours :* tout petits gâteaux frais qu'on offre dans les réceptions.

fourbu, ue, adj. ♦ Très fatigué. — SYN. épuisé, exténué. — CONTR. reposé.

fourche, n. f. ♦ **1.** Outil qui est constitué par un manche auquel est adapté un fer à plusieurs dents et qui sert à remuer, à soulever le foin, la paille, le fumier. **2.** Endroit où une chose se divise en deux branches, par exemple : *la fourche d'un arbre, d'une branche, la fourche d'un lance-pierre, la fourche d'une bicyclette.*

fourchette, n. f. ♦ Pièce de couvert avec laquelle on pique les aliments.

fourchu, ue, adj. ♦ Qui se divise en deux branches, en deux parties.

fourgon, n. m. ♦ **1.** Autrefois, véhicule militaire, tiré par un ou plusieurs chevaux, dans lequel on transportait les vivres, les munitions, les bagages. **2.** Wagon attelé à un train de voyageurs et dans lequel on transporte les bagages enregistrés. **3.** *Fourgon mortuaire :* véhicule automobile qui sert à transporter un cercueil. — SYN. corbillard.

fourgonnette, n. f. ♦ Petite camionnette qui a la forme d'une voiture de tourisme, mais sans vitres ni siège à l'arrière.

fourmi, n. f. ♦ **1.** Petit insecte dont il existe de très nombreuses espèces et qui vit en colonie. — REGARDER *fourmilière.* **2.** *Avoir des fourmis dans une jambe, un bras,* des picotements dus à l'engourdissement que provoque une longue immobilité.

fourmilière [fuʀmiljɛʀ], n. f. ♦ Ensemble de galeries et de chambres souterraines aménagées par les fourmis, où ces insectes vivent.

fourmiller [fuʀmije], v. ♦ *Fourmiller de,* contenir en grand nombre : *Stéphane, ton devoir fourmille de sottises.* — SYN. abonder en, grouiller de.

fournaise, n. f. ♦ **1.** Four ou fourneau où brûle un feu très chaud. **2.** Endroit où il y a un grand feu : *Le pompier héroïque s'enfonça dans la fournaise pour sauver les enfants.* — SYN. brasier. **3.** Endroit où il fait très chaud : *La salle est une vraie fournaise.*

fourneau, n. m. ♦ **1.** Appareil à charbon, à bois ou à gaz, qui sert à la cuisson des aliments. — SYN. cuisinière. **2.** Endroit de la forge où l'on fait le feu. ● *Haut fourneau :* construction, en forme de tour, dans laquelle on met du minerai de fer et du coke, pour fabriquer de la fonte (transformée ensuite en fer et en acier).

fournée, n. f. ♦ Quantité de pains, de croissants, etc., que le boulanger met à cuire à la fois dans son four.

fourni, ie, adj. ♦ **1.** Bien approvisionné, où il y a quelque chose en abondance : *Notre épicerie est bien fournie en chocolat*

fracturer

et en miel. — SYN. garni. — CONTR. dégarni, vide. **2.** Abondant, épais : *Antoine a une chevelure très fournie.* — SYN. dru, serré. — CONTR. clairsemé, rare.

fournil [fuRni], n. m. ♦ Local où est placé le four du boulanger et où celui-ci fait son pain.

fournir, v. ♦ **1.** Donner ou vendre ce qui est nécessaire : *L'école nous fournira gratuitement les livres scolaires.* — SYN. procurer. **2.** *Fournir un effort :* faire un effort.

fournisseur, euse, n. ♦ Celui, celle qui fournit quelque chose, qui vend une marchandise à quelqu'un, qui l'approvisionne. — SYN. vendeur. — CONTR. acheteur, client.

fourniture, n. f. ♦ **1.** Action de fournir. **2.** *Fournitures scolaires :* les cahiers, les crayons, les stylos, les compas, les règles, les trousses, etc. ● *Les fournitures de bureau.*

fourrage, n. m. ♦ Plantes coupées qui servent à nourrir le bétail.

fourragère, adj. f. ♦ *Plantes fourragères,* qui servent à la nourriture du bétail.

fourré, n. m. ♦ Ensemble impénétrable de buissons, de petits arbres. — SYN. taillis.

fourreau, n. m. ♦ Étui allongé, souple ou rigide. ● *Fourreau d'une épée.*

fourrer, v. ♦ Garnir en mettant quelque chose à l'intérieur : *Donne-moi le bol de crème au chocolat, je vais fourrer le gâteau.*

fourreur, euse, n. ♦ Personne qui confectionne ou vend des vêtements de fourrure.

fourrière, n. f. ♦ Endroit où l'on met les animaux abandonnés ou les véhicules dont le stationnement, à un endroit interdit, est particulièrement gênant.

fourrure, n. f. ♦ **1.** Pelage long et serré de certains animaux. **2.** Peau tannée d'un animal, avec ses poils, qui sert à garnir ou à faire certains vêtements : « *Jamais je ne porterai de manteau de fourrure, dit mon frère, j'aime trop les animaux pour cela.* »

fourvoyer (se) [fuRvwaje], v. (conjugaison 21) ♦ **1.** Se tromper de chemin, s'égarer : *Attention ! Tous ces sentiers se ressemblent, dans la forêt : nous risquons de nous fourvoyer !* **2.** Se tromper, commettre une erreur : *Il y avait un piège dans l'énoncé du problème, et tu t'es fourvoyée.*

foyer, n. m. ♦ **1.** Partie d'un fourneau, d'une chaudière, où le combustible brûle. **2.** *Foyer d'incendie :* endroit où un incendie prend naissance. **3.** Lieu d'où part, d'où rayonne, d'où se répand quelque chose : *Au XVe et au XVIe siècle, l'Italie fut le foyer de la Renaissance, le foyer des arts et de la civilisation.* **4.** Famille, ou maison où vit la famille : *Cet immeuble abrite quatre foyers.* ● *Quand une personne est au chômage, elle est bien obligée de* **rester au foyer,** de rester à la maison pour s'occuper des tâches ménagères, de l'éducation des enfants, etc. ● *Fonder un foyer :* se marier et avoir des enfants.

fracas [fRaka], n. m. ♦ Grand bruit produit par un choc, un effondrement, etc. — SYN. vacarme.

fracasser, v. ♦ Briser, casser avec violence.

fraction, n. f. ♦ **1.** Nombre qu'on écrit avec deux chiffres (le *numérateur* et le *dénominateur*), séparés par une barre. ● *Une fraction de seconde :* un temps très court, plus petit qu'une seconde. **2.** Partie d'un tout : *Une fraction du terrain reste en friche.*

fractionner, v. ♦ Couper, diviser, faire plusieurs parts : *Nous allons fractionner la somme et ne pas la dépenser d'un seul coup.*

fracture, n. f. ♦ Cassure d'un os.

fracturer, v. ♦ Casser, briser (un os, une porte, une serrure, etc.) : *Des voyous ont fracturé les parcmètres pour prendre les pièces de monnaie.*

fragile, adj. ♦ **1.** Qui peut facilement se casser : *Sur la caisse qui contient les verres, il est écrit :* « *Fragile* ». — CONTR. solide. **2.** Qui n'a pas une santé solide, qui est souvent malade. — SYN. délicat, frêle. — CONTR. résistant, robuste, solide.

fragilité, n. f. ♦ Caractère de ce qui est fragile. — CONTR. résistance, robustesse, solidité.

fragment, n. m. ♦ **1.** Morceau : *Nous avons examiné à la loupe un fragment de roche.* — SYN. parcelle. **2.** Passage d'un livre, d'un texte : *Nous allons étudier à fond ce fragment d'un roman de Jules Verne.* — SYN. extrait, morceau, passage.

fragmentaire, adj. ♦ Qui est très incomplet : *Nous n'avons sur cette affaire que des informations fragmentaires.*

fragmenter, v. ♦ Briser en fragments.

frai, n. m. ♦ **1.** Moment de l'année où les poissons pondent leurs œufs. **2.** *Le frai :* les œufs de poisson. **3.** *Le frai :* ensemble de très jeunes poissons qui servent à repeupler un étang, une rivière.

fraîche, adj. ♦ REGARDER *frais* (sens 1).

fraîchement, adv. ♦ **1.** Récemment : *Nous longions un champ fraîchement labouré.* **2.** Sans enthousiasme ni démonstration d'amitié, et même avec froideur : *Elle a demandé à son père de lui acheter une moto : elle a été fraîchement reçue !* — SYN. froidement. — CONTR. chaleureusement, cordialement.

fraîcheur, n. f. ♦ Caractère de ce qui est frais.

fraîchir, v. ♦ **1.** Devenir plus frais, moins chaud : *Nous approchons d'octobre : le temps fraîchit.* **2.** *La brise fraîchit,* souffle plus fort : *La brise fraîchissait, le capitaine ordonna de réduire la voilure.*

1. frais, fraîche, adj. *ou* n. m. *ou* adv. ♦ **1.** Pas trop chaud, pas trop chaud : *L'ombre est si fraîche sous les grands marronniers !* — CONTR. chaud, tiède. ● *J'aime*

boire frais (emploi adverbial). ● *Au frais :* dans un endroit pas trop chaud. ● *Prendre le frais :* aller ou rester dehors pour jouir de l'air frais (dans une période de chaleur). **2.** Peu chaleureux : *Dis donc, son accueil a été plutôt frais !* — SYN. froid. —CONTR. chaleureux, cordial. **3.** Qui a été cueilli, pêché, pondu, etc., il y a peu de temps : *Dites-moi, Madame, vos œufs du jour, ils n'étaient pas si frais que cela : dans l'un d'eux, j'ai trouvé un poussin !* ● Qui n'est pas en conserve : *Les petits pois frais, c'est meilleur que les petits pois en conserve.* ● Qui a été fait récemment : « *Attention, peinture fraîche !* » **4.** Récent (par rapport à l'événement) : *M'apportes-tu des nouvelles fraîches ?* — CONTR. ancien, vieux. **5.** Qui a de la vivacité, de l'éclat, et aussi de la douceur : *Cette fresque date de la Renaissance, mais les couleurs sont restées étonnamment fraîches.* — CONTR. terne, passé, sombre, brutal. ● *Isabelle a le teint frais.*

2. frais, n. m. pl. ♦ **1.** *Les frais,* les dépenses : *L'entretien d'un bateau de plaisance entraîne des frais considérables.* ● *Faux frais :* dépenses imprévues, peu utiles, qui viennent en supplément des dépenses normales. ● *A grands frais :* en dépensant beaucoup d'argent. ● *A peu de frais :* en dépensant peu. ● *Les frais généraux :* dans une entreprise, les dépenses diverses (autres que le prix de la matière première). ● *Se mettre en frais :* faire des dépenses supplémentaires, des efforts exceptionnels. **2.** *En être pour ses frais :* avoir fait des efforts sans obtenir de résultats. ● *Faire les frais de,* subir les conséquences fâcheuses de : *C'est moi qui ai fait les frais de cette blague stupide.* ● *Appel à frais virés,* coup de téléphone où le destinataire paie le coût.

1. fraise, n. f. ♦ Fruit, rouge, du fraisier.

2. fraise, n. f. ♦ A la fin du XVIe et au début du XVIIe siècle, collerette plissée que portaient les hommes et les femmes.

3. fraise, n. f. ♦ Sorte de petite meule avec laquelle le dentiste creuse les dents cariées pour les soigner.

frappant

fraisier, n. m. ♦ Plante basse dont le fruit est la fraise.

framboise, n. f. ♦ Fruit rouge, au parfum délicat, qui ressemble un peu à la fraise et qui pousse sur le framboisier.

framboisier, n. m. ♦ Arbrisseau dont le fruit est la framboise.

1. franc, franque, n. *ou* adj. ♦ *Les Francs,* peuple germanique qui envahit la Gaule : *Tu connais Clovis, roi des Francs?* ● *Un Franc. Une Franque.* ● Les guerriers francs. Les coutumes franques.

2. franc, franche, adj. *ou* adv. ♦ **1.** Qui dit la vérité, qui dit ce qu'il pense, sans dissimulation : *Tu peux croire ce que dit Diane : c'est une fille franche !* — SYN. loyal, sincère. — CONTR. déloyal, dissimulé, faux, fourbe, menteur, traître. ● *Il faut parler franc,* franchement (emploi adverbial). **2.** Net, vif, sans mélange : *Du rouge vif, du vert cru, du jaune citron. Bravo ! je vois que tu aimes les couleurs franches !* **3.** Net et droit : *Avec sa serpe, il coupa la branche d'un coup bien franc.*

3. franc, n. m. ♦ Unité monétaire de la France et de quelques autres pays. ● *Le franc belge, le franc suisse, etc.*

français, aise, adj. *ou* n. ♦ De France : *La Bourgogne est une province française.* ● *Les Français. Un Français. Une Française.* ● *Le français :* langue parlée en France, dans une partie de la Belgique et de la Suisse, au Québec, à l'île Maurice, en Haïti, et qui sert de langue de culture dans de nombreux pays d'Afrique. — REGARDER *francophonie.* ● Qui vient de France (un vin français). Qui ressemble à ce qui est fait en France (pain français). Qui est de langue et de culture françaises (le Canada français).

franchement, adv. ♦ **1.** D'une manière franche, loyale, véridique. — SYN. sincèrement. **2.** Tout à fait, nettement : *J'ai vu ce film ; il est franchement mauvais.*

franchir, v. ♦ **1.** Passer au-delà de,

traverser : *D'une seule enjambée, le grand Nicolas franchit le fossé.* **2. Franchir une distance,** la parcourir.

franchise, n. f. ♦ **1.** Qualité d'une personne ou d'une chose franche. — SYN. loyauté, sincérité. — CONTR. déloyauté, dissimulation, fausseté. ● *Tu es un grand garçon : parlons de cette affaire en toute franchise.* **2. Franchise postale :** possibilité d'envoyer une lettre sans y mettre de timbre.

franc-maçon, onne, n. ♦ Celui, celle qui fait partie de la franc-maçonnerie. — PLUR. *des francs-maçons.*

franc-maçonnerie, n. f. ♦ Société secrète, animée par un esprit de pensée libre, parfois hostile à l'Église, et dont les membres se soutiennent les uns les autres, dans la vie professionnelle ou politique.

francophone [fʀɑ̃kɔfɔn], adj. *ou* n. ♦ Qui parle français, où l'on parle français : *Les Wallons ? Ce sont les Belges francophones. Le Québec est un pays francophone.* ● *Les Québécois sont des francophones.*

francophonie [fʀɑ̃kɔfɔni], n. f. ♦ Ensemble des pays où l'on parle français.

franc-tireur, n. m. ♦ En temps de guerre, civil armé qui combat l'occupant ennemi, sans faire partie d'une armée régulière. — PLUR. *des francs-tireurs.* — SYN. guérillero, maquisard, partisan, patriote, résistant.

frange, n. f. ♦ **1.** Ensemble de fils qui forment la bordure d'un rideau, d'un tapis, d'un cache-col, etc., et qui sert d'ornement. **2.** Ensemble de cheveux qui retombent sur le front et sont coupés droit.

franquette (à la bonne), loc. adv. ♦ Avec beaucoup de simplicité, sans cérémonie. — REM. Ce mot est familier.

frappant, ante, adj. ♦ Qui se remarque du premier coup et qui fait une forte impression : *Elle avait une tache violacée sur le front. Ce détail frappant est resté dans ma mémoire.*

frappe

frappe, n. f. ♦ Action de taper à la machine. ● Manière dont un texte est tapé.

frapper, v. ♦ **1.** Heurter, donner un coup contre quelque chose : *On a frappé à la porte, je crois.* — SYN. cogner, heurter, taper. **2.** Battre : *Je ne supporte pas qu'on frappe un plus faible que soi.* **3.** Punir : *Il faut frapper sévèrement les trafiquants de drogue.* **4.** Atteindre, toucher : *Cette épidémie a frappé le quart de la population.* — SYN. affecter. — CONTR. épargner. **5.** Faire une forte impression et se faire remarquer : *Son air intelligent et fier m'avait frappé.* **6.** *Frapper une monnaie :* fabriquer une pièce de monnaie. **7.** *Frapper un nœud,* rencontrer des difficultés, tomber sur un os. — REM. Cette expression est familière.

frasil, n. m. ♦ **1.** *Cristaux,* tout petits morceaux de glace qui flottent sur l'eau. **2.** Mince couche de glace en train de prendre.

fraternel, elle, adj. ♦ **1.** Qui concerne les frères ou les sœurs : *C'est par affection fraternelle qu'elle prend la défense de son frère coupable.* **2.** Qui est empreint de fraternité : *Une amitié fraternelle unissait les deux copains d'enfance.*

fraternité, n. f. ♦ Amitié comparable à celle qui unit des frères : *Ah ! si la fraternité pouvait unir tous les hommes !*

fraude, n. f. ♦ Action de celui qui agit, en cachette, de manière contraire au règlement. ● *En fraude :* contrairement à la loi, au règlement.

frauder, v. ♦ Commettre une fraude : *Elle a été lourdement condamnée pour avoir fraudé le fisc.*

fraudeur, euse, n. ♦ Celui, celle qui commet une fraude.

frauduleux, euse, adj. ♦ Contraire à la loi, au règlement.

frayer, v. (conjugaison 23) ♦ *Frayer un chemin,* ouvrir un passage, un chemin, en écartant les obstacles : *Je passe devant : avec mon bâton, je vais te frayer le chemin à travers les fougères.*

frayeur, n. f. ♦ Peur très grande et soudaine. — SYN. affolement, crainte, effroi, épouvante, peur, terreur.

fredonner, v. ♦ Chanter à mi-voix, sans prononcer nettement les paroles. — SYN. chantonner.

frégate, n. f. ♦ **1.** Autrefois, bateau de guerre à voiles, à trois mâts, plus petit que le vaisseau et plus grand que la corvette. ● *Capitaine de frégate :* dans la marine, officier dont le grade correspond à celui de lieutenant-colonel. **2.** De nos jours, petit bateau de guerre. **3.** Oiseau de mer à longues ailes.

frein, n. m. ♦ **1.** Dispositif qui sert à freiner, à arrêter un véhicule. **2.** *Sans frein,* sans modération, sans s'imposer de limite : *Son ambition est sans frein.* — CONTR. borné, limité, raisonnable. ● *Mettre un frein à,* limiter, arrêter : *Il faut mettre un frein au gaspillage.*

freinage, n. m. ♦ Action de freiner.

freiner, v. ♦ **1.** Arrêter ou ralentir la marche d'un véhicule : *Le coureur freine son vélo dans la descente.* **2.** Ralentir, gêner : *Le manque de matières premières et de capitaux freine le développement économique de ce pays.* — SYN. entraver, gêner, ralentir. — CONTR. accélérer, favoriser.

frelaté, ée, adj. ♦ Altéré, falsifié : *Au lieu de cette orangeade frelatée, bois donc de l'eau minérale !* — SYN. adultéré, trafiqué. — CONTR. naturel, pur.

frêle, adj. ♦ Qui est mince, petit, et qui donne une impression de fragilité, de faiblesse : *Dans un corps frêle, cette femme cachait une âme héroïque.* — SYN. débile, délicat, fragile, menu, mince. — CONTR. fort, grand, gros, puissant, robuste, solide.

frelon, n. m. ♦ Grosse guêpe, dont la piqûre est dangereuse.

friction

frémir, v. ◆ **1.** Remuer doucement : *Quand passe un souffle de brise, le feuillage léger du peuplier frémit.* **2.** *L'eau frémit,* commence à bouillir. **3.** Trembler sous l'effet d'une émotion : *En entendant cette insulte, nous avons tous frémi de colère.*

frémissement, n. m. ◆ Mouvement de ce qui frémit, de ce qui tremble. — SYN. tremblement.

frêne, n. m. ◆ **1.** Arbre de nos forêts, de haute taille, qui fournit un bois souple et solide. **2.** Bois de cet arbre.

frénésie, n. f. ◆ Grande ardeur, grande excitation un peu folle. — SYN. passion. — CONTR. le calme, tranquillité, modération.

frénétique, adj. ◆ Qui fait preuve de frénésie, qui témoigne d'une excitation un peu folle : *Des applaudissements frénétiques l'accueillirent à son entrée en scène.*

fréquemment, adv. ◆ Souvent. — CONTR. rarement.

fréquence, n. f. ◆ **1.** Caractère de ce qui est fréquent. — CONTR. rareté. **2.** Dans un phénomène périodique, nombre de vibrations par seconde. ● *La fréquence d'une onde.* ● *La modulation de fréquence.*

fréquent, ente, adj. ◆ Qui arrive, qui se rencontre souvent : *Au mois d'août, les orages sont fréquents dans notre région.* — CONTR. rare.

fréquentation, n. f. ◆ **1.** Action de fréquenter. **2.** *Les fréquentations :* les gens qu'on fréquente.

fréquenté, ée, adj. ◆ **1.** Où il y a beaucoup de gens : *Le samedi soir, le jardin public est très fréquenté.* — CONTR. désert. **2.** *Bien fréquenté :* où il n'y a que des gens qui se conduisent bien. ● *Mal fréquenté :* où il y a des gens qui se conduisent mal.

fréquenter, v. ◆ Voir souvent quelqu'un, sortir habituellement avec lui, avoir des relations suivies avec lui : *Mon frère fréquente Antoine, le petit garçon de la voisine.* ● Aller souvent dans un endroit : *Ma cousine est sportive : elle fréquente le stade et la piscine.*

frère, n. m. ◆ **1.** Celui qui a le même père et la même mère. **2.** Celui qui est semblable, qui a la même origine, qui appartient au même groupe : *Blancs ou Noirs, riches ou pauvres, tous les hommes sont frères, tu sais !* **3.** Religieux de certains ordres : *Il a fait ses études chez les frères* (= dans une institution dirigée par des religieux).

fresque, n. f. ◆ Peinture (tableau) qui est exécutée sur un mur.

fret [fʀɛ], n. m. ◆ Prix à payer quand on loue un navire pour transporter des marchandises. **2.** Marchandises transportées par un bateau, un avion, un camion : *Le cargo repartit à vide : il n'avait pas de fret de retour.* — SYN. cargaison, chargement.

frétiller, v. ◆ Remuer en faisant beaucoup de petits mouvements rapides dans tous les sens.

friable, adj. ◆ Qui s'écrase ou se casse facilement en petits morceaux.

1. friand, ande, adj. ◆ *Friand de,* qui aime bien (telle chose) : *Les écureuils sont friands de noisettes.*

2. friand, n. m. ◆ **1.** Gâteau, à pâte molle et sucrée, fait avec de la pâte d'amande. **2.** Petit pâté garni de viande, à la pâte feuilletée.

friandise, n. f. ◆ Chose très bonne à manger (le plus souvent sucrée).

friche, n. f. ◆ Terre cultivable, mais qui n'est pas ou qui n'est plus cultivée. ● *Quel dommage ! Laisser toutes ces bonnes terres en friche !*

friction, n. f. ◆ Action de frotter la peau, les cheveux, avec un produit : *Une bonne friction à l'eau de Cologne, après le bain, c'est agréable !*

frictionner

frictionner, v. ♦ Bien frotter la peau, les cheveux, généralement avec un produit : *Au sortir du bain, Emmanuelle frictionna ses épaules avec de l'eau de lavande.*

frigorifié, ée, adj. ♦ *Denrée frigorifiée,* qu'on maintient à une température très basse pour la conserver. — SYN. congelé, réfrigéré.

frigorifique, adj. ♦ *Entrepôt, camion, wagon frigorifique,* dans lequel un appareil produit du froid pour conserver les denrées.

frileux, euse, adj. ♦ Qui craint le froid.

frimas, n. m. ♦ Dépôt de givre.

frimassé, ée, adj. ♦ Couvert de frimas, givré.

frimasser, v. impers. ♦ Givrer.

frimousse, n. f. ♦ Visage d'enfant, gai, agréable : *Qu'elle est donc mignonne, la frimousse rieuse de la petite Rosette !* — SYN. minois.

fringale, n. f. ♦ Grande faim.

fringant, ante, adj. ♦ **1.** *Cheval fringant,* vif, nerveux. **2.** Qui a une allure dégagée, vive, élégante. — CONTR. lourd, lourdaud.

fripé, ée, adj. ♦ Froissé, plein de faux plis : *Avec ton vieux veston fripé, tu ressembles à un vagabond.* — SYN. froissé. — CONTR. bien repassé.

friper (se), v. ♦ Devenir fripé : *Si tu suspendais tes vêtements dans la penderie, au lieu de les poser en vrac sur une chaise, ils ne se friperaient pas aussi vite.* — SYN. se chiffonner, se froisser.

fripier, ière, n. ♦ Marchand, marchande de vêtements d'occasion, chez lequel les gens pauvres achetaient leurs vêtements.

fripon, onne, n. *ou* adj. ♦ **1.** Individu malhonnête, voleur. **2.** *Une friponne :* fille impertinente, insolente, qui se conduit mal. **3.** Enfant espiègle. — SYN. polisson. **4.** Rieur, malin, malicieux : *Lise a un petit visage fripon.*

frire, v. (conjugaison 49) ♦ Cuire dans l'huile ou la graisse bouillante : *Réginald versa de l'huile dans la friteuse : il allait faire frire les beignets.*

frise, n. f. ♦ Bordure décorative qui répète le même motif peint ou sculpté, ou bien série de sculptures en haut-relief ou en bas-relief qui court le long d'un mur.

frisé, ée, adj. ♦ *Cheveux frisés,* qui forment beaucoup de petites boucles. — SYN. bouclé. — CONTR. lisse, plat. ● Qui a de tels cheveux : *Valentine est frisée comme un mouton !*

friser, v. ♦ **1.** Rendre les cheveux frisés : *C'est mon nouveau coiffeur qui m'a frisée.* **2.** Devenir, être frisé : *Mes cheveux frisent tout seuls, dit Valentine. Je frise naturellement.* **3.** Être tout près de : *L'avion est tombé dans un terrain vague, à cent mètres d'une école : on a frisé la catastrophe.* ● *Notre maître frise la cinquantaine* (= il a près de cinquante ans).

frisson, n. m. ♦ Tremblement dû au froid, à la fièvre, à la peur.

frissonner, v. ♦ **1.** Avoir un frisson, des frissons : *Sans manteau, dans le froid glacial, le pauvre mendiant frissonnait.* **2.** Trembler légèrement : *La brise se leva : l'herbe et les feuillages frissonnèrent.*

frit, frite, adj. ♦ Cuit dans l'huile ou la graisse bouillante.

frite, n. f. ♦ *Des frites :* plat constitué par des petits morceaux de pommes de terre allongés, cuits dans l'huile bouillante.

friture, n. f. ♦ **1.** Bain d'huile ou de graisse bouillante. **2.** Ensemble de petits poissons cuits dans l'huile bouillante. ● Ensemble de petits poissons bons à frire : *Je n'ai pas pris de gros poisson, mais j'ai pris une bonne friture.*

frivole, adj. ♦ **1.** Peu sérieux et peu important : *Le jeu, la danse, le cinéma, la toilette, telles sont les préoccupations, bien frivoles, de Mélanie.* — SYN. futile, léger, vain. — CONTR. grave, important, sérieux. **2.** Qui ne s'occupe qu'à des choses frivoles : *Baudoin ne pense qu'à s'amuser : il est bien frivole.*

frivolité, n. f. ♦ **1.** Caractère d'une chose ou d'une personne frivole. **2.** *Un magasin de frivolités,* où l'on vend des petits articles de parure féminine, de mode.

froid, froide, adj. *ou* adv. *ou* n. m. ♦ **1.** Dont la température est basse : *Oh! l'eau est froide! Nous ne pourrons pas nous baigner!* — SYN. glacé, glacial. — CONTR. ardent, bouillant, brûlant, chaud, cuisant, torride. ● *Il fait froid.* ● *Donne-moi mon manteau, j'ai peur d'avoir froid.* ● *Je ne voudrais pas prendre froid, attraper froid.* **2.** *Ne pas avoir froid aux yeux :* ne pas manquer d'audace. ● *Garder la tête froide :* ne pas s'affoler. ● *Laisser froid :* laisser indifférent. **3.** Peu aimable, peu chaleureux : *Vincent est allé trouver la directrice pour demander trois jours de vacances supplémentaires : l'accueil a été plutôt froid!* — SYN. frais, glacial. — CONTR. chaleureux, cordial. ● Qui ne manifeste pas ses sentiments, qui parle peu : *Le nouveau chef de service n'est pas aimé : on le trouve trop froid et trop distant.* — SYN. réservé. — CONTR. expansif, exubérant, loquace. ● *Jeter un froid :* provoquer une certaine gêne, un certain embarras réprobateur. ● *Être en froid avec quelqu'un,* être momentanément en mauvais termes avec lui.

froidement, adv. ♦ **1.** De manière peu aimable, peu chaleureuse. — SYN. fraîchement. — CONTR. chaleureusement, cordialement. **2.** Sans colère, sans émotion, sans affolement et sans la moindre pitié : *Le gangster fit feu et abattit froidement les deux policiers.*

froideur, n. f. ♦ Manque de chaleur, de cordialité. — CONTR. chaleur, cordialité.

froissé, ée, adj. ♦ Chiffonné. — SYN. fripé. — CONTR. bien repassé.

froissement, n. m. ♦ Bruit de frottement léger.

froisser, v. ♦ **1.** Chiffonner une étoffe, un papier : *Ne roule pas ton pantalon n'importe comment, tu vas le froisser.* — SYN. friper. **2.** Endommager en frottant, en écrasant : *Le choc a froissé l'aile de sa voiture.* **3.** Vexer, fâcher un peu : *Ne dis pas cela à Alice : tu risquerais de la froisser.*

frôlement, n. m. ♦ Action de frôler.

frôler, v. ♦ **1.** Toucher légèrement. — SYN. effleurer. **2.** *Frôler la catastrophe, l'accident :* risquer de peu une catastrophe, un accident.

fromage, n. m. ♦ Aliment fait avec du lait caillé.

fromagerie, n. f. ♦ Usine où l'on fabrique du fromage.

froment, n. m. ♦ Synonyme de *blé.*

froncement, n. m. ♦ *Froncement de sourcils :* action de froncer les sourcils.

froncer, v. (conjugaison 17) ♦ *Froncer les sourcils,* les plisser (signe de mécontentement ou d'interrogation).

frondaison, n. f. ♦ Feuillage des arbres.

fronde, n. f. ♦ Autrefois, arme servant à lancer des pierres.

frondeur, euse, n. m. *ou* adj. ♦ **1.** *Un frondeur :* dans l'Antiquité, soldat armé de la fronde. **2.** *Les Frondeurs :* ceux qui prirent part à la Fronde, mouvement de révolte contre le pouvoir royal, en France (1648-1652). **3.** Qui est porté à la critique, à

frondeur

la révolte, à la désobéissance moqueuse : *Pas facile de faire régner l'ordre dans cette classe : il y a un esprit frondeur !*

front, n. m. ♦ **1.** Partie du visage comprise entre les sourcils et les cheveux. **2.** *De front,* de face, ou sur la même ligne, l'un à côté de l'autre : *Les quatre hommes marchaient de front, occupant toute la largeur du trottoir.* ● *Faire front :* se mettre à résister, à se défendre. ● *Faire front à,* avoir affaire à (des difficultés) : *Le pays dut faire front à des difficultés politiques croissantes.* **3.** A la guerre, ligne des combats, le long de laquelle sont alignées les armées adverses.

frontière, n. f. ♦ Limite entre deux pays.

fronton, n. m. ♦ **1.** Partie triangulaire ou arrondie, au-dessus de la façade d'un édifice, d'une porte. **2.** Mur contre lequel on envoie la balle, à la pelote basque.

frotter, v. ♦ **1.** Toucher en appuyant, par un mouvement de va-et-vient : *Frotte bien les casseroles avec le tampon : elles sont très sales.* **2.** Être en contact avec une chose, quand il y a mouvement : *La porte devrait être rabotée : elle frotte contre le parquet.*

fructifier, v. (conjugaison **20**) ♦ Produire un avantage, un bénéfice, des intérêts : *Si tu gardes ton argent dans un coffre, il ne fructifie pas.*

fructueux, euse, adj. ♦ Qui profite, qui donne des avantages. — SYN. avantageux, productif, profitable, rentable, utile. — CONTR. désavantageux, improductif, infructueux.

frugal, ale, aux, adj. ♦ **1.** *Nourriture frugale,* simple et peu abondante. — SYN. léger, simple. — CONTR. abondant, copieux, raffiné. **2.** Qui se contente d'une nourriture simple et peu abondante. — SYN. sobre. — CONTR. glouton, vorace.

frugalité, n. f. ♦ Caractère d'une nourriture frugale. ● Habitude de manger peu. — CONTR. gloutonnerie, voracité.

fruit, n. m. ♦ **1.** Ce qui pousse sur les plantes ou les arbres, qui contient, en général, des graines, des pépins ou un noyau, qui est sucré et qu'on peut manger au dessert. ● *Fruits secs :* noix, noisettes, amandes, etc. **2.** *Fruits de mer :* coquillages comestibles. **3.** Résultat : *Cette réussite est le fruit du travail acharné de toute une équipe.* ● *Porter ses fruits :* donner des résultats.

fruitier, ière, adj. ♦ *Arbre fruitier,* qui est cultivé pour ses fruits (pommier, poirier, pêcher, cerisier, prunier, etc.).

fruste, adj. ♦ Peu évolué, peu instruit, mal dégrossi. — CONTR. évolué, raffiné.

frustrer, v. ♦ Priver injustement une personne d'une chose qu'elle attend et à laquelle elle a droit.

fugace, adj. ♦ Qui ne dure pas longtemps : *Elle n'avait gardé de cette rencontre qu'un souvenir fugace.* — SYN. bref, éphémère, fugitif, momentané, passager. — CONTR. durable, stable, tenace.

fugitif, ive, adj. *ou* n. ♦ **1.** Qui est en fuite : *Le détenu fugitif a échappé aux recherches de la police.* — SYN. évadé. **2.** Qui ne dure pas longtemps : *Cette pensée fugitive lui effleura l'esprit.* — SYN. fugace.

fugue, n. f. ♦ **1.** Action d'une personne qui quitte sa famille sans dire où elle va. **2.** Œuvre musicale dans laquelle un thème et ses imitations semblent se poursuivre les uns les autres.

fuir, v. (conjugaison **37**) ♦ **1.** Se sauver, partir très vite : *De toute la vitesse de ses petites jambes, l'enfant fuyait : deux grands garçons le poursuivaient.* — SYN. s'enfuir, se sauver. — CONTR. rester. **2.** *Fuir quelqu'un,* éviter de le rencontrer. **3.** Laisser couler un liquide, laisser passer un gaz : *Le robinet de la baignoire fuit, nous avons eu une inondation dans la salle de bains.*

fuite, n. f. ♦ **1.** Action de s'enfuir. ● *Prendre la fuite :* se sauver, s'enfuir. ● *Mettre en fuite :* faire s'enfuir. **2.** Écoulement anormal d'un liquide, sortie anormale d'un gaz : _Il y a une fuite dans la salle de bains : le carrelage est tout mouillé._

fulgurant, ante, adj. ♦ Rapide et violent (comme la foudre). _Grâce à une attaque fulgurante, nous avons marqué deux buts coup sur coup._

fulminer, v. ♦ Exprimer des critiques très violentes.

fumé, ée, adj. ♦ **1.** Qu'on a séché à la fumée, pour assurer la conservation : _Si tu vas en Norvège, tu mangeras du poisson fumé._ **2. Des verres fumés :** des lunettes teintées.

fumée, n. f. ♦ Ce qui se dégage en forme de nuage quand une chose brûle.

1. fumer, v. ♦ **1.** Émettre de la fumée : _On voyait fumer çà et là les feux du campement._ **2.** Soumettre, pour le conserver, un aliment à l'action de la fumée : _On peut saler le poisson, on peut le fumer, mais je le préfère frais !_ **3.** Aspirer la fumée du tabac, du haschisch, de l'opium, etc. : _Le milliardaire fumait un cigare gros comme un barreau de chaise._ ● _Défense de fumer._

2. fumer, v. ♦ Mettre du fumier dans la terre pour la rendre plus fertile : _On fume le jardin au printemps, avant de le bêcher._

fumet, n. m. ♦ Odeur d'une viande en train de cuire ; odeur d'un vin ; odeur laissée sur le terrain par le gibier : _Le fumet de la dinde à la broche attira le chat._ ● _Le chien avait senti le fumet du sanglier dans le bois._ — REGARDER _arôme, bouquet, odeur, parfum._

fumeux, euse, adj. ♦ **1.** Qui fait de la fumée : _A la lumière d'une chandelle fumeuse, la poète, dans sa mansarde, écrivait des vers éblouissants._ **2.** Qui est voilé de vapeur, de brume : _Dans les lointains fumeux, on distinguait à peine la flèche du clocher._ — SYN. brumeux. **3.** Pas très clair, pas conforme au bon sens : _Notre voisine_

nous a exposé ses théories fumeuses sur l'éducation des enfants. — SYN. confus, flou, irréaliste, nébuleux.

fumier, n. m. ♦ Engrais constitué par le mélange des excréments des animaux et de la paille des litières.

fumiste, n. m. ♦ Celui qui installe et entretient les appareils de chauffage et qui s'occupe aussi de l'entretien des cheminées. ● Personne qui ne fait pas les choses sérieusement.

funambule, n. m. _ou_ f. ♦ Celui, celle qui marche ou danse sur la corde raide.

funèbre, adj. ♦ **1.** Qui concerne les enterrements : _Le cortège funèbre s'avançait derrière le corbillard. Sur la tombe du défunt, le maire prononça l'éloge funèbre, l'oraison funèbre. Un service funèbre sera célébré à la cathédrale._ ● _Les pompes funèbres :_ service ou entreprise qui s'occupe des enterrements. **2.** Très triste, qui fait penser à la mort : _Un silence funèbre régnait dans les salles désertes._

funérailles, n. f. pl. ♦ Cérémonies qui accompagnent un enterrement. — SYN. enterrement, obsèques.

funéraire, adj. ♦ Qui concerne les enterrements, les sépultures, les tombes. ● _Ornements funéraires._

funeste, adj. ♦ Qui cause la mort, la perte, la ruine, le malheur : _Cette guerre fut funeste au royaume : la défaite entraîna la perte de trois provinces et la chute du roi._

funiculaire, n. m. ♦ Moyen de transport constitué par une ou plusieurs cabines qui montent et descendent une forte pente, tirées par des câbles. — REGARDER _téléphérique._

furet, n. m. ♦ Petit animal carnivore au corps allongé, qu'on utilisait pour chasser le lapin, car il peut s'introduire dans les terriers.

fur et à mesure (au), loc. prép. *ou* loc. conj. *ou* loc. adv. ◆ *Au fur et à mesure de,* en même temps, sans attendre la fin : *Au fur et à mesure des demandes, il faut répondre, sans attendre.* ● *Il faut répondre au fur et à mesure que les demandes arrivent.* ● *N'attends pas : réponds au fur et à mesure.*

fureter, v. (conjugaison 15) ◆ Fouiller, regarder un peu partout, de manière parfois peu discrète, pour trouver quelque chose : *Elle est curieuse comme une fouine, Véronique : elle furète dans tous les coins.* — SYN. fouiner.

fureur, n. f. ◆ **1.** Grande colère. — SYN. colère, courroux, furie. ● Violence : *La fureur des flots engloutit les navires et renverse les digues.* **2.** *Faire fureur :* être en grande vogue.

furibond, onde, adj. ◆ Qui est dans une violente colère. — SYN. furieux. — CONTR. calme. ● Très agité : *La mer, furibonde, battait la digue.*

furie, n. f. ◆ **1.** Violente colère, qui se manifeste bruyamment, avec éclat. — SYN. colère, courroux, fureur. **2.** Ardeur extrême : *Le chat attaqua le chien avec furie.* **3.** Violence, agitation extrême : *La furie des flots et du vent avait dispersé la flottille.*

furieux, euse, adj. *ou* n. ◆ Qui est dans une violente colère : *Le maître est furieux : les élèves ont mis de la colle sur sa chaise.* — SYN. furibond. ● Très agité : *Les vagues furieuses secouaient la frêle embarcation.* ● *Un fou furieux* ou *un furieux :* un fou en proie à une crise violente de folie dangereuse. — SYN. un forcené.

furoncle, n. m. ◆ Gros bouton, plein de pus, généralement douloureux.

furtif, ive, adj. ◆ Que l'on fait rapidement et discrètement, de manière que les autres ne s'aperçoivent de rien.

fusain, n. m. ◆ **1.** Petit arbre ou arbrisseau décoratif, qui sert à faire des haies, des bordures, dans un jardin d'agrément. **2.** Crayon noir fait avec un morceau de branche de fusain carbonisé. ● Dessin fait avec ce crayon.

fuseau, n. m. ◆ **1.** Autrefois, sorte de bâton, effilé à ses extrémités, sur lequel s'enroulait le fil quand on filait à la quenouille. **2.** Pantalon collant, en matière souple, qui va en se rétrécissant vers le bas. **3.** *Fuseau horaire :* chacune des vingt-quatre tranches qui divisent le globe terrestre et à l'intérieur de laquelle tous les pays sont à la même heure.

fusée, n. f. ◆ **1.** Tube de poudre, muni d'un bâton et d'une mèche, qui explose en l'air en projetant une gerbe lumineuse (dans un feu d'artifice). **2.** Gerbe lumineuse (dans un feu d'artifice). **3.** Signal lumineux envoyé en l'air : *Perdu dans la tempête, en pleine nuit, le bateau envoya des fusées de détresse.* **4.** Engin qui se déplace très vite, au moyen d'un moteur à réaction. — REGARDER *missile, roquette.*

fuselage, n. m. ◆ Partie principale d'un avion, sur laquelle sont fixées les ailes. — REGARDER *cabine, carlingue.*

fuselé, ée, adj. ◆ Qui, comme un fuseau, va en s'amincissant vers l'une des extrémités (ou vers les deux).

fuser, v. ◆ **1.** Jaillir avec force, sous l'effet de la pression. **2.** Se faire entendre brusquement : *Les plaisanteries, les moqueries, les rires fusaient de partout.* — SYN. éclater.

fusible, n. m. ◆ Fil de plomb qui est placé dans une installation électrique et qui fond, en coupant le courant, si l'intensité s'élève de manière anormale. — SYN. plomb.

fusil [fyzi], n. m. ◆ **1.** Arme à feu à canon long, utilisée pour la guerre ou pour la chasse. **2.** *Un bon fusil :* un chasseur bon tireur.

fusilier [fyzilje], n. m. ◆ Militaire armé du fusil. ● *Fusiliers marins :* marins entraînés à combattre comme des fantassins dans un combat terrestre.

fusillade [fyzijad], n. f. ♦ Série ou échange de coups de feu.

fusiller [fyzije], v. ♦ Exécuter un condamné en le faisant tuer par un _peloton d'exécution,_ groupe de soldats armés de fusils.

fusion, n. f. ♦ **1.** Phénomène par lequel une matière solide _fond,_ c'est-à-dire devient pâteuse ou liquide : _La température de fusion du plomb ? 327° C._ ● _En fusion,_ à l'état pâteux ou liquide, sous l'effet de la chaleur : _Une coulée de lave en fusion, véritable fleuve de feu, dévalait sur le flanc du volcan._ **2.** Action de réunir en un seul ensemble : _La fusion des deux entreprises a été décidée._ — SYN. réunion. — CONTR. division, scission.

fusionner, v. ♦ **1.** Réunir en un seul ensemble : _Je vais fusionner les deux fichiers, en reclassant les fiches._ **2.** Se réunir en un seul ensemble : _Les divers mouvements de résistance ont fusionné en une seule organisation._

fustiger, v. (conjugaison 16) ♦ **1.** Frapper à coups de bâton, de verges, de fouet, pour punir : _L'esclave, pris en faute, fut fustigé._ **2.** Critiquer durement : _Dans cette pièce de théâtre, l'auteure fustige les ministres incapables._

fût, n. m. ♦ **1.** Tronc d'arbre, entre le pied et les plus basses branches. ● Partie de la colonne comprise entre la base et le chapiteau. **2.** Support en bois, sous le canon d'un fusil. — REGARDER _affût._ **3.** Tonneau. — REGARDER _baril, barrique._

futaie, n. f. ♦ Bois ou forêt (ou partie de bois ou de forêt) dont les arbres sont hauts, avec un grand fût. — CONTR. taillis.

futé, ée, adj. _ou_ n. ♦ Malin, rusé. — SYN. finaud, madré, malin, matois, rusé. — CONTR. benêt, bête, crédule, niais.

futile, adj. ♦ **1.** Qui est peu sérieux et peu important : _Les propos futiles de ce chroniqueur de la télévision sont déplacés dans des circonstances aussi graves._ — SYN. frivole, insignifiant, léger, vain. — CONTR. grave, sérieux. **2.** Qui ne s'intéresse qu'à des choses peu importantes. — SYN. frivole.

futilité, n. f. ♦ **1.** Caractère d'une chose futile. — SYN. frivolité, insignifiance, légèreté, vanité. — CONTR. gravité, sérieux. **2.** _Des futilités :_ des paroles ou des choses futiles.

futur, ure, adj. _ou_ n. m. ♦ **1.** Qui existera, qui se produira plus tard : _Peut-être les villes futures seront-elles pleines d'espaces verts._ ● _Un futur médecin :_ celui qui se destine à être médecin. ● _Une future romancière._ **2.** _Le futur :_ le temps qui viendra. **3.** _Le futur :_ temps de la conjugaison qui indique que l'action aura lieu plus tard.

fuyant, ante, adj. ♦ _Regard fuyant,_ qui ne regarde pas bien en face.

fuyard, [fఛijaʀ], **arde,** n. ♦ Celui, celle qui prend la fuite. ● Soldat qui se sauve au lieu de combattre.

gabardine, n. f. ♦ Manteau léger, en tissu serré, assez imperméable.

gabarit, n. m. ♦ Dimensions : hauteur, largeur, longueur.

gabegie, n. f. ♦ Désordre et gaspillage qui sont la conséquence d'une mauvaise gestion.

gâche, n. f. ♦ Pièce creuse dans laquelle entre le pêne d'une serrure.

gâcher, v. ♦ **1.** Gaspiller, dépenser pour rien ; rendre inutilisable : *Ne gâche pas l'eau minérale pour arroser les plantes ! Prends plutôt l'eau du robinet !* **2.** Rendre mauvais, désagréable (ou moins agréable) : *Cette pluie glaciale a gâché nos deux jours de congé.* ● *Gâcher la joie, le plaisir de quelqu'un,* les rendre moins vifs. **3.** *Gâcher le plâtre, le mortier,* le mélanger à l'eau et le remuer pour en faire une pâte.

gâchette, n. f. ♦ Pièce du mécanisme intérieur d'un fusil ou d'un pistolet (confondue souvent avec la détente, pièce sur laquelle on appuie avec le doigt pour faire partir le coup).

gâchis [gaʃi], n. m. ♦ **1.** Gaspillage. **2.** Situation embrouillée, désordonnée. — SYN. chaos, désordre. — CONTR. ordre.

3. Saleté, dégâts : *Des tubes de gouache écrasés par terre, de l'eau partout, des serviettes de bain trempées ! C'est toi, Michel, qui as fait ce gâchis dans la salle de bains ?*

gadelier, n. m. ♦ Arbuste qui produit des petites baies : les gadelles.

gadelle, n. f. ♦ Groseille rouge, blanche ou noire.

gadget, n. m. ♦ Objet amusant et nouveau.

gadoue, n. f. ♦ Boue. Aussi neige fondue mélangée avec de la boue.

gaffe, n. f. ♦ Perche munie d'un fer en forme de crochet et de pointe. ● Parole, geste maladroit.

gaffeur, euse, n. ♦ Personne qui commet des gaffes.

gag, n. m. ♦ Action drôle, comique.

gage, n. m. ♦ **1.** Ce qu'on laisse en garantie quand on emprunte ou quand on n'a pas d'argent pour payer : *Elle avait oublié son porte-monnaie : elle a laissé son passeport en gage au coiffeur.* ● *Prêteur sur gages :* celui qui prête de l'argent contre remise en garantie d'un objet de valeur. **2.** Ce qu'un joueur donne à chaque fois qu'il perd ou se trompe (par exemple, à pigeon vole). ● Punition drôle que le joueur doit subir pour reprendre ce qu'il a donné. **3.** Ce qu'on donne comme preuve d'un sentiment : *Henri offrit ce collier à Madeleine en gage d'amour.* **4. Les gages :** autrefois, salaire d'un domestique. ● *Être aux gages de,* être au service de : *Tous ces agitateurs aux gages d'une puissance étrangère seront expulsés.* ● *Tueur à gages :* individu qu'on paye pour assassiner.

gager, v. ✦ Parier.

gageure [gaʒyʀ], n. f. ✦ Pari presque impossible à tenir.

gagnant, ante, adj. *ou* n. ✦ Qui gagne. — CONTR. perdant.

gagner, v. ✦ **1.** Obtenir par son travail, par un échange, par une opération financière : *Mon cousin gagne 3 000 dollars par mois.* ● Obtenir : *Par sa loyauté, son travail, sa gentillesse, Chloé a su gagner l'estime de tous ses camarades.* **2.** Être vainqueur : *Ce sont les Canadiens qui ont gagné la coupe Stanley.* — SYN. remporter, vaincre. — CONTR. perdre, être vaincu. **3.** Obtenir quelque chose à une loterie, à une tombola, etc. : *J'ai joué au 6/36 et j'ai gagné.* **4.** *Gagner du temps :* économiser du temps. **5.** *Gagner du terrain,* s'étendre : *L'élevage remplace peu à peu la culture du blé : les prairies gagnent du terrain.* **6.** Grandir, se développer, avoir plus de : *Depuis son dernier match, ce boxeur a gagné en puissance et en rapidité.* **7.** Se diriger vers, marcher vers : *Le navire gagne le large.*

gai, gaie, adj. ✦ **1.** Qui aime rire, s'amuser, qui est d'humeur joyeuse : *Hélène est toujours gaie : elle monte et descend les escaliers en chantant.* — SYN. allègre, enjoué, guilleret, hilare, jovial, joyeux, rieur. — CONTR. abattu, affligé, angoissé, attristé, austère, chagrin, désespéré, lugubre, maussade, mélancolique, morose, sombre, soucieux. **2.** Qui fait rire, qui amuse : *Moi, je ne vais pas au cinéma pour pleurer, j'aime les films gais.* — SYN. amusant, comique, drôle. — CONTR. sérieux, triste. **3.** *Couleur gaie,* claire, vive et agréable. — CONTR. sombre, terne, triste.

gaiement, adv. ✦ D'une manière gaie.

gaieté, n. f. ✦ Caractère d'une personne ou d'une chose gaie. — SYN. allégresse, enjouement, hilarité, jovialité, joie. — CONTR. abattement, accablement, affliction, angoisse, austérité, découragement, désespoir, désolation, mélancolie, morosité.

1. gaillard, arde, adj. *ou* n. ✦ **1.** Qui est en bonne santé, vif, robuste et joyeux. **2.** Personne grande, large, forte : *Tu as vu ces joueurs de football? Quels gaillards!*

2. gaillard, n. m. ✦ Sur un bateau, construction qui s'élève sur le pont, à l'avant (*gaillard d'avant*) ou à l'arrière (*gaillard d'arrière*).

gain, n. m. ✦ **1.** Ce que l'on gagne (salaire, bénéfice, etc.) : *Elle est économe et met la moitié de ses gains à la Caisse d'épargne.* **2.** *Gain de temps :* économie de temps.

gaine, n. f. ✦ Étui ou fourreau : *Il tira un poignard de la gaine de cuir.*

gala, n. m. ✦ Grande fête mondaine.

galant, ante, adj. ✦ Poli et plein d'attentions à l'égard des femmes. — SYN. courtois. — CONTR. mufle, grossier.

galanterie, n. f. ✦ Qualité d'un homme galant. — SYN. courtoisie. — CONTR. muflerie, grossièreté.

galantine, n. f. ✦ Sorte de pâté, très bon et très fin, fait avec du cochon de lait, du veau ou de la volaille.

galaxie, n. f. ✦ Immense amas de milliards d'étoiles, de gaz et de poussières : *La Voie lactée est une galaxie.*

galbe

galbe, n. m. ♦ Forme, contour plus ou moins courbe : *Le galbe de ce vase grec est d'une grande élégance!*

gale, n. f. ♦ Maladie de peau, très contagieuse, provoquée par un insecte minuscule qui creuse des galeries dans la peau.

galère, n. f. ♦ Autrefois, bateau de guerre à voiles et à rames.

galerie, n. f. ♦ **1.** Long souterrain. ● *Une galerie de mine.* **2.** Grand couloir : *Dans ce bel appartement, toutes les pièces donnent sur une galerie centrale.* **3.** Dans un palais, un château, grande salle longue : *Tu connais la galerie des Glaces, au palais de Versailles?* **4.** *Galerie de toit :* petit bâti métallique, sur le toit d'une voiture, sur lequel on peut placer des bagages. **5.** *Galerie d'art :* magasin où l'on expose et où l'on vend des tableaux, des œuvres d'art.

galérien, n. m. ♦ Autrefois, condamné qui était obligé de ramer sur les galères.

galet, n. m. ♦ Pierre arrondie et devenue lisse par les frottements que lui imprime l'eau en mouvement.

galette, n. f. ♦ Gâteau plat et rond. ● *La galette des Rois.*

galeux, euse, adj. *ou* n. ♦ Qui a la gale.

galion, n. m. ♦ Au XVIe et au XVIIe siècle, grand et lourd navire de commerce, à voiles.

gallicisme, n. m. ♦ Expression propre au français, qu'on ne peut traduire littéralement dans une langue étrangère, par exemple : *à qui mieux mieux.*

gallon, n. m. ♦ Mesure de capacité valant environ quatre litres et demi.

galoche, n. f. ♦ Sabot à dessus de cuir. ● *Menton en galoche,* qui avance et remonte, comme le nez d'un sabot.

galon, n. m. ♦ **1.** Ruban qui sert d'ornement et qui est cousu sur un rideau, un vêtement. **2.** Ruban ou petite barre de couleur dorée ou argentée qui sert d'insigne de grade : *Trois galons sur l'épaule? C'est un capitaine.* ● *Prendre du galon :* monter en grade. **3.** Ruban pour mesurer.

galop [galo], n. m. ♦ Allure la plus rapide du cheval.

galopade, n. f. ♦ **1.** Course d'un cheval qui galope. **2.** Bruit de gens qui courent bruyamment.

galoper, v. ♦ **1.** *Le cheval galope,* va au galop. **2.** Courir, quand on est pressé, ou courir bruyamment : *Excuse-moi, je dois galoper pour prendre mon train. Les gosses galopent dans les couloirs.*

galopin, n. m. ♦ Enfant, garçon mal élevé, insolent. — SYN. chenapan, garnement, polisson, vaurien.

galvaniser, v. ♦ *Galvaniser les troupes,* les encourager vivement et les remplir d'ardeur.

gambade, n. f. ♦ Saut joyeux. — REGARDER *bond, cabriole, pirouette.*

gambader, v. ♦ Faire des gambades.

gamelle, n. f. ♦ Récipient métallique, à couvercle, où l'on peut mettre des aliments cuits qu'on emporte avec soi et qu'on réchauffe par la suite.

gamin, ine, n. ♦ Synonyme familier de *enfant.* — SYN. gosse.

gamme, n. f. ♦ **1.** Succession des sept notes : do, ré, mi, fa, sol, la, si. **2.** Ensemble des teintes d'une même couleur : *Vous avez la gamme des bleus, depuis le bleu marine jusqu'au bleu le plus pâle.*

gang [gãg], n. m. ♦ Groupe, organisation de malfaiteurs qui font leurs mauvais coups ensemble.

garde-boue

ganglion, n. m. ♦ Petite grosseur qui se forme à certains endroits sous la peau, et qui est le signe d'une infection.

gangrène, n. f. ♦ Infection qui provoque la pourriture des chairs, après une blessure mal soignée.

gangster [gãgstɛʀ], n. m. ♦ Malfaiteur qui fait partie d'un gang.

gangue, n. f. ♦ Terre, roche qui entoure un minerai ou une pierre précieuse, à l'état naturel.

gant, n. m. ♦ **1.** Vêtement qui couvre et protège la main et les doigts. ● *Aller comme un gant,* aller très bien, convenir parfaitement : *Tu aimes le commerce, tu aimes voyager : le métier de représentante t'irait comme un gant.* ● *Prendre des gants :* prendre des précautions pour exprimer ce qu'on a à dire. **2.** *Gant de toilette :* petit sac en tissu-éponge dans lequel on met sa main pour se savonner.

ganté, ée, adj. ♦ Qui porte des gants.

garage, n. m. ♦ **1.** Action de garer un véhicule : *La cour de l'usine sert au garage et au chargement des camions.* ● *Voie de garage :* voie de chemin de fer où l'on met les trains, les wagons, quand ils ne circulent pas. **2.** Local où l'on met à l'abri une voiture, une moto, un camion. **3.** Atelier où l'on répare les voitures, les camions, etc.

garagiste, n. ♦ Patron ou patronne d'un garage.

garantie, n. f. ♦ **1.** Preuve, assurance qu'on a qu'une chose sera faite : *Tiendra-t-il ses promesses ? Nous n'avons aucune garantie.* ● Ce qu'on donne en gage quand on emprunte. **2.** Assurance que le vendeur ou le fabricant fournit à l'acheteur et selon laquelle l'objet acheté sera réparé ou échangé s'il présente un défaut de fabrication. ● *Un bon de garantie.* ● *L'appareil est sous garantie.*

garantir, v. ♦ **1.** Fournir la preuve qu'une chose sera faite, qu'un emprunt sera remboursé : *Cet emprunt est garanti par l'État.* **2.** Vendre avec une garantie : *Cette montre à quartz est garantie deux ans.* **3.** Affirmer, dire avec assurance qu'une chose est vraie : *Oui, je peux vous le garantir, j'ai vu Corinne ici hier soir.* — SYN. certifier. **4.** Protéger, défendre, abriter : *Pour garantir de la gelée ses fraisiers, le père Mathieu les recouvre avec des bâches.*

garçon, n. m. ♦ **1.** Enfant du sexe masculin : *Il a trois enfants : deux filles et un garçon.* — SYN. fils. ● Enfant du sexe masculin ou adolescent ou jeune homme : *Le vélomoteur, ce n'est pas pour les petits garçons, je t'achèterai plutôt une bicyclette.* — SYN. garçonnet. ● *Tu vois ces garçons de vingt ans ? Ils vont à l'université.* **2.** *Garçon de café, garçon de restaurant :* serveur de café ou de restaurant. ● *Garçon de bureau, garçon de courses :* employé de bureau qui fait les courses, porte les documents, etc.

garçonnet, n. m. ♦ Petit garçon.

1. garde, n. f. ♦ **1.** Action de garder, surveillance. ● *Les soldats vont monter la garde devant le dépôt de munitions,* en assurer la garde. ● *Faire bonne garde.* ● *De garde :* qui assure la permanence, par exemple un dimanche. ● *La pharmacie de garde.* **2.** Ensemble des gens qui gardent quelque chose : *La garde du roi veillait aux grilles du palais.* **3.** L'escrimeur, le boxeur va *se mettre en garde,* prendre la position nécessaire pour parer les coups de l'adversaire. **4.** Partie d'une épée ou d'un sabre qui protège la main. **5.** *Être, se tenir sur ses gardes :* être prêt à se défendre, se méfier d'un danger possible. ● *Mettre en garde :* avertir d'un danger. ● *Prendre garde à,* faire attention à : *Prends garde aux vipères : il y en a beaucoup par ici.*

2. garde, n. m. ♦ Celui qui garde, qui surveille. — SYN. gardien. ● *Les gardes du corps,* ceux qui veillent à la sécurité d'un roi, d'un président, d'une haute personnalité qu'ils accompagnent dans tous ses déplacements.

garde-boue, n. m. inv. ♦ Pièce métallique en demi-cercle, qui est au-dessus de la roue et qui empêche la boue d'éclabousser.

garde-chasse

garde-chasse, n. m. *ou* f. ♦ Personne qui garde une chasse réservée ou qui est chargée de faire respecter les règlements concernant la chasse. — PLUR. *des gardes-chasse.*

garde-côte, n. m. ♦ Petit navire de guerre ou vedette des affaires maritimes qui assure la protection ou la surveillance des côtes. — PLUR. *des garde-côtes.*

garde-fou, n. m. ♦ Parapet. — SYN. balustrade. — PLUR. *des garde-fous.*

garde-malade, n. m. *ou* f. ♦ Personne qui reste près d'un malade pour en prendre soin. — PLUR. *des gardes-malades.*

garde-pêche, n. m. *ou* f. ♦ Personne qui garde une pêche réservée ou qui est chargée de faire respecter les règlements concernant la pêche. — PLUR. *des gardes-pêche.*

garder, v. ♦ **1.** Surveiller une personne ou un animal pour en prendre soin : *Sur la lande déserte, le vieux berger gardait ses moutons.* ● Surveiller pour empêcher la fuite : *Quatre Indiens gardaient le prisonnier ligoté.* ● Surveiller pour empêcher d'entrer : *Une compagnie de grenadiers gardait le palais du roi.* **2.** Empêcher de se gâter : *Pour garder le poisson, mets-le dans le réfrigérateur.* **3.** Conserver, ne pas se dessaisir de : *Garde ton billet : il peut y avoir un contrôle.* — SYN. conserver. — CONTR. se dessaisir de, jeter, perdre. ● Continuer de porter sur soi : *Roseline gardait toujours son foulard, même en classe !* — CONTR. enlever, ôter. **4.** Ne pas répéter, ne pas faire connaître : *Le secret a été bien gardé : personne n'a rien su !* — CONTR. divulguer. **5.** Ne pas oublier : *Je garderai toute ma vie le souvenir de cette rencontre.* **6.** Ne pas quitter un lieu : *Tu as la fièvre, tu dois garder la chambre.* ● *Garder le lit.* **7.** *Garder ses distances :* éviter d'être trop familier avec quelqu'un. **8.** *Se garder de,* éviter soigneusement de : *Attention ! La rivière est profonde et le courant rapide : garde-toi de te baigner !*

garde-robe, n. f. ♦ **1.** Meuble, placard ou petite pièce où l'on conserve les vêtements. — SYN. penderie. — PLUR. *des garde-robes.* **2.** Ensemble des vêtements que possède une personne.

gardien, ienne, n. ♦ Celui, celle dont le métier ou le rôle est de garder quelqu'un ou quelque chose. ● *Gardienne d'enfants.* ● *Gardien de prison.* ● *Gardien d'immeuble :* concierge. ● *Gardien de la paix :* agent de police. ● *Gardien de but :* joueur qui, dans une équipe, doit empêcher le ballon de pénétrer dans les buts. — SYN. goal.

gardon, n. m. ♦ Poisson d'eau douce, bon à manger, qui vit dans les eaux calmes.

1. gare ! interj. ♦ S'emploie pour mettre en garde, pour menacer : *Gare à toi si tu touches à mon vélo !* ● S'emploie pour prévenir d'un danger : *Gare les coups ! Gare la punition !* — REM. Ne dites pas « gare aux coups ! gare à la punition ! » ● *Sans crier gare :* sans prévenir.

2. gare, n. f. ♦ **1.** Endroit où les trains s'arrêtent pour la montée ou la descente des voyageurs, pour le chargement ou le déchargement des marchandises. **2.** *Gare routière :* endroit d'où partent et où arrivent les autobus, dans une ville.

garenne, n. f. ♦ Bois, endroit boisé, où il y a des *lapins de garenne,* c'est-à-dire des lapins sauvages.

garer, v. ♦ Ranger, faire stationner, mettre à l'abri un véhicule : *Gare donc ta voiture dans le stationnement souterrain.*

gargariser (se), v. ♦ Se rincer le fond de la gorge avec un liquide qui contient un désinfectant, un médicament.

gargarisme, n. m. ♦ **1.** Action de se gargariser. **2.** Liquide avec lequel on se gargarise.

gargouille, n. f. ♦ Dans les églises anciennes, tuyau de pierre, souvent sculpté, qui rejetait l'eau de pluie loin du mur et tenait lieu de tuyau de descente.

gauche

gargouillement ou **gargouillis** [gaʀguji], n. m. ♦ Bruit analogue à celui de bulles d'air qui traversent un liquide.

gargouiller, v. ♦ Produire un gargouillement.

garnement, n. m. ♦ Garçon malfaisant ou turbulent, mal élevé. — SYN. chenapan, galopin, polisson, vaurien.

garnir, v. ♦ Munir, pourvoir, couvrir, remplir de quelque chose : *N'oublie pas de garnir de paille la caisse où nous emballons les objets fragiles.* — CONTR. dégarnir, démunir.

garnison, n. f. ♦ **1.** Ensemble des soldats qui défendent un fort, une ville forte. **2.** *Ville de garnison :* ville où un régiment est installé en permanence dans une caserne.

garniture, n. f. ♦ Ce qui garnit, ce qui orne : *Lise avait une robe bleue, avec une garniture de dentelle.* ● Légume qui accompagne un plat de viande.

garrocher, v. ♦ Jeter, lancer. ● *Se garrocher,* se précipiter.

1. garrot, n. m. ♦ Partie du corps d'un animal située au-dessus de l'épaule.

2. garrot, n. m. ♦ Lien dont on entoure un membre blessé pour serrer l'artère et empêcher le sang de couler.

garrotter, v. ♦ Ligoter quelqu'un par des liens très étroits.

gars [gɑ], n. m. ♦ Synonyme familier de *garçon.*

gasoil, n. m. ♦ REGARDER *gazole.*

gaspillage, n. m. ♦ Action de gaspiller. — SYN. gabegie, gâchis. — CONTR. économie.

gaspiller, v. ♦ Dépenser inutilement,

gâcher : *Ne gaspille pas ton temps à regarder cette émission stupide !* — CONTR. économiser.

gastrique, adj. ♦ De l'estomac : *Des douleurs gastriques ?* *Va voir un médecin.* — SYN. stomacal.

gastronome, n. m. *ou* f. ♦ Personne qui aime la bonne cuisine, les bonnes choses et qui est connaisseur en matière de nourriture fine. — SYN. gourmet.

gastronomie, n. f. ♦ Art de la bonne cuisine, délicate et recherchée.

gâteau, n. m. ♦ Aliment qui est généralement sucré, qui se mange le plus souvent au dessert et qui est fait avec de la farine, des œufs, etc. — REGARDER *pâtisserie.* **2.** *Gâteau de miel :* ensemble d'alvéoles dans lesquels les abeilles déposent leur miel.

gâter, v. ♦ **1.** Mettre en mauvais état : *La chaleur gâte la viande.* — SYN. altérer, avarier, corrompre. — CONTR. conserver. ● *La viande se gâte vite, par ce temps chaud.* ● *Attention !* tu vas gâter ce gilet avec le jus de la pêche. — SYN. détériorer, endommager, salir, tacher. **2.** *Le temps se gâte :* il fait moins beau. **3.** *Gâter un enfant,* le traiter trop bien. ● *Tes fils vont devenir des enfants gâtés.* ● *Gâter quelqu'un,* lui faire un beau cadeau.

gâterie, n. f. ♦ Petit cadeau, bonne chose, friandise.

gâteux, euse, adj. *ou* n. ♦ Qui, du fait de son grand âge et de la maladie, a perdu plus ou moins la raison.

1. gauche, adj. ♦ **1.** Maladroit, qui manque d'aisance, de vivacité, d'élégance dans ses mouvements ou ses manières. — SYN. emprunté. — CONTR. plein d'aisance. ● *Avec des gestes un peu gauches, la petite Marie essaya de caresser le gros chien.* — SYN. emprunté, maladroit. — CONTR. adroit, aisé, élégant, gracieux. **2.** Qui n'est pas plan, qui n'est pas droit : *Sous l'effet de l'humidité, la planche s'est déformée : maintenant, elle est gauche.* — SYN. dévié, oblique, tordu, voilé. — CONTR. droit, plan.

2. gauche, n. f. *ou* adj. ♦ **1.** *La gauche,* le côté opposé à la droite : *Ne roule pas sur la gauche.* ● Qui est du côté opposé à la droite : *Voyons, on donne une poignée de main avec la main droite, pas avec la main gauche !* **2.** *La gauche :* l'ensemble des partis politiques qui favorisent les avantages sociaux. — CONTR. la droite.

gaucher, ère, adj. *ou* n. ♦ Qui est plus habile de la main gauche que de la main droite. — CONTR. droitier.

gaucherie, n. f. ♦ Maladresse d'une personne gauche ; manque d'aisance. — SYN. maladresse. — CONTR. élégance, grâce.

gauchir, v. ♦ Déformer, rendre gauche : *L'humidité a gauchi cette planche.*

gaufre, n. f. ♦ Pâtisserie chaude, en pâte légère, cuite entre deux plaques de fer qui lui impriment des petits carrés en creux.

gaufrette, n. f. ♦ Petit gâteau sec, léger, en forme de rectangle plat, avec un relief qui rappelle celui d'une gaufre.

gaule, n. f. ♦ Longue perche qui sert à gauler les fruits. ● Canne à pêche.

gauler, v. ♦ *Gauler les noix, les olives, etc.,* les faire tomber de l'arbre en frappant les branches avec une gaule.

gaulois, oise, adj. *ou* n. ♦ De la Gaule, ancien nom de la France : *César battit l'armée des tribus gauloises.* ● *Les Gaulois. Un Gaulois. Une Gauloise.* ● *Le gaulois :* langue celtique que parlaient les Gaulois et que l'on cessa de parler à la fin de l'Antiquité, quand l'usage du latin se généralisa en Gaule.

gavage, n. m. ♦ Action de gaver les animaux.

gaver, v. ♦ **1.** Faire manger un animal de force pour le rendre très gras : *En France, on gave les oies avec du maïs, pour obtenir le foie gras.* **2.** Donner trop à manger à quelqu'un : *Ne gave pas ton petit frère de caramels : il n'aura plus faim ce soir.*

gaz, n. m. inv. ♦ **1.** Substance qui, n'étant ni liquide ni solide, occupe autant d'espace qu'elle peut et n'a pas de forme propre. **2.** Gaz combustible utilisé autrefois pour l'éclairage *(gaz d'éclairage)* et, de nos jours, pour le chauffage et pour la cuisson des aliments. ● *Gaz de ville,* fabriqué avec du coke. ● *Gaz naturel,* extrait de la terre. ● *Fourreau, réchaud, cuisinière à gaz.*

gaze, n. f. ♦ Tissu très léger, à mailles très larges, qui sert notamment à faire des pansements.

gazelle, n. f. ♦ Animal d'Afrique, très rapide, qui ressemble à l'antilope.

gazette, n. f. ♦ Autrefois, synonyme de *journal.*

gazeux, euse, adj. ♦ Qui est à l'état de gaz : *L'air est un mélange gazeux.* ● *Boisson, eau gazeuse,* qui contient des petites bulles de gaz carbonique.

gazoduc, n. m. ♦ Gros tube en acier qui conduit, sur de longues distances, le gaz naturel. — REGARDER *oléoduc.*

gazole, n. m. ♦ Liquide tiré du pétrole et qui sert de carburant dans les moteurs Diesel. — REM. On disait autrefois *gas-oil.*

gazon, n. m. ♦ Herbe courte, serrée et fine, qui constitue une pelouse.

gazouillement ou **gazouillis** [gazuji], n. m. ♦ Bruit léger et doux que font les petits oiseaux quand ils chantent ou que fait un ruisseau qui coule.

gazouiller, v. ♦ *Les oiseaux, les ruisseaux gazouillent,* font entendre un gazouillement.

geai [ʒɛ], n. m. ♦ Oiseau à plumage gris, brun et bleu.

géant, ante, n. *ou* adj. ♦ **1.** Personne d'une taille extrêmement élevée. — CONTR. un nain. **2.** *Le géant de,* ce qu'il y a de plus grand : *L'éléphant est le géant des animaux.*

3. Très grand : *On vient de construire un pétrolier géant : 500 m de longueur !* — SYN. colossal, gigantesque, immense. — CONTR. minuscule, nain, petit.

geindre, v. (conjugaison 84) ♦ **1.** Pousser de faibles gémissements : *Le bébé malade geignait doucement dans son berceau.* **2.** Se plaindre sans motif sérieux et d'une manière désagréable : *Voyons, André, tu n'arrêtes pas de geindre pour un rien.*

gélatine, n. f. ♦ Substance molle, élastique, translucide, extraite des os des animaux.

gel, n. m. ♦ Temps froid, où il gèle. — SYN. gelée. — CONTR. dégel.

gelée, n. f. ♦ **1.** Grand froid, qui fait geler l'eau. — SYN. gel. ● *Gelée blanche :* givre. **2.** Jus de viande devenu solide. ● *Du poulet en gelée.* ● Confiture faite avec le jus des fruits.

geler, v. (conjugaison 10) ♦ **1.** Se transformer en glace : *A quelle température l'eau gèle-t-elle? Mais à 0° C, voyons!* — CONTR. dégeler, fondre. ● Devenir solide ou pâteux sous l'effet du froid : *La cave est si fraîche que l'huile y a gelé.* — SYN. (se) figer, se solidifier. **2.** *Il gèle :* il fait si froid que l'eau se transforme en glace.

gémir, v. ♦ **1.** Pousser des plaintes, des cris de douleur pas très forts et prolongés : *L'enfant, malade, gémissait dans son berceau.* — SYN. geindre. **2.** Se plaindre, exprimer son mécontentement : *Grand-mère passe son temps à gémir sur la mauvaise éducation des jeunes d'aujourd'hui.*

gémissement, n. m. ♦ Plainte d'une personne qui gémit.

gemme [ʒɛm], n. f. *ou* adj. ♦ **1.** Pierre précieuse. **2.** Résine du pin, que l'on recueille par incision. **3.** *Sel gemme :* sel que l'on extrait des profondeurs de la terre.

gênant, ante, adj. ♦ Qui cause une

gêne. — SYN. désagréable, embarrassant, encombrant, ennuyeux, importun. — CONTR. commode, pratique.

gencive, n. f. ♦ Peau épaisse, douce et rose, qui entoure la base des dents.

gendarme, n. m. ♦ En France, chacun des militaires, membres d'un corps spécial, qui remplissent les fonctions de policiers là où il n'y a pas de gardiens de la paix.

gendarmerie, n. f. ♦ **1.** Maison où sont installés les gendarmes. **2.** Ensemble des gendarmes : *Ma sœur voudrait faire carrière dans la gendarmerie.* ● *Gendarmerie royale du Canada (GRC),* corps de police relevant du gouvernement fédéral. On dit aussi *police montée.*

gendre, n. m. ♦ Celui qui a épousé la fille de quelqu'un. — SYN. (rare) beau-fils. — REGARDER *beau-père, beaux-parents, belle-mère, belle-fille.*

gêne, n. f. ♦ **1.** Dérangement, désagrément que l'on cause à quelqu'un : *Les fumées de l'usine sont une gêne pour tous les habitants du quartier.* **2.** Sensation légère de souffrance, de resserrement : *Quand j'avale, docteur, j'ai une gêne au niveau de la gorge.* **3.** Sentiment de malaise, d'embarras : *Quand je vois Maurice se ridiculiser ainsi devant tout le monde, j'éprouve une certaine gêne.* **4.** Manque d'argent, qui ne va pas jusqu'à la pauvreté : *Depuis la mort de son mari, cette dame est dans la gêne.* — CONTR. aisance.

gêné, ée, adj. ♦ **1.** Qui éprouve un sentiment de malaise, d'embarras : *Quand Alexis s'est mis à faire le pitre en pleine salle du restaurant, nous avons été très gênés.* — CONTR. à l'aise. **2.** Qui, sans être vraiment pauvre, manque d'argent : *Tu voudrais que je te prête deux mille dollars? Mais c'est que je suis moi-même très gênée, en ce moment.*

généalogie, n. f. ♦ Ensemble des personnes, des ancêtres dont on descend : *Dans sa généalogie, il y a, paraît-il, un prince russe.* — SYN. ascendance.

généalogique

généalogique, adj. ♦ *Arbre généalogique :* REGARDER *arbre,* sens 2.

gêner, v. ♦ **1.** Empêcher ou retarder ou rendre difficile une action : *Le manque de calcium gêne la croissance de cet enfant.* — SYN. contrarier, empêcher, entraver, mettre obstacle à, nuire à. — CONTR. faciliter, favoriser, permettre. **2.** Provoquer une sensation de lourdeur ; trop serrer : *Mon col est trop étroit, il me gêne.* **3.** Déranger quelqu'un, lui rendre son action plus difficile : *Dites, les enfants, arrêtez ce vacarme, vous me gênez pour travailler !* — SYN. déranger, importuner, incommoder. ● *Se gêner,* s'imposer une contrainte : *Ne te gêne surtout pas : si tu veux un coup de main, fais-moi signe.* **4.** Mettre mal à l'aise en causant un sentiment de malaise, d'embarras : *Cela me gênerait de paraître trop gai en de telles circonstances.*

1. général, ale, aux, adj. ♦ **1.** Qui s'applique à tous les cas ou presque, qui intéresse tout le monde, toutes les choses : *Règle générale : en français, les noms et les adjectifs prennent un s au pluriel, mais il y a des exceptions.* — SYN. courant, habituel, ordinaire, universel. — CONTR. exceptionnel, particulier. **2.** Qui comprend ou concerne la totalité d'un ensemble : *Voici une vue générale du village prise d'avion.* — SYN. global. — CONTR. limité, partiel. **3.** De tous les intéressés, de tout le monde : *La proposition de réduire les vacances scolaires souleva la réprobation générale.* — SYN. unanime. **4.** *En général,* dans la plupart des cas, le plus souvent : *En général, il fait très beau dans notre pays, au moins de juin.* — SYN. communément, généralement, habituellement, ordinairement. — CONTR. exceptionnellement.

2. général, ale, aux, n. ♦ Officier de très haut grade qui commande une brigade ou une division ou un corps d'armée ou une armée. — REGARDER *amiral, maréchal.*

généralement, adv. ♦ Dans la plupart des cas, le plus souvent. — SYN. communément, en général, habituellement, ordinairement. — CONTR. exceptionnellement.

généraliser, v. ♦ **1.** Appliquer à tous les cas une affirmation qui concerne quelques cas : *Tu dis que toutes les fermes de la région sont sales et mal tenues ? Il ne faut pas généraliser !* **2.** *Se généraliser,* devenir courant et habituel : *L'éclairage des rues par le gaz se généralisa, dans les grandes villes, dans la seconde moitié du XIXᵉ siècle.* — SYN. se diffuser, se répandre. — CONTR. se restreindre.

généralité, n. f. ♦ **1.** *La généralité,* l'ensemble, la totalité ou la plus grande partie : *Dans la généralité des cas, les antibiotiques sont le remède qui convient à cette maladie.* — SYN. majorité. **2.** *Des généralités :* des affirmations vagues, qui n'entrent pas dans les détails précis d'une question.

génération, n. f. ♦ **1.** Ensemble des gens nés à peu près la même année : *Mon cousin Gilles a 16 ans, moi, j'en ai 13 : nous sommes de la même génération.* **2.** Espace de temps qui sépare la naissance des parents de celle des enfants (soit de 25 à 35 ans environ) : *Il y a trois ou quatre générations par siècle.*

généreux, euse, adj. ♦ **1.** Qui donne beaucoup : *Une généreuse donatrice a versé dix mille dollars pour la recherche.* — SYN. large, libéral. — CONTR. avare, parcimonieux. **2.** Qui pardonne facilement, qui fait grâce : *Le vainqueur généreux laissa la vie sauve à son adversaire.* ● Qui est plein de courage, d'ardeur, et qui est prêt à se dévouer pour de nobles causes : *Le mousquetaire avait l'âme généreuse d'un vrai gentilhomme.* — SYN. brave, chevaleresque, courageux, élevé, grand, intrépide, magnanime, vaillant. — CONTR. bas, lâche, vil.

générique, n. m. ♦ Partie d'un film ou d'une émission de télévision où l'on donne la liste des acteurs et des divers collaborateurs.

générosité, n. f. ♦ Qualité d'une personne ou d'une âme généreuse.

gêneur, euse, n. ♦ Personne qui gêne, qui dérange les autres, qui les empêche de faire ce qu'ils ont à faire. — SYN. un importun.

genévrier, n. m. ♦ Arbuste dont le fruit est la _baie de genièvre._ — REGARDER _genièvre._

génial, ale, aux, adj. ♦ Qui a du génie : _Émile Nelligan fut un poète génial._ ● Qui est une création du génie : _Tu as lu ce roman ! C'est génial, n'est-ce pas ?_

génie, n. m. ♦ 1. Très grande intelligence accompagnée de dons créateurs exceptionnels : _Michel-Ange avait plus que du talent, il avait du génie !_ ● _Michel-Ange était un artiste de génie._ ● Homme qui a du génie : _Michel-Ange fut un génie de la peinture et de la sculpture._ 2. Dans les contes et les légendes, être imaginaire doté de pouvoirs magiques, qui est le plus souvent invisible, mais qui peut communiquer avec les hommes. — SYN. un esprit. ● _Le mauvais génie de quelqu'un :_ la personne qui lui donne de mauvais conseils. 3. Dans l'armée, service qui s'occupe de la construction des routes, des ponts, etc.

genièvre, n. m. ♦ 1. _Des baies de genièvre_ ou _des genièvres :_ fruits du genévrier. 2. _Du genièvre :_ eau-de-vie de grain parfumée avec des baies de genièvre.

génisse, n. f. ♦ Jeune vache qui n'a pas encore eu de veau.

génocide, n. m. ♦ Massacre de tout un peuple ou d'un très grand nombre de gens.

génois, oise, adj. _ou_ n. ♦ 1. De Gênes, ville italienne : _Jadis, les marins génois étaient fort renommés._ ● _Les Génois. Un Génois. Une Génoise._ 2. _Une génoise :_ gâteau fait avec du beurre, des œufs, du sucre, de la farine, des amandes.

genou, n. m. ♦ Articulation de la cuisse et du bas de la jambe. ● _A genoux :_ en ayant les jambes pliées et les genoux sur le sol. ● _Mettre un genou en terre_ (= sur le sol). ● _Être sur les genoux de quelqu'un :_ être assis sur les cuisses d'une personne assise.

genre, n. m. ♦ 1. Espèce, sorte, catégorie : _Il y a plusieurs genres de voiliers : les dériveurs, les bateaux à quille, les goélettes, les trois-mâts, etc._ 2. Catégorie grammaticale à laquelle appartient un nom, un adjectif ou un pronom : _genre masculin_ (un homme, un chien, un navet), _genre féminin_ (une femme, une chienne, une carotte). — REGARDER _féminin, masculin, neutre._ 3. Allure, manière de s'habiller, de se présenter : _Olga se maquille un peu trop, cela ne lui donne pas bon genre._ 4. _Le genre humain :_ l'ensemble des êtres humains. — SYN. humanité.

gens, n. pl. ♦ 1. _Les gens,_ les personnes, tout le monde : _Les gens sont fous : ils s'entassent tous sur la plage au mois d'août en même temps._ — REM. Dans cet emploi, le nom _gens_ est masculin. 2. _De vieilles gens :_ des personnes âgées. ● _De bonnes gens :_ des personnes gentilles et sympathiques. — REM. Dans ces emplois, le nom _gens_ est féminin. ● _De braves gens. Les honnêtes gens_ (masculin). 3. _Des jeunes gens :_ pluriel de _jeune homme._ — REM. Dans ce sens, le mot _gens_ est toujours masculin.

gentil, ille [ʒɑ̃ti, ij], adj. ♦ Qui est doux, aimable, pas méchant. — SYN. affable, agréable, aimable, attentionné, charmant, prévenant, serviable. — CONTR. acariâtre, bourru, brusque, désagréable, dur, grincheux, hargneux, méchant.

gentilhomme [ʒɑ̃tijɔm], n. m. ♦ Autrefois, homme noble. — PLUR. _des gentilshommes_ [ʒɑ̃tizɔm].

gentilhommière [ʒɑ̃tijɔmjɛʀ], n. f. ♦ Petit château situé à la campagne ; belle maison de campagne d'aspect noble. — SYN. manoir.

gentillesse, n. f. ♦ Qualité, attitude, conduite d'une personne gentille. — SYN. affabilité, amabilité, bienveillance, serviabilité. — CONTR. brusquerie, hargne, méchanceté.

gentiment, adv. ♦ De manière gentille.

géographe, n. m. *ou* f. ♦ Personne savante en géographie.

géographie, n. f. ♦ Science qui étudie les pays, les villes, les fleuves, les mers, les montagnes, etc.

geôle [ʒol], n. f. ♦ Prison, cachot.

geôlier, ière [ʒolje, jɛʀ], n. ♦ Personne qui garde quelqu'un prisonnier.

géologie, n. f. ♦ Science qui étudie les roches, les volcans, les tremblements de terre, l'érosion, etc.

géologue, n. m. *ou* f. ♦ Personne savante en géologie.

géomètre, n. m. *ou* f. ♦ Personne savante en géométrie.

géométrie, n. f. ♦ Science qui étudie les lignes, les angles, les triangles, les cercles, etc.

géométrique, adj. ♦ *Formes géométriques :* formes régulières (triangle, carré, rectangle, cercle, etc.).

gérance, n. f. ♦ *Magasin en gérance,* exploité par un gérant et non par le propriétaire lui-même.

géranium [ʒeʀanjɔm], n. m. ♦ Plante, à fleurs généralement rouges, qui se cultive facilement en pot et qu'on utilise beaucoup pour orner les fenêtres, les balcons.

gérant, ante, n. ♦ Personne qui tient un magasin (à la place du propriétaire du magasin). ● Personne qui s'occupe d'un immeuble (réparations, perception des loyers), pour le compte d'un propriétaire.

gerbe, n. f. ♦ **1.** Ensemble de tiges de blé, de seigle, etc., liées ensemble. — SYN. botte. — REGARDER *meule.* **2.** Ensemble de fleurs dont les tiges sont liées ensemble. **3.** Ensemble de choses qui évoque la forme d'une gerbe (au sens 1 ou 2) : *Nous admirions les gerbes lumineuses du feu d'artifice.*

gercer, v. (conjugaison 17) ♦ Se couvrir de gerçures : *Par ce froid, tu devrais te mettre de la pommade sur les lèvres, pour les empêcher de gercer* (ou *de se gercer*). — SYN. se crevasser, se fendiller. ● *Le froid gerce les lèvres.*

gerçure, n. f. ♦ Petite fente douloureuse sur la peau, sur les lèvres. — SYN. crevasse.

gérer, v. (conjugaison 11) ♦ Administrer et diriger une entreprise, un patrimoine, etc. : *Cette entreprise est bien mal gérée, elle est en déficit depuis des années.*

1. germain, aine, adj. ♦ *Des cousins germains :* des cousins ayant un grand-père ou une grand-mère en commun ou les mêmes grands-parents maternels ou paternels.

2. germain, aine, adj. *ou* n. ♦ De la Germanie, nom de l'Allemagne dans l'Antiquité : *Le chef germain lança ses troupes contre les légions romaines.* — REGARDER germanique. ● *Les Germains. Un Germain. Une Germaine.*

germanique, adj. ♦ De la Germanie. — REGARDER germain 2. ● *Les langues germaniques :* l'allemand, l'anglais, le néerlandais, le flamand, les langues scandinaves.

germe, n. m. ♦ **1.** Partie de la graine ou du tubercule qui, en poussant, deviendra une nouvelle plante. ● Partie de l'œuf qui deviendra un nouvel animal. ● *En germe,* qui n'est pas encore pleinement développé, mais qui est prêt à se développer : *Le XVIIIe siècle contient en germe les idées de liberté et de démocratie qui se diffuseront au XIXe siècle.* **2.** Microbe capable de donner une maladie.

germé, ée, adj. ♦ Dont les germes ont commencé de pousser.

germer, v. ♦ **1.** Commencer à avoir des germes qui poussent : *J'ai mis un oignon dans la terre, il va bientôt germer.* **2.** Apparaître.

girolle

germination, n. f. ♦ Action de germer.

gésier, n. m. ♦ Poche de l'estomac des oiseaux (souvent pleine de grains de sable), où sont broyés les aliments, les graines.

1. geste, n. m. ♦ **1.** Mouvement fait avec le bras ou la main. **2.** Action bonne (ou mauvaise) : *En lui pardonnant, tu as fait un très beau geste.*

2. geste, n. f. ♦ **1.** Action (seulement dans l'expression figée *les faits et gestes de quelqu'un*, ses actes, sa conduite). **2.** *Chanson de geste :* au Moyen Age, long poème qui célébrait les exploits d'un héros. — SYN. épopée.

gesticuler, v. ♦ Faire de grands gestes, de manière inutile ou ridicule.

gestion [ʒestjõ], n. f. ♦ Action, manière de gérer quelque chose. — SYN. administration.

geyser [ʒezɛʀ], n. m. ♦ Source d'eau chaude qui, par moments, jaillit du sol, comme un jet d'eau (dans certains pays volcaniques).

ghetto [geto], n. m. ♦ **1.** Autrefois, quartiers où les juifs étaient forcés de vivre. **2.** Quartier où vit une communauté de gens qui est séparée des autres citoyens.

gibecière, n. f. ♦ Sac de cuir où les chasseurs mettent le gibier qu'ils ont tué.

gibet, n. m. ♦ Autrefois, assemblage de poteaux et de poutres auquel on pendait les condamnés. — REGARDER *potence.*

gibier, n. m. ♦ **1.** Ensemble des animaux que l'on chasse pour leur chair : *S'il y avait moins de braconniers, il y aurait un peu plus de gibier dans le pays.* **2.** Chair de ces animaux : *J'aime assez le gibier, surtout la perdrix.*

giboulée, n. f. ♦ Pluie brève, mais forte, qui se produit surtout au printemps, et qui est parfois accompagnée de grêle.

giboyeux, euse [ʒibwajø, øz], adj. ♦ Où il y a beaucoup de gibier.

giclée, n. f. ♦ Quantité de liquide, de boue, qui gicle.

gicler, v. ♦ *Un liquide, la boue gicle,* jaillit avec force.

gifle, n. f. ♦ Coup donné sur la joue avec le plat de la main.

gifler, v. ♦ Frapper en donnant une gifle.

gigantesque, adj. ♦ Extrêmement grand. — SYN. colossal, énorme, géant, titanesque. — CONTR. minuscule, nain, petit.

gigot, n. m. ♦ Morceau de boucherie constitué par la cuisse du mouton ou de l'agneau.

gigoter, v. ♦ Remuer les membres vite et de manière désordonnée : *Enfin, Bernard, reste tranquille ! Ne gigote pas ainsi !*

gilet, n. m. ♦ **1.** Veste de laine. **2.** Vêtement d'homme sans manches, qui se porte sous la veste. **3.** *Gilet de sauvetage :* vêtement gonflable en caoutchouc qui permet à une personne de ne pas couler si elle tombe à l'eau.

girafe, n. f. ♦ Grand mammifère d'Afrique, à très long cou, qui se nourrit de feuilles.

girofle, n. m. ♦ *Des clous de girofle :* boutons de la fleur d'un arbre exotique (le *giroflier*), qui sert d'épice.

giroflée, n. f. ♦ Belle fleur jaune ou orangée, très odorante.

girolle, n. f. ♦ Champignon jaune, en forme d'entonnoir ou de trompette, au goût savoureux. — SYN. chanterelle.

girouette, n. f. ♦ Appareil fixé sur un toit, une tour, un clocher, et qui sert à indiquer d'où vient le vent. ● Personne qui change souvent d'opinion.

gisant, n. m. ♦ Au Moyen Age, statue représentant le défunt allongé, les mains jointes, sur la pierre tombale.

gisement, n. m. ♦ Grande quantité de minerai de charbon, de pétrole, de pierres précieuses, qui se trouve au même endroit, dans les profondeurs du sol.

gitan, ane, n. ♦ Bohémien, bohémienne d'Espagne : *Cet été, à Séville, nous avons vu les gitans et les gitanes danser au son des guitares.*

1. gîte, n. m. ♦ **1.** Abri ou construction où l'on peut coucher, se loger : *L'exploratrice, perdue, put trouver un gîte dans une grotte.* — SYN. abri, refuge. ● *Ces pauvres réfugiés n'ont pas de gîte, où logeront-ils?* — SYN. abri, demeure, logement. **2.** Creux dans la terre, qui sert d'abri au lièvre.

2. gîte, n. f. ♦ Inclinaison latérale d'un bateau poussé de côté par le vent : *Le voilier prenait une gîte de 15° par bâbord.*

givre, n. m. ♦ Mince couche de glace blanche et brillante qui résulte de la congélation de la rosée ou du brouillard.

givré, ée, adj. ♦ Couvert de givre.

givrer, v. ♦ Couvrir de givre.

glace, n. f. ♦ **1.** Eau devenue solide sous l'effet du froid : *Mets donc un morceau de glace dans ton jus de fruits.* — SYN. glaçon. ● *Briser la glace :* commencer la conversation et mettre fin à un silence gênant entre des personnes qui ne se connaissent pas. ● *Rester de glace :* rester froid, impassible. **2.** Miroir. ● *Une armoire à glace.* **3.** Vitre : *Le Premier ministre se déplace dans une voiture blindée, dont les glaces sont à l'épreuve des balles.* **4.** Crème glacée qu'on mange au dessert ou comme friandise. — REGARDER *sorbet.*

glacé, ée, adj. ♦ **1.** Très froid : *Adeline était penchée sur le parapet de la jetée : elle reçut brusquement une gerbe d'eau glacée.* — SYN. glacial. — CONTR. chaud. **2.** *Crème glacée :* friandise très froide à base de lait, de crème, d'œufs, parfumée avec un sirop de fruit, du chocolat, etc. — SYN. glace (sens 4). **3.** Dépourvu d'amitié, de cordialité et qui est même hostile : *Il me répondit sèchement, d'un ton glacé.* — CONTR. chaleureux, cordial. **4.** Recouvert d'une couche de matière dure et brillante. ● *Marrons glacés,* imprégnés de sucre, ce qui les rend durs : *Pour mes étrennes, j'ai eu un sachet de marrons glacés.* ● *Papier glacé,* lisse et brillant.

glacer, v. (conjugaison 17) ♦ **1.** Rendre très froid : *Le vent nous glaçait le bout du nez.* — SYN. geler. — CONTR. chauffer. **2.** Recouvrir d'une surface lisse et brillante : *Verse le sirop sur le gâteau, pour le glacer.*

glaciaire, adj. ♦ Qui concerne la glace ou les glaciers : *Aux époques glaciaires, d'immenses glaciers recouvraient l'Europe.*

glacial, ale, als, aux, adj. ♦ **1.** Très froid : *La bise glaciale nous cinglait le visage.* — SYN. froid, glacé. — CONTR. chaud. **2.** Hostile, peu chaleureux : *Son regard glacial et dur m'effraya!* — SYN. glacé. — CONTR. amical, cordial, chaleureux.

glaciel, n. m. ♦ Glaces flottantes.

glacier, n. m. ♦ Épaisse masse de glace qui glisse lentement dans une vallée de montagne.

glacière, n. f. ♦ Armoire ou caisse transportable, à parois isolantes, où l'on met de la glace et où l'on conserve les aliments.

glaçon, n. m. ♦ Morceau de glace.

gladiateur, n. m. ♦ Chez les Romains, celui qui combattait dans l'arène, en armes.

glaïeul [glajœl], n. m. ♦ Plante à bulbe, à longues feuilles pointues, cultivée pour ses jolies fleurs.

glorieux

glaise, adj. *ou* n. f. ♦ *La terre glaise* ou *la glaise* : argile qui peut être modelée.

glaive, n. m. ♦ Épée ; spécialement épée large et assez courte des Romains.

gland, n. m. ♦ **1.** Fruit du chêne. **2.** Sorte de pompon qui sert d'ornement.

glande, n. f. ♦ Organe du corps qui produit une sécrétion : *Les glandes salivaires produisent la salive.*

glaner, v. ♦ Recueillir çà et là : *J'ai glané quelques renseignements dans des encyclopédies.*

glapir, v. ♦ Faire entendre un cri bref et aigu : *Le renard, le lapin, le chacal glapit.* ● *Les petits chiens glapissent.* — REGARDER *japper.*

glapissement, n. m. ♦ Cri d'un animal qui glapit.

glas [glɑ], n. m. ♦ Sonnerie de cloche, lente, qui annonce la mort de quelqu'un.

glauque, adj. ♦ D'un vert de la même couleur que la mer : *La plongeuse descendit à travers l'eau glauque.*

glèbe, n. f. ♦ **1.** Motte de terre. **2.** Champ, terre cultivée. ● *Les serfs du Moyen Age étaient attachés à la glèbe,* n'avaient pas le droit de quitter le domaine de leur seigneur.

glissade, n. f. ♦ Action de glisser.

glissant, ante, adj. ♦ Où l'on risque de glisser.

glissement, n. m. ♦ *Glissement de terrain :* déplacement de la terre, qui glisse le long d'une pente, parce qu'elle est trop mouillée.

glisser, v. ♦ **1.** Se déplacer sur une surface lisse : *La péniche glisse sur l'eau tranquille du canal.* **2.** Tomber en dérapant sur une chose lisse : *Il a glissé sur une peau de banane.* **3.** Se déplacer en rampant souplement : *Le serpent glisse entre les pierres.* **4.** Tomber en échappant aux mains de quelqu'un : *Elle poussa un cri de surprise et le livre lui glissa des mains.* **5.** Introduire dans une fente ou dans un orifice étroit : *Il glissa une pièce dans sa tirelire.* ● *Glisser un mot à l'oreille de quelqu'un,* lui dire quelque chose discrètement. **6.** *Se glisser,* se faufiler : *Élise se glissa à travers la foule pour atteindre le premier rang.*

glissière, n. f. ♦ **1.** Rainure ou bande qui sert de guide à une chose qui glisse, qui coulisse. **2.** *Fermeture à glissière :* fermeture de vêtement qui se ferme et s'ouvre par mouvement rectiligne.

global, ale, aux, adj. ♦ Qui concerne le tout, et non pas les détails : *Il faut une vision globale de la situation.* — SYN. total. — CONTR. partiel.

globe, n. m. ♦ **1.** Sphère. **2.** *Le globe terrestre* ou *le globe :* la planète Terre. ● *Un globe terrestre :* une sphère qui représente la Terre, avec les continents, les océans, etc. **3.** Sphère de verre ou de matière translucide qui contient une lampe électrique placée au plafond. **4.** Cloche en verre qui protège un objet précieux placé sur une cheminée ou sur un meuble : *Il faut mettre la pendule sous globe.*

globule, n. m. ♦ *Globules blancs, globules rouges :* petits éléments ronds contenus dans le sang. — REM. Ne dites pas : « une globule ».

gloire, n. f. ♦ Grande renommée que quelqu'un acquiert en faisant des choses remarquables. — SYN. célébrité. ● *A la gloire de,* en l'honneur de : *Ce monument est élevé à la gloire de tous les marins perdus en mer.*

glorieux, euse, adj. ♦ Qui a beaucoup de gloire : *Jeanne Mance fut la glorieuse fondatrice de l'Hôtel-Dieu de Montréal.* — SYN. célèbre, illustre. ● Qui rapporte beaucoup de gloire : *Vimy fut la plus glorieuse victoire canadienne pendant la Première Guerre mondiale.*

glorifier

glorifier, v. (conjugaison 20) ♦ Exalter la gloire de quelqu'un, le proclamer glorieux ; *Les poètes ont glorifié les conquérants et les héros.* ● *Se glorifier de,* se vanter de, tirer orgueil de : *Notre équipe peut se glorifier de n'avoir subi aucune défaite cette année.*

gloriole, n. f. ♦ Vaine gloire, vanité.

gloussement, n. m. ♦ Cri d'une poule qui glousse.

glousser, v. ♦ **1.** *La poule glousse,* pousse des petits cris. **2.** Rire, en poussant de petits cris étouffés.

glouton, onne, adj. *ou* n. ♦ Qui mange beaucoup. — SYN. goinfre, goulu, gourmand, vorace. — CONTR. frugal, sobre.

glouton, n. m. ♦ REGARDER carcajou.

gloutonnerie, n. f. ♦ Défaut d'une personne ou d'un animal glouton.

glu, n. f. ♦ Matière collante extraite de l'écorce du houx épineux.

gluant, ante, adj. ♦ Qui est pâteux et collant. — SYN. visqueux.

glycine, n. f. ♦ Plante grimpante cultivée pour ses fleurs en grappes mauves et odorantes.

gnome [gnom], n. m. ♦ Selon les vieilles légendes, chacun des nains très laids qui gardent les trésors enfouis dans les profondeurs de la terre.

gobelet, n. m. ♦ Récipient en métal, en matière plastique, en carton, dans lequel on boit. — SYN. godet.

gober, v. ♦ **1.** Avaler, manger en aspirant : *Les hirondelles gobent les moucherons au vol.* **2.** Croire naïvement une chose fausse : *Il gobe tout ce qu'on lui dit.* — REM. Ce sens est un peu familier.

godendart ou **godendard,** n. m. ♦ Scie manuelle de grande taille munie d'un manche vertical à chaque extrémité.

godet, n. m. ♦ **1.** Gobelet **2.** Petit récipient, large et peu profond, où l'on peut mélanger des couleurs, mettre de l'eau pour l'aquarelle, etc.

godille (à la) [gɔdij], loc. adv. ♦ Faire avancer une embarcation **à la godille,** au moyen d'une seule rame placée à l'arrière.

goéland, n. m. ♦ Oiseau de mer, blanc et gris, plus gros qu'une mouette.

goélette, n. f. ♦ Navire à deux mâts avec des voiles de forme particulière.

goémon, n. m. ♦ Algues que la mer rejette sur les rivages. — SYN. varech.

goglu, n. m. ♦ Oiseau passereau.

goguenard, arde, adj. ♦ Qui exprime une moquerie malveillante et un peu vulgaire. — SYN. moqueur, railleur.

goinfre, adj. *ou* n. m. ♦ Qui mange énormément. — SYN. glouton, goulu, gourmand, vorace. — CONTR. frugal, sobre. — REM. Ce mot est très péjoratif.

golf, n. m. ♦ Sport qui consiste à envoyer une balle dans une série de trous au moyen de cannes.

golfe, n. m. ♦ Vaste avancée de la mer dans les terres.

gomme, n. f. ♦ **1.** Substance élastique obtenue à partir du suc de certaines plantes : *Tu aimes les boules de gomme? Moi, j'aime mieux les caramels.* ● *Gomme à mâcher :* gomme sucrée et parfumée que l'on mastique sans avaler. ● *Gomme arabique :* colle faite avec l'extrait d'une plante exotique. **2.** Objet en caoutchouc qui sert à effacer.

gommé, ée, adj. ♦ Enduit de colle sèche : *Passe ta langue sur la face gommée du timbre, avant de le coller.*

gommer, v. ♦ Effacer au moyen d'une gomme.

goujat

gond, n. m. ♦ Chacun des pivots métalliques, fixés au mur, sur lesquels tournent les ferrures d'une porte. ● *Sortir de ses gonds :* se mettre dans une violente colère.

gondole, n. f. ♦ Bateau, poussé avec un long bâton, qui transporte les personnes sur les canaux de Venise.

gondoler, v. ♦ *Gondoler* ou *se gondoler :* se déformer, en prenant des formes courbes. — SYN. se gauchir, se voiler.

gondolier, ière, n. ♦ A Venise, batelier, batelière qui conduit une gondole.

gonflage, n. m. ♦ Action de gonfler.

gonflement, n. m. ♦ État de ce qui est gonflé, enflure.

gonfler, v. ♦ **1.** Faire augmenter de volume ou donner une forme courbe : *Le vent gonfle les voiles : le navire quitte le port.* — SYN. enfler. **2.** Remplir d'air ou de gaz un pneu, un ballon, etc. : *Ne gonfle pas trop ton ballon, il risque d'exploser.* — CONTR. dégonfler. **3.** Devenir plus gros, augmenter de volume : *Quand on a beaucoup marché, les pieds gonflent souvent.* — SYN. enfler.

gong [gɔ̃g], n. m. ♦ Disque métallique suspendu sur lequel on tape avec un maillet pour donner un signal sonore.

goret, n. m. ♦ Jeune porc.

gorge, n. f. ♦ **1.** Fond de la bouche, là où l'arrière des fosses nasales communique avec la bouche. — SYN. gosier. **2.** Le devant du cou. **3.** La poitrine d'une femme, ses seins. **4.** Vallée étroite et encaissée : *Au fond de cette gorge serpente un torrent.* — SYN. ravin.

gorgée, n. f. ♦ Quantité de liquide qu'on avale en une seule fois.

gorger (se), v. (conjugaison 16) ♦ **1.** Manger ou boire beaucoup : *L'ogre se*

gorgeait de vin avant de s'endormir. — SYN. se gaver. **2.** Se remplir, en absorbant un liquide : *Au moment des grandes pluies, la terre se gorge d'eau.* — SYN. s'imbiber, s'imprégner.

gorille [gɔʀij], n. m. ♦ Singe d'Afrique, le plus grand et le plus fort des singes.

gosier, n. m. ♦ Partie de la gorge située tout au fond.

gosse, n. m. ou f. ♦ Synonyme familier de *enfant.* — SYN. gamin.

gothique, adj. ou n. m. ♦ **1.** *L'art gothique* ou *le gothique :* art du Moyen Age (du milieu du XIIe siècle à la fin du XVe), caractérisé par l'emploi de la croisée d'ogives et de l'arc brisé. ● *Une église, une cathédrale gothique.*

gouache, n. f. ♦ **1.** Couleur en pâte qui s'utilise avec de l'eau : *Prête-moi vite ton tube de gouache.* **2.** Peinture faite avec ces couleurs.

gouaille, n. f. ♦ Action, habitude de se moquer, en plaisantant de manière un peu vulgaire.

goudron, n. m. ♦ Liquide épais et noir, extrait du charbon, qui sert notamment à revêtir les routes.

goudronné, ée, adj. ♦ *Route goudronnée,* revêtue de goudron (mélangé à des petits cailloux). — SYN. bitumé.

goudronner, v. ♦ *Goudronner une route,* la revêtir de goudron mélangé à des cailloux, pour rendre sa surface dure, lisse et imperméable. — SYN. bitumer.

gouffre, n. m. ♦ Trou naturel dans la terre, très profond. — SYN. abîme, précipice.

goujat, n. m. ♦ **1.** Autrefois, apprenti maçon. **2.** Homme très grossier, très mal élevé. — SYN. mufle, rustre.

goujon, n. m. ♦ Petit poisson d'eau douce, à la chair très estimée, qui se mange en friture.

goulet, n. m. ♦ Passage étroit qui fait communiquer une rade avec la mer.

goulot, n. m. ♦ Col long et étroit d'une bouteille, là où est enfoncé le bouchon.

goulu, ue, adj. ♦ Qui mange vite et beaucoup. — SYN. glouton, goinfre, gourmand, vorace. — CONTR. frugal, sobre.

goulûment, adv. ♦ *Manger, avaler goulûment :* absorber beaucoup de nourriture, et vite.

goupille [gupij], n. f. ♦ Tige métallique qui sert à fixer, à retenir.

goupillon [gupijɔ̃], n. m. ♦ **1.** Objet avec lequel on jette de l'eau bénite, au cours d'une cérémonie religieuse. **2.** Longue brosse cylindrique.

gourd, gourde, adj. ♦ Engourdi.

gourde, n. f. ♦ Petit bidon dans lequel on emporte de la boisson.

gourdin, n. m. ♦ Gros bâton.

gourgane, n. f. ♦ Sorte de fève dont on fait surtout de la soupe.

gourmand, ande, adj. *ou* n. ♦ Qui aime bien les bonnes choses et qui mange beaucoup. — SYN. glouton, goinfre, goulu, gastronome. — CONTR. frugal, sobre.

gourmandise, n. f. ♦ Caractère, conduite du gourmand. — SYN. gloutonnerie, goinfrerie. — CONTR. frugalité, sobriété.

gousse, n. f. ♦ **1.** Enveloppe allongée où sont les haricots, les petits pois. — SYN. cosse. **2.** Chacune des parties d'un bulbe d'ail : *N'oublie pas : une gousse d'ail dans le gigot !*

goût, n. m. ♦ **1.** L'un des cinq sens, celui par lequel nous percevons les saveurs : *La langue et le palais sont les organes du goût.* **2.** Saveur propre à une chose : *Ta confiture a un goût de moisi !* **3.** Le goût, l'aptitude à discerner tout de suite le beau du laid : *Emmanuel a du goût : il sait choisir ce qui lui va.* ● *Il s'habille **avec goût**. Laurence, elle, s'habille **sans goût**.* ● *Emmanuel a **bon goût**. Laurence a **mauvais goût**.* ● *De bon goût*, beau, élégant, distingué, convenable : *Voilà un décor de bon goût.* ● *Laurence a toujours des robes de **mauvais goût**.* **4.** Penchant qui porte à aimer quelque chose : *Je n'ai aucun goût pour le sport.*

1. goûter, v. ♦ **1.** Manger ou boire un peu de quelque chose pour connaître son goût : *Goûte cette sauce : te paraît-elle assez relevée ?* **2.** Manger ou boire pour la première fois ; manger ou boire un peu de quelque chose : *Comment ? Tu n'as jamais goûté de sirop de gadelles ?* **3.** Faire un petit repas, vers quatre ou cinq heures de l'après-midi. **4.** Apprécier, aimer : *Je ne goûte pas du tout ce genre de plaisanterie !*

2. goûter, n. m. ♦ Petit repas que l'on prend dans le courant de l'après-midi.

1. goutte, n. f. ♦ **1.** Très petite quantité de liquide de forme ronde. ● *Tiens, voici le compte-gouttes, n'oublie pas de prendre tes gouttes* (= gouttes de médicament). ● *L'eau tombe **goutte à goutte**,* une goutte après l'autre. ● *Se ressembler **comme deux gouttes d'eau** :* se ressembler beaucoup. **2.** Très petite quantité : *Chère madame, vous prendrez bien un doigt de porto ? ou alors une goutte de thé ?*

2. goutte, n. f. ♦ Maladie douloureuse qui attaque les articulations.

gouttelette, n. f. ♦ Très petite goutte.

goutter, v. ♦ Tomber goutte à goutte : *Ton bidon est percé, Oscar : l'eau goutte !*

goutteux, euse, adj. *ou* n. ♦ Atteint de la goutte. — REGARDER goutte 2.

gouttière, n. f. ♦ Conduit qui est disposé le long du bas d'un toit pour recueillir l'eau de pluie et la conduire jusqu'au tuyau de descente.

gouvernail, n. m. ♦ Appareil, constitué par une surface pivotante, qui sert à diriger un bateau ou un avion.

gouvernante, n. f. ♦ Autrefois, femme qui s'occupait de la surveillance et de l'éducation d'un jeune enfant dans sa famille, chez les gens riches.

gouverne, n. f. ♦ **1.** _Pour ta gouverne :_ pour que cela te serve de règle de conduite. **2.** _Les gouvernes :_ l'ensemble des dispositifs qui servent à diriger un avion (gouvernail et ailerons).

gouvernement, n. m. ♦ **1.** Action de gouverner. **2.** Ensemble des ministres, sous la direction du Premier ministre.

gouverner, v. ♦ **1.** _Gouverner un bateau,_ le diriger au moyen du gouvernail. • _Le navire ne peut plus gouverner,_ ne peut plus être dirigé. **2.** Diriger les affaires d'un pays : _Il faut beaucoup de fermeté, de prudence et d'adresse pour gouverner un grand pays._

gouverneur, eure, n. ♦ _Gouverneur général, gouverneure générale :_ représentant ou représentante de la reine ou du roi d'Angleterre au Canada. Les provinces ont comme représentant un lieutenant-gouverneur.

grabat [gʀaba], n. m. ♦ Lit misérable.

grabuge, n. m. ♦ Synonyme familier de _désordre, conflit, querelle, bruit._

grâce, n. f. ♦ **1.** _Rendre grâce à,_ remercier : _Il faut rendre grâce au destin de nous avoir donné cette planche de salut._ **2.** _Grâce à,_ à cause de, par l'action de : _Grâce à ma cousine, j'ai trouvé un emploi._ — CONTR. malgré. **3.** Décision par laquelle un condamné est dispensé de subir sa peine : _Le roi accorda sa grâce aux rebelles : ils ne_ furent pas décapités. **4.** _Être dans les bonnes grâces de quelqu'un,_ être bien vu de lui, avoir sa faveur. • _De bonne grâce :_ aimablement, avec le sourire, sans rechigner. **5.** Élégance, aisance d'une personne jolie, aux gestes faciles et légers : _Véronique marche avec beaucoup de grâce : on dirait qu'elle danse !_ — SYN. aisance, charme, élégance. — CONTR. lourdeur.

gracier, v. (conjugaison 20) ♦ Accorder sa grâce à un condamné : _Le roi gracia le bandit : celui-ci ne fut donc pas pendu._

gracieux, euse, adj. ♦ **1.** Qui a de la grâce (au sens 5) : _Qu'elle est gracieuse, Jocelyne, quand elle danse le rock !_ — CONTR. disgracieux, lourd. **2.** Aimable, souriant : _Tâche d'être un peu plus gracieux, quand tu parles à ta grand-tante !_ — SYN. affable, agréable, aimable, amène, avenant, bienveillant, charmant, courtois, gentil, souriant. — CONTR. désagréable, discourtois, grincheux, grognon, hargneux, malveillant, renfrogné. **3.** _A titre gracieux :_ gratuitement.

gracile, adj. ♦ Mince, délicat et un peu frêle : _Arlette n'a que quatorze ans, elle a encore des membres graciles d'adolescente._ — CONTR. épais, lourd, plein, trapu.

gradation, n. f. ♦ Progression par degrés : _Regarde comme la gradation des nuances, du sombre au clair, est bien rendue dans ce tableau !_

grade, n. m. ♦ Chacun des degrés de la hiérarchie militaire : _Notre voisin était lieutenant, il va être promu capitaine : il va monter en grade._

gradin, n. m. ♦ Chacun des niveaux superposés en oblique, dans un stade, un amphithéâtre, etc.

graduation, n. f. ♦ Ensemble des traits d'un cadran, d'un thermomètre, etc.

gradué, ée, adj. ♦ **1.** Qui porte une graduation. **2.** Progressif : _Tu veux apprendre la guitare ? Voici une bonne méthode d'exercices gradués, du plus facile au plus difficile._

graduel, elle, adj. ♦ Qui va par degrés, et non d'un seul coup : *On observe un réchauffement graduel de l'eau des océans.* — SYN. progressif. — CONTR. brusque, brutal.

graffiti, n. m. pl. ♦ Inscriptions ou dessins griffonnés sur les murs.

grafigner, v. ♦ Égratigner, griffer. ● *Se grafigner,* s'égratigner.

grain, n. m. ♦ **1.** Graine. **2.** Fruit des céréales ; blé. **3.** Chacun des fruits d'une grappe. ● *Des grains de raisin.* **4.** Tout petit morceau d'une substance : *Mélange des grains de sable et des grains de sel, jette le tout dans une cuvette d'eau : qu'observes-tu ?* ● *Grain de beauté :* petite tache brune sur la peau. ● *Un grain de,* petite quantité de : *Il y a un grain de moquerie dans sa lettre.* — SYN. pointe, soupçon. **5.** Aspect plus ou moins lisse ou grenu d'une surface : *Voici un très beau cuir au grain très fin.* — REGARDER grenu. **6.** Vent très violent qui dure peu et s'accompagne de grêle, de pluie. ● *Veiller au grain :* faire attention, en vue de parer à un danger possible.

graine, n. f. ♦ Organe d'une plante, qui se détache, peut tomber sur le sol ou être enterré, et qui, après avoir germé, donne naissance à une nouvelle plante.

grainetier, ière, n. ♦ Marchand, marchande de graines.

graissage, n. m. ♦ Action de graisser un mécanisme, un moteur.

graisse, n. f. ♦ **1.** Matière grasse (huile, beurre, saindoux, etc.) : *Pas trop de graisses, a dit le médecin, c'est mauvais pour la santé.* ● Matière grasse qui sert à graisser un mécanisme, un moteur. **2.** Substance grasse qui est contenue dans le corps, notamment sous la peau.

graisser, v. ♦ Enduire d'huile, de graisse, les pièces d'un mécanisme, d'un moteur, pour faciliter leur glissement, leur rotation : *La porte grince : il faudra graisser les gonds.* — SYN. huiler, lubrifier.

graisseux, euse, adj. ♦ Plein de graisse, sali de graisse, de matière grasse.

graminée, n. f. ♦ Plante à tige creuse, à fleurs et à graines disposées en épi.

grammaire, n. f. ♦ Science qui étudie les règles qu'il faut appliquer pour bien parler et bien écrire une langue.

grammatical, ale, aux, adj. ♦ De grammaire : *Voici un exercice grammatical.*

gramme, n. m. ♦ Unité de poids (symbole : *g*).

grand, grande, adj. *ou* adv. *ou* n. m. ♦ **1.** Qui a des dimensions supérieures à la moyenne (longueur ou surface ou volume) : *Pour emballer tes livres, il te faut une grande caisse.* — SYN. ample, étendu, long, spacieux, vaste, colossal, démesuré, géant, gigantesque, grandiose, immense. — CONTR. petit, minuscule. ● *Voir grand,* prévoir largement une quantité suffisante ou même excessive : *Quinze bouteilles de champagne pour quatre invités ? Tu as vu grand !* ● *Voir grand,* avoir des projets ambitieux : « *Plus tard, je serai ministre* », dit Françoise. *Elle voit grand !* **2.** Intense, puissant : *Un grand vent balaya les feuilles mortes.* — SYN. fort, intense, puissant. — CONTR. faible, infime, léger, minime, petit. **3.** Qui a une taille élevée : *Mon frère est très grand : 1,80 mètre.* — SYN. élevé, haut. — CONTR. petit. **4.** Plus âgé (quand il s'agit d'enfants) : *Quand je serai grande, j'irai à l'école secondaire.* ● *Le grand frère.* ● *La grande sœur.* ● *Les grands :* les élèves plus âgés, qui sont dans la classe supérieure. — CONTR. les petits. ● Adulte : *Quand je serai grand, je serai aviateur ou officier de marine.* ● *Une grande personne :* une personne adulte. **5.** Important, qui compte beaucoup : *Tu dois savoir par cœur toutes les grandes dates de l'histoire du Canada.* ● Glorieux : *Ce livre relate les grands exploits de Guillaume Tell.* ● *Un grand homme :* celui qui a fait des choses remarquables et qui est très célèbre. ● *Les grands :* autrefois, les grands seigneurs riches et puissants. ● *Les grands de ce monde :* ceux qui ont le pouvoir, la richesse, et qui occupent un rang élevé dans la société.

gras

— SYN. les puissants, les riches. — CONTR. les faibles, les humbles, les pauvres, les petits.

grand-chose, loc. inv. ♦ *Pas grand-chose :* peu de chose, presque rien.

grandeur, n. f. ♦ **1.** Taille, dimension : *Je prends deux boîtes de même grandeur.* **2.** Gloire et puissance : *Ce roi ne pensait qu'à la grandeur de son royaume.* — CONTR. faiblesse. ● *La folie des grandeurs :* la manie de vouloir paraître plus riche et plus puissant que l'on n'est. **3.** Aspect grandiose, majestueux et noble : *Le style de cette auteure a une certaine grandeur.* ● *Grandeur d'âme :* qualité d'une personne généreuse, qui n'éprouve aucun sentiment vil, qui pardonne facilement. — SYN. générosité, magnanimité, noblesse. — CONTR. bassesse, mesquinerie, petitesse.

grandiloquence, n. f. ♦ Manque de naturel et de simplicité dans le style. — SYN. emphase, pompe. — CONTR. naturel, simplicité.

grandiloquent, ente, adj. ♦ Qui emploie des mots pompeux, prétentieux et qui manque de naturel, de simplicité. — SYN. emphatique. — CONTR. naturel, simple.

grandiose, adj. ♦ Qui est vaste et qui donne une impression de majesté, de grandeur. — SYN. imposant, impressionnant, majestueux. — CONTR. médiocre, mesquin, petit.

grandir, v. ♦ **1.** Devenir plus grand. — SYN. s'accroître, augmenter, croître, se développer, s'étendre. — CONTR. décroître, diminuer, rapetisser. **2.** Devenir plus vieux et avoir une taille qui s'élève : *Les arbres que grand-père avait plantés ont beaucoup grandi cette année.* **3.** Rendre plus grand moralement, rendre plus respectable : *Tu as aidé un camarade plus faible à faire son devoir, ce beau geste te grandit.* ● *Tu t'es grandi par cet acte de solidarité.* — SYN. s'élever. — CONTR. s'abaisser, se dégrader.

grand-mère, n. f. ♦ La mère du père ou de la mère. — PLUR. *des grand-mères.*

grand-oncle [gʀɑ̃tɔ̃kl], n. m. ♦ Le frère du grand-père ou de la grand-mère. — PLUR. *des grands-oncles* [gʀɑ̃zɔ̃kl].

grand-père, n. m. ♦ Le père du père ou de la mère. — PLUR. *des grands-pères.*

grands-parents, n. m. pl. ♦ Le grand-père et la grand-mère.

grand-tante, n. f. ♦ La sœur du grand-père ou de la grand-mère. — PLUR. *des grand-tantes.*

grange, n. f. ♦ Dans une exploitation agricole, local, bâtiment où l'on abrite les récoltes, notamment les céréales.

granit [gʀanit], n. m. ♦ Roche dure formée de petits grains : *Des maisons de granit gris couvertes d'ardoise : c'est un village breton.*

granuleux, euse, adj. ♦ Qui n'est pas en poudre très fine, mais en petits grains : *Cette substance granuleuse, c'est du café instantané.*

graphique [gʀafik], adj. *ou* n. m. ♦ **1.** *Les arts graphiques :* le dessin, l'art de l'affiche, la typographie, la photographie, etc. **2.** *Un graphique :* dessin ou ligne qui représente les variations d'une quantité.

graphite [gʀafit], n. m. ♦ Matière friable, noire ou grise qui constitue la mine des crayons.

grappe, n. f. ♦ Ensemble de grains, de fruits, de fleurs, qui sont autour d'une même tige, par exemple une *grappe de raisin.*

grappiller [gʀapije], v. ♦ Cueillir çà et là quelques fruits : *Allons dans le bois : nous grappillerons les mûres.*

grappin, n. m. ♦ Crochet à plusieurs branches, fixé au bout d'un cordage, qui sert à accrocher, à attraper quelque chose.

gras, grasse, adj. *ou* n. m. ♦ **1.** *Corps gras, matière grasse :* substance telle que l'huile, la graisse, le beurre, la margarine, etc. **2.** *Papiers gras,* tachés de graisse. **3.** Gros, qui a beaucoup de graisse : *Comment ! Quatre-vingt-quinze kilos ! Tu es trop gras, mon ami !* — SYN. gros. — CONTR. maigre. **4.** Qui contient beaucoup de graisse : *La chair du maquereau est plus grasse que celle du merlan.* • *Le gras :* la partie grasse d'un morceau de viande. **5.** *Jours gras :* jours où les catholiques avaient le droit de manger de la viande. — CONTR. jour maigre. • *Mardi gras :* REGARDER *mardi.* • *Faire gras :* manger de la viande. — CONTR. faire maigre. **6.** Qui a des formes épaisses. • *Plante grasse :* cactus. • *Des caractères gras* ou *du gras,* des caractères d'imprimerie épais : *Vous mettrez au pluriel les mots en gras.* **7.** *Faire la grasse matinée :* rester au lit très tard dans la matinée.

grasseyer, v. ♦ Parler en prononçant les *r* du fond de la gorge : *Les Parisiens grasseyent.*

gratification, n. f. ♦ Somme d'argent donnée en supplément du salaire, comme récompense. — SYN. prime.

gratifier, v. (conjugaison 20) ♦ *Gratifier quelqu'un de,* lui donner, lui adresser : *Marie-José s'approcha du vieil homme et le gratifia d'un sourire.*

gratin, n. m. ♦ Plat cuit au four, recouvert d'une couche de fromage râpé et de chapelure : *Veux-tu du macaroni au gratin ? Moi, je préfère un gratin de choux-fleurs.*

gratiné, ée, adj. ♦ Cuit au gratin.

gratis [gRatis], adv. ♦ Gratuitement, sans faire payer.

gratitude, n. f. ♦ Reconnaissance pour un bienfait, pour un service rendu. — CONTR. ingratitude.

gratte, n. f. ♦ **1.** Grattoir. **2.** Véhicule équipé pour le déblaiement de la neige.

gratte-ciel, n. m. inv. ♦ Immeuble très haut, qui comprend de très nombreux étages.

grattement, n. m. ♦ Bruit que fait une personne ou un animal qui gratte.

gratter, v. ♦ **1.** Enlever en frottant très fortement : *Avec son couteau, Jacques a gratté le vernis de sa table.* **2.** Frotter très fort avec l'ongle, les griffes : *Le chien gratte à la porte : fais-le entrer.*

grattoir, n. m. ♦ **1.** Instrument à lame d'acier avec lequel on gratte la surface du papier pour effacer un mot, une lettre. **2.** Grille métallique, disposée sur le sol devant une porte, sur laquelle on frotte les semelles de ses chaussures avant d'entrer.

gratuit, uite [gRatɥi, ɥit], adj. ♦ **1.** Que l'on obtient sans avoir à payer, que l'on donne sans faire payer : *Entrée gratuite pour les enfants de moins de cinq ans.* — CONTR. payant. **2.** Qui est fait ou dit sans raison, sans preuve. • *Une accusation gratuite.* — CONTR. fondé, motivé.

gratuité, n. f. ♦ Caractère de ce qui est gratuit.

gratuitement, adv. ♦ Sans payer. • Sans faire payer. — SYN. gratis.

gravats, n. m. pl. ♦ Débris de plâtre, de ciment, de brique, de pierre, etc., qui résultent des travaux de démolition.

grave, adj. ♦ **1.** *Sons graves :* sons à basse fréquence, c'est-à-dire correspondant à un petit nombre de vibrations par seconde. — CONTR. aigu. • *Les hommes ont la voix plus grave que les femmes.* • *Sur un piano, les notes les plus graves sont à gauche.* **2.** *Accent grave :* accent (ˋ) qui se met sur le *e* pour indiquer qu'il a le son [ɛ] (flèche, rachète) ou parfois, sur le *a* (Il habite à Paris) ou sur le *u* (Pose-le *où* tu voudras). **3.** Dangereux : *Un ulcère à l'estomac ? Mais c'est une maladie grave !* — CONTR. bénin, léger. • *Dans la région inondée, la situation est grave, car la pluie continue de tomber.* — SYN. dramatique, inquiétant, mauvais, tragique. — CONTR. bon, excellent, rassurant, satisfaisant. **4.** Important et sérieux : *Les plus grands savants se sont penchés sur cette*

greffer

grave question. — SYN. important. — CONTR. futile, léger. **5.** Qui a un air sérieux, un peu triste et sévère : *Le juge était un homme grave : jamais il ne riait, jamais il ne souriait.* — SYN. austère, compassé, digne, solennel. — CONTR. enjoué, rieur, souriant.

gravelle, n. f. ♦ Gravier, gravillon.

gravement, adv. ♦ **1.** D'une manière dangereuse : *Ma tante Armelle est gravement malade.* — REM. On dit *gravement malade,* mais *grièvement blessé.* **2.** Avec beaucoup de sérieux : *Les deux professeurs discutaient gravement de questions de philosophie.*

graver, v. ♦ **1.** Inscrire ou dessiner en creusant des traits sur une surface : *Colette a gravé son nom dans l'écorce d'un arbre.* **2.** Mettre durablement : *Ce souvenir restera gravé dans mon cœur.* — SYN. inscrire. — CONTR. effacer. ● *Ce fait, pourtant insignifiant, se grava dans la mémoire de l'enfant.* **3.** Imprimer au moyen d'une plaque gravée : *Monique s'est fait graver des cartes de visite.*

graveur, euse, n. ♦ Celui, celle qui grave des dessins, des cartes de visite, etc.

gravier, n. m. ♦ **1.** *Du gravier :* ensemble de petits cailloux. **2.** *Un gravier :* un petit caillou.

gravillon [gʀavijɔ̃], n. m. ♦ *Du gravillon :* ensemble de minuscules cailloux qu'on utilise surtout mêlé au goudron pour revêtir les routes.

gravir, v. ♦ Grimper, avec effort, une pente raide, une échelle, un escalier : *Sac au dos, les campeurs, en suant et en soufflant, gravissaient le sentier qui conduit au sommet.*

gravité, n. f. ♦ **1.** Caractère grave, dangereux. **2.** Air, caractère d'une personne grave. — SYN. austérité, dignité, majesté, sévérité. — CONTR. frivolité, légèreté.

graviter, v. ♦ Tourner autour d'une planète, d'une étoile : *La Lune gravite autour de la Terre, comme la Terre autour du Soleil.*

gravure, n. f. ♦ **1.** Art de graver une plaque de bois ou de cuivre pour imprimer un dessin. **2.** Dessin obtenu par impression au moyen d'une plaque gravée.

gré, n. m. ♦ **1.** *Savoir gré de quelque chose à quelqu'un,* lui en avoir de la reconnaissance. **2.** *Au gré de,* au goût de, à la convenance de : *Ma sœur a enfin trouvé un emploi à son gré.* ● *Au gré de,* selon le hasard de : *Le bateau, désemparé, dérivait au gré des vagues.* ● *De son plein gré :* volontiers, sans être contraint. ● *Contre le gré de quelqu'un,* contre sa volonté. ● *De gré ou de force :* qu'il accepte ou qu'il refuse. ● *Bon gré mal gré :* qu'on le veuille ou non, généralement sans qu'on le veuille.

grec, grecque, adj. *ou* n. ♦ **1.** De la Grèce, pays européen du sud des Balkans : *Je me souviens d'un village grec, tout blanc sous le ciel bleu, au bord de la mer Égée.* ● *Les Grecs. Un Grec. Une Grecque.* ● *Le grec :* langue parlée en Grèce, dans l'Antiquité (*grec ancien*) et de nos jours (*grec moderne*).

gredin, ine, n. ♦ **1.** Individu malhonnête. — SYN. coquin, fripon. **2.** Enfant turbulent, espiègle, mal élevé. — SYN. chenapan, coquin, garnement, polisson, vaurien.

gréement, n. m. ♦ Ensemble des mâts, des vergues, des voiles, des cordages d'un navire ou d'un bateau.

gréer, v. (conjugaison 19) ♦ Munir du gréement : *La coque était achevée, il fallait maintenant gréer le navire.*

1. greffe, n. m. ♦ Bureau où l'on conserve la copie des jugements, dans un tribunal. — REGARDER *greffier.*

2. greffe, n. f. ♦ Action de greffer : *La greffe du prunier a réussi.*

greffer, v. ♦ **1.** Fixer une petite branche d'un arbre sur un autre, pour qu'elle lui apporte des qualités : *On a greffé une branche de prunier de qualité sélectionnée sur un prunier sauvage.* **2.** Fixer un organe sur le corps d'une autre personne, pour remplacer un organe malade : *On va greffer un rein au malade.* **3.** *Se greffer sur,* s'ajouter à (en compliquant) : *Une seconde maladie s'est greffée sur la première.*

greffier, n. m. ♦ Celui qui dirige le greffe d'un tribunal. ● Celui qui prend note de ce qui se dit dans une audience.

1. grêle, adj. ♦ **1.** Qui est mince et long et qui donne une impression de fragilité : *Un grand cou, des membres grêles, un gros ventre : il n'est pas beau, ton bonhomme!* — SYN. fin, fluet, gracile, mince. — CONTR. épais, gras, gros, lourd, robuste, solide. **2.** *Voix grêle,* aiguë et peu sonore, faible.

2. grêle, n. f. ♦ **1.** Chute de grêlons : *La grêle a brisé toutes les vitres des serres.* **2.** Ensemble de choses très nombreuses qui tombent en même temps : *Une grêle de coups s'abattit sur le pauvre âne.*

grêler, v. ♦ *Il grêle :* il tombe des grêlons.

grêlon, n. m. ♦ Chacune des petites boules de glace qui tombent parfois des nuages, au lieu de pluie. — REGARDER *grêle 2, grêler.*

grelot, n. m. ♦ Petite boule de métal contenant un objet dur et qui fait un bruit de clochette quand on la remue : *N'attache jamais de grelot au cou de ton chat : le bruit lui serait très pénible.*

grelotter, v. ♦ Trembler sous l'effet du froid, de la fièvre. — SYN. frissonner, trembler.

1. grenade, n. f. ♦ Fruit du grenadier. — REGARDER *grenadier 1.*

2. grenade, n. f. ♦ Projectile explosif qu'on lance à la main ou au moyen d'un fusil.

1. grenadier, n. m. ♦ Arbrisseau des pays méditerranéens qui produit la grenade.

2. grenadier, n. m. ♦ Soldat spécialement entraîné à combattre en lançant des grenades. ● Autrefois, fantassin d'élite.

grenadine, n. f. ♦ Sirop rouge fait avec le jus de la grenade.

grenat, n. m. *ou* adj. inv. ♦ **1.** Pierre précieuse de couleur rouge. **2.** De couleur rouge sombre.

grenier, n. m. ♦ Partie d'une maison située sous le toit, où, autrefois, on mettait le grain, à la campagne, et où, de nos jours, on met les choses dont on se sert peu.

grenouille, n. f. ♦ Petit animal qui vit au bord de l'eau et dans l'eau et qui saute très bien. — REGARDER *batracien, crapaud, rainette, têtard.* — Cri : *La grenouille coasse.*

grenu, ue, adj. ♦ Dont la surface ou la masse présente de petits grains : *Préfères-tu un sac en cuir lisse ou en cuir grenu?*

grès [grɛ], n. m. ♦ **1.** Roche constituée par des grains de sable liés par une sorte de ciment naturel. **2.** Matière céramique très dure qui sert à faire des ustensiles, des vases.

grésiller [grezije], v. ♦ Produire une succession de petits bruits secs : *Le saindoux grésillait au fond de la casserole.*

1. grève, n. f. ♦ Plage, bord de mer.

2. grève, n. f. ♦ Arrêt volontaire du travail, qui a pour but d'obliger l'employeur à accorder certaines choses.

gréviste, n. m. *ou* f. ♦ Travailleur, travailleuse en grève.

grief, n. m. ♦ Ce qu'on reproche à quelqu'un : *Elle a énuméré tous les griefs qu'elle avait contre mon entourage.* — SYN. doléance, plainte, reproche. ● *Faire grief de quelque chose à quelqu'un,* le lui reprocher.

grièvement, adv. ♦ *Grièvement blessé :* qui souffre d'une blessure grave. — CONTR. légèrement. — REM. On dit *grièvement blessé* mais *gravement malade.*

griffe, n. f. ♦ **1.** Ongle pointu et crochu que certains animaux ont à la patte. — REGARDER serre. **2.** Petit crochet métallique qui sert à fixer, à retenir quelque chose : *Les blocs de pierre du rempart étaient liés par des griffes de fer.* **3.** Étiquette, inscription qui indique la marque d'un vêtement ou d'un objet de luxe : *Cette montre ornée de diamants porte la griffe d'un grand bijoutier.*

griffer, v. ♦ Égratigner avec ses griffes : *Le chaton lui avait un peu griffé les mains.*

griffonner, v. ♦ Écrire quelque chose très vite et mal : *Lucie, c'est toi qui as griffonné ce numéro de téléphone sur un bout de papier ?*

grignoter, v. ♦ Manger ou ronger par tout petits morceaux : *Les rats ont grignoté le bas de la porte.* ● Manger des petites quantités de nourriture : *Anabelle n'a plus faim au dîner : elle a grignoté toute la soirée.*

grigou, n. m. *ou* adj. m. ♦ Avare : *Le vieux grigou ! Il a donné vingt cents à la quête !* — REM. Ce mot est un peu familier. — PLUR. *des grigous.*

gril [gʀi] *ou* [gʀil], n. m. ♦ Grille métallique sur laquelle on pose la viande pour la faire cuire.

grillade, n. f. ♦ Viande grillée.

grillage, n. m. ♦ Clôture faite de fils de fer entrecroisés.

grillagé, ée, adj. ♦ Garni d'un grillage.

grille, n. f. ♦ **1.** Porte ou clôture formée de barreaux de fer ou d'acier : *Le parc municipal est entouré d'une grille.* **2.** Plaque percée de trous ou d'ouvertures longues, ou bien ensemble de barreaux, qui supporte le bois ou le charbon, dans une poêle, un fourneau, un four, un foyer de chaudière. **3.** *Une grille de mots croisés :* quadrillage dans lequel on inscrit les mots dont la définition est donnée dans l'énoncé.

griller, v. ♦ Faire cuire à feu vif, sur un gril ou sur un instrument analogue : *Donne-moi le bifteck, nous allons le faire griller.*

grillon [gʀijɔ̃], n. m. ♦ Nom de deux insectes, le **grillon des champs** et le **grillon domestique** (le premier vivant dans les champs, le second dans les maisons), qui font entendre un bruit particulier, très strident (d'où le nom de *cri-cri* donné aussi au grillon).

grimaçant, ante, adj. ♦ Qui est très laid et qui grimace.

grimace, n. f. ♦ Déformation momentanée du visage : *Une grimace de douleur.*

grimacer, v. (conjugaison 17) ♦ Faire des grimaces.

grimer (se), v. ♦ Se maquiller, pour ressembler à quelqu'un d'autre.

grimoire, n. m. ♦ **1.** Livre de magie. **2.** Texte écrit ou rédigé de manière peu compréhensible.

grimpant, ante, adj. ♦ *Plante grimpante,* dont les tiges ou les vrilles s'accrochent aux aspérités, ce qui lui permet de s'élever le long d'un arbre, d'un mur, d'un grillage.

grimper, v. ♦ **1.** Monter avec effort, monter le long d'une pente raide, d'une échelle, etc. : *Penses-tu pouvoir réussir à grimper la côte sans mettre pied à terre ?* — SYN. escalader, gravir. — CONTR. dégringoler, dévaler. **2.** Monter en pente raide : *Mettons pied à terre et poussons nos vélos : la route grimpe trop !*

grimpeur, euse, n. ♦ **1.** n. m. : Oiseau, tel que le pivert, qui grimpe le long du tronc des arbres pour piquer l'écorce avec son bec et en extraire les insectes. **2.** Coureur, coureuse cycliste qui monte bien les côtes. **3.** Personne qui fait de l'alpinisme.

grincement, n. m. ♦ Bruit d'une chose qui grince.

grincer, v. (conjugaison 17) ♦ **1.** Produire un bruit aigu et désagréable de frottement : *Elle ouvrit toutes grandes les portes du vieux buffet, qui grincèrent abominablement.* **2.** *Grincer des dents :* frotter les dents du bas contre celles du haut; être déçu ou être dans une grande colère.

grincheux, euse, adj. *ou* n. ♦ Qui est de mauvaise humeur et qui est désagréable avec les autres. — SYN. bougon, grognon, grondeur, hargneux. — CONTR. affable, aimable, amène, gentil, souriant.

gringalet, n. m. ♦ Homme ou garçon petit, maigre et pas fort. — SYN. mauviette. — CONTR. athlète, colosse, gaillard, hercule.

grippe, n. f. ♦ **1.** *Prendre en grippe :* se mettre à détester. **2.** Maladie contagieuse que l'on prend le plus souvent en hiver et qui se manifeste par une forte fièvre et des courbatures.

grippé, ée, adj. ♦ **1.** *Mécanisme grippé,* qui s'est bloqué parce qu'il y a un frottement excessif. **2.** Atteint de la grippe.

grippe-sou, n. m. ♦ Avare : *C'est un vrai grippe-sou : il te réclame un sou noir.*

gris, grise, adj. *ou* n. m. ♦ **1.** D'une couleur intermédiaire entre le blanc et le noir. ● *Le gris :* la couleur grise. **2.** *Ciel gris,* couvert de nuages de couleur grise. **3.** Un peu ivre.

grisaille, n. f. ♦ Ensemble de choses grises, peu lumineuses, sans éclat : *Une brume épaisse flottait dans la vallée : tout se perdait dans la grisaille.*

grisâtre, adj. ♦ D'un gris terne, sale.

griser, v. ♦ **1.** Enivrer un peu : *Sophie n'a pas l'habitude de l'alcool : un seul verre suffit à la griser.* **2.** Exalter, exciter, faire perdre la tête et le sens du réel : *Leur victoire les avait grisés, mais le réveil sera dur !* ● *Il parle, il parle, il se grise de mots !* — SYN. s'enivrer.

griserie, n. f. ♦ Excitation, exaltation : *Dans la griserie de la victoire, ils avaient imaginé que tout serait facile.* — SYN. ivresse.

grisonner, v. ♦ Avoir quelques cheveux gris, commencer à avoir des cheveux gris : *L'oncle Octave a cinquante ans, il grisonne déjà.*

grisou, n. m. ♦ Gaz qui existe parfois dans les mines de charbon et qui peut exploser au contact d'une flamme ou d'une étincelle. ● *Coup de grisou :* explosion, dans une mine de charbon, due au grisou.

grive, n. f. ♦ Oiseau qui aime beaucoup le raisin et dont la chair est très délicate.

grog, n. m. ♦ Boisson faite avec de l'eau chaude sucrée, du rhum et du citron.

grognard, n. m. ♦ *Les grognards :* surnom familier donné aux vieux soldats de Napoléon 1er, parce qu'ils grognaient, mais qu'ils marchaient quand même toujours au combat.

grognement, n. m. ♦ **1.** Cri du porc. **2.** Cri sourd d'un animal en colère : *Le chien poussait des grognements, en montrant ses crocs.*

grogner, v. ♦ **1.** *Le porc grogne,* pousse son cri, le *grognement.* ● *Mon chien grogne quand approche un inconnu.* **2.** Exprimer sa mauvaise humeur : *L'oncle Adolphe grogne parce que ses neveux lui ont fait une farce.*

grognon, adj. *ou* n. m. ♦ Qui est de mauvaise humeur : *Grand-mère a perdu ses lunettes et elle est grognon (plutôt que grognonne).* ● *Edmonde est d'humeur grognonne.* (Ce féminin s'emploie plutôt pour qualifier les choses.) ● *L'oncle Paterne est un vieux grognon.*

groin, n. m. ♦ Museau du porc, du sanglier.

grommeler, v. (conjugaison 13) ♦ Parler entre ses dents, en disant des paroles de mauvaise humeur : *La vieille fouillait dans la poubelle en grommelant des injures indistinctes.* ● *Le père Anicet est gâteux : il grommelle sans cesse.* — SYN. bougonner, grogner, gronder, marmonner.

grondant, ante, adj. ♦ Qui fait un bruit fort et sourd.

grondement, n. m. ♦ Cri ou bruit sourd et prolongé.

gronder, v. ♦ **1.** Produire un grondement : *Le tonnerre gronde : rentrons vite.* **2.** Disputer quelqu'un : *Juliette a dessiné des bonshommes sur le cahier de son grand frère : sa mère l'a grondée.* — SYN. admonester, attraper, disputer, morigéner, réprimander.

gros, grosse, adj. *ou* n. *ou* adv. ♦ **1.** Qui occupe beaucoup de volume : *Une grosse pomme de terre comme celle-ci pèse près d'un kilo.* — SYN. énorme. — CONTR. petit. ● *Écrire gros,* en grosses lettres. ● *Faire les gros yeux à quelqu'un,* le regarder avec un visage sévère. ● *Avoir le cœur gros :* avoir de la peine. **2.** Qui est gras et qui a le corps épais : *L'oncle Victorien est très gros : 130 kilos ! Pourra-t-il entrer dans la cabine de l'ascenseur?* **3.** *Une femme grosse :* une femme enceinte. — REGARDER grossesse. **4.** Grand, élevé, considérable : *Dix-huit millions? c'est une grosse somme !* — SYN. considérable, énorme, fort, grand, immense, notable. — CONTR. faible, infime, minime, petit. ● *Arlette a gagné le gros lot.* ● *Tu veux miser cent dollars? Tu vas risquer gros.* ● *Tu voudrais gagner gros.* ● *Le plus gros du travail est fait : tout sera fini bientôt.* ● *En gros,* de manière approximative : *En gros, nous en aurons pour deux cents dollars.* ● *En gros,* en indiquant seulement les grandes lignes : *En gros, voici ce qui est arrivé.* ● *Commerce de gros,* qui consiste à vendre de grosses quantités de marchandises à des détaillants. — CONTR. commerce de détail. ● *Acheter au prix de gros.* ● *Acheter, vendre en gros.* — CONTR. au détail. **5.** *Un gros mangeur :* un homme qui mange beaucoup.

6. Grave, sérieux, dangereux : *Ma grand-tante a failli mourir : elle a eu une très grosse grippe.* ● *Grosse mer :* mer où il y a de la tempête ; très mauvais temps sur mer. **7.** Peu raffiné, peu délicat ; robuste, mais pas très joli : *Moi, ce que j'aime au cinéma, c'est le gros comique !* ● *Des gros souliers, un gros pantalon de velours, une grosse veste de cuir : te voilà équipé pour la marche en forêt !* ● *Gros mot :* mot grossier.

groseille, n. f. ♦ Fruit, rouge ou blanc, du groseillier. ● *Confiture de groseilles. Gelée de groseilles. Sirop de groseilles.*

groseillier, n. m. ♦ Arbuste qui donne la groseille.

grossesse, n. f. ♦ Période pendant laquelle une femme est enceinte ; état d'une femme enceinte. — REGARDER gros, sens 3.

grosseur, n. f. ♦ **1.** Volume occupé par une chose ; grand volume : *Martine avait trouvé un champignon d'une grosseur prodigieuse ; il avait cinquante centimètres de diamètre.* **2.** Boule sous la peau : *Albert a une grosseur au genou : il devrait aller voir un médecin.*

grossier, ière, adj. ♦ **1.** Peu délicat, rude : *Les paysans de ce temps-là allaient pieds nus, vêtus d'étoffe grossière.* — CONTR. délicat, fin, précieux. **2.** *Erreur, confusion grossière,* très grave, qui est le fait d'une grande ignorance. **3.** Un peu brutal et très mal élevé : *Nous, dans notre bande, nous n'admettons pas les garçons grossiers.* ● Qui est la marque d'une mauvaise éducation : *Dans tes devoirs de français, tu dois éviter les mots grossiers.* — SYN. gros mots.

grossièreté, n. f. ♦ **1.** *La grossièreté,* le caractère d'une personne ou d'une chose grossière : *Pierre, je n'aime pas la grossièreté de tes manières et de ton langage.* **2.** *Une grossièreté :* un mot grossier.

grossir, v. ♦ **1.** Rendre plus gros, plus grand. ● Faire monter le niveau de l'eau d'un cours d'eau, augmenter son débit : *Ces torrents venus de la montagne grossissent la* *rivière.* **2.** Faire paraître plus grand, plus gros : *Le microscope électronique grossit les objets des milliers de fois.* — CONTR. rapetisser. ● Présenter une chose comme plus importante qu'elle ne l'est : *Les journaux ont grossi ce petit scandale de politique locale.* — SYN. exagérer. — CONTR. atténuer. **3.** Devenir plus gros, plus gras : *Ma voisine mange trop de gâteaux : elle grossit de jour en jour.* — SYN. engraisser. — CONTR. maigrir.

grossissant, ante, adj. ♦ *Verre grossissant :* verre qui fait paraître les objets plus gros. — REGARDER *loupe.*

grossissement, n. m. ♦ Puissance d'une loupe ou d'un microscope : *Grossissement de ce microscope : 400* (= un objet vu au moyen de ce microscope apparaît 400 fois plus gros qu'il n'est).

grossiste, n. m. ♦ Commerçant qui vend la marchandise aux détaillants par grosses quantités. — SYN. commerçant en gros, négociant. — CONTR. détaillant.

grotesque, adj. ♦ A la fois ridicule, étrange et comique : *Je me souviens de ce vieil original toujours vêtu de manière grotesque : guêtres jaunes, nœud papillon et chapeau melon posé de travers.* — SYN. burlesque, cocasse.

grotte, n. f. ♦ Grand trou horizontal qui s'enfonce sous une colline rocheuse et où l'homme peut circuler. — SYN. antre, caverne.

grouillant, ante, adj. ♦ Qui est très nombreux et qui remue : *Une foule grouillante envahissait les avenues et les boulevards.*

grouillement, n. m. ♦ Masse de personnes ou d'animaux qui remuent.

grouiller, v. ♦ **1.** Qui est nombreux et remue : *Des centaines d'enfants, nus et sales, grouillaient dans les rues nauséabondes de ce quartier misérable.* **2.** *Grouiller de,* être plein de : *La paillasse du misérable*

grouillait de poux, de puces et de punaises. — SYN. fourmiller de. ● *Se grouiller,* se dépêcher.

groupe, n. m. ♦ **1.** Ensemble de personnes, d'animaux, de choses, qui sont réunis. **2.** Troupe de danseurs, de chanteurs, d'acteurs, qui ont l'habitude de donner ensemble des représentations. ● *Groupe scolaire :* ensemble des bâtiments d'une école.

groupement, n. m. ♦ **1.** Action de grouper. **2.** Organisation politique, syndicale ou autre : *Les divers groupements de défense de l'environnement exigent la fermeture de cette usine qui pollue la rivière.*

grouper, v. ♦ Mettre ensemble les uns près des autres : *Sur le mur de sa chambre, Barbara avait groupé les photos de ses acteurs préférés.* ● *Les habitants du quartier se sont groupés en une association de défense des espaces verts.* — SYN. (s') assembler, (se) réunir. — CONTR. (se) disperser, (se) séparer.

gruau, n. m. ♦ Partie la plus fine et la plus délicate de la farine. ● Bouillie faite avec de la farine d'avoine.

grue, n. f. ♦ **1.** Oiseau échassier, de couleur cendrée qui émigre au sud des États-Unis et qui y passe l'hiver. **2.** Appareil de levage qui comprend un treuil, un câble et une longue flèche.

gruger, v. (conjugaison 16) ♦ Voler en trompant : *L'escroc grugea la pauvre femme, qui était bien naïve.* — SYN. duper.

grumeau, n. m. ♦ Petite masse solide ou pâteuse au milieu d'une matière liquide.

gruyère [gryjɛr], n. m. ♦ Fromage, à pâte ferme et pleine de trous, qui est fabriqué en grosses meules.

gué, n. m. ♦ Endroit où un cours d'eau est peu profond et où l'on peut le passer à pied, quand il n'y a ni pont ni bac. ● *On peut passer à gué la rivière.*

guenille, n. f. ♦ Vieux chiffon, vêtement en lambeaux, déchiré, sale : _La mendiante, en guenilles, demandait l'aumône._ — SYN. en haillons.

guenon, n. f. ♦ Femelle du singe.

guépard, n. m. ♦ Animal carnivore d'Afrique qui ressemble à la panthère, mais qui a des pattes très longues et qui est plus petit.

guêpe, n. f. ♦ Animal qui ressemble un peu à l'abeille, mais qui ne donne pas de miel. ● _Taille de guêpe :_ tour de taille (de femme) très petit. ● _Une fine guêpe :_ une femme ou une fille très rusée.

guêpier, n. m. ♦ **1.** Nid de guêpes. **2.** Situation dangereuse, compliquée, d'où il est difficile de se tirer.

guère, adv. ♦ **1.** _Ne ... guère,_ pas beaucoup, peu : _Il n'y a guère d'arbres, ici._ — CONTR. beaucoup. **2.** _Ne ... guère que,_ pas beaucoup plus de : _D'ici au village, il n'y a guère que trois kilomètres._

guéridon, n. m. ♦ Petite table, avec un pied central.

guérilla [geʀija], n. f. ♦ Guerre d'embuscades, de petites attaques vives et brèves, menée par des combattants peu nombreux, qui ne font pas partie d'une armée régulière. — SYN. guerre de partisans.

guérillero [geʀijeʀo], n. m. ♦ Chacun des combattants qui, n'étant pas soldats d'une armée régulière, participent à la guérilla. — SYN. franc-tireur, maquisard, partisan.

guérir, v. ♦ **1.** Remettre quelqu'un en bonne santé, en faisant disparaître une maladie : _Tu connais le docteur Dubois? C'est lui qui a guéri ma tante de ses maux d'estomac._ **2.** Recouvrer la santé, redevenir bien portant : _Avec des antibiotiques, tu guériras sûrement._

guérison, n. f. ♦ Rétablissement de la santé, disparition d'une maladie.

guérisseur, euse, n. ♦ Personne qui n'est pas médecin et qui soigne les gens par des moyens qui ne sont pas admis par la vraie médecine.

guérite, n. f. ♦ Petite baraque en bois destinée à abriter une sentinelle, un gardien.

guerre, n. f. ♦ **1.** Lutte armée entre deux pays (_guerre étrangère_) ou entre deux partis (_guerre civile_). **2.** _C'est de bonne guerre :_ c'est un procédé courant, normal et admis, dans une lutte, une compétition.

guerrier, ière, n. m. _ou_ adj. ♦ **1.** Soldat, combattant : _Les guerriers grecs étaient armés de la lance et de l'épée._ **2.** Qui est fait pour la guerre, qui sert à la guerre : _Un casque, une épée, un bouclier : pourquoi cet attirail guerrier, Aristodème?_ — SYN. militaire. ● Qui fait souvent la guerre, qui aime la guerre : _Tous les grands peuples, les Gaulois, les Germains et les Romains, furent des peuples guerriers._ — SYN. belliqueux. — CONTR. pacifique.

guet, n. m. ♦ **1.** Action de guetter, d'observer pour donner l'alerte si quelque danger se présente. ● _La tour de guet d'un château fort._ ● _L'œil, l'oreille au guet,_ en alerte, pour voir ou entendre ce qui pourrait être signe d'un danger ou d'une occasion. — SYN. à l'affût. ● _Faire le guet ;_ guetter, être guetteur. **2.** Autrefois, dans les villes, troupe de soldats qui patrouillait la nuit dans les rues et jouait le rôle des patrouilles de police.

guet-apens [getapã], n. m. ♦ Piège, embuscade que l'on tend à quelqu'un pour faire un mauvais coup : _Ils attirèrent la riche étrangère dans un guet-apens, l'égorgèrent et la dévalisèrent._ — PLUR. des guets-apens [getapã].

guêtre, n. f. ♦ Enveloppe de toile ou de cuir qui protège le haut du pied et les chevilles ou les mollets.

guetter, v. ♦ **1.** Faire le guet, être attentif, prêt à donner l'alerte en cas de danger : _Le chevalier, solitaire, guette en haut de la tour._ **2.** Attendre, en étant

guetter

attentif : *Le chat Tournedos, immobile devant le trou, guettait la souris.* — SYN. être à l'affût, aux aguets. **3.** Menacer, risquer de surprendre : *Tu as beau faire attention, la faute et l'erreur te guettent à chaque instant.*

guetteur, n. m. ♦ Celui qui est chargé de guetter, de faire le guet. — SYN. sentinelle, veilleur.

gueule, n. f. ♦ Bouche des animaux carnivores.

gui, n. m. ♦ Plante, toujours verte, à boules blanches, qui pousse en parasite sur certains arbres.

guichet, n. m. ♦ Endroit où l'on peut parler à un employé, prendre ses billets. ● *Le théâtre joue à guichets fermés :* toutes les places ont été louées d'avance, on ne peut plus prendre ses billets juste avant la représentation.

guide, n. m. *ou* f. ♦ **1.** *Un guide :* personne qui fait visiter une ville, un musée, un château, et qui indique ce qu'il y a d'intéressant à voir. ● Celui, celle qui donne des conseils : *N'écoute pas les conseils de Jacques ; suis plutôt ceux de ta tante, qui sera pour toi une guide sage, expérimentée et intelligente.* ● Alpiniste connaissant bien une région montagneuse et qui accompagne des excursionnistes dans les courses en montagne. **2.** *Un guide,* livre qui donne des conseils pour l'étude d'une question, pour une activité : *As-tu acheté un bon guide de jardinage, avant de faire tes semis ?* ● Livre qui indique les curiosités d'un pays, d'une ville, qui indique les itinéraires. **3.** *Les guides* (nom féminin pluriel) : lanières de cuir très longues que le conducteur tient dans ses mains et qui permettent de diriger un cheval attelé. (Pour un cheval monté, on dit *les rênes.*)

guider, v. ♦ Diriger et indiquer le chemin : *Veux-tu me guider ? J'ai peur de me perdre dans cette ville immense, que je ne connais pas.* — SYN. conduire, diriger, mener. ● *Sauras-tu te guider seul ?* ● Diriger

en donnant des conseils : *Vois-tu, il te faudrait un conseiller sûr et sérieux pour te guider dans la vie.*

guidon, n. m. ♦ Tige métallique, terminée par deux poignées, qui sert à diriger un vélo, une moto.

guigne, n. f. ♦ Malchance : *Sylvie a encore perdu. Quelle guigne !*

guigner, v. ♦ **1.** Regarder à la dérobée avec convoitise : *Ah ! petite gourmande, tu guignes les choux à la crème !* — SYN. lorgner. **2.** Convoiter, attendre de pouvoir acquérir ou prendre.

guignol, n. m. ♦ **1.** Théâtre de marionnettes sans fils, animées par les doigts de l'opérateur, dont le principal personnage est Guignol. **2.** Personnage peu sérieux, ridicule, sans autorité, sans valeur.

guignolée, n. f. ♦ Quête pour les pauvres, à Noël ou au Jour de l'an.

guillemets [gijmɛ], n. m. pl. ♦ Signes qui servent à encadrer une citation, à indiquer les paroles de quelqu'un. Par exemple : « *En rangs, et en silence »*, *cria le surveillant.* ● *Ouvrir les guillemets,* les mettre au début de la citation. ● *Fermer les guillemets,* les mettre à la fin de la citation.

guilleret, ette [gijʀɛ, ɛt], adj. ♦ Qui est très gai et qui montre sa gaieté par des plaisanteries, par son attitude, sa démarche. — SYN. badin, joyeux, pétulant, réjoui. — CONTR. abattu, accablé, morne, triste.

guillotine, n. f. ♦ Instrument qui servait à couper la tête aux condamnés.

guillotiner, v. ♦ Décapiter un condamné au moyen de la guillotine.

guimauve, n. f. ♦ *De la guimauve* ou *de la pâte de guimauve :* confiserie molle, qui se vend surtout dans les fêtes foraines.

guindé, ée, adj. ♦ Qui est méprisant, triste, réservé et qui manque de naturel, de

gyroscope

spontanéité : *Comme ils sont guindés, tes amis ! Ils ne parlent à personne, ne rient jamais et répondent à peine quand on les salue.* • *Je n'aime pas le style guindé de cet écrivain.* — SYN. affecté, contraint, engoncé, raide, solennel. — CONTR. aisé, naturel.

guingois (de), loc. adv. ♦ De travers : *Remets donc le tableau d'aplomb, il est tout de guingois.*

guirlande, n. f. ♦ Cordon décoratif portant des feuilles, des fleurs, ou des papiers découpés ou des lampions ou des ampoules électriques.

guise, n. f. ♦ 1. *A ma (ta, sa...) guise*, comme il me (te, lui...) plaît : *Les uns jouent au ballon, d'autres lisent, d'autres encore font une partie de cache-cache : ici, chacun se distrait à sa guise.* — SYN. à sa fantaisie. **2.** *En guise de*, loc. prép. à la place de, pour tenir lieu de : *En guise de casque de moto, Gisèle s'était mise sur la tête une vieille casserole.*

guitare, n. f. ♦ Instrument à cordes pincées : *Dis, Inès, joue-moi sur ta guitare un air andalou.*

guitariste, n. m. *ou* f. ♦ Musicien, musicienne qui joue de la guitare.

guttural, ale, aux, adj. ♦ Qui vient du fond de la bouche, de la gorge : *Les chameliers poussèrent des cris gutturaux, et les chameaux se couchèrent.*

gymnase, n. m. ♦ **1.** Dans la Grèce antique, terrain sur lequel on faisait du sport. **2.** Grande salle où l'on fait de la gymnastique. **3.** En Allemagne et en Suisse, école secondaire.

gymnaste, n. m. *ou* f. ♦ Sportif, sportive qui pratique la gymnastique.

gymnastique, n. f. ♦ Ensemble d'exercices destinés à fortifier les muscles, à rendre le corps plus souple.

gypse, n. m. ♦ Pierre que l'on chauffe dans des fours spéciaux pour obtenir le plâtre.

gyroscope, n. m. ♦ Appareil dans lequel une masse lourde tourne rapidement autour d'un axe, qui garde une direction constante, même quand on remue l'appareil.

H

REMARQUE IMPORTANTE. Le signe * placé devant un mot indique que celui-ci commence par un *h* aspiré. Le *h* aspiré interdit l'élision : *le hameau, la haie, je hais.* Il interdit aussi la liaison : *Les hameaux* [le 'amo], *les haies* [le 'ɛ], *nous haïssons* [nu 'aisɔ̃]. — Par contre, quand un mot n'est pas précédé du signe *, cela veut dire qu'il commence par un *h* muet, qui permet l'élision et la liaison : *l'hameçon, l'herbe, j'habite ; les hameçons* [lezamsɔ̃], *les herbes* [lezɛrb], *nous habitons* [nuzabitɔ̃].

* ha ! interj. ♦ *Ha ! ha ! ha !* onomatopée qui exprime le rire. — REM. Ne confondez pas avec *ah !*

habile, adj. ♦ Qui sait se servir de ses mains, de son savoir et de son expérience pour bien réussir une action : *Cette mécanicienne est habile : elle a su réparer le moteur en dix minutes.* — SYN. adroit. — CONTR. malhabile, maladroit.

habileté, n. f. ♦ Qualité d'une personne habile.

habillement, n. m. ♦ L'ensemble des vêtements. ● Le commerce des vêtements.

habiller, v. ♦ **1.** Mettre des vêtements à quelqu'un : *Papa habille ma petite sœur Élise, qui a deux ans.* — SYN. vêtir. —

CONTR. déshabiller, dévêtir. ● *Il est sept heures ; lève-toi et habille-toi.* **2.** *Savoir s'habiller :* savoir choisir ses vêtements avec goût. **3.** *S'habiller,* se fournir en vêtements : *Ce n'est pas possible, Nicolas, tu t'habilles chez un costumier de théâtre !*

habit, n. m. ♦ **1.** Vêtement. **2.** Vêtement que les hommes portent dans les grandes soirées mondaines.

habitable, adj. ♦ Qui est en assez bon état pour qu'on puisse y habiter : *Il faudrait 50 000 dollars de réparations pour rendre cette vieille masure habitable.*

habitant, ante, n. ♦ Personne qui habite un pays, une ville, un village : *Combien y a-t-il d'habitants en Belgique ?* ● Cultivateur, paysan. (Ironique ou péjoratif : rustre, personne fruste.)

habitat, n. m. ♦ Milieu où vit une espèce animale ou végétale : *Le bord des étangs et des cours d'eau est l'habitat de la grenouille.*

habitation, n. f. ♦ Édifice (maison particulière ou immeuble) où l'on habite.

habiter, v. ♦ Vivre habituellement dans tel pays, telle ville, telle maison, etc. : *Ma sœur aînée n'habite pas au Québec : elle a*

un emploi aux *États-Unis*. — SYN. résider.
• *Mon oncle habite une maison au bord de la rivière.* — SYN. loger.

habitude, n. f. ♦ Chose qu'on fait régulièrement, en la répétant, et non pas seulement de temps en temps : *Margot a l'habitude de boire un jus d'orange au petit déjeuner.* — SYN. coutume. • *Ah ! je vois que tu ne connais pas encore les habitudes des gens du village !* — SYN. coutume, usage. • *D'habitude,* selon ce qui se passe généralement : *D'habitude, le facteur passe à 10 heures.* — SYN. à l'accoutumée. — CONTR. exceptionnellement.

habituel, elle, adj. ♦ Conforme à l'habitude. — SYN. accoutumé. — CONTR. exceptionnel, inhabituel.

habituer, v. (conjugaison 19) ♦ **1.** Donner l'habitude de faire quelque chose : *J'ai habitué mon chien à dormir dans sa niche.* — SYN. accoutumer. **2.** *S'habituer,* prendre l'habitude de vivre à un endroit, dans un milieu, selon un certain mode de vie : *Louise a mis longtemps à s'habituer à la vie universitaire.*

* **hache,** n. f. ♦ Instrument à long manche, à lame épaisse, qui sert à abattre les arbres, ou bien à fendre le bois. — REGARDER hachette.

* **hacher,** v. ♦ Couper en tout petits morceaux : *Prends le hachoir, Octave, et hache ces morceaux de viande.*

* **hachette,** n. f. ♦ Petite hache.

* **hachich** ♦ REGARDER hachisch.

* **hachis** ['aʃi], n. m. ♦ Viande coupée en tout petits morceaux qui sert surtout à garnir l'intérieur d'un légume (tomates farcies), d'un morceau de viande, etc.

* **hachisch** ['aʃiʃ], n. m. ♦ Drogue qui se fume, comme le tabac. — REM. On écrit aussi *hachich, haschich, haschisch.*

* **hachoir,** n. m. ♦ Appareil à moteur ou à manivelle, qui sert à hacher la viande.

* **hachure,** n. f. ♦ Série de petits traits parallèles.

* **hachuré, ée,** adj. ♦ Couvert de hachures.

* **hagard, arde,** adj. ♦ Qui a un regard effaré, effrayé et comme fou.

* **haie,** n. f. ♦ **1.** Clôture formée de branches, ou le plus souvent d'arbustes *(haie vive),* qui sert à fermer un champ, un pré. **2.** Barrière par-dessus laquelle on doit sauter, dans certaines courses. • *Le 110 mètres haies.* **3.** Rangée de personnes. • *Faire la haie,* être rangés en file : *Des milliers de badauds faisaient la haie le long du parcours que devait emprunter le rallye automobile.*

* **haillons** ['ajɔ̃], n. m. pl. ♦ Vêtements déchirés, très usés. — SYN. guenilles, loques. • *Une mendiante en haillons.*

* **haine,** n. f. ♦ Sentiment qu'on éprouve à l'égard des gens qu'on n'aime pas du tout et à qui on veut beaucoup de mal. — SYN. animosité, antipathie, aversion, hostilité, inimitié, malveillance, répugnance, répulsion. — CONTR. affection, amitié, amour, attachement, bienveillance, sympathie.

* **haineux, euse,** adj. ♦ Qui éprouve de la haine. — SYN. hostile, inamical, malveillant. — CONTR. affectueux, bienveillant.

* **haïr,** v. (conjugaison 28) ♦ Ne pas aimer du tout quelqu'un et lui vouloir du mal. — SYN. abhorrer, avoir en aversion, en horreur, détester, exécrer. — CONTR. adorer, avoir de l'affection, de l'amitié, de l'amour pour, chérir.

* **halage,** n. m. ♦ *Chemin de halage :* chemin qui longe un cours d'eau ou un canal et sur lequel passaient les chevaux ou les tracteurs qui tiraient les bateaux. — REGARDER haler.

* **hâle,** n. m. ♦ Couleur brune du visage ou de la peau, qui est due à l'action du grand air et du soleil.

haleine

haleine, n. f. ♦ **1.** Souffle de la respiration. ● *Être hors d'haleine :* être essoufflé. ● *Reprendre haleine :* s'arrêter un instant pour reprendre son souffle. ● *Travail de longue haleine :* travail qui demande beaucoup de temps. ● *Tenir en haleine,* maintenir l'intérêt longtemps et jusqu'au bout : *Tu as vu ce film ? L'intrigue tient les spectateurs en haleine jusqu'à la fin.* **3.** Souffle : *L'haleine parfumée de la brise descendait du maquis.*

* haler, v. ♦ Tirer un bateau au moyen d'un câble.

* hâler, v. ♦ Brunir : *Tu verras, l'air du large et le soleil de la mer vont hâler ton visage.* — SYN. bronzer, brunir.

* halètement, n. m. ♦ **1.** Respiration courte et rapide d'une personne essoufflée. **2.** Bruit qui fait penser à la respiration d'une personne essoufflée.

* haleter, v. (conjugaison 15) ♦ Respirer de manière rapide, quand on est essoufflé : *Les coureurs halètent ; heureusement, la course est bientôt finie.*

* hall ['ol], n. m. ♦ **1.** Grande salle, souvent couverte d'une verrière ; grand édifice constitué par une verrière soutenue par des piliers. ● *Un hall de gare.* **2.** Salle qui sert d'entrée, de vestibule : *Une inconnue attendait dans le hall de l'immeuble de la société.*

* halle ['al], n. f. ♦ **1.** *Une halle :* édifice dans lequel se tient un marché ou dans lequel on vend certaines marchandises. **2.** *Les halles :* le grand marché où les commerçants vont acheter en gros les fruits, les légumes, la viande, le poisson, le fromage, qu'ils revendent ensuite au détail.

* hallebarde, n. f. ♦ Du XIVᵉ au XVIIᵉ siècle, arme composée d'une longue tige de bois (comme une pique) et d'un fer de forme particulière.

* halloween [alowin], n. f. ♦ Fête du 31 octobre où les enfants masqués et déguisés passent de maison en maison pour recueillir des friandises.

hallucination, n. f. ♦ Impression, éprouvée quand on n'est pas endormi, de voir ou d'entendre quelque chose (qui n'existe pas) : *Au cours d'une hallucination, il crut voir un dragon devant lui.*

* halo, n. m. ♦ Cercle de lumière diffuse qui entoure parfois la lune, le soleil, une lampe.

* halte, n. f. ♦ Arrêt. *Halte !* ordre de s'arrêter.

haltère, n. m. ♦ Instrument de gymnastique composé d'une barre et de deux boules (ou de deux disques) en fer, qu'on soulève pour développer ses muscles, en gymnastique. ● *Les poids et haltères :* le sport qui consiste à soulever des poids lourds, des haltères. — REM. Le nom *haltère* est masculin : *Un haltère lourd.*

* hamac, n. m. ♦ Filet suspendu, dans lequel on peut se coucher et dormir.

* hamburger [aburgœʀ], n. m. ♦ Viande hachée chaude avec divers assaisonnements servie dans un petit pain rond.

* hameau, n. m. ♦ Groupe de quelques maisons de paysans, au milieu de la campagne.

hameçon, n. m. ♦ Crochet attaché au bas de la ligne et qui porte un appât que le poisson viendra avaler, en s'accrochant.

* hampe, n. f. ♦ Tige de bois à laquelle est fixée l'étoffe du drapeau.

* hamster ['amstɛʀ], n. m. ♦ Animal rongeur, à pelage roux sur le dos, blanc sur le ventre, à queue courte, qui vit en Europe orientale et qui peut s'apprivoiser comme animal d'agrément.

* hanche, n. f. ♦ Partie du corps, sur le côté, entre la ceinture et le haut de la cuisse.

* handicap, n. m. ♦ Désavantage, infériorité.

haricot

* handicapé, ée, n. *ou* adj. ♦ Personne infirme, désavantagée. Qui est désavantagé. Un handicapé physique, un handicapé mental.

* handicaper, v. ♦ Subir un désavantage.

* hangar, n. m. ♦ Construction (édifice fermé ou toit supporté par des piliers), qui sert à abriter des marchandises, des véhicules, des avions, des machines, etc.

* hanneton, n. m. ♦ Gros insecte, de couleur brune, dont la larve, le *ver blanc,* est très nuisible aux arbres et aux plantes.

* hanté, ée, adj. ♦ *Château hanté, maison hantée,* où il y a, dit-on, des fantômes, des revenants, des esprits.

* hanter, v. ♦ **1.** Fréquenter un lieu. **2.** Préoccuper beaucoup, être sans cesse présent à l'esprit : *Voilà une affaire qui me hante : je n'en dors plus !* — SYN. obséder.

* hantise, n. f. ♦ Préoccupation, crainte qui ne quitte pas l'esprit. — SYN. obsession.

* happer, v. ♦ Saisir vivement avec sa gueule, avec le bec, avec la bouche : *Le chien Micmac happa la main du facteur.* ● Saisir, accrocher, entraîner vite, avec violence : *La malheureuse fut happée par un train.*

* hara-kiri, n. m. ♦ Se faire hara-kiri, se suicider, se sacrifier.

* haras ['aʀɑ], n. m. ♦ Établissement où l'on élève des étalons de race sélectionnée, destinés à améliorer l'espèce chevaline.

* harasser, v. ♦ Fatiguer beaucoup. — SYN. épuiser, exténuer.

* harcèlement, n. m. ♦ Action de harceler.

* harceler, v. (conjugaison 10) ♦ **1.** Attaquer souvent par des actions vives et

brèves : *Les francs-tireurs harcelaient l'ennemi, ne lui laissant aucun répit.* **2.** Accabler de questions, de reproches, de demandes réitérées : *Ne me harcèle pas ainsi, laisse-moi le temps de réfléchir.*

* hardes, n. f. pl. ♦ Vieux vêtements. — SYN. guenilles, haillons.

* hardi, ie, adj. ♦ **1.** Qui se lance sans hésiter dans des aventures risquées. — SYN. audacieux, aventureux, brave, courageux, entreprenant, intrépide. — CONTR. lâche, peureux, poltron, pusillanime, timoré. **2.** Qui exige de l'audace, de la hardiesse : *Par une attaque vive et hardie, les dix hommes s'emparèrent du fortin tenu par soixante soldats ennemis.*

* hardiesse, n. f. ♦ Qualité d'une personne hardie. — SYN. audace, bravoure, courage, intrépidité. — CONTR. lâcheté, poltronnerie, pusillanimité.

* hardiment, adv. ♦ Sans hésiter, sans avoir peur.

* harem ['aʀɛm], n. m. ♦ Dans certains pays musulmans, partie de la maison réservée aux femmes et où un homme n'a pas le droit d'entrer.

* hareng ['aʀɑ̃], n. m. ♦ Poisson de mer qui se mange fumé *(hareng saur)* ou frais.

* hargne, n. f. ♦ Mauvaise humeur qui va jusqu'à la méchanceté. — SYN. acrimonie, agressivité, emportement, exaspération, impatience, irritation. — CONTR. amabilité, aménité, courtoisie, douceur, gentillesse, patience.

* hargneux, euse, adj. ♦ Plein de hargne. — SYN. agressif, emporté, exaspéré, grincheux, grognon, impatient, irrité. — CONTR. affable, aimable, amène, courtois, doux, gentil.

* haricot, n. m. ♦ **1.** Plante dont on mange les gousses ou les graines. **2.** *Haricots verts :* gousses de cette plante, mangées

haricot

comme légume. ● *Haricots blancs* ou *haricots secs :* graines de cette plante, mangées comme légume.

harmonica, n. m. ◆ Instrument de musique à vent dont on joue avec les lèvres (en déplaçant l'instrument devant celles-ci).

harmonie, n. f. ◆ **1.** Accord agréable des sons. ● Belle musique : *L'orchestre se mit à jouer : des flots d'harmonie se déversèrent dans la salle.* **2.** Accord agréable entre des couleurs, des formes, etc., qui vont bien ensemble : *Jaune citron, bleu marine : quelle belle harmonie de couleurs !* ● *En harmonie :* en accord. **3.** Bonne entente. — SYN. accord, amitié, entente, paix, union. — CONTR. désaccord, désunion, discorde, hostilité, mésentente.

harmonieux, euse, adj. ◆ Plein d'harmonie. — SYN. mélodieux. — CONTR. criard, discordant.

harmoniser, v. ◆ Mettre en accord, en harmonie. ● *Le bleu de ton chemisier, Odile, s'harmonise bien avec le jaune de ta jupe.* — SYN. s'accorder.

* harnachement, n. m. ◆ **1.** Action de harnacher un cheval. **2.** Harnais de cheval. **3.** Équipement que l'on porte sur soi : *Des cartouchières, une gibecière ! En voilà un harnachement ! Tu vas à la chasse, Hélène ?*

* harnacher, v. ◆ **1.** Mettre le harnais au cheval : *On est en train de harnacher les chevaux : les guerriers et les chevaliers vont partir en expédition.* **2.** *Se harnacher :* mettre son équipement.

* harnais, n. m. ◆ Ensemble des courroies et des objets (colliers, guides, rênes, etc.) qu'on met à un cheval attelé ou monté.

* harpe, n. f. ◆ Grand instrument de musique à cordes, posé sur le sol.

* harpon, n. m. ◆ Instrument, sorte de flèche en métal qui sert à prendre les poissons, les baleines.

* harponner, v. ◆ Piquer (un poisson, une baleine) et l'accrocher avec un harpon.

* hasard, n. m. ◆ **1.** Ce qui cause les événements de manière imprévisible : *Le hasard a voulu que je tombe juste sur la seule question d'histoire que je ne connaissais pas !* **2.** Événement imprévisible : *Ma sœur s'est cassé une jambe à la veille des vacances, c'est vraiment un hasard malheureux.* **3.** *Au hasard,* sans but précis : *André marchait au hasard dans la grande ville, et il se perdit !* ● *Au hasard,* sans choisir pour une raison précise : *Le professeur a désigné une élève au hasard et l'a fait venir au tableau.* ● *Par hasard,* de manière imprévisible : *C'est par hasard que j'ai fait la connaissance de cet ami.* ● *A tout hasard,* sans but précis, sans rien prévoir de certain, mais pour le cas où cela pourrait servir : *A tout hasard, j'ai emporté une trousse de pharmacie en partant en vacances.* **4.** *Jeu de hasard :* jeu dans lequel le calcul et la réflexion n'interviennent pas.

* hasarder, v. ◆ **1.** Se risquer à dire quelque chose : *Marie-Laure hasarda timidement une question.* ● *Elle se hasarda à poser une question.* **2.** Engager dans un jeu, dans une entreprise où il y a des risques : *Liliane entra au casino et hasarda vingt dollars à la roulette.* **3.** *Se hasarder,* aller dans un endroit où il y a des risques : *Le quartier n'est pas sûr : il ne faut pas s'y hasarder la nuit.*

* hasardeux, euse, adj. ◆ Qui comporte des risques. — SYN. risqué. — CONTR. sûr.

* haschich, * haschisch, n. m. ◆ REGARDER hachisch.

* hâte, n. f. ◆ **1.** Action de se dépêcher, de faire quelque chose très vite. ● *A la hâte :* en se dépêchant et sans beaucoup de soin. ● *En hâte, en toute hâte, en grande hâte :* vite, sans perdre un instant. **2.** *Avoir hâte de,* être pressé de : *J'ai vraiment hâte de connaître le résultat de l'interrogation écrite.*

* **hâtif, ive,** adj. ♦ **1.** Fait à la hâte, de manière précipitée. **2.** *Fruit, légume hâtif,* qui arrive à maturité et qui est bon à manger avant les autres. — CONTR. tardif.

* **hauban,** n. m. ♦ Cordage qui maintient un mât.

* **haubert,** n. m. ♦ Au Moyen Age, cotte de mailles. — REGARDER *cotte.*

* **hausse,** n. f. ♦ Élévation, augmentation : *Hier, il faisait 15° ; aujourd'hui, il fait 17° : la température est en hausse.* — CONTR. baisse.

* **haussement,** n. m. ♦ *Haussement d'épaules :* mouvement d'une personne qui hausse les épaules.

* **hausser,** v. ♦ **1.** *Hausser le ton, la voix :* parler plus fort, d'une manière plus ferme. — CONTR. baisser. **2.** *Hausser les épaules,* les soulever pour exprimer son indifférence, son incrédulité, son dédain. **3.** *Se hausser :* se soulever sur la pointe des pieds. — CONTR. se baisser. **4.** Rendre plus élevé : *La crémière a haussé ses prix.* — SYN. augmenter, élever. — CONTR. baisser, diminuer.

1. * **haut,** * **haute,** adj. ♦ **1.** Dont la distance par rapport au sol est grande : *Range-moi ces boîtes vides sur le rayon le plus haut du placard.* — CONTR. bas. ● *Dis donc, il est haut de plafond, ton garage ! On pourrait y mettre un avion !* **2.** Qui est d'une grande dimension dans le sens vertical : *Cent étages ! Il est joliment haut, ce gratte-ciel !* **3.** *La tête haute :* avec fierté. **4.** Grand : *Il faut des tuyaux solides pour résister à ces hautes pressions.* — SYN. élevé, fort. — CONTR. bas, faible. **5.** De rang élevé, puissant : *Le roi entra, suivi des plus hauts personnages du royaume.* ● Important : *Grâce à son mérite, Julie a pu atteindre de très hautes fonctions.* **6.** De grande valeur : *Non, Nicolas n'est pas un garçon d'une très haute intelligence : à dix ans, il ne sait pas encore lire !* **7.** *Avoir une haute opinion de,* avoir une très bonne opinion de, penser beaucoup de bien de : *Alphonse est intelligent, travailleur et sérieux : son maître a*

une haute opinion de lui. ● *Je tiens cette fille en haute estime.* **8.** *A voix haute :* en parlant assez fort. — CONTR. à voix basse. **9.** *Notes hautes :* notes de musique aiguës. — CONTR. notes basses, graves.

2. * **haut,** adv. ♦ **1.** A une grande distance par rapport au sol : *Voyons, tu as accroché ce miroir bien trop haut : il faut monter sur une chaise pour se voir !* — CONTR. bas. **2.** A haute voix, en parlant assez fort : *Ne parle pas si haut, il pourrait nous entendre.* — CONTR. à voix basse. ● *Dire tout haut :* faire savoir à tout le monde ce que l'on a à dire, en s'exprimant, oralement ou par écrit, de manière claire et nette.

3. * **haut,** n. m. ♦ **1.** Partie d'une chose qui est le plus loin du sol : *Le haut de la colline est noyé dans le brouillard.* — SYN. partie supérieure, cime, sommet. — CONTR. le bas, partie inférieure, base, pied. **2.** *De haut,* de hauteur : *Ce rempart a douze mètres de haut.* ● *Tomber de haut :* tomber d'une grande hauteur. ● *Tomber de haut,* être très surpris : *Quand j'ai appris que notre voisine avait déménagé, je suis tombé de haut.* **3.** *En haut,* à un endroit plus haut que l'endroit où l'on est : *Pourquoi ta sœur est-elle restée en haut ? Dis-lui de descendre.* ● *En haut de :* Pourquoi ta sœur reste-t-elle en haut de l'escalier ?* — CONTR. en bas (de). ● *Du haut de,* du sommet de : *Montons : du haut de la colline, nous verrons toute la plaine, jusqu'à la mer.* **4.** *Des hauts et des bas :* REGARDER *bas* 3, sens 3.

* **hautain, aine,** adj. ♦ Qui est plein d'une fierté méprisante et qui tient les gens à distance. — SYN. altier, arrogant, condescendant, dédaigneux, distant, fier, méprisant, orgueilleux. — CONTR. abordable, familier, humble, modeste, naturel, simple.

* **hautbois** ['obwɑ], n. m. ♦ Instrument de musique à vent.

* **haut-de-forme,** n. m. ♦ Chapeau d'homme, cylindrique, qu'on ne porte plus guère de nos jours. — PLUR. *des hauts-de-forme.*

hautement

* hautement, adv. ♦ *Dire quelque chose hautement,* de manière claire, nette, sans se cacher. — SYN. tout haut.

* hauteur, n. f. ♦ **1.** Grande distance entre un point et le sol, dimension élevée dans le sens vertical : *La hauteur de ces immeubles modernes défigure la perspective.* **2.** Distance entre le sommet d'une chose et le sol : *La hauteur du clocher de l'église Saint-Antoine est de 26 mètres.* **3. Les hauteurs d'un triangle :** les trois segments de droite qui portent des sommets et qui sont perpendiculaires aux côtés opposés. **4. Une hauteur :** une élévation de terrain. — SYN. butte, colline, élévation de terrain, tertre. **5.** Caractère, conduite d'une personne hautaine. — SYN. arrogance, condescendance, dédain, fierté, mépris, orgueil. — CONTR. familiarité, humilité, modestie, simplicité.

* haut-fond, n. m. ♦ Endroit où le fond de la mer est peu profond, ce qui est dangereux pour la navigation. — PLUR. *des hauts-fonds.*

* haut-le-cœur, n. m. inv. ♦ Brusque envie de vomir.

* haut-le-corps, n. m. inv. ♦ Brusque mouvement involontaire du corps, qui est causé par la surprise, l'indignation, etc.

* haut-parleur, n. m. ♦ Appareil électrique qui diffuse et amplifie le son. — PLUR. *des haut-parleurs.*

* hé ! interj. ♦ Exclamation qui sert à appeler, à interpeller : *Hé ! venez vite ! Je viens de trouver une chose extraordinaire !* — REM. Ne confondez pas avec *eh !*

* heaume ['om], n. m. ♦ Casque fermé des guerriers du Moyen Age, qui enveloppait toute la tête.

hebdomadaire, adj. *ou* n. m. ♦ **1.** Qui a lieu une fois par semaine. **2.** *Un hebdomadaire :* un journal qui paraît une fois par semaine.

héberger, v. (conjugaison 16) ♦ Loger pour un temps assez bref : *Les sinistrés seront hébergés dans des tentes.*

hébété, ée, adj. ♦ Qui semble très étonné et stupide. — SYN. abasourdi, ahuri, stupide.

hécatombe, n. f. ♦ **1.** Dans l'Antiquité grecque, sacrifice au cours duquel on tuait cent bœufs. **2.** Grand nombre de gens tués.

hectare, n. m. ♦ Unité de superficie agraire qui vaut cent ares, soit dix mille mètres carrés (symbole : *ha*).

hectolitre, n. m. ♦ Unité de capacité qui vaut cent litres (symbole : *hl*).

hectomètre, n. m. ♦ Unité de longueur égale à cent mètres (symbole : *hm*).

* hein ! interj. ♦ Interjection familière qui équivaut à « n'est-ce pas » : *Il est beau, notre parc municipal, hein ?*

* hélas ! ['elɑs], interj. ♦ Interjection qui exprime le regret, la tristesse, etc. : *Ils sont bien loin, hélas ! ces amis d'autrefois.*

* héler, v. (conjugaison 11) ♦ Appeler de loin, en criant : *Un camarade me héla :* « *Ho ! Sylvie, viens donc avec nous !* »

hélice, n. f. ♦ Dispositif à plusieurs pales tournant autour d'un axe, qui sert à faire avancer un bateau ou un avion.

hélicoptère, n. m. ♦ Sorte d'avion, muni d'une grande hélice horizontale et dépourvu d'ailes, qui peut décoller et atterrir sur place et même rester immobile en l'air.

helvète, n. *ou* adj. ♦ *Les Helvètes :* peuple qui est l'ancêtre du peuple suisse et qui habitait la Suisse, dans l'Antiquité. ● *Les cités helvètes.*

helvétique, adj. ♦ De la Suisse : *La population helvétique est répartie en vingt-trois cantons.* ● *La Confédération helvétique :* la Suisse.

hématome, n. m. ♦ « Bleu » sur la peau, après un choc, un coup. — SYN. ecchymose.

hémisphère, n. m. ♦ Chacune des deux moitiés d'une sphère : *La Terre est divisée par l'équateur en deux hémisphères : l'hémisphère nord et l'hémisphère sud.*

hémorragie, n. f. ♦ Écoulement de sang, surtout s'il est fort.

* **hennir,** v. ♦ *Le cheval hennit,* pousse son cri.

* **hennissement,** n. m. ♦ Cri du cheval.

hépatique, adj. ♦ Du foie. ● *Une crise hépatique.*

héraldique, adj. *ou* n. f. ♦ **1.** De l'écu, du blason : *Connais-tu quelques ornements héraldiques? — Oui, la fleur de lis, le lion, l'aigle.* **2.** *L'héraldique :* la science du blason.

* **héraut,** n. m. ♦ *Le héraut d'armes* ou *le héraut :* au Moyen Age, celui dont le rôle était de porter des messages, de lire les proclamations solennelles, etc. — REM. N'écrivez pas comme *un héros* « homme très brave ».

herbage, n. m. ♦ Prairie naturelle qui produit une herbe excellente, consommée sur place par le bétail.

herbe, n. f. ♦ **1.** Petite plante qui meurt chaque année et qui sert notamment à nourrir le bétail. **2.** *Mauvaises herbes :* plantes qui poussent dans les jardins et les cultures, qui ne servent à rien et qui gênent la croissance des plantes cultivées. ● *Fines herbes :* plantes qui servent à donner du goût à certains plats, telles que la ciboulette, le cerfeuil, le persil, etc. **3.** *Blé en herbe,* qui est encore vert et, donc, qui n'est pas encore mûr. ● *Un écrivain en herbe, un musicien en herbe, etc. :* un enfant qui semble avoir une vocation pour ces métiers.

herbier, n. m. ♦ Album sur les pages duquel on colle des plantes séchées qu'on a cueillies pour en faire collection.

herbivore, adj. *ou* n. m. ♦ *Un animal herbivore* ou *un herbivore :* un animal qui se nourrit d'herbe.

hercule, n. m. ♦ Homme très large d'épaules, très musclé et très fort. — SYN. athlète, colosse. — CONTR. gringalet.

herculéen, enne, adj. ♦ *Force herculéenne :* force musculaire très grande.

héréditaire, adj. ♦ Qui se transmet d'une génération à l'autre, des parents aux enfants : *La myopie est une anomalie héréditaire de la vision.* ● *Monarchie héréditaire,* dans laquelle le roi est le fils aîné du roi précédent, par opposition à la *monarchie élective,* dans laquelle le roi est élu.

hérédité, n. f. ♦ Phénomène par lequel certains caractères physiques ou psychologiques se transmettent des parents aux enfants.

hérésie, n. f. ♦ Doctrine religieuse contraire à celle de l'Église catholique. — CONTR. orthodoxie.

hérétique, adj. *ou* n. m. *ou* f. ♦ **1.** Qui constitue une hérésie : *Cet évêque avait affirmé : « L'enfer n'existe pas. » Cette proposition fut jugée hérétique.* — CONTR. orthodoxe. **2.** Qui adopte des opinions religieuses contraires à celles de l'Église catholique : *L'évêque hérétique fut condamné par le concile.*

* **hérissé, ée,** adj. ♦ **1.** Couvert de choses raides, droites, ou même pointues, piquantes : *Mon chat a le poil tout hérissé de colère.* **2.** *Hérissé de,* plein de choses difficiles, dangereuses, etc. : *Attention! Cette dictée est hérissée de pièges et de difficultés.*

* **hérisser,** v. ♦ Dresser : *Le petit chat avait peur : il hérissait les poils de sa queue.*

* **hérisson,** n. m. ♦ Petit animal, au corps couvert de piquants qu'il peut hérisser quand il se met en boule pour se défendre.

héritage, n. m. ♦ **1.** *Faire un héritage :* hériter de quelque chose. ● *Recevoir*

héritage

en héritage une maison, un champ, etc.
2. Choses, biens dont on hérite : *L'héritage est énorme : il atteint huit millions de dollars !*

hériter, v. ♦ Recevoir une chose à la mort d'une personne qui la possédait : *Son oncle est mort : Carina va hériter de la maison de campagne.* ● *Carina a hérité cette maison de son oncle.*

héritier, ière, n. ♦ Celui, celle qui hérite de quelque chose.

hermétique, adj. ♦ **1.** Absolument étanche, qui ne laisse passer aucun liquide : *Il n'est pas hermétique, ton bouchon ! L'eau dégouline !* **2.** Très difficile à comprendre : *Mon grand frère écrit des poèmes aussi hermétiques que des formules de mathématiques !* — SYN. énigmatique, obscur, sibyllin. — CONTR. clair, évident.

hermine, n. f. ♦ Petit animal au corps allongé qui ressemble à la belette et dont la fourrure, blanche en hiver, est très estimée.

* hernie, n. f. ♦ Grosseur qui se forme sur le ventre, quand l'intestin n'est plus maintenu en place correctement. ● Grosseur formée par un organe qui sort totalement ou partiellement de la cavité dans laquelle il est contenu à l'état normal. ● *Hernie discale :* déplacement accidentel du cartilage qui sépare deux vertèbres.

1. héroïne, n. f. ♦ **1.** Femme héroïque : *Comment ! Tu n'as jamais entendu parler de Madeleine de Verchères, notre héroïne nationale !* — REM. On dit *le héros* [lə'ero], mais *l'héroïne* [leroin]. **2.** Principal personnage féminin d'un roman, d'une pièce de théâtre, d'un film.

2. héroïne, n. f. ♦ Drogue très dangereuse tirée de la morphine.

héroïque, adj. ♦ **1.** Brave comme un héros : *Les défenseurs héroïques refusèrent de se rendre.* **2.** Digne d'un héros : *Les soldats firent preuve d'un courage héroïque en refusant de se rendre.*

héroïsme, n. m. ♦ Très grand courage.

* héron, n. m. ♦ Oiseau échassier.

* héros ['ero], n. m. ♦ **1.** Dans la mythologie grecque, personnage imaginaire, fils d'un dieu et d'une mortelle, qui eut un destin extraordinaire et accomplit des actes surhumains : *Héraklès est le type même du héros.* — SYN. demi-dieu. **2.** Homme très brave. — REM. On dit *le héros* [lə'ero], mais *l'héroïne* [leroin]. **3.** Principal personnage masculin d'un roman, d'une pièce de théâtre, d'un film. — REM. Au féminin, on dit *l'héroïne.*

* herse, n. f. ♦ **1.** Instrument agricole formé d'un cadre qui porte des dents de fer tournées vers le sol. (Il sert, après le labour, à briser les mottes de terre ou à enfouir les semences.) **2.** Autrefois, grosse grille, munie de pointes de fer tournées vers le bas, qu'on abaissait pour fermer la porte d'un château fort.

hésitant, ante, adj. ♦ **1.** Qui n'est pas bien décidé. — SYN. incertain, indécis, irrésolu, perplexe. — CONTR. décidé, ferme, résolu. **2.** Qui manque d'assurance, de fermeté : *Le convalescent essaya de marcher, mais sa démarche était hésitante.* — SYN. chancelant. — CONTR. assuré, ferme.

hésitation, n. f. ♦ Attitude d'une personne qui hésite, incertitude quant à ce qu'il faut faire. — SYN. doute, embarras, flottement, incertitude, indécision. — CONTR. assurance, décision, détermination, fermeté, résolution.

hésiter, v. ♦ Être incertain sur l'action à faire, la réponse à donner, le choix à effectuer : *J'hésite entre ces deux possibilités.* — CONTR. se décider.

hétéroclite, adj. ♦ Qui est constitué d'éléments qui ne sont pas faits pour aller ensemble. — SYN. composite, disparate, divers, mélangé, varié. — CONTR. homogène, unifié.

hétérogène, adj. ♦ Qui est formé d'éléments d'origine diverse. — CONTR. homogène.

* hêtre, n. m. ♦ **1.** Grand et bel arbre de nos forêts, au tronc droit, à l'écorce lisse, dont le fruit s'appelle « la faine ». **2.** Bois de cet arbre.

* heu! interj. ♦ Interjection qui indique qu'on ne trouve pas le mot qu'on cherche.

heure, n. f. ♦ **1.** Unité de temps égale à soixante minutes. ● *Ce travail est payé quinze dollars l'heure ou quinze dollars par heure.* ● *D'heure en heure :* très vite, de manière que la différence est sensible en l'espace d'une heure. **2.** Moment de la journée : *Demain, nous partons à neuf heures et demie.* ● *Allons, il est l'heure de te lever.* ● *A l'heure :* au moment qu'il faut, sans retard. ● *A toute heure :* à n'importe quelle heure de la journée. ● *De bonne heure :* très tôt. **3.** *Tout à l'heure :* immédiatement avant ou après le moment où l'on parle. **4.** *A la bonne heure!* c'est très bien, je suis content, je te félicite.

heureux, euse, adj. ♦ **1.** Qui est très content, qui éprouve une grande joie. — SYN. charmé, comblé, content, enchanté, joyeux, ravi, réjoui, satisfait. — CONTR. abattu, accablé, attristé, consterné, malheureux, triste. **2.** Qui constitue une chance : *Par un heureux hasard, j'ai retrouvé mon portefeuille chez la boulangère.* — CONTR. fâcheux, malheureux. **3.** Qui a de la chance et du succès : *Ce général heureux* (= qui avait remporté des victoires) *fut choisi pour commander l'armée.* — CONTR. malchanceux, malheureux.

* heurt ['œR], n. m. ♦ **1.** Choc. **2.** Discussion vive, opposition, conflit, dispute : *Un heurt violent s'est produit entre les deux députés, au cours de la séance de l'Assemblée.* ● *Sans heurt :* sans difficulté, sans dispute.

* heurter, v. ♦ **1.** Entrer en contact brusquement, brutalement : *André a heurté*

un poteau : *il roulait trop vite.* **2.** Vexer, choquer : *En disant à Mélanie qu'elle avait l'air d'une campagnarde, tu l'as heurtée.* **3.** *Se heurter à,* rencontrer une difficulté, un obstacle, etc. : *Le gouvernement s'est heurté à l'opposition des syndicats.*

hévéa, n. m. ♦ Grand arbre des pays équatoriaux dont la sève (le *latex*) sert à faire du caoutchouc.

hexagone, n. m. ♦ **1.** Figure de géométrie à six côtés. **2.** *L'Hexagone :* la France.

hibernation, n. f. ♦ Action d'hiberner; période pendant laquelle un animal hiberne.

hiberner, v. ♦ *Un animal qui hiberne,* qui passe l'hiver dans un état de sommeil et d'engourdissement : *Le loir, la marmotte et quelques autres animaux hibernent.*

* hibou, n. m. ♦ Oiseau rapace de nuit, un peu semblable à la chouette. — PLUR. *des hiboux.*

* hideux, euse, adj. ♦ Extrêmement laid. — SYN. abominable, affreux, disgracieux, horrible, laid, monstrueux, repoussant, vilain. — CONTR. beau, charmant, harmonieux, magnifique, ravissant, splendide, superbe.

hier, adv. ♦ **1.** Le jour avant celui où l'on est : *Nous sommes dimanche. Donc, hier, nous étions samedi.* — REGARDER *avant-hier, la veille.* — CONTR. aujourd'hui, demain. **2.** Il y a peu de temps : *Hier encore, tu étais écolier; maintenant, tu es cégépien; un jour, tu seras étudiant.*

* hiérarchie ['jeRaRʃi], n. f. ♦ Ensemble des rangs ou des grades, du plus bas au plus élevé.

* hiérarchique ['jeRaRʃik], adj. ♦ Qui concerne la hiérarchie : *Les ordres, dans l'armée, sont transmis suivant la voie hiérarchique.*

hiéroglyphe

hiéroglyphe [jeʀɔglif], n. m. ✦ Chacun des signes qui constituaient l'écriture des anciens Égyptiens.

hilare, adj. ✦ Qui est en train de rire, dont le visage exprime la gaieté.

hilarité, n. f. ✦ Grande gaieté qui se manifeste par le rire.

hindou, oue, n. *ou* adj. ✦ *Les hindous :* ceux qui ont l'hindouisme pour religion. ● *Un hindou. Une hindoue.* ● *Un prêtre hindou.* ● Qui appartient à l'hindouisme : *Connais-tu le nom de quelques divinités hindoues?* ● *La religion hindoue :* l'hindouisme.

hippique, adj. ✦ Qui concerne l'équitation et les chevaux, les courses de chevaux. ● *Un concours hippique.* ● *Le sport hippique.* — SYN. équestre.

hippocampe, n. m. ✦ Petit poisson de mer dont la tête a un peu la forme d'une tête de cheval.

hippodrome, n. m. ✦ **1.** Grand terrain, avec piste, servant aux courses de chevaux. — SYN. champ de courses. **2.** Dans l'Antiquité, et notamment à Byzance, cirque où avaient lieu les courses de chars.

hippopotame, n. m. ✦ Gros animal herbivore d'Afrique, aux formes épaisses, qui vit dans l'eau des fleuves.

hirondelle, n. f. ✦ Petit oiseau qui vole très vite, qui passe la belle saison chez nous et l'hiver dans les pays chauds. — REGARDER *martinet.*

hirsute, adj. ✦ Qui a les cheveux touffus, mal peignés, ébouriffés, qui sont trop longs et vont dans tous les sens. — SYN. ébouriffé, échevelé, hérissé. — CONTR. bien peigné.

* hisser, v. ✦ **1.** Faire monter une personne ou une chose, avec difficulté, ou au moyen d'un cordage, d'un système compliqué : *Le matelot était complètement ivre :* *il fallut le hisser avec des cordages jusqu'au pont du navire.* ● *Armande parvint à se hisser au sommet du mur.* **2.** Faire monter un drapeau en haut du mât au moyen d'une corde.

histoire, n. f. ✦ **1.** Récit de ce qui s'est réellement passé ou récit imaginaire. — REGARDER *conte, narration, récit.* **2.** Science des grands événements du passé : *Cette semaine, en histoire, nous allons étudier la guerre de Cent Ans.* ● *L'histoire ancienne :* étude de l'Antiquité.

historien, ienne, n. ✦ Personne savante en histoire, qui écrit des livres sur les événements du passé.

historiette, n. f. ✦ Petite histoire amusante, quelquefois un peu malveillante. — SYN. anecdote.

historique, adj. *ou* n. m. ✦ **1.** Qui appartient à l'histoire, qui est digne d'être étudié par l'histoire en raison de son importance : *La prise de la Bastille est un événement historique.* ● *Monument historique :* édifice ancien qui a joué un rôle dans l'histoire. **2.** Qui a réellement existé : *César est un personnage historique, mais Romulus est un personnage légendaire.* — SYN. réel, vrai. — CONTR. fictif, légendaire, mythique. **3.** *L'historique :* le récit, l'exposé de ce qui s'est passé depuis le début jusqu'à un état récent.

hiver, n. m. ✦ Saison froide de l'année, qui va du 22 décembre au 21 mars.

hivernal, ale, aux, adj. ✦ De l'hiver : *Le froid hivernal endort la nature.*

hiverner, v. ✦ Passer l'hiver à l'abri : *Les navires hivernent dans le port. Les vaches hivernent à l'étable.*

H.L.M. [aʃɛlɛm], n. f. ✦ Habitation à loyer modéré, c'est-à-dire immeuble où les loyers ne sont pas trop chers.

* ho ! interj. ✦ Interjection qui sert à appeler : *Ho ! Linda, tu m'entends, là-bas ?* — REGARDER *oh !*

* hochement, n. m. ♦ _Hochement de tête :_ mouvement d'une personne qui hoche la tête.

* hocher, v. ♦ _Hocher la tête :_ remuer la tête de haut en bas ou de droite à gauche.

* hochet, n. m. ♦ Jouet de bébé, qui fait un bruit de grelot quand on l'agite.

* hockey [ɔkɛ], n. m. ♦ Sport d'équipe dans lequel il faut, au moyen d'un bâton, envoyer une balle ou une rondelle dans les buts adverses. ● _Hockey sur gazon._ ● _Hockey sur glace._

* holà! interj. _ou_ n. m. ♦ **1.** Interjection qui sert à interpeller ou à arrêter : _Holà! pas si loin et pas si vite, s'il vous plaît!_ **2.** _Mettre le holà à,_ mettre fin à, faire cesser : _Il faut mettre le holà à ces folles dépenses._

* hollandais, aise, adj. _ou_ n. ♦ De la Hollande, des Pays-Bas : _Tu vois la photo où il y a de grandes prairies plates, avec des canaux et des moulins à vent? C'est un paysage hollandais._ ● _Les Hollandais._ ● _Un Hollandais._ ● _Une Hollandaise._

holocauste, n. m. ♦ Destruction systématique d'un groupe de personnes, notamment des juifs lors de la Seconde Guerre mondiale.

* homard, n. m. ♦ Crustacé marin à grosses pinces, à carapace noire (qui devient rouge à la cuisson), à la chair très estimée.

homicide, n. m. ♦ Action de tuer quelqu'un. — REGARDER _assassinat, meurtre._

hommage, n. m. ♦ **1.** Acte par lequel le vassal se reconnaissait l'homme de son seigneur en lui promettant aide et fidélité. **2.** _Les hommages,_ dans une formule de politesse, marques de respect à l'égard d'une dame : _Je vous prie, Madame, d'agréer mes respectueux hommages._ **3.** Témoignage de respect, d'admiration et de reconnaissance : _Dans son discours, le ministre a voulu rendre hommage à tous les anciens combattants._

homme, n. m. ♦ **1.** Être humain, quel que soit son sexe : _Seul, l'homme est capable de raisonner de manière abstraite._ **2.** Être humain du sexe masculin : _Les hommes ont la voix plus grave que les femmes._ ● _D'homme à homme,_ franchement : _Viens, on va s'expliquer d'homme à homme, sans hypocrisie._ ● _Comme un seul homme :_ ensemble, d'un commun accord. **3.** Adulte du sexe masculin. **4.** _L'homme lige d'un seigneur_ ou _l'homme d'un seigneur :_ vassal d'un seigneur.

homme-grenouille, n. m. ♦ Plongeur revêtu d'une combinaison spéciale et portant des palmes aux pieds. — PLUR. _des hommes-grenouilles._

homme-sandwich, n. m. ♦ Homme qui va et vient dans les rues en portant deux panneaux publicitaires, l'un sur le dos, l'autre sur la poitrine. — PLUR. _des hommes-sandwiches._

homogène, adj. ♦ **1.** Dont les éléments sont semblables et vont bien ensemble : _La flotte n'était pas homogène : certains navires étaient anciens et lents, d'autres modernes et rapides._ — CONTR. hétérogène, hétéroclite. **2.** Qui est bien mélangé : _Pétris bien la pâte, jusqu'à ce qu'elle soit tout à fait homogène._

homogénéité, n. f. ♦ Caractère de ce qui est homogène.

homonyme, adj. _ou_ n. m. ♦ _Des mots homonymes ou des homonymes :_ des mots semblables par la prononciation ou l'orthographe, mais différents par le sens, par exemple : la _tour_ (d'un château) et (faire) un _tour._

honnête, adj. ♦ **1.** Qui ne vole pas, ne trompe pas. — SYN. probe. — CONTR. malhonnête. **2.** Passable, moyen, mais pas excellent : _J'ai vu le film : c'est un film honnête, bien fait, sans plus._

honnêteté, n. f. ♦ Qualité d'une personne honnête. — SYN. probité. — CONTR. malhonnêteté.

honneur

honneur, n. m. ♦ **1.** Ce qu'il y a de plus beau, de plus glorieux : *C'est l'honneur de notre pays d'avoir accueilli les exilés et les persécutés.* — CONTR. déshonneur. **2.** Bonne réputation qui donne l'estime d'autrui et de soi-même : *Un vrai gentilhomme pense à l'honneur plus qu'à l'argent.* ● **Le point d'honneur,** ce qui concerne l'honneur : *Autrefois, on était strict sur le point d'honneur : pour la moindre offense, on tirait l'épée et on se battait en duel.* ● **Se faire un point d'honneur de,** mettre son amour-propre à : *Ferdinand se fait un point d'honneur d'être toujours élégant.* **3.** Marque d'estime : *Mes amis, je suis sensible à l'honneur que vous m'avez fait en m'élisant secrétaire général.* ● **Faire honneur à un plat,** en manger beaucoup, parce qu'on le trouve bon. — REM. Cette expression est un peu familière. ● **En l'honneur de,** pour honorer, pour fêter : *C'est en l'honneur de Lise, qui vient d'être reçue à son examen, que nous organisons cette petite fête familiale.* ● **Remettre en honneur :** remettre en usage, à la mode. **4.** **Cour d'honneur :** la plus belle cour d'un château, d'un édifice. ● **Tour d'honneur :** tour de piste que fait le vainqueur d'une course, quand celle-ci est terminée. **5.** **Les honneurs,** marques de respect données à une haute personnalité : *Un chef d'État étranger arrive : les troupes vont lui **rendre les honneurs*** (= présenter les armes, etc.). **6.** **Les honneurs,** les hautes fonctions honorifiques : *Elle voulait tout : la richesse, les honneurs, les plaisirs.*

honorable, adj. ♦ **1.** Qui donne de l'honneur ou du moins qui n'est pas déshonorant : *Le travail est un moyen honorable de gagner sa vie.* **2.** Digne d'estime : *Nous ne devons fréquenter que des personnes honorables.* **3.** Assez bon, mais pas vraiment excellent : *Mon frère est brillant en français, mais, en maths, il obtient seulement des résultats honorables.*

honoraires, n. m. pl. ♦ Rémunération d'un médecin, d'un avocat, d'un notaire, d'un architecte...

honorer, v. ♦ **1.** Exprimer, marquer l'estime et le respect qu'on a pour quelqu'un : *Pour mieux honorer leurs empereurs morts, les Romains les mettaient au rang des dieux.* **2.** Constituer un titre d'honneur, une chose dont on peut être fier : *Tu as défendu une camarade ? Ce geste t'honore.*

honorifique, adj. ♦ Qui constitue une marque d'honneur, mais non un gain, et qui ne donne aucun pouvoir réel. ● **Les titres honorifiques.**

* honte, n. f. ♦ Sentiment de celui qui sait qu'il a fait une chose qu'il ne devait pas faire, qui sait qu'il s'est mal conduit : *Tu devrais **avoir honte !***

* honteux, euse, adj. ♦ Déshonorant, qui cause la honte.

* hop ! interj. ♦ Interjection familière pour donner l'ordre de faire une action vive, rapide : *Allez, hop ! poussez le canot à l'eau !*

hôpital [ɔpital], n. m. ♦ Établissement public où l'on soigne les malades et les blessés. — REGARDER clinique.

* hoquet, n. m. ♦ Mouvement brusque et involontaire du haut du corps, dû à une contraction du diaphragme et accompagné d'un bruit particulier.

horaire, adj. *ou* n. m. ♦ **1.** Par heure : *Huit dollars ? Ce n'est pas un salaire horaire très élevé !* **2.** *Un horaire,* tableau qui indique les heures de départ et d'arrivée, les heures d'ouverture ou de fermeture, etc. : *Voici l'horaire des trains pour Toronto et Hamilton.*

* horde, n. f. ♦ Bande de sauvages ; troupe de pillards ; armée indisciplinée.

horizon, n. m. ♦ Ligne horizontale au loin (dans une plaine, sur la mer), qui forme la limite entre le ciel et la terre ou entre le ciel et la mer.

horizontal, ales, aux, adj. *ou* n. f. ♦ Qui a la même direction qu'un liquide au repos : *La table est horizontale, ses pieds sont verticaux.* — CONTR. vertical. ● *A l'horizontale :* dans la position horizontale.

hospice

horloge, n. f. ♦ Appareil de grande taille qui indique l'heure. — REGARDER *pendule.*

horloger, ère, n. ♦ Celui, celle qui vend et répare les pendules, les montres.

horlogerie, n. f. ♦ **1.** Magasin où l'on vend des pendules, des montres. ● *Une horlogerie-bijouterie.* **2.** Industrie de la fabrication des montres, des pendules.

**** hormis** [ɔʀmi], prép. ♦ A l'exception de : *Tout le monde a été grippé chez moi, hormis ma grande sœur.* — SYN. excepté, sauf.

horoscope, n. m. ♦ Prédiction faite par un astrologue au sujet d'une personne, d'après la date de sa naissance.

horreur, n. f. ♦ **1.** Sentiment de haine, mêlé de peur violente, de dégoût, de révolte : *Ce massacre a rempli tout le monde d'horreur.* — SYN. effroi, épouvante, répulsion. **2.** *Avoir horreur de,* ne pas aimer du tout : *J'ai horreur de la peinture moderne.* — SYN. abhorrer, abominer, détester, exécrer, haïr. — CONTR. aimer, raffoler de. ● *J'ai la peinture moderne en horreur.* **3.** *Des horreurs,* des choses très méchantes : *Julie est une mauvaise langue : elle dit des horreurs sur tous ses camarades.* **4.** *Une horreur,* une chose très laide : *Tu as vu la potiche que tante Euphémie a sur sa table ? C'est une horreur !* **5.** *Des horreurs,* des actes, des faits atroces, très cruels : *Les populations de ces pays ont connu les horreurs de la guerre.*

horrible, adj. ♦ **1.** Qui inspire de la haine, du dégoût, de l'effroi, de la révolte. — SYN. abominable, affreux, atroce, effrayant, effroyable, épouvantable. **2.** Très laid. — SYN. hideux. — CONTR. beau. **3.** Très mauvais : *Neige, froid, tempête : nous avons vraiment un temps horrible depuis huit jours !* — SYN. abominable, affreux, épouvantable. — CONTR. beau, délicieux, magnifique, merveilleux.

horrifier, v. (conjugaison 20) ♦ Provoquer de l'horreur : *Ce crime a horrifié tout le monde.*

horripilant, ante, adj. ♦ Qui horripile. — SYN. agaçant, exaspérant.

horripiler, v. ♦ Agacer au point de mettre en colère : *Nicole, tu horripiles ton père en lui posant toujours les mêmes questions !* — SYN. agacer, impatienter, irriter.

**** hors-bord,** n. m. inv. ♦ Petit canot rapide, à moteur extérieur.

**** hors de** [ɔʀ], loc. prép. ♦ A l'extérieur de : *Il possédait un verger hors du hameau.* ● *Anna est mécontente, c'est hors de doute.* ● *Hors de danger,* sauvé : *Ça y est, les alpinistes perdus ont été ramenés par l'hélicoptère : ils sont hors de danger !* ● *Hors de prix :* beaucoup trop cher. ● *Hors de combat :* qui ne peut plus combattre. ● *Hors d'usage :* qui ne peut plus servir.

**** hors-d'œuvre,** n. m. ♦ Plat froid qui se mange au début du repas, avant le plat principal.

**** hors-jeu,** n. m. inv. ♦ Au football et au soccer, faute commise par un joueur qui n'est pas placé correctement sur le terrain par rapport aux autres joueurs.

**** hors-la-loi,** n. m. inv. ♦ Bandit : *Une bande de hors-la-loi faisait régner la terreur et volait le bétail : le shérif parvint à les arrêter.*

horticole, adj. ♦ Qui concerne l'horticulture : *Les cultures horticoles sont abondantes autour des villes.*

horticulteur, n. m. ♦ Professionnel qui cultive les légumes, les arbres fruitiers, les fleurs. — REGARDER *arboriculteur, maraîcher.*

horticulture, n. f. ♦ Culture professionnelle des légumes, des fruits, des fleurs que l'on destine à la vente.

hospice, n. m. ♦ Établissement où l'on recueille les infirmes, les vieillards pauvres, les malades incurables.

hospitalier

hospitalier, ière, adj. ♦ **1.** Qui accueille facilement les gens chez soi, même les inconnus. **2.** Qui concerne les hôpitaux. ● *Établissement hospitalier :* hôpital.

hospitaliser, v. ♦ Emmener et mettre à l'hôpital : *Pascal est tombé dans l'escalier, il a fallu l'hospitaliser.*

hospitalité, n. f. ♦ **1.** Action de recevoir quelqu'un chez soi : *Mes cousins de Moncton m'ont donné l'hospitalité.* **2.** Vertu de ceux qui accueillent volontiers les gens chez eux.

hostie, n. f. ♦ Petit disque de pâte sans levain avec lequel les catholiques communient.

hostile, adj. ♦ **1.** Ennemi, inamical. — SYN. haineux. — CONTR. amical. **2.** *Hostile à,* opposé à : *Le conseil municipal est hostile à ce projet.* — SYN. défavorable. — CONTR. favorable, partisan.

hostilité, n. f. ♦ **1.** Attitude, sentiment d'une personne ou d'un groupe hostile. — SYN. haine, inimitié. — CONTR. amitié. **2.** *Les hostilités :* les combats, la guerre.

* **hot dog** [ɔtdɔg], n. m. ♦ Sandwich formé par une saucisse chaude placée au milieu d'un petit pain. — PLUR. *des hot dogs.*

hôte, n. m. ♦ **1.** Celui qui reçoit quelqu'un chez lui : *Remercions nos hôtes et prenons congé.* — AU FÉMININ : *une hôtesse.* **2.** Celui qui est reçu chez quelqu'un : *Allons sur le perron pour accueillir nos hôtes.* — REM. Dans ce sens, pas de féminin. — SYN. invité.

hôtel, n. m. ♦ **1.** *Hôtel particulier* ou *hôtel :* maison particulière, élégante, dans une ville. ● *Maître d'hôtel :* celui qui dirige le service de la table, dans une famille riche ou dans un restaurant élégant. **2.** *Hôtel de ville :* mairie d'une ville. **3.** Établissement où l'on peut trouver une chambre et prendre ses repas.

hôtelier, ière, n. *ou* adj. ♦ **1.** Patron, patronne d'un hôtel. **2.** Qui concerne l'hôtellerie, les hôtels : *L'équipement hôtelier de notre région laisse un peu à désirer.*

hôtellerie, n. f. ♦ Métier d'hôtelier. ● Activité économique des hôtels.

hôtesse, n. f. ♦ **1.** Féminin de *hôte* au sens 1 : *Remercions notre hôtesse et partons.* **2.** Jeune fille ou jeune femme qui accueille les visiteurs, qui les guide, etc. ● *Hôtesse de l'air :* jeune fille ou jeune femme qui s'occupe des passagers dans un avion.

* **hotte,** n. f. ♦ **1.** Grand panier que l'on porte sur le dos. **2.** Dispositif aménagé au-dessus d'une cheminée, d'un fourneau, pour recueillir et évacuer les fumées, les vapeurs, les odeurs. ● *Hotte électrique.*

* **hou!** interj. ♦ Interjection que l'on pousse pour exprimer son hostilité.

* **houblon,** n. m. ♦ Plante dont les fleurs donnent à la bière son goût un peu amer.

* **houe,** n. f. ♦ Outil composé d'un manche et d'un fer, qui sert à travailler la terre.

* **houille,** n. f. ♦ Charbon de terre. ● *Houille blanche :* énergie produite par l'eau des barrages.

* **houiller, ère,** adj. ♦ Qui concerne la houille. ● *Bassin houiller :* zone, territoire où se trouvent des gisements de houille.

* **houillère,** n. f. ♦ Mine de houille.

* **houle,** n. f. ♦ Mouvement de la mer, quand elle est parcourue par de longues ondulations.

* **houleux, euse,** adj. ♦ **1.** *Mer houleuse,* où il y a une houle forte. **2.** Très agité, tumultueux : *La séance fut houleuse : on échangea des injures, et même des coups.* — CONTR. calme, tranquille.

* houppe, n. f. ♦ **1.** Touffe de cheveux qui se redresse. — SYN. toupet. **2.** Touffe de brins qui sert d'ornement, comme un pompon. — SYN. gland, pompon. **3.** Tampon avec lequel on se passe de la poudre de riz. — SYN. houppette.

* houppette, n. f. ♦ Houppe (pour se poudrer).

* hourra ! interj. *ou* n. m. ♦ Cri que l'on pousse pour acclamer : *Pour notre déléguée de classe, Hip, hip, hip, hourra !* ● *Un triple hourra accueillit la nouvelle déléguée de classe.*

* houspiller ['uspije], v. ♦ Disputer, réprimander sans arrêt et, généralement, sans raison bien valable.

* housse, n. f. ♦ Enveloppe souple, toile qui recouvre un objet pour le protéger et qui, souvent, en épouse la forme.

* houx ['u], n. m. ♦ Arbuste à feuilles toujours vertes, dures et piquantes, dont les fruits sont des petites boules rouges.

huard ou **huart,** n. m. ♦ Grand oiseau palmipède au bec pointu.

* hublot, n. m. ♦ Fenêtre, souvent ronde, sur la coque d'un navire ou sur le fuselage d'un avion.

* hue ! interj. ♦ Interjection qui sert à faire avancer les chevaux.

* huées, n. f. pl. ♦ *Les huées :* cris poussés par de nombreuses personnes, pour manifester la désapprobation, l'hostilité. — CONTR. acclamation.

* huer, v. (conjugaison 19) ♦ Accueillir par des huées, des cris hostiles : *La foule hue aujourd'hui ceux qu'elle acclamait hier.*

huile, n. f. ♦ Liquide gras extrait des plantes (huile d'olive, huile d'arachide, huile de noix, huile de colza, etc.) qui sert à faire la cuisine, ou bien liquide gras qui sert à graisser les moteurs, les mécanismes. ● *Faire*

tache d'huile, s'étendre peu à peu : *La rébellion, d'abord limitée à une région, fit tache d'huile.* ● *Jeter de l'huile sur le feu :* rendre une querelle plus violente. ● *Mer d'huile :* mer calme, sans aucune vague.

huiler, v. ♦ Graisser avec de l'huile : *Tu devrais huiler les gonds : la porte grince.*

huileux, euse, adj. ♦ Gras et enduit d'huile. ● Qui a l'aspect de l'huile.

huissier, ière, n. ♦ **1.** Employé, employée qui accueille, renseigne et introduit les visiteurs (dans un ministère, un édifice officiel). **2.** *Huissier de justice* ou *huissier :* celui dont la profession est de dresser les constats ou de faire exécuter les décisions de justice (par exemple la saisie des meubles d'une personne qui n'a pas payé ses dettes).

* huit, adj. numéral *ou* n. m. ♦ Au nombre de 8 : *Il y a huit fenêtres sur la façade de l'école.* ● Qui vient au 8ᵉ rang : *Ouvre ton livre à la page 8.* ● Le chiffre 8 ou le numéro 8 : *Ton 8 est mal écrit. Elle habite au 8 de la rue Ambroise-Thomas.* ● *Le lundi, le mardi... en huit :* le lundi, le mardi... de la semaine suivante.

* huitaine, n. f. ♦ Environ 8 : *Pour finir le travail, il faudra bien une huitaine de jours.*

* huitième, adj. numéral ordinal *ou* n. m. *ou* f. ♦ **1.** Qui vient au 8ᵉ rang : *La huitième porte donne sur la cour.* ● *Arthur est huitième au cross. C'est toi, Lucienne, qui es la huitième.* **2.** *Le huitième,* la partie d'un tout divisé en 8 parties égales : *Nous avons parcouru le huitième du trajet.*

huître, n. f. ♦ Coquillage à deux valves, qui se mange généralement cru.

* hululer, v. ♦ REGARDER *ululer.*

* hum ! ['œm], interj. ♦ Interjection qui exprime le doute.

humain, aine, adj. ♦ **1.** *Le genre humain, l'espèce humaine :* l'ensemble de

humain

tous les hommes et de toutes les femmes.
● *Un être humain :* un homme, une femme
ou un enfant. ● De l'être humain, de l'espèce humaine : *Admirons les merveilleuses inventions du génie humain !* **2.** Pas méchant, indulgent : *Ce Romain était un maître humain : jamais il ne maltraitait ses esclaves.* — CONTR. barbare, cruel, féroce, inhumain.

humanitaire, adj. ◆ Qui concerne la solidarité que l'on doit aux gens dans le malheur, qui s'occupe de secourir les gens dans le malheur : *Une organisation humanitaire internationale, telle que la Croix-Rouge, peut rendre de grands services quand survient une catastrophe naturelle ou une guerre.*

humanité, n. f. ◆ **1.** L'ensemble des êtres humains : *On a dit souvent que l'humanité était faite de plus de morts que de vivants.* **2.** Qualité d'une personne bienveillante, indulgente. — SYN. bonté. — CONTR. inhumanité, cruauté, férocité, barbarie.

humble, adj. *ou* n. m. ◆ **1.** Qui n'a aucun orgueil et qui se reconnaît comme étant une personne sans importance. — SYN. effacé, modeste. — CONTR. altier, arrogant, dédaigneux, fier, glorieux, hautain, infatué, orgueilleux, outrecuidant, prétentieux, suffisant, superbe, vaniteux. ● *La tête baissée, immobile, l'employé gardait une humble contenance devant la vice-présidente.* **2.** *Les humbles :* les gens de condition modeste, les pauvres. — SYN. les faibles, les petits. — CONTR. les grands, les puissants, les riches. **3.** Simple, modeste, peu élevé : *Il remplissait les humbles fonctions d'employé de mairie.* — CONTR. important, haut, élevé. ● *La veuve habitait une humble maison.* — CONTR. beau, magnifique, riche, somptueux.

humecter, v. ◆ Mouiller un peu, pas trop : *Cette petite pluie a humecté le sol, mais c'est insuffisant : il faudra arroser.*

* **humer,** v. ◆ Respirer : *Qu'il fait bon humer l'air vif de la mer !*

humérus [ymeRys], n. m. ◆ Os long qui va de l'épaule au coude.

humeur, n. f. ◆ **1.** Liquide organique : *Le sang, la lymphe sont des humeurs.* **2.** Disposition passagère du caractère : « *Je ne suis pas d'humeur à plaisanter !* » hurla Alice. ● *Attention, papa est de mauvaise humeur ce matin ! Quand elle est de bonne humeur, Anne est une camarade très agréable.*

humide, adj. ◆ Qui contient de l'eau, qui n'est pas sec : *Philippe avait rangé le linge encore humide dans l'armoire : il est maintenant tout moisi !* — CONTR. sec. ● *Climat humide,* caractérisé par des pluies abondantes.

humidité, n. f. ◆ Présence d'eau ou de vapeur d'eau : *Il y a beaucoup d'humidité au fond de la vallée. Je n'aimerais pas y habiter.*

humiliant, ante, adj. ◆ Qui humilie. — SYN. vexant.

humiliation, n. f. ◆ Action d'humilier ; affront qui humilie. — SYN. affront, opprobre, outrage, vexation.

humilier, v. (conjugaison 20) ◆ Outrager quelqu'un en le traitant ou en lui parlant avec mépris et en portant atteinte à sa dignité. — SYN. abaisser, accabler, avilir, dégrader, faire honte, mortifier, offenser, opprimer, vexer. — CONTR. exalter, glorifier, honorer.

humilité, n. f. ◆ Vertu ou attitude de celui qui n'a pas du tout d'orgueil et qui reconnaît qu'il n'a aucune importance, qui ne recherche ni le pouvoir, ni les honneurs, ni la réussite. — SYN. effacement, modestie. — CONTR. arrogance, dédain, fierté, orgueil, prétention, suffisance, vanité.

humoriste, n. m. *ou* f. ◆ Personne qui écrit des livres d'une fantaisie amusante.

humoristique, adj. ◆ Amusant, plein de fantaisie, drôle.

humour, n. m. ◆ Fantaisie amusante : *Essaie donc de mettre un peu d'humour dans ta narration, que diable !*

humus [ymys], n. m. ♦ Terre fertile qui se forme à la surface du sol par la décomposition des végétaux.

*** hune,** n. f. ♦ Sur les voiliers d'autrefois, plate-forme, en haut de la partie basse d'un mât, qui servait à tendre les haubans.

*** hunier,** n. m. ♦ Sur les voiliers d'autrefois, voile située au-dessus de la hune.

*** huppe,** n. f. ♦ **1.** Oiseau qui a sur la tête une touffe de plumes rousses. **2.** Touffe de plumes sur la tête de certains oiseaux.

*** hurlement,** n. m. ♦ Cri ou bruit fort et prolongé.

*** hurler,** v. ♦ Émettre des hurlements : *La sirène de l'usine se mit à hurler.*

*** hutte,** n. f. ♦ Habitation sommaire, en terre, en bois, en branchages.

hydraulique, adj. ♦ Qui fonctionne en utilisant l'eau, la pression, la force de l'eau. ● *Une roue hydraulique.* ● *Une turbine hydraulique.* ● *Une centrale hydraulique.*

hydravion, n. m. ♦ Avion spécial, sans roues, qui décolle à partir d'un plan d'eau et qui se pose sur l'eau. — REGARDER *amerrir.*

hydro-électrique, adj. ♦ *Usine, centrale hydro-électrique :* usine qui, au moyen de turbines hydrauliques et d'alternateurs, produit de l'électricité en utilisant la force de l'eau.

hydrogène, n. m. ♦ Gaz incolore, très inflammable, plus léger que l'air, qui, combiné à l'oxygène, donne de l'eau.

hydrographie, n. f. ♦ **1.** Science qui étudie les mers, les cours d'eau et les lacs. **2.** Configuration et régime des cours d'eau et des lacs : *Aujourd'hui, nous étudierons le climat et l'hydrographie du continent africain.*

hyène, n. f. ♦ Animal carnivore d'Afrique, à l'arrière-train très bas, qui se nourrit surtout de charognes. — REM. On doit dire *l'hyène* et non *la hyène.*

hygiène, n. f. ♦ **1.** Ensemble des règles à observer pour conserver la santé : *Manger trop de sucreries est contraire à l'hygiène.* **2.** Ensemble des pratiques qui permettent la propreté.

hygiénique, adj. ♦ Conforme à l'hygiène, qui contribue à maintenir la santé ou la propreté.

hymne, n. m. ♦ Chant religieux ou patriotique : « *La Marseillaise* » *est l'hymne national de la France.*

hypermarché, n. m. ♦ Magasin à très grande surface, situé à la périphérie des villes.

hypermétrope, adj. *ou* n. ♦ Qui voit mal de près et qui doit porter des lunettes à verres convergents. — REGARDER *presbyte.* — CONTR. myope.

hypnose, n. f. ♦ Sommeil provoqué par des manœuvres spéciales.

hypnotiser, v. ♦ Endormir par son regard, des gestes, etc. : *Tu crois, toi, qu'on peut hypnotiser un homme par des gestes de la main ?*

hypocrisie, n. f. ♦ Défaut, attitude d'une personne qui dit le contraire de ce qu'elle pense, qui trompe en affectant en public une conduite qu'elle n'a pas en secret. — SYN. duplicité, fausseté, fourberie, simulation, tromperie. — CONTR. franchise, loyauté, sincérité.

hypocrite, adj. *ou* n. ♦ Qui fait preuve d'hypocrisie. — SYN. dissimulé, faux, fourbe, menteur, trompeur. — CONTR. franc, loyal, sincère. ● *Pascale est une hypocrite.*

hypothèse, n. f. ♦ Ce que l'on suppose, ce que l'on admet pour vrai, afin de construire un raisonnement, sans affirmer

que cela est vrai : *Je fais une hypothèse :
supposons que la Terre soit immobile, que
se passerait-il ?* — SYN. supposition.

hypothétique, adj. ♦ Qui n'est pas
sûr du tout. — SYN. douteux, incertain, pro-
blématique. — CONTR. assuré, certain, sûr.

ibis [ibis], n. m. ♦ Oiseau échassier d'Afrique et d'Asie au plumage blanc et noir.

iceberg [isbɛʀg], n. m. ♦ Masse de glace flottante, détachée de la banquise et qui dérive, sur la mer, en s'éloignant des régions polaires.

ici, adv. ♦ **1.** A l'endroit où l'on est : *Restons ici, nous serons bien pour pique-niquer.* — REGARDER *là.* ● *D'ici, on voit toute la plaine, jusqu'à la mer.* ● *Comment as-tu fait pour venir jusqu'ici ?* ● *Des moutons sont passés par ici : regarde les crottes sur le chemin.* **2.** Endroit que l'on indique : *J'ai mal ici, docteur, dit Michelle, en mettant son doigt sur le ventre.* **3.** Endroit du texte que l'on est en train d'expliquer : *Ici, dit le professeur, vous avez un bel exemple de métaphore.* **4.** Le moment où l'on est : *Jusqu'ici, je n'ai reçu aucune lettre de Madeleine.* ● *D'ici peu :* dans peu de temps.

icône, n. f. ♦ Peinture religieuse sur panneau de bois représentant le Christ, la Vierge ou les saints : « *Les églises orthodoxes sont décorées de nombreuses icônes.* »

idéal, ale, aux, adj. *ou* n. m. ♦ **1.** Parfait, tout à fait bon : *Il n'y a pas de moyen idéal pour apprendre une langue étrangère, mais la meilleure méthode est de faire un séjour à l'étranger.* **2.** *L'idéal :* ce qu'il y aurait de mieux : *L'idéal serait de ne pas tomber malade, mais, puisque la maladie existe, il faut avoir un bon médecin.* **3.** *Un idéal :* l'ensemble des devoirs et des projets que l'on s'est donnés, en pensant que c'est le mieux.

idéaliste, adj. *ou* n. ♦ Qui a un idéal élevé. Qui, à cause de son idéal, oublie de tenir compte de la réalité.

idée, n. f. ♦ **1.** Pensée : *Guillemette marchait solitaire, en suivant le fil de ses idées.* **2.** *Les idées,* les opinions : *Albert est monarchiste, Nicole est socialiste, Jérôme est anarchiste : ils n'ont pas les mêmes idées politiques !* **3.** Représentation qu'on se fait d'une chose ou d'une personne, dans l'esprit : *Je voudrais te donner une idée plus précise de ce qu'on appelle la pesanteur.* **4.** Projet, intention : *Suzon veut élever des souris blanches dans sa chambre, en voilà une drôle d'idée !* **5.** *Cela m'est venu à l'idée,* j'y ai pensé.

identification, n. f. ♦ Action d'identifier : *Tout a brûlé, l'identification de la victime n'a pas été facile.*

identifier, v. (conjugaison 20) ♦ **1.** Considérer comme identique ou semblable : *Les Romains identifièrent leur dieu*

identifier

Jupiter au dieu grec Zeus. — SYN. assimiler. — CONTR. distinguer. **2.** Découvrir l'identité de quelqu'un, découvrir son nom, etc.

identique, adj. ♦ Absolument semblable. — SYN. analogue, homologue, pareil, semblable, similaire. — CONTR. autre, différent, dissemblable, original.

identité, n. f. ♦ **1.** Caractère de ce qui est semblable, identique. **2.** Nom et prénom, date de naissance, adresse d'une personne : *La police va vérifier l'identité de l'individu trouvé porteur d'un revolver de gros calibre.* ● *Carte d'identité.* ● *Les papiers d'identité.*

idiot, idiote, adj. *ou* n. ♦ Imbécile. ● *L'idiot du village :* simple d'esprit, connu et accepté comme tel dans tout le village, et qui fait partie des personnages familiers et pittoresques.

idiotie, n. f. ♦ **1.** *L'idiotie,* le manque d'intelligence. **2.** *Une idiotie :* une action, une affirmation sotte.

idolâtre, adj. *ou* n. m. *ou* f. ♦ Qui adore des statues de dieux, des idoles, et non le Dieu unique des juifs, des chrétiens ou des musulmans. — REGARDER païen.

idole, n. f. ♦ **1.** Statue de dieu ou de déesse : « *Brisez les idoles !* », disait le saint évêque aux nouveaux chrétiens, qu'il venait de baptiser. **2.** Personne (acteur, chanteur, etc.) que beaucoup de gens aiment et admirent.

if, n. m. ♦ Arbre à petites feuilles toujours vertes et à baies rouges.

igloo [iglu], n. m. ♦ Habitation ronde que les Inuit construisaient autrefois avec des blocs de neige ou de glace durcie. — PLUR. *des igloos.*

ignare [iɲaʀ], adj. ♦ Très ignorant. — SYN. inculte. — CONTR. cultivé, instruit, savant.

ignoble, adj. ♦ Qui dégoûte et qui

révolte. — SYN. abject, immonde, infâme, laid, odieux, vil. — CONTR. beau, glorieux, honorable, noble.

ignorance, n. f. ♦ **1.** État de celui qui n'a pas d'instruction, qui ne sait rien. — CONTR. connaissance, culture, instruction, science. **2.** État de celui qui n'est pas informé : *Dans l'ignorance où nous sommes de la date de son retour, que devons-nous faire ?*

ignorant, ante, adj. *ou* n. ♦ Qui sait rien, qui n'a pas d'instruction. — REGARDER *illettré, inculte.* — CONTR. cultivé, instruit, savant.

ignorer, v. ♦ Ne pas savoir : *J'ignore si la fête de l'école aura lieu en mai ou en juin.* — CONTR. connaître.

il, ils, elle, elles, pronom personnel. ♦ **1.** Pronom personnel sujet de la troisième personne : *Aline est occupée, elle ne viendra pas.* **2.** Sert de sujet aux verbes impersonnels : *Il pleut. Il neige. Il vente. Il fait froid. Il arrive que... Il se peut que... Il y a.*

île, n. f. ♦ Terre entourée d'eau de tous les côtés, dans la mer, dans un cours d'eau, dans un lac. — REGARDER *îlot, insulaire, presqu'île.*

illégal, ale, aux, adj. ♦ Interdit par la loi : *Émettre un chèque sans provision est un acte illégal.* — CONTR. légal.

illégitime, adj. ♦ Qui n'est pas fondé, qui n'est pas justifié : *Tu voudrais être mieux traité que ton frère ? C'est une prétention illégitime.* — CONTR. légitime.

illettré, ée, adj. *ou* n. ♦ Qui ne sait ni lire ni écrire, qui est totalement dépourvu de culture. — SYN. analphabète, ignorant, inculte. — CONTR. cultivé, instruit, lettré, savant.

illicite, adj. ♦ Qui est interdit par la loi ou par la morale : *Il est scandaleux que ces trafiquants internationaux s'enrichissent par des moyens illicites.* — CONTR. licite, permis.

image

illimité, ée, adj. ♦ Qui n'a pas de limites connues ou fixées à l'avance : *Cette organisation politique est très riche, ses moyens financiers sont illimités.* — SYN. immense, infini. — CONTR. borné, limité.

illisible, adj. ♦ Impossible à lire. — CONTR. lisible.

illogique, adj. ♦ Contraire à la logique : *Tu dis que 6 est plus grand que 4, que 8 est plus grand que 6, et tu conclus en disant que 4 est plus grand que 8 ! Voilà un raisonnement bien illogique !* — SYN. absurde, contradictoire, incohérent. — CONTR. cohérent, logique, sensé.

illumination, n. f. ♦ **1.** *Les illuminations :* ensemble des lumières de projecteurs qui éclairent brillamment une ville, la nuit, pour la décorer. **2.** *Une illumination :* une idée soudaine, qui éclaire d'un seul coup une question obscure, qui apporte la solution.

illuminé, ée, adj. *ou* n. ♦ Qui a des visions, qui croit qu'il est inspiré par Dieu ou par un esprit supérieur.

illuminer, v. ♦ **1.** Éclairer brillamment, vivement : *Le soleil couchant illumine les collines.* **2.** *Son visage s'illumine,* exprime la joie. — SYN. briller, s'éclairer.

illusion, n. f. ♦ **1.** *Illusion d'optique,* erreur d'appréciation de la vue : *Tu crois que la ligne AB est plus longue que la ligne CD, mais ce n'est qu'une illusion d'optique.* **2.** Erreur qu'on commet en pensant que les choses seront ou sont meilleures qu'elles ne le seront ou qu'elles ne le sont : *Nous aimerions avoir trois après-midi de libres l'année prochaine, mais inutile de se faire des illusions !* **3.** *Faire illusion :* avoir une belle apparence, qui ne correspond pas à la réalité.

illusionniste, n. m. *ou* f. ♦ Artiste de music-hall ou de cirque qui fait des tours de passe-passe, qui fait apparaître ou disparaître les objets, etc. — SYN. magicien.

illusoire, adj. ♦ Qui n'est pas vrai et qui constitue une illusion. — SYN. faux, trompeur, vain. — CONTR. réel, sûr.

illustration, n. f. ♦ **1.** Exemple qui illustre, qui éclaire. **2.** Dessin ou photographie, dans un livre, un journal.

illustre, adj. ♦ Très connu : *Dollard des Ormeaux, par ses actions héroïques, est devenu un Canadien illustre.* — SYN. célèbre, connu, fameux, glorieux. — CONTR. inconnu, obscur.

illustré, ée, adj. *ou* n. ♦ *Livre illustré,* qui a des illustrations, des images, des photographies. • *Un illustré :* un magazine qui a beaucoup d'images, de photographies.

illustrer, v. ♦ **1.** Rendre célèbre : *Ah ! ils sont nombreux, les poètes et les artistes qui ont illustré la glorieuse ville d'Athènes.* • *S'illustrer,* devenir illustre, célèbre ; accomplir des actions éclatantes : *Montcalm et Wolfe s'illustrèrent lors de la bataille des plaines d'Abraham.* **2.** Dessiner ou placer des illustrations dans un livre : *Ma sœur est dessinatrice : elle illustre des livres pour enfants.* **3.** Être un bon exemple de quelque chose, rendre une chose plus claire : *Le morceau de bois qui remonte à la surface de l'eau illustre le principe d'Archimède.*

îlot, n. m. ♦ **1.** Île très petite, parfois inhabitée. **2.** Groupe d'immeubles limité par des rues.

image, n. f. ♦ **1.** Dessin ou photographie. — SYN. illustration. • *Un livre d'images.* • *Sage comme une image :* très sage. **2.** Ce qui apparaît dans un miroir ou sur un écran de cinéma ou de télévision : *J'ai réglé le récepteur de télévision : maintenant, les images sont très nettes.* **3.** *Être l'image de quelqu'un,* lui ressembler beaucoup : *Arnaud est l'image de son père.* **4.** Idée, représentation, description : *Tu te fais une image fausse des pays exotiques : ils ne sont pas si beaux que tu le crois.* • Souvenir : *Les images de cette période de mon enfance sont restées gravées dans mon esprit.* **5.** Procédé, figure de style qui dépeint

image

vivement une chose : *Voici une belle image :* « *Les chevaux blancs de la mer galopent sur la cendre dorée de la grève.* » — REGARDER comparaison, métaphore.

imagé, ée, adj. ♦ Plein d'images (sens 5) : *Martine est poète : son style est très imagé.* — SYN. coloré, vivant. — CONTR. sec, terne.

imaginaire, adj. ♦ Qui n'est pas réel et qui existe seulement dans l'imagination : *Voyons, Yves, les fées, les elfes, les lutins, les gnomes sont des êtres imaginaires !* — SYN. fabuleux, fantastique, faux, fictif, irréel, légendaire, mythique. — CONTR. historique, réel, vrai.

imaginatif, ive, adj. ♦ Qui a beaucoup d'imagination.

imagination, n. f. ♦ Qualité d'une personne qui imagine beaucoup de choses : *Tu as beaucoup d'imagination, Jérôme, pourquoi ne serais-tu pas romancier, plus tard?*

imaginer, v. ♦ **1.** Inventer : *Hélène a imaginé une méthode pour dessiner les cartes de géographie très vite et sans erreurs.* **2.** Créer une histoire qui n'est pas vraie : *Je ne savais rien sur Jeanne Mance, alors j'ai imaginé sa vie, comme si j'écrivais un roman.* **3.** *S'imaginer,* croire ce qui n'est pas vrai : *André, Jeanne et Pierre s'imaginent qu'ils sont les plus intelligents.*

imbattable, adj. ♦ Très fort, et qu'on ne peut battre, dépasser. — SYN. invincible.

imbécile, adj. *ou* n. ♦ Qui n'est pas intelligent. — SYN. abruti, âne, balourd, bête, idiot, niais, nigaud, sot, stupide. — CONTR. intelligent, malin.

imbécillité, n. f. ♦ **1.** Manque d'intelligence. — SYN. bêtise, sottise. — CONTR. intelligence. **2.** Chose ou parole sotte. — SYN. une bêtise, une sottise.

imberbe, adj. ♦ Sans barbe. — SYN. glabre. — CONTR. barbu.

imbiber, v. ♦ Remplir de liquide une matière : *Les pluies ont imbibé la terre.*

imbriquer (s'), v. ♦ Se mêler l'un à l'autre : *Ces deux affaires s'imbriquent étroitement.*

imbroglio [ɛ̃bʀɔljo], n. m. ♦ Situation très compliquée à laquelle on ne comprend pas grand-chose.

imbu, ue, adj. ♦ Persuadé de : *Malgré son emploi très modeste, notre voisin est très imbu de son importance.* • *Notre voisin est très imbu de lui-même, de sa personne* (= orgueilleux).

imbuvable, adj. ♦ Très mauvais à boire.

imitateur, trice, n. ♦ Artiste de variétés qui imite la voix, les manières d'une personnalité politique, d'un acteur célèbre.

imitation, n. f. ♦ **1.** Action d'imiter. **2.** Ce qui imite autre chose ; copie : *Non, ce n'est pas du marbre, c'est une imitation.*

imiter, v. ♦ **1.** Faire la même chose que fait un autre être, une autre personne : *Le petit Luc imite tous les gestes de sa mère.* **2.** Prendre pour modèle et copier : *Essayez d'imiter le style coloré de cette auteure.* **3.** Avoir l'aspect de : *Cette matière plastique imite très bien le cuir.*

immaculé, ée, adj. ♦ Sans tache, d'une seule couleur unie : *Un grand manteau de neige immaculée recouvre la campagne silencieuse.* — REGARDER maculer.

immangeable [ɛ̃mɑ̃ʒabl], adj. ♦ Très mauvais à manger.

immanquable [ɛ̃mɑ̃kabl], adj. ♦ Qui ne peut manquer de se produire, qui arrive à tous les coups. — SYN. nécessaire, inévitable.

immatriculation, n. f. ♦ Action d'immatriculer : *Pierrette avait sur son sac* *une plaque d'immatriculation, comme celle sur laquelle est inscrit le numéro d'immatriculation d'une voiture !*

immatriculer, v. ♦ Inscrire sur un registre, une liste, avec un numéro : *Ce serait le comble s'il fallait faire immatriculer ses patins à roulettes !*

immédiat, ate, adj. *ou* n. m. ♦ **1.** Qui est tout près (sans quelque chose qui s'interpose) : *La Belgique, l'Allemagne, la Suisse, l'Italie et l'Espagne sont les voisins immédiats de la France.* **2.** Qui se fait tout de suite, sans attendre : *Vol 747 pour Sydney, départ immédiat.* ● *Dans l'immédiat :* pour l'instant.

immédiatement, adv. ♦ Tout de suite, sans attendre.

immémorial, ale, aux, adj. ♦ Qui remonte à une date si ancienne que personne ne s'en souvient. ● *De temps immémorial :* depuis un temps extrêmement ancien.

immense, adj. ♦ **1.** Très étendu (en long et en large) : *Du haut de la tour, nous contemplions l'immense forêt Mastigouche, qui s'étendait jusqu'à l'horizon.* ● *Un hall immense.* — SYN. colossal, démesuré, gigantesque, grand, monumental, vaste. — CONTR. exigu, minuscule, petit. **2.** Très grand : *Pour faire progresser la science, depuis le Moyen Âge, il a fallu déployer d'immenses efforts.*

immensément, adv. ♦ Beaucoup, très, à un degré très élevé.

immensité, n. f. ♦ **1.** Caractère de ce qui est immense. **2.** Très vaste étendue : *Perdue au milieu de l'immensité du désert, la caravane avançait lentement.*

immerger, v. (conjugaison **16**) ♦ Plonger dans un liquide. ● *S'immerger,* se plonger : *Avec délices, Patricia s'immergea dans les vagues écumantes.*

immersion, n. f. ♦ Action d'immerger ou de s'immerger, état de ce qui est immergé. ● *Un sous-marin en immersion.* — SYN. en plongée.

immeuble, n. m. ♦ Édifice à plusieurs étages.

immigrant, ante, adj. *ou* n. ♦ Qui s'établit dans un pays étranger : *Montréal compte de nombreux immigrants.*

immigration, n. f. ♦ Action d'immigrer, arrivée d'étrangers dans un pays, une ville, où ils viennent s'installer pour travailler et pour vivre. — CONTR. émigration.

immigré, ée, adj. *ou* n. ♦ Qui est venu s'installer dans un pays, une ville, pour y vivre et y travailler. ● *Les immigrés :* les nouveaux arrivés au pays. — CONTR. émigré.

immigrer, v. ♦ Aller dans un pays pour y travailler, y vivre : *Des gens de nombreux pays différents ont immigré au Canada.* — CONTR. émigrer.

imminence, n. f. ♦ Caractère de ce qui est imminent.

imminent, ente, adj. ♦ *Danger imminent,* proche.

immiscer (s'), v. (conjugaison **16**) ♦ Se mêler d'une affaire, alors qu'on n'a pas à s'en mêler : *Non, Nicole, tu n'as pas à t'immiscer dans nos affaires !* — SYN. s'ingérer.

immobile, adj. ♦ Qui ne remue pas, qui ne bouge pas. — CONTR. agité, mobile.

immobilier, ière, adj. ♦ Qui concerne le logement, la vente, l'achat ou la location des immeubles, des appartements, des maisons. ● *Une agence immobilière.* ● *Les transactions immobilières.*

immobilisation, n. f. ♦ Action d'immobiliser. ● Son résultat.

immobiliser, v. ♦ Empêcher de remuer, d'avancer : *L'absence totale de vent immobilisait le voilier.* ● *S'immobiliser :* cesser de remuer, d'avancer.

immobilité, n. f. ♦ État d'une personne ou d'une chose immobile.

immolation

immolation, n. f. ◆ Action d'immoler.

immoler, v. ◆ Tuer pour offrir en sacrifice : *Sais-tu que les Phéniciens et les Carthaginois immolaient des enfants au dieu Moloch ?*

immonde, adj. ◆ Qui inspire un très grand dégoût : *Dans cette grande ville, j'ai vu des taudis immondes.* — SYN. ignoble.

immondices, n. f. pl. ◆ Déchets ou débris sales, ordures.

immoral, ale, aux, adj. ◆ Contraire à la morale : *Spéculer sur les denrées de première nécessité, en temps de pénurie, c'est une activité immorale !* — CONTR. moral.

immortalité, n. f. ◆ **1.** Caractère de ce qui est immortel. ● *L'immortalité de l'âme.* **2.** Gloire immortelle : *Par nos actions d'éclat, nous essayons d'accéder à l'immortalité !*

immortel, elle, adj. *ou* n. ◆ **1.** Qui ne meurt pas. ● *Les immortels :* les dieux et les déesses de l'Antiquité. — CONTR. mortel. **2.** Qui dure très longtemps. ● Dont la gloire ne meurt pas ou durera très longtemps : *Emile Nelligan est l'immortel auteur de tant de beaux poèmes !*

immuable, adj. ◆ Qui ne change jamais, qui ne se transforme pas. — SYN. invariable. — CONTR. changeant.

immuniser, v. ◆ Protéger (par l'effet du vaccin) contre une maladie infectieuse : *Fais-toi vacciner, cela t'immunisera contre la grippe.*

immunité, n. f. ◆ Protection contre une maladie infectieuse, quand cette protection est due à l'action d'un vaccin (ou bien au fait qu'on a déjà eu cette maladie).

impact, n. m. ◆ **1.** Action de heurter. **2.** Effet produit : *L'impact de la nouvelle loi se fait sentir : il y a moins de gens qui fument.*

impair, aire, adj. ◆ *Nombre impair :* nombre dont la division par 2 ne donne pas un nombre entier. — CONTR. pair.

imparable, adj. ◆ Contre lequel on ne peut se protéger : *Ça y est ! Thomas vient de marquer un but imparable, mais c'est contre son propre camp !* — REGARDER *parer* (un coup).

impardonnable, adj. ◆ Qui ne peut pas être pardonné.

imparfait, aite, adj. *ou* n. m. ◆ **1.** Qui n'est pas parfait ; qui, sans être très mauvais, laisse encore à désirer. — SYN. insuffisant. — CONTR. parfait. **2.** *L'imparfait :* temps du passé exprimant une action qui se répète ou qui dure un certain temps.

imparti, ie, adj. ◆ Donné en partage : *Tu dois t'acquitter avec conscience des tâches qui te sont imparties.*

impartial, ale, aux, [ɛ̃paʀsjal, al, o], adj. ◆ Qui juge selon la vérité et la justice et non selon ses goûts, ses amitiés, etc. — SYN. équitable, juste, neutre, objectif. — CONTR. partial, inéquitable, injuste.

impartialité [ɛ̃paʀsjalite], n. f. ◆ Qualité d'une personne impartiale. — SYN. équité, justice, neutralité, objectivité. — CONTR. partialité, injustice, parti pris.

impasse, n. f. ◆ Rue sans issue, fermée à l'une de ses extrémités.

impassibilité, n. f. ◆ Qualité d'une personne impassible. — SYN. le calme, flegme, froideur, sang-froid. — CONTR. affolement, agitation, émotion, excitation, trouble.

impassible, adj. ◆ Qui ne laisse voir aucune peur, aucune émotion, aucun trouble : *Les accusés restaient impassibles, rien ne pouvait les émouvoir.* — SYN. calme, flegmatique, froid. — CONTR. affolé, agité, ému, excité, troublé.

impatiemment, adv. ◆ Avec impatience. — CONTR. patiemment.

impertinent

impatience, n. f. ♦ État d'une personne impatiente. — CONTR. patience.

impatient, ente, adj. ♦ Qui attend quelque chose et voudrait bien que cela vienne vite : _Ne sois pas si impatiente ! Ton tour va venir !_ — CONTR. patient. ● _Être impatient de,_ désirer vivement (faire telle chose) : _En descendant de l'autobus, les enfants coururent vers la plage : ils étaient impatients de voir la mer._

impatienter, v. ♦ **1.** Mettre de mauvaise humeur : _Assez, Odile ! Tu m'impatientes avec tes questions stupides !_ — SYN. agacer, exaspérer. **2.** _S'impatienter :_ perdre patience, montrer qu'on n'est pas content d'attendre. — CONTR. patienter.

impeccable, adj. ♦ Qui n'est jamais en faute : _Arlette est une écolière impeccable : sa conduite est parfaite._ — SYN. irréprochable. ● Très bien fait, parfait ; très propre : _Un linge blanc et impeccable._

impénétrable, adj. ♦ Où l'on ne peut pénétrer, avancer : _La colline est couverte d'un taillis impénétrable._ **2.** Qui ne laisse pas deviner les pensées, les sentiments, les intentions : _Le héros ne se laissa pas intimider par le visage impénétrable de son adversaire._

impensable, adj. ♦ Qu'on ne peut imaginer, envisager.

impératif, ive, adj. _ou_ n. m. ♦ **1.** A quoi il faut obéir absolument. **2.** _L'impératif :_ mode qui exprime un ordre, un conseil ou une interdiction.

impératrice, n. f. ♦ Souveraine qui gouverne un empire, ou épouse d'un empereur.

imperceptible, adj. ♦ Qui est très petit, très faible, presque impossible à percevoir, à voir, à entendre.

imperfection, n. f. ♦ Défaut.

impérial, ale, aux, adj. ♦ D'un empire ou d'un empereur.

impérialisme, n. m. ♦ Politique d'un État qui cherche à conquérir d'autres pays ou à dominer d'autres États.

impérialiste, adj. _ou_ n. ♦ Partisan, partisane de l'impérialisme.

impérieux, euse, adj. ♦ **1.** Qui exprime la volonté forte de commander aux autres : _La voix impérieuse du directeur retentit soudain dans le couloir._ — CONTR. obéissant, soumis. **2.** Très fort, auquel on ne peut résister : _Travailler pour gagner sa vie, c'est une nécessité impérieuse._

impérissable, adj. ♦ Qui ne périt point, qui dure toujours ou très longtemps. — CONTR. périssable.

imperméabilité, n. f. ♦ Qualité de ce qui est imperméable.

imperméable, adj. _ou_ n. m. ♦ **1.** Qui ne laisse pas passer l'eau, les liquides. — CONTR. perméable. **2.** _Un imperméable :_ manteau en tissu imperméable que l'on met pour se protéger de la pluie.

impersonnel, elle, adj. ♦ **1.** _Verbe impersonnel,_ qui se conjugue seulement à la troisième personne du singulier, précédé du pronom _il,_ qui ne désigne aucune chose précise, par exemple : _il pleut, il neige, il gèle, il vente, il fait froid, il fait beau,_ etc. **2.** Qui manque de chaleur et qui est dépourvu de tout détail, de tout ornement exprimant la personnalité de quelqu'un : _Les rapports administratifs sont rédigés dans un style impersonnel._ — CONTR. personnel, original.

impertinence, n. f. ♦ **1.** Manque de respect : _Ton impertinence va t'attirer des ennuis, crois-moi._ — SYN. effronterie, insolence. — CONTR. déférence, respect. **2.** Action ou parole insolente. ● _Dire des impertinences._ ● _Répondre avec impertinence._

impertinent, ente, adj. _ou_ n. ♦ **1.** Qui manque de respect. — SYN. effronté, insolent. — CONTR. déférent, respectueux.

impertinent

2. Qui indique, qui dénote le manque de respect : *Isabelle se distingue de ses camarades par son attitude impertinente.*

imperturbable, adj. ♦ Qui ne se trouble pas. — SYN. impassible.

impétueux, euse, adj. ♦ **1.** Plein de vivacité, d'ardeur et même d'une certaine violence : *Il était impétueux, prompt à la colère et à l'enthousiasme, comme beaucoup de jeunes gens.* — SYN. ardent, fougueux, véhément, vif. — CONTR. calme, paisible, placide, tranquille. **2.** Rapide et violent : *Ce torrent est impétueux.*

impétuosité, n. f. ♦ Caractère d'une personne ou d'une chose impétueuse. — SYN. ardeur, fougue, véhémence, vivacité. — CONTR. le calme, placidité, tranquillité.

impitoyable, adj. ♦ Qui est sans pitié. — SYN. implacable, inexorable, inflexible. — CONTR. clément, indulgent.

implacable, adj. ♦ **1.** Impitoyable : *Elle avait des ennemis implacables : ceux-ci la poursuivirent toute sa vie.* **2.** Très dur, très pénible : *Un soleil implacable brille sur le désert brûlé de sécheresse.*

implantation, n. f. ♦ Action d'implanter.

implanter, v. ou v. pr. ♦ Insérer dans. S'introduire, se fixer dans : *De nouvelles usines se sont implantées dans la région de Bromont.*

implicite, adj. ♦ Qui y est contenu, mais sans être directement expliqué : *Elle n'a rien dit, mais je lisais dans son regard des reproches implicites.*

impliquer, v. ♦ **1.** Entraîner comme conséquence inévitable : *Si Québec est plus au nord que Montréal, cela implique que Montréal est plus près de l'équateur.* **2.** *Être impliqué dans,* être mêlé à (une affaire fâcheuse) : *Il paraît que notre voisin est impliqué dans une affaire de fraude fiscale.* — SYN. être compromis dans, être mêlé à.

implorer, v. ♦ Demander avec humilité et de manière pressante : *La mère du coupable implora la pitié du jury.* — REGARDER *adjurer, supplier.*

impoli, ie, adj. ♦ **1.** Qui ne se conduit pas avec politesse. — CONTR. poli. **2.** Contraire à la politesse : *Tu dis « mon vieux » en parlant à ton père ? C'est très impoli !*

impolitesse, n. f. ♦ Manque de politesse. — CONTR. politesse.

impondérables, n. m. pl. ♦ Circonstances difficiles à prévoir.

impopulaire, adj. ♦ Qui n'est pas aimé du grand nombre. — CONTR. populaire.

importance, n. f. ♦ Caractère de ce qui est important. ● *D'importance,* important : *L'achat d'une maison est une affaire d'importance.* ● *Attacher de l'importance à une chose,* la considérer comme importante.

important, ante, adj. ♦ **1.** Qui peut avoir de grandes conséquences : *Choisir un métier est une décision importante dans la vie.* **2.** Qui a un rang élevé : *La ministre, le maire, la sénatrice, le rectrice, l'évêque : tous les gens importants de notre ville étaient présents à l'inauguration du monument.*

importateur, trice, adj. *ou* n. ♦ Qui importe des marchandises de l'étranger. — CONTR. exportateur.

importation, n. f. ♦ Action d'acheter des marchandises qu'on fait venir dans son pays. — CONTR. exportation.

1. importer, v. ♦ **1.** *Il importe,* il est nécessaire, important, il faut : *Il importe que tu prennes dès maintenant des habitudes d'ordre et de travail.* ● *Je sais que mes opinions importent beaucoup à mes amis.* ● *Peu importe :* cela n'a guère d'importance. ● *Qu'importe !* cela n'a pas d'importance. ● *N'importe qui, n'importe quoi :* toute personne, toute chose, quelle qu'elle soit. ● *N'importe quoi :* des choses sans valeur, sans intérêt, fausses, etc. ● *N'importe où :* à un endroit quelconque. ● *N'importe quand :* à un moment quelconque. ● *N'importe comment :* sans soin, très mal.

2. importer, v. ♦ Acheter à l'étranger des marchandises, qu'on fait venir sur son territoire : *Le Canada importe des oranges et exporte des pommes.* — CONTR. exporter.

importun, une, adj. *ou* n. ♦ Qui dérange, qui gêne, qui est désagréable. — REM. Ne confondez pas avec *inopportun.*

importuner, v. ♦ Déranger, gêner, être désagréable : *Ces quêteurs importunaient les passants, les agents viennent de les emmener.*

imposer, v. ♦ **1.** Contraindre quelqu'un à faire quelque chose : *Dans certains magasins on impose aux vendeurs de porter une cravate.* — CONTR. dispenser de, exempter de. **2. En imposer à quelqu'un,** faire une forte impression sur lui et lui inspirer le respect. **3. S'imposer,** faire reconnaître sa valeur. Être indispensable. *Malgré des débuts difficiles, l'actrice s'est finalement imposée. Pour régler ce conflit, une nouvelle loi s'impose.*

impossibilité, n. f. ♦ **1.** Caractère de ce qui est impossible. **2.** Situation d'une personne qui ne peut faire quelque chose : *Je suis dans l'impossibilité de vous aider.* — CONTR. possibilité.

impossible, adj. *ou* n. m. ♦ **1.** Qu'on ne peut faire : *Il nous est impossible d'aller vous voir : nous n'avons pas le temps.* ● *Je ne vous demande rien d'impossible.* — CONTR. faisable, possible. ● *L'impossible,* ce que l'on ne peut pas faire *ou* toutes les choses difficiles qu'on peut faire : *A l'impossible nul n'est tenu. J'ai fait l'impossible pour te satisfaire* (= j'ai fait tout ce que j'ai pu.) **2.** Très désagréable, insupportable : *Jules a un caractère impossible ! Il n'est jamais content.*

imposteur, n. m. ♦ Celui qui trompe les autres pour en tirer quelque avantage et qui se fait passer pour ce qu'il n'est pas, qui promet des choses déraisonnables.

imposture, n. f. ♦ Mensonge d'un imposteur.

impôt, n. m. ♦ Argent que les citoyens donnent à l'État pour que celui-ci ait des ressources. — SYN. contributions, taxe.

impotent, ente, adj. *ou* n. ♦ Qui est infirme et qui ne peut s'aider de ses membres.

impraticable, adj. ♦ Où l'on ne peut aller, circuler : *La vieille route, défoncée, envahie par les ronces, était devenue impraticable.* — CONTR. praticable.

imprécis, ise, adj. ♦ Peu précis. — SYN. vague. — CONTR. précis.

imprécision, n. f. ♦ Manque de précision.

imprégner, v. (conjugaison 11) ♦ Remplir une chose de liquide qui s'infiltre dans la masse : *L'eau de l'averse imprègne la terre.* — SYN. imbiber.

imprenable, adj. ♦ **1.** Impossible à prendre d'assaut. **2.** *Vue imprenable :* REGARDER *vue.*

impression, n. f. ♦ **1.** Action d'imprimer : *L'impression de ce livre a dû coûter très cher.* **2.** Ce qu'on éprouve, ce qu'on pense : *Dis donc, cela doit faire une curieuse impression de sauter en parachute !* ● *Avoir l'impression,* penser (sans être bien sûr) : *J'ai l'impression que Lisette nous prépare une bonne surprise.* ● *Donner l'impression,* paraître, sembler : *Richard donne l'impression d'un garçon fatigué.* **3.** Effet que l'on produit sur quelqu'un : *Toujours souriante et prête à rendre service, Hélène cherche à faire bonne impression partout où elle va.*

impressionnable, adj. ♦ Facile à impressionner.

impressionnant, ante, adj. ♦ Qui fait impression ; qui émeut : *Sa persévérance m'impressionne, je suis prêt à l'aider.*

impressionner, v. ◆ Marquer l'image sur une pellicule photographique : *L'appareil n'a pas fonctionné : la pellicule n'a pu être impressionnée.* ● Émouvoir.

imprévisible, adj. ◆ Qu'on ne pouvait pas prévoir.

imprévoyance, n. f. ◆ Défaut d'une personne imprévoyante. — CONTR. prévoyance.

imprévoyant, ante, adj. ◆ Qui ne prévoit pas ce qui pourrait arriver et qui ne prend pas les précautions nécessaires. — CONTR. prévoyant.

imprévu, ue, adj. *ou* n. m. ◆ Qu'on n'a pas prévu. — SYN. inattendu. — CONTR. attendu, prévu. ● *L'imprévu,* ce qu'on n'a pas prévu : *En cas d'imprévu, je vous téléphonerai.*

imprimante, n. f. ◆ Appareil, relié à un ordinateur et semblable à une machine à écrire, qui tape les résultats sur une bande de papier.

imprimé, n. m. ◆ Texte imprimé (journal, prospectus, catalogue, formulaire, etc.), par opposition à un document écrit à la main : *Je n'avais pas d'imprimé spécial, alors j'ai rédigé ma demande, au stylo, sur une feuille de papier.*

imprimerie, n. f. ◆ **1.** Toute technique qui permet de reproduire un texte ou un dessin, une photo, en de nombreux exemplaires, au moyen d'un cliché ou d'une plaque gravée, que l'on encre. **2.** Atelier, usine où l'on imprime les documents, les livres, les journaux.

imprimeur, euse, n. ◆ Patron, patronne ou ouvrier, ouvrière d'une imprimerie.

improbable, adj. ◆ Qui a peu de chances de se produire : *Que le Canadien remporte cette année la coupe Stanley est fort improbable.*

impropre, adj. ◆ **1.** *Impropre à,* qui ne convient pas à (tel usage) : *Passé la date limite, ces yaourts deviennent impropres à la consommation.* — CONTR. propre à. **2.** *Mot, expression impropre,* qui ne convient pas pour désigner ce dont on veut parler. — SYN. inexact. — CONTR. exact, juste, propre.

improvisation, n. f. ◆ **1.** Action d'improviser. **2.** Texte, œuvre qu'on fait en improvisant : *Marc se mit au piano et nous joua une charmante improvisation.*

improvisé, ée, adj. ◆ Qui n'est pas préparé, mais que l'on improvise.

improviser, v. ◆ Faire quelque chose sans préparation, en inventant au fur et à mesure qu'on agit ou qu'on parle : *On m'a demandé de prendre la parole. Comme je n'avais rien préparé, j'ai improvisé un petit discours.*

improviste (à l'), loc. adv. ◆ Sans qu'on s'y attende, sans avoir prévenu.

imprudemment, adv. ◆ De manière imprudente. — CONTR. prudemment.

imprudence, n. f. ◆ **1.** Défaut d'une personne imprudente. — CONTR. prudence. **2.** Action imprudente.

imprudent, ente, adj. *ou* n. ◆ **1.** Qui ne prévoit pas le danger et qui s'y expose par manque de réflexion. — SYN. téméraire. — CONTR. prudent. **2.** Qui dénote le manque de prudence : *Traverser la rue au feu vert est une action bien imprudente.*

impuissance, n. f. ◆ État d'une personne impuissante.

impuissant, ante, adj. ◆ Qui ne peut rien faire, qui ne peut agir : *La présidente de l'entreprise était impuissante à éviter la grève des employés.* — SYN. incapable de.

impulsif, ive, adj. *ou* n. ◆ Qui obéit à ses impulsions, sans réfléchir, qui est porté à agir dans un mouvement de colère, d'enthousiasme, etc. — SYN. emporté. — CONTR. maître de soi, posé, réfléchi.

_***# *inaugurer*

impulsion, n. f. ♦ **1.** Élan que l'on donne à une chose qu'on met en mouvement : *C'est un ressort qui donne l'impulsion à la boule.* ● Essor, animation qu'on donne à une activité, à une entreprise : *Le maire a donné une nouvelle impulsion aux activités de la maison des jeunes.* **2.** Mouvement de l'âme soudain et violent qui pousse à faire quelque chose sans bien réfléchir : *Tantôt elle s'enthousiasme, tantôt elle se décourage, tantôt elle se met en colère, toujours poussée par l'impulsion du moment.*

impur, ure, adj. ♦ Qui contient des choses étrangères ou sales : *Ne buvez pas cette eau, elle est impure !*

impureté, n. f. ♦ Chose étrangère ou sale qui souille une substance.

imputrescible, adj. ♦ Qui ne pourrit pas.

inabordable, adj. ♦ Qui est inaccessible ; dont le prix est trop élevé : *En hiver, le prix du raisin est inabordable.*

inacceptable, adj. ♦ Qu'on ne peut accepter. Inadmissible.

inaccessible, adj. ♦ Où l'on ne peut aller : *Avec de fortes chutes de neige, son chalet est inaccessible.* — CONTR. accessible. ● Que l'on ne peut approcher : *Pendant un conseil de classe, le directeur est inaccessible.* ● Qui n'éprouve pas un sentiment : *Elle est inaccessible à la peur.*

inachevé, ée, adj. ♦ Qui n'a pas été terminé. — CONTR. achevé.

inactif, ive, adj. ♦ Qui ne s'occupe pas, qui ne fait rien. — CONTR. actif, occupé.

inaction, n. f. ♦ État d'une personne qui n'exerce aucune activité : *Mon grand-père a pris sa retraite, mais il n'est pas heureux, car l'inaction lui est très pénible.* — SYN. oisiveté. — CONTR. action, activité.

inactivité, n. f. ♦ Manque d'activité. Repos.

inadapté, ée, adj. ♦ Qui a des difficultés pour s'adapter, pour vivre comme les autres. ● *Enfance inadaptée.*

inadmissible, adj. ♦ Qui n'est pas acceptable, admissible, tolérable. — CONTR. admissible.

inadvertance (par), loc. adv. ♦ Sans le vouloir et sans faire attention à ce qu'on fait. — SYN. par mégarde, par distraction. — CONTR. délibérément, exprès.

inaltérable, adj. ♦ Qui ne peut être modifié.

inanimé, ée, adj. ♦ **1.** Qui a perdu connaissance et ne bouge plus. **2.** *Les êtres inanimés :* les plantes et les choses, par opposition aux êtres humains et aux animaux. — CONTR. animé.

inaperçu, ue, adj. ♦ Auquel on ne fait pas attention, qu'on ne remarque pas. — CONTR. remarqué.

inapplicable, adj. ♦ Qui ne peut être appliqué.

inapte, adj. ♦ Qui est incapable de faire quelque chose.

inaptitude, n. f. ♦ Manque d'aptitude.

inattendu, ue, adj. ♦ À quoi l'on ne s'attendait pas. — SYN. imprévu. — CONTR. attendu, prévu.

inattentif, ive, adj. ♦ Qui ne fait pas attention. — SYN. distrait, étourdi. — CONTR. attentif.

inattention, n. f. ♦ Manque d'attention. — SYN. distraction, étourderie. — CONTR. attention. ● *Des fautes d'inattention.*

inauguration, n. f. ♦ Cérémonie par laquelle on inaugure quelque chose.

inaugurer, v. ♦ Célébrer par une cérémonie la mise en service d'une chose nouvelle : *Demain, on inaugure la nouvelle gare.*

inavouable, adj. ♦ Qui n'est pas avouable ; honteux.

incalculable, adj. ♦ Très grand et impossible à compter, à évaluer.

incapable, adj. *ou* n. ♦ **1.** Qui ne peut pas faire telle chose : *Monique est très bonne : elle est incapable de faire de la peine à quelqu'un.* — CONTR. capable. **2.** Qui n'a pas les connaissances et les qualités qu'il faut pour exercer correctement un métier ou une fonction : *La colère du peuple grandissait contre les gouvernants incapables.* — SYN. incompétent. — CONTR. capable, compétent. ● *Ces gouvernants étaient des incapables.* — SYN. bon à rien.

incapacité, n. f. ♦ **1.** État d'une personne qui ne peut faire telle chose : *Je suis malheureusement dans l'incapacité de vous aider.* **2.** Défaut d'une personne incapable. — SYN. incompétence. — CONTR. capacité, compétence.

incendiaire, n. m. *ou* f. ♦ Personne qui met le feu volontairement.

incendie, n. m. ♦ Grand feu destructeur, dans un bâtiment, une forêt, à bord d'un navire.

incendier, v. (conjugaison 20) ♦ Détruire par le feu : *En jouant avec des allumettes, les enfants ont failli incendier la grange.*

incertain, aine, adj. ♦ **1.** Qui ne sait pas avec certitude quelle décision il faut prendre. — CONTR. certain, décidé, sûr. **2.** Qui n'est pas sûr : *Tu sais, le concours est difficile, ton succès est incertain.* — SYN. douteux. — CONTR. assuré, certain, sûr. **3.** *Temps incertain,* temps qui n'est pas mauvais, mais qui peut devenir mauvais : *Prends ton imperméable, le temps est incertain.* — SYN. douteux.

incessant, ante, adj. ♦ Qui ne cesse pas. — SYN. continu, permanent. — CONTR. intermittent, momentané.

incident, n. m. ♦ Petit événement qui intervient dans le déroulement d'une action : *Un incident comique vint troubler la cérémonie : le député eut une crise de hoquet pendant le discours du maire.* ● Événement qui peut être grave : *Graves incidents dans la capitale de ce pays : la police tire sur la foule.*

incinération, n. f. ♦ Action de brûler quelque chose.

incinérer, v. ♦ Réduire en cendres.

inciser, v. ♦ Couper, fendre avec un instrument très tranchant : *Pour obtenir la sève, on incise les érables à sucre.*

incision, n. f. ♦ Coupure, entaille faite avec un instrument tranchant.

incisive, n. f. ♦ Chacune des dents plates qu'on a sur le devant de la mâchoire.

incitation, n. f. ♦ Action d'inciter.

inciter, v. ♦ Pousser à faire quelque chose : *Les parents de Michelle l'incitent à développer son talent de pianiste.*

incliner, v. ♦ **1.** Pencher dans un sens ou dans un autre : *Incline un peu le guéridon pour faire écouler l'eau : il est mouillé.* **2.** Pencher en avant : *Il inclina la tête d'un air pensif.* ● *S'incliner :* se pencher en avant, pencher la tête en avant (en signe de respect). ● *S'incliner,* être vaincu, céder : *Nous avons été battus par 8 à 0 : nous avons dû nous incliner devant un adversaire bien plus fort que nous !* **3.** *Incliner à,* être porté à, être d'avis de : *J'inclinerais à accepter ces propositions.*

inclure, v. (conjugaison 79) ♦ Comprendre dans : *Il faut inclure les samedis et les dimanches dans le total des jours de congé.* — CONTR. exclure.

inclus, use, adj. ♦ Compris dans : *Toutes les taxes sont incluses dans le prix indiqué.* — CONTR. exclu.

indéchiffrable

incohérent, ente, adj. ♦ Qui manque de logique ; qu'on ne comprend pas.

incolore, adj. ♦ Sans couleur, donc transparent : *L'air et l'eau sont incolores.* — CONTR. coloré.

incommode, adj. ♦ Difficile à utiliser et qui rend donc peu de services. — CONTR. commode, pratique.

incomparable, adj. ♦ Très remarquable, très grand : *Mon chat s'étire avec une élégance incomparable.*

incomplet, ète, adj. ♦ Qui n'est pas complet. — CONTR. complet.

incompréhensible, adj. ♦ Qu'on ne peut comprendre. — CONTR. compréhensible.

inconfortable, adj. ♦ Qui n'est pas confortable. — CONTR. confortable.

inconnu, ue, adj. *ou* n. ♦ **1.** Qu'on ne connaît pas encore, qu'on n'a jamais vu auparavant. — CONTR. connu. ● *Ne te laisse pas aborder par des inconnus dans la rue.* **2.** *L'inconnue :* en mathématiques, la quantité qu'on cherche à déterminer.

inconscient, ente, adj. *ou* n. ♦ **1.** Dont on n'a pas conscience : *Un désir inconscient de briller partout habitait son âme.* — CONTR. conscient. **2.** Qui a perdu connaissance : *Albert, sur sa moto, dérapa et tomba ; il resta inconscient sur le bord de la route pendant un quart d'heure.* — SYN. évanoui, inanimé. — CONTR. conscient. **3.** Qui ne se rend pas du tout compte du danger et des conséquences de ses actes : *Il faut être inconscient pour aller en mer, loin des côtes, sur un matelas pneumatique !* ● *Un inconscient.*

inconvénient, n. m. ♦ Ce qui est gênant, désagréable. — SYN. défaut, désavantage. — CONTR. avantage, qualité.

incorrect, ecte, adj. ♦ **1.** Contraire aux règles de la grammaire, d'une science,

etc. — CONTR. correct. **2.** Qui ne respecte pas les règles de la politesse. — SYN. impoli, inconvenant. — CONTR. convenable, correct, poli.

incorrigible, adj. ♦ Qui recommence toujours les mêmes fautes, les mêmes erreurs.

incroyable, adj. ♦ **1.** Difficile à considérer comme vrai. — SYN. invraisemblable. — CONTR. croyable. **2.** Très grand : *Tu sais qu'une gazelle peut courir à une vitesse incroyable.* — SYN. extraordinaire.

incrustation, n. f. ♦ Ornement incrusté.

incruster, v. ♦ Enfoncer dans une surface : *Des fleurs de nacre et d'ivoire sont incrustées dans l'ébène de ce beau meuble ancien.*

inculpé, ée, n. ♦ Personne qu'un magistrat a inculpée. — REGARDER *accusé, prévenu.*

inculper, v. ♦ Accuser officiellement, selon la procédure légale : *La juge a inculpé le suspect de complicité dans cette affaire de faux.* — REGARDER *accuser.*

inculte, adj. ♦ **1.** Qu'on ne cultive pas, qu'on laisse en friche. — CONTR. cultivé. **2.** Sans culture intellectuelle. — SYN. ignorant. — CONTR. cultivé, instruit.

incurable, adj. ♦ Qu'on ne peut guérir.

incursion, n. f. ♦ Attaque brusque menée par une troupe qui entre dans un pays ou qui attaque une ville, mais sans occuper durablement le terrain. — SYN. attaque, raid.

indécent, ente, adj. ♦ Contraire à la décence. Peu convenable.

indéchiffrable, adj. ♦ Impossible à déchiffrer, à lire.

indécis

indécis, ise, adj. ♦ **1.** Qui ne s'est pas encore décidé : *Irai-je à la mer, à la campagne, à la montagne? Je suis encore indécise.* — SYN. hésitant, perplexe. — CONTR. décidé. **2.** Qui ne sait pas prendre une décision nette et s'y tenir. — SYN. faible, irrésolu. — CONTR. ferme, résolu. **3.** Qui n'est pas net : *Les contours indécis des objets apparaissaient à travers le brouillard.* — SYN. confus, flou, indistinct, vague. — CONTR. distinct. **4.** Qui n'est pas sûr : *Les deux adversaires étaient de force égale : l'issue du match demeura longtemps indécise.* — SYN. douteux, incertain. — CONTR. assuré.

indéfini, ie, adj. ♦ **1.** *Articles indéfinis :* les articles *un, une, des.* **2.** Qui n'a pas de grandeur ou de nature connue et précise. — SYN. indéterminé. — CONTR. défini, déterminé.

indélicat, ate, adj. ♦ Qui manque de délicatesse. Malhonnête.

indemne [ε̃dεmn], adj. ♦ Qui n'est pas blessé, qui n'a pas subi de dommages : *Dominique a eu un accident de voiture : heureusement, elle s'en est tirée indemne.*

indemnité, n. f. ♦ Somme d'argent que l'on donne à quelqu'un pour compenser une dépense, une perte, pour le dédommager.

indépendance, n. f. ♦ **1.** Situation politique d'un pays qui n'est pas la colonie d'un autre pays, qui ne fait pas partie du territoire d'un autre pays, mais qui a son propre gouvernement souverain. — SYN. autonomie, liberté, souveraineté. — CONTR. dépendance. **2.** État d'une personne qui n'est pas soumise à une autre : *Tous les garçons et toutes les jeunes filles aspirent à leur pleine indépendance : plus d'ordres à suivre.*

indépendant, ante, adj. ♦ **1.** Qui ne dépend pas d'un autre pays, d'une autre personne. — SYN. autonome, libre. — CONTR. dépendant. **2.** Qui a un caractère très libre et qui aime prendre ses décisions lui-même, sans avoir à suivre les conseils des autres, sans avoir besoin d'être entouré : *Marthe est très indépendante : elle n'aime pas les conseils et veut tout décider elle-même.*

indescriptible, adj. ♦ Si grand qu'on ne peut le décrire : *Tout le monde criait, applaudissait, lançait des fleurs à la chanteuse : c'était un enthousiasme indescriptible !*

indéterminé, ée, adj. ♦ Qui n'est pas fixé ou connu de manière précise. — SYN. indéfini. — CONTR. défini, déterminé.

index, n. m. ♦ **1.** Le doigt de la main qui est à côté du pouce. **2.** Liste de noms à la fin d'un livre, avec, en face de chaque nom, le numéro de la page où l'on parle de la personne ou de la chose dont le nom figure dans la liste.

indicateur, trice, adj. *ou* n. ♦ **1.** Qui fournit une indication : *Au croisement, un panneau indicateur nous permit de prendre la bonne route.* **2.** *Un indicateur :* livre qui indique les horaires des trains.

indicatif, n. m. ♦ **1.** L'un des modes de la conjugaison, celui qui présente l'action ou l'état, sans nuance particulière, comme un fait. **2.** Suite de notes musicales, petit air de musique qui annonce une émission ou qui permet d'identifier un poste émetteur.

indice, n. m. ♦ Signe, marque qui indique quelque chose : *Le chant du merle, quelques perce-neige, des bourgeons qui gonflent, tels sont les indices du printemps.*

indien, ienne, adj. *ou* n. ♦ De l'Inde, grand pays d'Asie. *Les Indiens. Un Indien. Une Indienne.* — REGARDER hindou.

indifférence, n. f. ♦ État d'une personne indifférente. — CONTR. intérêt, passion.

indifférent, ente, adj. ♦ **1.** Qui ne manifeste aucune émotion, qui n'éprouve aucun sentiment, qui ne ressent aucun intérêt à l'égard d'une personne ou d'une chose. — CONTR. intéressé, passionné. **2.** *Cela m'est indifférent :* cela m'est égal.

indigène, adj. *ou* n. ♦ Qui est originaire du pays où il vit.

indigent, ente, adj. *ou* n. ♦ **1.** Très pauvre. — SYN. misérable, pauvre. — CONTR. aisé, opulent, riche. **2.** Qui ne contient pas beaucoup d'idées intéressantes et n'a pas grande valeur : *Les programmes de la télévision sont bien indigents en ce moment.*

indigeste, adj. ♦ Difficile à digérer.

indigestion, n. f. ♦ Malaise plus ou moins grave qui vient de ce qu'on digère mal ce qu'on a mangé.

indignation, n. f. ♦ État d'une personne qui est dans une grande colère en apprenant ou en voyant que quelqu'un fait une mauvaise action. — SYN. révolte.

indigne, adj. ♦ **1.** *Indigne de,* qui ne mérite pas (une récompense, un honneur, etc.) : *Comment ! Arnaud serait indigne de mon amitié ? Au contraire, il m'a prouvé plus d'une fois qu'il la méritait amplement.* — CONTR. digne de. **2.** Qui soulève l'indignation, qui est tout à fait honteux : *Elle a triché au jeu ? C'est une conduite indigne.* — SYN. déshonorant, inqualifiable, méprisable, odieux, scandaleux. — CONTR. beau, méritoire, noble.

indigner, v. ♦ Remplir d'indignation. — SYN. révolter. ● *S'indigner :* éprouver ou manifester de l'indignation.

indiquer, v. ♦ **1.** Montrer : *Regarde. Tu vois la flèche bleue ? Elle indique la direction à suivre.* ● Faire connaître : *Pouvez-vous m'indiquer un bon coiffeur dans le quartier ?* **2.** Être le signe de : *Regarde ces oies sauvages qui quittent le pays. Leur départ indique que l'hiver est proche.*

indirect, ecte, adj. ♦ **1.** Qui ne va pas droit au but, mais passe par des détours : *Pourquoi prends-tu ce chemin indirect ? Tu vas perdre du temps !* — SYN. détourné. — CONTR. direct. **2.** *Complément d'objet indirect,* introduit par une préposition, par exemple : « Je pense *à mes* amis. »

indiscipline, n. f. ♦ Manque de discipline. — CONTR. discipline.

indiscipliné, ée, adj. ♦ Qui manque de discipline, qui obéit mal. — CONTR. discipliné.

indiscret, ète, adj. ♦ **1.** Qui essaie de savoir ce qu'il ne doit pas savoir. — CONTR. discret. **2.** Qui répète ce qu'il ne devrait pas répéter.

indiscrétion, n. f. ♦ Parole ou écrit qui fait connaître ce qui aurait dû rester secret.

indiscutable, adj. ♦ Qu'on ne peut discuter, mettre en doute, qui est absolument sûr et évident. — SYN. incontestable, indéniable, indubitable. — CONTR. discutable, douteux, incertain.

indispensable, adj. ♦ Absolument nécessaire, dont on ne peut se passer. — SYN. nécessaire. — CONTR. inutile, superflu.

indisposer, v. ♦ Mécontenter en faisant mauvaise impression : *Attention ! soigne l'orthographe et l'écriture de ta rédaction : un devoir mal présenté indispose le lecteur.*

indisposition, n. f. ♦ Petit malaise, petit ennui de santé très passager et peu grave.

indistinct, incte [ɛ̃distɛ̃, ɛ̃kt], adj. ♦ Qui n'est pas net, qui n'est pas distinct. — SYN. flou, vague. — CONTR. distinct, net.

individu, n. m. ♦ **1.** Une personne seule (par opposition à un groupe, à la société) : *Aujourd'hui, l'individu a du mal à préserver son indépendance.* **2.** Homme (inquiétant, méprisable, etc.) : *Un individu a voulu nous vendre des billets périmés.*

individuel, elle, adj. ♦ Qui appartient à une personne particulière, qui est à l'usage d'une personne et non au groupe : *Dans ma classe, chaque élève dispose d'une table individuelle et d'une chaise.* — SYN. particulier. — CONTR. collectif, commun.

indolence

indolence, n. f. ♦ Défaut, caractère d'une personne indolente. — SYN. apathie, fainéantise, langueur, mollesse, nonchalance. — CONTR. activité, ardeur, énergie, vigueur, vivacité.

indolent, ente, adj. ♦ Qui manque d'ardeur, de vivacité, qui n'aime pas l'effort, le travail. — SYN. apathique, fainéant, lent, mou, nonchalant, paresseux. — CONTR. actif, ardent, diligent, énergique, prompt, vif.

indulgence, n. f. ♦ Qualité ou attitude d'une personne indulgente. — SYN. bienveillance, clémence, compréhension, générosité, tolérance. — CONTR. dureté, rigueur, sévérité.

indulgent, ente, adj. ♦ Qui pardonne ou excuse facilement. — SYN. bienveillant, clément, compréhensif, tolérant. — CONTR. dur, rigoureux, sévère.

industrialisé, ée, adj. ♦ *Pays industrialisé,* qui possède une industrie puissante.

industrie, n. f. ♦ Branche de l'activité économique qui comprend la production de matières premières tirées du sol ou du sous-sol (carrières, mines, puits de pétrole), la pêche en mer et surtout la production d'énergie (centrales électriques, etc.) et la transformation des matières premières (usines, ateliers.

industriel, elle, adj. *ou* n. ♦ **1.** Qui concerne l'industrie, qui est constitué par l'industrie : *L'activité industrielle est très intense dans la région de Montréal et de Toronto.* **2.** *Un industriel, une industrielle :* patron ou patronne d'une usine.

inédit, ite, adj. ♦ **1.** Qui n'a pas encore été publié, édité : *On vient de découvrir un manuscrit inédit de Voltaire.* **2.** Qu'on n'a encore jamais vu, jamais entendu, jamais utilisé : *Iris a inventé un style de nage inédit, mais le professeur de natation ne l'a pas apprécié.*

inefficace, adj. ♦ Qui n'est pas efficace. — CONTR. efficace.

inégal, ale, aux, adj. ♦ **1.** Qui n'est pas égal. — CONTR. égal. **2.** *Combat inégal, lutte inégale,* où l'un des adversaires est beaucoup plus fort que l'autre. — SYN. déséquilibré. — CONTR. égal, équilibré. **3.** Tantôt bon, tantôt moins bon : *Trois victoires, deux défaites : les résultats de l'équipe sont inégaux.* — SYN. irrégulier. — CONTR. régulier. **4.** *Terrain inégal,* qui monte et qui descend, avec des creux, des bosses. — SYN. accidenté. — CONTR. égal, plat, uni.

inégalité, n. f. ♦ **1.** Situation, état où les choses sont inégales. ● Différence entre des gens qui ne sont pas égaux : *Pour réduire les inégalités sociales, il y a déjà eu de nombreuses propositions, mais aucune n'a apporté une solution.* — CONTR. égalité. **2.** *Des inégalités de terrain :* des creux et des bosses.

inépuisable, adj. ♦ Si grand qu'on n'en voit jamais le bout : *La patience de ma grand-mère est inépuisable.* — REGARDER épuiser.

inerte, adj. ♦ **1.** Qui ne remue pas : *Pendant l'hiver, les loirs dorment, inertes.* — SYN. immobile. **2.** Qui reste sans agir : *Allons, secoue-toi, ne reste pas inerte !* — CONTR. actif, diligent.

inertie [inɛrsi], n. f. ♦ Manque d'énergie ou refus d'agir, qui pousse à ne rien faire. — CONTR. activité, diligence.

inespéré, ée, adj. ♦ Qu'on n'espérait pas ou qu'on n'espérait plus. — SYN. inattendu, imprévu. — CONTR. attendu, prévu.

inestimable, adj. ♦ Très grand, d'une très grande valeur : *Mon amie Charlotte m'a rendu des services inestimables.*

inévitable, adj. ♦ Qui ne peut être évité.

inexact, acte [inɛgza, akt], adj. ♦ Qui n'est pas exact. — SYN. faux. — CONTR. exact, juste, vrai.

inexcusable, adj. ◆ Qui n'est pas excusable. — SYN. impardonnable. — CONTR. excusable, pardonnable.

inexplicable, adj. ◆ Qu'on ne peut expliquer, qui est sans raison apparente, sans cause connue. — SYN. incompréhensible. — CONTR. compréhensible, explicable.

infanterie, n. f. ◆ Partie de l'armée dont les soldats combattent à pied avec des armes individuelles. — REGARDER *fantassin.*

infantile, adj. ◆ Propre aux enfants : *Certaines maladies infantiles sont contagieuses.* — REGARDER *enfantin, puéril.*

infarctus, n. m. ◆ *Infarctus du myocarde :* lésion du cœur.

infect, ecte [ɛ̃fɛkt, ɛkt], adj. ◆ **1.** *Odeur infecte,* très mauvaise. — SYN. dégoûtant, fétide, nauséabond, repoussant. **2.** Très mauvais : *Ce ragoût noirâtre était infect !* — SYN. ignoble, immonde, — CONTR. délicieux, exquis.

infecter, v. ◆ **1.** Remplir d'une mauvaise odeur : *Mon frère fait des expériences de chimie dans sa chambre : une odeur d'œufs pourris infecte toute la maison.* **2.** Remplir de microbes (une plaie, une blessure) : *Le contact d'un linge souillé a infecté la plaie.* ● *La blessure s'est infectée.* — SYN. s'envenimer.

infectieux, euse, adj. ◆ *Maladie infectieuse,* causée par des microbes.

infection, n. f. ◆ **1.** Odeur extrêmement mauvaise. — SYN. puanteur. **2.** Présence de microbes (et parfois de pus) dans une partie du corps, qui provoque de la douleur, de la fièvre, etc.

inférieur, eure, adj. *ou* n. m. ◆ **1.** *Étage, niveau inférieur,* situé au-dessous. — CONTR. supérieur. **2.** *Un inférieur :* une personne située à un rang plus modeste dans la hiérarchie. — SYN. un subordonné. — CONTR. un supérieur. **3.** Plus petit : *Tous ces avions*

volent à une vitesse inférieure à la vitesse du son. — CONTR. supérieur. **4.** Moins fort, moins habile : *Tu sais, ce boxeur est inférieur à son adversaire : il tiendra difficilement jusqu'à la fin.* — CONTR. supérieur.

infériorité, n. f. ◆ Défaut, situation d'une personne ou d'une chose inférieure à une autre : *L'infériorité de nos avants est compensée par la solidité de notre défense.* — CONTR. supériorité.

infernal, ale, aux, adj. ◆ Très pénible, très grand : *Dans mon quartier, les voitures font un bruit infernal.*

infester, v. ◆ Vivre, être présent en très grand nombre dans un lieu : *Toute la forêt était infestée par des mouches noires et des moustiques.* — REM. Ne dites pas *infecter* pour *infester.*

infidèle, adj. *ou* n. ◆ **1.** Qui n'est pas fidèle. — CONTR. fidèle. **2.** *Les infidèles,* ceux qui ont une autre religion : *Les chrétiens sont des infidèles aux yeux des musulmans.*

infiltration, n. f. ◆ Liquide qui s'infiltre.

infiltrer (s'), v. ◆ **1.** Pénétrer par petites quantités et lentement ou par une petite ouverture : *La pluie s'est infiltrée par les interstices, entre les tuiles.* **2.** Passer et s'introduire, sans être remarqué, en contournant les obstacles : *Les Peaux-Rouges réussirent à s'infiltrer dans le camp, malgré la présence des gardes.* — SYN. se glisser.

infini, ie, adj. ◆ Très grand, sans aucune limite : *L'univers occupe un espace infini.* ● *A l'infini,* sans s'arrêter : *Ne perdons pas de temps à discuter à l'infini sur ces questions oiseuses.* — SYN. à perte de vue.

infiniment, adv. ◆ Très, à un degré élevé : *Je vous suis infiniment reconnaissant de ce que vous avez fait pour moi.*

infinité, n. f. ◆ Quantité immense qu'on peut difficilement évaluer : *Tu sais qu'il existe une infinité d'espèces animales et végétales.*

infinitif, n. m. ♦ L'un des modes impersonnels du verbe. Par exemple, les formes *aimer, finir, prendre, paraître* sont des infinitifs.

infirme, adj. *ou* n. m. *ou* f. ♦ Qui ne peut plus se servir d'une partie de son corps et ne peut plus vivre ou agir normalement. — SYN. impotent, invalide.

infirmerie, n. f. ♦ Endroit d'une école, d'une caserne, d'une prison, etc., où l'on soigne les malades ou les blessés.

infirmier, ière, n. ♦ Personne qui donne des soins aux malades, leur fait des piqûres, fait des pansements aux blessés, etc.

inflammable, adj. ♦ Qui s'enflamme facilement.

inflammation, n. f. ♦ Enflure accompagnée de rougeur et parfois de douleur. — REGARDER *enflammé.*

inflation, n. f. ♦ Phénomène économique qui se traduit par une augmentation des prix et une dépréciation de la monnaie.

inflexible, adj. ♦ Qu'on ne peut fléchir, qu'on ne peut faire revenir sur sa décision. — SYN. impitoyable, inébranlable, inexorable, intransigeant, rigoureux.

infliger, v. (conjugaison 16) ♦ Donner (une punition) : *Le voleur fut pris et traduit devant le tribunal, qui lui infligea quatre mois de prison.*

influence, n. f. ♦ Action que l'on exerce sur une personne ou sur une chose et qui la modifie : *C'est curieux : le temps qu'il fait exerce une grande influence sur son humeur.*

influencer, v. (conjugaison 17) ♦ Exercer une influence sur une personne : *Émilie a une forte personnalité : elle influence tous ses camarades.*

informaticien, ienne, n. ♦ Spécialiste de l'informatique.

information, n. f. ♦ **1.** Nouvelle, renseignement : *Essaie de recueillir des informations sur cette affaire.* **2. Les *informations* :** émission qui, chaque jour, donne les nouvelles, à la radio et à la télévision.

informatique, n. f. *ou* adj. ♦ Science et technique de l'utilisation des ordinateurs. • *La comptabilité informatique représente un énorme progrès.*

informe, adj. ♦ Qui n'a pas de forme précise et reconnaissable.

informer, v. ♦ Faire savoir : *On nous a informés de l'heure de la réunion. On nous a informés que la réunion aurait lieu à 9 heures.* • *S'informer :* se renseigner.

infraction, n. f. ♦ Acte contraire à la loi, au règlement : *Cette infraction au code de la route te coûtera cher.* — REGARDER crime, délit, faute. • *Être en infraction à l'égard de la loi, du règlement.* — SYN. être en contravention.

infranchissable, adj. ♦ Que l'on ne peut franchir.

infusion, n. f. ♦ Boisson chaude faite avec des feuilles, des fleurs ou des tiges de plantes, qu'on a fait tremper dans de l'eau. — REGARDER *tisane.*

ingénieur, eure, n. ♦ Celui, celle qui a fait des études scientifiques spécialisées et qui peut diriger des recherches techniques ou la fabrication d'un produit. • *Ingénieur du son.*

ingénieux, euse, adj. ♦ Qui est habile à trouver des solutions heureuses et originales à petits problèmes.

ingéniosité, n. f. ♦ Qualité d'une personne ingénieuse.

ingrat, ate, adj. *ou* n. ♦ **1.** Qui manque de gratitude, de reconnaissance. — CONTR. reconnaissant. **2.** Difficile, désagréable, ennuyeux, pénible : *Faire des additions toute la journée, quel travail ingrat !* **3.** Peu agréable, laid, peu souriant : *Gilberte avait un visage ingrat, mais elle était très gentille.* — CONTR. joli. **4.** *L'âge ingrat :* l'âge où les enfants, en grandissant, deviennent difficiles.

ingratitude, n. f. ♦ Défaut, attitude d'une personne ingrate. — CONTR. gratitude, reconnaissance.

inguérissable, adj. ♦ Qu'on ne peut guérir. — SYN. incurable.

inhabité, ée, adj. ♦ Qui n'est pas ou qui n'est plus habité. — SYN. désert, vide. — CONTR. habité.

inhabituel, elle, adj. ♦ Qui n'est pas habituel. — SYN. inaccoutumé. — CONTR. accoutumé, habituel.

inhospitalier, ière, adj. ♦ Qui n'est pas hospitalier. — CONTR. accueillant, hospitalier. ● *Rivage inhospitalier, côte inhospitalière,* où il n'est pas facile d'aborder et qui offre peu de mouillages.

inhumain, aine, adj. ♦ Dur, brutal, cruel. — CONTR. bon, humain.

inimaginable, adj. ♦ Si grand qu'on peut très difficilement se l'imaginer.

inimitié [inimitje], n. f. ♦ Manque d'amitié qui va jusqu'à l'hostilité. — SYN. hostilité, haine. — CONTR. amitié.

inintelligible, adj. ♦ Difficile à comprendre : *L'enfant, intimidé, balbutia quelques mots inintelligibles.* — SYN. incompréhensible. — CONTR. compréhensible, intelligible.

initiale, n. f. ♦ Première lettre d'un mot ou d'un nom.

initiative, n. f. ♦ Action que l'on fait en décidant soi-même : *En l'absence du délégué de classe, Ève prit l'initiative d'avertir le maître.*

injecter, v. ♦ Faire entrer un liquide sous pression : *On va injecter du ciment liquide dans le sol, pour rendre celui-ci plus ferme.*

injection, n. f. ♦ **1.** Action d'injecter. **2.** Piqûre de médicament.

injure, n. f. ♦ Parole, très désagréable et généralement grossière, par laquelle on exprime à quelqu'un la haine ou le mépris qu'on a pour lui.

injurier, v. (conjugaison **20**) ♦ Dire des injures à quelqu'un : *Les manifestants injuriaient les policiers.* — SYN. insulter.

injurieux, euse, adj. ♦ Qui constitue des injures : *Les propos des manifestants étaient injurieux.* — SYN. insultant.

injuste, adj. ♦ Contraire à la justice. — CONTR. juste.

injustice, n. f. ♦ Situation, action, traitement contraire à la justice. — CONTR. justice.

innocence, n. f. ♦ État d'une personne qui n'a pas fait de mal, qui n'est pas coupable. — CONTR. culpabilité.

innocent, ente, adj. *ou* n. ♦ **1.** Qui n'est pas coupable, qui n'a pas fait de mal. — CONTR. coupable. **2.** *Un innocent :* un simple d'esprit.

innombrable, adj. ♦ Très nombreux et impossible à compter : *Toute la forêt résonnait du chant d'innombrables oiseaux.* — CONTR. rare.

innovation, n. f. ♦ Chose nouvelle, invention récente.

innover, v. ♦ Faire une chose nouvelle, encore jamais faite.

inodore, adj. ♦ Sans odeur, qui ne sent rien. — CONTR. odorant.

inoffensif, ive, adj. ♦ Qui ne fait pas de mal : *Tu peux toujours boire une tisane : c'est une boisson inoffensive.* — CONTR. dangereux, nocif, nuisible.

inondation

inondation, n. f. ◆ Phénomène par lequel l'eau inonde un endroit.

inonder, v. ◆ Recouvrir d'eau : *La rivière en crue inondait les prairies et les champs.*

inouï, ïe, adj. ◆ Tout à fait nouveau et extraordinaire, très grand, encore jamais entendu ni vu : *A cet endroit, le courant de la rivière atteint une vitesse inouïe : il va plus vite qu'un cheval au galop !*

inoxydable, adj. ◆ *Acier inoxydable :* acier spécial, d'aspect brillant, qui ne s'oxyde pas, ne rouille pas.

inqualifiable, adj. ◆ Très blâmable et qu'on ne sait comment appeler : *Il s'est conduit d'une manière inqualifiable.* — SYN. scandaleux.

inquiet, iète, adj. ◆ Qui éprouve du souci, de la peur. — SYN. angoissé, anxieux, craintif, effrayé. — CONTR. rassuré, serein, tranquille.

inquiéter, v. (conjugaison 11) ◆ Rendre inquiet : *L'approche de l'examen inquiète beaucoup ma grande sœur.* ● *S'inquiéter,* être inquiet : *Voyons, Philippe, ne t'inquiète pas : ton chat va revenir.*

inquiétude, n. f. ◆ État d'une personne inquiète. — SYN. angoisse, crainte, peur, préoccupation, souci. — CONTR. assurance, sérénité, tranquillité.

insaisissable, adj. ◆ Impossible à attraper : *Malgré tous les pièges, les souris restaient insaisissables.* ● Difficile à connaître, à définir : *Sa personnalité est insaisissable.*

insalubre, adj. ◆ Mauvais pour la santé, malsain. — CONTR. salubre, sain.

insatiable [ɛ̃sasjabl], adj. ◆ Qu'on n'arrive pas à rassasier, à satisfaire : *Un gâteau gros comme ça, et tu as encore faim ? Ma parole, tu es insatiable !*

insatisfait, aite, adj. ◆ Qui n'est pas satisfait, qui voudrait plus ou autre chose. — CONTR. satisfait.

inscription, n. f. ◆ **1.** Chose écrite ou gravée sur un monument, etc. **2.** Action d'inscrire ou de s'inscrire sur une liste, dans une association, etc. ● Prix que l'on paye pour s'inscrire : *L'inscription au club de judo est de cent dollars.*

inscrire, v. (conjugaison 48) ◆ **1.** Écrire quelque chose : *J'ai inscrit sur un papier l'adresse de Madeleine.* — SYN. noter. **2.** Admettre sur une liste, dans une association : *Faites donc inscrire votre fille dans un club de judo.*

insecte, n. m. ◆ Animal sans squelette, au corps articulé, muni de six pattes et souvent d'ailes.

insecticide, adj. *ou* n. m. ◆ Qui tue les insectes.

insectivore, adj. *ou* n. m. ◆ Qui se nourrit d'insectes : *Les oiseaux insectivores sont bien utiles à l'agriculture.* ● *Les insectivores,* animaux (mammifères), à dents pointues, qui se nourrissent d'insectes : *La taupe et le hérisson sont des insectivores.*

insensé, ée, adj. *ou* n. ◆ **1.** Qui n'est pas raisonnable, qui a des idées de fou : *Cet homme insensé voulait traverser l'océan à la nage.* ● *Seul un insensé peut avoir une idée pareille !* — SYN. un fou. **2.** Contraire à la raison, au bon sens : *Il voulait traverser l'océan à la nage : quelle idée insensée !* — SYN. déraisonnable, fou. — CONTR. raisonnable, sage, sensé.

insensibiliser, v. ◆ Rendre insensible : *N'aie pas peur : la dentiste va insensibiliser ta gencive avant de traiter la dent.* — REGARDER *anesthésier.*

insensibilité, n. f. ◆ Manque de sensibilité, de pitié, de sentiment. — CONTR. sensibilité.

insomnie

insensible, adj. ♦ **1.** Qui ne ressent pas la douleur, le froid, etc. **2.** Qui n'éprouve aucune pitié, aucun sentiment : _Qui donc pourrait rester insensible devant tant de misère ?_ — CONTR. sensible, ému. **3.** A peine perceptible : _Un allongement insensible des jours, une température plus douce et le ciel plus bleu annonçaient la fin de l'hiver._

inséparable, adj. ♦ **1.** Qui ne se quittent jamais : _Adrien et Ludovic sont une vraie paire d'amis : ils sont inséparables !_ **2.** Qu'on ne peut séparer, isoler : _La Révolution tranquille est inséparable du nom de Jean Lesage._ — CONTR. séparable.

insérer, v. (conjugaison 11) ♦ **1.** Mettre dans (un espace étroit) : _Elle inséra une pièce de monnaie sous le couvercle de la boîte métallique et put enfin l'ouvrir._ **2.** Inscrire, mettre, ajouter, faire imprimer : _J'ai inséré une petite annonce dans le journal._

insidieux, euse, adj. ♦ **1.** Qui constitue un piège dangereux : _Méfie-toi de ses promesses insidieuses._ — SYN. perfide, sournois. — CONTR. franc. **2.** Qui s'étend et s'aggrave peu à peu, en faisant du mal, sans qu'on s'en aperçoive tout de suite : _Personne n'avait conscience de l'insidieux travail de destruction des termites, mais, un beau jour, la charpente s'effondra._

1. insigne, adj. ♦ Remarquable, extraordinaire, très grand : _Être élue députée fut pour elle un événement insigne._

2. insigne, n. m. ♦ Petit objet qu'on porte sur soi, bien visible, et qui indique qu'on appartient à un groupe, à une organisation, etc.

insignifiant, ante, adj. ♦ Sans importance, très petit : _Ne perds pas ton temps à raconter ces détails insignifiants._ — CONTR. capital, important, remarquable. ● _Au fond du sac, il ne restait qu'une quantité insignifiante de farine._ — SYN. infime. — CONTR. considérable, énorme, immense.

insinuation, n. f. ♦ Parole par laquelle on insinue quelque chose. — SYN. allusion.

insinuer, v. (conjugaison 19) ♦ **1.** Laisser entendre une chose, sans la dire franchement : _Voudrais-tu insinuer par là que j'ai menti ?_ **2.** _S'insinuer,_ entrer, pénétrer, s'enfoncer par un espace étroit : _Le vent froid s'insinue sous la porte._ — SYN. s'infiltrer.

insipide, adj. ♦ Qui n'a aucun goût et qui n'est pas agréable à manger ou à boire. — SYN. fade. — CONTR. épicé, relevé, savoureux.

insistance, n. f. ♦ Action d'insister, attitude d'une personne qui insiste.

insister, v. ♦ **1.** Dépenser beaucoup de force, d'énergie, de ténacité, de patience, pour obtenir quelque chose : _Nous avons insisté pour que notre camarade soit accepté dans l'équipe._ **2.** Parler d'une chose en détail et avec force, en faisant ressortir qu'elle est importante : _J'insiste bien sur ce point : les noms des personnes s'écrivent avec une majuscule._ — CONTR. glisser.

insolation, n. f. ♦ Malaise, plus ou moins grave, provoqué par une exposition trop longue au soleil.

insolence, n. f. ♦ Attitude ou parole d'une personne qui manque au respect dû à quelqu'un. — SYN. effronterie, impertinence. — CONTR. respect.

insolent, ente, adj. _ou_ n. ♦ Qui fait preuve d'insolence. — SYN. effronté, impertinent. — CONTR. respectueux.

insolite, adj. ♦ Inhabituel, étrange. — SYN. bizarre, inaccoutumé, inhabituel. — CONTR. accoutumé, habituel.

insoluble, adj. ♦ **1.** Qui ne peut pas se dissoudre : _Le sucre est insoluble dans l'alcool, mais soluble dans l'eau._ — CONTR. soluble. **2.** Qu'on ne peut pas résoudre : _Diviser un arc de cercle en trois parties égales, sans rapporteur, est un problème insoluble._

insomnie, n. f. ♦ Impossibilité de dormir pendant un long moment de la nuit.

insondable

insondable, adj. ♦ **1.** Trop profond pour être sondé, mesuré : *Ah! pense à tous ces navires engloutis dans les profondeurs insondables des océans!* **2.** Très profond, impénétrable : *La vieille philosophe avait passé sa vie à méditer sur les secrets insondables de l'âme humaine.*

insonoriser, v. ♦ Garnir de matériaux qui empêchent les bruits de passer : *Nous allons faire insonoriser cette pièce pour en faire un studio d'enregistrement.*

insouciance, n. f. ♦ Caractère, conduite d'une personne insouciante. — SYN. imprévoyance, légèreté. — CONTR. prévoyance, le sérieux.

insouciant, ante, adj. ♦ Qui ne pense pas à ce qui pourrait arriver et qui ne prend pas les précautions voulues, attentif seulement aux plaisirs et aux amusements du moment. — SYN. imprévoyant, léger. — CONTR. prévoyant, sérieux.

insoutenable, adj. ♦ **1.** Horrible, très pénible, insupportable. **2.** Qui est si évidemment faux qu'on ne peut le soutenir : *Les singes sont aussi intelligents que les hommes? C'est une opinion insoutenable!* — CONTR. soutenable.

inspecter, v. ♦ **1.** Regarder partout avec attention pour essayer de voir ou de découvrir quelque chose : *Debout sur l'îlot désert, le naufragé inspectait la mer. Mais pas une voile à l'horizon!* — SYN. examiner. **2.** Venir voir si les choses sont comme il faut : *L'ingénieur inspecta la construction du pont.* — SYN. contrôler, vérifier.

inspecteur, trice, n. ♦ Personne chargée d'inspecter. — REGARDER *contrôleur.* ● *Inspecteur de police :* policier en civil.

inspection, n. f. ♦ Action d'inspecter. — REGARDER *contrôle, vérification.*

inspiration, n. f. ♦ **1.** Action d'inspirer de l'air. — CONTR. expiration. **2.** Ensemble des idées qui viennent toutes seules à l'esprit, d'un seul coup ; état de celui qui reçoit ainsi de telles idées en abondance : *Saisi par l'inspiration, le poète écrivit en une heure une centaine de vers magnifiques.*

inspirer, v. ♦ **1.** Faire entrer l'air dans les poumons : « *Inspirez, expirez* », cria le professeur d'éducation physique, et l'on entendit le souffle de la respiration des élèves.* — CONTR. expirer. **2.** Donner des idées, un sujet d'œuvre littéraire ou artistique : *Le spectacle de la mer a depuis toujours inspiré les poètes.* **3.** *S'inspirer de,* imiter de plus ou moins près, trouver ses idées dans : *Pour décorer le plafond du théâtre, le peintre s'est inspiré d'un tableau italien de la Renaissance.*

instable, adj. ♦ Peu stable. — CONTR. stable.

installation, n. f. ♦ **1.** Action d'installer ou de s'installer. **2.** Ensemble d'appareils qu'on a assemblés et fixés à un endroit pour les faire fonctionner ensemble : *L'installation électrique de la maison est en bien mauvais état.*

installer, v. ♦ **1.** Loger : *Nous avons installé ma cousine dans la petite chambre du premier étage.* ● *S'installer :* se mettre à un endroit pour y rester, y loger, y vivre. **2.** Mettre en place des appareils, les assembler, les fixer, pour qu'ils fonctionnent ensemble : *Le père Théotime a installé lui-même son chauffage central, il en est très fier.*

instamment, adv. ♦ De manière instante, pressante. — SYN. vivement.

1. instant, ante, adj. ♦ Pressant : *Écoutez ma prière instante, c'est très important, ce que je vous demande.* — SYN. insistant.

2. instant, n. m. ♦ Très court moment. ● *A chaque instant :* souvent. ● *Pour l'instant :* pour le moment. ● *A l'instant :* il y a très peu de temps, *ou* dans très peu de temps.

insuffisance

instantané, ée, adj. *ou* n. m. ♦ Qui se fait en très peu de temps. — CONTR. long, lent. • *Un instantané :* photographie prise avec un temps d'exposition très bref.

instantanément, adv. ♦ En un temps très court. — SYN. tout de suite.

instaurer, v. ♦ Établir une habitude, un usage, une loi, une institution, etc. : *Le droit de vote des femmes a été instauré au Québec en 1940.* — SYN. créer, instituer. — CONTR. abolir, abroger, supprimer.

instinct [ɛ̃stɛ̃], n. m. ♦ **1.** Tendance naturelle commune à tous les êtres vivants d'une même espèce. • *L'instinct maternel.* • *L'instinct de conservation.* **2.** *D'instinct :* spontanément, sans avoir appris.

instinctif, ive, adj. ♦ Dû à l'instinct et non à la réflexion ou à l'intelligence.

instituer, v. (conjugaison 19) ♦ Créer, faire exister un usage, une règle, une organisation, etc. : *L'assurance-hospitalisation du Québec a été instituée en 1961.* — SYN. créer, établir, fonder, instaurer. — CONTR. abolir, supprimer.

institut [ɛ̃stity], n. m. ♦ **1.** *L'Institut de France* ou *l'Institut :* nom donné à l'ensemble formé par l'Académie française, l'Académie des sciences, etc. **2.** Nom donné à certains établissements de recherche et d'enseignement supérieur.

instituteur, trice, n. ♦ Celui, celle qui fait la classe à l'école élémentaire.

institution, n. f. ♦ **1.** Toute organisation qui dure un temps plus ou moins long et joue un rôle dans la vie publique et politique d'un pays ; ensemble des lois et des usages qui règlent la vie d'une société ou d'un État : *Nous allons étudier les institutions canadiennes : commençons par le sénat.* **2.** Établissement d'enseignement privé (primaire ou secondaire).

instructif, ive, adj. ♦ Qui apprend quelque chose d'utile : « La vie des Romains ». *Bravo ! Je vois que tu lis des livres instructifs !*

instruction, n. f. ♦ **1.** Action de s'instruire ou action d'instruire les autres : *Sais-tu qu'autrefois l'instruction n'était pas obligatoire ?* — REGARDER enseignement. **2.** Ensemble des connaissances qu'on possède : *Notre voisine est bachelière, elle a donc une bonne instruction.* — SYN. culture, savoir. — CONTR. ignorance, inculture. **3.** *Des instructions,* indications qu'on donne à quelqu'un pour lui dire ce qu'il doit faire : *Les policiers ont reçu de leurs chefs des instructions précises : ils ne doivent laisser entrer personne.* — SYN. consigne, ordre.

instruire, v. (conjugaison 46) ♦ **1.** Donner de l'instruction, des connaissances : *Notre institutrice prend sa retraite : elle a instruit des centaines d'écoliers pendant sa vie !* — SYN. enseigner à. **2.** Informer de quelque chose : *On m'a instruit de votre départ prochain.*

instrument, n. m. ♦ Objet que l'on emploie pour faire un travail, une action : *Avant de te soigner les dents, le dentiste va stériliser ses instruments.* — REGARDER *appareil, outil, ustensile.* • *Des instruments de musique.*

instrumentiste, n. m. *ou* f. ♦ Celui, celle qui joue d'un instrument de musique (par exemple dans un orchestre).

insu (à l'), loc. prép. *ou* loc. adv. ♦ Sans que telle personne le sache : *A l'insu de ses parents, le petit Luc avait amené un chien à la maison et l'avait enfermé dans la cuisine.* • *A mon insu, à ton insu, à son insu...*

insubmersible, adj. ♦ *Canot insubmersible,* qui ne peut couler, même s'il est recouvert complètement par une vague.

insuffisamment, adv. ♦ Pas assez. — CONTR. assez, suffisamment.

insuffisance, n. f. ♦ Caractère de ce qui est insuffisant.

insuffisant

insuffisant, ante, adj. ♦ Qui n'est pas en nombre assez grand, en quantité assez grande, qui n'est pas assez bon, assez solide, etc. — CONTR. suffisant.

insulaire, adj. *ou* n. ♦ D'une île : *La faune et la flore insulaires présentent souvent des caractères très particuliers.* — CONTR. continental. ● **Les insulaires :** les habitants d'une île.

insulte, n. f. ♦ Parole très désagréable. — SYN. injure.

insulter, v. ♦ Dire des insultes à quelqu'un : *Au cours d'une dispute véhémente, elle a insulté son voisin.* — SYN. injurier.

insupportable, adj. ♦ **1.** Difficile à supporter, très pénible : *Il fait 35°C à l'ombre ; la chaleur est insupportable !* — CONTR. supportable. **2.** Très turbulent : *Jojo, si tu continues d'être aussi insupportable, nous n'irons pas voir le match.*

insurger (s'), v. (conjugaison 16) ♦ **1.** Entrer en révolte, se soulever : *Les impôts étaient trop lourds, le peuple s'insurgea contre le roi.* — SYN. se rebeller, se révolter, se soulever. — CONTR. obéir, se soumettre. **2.** Protester avec violence parce qu'on n'est pas du tout d'accord : *Moi, je me suis insurgée contre cette décision désastreuse.*

insurmontable, adj. ♦ **1.** Qu'on ne peut franchir, surmonter : *Un mur de six mètres de hauteur : c'était là un obstacle insurmontable !* — CONTR. surmontable. **2.** Que l'on ne peut dominer, maîtriser : *Patrick avait une peur insurmontable des crapauds et des serpents.*

insurrection [ɛ̃syʀɛksjɔ̃], n. f. ♦ Révolte contre le pouvoir, contre les autorités : *Les impôts excessifs provoquèrent une insurrection : le peuple, furieux, brûla les édifices publics et pendit les officiers royaux.* — SYN. émeute, rébellion, révolte, révolution, soulèvement. — CONTR. soumission.

intact, acte, adj. ♦ Qui n'a subi aucun dommage : *Pauline a fait une chute, mais elle n'a pas de mal et son vélo est intact.* — CONTR. détérioré, endommagé.

intarissable, adj. ♦ Qui ne s'arrête pas de parler sur un sujet donné : *Hubert veut être plus tard astronaute : il est intarissable sur les fusées et les vaisseaux spatiaux !*

intégral, ale, aux, adj. ♦ Entier, complet, auquel on n'a rien enlevé : *Voici le texte intégral de la déclaration de la ministre.* — SYN. total. — CONTR. partiel.

intégralité, n. f. ♦ Totalité : *L'assurance ne couvre jamais l'intégralité des frais.* — CONTR. partie.

intègre, adj. ♦ Très honnête : *Ce commerçant était intègre : il remboursa ses créanciers jusqu'au dernier sou.* — SYN. probe. — CONTR. malhonnête.

intégrer, v. ♦ **1.** Faire entrer dans un ensemble. Rattacher à. **2.** *S'intégrer,* faire entièrement partie d'un nouveau groupe : *Beaucoup d'immigrants s'intègrent facilement à la vie canadienne.*

intégrité, n. f. ♦ Vertu d'une personne intègre. — SYN. honnêteté, probité. — CONTR. malhonnêteté.

intellectuel, elle, adj. *ou* n. ♦ **1.** Qui concerne l'intelligence : *Anne est plus à l'aise dans les épreuves intellectuelles que dans les épreuves sportives.* **2.** Qui demande des connaissances, plutôt que de la force physique ou de l'habileté manuelle : *Faire une addition est un travail intellectuel, scier une planche est un travail manuel.* **3.** *Les intellectuels :* les savants, les écrivains, etc.

intelligemment, adv. ♦ De manière intelligente. — CONTR. bêtement, sottement.

intelligence, n. f. ♦ **1.** Capacité de bien comprendre. — SYN. clairvoyance, finesse, lucidité, perspicacité, sagacité. — CONTR. bêtise, idiotie, imbécillité, sottise, stupidité. **2.** *Être d'intelligence avec quelqu'un,* être d'accord avec lui pour agir. ● *Vivre en*

bonne (en mauvaise) intelligence avec quel-qu'un, bien (mal) s'entendre avec lui. ● *Intelligence avec l'ennemi :* crime de ceux qui, en temps de guerre, servent l'ennemi et s'entendent avec lui pour faire du mal à leur propre pays. — SYN. trahison.

intelligent, ente, adj. ♦ Qui a de l'intelligence. — SYN. clairvoyant, fin, lucide, perspicace, sagace. — CONTR. bête, imbécile, idiot, sot, stupide.

intelligible, adj. ♦ Qu'on peut comprendre : *Parle donc comme tout le monde et exprime-toi de manière intelligible !* — SYN. compréhensible. — CONTR. incompréhensible, inintelligible.

intempéries, n. f. pl. ♦ Mauvais temps (pluie, vent, neige, froid, etc.).

intenable, adj. ♦ Très difficile à tenir, très dur, très pénible : *Cette atmosphère devenait intenable : nous sommes partis.*

intendance, n. f. ♦ Service de l'armée qui assure le ravitaillement en vivres et l'habillement des soldats.

intendant, ante, n. ♦ **1.** Celui, celle qui s'occupe d'administrer les biens d'une personne. — SYN. régisseur. **2.** Dans un collège, un hôpital, celui qui s'occupe des dépenses du matériel, de la nourriture, etc. — SYN. économe. **3.** De l'époque de Louis XIV à la Révolution française, celui qui administrait une région. *Jean Talon et Jacques Duchesneau furent les intendants de Louis XIV en Nouvelle-France.*

intense, adj. ♦ Très grand : *Il fallut à la coureuse des efforts intenses pour parvenir à rattraper le peloton.* — SYN. fort, grand. — CONTR. faible, petit.

intensif, ive, adj. ♦ Qui exige un grand travail et beaucoup d'efforts : *Tu sais, les athlètes qui vont aux jeux Olympiques sont soumis à un entraînement intensif : c'est très dur !*

intensifier, v. ♦ Rendre plus intense. Augmenter.

intensité, n. f. ♦ Grandeur, force : *L'intensité du courant est telle qu'aucun bateau ne peut remonter le fleuve.*

intention, n. f. ♦ **1.** Chose que l'on veut faire, projet : *J'ai l'intention d'apprendre à jouer de la guitare.* — SYN. but, dessein, projet. **2.** *A l'intention de,* pour, destiné à : *Voici une remarque que je fais à l'intention des élèves qui étaient absents hier.*

intentionné, ée, adj. ♦ *Bien (mal) intentionné,* qui a de bonnes (de mauvaises) intentions envers une personne.

intercalaire, adj. ♦ Qu'on intercale. ● *Mois intercalaire :* mois supplémentaire qu'on ajoutait, certaines années, dans certains calendriers de l'Antiquité.

intercaler, v. ♦ Mettre à l'intérieur d'un ensemble, entre deux éléments : *On a intercalé des conseils entre les recettes de ce livre de cuisine.*

intercepter, v. ♦ Arrêter, prendre, en empêchant d'arriver au but : *La police maritime a intercepté un bateau de trafiquants de drogue.*

interception, n. f. ♦ Action d'intercepter.

intercontinental, ale, aux, adj. ♦ Qui va d'un continent à un autre.

interdiction, n. f. ♦ Action d'interdire. — SYN. défense. — CONTR. autorisation, consentement, permission.

interdire, v. (conjugaison 47) ♦ **1.** Faire savoir qu'on n'a pas le droit de faire une chose : *Le directeur a interdit de circuler sur des patins à roulettes dans les couloirs de l'école.* — SYN. défendre de. — CONTR. autoriser, consentir, permettre. **2.** *Interdire l'accès :* empêcher de passer et d'entrer.

intéressant, ante, adj. ♦ **1.** Qui intéresse. — SYN. passionnant. — CONTR. assommant, ennuyeux. **2.** Qui fait gagner ou économiser de l'argent. — SYN. avantageux.

intéressé, ée, adj. ♦ Qui agit ou qui est fait pour de l'argent, par intérêt, dans l'espoir d'un avantage.

intéresser, v. ♦ **1.** Amuser ou passionner en retenant l'attention : *La leçon d'histoire intéresse les enfants.* **2.** S'appliquer à, être destiné à : *Cette information intéresse tous les élèves qui entrent en sixième.* — SYN. concerner, toucher.

intérêt, n. m. ♦ **1.** Grande attention qu'on porte à une chose : *Un bon professeur sait éveiller et maintenir l'intérêt des élèves.* — CONTR. ennui. **2.** Caractère d'une chose qui mérite qu'on s'en occupe : *Vite! Passez à l'essentiel! Laissez de côté tous ces détails sans intérêt.* **3.** Ce qui est profitable, avantageux pour quelqu'un : *Je te donne ce conseil dans ton intérêt.* **4.** Somme d'argent que le débiteur verse au créancier chaque année, indépendamment du remboursement du capital.

intérieur, eure, adj. *ou* n. m. ♦ **1.** Qui est dans une chose et non dehors : *La face intérieure du mur est enduite de plâtre.* — SYN. interne. — CONTR. extérieur, externe. ● *L'intérieur,* la partie qui est dans une chose et non dehors : *L'extérieur du tiroir est verni, l'intérieur est peint en blanc.* — CONTR. l'extérieur. ● *A l'intérieur de :* dans. — CONTR. hors de, à l'extérieur de. **2.** *Politique intérieure :* les affaires politiques du pays lui-même, par opposition à la *politique extérieure* (ou *politique étrangère*) qui concerne les relations avec les autres pays. **3.** *Un intérieur,* logement, appartement : *Beaux meubles, beaux tapis, beaux tableaux : quel intérieur élégant!* ● *Une femme d'intérieur :* une femme qui aime rester à la maison et s'occuper de son logement.

interjection, n. f. ♦ Mot invariable qui exprime un sentiment vif et qui est une manière de cri, par exemple : *Oh! ah! hé! hou!* — REGARDER *onomatopée.*

interlocuteur, trice, n. ♦ Celui, celle avec qui l'on parle.

interloquer, v. ♦ Surprendre beau-coup, au point de laisser parfois sans réponse. — SYN. abasourdir, déconcerter, ébahir, stupéfier.

intermédiaire, adj. *ou* n. m. *ou* f. ♦ **1.** Entre les deux : *Le chandail à 80 dollars est beau, mais trop cher, le chandail à 19 dollars est trop léger : auriez-vous la qualité intermédiaire?* **2.** *Un, une intermédiaire :* celui, celle qui agit auprès d'une personne au nom d'une autre. ● *Par l'intermédiaire de :* en ayant recours aux services d'une personne (ou d'une agence, etc.) qui sert d'intermédiaire. — SYN. par l'entremise de.

interminable, adj. ♦ Qui n'en finit pas. — SYN. long, sans fin. — CONTR. bref, court.

intermittence (par), loc. adv. ♦ De temps en temps, mais pas tout le temps. — SYN. par moments. — CONTR. continuellement.

intermittent, ente, adj. ♦ Qui a lieu de temps en temps, mais pas tout le temps. — SYN. discontinu, momentané, passager. — CONTR. continu, continuel, permanent.

international, ale, aux, adj. ♦ Qui a lieu entre plusieurs nations, qui concerne plusieurs nations : *La collaboration internationale a encore de grands progrès à faire.* — CONTR. national, intérieur.

interne, adj. *ou* n. m. *ou* f. ♦ **1.** Qui est à l'intérieur d'une chose. — SYN. intérieur. — CONTR. externe. **2.** *Un, une interne :* élève qui couche et prend ses repas dans une école. — SYN. pensionnaire. — CONTR. externe. **3.** *Un, une interne :* étudiant en médecine qui exerce la médecine à l'hôpital, sous la direction de médecins plus anciens.

interner, v. ♦ Enfermer dans un hôpital psychiatrique ou dans un camp de concentration.

interpeller [ɛ̃tɛʀpele], v. ♦ Appeler de loin ou brusquement : *Dès qu'elle m'aperçut, Thérèse m'interpella joyeusement : « Ohé! Jeanne! où vas-tu ainsi? »* — SYN. apostropher.

interplanétaire, adj. ♦ Qui se fait, qui va d'une planète à l'autre. ● *Les voyages, les fusées interplanétaires.*

interposé, ée, adj. ♦ *Par personne interposée :* par l'intermédiaire d'une personne.

interposer (s'), v. ♦ Se mettre entre deux personnes pour empêcher une bataille, éviter une querelle, etc.

interprétation, n. f. ♦ Action ou manière d'interpréter.

interprète, n. m. *ou* f. ♦ **1.** Celui, celle qui traduit au fur et à mesure les paroles dans une langue étrangère. **2.** Celui, celle qui joue un rôle au théâtre ou au cinéma, chante une chanson, exécute un morceau de musique.

interpréter, v. (conjugaison 11) ♦ **1.** Expliquer une chose, en donner la signification : *Comment interprètes-tu ce passage du texte ?* **2.** Jouer un rôle, chanter une chanson, exécuter une œuvre musicale : *Rappelle-moi le nom de l'acteur qui interprète le rôle du cow-boy.*

interrogateur, trice, adj. ♦ *Un regard, un ton interrogateur,* qui semble interroger, poser une question.

interrogatif, ive, adj. ♦ Qui exprime une question : *A la fin d'une phrase interrogative directe, n'oublie pas de mettre un point d'interrogation.*

interrogation, n. f. ♦ **1.** Question que l'on pose, que l'on se pose : *Quand je dis :* « *ma tante viendra* », *c'est une affirmation ; quand je dis :* « *ma tante viendra-t-elle ?* », *c'est une interrogation.* ● *Point d'interrogation :* signe de ponctuation (?) que l'on place à la fin d'une phrase interrogative directe. **2.** Question ou série de questions que l'on pose à un élève, ou à un candidat, par écrit ou oralement, pour savoir quelles sont ses connaissances.

interrogatoire, n. m. ♦ Action d'interroger un témoin, un suspect, un accusé, en lui posant des questions précises.

interroger, v. (conjugaison 16) ♦ Poser des questions : *Si on t'interroge sur l'histoire de la traite des fourrures, n'oublie pas de parler de La Vérendrye.* — SYN. questionner. — CONTR. répondre.

interrompre, v. (conjugaison 102) ♦ **1.** Arrêter ce qui est en cours : *Un violent orage a interrompu notre pique-nique.* — SYN. arrêter. **2.** Couper la parole à quelqu'un : *Je vous prie de m'excuser si je vous interromps, mais je voudrais dire un mot sur ce point.* **3.** *S'interrompre,* s'arrêter d'agir : *Ne t'interromps pas à chaque instant pour rêvasser.*

interrupteur, n. m. ♦ Appareil, bouton qui sert à allumer ou à éteindre une lampe électrique, à mettre en marche ou à arrêter un appareil électrique.

interruption, n. f. ♦ **1.** Action d'interrompre ou de s'interrompre. — SYN. arrêt, cessation. — CONTR. reprise. ● *Il a plu pendant cinq heures, sans interruption.* — SYN. sans arrêt, sans discontinuer. **2.** Action d'empêcher une personne de parler pendant un instant : *Le discours de l'orateur était haché par les interruptions et les cris hostiles.*

intersection, n. f. ♦ **1.** Endroit où deux lignes, deux rues, deux routes, deux chemins se croisent. — SYN. carrefour, croisée, croisement. **2.** Sous-ensemble commun à deux ensembles.

interstice, n. m. ♦ Petit espace très étroit, entre deux choses : *Le vent glacial entrait par les interstices des fenêtres.*

interurbain, aine, adj. *ou* n. ♦ Qui a lieu d'une ville à une autre. ● *Transport interurbain.* ● *Un interurbain :* un appel téléphonique entre deux villes.

intervalle, n. m. ♦ **1.** Distance qui sépare deux choses. **2.** Temps qui sépare deux événements, deux actions. ● *Par intervalles :* de temps en temps.

intervenir, v. (conjugaison 44) ♦ S'occuper d'une affaire en cours pour y prendre

intervenir

part, pour s'interposer : *Je n'ai pas voulu intervenir dans leur querelle : leurs affaires ne m'intéressent pas.*

intervention, n. f. ✦ Action d'intervenir.

interversion, n. f. ✦ Action d'intervertir.

intervertir, v. ✦ Mettre à la place l'un de l'autre : *Dans une addition, on peut intervertir les nombres : ainsi, 17 + 24 = 24 + 17.* — SYN. faire permuter.

interview [ε̃tεRvju], n. f. ✦ Entretien entre un personnage et un journaliste, qui lui pose des questions.

interviewer [ε̃tεRvjuve], v. ✦ Interroger au cours d'une interview : *La journaliste, à la fin du match, a interviewé le champion.*

1. intestin, n. m. ✦ Organe en forme de tube, situé dans le ventre, qui sert à digérer les aliments. — REGARDER *boyau, tripe.*

2. intestin, intestine, adj. ✦ Qui se passe à l'intérieur d'un pays, entre partis politiques, entre factions : *Le parti politique était divisé par les querelles intestines.* ● *Guerre intestine :* Guerre civile. — CONTR. guerre étrangère.

intime, adj. *ou* n. ✦ *Des amis intimes* ou *des intimes :* des amis qui se connaissent bien et se voient très souvent. ● *Fête, réception, soirée intime,* à laquelle assistent seulement des parents et des amis intimes.

intimer, v. ✦ Ordonner, commander : *La présidente de l'assemblée dut intimer au perturbateur de sortir immédiatement.* ● *Elle dut lui intimer l'ordre de sortir.*

intimider, v. ✦ Troubler et faire un peu peur : *Avec son habit noir, sa barbe épaisse, son air sévère, l'oncle Albert nous intimidait.*

intimité, n. f. ✦ **1.** Caractère intime, intérieur et profond. ● Ce qui est intérieur et secret : *L'intimité de la conscience.* **2.** La vie privée, en ce qu'elle a de plus personnel : *L'intimité conjugale. L'intimité du foyer.* ● *Dans l'intimité :* entre amis intimes et entre parents, sans que d'autres personnes soient présentes.

intituler, v. ✦ Donner un titre à une œuvre : *Comment pourrait-on intituler ce poème?*

intolérable, adj. ✦ Très difficile à supporter ou à tolérer : *Léonie a mal aux dents, la douleur est intolérable.* — CONTR. supportable, tolérable.

intolérance, n. f. ✦ Attitude de ceux qui n'acceptent pas qu'on ait des opinions différentes des leurs. — CONTR. tolérance.

intolérant, ante, adj. ✦ Qui fait preuve d'intolérance. — CONTR. tolérant.

intonation, n. f. ✦ Ton de la voix, qui exprime un sentiment.

intoxication, n. f. ✦ Malaise dû à une substance toxique.

intoxiquer, v. ✦ Provoquer une intoxication et rendre malade. — REGARDER *toxique.*

intraduisible, adj. ✦ Qu'on ne peut traduire exactement ou mot à mot.

intraitable, adj. ✦ De caractère ou d'humeur à ne rien céder : *Je voulais sortir, mais ma mère s'est montrée intraitable.* — SYN. impitoyable, inébranlable, inflexible, intransigeant, irréductible. — CONTR. conciliant, traitable.

intransigeance, n. f. ✦ Caractère ou attitude d'une personne intransigeante.

intransigeant, ante, adj. ✦ De caractère ou d'humeur à ne pas céder, à exiger tout ce qu'il est en droit d'exiger. — SYN. inébranlable, inflexible, irréductible. — CONTR. accommodant, conciliant, traitable.

invasion

intransitif, adj. ♦ *Verbe intransitif,* qui n'admet pas de complément d'objet : *Le verbe* naître *est intransitif.* — CONTR. transitif.

intrépide, adj. ♦ Très courageux, audacieux, qui n'a pas peur du danger. — SYN. brave, hardi, téméraire, vaillant, valeureux. — CONTR. couard, craintif, lâche, poltron.

intrépidité, n. f. ♦ Vertu d'une personne intrépide. — SYN. audace, bravoure, courage, hardiesse, témérité. — CONTR. couardise, crainte, lâcheté, poltronnerie.

intrigue, n. f. ♦ **1.** Action compliquée et secrète menée contre quelqu'un ou pour obtenir le pouvoir, un avantage, etc. — SYN. agissements, complot, conjuration, conspiration, machination, manège, manigances, manœuvre, menées. **2.** Action qui est le sujet d'une pièce de théâtre, d'un roman ou d'un film : *J'ai eu beaucoup de mal à suivre l'intrigue de ce film.* — SYN. action, histoire, scénario, sujet, thème.

intriguer, v. ♦ **1.** Mener des intrigues (politiques ou autres) : *On intriguait beaucoup contre elle au moment de sa nomination comme présidente de la société.* **2.** Éveiller la curiosité et surprendre beaucoup : *Ce bruit bizarre m'intriguait.*

introduction, n. f. ♦ **1.** Action d'introduire. **2.** Le fait d'être introduit dans un groupe ou auprès de quelqu'un. ● *Lettre d'introduction :* lettre de recommandation qui permet d'être reçu par une personnalité. **3.** Petit texte, placé au début d'un livre, dans lequel l'auteur donne certaines indications qui peuvent être utiles au lecteur pour mieux comprendre ce qui est dit dans le livre. — SYN. avant-propos, avertissement, préface.

introduire, v. (conjugaison **46**) ♦ **1.** Mettre dans, faire entrer : *As-tu déjà introduit une nouvelle cartouche dans ton stylo?* **2.** *S'introduire,* entrer dans : *Le loup s'était introduit dans la bergerie. Qu'est-il*

arrivé ensuite? **3.** Conduire auprès de quelqu'un : *Un employé introduisit la visiteuse auprès du maire.*

intrus, use, n. ♦ Celui, celle qui s'est introduit dans un groupe ou dans un endroit, sans en avoir le droit ou de manière gênante.

intrusion, n. f. ♦ Entrée soudaine, brutale et peu désirée : *L'intrusion de ces garçons bruyants a interrompu nos jeux.*

intuition, n. f. ♦ **1.** Capacité de découvrir, de connaître ce qui est vrai, d'un seul coup, sans avoir besoin de raisonner. **2.** Impression : *J'ai l'intuition que nous sommes perdus.*

inusité, ée, adj. ♦ *Mot inusité, expression, forme inusitée,* qu'on n'emploie pas ou presque pas : *Le verbe* extraire *est inusité au passé simple. Le passé simple du verbe* extraire *est inusité.* — CONTR. usité.

inutile, adj. ♦ Qui ne sert à rien. — CONTR. utile.

inutilisable, adj. ♦ Qu'on ne peut pas, qu'on ne peut plus utiliser. — CONTR. utilisable.

inutilisé, ée, adj. ♦ Qui n'est pas utilisé.

inutilité, n. f. ♦ Manque d'utilité.

invalide, adj. *ou* n. ♦ Qui, à cause de la maladie ou d'une infirmité, ne peut plus travailler. — SYN. impotent, infirme. ● *Un invalide de guerre.* ● *Un invalide du travail.*

invariable, adj. ♦ *Mot invariable,* qui ne prend pas la marque du pluriel ni celle du féminin et qui s'écrit toujours de la même manière. C'est le cas des prépositions, des conjonctions, des adverbes, des interjections. ● *Temps invariable :* qui ne change pas, qui est constant.

invasion, n. f. ♦ Entrée massive et soudaine (armée ennemie, animaux nuisibles, etc.). — REGARDER envahir.

inventaire

inventaire, n. m. ♦ Liste détaillée des articles, avec leur prix, qu'un commerçant a en stock.

inventer, v. ♦ **1.** Imaginer une machine, un appareil, un procédé qui n'existait pas encore : *C'est un Américain, Thomas Edison, qui inventa le phonographe.* — REGARDER *découvrir.* **2.** Imaginer une chose fausse : *Mais non, il n'y a pas de Martiens dans le jardin, c'est ta sœur qui a inventé cette histoire pour te faire peur!* — SYN. forger, imaginer.

inventeur, trice, n. ♦ Celui, celle qui a inventé quelque chose.

inventif, ive, adj. ♦ Très doué pour inventer.

invention, n. f. ♦ **1.** Action d'inventer. **2.** Chose qu'on a inventée.

inverse, adj. *ou* n. m. ♦ *Le sens inverse :* le sens contraire, le sens opposé. ● *L'inverse,* le contraire : *Au lieu d'accélérer dans les lignes droites et de ralentir dans les virages, Gaston fait l'inverse!*

inverser, v. ♦ Mettre dans l'ordre inverse : *Soit le groupe un grand homme : si tu inverses le nom et l'adjectif, tu obtiens un homme grand. Le sens est-il le même?* — SYN. intervertir, faire permuter.

inversion, n. f. ♦ **1.** Action d'inverser. **2.** Ordre inverse. — SYN. interversion, permutation.

invertébré, n. m. ♦ *Les invertébrés :* les animaux qui n'ont pas de squelette, de colonne vertébrale. C'est le cas des insectes, des mollusques, des vers, etc. — CONTR. vertébré.

investigation, n. f. ♦ Recherche longue, minutieuse et systématique. — SYN. enquête, recherche.

investir, v. ♦ **1.** Encercler : *Les ennemis avaient investi la ville : un long*

siège commença. **2.** Placer de l'argent : *Elle a investi ses économies en achetant une maison, qu'elle loue.* **3.** Confier une charge, une responsabilité : *Le gouvernement a investi ce diplomate d'une mission spéciale.*

investissement, n. m. ♦ Action d'investir. Son résultat.

invincible, adj. ♦ Qu'on ne peut vaincre et qui est très fort.

invisible, adj. ♦ Qu'on ne peut voir. — CONTR. visible.

invitation, n. f. ♦ **1.** Action d'inviter. **2.** Lettre ou carte par laquelle on invite.

invité, ée, n. ♦ Personne invitée.

inviter, v. ♦ **1.** Demander de venir à une réception, à une cérémonie, demander de venir partager un repas : *Ma cousine a invité à son repas de mariage toutes ses camarades d'enfance.* ● *Viens, je t'invite à goûter.* **2.** Donner envie de faire quelque chose : *Ce beau soleil, cette mer calme et si bleue, ce sable blond : tout nous invite à aller nous baigner.* **3.** Ordonner, demander de faire quelque chose : *L'agent de police invita les curieux à circuler et à se disperser.*

invivable, adj. ♦ Très désagréable. — CONTR. vivable.

invocation, n. f. ♦ Paroles, prières par lesquelles on invoque.

involontaire, adj. ♦ Qu'on ne fait pas exprès. — CONTR. volontaire.

invoquer, v. ♦ **1.** S'adresser à la divinité pour obtenir aide, secours, etc. : *Au cours de la procession, les fidèles invoquaient le secours de Dieu.* **2.** Donner comme argument, comme preuve : *A l'appui de cette affirmation, l'historien invoque le témoignage d'un auteur latin.* — SYN. alléguer, s'appuyer sur.

invraisemblable, adj. ♦ Qui est étrange et très difficile à croire. — SYN. incroyable. — CONTR. plausible, vraisemblable.

invraisemblance, n. f. ♦ Caractère de ce qui est invraisemblable. — CONTR. vraisemblance.

invulnérable, adj. ♦ Qui ne peut être tué, blessé, touché, détruit. — CONTR. vulnérable.

iode, n. m. ♦ Substance à odeur particulière contenue dans les algues, l'eau de mer. ● _Teinture d'iode :_ liquide antiseptique qu'on met sur les plaies.

iris [iRis], n. m. ♦ **1.** Plante à longues feuilles étroites et pointues et à fleurs jaunes, bleues ou violettes. **2.** Partie colorée de l'œil.

ironie, n. f. ♦ Moquerie qui consiste à dire le contraire de ce que l'on pense : « _Que ce soulier est élégant !_ » _disait ma sœur avec ironie en montrant mon pied plâtré._

ironique, adj. ♦ Qui exprime la moquerie. — SYN. moqueur, railleur.

irradiation, n. f. ♦ Action d'irradier. ● Son résultat.

irradier, v. ♦ Exposer à l'action de rayons radioactifs.

irrationnel, elle, adj. ♦ Qui est non conforme à la raison.

irréalisable, adj. ♦ Qui ne peut être réalisé.

irrécupérable, adj. ♦ Qu'on ne peut récupérer.

irréductible, adj. ♦ Qu'on ne peut réduire. Qui n'admet aucune concession.

irréel, elle, adj. ♦ Qui n'existe pas. — SYN. imaginaire. — CONTR. réel.

irréfléchi, ie, adj. ♦ Qu'on fait de manière étourdie, imprudente, sans réfléchir ni calculer : _Par son initiative irréfléchie, il s'est mis dans un mauvais pas._ — SYN. étourdi. — CONTR. réfléchi.

irréfutable, adj. ♦ Qu'on ne peut réfuter, qui est manifestement vrai. — SYN. indiscutable. — CONTR. discutable, réfutable

irrégularité, n. f. ♦ **1.** Caractère de ce qui n'est pas régulier. **2.** Contraire aux règles.

irrégulier, ière, adj. ♦ **1.** De grandeur ou de qualité inégale, variable. — SYN. inégal, inconstant, variable. — CONTR. constant, égal, invariable, régulier. **2.** Qui ne suit pas la règle ordinaire, qui n'est pas conforme au modèle habituel : _Le verbe_ traire _est un verbe irrégulier._ — CONTR. régulier. **3.** Qui n'est pas conforme à la loi, au règlement : _Cette étrangère était sans papiers, elle était donc en situation irrégulière._ — CONTR. régulier.

irrémédiable, adj. ♦ Auquel on ne peut remédier, qui est irréparable. — SYN. irréparable. — CONTR. réparable.

irremplaçable, adj. ♦ Que rien ni personne ne pourrait remplacer.

irréparable, adj. ♦ Qu'on ne peut réparer. — CONTR. réparable. ● _Des dégâts irréparables._ — SYN. irrémédiable.

irréprochable, adj. ♦ Auquel on ne peut faire aucun reproche. — SYN. impeccable.

irrésistible, adj. ♦ Auquel on ne peut résister.

irréversible, adj. ♦ Sur quoi l'on ne peut revenir : _L'évolution des événements est irréversible._ — CONTR. réversible.

irrévocable, adj. ♦ Sur quoi l'on ne reviendra pas : _La décision du capitaine de ne pas se rendre aux pirates fut irrévocable._ — SYN. définitif.

irrigation, n. f. ♦ Action d'irriguer.

irriguer, v. ♦ _Irriguer la terre,_ y amener l'eau, nécessaire à la végétation, par un système de canaux, de fossés, de tuyaux. — CONTR. drainer.

irritant

irritant, ante, adj. ♦ Agaçant.

irritation, n. f. ♦ **1.** Mauvaise humeur, colère, **2.** Légère douleur accompagnée de rougeur (de la peau, de la gorge, etc.).

irriter, v. ♦ **1.** Mettre plus ou moins en colère : *Cette remarque imbécile m'a irrité.* **2.** Provoquer une irritation de la peau, de la gorge, etc. : *Je n'aime pas ce dentifrice : il irrite trop les gencives.*

irruption, n. f. ♦ Entrée brusque.

islam, n. m. ♦ Religion musulmane.

islamique, adj. ♦ De l'islam : *L'architecture islamique a produit des chefs-d'œuvre.*

isocèle, adj. ♦ *Triangle isocèle,* qui a deux côtés égaux.

isolant, n. m. ♦ Substance qui empêche le contact électrique ou bien qui isole du froid, du bruit. — CONTR. conducteur.

isolation, n. f. ♦ Action d'isoler quelque chose contre le froid, la chaleur, le bruit ou l'électricité.

isolé, ée, adj. ♦ **1.** Tout seul et séparé des autres : *Le vieux bûcheron vivait dans une maison isolée, tout près de la forêt.* — CONTR. groupé. **2.** Qui n'a pas de famille, d'amis : *Ma cousine vit seule là-bas à Paris, elle se sent bien isolée !* — CONTR. entouré.

isolement, n. m. ♦ **1.** Situation d'une personne ou d'une chose isolée. **2.** Action d'empêcher le contact électrique ou d'isoler du froid, du bruit : *La laine de verre assure un bon isolement thermique.*

isolément, adv. ♦ A part du reste : *Il ne faut pas considérer ce cas isolément.*

isoler, v. ♦ **1.** Séparer des autres en empêchant le contact, la circulation, la communication : *Deux mètres de neige ! Le long hiver commençait et allait isoler le village sans l'intervention des chasse-neige.*

— CONTR. relier. **2.** Empêcher le contact électrique, empêcher le froid, le bruit de passer : *Il faut bien isoler les conducteurs électriques, sinon tu vas t'électrocuter.*

isoloir, n. m. ♦ Petite cabine où l'électeur entre pour préparer son bulletin de vote.

israélien, ienne, adj. *ou* n. ♦ De l'État d'Israël : *Les pamplemousses israéliens sont juteux à souhait.* ● *Les Israéliens. Un Israélien. Une Israélienne.*

israélite, adj. *ou* n. m. *ou* f. ♦ Qui est de religion juive : *Dans les familles israélites pratiquantes, on ne mange jamais de viande de porc.* ● *Un israélite. Une israélite.* — REGARDER *juif.*

issu, ue, adj. ♦ **1.** Sorti de : *Les roches volcaniques sont issues des entrailles de la terre.* **2.** Partant de : *Soit deux droites issues du même point : elles forment un angle.* **3.** Qui a telle origine, géographique, familiale ou sociale : *Ce ministre était issu d'une famille de pionniers.* **4.** Qui provient de telle cause : *Cette révolution est issue du profond mécontentement de la population.*

issue, n. f. ♦ Sortie : *Le souterrain, partant du château fort, aboutissait à une issue secrète, dans la forêt.*

isthme [ism], n. m. ♦ Bande de terre très étroite, entre deux mers.

italien, ienne, adj. *ou* n. ♦ D'Italie : *Florence, c'est un nom de jeune fille, c'est aussi le nom d'une ville italienne.* ● *Les Italiens. Un Italien. Une Italienne.* ● *L'italien :* langue, issue du latin, qui est parlée en Italie.

italique, n. m. ♦ *En italique :* en caractères d'imprimerie penchés. — CONTR. en romain.

itinéraire, n. m. ♦ Chemin que l'on suit pour aller d'un endroit à un autre. — SYN. trajet.

ivoire, n. m. ♦ **1.** *De l'ivoire :* matière, blanche ou jaune pâle, dure, que l'on tire

ivrognerie

des défenses de l'éléphant. **2.** *Un ivoire,* un objet (statuette, boîte, etc.) en ivoire : *Tu verras, au musée, une belle collection d'ivoires byzantins.*

ivre, adj. ♦ **1.** Dont l'esprit est troublé par une trop forte absorption de vin, d'alcool. — SYN. soûl. **2.** Très excité sous l'effet d'une émotion très vive : *Ivre de joie en apprenant son succès, Sophie se mit à danser.*

ivresse, n. f. ♦ **1.** État d'une personne qui a trop bu de vin, d'alcool. — SYN. ébriété. **2.** Exaltation, excitation due à une émotion très vive : *L'ivresse du succès ne doit pas nous faire perdre le sens des réalités.*

ivrogne, ivrognesse, n. ♦ Personne ivre ou qui a l'habitude de s'enivrer.

ivrognerie, n. f. ♦ Habitude de s'enivrer. — SYN. alcoolisme. — CONTR. sobriété.

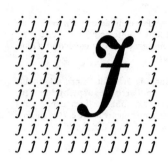

j', pronom personnel. ♦ Forme élidée de *je* devant une voyelle ou un *h* muet : *J'éclaire. J'habite.*

jabot, n. m. ♦ **1.** Chez les insectes et les oiseaux, partie de l'œsophage formant poche où la nourriture peut être gardée avant la digestion. **2.** Au XVIIᵉ et au XVIIIᵉ siècle, ornement de dentelle que les hommes portaient sous le cou, en guise de cravate. **3.** Aujourd'hui, ornement de tissu (souvent de dentelle) attaché au col d'une blouse et qui s'étale sur la poitrine.

jacasser, v. ♦ **1.** *La pie jacasse,* pousse son cri. **2.** Bavarder, en parlant d'une voix désagréable.

jachère, n. f. ♦ Terre qu'on laisse sans la cultiver, pendant un an, pour qu'elle se repose. ● *Laisser la terre en jachère.*

jacinthe, n. f. ♦ Plante qui a des fleurs en grappes, au parfum agréable et puissant, de couleur bleue, rose, blanche ou jaune.

jade, n. m. ♦ **1.** Pierre très dure, de couleur verdâtre, qui sert à faire des vases, des statuettes. **2.** Objet (vase, statuette) en jade.

jadis [ʒadis], adv. ♦ Autrefois. — CONTR. actuellement, maintenant.

jaguar [ʒagwar], n. m. ♦ Sorte de grande panthère qui vit dans les régions chaudes d'Amérique et qui a un pelage jaune tacheté de noir.

jaillir, v. (conjugaison **25**) ♦ Apparaître, sortir brusquement : *Les étincelles jaillissent sous les sabots du cheval au galop.*

jaillissement, n. m. ♦ Action de jaillir. ● Ensemble, masse, gerbe de choses qui jaillissent : *La vague se brise sur le rocher, dans un jaillissement d'écume.*

jalon, n. m. ♦ Chacun des piquets que l'on plante pour marquer le tracé d'une future route, d'une future ligne de chemin de fer, etc. ● *Poser des jalons :* préparer une action future par des actions préliminaires.

jalonner, v. ♦ **1.** Marquer, en plantant des jalons : *Les géomètres ont jalonné le tracé de la future autoroute.* **2.** Être disposé le long de quelque chose, à des intervalles plus ou moins réguliers : *Des boîtes aux lettres jalonnaient cette petite route de campagne.* **3.** Survenir à des intervalles de temps plus ou moins réguliers : *Des incidents cocasses ont jalonné notre voyage en Europe.*

jalouser, v. ♦ Éprouver de la jalousie à l'égard de quelqu'un.

jalousie, n. f. ♦ Sentiment d'une personne jalouse.

jaloux, ouse, adj. *ou* n. ♦ **1.** Qui éprouve de l'hostilité, de l'envie à l'égard de ceux qui sont plus favorisés, qui sont supérieurs, etc. : *Mon frère est jaloux de moi car il trouve que mes chaussures sont plus belles que les siennes.* — SYN. envieux. **2.** Qui craint que sa femme ou que son mari ne lui soit infidèle. **3.** *Jaloux de,* très désireux de conserver ou d'acquérir quelque chose : *Ce peuple est jaloux de son indépendance.*

jamais, adv. ♦ **1.** *Ne ... jamais,* à aucun moment, pas une fois, en aucun cas : *Roland est robuste, il n'est jamais malade.* — CONTR. toujours. ● *Je ne suis jamais montée en avion.* — CONTR. déjà. — REM. *Jamais* s'emploie sans *ne* dans une réponse ou un tour elliptique : *As-tu pris l'avion? — Jamais.* ● *Trahir mes vieux amis? Moi? Jamais!* **2.** *Si jamais,* si une fois, par hasard : *Si jamais tu as la grippe, appelle le médecin.* — SYN. si, éventuellement. **3.** Déjà, une fois (dans une question) : *A-t-on jamais vu une grenouille avec des ailes?* **4.** *A jamais, à tout jamais,* pour toujours : *Il se souvenait de ses jeunes années, à tout jamais enfuies.*

jambage, n. m. ♦ Chacun des traits verticaux de certaines lettres, telles que le *m*, le *n*.

jambe, n. f. ♦ **1.** Chacun des membres inférieurs de l'être humain. ● *Courir à toutes jambes :* courir très vite. ● *Prendre ses jambes à son cou :* se mettre à courir très vite (pour s'enfuir). **2.** Chacune des deux parties du pantalon qui couvrent les jambes. **3.** Chacune des pattes du cheval.

jambette, n. f. ♦ Croche-pied, croc-en-jambe : *Marie est tombée, Pierre lui a donné une jambette.*

jambon, n. m. ♦ Cuisse (ou épaule) de porc préparée pour être conservée.

jambonneau, n. m. ♦ Petit jambon cuit, fait avec la partie de la patte du porc située au-dessus du genou.

jante, n. f. ♦ Partie circulaire d'une roue.

janvier, n. m. ♦ Premier mois de l'année, qui a trente et un jours. ● *Le 1er janvier :* le Jour de l'An. — SYN. premier de l'an.

jappement, n. m. ♦ Cri du chien qui jappe.

japper, v. ♦ *Le chien jappe,* pousse de petits aboiements brefs et assez aigus.

jaquette, n. f. ♦ **1.** Longue veste de cérémonie pour les hommes. **2.** Veste de femme. **3.** Chemise de nuit. **4.** Couverture amovible et illustrée qui recouvre un livre.

jardin, n. m. ♦ **1.** Terrain où l'on cultive des légumes, des fleurs, des arbres fruitiers. ● *Jardin potager,* où l'on cultive seulement des légumes. ● *Jardin d'agrément,* où il y a seulement des fleurs, des arbustes décoratifs. **2.** *Jardin public :* grand terrain, dans une ville, planté d'arbres et de fleurs, où les gens peuvent se promener. — SYN. parc. **3.** *Jardin d'enfants :* sorte d'école maternelle où l'on garde les enfants de trois à six ans.

jardinage, n. m. ♦ Action de jardiner.

jardiner, v. ♦ S'occuper de son jardin.

jardinier, ière, n. ♦ Celui, celle dont le métier est de cultiver et d'entretenir un jardin.

jardinière, n. f. ♦ **1.** Récipient allongé ou rond dans lequel on cultive des plantes (par exemple sur un balcon). **2.** *Jardinière de légumes :* plat de légumes mélangés (petits pois, pommes de terre nouvelles, morceaux de navets, de carottes, etc.) **3.** *Jardinière d'enfants :* celle qui s'occupe des enfants, dans un jardin d'enfants.

jargon, n. m. ♦ **1.** Mauvais langage. **2.** Langue propre à un métier, à une activité, qui est caractérisée par l'emploi d'un vocabulaire particulier.

jarre, n. f. ♦ Grand vase en terre cuite.

jarret, n. m. ♦ Partie de la jambe, à l'endroit où elle se plie, derrière le genou.

jars [ʒar], n. m. ♦ Mâle de l'oie.

jasant, ante, adj. ♦ Qui aime bavarder, jaser.

jaser, v. ♦ **1.** *La pie, le geai jasent,* poussent leur cri particulier. **2.** *Le bébé jase,* émet avec sa bouche des sons qui ne sont pas vraiment des paroles. — SYN. babiller, gazouiller. **3.** Bavarder : *Dites, les filles, arrêtez un peu de jaser et écoutez-nous!* — SYN. bavarder, jacasser. **4.** Dire des choses malveillantes. **5.** Parler en révélant un secret qu'on aurait dû garder : *Quelqu'un a jasé, et tout le quartier a appris l'histoire qui est arrivée à Dominique!* — SYN. bavarder.

jasette, n. f. ♦ Conversation, entretien familier : *Paul aimait faire la jasette avec la voisine.*

jasmin, n. m. ♦ **1.** Arbuste à fleurs blanches (parfois jaunes) qui ont un parfum très fort et très agréable. **2.** Parfum extrait des fleurs de cet arbuste.

jatte, n. f. ♦ Récipient en terre ou en bois, rond et assez creux, qui ressemble à l'écuelle.

jauge, n. f. ♦ **1.** Instrument constitué par une règle graduée, ou appareil à cadran, qui indique quelle quantité de liquide il y a dans un réservoir. **2.** Volume intérieur d'un navire, utilisable pour le transport des marchandises. La jauge s'évalue en *tonneaux de jauge* (1 tonneau = 2,830 m³).

jauger, v. (conjugaison 25) ♦ **1.** Mesurer avec une jauge : *N'oublie pas de jauger le niveau d'huile avant de prendre la route.* **2.** Estimer la valeur d'une personne, la difficulté d'une action, etc. : *Le chef avait jaugé notre camarade au premier coup d'œil : il avait vu que c'était un garçon solide et sûr.* **3.** *Le navire jauge tant de tonneaux,* a telle capacité de transport. — REGARDER *jauge,* sens 2.

jaunâtre, adj. ♦ D'un jaune pas très net et pas très beau.

jaune, adj. *ou* n. m. *ou* adv. ♦ **1.** De la couleur qui est celle, par exemple, du citron : *Et la championne, première au classement général, endosse le maillot jaune!* ● *Le jaune :* la couleur jaune. **2.** *La race jaune :* la race humaine caractérisée par la peau jaune et les yeux bridés. ● *Les Jaunes :* les personnes de race jaune. **3.** *Le jaune de l'œuf :* la partie centrale, de couleur jaune. **4.** *Rire jaune :* rire en se forçant, quand on n'est pas content.

jauni, ie, adj. ♦ Devenu jaune : *De vieux rideaux, jaunis et déchirés, pendaient derrière les vitres sales.*

jaunir, v. ♦ **1.** Rendre jaune : *Le temps a jauni les vieux papiers.* **2.** Devenir jaune : *Le papier a jauni.*

jaunisse, n. f. ♦ Maladie du foie qui donne une couleur jaune à la peau.

Javel (eau de), loc. nominale. ♦ Liquide à base de chlore, de couleur verdâtre, à odeur forte et désagréable, qui sert à désinfecter et, dilué, à enlever les taches.

javelot, n. m. ♦ **1.** Autrefois, arme constituée par une longue tige de bois, munie d'un fer aigu, qu'on lançait sur l'adversaire. ● Longue tige de bois qu'on lance le plus loin possible (sport athlétique). **2.** Sport qui consiste à lancer le *javelot* le plus loin possible.

jazz [dʒaz], n. m. ♦ Musique très rythmée inventée par les Noirs des États-Unis.

je, pronom personnel. ♦ Pronom personnel sujet de la première personne du singulier : *Toi, tu parles; moi, je travaille.* — REGARDER *j'.*

jean [dʒin], n. m. ♦ Forme abrégée de *blue-jean.*

jeep [dʒip], n. f. ♦ Voiture tout terrain.

jersey [ʒɛʀze], n. m. ♦ Tissu souple tricoté.

jet, n. m. ♦ **1.** Action de jeter. ● *Arme de jet :* armes, telles que le javelot, la sagaie, qu'on emploie en les lançant à la main contre un adversaire. ● *A un jet de pierre :* à la distance qu'on atteint en lançant une pierre (environ de 15 à 30 mètres). **2.** Masse d'eau, de liquide, de vapeur, qui jaillit. ● *Jet d'eau :* eau qui jaillit au milieu d'un bassin (élément décoratif d'une place publique, d'un jardin d'agrément, d'un parc).

jetée, n. f. ♦ Mur long et très épais qui avance dans la mer pour protéger un port contre les vagues. — SYN. digue.

jeter, v. (conjugaison 14) ♦ **1.** Lancer : *Dis donc, vas-tu cesser de jeter des cailloux contre mes volets ?* **2.** Se débarrasser d'une chose dont on ne veut plus : *Olivier, il faut jeter ces vieilles chaussettes trouées : tu ne vas pas en faire collection !* **3.** *Se jeter,* se précipiter contre ou dans une chose ou sur quelqu'un : *Odette se jeta sur le chien pour le retenir.* ● *Se jeter sur,* se mettre à manger ou à boire avidement : *Nous étions transis de froid : nous nous sommes jetés sur un bol de chocolat chaud.* **4.** Se déverser dans : *La rivière Saguenay se jette dans le Saint-Laurent.*

jeton, n. m. ♦ Objet rond (parfois carré), assez semblable à une pièce de monnaie, qui sert à faire fonctionner certains appareils ou à jouer à certains jeux. ● *Faux jeton :* personne hypocrite, traître.

jeu, n. m. ♦ **1.** Activité qui distrait, qui amuse : *Quel est ton jeu favori ?* cache-cache, chat perché ? **2.** Ensemble des objets (cartes, dominos, damier, jetons, etc.) avec lesquels on joue : *On a offert à ma sœur un beau jeu d'échecs pour ses étrennes.* ● *Un jeu vidéo :* jeu électronique qui utilise un écran de visualisation. **3.** *Le jeu,* action de jouer pour de l'argent (aux dés, aux cartes ou dans un casino ou un cercle) : *Notre voisin était fort riche, mais il s'est ruiné au jeu.* **4.** Dans l'Antiquité grecque, ensemble de concours sportifs, littéraires et musicaux qui accompagnaient de grandes fêtes religieuses

périodiques : les jeux Olympiques, les jeux Isthmiques, les jeux Néméens, les jeux Pythiques. ● *Les jeux Olympiques :* REGARDER *olympique.* **5.** Ensemble d'objets ayant le même usage : *Regarde dans la boîte à outils, il y a tout un jeu de clefs anglaises et de tournevis.* **6.** *Jeu de mots :* plaisanterie fondée sur la ressemblance des mots. — SYN. calembour. **7.** Manque de serrage des pièces mécaniques : *Serre le boulon, tu vois bien qu'il y a du jeu dans la tringle de direction.* **8.** Manière dont un acteur joue : *Je n'aime pas le jeu trop violent de cette actrice.*

jeudi, n. m. ♦ Jour de la semaine qui vient entre le mercredi et le vendredi.

jeun (à) [ʒœ̃], loc. adv. *ou* loc. adj. ♦ Sans avoir mangé, quand on n'a pas mangé : *C'est à jeun, docteur, que je ressens cette douleur à l'estomac.*

jeune, adj. *ou* n. ♦ **1.** Dont l'âge est peu avancé : *A cette époque, ma tante était encore jeune, elle avait à peine trente ans.* **2.** *Jeune homme :* être humain du sexe masculin, âgé de dix-sept à vingt-cinq ans environ. — PLUR. *des jeunes gens.* ● *Jeune fille :* personne du sexe féminin âgé de seize à vingt-cinq ans environ et non mariée. ● *Jeunes gens,* pluriel de « jeune homme ». ● *Jeunes gens :* des êtres humains jeunes, des deux sexes. **3.** *Les jeunes :* désigne familièrement les garçons et les filles de quinze ou seize ans à vingt-cinq ans. — REM. On dit plus correctement *les jeunes gens, la jeunesse.* **4.** *Les jeunes :* animaux non encore adultes.

jeûne [ʒøn], n. m. ♦ Privation, volontaire ou non, de nourriture. ● Période pendant laquelle on ne mange pas ou bien pendant laquelle on mange peu, en supprimant certains repas : *Le carême et le ramadan sont des jeûnes religieux.*

jeûner [ʒøne], v. ♦ Rester sans manger ; observer le jeûne.

jeunesse, n. f. ♦ **1.** Période pendant laquelle on est jeune. — CONTR. vieillesse. **2.** Ensemble des personnes jeunes : *La jeunesse préfère le cinéma au théâtre.*

jiu-jitsu [ʒjyʒitsy], n. m. ♦ Sport de combat, d'origine japonaise, qui permet de combattre sans arme, même contre un adversaire armé.

joaillerie [ʒɔajʀi], n. f. ♦ **1.** Métier ou commerce du joaillier : *Elle a fait fortune dans la joaillerie.* — SYN. bijouterie. **2.** Objets, bijoux vendus par le joaillier : *La joaillerie vendue dans ce magasin est vraiment très belle.* — SYN. bijouterie. **3.** Magasin de joaillier. ● *Une bijouterie-joaillerie.*

joaillier, ière [ʒɔaje, jɛʀ], n. ♦ Personne qui vend des *joyaux,* des pierres précieuses montées sur des bagues, des colliers, des bracelets, des broches. — REGARDER *bijoutier.*

jockey [ʒɔkɛ], n. m. ♦ Celui dont le métier est de monter les chevaux de course.

jogging [dʒɔgiŋ], n. m. ♦ **1.** Course à pied que l'on pratique régulièrement pour se maintenir en forme. **2.** Survêtement.

joie, n. f. ♦ Sentiment qu'on éprouve quand on est vraiment très content, qu'on a envie de rire, de chanter, pour manifester son bonheur. — SYN. allégresse, bonheur, contentement, enjouement, entrain, gaieté, liesse, plaisir, satisfaction. — CONTR. abattement, accablement, affliction, angoisse, chagrin, découragement, dépression, désespoir, désolation, deuil, douleur, maussaderie, mélancolie, morosité, peine, serrement de cœur, souffrance. ● *S'en donner à cœur joie :* prendre beaucoup de plaisir en se livrant à une activité avec beaucoup d'ardeur.

joindre, v. (conjugaison **85**) ♦ **1.** Réunir en mettant l'un contre l'autre : *Ces deux tables sont trop petites, mais, si tu les joins, tu auras une surface assez grande.* — SYN. réunir, unir. — CONTR. disjoindre, dissocier, séparer. **2.** *Se joindre à,* venir avec, agir avec : *Je me joins à vous pour cette excursion.* **3.** Mettre une chose avec une autre : *Je joins à ma lettre un chèque au montant indiqué.* **4.** *Joindre quelqu'un,* entrer en communication avec quelqu'un par lettre,

par téléphone : *Voici mon numéro de téléphone, vous pouvez me joindre entre 18 et 19 heures.*

1. joint, jointe, adj. ♦ Serré l'un contre l'autre : *Vas-y : saute à pieds joints.* ● *Les mains jointes.*

2. joint, n. m. ♦ Pièce, rondelle, serrée entre deux tubes, qui assure l'étanchéité.

jointure, n. f. ♦ Endroit où deux choses se joignent. ● Articulation des os.

joli, ie, adj. ♦ Beau, agréable. — SYN. adorable, charmant, élégant, gracieux, harmonieux, mignon, ravissant. — CONTR. affreux, atroce, dégoûtant, disgracieux, effroyable, hideux, horrible, repoussant, vilain.

joliment, adv. ♦ De manière jolie, agréable : *Il est joliment décoré, ton studio !*

jonc [ʒɔ̃], n. m. ♦ Plante qui croît dans les marécages ou les lieux humides et dont les tiges, flexibles, peuvent être tressées. — REM. Ne confondez pas avec *ajonc.*

jonché, ée, adj. ♦ Parsemé, recouvert : *Le sol de la forêt est tout jonché de feuilles mortes.*

joncher, v. ♦ Être répandu abondamment sur le sol : *Après le passage des pique-niqueurs, les papiers gras, les bouteilles vides et les boîtes de conserves jonchaient le sol.*

jonction, n. f. ♦ Endroit où deux choses se joignent, se réunissent ; action de se réunir : *Les deux équipes ont fait leur jonction : le tunnel est percé.*

jongler, v. ♦ Lancer des objets en l'air et les rattraper à plusieurs reprises : *N'essaie pas d'imiter le jongleur du cirque en jonglant avec les beaux verres en cristal de tante Léonie !* ● Penser, réfléchir, songer : *Avant de donner son accord, elle avait longtemps jonglé.*

jour

jongleur, euse, n. ♦ **1.** *Un jongleur :* au Moyen Age, artiste ambulant qui allait de ville en ville, de château en château, et qui faisait des tours d'adresse, des acrobaties. **2.** *Un jongleur, une jongleuse :* de nos jours, artiste de cirque ou de music-hall qui jongle. **3.** Songeur, pensif : *En voyant la date des paiements arriver, le fermier devenait jongleur.*

jonque, n. f. ♦ Bateau d'Extrême-Orient, de forme particulière, à voiles ou à moteur.

jonquille, n. f. *ou* adj. inv. ♦ **1.** Fleur jaune, qui fleurit au printemps. **2.** De couleur jaune.

joue, n. f. ♦ Chacun des deux côtés du visage, de part et d'autre de la bouche.

jouer, v. (conjugaison 19) ♦ **1.** S'amuser à un jeu ou avec un jouet : *Sandra joue aux cartes. Jean joue avec son jouet électronique.* ● Pratiquer un sport : *Ma cousine joue au soccer.* **2.** Participer à un jeu de hasard, parier aux courses de chevaux : *L'oncle Arsène joue aux courses : il y dépense la moitié de son salaire.* ● Risquer une somme d'argent : *Tante Françoise a joué cent dollars à la roulette : elle a tout perdu !* ● Risquer dans une aventure périlleuse ou incertaine : *En acceptant cette mission, cet homme politique joue sa carrière.* **3.** *Jouer de malheur :* être victime d'un hasard malheureux. **4.** *Jouer un tour :* faire un tour, faire une farce. **5.** Faire de la musique au moyen d'un instrument : *Ma sœur joue du violon dans l'orchestre du conservatoire.* ● *Tiens, Sophie, joue-nous cet air de « Carmen » au piano.* **6.** Tenir un rôle dans une pièce de théâtre, dans un film : *Dis donc, comment s'appelle l'acteur américain qui joue le rôle du shérif dans le film que nous avons vu ?* **7.** Se déformer sous l'effet de l'humidité ou pour une autre cause : *Les portes ont joué : on ne peut plus ni les fermer ni les ouvrir !*

jouet, n. m. ♦ Objet avec lequel les enfants jouent.

joueur, euse, n. *ou* adj. ♦ **1.** Celui, celle qui joue à un jeu : *Les joueurs abattaient leurs cartes en silence.* **2.** Celui, celle qui pratique un sport : *Douze joueurs dans votre équipe de soccer, sur le terrain ? Il y en a un de trop !* ● *Un joueur de tennis.* **3.** Celui, celle qui joue aux jeux de hasard : *On dit que cette joueuse a gagné gros, l'autre jour, au casino.* **4.** Celui, celle qui joue d'un instrument de musique : *Dites, les joueurs de guitare, un peu de silence ! On ne s'entend plus ici !* **5.** Qui aime bien jouer, s'amuser : *Notre jeune chat est très joueur.*

joufflu, ue, adj. ♦ Qui a de grosses joues.

joug [ʒu], n. m. ♦ **1.** Pièce de bois qu'on pose sur la tête de deux bœufs attelés côte à côte. **2.** Ensemble de trois piques, formant comme une porte sous laquelle les Romains faisaient passer les soldats ennemis vaincus et prisonniers.

jouir, v. ♦ *Jouir de,* profiter de, goûter, avoir (une chose bonne) : *Claire jouit d'une santé robuste. De cette colline, on jouit d'une vue admirable.*

jouissance, n. f. ♦ Droit de profiter d'une chose : *Tous les occupants de l'immeuble, et eux seuls, ont la jouissance du jardin privé.*

joujou, n. m. ♦ Synonyme enfantin ou vieilli de *jouet.* — REM. Au pluriel, prend un *x* : *des joujoux.* ● *Faire joujou :* synonyme enfantin et familier de « jouer ».

jour, n. m. ♦ **1.** Clarté que le soleil répand sur la Terre : *En juin, les jours sont longs et les nuits sont courtes.* — CONTR. nuit. **2.** Durée de 24 heures, de minuit à minuit : *Quel jour sommes-nous ? Nous sommes le lundi 17 octobre.* ● Durée de 24 heures : *Il fallait quatre jours et demi à ce paquebot pour traverser l'Atlantique.* ● *De jour en jour,* chaque jour un peu plus, de manière sensible : *L'état du malade s'améliore de jour en jour.* ● *Vivre au jour le jour,* sans souci du lendemain, en se contentant des ressources que chaque jour apporte. ● **Mettre à jour :** actualiser. **3. *Les beaux jours :*** la belle saison (fin du printemps et été). ● ***Les vieux jours de quelqu'un,*** sa vieillesse. **4.** *Étaler au grand jour,* de manière très visible : *Au cours du dernier match, les faiblesses de notre équipe sont apparues au grand jour.* **5. *Voir le jour :*** naître, venir au monde. ● ***Donner le jour :*** mettre au monde, donner naissance. **6.** Petite ouverture décorative dans un tissu : *Ma vieille tante Liliane brode des jours dans les mouchoirs qu'elle est en train de faire.*

journal, aux, n. m. ♦ **1.** Ensemble de feuilles imprimées qui donnent les nouvelles. — REGARDER *hebdomadaire, quotidien, périodique, illustré, revue, magazine.* ● ***Journal parlé :*** émission où l'on donne les informations, à la radio. ● *Le journal télévisé.* — REGARDER *actualité.* **2.** Cahier sur lequel on écrit chaque jour ses impressions ou les événements de sa vie. ● ***Journal de bord :*** registre à bord d'un navire, où l'on inscrit chaque jour la position et les événements importants.

journalier, ière, adj. *ou* n. m. ♦ **1.** Qui arrive, qui se fait tous les jours. — SYN. quotidien. — CONTR. exceptionnel. **2.** *Un journalier :* un ouvrier agricole qui est payé à la journée et qui travaille tantôt chez un patron, tantôt chez un autre.

journalisme, n. m. ♦ Activité du journaliste, métier de journaliste.

journaliste, n. m. *ou* f. ♦ Celui, celle qui écrit dans les journaux, les revues, etc.

journée, n. f. ♦ **1.** Temps pendant lequel il fait jour, entre le lever et le coucher du soleil. **2.** Temps pendant lequel on travaille chaque jour : *Tu sais, autrefois les ouvriers faisaient des journées de douze ou même de quatorze heures.* ● ***Être payé à la journée :*** être payé à tant par journée.

journellement, adv. ♦ Tous les jours. — SYN. quotidiennement.

joute, n. f. ♦ Au Moyen Age, combat entre deux cavaliers armés chacun d'une lance, qui constituait un divertissement. — REGARDER *tournoi.*

jovial, ale, aux, adj. ♦ Très gai, plein de bonne humeur. — SYN. enjoué, gai, joyeux. — CONTR. chagrin, maussade, morose, triste.

joyau, aux [ʒwajo], n. m. ♦ Bijou de très grande valeur.

joyeux, euse, adj. ♦ Rempli de joie. — SYN. allègre, animé, enjoué, enthousiaste, gai, guilleret, heureux, hilare, jovial, réjoui, riant, rieur. — CONTR. abattu, accablé, affligé, assombri, attristé, chagrin, chagriné, désespéré, désolé, lugubre, malheureux, maussade, mélancolique, morose, navré, peiné, rembruni, sombre, soucieux.

jubé, n. m. ♦ Dans certaines églises, galerie qui va d'un pilier à l'autre, entre la nef et le chœur, et du haut de laquelle on faisait autrefois la lecture de certains textes, au cours des offices.

jubilation, n. f. ♦ Grande joie.

jubilé, n. m. ♦ Fête que l'on célèbre pour marquer le cinquantième anniversaire du début d'une carrière.

jubiler, v. ♦ Éprouver une grande joie. — CONTR. s'affliger.

jucher, v. ♦ **1.** Placer très haut : *Pourquoi as-tu juché cette valise sur l'armoire?* **2.** *Se jucher,* se placer très haut, se percher : *Le corbeau se jucha sur la plus haute branche.*

juchoir, n. m. ♦ Planche étroite ou barreau horizontal où un oiseau peut se poser (dans une cage, une volière). — SYN. perchoir.

judaïsme [ʒydaism], n. m. ♦ La religion juive, religion fondée sur la Loi donnée par Dieu à Moïse.

judas [ʒyda], n. m. ◆ Petite ouverture dans une cloison, une porte, qui permet de voir à l'extérieur ou de parler à une personne qui est à l'extérieur.

judiciaire, adj. ◆ Qui concerne les tribunaux, la justice. ● *Erreur judiciaire :* erreur qui consiste, pour un tribunal, à condamner un innocent que l'on croyait coupable.

judicieux, euse, adj. ◆ Qui est la marque d'un esprit plein de bon sens et d'intelligence : *Bien, Paula, voilà une remarque judicieuse !* — SYN. intelligent, pertinent, raisonnable, sensé. — CONTR. absurde, stupide.

judo, n. m. ◆ Sport de combat d'origine japonaise qui consiste à faire des prises à l'adversaire et à le déséquilibrer.

judoka, n. m. *ou* f. ◆ Celui, celle qui pratique le judo.

juge, n. m. *ou* f. ◆ Celui, celle dont la profession consiste à rendre la justice, à décider si un accusé est coupable et quelle peine on doit lui infliger, ou à présider une audience.

jugement, n. m. ◆ **1.** Décision d'un tribunal : *Le jugement est sévère : six mois de prison pour avoir brisé une vitre du métro !* — SYN. sentence, verdict. ● *Le tribunal va* **rendre son jugement,** exprimer sa décision. **2.** Avis, opinion : *Dis-moi, quel jugement portes-tu sur ce film ?* **3.** Qualité de ceux qui savent bien juger et décider ce qu'il faut faire : *En acceptant de suivre ce camarade dans cette aventure stupide, tu as manqué de jugement.* — SYN. discernement, intelligence, bon sens.

juger, v. (conjugaison 16) ◆ **1.** Décider si un homme est innocent ou coupable, et quelle peine, éventuellement, doit lui être infligée : *Le tribunal va juger ce gangster accusé d'avoir attaqué une banque.* **2.** Avoir ou exprimer une opinion, un avis, sur une personne ou une chose : *Nous avions mal jugé notre camarade Serge : il n'est pas sot,*

il est même très subtil. ● *Juger bon de,* être d'avis de, décider de : *Nous avons jugé bon d'accepter cette fille dans notre groupe.*

jugulaire, n. f. *ou* adj. ◆ **1.** Courroie qui passe sous le menton et qui maintient certaines coiffures militaires, un casque. **2.** *Les veines jugulaires :* les veines du cou.

juguler, v. ◆ Arrêter net, arrêter complètement : *Pour juguler cette infection, il faut prendre des antibiotiques.*

juif, ive, adj. *ou* n. ◆ **1.** Qui concerne le judaïsme, qui appartient au judaïsme : *Notre ami le rabbin nous a parlé des cérémonies juives.* — SYN. israélite. **2.** Qui a le judaïsme pour religion : *Dans les familles juives, on célèbre la pâque.* ● *Un juif, une juive* (sans majuscule). — SYN. (un) israélite, (une) israélite. **3.** Synonyme de « Israélien » : *Il y eut plusieurs conflits entre les Juifs et les Arabes* (avec une majuscule).

juillet, n. m. ◆ Mois de l'année, de 31 jours, qui vient après juin et avant août.

juin, n. m. ◆ Mois de l'année, de 30 jours, qui vient après mai et avant juillet.

jumeau, jumelle, adj. *ou* n. ◆ **1.** *Des frères jumeaux* ou *des jumeaux,* nés le même jour en même temps. ● *Des sœurs jumelles* ou *des jumelles.* ● *Le jumeau de quelqu'un,* son frère jumeau. **2.** Qui est fait sur le même modèle : *Ces deux pétroliers sont des navires jumeaux.* ● *Des lits jumeaux :* deux lits semblables, placés côte à côte.

jumelage, n. m. ◆ Action de jumeler.

jumelé, ée, adj. ◆ *Éléments jumelés,* ensemble de deux éléments placés côte à côte : *Les gros camions ont, à l'arrière, des roues jumelées.*

jumeler, v. (conjugaison 13) ◆ *Jumeler deux villes :* décider que les contacts, les visites, les manifestations culturelles communes seraient fréquents.

1. jumelle, adj. *ou* n. f. ◆ REGARDER *jumeau.*

2. jumelles, n. f. pl. ♦ Appareil d'optique qui sert à voir de loin, qui fait paraître les objets plus proches et qui permet de regarder avec les deux yeux.

jument, n. f. ♦ Femelle du cheval.

jungle [ʒɔ̃gl], n. f. ♦ Savane d'Asie, vaste étendue où poussent des herbes très hautes, des fougères, des bambous. — RE-GARDER *savane.*

junior, n. m. ♦ *Les juniors :* les sportifs âgés de plus de dix-sept ans et de moins de vingt ou de vingt et un ans.

jupe, n. f. ♦ Vêtement de femme qui part de la ceinture et descend plus ou moins bas, selon la mode.

jupon, n. m. ♦ Sous-vêtement de femme, en forme de jupe, qui se porte sous la jupe.

juré, ée, n. ♦ Personne qui fait partie d'un jury.

jurer, v. ♦ **1.** Affirmer ou promettre par serment : *Jurez de dire la vérité, toute la vérité, rien que la vérité.* **2.** Dire des jurons. **3.** Ne pas s'accorder : *Ce bleu vif et ce vert pomme jurent abominablement.* — CONTR. aller bien ensemble, s'accorder, s'assortir, s'harmoniser.

juron, n. m. ♦ Mot grossier ou très familier (qui fait allusion, en principe, à Dieu ou à des choses sacrées), que l'on dit quand on est en colère, surpris, etc.

jury, n. m. ♦ **1.** Groupe de citoyens, tirés au sort, qui, sous la direction de magistrats professionnels, jugent les accusés, au tribunal. **2.** Ensemble des examinateurs, à un examen ou à un concours, des personnes appelées à décerner un prix, à juger d'une performance sportive.

jus, n. m. ♦ **1.** Liquide contenu dans les fruits, les légumes. **2.** Liquide qui, à la cuisson, sort de certains aliments et qui forme comme une sauce très liquide.

jusque, prép. ♦ **1.** Indique la fin, le terme d'une étendue, d'un mouvement (dans l'espace) ou d'une action, d'un état (dans le temps) : *Allons nous promener : nous irons jusqu'au pont. J'ai travaillé jusqu'à onze heures et demie.* — REM. Le mot *jusque* s'élide devant une voyelle : *jusqu'à, jusqu'au, jusqu'alors, jusqu'ici, jusqu'où, jusqu'en,* etc. **2.** *Jusqu'à ce que, jusqu'au moment où,* locutions conjonctives qui indiquent le terme d'une action, la fin d'une durée : *Elle tira sur la corde, jusqu'au moment où elle cassa* (indicatif). *Reste assis sur le banc, jusqu'à ce que je revienne* (subjonctif). **3.** Même : *Le chien a mangé tout le rôti et jusqu'au papier qui enveloppait la viande !*

juste, adj. *ou* adv. *ou* n. ♦ **1.** Qui est fait de manière que chacun soit traité selon son mérite : *Ce n'est pas juste que tu aies reçu plus de bonbons que moi.* — SYN. équitable. — CONTR. inéquitable, injuste. ● *Notre père a été juste : il nous a gâtés tous les deux.* — SYN. équitable, impartial. — CONTR. injuste, partial. ● *Un juste,* celui qui agit bien. **2.** Exact, vrai : *Le résultat de ta multiplication n'est pas juste !* — SYN. correct, exact. — CONTR. faux, incorrect, inexact. **3.** Exactement : *Le train entra en gare à quinze heures juste.* — CONTR. à peu près, environ. — REM. Dans cet emploi, *juste* est adverbe et reste invariable. **4.** Qui produit les notes de musique comme il faut : *Ton piano n'est pas juste, tu devrais le faire accorder.* — CONTR. faux. ● *Tu ne sais pas chanter juste ? Alors tu ne seras jamais chanteur à l'Opéra !* — CONTR. chanter faux.

justement, adv. ♦ Précisément ou au moment même : *Tu nous apportes le livre d'histoire ? C'est justement le livre dont nous avions besoin.*

justesse, n. f. ♦ **1.** Qualité d'un calcul, d'un raisonnement juste. — SYN. exactitude. — CONTR. fausseté. **2.** *De justesse,* de peu : *Notre équipe de basket a gagné par 57 à 56 : nous avons échappé de justesse à la défaite.*

justice, n. f. ♦ **1.** Qualité de celui qui accomplit des actes justes. ● Principe qui veut que chacun soit traité comme il le mérite. — SYN. équité. — CONTR. injustice. **2.** Les tribunaux, les juges. ● *Traduire, poursuivre quelqu'un en justice,* lui faire un procès.

justicier, ière, n. ♦ Celui, celle qui sauve les faibles en danger et qui punit les méchants.

justification, n. f. ♦ Ce que l'on peut dire ou penser pour justifier une action ou pour se justifier.

justifié, ée, adj. ♦ Fondé sur des arguments ou des motifs acceptables.

justifier, v. (conjugaison 20) ♦ Démontrer par des arguments valables, expliquer par des motifs acceptables : *Ce que tu dis est peut-être vrai, mais il faut le justifier par des arguments solides.* ● *Se justifier :* montrer qu'on a raison, qu'on n'a pas commis de faute.

jute, n. m. ♦ **1.** Plante des pays chauds. **2.** Matière textile tirée de cette plante, avec laquelle on fabrique des cordes, de la grosse toile, des sacs d'emballage.

juteux, euse, adj. ♦ Plein de jus.

juvénile, adj. ♦ Qui est propre aux personnes jeunes : *La vieille dame avait des cheveux blancs, mais elle avait gardé une allure juvénile.*

juxtaposé, ée, adj. ♦ *Propositions juxtaposées,* qui ne dépendent pas l'une de l'autre et qui sont séparées par des virgules, sans être liées par une conjonction de coordination, par exemple : « *Le vent souffle, la mer gronde, les vagues battent les rochers.* »

juxtaposer, v. ♦ Mettre l'un à côté de l'autre : *Nous avons juxtaposé ces affiches sur le mur de la classe pour mieux les comparer.*

juxtaposition, n. f. ♦ Situation des éléments, quand ils sont placés les uns à côté des autres : *Regardez sur la photo aérienne la juxtaposition des prairies, vertes, et des champs de blé, jaunes.*

1. kaki, adj. inv. *ou* n. m. ♦ Qui a une couleur jaune brunâtre : *Les soldats portent des capotes kaki.* ● *Le kaki est une couleur militaire.*

2. kaki, n. m. ♦ Fruit jaune orangé de la forme d'une tomate.

kaléidoscope, n. m. ♦ Appareil amusant constitué par un tube de verre garni de petits miroirs et de petits morceaux de verre coloré. Quand on déplace l'appareil, il se forme diverses combinaisons à symétrie rayonnante.

kangourou, n. m. ♦ Animal d'Australie à pattes de devant très courtes, à pattes de derrière très fortes, à longue queue très épaisse à la base, dont la femelle porte les petits dans une poche qu'elle a sous le ventre.

kaolin [kaɔlɛ̃], n. m. ♦ Argile fine et blanche dont on fait la porcelaine.

kapok, n. m. ♦ Substance qui sert à remplir les coussins et qui est constituée par les poils fournis par un arbre exotique.

karaté, n. m. ♦ Sport de combat d'origine japonaise. ● *Un film de karaté.*

karatéka, n. m. *ou* f. ♦ Celui, celle qui pratique le karaté.

kart [kaʀt], n. m. ♦ Très petite voiture, spéciale, qui sert dans certaines compétitions.

karting [kaʀtiŋ], n. m. ♦ Sport qui consiste à faire des courses en kart.

kayak, n. m. ♦ **1.** Canot en peau de phoque des Esquimaux. **2.** Canot en toile qui se manœuvre avec une pagaie.

képi, n. m. ♦ Coiffure militaire en forme de cylindre, avec une visière.

kermesse, n. f. ♦ Fête avec des stands, des jeux, des loteries, une buvette, un buffet, qui est généralement organisée en plein air et qui est souvent faite au profit d'une communauté, d'une œuvre de bienfaisance.

kérosène [keʀɔzɛn], n. m. ♦ Nom donné au pétrole raffiné qui sert de carburant pour les moteurs à réaction.

ketchup [kɛtʃœp], n. m. ♦ Sauce faite avec des tomates et des épices.

khan, n. m. ♦ Titre, signifiant « roi », qui était porté par les souverains mongols et tartares, par les souverains musulmans de l'Inde.

kibboutz [kibuts], n. m. ♦ En Israël, exploitation agricole organisée en communauté.

kidnapper, v. ♦ Enlever un enfant, pour obtenir une rançon.

kidnapping [kidnapiŋ], n. m. ♦ Action de kidnapper quelqu'un. — SYN. enlèvement.

kilo, n. m. ♦ Abréviation usuelle de *kilogramme.* — REM. N'écrivez pas « kilog ».

kilogramme, n. m. ♦ Unité de poids qui vaut mille grammes (symbole : *kg*).

kilométrage, n. m. ♦ Nombre de kilomètres parcourus inscrit au compteur d'une voiture.

kilomètre, n. m. ♦ Unité de longueur qui vaut mille mètres (symbole : *km*). • *Kilomètre à l'heure :* unité de vitesse (symbole : *km/h*). — REM. Ne dites pas « kilomètreheure ».

kilométrique, adj. ♦ Qui a rapport au kilomètre. • *Distance kilométrique.*

kilowatt [kilɔwat], n. m. ♦ Unité de puissance utilisée en électricité et qui vaut mille watts (symbole : *kW*) : *Ce gros radiateur a une puissance de deux kilowatts.*

kilowattheure [kilɔwatœR], n. m. ♦ Travail fourni en une heure par une source d'énergie d'une puissance d'un kilowatt (symbole : *kWh*).

kilt [kilt], n. m. ♦ Jupe en tissu écossais portée par les hommes, en Écosse.

kimono, n. m. ♦ Vêtement japonais, veste ample, à manches larges, qui se croise et qui se ferme par une ceinture.

kinésithérapeute, n. m. *ou* f. ♦ Celui, celle qui fait faire de la rééducation musculaire aux personnes qui en ont besoin.

kiosque, n. m. ♦ **1.** Abri, sans murs, dans un jardin, un parc. • *Kiosque à musique.* **2.** Abri léger qui est installé sur la voie publique et où l'on vend les journaux. **3.** Abri qui s'élève au-dessus de la coque d'un sous-marin.

kirsch [kiRʃ], n. m. ♦ Eau-de-vie faite avec des cerises.

kiwi [kiwi], n. m. ♦ **1.** Oiseau de Nouvelle-Zélande, à ailes très courtes, à plumes ayant l'aspect de poils. **2.** Fruit de Nouvelle-Zélande, dont la peau est recouverte de poils courts et soyeux.

Klaxon, n. m. ♦ Nom déposé qui désigne un avertisseur sonore d'une voiture.

klaxonner, v. ♦ Faire retentir l'avertisseur d'une voiture.

k.-o. [kao], n. m. *ou* adj. inv. ♦ Mise hors de combat d'un boxeur qui, venant de recevoir un coup, tombe sur le tapis du ring et ne peut pas se relever avant dix secondes : *Le champion a gagné par k.-o. à la deuxième reprise.* • *Être k.-o. :* être assommé par un coup et rester allongé sur le sol. — REM. Ce mot est formé des initiales de l'anglais *knock-out.*

koala, n. m. ♦ Animal d'Australie dont la femelle porte les petits dans une poche sous le ventre, qui grimpe aux arbres et qui ressemble à un petit ours.

kolkhoze [kɔlkoz], n. m. ♦ En Union soviétique, ferme collective, c'est-à-dire grande exploitation dans laquelle la terre, le bétail, le matériel agricole ne sont pas la propriété de chaque paysan, mais d'une sorte de coopérative.

krak, n. m. ♦ Château fort construit par les croisés au Moyen Age, en Syrie. • *Le krak des chevaliers.*

krypton [kRiptɔ̃], n. m. ♦ L'un des gaz rares de l'air. Il est employé pour remplir certaines ampoules électriques.

kyrielle, n. f. ♦ Longue suite de choses qui se succèdent et se répètent : *La pauvre ! Elle a toute une kyrielle d'ennuis, en ce moment !*

kyste, n. m. ♦ Petite tumeur, généralement molle, sous la peau ou à l'intérieur du corps.

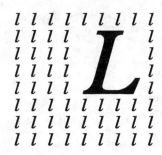

l', article défini *ou* pronom personnel. ♦ Forme élidée de *le, la.*

1. la, article défini *ou* pronom personnel. ♦ Féminin de *le.*

2. la, n. m. ♦ L'une des notes de la gamme : *Le diapason donne le la.* ● **Donner le la :** donner le ton, en matière de mode, d'opinion, etc.

là, adv. ♦ **1.** A cet endroit : *Tu vois, c'est là qu'habitait autrefois tante Ursule.* — REM. *Ici,* en principe, désigne l'endroit le plus proche, *là* désigne l'endroit le plus éloigné : *Ici, à nos pieds, coule la rivière, là, à deux cents mètres, se dresse le moulin sur l'autre rive.* **2.** Entre dans la formation d'adverbes composés, tels que **là-dedans, là-dessous, là-dessus, là-haut. 3.** *D'ici là,* d'ici (de maintenant) à ce moment (dont on parle) : *Quand tu seras grand, tu seras Premier ministre? Bien! mais d'ici là, tu as encore des choses à apprendre!*

label [labεl], n. m. ♦ Marque qui garantit l'origine et la qualité d'un produit.

laborantin, ine, n. ♦ Celui, celle qui travaille dans un laboratoire de biologie et qui exécute les tâches sous la direction de chercheurs, de médecins.

laboratoire, n. m. ♦ **1.** Établissement ou local où l'on fait des expériences ou des recherches scientifiques, des analyses médicales. **2.** *Laboratoire pharmaceutique :* entreprise, usine qui produit des médicaments.

laborieux, euse, adj. ♦ **1.** Travailleur. — SYN. actif, diligent. — CONTR. fainéant, indolent, nonchalant, paresseux. **2.** Qui demande beaucoup de peine et de travail : *La rédaction de ce texte a été très laborieuse.*

labour, n. m. ♦ **1.** Action de labourer. — SYN. labourage. **2.** Terre labourée : *Les chasseurs avançaient lentement, en marchant dans la terre grasse des labours.*

labourage, n. m. ♦ Action de labourer. — SYN. labour (au sens 1).

labourer, v. ♦ Travailler la terre en la retournant avec une charrue, avant de faire les semailles : *On bêche les jardins, on laboure les champs.*

laboureur, euse, n. ♦ Celui, celle qui laboure; paysan.

labyrinthe, n. m. ♦ Ensemble de rues, de couloirs, etc., très compliqué et où l'on risque de se perdre.

lac, n. m. ♦ Étendue d'eau douce, plus grande et plus profonde qu'un étang, située à l'intérieur des terres.

lacer [lase], v. (conjugaison 17) ♦ Fermer, attacher avec des lacets : *Chausse tes souliers et lace-les, nous allons partir !* — CONTR. délacer.

lacérer, v. (conjugaison 11) ♦ Déchirer, couper, pour mettre en pièces, en lambeaux : *Ne lacérez pas ces affiches !*

lacet, n. m. ♦ **1.** Cordon qui passe dans des petits trous et qui sert à fermer une chaussure, un vêtement. **2.** *Des lacets :* des tournants, des virages serrés, qui se succèdent, tantôt à droite, tantôt à gauche. ● *Une route, un chemin en lacet.*

lâche, adj. *ou* n. ♦ **1.** Qui n'est pas tendu, qui n'est pas serré : *La corde est trop lâche, tends-la bien. Le nœud est lâche, serre-le davantage.* — SYN. détendu, flasque, mou. — CONTR. serré, tendu. **2.** Qui manque de courage : *Répète ce que tu viens de dire ! Ne sois pas lâche !* — SYN. couard, peureux, poltron, pusillanime. — CONTR. audacieux, brave, courageux, décidé, ferme, fort, hardi, héroïque, impavide, intrépide, résolu, vaillant.

1. lâcher, v. ♦ **1.** Cesser de tenir : *Arrivé en haut, Pierre lâcha la corde lisse et tomba brutalement sur le tapis de sol.* ● *L'avion a lâché des bombes,* les a fait tomber sur l'objectif. **2.** Se rompre, se casser : *La corde a lâché, tout est tombé par terre.*

2. lâcher, n. m. ♦ Action de lâcher, de laisser partir, de laisser s'envoler : *Pour la fête, il y aura un lâcher de pigeons et un lâcher de ballons.*

lâcheté, n. f. ♦ **1.** Caractère d'une personne ou d'une action lâche. — SYN. couardise, poltronnerie, pusillanimité. — CONTR. audace, bravoure, courage, fermeté, hardiesse, héroïsme, intrépidité, résolution, vaillance. **2.** Acte lâche : *Mentir pour ne pas être puni, c'est une lâcheté !*

lâcheur, euse, n. ♦ Celui, celle qui abandonne ses amis. — REM. Ce mot est familier.

lacis [lasi], n. m. ♦ Ensemble de fils, de cordes, de câbles, ou de rues, de chemins qui s'entrecroisent : *Dans ce lacis de ruelles des vieux quartiers, comment ne pas se perdre ?* — SYN. entrelacs, labyrinthe.

laconique, adj. ♦ Qui parle peu et s'exprime en peu de mots ; qui contient peu de mots : « *Demain, onze heures, devant la tour Saint-Irénée* », tel était le message laconique que je reçus. — SYN. bref, concis. — CONTR. diffus, long, prolixe, loquace.

lacrymogène, adj. ♦ *Gaz lacrymogène,* qui fait pleurer. ● *Grenade lacrymogène,* qui dégage du gaz lacrymogène.

lacs [lɑ], n. m. ♦ Nœud coulant qui sert à prendre les animaux.

lacté, ée, adj. ♦ **1.** Qui contient du lait : *Les bouillies lactées conviennent aux bébés.* **2.** *La Voie lactée :* longue traînée blanchâtre que l'on peut voir la nuit dans le ciel et qui est formée par des milliards d'étoiles.

lacune, n. f. ♦ Absence, trou dans un texte, un récit, un ensemble de connaissances : *Comment ? Tu n'as jamais entendu parler de la guerre de Cent Ans ? C'est une grave lacune dans tes connaissances historiques !*

lacustre, adj. ♦ *Cité lacustre :* village en bois construit sur pilotis au-dessus de l'eau d'un lac ou d'un étang (à l'époque préhistorique ou dans certains pays). ● *Plantes lacustres,* qui croissent dans les lacs, au bord des lacs. ● *Faune lacustre :* animaux qui vivent dans les lacs.

lagon, n. m. ♦ Lagune comprise entre la côte et un récif de coraux, ou petit lac d'eau salée au centre d'un atoll.

lagune, n. f. ♦ Étendue d'eau salée, entre la terre et un cordon de terre parallèle au rivage.

laïc [laik], n. m. ♦ _Un laïc :_ celui qui n'est pas prêtre (dans la religion catholique). — REGARDER _laïque._

laïcité [laisite], n. f. ♦ Caractère d'un État, ou d'une institution, d'une organisation, qui ne dépend pas de l'autorité religieuse.

laid, laide, adj. ♦ **1.** Désagréable à voir, à regarder. — SYN. affreux, dégoûtant, déplaisant, disgracieux, hideux, repoussant, vilain. — CONTR. admirable, adorable, charmant, chic, exquis, gracieux, harmonieux, joli, magnifique, plaisant, ravissant, séduisant, somptueux, splendide, superbe. **2.** Très mal : _Tu as triché aux cartes? C'est très laid!_ — SYN. vilain. — CONTR. beau, bien.

laideur, n. f. ♦ Caractère, aspect d'une personne ou d'une chose laide. — CONTR. beauté.

laie [lɛ], n. f. ♦ Femelle du sanglier.

lainage, n. m. ♦ **1.** Tissu de laine. **2.** Vêtement tricoté, en laine.

laine, n. f. ♦ **1.** Poil frisé de certains animaux (moutons notamment). — REGARDER _toison._ **2.** Fil ou tissu tiré de la laine de mouton.

lainier, ière, adj. ♦ _Industrie lainière :_ industrie de la filature et du tissage de la laine.

laïque [laik], adj. ♦ Qui ne dépend pas des autorités religieuses, qui ne s'occupe pas de religion : _En France, l'enseignement public est laïque._ — REM. Au masculin, on écrit quelquefois _laïc._ — REGARDER _laïc._ ● n. f. : Femme qui n'appartient pas à un ordre religieux.

laisse, n. f. ♦ Lanière, courroie qui est attachée au collier du chien et qui permet de le tenir. ● _Tenir un chien en laisse._

laisser, v. ♦ **1.** Mettre une chose (une personne) quelque part et ne pas la prendre (l'emmener) avec soi : _Il fait trop froid, aussi notre voisine a laissé son petit garçon à la maison en partant faire ses courses._ **2.** Faire rester à un endroit : _Laisse la casserole sur la plaque chauffante : la soupe ne refroidira pas._ **3.** Ne pas manger, ne pas boire : _Tu es malade, Pierre? Tu as laissé ta purée et la moitié de ta viande._ **4.** Ne pas s'occuper de quelqu'un : _Mais non, nous n'allons pas te laisser seule et malade, tante Sophie!_ ● _Laisse donc ton camarade tranquille, il ne t'a rien fait!_ **5.** Prêter, fournir, donner : _Laisse-moi ton livre un instant, je vais recopier le résumé de la leçon._ **6.** Permettre : _La directrice a donné des ordres : les enseignants ne doivent laisser sortir aucun élève._ ● Accepter, sans réagir, de faire ou de subir quelque chose : _Mon petit frère s'est laissé faire une piqûre sans pleurer._ ● _Laisser faire :_ laisser tomber. Ne pas faire quelque chose : _Veux-tu aller me chercher du pain? Non, après tout, laisse faire._

laisser-aller, n. m. inv. ♦ Manque de rigueur dans le travail, l'action ou la tenue. — SYN. désordre, négligence. — CONTR. discipline, ordre.

laissez-passer, n. m. inv. ♦ Document, carte qui permet d'entrer dans un lieu, de franchir une frontière, etc.

lait, n. m. ♦ **1.** Liquide blanc, produit par les seins de la femme (ou les mamelles des femelles des animaux), qui sert à nourrir les bébés (ou les petits des animaux). **2.** Lait de brebis, de chèvre et surtout de vache, vendu pour l'alimentation humaine ou servant à faire divers produits alimentaires (crème, beurre, fromage, etc.).

laitage, n. m. ♦ Aliment à base de lait.

laiterie, n. f. ♦ Local d'une ferme ou usine où l'on recueille le lait, où on le met en bouteilles, où on l'écrème, etc.

laiteux, euse, adj. ♦ Qui a une couleur blanchâtre qui rappelle celle du lait.

laitier

laitier, ière, n. *ou* adj. ♦ **1.** Celui, celle qui vend le lait ou qui (autrefois) le livrait à domicile. **2.** Qui concerne le lait et les produits qu'on en tire : *L'industrie laitière est très développée au Québec.* **3.** *Une vache laitière :* vache élevée pour son lait. ● *Une bonne laitière :* vache qui donne beaucoup de lait.

laiton, n. m. ♦ Alliage, jaune, de cuivre et de zinc. — SYN. cuivre jaune.

laitue, n. f. ♦ Plante dont les feuilles larges et tendres se mangent en salade.

1. lama, n. m. ♦ Animal qui ressemble à un petit chameau sans bosse, qui vit en Amérique du Sud, dans les Andes, qui peut être domestiqué et dont le poil ressemble un peu à la laine ; *l'alpaga* et la *vigogne* sont des animaux très semblables au lama.

2. lama, n. m. ♦ Au Tibet, moine bouddhiste.

lambeau, n. m. ♦ Morceau d'étoffe déchiré. — SYN. haillon. ● *En lambeaux,* tout déchiré : *L'explorateur avait marché pendant des jours au milieu de buissons épineux : ses vêtements étaient en lambeaux.*

lambris [lãbRi], n. m. ♦ Revêtement décoratif, en marbre ou en bois, qui recouvre les murs ou le plafond d'une salle.

lame, n. f. ♦ **1.** Partie tranchante (ou pointue) d'un instrument ou d'une arme : *Tu sais, les Romains étaient armés d'une épée à lame large et courte.* **2.** Plaque, planche allongée : *Cette lame de parquet est en mauvais état : elle s'enfonce sous le pied.* **3.** Vague de la mer : *Une lame énorme balaya le pont du navire.*

lamelle, n. f. ♦ Petite plaque mince, petite tranche.

lamentable, adj. ♦ **1.** Très triste : *Ces réfugiés hagards marchant sur les routes, sans nourriture et sans secours : ce spectacle*

était lamentable ! — SYN. déplorable, désolant, navrant, pitoyable. **2.** Très mauvais : *Ce trimestre, tu as eu des notes lamentables !*

lamentation, n. f. ♦ Plaintes d'une personne qui se lamente.

lamenter (se), v. ♦ Se plaindre, exprimer des regrets, des reproches tristes, par des paroles souvent inutiles. — SYN. gémir, se plaindre. — CONTR. se réjouir.

laminer, v. ♦ *Laminer le métal, l'acier,* le faire passer au laminoir.

laminoir, n. m. ♦ Grosse machine qui comprend des rouleaux entre lesquels on fait passer le métal, pour obtenir des plaques, des poutres, des rails, etc.

lampadaire, n. m. ♦ Dans une rue, appareil d'éclairage public comprenant une source lumineuse placée en haut d'un support. — REGARDER *réverbère.* ● Appareil d'éclairage d'appartement comprenant un abat-jour monté sur un grand pied qui repose sur le sol.

lampe, n. f. ♦ Objet qui sert à éclairer : *Les Romains avaient des lampes à huile, nos arrière-grands-parents avaient des lampes à pétrole, aujourd'hui nous avons des lampes à ampoule électrique.*

lampion, n. m. ♦ Lanterne en papier qui sert à la décoration les jours de fête.

lance, n. f. ♦ **1.** Autrefois, arme composée d'une longue tige de bois, portant un fer pointu à son extrémité. — REGARDER *pique.* **2.** Tube métallique monté à l'extrémité d'un tuyau et servant à diriger un jet d'eau, quand on veut éteindre le feu ou arroser. ● *Une lance d'incendie.* ● *Une lance d'arrosage.*

lancée, n. f. ♦ *Sur sa lancée :* en continuant d'avancer, à cause de la vitesse acquise, de l'élan pris.

lancement, n. m. ♦ Action de lancer. ● *Le lancement du javelot.* — SYN. le lancer. ● *Le lancement d'un navire.*

lance-pierres, n. m. inv. ♦ Instrument, fait avec des élastiques et une fourche de bois ou de fer, qui sert à lancer des pierres.

1. lancer, v. (conjugaison 17) ♦ **1.** Faire partir, envoyer en l'air, dans l'espace : _Nicolas prit une grosse pierre et la lança au milieu du lac._ — SYN. jeter. **2.** Faire glisser le long d'un plan incliné et mettre à l'eau la coque d'un navire qu'on vient de construire sur un chantier : _On va lancer un nouveau pétrolier de 300 000 tonnes._ **3.** Commencer à réaliser un projet ou des travaux : _On va lancer un programme de grands travaux._ **4.** Exprimer un appel, une demande : _La Croix-Rouge a lancé un appel en faveur des réfugiés._ **5.** _Se lancer,_ se mettre à aller vite vers un endroit, une personne ; se précipiter, se jeter : _Nous nous sommes lancés avec enthousiasme dans les préparatifs de la fête._

2. lancer, n. m. ♦ Action de lancer le poids, le disque, le javelot : _Pour le lancer du disque, l'athlète doit tourner sur elle-même._

lancinant, ante, adj. ♦ _Douleur lancinante,_ très vive. ● _Regret, souvenir lancinant,_ très douloureux.

landau, n. m. ♦ Voiture d'enfant, avec une capote, à caisse suspendue sur des ressorts. — PLUR. _des landaus._

lande, n. f. ♦ Étendue de terre, inculte, à sol granitique, sans arbres, où croissent les ajoncs, les genêts et la bruyère.

langage, n. m. ♦ **1.** Tout moyen de communiquer par un système de signaux : _Tu sais que les abeilles ont un langage, fondé sur les figures qu'elles dessinent en volant ?_ **2.** Manière de parler ; vocabulaire : _Dans le langage des marins, une_ estrope _est une sorte de boucle au bout d'un cordage._ — SYN. langue.

lange, n. m. ♦ Étoffe dont on enveloppe un bébé.

langer, v. (conjugaison 16) ♦ _Langer un bébé, un nourrisson,_ l'envelopper de langes.

langoureux, euse, adj. ♦ Plein de langueur. — SYN. indolent, nonchalant. — CONTR. animé, ardent, fougueux, rapide, vif.

langouste, n. f. ♦ Grand crustacé qui vit dans la mer ; à la différence du homard, il n'a pas de pinces, et a de longues antennes.

langoustine, n. f. ♦ Crustacé comestible qui vit dans la mer ; il est plus petit que la langouste, et a des pinces, comme le homard.

langue, n. f. ♦ **1.** Organe charnu, dans la bouche : _Quand Zoé me rencontre, elle me tire la langue et me fait un pied de nez._ ● _Avoir la langue bien pendue :_ être très bavard. ● _Une mauvaise langue :_ une personne qui aime à dire du mal des autres. **2.** Bande allongée : _Une langue de terre s'allonge ici dans la mer._ **3.** Forme de langage propre à un peuple ou à un ensemble de peuples : _Le français est une bien belle langue !_ ● _Langue vivante,_ encore parlée de nos jours (par exemple l'anglais, l'allemand, l'italien, l'espagnol). ● _Langue morte,_ qui n'est plus parlée (par exemple le latin, le grec ancien).

languette, n. f. ♦ Petite pièce de métal, de carton, de cuir, etc., de forme plate et allongée, en général arrondie à un bout.

langueur, n. f. ♦ Manque de force, d'énergie ; mollesse. — SYN. apathie, indolence, mollesse, nonchalance. — CONTR. animation, ardeur, fougue, rapidité, vivacité.

languir, v. ♦ **1.** Manquer, pendant longtemps, de vigueur, être peu actif : _Ma sœur, grippée, languit dans son lit. C'est la crise : le commerce languit._ **2.** Attendre avec impatience : _Allons, Béatrice, ne nous fais pas languir, raconte-nous la fin de l'histoire !_

languissant, ante, adj. ♦ Qui manque de force, d'énergie, de vigueur : _Du nerf, voyons ! Ne parle pas avec cette voix lan-_

guissante ! Peu de clients : les affaires sont languissantes. — SYN. faible, mou. — CONTR. actif, assuré, énergique, ferme, fort, vigoureux.

lanière, n. f. ♦ Bande de cuir, de tissu : *Le berger portait un sac de toile, suspendu à son épaule par une lanière.* — SYN. courroie.

lanterne, n. f. ♦ Boîte aux parois transparentes dans laquelle il y a une lumière. ● *Lanterne magique :* autrefois, appareil qui projetait des images sur un écran.

laper, v. ♦ Boire à coups de langue : *Le chat et le chien lapent.*

lapereau, n. m. ♦ Jeune lapin.

lapider, v. ♦ Tuer en lançant des pierres ; attaquer en lançant des pierres : *Les paysans ramassèrent des pierres et se mirent à lapider l'homme qui venait percevoir les impôts.*

lapin, n. m. ♦ Animal rongeur à longues oreilles et à queue courte. La femelle du lapin est la *lapine,* son petit est le *lapereau.* On l'élève dans une cage appelée *clapier.* ● *Lapin de garenne :* lapin sauvage, qui constitue un gibier estimé. ● *Lapin de chou* ou *lapin domestique,* qu'on élève pour sa chair.

laps [laps], n. m. ♦ *Laps de temps :* espace de temps.

lapsus [lapsys], n. m. ♦ Emploi involontaire d'un mot à la place d'un autre : *Annette a dit « ballon » au lieu de « bonbon », elle a commis un lapsus.*

laquais, n. m. ♦ Autrefois, valet (domestique) habillé d'une livrée (sorte d'uniforme propre à chaque maison noble).

laque, n. f. ♦ Peinture spéciale très lisse et très brillante.

laqué, ée, adj. ♦ Peint avec de la laque.

laquelle ♦ REGARDER lequel.

larcin, n. m. ♦ Vol pas très grave : *Les larcins que commet mon chat ne sont jamais bien graves.*

lard, n. m. ♦ Couche de graisse, sous la peau du porc, qui fournit une matière grasse utilisée en cuisine.

larder, v. ♦ 1. Garnir de petits morceaux de lard. 2. Percer, piquer plusieurs fois avec un objet pointu.

lardon, n. m. ♦ Chacun des tout petits morceaux de lard qu'on fait frire un peu et qui servent à accompagner un plat.

large, adj. *ou* n. m. *ou* adv. ♦ 1. Qui a telle largeur : *La cour est longue de trente-six mètres et large de vingt mètres.* ● *La cour a vingt mètres de large.* 2. Qui a une grande largeur : *La rivière est large à cet endroit : le pont qui la traverse a douze arches.* — SYN. vaste. ● *Vêtement large,* qui ne serre pas le corps. — CONTR. étroit, serré, collant. ● *Être au large,* tenir facilement dans un espace : *Quel hangar gigantesque ! Une cathédrale y serait au large !* — CONTR. à l'étroit. 3. Grand : *Dans une large proportion, les élèves s'intéressent au sport.* ● Largement : *Si l'on compte large, il faut huit jours pour finir ce travail.* 4. Généreux, qui donne beaucoup : *Un jeu électronique ? Dis donc, ton parrain a été large !* — SYN. généreux, libéral. — CONTR. avare, parcimonieux. ● *Avoir les idées larges :* être compréhensif, indulgent. — CONTR. étroit. 5. *Le large :* la haute mer, assez loin des côtes. ● *Le navire prend le large,* s'éloigne de la côte. ● *Prendre le large,* s'enfuir, se sauver : *Ils ne sont pas bien courageux, tes copains ! Dès qu'ils ont vu nos adversaires, ils ont pris le large !* ● *Au large de,* en mer, à une certaine distance, en face de telle côte, de tel endroit de la côte : *L'île-aux-Grues ? Elle est située au large de Montmagny, dans le Saint-Laurent.*

largement, adv. ♦ 1. En occupant beaucoup de place en largeur : *Elle ouvrit largement les bras et embrassa son vieil ami.*

2. Beaucoup. **3.** Un peu plus qu'il ne faut : _En comptant largement, il nous faut six heures de marche pour atteindre le sommet._

largesse, n. f. ♦ Don abondant, généreux : _Le roi comblait de largesses ceux qui le servaient avec dévouement._ — SYN. les libéralités.

largeur, n. f. ♦ **1.** L'une des dimensions d'une surface ou d'un objet : _Longueur de la table : 1,30 m ; largeur : 0,90 m._ **2.** Compréhension, indulgence, tolérance : _Avec un peu de largeur d'esprit, elle aurait pu comprendre et pardonner la conduite de sa fille. L'oncle Émile, intelligent, indulgent, était connu pour sa grande largeur de vues._

larguer, v. ♦ **1.** _Larguer les amarres,_ les détacher et les lâcher pour que le bateau puisse partir. **2.** Laisser tomber d'un avion : _L'avion a largué des médicaments au-dessus de la région sinistrée._

larme, n. f. ♦ **1.** Chacune des gouttes de liquide qui coulent des yeux quand on pleure. ● _Être en larmes,_ en train de pleurer. ● _Avoir les larmes aux yeux :_ être très ému, sur le point de pleurer. **2.** Très petite quantité de liquide : _Veux-tu encore un peu de café ? — Oui, mais une larme seulement._

larmoyer, v. (conjugaison 21) ♦ **1.** _Les yeux larmoient,_ des larmes en coulent, par exemple sous l'effet d'une irritation, d'un rhume, etc. **2.** Pleurer un peu : _Maxime me raconta sa mésaventure en larmoyant._

larron, n. m. ♦ Synonyme vieilli de brigand, bandit, voleur. ● _S'entendre comme larrons en foire :_ être d'accord pour faire des mauvais coups.

larve, n. f. ♦ Forme de certains animaux quand ils sont jeunes : _Le têtard est la larve de la grenouille._ — REGARDER _chrysalide, nymphe, métamorphose._

larynx [laʀɛ̃ks], n. m. ♦ Tube qu'on a dans le cou, par où passe l'air de la respiration et où se trouvent les cordes vocales.

las, lasse [lɑ, lɑs], adj. ♦ **1.** Fatigué : _Nous avons couru les magasins toute la journée et nous sommes bien las._ — SYN. épuisé, exténué, fatigué. — CONTR. dispos, frais, reposé. **2.** Qui en a assez : _Tais-toi ! Je suis lasse de tes lamentations !_

laser [lazɛʀ], n. m. ♦ Appareil qui émet un rayon de lumière spéciale (le _rayon laser_) et qui est utilisé en chirurgie, dans l'industrie, dans l'armement, pour la lecture des disques compacts, etc.

lassant, ante [lɑsɑ̃, ɑ̃t], adj. ♦ Fatigant, ennuyeux, monotone : _Cesse donc de répéter toujours les mêmes griefs, c'est lassant à la fin !_ — CONTR. amusant, intéressant, varié.

lasser [lɑse], v. ♦ Ennuyer, fatiguer : _Voyons, tu lasses tout le monde par tes plaintes et tes accusations injustifiées !_ ● _Se lasser,_ se dégoûter de : _On ne se lasse jamais du spectacle qu'offre la mer !_

lassitude, n. f. ♦ **1.** Fatigue. **2.** Ennui, fatigue, dégoût, qui résulte de la monotonie, de la répétition : _Ne crois pas que tu m'as convaincu ! C'est par lassitude que je cède._

lasso, n. m. ♦ Longue corde, terminée par un nœud coulant, avec laquelle on capture les chevaux, les bœufs élevés sur de grands espaces, en Amérique.

latéral, ale, aux, adj. ♦ Qui est situé sur le côté et non dans la partie médiane. ● _Les nefs latérales d'une église._

latex [latɛks], n. m. inv. ♦ Liquide qui ressemble à du lait visqueux et qui est la sève de certaines plantes : _Le latex de l'hévéa_ (arbre des pays chauds) _est recueilli pour servir à la fabrication du caoutchouc._

latin, ine, n. ou adj. ♦ _Le latin :_ langue qui était parlée par les Romains. ● Qui est écrit en latin, ou bien qui concerne la langue latine et son étude : _Tu peux traduire cette inscription latine ?_ ● _La littérature latine._ ● _Les poètes latins,_ qui ont écrit en latin.

latiniste

latiniste, n. m. *ou* f. ♦ Celui, celle qui a fait des études approfondies de latin.

latitude, n. f. ♦ **1.** Distance angulaire d'un lieu par rapport à l'équateur, exprimée en degrés et minutes d'angle : *Voici la position du navire : 30° 12' de latitude nord et 21° 17' de longitude ouest.* — REGARDER *longitude, méridien, parallèle.* **2.** Possibilité et liberté d'agir : « *Je vous donne toute latitude pour régler cette affaire au mieux* », a dit la directrice au chef de service.

latte, n. f. ♦ Pièce de bois plate, étroite et très longue.

lauréat, ate, n. ♦ Celui, celle qui a eu un prix dans un concours.

laurier, n. m. ♦ **1.** Arbuste dont les feuilles sont utilisées pour aromatiser certains plats. **2.** *Couronne de laurier :* couronne de feuilles de laurier, insigne des vainqueurs dans l'Antiquité. ● *Les lauriers :* symbole de la gloire des vainqueurs.

lavable, adj. ♦ Qui peut se laver sans inconvénient.

lavabo, n. m. ♦ Cuvette fixe, avec tuyau d'évacuation et robinet, qui sert à la toilette.

lavage, n. m. ♦ Action de laver le linge, le sol, une voiture, etc.

lavande, n. f. ♦ **1.** Plante des pays méditerranéens, dont la fleur, violette, sent très bon. **2.** Parfum extrait de cette plante. ● *De l'eau de lavande.*

lave, n. f. ♦ Roche qui sort liquide, à très haute température, des volcans en activité.

laver, v. ♦ Rendre propre en soumettant à l'action de l'eau. ● *Une machine à laver.*

laverie, n. f. ♦ Établissement où l'on peut laver son linge dans des machines à laver.

laveur, euse, n. ♦ Celui, celle qui lave. ● *Un laveur de carreaux.* ● *Une laveuse :* femme dont le métier était de laver le linge (à la rivière, au lavoir).

lave-auto, n. m. ♦ Station pour laver les automobiles.

lave-glace, n. m. ♦ Dispositif qui envoie de l'eau pour laver le pare-brise d'une automobile.

lave-vaisselle, n. m. inv. ♦ Machine qui lave et sèche automatiquement la vaisselle.

lavoir, n. m. ♦ Autrefois, grand bassin en pierre ou en ciment, en plein air ou couvert d'un toit, où les femmes d'un village ou d'un quartier venaient laver leur linge.

laxatif, n. m. ♦ Médicament qui permet d'éviter la constipation.

layette [lɛjɛt], n. f. ♦ Ensemble des vêtements que porte un bébé.

1. le, la, les, article défini. ♦ Se place devant un nom déterminé : *Tu as vu un chien? C'est peut-être le chien de l'épicière. — Non, c'était plutôt la chienne du charcutier. D'ailleurs, tous les chiens et toutes les chiennes du quartier se ressemblent.* — REM. *Le* et *la* s'élident en *l'* devant une voyelle ou un *h* muet : *L'âne. L'odeur. L'hameçon. L'herbe.*

2. le, la, les, pronom personnel. ♦ Pronom personnel complément d'objet direct de la troisième personne : *Ce gros chien noir? Oui, je le vois. Tu la vois, la maison, là-bas? Il y a deux maisons, là-bas, je les vois bien.* — REM. *Le* et *la* s'élident devant une voyelle ou un *h* muet : *Laisse ta sœur tranquille, tu l'ennuies ! Notre voisin est malade, il a fallu l'hospitaliser.*

lécher, v. (conjugaison 11) ♦ **1.** Passer sa langue sur quelque chose : *Minet a bu son lait et lèche le fond de l'écuelle.* **2.** Toucher légèrement comme en caressant : *Les vagues et l'écume viennent lécher le sable.* — SYN. effleurer.

lèche-vitrines, n. m. inv. ♦ *Faire du lèche-vitrines :* flâner en regardant les vitrines des magasins.

leçon, n. f. ♦ **1.** Ce qu'un élève doit apprendre pour pouvoir répondre à une interrogation : *J'ai une leçon d'histoire à apprendre pour demain.* **2.** Séance pendant laquelle le maître enseigne quelque chose : *Notre institutrice sait rendre les leçons d'histoire intéressantes.* **3.** *Leçon de choses :* à l'école primaire, enseignement qui porte sur des notions très simples de physique, de chimie, de sciences naturelles. **4.** *Faire la leçon à quelqu'un,* le réprimander. **5.** Enseignement, conclusion qu'on peut tirer d'un fait ou d'un récit : *Que cette mésaventure te serve de leçon !*

lecteur, trice, n. ♦ **1.** Celui, celle qui lit un journal, un livre, un écrivain : *Ce journal a plus d'un million de lecteurs.* ● *Avis au lecteur :* préface (au début d'un livre). **2.** *Lecteur de cassettes :* appareil qui permet d'écouter des cassettes enregistrées. ● *Lecteur à laser :* appareil qui sert à passer les disques compacts.

lecture, n. f. ♦ **1.** Action de lire. **2.** Chose qu'on lit : *Tu lis les fables de La Fontaine ? Voilà une excellente lecture !*

légal, ale, aux, adj. ♦ Conforme à la loi. — CONTR. illégal.

légalité, n. f. ♦ Caractère d'une action conforme à la loi ; situation de celui qui agit conformément à la loi. — CONTR. illégalité.

légendaire, adj. ♦ **1.** Qui n'a pas existé, qui n'a pas eu lieu, mais qui est l'objet d'une légende : *Tu sais, Roland, le neveu de Charlemagne, est sans doute un personnage légendaire. En revanche, le combat de Roncevaux est un épisode historique.* — SYN. fabuleux, imaginaire, mythique. — CONTR. historique, réel, vrai. **2.** Très connu, célèbre : *Tu as entendu parler de Bayard, le chevalier à la bravoure légendaire ?*

légende, n. f. ♦ **1.** Récit propre à un peuple, où il se passe des choses extraordinaires. — SYN. mythe. ● Récit déformé d'un fait historique : *Les exploits de Charlemagne ont donné naissance à bien des légendes.* **2.** Texte qui explique une image, une photographie, indique son sujet, ou donne le sens des signes et des couleurs d'une carte de géographie.

léger, ère, adj. ♦ **1.** Dont le poids est faible : *Deux kilos ? Il est léger, ton sac !* — CONTR. lourd. ● Peu épais, donc de poids faible : *C'est l'été, voyons ! Mets une chemise légère au lieu de ce gros pull !* — CONTR. épais, gros. ● *Armé à la légère,* sans armure, avec des armes peu lourdes : *Les « vélites » ? C'étaient des soldats romains armés à la légère.* **2.** Peu abondant : *A midi, un repas léger, c'est mieux : par exemple, une tranche de jambon, avec de la salade.* — SYN. frugal. — CONTR. abondant, copieux, lourd. **3.** Qui n'appuie pas fortement : *D'un pas léger, Claudine avançait sur le chemin.* — CONTR. lourd. ● *Un coup léger.* — CONTR. appuyé. **4.** Qui n'est pas fort en alcool, en principe actif : *Le malade buvait seulement un peu de thé léger.* — CONTR. fort. **5.** Pas très grave : *Ginette est tombée dans le ravin, mais elle n'a que des blessures légères.* — CONTR. grave. ● Pas très grand : *On note une légère amélioration de la météo.* — SYN. petit. — CONTR. grand, considérable, notable, grave. **6.** *Sommeil léger,* peu profond. — CONTR. lourd, profond. **7.** Peu sérieux, peu appliqué, irréfléchi, imprudent : *Tu as prêté ce livre à Hélène, qui est si peu soigneuse ? Tu as été bien léger !* — CONTR. prudent, réfléchi. ● *Hortense est bien gentille, mais elle a un caractère léger.* — SYN. frivole, futile. — CONTR. posé, sérieux. ● *A la légère :* sans réfléchir.

légèrement, adv. ♦ D'une manière légère.

légèreté, n. f. ♦ Caractère d'une chose ou d'une personne légère.

légion, n. f. ♦ **1.** *Une légion,* unité de l'armée romaine : *A la fin de l'époque républicaine, une légion comprenait six mille hommes.* **2.** *La Légion étrangère* ou *la Légion :* ensemble de régiments français dont les soldats sont des volontaires de nationalité française ou étrangère. **3.** *La Légion d'honneur :* la plus célèbre des décorations françaises.

légionnaire, n. m. ♦ **1.** Soldat de la légion romaine. **2.** Soldat de la Légion étrangère.

législatif, ive, adj. *ou* n. f. ♦ Qui a le pouvoir de faire les lois. ● *Le pouvoir législatif,* le pouvoir de voter des lois : *Le pouvoir législatif appartient à l'Assemblée nationale.*

législation, n. f. ♦ Ensemble des lois.

légitime, adj. ♦ Conforme à la loi, à la morale, à la raison. — CONTR. illégitime. ● *Pouvoir légitime,* qui s'est instauré conformément à la Constitution. ● *Légitime défense :* droit de se défendre quand on est attaqué.

legs [lɛ], n. m. ♦ Ce qu'on laisse par testament à quelqu'un, à une œuvre, à un musée (sans y être obligé par la loi).

léguer, v. (conjugaison 11) ♦ **1.** Donner par testament (sans y être obligé par la loi) : *Notre voisine, en mourant, a légué toute sa fortune à une œuvre d'aide aux aveugles.* **2.** Transmettre, donner aux successeurs, aux descendants : *Mon grand-père était éleveur ; il m'a légué sa passion pour les chevaux.*

légume, n. m. ♦ Plante qu'on cultive pour en manger certaines parties.

lendemain, n. m. ♦ Le jour suivant : *Nous partîmes le lundi 15 décembre, nous arrivâmes le lendemain, le mardi 16 décembre.* — REGARDER *surlendemain.* ● *Du jour au lendemain,* très vite : *La situation peut se renverser du jour au lendemain.*

lent, lente, adj. ♦ **1.** Qui ne se déplace pas vite : *Bien sûr ! un char tiré par des bœufs est plus lent que le turbo-train !* — CONTR. rapide. **2.** Qui n'agit pas vite, qui met longtemps à faire quelque chose : *Véronique met une demi-heure à s'habiller, elle est vraiment lente !* — CONTR. rapide. **3.** Dont

le déroulement n'est pas rapide : *C'est par une évolution très lente que la société s'est transformée au cours des ans.*

lente [lãt], n. f. ♦ Œuf de pou.

lenteur, n. f. ♦ Caractère d'une chose ou d'une personne lente. — CONTR. rapidité, vélocité.

lentille, n. f. ♦ **1.** Plante cultivée pour ses graines comestibles. **2.** Chacune des graines de cette plante, de forme ronde et un peu plate, avec des faces bombées. ● *Des lentilles :* aliment constitué par ces graines. **3.** *Une lentille,* verre en forme de disque convexe ou concave, qui fait voir les objets plus gros ou plus petits qu'ils ne le sont : *Une loupe est une lentille convexe, donc convergente.* ● *Lentilles de contact :* lentilles correctrices qui s'appliquent directement sur l'œil.

léopard, n. m. ♦ Nom de la panthère d'Afrique. — REGARDER *panthère.*

lèpre, n. f. ♦ **1.** Maladie de peau contagieuse et très grave, jadis commune en Europe, qui existe encore en Asie et en Afrique. **2.** Taches, saleté sur un mur : *Une lèpre noirâtre recouvrait par plaques les vieux murs.*

lépreux, euse, adj. *ou* n. ♦ **1.** Atteint de la lèpre. **2.** Couvert de saleté, de taches : *Des murs lépreux.*

léproserie, n. f. ♦ Hôpital où l'on soignait les lépreux.

lequel, laquelle, lesquels, lesquelles, pronom interrogatif *ou* relatif. ♦ **1.** Sert à interroger : *Voici deux gâteaux ; lequel veux-tu ? Laquelle de ces deux filles est ta sœur ?* — REM. On fait la contraction avec les prépositions *à* et *de* : *auquel, auxquels, auxquelles ; duquel, desquels, desquelles.* Cependant, on écrit : *à laquelle, de laquelle.* **2.** Sert de pronom relatif : *Il y a une autre possibilité à laquelle je pense.* — REM. Les règles de contraction sont les mêmes que pour *lequel* interrogatif.

levain

léser, v. (conjugaison 11) ♦ Faire du tort à quelqu'un, en le privant de ce à quoi il a droit : *Personne n'a été lésé : vous avez tous eu une part égale du gâteau.* — SYN. défavoriser, désavantager, frustrer. — CONTR. avantager, favoriser.

lésion, n. f. ♦ Transformation qui détériore, endommage un organe.

lessive [lɛsiv], n. f. ♦ **1.** Action de laver le linge. **2.** Linge qu'on lave ou qu'on vient de laver : *Roberto alla étendre la lessive au jardin, sur la corde à linge.* **3.** Produit en poudre qu'on met dans l'eau ou la machine à laver, et qui sert à laver le linge.

lessiver [lɛsive], v. ♦ Laver avec une grande quantité d'eau, à laquelle on a mêlé un produit spécial : *Les murs de la cuisine sont tellement crasseux qu'il faudra les lessiver !*

lessiveuse [lɛsivøz], n. f. ♦ Autrefois, grand récipient métallique dans lequel on faisait bouillir le linge.

lest [lɛst], n. m. ♦ Chose lourde (pierres, sable, etc.) dont on garnit le fond d'un navire pour lui donner de la stabilité, surtout quand il navigue à vide. ● Sacs de sable qu'on emporte à bord d'un ballon ou d'un dirigeable et qu'on jette pour alléger l'appareil et le faire monter.

leste, adj. ♦ Qui est plein d'adresse, de vivacité et de souplesse dans ses mouvements. — SYN. adroit, agile, habile, vif. — CONTR. lent, lourd, maladroit.

lester, v. ♦ Charger de lest pour rendre stable : *Il faut bien lester notre barque, elle a tendance à chavirer.*

lettre, n. f. ♦ **1.** Chacun des signes de l'alphabet, qui servent à écrire les mots. ● *En toutes lettres,* sans abréger les mots : *Écrivez votre prénom, en toutes lettres.* **2.** Texte qu'on écrit et qu'on envoie à quelqu'un pour lui annoncer quelque chose, pour le remercier, etc. — SYN. missive. **3.** *A la lettre,* de manière très exacte, très fidèle, sans prendre la moindre liberté : *Vous m'entendez, je veux que vous suiviez mes instructions à la lettre.* — REM. On dit aussi, dans le même sens : *au pied de la lettre.* **4.** *Les lettres,* les études littéraires (langues, littérature, histoire, philosophie) : *Ma cousine est brillante en lettres, mais nulle en sciences.* ● *Les lettres,* la littérature : *Tu sais que le gouvernement encourage les lettres et les arts.*

lettré, ée, adj. *ou* n. ♦ Qui est très instruit, notamment en littérature. — SYN. cultivé, érudit, savant. — CONTR. ignare, inculte.

leucémie, n. f. ♦ Très grave maladie du sang.

1. leur, adj. *ou* pronom possessif. ♦ **1.** Adjectif possessif de la troisième personne du pluriel (= d'eux, d'elles) : *La maison de nos voisins est de nouveau très vivante : ils sont revenus avec leurs fils, leurs filles, leur grand-père et leur vieille tante.* **2.** *Le leur, la leur, les leurs,* pronom possessif de la troisième personne du pluriel : *Notre équipe de football est bonne, la leur est encore meilleure.*

2. leur, pronom personnel. ♦ Pronom personnel de la troisième personne du pluriel qui équivaut à « à eux, à elles » : *Mes cousines sont très gentilles, je leur écris toutes les semaines.*

leurre, n. m. ♦ **1.** Appât artificiel (plaquette de métal brillant, etc.) accroché à l'hameçon pour attirer le poisson. **2.** Promesse trompeuse, espoir trompeur.

leurrer, v. ♦ Tromper par de fausses promesses, de faux espoirs : *Ne te laisse pas leurrer par de belles paroles.* — SYN. abuser, berner, duper. ● *Se leurrer :* se tromper en ayant de faux espoirs, des illusions.

levage, n. m. ♦ *Appareil de levage :* appareil ou machine qui sert à lever des poids très lourds (grue, palan, etc.).

levain, n. m. ♦ Pâte de farine qu'on a laissée fermenter et qu'on ajoute en petite quantité à la farine pour que le pain lève.

levant

levant, adj. *ou* n. m. ♦ **1.** *Le soleil levant :* le soleil, au moment où il se lève. — CONTR. soleil couchant. **2.** *Le levant :* l'est, point cardinal où le soleil se lève. — SYN. est, orient. — CONTR. le couchant, occident, ouest. **3.** *Le Levant :* autrefois, les régions du Proche-Orient (de la Turquie à l'Égypte, en passant par la Syrie, le Liban, la Palestine).

levée, n. f. ♦ **1.** Masse de terre, de maçonnerie, souvent de forme allongée, qui sert de digue, de route surélevée, etc. **2.** Moment où le postier ramasse les lettres déposées dans la boîte : *Va mettre la lettre à la poste avant la dernière levée, celle de 17 heures.* **3.** Action de ramasser les cartes sur la table, quand on gagne : *Nous avons fait deux levées, vous en avez fait quatre, c'est vous qui gagnez la partie.* — SYN. pli. **4.** Action de lever des troupes, de recruter, d'enrôler des soldats : *Le pays, menacé par l'ennemi, décida une levée supplémentaire de 200 000 hommes.* ● *Levée en masse :* mobilisation massive des hommes en âge de combattre, qui se faisait quand un danger pressant menaçait la cité ou la nation. **5.** Autrefois, action de percevoir les impôts : *A Rome, on appelait « publicains » ceux qui se chargeaient de la levée des impôts.*

1. lever, v. (conjugaison 12) ♦ **1.** Mettre plus haut, faire monter. — SYN. hausser, soulever. — CONTR. baisser, poser. ● *Lève les bras, comme si tu voulais toucher le plafond avec tes mains.* — SYN. élever. — CONTR. abaisser, baisser. ● *Lève donc la tête, au lieu de prendre cet air de chien battu !* — SYN. dresser, redresser, relever. — CONTR. baisser, courber, incliner, pencher. **2.** *Se lever :* se mettre debout. — CONTR. s'asseoir. ● *Se lever :* sortir du lit. — CONTR. se coucher, se mettre au lit. ● *Le soleil se lève,* apparaît au-dessus de la ligne de l'horizon. — CONTR. se coucher. ● *Le vent se lève,* commence à souffler. ● *Le brouillard, la brume se lève,* se dissipe. **3.** *Lever les lettres, le courrier :* prendre les lettres dans les boîtes aux lettres pour les trier et les acheminer. **4.** *Lever un lièvre,* le faire partir de son gîte (creux dans la terre où il se cache). **5.** *Une plante lève,* commence à sortir de terre : *Le vent fait frissonner les tendres tiges du blé*

qui lève. — SYN. pousser. ● *La pâte (du pain, du gâteau) lève,* commence à gonfler, parce qu'il se forme dans sa masse des bulles de gaz qui vont la rendre plus légère et plus souple. — REGARDER *levain, levure.* **6.** *Lever des soldats :* recruter des hommes pour les enrôler dans l'armée. — SYN. mobiliser. — CONTR. démobiliser, licencier. ● *Lever des impôts,* les percevoir. **7.** *Lever la séance,* y mettre fin, déclarer qu'elle est close. — SYN. clore, clôturer. — CONTR. commencer, ouvrir, continuer, poursuivre. ● *Lever une punition,* la supprimer, y mettre fin. — CONTR. donner, imposer, infliger.

2. lever, n. m. ♦ **1.** Action de se lever, de sortir du lit; moment où l'on se lève. — CONTR. le coucher. **2.** *Le lever du soleil, du jour :* moment où le soleil se lève, où le jour commence; spectacle que constitue l'apparition du soleil au-dessus de l'horizon. — CONTR. coucher de soleil. **3.** *Le lever du rideau :* moment où, au théâtre, on lève le rideau et où le spectacle commence.

levier, n. m. ♦ **1.** Dispositif, constitué par une barre et un point d'appui, qui sert à soulever une chose lourde. **2.** Tringle ou tige qui sert à actionner, à commander un mécanisme.

lèvre, n. f. ♦ *Les lèvres :* ce qui entoure la bouche. ● *La lèvre supérieure.* ● *La lèvre inférieure.* ● *Manger du bout des lèvres,* sans appétit, en petite quantité.

lévrier, n. m. ♦ Chien aux formes élancées, très rapide à la course, qu'on employait à l'origine pour chasser le lièvre. Le féminin est *levrette.*

levure, n. f. ♦ Poudre produite en usine et qu'on met dans la pâte pour la faire lever. — REGARDER *levain.*

lexique, n. m. ♦ **1.** Petit dictionnaire : *A la fin de ton livre d'anglais, tu as un petit lexique de cinq cents mots.* **2.** Ensemble des mots d'une langue ou des mots employés par un écrivain. — SYN. vocabulaire.

lézard, n. m. ♦ Reptile à quatre pattes, à longue queue, qui ressemble un peu à un tout petit crocodile.

lézarde, n. f. ♦ Fente, fissure, non rectiligne, sur un mur.

lézarder, v. ♦ Fendre, fissurer en provoquant une ou plusieurs lézardes : _Le tremblement de terre a lézardé le mur de l'école._

liaison, n. f. ♦ **1.** Relation entre deux endroits ou deux éléments ou deux personnes : _Tiens, voici une idée qui va faire la liaison entre les deux paragraphes._ — SYN. transition. **2.** Prononciation de la lettre finale d'un mot devant un mot suivant qui commence par une voyelle ou un _h_ muet, par exemple _un grand homme_ [œ̃grɑ̃tɔm], _des grands hommes_ [degrɑ̃zɔm].

liane, n. f. ♦ Dans les forêts équatoriales ou tropicales, plante à tige très longue et très souple qui grimpe le long des arbres.

liasse, n. f. ♦ Ensemble de billets de banque, de papiers, de journaux, posés à plat les uns sur les autres et attachés par une bande, une ficelle, etc.

libellé, n. m. ♦ Façon dont est rédigé le texte d'un document administratif, officiel, etc.

libeller, v. ♦ Rédiger un texte administratif, officiel, etc. : _Le chèque devra être libellé à l'ordre suivant._

libellule, n. f. ♦ Insecte au corps allongé, aux quatre ailes longues et transparentes, qui vit souvent près des rivières et des étangs.

libéral, ale, aux, adj. ♦ **1.** Qui est partisan de la liberté. ● Où règne la liberté ; _Dans une démocratie libérale, les divers partis peuvent s'exprimer comme ils veulent._ — CONTR. autoritaire, despotique, dictatorial, totalitaire, tyrannique. **2.** _Professions libérales :_ celles qu'on exerce sans être salarié, par exemple les professions de médecin, d'avocat, de notaire. **3.** Qui donne beaucoup : _Ce seigneur était très libéral et_ donnait des pensions aux poètes et aux artistes. — SYN. généreux, large. — CONTR. avare.

libéralité, n. f. ♦ **1.** Générosité, qualité et attitude de celui qui donne beaucoup. — CONTR. avarice. **2.** Don généreux : _Le roi finit par épuiser le Trésor à force de faire des libéralités._ — SYN. bienfait, largesse. — REM. Dans ce sens, s'emploie surtout au pluriel.

libération, n. f. ♦ Action de libérer : _La libération des otages est prévue pour demain._

libérer, v. (conjugaison 11) ♦ **1.** Mettre en liberté : _En raison de sa bonne conduite en prison, le condamné va être libéré._ — CONTR. emprisonner. **2.** Rendre libre un pays occupé par l'ennemi, un peuple opprimé par un gouvernement tyrannique : _En 1944, les Alliés et la Résistance libérèrent la France._ — SYN. délivrer. — CONTR. occuper, opprimer. **3.** Rendre libre, en enlevant des soucis, un travail : _Courage, Aline, dans un mois tu seras libérée du souci de l'examen !_ — CONTR. accabler. **4.** Démobiliser, renvoyer chez lui (un soldat) : _Mon frère termine son service militaire, on va le libérer dans moins d'un mois._ — CONTR. mobiliser, appeler sous les drapeaux.

liberté, n. f. ♦ **1.** Droit et possibilité de circuler, d'exprimer sa pensée, d'écrire et de publier des livres, de pratiquer la religion de son choix, d'exercer la profession que l'on désire, etc. : _Ce gouvernement dictatorial voulait supprimer la liberté de la presse._ **2.** Droit et possibilité d'aller, de venir, de rester où l'on veut : _Ne garde pas ce moineau en cage, rends-lui sa liberté._ — CONTR. captivité. **3.** État d'une personne qui n'est pas accablée de travail, de soucis : _Vive les vacances ! C'est la liberté !_

libraire, n. m. _ou_ f. ♦ Celui, celle qui vend des livres.

librairie, n. f. ♦ Magasin où l'on vend des livres.

libre

libre, adj. ♦ **1.** Qui jouit de la liberté : *Dans les pays totalitaires, les hommes ne sont pas libres.* ● *Un homme libre :* dans l'Antiquité, celui qui n'était pas un esclave. **2.** Qui n'est pas captif, prisonnier : *J'ai ouvert la cage et l'oiseau s'est retrouvé libre.* — CONTR. captif, détenu, prisonnier. **3.** Qui n'a pas de soucis, de travail : *Enfin ! nous voilà libres de tout souci !* **4.** Qui n'est pas occupé : *Il y a un appartement libre dans cet immeuble.* ● Dégagé : *Le signal est au vert, la voie est libre.*

libre-service, n. m. ♦ Magasin ou restaurant où le client se sert lui-même. — PLUR. *des libres-services.*

lice, n. f. ♦ Au Moyen Age, palissade de bois entourant une tour, un château. ● Espace compris entre cette palissade et la tour (ou le château) ; espace compris entre deux enceintes d'un château fort. ● Enceinte où se déroulaient les tournois. ● *Entrer en lice :* s'engager dans une compétition.

licence, n. f. ♦ **1.** Liberté excessive : *Dans ce royaume, tout était permis : la licence régnait.* **2.** En France, diplôme de l'enseignement supérieur, qui se prépare dans les universités.

licenciement, n. m. ♦ Action de licencier du personnel. — SYN. congédiement, renvoi. — CONTR. embauche.

licencier, v. (conjugaison 20) ♦ Renvoyer un salarié : *La direction de l'usine va licencier cinq cents ouvriers.* — SYN. congédier. — CONTR. embaucher, engager.

lichen [likɛn], n. m. ♦ Plante qui a l'aspect d'une mousse plate et sèche et qui pousse par plaques sur les rochers, les ardoises, les troncs des arbres, etc.

licite, adj. ♦ Permis par la morale et par la loi : *L'argent qu'on gagne honnêtement par le travail est un profit licite.* — SYN. autorisé, permis, légal. — CONTR. défendu, illicite, interdit, illégal.

licorne, n. f. ♦ Animal imaginaire qui avait un corps de cheval et une longue corne droite sur le front.

licou, n. m. ♦ Lien qu'on met autour du cou d'un cheval, d'une vache, et avec lequel on peut attacher ou conduire l'animal. — PLUR. *des licous.*

licteur, n. m. ♦ Chez les Romains, chacun des gardes ou appariteurs qui marchaient devant un haut magistrat, en portant un faisceau (hache entourée de verges).

lie, n. f. ♦ **1.** *De la lie de vin :* dépôt rouge violacé qui se forme au fond des récipients où il y a du vin. **2.** *La lie de la population :* la partie la plus vile d'une population.

lie-de-vin, adj. inv. ♦ De couleur rouge violacé.

liège, n. m. ♦ Matière souple et légère tirée de l'écorce du chêne-liège.

lien, n. m. ♦ **1.** Corde, lanière, etc., qui sert à lier, à attacher. **2.** Relation : *Voyez-vous le lien qui existe entre les deux propositions de cet énoncé ?* **3.** Ce qui unit deux êtres : *Au cours de ces années, de solides liens d'amitié s'étaient formés entre Hélène et moi.* ● *Des liens de parenté.*

lier, v. (conjugaison 20) ♦ **1.** Attacher : *Papa lie les journaux en paquets avant de les mettre à la poubelle.* — SYN. ligoter. — CONTR. délier, détacher. **2.** Engager : *Les fiancés sont liés par une promesse de mariage.* **3.** Unir : *Nous sommes liés, Louise et moi, par des liens de parenté et aussi d'affection.* ● Assembler de manière logique et cohérente : *Il faut lier ces idées de manière plus rigoureuse.* ● *Se lier avec quelqu'un,* établir avec lui des relations d'amitié.

lierre, n. m. ♦ Plante grimpante qui monte le long des arbres et des murs et dont les feuilles, d'un vert foncé, ne jaunissent pas et ne tombent pas à l'automne.

liesse, n. f. ♦ Grande joie de beaucoup de gens, qui se manifeste bruyamment, avec éclat. ● *Tout le peuple était en liesse.* — SYN. allégresse. — CONTR. abattement, consternation, désolation, tristesse.

lieu, n. m. ♦ **1.** Point de l'espace, endroit (ville, quartier, terrain, etc.) : _Vous voyez ces champs? C'est le lieu où s'est déroulée la bataille de Châteauguay._ ● _Sur les lieux :_ à l'endroit même. **2.** _Avoir lieu,_ se passer à tel endroit : _C'est ici qu'a eu lieu la bataille de Châteauguay._ ● _Avoir lieu,_ se produire : _L'éruption du Vésuve qui détruisit Pompéi et Herculanum eut lieu sous le règne de l'empereur Titus._ ● _Avoir lieu de,_ avoir une raison, un motif de : _Tu es fort et tu fais du judo, tu n'as pas lieu d'avoir peur d'une agression._ ● _Donner lieu à,_ produire, faire naître, provoquer : _Cette découverte a donné lieu à de nombreuses discussions._ **3.** _Au lieu de,_ à la place de : _Au lieu de sucer des bonbons, mange plutôt une pomme._ ● _Tenir lieu de,_ remplacer, faire office de : _Benoîte s'est construit un bateau avec des planches; un vieux drap de lit tient lieu de voile._ **4.** _Lieu commun,_ sujet souvent traité, idée souvent exprimée : _Dire que le temps passe vite est un lieu commun._

lieu-dit ou, moins bien, **lieudit,** n. m. ♦ A la campagne, endroit qui porte un nom : _Le père Gustave possédait un champ au lieu-dit « la Fontaine du Hêtre »._ — PLUR. _des lieux-dits_ ou _des lieudits._

lieue, n. f. ♦ Ancienne mesure de distance qui valait un peu plus de quatre kilomètres.

lieutenant, ante, n. ♦ Officier dont le grade est intermédiaire entre celui de sous-lieutenant et celui de capitaine.

lieutenant-colonel, n. m. ♦ Officier dont le grade est intermédiaire entre celui de commandant et celui de colonel. — PLUR. _des lieutenants-colonels._ Le féminin est **lieutenante-colonelle.**

lieutenant-gouverneur, n. ♦ Représentant ou représentante de la reine ou du roi dans chaque province du Canada.

lièvre, n. m. ♦ **1.** Animal sauvage qui ressemble à un gros lapin et qui court très vite. La femelle du lièvre est la _hase,_ ses petits sont les _levrauts,_ son nid est le _gîte._ **2.** Chair de cet animal : _L'oncle Arsène, qui est chasseur, nous a invités : nous mangerons sûrement du lièvre._

ligament, n. m. ♦ Faisceau de fibres qui unit deux os, dans une articulation.

ligature, n. f. ♦ Lien ou nœud qui serre ou qui attache quelque chose.

ligne, n. f. ♦ **1.** Trait mince et long. ● _Une ligne droite._ ● _Une ligne courbe._ ● _Une ligne brisée._ ● _Des lignes parallèles._ **2.** File ou rang de choses ou de gens : _La longue ligne des gens devant le cinéma m'a découragé._ ● _Monter en ligne :_ monter au front, aller au combat. **3.** Ensemble de lettres, de mots, qu'on dispose à la suite, en les alignant : _Corinne recopia les douze lignes de la leçon._ ● _Aller à la ligne :_ passer à la ligne au-dessous, pour commencer un nouvel alinéa. **4.** _Ligne de conduite :_ ensemble de règles qui guide la conduite, les actions. ● _Les grandes lignes,_ les points principaux : _Voici les grandes lignes du programme de notre fête._ ● _Sur toute la ligne :_ complètement, dans tous les domaines. ● _Hors ligne :_ tout à fait remarquable. **5.** Fil ou corde qui porte les hameçons. **6.** Trajet régulier suivi par un navire, un véhicule, un avion : _Des centaines de lignes aériennes sillonnent le monde._ ● _Pilote de ligne :_ pilote d'un avion qui transporte des passagers sur une ligne régulière. **7.** Ensemble de conducteurs électriques, télégraphiques, téléphoniques qui vont d'un point à un autre : _Une ligne à haute tension traverse la commune._

lignée, n. f. ♦ Ensemble des personnes qui descendent d'un ancêtre commun : _Yvette, disait-on, était de la lignée de Madeleine de Verchères._ — SYN. descendance.

lignite, n. m. ♦ Sorte de charbon de qualité inférieure.

ligoter, v. ♦ Attacher les membres d'une personne pour qu'elle ne puisse pas remuer : _Les Indiens ont solidement ligoté leurs prisonniers._ — SYN. garrotter, lier.

ligue, n. f. ♦ **1.** Ensemble de pays, de cités, d'États, qui s'unissent pour se défendre ou attaquer, pour faire la guerre. — SYN. coalition. **2.** Association destinée à défendre un idéal, à protéger quelqu'un, etc.

liguer (se), v. ♦ S'unir pour se défendre ou pour attaquer : *Toute notre classe s'est liguée pour défendre un camarade.*

lilas [lila], n. m. *ou* adj. inv. ♦ **1.** Arbuste aux fleurs blanches ou violettes, en grappes, qui sentent très bon. ● La fleur de cet arbuste. **2.** D'une couleur violette ou mauve.

lilliputien, ienne [lilipysjẽ, jɛn], adj. ♦ Très petit. — SYN. minuscule, miniature. — CONTR. gigantesque.

limace, n. f. ♦ Mollusque sans coquille, de forme allongée, commun dans les jardins.

limaçon, n. m. ♦ Escargot.

limaille [limaj], n. f. ♦ Sorte de poudre formée des parcelles que la lime arrache au métal qu'on travaille.

limande, n. f. ♦ Poisson plat, très bon à manger, qui ressemble à la sole.

lime, n. f. ♦ Outil à surface rugueuse avec lequel on frotte le métal ou le bois pour le travailler, l'amincir, le polir, etc. ● *Lime à ongles.*

limer, v. ♦ Travailler une pièce avec la lime : *La pointe du clou dépasse, tu devrais la limer.*

limitation, n. f. ♦ Action de limiter, état de ce qui est limité.

limite, n. f. ♦ **1.** Ligne, endroit où finit un terrain, une propriété, un espace, un pays. — SYN. frontière. **2.** Moment ou date qui marque la fin d'une période, d'un délai : *Mon oncle, qui est fonctionnaire, va prendre sa retraite, car il atteint la **limite d'âge**.* **3.** Point où s'épuise quelque chose : *Tu sais, ma patience a des limites !* ● *Ma patience n'est pas **sans limites** !* — SYN. borne.

limiter, v. ♦ **1.** Constituer la limite de quelque chose : *Un ruisseau limite notre parc vers le nord.* — SYN. borner. **2.** Mettre une limite, des limites à quelque chose en l'empêchant d'aller trop loin, de monter ou de descendre trop : *Le gouvernement veut limiter la hausse des fruits et légumes.* **3.** *Se limiter à,* porter seulement sur : *Un résumé doit se limiter aux points les plus importants.* — SYN. se borner.

limitrophe [limitʀɔf], adj. ♦ Qui a une frontière, une limite commune : *L'Ontario et le Québec sont des provinces limitrophes.* — SYN. adjacent, contigu.

limon, n. m. ♦ Terre fine et fertile, souvent déposée par les crues d'un fleuve.

limonade, n. f. ♦ Boisson gazeuse, faite avec de l'eau légèrement sucrée, piquante et pétillante.

limousine, n. f. ♦ Voiture automobile dont la carrosserie a, de chaque côté, deux portes et trois glaces.

limpide, adj. ♦ Clair, pur et transparent. — CONTR. opaque, sale, trouble.

limpidité, n. f. ♦ Qualité de ce qui est limpide.

lin, n. m. ♦ **1.** Plante à fleurs bleues, cultivée pour ses fibres textiles et pour l'huile qu'on tire de ses graines : *L'huile de lin sert à entretenir le bois.* **2.** Tissu fait avec les fibres tirées de cette plante : *Les draps en lin sont beaux, mais ils sont lourds !*

linceul, n. m. ♦ Drap dans lequel on enveloppe un mort. — SYN. suaire.

linéaire, adj. ♦ Qui a rapport aux lignes, à la longueur. ● *Mesure linéaire :* mesure de longueur.

linge, n. m. ♦ Ensemble des pièces de tissu dont on se sert dans un ménage (draps, serviettes, etc.) : ensemble des sous-vêtements.

lisible

lingère, n. f. ♦ Femme dont le métier est d'entretenir et de distribuer le linge (dans un hôtel, un hôpital, etc.).

lingerie, n. f. ♦ **1.** Local où l'on entretient et où l'on distribue le linge (dans un pensionnat, un hospice, etc.). **2.** Ensemble des sous-vêtements portés par les femmes.

lingot, n. m. ♦ Bloc de métal coulé dans un moule et refroidi.

linguiste [lɛ̃gɥist], n. m. ou f. ♦ Celui, celle qui étudie les langues, le langage.

linguistique [lɛgɥistik], adj. ou n. f. ♦ **1.** Qui concerne les langues, le langage : _S'il n'y avait pas les frontières linguistiques, on passerait d'un pays à un autre sans même s'en apercevoir._ **2.** _La linguistique :_ science des langues et du langage.

linoléum [linɔleɔm], n. m. ♦ Matière lisse et imperméable qui sert à faire des revêtements de sol.

linotte, n. f. ♦ Petit oiseau siffleur, à plumage brun et rouge. ● _Une tête de linotte :_ une personne étourdie, distraite, légère.

lion, n. m. ♦ Grand fauve d'Afrique, à pelage jaune uni, dont le mâle (_le lion_) porte une crinière. (La femelle, _la lionne,_ n'a pas de crinière.) ● _La part du lion :_ la plus grosse part.

lionceau, n. m. ♦ Petit du lion.

lionne, n. f. ♦ Femelle du lion.

lippu, ue, adj. ♦ Qui a de grosses lèvres épaisses.

liquéfier, v. (conjugaison 20) ♦ Rendre liquide, faire fondre : _Ne laisse pas le beurre en plein soleil : la chaleur va le ramollir et le liquéfier !_ ● _Si tu laisses le beurre en plein soleil, il va se liquéfier._ — SYN. fondre.

liqueur, n. f. ♦ Boisson alcoolique sucrée et aromatisée.

liquidation, n. f. ♦ **1.** Vente à bas prix pour écouler rapidement une marchandise. **2.** Action de liquider, de régler des comptes, un héritage.

liquide, adj. ou n. m. ♦ **1.** Qui coule : _On versa du bronze liquide dans le moule._ **2.** Substance qui coule et qui n'est donc ni solide ni gazeuse : _L'eau, l'huile, le lait et le vin sont des liquides, mais la glace et le beurre sont des solides._

liquider, v. ♦ Vendre à bas prix une marchandise pour s'en débarrasser : _Cette boutique de prêt-à-porter organise des soldes pour liquider ses stocks, à la fin de la saison._

1. lire, v. (conjugaison 50) ♦ **1.** Comprendre ce qui est écrit, en assemblant les caractères et les mots : _Rose a oublié ses lunettes : d'ici, elle ne peut pas lire ce qui est écrit sur le panneau là-bas._ **2.** Dire à voix haute ce qui est écrit : _Jérôme, viens sur l'estrade, avec ton livre, et lis à tes camarades la fable « le Lion et le Rat »._ **3.** Interpréter la signification d'un document : _Si tu veux faire une randonnée, il faut savoir lire une carte._ **4.** Voir de manière nette : _On peut lire sur le visage de Mathilde qu'elle est heureuse._

2. lire, n. f. ♦ Monnaie italienne.

lis [lis], n. m. ♦ **1.** Plante à fleurs blanches. **2.** Fleur de cette plante : _Le lis, par sa blancheur, est le symbole de la pureté et de l'innocence._ ● _Un teint de lis :_ un joli teint blanc de femme ou de jeune fille. **3.** _Fleur de lis :_ emblème du Québec ; emblème héraldique, symbole de la monarchie française. ● _Le royaume des lis :_ la France (autrefois).

liséré [lizeʀe], n. m. ♦ Ruban étroit qui borde une étoffe, un vêtement. — REM. Ne dites pas « liseré » pour _liséré._

liseron, n. m. ♦ Plante grimpante, aux fleurs (souvent blanches) en forme d'entonnoir.

lisible, adj. ♦ Qu'on peut lire, qui est facile à lire. — CONTR. illisible.

lisière, n. f. ♦ *Lisière d'un bois, d'une forêt,* l'endroit où elle commence, sa limite. — SYN. orée.

lisse, adj. ♦ Qui est bien uni, sans rien qui gratte, qui accroche. — SYN. égal, poli. — CONTR. hérissé, inégal, raboteux, rêche, rugueux. ● *Cheveux lisses,* plats, non bouclés, non frisés, non ébouriffés.

lisser, v. ♦ Rendre lisse : *Michel prit un peigne et lissa soigneusement ses cheveux.*

liste, n. f. ♦ Série de noms, de mots, écrits à la suite ou au-dessous l'un de l'autre.

lit, n. m. ♦ **1.** Meuble qui comprend un cadre (ou *bois de lit*), un sommier, un matelas, et sur lequel on se couche. ● *Aller au lit :* aller se coucher. ● *Au saut du lit :* dès le lever. ● *Garder le lit :* rester au lit, quand on est malade. ● *Faire son lit :* arranger les draps et les couvertures comme il faut. **2.** *Lit d'une rivière :* endroit où l'eau coule, au fond de la vallée.

litanie, n. f. ♦ **1.** Prière dans laquelle chaque invocation est suivie d'une réponse brève, toujours la même. **2.** Propos, plaintes, reproches, qu'on répète toujours, de manière lassante.

literie, n. f. ♦ Ensemble formé par le sommier, le matelas, les draps, les couvertures, l'édredon, le traversin, les oreillers.

litière, n. f. ♦ **1.** Autrefois, lit couvert, muni de brancards, sur lequel on voyageait couché. **2.** Couche de paille, de feuilles mortes, sur laquelle les animaux se couchent dans une étable, une écurie.

litige, n. m. ♦ Désaccord. — SYN. conflit, différend.

litote, n. f. ♦ Manière de parler qui consiste à atténuer l'expression de sa pensée, pour faire comprendre plus en disant moins, par exemple : *Ce plat n'est pas mauvais* (= il est bon).

litre, n. m. ♦ **1.** Unité de capacité (symbole *l*) qui équivaut à un décimètre cube. **2.** Bouteille qui peut contenir un litre de liquide.

littéraire, adj. *ou* n. ♦ **1.** Qui concerne la littérature. ● Où l'on parle de littérature : *Ma sœur est abonnée à une revue littéraire.* ● Qui fait partie de la littérature : *Dans cette collection, tu as toutes les grandes œuvres littéraires, depuis « la Chanson de Roland » jusqu'aux œuvres de Sartre.* **2.** *Un (une) littéraire :* élève qui fait des études de lettres, qui aime surtout les lettres, la littérature. — CONTR. un scientifique.

littéral, ale, aux, adj. ♦ Qui est fait mot à mot : *Vous avez donné de la phrase espagnole* A Carmen se le han pegado las sábanas *une traduction littérale : « A Carmen les paupières se sont collées. » L'équivalent français est : « Carmen a fait la grasse matinée. »* ● *Le sens littéral.* ● Qui s'en tient à la lettre : *Voici l'interprétation littérale de ce précepte moral.*

littéralement, adv. ♦ Mot à mot.

littérature, n. f. ♦ **1.** Ensemble des œuvres écrites principalement pour le plaisir de la lecture (romans, poèmes, etc.). **2.** Étude des œuvres littéraires : *Notre voisin est professeur de littérature canadienne à l'université.*

littoral, ale, aux, adj. *ou* n. m. ♦ **1.** Qui est près de la mer : *Je connais bien la partie littorale de la Gaspésie, mais je connais pas l'intérieur.* **2.** *Le littoral,* côte, bord de mer : *Le littoral de la baie des Chaleurs est bien différent de celui du Labrador.* — SYN. bord, côte, rivage, rive. ● Bande de territoire situé en bordure de la mer : *Le littoral de la Côte-Nord est peu peuplé, tout comme l'intérieur.*

liturgie, n. f. ♦ Ensemble des cérémonies du culte, telles qu'elles sont établies et réglées par l'Église.

liturgique, adj. ♦ Qui concerne la liturgie, qui est imposé par la liturgie. ● *Des chants liturgiques.*

livide, adj. ♦ **1.** De couleur bleuâtre : *Un nuage livide annonçait l'orage.* **2.** Très pâle : *Un visage livide.* — SYN. blafard, blême, pâle. — CONTR. coloré.

livraison, n. f. ♦ **1.** Action de livrer une marchandise. **2.** Marchandise livrée : *Le chauffeur du camion est en train de décharger la livraison devant l'épicerie.*

1. livre, n. m. ♦ **1.** Ensemble de pages imprimées réunies sous une reliure ou sous une couverture brochée. — REGARDER *manuel, ouvrage, traité, volume.* **2.** Registre. ● *Des livres de comptabilité.* ● *Livre de bord :* journal de bord. — REGARDER *journal.*

2. livre, n. f. ♦ **1.** Unité de masse qui vaut environ 450 grammes. **2.** Monnaie de certains pays : *La livre anglaise s'appelle aussi « livre sterling ».*

livrée, n. f. ♦ Sorte d'uniforme porté autrefois par les laquais (valets) de certaines maisons nobles, ou encore de nos jours par les employés de certains hôtels de luxe.

livrer, v. ♦ **1.** Remettre une personne à quelqu'un, qui la fait prisonnière : *Il vint se réfugier chez son ami, mais celui-ci le trahit et le livra à la police du roi.* ● Donner, fournir : *Le voleur livra à la juge le nom de ses complices.* ● Rendre, donner à l'ennemi : *Le gouverneur livra à l'ennemi la ville qu'il avait reçu mission de défendre.* ● *Livrer un secret,* le révéler, le dévoiler. **2.** Apporter chez l'acheteur la marchandise commandée : *Le commis de la bouchère monta sur son vélomoteur pour aller livrer la viande à domicile.* **3.** *Livrer bataille,* se battre : *C'est à Dieppe que le 22ᵉ Régiment livra bataille pendant la Seconde Guerre mondiale.* **4.** *Se livrer à,* pratiquer (une activité) : *Le dimanche, Annie se livre au sport et à la promenade.*

livret, n. m. ♦ Sorte de carnet, avec des indications imprimées, sur lequel on inscrit au fur et à mesure certains renseignements, par exemple *le livret de banque.*

livreur, euse, n. ♦ Celui, celle dont le métier est de livrer la marchandise chez l'acheteur.

lobe, n. m. ♦ Partie arrondie et saillante d'un organe. ● *Lobe de l'oreille :* le bas de l'oreille, là où l'on perce un trou pour mettre une boucle.

1. local, ale, aux, adj. ♦ Qui concerne une petite région, une zone peu étendue. ● *Les collectivités locales :* la commune, le quartier, la ville.

2. local, aux, n. m. ♦ Tout bâtiment, toute salle servant (ou pouvant servir) à un usage déterminé.

localisé, ée, adj. ♦ Limité à une partie, à une région donnée. — CONTR. général, généralisé, mondial, planétaire, universel.

localiser, v. ♦ Trouver l'endroit où est une chose : *Les radars ont permis de localiser l'avion perdu.* — SYN. situer.

localité, n. f. ♦ Petite ville.

locataire, n. m. *ou* f. ♦ Celui, celle qui, moyennant le paiement d'un loyer, a le droit d'occuper une maison, un appartement, un jardin, un terrain.

location, n. f. ♦ **1.** Action de louer un appartement, une maison, un jardin, un terrain, une voiture, etc. : *Un bail? C'est un contrat de location.* ● *Ma tante est propriétaire d'un appartement qu'elle a mis en location.* **2.** Action de réserver des places au théâtre, dans le train, etc. — SYN. réservation.

locomotion, n. f. ♦ *Moyen de locomotion :* moyen de transport (bicyclette, voiture, car, train, etc.).

locomotive, n. f. ♦ Véhicule qui roule sur rails et qui tire les trains.

locution [lɔkysjɔ̃], n. f. ♦ **1.** Groupe de mots toujours assemblés et dont l'ensemble a un sens qui n'est pas toujours facile

locution

à expliquer par le sens particulier de chaque mot, par exemple *se mettre sur son trente et un, faire la grasse matinée.* — SYN. expression. **2.** Groupe de mots qui équivaut à un mot unique. ● *Locution nominale,* par exemple *canne à pêche, château fort* (= forteresse). ● *Locution adjective,* par exemple *sans pareil* (= incomparable). ● *Locution verbale,* par exemple *prendre langue avec quelqu'un* (= lui parler). ● *Locution adverbiale,* par exemple *sans désemparer* (= continuellement). ● *Locution prépositive,* par exemple *au-dessus de, avant de, en dépit de.* ● *Locution conjonctive,* par exemple *avant que, bien que.* ● *Locution interjective,* par exemple *eh bien !*

lœss [løs], n. m. ♦ Terre fine, limon calcaire, très fertile.

loge, n. f. ♦ **1.** Logement du gardien d'un immeuble, d'une concierge. **2.** Petite pièce où un acteur, une actrice s'habille, se maquille, avant d'entrer en scène. **3.** Dans un théâtre, compartiment, généralement bien situé, où il y a plusieurs places. ● *Être aux premières loges :* être bien placé pour voir quelque chose.

logement, n. m. ♦ Appartement, chambre, studio, etc., où l'on peut habiter.

loger, v. (conjugaison 16) ♦ **1.** Habiter : *Où loges-tu ? A l'hôtel ? Chez des parents ? Dans une chambre à toi ?* — SYN. demeurer. ● *Ma sœur cherche un studio. Il n'est pas facile de se loger, en ce moment.* **2.** Donner un logement, abriter : *Cette grande maison de deux étages pourrait loger quatre familles.* **3.** Placer, faire entrer : *Le cow-boy prit son revolver et logea une balle dans la pièce qu'il venait de lancer en l'air.*

logeur, euse, n. ♦ Celui, celle qui loge quelqu'un chez lui, dans une chambre meublée, moyennant un loyer.

logiciel, n. m. ♦ Programme constitué par une série d'instructions fournies à un ordinateur, pour que celui-ci traite ensuite les données de la manière voulue.

logique, adj. *ou* n. f. ♦ **1.** Conforme à la raison, au bon sens ; cohérent : *Essaie d'ordonner tes idées d'une manière logique.* — CONTR. illogique. **2.** *La logique,* la raison, le bon sens, la manière de raisonner juste : *Tu veux maigrir ? Alors la logique demande que tu manges moins !*

logis [lɔʒi], n. m. ♦ Logement, maison, appartement.

loi, n. f. ♦ **1.** Texte, voté par le Parlement, qui dit ce qu'il faut faire ou ce qu'il est interdit de faire dans tel ou tel cas. ● L'ensemble de ces textes : *Nul ne doit ignorer la loi.* — SYN. législation. **2.** Règle morale : *Trahir une promesse est contraire à la loi morale.* **3.** Relation qui existe entre les phénomènes et permet de les prévoir, de les expliquer, de les calculer : *Grâce à la connaissance des lois de la gravitation, on peut calculer la trajectoire des fusées et des satellites.*

loin, adv. ♦ **1.** A une grande distance : *L'hôtel est loin de ce village.* — CONTR. près de. ● *De loin en loin :* à des intervalles assez grands. ● *Au loin :* à une grande distance, loin d'où l'on est, dans le lointain. ● *De loin :* d'un endroit éloigné. **2.** Il y a longtemps : *Le père Antoine, âgé de quatre-vingt-douze ans, parlait du temps où il était petit berger :* « *Ah ! c'est loin, tout ça !* » ● Dans un temps futur éloigné : *Nous sommes en février, les grandes vacances sont encore loin.* ● *Voir loin,* prévoir longtemps avant qu'un événement se produise : *Jules Verne avait prédit plusieurs des grandes inventions de notre temps : il voyait loin !* **3.** *Loin de là,* bien au contraire : *Je ne déteste pas le sport, loin de là : dès que j'ai une heure libre, je vais au stade ou à la piscine.* ● *Aller trop loin :* exagérer. ● *Revenir de loin :* avoir échappé de peu à un grand péril. **4.** *Aller loin,* réussir dans la vie, dans une profession : *Andrée-Anne est intelligente, travailleuse, ambitieuse : elle ira loin.*

lointain, aine, adj. *ou* n. m. ♦ **1.** Qui est situé à une grande distance : *Il marcha pendant toute une année et arriva dans un royaume lointain.* — SYN. éloigné.

— CONTR. proche. ● *Le lointain,* la partie la plus éloignée de l'endroit où l'on est, dans un paysage : *Du haut de la tour, tu verras, dans le lointain, les sommets neigeux des Rocheuses.* — REM. On dit aussi *les lointains : Peu à peu, les lointains bleuâtres se dégageaient de la brume.* **2.** Éloigné dans le passé ou dans l'avenir : *En ces époques lointaines, on s'éclairait avec des chandelles et des torches.* **3. Ressemblance lointaine,** vague, peu frappante. ● *Relation lointaine,* peu étroite, peu évidente.

loir, n. m. ◆ Petit rongeur à queue touffue, qui passe l'hiver à dormir. ● *Dormir comme un loir,* longuement et profondément.

loisible, adj. ◆ *Il est loisible (à quelqu'un) de,* il lui est permis, il pourra : *Pendant la visite, il vous sera loisible d'admirer l'architecture de cette salle.*

loisir, n. m. ◆ **1.** Temps dont on peut librement disposer. ● *Avoir le loisir de,* avoir le temps et la possibilité de faire quelque chose : *J'ai trop à faire en ce moment, je n'ai pas le loisir d'aller au cinéma.* **2.** *Des loisirs,* du temps libre : *Notre voisine est à la retraite, elle a des loisirs.* **3.** *A loisir :* en prenant bien son temps.

lombric [lɔ̃bʀik], n. m. ◆ Ver de terre.

long, longue, adj. *ou* n. m. *ou* adv. ◆ **1.** Qui a une grande longueur : *Dans les fermes on trouve encore de très longues tables.* — CONTR. court. ● *Long de,* qui a telle longueur : *Un couloir, long de douze mètres, unit les deux salles.* ● *Le couloir a douze mètres de long.* ● *Avoir le bras long :* avoir beaucoup d'influence. ● *Avoir les dents longues :* être avide, ambitieux. ● *Le long de,* en suivant une chose dans sa longueur, au bord de : *Une rangée de peupliers forme comme un rideau le long du canal.* ● *De long en large :* dans un sens, puis dans l'autre, par un mouvement de va-et-vient. ● *De tout son long :* en s'étendant complètement par terre lors d'une chute. **2.** Qui est constitué par beaucoup de mots, qui contient beaucoup de lignes : *Tes phrases sont trop longues et trop compliquées.* — CONTR. bref, court. ● *En savoir long :* savoir

beaucoup de choses sur une affaire, sur une personne. **3.** Qui dure longtemps : *Une longue période s'écoula entre ces deux voyages.* — CONTR. bref, court. ● *Deux heures d'attente ! Je commence à trouver le temps long !* ● *Tout au long de,* pendant toute la durée de : *Tout au long de sa vie, mon grand-père s'est occupé de son jardin.* ● *A la longue :* au bout d'un certain temps. **4.** Qui met beaucoup de temps à faire quelque chose, qui est lent dans ses actions : *Isabelle, dépêche-toi un peu ! Tu es vraiment longue à te préparer !* — SYN. lent. — CONTR. prompt, rapide.

long-courrier, n. m. *ou* adj. ◆ Navire ou avion qui assure le transport sur de longues distances. — PLUR. *des long-courriers.* ● *Des avions long-courriers.*

longe, n. f. ◆ Corde ou lien qu'on met au collier d'un cheval, au licou d'un animal, pour l'attacher ou le conduire.

longer, v. (conjugaison 16) ◆ Aller ou être disposé le long d'une chose, sur le bord : *Une rangée d'arbres longe le chemin.* — SYN. border.

longévité, n. f. ◆ Très grande longueur de la vie.

longitude, n. f. ◆ Distance angulaire d'un lieu par rapport au méridien d'origine (méridien de Greenwich), exprimée en degrés et minutes d'angle : *Voici la position du navire : 30° 12' de latitude nord et 21° 17' de longitude ouest.* — REGARDER *latitude, méridien, parallèle.*

longitudinal, ale, aux, adj. ◆ Qui est dans le sens de la longueur : *Voici une coupe longitudinale du navire.* — CONTR. transversal.

longtemps, adv. *ou* n. m. ◆ Pendant un temps long : *Non, je ne reste pas longtemps, je dois repartir tout de suite.* ● *Il y a longtemps que je n'ai vu Mafalda.* ● *M. Martineau habite ici depuis longtemps :* vingt-cinq ans au moins. ● *Voilà longtemps que je ne suis pas sorti avec Lisette.* ● *Dis-moi, tu en as pour longtemps ?*

longuement, adv. ♦ Pendant longtemps : *La question a été examinée longuement.* — CONTR. brièvement, rapidement.

longueur, n. f. ♦ **1.** La dimension la plus grande : *Voici les dimensions de l'autobus. Longueur : 12 m. Largeur : 2,40 m.* ● *L'autobus a douze mètres de longueur.* **2.** Grande durée d'une action, d'un phénomène : *La longueur et la rigueur des hivers, la brièveté des étés caractérisent le climat rude de ce pays.* ● *A longueur de,* pendant toute la durée de, sans cesser : *Quel temps ! Il pleut à longueur de journée !* ● *A longueur de temps :* tout le temps, sans arrêt. ● *Traîner en longueur :* ne pas s'accomplir assez vite.

longue-vue, n. f. ♦ Instrument d'optique en forme de tube qui permet de voir de loin. — PLUR. *des longues-vues.*

looping [lupiŋ], n. m. ♦ Acrobatie aérienne au cours de laquelle l'avion fait une boucle verticale.

lopin, n. m. ♦ Petit champ, petit morceau de terre.

loquace [lɔkas], adj. ♦ Qui parle beaucoup. — CONTR. muet, silencieux, taciturne.

loquacité [lɔkasite], n. f. ♦ Caractère ou attitude d'une personne loquace.

loque, n. f. ♦ Morceau d'étoffe usée et sale, vieux vêtement. ● *Une mendiante en loques demandait l'aumône à la porte de l'église.* — SYN. en haillons. ● *Jette-moi ces vêtements : ils sont en loques.* — SYN. en lambeaux.

loquet, n. m. ♦ Petite barre de fer qui s'abaisse ou qui glisse pour fermer une porte.

lord [lɔʀ], n. m. ♦ Grand seigneur anglais. ● *La Chambre des lords :* assemblée politique anglaise qui, avec la Chambre des communes, constitue le Parlement britannique.

lorgner, v. ♦ **1.** Regarder de côté, ou avec insistance, ou avec envie : *Mais oui, Marie, je te vois : tu lorgnes le gâteau au chocolat !* — SYN. guigner. **2.** Avoir envie de quelque chose : *Dans le car, mon petit frère lorgnait la place près de la fenêtre.* — SYN. convoiter.

lorgnette, n. f. ♦ Petite longue-vue ; jumelles de théâtre. ● *Voir les choses par le petit bout de la lorgnette :* ne voir que l'aspect peu important ou mesquin d'une affaire.

lorgnon, n. m. ♦ Autrefois, lunettes sans branches qui tenaient en place grâce à un ressort qui pinçait le nez. — SYN. pince-nez.

lors, adv. ♦ **1.** *Depuis lors :* depuis moment. ● *Dès lors :* depuis ce moment ; à partir de ce moment. **2.** *Lors de,* au moment de, pendant : *Lors des dernières vacances, j'ai fait pour la première fois de la planche à voile.*

lorsque, conj. ♦ Quand : *Lorsque mon oncle arriva, il fut bien surpris de trouver sa chambre si bien décorée.*

losange, n. m. ♦ Quadrilatère à quatre côtés égaux, dont les diagonales se coupent à angle droit et qui a deux angles aigus égaux et deux angles obtus égaux.

lot [lo], n. m. ♦ **1.** Chacune des parts en lesquelles on divise un tout pour le vendre : *On vend la ferme et les terrains : ceux-ci seront divisés en douze lots.* **2.** Ensemble de marchandises achetées ou vendues en bloc : *A la foire, ma mère a acheté un lot de jolies serviettes.* **3.** Ce qui est donné à chacun par le destin, par la vie : *Travailler pour gagner sa vie, c'est le lot de la plupart des gens.* **4.** Ce qu'on peut gagner dans une loterie, une tombola : *Moi, si je gagnais le gros lot à la loterie, j'achèterais un bateau et je ferais le tour du monde.*

loti, ie, adj. ♦ *Bien loti (mal loti) :* favorisé (défavorisé) par le destin.

lotion [losjõ], n. f. ♦ Liquide qu'on applique sur la peau, sur la tête, pour les soins d'hygiène.

lotir, v. ♦ Diviser un terrain en plusieurs lots vendus à des acheteurs différents : _On va lotir ce terrain vague pour y construire des maisons._

lotissement, n. m. ♦ Terrain divisé en lots vendus séparément, chaque acheteur faisant ensuite construire sa maison sur son lot.

loto, n. m. ♦ **1.** Jeu de société dans lequel chaque joueur tire au hasard un numéro et le pose sur la case correspondante d'un carton. (Le premier qui a rempli son carton a gagné.) **2.** Sorte de loterie publique dans laquelle on choisit des numéros, qu'on marque sur une feuille divisée en cases, ce qui fait que l'on compose soi-même le numéro de son billet.

lotus [lɔtys], n. m. ♦ Nom de différentes espèces de nénuphars d'Égypte ou de l'Inde. — PLUR. _des lotus._

louable, adj. ♦ Qui mérite d'être loué, approuvé. — CONTR. blâmable, condamnable, répréhensible.

louange, n. f. ♦ Paroles par lesquelles on fait l'éloge de quelqu'un. — SYN. éloge, félicitations, compliments. — CONTR. blâme, critique, reproche.

1. louche, adj. ♦ Pas très clair, pas très honnête : _Votre trafic de billes me paraît un peu louche._ ● Suspect, inquiétant : _Ce personnage louche est à surveiller de près._

2. louche, n. f. ♦ Grande cuiller ronde, à long manche, avec laquelle on sert la soupe.

loucher, v. ♦ Avoir les deux yeux qui ne regardent pas dans la même direction : _Aujourd'hui, on arrive à guérir les enfants qui louchent._

1. louer, v. (conjugaison 19) ♦ **1.** Faire l'éloge de quelqu'un : _La dentiste m'a loué pour mon courage._ ● _Elle m'a loué d'être aussi courageux._ — SYN. complimenter, féliciter. — CONTR. blâmer, critiquer, réprimander.

2. _Se louer de,_ être très content de ce qu'on a choisi de faire : _Je me loue d'avoir appris le dessin._ — SYN. se féliciter. ● _Se louer de,_ être très content de quelqu'un ou de quelque chose : _Maman n'a qu'à se louer de notre nouvelle voiture._

2. louer, v. ♦ **1.** Fournir un local à quelqu'un, moyennant le paiement d'un loyer : _Pendant les vacances, ma tante Maryvonne, de Gaspésie, loue une chambre de sa maison à des estivants._ **2.** Avoir à sa disposition, moyennant le paiement d'un loyer ou d'une somme d'argent (prix de location), un local, une voiture, etc. : _Pour les vacances nous louons une maison meublée : pour six personnes, c'est moins cher que l'hôtel._ ● _Mon oncle n'a pas de voiture ; quand il est en vacances, il en loue une._ **3.** Réserver : _J'aurais dû louer une place dans le train : maintenant, je suis obligée d'attendre le train suivant !_ — SYN. retenir.

louis, n. m. ♦ Autrefois, pièce d'or française de vingt francs.

loulou, n. m. ♦ Chien à poil long et raide, à museau pointu, à queue touffue enroulée sur le dos.

loup, n. m. ♦ **1.** Animal sauvage carnivore qui ressemble à un gros chien, qui vit souvent en bande et qui est très féroce. — REM. La femelle du loup est la _louve,_ le petit le _louveteau._ Cri : le loup _hurle._ ● _Marcher, avancer à pas de loup,_ sans faire de bruit. **2.** _Loup de mer :_ marin d'un certain âge, expérimenté, qui a beaucoup navigué. **3.** _Un loup :_ petit masque noir qu'on porte dans les bals masqués.

loupe, n. f. ♦ Instrument, formé d'un verre convexe, qui grossit les objets.

loup-garou, n. m. ♦ Selon les vieilles légendes, homme (ou femme) qui, pendant la nuit, se transformait en loup, errait dans la campagne et attaquait les passants isolés. — PLUR. _des loups-garous._

loup marin, n. m. ♦ Variété de phoque.

lourd

lourd, lourde, adj. *ou* adv. ♦ **1.** Qui a un grand poids : *Vingt kilos! Il est très lourd, ton sac à dos!* — SYN. pesant. — CONTR. léger. • *C'est mon matériel de camping qui pèse lourd dans mon sac.* **2.** Qui a des formes massives, épaisses : *Très large, peu élevé, coiffé d'un toit plat, le lourd clocher de la vieille église contrastait avec la flèche élancée de la cathédrale.* — SYN. épais, massif, ramassé, trapu. — CONTR. élancé, fin, gracile, grêle, svelte. **3.** *Démarche lourde, pas lourd,* qui appuie fortement sur le sol. — SYN. pesant. — CONTR. léger. **4.** Difficile à digérer : *Tu aimes, toi, cette cuisine grasse et lourde, à base de viande en sauce, de lard et de haricots?* — CONTR. léger. **5.** *Temps lourd,* chaud, orageux et désagréable. **6.** *Sommeil lourd,* profond, dont on ne se réveille pas facilement. — CONTR. léger. **7.** Pénible à supporter, à assumer : *Une déléguée de classe a des responsabilités parfois lourdes.* — SYN. accablant, écrasant, pesant. — CONTR. léger. **8.** Peu subtil, pas très fin, qui met du temps à comprendre. — SYN. épais, lent, balourd, lourdaud. — CONTR. alerte, délié, fin, rapide, subtil, vif.

lourdaud, aude, adj. *ou* n. ♦ **1.** Dont la démarche, les gestes, l'allure manquent de vivacité, d'élégance et de grâce. — CONTR. élégant, gracieux, vif. **2.** Dont l'esprit manque de finesse. — SYN. balourd, épais, lent, lourd. — CONTR. fin, subtil.

lourdement, adv. ♦ D'une manière lourde.

loustic, n. m. ♦ Dans un groupe, celui qui aime à plaisanter et qui fait rire tout le monde par ses jeux de mots, ses farces.

loutre, n. f. ♦ Animal carnivore, à la belle fourrure, qui nage très bien et qui se nourrit de poissons.

louve, n. f. ♦ Femelle du loup.

louveteau, n. m. ♦ **1.** Petit du loup. **2.** Jeune scout.

louvoyer [luvwaje], v. (conjugaison 21) ♦ *Le navire à voiles louvoie,* avance en zigzag pour aller dans la direction contraire au vent.

loyal, ale, aux [lwajal, al, o], adj. ♦ Qui est franc, qui ne trahit pas, qui n'agit pas en traître, qui est digne de confiance. — SYN. fidèle, honnête, probe. — CONTR. déloyal, faux, hypocrite, infidèle, malhonnête, perfide, traître.

loyauté [lwajote], n. f. ♦ Qualité et attitude d'une personne loyale. — SYN. fidélité, franchise, honnêteté, probité. — CONTR. déloyauté, hypocrisie, infidélité, perfidie, trahison.

loyer [lwaje], n. m. ♦ Somme d'argent qu'un locataire verse régulièrement au propriétaire pour avoir le droit d'occuper un local.

lubie, n. f. ♦ Envie soudaine, peu raisonnable et souvent peu durable. — SYN. caprice.

lubrifiant, n. m. ♦ Produit qui sert à graisser, à huiler un mécanisme.

lubrifier, v. (conjugaison 20) ♦ Huiler, graisser un mécanisme.

lucarne, n. f. ♦ Petite fenêtre, dans un toit.

lucide, adj. ♦ **1.** Dont l'esprit voit bien les choses comme elles sont et sait prévoir les événements. — SYN. clairvoyant, pénétrant, perspicace. — CONTR. aveugle, obtus. **2.** Qui a toute son intelligence et sa raison : *Mon arrière-grand-père a quatre-vingt-dix ans, et il est parfaitement lucide!*

lucidité, n. f. ♦ Caractère de ce qui est lucide.

luciole, n. f. ♦ Insecte qui vole et qui est lumineux, à la manière du ver luisant.

lucratif, ive, adj. ♦ Qui rapporte, qui permet de gagner beaucoup d'argent.

lueur, n. f. ♦ **1.** Lumière faible : *A l'horizon, vers l'est, une lueur apparaît qui annonce le jour.* **2.** *Une lueur d'espoir :* un faible espoir, un petit espoir.

De l'hoplite au «marine»

D'abord limitée au casque, au bouclier et à la cuirasse, la tenue du combattant s'est peu à peu perfectionnée et a abouti à l'armure complète du chevalier. L'apparition des armes à feu entraîna la disparition de l'armure.

1. **Hoplite** (fantassin grec).
2. **Légionnaire** romain.
3. **Fantassin** et cavalier gaulois.
4. **Chevalier** du Moyen Âge en armure.
5. **Mousquetaire**, XVIIe siècle.
6. **Grenadier** du 1er Empire, dit «grognard».
7. **Fantassin** français dit «poilu», (1re Guerre mondiale, 1914-1918).
8. **Les «marines»** à l'entraînement (fusiliers marins des États-Unis d'Amérique).

Le camp romain

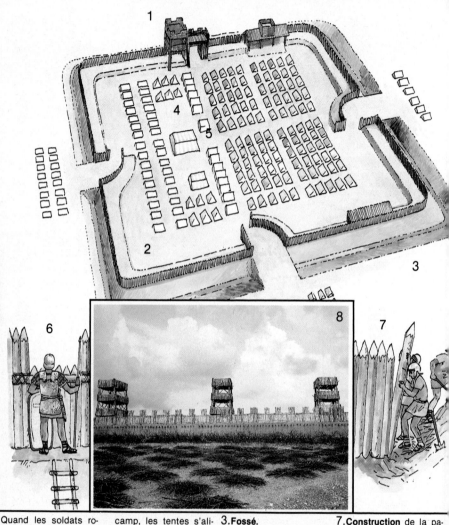

Ph. © D. Clément/ EXPLORER

Quand les soldats romains en campagne faisaient halte, ils édifiaient un camp, entouré d'un fossé et d'une palissade. Dans le camp, les tentes s'alignaient le long de « rues » rectilignes.

1. **Tour** en bois.
2. **Palissade** d'enceinte.
3. **Fossé.**
4. **Place** (forum).
5. **Tente** du général.
6. **Légionnaire** en faction.
7. **Construction** de la palissade.
8. **Archéodrome de Beaune:** mur de défense gaulois (reconstitution du siège d'Alésia, 52 av. J.-C.).

Machines de guerre

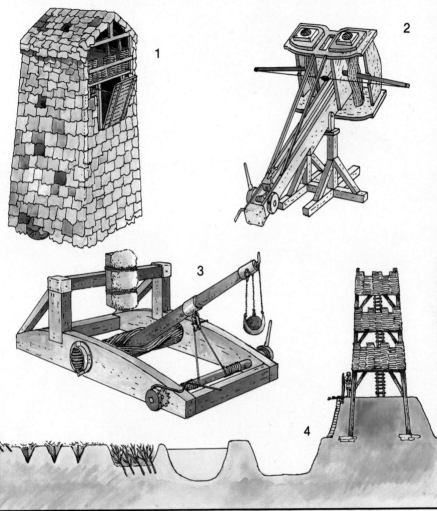

Les Romains, (comme d'autres peuples guerriers) savaient construire de puissantes machines de guerre: tours d'assaut montées sur roues; balistes et catapultes, lançant des flèches ou des pierres grâce à la détente brusque d'un faisceau de cordes tordues.

1. Tour roulante.

2. Baliste

3. Catapulte.

4. Dispositifs de fortification (pièges, fossés, tour, etc.).

De la villa mérovingienne...

La villa de l'époque mérovingienne groupait autour de la maison d'un riche propriétaire un ensemble de dépendances à usage agricole. Quelques siècles plus tard, l'insécurité obligea à construire la demeure du seigneur sous la forme d'une tour en bois édifiée sur une motte (élévation du terrain).

1. **Fossé** rempli d'eau.
2. **Palissade.**
3. **Puits.**
4. **Cultures.**
5. **Motte.**
6. **1346: la bataille de Crécy**; miniature XIVᵉ siècle.

...au château fort en pierre

La tour de bois fut, plus tard, remplacée par un donjon de pierre, entouré d'une enceinte fortifiée également construite en pierres (courtine) et flanquée de tours. Le Krak des Chevaliers (Syrie) est un château fort très évolué, sans donjon, muni d'une double enceinte.

1.Château fort du XIIe siècle.
a. Chapelle.
b. Donjon.
c. Logis.
d. Créneau.

e. Mâchicoulis.
f. Pont-levis.
2.Krak des Chevaliers (XIIe-XIIIe siècle), château fort construit par les croisés.

Blindés et missiles

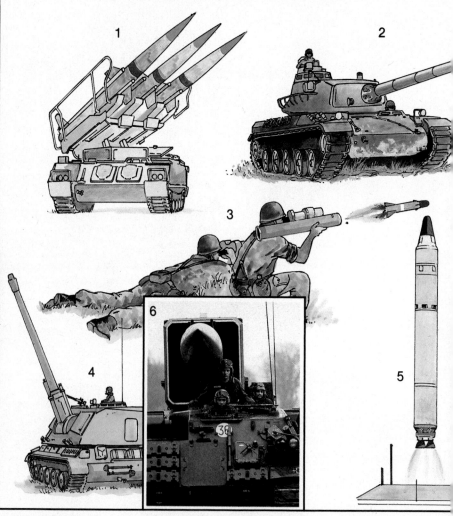

L'emploi des véhicules à chenilles (chars d'assaut, etc.), des missiles et des roquettes, permet à une armée moderne de disposer de deux atouts majeurs: la mobilité et la puissance de feu.

1. **Missiles antiaériens**.
2. **Char d'assaut** (tank).
3. **Fantassin** tirant une roquette antichar.
4. **Obusier** automouvant.
5. **Missile intercontinental**.
6. **Missile tactique** «pluton».

Aviation et marine

Quelques grandes inventions ont bouleversé les conditions de la guerre aérienne et navale: la détection par radar, l'hélicoptère, le moteur à réaction, la propulsion nucléaire, les missiles, etc.

1. **Hélicoptère** d'assaut.
2. **Avion de chasse** à réaction.
3. **Avion de détection par radar,** (le radar est ici fixé sur le fuselage).
4. **Frégate** lance-missiles.
5. **Sous-marin** à propulsion nucléaire.

Pompiers en action

La lutte contre le feu est une des tâches essentielles des sapeurs-pompiers.

1. **Canadair:** avion spécialement conçu pour la lutte contre les incendies de forêts et de maquis.

2. **Bateau-pompe:** pour les incendies dans les ports.

3. **Lance à incendie.**

4. **Tenue d'incendie** en amiante: elle protège très bien contre la chaleur.

5. **Grande échelle.**

6. **Plongeur.**

7. **Pompiers en action.**

luge, n. f. ♦ **1.** Petit traîneau avec lequel on peut descendre une pente sur la neige. **2.** Sport qui consiste à descendre une pente en luge.

lugubre, adj. ♦ Très triste : _Cette maison abandonnée, délabrée, a l'air lugubre._ — SYN. funèbre, sinistre. — CONTR. gai, joyeux, riant.

lui, pronom personnel. ♦ **1.** Forme renforcée du pronom personnel sujet masculin de la troisième personne du singulier : _Moi, je vais en France, pendant les vacances ; elle, elle va en Espagne ; lui, il va en Italie, et eux, ils restent à Montréal._ ● _Adresse-toi à Henri, c'est lui qui te donnera les indications._ ● _Le directeur viendra_ **lui-même** _dans la classe pour donner les résultats de l'examen_ (= le directeur en personne). **2.** Pronom personnel masculin de la troisième personne du singulier, qui équivaut à « celui-ci » : _Je vois Gilles demain, je lui en parlerai._ — REGARDER _leur._ ● _C'est_ **à lui-même** _que tu dois t'adresser._

luire, v. (conjugaison 46, comme _conduire,_ mais _luire_ est inusité au passé simple et le participe passé est _lui,_ sans _t_ et sans féminin) ♦ Briller : _On voyait les yeux du chat luire dans l'obscurité._

luisant, ante, adj. ♦ Qui brille. ● _Ver luisant :_ larve d'insecte qui, la nuit, émet une lumière bleu-vert.

lumière, n. f. ♦ **1.** Ce qui éclaire : _Le soleil répand sa lumière sur les collines et sur la mer._ **2.** Lampe : _On voyait une lumière, à la fenêtre du premier étage._ **3.** _Faire la lumière sur une affaire :_ essayer de savoir la vérité.

luminescence, n. f. ♦ Émission de lumière par un corps qui ne brûle pas : _La lumière des vers luisants est un bon exemple de luminescence._

luminescent, ente, adj. ♦ Qui émet de la lumière sans qu'il y ait combustion.

lumineux, euse, adj. ♦ **1.** Qui émet de la lumière : _Un signal lumineux se mit à_ clignoter. **2.** Qui est bien éclairé : _Une grande salle de classe, très lumineuse, éclairée par de grandes fenêtres, voilà qui est parfait !_ — SYN. clair, éclairé. — CONTR. obscur, sombre. **3.** Très vif et clair : _Cette aquarelle frappe par ses teintes lumineuses._

lunaire, adj. ♦ **1.** De la Lune : _Pas d'herbe, pas d'arbres, pas de rivières : le sol lunaire est bien triste !_ **2.** Qui fait penser à la lumière de la lune : _Une clarté lunaire éclairait vaguement ce lieu désert._

lunatique, adj. ♦ Qui est capricieux, qui change souvent d'avis ou d'humeur sans raison.

lunch [lœʃ], n. m. ♦ Repas léger. ● _Boîte à lunch :_ récipient en métal ou en matière plastique avec un couvercle et qui sert à emmener un repas léger.

lundi, n. m. ♦ Jour de la semaine qui vient après le dimanche et avant le mardi.

lune, n. f ♦ **1.** _La Lune :_ satellite de la Terre. **2.** _La lune,_ disque (ou croissant) brillant, dans le ciel, qui est l'aspect sous lequel la Lune nous apparaît : _La lune brille à travers le feuillage : quelle belle nuit d'été !_ ● _Clair de lune :_ lumière que nous donne la lune, la nuit. **3.** Dans certains calendriers, mois de 28 jours : _Le long voyage dans le désert dura trois lunes._

lunetier, n. m. ♦ Fabricant ou marchand de lunettes. ● _Un opticien-lunetier._

lunette, n. f. ♦ **1.** _Des lunettes :_ verres, avec une monture, qui permettent de mieux voir ou qui protègent les yeux. **2.** _Une lunette :_ instrument d'optique en forme de tube qui sert à voir de loin (lunette d'approche, longue-vue) ou à observer les astres (lunette astronomique).

lurette, n. f. ♦ _Il y a belle lurette que,_ il y a bien longtemps que : _Il y a belle lurette que je ne crois plus aux fées !_

luron, onne, n. ♦ Personne gaie et décidée, insouciante, aimant la plaisanterie.

lustre

1. lustre, n. m. ♦ Période de cinq ans : *Il y a bien cinq lustres* (= 25 ans) *que je ne suis revenue dans cette ville.* — REM. Ce mot est littéraire.

2. lustre, n. m. ♦ Appareil d'éclairage, à plusieurs lampes, suspendu au plafond.

3. lustre, n. m. ♦ Éclat, beauté. — SYN. splendeur.

lustré, ée, adj. ♦ **1.** Bien brillant : *On voit que ce chat est bien soigné, il a une belle fourrure lustrée.* **2.** Rendu luisant par le frottement et l'usure.

lustrer, v. ♦ Faire briller : *Pour lustrer les meubles, frotte-les avec un chiffon de laine.*

luth [lyt], n. m. ♦ Autrefois, instrument de musique à cordes qui ressemblait un peu à la mandoline ou à la guitare.

luthier, n. m. ♦ Celui qui fabrique les violons, les guitares et autres instruments à cordes.

lutin, n. m. ♦ Petit personnage imaginaire des vieilles légendes populaires, qui aime à faire des farces.

lutrin, n. m. ♦ Pupitre d'église, sur lequel on pose les livres qui contiennent le texte et la musique des chants religieux.

lutte, n. f. ♦ **1.** Sport dans lequel chacun des deux adversaires essaie de renverser l'autre et de le jeter à terre. **2.** Opposition, conflit entre deux pays, deux partis, etc. : *En histoire ancienne, nous avons étudié les longues luttes entre Sparte et Athènes.* — SYN. guerre, conflit.

lutter, v. ♦ Combattre : *Après une journée en plein air, nous luttons tous contre le sommeil.*

lutteur, euse, n. ♦ **1.** Celui qui pratique le sport appelé « lutte ». **2.** Celui, celle qui aime faire des efforts sans se lasser et qui n'a peur de rien.

luxe, n. m. ♦ Ensemble de choses très belles et très coûteuses : *Beaux meubles, beaux tableaux, tapis de grand prix : tout ce luxe faisait l'admiration du visiteur.* ● *De luxe,* très beau et très cher : *La milliardaire descendit de sa limousine de luxe.*

luxembourgeois, oise, adj. *ou* n. ♦ Du Luxembourg, État européen situé entre la Belgique, l'Allemagne et la France : *Regarde, sur la photo, ce joli village luxembourgeois.* ● *Les Luxembourgeois. Un Luxembourgeois. Une Luxembourgeoise.*

luxueux, euse, adj. ♦ Très beau et surtout très cher. — SYN. fastueux, somptueux. — CONTR. humble, modeste, pauvre, simple.

luxuriant, ante, adj. ♦ Très abondant, très riche : *Admirez le décor luxuriant de cet édifice.* ● *Une végétation luxuriante.* — SYN. opulent. — CONTR. maigre, pauvre, rare, sec.

luzerne, n. f. ♦ Plante à fleurs violettes qu'on cultive pour nourrir les animaux (vaches, lapins).

lycée, n. m. ♦ En France, établissement d'enseignement secondaire.

lycéen, enne, n. ♦ Élève d'un lycée.

lymphatique [lɛ̃fatik], adj. ♦ Mou, par manque de santé.

lymphe [lɛ̃f], n. f. ♦ Liquide incolore ou jaunâtre qui circule dans le corps.

lyncher [lɛ̃ʃe], v. ♦ Tuer à plusieurs, sans jugement, un criminel ou un suspect qu'on vient de prendre : *Sans l'intervention du shérif, la foule aurait lynché le bandit qui venait de voler deux chevaux.*

lynx [lɛ̃ks], n. m. ♦ Animal carnivore sauvage qui ressemble un peu à un grand chat. ● *Avoir des yeux de lynx :* avoir une très bonne vue.

lyre, n. f. ♦ Dans l'Antiquité, chez les Grecs, instrument de musique à cordes pincées, faite à l'origine d'une carapace de tortue, servant de caisse de résonance, et de deux cornes de bœufs, réunies par une traverse qui supportait les cordes.

lyrique, adj. ♦ **1.** *La poésie lyrique :* la poésie qui exprime les sentiments tels que l'amour, l'admiration devant la nature, la peur de la mort, etc., par opposition à la poésie épique (les épopées), à la poésie dramatique (les pièces de théâtre). ● *Les poètes lyriques.* **2.** Plein d'émotion, de chaleur, d'enthousiasme : *Dans cette envolée lyrique, l'écrivain évoque la splendeur d'un coucher de soleil.*

$$m\,m\,m\,m\,m\,m\,m\,m$$
$$m\,m\,m\,m \qquad m$$
$$m\,m\,m\,m \quad M \quad m$$
$$m\,m\,m\,m \qquad m$$
$$m\,m\,m\,m \qquad m$$
$$m\,m\,m\,m\,m\,m\,m\,m$$
$$m\,m\,m\,m\,m\,m\,m\,m$$
$$m\,m\,m\,m\,m\,m\,m\,m$$

m ♦ Symbole du *mètre*. — REM. On doit écrire *m* sans point.

M., ♦ Abréviation de « monsieur » : *J'ai vu hier M. Dupont et Mme Martin.* — REM. N'écrivez pas *Mr* au lieu de *M.*

m', pronom personnel. ♦ Forme élidée de *me*.

ma, adj. possessif. ♦ Féminin singulier de *mon*.

macabre, adj. ♦ Qui a pour sujet la mort, les cadavres. ● *Danse macabre :* à la fin du Moyen Age, fresque ou sculpture représentant des personnes de diverses conditions sociales entraînées par la Mort, symbolisée par un squelette.

macadam, n. m. ♦ Revêtement des routes fait avec des petites pierres et du sable comprimés au rouleau, puis goudronnés.

macaque, n. m. ♦ Singe d'Asie et d'Afrique du Nord.

macaron, n. m. ♦ Gâteau sec aux amandes de forme ronde. ● Insigne rond que l'on accroche à un vêtement.

macaroni, n. m. ♦ *Du macaroni* ou *des macaronis :* pâtes alimentaires en forme de longs tubes droits.

macédoine, n. f. ♦ Plat, composé de haricots, de petits pois, de morceaux fins de carottes et de navets, qui se mange souvent froid, avec de la mayonnaise. ● Dessert composé de morceaux de divers fruits servis dans un sirop.

macérer, v. (conjugaison 11) ♦ Tremper dans un liquide, en s'imprégnant de celui-ci : *Fais macérer le lapin dans la marinade, tu auras un bon civet.*

mâche, n. f. ♦ Plante dont les feuilles se mangent en salade. — SYN. doucette.

mâchefer [maʃfɛʀ], n. m. ♦ Débris de charbon brûlé dont on revêt les pistes de course, les allées des parcs, etc.

mâcher, v. ♦ Bien écraser entre ses dents : *Le vieil homme n'a plus de dents : il avale les bouchées sans les mâcher.* ● *Mâcher la besogne, le travail à quelqu'un :* lui préparer tout de manière qu'il puisse le faire facilement. ● *Ne pas mâcher ses mots :* parler très franchement.

machette, n. f. ♦ Dans les pays tropicaux (notamment en Amérique), grand couteau à un seul tranchant dont on se sert pour couper les tiges des plantes. — SYN. sabre d'abattage.

machiavélique [makjavelik], adj. ♦ Très rusé, très astucieux et presque perfide.

mâchicoulis [mɑʃikuli], n. m. ♦ Au Moyen Age, dispositif au sommet d'une muraille, d'une tour, qui permettait de laisser tomber des projectiles, de l'huile bouillante sur les assaillants.

machin, n. m. ♦ Objet, chose dont on ignore le nom.

machinal, ale, aux, adj. ♦ Qu'on fait sans réfléchir : *Nous accomplissons chaque jour des centaines de gestes machinaux.*

machination, n. f. ♦ Complot, ensemble de manœuvres secrètes contre quelqu'un. — SYN. agissements, conjuration, conspiration.

machine, n. f. ♦ **1.** Appareil, mécanisme destiné à faire un certain travail. • *Des machines-outils.* • *Une machine à coudre.* • *Une machine à laver.* • *Une machine à écrire.* **2.** Locomotive.

machinerie, n. f. ♦ **1.** Ensemble de machines. • Mécanisme compliqué. **2.** Salle des machines d'un navire.

machinisme, n. m. ♦ Emploi des machines dans les ateliers et les usines.

machiniste, n. m. *ou* f. ♦ **1.** Au théâtre ou dans un studio de cinéma ou de télévision, chacun de ceux qui mettent en place et changent les décors, manœuvrent le rideau du théâtre, etc. **2.** Conducteur d'autobus.

mâchoire, n. f. ♦ **1.** Chacune des deux parties de la tête, articulées, dont l'une (la mâchoire inférieure) s'écarte quand on ouvre ou qu'on ferme la bouche. — REGARDER *maxillaire.* **2.** Ensemble formé par le menton et toute la mâchoire inférieure. **3.** Chacune des deux parties d'une paire de tenailles, d'un étau, qui se rapprochent pour serrer un objet.

mâchonner, v. ♦ Mordre ou mâcher longuement, à petits coups.

maçon, onne, n. ♦ Ouvrier, ouvrière qui construit les murs, les maisons.

maçonnerie, n. f. ♦ **1.** Travail du maçon ; métier du maçon. **2.** Mur, ouvrage fait de pierres, de briques ou de parpaings qu'on assemble avec du mortier.

maculer, v. ♦ Salir en faisant des taches.

madame, n. f. ♦ Titre donné à une femme : *Bonjour, madame, comment allez-vous?* — PLUR. mesdames. • *Hier, j'ai vu madame Dupuis.* — REM. Le mot s'abrège normalement en *Mme*, et l'on écrit plutôt : *Hier, j'ai vu Mme Dupuis.*

madeleine, n. f. ♦ Petit gâteau rond à pâte molle, fait avec de la farine, des œufs et du sucre.

mademoiselle, n. f. ♦ Titre donné à une femme non mariée, à une jeune fille : *Bonjour, mademoiselle, comment allez-vous?* — PLUR. mesdemoiselles. • *Hier, j'ai vu mademoiselle Dupont.* — REM. Le mot s'abrège normalement en *Mlle*, et l'on écrit plutôt : *Hier, j'ai vu Mlle Dupont.*

madère, n. m. ♦ Vin produit dans l'île de Madère, qui est souvent utilisé en cuisine.

madré, ée, adj. ♦ Malin, rusé. — SYN. matois. — CONTR. crédule, naïf, niais.

madrier, n. m. ♦ Planche très épaisse.

magané, ée, adj. ♦ Usé, en mauvais état, abîmé, maltraité : *Tu ne fais attention à rien, ta bicyclette neuve est déjà maganée!*

maganer, v. ♦ Malmener, détériorer, maltraiter, abîmer : *Il faut soigner un peu mieux tes affaires et non maganer tout.* • Se maganer : *Il sortait souvent très tard et se maganait ainsi la santé.*

magasin, n. m. ♦ **1.** Local ouvert au public où les clients viennent acheter la

magasin

marchandise. — SYN. boutique. ● *Un grand magasin :* un établissement commercial très vaste, occupant tout un immeuble de plusieurs étages ou parfois plusieurs immeubles séparés par des rues, où l'on vend de tout. **2.** Entrepôt où l'on met des marchandises, des fournitures, du matériel : *Dans le magasin de l'usine, les manutentionnaires poussaient des chariots chargés de caisses.* **3.** Partie d'une arme à feu à répétition où sont logées les cartouches.

magasinage, n. m. ♦ Action de magasiner. Fait d'aller dans les magasins pour faire des emplettes : *Il aimait faire du magasinage et passait beaucoup de temps dans les centres commerciaux.*

magasiner, v. ♦ Faire des emplettes, faire des courses, des achats. Aller dans les magasins : *Pour trouver tous mes cadeaux de Noël, je magasine souvent.*

magasineur, euse, n. *ou* adj. ♦ Personne qui magasine.

magasinier, n. m. ♦ Celui qui garde un magasin (au sens 2) et s'occupe de la marchandise ou du matériel qu'on y entrepose.

magazine, n. m. ♦ Journal illustré qui paraît toutes les semaines, tous les mois ou tous les quinze jours. — SYN. un illustré, une revue. ● Émission périodique de radio ou de télévision sur un sujet donné, sur des questions d'actualité, etc. ● *Un magazine télévisé.*

mage, n. m. ♦ **1.** Chez les Perses de l'Antiquité, prêtre qui célébrait surtout le culte du feu. **2.** *Les Mages* ou *les Rois mages,* les trois personnages qui, selon l'Évangile, vinrent à Bethléem pour adorer l'Enfant Jésus : *L'épisode des Rois mages a donné lieu à la fête de l'*Épiphanie *ou jour des Rois.*

magicien, ienne, n. ♦ Celui, celle qui s'occupe de magie. — SYN. enchanteur, sorcier.

magie, n. f. ♦ Art supposé de faire des actions extraordinaires (prédiction de l'avenir, transformation des objets, etc.).

magique, adj. ♦ **1.** Qui appartient à l'art de la magie. ● *Une formule magique.* **2.** Qui semble être dû à la magie : *Avec une habileté magique, le maître verrier façonne des statuettes de verre au bout de sa canne.* **3.** Enchanteur : *Ce clair de lune sur l'eau calme du lac, c'est un spectacle magique.* — SYN. enchanteur, féerique, merveilleux.

magistral, ale, aux, adj. ♦ Digne d'un maître, très beau, très grand : *La peintre a su rendre les détails de cette scène avec une habileté magistrale.*

magistrat, ate, n. ♦ **1.** Celui, celle qui remplit une fonction officielle : *Chez les Romains, les consuls, les dictateurs, les censeurs et les préteurs étaient de hauts magistrats. Le maire est le magistrat qui administre la commune.* **2.** Juge ou procureur.

magistrature, n. f. ♦ **1.** Charge de magistrat. **2.** Ensemble des procureurs, des juges : *Ce procureur fit une belle carrière dans la magistrature.*

magma [magma], n. m. ♦ **1.** Partie centrale de la Terre, formée de matière en fusion. **2.** Mélange confus, peu agréable : *Ginette apporta son « ragoût à la parisienne » : c'était un magma composé d'éléments difficiles à distinguer.*

magnanime [maɲanim], adj. ♦ Qui pardonne facilement les injures, les offenses. — SYN. clément, généreux. — CONTR. mesquin, rancunier, sévère, vindicatif.

magnanimité [maɲanimite], n. f. ♦ Grandeur d'âme qui pousse à pardonner facilement les injures, les offenses. — SYN. clémence, générosité. — CONTR. mesquinerie, rancune, sévérité.

magnétique, adj. ♦ **1.** Qui relève du magnétisme. ● *L'attraction magnétique.* ● *Le champ magnétique.* **2.** *Bande magnétique :* bande de matière plastique enduite d'une couche d'oxyde de fer spécial, qui permet d'enregistrer et de restituer les sons et les images (au moyen des magnétophones et des magnétoscopes). **3.** Qui exerce une sorte de fascination, un pouvoir inexplicable, mais puissant : *La magicienne avait un regard d'une fixité magnétique, qui en imposait à tout son public.*

magnétiser, v. ♦ **1.** Donner les propriétés de l'aimant : *Tu peux magnétiser une tige d'acier en la mettant au contact d'un aimant.* **2.** Exercer un pouvoir inexplicable, mais puissant : *Par son regard étrange, par sa voix puissante, cet orateur magnétisait les foules.*

magnétisme, n. m. ♦ **1.** Propriété des corps qui peuvent donner lieu à des phénomènes de la même nature que l'attraction du fer par l'aimant. **2.** Pouvoir inexplicable, mais puissant. — SYN. fascination.

magnétophone, n. m. ♦ Appareil qui permet d'enregistrer les paroles ou la musique sur bande magnétique et de les écouter.

magnétoscope, n. m. ♦ Appareil qui permet d'enregistrer les images (et le son) et de les restituer sur un écran de télévision.

magnificence [maɲifisɑ̃s], n. f. ♦ Très grande beauté qui donne une impression d'éclat, de richesse : *La magnificence des couchers de soleil sur la mer m'éblouit toujours.* — SYN. faste, somptuosité, splendeur.

magnifier [maɲifje], v. (conjugaison 20) ♦ Célébrer par de grandes louanges : *On a magnifié la gloire des conquérants, on eût mieux fait de célébrer les travaux des savants.* — SYN. exalter, glorifier, louer. — CONTR. décrier, déprécier, rabaisser.

magnifique, adj. ♦ Très beau, plein de richesse et d'éclat. — SYN. brillant, éclatant, grandiose, merveilleux, riche, splendide, sublime, superbe. — CONTR. abominable, affreux, hideux, horrible, laid, minable, pauvre.

1. magot, n. m. ♦ Singe sans queue d'Afrique du Nord et de Gibraltar.

2. magot, n. m. ♦ Argent accumulé ; réserve d'argent. — REM. Ce mot est familier.

maharajah [maaʀadʒa], n. m. ♦ Autrefois, dans l'Inde, titre porté par les souverains, les grands seigneurs.

mahométan, ane, adj. *ou* n. ♦ Synonyme vieilli de « musulman ».

mai, n. m. ♦ Cinquième mois de l'année, qui vient après avril et avant juin et qui a trente et un jours.

maie, n. f. ♦ Autrefois, à la campagne, grand coffre allongé dans lequel on pétrissait la pâte ou dans lequel on conservait le pain. — SYN. huche.

maigre, adj. *ou* n. ♦ **1.** Qui n'a pas de graisse sur les muscles et qui est, de ce fait, très mince. — SYN. décharné, efflanqué, sec. — CONTR. corpulent, dodu, gras, gros, obèse, potelé, rond. **2.** Qui ne contient pas de graisse ou qui en contient peu : *Pour les grillades, il faut de la viande maigre.* ● *Repas maigre :* repas sans viande. ● *Le maigre :* le fait de s'abstenir de manger de la viande certains jours, pour des raisons religieuses. ● *Les catholiques devaient faire maigre tous les vendredis.* **3.** Petit, peu important : *Dix minutes de récréation, c'est maigre !* — SYN. médiocre, mince, faible, petit. — CONTR. grand, gros. ● *Un maigre repas :* un repas peu abondant. — REM. Un *repas maigre* n'est pas un repas peu abondant, mais un repas sans viande.

maigreur, n. f. ♦ État d'une personne maigre. — CONTR. corpulence, embonpoint, obésité.

maigrir, v. ♦ Devenir maigre : *Si tu veux maigrir, mange moins de gâteaux !* — CONTR. engraisser, grossir.

mail [maj], n. m. ♦ Dans certaines villes, allée, promenade ou place plantée d'arbres.

maille

1. maille, n. f. ♦ **1.** Chacune des boucles d'un tricot. **2.** Espace entre les fils ou les cordes d'un filet.

2. maille, n. f. ♦ *Avoir maille à partir avec quelqu'un,* avoir un désaccord, une querelle, une affaire ennuyeuse avec lui.

maillet, n. m. ♦ Marteau en bois.

maillon, n. m. ♦ Chacun des anneaux d'une chaîne.

maillot, n. m. ♦ **1.** Vêtement souple et collant. ● *Maillot de corps :* vêtement de coton que les garçons et les hommes portent à même la peau. — SYN. gilet de corps. **2.** Vêtement que portent les sportifs et qui couvre le haut du corps. **3.** Costume de bain : *Maryse porte un maillot deux-pièces.* ● *Un maillot de bain.*

main, n. f. ♦ **1.** Partie du corps située à l'extrémité du bras. ● *Ces amis sont unis comme les cinq doigts de la main.* ● *Quand un petit enfant traverse la rue, il doit donner la main à sa mère.* ● *Nous allons nous serrer la main, et tout sera fini !* ● *Donnons-nous une bonne poignée de main!* ● *La main dans la main :* en étant tout à fait d'accord. ● *Faire des pieds et des mains :* faire beaucoup d'efforts, de démarches. ● *J'en mettrais ma main au feu :* j'en suis absolument certain. ● *Avoir quelque chose (ou quelqu'un) sous la main,* à sa disposition. ● *A portée de la main :* tout près, facile à obtenir. ● *Mettre la main sur,* trouver : *Je n'arrive pas à mettre la main sur ce document ! Où l'ai-je bien mis ?* ● *Faire main basse sur,* voler : *Les cambrioleurs ont fait main basse sur les beaux bijoux de la joaillerie.* ● *En mains propres :* à la personne elle-même, et non à quelqu'un d'autre. ● *Être en bonnes mains :* être sous la direction ou en la possession de quelqu'un de sérieux, de compétent, et qui inspire confiance. ● *Changer de mains :* changer de propriétaire. ● *Prendre en main :* se mettre à diriger quelque chose ou quelqu'un. ● *Avoir la haute main sur :* diriger, en étant le grand chef, le grand patron. ● *De longue main :* depuis longtemps. ● *Avoir la main heu-*reuse : être à la fois habile et favorisé par la chance, réussir ce qu'on fait. ● *Mettre la dernière main à un travail,* accomplir ce qui reste à faire pour qu'il soit totalement terminé. ● *Mettre la main à la pâte :* faire une part du travail soi-même, au lieu de se contenter de diriger. ● *Donner un coup de main :* aider. ● *Forcer la main à quelqu'un :* exercer une pression sur quelqu'un pour le contraindre à faire quelque chose. ● *Ne pas y aller de main morte :* agir sans mesure ou frapper brutalement. ● *En venir aux mains :* finir par se battre. ● *Attaque à main armée :* agression commise par une personne armée. **2.** *Main courante :* rampe d'escalier scellée au mur.

main-d'œuvre, n. f. ♦ Ensemble des ouvriers salariés.

main-forte, n. f. ♦ *Prêter main-forte à quelqu'un,* l'aider.

mainmise, n. f. ♦ Action de s'emparer de quelque chose, de soumettre à son autorité : *La mainmise du roi sur les terres a provoqué une révolte des seigneurs.*

maintenant, adv. ♦ **1.** Tout de suite : *Fais ton devoir maintenant, tu joueras ensuite.* **2.** A notre époque, à la période actuelle : *Autrefois, on s'éclairait à la bougie. Maintenant, nous avons l'électricité.* — SYN. actuellement, aujourd'hui, de nos jours, à présent. **3.** *Maintenant que,* indique à la fois le temps et une idée de cause : *Maintenant que tu es guérie, tu dois retourner à l'école.* — SYN. à présent que.

maintenir, v. ♦ **1.** Garder dans le même état : *Il faut maintenir propre son pare-brise ; sinon, on n'aura pas de visibilité.* — SYN. conserver, entretenir, tenir. **2.** Conserver dans la même position, en empêchant de tomber, de remuer : *L'animal blessé se débattait, il fallut le maintenir pour le soigner.* — SYN. contenir, immobiliser, retenir, soutenir. **3.** Faire en sorte que quelque chose continue d'exister : *La police a, entre autres, la tâche de maintenir l'ordre.* — SYN. sauvegarder, sauver. — CONTR. supprimer. ● *Se maintenir,* continuer : *Si le beau temps*

se maintient, nous aurons un mois de juillet chaud. — SYN. continuer. — CONTR. cesser.
4. Continuer d'affirmer : *Je maintiens qu'Aline est une fille loyale et honnête.*

maintien, n. m. ♦ **1.** Manière de se tenir : *Ton maintien laisse à désirer.* — SYN. attitude, posture, tenue. **2.** Conservation, action de faire continuer d'exister : *On a décidé le maintien de l'épreuve de maths à l'écrit de cet examen.* — CONTR. abandon, abolition, suppression.

maire, mairesse, n. ♦ Personne qui a été élue pour administrer une commune, avec l'aide du conseil municipal.

mairie, n. f. ♦ Édifice où sont installés les services de l'administration municipale. — SYN. hôtel de ville.

mais, conj. ♦ **1.** Exprime l'opposition à ce qui précède : *Fabrice n'est pas paresseux, mais un peu lent.* **2.** Renforce une affirmation ou une négation : *Tu veux que je t'aide ? Mais bien sûr ! Moi, te trahir ? Mais non !*

maïs [mais], n. m. ♦ Céréale à gros épis qui sert à la nourriture du bétail et aussi à celle de l'homme. — SYN. blé d'Inde.

maison, n. f. ♦ **1.** Construction où l'on habite. **2.** *A la maison :* chez soi. **3.** Établissement servant à un usage particulier. ● *Maison de retraite.* ● *Maison de santé* (= sorte de clinique). ● *Maison d'arrêt* (= prison). ● *La maison des Jeunes.* ● *La maison de la Culture.* ● *Maison de commerce* (= établissement commercial). **4.** Entreprise : *La maison où travaille ma grande sœur emploie deux cent cinquante salariés.*

maisonnée, n. f. ♦ Ensemble des gens de la même famille qui habite une même maison.

maisonnette, n. f. ♦ Petite maison.

maître, maîtresse, n. ♦ **1.** Celui, celle qui possède quelque chose et qui commande. ● *Le maître de maison, la*

maîtresse de maison : nom de l'homme, de la femme qui habitent un appartement ou une maison, lorsqu'ils reçoivent des invités. **2.** Celui, celle qui a un animal : *Regarde comme ce chat aime bien ses maîtres.* **3.** *Être, rester maître de,* pouvoir diriger, modifier, arrêter quelque chose : *A cent kilomètres à l'heure, comment un champion peut-il rester maître de ses skis ?* ● *Être maître de,* être libre de, pouvoir : *Le maire doit consulter ses conseillers, il n'est pas maître de la décision.* ● *Se rendre maître de,* arrêter, mettre fin à : *Les pompiers se sont rendus maîtres de l'incendie de forêt.* ● *Être maître de soi :* dominer ses sentiments. **4.** Instituteur, institutrice : *Nadine travaille bien en classe, la maîtresse l'a félicitée.* ● *Maître d'école :* autrefois, instituteur qui dirigeait une école. **5.** Grand artiste (peintre, sculpteur, etc.) : *Tu as entendu parler de Léonard de Vinci ? C'est l'un des plus grands maîtres de la Renaissance italienne.* ● Autrefois, artisan patron d'un atelier : *Le maître travaillait dans son atelier, entouré de ses compagnons* (ouvriers) *et de ses apprentis.* ● *Un maître tailleur.* ● *Un maître ébéniste.* ● *Un maître teinturier.* ● *De main de maître :* avec beaucoup d'habileté, de talent. ● *Trouver son maître :* trouver plus fort ou plus habile que soi. ● *Un coup de maître :* une action brillante. **6.** Titre donné à un avocat, à un notaire : *L'accusée sera défendue par maître Dupont, du barreau de Québec.* — REM. Le mot devant un nom propre s'abrège normalement en M^e et l'on écrit plutôt : Me Dupont. **7.** *La maîtresse (d'un homme),* la femme dont cet homme est l'amant.

maître-autel, n. m. ♦ Le principal autel d'une église.

maîtresse, n. f. ♦ REGARDER maître.

maîtrise, n. f. ♦ **1.** Direction, domination : *Avec une telle marine, Athènes pouvait avoir la maîtrise des mers.* — SYN. hégémonie, prépondérance, suprématie. ● *Maîtrise de soi :* calme, patience, sang-froid. **2.** Grande habileté : *Les images et les rythmes de ce poème révèlent une grande maîtrise de la langue.* **3.** *Agent de maîtrise :*

maîtrise

contremaître, ou cadre qui commande directement les ouvriers et les exécutants. **4.** Groupe de chanteurs qui chantent en chœur dans une église. **5.** Diplôme de l'enseignement supérieur.

maîtriser, v. ♦ **1.** Empêcher de remuer, de s'enfuir : *Martine a eu du mal à maîtriser son cheval emballé.* **2.** Bien diriger, manœuvrer comme on le veut : *Incapable de maîtriser son véhicule, cet homme a percuté un panneau de signalisation.* **3.** Arrêter, mettre fin à : *Pour maîtriser l'incendie, les pompiers déversèrent des tonnes d'eau sur l'entrepôt.* **4.** Empêcher de se manifester : *Irène réussit à maîtriser sa colère.* ● *Se maîtriser :* garder son calme.

majesté, n. f. ♦ **1.** Caractère noble et grandiose. **2.** *Votre Majesté, Sa Majesté :* titre qu'on donne à un roi ou à une reine, à un empereur ou à une impératrice.

majestueux, euse, adj. ♦ Plein de majesté. — SYN. grandiose, imposant, noble. — CONTR. humble, médiocre, mesquin, modeste.

majeur, eure, adj. *ou* n. m. ♦ **1.** Le plus grand : *Cela se produit dans la majeure partie des cas.* — SYN. majorité. — CONTR. minorité. **2.** Agé de plus de dix-huit ans (ce qui donne certains droits) : *Ma cousine est majeure, donc elle a le droit de vote.* — CONTR. mineur. **3.** *Le majeur :* le doigt du milieu.

major, n. m. *ou* f. ♦ **1.** Autrefois, médecin militaire. **2.** Officier de l'armée dont le grade est au-dessus de celui de capitaine.

majoration, n. f. ♦ Action de majorer. — SYN. augmentation, hausse. — CONTR. baisse, diminution.

majorer, v. ♦ Augmenter : *Les amendes pour stationnement gênant vont certainement être majorées.* — SYN. hausser. — CONTR. baisser, diminuer.

majorette, n. f. ♦ Chacune des jeunes filles, vêtues d'un uniforme aux couleurs vives, qui défilent et font des évolutions au cours des fêtes publiques.

majoritaire, adj. ♦ Qui a la majorité, qui est la majorité. — CONTR. minoritaire.

majorité, n. f. ♦ **1.** La plus grande partie. **2.** La plus grande partie des voix, à une élection. **3.** L'ensemble des partis politiques qui, ayant gagné aux élections, sont au pouvoir. — CONTR. opposition. **4.** Age (18 ans) auquel on devient majeur.

majuscule, adj. *ou* n. f. ♦ *Une lettre majuscule* ou *une majuscule :* une lettre plus grande que les autres et qui a une forme particulière. — SYN. une capitale. — CONTR. minuscule.

1. mal, adv. ♦ **1.** D'une manière contraire à ce qu'il faudrait : *Dimanche, notre gardien de but a mal joué.* — CONTR. bien. **2.** *Se trouver mal :* éprouver un malaise. ● *Être au plus mal :* être très gravement malade. **3.** *Pas mal de,* une assez grande quantité de : *Il y a pas mal d'enfants qui préfèrent la télévision à la lecture.*

2. mal, adj. inv. ♦ **1.** *C'est mal :* c'est mauvais, c'est contraire à la morale. **2.** *Pas mal,* assez bon, assez beau : *Nous sommes descendus dans un hôtel pas mal, près de la mer.*

3. mal, maux, n. m. ♦ **1.** Douleur : *Ma tante éprouva soudain de violents maux d'estomac.* **2.** Maladie : *Le cancer est un mal terrible.* ● *Le mal de mer :* ensemble des malaises (vomissements, etc.) qu'on éprouve souvent quand on est sur un bateau agité par la mer. **3.** Malheur : *La peste, la famine, la guerre : tous ces maux accablaient le pays !* **4.** *Faire du mal à quelqu'un,* le maltraiter, le faire souffrir, lui faire du tort. ● *Vouloir du mal à quelqu'un,* vouloir lui faire du mal, du tort. ● *Dire du mal de quelqu'un,* dire des choses défavorables sur son compte. **5.** *Avoir du mal à faire quelque chose,* avoir de la difficulté à le faire. ● *Se donner du mal :* faire de grands efforts. —

530

SYN. se donner de la peine. **6.** *Le mal,* ce qu'on ne doit pas faire : *Tu dois t'efforcer de faire le bien, non le mal.*

malade, adj. *ou* n. ♦ Qui souffre d'une maladie. ● *Un malade mental :* un fou, un déséquilibré.

maladie, n. f. ♦ État d'une personne qui ne se porte pas bien. — CONTR. santé.

maladif, ive, adj. ♦ Qui est fréquemment malade. — SYN. souffreteux. — CONTR. robuste, sain.

maladresse, n. f. ♦ **1.** Défaut d'une personne maladroite. — CONTR. adresse, agilité, aisance, habileté. **2.** Acte commis par une personne maladroite : *Tu as vexé ton camarade par ta maladresse.*

maladroit, oite, adj. *ou* n. ♦ Qui manque d'adresse : *Les premiers pas d'un poulain sont très maladroits.* — SYN. malhabile. — CONTR. adroit, agile, leste.

malaise, n. m. ♦ État passager d'une personne qui ne se sent pas bien : *La vieille dame, prise d'un malaise, s'affaissa soudain.*

malaisé, ée, adj. ♦ Difficile. — CONTR. aisé, facile.

malandrin, n. m. ♦ Voleur, voyou, malfaiteur.

malaria, n. f. ♦ REGARDER *paludisme.*

malaxer, v. ♦ Remuer, pétrir une matière molle.

malchance, n. f. ♦ Manque de chance, hasard fâcheux. — CONTR. chance.

malchanceux, euse, adj. ♦ Qui n'a pas de chance. — CONTR. chanceux.

mâle, n. m. ♦ Animal du sexe masculin. — CONTR. femelle.

malédiction, n. f. ♦ Paroles par les-quelles on exprime le souhait que quelqu'un ait du malheur : *Levant le poing, elle proféra de violentes malédictions.*

malencontreux, euse, adj. ♦ Qui constitue un hasard malheureux : *Le but malencontreux que nous avons marqué contre notre camp a donné la victoire à l'équipe adverse.*

malentendu, n. m. ♦ Ce qui se produit quand une personne se trompe en interprétant mal les paroles d'une autre. — SYN. méprise.

malfaçon, n. f. ♦ Défaut de fabrication ou de construction.

malfaisant, ante, adj. ♦ Qui fait du mal, qui aime à faire le mal : *On appelle souvent malfaisants certains animaux qui, comme le renard, sont utiles dans certaines circonstances.* ● *L'abus du tabac est malfaisant.* — SYN. néfaste, nocif, nuisible. — CONTR. bienfaisant.

malfaiteur, n. m. ♦ Celui qui commet des agressions, des vols.

malformation, n. f. ♦ Défaut naturel du corps ou d'un organe, qui entraîne une infirmité.

malfrat, n. m. ♦ Malfaiteur, voyou.

malgré, prép. ♦ Exprime une opposition : *Malgré le froid, malgré la neige, j'irai faire ma promenade.* — SYN. en dépit de, contre le gré de.

malhabile, adj. ♦ Qui n'est pas habile. — SYN. gauche, maladroit. — CONTR. adroit, habile.

malheur, n. m. ♦ **1.** Chose fâcheuse, triste. — SYN. accident, calamité, catastrophe, coup, désastre, fléau, infortune, un mal, malchance. **2.** Malchance : *Le malheur voulut que, ce jour-là, le vieil Arsène fût malade.* ● *Par malheur,* il était malade ce jour-là. **3.** État pénible et triste : *Cette*

malheur

famille *est dans le malheur depuis la mort
du père.* — SYN. adversité, affliction, chagrin,
détresse, infortune, misère, peine. — CONTR.
bonheur, félicité, prospérité.

malheureux, euse, adj. *ou* n. ♦ **1.** Qui
n'a pas de chance et qui ne réussit pas : *
Notre équipe a gagné la coupe, mais elle a
été malheureuse dans le championnat.* —
SYN. malchanceux. — CONTR. chanceux, heureux. ● Qui constitue une malchance ou un
échec : *Par un hasard malheureux, Odile
tomba juste sur le morceau le plus difficile.*
— SYN. malencontreux. **2.** Qui est dans le
malheur, qui est triste : *Cette famille malheureuse, qui n'a plus ni ressources ni logement, a besoin de secours.* — SYN. affligé,
éprouvé, infortuné, misérable. — CONTR.
heureux, prospère.

malhonnête, adj. ♦ **1.** Qui n'est pas
honnête. — CONTR. honnête, probe. **2.** Grossier, impoli. — CONTR. courtois, bien élevé,
poli. — REM. Ce sens est un peu vieilli.

malhonnêteté, n. f. ♦ Défaut d'une
personne malhonnête. — CONTR. honnêteté,
probité.

malice, n. f. ♦ Tendance à la raillerie
peu méchante, goût des farces, des plaisanteries : *Il me semble qu'il y a une pointe de
malice dans cette réponse !*

malicieux, euse, adj. ♦ Plein de
malice.

malin, igne, adj. *ou* n. ♦ **1.** Rusé. —
SYN. astucieux, dégourdi, déluré, fin, futé,
rusé, subtil. — CONTR. benêt, lourdaud, niais,
nigaud. ● *Faire le malin.* **2.** Grave : *Atteint
d'une fièvre maligne, il mourut au bout de
trois jours.* ● *Tumeur maligne :* tumeur
cancéreuse. — CONTR. bénin.

malingre, adj. ♦ Maigre, petit et faible. — SYN. chétif. — CONTR. fort, robuste.

malle, n. f. ♦ Coffre dans lequel on
met ses affaires quand on voyage. ● *Malle
arrière :* coffre d'une voiture.

malléable, adj. ♦ **1.** *Métal malléable,*
qui peut se travailler facilement au marteau.
— CONTR. cassant. **2.** Docile, souple, qu'on
peut façonner et modeler facilement : *Cette
personne a un caractère malléable.*

mallette, n. f. ♦ Petite valise.

malmener, v. (conjugaison 12) ♦
1. Manipuler brutalement, sans précaution : *
Ne malmène pas mon livre : il est fragile.*
2. Traiter avec rudesse. — SYN. brutaliser,
maltraiter, rudoyer.

malodorant, ante, adj. ♦ Qui sent
mauvais. — SYN. fétide, infect, nauséabond,
puant. — CONTR. odorant, parfumé.

malpoli, ie, adj. *ou* n. ♦ Qui n'est
pas poli. — SYN. impoli, mal élevé. —
CONTR. courtois, bien élevé, poli.

malpropre, adj. ♦ Sale. — CONTR.
propre.

malsain, aine, adj. ♦ **1.** Qui fait
preuve d'un manque de santé morale : *Tes
questions trahissent une curiosité malsaine.*
2. Qui n'est pas bon pour la santé : *Ce climat humide et chaud est malsain.* — SYN.
insalubre. — CONTR. sain, salubre.

malt [malt], n. m. ♦ Orge germée, puis
séchée et débarrassée des germes, qui sert à
faire la bière.

maltraiter, v. ♦ Traiter brutalement,
en faisant du mal : *Il ne faut jamais maltraiter les animaux.* — SYN. brutaliser,
malmener, rudoyer.

malveillance, n. f. ♦ Attitude de
celui qui veut du mal à quelqu'un. — SYN.
hostilité, inimitié. — CONTR. amitié, bienveillance.

malveillant, ante, adj. ♦ Qui veut
du mal à quelqu'un : *Des voisins malveillants
ont scié une branche de notre cerisier.* —
SYN. hostile. — CONTR. amical, bienveillant.

malvoyant, ante, n. ♦ Personne
dont la vue est très faible.

mamelle, n. f. ♦ Chacun des organes, situés sur le ventre des femelles, qui donnent le lait que les petits tètent. — REGARDER _pis, sein._

mammifère, adj. _ou_ n. m. ♦ _Les mammifères :_ les animaux dont les femelles ont des mamelles et allaitent leurs petits.

mammouth [mamut], n. m. ♦ Gros éléphant préhistorique à longs poils et à très longues défenses.

1. manche, n. f. ♦ **1.** Chacune des parties d'un vêtement qui couvrent les bras. **2.** _Manche à air :_ sur le pont d'un bateau, tuyau qui fait entrer l'air à l'intérieur de la coque. ● _Manche à air :_ sur un terrain d'aviation, tube d'étoffe qui flotte au vent et indique, comme une girouette, la direction du vent. **3.** Chacune des parties, dans un jeu.

2. manche, n. m. ♦ **1.** Partie allongée par laquelle on tient un instrument, un outil. ● _Jeter le manche après la cognée :_ se décourager et abandonner une action, un travail. **2.** _Manche à balai :_ tige, placée devant le pilote d'un avion, qui sert à manœuvrer le gouvernail de direction. **3.** Partie allongée et droite d'une guitare, d'un violon, etc.

manchette, n. f. ♦ **1.** Extrémité, garnie d'un revers, de la manche d'une chemise d'homme ou d'un chemisier de femme. **2.** Gros titre sur la première page d'un journal. **3.** Coup au menton donné avec l'avant-bras, dans certains sports de combat.

manchon, n. m. ♦ Autrefois, étui de fourrure dans lequel les femmes mettaient leurs mains, pour les protéger du froid, en hiver.

manchot, ote, adj. _ou_ n. ♦ **1.** Qui a perdu un bras ou une main. **2.** Oiseau de l'Antarctique, qui ressemble au grand pingouin.

mandarine, n. f. ♦ Fruit qui ressemble un peu à l'orange, mais qui est plus petit et dont l'écorce s'enlève facilement.

mandat, n. m. ♦ **1.** Document qui permet d'envoyer de l'argent à quelqu'un par la poste. **2.** Mission dont on est chargé ; fonction qu'on doit remplir après avoir été élu : _Une députée exerce normalement son mandat pendant quatre ans._

mandibule, n. f. ♦ Chacune des pinces coupantes que les insectes et les crustacés ont devant leur bouche.

mandoline, n. f. ♦ Instrument qui ressemble un peu à la guitare et dont on gratte les cordes avec un objet appelé « médiator ».

manège, n. m. ♦ **1.** Dans une fête foraine, appareil tournant, dont la plate-forme porte des chevaux de bois, des petites voitures, etc. **2.** Endroit où l'on apprend à monter à cheval. **3.** Ensemble de manœuvres, d'intrigues, que l'on combine pour obtenir quelque chose.

manette, n. f. ♦ Levier court que l'on pousse, que l'on tire, qu'on lève ou que l'on abaisse, pour manœuvrer quelque chose.

mangeable, adj. ♦ Tout juste bon à manger : _Le ragoût de la cantine était mangeable, mais j'aime mieux la cuisine de mon père !_

mangeoire, n. f. ♦ Récipient où l'on met la nourriture destinée à certains animaux.

manger, v. (conjugaison 16) ♦ **1.** Absorber par la bouche un aliment solide, en général après l'avoir mâché : _J'ai mangé une tartine de beurre à quatre heures._ ● _Le lion mangea la gazelle._ — SYN. dévorer. **2.** Tout dépenser, gaspiller : _Elle mangea toute sa fortune et se retrouva ruinée._ — SYN. dilapider.

mangeur, euse, n. ♦ **1.** _Gros mangeur, grosse mangeuse :_ personne qui mange beaucoup. **2.** _Mangeur de,_ qui mange beaucoup de : _On dit que les Québécois sont des mangeurs de fèves !_

mangue, n. f. ♦ Fruit des pays chauds, à très grand noyau et à chair jaune.

maniable

maniable, adj. ✦ Facile à manier.

maniaque, adj. *ou* n. ✦ Qui est plein de manies.

manie, n. f. ✦ Habitude étrange et un peu ridicule.

maniement, n. m. ✦ Action ou façon de manier quelque chose.

manier, v. (conjugaison 20) ✦ **1.** Remuer, déplacer, transporter : *Ces gros sacs en matière plastique, qui glissent tout le temps, ne sont pas faciles à manier !* — SYN. manipuler. **2.** Se servir d'un outil, d'un instrument, d'une arme : *Elle s'exerçait à manier convenablement le nouvel appareil.*

manière, n. f. ✦ **1.** La méthode pour faire une chose : *Je vais te montrer la manière de scier une planche proprement.* — SYN. façon. ● Forme particulière que prend une action : *Sa manière de traiter ses camarades, avec gentillesse et bonne humeur, me plaît beaucoup. Sa manière de courir révèle une grande souplesse.* **2.** *A la manière de,* comme : *Il court à longues foulées, à la manière des grands champions.* ● *En manière de,* en guise de : « *Comment vas-tu, mon gros ?* », *m'a dit Michelle, en manière de salut.* ● *Une manière de,* une sorte de : *Jules avait sur la tête une manière de bonnet de marin.* ● *A ma (ta, sa) manière,* selon ma (ta, sa) recette ou formule personnelle : « *Je vais vous faire goûter un ragoût à ma manière* », *dit Danielle.* **3.** *De manière que, de telle manière que, de manière à,* exprime le but ou la conséquence : *Dépêchez-vous, de manière que tout soit prêt ce soir. Il est tombé de telle manière qu'il s'est écorché le bras. Pousse à fond la table, de manière à laisser le plus d'espace libre possible.* — SYN. de façon que, de telle façon que, de façon à. **4.** *Les manières,* la conduite et la politesse (ou l'impolitesse) d'une personne : *Cette fille a des manières fort agréables.* ● *Les bonnes manières.* **5.** *Faire des manières :* avoir une façon peu naturelle et compliquée de se conduire ; se faire prier longtemps avant d'accepter. — SYN. faire des façons.

maniéré, ée, adj. ✦ Qui fait des manières. — SYN. affecté. — CONTR. naturel, simple.

manifestant, ante, n. ✦ Chacun de ceux ou celles qui manifestent dans la rue.

manifestation, n. f. ✦ **1.** Marque, geste ou parole exprimant un sentiment : *Tes manifestations d'amitié me touchent beaucoup.* **2.** Rassemblement ou défilé public destiné à exprimer une revendication ou une protestation.

1. manifeste, adj. ✦ Clair, évident : *Inutile de discuter plus longtemps : notre accord est manifeste.* — SYN. certain, flagrant, indiscutable, patent, visible. — CONTR. discutable, douteux, incertain, invisible, obscur.

2. manifeste, n. m. ✦ Texte par lequel un groupe, un parti, etc., exprime son point de vue, sa doctrine ou son programme. — SYN. déclaration.

manifester, v. ✦ **1.** Exprimer ouvertement ou faire connaître par un moyen quelconque : *Elle manifesta sa désapprobation en quittant la salle.* — SYN. déclarer, exprimer, montrer, révéler, témoigner. — CONTR. cacher, dissimuler, masquer, taire. **2.** Se rassembler ou défiler, pour réclamer, pour protester : *Les étudiants manifestent souvent contre les frais de scolarité.*

manigance, n. f. ✦ Petite manœuvre secrète, action peu franche. — SYN. agissements, complot, intrigue, manœuvre, menées.

manigancer, v. (conjugaison 17) ✦ Organiser une petite action secrète contre quelqu'un ou en vue d'un but : *Que va-t-elle encore manigancer pour être invitée ?*

manille [manij], n. f. ✦ Jeu de cartes où la carte la plus forte, appelée aussi *manille,* est le dix.

manipulation, n. f. ✦ Action de manipuler.

manipuler, v. ♦ Toucher, remuer, déplacer : *Ces sacs sont sales, il faudra te laver les mains quand tu les auras manipulés.*

manivelle, n. f. ♦ Tige coudée qui sert à faire tourner une roue, un treuil, à actionner quelque chose.

mannequin, n. m. ♦ **1.** Sorte de statue en cire, en matière plastique, sur laquelle on met les vêtements pour les montrer au public, dans la vitrine d'un magasin. **2.** Personne qui présente sur elle les nouveaux vêtements.

1. manœuvre, n. f. ♦ **1.** Action destinée à un résultat : *Grâce à une manœuvre habile, la pilote évita l'accident.* ● Moyen plus ou moins franc. — SYN. agissements, complot, intrigue, manigance, menées. **2.** Action ou manière de faire fonctionner un appareil : *Si tu ne connais pas la manœuvre du monte-charge, n'y touche pas.* ● *Fausse manœuvre :* manœuvre maladroite qui peut provoquer un accident. **3.** Va-et-vient d'un véhicule qui se gare, qui tourne dans un endroit étroit. ● Mouvement d'un train en gare. **4.** Déplacement d'une armée sur le terrain, en face de l'ennemi : *Par une manœuvre habile, le général encercla l'armée ennemie.* **5.** Exercices que font les soldats (maniement d'armes, mouvements en ordre serré). ● *Les grandes manœuvres :* exercices par lesquels de grandes unités de l'armée évoluent sur le terrain, comme à la guerre.

2. manœuvre, n. m. *ou* f. ♦ Ouvrier, ouvrière sans qualification particulière.

manœuvrer, v. ♦ **1.** Agir en faisant des manœuvres, en combinant des actions selon un plan : *Il nous faudra bien manœuvrer pour réconcilier les deux copains fâchés.* **2.** *Manœuvrer quelqu'un,* le faire agir comme on veut, parfois en le trompant. **3.** Faire des manœuvres en allant et venant, en tournant : *Je vais manœuvrer pour faire entrer la voiture dans le garage.* **4.** Faire fonctionner : *Pour obtenir l'ouverture de la porte, manœuvrer le levier.*

manoir, n. m. ♦ Petit château, à la campagne. ● Nom donné à des hôtels.

manomètre, n. m. ♦ Appareil qui indique la pression d'une chaudière.

manquant, ante, adj. ♦ Qui manque : *Il faudra acheter les livres manquants.*

manque, n. m. ♦ **1.** Absence : *Le manque de nourriture affaiblit les animaux pendant l'hiver.* — SYN. absence, défaut, épuisement, pénurie. — CONTR. abondance, présence. **2.** *Manque de respect :* action de celui qui ne témoigne pas assez de respect à quelqu'un.

manquement, n. m. ♦ Désobéissance, infraction : *Tout manquement à la discipline sera puni sévèrement.*

manquer, v. ♦ **1.** *Manquer de,* ne pas avoir assez : *Les sinistrés manquent d'eau, de nourriture, de médicaments.* **2.** Ne pas être en quantité suffisante : *Les vivres manquent, dit le capitaine, mangeons le mousse !* **3.** Être absent : *Léonie a été malade : elle a souvent manqué la classe cet hiver.* ● *Manquer à quelqu'un,* être regretté par lui : *Mon meilleur ami est parti pour Ottawa, il me manque beaucoup.* **4.** Ne pas arriver à temps pour assister à quelque chose ou pour prendre un véhicule : *J'ai manqué le dernier autobus, je vais devoir rentrer à pied.* ● Ne pas obtenir, ne pas atteindre : *Notre équipe a manqué de peu la première place en championnat. La chasseuse visa le lièvre... et le manqua.* ● *Manquer une occasion,* la laisser perdre. **5.** *Manquer à,* ne pas obéir, ne pas respecter ; ne pas remplir, ne pas accomplir : *Tu n'as pas respecté ta promesse, je suis contente.* ● *Manquer de respect à quelqu'un,* être insolent envers lui. **6.** *Manquer de,* faillir, être sur le point de : *La petite Julie fut surprise par l'obscurité et manqua de se perdre.*

mansarde, n. f. ♦ Pièce située juste sous le toit, avec un plafond (ou une partie du mur) en pente.

mansuétude, n. f. ♦ Indulgence. — SYN. clémence. — CONTR. rigueur, sévérité.

1. mante, n. f. ♦ Autrefois, manteau de femme ample et sans manches. — SYN. cape.

2. mante, n. f. ♦ *Mante religieuse* ou *mante* : insecte qui ressemble à une sauterelle et dont la femelle dévore le mâle, après l'accouplement.

manteau, n. m. ♦ **1.** Vêtement que l'on met pour sortir, par-dessus les autres vêtements. **2.** *Manteau de cheminée* : partie de la cheminée qui encadre le foyer. ● *Manteau de chat* : grand manteau de fourrure de raton laveur pour homme.

mantille [mɑ̃tij], n. f. ♦ Écharpe de dentelle dont les Espagnoles se couvrent la tête.

1. manuel, elle, adj. ♦ Qui se fait à la main, qui exige le travail des mains. ● *Un métier manuel.*

2. manuel, n. m. ♦ Livre d'enseignement qui traite le programme d'une classe dans une matière donnée.

manufacture, n. f. ♦ Usine où l'on fabrique certains objets. — SYN. fabrique. ● *Une manufacture d'armes.*

manufacturé, ée, adj. ♦ *Produits manufacturés,* fabriqués en usine.

manuscrit, ite, adj. *ou* n. m. ♦ **1.** Écrit à la main et non tapé à la machine ou imprimé. ● *Un manuscrit* : au Moyen Age, livre copié à la main, avant l'invention de l'imprimerie. **2.** *Un manuscrit* : texte d'un livre, tel qu'il est remis à l'éditeur, que ce texte soit écrit à la main ou tapé à la machine.

manutention, n. f. ♦ Ensemble des opérations nécessaires pour déplacer les marchandises qu'on entrepose ou qu'on expédie.

manutentionnaire, n. m. *ou* f. ♦ Celui, celle qui travaille à la manutention.

mappemonde, n. f. ♦ Carte géographique qui représente à plat, sous forme de deux cercles côte à côte, toute la surface de la Terre. — SYN. planisphère. — REM. Ne dites pas *mappemonde* pour désigner un *globe terrestre,* qui est une boule montée sur un pied.

maquereau, n. m. ♦ Poisson de mer, au dos bleu-vert, gras, très bon à manger.

maquette, n. f. ♦ Modèle réduit de bateau, d'avion, d'édifice, etc.

maquignon [makiɲɔ̃], n. m. ♦ Marchand de chevaux.

maquillage, n. m. ♦ Ce qu'on se met sur le visage, pour l'embellir ou en transformer l'aspect.

maquiller (se), v. ♦ Se mettre du fard, etc., pour transformer l'aspect de son visage, pour l'embellir. — SYN. se farder.

maquis [maki], n. m. ♦ **1.** Dans les régions méditerranéennes et particulièrement en Corse, terrain inculte sur lequel poussent des buissons et des arbustes. **2.** *Prendre le maquis* : en Europe, pendant la Seconde Guerre mondiale, aller dans une région difficile d'accès pour entrer dans un groupe de résistance et lutter contre l'occupant. ● *Le maquis* : les groupes de résistants qui combattaient dans les campagnes.

maquisard, n. m. ♦ Pendant la Seconde Guerre mondiale, résistant qui combattait dans le maquis.

marabout, n. m. *ou* adj. inv. ♦ *Être, devenir, avoir l'air marabout* : être, devenir, avoir l'air de mauvaise humeur, grincheux.

maraîcher, ère, adj. *ou* n. m. *ou* f. ♦ **1.** *Culture maraîchère* : culture en grand des légumes par un professionnel. **2.** *Un maraîcher* : celui dont le métier consiste à cultiver des légumes dans un très grand jardin ou dans des champs.

marais, n. m. ♦ Terrain plat couvert de végétation aquatique et d'une mince couche d'eau stagnante. — REGARDER *marécage.*

marathon, n. m. ♦ Course à pied sur route, sur une distance de quarante-deux kilomètres.

marâtre, n. f. ♦ Mauvaise mère, méchante envers ses enfants.

marbre, n. m. ♦ **1.** Belle pierre dure, susceptible d'être bien polie, qui sert à faire des statues, des édifices somptueux, des cheminées, des plaques recouvrant une table. ● _Le marbre de Paros, le marbre de Carrare :_ marbres blancs très beaux, extraits à Paros (île grecque), à Carrare (ville italienne). **2.** _Un marbre,_ une statue en marbre : _Ce musée possède une splendide collection de marbres grecs._

marbré, ée, adj. ♦ Qui est couvert de taches, de veines multicolores, comme le marbre.

marbrure, n. f. ♦ Tache, veine semblable à celles du marbre.

marc [maʀ], n. m. ♦ **1.** Résidu solide qui reste quand on a pressé le raisin et qui est formé par les peaux, les pépins, le bois des grappes. **2.** Eau-de-vie obtenue par distillation du marc de raisin. **3.** _Marc de café :_ résidu noirâtre qui reste quand on a fait passer l'eau chaude sur le café moulu.

marcassin, n. m. ♦ Petit du sanglier.

marchand, ande, n. _ou_ adj. ♦ **1.** Celui, celle qui vend de la marchandise. — REGARDER _commerçant, négociant._ **2.** _Marine marchande :_ marine de commerce. — CONTR. marine de guerre. ● _Navire marchand,_ qui transporte des marchandises. — CONTR. navire de guerre.

marchandage, n. m. ♦ Action de marchander.

marchander, v. ♦ Discuter pour essayer d'amener le vendeur à baisser son prix : _Chez les brocanteurs, il faut toujours essayer de marchander._

marchandise, n. f. ♦ Tout objet ou tout produit qui se vend ou qui s'achète.

marche, n. f. ♦ **1.** Action de marcher : _La marche est le meilleur des sports._ — REM. Ne dites pas « la marche à pied », mais _la marche._ **2.** Déplacement à pied d'un certain nombre de gens : _La marche du cortège était lente._ ● _Faire marche,_ se déplacer : _L'armée américaine faisait marche vers Québec lors de la guerre de 1812._ ● _Une marche :_ morceau de musique au rythme entraînant. **3.** Déplacement d'un véhicule, d'un navire, d'un avion : _Les vents contraires retardèrent la marche du navire._ ● _Faire marche arrière :_ reculer. **4.** Fonctionnement d'une machine, d'un appareil. ● _Être en marche,_ en train de fonctionner. ● _Mettre en marche,_ faire fonctionner : _Mets donc en marche la machine à laver la vaisselle._ — CONTR. arrêter. **5.** _Marche à suivre :_ manière de procéder, série des opérations ou des démarches à effectuer. **6.** Chacune des surfaces plates sur lesquelles on pose le pied, dans un escalier.

marché, n. m. ♦ **1.** Assemblée de marchands qui se réunissent, en plein air ou dans un édifice approprié, pour vendre leur marchandise. — REGARDER _foire._ ● _Un marché couvert :_ édifice où les commerçants viennent vendre. ● _Faire son marché :_ aller au marché pour acheter les denrées dont on a besoin ; aller faire ses courses quotidiennes. **2.** _Conclure un marché,_ un accord dans lequel chacun donne et reçoit quelque chose (marchandise, argent, avantage quelconque). ● _Par-dessus le marché,_ en plus : _Cette mobylette est très belle, et, par-dessus le marché, elle n'est pas chère._ **3.** Commerce, ensemble des offres et des demandes, des ventes et des achats : _Le marché des ordinateurs s'élargit, celui des instruments de musique reste étroit._ ● _Marché noir :_ commerce illicite, en temps de pénurie, avec des prix de vente très élevés. ● _Le marché du travail :_ l'ensemble des offres et des demandes d'emploi. **4.** _Bon marché,_ pas cher : _Huit cents dollars, ce beau tapis ? Tu l'as eu bon marché. Les abricots sont bon marché cette année, les pêches sont encore meilleur marché._ — CONTR. cher.

marchepied, n. m. ♦ Petite plateforme (ou ensemble de deux ou trois petites plates-formes) sur laquelle on pose le pied pour monter dans un véhicule.

marcher

marcher, v. ♦ 1. Se déplacer en mettant un pied devant l'autre, sans courir. **2.** Avancer, se déplacer : *Le navire marchait à six nœuds à peine.* **3.** Fonctionner : *Ça y est ! Le poste de télévision marche à nouveau, nous allons pouvoir suivre le feuilleton !* **4.** Aller bien ou mal : *Alors, ça marche, les études ?*

marcheur, euse, n. ♦ *Bon marcheur, bonne marcheuse :* personne qui peut marcher longtemps ou vite. ● *Ce voilier est bon marcheur :* il va vite, à une bonne allure régulière.

mardi, n. m. ♦ Jour de la semaine qui suit le lundi et précède le mercredi. ● *Mardi gras :* jour qui précède le début du carême et où l'on fête d'habitude le carnaval.

mare, n. f. ♦ Étendue d'eau douce peu profonde et peu étendue.

marécage, n. m. ♦ Terrain inculte, au sol mou, gorgé d'eau, où ne poussent que des plantes adaptées à l'humidité. — REGARDER *marais.*

marécageux, euse, adj. ♦ Plein de marécages. ● De la nature du marécage : *Sur ce sol marécageux, on enfonce à chaque pas.*

maréchal, aux, n. m. ♦ **1.** Titre donné à certains généraux, qui ont ainsi la plus haute dignité de l'armée. ● *Avoir son bâton de maréchal :* être parvenu, dans une hiérarchie, au grade le plus élevé que l'on puisse atteindre. **2.** *Maréchal-ferrant* ou *maréchal :* artisan sachant forger les fers et ferrer les chevaux, les ânes, les mulets et les bœufs. — PLUR. *des maréchaux-ferrants* ou *des maréchaux.*

marée, n. f. ♦ **1.** Mouvement de la mer, dont le niveau monte et descend une ou deux fois par jour sous l'influence de l'attraction qu'exercent la Lune et le Soleil. ● *Marée haute.* ● *Marée basse.* ● *Marée montante.* ● *Marée descendante.* ● *Marée noire :* nappe de pétrole brut qui se répand sur la mer et vient souiller les côtes, quand un pétrolier est éventré. **2.** Grande quantité qui submerge : *Tout le peuple était dans la rue. La marée humaine venait battre les murs du palais.* **3.** Arrivage de poisson.

marelle, n. f. ♦ Jeu d'enfant qui consiste à pousser du pied, en sautant à clochepied, un palet que l'on fait passer à travers des cases dessinées sur le sol.

marémoteur, trice, adj. ♦ *Usine marémotrice,* qui produit de l'électricité en utilisant la force des marées.

margarine, n. f. ♦ Matière grasse alimentaire, solide, qui ressemble au beurre et qui a les mêmes usages, mais qui est faite avec des produits végétaux.

marge, n. f. ♦ **1.** Espace blanc qui entoure un texte. **2.** *En marge :* à l'écart. **3.** *Marge de manœuvre :* liberté d'agir et de manœuvrer.

margelle, n. f. ♦ Rangée de pierres maçonnées qui forme la bordure du puits.

marguerite, n. f. ♦ Fleur blanche à cœur jaune.

mari, n. m. ♦ L'homme avec lequel une femme est mariée. — SYN. époux.

mariage, n. m. ♦ **1.** État de ceux qui sont mariés. **2.** Cérémonie au cours de laquelle on marie un homme et une femme. — REGARDER *noce.*

marié, ée, adj. *ou* n. ♦ **1.** Qui est lié à un conjoint par le mariage : *Êtes-vous célibataire ? marié ? veuf ? divorcé ?* ● *Des nouveaux mariés, des jeunes mariés :* des personnes mariées depuis peu. **2.** Celui, celle dont on célèbre le mariage : *Et voici les mariés qui sortent de l'église : la mariée est en robe blanche, le marié en costume bleu sombre.*

marier, v. (conjugaison 20) ♦ **1.** Unir par le mariage : *C'est le juge, M. Lebrun, qui a marié Sylvain et Caroline.* ● *Se marier,* s'unir par le mariage : *Antoine, voudrais-tu* *te marier avec Marthe?* — SYN. épouser. **2.** Établir dans l'état de mariage : *Notre voisin a une fille de vingt-huit ans : il voudrait bien la marier.* **3.** *Se marier,* s'harmoniser : *Ces rideaux bleu foncé se marient bien avec la moquette grise.*

1. marin, ine, adj. ♦ De la mer. — CONTR. terrestre, terrien. ● *Les courants marins.*

2. marin, n. m. ♦ **1.** Celui qui navigue, commande un navire, une flotte : *Jacques Cartier fut un grand marin.* **2.** Homme d'équipage sur un navire : *Dans cette tempête, les marins avaient fort à faire.* — SYN. matelot.

marinades, n. f. pl ♦ Préparation faite de légumes en morceaux, marinée avec des épices et du vinaigre.

marine, n. f. *ou* adj. inv. ♦ **1.** Ensemble des navires de commerce ou de guerre d'un pays. — SYN. flotte. ● *La marine marchande.* **2.** *Bleu marine* : bleu très foncé, comme l'uniforme des marins.

mariner, v. ♦ Faire tremper dans un liquide qui donne un goût particulier : *Fais mariner le thon, il sera meilleur..*

maringouin, n. m. ♦ Moustique : *Impossible de sortir ce soir, les maringouins piquent trop fort!*

marinier, ière, n. ♦ Celui, celle dont le métier est de naviguer sur les fleuves, les rivières et les canaux. — SYN. batelier.

marinière, n. f. ♦ Blouse de femme, courte, qui s'enfile par la tête et ne serre pas la taille.

marionnette, n. f. ♦ Poupée, articulée et actionnée par des fils ou bien animée par la main, qui est le personnage d'une sorte de théâtre. — REGARDER *pantin.*

maritime, adj. ♦ **1.** Situé près de la mer, en bordure de la mer : *La Nouvelle-Écosse et le Nouveau-Brunswick sont des provinces maritimes.* **2.** Qui se fait sur mer :

La navigation fluviale joue un rôle parfois aussi important que la navigation maritime. ● Qui concerne la navigation sur mer : *Montréal et Québec sont des ports fluviaux, Halifax est un port maritime.* ● *Une gare maritime.*

marjolaine, n. f. ♦ Plante à l'odeur très agréable qu'on utilise en cuisine, notamment pour la pizza.

mark, n. m. ♦ Unité monétaire allemande.

marmaille, n. f. ♦ Groupe de petits enfants remuants, bruyants.

marmelade, n. f. ♦ Sorte de confiture faite de fruits écrasés, cuits avec du sucre.

marmite, n. f. ♦ Récipient à anse et à couvercle dans lequel on fait bouillir l'eau, des aliments.

marmiton, n. m. ♦ Apprenti cuisinier.

marmonner, v. ♦ Parler, dire à voix basse, d'une manière indistincte : *Articule un peu mieux, tu marmonnes.* — SYN. grommeler, maugréer, ronchonner.

marmot, n. m. ♦ Très petit garçon, tout petit enfant. — REM. Ce mot est familier.

marmotte, n. f. ♦ Animal (rongeur) qui a une belle fourrure, qui vit dans les montagnes et qui dort tout l'hiver. ● *Dormir comme une marmotte :* dormir profondément.

marocain, aine, adj. *ou* n. ♦ Du Maroc, pays du nord-ouest de l'Afrique : *Tu aimerais habiter ce joli village marocain, perché sur une colline escarpée, dans l'Atlas?* ● *Les Marocains. Un Marocain. Une Marocaine.*

maroquin, n. m. ♦ Cuir de chèvre ou de mouton, souvent teint, dont la surface présente des petits grains.

maroquinerie, n. f. ♦ Industrie qui utilise le maroquin. Magasin où l'on vend des articles en cuir.

maroquinier, ière, n. ♦ Celui, celle qui confectionne ou qui vend des sacs à main, des portefeuilles, etc.

marotte, n. f. ♦ Idée fixe, manie, caprice.

marquant, ante, adj. ♦ Qui marque une durée, une époque, qui est important : *Quels sont les faits marquants de l'année écoulée?*

marque, n. f. ♦ **1.** Signe que l'on fait, que l'on met pour reconnaître quelque chose : *J'ai dessiné une marque sur le mur pour indiquer l'endroit où l'on enfoncera le clou.* **2.** Signe, preuve : *Je te remercie vivement de cette marque d'amitié.* — SYN. témoignage. **3.** Nom ou signe propre à un fabricant : *Cite-moi trois ou quatre marques connues d'automobiles.* ● *La marque de fabrique.* **4.** Nombre de points ou de buts marqués. — SYN. score.

marquer, v. ♦ **1.** Signaler par une marque : *J'ai marqué d'une croix les noms des villes importantes, sur la liste.* ● Inscrire une marque, une indication : *La commerçante a marqué le prix sur la boîte.* **2.** Indiquer, signaler, être le signe de quelque chose : *L'apparition des feuilles sur les arbres marque le début du printemps.* **3.** Constituer un caractère propre à une époque, etc. : *A ton avis, quels sont les événements qui ont marqué les dix dernières années?* ● Faire une forte impression, laisser un souvenir important et durable : *Ces événements tragiques ont marqué l'âme de ces enfants.* **4.** Laisser des traces de fatigue, de vieillissement, sur le visage : *Les années et les épreuves ont marqué le visage du vieil homme.* **5.** *Marquer le pas :* piétiner en cadence, avant de se mettre à marcher au pas, de manière à ne pas perdre la cadence. ● *Marquer le pas :* ne pas progresser. **6.** Au football, au basket, etc., surveiller de près un adversaire pour pouvoir intervenir vite : *Marque bien l'ailier gauche adverse : il est dangereux.* **7.** Obtenir un point, un but, etc. : *Nous avons marqué douze points.*

marqueur, euse, n. ♦ Joueur, joueuse qui marque des points ou des buts dans un jeu.

marqueur, n. m. ♦ Crayon rempli d'une encre de couleur avec une pointe en feutre.

marquis, n. m. ♦ Celui qui a un titre de noblesse (titre de marquis), traditionnellement considéré comme supérieur à celui de comte.

marquise, n. f. ♦ **1.** Épouse d'un marquis. **2.** Auvent, abri vitré, soutenu par une charpente en fer et placé au-dessus d'une porte.

marraine, n. f. ♦ Femme qui, le jour du baptême, a tenu un enfant sur les fonts baptismaux et s'est engagée à veiller sur son éducation. — REGARDER *filleul, parrain.*

marron, n. m. *ou* adj. inv. ♦ **1.** Châtaigne. ● *Des marrons glacés :* confiserie faite de marrons confits dans du sucre. **2.** Fruit, non comestible, du marronnier. — REM. On dit aussi : *marron d'Inde.* **3.** De couleur brune : *Je vais mettre mes bottes marron.* ● *Le marron :* la couleur brune.

marronnier, n. m. ♦ Bel arbre d'ornement, dont le fruit est le marron d'Inde. — REM. On dit aussi *marronnier d'Inde.*

mars, n. m. ♦ Mois de l'année, de 31 jours, qui vient après février et avant avril.

marsouin, n. m. ♦ Mammifère marin qui ressemble au dauphin, mais qui est plus petit.

marteau, n. m. ♦ **1.** Outil à tête d'acier et à manche de bois, qui sert à enfoncer les clous, à frapper. **2.** Objet, constitué par une boule métallique reliée à une poignée par un fil, que l'on doit lancer le plus loin possible (exercice athlétique). ● Épreuve sportive constituée par le lancer du marteau.

marteau-piqueur, n. m. ♦ Machine-outil à air comprimé, munie d'une grosse tige pointue en acier, qui sert à défoncer le sol dur, à casser les pierres, le ciment. — PLUR. *des marteaux-piqueurs.*

martèlement, n. m. ♦ Succession de coups, de bruits, semblables au bruit du marteau qui cogne.

marteler, v. (conjugaison 10) ♦ **1.** Travailler avec le marteau : *Le forgeron martèle le fer sur l'enclume.* **2.** Frapper par une série de coups cadencés : *Les bottes des soldats martelaient les pavés de la cour.*

martial, ale, aux [maʀsjal, al, o], adj. ♦ Qui a le caractère énergique et fier qui convient à un militaire : *Notre déléguée de classe marche à grands pas, d'une allure martiale !* **2.** *Les arts martiaux :* le judo, le karaté, etc.

martien, tienne [maʀsjɛ̃, maʀsjɛn], n. ♦ *Les Martiens :* habitants imaginaires de la planète Mars.

1. martinet, n. m. ♦ Oiseau qui ressemble beaucoup à l'hirondelle.

2. martinet, n. m. ♦ Fouet à plusieurs lanières.

martyr, yre, n. ♦ **1.** Personne qui a souffert ou qui est morte pour sa religion ou pour ses idées. **2.** *Enfant martyr :* enfant cruellement maltraité par ses parents.

martyre, n. m. ♦ **1.** Souffrances et mort d'un martyr. **2.** Grandes souffrances. ● *Souffrir le martyre :* souffrir beaucoup.

martyriser, v. ♦ Maltraiter cruellement, faire beaucoup souffrir : *Ce pauvre chien a été martyrisé.*

mas [ma] ou [mas], n. m. ♦ Ferme, maison rurale, en Provence.

mascarade, n. f. ♦ Divertissement dont les participants portent des masques ou des vêtements excentriques.

mascotte, n. f. ♦ Animal ou objet porte-bonheur.

masculin, ine, adj. *ou* n. m. ♦ **1.** *Sexe masculin :* le sexe auquel appartiennent les garçons et les hommes. — CONTR. féminin. ● Propre aux garçons, aux hommes : *Cette exploratrice portait des vêtements masculins.* — CONTR. féminin. **2.** *Genre masculin :* genre grammatical auquel appartiennent les noms devant lesquels on met *le* ou *un*. ● *Le masculin :* le genre masculin.

maskinongé, n. m. ♦ Poisson d'eau douce, semblable à un brochet.

masochiste, n. *ou* adj. ♦ Personne qui aime souffrir. Qui recherche la souffrance.

masque, n. m. ♦ Objet qu'on se met sur le visage, soit pour se déguiser, soit pour se protéger la figure ou pour respirer dans des conditions particulières. ● *Un masque à oxygène.* ● *Un masque de plongée.*

masqué, ée, adj. ♦ Qui porte un masque ou un objet qui dissimule le visage.

masquer, v. ♦ **1.** Cacher : *Un rideau de peupliers masque les murs gris de l'usine.* **2.** Dissimuler : *Il ne faut pas masquer ta satisfaction, tu as raison d'être content.* **3.** *Se masquer :* se mettre un masque ou un objet qui dissimule le visage.

massacre, n. m. ♦ Action de massacrer.

massacrer, v. ♦ Tuer en grand nombre : *Tous les ans des braconniers massacrent des animaux sauvages.*

massage, n. m. ♦ Action de masser. — REGARDER *masser 2.*

1. masse, n. f. ♦ **1.** Grosse quantité : *Soudain, une masse de boue dévala le long de la pente et vint obstruer la route.* ● *En masse :* en grand nombre. **2.** *La masse,* la plus grande partie : *La masse de la population est favorable à ces réformes.* ● *Les masses,* le peuple.

masse

2. masse, n. f. ♦ Gros marteau à long manche qui sert à enfoncer, à casser.

1. masser, v. ♦ Rassembler en masse, en grande quantité : *Le berger a massé les moutons dans la grange pour les mettre à l'abri.* — SYN. concentrer, grouper, rassembler, réunir. — CONTR. disperser, disséminer, éparpiller.

2. masser, v. ♦ Frotter, presser, manier, pétrir les muscles, pour les assouplir, les reposer, etc. : *L'athlète, épuisée, s'allongea : on vint aussitôt lui masser les jambes.*

masseur, euse, n. ♦ Celui, celle dont le métier est de pratiquer les massages.

1. massif, ive, adj. ♦ **1.** Qui se fait, qui est donné, etc., en grande quantité : *Les départs massifs des Montréalais vers le Nord ont encombré les routes.* **2.** Qui est large, épais, par rapport à sa hauteur, qui a des formes lourdes. — SYN. gros, trapu. — CONTR. élancé, élégant, fin, gracile, mince. **3.** Qui occupe toute la masse d'un objet et qui n'est pas un simple revêtement : *Cette table rustique en chêne massif est fort belle.*

2. massif, n. m. ♦ **1.** Groupe épais d'arbres : *Un massif de chênes et de hêtres nous masquait la vue.* ● Groupe épais de fleurs ou de plantes d'ornement : *Tiens, photographie donc ce beau massif de pivoines, là, au milieu de la pelouse.* — SYN. corbeille, parterre. **2.** Région montagneuse à peu près aussi large que longue. — CONTR. plaine, plateau, chaîne. **3.** Bloc de maçonnerie, de ciment, qui forme contrefort, renfort ou soubassement.

massivement, adv. ♦ En masse, en grande quantité.

massue, n. f. ♦ Arme constituée par un gros bâton à tête arrondie et très épaisse.

mastic, n. m. ♦ Pâte d'un gris jaunâtre, qui durcit à l'air et qui sert notamment à boucher les fentes, à garnir le bord des vitres.

1. mastiquer, v. ♦ Bien mâcher : *J'ai mal aux molaires, j'ai du mal à mastiquer.*

2. mastiquer, v. ♦ Boucher ou joindre avec du mastic : *Tu devrais mastiquer les fentes de la porte pour empêcher l'air froid de pénétrer dans la pièce.*

mastodonte, n. m. ♦ **1.** Très gros éléphant préhistorique. — REGARDER *mammouth.* **2.** Chose énorme : *Ce camion de trente-cinq tonnes est un vrai mastodonte !*

masure, n. f. ♦ Maison vieille, inconfortable, en mauvais état.

mat, mate [mat, mat], adj. ♦ **1.** Qui n'est pas brillant : *Pour la cuisine, une peinture blanche, laquée et brillante ; pour ma chambre, une peinture gris-bleu, mate.* **2. Teint mat, peau mate,** d'une couleur légèrement foncée. **3.** Peu éclatant, sourd : *La poire trop mûre s'écrasa au sol avec un bruit mat.*

mât, n. m. ♦ **1.** Haut poteau qui, sur un voilier, soutient les vergues, lesquelles supportent les voiles. ● Haut poteau métallique qui, sur un navire à moteur, porte les antennes, les projecteurs, etc. ● *Mât de charge :* sur un cargo, mât qui, par un système de bras articulés, de câbles et de palans, sert de grue pour le chargement ou le déchargement des marchandises. **2.** Haut poteau planté en terre et servant à divers usages.

match, n. m. ♦ Épreuve sportive qui oppose deux adversaires, deux équipes. — SYN. rencontre. — PLUR. *des matchs* ou *des matches.*

matelas, n. m. ♦ Sorte de grand coussin rectangulaire que l'on met sur le sommier d'un lit et qui est recouvert par le drap de dessous. ● *Matelas pneumatique :* grand coussin, en caoutchouc, qui se gonfle d'air et qu'on utilise pour dormir en camping.

matelot, n. m. ♦ Homme d'équipage, marin. Le féminin est *une matelot.*

mater, v. ♦ Contraindre à obéir : *Pas facile de mater un cheval sauvage !* — SYN. dompter, dresser. ● Écraser, réprimer : *Il fut difficile de mater la révolte.*

matériaux, n. m. pl. ♦ Matières (pierres, briques, ciment, bois, fer, etc.) qui servent à construire : *Les matériaux de construction s'entassent sur le chantier.* — REM. On rencontre parfois le singulier *un matériau : Le marbre est un matériau plus noble et plus beau que le béton.*

matériel, elle, adj. *ou* n. m. ♦ **1.** Qui concerne la matière et non l'esprit, qui consiste en argent ou en biens et qui ne touche pas aux idées, aux sentiments : *Cet emploi comporte bien des avantages matériels.* — CONTR. spirituel. **2.** Qui concerne les choses et non les personnes. ● *Des dégâts matériels.* **3.** *Le matériel,* les outils, les appareils, les machines, l'équipement : *Cet agriculteur dispose d'un matériel très moderne.* ● *Le matériel roulant :* les locomotives, les wagons de chemin de fer.

maternel, elle, adj. *ou* n. f. ♦ **1.** D'une mère : *C'est le sentiment maternel qui a poussé cette femme à adopter un enfant.* — REGARDER filial, paternel. **2.** *La langue maternelle :* la langue qu'on a apprise sans étude, quand on était un tout petit enfant. — CONTR. langue étrangère. **3.** Qualifie une personne avec qui on a un lien de parenté du côté de la mère. ● *Mes grands-parents maternels :* le père et la mère de ma mère. — REGARDER paternel. **4.** *L'école maternelle* ou *la maternelle :* école où l'on reçoit les petits enfants, avant l'âge de six ans. — SYN. jardin d'enfants.

maternité, n. f. ♦ **1.** Condition de mère : *Ma tante est épanouie par la maternité.* — REGARDER paternité. **2.** Service d'un hôpital ou clinique où les femmes vont mettre au monde leur enfant.

mathématicien, ienne, n. ♦ Personne qui fait des recherches et des découvertes en mathématiques.

mathématique, adj. *ou* n. f. ♦ **1.** Qui est du domaine des mathématiques : *Par des*

méthodes mathématiques, on peut calculer la trajectoire des satellites. **2.** Qui a la rigueur et la précision propres aux mathématiques : *Je veux que tout se déroule avec une rigueur mathématique.* **3.** *Les mathématiques :* le calcul, l'arithmétique, l'algèbre, la géométrie. — REM. On dit quelquefois *la mathématique.* On dit familièrement *les maths.*

matière, n. f. ♦ **1.** *La matière,* ce qui peut être perçu par les sens (vue, ouïe, toucher, odorat, goût) : *En classe de philosophie, tu étudieras les rapports entre l'esprit et la matière.* **2.** *Une matière,* une substance solide, liquide ou gazeuse : *Le fer est une matière opaque, dure et malléable ; le verre est une matière transparente, dure et cassante.* ● *Matière première :* substance avec laquelle on fabrique des produits, des objets. **3.** Ce dont on parle dans un livre, dans un cours : *Quelle est la matière de ce livre ?* ● *Mon frère préfère les matières littéraires :* français, latin, anglais et histoire. ● *Entrée en matière :* ce qu'on dit d'abord, avant de traiter le sujet lui-même. — SYN. introduction. ● *Table des matières :* à la fin d'un livre, liste des chapitres et des sujets traités, avec renvois au numéro de la page correspondante.

matin, n. m. ♦ La première partie de la journée, après le lever du soleil. ● Partie de la journée comprise entre le lever du soleil et midi. — SYN. matinée. — CONTR. soir, soirée, après-midi. ● *Du matin,* indique les heures de 0 heure à midi : *A quatre heures, à cinq heures du matin.* — CONTR. du soir. ● *De bon matin :* très tôt.

matinal, ale, aux, adj. ♦ **1.** Du matin : *La fraîcheur matinale obligea Bernard à prendre un chandail.* **2.** Qui se lève tôt : *Six heures du matin, et tu es déjà levée ! Tu es bien matinale !*

matinée, n. f. ♦ **1.** Partie de la journée entre le lever du soleil et midi. — SYN. matin. — CONTR. soir, soirée, après-midi. ● *Faire la grasse matinée :* rester tard au lit. **2.** Séance de spectacle qui a lieu dans l'après-midi.

matois

matois, oise, adj. ♦ Rusé, malin. — SYN. fin, madré. — CONTR. benêt, naïf, niais, nigaud.

matraque, n. f. ♦ Bâton ou objet analogue qui sert à frapper, à assommer.

matraquer, v. ♦ **1.** Frapper, assommer avec une matraque. **2.** Agir avec force et massivement : *La propagande et la publicité matraquent le public.*

matrone, n. f. ♦ A Rome, dans l'Antiquité, mère de famille de condition libre. De nos jours, grosse femme d'un certain âge.

maturité, n. f. ♦ **1.** État d'un fruit, d'un épi mûr : *On cueille les bananes avant qu'elles ne soient parvenues à maturité.* **2.** Aptitude à se conduire raisonnablement : *Antoine n'a que dix ans, mais il a déjà beaucoup de maturité.*

maudire, v. (conjugaison 25, comme *finir,* mais l'infinitif est *maudire* et le participe *maudit, ite*) ♦ **1.** Souhaiter du mal à quelqu'un, appeler sur une personne la colère divine : *La sorcière avait maudit la petite princesse.* — CONTR. bénir. **2.** Être furieux contre quelque chose : *Bertrand, exaspéré, maudissait cette panne qui l'immobilisait sur la route.* — CONTR. bénir.

maugréer, v. (conjugaison 19) ♦ Grogner, protester, ronchonner : *Le père Marcelin était un vieux grognon, qui passait son temps à maugréer.* — SYN. marmonner.

maussade, adj. ♦ **1.** Triste et grognon. — SYN. morose, triste. — CONTR. gai, rieur, souriant. **2.** *Temps maussade,* couvert, gris, pluvieux et triste.

mauvais, aise, adj. *ou* adv. ♦ **1.** Qui n'est pas bon (aux divers sens du mot) : *Ce yaourt est mauvais, il doit être périmé.* — SYN. détestable. — CONTR. bon, délicieux, excellent, exquis. ● *J'ai lu son dernier roman : il est vraiment mauvais.* — SYN. médiocre. — CONTR. bon, excellent, remarquable. ● *Tu es vraiment mauvais en français.* — SYN. faible. — CONTR. bon, fort.

● *Pouah ! Quelle mauvaise odeur !* — SYN. abominable, épouvantable, exécrable, horrible, infect. ● *Sentir mauvais.* ● *Ne sors pas en bateau aujourd'hui, la mer est mauvaise* (= agitée, avec de grosses vagues). ● *Il fait mauvais :* il y a de la pluie, du vent, etc. — CONTR. il fait beau. ● *Le temps est mauvais.* **2.** Méchant : *Ne prends pas cet air mauvais : je ne t'ai pas fait de mal !*

mauve, adj. *ou* n. m. ♦ **1.** D'une couleur violet clair : *Ces pensées mauves sont bien jolies.* **2.** *Le mauve :* la couleur violet clair.

mauviette, n. f. ♦ Personne petite, maigre, sans force, peu robuste. — SYN. gringalet. — CONTR. athlète, gaillard, hercule.

maxillaire [maksilɛʀ], n. m. ♦ Os de la mâchoire. ● *Maxillaire supérieur.* ● *Maxillaire inférieur.*

maximal, ale, aux, adj. ♦ Le plus grand possible. — CONTR. minimal.

maxime, n. f. ♦ Formule qui exprime une vérité générale, une règle de conduite : *Une place pour chaque chose, chaque chose à sa place : c'est la maxime de ma mère.* — SYN. adage, devise, précepte.

maximum [maksimɔm], n. m. ♦ La plus grande quantité possible : *Elle a fait le maximum de points dès la première tentative.* — CONTR. minimum. ● *Profite au maximum de ce beau temps.* — PLUR. *des maximums.*

mayonnaise, adj. *ou* n. f. ♦ *La sauce mayonnaise* ou *la mayonnaise :* sauce épaisse et froide, de couleur jaune, faite avec des jaunes d'œufs qu'on bat avec de l'huile.

mazout [mazut], n. m. ♦ Liquide combustible, épais et brun, tiré du pétrole.

me, pronom personnel. ♦ Pronom personnel de la première personne du singulier qui s'emploie comme complément d'objet, direct ou indirect : *Tu me soignes. Tu me parles. Je me peigne. Je me demande qui est*

venu. — REM. _Me_ devient _m'_ devant une voyelle ou un _h_ muet : _Cette promenade m'ennuie. Je m'habille._

méandre, n. m. ♦ Courbe accentuée d'un cours d'eau : _La rivière serpente au fond du vallon en dessinant de nombreux méandres._ — SYN. contour, courbe, détour, sinuosité.

mécanicien, ienne, n. ♦ Celui, celle qui entretient et répare les machines et les moteurs. **2.** Autrefois, celui qui conduisait une locomotive à vapeur.

mécanique, adj. _ou_ n. f. ♦ **1.** Qui marche au moyen d'un ressort, d'un mécanisme : _Noémi joue avec son train mécanique. Un jour, elle aura un train électrique._ **2.** Qui se fait au moyen de machines, et non à la main : _La fabrication mécanique des objets a permis de moderniser l'usine._ — CONTR. à la main, manuel. **3.** Que l'on fait avec la régularité automatique d'une machine : _Avec des gestes mécaniques, Valentine collait les étiquettes sur les boîtes._ **4.** _La_ **mécanique :** la science et la technique des machines et des moteurs. **5.** _Une mécanique :_ un mécanisme.

mécanisme, n. m. ♦ Ensemble de pièces qui fonctionnent ensemble : _Dans le mécanisme de l'horloge il y a une quantité étonnante de roues dentées._

méchanceté, n. f. ♦ Caractère ou attitude d'une personne méchante. — SYN. agressivité, cruauté, dureté, malveillance. — CONTR. bienveillance, bonté, gentillesse, générosité.

méchant, ante, adj. _ou_ n. ♦ Qui aime faire du mal aux autres, qui prend plaisir à leur faire de la peine. — SYN. agressif, cruel, dur, malveillant. — CONTR. bienveillant, bon, charitable, doux, gentil, généreux.

mèche, n. f. ♦ **1.** Cordon de coton ou de chanvre qui brûle en produisant une flamme éclairante (dans une bougie, une lampe à huile ou à pétrole). **2.** Tige d'acier, adaptée à une perceuse, qui, en tournant, creuse un trou. **3.** Petite touffe de cheveux.

méconnaissable, adj. ♦ Très transformé et qu'on ne peut reconnaître : _Elle a maigri, tante Véronique : elle est méconnaissable !_

méconnaître, v. (conjugaison 94) ♦ **1.** Ne pas admettre, ne pas reconnaître : _Le professeur avait méconnu la valeur de cet élève, qui, plus tard, devint un grand savant._ — SYN. ignorer, mésestimer. — CONTR. admettre, apprécier, reconnaître.

méconnu, ue, adj. ♦ Dont on ne reconnaît pas la valeur : _Les génies méconnus, cela existe encore !_

mécontent, ente, adj. _ou_ n. ♦ Qui n'est pas content. — SYN. contrarié, fâché. — CONTR. comblé, content, heureux, satisfait.

mécontentement, n. m. ♦ État d'une personne mécontente. — SYN. contrariété. — CONTR. contentement, satisfaction.

mécontenter, v. ♦ Rendre mécontent : _Tu as mécontenté tes amis, tu risques de le regretter !_ — SYN. contrarier, fâcher. — CONTR. contenter, satisfaire.

mécréant, ante, adj. _ou_ n. ♦ **1.** Qui ne croit pas au vrai Dieu, qui ne professe pas la vraie religion. **2.** _Un mécréant, une mécréante :_ une personne qui ne croit pas en Dieu, qui n'a pas de religion, qui est hostile à l'Église, aux prêtres. — SYN. athée, impie, incrédule. — REM. Ce mot est très péjoratif.

médaille, n. f. ♦ **1.** Objet de piété ou bijou qui ressemble à une pièce de monnaie : _Marinette porte au cou une médaille bénite._ **2.** Décoration métallique en forme de plaque suspendue à un ruban. **3.** Plaque ronde en métal, récompense olympique : _Nos athlètes ont obtenu des médailles aux derniers jeux Olympiques._

médaillon, n. m. ♦ **1.** Bijou, en forme de petite boîte plate, qui s'ouvre et se ferme et dans lequel on peut mettre un portrait, une mèche de cheveux. **2.** Petite tranche ronde : *En hors-d'œuvre, un médaillon de foie gras?*

médecin, n. m. ♦ Celui, celle qui a le titre de docteur en médecine et qui soigne les malades. Au féminin, on dit *une médecin* ou une *femme médecin.*

médecine, n. f. ♦ Science qui a pour objet l'étude des maladies et des moyens de les soigner et de les guérir. ● Métier de médecin : *La tante de Vincent exerce la médecine en Alberta.* ● *Faire sa médecine,* ses études de médecine.

média, n. m. ♦ *Les médias :* les journaux, la radio, la télévision.

médian, ane, adj. ♦ Qui est au milieu : *Regarde : la nervure médiane de cette feuille est beaucoup plus grosse que les autres nervures.*

médiane, n. f. ♦ Ligne qui va du sommet d'un triangle au milieu du côté opposé.

médiateur, trice, n. ♦ Personne qui cherche à créer une entente entre deux adversaires.

médical, ale, aux, adj. ♦ Qui concerne la médecine : *Aujourd'hui, nous avons tous subi un examen médical.*

médicament, n. m. ♦ Produit qu'on prend pour guérir d'une maladie. — SYN. remède.

médicinal, ale, aux, adj. ♦ *Plantes médicinales,* qui contiennent des substances servant de médicaments. — SYN. les simples.

médiéval, ale, aux, adj. ♦ Du Moyen Age : *J'aime beaucoup visiter les abbayes médiévales, romanes ou gothiques!* — REGARDER *moyenâgeux.*

médiocre, adj. *ou n.* ♦ **1.** Qui n'est pas bien grand, bien élevé : *La mère Héloïse n'avait que des ressources médiocres : une petite pension de retraite.* — SYN. faible, modeste, modique, petit. — CONTR. considérable, élevé, grand. **2.** Sans grande valeur : *Il y a trop de films médiocres à la télévision.* ● Qui n'a pas de grandes capacités : *Son fils est un garçon médiocre, sans instruction, sans ambition, sans volonté.* ● *Son fils est un médiocre.*

médire, v. (conjugaison 47, comme *dire,* sauf à la deuxième personne du pluriel : *vous médisez*) ♦ *Médire de quelqu'un,* en dire du mal. — REGARDER *calomnier.*

médisance, n. f. ♦ Action de dire du mal de quelqu'un ; paroles par lesquelles on décrit quelqu'un de façon malveillante. — REGARDER *calomnie.*

méditation, n. f. ♦ Action de méditer ; pensées profondes et attentives.

méditer, v. ♦ **1.** Réfléchir profondément et attentivement, longuement : *Méditez l'exemple de cette héroïne. Cet homme semble méditer sur des questions bien graves.* **2.** Calculer et bien préparer : *Écoutez, les amis, j'ai médité un coup extraordinaire !* — REGARDER *préméditer.*

méditerranéen, enne, adj. *ou* n. ♦ De la Méditerranée, qui est situé en bordure de la Méditerranée. ● *Les Méditerranéens* les peuples des pays méditerranéens.

méduse, n. f. ♦ Animal marin au corps mou et transparent, dont le contact peut provoquer des piqûres et des brûlures.

méduser, v. ♦ Surprendre, étonner au point de laisser immobile ou sans réaction. — SYN. pétrifier, stupéfier.

méfait, n. m. ♦ **1.** Acte blâmable de celui qui fait du mal : *La police vient d'arrêter tous ces petits voyous et a ainsi mis fin à la série de leurs méfaits.* **2.** Effet mauvais, dangereux : *L'infirmière nous a mis en garde contre les méfaits du tabac.*

mélodrame

méfiance, n. f. ♦ Attitude ou caractère d'une personne méfiante. — CONTR. confiance.

méfiant, ante, adj. ♦ Qui se tient en garde contre un danger ou un piège possible : *Ne sois pas aussi méfiant, personne ici ne te veut du mal.* — CONTR. confiant.

méfier (se), v. (conjugaison 20) ♦ Se tenir en garde contre une chose ou une personne qui peut être dangereuse, trompeuse : *Méfiez-vous des courants, si vous allez vous baigner à cet endroit.* — SYN. se défier de. — CONTR. se fier à.

mégalomane, n. *ou* adj. ♦ Qui a la folie des grandeurs.

mégarde (par), loc. adv. ♦ Sans le vouloir, par inattention. — SYN. par inadvertance. — CONTR. délibérément, exprès.

mégère, n. f. ♦ Femme méchante, toujours en colère, agressive.

mégot, n. m. ♦ Bout d'une cigarette qu'on a fumée.

meilleur, eure, adj. *ou* adv. ♦ **1.** Comparatif de supériorité de l'adjectif « bon » : *Ce café est meilleur que celui que nous avons bu l'autre jour.* — CONTR. pire. **2.** Comparatif de supériorité de l'adverbe « bon » ou de « beau » dans *il fait meilleur,* il fait un temps plus agréable. **3.** *Le meilleur,* superlatif relatif de l'adjectif « bon » : *Arnaud choisit toujours le meilleur morceau.* — REGARDER *le pire.*

mélancolie, n. f. ♦ Tristesse vague et douce, accompagnée de rêverie : *Pourquoi restes-tu plongée dans la mélancolie, Flora? Viens te distraire avec nous.* ● Caractère triste et doux : *J'aime la mélancolie des soirs d'automne.*

mélancolique, adj. ♦ Plein de mélancolie.

mélange, n. m. ♦ Ensemble de choses mélangées.

mélanger, v. (conjugaison 16) ♦ **1.** Mettre ensemble pour faire un tout : *Pour faire ta sauce, mélange bien le beurre fondu, le vin blanc et la farine.* — SYN. mêler. — CONTR. séparer. **2.** Mettre ensemble ce qui devrait être séparé : *Marie-Claude a mélangé le linge sale et le linge propre, il va falloir tout trier de nouveau.* — SYN. mêler. — CONTR. classer, trier. ● Confondre : *La prise de Louisbourg, du fort Niagara et la bataille des Plaines d'Abraham : Aurore a tout mélangé dans son devoir d'histoire!* — SYN. confondre, mêler. — CONTR. distinguer.

mélasse, n. f. ♦ Sirop épais qui est le résidu de la fabrication du sucre.

mêlée, n. f. ♦ Combat dans lequel les adversaires sont confondus dans des groupes serrés et confus : *Bien des coups d'épée furent donnés dans cette mêlée historique.* ● *Roland se jeta au plus fort de la mêlée.*

mêler, v. ♦ **1.** Mélanger : *Mêle bien la farine et le lait.* — SYN. mélanger. — CONTR. séparer. **2.** Mettre ensemble ce qui devrait être séparé : *Tu as encore mêlé tes cahiers avec les miens.* — SYN. mélanger. — CONTR. classer, trier. ● Confondre : *Les deux rivières mêlent leurs eaux dans la mer.* — SYN. mélanger. — CONTR. distinguer. **3.** *Se mêler à,* se joindre à : *En vacances, un groupe de jeunes Anglais vint se mêler à notre petite bande.* ● *Se mêler à,* participer à : *Et voici qu'à ce moment Claire vint se mêler à notre discussion.* **4.** *Se mêler de,* s'occuper de : *Ne te mêle pas de nos affaires, s'il te plaît.*

mélèze, n. m. ♦ Arbre qui pousse en haute montagne, qui ressemble au sapin, mais qui a des feuilles tombant chaque année.

mélodie, n. f. ♦ Air de musique : *Je me souviens de la mélodie de cette berceuse ancienne, mais qui m'en dira les paroles?*

mélodieux, euse, adj. ♦ Harmonieux, agréable à entendre.

mélodrame, n. m. ♦ Drame où les événements sont exagérés.

melon

1. melon, n. m. ♦ Gros fruit à écorce épaisse, à chair sucrée, juteuse et parfumée. ● *Melon d'eau :* pastèque.

2. melon, n. m. ♦ Chapeau d'homme, tout rond et rigide.

mélopée, n. f. ♦ Chant, mélodie monotone, souvent triste.

membrane, n. f. ♦ Peau mince et souple, feuille fine et souple : *Le tympan est une membrane.* ● *Une membrane de caoutchouc.*

membre, n. m. ♦ **1.** Bras, jambe, patte ou aile. ● *Les membres supérieurs :* les bras. *Les membres inférieurs :* les jambes. **2.** Celui qui fait partie d'un groupe : *Tous les membres de l'association sont convoqués à la réunion de samedi.* **3.** Élément, partie. ● *Membre de phrase :* assez long groupe de mots, étroitement unis par le sens et la syntaxe, qui font partie d'une phrase.

membrure, n. f. ♦ Charpente d'un navire.

1. même, adj. *ou* pronom. ♦ **1.** Semblable : *Les joueurs d'une équipe portent le même maillot.* — SYN. analogue, identique, semblable. — CONTR. différent. ● *Tu as une blouse grise, et moi j'ai la même.* ● *De même,* de la même manière : *Moi, je rentre. Faites de même !* **2.** Indique qu'une personne, une chose ne fait qu'une avec une autre : *Arlette et moi, nous nous connaissons bien : nous habitons le même immeuble* (= son immeuble et le mien sont un seul immeuble). **3.** Indique l'exactitude absolue (placé après le nom) : *Voici les mots mêmes dont il s'est servi.* **4.** En personne (après un pronom personnel) : *La directrice viendra elle-même donner les résultats de la tombola.* ● *Moi-même, toi-même, lui-même, elle-même, nous-mêmes, vous-même* (vouvoiement), *vous-mêmes* (plusieurs personnes), *eux-mêmes, elles-mêmes.*

2. même, adv. ♦ **1.** Aussi (indique un degré plus fort) : *Les hommes, les femmes, les vieillards, tout le monde tra-*vaillait ; même les petits enfants essayaient de se rendre utiles.* ● *Même si tu as un rhume, tu iras à l'école.* ● *Quand même,* malgré cela : *Tu as un rhume ? Tu iras à l'école quand même !* — REM. On dit aussi, dans le même sens, *tout de même.* **2.** Exactement : « *C'est ici même que je construirai mon chalet* », dit Jean, en frappant le sol du pied. **3.** *A même,* directement, sans chose interposée : *Pendant cette randonnée, nous allons coucher à même le sol.* **4.** *Être à même de,* pouvoir : *Je regrette, ma chère, mais je ne suis pas à même de vous aider.* — SYN. être en état, en mesure de.

mémento [memɛ̃to], n. m. ♦ **1.** Agenda : *Note donc le rendez-vous sur ton mémento.* **2.** Aide-mémoire : *Prête-moi ton mémento de géométrie.*

mémérage, n. m. ♦ Bavardage, commérage. — REM. Ce mot est familier.

mémère, n. f. ♦ Bavard. Commère. — REM. Ce mot est familier.

1. mémoire, n. f. ♦ **1.** Aptitude à se souvenir : *Thérèse a une excellente mémoire : elle retient des dizaines de numéros de téléphone.* ● *Avoir la mémoire courte :* avoir oublié une chose dont on devrait se souvenir. **2.** *En mémoire de,* pour rappeler le souvenir de : *On célèbre Noël en mémoire de Jésus.* ● *On a élevé ce monument à la mémoire de Jeanne Mance, fondatrice du premier hôpital de Montréal.* **3.** Dans un ordinateur, dispositif qui garde en réserve les informations et peut les restituer quand on en a besoin. ● *Carte à mémoire :* carte dotée d'un microprocesseur et dont on se sert pour régler ses achats.

2. mémoire, n. m. ♦ **1.** Facture d'un fournisseur. **2.** Texte qu'on rédige et qu'on remet, au sujet d'une question qu'on a étudiée : *Le vieux savant avait écrit un mémoire sur la vie des Amérindiens.*

3. Mémoires, n. m. pl. ♦ Livre qu'une personne écrit pour raconter ses souvenirs sur les événements auxquels elle a été mêlée.

mémorable, adj. ♦ Dont on doit se souvenir ; qui est bien resté dans la mémoire.

mémorial, aux, n. m. ♦ Monument élevé pour rappeler le souvenir d'un événement.

menaçant, ante, adj. ♦ **1.** Qui exprime la menace : *Le chien avait un air menaçant : j'ai fait un détour !* **2.** Qui menace de se produire : *L'orage menaçant nous fit hâter le pas.*

menace, n. f. ♦ **1.** Parole ou geste par lequel on menace quelqu'un. **2.** Risque grave : *En cas de menace de guerre, la population des villes sera évacuée vers les campagnes.*

menacer, v. (conjugaison 17) ♦ **1.** Dire ou faire comprendre qu'on fera du mal à quelqu'un : *Si quelqu'un te menace, ne te laisse pas intimider.* **2.** Risquer de se produire : *On entend des grondements de tonnerre. L'orage menace.*

ménage, n. m. ♦ **1.** Ensemble des travaux qui servent à entretenir l'intérieur d'une maison : *Chaque semaine, notre voisin s'occupe lui-même de son ménage.* ● *Faire le ménage :* balayer, épousseter, passer l'aspirateur, etc. ● *Femme de ménage :* femme dont le métier est de *faire des ménages,* c'est-à-dire de faire le ménage, la vaisselle, etc., chez les autres, en étant payée tant par heure. **2.** Ensemble formé par un homme et une femme vivant ensemble : *Un ménage sans enfants occupe le petit logement d'à côté.* — SYN. couple. ● *Scène de ménage :* dispute entre le mari et la femme. ● *Faire bon (mauvais) ménage :* bien (mal) s'entendre.

ménagement, n. m. ♦ Précautions, égards, dans la manière de parler à quelqu'un, de le traiter : *Use de ménagements pour annoncer cette nouvelle à ta tante.* ● *Sans ménagement :* avec brutalité.

1. ménager, v. (conjugaison 16) ♦ **1.** Traiter avec précaution, avec des égards :

Ménage bien ton livre, car il doit durer toute l'année. — CONTR. malmener. ● *Ménage cet enfant, il est très sensible.* **2.** Économiser, dépenser ou employer en petite quantité : *Ménage tes forces, il y a encore beaucoup de travail à faire !* ● *Se ménager :* bien prendre soin de sa santé, ne pas abuser de ses forces. **3.** Préparer, amener de manière habile, progressive, arranger : *Je t'ai ménagé un rendez-vous avec mon amie, qui pourra t'aider.* **5.** Installer, faire, percer : *On pourrait ménager une ouverture d'aération, ici, dans le mur.* — SYN. pratiquer.

2. ménager, ère, adj. ♦ Qui concerne le ménage, l'intérieur de la maison. ● *Les arts ménagers :* les techniques qui rendent plus faciles les travaux domestiques. ● *Les travaux ménagers :* faire le ménage, la cuisine, laver la vaisselle, le linge, etc.

ménagère, n. f. ♦ **1.** Femme qui s'occupe de sa maison, de son intérieur, qui se consacre aux tâches ménagères. **2.** Service de couverts rangés dans une boîte, un coffret.

ménagerie, n. f. ♦ **1.** Endroit où l'on garde des animaux sauvages en captivité. **2.** Ensemble des animaux qu'on garde dans une ménagerie.

mendiant, ante, n. *ou* adj. ♦ **1.** Personne qui mendie. **2.** *Les ordres mendiants :* autrefois, désignait quatre ordres religieux, les Dominicains, les Franciscains, les Augustins et les Carmes.

mendicité, n. f. ♦ **1.** Action de mendier. **2.** Condition de mendiant : *Ruiné, l'ancien artiste fut réduit à la mendicité.*

mendier, v. (conjugaison 20) ♦ Demander la charité, l'aumône.

menées, n. f. pl. ♦ Intrigues, manœuvres secrètes. — SYN. agissements, complot, conjuration, conspiration, machination.

mener, v. (conjugaison 12) ♦ **1.** Conduire, emmener : *Je vais te mener chez le médecin : tu maigris et tu tousses.* ● *Cet*

autobus va vous mener directement à la gare.
● *Ce chemin mène au vieux moulin.* ● *Cela ne mène à rien,* n'aboutit à aucun résultat. ● *Cela peut vous mener loin,* avoir pour vous des conséquences importantes et fâcheuses. **2.** Conduire en tant que chef : *Gilbert, fier comme un colonel, menait ses camarades à la bataille de boules de neige.* ● Commander, diriger : *Notre professeur est énergique et bon pédagogue : il mène très bien sa classe.* ● *Mener à bien :* accomplir jusqu'au bout, finir, en exécutant correctement. **3.** Être en tête (dans une course). ● Avoir l'avantage : *Après vingt minutes de jeu, notre équipe menait par 4 à 1.*

ménestrel, n. m. ♦ Au Moyen Age, chanteur et musicien qui allait de château en château, de ville en ville, en interprétant des œuvres composées par d'autres.

ménétrier, n. m. ♦ Autrefois, dans les campagnes, violoniste qui jouait dans les bals, dans les noces.

meneur, euse, n. ♦ Personne qui est à la tête d'un groupe, qui le dirige. ● *Meneur de jeu :* celui qui anime un jeu, une activité. ● *Meneur d'hommes :* celui qui sait commander, qui sait entraîner les hommes, les foules.

menhir, n. m. ♦ Monument préhistorique constitué par une grande pierre verticale. — REGARDER *dolmen.*

méninge, n. f. ♦ Chacune des membranes qui enveloppent le cerveau et la moelle épinière. ● *Se creuser les méninges, se fatiguer les méninges :* réfléchir, se creuser le cerveau.

méningite, n. f. ♦ Maladie des méninges.

menotte, n. f. ♦ Petite main d'enfant.

menottes, n. f. pl. ♦ Anneaux d'acier, reliés par une chaîne, qu'on passe aux poignets des personnes arrêtées, pour les empêcher de frapper, de s'enfuir.

mensonge, n. m. ♦ Parole, affirmation contraire à la vérité, que l'on dit ou que l'on écrit en sachant qu'elle est contraire à la vérité.

mensonger, ère, adj. ♦ Qui constitue ou qui contient un mensonge. — CONTR. véridique.

menstruation, n. f. ♦ Écoulement de sang qui se produit une fois par mois chez la femme.

mensualité, n. f. ♦ Somme que l'on paie chaque mois, en règlement d'un achat à crédit, d'une dette, des impôts.

mensuel, elle, adj. ♦ Qui se fait, qui est payé, qui paraît chaque mois : *Salaire mensuel.* ● *Une revue mensuelle.*

mensuration, n. f. ♦ *Les mensurations :* le tour de poitrine, le tour de taille, le tour de hanches, etc.

mental, ale, aux, adj. ♦ Qui concerne l'esprit. ● *Calcul mental,* que l'on fait « de tête », sans écrire. ● *Maladie mentale :* folie. ● *Malade mental :* fou.

mentalement, adv. ♦ Dans sa tête, sans parler et sans écrire.

mentalité, n. f. ♦ Ensemble d'idées, manière de penser ou de sentir propre à une population, à un groupe social, à un individu : *L'étude de l'évolution des mentalités permet de mieux connaître un pays.*

menterie, n. f. ♦ Mensonge. ● *Conter des menteries :* raconter des mensonges.

menteur, euse, adj. *ou* n. ♦ Qui ment, qui a l'habitude de mentir. — CONTR. franc.

menthe, n. f. ♦ **1.** Plante aux feuilles très odorantes. ● *Le thé à la menthe.* **2.** Substance extraite des feuilles de menthe, qui sert à parfumer les sirops, les bonbons, les sucettes, etc. **3.** Sirop de menthe : *Pour Véronique, une menthe à l'eau; pour moi, une grenadine.*

merci

menthol [mɑ̃tɔl] ou [mɛ̃tɔl], n. m. ◆ Substance extraite de la menthe.

mention, n. f. ◆ **1.** *Faire mention d'une personne ou d'une chose,* en parler. **2.** Appréciation portée sur un candidat reçu : *Ma cousine a été reçue à son examen avec mention « très bien ».*

mentionner, v. ◆ Indiquer, parler de : *Je n'ai pas cru bon de mentionner cet incident mineur dans mon rapport.*

mentir, v. (conjugaison 42) ◆ Dire ou écrire une chose fausse, en sachant qu'elle est fausse.

menton, n. m. ◆ Partie du visage constituée par l'avant de la mâchoire inférieure, sous la bouche.

1. menu, ue, adj. *ou* adv. *ou* n. m. ◆ **1.** Tout petit : *De menus fragments de verre, gros comme des grains de semoule, brillaient au soleil.* — SYN. minuscule, petit. — CONTR. énorme, gros. ● Petit de taille et mince : *Tu connais Gina?* C'est une gamine brune, toute menue, pas plus grande et pas plus grosse que ma petite sœur.* — SYN. fluet, mince, petit. — CONTR. corpulent, fort, grand, gros, gras. **2.** *Couper, hacher menu,* en très fins morceaux : *Tu prends comme farce des herbes hachées menu.* — REM. Dans cet emploi *menu* est invariable. **3. Par le menu,** en détail : *Alors, Barbara, raconte-nous par le menu ce qui t'est arrivé.*

2. menu, n. m. ◆ Liste des plats qui composent le repas.

menuiserie, n. f. ◆ **1.** Travail, métier de menuisier. **2.** Ouvrage en bois fait par le menuisier : *Il faut refaire toute la menuiserie de la maison : portes, fenêtres, volets, parquets.*

menuisier, ière, n. ◆ Celui, celle dont le métier est de faire les meubles, et aussi les portes, les fenêtres, les volets, les parquets. — REGARDER *ébéniste.*

méprendre (se), v. (conjugaison 82) ◆ Se tromper, commettre une erreur d'interprétation ou d'évaluation.

mépris, n. m. ◆ **1.** Sentiment et attitude de celui qui considère quelqu'un comme une personne inférieure, sans valeur. — SYN. dédain. — CONTR. admiration, estime, respect. **2.** *Au mépris de,* sans tenir compte de : *Au mépris du risque, les pompiers s'enfoncent dans les flammes pour sauver des enfants.*

méprisable, adj. ◆ Qui mérite d'être méprisé. — CONTR. admirable, estimable, respectable.

méprisant, ante, adj. ◆ Qui éprouve du mépris, qui fait sentir son mépris. — SYN. dédaigneux. — CONTR. admiratif, respectueux. ● Qui exprime le mépris : *Pourquoi prends-tu cet air méprisant?*

méprise, n. f. ◆ Erreur.

mépriser, v. ◆ **1.** Considérer une personne comme inférieure, une chose comme dépourvue de valeur : *Michel méprise l'argent.* — CONTR. admirer, estimer, respecter. ● *Il ne faut pas mépriser les diplômes, c'est souvent utile.* — SYN. dédaigner. **2.** Ne pas tenir compte d'une chose, ne pas en avoir peur : *L'acrobate, méprisant le danger, travaille sans filet.*

mer, n. f. ◆ **1.** Vaste étendue d'eau salée à la surface de la Terre. **2.** Partie de cette étendue, plus petite qu'un océan. ● *La mer Méditerranée. La mer du Nord. La mer Baltique.* **3.** Le bord de mer : *Préfères-tu la mer ou la montagne, pour les vacances?*

mercenaire, n. m. ◆ Soldat payé pour combattre pour un pays qui n'est pas le sien.

mercerie, n. f. ◆ **1.** Marchandise vendue par le mercier (fil, boutons, rubans, etc.). **2.** Magasin du mercier.

1. merci, n. f. ◆ *Être à la merci de quelqu'un,* dépendre entièrement de lui : *Un*

merci

animal captif est à la merci de son gardien.
● **Sans merci**, acharné : *Les deux bandes se livrèrent une bataille sans merci.*

2. merci, n. m. ♦ **1.** Sert à remercier : *Encore une fois, merci de votre aide si précieuse.* ● Remerciement : *Un grand merci ! Votre cadeau est splendide !* **2.** Sert à exprimer un refus poli : *Non, merci, je ne bois jamais d'alcool.*

mercier, ière, n. ♦ Commerçant, commerçante qui vend du fil, des aiguilles, des boutons, des rubans, etc.

mercredi, n. m. ♦ Jour qui vient après le mardi et avant le jeudi.

mercure, n. m. ♦ Métal blanc, brillant comme l'argent, qui est liquide à la température habituelle et qui est employé notamment dans les thermomètres médicaux. — SYN. vif-argent.

mère, n. f. ♦ **1.** Femme qui a mis au monde un enfant, ou qui l'a adopté (*mère adoptive*). **2.** Appellation familière appliquée à une femme âgée, peu distinguée, de condition modeste : *C'est la mère Michel qui a perdu son chat...* **3.** Femelle qui a des petits : *La mère apporte la nourriture aux oisillons qui sont au nid.* ● *Une mère chatte.* ● *Une mère poule.*

méridien, n. m. ♦ Chacune des lignes imaginaires qui joignent le pôle Nord au pôle Sud. ● *Le méridien d'origine* (longitude 0) *est le méridien de Greenwich.* — REGARDER *latitude, longitude, parallèle.*

méridional, ale, aux, adj. *ou* n. ♦ Qui est situé au midi, au sud. — CONTR. septentrional.

meringue, n. f. ♦ Gâteau blanc et léger, fait de blancs d'œufs battus et sucrés, cuits au four.

mérinos [merinos], n. m. ♦ **1.** Mouton à la laine épaisse, très estimée. **2.** Étoffe faite avec la laine de ce mouton.

merise, n. f. ♦ Cerise sauvage, aigre.

merisier, n. m. ♦ **1.** Cerisier sauvage, qui donne la merise. **2.** Bois de cet arbre.

méritant, ante, adj. ♦ Qui a du mérite.

mérite, n. m. ♦ Conduite et ensemble de qualités qui font qu'une personne est digne d'être estimée et récompensée.

mériter, v. ♦ Devoir être récompensé ou puni : *Anne travaille bien en classe : elle mérite des compliments. Ce joueur a commis une faute, il a mérité d'être pénalisé.*

méritoire, adj. ♦ Digne de récompense et d'estime : *Tu as rapporté le porte-monnaie que tu as trouvé : c'est un acte méritoire.*

merlan, n. m. ♦ Poisson de mer à chair maigre et légère.

merle, n. m. ♦ Oiseau des villes et des campagnes, à bec jaune, à plumage noir (mâle) ou brun (femelle), qui siffle très agréablement.

merveille, n. f. ♦ **1.** Chose très belle, extraordinaire : *La façade de ce palais de marbre blanc est une merveille.* ● *Une merveille d'architecture.* ● Action brillante, extraordinaire : *Josette a fait des merveilles d'ingéniosité pour décorer la salle des fêtes.* — SYN. exploit. **2.** *Faire merveille :* très bien fonctionner, très bien marcher, très bien réussir. ● *A merveille :* très bien.

merveilleux, euse, adj. ♦ Très beau et très extraordinaire. — SYN. admirable, éblouissant, enchanteur, fabuleux, fantastique, féerique, magique, magnifique, prodigieux, radieux, ravissant, splendide, sublime, superbe. — CONTR. abominable, affreux, atroce, dégoûtant, déplaisant, effrayant, effroyable, hideux, horrible, laid, monstrueux, repoussant.

mes, adj. possessif. ♦ Pluriel de *mon* et de *ma* : *Voici mes livres. Voici mes cravates.*

Le sport automobile

Trois exemples de compétitions :

1. **La formule 1:** les courses (grands prix) se déroulent sur circuit fermé et sont réservées à des bolides monoplaces.

2 et 3. **Les courses d'endurance** (24 Heures du Mans), ouvertes notamment aux «prototypes», se déroulent sur circuit fermé.

4 et 5. **Les rallyes** (sur route, piste ou circuit): l'équipage se compose du pilote et du navigateur.

6. **Dragster.**

Le Judo, art martial

Judo: forme moderne du jiu-jitsu; quelques mouvements et attitudes:
1. Prise de kimono.

2. Mouvement de hanche (uchimata).
3 et **4. Projection en cercle,** début et fin du mouvement (tomeo-nage: planchette japonaise).

5. Mouvement de hanche (o-goshi). Le combat peut se poursuivre au sol (tentatives d'immobilisations, étranglements...)

6. Jeux Olympiques de Moscou 1980. Judo: Tsend-Avish contre Mapp.

L'Escrime

L'escrimeur manie **le fleuret (1), l'épée (2)** ou **le sabre (3).**

4. L'escrimeur de gauche attaque dès le début de l'assaut qui l'oppose à son adversaire, **il se fend.**

5. L'escrimeur de droite attaque, se fend et **touche au menton.**

6. Une touche au coude.

7. Le salut à l'adversaire.

8. **Le masque** de protection.

9. **Escrimeurs.**

Neige et glace

1. **Planche des neiges** ou ski-surf.

2. **Le ski artistique** comprend trois disciplines : le ballet, les bosses et les sauts.

3. **Monoski.**

4. **Ski extrême :** ce skieur va dévaler la montagne depuis son sommet jusqu'à la vallée !

5 et 6. **La descente** est la plus rapide des compétitions de ski alpin.

7 et 8. **Figures de patinage artistique.**

Ph. © Denis Brodeur

Neige et glace

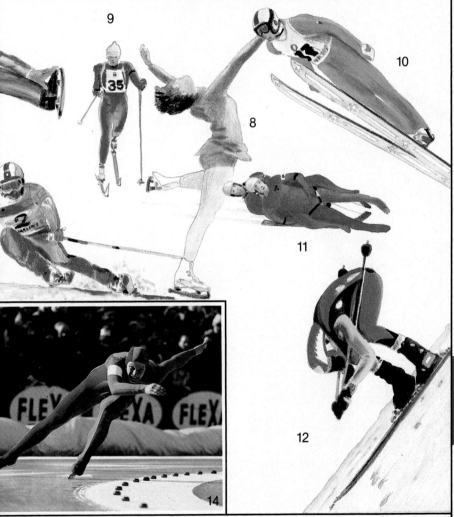

9

10

8

11

12

14

ki de fond ou ski nordi-
ue: autrefois moyen
e déplacement hiver-
al, aujourd'hui activité
portive et de loisirs.

10.Saut à skis: le style du
saut compte tout autant
que sa longueur.

11.Luge à deux.

12.Ski de vitesse: ce skieur
a pris la position de
l'œuf, celle qui offre le
moins de résistance à
l'air.

13.Hockey sur glace.

14.Patinage de vitesse.

La Voile

Des voiliers, petits et grands, conçus pour les loisirs ou la compétition, qui voguent près des côtes ou traversent les océans...

1. **Monocoque** à flotteurs latéraux (pleine mer).
2. **Pen-Duick 1,** monocoque (pleine mer).
3. **Planche de saut:** sorte de planche à voile.
4. **Dériveur léger** (près des côtes).
5. **Optimist:** petite embarcation spécialement conçue pour les enfants.

La Voile

6.**Trimaran :** bateau composé d'une coque centrale et de deux coques parallèles plus petites (pleine mer).

7.**Catamaran:** composé de deux coques accouplées. Non habitable: il ne peut donc naviguer que près des côtes.

8.**Catamaran habitable :** celui-ci peut naviguer en haute mer.

9.**Monocoque** (pleine mer).

10.**Spi.**

11.**3/4 TON CUP** à la Trinité.

Sports de l'air

1. **Ultra-léger motorisé** (U.L.M.).
2. **Planeur.**
3. **Aile libre** ou deltaplane : nommé ainsi en raison de la forme de l'aile.
4. **Un parachutiste** en chute libre.
5. Le parachutiste dirige sa chute en manœuvrant les suspentes qui agissent sur la voilure.
6. **Montgolfière** (ballon qui fonctionne à l'air chaud).
7. Figure acrobatique en plein ciel.

mésange, n. f. ♦ Petit oiseau, dont il existe plusieurs espèces.

mésaventure, n. f. ♦ Chose fâcheuse qui arrive à quelqu'un.

mesdames, n. f. pl. ♦ Pluriel de madame. — Abréviation : _M^mes._

mesdemoiselles, n. f. pl. ♦ Pluriel de mademoiselle. — Abréviation : _M^lles._

mésentente, n. f. ♦ Mauvaise entente. — SYN. brouille, désaccord, discorde, dissension, dissentiment, mésintelligence. — CONTR. accord, amitié, entente, harmonie.

mésestimer, v. ♦ Sous-estimer et ne pas apprécier à sa juste valeur : _Ne mésestime pas la distance, la route est sinueuse._ — SYN. méconnaître, mépriser, sous-estimer. — CONTR. admirer, apprécier, estimer, respecter.

mesquin, ine [mɛskɛ̃, in], adj. ♦ **1.** Qui fait preuve d'étroitesse d'esprit et de caractère : _Allons, ne sois pas mesquin : tu ne vas pas lui en vouloir toute ta vie de cette petite faute !_ — CONTR. généreux, magnanime. **2.** Qui manque de grandeur, de noblesse : _Ce tout petit château a l'air bien mesquin, comparé à ces nobles palais italiens !_ — SYN. chétif, étriqué, petit. — CONTR. ample, grand, grandiose, imposant, somptueux.

mesquinerie [mɛskinRi], n. f. ♦ **1.** Caractère mesquin. — CONTR. générosité, magnanimité. **2.** Acte d'une personne mesquine.

message, n. m. ♦ Information transmise par lettre, par téléphone, par télégraphe ou par radio : _Le navire envoya un message de détresse : S.O.S., S.O.S., S.O.S._

messager, ère, n. ♦ **1.** Celui, celle qui transmet un message. **2.** Ce qui annonce quelque chose : _Les hirondelles sont les messagères du printemps !_

messagerie, n. f. ♦ Entreprise de transport rapide de marchandises, par train, par camion, par avion ou par bateau.

messe, n. f. ♦ La principale cérémonie de la religion catholique, au cours de laquelle le prêtre consacre le pain et le vin. — REGARDER _Eucharistie._

messie, n. m. ♦ _Le messie :_ dans la Bible, libérateur promis par Dieu, qui devait venir secourir les Juifs (opprimés par divers peuples). ● _Le Messie :_ Jésus-Christ, identifié par les chrétiens au messie de l'Ancien Testament. ● _Attendre quelqu'un comme le Messie,_ avec impatience.

messieurs, n. m. pl. ♦ Pluriel de monsieur. — Abréviation : _MM._

mesure, n. f. ♦ **1.** Action de mesurer : _Le mètre pliant, la balance, le chronomètre sont des **instruments de mesure.**_ ● _Le mètre, le mètre carré, le mètre cube, la seconde, le gramme sont des **unités de mesure.**_ **2.** Récipient qui sert à mesurer une capacité : _Un litre en bois est une mesure._ ● Quantité contenue dans un tel récipient : _Le paysan devait fournir au seigneur trente mesures de blé et six mesures d'huile._ **3.** Dimension : _La menuisière vient **prendre les mesures** du placard, pour faire la porte et les étagères._ ● _Des vêtements sur mesure,_ faits par le tailleur d'après les mesures du client. — CONTR. vêtement de confection. **4.** _Dépasser la mesure :_ agir de manière excessive, sans modération. — SYN. exagérer. ● _A la mesure de,_ en rapport avec : _Donnez, donnez, car il nous faut des moyens à la mesure des détresses à secourir !_ ● _Dans la mesure où,_ autant que : _Dans la mesure où nous pouvons affirmer quelque chose à ce sujet, il apparaît qu'il y a eu un réchauffement du climat à la fin de l'Empire romain._ ● _Au fur et à mesure :_ — REGARDER _fur et à mesure._ **5.** Qualité, attitude qui consiste à se tenir éloigné des excès, des solutions extrêmes. — SYN. modération. — CONTR. démesure, excès. **6.** Rythme de la musique, cadence. ● _En mesure :_ en suivant le rythme exact de la musique, en n'allant ni plus vite ni moins vite. **7.** Décision : _Il paraît que le gouvernement va prendre des mesures pour venir en aide aux agriculteurs en difficulté._ **8.** _Être en mesure de,_ pouvoir, être capable : _Seras-tu en mesure de résoudre toutes ces questions ?_ — SYN. être en état de, être à même de.

mesuré

mesuré, ée, adj. ♦ Exempt d'excès, de violence, d'exagération déplacée : *La journaliste s'est livrée à une critique mesurée du nouveau roman de cet écrivain.* — SYN. circonspect, modéré, prudent. — CONTR. exagéré, excessif, outrancier, outré, violent.

mesurer, v. ♦ **1.** Déterminer combien de fois une grandeur contient une autre grandeur prise pour unité : *Nous avons mesuré la longueur de la salle de classe : elle est de huit mètres.* **2.** Avoir telle dimension : *Notre salle de classe mesure huit mètres de longueur, six mètres de largeur.* **3.** Modérer : *Je vous en prie, mesurez vos propos!* **4.** Évaluer, estimer : *As-tu bien mesuré l'importance de ta décision?* **5. Se mesurer à** ou **avec,** entrer en compétition avec quelqu'un, pour savoir qui est le meilleur : *Je ne veux pas me mesurer à la course avec Céline, car elle est trop forte.*

métal, aux, n. m. ♦ Substance telle que le fer, le cuivre, le plomb, l'aluminium, le zinc, etc. — REGARDER *alliage.* ● *Les métaux précieux :* l'or, l'argent, le platine.

métallique, adj. ♦ **1.** En métal. **2.** *Éclat métallique :* éclat qui rappelle celui du métal. ● *Bruit métallique :* bruit qui rappelle celui du métal qu'on frappe.

métallisé, ée, adj. ♦ *Couleur métallisée,* obtenue avec une peinture spéciale, qui donne aux objets l'éclat brillant du métal.

métallurgie, n. f. ♦ Industrie qui a pour objet la production du métal à partir du minerai, et, éventuellement, la transformation et le travail de ce métal.

métallurgique, adj. ♦ *L'industrie métallurgique :* la métallurgie.

métallurgiste, n. m. *ou* f. ♦ Ouvrier, ouvrière qui travaille dans la métallurgie.

métamorphose, n. f. ♦ **1.** Changement d'un animal, qui passe d'une forme à une autre, par exemple la métamorphose de la chenille en chrysalide, la métamorphose de la chrysalide en papillon. **2.** Grand changement.

métamorphoser, v. ♦ Changer complètement : *Deux ans de sport et de vie au grand air ont métamorphosé notre ami.*

métaphore, n. f. ♦ Figure de style qui consiste à remplacer le mot exact par un mot désignant de manière plus vive un objet qui ressemble à l'objet qu'on veut désigner. C'est le cas quand on dit « les vagues secouent leurs *crinières d'argent* », pour dire « les vagues portent une écume blanche ».

météo, n. f. *ou* adj. inv. ♦ *La météo,* abréviation usuelle de *météorologie* ou de *météorologique* : *Ne prenez pas la mer : la météo annonce de la tempête. Si vous faites de la voile, écoutez bien les bulletins météo.*

météore, n. m. ♦ Tout corps céleste qui, traversant l'atmosphère de la Terre, laisse une traînée lumineuse, visible la nuit (étoiles filantes).

météorologie, n. f. ♦ Technique de la prévision du temps qu'il fera. — Abréviation usuelle : *la météo.*

météorologique, adj. ♦ Qui concerne la météorologie ou le temps qu'il fait : *La course est supprimée, les conditions météorologiques sont défavorables : on prévoit de la neige.*

météorologiste, n. m. *ou* f. ♦ Spécialiste de la météorologie.

méthane, n. m. ♦ Gaz inodore, incolore, qui brûle ou explose quand il est mélangé à l'air.

méthanier, n. m. ♦ Navire construit pour transporter du gaz naturel.

méthode, n. f. ♦ **1.** Manière particulière de faire quelque chose : *On a trouvé une nouvelle méthode pour dessaler l'eau de mer.* — SYN. procédé, une technique. **2.** Livre qui apprend une chose de manière graduelle et ordonnée : *J'ai acheté une méthode d'anglais, je vais apprendre cette langue tout seul.* **3.** Ordre et soin qu'on apporte à l'accomplissement d'une action : *Posément,* avec méthode, Colette classa les éléments de sa maquette à construire, puis elle les assembla minutieusement. — SYN. la logique. — CONTR. désordre.

méthodique, adj. ♦ Qui agit ou qui est fait avec méthode (au sens 3) : _Lucas était un garçon méthodique : il effectua toutes les opérations posément, dans l'ordre voulu._ — CONTR. brouillon, désordonné. ● _Il faut procéder à une révision méthodique de tous ces points de grammaire._ — SYN. systématique.

méticuleux, euse, adj. ♦ Très soigneux et très attentif aux détails. — SYN. consciencieux, minutieux. — CONTR. négligent.

métier, n. m. ♦ **1.** Activité, généralement manuelle, qu'on exerce pour gagner sa vie. — REGARDER _profession._ **2.** _Du métier,_ de l'expérience professionnelle : _L'oncle Théophile est réparateur de télévision depuis vingt ans, il a donc beaucoup de métier._

métis, isse [metis, is], n. ♦ **1.** _Un métis, une métisse :_ personne dont le père et la mère ne sont pas de la même race. **2.** _Du métis :_ étoffe faite d'un mélange de fils de lin et de fils de coton. ● _Draps de métis._

métissé, ée, adj. ♦ _Population métissée,_ issue d'un mélange de deux (ou de plusieurs) races.

métrage, n. m. ♦ **1.** Longueur de tissu vendu au mètre. **2.** _Un long métrage :_ film dont la durée est supérieure à une heure. ● _Un court métrage :_ film qui dure moins de quinze minutes.

mètre, n. m. ♦ **1.** Unité de longueur (symbole m). ● _Un 100 mètres, un 400 mètres, un 800 mètres :_ course à pied, sur une longueur de 100, de 400, de 800 mètres. **2.** Objet qui sert à mesurer les longueurs : _Un mètre en ruban, c'est plus commode qu'un mètre pliant._ **3.** _Mètre carré :_ unité de surface égale à la surface d'un carré de un mètre de côté (symbole m^2). **4.** _Mètre cube :_ unité de volume égale au volume d'un cube de un mètre de côté (symbole m^3).

métrique, adj. ♦ _Système métrique :_ système d'unités de mesure dont l'unité de base est le mètre et dont les multiples ou les sous-multiples peuvent se convertir les uns dans les autres selon le système décimal.

métro, n. m. ♦ Abréviation de « chemin de fer _métropolitain_ », chemin de fer qui est installé dans une grande ville et dont les voies sont établies dans des souterrains ou sur des viaducs.

métronome, n. m. ♦ Instrument qui bat la mesure automatiquement et qui indique la cadence à suivre, quand on apprend à chanter ou à jouer d'un instrument.

métropole, n. f. ♦ **1.** Le territoire du pays, par rapport à une colonie, à un territoire d'outre-mer. **2.** La plus grande ville d'un pays ou d'une région : _Montréal est la métropole du Québec._

métropolitain, aine, adj. _ou_ n. ♦ **1.** De la métropole. ● _Le territoire métropolitain._ **2.** _Le chemin de fer métropolitain ou le métropolitain :_ REGARDER _métro._

mets [mɛ], n. m. ♦ Aliment, nourriture, plat : _La purée d'artichauts est un mets délicat._

metteur, n. m. ♦ _Metteur en scène :_ celui qui guide les acteurs et dirige la manière de représenter une pièce de théâtre ; celui qui réalise un film en dirigeant les acteurs, en choisissant les décors, etc. Le féminin est _metteure en scène._

mettre, v. (conjugaison 99) ♦ **1.** Transporter, poser et laisser à un endroit : _Tiens, mets donc les vieux cartons dans le débarras._ ● _Se mettre,_ aller, entrer : _Mets-toi à l'eau et fais les mouvements : c'est le meilleur moyen d'apprendre à nager !_ **2.** _Se mettre,_ prendre telle position : _Mets-toi à quatre pattes et regarde sous le canapé._ ● _Se mettre_

mettre

en, prendre telle tenue, tel costume : *Catherine s'est mise en tenue de gymnastique.*
● *Se mettre à,* commencer à, entreprendre de : *Xavier prit une paire de ciseaux et se mit à découper les pages du journal.* **3.** Prendre un vêtement sur son corps : *Mets un gros chandail, il fait très frais, ce soir, au bord de la mer.*

1. meuble, adj. ♦ Qui s'écrase, s'éboule facilement : *Si vous creusez une tranchée dans ce sol meuble, attention aux éboulements !* — CONTR. compact, dur, ferme.

2. meuble, n. m. ♦ Objet tel que le lit, l'armoire, la table, la chaise, le buffet, le fauteuil, etc.

meublé, ée, adj. *ou* n. m. ♦ Garni de meubles. ● *Hôtel meublé :* hôtel qui ne sert pas de repas et qui loue des chambres au mois. ● *Un meublé :* un hôtel meublé.

meubler, v. ♦ **1.** Garnir de meubles : *Ma tante m'a prêté une table et deux chaises pour meubler ma chambre.* **2.** Occuper un temps libre : *Pour meubler tes loisirs, fais tout ce que tu voudras, mais ne me dis pas que tu t'ennuies.*

meuglement, n. m. ♦ Cri du bœuf, de la vache, du veau. — SYN. beuglement, mugissement.

meugler, v. ♦ *La vache meugle,* pousse son cri. — SYN. beugler, mugir.

1. meule, n. f. ♦ **1.** Grosse roue épaisse qui, en tournant, écrase le grain, les olives, etc. ● Grosse roue en pierre très dure sur laquelle on aiguise un couteau, un outil. **2.** Grand fromage en forme de disque épais.

2. meule, n. f. ♦ Gros tas de foin, de gerbes.

meulière, adj. f. *ou* n. f. ♦ *La pierre meulière* ou *la meulière :* pierre calcaire rugueuse qui servait à faire des meules de moulin et qui sert à faire des maisons.

meunerie, n. f. ♦ Métier de meunier ; industrie de la fabrication des farines (de blé, etc.). — SYN. minoterie.

meunier, ière, n. ♦ Patron, patronne d'un moulin.

meurtre, n. m. ♦ Action de celui qui tue quelqu'un volontairement. — REGARDER *assassinat, homicide.*

meurtrier, ière, n. *ou* adj. ♦ Celui, celle qui a commis un meurtre. ● Qui provoque la mort : *Une avalanche meurtrière.*

meurtrière, n. f. ♦ Fente étroite, dans une muraille, par laquelle on peut tirer sur les assaillants.

meurtrir, v. ♦ Faire du mal à la peau : *A coups de poing répétés, le boxeur meurtrissait l'arcade sourcilière de son adversaire.* ● Endommager un fruit par un choc ou par une trop forte pression exercée sur sa peau.

meurtrissure, n. f. ♦ Marque laissée sur la peau par un coup ou un choc.

mévente, n. f. ♦ Diminution de la quantité de marchandise vendue : *C'était une mévente terrible : les stocks s'accumulaient.*

mi, n. m. ♦ Note de musique, la troisième de la gamme.

mi- ♦ Préfixe invariable qui signifie « au milieu de, à la moitié de » : *A la mi-janvier* (= vers le milieu du mois de janvier).

miaulement, n. m. ♦ Cri du chat.

miauler, v. ♦ *Le chat miaule,* pousse son cri.

mica, n. m. ♦ Substance minérale qui se présente en feuilles, parfois utilisées en guise de vitres, par exemple pour les portes de poêle.

mi-carême, n. f. ♦ Jeudi qui se trouve au milieu du carême et qui est un jour de mascarade, comme le mardi gras.

miche, n. f. ♦ Gros pain de forme ronde.

mi-chemin (à), loc. adv. ♦ A la moitié du chemin, à la moitié de la distance qui sépare deux endroits.

mi-clos, mi-closes, adj. ♦ A demi fermé : _Les yeux mi-clos, Adeline écoutait distraitement._ • _Des lèvres mi-closes._

mi-côte (à), loc. adv. ♦ Au milieu d'une côte.

1. micro, n. m. ♦ Abréviation usuelle de _microphone._ Appareil qui recueille le son pour l'amplifier au moyen d'un haut-parleur ou pour l'enregistrer ou pour le transmettre.

2. micro, n. m. ♦ Abréviation usuelle de _micro-ordinateur._

microbe, n. m. ♦ Être vivant, très petit et visible seulement au microscope, qui peut provoquer des maladies. — REGARDER _bactérie._

microbien, ienne, adj. ♦ _Maladie microbienne,_ causée par un microbe.

microfilm, n. m. ♦ Film qui reproduit, sur une surface réduite, les pages d'un livre ou de documents d'archives.

micro-onde, n. f. ♦ Onde électromagnétique de faible longueur. • _Un four à micro-ondes._

micro-ordinateur, n. m. ♦ Petit ordinateur. — SYN. micro.

microphone, n. m. ♦ REGARDER _micro,_ sens 1.

microprocesseur, n. m. ♦ Sorte de tout petit ordinateur. — SYN. puce.

microscope, n. m. ♦ Appareil qui permet de voir des choses extrêmement petites qu'on ne peut pas voir à l'œil nu, ni même avec une loupe.

microscopique, adj. ♦ Qu'on ne peut voir qu'au microscope.

midi, n. m. ♦ **1.** Milieu de la journée, 12 heures. **2.** Sud : _Ma chambre est exposée au midi._ — CONTR. nord. **3.** Région située dans la partie sud d'un pays : _Le midi de la France est connu pour son climat doux._ ♦ _Chercher midi à quatorze heures :_ chercher des complications là où il n'y en a pas, chercher inutilement.

mie, n. f. ♦ Partie molle d'un pain ou d'un gâteau, entourée par la croûte. • _Pain de mie :_ pain spécial, à mie abondante, qui sert à faire des tartines grillées et certains sandwiches.

miel, n. m. ♦ Substance comestible et sucrée produite par les abeilles.

mielleux, euse, adj. ♦ Doux en apparence, mais pas franc : _Ne te laisse surtout pas prendre à ses paroles mielleuses : cette fille n'est pas franche._ — SYN. doucereux.

mien, mienne, pronom possessif _ou_ n. m. pl. ♦ **1.** _Le mien (la mienne, les miens, les miennes),_ celui (celle, ceux, celles) qui est (qui sont) à moi : _Ces chaussettes ne t'appartiennent pas, ce sont les miennes._ **2.** _Les miens,_ ma famille : _J'irai passer la Noël chez les miens._

miette, n. f. ♦ **1.** Petit débris de pain, de gâteau. **2.** _En miettes :_ en tout petits morceaux.

mieux, adv. _ou_ n. m. ♦ **1.** Comparatif de « bien » : _Je nage bien, mais tu nages encore mieux que moi._ • _Faire mieux de,_ avoir intérêt à : _L'orage menace, nous ferions mieux de rentrer._ **2.** Superlatif relatif de « bien » : _De nous trois, c'est Antoine qui nage le mieux._ • _Pour le mieux,_ le mieux possible : *Je vais faire pour le mieux, mais je ne garantis rien.* ● *Au mieux :* dans l'hypothèse la plus favorable. ● *Être au mieux avec quelqu'un,* être avec lui en aussi bons termes qu'on peut l'être. **3.** *S'attendre à mieux :* espérer un meilleur résultat. ● *Faire de son mieux :* faire tout ce que l'on peut pour bien faire.

mièvre, adj. ♦ Joli, mais un peu fade, d'une beauté sans force et sans grandeur.

mignon, onne, adj. ♦ Petit et joli.

migraine, n. f. ♦ Violent mal de tête.

migrateur, trice, adj. *ou* n. m. ♦ *Les animaux migrateurs, les oiseaux migrateurs* ou *les migrateurs :* ceux qui passent l'été dans un pays et l'hiver dans un autre.

migration, n. f. ♦ Mouvement, déplacement en masse de gens ou d'animaux.

mijoter, v. ♦ **1.** Cuire longuement et doucement à petit feu : *Pour que ton cassoulet soit bon, fais-le mijoter.* **2.** Préparer : *Il mijote un mauvais coup.*

mil, adj. numéral. ♦ Orthographe employée parfois pour *mille* dans les dates : *En mil huit cent trente-sept.*

milan, n. m. ♦ Oiseau de proie diurne, au vol lent, mais souple, qui se nourrit de charognes, de poissons, de détritus.

milice, n. f. ♦ **1.** En France, autrefois service militaire auquel étaient astreints certains hommes. **2.** Armée auxiliaire composée de volontaires (dans certains pays). ● Nom qu'on donne aux policiers de certains pays.

milicien, ienne, n. ♦ Celui, celle qui fait partie d'une milice.

milieu, n. m. ♦ **1.** Partie centrale, point central : *Au milieu de la cour, un marronnier dresse son feuillage touffu.* — SYN. centre. — CONTR. bord, bout, côté,

extrémité, périphérie, pourtour. ● *Venez le 15 janvier, c'est-à-dire au milieu du mois.* — CONTR. commencement, début, fin. **2.** Ensemble de personnes ayant des points communs (profession, mode de vie, etc.) : *Autrefois, dans les milieux bourgeois, on avait toujours une bonne.* ● Ensemble, lieu où vit une plante, un animal : *Pour bien connaître les grands fauves, il faut les étudier dans leur milieu naturel, c'est-à-dire dans la savane ou dans la jungle.*

militaire, adj. *ou* n. m. ♦ Qui appartient à l'armée, qui concerne l'armée : *Le képi est une coiffure militaire.* ● *Le service militaire :* le temps qu'un jeune homme, dans certains pays, doit passer, comme soldat, à la caserne pour recevoir une instruction militaire. ● *Un militaire :* celui qui fait partie de l'armée (officier, sous-officier ou soldat).

militant, ante, n. ♦ Celui, celle qui participe activement à l'action d'un parti ou d'un syndicat, dont il est membre.

militer, v. ♦ Participer activement à l'action d'un parti, d'un syndicat : *Mon cousin milite dans un parti politique : tous les dimanches, il distribue des tracts.*

1. mille, adj. numéral. ♦ Nombre égal à dix fois cent : *Cette forêt s'étend sur dix mille hectares.* — REM. Le mot *mille* est toujours invariable. — Dans les dates, on écrit parfois *mil : En mil huit cent douze.* — On écrit toujours : *l'an mille.*

2. mille, n. m. ♦ *Mille (marin),* unité de distance employée en marine (1 852 m) : *Une distance de douze milles séparait les deux navires.* ● Autrefois, mesure de longueur valant environ 1 500 mètres.

millefeuille, n. m. ♦ Gâteau feuilleté garni de crème pâtissière.

millénaire, adj. *ou* n. m. ♦ **1.** Qui a au moins mille ans : *On observait, dans ces campagnes, cette tradition millénaire.* **2.** *Un millénaire :* période de mille ans.

mine

mille-pattes, n. m. inv. ♦ Petit animal, sorte d'insecte, qui a 21 paires de pattes.

millésime, n. m. ♦ Indication de l'année (pour une monnaie, un grand vin, etc.).

millet [mijɛ], n. m. ♦ **1.** Céréale à grains tout petits, encore cultivée en Afrique noire. **2.** Grain ou farine de cette céréale.

milliard, n. m. ♦ Nombre égal à mille fois un million. ● **Un milliard :** un milliard de dollars.

milliardaire, adj. _ou_ n. m. _ou_ f. ♦ Qui possède un ou plusieurs milliards de dollars.

millième, adj. numéral ordinal _ou_ n. m. ♦ **1.** Qui vient au rang n° 1 000 : _Nous allons fêter le millième membre de notre club._ **2.** _Un millième,_ chacune des parties d'un tout divisé en mille parties égales : _Quatre millions de personnes? C'est à peine le millième de la population du globe._

millier, n. m. ♦ Nombre de mille (exactement ou à peu près) : _Notre ville compte une dizaine de milliers d'habitants._

milligramme, n. m. ♦ Millième du gramme (symbole : _mg_).

millimètre, n. m. ♦ Millième du mètre (symbole : _mm_).

million, n. m. ♦ Nombre égal à mille fois mille. ● _Un million,_ un million de dollars : _La construction du musée va coûter cent millions._

millionnaire, adj. _ou_ n. m. _ou_ f. ♦ Qui possède un ou plusieurs millions de dollars.

mime, n. m. ♦ Acteur qui ne parle pas, mais exprime les choses par ses gestes et ses attitudes.

mimer, v. ♦ Imiter par ses gestes et ses attitudes : _Comme il est drôle, Gustave, quand il mime un violoniste inspiré!_

mimique, n. f. ♦ Ensemble de gestes et d'attitudes qui expriment quelque chose : _Par sa mimique, en mettant sa main sur la bouche, Caroline me fit comprendre que je devais me taire._

mimosa, n. m. ♦ Plante à fleurs jaune vif, au parfum très délicat, qui pousse dans les régions à climat très doux et qui fleurit en février.

minable, adj. ♦ Qui a mauvais aspect, qui n'a pas de valeur, de qualité.

minaret, n. m. ♦ Tour d'une mosquée, du haut de laquelle le muezzin dit, cinq fois par jour, les prières rituelles de l'islam.

mince, adj. ♦ **1.** Qui a une faible épaisseur, dont la grosseur est faible par rapport à la longueur : _Une planche mince, voilà ce qu'il nous faut pour faire le fond du tiroir._ — CONTR. épais. ● _Les tiges minces des roseaux s'élancent vers le ciel._ — SYN. délié, fin, ténu. — CONTR. épais, gros. ● _Paola est mince : elle mange pourtant tout ce dont elle a envie._ — SYN. élancé, fluet, gracile, maigre, menu, svelte. — CONTR. corpulent, épais, gras, gros, large, massif, obèse, trapu. **2.** Petit : _Nous avons gagné 1 à 0 : la victoire est mince!_ — SYN. faible, infime, médiocre, minime, modeste, modique, petit. — CONTR. considérable, élevé, fort, grand, notable.

minceur, n. f. ♦ Caractère d'une personne ou d'une chose mince.

1. mine, n. f. ♦ **1.** Aspect : _Il sortit de chez le coiffeur, la mine rajeunie._ — SYN. air, allure, aspect. ● _Faire mine de,_ faire semblant de : _Martine faisait mine d'être mécontente, mais, au fond d'elle-même, elle était ravie._ ● _Ne pas payer de mine :_ ne pas avoir un aspect élégant, brillant. **2.** Teint, aspect du visage : _Elle a vraiment bonne mine, Dany, avec ses grosses joues bien roses!_ ● _Faire grise mine à quelqu'un,_ l'accueillir froidement, sans enthousiasme ni amabilité.

2. mine, n. f. ♦ **1.** Endroit, à ciel ouvert ou, le plus souvent, souterrain, où l'on extrait le charbon ou le minerai.

2. Engin explosif flottant ou immergé, ou enterré : *Le cargo heurta une mine; cinq minutes plus tard, il coulait. Le char sauta sur une mine et fut mis hors d'usage.* ● Charge explosive : *On fait partir les mines, à la carrière : j'entends les coups.* ● **Des coups de mine. 3.** Partie centrale d'un crayon, celle qui trace sur le papier.

miner, v. ♦ **1.** Garnir de mines (engins explosifs) : *En avant du fort s'étend une zone minée.* ● Garnir de charges explosives pour faire sauter une construction : *Le colonel fit miner le pont, car l'ennemi approchait.* **2.** Affaiblir, épuiser : *Le travail, la maladie et les soucis avaient miné la vieille femme.*

minerai, n. m. ♦ Roche qui contient du métal, soit parfois sous forme pure, soit le plus souvent sous forme d'oxyde ou de sel chimique.

minéral, ale, aux, adj. *ou* n. m. ♦ **1.** Qui n'est ni animal ni végétal, mais qui est de la nature de la matière non vivante. ● **Le règne minéral :** l'ensemble de toutes les substances autres que celles qui font partie d'un organisme vivant, animal ou végétal. ● *Huile minérale :* huile de graissage (extraite du pétrole et non d'une plante). **2.** *Un minéral,* substance qui entre dans la composition des roches : *La silice est un minéral qui est présent dans de nombreuses roches.* **3.** *Eau minérale :* eau de table ou eau médicinale qui contient des *sels minéraux* (substances chimiques provenant des roches et dissoutes dans l'eau).

minéralier, n. m. ♦ Cargo spécialement construit pour transporter du minerai.

minéralogie, n. f. ♦ Science qui étudie les roches et les minéraux, leur composition chimique, etc.

1. mineur, eure, adj. *ou* n. ♦ **1.** Âgé de moins de dix-huit ans. — CONTR. majeur. **2.** Pas très important. — SYN. accessoire, secondaire. — CONTR. capital, majeur, principal.

2. mineur, n. m. ♦ Ouvrier qui travaille dans une mine.

miniature, n. f. *ou* adj. inv. ♦ **1.** Tableau, peinture de très petites dimensions (quelques centimètres de côté). **2.** À l'état de très petit modèle réduit : *Une boîte à chaussures? Parfait, je vais en faire un garage pour mes camions miniature* (invariable).

minier, ière, adj. ♦ **1.** Qui concerne la mine, les mines. ● *Un gisement minier.* ● *L'industrie minière.* **2.** *Bassin minier :* zone, territoire où il y a des gisements et des mines.

minimal, ale, aux, adj. ♦ Le plus petit : *Voici les températures minimales relevées sous abri cette nuit.* — CONTR. maximal.

minime, adj. *ou* n. ♦ **1.** Très petit : *Cet incident minime? Inutile de le raconter dans ta lettre!* — SYN. faible, imperceptible, infime, insignifiant, léger, mineur, modeste, modique, petit. — CONTR. ample, appréciable, considérable, élevé, énorme, gigantesque, grand, haut, immense, imposant. **2.** *Les minimes :* l'une des catégories de jeunes sportifs (plus jeunes que les *cadets*).

minimum [minimɔm], n. m. ♦ La plus petite quantité possible. — CONTR. maximum. — PLUR. *des minimums.* ● *Au minimum,* l'équipement revient à cent dollars.

ministère, n. m. ♦ **1.** Édifice où sont installés les services du ministre et où le ministre a son bureau. **2.** Ensemble des ministres.

ministériel, elle, adj. ♦ **1.** Qui concerne un ministre, qui dépend directement du ministre : *Les bureaux ministériels sont au courant de cette affaire.* **2.** Qui concerne l'ensemble des ministres. ● *Crise ministérielle :* situation politique qui se produit quand l'Assemblée nationale refuse sa confiance au ministère, au pouvoir exécutif.

ministre, n. m. ♦ **1.** Personnalité qui fait partie du gouvernement et qui dirige un secteur déterminé des affaires du pays. ● *Le Premier ministre :* le chef du gouvernement. ● *Le Conseil des ministres :* réunion de tous

miroiter

les ministres pour examiner les affaires de l'État et prendre certaines décisions. **2.** *Ministre du culte :* celui qui est chargé de célébrer le culte (prêtre catholique, pasteur, rabbin).

minium [minjɔm], n. m. ◆ Peinture spéciale, rouge, qu'on applique sur le fer ou l'acier pour l'empêcher de rouiller, avant de passer une couche de peinture ordinaire.

minois, n. m. ◆ Visage charmant d'enfant ou de très jeune fille. — SYN. frimousse.

minorité, n. f. ◆ **1.** Période pendant laquelle on est mineur (âgé de moins de dix-huit ans). **2.** Ensemble des partis politiques qui ont eu moins de la moitié des voix à une élection, qui ont moins de la moitié des sièges dans une assemblée. **3.** Ensemble des cas qui sont le moins nombreux : *Dans notre petite ville, certaines maisons ont plus de deux étages, mais c'est la minorité.* — CONTR. majorité.

minoterie, n. f. ◆ Grand moulin, équipé de manière industrielle, qui produit de grandes quantités de farine.

minuit, n. m. ◆ Milieu de la nuit, c'est-à-dire 24 heures ou 0 heure. ● *La messe de minuit :* la messe de Noël, dans la nuit du 24 au 25 décembre.

minuscule, adj. *ou* n. f. ◆ **1.** Extrêmement petit. — SYN. imperceptible, infime, insignifiant. — CONTR. énorme, gigantesque, grand, gros, immense. **2.** *Une lettre minuscule* ou *une minuscule,* petite lettre : *Voyons, à ton âge, tu dois savoir distinguer un* a *minuscule d'un* A *majuscule !* — CONTR. (une lettre) majuscule.

minute, n. f. ◆ **1.** Durée de 60 secondes. **2.** Très court moment : *Je te demande encore une minute, et je suis prête.*

minuterie, n. f. ◆ Appareil qui éteint tout seul la lumière électrique après un nombre déterminé de minutes (par exemple, dans un escalier d'immeuble).

minutie [minysi], n. f. ◆ Qualité de celui qui apporte le plus grand soin à ce qu'il fait, dans les moindres détails. — SYN. application, exactitude, méticulosité, précision, soin. — CONTR. négligence.

minutieux, euse [minysjø, øz], adj. ◆ **1.** Qui fait preuve de minutie. — SYN. méticuleux, soigneux. — CONTR. négligent. **2.** Qui exige de la minutie, qui est fait avec minutie : *Reproduire toutes les découpures des feuilles, quel travail minutieux !*

mioche, n. ◆ Désigne familièrement un petit enfant.

mirabelle, n. f. ◆ Petite prune, très sucrée, de forme ronde, à peau jaune.

miracle, n. m. ◆ **1.** Chose extraordinaire que peut faire Dieu ou que peut faire un saint, par la permission de Dieu : *Jésus guérissait les aveugles et les paralytiques, il ressuscita son ami Lazare, il changea l'eau en vin : tous ces miracles sont attestés par les Évangiles.* **2.** Chose heureuse et improbable : *Hélène n'a rien fait en classe pendant l'année, et elle est reçue à l'examen : c'est un miracle !* ● *Elle a été reçue par miracle.*

miraculeux, euse, adj. ◆ Qui constitue un miracle, qui tient du miracle.

mirage, n. m. ◆ Illusion d'optique, due à l'échauffement de l'air, qui, dans les déserts, fait parfois voir une chose qui n'existe pas.

mire, n. f. ◆ *Point de mire :* personne ou chose que tout le monde regarde.

mirer, v. ◆ Refléter : *La vieille ville mire ses façades anciennes dans l'eau calme du lac.*

miroir, n. m. ◆ Objet constitué par une surface polie qui reflète une image, renvoie la lumière. — SYN. glace.

miroiter, v. ◆ **1.** Briller en émettant des reflets changeants : *L'eau du lac miroitait*

miroiter

sous le grand soleil d'août. — SYN. chatoyer.
2. Faire miroiter quelque chose : promettre quelque chose à quelqu'un pour le séduire, l'attirer, le tromper.

misaine, n. f. ♦ Voile basse du *mât de misaine,* mât de l'avant d'un grand voilier.

mise, n. f. ♦ **1.** Action de mettre : *Procédons maintenant à la* **mise en place** *des accessoires de la maquette.* ● *Mise en scène :* manière dont une pièce est jouée, avec les décors et les jeux de scène choisis par le metteur en scène. **2.** Toilette, ensemble des vêtements qu'on a sur soi : *Aujourd'hui, beaucoup de jeunes gens préfèrent une mise négligée.* **3.** Somme que chaque joueur dépose et risque au début de la partie. — SYN. enjeu.

miser, v. ♦ Jouer, parier (telle somme) : *Ma tante n'est pas contente : elle avait misé vingt dollars sur ce cheval, qui est arrivé bon dernier !*

misérable, adj. *ou* n. ♦ **1.** Qui vit dans la misère. — SYN. démuni, indigent, nécessiteux, pauvre. — CONTR. aisé, cossu, opulent, pourvu, riche. ● *Ce quartier de taudis était habité par des misérables.* — SYN. gueux, indigent, miséreux, pauvre, pouilleux. — CONTR. nanti, riche. **2.** *Un, une misérable,* celui, celle qui a commis un acte très blâmable et méprisable : *Le misérable avait volé plus pauvre que lui.*

misère, n. f. ♦ Très grande pauvreté : *Dans son enfance, elle avait connu la misère : le taudis, le pain rare, les hivers sans feu et les vêtements en loques.* — SYN. indigence. — CONTR. abondance, aisance, opulence, richesse.

miséreux, euse, adj. *ou* n. ♦ Qui vit dans une extrême misère et dont l'aspect dénonce cette misère : *Maigre, pâle, les vêtements en loques, pieds nus dans la neige, une fillette miséreuse essayait d'attendrir les passants.* — SYN. misérable.

miséricorde, n. f. ♦ Vertu qui consiste à avoir pitié et à pardonner : *La religion chrétienne dit que la miséricorde de* *Dieu est infinie.* — SYN. bonté, charité, clémence, commisération, compassion, indulgence. — CONTR. rancune, rigueur, sévérité.

missel, n. m. ♦ Livre qui contient les prières et les chants de la messe et qui permet de suivre celle-ci. — SYN. livre de messe.

missile, n. m. ♦ Projectile portant une charge explosive, mû par un moteur de fusée et guidé par un système plus ou moins compliqué.

mission, n. f. ♦ **1.** Ce qu'une personne ou un groupe doit faire, travail précis dont on l'a chargé : *« Mission accomplie »,* dit fièrement l'astronaute en revenant de la Lune. **2.** Groupe d'explorateurs ou de savants qu'on envoie dans une région pour faire des observations. **3.** *Les Missions :* organisations qui envoient des missionnaires pour enseigner le christianisme aux populations non chrétiennes, dans les pays lointains.

missionnaire, n. *ou* adj. ♦ Prêtre ou religieux (ou religieuse) catholique ou pasteur protestant qui va dans les pays lointains pour convertir les habitants au christianisme.

missive, n. f. ♦ Lettre, message écrit.

mistral, n. m. ♦ En Provence et dans la vallée du Rhône, vent froid et violent qui souffle du nord ou du nord-ouest.

mitaine, n. f. ♦ *Des mitaines :* des gants qui ne couvrent pas les deux dernières phalanges des doigts. — REGARDER *gant, moufle.*

mite, n. f. ♦ Petit insecte dont la larve fait des dégâts à la laine et aux fourrures. ● *Des vieux vêtements mangés* **aux** *mites* (ou *mangés* **des** *mites* ou *mangés* **par les** *mites).*

mité, ée, adj. ♦ Attaqué, troué par les larves de mites.

mocassin

mi-temps, n. f. inv. ♦ **1.** Chacune des deux parties égales d'un match. ● Pause, au milieu du match, qui sépare les deux moitiés du match. **2.** *A mi-temps,* pendant la moitié du temps normal : *Travailler à mi-temps permet d'avoir des loisirs.*

miteux, euse, adj. ♦ Qui a mauvais aspect, qui a l'air pauvre, en mauvais état. — SYN. minable.

mitonner, v. ♦ Faire cuire à feu doux pendant longtemps : *Je vais te mitonner un bon petit ragoût aux haricots.* — REGARDER *mijoter.*

mitoyen, yenne [mitwajɛ̃, jɛn], adj. ♦ *Mur mitoyen :* mur qui est commun à deux jardins ou à deux maisons et qui appartient en copropriété aux deux propriétaires.

mitraille, n. f. ♦ Grand nombre de balles tirées en même temps.

mitrailler, v. ♦ **1.** Tirer sur quelqu'un ou sur quelque chose avec une mitrailleuse : *Volant en rase-mottes, l'avion mitrailla les positions ennemies.* **2.** *Mitrailler quelqu'un de questions,* lui poser à la suite, très rapidement, de nombreuses questions.

mitraillette, n. f. ♦ Arme légère, à courte portée, qui peut tirer des rafales de balles. — SYN. pistolet mitrailleur.

mitrailleur, n. m. ♦ Soldat ou aviateur qui sert une mitrailleuse, qui tire à la mitrailleuse.

mitrailleuse, n. f. ♦ Arme automatique puissante qui peut tirer très vite de très nombreuses balles.

mitre, n. f. ♦ Coiffure à deux pointes portée par les évêques et les archevêques, ainsi que par certains abbés.

mitron, n. m. ♦ Apprenti boulanger.

mixeur, n. m. ♦ Appareil ménager à moteur électrique qui sert à écraser et à mélanger les aliments.

mixte, adj. ♦ Qui comprend deux éléments différents. ● *Bateau mixte,* qui peut avancer à la voile ou avec un moteur. ● *École mixte,* où il y a des filles et des garçons dans les mêmes classes.

mixture, n. f. ♦ Mélange douteux, pas très appétissant : *La mixture que Thomas nous avait préparée était imbuvable.*

1. mobile, adj. ♦ **1.** Qui peut remuer, bouger, se déplacer : *On amena la grue mobile, montée sur rails, juste en face du cargo.* — CONTR. fixe, immobile. **2.** *Fête mobile,* dont la date varie d'une année à l'autre : *La Toussaint et Noël sont des fêtes fixes, mais Pâques et la Pentecôte sont des fêtes mobiles.*

2. mobile, n. m. ♦ Ce qui pousse à agir. — SYN. motif, raison.

3. mobile, n. m. ♦ Œuvre d'art constituée par un assemblage de pièces légères et articulées, qui remuent au souffle de l'air.

mobilier, n. m. *ou* adj. ♦ Ensemble des meubles. — SYN. ameublement. ● *Des valeurs mobilières :* des actions et des obligations.

mobilisation, n. f. ♦ Action de mobiliser. — CONTR. démobilisation.

mobiliser, v. ♦ Appeler sous les drapeaux, faire venir à l'armée : *L'ennemi pouvait envahir notre territoire d'un jour à l'autre : on décida de mobiliser 500 000 réservistes.* — CONTR. démobiliser. ● Appeler à l'action et motiver : *Ce parti veut mobiliser ses électeurs.*

mobilité, n. f. ♦ Caractère de ce qui est mobile. — CONTR. immobilité. ● *La mobilité de l'humeur.* — SYN. instabilité. — CONTR. stabilité.

mocassin, n. m. ♦ *Des mocassins :* souliers sans lacets, de forme spéciale.

mode

1. mode, n. f. ♦ Manière de s'habiller, de vivre, etc., que beaucoup de gens adoptent à un moment donné, mais qui ne dure qu'un temps, souvent bref. ● *Passé de mode :* démodé. ● *A la mode, à la dernière mode :* conforme à la mode du moment.

2. mode, n. m. ♦ **1.** Manière, forme particulière : *Il y a plusieurs modes d'exploitation de la terre : exploitation directe, fermage.* ● *Mode de vie :* manière de vivre propre à une personne, à un groupe, à un milieu, à un pays. **2.** *Mode d'emploi :* notice qui indique comment il faut se servir d'un objet, d'un appareil, d'un produit. **3.** Chacune des séries de temps auxquels on peut mettre un verbe, selon ce qu'on veut exprimer : *L'impératif est le mode de l'ordre.*

modelage, n. m. ♦ Activité qui consiste à modeler des objets, des figures, avec de la terre glaise, de la cire ou de la pâte à modeler.

modèle, n. m. ♦ **1.** Ce qu'on doit imiter pour construire, dessiner, peindre, etc. *Un buste en plâtre, tel est le modèle qu'on nous a donné au concours de dessin.* ● Personne qui peut et doit servir d'exemple : *Hubert est un modèle de sérieux et de bonne conduite. Hubert est un enfant modèle.* ● *Prendre modèle sur,* imiter : *Tu devrais prendre modèle sur Hubert.* **2.** Type d'objet fabriqué, qui est reproduit à de nombreux exemplaires : *Voici, pour vous, notre nouveau modèle de lave-vaisselle, entièrement électronique.* **3.** *Modèle réduit :* objet qui reproduit une voiture, un bateau, un avion, etc., en petite dimension. — SYN. maquette.

modeler, v. (conjugaison 10) ♦ Faire, en pétrissant une matière molle : *Nous allons modeler des petits bonshommes en terre glaise.* ● *De la pâte à modeler.*

modélisme, n. m. ♦ Activité qui consiste à construire des modèles réduits, des maquettes.

modéliste, n. m. *ou* f. ♦ Celui, celle qui pratique le modélisme.

modérateur, trice, adj. *ou* n. ♦ Qui modère, qui empêche les excès.

modération, n. f. ♦ Qualité ou manière d'agir de celui qui évite les excès : *C'est bon, le chocolat ! Mais mangez-en avec modération !* — SYN. circonspection, mesure, raison, réserve, retenue, sagesse. — CONTR. abus, démesure, exagération, excès, outrance.

modéré, ée, adj. *ou* n. m. ♦ **1.** Qui n'est pas excessif : *Ce magasin pratique des prix modérés.* — SYN. mesuré, raisonnable. — CONTR. abusif, excessif, outrancier, outré. **2.** Qui se tient éloigné des partis ou des opinions extrémistes, des actions violentes ou des programmes excessifs. — CONTR. extrémiste.

modérément, adv. ♦ Avec modération.

modérer, v. (conjugaison 11) ♦ Rendre moins excessif, ramener à une juste mesure, en évitant l'outrance : *Modère tes propos quand tu critiques les gens.* — SYN. atténuer, diminuer, tempérer. — CONTR. exagérer, outrer. ● *Se modérer :* revenir à une juste mesure, en évitant tout excès dans la conduite.

moderne, adj. ♦ Qui est de notre temps : *Parmi tous les chanteurs modernes, ce sont les rockers que je préfère.* — SYN. actuel, contemporain, nouveau, récent. — CONTR. ancien, antique, archaïque, démodé, dépassé, vieux.

moderniser, v. ♦ Transformer pour rendre plus moderne : *On modernise l'enseignement : les anciens cours de technologie ont été remplacés par une initiation à l'informatique.*

modeste, adj. ♦ **1.** Qui n'est pas orgueilleux, qui n'aime pas se vanter. — SYN. humble. — CONTR. orgueilleux, prétentieux, vaniteux, vantard. **2.** Pas très grand, pas très élevé : *Cette famille nombreuse occupe un modeste appartement.* — SYN. faible, limité, médiocre, modique, petit. — CONTR. considérable, élevé, grand, haut, notable.

moins

modestie, n. f. ♦ **1.** Caractère d'une personne modeste. — SYN. humilité. — CONTR. orgueil, prétention, vanité, vantardise. **2.** Petitesse : _La modestie de ses ressources lui interdit les voyages à l'étranger._

modification, n. f. ♦ Transformation, changement.

modifier, v. (conjugaison 20) ♦ Changer, transformer plus ou moins : _Nous avons modifié notre itinéraire, pour éviter Toronto et les encombrements à l'entrée de la ville._ — CONTR. conserver, maintenir.

modique, adj. ♦ Pas très élevé : _Ses ressources sont modiques : elle arrive à subsister, et c'est tout._ — SYN. faible, médiocre, modeste, petit. — CONTR. considérable, grand, notable.

moduler, v. ♦ Émettre un son avec des variations de hauteur ou d'intensité progressives et continues : _La flûte du berger, dans le calme du soir, module une mélodie nostalgique._

moelle [mwal], n. f. ♦ **1.** Substance molle qui est à l'intérieur de certains os. ● _Un os à moelle._ **2.** Substance molle qui est à l'intérieur de la tige de certaines plantes. **3.** _La moelle épinière :_ cordon de tissu nerveux qui passe à l'intérieur de la colonne vertébrale en partant du cerveau.

moelleux, euse [mwalφ, φz], adj. ♦ Doux et souple : _Dis donc, ils ne sont pas moelleux, leurs sièges ! Ils les rembourrent avec des noyaux de pêches !_ ● Tendre sous la dent : _Prépare-moi une omelette moelleuse !_ — SYN. fondant. — CONTR. dur, raide.

moellon [mwalɔ̃], n. m. ♦ Pierre de construction, pas très grosse, non taillée ou taillée grossièrement.

mœurs [mœʀ], n. f. pl. ♦ _Les mœurs :_ la manière d'agir, de vivre, propre à une époque, à un pays, à un milieu, à une personne.

moi, pronom personnel. ♦ Pronom personnel de la première personne du singulier.

2. En fonction du sujet, constitue une forme d'insistance : _Moi, je n'aime pas qu'on me bouscule !_ **2.** _C'est moi :_ C'est moi qui décide, ici ! **3.** En fonction de complément, s'emploie après l'impératif à la forme affirmative : _Écris-moi, et je t'écrirai. Donne-le-moi. Parle-moi._ **4.** S'emploie après une préposition : _C'est à moi que vous devez vous adresser._ **5.** _Moi-même :_ moi en personne et personne d'autre.

moignon [mwaɲɔ̃], n. m. ♦ Ce qui reste d'un membre après amputation ou mutilation.

moindre, adj. ♦ **1.** Comparatif de _petit_ (= plus petit) : _Ma cave est inondée ; chez vous, les dégâts sont moindres._ **2.** _Le moindre,_ superlatif relatif de _petit_ (= le plus petit) : _La moindre remarque la vexe._ ● _Le calme est absolu. Pas le moindre souffle, pas le moindre bruit._

moine, n. m. ♦ Dans la religion catholique et dans les Églises d'Orient, celui qui vit à l'écart du monde, seul ou en communauté, et se consacre à la prière, à la pénitence ou à la prédication. — SYN. un religieux.

moineau, n. m. ♦ Petit oiseau (passereau) à plumage brun, commun dans les villes et les campagnes.

moins, adv. _ou_ n. m. ♦ **1.** Comparatif de _peu_ (= en quantité plus petite, à un degré moins élevé) : _Arthur travaille peu, la grande Éliane travaille encore moins._ — CONTR. plus. **2.** S'emploie dans l'énoncé d'une soustraction : _14 moins 5 égale 9_ (s'écrit _14 — 5 = 9_). — CONTR. plus. **3.** S'emploie dans l'indication des nombres négatifs : _Quel froid ! Il fait moins 6_ (c'est-à-dire 6 degrés au-dessous de zéro). — CONTR. plus. ● S'emploie dans l'indication de l'heure : _Il est quatre heures moins cinq, moins dix, moins le quart._ **4.** _Le moins,_ superlatif relatif de _peu_ : _C'est toi, Marcel, qui as le moins de livres._ **5.** _Pas le moins du monde :_ aucunement, pas du tout. ● _Au moins,_ au minimum : _Pour aller au village, il faut au moins une heure_

moins

de marche. ● *Du moins,* à défaut d'autre chose : *Adeline n'est peut-être pas une très bonne élève, du moins se tient-elle bien en classe.* ● *A moins de, à moins que,* sauf si : *Tu n'arriveras pas à soulever cette pierre, à moins de prendre un levier* (ou *à moins que tu ne prennes un levier*).

moire, n. f. ♦ Étoffe qui a des parties brillantes et d'autres mates, disposées par ondes.

mois, n. m. ♦ **1.** Chacune des douze parties de l'année : janvier, février, mars, avril, mai, juin, juillet, août, septembre, octobre, novembre, décembre. **2.** Durée de trente jours environ : *Nous sommes le 15 mai : d'ici au 14 juillet, nous avons donc encore deux mois.*

moisi, ie, adj. *ou* n. m. ♦ **1.** Attaqué par la moisissure. **2.** *Le moisi :* odeur de choses moisies.

moisir, v. ♦ Se gâter en étant attaqué par la moisissure : *De vieux gâteaux moisissaient au fond du placard.*

moisissure, n. f. ♦ Fine couche de champignons microscopiques, de couleur noire, bleue, verte, brune, qui se forme sur certains objets, à l'humidité.

moisson, n. f. ♦ **1.** Récolte des céréales. ● *Faire la moisson.* **2.** Les céréales récoltées.

moissonner, v. ♦ Récolter les céréales en coupant les tiges : *Autrefois on moissonnait à la faucille.* ● *Le blé est mûr, on va moissonner le champ.*

moissonneur, euse, n. ♦ Paysan, paysanne en train de moissonner.

moissonneuse, n. f. ♦ Machine agricole qui sert à moissonner. ● *Une moissonneuse-batteuse :* une machine qui coupe et bat le blé en même temps.

moite, adj. ♦ Humide : *Pour un Eu-* ropéen, l'atmosphère moite des pays équatoriaux est bien pénible. Elle a toujours les mains moites. — CONTR. sec.

moiteur, n. f. ♦ Humidité de l'air ou de la peau.

moitié, n. f. ♦ Chacune des deux parties égales d'une chose : *Coupe la tarte au milieu, nous garderons une moitié pour ce soir.* ● *A moitié,* à demi : *Quand on a retrouvé les spéléologues, ils étaient à moitié morts de faim.* ● *A moitié prix :* pour un prix égal à la moitié du prix habituel.

moka, n. m. ♦ **1.** Café très bon, au parfum puissant et délicat. **2.** Gâteau en pâte de génoise, garni d'une crème au beurre parfumée au café ou au chocolat.

mol, adj. ♦ REGARDER *mou.*

molaire, n. f. ♦ Chacune des grosses dents du côté et du fond de la bouche qui servent à écraser les aliments.

môle, n. m. ♦ Gros ouvrage en maçonnerie qui protège un port contre les vagues du large ou qui sert de quai. — SYN. brise-lames, digue, jetée, embarcadère, quai.

molécule, n. f. ♦ Groupe d'atomes qui constitue la plus petite partie d'un corps composé.

molester, v. ♦ Malmener : *Quand deux grands garçons ont essayé de me molester, j'ai poussé des hurlements et ils sont partis !* — SYN. bousculer, rudoyer.

molette, n. f. ♦ Petite roue dont la tranche est striée et qu'on tourne pour faire jaillir l'étincelle d'un briquet ou pour manœuvrer une clé servant à serrer les écrous. ● *Une clé à molette.*

molle, adj. ♦ REGARDER *mou.*

mollesse, n. f. ♦ **1.** Caractère de ce qui est mou : *La mollesse du sol est telle que le pied s'y enfonce à chaque pas.* — CONTR. dureté, fermeté. **2.** Caractère d'une personne molle ou d'une action menée sans vigueur. — SYN. apathie, indolence, langueur, nonchalance, paresse, somnolence. — CONTR. dureté, énergie, entrain, fermeté, force, vigueur, violence.

mollet, n. m. ♦ Partie renflée de la jambe, derrière, au-dessous du genou.

mollir, v. ♦ Devenir moins fort, moins violent, moins énergique : _Le vent mollissait, mais les lames étaient encore fortes et le bateau roulait._

mollusque, n. m. ♦ Animal sans squelette, à corps mou, parfois pourvu d'une coquille (limace, escargot, pieuvre, coquillage).

molosse, n. m. ♦ Gros chien de garde.

moment, n. m. ♦ **1.** Durée plus ou moins longue : _J'ai attendu un long moment avant d'être appelée._ ● Durée brève : _Un peu de patience, que diable ! J'en ai juste pour un moment !_ — SYN. instant. ● _D'un moment à l'autre,_ au bout d'un temps indéterminé, mais qui peut être très bref : _Attention, il peut pleuvoir d'un moment à l'autre !_ ● _A tout moment,_ en un point quelconque de la durée : _A tout moment, quelqu'un peut nous surprendre._ ● _Par moments :_ de temps en temps. ● _Pour le moment :_ dans le temps présent. ● _Sur le moment,_ dans l'instant même, pendant un temps bref : _Sur le moment, il y eut un grand silence, puis tout le monde éclata de rire._ ● _Au moment où,_ lorsque, quand : _Au moment où le maître entra, Nadia était en train de faire le clown._ **2.** _Du moment que,_ à condition que, pourvu que : _Du moment que tu as appris ta leçon, c'est bien. Peu importe que tu l'aies apprise la veille ou le matin même._

momentané, ée, adj. ♦ Qui ne dure qu'un temps assez court. — SYN. bref, court, passager. — CONTR. constant, continuel, définitif, durable, long, prolongé.

momentanément, adv. ♦ Pour un temps assez bref.

momie, n. f. ♦ Cadavre embaumé et desséché.

mon, ma, mes, adj. possessif. ♦ Adjectif possessif de la première personne du singulier : _Samedi, j'irai voir mon vieil oncle, ma tante, mes cousins et mes cousines._ — REM. Devant un nom féminin singulier qui commence par une voyelle ou un _h_ muet, on emploie _mon_ et non _ma : Mon équerre. Mon humeur._

monarchie, n. f. ♦ Régime politique dans lequel un pays est gouverné par un roi. — SYN. royauté.

monarchique, adj. ♦ _Régime monarchique :_ la monarchie.

monarchiste, adj. _ou_ n. ♦ Qui est pour le maintien ou la restauration de la monarchie. — SYN. royaliste. — CONTR. républicain.

monarque, n. m. ♦ Roi, souverain.

monastère, n. m. ♦ Ensemble d'édifices dans lequel vivent des moines ou des religieuses. — SYN. abbaye, couvent.

monceau, n. m. ♦ Gros tas. — SYN. accumulation, amas, amoncellement, tas.

mondain, aine, adj. ♦ Qui fréquente le grand monde, qui aime recevoir des gens de la haute société et va souvent chez eux.

monde, n. m. ♦ **1.** Tout ce qui existe. — SYN. univers. ● _La création du monde._ ● _La fin du monde._ **2.** La planète Terre. — SYN. le globe, la Terre. ● _Voici le plus grand palais du monde,_ le plus grand qui existe à la surface de la Terre. ● _Le Nouveau Monde :_ le continent américain. ● _L'Ancien Monde :_ l'ensemble formé par l'Europe, l'Asie et l'Afrique. **3.** _Venir au monde :_ naître. ● _Mettre au monde (un enfant) :_ avoir un enfant, le faire naître. — SYN. donner le jour, donner la vie. ● _Avoir toutes les peines du monde :_ avoir les plus grandes difficultés à faire quelque chose. **4.** Tous les hommes qui vivent sur terre : « _Oui, s'écria_

monde

Alexandre, je deviendrai célèbre, et le monde entier connaîtra mon nom !» — SYN. l'humanité. **5. Du monde,** beaucoup de gens : *Il y avait du monde, dans le train !* *Toutes les places étaient occupées, et les couloirs étaient pleins !* ● ***Tout le monde :*** tous les gens. **6.** Ensemble de gens qui ont une activité commune, un même métier : *Tante Clotilde fréquente beaucoup le monde de la publicité.* **7. Le monde, le grand monde :** les gens riches et distingués. — SYN. la bonne société, la haute société. ● ***Homme, femme du monde :*** homme, femme de la bonne société, qui a une très bonne éducation.

mondial, ale, aux, adj. ♦ Qui concerne le monde entier, tous les pays et tous les continents. — SYN. planétaire, universel. — CONTR. local, national. ● *La Première Guerre mondiale* (1914-1918). ● *La Seconde Guerre mondiale* (1939-1945).

monétaire, adj. ♦ Qui concerne la monnaie d'un pays ou les rapports entre les monnaies de divers pays.

moniteur, trice, n. ♦ Celui, celle qui enseigne un sport, qui apprend aux autres à conduire une voiture, à piloter un avion, à manœuvrer un voilier, etc. ● Surveillant, animateur, dans une colonie de vacances.

monnaie, n. f. ♦ Pièce avec laquelle on peut payer, pour acheter quelque chose : *Au cours des fouilles, les archéologues ont trouvé des monnaies d'or et d'argent d'époque romaine.* **2. Rendre la monnaie :** donner l'argent qui représente la différence entre un billet ou une pièce et le prix de la marchandise. **3.** Unité monétaire : *Le dollar est la monnaie canadienne.* **4. Fausse monnaie :** pièces de monnaie ou billets de banque que fabriquent les **faux-monnayeurs,** en contravention avec la loi, et qui sont des imitations frauduleuses de la vraie monnaie.

monnayer [mɔneje], v. (conjugaison 23) ♦ Échanger contre de l'argent : *Cet individu voulait monnayer les secrets qu'il avait appris par hasard.* — SYN. vendre.

monocle, n. m. ♦ Verre d'optique, unique, jouant le rôle d'un verre de lunettes, que l'on applique devant l'œil et que l'on maintient en fronçant les sourcils.

monoculture, n. f. ♦ Système d'exploitation de la terre dans lequel on cultive une seule plante.

monologue, n. m. ♦ Discours qu'on tient en parlant tout seul, sans s'adresser à quelqu'un. — CONTR. conversation, dialogue.

monoplace, adj. *ou* n. m. ♦ *Un avion monoplace* ou *un monoplace,* qui n'a qu'une seule place, celle du pilote.

monoplan, n. m. ♦ Avion qui a une seule paire d'ailes (cas de tous les avions actuels). — REGARDER *biplan.*

monopole, n. m. ♦ Situation dans laquelle une seule entreprise, un seul organisme a le droit de fabriquer ou de vendre une chose : *Au Québec, seul l'État peut importer de l'alcool, c'est un monopole.*

monopoliser, v. ♦ Tout garder, tout avoir pour soi : *Elle a essayé de monopoliser l'attention du maître, mais cela n'a pas marché !* — SYN. accaparer.

monosyllabe [mɔnɔsilab], n. m. ♦ Mot d'une seule syllabe, par exemple *oui, non, ah ! oh ! hein ?, pie, haut, long.*

monotone, adj. ♦ Qui est dépourvu de toute variété et qui est ennuyeux. — SYN. invariable, uniforme. — CONTR. animé, changeant, divers, mouvementé, varié.

monotonie, n. f. ♦ Caractère d'une chose monotone : *La monotonie de ces plaines immenses me faisait regretter les montagnes de mon pays.* — SYN. uniformité. — CONTR. animation, diversité, variété.

monseigneur, n. m. ♦ Titre qu'on donnait aux princes et qu'on donne encore aux évêques et aux archevêques (abréviation Mgr) : *Et voici notre évêque, Mgr Dubois.*

montre

monsieur [məsj∲], au pluriel **messieurs,** n. m. ♦ **1.** Titre qu'on donne à un homme (abréviation *M.*) : *Bonjour, monsieur. Voici notre voisin, M. Legris.* **2.** *Un monsieur,* un homme : *Un monsieur âgé aux cheveux blancs vint s'asseoir en face de moi.*

monstre, n. m. *ou* adj. ♦ **1.** Être qui présente une très grave difformité. **2.** Animal effrayant et imaginaire. **3.** Individu très cruel et malfaisant. **4.** Très grand : *Une foule monstre envahissait rues et places pour acclamer Superman.* ● *Des défilés monstres* (avec le *-s* du pluriel).

monstrueux, euse, adj. ♦ **1.** Horrible, atroce. **2.** Très laid. — SYN. abominable, affreux, effrayant, effroyable, épouvantable, hideux, horrible. — CONTR. beau. **3.** Très gros : *Un iceberg monstrueux, haut de cent mètres, se dressa devant le navire, à travers la brume.*

mont, n. m. ♦ Haut sommet isolé, dans une montagne : *Tu aimerais faire l'ascension du mont Blanc ou du mont Everest ?* ● *Par monts et par vaux :* à travers tout le pays, dans toutes les directions, sans arrêt, en allant partout. ● *Promettre monts et merveilles :* faire des promesses extraordinaires, merveilleuses.

montage, n. m. ♦ Action de monter, d'assembler des éléments, un film, etc.

montagnard, arde, adj. *ou* n. ♦ De la montagne : *Aimerais-tu vivre dans ce village montagnard ?* ● *Les montagnards :* les habitants des régions montagneuses.

montagne, n. f. ♦ Ensemble d'élévations de terrain de haute altitude. — CONTR. plaine, plateau.

montagneux, euse, adj. ♦ Où il y a des montagnes, qui est constitué de montagnes : *La Colombie britannique est une région montagneuse.*

1. montant, ante, adj. ♦ **1.** Qui monte : *L'eau envahit la plage, c'est la marée montante.* — CONTR. descendant. **2.** Qui monte haut : *Gisèle a un manteau à col montant.*

2. montant, n. m. ♦ Support vertical.

3. montant, n. m. ♦ Somme d'argent : *Je vous adresse un chèque d'un montant de deux cents dollars.*

montée, n. f. ♦ **1.** Action de monter, d'aller vers le haut : *Cet ascenseur ne doit être utilisé que pour la montée.* — CONTR. descente. **2.** Endroit où un chemin, une route ou une rue monte. — CONTR. descente. **3.** Augmentation, hausse : *La montée des cours de la Bourse se ralentit.* — CONTR. baisse, diminution.

monter, v. ♦ **1.** Aller plus haut : *Monte au grenier, je crois que les valises y sont rangées.* — CONTR. descendre. ● *La mer monte, elle va recouvrir la plage.* — CONTR. baisser, descendre. **2.** Parcourir en allant vers le haut : *Manuelle monte l'escalier à toute allure : elle va plus vite que l'ascenseur !* — SYN. escalader, gravir, grimper. — CONTR. dégringoler, descendre, dévaler. **3.** Porter plus haut, à un endroit au-dessus : *Monte ce paquet à la dame du sixième étage !* **4.** Aller à cheval, à bicyclette, à moto : *Sais-tu monter à cheval ? Non ? Moi je sais monter à bicyclette.* ● *Anita est une bonne cavalière : elle monte très bien.* ● *Le seigneur montait un magnifique cheval noir.* **5.** *Monter en grade :* être promu, nommé à un grade, à un rang supérieur. **6.** Devenir plus élevé, plus grand : *La colère monte.* — CONTR. baisser, diminuer. **7.** Assembler les éléments d'une chose : *Nous allons monter la maquette du bateau, en collant les pièces contenues dans la boîte.* ● *Monter un film.* — CONTR. démonter. **8.** *Se monter à,* atteindre tel prix : *Les frais de notre excursion se montent à vingt dollars par personne.*

monteur, euse, n. ♦ **1.** Ouvrier qui monte, qui assemble (un appareil, une machine). **2.** Personne qui réalise le montage des films de cinéma.

monticule, n. m. ♦ Très petite élévation de terrain. — SYN. butte, tertre.

montre, n. f. ♦ Appareil portatif qui indique l'heure. ● *Une montre à quartz.* ● *Une montre numérique.*

montrer

montrer, v. ♦ **1.** Faire voir : *Veux-tu me montrer ton cahier ?* ● *Allez, montrez-vous un peu, ne restez pas enfermés !* — CONTR. se cacher, se dissimuler. **2.** Désigner par un geste : *De la main, elle me montra l'hôtel de ville.* **3.** Indiquer, enseigner : *Cette histoire nous montre qu'il ne faut pas se fier aux apparences.* **4.** Faire connaître : *Quand je lui ai donné son cadeau, il a montré une joie immense.* — SYN. manifester, témoigner. — CONTR. cacher, dissimuler.

monture, n. f. ♦ **1.** Cheval, âne, mulet, chameau, sur lequel on est : *Le Prince Noir sauta à bas de sa monture.* **2.** Les cercles et les branches d'une paire de lunettes.

monument, n. m. ♦ **1.** Construction, statue, élevée pour rappeler le souvenir d'une personne ou d'un événement : *Tu vois cet obélisque sur lequel il y a tant de noms gravés ? C'est le **monument aux morts**, qui rappelle le sacrifice des soldats morts à la guerre de 1914-1918.* **2.** Grand et bel édifice : *Notre-Dame, le château de Ramezay, l'oratoire Saint-Joseph sont des monuments à visiter.*

monumental, ale, aux, adj. ♦ Très grand et très noble d'aspect : *Admirez, mesdames et messieurs, ce portail monumental.*

moquer (se), v. ♦ **1.** Montrer qu'on trouve ridicule une personne, une chose : *Il ne faut jamais se moquer d'une infirmité.* — SYN. railler. **2.** Ne pas parler sérieusement : *Une truite de trente kilos ? Vous vous moquez, madame !* — SYN. plaisanter. **3.** Ne pas se soucier d'une chose : *Je me moque de la pluie.*

moquerie, n. f. ♦ Paroles par lesquelles on exprime qu'on trouve ridicule une personne ou une chose. — SYN. raillerie.

moquette, n. f. ♦ Tapis, fixé au sol, qui couvre toute la surface d'une pièce.

moqueur, euse, adj. *ou* n. ♦ Qui aime bien se moquer des autres. — SYN. railleur. ● Qui exprime la moquerie : *Sous son air moqueur, David cache une nature timide.*

moraine, n. f. ♦ Amas de débris de rochers arrachés, transportés et déposés par un glacier.

1. moral, ale, aux, adj. ♦ **1.** Conforme aux règles de la morale. — CONTR. immoral. **2.** Qui concerne l'esprit, le cœur, la volonté, et non le corps : *Il ne faut pas se contenter de nourrir les personnes âgées, il faut aussi se préoccuper de leur bien-être moral.*

2. moral, n. m. ♦ *Le moral :* l'état du cœur, de l'esprit, en ce qui concerne l'optimisme ou le pessimisme, le courage ou le découragement.

morale, n. f. ♦ **1.** Ensemble des règles qui indiquent ce qui est bien et ce qui est mal, ce qu'il faut faire et ce qu'il ne faut pas faire. ● *Faire la morale à quelqu'un,* lui faire des reproches sur sa conduite et lui dire ce qu'il doit faire pour se conduire mieux. **2.** Leçon, conclusion qu'on tire d'une fable, d'un récit. — SYN. moralité (sens 2).

moraliste, n. m. ♦ Écrivain qui décrit les mœurs et le caractère des gens.

moralité, n. f. ♦ **1.** *Bonne (mauvaise) moralité :* manière bonne (mauvaise) de se conduire. **2.** Leçon, conclusion qu'on tire d'un récit. — SYN. morale (sens 2).

morceau, n. m. ♦ **1.** Partie d'un tout qui a été divisé, brisé. — SYN. éclat, fragment, parcelle. **2.** Partie d'une œuvre littéraire, d'un poème. — SYN. passage. ● *Des morceaux choisis.* ● Partie d'une œuvre musicale, ou œuvre musicale courte.

morceler, v. (conjugaison 13) ♦ Diviser en plusieurs parties : *A la mort de la fermière, sa terre fut morcelée en vingt lots.* — SYN. démembrer, diviser, fragmenter, partager. — CONTR. grouper, regrouper, remembrer, réunifier, unifier.

morcellement, n. m. ♦ Action de morceler ou état de ce qui est morcelé.

mort

mordant, ante, adj. *ou* n. m. ♦ **1.** Blessant, énergique et dur. — SYN. agressif. — CONTR. mou. **2.** *Du mordant :* de la vivacité, de l'agressivité.

mordiller, v. ♦ Serrer avec ses dents, sans appuyer, à plusieurs reprises : *Le grand chien de ma voisine vint s'asseoir près de moi et se mit à me mordiller les oreilles.*

mordre, v. (conjugaison 92) ♦ **1.** Serrer avec ses dents : *Josiane mordait à belles dents dans le gros morceau de fromage.* **2.** Entamer, attaquer, ronger : *L'acide mord le métal.* **3.** *Mordre sur,* empiéter, dépasser : *Attention ! Serre à droite ! Tu mords sur la ligne blanche !* **4.** *Le poisson mord à l'hameçon* ou *le poisson mord :* il mord l'appât accroché à l'hameçon.

morfondre (se), v. (conjugaison 91) ♦ Attendre longtemps en s'ennuyant.

1. morgue, n. f. ♦ Attitude très méprisante. — SYN. arrogance, hauteur, mépris. — CONTR. cordialité, gentillesse.

2. morgue, n. f. ♦ **1.** Édifice, local où l'on dépose les corps des personnes mortes.

moribond, onde, adj. *ou* n. ♦ Qui va mourir : *Le malade moribond ne parlait plus.* — SYN. agonisant, mourant.

morille [mɔRij], n. f. ♦ Champignon de forme particulière, bon à manger.

morne, adj. ♦ Très triste : *L'air morne, elle allait sans parler, la tête penchée.* — SYN. abattu, accablé, désespéré, sombre. — CONTR. gai, heureux, joyeux, rieur.

morose, adj. ♦ Triste, boudeur : *Pourquoi es-tu morose, ô Rosette, ma rose, sous la pluie qui t'arrose ? ● Quitte cet air morose.* — SYN. chagrin, grognon, maussade, renfrogné, triste. — CONTR. gai, joyeux, rieur.

morosité, n. f. ♦ Attitude, humeur d'une personne morose.

morphologie [mɔRfɔlɔʒi], n. f. ♦ Partie de la grammaire qui étudie la forme des mots : *L'étude des conjugaisons relève de la morphologie, alors que l'emploi du subjonctif est une question de syntaxe.*

mors [mɔR], n. m. ♦ Petite barre de fer qui se place dans la bouche du cheval et qui est attachée aux guides ou aux rênes, ce qui permet au cavalier ou au conducteur de faire sentir au cheval ce qu'il doit faire. ● *Le cheval prend le mors aux dents,* s'emballe.

1. morse, n. m. ♦ Mammifère marin des mers polaires, dont le mâle porte de grosses défenses.

2. morse, n. m. ♦ Système de signaux par sons longs et brefs, par traits et par points.

morsure, n. f. ♦ Blessure qui est faite par les dents. ● *La morsure d'un serpent* (mieux que *piqûre*).

1. mort, morte, adj. *ou* n. ♦ **1.** Qui a cessé de vivre : *Les guerriers morts étaient enterrés avec de grands honneurs.* — SYN. décédé, défunt. — CONTR. vivant. ● *Un mort. Une morte.* — SYN. un défunt, un trépassé. — CONTR. un vivant. ● *Faire le mort :* rester immobile et silencieux. **2.** *Être mort de fatigue, de faim, de froid :* éprouver une très grande fatigue, une très grande faim, une grande sensation de froid. **3.** Desséché : *On élague l'arbre pour enlever les branches mortes.* ● *Bois mort :* branches desséchées tombées à terre. **4.** Désert, sans animation : *Le dimanche soir, les rues de notre petite ville sont bien mortes.* — CONTR. animé, vivant. **5.** *Langue morte :* langue qu'on étudie, mais qu'on ne parle plus. C'est le cas du latin et du grec ancien.

2. mort, n. f. ♦ Cessation de la vie : *La date de la mort de Samuel de Champlain ? 1635.* — SYN. décès, trépas. — CONTR. naissance, vie. ● *La peine de mort :* châtiment qui consiste à tuer le condamné. ● *Mettre à mort :* tuer. ● *La mort dans l'âme,* avec un très grand chagrin : *Juliette*

mort

quitte ses camarades, la mort dans l'âme.
● **En vouloir à mort à quelqu'un,** avoir beaucoup de haine pour lui.

mortadelle, n. f. ◆ Gros saucisson fait avec du porc et du bœuf.

mortalité, n. f. ◆ Nombre ou proportion de personnes qui meurent : *La peste entraînait une mortalité très forte dans les populations du Moyen Age.*

mortel, elle, adj. *ou* n. ◆ **1.** Qui est sujet à la mort. — CONTR. éternel, immortel. ● *Les mortels :* les êtres humains (par opposition aux dieux qui étaient immortels). ● *Un mortel :* un homme. ● *Une mortelle :* une femme. **2.** Qui provoque ou peut provoquer la mort : *La morsure du cobra est mortelle.* **3.** *Un ennemi mortel :* un ennemi haineux et acharné. **4.** Très triste : *Quel silence mortel, dans la grande salle déserte et froide du palais abandonné !* — SYN. funèbre, lugubre, sinistre. ● *Un ennui mortel.*

morte-saison, n. f. ◆ Période de l'année où il y a peu d'activité, dans le commerce. — PLUR. *des mortes-saisons.*

mortier, n. m. ◆ **1.** Récipient, à parois épaisses, solides et dures, dans lequel on écrase, avec un pilon, certaines substances. **2.** Toque portée autrefois par certains magistrats. **3.** Petit canon à tir courbe, facilement transportable et utilisable par des fantassins. **4.** Mélange de sable, de chaux ou de ciment, et d'eau, formant une pâte qui durcit en séchant, qu'on utilise en maçonnerie pour lier les pierres ou les briques ou pour faire un revêtement.

mortifier, v. (conjugaison **20**) ◆ Vexer, humilier : *Elle ne l'a pas salué et il s'est senti mortifié.*

mortuaire, adj. ◆ Qui concerne un mort, les obsèques. ● *Maison, chambre mortuaire,* où repose le mort, avant l'enterrement. ● *Drap mortuaire* (ou *poêle*) : étoffe noire qui recouvre le cercueil pendant l'enterrement. ● *Couronne mortuaire.* — REGARDER *funèbre, funéraire.*

morue, n. f. ◆ Poisson de mer, bon à manger, dont la chair peut être séchée ou salée et peut se conserver longtemps.

mosaïque, n. f. ◆ Surface, couverte de petits cubes de pierre ou de céramique enchâssés dans du mortier, qui forme un élément décoratif sur un mur, une voûte ou sur le sol : *La voûte de cette église est ornée d'une très belle mosaïque représentant le Christ en majesté.*

mosquée, n. f. ◆ Édifice où les musulmans se réunissent pour prier.

mot, n. m. ◆ **1.** Ensemble de lettres ou de syllabes ayant une signification : *Le mot* sorbet *désigne une glace aux fruits sans crème.* — SYN. terme, vocable. ● *Grand mot,* mot excessif, qui ne convient pas : *Arthur, un génie ? C'est un bien grand mot !* ● *Gros mot :* mot grossier, ordurier. ● *Prendre quelqu'un au mot,* donner volontairement à ce qu'il dit par plaisanterie une signification sérieuse. ● *Mot de passe :* mot secret qu'il faut connaître pour pouvoir passer ou entrer quelque part. ● *Se donner le mot :* se mettre d'accord. ● *Au bas mot :* au minimum. **2.** Parole : *Tiens, voici Jacques, j'ai un mot à lui dire.* ● *Bon mot :* parole amusante et spirituelle. ● *Avoir des mots avec quelqu'un,* avoir une querelle avec lui. ● *Avoir son mot à dire :* avoir le droit ou la possibilité d'intervenir dans une discussion, une décision. **3.** Petite lettre : *Dès ton arrivée, écris-moi un mot pour me dire si tu as fait bon voyage.*

motard, n. m. ◆ Personne qui circule sur une grosse moto.

1. moteur, n. m. ◆ Mécanisme qui produit le mouvement. ● *Moteur électrique.* ● *Moteur à essence.* ● *Moteur diesel.* ● *Moteur à réaction.*

2. moteur, motrice, adj. ◆ **1.** *Roues motrices,* qui sont actionnées par le moteur et qui font avancer le véhicule. **2.** *Force motrice,* force qui actionne quelque chose : *L'eau des rivières fournissait la force motrice aux moulins.*

moucheron

motif, n. m. ♦ **1.** Raison qui explique un acte. — SYN. un mobile, raison. **2.** Sujet représenté par une œuvre d'art : *Tu aimes, toi, les tapisseries à motif mythologique ?* ● Dessin ornemental répété plusieurs fois : *La coquille, la fleur stylisée sont des motifs fréquents dans les frises décoratives.*

motion, n. f. ♦ Texte présenté à une assemblée et sur lequel on vote pour choisir une orientation qui guidera l'action.

motiver, v. ♦ Être le motif d'un acte : *C'est le désir d'être plus près de sa famille qui a motivé son départ de l'entreprise.*

moto, n. f. ♦ Abréviation usuelle de *motocyclette.*

motoculteur, n. m. ♦ Tracteur léger à deux roues, employé pour les petits travaux de culture et pour le jardinage.

motocyclette, n. f. ♦ Véhicule à deux roues, à moteur assez puissant (plus de 125 cm³). — Abréviation usuelle : *moto.* — REGARDER *cyclomoteur, vélomoteur.*

motocycliste, n. m. *ou* f. ♦ Celui, celle qui va à moto. — SYN. (familier) motard.

motoneige, n. f. ♦ Petit véhicule motorisé ayant des skis à l'avant et des chenilles à l'arrière pour circuler sur la neige.

motoneigisme, n. m. ♦ Pratique de la motoneige.

motoneigiste, n. ♦ Personne qui fait de la motoneige comme sport.

motorisé, ée, adj. ♦ **1.** Muni d'un moteur. **2.** Équipé de véhicules à moteur : *L'infanterie motorisée a une grande mobilité.*

1. motrice, n. f. ♦ Voiture de tramway, de métro, de train ou d'autorail qui est munie d'un moteur.

2. motrice, adj. ♦ REGARDER *moteur* sens 2.

motte, n. f. ♦ Gros morceau de terre compacte, arraché du sol. ● *Motte d'herbe, de gazon :* touffe d'herbe arrachée avec la terre autour des racines.

motton, n. m. ♦ **1.** Morceau. **2.** Serrement de gorge. ● *Avoir le motton :* avoir la gorge serrée, être triste.

1. mou, mol, molle, adj. *ou* n. ♦ **1.** Qui s'enfonce sans résistance quand on appuie : *Le sol était trop mou, le véhicule ne pouvait plus avancer.* — CONTR. dur, ferme, résistant. — REM. Devant un nom masculin commençant par une voyelle ou un *h* muet, on dit *mol* : *Un mol oreiller.* **2.** Qui manque de force, d'énergie, d'audace, de caractère, de fermeté. — SYN. apathique, faible, lâche, veule. — CONTR. agressif, dur, ferme, fort, vaillant, vigoureux.

2. mou, n. m. ♦ *Du mou de veau, de bœuf* ou *du mou :* morceau de poumon de veau, de bœuf.

mouchard, arde, n. ♦ Celui, celle qui dénonce les autres. — SYN. dénonciateur.

mouche, n. f. ♦ **1.** Insecte noir, volant, dont il existe de nombreuses espèces et qui est très répandu. ● *Mouche à miel :* synonyme vieilli ou régional de « abeille ». ● *Regarder voler les mouches :* rêvasser, être distrait. ● *Quelle mouche le pique ?* pourquoi se met-il en colère brusquement, sans raison apparente ? ● *Prendre la mouche :* se mettre en colère tout à coup, sans raison bien valable. ● *Des pattes de mouches :* une écriture très petite et pas très lisible, pas très nette. ● *Une fine mouche :* une femme ou une fille rusée, maligne. **2.** *Faire mouche :* atteindre précisément son but.

moucher (se), v. ♦ Souffler, en se pinçant le nez dans un mouchoir, pour dégager l'intérieur du nez.

moucheron, n. m. ♦ Insecte qui vole, comme la mouche, mais qui est bien plus petit.

moucheté, ée, adj. ♦ Couvert de petits points, de petites taches d'une couleur différente de celle du fond.

mouchoir, n. m. ♦ Carré d'étoffe ou de papier avec lequel on se mouche.

moudre, v. (conjugaison 88) ♦ Écraser finement pour réduire en poudre : *La meule du moulin moud le grain pour faire de la farine.*

moue, n. f. ♦ Petite grimace de bouderie, de mécontentement. ● *Faire la moue :* avoir du dédain.

mouette, n. f. ♦ Oiseau de mer, gris et blanc, qui remonte loin dans l'intérieur des terres en suivant les fleuves.

mouffette, n. f. ♦ Petit mammifère à fourrure noire rayée de blanc, qui pour se défendre projette un liquide d'une odeur nauséabonde.

moufle, n. f. ♦ *Des moufles :* des gants de forme spéciale qui réunissent tous les doigts, sauf le pouce, dans une même partie. — REGARDER *gant, mitaine.*

mouflon, n. m. ♦ Animal ruminant sauvage qui vit dans les montagnes d'Europe et d'Amérique du Nord, qui a une toison épaisse et raide et dont le mâle a de longues cornes.

mouillage, n. m. ♦ Endroit où un navire peut mouiller l'ancre pour être à l'abri.

mouiller, v. ♦ **1.** Couvrir, asperger d'eau. **2.** *Mouiller l'ancre :* jeter l'ancre, pour arrêter le navire à un endroit. — REM. On dit aussi, tout simplement, « mouiller » : *Le navire mouilla dans la baie, à une encablure du rivage.*

moulage, n. m. ♦ Copie, reproduction d'une statue, qu'on obtient en coulant du plâtre dans un moule qui a été établi d'après la statue originale.

moulant, ante, adj. ♦ Qui moule le corps. — SYN. ajusté, collant. — CONTR. ample, flottant.

1. moule, n. m. ♦ Objet creux dans lequel on verse une pâte ou un métal en fusion et qui donne, après solidification, sa forme à un objet.

2. moule, n. f. ♦ Coquillage, très bon à manger, à écailles ovales et noires.

mouler, v. ♦ **1.** Fabriquer, confectionner ou reproduire à l'aide d'un moule : *Pour mouler les gâteaux, prends les moules en fer-blanc.* ● *Mouler une pièce de fonderie.* — REGARDER *couler, fondre.* **2.** *Un vêtement moule le corps,* le serre étroitement en en épousant les formes.

moulin, n. m. ♦ **1.** Machine qui sert à moudre le grain, les olives, à écraser la canne à sucre, etc. ● *Bâtiment où sont installées ces machines.* — REGARDER *minoterie.* **2.** Appareil, à main ou électrique, qui sert à moudre le café, le poivre.

moulinet, n. m. ♦ **1.** Appareil qui est fixé sur une canne à pêche et sur lequel s'enroule le fil. **2.** Mouvement tournant qu'on fait avec les bras, un bâton, une canne.

moulure, n. f. ♦ Ornement allongé, qui décore un édifice, un plafond, un meuble.

mourant, ante, adj. *ou* n. ♦ Qui va mourir. — SYN. agonisant, moribond.

mourir, v. (conjugaison 39) ♦ **1.** Cesser de vivre : *Son arrière-grand-père mourut à l'âge de 89 ans.* — SYN. décéder, trépasser, s'éteindre, partir. — CONTR. naître, vivre. **2.** *Mourir de faim, de soif, de peur :* éprouver une très grande faim, une très grande soif, une très grande peur. ● *Mourir de rire :* rire beaucoup. **3.** *Le feu va mourir,* va s'éteindre.

mousquet, n. m. ♦ Au XVIᵉ et au XVIIᵉ siècle, arme à feu portative, ancêtre du fusil, qu'on appuyait sur une fourche pour tirer et dont on allumait la poudre avec une mèche.

mousquetaire, n. m. ♦ Autrefois, soldat noble, armé du mousquet, qui faisait partie d'une compagnie de cavaliers assurant la garde du roi.

mousqueton, n. m. ♦ **1.** Fusil à canon court. **2.** Boucle à ressort, à l'extrémité d'une courroie.

1. mousse, n. f. ♦ Plante de couleur verte, à tiges courtes et serrées, qui forme comme un tapis sur le sol ou des plaques sur les murs ou sur le tronc des arbres.

2. mousse, n. f. ♦ **1.** Amas de petites bulles serrées qui forment comme une substance légère et humide : _Céline se fit une barbe avec la mousse de son bain._ **2.** _Mousse au chocolat, à la vanille, etc._ : crème légère faite avec des blancs d'œufs battus. **3.** _Caoutchouc mousse ;_ caoutchouc très souple, plein de petites bulles d'air, dont on fait des balles, des tapis, des coussins, etc. **4.** _Mousse à raser :_ crème à raser contenue dans une bombe remplie de gaz sous pression.

3. mousse, n. m. ♦ Apprenti marin. — REGARDER _novice._

mousser, v. ♦ Produire de la mousse : _Les enfants ont tellement fait mousser le savon qu'il n'en reste presque plus rien._

mousseux, euse, adj. _ou_ n. m. ♦ **1.** Couvert de mousse (de savon, etc.). **2.** _Du mousseux :_ vin blanc qui mousse, à la manière du champagne.

mousson, n. f. ♦ Dans l'Asie méridionale et dans l'océan Indien, vent régulier qui apporte soit la sécheresse (_mousson d'hiver_), soit de grandes pluies (_mousson d'été_). ● Époque où la mousson change de sens : _La mousson arriva, accompagnée de tempêtes terribles._

moussu, ue, adj. ♦ Couvert de mousse (plante) : _Le vieil arbre a un tronc tout moussu._

moustache, n. f. ♦ Ensemble des poils situés entre le nez et la lèvre supérieure.

moustachu, ue, adj. ♦ Qui a une grosse moustache.

moustiquaire, n. f. ♦ Rideau en étoffe légère qui protège un lit contre les moustiques. ● Grillage métallique très fin que l'on met aux fenêtres et aux portes pour empêcher les insectes de pénétrer dans la maison.

moustique, n. m. ♦ Insecte volant dont la larve se développe dans les eaux calmes et dont la femelle, à l'état adulte, pique l'homme. — REGARDER _cousin_ 2.

moût, n. m. ♦ Jus de raisin, de pomme, de poire, qui sort du pressoir et n'a pas encore fermenté.

moutarde, n. f. _ou_ adj. inv. ♦ **1.** Condiment qui se présente sous la forme d'une pâte jaunâtre et qui a un goût très piquant. ● _La moutarde lui monte au nez :_ il se met en colère (expression familière). **2.** Qui a la couleur jaune sale de la moutarde.

mouton, n. m. ♦ **1.** Animal ruminant domestique, élevé pour sa laine, sa chair et son lait. — REGARDER _agneau, bélier, brebis, mérinos._ **2.** Mâle castré de cette espèce animale. (La femelle est la _brebis,_ le mâle non castré est le _bélier._) **3.** Chair de cet animal. **4.** Flocon ou boule de poussière et de débris qui s'accumule sous les meubles ou dans les coins. **5.** Vague au sommet couvert d'écume, qui forme une tache blanche sur la mer.

mouture, n. f. ♦ Farine ou poudre qui est obtenue quand on moud du grain, du café.

mouvance, n. f. ♦ _Ce fief était dans la mouvance de_ (tel fief, tel domaine), dépendait de lui : _Le fief du comte tomba_

mouvance

dans la mouvance du duché de Bourgogne. ● Dépendance, obédience : *Ce club politique est dans la mouvance d'un grand parti.*

mouvant, ante, adj. ♦ *Sables mouvants :* sables gorgés d'eau et très mous dans lesquels on peut *s'enliser,* c'est-à-dire s'enfoncer et périr.

mouvement, n. m. ♦ **1.** Déplacement d'une chose ou d'une personne (qui va d'un endroit à un autre) : *Sur cet aéroport, il y a un intense mouvement d'avions.* — SYN. circulation. — CONTR. arrêt, immobilité. ● *En mouvement :* en train de se déplacer, de remuer. **2.** Geste, changement de position d'un membre ou du corps. ● *Des mouvements de culture physique.* **3.** Sentiment qui apparaît brusquement, dure peu et pousse à agir : *Dans un mouvement de colère, j'ai déchiré la lettre.* **4.** *Du mouvement,* de l'animation, de la vie, de l'émotion : *Ces dialogues donnent du mouvement au récit.* **5.** Action collective : *Un vaste mouvement de solidarité avec les réfugiés se manifeste dans la population.* **6.** Parti politique ou organisation quelconque. ● *Un mouvement de jeunesse.* **7.** Mécanisme d'une horloge, d'une montre, qui fait tourner les aiguilles : *L'horlogère a révisé et nettoyé le mouvement de la pendule.*

mouvementé, ée, adj. ♦ Où il se passe beaucoup de choses imprévues, violentes. — SYN. agité. — CONTR. calme, paisible.

mouvoir, v. (conjugaison 65) ♦ Mettre en mouvement, déplacer, actionner : *C'est l'eau du barrage qui meut les turbines de la centrale électrique.* ● *La vieille dame était paralysée : elle ne pouvait plus se mouvoir.*

1. moyen, yenne, adj. ♦ **1.** Qui n'est ni grand ni petit, ni bon ni mauvais, mais entre les deux. **2.** Qui constitue une moyenne : *La taille moyenne des élèves de notre classe est de 1,54 mètre, leur poids moyen de 34 kilos.*

2. moyen, n. m. ♦ **1.** Ce qui permet d'atteindre un but : *Le moyen le plus simple*

d'avoir une réponse, c'est de poser la question ! ● *Il y a moyen de,* on peut : *Il y a toujours moyen de s'entendre, si l'on y met de la bonne volonté.* ● *Au moyen de,* en utilisant telle chose : *Cyrille a pu nager au moyen d'une bouée.* — SYN. à l'aide de. ● *Avec les moyens du bord :* avec les choses dont on dispose, faute de mieux. **2.** *Les moyens,* de l'argent : *Nous n'avons pas les moyens de nous offrir le tour du monde.* **3.** *Les moyens,* l'intelligence, les dons naturels, les aptitudes : *Cette fille a des moyens : si seulement elle voulait travailler !*

Moyen Âge, n. m. ♦ Période de l'histoire qui va de 476 (chute de l'Empire romain d'Occident) à 1453 (prise de Constantinople par les Turcs) ou à 1492 (découverte de l'Amérique). — REGARDER *médiéval.*

moyenâgeux, euse, adj. ♦ Qui a le caractère pittoresque ou anachronique, archaïque, de ce qui date (ou semble dater) du Moyen Âge : *Les revenants? Laisse donc là ces croyances moyenâgeuses !* — REGARDER *médiéval.*

moyenne, n. f. ♦ **1.** Nombre qu'on obtient en additionnant des quantités et en divisant le total par le nombre de ces quantités. **2.** Vitesse théorique obtenue en divisant le nombre de kilomètres parcourus par le nombre d'heures nécessaire pour les parcourir : *Si tu as parcouru 180 km en 3 heures, ta moyenne était de 60 km/h.* **3.** Note égale à la moitié du total des points : *J'ai 10 sur 20 : juste la moyenne !*

moyeu [mwajø], n. m. ♦ Partie centrale d'une roue, d'où partent les rayons. — PLUR. les moyeux.

mue, n. f. ♦ **1.** Action de muer, de changer de poil, de plumage ou de peau. **2.** Peau laissée par un serpent qui a mué. **3.** Action de muer, de changer de voix : *Julien a une voix plus grave : c'est la mue.*

muer, v. (conjugaison 19) ♦ **1.** Changer de poil, de plumage, de peau : *En automne, beaucoup d'oiseaux muent pour s'adapter à l'hiver.* **2.** Changer de voix, entre

multiplication

onze et quatorze ans : *Mon frère mue : sa voix devient de plus en plus grave.* **3.** Transformer : *La fée a mué la citrouille en carrosse.*

muet, muette, adj. *ou* n. ♦ **1.** Qui, en raison d'une infirmité, est incapable de parler. — REGARDER *mutité.* ● *Le petit garçon de nos voisins est à la fois sourd et muet.* — REGARDER *sourd-muet.* **2.** Qui refuse de parler, qui s'abstient de parler : *Pendant toute la réunion, Élise resta muette comme une carpe.* — REGARDER *mutisme.* — SYN. taciturne. **3.** Où l'on n'entend aucun bruit : *Pas de vent. Pas de cri d'oiseau. La forêt était muette.* **4.** *Film muet,* sans paroles enregistrées. **5.** *Carte (de géographie) muette,* où les noms ne sont pas inscrits. **6.** *Un e muet,* qui s'écrit, mais ne se prononce pas. ● *Un h muet,* qui permet la liaison et l'élision, à la différence d'un *h* aspiré.

muezzin [mɥedzin], n. m. ♦ Dans la religion musulmane, celui qui est chargé de monter cinq fois par jour sur le minaret pour appeler les fidèles à la prière.

mufle, n. m. ♦ **1.** Museau de certains animaux : *La vache posa affectueusement son mufle humide sur l'épaule de Marie-Jeanne.* **2.** Personnage grossier, mal élevé. — SYN. goujat.

muflerie, n. f. ♦ Attitude d'un mufle, d'une personne mal élevée.

mufti, n. m. ♦ Chez les musulmans, personnage instruit, qui interprète le droit religieux tiré du Coran.

mugir, v. ♦ **1.** *La vache (le bœuf, le taureau) mugit,* pousse son cri. — SYN. beugler, meugler. **2.** Produire un bruit très fort, grave et prolongé : *C'est la tempête : la mer gronde, le vent mugit.*

mugissant, ante, adj. ♦ Qui mugit : *Les vagues mugissantes se brisent avec fracas contre la falaise.*

mugissement, n. m. ♦ **1.** Cri de la vache, du bœuf, du taureau, du veau. — SYN. beuglement, meuglement. **2.** Bruit très fort, grave et prolongé.

muguet, n. m. ♦ Plante dont les fleurs au parfum délicat ont la forme de clochettes.

mulâtre, mulâtresse, n. ♦ Homme, femme dont le père est un Blanc et la mère une Noire ou dont le père est un Noir et la mère une Blanche. — REGARDER *métis.*

1. mule, n. f. ♦ Animal femelle né de l'union d'un âne et d'une jument. — REGARDER *mulet.* ● *Têtu comme une mule :* très têtu.

2. mule, n. f. ♦ Pantoufle de femme, de forme particulière.

1. mulet, n. m. ♦ Animal mâle né de l'union d'un âne et d'une jument. ● *Têtu comme un mulet :* très têtu.

2. mulet, n. m. ♦ Poisson de mer qui vit près des côtes et qui est très bon à manger.

mulot, n. m. ♦ Rat des champs, qui fait souvent de grands dégâts dans les cultures.

multicolore, adj. ♦ De toutes les couleurs.

multiple, adj. *ou* n. m. ♦ **1.** Qui sont plusieurs : *Habiter dans une toute petite ville offre de multiples avantages : la vie est moins chère, l'air est meilleur, les gens sont plus gentils.* — CONTR. seul, unique. **2.** *Un multiple,* un nombre contenu un nombre entier de fois dans un autre nombre : *Les multiples de 48 sont 2, 3, 4, 6, 8, 12, 16, 24.* ● Unité supérieure, par rapport à une autre : *Le décalitre et l'hectolitre sont des multiples du litre.*

multiplication, n. f. ♦ Opération d'arithmétique, par exemple : $14 \times 17 = 238$. ● *La table de multiplication.*

multiplier, v. (conjugaison 20) ♦
1. Faire une multiplication : *Multiplie 16
par 23, tu obtiens 368.* **2.** Rendre plus nombreux : *Ne multiplions pas les difficultés, la
tâche est déjà assez compliquée comme cela !*
3. Faire en grand nombre : *Tu as multiplié
les erreurs dans ton devoir d'histoire.*

multitude, n. f. ♦ Grand nombre :
*Le jardin, sous le soleil, bourdonne du bruit
d'une multitude d'abeilles.* ● *La multitude,*
la foule : *La multitude emplissait les rues et
les places et vint assiéger le palais.*

municipal, ale, aux, adj. ♦ Qui
appartient à la commune, qui dépend de la
commune : *Demain, grand match en nocturne au stade municipal !* ● *Conseil
municipal :* conseil, formé de *conseillers
municipaux* élus par les habitants, qui, sous
la présidence du maire, administre la commune. ● *Élections municipales :* élections
par lesquelles on choisit les conseillers
municipaux.

municipalité, n. f. ♦ Le maire et les
conseillers municipaux.

munir, v. ♦ **1.** Donner quelque chose
à quelqu'un, fournir ce qu'il faut : *Ma mère
m'avait muni d'une musette pleine de provisions.* ● *Ce bateau est muni d'une dérive.*
— SYN. doté, équipé, garni, pourvu. —
CONTR. dégarni, démuni, dépourvu, privé.
2. *Se munir de,* prendre avec soi : *Je connais
mal la forêt : aussi me suis-je muni d'une
boussole.*

munitions, n. f. pl. ♦ *Les munitions :*
les boulets, les obus, les balles.

muqueuse, n. f. ♦ Peau très fine,
toujours humide : *Ta bouche, à l'intérieur,
est tapissée d'une muqueuse rose.*

mur, n. m. ♦ **1.** Construction verticale
qui supporte le toit et constitue l'enceinte
d'un édifice ou qui divise un édifice en salles
ou qui clôt un terrain ou qui sert de rempart : *Comment escalader les hauts murs de
cette cour ?* — SYN. courtine, muraille, rempart. — REGARDER *cloison, paroi.* **2.** *Le mur*

du son : ensemble des phénomènes aéro-
dynamiques qui se produisent quand un
avion ou une fusée atteint la vitesse du son.

mûr, mûre, adj. ♦ **1.** *Fruit mûr,
légume mûr,* arrivé au point de développement où l'on peut le récolter et le consommer. ● *Le blé mûr.* — CONTR. vert.
2. *Un homme mûr,* qui n'est plus un jeune
homme, sans être pour autant un homme
âgé. **3.** Assez raisonnable pour se conduire
seul : *Voyons, Colette, tu as seulement dix-
huit ans, tu n'es pas assez mûre pour te
marier !* — REGARDER *maturité.*

muraille, n. f. ♦ Mur épais, solide.
● *Les murailles d'un château fort.* — SYN.
courtine, rempart.

mural, ale, aux, adj. ♦ Qui s'accroche au mur, qui se pose sur le mur. ● *Une
carte murale.*

mûre, n. f. ♦ **1.** Fruit de la ronce,
rouge, plus noir à maturité, avec lequel on
peut faire de la confiture. **2.** Fruit du mûrier,
avec lequel on fait du sirop.

murène, n. f. ♦ Poisson de mer, en
forme de serpent, vorace, à la morsure
dangereuse.

murer, v. ♦ Fermer par un mur, par
une maçonnerie.

muret, n. m. ♦ Petit mur bas.

mûrier, n. m. ♦ Arbre des climats
chauds, dont les feuilles servent à nourrir les
vers à soie.

mûrissement, n. m. ♦ Action de
mûrir : *Le mûrissement des bananes s'opère
dans des locaux spéciaux, qu'on appelle
« mûrisseries ».*

murmure, n. m. ♦ **1.** Bruit de voix
sourd. **2.** Bruit doux qui rappelle celui d'une
conversation : *J'entends le murmure du vent
dans les arbres.*

murmurer, v. ♦ Produire un murmure, dire par un murmure.

musaraigne, n. f. ♦ Animal insectivore, gros comme une souris, qui a un museau pointu et qui se nourrit d'insectes et de vers.

musarder, v. ♦ Traîner sans rien faire : _Odile passe son temps à musarder devant les vitrines._ — SYN. flâner.

musc, n. m. ♦ Substance à odeur puissante, qui sert à faire des parfums.

muscade, n. f. ♦ Graine de la grosseur d'une noix, produite par un arbre des pays chauds, le _muscadier,_ qui sert à assaisonner les aliments.

muscadet, n. m. ♦ Vin blanc sec de la région de Nantes, en France.

muscat, n. m. ♦ **1.** Raisin, noir ou blanc, très sucré. **2.** Vin sucré fait avec ce raisin.

muscle, n. m. ♦ Masse de chair qui peut se contracter et produit le mouvement.

musclé, ée, adj. ♦ Qui a des muscles puissants, bien développés.

musculaire, adj. ♦ Des muscles : « _Et surtout, pas d'effort musculaire violent !_ », a dit le médecin à mon arrière-grand-père.

musculature, n. f. ♦ Ensemble des muscles.

muse, n. f. ♦ _Les Muses, les neuf Muses :_ dans la mythologie grecque, déesses des arts, des sciences et des lettres.

museau, n. m. ♦ Partie avant de la tête d'un animal, qui comprend le nez et la bouche. — REGARDER _mufle._

musée, n. m. ♦ Édifice où l'on conserve des œuvres d'art, des choses curieuses pour les montrer au public.

museler, v. (conjugaison 13) ♦ Munir d'une muselière pour empêcher de mordre : _Si tu veux voyager dans le train avec ton chien, il faudra en principe le museler._

muselière, n. f. ♦ Dispositif formé de courroies qu'on attache autour du museau d'un animal, pour l'empêcher de mordre.

musette, n. f. ♦ **1.** Sac de toile suspendu à l'épaule par une courroie de toile. **2.** Autrefois, sorte de cornemuse : _Jouez, hautbois ! Résonnez, musettes !_ **3.** _Bal musette :_ bal populaire où l'on danse au son de l'accordéon.

musical, ale, aux, adj. ♦ **1.** Qui concerne la musique. **2.** _Son musical,_ qui évoque, par son timbre, une note de musique.

music-hall [myzikol], n. m. ♦ Sorte de théâtre où se produisent des artistes de variétés. — PLUR. _des music-halls._

musicien, ienne, n. ♦ **1.** Celui, celle qui joue de la musique. — SYN. exécutant, instrumentiste, interprète. **2.** Celui qui crée une œuvre musicale. — SYN. compositeur.

musique, n. f. ♦ **1.** Art d'assembler les sons de manière harmonieuse. **2.** Air composé de notes : _A travers les feuillages nous arrivait la musique du bal._

musulman, ane, adj. _ou_ n. ♦ Qui a pour religion l'islam, religion révélée aux hommes par le prophète Mohammed, dont l'enseignement est contenu dans le Coran. ● _Les musulmans. Un musulman. Une musulmane._ ● _La religion musulmane :_ l'islam.

mutation, n. f. ♦ **1.** Nomination à un autre poste, à un autre lieu de travail. **2.** Grand changement rapide : _En dix ans, ce pays agricole est devenu une grande puissance industrielle : quelle mutation !_

muter, v. ♦ Nommer à un autre poste.

mutilé, ée, adj. _ou_ n. ♦ Qui a perdu un membre, qui est devenu infirme en raison d'une blessure grave. ● _Un mutilé de guerre._ ● _Un mutilé du travail._

mutiler, v. ♦ **1.** Priver de l'usage d'un membre, rendre infirme : _En arrachant les_

mutiler

ailes à un papillon, tu le mutilerais. **2.** Détériorer en cassant ou en enlevant des morceaux : *La tempête a mutilé les arbres par centaines.*

mutin, ine, n. *ou* adj. ♦ **1.** *Des mutins :* soldats ou marins qui se révoltent contre les officiers, ou prisonniers qui se révoltent contre les gardiens. **2.** Qui a quelque chose de gai, de taquin, de malicieux, d'espiègle : *Avec son air mutin, Vladimir est bien mignon.*

mutiner (se), v. ♦ *Les soldats, les marins, les prisonniers se mutinent,* se révoltent. — REGARDER *mutinerie.*

mutinerie, n. f. ♦ Révolte dans une unité militaire, à bord d'un navire, ou dans une prison.

mutisme, n. m. ♦ Attitude d'une personne qui ne veut pas parler, qui s'abstient de parler : *Luce est restée toute la soirée enfermée dans son mutisme !* — SYN. silence.

mutité, n. f. ♦ Infirmité d'une personne muette, qui ne peut pas parler : *La mutité est souvent la conséquencee de la surdité de naissance.*

mutualité, n. f. ♦ Forme de prévoyance dans laquelle les membres d'une profession s'assurent contre la maladie ou le chômage ou bien se constituent une retraite, en adhérant à une mutuelle.

mutuel, elle, adj. *ou* n. f. ♦ **1.** Qui existe avec échange de l'un à l'autre, qui a lieu de l'un à l'autre : *Arnaud et Nicolas se portaient une estime mutuelle, qui n'excluait pas l'émulation.* — SYN. réciproque. **2.** *Une mutuelle :* association qui joue le rôle d'une compagnie d'assurances, la prime étant remplacée par une cotisation.

myope, adj. *ou* n. ♦ Qui ne voit pas bien de loin. — CONTR. presbyte.

myopie, n. f. ♦ Infirmité du myope.

myosotis [mjɔzɔtis], n. m. ♦ Petite plante des lieux humides, à fleurs bleues, parfois roses ou blanches.

myriade, n. f. ♦ Très grand nombre.

myrrhe, n. f. ♦ Substance aromatique, sorte de gomme-résine produite par un arbre d'Orient, qu'on brûle pour produire une odeur, à la manière de l'encens.

myrtille [miʀtij], n. f. ♦ Fruit sauvage, bleu-noir, dont on fait d'excellentes confitures. — REGARDER *airelle.*

mystère, n. m. ♦ **1.** Chose qui soulève une question insoluble, chose incompréhensible : *La nature est encore pleine de mystères.* — SYN. énigme. **2.** Au Moyen Âge, pièce de théâtre à sujet religieux.

mystérieux, euse, adj. ♦ Incompréhensible, obscur : *Voici un point mystérieux qu'il faudra éclaircir.*

mysticisme, n. m. ♦ Activité qui vise à l'union directe et intime de l'homme avec la divinité.

mystification, n. f. ♦ Farce qu'on fait à quelqu'un en faisant croire une chose qui n'est pas vraie.

mystifier, v. (conjugaison 20) ♦ Tromper pour faire une farce : *Andrée a mystifié tout le monde en racontant qu'elle avait rencontré une vedette de la chanson.*

mystique, adj. *ou* n. ♦ **1.** Qui concerne le mysticisme. **2.** *La mystique,* la pratique du mysticisme : *Par la mystique, l'homme peut connaître Dieu directement.* **3.** *Un mystique, une mystique :* celui, celle qui pratique le mysticisme, qui a eu des visions, etc.

mythe, n. m. ♦ Récit merveilleux qui, dans certaines religions, constitue une explication du monde, des phénomènes naturels. — REGARDER *légende, mythologie.*

mythique, adj. ♦ Qui n'existe pas, qui est seulement raconté ou décrit dans les mythes, les histoires imaginaires : *Romulus est un personnage mythique, Scipion l'Africain est un personnage historique.* — SYN. fabuleux, fantastique, imaginaire, légendaire. — CONTR. historique, vrai, réel.

mythologie, n. f. ♦ Ensemble des mythes propres à un peuple.

mythologique, adj. ♦ De la mythologie, qui n'existe que dans la mythologie : *Mais non, Hercule n'était pas un homme réel ! C'est un personnage mythologique !*

N *n n n n n n n n*
n n n n n
n n n n n
n n n n n
n n n n n
n n n n n n n n
n n n n n n n n
n n n n n n n n

n', adv. ♦ Forme élidée de *ne*, qui s'emploie devant une voyelle ou un *h* muet : *Il n'est pas là. Elle n'habite plus ici.*

nabot, ote, n. ♦ Personne très petite.

nacelle, n. f. ♦ Grand panier rond suspendu au-dessous d'un ballon ou sorte de fuselage fixé sous un dirigeable, dans lequel prennent place les passagers.

nacre, n. f. ♦ Substance brillante, de couleur particulière, qui tapisse l'intérieur de la coquille de certains coquillages et qui sert à faire des bijoux, des boutons, etc.

nacré, ée, adj. ♦ Qui a l'aspect de la nacre : *Sous la lune, l'eau de l'étang a des reflets nacrés.*

nage, n. f. ♦ **1.** Action ou manière de nager : *Le crawl est une nage sportive.* — REGARDER natation. **2.** *En nage :* couvert de sueur.

nageoire, n. f. ♦ Chacun des organes plats qui sont fixés sur le corps d'un poisson et qui lui servent à nager.

nager, v. (conjugaison **16**) ♦ Se déplacer dans l'eau ou sur l'eau : *Bravo ! Annie, tu nages comme une championne ! ♦ Sais-tu nager le crawl ou seulement la brasse ?*

nageur, euse, n. ♦ Celui, celle qui nage, qui sait nager.

naguère, adv. ♦ Il y a peu de temps : *Naguère encore, j'allais au jardin d'enfants. Maintenant, je suis au secondaire.*

naïf, ïve, adj. *ou* n. ♦ Qui croit facilement n'importe quoi. — SYN. candide, confiant, crédule, niais. — CONTR. avisé, malin, rusé.

nain, naine, n. *ou* adj. ♦ **1.** Homme, femme adulte de taille anormalement petite. — CONTR. un géant, une géante. **2.** Extrêmement petit : *Un arbre nain qui tient dans un pot de fleurs ? Mais oui, cela existe, au Japon.* — CONTR. géant, gigantesque.

naissance, n. f. ♦ **1.** Action de naître : *Monsieur et Madame Dupont sont heureux de vous annoncer la naissance de leur fille Aurélie.* — SYN. venue au monde. — CONTR. mort, décès, trépas. ● *Donner naissance à un enfant.* **2.** Début, commencement, origine : *La découverte de l'Amérique en 1492 marque la naissance du monde moderne.* — CONTR. achèvement, fin, terme. ● Endroit où commence une chose : *Le nid était construit dans le creux de la fourche, à la naissance d'une grosse branche.* — CONTR. bout, extrémité, fin.

natif

naître, v. (conjugaison 95) ♦ **1.** Venir au monde : *Le bébé naquit un dimanche, à dix heures du soir.* — CONTR. mourir, décéder, trépasser. **2.** Commencer d'exister : *Voici un nouveau jour qui va naître : je vois l'aube blanchir le ciel.* — CONTR. finir, se terminer. ● *Faire naître,* provoquer, causer : *Ce film d'horreur fait naître bien des frayeurs dans l'âme des spectateurs.*

naïveté, n. f. ♦ Caractère d'une personne naïve. — SYN. candeur, confiance, crédulité, niaiserie. — CONTR. ruse.

naja, n. m. ♦ REGARDER *cobra.*

naphtaline [naftalin], n. f. ♦ Substance de couleur blanche qui éloigne les mites et protège les vêtements de laine.

nappe, n. f. ♦ **1.** Pièce d'étoffe qu'on étend sur la table. **2.** Étendue d'eau, de brouillard, etc. : *L'étang forme une grande nappe d'eau à l'entrée du village. Une nappe de brume recouvrait la mer.*

nappé, ée, adj. ♦ Recouvert d'une couche de quelque chose : *Et voici une bonne génoise nappée de chocolat.*

napperon, n. m. ♦ Petite nappe brodée ou ornée de dentelle qu'on met sous un vase, sur une table à thé, etc.

narcisse, n. m. ♦ Fleur de couleur blanche ou jaune, au parfum délicat.

narcotique, n. m. ♦ Produit qui endort très profondément.

narguer, v. ♦ Braver quelqu'un en se moquant de lui, en lui montrant qu'on ne fait aucun cas de lui : *Ceux de l'autre bande sont venus nous narguer jusque devant la porte de notre local !* — SYN. provoquer.

narine, n. f. ♦ Chacun des deux trous du nez.

narquois, oise, adj. ♦ Moqueur et malicieux et un peu insolent. — SYN. goguenard, ironique, moqueur, railleur. — CONTR. admiratif, respectueux.

narrateur, trice, n. ♦ Celui, celle qui raconte une histoire, fait un récit.

narration, n. f. ♦ **1.** Récit : *Moi, j'aime bien les narrations de voyage.* **2.** Exercice scolaire qui consiste à inventer et à raconter une histoire par écrit. — REGARDER rédaction.

narrer, v. ♦ Raconter : *Le troubadour narre les aventures du chevalier.*

nasal, ale, aux, adj. ♦ **1.** Du nez : *Le médecin m'a examiné les cavités nasales.* **2.** *Consonnes nasales :* les consonnes [n], [m], [ɲ] et [ŋ]. ♦ *Voyelles nasales :* les voyelles [ɑ̃], [ɔ̃], [ɛ̃] et [œ̃].

naseau, n. m. ♦ Narine d'un cheval, d'un bœuf, etc.

nasillard, arde, adj. ♦ *Voix nasillarde :* voix d'une personne qui parle du nez.

nasiller, v. ♦ Parler ou chanter du nez. ● Dire en parlant du nez : *La jeune femme nasilla quelques mots.*

nasse, n. f. ♦ Sorte de panier, en osier ou en fil de fer, qui constitue un piège où l'on prend des poissons, des rats, etc. ● Filet pour prendre les oiseaux.

natal, ale, adj. ♦ Où l'on est né : *On est toujours heureux de revoir son village natal.* — REM. On évitera d'employer ce mot au masculin pluriel.

natalité, n. f. ♦ Nombre ou proportion des naissances dans une population. — CONTR. mortalité.

natation, n. f. ♦ Sport qui consiste à nager.

natif, ive, adj. ♦ **1.** Qui n'est pas donné par l'éducation, mais qui est possédé de naissance. — SYN. inné, naturel. — CONTR. acquis, appris. **2.** *Métal natif,* qui se trouve à l'état pur dans la nature, et non à l'état de minerai.

nation

nation, n. f. ♦ **1.** L'ensemble des habitants d'un pays : *Toute la nation est fière de son héros.* — SYN. peuple, population. **2.** État, pays : *La France, l'Allemagne, l'Angleterre, l'Italie, la Belgique, la Suisse sont des nations européennes.*

national, ale, aux, adj. ♦ **1.** Qui concerne toute la nation, et pas seulement une région : *Ces grands travaux ont une importance nationale.* — CONTR. local, régional. **2.** Qui concerne une seule nation : *L'économie nationale dépend en grande partie de la situation internationale.*

nationalisation, n. f. ♦ Action de nationaliser.

nationaliser, v. ♦ Décider qu'une entreprise cessera d'appartenir à des propriétaires privés et qu'elle deviendra propriété de l'État : *Au Québec, les compagnies de production d'électricité ont été nationalisées en 1962.*

nationalisme, n. m. ♦ Doctrine et action politique de ceux qui mettent l'indépendance et la puissance de leur pays au-dessus de tout.

nationaliste, adj. *ou* n. ♦ Qui est partisan de l'indépendance et de la grandeur de son pays.

nationalité, n. f. ♦ Appartenance à telle nation : *Notre petite camarade Pilar est de nationalité espagnole.*

national-socialisme, n. m. ♦ Doctrine et régime de Hitler, dictateur de l'Allemagne de 1933 à 1945. — SYN. nazisme.

national-socialiste, adj. *ou* n. ♦ Qui était partisan du national-socialisme, qui appartenait au national-socialisme. — REM. Au masculin, les deux éléments sont variables : *Un national-socialiste, des nationaux-socialistes.* Au féminin, le premier élément est invariable : *Une national-socialiste, des organisations national-socialistes.* — SYN. nazi.

nativité, n. f. ♦ Fête qui commémore la naissance de la Vierge Marie ou de saint Jean-Baptiste. ● *La Nativité* (avec un *N* majuscule) : la naissance du Christ. — REGARDER *Noël.* ● *Une nativité :* tableau qui représente la naissance de l'Enfant Jésus.

natte, n. f. ♦ **1.** Tapis fait de brins végétaux entrecroisés. **2.** Tresse de cheveux.

naturalisation, n. f. ♦ Acquisition de la nationalité d'un pays par un étranger.

naturaliser, v. ♦ **1.** Accorder la nationalité du pays à un étranger : *Nos amis belges Van der Weyden viennent d'être naturalisés canadiens.* **2.** *Naturaliser un animal mort,* l'empailler pour conserver sa dépouille.

naturaliste, n. m. *ou* f. ♦ Spécialiste des sciences naturelles (étude des animaux et des plantes).

nature, n. f. ♦ **1.** Caractère qui fait qu'une chose est ce qu'elle est et non autre chose : *La crise est de nature politique et non économique.* ● *Que veux-tu, l'homme est imparfait, c'est dans la nature des choses :* c'est ainsi. **2.** Sorte, espèce, catégorie : *Quelle est la nature de ce sol? argileux, sableux, granitique ou calcaire?* **3.** Caractère, tempérament d'une personne : *Sylvain est doux, pacifique, discret, c'est sa nature.* ● *Sylvain est doux de nature.* **4.** L'ensemble de ce qui existe sans avoir été fait par l'homme : *La science n'a pas encore percé tous les secrets de la nature.* **5.** La campagne, loin des villes : *J'aimerais camper tout seul, dans la nature, au fond d'un vallon.*

naturel, elle, adj. *ou* n. m. ♦ **1.** Qui existe sans avoir été fait par l'homme. — CONTR. artificiel. **2.** Normal : *Tout homme veut être heureux : c'est naturel.* **3.** Qui tient au caractère, au tempérament et qui n'est pas feint, qui n'est pas enseigné, acquis par l'éducation : *La gaieté naturelle de Joséphine était communicative.* — SYN. inné, natif, spontané. — CONTR. affecté, feint, simulé. ● *Le naturel :* le caractère, le tempérament de quelqu'un. **4.** Qui est simple, qui n'est pas prétentieux : *Son style clair, coulant, naturel, fait tout le charme de ce livre.* — SYN. spontané, sans apprêt. — CONTR. affecté. ● *Le naturel,* la simplicité exempte de toute prétention : *Quand tu écris, tu dois écrire avec naturel, comme si tu parlais à un ami.*

naturellement, adv. ♦ Bien sûr : *Aimerais-tu faire un voyage au bord de la mer? — Naturellement!* — SYN. assurément, certainement, évidemment.

nature morte, n. f. ♦ Tableau ou dessin qui représente des objets : vases, fleurs, fruits.

naufrage, n. m. ♦ Catastrophe maritime qui fait qu'un navire coule.

naufragé, ée, n. ♦ Celui, celle qui était sur un bateau qui a fait naufrage.

nauséabond, onde, adj. ♦ Qui sent très mauvais. — SYN. fétide, malodorant, puant. — CONTR. parfumé.

nausée, n. f. ♦ Envie de vomir.

nautique, adj. ♦ **1.** Qui concerne les bateaux et la navigation. ● *Le Salon nautique.* **2.** Qui se fait sur l'eau : *Moi, j'aime tous les sports nautiques : canotage, voile, planche à voile et, bien sûr, ski nautique!*

naval, ale, als, adj. ♦ Qui concerne la marine, les navires. ● *Les forces navales d'un pays,* sa marine de guerre. ● *Combat naval, bataille navale,* qui se déroule sur mer entre navires de guerre. ● *Chantier naval :* installation industrielle où l'on construit des navires. — REM. Attention au masculin pluriel, qui est *navals : des combats navals.*

navet, n. m. ♦ Plante potagère dont on mange la racine. ● Œuvre sans valeur : *Ne va pas voir ce film, c'est un vrai navet!*

navette, n. f. ♦ **1.** Dans un métier à tisser, sorte de boîte, pointue aux deux bouts et contenant la bobine, qui va et vient en passant entre les fils de chaîne. **2.** *Faire la navette :* aller et venir plusieurs fois d'un point à un autre. ● *Une navette :* train ou autobus qui va et vient entre deux points rapprochés. ● *La navette spatiale :* engin américain qui va dans l'espace en partant comme une fusée et qui revient atterrir comme un avion.

navigable, adj. ♦ *Cours d'eau navigable,* sur lequel un bateau peut naviguer.

navigant, ante, adj. ou n. m. ♦ *Le personnel navigant* ou *les navigants :* le personnel qui travaille à bord d'un avion (pilotes et copilotes, radios, mécaniciens, hôtesses de l'air, etc.). — REM. Ce mot s'écrit avec *g* et non *gu*, à la différence de *(en) naviguant,* participe présent de *naviguer.*

navigateur, trice, n. ♦ Celui, celle dont le métier est de naviguer sur mer : *Christophe Colomb, Magellan, Vasco de Gama furent de grands navigateurs.* ● Personne qui indique la direction à suivre au pilote d'un avion.

navigation, n. f. ♦ Circulation, mouvement des navires ou des avions. ● *La navigation aérienne.*

naviguer, v. ♦ **1.** *Le navire, le bateau navigue,* se déplace, fait des trajets sur l'eau. **2.** Voyager sur mer, parcourir les mers sur un bateau : *Ce vieux loup de mer a navigué sur toutes les mers du globe.*

navire, n. m. ♦ Grand bateau qui peut aller sur la mer et les océans, loin des côtes.

navrant, ante, adj. ♦ Très triste et très fâcheux. — SYN. affligeant, décourageant, désolant. — CONTR. encourageant, réconfortant.

navré, ée, adj. ♦ Qui est très ennuyé et plein de regrets : *Je suis navrée d'être en retard.* — SYN. confus, désolé.

navrer, v. ♦ Faire beaucoup de peine : *La maladie de notre camarade nous a tous navrés.* — SYN. affliger, attrister, consterner, désoler. — CONTR. réjouir.

nazi

nazi, ie, adj. *ou* n. ♦ Relatif au nazisme. Membre du parti national-socialiste, partisan de Hitler ou des idées du nazisme.

nazisme, n. m. ♦ Doctrine du national-socialisme qui prône la supériorité d'une race.

ne, adv. ♦ Exprime la négation (en général en corrélation avec *pas, point, goutte, mie, jamais, rien, nul, personne,* etc.) : *Je ne travaille pas demain. Tu n'en as point. On n'y voit goutte ici. Elle ne lit jamais. Nous n'avons rien à dire.* — REM. *Ne* devient *n'* devant une voyelle ou un *h* muet : *Il n'entend rien. Elle n'hésite pas.*

né, ée, adj. ♦ **1.** De naissance noble : *M. de Saint-Gus est né, et cela lui tient lieu de mérite.* **2. Bien né :** qui a l'âme noble et généreuse ou qui est issu d'une famille noble. **3. Né pour,** destiné à, doué pour : *Tu es née pour un grand destin et pour de grands exploits, ne nous déçois pas !* **4. Un musicien né, un peintre né, un écrivain né :** celui qui a des dons naturels très grands pour la musique, pour la peinture, pour la littérature.

néanmoins [neɑ̃mwɛ̃], adv. ♦ Malgré cela : *Je suis très occupé, mais je suis néanmoins venu pour te souhaiter bonne fête.* — SYN. cependant, pourtant.

néant, n. m. ♦ **1.** La non-existence, l'absence de toute chose : *Nous avons du mal à nous imaginer le néant.* ● *Réduire à néant :* détruire, annuler complètement. — SYN. anéantir, annihiler. **2.** Indique qu'un élément est absent : *Sur mon passeport est marqué : « signes particuliers : néant ».*

nébuleux, euse, adj. *ou* n. f. ♦ *Ciel nébuleux,* où il y a des nuages. ● *Une nébuleuse :* amas dense de matière (poussière, gaz), dans l'espace, qui apparaît, au télescope, sous la forme d'un nuage clair sur le fond sombre du ciel.

nécessaire, adj. *ou* n. m. ♦ **1.** Dont on a vraiment besoin : *Pour jouer au football, mon cher, un ballon n'est pas seulement utile, il est nécessaire, je dirais*

même indispensable ! — CONTR. inutile, superflu. ● *Le nécessaire,* ce qui est indispensable pour vivre : *Cette famille dispose tout juste du nécessaire, elle ne sait pas ce qu'est le superflu.* — CONTR. le superflu. **2. Faire le nécessaire,** faire ce qu'il faut : *Je compte sur vous : faites le nécessaire pour régler cette affaire avant demain.* **3.** Ensemble d'objets qui sont contenus dans une trousse ou une boîte et qui servent à un usage déterminé. ● *Un nécessaire de toilette. Un nécessaire de couture.*

nécessairement, adv. ♦ Inévitablement : *Un temps pluvieux n'est pas nécessairement synonyme d'ennui.*

nécessité, n. f. ♦ **1.** Obligation : *Je me vois malheureusement dans la nécessité d'annuler mon invitation.* **2. Denrée de première nécessité,** dont on ne peut se passer.

nécessiter, v. ♦ Demander, exiger : *Mon arrière-grand-mère est malade : son état nécessite des soins constants.*

nécessiteux, euse, adj. *ou* n. m. ♦ Très pauvre, au point de manquer même du nécessaire. — SYN. indigent, miséreux, pauvre. — CONTR. aisé, opulent, riche. ● *Le maire a décidé d'accorder une aide aux nécessiteux.*

nécropole, n. f. ♦ **1.** Grand cimetière antique. ● Grand cimetière d'une grande ville. **2.** Édifice où sont rassemblés les tombeaux d'une famille royale ou princière.

nectar, n. m. ♦ **1.** Dans la mythologie grecque, liqueur délicieuse que buvaient les dieux. **2.** Liquide sucré, contenu dans les fleurs, avec lequel les abeilles font le miel.

nef, n. f. ♦ **1.** Synonyme poétique de *navire.* **2.** Au Moyen Âge, grand navire de commerce, à voiles, de forme ronde. **3.** Partie principale d'une église, qui s'allonge entre la façade et le croisillon du transept. — REGARDER *bas-côté.*

néfaste, adj. ♦ **1.** Qui porte malheur, où il arrive des malheurs : *Cette décision fut* néfaste _pour le royaume._ — CONTR. faste, heureux. **2.** Qui fait du mal : _L'abus du tabac est néfaste._ — SYN. nocif. — CONTR. bénéfique.

négatif, ive, adj. _ou_ n. m. ♦ **1.** _Phrase négative,_ qui contient un mot négatif, tel que _ne, pas, point, jamais, rien, nul, personne,_ par exemple : _Elle ne viendra pas._ — CONTR. affirmatif. ● _Adverbe négatif :_ adverbe tel que _ne, pas, point, jamais,_ etc. **2.** _Réponse négative,_ par laquelle on dit « non ». — CONTR. affirmatif, positif. ● _On m'a répondu par la négative._ — CONTR. par l'affirmative. **3.** _Nombre négatif,_ plus petit que zéro. — CONTR. positif. **4.** _Le négatif d'une photographie :_ la pellicule développée sur laquelle les parties claires de l'objet apparaissent en sombre, et les parties sombres en clair.

négation, n. f. ♦ **1.** Action de nier : _La négation de l'existence de Dieu, c'est l'athéisme._ — CONTR. affirmation. **2.** Mot, adverbe négatif.

négligé, ée, adj. _ou_ n. m. ♦ **1.** Peu soigné. **2.** _Le négligé :_ aspect peu soigné. **3.** _Un négligé :_ vêtement féminin d'intérieur, longue robe très légère et élégante.

négligeable, adj. ♦ Peu important ou pas très grand. — CONTR. considérable, notable.

négligemment [negliʒamɑ̃], adv. ♦ Sans faire attention, sans attacher beaucoup d'importance. — CONTR. attentivement, méticuleusement, soigneusement.

négligence, n. f. ♦ Manque d'application, d'attention, de soin. — SYN. insouciance, laisser-aller. — CONTR. application, attention, diligence, soin, vigilance.

négligent, ente, adj. ♦ Qui manque d'application, d'attention, de soin. — SYN. insouciant. — CONTR. appliqué, attentif, diligent, soigneux, vigilant.

négliger, v. (conjugaison 16) ♦ **1.** Ne pas s'occuper d'une chose avec l'application et le soin qu'il faudrait : _Ce fermier néglige son exploitation : les herbes folles et les ronces envahissent ses champs._ **2.** Ne pas voir ses amis très souvent : _Alors, Line, tu négliges tes vieux camarades ? On ne te voit pas souvent !_ **3.** _Se négliger,_ ne pas prendre soin de sa santé ou de sa toilette comme il le faudrait : _Ne te néglige pas : soigne-toi bien et mange bien._

négoce, n. m. ♦ Commerce en gros.

négociant, ante, n. ♦ Celui, celle qui fait le commerce de gros.

négociateur, trice, n. ♦ Celui, celle qui négocie.

négociation, n. f. ♦ Discussion en vue d'un accord.

négocier, v. (conjugaison 20) ♦ Discuter pour parvenir à un accord : _Les deux partenaires ont négocié cet accord toute la journée._

nègre, n. m. _ou_ adj. ♦ _Un nègre :_ synonyme vieux et péjoratif de _un Noir_ ou de _un Africain._ — REGARDER _négresse._ ● _Un village nègre._

négresse, n. f. ♦ Mot vieux et péjoratif qui désignait une femme noire.

négrier, n. m. ♦ **1.** Autrefois, homme d'affaires ou capitaine qui se livrait à la traite des Noirs, enlevés en Afrique et transportés en Amérique, où on les vendait comme esclaves. **2.** Autrefois, navire qui servait à la traite des Noirs.

neige, n. f. ♦ **1.** Eau qui tombe du ciel sous forme de fins cristaux, agglomérés en flocons blancs qui recouvrent ensuite la terre. ● _Les neiges éternelles :_ la neige qui reste sur les montagnes, même en été. **2.** _Œufs en neige :_ blancs d'œufs battus de manière à former une sorte de mousse blanche.

neiger, v. impersonnel (conjugaison 16) ♦ _Il neige :_ il tombe de la neige.

neigeux, euse, adj. ♦ Couvert de neige.

nénuphar [nenyfaʀ], n. m. ♦ Plante qui vit dans l'eau et dont les fleurs et les feuilles rondes et larges s'étalent à la surface de l'eau.

néologisme, n. m. ♦ Mot ou sens introduit depuis peu de temps dans la langue.

néon, n. m. ♦ Gaz rare de l'air, employé dans les **tubes au néon,** qui donnent une lumière rouge. • *Des enseignes au néon.*

néophyte [neɔfit], n. m. *ou* f. ♦ Celui, celle qui vient de se convertir à une religion ou d'adhérer à un parti, à une doctrine.

nerf [nɛʀ], n. m. ♦ Chacun des filaments que nous avons dans le corps et qui transmettent les sensations au cerveau ou bien qui transmettent les ordres du cerveau aux muscles. • *Avoir du nerf :* être énergique, actif.

nerveux, euse, adj. ♦ Impatient, agité, près de perdre son sang-froid : *Du calme ! Ne soyez pas si nerveux, nous avons le temps !*

nervosité, n. f. ♦ Impatience, agitation.

nervure, n. f. ♦ Chacun des filets saillants qu'on voit sur une feuille de plante.

n'est-ce pas ? loc. adv. ♦ Sert à demander l'avis, l'assentiment de l'interlocuteur : *Tu es contente d'aller à la mer, n'est-ce pas ?*

net, nette, adj. *ou* adv. ♦ **1.** Très propre, sans la moindre trace de saleté. — CONTR. douteux, sale. **2.** Distinct : *Tu as dû bouger : la photo n'est pas nette.* **3.** Clair, franc, sans hésitation, sans arrière-pensée, sans complications : *Dis-moi oui, dis-moi non, mais donne-moi une réponse nette !* — CONTR. ambigu, équivoque. **4.** De manière brutale, instantanée : *La branche cassa net, Thomas se retrouva par terre.* — CONTR. par degrés, progressivement. **5.** *Poids net,* sans l'emballage. — CONTR. poids brut.

netteté, n. f. ♦ Caractère de ce qui est net.

nettoyage, n. m. ♦ Action de nettoyer.

nettoyer, v. (conjugaison 21) ♦ Rendre propre en enlevant la poussière, la crasse, etc. : *Allez, nettoyez les vitres !* — SYN. laver. — CONTR. encrasser, salir, souiller.

nettoyeur, euse, n. ♦ Personne qui nettoie les vêtements.

1. neuf, adj. numéral *ou* n. m. ♦ Au nombre de 9 : *Il y a neuf élèves absents, aujourd'hui.* • Qui vient au 9ᵉ rang : *Ouvre ton livre à la page 9.* • Le chiffre 9 ou le numéro 9 : *Ton neuf est mal écrit. Elle habite au 9 de la rue Hégésippe-Simon.*

2. neuf, neuve, adj. ♦ **1.** Qui vient d'être acheté ou qui n'a pas servi : *Jérôme est très fier de son pantalon neuf.* — CONTR. vieux. **2.** Nouveau : *Quoi de neuf ? Rien de neuf.*

neurasthénie, n. f. ♦ Maladie dont le principal signe est une très profonde tristesse, un manque de goût pour la vie. — SYN. dépression nerveuse.

neutralisme, n. m. ♦ Doctrine qui préconise la neutralité du pays et le refus de s'engager dans un bloc d'alliances militaires.

neutralité, n. f. ♦ État d'un pays neutre.

neutre, adj. *ou* n. m. ♦ **1.** Qui ne prend pas part à la guerre ou qui n'adhère pas à l'un des pactes militaires. • *Les neutres :* les pays neutres. **2.** Impartial : *L'arbitre a vraiment été neutre, il n'a favorisé aucune des deux équipes.* — CONTR. partial. **3.** *Couleur neutre,* peu éclatante. — CONTR. éclatant, vif. **4.** *Mot neutre :* dans certaines

nimbe

langues (anglais, allemand, latin, grec), mot qui n'est ni masculin ni féminin. • *Le neutre :* le genre auquel appartiennent les mots neutres.

neuvième, adj. numéral ordinal *ou* n. m. *ou* f. ♦ **1.** Qui vient au 9ᵉ rang : *La neuvième porte est celle de la bibliothèque. Jules est neuvième en dessin.* • *C'est toi, Luce, qui es la neuvième.* **2.** *Le neuvième,* la partie d'un tout divisé en 9 parties égales : *Nous avons parcouru le neuvième du trajet.*

névé, n. m. ♦ En haute montagne, masse de neige durcie qui, parfois, est à l'origine d'un glacier.

neveu, n. m. ♦ Fils du frère ou de la sœur. — REGARDER *nièce, oncle, tante.*

névralgie, n. f. ♦ Douleur qui apparaît en un point du trajet d'un nerf.

nez, n. m. ♦ **1.** Partie saillante du visage, au bas de laquelle s'ouvrent les narines. **2.** Partie avant : *Le poste de pilotage se trouve dans le nez de l'avion.* — CONTR. queue.

ni, adv. ♦ Et ne ... pas, ou ne ... pas : *Il ne travaille ni ne lit.* • *Elle n'est ni laide ni jolie, ni riche ni pauvre.*

niais, niaise, adj. *ou* n. ♦ Qui est sot et qui croit n'importe quoi. — SYN. bête, crédule, naïf, nigaud, simple, sot. — CONTR. averti, avisé, fin, intelligent, subtil.

niaisage, n. m. ♦ Futilités.

niaiser, v. ♦ Perdre son temps, traîner : *Viens vite, ne niaise pas, je n'ai pas de temps à perdre.*

niaiseux, euse, adj. *ou* n. ♦ Stupide, niais, idiot • Terme d'injure.

niaiserie, n. f. ♦ **1.** Sottise du niais. — SYN. bêtise, crédulité, naïveté. — CONTR. finesse, subtilité. **2.** Parole sotte. **3.** Chose sans importance : *Laissons là ces niaiseries et passons aux choses sérieuses !*

1. niche, n. f. ♦ Farce que l'on fait à quelqu'un.

2. niche, n. f. ♦ **1.** Petite cabane en bois qui sert d'abri à un chien, en plein air. **2.** Renfoncement qui forme une petite loge dans un mur et qui, souvent, contient une statue.

nichée, n. f. ♦ Groupe d'oiseaux nés en même temps et qui sont encore au nid.

nicher, v. ♦ Faire son nid : *Les hirondelles nichent entre les poutres de la grange.*

nickel, n. m. ♦ Métal blanc très brillant et inoxydable.

nickelé, ée, adj. ♦ Recouvert d'une mince couche brillante de nickel.

nicotine, n. f. ♦ Substance qui est contenue dans le tabac et qui est un poison.

nid, n. m. ♦ **1.** Abri qu'un oiseau construit pour y déposer ses œufs et y élever ses petits. **2.** *Nid d'aigle :* château peu accessible, perché sur un rocher ou un sommet escarpé. • *Nid de pie :* poste d'observation, en haut du mât d'un navire, où s'installe une vigie. • *Nid de poule :* trou dans la route.

nièce, n. f. ♦ Fille du frère ou de la sœur. — REGARDER *neveu, oncle, tante.*

nier, v. (conjugaison 20) ♦ **1.** Dire qu'une chose ou qu'un être n'existe pas, dire qu'un fait ne s'est pas produit : *Les savants nient l'existence des Martiens. Je nie avoir vu Fabienne. Je nie que Marcel puisse réussir.* — CONTR. affirmer, assurer. **2.** Dire qu'on n'a pas commis un acte : *L'homme nie tout ce dont on l'accuse.*

nigaud, aude, adj. *ou* n. ♦ Sot, crédule. — SYN. bête, naïf, niais, simple. — CONTR. fin, intelligent, malin, rusé, subtil.

nimbe, n. m. ♦ **1.** Dans les tableaux, cercle lumineux qui entoure la tête d'un

nimbe

saint. — SYN. auréole. **2.** Zone lumineuse et floue qui entoure un objet ou un être : *Le cerf apparut dans la clairière, dans un nimbe de lumière.* — SYN. halo.

nimber, v. ♦ Entourer d'un nimbe : *Le soir, la lumière du couchant nimbe d'un halo doré les arbres et les collines.*

nippe, n. f. ♦ *Des nippes :* des vêtements pauvres, usés. — SYN. frusques, hardes.

nipper (se), v. ♦ Synonyme familier de *s'habiller.*

niveau, n. m. ♦ **1.** Ensemble des points situés à une même hauteur et formant un plan horizontal. ● *Ces deux pièces ne sont pas de niveau* (= ne sont pas au même niveau). ● *Au niveau de,* à la hauteur de : *Pendant l'inondation, l'eau arrivait au niveau des bancs du jardin public.* ● *Le niveau de la mer :* hauteur de la mer à marée basse, qui sert de point 0 pour l'indication de l'altitude. **2.** Valeur, force : *Dans notre classe, tous les élèves sont à peu près du même niveau en mathématiques et en français.* ● *Niveau de vie :* manière de vivre, déterminée par les revenus. **3.** Instrument qui sert à vérifier si une surface est bien horizontale.

niveler, v. (conjugaison 13) ♦ Rendre bien plat et bien horizontal : *Avant de construire le nouveau théâtre, il faudra bien niveler le terrain, car il est plein de bosses et de trous.* — SYN. aplanir, égaliser.

nivellement, n. m. ♦ Action de niveler.

nobiliaire, adj. ♦ De la noblesse, des nobles : *Un titre nobiliaire, une particule nobiliaire, des préjugés nobiliaires et des dettes constituaient tout l'avoir du marquis de Lapie.*

noble, n. *ou* adj. ♦ **1.** Qui appartient à la noblesse. ● *Un noble.* — SYN. aristocrate. — CONTR. roturier. **2.** Grand et généreux : *Tu pardonnes à tes ennemis, tu défends les faibles, donc tu as l'âme noble d'un chevalier.* — CONTR. bas, vil. **3.** Majestueux et distingué : *Même au zoo, captif, le fauve gardait une allure noble.*

noblesse, n. f. ♦ **1.** Dans certaines sociétés, classe héréditaire de privilégiés, dont les privilèges sont garantis par un statut légal : *Avant la Révolution française, la noblesse avait le privilège de ne pas payer d'impôts.* ● Ensemble des personnes qui descendent ou croient descendre ou font croire qu'elles descendent des gens de cette classe. **2.** Grandeur d'âme, générosité des sentiments. — CONTR. bassesse. **3.** Majesté et distinction : *Admirez la noblesse de cette façade !*

noce, n. f. ♦ **1.** Cérémonie et fête qui accompagnent le mariage : *Julien est habillé comme un prince : il est invité à la noce de sa cousine.* ● *Le jour des noces :* le jour du mariage. **2.** Cortège qui accompagne les mariés avant et après la cérémonie du mariage : *La noce traversa le village, violonistes en tête.*

nocif, ive, adj. ♦ Qui fait du mal, qui est dangereux : *L'alcool et le tabac sont des substances nocives.* — SYN. dangereux, mauvais, néfaste, nuisible. — CONTR. bénéfique, bon, utile.

nocturne, adj. *ou* n. m. *ou* f. ♦ **1.** Qui vit la nuit et dort le jour : *La chouette est un rapace nocturne.* — CONTR. diurne. ● Qui a lieu la nuit : *Demain soir, grande fête nocturne, avec feu d'artifice.* **2.** *Un nocturne,* désigne certains morceaux de musique : *Sophie, joue-nous donc ce beau nocturne de Chopin.* **3.** *Une nocturne,* séance ou match qui a lieu le soir, après la tombée de la nuit : *Demain, grande nocturne au stade municipal.* ● *Grand match en nocturne.*

noël, n. m. *ou* f. ♦ **1.** *Noël* (n. m.) ou *la Noël* (n. f.), fête qui a lieu le 25 décembre et qui commémore la naissance du Christ : *Joyeux Noël !* ● *Pour la Noël, j'ai eu un train électrique.* ● *Arbre de Noël.* ● *Le père Noël.* **2.** *Un noël :* chant religieux et populaire ancien qui se chante à l'occasion de Noël.

nœud, n. m. ♦ **1.** Enlacement d'une ficelle, d'une corde, d'un câble, d'un ruban, qui sert à attacher, à serrer ou à bloquer. • _Un nœud coulant._ • _Un nœud de cravate._ **2.** Endroit dur, de couleur plus sombre, qui, dans un morceau de bois, marque l'endroit où une branche prenait naissance. **3.** Endroit ou ville où plusieurs routes ou plusieurs voies ferrées se croisent, se coupent. • _Un nœud routier._ • _Un nœud ferroviaire._ **4.** Moment le plus important de l'action d'une pièce de théâtre : _C'est au IVᵉ acte que se situe le nœud de l'intrigue._ — REGARDER _dénouement._ • Point capital, difficile : _Voici en deux mots le nœud de l'affaire._ **5.** _Un nœud,_ vitesse d'un navire qui parcourt un mille marin (1 852 m) à l'heure : _Ce navire file seize nœuds_ (= 1 852 × 16, soit 29 632 km/h). — REM. Ne dites pas « nœud à l'heure ». • _Frapper un nœud :_ rencontrer des difficultés, tomber sur un os.

noir, noire, adj. _ou_ n. ♦ **1.** Qui est de la couleur du charbon. — CONTR. blanc. • _Le noir :_ la couleur noire. **2.** _Nuit noire :_ nuit complète, où l'on ne voit plus rien. • _Il fait noir :_ on ne voit rien, à cause de l'obscurité complète. • _Le noir,_ obscurité complète : _Dans le noir, nous avancions à tâtons._ **3.** _Des idées noires :_ une profonde tristesse. **4.** _Âme noire :_ caractère très méchant. **5.** Qui a la peau noire ou très foncée : _La population du Zaïre appartient à la race noire._ • _Un Noir, une Noire :_ une personne de race noire. • _L'Afrique noire :_ la partie de l'Afrique peuplée de Noirs. **6.** _Une noire :_ note de musique qui vaut la moitié d'une blanche.

noirâtre, adj. ♦ D'une couleur qui tire sur le noir.

noiraud, aude, adj. _ou_ n. ♦ Dont la peau et les cheveux sont très foncés.

noirceur, n. f. ♦ **1.** Grande méchanceté, souvent accompagnée de perfidie : _La noirceur de son âme fait horreur à tout le monde._ **2.** Obscurité. Nuit.

noircir, v. ♦ **1.** Devenir noir : _Les vieux murs ont noirci au fil des ans._ • _Avec les fumées des usines, les murs se noircissent_ vite. **2.** Rendre noir : _La fumée des locomotives a noirci les parois du tunnel._ **3.** Représenter comme très mauvais ou très méchant : _Allons, il ne faut pas noircir la situation !_

noise, n. f. ♦ _Chercher noise à quelqu'un,_ lui chercher querelle.

noisetier, n. m. ♦ Petit arbre dont le fruit est la noisette.

noisette, n. f. _ou_ adj. inv. ♦ **1.** Fruit sec, recouvert d'une coquille dure, produit par le noisetier. **2.** De la couleur brun clair de la noisette : _Ghislaine a des yeux noisette._

noix, n. f. ♦ **1.** Fruit sec, recouvert d'une coque dure, produit par le noyer. • _Huile de noix._ • _Brou de noix :_ REGARDER _brou._ **2.** _Noix de coco :_ REGARDER _coco._

nom, n. m. ♦ **1.** Mot qui désigne une personne, un animal ou une chose : _Mon nom est Julien Levert. Voici une libellule, tel est le nom de cet insecte._ • _Un nom commun._ • _Un nom propre._ • _Le nom de famille._ • _Le petit nom :_ le prénom. **2.** _Au nom de,_ à la place de, dans l'intérêt de, pour obéir à : « _Au nom du roi, ouvrez_ », cria le capitaine des mousquetaires. • _En mon, en ton, en son nom._

nomade, adj. _ou_ n. ♦ **1.** _Population nomade,_ qui ne vit pas fixée au même endroit, mais vit sous la tente et se déplace, en pratiquant, en général, l'élevage. — CONTR. sédentaire. **2.** Bohémien qui se déplace dans une roulotte.

nombre, n. m. ♦ **1.** Quantité de ce qui peut se compter : _Quel est le nombre des élèves dans ta classe ?_ • _Les élèves sont au nombre de 29._ **2.** _Un grand nombre de, nombre de,_ beaucoup de : _Nombre de maisons, ici, n'ont qu'un étage._ • _En nombre,_ nombreux : _Les gens sont venus en nombre pour applaudir la vedette._ • _Le nombre,_ le grand nombre : _Nous avons le courage et la discipline, mais, eux, ils ont l'avantage du nombre._ • _Nous nous battions à un contre dix, et nous avons succombé_

nombre

sous le nombre. **3.** Catégorie grammaticale qui comprend le singulier et le pluriel : *L'adjectif varie en genre et en nombre.*

nombreux, euse, adj. ♦ Qui sont beaucoup : *Les amis qui ont participé à notre fête sont nombreux.* ● *Des incidents nombreux.* — SYN. fréquent. — CONTR. rare.

nombril [nɔbʀi], n. m. ♦ Petit creux, petit renfoncement rond au milieu du ventre.

nominal, ale, aux, adj. ♦ *Phrase nominale,* phrase sans verbe constituée par un ou par plusieurs noms, par exemple : *Garçon, un café !*

nomination, n. f. ♦ Action de nommer quelqu'un à un poste.

nommer, v. ♦ **1.** Donner un nom à : *On nomme cet insecte « scarabée ».* — SYN. appeler. ● *Je me nomme Joseph Legras.* — SYN. s'appeler. **2.** Prononcer le nom de quelqu'un : *On a nommé plusieurs personnes à propos de ce poste à créer.* **3.** Désigner pour un poste, une fonction : *La ministre a nommé un nouveau responsable.* — SYN. désigner, placer. — CONTR. relever de ses fonctions, révoquer.

non, adv. ♦ Exprime le refus ou la négation : *Non, je ne peux pas t'accompagner.* ● *La baleine n'est pas un poisson, le phoque non plus.*

nonchalamment, adv. ♦ D'une manière nonchalante, avec nonchalance.

nonchalance, n. f. ♦ **1.** Manque d'ardeur à la tâche, d'activité. — SYN. indolence, insouciance, mollesse, négligence, paresse. — CONTR. activité, allant, ardeur, diligence, énergie, entrain, zèle. **2.** Lenteur dans les mouvements. — SYN. indolence, langueur. — CONTR. énergie, vivacité. **3.** Manque d'énergie, d'intérêt, de conviction dans les paroles. — SYN. indifférence, insouciance. — CONTR. force, fougue, passion, vigueur.

nonchalant, ante, adj. ♦ Plein de nonchalance.

nonnette, n. f. ♦ Petit gâteau rond en pain d'épice.

nonobstant, prép. *ou* adv. ♦ **1.** Malgré, en dépit de : *Nonobstant l'interdiction qui lui avait été faite, la princesse quitta le palais de son père.* **2.** Cependant, pourtant, néanmoins : *On lui avait interdit de quitter le palais. Nonobstant, elle s'enfuit pour retrouver le prince.*

non-sens, n. m. inv. ♦ **1.** Ce qui est contraire au bon sens, à la raison : *Mettre un si grand bureau dans une si petite pièce est un non-sens.* **2.** Phrase qui n'a aucun sens.

nord, n. m. *ou* adj. inv. ♦ **1.** *Le nord,* l'un des quatre points cardinaux, celui qui est indiqué par l'aiguille de la boussole et par l'étoile Polaire : *Sainte-Agathe-des-Monts est au nord de Montréal.* ● *La façade est exposée au nord.* — REGARDER septentrion. — CONTR. midi, sud. ● *Perdre le nord :* s'affoler, ne plus savoir ce qu'on fait. **2.** Qui est situé au nord : *La façade nord du palais date de la fin du XVI*ᵉ *siècle.* — SYN. septentrional. — CONTR. méridional. ● *Le pôle Nord.* **3.** *Le nord de,* la partie d'un pays ou d'une région qui est située au nord : *Dans le nord du Québec, tu pourras chasser l'ours et l'orignal.* ● *Le Nord,* la partie nord d'un pays. ● *Le Grand Nord,* la partie de la Terre située près du pôle Nord : *Aimerais-tu voyager dans un traîneau tiré par des chiens, à travers les immensités glacées du Grand Nord canadien ?*

nordicité, n. f. ♦ Caractéristiques particulières des régions et des habitants du Grand Nord.

nordicitude, n. f. ♦ État d'ennui, de solitude dont souffrent les habitants non habitués au Grand Nord.

nordique, adj. *ou* n. ♦ Du nord de l'Europe. ● *Les Nordiques :* les Danois, les Norvégiens, les Suédois, les Finlandais.

nordiste, n. *ou* adj. ♦ *Les nordistes :* les habitants ou les soldats des États qui restèrent fidèles au gouvernement de Washington pendant la guerre de Sécession, aux États-Unis (1861-1865). — SYN. les fédéraux. — CONTR. les sudistes, les confédérés. • *L'armée nordiste.*

normal, ale, aux, adj. ◆ **1.** Conforme à la norme, à la règle, à l'habitude. — SYN. courant, habituel, ordinaire. — CONTR. anormal, bizarre, extraordinaire, spécial. **2.** *École normale d'instituteurs :* chacune des écoles où l'on forme les futurs instituteurs.

normand, ande, adj. *ou* n. ◆ **1.** *Les Normands :* les envahisseurs venus du Danemark et de Norvège qui, au IXe siècle, firent des expéditions en Europe occidentale. • *Les barques normandes s'appelaient* drakkars. **2.** De la Normandie, province française (où les envahisseurs normands s'installèrent en 911).

norme, n. f. ◆ Règle ; habitude constituant une règle ; cas le plus courant.

norois ou **noroît,** n. m. ◆ Sur mer, vent du nord-ouest.

norvégien, ienne, adj. *ou* n. ◆ De la Norvège, pays du nord de l'Europe : *Les fjords sont une caractéristique du paysage norvégien.* • *Les Norvégiens. Un Norvégien. Une Norvégienne.* • *Le norvégien :* langue scandinave parlée en Norvège.

nos, adj. possessif. ◆ Pluriel de *notre* : *Prenons nos vélos et allons en promenade.*

nostalgie, n. f. ◆ Regret un peu triste d'un pays qu'on a quitté ou d'une période révolue : *Nous avons tous la nostalgie de nos vacances.*

nostalgique, adj. ◆ Qui exprime la nostalgie. • Qui est empreint d'une tristesse calme et douce.

notable, adj. *ou* n. m. ◆ **1.** Important : *Quels sont les faits notables de l'année 1967?* • *Un écart notable.* — SYN. appré-ciable, sensible. — CONTR. insignifiant, négligeable. **2.** *Un notable :* un personnage connu et important, dans une ville, une région. — SYN. personnalité.

notaire, n. m. ◆ Celui dont le métier est de régler les successions, d'établir les actes de vente, etc.

notamment, adv. ◆ Entre autres et surtout : *Les villages de la Côte-Nord, notamment Sept-Îles, Havre-Saint-Pierre, Natashquan et Tête-à-la-Baleine, sont d'accès difficile en hiver.* — SYN. en particulier, particulièrement, spécialement.

notation, n. f. ◆ **1.** Représentation par des signes, par exemple la *notation musicale* (notation des sons par des signes, sur une portée). **2.** Manière de noter les devoirs.

note, n. f. ◆ **1.** Explication : *Dans ton livre, il y a des notes qui expliquent le sens des mots difficiles.* **2.** Ce qu'on écrit pour se souvenir : *Le professeur parle, les étudiants prennent des notes.* • *Prenez en note ce que je vais vous dire.* **3.** Facture : *Dans les grands restaurants, c'est le maître d'hôtel qui présente la note.* — REGARDER *addition,* facture, mémoire. **4.** Chiffre qui indique ce que vaut un devoir. **5.** Son musical : *Appuie sur cette touche du piano : tu obtiens la note « fa ».* • Signe qui représente un son musical : *Ces signes sur la portée, ce sont les notes.*

noter, v. ◆ **1.** Inscrire, écrire : *J'ai noté son numéro de téléphone sur un billet de métro, mais j'ai jeté celui-ci !* • Bien garder en mémoire : *L'espionne observe et note tout dans sa tête.* • Remarquer : *Note bien ce point, il est très important.* **2.** Mettre une note à un devoir. **3.** Exprimer par des signes : *On note la prononciation au moyen de l'alphabet phonétique.*

notice, n. f. ◆ Petit texte qui donne des explications sur la manière de se servir d'un produit, d'un appareil. — SYN. mode d'emploi.

notifier

notifier, v. (conjugaison 20) ♦ Faire connaître officiellement : *Mon père a reçu la lettre qui lui notifie mon admission au concours.*

notion, n. f. ♦ **1.** *Une notion :* une représentation mentale, une idée de quelque chose. **2.** *Des notions :* des connaissances peu poussées.

notoire, adj. ♦ Connu comme étant tel : *La pie est une voleuse notoire* (= elle est connue comme étant une voleuse).

notoriété, n. f. ♦ État d'une personne qui est assez connue, sans être encore célèbre.

notre, nos, adj. possessif. ♦ Qui est à nous, de nous : *Voici notre grand-père et nos cousines.*

nôtre, pronom possessif *ou* n. m. pl. ♦ **1.** *Le nôtre, la nôtre, les nôtres,* pronom possessif de la première personne du pluriel : *Ces livres sont les vôtres, nous avons les nôtres.* ● *Les nôtres :* nos amis, notre famille. **2.** *Des nôtres,* avec nous : *Nous organisons une petite fête, et, bien sûr, vous serez des nôtres.*

nouer, v. (conjugaison 19) ♦ **1.** Faire un nœud : *Maintenant, noue la corde et serre très fort !* **2.** *Sa gorge se noue :* il éprouve une sensation d'angoisse.

noueux, euse, adj. ♦ **1.** *Tronc noueux, branche noueuse,* où il y a de grosses bosses, comme des nœuds, aux endroits où les branches forment une fourche. **2.** *Membre, bras noueux,* où il y a de grosses articulations.

nougat, n. m. ♦ Confiserie à base de sucre, de miel, d'amandes.

nouilles, n. f. pl. ♦ Pâtes alimentaires qui se présentent sous forme de petits rubans assez courts.

nourrice, n. f. ♦ Femme qui nourrit au sein un bébé qui n'est pas le sien. ● *Mettre un enfant en nourrice,* le confier à une nourrice, qui le nourrit et le garde. ● *Épingle de nourrice* (ou *épingle de sûreté*) : épingle à deux tiges parallèles.

nourricier, ière, adj. ♦ *Parents nourriciers :* ceux qui élèvent un enfant qui n'est pas le leur. ● *Père nourricier.*

nourrir, v. ♦ **1.** Donner à manger : *On nourrit les porcs avec des pommes de terre.* — SYN. alimenter. ● *Autrefois, les gens se nourrissaient presque uniquement de pain.* — SYN. manger. **2.** Élever : *Douze enfants à nourrir ! Il ne devait pas y avoir de la viande tous les jours.* **3.** *Nourrir l'espoir de,* avoir l'espoir de : *Nous nourrissions l'espoir de faire un long voyage.*

nourrissant, ante, adj. ♦ Qui constitue une nourriture riche et qui nourrit bien.

nourrisseur, n. m. ♦ Éleveur qui engraisse le bétail pour la boucherie.

nourrisson, n. m. ♦ Bébé qui n'est pas encore sevré.

nourriture, n. f. ♦ Chose que l'on mange. — SYN. aliment.

nous, pronom personnel. ♦ **1.** Pronom personnel de la première personne du pluriel : *Ma sœur et moi, nous faisons du canotage sur la rivière.* **2.** *Nous-mêmes,* nous et personne d'autre à notre place : *Nous transporterons nous-mêmes le vélo de mon petit frère.*

nouveau, elle, adj. *ou* n. ♦ **1.** Qui vient d'être acheté, fabriqué, construit : *Notre quartier se transforme : on vient de construire deux nouvelles maisons.* — SYN. neuf. — CONTR. ancien, vieux. — REM. *Nouveau* est remplacé par *nouvel* devant une voyelle ou un *h* muet : *Le nouvel immeuble. Le nouvel habit.* **2.** Qui vient d'être inventé : *Nous avons fait croire à Gilles qu'on avait inventé un nouvel avion, marchant à l'air comprimé !* **3.** Qui remplace une chose ou une personne du même genre, mais plus ancienne : *Tu as vu la nouvelle institutrice ? Elle a l'air très gentille !* — CONTR. ancien. ● *Le nouvel an :* le jour du 1ᵉʳ janvier. — SYN.

nuage

jour de l'an, premier de l'an. **4.** Qui vient d'arriver, d'entrer dans un groupe : *Le nouvel élève n'était pas au courant des usages de la classe.* — CONTR. ancien. ● *Voilà un nouveau! Il faudra s'occuper de lui.* — CONTR. un ancien. **5.** *De nouveau,* encore une fois : *Ma moto est de nouveau en panne.*

nouveau-né, adj. *ou* n. ◆ *Un enfant nouveau-né* ou *un nouveau-né :* un enfant qui vient de naître. — REM. Attention au pluriel et au féminin : *des nouveau-nés, une nouveau-née, des nouveau-nées.*

nouveauté, n. f. ◆ **1.** Caractère de ce qui est nouveau. — CONTR. ancienneté. **2.** Chose nouvelle, chose qu'on voit pour la première fois : *Mon arrière-grand-oncle n'aime pas les nouveautés :* « *C'est bon pour les jeunes* », *dit-il.* — SYN. innovation. **3.** *Magasin de nouveautés,* où l'on vend des articles de mode.

nouvel, adj. ◆ REGARDER *nouveau.*

1. nouvelle, adj. ◆ Féminin de *nouveau.*

2. nouvelle, n. f. ◆ **1.** Ce qui est annoncé au sujet de ce qui vient de se passer : *Le journal donne une nouvelle sensationnelle : on peut vivre dans l'espace!* — SYN. information. **2.** *Des nouvelles,* renseignements sur la vie et la santé d'une personne : *Écris-moi souvent et donne-moi bien de tes nouvelles.* **3.** Récit généralement court.

novembre, n. m. ◆ Mois de trente jours qui vient après octobre et avant décembre. ● *Le 11 novembre :* fête qui commémore l'armistice du 11 novembre 1918.

novice, adj. *ou* n. ◆ **1.** Qui débute dans une activité, qui n'est pas encore bien expérimenté. — SYN. débutant. — CONTR. confirmé, expérimenté. **2.** *Un novice :* celui qui, sur un navire, n'est plus mousse, mais n'est pas encore matelot (entre 16 et 18 ans). **3.** Celui, celle qui, dans un couvent, fait l'apprentissage de la vie religieuse, avant de prononcer ses vœux définitifs.

noyade, n. f. ◆ Accident qui arrive à une personne quand elle se noie.

noyau, n. m. ◆ **1.** Partie dure dans un fruit. ● *Des noyaux de cerises, de prunes, d'avocats.* — REGARDER pépin. **2.** Petit groupe de personnes qui ont les mêmes idées, qui se connaissent bien.

noyé, ée, adj. *ou* n. ◆ **1.** Qui est mort en se noyant. ● *Un noyé, une noyée,* personne morte par noyade : *Après le naufrage, la mer rejeta sur la plage les corps des noyés.* **2.** *Un noyé, une noyée,* personne qui a subi un début d'asphyxie dans l'eau, mais qui n'est pas morte.

1. noyer, v. (conjugaison 21) ◆ **1.** Tuer en asphyxiant dans l'eau. ● *Se noyer :* mourir en s'asphyxiant dans l'eau. **2.** Recouvrir complètement d'eau : *C'est la crue : les eaux boueuses du fleuve noient les champs et les prés.*

2. noyer, n. m. ◆ **1.** Arbre qui donne les noix. **2.** Bois de cet arbre.

nu, nue, adj. *ou* n. m. ◆ **1.** Qui n'a aucun vêtement sur soi. — REM. On écrit : *nu-tête,* mais *tête nue; nu-pieds,* mais *pieds nus.* ● *Un nu,* corps humain nu représenté en dessin, en peinture, en sculpture : *Voici un beau nu de Titien : c'est* « *la Vénus d'Urbino* ». ● *Un peintre de nu.* **2.** *A mains nues,* sans armes : *Qui oserait se battre à mains nues contre une bête féroce?* ● *A l'œil nu :* sans loupe, sans microscope, ou sans télescope, sans lunette. **3.** Sans ornements, sans décoration : *Les murs nus de cette bâtisse sont bien tristes.* — SYN. austère, dépouillé. — CONTR. décoré, orné. **4.** *Arbre nu,* sans feuilles. — SYN. dépouillé.

nuage, n. m. ◆ **1.** Amas de fines gouttelettes d'eau qui apparaît dans le ciel sous forme de masse isolée ou de voile continu. ● *Être dans les nuages :* être distrait. **2.** Grande quantité, masse qui ressemble à un nuage du ciel : *Les chevaux galopaient sur le sol poudreux, soulevant un nuage de poussière.* **3.** *Nuage de lait :* très petite quantité de lait dans le thé ou le café.

nuageux

nuageux, euse, adj. ♦ *Ciel nuageux,* plein de nuages. — CONTR. clair, dégagé.

nuance, n. f. ♦ **1.** Chacune des teintes, peu différentes, d'une même couleur : *Ce soir, le ciel a présenté toutes les nuances du mauve.* — SYN. teinte. **2.** Différence peu importante : *Les deux récits, pourtant semblables, comportent des nuances.* **3.** Qualité de ce qui exprime des choses délicates avec finesse : *Le style de cette poète est tout en nuances!* • Atténuation : *Ton jugement est trop tranché. Il faut y apporter quelque nuance!*

nuancé, ée, adj. ♦ Qui contient des nuances, des teintes légères. • *Une opinion nuancée.* — CONTR. absolu, tranché.

nuancer, v. (conjugaison 17) ♦ Apporter des nuances : *Il faut nuancer tes idées, elles sont trop sommaires.*

nucléaire, adj. ♦ Atomique : *Voici une centrale nucléaire.* • *Une explosion nucléaire.*

nudité, n. f. ♦ **1.** État d'une personne entièrement nue. **2.** Aspect d'une chose sans ornements : *La nudité de cette campagne peut facilement faire naître la mélancolie.*

nue, n. f. ♦ Synonyme poétique de *nuage.*

nuée, n. f. ♦ Synonyme littéraire de *nuage.*

nuire, v. (conjugaison 46) ♦ Faire du tort, du mal : *Son séjour dans les tropiques a nui à la santé de notre ami.*

nuisible, adj. ♦ Qui fait des dégâts : *Les charançons sont des insectes nuisibles.* — CONTR. utile. • Qui fait du mal : *L'abus de médicaments est toujours nuisible à la santé.* — SYN. mauvais, nocif. — CONTR. bon, bénéfique.

nuit, n. f. ♦ Période pendant laquelle le soleil est couché, ce qui fait que l'obscurité règne. — CONTR. jour, journée. • *De nuit,* pendant la nuit : *Nous partons à 17 heures de Montréal, nous arriverons de nuit à Winnipeg.* • *Le travail de nuit.*

nul, nulle, adj. *ou* pronom indéfini. ♦ **1.** Aucun : *Nul homme n'est tout à fait mauvais.* • *Nul,* personne : *Nul n'est assez fort pour se passer de l'aide d'autrui.* • *Nulle part :* en aucun lieu. **2.** *Match nul,* dans lequel les deux adversaires obtiennent le même nombre de buts ou de points. **3.** Très mauvais, pas fort du tout : *Hélène est nulle en orthographe.*

nullement, adv. ♦ Aucunement, en aucune manière, pas du tout.

nullité, n. f. ♦ **1.** Personne nulle, sans intelligence, sans aucune valeur. **2.** Caractère d'une chose qui n'est pas valable : *L'absence de signature entraîne la nullité d'un testament.*

numéraire, n. m. ♦ Argent liquide (billets ou pièces). — SYN. espèces.

numéral, ale, aux, adj. ♦ *Adjectif numéral cardinal,* qui exprime un nombre, par exemple *un, deux, trois, quatre.* • *Adjectif numéral ordinal,* qui exprime le rang, par exemple *premier, deuxième, troisième, quatrième.*

numérateur, n. m. ♦ Dans une fraction, nombre placé au-dessus de la barre.

numération, n. f. ♦ Action ou manière de compter. • *La numération décimale.*

numérique, adj. ♦ Qui concerne le nombre : *Ils sont dix, nous sommes trente. Donc, nous avons la supériorité numérique.*

numéro, n. m. ♦ **1.** Nombre qui sert à désigner, à marquer un objet : *Sur la porte de chaque chambre de l'hôtel, il y a un numéro.* **2.** Ensemble des exemplaires semblables publiés le même jour : *Voici ce que je lis dans le numéro du 16 décembre de mon journal.* **3.** Chacune des parties d'un spectacle de cirque ou de variétés : *Tu as vu, au cirque, le numéro d'acrobatie à bicyclette? C'était extraordinaire!*

numéroter, v. ♦ Marquer d'un numéro : *N'oubliez pas de numéroter les feuillets.*

numismate, n. m. *ou* f. ♦ Celui, celle qui collectionne ou étudie les monnaies anciennes, les médailles.

numismatique, n. f. ♦ Étude scientifique des monnaies anciennes, des médailles.

nu-pieds, loc. adv. ♦ REGARDER *nu* (sens 1).

nuque, n. f. ♦ Partie arrière du cou.

nurse [nœRS], n. f. ♦ Bonne d'enfants, femme qui s'occupe d'un enfant.

nu-tête, loc. adv. ♦ REGARDER *nu* (sens 1).

nutritif, ive, adj. ♦ Qui concerne la nutrition, qui nourrit : *Les principes nutritifs contenus dans le pain sont l'amidon et le gluten.*

nutrition, n. f. ♦ *La fonction de nutrition* ou *la nutrition :* l'une des grandes fonctions physiologiques, celle par laquelle les êtres se nourrissent.

Nylon, n. m. ♦ Nom déposé d'un textile synthétique.

nymphe [nɛ̃f], n. f. ♦ Dans la mythologie grecque, divinité féminine des cours d'eau, des lacs, des montagnes, des arbres, des mers.

oasis [ɔazis], n. f. ◆ Dans un désert, endroit où il y a de l'eau toute l'année et où les plantes et les arbres peuvent pousser.

obéir, v. ◆ Exécuter un ordre : *Il n'est pas toujours facile d'obéir.* — CONTR. désobéir.

obéissance, n. f. ◆ Action d'obéir. ● Qualité de celui qui obéit. — SYN. discipline, docilité. — CONTR. désobéissance, indiscipline.

obéissant, ante, adj. ◆ Qui obéit bien. — SYN. discipliné, docile. — CONTR. désobéissant, indiscipliné.

obélisque, n. m. ◆ Dans l'art de l'Égypte antique, monument constitué par une aiguille de pierre quadrangulaire dressée sur le sol. ● *L'obélisque de Louksor* ou *l'Obélisque :* obélisque égyptien installé au centre de la place de la Concorde, à Paris.

obèse, adj. *ou* n. ◆ Qui est anormalement gras, gros et lourd. — CONTR. maigre, svelte.

obésité, n. f. ◆ Infirmité de l'obèse. — CONTR. maigreur, minceur, sveltesse.

objecter, v. ◆ Dire quelque chose contre une affirmation, contre une preuve : *Que peut-on objecter à un argument aussi fort ?*

1. objectif, ive, adj. ◆ Impartial, qui dit la vérité comme elle est sans la déformer par esprit de parti. — SYN. impartial. — CONTR. partial, subjectif.

2. objectif, n. m. ◆ Ensemble de lentilles, qui est fixé sur un appareil photographique.

3. objectif, n. m. ◆ **1.** Point à atteindre, endroit à conquérir : « *Le village est pris, notre objectif est atteint* », annonça le colonel. ● Point à toucher avec un projectile, quand on vise. **2.** But qu'on se propose.

objection, n. f. ◆ Ce que l'on peut opposer à une affirmation.

objectivité, n. f. ◆ Qualité d'une personne ou d'une chose impartiale, objective.

objet, n. m. ◆ **1.** Chose, généralement d'assez petite dimension : *Nathalie range ses objets de toilette dans le placard.* **2.** But : *Quel est l'objet de votre démarche ?* **3.** *Complément d'objet :* nom ou pronom qui désigne la personne ou la chose sur laquelle porte l'action du verbe.

obligation, n. f. ♦ **1.** Ce que l'on est obligé de faire : _En tant que mère de famille, elle a des obligations._ — SYN. devoir. — CONTR. droit. **2.** Valeur mobilière qui rapporte un intérêt et qui représente une somme d'argent qu'on a prêtée. — REGARDER _action_ 2.

obligatoire, adj. ♦ Qu'on est obligé de faire. — CONTR. facultatif.

obligé, ée, adj. ♦ Qui a reçu un service et qui en est reconnaissant : _Monsieur, je vous suis très obligé de l'appui que vous m'avez apporté._

obligeamment, adv. ♦ Avec obligeance, en se montrant serviable.

obligeance, n. f. ♦ Qualité, attitude d'une personne obligeante, serviable. — SYN. complaisance, serviabilité.

obligeant, ante, adj. ♦ Qui rend service, qui aime à rendre service. — SYN. complaisant, serviable.

obliger, v. (conjugaison 16) ♦ **1.** Forcer : _La mère de Xavier l'oblige à essuyer la vaisselle._ — SYN. contraindre. **2.** Rendre service : _Ah! Madame, vous m'obligeriez beaucoup en parlant de cette affaire au roi !_ — SYN. aider, servir.

oblique, adj. ♦ Qui n'est ni vertical ni horizontal, ou bien qui n'est ni parallèle ni perpendiculaire. — CONTR. droit. • _La rue arrive sur la place en oblique._ — CONTR. à angle droit.

obliquer, v. ♦ Tourner en prenant une direction oblique : _A la bifurcation, ne continue pas tout droit, mais oblique sur la gauche._

oblitérer, v. (conjugaison 11) ♦ _Oblitérer un timbre,_ y apposer un cachet postal, ce qui fait qu'il ne pourra pas servir une deuxième fois.

obnubiler, v. ♦ Rendre moins clair, moins lucide, obscurcir : _L'idée de cette sortie obnubile la pensée des élèves._

obole, n. f. ♦ **1.** Dans la Grèce antique, monnaie qui valait le sixième de la drachme. **2.** Petite offrande en argent, contribution à une quête.

obscène, adj. ♦ Qui blesse la pudeur. Indécent, grossier.

obscénité, adj. _ou_ n. f. ♦ Caractère de ce qui est obscène.

obscur, ure, adj. ♦ **1.** Où la lumière est faible. — SYN. sombre. — CONTR. clair, bien éclairé, lumineux. **2.** Difficile à comprendre : _Ton raisonnement me semble bien obscur._ — SYN. énigmatique, hermétique, incompréhensible, mystérieux, sibyllin. — CONTR. clair, net, limpide. **3.** Inconnu : _Ce poème bizarre a été écrit par un obscur poète du XVI_ᵉ _siècle._ — CONTR. célèbre, connu, illustre.

obscurantisme, n. m. ♦ Attitude de ceux qui sont contre la science et l'instruction.

obscurcir, v. ♦ Rendre plus obscur : _Des nuages noirs obscurcissent le ciel._ • _Le ciel s'obscurcit : attention à l'orage._ — SYN. s'assombrir. — CONTR. s'éclaircir. • _Ces commentaires ne font qu'obscurcir une question déjà bien compliquée._ — CONTR. éclairer.

obscurément, adv. ♦ D'une manière pas très nette : _Elle sentait obscurément que cette amitié allait durer toute sa vie._ — SYN. confusément. — CONTR. clairement, nettement.

obscurité, n. f. ♦ **1.** Absence de lumière. — CONTR. clarté, lumière. **2.** Caractère d'un texte obscur.

obsédant, ante, adj. ♦ Qui obsède.

obséder, v. (conjugaison 11) ♦ S'imposer fortement à l'esprit, y revenir sans cesse : _Ce refrain m'obsède, je n'arrive pas à m'en débarrasser._

obsèques, n. f. pl. ♦ Enterrement. — SYN. funérailles.

observateur

observateur, trice, adj. *ou* n. ♦ **1.** Qui a le don de bien observer, de remarquer les détails. **2.** Celui, celle qui observe, qui guette : *Toi, reste là, en avant du camp, en observateur.*

observation, n. f. ♦ **1.** Action d'observer, de regarder attentivement : *Clara resterait des heures en observation devant la cage aux oiseaux rares.* ● Chose qu'on a observée : *Le vieux savant consignait ses observations sur un carnet rouge.* **2.** Remarque : *Quelle observation pourrait-on faire sur la construction de cette phrase?* — SYN. commentaire.

observatoire, n. m. ♦ Édifice aménagé pour l'observation des astres.

observer, v. ♦ **1.** Regarder attentivement pour savoir : *Avec sa longue lunette, l'astronome observait les astres.* — SYN. examiner. **2.** Remarquer : *Je te fais observer que cela fait la troisième fois que tu arrives en retard.* **3.** Obéir à un ordre ou à une défense, à un règlement : *Même à bicyclette, tu dois observer le code de la route.* — SYN. respecter. — CONTR. contrevenir à.

obsession, n. f. ♦ Chose qui revient sans cesse à l'esprit. — SYN. idée fixe.

obstacle, n. m. ♦ Ce qui empêche de passer ou ce qui empêche d'accomplir une action.

obstination, n. f. ♦ Attitude, caractère d'une personne obstinée. — SYN. entêtement, opiniâtreté.

obstiné, ée, adj. ♦ Qui continue toujours son action, sans se lasser. — SYN. entêté, opiniâtre, persévérant, têtu.

obstiner (s'), v. ♦ Continuer son action malgré les échecs, sans se lasser. — SYN. s'entêter.

obstruer, v. (conjugaison 19) ♦ Boucher : *Un nid d'oiseau obstruait la cheminée.*

obtempérer, v. (conjugaison 11) ♦ Obéir à un ordre : *Un coup de sifflet! L'automobiliste obtempéra aussitôt et s'arrêta.*

obtenir, v. (conjugaison 44) ♦ Parvenir à avoir : *J'ai obtenu l'autorisation de sortir.*

obtention, n. f. ♦ Action d'obtenir : *Voici les démarches à accomplir pour l'obtention du brevet de secouriste.*

obturateur, n. m. ♦ Dispositif qui permet d'avoir le temps de pose voulu quand on photographie.

obturer, v. ♦ Fermer une ouverture, boucher un trou : *La mer est forte, le capitaine a fait obturer toutes les ouvertures sur le pont du bateau.* — CONTR. ouvrir. ● *La dentiste eut vite fait d'obturer la carie de ma dent.* — SYN. boucher, colmater.

obtus, use, adj. ♦ **1.** *Angle obtus,* plus grand que l'angle droit. — CONTR. aigu. **2.** Qui manque de finesse d'esprit, de pénétration. — SYN. borné, épais, lourd. — CONTR. fin, pénétrant, subtil.

obus [ɔby], n. m. ♦ Projectile de canon, généralement en forme de cylindre terminé par une ogive et le plus souvent rempli d'explosif. — REGARDER *boulet.*

occasion, n. f. ♦ **1.** Ensemble de circonstances favorables : *Quand une bonne occasion se présente, saisis-la tout de suite.* ● *A l'occasion de son succès à l'examen, Laurence donne une surprise-partie.* **2.** Bonne affaire, achat à prix avantageux : *Quatre paires de chaussettes pour cinq dollars, c'est une occasion, cela!* **3.** *D'occasion :* qui n'est pas neuf, qui a déjà servi. — CONTR. neuf.

occasionnel, elle, adj. ♦ Qui se produit de temps en temps, pas très souvent. — CONTR. courant, habituel, ordinaire.

occasionner, v. ♦ Causer, provoquer : *Les chutes de neige ont occasionné des perturbations dans le trafic routier et ferroviaire.*

occident, n. m. ♦ **1.** Synonyme de « ouest » : *A l'occident, le ciel s'empourprait : le soleil allait disparaître à l'horizon.* — SYN. couchant, ouest. — CONTR. est, levant, orient. **2.** *L'Occident,* ensemble formé par les pays de l'Europe de l'Ouest, les États-Unis, le Canada, et aussi les pays de civilisation comparable : *C'est en Occident que la science moderne et la grande industrie ont pris autrefois leur essor.* — CONTR. Orient.

occidental, ale, aux, adj. *ou* n. ♦ **1.** De l'occident, de l'ouest : *La côte occidentale de la Corse est plus découpée que la côte orientale.* **2.** De l'Occident : *La civilisation occidentale est fondée sur le christianisme.* ● *Les Occidentaux :* les peuples de l'Occident.

occulte, adj. ♦ **1.** Caché, secret. — SYN. clandestin, secret. — CONTR. ouvert. **2.** *Sciences occultes :* fausses sciences telles que la magie, la divination par les cartes, l'astrologie, l'art de faire apparaître les « esprits », d'interroger les morts en faisant tourner les tables, etc.

occultisme, n. m. ♦ Les sciences occultes.

occupant, ante, n. ♦ **1.** *L'occupant d'un logement, d'une maison,* la personne qui l'occupe, qui y vit. **2.** *Les occupants* ou *l'occupant :* les soldats ennemis qui occupent militairement un pays vaincu.

occupation, n. f. ♦ **1.** Activité à laquelle on se livre : *Ses occupations professionnelles ne lui laissent guère de loisirs.* **2.** Action d'occuper militairement un pays, une région. ● *Les forces d'occupation furent chassées par les libérateurs.*

occupé, ée, adj. ♦ Qui a beaucoup d'activités. ● Qui n'est pas libre. — CONTR. libre, oisif.

occuper, v. ♦ **1.** Absorber le temps de quelqu'un : *Le sport occupe tous mes loisirs.* **2.** Employer son temps : *Ma sœur occupe ses soirées à bricoler.* **3.** *S'occuper de,* faire ce qu'il faut pour qu'une chose soit faite : *C'est moi qui vais m'occuper de prévenir les amis.* ● Prendre soin de : *Il a fort à faire : il doit s'occuper de ses quatre enfants et de ses vieux parents malades.* **4.** Être installé dans un lieu, y vivre : *C'est un couple de retraités qui occupe l'appartement du quatrième.* ● Remplir un espace : *Cette énorme armoire occupe toute la place, on ne peut presque plus entrer dans cette pièce !* **5.** *Une armée occupe un pays,* s'y installe et y reste, après l'avoir envahi.

océan, n. m. ♦ Immense étendue d'eau salée, par exemple *l'océan Atlantique, l'océan Indien, l'océan Pacifique.* ● *L'Océan :* l'océan Atlantique.

océanique, adj. *ou* n. m. ♦ De l'océan, des océans : *Les explorations océaniques ont permis une foule de découvertes.* ● *Climat océanique :* climat doux et humide des régions proches de l'océan Atlantique (climat breton ou normand par exemple). ● *Un océanique :* Navire qui traverse l'océan : *Chaque année, le capitaine du premier océanique à arriver à Montréal reçoit une canne à pommeau d'or.*

océanographie, n. f. ♦ Étude scientifique des océans et des mers.

ocre, n. f. *ou* adj. inv. ♦ **1.** Peinture de couleur jaune orangé tirant sur le brun : *Voici un tube d'ocre brune* (féminin). **2.** Couleur jaune orangé tirant sur le brun : *Regarde ces tuiles anciennes, d'un si bel ocre* (masculin). **3.** D'une couleur jaune orangé tirant sur le brun : *Les vieilles tuiles romaines ont de délicates teintes ocre* (invariable).

octobre, n. m. ♦ Mois de 31 jours qui vient après septembre et avant novembre.

octogone, adj. *ou* n. m. ♦ Qui a huit côtés, huit faces. ● *Un octogone :* une figure qui a huit côtés.

octroyer, v. (conjugaison 21) ♦ Donner : *Le maire nous a octroyé un jour de vacances supplémentaires.*

oculaire

oculaire, adj. *ou* n. m. ♦ **1.** De l'œil : *L'ophtalmologiste soigne les maladies oculaires.* **2.** *Témoin oculaire :* personne qui a vu un événement et qui peut témoigner. **3.** *L'oculaire d'un instrument d'optique :* l'ensemble des lentilles qui, lorsqu'on regarde, sont près de l'œil.

oculiste, n. m. *ou* f. ♦ Médecin qui soigne les yeux, les troubles de la vision. — SYN. ophtalmologiste.

ode, n. f. ♦ Poème lyrique de ton noble, constitué le plus souvent de strophes.

odéon, n. m. ♦ Dans l'Antiquité grecque et romaine, théâtre en demi-cercle, muni de gradins et couvert d'un toit, qui servait aux séances musicales.

odeur, n. f. ♦ Ce que l'on sent avec le nez et qui peut être agréable ou désagréable : *Rappelle-toi l'odeur si pénétrante des orangers.* — SYN. parfum. ● *L'odeur fétide d'un égout.* — SYN. infection, puanteur.

odieux, euse, adj. ♦ **1.** Qui suscite la haine et la plus violente indignation. — SYN. abominable, affreux, atroce, exécrable, horrible, ignoble, infâme. **2.** Très désagréable : *Tu as été odieux, ce soir.* — CONTR. aimable.

odorant, ante, adj. ♦ Qui a une odeur, et spécialement une bonne odeur. — SYN. parfumé. — CONTR. inodore, malodorant.

odorat, n. m. ♦ Celui des sens qui permet de sentir les odeurs : *Le chien flaire le gibier grâce à son odorat exceptionnel.* — SYN. flair.

odyssée, n. f. ♦ Voyage plein d'aventures périlleuses, extraordinaires.

œdème [edεm], n. m. ♦ Gonflement anormal d'une partie du corps.

œil, au pluriel **yeux,** n. m. ♦ **1.** Organe de la vue. ● *A l'œil nu :* REGARDER *nu.* **2.** Partie visible de cet organe : *Clémence*

a les yeux marron. **3.** *Faire les gros yeux à quelqu'un,* le regarder d'un air fâché. ● *Ne dormir que d'un œil :* ne pas dormir profondément. ● *Ne pouvoir fermer l'œil :* ne pouvoir dormir. ● *Jeter un coup d'œil sur quelque chose :* regarder rapidement. ● *Sauter aux yeux :* être très évident. **4.** *Les yeux du gruyère :* les trous dans la pâte. ● *Les yeux du potage :* les ronds formés à la surface par une matière grasse fondue.

œillère, n. f. ♦ Chacune des plaques de cuir qu'on met sur les yeux d'un cheval pour l'empêcher de voir sur le côté, de manière qu'il ne soit pas effrayé. ● *Avoir des œillères :* avoir des idées étroites.

1. œillet, n. m. ♦ Petit trou (dans une étoffe, du cuir, du carton) par où l'on passe un lacet, une ficelle.

2. œillet, n. m. ♦ Fleur, de couleur blanche, rose ou rouge, au parfum délicat.

œsophage [ezɔfaʒ], n. m. ♦ Organe en forme de tube, par où passent les aliments pour aller de la bouche à l'estomac.

œuf [œf], **œufs** [ø], n. m. ♦ **1.** Sorte d'enveloppe, pondue par la femelle des oiseaux ou d'autres animaux, qui contient le petit, lequel viendra au monde en sortant de cette enveloppe. **2.** Œuf de poule (parfois de cane ou d'oie) qui sert d'aliment.

1. œuvre, n. f. ♦ **1.** Action importante : *Irriguer le désert est une œuvre longue et difficile.* ● *Se mettre à l'œuvre :* se mettre au travail. **2.** Résultat d'un travail : *Le menuisier a fini la belle table : il admire son œuvre.* ● Tableau, statue, bel édifice : *Les œuvres des artistes italiens de la Renaissance peuvent être admirées dans beaucoup de musées.* ● *Des œuvres d'art.* ● *Maître d'œuvre :* au Moyen Age, architecte. ● Livre, poème, morceau de musique : *Tu as lu toutes les œuvres de Jules Verne ?* **3.** *Faire son œuvre,* exercer son action : *Le temps a fait son œuvre : les peines et les chagrins sont oubliés.* ● *Mettre en œuvre,* employer : *L'artiste a mis en œuvre tous les moyens de*

_oh!_

son art. **4.** Organisation de bienfaisance : _Demain, grande fête de charité au profit des œuvres de la paroisse._

2. œuvre, n. m. ♦ **1.** _Le gros œuvre :_ les fondations, les murs et la couverture d'un bâtiment. **2.** Ensemble des œuvres d'un artiste : _Tout l'œuvre peint de Picasso._

offense, n. f. ♦ Action ou parole par laquelle on manque de respect à quelqu'un, par laquelle on lui fait du tort, on le vexe. — SYN. affront, insulte, injure, outrage.

offenser, v. ♦ Vexer, faire du tort par une offense. — SYN. insulter, outrager.

offensif, ive, adj. ♦ _Guerre offensive,_ dans laquelle on prend l'initiative de l'attaque. — CONTR. défensif. ● _Armes offensives,_ qui servent à frapper, à blesser, à tuer : _L'épée, le poignard et la lance sont des armes offensives ; le casque, la cuirasse et le bouclier sont des armes défensives._

offensive, n. f. ♦ Attaque : _La brusque offensive du froid a surpris les agriculteurs._ ● A la guerre, grande attaque menée avec beaucoup de soldats, sur une grande largeur de front.

offertoire, n. m. ♦ Moment de la messe où le prêtre offre à Dieu le pain et le vin, avant la consécration eucharistique.

office, n. m. ♦ **1.** Service, organisation : _On va créer un office national pour l'aide aux personnes âgées._ **2.** Cérémonie religieuse. **3.** _Bons offices :_ action d'un intermédiaire. ● _Faire office de,_ tenir lieu de : _Faute de mieux, cette vieille armoire fera office de bibliothèque._ ● _D'office,_ sans qu'on ait demandé l'avis : _C'est toi, Laure, que je nomme d'office trésorière._

officiel, elle, adj. ♦ Qui émane d'une autorité légale. — REGARDER _officieux._

1. officier, ière, n. ♦ Dans l'armée, celui, celle qui a un grade égal au moins à celui de sous-lieutenant. ● _Officier d'aviation._ ● _Officier de marine._

2. officier, v. (conjugaison 20) ♦ Célébrer une cérémonie religieuse : _Le prêtre officie à l'autel._

officieux, euse, adj. ♦ _Nouvelle officieuse,_ qui émane d'une autorité légale et compétente, mais qui, à la différence d'une nouvelle officielle, n'engage pas la responsabilité de cette autorité.

officine, n. f. ♦ Laboratoire d'un pharmacien.

offrande, n. f. ♦ Ce que l'on donne (à une quête, etc.).

offrant, n. m. ♦ _Au plus offrant :_ à celui qui propose le prix le plus élevé.

offre, n. f. ♦ **1.** Action d'offrir. **2.** Chose offerte, proposée.

offrir, v. (conjugaison 33) ♦ **1.** Proposer de donner, de prêter ou de faire quelque chose : _Je lui ai offert de l'accompagner jusqu'à la gare._ **2.** Donner en cadeau : _Nous avons offert des marrons glacés et des fruits confits à ma tante, pour sa fête._ **3.** Avoir, présenter : _Cette région offre de nombreux agréments._

offusquer, v. ♦ Déplaire beaucoup : _Son refus de participer à la fête a offusqué l'organisateur._ — SYN. choquer, heurter, vexer. — CONTR. charmer, enchanter, plaire.

ogive, n. f. ♦ **1.** Arc diagonal qui soutient une voûte. ● _Croisée d'ogives :_ système de deux arcs diagonaux qui se croisent pour soutenir une voûte (élément caractéristique de l'art gothique). **2.** Partie pointue d'un obus, d'une fusée.

ogre, n. m. ♦ Dans les contes de fées, géant effrayant et cruel qui se nourrit de chair humaine, qui mange les enfants.

ogresse, n. f. ♦ Femme d'un ogre.

oh ! interj. ♦ Interjection qui marque l'admiration, l'étonnement, l'indignation, la joie, la douleur, etc. : _Oh ! quel beau jardin !_

oie, n. f. ♦ Oiseau à pattes palmées, à long cou, à plumage gris ou blanc, qui ressemble à un gros canard. — Le mâle de l'oie est le *jars,* le petit est l'*oison.*

oignon [ɔɲɔ̃], n. m. ♦ **1.** Plante potagère. **2.** Bulbe de cette plante, qui sert de légume ou de condiment. **3.** Bulbe de certaines plantes, par exemple la tulipe.

oiseau, n. m. ♦ Tout animal qui a un bec, deux ailes, deux pattes et le corps couvert de plumes. ● *Oiseau de proie :* rapace diurne ou nocturne. ● *A vol d'oiseau :* en ligne droite.

oiseau-mouche, n. m. ♦ Synonyme de *colibri.* — PLUR. *des oiseaux-mouches.*

oiseleur, n. m. ♦ Celui qui a pour métier de prendre, de capturer les oiseaux.

oiseux, euse, adj. ♦ Qui est inutile, qui n'apprend rien, qui ne conduit à rien. — SYN. inutile, stérile, vain. — CONTR. fécond, utile.

oisif, ive, adj. *ou* n. ♦ **1.** Qui reste sans rien faire. — SYN. désœuvré, inactif, inoccupé. — CONTR. actif, occupé. **2.** Qui vit sans travailler.

oisillon [wazijɔ̃], n. m. ♦ Jeune oiseau.

oisiveté, n. f. ♦ État d'une personne oisive. — SYN. désœuvrement, inaction. — CONTR. activité, labeur, travail.

oison, n. m. ♦ Petit de l'oie.

okapi, n. m. ♦ Mammifère qui vit au Zaïre, qui a la croupe rayée et dont la tête ressemble à celle de la girafe.

oléagineux, euse, adj. *ou* n. m. ♦ *Les plantes oléagineuses* ou *les oléagineux :* les plantes qui donnent de l'huile.

oléoduc, n. m. ♦ Gros tube d'acier qui sert de conduite au pétrole, par exemple entre le gisement et le port d'embarquement.

olfactif, ive, adj. ♦ Qui concerne l'odorat ou les odeurs. ● *Les sensations olfactives.*

oligarchie, n. f. ♦ **1.** Système politique dans lequel un petit nombre de personnes détient le pouvoir, sans que le peuple ait le droit de contrôle. **2.** Petit groupe de personnes qui exerce autoritairement le pouvoir.

olivaie ou **oliveraie,** n. f. ♦ Plantation d'oliviers.

olivâtre, adj. ♦ *Teint olivâtre,* brun, qui a comme des nuances d'un jaune verdâtre.

olive, n. f. ♦ Fruit de l'olivier, qui donne une très bonne huile et que l'on mange vert, conservé dans la saumure (*olive verte*), ou mûr, conservé dans l'huile (*olive noire*).

oliveraie, n. f. ♦ REGARDER *olivaie.*

olivier, n. m. ♦ **1.** Arbre méditerranéen dont le fruit est l'olive. **2.** Bois de cet arbre.

olympiade, n. f. ♦ Dans la Grèce antique, période de quatre ans, entre deux jeux Olympiques : *Cette bataille eut lieu dans la deuxième année de la soixantième olympiade.*

olympique, adj. ♦ **1.** *Les jeux Olympiques :* dans l'Antiquité grecque, série de concours sportifs qui avaient lieu tous les quatre ans, à Olympie (dans l'ouest du Péloponnèse) et auxquels participaient des citoyens de toutes les cités grecques. **2.** *Les jeux Olympiques :* de nos jours, série d'épreuves sportives internationales qui ont lieu tous les quatre ans, tantôt dans une ville, tantôt dans une autre. ● *Un champion olympique.*

ombrage, n. m. ♦ **1.** Ombre donnée par le feuillage d'un arbre. **2.** *Prendre ombrage de quelque chose,* être rendu jaloux par quelque chose, être vexé : *Ma camarade a pris ombrage de mon refus de l'accompagner.*

ombragé, ée, adj. ♦ Où il y a de l'ombrage. — CONTR. ensoleillé.

ombrager, v. (conjugaison 16) ♦ Donner de l'ombrage : *De grands arbres au feuillage fourni ombragent l'allée centrale du parc.*

ombrageux, euse, adj. ♦ **1.** *Cheval ombrageux,* qui s'effraye facilement. **2.** Qui se vexe facilement.

ombre, n. f. ♦ **1.** Endroit où il n'y a pas de soleil. ● *Reste sous l'arbre, à l'ombre, tu sais que le soleil te fait du mal.* — CONTR. au soleil. **2.** Zone non éclairée, ou moins éclairée, à la surface d'un objet : *Pour rendre les ombres, dans votre dessin à la plume, faites des hachures.* **3.** Zone plus sombre projetée par un objet ou une personne sur une surface : *C'est le soir : les ombres des maisons et des gens s'allongent sur le sol.* ● *Ombres chinoises :* silhouettes d'ombre sur une surface, qu'on produit en interposant sa main entre la source lumineuse et la surface, ce qui permet d'imiter des têtes d'animaux, des visages, etc. **4.** *Rester dans l'ombre :* rester peu connu, ne pas faire parler de soi. ● *Pas l'ombre d'un doute :* sans le moindre doute. ● *Sous l'ombre de, sous ombre de,* sous le couvert de, en feignant tel sentiment, telle intention : *Sous l'ombre de l'indifférence, il aimait la jeune fille.*

ombrelle, n. f. ♦ Autrefois, sorte de parapluie léger, de couleur claire, dont les dames se servaient pour se protéger du soleil.

omelette, n. f. ♦ Mets que l'on confectionne en battant des œufs, blancs et jaunes mêlés, et en les faisant cuire dans la poêle.

omettre, v. (conjugaison 99) ♦ Ne pas mettre, ne pas inscrire, ne pas mentionner : *Elle a omis volontairement certains faits dans son récit.* — CONTR. mentionner.

omission, n. f. ♦ **1.** Action d'omettre. **2.** Chose omise.

omnibus, n. m. *ou* adj. ♦ **1.** *Un omnibus :* autrefois, véhicule urbain de transport en commun, tiré par des chevaux, qui jouait le même rôle que les autobus actuels. **2.** *Un train omnibus* ou *un omnibus :* train qui s'arrête à toutes les stations. — CONTR. express, rapide.

omnipotent, ente, adj. ♦ Tout-puissant.

omnivore, adj. *ou* n. m. ♦ *Un animal omnivore* ou *un omnivore,* un animal qui mange de tout (matières végétales, viande) : *Le chien est un omnivore.*

omoplate, n. f. ♦ Chacun des deux os plats situés symétriquement en haut du dos.

on, pronom indéfini. ♦ **1.** Tout le monde, n'importe qui : *On a beau dire, on a beau faire : on trouve toujours plus fort que soi.* — REM. Dans le style surveillé, n'employez pas *on* à la place de *nous.* **2.** Quelqu'un : *On vous a appelé au téléphone pendant votre absence.*

once, n. f. ♦ **1.** Mesure de poids romaine qui valait 27 g environ. ● Ancienne mesure de poids française qui valait 30,5 g environ. ● Mesure de poids canadienne qui vaut 28,35 g. **2.** Très petite quantité : *Ah ! si seulement il avait une once de bon sens !* — SYN. tant soit peu.

oncle, n. m. ♦ Le frère du père ou de la mère. — REGARDER neveu, nièce, tante.

onction, n. f. ♦ Action de toucher la peau en y mettant un peu d'huile, pour consacrer quelqu'un, pour attirer la grâce de Dieu.

onctueux, euse, adj. ♦ Qui est doux et moelleux (comme une matière grasse) : *Tu as réussi ta crème au chocolat, elle est bien onctueuse.* — CONTR. sec.

onde, n. f. ♦ **1.** Flot, vague : *L'onde arrive au galop et se brise sur le roc, dans un jaillissement d'écume.* — REM. Ce sens, comme le sens 2, est littéraire. **2.** Eau (de la mer, des lacs, des cours d'eau) : *Au fond du*

onde

vallon, *l'onde limpide murmure entre les rochers.* **3.** Phénomène vibratoire qui permet la transmission des messages de radio et de télévision. ● *Sur les ondes :* à la radio.

ondée, n. f. ♦ Pluie soudaine et courte.

on-dit, n. m. inv. ♦ Nouvelle qui se transmet d'une personne à une autre et qui n'est pas très sûre. — SYN. bruit, rumeur.

ondoyant, ante, adj. ♦ Qui ondoie.

ondoyer, v. (conjugaison 21) ♦ Flotter ou remuer avec un mouvement qui rappelle celui des vagues de la mer : *Le drapeau ondoie dans le vent.*

ondulation, n. f. ♦ Mouvement ou forme comparable au mouvement ou à la forme des vagues.

ondulé, ée, adj. ♦ *Tôle ondulée :* tôle de forme particulière qui sert à couvrir les hangars, les garages, les cabanes. ● *Cheveux ondulés,* qui ont des ondulations.

onduler, v. ♦ Se déplacer ou remuer en faisant un mouvement comparable à celui des vagues de la mer ou encore à celui d'un serpent : *Le long cortège des moutons ondulait à travers les champs.* — SYN. serpenter. ● Avoir une forme qui rappelle celle des vagues : *Les cheveux de Valentin ondulent.*

onéreux, euse, adj. ♦ Qui coûte cher. — SYN. cher, coûteux, dispendieux. — CONTR. économique.

ongle, n. m. ♦ Plaque dure qu'on a au bout du dessus de chaque doigt ou de chaque orteil.

onglée, n. f. ♦ Grande sensation de froid qu'on éprouve aux doigts.

onguent [ɔ̃gɑ̃], n. m. ♦ Pommade qui guérit les douleurs, les blessures.

onomatopée, n. f. ♦ Mot qui imite un bruit, un cri d'animal, par exemple : *bang! clic! crac! pan! vlan! vroum! coa coa! ouah!*

onze, adj. numéral *ou* n. m. ♦ Nombre 11 : *D'ici à la mer, il y a onze kilomètres.*

onzième, adj. numéral ordinal *ou* n. m. ♦ Qui vient au onzième rang. ● Partie d'un tout divisé en 11 parties égales : *Neuf pour cent? Cela fait environ le onzième de la population.*

opale, n. f. ♦ Pierre fine à reflets changeants : *La mer, ce soir, a des reflets d'opale.*

opaque, adj. ♦ Qui ne laisse pas passer la lumière : *Une plaque de verre poli est transparente, une plaque de tôle est opaque.* — CONTR. translucide, transparent. ● Très épais et difficile à percer par la lumière : *Un brouillard opaque s'étend dans la vallée.*

opéra, n. m. ♦ **1.** Pièce de théâtre où les personnages s'expriment en chantant. **2.** Édifice où l'on joue des opéras.

opérateur, trice, n. ♦ Celui, celle qui fait fonctionner, qui manœuvre un appareil. ● *Opérateur de cinéma :* celui qui est chargé de la prise de vues.

opération, n. f. ♦ **1.** Action complexe ou technique : *Toutes les opérations de la fabrication de ce produit se font mécaniquement.* **2.** Affaire (vente, achat). ● *Une opération financière.* **3.** Mouvement de troupes, attaque, etc., dans une guerre : *Le général en chef dirige lui-même les opérations du débarquement.* **4.** Addition, multiplication, soustraction ou division. **5.** Acte par lequel un chirurgien ouvre une partie du corps, enlève un organe, greffe quelque chose. — SYN. intervention (chirurgicale).

opérer, v. (conjugaison 11) ♦ **1.** Effectuer, accomplir, exécuter, faire : *Il faut opérer notre liaison avec le gros de la bande.* — SYN. procéder à. **2.** Faire son effet : *La potion magique a opéré : la princesse dort.* — SYN. agir. **3.** Traiter par une opération chirurgicale : *On va opérer mon petit frère des amygdales.*

opposition

opérette, n. f. ♦ Pièce de théâtre à sujet gai, où alternent les chants et les paroles.

ophtalmologie [ɔftalmɔlɔʒi], n. f. ♦ Partie de la médecine qui concerne les maladies des yeux.

ophtalmologiste [ɔftalmɔlɔʒist], n. m. ou f. ♦ Médecin qui soigne les yeux. — SYN. oculiste.

opiniâtre, adj. ♦ Qui ne se lasse pas, qui ne se décourage pas. — SYN. acharné, constant, déterminé, entêté, obstiné, persévérant, tenace, têtu. — CONTR. inconstant, versatile. ● *Un travail opiniâtre vient à bout de tout.*

opiniâtrer (s'), v. ♦ S'entêter, persévérer.

opiniâtreté, n. f. ♦ Qualité, caractère, attitude d'une personne opiniâtre. — SYN. acharnement, constance, détermination, entêtement, obstination, persévérance, ténacité. — CONTR. inconstance, versatilité.

opinion, n. f. ♦ Ce que l'on pense au sujet de quelque chose. — SYN. avis, idée. ● *L'opinion publique :* ce que les gens, dans leur ensemble, pensent au sujet de la politique ou des questions d'intérêt général.

opium [ɔpjɔm], n. m. ♦ Substance, extraite du pavot, qui endort et qui constitue une drogue que l'on fume.

oppidum [ɔpidɔm], n. m. ♦ A l'époque romaine, ville fortifiée. — PLUR. *des oppidums.*

opportun, une, adj. ♦ Qui convient, dans les circonstances où l'on est : *Ta tante est fatiguée, je pense que ta visite n'est pas opportune.* — SYN. convenable. — CONTR. déplacé, inopportun. ● *Le moment opportun :* le moment qui convient bien. — SYN. favorable, propice. — CONTR. défavorable.

opportunément, adv. ♦ De manière opportune, au moment opportun.

opportunisme, n. m. ♦ Attitude d'une personne qui ne tient pas compte des circonstances et profite du moment.

opportuniste, adj. ou n. ♦ Qui profite des circonstances du moment, qui exploite les conditions actuelles.

opportunité, n. f. ♦ Caractère de ce qui est opportun.

opposant, ante, n. ♦ Personne qui est contre la politique du gouvernement, qui est hostile au pouvoir en place.

opposé, ée, adj. ou n. m. ♦ **1.** Qui est contre : *Cette femme politique est violemment opposée à cette mesure.* — SYN. hostile. — CONTR. partisan. **2.** Qui est en face : *Quand j'ai vu mon amie sur le trottoir opposé, j'ai aussitôt traversé la rue pour la rejoindre.* ● *A l'opposé :* de l'autre côté, en face, dans la direction contraire. **3.** *L'opposé,* le contraire : *Louis est calme, doux, sérieux. Jacques est tout l'opposé : il est exalté, violent, brouillon.* ● *Son caractère est à l'opposé de celui de Louis.*

opposer, v. ♦ **1.** Mettre l'un en face de l'autre pour une compétition : *Ce match opposera les deux meilleures équipes de la région.* **2.** Comparer de manière à faire ressortir le contraste : *On oppose souvent l'aridité du Sahara à la végétation luxuriante des oasis.* **3.** Mettre comme obstacle : *Elle oppose son refus à toute modification du règlement.* **4.** *S'opposer à,* interdire ou être contre : *La mère de Gilberte s'oppose au mariage de sa fille.*

opposite (à l'), loc. prép. ♦ En face, de l'autre côté : *La maison de Pierrot est à l'opposite de la poste.*

opposition, n. f. ♦ **1.** Action d'opposer, de s'opposer : *Regardez ces deux photographies : l'opposition entre les deux types de paysage est évidente.* — SYN. contraste. ● *En opposition,* tout à fait différent ou en désaccord : *Ce que tu dis à la fin de ton devoir est en opposition avec ce que tu dis au début.* — SYN. en contradiction.

opposition

- *Faire opposition à,* interdire, refuser : *Le conseil de classe a fait opposition à la demande de ma camarade.* 2. L'ensemble des hommes politiques qui sont contre le gouvernement. — CONTR. majorité.

oppresser, v. ♦ Gêner pour respirer : *Cette lourde chaleur d'orage nous oppresse.*

oppresseur, n. m. ♦ Celui qui opprime.

oppressif, ive, adj. ♦ Qui opprime.

oppression, n. f. ♦ **1.** Difficulté à respirer. 2. Pouvoir tyrannique.

opprimé, ée, adj. *ou* n. ♦ Victime d'un pouvoir tyrannique. — CONTR. oppresseur.

opprimer, v. ♦ Soumettre à un pouvoir tyrannique. — CONTR. délivrer, libérer.

opprobre, n. m. ♦ Déshonneur, honte. — SYN. avilissement, ignominie. — CONTR. estime, honneur, respect.

opter, v. ♦ *Opter pour,* choisir, préférer : *Cette année, j'ai opté pour la colonie de vacances.*

opticien, cienne, n. ♦ Personne qui fabrique ou qui vend des lunettes, des instruments d'optique (jumelles, loupes, etc.).

optimisme, n. m. ♦ Attitude, état d'esprit de celui qui pense que tout va ou ira bien. — CONTR. pessimisme.

optimiste, adj. *ou* n. ♦ Qui pense que tout va ou ira bien. — CONTR. pessimiste.

option, n. f. ♦ Choix. ● *Matière à option :* matière qu'un élève peut choisir librement. — CONTR. matière obligatoire.

optique, adj. *ou* n. f. ♦ **1.** *Le nerf optique :* nerf qui transmet de l'œil au cerveau les sensations lumineuses. 2. *L'optique :* science qui étudie la transmission de la lumière, la formation des images dues à la réflexion ou à la réfraction par les miroirs, les lentilles ou les prismes. ● *Le microscope, les jumelles, les télescopes, les loupes sont des instruments d'optique.* 3. *Une optique :* une manière de voir, de comprendre les choses.

optométriste, n. ♦ Celui, celle qui est spécialiste de l'examen de la vue.

opulence, n. f. ♦ Grande richesse. — SYN. fortune, richesse. — CONTR. indigence, misère, pauvreté.

opulent, ente, adj. ♦ Très riche. — CONTR. indigent, misérable, pauvre.

1. or, n. m. ♦ Métal précieux. ● *Rouler sur l'or :* avoir beaucoup d'argent. ● *Une affaire en or :* une affaire très avantageuse. ● *Valoir son pesant d'or :* être très précieux, avoir un grand prix. ● *Franc comme l'or :* très franc. ● *Avoir un cœur d'or :* avoir très bon cœur.

2. or, conj. ♦ D'autre part (introduit un élément nouveau dans l'énoncé des propositions d'un raisonnement ou des éléments d'un récit) : *Aucun élève ne peut être reçu à ce concours s'il n'a pas la moyenne, or tu as 9/20, donc tu ne peux être reçu.*

orage, n. m. ♦ Très mauvais temps, avec tonnerre, éclairs, pluie violente.

orageux, euse, adj. ♦ **1.** *Temps orageux,* où il y a de l'orage, des menaces d'orage. 2. Agité, violent : *La discussion fut orageuse : on entendait de la rue les éclats de voix.* — CONTR. calme, paisible.

oral, ale, aux, adj. *ou* n. m. ♦ **1.** Qui se fait par la parole et non par un texte écrit : *La directrice nous a fait une communication orale.* — SYN. verbal. — CONTR. écrit. 2. *L'oral :* l'ensemble des épreuves orales d'un examen ou d'un concours. — CONTR. l'écrit.

oralement, adv. ♦ De manière orale. — SYN. verbalement. — CONTR. par écrit.

orange, n. f. *ou* adj. inv. ♦ **1.** Fruit de couleur orangée produit par l'oranger. **2.** De couleur orangée : *Julie porte des rubans orange dans ses beaux cheveux noirs* (invariable).

orangé, ée, adj. *ou* n. m. ♦ D'une couleur intermédiaire entre le jaune et le rouge. ● *L'orangé :* la couleur orangée.

oranger, n. m. ♦ Arbre des pays chauds qui produit l'orange. ● *Eau de fleur d'oranger :* extrait concentré au parfum délicat produit par la distillation des fleurs de l'oranger.

orangeraie, n. f. ♦ Plantation d'orangers.

orangerie, n. f. ♦ Serre où l'on met, pendant l'hiver, les orangers d'ornement cultivés dans des caisses, ainsi que d'autres plantes qui ne supportent pas le froid.

orang-outan [ɔʀɑ̃utɑ̃], n. m. ♦ Grand singe d'Asie qui vit dans les arbres et qui est très intelligent.

orateur, trice, n. ♦ Celui, celle qui prononce un discours.

1. oratoire, n. m. ♦ Petite chapelle.

2. oratoire, adj. ♦ *L'art oratoire :* l'éloquence.

orbite, n. f. ♦ **1.** Ellipse que décrit la Terre autour du Soleil ou la Lune autour de la Terre ou une planète autour du Soleil. ● Trajectoire d'un satellite artificiel. ● *La mise sur orbite d'un satellite.* **2.** Trou du crâne dans lequel est logé l'œil.

orchestre, n. m. ♦ **1.** Ensemble de musiciens, généralement nombreux, qui jouent ensemble. **2.** Rez-de-chaussée d'un théâtre ou d'un cinéma (par opposition au *balcon*). — SYN. parterre.

orchidée [ɔʀkide], n. f. ♦ Belle fleur rare et chère des pays chauds.

ordinaire, adj. *ou* n. m. ♦ **1.** Qui est comme d'habitude. — SYN. habituel. — CONTR. inhabituel. ● *La pluie en mars ? C'est une chose très ordinaire.* — CONTR. exceptionnel, extraordinaire. ● *L'ordinaire :* ce qui est conforme à l'habitude. ● *A l'ordinaire,* à l'accoutumée : *Comme à l'ordinaire, j'ai dû courir pour ne pas arriver en retard.* **2.** De qualité moyenne, non de luxe : *Notre voiture roule à l'essence ordinaire.* ● Sans rien de remarquable dans l'ordre social ou intellectuel : *Nos voisins sont des gens ordinaires, des employés modestes.* — CONTR. brillant, exceptionnel.

ordinal, ale, aux, adj. ♦ *Adjectif numéral ordinal,* qui indique le rang, par exemple *premier, deuxième* (ou *second*), *troisième, quatrième.*

ordinateur, n. m. ♦ Machine électronique dans laquelle on peut introduire un programme et des données et qui peut traiter l'information.

ordination, n. f. ♦ Sacrement de l'ordre, par lequel l'évêque donne la qualité de prêtre à un homme.

ordonnance, n. f. ♦ **1.** Ordre, agencement, disposition : *L'ordonnance noble et pure de la façade du palais de Versailles est digne d'admiration.* **2.** Texte qui émane d'un roi ou d'un gouvernement et qui joue un peu le rôle d'une loi. **3.** Document par lequel le médecin indique les médicaments à prendre. **4.** Autrefois, soldat qui servait de domestique à un officier.

ordonné, ée, adj. ♦ Qui a de l'ordre. ● Qui est bien rangé. — CONTR. désordonné.

ordonner, v. ♦ **1.** Mettre en ordre : *Dans vos rédactions, sachez ordonner les éléments de votre développement.* **2.** Commander : *Le capitaine ordonna aux soldats de passer à l'assaut.* — CONTR. interdire. **3.** Prescrire par une ordonnance médicale : *Le médecin m'a ordonné six gouttes de calmant à prendre le soir.* **4.** Donner la qualité de prêtre en administrant un sacrement spécial, l'ordination : *L'évêque va ordonner prêtre le jeune séminariste.*

ordre

ordre, n. m. ♦ **1.** État d'un endroit ou d'un ensemble où chaque chose est à sa place. — CONTR. désordre. **2.** État d'un groupe où chacun obéit et reste tranquille : *Dans ce pays, l'ordre règne : la police est toute-puissante.* — CONTR. anarchie, désordre. **3.** Manière de ranger les êtres ou les choses : *Range donc les casseroles par ordre de grandeur décroissante.* ● *L'ordre alphabétique.* **4.** Qualité d'une personne qui range bien ses affaires, qui sait où elles sont : *Nathalie a de l'ordre : regarde comme sa chambre est parfaitement rangée.* **5.** Parole ou écrit qui indique à quelqu'un ce qu'il doit faire : *A l'arrivée de l'inspecteur, le maître nous donna l'ordre de nous lever.* — CONTR. interdiction. **6.** Ensemble des religieux qui obéissent à une même règle, par exemple *l'ordre des Franciscains.*

ordure, n. f. ♦ **1.** Chose très sale. **2.** *Les ordures :* les débris, déchets, vieilles choses, etc., qu'on jette à la poubelle.

ordurier, ière, adj. ♦ Très grossier.

orée, n. f. ♦ *L'orée du bois,* la bordure du bois. — SYN. lisière.

oreille, n. f. ♦ Organe de l'ouïe. ● *Avoir l'oreille fine :* avoir très bonne ouïe. ● *Dormir sur ses deux oreilles :* dormir tranquille. ● *Faire la sourde oreille :* faire semblant de ne pas entendre, ne pas répondre, ne pas accepter de satisfaire une demande.

oreiller, n. m. ♦ Coussin carré sur lequel on pose sa tête quand on est au lit. — REGARDER *taie, traversin.*

oreillons, n. m. pl. ♦ *Les oreillons :* maladie contagieuse qui fait enfler le cou, sous les oreilles.

ores et déjà (d') [ɔʀzedeʒa], loc. adv. ♦ Dès le moment actuel. — SYN. désormais, dorénavant.

orfèvre, n. m. *ou* f. ♦ Celui, celle qui fabrique ou qui vend la vaisselle, les couverts ou les beaux objets en or ou en argent.

orfèvrerie, n. f. ♦ **1.** Métier d'orfèvre. **2.** Ensemble d'objets fabriqués ou vendus par les orfèvres.

orfraie, n. f. ♦ **1.** Aigle pêcheur, oiseau de proie diurne. **2.** *Pousser des cris d'orfraie,* des cris aigus et forts.

organe, n. m. ♦ Partie d'un être vivant qui sert à un usage déterminé : *Le cœur est l'organe qui envoie le sang dans tout le corps.*

organique, adj. ♦ Du corps ou d'un organisme vivant : *Le bois est une matière d'origine organique.*

organisateur, trice, n. ♦ Celui, celle qui organise quelque chose.

organisation, n. f. ♦ **1.** Action d'organiser. **2.** Ensemble de personnes qui agissent en vue d'un but commun.

organisé, ée, adj. ♦ **1.** Prévu, réglé, coordonné. — CONTR. spontané. **2.** *Voyage organisé,* voyage en groupe dans lequel les touristes sont guidés par un accompagnateur.

organiser, v. ♦ Prévoir et coordonner les diverses phases d'une action : *La municipalité organise les secours aux personnes victimes de l'inondation.*

organisme, n. m. ♦ **1.** Corps d'un homme, d'un animal, d'une plante. **2.** Groupe, service, association, qui a une fonction déterminée.

organiste, n. m. *ou* f. ♦ Celui, celle qui joue de l'orgue.

orge, n. f. ♦ **1.** Céréale, un peu semblable au blé. **2.** Grain de cette plante. ● Farine tirée de ce grain.

orgelet, n. m. ♦ Petit abcès au bord de la paupière, dû le plus souvent au froid et à l'absence de vitamines.

orgie, n. f. ♦ Fête où l'on boit et mange trop et où l'on se conduit mal.

orgue, n. m. *ou* f. ♦ *Un orgue :* instrument de musique à vent, à tuyaux et à clavier, utilisé surtout dans les églises. — REM. Au pluriel, le mot s'emploie au féminin : *Cette église a de très belles orgues.*

orgueil, n. m. ♦ Sentiment de ceux qui se croient supérieurs aux autres. — SYN. arrogance, dédain, hauteur, morgue, suffisance, vanité. — CONTR. humilité, modestie, simplicité. ● Juste et légitime fierté que l'on tire de quelque chose : *Cette fille qui a bien réussi fait l'orgueil de ses parents.* — CONTR. honte.

orgueilleux, euse, adj. *ou* n. ♦ Plein d'orgueil. — SYN. arrogant, hautain, suffisant, vaniteux. — CONTR. humble, modeste, simple.

orient, n. m. ♦ **1.** *L'orient,* synonyme de *est : A l'orient, le ciel pâlissait : le soleil allait se lever.* — SYN. levant, est. — CONTR. couchant, occident, ouest. **2.** *L'Orient,* ensemble des pays situés dans la partie orientale et méridionale du Bassin méditerranéen et dans le sud-ouest et le sud de l'Asie : *C'est de l'Orient que viennent tous les grands courants de civilisation de l'Antiquité et du Moyen Age.* ● *Le Proche-Orient :* Égypte, Israël, Jordanie, Liban, Syrie, Turquie. ● *Le Moyen Orient :* Arabie Saoudite, Irak, Iran.

oriental, ale, aux, adj. *ou* n. ♦ **1.** De l'orient, de l'est : *La côte orientale de l'île d'Anticosti est plus rectiligne et sableuse que la côte occidentale.* **2.** De l'Orient : *Notre professeur est un spécialiste des civilisations orientales.* ● *Les Orientaux :* les peuples de l'Orient.

orientation, n. f. ♦ Action d'orienter ou de s'orienter.

orienter, v. ♦ **1.** Mettre, disposer dans une position, une direction déterminée : *Les marins orientent les voiles en fonction de la direction du vent.* ● *La façade est orientée au nord.* **2.** Diriger vers telles études, telle profession : *Les professeurs ont orienté mon frère vers les études littéraires.* **3.** *S'orienter,*

prendre, choisir une direction ; se repérer et trouver son chemin : *Sans boussole, pourras-tu t'orienter dans la grande forêt ?*

orifice, n. m. ♦ Trou, ouverture.

oriflamme, n. f. ♦ Petit drapeau de forme particulière.

originaire, adj. ♦ Qui est né à tel endroit, qui vient de tel endroit : *Nos voisins sont originaires de Terre-Neuve.* — SYN. natif.

original, aux, adj. *ou* n. ♦ **1.** Qui ne copie pas, qui n'imite pas, qui ne ressemble pas à ce qu'on voit d'habitude. — CONTR. banal, commun, courant, ordinaire. **2.** Un peu fou. — SYN. excentrique. **3.** *Le texte original* ou *l'original :* le texte qui n'est pas une traduction, ou bien l'exemplaire qui n'est pas un double, une copie. ● *Un film en version originale :* film étranger qui n'est pas doublé dans la langue du spectateur. — CONTR. film doublé.

originalité, n. f. ♦ Caractère, qualité de ce qui est original. — CONTR. banalité.

origine, n. f. ♦ **1.** Cause d'où provient un événement : *Quelles sont les origines de la Seconde Guerre mondiale ?* **2.** État primitif d'une chose : *Un petit village sur une colline, telle fut l'origine de Rome.* ● *A l'origine :* au début. — SYN. au commencement. **3.** Mot d'où vient un mot d'une autre langue : *Beaucoup de mots savants ont une origine grecque.* — SYN. étymologie. **4.** Pays, peuple auquel appartenait la famille d'une personne : *La femme de notre voisin est d'origine italienne.*

oripeau, n. m. ♦ *Des oripeaux :* des vêtements voyants, ridicules et vieux.

orme, n. m. ♦ **1.** Grand et bel arbre qui sert souvent à orner les places et les avenues. **2.** Bois de cet arbre.

ornement, n. m. ♦ Ce qui sert à orner. — SYN. décor, décoration.

ornemental, ale, aux, adj. ♦ Qui sert à orner, à décorer. — SYN. décoratif.

orner, v. ♦ Rendre plus beau, plus gai, plus agréable : *Des gravures et des aquarelles ornent les murs de la chambre de Nathalie.* — SYN. décorer.

ornière, n. f. ♦ Cavité creusée dans une chaussée par les roues des véhicules.

ornithologie, n. f. ♦ Science qui étudie les oiseaux, leurs mœurs.

ornithologue, n. m. *ou* f. ♦ Personne spécialisée dans l'ornithologie.

oronge, n. f. ♦ Champignon dont il existe plusieurs espèces, les unes comestibles, les autres vénéneuses.

orphelin, ine, adj. *ou* n. ♦ *Un enfant orphelin* ou *un orphelin :* un enfant dont les parents sont morts.

orphelinat, n. m. ♦ Pensionnat où l'on élève les orphelins.

orteil, n. m. ♦ Doigt de pied.

orthodoxe, adj. *ou* n. ♦ **1.** *Les chrétiens orthodoxes* ou *les orthodoxes :* les chrétiens d'Orient, séparés depuis le Xᵉ siècle de l'Église de Rome. ● *Les Églises orthodoxes. Les rites orthodoxes.* **2.** Conforme à la doctrine ou à la théorie communément admise : *Ton opinion n'est guère orthodoxe !*

orthodoxie, n. f. ♦ Doctrine reconnue officiellement comme la seule bonne et la seule vraie par une Église ou un parti. — CONTR. hérésie, déviation.

orthographe, n. f. ♦ **1.** Art d'écrire les mots correctement, en se conformant à l'usage et à la grammaire. **2.** Manière correcte dont s'écrit un mot : *Quelle est l'orthographe du mot* quincaillier ?

orthographier, v. ♦ Écrire un mot correctement : *Les mots anglais sont difficiles à orthographier.*

orthographique, adj. ♦ De l'orthographe : *Qui peut se vanter de connaître toutes les subtilités orthographiques du français ?*

ortie, n. f. ♦ Plante dont les feuilles et les tiges sont munies de poils urticants (piquants très fins) qui piquent très fort.

ortolan, n. m. ♦ Petit oiseau dont la chair est très délicate et très bonne à manger.

orvet, n. m. ♦ Sorte de lézard sans pattes qui ressemble à un serpent.

os [ɔs], au pluriel **os** [o], n. m. ♦ **1.** Chacune des parties dures du squelette d'un animal ou d'un être humain. **2.** Matière tirée de l'os d'un animal : *Josette m'a offert un minuscule canif avec un manche en os.*

oscillation [ɔsilasjɔ̃], n. f. ♦ Mouvement d'un corps qui oscille.

osciller [ɔsile], v. ♦ **1.** Faire un mouvement de va-et-vient : *Prends une boule de plomb suspendue au bout d'un fil : tu as un pendule. Si tu le mets en mouvement, il oscille.* — SYN. se balancer. **2.** Hésiter, aller d'une opinion à une autre, d'une attitude à une autre.

oseille, n. f. ♦ Plante dont les feuilles, à goût un peu acide, se mangent cuites (*soupe à l'oseille*).

oser, v. ♦ **1.** Faire une chose qui demande du courage, de l'audace : *Les marins du Moyen Âge n'osaient pas se lancer à travers l'Atlantique.* **2.** Faire une chose contraire au respect qu'on doit à quelqu'un : *Elle a osé dire à son maître que la punition était injuste.*

osier, n. m. ♦ Les tiges flexibles d'un saule, que l'on peut tresser pour faire des paniers, des corbeilles.

ossature, n. f. ♦ **1.** Ensemble des os. — SYN. squelette. **2.** Charpente, ensemble des poteaux et des poutres qui soutiennent une construction. — SYN. charpente, carcasse, structure, membrure.

ossements, n. m. pl. ✦ Os d'un homme ou d'un animal mort.

osseux, euse, adj. ✦ Qui a de gros os saillants.

ossuaire, n. m. ✦ Endroit, local, édifice où l'on a rassemblé des ossements humains.

ostensible, adj. ✦ Que l'on fait avec l'intention de se faire bien remarquer. — CONTR. caché, discret, secret.

ostracisme, n. m. ✦ A Athènes, mesure décidée par un vote du peuple, qui bannissait de la cité un homme politique jugé dangereux par son prestige ou son ambition.

ostréiculteur, trice, n. ✦ Celui, celle qui élève des huîtres.

ostréiculture, n. f. ✦ Élevage des huîtres.

otage, n. m. ✦ **1.** Personne qui est arrêtée et qui sera exécutée si certains actes sont commis. **2.** Personne qui est capturée par quelqu'un et qui ne sera libérée qu'à certaines conditions.

otarie, n. f. ✦ Mammifère marin qui a des pattes en forme de nageoires et qui ressemble un peu au phoque.

ôter, v. ✦ **1.** Enlever : *Cette grosse valise nous gêne, voyons ! Ôte-là de cet endroit !* — CONTR. mettre, placer, poser. **2.** Soustraire : *Si de 12 tu ôtes 7, que reste-t-il ?* — SYN. déduire, enlever, retrancher, soustraire. — CONTR. additionner, ajouter.

otite, n. f. ✦ Maladie infectieuse de l'intérieur de l'oreille.

ou, conj. ✦ **1.** Et aussi : *Ce bateau marche à la voile ou à la rame.* **2.** Indique que l'une des hypothèses exclut l'autre : *Notre voisine vient d'avoir un bébé, est-ce un garçon ou une fille ?* ● *Il n'y a pas de milieu : ou un nombre est pair, ou il est impair.* ● Demain, j'irai au cinéma *ou bien à la piscine.* **3.** Exprime l'approximation : *Sur le quai de la gare, il y avait quatre ou cinq personnes.*

où, adv. interrogatif *ou* pronom relatif. ✦ **1.** A quel endroit ? En quel lieu ? *Où est-il né ?* ● *D'où vient-elle ?* ● *Par où est-il passé pour venir ici ?* **2.** Pronom relatif de lieu ou de temps : « *Ah ! si seulement je me souvenais de l'endroit où j'ai laissé ma voiture !* » *disait Marie-Madeleine.* ● *Cela est arrivé l'année où j'ai passé mes vacances à La Malbaie.*

ouailles [waj], n. f. pl. ✦ *Les ouailles d'un curé,* ses paroissiens.

ouananiche, n. f. ✦ Saumon d'eau douce : *Si tu veux pêcher, va au lac Chibougamau, la ouananiche y mord bien.*

ouate, n. f. ✦ *De l'ouate :* matière blanche qui est du coton non filé et qui sert à faire des pansements, etc. — SYN. coton hydrophile.

oubli, n. m. ✦ **1.** Action d'oublier : *Le temps s'écoule, apportant l'oubli des vieilles querelles.* — CONTR. mémoire, souvenir. **2.** Chose qu'on a oubliée : *Martine n'avait pas pensé à mettre son nom sur sa copie : fâcheux oubli !* — SYN. distraction. **3.** Obscurité dans laquelle tombe une personne ou une chose dont personne ne se souvient. — SYN. obscurité. — CONTR. mémoire, célébrité, gloire.

oublier, v. (conjugaison 20) ✦ **1.** Ne plus se souvenir : *J'ai oublié le numéro de téléphone de mon ami ! J'aurais dû le noter.* — CONTR. se rappeler, se souvenir. **2.** Ne pas penser : *J'ai oublié de mettre de l'essence dans le réservoir, et me voilà en panne !* — CONTR. penser à. **3.** Laisser un objet quelque part par distraction : *Au moment où le train s'ébranlait, la dame s'écria : « Oh ! j'ai oublié une valise sur le quai ! »* **4.** Pardonner : *Oublions nos griefs et soyons amis comme auparavant.*

oubliette

oubliette, n. f. ♦ Autrefois, cachot souterrain où l'on enfermait certains prisonniers.

oublieux, euse, adj. ♦ Qui oublie, qui néglige : *Oublieux de ses invités, il regardait la télévision.* — CONTR. soucieux de.

oued [wɛd], n. m. ♦ En Afrique du Nord ou au Sahara, cours d'eau, souvent à sec, qui peut se gonfler d'une crue brutale en cas de pluie. — PLUR. *des oueds.*

ouest, n. m. *ou* adj. inv. ♦ **1.** *L'ouest,* l'un des quatre points cardinaux, celui qui est du côté où le soleil se couche : *L'Alberta et la Colombie britannique sont des provinces de l'ouest du Canada.* ● *La façade est exposée à l'ouest.* — SYN. couchant, occident. — CONTR. est, levant, orient. **2.** Qui est situé à l'ouest : *La façade ouest de l'édifice date du XVIIIe siècle.* — SYN. occidental. — CONTR. est (adj.), oriental. **3.** *L'ouest de,* la partie d'un pays ou d'une région qui est située à l'ouest : *L'ouest du Canada est beaucoup plus agricole qu'industriel.* ● *L'ouest des États-Unis.* ● *L'Ouest,* la partie ouest d'un pays. ● *L'Ouest :* l'Europe occidentale, le Canada et les États-Unis, par opposition à l'Est, qui comprend l'U.R.S.S. et les pays socialistes d'Europe centrale et orientale.

ouf ! interj. ♦ Interjection qui exprime le soulagement.

oui, adv. ♦ Indique qu'on affirme ou qu'on accepte : *Oui, j'entre en sixième, l'an prochain. Oui, je veux bien aller me promener avec toi.* — CONTR. non.

ouïe, n. f. ♦ **1.** *L'ouïe :* le sens par lequel on entend les sons. **2.** *Les ouïes :* ouvertures, situées de chaque côté de la tête, par lesquelles un poisson respire.

ouïr, v. (conjugaison 40) ♦ Synonyme vieilli et littéraire de *entendre.*

ouistiti, n. m. ♦ Petit singe d'Amérique du Sud à très longue queue. — REM. On dit *le ouistiti,* et non « l'ouistiti », la *queue du ouistiti,* et non « la queue de l'ouistiti ». On dit *les ouistitis* [lewistiti], sans liaison.

ouragan, n. m. ♦ Forte tempête, avec vent très violent. — REGARDER *bourrasque, cyclone, tempête, tornade, tourmente, typhon.*

ourdir, v. ♦ **1.** Synonyme poétique de *tisser.* **2.** Combiner, monter un complot, une intrigue : *Ce conspirateur-né ne cessait d'ourdir des complots.* — SYN. tramer.

ourler, v. ♦ **1.** Garnir d'un ourlet. **2.** Border : *L'écume ourle d'argent les rochers et les plages.*

ourlet, n. m. ♦ Bord replié et cousu d'un vêtement, d'une pièce d'étoffe.

ours [uRS], n. m. ♦ **1.** Grand animal carnivore, à museau allongé, à longs poils, à démarche lourde. La femelle de l'ours est *l'ourse.* Le petit est *l'ourson.* **2.** Homme peu gracieux, qui vit seul, qui ne veut voir personne.

ourse, n. f. ♦ Femelle de l'ours.

oursin, n. m. ♦ Animal marin, gros comme une pomme, de forme ronde, recouvert d'une carapace noirâtre hérissée de piquants.

ourson, n. m. ♦ Petit de l'ours.

oust ! interj. ♦ Interjection familière qui sert à indiquer qu'on veut que quelqu'un s'en aille ou se dépêche : *Allez, oust ! sortez, les enfants !*

outarde, n. f. ♦ Bernache du Canada, oiseau qui ressemble à une oie.

outil, n. m. ♦ Objet qui sert à exécuter un travail manuel.

outillé, ée, adj. ♦ Muni d'outils : *Tu as seulement un canif pour couper ta planche ? Tu es bien mal outillée !* — SYN. équipé.

outrage, n. m. ♦ Offense humiliante. — SYN. affront, injure, insulte.

outrager, v. (conjugaison 16) ♦ Offenser gravement. — SYN. bafouer, injurier, insulter. — CONTR. honorer, respecter.

outrance, n. f. ♦ **1.** Exagération, excès dans les paroles, le style. — SYN. démesure. — CONTR. mesure, modération. **2.** Parole ou chose excessive et déplacée. **3.** _A outrance :_ à fond, complètement, sans réserve.

outrancier, ière, adj. ♦ Plein d'outrance. — SYN. exagéré, excessif, outré. — CONTR. mesuré, modéré.

1. outre, adv. _ou_ prép. ♦ **1.** Au-delà : _Ici commence le royaume des périls terrifiants : il ne faut pas aller outre._ **2.** En plus de : _Outre une voiture, notre voisine a une moto, un vélo et un bateau._ ● _Outre que François est très doué, il travaille beaucoup._ **3.** _En outre,_ en plus : _François est très doué. En outre, il est appliqué et poli._ **4.** _Outre mesure,_ beaucoup, avec excès : _Odile ne se soucie pas outre mesure de ses études : elle pense d'abord à s'amuser._

2. outre, n. f. ♦ Dans certains pays, sac en peau (de bouc, de chameau) dans lequel on met une boisson (vin, eau).

outré, ée, adj. ♦ **1.** Excessif. — SYN. exagéré, outrancier. — CONTR. mesuré, modéré. **2.** Très mécontent et indigné. — SYN. révolté, scandalisé.

outrecuidance, n. f. ♦ Confiance excessive en soi-même, qui entraîne de la prétention. — SYN. présomption, prétention. — CONTR. humilité, modestie, prudence.

outrecuidant, ante, adj. ♦ Plein d'outrecuidance : _Vous êtes bien outrecuidant, monsieur, de vouloir en remontrer à de si habiles gens !_ — SYN. fat, présomptueux, prétentieux. — CONTR. humble, modeste, prudent.

outremer [utʀəmɛʀ], n. m. _ou_ adj.

inv. ♦ _Le bleu outremer_ ou _l'outremer :_ couleur d'un bleu très intense, très vif. ● _Des soieries outremer_ (invariable).

outre-mer, loc. adv. ♦ Au-delà des mers : _Chaque année, je fais un voyage outre-mer et je visite les grandes villes d'Europe._

outrepasser, v. ♦ Aller au-delà de ce qu'on doit faire, dépasser ses droits, abuser de son pouvoir : _La surveillante a le droit de te punir mais si elle te gifle, elle outrepasse ses droits._ — SYN. abuser de, dépasser.

outrer, v. ♦ **1.** Exagérer jusqu'à la caricature : _Cet acteur a outré les traits ridicules de son personnage._ **2.** Révolter, indigner : _Son reproche injustifié m'a outrée._ — REM. Dans ce sens, ne s'emploie qu'aux temps composés.

ouvert, erte, adj. ♦ **1.** Qui n'est pas fermé. **2.** Franc et cordial, aimable. — CONTR. renfermé, taciturne.

ouvertement, adv. ♦ Sans se cacher, sans rien dissimuler.

ouverture, n. f. ♦ **1.** Action d'ouvrir ou de s'ouvrir. — CONTR. fermeture. **2.** Trou, passage ; porte, fenêtre : _Un grand mur sans aucune ouverture, telle était la façade sinistre de cette prison._ **3.** Temps pendant lequel un magasin ou un établissement est ouvert au public : _Quelles sont les heures d'ouverture de la piscine ? Elle est ouverte de 9 heures à 19 heures._ **4.** Jour où commence la période de l'année pendant laquelle on a le droit de chasser ou de pêcher : _Demain, c'est l'ouverture ! Tous les chasseurs vont partir à l'aube !_

ouvrable, adj. ♦ _Jour ouvrable,_ qui n'est pas un jour férié.

ouvrage, n. m. ♦ **1.** Travail. — SYN. tâche, besogne. **2.** Objet fabriqué ; construction, édifice : _Cette table d'acajou, c'est un bel ouvrage d'ébénisterie._ — SYN. œuvre. ● _Un ouvrage d'art :_ un pont, un tunnel, etc. **3.** Livre : *Cette bibliothèque contient 30 000 ouvrages.* **4.** *Boîte à ouvrage,* où l'on range ce qu'il faut pour coudre. ● *Table à ouvrage,* sur laquelle on pose ce qu'il faut pour coudre (fil, ciseaux, aiguilles, etc.).

ouvragé, ée, adj. ♦ Orné, travaillé, décoré, sculpté. — CONTR. uni.

ouvrant, ante, adj. ♦ *Toit ouvrant (d'une voiture),* qui peut s'ouvrir.

ouvre-boîtes, n. m. inv. ♦ Ustensile qui sert à ouvrir les boîtes de conserves.

ouvreuse, n. f. ♦ Dans un cinéma ou un théâtre, femme qui guide les spectateurs jusqu'à leur place.

ouvrier, ière, n. *ou* adj. ♦ **1.** Travailleur, travailleuse qui fait un travail manuel et qui reçoit un salaire. **2.** Qui concerne les ouvriers. ● *La classe ouvrière :* l'ensemble des ouvriers, en tant qu'ils constituent une classe sociale.

ouvrir, v. (conjugaison 33) ♦ **1.** Manœuvrer de manière à permettre le passage : *J'ai oublié ma clef, donc je ne peux pas ouvrir la porte.* **2.** Soulever ou enlever le couvercle : *Je sais faire la cuisine, dit Maximilien, puisque je sais ouvrir une boîte de sardines.* — CONTR. fermer. **3.** Recevoir les clients, les visiteurs, le public : *Le magasin ouvre tous les jours, sauf le dimanche.* — CONTR. fermer. **4.** Percer : *Notre voisin a ouvert une nouvelle porte dans le mur de sa maison.* — CONTR. boucher, fermer. **5.** Créer et commencer à faire fonctionner un établissement nouveau : *On vient d'ouvrir un nouveau gymnase.* **6.** Faire commencer : *La présidente du club ouvrit la séance à 5 heures.* — CONTR. clore, clôturer. ● *Ouvrir les hostilités.* **7.** *Ouvrir la marche,* venir en tête d'un cortège : *Les enfants des écoles ouvriront la marche. Derrière eux viendront les pompiers.* — CONTR. fermer la marche. **8.** *Ouvrir son cœur à quelqu'un,* lui dire sincèrement ce qu'on pense.

ovaire, n. m. ♦ Partie du pistil d'une fleur où se forme la future graine. ● Organe de la femme ou de la femelle des animaux où se forme la cellule reproductive femelle : *Les ovaires sont au nombre de deux.*

ovale, adj. *ou* n. m. ♦ Qui a une forme ronde et allongée à la fois. ● *Un ovale :* une courbe fermée de forme allongée.

ovation, n. f. ♦ Cris et applaudissements par lesquels on accueille quelqu'un, pour lui rendre honneur. — SYN. acclamation, applaudissement.

ovin, ine, adj. *ou* n. m. ♦ *L'espèce ovine* ou *les ovins :* les moutons.

ovipare, adj. *ou* n. m. ♦ *Un animal ovipare* ou *un ovipare :* animal qui se reproduit en pondant des œufs. — CONTR. vivipare.

ovni, n. m. ♦ Mot formé par les lettres initiales de « objet volant non identifié ».

oxydation, n. f. ♦ Attaque d'un métal par l'oxygène de l'air ou de l'eau. — REGARDER *rouille.*

oxyde, n. m. ♦ **1.** Substance produite par la combinaison de l'oxygène et d'un métal : *La rouille est de l'oxyde de fer.* **2.** *Oxyde de carbone :* gaz, formé par la combinaison de l'oxygène et du carbone, très dangereux à respirer.

oxydé, ée, adj. ♦ *Métal oxydé,* couvert d'oxyde, terni, endommagé par l'oxyde.

oxyder, v. ♦ Attaquer en formant une couche d'oxyde : *L'air de la mer oxyde vite les métaux.*

oxygène, n. m. ♦ Gaz contenu dans l'air et indispensable à la vie.

oxygéné, ée, adj. ♦ *Eau oxygénée :* eau qui contient de l'oxygène en forte proportion et qui est utilisée comme antiseptique, désinfectant.

pacage, n. m. ◆ Lieu où vont paître les animaux. — SYN. pâturage.

pacane, n. f. ◆ Espèce de noix de forme allongée et de couleur brun-rouge.

pacha, n. m. ◆ Autrefois, dans l'ancien empire turc, titre porté par un haut personnage, un gouverneur. ● *Vivre comme un pacha,* dans le plus grand confort et sans se fatiguer.

pachyderme [paʃidɛʀm], n. m. ◆ Animal à peau très épaisse (éléphant, rhinocéros, hippopotame).

pacification, n. f. ◆ Action de pacifier un pays.

pacifier, v. (conjugaison 20) ◆ *Pacifier un pays,* y ramener la paix, quand elle est troublée par la guerre civile, la rébellion. — CONTR. agiter, soulever. ● Calmer, apaiser : *Il faut pacifier les esprits.*

pacifique, adj. ◆ Qui aime la paix. — CONTR. belliqueux.

pacifisme, n. m. ◆ Mouvement politique, favorable à la paix, qui préconise le refus des moyens d'attaque et de défense.

pacifiste, adj. *ou* n. m. *ou* f. ◆ Qui appartient au pacifisme, qui est pour le pacifisme.

pacotille [pakɔtij], n. f. ◆ 1. Autrefois, marchandise de faible valeur qui servait de monnaie d'échange pour le commerce avec les peuples des pays lointains. 2. Marchandise, produit sans grande valeur. ● *Un bracelet de pacotille.*

pacte, n. m. ◆ Accord, traité. — SYN. alliance, convention.

pactiser, v. ◆ S'entendre avec quelqu'un, avec un groupe : *Heureusement, cette tribu a pactisé avec la tribu voisine.*

paella [paelja], n. f. ◆ Plat espagnol : riz cuit à l'huile dans un plat métallique, avec des crustacés, des moules, des morceaux de saucisse, de poulet, etc.

pagaie [pagɛ], n. f. ◆ Rame courte que l'on manœuvre avec les deux mains sans qu'elle prenne appui sur le bord de l'embarcation.

paganisme, n. m. ◆ Religion de ceux qui adorent plusieurs dieux. — REGARDER *païen, polythéisme.*

pagayer [pagɛje], v. (conjugaison 23) ◆ Ramer avec une pagaie.

page

1. page, n. f. ♦ **1.** Chacune des faces d'une feuille d'un livre, d'un carnet : *J'ai relevé cette phrase page 122.* ● *Être à la page :* être au courant de la dernière mode. — REM. Cette expression est familière. **2.** Feuillet, feuille d'un livre, d'un cahier : *N'écorne pas les pages de ton livre.* ● *Tourner la page :* oublier le passé, ne plus se soucier d'une vieille affaire. **3.** Passage, morceau : *Voici un recueil des plus jolies pages des conteurs français.*

2. page, n. m. ♦ Jeune garçon qui, auprès d'un roi, d'un grand seigneur ou d'une grande dame, assurait le service d'honneur et apprenait la vie de courtisan. ● *Hardi, effronté comme un page :* très effronté.

pagne, n. m. ♦ Vêtement des pays chauds fait d'une sorte de jupe en étoffe, en brins de raphia, en feuilles d'arbres, etc.

pagode, n. f. ♦ Terme vieilli désignant un temple de l'Inde, de l'Asie du Sud-Est, de la Chine, du Japon.

paie [pɛ], n. m. ♦ Argent qu'un salarié reçoit à la fin de la quinzaine ou du mois. — SYN. salaire. ● *Le bulletin de paie.* — REM. On dit aussi *paye* [pɛj].

paiement [pemã], n. m. ♦ Action de payer. — SYN. règlement. ● *Voici un chèque en paiement de mes achats.*

païen, païenne [pajɛ̃, pajɛn], adj. *ou* n. ♦ Qui a le paganisme pour religion. — REGARDER *paganisme, polythéisme.* ● *La religion païenne :* le paganisme.

1. paillasse, n. f. ♦ Matelas grossier rempli de paille, de feuilles.

2. paillasse, n. m. ♦ Pitre, clown.

paillasson, n. m. ♦ Gros tapis à poils longs et durs sur lequel on s'essuie les pieds, devant une porte, avant d'entrer.

paille, n. f. ♦ **1.** Tiges de céréale, dépouillées du grain. ● *Être sur la paille :* être ruiné, être dans la misère. ● *On laissa le prisonnier croupir sur la paille humide des cachots.* **2.** Tige avec laquelle on aspire une boisson. — SYN. chalumeau.

pailleté, ée, adj. ♦ Orné de paillettes.

paillette, n. f. ♦ Chacune des petites lamelles brillantes qui ornent certains vêtements de fête.

paillote, n. f. ♦ Dans certains pays, hutte de paille, cabane à murs et à toit de paille.

pain, n. m. ♦ Aliment fait avec de la farine, mêlée d'eau de manière à former une pâte que l'on cuit au four. ● *Pain d'épice :* gâteau fait avec de la farine de seigle, du miel et diverses épices. ● *Gagner son pain :* gagner sa vie. ● *Avoir du pain sur la planche :* avoir beaucoup de travail à faire.

1. pair, paire, adj. ♦ *Nombre pair,* divisible par 2. — CONTR. impair.

2. pair, n. m. ♦ Autrefois, en France, et de nos jours en Angleterre, seigneur de haut rang.

3. pair, n. m. ♦ **1.** *Les pairs de quelqu'un,* ses égaux et ses semblables. **2.** *Hors pair,* sans égal : *Et voici Arthur, notre ailier : un footballeur hors pair !* ● *Aller de pair,* accompagner quelque chose : *La perte d'appétit va de pair avec la fièvre.* **3.** *Travailler au pair :* travailler dans une famille, en gardant les enfants, en leur apprenant une langue étrangère, en faisant le ménage, sans être payé, mais en étant nourri et logé.

paire, n. f. ♦ **1.** Couple de deux objets semblables qui vont ensemble, par exemple *une paire de chaussures, une paire de chaussettes, une paire de gants.* **2.** *Une paire de,* désigne un objet fait de deux parties semblables et symétriques, par exemple *une paire de tenailles, une paire de ciseaux, une paire de cisailles, une paire de lunettes.* **3.** *Une paire d'amis :* deux amis qui s'entendent très bien.

pâlir

paisible, adj. ♦ **1.** Qui aime la paix, qui n'aime pas attaquer, se battre, entrer en conflit. — SYN. calme, pacifique, tranquille. — CONTR. agressif, belliqueux. **2.** Qui n'est pas troublé, où il n'y a ni bruit ni mouvement anormal : _Seul le coucou vient troubler le calme paisible de la forêt._ — SYN. calme, tranquille. — CONTR. agité, troublé.

paître, v. (conjugaison 96) ♦ **1.** _Le berger paît ses brebis,_ les mène au pâturage pour qu'elles s'y nourrissent. **2.** _Un animal paît l'herbe,_ s'en nourrit, la mange : _Les chevaux vont paître l'herbe haute des grasses prairies._ **3.** _Un animal paît,_ mange l'herbe, broute.

paix, n. f. ♦ **1.** État, situation où il n'y a pas de guerre, où l'on ne se bat pas. — CONTR. guerre, conflit. **2.** _La paix_ ou _le traité de paix,_ traité conclu après une guerre et qui règle la situation qui en résulte : _On a signé l'armistice. Peut-être signera-t-on la paix, un jour._ **3.** Tranquillité, calme : _Dans ce vallon désert règne la paix._ — CONTR. agitation.

palabre, n. f. ♦ Discussion longue, confuse et peu utile. — REM. Ce mot s'emploie surtout au pluriel. Certains disent _un palabre._

palace, n. m. ♦ Grand hôtel très luxueux.

paladin, n. m. ♦ **1.** Chacun des seigneurs qui accompagnaient Charlemagne. **2.** Au Moyen Âge, chevalier errant qui défendait les faibles et accomplissait des exploits merveilleux.

1. palais, n. m. ♦ **1.** Grand et beau château d'un roi, d'un empereur, d'un souverain. **2.** _Palais de justice :_ édifice où siège le tribunal.

2. palais, n. m. ♦ La voûte de la bouche, la partie supérieure de l'intérieur de la bouche. ● _Cela flatte le palais,_ est très bon au goût.

palan, n. m. ♦ Appareil, constitué par un système de poulies et de câbles, qui sert à soulever de lourds fardeaux.

pale, n. f. ♦ Chacune des parties d'une hélice de bateau, d'avion ou d'hélicoptère, qui partent du moyeu.

pâle, adj. ♦ **1.** _Teint pâle,_ peu coloré, clair, presque blanc. ● _Son visage, soudain, était devenu pâle._ — SYN. blafard, blême. ● _Sa peau est pâle._ — CONTR. basané, bronzé, brun, bruni, coloré, hâlé, rougeaud. **2.** Clair : _Ce bleu pâle est très délicat._ ● _Elles ont des robes bleu pâle._ — CONTR. foncé, sombre.

palefrenier, n. m. ♦ Employé qui s'occupe des chevaux, à l'écurie.

palet, n. m. ♦ Objet plat qu'on lance pour jouer à certains jeux, par exemple à la marelle.

paletot, n. m. ♦ Vêtement de forme droite, sorte de manteau court ou de veste longue.

palette, n. f. ♦ **1.** Désigne divers objets de forme plate. ● Petite raquette : _Avec sa palette, Ginette envoie sa balle contre le mur._ **2.** Plaque ronde que l'artiste peintre tient d'une seule main et sur laquelle il étale et mélange ses couleurs. ● Ensemble des couleurs employées par un peintre.

palétuvier, n. m. ♦ Arbre des pays tropicaux à racines aériennes, qui croît au bord de la mer : _Les racines des palétuviers forment un lacis inextricable appelé « mangrove »._

pâleur, n. f. ♦ Teint pâle.

palier, n. m. ♦ **1.** Dans un escalier, partie plate entre deux séries de marches. **2.** Sur une route, une voie ferrée, partie plate et horizontale, entre deux rampes. **3.** _Par paliers :_ par degrés. — SYN. progressivement.

pâlir, v. ♦ **1.** Devenir pâle : _Sous l'effet de la peur, il pâlit brusquement._ ● Rendre pâle : _La maladie a pâli le teint de mon ami._ **2.** Devenir plus clair, moins brillant,

pâlir

moins éclatant : *Avec les années, les couleurs ont pâli et se sont ternies.* ● Rendre pâle : *Le temps a pâli les couleurs.*

palissade, n. f. ✦ Clôture faite d'une rangée de pieux, de planches.

palissandre, n. m. ✦ Beau bois d'é-bénisterie, lourd, dur, odorant, de couleur brune, avec des reflets violacés, qui est fourni par des arbres des pays chauds.

palliatif, n. m. ✦ Moyen, mesure qui masque les effets fâcheux d'une chose, sans les supprimer.

pallier, v. (conjugaison 20) ✦ Masquer une chose fâcheuse, sans la supprimer : *Pour pallier l'absence de pont, on a provisoire-ment mis en service un bac.* — REM. Ne dites pas : « pallier *à* une chose ».

palmarès [palmaRès], n. m. ✦ Liste de ceux qui ont obtenu un prix.

palme, n. f. ✦ **1.** Feuille de palmier. **2.** Symbole de la victoire. ● *Remporter la palme :* être le meilleur, remporter le premier prix. **3.** Objet plat, en caoutchouc, qu'on se met au pied pour nager plus vite.

palmé, ée, adj. ✦ *Pied palmé,* dont les doigts sont réunis par une membrane. — REGARDER *palmipède.*

palmier, n. m. ✦ Arbre des pays chauds, de forme particulière.

palmipède, adj. *ou* n. m. ✦ *Un oiseau palmipède* ou *un palmipède :* oiseau qui a les pieds palmés.

palombe, n. f. ✦ Dans le sud-ouest de la France, nom qu'on donne au pigeon ramier.

palonnier, n. m. ✦ A bord d'un avion, dispositif qui se manœuvre avec les pieds et qui permet de commander le gou-vernail de direction. — REGARDER *manche à balai.*

pâlot, otte, adj. ✦ *Un enfant pâlot, une fillette pâlotte,* un peu pâle.

palourde, n. f. ✦ Coquillage comes-tible. — SYN. clovisse.

palper, v. ✦ Toucher, en appuyant un peu, pour examiner : *S'il vous plaît, madame, ne palpez pas les fruits !*

palpitant, ante, adj. ✦ Très inté-ressant. — SYN. passionnant.

palpitation, n. f. ✦ *Des palpita-tions :* battements forts et rapides du cœur.

palpiter, v. ✦ *Le cœur palpite,* bat anormalement vite et très fort.

paludier, ière, n. ✦ Celui, celle qui travaille à l'exploitation des marais salants.

paludisme, n. m. ✦ Maladie grave provoquée par un microbe qui est intro-duit dans le sang par la piqûre d'un mousti-que. — SYN. malaria.

pâmer (se), v. ✦ **1.** Synonyme vieilli de *perdre connaissance.* **2.** *Se pâmer d'ad-miration :* éprouver une très vive admiration. ● *Se pâmer d'amour.* ● *Se pâmer de rire.*

pampa [păpa], n. f. ✦ En Argentine, grande plaine couverte d'herbe.

pamplemousse, n. m. ✦ Fruit rond et jaune qui ressemble un peu à une grosse orange et qui a un goût très légèrement amer.

1. pan, n. m. ✦ **1.** *Pan de mur :* partie d'un mur qui reste debout, quand le reste est détruit. **2.** Partie d'un vêtement qui flotte librement vers le bas, par exemple *les pans d'une chemise, le pan d'un manteau.*

2. pan ! interj. ✦ Onomatopée qui imite un coup sec, une détonation qui claque.

panacée, n. f. ✦ **1.** Autrefois, remède magique qu'on supposait capable de guérir toutes les maladies. **2.** Moyen qui permet de résoudre toutes les difficultés : *Crois-tu vraiment que le progrès scientifique est la panacée qui permettra de délivrer l'homme de tous ses malheurs ?* — REM. Ne dites pas : « la panacée universelle ».

panache, n. m. ♦ **1.** Touffe de plumes qui sert d'ornement. **2.** Nuage de vapeur ou de fumée qui monte au-dessus d'un feu ou d'une cheminée et qui va en s'élargissant. **3.** Bravoure, mêlée de fierté, qui s'accompagne d'une volonté un peu provocatrice de montrer qu'on méprise le risque.

panaché, ée, adj. ♦ Qui est formé par un mélange de deux ou plusieurs éléments : *Je voudrais une glace panachée, vanille et pistache.*

panaris [panaʀi], n. m. ♦ Abcès qui se forme près de l'ongle d'un doigt ou d'un orteil.

pancarte, n. f. ♦ Morceau de carton, de bois, etc., accroché ou fixé à un endroit et portant une indication. — SYN. écriteau, placard.

pancréas [pɑ̃kʀeas], n. m. ♦ Organe qu'on a dans le ventre, en arrière de l'estomac, et qui joue un rôle important dans la digestion et dans la régulation du taux de sucre dans le sang.

panda, n. m. ♦ Mammifère à la fourrure noire et blanche qui vit au Tibet et en Chine. Symbole de la lutte pour la protection de la faune.

pané, ée, adj. ♦ Recouvert d'une légère couche de pain séché réduit en fines miettes. ● *Une escalope panée.*

panhellénique, adj. ♦ Qui concernait toutes les cités de la Grèce antique : *Les jeux panhelléniques (jeux Olympiques ou Pythiques) réunissaient des athlètes venus de toutes les cités grecques.*

panier, n. m. ♦ **1.** Objet creux en osier, en matière plastique, en bois, etc., qui

est muni d'une anse et dans lequel on peut porter des choses. — REGARDER *cabas.* **2.** Au basket, filet suspendu dans lequel on fait passer le ballon pour marquer un but. ● But marqué, au basket : *Bravo ! tu as réussi encore un panier !*

panique, n. f. ♦ Grande peur, mêlée d'affolement, qui s'empare soudain d'un troupeau, d'une foule.

panne, n. f. ♦ Arrêt accidentel d'un appareil, d'un moteur, d'un véhicule : *La voiture est en panne : allons à pied au village le plus proche.* ● *Panne sèche,* due au manque d'essence, quand le réservoir est à sec.

panneau, n. m. ♦ **1.** Surface plate qui forme un élément d'un ensemble : *Quatre panneaux d'acajou verni forment les portes de ce grand meuble.* ● *Panneau peint. Panneau décoratif* (sur un mur). **2.** Plaque, généralement montée sur un ou plusieurs pieds, ou bien fixée contre un mur, qui porte une indication *(un panneau indicateur)* ou sur laquelle on colle une affiche *(panneau d'affichage).*

panonceau, n. m. ♦ Plaque métallique fixée au-dessus de la porte de l'immeuble où un notaire a son étude. ● Plaque indiquant quelque chose : *A la porte de l'hôtel, on voyait plusieurs panonceaux émaillés offerts par des organisations de tourisme.*

panoplie, n. f. ♦ **1.** Ensemble d'armes présentées sur un panneau fixé au mur. **2.** Ensemble de vêtements et d'objets dont se sert un enfant pour se déguiser et imiter une activité.

panorama, n. m. ♦ Vue s'étendant au loin sur un vaste paysage que l'on peut contempler en se tournant de tous les côtés.

panoramique, adj. ♦ *Vue panoramique,* qui s'étend sur une grande largeur.

panse, n. f. ♦ **1.** Gros ventre. ● Synonyme familier de « ventre ». **2.** L'un des compartiments de l'estomac des ruminants. **3.** Partie arrondie d'un objet : *Cette cruche a une jolie fleur peinte sur la panse.*

pansement, n. m. ♦ Compresse, bande ou coton que l'on met sur une blessure.

panser, v. ♦ **1.** *Panser un cheval,* le soigner, le brosser. **2.** Soigner une blessure, une plaie, en y appliquant une compresse, en la protégeant par une bande d'étoffe : *L'infirmier a pansé le genou écorché d'Éric.*

pansu, ue, adj. ♦ **1.** Qui a un gros ventre rond. — SYN. ventru. — CONTR. efflanqué. **2.** Rond et renflé : *La petite Marie apporta une cruche pansue pleine d'eau fraîche.*

pantalon, n. m. ♦ Vêtement d'homme et de femme, divisé en deux jambes, qui va de la ceinture au bas des jambes.

pantelant, ante, adj. ♦ Qui respire vite et avec peine : *Épuisé par la course, tout pantelant, il se laissa tomber sur le sol.* — SYN. essoufflé, haletant.

panthéon, n. m. ♦ **1.** Ensemble des dieux et des déesses d'une religion. ● *Les dieux du panthéon grec.* **2.** Ensemble des hommes célèbres : *Le nom de cette poète demeurera gravé au panthéon des arts et des lettres.* **3.** *Le Panthéon :* nom d'un édifice de Rome et d'un édifice de Paris.

panthère, n. f. ♦ Grand fauve (félin), plus petit que le tigre, à pelage jaune tacheté de noir, qui vit en Afrique et en Asie. — REM. La panthère d'Afrique s'appelle aussi *léopard.*

pantin, n. m. ♦ Jouet d'enfant constitué par une marionnette articulée qu'on manœuvre avec des fils.

pantographe, n. m. ♦ Dispositif articulé placé sur le toit d'une locomotive électrique ou d'un trolleybus et qui porte à sa partie supérieure une barre horizontale, l'archet. Cette barre frotte contre le conducteur électrique et capte le courant.

pantois, adj. m. ♦ Très étonné, au point d'en avoir « le souffle coupé » : *Quand j'ai vu ce spectacle inattendu, je suis resté pantois.* — SYN. ahuri, déconcerté, interdit, stupéfait. — REM. L'adjectif *pantois* ne peut se rapporter à un nom ou à un pronom féminin. On ne peut dire : « Elle est demeurée pantois ».

pantomime, n. f. ♦ **1.** Petite pièce de théâtre où les acteurs (des *mimes*) s'expriment uniquement par des gestes et des mouvements, sans dire un mot. **2.** Suite de mouvements bizarres et ridicules, gesticulation étrange et déplacée.

pantoufle, n. f. ♦ Chaussure d'intérieur, basse et très souple. — REGARDER *chausson.*

paon [pɑ̃], n. m. ♦ Oiseau dont le mâle a un plumage vivement coloré, une aigrette et une longue queue, qu'il peut redresser en demi-cercle. (On dit alors que le paon fait la roue.) — La femelle est la *paonne.* ● *Être vaniteux comme un paon,* très vaniteux.

paonne [pan], n. f. ♦ Femelle du paon.

papal, ale, aux, adj. ♦ Du pape : *La garde papale arrive, en brillant uniforme.* — REM. Le masculin pluriel *papaux* est rare. D'autre part, *papal* est un mot vieilli. On dit plutôt, maintenant, *pontifical.*

papauté, n. f. ♦ Pouvoir, gouvernement du pape.

papaye, n. f. ♦ Fruit des pays tropicaux de couleur jaune et ressemblant à un melon.

pape, n. m. ♦ Chef de l'Église catholique. — SYN. le souverain pontife, le Saint-Père.

paperasse, n. f. ♦ Papier écrit inutile, sans valeur.

papeterie [paptʀi] *ou* [papetʀi], n. f. ♦ Magasin du papetier.

papetier, ière, [paptje, jɛʀ], n. ◆
Personne qui fabrique ou vend du papier.
● Commerçant, commerçante qui vend du
papier à lettres, des enveloppes, des cahiers,
des crayons, etc.

papier, n. m. ◆ **1.** Matière qui se présente en feuilles ou en rouleaux sur lesquels
on écrit, on imprime. ● *Papier à lettres.*
2. *Les papiers :* carte d'identité, passeport,
etc.

papille [papij], n. f. ◆ Chacun des
points sensibles de la langue, par lesquels on
perçoit le goût des aliments.

papillon, n. m. ◆ **1.** Insecte qui a de
larges ailes aux couleurs souvent vives.
2. *Nœud papillon :* forme particulière de
nœud de cravate. **3.** Morceau de papier qui
porte une indication, que l'on fixe quelque
part.

papillonner, v. ◆ Passer d'une idée
à une autre sans s'y fixer.

papillote, n. f. ◆ Papier qui enveloppe
un bonbon et dont les bouts sont tortillés et
ont un peu la forme d'ailes de papillon.

papilloter, v. ◆ *Les yeux papillotent,*
s'ouvrent et se ferment très vite.

papotage, n. m. ◆ Bavardage, conversation longue, sans intérêt, parfois
malveillante.

papoter, v. ◆ Bavarder. — REM. Ce
mot est un peu familier.

papyrus [papiʀys], n. m. ◆ **1.** Plante
des bords du Nil. **2.** Matière faite avec cette
plante et qui, dans l'Antiquité, jouait le rôle
de notre papier. **3.** Texte écrit sur cette
matière : *Toi qui es si savante, lis-nous donc
ce papyrus égyptien !* — PLUR. *des papyrus.*
— REGARDER *parchemin.*

pâque, n. f. ◆ *La pâque :* fête juive
qui commémore la sortie d'Égypte.

paquebot, n. m. ◆ Navire rapide
destiné au transport des voyageurs.

pâquerette, n. f. ◆ Fleur blanche, à
cœur jaune.

Pâques, n. ◆ *Pâques* ou *le jour de
Pâques :* fête chrétienne qui a lieu au
printemps et qui commémore la résurrection
du Christ : *Enfin Pâques est arrivé !*
(masculin). — REM. Quand le mot est
accompagné d'une épithète, il est du féminin
et toujours au pluriel : *Joyeuses Pâques !*

paquet, n. m. ◆ Objet ou produit,
enfermé dans une boîte ou enveloppé dans
du papier ou du tissu, qui est destiné à être
transporté, expédié ou vendu.

paquetage, n. m. ◆ Ensemble des
vêtements et des objets qu'un soldat reçoit
quand il est incorporé. — SYN. équipement.

par, prép. ◆ **1.** Introduit le complément
d'agent : *Les feuilles sont soulevées par le
vent.* **2.** Indique le moyen : *Je voyagerai par
le train.* **3.** Indique le lieu : *Je suis passé par
la place Saint-Louis.* **4.** Indique le temps, le
moment : *Par un beau soir de printemps,
nous nous promenions au bord du lac.*
5. Indique la fréquence : *Oncle Joseph vient
nous voir trois fois par an.* **6.** Indique la distribution : *Ces fournitures reviennent à 12
dollars par élève.*

para, n. m. ◆ Abréviation familière de
parachutiste.

parabole, n. f. ◆ Récit de l'Évangile
qui exprime, sous une forme imagée, une
vérité religieuse ou morale, par exemple *la
parabole de l'enfant prodigue.*

parachèvement, n. m. ◆ Achèvement complet.

parachever, v. (conjugaison 12) ◆
Achever complètement, en essayant de rendre absolument complet et parfait : *L'artiste
est morte avant d'avoir eu le temps de parachever son œuvre.*

parachute, n. m. ◆ Appareil, constitué par une grande surface de toile, qui
permet de ralentir la chute d'une personne
ou d'un objet tombant dans le vide à partir
d'un avion.

parachuter

parachuter, v. ♦ Lancer ou déposer au moyen d'un parachute : *On a parachuté des vivres à la population sinistrée.*

parachutisme, n. m. ♦ Activité, sport qui consiste à sauter en parachute.

parachutiste, n. m. *ou* f. ♦ Personne qui pratique le parachutisme. ● *Un parachutiste :* soldat spécialement entraîné pour combattre après avoir sauté en parachute. — Abréviation familière : *un para.*

1. parade, n. f. ♦ **1.** Action d'étaler, de montrer ce qu'on sait faire, ce qu'on a, etc. ● *Faire parade de :* montrer, faire connaître avec ostentation, de manière vaniteuse. — SYN. déployer, étaler, faire étalage de, exhiber, faire montre de. **2.** Défilé ou revue militaire. ● *De parade,* qui est employé à la parade (et non au combat) : *Les soldats, en uniforme de parade, rendaient les honneurs.* **3.** Spectacle, à l'extérieur du cirque ou d'une baraque foraine, destiné à attirer les gens.

2. parade, n. f. ♦ Moyen d'éviter un coup : *Si tu veux apprendre à te battre, il faut apprendre toutes les parades.*

parader, v. ♦ **1.** Manœuvrer au cours d'une parade militaire : *Les soldats paradaient sur l'esplanade de la ville.* **2.** Se faire admirer, en prenant une allure fière, un air satisfait : *Dis-donc, l'ancien, as-tu bientôt fini de parader devant les nouveaux camarades ?*

paradis, n. m. ♦ **1.** *Le paradis terrestre :* selon la Bible, lieu délicieux où vécurent le premier homme et la première femme. **2.** *Le paradis :* selon la religion chrétienne, lieu ou état de bonheur réservé aux âmes de ceux qui se sont bien conduits pendant leur vie. — SYN. ciel. — CONTR. enfer. **3.** *Un paradis :* un endroit très agréable.

paradisiaque, adj. ♦ Très agréable : *Ce vallon verdoyant et paisible était un lieu paradisiaque.* — SYN. délicieux, enchanteur. — CONTR. affreux, horrible, infernal.

paradoxal, ale, aux, adj. ♦ Qui tient du paradoxe.

paradoxe, n. m. ♦ Opinion surprenante, contraire à l'opinion commune.

parafe ou **paraphe,** n. m. ♦ **1.** Signature réduite aux initiales du prénom et du nom. **2.** Trait long et courbe, plus ou moins compliqué, qui complète la signature.

paraffine, n. f. ♦ Substance blanche et solide, un peu semblable à la cire.

parages, n. m. pl. ♦ **1.** Endroit déterminé de la mer, près des côtes : *Les parages de l'île Bonaventure sont dangereux.* **2.** Zone qui entoure un endroit : *Il y a sûrement un restaurant dans les parages de la gare.* ● *Y a-t-il un restaurant dans les parages ?* (= près d'ici). — SYN. à proximité.

paragraphe, n. m. ♦ Partie d'un texte, qui commence et qui finit quand on va à la ligne. — SYN. alinéa.

paraître, v. (conjugaison 94) ♦ **1.** Se montrer : *D'un seul coup, le soleil paraît à l'horizon.* — SYN. apparaître. — CONTR. disparaître. **2.** *Le livre paraît,* est publié. **3.** Avoir l'air : *Anita est très grande : près d'elle, je parais petit.* — SYN. sembler. **4.** *Il paraît que,* on dit que : *Il paraît que, l'année prochaine, les vacances seront plus longues.* ● *A ce qu'il paraît :* d'après ce qu'on dit.

parallèle, adj. *ou* n. ♦ **1.** *Des lignes parallèles* ou *des parallèles* (n. f.) : des lignes qui sont à égale distance les unes des autres et qui, même prolongées indéfiniment, ne se rencontrent jamais. ● *Ces deux rues sont parallèles.* ● *La rue de la Poste est parallèle à la rue Saint-Rémy.* ● *Les barres parallèles :* REGARDER barre, sens 1. **2.** *Un parallèle,* comparaison entre deux personnages, deux faits : « *Faites un parallèle entre Alexandre le Grand et César* », tel était le sujet de la composition française. ● *Nous pouvons mettre en parallèle la vie de César et celle de Napoléon.* **3.** *Un parallèle,* chacune des lignes imaginaires qui sont parallèles à l'équateur et qui font le tour de la

Terre : _Tous les points situés sur le même parallèle ont la même latitude._ — REGARDER _méridien, latitude, longitude._

parallèlement, adv. ♦ En même temps, en corrélation, en relation avec une chose simultanée : _Nous étudierons les temps des verbes de la dictée et, parallèlement, nous ferons une étude de vocabulaire._

parallélépipède, n. m. ♦ Volume à six faces, chacune étant parallèle à une autre.

parallélisme, n. m. ♦ Caractère de ce qui est parallèle.

parallélogramme, n. m. ♦ Quadrilatère dont chaque côté est parallèle au côté opposé.

paralysé, ée, adj. _ou_ n. ♦ Atteint de paralysie. — SYN. paralytique.

paralyser, v. ♦ **1.** Empêcher de se déplacer, de remuer : _La terreur le paralysait : il n'avait même pas l'idée de s'enfuir._ **2.** Empêcher de fonctionner : _Les chutes de neige ont paralysé le trafic routier dans cette région._ — SYN. arrêter, bloquer.

paralysie, n. f. ♦ **1.** Incapacité (due à une maladie) de mouvoir un membre, une partie du corps. ● _Paralysie infantile :_ poliomyélite. **2.** Arrêt du fonctionnement : _Le central téléphonique a été touché par la foudre, ce qui a entraîné la paralysie de tout le trafic téléphonique._ — SYN. blocage.

paralytique, adj. _ou_ n. ♦ Atteint de paralysie : _Le vieillard, paralytique, ne se déplaçait qu'en fauteuil roulant._ — SYN. paralysé.

parapet, n. m. ♦ Petit mur qui borde un pont, un quai, et qui empêche de tomber. — SYN. garde-fou, rambarde.

paraphe, n. m. ♦ REGARDER _parafe._

parapluie, n. m. ♦ Objet de tissu imperméable, pliable, qui sert à protéger contre la pluie.

parasite, n. m. _ou_ adj. ♦ **1.** Dans l'Antiquité, celui qui était nourri par un homme riche et qui, en revanche, devait égayer les banquets et amuser son bienfaiteur. ● Celui qui se fait inviter à des repas, mais n'invite jamais. **2.** Celui qui vit de subventions, de secours, d'indemnités, etc., qui refuse de travailler, et qui subsiste ainsi aux dépens de la société. **3.** Animal ou végétal qui vit aux dépens d'un autre organisme. ● _Parasites externes :_ poux, puces, etc. ● _Parasites internes :_ vers intestinaux, etc. ● _Le gui est le parasite du pommier._ **4.** Bruit qui perturbe une émission de radio. **5.** Qui vient s'ajouter et qui perturbe : _Des phénomènes parasites peuvent venir fausser les résultats d'une observation scientifique._

parasol, n. m. ♦ Sorte de grand parapluie en toile épaisse qui est fixé au sol et qui protège contre le soleil.

paratonnerre, n. m. ♦ Dispositif qui protège un édifice contre la foudre et qui est constitué par une aiguille métallique reliée à un câble conducteur qui va lui-même aboutir à la terre.

paravent, n. m. ♦ Cloison légère mobile constituée de plusieurs panneaux articulés, qui sert à masquer, à isoler une partie d'une pièce.

parc, n. m. ♦ **1.** Enclos où l'on enferme le bétail en plein air. **2.** Vaste jardin d'agrément, avec de grands arbres. **3.** _Parc naturel :_ vaste étendue dans laquelle la faune et la flore sont protégées contre les destructions ou contre les altérations que pourrait provoquer la civilisation moderne. **4.** _Parc à huîtres :_ bassin où l'on élève et où l'on engraisse les huîtres. **5.** _Parc de stationnement :_ terrain, endroit où l'on a le droit de faire stationner voitures, autocars et camions.

parcelle, n. f. ♦ Tout petit morceau. ● _Parcelle de terrain :_ petit morceau de terrain.

parce que, loc. conj. ♦ Introduit l'expression de la cause : *Je prends mon pardessus, parce qu'il fait froid.* — REGARDER *car* 1.

parchemin, n. m. ♦ Au Moyen Âge, peau de mouton ou de chèvre, spécialement préparée, sur laquelle on écrivait (avant l'invention du papier).

parcheminé, ée, adj. ♦ *Peau* (du visage) *parcheminée, visage parcheminé,* qui a l'aspect desséché et raide du parchemin.

parcimonie, n. f. ♦ **1.** Grande économie qui va presque jusqu'à l'avarice. — CONTR. gaspillage, générosité, prodigalité, profusion. **2.** *Avec parcimonie,* peu, rarement : *Il distribuait ses éloges avec parcimonie.*

parcimonieux, euse, adj. ♦ **1.** Qui fait preuve de parcimonie, qui est presque avare. — SYN. regardant. — CONTR. gaspilleur, généreux, prodigue. **2.** Qui est fait avec parcimonie : *Une distribution parcimonieuse de secours suffira-t-elle à soulager la misère?*

parcourir, v. (conjugaison 32) ♦ **1.** Traverser d'un bout à l'autre, aller dans toutes les directions à l'intérieur d'un espace : *Regarde ces beaux navires, qui ont parcouru toutes les mers.* — SYN. sillonner. ● *Pourquoi parcours-tu ainsi sans arrêt la cour de l'école?* — SYN. arpenter. **2.** Effectuer un trajet, couvrir une distance : *Ce train parcourt la distance Montréal-Toronto en cinq heures.* **3.** Regarder vite et successivement un espace, un paysage, etc. : *Du haut de la tour, le regard du guetteur parcourt toute la plaine.* **4.** Lire rapidement : *Rita parcourut le journal pour connaître les dernières nouvelles.*

parcours, n. m. ♦ Chemin, distance, trajet qu'on parcourt. — SYN. itinéraire.

pardessus, n. m. ♦ Manteau d'homme.

pardi! interj. ♦ Interjection familière qui équivaut à « assurément, bien sûr ».

pardon, n. m. ♦ **1.** Action de pardonner à quelqu'un : *Le roi accorda son pardon aux conjurés : ils ne furent pas exécutés.* ● *Demander pardon.* **2.** Formule de politesse qui sert à s'excuser : « *Oh! pardon, madame* », *dit Philippe, qui venait de bousculer une vieille dame.*

pardonnable, adj. ♦ Qui n'est pas très grave et qui peut être pardonné. — SYN. excusable. — CONTR. impardonnable.

pardonner, v. ♦ **1.** Cesser d'en vouloir à quelqu'un pour une faute, un manque d'égards : *Je ne te pardonne pas d'avoir oublié notre rendez-vous.* **2.** S'emploie dans les formules d'excuse : *Pardonnez-moi, mais il faut que je m'en aille, il est l'heure.* — SYN. excuser.

pare-brise, n. m. inv. ♦ Vitre qui protège le conducteur, à l'avant d'une voiture, d'une moto, d'un canot automobile.

pare-chocs, n. m. inv. ♦ Barre métallique horizontale à l'avant et à l'arrière d'un véhicule, destinée à amortir les chocs.

pareil, eille, adj. *ou* n. ♦ **1.** Semblable : *J'ai une cravate pareille à la tienne. Ta cravate et la mienne sont pareilles.* — SYN. identique. — CONTR. différent, dissemblable. ● *Tu as un beau vélo, j'en voudrais un pareil.* — SYN. le même. **2.** Tel, aussi grand : *Tout le monde criait. Jamais on n'avait entendu pareil vacarme!* ● *Une beauté sans pareille,* sans égale.

parement, n. m. ♦ Revers sur la manche ou le col d'un vêtement : *Les soldats de ce régiment du roi portaient un habit bleu à parements jaunes.*

parent, ente, n. ♦ **1.** Personne de la même famille : *J'attends la venue d'une parente : il s'agit d'une lointaine cousine.* ● *Amélie est parente avec moi.* **2.** *Les parents :* le père et la mère.

parenté, n. f. ♦ **1.** Lien qui existe entre gens de la même famille. **2.** Ensemble des gens de la même famille.

pari

parenthèse, n. f. ♦ 1. Chacun des deux signes qui servent à isoler et à encadrer un groupe de mots dans une phrase. **2. Par parenthèse :** soit dit en passant. **3. Entre parenthèses :** accessoirement, incidemment.

paréo, n. m. ♦ 1. Pagne porté par les Tahitiens et les gens des autres îles d'Océanie. **2.** Grand morceau d'étoffe dont on se drape le bas du corps (vêtement de plage).

1. parer, v. ♦ Décorer, orner, rendre plus beau : _Pour la fête, on avait paré de tentures la grande salle de la mairie._ — SYN. agrémenter, embellir. — CONTR. déparer, enlaidir. ● _Se parer,_ se faire beau, bien s'habiller, bien se coiffer, mettre des bijoux, etc. : _Diane s'est parée pour aller à l'opéra._

2. parer, v. ♦ 1. Éviter de recevoir un coup, ou bien s'en protéger : _Quand tu boxes, tu frappes avec le bras gauche en avant, et tu pares les coups avec le bras droit replié contre toi._ — REGARDER _esquiver._ **2. Parer au plus pressé :** faire ce qu'il faut pour régler les questions les plus urgentes.

pare-soleil, n. m. inv. ♦ Dispositif qui protège les yeux du conducteur d'un véhicule contre le soleil éblouissant.

paresse, n. f. ♦ Manque d'ardeur au travail, de goût pour l'effort. — SYN. fainéantise, indolence, nonchalance, mollesse. — CONTR. activité, application, diligence, énergie.

paresser, v. ♦ Rester, traîner sans rien faire : _Au lieu de paresser en te traînant d'un fauteuil à l'autre, tu ferais mieux d'aller faire un tour._

paresseux, euse, adj. ou n. ♦ Qui n'aime pas le travail, l'effort. — SYN. fainéant, indolent, nonchalant. — CONTR. actif, appliqué, diligent, énergique, laborieux, travailleur.

parfaire, v. ♦ Achever complètement de manière à porter à la perfection : _Pour parfaire son œuvre, l'artiste a ajouté un effet de lumière, là, en haut, à gauche._ — REM. Ce verbe ne s'emploie qu'à l'infinitif et aux temps composés : _j'ai parfait, j'avais parfait..._

parfait, aite, adj. ♦ Tellement bon, beau, qu'on ne peut faire mieux : _Bravo ! ton dessin est absolument parfait !_ — SYN. admirable, excellent, incomparable. — CONTR. imparfait, mauvais, médiocre. ● _Ce dessin est d'une élégance parfaite._ — SYN. achevé. ● _Juliette sera une parfaite interprète._ — SYN. accompli.

parfaitement, adv. ♦ 1. De manière parfaite. **2.** Oui, bien sûr, je l'affirme : _Parfaitement, madame, j'étais là avant vous !_

parfois, adv. ♦ De temps en temps, mais peu souvent : _Je rencontre parfois notre ancien camarade, Clément Legrand._ — SYN. quelquefois.

parfum, n. m. ♦ 1. Très bonne odeur : _Le parfum de la lavande embaume mon armoire à linge._ — CONTR. puanteur. **2.** Liquide qui a très bonne odeur et dont on met quelques gouttes sur soi.

parfumé, ée, adj. ♦ Qui sent très bon : _C'est le printemps, l'air est parfumé par les lilas en fleur._ — SYN. odorant. — CONTR. fétide, infect, malodorant, nauséabond, puant.

parfumer, v. ♦ 1. Donner bonne odeur : _Les lilas en fleur parfumaient la brise nocturne._ ● _Se parfumer :_ se mettre du parfum. **2.** Donner un goût à un plat : _J'ai parfumé le rôti avec du romarin._

parfumerie, n. f. ♦ Magasin du parfumeur.

parfumeur, euse, n. ♦ Personne qui fabrique ou qui vend des parfums.

pari, n. m. ♦ 1. Action de parier : _Je te fais le pari que c'est Marc qui gagnera le match._ **2.** Somme pariée : _Tiens, c'est toi qui vas recueillir les paris._

627

paria

paria, n. m. *ou* f. ♦ **1.** Aux Indes, celui, celle qui appartient à la caste la plus basse, et dont on évite le contact. **2.** Celui, celle qui est très misérable et qui est l'objet du mépris de la société ou du groupe.

parier, v. (conjugaison 20) ♦ **1.** Dire qu'une chose se fera ou ne se fera pas, en versant une somme d'argent ou une chose qui sera perdue si on se trompe. (En revanche, si on a trouvé juste, on gagnera plus qu'on n'a donné) : *Je parie dix dollars avec toi que c'est moi qui aurai terminé la première.* — SYN. miser. **2.** *Parier que,* être sûr que : *A voir ta mine réjouie, je parie que la lettre de tes parents t'a apporté une bonne nouvelle.*

parieur, euse, n. ♦ Celui, celle qui parie (notamment aux courses).

parka, n. m. ♦ Manteau court en tissu épais imperméable, avec un capuchon.

parlant, ante, adj. ♦ **1.** Qui n'a pas besoin d'être expliqué, commenté. **2.** *Film parlant,* qui comporte non seulement l'image, mais aussi le son, enregistré sur la même bande. — CONTR. muet. ● *Le cinéma parlant.*

parlement, n. m. ♦ L'ensemble des assemblées (Assemblée nationale, Sénat) qui votent les lois.

1. parlementaire, n. m. *ou* f. *ou* adj. ♦ Membre du parlement (député, sénateur). ● Propre aux membres du parlement. ● *L'indemnité parlementaire :* rémunération versée aux députés.

2. parlementaire, n. m. ♦ Personne qui est chargée d'aller parlementer.

parlementer, v. ♦ Discuter longuement en vue d'un accord, d'un accommodement. — SYN. négocier.

parler, v. ♦ **1.** S'exprimer par le langage articulé : *Bébé a deux ans, il commence à parler.* ● S'exprimer par un moyen quelconque : *Les sourds-muets parlent par gestes.* **2.** Dire quelque chose à quelqu'un : *Parle-moi un peu de tes vacances : qu'as-tu fait ?*

● *De quoi parle ce livre ?* (= quel est son sujet ?) **3.** S'exprimer oralement dans une langue : *Notre amie Paola parle très bien le français et l'italien.* ● *Le latin ne se parle plus.* **4.** Avoir tel projet : *Léon parle de faire un grand voyage en Afrique.* **5.** Révéler ce qui était destiné à rester secret : *Le malfaiteur a parlé, c'est ainsi que la police a pu arrêter plusieurs complices.* **6.** *Faire parler de soi,* devenir très connu, avoir du succès : *Mafalda est une fille d'avenir : elle fera parler d'elle un jour.* **7.** *Trouver à qui parler :* trouver en face de soi quelqu'un qui ne se laisse pas faire. **8.** *Parler à travers son chapeau :* parler à tort et à travers. **9.** *Parler en termes :* parler en mots très choisis. **10.** *Se faire parler :* se faire dire ses quatre vérités.

parleur, euse, n. ♦ *Un beau parleur :* celui qui fait des promesses qu'il ne tient pas, ou qui fait de belles phrases, mais qui n'agit pas.

parloir, n. m. ♦ Dans une école, un couvent, une prison, lieu où l'on reçoit les visiteurs.

parmi, prép. ♦ Dans le nombre de, au milieu de : *Parmi tant de livres intéressants, lequel choisir ?* — REM. La préposition *parmi* doit obligatoirement être suivie d'un nom au pluriel. On ne pourrait dire : *parmi la foule.*

parodie, n. f. ♦ Imitation amusante.

parodier, v. (conjugaison 20) ♦ Imiter de manière amusante : *L'imitateur parodie souvent une célèbre vedette de la chanson.*

paroi, n. f. ♦ **1.** Mur léger de séparation à l'intérieur d'un édifice. — SYN. cloison. ● Face intérieure d'un mur : *Les parois de la salle sont tapissées d'une couche isolante en fibres de verre.* ● *Les parois d'une caverne.* **2.** Ce qui forme la limite et sépare l'intérieur de l'extérieur : *Voici un récipient de fonte aux parois épaisses.* **3.** *Paroi rocheuse :* face verticale d'un rocher.

paroisse, n. f. ♦ Circonscription ecclésiastique où s'exerce le ministère d'un prêtre ayant la fonction de curé.

part

paroissial, ale, aux, adj. ♦ De la paroisse : *L'église paroissiale date du XVIIIᵉ siècle.*

paroissien, ienne, n. ♦ Celui, celle qui est l'habitant d'une paroisse : *Le curé s'adressa en ces termes à ses paroissiens.* — SYN. les ouailles.

parole, n. f. ♦ **1.** Moyen de communiquer par le langage articulé : *Les animaux sont privés de la parole, mais ils ne sont pas pour autant dénués d'intelligence.* **2.** Mots, phrases exprimant quelque chose : *Enfin ! Voilà des paroles pleines de bon sens !* ● *Avoir la parole :* avoir le droit de parler, de s'exprimer. ● *Prendre la parole :* se mettre à parler. ● *Passer la parole à quelqu'un,* le laisser parler, après avoir parlé soi-même. ● *Couper la parole à quelqu'un,* l'interrompre. **3.** *Les paroles,* les phrases que l'on chante : *Annabelle se mit à chanter :* « *La la la la la* ». *Elle se souvenait de l'air, mais elle avait oublié les paroles.* **4.** Promesse, engagement : *Je puis te* **donner ma parole** *que je t'aiderai.* ● *Je te donne ma* **parole d'honneur.** ● *Comptez sur moi, je saurai* **tenir parole.** ● *Je suis un* **homme de parole** (= quelqu'un qui tient ses promesses). ● *Il faut* **n'avoir qu'une parole** (= ne jamais revenir sur ses promesses).

paronyme, adj. *ou* n. m. ♦ *Des mots* **paronymes** *ou* *des paronymes :* des mots différents, mais qui se ressemblent, par exemple *barbacane* et *sarbacane, marcassin* et *mocassin, pétale* et *sépale.*

paroxysme, n. m. ♦ Le moment où une chose est le plus intense : *Les spectateurs, au paroxysme de l'enthousiasme, hurlaient et tapaient des pieds.* — SYN. le comble.

parpaing [paʀpɛ̃], n. m. ♦ **1.** Pierre de taille qui tient toute l'épaisseur du mur. **2.** Bloc de ciment ou de plâtre, qui joue le rôle d'une pierre de taille ou d'une brique.

Parque, n. f. ♦ *Les trois Parques, les Parques :* les trois déesses grecques (Clotho, Lachésis et Atropos) qui présidaient à la destinée de l'homme.

parquer, v. ♦ Rassembler dans un endroit clos : *A la foire, on a parqué le bétail à l'ombre.* ● Faire stationner : *On a parqué les voitures sur le gazon.* — SYN. garer.

parquet, n. m. ♦ **1.** Ensemble de lames de bois juxtaposées qui forment le sol d'une pièce. — SYN. plancher. **2.** Ensemble des magistrats qui exercent le ministère public et qui requièrent des peines contre les accusés.

parrain, n. m. ♦ Homme qui, le jour du baptême, a tenu un enfant sur les fonts baptismaux et s'est engagé à veiller sur son éducation. — REGARDER *filleul, marraine.*

parricide, n. m. *ou* f. ♦ **1.** Celui, celle qui a tué son père ou sa mère. **2.** Crime de celui ou de celle qui a tué son père ou sa mère.

parsemé, ée, adj. ♦ Semé çà et là : *Allons dans la prairie parsemée de pâquerettes.*

parsemer, v. (conjugaison 12) ♦ **1.** Répandre çà et là : *Les enfants ont parsemé le tapis du salon de miettes et de débris.* **2.** Être répandu çà et là : *Des papiers gras, des boîtes de conserves et des vieux journaux parsèment les pelouses du parc municipal.* — SYN. joncher.

part, n. f. ♦ **1.** Morceau d'un tout qu'on a divisé, qu'on veut partager : *Toi, Albert, qui es si fort en géométrie, tu vas diviser la tarte en sept parts égales.* — SYN. partie. **2.** *Avoir part à,* recevoir quelque chose en partage : *Nous voulons avoir part à tous ces avantages.* ● *Prendre part à,* participer à, partager : *Nous prendrons part au championnat scolaire de basket. Bien sincèrement, je prends part à ta peine.* ● *Faire part de quelque chose à quelqu'un,* le lui annoncer : *Ida m'a fait part de sa décision d'abandonner ses études.* ● *De la part de,* au nom de, à la place de (telle personne) : *Voici ce que j'ai à te dire de la part de ta tante Émilienne.* ● *Pour ma part (pour ta part, pour sa part) :* en ce qui me (te, le)

part

concerne. ● *A part,* en séparant du reste : *Ces vêtements usagés, il faut les mettre à part : nous les donnerons à la Croix-Rouge.* ● *A part,* différent des autres : *Le kanourou est vraiment un animal à part !* ● *A part,* sauf, excepté : *Tous les élèves sont admis en 6ᵉ, à part Nicolas et Claudine, qui vont redoubler.* **3. Quelque part,** à un endroit non précisé : *Mais enfin, ce renseignement doit bien pouvoir être trouvé quelque part !* ● **Nulle part :** en aucun endroit. ● *Autre part :* ailleurs. ● *De part et d'autre,* de chaque côté : *De part et d'autre de la porte du château, se dresse une grosse tour ronde.* ● *De part en part,* d'une face à l'autre : *La cloison était mince : je l'ai percée de part en part en enfonçant un clou !* ● *D'une part ... d'autre part,* sert à distinguer deux éléments dans un récit, un raisonnement : *Alexandra a fait de grands progrès au piano, d'une part parce qu'elle est douée, d'autre part parce qu'elle travaille beaucoup.*

partage, n. m. ♦ Action de partager. ● *C'est moi qui ai eu le plus gros morceau en partage.*

partager, v. (conjugaison 16) ♦ **1.** Diviser un tout pour en faire plusieurs parties, que l'on peut distribuer : *Nous avons partagé la grosse brioche en six.* ● *Cette poire est trop grosse, je vais la partager avec toi.* **2.** *Partager l'avis, l'opinion de quelqu'un :* être du même avis, avoir la même opinion. **3.** Éprouver le même sentiment que quelqu'un : *Ah ! il est bon d'avoir un ami avec qui on peut partager ses joies et ses peines !* **4.** *Partager la vie de quelqu'un,* vivre avec lui.

partance (en), loc. adj. ♦ Train, bateau, avion qui va partir bientôt.

partant, n. m. ♦ *Les partants :* ceux qui prennent le départ dans une course.

partenaire, n. m. *ou* f. ♦ Celui, celle avec qui l'on forme équipe dans un jeu : *Odile était ma partenaire pour la partie de dominos.* ● Celui, celle avec qui on a à traiter.

parterre, n. m. ♦ **1.** Partie de terrain de forme régulière où, dans un jardin ou sur une pelouse, on fait pousser des fleurs. — SYN. plate-bande. **2.** Rez-de-chaussée d'une salle de spectacle. — SYN. orchestre.

parti, n. m. ♦ **1.** Organisation politique : *Quatre grands partis se disputent les voix des électeurs.* **2.** Décision, choix : *Il faut prendre un parti, Viola : ou tu lis ou tu regardes la télé, tu ne peux pas faire les deux choses en même temps.* ● *Prendre parti pour quelqu'un,* le soutenir, être de son côté contre ses adversaires. ● *Prendre son parti d'une chose,* se résigner et l'accepter. ● *Parti pris :* idée toute faite, qu'on ne veut pas abandonner, même si elle est fausse. — SYN. préjugé.

partial, ale, aux, adj. ♦ Qui juge non selon la vérité ou la justice, mais d'après ses sympathies ou ses antipathies. — CONTR. équitable, impartial, juste, objectif.

partialité, n. f. ♦ Défaut ou attitude d'une personne partiale. — CONTR. équité, impartialité, justice, objectivité.

participant, ante, n. ♦ Celui, celle qui participe à quelque chose.

participation, n. f. ♦ Action de participer.

participe, n. m. ♦ L'un des modes impersonnels du verbe. ● *Participe présent,* par exemple : *sentant, sortant.* ● *Participe passé,* par exemple : *senti, sorti.*

participer, v. ♦ **1.** Se joindre à d'autres pour faire quelque chose : *Veux-tu participer à notre promenade en groupe ?* **2.** Éprouver les mêmes sentiments qu'une autre personne : *Croyez-moi, je participe sincèrement à votre joie.* — SYN. prendre part. **3.** Verser une somme d'argent : *Chacun participera aux frais selon ses moyens.*

particularité, n. f. ♦ Caractère particulier propre à une personne ou à une chose : *La particularité des maisons de ce pays, c'est qu'elles sont couvertes de plaques de pierre appelées « lauzes ».* — SYN. singularité.

particule, n. f. ♦ **1.** Très petite parcelle. ● Chacune des petites parcelles d'énergie qui constituent un atome. ● *Un accélérateur de particules.* **2.** La préposition *de* placée devant le nom et considérée comme marque de noblesse : *Le comte Léonce Éric de Saint-Gus est très fier de sa particule.* ● *La particule nobiliaire.*

particulier, ière, adj. *ou* n. ♦ **1.** Qui n'est pas comme les autres : *Examinons d'abord la règle générale. Nous nous occuperons ensuite des cas particuliers.* — SYN. exceptionnel, extraordinaire, inhabituel, spécial. — CONTR. banal, commun, courant, habituel, normal, ordinaire. **2.** *En particulier,* spécialement, plus que les autres : *J'aime bien l'Italie, en particulier la région de Florence.* **3.** Qui est propre à une personne ou à une chose : *Pour reconnaître mon cartable, j'ai dessiné sur le rabat un signe particulier.* — CONTR. commun, général. **4.** Qui est destiné à une personne et non à un groupe : *Avec quelques heures de leçons particulières, tu rattraperas vite ton retard.* — SYN. individuel. — CONTR. commun, collectif. ● *Je voudrais avoir un entretien particulier avec la directrice.* — SYN. personnel. ● *En particulier,* seul à seul : *Je voudrais vous entretenir en particulier de cette affaire importante.* — CONTR. en public. **5.** *Un particulier,* une personne, un individu seul : *Il y a de plus en plus de particuliers qui achètent un micro-ordinateur.* — CONTR. association, collectivité, communauté, entreprise, groupe, organisation, société.

particulièrement, adv. ♦ **1.** Surtout, plus que les autres : *J'aime tous les fromages, particulièrement le brie.* — SYN. en particulier, notamment. **2.** Beaucoup, très : *Près de cette côte, la mer est particulièrement dangereuse.*

partie, n. f. ♦ **1.** Élément qui est un morceau d'un ensemble : *Ce beau quartier n'est qu'une partie de la ville.* — SYN. élément, fraction, morceau, parcelle, part, portion. — CONTR. totalité, tout. ● *Cette ferme doit faire partie de notre commune.* ● *Cette province est en partie couverte de forêts.* **2.** *La partie de quelqu'un,* ce qu'il connaît bien, ce qu'il a à faire, ce qu'il sait faire : *Tu sais, l'électronique, ce n'est pas ma partie !* **3.** Jeu qui se termine quand l'un des joueurs a gagné : *Cette partie de jeu de cartes s'est jouée en trois manches.* ● *Dans cinq minutes, c'est la fin de la partie.* ● *Ce n'est que partie remise :* on fera bientôt ce qu'on n'a pu faire la première fois. **4.** Chacun des plaideurs qui s'opposent, dans un procès : *Mon avocate a pris contact avec l'avocat de la partie adverse.* ● *Avoir affaire à forte partie,* à un adversaire qui se défend bien. ● *Prendre à partie :* faire des reproches à quelqu'un, l'insulter.

partiel, elle, adj. ♦ Qui concerne ou qui constitue seulement une partie d'un ensemble complet. — SYN. fragmentaire, incomplet. — CONTR. complet, entier, général, global, total.

partir, v. (conjugaison 42) ♦ **1.** S'en aller d'un endroit : *Je m'ennuyais à la fête de l'école, alors je suis partie.* — CONTR. rester. ● *Je partirai de Québec le 3 juillet.* — SYN. quitter. — CONTR. arriver. ● *Demain, je pars pour Boston.* — REM. Ne dites pas : « je pars à Boston ». **2.** Commencer à tel point : *Ce chemin part du village pour aller vers le moulin.* — CONTR. aboutir. **3.** Disparaître, s'effacer : *Avec de l'eau savonneuse, ces traces de doigts sur les murs partiront vite.* **4.** *L'affaire est bien partie :* elle a bien commencé et elle semble devoir réussir. **5.** *A partir de,* en ayant tel endroit ou tel moment comme commencement : *A partir de Montréal, en allant vers Québec, le Saint-Laurent s'élargit de plus en plus. Les rues sont désertes à partir de 8 heures du soir.* **6.** *Un coup de feu part :* il est tiré. ● *Faire partir une mine, un pétard.*

partisan, ane, n. m. *ou* adj. ♦ **1.** Personne qui est pour un chef politique, pour une doctrine, pour un parti. — SYN. un fidèle. — CONTR. adversaire, ennemi. **2.** Qui est pour une solution, un projet, une décision : *Il va pleuvoir : je suis partisan de remettre l'excursion à demain.* **3.** Celui qui combat sans faire partie d'une armée régulière. — SYN. franc-tireur, guérillero, maquisard, résistant. **4.** Qui témoigne du sectarisme et du fanatisme propres à ceux qui sont dévoués à leur parti plus qu'à leur pays : *La haine partisane.*

partition, n. f. ♦ Musique écrite sur des feuilles ou dans un cahier.

partout, adv. ♦ Dans tous les endroits. — CONTR. nulle part.

parure, n. f. ♦ Ce qui sert à orner, à rendre plus beau.

parution, n. f. ♦ Synonyme de *publication* (d'un livre).

parvenir, v. (conjugaison 44) ♦ **1.** Arriver (après un temps assez long, après des efforts) : *Enfin, après deux heures de marche à travers les rochers, nous parvînmes au sommet de la montagne.* **2.** Arriver et être remis au destinataire : *La lettre m'est parvenue, mais avec un peu de retard.* **3.** Atteindre (un âge avancé) : *Mon arrière-grand-oncle est parvenu à l'âge de 94 ans.* **4.** Réussir (parfois avec difficulté) : *Louis parvint à pousser la lourde caisse.*

parvenu, ue, adj. *ou* n. ♦ Qui est arrivé à un rang social élevé, mais qui a gardé les manières peu distinguées de son ancienne condition.

parvis [paʀvi], n. m. ♦ Place située devant la façade d'une église ou d'une cathédrale.

1. pas, n. m. ♦ **1.** Distance que l'on parcourt à chaque fois qu'on avance et qu'on pose le pied, en marchant. — SYN. enjambée. ● *Un pas de danse.* ● *Salle des pas perdus :* grande salle où l'on peut aller et venir, en attendant. ● *Avancer, aller pas à pas,* lentement, avec la prudence nécessaire : *Attention ! Avance pas à pas, quand tu marches au bord du précipice !* **2.** Unité de longueur approximative qui correspond à une enjambée moyenne, simple (0,75 m) ou double (1,50 m) : *La cour est longue de cent pas environ* (= 75 m). ● *A deux pas :* tout près. ● Unité romaine de distance (environ 1,50 m) : *Le mille romain valait 1 000 pas,*

soit 1,5 kilomètre. **3.** Manière de marcher : *Accélère un peu le pas, si tu veux prendre ton train.* ● *Marcher à pas de loup,* sans faire de bruit. **4.** *Marcher au pas,* en posant tous les même pied sur le sol en même temps. ● *Aller au pas de course.* ● *Le cheval va au pas,* avance sans trotter ni galoper. ● *Mettre au pas :* contraindre à obéir, à se soumettre. **5.** Marque laissée par les pieds sur le sol : *Nicolas a marché dans le goudron : regarde ces pas noirs sur le parquet et sur le tapis.* ● *Revenir sur ses pas :* revenir en arrière. **6.** *Un mauvais pas :* un moment, une situation difficile. ● *Un faux pas :* action de trébucher; erreur ou fausse manœuvre. **7.** *Le pas de la porte :* seuil d'une porte, ou bien espace situé juste devant la porte. **8.** *Pas d'une vis, d'un boulon :* longueur dont avance une vis, un boulon, quand on lui fait faire un tour complet.

2. pas, adv. ♦ Adverbe qui, le plus souvent employé avec *ne,* sert à former une phrase négative : *Elle n'est pas malade, mais elle ne viendra pas.* — SYN. point 2. ● *Il ne veut pas du tout obéir.*

pascal, ale, adj. ♦ De Pâques, de la période de Pâques : *Au cours des fêtes pascales, je me rendrai à la montagne.* — REM. On évitera d'employer ce mot au masculin pluriel.

passable, adj. ♦ Tout juste acceptable et suffisant.

passage, n. m. ♦ **1.** Action de passer en un endroit : *Les chasseurs attendent le passage des oiseaux migrateurs.* ● *Des oiseaux de passage.* ● *Si tu es de passage dans notre quartier, monte donc me dire bonjour.* **2.** Droit de passer : *La camionneuse klaxonna devant la guérite du gardien d'usine pour obtenir le passage.* **3.** Endroit où passent des personnes ou des choses qui se déplacent : *La foule se massait, dense, sur le passage du cortège officiel.* **4.** Endroit où l'on peut passer : *Essayons de nous frayer un passage à travers les buissons.* ● *Quand tu traverses la rue, tu dois prendre le passage protégé,* marqué par des bandes blanches sur la chaussée. ● *Le passage clouté.* ● *Passage souterrain :* couloir en tunnel qui passe sous une route, sous une voie ferrée, sous le sol. ● *Passage à niveau :* endroit où une route croise, au même niveau, une voie ferrée. **5.** Action d'aller d'un groupe à un autre, de passer d'une catégorie à une autre. **6.** *Passage des vitesses :* action de passer d'une vitesse à une autre, de changer de vitesse, quand on conduit une automobile, un car, un camion. **7.** Morceau d'un texte.

passager, ère, adj. *ou* n. ♦ **1.** Qui ne dure pas longtemps. — SYN. bref, court, éphémère, provisoire, temporaire. — CONTR. durable, long, permanent, perpétuel, stable. **2.** *Un passager, une passagère :* celui, celle qui voyage sur un navire ou dans un avion. ● Dans une voiture particulière, personne transportée en plus du conducteur.

passant, ante, adj. *ou* n. ♦ **1.** Où il passe beaucoup de monde, beaucoup de véhicules : *Cette rue est très passante : des milliers de gens vont et viennent sur les trottoirs.* — SYN. fréquenté. — CONTR. désert, vide. **2.** Personne qui se déplace à pied dans la rue : *Il pleut, les passants se hâtent, le dos courbé sous l'averse.*

passavant, n. m. ♦ Sur un navire, passage ou passerelle qui relie le gaillard d'arrière au gaillard d'avant ou une superstructure à une autre.

passe, n. f. ♦ **1.** *Mot de passe :* mot convenu qu'il faut connaître pour avoir le droit de passer, pour se faire reconnaître. **2.** Endroit étroit où passent les bateaux pour entrer dans une rade, dans un golfe fermé. **3.** *Une bonne, une mauvaise passe :* une bonne, mauvaise période. ● *Être en passe de,* en train de : *Régine est en passe de devenir la meilleure nageuse de la classe.* **4.** Action de passer le ballon à un équipier. **5.** *Une passe :* une carte d'abonné de métro et d'autobus.

passé, ée, adj. *ou* prép. *ou* n. m. ♦ **1.** Qui a disparu : *Ce palais délabré laisse encore deviner sa splendeur passée.* — CONTR. présent, futur. **2.** Après : *Passé huit heures du soir, plus personne dans les rues !* — REM. Quand *passé* est devant le nom, il est préposition et invariable. Placé après le

nom, il s'accorde : *Huit heures passées ! Et Patrick n'est pas encore rentré de l'école !* **3.** *Le passé :* le temps qui précède le moment où l'on est. ● Ce qui a eu lieu dans le temps passé : *Longuement, le vieillard parlait du passé, du bonheur enfui, des aventures exaltantes de sa jeunesse.* — CONTR. le présent, l'avenir, le futur. **4.** Temps de la conjugaison auquel se met le verbe exprimant une action antérieure à un moment considéré. ● *Le passé composé (ils ont chanté ; ils sont venus).* ● *Le passé simple (ils chantèrent ; ils vinrent).* ● *Le passé antérieur (quand ils eurent chanté ; quand ils furent venus).* — REGARDER *imparfait, plus-que-parfait.*

passe-droit, n. m. ♦ Faveur accordée injustement à quelqu'un. — PLUR. *des passe-droits.*

passementerie, n. f. ♦ **1.** Ensemble des accessoires (franges, galons) qui ornent les vêtements ou les tissus d'ameublement. **2.** Fabrication ou commerce de ces accessoires.

passe-montagne, n. m. ♦ Coiffure en tricot de laine qui enveloppe la tête et le cou. — PLUR. *des passe-montagnes.*

passe-partout, n. m. inv. ♦ Clef qui ouvre plusieurs serrures. — SYN. un passe.

passe-passe, n. m. inv. ♦ *Un tour de passe-passe :* tour d'adresse qui consiste à faire apparaître un objet, à le faire disparaître, à le faire réapparaître à un endroit inattendu. — REGARDER *prestidigitation.*

passeport, n. m. ♦ Document, livret constituant une pièce d'identité et permettant d'aller dans un pays étranger.

passer, v. ♦ **1.** Se déplacer en traversant un endroit déterminé : *Si tu vas de Montréal à Matane, tu passeras par Rimouski.* ● Avoir tel endroit comme point de son tracé : *L'autoroute des Laurentides passe par Saint-Jérôme.* **2.** Traverser, franchir : *Nous venons de passer la limite qui sépare les deux provinces.* ● Dépasser : *Nous*

passer

venons de passer Sainte-Marie : nous arrivons dans la Beauce. **3.** Changer de catégorie, de groupe, d'état : *Ma sœur va passer du cégep à l'université.* **4.** S'altérer, pâlir : *Au soleil, les couleurs du rideau ont passé.* **5.** S'écouler : *Quand on est très occupé, le temps passe plus vite!* **6.** Disparaître, guérir : *Enfin! la douleur que j'avais au pied est passée.* **7.** Occuper une durée en étant dans un lieu ou en faisant quelque chose : *Tu passes tes samedis à la piscine. Moi, je passe mes loisirs à peindre ou à dessiner.* **8.** Se présenter à un examen et en subir les épreuves : *Mon cousin a passé le bac la semaine dernière.* • *Ma sœur va passer la visite médicale.* **9.** Faire entrer ou sortir : *Les déménageurs ont dû passer l'armoire par la fenêtre.* **10.** Projeter sur un écran : *Je vais vous passer mes diapositives.* **11.** Donner : *Passe donc le ballon à l'ailier!* **12.** *Passer outre,* ne pas tenir compte d'un ordre, d'une interdiction : « *Quiconque passera outre à cette interdiction sera pendu*», *s'écria le gouverneur.* — SYN. contrevenir, désobéir. — CONTR. obéir, se soumettre. **13.** *Passer pour,* être considéré comme, avoir la réputation de : *Juliette passe pour une fille serviable.* **14.** Oublier un élément intermédiaire : *J'ai passé un mot en recopiant le texte de la dictée.* — SYN. omettre. • *Passer sur,* ne pas parler d'une chose ou en parler brièvement : *Je passe rapidement sur ces détails sans intérêt.* **15.** Être employé, dépensé : *La moitié de son argent de poche passe en bandes dessinées.* **16.** *Le café passe :* l'eau chaude traverse la couche de café moulu. **17.** *Se passer de,* se priver, s'abstenir, se dispenser : *Nous avons oublié les œufs durs? Tant pis! nous nous en passerons!* **18.** *Se passer,* avoir lieu : *Ces événements se sont passés en 1919.* • Se dérouler de telle manière : *Tes vacances se sont-elles bien passées?* **19.** *En passer un papier,* donner l'assurance, affirmer : *Je vous en passe un papier, je ne discuterai pas longtemps.* **20.** *Passer un sapin, passer un Québec,* berner, rouler, duper quelqu'un. • *Se faire passer un sapin, se faire passer un Québec,* se faire berner, se faire rouler : *Dis-moi la vérité et n'essaie pas de me passer un sapin.*

passereau, n. m. ♦ Oiseau de petite

taille ou de taille moyenne, tel que le moineau, l'alouette, la fauvette, le rouge-gorge, etc.

passerelle, n. f. ♦ **1.** Pont léger, pour les piétons. **2.** Sur un navire, endroit surélevé où se mettent le capitaine et les officiers pour commander les manœuvres, surveiller la marche du navire. **3.** Escalier métallique mobile qu'on approche de l'avion et qui permet d'y monter ou d'en descendre.

passe-temps, n. m. inv. ♦ Manière agréable de passer son temps libre.

passeur, euse, n. ♦ **1.** Celui, celle dont le métier est de faire traverser la rivière en barque ou sur un bac, quand il n'y a pas de pont. **2.** Celui qui connaît bien les passages et qui fait franchir clandestinement la frontière.

passible, adj. ♦ *Passible de,* qui peut subir (telle peine) : *Quiconque aura déposé des ordures sur la pelouse municipale sera passible d'une amende.*

passif, ive, adj. *ou n. m.* ♦ **1.** Qui subit sans réagir, qui manque d'initiative. — SYN. endormi, mou. — CONTR. actif, énergique. **2.** *Verbe à la forme passive* ou *verbe au passif* (par exemple *je suis aimé*). — CONTR. forme active, forme pronominale. • *Phrase passive* (par exemple : *L'arbre est secoué par le vent.*).

passion, n. f. ♦ **1.** Sentiment très puissant. • Recherche ardente : *La passion du pouvoir animait ce grand homme.* **2.** Amour très fort : *Elle éprouva une grande passion pour ce jeune homme.* **3.** Chose qu'on aime beaucoup : *Le tennis, c'est ma passion!* • *J'aime le tennis à la passion.* **4.** *La Passion :* les souffrances et la mort du Christ.

passionnant, ante, adj. ♦ Extrêmement intéressant. — SYN. captivant, fascinant. — CONTR. assommant, ennuyeux, lassant.

passionné, ée, adj. *ou n.* ♦ Qui a beaucoup de goût pour une chose : *Je suis passionnée de littérature.*

passionnément, adv. ♦ Avec passion.

passionner, v. ♦ Intéresser beaucoup : *L'histoire des grandes découvertes me passionne.* — SYN. captiver, intéresser. — CONTR. assommer, ennuyer, lasser. ● *Je me passionne pour les récits de voyage.*

passoire, n. f. ♦ Récipient percé de trous dans lequel on égoutte les aliments.

pastel, n. m. *ou* adj. inv. ♦ **1.** Sorte de crayon de couleur, en forme de bâtonnet de pâte moulée et durcie. **2.** Dessin fait avec ces crayons. **3.** *Teintes pastel,* claires et douces.

pastèque, n. f. ♦ Sorte de gros melon juteux, à chair rose vif, que l'on récolte dans les pays chauds. — SYN. melon d'eau.

pasteur, n. m. ♦ **1.** Celui qui garde et soigne les troupeaux. — REGARDER *berger, pâtre.* — REM. Ce mot appartient à la langue poétique ou bien désigne un gardien de troupeaux dans une population nomade ou seminomade. **2.** Ministre du culte protestant.

pasteuriser, v. ♦ Stériliser un aliment, le débarrasser des microbes, en le faisant bouillir et en le refroidissant brusquement : *On pasteurise le lait, la bière.*

pastiche, n. m. ♦ Œuvre littéraire, poétique, artistique, musicale dans laquelle on imite le style d'un écrivain, d'un poète, d'un artiste, d'un musicien célèbre.

pasticher, v. ♦ Imiter, en faisant un pastiche : *Dans cette musique de film, le compositeur a voulu pasticher un prélude de Bach.*

pastille, n. f. ♦ Bonbon ou médicament en forme de disque, de plaque.

pastis [pastis], n. m. ♦ Apéritif à l'anis, fort en alcool, qui se boit mêlé à l'eau.

patate, n. f. ♦ **1.** Plante des pays chauds dont le tubercule, appelé aussi *patate*

douce, est comestible. **2.** Synonyme familier de *pomme de terre.* **3.** *Être dans les patates :* se tromper, être dans l'erreur. **4.** *En avoir gros sur la patate :* en avoir gros sur le cœur, être très déçu. — REM. Ces expressions sont familières.

pataud, aude, adj. ♦ Qui est gros, lourd de forme, et qui a des mouvements lents, hésitants et maladroits. — SYN. gauche, lourdaud, maladroit.

patauger, v. (conjugaison 16) ♦ Marcher en mettant les pieds dans l'eau, dans un liquide, dans la boue : *Les deux femmes s'étaient trompés de route et pataugeaient depuis une heure dans la boue d'un chemin.*

pâte, n. f. ♦ **1.** Mélange à base de farine et d'eau ou de lait, avec parfois du beurre, des œufs, etc., qui sert à faire du pain, des croissants, des brioches, des gâteaux, etc. ● *Mettre la main à la pâte :* participer soi-même au travail, au lieu de se contenter de le diriger. ● *Vivre comme un coq en pâte :* être très heureux, sans souci, et jouir d'un parfait confort. **2.** *Les pâtes alimentaires* ou *les pâtes :* nouilles, coquillettes, macaroni, spaghetti, lasagne, vermicelle, etc. **3.** Toute matière qui est molle, sans être liquide. ● *La pâte à modeler.*

pâté, n. m. ♦ **1.** Aliment fait de viande hachée (parfois entourée d'une croûte). **2.** *Pâté de sable :* masse de sable humide, moulée avec un seau, etc., que les enfants s'amusent à faire, en jouant dans les jardins publics, sur les plages. **3.** *Pâté de maisons :* ensemble de maisons délimité par plusieurs rues et qui forme un bloc que ne coupe aucune rue. — SYN. bloc, îlot. **4.** Grosse tache d'encre.

pâtée, n. f. ♦ Nourriture, sous forme pâteuse, donnée aux animaux.

1. patelin, ine, adj. ♦ Qui cache des intentions mauvaises ou peu honnêtes derrière un air doux. — SYN. doucereux, hypocrite. — CONTR. franc, loyal. ● *Méfie-toi de son air patelin.* — SYN. faux. ● *Méfie-toi de son ton patelin.* — SYN. mielleux. — CONTR. cassant, brutal, franc, net.

patelin

2. patelin, n. m. ♦ Synonyme familier de village.

patent, ente, adj. *ou* n. f. ♦ **1.** Évident, manifeste. — CONTR. caché, dissimulé. **2.** *Une patente,* synonyme familier de chose, machin, truc. • *Toute la patente :* tout le reste.

patère, n. f. ♦ Sorte de crochet en bois, fixé à un mur, auquel on accroche un chapeau, un manteau.

paternel, elle, adj. ♦ **1.** D'un père : *C'est l'amour paternel qui a poussé cet homme à faire tous ces sacrifices pour l'éducation de sa fille.* — REGARDER *filial, maternel.* **2.** Qualifie une personne avec qui on a un lien de parenté du côté du père. • *Mes grands-parents paternels* (= le père et la mère de mon père). — REGARDER *maternel.*

paternité, n. f. ♦ **1.** Condition de père ; lien qui unit le père au fils ; sentiment paternel. **2.** Le fait d'être l'auteur d'une œuvre, d'une théorie, d'une idée, d'une invention : *C'est à Newton qu'on doit attribuer la paternité de l'invention du télescope.*

pâteux, euse, adj. ♦ Qui n'est pas liquide, mais qui n'est pas vraiment solide et dur, et qui a la consistance molle de la pâte.

pathétique, adj. ♦ Très émouvant, qui provoque une émotion violente.

pathologique, adj. ♦ Qui tient de la maladie, qui n'est pas normal : *Ce besoin de se mettre toujours en avant est quasiment pathologique.* — SYN. malsain. — CONTR. sain.

patibulaire, adj. ♦ **1.** *Les fourches patibulaires :* le gibet. **2.** *Mine, visage, air patibulaire,* inquiétant.

patiemment, adv. ♦ Avec patience. — CONTR. impatiemment.

patience, n. f. ♦ **1.** Qualité, attitude de celui qui sait attendre sans perdre son calme ou qui sait faire un travail long et minutieux sans se décourager. — CONTR. impatience. • *Prendre son mal en patience,* le supporter sans se plaindre et sans se révolter. **2.** Sorte de jeu de cartes que l'on joue tout seul, en formant des combinaisons. — SYN. réussite.

patient, ente, adj. *ou* n. ♦ **1.** Qui fait preuve de patience. — CONTR. impatient. **2.** Qui demande de la patience, qui témoigne d'une grande patience : *Grâce à un effort patient, elle parvint à déchiffrer cette écriture mystérieuse.* — SYN. persévérant, tenace. **3.** *Le patient, la patiente :* celui, celle qui va subir ou subit une opération chirurgicale. • Personne que soigne un médecin : *Quatre patients attendaient dans le salon du docteur Duval.*

patienter, v. ♦ Attendre avec patience pendant un temps assez long : *Pour faire patienter les enfants, l'institutrice leur distribua des bandes dessinées.* — CONTR. s'impatienter.

patin, n. m. ♦ **1.** Morceaux de tissu sur lesquels on pose les pieds pour avancer sur un parquet ciré sans le salir. **2.** *Patins à glace :* chaussures spéciales qui ont une lame verticale sous la semelle, ce qui permet de glisser, de patiner sur la glace. • *Patins à roulettes.* • *Accrocher ses patins :* se retirer, cesser une activité, prendre sa retraite : *Après dix ans, il a décidé d'accrocher ses patins et de laisser la place aux jeunes.* • *Être vite sur ses patins :* être prompt, comprendre rapidement : *Tu n'as pas besoin de le lui dire deux fois, Dominique est vite sur ses patins !* • *Perdre ses patins :* perdre les pédales, ne plus arriver à suivre un raisonnement, une discussion.

patinage, n. m. ♦ Sport, exercice qui consiste à patiner (au moyen de patins à glace ou de patins à roulettes). • Hésitation. Refus d'une réponse directe : *Il ne voulait pas dire la vérité : il fait du patinage !*

patine, n. f. ♦ Dépôt qui se forme sur certains métaux, sur la pierre, sur le bois, quand ces matériaux vieillissent ; couleur particulière qu'ils prennent avec le temps.

patiner, v. ♦ **1.** Glisser sur la glace au moyen de patins à glace ou glisser sur un sol uni au moyen de patins à roulettes. **2.** Tourner sur place sans avancer : *La voiture s'est mise à patiner sur le verglas.* **3.** Louvoyer, essayer de noyer le poisson, ne pas donner une réponse directe.

patineur, euse, n. ♦ Celui, celle qui fait du patinage.

patinoire, n. f. ♦ Endroit, édifice où une grande surface de glace permet de patiner.

patio [patjo] *ou* [pasjo], n. m. ♦ Dans une maison ou dans un palais, en Espagne, cour intérieure, souvent bien décorée, avec, parfois, une fontaine.

pâtir, v. (conjugaison **25**) ♦ Souffrir de quelque chose, avoir à subir un inconvénient : *Tu te couches trop tard, ton travail en classe va en pâtir.* — SYN. subir. — CONTR. bénéficier, profiter.

pâtisser, v. ♦ Faire de la pâtisserie.

pâtisserie, n. f. ♦ **1.** Gâteau. ● *Faire de la pâtisserie* : faire des gâteaux. **2.** Magasin du pâtissier.

pâtissier, ière, n. *ou* adj. ♦ **1.** Commerçant, commerçante qui fait et vend de la pâtisserie. **2.** *Crème pâtissière* : crème qui sert à garnir les éclairs, les millefeuilles, etc.

patois, n. m. ♦ Forme rurale que prend un dialecte dans une zone déterminée, généralement peu étendue.

pâtre, n. m. ♦ Celui qui garde les troupeaux. — REGARDER *berger, pasteur.* — REM. Le mot *pâtre* est littéraire.

patriarche, n. m. ♦ **1.** Dans la Bible, chef de famille ou de tribu ayant vécu très longtemps en des temps très reculés. **2.** Vieillard entouré d'une nombreuse famille (ses enfants et petits-enfants).

patricien, ienne, n. *ou* adj. ♦ **1.** Dans la Rome antique, personne qui appartenait à la classe sociale supérieure, seule détentrice du pouvoir à l'origine. — CONTR. plébéien. **2.** Membre de l'aristocratie urbaine dans certaines villes libres, autrefois : *Les patriciens de Venise constituaient une oligarchie très fermée.* **3.** Qui appartient à des patriciens, qui a un caractère aristocratique : *Ces rues calmes sont bordées par les façades des demeures patriciennes : c'est la quartier noble de la ville.* — CONTR. populaire.

patrie, n. f. ♦ Le pays dont on est citoyen et auquel on se sent appartenir.

patrimoine, n. m. ♦ Ce qu'une personne possède, les biens qu'elle a acquis ou reçus de ses parents et qu'elle peut transmettre à ses héritiers.

patriote, n. *ou* adj. ♦ Celui, celle qui aime beaucoup sa patrie et qui agit pour qu'elle soit forte et grande.

patriotique, adj. ♦ Inspiré par l'amour de la patrie.

patriotisme, n. m. ♦ Amour de la patrie, dévouement à la patrie.

1. patron, onne, n. ♦ **1.** Chef d'une entreprise. — CONTR. employé, ouvrier, salarié. **2.** Celui, celle qui possède et dirige un commerce : *Notre voisine est la patronne d'une boutique de vêtements.* **3.** Celui qui commande un bateau de pêche ou un tout petit bateau de commerce. — SYN. capitaine. **4.** Celui qui commande, dans un groupe : *Dans notre bande, c'est Octave le patron.* — SYN. chef. **5.** Le saint dont on porte le nom : *Tu t'appelles Basile ? Donc, c'est saint Basile qui est ton patron (ou ton saint patron).*

2. patron, n. m. ♦ Modèle en papier qui permet de découper les pièces d'un tissu à la forme exacte et aux dimensions voulues.

patronage, n. m. ♦ **1.** Appui, protection d'une personnalité : *Cette exposition est placée sous le haut patronage de la ministre de la Culture.* **2.** Organisation qui s'occupe des loisirs des enfants (jeux, spectacles, sport, promenade) pour les jours de congé. **3.** Favoritisme politique.

patronal

patronal, ale, aux, adj. ♦ **1.** Des patrons, des chefs d'entreprise : *Les organisations patronales sont entrées en conflit avec les syndicats ouvriers.* **2.** **La fête patronale,** la fête du saint qui est le *patron* d'une paroisse (c'est-à-dire le saint dont l'église paroissiale porte le nom) : *Le jour de la fête patronale est aussi le jour de la fête du village.*

patronat, n. m. ♦ L'ensemble des patrons.

patronne, n. f. ♦ Féminin de *patron* 1, aux sens 2, 4 et 5.

patronner, v. ♦ Appuyer, soutenir de son autorité, de son crédit : *Cette manifestation sportive est patronnée par le ministère de la Jeunesse et des Sports.*

patronyme, n. m. ♦ Nom de famille.

patronymique, adj. ♦ *Nom patronymique :* patronyme, nom de famille.

patrouille, n. f. ♦ Groupe de policiers, de soldats, de blindés, d'avions ou de petits navires de guerre, qui se déplacent ensemble pour surveiller, pour aller en reconnaissance, pour être sur place afin de pouvoir intervenir aussitôt. ● *Des avions en patrouille.* **2.** Groupe de scouts.

patrouiller, v. ♦ Aller en patrouille : *Des voitures de police patrouillaient dans le centre de la ville.*

patrouilleur, n. m. ♦ Petit navire de guerre qui patrouille le long des côtes, surveille une zone maritime, escorte un convoi. ● Avion qui fait une patrouille aérienne.

patte, n. f. ♦ **1.** Jambe d'un animal. — REM. On dit *les jambes d'un cheval* et non « les pattes d'un cheval ». ● *Des pattes de mouche :* petite écriture fine et peu lisible. **2.** Languette d'étoffe, de cuir, etc., par exemple les ***pattes d'épaule*** d'un uniforme.

patte-d'oie, n. f. ♦ **1.** Carrefour d'où

partent plusieurs routes, plusieurs chemins. — PLUR. : *des pattes-d'oie.* **2.** Ensemble de petites rides au coin de l'œil.

pâturage, n. m. ♦ Terrain où croît de l'herbe qui est broutée par le bétail (et non fauchée). — SYN. herbage, prairie, pré.

pâture, n. f. ♦ Nourriture des animaux : *Les arbustes sont couverts de fruits et de baies : les oiseaux ne manqueront pas de pâture !*

pâturer, v. ♦ Paître, brouter : *Les vaches vont pâturer, l'été, dans les hautes prairies de la montagne, qu'on appelle « les alpages ».*

paume, n. f. ♦ **1.** Partie intérieure de la main. — CONTR. dos. **2.** *Le jeu de paume* ou *la paume :* autrefois, jeu qui ressemblait un peu au tennis.

paupière, n. f. ♦ Peau qui peut s'abaisser, pour fermer les yeux. ● *Fermer les paupières :* s'endormir.

paupiette, n. f. ♦ Mets constitué par de la farce enroulée dans une tranche de viande ou un filet de poisson.

pause, n. f. ♦ Arrêt (dans le travail, la marche, etc.) : *Du courage ! Dans un quart d'heure, c'est la pause.* — REM. Ne confondez pas avec *pose.*

pauvre, adj. *ou* n. ♦ **1.** Qui n'a pas d'argent ou qui en a peu. — SYN. besogneux, démuni, gêné, misérable, nécessiteux. — CONTR. aisé, cossu, nanti, opulent, riche. ● *Les pauvres :* les indigents, les misérables. — REM. Le féminin est *une pauvresse.* **2.** Qui ne contient pas beaucoup d'idées, de choses intéressantes, d'ornements : *Le style de cet écrivain est pauvre et terne.* **3.** Qui produit peu, qui n'est pas fertile : *Quelques paysans subsistent, difficilement, sur ce sol pauvre.* — SYN. ingrat, stérile. — CONTR. fécond, fertile, généreux, riche. **4.** (placé devant le nom) Qui est à plaindre : *La pauvre enfant s'était perdue dans la forêt.*

pauvresse, n. f. ♦ Femme pauvre, sans ressources.

pauvreté, n. f. ♦ État, situation des gens pauvres. — SYN. besoin, dénuement, gêne, indigence, misère. — CONTR. aisance, opulence, richesse.

pavage, n. m. ♦ **1.** Action de paver. **2.** Revêtement du sol, formé de pavés, de cailloux, etc.

pavane, n. f. ♦ Danse du XVIᵉ et du XVIIᵉ siècle, lente et majestueuse.

pavaner (se), v. ♦ Marcher d'un air fier, pour se faire admirer. — SYN. parader.

pavé, n. m. ♦ **1.** Revêtement de pierres dures, sur une chaussée, une route. ● _Tenir le haut du pavé :_ occuper le premier rang dans la hiérarchie sociale. **2.** Chacun des blocs de pierre qu'on assemble pour former le revêtement d'une rue, d'une route, d'une cour.

pavé, ée, adj. ♦ Revêtu de pavés.

pavement, n. m. ♦ Revêtement, généralement riche et élégant, du sol d'une cour ou d'un édifice.

paver, v. ♦ Revêtir le sol, une chaussée, etc., d'une matière dure : _On a pavé les rues de notre ville avec du granit : c'est le revêtement le plus dur qui soit._

pavillon, n. m. ♦ **1.** Maison individuelle, souvent entourée d'un jardin. ● Petite construction, kiosque (dans un parc public, sur une esplanade). **2.** Drapeau (sur un navire). **3.** Extrémité évasée d'un instrument de musique (clairon, trompette, cornet, cor, etc.). ● Partie externe de l'oreille.

pavois, n. m. ♦ **1.** Bouclier : _Chez les Francs, le roi nouvellement élu était hissé triomphalement sur le pavois._ **2.** _Hisser le grand pavois :_ hisser tous les pavillons d'un navire, en signe de réjouissance.

pavoisé, ée, adj. ♦ Garni de pavillons, de drapeaux.

pavoiser, v. ♦ Orner de drapeaux.

pavot, n. m. ♦ Plante cultivée pour ses fleurs rouges ou blanches. (Une espèce fournit l'huile d'œillette et l'opium.)

payable, adj. ♦ Qui peut ou doit être payé de telle manière : _Cette redevance est payable par mandat ou par chèque._

payant, ante, adj. ♦ **1.** Qui paye son entrée, sa place : _Êtes-vous un invité ou un spectateur payant ?_ **2.** Qui n'est pas gratuit : _La visite du parc est gratuite, mais l'entrée du château est payante._ **3.** Qui rapporte de l'argent ou des avantages, un profit, un succès : _Cette tactique des footballeurs a été payante : ils ont marqué trois buts._ — SYN. profitable, rentable.

paye n. f. ♦ REGARDER _paie._

payer, v. (conjugaison 23) ♦ **1.** Verser l'argent qu'on doit pour une marchandise ou un service : _J'ai payé ce chandail avec l'argent de mes étrennes._ **2.** Verser l'argent dû à un salarié : _La patronne payait ses ouvrières 5 dollars de l'heure : c'était peu, même pour l'époque._ **3.** _Être payé de ses efforts :_ obtenir un bon résultat comme récompense de ses efforts. **4.** Rapporter un profit, un avantage : _L'audace, dans ces cas-là, paie toujours._

payeur, euse, n. ♦ _Un mauvais payeur :_ celui qui ne paie pas ses fournisseurs ou qui les paie avec retard.

pays, n. m. ♦ **1.** Nation, État : _Le Brésil et l'Argentine sont deux grands pays d'Amérique du Sud._ **2.** Région, province, petite ville, village d'où l'on est originaire.

paysage, n. m. ♦ Vue d'ensemble que l'on a sur une ville ou sur la campagne. — SYN. site.

paysagiste, n. m. _ou_ f. ♦ Artiste peintre spécialisé dans la peinture de paysages.

paysan

paysan, anne, n. *ou* adj. ◆ Personne qui vit à la campagne et cultive la terre ou élève des animaux. — SYN. cultivateur, agriculteur.

P.-D. G., n. m. ◆ Initiales de *président-directeur général* ou *présidente-direcrice générale.*

péage, n. m. ◆ **1.** Prix qu'il faut payer pour avoir le droit de passer sur certains ponts, certaines routes, ou pour avoir accès à certaines chaînes de télévision (*télévision à péage*) **2.** Endroit où l'on paye le péage pour avoir le droit de passer sur un pont, une autoroute, etc.

peau, n. f. ◆ **1.** Membrane qui enveloppe le corps. **2.** Cuir : *Rudy a des gants de laine, Suzette a des gants de peau.* **3.** Enveloppe externe d'un fruit. — SYN. pelure. **4.** Pellicule blanche qui se forme à la surface du lait bouilli. **5.** *Avoir la peau dure :* être résistant. **6.** *N'avoir que la peau et les os :* être très maigre. **7.** *Être, se mettre dans la peau de quelqu'un :* être, se mettre dans la situation de quelqu'un. **8.** *Être bien (mal) dans sa peau :* se sentir bien (mal). **9.** *Faire peau neuve :* changer de caractère, de façon d'être. **10.** *Risquer sa peau :* risquer sa vie. **11.** *Tenir à sa peau :* tenir à la vie.

peccadille [pekadij], n. f. ◆ Petite faute sans importance.

1. pêche, n. f. ◆ **1.** Action de pêcher. **2.** Poissons qu'on a pêchés : *Les marins sont contents : la pêche a été abondante.*

2. pêche, n. f. ◆ Fruit du pêcher.

péché, n. m. ◆ Faute interdite par la religion.

pécher, v. (conjugaison 11) ◆ Commettre un péché.

1. pêcher, v. ◆ Prendre un animal qui vit dans l'eau : *On pêche la truite au lancer.*

2. pêcher, n. m. ◆ Arbre fruitier dont le fruit est la pêche.

pécheresse, n. f. ◆ Féminin de *pécheur.*

pêcherie, n. f. ◆ Mare ou petit étang où l'on élève des poissons.

pécheur, n. m. ◆ Celui qui commet un péché, qui a commis des péchés. — REM. Le féminin est *pécheresse.*

pêcheur, euse, n. ◆ **1.** Celui, celle qui va à la pêche pour son plaisir. **2.** Celui dont le métier est de pêcher. ● *Les marins-pêcheurs.*

pécore, n. f. ◆ Femme ou fille sotte et prétentieuse.

pectoral, ale, aux, n. m. *ou* adj. ◆ **1.** *Un pectoral :* ornement en métal précieux, orné de pierreries, qui se portait sur la poitrine, dans l'Antiquité. **2.** *Les pectoraux :* muscles qu'on a sur la poitrine. **3.** *Pâte pectorale, sirop pectoral :* médicaments employés pour combattre les maladies des bronches. **4.** *Nageoires pectorales,* situées de chaque côté du corps d'un poisson, en arrière des ouïes.

pécuniaire, adj. ◆ D'argent, qui concerne l'argent : *Elle est montée en grade, et sa situation pécuniaire s'est améliorée.* — SYN. financier. — REM. Ne dites pas : « pécunier, pécunière ».

pédagogie, n. f. ◆ Art d'enseigner.

pédagogique, adj. ◆ Qui concerne la pédagogie.

pédagogue, n. m. *ou* f. ◆ **1.** *Un pédagogue :* dans l'Antiquité, esclave chargé d'accompagner un petit garçon à l'école, de le surveiller, de lui donner quelques éléments d'instruction. **2.** *Un bon, une bonne pédagogue :* celui, celle qui sait bien enseigner.

pédale, n. f. ◆ Pièce sur laquelle on appuie avec le pied pour faire tourner une roue ou pour actionner un mécanisme. ● *Mettre la pédale douce :* ralentir ses activités, aller plus doucement. ● *Perdre les pédales :* ne plus comprendre.

pédaler, v. ♦ Faire avancer une bicyclette en appuyant sur les pédales : _Pour descendre la côte, pas besoin de pédaler!_

pédalier, n. m. ♦ Ensemble constitué par les deux pédales, le grand pignon et la roue dentée d'une bicyclette.

Pédalo, n. m. ♦ Nom déposé d'une embarcation légère, à flotteurs, mue par une roue à aubes qu'on actionne au moyen de pédales (jeu de plage).

pédant, ante, n. _ou_ adj. ♦ **1.** _Un pédant :_ autrefois, professeur de collège. **2.** Qui fait étalage de son instruction, de sa culture.

pédantisme, n. m. ♦ Défaut d'une personne pédante.

pédestre, adj. ♦ Qui se fait à pied.

pédicure, n. m. _ou_ f. ♦ Celui, celle qui soigne les pieds, enlève les cors et les durillons, coupe les ongles des orteils.

pègre, n. f. ♦ Ensemble des voleurs, des voyous.

peigne, n. m. ♦ Objet muni de dents qui sert à peigner les cheveux. ● Objet analogue qui sert à retenir les cheveux ou un chignon.

peigner, v. ♦ Démêler, lisser, coiffer les cheveux avec un peigne.

peignoir, n. m. ♦ Vêtement ample, qu'on met en sortant du bain. ● Vêtement à manches très amples que le coiffeur passe à ses clients, pour protéger leurs vêtements. ● Vêtement léger qu'une femme met en se levant, avant de s'habiller. — SYN. un déshabillé.

peindre, v. (conjugaison 84) ♦ **1.** Couvrir d'une couche de peinture : _Tu vois : je vais peindre en blanc les meubles de cuisine que j'ai faits._ **2.** Représenter par la peinture : _Sais-tu le nom de l'artiste qui a peint cette scène de bataille?_ ● Réaliser une œuvre peinte : _C'est Michel-Ange qui a peint cette fresque grandiose._ **3.** Représenter par la parole ou par l'écrit : _Cette écrivaine a peint là une scène comique._ — SYN. dépeindre.

peine, n. f. ♦ **1.** Tristesse, douleur morale qu'on éprouve. — SYN. chagrin, souffrance, tourment. — CONTR. bonheur, joie, plaisir. **2.** Effort, travail que l'on fournit pour obtenir un résultat : _Pour décorer sa maison, elle n'a ménagé ni son argent ni sa peine._ ● _Avoir de la peine à,_ avoir de la difficulté à : _Jacques n'est pas fort en maths : il a de la peine à suivre la classe._ — SYN. avoir du mal à. ● _Se donner de la peine :_ fournir un gros effort. — SYN. se donner du mal. ● _Peine perdue :_ cela n'a donné aucun résultat. ● _En valoir la peine :_ mériter qu'on se donne du mal. ● _Ce n'est pas la peine :_ c'est inutile. **3.** _A peine,_ très peu, presque pas : _Sa voix était faible, on l'entendait à peine._ ● _A peine,_ au plus : _J'ai vu passer l'autobus, il y a cinq minutes à peine._ **4.** Punition infligée par un tribunal : _L'accusée risque une peine de vingt ans de réclusion._ ● _Il est interdit de déverser des ordures dans le jardin public **sous peine** d'amende._

peiné, ée, adj. ♦ Qui a du chagrin, de la peine.

peiner, v. ♦ Faire de la peine : _Cette triste nouvelle m'a beaucoup peiné._ — SYN. affliger, attrister.

peint, peinte, adj. ♦ **1.** Couvert de peinture : _Pour la chambre des enfants il faut des meubles en bois peint._ **2.** _Papier peint :_ papier de tenture imprimé qu'on colle sur les murs d'une pièce.

peintre, n. m. ♦ **1.** _Un peintre en bâtiment_ ou _un peintre :_ celui qui peint les murs, les portes, à l'intérieur d'un édifice. **2.** _Un artiste peintre_ ou _un peintre :_ celui qui peint des tableaux, des fresques.

peinture, n. f. ♦ **1.** Liquide qu'on étale sur une surface pour lui donner une certaine couleur. **2.** Œuvre peinte (tableau, fresque, etc.). **3.** Art de peindre. ● _Peinture à l'huile._ ● _Peinture à l'aquarelle._

peinturer

peinturer, v. ♦ Recouvrir d'une couche de peinture. Peindre.

péjoratif, ive, adj. ♦ *Mot péjoratif, expression péjorative,* qui déprécie la personne ou la chose désignée : *Le mot noblaillon, désignant un noble de noblesse douteuse ou médiocre, est très péjoratif.*

pékan, n. m. ♦ Petit mammifère très recherché pour sa fourrure.

pékinois, n. m. ♦ Chien d'agrément de petite taille, à tête ronde, à museau aplati, à oreilles pendantes, à poil long.

pelage, n. m. ♦ Ensemble des poils d'un animal. — SYN. fourrure, poil. — REM. On ne dit pas « le pelage d'un cheval », mais *la robe d'un cheval.*

pelé, ée, adj. ♦ Qui a perdu ses poils.

pêle-mêle, adv. ♦ En désordre, dans un état où tout est mélangé.

peler, v. (conjugaison 10) ♦ **1.** Enlever la peau d'un fruit. — SYN. éplucher. **2.** *La peau pèle,* des petites pellicules s'en détachent.

pèlerin, n. m. ♦ Celui qui fait un pèlerinage.

pèlerinage, n. m. ♦ **1.** Voyage qu'on fait pour aller prier dans un sanctuaire, dans une ville sainte. **2.** Voyage que l'on fait pour aller revoir un lieu où l'on a vécu, où l'on a subi ou accompli une chose qui a marqué dans la vie.

pèlerine, n. f. ♦ Manteau ample, sans manches, souvent muni d'un capuchon. — REGARDER *cape, mante.*

pélican, n. m. ♦ Oiseau palmipède dont le bec porte une poche extensible (où l'oiseau met les poissons qu'il destine à ses petits).

pelle, n. f. ♦ Outil constitué d'une plaque et d'un manche et qui sert à déplacer la terre, le sable, le charbon, etc.

pelletée, n. f. ♦ Contenu d'une pelle.

pelleter, v. (conjugaison 14) ♦ Déplacer au moyen d'une pelle : *Les terrassiers sont en train de pelleter la terre.*

pelleterie, n. f. ♦ **1.** Commerce des fourrures. **2.** Peau d'animal, munie de ses poils, avec laquelle on fait des manteaux, des vêtements de fourrure.

pelleteuse, n. f. ♦ Engin de travaux publics, monté sur chenilles, qui est muni d'une chaîne sans fin à godets et qui sert à déplacer, à enlever la terre.

pelletier, n. m. ♦ Celui qui prépare les fourrures, qui les vend. — REGARDER *fourreur.*

pellicule, n. f. ♦ **1.** Mince couche : *Une pellicule blanche apparaît à la surface du lait bouilli : c'est la peau du lait.* **2.** Film sensible à la lumière qu'on met dans un appareil photographique ou dans une caméra. **3.** Petit fragment de peau qui se détache du cuir chevelu, dans certains cas.

pelote, n. f. ♦ **1.** Boule formée par un fil (laine, coton, ficelle, etc.) enroulé sur lui-même. **2.** Boule, balle avec laquelle on joue à la pelote basque. ● *Pelote basque :* jeu, sport basque qui consiste à lancer une balle (la *pelote*) contre un mur (le *fronton*), puis à la rattraper et à la relancer, soit à main nue, soit au moyen d'un instrument appelé *chistera.* **3.** Boule molle, petit coussin, où l'on enfonce les épingles, pour ne pas les perdre, quand on fait des travaux de couture.

peloton, n. m. ♦ **1.** Petite pelote. **2.** Dans les blindés, la cavalerie, la gendarmerie, le train des équipages, petite unité qui correspond à peu près à la section. ● *Peloton d'instruction* ou *peloton* : ensemble des soldats qui reçoivent une instruction spéciale pour être sous-officiers ou officiers. ● *Suivre le peloton.* **3.** *Peloton d'exécution* : groupe de soldats qui fusillent un condamné. **4.** Groupe de coureurs ; la plus grande partie des coureurs, quand ils sont groupés :

Dans la dernière étape du Tour de France, ce coureur a pris cinq minutes d'avance sur le peloton.

pelotonner (se), v. ♦ Se rouler en boule. — SYN. se blottir.

pelouse, n. f. ♦ Dans un jardin ou un parc, terrain couvert d'herbe serrée et courte qui demande beaucoup de soins. — SYN. gazon.

peluche, n. f. ♦ Tissu à longs poils dont on fait des jouets.

pelure, n. f. ♦ Peau d'un fruit qu'on a pelé. — SYN. épluchure.

pénal, ale, aux, adj. ♦ Qui concerne les délits et les crimes, et les peines qui leur sont applicables. ● _Le Code pénal._

pénaliser, v. ♦ Donner une punition, un désavantage pour manquement à la règle, au règlement : _Tout coureur qui se fera pousser par un spectateur sera pénalisé._

pénalité, n. f. ♦ Punition infligée pour manquement au règlement.

pénates [penat], n. m. pl. ♦ **1.** _Les pénates :_ chez les Romains, dieux protecteurs de la maison, de la famille, de la cité. **2.** _Regagner ses pénates :_ rentrer chez soi.

penaud, aude, adj. ♦ Qui se trouve honteux, confus, après avoir commis une sottise ou après avoir été pris en faute. — SYN. contrit, déconfit. — CONTR. fier, triomphant.

penchant, n. m. ♦ Goût qui porte vers quelque chose. — SYN. goût, inclination, propension, tendance. — CONTR. aversion, dégoût, répugnance.

penché, ée, adj. ♦ Qui penche : _Tu connais la Tour penchée de Pise ?_ — SYN. incliné, oblique. — CONTR. droit, vertical.

pencher, v. ♦ **1.** N'être pas rigoureusement vertical ou horizontal. — SYN. s'incliner. **2.** Mettre dans une position plus ou moins oblique par rapport à la verticale ou à l'horizontale : _Penche donc l'armoire, doucement ; je vais glisser des cales sous les pieds._ ● _Ne penche pas la tête et tiens-toi droit !_ — SYN. courber, incliner. — CONTR. dresser, lever, relever. **3.** _Se pencher :_ s'incliner en avant. **4.** _Pencher vers, pour,_ être pour un avis, une solution : _Moi, je pencherais plutôt pour une autre explication._ — SYN. incliner vers.

pendable, adj. ♦ **1.** Qui mérite la pendaison. ● _Ce n'est pas un cas pendable :_ ce n'est pas une faute bien grave. **2.** _Tour pendable :_ mauvais tour qu'on joue à quelqu'un.

pendaison, n. f. ♦ Mode d'exécution d'un condamné, qui consiste à le pendre.

1. pendant, n. m. ♦ **1.** Bijou suspendu à l'oreille par une boucle. ● _Des pendants d'oreilles._ **2.** _Le pendant,_ objet semblable destiné à figurer symétriquement : _Voici un joli chandelier, que je vais mettre sur ma cheminée ; j'aimerais trouver son pendant._ ● _Faire pendant,_ être l'objet symétrique : _Ces deux vases semblables se font pendant_ (invariable).

2. pendant, ante, adj. ♦ Qui pend, qui ne repose pas sur le sol : _La gamine, assise sur le mur, les jambes pendantes, croquait des noix._ — SYN. ballant.

3. pendant, prép. ♦ Au cours de telle durée, de tel déroulement : _Pendant tout le voyage, j'ai dormi comme un loir._ — SYN. durant. ● _Pendant que : Pendant que tu dormais, j'ai regardé le feuilleton à la télé._

pendentif, n. m. ♦ Bijou qu'on porte suspendu au cou par une chaînette.

penderie, n. f. ♦ Meuble haut ou placard où l'on suspend les vêtements, pour les garder à l'abri. — SYN. garde-robe.

pendre, v. (conjugaison 81) ♦ **1.** Être suspendu et flotter librement par le bas : _Des chemises et des draps pendaient aux_

pendre

fenêtres de ce quartier de Naples. **2.** Suspendre : *Marthe a pendu quatre porte-clefs à sa ceinture.* **3.** Tuer en suspendant à une corde qui serre le cou. • *Le banquier ruiné se pendit dans son château.*

pendu, ue, adj. *ou* n. ♦ **1.** *Être pendu à,* être toujours en train de se servir de : *Pourquoi es-tu toujours pendu à la sonnette du médecin ? Tu n'as rien de grave !* **2.** *Avoir la langue bien pendue :* parler beaucoup et avec facilité. **3.** *Un pendu, une pendue :* une personne qu'on a pendue ou qui s'est pendue.

1. pendule, n. m. ♦ Objet qui oscille autour d'un point fixe : *Le balancier d'une horloge est un pendule.*

2. pendule, n. f. ♦ Petite horloge qu'on pose sur une cheminée ou un meuble ou qu'on accroche au mur.

pendulette, n. f. ♦ Petite pendule.

pêne, n. m. ♦ Partie mobile d'une serrure, celle qui entre dans la gâche pour maintenir la porte fermée.

pénéplaine, n. f. ♦ Zone anciennement montagneuse, rabotée par l'érosion, qui n'a plus qu'un relief légèrement ondulé, avec des formes molles.

pénétrant, ante, adj. ♦ *Un froid pénétrant,* vif. • *Un parfum pénétrant,* fort et agréable. • *Un regard pénétrant,* aigu et insistant. • *Un esprit pénétrant,* subtil. — SYN. aigu, subtil. — CONTR. épais, lourd, obtus.

pénétration, n. f. ♦ **1.** Action de pénétrer. **2.** Subtilité : *Grâce à la pénétration de son esprit, elle perçait les énigmes les plus difficiles.* — SYN. acuité, subtilité. — CONTR. lourdeur.

pénétré, ée, adj. ♦ Plein de, persuadé de : *Notre voisin était un monsieur très vaniteux et très pénétré de son importance.* — SYN. imbu.

pénétrer, v. (conjugaison 11) ♦ **1.** Entrer : *On ne pénètre pas dans le salon avec des chaussures mouillées.* • *Le froid et le vent pénètrent partout, dans cette masure.* — CONTR. sortir. **2.** Comprendre, connaître à fond : *Arriverons-nous un jour à pénétrer les secrets de cette galaxie ?* **3.** *Se pénétrer de,* se mettre dans l'esprit : *Vous devez bien vous pénétrer de cette idée.*

pénible, adj. ♦ **1.** Qui cause de la peine. — SYN. angoissant, cruel, désagréable, douloureux, triste. — CONTR. agréable, heureux, joyeux. **2.** Dur, fatigant. — SYN. éreintant.

péniblement, adv. ♦ **1.** Avec peine, en faisant de gros efforts. **2.** A peine, tout juste, plutôt moins que plus : *Avec ces embouteillages, nous faisons péniblement une moyenne de trente-cinq kilomètres à l'heure.* — CONTR. largement.

péniche, n. f. ♦ Bateau long, à fond plat, qui transporte des marchandises sur les fleuves, les rivières ou les canaux. — SYN. chaland.

pénicilline [penisilin], n. f. ♦ Antibiotique qui est tiré d'un champignon microscopique.

péninsule, n. f. ♦ Terre de grande étendue qui s'avance dans la mer et qui est rattachée par un large côté au continent, par exemple *la péninsule Armoricaine* (Bretagne), *la péninsule Ibérique* (Espagne et Portugal). — REGARDER *presqu'île.*

pénitence, n. f. ♦ **1.** Punition. **2.** *Sacrement de la pénitence :* sacrement catholique par lequel le pécheur confesse ses péchés et se réconcilie avec Dieu.

pénitencier, n. m. ♦ Endroit où les condamnés subissent leur peine. — SYN. bagne.

pénitent, ente, n. ♦ **1.** Personne qui reçoit le sacrement de la pénitence. **2.** Membre de certaines confréries religieuses.

Pentecôte

pénitentiaire [penitɑ̃sjɛʀ], adj. ♦ *L'administration pénitentiaire :* l'administration qui s'occupe des prisons et qui dépend du ministère de la Justice.

pénombre, n. f. ♦ Ombre légère, ou zone peu éclairée.

pensable, adj. ♦ Qu'on peut imaginer : *Il n'est pas pensable que nos plans puissent échouer.* — SYN. imaginable.

pensant, ante, adj. ♦ Doué de la faculté de penser, de raisonner : *L'homme est-il bien le seul animal pensant de l'univers ?*

1. pensée, n. f. ♦ Idée, image qu'on se forme d'une personne ou d'une chose : *L'homme peut-il avoir une pensée claire de ce qu'est l'univers ?* ● Jugement par lequel on affirme quelque chose : *Les pensées les plus justes et les plus profondes ne sont rien si elles ne sont pas exprimées avec rigueur.* ● *En pensée,* par l'esprit et l'imagination : *En pensée, nous serons près de toi, quand tu vogueras sur l'océan.* ● *A la pensée de (que),* en pensant à (que) : *A la pensée de la venue de son parrain, Ève bondit de joie. A la pensée qu'elle allait voir le père Noël, l'enfant se mit à danser et à chanter.*

2. pensée, n. f. ♦ Fleur à pétales veloutés et multicolores qui ressemble un peu à la violette.

penser, v. ♦ **1.** *Penser à,* avoir dans l'esprit, dans l'imagination : *Quand je pense aux vacances, j'ai du mal à travailler.* ● *Penser que,* avoir telle opinion : *Je pense qu'il est temps que nous partions.* ● *Penser quelque chose de,* avoir telle opinion sur : *Je pense beaucoup de bien de Virginie : c'est une fille loyale et honnête.* **2.** *Penser à,* ne pas oublier : *Pensez à prendre votre livre de lecture pour demain.*

penseur, n. m. ♦ Celui qui réfléchit aux grandes questions (la destinée humaine, la liberté, etc.) et qui écrit sur ces sujets. — REGARDER *philosophe.*

pensif, ive, adj. ♦ Qui est plongé, absorbé dans ses pensées. — SYN. préoccupé, rêveur, songeur.

pension, n. f. ♦ **1.** Ce qui est donné régulièrement à une personne pour lui permettre de vivre (par exemple : *la pension de retraite*). **2.** Prix que l'on verse pour la nourriture qu'on reçoit, quand on est aussi logé : *Dans cet hôtel, la pension complète* (deux repas) *est obligatoire. J'aurais préféré la demi-pension* (un seul repas par jour). **3.** *Pension de famille :* hôtel où l'on habite pendant longtemps, quand on n'a pas de logement à soi, et où l'on prend tous ses repas. **4.** Établissement scolaire privé où les élèves sont logés et nourris. — SYN. internat, pensionnat. — CONTR. externat. ● *Mettre (un enfant) en pension,* le mettre interne dans une pension privée ou dans un établissement scolaire.

pensionnaire, n. m. ou f. ♦ **1.** Celui, celle, qui loge dans une pension de famille. **2.** Élève qui couche et mange dans son école. — SYN. interne. — CONTR. externe. ● *Demi-pensionnaire :* élève qui prend son repas de midi dans son établissement scolaire.

pensionnat, n. m. ♦ **1.** Établissement scolaire privé où les élèves sont logés et nourris. **2.** Ensemble des élèves d'un tel établissement : *Tout le pensionnat était dans la joie : il allait en excursion le lendemain.*

pensionné, ée, adj. ou n. ♦ Qui reçoit une pension.

pensum [pɛ̃sɔm], n. m. ♦ Punition, infligée à un écolier, à un lycéen, qui consiste à faire un devoir supplémentaire, à copier des lignes, etc. ● Travail ennuyeux : *Ces lettres de remerciements à écrire, quel pensum !* — PLUR. *des pensums.*

pentagone [pɛ̃tagɔn], n. m. ♦ Polygone à cinq côtés.

pente, n. f. ♦ Surface inclinée. ● Partie d'une route, d'une rue qui monte ou qui descend. — CONTR. un plat, une rampe. ● *La rue est en pente.*

Pentecôte, n. f. ♦ Fête chrétienne qui commémore la descente du Saint-Esprit sur les apôtres et qui est célébrée le septième dimanche après Pâques. ● *Le lundi de Pentecôte :* lendemain férié du jour de Pentecôte.

pénurie, n. f. ♦ Manque grave d'une marchandise, d'une denrée. — SYN. disette, manque. — CONTR. abondance.

pépiement, n. m. ♦ Petit cri aigu du moineau, du poussin, d'un jeune oiseau.

pépier, v. (conjugaison 20) ♦ Pousser des pépiements : *Le poussin pépie.*

pépin, n. m. ♦ Chacune des petites graines qu'on trouve dans certains fruits.

pépinière, n. f. ♦ Terrain où l'on fait pousser des arbres jeunes qu'on a semés, avant de les replanter ailleurs.

pépiniériste, n. m. *ou* f. ♦ Personne qui exploite une pépinière.

pépite, n. f. ♦ Petite masse d'or pur que l'on trouve à l'état natif dans un gisement.

péplum [peplɔm], n. m. ♦ Dans l'Antiquité grecque, vêtement de femme, sans manches, qui s'agrafait sur l'épaule. — PLUR. *des péplums.*

péquiste, adj. *ou* n. ♦ Qui concerne le parti politique québécois. Adepte du Parti québécois.

perçage, n. m. ♦ Action de percer une matière : *Nous allons procéder au perçage de cette plaque métallique.* — REGARDER *percement.*

perçant, ante, adj. ♦ **1.** *Cri perçant,* aigu et fort. **2.** *Une vue perçante :* une vue excellente.

percée, n. f. ♦ **1.** Passage libre, ouverture. — SYN. trouée. **2.** Action d'une armée qui perce les défenses de l'ennemi et passe à travers elles.

percement, n. m. ♦ Action de percer une rue, un tunnel, un canal : *Le percement des grands tunnels des Alpes fut une entreprise difficile.* — REGARDER *perçage.*

perce-neige, n. m. *ou* f. inv. ♦ Fleur blanche qui pousse à la fin de l'hiver.

perce-oreille, n. m. ♦ Insecte dont l'abdomen porte une sorte de pince et qui vit sous les pierres et dans les fruits (pêches notamment). — PLUR. *des perce-oreilles.*

percepteur, trice, n. ♦ Fonctionnaire qui perçoit les impôts et les taxes.

perceptible, adj. ♦ Qui peut être perçu par l'œil, l'ouïe : *A travers le brouillard, la forme des objets est à peine perceptible.* — CONTR. imperceptible.

perception, n. f. ♦ **1.** Information, renseignement que donne un organe des sens sur la réalité matérielle. ● *Les perceptions visuelles, auditives.* — SYN. sensation. **2.** Action de percevoir une taxe, un impôt. — SYN. levée, recouvrement.

percer, v. (conjugaison 17) ♦ **1.** Faire un trou : *Avec son canif, Hélène a percé la feuille de plomb.* — SYN. perforer, crever. — CONTR. boucher, fermer, obturer. ● *Percer les oreilles, le tympan,* faire mal aux oreilles : *Les hurlements du bébé me percent les oreilles.* **2.** Ouvrir, tracer, faire un canal, un tunnel, une route : *On va percer un tunnel sous la colline, pour faire passer l'autoroute.* **3.** *Percer un secret,* arriver à le découvrir. **4.** Avancer, après être passé à travers une ligne de défense : *La colonne blindée parvint à percer les défenses ennemies.* **5.** Apparaître, après avoir traversé quelque chose : *Le soleil perce à travers les nuages.* ● *Les dents de bébé percent.* **6.** Réussir, se faire connaître : *Ce jeune chanteur a mis beaucoup de temps à percer, mais, maintenant, c'est une vedette.*

perceuse, n. f. ♦ Machine, instrument qui sert à faire des trous.

percevoir, v. (conjugaison 58) ♦ **1.** Prendre conscience d'une réalité matérielle au moyen des organes des sens : *Soudain, je*

perdre

perçus un bruit bizarre qui venait du réfrigérateur. **2.** Recevoir de l'argent : *L'État perçoit les impôts et des taxes multiples.* — SYN. lever, recouvrer.

perchaude, n. f. ♦ Poisson d'eau douce semblable à la perche.

1. perche, n. f. ♦ Poisson d'eau douce très bon à manger.

2. perche, n. f. ♦ **1.** Longue tige de bois. ● *Le saut à la perche.* ● *Tendre la perche à quelqu'un,* l'aider à se tirer d'un mauvais pas, à trouver la bonne solution. **2.** Tige au bout de laquelle se trouve un micro et que l'on tient pendant une séance d'enregistrement ou de tournage (d'un film, d'un téléfilm...) au-dessus des acteurs ou des personnes interviewées.

percher, v. ♦ Se poser à un endroit élevé : *Le corbeau perche dans les arbres.* ● *L'oiseau vint se percher sur le bord du toit.* — SYN. (se) jucher.

percheron, n. m. ♦ Gros et fort cheval qui était autrefois employé pour tirer la charrue, les chariots lourds.

perchiste, n. m. *ou* f. ♦ **1.** Celui, celle qui saute en s'aidant d'une perche pour s'appuyer sur le sol. **2.** Technicien du son, qui enregistre les propos d'une personne en tenant au-dessus d'elle une perche munie d'un micro.

perchoir, n. m. ♦ Planche ou barre horizontale sur laquelle un oiseau peut se percher. — SYN. juchoir.

perclus, use, adj. ♦ Qui se meut, qui marche avec peine. ● *Il était perclus de rhumatismes.*

percolateur, n. m. ♦ Machine ou appareil qui projette de la vapeur sur le café moulu, pour faire le café.

percussion, n. f. ♦ *Instrument à percussion :* instrument de musique sur lequel on frappe pour rythmer la musique (tambour, timbale, cymbales, etc.).

percussionniste, n. ♦ Musicien qui joue sur des instruments à percussion.

percuter, v. ♦ Heurter avec force : *La voiture a percuté le rail de sécurité de l'autoroute.* ● *L'obus percuta contre le mur.*

percuteur, n. m. ♦ Pièce d'un fusil, d'un pistolet, d'un revolver, en forme de tige pointue, qui frappe l'amorce de la cartouche pour la faire détonner.

perdant, ante, n. ♦ Celui, celle qui perd (dans un jeu, un match, une compétition). — CONTR. gagnant.

perdition, n. f. ♦ *Navire en perdition,* qui est en danger de faire naufrage.

perdre, v. (conjugaison 90) ♦ **1.** Causer la perte, la mort, la ruine, le désastre : *Ces guerres imprudentes ont perdu le royaume.* — CONTR. sauver. ● *Le navire s'est perdu en mer,* a sombré, a coulé. — SYN. faire naufrage. **2.** Égarer, ne plus savoir où l'on a laissé une chose, en être dépossédé par hasard : *J'ai perdu le brouillon de mon devoir. Où est-il donc passé ?* — CONTR. retrouver. ● *Perdre le fil de ses idées :* ne plus savoir où l'on en est de son raisonnement. ● *Se perdre,* perdre son chemin, c'est-à-dire ne plus savoir se retrouver : *Prends le plan de la ville : tu ne risqueras pas de te perdre.* **3.** Être battu (dans un jeu, un match, une guerre, une compétition) : *Nous avons perdu par 6 à 0 !* — CONTR. gagner, vaincre. ● *Perdre une partie, un match, une guerre, les élections.* ● *Perdre au jeu.* ● *Perdre son temps,* le gaspiller en faisant une chose inutile. ● *Il ne perd rien pour attendre :* je saurai bien prendre ma revanche sur lui plus tard, je me vengerai de lui. **4.** Perdre de l'argent sur quelque chose : *La commerçante se plaignait : « En vendant à ce prix, je perds de l'argent sur cet article. »* **5.** *Perdre patience :* se décourager. ● *Perdre patience :* commencer à s'impatienter. ● *Perdre la tête :* s'affoler. ● *Perdre de la vitesse :* aller moins vite. **6.** Être séparé par la mort : *Joël pleure : il a perdu sa tante hier* (= sa tante est morte hier).

perdreau

perdreau, n. m. ♦ Jeune perdrix de l'année, gibier très estimé.

perdrix, n. f. ♦ Oiseau à plumage gris ou roux, à chair délicate, qui constitue un gibier très estimé.

perdu, ue, adj. ♦ **1.** Qu'on ne peut plus sauver, qui va mourir. **2.** Qui est dans un endroit éloigné, écarté, peu accessible : *Elle vécut dans un hameau perdu.*

père, n. m. ♦ **1.** L'homme dont quelqu'un est le fils ou la fille. ● *Un père de famille* : un homme marié qui a un ou plusieurs enfants. **2.** Dénomination familière qui précède le nom de famille ou le prénom d'un homme âgé ou assez âgé, de condition modeste : *Le père Dupont est rentré tard hier soir.* **3.** Auteur d'une œuvre, d'une invention. ● Celui qui a fondé une science, un art : *L'écrivain grec Hérodote fut surnommé « le père de l'histoire ».* **4.** Titre qu'on donne à certains religieux, à certains prêtres.

péremptoire, adj. ♦ Autoritaire, qui n'admet aucune objection : « *Tous en rangs »,* commanda la surveillante d'un ton péremptoire. — SYN. décisif, impérieux, tranchant. — CONTR. conciliant, coulant, hésitant, incertain.

pérennité, n. f. ♦ Caractère ou état de ce qui dure toujours. — SYN. continuité, permanence, perpétuité.

perfection, n. f. ♦ Caractère de ce qui est parfait. ● *A la perfection,* très bien : *Véronique chante et danse à la perfection.*

perfectionné, ée, adj. ♦ Qui est muni de beaucoup de perfectionnements.

perfectionnement, n. m. ♦ Ce qui rend un objet, un appareil, un véhicule, etc., plus moderne et meilleur.

perfectionner, v. ♦ **1.** Munir de perfectionnements, rendre encore meilleur : *Le fabricant a encore perfectionné ce modèle*

de magnétoscope. **2.** *Se perfectionner,* devenir plus habile, plus savant, plus fort : *Élise va en Allemagne pour se perfectionner en allemand.*

perfide, adj. ♦ **1.** Qui n'est pas franc. — SYN. déloyal, fourbe, menteur, sournois. — CONTR. franc, loyal. ● *Des propos perfides.* — SYN. fallacieux, trompeur. **2.** Auquel il ne faut pas se fier, qui est dangereux : *Au printemps, la neige peut être perfide, il faut craindre les avalanches.* — SYN. sournois, traître.

perfidie, n. f. ♦ **1.** Défaut d'une personne ou d'une chose perfide. — SYN. déloyauté, fourberie, sournoiserie. — CONTR. franchise, loyauté. **2.** Acte contraire à la franchise, à l'honnêteté, à la loyauté.

perforation, n. f. ♦ Trou : *La perforation de ton billet de bus prouve qu'il a été utilisé.*

perforer, v. ♦ Faire un trou : *L'obus perfora le blindage du char.* — SYN. percer, trouer.

performance, n. f. ♦ Résultat obtenu par un sportif ou un cheval de course dans une épreuve. ● *Les performances* : les possibilités maximales d'une voiture, d'un avion (vitesse, consommation, etc.).

pergola, n. f. ♦ Dans un jardin d'agrément ou un parc, petite construction décorative faite de colonnes soutenant des poutres horizontales, qui sert de support à des plantes grimpantes.

péricliter, v. ♦ Aller mal, être menacé de ruine : *Ce commerçant est désespéré : son affaire périclite.* — SYN. décliner. — CONTR. prospérer, réussir.

péril, n. m. ♦ Danger. ● *Au péril de,* en risquant : *Au péril de leur vie, les sauveteurs se jetèrent à l'eau pour sauver l'enfant.* ● *A ses risques et périls* : en acceptant les conséquences fâcheuses qui pourraient survenir.

_____*permanence*

périlleux, euse, adj. ♦ Dangereux. ● *Le saut périlleux :* exercice dans lequel on saute en faisant un tour complet sur soi-même.

périmé, ée, adj. ♦ Qui n'est plus valable : *Ta carte d'entrée est périmée : il faut la faire renouveler.* — CONTR. valable, valide. ● Trop vieux : *Cette méthode est périmée.*

périmer (se), v. ♦ Devenir trop vieux et cesser d'être valable, exact : *Les statistiques économiques se périment vite.*

périmètre, n. m. ♦ Longueur de la ligne qui entoure une surface.

période, n. f. ♦ Durée, époque : *Après une longue période de pluie, le soleil est revenu.* — SYN. temps.

périodique, adj. *ou* n. m. ♦ **1.** Qui revient à des intervalles réguliers : *Le mouvement des marées est un phénomène périodique.* **2.** Qui paraît à des intervalles réguliers. ● *Un périodique :* une publication périodique (journal, magazine, revue, etc.).

péripétie [peʀipesi], n. f. ♦ Événement imprévu et frappant qui change le déroulement d'une action : *La mort du Premier ministre fut une péripétie capitale dans la vie politique de cette période.* — REM. Ce mot ne doit pas être employé au sens de « incident, événement mineur ».

périphérie [peʀifeʀi], n. f. ♦ Partie d'une surface éloignée du centre.

périphérique [peʀifeʀik], adj. ♦ Qui est situé dans la périphérie. ● *Autoroute* ou *boulevard périphérique :* autoroute urbaine ou boulevard qui suit la bordure d'une grande ville.

périphrase, n. f. ♦ Façon de s'exprimer qui consiste à désigner un objet sans le nommer, en employant un groupe de mots ; par exemple, si l'on dit *l'oiseau à crête rouge dont le chant matinal annonce le lever du jour,* on use d'une périphrase pour désigner le coq.

périple, n. m. ♦ Long voyage.

périr, v. (conjugaison 25) ♦ **1.** Mourir (jeune ou de mort violente) : *La malheureuse ! Elle a péri à la fleur de l'âge !* **2.** Disparaître, cesser d'exister : *L'Empire romain a péri, comme ont péri tous les empires.*

périscope, n. m. ♦ Appareil d'optique qui permet de voir au-dessus de soi.

périssable, adj. ♦ Qui s'altère vite, qui se gâte facilement.

péristyle, n. m. ♦ Rangée de colonnes autour d'un édifice ou d'une cour ou d'un jardin intérieur. ● Rangée de colonnes sur la façade d'un édifice.

péritélévision, n. f. ♦ Ensemble des dispositifs de raccordement qui permettent d'utiliser un téléviseur pour les jeux vidéo ou pour passer les films vidéo avec un magnétoscope.

perle, n. f. ♦ **1.** Petite boule brillante de nacre qui se trouve parfois dans la coquille de certaines huîtres et qui sert à faire des bijoux (des colliers notamment). ● *Perle naturelle.* ● *Perle de culture.* ● Petit objet rond, fait d'une matière quelconque, qu'on enfile comme des perles : *Josette porte un collier de perles de verre.* **2.** Personne ou chose très remarquable : *Cette cuisinière est une perle.* **3.** Grosse sottise amusante, dans un texte.

perler, v. ♦ Former une goutte (semblable à une perle) : *La sueur perle sur son front.*

perlière, adj. f. ♦ *Huîtres perlières,* dont la coquille contient, parfois, une perle.

permanence, n. f. ♦ **1.** Caractère de ce qui est permanent. — SYN. pérennité. ● *En permanence :* de manière constante, sans arrêt. **2.** Service qui reste en activité tout le temps. **3.** Salle d'un établissement scolaire où les élèves peuvent aller étudier, quand ils n'ont pas cours.

permanent

permanent, ente, adj. *ou* n. ♦ Qui dure tout le temps, qui ne s'arrête jamais. — SYN. constant, durable, perpétuel, stable. — CONTR. éphémère, fugace, fugitif, intermittent, instable, momentané, passager. ● *Cinéma permanent,* dans lequel les séances se succèdent sans interruption. ● *Une permanente :* traitement des cheveux qui les rend indéfrisables pour quelque temps. ● *Le permanent du syndicat :* membre rémunéré d'un parti politique, d'un syndicat.

perméable, adj. ♦ Qui se laisse traverser par l'eau ou par un liquide quelconque. — CONTR. imperméable.

permettre, v. (conjugaison 99) ♦ **1.** Dire à quelqu'un qu'il a le droit de faire quelque chose : *Exceptionnellement, on a permis aux élèves de sortir plus tôt.* — SYN. autoriser. — CONTR. défendre, interdire, prohiber. ● *Se permettre de,* prendre la liberté de : *Je me suis permis de t'emprunter ton atlas.* **2.** Donner la possibilité de faire quelque chose : *Les progrès de la technique permettent de construire des voitures à la fois plus rapides et plus sûres.* — CONTR. interdire.

permis, n. m. ♦ Document qui prouve qu'on a le droit de faire quelque chose, par exemple : *le permis de conduire, le permis de chasse, le permis de pêche.*

permission, n. f. ♦ **1.** Droit qu'on accorde à quelqu'un de faire quelque chose. — SYN. accord, autorisation, consentement. — CONTR. défense, interdiction, prohibition. **2.** Congé qui permet à un militaire de quitter la caserne pour un temps déterminé.

permissionnaire, n. ♦ Soldat en permission.

permutation, n. f. ♦ Action de permuter. — SYN. interversion.

permuter, v. ♦ **1.** Mettre un élément à la place de l'autre : *Si tu permutes les mots du groupe* heureux enfant, *tu obtiens le groupe* enfant heureux. — SYN. intervertir. **2.** Échanger les postes : *Ces deux fonctionnaires ont permuté.*

pernicieux, euse, adj. ♦ Qui fait du mal : *Tous les abus sont pernicieux pour la santé.* — SYN. nocif, nuisible. — CONTR. bénéfique, bienfaisant.

péroné, n. m. ♦ L'un des deux os qui unissent le genou à la cheville. (L'autre os est le *tibia.*)

péronnelle, n. f. ♦ Fille ou jeune femme sotte, prétentieuse et bavarde. — SYN. pécore.

péroraison, n. f. ♦ Parler longuement, d'une manière prétentieuse. — SYN. discourir.

perpendiculaire, adj. *ou* n. f. ♦ *Deux droites, deux rues perpendiculaires,* qui se coupent à angle droit. — CONTR. oblique, parallèle. ● *Par le point A, traçons la perpendiculaire à la droite D.*

perpétrer, v. (conjugaison 11) ♦ Accomplir, commettre un crime, un acte grave : *Que de crimes n'a-t-il pas perpétrés, ce sanguinaire tyran !* — SYN. accomplir, commettre.

perpétuel, elle, adj. ♦ Qui ne finit pas, qui ne s'interrompt pas. — SYN. constant, continu, continuel, éternel, permanent. — CONTR. bref, court, éphémère, momentané, passager. ● Qui se reproduit très souvent : *Ces reproches perpétuels sont exaspérants, à la fin !* — SYN. incessant. — CONTR. rare.

perpétuer, v. (conjugaison 19) ♦ Faire durer pendant longtemps : *Ce monument doit perpétuer la mémoire de cette grande femme.* — SYN. maintenir, transmettre. — CONTR. abolir, détruire, effacer, supprimer. ● *Se perpétuer :* durer, se transmettre.

perpétuité, n. f. ♦ *Concession à perpétuité :* dans un cimetière, concession qui reste la propriété d'une famille, sans limitation de temps. ● *Condamnation à la réclusion à perpétuité :* condamnation à rester en prison jusqu'à la fin de sa vie. — REGARDER pérennité, permanence.

perplexe, adj. ♦ Qui ne sait que penser, que dire, que faire. — SYN. embarrassé, hésitant, indécis. — CONTR. assuré, certain, décidé, sûr.

perplexité, n. f. ♦ État d'une personne perplexe. — SYN. embarras, hésitation, indécision. — CONTR. assurance, certitude, résolution.

perquisition, n. f. ♦ Action de perquisitionner.

perquisitionner, v. ♦ Fouiller dans un local, sur ordre des autorités, pour voir ce qui s'y trouve : _Les policiers ont perquisitionné chez le suspect et ont découvert des armes._

perron, n. m. ♦ Petit escalier extérieur qui conduit à la porte d'entrée d'une maison.

perroquet, n. m. ♦ Oiseau des pays chauds facile à domestiquer, à plumage vivement coloré, à bec crochu, qui est capable d'imiter la voix humaine.

perruche, n. f. ♦ Oiseau qui ressemble à un petit perroquet, mais qui n'imite pas la voix humaine.

perruque, n. f. ♦ Coiffe d'étoffe garnie d'une fausse chevelure.

pers [pɛʀ], adj. m. ♦ _Des yeux pers,_ de couleur bleu-vert.

persan, ane, adj. _ou_ n. ♦ De la Perse (Iran actuel), pour la période qui va de la conversion à l'islam au début du XXᵉ siècle : _La civilisation persane fut l'une des plus brillantes du monde._ • _Les Persans. Un Persan. Une Persane._

perse, adj. _ou_ n. ♦ De la Perse (Iran actuel), pour la période antérieure à la conversion à l'islam : _L'empire perse était l'un des plus puissants du monde antique._ • _Les Perses. Un Perse. Une Perse._

persécuter, v. ♦ Tourmenter des gens à cause de leurs opinions religieuses ou poli-

tiques ou à cause de leur appartenance à une race, à une condition sociale : _Les païens persécutèrent les chrétiens, sous l'Empire romain._

persécuteur, trice, n. ♦ Celui, celle qui persécute.

persécution, n. f. ♦ Action de persécuter.

persévérance, n. f. ♦ Qualité ou attitude d'une personne persévérante. — SYN. constance, continuité, patience, ténacité. — CONTR. inconstance, instabilité, versatilité.

persévérant, ante, adj. ♦ Qui continue à agir et à travailler et qui poursuit ses efforts aussi longtemps qu'il le faut, sans se lasser ni se décourager. — SYN. constant, patient, tenace. — CONTR. inconstant, instable, versatile.

persévérer, v. (conjugaison 11) ♦ Continuer à faire ce qui est commencé, malgré les obstacles et sans se lasser : _Il faut persévérer dans l'effort : sans ténacité, on n'arrive à rien._ — SYN. s'acharner, insister, s'obstiner, s'opiniâtrer, persister.

persienne, n. f. ♦ Volet de fenêtre percé de fentes.

persil [pɛʀsi], n. m. ♦ Plante dont les feuilles, très fines, servent à assaisonner les aliments.

persistance, n. f. ♦ Continuation d'une chose qui dure. — SYN. continuation, constance. — CONTR. arrêt, fin.

persistant, ante, adj. ♦ Qui persiste, qui dure. — SYN. constant, continu, durable, fixe, permanent, stable. — CONTR. changeant, instable, passager, temporaire.

persister, v. ♦ **1.** Continuer d'exister : _Si le beau temps persiste, nous n'aurons eu que deux jours de pluie pendant nos vacances._ — SYN. durer. — CONTR. s'arrêter, cesser, prendre fin. **2.** Continuer à faire la même chose. — SYN. s'obstiner, persévérer. — CONTR. renoncer.

personnage

personnage, n. m. ♦ **1.** Celui, celle qui a de l'importance dans la société ou dans l'État ou dans l'histoire : *Jeanne Mance est un personnage qui a marqué son siècle.* **2.** Dans un roman, une pièce de théâtre, un film, celui ou celle dont le rôle est interprété par un acteur : *Dans ce film, j'ai beaucoup aimé le personnage du cow-boy poète.*

personnalité, n. f. ♦ **1.** Personne connue, importante : *La mairesse, le curé, le médecin et la notaire : telles étaient les personnalités du village.* — SYN. un notable. **2.** Caractère propre à une personne : *A douze ans, la personnalité n'est pas encore bien affirmée.*

1. personne, n. f. ♦ **1.** Être humain, homme ou femme ou enfant. ● *Une grande personne :* un homme ou une femme adulte. **2.** *En personne :* soi-même. — SYN. personnellement. **3.** Chacune des formes du verbe telles que la *première personne du singulier* (je chante), la *deuxième personne du singulier* (tu chantes), etc.

2. personne, pronom indéfini. ♦ Aucun être humain : *L'île était déserte : personne n'y habitait.*

personnel, elle, adj. *ou* n. m. ♦ **1.** Qui est propre à une personne : *Chaque pensionnaire range ses affaires personnelles dans une armoire qui ferme à clef.* — SYN. individuel, particulier. — CONTR. collectif, commun. **2.** *Pronom personnel :* pronom tel que *je, tu, il, nous, vous, ils, moi, toi, lui, eux, me, te, le, la, les.* ● *Mode personnel,* mode du verbe qui comporte plusieurs personnes : *L'indicatif est un mode personnel, l'infinitif est un mode impersonnel.* **3.** *Le personnel :* l'ensemble des personnes qui travaillent dans une entreprise, un service public.

personnellement, adv. ♦ Soi-même, en personne.

personnification, n. f. ♦ Personne qui symbolise une chose abstraite.

personnifier, v. (conjugaison **20**) ♦ Représenter, symboliser une chose abstraite : *Une femme aux yeux bandés tenant une balance personnifie la justice.*

perspective, n. f. ♦ **1.** Art de représenter, en dessinant, la profondeur dans l'espace, au moyen de procédés particuliers. **2.** Idée qu'une chose va se passer : *La perspective d'être reçue à l'examen comble de joie ma sœur.* — SYN. éventualité. ● *En perspective :* dans l'avenir, en vue, en projet.

perspicace, adj. ♦ Subtil, capable de voir et de prévoir ce qui pourrait facilement échapper. — SYN. clairvoyant, lucide, pénétrant. — CONTR. épais, lourd, obtus.

perspicacité, n. f. ♦ Qualité d'une personne perspicace. — SYN. clairvoyance, lucidité, pénétration, sagacité. — CONTR. crédulité, lourdeur, niaiserie.

persuadé, ée, adj. ♦ Sûr, certain d'une chose.

persuader, v. ♦ Faire admettre qu'une chose est vraie ou doit être faite : *Louis m'a persuadé de la sincérité de son amitié.* — SYN. convaincre. ● *Camille m'a persuadé de rester.* — CONTR. dissuader.

persuasif, ive, adj. ♦ Qui persuade bien. — SYN. convaincant.

persuasion, n. f. ♦ Action de persuader : *Cette femme a une force de persuasion on ne peut plus admirable.*

perte, n. f. ♦ **1.** Destruction, ruine : *Cette décision a conduit l'entreprise à sa perte.* **2.** Mort, deuil : *Son fils est mort : quelle perte cruelle!* **3.** Action de perdre, d'être vaincu : *La perte de cette bataille fut une catastrophe pour le pays.* **4.** Action de perdre ou d'égarer : *Agnès est très affligée par la perte de son petit chat.* **5.** Argent que l'on perd : *Les pertes de cette entreprise dépassent cinq millions.* **6.** *En pure perte :* sans aucun profit. **7.** *A perte de vue :* si loin que porte le regard.

pertinemment [pɛʀtinamã], adv. ♦ *Savoir pertinemment quelque chose,* exactement et avec certitude.

pestiféré

pertinent, ente, adj. ♦ Qui convient bien, qui est bien ce qu'il faut : *Bravo! Aline, ton observation est pertinente!* — SYN. judicieux. — CONTR. déplacé.

perturbateur, trice, n. ♦ Celui, celle qui perturbe une séance, une réunion.

perturbation, n. f. ♦ Trouble, désordre. • *Les perturbations atmosphériques :* vents violents accompagnés de pluie.

perturber, v. ♦ Déranger, troubler : « *Pas de chahuteurs ici! Je n'aime pas qu'on perturbe la classe* », *a dit le professeur.*

pervenche, n. f. *ou* adj. inv. ♦ **1.** Plante qui croît dans les endroits ombragés et dans les bois. • Fleur de cette plante, de couleur bleu clair tirant sur le mauve. **2.** De la couleur de cette fleur : *Elles ont des robes bleu pervenche.* • *Elle a des yeux pervenche.*

pervertir, v. (conjugaison 25) ♦ Rendre vicieux : *Socrate fut accusé de pervertir les jeunes gens.* — SYN. corrompre.

pesamment, adv. ♦ Lourdement. — CONTR. légèrement, vivement.

pesant, ante, adj. ♦ **1.** Lourd. — CONTR. léger. **2.** Qui manque de grâce, d'élégance, de vivacité : *Je n'aime pas le style pesant de cet écrivain.* — CONTR. élégant, gracieux, vif. • *Une démarche pesante.*

pesanteur, n. f. ♦ Force qui attire vers le bas tous les corps.

pesé, ée, adj. ♦ *Tout bien pesé :* après avoir pesé le pour et le contre, les avantages et les inconvénients.

pesée, n. f. ♦ **1.** Action de peser. **2.** Action de pousser : *Si tu exerces une pesée sur le levier, que constates-tu?* — SYN. poussée.

pèse-lettre, n. m. ♦ Petite balance qui sert à peser les lettres. — PLUR. *des pèse-lettres.*

pèse-personne, n. m. ♦ Bascule à cadran gradué sur laquelle une personne se pèse. — PLUR. *des pèse-personnes.*

peser, v. (conjugaison 12) ♦ **1.** Déterminer le poids d'un objet : *La crémière pèse le morceau de gruyère.* • Examiner soigneusement les avantages et les inconvénients : *Ne te décide pas sur un coup de tête : pèse bien le pour et le contre.* **2.** Avoir tel poids : *Ce morceau de gruyère pèse 220 grammes.* • *Cette valise doit peser lourd : je n'arrive pas à la soulever.* **3.** Exercer une pression, une poussée : *Antoine pesa de toute sa force sur la porte, pour la maintenir fermée.* • Avoir de l'influence : *Il est certain que les conseils de ma sœur ont pesé sur ma décision.* • Être pénible, dur à supporter : « *La solitude me pèse* », *disait Barbara.*

peseta [peseta], n. f. ♦ Monnaie espagnole.

peso [peso] *ou* [pezo], n. m. ♦ Monnaie de plusieurs pays d'Amérique latine.

pessimisme, n. m. ♦ Attitude, état d'esprit de celui qui pense que tout va ou ira mal. — CONTR. optimisme.

pessimiste, adj. *ou* n. ♦ Qui pense que tout va mal ou ira mal. — CONTR. optimiste.

peste, n. f. ♦ **1.** Maladie contagieuse très dangereuse qui fit de nombreuses victimes au Moyen Age en Occident. **2.** *Une petite peste :* une fille très désagréable.

pester, v. ♦ Être furieux, grogner : *Ma grand-mère n'en finit pas de pester contre le bruit que fait mon petit frère avec son tambour.*

pesticide, n. m. ♦ Produit chimique qui détruit les mauvaises herbes et les animaux nuisibles, dans les champs et les jardins.

pestiféré, ée, adj. *ou* n. ♦ Atteint de la peste.

pestilence

pestilence, n. f. ♦ Odeur très mauvaise, odeur de pourriture. — SYN. infection, puanteur.

pestilentiel, elle, adj. ♦ **1.** *Marais, marécage pestilentiel,* qui est très malsain. **2.** *Odeur pestilentielle :* odeur infecte de pourriture. ● Qui sent très mauvais. — SYN. fétide, infect, malodorant, nauséabond. — CONTR. odorant, parfumé.

pet, n. m. ♦ Gaz qui sort de l'intestin par l'anus.

pétale, n. m. ♦ Chacune des petites feuilles aux couleurs vives qui forment la corolle d'une fleur. — REGARDER *corolle, calice, sépale.*

pétanque, n. f. ♦ Variété provençale du jeu de boules.

pétarade, n. f. ♦ Succession rapide de détonations.

pétarader, v. ♦ Faire entendre une pétarade : *C'est la fête : les jeunes gens font le tour de la place du village en faisant pétarader leurs motos.*

pétard, n. m. ♦ Petite cartouche de poudre qu'on fait exploser pour faire du bruit.

pet-de-nonne, n. m. ♦ Beignet soufflé, léger et délicat, fait avec de la pâte à choux. — PLUR. *des pets-de-nonne.*

péter, v. (conjugaison 11) ♦ Lâcher un pet.

pétillant, ante, adj. ♦ Qui pétille.

pétiller, v. ♦ **1.** Faire entendre une succession rapide de petits bruits secs : *Les brindilles pétillent joyeusement en brûlant dans la cheminée.* — SYN. crépiter. **2.** Être plein de bulles qui montent jusqu'à la surface : *Saluons le Nouvel An avec le champagne qui pétille dans nos verres !* **3.** *Ses yeux pétillent de malice, de joie,* brillent vivement sous l'effet de la malice, de la joie.

pétiole, n. m. ♦ Queue qui unit une feuille de plante à la tige.

petit, ite, adj. *ou* n. *ou* adv. ♦ **1.** Qui a des dimensions faibles, une surface peu étendue ou un volume restreint. — SYN. lilliputien, minuscule. — CONTR. colossal, énorme, gigantesque, immense, titanesque. **2.** De taille peu élevée. **3.** Peu âgé, qui est encore un jeune enfant : *Ma cousine Aurélie est trop petite encore pour pouvoir traverser la rue toute seule.* **4.** *Un petit,* animal tout jeune qui dépend encore de la mère : *Tu vois la lapine qui allaite ses petits ?* **5.** Qui n'est pas riche, puissant : *Ces industriels étaient, à l'origine, des petites gens.* ● *Les petits commerçants. Les petits agriculteurs.* — CONTR. grand, gros. **6.** Faible, peu intense : *On entend au loin un petit ronflement : c'est l'autocar qui approche.* — SYN. faible, léger. — CONTR. fort, intense, puissant. **7.** *Écrire petit,* en faisant des lettres très petites. **8.** *Petit à petit :* peu à peu, progressivement, par une série de petites actions. — CONTR. d'un seul coup.

petit-beurre, n. m. ♦ Gâteau sec rectangulaire, au beurre. — PLUR. *des petits-beurre.*

petite-fille, n. f. ♦ La fille du fils ou de la fille. — REGARDER *petit-fils, petits-enfants ; grand-père, grand-mère.* — PLUR. *des petites-filles.*

petitesse, n. f. ♦ **1.** Caractère de ce qui est petit. — SYN. exiguïté. — CONTR. étendue, grandeur. **2.** Caractère d'une personne sans générosité, qui a des sentiments étriqués, des idées étroites. — SYN. mesquinerie. — CONTR. grandeur, noblesse. ● *Une petitesse :* une action qui prouve la médiocrité du caractère.

petit-fils, n. m. ♦ Le fils du fils ou de la fille. — REGARDER *petite-fille, petits-enfants ; grand-père, grand-mère.* — PLUR. *des petits-fils.*

petit four, n. m. ♦ REGARDER *four* (sens 2).

pétition, n. f. ◆ Texte qui exprime une demande et qui est signée par plusieurs personnes.

petit-lait, n. m. ◆ Liquide pâle qui se sépare du lait quand celui-ci caille. — PLUR. des petits-laits. — SYN. sérum.

petit pois, n. m. ◆ REGARDER pois.

petits-enfants [pətizɑ̃fɑ̃], n. m. pl. ◆ Les enfants (fils ou filles) du fils ou de la fille. — REGARDER petit-fils, petite-fille, grand-père, grand-mère.

petit-suisse, n. m. ◆ Fromage frais crémeux, en forme de cylindre, qui se mange en général avec du sucre. — PLUR. des petits-suisses. ● Petit écureuil rayé.

pétrifier, v. (conjugaison 20) ◆ 1. Changer en pierre, recouvrir d'une couche de substance minérale : _L'eau de certaines sources a la propriété de pétrifier les objets qui y sont plongés._ 2. Rendre immobile, incapable de réagir, de parler : _La frayeur et la surprise avaient pétrifié la pauvre fillette._ — SYN. méduser.

pétrin, n. m. ◆ Grand récipient dans lequel on pétrit la pâte pour faire le pain. ● _Pétrin mécanique,_ muni d'un dispositif à pétrir mû par un moteur électrique.

pétrir, v. ◆ Remuer et presser la pâte qui sert à faire le pain ou les gâteaux : _Autrefois, le boulanger pétrissait la pâte à la main._

pétrole, n. m. ◆ 1. _Pétrole brut_ ou _pétrole :_ liquide noir et épais, qui est contenu, à certains endroits, dans les profondeurs de la terre et dont on extrait le mazout, le gazole, l'essence, le pétrole lampant, etc. 2. _Pétrole lampant_ ou _pétrole :_ liquide combustible extrait par distillation du pétrole brut. — REGARDER kérosène. ● _Une lampe, un réchaud à pétrole._

pétrolier, ière, adj. _ou_ n. m. ◆ 1. Qui concerne le pétrole ou l'exploitation et la transformation du pétrole : _Les grandes compagnies pétrolières transportent le pétrole sur des navires qui leur appartiennent._ — REGARDER pétrolifère. 2. _Un pétrolier :_ un navire-citerne qui transporte le pétrole. 3. _Un pétrolier :_ un industriel, un financier ou un technicien qui s'occupe de l'exploitation du pétrole.

pétrolifère, adj. ◆ _Gisement, terrain, couche pétrolifère,_ qui contient du pétrole. — REM. Ne dites pas _pétrolier_ dans ce sens.

pétulance, n. f. ◆ Vivacité joyeuse et exubérante.

pétulant, ante, adj. ◆ Plein de pétulance.

peu, adv. ◆ 1. Pas très : _Marie-France est peu bavarde : elle reste des heures sans dire un mot._ — CONTR. bien, fort, très. ● Pas beaucoup : _Jean-Jacques parle peu._ — CONTR. beaucoup, énormément. ● _Peu de,_ pas beaucoup de : _Il fait frais : il y a peu de baigneurs sur la plage._ 2. _Un peu de,_ une petite quantité de : _Il restait un peu de jus de fruit dans la bouteille, ma petite sœur l'a bu._ — CONTR. beaucoup de. 3. _Un peu,_ un temps bref : _Dans le train, je me suis assis un peu, mais j'ai offert ensuite ma place à une dame._ 4. _Peu à peu,_ progressivement : _Peu à peu, les forces de la vieille dame lui revinrent._ 5. _Depuis peu :_ depuis peu de temps. ● _Sous peu :_ bientôt. 6. _A peu près :_ presque, approximativement.

peuplade, n. f. ◆ Population, peuple vivant à l'état sauvage.

peuple, n. m. ◆ 1. Population unie par la langue ou la culture ou les traditions religieuses ou politiques. 2. La masse des personnes les moins riches, les moins puissantes, les moins instruites : _En ce temps-là, le peuple mourait de faim._

peuplé, ée, adj. ◆ Où il y a des habitants, beaucoup d'habitants.

peuplement, n. m. ◆ 1. Action de peupler. 2. Population considérée du point de vue de son nombre : _Dans ces régions à peuplement clairsemé, la distance entre deux villages est parfois de vingt kilomètres._

peupler

peupler, v. ♦ Installer des habitants : *Pour peupler ces solitudes désertiques, on y envoya plusieurs familles de colons.*

peuplier, n. m. ♦ Arbre à petites feuilles, à bois tendre, dont il existe plusieurs espèces, dont l'une est le tremble.

peur, n. f. ♦ **1.** Sentiment violent, émotion qu'on éprouve en présence d'un danger réel ou imaginaire. — SYN. crainte, effroi, épouvante, frayeur, terreur, panique. **2.** *Avoir peur,* craindre un inconvénient : *J'ai peur qu'en partant à 10 heures nous n'arrivions trop tard à la gare.* ● *De peur de, que,* pour éviter un inconvénient : *De peur du dérapage, mon père a mis des chaînes aux pneus de sa voiture. De peur que la pluie ne les fasse rouiller, j'ai rentré les chaises du jardin.*

peureux, euse, adj. *ou* n. ♦ Qui éprouve facilement de la peur. — SYN. craintif, pusillanime, timide, timoré. — CONTR. audacieux, brave, courageux, hardi, intrépide, téméraire, vaillant, valeureux.

peut-être, adv. ♦ Indique qu'une chose est possible, mais non certaine : *J'ai pris un billet de la tombola : je gagnerai peut-être un lot intéressant.* — CONTR. certainement, sûrement.

phalange, n. f. ♦ **1.** Dans l'Antiquité grecque, formation militaire de combat constituée par des fantassins en rangs serrés, armés de longues piques. **2.** Chacune des parties d'un doigt, entre deux articulations.

pharaon [faʀaɔ̃], n. m. ♦ Roi de l'Égypte, dans l'Antiquité.

phare, n. m. ♦ **1.** Haute tour en haut de laquelle, la nuit, brille une lumière, visible de loin, qui sert de repère aux navires. ● Lumière émise en haut de cette tour. **2.** Projecteur de lumière à l'avant d'un véhicule.

pharmaceutique, adj. ♦ *Un produit pharmaceutique :* un médicament. ● *L'industrie pharmaceutique :* l'industrie qui produit les médicaments. — REGARDER *laboratoire.* ● *Un goût pharmaceutique :* un goût de médicament.

pharmacie, n. f. ♦ **1.** Magasin du pharmacien. **2.** Science qui étudie la composition, la fabrication et l'effet des médicaments. ● Études que doit faire le futur pharmacien : *Ma grande sœur va faire sa pharmacie.* **3.** Petite armoire où, chez soi, on enferme les médicaments.

pharmacien, ienne, n. ♦ Celui, celle qui vend des médicaments.

pharynx [faʀɛ̃ks], n. m. ♦ Partie située tout à fait au fond de la gorge et qui est comme un carrefour de la bouche, des fosses nasales, de la trachée-artère et de l'œsophage. — REM. Ne confondez pas avec le *larynx,* situé tout en haut de la trachée-artère.

phase [faz], n. f. ♦ **1.** *Les différentes phases de la Lune :* la nouvelle Lune, le premier quartier, la pleine Lune, le dernier quartier. **2.** Chacun des moments d'une action, d'une évolution. — SYN. stade.

phénicien, ienne [fenisjɛ̃, jɛn], adj. *ou* n. ♦ De la Phénicie, nom qu'on donnait dans l'Antiquité à une région d'Orient correspondant à peu près au Liban actuel.

phénix [feniks], n. m. ♦ **1.** Dans la mythologie orientale ancienne, oiseau unique et merveilleux qui, de temps en temps, se brûlait lui-même sur un bûcher et qui renaissait de ses cendres. **2.** Individu unique et supérieur.

phénoménal, ale, aux, adj. ♦ Extraordinaire, très grand.

phénomène, n. m. ♦ **1.** Être vivant anormal ou extraordinaire par sa taille, sa conformation, ses aptitudes. **2.** Tout fait susceptible d'être étudié par la science : *L'ébullition de l'eau, la déviation de la lumière par un prisme, l'attraction du fer par l'aimant sont des phénomènes étudiés par la physique.*

philanthrope [filɑ̃tʀɔp], n. ♦ Personne très généreuse qui fait quelque chose pour améliorer le sort des gens.

philanthropie [filãtʀɔpi], n. f. ♦ Générosité qui pousse à faire quelque chose pour améliorer le sort des gens.

philatélie [filateli], n. f. ♦ Goût pour les collections de timbres-poste ; connaissance poussée des timbres-poste.

philatéliste [filatelist], n. m. _ou_ f. ♦ Celui, celle qui connaît bien les timbres-poste et qui les collectionne.

philosophale, adj. f. ♦ _Pierre philosophale :_ autrefois, substance imaginaire qu'on croyait dotée de la propriété de transformer un métal quelconque en or. — REGARDER _alchimie._

philosophe, n. m. _ou_ f. _ou_ adj. ♦ **1.** Celui, celle qui est savant en philosophie, qui a écrit des livres de philosophie. **2.** Qui fait preuve de résignation et qui évite de se plaindre, de se mettre en colère, de s'attrister pour des motifs qui n'en valent pas la peine.

philosophie, n. f. ♦ **1.** Science qui étudie certains problèmes tels que la liberté humaine, l'existence de Dieu, les fondements de la connaissance, etc. **2.** Résignation, acceptation de ce qui arrive.

philtre [filtʀ], n. m. ♦ Boisson magique que l'on faisait boire à une personne pour la rendre amoureuse. — REM. N'écrivez pas comme : un _filtre_ (à café).

phlegmon [flɛgmɔ̃], n. m. ♦ Abcès, bouton plein de pus.

phobie [fɔbi], n. f. ♦ Peur maladive non raisonnée ; dégoût profond, non motivé, qu'on éprouve à l'égard d'une chose.

phonétique, n. f. _ou_ adj. ♦ **1.** _La phonétique :_ la partie de la grammaire qui étudie la prononciation et les sons du langage. **2.** _L'alphabet phonétique :_ l'alphabet qui sert à noter la prononciation au moyen de lettres spéciales, telles que [a], [ɑ], [e], [ɛ], [ɔ].

phoque [fɔk], n. m. ♦ Mammifère à fourrure rase qui vit dans la mer.

phosphate [fɔsfat], n. m. ♦ Substance qui contient du phosphore et qui sert notamment d'engrais.

phosphore [fɔsfɔʀ], n. m. ♦ Substance chimique qui, à l'état pur, brille dans l'obscurité et s'enflamme très facilement.

phosphorescent, ente [fɔsfɔʀesã, ãt], adj. ♦ Qui, sans brûler, brille dans l'obscurité : _Les aiguilles de ma montre lumineuse sont phosphorescentes, comme des vers luisants !_

photo, n. f. ♦ Abréviation de _photographie._

photocopie, n. f. ♦ Reproduction d'un document faite avec un appareil spécial.

photographe, n. m. _ou_ f. ♦ Celui, celle qui prend des photographies.

photographie, n. f. ♦ **1.** Art de prendre des images au moyen d'un appareil photographique. **2.** Image obtenue avec un appareil photographique. — Abréviation : _photo._

photographier, v. (conjugaison 20) ♦ Prendre en photographie.

photographique, adj. ♦ Qui concerne la photographie. ● _Appareil photographique_ ou _appareil photo :_ appareil qui permet de prendre des images au moyen d'une pellicule sensible à la lumière.

phrase, n. f. ♦ Groupe de mots qui exprime quelque chose et qui, dans l'écriture, commence par une majuscule et se termine par un point ou un point d'exclamation ou un point d'interrogation.

phrygien, ienne [fʀiʒjɛ̃, jɛn], adj. _ou_ n. ♦ **1.** De la Phrygie, nom d'une région d'Asie Mineure, dans l'Antiquité : _Midas était un célèbre roi phrygien._ ● _Les Phrygiens. Un Phrygien. Une Phrygienne._ **2.** _Le_

bonnet phrygien : bonnet porté par les républicains, sous la Révolution (emblème de la République française).

physiologie [fizjɔlɔʒi], n. f. ♦ Partie des sciences naturelles qui a pour objet l'étude du fonctionnement des organes.

physionomie [fizjɔnɔmi], n. f. ♦ Aspect et expression du visage. — SYN. air, expression.

1. physique, adj. *ou* n. m. ♦ Qui concerne le corps et non l'esprit : *Malgré son état physique, qui n'est pas bon, mon grand-oncle a gardé un esprit de jeune homme de vingt ans.* ● *Éducation physique :* gymnastique. ● *L'exercice physique.* ● *Le physique,* l'état de santé du corps : *Je vois que le physique va bien, et le moral ?* ● *Le physique,* l'aspect du corps et du visage : *Ma grand-mère a un physique jeune et séduisant, malgré ses soixante ans.*

2. physique, adj. *ou* n. f. ♦ *Les phénomènes physiques :* les phénomènes naturels autres que ceux qui concernent la matière vivante ou que les combinaisons altérant l'aspect des substances. — REGARDER *phénomène.* ● *La physique :* la science qui étudie les phénomènes physiques. — REGARDER *chimie.*

piaffer, v. ♦ **1.** *Le cheval piaffe,* frappe le sol avec ses pieds de devant, sur place, sans avancer. **2.** Frapper le sol du pied, en signe d'impatience : *En attendant le départ du car, je piaffais d'impatience sur le trottoir.*

piaillement, n. m. ♦ Cri d'oiseau, bref et aigu.

piailler, v. ♦ **1.** Pousser des cris aigus et brefs : *Les moineaux piaillent.* **2.** Parler d'une voix aiguë et désagréable : *Un peu de silence, les enfants ! Cessez donc de piailler !*

pianiste, n. m. *ou* f. ♦ Celui, celle qui joue du piano.

piano, n. m. ♦ Grand instrument de musique à cordes et à clavier.

piaulement, n. m. ♦ Cri des poulets, des petits oiseaux.

piauler, v. ♦ Pousser des piaulements : *Six poussins jaunes suivaient la mère poule en piaulant.*

1. pic, n. m. ♦ Oiseau qui grimpe aux troncs d'arbres et frappe l'écorce de son bec pour en faire sortir les larves dont il se nourrit. — REGARDER *pivert.*

2. pic, n. m. ♦ Outil pointu, à long manche, qui sert à casser la pierre, à creuser le sol, à extraire la houille ou le minerai.

3. pic, n. m. ♦ Sommet de montagne pointu.

4. pic (à), loc. adv. ♦ **1.** Tout droit, presque verticalement : *Ici, tu vois, la côte tombe à pic dans la mer : c'est une vraie falaise.* **2.** *Couler à pic :* aller tout droit et vite au fond de l'eau.

pichenette, n. f. ♦ Petit coup brusque donné avec le doigt.

pichet, n. m. ♦ Petit récipient en forme de broc pansu, en grès ou en étain, dans lequel on met l'eau, le vin, le cidre, etc., et qui joue le rôle d'une carafe.

picorer, v. ♦ *Un oiseau picore,* pique çà et là, avec le bec, des graines, des miettes.

picotement, n. m. ♦ Sensation de petites piqûres à un endroit du corps.

1. pie, n. f. ♦ Oiseau noir et blanc, à très longue queue. ● *Bavard comme une pie :* très bavard. ● *Voleur comme une pie :* porté au chapardage, au vol.

2. pie, adj. inv. ♦ *Chevaux pie, vaches pie,* dont la robe ou le pelage est de couleur blanche, avec de grandes taches noires ou brunes.

3. pie, adj. ♦ *Une œuvre pie :* une bonne action charitable et méritoire.

piège

pièce, n. f. ♦ **1.** Fragment, morceau d'un tout qu'on a brisé ou déchiré. ● *Mettre en pièces :* briser ou déchirer en plusieurs morceaux. — SYN. mettre en morceaux, mettre en lambeaux. ● *Tailler (l'ennemi) en pièces,* le battre complètement. **2.** Chacun des éléments d'une collection, d'un ensemble : *Ces petites cuillers coûtent cinq dollars pièce* (= 5 $ chacune). **3.** Chacun des éléments d'un assemblage ou d'un mécanisme. ● *Pièce de rechange.* **4.** *Tout d'une pièce, d'une seule pièce,* fait d'un seul morceau, sans assemblage : *La quille de ce bateau est d'une seule pièce.* ● *Un homme tout d'une pièce,* franc et un peu brutal, qui a des opinions peu nuancées. ● *Fait de pièces et de morceaux :* fait d'éléments qui ne vont pas bien ensemble. — SYN. disparate, hétérogène. — CONTR. homogène, unifié. ● *Créer, inventer quelque chose de toutes pièces,* sans rien emprunter à la réalité. **5.** *Pièce d'étoffe :* grand morceau d'étoffe, que le marchand débite à la demande des clients. ● *Pièce de terre :* champ, terrain d'un seul tenant, non divisé par une haie ou une clôture. ● *Pièce d'eau :* bassin d'ornement, plein d'eau, dans un jardin, un parc. ● *Pièce de vin :* tonneau plein de vin. — SYN. barrique, fût, tonneau. ● *Pièce montée :* grand gâteau qui imite un monument, un objet. ● *Pièce d'artillerie :* canon, obusier, mortier. **6.** *Pièce de monnaie* ou *pièce :* disque de métal qui a une valeur déterminée et qui sert à payer. **7.** Document : *J'ai réuni dans un seul dossier toutes les pièces à fournir pour ton inscription au collège.* **8.** Œuvre poétique ou musicale. ● *Une pièce de vers.* ● Œuvre jouée dans un théâtre : *Ah ! que j'ai donc ri en voyant cette pièce comique !* — SYN. comédie. ● *Cette pièce de théâtre si triste nous a fait pleurer.* — SYN. drame, tragédie. **9.** *Faire pièce à quelqu'un,* lui faire obstacle, l'empêcher volontairement de réaliser ses projets. **10.** Chacune des salles (autre que la cuisine, l'entrée, la salle de bains et les cabinets) qui constituent un logement.

pied, n. m. ♦ **1.** Partie inférieure de la jambe de l'homme ou de la patte des animaux, celle qui repose sur le sol. ● *Avoir bon pied bon œil :* être alerte et en bonne santé. ● *Aux pieds de quelqu'un,* en étant agenouillé ou prosterné devant lui, pour le supplier. ● *A pied :* en marchant. ● *Faire des pieds et des mains :* déployer de grands efforts. ● *Avoir le pied marin :* savoir garder son équilibre sur un navire agité par la mer. ● *Avoir pied :* avoir les pieds qui reposent sur le fond, quand on est dans l'eau, et avoir la tête et le haut du corps hors de l'eau. ● *Perdre pied :* ne plus avoir les pieds sur le fond, parce que l'eau est trop profonde. ● *Perdre pied :* ne plus pouvoir se tirer d'affaire, ne pas parvenir à suivre une classe, etc. ● *Au pied levé :* sans préparation, de manière imprévue et improvisée. ● *Être sur pied :* être levé (ou être guéri, après avoir été malade). ● *Mettre sur pied :* créer et organiser. **2.** Chacun des éléments verticaux qui soutiennent un meuble, un appareil, un objet. ● *Un verre à pied.* **3.** Partie la plus basse d'une montagne, d'une colline, d'un mur, etc. — SYN. base. — CONTR. sommet. ● *A pied d'œuvre :* sur place, prêt à commencer le travail. **4.** Ancienne unité de longueur, employée en France avant la Révolution de 1789, qui valait 32,4 centimètres. ● Unité de longueur anglaise et canadienne valant 30,48 centimètres. **5.** *Au pied de la lettre,* de la manière la plus stricte et la plus littérale : *J'ai appliqué ses consignes au pied de la lettre.* **6.** Synonyme impropre de *syllabe* (dans le compte des syllabes d'un vers).

pied à coulisse, n. m. ♦ Instrument qui sert à mesurer avec précision l'épaisseur ou le diamètre des objets.

pied de nez, n. m. ♦ Geste de moquerie qui consiste à regarder quelqu'un, en mettant la main, doigts ouverts, devant le visage, le pouce touchant le nez.

piédestal, aux, n. m. ♦ Socle sur lequel est placée une statue. ● *Mettre quelqu'un sur un piédestal,* avoir pour lui une très grande admiration.

piège, n. m. ♦ **1.** Instrument fixe qui sert à capturer ou à tuer les animaux. **2.** Ce qui constitue un danger caché, préparé par autrui. — SYN. embûche, guet-apens, machination, traquenard. ● Difficulté subtile et dissimulée : *Il y a un piège dans l'énoncé du problème !*

piéger

piéger, v. (conjugaison 18) ♦ Attraper, prendre au piège : *Le trappeur avait piégé un renard.*

pierraille, n. f. ♦ Sol constitué par une étendue de pierres, de cailloux. — SYN. rocaille.

pierre, n. f. ♦ **1.** Matière minérale dure qui est contenue dans l'écorce terrestre et qui peut servir notamment à la construction. — SYN. roc, rocher. **2.** *Une pierre de taille :* bloc de pierre taillé pour servir à la construction. **3.** Fragment de roche dure : *Il est temps de réveiller Anne. Jette donc une pierre contre ses volets.* — SYN. caillou. ● *Jeter la pierre à quelqu'un,* porter une accusation contre lui, mal le juger. **4.** *Pierre précieuse :* minéral transparent de grande valeur, tel que le diamant, l'émeraude, etc. ● *Pierre fine,* minéral de bel aspect, mais moins coûteux que la pierre précieuse : *L'opale est une pierre fine.*

pierreries, n. f. pl. ♦ Pierres précieuses.

pierreux, euse, adj. ♦ Couvert de pierres, de cailloux. — SYN. rocailleux.

piété, n. f. ♦ **1.** Qualité ou conduite d'une personne pieuse, qui pratique avec ferveur sa religion. — SYN. dévotion. **2.** Attachement, plein d'amour et de respect, à l'égard de quelqu'un : *Par piété filiale, elle refusa de se marier pour pouvoir s'occuper de ses vieux parents.* — SYN. affection, dévouement.

piétinement, n. m. ♦ Action de piétiner, bruit que font des gens qui piétinent.

piétiner, v. ♦ **1.** Marcher lentement, ou remuer les pieds sur place sans avancer : *La foule se pressait en piétinant à l'entrée de la cour d'honneur.* ● Ne pas faire de progrès, ne pas avancer : *L'affaire piétine : que se passe-t-il? Y a-t-il un obstacle imprévu?* **2.** Marcher en heurtant le sol avec un bruit sourd : *On entend déjà piétiner sur le pavé le cortège qui s'avance.* **3.** Écraser avec les pieds : *Les vaches ont piétiné l'herbe tout autour de l'abreuvoir.*

piéton, n. m. *ou* adj. ♦ Personne qui va à pied. ● Réservé aux piétons et où les véhicules ne doivent pas circuler. ● *Une rue piétonne.* ● *Un chemin piéton.* ● *Une porte piétonne.*

piètre, adj. ♦ Très médiocre : *Notre équipe n'a marqué qu'un seul but. C'est un bien piètre résultat!* — SYN. dérisoire, lamentable, minable, pitoyable. — CONTR. brillant. — REM. L'adjectif *piètre* se place devant le nom.

pieu, n. m. ♦ Pièce de bois longue et forte enfoncée dans le sol. — SYN. échalas, piquet, poteau.

pieuvre, n. f. ♦ Gros mollusque marin qui a huit bras (tentacules) garnis de ventouses. — SYN. poulpe.

pieux, euse, adj. ♦ Qui pratique avec assiduité et ferveur sa religion, qui est animé d'un respect profond envers la divinité. — SYN. dévot, fervent. — CONTR. impie. ● Inspiré par la ferveur religieuse ou par un amour mêlé de respect.

pigeon, n. m. ♦ Oiseau dont il existe plusieurs espèces (*biset; colombe; ramier* ou *palombe*), très commun dans les villes et les campagnes, qui peut vivre à l'état sauvage ou qui peut être domestiqué. — Cri : le pigeon *roucoule.* ● *Pigeon voyageur :* pigeon, doté d'un sens remarquable de l'orientation, qui revient toujours à l'endroit où il est élevé; on l'utilise pour porter des messages (enfermés dans un tube attaché à la patte).

pigeonnier, n. m. ♦ Bâtiment, petite tour où l'on élève des pigeons.

pigment, n. m. ♦ Substance qui colore : *La peinture est un mélange d'huile, d'essence et de pigment.*

1. pignon, n. m. ♦ Mur dont la partie supérieure a la forme d'un angle entre les deux pentes du toit. ● *Avoir pignon sur rue :* avoir une situation sociale solide, une bonne réputation commerciale.

2. pignon, n. m. ♦ Roue dentée fixée sur le même axe que la roue arrière d'une bicyclette.

3. pignon, n. m. ♦ Pin parasol. • Graine comestible de ce pin, dont on se sert aussi en pâtisserie.

1. pile, n. f. ♦ **1.** Gros poteau ou massif de maçonnerie de béton qui soutient un pont, un viaduc, entre deux arches ou entre deux portées. **2.** Ensemble de choses posées les unes sur les autres : _Cette pile de vieux journaux encombre la pièce._

2. pile, n. f. ♦ **1.** _Pile électrique :_ petit objet qui fournit du courant électrique. **2.** _Pile atomique :_ réacteur atomique.

3. pile, n. f. ♦ _Jouer à pile ou face :_ lancer une pièce en l'air, en pariant sur le côté qui apparaîtra quand elle sera retombée.

piler, v. ♦ Écraser par des coups répétés, donnés avec un pilon : _La mère Mathurine pilait des pommes de terre dans une cuvette, pour faire une pâtée pour ses canards._ — SYN. broyer.

pilier, n. m. ♦ Colonne, poteau, support qui soutient le plafond ou la voûte d'un édifice. — REGARDER _colonne._

pillage, n. m. ♦ Action de piller.

pillard, arde, n. _ou_ adj. ♦ Celui qui pille.

piller, v. ♦ Voler, au cours d'événements violents : _C'était l'émeute : on se battait dans les rues, et les voyous pillaient les magasins._

pilon, n. m. ♦ **1.** Instrument, composé d'un manche et d'une extrémité arrondie et grosse, qui sert à écraser, à piler. **2.** _Envoyer, mettre un livre au pilon,_ le détruire. **3.** Jambe de bois.

pilori, n. m. ♦ Autrefois, poteau ou plate-forme servant à exposer certains délinquants à la vue du public.

pilotage, n. m. ♦ Action de piloter un avion, une voiture de course, un canot automobile, etc. • _Poste de pilotage :_ endroit d'un avion où se tient le pilote.

pilote, n. ♦ **1.** Celui, celle qui assiste le capitaine d'un navire et tient la barre, à l'entrée ou à la sortie d'un port ou dans la traversée d'une passe difficile ou dans un canal. **2.** Celui, celle qui conduit un avion, une voiture de course, un canot automobile.

piloter, v. ♦ Conduire un avion, une voiture de course, un canot automobile : _Tu sais, piloter un avion à réaction, c'est plus difficile que de piloter un petit avion de tourisme !_

pilotis [pilɔti], n. m. ♦ Chacun des pieux enfoncés dans le sol pour soutenir une construction au-dessus de l'eau ou pour rendre le sol plus ferme et capable de supporter le poids d'un édifice.

pilule, n. f. ♦ Médicament qui se présente sous la forme d'une petite masse arrondie. — REGARDER _cachet, comprimé._

pimbêche, n. f. ♦ Femme prétentieuse.

pimbina, n. m. ♦ Arbre à larges feuilles produisant des baies rouges. La baie de l'arbre.

piment, n. m. ♦ Nom de deux fruits : le _piment rouge,_ à goût très fort, qui brûle la bouche et qui est utilisé comme condiment, et le _piment doux_ (ou _poivron_), qui se mange comme un légume.

pimenté, ée, adj. ♦ Fortement épicé.

pimpant, ante, adj. ♦ A la fois joli, soigné et gai. — CONTR. austère, négligé, triste.

pin, n. m. ♦ Arbre dont il existe de nombreuses espèces et dont les feuilles sont des aiguilles toujours vertes. • _Pomme de pin :_ fruit du pin, formé d'écailles.

pinacle, n. m. ♦ **1.** Dans un édifice gothique, pyramide aiguë, qui termine vers le haut un contrefort. **2.** *Porter quelqu'un au pinacle,* en dire le plus grand bien.

pince, n. f. ♦ **1.** Outil, instrument à deux branches, qui sert à prendre ou à serrer. ● *Une pince à sucre.* ● *Une pince à linge.* **2.** Partie terminale des grosses pattes de certains crustacés, divisée en deux branches qui peuvent se fermer pour saisir, pincer.

pincé, ée, adj. ♦ *Air pincé, expression pincée :* expression du visage fermée, froide, un peu hostile ou méprisante.

pinceau, n. m. ♦ Instrument qui sert à peindre ou bien à passer de la colle et qui est constitué par un manche terminé par une touffe de poils.

pincée, n. f. ♦ Très petite quantité qu'on peut prendre entre le pouce et l'index.

pincer, v. (conjugaison 17) ♦ **1.** Serrer plus ou moins fort : *En signe d'amitié, notre voisin me pince la joue.* **2.** *Pincer les lèvres,* les serrer l'une contre l'autre. **3.** *Le froid pince, le vent pince,* produit une sensation désagréable.

pincette, n. f. ♦ **1.** *Une pincette :* petite pince (d'horloger, etc.). **2.** *Des pincettes :* instrument à deux branches avec lequel on remue les bûches dans le feu.

pinède, n. f. ♦ Bois ou forêt de pins.

pingouin, n. m. ♦ Oiseau des mers froides à plumage blanc et noir.

Ping-Pong [piŋpɔ̃g], n. m. ♦ Nom déposé qui désigne un jeu consistant à lancer une balle avec une petite raquette, à la faire rebondir sur une table, en la faisant passer par-dessus un filet. — SYN. tennis de table.

pingre, adj. *ou* n. ♦ Avare, qui fait des économies ridicules ou déplaisantes sur les petites choses. — CONTR. généreux. ● *Un vieux pingre.* — SYN. grigou.

pinson, n. m. ♦ Petit oiseau à plumage bleu, noir et roux.

pintade, n. f. ♦ Oiseau de basse-cour, originaire d'Afrique, élevé pour sa chair.

pinte, n. f. ♦ Ancienne mesure de capacité pour les liquides, contenant un peu plus d'un litre.

pioche, n. f. ♦ Outil de terrassier ou de jardinier, qui sert à creuser, à ameublir la terre, etc. — REGARDER houe, pic 2.

piocher, v. ♦ **1.** Creuser, fouiller la terre avec une pioche : *Il fallut piocher pendant des heures avant de mettre au jour les vestiges des fondations du temple romain.* **2.** Prendre des éléments dans un tas, dans un sac, etc. : *Vas-y, tu peux piocher dans le sac de cacahuètes !*

piolet, n. m. ♦ Sorte de bâton ferré utilisé par les alpinistes.

pion, n. m. ♦ Petit disque, petite pièce que l'on déplace sur le damier ou sur l'échiquier.

pionnier, n. ♦ **1.** Celui, celle qui défriche une région inculte, qui y installe une exploitation agricole. **2.** Personne qui est la première à se lancer dans une activité : *Clément Ader fut un pionnier de l'aviation.*

pipe, n. f. ♦ Objet en bois ou en terre, qui est constitué par un fourneau et un tuyau et qui sert à fumer.

pipé, ée, adj. ♦ *Des dés pipés :* des dés à jouer truqués, employés par les tricheurs.

pipeau, n. m. ♦ Flûte très simple, employée autrefois par les bergers.

pipe-line, n. m. ♦ Mot anglais qui désigne un oléoduc.

pipette, n. f. ♦ Tube de verre dont on peut boucher avec le doigt l'extrémité supérieure et qui sert à prélever un peu de liquide dans un récipient.

pirate

piquant, ante, adj. _ou_ n. m. ♦
1. Qui pique. **2.** Amusant, intéressant, qui
relève l'intérêt : _Christine a l'art d'ajouter
des détails piquants à ses récits._ **3.** _Un
piquant,_ poil dur ou sorte d'épine : _Il ne fait
pas bon s'asseoir sur un cactus, à cause de
ses piquants !_

pique, n. f. ♦ **1.** Ancienne arme des
soldats combattant à pied, qui était constituée par une longue tige de bois terminée
par un fer pointu. — REGARDER _lance._
2. L'une des couleurs du jeu de cartes : _Tu
joues le valet de pique ? Moi, alors, je joue
le roi de pique._

1. piqué, ée, adj. ♦ _Vin piqué,_ gâté.
● _Un miroir piqué,_ marqué de taches. ● _Un
livre piqué,_ parsemé de taches de moisissure.

2. piqué, n. m. ♦ Mouvement d'un
avion qui plonge presque verticalement.
● _Bombardement en piqué._

pique-feu, n. m. inv. ♦ Tige de fer
avec laquelle on remue les braises, le bois
ou le charbon en train de brûler. — SYN.
tisonnier.

pique-nique, n. m. ♦ Repas froid en
plein air, qu'on prend par terre ou sur une
table légère au cours d'une promenade, d'une
excursion. — PLUR. _des pique-niques._

pique-niquer, v. ♦ Faire un pique-
nique : _Demain, dimanche, nous irons
pique-niquer au bord du lac des Deux-
Montagnes._

piquer, v. ♦ **1.** Percer avec une chose
pointue, enfoncer une chose pointue dans
une surface, dans le corps de quelqu'un :
Une guêpe vient de me piquer à la main !
● _Aïe ! je me suis piqué avec une aiguille !_
● Faire une piqûre avec une seringue et une
aiguille : _Pour la vaccination contre la
grippe, le docteur m'a piquée dans le dos._
2. Coudre à la machine : _La couturière coupe
l'étoffe, puis elle assemble les pièces et, après
l'essayage, elle les pique._ **3.** _Piquer des deux :_
piquer les flancs du cheval avec les deux
éperons, pour lui faire prendre le galop. ● _Le_

cavalier va **piquer un galop,** faire galoper
son cheval. **4.** Irriter, brûler un peu : _Une
âcre fumée emplissait la salle et piquait les
yeux de l'enfant._ **5.** Le vin peut **se piquer,** se
gâter et devenir aigre, acide, prendre mauvais goût. **6.** Descendre très vite et presque
verticalement : _Le goéland piqua, plongea et
ressortit de l'eau, tenant un poisson dans
son bec._ **7.** Exciter : _Cette allusion piqua ma
curiosité._ ● _Piquer au vif,_ irriter l'orgueil,
l'amour-propre et mettre un peu en colère :
La moquerie avait piqué au vif mon ami.

piquet, n. m. ♦ **1.** Pièce de bois courte
enfoncée dans le sol. ● _Des piquets de tente._
2. _Piquet de sécurité :_ groupe de personnes
qui se tiennent en permanence prêtes à
intervenir en cas d'incident. ● _Piquet de
grève :_ groupe de grévistes qui restent sur
place dans l'entreprise pour faire appliquer
les consignes de grève.

piquetage, n. m. ♦ Manifestation de
travailleurs et de travailleuses près de leur
lieu de travail lors d'une grève ou d'un arrêt
de travail.

piqueté, ée, adj. ♦ Parsemé de
points, de petites taches : _Héloïse a le visage
tout piqueté de taches de rousseur._

piqueter, v. ♦ Faire du piquetage.

piqueteur, euse, n. ♦ Personne participant à un piquetage.

piqûre, n. f. ♦ **1.** Blessure faite par un
animal qui pique. **2.** Injection de médicament
liquide faite dans le corps au moyen d'une
aiguille creuse et d'une seringue.

piranha [piʀana], n. m. ♦ Poisson des
fleuves et des rivières d'Amazonie aux dents
aiguës, extrêmement vorace et dangereux.

pirate, n. m. _ou_ adj. ♦ **1.** Autrefois,
capitaine ou matelot d'un navire qui, en
temps de paix ou en temps de guerre, attaquait les navires de commerce, amis ou
ennemis, pour voler ce qu'il y avait à bord.
— REGARDER _corsaire._ **2.** _Pirate de l'air :_
celui qui détourne un avion. **3.** _Télévision
pirate, radio pirate,_ qui diffuse de façon
clandestine.

piraterie, n. f. ♦ Activité des pirates.

pire, adj. ♦ **1.** Plus mauvais : *Dans un tel cas, l'excuse est pire que la faute.* — CONTR. meilleur. — REGARDER *pis.* **2.** Le plus mauvais : *Aucune de ces trois solutions n'est bonne, mais à mon avis la dernière est la pire.*

pirogue, n. f. ♦ En Afrique ou en Océanie, barque étroite et longue, souvent creusée dans un tronc d'arbre.

pirouette, n. f. ♦ Tour qu'on fait sur soi-même en tournant très vite sur un seul pied.

1. pis [pi], n. m. ♦ Mamelle de la vache, de la brebis ou de la chèvre.

2. pis [pi], adv. ♦ Plus mal. ● *De mal en pis :* de plus en plus mal. ● *Je n'ai pas eu une bonne note, tant pis!* — REGARDER *pire.*

pis-aller [pizale], n. m. inv. ♦ Solution mauvaise que l'on adopte faute de mieux.

pisciculture, n. f. ♦ Élevage des poissons destinés à la consommation.

piscine, n. f. ♦ **1.** Bassin où l'on peut se baigner, nager, plonger. **2.** Ensemble des installations qui entourent ce bassin.

pissenlit, n. m. ♦ Plante des champs dont les feuilles se mangent en salade.

pistache, n. f. *ou* adj. inv. ♦ **1.** Fruit sec, verdâtre, d'un arbre des pays chauds, le pistachier. **2.** Produit parfumé tiré de ce fruit : *Et pour moi, une glace à la pistache !* **3.** *Vert pistache* ou *pistache,* qui est de la couleur verte de la pistache : *Voici des rubans vert pistache.* ● *Des rubans pistache* (invariable).

piste, n. f. ♦ **1.** Chemin qu'a suivi un animal : *Le chien a trouvé la piste du sanglier, il la suit en reniflant.* ● Ce qui guide dans les recherches et conduit à une personne, à une chose : *Les détectives ont retrouvé la piste qui les conduira peut-être à la clef de l'énigme.* **2.** Chemin aménagé pour la course des chevaux, des athlètes ou des cyclistes ou pour les skieurs. **3.** Espace circulaire où les artistes et les animaux du cirque exécutent leur numéro. **4.** Bande cimentée sur laquelle les avions roulent avant de décoller, ou avant de s'arrêter après avoir atterri. **5.** Dans certains pays, route médiocre en terre battue.

pistil, n. m. ♦ Partie de la fleur, celle qui deviendra le fruit.

pistolet, n. m. ♦ **1.** Arme à feu, à canon court, qu'on tient d'une seule main. — REGARDER *revolver.* ● *Pistolet automatique.* **2.** Appareil qui projette la peinture en la pulvérisant sur la surface à peindre.

piston, n. m. ♦ Pièce qui va et vient à l'intérieur du cylindre d'une pompe ou d'un moteur.

pitance, n. f. ♦ Nourriture de chaque jour (généralement en quantité limitée ou de qualité médiocre) : *Le mendiant venait chercher chaque jour sa pitance à la porte du couvent.*

piteux, euse, adj. ♦ Très mauvais : *Lélia s'est roulée par terre : elle est rentrée en bien piteux état !* — SYN. lamentable, minable, pitoyable. — CONTR. brillant, glorieux, triomphal.

pitié, n. f. ♦ Sentiment qu'on éprouve devant un être malheureux et qui porte à lui venir en aide. — SYN. commisération, compassion, miséricorde. ● *Il vaut mieux faire envie que faire pitié.*

piton, n. m. ♦ **1.** Vis ou clou qu'on enfonce dans le mur ou dans le plafond et qui se termine par un crochet ou un anneau. ● *Piton d'alpiniste,* qu'on enfonce dans une paroi rocheuse, au cours d'une escalade, et qui sert de point d'appui. **2.** Sommet rocheux isolé et étroit, aux parois très escarpées. — SYN. pic 3.

pitoyable [pitwajabl], adj. ♦ **1.** Qui éprouve de la pitié : _Ô roi, soyez pitoyable aux malheureux !_ — SYN. compatissant, miséricordieux. — CONTR. impitoyable, implacable, inexorable. **2.** Qui inspire de la pitié : _Cette jeune femme a connu un sort pitoyable : elle est morte tragiquement à la fleur de l'âge !_ — SYN. déplorable, malheureux, tragique. — CONTR. enviable, heureux. **3.** Très mauvais : _Comment ! 2 sur 20 en français ! Tes résultats sont pitoyables !_ — SYN. lamentable, minable. — CONTR. brillant, excellent, remarquable.

pitre, n. m. ♦ Artiste qui fait de grosses plaisanteries devant l'entrée d'une baraque foraine ou d'un cirque pour attirer le public. — SYN. bouffon, clown, paillasse. ● _Faire le pitre :_ faire des plaisanteries, faire l'imbécile pour amuser les autres.

pitrerie, n. f. ♦ Plaisanterie de celui qui fait le pitre.

pittoresque, adj. ♦ Pas ordinaire et très joli : _Noires et tortueuses, bordées de vieilles maisons, les rues de la vieille ville sont très pittoresques._

pivert, n. m. ♦ Oiseau grimpeur, pic à plumage vert et jaune. — REGARDER _pic_ 1.

pivoine, n. f. ♦ Grosse fleur rouge ou rose ou blanche. ● _Être rouge comme une pivoine :_ avoir le visage tout rouge de honte, d'émotion.

pivot, n. m. ♦ Axe vertical autour duquel une chose peut tourner.

pivoter, v. ♦ Tourner autour d'un axe, d'un point fixe : _Tiens, soulève un peu la table et fais-la pivoter autour d'un pied._

pizza [pidza], n. f. ♦ Mets d'origine italienne, sorte de tarte avec de la tomate, des anchois, des câpres, du fromage blanc, des olives, du jambon, de la marjolaine, etc.

pizzeria [pidzerja], n. f. ♦ Restaurant spécialisé dans les pizzas.

placage, n. m. ♦ Mince plaque d'une matière élégante ou précieuse sur une matière ordinaire.

placard, n. m. ♦ **1.** Carton, affiche qui porte un texte. — SYN. affiche, écriteau, pancarte. **2.** Creux plus ou moins profond, ménagé dans un mur et fermé par une porte, qui joue le rôle d'une armoire, d'un meuble de rangement.

placarder, v. ♦ **1.** Afficher : _André a placardé une grande affiche de cinéma au fond de la classe._ **2.** Couvrir d'affiches, de placards : _Le tableau d'affichage du collège est placardé de notes administratives de la directrice._

place, n. f. ♦ **1.** Espace libre, à l'intérieur d'une ville : _Devant la mairie s'étend une place bordée de belles maisons et plantée d'érables._ — REGARDER _esplanade, parvis, rond-point._ **2.** _Place forte, place de guerre :_ ville fortifiée. **3.** Espace libre où l'on peut mettre quelque chose : _Il n'y a plus de place dans l'armoire : le linge et les vêtements débordent._ **4.** Endroit où l'on se tient, où l'on s'assied : _As-tu trouvé une place dans le train ? Prendre place :_ s'installer, s'asseoir. ● _Ne pas rester en place, ne plus tenir en place :_ aller et venir, remuer sans arrêt (souvent sous l'effet de l'impatience). **5.** Endroit où l'on met (ou bien où l'on doit mettre) une chose : _Mets bien les verres à leur place dans le lave-vaisselle._ **6.** _A la place de,_ pour remplacer : _A la place de viande, nous aurons du poisson._ ● _Se mettre à la place de quelqu'un,_ essayer d'imaginer qu'on est dans la situation où il est. ● _A votre place, j'essaierais de m'entendre avec votre adversaire._ ● _Faire place à,_ être remplacé par : _Les forêts ont fait place aux abatis et ceux-ci aux champs et aux prairies._ **7.** Rang : _C'est Julien qui a, comme toujours, la première place au cross._ **8.** Travail, emploi. — SYN. charge, emploi, fonction, poste, travail.

placement, n. m. ♦ **1.** Action ou manière de placer son argent. — SYN. investissement. **2.** _Bureau de placement :_ organisme qui s'occupe de trouver des emplois aux gens.

placer

placer, v. (conjugaison 17) ♦ **1.** Mettre à un endroit : *J'ai placé le document en question dans une chemise cartonnée rouge.* — SYN. disposer, mettre, poser. ● Conduire à sa place : *L'ouvreuse place les spectateurs.* ● *Se placer,* se mettre : *Place-toi au premier rang, tu verras mieux.* **2.** Donner un emploi à quelqu'un, le mettre au travail chez quelqu'un (notamment comme domestique) : *Ces gens, très pauvres, placèrent leur fille comme bonne, à l'âge de seize ans.* **3.** *Placer de l'argent :* acheter des obligations, des actions, des immeubles, prendre un livret de Caisse d'épargne, pour que l'argent rapporte. — SYN. investir.

placide, adj. ♦ Calme, qui ne s'irrite et ne s'émeut pas facilement. — SYN. calme, doux, flegmatique, paisible, posé, serein, tranquille. — CONTR. agressif, agité, émotif, emporté, nerveux.

placidité, n. f. ♦ Qualité, attitude d'une personne placide. — SYN. le calme, douceur, flegme, pondération, sérénité, tranquillité. — CONTR. agitation, agressivité, émotivité, emportement, nervosité.

placotage, n. m. ♦ Bavardage. Commérage.

placoter, v. ♦ Bavarder.

placoteux, euse, n. ♦ Bavard, bavarde. Commère.

plafond, n. m. ♦ **1.** Surface plate et horizontale qui constitue le haut de l'intérieur d'une salle ou d'une pièce. **2.** Somme maximale : *Pour cette allocation spéciale, le plafond de ressources est fixé à 50 000 dollars par an.* — CONTR. plancher.

plafonnier, n. m. ♦ Appareil d'éclairage fixé tout contre le plafond (et non suspendu).

plage, n. f. ♦ Rivage en pente douce. ● *Plage de sable.* ● *Plage de galets.*

plaider, v. ♦ *L'avocat plaide,* parle devant le tribunal pour défendre la cause de son client.

plaideur, euse, n. ♦ Celui, celle qui est partie (demandeur ou défendeur) dans un procès civil.

plaidoirie, n. f. ♦ Discours que l'avocat prononce devant le tribunal pour défendre son client. — CONTR. réquisitoire.

plaidoyer [plɛdwaje], n. m. ♦ Discours ou texte qui défend une cause : *Ce livre est un vibrant plaidoyer en faveur des immigrés.*

plaie, n. f. ♦ Blessure sur la peau ou sur une muqueuse.

plaignant, ante, n. ♦ Celui, celle qui dépose une plainte, qui porte plainte.

plaindre, v. (conjugaison 83) ♦ **1.** Exprimer sa pitié, sa compassion, pour quelqu'un qui souffre, qui est malheureux : *Arrête de pleurer. Je ne vais pas te plaindre pour une si petite égratignure.* ● *Le pauvre vieux est bien à plaindre : il est sans argent et, de plus, il est malade !* **2.** *Se plaindre :* exprimer sa douleur par des mots, des cris. — SYN. geindre, gémir. **3.** *Se plaindre,* dire, faire savoir qu'on n'est pas content : *Les gens de l'immeuble se plaignent du tapage qui règne dans le quartier.*

plaine, n. f. ♦ Vaste étendue de terrain plat, située à une faible altitude. — CONTR. colline, hauteur, montagne. — REGARDER *plateau.*

plain-pied (de), loc. adv. *ou* loc. adj. ♦ Au même niveau, sans une marche à monter ou à descendre : *Le salon donne de plain-pied sur le parc.* ● *Le salon est de plain-pied avec la salle à manger.* — REM. N'écrivez pas : « de plein-pied ».

plainte, n. f. ♦ **1.** Cri, parole qui exprime la douleur. — SYN. gémissement. **2.** Parole, écrit qui exprime qu'on n'est pas content : *J'ai reçu des plaintes de tes professeurs : tu chahutes en classe.* — SYN. récrimination. **3.** Déclaration faite à la justice ou à la police, disant qu'on a été victime d'un délit. ● *Déposer une plainte.* ● *Porter plainte.*

plaintif, ive, adj. ♦ Qui a le ton d'une plainte, qui ressemble à une plainte : « _Ah ! quel malheur !_ », _me dit-il d'un ton plaintif._ — SYN. gémissant.

plaire, v. (conjugaison 55) ♦ **1.** _Plaire à,_ être trouvé agréable par : _Cette couleur, douce et gaie, plaît beaucoup à ma cousine._ — SYN. agréer. — CONTR. déplaire. ● _S'il te plaît, s'il vous plaît :_ formule de politesse qu'on emploie pour demander quelque chose. — REM. L'abréviation de « s'il vous plaît » est _S.V.P. : Essuyez vos pieds, S.V.P._ **2.** _Se plaire,_ être heureux à un endroit : _Je me plais beaucoup à la campagne, je me plais moins à la mer._ — CONTR. se déplaire.

plaisance, n. f. ♦ _Bateau, voilier de plaisance,_ sur lequel on navigue pour son plaisir (et non pour transporter des marchandises ou des passagers ou pour exercer le métier de marin-pêcheur). ● _La navigation de plaisance._

plaisancier, n. m. ♦ Celui qui fait du bateau pour son plaisir.

plaisant, ante, adj. _ou_ n. ♦ **1.** Agréable. — SYN. agréable, joli. — CONTR. déplaisant, désagréable, laid. **2.** Qui amuse, qui fait rire. — SYN. amusant, comique, divertissant, drôle. — CONTR. sérieux, dramatique, triste. **3.** _Un mauvais plaisant :_ celui qui fait une plaisanterie de mauvais goût.

plaisanter, v. ♦ Faire des plaisanteries : _Ma grand-mère n'arrête pas de plaisanter avec ses petits-enfants._ ● _Plaisanter quelqu'un,_ faire des plaisanteries sur lui, se moquer de lui (en général gentiment). ● _Ne pas plaisanter avec une chose,_ la prendre au sérieux : _Tu sais, la montagne est dangereuse : il ne faut pas plaisanter avec les avalanches !_ ● _Pour plaisanter :_ pour rire, pour faire semblant.

plaisanterie, n. f. ♦ Parole joyeuse, amusante. ● Farce, tour qu'on joue à quelqu'un. — SYN. facétie, farce, tour.

plaisantin, n. m. ♦ Celui qui n'est pas sérieux et qui fait des plaisanteries (souvent de mauvais goût).

plaisir, n. m. ♦ **1.** Joie et contentement que l'on éprouve quand on profite d'une chose agréable : _J'ai pris beaucoup de plaisir à écouter cette musique._ — SYN. agrément, bonheur, contentement, joie, satisfaction. — CONTR. chagrin, déplaisir, désagrément, douleur, ennui, peine, souffrance. ● _Se faire un malin plaisir de,_ prendre malicieusement du plaisir à faire quelque chose qui ennuie une autre personne : _Chantal se fait un malin plaisir de m'interrompre bruyamment dès que je prends la parole en classe._ **2.** _Les plaisirs :_ les agréments de la vie. ● _Une vie de plaisirs._ **3.** _Car tel est notre bon plaisir :_ telle est la décision qui nous a paru bonne (formule qui terminait le texte des édits et des ordonnances des rois de France). ● _Le bon plaisir de quelqu'un,_ sa volonté arbitraire.

1. plan, plane, adj. ♦ Qui est bien plat et bien uni, sans creux ni bosses ni courbes. — SYN. égal, lisse, plat, uni. — CONTR. concave, convexe, courbe, gondolé, inégal.

2. plan, n. m. ♦ **1.** Surface plane : _Le mur est un plan vertical, le plafond est un plan horizontal._ ● _Plan incliné :_ surface oblique qui permet de passer d'un niveau à un autre. — SYN. rampe. **2.** _Plan d'eau :_ étendue d'eau calme, large et longue, sur laquelle on peut faire de l'aviron ou de la voile. **3.** Chacune des distances auxquelles sont placées les personnes ou les choses par rapport à l'observateur, au peintre ou au dessinateur, à l'appareil photographique ou à la caméra : _Au premier plan_ (= tout près) _on voit un groupe de personnages, au second plan_ (= au loin) _une ligne de collines._ ● _Gros plan :_ au cinéma, image rapprochée d'un visage, d'un objet, etc. ● _De premier plan,_ très important : _Ces nouveaux ministres sont des personnages de premier plan._

3. plan, n. m. ♦ **1.** Dessin qui représente la disposition des parties d'un édifice (sur le sol ou sur une surface parallèle au sol) ou la disposition des rues d'une ville. — REGARDER _carte._ **2.** Projet, liste des opérations, des actions à effectuer pour arriver

plan

à un résultat : *Pour réussir, il faut avoir un plan d'action.* — SYN. dessein, programme, projet. **3.** Disposition et ordre des parties d'un livre, d'un discours, d'un texte : *Le plan de cet exposé est très clair.*

planche, n. f. ♦ **1.** Morceau de bois plat, plus large qu'épais. **2.** *Planche à repasser :* grosse planche, garnie d'étoffe épaisse et souple, sur laquelle on repasse. ● *Planche à pâtisserie :* planche bien lisse sur laquelle on pétrit la pâte pour faire des gâteaux. **3.** *Planche à roulettes :* plaque, munie de roulettes, sur laquelle on pose les deux pieds pour se déplacer, comme sur des patins à roulettes. ● *Planche à voile :* planche, munie d'un mât et d'une voile, qui flotte et sur laquelle on se tient debout pour naviguer. **4.** *Faire la planche :* rester immobile sur le dos, quand on est dans l'eau. **5.** Page de livre ornée de dessins, de photos. **6.** Partie de jardin où l'on a semé ou planté un légume : *Dans notre jardin, nous avons une planche de carottes, une planche de poireaux et deux planches de laitues.* — SYN. un carré.

plancher, n. m. ♦ **1.** Ensemble de planches jointes qui forment le sol d'une salle, d'une pièce. — SYN. parquet. **2.** Somme minimale. — CONTR. plafond.

planchette, n. f. ♦ Petite planche.

plané, adj. m. ♦ *Vol plané :* vol d'un oiseau ou d'un avion qui plane.

planer, v. ♦ **1.** Voler sans battre des ailes. ● Voler sans moteur ou avec le moteur arrêté : *La pilote coupa les gaz et l'avion descendit en planant.* **2.** *Le regard plane,* regarde de haut une vaste étendue. **3.** Être comme une menace : *Quel danger mystérieux plane sur cette demeure maudite?* ● *Laisser planer un doute :* laisser subsister un doute.

planétaire, adj. ♦ Qui concerne la surface de la Terre tout entière et non un pays ou un groupe de pays. — SYN. mondial, universel. — CONTR. limité, local, national, régional.

planète, n. f. ♦ Chacun des gros globes comparables à la Terre qui tournent autour du Soleil, par exemple la planète Mars. ● *Notre planète :* la Terre.

planeur, n. m. ♦ Avion sans moteur qu'un avion à moteur entraîne en l'air en le tirant par un câble ; le planeur, ensuite, après s'être libéré du câble, vole et descend en vol plané.

planifier, v. (conjugaison **20**) ♦ Organiser, régler selon un plan, un programme.

planisphère, n. m. ♦ Carte qui représente à plat l'ensemble de la surface du globe terrestre. — REGARDER mappemonde.

plantation, n. f. ♦ **1.** Action de planter. **2.** Dans les pays chauds, grande exploitation agricole où l'on cultive une seule plante en vue de l'exportation.

1. plante, n. f. ♦ *Plante du pied :* face inférieure du pied.

2. plante, n. f. ♦ Arbre, arbuste, fougère, herbe, légume, mousse, champignon, etc. — SYN. un végétal.

planter, v. ♦ **1.** Mettre dans la terre une plante ou un arbre, qui poussera à cet endroit : *La ville a fait planter des érables le long de la rue Jean-Talon.* **2.** Enfoncer dans le sol, dans un mur, dans un objet : *Pierre prit un marteau et planta douze gros clous.*

planteur, n. m. ♦ Propriétaire d'une plantation dans un pays chaud. — REGARDER *plantation* sens 2.

plaque, n. f. ♦ **1.** Morceau plat d'une matière quelconque : *Les trottoirs sont encore recouverts de plaques de neige durcie.* ● *Plaque dentaire :* dépôt qui se forme sur les dents et qui se transforme en tartre. ● *Plaque tectonique* ou *plaque :* masse d'écorce terrestre qui se déplace lentement, en flottant à la surface de la masse visqueuse des profondeurs du globe. **2.** Morceau de marbre, de métal, etc., de forme plate, sur lequel est portée une indication. **3.** Tache plus ou moins grande : _De grandes plaques de moisissure apparaissent sur le mur._ **4. Plaque tournante :** grande plate-forme métallique qui tourne sur elle-même et qui permet de faire passer une locomotive ou un wagon d'une voie à une autre. ● _Plaque tournante,_ endroit, ville où se fait un grand trafic : _Ce port est la plaque tournante du marché pétrolier._

plaqué, n. m. ◆ _Du plaqué or, du plaqué argent,_ mince couche d'or, d'argent, sur un métal ordinaire : _Voici un beau bracelet en plaqué or._

plaquer, v. ◆ **1.** Mettre une couche de matière sur une autre : _On plaque de l'acajou sur les meubles en bois ordinaire pour leur donner un aspect luxueux._ **2.** Au football, faire tomber un adversaire au sol selon les règles, en l'attrapant avec les deux bras. ● _Se plaquer au sol :_ se jeter à terre, en s'aplatissant.

plaquette, n. f. ◆ Petite plaque.

plastic, n. m. ◆ Explosif qui a la consistance du mastic. — REM. N'écrivez pas comme _du plastique,_ « de la matière plastique ».

plasticage, n. m. ◆ Action de plastiquer.

plastifié, ée, adj. ◆ Recouvert d'une mince couche de matière plastique, transparente ou opaque.

plastique, adj. _ou_ n. m. ◆ **1.** _Les arts plastiques :_ la peinture, le dessin, la gravure, la sculpture, l'architecture. **2.** Qui peut se modeler : _La terre glaise est plastique._ **3.** _De la matière plastique_ ou _du plastique :_ substance chimique qui peut se mouler à l'état pâteux, puis devenir dure, et qui remplace le bois ou le métal pour de nombreux usages.

plastiquer, v. ◆ Attaquer, détruire au moyen d'une bombe au plastic.

1. plat, plate, adj. _ou_ n. m. ◆ **1.** Sans bosses ni creux. — SYN. égal, lisse, plan, uni. — CONTR. accidenté, concave,

convexe, montagneux, montant. **2.** _Un plat :_ la partie horizontale d'une route, là où il n'y a ni montée ni descente. — SYN. palier. — CONTR. côte, montée, descente. ● _Le plat de la main :_ l'ensemble formé par la paume et les doigts étendus et joints. ● _Le plat de l'épée :_ chacune des faces larges de la lame, par opposition aux tranchants. ● _Les plats d'une reliure :_ les deux faces, par opposition au dos. **3.** Peu épais ou peu haut : _Prends des chaussures à talon plat, Évelyne, tu marcheras mieux sur le chemin pierreux._ — CONTR. haut. _Assiette plate,_ peu profonde. — CONTR. creux. ● _Poissons plats :_ poissons à corps aplati, tels que la sole, la limande. ● _Bateau plat :_ bateau à quille non saillante ou peu saillante. **4.** _À plat,_ sur le côté le plus large : _Pose donc ta valise à plat : elle ne risquera pas de tomber._ — CONTR. debout. **5.** _Les pneus sont à plat,_ sont dégonflés. ● _La batterie d'accumulateurs est à plat,_ est déchargée. **6.** _À plat ventre :_ en étant couché, étendu sur le ventre. **7.** _Eau plate :_ eau non gazeuse. **8.** _Le calme plat :_ sur la mer, absence totale de vent, qui fait que la mer est plate, sans vagues, et que les voiliers sont immobilisés. **9.** Sans vigueur, sans éclat, sans originalité : _Ton style est plat : aucune image, aucune interjection, aucun détail amusant !_ — SYN. ennuyeux, fade, insipide, terne. — CONTR. animé, ardent, coloré, éclatant, incisif, passionné, violent, vivant.

2. plat, n. m. ◆ **1.** Récipient, rond ou allongé, peu profond ou plat, en porcelaine, en faïence, en grès ou en métal, dans lequel on sert les aliments à table. **2.** Contenu de ce récipient. **3.** Chacun des aliments préparés qui entrent dans la succession d'un repas : _Quel repas ! Des hors-d'œuvre, un plat de poisson, deux plats de viande !_ ● _Plat garni :_ au restaurant, viande et légume qu'on sert ensemble. ● _Plat du jour,_ au restaurant, plat qui change chaque jour de la semaine : _Le jeudi, le plat du jour, c'est le petit salé aux lentilles._ ● _Plat cuisiné :_ — REGARDER _cuisiné._

plateau, n. m. ◆ **1.** Objet plat sur lequel on met des verres, des tasses, etc., pour les servir. **2.** Chacune des parties d'une balance, qui sont les supports plats sur

plateau

lesquels on met les poids ou la chose à peser. **3.** Vaste étendue de territoire, plate, située à une altitude assez élevée ou très élevée. — REGARDER *plaine.* ● *Les hauts plateaux des Andes.* **4.** Endroit où sont installés les décors, où jouent les artistes (au cinéma, à la télévision).

plate-bande, n. f. ◆ Dans un jardin, étroite bande de terrain cultivé. — PLUR. *des plates-bandes.*

plate-forme, n. f. ◆ **1.** Surface plate et surélevée : *On éleva en plein air une plate-forme en bois : c'est là que devaient danser et jouer les artistes.* — SYN. estrade. ● *Une plate-forme pétrolière.* — PLUR. *des plates-formes.* **2.** Partie ouverte, à l'arrière d'un autobus urbain : *Il faisait chaud, je restai sur la plate-forme pour avoir un peu d'air.* **3.** Wagon ouvert et plat, pour le transport de certaines marchandises ou des véhicules.

1. platine, n. f. ◆ Support plat. ● Sur un tourne-disque, plaque sous laquelle sont montés le moteur, le mécanisme et les dispositifs de commande.

2. platine, n. m. ◆ Métal très précieux et très dense, dont on fait des bijoux.

plâtre, n. m. ◆ **1.** Poudre blanche tirée du *gypse* (roche) par chauffage et pulvérisation. ● Mortier fait avec cette poudre et de l'eau : *Le plâtre durcit vite, il faut se hâter de l'étaler sur le mur.* **2.** *Carrière de plâtre :* carrière de gypse. ● *Four à plâtre :* four où l'on chauffe le gypse pour en faire du plâtre. **3.** Matière dure constituée par le *plâtre* (au sens 1) durci à l'air : *La face intérieure des murs, ainsi que les plafonds, est recouverte d'un enduit de plâtre.* ● *Un plâtre :* enveloppe de plâtre qui immobilise un membre fracturé.

plâtrer, v. ◆ **1.** Enduire de plâtre (un mur, etc.). **2.** Immobiliser dans une enveloppe en plâtre (un membre fracturé) : *On va lui plâtrer le bras.*

plâtrier, ière, n. ◆ Ouvrier, ouvrière qui pose le plâtre sur les murs, les plafonds. ● *Un plâtrier-peintre.*

plausible, adj. ◆ Qui a des chances d'être vrai, qui peut être admis : *Cette hypothèse est plausible.* — SYN. acceptable, admissible, vraisemblable. — CONTR. inacceptable, inadmissible, invraisemblable.

plèbe, n. f. ◆ Dans la Rome antique, classe formée par les citoyens ordinaires les moins riches et les moins puissants, ceux qui, à l'origine, n'avaient aucune part au pouvoir.

plébéien, ienne, n. *ou* adj. ◆ **1.** *Les plébéiens,* dans l'Antiquité romaine, les gens du peuple, les membres de la plèbe : *Les plébéiens firent sécession sur le mont Aventin.* — CONTR. patricien. **2.** Homme du peuple : *Ce furent les plébéiens qui prirent la Bastille, ce furent les bourgeois qui profitèrent de la Révolution !* — CONTR. aristocrate, noble, patricien, bourgeois. ● Qui appartient aux plébéiens, qui a un caractère populaire : *La rudesse de ses manières plébéiennes effarouchait ses compagnons, aux manières plus distinguées.* — SYN. populaire. — CONTR. aristocratique, noble, patricien.

plébiscite, n. m. ◆ Scrutin, vote, élection que l'on organise pour faire accepter un régime politique.

pléiade, n. f. ◆ **1.** *La Pléiade :* groupe de sept poètes français du XVIe siècle dont les plus célèbres étaient Ronsard et Du Bellay. **2.** *Une pléiade,* groupe de gens de valeur : *Vous avez là toute une pléiade de jeunes artistes pleins d'audace et de talent !*

plein, pleine, adj. *ou* n. m. ◆ **1.** Entièrement rempli. — CONTR. vide. ● *Faire le plein :* (faire) remplir complètement le réservoir d'essence. ● *La mer bat son plein,* atteint son plus haut niveau, à marée haute. ● *Battre son plein,* être à son moment le plus intense, être à son maximum : *Les réjouissances battent leur plein.* **2.** *Plein de,* où il y a beaucoup de : *Ces villages sont pleins de jolies maisons anciennes.* **3.** *Plein de,* beaucoup de : *Il y a plein de feuilles mortes dans la cour.* — REM. Dans cette expression, un peu familière, *plein* est invariable. De même, on écrit : *Il a des* *sucettes plein les poches.* **4.** Complet, sans aucune réserve : *Nous avons le plein accord de la députée.* — SYN. complet, entier, total. ● *A plein temps :* à temps complet. ● *La pleine Lune :* la période où la Lune apparaît sous forme d'un disque parfait. **5.** *En plein,* au milieu de : *En pleine nuit, le père Anicet se mit à jouer du clairon à sa fenêtre !* ● *En plein air :* dehors. ● *En pleine mer :* en mer, loin des côtes. — SYN. en haute mer.

pleinement, adv. ♦ Complètement. — SYN. entièrement, parfaitement, totalement. — CONTR. incomplètement, partiellement.

pléonasme, n. m. ♦ Faute qui consiste à exprimer inutilement la même idée avec plusieurs mots, par exemple : « sortir dehors ».

pléthorique, adj. ♦ Excessif, trop nombreux : *Douze employés pour contrôler un billet ! Le personnel du stade est vraiment pléthorique !* — CONTR. insuffisant.

pleur, n. m. ♦ Action de pleurer ; larme : *Il est parti sans se retourner et sans verser un pleur !* — CONTR. un rire.

pleurer, v. ♦ **1.** Verser des larmes. — CONTR. rire. **2.** *Pleurer sur,* se lamenter, éprouver de la peine à propos de : *Ne pleurons pas sur nos années enfuies ! A quoi bon les regrets ?* **3.** Regretter, en éprouvant beaucoup de chagrin : *Cette veuve criait : « Je pleurerai éternellement mon mari ! »*

pleurésie, n. f. ♦ Maladie du poumon due à une inflammation de la plèvre et accompagnée parfois d'un épanchement de liquide.

pleureur, adj. ♦ *Saule pleureur :* REGARDER *saule.*

pleurnicher, v. ♦ Pleurer sans raison bien valable.

plèvre, n. f. ♦ Membrane qui entoure chaque poumon.

pleuvoir, v. (conjugaison 66) ♦ **1.** *Il pleut :* il tombe de l'eau. **2.** Tomber en grande quantité : *Les obus pleuvent sur le fort.*

Plexiglas [plɛksiglas], n. m. ♦ Nom déposé d'une matière plastique incassable qui a l'aspect du verre.

pli, n. m. ♦ **1.** Endroit où une chose est pliée. ● *Faux pli :* pli disgracieux, sur un vêtement. **2.** *Mise en plis :* opération qui consiste à rouler les cheveux mouillés sur des petits rouleaux, pour leur donner la forme bouclée qu'ils garderont ensuite, une fois les rouleaux enlevés. **3.** Chacune des levées qu'on fait au cours d'une partie de cartes. **4.** Lettre, message : *Vite, portez ce pli urgent à la poste !*

pliant, ante, adj. *ou* n. m. ♦ **1.** Qui peut se plier. ● *Un vélo pliant.* **2.** *Un pliant :* petit siège transportable, fait d'une étoffe tendue sur un cadre qui se plie.

plier, v. (conjugaison 20) ♦ **1.** Rabattre une partie sur une autre, de manière à diminuer la surface ou à appliquer une face contre l'autre : *Louisette plia sa jupe et la rangea dans la valise.* — CONTR. déplier. ● *Plier le bras, la jambe.* — SYN. replier. **2.** *Plier* ou *se plier,* se courber : *Le roseau plie, mais ne se rompt pas.* **3.** *Plier,* céder, se soumettre à la volonté d'autrui : *Non, nous ne plierons pas ! Nous dirons « non » de toutes nos forces !* ● *Se plier à,* se soumettre à, accepter : *Non, je ne veux pas me plier à tous tes caprices !*

plinthe, n. f. ♦ Planche fixée en bas d'un mur, au ras du plancher, pour protéger le mur.

plissé, ée, adj. ♦ Qui porte de nombreux plis serrés et réguliers. ● *Une jupe plissée.*

plissement, n. m. ♦ **1.** Action de plisser. **2.** Ensemble de sommets montagneux disposés en chaîne et qui forment comme un pli (ou un groupe de plis parallèles) à la surface de la Terre, par exemple le *plissement alpin.*

plisser, v. ♦ **1.** Faire des plis réguliers et serrés : *Avec le fer, Luc plissait soigneusement son pantalon.* **2.** *Plisser les yeux,* les fermer à demi.

plomb, n. m. ♦ **1.** Métal gris, mou, très dense et facile à fondre et à mouler. **2.** *Fil à plomb :* REGARDER *fil,* sens 1. **3.** Chacune des toutes petites boules de plomb dont on garnit le bas d'une ligne de pêche, pour qu'elle s'enfonce bien dans l'eau. **4.** Chacune des toutes petites boules de plomb qui garnissent une cartouche de chasse et constituent les projectiles. **5.** Fil de plomb qui sert de fusible dans un coupe-circuit électrique : *Ton fer à repasser est en mauvais état : c'est lui qui a fait sauter les plombs.*

plombage, n. m. ♦ **1.** Action de plomber une dent. **2.** Produit, alliage qui obture la cavité d'une dent que l'on a plombée.

plombé, ée, adj. ♦ **1.** Garni de plomb à son extrémité : *J'ai retrouvé dans le grenier une vieille canne plombée : c'est une arme redoutable !* **2.** D'une couleur gris-bleu sombre, qui rappelle celle du plomb : *Ce ciel plombé annonce de l'orage.* — RE-GARDER *livide.*

plomber, v. ♦ *Plomber une dent (cariée) :* obturer la cavité due à la carie en y mettant un alliage spécial appelé « amalgame ». — SYN. obturer.

plomberie, n. f. ♦ **1.** Métier de plombier. **2.** Ensemble des tuyaux d'eau et de gaz d'une maison, d'un appartement.

plombier, ière, n. ♦ Celui, celle qui pose et répare les tuyaux en plomb ou en cuivre pour l'eau ou le gaz dans une maison ou un appartement.

plonge, n. f. ♦ *Faire la plonge :* faire la vaisselle.

plongeant, ante, adj. ♦ **1.** Qui descend bas : *Cette robe de soirée a un décolleté plongeant.* **2.** *Vue plongeante,* de haut en bas : *Du haut du clocher, on a une vue plongeante sur la vieille ville.*

plongée, n. f. ♦ **1.** *Sous-marin en plongée,* sous l'eau. — SYN. en immersion. **2.** *Plongée sous-marine :* sport qui consiste à nager profond et longtemps sous l'eau avec un équipement spécial.

plongeoir, n. m. ♦ Tremplin, estrade ou construction d'où l'on plonge dans l'eau.

plongeon, n. m. ♦ Action de plonger, sport qui consiste à plonger.

plonger, v. (conjugaison 16) ♦ **1.** Mettre, enfoncer dans un liquide : *Mireille plongea la louche dans le potage.* **2.** S'enfoncer sous l'eau : *Le sous-marin plongea.* ● Se jeter dans l'eau : *Louise plongea dans la piscine sans hésiter.* **3.** *Le gardien de but plonge,* se jette sur le ballon, en prenant une position presque horizontale.

plongeur, euse, n. ♦ **1.** Celui, celle qui plonge, spécialiste du plongeon. **2.** *Plongeur sous-marin :* celui qui pratique la plongée sous-marine. **3.** Personne chargée de faire la vaisselle.

ployer, v. (conjugaison 21) ♦ **1.** Plier, courber : *La tempête ploie les arbres et les herbes.* ● *Salut, fier chevalier, toi qui ne ploies jamais les genoux que devant Dieu !* **2.** Se courber en se déformant : *Les vieilles poutres ont ployé.* ● Se courber : *Les vaincus ploient sous le joug.*

pluie, n. f. ♦ **1.** Eau qui tombe du ciel en gouttes. — REGARDER *averse, giboulée, ondée.* **2.** Grande quantité de choses qui tombent : *Une pluie de pierres et de boulons s'abattit sur les policiers.* — SYN. déluge.

plumage, n. m. ♦ Ensemble des plumes d'un oiseau. — REGARDER *pelage.*

plume, n. f. ♦ **1.** Chacun des éléments qui recouvrent le corps des oiseaux et qui jouent un peu le même rôle que les poils des mammifères. — REGARDER *duvet.* **2.** Pointe métallique qui est fixée au bout d'un stylo et qui sert à écrire.

plumeau, n. m. ♦ Ustensile à manche court qui porte une touffe de plumes à son extrémité et qui sert à épousseter les meubles.

plumer, v. ♦ _Plumer un oiseau,_ le dépouiller de ses plumes après l'avoir tué et avant de le faire cuire.

plupart, n. f. ♦ La plus grande partie : _La plupart de ces maisons sont construites en pierre._ — SYN. majorité. ● _La plupart du temps :_ le plus souvent. — SYN. généralement, habituellement.

pluriel, n. m. ♦ Nombre grammatical qui indique qu'il y a plusieurs personnes ou plusieurs choses.

plus, adv. ♦ **1.** A un plus haut degré : _Laure est plus adroite que Luc._ — CONTR. moins. ● _Plus de,_ en plus grande quantité : _J'ai moins de disques, mais plus de livres que toi._ — CONTR. moins de. **2.** _Le plus,_ indique le superlatif relatif : _Des trois, c'est Corinne qui est la plus sympathique._ — CONTR. le moins. ● _De nous quatre, c'est toi qui as le plus de disques._ — CONTR. le moins de. **3.** _De plus en plus,_ indique un accroissement : _Nous voici en avril, les jours sont de plus en plus longs._ — CONTR. de moins en moins. ● _Plus ou moins,_ indique une approximation ou une incertitude, un degré variable : _En français, mes notes sont excellentes ; en maths, mes résultats sont plus ou moins bons._ ● _Ni plus ni moins,_ exactement, véritablement : _Oscar est un polisson, ni plus ni moins._ ● _Au plus, tout au plus,_ au maximum : _Tu as une heure, au plus, pour faire ce devoir._ — CONTR. au moins. **4.** Indique l'addition : _Douze plus dix-huit égale trente_ (12 + 18 = 30). — CONTR. moins. **5.** _Ne ... plus,_ indique qu'une chose est finie : _Depuis un mois, nous ne nous baignons plus : l'eau est trop froide._

plusieurs, adj. indéfini pluriel. ♦ En nombre supérieur à un : _Plusieurs personnes attendaient l'autobus au coin de la rue._

plus-que-parfait [plyskəpaʀfɛ], n. m. ♦ Temps composé qui indique que l'action est passée et qu'elle a eu lieu avant une autre action passée. Exemple : « _J'avais déjeuné et je me préparais à sortir._ »

plutôt, adv. ♦ **1.** De préférence : _Je voyagerai de jour plutôt que de nuit, c'est moins fatigant._ — REM. N'écrivez pas comme _plus tôt_ : « de meilleure heure, à une heure moins tardive » : _Pars donc plus tôt, tu arriveras moins tard le soir._ ● _Plutôt rire que pleurer !_ (ou _plutôt rire que de pleurer_). **2.** Assez, passablement : _Fernand est plutôt aimable, d'habitude._

pluvial, ale, aux, adj. ♦ _Les eaux pluviales :_ les eaux de pluie.

pluvieux, euse, adj. ♦ Caractérisé par des pluies abondantes : _Le climat de la Colombie britannique est pluvieux._ — SYN. humide. — CONTR. sec.

pluviomètre, n. m. ♦ Instrument qui sert à mesurer la quantité d'eau de pluie qui tombe à un endroit, en un temps donné.

pneu, n. m. ♦ Abréviation usuelle de _pneumatique_ 2. — PLUR. _des pneus._

1. pneumatique, adj. ♦ **1.** _Pompe pneumatique :_ pompe qui sert à faire le vide sous une cloche à air, ou _cloche pneumatique_ (récipient en verre, clos, qu'on utilise en laboratoire pour faire des expériences dans le vide). **2.** Qui fonctionne à l'air comprimé. ● _Un marteau pneumatique._ **3.** Qui se gonfle avec de l'air sous pression. ● _Un matelas pneumatique._ ● _Un canot pneumatique._

2. pneumatique, n. m. ♦ Enveloppe qui entoure la chambre à air d'une roue d'automobile, de camion, de bicyclette. — Abréviation usuelle : _pneu._

pneumonie, n. f. ♦ Maladie grave du poumon due à un microbe qui provoque une infection aiguë.

poche, n. f. ♦ **1.** Sorte de petit sac, dans un vêtement. ● _De poche :_ que l'on peut mettre dans une poche. ● _Une lampe_

poche

de poche. ● *Un couteau de poche.* ● *Argent de poche :* petite somme d'argent dont on peut disposer librement. **2.** Chacun des compartiments d'un sac à main, d'une serviette, d'un cartable. **3.** Endroit où la peau ou l'étoffe est détendue et forme une boursouflure.

poché, ée, adj. ◆ **1.** *Œuf poché,* cuit sans coquille dans un liquide bouillant. **2.** *Œil poché,* dont l'entourage, sur le visage, est bleu sombre et enflé, en raison d'un coup reçu.

pochette, n. f. ◆ **1.** Enveloppe en papier, en étoffe, en matière plastique, où l'on met un objet. ● *Une pochette de disque.* **2.** Joli mouchoir qu'on met dans la poche supérieure de la veste, près du revers, et qu'on laisse dépasser.

pochoir, n. m. ◆ Plaque découpée qui permet de reproduire un dessin ou une inscription.

podium [pɔdjɔm], n. m. ◆ **1.** Dans un amphithéâtre ou un cirque romain, gros mur entourant l'arène ou la piste et servant de gradin inférieur. **2.** Plate-forme, estrade.

1. poêle [pwal], n. m. ◆ Appareil de chauffage, en fonte ou en tôle forte, relié à la cheminée par un tuyau plus ou moins long, et qui fonctionne au charbon, au bois ou au mazout.

2. poêle [pwal], n. f. ◆ Récipient plat, à bord évasé, muni d'une queue, où l'on fait frire les aliments.

poêlon [pwalɔ̃], n. m. ◆ Petite casserole, en métal ou en terre, à bord peu élevé, à manche creux, où l'on fait revenir ou mijoter un aliment.

poème, n. m. ◆ Œuvre de poésie.

poésie, n. f. ◆ **1.** Art d'écrire des textes en vers, ou bien en prose rythmée et pleine de belles images. — REGARDER *prose.* **2.** Ensemble des œuvres poétiques écrites dans une langue ou à une époque ou par un

poète. **3.** Synonyme vieilli ou enfantin de *poème : Violette va nous réciter une poésie.* **4.** Caractère de ce qui est beau et délicat et qui fait rêver : *Ce paysage brumeux est plein de poésie.*

poète, n. m. *ou* f. ◆ Celui, celle qui écrit des poèmes. On dit aussi *poétesse* au féminin.

poétique, adj. ◆ **1.** Propre à la poésie : *La langue poétique est différente de la langue ordinaire par le vocabulaire et le rythme.* **2.** Beau et délicat, qui fait rêver : *Je trouve très poétique cette aquarelle qui représente un saule pleureur au bord d'un lac !* — CONTR. prosaïque, plat.

poids, n. m. ◆ **1.** Ce que pèse un objet, un animal ou une personne. ● *Poids net :* poids sans l'emballage. ● *Poids brut :* poids d'une marchandise, emballage compris. ● *Poids mort :* poids d'un véhicule ou d'un avion vide, par opposition à la *charge utile* qu'il peut emporter. ● *Un poids lourd :* un gros camion, un autobus ou un autocar, par opposition aux voitures particulières. **2.** Autorité, valeur, importance : *Enfin ! voilà un argument qui a du poids !* ● *Un homme de poids,* important, puissant. **3.** Charge, chose pénible, qui accable. **4.** Objet en métal portant l'indication de son *poids* (au sens 1), qui sert à peser. **5.** Masse de métal qu'il faut soulever, dans le sport de force appelé *les poids et haltères.* ● Boule de métal qu'il faut lancer le plus loin possible, dans le sport appelé *le lancer du poids.*

poignant, ante, adj. ◆ Très triste et émouvant, qui déchire le cœur et donne envie de pleurer. — SYN. déchirant, émouvant, pathétique.

poignard, n. m. ◆ Arme constituée par un manche et une lame aiguë, bien plus courte que celle d'une épée.

poignarder, v. ◆ Tuer avec un poignard ou un couteau.

poignée, n. f. ◆ **1.** Quantité qu'on peut tenir dans sa main fermée. ● *On jetait* _les confettis à poignée._ **2.** _Une poignée de_ **main :** action de serrer la main. — PLUR. _des poignées de main._ **3.** Partie saillante par laquelle on peut saisir un objet.

poignet, n. m. ♦ **1.** Articulation de l'avant-bras et de la main. — REGARDER _attache, cheville._ **2.** Partie qui termine la manche, au niveau du poignet.

poil, n. m. ♦ **1.** Chacun des filaments qui poussent sur la peau des mammifères et sur le corps humain : _Le chien perd ses poils : il y en a sur tous les fauteuils._ ● _Les poils du pinceau._ **2.** _Le poil,_ l'ensemble des poils d'un animal : _Ce chien est splendide : regarde comme il a le poil brillant._ — SYN. pelage.

poilu, ue, adj. _ou_ n. m. ♦ **1.** Qui a beaucoup de poils : _Le catcheur exhibait fièrement ses avant-bras énormes et poilus._ — SYN. velu. **2.** _Les poilus :_ surnom familier donné aux soldats français de la guerre de 1914-1918.

poinçon, n. m. ♦ Outil de métal qui sert à percer, à imprimer une marque.

poinçonner, v. ♦ _Poinçonner un billet de chemin de fer,_ y faire un trou avec une _pince à poinçonner,_ pour indiquer qu'on l'a contrôlé.

poinçonneur, euse, n. ♦ Celui, celle qui poinçonne les billets, les tickets.

poindre, v. (conjugaison 85) ♦ Ce verbe est très défectif. Il ne s'emploie qu'à l'infinitif et à la 3ᵉ personne du singulier de l'indicatif présent et des temps composés : _Le jour point. Le jour a point._ On rencontre aussi, mais rarement, le futur et le conditionnel : _Le jour poindra. Le jour poindrait._ ● Apparaître : _Le soleil point à l'horizon._

poing, n. m. ♦ La main fermée. ● _Ils se sont battus à coups de poing._ ● _Dormir à poings fermés,_ profondément.

1. point, n. m. ♦ **1.** Très petite portion d'espace, matérialisée, dans une figure de géométrie, par une toute petite tache. **2.** Toute petite tache : _Un point noir, soudain, apparut dans le ciel, à l'horizon : c'était l'avion qui arrivait._ **3.** Toute petite tache qui sert de signe typographique ou de signe de ponctuation : _N'oubliez pas les accents ni les points sur les i._ ● _Le point-virgule._ ● _Point d'interrogation._ ● _Point d'exclamation._ ● _Points de suspension._ **4.** Endroit : _Nous voici revenus à notre point de départ._ ● _Point d'eau :_ source, mare, endroit où l'on peut se ravitailler en eau, dans une région sèche. ● _Point d'appui,_ endroit où une chose prend appui : _Tout levier comporte un point d'appui._ ● _Point d'appui :_ petit ouvrage ou endroit fortifié qui constitue une position solide dans un ensemble défensif plus vaste. ● _Le moteur est au point mort,_ tourne sans que le mouvement soit transmis aux roues de la voiture. **5.** Stade d'une évolution ; degré. ● _Au même point :_ dans le même état. ● _Sur le point de,_ juste au moment où une action va se faire : _Ma cousine m'a téléphoné, alors que j'étais sur le point de sortir._ ● _(Cuit) à point,_ cuit, mais pas trop cuit. ● _A point,_ juste au moment où il faut : _Bravo ! tu arrives à point._ **6.** _Mettre au point_ un appareil photographique, le régler en fonction de la distance du sujet, de manière que l'image soit bien nette. ● _Mettre au point,_ mettre en état de fonctionner correctement, en apportant les perfectionnements nécessaires : _Les ingénieurs sont en train de mettre au point la nouvelle fusée._ **7.** _Au point de,_ à un degré tel que : _Véronique était désespérée, au point de vouloir s'enfuir de chez ses parents._ ● _La rivière a baissé, au point que tu peux la traverser à pied sec._ ● _Il faisait une chaleur torride, à tel point que le goudron fondait sur la chaussée._ **8.** Chacune des piqûres faites avec le fil et l'aiguille dans l'étoffe. ● _La couturière bâtit à grands points la robe, avant l'essayage._ ● Type de maille de tricot : _Ce point convient bien pour un chandail de sport, mais pas pour des chaussettes !_ **9.** Chacune des parties d'un discours, d'un exposé, d'une dissertation. **10.** Aspect, côté, élément : _Examinons les divers points de la question._ ● _En tout point,_ à tous les égards, entièrement. ● _Point fort :_ avantage. ● _Point faible :_ désavantage. **11.** Chacune des unités qui servent à évaluer la valeur d'un devoir,

point

etc. : *Ma sœur a échoué de peu : il lui manquait deux points pour être reçue à l'examen.* ● Dans un jeu ou un sport, chacune des unités qui servent à évaluer un résultat : *J'ai gagné au Ping-Pong par 21 points à 15.*

2. point, adv. ♦ Adverbe négatif qui équivaut à *pas* et qui est plus littéraire : *Veux-tu de cet argent? Moi, je n'en veux point.*

pointage, n. m. ♦ **1.** Action de pointer sur une liste. **2.** Action de pointer un canon.

point de vue, n. m. ♦ **1.** Endroit d'où l'on voit quelque chose. ● Ce que l'on voit : *Montons donc à la tour : de là-haut, le point de vue est magnifique.* **2.** Manière de voir, de comprendre les choses ; avis, opinion : *Chacun expose son point de vue, à son tour.*

pointe, n. f. ♦ **1.** Extrémité, plus ou moins aiguë. ● *Joséphine sortit sur la pointe des pieds, le plus silencieusement qu'elle put.* ● *La danseuse va faire des pointes,* danser sur la pointe des pieds. **2.** Sommet, cime : *Arthur a fait le pari de monter à la pointe du clocher.* **3.** Extrémité d'un cap : *A la pointe nord, qui marque l'entrée de la rade, un phare se dresse, tout blanc.* **4.** Clou long. **5.** *Pousser une pointe,* s'avancer loin, profondément : *Un groupe de cavaliers poussa une pointe jusqu'au village occupé par l'ennemi.* ● De pointe, qui est à l'avant-garde d'une activité, d'une évolution, d'une technique. **6.** Moment où une activité, une affluence atteint son maximum. ● *Aux heures de pointe,* il est difficile de trouver une place assise dans le métro. — CONTR. heure creuse. ● *Vitesse de pointe :* vitesse maximale.

1. pointer, v. ♦ **1.** Marquer d'un point, d'une croix, etc., sur une liste, au cours d'un contrôle : *Le professeure entra, fit l'appel et pointa sur sa liste le nom des absents.* **2.** Faire contrôler sa présence, l'heure de son arrivée ou de sa sortie : *Les ouvriers pointent en arrivant à l'usine.* ● *La*

machine à pointer est installée dans le hall d'entrée. **3.** Diriger une arme ou le tube d'un canon pour que le projectile atteigne son but : *Les artilleurs pointèrent le canon sur le fortin ennemi.*

2. pointer, v. ♦ **1.** S'élever en forme de pointe : *Le sapin noir pointe vers le ciel.* **2.** Diriger : *Ida pointa son index vers l'affiche.*

pointillé, n. m. ♦ Ligne faite d'une succession de petits points ou de petits traits.

pointilleux, euse [pwɛ̃tijø, øz], adj. ♦ Exagérément minutieux et exigeant.

pointu, ue, adj. ♦ Qui se termine par une pointe aiguë. — SYN. aigu. — CONTR. arrondi, émoussé, obtus, rond.

pointure, n. f. ♦ Nombre qui indique la dimension des chaussures, des gants, etc.

point-virgule, n. m. ♦ Signe de ponctuation (;) qui indique une pause plus forte que celle qui est marquée par la virgule, mais qui ne termine pas une phrase.

poire, n. f. ♦ Fruit du poirier.

poireau, n. m. ♦ Légume à long pied blanc et à feuilles allongées, qui se mange surtout en potage ou à la vinaigrette.

poirier, n. m. ♦ Arbre des climats tempérés qui donne la poire.

pois, n. m. ♦ **1.** *Des pois* ou *des petits pois :* légume qui se présente sous forme de petites boules vertes. ● *Pois chiche :* RE-GARDER *chiche.* **2.** *Pois de senteur :* plante cultivée pour ses fleurs, au parfum agréable. **3.** Chacun des petits dessins ronds qui décorent une étoffe et qui sont d'une couleur différente de celle du fond.

poison, n. m. ♦ Substance qui peut rendre très malade ou même tuer la personne qui l'absorbe.

poisser, v. ♦ Rendre collant, gluant.

police

poisseux, euse, adj. ♦ Collant, gluant.

poisson, n. m. ♦ **1.** Animal vertébré au corps allongé, muni de nageoires, qui vit dans l'eau. **2.** *Poisson d'avril :* fausse nouvelle qu'on annonce par plaisanterie le jour du 1er avril. **3.** *Faire une queue de poisson à un automobiliste,* se rabattre d'un seul coup devant lui après avoir doublé.

poissonnerie, n. f. ♦ Magasin du poissonnier.

poissonneux, euse, adj. ♦ *Mer, rivière poissonneuse,* où il y a beaucoup de poissons.

poissonnier, ière, n. ♦ Commerçant ou commerçante qui vend du poisson, des crustacés, des coquillages.

poitrail [pwatʀaj], n. m. ♦ Devant de la poitrine du cheval, entre le cou et les pattes. — PLUR. *des poitrails.*

poitrinaire, adj. *ou* n. ♦ Synonyme un peu vieilli de *tuberculeux.*

poitrine, n. f. ♦ **1.** Devant du buste, haut du corps, entre le cou et la ceinture. **2.** Les seins d'une femme, d'une fille.

poivre, n. m. ♦ Condiment qui a un goût très fort et qui provient du fruit du poivrier.

poivré, ée, adj. ♦ Épicé avec du poivre.

poivrier, n. m. ♦ Arbrisseau grimpant des pays chauds dont les baies, une fois séchées, sont les grains de poivre.

poivrière, n. f. ♦ Guérite en pierre, à toit conique, construite en encorbellement en haut de l'angle saillant d'un bastion. ● *Tour en poivrière,* couverte d'un toit conique.

poivron, n. m. ♦ Fruit du piment doux, de couleur verte ou rouge, qui se mange comme légume, cru ou cuit. — SYN. piment doux.

poix, n. f. ♦ Substance poisseuse tirée de la résine.

polaire, adj. ♦ Du pôle Nord ou du pôle Sud : *Moi qui crains le froid, je ne voudrais pas être explorateur dans les régions polaires !* — REGARDER *arctique, antarctique.* ● *L'étoile Polaire :* étoile qui est toujours située dans la direction du nord.

Polaroïd, n. m. ♦ Nom déposé d'un appareil photo à développement instantané.

polder [pɔldɛʀ], n. m. ♦ Aux Pays-Bas et dans d'autres pays, terrain situé au-dessous du niveau de la mer, isolé de la mer par une digue, asséché et utilisé pour l'agriculture.

pôle, n. m. ♦ **1.** *Les deux pôles de la Terre :* les deux points, *le pôle Nord* et *le pôle Sud,* situés à la surface du globe, à l'endroit où passe l'axe imaginaire autour duquel tourne la Terre. **2.** Chacune des extrémités d'un aimant. **3.** *Pôle d'attraction :* endroit qui attire les gens.

polémique, n. f. ♦ Discussion, souvent vive, qui se fait par écrit et qui résulte d'un désaccord.

polenta [pɔlɛnta], n. f. ♦ En Italie, bouillie de semoule de maïs. ● En Corse, plat fait avec de la farine de châtaignes.

1. poli, ie, adj. ♦ Qui est convenable, qui se tient bien, qui montre du respect aux gens, qui est bien élevé. — SYN. civil, correct, courtois, bien élevé. — CONTR. grossier, impertinent, impoli, incorrect, insolent, malappris, mal élevé, malotru.

2. poli, ie, adj. *ou* n. m. ♦ Bien lisse et même luisant, brillant. — CONTR. rugueux. ● *Le poli,* l'aspect lisse, poli : *Le laiton est un alliage susceptible d'un beau poli.*

1. police, n. f. ♦ Organisation qui a pour fonction d'assurer l'ordre, d'arrêter les délinquants et les criminels. ● *Agent de police :* policier en tenue. — SYN. gardien de la paix.

police

2. police, n. f. ♦ *Police d'assurance :* contrat d'assurance.

policé, ée, adj. ♦ *Une société policée,* civilisée.

polichinelle, n. m. ♦ **1.** *Polichinelle :* personnage traditionnel, laid et bossu, de la comédie italienne. **2.** *Un polichinelle :* jouet d'enfant, pantin qui a l'aspect et le costume de Polichinelle.

policier, ière, adj. *ou* n. ♦ **1.** De la police, qui est le fait de la police. ● *Roman policier,* dont le sujet est la recherche d'un criminel. ● *Film policier.* ● *Chien policier,* spécialement dressé et utilisé par la police pour certaines recherches. **2.** *Un policier, une policière :* fonctionnaire de la police en civil ou en tenue. — REGARDER *agent* (de police), *commissaire, inspecteur.*

poliomyélite, n. f. ♦ Grave maladie, due à un virus, qui attaque la moelle épinière et peut provoquer la paralysie.

polir, v. ♦ Rendre poli, bien lisse, par le frottement. — CONTR. dépolir.

polisson, onne, n. *ou* adj. ♦ Enfant mal élevé qui traîne dans les rues et qui est susceptible de faire des sottises. — SYN. chenapan, galopin, garnement, vaurien. ● Enfant turbulent ou espiègle.

politesse, n. f. ♦ **1.** Ensemble des règles qu'il faut connaître et mettre en pratique pour être bien élevé : *Quand tu croises une personne âgée que tu connais, tu dois la saluer : c'est une règle élémentaire de politesse.* — SYN. bonne éducation, bonnes manières, bon usage, civilité, convenances, courtoisie, savoir-vivre. **2.** Qualité d'une personne polie, bien élevée. — SYN. correction, courtoisie, urbanité. — CONTR. discourtoisie, grossièreté, impertinence, impolitesse, insolence.

politicien, ienne, n. ♦ Synonyme pour *homme politique* ou *femme politique.*

politique, adj. *ou* n. f. ♦ **1.** Qui concerne la direction des affaires du pays.

● *Homme politique :* ministre, député, dirigeant d'un parti. **2.** *La politique :* la conduite, la direction des affaires du pays. ● *Faire de la politique :* militer dans un parti, faire de la propagande pour un parti, etc.

pollen [pɔlɛn], n. m. ♦ Poussière jaune qui est produite par la fleur et qui joue un rôle capital dans l'apparition du fruit.

polluant, ante, adj. ♦ Qui pollue.

polluer, v. (conjugaison 19) ♦ Altérer l'eau, l'air, etc., en y introduisant des substances mauvaises pour la santé, pour les plantes, pour les animaux : *Cette usine pollue la rivière en y déversant des produits chimiques.*

pollution, n. f. ♦ Action de polluer ; état de ce qui est pollué.

polo, n. m. ♦ **1.** Sport, élégant et coûteux, dans lequel des cavaliers, divisés en deux équipes, poussent avec un maillet à long manche une boule de bois dans le camp de l'adversaire. **2.** Chemise de sport en tricot à col ouvert.

polochon, n. m. ♦ Synonyme familier de *traversin.*

polonais, aise, adj. *ou* n. ♦ De la Pologne, pays de l'Europe orientale : *Cracovie? C'est une grande et belle ville polonaise.* ● *Les Polonais. Un Polonais. Une Polonaise.* ● *Le polonais :* langue slave parlée en Pologne.

poltron, onne, adj. *ou* n. ♦ Qui a peur du moindre danger, réel ou imaginaire. — SYN. couard, craintif, lâche, peureux. — CONTR. audacieux, brave, courageux, hardi, intrépide, vaillant, valeureux.

poltronnerie, n. f. ♦ Défaut d'une personne poltronne. — SYN. couardise, lâcheté, timidité. — CONTR. audace, bravoure, courage, hardiesse, vaillance.

polychrome [pɔlikʀom], adj. ♦ Qui est peint ou décoré de plusieurs couleurs : _Tu sais que les statues grecques étaient polychromes?_

polychromie [pɔlikʀɔmi], n. f. ♦ Décoration d'une statue ou d'un édifice par application de plusieurs couleurs : _Cette statue en marbre porte des traces de polychromie._

polycopié, ée, adj. ♦ Reproduit à plusieurs exemplaires au moyen d'une machine spéciale.

polyculture, n. f. ♦ Forme d'agriculture dans laquelle on cultive des plantes diverses, dans la même région et sur la même exploitation. — CONTR. monoculture.

polygame, adj. ♦ Qui pratique la polygamie.

polygamie, n. f. ♦ Système de mariage qui existe ou a existé dans certaines sociétés et selon lequel un homme peut avoir en même temps plusieurs épouses légitimes. — CONTR. monogamie.

polyglotte, adj. _ou_ n. ♦ Qui parle plusieurs langues.

polygone, n. m. ♦ Figure fermée qui a plusieurs côtés.

polytechnicien, ienne, n. ♦ Élève de l'École polytechnique.

polytechnique, adj. _ou_ n. f. ♦ _L'École polytechnique_ ou _Polytechnique :_ école où l'on forme des ingénieurs.

polythéisme, n. m. ♦ Toute religion qui admet l'existence de plusieurs dieux. — CONTR. monothéisme.

polythéiste, adj. _ou_ n. ♦ **1.** Qui appartient au polythéisme, qui admet plusieurs dieux : _Le paganisme des Grecs et des Romains était une religion polythéiste._ — CONTR. monothéiste. **2.** Qui a un polythéisme comme religion. — CONTR. monothéiste.

polyvalent, ente, adj. ♦ Qui peut servir à plusieurs usages. ● Qui peut exercer son activité dans plusieurs domaines. ● _Une polyvalente :_ école secondaire qui assure l'enseignement général et la formation professionnelle.

pommade, n. f. ♦ Médicament, sous forme de pâte, qu'on étale sur la peau. ● Crème qu'on se passe sur les cheveux.

pommadé, ée, adj. ♦ _Cheveux pommadés,_ coiffés avec de la pommade.

pomme, n. f. ♦ **1.** Gros fruit rond à pépins, produit par le pommier. ● _Pomme à couteau,_ qui est bonne à manger crue. ● _Pomme à cidre,_ avec laquelle on fait le cidre. **2.** _Pomme de pin :_ REGARDER _pin._ **3.** _Pomme d'Adam :_ saillie sur le devant du cou. **4.** _Pomme d'arrosoir :_ élément large, percé de petits trous, qu'on adapte au bout d'un tuyau d'arrosoir quand on veut arroser en pluie.

pommé, ée, adj. ♦ _Chou pommé, laitue pommée,_ qui a une forme bien ronde et dont les feuilles sont bien serrées.

pommeau, n. m. ♦ **1.** Partie arrondie à l'extrémité de la poignée d'une épée. **2.** Partie relevée à l'avant de la selle.

pomme de terre, n. f. ♦ **1.** Légume constitué par le tubercule d'une plante appelée aussi « pomme de terre ». **2.** Plante cultivée pour son tubercule.

pommelé, ée, adj. ♦ _Ciel pommelé,_ couvert de très nombreux petits nuages ronds serrés les uns contre les autres.

pommette, n. f. ♦ Chacune des petites saillies du visage en haut des joues. ● Très petite pomme acide dont on fait de la gelée.

pommier, n. m. ♦ Arbre qui donne la pomme.

1. pompe, n. f. ♦ **1.** Déploiement de faste au cours d'une cérémonie. ● Caractère à la fois fastueux, majestueux et imposant d'une chose. — SYN. apparat, faste, magnificence, solennité, splendeur. — CONTR. austérité, simplicité. ● *En grande pompe* : avec beaucoup de belles cérémonies, de manière fastueuse, solennelle. **2.** *Les pompes funèbres* : organisme ou société qui s'occupe des obsèques.

2. pompe, n. f. ♦ Appareil qui sert à aspirer ou à refouler les liquides ou les gaz.

pomper, v. ♦ Aspirer avec une pompe : *Nous allons pomper l'eau du réservoir.*

pompeux, euse, adj. ♦ **1.** Plein de pompe, de solennité, de majesté, de faste. — SYN. fastueux, magnifique, majestueux, solennel, somptueux. — CONTR. austère, simple. **2.** D'une solennité excessive, déplacée et assez ridicule : *La mairesse du lieu prononça un discours pompeux sur les bienfaits du progrès, à l'occasion de l'inauguration de la nouvelle gare.*

pompier, ière, n. ♦ Celui, celle dont le métier est de combattre les incendies, de procéder à des sauvetages difficiles ou périlleux.

pompiste, n. m. *ou* f. ♦ Celui, celle qui tient une pompe à essence, une station-service.

pompon, n. m. ♦ Petit ornement, en forme de boule, formé de fils de laine.

pomponner (se), v. ♦ Se parer soigneusement, se maquiller, se coiffer, s'habiller avec beaucoup de soin. — REM. Ce mot est assez familier.

ponce, adj. ♦ *Pierre ponce :* pierre volcanique rugueuse, utilisée notamment pour gratter, nettoyer, polir.

ponceau, n. m. ♦ Petit pont à une seule arche.

poncer, v. (conjugaison 17) ♦ Frotter pour rendre bien lisse : *Tiens, Luc, tu vas poncer la planche avec du papier de verre.*

ponceuse, n. f. ♦ Machine à poncer.

poncho [pɔ̃ʃo], n. m. ♦ Manteau sans manches, formé d'une pièce d'étoffe rectangulaire (percée d'une fente pour le passage de la tête), qui est porté par les Indiens des Andes.

ponction [pɔ̃ksjɔ̃], n. f. ♦ **1.** Opération qui consiste à prélever du liquide dans l'organisme, au moyen d'une aiguille qu'on enfonce dans le corps, soit pour faire une analyse du liquide, soit pour dégager un organe encombré par ce liquide. **2.** *La ponction fiscale :* le prélèvement des impôts par l'État.

ponctualité, n. f. ♦ Qualité d'une personne ponctuelle. — SYN. assiduité, exactitude, rigueur. — CONTR. inexactitude, insouciance, laisser-aller, négligence.

ponctuation, n. f. ♦ Ensemble des *signes de ponctuation* (point, point d'interrogation, d'exclamation, points de suspension, les deux-points, point-virgule, virgule, tirets, parenthèse, guillemets), qui servent à marquer les pauses et les articulations logiques, dans un texte écrit.

ponctuel, elle, adj. ♦ Qui fait ce qu'il a à faire avec minutie, conscience et soin, sans retard ni négligence ; qui arrive toujours bien à l'heure. — SYN. assidu, consciencieux, exact, rigoureux. — CONTR. insouciant, négligent.

ponctuer, v. (conjugaison 19) ♦ Mettre la ponctuation : *Et n'oublie pas de ponctuer correctement ta lettre.*

pondération, n. f. ♦ Qualité d'une personne pondérée. — SYN. calme, mesure, modération, raison, sagesse. — CONTR. démesure, excès, violence.

pondéré, ée, adj. ♦ Qui est calme, réfléchi, modéré dans ses propos et sa conduite. — SYN. calme, raisonnable, réfléchi, sage. — CONTR. étourdi, irréfléchi, violent.

pondeuse, n. f. ♦ *Une bonne pondeuse :* une poule qui pond beaucoup d'œufs.

pore

pondre, v. (conjugaison **91**) ♦ Déposer, produire un œuf : _J'entends la poule qui glousse : elle a dû pondre._

poney [pɔnɛ], n. m. ♦ Cheval de race particulière, caractérisé par sa petite taille.

pont, n. m. ♦ **1.** Construction qui permet à une route ou à une voie ferrée de traverser un cours d'eau, un bras de mer, ou de passer au-dessus d'une autre route ou d'une autre voie ferrée. — REGARDER _viaduc._ **2.** Sur un navire, chacune des surfaces horizontales autres que celle qui forme le fond de la cale. **3.** Jour de congé que l'on prend en supplément en ne travaillant pas un jour ouvrable placé entre deux jours fériés.

ponte, n. f. ♦ Action de pondre.

pontife, n. m. ♦ **1.** Prêtre romain dans l'Antiquité. **2.** _Le souverain pontife :_ le pape.

pontifical, ale, aux, adj. ♦ Du pape, du Vatican : _L'administration pontificale est fort complexe._

pont-levis, n. m. ♦ Autrefois, panneau de bois qui pouvait être baissé et former un petit pont permettant de franchir le fossé devant la porte d'un château fort ou d'une ville ou qui pouvait être relevé au moyen de chaînes et venir s'appliquer contre la porte, ce qui interdisait tout passage. — PLUR. _des ponts-levis._

ponton, n. m. ♦ Construction flottante qui constitue une plate-forme et sert de quai flottant, d'embarcadère.

pop, adj. inv. _ou_ n. m. _ou_ f. ♦ _La musique pop :_ musique moderne, très vive et très rythmée. ● _Des groupes pop._ ● _Le_ (ou _la_) _pop :_ la musique pop.

pope, n. m. ♦ Dans les Églises d'Orient des pays slaves, et aussi en Grèce, prêtre orthodoxe.

populaire, adj. ♦ **1.** Du peuple. ● _Lan-_

gage populaire : langue parlée par les gens du peuple, en tant qu'elle est différente de la langue surveillée. **2.** _Un quartier populaire,_ habité par des gens modestes, des gens du peuple. — REGARDER _populeux._ **3.** Très connu et très aimé ou approuvé par une grande partie de la population. — CONTR. impopulaire.

populariser, v. ♦ Faire connaître à beaucoup de gens : _Alexandre Dumas a popularisé le personnage de D'Artagnan._

popularité, n. f. ♦ Le fait d'être très connu et très aimé.

population, n. f. ♦ L'ensemble des habitants d'une ville, d'un pays.

populeux, euse, adj. ♦ _Quartier populeux,_ où il y a beaucoup d'habitants. — REGARDER _populaire_ (sens 2).

porc, n. m. ♦ **1.** Animal domestique aux formes lourdes, élevé pour sa chair. — SYN. cochon, pourceau. **2.** Viande de cet animal. **3.** Cuir fait avec la peau de cet animal.

porcelaine, n. f. ♦ Céramique blanche, fine et translucide, faite avec une terre spéciale, le « kaolin ».

porc-épic [pɔʀkepik], n. m. ♦ Rongeur au corps trapu, recouvert de longs piquants. — PLUR. _des porcs-épics_ [pɔʀkepik].

porche, n. m. ♦ Construction ouverte, édifiée en saillie à l'extérieur du mur d'un grand édifice ou d'une église, qui abrite la porte.

porcher, n. m. ♦ Gardeur de porcs.

porcherie, n. f. ♦ Local où on loge les porcs.

pore, n. m. ♦ Chacun des orifices minuscules que l'on a sur la peau et par lesquels s'écoule la sueur.

poreux

poreux, euse, adj. ♦ Qui laisse passer l'eau à travers de tout petits trous. — SYN. perméable. — CONTR. imperméable.

porphyre [pɔʀfiʀ], n. m. ♦ Roche volcanique rouge sombre, qui constitue une belle pierre de construction.

1. port, n. m. ♦ **1.** Ensemble de bassins, de quais et d'installations qui permettent l'embarquement ou le débarquement des passagers d'un bateau, le chargement ou le déchargement des marchandises d'un navire ; endroit aménagé pour que les navires puissent s'arrêter et rester à l'abri. ● *Arriver à bon port :* terminer son voyage sans accident, arriver en bon état à destination. **2.** Ville où il y a un port (au sens précédent) : *Halifax et Vancouver sont des ports de mer.*

2. port, n. m. ♦ Col, dans les Pyrénées.

3. port, n. m. ♦ **1.** Action de porter sur soi (un vêtement, etc.) : *Sur le chantier, le port du casque est obligatoire.* ● *Port d'armes :* position du soldat qui présente les armes. ● *Port d'arme,* action d'avoir une arme sur soi : *Le voyou avait un pistolet dans sa poche, il est inculpé de port d'arme prohibé.* **2.** Prix du transport d'une lettre, d'un colis : *J'ai envoyé une boîte de bonbons à tante Irma, j'ai payé trois dollars de port.* **3.** Manière de tenir, de se tenir : *Ce danseur a un très beau port de tête.*

portable, adj. ♦ Qu'on peut encore mettre, porter : *Ce vieux manteau n'est plus portable !* — REM. Ne dites pas *portable* pour *portatif.*

portage, n. m. ♦ Action de porter une embarcation d'un endroit à un autre ou d'un cours d'eau à un autre.

portail, n. m. ♦ Grande porte de jardin, de parc, de palais, d'église.

portant, adj. ♦ **1.** *Bien portant :* en bonne santé. ● *Mal portant.* **2.** *A bout portant :* le canon de l'arme touchant presque la personne ou la chose visée.

portatif, ive, adj. ♦ Qu'on peut transporter, déplacer facilement : *Tu sais, une machine à écrire portative n'est pas plus encombrante qu'une mallette.*

porte, n. f. ♦ **1.** Panneau mobile qu'on peut faire pivoter ou glisser (*porte coulissante*) pour fermer ou pour ouvrir l'accès à un édifice, à une salle, à un meuble, etc. ● *Trouver porte close :* ne pas trouver chez elle la personne qu'on va voir. ● *Frapper à la bonne porte :* s'adresser à la personne ou au service qu'il faut pour se faire aider, se renseigner. **2.** Ouverture qui donne accès à un édifice, à une salle, etc. ● *Mettre à la porte :* chasser, expulser. **3.** Endroit par où l'on entre dans une ville, par exemple *la porte Saint-Jean* à Québec. **4.** Espace libre entre deux piquets, sur une piste de slalom.

porte à faux (en), loc. adv. ♦ Qui est soutenu d'un seul côté et dont une partie est en surplomb : *Les tribunes du stade sont en porte à faux.* ● *Être en porte à faux,* dans une position fausse, difficile.

porte-à-faux, n. m. inv. ♦ *Un porte-à-faux :* partie d'une construction qui est en porte à faux.

porte-à-porte, n. m. inv. ♦ *Faire du porte-à-porte :* aller de logement en logement pour vendre ou proposer une marchandise à domicile, pour quêter, etc.

porte-avions, n. m. inv. ♦ Navire de guerre qui comporte un grand pont bien dégagé, d'où peuvent décoller et où peuvent se poser des avions de combat.

porte-bagages, n. m. inv. ♦ Support horizontal sur lequel on met les bagages, sur une bicyclette, une moto.

porte-bonheur, n. m. inv. ♦ Objet qui est supposé porter chance. — SYN. amulette, fétiche, talisman.

porte-cartes, n. m. inv. ♦ Sorte de portefeuille à poches transparentes, où l'on range la carte d'identité, le permis de conduire.

porte-cigarettes, n. m. inv. ◆ Étui à cigarettes, en métal ou en cuir.

porte-clés ou **porte-clefs,** n. m. inv. ◆ Anneau, objet ou étui où sont accrochées plusieurs clefs et que l'on met dans sa poche ou dans son sac à main.

porte-crayon, n. m. ◆ Tube en métal dans lequel on introduit un bout de crayon pour pouvoir l'utiliser. — PLUR. _des portecrayons._

porte-documents, n. m. inv. ◆ Serviette plate dans laquelle on peut mettre des documents peu épais.

porte-drapeau, n. m. ◆ Militaire qui porte le drapeau d'un régiment. — PLUR. _des porte-drapeaux._

portée, n. f. ◆ **1.** Ensemble des petits qu'une femelle met bas en une seule fois. **2.** Distance maximale à laquelle une arme porte, tire : _Ces canons de marine ont une portée de 25 000 mètres._ ● Distance à laquelle on peut tendre le bras pour saisir, pour frapper : _Sur ma table, tous les livres sont **à la portée de ma main.** ● A la portée de quelqu'un :_ qui peut être fait, obtenu, acheté par quelqu'un. ● _Cette belle voiture de luxe n'est pas **à la portée de toutes les bourses.** ● Conséquences, effet produit : A ton avis, quelle sera la portée de cette mesure du gouvernement ?_ **3.** Distance entre deux poutres, deux piliers, deux points d'appui. **4.** Ensemble de lignes parallèles sur lequel on écrit les notes de musique.

porte-fenêtre, n. f. ◆ Fenêtre qui descend jusqu'au sol et qui sert de porte. — PLUR. _des portes-fenêtres._

portefeuille, n. m. ◆ Sorte d'enveloppe en cuir que l'on glisse dans sa poche ou dans son sac à main et où l'on met des billets de banque, des papiers d'identité.

porte-hélicoptères, n. m. inv. ◆ Navire de guerre d'où peuvent décoller et où peuvent se poser des hélicoptères.

portemanteau, n. m. ◆ Crochet, objet ou meuble où l'on suspend ses vêtements.

portemine, n. m. ◆ Instrument qui sert à écrire et dans lequel on met des mines de crayon fines.

porte-monnaie, n. m. inv. ◆ Petit sac où l'on met des pièces de monnaie et quelques billets et que l'on porte sur soi. — SYN. bourse.

porte-parapluies, n. m. inv. ◆ Objet dans lequel on dépose verticalement des parapluies ou des cannes.

porte-parole, n. m. inv. ◆ Personne qui est chargée de parler au nom de quelqu'un, au nom d'un groupe.

porter, v. ◆ **1.** Déplacer en tenant à la main ou sur soi : _La vieille paysanne corse arriva, portant une jarre pleine d'eau sur la tête._ ● Emporter : _Tiens, porte donc le transistor chez le réparateur._ — CONTR. rapporter. **2.** Avoir sur soi un vêtement : _Maryse portait un chemisier blanc et un pantalon rouge vif._ **3. _Porter un nom,_** avoir tel nom : _Cette fleur porte le nom de « renoncule »._ **4. _Bien se porter :_** avoir une bonne santé. **5. _Porter sur,_** avoir tel sujet : _Le débat portera sur la liberté de la presse._ **6.** Avoir telle portée : _Ce canon sans recul porte à 1 500 mètres._ **7.** Avoir de l'effet : _Tu as vu ? Ma remarque a porté !_

porte-savon, n. m. ◆ Support (ou petite niche dans un mur) où l'on met le savon, une savonnette. — PLUR. _des portesavons._

porte-serviettes, n. m. inv. ◆ Support où l'on met les serviettes de toilette, pour qu'elles sèchent.

porteur, euse, n. ◆ **1.** Celui, celle qui détient et a sur soi quelque chose : _Un messager arriva : il était porteur d'un ordre du roi._ **2.** Celui, celle qui porte quelque chose. _Un porteur :_ dans une gare, celui qui porte les bagages.

porte-voix

porte-voix, n. m. inv. ♦ Instrument qui renforce la voix.

portier, ière, n. ♦ *Portier d'hôtel :* employé qui garde le hall d'un hôtel, donne les clefs, renseigne les clients.

portière, n. f. ♦ Porte d'une automobile, d'une voiture de chemin de fer.

portillon, n. m. ♦ Petite porte dont le battant monte à mi-hauteur.

portion, n. f. ♦ **1.** Part de nourriture pour une personne. — SYN. part, ration. **2.** Partie d'un ensemble. — SYN. fragment, morceau, parcelle, partie, section.

portique, n. m. ♦ **1.** Construction constituée par un toit qui est soutenu par des colonnes et qui est ou non fermé par un mur sur l'un de ses côtés. **2.** Poutre fixée sur des montants à laquelle on accroche des agrès, une balançoire, etc.

porto, n. m. ♦ Vin un peu sucré, rouge ou blanc, produit dans la région de Porto, au Portugal.

portrait, n. m. ♦ **1.** Peinture, dessin ou photographie qui représente une personne. ● Texte qui décrit une personne, au physique ou au moral. **2.** *Être le portrait de quelqu'un,* lui ressembler beaucoup : *Juliette est tout le portrait de sa tante Isabelle.*

portuaire, adj. ♦ D'un port : *Des grues, des entrepôts, des cuves ! L'équipement portuaire de Montréal est très complet !*

portugais, aise, adj. ou n. ♦ Du Portugal, pays situé à l'ouest de l'Espagne. ● *Les Portugais, Un Portugais. Une Portugaise.* ● *Le portugais :* langue qui vient du latin et qui est parlée au Portugal.

pose, n. f. ♦ **1.** Action de poser. — SYN. fixation, installation. — CONTR. dépose. **2.** Attitude du corps : *Devant l'objectif de l'appareil photo, Arlette s'immobilisa et prit ensuite une pose très étudiée.* — SYN. attitude, position, posture. **3.** *Temps de pose :*

temps nécessaire pour que la pellicule photographique soit impressionnée. — REM. N'écrivez pas comme *pause* : « temps d'arrêt ».

posé, ée, adj. ♦ Calme, sérieux, réfléchi. — SYN. maître de soi, raisonnable, tranquille. — CONTR. agité, brusque, étourdi, impulsif.

posément, adv. ♦ Calmement, tranquillement, en prenant son temps.

poser, v. ♦ **1.** Mettre un objet sur un autre : *Le visiteur posa son chapeau sur ses genoux après s'être assis.* — SYN. déposer, mettre, placer. ● CONTR. enlever. ● Fixer : *La plombière a posé les robinets.* — SYN. fixer, installer. — CONTR. enlever, déposer. ● *Se poser,* se mettre, se placer : *Un corbeau vint se poser sur le tas d'immondices.* **2.** *Poser une question,* l'exprimer. ● *Poser sa candidature :* faire connaître officiellement qu'on est candidat. **3.** Rester immobile, dans une certaine attitude, devant le peintre ou le photographe, pour se faire peindre ou photographier : *Patricia aimerait poser pour des photographes de mode.*

positif, ive, adj. ♦ **1.** *Nombre positif,* plus grand que zéro. — CONTR. négatif. **2.** *Réponse positive,* affirmative. — CONTR. négatif.

position, n. f. ♦ **1.** Manière de se tenir : *Debout sur un seul pied ? En voilà une drôle de position !* — SYN. attitude, pose, posture. **2.** Endroit où une chose se trouve : *L'avion donna sa position : il était à la verticale du lac Winnipeg.* **3.** Avis, opinion, décision ou exigence : *Il maintient ses positions ? Nous aussi, nous restons fermes sur nos positions !* ● *Prendre position :* se décider, en adoptant et en faisant connaître un avis, une opinion, une intention.

posséder, v. (conjugaison 11) ♦ Avoir : *Mes parents possèdent une ferme dans l'Estrie.* ● *Irène possède de réelles qualités.* — CONTR. être dépourvu de.

possesseur, n. m. ♦ Celui qui possède quelque chose. — SYN. propriétaire.

possessif, adj. *ou* n. m. ✦ *Adjectifs possessifs :* adjectifs tels que *mon, ton, son, notre, votre, leur.* ● *Pronoms possessifs :* pronoms tels que *le mien, le tien, le sien, le nôtre, le vôtre, le leur.*

possession, n. f. ✦ **1.** Action de posséder. ● *Être en la possession de,* être détenu par : *Ces documents étaient en la possession du chef.* **2.** Colonie, territoire qui appartient à un pays : *A cette époque, le Pérou et la Colombie étaient des possessions espagnoles.*

possibilité, n. f. ✦ **1.** *Avoir la possibilité de,* pouvoir : *Je voudrais bien avoir la possibilité de vous aider.* — CONTR. être dans l'impossibilité de. **2.** Cas qui peut se présenter : *Examinons bien toutes les possibilités.* — SYN. éventualité.

possible, adj. *ou* n. m. ✦ **1.** Qui peut être fait, accompli. — SYN. faisable. — CONTR. impossible. ● *Autant que possible :* de préférence, si cela est possible. ● *Le possible,* ce qu'on peut faire : *J'ai fait tout mon possible pour vous donner satisfaction.* **2.** Qui peut se produire, sans être certain : *Examinons tous les cas possibles.*

postal, ale, aux, adj. ✦ **1.** De la poste, des postes : *Le fourgon postal part à 5 heures.* **2.** *Carte postale :* REGARDER *carte,* sens 1.

1. poste, n. f. ✦ **1.** Service qui achemine les lettres, les colis, les mandats. **2.** Bureau de poste : *Si tu passes devant la poste, tu regarderas l'heure de la dernière levée.*

2. poste, n. m. ✦ **1.** Endroit où un soldat ou un travailleur doit être pour faire ce qu'il a à faire : *Le soldat s'est endormi à son poste.* **2.** Place, emploi : *Notre voisine occupait un poste important, c'est une ancienne ambassadrice.* **3.** *Poste (de police) :* local où les policiers tiennent une permanence. **4.** *Poste de pilotage :* endroit d'un avion où se tient le pilote. **5.** Installation ou appareil qui sert à émettre ou à recevoir des signaux, les émissions de radio ou de télévision. ● *Un poste émetteur.* ● *Un poste de radio, de télévision.*

1. poster, v. ✦ Mettre, placer quelqu'un à un endroit pour qu'il y fasse quelque chose, qu'il guette, qu'il surveille : *Le chef posta douze sentinelles autour du camp.*

2. poster, v. ✦ Mettre (une lettre) à la poste. — REM. L'emploi de ce mot est critiqué et déconseillé.

postérieur, eure, adj. *ou* n. m. ✦ **1.** Qui est à l'arrière : *La girafe a les pattes postérieures plus courtes que les pattes antérieures.* — CONTR. antérieur. ● *Le postérieur :* synonyme familier de *fesses.* **2.** Qui vient après : *La fondation de Montréal est postérieure à celle de Québec.* — CONTR. antérieur.

postérité, n. f. ✦ **1.** Ensemble des descendants. — SYN. descendance. — CONTR. ascendance. **2.** L'ensemble des hommes qui naîtront plus tard : *La postérité reconnaîtra un jour ses talents.*

posthume, adj. ✦ Qui vient après la mort : *Ignorée de son vivant, cette poète eut une immense gloire posthume.* ● *Œuvre posthume,* publiée après la mort de son auteur. ● *Fils posthume,* né après la mort de son père.

postiche, adj. *ou* n. m. ✦ *Barbe postiche :* fausse barbe. ● *Cheveux postiches :* faux cheveux, perruque. ● *Un postiche :* une perruque.

postier, ière, n. ✦ Employé, employée des postes.

post-scriptum [pɔstskriptɔm], n. m. inv. ✦ Petit texte ajouté en bas d'une lettre, après la signature. — Abréviation : *P.-S.*

postulant, ante, n. ✦ Personne qui pose sa candidature à un poste, à un emploi.

postulat, n. m. ✦ En géométrie, proposition qu'on admet comme point de départ d'une série de théorèmes, sans pouvoir la démontrer.

postuler

postuler, v. ◆ Demander un poste, un emploi : *Seuls, les titulaires d'un diplôme en droit peuvent postuler ce poste de fonctionnaire.*

posture, n. f. ◆ Position du corps. — SYN. attitude, pose, position.

pot, n. m. ◆ **1.** Nom de divers récipients. ● *Un pot à lait.* ● *Un pot de fleurs.* **2.** *Pot d'échappement :* partie élargie du tuyau d'échappement d'un véhicule, celle où les gaz se détendent, ce qui atténue le bruit.

potable, adj. ◆ *Eau potable,* que l'on peut boire sans danger, qui n'est pas polluée.

potage, n. m. ◆ Soupe.

potager, ère, adj. *ou* n. m. ◆ *Plante potagère :* plante cultivée comme légume. ● *Un jardin potager* ou *un potager :* un jardin où l'on cultive des légumes.

potasse, n. f. ◆ Substance chimique utilisée notamment comme engrais.

pot-au-feu [pɔtofφ], n. m. inv. ◆ Mets constitué par un gros morceau de bœuf et des légumes qu'on a fait bouillir ensemble.

poteau, n. m. ◆ Poutre ou pièce de bois allongée, plantée verticalement dans le sol pour servir de support, de pilier. ● *Poteau d'exécution :* poteau auquel on attache le condamné pour le fusiller.

potelé, ée, adj. ◆ Un peu gras et bien en chair : *Le bébé agitait ses petits bras potelés.* — SYN. dodu, grassouillet. — CONTR. décharné.

potence, n. f. ◆ Assemblage d'un poteau et d'une poutre horizontale, qui sert à pendre un condamné. — REGARDER *gibet.*

potentat [pɔtɑ̃ta], n. m. ◆ Souverain tout-puissant, parfois tyrannique. — SYN. despote, tyran.

1. potentiel [pɔtɑ̃sjɛl], n. m. ◆ Capa-cité de produire, de combattre. ● *Le potentiel industriel d'un pays.* ● *Le potentiel militaire.* — SYN. capacité, puissance.

2. potentiel, adj. ◆ Qui existe théoriquement : *Cette chaîne de télévision touche plus de cinq millions de téléspectateurs potentiels.* ● *Public potentiel.*

poterie, n. f. ◆ **1.** Métier du potier ; art de faire des objets en argile. — SYN. la céramique. **2.** Objet en argile cuite.

poterne, n. f. ◆ Petite porte dérobée, percée dans un rempart de château fort ou de ville et donnant sur le fossé.

potiche, n. f. ◆ Grand vase décoratif.

potier, ière, n. ◆ Celui, celle qui fait des récipients, des vases, des objets en argile.

potin, n. m. ◆ *Des potins :* paroles, souvent malveillantes, qui se répètent de personne à personne. — SYN. bavardage, cancan, commérage, ragot.

potion [posjɔ̃], n. f. ◆ Médicament qui se prend sous forme liquide.

potiron, n. m. ◆ Grosse citrouille, jaune ou rouge.

pou, n. m. ◆ Insecte qui vit en parasite dans les cheveux ou sur la peau de l'homme ou sur les animaux. — PLUR. *des poux.*

pouah ! interj. ◆ Interjection qui exprime le dégoût, la répugnance devant une chose sale ou peu appétissante.

poubelle, n. f. ◆ Boîte ou caisse où l'on met les ordures, les déchets.

pouce, n. m. ◆ **1.** Le plus gros des doigts de la main. ● *Se tourner les pouces :* être oisif, inoccupé. ● *Pouce!* cri par lequel on annonce l'arrêt momentané d'un jeu, en levant un pouce en l'air. ● *Faire du pouce :* faire de l'auto-stop. ● *Sur le pouce :* en auto-stop. **2.** Ancienne mesure de longueur valant 2,54 cm. ● *Il ne veut pas reculer d'un pouce* (= il ne veut pas reculer du tout).

pouceur (pouceux), euse, n. ♦ Personne qui fait de l'auto-stop.

poudre, n. f. ♦ **1.** Substance à l'état de petits grains extrêmement fins. • _Du sucre en poudre._ **2.** Substance en poudre fine qu'on applique sur le visage, pour se maquiller. **3.** Substance que l'on met dans les cartouches et qui, enflammée, propulse le projectile. • _La poudre à canon._

poudrer (se), v. ♦ Se mettre de la poudre sur le visage.

poudrerie, n. f. ♦ Neige fine soulevée et poussée par le vent.

poudreux, euse, adj. ♦ **1.** Couvert de poussière. **2.** Qui se présente sous forme de poudre. • _La neige poudreuse._

poudrière, n. f. ♦ Édifice où l'on entrepose les explosifs.

poudroyer, v. (conjugaison 21) ♦ Produire de la poussière, qui s'élève dans l'air : _Le vent se lève sur les chemins desséchés, et ceux-ci poudroient dans la lumière du soir._ • Briller à travers un nuage de poussière : _Le soleil poudroie sur le désert de pierres._

pouf, n. m. ♦ Siège constitué par un gros coussin posé sur le sol.

pouffer, v. ♦ Rire d'un rire étouffé.

pouilleux, euse, adj. _ou_ n. ♦ **1.** Qui a des poux. **2.** Qui est très pauvre : _Des familles pouilleuses vivaient, sans ressources, dans ces taudis sordides._ • _Des pouilleux._

poulailler, n. m. ♦ Cage, abri où l'on élève des poules.

poulain, n. m. ♦ Cheval ou jument de moins de trente mois ; petit du cheval. — REGARDER _pouliche._

poularde, n. f. ♦ Jeune poule qu'on a nourrie spécialement pour l'engraisser.

poule, n. f. ♦ **1.** Femelle du coq. **2.** _Nid de poule :_ ornière profonde, trou dans la chaussée. • _Avoir la chair de poule :_ avoir la peau dont les poils se hérissent, sous l'effet du froid ou de la peur. • _Poule mouillée :_ personne timorée, faible, peureuse.

poulet, n. m. ♦ Jeune poule ou jeune coq ; chair de cet animal.

pouliche, n. f. ♦ Jument âgée de plus de trente mois, mais non encore adulte.

poulie, n. f. ♦ Roue sur laquelle passe un câble, une corde ou une courroie.

poulpe, n. m. ♦ Synonyme de _pieuvre._

pouls [pu], n. m. ♦ Battement du sang dans les artères, spécialement au niveau du poignet.

poumon, n. m. ♦ Chacun des deux organes que l'on a dans la poitrine et qui se remplissent et se vident d'air quand on respire.

poupe, n. f. ♦ Arrière d'un navire. — REGARDER _proue._

poupée, n. f. ♦ Jouet qui a l'apparence, la figure d'une personne, d'un enfant.

poupin, ine, adj. ♦ _Visage poupin, figure poupine,_ qui a une forme ronde, avec de grosses joues, comme un visage de poupée.

poupon, n. m. ♦ Bébé. — SYN. nourrisson.

pouponner, v. ♦ S'occuper d'un bébé, le bercer, etc. : _Depuis la naissance de mon petit frère, grand-mère est ravie ! Elle peut pouponner toute la journée !_

pouponnière, n. f. ♦ Établissement où, pendant la journée, on garde les bébés et où l'on en prend soin. — SYN. crèche.

pour

pour, prép. *ou* n. m. ♦ **1.** Indique la destination ou le destinataire : *Demain, je pars pour Moncton. C'est pour toi que j'ai acheté ce gâteau.* **2.** Indique le but : *Je t'écris pour t'annoncer mon arrivée.* ● *Je t'écris **pour** que tu saches que je viendrai bientôt.* **3.** Indique la cause, le motif : *Annie a reçu des félicitations pour son travail et sa bonne conduite.* **4.** Indique la durée : *Nous partons pour deux semaines.* **5.** Indique le remplacement, la substitution : *Ne dites pas* caneçon *pour* caleçon. ● Indique l'échange : *Combien aurai-je de francs pour 100 dollars ?* — SYN. contre (sens 4). ● Indique le prix : *Pour deux dollars, j'ai eu trois cahiers.* **6.** Indique le choix en faveur de quelqu'un ou de quelque chose : *Je vote pour Marius : il fera un excellent délégué de classe.* — CONTR. contre. ● *Le pour et le contre :* les avantages et les inconvénients.

pourboire, n. m. ♦ Somme d'argent qu'on donne à un garçon de café, de restaurant, à un employé d'hôtel, à un chauffeur de taxi, à un garçon coiffeur, en plus du prix à payer obligatoirement.

pourceau, n. m. ♦ Synonyme de *porc.*

pourcentage, n. m. ♦ Proportion pour cent.

pourchasser, v. ♦ Poursuivre pour chasser ou pour rattraper.

pourfendre, v. (conjugaison 81) ♦ Battre, vaincre : *Quel ennemi vas-tu pourfendre avec ton épée en bois ?*

pourlécher (se), v. ♦ Se passer la langue sur les lèvres, après avoir mangé quelque chose de bon. ● *Se pourlécher les babines.*

pourparlers, n. m. pl. ♦ Conversations ou négociations, en vue d'arriver à un accord. — SYN. conférence, négociation.

pourpoint, n. m. ♦ Du XIIIᵉ au XVIIᵉ siècle, vêtement d'homme qui couvrait le haut du corps, du cou à la ceinture.

pourpre, n. f. *ou* adj. ♦ **1.** Dans l'Antiquité, matière colorante extraite d'un mollusque marin. **2.** Couleur d'un rouge vif tirant sur le violet. **3.** Étoffe ou vêtement de couleur rouge-violet : *Les empereurs romains revêtaient la pourpre.* ● *La pourpre,* la dignité impériale ou royale : *Il renonça à la pourpre impériale.* **4.** D'une couleur rouge vif tirant sur le violet : *Des nuages pourpres illuminent le ciel, là-bas, au couchant.*

pourquoi, adv. ♦ **1.** Pour quelle cause, pour quelle raison : *Mais enfin, pourquoi fais-tu la tête ?* **2.** *C'est pourquoi,* c'est pour cette raison que : *Ma tante est malade, c'est pourquoi elle ne viendra pas nous voir.*

pourrir, v. ♦ Se décomposer, s'altérer, devenir mou et liquide, ou se gâter en prenant mauvais goût, mauvaise odeur. ● *Des fruits pourris.* ● *Des œufs pourris.*

pourriture, n. f. ♦ **1.** Processus par lequel une chose pourrit. **2.** Chose en train de pourrir.

poursuite, n. f. ♦ **1.** Action de poursuivre : *Deux passants se lancèrent à la poursuite du voleur.* **2.** *Des poursuites :* enquête et procès qu'on fait contre quelqu'un qui n'a pas obéi à la loi ou au règlement. ● *Des poursuites judiciaires.*

poursuivre, v. (conjugaison 103) ♦ **1.** Courir ou aller derrière quelqu'un pour le rattraper : *Les deux hommes poursuivirent le chien qui avait rompu sa laisse.* — SYN. pourchasser. **2.** *Poursuivre quelqu'un en justice,* lui faire un procès. **3.** Continuer : *Ma sœur veut poursuivre ses études jusqu'au baccalauréat et peut-être même jusqu'à la maîtrise.* — CONTR. arrêter, cesser, mettre fin à, interrompre. ● Continuer de parler : *Poursuivez votre histoire, je veux connaître la fin.*

pourtant, adv. ♦ Malgré cela : *Thérèse paraît petite et mince, pourtant elle est forte et robuste.* — SYN. cependant, néanmoins.

pourtour, n. m. ♦ Ligne, bande qui forme le tour, l'entourage d'une surface. — SYN. bord, bordure, périphérie.

pourvoir, v. (conjugaison **68**) ♦ Fournir quelque chose à quelqu'un : *La jeune femme partait pour Paris. Son oncle l'avait pourvue d'une lettre de recommandation.* — SYN. munir. ● *Je me suis pourvu d'une paire de bottes en caoutchouc et d'un gros imperméable à capuchon pour le cas où il pleuvrait.* — SYN. se munir, s'équiper.

1. pourvu, ue, adj. ♦ Qui a quelque chose : *Elle est pourvue d'une belle fortune.* — SYN. nanti. — CONTR. démuni, dépourvu.

2. pourvu (que), loc. conj. ♦ **1.** Exprime un souhait, un vœu : *Pourvu que Fernand n'ait pas oublié qu'il avait rendez-vous!* **2.** Exprime une condition : *Tu peux t'inscrire au club, pourvu que tu aies dix-huit ans au moins.*

pousse, n. f. ♦ Bourgeon naissant. ● Petite branche naissante. ● Plante qui commence à sortir de terre.

poussé, ée, adj. ♦ Mené loin, fait de manière approfondie : *Des recherches poussées ont permis d'arriver aux conclusions suivantes.* — CONTR. rapide, sommaire, superficiel.

poussée, n. f. ♦ **1.** Action de pousser : *Sous la poussée du vent, le panneau s'est renversé.* — REGARDER pesée. **2.** Brusque accès, crise soudaine. ● *Une poussée de fièvre.*

pousser, v. ♦ **1.** Faire avancer en s'appuyant, faire mouvoir devant soi : *Un ouvrier terrassier poussait une brouette.* ● *Se pousser,* se déplacer en allant un tout petit peu plus loin ou en se serrant : *Pousse-toi, voyons, tu occupes toute la place à toi seul!* **2.** *Pousser quelqu'un à,* l'inciter à faire quelque chose : *Voyons, est-ce Laure qui t'a poussé à faire cette farce stupide?* — SYN. conseiller, inciter. — CONTR. détourner, dissuader. **3.** *Pousser quelqu'un à bout,* le mettre dans un état d'extrême exaspération. **4.** Poursuivre, continuer : *Poussons nos*

recherches plus loin. ● *Ne poussez pas la plaisanterie trop loin!* **5.** Émettre, faire entendre : *L'enfant, furieux, frappait le sol du pied en poussant des hurlements.* **6.** *Un végétal pousse,* apparaît, croît, vit et se développe : *Le blé pousse bien dans cette terre meuble et riche.*

poussière, n. f. ♦ Terre ou débris sales, en grains très fins. ● *Faire mordre la poussière à (un adversaire),* le battre complètement, le terrasser.

poussiéreux, euse, adj. ♦ Couvert de poussière. — SYN. poudreux (sens I).

poussif, ive, adj. ♦ Qui a du mal à respirer, du fait de l'âge, de la maladie ou d'un embonpoint excessif.

poussin, n. m. ♦ Petit de la poule (et de quelques oiseaux) couvert seulement de duvet.

poutine, n. f. ♦ Mets composé de pommes de terre et de fromage cuit dans de l'eau ou de la graisse.

poutre, n. f. ♦ Forte pièce de bois ou de fer, de forme allongée, qui soutient un plafond, un pont, etc.

poutrelle, n. f. ♦ Petite poutre métallique.

1. pouvoir, v. (conjugaison **67**) ♦ **1.** Avoir la force, les capacités, les aptitudes, les moyens de faire quelque chose : *Ma petite sœur ne peut pas porter ce sac de cinquante kilos!* ● *Je suis très fatiguée, je n'en peux plus.* **2.** Avoir la permission, le droit : *Un automobiliste ne peut pas rouler sans permis de conduire.* **3.** Indique une incertitude, une possibilité, une éventualité : *Mon amie peut avoir manqué le train : cela expliquerait son retard.* ● *Il se peut que je sois empêché de venir dimanche.*

2. pouvoir, n. m. ♦ **1.** Capacité de faire quelque chose : *Je n'ai pas le pouvoir de transformer le monde!* — SYN. aptitude, capacité, force, moyen. ● *Le pouvoir d'achat :*

pouvoir

capacité d'acheter plus ou moins de choses, qui est déterminée par le rapport entre la valeur de la monnaie et le niveau des prix. **2.** Possibilité de gouverner un pays : *Le roi n'avait plus le pouvoir, c'étaient les rebelles qui dictaient leur loi.* ● **Les pouvoirs publics :** le gouvernement, l'administration.

prairie, n. f. ♦ Vaste terrain couvert d'herbe, pour la nourriture des animaux. — SYN. herbage, pâturage, pré.

praline, n. f. ♦ Bonbon fait avec une amande grillée enrobée d'une sorte de caramel.

praliné, ée, adj. *ou* n. m. ♦ **1.** Fourré ou parfumé avec un mélange d'amandes et de sucre cuit. ● **Des bonbons pralinés.** **2.** **Du praliné :** mélange de chocolat et d'amandes pilées.

praticable, adj. ♦ Où l'on peut passer : *Ce chemin, boueux et défoncé, n'est plus praticable.* — CONTR. impraticable.

praticien, ienne, n. ♦ Médecin ou dentiste exerçant effectivement la médecine ou l'art dentaire.

pratiquant, ante, adj. *ou* n. ♦ Qui pratique sa religion.

1. pratique, n. f. ♦ **1.** Application effective d'une théorie, d'un savoir abstrait. — SYN. application. — CONTR. théorie. ● **Mettre en pratique,** appliquer : *Maintenant, nous allons mettre en pratique les connaissances théoriques acquises.* **2.** Action de pratiquer une activité, de s'y livrer effectivement : *Ma mère est informaticienne depuis quinze ans : elle a une longue pratique de son métier.* **3.** Action, acte, habitude, activité : *Mettre de l'eau dans le lait qu'on vend, c'est une pratique interdite par la loi, bien sûr !* **4.** **Les pratiques religieuses :** actes du culte (récitation de prières, assistance aux offices, etc.), accomplis par les fidèles d'une religion.

2. pratique, adj. ♦ **1.** Commode, facile à utiliser : *Ce tire-bouchon est peut-être très perfectionné, mais il n'est guère*

pratique : *il se coince à chaque fois !* — CONTR. incommode. **2.** Qui concerne l'application et non la théorie ou le principe : *Voici les conséquences pratiques de la décision du comité.* **3.** **Travaux pratiques :** en physique-chimie et en sciences naturelles, expériences que les élèves doivent faire eux-mêmes.

pratiquer, v. ♦ **1.** Exercer une activité : *Jim pratique la natation et l'athlétisme.* ● **Pratiquer une langue,** s'en servir, la parler de manière habituelle. **2.** Percer, ouvrir, aménager : *On avait pratiqué dans le mur du fond une petite porte dérobée.* **3.** Accomplir les actes religieux propres à une religion (récitation de prières, assistance aux offices, etc.) : *Ma voisine est croyante, mais elle ne pratique pas.*

pré, n. m. ♦ Vaste terrain couvert d'herbe pour la nourriture des animaux. — SYN. herbage, pâturage, prairie.

préalable, adj. *ou* n. m. ♦ Qui vient avant une autre action : *On ne peut commencer la construction du tunnel sans une étude préalable de la nature du terrain.* ● **Un préalable :** ensemble de conditions qui doivent être remplies avant le début d'une action ou d'une négociation. — SYN. antérieur. — CONTR. postérieur, successif. ● **Au préalable :** auparavant.

préambule, n. m. ♦ Entrée en matière, texte ou paroles qui précèdent l'exposé proprement dit de l'essentiel de ce qu'on a à dire. — SYN. avant-propos, avertissement, entrée en matière, introduction, préface, prologue.

préau, n. m. ♦ Construction largement ouverte, toit soutenu par un mur et des poteaux ou des piliers, qui sert d'abri pour les jours de pluie, dans une cour d'école.

précaire, adj. ♦ Fragile, dont l'avenir est incertain et la durée peu assurée. — SYN. instable, provisoire. — CONTR. définitif, durable, fort, permanent, solide, stable.

précarité, n. f. ♦ Caractère de ce qui est précaire.

précaution, n. f. ♦ **1.** Ce qu'on fait, à l'avance, pour éviter une chose fâcheuse : *Si tu fais du ski, prends une assurance contre les accidents : c'est une bonne précaution.* — SYN. garantie. **2.** Manière d'agir prudente : *Sur la planche qui traverse le torrent, le chasseur avançait avec précaution.* — SYN. attention, circonspection, prudence. — CONTR. étourderie, imprudence, inattention, témérité.

précautionneux, euse, adj. ♦ Qui agit avec précaution. ● Qui est fait avec précaution.

précédemment, adv. ♦ Auparavant. — SYN. antérieurement. — CONTR. ensuite, postérieurement.

précédent, ente, adj. *ou* n. ♦ **1.** Qui vient avant autre chose : *Nous étions en juillet ; la campagne était sèche, car le mois précédent il n'avait pas plu un seul jour.* — SYN. antécédent, antérieur. — CONTR. suivant, postérieur. **2.** *Un précédent :* un fait analogue qui s'est produit auparavant. ● *Sans précédent :* sans exemple antérieur.

précéder, v. (conjugaison 11) ♦ **1.** Venir avant (dans le temps) : *Dans la période qui a précédé l'examen, ma sœur a été très inquiète.* — CONTR. suivre. **2.** Marcher, avancer devant (dans l'espace) : *Un escadron de la gendarmerie à cheval précédait la voiture du roi.* — CONTR. suivre.

précepte, n. m. ♦ Formule qui exprime un conseil, une règle. — SYN. conseil, maxime, principe.

précepteur, trice, n. ♦ Dans une famille riche, instituteur ou institutrice qui instruit à domicile un enfant qui ne va pas à l'école, au collège.

prêcher, v. ♦ **1.** Prononcer un discours religieux (prêche protestant ou sermon catholique) : *Le curé monta en chaire et se mit à prêcher.* **2.** Recommander : *On a beau lui prêcher la prudence et la discrétion, elle ne peut s'empêcher de se lancer dans des affaires bien risquées.* — SYN. conseiller, préconiser, prôner, recommander. — CONTR. déconseiller.

précieusement, adv. ♦ *Garder, conserver précieusement,* avec soin, comme une chose précieuse.

précieux, euse, adj. ♦ **1.** Qui a un grand prix, une grande valeur. ● *Métal précieux :* REGARDER *métal.* ● *Pierre précieuse :* REGARDER *pierre,* sens 4. **2.** Très utile : *Pour rédiger votre devoir, ce livre vous sera très précieux.* **3.** Auquel on est très attaché : *Tu sais, ton affection m'est très précieuse.* **4.** Très recherché et très délicat, mais peu spontané : *J'aime assez le style précieux de ce poète.* — SYN. artificiel. — CONTR. libre, naturel, simple.

précipice, n. m. ♦ Grand trou naturel, très profond, aux parois escarpées. ● Grande profondeur en contrebas. — SYN. abîme, gouffre.

précipitamment, adv. ♦ Très vite, sans prendre son temps. — SYN. rapidement, vite. — CONTR. lentement, posément.

précipitation, n. f. ♦ **1.** Trop grande hâte. **2.** *Des précipitations :* de la pluie, de la grêle, de la neige.

précipité, ée, adj. ♦ Qui est fait très vite, trop vite. — SYN. brusque, hâtif, improvisé, rapide. — CONTR. préparé.

précipiter, v. ♦ **1.** Jeter dans le vide. ● *Connais-tu l'histoire d'Icare qui s'est précipité dans le vide, en essayant de voler?* **2.** *Se précipiter,* aller très vite à un endroit : *Les voyageurs descendent du train et se précipitent vers la sortie.* **3.** Hâter, faire aller plus vite : *Elle précipitait son allure et elle courait presque.* — SYN. accélérer, hâter. — CONTR. ralentir. ● *Les événements se précipitent.*

précis, ise, adj. ♦ Minutieux et net, qui donne tous les détails, sans rien laisser dans le vague : *Je veux une description précise des lieux.* — SYN. détaillé, exact,

précis

minutieux, rigoureux. — CONTR. ambigu, diffus, équivoque, flou, imprécis, inexact, obscur, vague. ● *Donne-moi le nombre précis.* — CONTR. approchant, approximatif.

précisément, adv. ♦ Justement : *Voilà précisément le point difficile de la question.*

préciser, v. ♦ **1.** Indiquer avec précision : *Veux-tu me préciser la date et l'heure de départ de ton avion ?* **2.** Ajouter un détail, indiquer : *Nathalie précisa que l'homme portait un imperméable déchiré au coude.* **3.** *Se préciser,* devenir plus précis : *La brume se dissipe, la silhouette des objets se précise.* — CONTR. s'estomper.

précision, n. f. ♦ **1.** Qualité de ce qui est précis. — SYN. exactitude, minutie, rigueur. — CONTR. imprécision, inexactitude, obscurité. ● *Du travail de précision,* précis, fini minutieusement. **2.** Détail qui précise une information : *Pouvez-vous me donner des précisions sur le lieu et le moment de cet incident ?*

précoce, adj. ♦ **1.** Qui est bon à consommer tôt dans l'année : *Cette variété de poire est précoce : elle est mûre en juillet.* — SYN. hâtif. — CONTR. tardif. ● Qui se produit avant le moment normal, habituel : *Une vague de froid précoce est arrivée au début d'octobre.* — CONTR. tardif. **2.** Qui manifeste des dons, des goûts avant l'âge normal : *Nicole était très précoce : elle savait lire à cinq ans.* — CONTR. retardé.

précocité, n. f. ♦ Caractère d'une chose ou d'une personne précoce.

préconçu, ue, adj. ♦ Qui est conçu avant toute expérience. ● *Des idées préconçues.* — REGARDER *préjugé.*

préconiser, v. ♦ Conseiller, recommander : *Messieurs, voici la solution que je préconise.* — CONTR. déconseiller.

précurseur, n. m. *ou* adj. ♦ **1.** Celui qui est en avance sur son temps, qui est le premier à inventer ce qui sera plus tard perfectionné ou imité. — REGARDER *pré-*

décesseur ; successeur, imitateur. **2.** Qui annonce quelque chose. ● *Un signe précurseur.*

prédateur, n. m. ♦ Animal qui se nourrit de proies, qui mange d'autres animaux.

prédécesseur, n. m. ♦ Celui qui a vécu, qui a exercé une activité avant une autre personne. — CONTR. successeur ; imitateur. — REGARDER *précurseur.*

prédicateur, n. m. ♦ Prêtre ou religieux qui prononce un sermon.

prédiction, n. f. ♦ **1.** Action de prédire. **2.** Chose qu'on prédit : *Pierre, Lise et Richard croient aux prédictions des astrologues et des voyants.* — REGARDER *prévision.*

prédilection, n. f. ♦ Goût marqué, préférence. ● *De prédilection,* favori, préféré : *Le chat vient toujours dormir sur ce fauteuil : c'est son coin de prédilection.*

prédire, v. (conjugaison 47 ; se conjugue comme *dire,* sauf à la première et à la deuxième personne du pluriel : [*nous*] *prédisons,* [*vous*] *prédisez*) ♦ Dire ce qui se passera plus tard : *Qui pourrait prédire les événements de l'année prochaine ?* — REGARDER *prévoir.*

prédominance, n. f. ♦ Caractère de ce qui est le plus nombreux, le plus important, le plus puissant.

prédominer, v. ♦ Être le plus nombreux, le plus puissant, le plus important : *Dans l'Estrie, l'élevage prédomine sur la culture.*

prééminence, n. f. ♦ Supériorité d'une personne ou d'une chose, qui est la meilleure : *Nul ne met en doute la prééminence d'Athènes sur les autres cités grecques, en ce qui concerne les lettres et les arts.* — SYN. primauté, suprématie.

préméditation

préfabriqué, ée, adj. ♦ *Éléments préfabriqués :* éléments fabriqués industriellement et assemblés ensuite pour construire un édifice.

préface, n. f. ♦ Texte, placé avant le premier chapitre d'un livre, dans lequel l'auteur explique ce qu'il a voulu dire et faire. — SYN. avant-propos, avertissement, introduction.

préfecture, n. f. ♦ **1.** Ville où siège le préfet. — SYN. chef-lieu de département. **2.** Édifice où sont installés les bureaux du préfet.

préférable, adj. ♦ Qui est meilleur, qui vaut mieux : *Il est préférable de se taire plutôt que de parler inconsidérément.*

préféré, ée, adj. *ou* n. ♦ Qu'on préfère : *Le canard à l'orange est mon plat préféré.* ● Personne que l'on préfère : *Des trois enfants, c'est le plus jeune qui est le préféré de sa mère.* — SYN. (le) favori.

préférence, n. f. ♦ Goût plus marqué pour une chose : *Ces deux robes sont belles, la bleue a ma préférence.* — SYN. prédilection. ● *De préférence :* plutôt.

préférer, v. (conjugaison 11) ♦ Aimer mieux : *Louise préfère lire plutôt que de jouer.*

préfigurer, v. ♦ Ressembler beaucoup à une chose ou à une personne qui n'existe pas encore mais qui viendra plus tard.

préfixe, n. m. ♦ Élément de composition qui, placé devant un radical, sert à former un mot composé. Par exemple, sur *ficeler,* avec le préfixe *dé-,* on peut former le verbe *déficeler.* — REGARDER *suffixe.*

préhistoire, n. f. ♦ Période de la vie de l'humanité qui vient avant l'histoire, c'est-à-dire avant l'invention de l'écriture.

préhistorique, adj. ♦ De la préhistoire.

préjudice, n. m. ♦ Tort que l'on cause à quelqu'un. ● *Porter préjudice à autrui.* ● *Au préjudice de,* en causant du tort à : *Il ne faut pas que les plus habiles s'enrichissent au préjudice des plus faibles.* — SYN. au détriment de. — CONTR. à l'avantage de.

préjudiciable, adj. ♦ Qui cause du tort, un dommage. — SYN. dommageable, nuisible. — CONTR. avantageux, profitable.

préjugé, n. m. ♦ Idée préconçue antérieure à toute expérience.

prélasser (se), v. ♦ Se reposer confortablement dans une attitude nonchalante.

prélat, n. m. ♦ Haut dignitaire de l'Église catholique. — REGARDER *archevêque, évêque, cardinal.*

prélèvement, n. m. ♦ **1.** Action de prélever. **2.** Ce que l'on prélève.

prélever, v. (conjugaison 11) ♦ Prendre une partie de quelque chose : *Les géologues ont prélevé un échantillon du terrain.*

préliminaire, adj. *ou* n. m. pl. ♦ **1.** Qui vient avant ce qui est plus important. — SYN. initial, préalable. — CONTR. final, terminal. **2.** *Les préliminaires :* ce qui vient avant une chose plus importante. — SYN. commencement. — CONTR. conclusion, fin.

prélude, n. m. ♦ **1.** Pièce de musique qui constitue l'introduction d'une autre. **2.** Ce qui annonce et amorce quelque chose : *Voici les premières primevères, prélude du printemps.*

préluder, v. ♦ Annoncer, amorcer quelque chose ; précéder immédiatement : *Les longues journées lumineuses de juin préludent à la torpeur de l'été.* — CONTR. clore, conclure, finir, terminer.

prématuré, ée, adj. ♦ Qui se fait trop tôt. — CONTR. tardif.

préméditation, n. f. ♦ Action de préméditer. ● *Un meurtre avec préméditation.*

préméditer

préméditer, v. ♦ Décider à l'avance, calculer et préparer soigneusement : *Elle avait prémédité de s'enfuir.* — CONTR. improviser.

premier, ière, adj. *ou* n. ♦ **1.** Qui porte le numéro 1 dans un classement, qui arrive en tête, qui est le meilleur : *Bravo! Tu es premier, avec une minute d'avance! Lucienne est toujours la première en gymnastique.* **2.** Qui se produit avant : *La première année de mon séjour à Québec, je me suis ennuyée.* ● *En premier :* d'abord, premièrement. **3.** Que l'on rencontre d'abord : *Maintenant, prenons la première rue à droite, après le carrefour.* ● *Le premier étage.* ● *Josette habite au premier,* au premier étage. ● *Le premier venu :* REGARDER *venu.* **4.** Qui est le plus important : *Le Gouverneur général est le premier personnage de l'État.* ● *Le Premier ministre :* REGARDER *ministre.* **5.** *Nombre premier :* nombre qui n'est divisible que par lui-même ou par l'unité, par exemple 1, 2, 3, 5, 7, 11, 13, 17, 19, 23, etc.

premièrement, adv. ♦ Tout d'abord, en premier lieu.

prémonition, n. f. ♦ Avertissement mystérieux, sous forme d'une idée qui vient à l'esprit.

prémonitoire, adj. ♦ Qui constitue une prémonition. ● *Un rêve prémonitoire.*

prémunir, v. ♦ **1.** Protéger : *Je veux te prémunir contre ce risque.* **2.** *Se prémunir,* se protéger, en prenant ses précautions : *Il faut être prudent et se prémunir contre toute éventualité fâcheuse.* — SYN. se garantir.

prenant, ante, adj. ♦ Qui intéresse beaucoup. — SYN. attachant, captivant, intéressant, passionnant. — CONTR. assommant, ennuyeux, fastidieux.

prendre, v. (conjugaison 82) ♦ **1.** Commencer à tenir : *Polichinelle prit son balai et se mit à frapper sur le képi du garde-chasse.* — SYN. saisir. — CONTR. lâcher. ● *Se prendre,* se coincer, s'entraver : *La mère Eudoxie se prit le pied dans le paillasson et tomba en avant.* **2.** Manger, boire : *Le*

matin, *je prends du chocolat et du pain grillé.* **3.** Emporter : *Ce livre te plaît? Prends-le et lis-le. Tu me le rapporteras la semaine prochaine.* **4.** Choisir : *Prenons un exemple bien connu, qui va illustrer ce que je viens de dire.* **5.** Acheter : *Ces bananes sont belles, je vais en prendre un kilo.* **6.** Demander comme prix : *Pour ce travail, la menuisière m'a pris 1 000 dollars.* **7.** Voler : *Un voleur à la tire lui a pris son portefeuille dans l'autobus.* — CONTR. rendre, restituer. **8.** S'emparer d'un territoire ou d'une ville; annexer : *L'ennemi nous avait pris ces deux belles régions.* — SYN. enlever. ● *L'ennemi prit la ville après un long siège.* — CONTR. perdre. ● *Prendre d'assaut.* **9.** Pêcher, attraper : *Tante Annette affirme qu'elle a pris deux brochets, mais nous ne les avons pas vus!* **10.** Arrêter, capturer : *Le voleur a été pris par les policiers.* ● Surprendre en train de faire une chose interdite : *Si je te prends, je te tire les oreilles!* **11.** *Se laisser prendre,* se laisser tromper : *Ne te laisse pas prendre aux belles promesses de ce charmeur!* **12.** Occuper, employer, exiger une durée : *Ce travail de recherche a pris six mois.* ● *Être très pris :* être très occupé, ne pas avoir de temps libre. **13.** Utiliser comme passage ou comme moyen de transport : *Prenez le premier couloir à droite. Marie-Chantal a pris l'avion pour la première fois.* ● *Prendre la route :* commencer son voyage (par la route). **14.** *Prendre l'air :* sortir un peu. ● *Prendre le frais à sa fenêtre.* ● *Prendre l'eau,* laisser entrer l'eau : *Mes chaussures prennent l'eau.* **15.** *Prendre quelqu'un pour,* croire à tort qu'il est (telle personne) : *Excuse-moi, je t'avais pris pour une autre.* ● *Prendre quelqu'un pour,* le considérer comme : *Je n'aime pas qu'on me prenne pour un sot!* **16.** *Prendre quelqu'un par,* agir sur lui par tel procédé : *Il faut prendre certains enfants par la douceur, d'autres par la sévérité.* **17.** Commencer à avoir tel aspect : *Notre château de sable prend bonne tournure!* **18.** Commencer à devenir ferme, solide : *Le plâtre prend vite, la mayonnaise prend souvent plus difficilement.* **19.** *Le feu prend,* commence de brûler : *Ça y est, le feu a pris, le poêle est allumé!* **20.** *S'y prendre,* agir de telle manière : *Denise voulait coller le papier peint, elle s'y est pris de telle manière que le papier plein de colle s'est mis en chiffon.* **21.** *S'en*

prendre à, faire des reproches, des critiques à quelqu'un : _Si tu ne réussis pas en classe, tu ne dois pas toujours t'en prendre aux professeurs._

prénom, n. m. ♦ Le « petit nom », celui que l'on met devant le nom de famille.

prénommé, ée, adj. ♦ Qui a tel prénom : _La voisine a un neveu prénommé Léo._

préoccupant, ante, adj. ♦ Qui donne du souci, qui inquiète. — CONTR. rassurant.

préoccupation, n. f. ♦ Souci qui occupe l'esprit et l'empêche d'être libre. — SYN. inquiétude.

préoccupé, ée, adj. ♦ Qui est inquiet au sujet de quelque chose, qui y pense souvent. — SYN. inquiet, soucieux. — CONTR. rassuré, tranquille.

préoccuper, v. ♦ Causer du souci : _Cette affaire peut mal tourner : elle me préoccupe beaucoup et m'empêche de dormir._ — SYN. inquiéter, tracasser. ● _Se préoccuper de,_ s'occuper d'une affaire de manière active et avec un peu d'inquiétude : _Ma sœur se préoccupe de trouver un emploi. C'est difficile !_

préparateur, trice, v. ♦ Celui, celle qui prépare les expériences de laboratoire ou qui fait certains travaux de laboratoire. ● _Un préparateur en pharmacie._

préparatifs, n. m. pl. ♦ Actions que l'on fait pour préparer quelque chose ou pour se préparer.

préparation, n. f. ♦ Action de préparer ou de se préparer.

préparatoire, adj. ♦ Qui sert à préparer quelque chose qui viendra ensuite.

préparer, v. ♦ **1.** Faire le nécessaire pour qu'une chose soit prête : _Dès maintenant, il faut préparer notre plan de riposte._

● _Se préparer :_ agir pour être prêt. **2.** Confectionner, fabriquer, produire : _C'est dans les laboratoires pharmaceutiques qu'on prépare les médicaments._ **3.** _Préparer un examen, un concours,_ étudier pour s'y présenter. **4.** Ménager, réserver : _Nous t'avons préparé une surprise pour ton anniversaire._

prépondérance, n. f. ♦ Caractère de ce qui est prépondérant. — SYN. prédominance, primauté.

prépondérant, ante, adj. ♦ Qui a plus de poids, d'importance, de puissance que les autres choses. — SYN. dominant, prédominant.

préposé, ée, adj. _ou_ n. ♦ Qui est chargé d'un travail déterminé : _Henri est l'élève préposé au ramassage des copies et des carnets de notes._ ● _Le préposé, la préposée :_ employé, employée subalterne. ● _Le préposé :_ le facteur.

préposition, n. f. ♦ Mot invariable qui se place devant un nom, un infinitif ou un participe présent, par exemple _à_ (Je vais à la poste), _de_ (Voici le livre de Marcel), _en_ (En partant plus tôt, tu arriveras plus tôt), _par, pour,_ etc. ● _Locution prépositive :_ groupe de mots qui joue le rôle d'une préposition, par exemple _avant de, hors de._

près, adv. ♦ **1.** A une faible distance : _De chez moi, j'entends les trains : la gare est tout près._ — CONTR. loin. ● _La gare est près de chez moi._ ● _Près de,_ pas tout à fait : _Ma sœur gagne près de 2 000 dollars par mois._ — SYN. presque. ● _De près :_ à une faible distance. — CONTR. de loin. **2.** _A peu près :_ REGARDER _peu,_ sens 6.

présage, n. m. ♦ Signe qui est supposé annoncer l'avenir. — SYN. augure.

présager, v. (conjugaison 16) ♦ **1.** Annoncer : _Ces grosses vagues sombres présagent la tempête._ **2.** Prévoir : _Je ne présage rien de bon du visage fermé de mon père._

pré-salé, n. m. ♦ Mouton à la chair très estimée qu'on a engraissé dans des prairies recouvertes périodiquement par la mer.

presbyte

presbyte, adj. *ou* n. ♦ Qui, du fait de l'âge, voit mal de près.

presbytère, n. m. ♦ Maison où habite le curé d'une paroisse.

presbytie [pʀesbisi], n. f. ♦ Mauvaise vision de près due à l'âge. — REGARDER *presbyte*.

prescience, n. f. ♦ Idée spontanée et intuitive de ce qui va se passer. — REGARDER *pressentiment*.

prescription, n. f. ♦ Ordre, conseil. ● *Les prescriptions du médecin.*

prescrire, v. (conjugaison 48) ♦ Ordonner : *Le médecin m'a prescrit une cure de vitamines pour me redonner du tonus.*

présence, n. f. ♦ **1.** État d'une personne ou d'une chose qui est là, dans un endroit : *La présence des parents d'élèves est souhaitable : la réunion sera importante.* — CONTR. absence. ● *En présence de,* devant une personne qui est présente : *L'inauguration du nouveau collège aura lieu en présence du représentant de la ministre.* **2.** *Présence d'esprit :* qualité de celui qui garde son sang-froid et pense tout de suite à ce qu'il faut faire, sans s'affoler.

1. présent, ente, adj. *ou* n. m. ♦ **1.** Qui est là : *Cinq élèves sont présents, sur trente-cinq !* — CONTR. absent. **2.** Qui se passe en ce moment : *Nous aimons bien l'histoire ancienne, mais nous nous intéressons aussi aux événements présents.* — SYN. actuel. — CONTR. passé ; futur. ● *Le présent :* le temps où nous sommes. — CONTR. le passé ; le futur, l'avenir. ● *A présent :* maintenant. — SYN. actuellement. ● *A présent que,* maintenant que, puisque : *A présent que tu es guérie, tu vas pouvoir travailler.* **3.** *Le présent :* temps du verbe qui indique que l'action se passe au moment où l'on parle.

2. présent, n. m. ♦ Cadeau. ● *Les présents de la nature :* les récoltes, les fruits.

présentable, adj. ♦ Qui a un bon aspect.

présentateur, trice, n. ♦ **1.** Celui, celle qui présente les artistes et annonce les numéros dans un spectacle de variétés. **2.** Celui, celle qui présente un programme ou une émission de radio ou de télévision.

présentation, n. f. ♦ **1.** Action de présenter, de faire voir : *La présentation du nouveau modèle de combinaison spatiale a fait sensation !* **2.** *Faire les présentations :* présenter une personne à d'autres. **3.** Aspect : *Le nouveau professeur attache beaucoup d'importance à la présentation des devoirs.*

présenter, v. ♦ **1.** Montrer : *Prière de présenter sa carte d'admission à l'entrée.* — SYN. produire. **2.** Donner tel aspect à une chose : *Blanche présente mal ses devoirs : ils sont mal écrits et pleins de ratures.* **3.** Faire connaître une personne à quelqu'un : *Je vous présente ma cousine, Marguerite Legris.* ● *Se présenter :* faire connaître qui l'on est. **4.** Annoncer les noms des artistes et les numéros dans un spectacle de variétés ou annoncer un programme ou une émission à la radio ou à la télévision. **5.** *Se présenter,* arriver : *Un homme de trente-cinq ans, correctement vêtu, se présenta à l'entrée.* ● *Se présenter à un concours, à un examen :* venir passer les épreuves. ● Avoir lieu, se produire : *Si ce cas se présente, tu m'avertis immédiatement.*

préserver, v. ♦ Protéger, conserver : *Grâce à cette victoire, nous préservons nos chances de gagner la coupe.* — SYN. garder, maintenir. — CONTR. perdre. ● *Pour se préserver du vent, le guetteur s'était construit une cabane de branchages.* — SYN. s'abriter, se défendre, se protéger.

présidence, n. f. ♦ Fonction de président.

président, ente, n. ♦ Celui, celle qui dirige une séance, des débats ; celui, celle qui dirige une association, une organisation, un groupe industriel, un groupe de presse, etc. — REGARDER *P.-D.G.*

prestidigitation

présider, v. ♦ Diriger une séance, un débat, etc. : *La juge présidait l'audience avec une courtoisie qui n'excluait pas la fermeté.*

présomption, n. f. ♦ **1.** Opinion fondée sur des probabilités et non sur des certitudes. — REGARDER conjecture, hypothèse. **2.** Attitude de celui qui a une opinion trop favorable de lui-même et de ses capacités. — SYN. prétention, suffisance. — CONTR. prudence, modestie.

présomptueux, euse, adj. ♦ Plein de présomption, qui a trop bonne opinion de soi-même et de ses capacités. — SYN. prétentieux, suffisant. — CONTR. modeste.

presque, adv. ♦ Pas tout à fait : *Il y a presque dix ans que j'habite ici.*

presqu'île, n. f. ♦ Terre entourée d'eau, sauf du côté où elle est rattachée à la terre. — REGARDER *péninsule.*

pressant, ante, adj. ♦ **1.** Qui presse, qui est urgent. **2.** Qui insiste.

presse, n. f. ♦ **1.** Foule serrée. **2.** Machine qui sert à exercer une forte pression. **3.** Autrefois, machine qui servait à imprimer. **4.** *La presse :* les journaux. ● *Revue de presse :* tour d'horizon des principaux articles parus dans la presse. **5.** Univers du journalisme : *Ma cousine Rita travaille dans la presse.*

pressé, ée, adj. ♦ **1.** Qui n'a pas de temps à perdre. ● Qui doit être fait vite : *Au travail ! Nous avons une commande pressée à livrer ce soir !* **2.** Qu'on a comprimé pour extraire le jus : *Garçon, une orange pressée !* (= un jus d'orange).

presse-citron, n. m. inv. ♦ Ustensile qui sert à presser les citrons et les oranges.

pressentiment, n. m. ♦ Impression intuitive qu'une chose va se produire. — REGARDER *prémonition, prescience.*

pressentir, v. (conjugaison **42**) ♦ Avoir le pressentiment de quelque chose : *L'enfant pressentit une menace : elle leva la tête d'un air inquiet.*

presse-papiers, n. m. inv. ♦ Objet lourd que l'on pose sur des feuilles de papier pour les empêcher de tomber, de s'envoler.

presser, v. ♦ **1.** Appuyer sur quelque chose : *Tu presses le bouton, et la porte s'ouvre toute seule.* **2.** Comprimer, pour faire sortir un liquide : *Je vais presser l'orange, pour faire un jus d'orange.* **3.** *Se presser,* se serrer, être nombreux : *La foule se presse à la sortie de la gare.* **4.** Demander avec insistance : *Ses conseillers pressaient le roi de déclarer la guerre.* — SYN. adjurer. **5.** Demander de faire vite : « *Les clients me pressent, dit le réparateur, je ne puis tout de même pas travailler 24 heures sur 24 !* » ● *Le temps presse :* il faut aller vite, nous avons peu de temps. ● *Se presser :* se hâter. ● *Presser le pas, l'allure :* aller, marcher plus vite. — SYN. accélérer, hâter. — CONTR. ralentir.

pression, n. f. ♦ **1.** Action d'appuyer : *D'une simple pression de la main, Superman renversa le mur.* **2.** Force qu'exerce un liquide ou un gaz : *La pression devint si forte qu'elle fit éclater la chaudière.* ● *La pression atmosphérique :* le « poids » de l'air qui s'exerce sur tout corps. **3.** Action menée pour contraindre quelqu'un à faire quelque chose : *La rédactrice en chef du journal a exercé des pressions sur le journaliste pour l'obliger à se taire au sujet du scandale.*

pressoir, n. m. ♦ Machine qui sert à presser les fruits pour en extraire le jus.

prestance, n. f. ♦ Allure imposante d'une personne.

preste, adj. ♦ Adroit et rapide. — SYN. agile, habile, leste, vif. — CONTR. gauche, lent, lourd, lourdaud, maladroit.

prestidigitateur, trice, n. ♦ Celui, celle qui fait de la prestidigitation. — SYN. magicien.

prestidigitation, n. f. ♦ Art de faire des tours d'adresse, de faire apparaître et disparaître les objets. — SYN. escamotage, magie.

prestige

prestige, n. m. ♦ Gloire, autorité, admiration dont jouit une personne ou une chose.

prestigieux, euse, adj. ♦ Qui a beaucoup de prestige.

présumer, v. ♦ **1.** Supposer : *Je présume que vous vous êtes renseigné sur les conditions d'inscription au concours.* **2.** *Présumer de,* avoir une trop grande confiance en quelqu'un ou en quelque chose : *Tu as présumé de tes forces, et te voilà bien incapable de soulever une caisse aussi lourde.*

1. prêt, prête, adj. ♦ **1.** Qui est préparé complètement : *Je suis prêt à partir pour l'école : je suis chaussé, habillé et j'ai mon cartable à la main.* **2.** Décidé à : *Nous sommes prêts à nous défendre jusqu'au bout.*

2. prêt, n. m. ♦ **1.** Action de prêter. **2.** Somme qu'on prête. — REGARDER *emprunt.*

prétendant, ante, n. ♦ **1.** Personne qui estime qu'elle a un droit sur le trône d'un pays. **2.** Celui qui aspire à épouser une femme.

prétendre, v. (conjugaison 81) ♦ **1.** Revendiquer une chose à laquelle on estime avoir droit : *Ce prince prétendait au trône de France.* **2.** Affirmer une chose dont les autres ne sont pas sûrs : *Julien prétend qu'il est l'élève le plus intelligent de la classe.* — SYN. soutenir.

prétendu, ue, adj. ♦ Que l'on prétend être tel, sans que cela soit bien sûr : *L'astrologie, cette prétendue science, n'est en fait qu'une superstition.*

prétentieux, euse, adj. *ou* n. ♦ Qui prétend avoir une valeur qu'il n'a pas. — SYN. présomptueux, suffisant, vaniteux. — CONTR. effacé, humble, modeste, simple.

prétention, n. f. ♦ **1.** Ce que l'on demande : *La candidate au poste vacant demande un salaire de directeur général : ses prétentions sont vraiment très exagérées !*

— SYN. conditions, exigence, revendication. **2.** Défaut d'une personne prétentieuse. — SYN. présomption, suffisance, vanité. — CONTR. humilité, modestie, simplicité.

prêter, v. ♦ **1.** Mettre à la disposition de quelqu'un une chose qui devra être rendue : *Marie m'a prêté cinq dollars, il ne faut pas que j'oublie de les lui rendre.* — CONTR. emprunter. **2.** Attribuer des paroles, des intentions : *Voyons, il ne faut pas me prêter des intentions si noires ! Je ne suis pas si méchant !* **3.** *Prêter l'oreille à (des propos, des paroles),* les écouter avec complaisance. **4.** *Prêter à,* être facilement l'objet de : *Attention ! Une telle affirmation prête à la critique !* ● *Tu vas prêter le flanc à la critique.* ● *Évitons de prêter à rire.*

prêteur, euse, n. m. *ou* adj. ♦ **1.** *Le prêteur :* celui qui prête de l'argent. — CONTR. emprunteur. **2.** Qui accepte volontiers de prêter de l'argent ou autre chose.

prétexte, n. m. ♦ Raison qu'on allègue, mais qui n'est pas la vraie raison. ● *Sous prétexte de, que,* en invoquant tel prétexte : *Sous prétexte de nous aider, elle vient se mêler de nos affaires.*

prétexter, v. ♦ Donner comme prétexte : *Élise a prétexté une course urgente pour partir plus tôt.*

prétoire, n. m. ♦ Salle d'audience d'un tribunal.

prêtre, n. m. ♦ Dans l'Antiquité, celui qui avait pour fonction d'offrir les sacrifices : *Les flamines étaient les prêtres de Jupiter.* ● Ministre du culte catholique.

prêtresse, n. f. ♦ Femme qui était chargée du culte d'une divinité, dans l'Antiquité.

prêtrise, n. f. ♦ Fonction et dignité de prêtre catholique. — SYN. sacerdoce.

preuve, n. f. ♦ **1.** Parole ou fait qui montre qu'une affirmation est vraie. — SYN. argument, justification. **2.** *Faire preuve de,*

prière

montrer : _Amélie, en cette circonstance, fit preuve de finesse et de présence d'esprit._ ● **Faire ses preuves** : montrer sa valeur.

preux, adj. _ou_ n. m. ◆ Se disait, au Moyen Age, au sens de « brave, vaillant ».

prévaloir, v. (conjugaison **73** ; se conjugue comme _valoir_, mais le subjonctif présent est _que je prévale, que tu prévales..._) ◆ **1.** L'emporter, être adopté : _C'est la solution proposée par Suzanne qui a finalement prévalu._ — REGARDER _prédominer._ **2. Se prévaloir de,** faire valoir un titre, une qualité, un droit : _Nicolas se prévalait de sa qualité de délégué de classe pour tyranniser ses camarades._

prévenance, n. f. ◆ **1.** Gentillesse d'une personne pleine d'attentions délicates pour quelqu'un : _Joséphine est pleine de prévenance pour sa grand-mère._ **2. Des prévenances,** soins attentifs : _Joséphine entoure sa grand-mère de prévenances._ — SYN. des attentions.

prévenant, ante, adj. ◆ Plein de prévenance.

prévenir, v. (conjugaison **44**) ◆ **1.** Dire à l'avance : _Si tu viens me voir, préviens-moi par téléphone : j'irai t'attendre à la gare._ **2.** Informer : _En cas d'incendie, prévenez les pompiers, en faisant le 911 au téléphone._ — SYN. avertir. **3.** Faire à l'avance ce qu'il faut pour éviter une chose fâcheuse : _Pour prévenir tout incident, le service d'ordre a été renforcé._ **4.** Aller au devant des désirs d'autrui, les satisfaire avant toute demande : _Qu'elle est gentille, Joséphine : elle prévient les moindres désirs de sa grand-mère._ **5. Prévenir une personne en faveur de quelqu'un (contre quelqu'un) :** donner à cette personne un préjugé favorable (défavorable) à l'égard de quelqu'un.

préventif, ive, adj. ◆ Qui prévient (au sens 3) un mal. ● **La médecine préventive.** — CONTR. curatif.

prévention, n. f. ◆ **1.** Action de prévenir (au sens 3) : _Le maître nous a fait un cours sur la prévention des accidents._ **2.** Préjugé pour ou contre une personne ou une chose.

prévenu, ue, n. ◆ Celui, celle qui fait l'objet d'une inculpation pour un délit qui relève du tribunal correctionnel ou du tribunal d'instance. — REGARDER _accusé, inculpé._

prévisible, adj. ◆ Que l'on peut prévoir. — CONTR. imprévisible.

prévision, n. f. ◆ Action de prévoir. ● Ce que l'on prévoit : _Et voici les prévisions météorologiques pour la journée du vendredi 10 mars._ — REGARDER _prédiction._ ● _En prévision de cette période de froid, j'ai acheté un blouson doublé de fourrure._

prévoir, v. (conjugaison **69**) ◆ **1.** Savoir à l'avance : _Les astronomes savent prévoir les éclipses de Lune et de Soleil._ — REGARDER _prédire, pressentir._ **2.** Décider : _Nous avons prévu d'aller en excursion aux chutes du Niagara._

prévoyance, n. f. ◆ Qualité d'une personne prévoyante. — CONTR. imprévoyance.

prévoyant, ante, adj. ◆ Qui prévoit ce qui peut arriver et qui prend toutes les précautions utiles pour faire face aux situations difficiles. — CONTR. imprévoyant.

prier, v. (conjugaison **20**) ◆ **1.** S'adresser à la divinité, à un saint, pour lui demander quelque chose, lui rendre grâce, etc. ; dire une prière : _La pauvre femme avait prié Dieu et tous les saints pour obtenir la guérison de son enfant._ **2.** Demander avec insistance, respect : _J'ai prié mon père de m'accorder cette permission._ — SYN. implorer, solliciter, supplier. ● **Se faire prier,** faire des manières avant d'accepter. **3.** Demander : _Je vous prie de bien vouloir m'excuser._

prière, n. f. ◆ **1.** Paroles par lesquelles on s'adresse à la divinité, aux saints. ● Mouvement de l'âme vers Dieu : _Le chrétien trouve réconfort et apaisement dans la prière._ **2.** Demande insistante : _Par ses prières, il_

699

prière

réussit à fléchir la surveillante. — SYN. supplication. **3.** *Prière de,* on vous demande de : *Prière de ne pas crier et de ne pas courir dans les couloirs.*

prieur, prieure, n. ♦ Religieux, religieuse qui dirige un monastère. — REGARDER *abbé.*

prieuré, n. m. ♦ Monastère dirigé par un prieur.

primaire, adj. ♦ *École primaire :* école où vont les enfants de six à treize ans. — SYN. école élémentaire. ● *L'enseignement primaire.* — REGARDER *secondaire.*

prime, n. f. ♦ **1.** Somme que l'assuré doit payer régulièrement à la compagnie d'assurances. **2.** Objet donné en cadeau à celui qui achète une marchandise. ● *Regarde : j'ai eu ce collier en prime.* **3.** Somme qu'un employeur verse au salarié en plus du salaire régulier. — REGARDER *gratification.*

prime abord (de), loc. adv. ♦ Tout d'abord : *De prime abord, le maître a l'air sévère, mais, en fait, on s'aperçoit vite qu'il est très gentil.*

primer, v. ♦ Être plus important : *Pour réussir, les qualités de caractère priment souvent l'intelligence.*

primeur, n. f. ♦ **1.** *Avoir la primeur d'une nouvelle, d'une information,* être le premier à l'apprendre, à la recevoir. **2.** *Les primeurs :* les légumes cultivés pour qu'ils soient mûrs précocement. **3.** *Marchand de primeurs :* marchand de fruits et légumes.

primevère, n. f. ♦ Plante à fleurs jaunes (ou blanches ou violettes) qui fleurit au printemps.

primitif, ive, adj. ♦ **1.** Originel : *On va restituer cet édifice ancien dans son état primitif.* **2.** *Les civilisations primitives,* préhistoriques ou peu évoluées.

primordial, ale, aux, adj. ♦ Très important. — SYN. capital, essentiel, fondamental, principal. — CONTR. accessoire, secondaire.

prince, n. m. ♦ **1.** Fils de roi ou membre de la famille d'un souverain. ● *Un prince de sang :* un membre de la famille royale. **2.** Souverain d'une principauté.

princesse, n. f. ♦ Féminin de *prince.*

princier, ière, adj. ♦ **1.** D'un prince : *Voici le palais princier.* **2.** Très somptueux : *Elle a des toilettes princières.*

principal, ale, aux, adj. *ou* n. m. ♦ **1.** Le plus important : *Montréal et Québec sont les principaux ports du Québec.* — CONTR. secondaire. ● *Le principal :* la chose la plus importante. — SYN. l'essentiel. **2.** *Proposition principale :* proposition dont dépend au moins une autre proposition, dite *proposition subordonnée.*

principauté, n. f. ♦ Petit État dont le souverain porte le titre de « prince », par exemple *la principauté de Monaco.*

principe, n. m. ♦ **1.** Formule qui exprime une vérité générale servant de base à une doctrine, à une théorie, à une politique, à une activité ou à la conduite. — SYN. loi, règle. **2.** *En principe :* selon ce qui devrait se faire.

printanier, ière, adj. ♦ Du printemps.

printemps, n. m. ♦ **1.** Saison qui succède à l'hiver et précède l'été et va du 21 mars au 21 juin. **2.** *Le printemps de la vie :* la jeunesse.

prioritaire, adj. ♦ **1.** Qui doit passer avant autre chose : *Supprimer le chômage est un problème prioritaire.* **2.** *Route prioritaire,* sur laquelle on a la priorité.

priorité, n. f. ♦ **1.** *En priorité,* avant toute autre chose : *Cette affaire est capitale : réglez-la en priorité.* **2.** Question importante : *Lutter contre le chômage, c'est une priorité pour le gouvernement.* **3.** Droit de passer le premier à un croisement.

prise, n. f. ♦ **1.** Action de prendre, de s'emparer d'une ville, d'une forteresse : *La*

700

prise de la ville eut lieu après deux mois de siège. **2.** _Prise de sang :_ prélèvement d'une petite quantité de sang en vue d'un examen. **3.** Action de tenir, de saisir. • _Lâcher prise :_ cesser de tenir. • Endroit où l'on peut s'accrocher : _Comment escalader ce mur lisse? On n'a aucune prise !_ • Manière de saisir et de maîtriser son adversaire à la lutte, au judo. • _Être aux prises avec quelqu'un_ ou _quelque chose :_ être obligé de lutter contre quelqu'un ou quelque chose. • _Avoir prise sur une personne_ ou _une chose,_ pouvoir agir sur elle, la maîtriser. **4.** Animal, poisson pris, attrapé : _Robert revient de la pêche, il nous a montré sa prise : un poisson de trois centimètres !_ **5.** _Prise de vues :_ action de filmer. **6.** _Prise de courant_ ou _prise :_ dispositif qui permet de brancher un cordon électrique sur l'installation fixe.

prisme, n. m. ♦ Objet transparent à faces planes qui dévie les rayons lumineux.

prison, n. f. ♦ **1.** Édifice où l'on enferme les condamnés. **2.** Peine qui consiste à rester enfermé dans une prison. — SYN. détention, emprisonnement. — REGARDER _réclusion._

prisonnier, ière, n. ♦ **1.** Celui, celle qui est en prison. — SYN. détenu. **2.** Celui qui a été capturé par l'ennemi. — REGARDER _captif._

privation, n. f. ♦ État d'une personne privée de certaines choses. • _Les privations :_ la privation des choses nécessaires à la vie ; nourriture insuffisante.

privé, ée, adj. ♦ **1.** Qui appartient à un particulier et qui n'est pas à l'usage du public : _Voie privée. Défense de stationner._ • _La vie privée :_ la vie personnelle. **2.** Qui ne dépend pas de l'État. • _L'école privée._ • _Entreprise privée,_ non nationalisée. • _Une radio privée._ • _Une télévision privée._

priver, v. ♦ Enlever à quelqu'un quelque chose, ne pas lui donner quelque chose en quantité suffisante. • _Priver quelqu'un d'un droit._ — SYN. déposséder, enlever. — CONTR. accorder, donner, octroyer.

privilège, n. m. ♦ Droit ou avantage que quelqu'un possède et que les autres n'ont pas.

privilégié, ée, adj. _ou_ n. ♦ Qui a des privilèges. — SYN. favorisé. — CONTR. défavorisé.

prix, n. m. ♦ **1.** Somme qu'il faut payer quand on achète quelque chose. • _Hors de prix :_ beaucoup trop cher. • _Ne pas avoir de prix :_ avoir une très grande valeur. **2.** _A tout prix :_ quels que soient les efforts nécessaires. — SYN. absolument, coûte que coûte. • _A aucun prix,_ absolument pas : _A aucun prix, je ne trahirai un camarade._ **3.** Récompense : _Ce roman a eu le prix Goncourt._

probabilité, n. f. ♦ **1.** Caractère d'une chose probable. **2.** Chance pour qu'une chose se produise : _La probabilité qu'il y ait de la vie sur la planète Mars est très faible._

probable, adj. ♦ Qui se produira sans doute. — SYN. vraisemblable. — CONTR. improbable, invraisemblable.

probablement, adv. ♦ Sans doute. — SYN. vraisemblablement.

probant, ante, adj. ♦ Qui prouve vraiment quelque chose. — SYN. convaincant.

probe, adj. ♦ Très honnête. — SYN. intègre. — CONTR. malhonnête.

probité, n. f. ♦ Qualité d'une personne probe. — SYN. honnêteté, intégrité. — CONTR. malhonnêteté.

problème, n. m. ♦ **1.** Exercice de mathématiques qui consiste à trouver la solution à une question. **2.** Difficulté à résoudre : _La suppression du chômage est un problème difficile._ — SYN. question.

procédé, n. m. ♦ **1.** Manière de réaliser une opération technique : _On vient de mettre au point un nouveau procédé pour guider les fusées._ **2.** Conduite, action : _Voyons, Anita, tu te conduis mal ! Ce n'est pas un procédé convenable !_

procéder

procéder, v. (conjugaison 11) ♦ **1.** *Procéder à,* faire, exécuter, accomplir : *Nous allons procéder au montage de la maquette.* **2.** Agir : *Allons, essaie de procéder avec méthode !*

procédure, n. f. ♦ Ensemble des règles et des actes qui concernent la conduite d'une action administrative ou judiciaire complexe.

procès, n. m. ♦ Action par laquelle un tribunal examine une cause pénale ou civile : *Le procès s'est achevé par l'acquittement de l'accusé.* • *Notre voisin veut faire un procès à sa propriétaire* (= intenter une action en justice contre elle).

procession, n. f. ♦ Cortège religieux de gens qui marchent en priant, en chantant des cantiques, etc.

procès-verbal, n. m. ♦ **1.** Compte rendu écrit d'une réunion, d'une séance. — PLUR. *des procès-verbaux.* **2.** Constatation d'une infraction : *La policière a dressé procès-verbal à l'automobiliste pour excès de vitesse.*

prochain, aine, adj. *ou* n. m. ♦ **1.** Qui est le premier à venir : *Samedi prochain, l'oncle Hector aura juste cinquante ans.* — CONTR. dernier. • Qui sera le premier rencontré : *Je descends à la prochaine station.* **2.** Qui viendra bientôt : *Un jour prochain, nous irons voir la cousine Emma.* — SYN. proche. — CONTR. éloigné, lointain. **3.** *Le prochain :* toute personne avec qui on est (ou on peut être) en relation.

prochainement, adv. ♦ Bientôt.

proche, adj. ♦ **1.** Qui est à une faible distance dans l'espace : *L'Italie est un pays proche.* — CONTR. éloigné, lointain. **2.** Dont on est séparé par une petite durée : *Ces événements se sont passés il y a un mois : ils sont encore tout proches.* — SYN. récent. — CONTR. éloigné, lointain. **3.** A peu près semblable : *L'alligator est un animal proche du crocodile.* — SYN. voisin. — CONTR. différent, éloigné.

proclamation, n. f. ♦ Annonce ou déclaration solennelle.

proclamer, v. ♦ **1.** Annoncer, désigner, instituer officiellement, solennellement : *Charlemagne fut proclamé empereur en l'an 800. On proclama la république.* **2.** Annoncer, déclarer hautement et avec force : *Oui, je le proclame, je suis désigné par le destin pour être votre chef !*

procurer, v. ♦ **1.** Faire obtenir : *Je t'ai procuré une invitation gratuite au concert.* — SYN. fournir. • *Se procurer :* trouver, obtenir. **2.** Donner : *Cette enfant est très gentille : elle procure à ses parents beaucoup de satisfactions.*

procureur, euse, n. ♦ Magistrat qui soutient l'accusation et requiert contre l'inculpé.

prodigalité, n. f. ♦ **1.** Caractère d'une personne prodigue. — CONTR. économie, épargne. **2.** Très grande abondance. — SYN. profusion, surabondance. — CONTR. rareté. **3.** *Des prodigalités :* des dépenses excessives.

prodige, n. m. ♦ **1.** Dans l'Antiquité romaine, fait extraordinaire (pluie de sang, animal qui parle, etc.) par lequel les dieux annonçaient, croyait-on, qu'un grand événement allait se produire. **2.** Chose très belle ou extraordinaire ; action remarquable. — SYN. exploit. **3.** *Enfant prodige :* enfant qui, très jeune, manifeste des dons extraordinaires.

prodigieux, euse, adj. ♦ Extraordinaire, très grand. — SYN. exceptionnel, extraordinaire, fabuleux, fantastique, merveilleux. — CONTR. banal, commun, courant, habituel, normal, ordinaire.

prodigue, adj. *ou* n. ♦ **1.** Qui fait des dépenses excessives. — SYN. gaspilleur. — CONTR. économe. **2.** Qui donne, qui fournit en abondance : *La nature, sous les tropiques, est prodigue de tels spectacles.*

prodiguer, v. ♦ Donner, fournir en abondance : *La nature, inlassable et généreuse, nous prodigue ses dons.* — SYN. dispenser.

profit

producteur, trice, adj. *ou* n. ♦ Qui produit telle chose : *Les États-Unis sont un pays producteur d'oranges.* ● *Les producteurs de lait sont mécontents : ils n'arrivent pas à écouler leurs produits.* — CONTR. un consommateur. ● *Producteur de cinéma :* personne qui avance l'argent pour faire un film.

productif, ive, adj. ♦ Qui produit beaucoup, qui donne du profit.

production, n. f. ♦ Action de produire. ● Quantité produite. — CONTR. consommation.

produire, v. (conjugaison 46) ♦ 1. Fournir, donner : *La Beauce produit du blé.* ● Fabriquer, construire : *Le Japon produit beaucoup de matériel électronique et informatique.* 2. Causer, provoquer, avoir tel effet : *L'intervention de ce pays étranger risque de produire une crise diplomatique grave.* — SYN. créer, entraîner. — CONTR. empêcher. 3. *Se produire,* avoir lieu : *Un incident s'est produit au cours de la réunion.* — SYN. arriver, survenir. 4. *Se produire,* paraître, jouer, chanter (devant un public) : *Cette artiste s'est produite devant un public difficile.*

produit, n. m. ♦ 1. Chose produite par l'agriculture ou l'industrie : *Les fromages, les parfums et les automobiles, voilà des produits que nous pouvons exporter.* 2. Substance, solide ou liquide, qui sert à un usage déterminé : *Va chez le quincaillier acheter un produit pour déboucher les lavabos.* 3. Résultat de la multiplication.

proéminence, n. f. ♦ Saillie, partie qui avance. — SYN. bosse, protubérance. — CONTR. un creux, enfoncement.

proéminent, ente, adj. ♦ Qui avance (par rapport à la surface qui entoure). — SYN. saillant. — CONTR. creux, enfoncé, fuyant.

profane, adj. *ou* n. ♦ 1. Qui n'est pas de l'ordre de la religion : *Le Jour de l'An est une fête profane, alors que Noël est une* fête religieuse. — SYN. laïque. — CONTR. religieux, sacré. 2. Qui ne connaît pas une science, une technique, un art : *Ne me parle pas de microprocesseurs : je suis profane en informatique !* — CONTR. compétent, expert, spécialiste.

profaner, v. ♦ Employer une chose sacrée à un usage qui la souille ; manquer gravement de respect à une chose sacrée : *Les soldats ennemis profanèrent l'église en la transformant en écurie.*

proférer, v. (conjugaison 11) ♦ Dire à haute voix, sur un ton menaçant, violent.

professeur, eure, n. ♦ Celui, celle qui enseigne une matière déterminée dans une école secondaire, un cégep ou une université.

profession, n. f. ♦ 1. *Faire profession de,* déclarer ouvertement ses idées, ses opinions : *Ton amie fait profession de ses opinions anarchistes.* 2. *Profession de foi :* cérémonie religieuse au cours de laquelle les jeunes catholiques communient solennellement et affirment leur foi. 3. Métier : *Quelle profession veux-tu exercer plus tard ?* Dentiste, médecin, ingénieur, avocat, journaliste ?

professionnel, elle, adj. *ou* n. ♦ 1. Qui concerne le métier, la profession. 2. *Un professionnel, une professionnelle :* celui, celle qui fait quelque chose parce que c'est son métier.

profil [pʀɔfil], n. m. ♦ Contour d'un objet ou d'un visage vu de côté : *Je sais dessiner un visage de profil, mais non de face.*

profiler, v. ♦ Montrer ses contours sur un fond : *Au loin, le vieux château profile ses tours crénelées sur le ciel clair.*

profit, n. m. ♦ 1. Ce que l'on gagne ; bénéfice. — CONTR. perte. 2. Avantage : *J'espère que tu auras retiré un profit de ton séjour linguistique en Angleterre.* ● *Mettre à profit,* profiter de quelque chose : *J'ai mis à profit mes vacances pour apprendre l'anglais.* — SYN. tirer parti. ● *Au profit de,* au bénéfice de : *La kermesse est organisée au profit de la caisse des écoles.*

profitable

profitable, adj. ♦ Qui donne un avantage. — SYN. avantageux, bénéfique, bienfaisant, bon, utile. — CONTR. désavantageux, mauvais.

profiter, v. ♦ **1.** *Profiter de,* se servir de quelque chose : *J'ai profité de cet instant de liberté pour t'écrire un mot.* **2.** *Profiter à :* être utile, rapporter du profit à quelqu'un.

profond, onde, adj. *ou* adv. ♦ **1.** Qui a une grande profondeur : *Ce puits est profond.* ● *Ce puits est profond de douze mètres.* ● *Il a fallu creuser profond pour trouver une nappe d'eau.* **2.** Très grand et très sincère : *Nous avons tous un profond attachement pour notre patrie.* **3.** Qui contient des idées très intelligentes et très difficiles : *Ce livre est très profond.* — CONTR. superficiel.

profondeur, n. f. ♦ **1.** Distance entre un niveau de référence et le fond : *Quelle est la profondeur de ce puits?* **2.** Distance entre la face et le fond : *Ce meuble a une largeur de 1,25 mètre, une hauteur de 1,75 mètre, et une profondeur de 0,65 mètre.* **3.** Caractère d'une idée, d'une pensée profonde, d'un livre profond.

profusion, n. f. ♦ Très grande abondance. — SYN. luxuriance, surabondance. — CONTR. pauvreté, sobriété, rareté. ● *A profusion :* en grande quantité.

progéniture, n. f. ♦ Ensemble des petits d'un animal ou des enfants d'une famille.

programmation, n. f. ♦ **1.** Conception et réalisation des programmes de traitement informatique. **2.** Fixation du programme au cinéma, à la radio ou à la télévision.

programme, n. m. ♦ Liste de ce qui est à faire, à étudier. ● Ensemble d'instructions fournies à un ordinateur pour qu'il exécute des opérations déterminées. ● Liste de ce qui sera présenté : *Tiens, voici le programme de la télévision pour la semaine du 20 au 26 juillet.*

progrès, n. m. ♦ Augmentation ou changement en mieux. — CONTR. détérioration, régression.

progresser, v. ♦ **1.** Faire des progrès : *Depuis que mon cousin prend des leçons particulières, il a beaucoup progressé en maths.* — CONTR. régresser. **2.** Avancer, s'étendre : *La marée noire progresse vers nos côtes.*

progressif, ive, adj. ♦ Qui se fait par degrés et non d'un seul coup. — CONTR. brusque, brutal, soudain.

progressivement, adv. ♦ Par degrés.

prohiber, v. ♦ Interdire : *La directrice de l'école a prohibé l'usage des patins à roulettes dans la cour.* — SYN. défendre, empêcher. — CONTR. autoriser, permettre.

prohibition, n. f. ♦ Interdiction.

proie, n. f. ♦ Animal pris et mangé par un autre. ● *Oiseau de proie :* rapace.

projecteur, n. m. ♦ **1.** Appareil qui produit une lumière très forte. **2.** *Projecteur de diapositives :* appareil permettant de projeter des photos sur un écran.

projectile, n. m. ♦ Tout objet qui est lancé, tel que pierre, balle de fusil, obus.

projection, n. f. ♦ **1.** Action de projeter un objet ; chose projetée : *Au passage des voitures, des projections de cailloux se produisent parfois.* **2.** Action de projeter des photos, un film.

projet, n. m. ♦ **1.** Ce que l'on veut faire plus tard. — SYN. dessein, intention. **2.** Plan, maquette : *Voici le projet de la future salle de concert présenté par une jeune architecte.*

projeter, v. (conjugaison 14) ♦ **1.** Lancer, jeter : *Martine projetait des boules de neige contre le mur.* **2.** Faire apparaître les images sur l'écran : *Je vais vous projeter les photos que j'ai prises cet été quand*

promiscuité

j'étais en Jamaïque. **3.** Avoir un projet : *Pour mon congé de Noël, je projette d'aller faire du ski dans les Rocheuses.*

prolétaire, n. ♦ **1.** Dans l'Antiquité romaine, citoyen pauvre dispensé de payer l'impôt. **2.** De nos jours, ouvrier ou employé pauvre, qui ne possède rien et qui a du mal à vivre. — CONTR. bourgeois, capitaliste, riche.

prolétariat, n. m. ♦ Ensemble des prolétaires. — CONTR. bourgeoisie.

prolifération, n. f. ♦ Action de proliférer. — SYN. pullulement.

proliférer, v. ♦ Se multiplier et devenir très nombreux. — SYN. pulluler.

prolifique, adj. ♦ Qui a beaucoup de petits ou beaucoup d'enfants.

prolixe, adj. ♦ Qui emploie beaucoup de mots pour dire peu de chose. — SYN. bavard, diffus, verbeux. — CONTR. bref, concis.

prolixité, n. f. ♦ Défaut d'une personne prolixe. — SYN. bavardage, verbosité. — CONTR. concision.

prologue, n. m. ♦ Première partie d'un roman, d'une pièce de théâtre, d'un film, celle où l'on raconte ce qui s'est passé avant le début de l'action elle-même. — CONTR. épilogue.

prolongation, n. f. ♦ Action de prolonger dans le temps, état de ce qui se prolonge : *Moi, je suis pour la prolongation des vacances !* — SYN. allongement.

prolongement, n. m. ♦ **1.** Action de prolonger dans l'espace : *On a décidé le prolongement du boulevard jusqu'à la mer.* — CONTR. raccourcissement. **2.** *Dans le prolongement de,* dans la même direction et à la suite : *La rue de la Poste est dans le prolongement de la rue Eusèbe-Leprince.*

prolonger, v. (conjugaison 16) ♦ Rendre plus long dans l'espace ou dans le temps : *On va prolonger la rue jusqu'au stade.* ● *Il faisait beau, j'ai prolongé mon séjour au Vermont.* — CONTR. abréger, raccourcir.

promenade, n. f. ♦ Petit parcours que l'on fait pour son plaisir.

promener, v. ♦ **1.** Emmener en promenade : *Julien, va donc promener ton petit frère, il a besoin de prendre l'air.* ● *Promenons-nous dans le bois.* **2.** Déplacer, faire aller d'un point à un autre : *L'institutrice promenait lentement son regard sur la classe.*

promeneur, euse, n. ♦ Celui, celle qui se promène.

promesse, n. f. ♦ **1.** Action de promettre ; chose que l'on promet. ● *Tenir ses promesses.* **2.** Chose bonne à laquelle on peut s'attendre : *L'avenir est plein de menaces. Il est plein de promesses, aussi.*

prometteur, euse, adj. ♦ Qui laisse bien augurer de l'avenir.

promettre, v. (conjugaison 99) ♦ **1.** Dire que l'on fera une chose : *Je t'aiderai quoi qu'il arrive, je te le promets.* — SYN. s'engager. ● Dire qu'on donnera quelque chose à quelqu'un : *Maman m'a promis un jeu vidéo si je travaille bien à l'école.* **2.** *Se promettre de,* prendre une ferme résolution : *Je me suis promis de ne plus céder à ses caprices.* **3.** Laisser prévoir : *Le vigneron est content : ce beau soleil promet une vendange magnifique.* **4.** Laisser espérer de beaux succès : *Ma petite cousine promet beaucoup : à cinq ans, elle sait déjà lire, écrire et compter.*

promis, ise, adj. ♦ **1.** Qui a été promis : *Chose promise, chose due.* **2.** *Promis à,* destiné à : « *Oui, s'écria Alexandre, je suis promis à un brillant avenir : je serai le plus grand homme de tous les temps !* »

promiscuité, n. f. ♦ Compagnie désagréable d'autres personnes avec lesquelles on est obligé de vivre, de voyager, sans pouvoir s'isoler. — CONTR. isolement, solitude.

promontoire

promontoire, n. m. ♦ Relief élevé qui forme saillie. — SYN. éperon (rocheux).

promoteur, trice, n. ♦ Celui, celle qui avance l'argent pour la construction d'un immeuble et qui, ensuite, vend les appartements à son profit. ● *Un promoteur immobilier.*

promotion, n. f. ♦ **1.** Avancement : *Mon cousin a eu une promotion : il est nommé chef de service.* **2.** Ensemble des élèves sortis la même année d'une école ou d'une université.

promouvoir, v. (ne s'emploie guère qu'à l'infinitif, au participe présent *promouvant,* au participe passé *promu,* aux temps composés *j'ai promu,* etc., au passif, *j'ai été promu*) ♦ **1.** Élever à un grade supérieur : *Le colonel a été promu général de brigade.* **2.** Développer en faisant connaître, en exerçant une action collective, etc. : *Il faut promouvoir la solidarité.*

prompt, prompte [prɔ̃, prɔ̃t], adj. ♦ Rapide, qui se met vite à faire quelque chose : *Daphné est prompte à la colère, à l'enthousiasme.*

promptement [prɔ̃tmɑ̃], adv. ♦ De manière prompte, rapide. — SYN. rapidement, vivement. — CONTR. lentement, mollement.

promptitude [prɔ̃tityd], n. f. ♦ Caractère d'une personne ou d'une chose prompte, rapide. — SYN. rapidité, vivacité. — CONTR. mollesse, lenteur.

promulgation, n. f. ♦ Action de promulguer.

promulguer, v. ♦ Porter officiellement à la connaissance du public : *Tant qu'elle n'est pas promulguée, une loi n'est pas applicable.* — SYN. publier.

prôner, v. ♦ Conseiller, recommander : *Elle prône le désintéressement, et pourtant elle ne pense qu'à s'enrichir !* — CONTR. déconseiller.

pronom, n. m. ♦ Mot qui remplace un nom : *Il existe des pronoms personnels, des pronoms démonstratifs, des pronoms possessifs, des pronoms relatifs, et des pronoms indéfinis.*

pronominal, ale, aux, adj. ♦ *Verbe pronominal :* verbe qui se conjugue avec un pronom réfléchi, par exemple : *Je me peigne, il s'intéresse,* etc.

prononcé, ée, adj. ♦ Fort, puissant, facile à percevoir : *Le père Timoléon avait un penchant prononcé pour le café.* — SYN. accentué, marqué. — CONTR. faible, léger.

prononcer, v. (conjugaison 17) ♦ **1.** Émettre tel son de telle manière. ● Articuler de telle manière un mot, ou les mots d'une langue : *Tu dois prononcer beau avec u fermé, et bord avec un o ouvert.* ● *Se prononcer,* être articulé, émis, se faire entendre : *Le « e muet » ne se prononce pas.* **2.** Dire : *La directrice a prononcé une allocution au début de la réunion des parents d'élèves.* **3.** *Se prononcer :* émettre son avis, se décider.

prononciation, n. f. ♦ Manière de prononcer.

pronostic, n. m. ♦ Prévision concernant un résultat ou une évolution.

pronostiquer, v. ♦ Prévoir, prédire : *Tous les experts avaient pronostiqué une pénurie de pétrole. C'est le contraire qui s'est produit.*

propagande, n. f. ♦ Action qu'on mène pour faire connaître, approuver et adopter une doctrine.

propagation, n. f. ♦ Action de propager ou de se propager.

propager, v. (conjugaison 16) ♦ Répandre en communiquant de proche en proche : *Les rats propagent la peste.* ● Répandre en faisant connaître : *Qui a donc intérêt à inventer et à propager ces nouvelles ?* — SYN. diffuser.

propre

propane, n. m. ♦ Gaz combustible utilisé en bouteilles d'acier pour alimenter les réchauds, les cuisinières.

propension, n. f. ♦ Tendance naturelle à faire quelque chose. — SYN. disposition, inclination, penchant.

prophète, prophétesse, n. ♦ Celui, celle qui parle au nom de Dieu, ou qui annonce l'avenir. ● *Le Prophète :* Mahomet.

prophétie [prɔfesi], n. f. ♦ Texte ou parole de prophète qui annonce quelque chose.

prophétique, adj. ♦ Qui annonce l'avenir : *Un songe prophétique vint annoncer à la reine qu'elle aurait un fils illustre.*

propice, adj. ♦ Qui convient bien, qui est favorable : *Ne laisse pas passer l'instant propice.* — SYN. opportun. — CONTR. défavorable.

proportion, n. f. ♦ **1.** Rapport entre deux ou plusieurs grandeurs : *Quelle est la proportion de sucre dans ta crème? 1/4 ou 1/3?* ● *En proportion de,* en fonction de : *Chacun est récompensé en proportion de ses efforts, en principe.* — SYN. au prorata de. **2.** Relation entre les dimensions : *Les proportions des temples grecs étaient particulièrement harmonieuses.*

proportionné, ée, adj. ♦ **1.** En relation convenable : *La punition doit toujours être proportionnée à la faute.* — CONTR. disproportionné. **2.** *Bien (mal) proportionné :* qui a de belles (de mauvaises) proportions.

proportionnel, elle, adj. ♦ Qui est en relation précise avec une autre quantité : *La quantité de carburant consommé est proportionnelle à la distance parcourue.*

proportionner, v. ♦ Mesurer, accomplir selon une juste proportion : *Il faut proportionner son effort à l'importance de la tâche à remplir.*

propos, n. m. ♦ **1.** But, dessein, intention : *Mon propos est de vous divertir tout en vous instruisant.* **2.** *A propos :* au moment propice, juste quand il le faut. ● *A tout propos :* à chaque instant. ● *A propos de,* au sujet de, puisqu'on parle de : *Ah! à propos de géographie, sais-tu quand aura lieu l'interrogation écrite?* **3.** *Un propos* ou *des propos,* des paroles : *Ne perdez pas votre temps en propos futiles.*

proposer, v. ♦ **1.** Présenter, offrir : *Cette chaîne de télévision propose au public des émissions d'une excellente qualité.* ● *Se proposer pour,* offrir son aide : *Gilbert s'est proposé pour faire les courses de la vieille dame malade.* **2.** *Se proposer de,* avoir l'intention de : *Je me propose de vous faire, un de ces jours, un exposé sur la télématique.*

proposition, n. f. ♦ **1.** Ce qui est proposé, offert : *Éva veut m'emmener au cinéma, voilà une proposition qui m'enchante!* **2.** Groupe de mots qui, en principe, contient un verbe à un mode personnel.

propre, adj. ♦ **1.** Qui est à telle personne et non à une autre (renforce l'adjectif possessif) : *M. Leblond n'avait jamais été locataire, il avait toujours vécu dans sa propre maison.* ● *Cette maison lui appartient en propre.* **2.** Équivaut à « même » : *« Oui, monsieur, vous êtes un génie » : ce sont là ses propres termes* (= exactement les termes dont il s'est servi lui-même). **3.** *Propre à,* particulier à : *Cette habitude est propre au chien.* — CONTR. commun, général. ● *Cette habitude est le propre du chien.* **4.** *Nom propre,* qui désigne une seule personne, un seul pays, etc. : *Le nom* fille *est un nom commun, le nom* Juliette *est un nom propre.* **5.** *Sens propre :* sens premier d'un nom, par opposition à sens figuré. Par exemple, le mot *source* est employé au sens propre quand il désigne de l'eau qui jaillit, il est employé au sens figuré quand on dit : « La source du bonheur se trouve dans la joie du devoir accompli. » **6.** *Propre à,* bon à : *Voyons, à quel métier ce garçon sera-t-il propre?* **7.** Qui n'est pas sale : *Demain, pour aller voir ta tante, mets une chemise propre.* — CONTR. malpropre, sale. **8.** *Mettre au propre,* recopier un brouillon pour mettre un texte au net.

propret

propret, ette, adj. ♦ Qui est bien tenu, bien propre, simple et agréable : *Il habite une petite maison blanche, toute proprette.*

propriétaire, n. m. *ou* f. ♦ Celui, celle qui possède quelque chose. ● Celui, celle qui possède une maison, un appartement, un terrain donné en location. — CONTR. locataire.

propriété, n. f. ♦ **1.** Le droit de posséder quelque chose ; le fait économique et social que constituent l'existence et l'exercice de ce droit : « *Il faut abolir la propriété !* », *criait notre voisine l'anarchiste.* **2.** Maison ou terrain que l'on possède : *La patronne de mon père habite une splendide propriété dans les Laurentides : maison, parc et petit bois.* **3.** Caractère propre à une chose, à une substance : *L'eau de Javel a la propriété de blanchir le linge.*

propulser, v. ♦ Faire avancer : *Ce canot automobile est propulsé par un moteur de 60 chevaux.*

propulsion, n. f. ♦ Action ou manière de propulser.

prorata (au), loc. prép. ♦ En proportion de : *Chaque copropriétaire paie les travaux de l'immeuble au prorata de la surface qu'il possède.*

proroger, v. (conjugaison **16**) ♦ Prolonger au-delà de la date prévue : *On va proroger jusqu'au 15 janvier le délai d'inscription.* — SYN. allonger. — CONTR. abréger, raccourcir.

prosaïque, adj. ♦ Qui est banal, triste, ennuyeux. — SYN. plat, terne. — CONTR. brillant, exaltant, poétique.

prosateur, trice, n. ♦ Écrivain, écrivaine qui écrit en prose. — CONTR. poète.

proscrire, v. (conjugaison **48**) ♦ **1.** Chasser des adversaires politiques hors du pays : *Le sinistre tyran avait proscrit tous les intellectuels contestataires.* — SYN.

bannir, exiler. **2.** Interdire : *Le médecin a proscrit le sucre de mon régime.* — REM. Ne dites pas « prescrire » pour *proscrire.*

prose, n. f. ♦ Manière de parler ou d'écrire ordinaire, c'est-à-dire manière de parler ou d'écrire qui n'est pas de la poésie. — CONTR. la poésie, les vers.

prosélyte, n. m. *ou* f. ♦ **1.** Dans l'Antiquité, païen converti au judaïsme. **2.** Celui, celle qui vient de se convertir à une religion, à une doctrine ou qui vient d'adhérer à un parti.

prosélytisme, n. m. ♦ Zèle qu'on apporte à faire des prosélytes, à recruter des partisans, des adhérents, à faire de la propagande.

prospecter, v. ♦ Examiner une région, un terrain, pour savoir s'il y a des gisements de houille, de minerai, de pétrole, etc.

prospecteur, trice, n. ♦ Celui, celle qui prospecte.

prospection, n. f. ♦ Action de prospecter.

prospectus [pRɔspɛktys], n. m. inv. ♦ Feuille, document publicitaire.

prospère, adj. ♦ Riche et actif : *Corinthe alors était une cité prospère.* — SYN. florissant. ● Qui marche bien et qui rapporte de l'argent : *Le dépanneur du quartier était content : son commerce était prospère.*

prospérer, v. (conjugaison **11**) ♦ Bien marcher : *L'épicière du coin est contente : son commerce prospère.* — SYN. se développer, réussir. — CONTR. décliner, échouer, péricliter, stagner.

prospérité, n. f. ♦ Richesse et bonne marche du commerce, des affaires, d'une entreprise. — SYN. développement, essor, opulence, réussite. — CONTR. crise, déclin, marasme, pauvreté, ruine.

prouver

prosternation, n. f. ♦ Action de se prosterner.

prosterner (se), v. ♦ Se courber très bas jusqu'à terre ou se coucher sur le sol face contre terre devant quelqu'un en signe de soumission.

prostré, ée, adj. ♦ Très abattu. — SYN. accablé, effondré. — CONTR. éveillé, gaillard, vif, vigoureux.

protagoniste, n. m. *ou* f. ♦ Celui, celle qui joue un rôle de premier plan dans une affaire, dans un film. — CONTR. comparse.

protecteur, trice, adj. *ou* n. ♦ Qui protège.

protection, n. f. ♦ **1.** Action de protéger. ● *Prendre quelqu'un sous sa protection.* **2.** Ce qui protège : *Une bâche sur les espaliers, c'est une bonne protection contre le gel.*

protège-cahier, n. m. ♦ Couverture souple qui protège un cahier. — PLUR. *des protège-cahiers.*

protéger, v. (conjugaison 18) ♦ Défendre contre ceux qui voudraient faire du mal, qui voudraient attaquer : *Quatre gardiens armés protègent le fourgon qui transporte les fonds.* — CONTR. attaquer. **2.** Mettre à l'abri d'une chose mauvaise : *Un grand manteau avec un capuchon, voilà ce qui va te protéger du froid et de la pluie !* — SYN. abriter, défendre, garantir, préserver. — CONTR. exposer.

protestant, ante, adj. *ou* n. ♦ Qui a le protestantisme pour religion. — REGARDER *réformé.* ● *Les protestants. Un protestant. Une protestante.* ● Qui appartient à la religion protestante : *Dans le culte protestant, on n'a jamais employé le latin comme langue liturgique.*

protestantisme, n. m. ♦ Religion chrétienne issue de la Réforme, mouvement religieux dont les principaux chefs furent Luther et Calvin.

protestation, n. f. ♦ **1.** Action de protester, paroles ou écrit exprimant le désaccord. **2.** Affirmation forte : *Malgré ses protestations d'amitié, je me méfie de Jean-Claude.*

protester, v. ♦ **1.** Dire avec force : *On accusait Julie d'avoir menti, mais elle a protesté de son innocence.* — SYN. affirmer, assurer. **2.** Dire fortement que l'on n'est pas d'accord, que l'on désapprouve beaucoup quelque chose. — SYN. s'élever (contre), s'opposer (à). — CONTR. accepter, acquiescer, admettre, approuver, consentir, soutenir.

prothèse, n. f. ♦ Objet, appareil qui sert à remplacer un organe, un membre absent ou enlevé. ● *Une prothèse dentaire.* — SYN. dentier, râtelier.

protocole, n. m. ♦ Ensemble des règles et des usages qui régissent les cérémonies officielles.

protohistoire, n. f. ♦ Période qui précède immédiatement l'histoire, à l'extrême fin de la préhistoire.

prototype, n. m. ♦ Modèle unique, avant la fabrication en série.

protubérance, n. f. ♦ Bosse, saillie. — SYN. proéminence. — CONTR. un creux, dépression, enfoncement.

protubérant, ante, adj. ♦ Qui forme une bosse, qui a des bosses, des saillies. — SYN. proéminent, saillant. — CONTR. creux, déprimé, enfoncé, fuyant.

proue, n. f. ♦ Avant d'un navire. — CONTR. poupe.

prouesse, n. f. ♦ Action difficile et glorieuse. — SYN. exploit.

prouver, v. ♦ **1.** Montrer qu'une chose est vraie, sûre : *Je vais te prouver que je sais nager : je vais traverser la piscine dans toute sa longueur.* — SYN. démontrer, établir. **2.** Donner une marque certaine de quelque chose : *En venant à mon aide, Nadia m'a prouvé son dévouement.* — SYN. montrer, témoigner.

provenance

provenance, n. f. ♦ Endroit d'où provient, d'où vient une chose. — SYN. origine. ● *Attention, attention! Le train en* **provenance** *de Halifax entre en gare.* — CONTR. en partance pour.

provenir, v. (conjugaison 44) ♦ **1.** Venir de : *Ces citrons proviennent de Sicile.* **2.** Être tiré de : *Les matières plastiques proviennent du pétrole.* **3.** Être la conséquence de : *Cette erreur provient d'un mauvais raisonnement.*

proverbe, n. m. ♦ Phrase courte qui exprime une vérité d'expérience sous une forme imagée : *Tu connais sûrement le proverbe « Pierre qui roule n'amasse pas mousse ».*

proverbial, ale, aux, adj. ♦ Très connu et souvent cité (à la manière d'un proverbe).

providence, n. f. ♦ Gouvernement plein de sagesse et de bonté que Dieu exerce sur la création. ● *La Providence* (avec une majuscule) : Dieu.

providentiel, elle, adj. ♦ Qui se produit par un hasard heureux, qui semble dû à l'action de la providence divine.

province, n. f. ♦ Chacune des dix divisions ou grandes régions du Canada. Chaque province a son propre gouvernement et son Premier ministre : *Le Canada est formé par dix provinces et les Territoires du Nord-Ouest.*

provincial, ale, aux, adj. *ou* n. ♦ De la province.

provision, n. f. ♦ **1.** Quantité que l'on garde en réserve. ● *Le voisin veut faire* **provision** *de mazout, car l'hiver sera froid, dit-on.* **2.** *Les provisions* : ce que l'on achète tous les jours pour manger. **3.** *Chèque sans* **provision,** émis sans qu'il y ait assez d'argent au crédit du compte.

provisoire, adj. ♦ Qui n'est pas destiné à durer longtemps et qui doit bientôt

être supprimé ou remplacé par autre chose. — SYN. momentané, temporaire. — CONTR. définitif, durable, permanent.

provocant, ante, adj. ♦ Qui exprime ou qui constitue une provocation. — CONTR. apaisant, doux.

provocateur, trice, adj. *ou* n. ♦ *Agent provocateur :* celui qui se mêle à un groupe pour inciter les autres personnes à commettre des actes violents ou imprudents qui pourront servir de prétexte à la répression.

provocation, n. f. ♦ Action ou parole qui incite à une réaction dure ou violente.

provoquer, v. ♦ **1.** Être la cause de quelque chose : *C'est la suppression des congés d'hiver qui a provoqué cette vague de mécontentement.* — SYN. amener, causer, entraîner, occasionner, produire. — CONTR. empêcher. **2.** Amener quelqu'un à réagir avec dureté ou violence : *C'est lui qui m'a provoqué : il m'a jeté une poignée de sable au visage.*

proximité, n. f. ♦ Caractère de ce qui est proche dans l'espace ou le temps. — CONTR. éloignement. ● *A proximité de,* près de : *Ma tante habite à proximité du centre commercial : c'est bien commode.* — CONTR. loin de.

pruche, n. f. ♦ Sorte de conifère.

prudemment, adv. ♦ Avec prudence.

prudence, n. f. ♦ Qualité de celui qui sait prévoir les dangers et prendre ses précautions. — CONTR. imprudence.

prudent, ente, adj. ♦ Qui fait preuve de prudence. — CONTR. imprudent.

prune, n. f. ♦ Fruit du prunier.

pruneau, n. m. ♦ Prune séchée, de couleur noire.

1. prunelle, n. f. ♦ Petite prune sauvage, de couleur gris-bleu foncé, à goût âpre.

2. prunelle, n. f. ♦ Pupille de l'œil. — REGARDER pupille 2.

prunier, n. m. ♦ Arbre qui donne un fruit sucré à peau fine et à noyau appelé « prune ».

prussien, enne, adj. *ou* n. ♦ De la Prusse, ancien État de l'est de l'Allemagne. ● *Les Prussiens. Un Prussien. Une Prussienne.*

P.-S. ♦ Initiales de *post-scriptum.*

psalmodie, n. f. ♦ **1.** Manière de chanter ou de réciter les psaumes, sur une musique monotone. **2.** Chant monotone, qui fait penser à la manière dont on chantait les psaumes, dans l'Église catholique. — SYN. mélopée. ● Récitation ou lecture faite sur un ton à la fois monotone et chantant.

psalmodier, v. (conjugaison **20**) ♦ Réciter ou lire sur un ton à la fois monotone et chantant : *Les enfants psalmodiaient en chœur la table de multiplication.*

psaume, n. m. ♦ Chant religieux chrétien dont le texte est celui d'un chant de la Bible.

pseudonyme, n. m. ♦ Nom, différent du vrai nom, sous lequel un écrivain publie ses œuvres ou sous lequel un artiste se fait connaître du public.

psychiatre [psikjatʀ], n. m. *ou* f. ♦ Médecin qui soigne les maladies mentales.

psychiatrie [psikjatʀi], n. f. ♦ Partie de la médecine qui s'occupe des maladies mentales.

psychiatrique [psikjatʀik], adj. ♦ *Hôpital psychiatrique,* où l'on soigne les maladies mentales.

psychologie [psikɔlɔʒi], n. f. ♦ **1.** Étude des phénomènes qui se produisent dans la conscience : idées, sentiments, réactions, etc. **2.** Aptitude à deviner les sentiments et les réactions des autres et à agir en conséquence : *Louise manque de psychologie : elle vexe les gens, sans le vouloir.*

psychologique [psikɔlɔʒik], adj. ♦ Qui concerne les pensées ou les sentiments, et non le corps.

psychologue [psikɔlɔg], n. m. *ou* f. ♦ **1.** Personne savante en psychologie (au sens 1), qui étudie le caractère et les aptitudes des gens et peut les guider. **2.** Celui qui a de la psychologie (au sens 2).

puant, ante, adj. ♦ Qui sent très mauvais. — SYN. fétide, infect, malodorant, nauséabond. — CONTR. odorant, parfumé.

puanteur, n. f. ♦ Très mauvaise odeur.

pubère, adj. ♦ Qui a atteint la puberté.

puberté, n. f. ♦ Moment qui marque le début de l'adolescence et qui se caractérise par certaines transformations du corps, par l'apparition de l'aptitude à procréer.

1. public, ique, adj. ♦ **1.** Qui est ouvert à tout le monde, où tout le monde peut aller. ● *Réunion publique.* — CONTR. secret, à huis clos. ● *Jardin public.* — CONTR. particulier, privé. **2.** Qui concerne l'ensemble des gens, qui est le fait de toute la population. ● *L'intérêt public.* — SYN. collectif, général. — CONTR. individuel, particulier. ● *L'opinion publique.* **3.** Qui dépend de l'État ou de la commune. ● *Une entreprise publique.* — CONTR. privé. ● *L'école publique.* — CONTR. libre, privé.

2. public, n. m. ♦ **1.** L'ensemble des gens : *Sur la porte, on lisait : « Interdit au public ».* **2.** L'ensemble des spectateurs, des téléspectateurs, des lecteurs : *Cette télévision privée a su conquérir un vaste public.* **3.** *En public :* devant de nombreuses personnes.

publication, n. f. ♦ **1.** Action de publier. **2.** *Une publication :* tout texte publié (livre, journal, revue, brochure, etc.).

publicitaire, adj. *ou* n. m. ♦ Qui concerne la publicité, qui constitue une publicité. ● *Agence publicitaire.* ● *Panneau publicitaire.* ● *Spot publicitaire :* REGARDER *spot.* ● *Un publicitaire :* professionnel de la publicité.

publicité, n. f. ♦ **1.** Caractère, état de ce qui est connu de tout le monde : *Inutile de donner trop de publicité à cette affaire.* **2.** Toute action, tout moyen qui vise à faire connaître et à faire acheter un produit : *Tu as vu à la télé la publicité pour les jeans?*

publier, v. (conjugaison 20) ♦ **1.** Reproduire un texte, un livre, etc., à de nombreux exemplaires et le vendre, le distribuer aux gens. ● Éditer ou faire éditer : *Notre voisin est un jeune poète : on va publier son premier recueil.* — SYN. faire paraître. **2.** Faire connaître au public : *C'est la radio qui a publié cette nouvelle étrange, à midi. Attendons donc une confirmation.* — SYN. annoncer, diffuser, répandre. ● *On va publier le décret.* — SYN. promulguer.

publiquement, adv. ♦ En public. — CONTR. en privé.

puce, n. f. ♦ **1.** Petit insecte qui saute bien, qui vit en parasite sur l'homme ou sur les animaux et qui suce le sang. ● *Mettre la puce à l'oreille :* éveiller l'attention, la méfiance, les soupçons. ● *Le marché aux puces :* marché où l'on vend des objets d'occasion. **2.** *Jeu de puces :* jeu qui consiste à faire sauter des jetons, d'une certaine manière. **3.** Synonyme familier de *microprocesseur,* c'est-à-dire d'un organe électronique formé de circuits intégrés, qui sont le « cerveau » d'un micro-ordinateur.

puceron, n. m. ♦ Petit insecte nuisible qui vit sur les plantes et se nourrit de leur sève.

pudeur, n. f. ♦ Retenue, gêne qui empêche de faire certaines choses. — SYN. délicatesse. — CONTR. impudeur.

pudique, adj. ♦ Qui évite l'étalage de sentiments trop intimes : *Ce livre de souvenirs est une évocation très pudique de l'adolescence de l'auteure.*

puer, v. (conjugaison 19) ♦ Sentir très mauvais.

puéril, ile, adj. ♦ Enfantin et indigne d'un adulte. — SYN. enfantin, infantile.

pugilat, n. m. ♦ Bataille à coups de poing.

pugiliste, n. ♦ Synonyme de *boxeur.*

pugnace [pygnas], adj. ♦ Qui met beaucoup d'acharnement à se battre, à lutter. — SYN. combatif. — CONTR. mou.

pugnacité [pygnasite], n. f. ♦ Caractère d'une personne pugnace. — SYN. combativité. — CONTR. mollesse.

puîné, ée, adj. *ou* n. ♦ Cadet, plus jeune : *Il a un frère puîné.* ● *Le puîné.* — CONTR. aîné.

puis, adv. ♦ **1.** Après cela : *Je me suis levé, puis j'ai pris mon petit déjeuner.* **2.** *Et puis,* en outre : *Je n'irai pas au théâtre, car je suis fatiguée. Et puis, ce spectacle n'a pas d'intérêt.* — SYN. d'ailleurs. **3.** *Et puis c'est tout,* et rien d'autre.

puiser, v. ♦ Prendre, retirer : *Marion, un seau à la main, alla puiser de l'eau au ruisseau.* ● *Pour passer l'hiver, cette famille modeste d'ouvriers dut puiser dans ses économies.*

puisque, conj. ♦ Indique la cause : *Puisque tu n'as rien à faire, tu vas m'aider.* — REM. Le e de puisque s'élide seulement devant *il, ils, elle, elles, on, un, une.*

puissamment, adv. ♦ De manière puissante.

puissance, n. f. ♦ **1.** Force qui permet d'aller vite, de tirer, de soulever un gros poids, etc. : *Cette locomotive peut tirer un train de 800 tonnes à 150 kilomètres à*

Écrire la musique

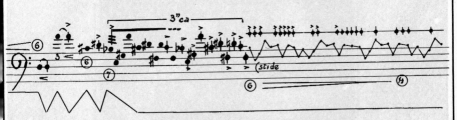

L. Berio, Sequenza V *pour trombone.*

Il existe plusieurs systèmes de notation musicale; en voici deux exemples:

1. Partition de « *Bécassine* » de Georges Brassens.

2. « *Sequenza V* » partition pour trombone de Luciano Berio.

Quelques éléments d'écriture:

La portée ____ ;

la clé de fa ____ ;

la clé de sol ____ ;

Les notes:

La blanche ;

la noire ;

la croche ;

la double croche .

Instruments et orchestre

3
4
6
5
2
1
15
7

1. **Piccolo** ou petite flûte (vent-bois).
2. **Hautbois** (vent-bois).
3. **Contrebasse et archet** (cordes).
4. **Timbale** (percussions).
5. **Cymbales** (percussions).
6. **Cor d'harmonie** (vent-cuivres).
7. **Luth** (cordes).
8. **Violon et archet** (cordes).
9. **Trompette** (vent-cuivres).
10. **Grosse caisse** (percussions).

Instruments et orchestre

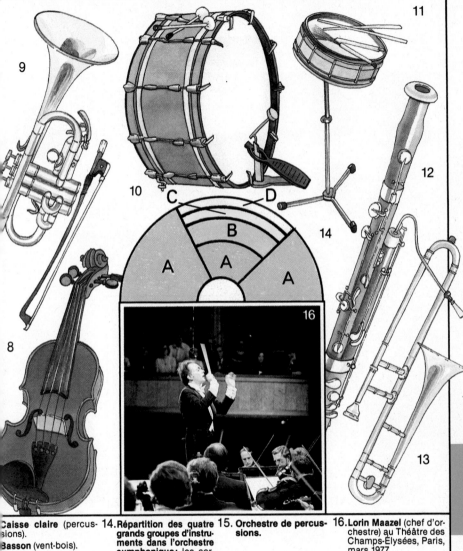

Caisse claire (percussions).

Basson (vent-bois).

Trombone (vent-cuivres).

14. Répartition des quatre grands groupes d'instruments dans l'orchestre symphonique: les cordes (A), les bois (B), les cuivres (C), les percussions (D).

15. Orchestre de percussions.

16. Lorin Maazel (chef d'orchestre) au Théâtre des Champs-Élysées, Paris, mars 1977.

Les couleurs

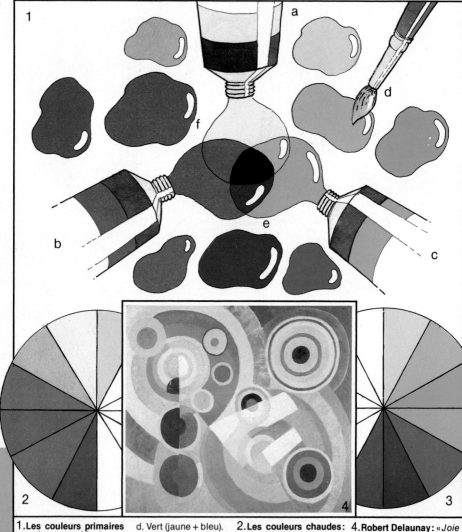

1. **Les couleurs primaires et leurs combinaisons.**
   a. Jaune primaire.
   b. Rouge primaire (magenta).
   c. Bleu primaire (cyan).
   d. Vert (jaune + bleu).
   e. Violet (bleu + rouge).
   f. Vermillon (rouge + jaune).

2. **Les couleurs chaudes:** vert, jaune, rouge...

3. **Les couleurs froides:** vert, bleu, violet...

4. **Robert Delaunay:** «*Joie de vivre*», peinture 1930.

Le dessin et la peinture

1. **Peinture à l'huile.**
   a. Palette.
   b. Toile sur son chevalet.
   c. Châssis.
   d. Godets.

2. **Esquisses** à la sanguine et au fusain.

3. **Peinture à l'eau** (aquarelle); feuille sur planche de bois.
   e. Essais de couleurs.

4. **Dessin à la plume,** bouteille d'encre et plumes.

5. **Peinture par projection,** une technique contemporaine. Le Prince Jurgen von Anhalt. Miami, mai 1984.

La photographie

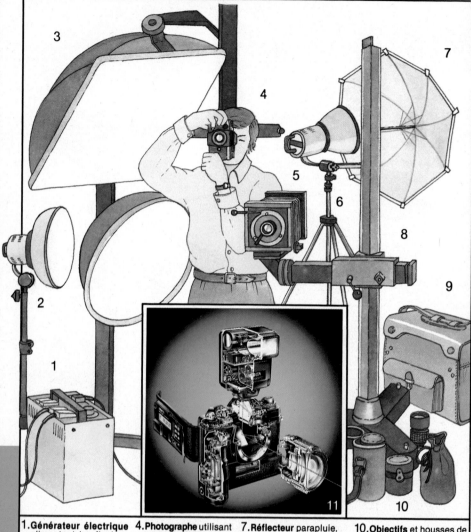

1. **Générateur électrique** alimentant les flashes.
2. **Flashes** électroniques.
3. **Boîte à lumière** (carrée et ronde).
4. **Photographe** utilisant un appareil 24 × 36.
5. **Chambre optique.**
6. **Pied de lampe.**
7. **Réflecteur** parapluie.
8. **Pied de studio.**
9. **Sac de matériel** photographique (fourre-tout).
10. **Objectifs** et housses de protection.
11. **Éclaté d'un appareil** 24 × 36 Minolta.

La publicité et ses supports

La publicité, cela se lit, cela se voit, cela s'écoute, cela s'entend et cela peut même se toucher !

1. **La presse.**

2. **Affichage mural :** sur les routes et dans les villes.

3. **Panneau urbain :** dans les villes.

4. **Ballon imprimé.**

5. **Camion** de livraison.

6. **Publicité télévisée.**

7. **Publicité radiodiffusée.**

8. **Sac** à provisions.

9. **Abribus.**

10. **P.L.V. :** publicité sur le lieu de vente.

Télévision, jeu, vidéo

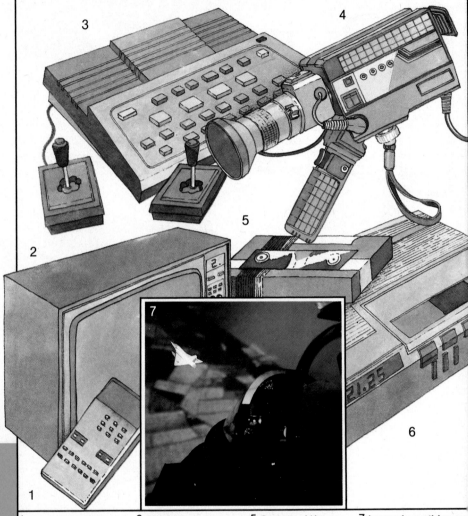

1. **Appareil de télécommande** pour le téléviseur et le magnétoscope.
2. **Téléviseur.**
3. **Console** et manettes de jeu électronique.
4. **Caméra** vidéo.
5. **Cassette** vidéo.
6. **Magnétoscope.**
7. **Image de synthèse** représentant la simulation d'un combat aérien.

l'heure : quelle puissance ! **2.** Pouvoir d'agir : *La puissance d'une nation dépend de sa population, de l'étendue de son territoire, de la valeur de son armée et de sa capacité industrielle.* — CONTR. faiblesse. **3.** *Une puissance,* un État, considéré par rapport aux autres États : *L'Allemagne, l'Angleterre sont des puissances européennes.*

puissant, ante, adj. *ou* n. m. ♦ **1.** Qui a de la puissance (au sens 1). **2.** Qui a un grand pouvoir : *Charles Quint était un souverain puissant.* ▪ *Les puissants :* ceux qui ont le pouvoir, la richesse. — CONTR. les faibles, les humbles, les pauvres.

puits, n. m. ♦ Trou profond dans le sol, qui sert à extraire l'eau, le pétrole, etc. ▪ *Un puits de pétrole.* ▪ *Un puits de mine.*

pull-over [pylɔvɛʀ] ou **pull** [pyl], n. m. ♦ Vêtement de laine qui couvre le haut du corps et que l'on enfile par la tête. — PLUR. *des pull-overs, des pulls.* — SYN. chandail.

pullulement, n. m. ♦ Action de pulluler. — SYN. prolifération.

pulluler, v. ♦ Être très nombreux. — SYN. proliférer.

pulmonaire, adj. ♦ Qui concerne les poumons.

pulpe, n. f. ♦ Partie molle et comestible d'un fruit. — SYN. chair.

pulpeux, euse, adj. ♦ Plein de pulpe tendre et juteuse.

pulsation, n. f. ♦ Chacun des battements du pouls.

pulvérisateur, n. m. ♦ Appareil qui sert à pulvériser une substance sous forme liquide.

pulvérisation, n. f. ♦ Action de pulvériser.

pulvériser, v. ♦ **1.** Répandre sous forme de gouttelettes extrêmement fines : *J'ai*

pulvérisé du désodorisant dans la cuisine : elle sentait le poisson frit. **2.** Briser en de nombreux petits fragments, casser complètement : *Sylvain faisait des moulinets avec son bâton : il a pulvérisé l'ampoule et la lampe.*

puma, n. m. ♦ Animal sauvage d'Amérique qui ressemble à un très gros chat.

punaise, n. f. ♦ **1.** Insecte à corps plat, à odeur nauséabonde, qui vit dans les lits et qui pique la peau pour sucer le sang. **2.** Sorte de clou à tige très courte, à tête ronde, large et plate.

1. punch [pɔ̃ʃ], n. m. ♦ Boisson faite avec du rhum, du sucre et divers ingrédients.

2. punch [pœnʃ], n. m. ♦ Aptitude d'un boxeur à frapper fort et efficacement.

punir, v. ♦ Infliger quelque chose de pénible à quelqu'un qui a mal agi. — SYN. châtier. — CONTR. récompenser. ▪ *La fabrication de faux billets de banque est punie par la loi.* — SYN. réprimer. ▪ *Ce délit est puni de prison.*

punitif, ive, adj. ♦ Destiné à punir, à infliger des représailles. ▪ *Une expédition punitive.*

punition, n. f. ♦ Ce qu'on inflige à quelqu'un pour le punir. — SYN. châtiment, sanction. — CONTR. récompense.

1. pupille [pypil], n. m. *ou* f. ♦ Enfant orphelin dont s'occupe le tuteur. — REGARDER *tuteur.*

2. pupille [pypil], n. f. ♦ Partie centrale de l'œil, constituée par un orifice laissant passer les rayons lumineux. — SYN. prunelle.

pupitre, n. m. ♦ **1.** Support incliné, monté sur un pied, sur lequel on pose une partition, un livre. — REGARDER *lutrin.* **2.** Couvercle incliné, sur lequel on écrit et qui ferme le casier d'une table d'écolier. **3.** Tableau ou console où sont groupées les commandes d'un appareil. ▪ *Le pupitre d'un ordinateur.* ▪ *Un pupitre de télévision.*

pupitreur, euse, n. ♦ Celui, celle qui est au pupitre d'un ordinateur et qui surveille la marche de cet appareil.

pur, pure, adj. ♦ **1.** Sans mélange d'autre chose : *Ma sœur boit de l'eau pure, sans sirop.* **2.** Propre, sans souillures : *L'eau du torrent est pure et glacée.* ● *Ciel pur,* sans aucun nuage, sans brume. ● *Air pur,* sans fumées, sans mauvaises odeurs. **3.** *Des intentions pures,* honnêtes, sans mauvaises pensées cachées. **4.** *C'est la pure vérité :* c'est absolument vrai, je puis l'assurer.

purée, n. f. ♦ **1.** Mets constitué par un légume écrasé en pâte. ● *La purée de pommes de terre.* ● *La purée de pois.* ● *De la purée :* de la purée de pommes de terre. **2.** *Purée de pois :* brouillard très épais.

purement, adv. ♦ *Purement et simplement :* tout simplement.

pureté, n. f. ♦ Caractère de ce qui est pur.

purgatif, ive, adj. *ou* n. m. ♦ Qui sert à purger. ● *L'huile de ricin est un excellent purgatif.*

purge, n. f. ♦ **1.** Action de purger, de se purger. **2.** Médicament purgatif.

purger, v. (conjugaison 16) ♦ **1.** Donner à quelqu'un un médicament qui lui débarrasse l'intestin. **2.** *Purger un radiateur* (*de chauffage central*), en faire sortir l'air qui empêche la circulation de l'eau. **3.** Délivrer, débarrasser. **4.** *Purger sa peine,* la subir : *Le malfaiteur est en train de purger sa peine à la prison.*

purifier, v. (conjugaison 20) ♦ Rendre pur, plus pur : *Cet appareil permet de purifier l'eau polluée pompée dans la rivière.*

purin, n. m. ♦ Liquide brun sombre ou noir qui s'écoule du fumier et qui constitue un engrais très riche en azote et en potasse.

pur-sang, n. m. inv. ♦ Cheval de course de race pure.

purulent, ente, adj. ♦ Qui contient du pus.

pus [py], n. m. ♦ Liquide, blanc ou jaunâtre ou verdâtre, qui se produit dans le corps ou sous la peau, quand il y a de l'infection.

pusillanime [pyzilanim], adj. ♦ Qui manque d'audace, qui a peur de s'engager, de prendre ses responsabilités. — SYN. timoré. — CONTR. audacieux, courageux, hardi.

pusillanimité [pyzilanimite], n. f. ♦ Défaut de celui qui est pusillanime. — CONTR. audace, courage, hardiesse.

pustule, n. f. ♦ Bouton plein de pus sur la peau.

putois, n. m. ♦ Petit animal carnivore, à corps allongé, à odeur nauséabonde, à pelage brun.

putréfaction, n. f. ♦ Processus par lequel une chose se putréfie, état d'une chose en train de se putréfier. — SYN. décomposition.

putréfier (se), v. (conjugaison 20) ♦ Pourrir. — SYN. se décomposer.

putsch [putʃ], n. m. ♦ Coup d'État fait avec l'aide de l'armée ou d'une organisation de type militaire.

puzzle [pœzl], n. m. ♦ Jeu qui consiste à assembler des morceaux de carton de forme irrégulière pour reconstituer un dessin.

pygmée, n. *ou* adj. ♦ *Les Pygmées :* hommes de race noire et de très petite taille qui vivent dans la zone équatoriale de l'Afrique. ● *Un Pygmée. Une Pygmée.* ● *Une tribu pygmée.*

pyjama, n. m. ♦ Vêtement que l'on met pour dormir.

pylône, n. m. ♦ **1.** Dans l'Égypte antique, portail monumental, à l'entrée d'un temple, constitué par une porte encadrée par deux énormes massifs de maçonnerie. **2.** Haute charpente métallique destinée à supporter les câbles d'un téléphérique ou les câbles d'une ligne électrique à haute tension.

pyramidal, ale, aux, adj. ♦ En forme de pyramide.

pyramide, n. f. ♦ **1.** Volume géométrique de forme pointue, à plusieurs faces triangulaires, muni d'une *base,* généralement carrée, opposée au *sommet.* **2.** Gigantesque édifice de l'Égypte antique, en forme de pyramide (au sens 1), qui servait de tombeau à un pharaon.

python, n. m. ♦ Gros serpent non venimeux d'Asie et d'Afrique, qui étouffe ses proies dans ses anneaux. — REM. N'écrivez pas comme un *piton,* « un crochet ».

quadragénaire [kwadʀaʒenɛʀ], adj. *ou* n. m. *ou* f. ♦ Dont l'âge est compris entre quarante et cinquante ans.

quadrilatère [kwadʀilatɛʀ], n. m. ♦ Figure qui a quatre côtés et quatre angles, telle que le trapèze, le rectangle, le losange ou le carré.

quadrillé, ée, adj. ♦ Garni de lignes qui se coupent à angle droit. ● *Du papier quadrillé.*

quadriller, v. ♦ Garnir de lignes qui se coupent à angle droit : *Zoé est en train de quadriller sa feuille de papier.*

quadrimoteur [kwadʀimɔtœʀ], n. m. ♦ Avion qui a quatre moteurs.

quadriréacteur [kwadʀiʀeaktœʀ], n. m. ♦ Avion à réaction qui a quatre réacteurs.

quadrupède [kwadʀypɛd], n. m. ♦ Animal à quatre pieds.

quadruple [kwadʀypl], adj. *ou* n. m. ♦ Qui est quatre fois plus grand. ● *Quarante est le quadruple de dix.*

quadrupler [kwadʀyple], v. ♦ **1.** Rendre quatre fois plus grand : *Ce commerçant* habile a quadruplé son bénéfice en deux ans. **2.** Devenir quatre fois plus grand : *Les bénéfices de la garagiste ont quadruplé.*

quai, n. m. ♦ **1.** Plate-forme de maçonnerie qui longe le bassin d'un port et forme sa bordure. ● *Le paquebot est à quai, les passagers vont débarquer.* **2.** Plate-forme, haut trottoir, le long d'une voie ferrée, dans une gare. **3.** Plate-forme de maçonnerie ou mur que borde un cours d'eau, dans une ville.

qualificatif, ive, adj. *ou* n. m. ♦ **1.** *Adjectif qualificatif :* mot qui indique qu'un être ou un objet possède tel caractère, par exemple *beau, grand, laid,* etc. **2.** *Un qualificatif,* mot qui exprime un jugement sur une personne ou une chose : « *Voyou, bon à rien, gibier de potence* », tels étaient les qualificatifs qu'utilisaient les deux automobilistes en colère.

qualification, n. f. ♦ **1.** Appellation, titre qu'on donne à quelqu'un ou à quelque chose : *Cette cave minuscule et mal aérée méritait mal la qualification de « sous-sol ».* — SYN. appellation, dénomination, nom. **2.** Aptitude à exercer une activité, due à une formation appropriée : *Sans qualification professionnelle, comment trouver un emploi?*

qualifié, ée, adj. ♦ Qui a la formation ou le titre nécessaire pour exercer une activité, pour faire quelque chose : *Pour tes dents, je ne suis pas qualifié pour te donner un conseil. Vois donc une bonne dentiste.* ● **Ouvrier qualifié,** qui a fait un apprentissage véritable et qui sait un métier.

qualifier, v. (conjugaison **20**) ◆ Appeler, donner le titre de : *On ne saurait qualifier cet écrivain de grand génie de la littérature.*

qualité, n. f. ◆ **1.** *En qualité de,* en tant que : *En qualité de déléguée de classe, Tatiana est chargée de représenter ses camarades au conseil de classe.* **2.** Valeur d'un produit : *Ici, nous n'avons que des articles de première qualité.* ● *Des produits de qualité,* de bonne qualité. **3.** Ce qui est bien chez une personne : *Julie n'a que des qualités : elle est franche, courageuse, sensible.* — CONTR. défaut, vice.

quand, adv. interrogatif *ou* conj. ◆ **1.** A quel moment : *Quand pars-tu ? Ce matin ou ce soir ?* **2.** Au moment où ; toutes les fois que : *Quand il fait froid, je mets deux gros chandails.*

quand même, loc. adv. ◆ Malgré cela : *Je n'ai aucune chance de gagner la course ? Je m'y présenterai quand même !* — SYN. cependant.

quant à, loc. prép. ◆ En ce qui concerne : *Réglons en premier lieu cette affaire importante. Quant aux points secondaires, nous verrons plus tard.*

quant-à-soi, n. m. inv. ◆ *Rester sur son quant-à-soi :* garder ses distances, adopter une attitude réservée.

quantité, n. f. ◆ Nombre, masse : *Quelle quantité de pommes y a-t-il dans le panier ?* ● *Une quantité de, des quantités de,* beaucoup de : *En Gaspésie, cet été, nous avons vu une quantité de jolis villages pittoresques.* ● *En quantité :* en grand nombre, en grande masse.

quarantaine, n. f. ◆ **1.** Nombre de quarante environ. **2.** Âge de quarante ans envi-

ron. **3.** Isolement de quarante jours, imposé aux passagers et à l'équipage d'un navire qui vient d'un pays où il y a une épidémie. ● *Mettre quelqu'un en quarantaine,* le mettre à l'écart, sans lui parler, pendant un certain temps, pour le punir : *Jules a dénoncé un camarade, nous l'avons mis en quarantaine.*

quarante, adj. numéral *ou* n. m. ◆ Au nombre de 40 : *D'ici à Mirabel, il y a quarante kilomètres.* ● Qui vient au 40ᵉ rang : *Ouvre ton livre à la page 40.* ● Le numéro 40 : *Elle demeure au 40 de la rue des Érables.*

quarantième, adj. numéral ordinal *ou* n. m. *ou* f. ◆ **1.** Qui vient au rang nº 40 : *Par sa population, notre ville est la quarantième ville du Canada. Ma sœur est quarantième à son concours. Elle est la quarantième.* **2.** Chaque partie d'un tout divisé en 40 parties égales : *Nous avons parcouru 3 kilomètres sur 120 : c'est tout juste le quarantième du trajet à parcourir.*

quart, n. m. ◆ **1.** Chacune des quatre parties égales d'un tout : *Il y a douze kilomètres à parcourir. Nous en avons parcouru trois. Nous avons donc fait le quart du trajet.* ● *Un quart d'heure :* une durée de quinze minutes. ● *Il est deux heures et quart. Je viendrai à quatre heures moins le quart.* **2.** Poids égal au quart de la livre, c'est-à-dire à 125 grammes : *Va donc chez le dépanneur : tu prendras un quart de beurre.* **3.** Sorte de tasse métallique qui contient environ un quart de litre et qui est utilisée par les soldats. **4.** Sur un navire, temps pendant lequel un marin ou un officier est de service et qui dure quatre heures : *A la fin de son quart, le matelot fatigué s'endormit.* ● *Le marin va prendre le quart.* ● *L'officier de quart aperçut soudain un iceberg.*

quartier, n. m. ◆ **1.** Partie égale au quart, à peu près : *Juliette coupa la pomme en quatre quartiers, qu'elle distribua aux quatre enfants.* **2.** Chacune des divisions naturelles d'une orange ou d'un citron, séparée des autres par une membrane : *L'enfant suçait un quartier d'orange.* **3.** *Premier quartier de la lune :* première phase de la lune. ● *Dernier quartier de la lune.* **4.** Partie d'une ville : *Qu'ils sont tristes, ces quartiers neufs, aux rues toutes droites, bordés d'immeubles en béton !* **5.** Caserne : *C'est le soir, les soldats se hâtent de rentrer au quartier.* **6.** *Avoir quartier libre :* être autorisé à sortir de la caserne, pour aller en ville. **7.** *Quartier général :* endroit où sont installés les services du commandement d'une armée. **8.** *Demander quartier :* se rendre à l'ennemi. ● *Ne pas faire de quartier :* ne pas faire de prisonniers, ne pas accorder la vie sauve aux ennemis qui se rendent.

quartier-maître, n. m. ♦ Dans la marine, celui qui a un grade correspondant à celui de caporal. — PLUR. *des quartiers-maîtres.*

quartz [kwaʀts], n. m. ♦ Roche très dure, dont une variété, le *cristal de roche,* se présente sous la forme de cristaux transparents comme le verre. ● *Montre à quartz,* dans laquelle une lamelle de quartz assure la régulation du mouvement.

quasi [kazi], adv. ♦ Presque : *Quel vent ! Le linge est déjà quasi sec.* — REM. Peut s'employer comme préfixe : *un quasi-échec.*

quasiment [kazimɑ̃], adv. ♦ Presque, pour ainsi dire : *Ce garçon est quasiment illettré.*

quatorze, adj. numéral *ou* n. m. ♦ Au nombre de 14 : *Il y a quatorze garçons et douze filles dans ma classe.* ● Qui vient au 14e rang : *Ouvre ton livre à la page 14.* ● Le numéro 14 : *Je connais la concierge du 14 de la rue des Érables.*

quatorzième, adj. numéral ordinal *ou* n. m. *ou* f. ♦ Qui vient au rang nº 14 : *Son bureau est situé au quatorzième étage de la tour. Josette est quatorzième en gymnastique. C'est toi qui es la quatorzième.*

quatrain [katʀɛ̃], n. m. ♦ Strophe de quatre vers ou poème de quatre vers.

quatre, adj. numéral *ou* n. m. ♦ Au

nombre de 4 : *La vache a quatre pattes.* ● Qui vient au 4e rang : *Ouvre ton livre à la page 4.* ● Le chiffre 4 ou le numéro 4 : *Ton quatre est mal formé. Elle habite au 4 de la rue Saint-Jacques.*

quatre-vingts, adj. numéral *ou* n. m. ♦ Au nombre de 80 : *D'ici à Joliette, il y a quatre-vingts kilomètres.* ● Qui vient au 80e rang : *La page quatre-vingt* (sans *-s*). ● Le numéro 80 : *Eléonore habite au 80 de l'avenue Dorchester.* — REM. On écrit, avec *-s* à vingt, quatre-vingts, mais *quatre-vingt-un, quatre-vingt-deux, quatre-vingt-trois...*

quatre-vingt-dix, adj. numéral *ou* n. m. ♦ Au nombre de 90 : *Nous avons parcouru quatre-vingt-dix kilomètres.* ● Qui vient au 90e rang : *Tiens, la page 90 de mon livre est déchirée.* ● Le numéro 90 : *Je connais la propriétaire du 90 du boulevard Rosemont.*

quatrième, adj. numéral ordinal *ou* n. m. *ou* f. ♦ **1.** Qui vient au rang nº 4 : *La quatrième porte est celle du directeur adjoint. Albert est quatrième en saut. C'est toi, Gisèle, qui es la quatrième.* **2.** L'une des classes à l'école : *Mon frère est en quatrième.*

quatuor [kwatyɔʀ], n. m. ♦ **1.** Groupe de quatre musiciens qui jouent ensemble ; groupe de quatre chanteurs qui chantent ensemble. **2.** Œuvre musicale composée pour quatre instruments ou quatre voix.

1. que, conj. ♦ **1.** Suivi du subjonctif, exprime l'ordre ou le souhait : *Qu'on applaudisse le vainqueur !* **2.** Introduit une complétive : *Je veux qu'il m'obéisse. Je dis que cette solution est la meilleure.*

2. que, adv. ♦ **1.** Adverbe exclamatif : *Que c'est beau, un coucher de soleil sur le golfe du Saint-Laurent !* **2.** Introduit le deuxième terme d'une comparaison : *Nina est moins forte, mais plus subtile que Marie.*

3. que, pronom interrogatif. ♦ S'emploie comme complément d'objet direct pour parler d'une chose : *Que mangeras-tu ce soir ?*

quenouille

4. que, pronom relatif. ♦ S'emploie comme complément d'objet direct : *Ce bruit que tu entends provient de l'usine.*

québécisme, n. m. ♦ Mot, tournure ou façon de parler propres au français du Québec : *Le mot quétaine est un québécisme.*

québécois, oise, adj. *ou* n. ♦ Du Québec, province du Canada : *Les deux principaux ports de la province québécoise sont Montréal et Québec.* ● *Les Québécois. Un Québécois. Une Québécoise.*

1. quel, quelle, quels, quelles, adj. exclamatif *ou* interrogatif. ♦ **1.** Introduit une exclamation : *Quel beau soleil, ce matin !* **2.** Introduit une interrogation : *Quelle robe mets-tu ce matin ? Je te demande à quelle heure a lieu le départ de la course.* ● (emploi pronominal) *Quelle est la plus jeune des trois ?*

2. quel, quelle, adj. relatif. ♦ *Quel... que,* introduit une proposition concessive : *Quelle que soit la voie choisie, il faudra bien aller jusqu'au bout.*

quelconque, adj. indéfini *ou* qualificatif. ♦ **1.** Quel qu'il soit : *Si une difficulté quelconque survient, avertissez-moi.* **2.** Ordinaire et sans grande valeur : *Le film hier soir à la télé était vraiment quelconque.* — SYN. banal, médiocre. — CONTR. exceptionnel, remarquable.

1. quelque, adv. ♦ *Quelque... que,* si... que : *Quelque grands que soient les rois, ils sont soumis à la maladie et à la mort.*

2. quelque, adj. indéfini. ♦ **1.** *Quelque... que,* introduit une proposition concessive : *Quelques efforts qu'il fasse, il ne peut réussir.* **2.** Un certain : *Si quelque importun vous dérange, chassez-le. Nous aurons quelque mal à nous tirer d'affaire, si vous ne nous aidez pas.* ● *Linda a été souffrante pendant quelque temps.* — REGARDER *quelques.*

quelque chose, pronom indéfini. ♦ Une chose, non précisée : *Il y a quelque chose qui frotte dans le tiroir.* ● *Viens, j'ai quelque chose de très étonnant à te raconter.* — CONTR. rien.

quelquefois, adv. ♦ De temps en temps, à certains moments : *Lucette parle vite : j'ai quelquefois du mal à la comprendre.* — SYN. parfois. — CONTR. toujours, jamais.

quelque part, loc. adv. ♦ En un endroit non précisé : *Enfin, ton cartable doit bien se trouver quelque part !* — REGARDER *partout, nulle part.*

quelques, adj. indéfini pl. ♦ Un certain nombre de : *Ma tante possède quelques beaux livres reliés en cuir, dans sa bibliothèque.* — CONTR. beaucoup de ; aucun.

quelques-uns, -unes, pronom indéfini pl. ♦ Un certain nombre : *Beaucoup d'enfants étaient déçus ; quelques-uns étaient furieux.* — SYN. certains. — CONTR. tous, beaucoup, aucun.

quelqu'un, pronom indéfini. ♦ Une personne, non précisée : *Si quelqu'un m'appelle au téléphone, tu diras que je suis sorti.* — SYN. on. — CONTR. personne.

quémander, v. ♦ Demander avec humilité, sans dignité et en importunant : *Inutile de me quémander de l'argent, je ne te donnerai pas un sou !*

qu'en-dira-t-on, n. m. inv. ♦ Opinion d'autrui sur quelqu'un, propos qui courent sur le compte de quelqu'un : *Fais ce que tu dois, et ne t'occupe pas des qu'en-dira-t-on.*

quenelle, n. f. ♦ Petit cylindre de pâte ou de mie de pain pétrie avec de la viande ou du poisson.

quenouille, n. f. ♦ Autrefois, petit bâton autour duquel était placée une masse de laine, de chanvre ou de lin que l'on filait en enroulant le fil sur un fuseau ou au moyen d'un rouet. ● Plante à épi qui pousse dans les marécages. ● Roseau.

querelle

querelle, n. f. ♦ Dispute violente, accompagnée quelquefois d'un échange de coups. — SYN. altercation, dispute, rixe. ● *Chercher querelle à quelqu'un.*

quereller (se), v. ♦ Avoir une querelle : *Ne vous querellez donc pas pour si peu de chose.*

querelleur, euse, adj. ♦ Qui a souvent des querelles. — SYN. agressif, batailleur. — CONTR. doux, pacifique, paisible.

question, n. f. ♦ **1.** Phrase par laquelle on demande un renseignement, une information. — SYN. demande, interrogation. — CONTR. réponse. **2.** Affaire à régler : *Cette émission de télévision est consacrée à la question de l'énergie.* **3. En question,** dont il s'agit : *Je dois préciser que le personnage en question était garde-pêche de son métier.* **4. Remettre en question,** réexaminer et, dans certains cas, annuler ou remettre à plus tard : *J'espère que ces pluies continuelles ne vont pas remettre en question notre projet d'excursion.*

questionnaire, n. m. ♦ Ensemble de questions auxquelles il faut répondre.

questionner, v. ♦ Poser des questions : *Si l'on questionne Andrée sur cette affaire, elle répond toujours qu'elle n'est au courant de rien.*

quétaine, adj. *ou* n. ♦ Démodé, niais, sans intérêt.

quétainerie, n. f. ♦ Objet, action sans valeur.

quête, n. f. ♦ **1. En quête de,** à la recherche de : *Mon frère est en quête d'une pièce de rechange pour sa moto.* **2.** Action de quêter ; collecte d'argent faite à l'église, à domicile ou dans la rue.

quêter, v. ♦ Recueillir de l'argent, que les gens donnent parce qu'ils le veulent bien : *Dimanche dernier, on a quêté pour les aveugles.*

quêteux, euse, n. ♦ Mendiant, clochard.

quetsche [kwɛtʃ], n. f. ♦ Grosse prune de forme allongée, à peau violet sombre.

queue, n. f. ♦ **1.** Partie qui prolonge à l'arrière le corps de certains animaux. **2.** Tige d'un fruit, d'une fleur : *Alexandra souleva la poire par la queue, et le fruit, trop mûr, vint s'écraser sur le tapis.* **3.** Partie arrière d'un train ou d'un avion : *La queue du petit avion reposait sur une roulette.* — SYN. l'arrière. — CONTR. l'avant, le nez (de l'avion), la tête (du train). **4.** File de gens qui attendent : *Tu ne veux pas faire la queue au guichet? Alors prends tes billets dans une agence de voyages.* **5.** *Finir en queue de poisson :* se terminer brusquement sans résultats satisfaisants. **6.** *Faire une queue de poisson :* rabattre brusquement une voiture devant une autre. **7.** *A la queue leu leu :* l'un derrière l'autre. **8.** *Avoir la queue basse, avoir la queue entre les jambes :* être honteux. **9.** *Sans queue ni tête :* incohérent, incompréhensible : *C'est une histoire sans queue ni tête !*

1. qui, pronom interrogatif. ♦ S'emploie quand on parle d'une personne : *Qui est venu? Qui as-tu rencontré? A qui avez-vous parlé?*

2. qui, pronom relatif. ♦ S'emploie comme sujet : *L'homme qui approchait était vêtu d'un manteau à carreaux.* ● S'emploie comme complément avec une préposition quand on parle d'une personne : *Telle est la fille à qui je fais confiance.* — REGARDER *lequel.*

quiche [kiʃ], n. f. ♦ Spécialité lorraine, tarte aux œufs, à la crème, au lard.

quiconque, pronom relatif. ♦ Toute personne qui : *« Quiconque me contredira sera pendu »,* s'écria le tyran.

quidam [kɥidam], n. m. ♦ Un individu qu'on ne peut désigner de manière précise : *Un quidam entra dans le restaurant et se mit à chanter et à gratter sa guitare.*

quiétude [kjetyd], n. f. ♦ Tranquillité.
— SYN. paix. — CONTR. agitation.

quignon [kiɲɔ̃], n. m. ♦ Morceau coupé dans l'extrémité du pain, surtout s'il s'agit d'un gros pain.

1. quille, n. f. ♦ **1.** Chacun des morceaux de bois qu'on renverse avec une boule de bois quand on joue aux quilles. **2.** *Les quilles :* jeu qui consiste à renverser des morceaux de bois avec une boule qu'on lance.

2. quille, n. f. ♦ **1.** Pièce centrale de la membrure d'un navire qui va de l'avant à l'arrière, au bas de la coque. **2.** Partie saillante et plate au bas de la coque de certains voiliers de course ou de plaisance.

quincaillerie, n. f. ♦ Magasin du quincaillier.

quincaillier, ière, n. ♦ Commerçant, commerçante qui vend des clous, des vis, des ustensiles de ménage, des outils, etc.

quinconce (en) [kɛ̃kɔ̃s], loc. adv. ♦ Disposé par groupes juxtaposés de cinq éléments : quatre aux angles d'un carré, le cinquième au centre de ce carré.

quinine [kinin], n. f. ♦ Substance amère, extraite de l'écorce du quinquina, qui sert de remède contre le paludisme.

quinquagénaire [kɥɛ̃kwaʒenɛʀ], adj. *ou* n. m. *ou* f. ♦ Dont l'âge est compris entre cinquante et soixante ans.

quinquennal, ale, aux [kɥɛ̃kɥenal, al, o], adj. ♦ Qui dure cinq ans, qui s'étend sur cinq ans : *Un programme quinquennal de modernisation a été proposé.*

quintal, aux, n. m. ♦ Unité de poids qui vaut cent kilogrammes (symbole *q*).

quinte, n. f. ♦ Accès de toux.

quintette [kɛ̃tɛt], n. m. ♦ **1.** Groupe de cinq musiciens qui jouent ensemble ; groupe de cinq chanteurs qui chantent ensemble. **2.** Œuvre musicale composée pour cinq instruments ou cinq voix.

quintuple [kɛ̃typl], adj. *ou* n. m. ♦ Qui est cinq fois plus grand. ● *Vingt-cinq est le quintuple de cinq.*

quintupler [kɛ̃typle], v. ♦ **1.** Rendre cinq fois plus grand : *Ce directeur veut quintupler la production de l'usine.* **2.** Devenir cinq fois plus grand : *La production a quintuplé.*

quinzaine, n. f. ♦ **1.** Quantité de quinze environ. **2.** Durée de quinze jours environ, de deux semaines : *Pendant la première quinzaine de mai, il a plu beaucoup.*

quinze, adj. numéral *ou* n. m. ♦ Au nombre de 15 : *Il y a quinze paires de chaussettes dans le tiroir.* ● Qui vient au 15ᵉ rang : *Ouvre ton livre à la page 15.* ● Le numéro 15 : *Lisette habite au 15 de la rue Hochelaga.*

quinze cents, n. m. ♦ Magasin très bon marché. — SYN. cinq-dix-quinze (cents).

quinzième, adj. numéral ordinal *ou* n. m. *ou* f. ♦ Qui vient au rang n° 15 : *La quinzième fenêtre à partir de la gauche est celle de la chambre de la reine. Sylvia est quinzième de la compétition de natation. C'est toi qui es la quinzième.*

quiproquo [kipʀɔko], n. m. ♦ Erreur sur l'identité d'une personne ou d'une chose qui entraîne un malentendu parfois comique : *Le professeur Pluche avait pris sa collègue pour une élève, quel quiproquo !* — PLUR. *des quiproquos.*

quittance, n. f. ♦ Document qui prouve qu'on a payé (son loyer, etc.). — SYN. récépissé, reçu. ● *Quittance de loyer.*

quitte, adj. ♦ **1.** *Être quitte,* ne plus rien devoir : *Tu as tout payé ? Alors, tu es quitte envers elle.* ● *Je vous en tiens quitte :* je considère que vous ne me devez plus rien. **2.** *En être quitte pour,* s'en tirer seulement

quitte

avec : *Théodore est tombé dans la rivière : il en a été quitte pour un bain glacé.* **3. Quitte à,** en acceptant le risque de, la nécessité de : *Prenons ce chemin, quitte à revenir sur nos pas, s'il ne nous conduit pas là où nous voulons aller.*

quitter, v. ♦ **1.** Laisser une personne à un endroit : *J'ai quitté ma camarade au coin de la rue de la Poste.* ● *Quand nous nous sommes quittés, il avait l'air soucieux.* — SYN. se séparer. — CONTR. se rencontrer, se trouver. **2.** Abandonner : *Elle a tout quitté pour faire le tour du monde en voilier.* **3.** Partir d'un endroit, s'en aller : *Le navire quitte le port, tiré par deux remorqueurs.* — CONTR. rester (au, dans).

qui-vive, n. m. inv. ♦ *Être, rester sur le qui-vive,* sur ses gardes, en alerte.

1. quoi, pronom interrogatif. ♦ **1.** S'emploie en fonction de complément indirect quand on parle d'une chose : *A quoi tend cette démarche? Je me demande bien de quoi il pourrait avoir besoin.* **2. Quoi de neuf?** équivaut, dans la langue familière, à « qu'y a-t-il de nouveau? »

2. quoi, pronom relatif. ♦ **1.** S'emploie comme complément indirect quand on parle d'une chose non déterminée : *C'est bien à quoi je pense.* **2. Quoi que,** introduit une proposition concessive : *Quoi que vous fassiez, il se trouvera des gens pour vous critiquer.*

quoique, conj. ♦ Malgré le fait que : *Louison étudie du matin jusqu'au soir, quoique nous soyons en vacances.* — SYN. bien que.

quolibet [kɔlibɛ], n. m. ♦ Moquerie, parole moqueuse. — SYN. plaisanterie, raillerie.

quote-part [kɔtpaʀ], n. f. ♦ Dans une répartition, somme que chacun doit payer ou recevoir. — PLUR. *des quotes-parts.*

quotidien, ienne, adj. *ou* n. m. ♦ **1.** De tous les jours, de chaque jour : *Finie la corvée quotidienne de la vaisselle! Mes parents ont acheté un lave-vaisselle.* **2. Un quotidien :** un journal qui paraît tous les jours.

quotidiennement, adv. ♦ Tous les jours.

quotient, n. m. ♦ Résultat d'une division.

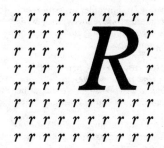

rabâchage, n. m. ♦ Action de rabâcher, parole d'une personne qui rabâche.

rabâcher, v. ♦ Répéter sans cesse la même chose, de manière inutile ou ennuyeuse : *Au lieu de rabâcher tes griefs, essaie donc de penser à l'avenir.*

rabais, n. m. ♦ Réduction sur le prix d'une marchandise. — SYN. remise, ristourne. — CONTR. augmentation, majoration.

rabaisser, v. ♦ Exprimer des critiques sur quelqu'un pour le faire paraître moins méritant : *Je n'ai jamais entendu Pascale rabaisser ses camarades.* — SYN. déprécier, dénigrer. — CONTR. exalter, louer.

rabat, n. m. ♦ **1.** Sorte de cravate large qui forme comme une plaque, sous le col d'une robe de magistrat, de toge de professeur, ou sous le col de la soutane des ecclésiastiques d'autrefois. **2.** Partie d'un objet qui peut se replier en s'appliquant contre une autre, par exemple : *le rabat d'une trousse, le rabat d'un sac à main.*

rabat-joie, n. m. inv. ♦ Personne triste, chagrine et désagréable qui empêche les autres de s'amuser. — SYN. trouble-fête.

rabattre, v. (conjugaison 98) ♦ **1.** Appliquer contre une surface, en ouvrant ou en fermant : *L'écolier rabattit son pupitre avec un bruit sec.* — SYN. abaisser, baisser, fermer. — CONTR. élever, relever, ouvrir. **2.** Diminuer un prix en faisant un rabais : *L'article était défraîchi, la marchande m'a rabattu trois dollars sur le prix.* — CONTR. majorer. **3.** Forcer, pousser à aller dans une direction ; pousser, ramener : *Les paysans, en criant et en frappant le sol avec des bâtons, rabattaient le gibier vers les chasseurs. Le vent rabat vers nous la fumée et l'odeur de l'usine.* ● *Se rabattre,* revenir, se rapprocher : *La voiture dépassa le camion et se rabattit sur la droite, puis s'arrêta.* **4.** *Se rabattre sur,* choisir, faute de mieux : *Mon oncle voulait passer ses vacances en Thaïlande, mais, faute d'argent, il a dû se rabattre sur la Floride.*

rabbin, n. m. ♦ Ministre du culte israélite.

râble [ʀɑbl], n. m. ♦ Partie arrière du dos d'un animal de boucherie ou d'un lapin, d'un lièvre.

râblé, ée [ʀɑble, e], adj. ♦ Qui est petit ou assez petit, mais qui a un dos large et puissant. — SYN. trapu. — CONTR. efflanqué, grêle, mince, svelte.

rabot, n. m. ♦ Outil de menuisier qui sert à aplanir une planche ou une pièce de bois, à la rendre lisse, à diminuer ses dimensions, en enlevant de larges copeaux.

raboter, v. ♦ Travailler avec un rabot, en enlevant une certaine épaisseur de bois : *La porte ne ferme plus : il faudrait raboter le bord.*

rabougri, ie, adj. ♦ Chétif, petit, mal développé : *Une petite vieille, toute rabougrie, marchait à pas lents.* — SYN. ratatiné. — CONTR. épanoui, fort, grand, sain, robuste.

rabrouer, v. (conjugaison 19) ♦ Répondre rudement : *Ne rabroue pas tout le temps ton petit frère.*

racaille, n. f. ♦ Ensemble de gens peu recommandables. — SYN. canaille, pègre.

raccommodage, n. m. ♦ Action de raccommoder.

raccommoder, v. ♦ Réparer du linge, des vêtements, en faisant des reprises, en mettant des pièces. — REGARDER *ravauder, repriser.*

raccompagner, v. ♦ Accompagner en ramenant : *Tiens, Hélène, je vais te raccompagner jusqu'à ta maison.*

raccord, n. m. ♦ Ce qu'on fait après coup pour assurer la liaison et la continuité entre deux parties : *Voici la peinture de la teinte exacte : tu vas pouvoir faire les raccords.*

raccordement, n. m. ♦ Partie qui unit quelque chose à un ensemble plus vaste : *Mes parents ont installé une douche au sous-sol, il ne reste à faire que le raccordement au tuyau d'eau chaude.*

raccorder, v. ♦ Relier, mettre en communication : *On m'a installé le câble, mais on ne l'a pas encore raccordé au réseau.*

raccourci, n. m. ♦ Chemin plus court que le chemin habituel.

raccourcir, v. ♦ **1.** Rendre plus court : *La mode a changé, je vais raccourcir toutes mes robes.* — CONTR. allonger. **2.** Devenir plus court : *Les jours raccourcissent, nous allons vers l'automne.* — CONTR. s'allonger.

raccrocher, v. ♦ **1.** Accrocher de nouveau : *Mon écharpe est tombée ! Veux-tu la raccrocher au porte-manteau ? 2.* Reposer le combiné téléphonique sur son support, ce qui met fin à la communication : *J'ai raccroché, et j'avais encore quelque chose à lui dire ! 3. Se raccrocher,* se cramponner, se retenir : *Olivier glissa sur le verglas, mais il put se raccrocher à la rambarde.*

race, n. f. ♦ Ensemble d'êtres qui ont des caractères physiques communs : *Les chevaux de race percheronne sont très forts.* ● *Les grandes races humaines sont la race noire, la race jaune et la race blanche.*

racé, ée, adj. ♦ Qui a une élégance et une distinction naturelles très remarquables.

rachat, n. m. ♦ Action de racheter : *Il fallut verser une lourde rançon pour le rachat des captifs.*

racheter, v. (conjugaison 15) ♦ **1.** Acheter de nouveau : *N'oublie pas de racheter du beurre. 2.* Faire libérer un captif en versant une rançon : *Le roi versa mille pistoles pour racheter les pèlerins tombés aux mains des infidèles. 3. Se racheter :* faire oublier ses fautes par une belle conduite.

rachitique, adj. ♦ Dont le squelette est mal développé.

racine, n. f. ♦ **1.** Partie d'une plante, d'un arbre qui s'enfonce dans le sol et qui permet au végétal de puiser l'eau et les principes nutritifs. **2.** Partie de la dent qui s'enfonce dans l'alvéole, sous la gencive. **3.** Mot étranger d'où vient une famille de mots : *Le mot latin* clarus, « clair », *est la racine d'où viennent les mots français* clair, déclarer, clarifier, éclaircir.

racisme, n. m. ♦ Théorie de ceux qui prétendent qu'il y a des races humaines supérieures à d'autres ; attitude de ceux qui méprisent les gens d'une race différente de la leur et qui agissent mal à leur égard.

raciste, adj. *ou* n. ♦ Qui est partisan du racisme. ● Qui relève du racisme.

radioactivité

racket [ʀakɛt], n. m. ♦ Activité qui consiste à extorquer de l'argent à quelqu'un en menaçant de lui faire du mal.

racler, v. ♦ **1.** Gratter pour enlever quelque chose : _Avec son couteau, Oscar racla la croûte du fromage._ ● _Se racler la gorge._ **2.** Frotter.

racolage, n. m. ♦ En France avant la Révolution, manière de recruter les soldats en usant souvent de la ruse, parfois de la contrainte.

racoler, v. ♦ Autrefois, recruter des soldats selon la méthode du racolage : _Le sergent racolait les plus robustes garçons du village en leur promettant qu'ils deviendraient tous colonels._

racontar, n. m. ♦ Paroles plus ou moins vraies, souvent malveillantes. — SYN. commérage, potin, ragot.

raconter, v. ♦ Dire ce qui est arrivé : _Alors, Sophie, raconte-nous ce que tu as reçu pour tes étrennes._ — SYN. narrer.

racorni, ie, adj. ♦ Devenu dur comme de la corne.

radar, n. m. ♦ Appareil qui émet des ondes et qui permet de repérer à distance un avion, un navire, un obstacle qu'on ne voit pas.

rade, n. f. ♦ Très grand bassin, artificiel ou, le plus souvent, naturel, où les navires sont à l'abri, sans être dans les bassins du port proprement dit.

radeau, n. m. ♦ Embarcation improvisée faite de pièces de bois assemblées avec des cordes.

radiateur, n. m. ♦ **1.** Dispositif qui sert à refroidir le moteur d'un véhicule. **2.** Appareil de chauffage électrique. **3.** Chacun des appareils qui, dans une installation de chauffage central, diffusent la chaleur.

1. radiation, n. f. ♦ Action de supprimer un nom sur une liste.

2. radiation, n. f. ♦ Émission de rayons ; rayons ainsi émis. — REGARDER _rayon, rayonnement._

radical, ale, aux, adj. _ou_ n. ♦ **1.** Complet, qui va jusqu'au fondement d'une chose : _Il faudra prendre des mesures radicales pour enrayer cette vilaine bronchite._ **2.** _Un radical :_ partie d'un mot auquel on ajoute les préfixes, les suffixes ou les terminaisons.

radier, v. (conjugaison 20) ♦ Rayer un nom sur une liste ; exclure d'une association : _On va radier les membres du club qui ne paient pas leur cotisation._

radiesthésie, n. f. ♦ Science qui prétend découvrir les sources, les objets cachés, les personnes disparues, etc., grâce aux radiations.

radieux, euse, adj. ♦ **1.** Qui brille beaucoup : _Nous avons eu un soleil radieux pendant toutes nos vacances._ — CONTR. voilé, terne. **2.** Très heureux : _Sylvaine arriva, radieuse : « Je suis reçue première au concours de chant », cria-t-elle._ — SYN. ravi, triomphant. — CONTR. abattu, accablé, consterné malheureux, morne, triste. ● _Un visage radieux._

1. radio, n. f. ♦ **1.** Abréviation de _radiophonie,_ procédé qui permet d'envoyer des messages sonores par les ondes : _La radio annonce une tempête : tous les bateaux se hâtent de regagner le port._ ● Abréviation de _radiodiffusion._ **2.** _Poste de radio_ ou _radio :_ appareil qui permet de recevoir des messages ou des émissions sonores transmises par les ondes.

2. radio, n. f. ♦ — REGARDER _radiographie, radioscopie._

radioactif, ive, adj. ♦ _Métal radioactif, substance radioactive, déchets radioactifs, retombées radioactives,_ qui émettent des rayonnements parfois très dangereux.

radioactivité, n. f. ♦ Propriété que possèdent certaines substances d'émettre des rayonnements.

radiodiffusé

radiodiffusé, ée, adj. ♦ Transmis par radio.

radiodiffusion, n. f. ♦ Organisme qui produit des émissions de radio.

radiographie, n. f. ♦ **1.** Procédé qui permet de photographier l'intérieur du corps, grâce aux rayons X. **2.** Photographie ainsi obtenue : *Sur la radio, on voit très bien qu'il n'y a pas de fracture.* — Abréviation usuelle : *une radio.*

radiologue, n. m. *ou* f. ♦ Médecin spécialisé dans la radiographie.

radiophonique, adj. ♦ *Émission radiophonique :* émission de radio.

radioscopie, n. f. ♦ Examen qui permet, grâce aux rayons X, de voir ce qu'il y a dans le corps. — Abréviation usuelle : *une radio.*

radis [ʀadi], n. m. ♦ **1.** Plante potagère. **2.** Racine de cette plante, à chair blanche, à peau rose et blanche, ou rouge, qu'on mange crue, en hors-d'œuvre. ● *Radis noir :* gros radis à peau noire.

radium [ʀadjɔm], n. m. ♦ Métal radioactif de couleur blanche.

radius [ʀadjys], n. m. inv. ♦ L'un des deux os de l'avant-bras, l'autre étant le cubitus.

radotage, n. m. ♦ Action de radoter ; propos d'une personne qui radote.

radoter, v. ♦ Répéter sans cesse les mêmes paroles sans intérêt, du fait de l'affaiblissement des facultés intellectuelles, dû à l'âge : *Le père Anicet avait quatre-vingt-dix ans et commençait à radoter.*

radoub [ʀadu], n. m. ♦ *Bassin de radoub :* bassin, cale sèche, où l'on répare les coques des navires.

radoucir (se), v. ♦ **1.** Devenir plus doux, plus aimable, après avoir été irrité.

— SYN. s'apaiser. **2.** Devenir plus doux, plus chaud : *Le temps se radoucit : bientôt nous sortirons sans pardessus.* — SYN. se réchauffer. — CONTR. se refroidir.

radoucissement, n. m. ♦ Réchauffement de la température.

rafale, n. f. ♦ **1.** Coup de vent bref, mais violent et brusque. **2.** Série de projectiles tirés très vite, à la suite, par une mitrailleuse ou une mitraillette.

raffermir, v. ♦ Rendre plus ferme : *Pour raffermir le beurre, mets-le dans le réfrigérateur.* — CONTR. ramollir.

raffinage, n. m. ♦ Action de raffiner le sucre, le pétrole, etc.

raffiné, ée, adj. ♦ À la fois subtil, délicat, recherché et savant : *L'art des peintres chinois était fort raffiné.* — CONTR. barbare, grossier.

raffinement, n. m. ♦ Caractère de ce qui est raffiné.

raffiner, v. ♦ Traiter un produit brut pour le rendre utilisable : *On raffine le sucre pour lui donner sa couleur blanche.* ● *Raffiner le pétrole (brut),* le traiter pour en extraire le mazout, le gazole, l'essence, etc. — SYN. distiller (le pétrole).

raffinerie, n. f. ♦ Entreprise industrielle qui raffine le sucre ou le pétrole ou toute autre substance.

raffoler, v. ♦ *Raffoler de quelque chose,* l'aimer beaucoup.

raffut, n. m. ♦ Grand bruit. — REM. Ce mot est familier. — SYN. fracas, vacarme.

rafle, n. f. ♦ Opération de police par laquelle on arrête et on emmène tous les gens qui sont dans un endroit.

rafler, v. ♦ Prendre tout, très vite : *Éléonore rafla tous les livres, les mit dans un sac et sortit précipitamment.*

rafraîchir, v. ♦ **1.** Rendre plus frais, moins chaud : *Cette pluie et ce vent ont rafraîchi brusquement l'atmosphère.* — CONTR. réchauffer. **2.** Redonner l'aspect du neuf : *Je vais repeindre le banc du jardin, la peinture a besoin d'être rafraîchie.* ● *Rafraîchir la mémoire, les souvenirs :* remettre en mémoire ce qui était plus ou moins oublié **3.** *Se rafraîchir :* boire (quand il fait chaud et qu'on a soif). ● *Se rafraîchir :* se plonger dans l'eau ou s'asperger d'eau, quand il fait très chaud.

rafraîchissant, ante, adj. ♦ Qui donne une sensation de fraîcheur : *Une boisson chaude est parfois plus rafraîchissante qu'un verre d'eau glacée.*

rafraîchissement, n. m. ♦ **1.** Action de rafraîchir. ● Changement du temps, qui fait que l'air devient plus frais. — CONTR. réchauffement. **2.** Boisson fraîche.

ragaillardir, v. ♦ Enlever la fatigue, redonner de l'entrain et de la vigueur : *La nouvelle de ton succès nous a bien ragaillardis.* — CONTR. fatiguer.

rage, n. f. ♦ **1.** Maladie très grave et même mortelle, transmise par morsure ou simple contact, qui peut provoquer des crises de folie furieuse : *Un chien atteint de la rage semait la terreur dans le village.* — REGARDER enragé. **2.** Colère très grande. — SYN. fureur, furie. **3.** *Faire rage,* être très violent : *Le vent souffle, la tempête fait rage, tout le monde se hâte, en courbant le dos.* **4.** *Rage de dents :* douleur très violente provoquée par des dents malades.

rageur, euse, adj. ♦ En proie à la colère ; qui exprime la colère : « *J'en ai assez, assez, assez !* » *cria-t-elle d'un ton rageur.* — CONTR. calme, doux.

ragot, n. m. ♦ Propos sur quelqu'un généralement malveillants et souvent faux. — SYN. bavardage, cancan, potin, racontar.

ragoût, n. m. ♦ Plat constitué par des morceaux de viande cuits longuement dans de la sauce, avec des légumes. ● **Ragoût de boulettes :** ragoût avec des boulettes de viande hachée. ● **Ragoût de pattes :** ragoût avec des pieds de porc.

ragoûtant, ante, adj. ♦ *Ce n'est pas ragoûtant, c'est peu ragoûtant :* c'est dégoûtant, écœurant, peu appétissant.

rai, n. m. ♦ Rayon : *Un rai de lumière illumina la chambre.*

raid, n. m. ♦ **1.** Expédition de cavaliers ou de blindés qui s'enfonce loin en territoire ennemi pour aller en reconnaissance ou pour détruire un objectif. — SYN. incursion. **2.** Mission de bombardement aérien menée contre un objectif éloigné. **3.** Expédition, exploration ou course motorisée menée à une longue distance ou en pays difficile.

raide, adj. *ou* adv. ♦ **1.** Qui n'est pas souple : *Sa démarche est raide.* ● *Le père Mathurin marche raide.* **2.** Bien tendu : *L'acrobate avance, le balancier à la main, sur la corde raide.* ● *Être sur la corde raide,* dans une situation fort périlleuse. **3.** *Pente raide,* très forte. ● *Le chemin monte raide.* **4.** *Tomber raide mort,* mourir brusquement et tomber : *Les mouches sont tombées raides mortes.*

raideur, n. f. ♦ Caractère de ce qui est raide. — CONTR. souplesse.

raidir, v. ♦ Rendre raide : *Tirez plus fort ! Il faut raidir la corde.*

1. raie, n. f. ♦ Poisson de mer à corps plat, à longue queue, à chair estimée.

2. raie, n. f. ♦ **1.** Ligne, bande d'une couleur différente de celle du fond : *Le papier de ma chambre est bleu à fines raies blanches.* **2.** Rayure. **3.** Sillon qui sépare les cheveux et qu'on fait en se coiffant : *Fais-tu ta raie à gauche ou à droite ?*

rail [ʀɑj], n. m. ♦ **1.** Chacune des barres d'acier parallèles sur lesquelles roulent les roues d'un train. **2.** *Le rail,* le transport par chemin de fer : *La route et le rail se font concurrence.*

railler, v. ♦ Se moquer de quelqu'un : *Tout le monde raillait Noémie à cause de son bonnet à pompon.*

raillerie, n. f. ♦ Moquerie.

railleur, euse, adj. *ou* n. ♦ Moqueur.

rainette, n. f. ♦ Grenouille verte qui vit près des rivières ou des étangs et qui, grâce à ses doigts munis de ventouses, peut grimper aux arbres. — REM. N'écrivez pas comme : *une pomme de reinette.*

rainure, n. f. ♦ Creux étroit et long : *Sans aspirateur, la poussière est difficile à déloger des rainures du parquet.*

raisin, n. m. ♦ Fruit de la vigne. ● *Une grappe de raisin.* ● *Du raisin blanc. Du raisin noir.*

raison, n. f. ♦ **1.** Capacité, que possède l'homme, de former et de combiner les idées, et de discerner le vrai et le faux : *C'est par la raison, non par la force physique, que l'homme est supérieur aux animaux.* — SYN. discernement, entendement, esprit, intelligence, jugement, pensée, sagesse. — CONTR. déraison. **2.** État d'une personne qui n'est pas folle : *Le vieillard a encore toute sa raison.* — CONTR. folie. **3.** *Avoir raison* : dire, penser la vérité. — CONTR. avoir tort. ● *A juste raison* : conformément au vrai, au bien. ● *A tort et à raison :* — REGARDER *tort.* **4.** *A raison de,* selon (tel mode de répartition ou de calcul) : *Les cahiers sont fournis aux élèves à raison de un dollar pièce et de deux cahiers par mois.* **5.** Cause, explication : *Mais, enfin, quelle peut bien être la raison de son refus?* — SYN. fondement, justification, mobile, motif, origine. — CONTR. conséquence, effet. ● *En raison de,* à cause de : *En raison du risque d'épidémie, il est interdit de se baigner dans toutes les rivières des environs.* **6.** *Les raisons,* les arguments : *Il faut bien reconnaître que les raisons avancées par notre adversaire ne sont pas toutes mauvaises.* **7.** *Se faire une raison* : se résigner. **8.** *Avoir raison de,* vaincre une résistance : *Crois-tu que nous aurons raison de son obstination?*

raisonnable, adj. ♦ **1.** Conforme à la raison et au bon sens. — CONTR. déraisonnable. ● *Un prix, une somme raisonnable,* dont le montant n'est pas trop élevé. — CONTR. excessif, insensé. **2.** Doué de raison : *L'homme est un animal raisonnable, paraît-il.* ● Qui se conduit en personne sensée : *A ton âge, tu dois être raisonnable.*

raisonnement, n. m. ♦ Enchaînement de pensées qui permet d'arriver à une conclusion.

raisonner, v. ♦ **1.** Faire un raisonnement : *Voici comment on peut raisonner pour démontrer le théorème.* — REM. N'écrivez pas *résonner :* « faire du bruit ». **2.** *Raisonner quelqu'un,* lui parler pour l'amener à adopter une attitude raisonnable.

raisonneur, euse, adj. ♦ Qui discute, qui n'accepte pas les jugements tout faits.

rajeunir, v. ♦ **1.** Redevenir jeune : *Depuis qu'elle joue aux boules, ma grand-mère rajeunit.* — CONTR. vieillir. **2.** Faire paraître plus jeune : *Cette nouvelle coiffure rajeunit ma grand-mère.*

rajouter, v. ♦ Ajouter encore : *Si tu rajoutes du sel, la soupe sera immangeable !*

rajuster, v. ♦ Remettre en bonne place (vêtements, lunettes, etc.).

râle, n. m. ♦ Respiration sourde et forte.

ralenti (au), loc. adv. ♦ Lentement : *En projetant les images au ralenti, on peut faire apparaître, au cinéma, le détail de certains mouvements rapides.*

ralentir, v. ♦ **1.** Rendre plus lent : *Ralentissez votre allure, nous sommes en avance.* — CONTR. accélérer. **2.** Aller plus lentement : *La voiture ralentit, puis tourna à droite.* — CONTR. accélérer.

ralentissement, n. m. ♦ Action de ralentir. — CONTR. accélération.

ramifier

râler, v. ♦ **1.** Faire entendre un râle. **2.** Grogner, ronchonner, maugréer.

ralliement, n. m. ♦ **1.** Action de se rallier : *Le ralliement de cette tribu donna la victoire aux Indiens.* **2.** *Le point de ralliement :* l'endroit où l'on doit se réunir.

rallier, v. (conjugaison 20) ♦ **1.** Rassembler des gens qui se sauvent et se dispersent : *Le capitaine rallia quelques fuyards et organisa la défense dans une maison abandonnée.* — SYN. rassembler, réunir. — CONTR. disperser. **2.** Se réunir, revenir au même endroit : *Toutes les patrouilles doivent avoir rallié le camp de base à 16 heures, au plus tard.* **3.** *Se rallier à,* venir se joindre à : *Si votre groupe se rallie au nôtre, nous serons les plus forts.* ● *Se rallier à une opinion, à une solution,* l'adopter.

rallonge, n. f. ♦ Chose qu'on met au bout d'une autre pour la rendre plus longue, par exemple : *la rallonge d'une table, la rallonge d'un fil électrique.*

rallonger, v. (conjugaison 16) ♦ Rendre plus long : *Sophie a grandi, elle devra rallonger sa jupe.* — CONTR. raccourcir.

rallye [rali], n. m. ♦ Compétition dans laquelle des automobilistes ou des motocyclistes doivent faire un parcours difficile et parvenir au même endroit : *Sais-tu qui a gagné cette année le rallye Paris-Dakar ?*

ramadan, n. m. ♦ L'un des mois du calendrier musulman pendant lequel les fidèles doivent observer le jeûne.

ramage, n. m. ♦ **1.** Dessin décoratif qui représente des rameaux, des feuilles, des fleurs. **2.** Chant des oiseaux dans les arbres.

ramassage, n. m. ♦ Action de ramasser. *L'autobus du ramassage scolaire.*

ramasser, v. ♦ **1.** Prendre par terre, ou prendre pour réunir : *Ramassez le papier que vous avez jeté par terre.* ● *Antoine, ramasse les copies !* ● *Voici l'autobus qui*

ramasse les élèves tous les matins. **2.** *Se ramasser,* se mettre en boule, se serrer sur soi-même : *Le chat se ramassa avant de bondir sur la souris.*

ramassis [ramasi], n. m. ♦ Ensemble de gens ou de choses de peu de valeur.

rambarde, n. f. ♦ Garde-fou. — SYN. bastingage, garde-fou, parapet, rampe.

1. rame, n. f. ♦ Objet en bois, formé d'un long manche et d'une partie plate, avec lequel on fait avancer une barque, un canot. — SYN. aviron.

2. rame, n. f. ♦ Longue et mince tige de bois qui sert à soutenir certaines plantes (haricots, pois, etc.).

3. rame, n. f. ♦ Ensemble de wagons ou de voitures de chemin de fer qui sont attelés ensemble. ● Train du métro : *La rame entra dans la station « Convention ».*

rameau, n. m. ♦ **1.** Petite branche. **2.** *Le jour des Rameaux* ou *les Rameaux :* le dimanche qui précède le dimanche de Pâques.

ramée, n. f. ♦ **1.** Ensemble des branches feuillues des arbres. — SYN. feuillage, feuillée. **2.** Branches coupées, garnies de leurs feuilles.

ramener, v. (conjugaison 12) ♦ **1.** Reconduire au point de départ : *C'est toi, Jeanine, qui ramèneras ton petit frère de l'école.* **2.** Faire se produire de nouveau : *Voici les beaux jours : le soleil va nous ramener la chaleur.*

rameur, euse, n. ♦ Celui, celle qui rame sur un bateau.

ramier, n. m. *ou* adj. ♦ *Un ramier* ou *un pigeon ramier :* gros pigeon sauvage.

ramification, n. f. ♦ Chacune des branches d'une chose qui se ramifie.

ramifier (se), v. (conjugaison 20) ♦ Se diviser en éléments allongés semblables aux branches et aux rameaux des arbres : *Sous le sol des villes, le réseau des égouts se ramifie, épousant le tracé des rues.*

ramollir, v. ♦ Rendre plus mou, rendre mou : *La chaleur avait ramolli la motte de beurre.* — CONTR. durcir, raffermir.

ramollissement, n. m. ♦ Action de se ramollir : *Le ramollissement de la neige peut provoquer des avalanches.* — CONTR. durcissement, raffermissement.

ramonage, n. m. ♦ Action de ramoner.

ramoner, v. ♦ *Ramoner une cheminée,* la nettoyer en la débarrassant de la suie qui s'y est déposée.

ramoneur, euse, n. ♦ Celui, celle dont le métier consiste à ramoner les cheminées.

rampe, n. f. ♦ **1.** Balustrade, garde-fou qui borde un escalier. **2.** Plan incliné : *Par une rampe, les voitures peuvent descendre sur le quai qui borde la rivière.* **3.** Rangée de lampes qui borde le sol de la scène d'un théâtre.

ramper, v. ♦ Se déplacer à plat ventre : *Les vers et les serpents rampent.*

rance, adj. ♦ *Huile rance, beurre rance,* qui a pris mauvais goût en restant trop longtemps au contact de l'air.

ranch [rãʃ], n. m. ♦ Aux États-Unis, vaste ferme d'élevage (bovins, chevaux). — PLUR. *des ranchs.*

rancir, v. ♦ Devenir rance : *Le beurre a ranci, il est immangeable.*

rancœur, n. f. ♦ Amertume et ressentiment : *Cette injustice m'a laissé une grande rancœur.* — SYN. amertume, rancune.

rançon, n. f. ♦ **1.** Prix qu'il faut payer pour se libérer ou pour faire libérer quel-

qu'un. **2.** Inconvénient qui est attaché à quelque avantage : *La pollution est la rançon du progrès.*

rançonner, v. ♦ Exiger une rançon, soumettre à une rançon : *Les pirates rançonnaient les marins et les passagers.*

rancune, n. f. ♦ Sentiment amer, mêlé de haine, parfois, et souvent accompagné d'un désir de vengeance, qu'on éprouve quand on a subi quelque mal : *Je lui ai longtemps gardé rancune de ce mauvais tour.* — SYN. rancœur, ressentiment. — CONTR. reconnaissance.

rancunier, ière, adj. ♦ Porté à la rancune. — SYN. vindicatif. — CONTR. indulgent.

randonnée, n. f. ♦ Grande promenade à pied, à bicyclette, à cheval, à skis ou en voiture. — SYN. excursion.

rang, n. m. ♦ **1.** Ligne, rangée : *En rangs par quatre, et tâchez de marcher au pas !* **2.** Place dans un classement : *Ce pays occupe le deuxième rang dans le monde pour la production de caoutchouc.* **3.** Place dans la hiérarchie sociale : *Par son mérite, elle se hissa au premier rang des notables de sa ville.* **4.** Type de peuplement rural formé par un alignement de terres parallèles et perpendiculaires à un même chemin, à une même voie d'eau.

rangée, n. f. ♦ Ensemble de choses disposées en ligne : *Une rangée de peupliers borde la rivière.* — SYN. file, ligne, rang.

rangement, n. m. ♦ Action de ranger.

ranger, v. (conjugaison 16) ♦ **1.** Classer selon un certain ordre : *Range ces boîtes par ordre de taille décroissante.* **2.** Mettre à l'abri, en ordre : *Le jardinier range ses outils dans la cabane.* **3.** *Se ranger,* se mettre à l'écart, à l'abri : *Ne restez pas au milieu du chemin, rangez-vous !*

ranimer, v. ♦ **1.** Redonner force, vie et vigueur : *Ce film sur Lancelot a ranimé*

l'idéal de la chevalerie. — CONTR. éteindre.
2. Faire reprendre connaissance : _Olivia était évanouie : nous l'avons ranimée en lui mettant sur le front une compresse froide._

rapace, adj. _ou_ n. m. ♦ **1.** Apre au gain : _Le vieil usurier rapace avait ruiné la famille._ **2.** _Un rapace :_ un oiseau de proie diurne ou nocturne (milan, chouette, etc.).

rapacité, n. f. ♦ Apreté au gain.

rapatriement, n. m. ♦ Action de rapatrier.

rapatrier, v. (conjugaison 20) ♦ Ramener dans son pays : _Elle est tombée malade en Thaïlande : un avion sanitaire l'a rapatriée._

râpe, n. f. ♦ Ustensile ou outil rugueux avec lequel on râpe le fromage, les carottes, ou avec lequel on gratte le bois pour le polir. ● _Râpe à fromage_ ● _Râpe de menuisier._

râpé, ée, adj. ♦ **1.** Réduit en très fins fragments. ● _Carottes râpées_ **2.** Très usé : _Il porte un vieux pardessus râpé._

râper, v. ♦ Réduire en très fins morceaux à l'aide d'une râpe : _Élise râpe du gruyère sur les macaronis._

râpeux, euse, adj. ♦ Rugueux : _Le chat a la langue râpeuse._ — CONTR. lisse.

raphia [Rafja]**,** n. m. ♦ Sorte de ficelle faite avec la fibre des feuilles d'un palmier.

rapide, adj. _ou_ n. m. ♦ **1.** Qui va vite : _Une moto, c'est tout de même plus rapide qu'un vélo !_ — CONTR. lent. ● Qui est vite fait : _D'un geste rapide, Lucien prit le livre sur la table._ — SYN. prompt, vif. **2.** _Un rapide :_ partie d'un cours d'eau en forte pente où l'eau coule très vite, ce qui est très dangereux pour la navigation fluviale. **3.** _Un rapide :_ un train qui ne s'arrête qu'aux très grandes gares et qui va très vite. — CONTR. un omnibus.

rapidité, n. f. ♦ Caractère de ce qui est rapide : _Qui peut égaler le lièvre par la_

rapidité à la course? — SYN. vitesse. — CONTR. lenteur. ● _La rapidité des mouvements._ — SYN. promptitude, vivacité.

rapiécé, ée, adj. ♦ Plein de pièces : _Tu ne vas pas aller au mariage de ta cousine avec ce vieux pantalon tout rapiécé?_

rapiécer, v. (conjugaison 17) ♦ Réparer un vêtement en y mettant une pièce : _La vieille Mélanie rapiéçait un pantalon de son mari._

rapière, n. f. ♦ Autrefois, épée longue et fine, dont la garde avait la forme d'une demi-boule creuse.

rapine, n. f. ♦ Vol, pillage : _Ces hors-la-loi, cruels et pillards, vivaient de rapines._

rappel, n. m. ♦ **1.** Action de convoquer de nouveau : _Le rappel à la caserne des soldats démobilisés._ **2.** _Piqûre de rappel :_ nouvelle injection du même vaccin, quelque temps après les premières injections. **3.** _Descente en rappel :_ en alpinisme, manière de descendre au moyen d'une corde.

rappeler, v. (conjugaison 13) ♦ **1.** Appeler de nouveau : _Je sortais de chez lui quand il m'a rappelé brusquement._ **2.** Remettre en mémoire : _Rappelle-moi donc le nom de notre institutrice de la classe de quatrième._ ● _Se rappeler,_ se souvenir de : _Je me rappelle bien le visage de ce camarade si sympathique._ — REM. Ne dites pas : « se rappeler _de_ quelque chose ». **3.** Faire penser à quelqu'un ou à quelque chose par sa ressemblance : _Cette tour rappelle un donjon du Moyen Âge._ — SYN. évoquer.

rapport, n. m. ♦ **1.** Lien, relation entre deux ou plusieurs éléments : _Quel est le rapport de ce que tu me dis avec notre affaire?_ ● _Par rapport à,_ si l'on compare à : _Tu es gros, par rapport à Luc._ **2.** _Des rapports,_ des relations qu'on entretient avec une personne : _J'ai d'excellents rapports avec tous mes camarades._ **3.** Texte qui expose une question : _Je dois encore faire un rapport sur les activités du club._ — SYN. compte rendu, exposé. **4.** _Immeuble de rapport :_

rapport

immeuble qui comprend plusieurs appartements qu'on loue à des locataires pour en tirer un loyer.

rapporter, v. ♦ **1.** Porter une chose pour la remettre là où on l'a prise, pour la rendre à quelqu'un : *Tiens, rapporte donc cet escabeau à la voisine, qui me l'a prêté.* **2.** Apporter quelque chose en revenant d'un lieu : *Mon cousin m'a rapporté du chocolat de Suisse.* **3.** Raconter, dire : *D'après ce que rapportent les témoins, les loups vinrent cet hiver-là jusque dans les villes.* **4.** Dénoncer son camarade de classe : *Dans notre classe, nous n'aimons pas les camarades qui rapportent.* **5.** Procurer un revenu : *Son commerce rapporte bien.* **6.** *Se rapporter à,* avoir une relation avec : *Cette remarque se rapporte à ce que nous avons dit la semaine dernière.*

rapporteur, euse, n. ♦ **1.** Celui qui expose et présente un projet, une proposition devant une assemblée. **2.** Celui, celle qui dénonce un camarade de classe. **3.** *Un rapporteur :* instrument qui sert à mesurer les angles.

rapprocher, v. ♦ **1.** Mettre plus près : *Rapproche la table du mur : elle gênera moins.* — CONTR. éloigner. **2.** Rendre plus proche dans le temps : *Chaque jour nous rapproche des vacances.* **3.** Comparer : *On peut rapprocher ce reportage d'un livre publié récemment.* **4.** Établir des liens d'amitié, d'affection : *Nos aventures communes m'ont rapproché de Louise.*

rapt, n. m. ♦ Action d'enlever quelqu'un. — SYN. enlèvement.

raquette, n. f. ♦ **1.** Instrument formé d'un manche et d'une partie plate avec lequel on renvoie la balle, au tennis ou au ping-pong. **2.** Instrument qui permet de marcher sur la neige sans s'enfoncer.

raquetteur, euse. n. ♦ Personne qui utilise des raquettes pour marcher sur la neige.

rare, adj. ♦ **1.** Qu'on ne rencontre pas souvent : *Chassés par la civilisation, les ours deviennent de plus en plus rares.* — CONTR. abondant, commun. ● Qui ne se produit pas souvent : *Les chutes de neige sont rares à Victoria, en Colombie-Britannique.* — CONTR. fréquent. **2.** Dispersé, peu abondant : *Notre facteur a les cheveux rares, il est presque chauve.* — CONTR. abondant, fourni.

raréfier (se), v. (conjugaison 20) ♦ Devenir rare, difficile à trouver.

rareté, n. f. ♦ **1.** Caractère de ce qui est rare. — CONTR. abondance. **2.** *Une rareté,* une chose rare : *Un meuble authentique du XVIe siècle? Cela existe, mais c'est une rareté.*

ras, rase, adj. *ou* adv. *ou* n. m. ♦ **1.** Très court. — CONTR. long. ● *L'herbe a été tondue ras* (emploi adverbial, donc *ras* invariable). **2.** *En rase campagne :* — REGARDER *campagne,* sens 2. **3.** *A ras de, au ras de,* tout près, presque en touchant : *L'avion passa au ras de la cime des arbres.* **4.** *A ras bord,* jusqu'en haut, jusqu'au bord : *Ne remplis pas la baignoire à ras bord, elle déborderait.*

rase-mottes, n. m. inv. ♦ *L'avion vole en rase-mottes, fait du rase-mottes,* vole en passant très près du sol.

raser, v. ♦ **1.** Couper les poils de la barbe ou les cheveux au ras de la peau : *Le barbier rasait le roi tous les matins.* ● *Gaëtan a le crâne rasé : il paraît que c'est la mode.* ● *Le père Guénolé se rase tous les huit jours : sa barbe pique!* **2.** Détruire totalement, jusqu'au sol : *Il faut raser tous ces taudis.* **3.** Passer tout près, presque en touchant : *Les hirondelles rasent le sol : c'est signe d'orage.* — SYN. effleurer, frôler.

rasoir, n. m. ♦ Instrument, appareil avec lequel on se rase.

rassasier, v. (conjugaison 20) ♦ Donner à manger, jusqu'à ce qu'une personne ou un animal n'ait plus faim : *Pour rassasier tous ces enfants, voici un immense gâteau au chocolat!* ● *Enfin! Avec cette bonne choucroute, je vais pouvoir me rassasier!*

rattacher

rassemblement, n. m. ◆ Groupe de personnes rassemblées.

rassembler, v. ◆ Mettre ensemble, au même endroit : _Il faut rassembler tous tes vieux vêtements et les mettre dans une malle au grenier._ — SYN. grouper, réunir. — CONTR. disperser, disséminer, éparpiller.

rasseoir (se), v. (conjugaison 59) ◆ S'asseoir de nouveau.

rasséréner, v. (conjugaison 11) ◆ Faire redevenir calme : _Cette parole de réconfort l'a rassérénée._ — SYN. rassurer. — CONTR. angoisser, inquiéter.

rassis, ise, adj. ◆ _Du pain rassis,_ qui n'est plus frais. ● _Une brioche rassise._

rassurant, ante, adj. ◆ Qui rassure. — CONTR. inquiétant.

rassurer, v. ◆ Délivrer de l'inquiétude : « _Votre tante est sauvée_ », m'a dit le médecin. _Voilà qui m'a rassuré !_ — SYN. rasséréner, tranquilliser. — CONTR. angoisser, inquiéter.

rat, rate, n. ◆ **1.** Rongeur qui ressemble à la souris, mais qui est plus gros. ● _Rat d'égout :_ gros rat gris. — SYN. surmulot. **2.** _Petit rat :_ très jeune fille qui fait son apprentissage de la danse classique à l'Opéra. **3.** _Rat musqué,_ mammifère rongeur recherché pour sa fourrure.

rate, n. f. ◆ Organe situé sous le diaphragme, à gauche.

raté, ée, adj. ou n. ◆ Qui n'a pas réussi. ● _Un raté :_ celui qui n'a pas réussi dans la vie, dans sa profession.

râteau, n. m. ◆ Instrument de jardinage, muni de dents, qui sert à rassembler les feuilles mortes, les herbes coupées, ou à briser les mottes de terre, comme une herse. — REGARDER ratisser.

râtelier, n. m. ◆ **1.** Dispositif à barreaux, fixé au mur d'une écurie ou d'une étable, dans lequel on met le foin pour que les animaux puissent le manger. **2.** Synonyme familier de _dentier._

rater, v. ◆ **1.** Ne pas réussir : _Christophe a raté son soufflé au fromage : il est immangeable._ — CONTR. réussir. **2.** Ne pas atteindre : _Le chasseur visa longuement le lièvre... et le rata._ — SYN. manquer. — CONTR. atteindre. **3.** Ne pas arriver à temps pour prendre le train, etc. : _Dominique a raté son train et elle est rentrée en faisant du pouce._ — SYN. manquer.

ratification, n. f. ◆ Action de ratifier.

ratifier, v. (conjugaison 20) ◆ Confirmer et accepter de manière officielle et définitive : _Le Parlement a ratifié le traité de paix._

ration, n. f. ◆ Portion, quantité distribuée à chacun.

rationnel, elle, adj. ◆ Conforme au bon sens, à la raison, à la science : _Grâce à l'organisation rationnelle du travail, on a plus de temps libre._

rationnement, n. m. ◆ Action de rationner.

rationner, v. ◆ Répartir en donnant à chacun des quantités limitées : _La ville assiégée manquait de vivres : on rationna le pain._

ratisser, v. ◆ Ramasser, rassembler avec un râteau : _Tiens, ratisse donc ces feuilles mortes qui encombrent l'allée du jardin._ ● _Tu vas ratisser l'allée._

raton, n. m. ◆ **1.** Petit du rat. **2.** _Raton laveur :_ petit animal carnivore d'Amérique. (Le raton laveur trempe certains de ses aliments dans l'eau avant de les manger.)

rattacher, v. ◆ **1.** Attacher de nouveau ce qui s'est défait : _Margot rattacha la bride de sa sandale._ **2.** Mettre en relation : _Vous devez rattacher ce que je vous dis là_ *avec les remarques que j'ai faites prédédemment.* **3.** Annexer, fondre en un seul ensemble : *La commune de Pointe-aux-Trembles a été rattachée à la ville de Montréal.*

rattrapage, n. m. ♦ *Cours de rattrapage :* cours qui permet à un élève faible de rattraper le niveau de la classe.

rattraper, v. ♦ **1.** Attraper une personne ou un animal qui s'enfuit : *Le fermier courait pour rattraper son cochon qui se sauvait.* **2.** Attraper quelque chose qui tombe : *Mon livre tombait : je l'ai rattrapé au vol.* **3.** Rejoindre : *Courons, nous rattraperons les autres promeneurs.*

rature, n. f. ♦ Trait qui barre un mot écrit.

raturer, v. ♦ *Raturer un mot,* le barrer. — SYN. biffer, rayer.

ratoureux, euse, adj. *ou* n. ♦ Espiègle, sournois, hypocrite, rusé : *Ratoureuse comme tu l'es, tu pourrais me passer un sapin !*

rauque, adj. ♦ Qui a un timbre, un son grave et voilé : *Marc a tellement crié au match qu'aujourd'hui il a la voix rauque.* — CONTR. aigu, clair, argentin.

ravage, n. m. ♦ *Des ravages :* de gros dégâts. — SYN. dégâts.

ravager, v. (conjugaison 16) ♦ Faire de gros dégâts : *La grêle a ravagé la récolte.* — SYN. dévaster.

ravalement, n. m. ♦ Action de ravaler une façade, un mur.

ravaler, v. ♦ **1.** Réparer un mur extérieur en le nettoyant, en refaisant le crépi : *On ravale la façade de l'immeuble.* **2.** Abaisser en avilissant : *L'ivrognerie ravale l'homme au rang de la bête.* **2.** S'abstenir de manifester un sentiment, malgré l'envie qu'on en a : *Elle ravala sa colère.*

ravauder, v. ♦ Repriser : *Une vieille femme pauvre ravaudait ses vieux bas.*

rave, n. f. ♦ **1.** Plante potagère dont on mange la racine. **2.** Racine de cette plante.

ravi, ie, adj. ♦ Très heureux. — SYN. content, enchanté. — CONTR. navré, triste.

ravier, n. m. ♦ Petit plat de forme allongée sur lequel on sert des hors-d'œuvre.

ravin, n. m. ♦ Vallée étroite, encaissée et profonde.

raviner, v. ♦ *L'eau ravine le sol,* y creuse des sillons profonds en s'écoulant vite.

ravioli, n. m. inv. ♦ Petit carré de pâte qui contient de la viande hachée ou des herbes.

ravir, v. ♦ **1.** Enlever de force : *Les pirates venaient autrefois pour ravir les dames et les demoiselles.* **2.** Enlever, prendre, arracher : *La mort a ravi cet homme à l'affection des siens.* ● S'emparer de : *Ce n'est pas Hervé qui pourra me ravir mon titre de champion de judo !* **3.** Rendre très heureux, plaire beaucoup : *Ce film est merveilleux : il m'a vraiment ravi !* — SYN. enchanter, enthousiasmer, transporter. — CONTR. attrister, décevoir, mécontenter, déplaire. ● *A ravir,* d'une manière excellente : *Cette coiffure te va à ravir, Hélène !* — SYN. à merveille.

ravissant, ante, adj. ♦ Très joli. — SYN. beau, charmant, gracieux. — CONTR. disgracieux, hideux, horrible, laid.

ravissement, n. m. ♦ Grand bonheur, grande joie mêlée d'admiration. — SYN. enchantement, félicité, joie, plaisir. — CONTR. amertume, déplaisir, mécontentement.

raviser (se), v. ♦ Revenir sur sa décision et changer d'avis.

ravisseur, euse, n. ♦ Celui, celle qui enlève une personne de force.

ravitaillement, n. m. ♦ **1.** Action de ravitailler ou de se ravitailler. **2.** Provisions, réserves : *Mon père a fait le ravitaillement pour la fin de semaine.*

réalisation

ravitailler, v. ♦ Assurer l'approvisionnement : _Il en faut des vivres, pour ravitailler une ville comme New York !_ — SYN. approvisionner.

rayer, v. (conjugaison 23) ♦ **1.** Faire un petit trait en creux, en endommageant : _Les déménageurs ont rayé le mur en transportant le piano._ **2.** Barrer un mot par un trait : _Pourquoi as-tu rayé son nom sur la liste ?_ — SYN. biffer, radier, raturer.

1. rayon, n. m. ♦ **1.** Ligne lumineuse : _Un rayon de lumière filtrait par la fente de la porte._ ● _Les rayons du soleil._ ● Chose invisible émise par les substances radioactives, par exemple _les rayons X._ **2.** Chacun des éléments qui joignent le moyeu à la jante d'une roue. **3.** Ligne qui joint le centre d'un cercle à un point quelconque de sa périphérie.

2. rayon, n. m. ♦ **1.** Ensemble des cellules d'abeilles remplies de miel. **2.** Chacune des planches d'un placard, d'un buffet, d'une armoire, etc., sur lesquelles on peut poser quelque chose. **3.** Chacun des endroits d'un grand magasin spécialisés dans un genre d'articles : _Le rayon des appareils électriques est au deuxième étage du grand magasin._

rayonnage, n. m. ♦ Ensemble de rayons superposés le long d'un mur.

rayonnant, ante, adj. ♦ Qui exprime une grande joie. — SYN. radieux. — CONTR. abattu, affligé, consterné.

rayonnement, n. m. ♦ **1.** Émission de rayons. **2.** Grand prestige : _Le rayonnement de la littérature française est mondial._ — SYN. gloire, prestige.

rayonner, v. ♦ **1.** Briller, émettre des rayons : _Un soleil magnifique rayonne sur la campagne._ **2.** Exprimer une grande joie : _Isabelle venait d'être reçue première au concours : son visage rayonnait._ **3.** Aller dans toutes les directions à partir d'un point central, à la manière des rayons d'une roue : _Cinq grandes rues rayonnent au coin de l'avenue Côte-des-Neiges et de la rue Jean-Talon._

rayure, n. f. ♦ **1.** Petit trait creux qui endommage une surface. **2.** Chacune des bandes d'une couleur différente de celle du fond.

raz de marée [ʀɑdǝmare], n. m. ♦ Très haute vague, exceptionnelle, qui vient envahir la côte et provoque d'énormes dégâts.

razzia [ʀazja], n. f. ♦ Expédition de pillage menée par des nomades contre une population sédentaire.

ré, n. m. ♦ La deuxième note de la gamme.

réacteur, n. m. ♦ **1.** Moteur à réaction d'un avion. **2.** Dispositif qui produit de l'énergie nucléaire.

réaction, n. f. ♦ **1.** _Moteur à réaction,_ qui projette des gaz en arrière sous une très forte pression, ce qui fait avancer un avion. **2.** Phénomène chimique qui combine ou dissocie des éléments : _L'action du vinaigre sur la craie, la combustion, voilà des exemples de réaction._ **3.** Mouvement politique qui s'oppose à l'évolution politique et sociale dans un sens démocratique. **4.** Manière de se conduire dans une situation donnée : _Dans un tel cas, quelle pourrait être la réaction d'un garçon à la fois craintif et violent ?_

réactionnaire, adj. _ou_ n. ♦ Qui est opposé à l'évolution politique dans un sens démocratique. — CONTR. libéral, progressiste.

réagir, v. ♦ Avoir telle réaction (au sens 4) : _Attention ! Quand elle se sentira menacée, elle pourra réagir avec dureté et violence._

réalisateur, trice, n. ♦ Celui, celle qui réalise quelque chose, notamment un film ; metteur en scène de cinéma.

réalisation, n. f. ♦ **1.** Action de réaliser quelque chose : _La réalisation de ce projet sera longue et difficile._ **2.** Chose réalisée : _Le bras articulé de la navette spatiale est une réalisation canadienne._

réaliser

réaliser, v. ♦ Faire exister, accomplir : *Puisses-tu réaliser un jour ce beau rêve !* • Produire, créer : *Nous allons réaliser un ouvrage merveilleux.* — SYN. exécuter, faire.

réalité, n. f. ♦ Ce qui existe : *Cette description est conforme à la réalité.* — CONTR. fiction. • *En réalité,* vraiment : *Luce croyait être à l'heure, mais en réalité, elle avait une demi-heure de retard.*

réanimation, n. f. ♦ Action de réanimer. • *Le malade est en salle de réanimation.*

réanimer, v. ♦ *Réanimer un malade, un blessé,* rétablir chez lui les fonctions de la respiration, de la circulation, etc.

réapparaître, v. (conjugaison 94) ♦ Apparaître une nouvelle fois : *La lune joue à cache-cache avec les nuages : la voici qui réapparaît.*

rébarbatif, ive, adj. ♦ **1.** Peu aimable : *Il ne faut pas te laisser intimider par sa mine rébarbative.* — SYN. revêche. — CONTR. aimable, avenant, engageant. **2.** Très ennuyeux : *Pour certains, les mathématiques sont une science rébarbative !* — SYN. aride, ennuyeux, fastidieux, ingrat, rebutant. — CONTR. agréable, intéressant, passionnant.

rebattre, v. (conjugaison 98) ♦ *Rebattre les oreilles à quelqu'un,* lui parler sans cesse d'une chose, d'une manière agaçante et ennuyeuse.

rebattu, ue, adj. ♦ Dont on a beaucoup parlé : *Encore un film sur Napoléon ! C'est un sujet bien rebattu !* — CONTR. original.

rebelle, adj. *ou* n. ♦ **1.** Qui se révolte : *Les bandes rebelles attaquent sans arrêt les troupes du gouvernement légal.* — CONTR. loyaliste, soumis. **2.** *Rebelle à,* qui résiste à, qui ne peut se soumettre à : *Il y a des gens qui sont rebelles à toute discipline.*

rebeller (se), v. ♦ Se révolter. — CONTR. se soumettre.

rébellion, n. f. ♦ Révolte. — SYN. émeute, insurrection, mutinerie, révolution, sédition, soulèvement.

reboisement, n. m. ♦ Action de reboiser.

reboiser, v. ♦ Replanter des arbres sur un terrain : *On va reboiser les pentes des montagnes pour parer aux méfaits de l'érosion.*

rebond, n. m. ♦ Mouvement d'une balle qui rebondit.

rebondi, ie, adj. ♦ Bien rond, bien plein : *Elle revient de la campagne avec des joues rebondies et bien rouges !* — SYN. dodu, gras, potelé. — CONTR. creux, décharné, maigre.

rebondir, v. ♦ Repartir après avoir heurté un obstacle : *Le ballon heurte le mur et rebondit : rattrape-le vite !*

rebondissement, n. m. ♦ Développement inattendu : *Ce roman policier est plein de rebondissements.*

rebord, n. m. ♦ Bord en saillie, bord qui dépasse : *Le plateau est muni d'un rebord.*

rebours (à), loc. adv. ♦ Dans le sens inverse du sens normal. — SYN. à l'envers.

rebrousse-poil (à), loc. adv. ♦ Dans le sens inverse du sens où les poils sont couchés.

rebrousser, v. ♦ *Rebrousser chemin :* revenir sur ses pas.

rébus [ʀebys], n. m. ♦ Devinette dans laquelle chaque syllabe de la phrase à trouver est représentée par une image.

rebut, n. m. ♦ *Mettre au rebut :* jeter ou mettre dans un coin un objet inutilisable.

rebutant, ante, adj. ♦ Qui rebute. — SYN. aride, ennuyeux, fastidieux, ingrat, rébarbatif. — CONTR. agréable, intéressant, passionnant.

rebuter, v. ♦ Ennuyer au point de dégoûter et de décourager : *L'atmosphère qui règne dans cette réunion me rebute.* — SYN. décourager, ennuyer. — CONTR. attirer, intéresser, passionner.

récalcitrant, ante, adj. *ou* n. ♦ Qui n'obéit pas ou qui obéit de mauvaise grâce, en résistant. — SYN. rebelle, rétif. — CONTR. obéissant, soumis.

récapitulation, n. f. ♦ Action de récapituler ; texte qui récapitule.

récapituler, v. ♦ Résumer en répétant les principaux points : *Vous récapitulerez en dix lignes les grands faits de 1960 à 1967.*

recel, n. m. ♦ Délit que commet celui qui achète ou garde chez lui des choses volées par une autre personne.

receler, v. (conjugaison 10) ♦ Contenir de manière invisible : *La légende dit que les entrailles de la terre recèlent des trésors gardés par des nains.*

receleur, euse [RəsəlœR, ǿz], n. ♦ Celui, celle qui commet le délit de recel.

récemment, adv. ♦ Il y a peu de temps. — SYN. dernièrement, naguère. — CONTR. anciennement, autrefois.

recensement, n. m. ♦ Action de recenser.

recenser, v. ♦ Faire le compte des habitants d'un pays, d'une ville, etc.

récent, ente, adj. ♦ Qui a eu lieu il y a peu de temps. — CONTR. ancien.

récépissé, n. m. ♦ Document qui prouve qu'une chose a été reçue, déposée : *Si tu vas retirer tes bagages enregistrés, n'oublie pas ton récépissé.* — SYN. un reçu.

récepteur, n. m. ♦ Poste au moyen duquel on reçoit les émissions de radio ou de télévision. — CONTR. émetteur.

réception, n. f. ♦ **1.** Action de recevoir : *Dès la réception du paquet, j'ai téléphoné à ma tante pour la remercier.* **2.** Cérémonie, réunion, soirée à laquelle viennent les invités. **3.** Endroit d'un hôtel, d'un immeuble de bureaux, où l'on reçoit les clients ou les visiteurs : *En sortant dépose la clef de ta chambre à la réception.*

recette, n. f. ♦ **1.** Argent qu'on reçoit : *À la fin de la journée, seul dans son magasin, le commerçant compte sa recette.* **2.** Formule qui indique la manière de préparer un plat.

receveur, euse, n. ♦ Celui, celle dont la fonction consiste à percevoir, à recevoir de l'argent.

recevoir, v. (conjugaison 58) ♦ **1.** Être celui à qui l'on donne, envoie quelque chose : *La concierge est contente : elle a reçu de belles étrennes.* — CONTR. donner. ● *J'ai reçu un télégramme qui m'annonce l'arrivée de mon oncle.* — CONTR. envoyer, expédier. **2.** Accueillir et avoir chez soi des invités : *Ce soir, nos voisins reçoivent tous leurs cousins.* **3.** Déclarer admis définitivement à un examen ou à un concours : *Ma sœur vient d'être reçue à son concours.*

rechange, n. m. ♦ *Pièce de rechange :* pièce destinée à remplacer une pièce semblable, usée ou cassée, dans un mécanisme.

recharge, n. f. ♦ Réserve qui sert à remplacer une matière épuisée, dans un appareil : *Madame, je voudrais des cartouches de recharge pour mon stylo.*

réchaud, n. m. ♦ Petit appareil sur lequel on peut faire chauffer ou cuire des aliments, bouillir de l'eau.

réchauffement, n. m. ♦ Élévation de la température. — CONTR. refroidissement.

réchauffer, v. ♦ Rendre plus chaud : *Ce vent du sud va réchauffer l'atmosphère.* — CONTR. rafraîchir, refroidir.

rêche, adj. ♦ Rude, rugueux au toucher. — SYN. rugueux. — CONTR. lisse, poli.

recherche, n. f. ♦ 1. Action de chercher pour découvrir : *Grâce aux recherches des savants, on finira peut-être par vaincre toutes les maladies.* ● *Ma cousine est à la recherche de ce renseignement* (= elle le recherche). ● *La recherche scientifique.* **2.** Caractère de ce qui n'est pas très spontané ni très naturel, ce qui est très raffiné et qui manque un peu de simplicité : *Mon père s'habille avec beaucoup de recherche.* — SYN. affectation, apprêt, distinction, maniérisme, raffinement. — CONTR. le naturel, simplicité, préciosité, spontanéité, grossièreté.

recherché, ée, adj. ♦ Qui a un caractère de recherche (au sens 2). — SYN. affecté, apprêté, distingué, maniéré, précieux, raffiné. — CONTR. naturel, simple, spontané, grossier.

rechercher, v. ♦ Chercher systématiquement et activement : *J'ai recherché dans le livre le passage où l'on parle de ton pays.*

rechigner, v. ♦ Mettre une mauvaise volonté évidente à faire quelque chose : *Pierre rechigne à faire ce que sa mère lui commande.*

rechute, n. f. ♦ Nouvelle atteinte ou nouvelle aggravation de la maladie.

récidive, n. f. ♦ Action de celui qui commet une nouvelle fois la même faute.

récidiver, v. ♦ Commettre une nouvelle fois la même faute : *Si tu récidives, Annie, tu seras privée de dessert !*

récif, n. m. ♦ Rocher qui dépasse à peine la surface de la mer et qui est très dangereux pour la navigation. — SYN. écueil, brisant.

récipient, n. m. ♦ Tout objet creux dans lequel on peut mettre un liquide, un produit.

réciproque, adj. ♦ De l'un à l'autre : *Jacky et Hervé se portent une estime réciproque.* — SYN. mutuel, partagé.

récit, n. m. ♦ Paroles ou texte exprimant ce qui s'est passé : *Le vieux soldat faisait le récit de ses campagnes.* — SYN. histoire, narration.

récital, n. m. ♦ Séance, représentation à laquelle participe un seul chanteur ou un seul musicien. — PLUR. *des récitals.*

récitation, n. f. ♦ Texte qu'on dit tout haut, de mémoire, parce qu'on l'a appris par cœur.

réciter, v. ♦ Dire ce qu'on sait par cœur : *Isabelle récita sa leçon d'une voix chantante.*

réclamation, n. f. ♦ Action de réclamer. — SYN. demande, protestation.

réclame, n. f. ♦ Tout moyen destiné à inciter les gens à acheter un article ou un produit : *À la télé, on fait actuellement beaucoup de réclame pour une nouvelle marque de savon.* — SYN. publicité.

réclamer, v. ♦ 1. Demander (avec énergie, insistance) : *Bébé pleure : il réclame son biberon.* **2.** Se plaindre pour dire que quelque chose ne va pas : *Je vais à la poste pour réclamer : le paquet que j'ai reçu était vide.*

réclusion, n. f. ♦ Peine de prison longue, avec obligation de travailler.

recoin, n. m. ♦ Coin obscur, bien dissimulé : *Je la trouve mystérieuse, cette vieille maison, avec ses coins et ses recoins, et ses placards pleins d'odeurs !*

recoller, v. ♦ 1. Coller ce qui s'est décollé : *Il faut recoller le papier de ma chambre.* **2.** Réparer avec de la colle : *Frédéric va recoller l'assiette que ma sœur a laissé tomber.*

récolte, n. f. ♦ 1. Action de récolter. **2.** Choses récoltées : *La récolte de pommes de terre est abondante cette année.*

récolter, v. ♦ Recueillir ce que produit la terre (céréales, légumes, fruits) : *Il fait enfin beau ! Nous allons récolter les pommes.*

record

recommandable, adj. ♦ Qui a une bonne conduite.

recommandation, n. f. ♦ **1.** Ce que l'on recommande de faire. — SYN. conseil, exhortation. **2.** Action de signaler à quelqu'un les mérites d'une personne : *Le maçon avait une lettre de recommandation de son ancien patron.*

recommandé, ée, adj. ♦ *Lettre recommandée, paquet recommandé,* que le facteur remettra au destinataire seulement si celui-ci signe sur un registre.

recommander, v. ♦ Conseiller : *On m'a recommandé de faire plus de gymnastique.*

récompense, n. f. ♦ Ce qu'on donne à quelqu'un pour le récompenser. — CONTR. punition.

récompenser, v. ♦ Donner quelque chose à quelqu'un parce qu'il s'est bien conduit ou qu'il a obtenu un bon résultat. — CONTR. punir.

réconciliation, n. f. ♦ Action de se réconcilier.

réconcilier v. (conjugaison 20) ♦ Établir de bonnes relations entre ceux qui étaient brouillés, qui étaient opposés l'un à l'autre : *J'ai enfin réussi à réconcilier Paul et Solange, qui étaient fâchés.* ● *Enfin! ils se sont réconciliés!* — CONTR. se brouiller, se fâcher.

réconfort, n. m. ♦ Ce qui redonne du courage, de l'espoir, ce qui console. — SYN. consolation, encouragement.

réconfortant, ante, adj. ♦ Qui rassure et qui donne bon espoir. — SYN. encourageant, rassurant. — CONTR. inquiétant.

réconforter, v. ♦ **1.** Redonner courage, donner du réconfort : *Ta lettre, bien chère Claudia, m'a réconforté.* — CONTR. abattre, accabler. **2.** Redonner de la force, de la vigueur : *Un bon thé bien chaud, avec* un morceau de gâteau, cela va nous réconforter! — SYN. remonter, revigorer. — CONTR. épuiser, fatiguer.

reconnaissable, adj. ♦ Que l'on peut reconnaître : *Tu vois d'ici le château Frontenac, reconnaissable à ses tours.*

reconnaissance, n. f. ♦ **1.** Attitude et sentiment de celui qui n'oublie pas ce qu'on a fait pour lui : *Armand sut montrer de la reconnaissance à sa bienfaitrice.* — SYN. gratitude. — CONTR. ingratitude. **2.** Action d'envoyer des soldats, des véhicules, un avion, pour se renseigner sur le terrain, sur la position ou les mouvements de l'ennemi : *Le capitaine envoya une patrouille en reconnaissance.* ● *Un avion de reconnaissance.*

reconnaissant, ante, adj. ♦ Qui montre qu'on éprouve de la reconnaissance : *Je serai toujours reconnaissant à ton amie de l'aide qu'elle m'apporta dans ce moment difficile.*

reconnaître. v. (conjugaison 94) ♦ **1.** Savoir qui est une personne ou ce qu'est une chose, en la voyant ou en la revoyant : *J'ai reconnu tout de suite Pauline à son grand front et à ses pommettes rondes.* — SYN. identifier. **2.** Accepter de dire : *Oui, je reconnais que je me suis trompé sur ce point.* — SYN. admettre, avouer. **3.** Explorer par une mission de reconnaissance : *Le commandant envoya une patrouille reconnaître les positions de l'ennemi.* ● *Reconnaître le terrain.*

reconstituer, v. (conjugaison 19) ♦ Refaire une chose comme elle était, la rétablir à partir d'éléments dont on dispose : *Les archéologues ont pu reconstituer le plan de cet édifice grec.*

recopier, v. (conjugaison 20) ♦ Copier un texte pour le mettre au net : *En recopiant sa dictée, Sylvia a sauté une phrase.*

record, n. m. *ou* adj. ♦ Résultat le plus élevé, le meilleur : *Quel est le record du monde du 100 mètres nage libre?* ● *Des vitesses records.*

recoupement

recoupement, n. m. ✦ Contrôle qui permet de voir qu'un résultat est exact : *J'ai fait des recoupements : les chiffres concordent.*

recouper (se), v. ✦ Concorder : *Toutes nos informations se recoupent.*

recourbé, ée, adj. ✦ Courbe : *Le bec du perroquet est recourbé.* — SYN. crochu, aquilin. — CONTR. droit, rectiligne.

recourir, v. (conjugaison 32) ✦ Faire appel à : *Pour réparer le poste de télévision, il faudra recourir aux services d'un réparateur.*

recours, n. m. ✦ Tout moyen auquel on peut faire appel : *Il y a encore un recours : s'adresser au bureau d'aide sociale de la mairie.*

recouvrement, n. m. ✦ Action de recouvrer : *Il faut s'y prendre à plusieurs reprises pour le recouvrement complet des cotisations !*

recouvrer, v. ✦ **1.** Percevoir : *C'est toi, Hilda, qui recouvreras les cotisations de tes camarades.* — REM. Ne dites pas « recouvrir » pour *recouvrer.* **2.** Avoir de nouveau : *Grâce à cette cure thermale, tante Lise a recouvré la santé.* — CONTR. perdre.

recouvrir, v. (conjugaison 33) ✦ **1.** Munir d'une couverture, d'un couvercle : *Joël a recouvert ses livres de papier.* **2.** Couvrir complètement : *Les campeurs mirent leurs déchets dans le trou et les recouvrirent de terre.*

récréation, n. f. ✦ Moment pendant lequel les élèves peuvent jouer et se distraire dans la cour de l'école.

récrier (se), v. (conjugaison 20) ✦ S'exclamer sous l'effet de la surprise, de l'admiration, de l'indignation, etc. : *Devant le bel arbre de Noël, les enfants se récrièrent d'admiration.*

récrimination, n. f. ✦ Paroles d'une personne qui récrimine.

récriminer, v. ✦ Se plaindre, émettre des critiques, des accusations : *Cet homme est amer. Il récrimine sans cesse contre tout.*

recroqueviller (se), v. ✦ Se mettre en boule.

recrudescence, n. f. ✦ Reprise, réapparition, augmentation : *On observe actuellement une recrudescence des tremblements de terre.* — CONTR. diminution.

recrue, n. f. ✦ *Une jeune recrue :* soldat qui vient d'arriver à la caserne pour faire son service militaire. ● Jeune joueur qui rejoint son équipe.

recrutement, n. m. ✦ Action de recruter.

recruter, v. ✦ Engager des soldats, des adhérents, des employés : *Le roi recruta des troupes, car il prévoyait une guerre.* ● *Recruter des ouvriers.* — SYN. embaucher, engager. — CONTR. débaucher, licencier.

rectangle, n. m. *ou* adj. ✦ **1.** *Un rectangle :* quadrilatère qui a quatre angles droits et dont les côtés opposés sont égaux. **2.** *Un triangle rectangle,* qui a un angle droit.

rectangulaire, adj. ✦ Qui a la forme d'un rectangle.

recteur, trice, n. ✦ Personne qui dirige une université.

rectification, n. f. ✦ Modification qui corrige, rectifie ce qui ne va pas : *J'ai apporté deux rectifications à mon texte.* — SYN. correction.

rectifier, v. (conjugaison 20) ✦ Modifier, corriger ce qui ne va pas, ce qui est faux : *Je me suis trompée, je vais rectifier les chiffres faux.* ● *Rectifier une erreur.* — SYN. corriger, redresser.

rectiligne, adj. ✦ En ligne droite : *Ce quartier moderne est percé de grandes avenues rectilignes plantées d'arbres.* — SYN. droit. — CONTR. courbe, recourbé, sinueux, tortueux.

rectitude, n. f. ♦ Honnêteté et rigueur morale : _Tout le monde rend hommage à la rectitude de son caractère._ — SYN. droiture.

recto, n. m. ♦ Premier côté d'une feuille de papier. — SYN. endroit. — CONTR. envers, verso.

reçu, n. m. ♦ Document par lequel quelqu'un atteste qu'il a reçu quelque chose, de l'argent, etc. — SYN. quittance, récépissé.

recueil, n. m. ♦ Livre dans lequel sont réunis des textes, des exercices. • _Un recueil de morceaux choisis._

recueillement, n. m. ♦ Action de se recueillir, attitude et état d'esprit de celui qui se recueille.

recueilli, ie, adj. ♦ Plein de respect et d'émotion.

recueillir, v. (conjugaison 34) ♦ **1.** Réunir, rassembler : _La journaliste a recueilli des témoignages sur cet événement._ — SYN. rassembler. — CONTR. disperser. **2.** Recevoir chez soi un être ou un animal abandonné. **3.** _Se recueillir,_ méditer, dans une attitude émue et respectueuse : _Elle va tous les ans se recueillir sur la tombe de ses grands-parents._

recul, n. m. ♦ **1.** Action de reculer : _En voyant le rat d'égout, Joséphine eut un mouvement de recul._ **2.** Mouvement en arrière du tube d'un canon ou du canon d'une arme à feu qui se produit au moment où l'on tire. • _Un canon sans recul._ **3.** Distance suffisante pour qu'on puisse avoir une bonne vue d'ensemble de quelque chose : _Pour bien admirer le tableau, il faut **prendre du recul**._

reculer, v. ♦ **1.** Aller, marcher ou rouler en arrière : _Le camion recula... et défonça la vitrine du fruitier !_ — CONTR. avancer. **2.** Mettre plus loin en arrière : _L'agent de police fait reculer la foule._

reculons (à), loc. adv. ♦ En reculant : _Les crabes se sauvent à reculons._

récupérer, v. (conjugaison 11) ♦ Recueillir et utiliser ce qui risquerait d'être perdu : _Claude récupère les vieilles boîtes de conserves pour fabriquer des jouets en ferblanc._

récurer, v. ♦ Nettoyer en frottant fort : _La vieille Marie récurait sa marmite en la frottant avec du sable._

rédacteur, trice, n. ♦ Celui, celle dont le métier est de rédiger des articles de journal, des textes.

rédaction, n. f. ♦ **1.** Action de rédiger. **2.** Devoir scolaire qui consiste à inventer et à écrire un texte sur un sujet imposé. — SYN. narration, composition française.

reddition, n. f. ♦ Action de se rendre à l'ennemi : _On attend d'un jour à l'autre la reddition de la forteresse assiégée._

redevable, adj. ♦ _Être redevable d'une chose à quelqu'un,_ l'avoir obtenue grâce à lui : _Notre voisin est redevable à mon père de sa place d'employé. C'est mon père qui l'a fait embaucher._

redevance, n. f. ♦ Somme qu'on doit payer à un organisme public pour un service dont on profite.

rediffusion, n. f. ♦ Nouvelle diffusion d'une émission de radio ou de télévision.

rédiger, v. (conjugaison 16) ♦ Écrire (un texte) : _Ma sœur a rédigé sa demande de bourse._

redingote, n. f. ♦ Autrefois, manteau d'homme serré à la taille.

redoubler, v. ♦ **1.** Devenir d'un seul coup beaucoup plus fort : _La pluie redouble ! Mettons-nous à l'abri, vite !_ **2.** _Redoubler une classe_ ou _redoubler_ : être dans la même classe que celle où l'on était l'année précédente.

redoutable, adj. ♦ Qu'on doit craindre, qui est dangereux. — SYN. dangereux, effrayant, formidable, terrible. — CONTR. anodin, inoffensif, insignifiant.

redouter

redouter, v. ♦ Craindre, avoir peur : *Je redoute d'avoir vexé mon ami.*

redressement, n. m. ♦ Retour à la force, à la prospérité. — SYN. relèvement. — CONTR. décadence, déclin.

redresser, v. ♦ **1.** Remettre droit : *Le guidon est tordu : comment faire pour le redresser ?* ● *Se redresser,* se remettre droit : *Elle s'inclina bien bas et se redressa d'un mouvement lent.* — CONTR. se pencher, s'incliner. **2.** *Redresser la situation :* améliorer une situation devenue mauvaise. — SYN. rétablir. ● *Se redresser :* redevenir fort, prospère.

réduction, n. f. ♦ **1.** Diminution du prix. — SYN. rabais, ristourne. — CONTR. majoration. **2.** Objet semblable à un autre, mais plus petit : *Cette photo est la réduction d'une affiche.* — CONTR. agrandissement. ● *Un avion en réduction :* un modèle réduit.

réduire, v. (conjugaison 46) ♦ **1.** Rendre plus petit, moins élevé : *Réduis ta vitesse, la route devient sinueuse.* — SYN. atténuer, diminuer. — CONTR. accroître, augmenter. **2.** Mettre dans tel état : *La foudre tomba sur la chaumière et la réduisit en cendres.* ● *Réduire en miettes.* ● *Réduire au silence.* ● *Réduire au désespoir.* ● *Réduire à la misère.* — SYN. amener, conduire, jeter. — CONTR. arracher à, tirer de.

réduit, n. m. ♦ Très petite pièce mal éclairée. — SYN. cagibi.

réel, réelle, adj. ♦ Qui existe bien : *La girafe est un animal réel, le centaure est un être mythique.* — SYN. véritable, vrai. — CONTR. fabuleux, faux, fictif, imaginaire, irréel, légendaire, mythique.

réellement, adv. ♦ Vraiment.

réfection, n. f. ♦ Action de remettre complètement à neuf : *On procède à la réfection du pavage de la cour.*

réfectoire, n. m. ♦ Grande salle où de nombreuses personnes vivant en communauté prennent leurs repas.

référence, n. f. ♦ **1.** Indication du titre, de l'auteur, de la page, etc. : *Les références des citations sont indiquées dans des notes, en bas de page.* **2.** *Les références,* les attestations sur la valeur d'une personne : *On demande un chef comptable. Sérieuses références exigées.*

référendum [referɛ̃dɔm], n. m. ♦ Consultation électorale par laquelle on demande à la population de se prononcer sur une constitution, une réforme, une loi. — PLUR. *des référendums.* — REGARDER plébiscite.

réfléchi, ie, adj. ♦ Qui pense bien à ce qu'il fait et à ce qu'il va faire, qui ne parle pas et n'agit pas de manière étourdie. — SYN. attentif, pondéré, posé, prudent, sage. — CONTR. distrait, étourdi, imprudent, léger.

réfléchir, v. ♦ **1.** Renvoyer la lumière : *Les fenêtres de l'immeuble réfléchissaient le soleil couchant.* — SYN. réverbérer. — REGARDER refléter. **2.** Penser attentivement : *Réfléchis bien au sujet, avant d'écrire ta rédaction.*

reflet, n. m. ♦ **1.** Image qui se voit dans un miroir, sur l'eau calme ou sur une surface polie : *J'admirais le reflet des feuillages sombres sur l'eau pâle de l'étang.* — SYN. image. **2.** Partie brillante (sur un fond plus terne) qui provient de la réflexion de la lumière : *Au fond de la cuisine sombre, on apercevait les reflets rouges des casseroles et des chaudrons de cuivre.*

refléter, v. (conjugaison 11) ♦ Renvoyer l'image d'une chose : *La vitrine du magasin reflète les voitures qui passent.* ● *Le vieux pont et les quais se reflètent dans l'eau.*

réflexe, n. m. ♦ Mouvement qui se fait involontairement, sans l'intervention du cerveau, et qui est la réaction, toujours même, à une action donnée. *Quand le médecin frappe sur le bas de ton genou, ta jambe avance brusquement : c'est un réflexe.*

réflexion, n. f. ♦ **1.** Phénomène par lequel la lumière se réfléchit. **2.** Action de

regain

réfléchir : *Après un quart d'heure de réflexion, elle se décida, enfin !* ● *Réflexion faite, je choisis cette solution.* ● *À première vue, son idée est séduisante, mais, à la réflexion, elle n'est pas à l'abri de toute critique.* **3.** Remarque, observation : *Je vous prie de garder vos réflexions pour vous !*

refluer, v. (conjugaison 19) ♦ Reculer, repartir massivement : *C'est la fin de l'inondation : l'eau reflue.* — CONTR. affluer.

reflux [Rəfly], n. m. ♦ Le mouvement de la mer qui descend. — SYN. marée descendante. — CONTR. flux, marée montante.

réformateur, trice, n. ♦ Celui, celle qui réforme (une religion, un État, etc.).

réforme, n. f. ♦ **1.** Action de réformer, de modifier pour améliorer : *On a souvent parlé d'une réforme de l'orthographe.* **2.** *La Réforme :* mouvement religieux du XVIᵉ siècle qui donna naissance au protestantisme.

réformé, ée, adj. *ou* n. ♦ *La religion réformée :* le protestantisme. ● *Les Églises réformées.* ● *Les réformés :* les protestants.

réformer, v. ♦ **1.** Modifier pour améliorer. **2.** *Réformer un conscrit, un soldat,* le déclarer inapte au service militaire.

refouler, v. ♦ Repousser en comprimant, en forçant etc. : *La pompe refoule l'eau dans le tuyau.* ● *Refouler l'ennemi.* — SYN. chasser, expulser. ● *Refouler ses larmes :* s'efforcer de ne pas pleurer. ● *Refouler son émotion.*

réfractaire, adj. *ou* n. ♦ **1.** Qui refuse une chose, qui ne se soumet pas : *Ce jeune homme est réfractaire à toute discipline.* — SYN. rebelle. — CONTR. soumis, docile. **2.** *Briques réfractaires,* qui résistent au feu et qui servent à construire des fours, des foyers.

refrain, n. m. ♦ Strophe d'une chanson qui se répète, sur la même mélodie, après chaque couplet.

réfrigérateur, n. m. ♦ Armoire de cuisine dans laquelle un appareil produit du froid et où l'on conserve les aliments.

refroidir, v. ♦ Rendre plus froid : *Cette pluie et ce vent ont refroidi la température.* — CONTR. adoucir, radoucir, réchauffer.

refroidissement, n. m. ♦ **1.** Passage à une température plus basse. **2.** Action de prendre froid : *Un refroidissement, et voilà : j'ai un bon rhume !*

refuge, n. m. ♦ **1.** Endroit où l'on se met à l'abri : *Le chat sauta sur le buffet : c'était son refuge habituel.* ● *Pendant la pluie, nous avons dû chercher refuge sous une porte cochère.* ● *Trouver refuge.* **2.** Cabane, petite maison, construite en montagne, où les alpinistes peuvent passer la nuit à l'abri du froid.

réfugié, ée, n. ♦ Personne qui a dû quitter son pays, sa ville, en raison d'un danger grave. ● *Un réfugié politique.*

réfugier (se), v. (conjugaison 20) ♦ Se mettre à l'abri : *Pendant l'orage, je me suis réfugié sous un auvent.*

refus, n. m. ♦ Action de refuser. — CONTR. acceptation, accord. ● *Ce n'est pas de refus,* je veux bien : *Un petit café ? Ce n'est pas de refus !* — REM. Cette expression est familière.

refuser, v. ♦ Dire non : *Je lui ai demandé de me prêter son vélo, elle a refusé.* — CONTR. accepter. ● *Je ne refuse certes pas de vous aider.*

réfuter, v. ♦ Montrer la fausseté de quelque chose : *Voilà une affirmation qu'il est facile de réfuter.* — CONTR. démontrer, prouver, soutenir.

regagner, v. ♦ Retourner à un endroit : *Nous regagnâmes la gare en chantant.*

regain, n. m. ♦ **1.** Herbe qui repousse dans une prairie qu'on a fauchée. **2.** Renouveau, retour : *Ce traitement m'a donné un regain de vigueur.*

régal, n. m. ♦ Chose très bonne à manger.

régaler, v. ♦ Faire plaisir en donnant quelque chose de bon : *Virginia nous régala d'un gros morceau de pain et d'une belle tranche de jambon.* ● *Le chien a trouvé le gigot, l'a emporté dans un coin et s'est bien régalé !*

regard, n. m. ♦ **1.** Action de regarder : *Les enfants jetèrent un regard admiratif sur le rayon des jouets.* **2.** *En regard de,* en comparaison de : *Ce que tu sais n'est rien en regard de ce que tu ignores.*

regardant, ante, adj. ♦ Un peu avare.

regarder, v. ♦ **1.** Diriger son regard vers quelque chose ou quelqu'un et voir avec attention : *Tu as déjà regardé les photos de ton livre ?* — SYN. contempler, considérer. **2.** *Regarder comme :* juger comme. — SYN. considérer comme, tenir pour. **3.** Être juste en face de : *L'appartement de l'oncle Jacques regarde la rivière.* **4.** *Cela me regarde :* cela me concerne, fait partie de mes affaires, dont les autres n'ont pas à s'occuper. **5.** *Regarder à la dépense :* être très économe et même un peu avare. — CONTR. dépensier, prodigue.

régate, n. f. ♦ Course de bateaux à rames ou course de voiliers de plaisance.

régence, n. f. ♦ Gouvernement exercé par la reine mère ou par un proche parent du futur roi, quand celui-ci est trop jeune, à la mort de son père, pour régner lui-même.

régent, ente, n. ♦ Celui, celle qui exerce la régence.

régie, n. f. ♦ **1.** Gestion d'une entreprise publique par les fonctionnaires d'une collectivité publique. **2.** Organisme ou service qui s'occupe de l'organisation matérielle d'un spectacle.

1. régime, n. m. ♦ **1.** Système politique : *Pendant longtemps, la France a vécu sous le régime monarchique.* **2.** Manière de se nourrir indiquée par un médecin : *Tante Isabeau suit un régime sévère : pas de viande, pas de sel, pas de graisses, pas de sucre, pas de vin.* ● *Le médecin a mis ma tante au régime.* **3.** *Le moteur tourne à plein régime,* très vite.

2. régime, n. m. ♦ *Un régime de bananes :* une grappe de bananes telle qu'elle pousse sur le bananier.

régiment, n. m. ♦ Unité militaire commandée par un colonel.

région, n. f. ♦ Grande partie d'un pays : *Cet été, nous avons visité toute la région de Québec et de Charlevoix.*

régional, ale, aux, adj. ♦ Propre à une région.

registre, n. m. ♦ Gros cahier à reliure rigide sur lequel on inscrit certaines choses.

règle, n. f. ♦ **1.** Petit bâton droit ou petite planchette droite qui sert à tracer les traits. **2.** Formule qui dit ce qu'on doit faire ou ne pas faire : *Les règles de l'accord des participes passés sont vraiment compliquées !* ● *Les règles de la morale.* — SYN. convention, loi, norme, précepte, prescription, principe.

règlement, n. m. ♦ **1.** Ensemble des règles à appliquer : *Le professeur nous a dicté les principaux articles du règlement de discipline de l'école.* **2.** Action de payer. ● *Règlement en espèces, par chèque, par mandat, par carte de crédit.*

réglementer, v. ♦ Soumettre à un règlement : *On va réglementer la pratique de l'aile volante : il y a trop d'accidents.*

régler, v. (conjugaison 11) ♦ **1.** Mettre au point, manipuler pour assurer un fonctionnement correct : *Elle devrait régler son carburateur : regarde quelle fumée sort du tuyau d'échappement.* — CONTR. dérégler. ● Mettre à l'heure : *Réglez vos montres sur l'horloge de la gare.* **2.** Organiser, prévoir et ordonner : *C'est le comité des fêtes qui va*

Costumes antiques

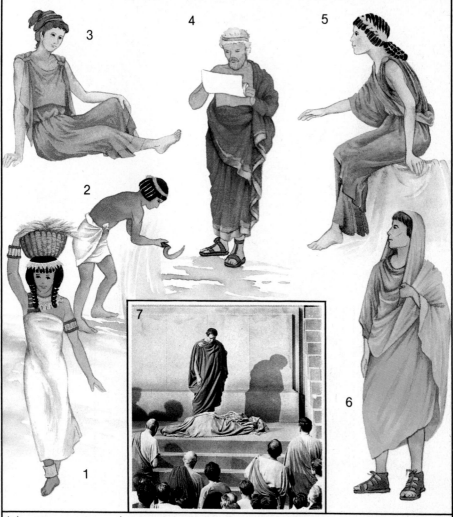

1. Égyptienne en **robe**.
2. Égyptien en **pagne**.
3. Grecque en **péplos** (tunique agrafée sur les épaules).

4. Grec drapé dans un **himation** (pièce d'étoffe servant de manteau).
5. Romaine en **péplum** (tunique agrafée sur l'épaule).

6. Romain en **toge** (vaste pièce de laine drapée).
   Les vêtements des Grecs et des Romains, faits de laine, parfois de lin, étaient drapés ou agrafés, et non cousus.

7. «**Julius Caesar**», un film de J.-L. Mankiewicz (1953), avec J. Mason (César) et M. Brando (Marc-Antoine).

De la Gaule à la France

1. Gaulois portant les **braies** (pantalon).
2. Gauloise.
3. Paysan du Moyen Age en **surcot** (manteau court ajusté).
4. Costume féminin, XIVᵉ siècle.
5. Homme coiffé d'un **chaperon**, XIVᵉ siècle.
6. **Petite histoire de la chaussure:**
   a. Sandale égyptienne XIIIᵉ siècle av. J.-C.
   b. Soulier de fillette, Venise, XVIIᵉ siècle.
   c. Chaussure de femme, France, XVIIIᵉ siècle.
   d. Escarpin de tulle brodé, Paris, XXᵉ siècle.

Du XVIᵉ au XXᵉ siècle

XVIᵉ **siècle** (vers 1580); couple en costume de cour: l'homme porte une fraise autour du cou.

2. **XVIIᵉ siècle** (vers 1630); costume de chasse.

3. **XIXᵉ siècle** (vers 1802); la coupe de cette robe rappelle les vêtements de l'antiquité gréco-romaine.

4 et 5. **XIXᵉ siècle** (vers 1850): l'homme porte une redingote et un chapeau haut de forme; la femme arbore une robe annonçant la crinoline.

6. **XXᵉ siècle** (vers 1925): simplicité du vêtement et coupe de cheveux «à la garçonne».

La mode aujourd'hui

La haute couture, c'est la création de modèles de vêtements féminins et masculins de luxe.

L'emploi de procédés industriels permet la diffusion de la mode nouvelle dans tous les milieux.

1. **Croquis** dessiné par un styliste.

2. **Essayage** sur un mannequin de couturier.

3. **Patron:** dessin des différents morceaux de tissu qui, assemblés, composeront le vêtement.

Ph. 9: © Sichov/SIPA-PRESS. Ph. 10: © Chatin/GAMMA.

La mode aujourd'hui

e manuelle du tissu.

e à la machine.

6. **Magasin** d'exposition des modèles de luxe (haute couture).

7. **Catalogue** de vente par correspondance (prêt-à-porter).

8. **Boutique** de prêt-à-porter.

9. **Défilé de mannequins** (présentation de la collection printemps-été 1985) chez C. Dior.

10. **Fabrique** de textile dans le nord de la France.

Les pierres précieuses

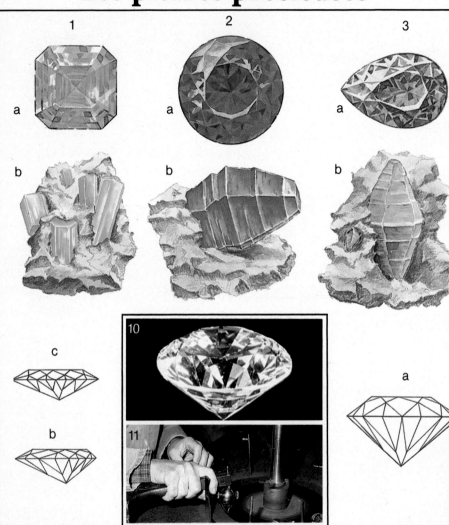

1
a
b

2
a
b

3
a
b

c

b

10

11

a

Les pierres précieuses, extraites des profondeurs du sol, doivent être taillées pour donner leur éclat. Les spécialistes distinguent **les pierres précieuses** pro-prement dites (diamant, émeraude, rubis et saphir), et **les pierres semi-précieuses** ou pierres fines (aigue-marine, améthyste, grenat, topaze, etc.).

Quelques exemples montrant les facettes après la taille (vue de profil) :

a. Taille ronde, dite en brillant.

b. Taille en poire ou larme.

c. Taille en ovale.

Ph. 10 : © Hans Tegen/T. Ph. 11 : © P. Delarbre/EXPLORER.

Les pierres précieuses

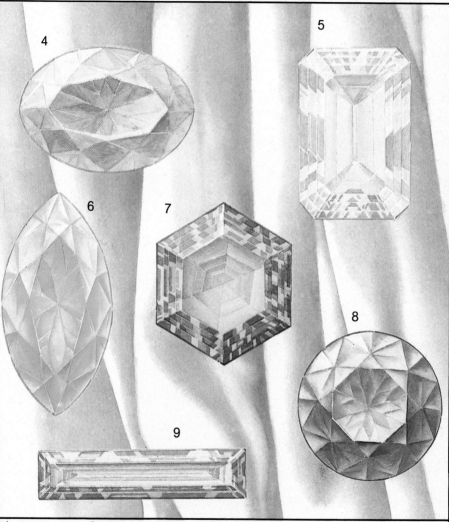

1. **Émeraude:**
   a. Taillée.
   b. Brute.
2. **Rubis:**
   a. Taillé.
   b. Brut.

3. **Saphir:**
   a. Taillé.
   b. Brut.
4. Topaze noble (jaune-rosé).

5. Aigue-marine (bleu-vert).
6. Tourmaline verte.
7. Améthyste.
8. Grenat (rouge-orangé).
9. Tourmaline rose.

10. **Diamant taillé:** il est uniquement composé de l'élément carbone!
11. **Tailleur de diamants** à Saint-Claude.

Bijoux et joyaux

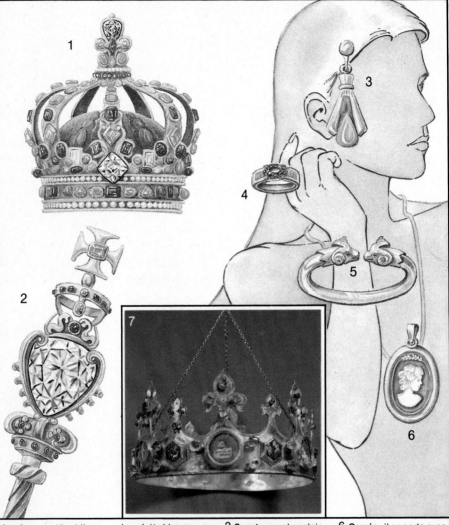

Les joyaux et les bijoux unissent la richesse de la matière (or, argent, pierres précieuses, émaux...) à la finesse du travail. Ce sont souvent de véritables œuvres d'art.

1. **Couronne** de Louis XV ornée du Régent, célèbre diamant.

2. **Sceptre** royal anglais.
3. **Boucle d'oreille.**
4. **Bague.**
5. **Bracelet** à tête de bélier.

6. **Camée:** il se porte avec une chaîne autour du cou.
7. **Couronne** votive de l'Abbaye du Paraclet, XIIIᵉ-XIVᵉ siècle.

Trésor de la cathédrale, Amiens. Ph. Jean-Pierre Vieil, © Archives Photeb.

régler le déroulement des cérémonies.
3. Payer : *Le client est parti, et a oublié de régler !* ● *Régler une facture.* ● *Régler un fournisseur.*

réglisse, n. f. ♦ **1.** Plante à racines sucrées. **2.** Confiserie faite avec la racine de cette plante : *Joe suce un bâton de réglisse.*

règne, n. m. ♦ **1.** Période pendant laquelle un souverain a régné. **2.** *Le règne minéral :* l'ensemble des minéraux. ● *Le règne végétal :* l'ensemble des végétaux. ● *Le règne animal :* l'ensemble des animaux.

régner, v. (conjugaison 11) ♦ **1.** Exercer le pouvoir royal ou impérial. **2.** Exister en un lieu, pendant une durée : *Le bruit et l'agitation règnent dans le hall de la gare.*

regorger, v. (conjugaison 16) ♦ Être plein de : *Cette ville italienne regorge de trésors artistiques.* — SYN. abonder en, foisonner de. — CONTR. être dépourvu, manquer.

régresser, v. ♦ Devenir moins répandu, moins intense, moins fort, moins prospère : *Grâce aux vaccinations, certaines maladies régressent sensiblement.* — CONTR. progresser.

régression, n. f. ♦ Action de régresser. — CONTR. expansion, extension, progrès, progression.

regret, n. m. ♦ **1.** Tristesse : *J'ai quitté mon amie avec regret.* — CONTR. joie. ● *C'est à regret que je quitte la plage.* **2.** Remords : *Le malfaiteur a exprimé ses regrets devant le tribunal.*

regrettable, adj. ♦ Fâcheux : *Il est regrettable que tu n'aies pas pu venir.*

regretter, v. ♦ Éprouver du regret, des regrets : *Je regretterai toujours cette maison de campagne.* ● *Je ne regrette nullement d'avoir agi ainsi.* — SYN. se repentir.

régulariser, v. ♦ Rendre régulier : *Pour éviter l'érosion, on régularise certains torrents de montagne.*

régulier, ière, adj. ♦ **1.** Qui ne varie pas de manière anormale ou très grande : *Le débit de ce fleuve est très régulier.* — CONTR. irrégulier. **2.** Conforme à la règle : *Le but qu'elle a marqué était tout à fait régulier.* — SYN. normal. — CONTR. exceptionnel, irrégulier.

régulièrement, adv. ♦ D'une manière régulière.

réhabiliter, v. ♦ Rétablir l'honneur de quelqu'un : *Après révision de son procès, il fut réhabilité.*

rein, n. m. ♦ **1.** Chacun des deux organes qu'on a dans la partie arrière de l'abdomen et qui, en filtrant le sang, produisent l'urine. **2.** *Les reins :* la partie inférieure du dos.

reine, n. f. ♦ Souveraine qui règne sur un royaume ; femme d'un roi : *Elisabeth II est reine d'Angleterre et du Canada.* ● *La reine mère :* la reine qui est la mère du roi régnant ou du futur roi encore trop jeune pour gouverner.

reine-claude, n. f. ♦ Prune ronde, très sucrée, de couleur vert-jaune. — PLUR. *des reines-claudes.*

reinette, n. f. ♦ Variété de pomme. — REM. N'écrivez pas comme *rainette,* « grenouille ».

rejeter, v. (conjugaison 14) ♦ **1.** Jeter loin de soi, jeter avec force : *Il ramassa la balle et la rejeta dehors.* **2.** Repousser, refuser : *Les membres du club ont rejeté ma proposition.* — CONTR. accepter, adopter, voter.

rejoindre, v. (conjugaison 85) ♦ **1.** Revenir ou retourner auprès de quelqu'un : *Le peloton pédale très fort : il va rejoindre le coureur échappé.* **2.** Aller ou retourner à un endroit : *Si le soldat n'a pas rejoint son corps* (= son régiment, sa caserne) *ce soir, il sera porté déserteur.* ● *Rejoindre son poste.* **3.** *Se rejoindre,* se réunir : *C'est ici que les deux sentiers se rejoignent.* — CONTR. diverger, se séparer.

réjouir

réjouir, v. ♦ Faire plaisir, causer de la joie : *Ton beau succès me réjouit.* ● *Je me réjouis de ton beau succès.* — CONTR. s'affliger, se désoler, déplorer.

réjouissance, n. f. ♦ **1.** *Les réjouissances,* les fêtes publiques : *Voici le programme des réjouissances du 24 juin.* — SYN. les festivités. **2.** *En signe de réjouissance :* pour marquer la joie collective, publique.

réjouissant, ante, adj. ♦ Très gai, très amusant : *Ces deux dauphins qui jouaient présentaient un spectacle réjouissant.* — SYN. comique, drôle. — CONTR. triste.

1. relâche, n. m. ♦ **1.** *Sans relâche,* sans arrêt : *Ce paysan travaille sans relâche.* **2.** *Le théâtre fait relâche :* Il n'y a pas de représentation. ● *Jour de relâche.*

2. relâche, n. f. ♦ *Le navire fait relâche,* fait escale dans un port.

relâchement, n. m. ♦ Manque de rigueur : *Il y a du relâchement dans la discipline.* — SYN. laisser-aller, négligence.

relâcher, v. ♦ **1.** Remettre en liberté : *Nous avons relâché l'oiseau après l'avoir soigné.* **2.** Laisser tomber, laisser s'affaiblir : *Ne relâchez pas vos efforts !* **3.** *Le navire relâche (dans tel port),* y fait escale.

relais, n. m. ♦ **1.** Autrefois, endroit où les cavaliers pouvaient, au cours d'un voyage, changer de monture. ● *Relais de poste :* lieu où l'on changeait les chevaux d'une diligence. **2.** *Course de relais,* dans laquelle les coureurs se passent un petit bâton. **3.** *Prendre le relais de quelqu'un,* prendre sa suite, dans une action.

relancer, v. (conjugaison 17) ♦ Écrire, téléphoner pour insister : *S'il ne répond pas, je lui écrirai une seconde fois pour le relancer.*

relater, v. ♦ Raconter : *Les chroniqueurs de l'époque ont relaté en détail cet événement.* — SYN. conter, narrer, raconter, rapporter.

relatif, ive, adj. *ou* n. m. ♦ **1.** Qui a rapport à : *Voici une remarque relative à la question traitée tout à l'heure.* **2.** *Les pronoms relatifs* ou *les relatifs :* pronoms *qui, que, quoi, dont, lequel, où, y.* **3.** Qui n'est pas absolu, qui n'existe que par comparaison avec autre chose : *C'était l'époque de la prospérité. Prospérité toute relative, d'ailleurs.*

relation, n. f. ♦ **1.** Rapport : *Voyons, il n'y a aucune relation entre ces deux faits.* **2.** *Des relations,* rapports entre deux personnes, deux pays : *Nous avons d'excellentes relations avec tous nos voisins.* ● *Les relations diplomatiques.* ● *Avoir des relations :* connaître des gens puissants et haut placés. ● *Être en relation avec quelqu'un* (relation au singulier). **3.** Récit : *Cette chroniqueuse a fait une relation fidèle de l'entrée des croisés à Constantinople.*

relayer, v. (conjugaison 23) ♦ **1.** Changer de chevaux : *La diligence s'arrêta pour relayer.* **2.** Remplacer, à son tour, dans l'accomplissement d'une action : *Va te reposer, je vais te relayer.* ● *Les matelots se relaient pour assurer le service 24 heures sur 24.*

reléguer, v. (conjugaison 11) ♦ Mettre à l'écart ou au loin : *Nous avons relégué au grenier tous les vieux cahiers de ma grande sœur.*

relent, n. m. ♦ Odeur désagréable qui persiste : *Un relent de pipe froide planait dans son bureau.*

relève, n. f. ♦ Action de relever des soldats, des gardes. ● Remplacement d'une personne ou d'une équipe par une autre (qui vient relayer la première).

relevé, n. m. ♦ Texte ou dessin qui donne des indications : *Voici le relevé de mes dépenses de la semaine.* ● *Relevé d'un compteur :* action de relever un compteur.

relèvement, n. m. ♦ **1.** Action de se relever, de redevenir fort, prospère. — SYN. redressement. **2.** Augmentation, hausse : *On annonce un relèvement des tarifs du transport.* — CONTR. diminution, baisse.

relever, v. (conjugaison 12) ♦ **1.** Remettre debout : _Tiens, ton petit frère est tombé, relève-le._ ● Rendre de nouveau fort et puissant : _Il faudra du temps et des efforts pour relever ce commerce._ **2.** Noter, inscrire : _J'ai relevé sur une feuille toutes mes dépenses de la semaine._ ● **Relever un compteur,** noter le chiffre de consommation qui y est inscrit. **3.** Remplacer, relayer : _L'infirmière de jour vient relever l'infirmière de nuit._ **4.** Donner un goût plus fort : _Mets du poivre et de la moutarde dans la vinaigrette : cela la relèvera._ ● _Une sauce très relevée._ — SYN. épicé.

relief, n. m. ♦ **1.** Ensemble des montagnes, des collines, des plateaux et des plaines qui constituent la configuration d'une région. **2.** **En relief,** en saillie : _La plaque porte des lettres en relief._ ● _Mettre en relief,_ faire ressortir, mettre en valeur : _Le maître a mis en relief le génie exceptionnel de l'écrivain._

relier, v. (conjugaison 20) ♦ **1.** Attacher, unir. ● Mettre en communication : _Une autoroute relie ces deux grandes métropoles régionales._ — CONTR. séparer. **2.** _Relier un livre,_ lui mettre sa reliure.

religieux, euse, adj. _ou_ n. ♦ **1.** Qui concerne la religion : _Une église, une synagogue, une mosquée sont des édifices religieux._ — CONTR. civil, laïque, profane. **2.** _Un religieux, une religieuse :_ un homme ou une femme qui consacre sa vie à Dieu en obéissant à une règle commune à tous les membres d'un ordre. — REGARDER moine, sœur.

religion, n. f. ♦ Ensemble des croyances et des pratiques qui concernent les relations entre l'homme et la divinité.

reliquaire, n. m. ♦ Objet, souvent richement orné, qui contient des reliques.

relique, n. f. ♦ Restes du corps d'un saint ou objet lui ayant appartenu, lorsque ces choses sont l'objet d'un culte, notamment dans la religion catholique.

relire, v. (conjugaison 50) ♦ Lire ce qu'on a écrit, pour corriger les fautes : _Re-_ lisez vos copies, je les ramasse dans cinq minutes. ● _Tu devrais te relire, avant de remettre ta copie._

relish [reliʃ], n. f. ♦ Condiment à base de tomates et d'oignons hachés et marinés : _J'aime les hot-dogs avec de la relish et de la moutarde._

reliure, n. f. ♦ Procédé de couverture d'un livre, dont les cahiers ont été assemblés et cousus.

reluire, v. (conjugaison 46 ; le participe passé ne prend pas de -_t_ : _il a relui_) ♦ Briller : _Frotte les cuivres de la cuisine : il faut qu'ils reluisent._ — SYN. briller, luire.

reluisant, ante, adj. ♦ Qui reluit. — SYN. brillant, luisant. — CONTR. mat, terne.

remaniement, n. m. ♦ Action de remanier.

remanier, v. (conjugaison 20) ♦ Modifier, réorganiser : _J'ai remanié le plan de ma rédaction._ ● _Remanier un ministère :_ changer certains ministres.

remarquable, adj. ♦ Qui mérite l'attention : _Admirez cet édifice : il est remarquable !_ — SYN. éminent, exceptionnel, extraordinaire, insigne. — CONTR. banal, médiocre, ordinaire.

remarque, n. f. ♦ Parole ou texte qui exprime ce qu'on remarque, ce qu'on pense. — SYN. commentaire, observation, réflexion.

remarquer, v. ♦ S'apercevoir d'une chose, avoir son attention attirée par elle : _Je remarque que Perrine est très inquiète depuis quelque temps._ — SYN. constater, observer.

remblai, n. m. ♦ _Route, voie ferrée en remblai,_ établie sur une levée de terre au-dessus des terrains environnants.

remblayer, v. (conjugaison 23) ♦ Boucher un trou, une dépression, etc., avec

remblayer

de la terre, des pierres, des débris : *On va remblayer l'ancien étang avec des gravats et des matériaux de démolition.*

rembourré, ée, adj. ♦ Qu'on a garni, rempli d'une matière souple et confortable : *J'aime bien m'installer dans ce fauteuil rembourré, pour lire.*

rembourser, v. ♦ Rendre l'argent prêté ou le prix payé : *Je n'ai pu prendre le train, on me remboursera le prix du billet.*

remède, n. m. ♦ Ce qui guérit ou soulage : *Ce sirop contre la toux est un remède miraculeux.* — SYN. médicament.

remédier, v. (conjugaison 20) ♦ Supprimer ou atténuer une chose fâcheuse : *L'emploi des engrais peut remédier à la médiocrité d'une terre pauvre.*

remémorer (se), v. ♦ Se souvenir avec précision d'une personne qu'on a connue, d'un événement qu'on a vécu : *Je me remémore très bien cette excursion.*

remerciement, n. m. ♦ Parole, phrase par laquelle on remercie : *Je vous prie d'agréer, chère Madame, mes remerciements les plus émus.*

remercier, v. (conjugaison 20) ♦ **1.** Exprimer sa reconnaissance : *Mon cher, je ne sais comment te remercier du conseil que tu m'as donné.* **2.** Mettre à la porte un employé : *Il a été remercié à la suite d'une indélicatesse.* — SYN. congédier, licencier.

remettre, v. (conjugaison 99) ♦ **1.** Mettre de nouveau : *Remets cet outil à sa place, tout de suite !* **2.** Donner : *Vous devez remettre ce billet à la directrice, sans tarder.* **3.** *Se remettre :* se rétablir, recouvrer la santé, la vigueur. **4.** *S'en remettre à,* se confier à : *Je ne sais que faire : je m'en remets à vous.*

remise, n. f. ♦ **1.** Rabais sur le prix. — SYN. escompte, réduction, ristourne. **2.** Local où l'on range un véhicule, des objets encombrants, etc.

remiser, v. ♦ Ranger, garer dans une remise.

rémission, n. f. ♦ **1.** *Sans rémission,* sans pardon : *Si tu triches encore, tu seras exclu, sans rémission !* **2.** Soulagement momentané dans le cours d'une maladie : *Pendant une rémission, la malade a pu recevoir des visites.*

remonte-pente, n. m. ♦ Appareil, appelé aussi *téléski,* sorte de téléférique sans cabine, muni de tiges pendantes que les skieurs saisissent pour remonter une pente, les skis aux pieds.

remonter, v. ♦ **1.** Relever : *Remonte un peu tes manches, quand tu te laves les mains.* **2.** Assembler de nouveau ce qu'on avait démonté : *Mon oncle a démonté le moteur de sa voiture, et il est incapable de le remonter !* **3.** *Remonter une montre, une pendule,* tendre de nouveau le ressort pour qu'elle fonctionne. **4.** *Remonter un cours d'eau,* le suivre ou y naviguer en allant de l'aval vers l'amont.

remontoir, n. m. ♦ Petite pièce qu'on tourne pour remonter une montre, une pendule.

remontrance, n. f. ♦ Reproche. — SYN. admonestation, avertissement, blâme, critique, semonce. — CONTR. compliment, éloge, félicitation.

remontrer, v. ♦ *En remontrer à quelqu'un,* prétendre être plus savant ou plus fort que lui.

remords, n. m. ♦ Sentiment de regret, de tristesse, qu'on éprouve en pensant qu'on a mal agi : *Prise de remords, Josyane l'aida quand même à faire la vaisselle.*

remorque, n. f. ♦ Véhicule qui est tiré par un autre.

remorquer, v. ♦ Tirer derrière soi un bateau, un véhicule : *La dépanneuse remorquait une camionnette en panne.*

remorqueur, n. m. ♦ Bateau à moteur puissant qui ne transporte rien, mais qui sert à remorquer d'autres bateaux.

rémouleur, euse, n. ♦ Celui, celle dont le métier est d'aiguiser les couteaux, les ciseaux, etc., dont le tranchant est émoussé.

remous [ʀəmu], n. m. ♦ Mouvement désordonné de l'eau qui tourbillonne. — SYN. tourbillon. 2. Mouvement d'agitation : *Cette parole de l'oratrice a provoqué des remous dans l'assemblée.*

rempailler, v. ♦ *Rempailler des chaises,* en refaire le cannage, en remplacer la paille.

rempart, n. m. ♦ Gros et haut mur qui entourait une ville fortifiée ou formait l'enceinte d'un château fort. — SYN. courtine, enceinte, muraille.

remplacement, n. m. ♦ *En remplacement de,* pour remplacer : *En remplacement de la séance de gymnastique, nous aurons une heure de marche en forêt.* ● *Faire des remplacements :* occuper un poste temporairement pendant l'absence, le congé ou la maladie du titulaire.

remplacer, v. (conjugaison 17) ♦ 1. Mettre à la place : *Ma tante a remplacé le moteur de sa vieille voiture, elle est comme neuve.* 2. Être à la place, remplir la fonction de quelqu'un : *Notre professeur est malade, c'est une étudiante qui le remplace.*

remplir, v. ♦ 1. Rendre plein : *Ton bidon est percé, c'est pourquoi tu n'arrives pas à le remplir !* — SYN. emplir. — CONTR. vider. ● *Voilà une nouvelle qui me remplit de joie !* — SYN. combler. 2. Écrire pour compléter : *Remplissez le formulaire et signez-le.* 3. Exercer : *M. Durand remplit les fonctions de directeur commercial.* ● Tenir, accomplir, exécuter : *Sauras-tu remplir tous tes engagements ?* ● *Remplir ses devoirs, ses obligations.*

remporter, v. ♦ 1. Reprendre avec soi : *Tiens, tu peux remporter tes disques, je*
les ai tous écoutés. — CONTR. apporter. 2. Obtenir (un succès, une récompense, etc.) : *Les Canadiens ont souvent remporté la coupe Stanley.*

remuant, ante, adj. ♦ Qui s'agite beaucoup. — SYN. agité, turbulent. — CONTR. calme, paisible, tranquille.

remuer, v. (conjugaison 19) ♦ 1. S'agiter : *Reste tranquille sur ta chaise, Nicolas, ne remue pas ainsi !* — SYN. s'agiter, bouger. 2. Mouvoir, déplacer : *Pour se réchauffer, Lætitia remue les bras et les jambes.*

rémunérateur, trice, adj. ♦ Qui rapporte beaucoup d'argent : *Le trafic d'armes est très rémunérateur !* — SYN. profitable.

rémunération, n. f. ♦ Somme d'argent qu'on donne à quelqu'un en échange de son travail. — REGARDER appointement, honoraires, salaire, traitement.

rémunérer, v. (conjugaison 11) ♦ Payer pour le travail fourni : *On rémunère les employés au mois, non à l'heure.*

renaissance, n. f. ♦ 1. Renouveau : *Nous assistons à la renaissance d'un style, oublié pendant longtemps.* 2. *La Renaissance :* période où, en Italie, puis dans toute l'Europe, il y eut un remarquable renouveau des arts et des lettres (XVe et XVIe siècles).

renaître, v. (conjugaison 95 ; ne s'emploie pas aux temps composés) ♦ 1. Exister, apparaître de nouveau : *Voici le printemps, l'herbe va renaître.* 2. Recouvrer sa force, sa joie, sa vigueur : *Au bord de la mer, je me sens renaître.*

renard, n. m. ♦ Carnivore sauvage, très rusé, au museau pointu, au pelage roux et à la queue très touffue.

rencontre, n. f. ♦ 1. Action de rencontrer quelqu'un. ● *Aller à la rencontre de quelqu'un,* aller au-devant de lui pour l'accueillir, l'aborder. 2. Match : *Ce soir, grande rencontre d'athlétisme au stade municipal.*

rencontrer

rencontrer, v. ♦ Trouver sur son chemin : *En allant à la gare, j'ai rencontré mon vieux copain Alain.*

rendement, n. m. ♦ Quantité produite par rapport aux moyens mis en œuvre : *Sans engrais, le rendement de ces terres serait très médiocre.*

rendez-vous, n. m. inv. ♦ Heure (et lieu) où il est convenu de se rencontrer : *Luc a donné rendez-vous à Martine à six heures, au jardin public.*

rendre, v. (conjugaison 81) ♦ **1.** Redonner ce qu'on a reçu : *Je lui ai prêté cinq dollars, j'espère qu'elle va me les rendre.* — SYN. rembourser. **2.** Vomir : *Jules a rendu son déjeuner.* **3.** Produire, rapporter : *Cette terre fertile rend beaucoup.* **4.** Faire devenir : *Voilà une bonne nouvelle qui me rend toute joyeuse.* **5.** *Se rendre à,* aller à : *Je vais me rendre à Toronto bientôt.* **6.** *Se rendre,* se reconnaître vaincu et se soumettre : *Je me rends à tes arguments.*

rênes, n. f. pl. ♦ Courroies que le cavalier tient dans ses mains et avec lesquelles il dirige sa monture.

renfermé, ée, adj. *ou* n. m. ♦ **1.** Qui n'exprime pas volontiers ses sentiments. — SYN. dissimulé, secret, taciturne. — CONTR. bavard, démonstratif, expansif, exubérant, loquace, ouvert. **2.** *Le renfermé,* odeur désagréable que l'on sent dans un local qui est resté longtemps fermé : *Aérez donc : cela sent le moisi et le renfermé !*

renfermer, v. ♦ Contenir : *Le sous-sol de cette région renferme du minerai de zinc.*

renflé, ée, adj. ♦ Gros et rond : *Quel est ce récipient de cuivre de forme renflée ?* — SYN. bombé. — CONTR. creux, déprimé, plat.

renflouement, n. m. ♦ Action de renflouer un navire.

renflouer, v. (conjugaison 19) ♦ Faire de nouveau flotter un navire coulé : *On va renflouer le cargo qui a coulé au milieu de la rade.*

renfoncement, n. m. ♦ Endroit qui forme un creux dans un mur.

renforcer, v. (conjugaison 17) ♦ Rendre plus fort, plus solide : *On entoure le tonneau de cercles métalliques pour le renforcer.* — SYN. consolider. — CONTR. affaiblir.

renfort, n. m. ♦ *Des renforts :* troupes qui arrivent pour rendre plus forte la troupe qui combat. ● *Du renfort :* personne ou groupe qui vient aider une personne ou un groupe déjà au travail (ou en action).

renfrogné, ée, adj. ♦ Peu aimable, pas souriant, désagréable : *Qu'est-il arrivé, Héloïse ? Pourquoi cette mine renfrognée ?* — SYN. grognon, mécontent. — CONTR. joyeux, rieur, souriant.

rengaine, n. f. ♦ Chanson, mélodie qu'on a trop entendue et qui devient, par là même, désagréable à entendre.

rengorger (se), v. (conjugaison 16) ♦ Prendre un air avantageux, vaniteux, content de soi.

reniement, n. m. ♦ Action de celui qui renie ses opinions, qui est infidèle à son parti, à ses engagements.

renier, v. (conjugaison 20) ♦ Abandonner, être infidèle à : *Il a renié ses opinions.*

renifler, v. ♦ Aspirer l'air bruyamment avec son nez.

renne, n. m. ♦ Animal qui ressemble au cerf et qui vit dans les pays nordiques.

renom, n. m. ♦ Réputation excellente : *Il commanda les gâteaux à une pâtissière de grand renom.* — SYN. renommée.

renommé, ée, adj. ♦ Qui a un grand renom. — SYN. réputé.

renommée, n. f. ◆ Grande réputation : *Tu connais la renommée de ce restaurant : ses steaks sont les meilleurs de Montréal.* — SYN. réputation.

renoncer, v. (conjugaison 17) ◆ **1.** Se priver volontairement de quelque chose : *L'ermite renonça à tous les plaisirs de ce monde.* **2.** Décider de ne pas faire, de ne pas continuer : *J'ai renoncé à faire le portrait de ma sœur : je ne suis pas assez fort en dessin.*

renoncule, n. f. ◆ Plante à fleurs de couleurs vives, dont il existe plusieurs espèces, la plus connue étant le *bouton-d'or.*

renotage, n. m. ◆ Rabâchage : *Arrête, cela fait dix fois que tu dis la même chose : le renotage est pénible !*

renoter, v. ◆ Répéter, rabâcher, faire remarquer : *Si tu renotes sans cesse ce que tu as donné, c'est que tu regrettes ton geste !*

renouer, v. ◆ **1.** Refaire un nœud. **2.** Reprendre des relations avec quelqu'un.

renouveau, n. m. ◆ Nouvelle vigueur, nouvelle existence : *Voici le printemps ! C'est le temps du renouveau de toute la nature !* — SYN. renaissance. — CONTR. déclin, vieillissement.

renouveler, v. (conjugaison 12) ◆ **1.** Remplacer par une chose neuve, nouvelle, fraîche : *Ouvre la fenêtre, cela renouvellera l'air.* **2.** Recommencer : *Oscar renouvelle toujours les mêmes erreurs.*

renouvellement, n. m. ◆ Action de renouveler.

rénovation, n. f. ◆ Action de rénover.

rénover, v. ◆ Remettre à neuf et moderniser : *Notre école a été construite en 1840. On va enfin la rénover !*

renseignement, n. m. ◆ Information

sur un point précis : *J'ai écrit au bureau du tourisme pour avoir des renseignements sur les hôtels.*

renseigner, v. ◆ Donner un renseignement : *Qui peut me renseigner sur le chemin le plus court pour aller au village ?* ● *Se renseigner :* demander un renseignement.

rentable adj. ◆ Qui rapporte suffisamment d'argent : *On abandonne l'exploitation de la mine : elle n'est plus rentable.*

rente, n. f. ◆ **1.** Argent que rapporte un capital placé en actions ou en obligations : *Notre voisine est riche : elle vit de ses rentes.* **2.** Argent qu'on touche régulièrement en compensation de quelque chose. ● *Rente d'invalidité.* ● *Rente viagère.*

rentier, ière, n. ◆ Celui, celle qui vit de ses rentes.

rentrée, n. f. ◆ **1.** Moment où l'on rentre en classe ; moment où les gens reviennent de vacances. **2.** *Rentrée d'argent :* argent que l'on reçoit, que l'on encaisse. — CONTR. dépense.

rentrer, v. ◆ **1.** Entrer de nouveau, revenir dans le local d'où l'on est sorti : *Il est cinq heures et demie : les gens rentrent chez eux.* — CONTR. partir, sortir. **2.** Mettre à l'abri : *L'orage menace : il faut rentrer les foins.*

renverse (à la), loc. adv. ◆ *Tomber à la renverse,* en arrière, sur le dos.

renversement, n. m. ◆ **1.** Action de renverser : *Les députés de l'opposition voulaient le renversement du gouvernement et de nouvelles élections.* — CONTR. établissement, instauration, restauration, rétablissement. **2.** *Renversement de la situation :* changement complet. — SYN. retournement.

renverser, v. ◆ **1.** Faire tomber : *Le chien a sauté de joie, il a failli me renverser !* — SYN. culbuter. ● *Nicolas renversa la cafetière sur la belle nappe blanche.* ● *La carafe* *d'eau s'est renversée.* **2.** Retourner de manière à mettre en bas ce qui est en haut, et inversement : *Pour mieux voir, j'ai renversé le seau et j'ai grimpé dessus.* **3.** Supprimer un régime politique : *Ces conjurés voulaient renverser la république.*

renvoi, n. m. ♦ **1.** Licenciement, mise à la porte : *La patronne a décidé le renvoi d'une partie des ouvriers.* — SYN. licenciement. **2.** Indication invitant à se reporter à une autre page : *À la fin du texte, il y a un renvoi à la page 62.*

renvoyer, v. (conjugaison 21) ♦ **1.** Faire retourner chez lui ou au point de départ : *Les envoyés du pape arrivèrent, mais l'empereur les renvoya, sans les recevoir.* **2.** Lancer une chose de manière qu'elle retombe près de celui qui l'a lancée : *La joueuse de tennis a fort bien renvoyé la balle.* — SYN. relancer. **3.** Envoyer une chose à celui que l'a expédiée : *L'article que j'ai reçu n'allait pas, je l'ai renvoyé au magasin de vente par correspondance.* **4.** Mettre à la porte. ● *Renvoyer un salarié.* — SYN. congédier, licencier. — CONTR. embaucher, engager.

réorganiser, v. ♦ Organiser d'une nouvelle manière : *On va réorganiser notre club de loisirs.*

repaire, n. m. ♦ Endroit où vit un animal sauvage, où se cachent des malfaiteurs : *Oseras-tu entrer dans le repaire du fauve ?* — SYN. tanière. — REM. N'écrivez pas comme *un repère* : « marque qui sert à retrouver son chemin ».

repaître (se), v. (conjugaison 97) ♦ Se nourrir de : *Le vautour et le chacal se repaissent de charognes.*

répandre, v. (conjugaison 80) ♦ **1.** Mettre, en étalant sur une surface : *Les employés de la voirie répandent du sable et du sel sur la chaussée, car il y a du verglas.* — SYN. épandre. **2.** Diffuser : *Ce bouquet de roses répand un parfum enivrant.* **3.** *Se répandre,* se faire connaître de proche en proche : *« Le roi est mort. » La nouvelle se répandit dans toute la ville.* — SYN. circuler, courir.

réparateur, trice, n. ♦ Celui, celle qui répare des objets, des appareils.

réparation, n. f. ♦ Action de réparer.

réparer, v. ♦ **1.** Remettre en état ce qui est détérioré ou en panne : *On va réparer la grille du jardin public défoncée par un camion.* — SYN. raccommoder, restaurer. **2.** Remédier à une chose fâcheuse : *Vite, réparons cette erreur !* — SYN. corriger. ● *Réparer un oubli.* **3.** *Réparer ses forces :* reprendre des forces, en dormant, en mangeant, en se reposant.

repartie, n. f. ♦ Réponse vive, immédiate : *Cette remarque déplacée lui valut une repartie cinglante.* — SYN. réplique, riposte. — REM. Le mot se prononce [ʀəparti] et s'écrit sans accent.

répartir, v. (conjugaison 25) ♦ Distribuer : *On va équitablement répartir les tâches ménagères.* — SYN. partager.

répartition, n. f. ♦ Action de répartir, manière dont une chose est répartie. — SYN. distribution, partage.

repas, n. m. ♦ Ensemble de plats qu'on mange à la suite : *Aujourd'hui, nous avons fait un vrai repas de fête.*

repassage, n. m. ♦ Action de repasser le linge ou les vêtements.

repasser, v. ♦ Rendre bien lisse et plat le linge ou un vêtement en y passant un fer : *Mon père est en train de repasser mes chemises.* ● *Un fer à repasser.*

repêchage, n. m. ♦ Sélection des joueurs de hockey par les divers clubs.

repêcher, v. ♦ Retirer de l'eau : *Mon cartable est tombé à l'eau. Vite, aide-moi à le repêcher !*

1. repentir (se), v. (conjugaison 42) ♦ Regretter d'avoir fait quelque chose : *Elle se repentit amèrement de sa faute.* ● *Tu ne te repentiras pas de m'avoir fait confiance.* — CONTR. se féliciter de, se louer de.

répondeur

2. repentir, n. m. ♦ Regret d'avoir commis une faute. — SYN. regret, remords.

répercussion, n. f. ♦ Conséquence : _Cette défaite a eu des répercussions sur la composition de l'équipe._ — SYN. contrecoup, effet.

répercuter, v. ♦ Renvoyer le son comme un miroir renvoie la lumière : _Les montagnes répercutent le grondement du tonnerre._

repère, n. m. ♦ **1.** Chose très visible qui permet de retrouver son chemin : _Tu ne peux pas te perdre dans la ville : la flèche de la cathédrale est un repère parfait._ — REM. N'écrivez pas comme le _repaire_ : « abri d'un animal ». **2.** Marque sur une surface : _Pas d'erreurs possibles dans le pliage : des repères sont marqués sur la feuille de carton._

repérer, v. (conjugaison 11) ♦ Trouver où est située une chose : _Ça y est ! J'ai repéré le hameau sur la carte !_ — SYN. localiser, situer. ● _Se repérer,_ savoir où l'on est : _Je me suis tout de suite repérée, en reconnaissant la vieille maison à façade sculptée._

répertoire, n. m. ♦ Carnet, registre ou fichier qui contient des renseignements classés : _J'ai un répertoire alphabétique d'adresse utiles._

répété, ée, adj. ♦ Qui se reproduit : _Malgré ses essais répétés, il n'a pas pu franchir l'obstacle._

répéter, v. (conjugaison 11) ♦ **1.** Redire ce qui a déjà été dit : _A quoi bon répéter sans cesse les mêmes choses !_ **2.** Dire à quelqu'un d'autre : _Ne répète cela à personne._ **3.** S'exercer à jouer, à chanter, avant une représentation : _Les acteurs répètent une pièce difficile._

répétiteur, trice, n. ♦ Celui, celle qui explique les leçons à un élève, qui les lui fait réciter. ● Surveillant d'une étude.

répétition, n. f. ♦ **1.** Chose qu'on dit ou qu'on écrit deux ou plusieurs fois : _Que de bavardage ! Évitez donc les répétitions dans vos devoirs de français !_ **2.** Séance de travail ou représentation sans public pendant laquelle des acteurs, des musiciens, un chanteur s'exercent à jouer, à chanter : _Il en faut des répétitions, pour jouer une symphonie aussi difficile !_

repiquer, v. ♦ Planter une jeune plante qui a été semée et qui a poussé à un autre endroit : _Tu as repiqué les laitues ? Alors, arrose-les bien !_

répit, n. m. ♦ Arrêt, repos : _Je ne te laisserai aucun répit tant que tu ne m'auras pas donné de réponse._ ● _Le vent souffle sans répit._ — SYN. sans relâche.

repli, n. m. ♦ **1.** Pli profond : _La poussière s'accumule dans les replis des tentures et des rideaux._ **2.** Recul : _L'armée dut préparer son repli._ — SYN. retraite.

repliement, n. m. ♦ Attitude d'une personne qui se replie sur elle-même.

replier, v. (conjugaison 20) ♦ **1.** Fermer en pliant : _L'oiseau replie ses ailes en se posant._ — SYN. plier. — CONTR. déplier, déployer, ouvrir. ● Plier de nouveau : _Elle replia le journal soigneusement._ **2.** _Se replier,_ reculer : _Nos adversaires se sont repliés dans le jardin._ — SYN. battre en retraite, reculer. **3.** _Se replier sur soi-même :_ ne plus s'intéresser qu'à soi-même.

réplique, n. f. ♦ **1.** Réponse : _La réplique fut instantanée et cinglante._ — SYN. repartie. **2.** Ce qu'un acteur doit dire en réponse aux paroles d'un autre personnage : _Je répète mon rôle : veux-tu me donner la réplique ?_ **3.** Copie, reproduction : _Ce bronze romain est la réplique d'un marbre grec._

répliquer, v. ♦ Répondre : _J'aurais beaucoup à répliquer à cet argument._

répondeur, n. m. ♦ _Répondeur automatique :_ appareil qui permet d'enregistrer les messages téléphonés ou qui répond automatiquement quand quelqu'un téléphone.

répondre

répondre, v. (conjugaison 91) ♦ **1.** Donner l'information demandée par une question : *Il m'a demandé quel était mon plat préféré. Je lui ai répondu que j'aimais tout.* — CONTR. demander, interroger, questionner. **2.** Dire, à son tour, quelque chose : *Je te parle, Rolande, pourquoi ne me réponds-tu pas ?* ● **Répondre à une lettre :** écrire une lettre en échange d'une lettre reçue. **3.** Correspondre : *Nos produits répondent aux exigences de la clientèle la plus difficile.* **4.** Donner une garantie, une assurance : *Fais confiance à ce garçon : il est sûr. J'en réponds.*

réponse, n. f. ♦ Parole ou lettre par laquelle on répond. — SYN. repartie, réplique. — CONTR. demande, interrogation, question.

report, n. m. ♦ Action de reporter à plus tard : *Le comité des fêtes a décidé le report de la course cycliste à la semaine prochaine.*

reportage, n. m. ♦ Article de journal dans lequel le journaliste décrit ou raconte ce qu'il a vu sur place : *Aujourd'hui, début de notre grand reportage sur la vie des paysans africains dans le Sahel en proie à la sécheresse.* ● *Un reportage télévisé.*

1. reporter, v. ♦ Remettre à plus tard : *En raison du mauvais temps, le match a été reporté à la semaine prochaine.* — SYN. différer, remettre. — CONTR. avancer.

2. reporter [ʀəpɔʀtɛʀ], n. ♦ Journaliste ou photographe qui fait des reportages.

repos, n. m. ♦ Attitude de celui qui ne fait rien et se repose. ● Temps pendant lequel on se repose. — SYN. délassement, détente. — CONTR. fatigue, labeur, travail. ● *De tout repos,* tranquille et pas fatigant : *Ma tante Célestine a un poste de tout repos.*

reposant, ante, adj. ♦ Qui repose, qui est calme, tranquille : *Que le silence de ce vallon est donc reposant !* — CONTR. éprouvant, épuisant, exténuant, fatigant.

1. reposer, v. ♦ Poser de nouveau : *Il reposa tout doucement le bibelot sur l'étagère.*

2. reposer, v. ♦ **1.** Enlever la fatigue : *Va faire la sieste : cela te reposera.* — CONTR. fatiguer. ● *Allongée sur le canapé, Madelon se reposait... de n'avoir rien fait de la journée !* **2.** Être immobile ou être mort : *Dans ces immenses cimetières militaires reposent des milliers de soldats.* **3.** Être posé sur : *Le fronton du temple grec repose sur une rangée de colonnes.* ● Avoir pour fondement : *Sur quelles preuves reposent ces affirmations ?* **4.** *Se reposer sur,* faire confiance à : *La directrice se repose sur son secrétaire général du soin de régler ces formalités.* — SYN. s'en remettre à.

1. repousser, v. ♦ Pousser de nouveau : *« Là où mon cheval a mis le pied, l'herbe ne repousse pas »,* disait Attila.

2. repousser, v. ♦ **1.** Faire reculer : *Nous avons repoussé nos adversaires dans leur camp.* ● Pousser pour écarter : *D'un geste brusque, elle repoussa les livres qui encombraient la table.* **2.** Remettre à plus tard : *J'ai repoussé mon départ de trois jours.* — SYN. différer, reporter. — CONTR. avancer. **3.** Ne pas accepter : *Je n'aurais pas dû repousser ses conseils.* — SYN. rejeter. — CONTR. accepter.

reprendre, v. (conjugaison 82) ♦ **1.** Prendre une fois encore : *Cette tarte est délicieuse, j'en reprendrais volontiers.* **2.** Prendre ce qu'on a donné, prêté, déposé : *Je viens reprendre le parapluie que je t'avais prêté.* **3.** Corriger une erreur : *A chaque fois que l'élève prononce mal un mot anglais, le professeur le reprend.* **4.** Rattraper quelqu'un qui s'était échappé : *Le voleur évadé de prison s'est fait reprendre.* **5.** Recommencer : *L'entraînement des athlètes reprend dès demain.*

représailles, n. f. pl. ♦ Actes de violence qu'on fait subir à quelqu'un pour le punir ou pour se venger.

représentant, ante, n. ♦ **1.** Celui, celle qui va chez les commerçants ou chez

républicain

les particuliers pour proposer les produits d'un fabricant. **2.** Celui qui parle au nom d'un groupe : *Les députés sont les représentants du peuple.* — REGARDER délégué.

représentation, n. f. ♦ **1.** Image, signe. **2.** Séance de théâtre.

représenter, v. ♦ **1.** Être le signe, l'image de quelque chose ou de quelqu'un : *Cette gravure représente le palais de Versailles.* **2.** Jouer une pièce de théâtre : *On va représenter l'Avare au théâtre municipal.* **3.** Parler ou agir au nom de quelqu'un : *La déléguée de classe représente les élèves auprès du conseil de classe.*

répression, n. f. ♦ Action de réprimer.

réprimande, n. f. ♦ Paroles par lesquelles on réprimande quelqu'un. — SYN. admonestation, blâme, critique, remontrance, reproche, semonce. — CONTR. compliment, éloge, félicitation, louange.

réprimander, v. ♦ Dire à quelqu'un qu'il a mal agi et lui faire des reproches : *Le maître a réprimandé les élèves paresseux et chahuteurs.* — SYN. admonester, blâmer, critiquer, gronder, semoncer.

réprimer, v. ♦ **1.** Punir : *La justice réprime sévèrement le meurtre et le vol.* ● Empêcher (une révolte, etc.) de se développer : *La police et l'armée ont réprimé l'émeute.* **2.** Empêcher de se manifester : *À ces mots, Éva ne put réprimer un cri de joie.* ● *Réprimer son indignation.*

reprise, n. f. ♦ **1.** Fois : *A trois reprises, Olivier a essayé de sauter l'obstacle.* **2.** Nouvelle période de prospérité : *Est-ce pour bientôt la reprise des affaires?* ● Recommencement : *Bientôt, la reprise du travail! Les vacances se terminent!* **3.** Raccommodage : *Le pull de Joseph porte une reprise au coude.*

repriser, v. ♦ Raccommoder avec du fil, de la laine : *La vieille Marie, assise sur son banc, reprisait de vieux bas noirs.*

réprobateur, trice, adj. ♦ Qui exprime la réprobation : *Mathilde éclata de rire au milieu de la classe : le maître lui jeta un regard réprobateur.* — CONTR. approbateur.

réprobation, n. f. ♦ Jugement par lequel on condamne une chose : *Par sa conduite, notre voisin s'est attiré la réprobation générale.* — CONTR. approbation.

reproche, n. m. ♦ Paroles par lesquelles on dit qu'on trouve mal une chose : *Pourquoi ces reproches? Je ne t'ai pas fait de mal!* — SYN. blâme, critique, remontrance, réprimande, semonce. — CONTR. compliment, éloge, félicitation, louange.

reprocher, v. ♦ Adresser des reproches à quelqu'un : *Le maître reproche à Rosine de faire ses devoirs sans soin.*

reproduction, n. f. ♦ **1.** Objet qui en reproduit un autre : *Cette gravure est la reproduction d'un tableau du XVIIᵉ siècle.* **2.** Fonction physiologique par laquelle les êtres vivants se reproduisent.

reproduire, v. (conjugaison 46) ♦ **1.** Imiter exactement : *Nancy reproduit le dessin de son livre de sciences naturelles.* — SYN. copier. **2.** *Se reproduire,* se produire de nouveau : *J'espère que cette erreur ne se reproduira plus.* **3.** *Se reproduire,* donner naissance à des êtres semblables : *C'est par les graines que les plantes se reproduisent.*

réprouver, v. ♦ Condamner : *Tout le monde réprouve ce projet.* — SYN. blâmer, critiquer. — CONTR. approuver, louer.

reptile, n. m. ♦ *Les reptiles :* les vertébrés tels que les serpents, les lézards, les crocodiles, les tortues.

repu, ue, adj. ♦ Qui a très bien mangé et qui n'a pas faim. — SYN. rassasié. — CONTR. affamé.

républicain, aine, adj. ou n. ♦ **1.** De la république : *Il a fallu une longue lutte pour mettre au point les institutions républicaines!* **2.** Partisan de la république : *Les députés républicains réclamèrent l'abolition de la monarchie.*

république

république, n. f. ♦ Régime politique dans lequel le pays est gouverné par un président et par une assemblée de députés élus par les citoyens.

répugnance, n. f. ♦ Très grand dégoût.

répugnant, ante, adj. ♦ Très sale.

répugner, v. ♦ **1.** Dégoûter, faire horreur : *La lâcheté de ces gens qui battent les animaux me répugne.* **2. Répugner à,** ne pas aimer du tout faire quelque chose : *Les personnes âgées répugnent à changer leurs habitudes.*

répulsion, n. f. ♦ Répugnance, horreur, grand dégoût. — SYN. antipathie, aversion, dégoût, écœurement. — CONTR. attirance, sympathie.

réputation, n. f. ♦ **1.** Opinion des gens sur une personne ou une chose : *Cette rue a une mauvaise réputation dans le quartier.* **2.** État d'une personne ou d'une chose qui est connue avantageusement : *Cette confiserie a une grande réputation.* — SYN. renom, renommée.

réputé, ée, adj. ♦ Qui a une grande réputation : *La banquière se faisait habiller par un tailleur réputé.* — SYN. renommé.

requérir, v. (conjugaison 29) ♦ Demander une peine devant un tribunal : *Le procureur a requis dix ans de prison contre l'accusé.*

requête, n. f. ♦ Demande : *Sa requête a été acceptée par le bureau d'aide sociale.*

requin, n. m. ♦ Gros poisson de mer très dangereux qui peut tuer et dévorer un homme.

requis, ise, adj. ♦ Exigé par la loi, par le règlement ou par un employeur : *Elle n'a pas les qualités requises pour ce poste.*

réquisition, n. f. ♦ Action de réquisitionner.

réquisitionner, v. ♦ Action de la part de l'État ou d'une autorité de se faire donner, d'utiliser une chose, sans que les propriétaires aient le droit de refuser : *Le maire a réquisitionné deux hôtels pour loger les sinistrés.*

réquisitoire, n. m. ♦ Discours par lequel le procureur demande au tribunal de prononcer une peine déterminée contre l'accusé.

rescapé, ée n. ♦ **1.** Personne qui a échappé à la mort dans une catastrophe. **2.** Personne qui termine une course difficile : *Les rescapés de la Transat. Les rescapés de Paris-Dakar.*

rescousse, n. f. ♦ *Appeler, venir à la rescousse,* à l'aide, au secours.

réseau, n. m. ♦ **1.** Ensemble de routes, de voies ferrées, de lignes électriques ou téléphoniques, etc. : *Le réseau routier est bien développé au Canada : on peut aller de Vancouver à Halifax par la Transcanadienne.* ● *Réseau de distribution télématique.* **2.** Organisation secrète. ● *Un réseau d'espionnage.*

réserve, n. f. ♦ **1.** Provisions, stock : *Notre voisine s'est constitué une réserve de pâtes, de riz, de sucre et de biscuits.* ● *Elle a du riz et des pâtes en réserve.* **2.** Local où un commerçant range ses stocks. **3.** Territoire où la nature est protégée. ● *Une réserve naturelle.* **4.** Attitude prudente et discrète : *Il convient de garder une certaine réserve quand on est avec des inconnus.* — SYN. méfiance, prudence, retenue. **5.** Paroles par lesquelles on dit qu'on n'est pas d'accord sur tous les points. ● *Faire, émettre des réserves.* ● *Approuver sans réserve,* complètement. — SYN. sans restriction. **6.** *Sous réserve de :* à condition de. ● *Sous toutes réserves,* sans donner de garanties absolues : *Je vous communique ce renseignement sous toutes réserves.*

réservé, ée adj. ♦ Plein de réserve (au sens 4) : *Lucienne est une jeune fille très réservée.* — CONTR. communicatif, expansif, exubérant.

réserver, v. ♦ **1.** Mettre de côté : *Je t'ai réservé de la crème à la vanille : tu vas te régaler.* **2.** Destiner spécialement : *Je réserve ce placard aux livres et aux disques.* **3.** Retenir une chambre d'hôtel, une place : *Pour le départ, j'ai réservé ma place dans le train.* — SYN. louer. **4.** *Réserver une surprise :* apporter, provoquer une surprise.

réservoir, n. m. ♦ Bassin, récipient ou élément creux qui contient un liquide.

résidence, n. f. ♦ Endroit où l'on habite effectivement. — REGARDER *demeure, domicile, maison.* ● *Résidence secondaire :* maison où l'on va passer ses loisirs.

résider, v. ♦ Habiter : *Où résides-tu ? À Montréal même ou en banlieue ?* — SYN. demeurer.

résidu, n. m. ♦ Reste, débris, déchet.

résignation, n. f. ♦ Attitude de celui qui se résigne. — SYN. soumission. — CONTR. révolte.
♦
résigner (se), v. ♦ Accepter sans révolte une chose pénible ou désagréable : *Il faut nous résigner à rester à la maison : regarde cette pluie battante !*

résilier, v. (conjugaison 20) ♦ *Résilier un contrat,* faire savoir qu'on ne l'accepte plus et qu'on se libère de ses obligations. — SYN. dénoncer. — CONTR. signer, adhérer à.

résine, n. f. ♦ Liquide épais et collant de couleur jaune ou brune, à odeur forte et agréable, qu'on extrait par incision des pins (ou des sapins, etc.).

résineux, euse, adj. ou n. m. ♦ *Les arbres résineux* ou *les résineux :* les pins, les sapins, les mélèzes, les épicéas, etc., arbres qui produisent de la résine.

résistance, n. f. ♦ **1.** Action de résister : *Le convoyeur de fonds opposa une résistance farouche à ses agresseurs.* **2.** Aptitude à bien supporter l'effort prolongé : *Tu manques de résistance, tu ne peux courir un 5 000 mètres.*

résistant, ante, n. ou adj. ♦ **1.** Personne qui résiste à l'ennemi. **2.** Qui supporte bien la fatigue, l'effort prolongé : *Pour tenir quatre-vingt-dix minutes sur un terrain de football, il faut être résistant !* — SYN. robuste. ● Solide : *Sur des pistes pareilles, il faut avoir un véhicule résistant !* — SYN. robuste. — CONTR. fragile.

résister, v. ♦ **1.** Lutter, ne pas se laisser faire : *Notre équipe a bien résisté aux attaques de l'adversaire.* **2.** Bien supporter : *Olivier résiste au froid, à la fatigue, aux coups : c'est un gaillard solide !* **3.** Ne pas se casser : *Le câble a résisté. S'il s'était rompu, tout tombait !*

résolu, ue, adj. ♦ Qui se décide vite et qui agit avec fermeté : *Attention ! Nos adversaires sont résolus et ils ne céderont pas facilement !* — SYN. décidé, déterminé, énergique, ferme, hardi, tenace. — CONTR. hésitant, irrésolu, mou, pusillanime.

résolument, adv. ♦ D'une manière résolue.

résolution, n. f. ♦ **1.** Qualité d'une personne résolue. — SYN. détermination, énergie, fermeté, hardiesse, ténacité. — CONTR. mollesse, pusillanimité. **2.** Décision que l'on prend : *Régine a pris la ferme résolution de ne plus désobéir à ses parents.*

résonner, v. ♦ **1.** Se faire entendre fortement : *La voix du prédicateur résonnait sous les voûtes de l'église.* — REM. N'écrivez pas comme *raisonner,* « réfléchir ». **2.** *Résonner de,* être plein de bruit de : *Les préaux résonnent des cris des enfants.*

résorber, v. ♦ Faire disparaître : *Pour résorber les excédents de lait, il faudrait en consommer plus !* ● *Se résorber,* disparaître : *Heureusement l'abcès s'est résorbé tout seul.*

résoudre, v. (conjugaison 89) ♦ **1.** Trouver la solution : *Ça y est ! J'ai résolu le problème !* **2.** Décider : *J'ai résolu de travailler jusqu'à ce que je sois reçue à l'examen.*

respect

respect, n. m. ♦ **1.** Attitude et sentiment de celui qui a de la considération pour quelqu'un et qui le traite avec beaucoup d'égards : *Les enfants ont du respect pour leurs parents.* — SYN. considération, estime. — CONTR. dédain, mépris. **2.** Action d'obéir aux règles, aux consignes : *Le respect des consignes de sécurité s'impose à tous.*

respecter, v. ♦ **1.** Éprouver ou manifester du respect à quelqu'un. **2.** Obéir à une règle, à une consigne : *Respectez les limitations de vitesse.* — CONTR. transgresser, violer.

respectueux, euse, adj. ♦ Qui manifeste du respect.

respiration, n. f. ♦ Action de respirer ; fonction physiologique par laquelle on aspire l'air dans les poumons et on le rejette.

respiratoire, adj. ♦ Qui concerne la respiration : *La fonction respiratoire est l'une des plus importantes.*

respirer, v. ♦ Aspirer l'air dans les poumons et le rejeter.

resplendir, v. ♦ **1.** Briller beaucoup : *Le soleil resplendit dans un ciel sans nuages.* — SYN. étinceler, flamboyer, luire. **2.** Exprimer le bonheur, la joie : *Le visage de Corinne resplendit de bonheur.* — SYN. briller, éclater.

resplendissant, ante, adj. ♦ Qui resplendit. — SYN. brillant, étincelant, flamboyant, luisant. — CONTR. mat, terne.

responsabilité, n. f. ♦ **1.** État de celui qui est responsable : *L'enquête a établi la responsabilité de l'employeur dans cet accident du travail.* **2.** Obligations qui découlent d'un emploi, d'une profession : *Un médecin a de grandes responsabilités. Notre mère est cadre supérieure : elle a de hautes responsabilités.*

responsable, adj. *ou* n. ♦ **1.** Qui est cause d'un fait et qui doit, le cas échéant, supporter les conséquences d'une faute qu'il a commise : *C'est le fabricant qui est responsable en cas de malfaçon.* **2.** Celui, celle qui dirige : *Les responsables des syndicats se concertent.*

ressac, n. m. ♦ Vagues puissantes qui s'éloignent de la côte après y avoir heurté un obstacle.

ressaisir (se), v. ♦ Reprendre son sang-froid, son courage : *Elle se mit à pleurer, mais se ressaisit vite.*

ressemblance, n. f. ♦ État de deux ou de plusieurs éléments qui se ressemblent : *Il y a une grande ressemblance entre ces deux tableaux : seraient-ils du même peintre ?* — SYN. analogie, similitude. — CONTR. différence.

ressemblant, ante, adj. ♦ Qui se ressemble ou qui ressemble au modèle : *Ce portrait n'est pas très ressemblant !*

ressembler, v. ♦ Être plus ou moins semblable : *Le puma ressemble à un gros chat.*

ressemeler, v. (conjugaison 13) ♦ *Ressemeler des chaussures,* leur mettre une nouvelle semelle.

ressentiment, n. m. ♦ Sentiment d'amertume et d'hostilité qu'on éprouve quand on a été victime d'une mauvaise action : *Il m'a fait du tort, mais mon ressentiment s'est estompé avec le temps.* — SYN. rancœur, rancune.

ressentir, v. (conjugaison 42) ♦ Éprouver une sensation ou un sentiment : *Je ressens comme un regret.*

resserre, n. f. ♦ Local où l'on range des outils, des provisions, etc. — SYN. remise.

resserrer, v. ♦ **1.** Serrer plus : *Resserre donc d'un cran la ceinture de ton pantalon.* — CONTR. desserrer. **2.** *Se resserrer,* devenir plus étroit : *À cet endroit, la vallée se resserre et devient une gorge encaissée.* — SYN. se rétrécir. — CONTR. s'élargir.

résultat

resservir, v. (conjugaison **43**) ♦ Servir encore : *Garde bien ces sacs en matière plastique : ils peuvent resservir.*

1. ressort, n. m. ♦ **1.** Objet élastique, en acier, qui peut reprendre sa forme après avoir été déformé. **2.** Énergie, aptitude à surmonter un ennui : *Juliette est rarement abattue : elle a beaucoup de ressort !*

2. ressort, n. m. ♦ *Être du ressort de,* dépendre de : *Cette affaire est du ressort du conseil de classe.* — SYN. être de la compétence de.

ressortir, v. (conjugaison **42**) ♦ **1.** Sortir de nouveau. **2.** Se détacher nettement sur un fond : *Ces dessins bleus ressortent bien sur un fond jaune.*

ressortissant, ante, n. ♦ Personne de nationalité étrangère qui vit dans un autre pays : *Les ressortissants américains qui vivent à Montréal sont assez peu nombreux.*

ressources, n. f. pl. ♦ **1.** L'argent dont on dispose : *Cette famille est presque sans ressources.* **2.** Richesses naturelles d'un pays : *Des gisements de pétrole, de charbon, de fer : ce pays ne manque pas de ressources !*

ressusciter, v. ♦ **1.** Revenir à la vie : *Chaque printemps, la nature ressuscite.* **2.** Ramener un mort à la vie : *Jésus ressuscita son ami Lazare.* **3.** Remettre en vigueur : *Pourquoi vouloir ressusciter ces traditions disparues ?*

restant, n. m. ♦ Chose qui reste : *Il y a un restant de rôti dans le réfrigérateur.* — SYN. un reste.

restaurant, n. m. ♦ Établissement où l'on peut prendre un repas, en payant.

restauration, n. f. ♦ **1.** Action de restaurer : *On procède à la restauration de la façade de la vieille église.* **2.** Action de rétablir : *Notre voisin est royaliste : il attend avec impatience la restauration de la monarchie !* — SYN. rétablissement. — CONTR. abolition, renversement.

restaurer, v. ♦ **1.** Remettre en état un monument ancien, un beau meuble, un tableau, etc. : *L'église romane du village tombait en ruine : on va enfin la restaurer !* **2.** Rétablir : *Notre voisin, qui est royaliste, dit qu'il faut restaurer la monarchie.* — CONTR. abattre, abolir, renverser. **3.** *Se restaurer :* manger, prendre de la nourriture.

reste, n. m. ♦ **1.** Ce qui reste ; les autres : *Douze écoliers étaient absents. Le reste des enfants alla en promenade.* **2.** Résultat d'une soustraction. — SYN. différence. **3.** *Du reste,* d'ailleurs, d'autre part, en outre : *Ce jour-là nous n'allâmes pas au jardin, car nous avions du travail à finir. Du reste, il pleuvait à verse.*

rester, v. ♦ **1.** Continuer d'être au même endroit : *Pendant le mois d'août, je resterai à Québec.* — CONTR. quitter. **2.** Continuer d'être : *Malgré ses soixante-cinq ans, le père Gustave reste jeune d'allure et vigoureux.* — SYN. demeurer. **3.** *Il reste,* il y a encore : *Il reste trois tranches de jambon dans le réfrigérateur.*

restituer, v. (conjugaison **19**) ♦ Rendre : *Le gouvernement va restituer ce trésor à son pays d'origine.* — CONTR. conserver, garder.

restreindre, v. (conjugaison **84**) ♦ **1.** Rendre plus petit : *Pour restreindre la consommation d'essence, il faut conduire à une vitesse modérée.* — SYN. baisser, diminuer, modérer. — CONTR. accroître, augmenter. **2.** *Se restreindre,* dépenser moins, se priver de certaines choses : *Après la mort de son mari, elle fut obligée de se restreindre.*

restriction, n. f. ♦ Diminution forcée de la consommation, qui résulte de la pénurie : *Pendant la guerre, les restrictions alimentaires ont été sévères.* — CONTR. abondance.

résultat, n. m. ♦ **1.** Issue d'une action : *Les travaux d'aménagement du fleuve ont eu de bons résultats : il n'y a plus d'inondation.* — SYN. effet. **2.** Nombre qu'on obtient à la fin d'une opération arithmétique : *Donne-moi le résultat de la multiplication.* **3.** Notes scolaires.

résumé

résumé, n. m. ♦ Texte court qui résume un chapitre, un livre, un texte.

résumer, v. ♦ Dire en peu de mots : *En une page, vous résumerez ce texte.*

rétablir, v. ♦ **1.** Faire exister de nouveau, comme auparavant : *L'ordre fut vite rétabli.* — SYN. restaurer. — CONTR. abattre, abolir, renverser. **2.** Remettre en bonne santé : *Un mois de repos à la campagne te rétablira.* ● *J'espère qu'après cette grippe tu te rétabliras vite.* — SYN. guérir.

rétablissement, n. m. ♦ Action de rétablir ou de se rétablir : *Ils montèrent un complot pour le rétablissement de la monarchie.* — SYN. restauration. ● *Je te souhaite un prompt rétablissement.* — SYN. guérison.

retard, n. m. ♦ État d'une personne ou d'une chose qui ne va pas assez vite par rapport à l'horaire prévu (ou par rapport au programme) ou qui n'arrive pas à temps, qui ne finit pas à temps : *Le train a déjà dix minutes de retard.* ● Ce matin, Jacques était **en retard** à l'école. — CONTR. en avance. ● *Ma montre prend du retard.*

retarder, v. ♦ **1.** Mettre en retard : *Allons, ne retarde pas ta grande sœur : elle doit être à l'heure au cégep.* **2.** Reporter à plus tard : *Il paraît que la rentrée scolaire sera retardée.* — CONTR. avancer. **3.** *La pendule, la montre, l'horloge retarde,* prend du retard, indique une heure qui est moins avancée que l'heure juste. — CONTR. avancer.

retenir, v. (conjugaison 44) ♦ **1.** Empêcher de passer, de partir, de tomber, etc. : *Comment, il est 6 heures ! Qu'est-ce qui t'a retenu si longtemps ?* ● *Retiens-toi à la corde, ou tu vas tomber !* **2.** Empêcher : *J'ai retenu mon frère : il allait encore faire une sottise.* ● *Je me retiens de crier, mais que j'ai mal aux dents !* **3.** Se souvenir : *Je n'arrive jamais à retenir ces dates.* **4.** Faire réserver : *Ma mère a retenu une table au restaurant chinois.*

retentir, v. ♦ **1.** Se faire entendre très fort : *Des hurlements cadencés retentissent dans le stade.* **2.** Être plein du bruit de quelque chose : *Le hall de la gare retentit du bruit des trains.* — SYN. résonner.

retentissant, ante, adj. ♦ Qui fait du bruit : *Notre maître a une voix retentissante.* — SYN. bruyant, sonore. — CONTR. silencieux. ● *Un succès retentissant.*

retentissement, n. m. ♦ Réaction du public, des journaux, etc., qui fait qu'on parle beaucoup d'une chose : *Ce film a eu un grand retentissement.*

retenue, n. f. ♦ **1.** Punition, qui oblige un élève à rester ou à venir en classe en dehors des heures de cours. — SYN. consigne. ● *Mettre un élève en retenue.* **2.** Chiffre qu'on ajoute à la colonne suivante, quand on fait une opération arithmétique. **3.** Modération et discrétion dans la manière de parler et d'agir : *Discrète, effacée, pleine de retenue, Lise se faisait peu remarquer.* — SYN. réserve. — CONTR. exubérance, hardiesse.

réticence, n. f. ♦ Ce que, volontairement, on omet de dire : *Ses propos, pleins de sous-entendus et de réticences, m'intriguaient au plus haut point.* — REM. Ce mot ne doit pas être employé au sens de : « hésitation ; refus d'accepter ou d'agir ».

rétif, ive, adj. ♦ Qui n'obéit pas, qui ne se soumet pas facilement et qui résiste. — SYN. rebelle, récalcitrant. — CONTR. docile, soumis.

rétine, n. f. ♦ Membrane qui tapisse le fond de l'œil et sur laquelle se forme l'image des objets.

retiré, ée, adj. ♦ Situé à l'écart : *Les ermites vivaient toujours dans un lieu retiré.*

retirer, v. ♦ **1.** Mettre hors de quelque chose : *Avant de pouvoir verser, il faut retirer le bouchon.* — CONTR. introduire, mettre. ● Enlever : *Retire tes bottes avant d'entrer dans le salon.* — CONTR. mettre. **2.** Se retirer, aller à l'écart : *Pour bouder à son aise, Anne se retira dans le grenier.* ● *La mer se retire,* son niveau baisse et elle découvre le rivage.

rétribuer

retomber, v. ♦ Tomber après être monté : _Les fusées du feu d'artifice étaient mouillées : elles retombaient à peine tirées._

rétorquer, v. ♦ Répondre : _Ma sœur rétorqua que ce n'était pas son tour de faire la vaisselle._ — SYN. répliquer.

retouche, n. f. ♦ Petite modification destinée à améliorer, à corriger ce qui ne va pas : _J'ai demandé au tailleur de faire une retouche à mon pantalon._

retoucher, v. ♦ Faire des retouches : _La photographe a si bien retouché le cliché qu'on ne voit plus mes taches de rousseur._

retour, n. m. ♦ **1.** Voyage ou trajet qui ramène au point de départ : _La veille de notre retour de vacances, la voiture tomba en panne._ — CONTR. départ. **2.** Nouvelle apparition : _Attendons patiemment le retour des beaux jours._ ● _Sans retour :_ sans revenir. **3.** _En retour :_ en échange.

retournement, n. m. ♦ Changement brusque de la situation. — SYN. renversement.

retourner, v. ♦ **1.** Tourner de l'autre côté : _J'ai retourné la boîte et tout ce qu'elle contenait est tombé._ — SYN. renverser. **2.** _Se retourner,_ se tourner de l'autre côté, vers l'arrière : _Je suis parti sans me retourner._ **3.** Renvoyer : _Il est inutile de me retourner l'emballage vide du colis._ **4.** _S'en retourner,_ repartir pour l'endroit d'où l'on vient : _À cinq heures, je dois m'en retourner à la maison._

retracer, v. (conjugaison 17) ♦ Décrire, raconter : _Dans ce livre, l'auteure nous retrace la vie aventureuse qu'elle mena dans sa jeunesse._

rétracter (se), v. ♦ **1.** Devenir plus court ou rentrer à l'intérieur : _Les griffes du chat peuvent se rétracter._ — SYN. se contracter, rentrer. — CONTR. s'allonger, se déplier, se déployer, s'étendre, sortir. **2.** Revenir sur ce qu'on a dit : _L'accusé s'est rétracté, affirmant qu'on l'avait forcé d'avouer._

retrait, n. m. ♦ **1.** Action de retirer (de l'argent, etc.) : _Ma mère est passée à la banque pour faire un retrait de mille dollars._ **2.** _En retrait,_ en arrière d'un alignement : _La vieille maison est située en retrait._ — CONTR. en saillie.

retraite, n. f. ♦ **1.** Recul, repli d'une armée. ● _L'armée dut battre en retraite,_ reculer. **2.** _Retraite aux flambeaux :_ défilé qui a lieu la nuit, les participants tenant à la main des flambeaux ou des torches. **3.** Période pendant laquelle on ne travaille plus, quand on a fini sa carrière : _Mon grand-oncle a soixante-cinq ans : il va prendre sa retraite._ ● _Il va être à la retraite._ **4.** Somme d'argent que l'on touche tous les trimestres ou tous les mois quand on est à la retraite : _Notre voisine a une retraite tout à fait confortable._

retraité, ée, adj. _ou_ n. ♦ Qui est à la retraite : _Notre voisin est un instituteur retraité._

retranchement, n. m. ♦ Fortification : _De puissants retranchements protègent la ville._ ● _Pousser quelqu'un dans ses derniers retranchements,_ le mettre à bout d'arguments en lui posant des questions embarrassantes.

retrancher, v. ♦ **1.** Enlever : _Si de 12 je retranche 5, il reste 7._ — SYN. déduire, ôter, soustraire. — CONTR. additionner, ajouter. **2.** _Se retrancher :_ se mettre à l'abri dans un endroit facile à défendre.

rétrécir, v. ♦ **1.** Devenir plus étroit : _Ma chemise a tellement rétréci au lavage que je ne peux plus la mettre._ ● _Se rétrécir,_ devenir plus étroit : _Après le moulin, la vallée se rétrécit._ — SYN. se resserrer. — CONTR. s'élargir, s'étendre. **2.** Rendre plus étroit : _J'ai maigri, je vais faire rétrécir mon pantalon._ — CONTR. élargir.

rétribuer, v. (conjugaison 19) ♦ Payer un travail, un service, payer un employé : _Ces petits emplois sont souvent mal rétribués._

rétribution

rétribution, n. f. ♦ Argent qu'on donne pour rétribuer quelqu'un. — SYN. rémunération.

rétrograde, adj. ♦ Qui s'oppose au progrès : *Il y aura toujours des gens rétrogrades pour condamner les innovations.* — CONTR. progressiste.

rétrograder, v. ♦ **1.** Revenir en arrière : *Notre équipe de basket a rétrogradé au championnat.* **2.** Changer de vitesse en passant à une vitesse moins élevée (quand on conduit une voiture).

rétrospectif, ive, adj. ♦ Qui concerne ce qui est passé, qui a lieu après coup : *Quelle terreur rétrospective, quand j'ai su que le pont sur lequel j'étais passé s'était effrondré peu après !*

rétrospective, n. f. ♦ Exposition qui récapitule l'œuvre d'un artiste ou la production d'une période : *Cette exposition est une rétrospective de l'art des années 1920-1930.*

retrousser, v. ♦ Relever une étoffe, une partie de vêtement : *Allez, retroussez vos manches, et au travail !*

retrouvailles, n. f. pl. ♦ Moment où l'on se retrouve après une longue séparation.

retrouver, v. ♦ **1.** Trouver ce qu'on avait perdu ou égaré : *J'ai retrouvé mon cahier : il avait glissé derrière l'étagère.* ● Se rappeler ce qu'on avait oublié : *Ah ! j'ai retrouvé son nom : c'est Henri Lebeau.* **2. Se retrouver,** se rencontrer, après une séparation : *C'est convenu : nous nous retrouverons devant la poste.*

rétroviseur, n. m. ♦ Petit miroir qui permet au conducteur d'un véhicule de voir ce qui vient derrière lui.

réunion, n. f. ♦ Ensemble de gens qui se réunissent pour discuter, parler : *La réunion du comité a eu lieu hier.* — SYN. assemblée, séance.

réunir, v. ♦ Mettre ou faire venir ensemble : *J'aimerais bien réunir mes amis pour une petite fête.* — SYN. rassembler. — CONTR. disperser, séparer. ● *Nous allons nous réunir bientôt.*

réussir, v. ♦ Obtenir ce qu'on veut : *Aline a réussi à gagner la course.* — SYN. parvenir. ● Obtenir le succès : *Bravo ! tu as réussi à ton examen !* — CONTR. échouer. ● Faire très bien : *Tante Berthe a réussi son soufflé au chocolat.* — CONTR. manquer.

réussite, n. f. ♦ **1.** Succès de celui qui réussit : *Premier au concours ? Bravo ! Quelle belle réussite !.* — SYN. succès. — CONTR. échec. ● *La réussite professionnelle, sociale.* **2.** Jeu de cartes auquel on peut jouer seul. — SYN. patience.

revanche, n. f. ♦ **1.** Victoire obtenue sur le même adversaire par lequel on a été vaincu : *Le pays vaincu ne pensait plus qu'à sa future revanche.* **2.** Seconde manche, seconde partie dans un jeu. **3. En revanche,** indique une forte opposition : *Jacques est plus rapide que Marc. En revanche, il est moins sérieux.*

rêve, n. m. ♦ **1.** Scène à laquelle on croit assister pendant le sommeil : *Dans mon rêve, j'étais perdue au milieu de l'océan sur un fauteuil flottant.* — SYN. songe. — REGARDER *cauchemar.* **2.** Ce que l'on aimerait bien avoir : *Une moto puissante, c'est mon rêve !*

rêvé, ée, adj. ♦ Idéal, parfait : *Ce petit village est l'endroit rêvé pour se reposer.*

revêche, adj. ♦ Désagréable, très peu aimable : *Le bonhomme avait un air revêche.* — SYN. acariâtre, grincheux, hargneux, rébarbatif, rude. — CONTR. affable, aimable, avenant, gentil, souriant.

1. réveil, n. m. ♦ Action de réveiller; moment où l'on se réveille : *Dès mon réveil, je saute à bas du lit et je fais ma culture physique.*

revue

2. réveil, n. m. ♦ Petite pendule munie d'une sonnerie qui se déclenche à l'heure voulue pour réveiller une personne qui dort.

réveiller, v. ♦ Tirer du sommeil : *En été, c'est le chant des oiseaux qui me réveille tous les matins.* • *Je me réveille tous les jours à six heures.* — CONTR. s'endormir.

réveillon, n. m. ♦ Repas que l'on prend à minuit, la nuit de Noël ou la nuit du 31 décembre.

réveillonner, v. ♦ Prendre part au réveillon : *Demain, c'est Noël; je vais réveillonner chez mes amis.*

révélation, n. f. ♦ Chose inconnue que l'on découvre ou que l'on fait connaître : *La journaliste a fait des révélations étonnantes.*

révéler, v. (conjugaison 11) ♦ **1.** Faire connaître ce qui était caché : *Je vais vous révéler un grand secret : ma sœur va se marier.* **2.** *Se révéler,* se faire connaître comme ayant telle qualité ou tel défaut : *Le nouveau chef de service s'est révélé très capable.*

revenant, n. m. ♦ Selon les vieilles légendes, mort qui revient errer sur terre, la nuit. — SYN. fantôme, spectre.

revendication, n. f. ♦ Ce que l'on revendique : *Pour soutenir ses revendications, il fait la grève de la faim.*

revendiquer, v. ♦ Réclamer un droit, un avantage : *Nous revendiquons le droit de décider nous-mêmes.*

revenir, v. (conjugaison 44) ♦ **1.** Venir de nouveau ou venir au point qu'on a quitté : *Sibylle sortit et revint au bout de cinq minutes.* **2.** Venir de nouveau à la mémoire : *Ah! son nom me revient : il s'appelait Stéphane Carrère.* **3.** *Revenir à soi :* reprendre connaissance. **4.** Incomber, être de la responsabilité de quelqu'un : *C'est*

à toi qu'il revient de ramasser les copies. **5.** Coûter : *L'entretien de sa moto lui revient à plus de cinq cents dollars par an.*

revenu, n. m. ♦ Ce que l'on gagne ou reçoit : *Ses revenus sont largement suffisants pour vivre.*

rêver, v. ♦ **1.** Avoir un rêve pendant le sommeil : *Cette nuit, j'ai rêvé que je tenais en laisse un crocodile apprivoisé.* **2.** Être distrait, tout en pensant à des choses peu précises : *Adrienne chantonne, Oscar bavarde et Barnabé rêve, assis à l'écart.* — SYN. songer. **3.** *Rêver de,* avoir l'intention, le désir de : *Toute jeune, Alexandra rêvait de conquérir le monde.* — SYN. songer à. **4.** *Rêver à,* penser à : *Je rêve parfois aux îles lointaines, aux oiseaux de paradis, aux fleurs géantes des tropiques.* **5.** *Rêver en couleurs :* croire à des choses impossibles.

révolu, ue, adj. ♦ Passé, terminé : *Tout cela appartient à une époque révolue.*

révolution, n. f. ♦ Mouvement politique, souvent violent, qui entraîne ou peut entraîner un changement de régime.

révolutionnaire, adj. *ou* n. ♦ **1.** Qui concerne la révolution : *La période révolutionnaire se termina par un coup d'État.* **2.** Partisan de la révolution : *Les révolutionnaires et les royalistes se combattirent sauvagement.*

revolver, n. m. ♦ Arme à feu à canon court et à barillet qui peut tirer plusieurs coups. — REGARDER *pistolet.*

révoquer, v. ♦ **1.** Annuler, abolir une décision, une loi, etc. : *Le gouvernement révoqua la loi de l'impôt sur les successions.* **2.** Priver un fonctionnaire de son emploi : *Le fonctionnaire avait commis une faute grave : on l'a révoqué.*

revue, n. f. ♦ **1.** Défilé militaire : *À Ottawa, il y a toujours une revue le 11 novembre.* • Inspection des troupes : *Le général va passer les troupes en revue.* **2.** Journal épais, souvent illustré : *Cette revue de modélisme paraît tous les mois.*

révulser

révulser (se), v. ♦ *Ses yeux se révulsent,* se retournent de telle sorte qu'on ne voit plus guère que le blanc.

rez-de-chaussée, n. m. inv. ♦ Niveau d'un bâtiment, d'un immeuble ou d'une maison situé à la hauteur de la rue, du sol.

rhétorique, n. f. ♦ Art de bien parler, de faire des discours.

rhinocéros, n. m. ♦ Gros animal à peau épaisse qui porte une ou deux cornes sur le nez et qui vit en Afrique ou en Asie.

rhubarbe, n. f. ♦ Plante qui sert à faire de la compote, de la confiture.

rhum [Rɔm], **n. m.** ♦ Eau-de-vie, produite notamment aux Antilles, qui est faite avec la canne à sucre.

rhumatisme, n. m. ♦ Maladie qui donne des douleurs dans les articulations.

rhume, n. m. ♦ Maladie infectieuse du nez et de la gorge.

ribambelle, n. f. ♦ Grand nombre de personnes ou de choses : *Une ribambelle de bambins suivait Babette.*

ricaner, v. ♦ Rire de manière sotte ou déplaisante.

riche, adj. ou n. ♦ Qui a beaucoup d'argent, beaucoup de biens : *Ce château appartient à un homme très riche.* — SYN. nanti, pourvu. — CONTR. misérable, pauvre.

richesse, n. f. ♦ **1.** État d'une personne riche. — SYN. opulence. — CONTR. misère, pauvreté. **2.** Chose précieuse : *Nos musées et nos palais regorgent de richesses.*

ricin, n. m. ♦ Plante dont on extrait *l'huile de ricin,* employée comme purgatif.

ricocher, v. ♦ Rebondir après avoir heurté un obstacle : *La balle a ricoché.*

ricochet, n. m. ♦ *Faire des ricochets :* lancer des petites pierres plates sur l'eau pour les faire rebondir.

rictus, n. m. inv. ♦ Rire grimaçant.

ride, n. f. ♦ **1.** Petit pli creux sur la peau du visage, des mains. **2.** Ondulation : *La brise légère effleure l'eau du lac et y fait des rides.*

ridé, ée, adj. ♦ Plein de rides.

rideau, n. m. ♦ Pièce d'étoffe formant écran et placée devant une fenêtre, une scène de théâtre.

rider, v. ♦ **1.** *Le visage se ride,* prend des rides. **2.** Faire des rides, des ondulations : *La brise ride la surface de l'étang.*

ridicule, adj. ou n. m. ♦ **1.** Qui suscite le rire et la moquerie : *Xavier est ridicule, avec son bonnet à pompon.* **2.** *Tourner quelqu'un en ridicule,* se moquer de lui, le ridiculiser. **3.** *Le ridicule,* la moquerie : *Xavier n'a pas peur du ridicule.*

ridiculiser, v. ♦ Rendre ridicule quelqu'un en se moquant de lui : *Les imitateurs ridiculisent volontiers leurs modèles.*

rien, pronom indéfini ou n. m. ♦ **1.** Aucune chose : *Il n'y a rien dans mon cartable : il est vide.* — CONTR. quelque chose, tout. ● *Ce n'est rien :* ce n'est pas grave. ● *Cela ne fait rien :* cela n'a pas de conséquence fâcheuse. **2.** *Un rien,* une chose insignifiante : *Un rien suffit pour effaroucher un animal sauvage.*

rieur, euse, adj. ♦ Qui rit souvent. — SYN. gai, souriant. — CONTR. renfrogné, triste.

rigide, adj. ♦ Qui ne peut se plier et qui ne se déforme pas : *Une valise rigide ou une valise souple? Chacune a ses avantages.* — CONTR. déformable, souple.

rigole, n. f. ♦ Petit fossé pour l'écoulement de l'eau.

rigoureux, euse, adj. ♦ **1.** Très strict : *Dans cet internat, la discipline est rigoureuse.* — SYN. dur, sévère. — CONTR. doux, libéral. **2.** Qui ne tolère pas l'à-peu-près, le vague : *Une démonstration mathématique est très rigoureuse.* — CONTR. approximatif, lâche, vague. **3.** Très froid : *Le climat de la baie James est très rigoureux.* — SYN. dur. — CONTR. clément, doux, chaud.

rigueur, n. f. ♦ **1.** Caractère de ce qui est rigoureux. ● *La rigueur de la discipline.* — SYN. dureté, sévérité. — CONTR. douceur, libéralisme. ● *La rigueur du climat.* — CONTR. clémence, douceur. ● *La rigueur d'un raisonnement scientifique.* — CONTR. l'à-peu-près, le vague. **2.** *À la rigueur,* en cas de nécessité absolue : *À la rigueur, tu peux te contenter d'une demi-heure de culture physique tous les deux jours.* **3.** *De rigueur,* obligatoire : *Pour aller dans ce bal, une tenue du soir est de rigueur.*

rillettes [Rijɛt], n. f. pl. ♦ Pâté très gras fait avec de l'oie ou du porc.

rime, n. f. ♦ Syllabe finale d'un vers qui a le même son que la syllabe finale du vers suivant, par exemple : *Que nos amours Durent toujours.*

rimer, v. ♦ Avoir la même syllabe finale : *Le mot* enfant *rime avec* éléphant.

rincer, v. (conjugaison 17) ♦ Laver avec de l'eau, sans savon ni lessive : *Tu savonnes bien le linge, puis tu le rinces à l'eau froide.*

riposte, n. f. ♦ **1.** Réponse vive. — SYN. réplique. **2.** Réaction à une attaque : *Notre riposte a été foudroyante.* — SYN. contre-attaque.

riposter, v. ♦ **1.** Répondre vivement : *A une remarque désobligeante de Paulette, Claudia riposta de manière cinglante.* — SYN. répliquer. **2.** Réagir à une attaque : *Le chien grogna, le chat riposta par un coup de patte.*

1. rire, v. (conjugaison 51) ♦ **1.** Exprimer sa gaieté par une expression particulière du visage et par un bruit spécial fait avec la bouche : *La vue du clown nous fit rire aux éclats.* **2.** *Rire de quelqu'un,* se moquer de lui.

2. rire, n. m. ♦ Action, bruit de quelqu'un qui rit : *Les rires bruyants couvraient la voix de l'acteur.*

ris [Ri], n. m. ♦ *Ris de veau :* plat estimé, fait avec une glande située au bas du cou du veau. — REM. N'écrivez pas : « riz de veau »!

risée, n. f. ♦ *Être la risée de quelqu'un,* être l'objet de ses moqueries.

risible, adj. ♦ Ridicule : *Cette mode est vraiment risible.*

risque, n. m. ♦ Danger. ● *Courir un risque.*

risquer, v. ♦ Courir un danger : *Reviens sur la plage : tu risques de te noyer en te baignant !*

rissoler, v. ♦ Cuire à feu vif, dans l'huile, la graisse ou le beurre : *Je vais faire rissoler les pommes de terre.* ● *Les pommes de terre rissolent.* ● *Des pommes de terre rissolées.*

ristourne, n. f. ♦ Réduction sur le prix à payer. — SYN. rabais, réduction, remise. — CONTR. majoration.

rite, n. m. ♦ Chacun des actes ou des gestes qui font partie du culte d'une religion : *La bénédiction donnée par le prêtre est un rite catholique.* — REGARDER cérémonie, liturgie.

ritournelle, n. f. ♦ Petite chanson; refrain.

rituel, elle, adj. *ou* n. m. ♦ **1.** Exigé par le rite : *Tina connaît tous les chants rituels de la messe.* — SYN. liturgique. **2.** *Le rituel :* l'ensemble des rites.

rivage

rivage, n. m. ♦ Bord de la mer. — SYN. côte, littoral. ● Bord d'un cours d'eau, d'un lac. — SYN. berge, rive.

rival, ale, aux, adj. *ou* n. ♦ Avec lequel on est en compétition : *Les deux clubs rivaux vont se retrouver face à face en finale de la coupe.* ● *Notre club a un rival redoutable.* — SYN. adversaire, concurrent, émule.

rivaliser, v. ♦ Essayer de faire mieux : *Chacun rivalise d'ingéniosité pour inventer des jeux.*

rivalité, n. f. ♦ Lutte, compétition entre les rivaux : *La rivalité est vive entre nos deux clubs.* — SYN. émulation.

rive, n. f. ♦ Bord d'un cours d'eau, d'un lac. — SYN. berge.

riverain, aine, n. *ou* adj. ♦ Propriétaire d'un terrain ou habitant d'une maison situés en bordure d'une rue, d'un cours d'eau, d'un lac.

river, v. ♦ Fixer, assembler par des rivets : *On rivait les plaques de la coque d'acier.*

rivet, n. m. ♦ Cheville métallique qui sert à river.

rivière, n. f. ♦ Cours d'eau qui se jette dans un fleuve. — REGARDER *ruisseau, torrent.*

rixe, n. f. ♦ Querelle violente pouvant aller jusqu'à l'échange de coups. — SYN. bagarre, échauffourée.

riz, n. m. ♦ Céréale des pays chauds et humides.

rizière, n. f. ♦ Terrain spécialement aménagé pour la culture du riz.

robe, n. f. ♦ 1. Vêtement de femme, d'un seul tenant du haut du corps aux jambes. 2. Vêtement long et ample que portent les magistrats et les avocats. 3. *Robe de chambre :* vêtement d'intérieur très ample et long.

robine, n. f. ♦ Alcool de mauvaise qualité, alcool dénaturé.

robinet, n. m. ♦ Dispositif qui permet de laisser couler ou d'arrêter un liquide.

robineux, euse, n. ♦ Clochard, vagabond qui boit de la robine.

robot, n. m. ♦ Machine très perfectionnée qui peut exécuter seule des opérations compliquées.

robotique, n. f. ♦ Technique de la conception et de la construction de robots, capables d'accomplir les tâches faites par les travailleurs et destinés à remplacer ceux-ci.

robotisation, n. f. ♦ Substitution de robots aux machines traditionnelles, dans les usines.

robotisé, ée, adj. ♦ Équipé de robots. ● *Usine robotisée.*

robuste, adj. ♦ 1. Fort et résistant : *Ces montagnards sont robustes : ils ne craignent ni la fatigue, ni le froid, ni la faim, et ils ne sont jamais malades.* — SYN. infatigable, solide, vigoureux. — CONTR. chétif, délicat, fragile, frêle, maladif, malingre. 2. Qui ne se casse et ne se détraque jamais : *Une voiture robuste, voilà ce qu'il faut pour rouler sur ces routes défoncées !* — SYN. résistant. — CONTR. fragile.

roc, n. m. ♦ Rocher.

rocaille, n. f. ♦ Ensemble de petites pierres qui recouvrent certains terrains d'une sorte de tapis. — SYN. pierraille.

rocailleux, euse, adj. ♦ 1. Couvert de rocaille : *Il est dur de marcher sur ce sol rocailleux !* 2. *Voix rocailleuse,* qui donne une impression de rudesse.

roche, n. f. ♦ 1. Pierre, rocher : *Sous la maigre couverture de terre, la roche apparaît par endroits.* 2. Chacune des matières qui constituent l'écorce terrestre : *La lave, l'argile, la craie sont des roches.*

rocher, n. m. ♦ Bloc de pierre : *L'eau du torrent bouillonne en contournant le rocher.*

rocheux, euse, adj. ♦ Constitué de pierre dure : *La vieille tour se dresse sur un pic rocheux.*

rock, n. m. ♦ Musique moderne très vive et très fortement rythmée.

rodage, n. m. ♦ *Voiture en rodage,* dont le moteur n'est pas encore rodé.

roder, v. ♦ *Roder un moteur, un véhicule,* le faire fonctionner à régime modéré, quand il est neuf, parce que les pièces frottent trop fort les unes contre les autres et qu'une vitesse élevée pourrait les détériorer.

rôder, v. ♦ Aller et venir à un endroit, avec de mauvaises intentions : *On a vu des renards rôder à proximité du village.*

rôdeur, n. m. ♦ Individu qui rôde, souvent en quête d'un mauvais coup à faire.

rogner, v. ♦ **1.** Couper sur les bords : *Ta feuille de carton est trop large : rogne-la donc un peu!* **2.** *Rogner sur,* économiser sur : *Cette famille doit rogner sur le budget des vacances.*

rognon, n. m. ♦ Mets constitué par le rein d'un animal.

rognure, n. f. ♦ Débris d'une chose qu'on a rognée.

rogue, adj. ♦ Dur et méprisant : *Un sous-officier donnait des ordres d'un ton rogue.* — SYN. arrogant, hargneux. — CONTR. affable, aimable, courtois, doux, gentil, humble.

roi, n. m. ♦ **1.** Celui qui gouverne un pays et qui règne parce qu'il est le fils du roi précédent. — SYN. monarque, souverain. **2.** Figure du jeu de cartes : *Voici le roi de trèfle.*

roitelet, n. m. ♦ **1.** Roi peu puissant qui règne sur un tout petit royaume. **2.** Très petit oiseau de la famille des passereaux.

rôle, n. m. ♦ **1.** Personnage interprété par un acteur : *Quel est donc l'artiste qui joue le rôle du commissaire Maigret?* ● Texte qu'un acteur doit dire : *La comédienne n'avait pas appris son rôle : alors, elle a improvisé.* **2.** Ce qu'une personne doit faire : *C'est le rôle du chef de commander.* — SYN. fonction.

romain, aine, adj. *ou* n. ♦ **1.** De Rome, capitale de l'Italie, qui, dans l'Antiquité, fut une cité puissante. ● De Rome, empire dont Rome était la capitale : *Les invasions barbares vinrent à bout de la puissance romaine.* ● *Les Romains :* les habitants de la ville de Rome ou de l'Empire romain. **2.** *Chiffres romains,* manière de noter les nombres inventée par les Romains : *I* (1), *II* (2), *III* (3), *IV* (4), *V* (5), *VI* (6), *VII* (7), *VIII* (8), etc.

1. roman, n. m. ♦ Récit en prose, souvent assez long, qui raconte une histoire imaginaire : *Mon roman préféré?* Les Trois Mousquetaires, *bien sûr!*

2. roman, ane adj. *ou* n. m. ♦ **1.** *L'art roman* ou *le roman :* art du Moyen Âge caractérisé notamment, en architecture, par l'emploi de la voûte en berceau. — REGARDER *gothique.* ● *Une église romane.* **2.** *Les langues romanes :* les langues qui viennent du latin (italien, espagnol, portugais, français, occitan, roumain).

romance, n. f. ♦ Chanson populaire très sentimentale.

romand, ande, adj. ♦ *La Suisse romande :* la partie de la Suisse où l'on parle français.

romanichel, elle, n. ♦ Nomade qui vit dans une caravane. — SYN. bohémien, gitan, tsigane.

romantique, adj. *ou* n. m. ♦ **1.** Qui a un caractère poétique, étrange et exaltant, qui fait rêver : *J'aime ce paysage romantique* et sauvage de montagnes boisées. **2. Les poètes romantiques** ou **les romantiques :** les poètes du XIXᵉ siècle tels que Lamartine, Hugo, Vigny, Musset.

romarin, n. m. ♦ Petit arbuste dont les feuilles, écrasées, sentent très bon.

rompre, v. (conjugaison 102) ♦ **1.** Couper, casser : *Elle rompit la branche en l'appuyant sur son genou.* ● *Le câble s'est rompu.* ● *Rompre les oreilles à quelqu'un,* l'importuner par ses paroles. **2.** Mettre fin à des relations : *Qui osera rompre l'alliance le premier ?* ● *Rompre avec quelqu'un,* ne plus avoir avec lui des relations amicales ou amoureuses. **3.** *Rompre le silence :* se mettre à parler, après être resté assez longtemps silencieux.

rompu, ue, adj. ♦ Très entraîné : *Thomas est rompu à la gymnastique.* — SYN. exercé.

ronce, n. f. ♦ Arbuste à tiges épineuses, dont le fruit est la mûre.

ronchonner, v. ♦ Grogner, se plaindre en parlant à voix peu intelligible ou sans grande raison valable. — SYN. bougonner, grommeler, maugréer.

rond, ronde, adj. *ou* n. ♦ **1.** Qui a la forme d'un cercle ou d'une boule ou d'un cylindre. **2.** *Un rond :* un cercle. ● *S'asseoir, danser en rond.* ● *Un rond de serviette :* anneau dans lequel on passe une serviette de table, pour la ranger. **3.** *Une ronde :* danse enfantine dans laquelle les danseurs forment un cercle en se tenant par la main. **4.** *À la ronde,* tout autour : *Mathieu poussait de tels hurlements qu'on l'entendait à cent mètres à la ronde.* **5.** *Chiffre rond, nombre rond,* facile à exprimer : *Ma sœur a gagné 9 675 dollars au loto ; disons, en chiffre rond, 10 000 dollars.*

rondelle, n. f. ♦ **1.** Petit disque ; tranche ronde : *Cinq rondelles de saucisson sec, s'il vous plaît.* **2.** Anneau : *N'oublie pas de mettre la rondelle de feutre qui sert de joint au robinet.* **3.** Palet de caoutchouc dur pour jouer au hockey.

rond-point, n. m. ♦ Place publique ou carrefour de forme ronde. — PLUR. *des ronds-points.*

ronflement, n. m. ♦ Bruit sourd, grave et continu.

ronfler, v. ♦ Produire un ronflement : *Notre voisin ronfle à faire trembler les murs !*

ronger, v. (conjugaison 16) ♦ **1.** Manger ou détruire à petits coups de dents : *Les rats ont rongé un morceau du parquet : regarde ce trou énorme !* **2.** Attaquer une matière : *L'acide et la rouille rongent le fer et l'acier.*

rongeur, n. m. ♦ Mammifère dont les incisives poussent sans cesse et qui ronge : *Le lapin, le loir, le rat et la souris sont des rongeurs.*

rongeur (rongeux) de balustre, euse, n. ♦ Personne qui montre une trop grande piété.

ronronner, v. ♦ Produire un petit ronflement : *Le chat, sur le fauteuil, ronronne doucement : il est content.*

roquefort, n. m. ♦ Fromage très estimé à pâte veinée de bleu, fait dans l'Aveyron, en France, avec du lait de brebis.

roquet, n. m. ♦ Petit chien qui aboie sans raison, à chaque instant.

roquette, n. f. ♦ Petite fusée à portée limitée, employée comme projectile antichar, antiaérien, etc.

rosace, n. f. ♦ Fenêtre ronde de cathédrale ou d'église gothique. — SYN. rose 1 (sens 2).

rosâtre, adj. ♦ D'une couleur rose peu nette et désagréable.

1. rose, n. f. ♦ **1.** Fleur, de couleur rose, rouge, blanche ou jaune, qui, généralement, sent très bon. **2.** Fenêtre ronde d'église ou de cathédrale gothique.

2. rose adj. _ou_ n. m. ♦ **1.** D'une couleur rouge pâle : _Tous les jeunes hommes porteront des chandails roses._ **2.** _Le rose :_ la couleur rouge pâle.

rosé, ée, adj. _ou_ n. m. ♦ **1.** D'un rose pâle. **2.** _Du vin rosé_ ou _du rosé :_ vin d'un rouge très pâle. **3.** _Le rosé :_ champignon, commun dans les prés, appelé scientifiquement _psalliote champêtre_ et cultivé sous le nom de _champignon de couche_ ou _champignon de Paris._

roseau, n. m. ♦ Plante des eaux calmes à feuilles longues, fines et souples.

rosée, n. f. ♦ Humidité qui se dépose, sous forme de fines gouttelettes, sur les plantes et les objets pendant la nuit.

roseraie, n. f. ♦ Plantation de rosiers.

rosier, n. m. ♦ Arbuste épineux dont la fleur est la rose.

rossignol, n. m. ♦ Petit oiseau au plumage sombre dont le chant est très beau.

rotation, n. f. ♦ Mouvement circulaire : _La rotation de la Terre sur elle-même s'effectue en vingt-quatre heures._

rôti, n. m. ♦ Morceau de viande de bœuf, de veau, de porc, etc., qu'on a fait rôtir.

rôtie, n. f. ♦ Tranche de pain grillée.

rotin, n. m. ♦ Tige d'un palmier des pays chauds avec laquelle on fait des meubles légers, des meubles de jardin.

rôtir, v. ♦ Cuire de la viande à la broche ou au four, sans eau : _Dans l'immense cheminée du château, on faisait rôtir un bœuf entier._

rôtissoire, n. f. ♦ Appareil dans lequel on fait rôtir de la viande ou des volailles à la broche.

rotonde, n. f. ♦ Édifice, construction circulaire.

rotule, n. f. ♦ Os de l'articulation du genou.

roturier, ière, n. ♦ Personne qui n'était pas de condition noble. — CONTR. noble.

rouage, n. m. ♦ Chacune des roues dentées d'un mécanisme.

roublard, arde, adj. _ou_ n. ♦ Synonyme un peu familier de « malin, rusé ».

rouble, n. m. ♦ Unité monétaire de l'Union soviétique.

roucoulement, v. ♦ _Le pigeon roucoule,_ pousse son cri.

roue, n. f. ♦ **1.** Disque tournant qui permet à un véhicule de rouler. **2.** _Le paon fait la roue,_ étale ses plumes de sa queue en un disque presque vertical.

roué, ée, adj. ♦ Rusé. — SYN. fin, habile, intrigant, malin, matois. — CONTR. candide, naïf, niais, simple.

rouet, n. m. ♦ Autrefois, appareil qui servait à filer.

rouge, adj. _ou_ n. m. ♦ **1.** Qui est de la couleur du sang, des coquelicots. ● _Le rouge :_ la couleur rouge. ● _Le drapeau rouge :_ le drapeau des révolutionnaires. _Les rouges, un rouge, une rouge :_ un membre, un sympathisant du parti libéral. ● _L'Armée rouge :_ l'armée soviétique. **2.** _Du rouge,_ du fard rouge : _Ma tante se met du rouge aux joues._ ● _Du rouge à lèvres._

rouge-gorge, n. m. ♦ Petit oiseau dont le plumage, sous le cou, est rouge. — PLUR. des rouges-gorges.

rougeole, n. f. ♦ Maladie contagieuse qui s'accompagne de taches rouges sur le corps.

rougeoyer, v. (conjugaison 21) ♦ Émettre une lumière rouge ou prendre une couleur rouge : _Le feu rougeoie dans la cheminée._

rouget

rouget, n. m. ♦ Poisson de mer, de couleur rose, dont la chair est très délicate.

rougeur, n. f. ♦ Zone rouge sur la peau : *Tu as des rougeurs sur la peau : serais-tu malade ?*

rougir, v. ♦ Devenir rouge : *Le fer rougit dans la flamme de la forge.* • *Isabelle a rougi de honte.*

rouille, n. f. ♦ Oxyde de couleur brun-rouge qui se forme sur le fer, l'acier.

rouillé, ée, adj. ♦ Couvert de rouille.

rouiller, v. ♦ Se couvrir de rouille : *De vieux outils rouillaient, abandonnés.*

roulant, ante, adj. ♦ **1.** Qui roule, qui est muni de roues : *Les meubles roulants, c'est souvent bien pratique !* • *Escalier roulant, tapis roulant :* dispositifs formés d'une succession de plaques métalliques articulées qui se déplacent et qui permettent à des personnes de monter ou d'avancer sans avoir à marcher. **2.** *Feu roulant :* tir ininterrompu d'armes à feu, de canons.

rouleau, n. m. ♦ **1.** Cylindre qui peut tourner • *Rouleau à pâtisserie.* • *Rouleau compresseur :* véhicule très lourd dont les roues avant sont remplacées par un rouleau d'acier et qui sert à aplatir et à rendre lisse le revêtement d'une chaussée. **2.** Chose roulée en cylindre : *Va donc acheter un rouleau de papier d'emballage.*

roulement, n. m. ♦ **1.** Mouvement et bruit d'une chose, d'un véhicule qui roule : *Le roulement des lourds camions ébranle le pavé et les voûtes des ponts.* **2.** *Roulement à billes :* dispositif qui permet à une roue ou à un axe de tourner facilement. **3.** *Roulement de tambour :* bruit continu produit par les battements rapides des baguettes sur la peau du tambour.

rouler, v. ♦ **1.** Avancer grâce au mouvement des roues : *Le train roule doucement sur les rails luisants.* **2.** Avancer en tournant sur soi-même : *Le ballon roula sur le sol,*

puis s'immobilisa. **3.** Produire un grondement prolongé : *Le bruit du tonnerre roule dans les montagnes.* **4.** Mettre en rouleau : *Éliane roula soigneusement la grande feuille de papier.*

roulette, n. f. ♦ **1.** Petite roue. • *Des patins à roulettes.* **2.** Nom d'un jeu de hasard qui se joue dans les casinos.

roulis, n. m. ♦ Mouvement d'un navire qui se penche tantôt sur la droite, tantôt sur la gauche. — REGARDER *tangage.*

roulotte, n. f. ♦ Grande voiture où l'on peut habiter : *Tirée par un cheval, la roulotte des bohémiens avançait lentement.*

roumain, aine, adj. *ou* n. ♦ De la Roumanie, pays d'Europe de l'Est : *Les broderies roumaines sont très décoratives.* • *Les Roumains. Un Roumain. Une Roumaine.* • *Le roumain :* langue qui est parlée en Roumanie et qui vient du latin.

rousse, adj. *ou* n. f. ♦ Féminin de *roux.*

rousseur, n. f. ♦ *Taches de rousseur :* petites taches rousses sur la peau.

roussir, v. (conjugaison 25) ♦ **1.** Devenir roux : *Les feuillages roussissent : c'est l'automne.* **2.** Brûler légèrement : *En se penchant sur la bougie, Raoul s'est roussi les cheveux.*

route, n. f. ♦ **1.** Chaussée sur laquelle peuvent circuler les véhicules et qui joint une ville à une autre. — REGARDER *autoroute, chemin, piste, voie.* **2.** Chemin à suivre ou distance parcourue ou distance à parcourir : *Encore trois heures de route à faire !* — SYN. trajet. • *Faire route,* se diriger : *Le navire faisait route vers New York.* **3.** *Mettre en route,* faire partir, faire démarrer : *Tu peux mettre en route le lave-vaisselle.*

routier, ière, adj. *ou* n. ♦ **1.** Qui concerne les routes : *Je me suis trompé : j'ai pris le plan du métro au lieu d'une carte*

rugissement

routière ! ● **Le réseau routier. 2. Un routier, une routière :** un conducteur, une conductrice de camion qui fait les transports de ville à ville. **3. Une routière :** une voiture puissante qui peut parcourir de longues distances à une bonne moyenne.

routine, n. f. ◆ Habitude d'agir toujours de la même manière, sans chercher à s'adapter, sans vouloir employer des méthodes nouvelles.

roux, rousse, adj. *ou* n. ◆ *Cheveux roux,* d'une couleur qui tire sur le rouge : *Gilles est roux, sa sœur est brune.* ● *Tu connais Julie? C'est la rousse au joli nez retroussé.*

royal, ale, aux, adj. ◆ Du roi : *La puissance royale se développa progressivement au Moyen Âge.* — SYN. monarchique.

royalisme, n. m. ◆ Doctrine politique des royalistes.

royaliste, adj. *ou* n. ◆ Qui pense que le meilleur système politique est celui dans lequel le pays est gouverné par un roi. — SYN. monarchiste. — CONTR. républicain.

royaume, n. m. ◆ Pays gouverné par un roi.

royauté, n. f. ◆ Système politique dans lequel le pays est gouverné par un roi. — SYN. monarchie.

ruade, n. f. ◆ Mouvement d'un cheval qui rue.

ruban, n. m. ◆ Longue bande d'étoffe étroite.

rubis [Rybi], n. m. ◆ Pierre précieuse rouge.

rubrique, n. f. ◆ Dans un journal, ensemble des articles et des informations concernant un sujet, par exemple *la rubrique sportive, la rubrique des spectacles.*

ruche, n. f. ◆ Petite cabane, petite hutte faite pour loger les abeilles.

rucher, n. m. ◆ Groupe de ruches.

rude, adj. ◆ **1.** Dur, pénible : *Il était rude, le métier de marin, au temps des grands voiliers !* — CONTR. agréable, doux, facile. **2.** Dur, brutal : *Les maîtres romains étaient rudes, et leurs esclaves tremblaient sans cesse.* — SYN. inhumain. — CONTR. doux, humain. **3.** Rugueux : *Margot se glissa entre les draps de lin, rudes et froids.* — SYN. rêche. — CONTR. doux, moelleux. **4.** Froid : *L'hiver est rude dans le Grand Nord canadien.* — SYN. dur, glacial. — CONTR. clément, doux.

rudesse, n. f. ◆ Caractère d'une personne ou d'une chose rude.

rudiments, n. m. pl. ◆ Notions élémentaires : *Le curé du village avait appris à Julien les rudiments du latin.*

rudoyer, v. (conjugaison 21) ◆ Traiter avec rudesse : *Ne rudoie pas ton chien, il t'obéira mieux.* — SYN. malmener, maltraiter. — CONTR. cajoler, dorloter.

rue, n. f. ◆ Dans une ville ou un village, voie bordée de maisons.

ruée, n. f. ◆ Mouvement de gens qui se précipitent en masse.

ruelle, n. f. ◆ Rue courte et étroite.

ruer, v. (conjugaison 19) ◆ **1.** *Le cheval rue,* lance avec force ses pattes de derrière vers le haut. — CONTR. se cabrer. **2.** *Se ruer,* se précipiter en masse : *Les enfants se ruèrent dans la cour.*

rugby, n. m. ◆ Jeu sportif qui se joue à quinze ou à treize joueurs et dans lequel on a le droit de prendre le ballon (ovale) à la main.

rugir, v. ◆ *Le lion rugit,* pousse son cri.

rugissement, n. m. ◆ Cri du lion.

rugueux, euse, adj. ◆ Qui gratte et qui est plein de petites aspérités : *Cette couverture est bien rugueuse.* — SYN. rêche, rude. — CONTR. lisse, poli, uni.

ruine, n. f. ◆ **1.** Effondrement, perte de la puissance, destruction : *Les invasions barbares causèrent la ruine de l'Empire romain.* — SYN. écroulement, fin. — CONTR. développement, essor. **2.** Perte de la fortune, de tous les biens : *Des mauvaises affaires acculèrent ce négociant à la ruine.* — CONTR. enrichissement. **3.** *Une ruine* ou *des ruines,* ce qui reste d'une construction ou d'une ville plus ou moins détruite : *Là-haut, sur la colline, se dressent les ruines du vieux château fort.* ● *Le château est en ruine.* ● *La tour semble tomber en ruine.*

ruiner, v. ◆ Provoquer la ruine : *La passion du jeu et les folles dépenses ruinèrent le marquis.* — CONTR. enrichir. ● *Le marquis se ruina au jeu.*

ruineux, euse, adj. ◆ Qui coûte très cher. — CONTR. économique.

ruisseau, n. m. ◆ Petite rivière.

ruisseler, v. (conjugaison 13) ◆ Couler à la surface de quelque chose : *La terre, ici, est imperméable : l'eau ruisselle sans s'infiltrer.*

ruissellement, n. m. ◆ Mouvement de l'eau qui ruisselle.

rumeur, n. f. ◆ **1.** Bruit confus, grondement : *Une rumeur monte de la foule.* ● *La rumeur de la mer.* **2.** Nouvelle pas très sûre : *Des rumeurs courent : il paraît que ta chanteuse préférée va se marier.* — SYN. bruit.

ruminant, n. m. ◆ Animal, tel que le bœuf, le mouton, la chèvre, le chameau, qui a un estomac à plusieurs poches et qui rumine.

ruminer, v. ◆ **1.** Remâcher l'herbe déjà avalée, avant de l'avaler de nouveau. — REGARDER *ruminant.* **2.** Penser sans cesse à une chose : *Elle n'arrête pas de ruminer ses griefs.*

rupestre, adj. ◆ *Peinture rupestre :* peinture, fresque exécutée à une époque préhistorique ou très ancienne sur les parois d'une grotte.

rupture, n. f. ◆ Action de rompre ou de se rompre : *La neige et le gel ont provoqué la rupture des fils télégraphiques.* ● *La rupture des relations diplomatiques.*

rural, ale, aux, adj. ◆ De la campagne. — SYN. agricole, campagnard, champêtre, paysan, rustique. — CONTR. citadin, urbain.

ruse, n. f. ◆ **1.** Moyen habile qu'on emploie pour parvenir à un résultat : *Les Peaux-Rouges étaient célèbres pour leurs ruses de guerre.* — SYN. artifice, manœuvre, stratagème, subterfuge. **2.** Caractère d'une personne ou d'un animal qui sait trouver de tels moyens : *Méfie-toi de lui : sa ruse le rend redoutable.* — SYN. adresse, astuce, finesse, habileté. — CONTR. candeur, naïveté.

rusé, ée, adj. *ou* n. ◆ Qui est remarquable par sa ruse. — SYN. artificieux, astucieux, fin, futé, habile, madré, malin, matois, retors, roublard, roué. — SYN. candide, naïf.

russe, adj. *ou* n. ◆ De Russie : *Regarde cette maison russe en bois : c'est une isba.* ● *Les Russes. Un Russe. Une Russe.* — REGARDER *soviétique.* ● *Le russe :* langue slave parlée en Union soviétique.

rustique, adj. ◆ **1.** De la campagne : *Aimes-tu la vie rustique ?* — SYN. agricole, campagnard, champêtre, paysan, rural. — CONTR. citadin, urbain. **2.** *Meubles rustiques,* dont le style rappelle celui du mobilier paysan d'autrefois. ● *Le style rustique.*

rustre, n. m. ◆ Homme grossier et brutal. — SYN. brute, butor, goujat, malotru.

rutabaga, n. m. ◆ Sorte de chourave qui sert à la nourriture du bétail et qui est aussi consommé comme légume.

rutilant, ante, adj. ◆ Qui est d'une couleur rouge ou orangée vive et qui a un éclat remarquable : _Les cuivres rutilants étincelaient dans la cuisine._ — SYN. brillant, éclatant, étincelant, flamboyant. — CONTR. mat.

rythme, n. m. ♦ **1.** Mouvement régulier d'un phénomène qui se répète : _Le rythme normal du cœur? 72 pulsations à la minute._ ● _J'aime le rythme du rock._ — SYN. cadence. **2.** Vitesse à laquelle une chose se fait : _On va accélérer le rythme des livraisons._ — SYN. allure, cadence.

rythmé, ée, adj. ♦ Au rythme bien marqué.

rythmer, v. ♦ **1.** Marquer le rythme : _Un air de boléro rythmait les pas et les mouvements de la ballerine._ **2.** Découper en périodes régulières : _Le retour des dimanches et des fêtes rythme la vie de chacun de nous._

rythmique, adj. ♦ _Danse rythmique :_ sorte de gymnastique qui se fait en musique et qui ressemble à de la danse.

S S S S S S S S S
S S S S S
S S S S S
S S S S S
S S S S S
S S S S S S S S S S
S S S S S S S S S S
S S S S S S S S S S

1. s', pronom personnel. ♦ Forme élidée de *se* : *Il s'est assis.*

2. s', conj. ♦ Forme élidée de la conjonction *si* devant *il* ou *ils* : *S'il vient, offre-lui une tasse de café.*

sa, adj. possessif. ♦ Féminin singulier de *son* : *Elle est arrivée avec son frère et sa sœur.* — REGARDER *son* 1.

sabbat, n. m. ♦ **1.** Dans la religion juive, jour de repos, qui est le samedi. **2.** Dans les vieilles légendes, réunion de sorcières présidée par le Diable.

sable, n. m. ♦ Roche meuble formée de très petits grains de pierre : *Plage de sable ou plage de galets ? Que préfères-tu ?*

1. sablé, ée, adj. ♦ Recouvert de sable.

2. sablé, n. m. ♦ Gâteau sec, dont la pâte s'effrite très facilement.

1. sabler, v. ♦ Recouvrir de sable.

2. sabler, v. ♦ *Sabler le champagne :* boire du champagne pour fêter un événement heureux.

sableux, euse, adj. ♦ Qui contient du sable : *Les explorateurs ne trouvèrent à boire qu'une eau sableuse et trouble.*

sablier, n. m. ♦ Instrument qui permet de mesurer le temps grâce à l'écoulement du sable.

sablonneux, euse, adj. ♦ Constitué de sable : *Ici, le sol est sablonneux, donc perméable.*

sabord, n. m. ♦ Autrefois, ouverture cassée, sur le flanc d'un navire, permettant à un canon de tirer.

saborder, v. ♦ *Saborder un navire*, le couler volontairement : *Refusant de se rendre, le commandant saborda son croiseur.* ● *Le croiseur se saborda.*

sabot, n. m. ♦ **1.** Chaussure rustique à semelle de bois et à bout pointu. **2.** Partie inférieure, très dure, du pied du cheval, du bœuf, de l'âne, etc. : *Le sabot est formé de corne.*

sabotage, n. m. ♦ Action de saboter.

saboter, v. ♦ Détruire ou détériorer volontairement : *Pour empêcher l'autobus de partir, on avait saboté les pneus.* ● *Saboter son travail*, le faire mal, exprès.

saboteur, n. m. ♦ Celui qui sabote quelque chose.

sage

sabre, n. m. ♦ Arme un peu semblable à l'épée, mais avec une lame courbe à un seul tranchant.

1. sac, n. m. ♦ **1.** Récipient souple en tissu, en papier ou en matière plastique. **2.** *Un sac à main* ou *un sac :* objet en toile ou en cuir, où les femmes mettent leur argent, leurs papiers quand elles sortent.

2. sac, n. m. ♦ *Mettre à sac :* piller, saccager.

saccade, n. f. ♦ Petite secousse brusque. — SYN. à-coup.

saccadé, ée, adj. ♦ Qui n'est pas régulier dans son allure, mais qui se fait par une suite d'actions brusques et discontinues : *L'oratrice avait un débit saccadé.* — SYN. haché. — CONTR. coulant, égal, régulier.

saccager, v. (conjugaison 16) ♦ Piller et dévaster ; détruire ou endommager gravement : *Les garnements ! Ils ont saccagé les parterres du jardin public !* — SYN. dévaster.

sacerdoce, n. m. ♦ Fonction de prêtre.

sacerdotal, ale, aux, adj. ♦ De prêtre. • *Ornements sacerdotaux :* vêtements et ornements que met le prêtre pour célébrer le culte.

sachet, n. m. ♦ Petit sac.

sacoche, n. f. ♦ Petit sac de cuir ou de toile suspendu à l'épaule par une courroie.

sacre, n. m. ♦ Cérémonie au cours de laquelle on sacre un roi.

sacré, ée, adj. ♦ **1.** Qui concerne le culte, la religion : *Le calice, le ciboire sont des vases sacrés.* — CONTR. profane. **2.** Très important et impératif.

sacrement, n. m. ♦ Dans la religion catholique, acte important qui confère une certaine grâce à celui qui le reçoit. Les sept sacrements sont : le baptême, la pénitence (ou réconciliation), l'Eucharistie, la confirmation, le mariage, le sacrement des malades (ou extrême-onction), l'ordination.

sacrer, v. ♦ **1.** *Sacrer un roi,* lui conférer un caractère religieux, au début de son règne, par une cérémonie spéciale. **2.** Jurer, proférer des jurons.

sacrifice, n. m. ♦ **1.** Offrande faite à la divinité ; immolation d'une victime sur l'autel d'une divinité. **2.** Renoncement volontaire à quelque chose : *Nous avons fait le sacrifice de notre argent de poche pour aider les enfants qui ont faim.*

sacrifier, v. (conjugaison 20) ♦ **1.** Offrir une victime en sacrifice. **2.** Renoncer volontairement à une chose : *Ces résistants sacrifièrent leur vie pour défendre leur pays.*

sacrilège, n. m. ♦ Acte très grave contre une chose ou une personne sacrée. — SYN. profanation.

sacripant, n. m. ♦ Mauvais sujet. — SYN. chenapan, garnement, polisson, vaurien.

sacristain, n. m. ♦ Celui qui s'occupe de l'entretien de l'église et du rangement des objets du culte.

sacristie, n. f. ♦ Annexe d'une église où l'on range les ornements sacerdotaux et les objets liturgiques.

sadisme, n. m. ♦ **1.** Qui prend plaisir à être cruel, à faire souffrir. **2.** *Le sadisme :* action d'une personne sadique.

safran, n. m. ♦ Matière colorante alimentaire et condiment de couleur jaune qu'on tire d'une plante (appelée aussi *safran*).

sagace, adj. ♦ Qui est plein de finesse et de lucidité. — SYN. avisé, clairvoyant, perspicace.

sagaie, n. f. ♦ Javelot.

sage, adj. ou n. ♦ **1.** Prudent et avisé : *Ce vieil Amérindien est un homme sage :*

écoute donc ses conseils. — SYN. averti, circonspect, posé, raisonnable, réfléchi, sensé, sérieux. — CONTR. fou, imprudent, léger. **2.** *Un sage :* un homme intelligent et savant, qui a beaucoup réfléchi. **3.** Qui se tient bien tranquille : *Prends modèle sur Thérèse : elle est sage comme une image.* — CONTR. agité, remuant, turbulent.

sagesse, n. f. ♦ Qualité et conduite d'une personne sage.

saignant, ante, adj. ♦ *Viande saignante,* pas très cuite. — CONTR. à point.

saignement, n. m. ♦ Action de saigner. ● *Un saignement de nez.*

saigner, v. ♦ **1.** Vider de son sang : *La fermière a saigné le lapin.* **2.** Perdre du sang : *Anabelle saigne du nez.* ● *Mes gencives saignent.*

saillant, ante, adj. ♦ **1.** Qui est en saillie, qui forme une forte saillie : *Natacha a les pommettes saillantes* — SYN. proéminent. — CONTR. déprimé, plat. **2.** Important, remarquable : *Quels sont les faits saillants de l'année dernière ?* — SYN. capital, notable.

saillie, n. f. ♦ Chose qui avance : *Cette grosse pierre forme une saillie sur la muraille.* — SYN. bosse. — CONTR. un creux. ● *Regarde la pierre en saillie.*

saillir, v. (conjugaison **41**) ♦ Mettre en saillie : *Le lutteur prit une pose avantageuse qui fit saillir ses pectoraux et ses biceps.*

sain, saine, adj. ♦ **1.** Qui est en bonne santé. — CONTR. malade, malsain. **2.** *Sain et sauf,* sans blessure : *Jules est tombé du premier étage, mais, par miracle, il est sain et sauf.* **3.** Bon pour la santé : *L'air de nos montagnes est particulièrement sain et vivifiant.* — SYN. salubre. — CONTR. insalubre, malsain.

saindoux, n. m. ♦ Graisse de porc fondue.

sainfoin, n. m. ♦ Plante fourragère à fleurs jaunes ou rouges.

saint, sainte, n. *ou* adj. ♦ **1.** Personne à laquelle l'Église rend un culte : *Vincent de Paul fut un grand saint.* ● *Allons offrir un cierge à saint Joseph.* ● *Voici l'église Sainte-Thérèse.* **2.** Sacré, très vénérable : *Grégoire n'a aucun respect pour les choses les plus saintes.*

sainteté, n. f. ♦ **1.** Caractère d'une personne ou d'une chose sainte. **2.** *Sa Sainteté :* titre de respect donné au pape.

saisie, n. f. ♦ Acte par lequel la justice fait prendre les biens d'un débiteur qui ne peut s'acquitter de ses dettes.

saisir, v. ♦ **1.** Prendre vite et fort : *Joséphine allait tomber : je lui ai saisi la main et je l'ai retenue.* ● *Saisir une occasion,* en profiter tout de suite. **2.** Surprendre en provoquant une sensation désagréable : *Ce froid piquant nous a saisis.* **3.** S'emparer de l'âme : *La frayeur saisit les spectateurs de ce périlleux exercice d'acrobate.* **4.** Comprendre : *Mélanie a l'esprit vif : elle saisit tout de suite ce qu'on lui explique.*

saisissant, ante, adj. ♦ Qui surprend beaucoup, qui frappe l'esprit : *Quelle ressemblance saisissante !* — SYN. étonnant, frappant, remarquable, surprenant.

saisissement, n. m. ♦ Grand étonnement, souvent mêlé d'effroi.

saison, n. f. ♦ **1.** Chacune des périodes de l'année caractérisées par un temps différent. ● *La saison froide, la mauvaise saison :* l'hiver. ● *La belle saison :* l'été. **2.** Période où l'on se livre à une activité : *L'hôtelier est content : la saison touristique a été bonne.*

saisonnier, ière adj. ♦ Qui ne dure que pendant une période de l'année : *Le commerce de la marchande de glace est saisonnier.*

salade, n. f. ♦ Mets composé d'un légume cru (tomates, etc.) ou de feuilles crues, qu'on sert avec de la vinaigrette.

● _Salade de fruits :_ morceaux de fruits accommodés avec du sucre et parfois de l'alcool.

saladier, n. m. ◆ Récipient dans lequel on sert de la salade.

salaire, n. m. ◆ Argent qu'on donne à une personne (ouvrier, employé ou cadre) pour rémunérer son travail — REGARDER _appointements, traitement._

salaisons, n. f. pl. ◆ Viandes salées qui peuvent se conserver.

salamandre, n. f. ◆ Batracien de couleur noire, avec des taches jaunes, qui a un peu la forme d'un lézard.

salami, n. m. ◆ Gros saucisson sec, fabriqué à l'origine en Italie.

salant, adj. m. ◆ _Marais salant :_ ensemble de bassins, près de la mer, où l'on produit le sel par évaporation de l'eau de mer.

salarié, ée, n. _ou_ adj. ◆ Personne qui touche un salaire.

sale, adj. ◆ Qui est couvert de saleté, qui contient des saletés. — SYN. crasseux, malpropre. — CONTR. net, propre.

salé, ée adj. _ou_ n.m. ◆ **1.** _Eau salée :_ eau qui contient du sel, par exemple, l'eau de mer. — CONTR. eau douce. **2.** Conservé dans le sel : _Autrefois, les paysans mangeaient du bœuf salé._ **3.** _Du salé :_ viande de porc salée.

saler, v. ◆ **1.** Assaisonner avec du sel : _N'oublie pas de saler la soupe._ **2.** Mettre dans du sel pour conserver : _A bord des chalutiers, les marins pêcheurs salent la morue._

saleté, n. f. ◆ **1.** Chose peu appétissante qui se trouve sur ou dans une autre chose. — SYN. crasse, ordure. ● _Jette-moi à la poubelle toutes ces saletés._ **2.** Caractère d'une

personne ou d'une chose mal nettoyée, mal lavée : _Va te laver les mains : elles sont d'une saleté répugnante._ — SYN. malpropreté. — CONTR. propreté.

salière, n. f. ◆ Ustensile de table dans lequel on met le sel.

salir, v. ◆ Rendre sale : _Une projection de cambouis a sali la robe blanche de Julie._ — SYN. souiller. — CONTR. laver, nettoyer.

salissant, ante, adj. ◆ **1.** Qui salit : _Ramoner les cheminées, quel travail salissant !_ **2.** Qui se salit facilement : _Non, pas de pantalon blanc ! C'est trop salissant !_

salive, n. f. ◆ Liquide sécrété par la muqueuse de la bouche.

saliver, v. ◆ Produire de la salive, en abondance : _Quand elle vit arriver le dessert, Odile se mit à saliver de plaisir._

salle, n. f. ◆ Chacune des parties d'une habitation. — SYN. pièce. ● _Salle à manger._ ● _Salle de bains._ ● _Salle de séjour._ ● _Salle d'attente._ ● _Salle de spectacle._ ● _Salle de cinéma._ ● _Salle de classe._

salon, n. m. ◆ **1.** Pièce où l'on reçoit les invités. **2.** _Salon de coiffure :_ magasin où le coiffeur travaille. ● _Salon de thé :_ café élégant où l'on sert du thé, du café, des jus de fruits et des pâtisseries. **3.** Exposition temporaire consacrée à certaines choses, par exemple : _le Salon nautique, le Salon de l'enfance, le Salon de l'automobile._ **4.** Salon funéraire ou salon mortuaire : établissement où l'on embaume et expose les morts, et où les parents et amis viennent leur rendre un dernier hommage.

salsifis [salsifi], n. m. ◆ Plante potagère dont on mange les racines.

saltimbanque, n. ◆ Celui, celle qui fait des tours d'adresse ou des acrobaties dans les rues. — SYN. acrobate, bateleur, jongleur.

salubre, adj. ◆ Sain et bon pour la santé : _Le climat de cette région est froid, mais salubre._ — CONTR. insalubre, malsain.

saluer, v. (conjugaison 19) ♦ Dire bonjour à quelqu'un.

salut, n. m. ♦ **1.** Le fait d'échapper à un grave péril : *La naufragée dut son salut à son gilet de sauvetage.* **2.** Geste ou mot par lequel on dit bonjour : *Le soldat fit le salut militaire.* ● *Salut, les copains !*

salutaire, adj. ♦ Qui fait du bien, qui a de bons effets : *Ce mois de repos m'a été salutaire.* — SYN. bénéfique, bienfaisant. — CONTR. néfaste, nocif, nuisible.

salutation, n. f. ♦ Action de saluer : *Je vous prie d'agréer, Madame, mes salutations distinguées* (formule épistolaire).

salve, n. f. ♦ Ensemble de coups de canon ou de coups de feu tirés en même temps.

samedi, n. m. ♦ Jour de la semaine qui succède au vendredi et précède le dimanche.

samouraï [samuʀaj], n. m. ♦ Autrefois, guerrier japonais. — PLUR. *des samouraïs.*

sanction, n. f. ♦ **1.** Approbation officielle qui rend valide une décision : *Ces mesures ne sont pas applicables tant qu'elles n'ont pas reçu la sanction du maire.* **2.** Punition, peine infligée : *Cet élève a été l'objet de sanctions.*

sanctuaire, n. m. ♦ Édifice religieux ; lieu consacré au culte.

sandale, n. f. ♦ Chaussure légère à lanières.

sandalette, n. f. ♦ Sandale d'enfant, très légère.

sandwich [sɑ̃dwitʃ], n. m. ♦ Aliment froid fait de deux morceaux de pain entre lesquels on met du jambon, du saucisson, du pâté ou du fromage. — PLUR. *des sandwiches.*

sang, n. m. ♦ **1.** Liquide rouge qui coule dans les artères et les veines. **2.** Famille, race. ● *Un prince du sang,* de la famille royale.

sang-froid, n. m. ♦ Calme de celui qui ne s'affole pas en cas de danger.

sanglant, ante, adj. ♦ **1.** Plein de sang. **2.** Où le sang coule ; qui fait beaucoup de victimes : *La guerre de 1914-1918 fut très sanglante.*

sangle, n. f. ♦ Courroie qui sert à attacher, à serrer (par exemple une valise).

sanglé, ée, adj. ♦ Serré dans un vêtement ajusté : *Tu as l'air toute sanglée dans ton blouson : il doit être trop petit.*

sanglier, n. m. ♦ Animal sauvage, proche du porc, au corps couvert de poils raides (les *soies*) et portant des *défenses* recourbées. — REM. La femelle du sanglier est la *laie*, les petits sont les *marcassins.*

sanglot, n. m. ♦ Mouvement brusque qui soulève la poitrine quand on pleure beaucoup.

sangloter, v. ♦ Pleurer avec des sanglots.

sangsue [sɑ̃sy], n. f. ♦ Ver qui vit dans l'eau et qui se colle à la peau pour sucer le sang : *Autrefois, on utilisait les sangsues en médecine pour que le corps soit moins congestionné.*

sanguin, ine, adj. ♦ **1.** Qui concerne le sang : *Des milliers de vaisseaux sanguins irriguent le corps.* **2.** *Visage sanguin,* rouge. **3.** *Orange sanguine,* à chair et à jus rouges.

sanguinaire, adj. ♦ Qui aime à tuer : *Ce tyran sanguinaire fit régner la terreur.* — SYN. cruel, féroce. — CONTR. débonnaire, doux.

sanguinolent, ente, adj. ♦ Où il y a du sang : *Oscar saigne du nez, son mouchoir est tout sanguinolent.*

sanitaire, adj. *ou* n. m. ♦ **1.** Qui concerne la santé, l'hygiène, la prévention des maladies : *Avant d'être tués, les animaux de boucherie sont soumis, dans les abattoirs, à un examen sanitaire.* **2. Les appareils sanitaires** ou **le sanitaire :** les lavabos, les baignoires, les douches, les W.C.

sans, prép. ♦ Exprime l'absence, la privation : *Crois-tu que l'on puisse vivre sans argent?* ● *Pourrais-tu vivre sans boire, sans manger, sans dormir?* ● *Cette pendule marche sans que tu aies besoin de la remonter.*

sans-abri, n. m. inv. ♦ Personne qui n'a plus de maison, de logement : *Tremblement de terre : mille morts, dix mille sans-abri.*

sans-gêne, adj. *ou* n. m. inv. ♦ **1.** Qui se conduit mal, sans souci des ennuis qu'il peut causer aux autres : *Nos voisins sont sans-gêne : ils encombrent depuis huit jours le palier avec leurs vieux cartons.* **2.** Défaut, attitude d'une personne sans-gêne : *Ils ont obstrué notre porte en entassant des cartons : quel sans-gêne !*

sansonnet [sɑ̃sɔnɛ], n. m. ♦ Synonyme de *étourneau.*

santal, n. m. ♦ **1.** Arbre exotique au bois odorant. — PLUR. *des santals.* **2.** Substance odorante tirée du santal. **3.** Bois de cet arbre.

santé, n. f. ♦ **1.** État d'une personne qui se porte bien : *La santé est le plus précieux de tous les biens.* **2. Bonne santé :** état d'une personne qui se porte bien. ● *Mauvaise santé :* état d'une personne qui se porte mal.

saoul, saoule [su, sul], adj. ♦ REGARDER *soûl.*

saouler [sule], v. ♦ REGARDER *soûler.*

sape, n. f. ♦ Galerie creusée par les assiégeants sous une muraille, pour faire écrouler celle-ci.

saper, v. ♦ Creuser sous une chose, de telle manière qu'un écroulement puisse se produire : *Le courant sape les berges de la rivière.*

sapeur, n. m. ♦ Soldat du génie qui fait des travaux de terrassement, creuse des galeries pour faire exploser des mines, etc.

sapeur-pompier, n. m. ♦ Synonyme de *pompier.* — PLUR. *des sapeurs-pompiers.*

saphir [safiʀ], n. m. ♦ Pierre précieuse bleue.

sapin, n. m. ♦ Arbre toujours vert dont les feuilles sont des *aiguilles.* ● *Passer (se faire passer) un sapin :* — REGARDER passer.

sarabande, n. f. ♦ Agitation bruyante et joyeuse : *Les enfants jouent dans le couloir : quelle sarabande !*

sarbacane, n. f. ♦ Arme constituée par un tube dans lequel on souffle avec la bouche, pour lancer des petits projectiles.

sarcasme, n. m. ♦ Rire moqueur, méchant. ● Plaisanterie, moquerie cruelle.

sarcastique, adj. ♦ *Rire sarcastique,* moqueur et méchant. — SYN. sardonique.

sarcler, v. ♦ Débarrasser des mauvaises herbes, en grattant la terre avec un outil : *La jardinière sarcle les laitues.* — SYN. biner.

sarcophage, n. m. ♦ Cercueil de pierre, ou grand cercueil de bois épais et très orné.

sardine, n. f. ♦ Petit poisson de mer qui se mange frais ou en conserves. ● *Une boîte de sardines à l'huile.*

sardonique, adj. ♦ *Rire sardonique,* cruel et moqueur. — SYN. sarcastique.

sarment, n. m. ♦ Jeune tige de la vigne, qui porte les grappes.

sarrasin

1. sarrasin, ine, n. *ou* adj. ♦ *Les Sarrasins :* au Moyen Âge, nom donné aux musulmans. ● *Une princesse sarrasine.*

2. sarrasin, n. m. ♦ Céréale dont la farine sert à faire des galettes, des crêpes. — SYN. blé noir.

satanique, adj. ♦ De Satan, chef des démons ; digne de Satan : *Quelle méchanceté satanique !* — SYN. démoniaque, diabolique. — CONTR. angélique.

satellite, n. m. ♦ **1.** Corps céleste qui tourne autour d'une planète : *Un exemple de satellite ? La Lune, satellite de la Terre !* **2.** Objet, mis sur orbite par fusée, qui tourne autour de la Terre. ● *Satellite de télécommunication.* ● *Satellite de télédiffusion directe.*

satiété (à) [sasjete], loc. adv. ♦ Autant qu'on peut désirer : *Boire et manger à satiété.*

satin, n. m. ♦ Étoffe de soie lisse et brillante.

satiné, ée, adj. ♦ Lisse, doux et un peu brillant : *Je voudrais un papier peint satiné.*

satire, n. f. ♦ Œuvre, texte qui exprime une critique, qui ridiculise quelqu'un ou quelque chose. — REM. N'écrivez pas comme *un satyre :* « divinité grecque ».

satisfaction, n. f. ♦ **1.** Grand contentement. — SYN. bonheur, joie, plaisir. — CONTR. insatisfaction, mécontentement. **2.** Ce qui est demandé par quelqu'un. ● *Demander, obtenir satisfaction.*

satisfaire, v. (conjugaison 54) ♦ **1.** Rendre content : *Sa réponse ne me satisfait pas pleinement.* **2.** *Satisfaire à,* correspondre à ce qui est exigé : *Votre dossier ne satisfait pas à toutes les conditions requises.*

satisfaisant, ante, adj. ♦ Suffisant, bon : *Bon élève ; résultats satisfaisants.* — CONTR. insuffisant.

satisfait, aite, adj. ♦ Content. — SYN. heureux, joyeux. — CONTR. déçu, insatisfait, mécontent, peiné.

satyre, n. m. ♦ Dans la mythologie grecque, chacune des divinités, vivant dans les bois et les lieux écartés, qui avaient un corps et une tête d'homme, des cornes et des jambes de bouc. — REM. N'écrivez pas comme *une satire,* « une critique ».

sauce, n. f. ♦ Préparation liquide ou pâteuse qu'on ajoute à un aliment pour lui donner du goût.

saucière, n. f. ♦ Ustensile, récipient dans lequel on sert la sauce, à table.

saucisse, n. f. ♦ Charcuterie, faite de viande hachée placée dans un boyau de porc, qu'on fait cuire et qui se mange chaude.

saucisson, n. m. ♦ Charcuterie faite avec de la viande crue ou cuite placée dans un boyau de porc, qui se mange froide. ● *Saucisson sec :* saucisson cru séché.

1. sauf, sauve, adj. ♦ **1.** Sauvé et en bonne santé : *Enfin, les alpinistes égarés sont revenus ! Ils sont saufs.* — SYN. indemne. ● *Sain et sauf :* REGARDER *sain,* sens 2. **2.** *Avoir la vie sauve :* ne pas être tué.

2. sauf, prép. ♦ À l'exception de : *Tous les élèves ont été reçus à l'examen, sauf deux, Jacqueline et Pierre.* — SYN. excepté.

sauf-conduit, n. m. ♦ Autorisation de passer à travers un territoire sans être inquiété. — PLUR. *des sauf-conduits.* — SYN. laissez-passer.

saugrenu, ue, adj. ♦ Absurde et ridicule : *Comment ! À ton âge, tu poses de telles questions saugrenues !* — SYN. bizarre, déplacé, incongru. — CONTR. judicieux, raisonnable, sensé.

saule, n. m. ♦ Arbre qui croît le long des rivières et des étangs ou dans les lieux humides. ● *Saule pleureur,* à branches tombantes.

saumâtre, adj. ♦ *Eau saumâtre :* eau des lagunes ou des estuaires, mélange d'eau de mer, salée, et d'eau douce.

saumon, n. m. ♦ Gros poisson à chair de couleur rose, très estimée, qui vit dans la mer et qui remonte dans les fleuves pour pondre.

saumure, n. f. ♦ Eau salée dans laquelle on conserve certains aliments.

saupoudrer, v. ♦ Verser une matière réduite en poudre sur quelque chose : *La tarte est cuite : je vais la saupoudrer de sucre.*

saur, adj. m. ♦ *Hareng saur,* séché et fumé.

saut, n. m. ♦ **1.** Action de sauter : *Gilles, d'un saut, franchit le petit ruisseau.* — SYN. bond. ● *Le saut en longueur.* ● *Le saut en hauteur.* ● *Le saut à la perche.* ● *Le saut périlleux.* ● *Le saut en parachute.* **2.** *Au saut du lit :* dès le moment où l'on se lève. **3.** *Faire un saut chez quelqu'un,* aller le voir pendant un temps bref.

saute, n. f. ♦ Changement brusque : *Sophie est sujette à des sautes d'humeur.* ● *Saute de vent :* changement brusque de la direction du vent.

saute-mouton, n. m. ♦ *Jouer à saute-mouton,* à un jeu dans lequel chacun saute à tour de rôle par-dessus le dos d'un autre joueur qui se tient courbé.

sauter, v. ♦ **1.** Franchir vite une distance en longueur ou en hauteur par une brusque détente : *Maria courait, sautant par-dessus les fossés et les barrières.* — SYN. bondir. ● Descendre vite en se laissant tomber : *Alexis sauta du haut du mur.* **2.** Être détruit par une explosion : *Le char d'assaut sauta sur une mine.* **3.** Sortir brusquement de l'emplacement normal : *La courroie de transmission a sauté.* **4.** Ne pas lire, ne pas écrire un passage : *En recopiant ma dictée, j'ai sauté une phrase.* **5.** *Faire sauter,* faire cuire à feu vif : *Grand-mère fait sauter des pommes de terre dans la poêle.*

sauterelle, n. f. ♦ Insecte sauteur à longues pattes de derrière.

sautiller, v. ♦ Faire une série de petits sauts.

sautoir, n. m. ♦ **1.** *En sautoir,* porté sur la poitrine et attaché autour du cou : *Le chambellan arriva, portant en sautoir le collier de l'ordre du Saint-Esprit.* ● *Un sautoir :* grand collier qui descend sur la poitrine. **2.** Endroit spécialement aménagé pour le saut sportif.

sauvage, adj. ou n. m. ♦ **1.** Qui n'est pas domestique : *Le renard et le blaireau sont des animaux sauvages, le chien est un animal domestique.* **2.** Qui n'est pas civilisé : *L'exploratrice s'est consacrée à l'étude de cette peuplade sauvage.* — SYN. barbare. — CONTR. civilisé. ● *Les sauvages vivaient surtout des produits de la chasse.* **3.** Peu sociable : *Le père Nestor est sauvage : il ne voit personne.*

sauvagerie, n. f. ♦ Brutalité cruelle. — SYN. cruauté, férocité. — CONTR. douceur.

sauvegarde, n. f. ♦ Protection : *Tu es sous ma sauvegarde : tu ne crains rien.*

sauvegarder, v. ♦ Défendre, protéger et conserver. — SYN. préserver. — CONTR. perdre.

sauver, v. ♦ **1.** Arracher à un grave danger, éviter la mort, la disparition : *Sauvons les espèces animales menacées, quand il est temps encore.* **2.** *Se sauver :* s'enfuir.

sauvetage, n. m. ♦ Action de sauver, d'arracher à la mort, à un grand péril : *Tous les marins du port participèrent au sauvetage des naufragés.* ● *Un canot de sauvetage.*

sauveteur, n. m. ♦ Celui qui participe à un sauvetage.

sauveur, n. m. ♦ Celui qui sauve quelqu'un.

savane, n. f. ♦ Dans les pays chauds, territoire où croissent de hautes herbes et

savane

quelques arbres. — REGARDER *jungle*. • Terrain marécageux où les arbres sont rares : *Les lièvres couraient dans la savane gelée.*

savant, ante, adj. *ou* n. m. ♦ **1.** Qui sait beaucoup de choses : *Ma cousine est très savante : elle est professeure de faculté.* — SYN. cultivé. — CONTR. ignare, ignorant, inculte. • *Un savant :* un homme qui a beaucoup étudié, qui fait des recherches et des découvertes. **2.** *Langage savant :* langage des sciences, différent du langage ordinaire. **3.** *Animal savant :* animal dressé, qui fait des numéros dans un cirque.

savate, n. f. ♦ Vieille pantoufle, vieille chaussure.

saveur, n. f. ♦ Goût.

1. savoir, v. (conjugaison **70**) ♦ **1.** Avoir été informé d'une chose : *Je sais, depuis hier, que le directeur a donné sa démission.* **2.** Connaître une leçon, l'avoir apprise : *Nous devons savoir par cœur le résumé de la leçon d'histoire.* **3.** Être capable de faire quelque chose : *À dix ans, tu devrais savoir nager mieux que cela !* On ne saurait penser à tout.* **4.** Connaître : *Sais-tu le nom de cette fleur ?* — CONTR. ignorer.

2. savoir, n. m. ♦ Ensemble de connaissances : *Notre voisine est professeure de faculté : elle a un savoir immense.* — SYN. culture, science. — CONTR. ignorance.

savoir-faire, n. m. inv. ♦ Habileté technique, adresse dans l'exécution : *As-tu remarqué le savoir-faire de cet artisan ?*

savoir-vivre, n. m. ♦ Bonnes manières, bonne éducation. — SYN. politesse.

savon, n. m. ♦ Substance qui mousse au contact de l'eau et qui sert à laver.

savonner, v. ♦ Laver avec du savon.

savonnette, n. f. ♦ Petit morceau de savon moulé qui sert à la toilette.

savonneux, euse, adj. ♦ Qui est enduit de savon ; plein de mousse de savon.

savourer, v. ♦ Manger lentement, avec plaisir, une chose agréable : *Sylvia savourait sa crème à la vanille, à petites cuillerées.* — SYN. déguster.

savoureux, euse, adj. ♦ Qui a un goût très agréable et marqué : *Ce pain de seigle est savoureux à souhait !* — CONTR. fade, insipide.

saxophone, n. m. ♦ Instrument de musique, en cuivre, de forme recourbée, muni de clefs.

scalp, n. m. ♦ Peau de crâne avec les cheveux, découpée par les Indiens autrefois sur la tête d'un ennemi mort.

scalper, v. ♦ Prélever un scalp : *Les Peaux-Rouges scalpèrent les soldats anglais restés sur le champ de bataille.*

scandale, n. m. ♦ **1.** Chose qui suscite la réprobation, l'indignation : *Sa déclaration a fait scandale.* **2.** *Faire du scandale,* du bruit, du tapage. — SYN. esclandre.

scandaleux, euse, adj. ♦ Honteux, révoltant.

scandaliser, v. ♦ Choquer beaucoup : *Sa tenue nous a scandalisés.*

scander, v. ♦ Marquer fortement le rythme de ses phrases : *L'orateur frappait sur la table pour mieux scander ses mots.*

scandinave, adj. ♦ De la Scandinavie, ensemble qui comprend le Danemark, l'Islande, la Norvège et la Suède.

scanner [skanɛr], n. m. ♦ Appareil de radiographie très perfectionné, comprenant un ordinateur, qui permet d'examiner l'intérieur du corps en donnant une série d'images disposées sur des plans parallèles.

scaphandre, n. m. ♦ Équipement qui permet de plonger et de travailler sous l'eau.

scaphandrier, n. m. ♦ Plongeur qui travaille sous l'eau revêtu d'un scaphandre.

scarabée, n. m. ♦ Gros insecte brun, de forme arrondie.

scarlatine, n. f. ♦ Maladie contagieuse qui se manifeste par une grande fièvre et par l'apparition de plaques rouges sur le corps.

scarole, n. f. ♦ Variété de salade.

sceau, n. m. ♦ Cachet de cire fermant une lettre et portant une marque. ● *Le garde des Sceaux :* le ministre de la Justice.

scélérat, ate, n. *ou* adj. ♦ Criminel : *Le scélérat! Il nous a tous trahis!*

sceller, v. ♦ **1.** Fermer avec un sceau : *On scella la lettre avec un sceau de cire rouge.* — REM. N'écrivez pas comme : *seller un cheval.* **2.** Fermer hermétiquement : *La boîte métallique fut scellée avant d'être immergée.* **3.** Fixer solidement : *On scella les barreaux dans la pierre avec du ciment.* — CONTR. desceller.

scénario, n. m. ♦ Plan détaillé d'un film, avec les dialogues qui seront dits par les acteurs.

scénariste, n. m. *ou* f. ♦ Celui, celle qui écrit les scénarios des films.

scène, n. f. ♦ **1.** Plateau sur lequel se tiennent les acteurs quand ils jouent une pièce de théâtre. **2.** Chacune des divisions d'un acte d'une pièce de théâtre : *Nous allons expliquer la scène 2 de l'acte III du Cid.* **3.** Petit événement, discussion, etc., qui met en jeu deux ou plusieurs personnes : *Si tu avais vu la scène comique, quand les concurrents de la course en sac sont tombés les uns sur les autres!*

sceptique, adj. ♦ Qui ne croit pas fort à une chose : *Elle dit qu'elle est malade, mais je suis sceptique.* — REM. N'écrivez pas comme *une fosse septique.* — SYN. incrédule, méfiant.

sceptre, n. m. ♦ Bâton orné qu'un roi tient à la main et qui est l'insigne de sa fonction.

schéma, n. m. ♦ Dessin très simplifié qui fait comprendre une structure ou un fonctionnement.

schématique, adj. ♦ Réduit aux grandes lignes : *Voici un exposé schématique de la formation de la Confédération du Canada.*

schiste [ʃist], n. m. ♦ Roche qui se fend facilement en feuillets parallèles.

scie, n. f. ♦ Outil, instrument, machine qui a une lame dentée et qui sert à scier.

science, n. f. ♦ **1.** *La science,* l'ensemble du savoir : *Y a-t-il des limites au progrès de la science?* **2.** *Les sciences,* la physique-chimie, les mathématiques, l'astronomie, la biologie, etc. : *Jacqueline est forte en lettres, elle est nulle en sciences.* ● *Les sciences naturelles :* la biologie, la géologie, la zoologie et la botanique.

science-fiction, n. f. ♦ Genre littéraire qui consiste à introduire dans un récit romanesque des éléments fantastiques supposés possibles grâce aux progrès de la science.

scientifique, adj. *ou* n. ♦ Qui concerne la science ou les sciences : *François s'intéresse peu aux disciplines scientifiques.* **Un, une scientifique.**

scier, v. (conjugaison 20) ♦ Couper avec une scie : *Pour scier la planche, Francine l'a posée sur la belle table du salon, et elle a scié un morceau de la table!*

scierie, n. f. ♦ Usine, atelier où l'on scie mécaniquement les troncs pour faire des planches, des madriers.

scinder (se), v. ♦ Se diviser : *Le groupe des chasseurs s'est scindé en deux pour contourner l'étang.*

scintillement [sɛ̃tijmã], n. m. ♦ Éclat d'une chose qui scintille.

scintiller [sɛ̃tije], v. ♦ Briller d'un éclat vif et variable : *Sous le soleil, les vaguelettes de l'étang scintillent comme des étoiles dans une nuit d'été.* — SYN. étinceler.

sciure, n. f. ♦ Ensemble de petits fragments de bois qui tombent quand on scie.

scolaire, adj. ♦ Qui concerne l'école, les études qu'on fait à l'école : *Début septembre, c'est la rentrée scolaire.*

scolarité, n. f. ♦ Études qu'on fait à l'école.

scorbut [skɔʀbyt], n. m. ♦ Maladie grave qui résulte du manque de vitamine C.

score, n. m. ♦ Nombre de points obtenus par les équipes : *6 à 0 : c'est un beau score !*

scorpion, n. m. ♦ Animal invertébré des pays chauds ou assez chauds, à huit pattes, qui porte un crochet venimeux au bout de la queue.

scout, n. m. ♦ Garçon qui fait partie d'un mouvement de jeunesse, le *scoutisme.*

scoutisme, n. m. ♦ Mouvement de jeunesse dont les membres portent un uniforme, font du camping, des excursions, du sport, etc.

scrupule, n. m. ♦ Hésitation à faire une chose qui pourrait être contraire à la morale : *Je comprends vos scrupules, mais il faut agir, et vite!* ● *Un individu sans scrupules,* qui ne s'embarrasse pas des règles de la morale.

scrupuleux, euse, adj. ♦ Qui a beaucoup de scrupules : *Elle n'est pas très scrupuleuse sur les moyens de s'enrichir.* — SYN. consciencieux, honnête, méticuleux, strict.

scruter, v. ♦ Examiner avec soin pour essayer de découvrir, de voir quelque chose : *Le naufragé sur son radeau scrutait en vain la mer déserte.* — SYN. examiner, observer.

scrutin, n. m. ♦ Vote : *Dépêche-toi d'aller voter : le scrutin est clos à 18 heures.*

sculpter [skylte], v. ♦ **1.** Travailler une matière pour faire une statue, un bas-relief. **2.** Faire une statue, un bas-relief : *Quelle artiste a sculpté ce torse d'Apollon?*

sculpteur [skyltœʀ], **eure (euse),** n. ♦ Artiste qui sculpte.

sculpture [skyltyʀ], n. f. ♦ **1.** Art de faire des statues, des bustes, des bas-reliefs. **2.** Statue, buste, bas-relief : *Ce musée possède une très belle collection de sculptures grecques.*

se, pronom personnel. ♦ Pronom réfléchi de la troisième personne du singulier ou du pluriel : *Elle se lave. Ils s'ébattent dans l'herbe.* — REGARDER *s'* 1.

séance, n. f. ♦ **1.** Réunion, assemblée : *Demain, séance de travail à 10 heures.* **2.** Temps, plus ou moins long, pendant lequel on fait quelque chose : *Et tous les matins, au lever, petite séance de gymnastique !* **3.** Spectacle : *Dépêche-toi, il y a une séance de cinéma dans dix minutes.* ● *Une séance récréative.*

seau, n. m. ♦ Récipient en bois, en métal ou en matière plastique, en forme de tronc de cône ou de cylindre, muni d'une anse mobile.

sec, sèche, adj. ♦ **1.** Sans eau, sans humidité : *Il a plu un peu, mais, par ce soleil, la chaussée est déjà sèche.* — CONTR. humide, mouillé. ● *Cours d'eau à sec, mare à sec,* où il n'y a plus d'eau. ● *Temps sec,* sans pluie. ● *Climat sec.* **2.** *Branche sèche :* branche morte, dans laquelle la sève ne circule plus. **3.** *Fruits secs, légumes secs,* qui ont séché et qui peuvent se conserver longtemps. — CONTR. frais. ● *Raisin sec.* ● *Haricots secs.* ● *Saucisson sec :* saucisson cru séché. ● *Gâteaux secs.* **4.** *Pain sec :* pain

secrétaire

tout seul, sans beurre, sans confiture, sans fromage, etc. **5.** Court et peu orné : *Développe ce point : ton texte est trop sec.* **6.** Bref et claquant : *Un coup sec sur la table, et le maître impose le silence à la classe.* ● Dur et rapide : *Un coup sec sur le couvercle, et la boîte se ferme.* ● Dur et sans réplique : *Le chef donne des ordres d'un ton sec.* **7.** Peu sucré : *On peut servir ce poisson avec un vin blanc sec.*

sécateur, n. m. ♦ Gros ciseaux servant à couper les tiges, les branches.

sécher, v. (conjugaison 11) ♦ **1.** Rendre sec : *Avec une serviette, sèche bien tes cheveux.* — CONTR. mouiller. **2.** Devenir sec : *Du linge sèche aux fenêtres des vieilles rues.*

sécheresse, n. f. ♦ Longue période sans pluie — CONTR. humidité, pluie.

séchoir, n. m. ♦ **1.** Dispositif sur lequel on étend le linge pour le faire sécher. **2.** Appareil qui souffle de l'air chaud et qui sert à sécher les cheveux.

second, onde, adj. *ou* n. ♦ Synonyme de *deuxième*, qui s'emploie (en principe) quand il y a deux éléments seulement : *Corinne prit un billet de seconde classe.*

secondaire, adj. ♦ **1.** Peu important, moins important : *Vite, passons à la question principale, nous verrons plus tard les affaires secondaires.* — SYN. accessoire, annexe, mineur. — CONTR. capital, essentiel, fondamental, important, primordial, principal. **2.** *Enseignement secondaire :* enseignement donné après l'école primaire pendant cinq ans.

seconde, n. f. ♦ **1.** Unité de temps qui vaut un soixantième de minute (symbole : *s*). **2.** Unité d'angle et d'arc qui vaut un soixantième de minute.

secouer, v. (conjugaison 19) ♦ Remuer fortement, agiter par des secousses : *Le vent souffle en tempête et secoue les feuillages.*

secourable, adj. ♦ Qui porte volontiers secours aux autres : *Un automobiliste secourable s'arrêta pour aider ma sœur à changer la roue de sa voiture.*

secourir, v. (conjugaison 32) ♦ Aider ou sauver quelqu'un qui est en difficulté ou en danger : *Le skieur s'était égaré ; heureusement, la guide l'a secouru.* ● *On s'empressa de secourir les personnes blessées.*

secourisme, n. m. ♦ Activité des secouristes.

secouriste, n. m. *ou* f. ♦ Personne bénévole qui a reçu une formation appropriée et qui fait partie d'une équipe qui porte secours aux personnes victimes d'un accident.

secours, n. m. ♦ **1.** Aide qu'on apporte à une personne en difficulté ou en danger ● *Au secours ! Je suis tombé !* **2.** Argent qu'on donne à une personne pour l'aider : *La vieille dame subsiste grâce à un secours du bureau d'aide sociale.*

secousse, n. f. ♦ Mouvement brusque qui ébranle.

1. secret, ète, adj. ♦ **1.** Qui n'est pas communiqué, qui ne doit pas être communiqué : *Cette information est restée secrète.* — SYN. confidentiel. — CONTR. public. **2.** Caché, dissimulé : *Un souterrain secret part du donjon du château fort.* ● *Escalier secret.* — SYN. dérobé. **3.** Qui ne dit pas ses affaires : *Jocelyne est une fille secrète et timide.* — SYN. discret, renfermé, réservé. — CONTR. communicatif, expansif, exubérant, ouvert.

2. secret, n. m. ♦ **1.** Chose cachée qu'on ne doit pas révéler : *Nous lui préparons une fête, mais c'est un secret.* ● *En secret :* sans rien dire à personne. **2.** Moyen connu de quelques personnes ou d'une personne seulement : *Le ministre rangeait ses documents importants dans un coffre à secret.*

secrétaire, n. m. *ou* f. ♦ **1.** *Un, une secrétaire :* celui, celle qui aide quelqu'un en écrivant les lettres, en prenant les rendez-vous, en rangeant les dossiers, etc. **2.** *Un secrétaire :* meuble sur lequel on peut écrire et qui comprend des tiroirs pour le rangement des papiers.

secrétariat, n. m. ♦ Bureau où travaillent les secrétaires.

sécréter, v. (conjugaison 11) ♦ Produire un liquide organique : *L'estomac sécrète le suc gastrique.*

sécrétion, n. f. ♦ Liquide produit pas une glande.

sectaire, adj. *ou* n. ♦ Intolérant : *Ces jeunes gens sectaires refusent de se joindre à nous.* — SYN. fanatique. — CONTR. libéral, tolérant.

sectarisme, n. m. ♦ Attitude, défaut des sectaires.

secte, n. f. ♦ Groupe de gens qui suivent une doctrine particulière à l'intérieur d'une religion.

secteur, n. m. ♦ Partie d'un territoire, d'une ville, d'une zone de combats. ● *Une panne de secteur.*

section, n. f. ♦ **1.** Partie d'une route, d'un trajet, etc. : *Cette section de la ligne de chemin de fer est à voie double.* **2.** Groupe à l'intérieur d'un groupe plus grand. ● Unité militaire commandée par un lieutenant et qui fait partie d'une compagnie.

sectionner, v. ♦ Couper : *Il faut sectionner ce câble, il est trop long.* — SYN. trancher.

séculaire, adj. ♦ Qui a au moins cent ans : *La vie du village était réglée par des traditions séculaires.*

sécurité, n. f. ♦ **1.** État de quelqu'un qui n'a rien à craindre : *Les policiers et les gendarmes assurent la sécurité des citoyens* — SYN. sûreté. — CONTR. insécurité ● *Reste*

chez toi, grand-mère, tu seras **en sécurité** *pendant l'orage.* ● *Un dispositif de sécurité.* ● *Une ceinture de sécurité.*

sédentaire, adj. *ou* n. ♦ **1.** Qui vit fixé sur un territoire : *Les peuples sédentaires étaient parfois attaqués par les tribus nomades.* — CONTR. nomade. **2.** Qui travaille assis, sans se déplacer : *Les personnes sédentaires manquent d'exercice.* ● *Un emploi sédentaire.*

séducteur, trice, n. ♦ Celui, celle qui cherche à séduire.

séduction, n. f. ♦ **1.** Action de séduire. **2.** Charme d'une personne ou d'une chose qui séduit. — SYN. attirance, ensorcellement, fascination. — CONTR. répugnance, répulsion.

séduire, v. (conjugaison 46) ♦ **1.** Se faire aimer d'une personne, obtenir ses faveurs : *Pour séduire la jeune fille, il lui promit le mariage.* **2.** Plaire beaucoup : *Cette idée d'excursion me séduit.* — SYN. charmer. — CONTR. déplaire, répugner.

séduisant, ante, adj. ♦ Qui plaît beaucoup, qui attire : *Ton idée est vraiment séduisante.* — SYN. attachant, attirant, charmant, fascinant, ravissant, tentant. — CONTR. dégoûtant, hideux, repoussant, répugnant.

segment, n. m. ♦ *Segment (de droite) :* partie d'une ligne droite comprise entre deux points.

ségrégation, n. f. ♦ Séparation et mise à l'écart des gens de couleur, dans certains pays racistes.

seiche [sɛʃ], n. f. ♦ Mollusque marin, voisin du calmar, muni de dix tentacules, émettant un liquide noir (ou *encre*), pour se protéger contre les prédateurs, et portant une coquille interne appelée *os de seiche.*

seigle, n. m. ♦ Céréale qui donne une farine grise. ● *Pain de seigle,* fait avec la farine du seigle.

semblable

seigneur, n. m. ♦ **1.** Autrefois, noble qui était le maître d'un territoire. ● *Les grands seigneurs :* Les nobles riches et puissants. **2.** *Le Seigneur :* Dieu.

sein, n. m. ♦ **1.** Mamelle de la femme. ● *Donner le sein à un enfant,* l'allaiter. **2.** *Le sein de,* l'intérieur, les profondeurs de : *Des milliards de poissons vivent dans le sein des océans.*

séisme [seism], n. m. ♦ Tremblement de terre.

seize, adj. numéral *ou* n. m. ♦ Au nombre de 16 : *Il y a seize arbres dans la cour* ● Qui vient au 16ᵉ rang : *Ouvrez vos livres à la page 16.* ● Le numéro 16 : *Elle habite au 16 de la rue Saint-Loup.*

seizième, adj. numéral ordinal *ou* n. m. *ou* f. ♦ Qui vient au 16ᵉ rang : *La seizième fenêtre est celle du bureau du mon père. Claire est seizième au classement général.* ● *C'est toi, Claire, qui es la seizième.*

séjour, n. m. ♦ **1.** Temps pendant lequel on reste à un endroit : *Je vais faire un petit séjour en Abitibi, chez ma tante.* **2.** *Salle de séjour :* pièce de l'appartement ou de la maison où la famille passe la plus grande partie de son temps, dans la journée.

séjourner, v. ♦ Rester un certain temps à un endroit : *J'ai séjourné une semaine à Sainte-Agathe-des-Monts.*

sel, n. m. ♦ Substance, extraite de l'eau de mer ou de l'intérieur de la terre, qui sert à donner du goût aux aliments ou à les conserver.

sélection, n. f. ♦ **1.** Action de sélectionner. **2.** Ensemble des éléments sélectionnés : *Voici une sélection de titres de livres à lire à la maison.* — SYN. choix.

sélectionner, v. ♦ Choisir en vue d'un but ou selon certains critères : *Pour cette expédition, on sélectionna des hommes robustes.*

selle, n. f. ♦ **1.** Objet en cuir posé sur le dos d'une monture et sur lequel s'assied le cavalier. **2.** Siège triangulaire sur une bicyclette.

seller, v. ♦ *Seller un cheval,* lui mettre la selle. — REM. N'écrivez pas comme : *sceller une lettre.*

sellette, n. f. ♦ *Être sur la sellette :* être interrogé (comme un accusé). — REM. Cette expression est légèrement familière.

sellier, n. m. ♦ Celui qui fait les selles et les harnais, et aussi les garnitures des sièges des voitures.

selon, prép. ♦ **1.** Conformément à : *Tout sera exécuté selon tes consignes.* **2.** D'après ce qui est dit : *Selon la météo, il va pleuvoir.* **3.** En fonction de : *Nous ferons pour le mieux, selon nos moyens.* ● *Selon que ma tante est bien portante ou malade, elle est aimable ou désagréable.*

semailles, n. f. pl. ♦ Action de semer. ● Moment où l'on sème.

semaine, n. f. ♦ **1.** Succession de sept jours. **2.** Durée de sept jours : *Luc a été très malade et a été hospitalisé pendant quatre semaines.* **3.** *En semaine :* les jours autres que le dimanche. **4.** *Fin de semaine :* le congé du samedi et du dimanche. — SYN. week-end.

sémaphore, n. m. ♦ **1.** Système qui, placé près de la mer, peut émettre des signaux optiques, pour communiquer avec les navires. **2.** Signal de chemin de fer qui indique si la voie est libre et qui comprend un bras mobile.

semblable, adj. *ou* n. m. ♦ **1.** Qui est pareil : *Ton pull est semblable au mien.* ● *Nos deux pulls sont semblables.* — SYN. analogue, comparable, identique, similaire. — CONTR. autre, différent, dissemblable, distinct. **2.** *Le semblable :* être humain, en tant qu'il est semblable à tout autre être humain. — SYN. le prochain.

semblant, n. m. ♦ *Faire semblant,* donner l'apparence fausse d'une action ou d'un sentiment : *Sa mère l'appelle, mais il fait semblant de ne pas l'entendre.* — SYN. feindre.

sembler, v. ♦ **1.** Avoir l'air : *Que se passe-t-il ? Irène semble soucieuse.* — SYN. paraître. **2.** *Il semble que,* on dirait que : *Il semble que le vent souffle moins fort.* **3.** *Il me (te, lui...) semble que,* je pense (tu penses, il pense...) que : *Il me semble que c'est la solution la meilleure.*

semelle, n. f. ♦ Partie plate et inférieure d'une chaussure.

semence, n. f. ♦ Ensemble de graines que l'on sème.

semer, v. (conjugaison 12) ♦ **1.** Mettre des graines dans la terre pour qu'elles poussent et donnent naissance à des plantes : *Loïc a semé des radis dans ce coin du jardin.* — REGARDER *ensemencer, planter.* **2.** *Semer la terreur :* répandre la terreur.

semestre, n. m. ♦ Période de six mois.

semeur, euse, n. ♦ Celui, celle qui est en train de semer.

séminaire, n. m. ♦ **1.** Sorte de collège où l'on forme les futurs prêtres catholiques. **2.** Séance de travail et de discussion sur un sujet.

séminariste, n. m. ♦ Élève d'un séminaire.

semi-remorque, n. m. ♦ Gros camion composé d'un tracteur et d'une remorque. — PLUR. *des semi-remorques.*

semis [səmi], n. m. ♦ **1.** Action de semer des légumes ou des fleurs. **2.** Partie de terrain où l'on a semé des légumes ou des fleurs : *En jouant, les enfants ont piétiné les semis de radis.*

semoir, n. m. ♦ Machine agricole qui sert à ensemencer les champs.

semonce, n. f. ♦ Réprimande : *Jules a chahuté : il a reçu une bonne semonce.* — SYN. admonestation, avertissement, réprimande.

semoncer, v. (conjugaison 17) ♦ Réprimander. — SYN. admonester.

semoule, n. f. ♦ Farine à très gros grains, obtenue par mouture du blé dur, qui sert à faire les pâtes alimentaires, le couscous et des gâteaux.

sénat, n. m. ♦ **1.** Nom de diverses assemblées politiques des cités de l'Antiquité. **2.** Dans les pays modernes, nom de l'une des deux assemblées législatives.

sénateur, trice, n. ♦ Membre d'un sénat.

senior [senjɔʀ], n. m. ♦ Sportif âgé de plus de vingt ans, par opposition à *junior.*

1. sens, n. m. ♦ **1.** *Les cinq sens :* la vue, l'ouïe, le toucher, le goût, l'odorat. **2.** *Le bon sens :* la faculté de bien juger, sans chercher les complications inutiles. **3.** Ce que veut dire un mot : *Le mot « monde » a plusieurs sens.* — SYN. signification.

2. sens, n. m. ♦ Direction : *Il y a beaucoup de voitures sur les routes, dans le sens Montréal-Laurentides, au moment des départs en vacances.* ● *Sens unique.* ● *Sens interdit.*

sensation, n. f. ♦ **1.** Ce qu'on ressent : *J'éprouve une sensation de bien-être.* — SYN. impression. **2.** *Faire sensation,* provoquer une grande surprise et faire parler beaucoup : *Le nouveau film a fait sensation.*

sensationnel, elle, adj. ♦ Qui fait sensation : *Traverser l'Atlantique sur une planche à voile ? Ce serait une chose sensationnelle !* — SYN. extraordinaire. — CONTR. banal.

sensé, ée, adj. ♦ Plein de raison et de bon sens : *Enfin ! voilà une proposition*

septentrional

sensée ! — SYN. judicieux, raisonnable, sage. — CONTR. absurde, délirant, déraisonnable, fou, insensé.

sensibilité, n. f. ♦ Caractère d'une personne sensible : *Éléonore est d'une grande sensibilité : elle s'émeut pour un rien.* — CONTR. insensibilité.

sensible, adj. ♦ **1.** Qui s'émeut facilement : *Raynald est très sensible : il pleure facilement.* — SYN. émotif. — CONTR. insensible. **2.** Qui fait mal facilement : *Si tu as les pieds sensibles, ne viens pas en excursion.* **3.** *Être sensible à,* être très touché par : *Croyez-moi, j'ai été très sensible à votre délicate attention.* **4.** Notable : *Fais calfeutrer la maison, tu feras des économies de chauffage très sensibles.* — SYN. appréciable. — CONTR. insignifiant **5.** Qui peut être impressionné par la lumière. ● *Plaque sensible, pellicule sensible* (d'un appareil photographique).

sensiblement, adv. ♦ De manière notable : *Il fait sensiblement plus froid qu'hier.*

sentence, n. f. ♦ Décision du tribunal : *Le tribunal a rendu sa sentence : deux ans de prison.* — SYN. jugement, verdict.

senteur, n. f. ♦ Bonne odeur : *La senteur des lilas embaume les jardins.* — SYN. parfum.

sentier, n. m. ♦ Petit chemin très étroit.

sentiment, n. m. ♦ **1.** Ce qu'on éprouve dans son coeur : *La joie et la tristesse, l'espoir et l'amertume, la crainte et la fierté : nous avons éprouvé ces sentiments-là.* **2.** Impression : *J'ai le sentiment que nous touchons au but.*

sentimental, ale, aux, adj. ♦ Qui concerne les sentiments, et notamment le sentiment de l'amour : *La vie sentimentale de ma sœur est très compliquée en ce moment.*

sentinelle, n. f. ♦ Soldat armé qui monte la garde.

sentir, v. (conjugaison 42) ♦ **1.** Percevoir : *Il va pleuvoir : j'ai senti des gouttes d'eau sur ma main.* **2.** Deviner, sans pouvoir donner de raisons : *Je sens que Laurent nous en veut.* **3.** Percevoir par l'odorat : *Je sens une odeur d'algues : nous approchons du bord de mer.* **4.** Avoir telle odeur : *Les lilas sentent bon. La vieille armoire sent la lavande.*

sépale, n. m. ♦ Chacune des petites feuilles qui forment le calice des fleurs.

séparation, n. f. ♦ **1.** Action de séparer ou de se séparer : *Dans cinq minutes, le train va partir : voici l'heure de la séparation.* — CONTR. retrouvailles. **2.** Ce qui sépare : *Une cloison de bois forme la séparation qui divise la salle en deux.*

séparément, adv. ♦ En n'étant pas ensemble ; en ne mélangeant pas : *Il faut traiter séparément ces questions.*

séparer, v. ♦ **1.** Mettre à part : *Cette question-ci doit être séparée de la précédente.* — SYN. dissocier, distinguer, isoler. — CONTR. confondre, lier, unir, réunir. ● Isoler en empêchant le passage : *Une cloison mince sépare les deux salles.* **2.** Éloigner l'un de l'autre : *L'instituteur a séparé les deux garçons qui se battaient.* **3.** *Se séparer,* se quitter : *Allons, séparons-nous, et à demain !* — CONTR. se retrouver. **4.** *Se séparer,* se diviser : *Ici, le fleuve se sépare en deux bras : le delta commence.* — CONTR. se réunir.

sept [sɛt], adj. numéral *ou* n. m. ♦ Au nombre de 7 : *Il y a sept maisons dans ce hameau.* ● Qui vient au 7ᵉ rang : *Ouvrez vos livres à la page 7.* ● Le chiffre ou le numéro 7 : *Pourquoi as-tu écrit ce 7 sur mon cahier ?*

septembre, n. m. ♦ Neuvième mois de l'année, entre août et octobre.

septentrional, ale, aux, adj. ♦ Du nord : *Les Lapons vivent dans la partie septentrionale de la Scandinavie.* — CONTR. méridional.

septième

septième [sɛtjɛm], adj. numéral ordinal *ou* n. m. *ou* f. ♦ Qui vient au septième rang : *La septième porte est celle du bureau de la directrice. Arthur est septième au concours.* ● *C'est toi, Arthur, qui es le septième. C'est elle la septième.*

septique, adj. ♦ *Fosse septique :* fosse qui est creusée sous les cabinets, quand il n'y a pas de tout-à-l'égout. — REM. N'écrivez pas comme *sceptique :* « qui doute ».

septuagénaire, adj. *ou* n. ♦ Dont l'âge est égal ou supérieur à soixante-dix ans et inférieur à quatre-vingts ans.

sépulture, n. f. ♦ Endroit où l'on enterre une personne morte. — SYN. tombe, tombeau.

séquelle, n. f. ♦ Trouble qui persiste après une maladie, une blessure.

séquence, n. f. ♦ **1.** Suite d'éléments : *Soit la séquence des nombres naturels 12 13 14 15 16 17 18.* **2.** Scène de cinéma ou de télévision. ● *Une séquence vidéo.*

séquestrer, v. ♦ Retenir une personne prisonnière et enfermée, illégalement : *Ils avaient séquestré leur sœur devenue folle.*

séquoia [sekɔja], n. m. ♦ Arbre de Californie, conifère qui vit très vieux et peut atteindre une hauteur de 150 mètres.

séraphin, ine, n. ♦ Personne avare, harpagon, grippe-sou.

serein, eine, adj. ♦ **1.** *Ciel serein,* calme et pur. — CONTR. nuageux, troublé. **2.** Tranquille, sans passion, sans inquiétude : *Seule, dans l'affolement général, Marie restait sereine.* — SYN. calme, paisible. — CONTR. agité, inquiet. — REM. N'écrivez pas comme *un serin,* « oiseau ».

sérénité, n. f. ♦ État d'une personne sereine. — SYN. le calme, tranquillité. — CONTR. agitation, inquiétude.

serf [sɛrf], **serve,** n. ♦ Au Moyen Âge, paysan « attaché à la glèbe », c'est-à-dire privé du droit de quitter la terre du seigneur.

sergent, ente, n. ♦ Gradé dont l'insigne est un galon en forme de chevron.

série, n. f. ♦ **1.** Succession de choses plus ou moins semblables : *Il lui arrive en ce moment une série de mésaventures.* ● *Une série noire.* **2.** *Fabriquer, produire en série :* fabriquer, produire un grand nombre d'objets, tous sur le même modèle. ● *Une voiture de série.*

sérieux, euse, adj. *ou* n. m. ♦ **1.** Qui s'applique et qui fait attention à ce qu'il fait, au lieu de rire et de s'amuser. — SYN. posé, raisonnable, réfléchi, sage. — CONTR. frivole. **2.** *Garder son sérieux :* ne pas rire. **3.** *Prendre quelque chose au sérieux :* considérer une chose comme importante et grave. **4.** Assez grave, assez grand : *Ma tante a de sérieux ennuis de santé.* —CONTR. léger.

serin, n. m. ♦ Petit oiseau au plumage jaune. — REM. N'écrivez pas comme *serein,* « calme ».

seriner, v. ♦ Répéter constamment : *On lui serine sans cesse la même leçon.*

seringue, n. f. ♦ Instrument, formé par un cylindre creux où peut se mouvoir un piston, qui sert à projeter un liquide, à faire des piqûres.

serment, n. m. ♦ Affirmation solennelle ou promesse de caractère sacré : *Tous les conjurés s'engagèrent par serment à garder le secret.* ● *Prêter serment :* faire un serment. — SYN. jurer.

sermon, n. m. ♦ Discours religieux prononcé dans une église par un prêtre catholique, en général au cours d'un office.

sermonner, v. ♦ Adresser à quelqu'un des reproches ou des conseils : *On a sermonné Stéphanie pour qu'elle ne recommence pas cette sottise.* — SYN. réprimander, semoncer.

serpe, n. f. ♦ Outil à lame courbe qui sert à élaguer, à couper des tiges sur un arbre, un arbuste.

serpent, n. m. ♦ Reptile sans pattes, au corps en forme de cylindre très long terminé par une queue effilée.

serpenter, v. ♦ Faire des tournants, à la manière d'un serpent qui rampe : _Le petit chemin serpente au fond de la vallée, en épousant les méandres de la rivière._

serpentin, n. m. ♦ Long ruban de papier de couleur vive qu'on lance dans les fêtes.

serpillière, n. f. ♦ Morceau de grosse toile très épaisse qui sert à laver le sol, les carrelages.

serpolet, n. m. ♦ Variété de thym.

serre, n. f. ♦ **1.** _Une serre :_ construction à parois et à toit de verre, généralement chauffée, où l'on cultive les plantes qui craignent le froid. **2.** _Les serres :_ griffes recourbées et aiguës des oiseaux de proie.

serré, ée, adj. ♦ **1.** Qui serre un peu le corps, qui est très étroit : _Nathalie portait un jean et un pull très serrés._ — SYN. ajusté, collant. — CONTR. ample, flottant, large. **2.** Dont les éléments sont près les uns des autres : _Une végétation serrée empêche de passer à travers ces collines._ — SYN. compact, dense, dru, épais. — CONTR. clairsemé, rare. **3.** _Lutte serrée :_ lutte au résultat longtemps incertain, les adversaires étant à peu près de même force. **4.** _Avoir la gorge serrée :_ éprouver de l'angoisse.

serrer, v. ♦ **1.** Tenir fort, en pressant : _Il me serra vigoureusement la main._ — SYN. étreindre. **2.** Bloquer en tirant, en tournant ou en appuyant très fort : _Vas-y, serre les freins à bloc !_ ● _Serrer un nœud._ ● _Serrer un robinet._ — CONTR. desserrer. **3.** Comprimer : _Ces bottes me serrent les pieds._ **4.** _Serrer le cœur :_ faire de la peine **5.** Passer tout près : _Le navire serrait la côte, passant à moins d'une encablure des rochers._ — SYN. raser.

serrure, n. f. ♦ Mécanisme fixé sur une porte, un couvercle ou un tiroir et qui en assure la fermeture.

serrurier, n. m. ♦ Celui qui fabrique, répare et pose les serrures et qui fabrique les clefs.

sérum, n. m. ♦ Liquide qu'on injecte pour guérir certaines maladies infectieuses. — REGARDER _vaccin._

servante, n. f. ♦ Autrefois, domestique de sexe féminin. — REGARDER _bonne._

serveur, euse, n. ♦ Celui, celle qui sert les clients dans un restaurant.

serviable, adj. ♦ Qui rend volontiers service. — SYN. complaisant, obligeant.

service, n. m. ♦ **1.** Travail qu'on a à assurer : _Les employés quittent leur service à 18 heures._ **2.** Organisme qui assure une fonction : _Les services de sécurité sont en alerte._ ● _Un service public._ **3.** _Service militaire, service national :_ dans certains pays, temps pendant lequel un jeune homme doit servir dans l'armée ou dans une organisation d'intérêt national. **4.** Action de servir les clients dans un café, un restaurant : _Dans ce restaurant, le service est très rapide._ ● Prix qui s'ajoute au prix du repas ou de la consommation et qui est la rémunération du serveur, du garçon : _Le service est de 15 %._ **5.** Ensemble assorti de pièces de vaisselle : _Le dimanche, ma mère met le service en porcelaine de Limoges._ **6.** _Au service de quelqu'un,_ à la disposition de quelqu'un pour le servir, l'aider : _Le seigneur avait trente domestiques à son service._ ● _Rendre service à quelqu'un._

serviette, n. f. ♦ **1.** Linge avec lequel on s'essuie la bouche, à table. ● _Serviette de table._ **2.** Linge avec lequel on s'essuie quand on s'est lavé. ● _Serviette de toilette._ **3.** Sac plat, en cuir, où l'on met des documents, des livres, etc. — REGARDER _cartable._

servir, v. (conjugaison 43) ♦ **1.** Aider quelqu'un, travailler ou agir pour lui : _L'orgueil de la noblesse était de servir le roi._

servir

• *Servir l'État* : être fonctionnaire. • *Servir la patrie* : être soldat. **2.** Donner au client ce qu'il demande : *Les vendeurs sont affairés : ils ont tant de clients à servir !* **3.** Mettre un plat sur la table ou un aliment dans l'assiette : *On servit un dindon rôti.* • *La louche à la main, le père servait les enfants.* **4.** Être employé, fonctionner : *Notre machine à coudre a quarante ans : elle a beaucoup servi !* • *Ce maillet nous sert à enfoncer les piquets.* • *Ce marteau nous servira de maillet.* **5.** *Se servir de*, employer : *Pour transporter les briques, le maçon se sert d'une brouette.*

serviteur, n. m. ♦ Domestique.

servitude, n. f. ♦ Esclavage ; état de dépendance : *Ce peuple cruel réduisait les vaincus en servitude.* — SYN. asservissement, soumission, sujétion. — CONTR. affranchissement, émancipation, libération, liberté.

ses, adj. possessif. ♦ — REGARDER *son.*

session, n. f. ♦ **1.** Période pendant laquelle siège régulièrement une assemblée. **2.** Période d'examen.

seuil, n. m. ♦ **1.** Pierre qui forme le bas de la porte extérieure. **2.** Entrée, pas de la porte : *Elle n'a encore jamais franchi le seuil de ma maison.* **3.** Début : *Il atteignit le seuil de la vieillesse sans avoir connu la maladie.*

seul, seule, adj. ♦ **1.** Qui n'a personne avec lui : *Marika boude, seule dans son coin.* • *Tu es assez grand pour t'habiller tout seul.* **2.** *Un seul,* renforce « un » : *Nous avons eu un seul jour de pluie pendant les vacances.* — SYN. unique. • *Pas un seul,* aucun : *La mer est déserte : pas un seul navire !*

seulement, adv. ♦ **1.** Rien de plus : *Je n'ai pas de voiture, j'ai seulement un vélo.* **2.** Pas plus tôt : *Nous n'arriverons pas à cinq heures : le train part seulement à cinq heures et demie !* **3.** À telle condition : *Je veux bien vous raconter une histoire : seulement, soyez sages !*

sève, n. f. ♦ Liquide qui circule dans les vaisseaux des végétaux et qui nourrit ceux-ci.

sévère, adj. ♦ **1.** Qui punit facilement, qui ne pardonne pas les fautes. — SYN. dur, exigeant, implacable, inexorable, inflexible. — CONTR. clément, indulgent. **2.** Sans ornements et assez triste : *La façade sévère du palais de justice se dressait devant lui.* — SYN. austère, dépouillé, froid, nu. — CONTR. orné, riant.

sévérité, n. f. ♦ Caractère ou attitude d'une personne sévère.

sévices, n. m. pl. ♦ Actes de cruauté, mauvais traitements.

sévir, v. ♦ **1.** Infliger des punitions : *La directrice du collège va sévir contre les élèves qui dégradent le matériel.* **2.** Exister en faisant du mal : *La peste et la famine sévissaient souvent en Europe au Moyen Âge.*

sevrage, n. m. ♦ Moment où l'on sèvre un enfant.

sevrer, v. (conjugaison 12) ♦ Cesser d'allaiter un enfant : *On va sevrer ma petite sœur, et elle va manger de la bouillie.*

sexagénaire, adj. *ou* n. ♦ Dont l'âge est égal ou supérieur à soixante ans et inférieur à soixante-dix ans.

sexe, n. m. ♦ **1.** Chacune des deux grandes catégories entre lesquelles se répartissent les êtres humains et les animaux, du point de vue de la reproduction. • *Le sexe masculin :* les hommes • *Le sexe féminin :* les femmes. • *Le sexe mâle.* • *Le sexe femelle.* **2.** Partie externe des organes sexuels.

sextant, n. m. ♦ Appareil avec lequel les marins mesurent la hauteur du soleil au-dessus de l'horizon, à midi, ce qui leur permet de déterminer la latitude du lieu où se trouve le navire et de faire le point.

sifflement

sexuel, elle, adj. ♦ Qui concerne la reproduction et les questions qui touchent aux rapports entre les sexes. ● *Les organes sexuels.* ● *L'éducation sexuelle.*

seyant, ante, adj. ♦ Joli, élégant et qui va bien : *Antoinette porte une robe blanche à volants, très seyante.*

shampooing [ʃɑ̃pwɛ̃], n. m. ♦ **1.** Lavage des cheveux. **2.** Produit avec lequel on se lave les cheveux.

shérif, n. m. ♦ Aux États-Unis, chef local de la police.

short, n. m. ♦ Culotte courte.

1. si, conj. ♦ **1.** Introduit l'expression d'une condition : *S'il fait beau demain, nous irons en excursion.* **2.** Introduit l'expression d'un souhait : *Si seulement l'oncle François nous avait avertis de son arrivée !* **3.** Introduit l'expression d'une opposition : *Si les paysages des Laurentides sont beaux, ceux de l'Estrie ont aussi leur charme.* **4.** Introduit l'expression de l'interrogation indirecte : *Il m'a demandé si je faisais de la planche à voile.* **5.** Introduit l'expression d'une suggestion : *Et si on allait en excursion demain?*

2. si, adv. ♦ **1.** Équivaut à « oui », après une question négative : *Tu n'es pas contente d'aller en vacances? — Mais si!* **2.** Tant, tellement : *Ce gâteau était si bon que nous l'avons entièrement mangé.* ● *Si... que,* introduit une proposition concessive : *Si malin qu'il soit, il trouvera bien un jour plus malin que lui.*

3. si, n. m. ♦ Sixième note de la gamme.

sibérien, ienne, adj. ♦ De Sibérie, grande région froide d'Asie, en U.R.S.S. : *Le vent glacé balaie la plaine sibérienne.* ● *Un froid sibérien :* un grand froid.

sibylle [sibil], n. f. ♦ Dans l'Antiquité, femme, inspirée par les dieux, qui prédisait l'avenir. ● *La sibylle de Cumes.*

sibyllin, ine [sibilɛ̃, in], adj. ♦ **1.** De la sibylle : *Les « livres sibyllins » contenaient les oracles de la sibylle.* **2.** Peu clair : *Que veulent dire ces phrases sibyllines? —* SYN. énigmatique, hermétique, mystérieux, obscur. *—* CONTR. clair, évident, limpide.

sidérer, v. (conjugaison 11) ♦ Étonner beaucoup et frapper de stupeur : *Cette apparition inattendue nous avait tous sidérés. —* SYN. abasourdir, stupéfier.

sidérurgie, n. f. ♦ Industrie qui produit la fonte, le fer, l'acier.

siècle, n. m. ♦ **1.** Durée de cent ans : *Née en 1838, elle mourut en 1937, ayant vécu presque un siècle.* **2.** Chacune des périodes de cent ans comptées à partir de l'an 1 d'une ère, par exemple le XVIIe siècle, qui commence en 1601 et se termine en 1700.

siège, n. m. ♦ **1.** Tout objet, tout meuble fait pour qu'on puisse s'asseoir sur lui (chaise, fauteuil, tabouret, banc, etc.). **2.** Lieu où se tient quelque chose : *New York est le siège des grandes banques américaines.* **3.** Opération par laquelle une armée entoure une forteresse ou une ville pour la prendre ou pour l'obliger à se rendre : *L'ennemi fit le siège de la ville, mais une armée de secours l'obligea à lever le siège* (= à partir). *—* REGARDER assiéger, investir.

siéger, v. (conjugaison 18) ♦ **1.** Tenir une séance : *La situation est grave : le comité siège en permanence.* **2.** Être situé : *La douleur siège au ventre, du côté droit.*

sien, sienne, pronom possessif *ou* n. m. pl. ♦ **1.** Pronom possessif de la troisième personne du singulier : *Les chaussettes qui se trouvent dans ce tiroir sont les siennes.* ● *Y mettre du sien :* faire un effort personnel. ● *Faire des siennes :* faire des sottises. **2.** *Les siens :* ses parents, ses amis.

sieste, n. f. ♦ Repos qu'on prend allongé au début de l'après-midi.

sifflement, n. m. ♦ Bruit aigu et prolongé.

siffler, v. ♦ 1. Produire un sifflement : *La bouilloire siffle, l'eau bout.* **2.** Appeler, en émettant un sifflement avec ses lèvres (ou avec un sifflet) : *Le chasseur siffla son chien, qui accourut aussitôt.* **3.** Faire entendre une mélodie en émettant un sifflement modulé entre ses lèvres : *Les nains, joyeux, entrent dans la maison en sifflant.*

sifflet, n. m. ♦ Instrument ou appareil avec lequel on peut émettre un sifflement.

siffleux, n. m. ♦ Marmotte.

siffloter, v. ♦ Siffler un air de musique de manière négligente et distraite : *Le surveillant arpente la cour en sifflotant.*

sigle, n. m. ♦ Sorte de mot formé par des initiales, par exemple CN : (Canadien National), CP (Canadien Pacifique).

signal, aux, n. m. ♦ 1. Geste, cri, bruit, etc., qui indique qu'on doit faire quelque chose : *Un coup de sifflet : c'est le signal du départ du train.* **2.** Panneau ou lumière qui sert à régler la circulation : *Le train s'arrêta devant un panneau rouge et blanc : c'était le signal d'arrêt absolu.*

signalement, n. m. ♦ Sorte de description (taille, couleur des cheveux, des yeux, etc.) qui permet d'identifier une personne : *Quand on recherche une personne, on diffuse son signalement.*

signaler, v. ♦ 1. Indiquer, annoncer par un signal : *Ce panneau signale un croisement.* **2.** Faire remarquer : *Merci de m'avoir signalé cette erreur dans mon texte.* **3.** *Se signaler,* se faire remarquer : *Notre camarade se signala par sa présence d'esprit.*

signalisation, n. f. ♦ Ensemble et système de signaux le long des routes, des voies ferrées.

signataire, n. m. *ou* **f. ♦** Personne ou État qui a signé : *Les signataires du traité s'engagent à ouvrir leurs frontières.*

signature, n. f. ♦ Nom écrit par la personne même : *Tu as fini ta lettre ? N'oublie pas la signature.*

signe, n. m. ♦ 1. Caractère écrit, marque : *Que veut dire ce signe bizarre dans la marge de ton cahier ?* **2.** Geste servant à s'exprimer : *Elle me fit un signe d'amitié avec la main.* **3.** Marque distinctive, ce qui sert à identifier un être ou un objet : *Quel est le signe qui permet de distinguer la couleuvre de la vipère ?* — SYN. caractère. **4.** Ce qui annonce, ce qui laisse prévoir ou découvrir : *Les hirondelles volent au ras du sol : c'est signe de pluie.* — SYN. indication, présage.

signer, v. ♦ Mettre sa signature : *Ma mère avait oublié de signer son chèque.*

significatif, ive, adj. ♦ Qui signifie, qui indique vraiment quelque chose : *Nous n'avons pas d'indications significatives qui puissent nous permettre de savoir si le climat de la Terre va se réchauffer ou se refroidir.*

signification, n. f. ♦ Sens d'un mot, d'une phrase, d'un symbole, etc.

signifier, v. (conjugaison 20) **♦ 1.** Avoir tel sens : *Que signifie le mot latin « dominus » ?* **2.** Faire savoir de manière officielle : *La propriétaire a signifié son congé au locataire.* — SYN. notifier.

silence, n. m. ♦ Absence de bruit. — CONTR. bruit, fracas, vacarme. ● Travaillez *en silence.* ● *Garder le silence :* ne pas parler.

silencieux, euse, adj. ♦ 1. Qui ne fait pas de bruit : *Le moteur de cette tondeuse est très silencieux.* — CONTR. bruyant. **2.** Où règne le silence : *Mon immeuble n'est pas particulièrement silencieux !* **3.** Qui reste sans parler : *Thérèse restait silencieuse dans son coin.* — SYN. muet, taciturne, — CONTR. bavard.

silex, n. m. ♦ Pierre très dure, à éclats coupants, qui produit des étincelles quand on la frappe avec une autre pierre ou un objet d'acier.

silhouette, n. f. ♦ Forme réduite à ses contours : *La silhouette noire du vieux château se découpe sur le ciel d'hiver.*

sillage [sijaʒ], n. m. ♦ Trace dans l'eau que laisse un bateau derrière lui.

sillon, n. m. ♦ **1.** Creux étroit et long que la charrue trace dans la terre qu'elle laboure. **2.** Chacune des fines rainures de la surface d'un disque (sens 3).

silo, n. m. ♦ **1.** Grand et haut édifice où l'on conserve les céréales. ● Abri souterrain où l'on conserve des produits agricoles. **2.** Abri souterrain où un missile est disposé verticalement, prêt à partir.

simagrées, n. f. pl. ♦ Manières compliquées et ridicules, souvent destinées à induire en erreur : *Pas de simagrées ! Je n'aime pas les hypocrites !* — SYN. des manières.

similaire, adj. ♦ A peu près semblable. — SYN. analogue, homologue, identique, pareil. — CONTR. autre, différent, dissemblable, opposé.

similitude, n. f. ♦ Grande ressemblance : *Quelle similitude entre ton dessin et le mien !* — SYN. analogie. — CONTR. contraste, différence, opposition.

simple, adj. *ou* n. m. pl. ♦ **1.** Pas compliqué : *Un sourire, c'est l'arme la plus simple qui soit !* — CONTR. complexe, compliqué. **2.** Pas difficile : *Multiplier 2 par 6 c'est une opération très simple !* — SYN. aisé, élémentaire, facile. — CONTR. compliqué, difficile, malaisé. **3.** Pas luxueux ; sans beaucoup d'ornements : *Huguette portait une robe très simple en coton imprimé.* **4.** Qui ne fait pas de manières, qui n'est pas fier : *Malgré son titre de marquis, M. de Ploubéac était un homme très simple, familier avec tout le monde.* — CONTR. affecté, cérémonieux, guindé, méprisant, prétentieux. **5.** Peu intelligent : *Ce roi était un peu simple et avait peur des revenants !* — SYN. niais. ● *Un simple d'esprit :* quelqu'un qui a l'intelligence peu développée. **6.** Placé devant le nom, indique qu'il n'y a rien d'autre : *Une simple couverture lui servait de matelas.* ● Qui n'est rien d'autre : *Je ne suis qu'une simple ouvrière, mais, moi aussi, j'ai*

mon idée sur la société. **7.** *Passé simple :* l'un des temps du passé de l'indicatif (*il chanta, il ouvrit, etc.*). ● *Les temps simples,* qui se conjuguent sans auxiliaire. — CONTR. temps composés. **8.** *Les simples :* les plantes employées comme médicaments. — REM. Ce mot est masculin : *Les simples sont excellents pour soigner cette maladie.*

simplicité, n. f. ♦ Caractère d'une chose ou d'une personne simple.

simplifier, v. (conjugaison 20) ♦ Rendre plus simple, plus facile : *Essaie donc de me simplifier le travail !* — CONTR. compliquer.

simulacre, n. m. ♦ Ce qui n'a que l'apparence d'une chose réelle : *Ce prétendu débat n'est qu'un simulacre : en fait, la décision est déjà prise.* — SYN. semblant, parodie.

simulateur, trice, n. ♦ Celui, celle qui fait semblant : *Ce malade est un simulateur : il n'a rien du tout !*

simulation, n. f. ♦ Action de faire semblant.

simuler, v. ♦ Faire semblant : *Je ne vais pas simuler la surprise, je savais tout !*

simultané, ée, adj. ♦ Qui se produit en même temps : *L'éclair et le coup de tonnerre furent simultanés.*

simultanément, adv. ♦ En même temps.

sincère, adj. ♦ Qui dit ce qu'il pense, qui pense ce qu'il dit. — SYN. franc. — CONTR. hypocrite, menteur.

sincérité, n. f. ♦ Qualité, attitude d'une personne sincère. — SYN. franchise. — CONTR. hypocrisie.

sinécure, n. f. ♦ Emploi bien payé et où il n'y a pas beaucoup de travail à faire.

singe, n. m. ♦ Animal des pays chauds, agile et intelligent.

singerie, n. f. ♦ *Des singeries :* des grimaces, des attitudes destinées à faire rire.

singulariser (se), v. ♦ Se faire remarquer par une particularité : *Pour se singulariser, François truffe sa conversation de citations latines.*

singularité, n. f. ♦ Détail particulier, bien à part : *Ce château présente une singularité : il est construit sur un pont.* — SYN. originalité, particularité.

singulier, ière, adj. *ou* n. m. ♦ **1.** Qui n'est pas comme les autres et qui surprend : *Aimée a une manière singulière de nager : comment ne coule-t-elle pas ?* — SYN. bizarre, curieux, étrange, original, particulier, spécial, unique. — CONTR. banal, commun, ordinaire. **2.** Catégorie grammaticale des mots qui concernent un seul être ou une seule chose : *Le singulier de « des chevaux » est « un cheval ».* — CONTR. le pluriel.

singulièrement, adv. ♦ Particulièrement ; beaucoup : *Il fait singulièrement froid dans ce pays.*

1. sinistre, adj. ♦ **1.** Qui laisse présager un malheur : *On entendit l'un de ces craquements sinistres qui annoncent la chute d'un arbre.* — SYN. funeste. **2.** Très triste et inquiétant : *Le soir, ce quartier désert a un aspect sinistre.* — SYN. lugubre. — CONTR. gai, joyeux.

2. sinistre, n. m. ♦ Événement très grave (incendie, naufrage, etc.) : *Les pompiers ont empêché l'extension du sinistre.* — SYN. catastrophe.

sinistré, ée, adj. *ou* n. ♦ Qui a subi un sinistre : *Après les inondations, les populations sinistrées reçurent une aide de l'État.*

sinon, conj. ♦ **1.** Ou alors : *Mets ton blouson. Sinon, tu prendras froid.* **2.** Introduit l'expression d'une restriction : *Cette eau est, sinon glacée, du moins très froide.*

sinueux, euse, adj. ♦ Plein de courbes, de méandres : *Le sentier suit le tracé sinueux de la rivière.* — CONTR. droit, rectiligne.

sinuosité, n. f. ♦ Courbe : *Les sinuosités du chemin nous empêchaient de conduire vite.* — SYN. coude, détour, ondulation, tournant, virage, méandre.

sinusite, n. f. ♦ Inflammation, d'origine microbienne, des cavités des os de la face.

siphon [sifɔ̃], n. m. ♦ **1.** Tube coudé permettant de vider un récipient qui contient du liquide. **2.** Courbe d'un tuyau d'évacuation d'évier, de lavabo, de baignoire ou de W.-C., qui empêche, en établissant un bouchon d'eau, les mauvaises odeurs de remonter. **3.** Bouteille pleine d'eau gazeuse sous pression, avec laquelle on verse l'eau par un tube, en appuyant sur un levier.

sire, n. m. ♦ **1.** Au Moyen Âge, synonyme de *seigneur.* ● *Le sire de Coucy.* **2.** Titre qu'on donne à un roi ou à un souverain quand on lui parle : *Sire, vos armées sont victorieuses.*

sirène, n. f. ♦ **1.** Dans la mythologie grecque, être fabuleux qui avait la tête et le buste d'une femme et le bas du corps en forme de queue de poisson : *Par leurs chants mélodieux, les sirènes attiraient les navigateurs vers les écueils, sur lesquels les navires se brisaient.* **2.** Appareil qui produit un bruit, modulé ou non, prolongé et très fort : *Cinq heures du soir : la sirène de l'usine retentit, annonçant la fin de la journée de travail.*

sirocco, n. m. ♦ Vent de sud-est, très chaud, très sec, qui souffle en Afrique du Nord vers la Méditerranée, en venant du Sahara.

sirop, n. m. ♦ **1.** Jus de fruit, très sucré et épais, qui peut se conserver et qu'on boit mélangé à l'eau. **2.** Médicament, sucré et liquide, contre la toux. **3.** *Sirop d'érable :* sève d'érable à sucre bouillie et concentrée : *J'aime beaucoup les crêpes au sirop d'érable.*

sirupeux, euse, adj. ♦ Qui a la consistance du sirop.

sismique, adj. ♦ Qui concerne les tremblements de terre.

site, n. m. ♦ **1.** Emplacement : _Voici le site de la future salle de concert._ **2.** Paysage : _Allons admirer le site : il en vaut la peine !_

sitôt, adv. ♦ **1.** Aussitôt, dès que : _Sitôt assise, elle s'endormit._ • _Sitôt que Sylvie fut assise, elle s'endormit._ **2.** _Ne ... pas de sitôt,_ ne ... pas avant longtemps : _Nous les avons chassés, ils ne reviendront pas de sitôt._

situation, n. f. ♦ **1.** Endroit, emplacement d'une chose : _La situation de Montréal, une île entourée par le Saint-Laurent et la rivière des Prairies, prédestinait la ville à un rôle de premier plan._ — SYN. site. **2.** Ensemble de circonstances, état de choses : _La situation sur les routes s'améliore peu à peu._ **3.** Emploi stable, place : _Notre voisine a une belle situation : elle est ingénieure en chimie._

situé, ée, adj. ♦ Qui a tel emplacement : _Il habite un immeuble bien situé, dans le quartier le plus élégant de la ville._

situer, v. (conjugaison 19) ♦ Placer : _Voyons, où situez-vous Naples, sur la carte ?_

six, adj. numéral _ou_ n. m. ♦ Au nombre de 6 : _Nous avons six pommiers dans notre verger._ • Qui vient au 6ᵉ rang : _Ouvre ton livre à la page 6._ • Le chiffre 6 ou le numéro 6 : _Ton 6 est mal écrit. Elle habite au 6 de la rue Saint-Bernard._

sixième, adj. numéral ordinal _ou_ n. m. _ou_ f. ♦ Qui vient au 6ᵉ rang : _La sixième porte est celle des archives. Arthur est sixième en natation. C'est toi, Jacqueline, qui es la sixième._

sketch, n. m. ♦ Courte pièce comique en un acte. — PLUR. _des sketches._

ski, n. m. ♦ **1.** Planche fixée au pied et qui permet de glisser sur la neige (ou sur l'eau). **2.** Sport qui consiste à glisser sur la neige au moyen de skis ou sur l'eau au moyen d'un ski : _Ma sœur fait du ski nautique._

skier, v. (conjugaison 20) ♦ Faire du ski : _Skier par ce brouillard ? Impossible !_

skieur, skieuse, n. ♦ Celui, celle qui fait du ski.

slalom, n. m. ♦ Épreuve de ski qui consiste à descendre en zigzag, en passant par des _portes,_ délimitées par des bâtons.

slave, adj. _ou_ n. ♦ _Langues slaves :_ le russe, le polonais, le bulgare, le tchèque, le slovaque, le serbo-croate, • _Les Slaves :_ les peuples qui parlent les langues slaves.

slip, n. m. ♦ Petite culotte (sous-vêtement ou vêtement de bain).

sloche [slɔʃ], n. f. ♦ Mélange de neige fondue et de boue : _Au début du printemps, la neige fond et l'on marche souvent dans la sloche !_

slogan, n. m. ♦ Courte formule frappante qui constitue une formule publicitaire ou un mot d'ordre politique.

slovaque, adj. _ou_ n. ♦ De Slovaquie, région orientale, de Tchécoslovaquie : _Les montagnes slovaques sont très boisées._ • Les Slovaques. Un Slovaque. Une Slovaque.

snob, adj. _ou_ n. ♦ Prétentieux, qui ne veut pas faire comme tout le monde : _Qu'elles sont snobs, ces filles ! Elles se vouvoient au lieu de se tutoyer !_ • Un snob. Une snob.

snobisme, n. m. ♦ Défaut, attitude du snob.

sobre, adj. ♦ **1.** Qui mange et boit en quantité raisonnable, sans excès. • Qui ne boit pas ou qui boit peu de boissons contenant de l'alcool. **2.** Qui a peu d'ornements : _Mon parrain porte toujours des costumes très sobres._ — SYN. dépouillé, simple. — CONTR. orné, riche.

sobriété, n. f. ♦ Qualité d'une personne sobre ou caractère d'une chose sobre.

sobriquet, n. m. ♦ Surnom familier, quelquefois donné par moquerie.

soc, n. m. ♦ Grande lame épaisse, en fer, en acier, qui, fixée au bas de la charrue, ouvre et retourne la terre.

soccer [sɔkɛʀ], n. m. ♦ Jeu opposant deux équipes de onze joueurs qui cherchent à envoyer un ballon avec les pieds ou la tête dans les buts.

sociable, adj. ♦ Qui aime et recherche la compagnie. — CONTR. sauvage.

social, ale, aux, adj. ♦ Qui concerne la société : *Nous allons étudier les structures sociales de la France médiévale.* **2.** Qui concerne le sort des travailleurs : *Les congés payés sont une conquête sociale.*

socialisme, n. m. ♦ Nom de diverses doctrines et de divers systèmes politiques qui ont leurs origines dans les travaux des réformateurs sociaux du XIXᵉ siècle et qui visent à améliorer le sort des gens modestes en supprimant ou en modifiant le système capitaliste. — CONTR. capitalisme. — REGARDER *communisme.*

socialiste, adj. *ou* n. ♦ Qui relève du socialisme. ● Qui veut établir le socialisme. ● *Le parti socialiste.*

société, n. f. ♦ **1.** L'ensemble de tous les hommes qui vivent dans un pays à une époque donnée : *La société française du Moyen Âge était très hiérarchisée.* **2.** Organisme dans lequel les capitaux appartiennent à plusieurs personnes et qui se consacre à des activités industrielles ou commerciales : *Cette société fabrique des machines-outils.* — SYN. entreprise. **3.** Association : *Notre société sportive a mis sur pied deux équipes de football.* — SYN. club.

socle, n. m. ♦ Élément sur lequel repose une machine, un appareil, une statue. — SYN. piédestal.

Socquette, n. f. ♦ Nom déposé désignant des chaussettes courtes qui s'arrêtent juste au-dessus de la cheville.

soda, n. m. ♦ Limonade parfumée avec des arômes artificiels.

sœur, n. f. ♦ **1.** Celle qui est fille du même père et de la même mère. **2.** Religieuse. ● *Les bonnes sœurs.*

sofa, n. m. ♦ Sorte de canapé.

soi, pronom personnel. ♦ Pronom personnel réfléchi de la troisième personne, qui s'emploie, précédé normalement d'une préposition, quand le sujet est indéterminé (on, chacun) : *On pense d'abord à soi : c'est humain. Chacun pour soi.* ● On ne peut vraiment compter que sur *soi-même.*

soi-disant, adj. inv. ♦ Qui prétend être tel : *Cette soi-disant princesse russe n'était qu'une aventurière, ancienne fille de ferme.*

soie, n. f. ♦ **1.** Substance textile, fil produit par le ver à soie, chenille du bombyx (papillon) **2.** Étoffe de luxe, fine et douce, faite avec cette substance. **3.** Poil long et raide du sanglier ou du porc.

soierie, n. f. ♦ Tissu de soie.

soif, n. f. ♦ Envie, besoin de boire.

soigné, ée, adj. ♦ **1.** Fait avec soin, minutie : *Quel beau meuble ! C'est du travail soigné !* — SYN. consciencieux, fini, minutieux. — CONTR. bâclé, négligé. **2.** Net, propre, bien coiffé, etc. : *Ma tante est une femme très soignée.* ● *Une tenue soignée.* — CONTR. débraillé, malpropre, négligé.

soigner, v. ♦ **1.** Donner des soins : *Des infirmiers, admirables de dévouement, soignaient les malades jour et nuit.* **2.** Élever, nourrir : *Ma grand-mère a fort à faire : elle a huit chats à soigner !* **3.** Faire avec conscience et minutie : *Soigne bien ton travail, et ce sera réussi.*

soigneux, euse, adj. ♦ Qui prend les précautions qu'il faut pour ne pas endommager les choses.

solécisme

soin, n. m. ♦ **1.** Ce que l'on fait pour guérir un malade, un blessé : _Ma tante est très malade, elle a besoin de soins constants._ **2.** Application qu'on apporte à l'accomplissement d'une action. — SYN. conscience, minutie. — CONTR. négligence. ● _Avoir soin de, prendre soin de,_ veiller à : _Il avait pris soin de ne rien salir._

soir, n. m. ♦ **1.** Partie de la journée, entre le déclin du soleil et la fin du jour. — SYN. soirée. — CONTR. matin. **2.** Moment où le jour finit : _C'est le soir : les ombres s'allongent._

soirée, n. f. ♦ **1.** Temps entre le coucher du soleil et le moment où l'on va se coucher. — CONTR. matinée. **2.** Réception donnée le soir : _Le comte donnait une grande soirée dans son château._

soit, conj. _ou_ adv. ♦ **1.** Admettons l'existence de telle chose à titre d'hypothèse : _Soit un triangle ABC inscrit dans un cercle O._ **2.** C'est-à-dire : _Le terrain avait une surface de 850 mètres carrés, soit 8 ares 50 centiares._ **3.** Admettons : _Tu étais le premier dans le compartiment, soit. Ce n'est pas une raison pour occuper toutes les places._ **4.** _Soit_ ... **soit,** exprime l'alternative : _Elle fait une demi-heure de gymnastique tous les jours, soit le matin, soit le soir._ — SYN. ou bien ... ou bien. ● _Soit que tu viennes,_ **soit que** _tu ne viennes pas, la fête aura lieu._

soixantaine, n. f. ♦ Quantité, nombre de soixante environ.

soixante, adj. numéral _ou_ n. m. ♦ Au nombre de 60 : _Il y a encore soixante kilomètres à parcourir._ ● Qui vient au 60ᵉ rang : _Regardez la photo de la page 60._ ● Le numéro 60 : _Je connais la concierge du 60 de la rue Saint-Irénée._

soixantième, adj. numéral ordinal _ou_ n. m. _ou_ f. ♦ Qui vient au 60ᵉ rang : _Il entrait dans la soixantième année de sa vie. Gisèle est soixantième au classement général. C'est toi, Gisèle, qui es la soixantième._

soixante-dix, adj. numéral _ou_ n. m. ♦ Au nombre de 70 : _Mon oncle possède_ _soixante-dix hectares d'herbage dans l'Estrie_ ● Qui vient au 70ᵉ rang : _L'exercice à faire se trouve à la page 70_ ● Le numéro 70 : _Mon cousin habite au 70 de la rue La Fontaine._

soja, n. m. ♦ Plante, originaire d'Extrême-Orient, qui ressemble au haricot et qui fournit de l'huile et de la farine, ainsi que du fourrage pour le bétail.

1. sol, n. m. ♦ **1.** La surface de la Terre : _Ici, le sol est très fertile._ — SYN. terrain, terre. ● _L'avion s'éleva à cent mètres au-dessus du sol._ **2.** Surface sur laquelle on marche : _Le sol de l'appartement est revêtu d'une moquette._

2. sol, n. m. ♦ Cinquième note de la gamme.

solaire, adj. ♦ Du soleil : _La lumière solaire est la plus pure qui soit._

soldat, ate, n. ♦ Militaire sans grade. — SYN. homme de troupe.

1. solde, n. f. ♦ **1.** Paie, salaire d'un militaire. **2.** _À la solde de,_ aux ordres de (telle personne, telle organisation, qui paie) : _Tous les agitateurs à la solde de l'étranger seront expulsés._

2. solde, n. m. ♦ **1.** Ce qui reste sur un compte : _Quel est le solde de ton compte bancaire?_ **2.** Ce qui reste à payer : _Vous versez un acompte à la commande, et vous réglez le solde à la livraison._ **3.** _Des soldes :_ marchandises vendues au rabais, quand un commerçant doit liquider un stock. ● _Des marchandises **en solde**_ (au singulier).

solder, v. ♦ Vendre en solde : _La marchande solde ses fins de série._

sole, n. f. ♦ Poisson de mer, plat et ovale, qui ressemble à la limande et dont la chair est très délicate.

solécisme, n. m. ♦ Grave faute de syntaxe, par exemple : « Le mur que je m'y appuie dessus » ou « Le livre que j'en ai besoin ». — REGARDER _barbarisme._

soleil, n. m. ♦ **1.** *Le Soleil,* astre autour duquel tourne la Terre : *Quelle est la distance de la Terre au Soleil?* **2.** *Le soleil,* disque lumineux dans le ciel, forme sous laquelle le Soleil nous apparaît : *Le soleil est déjà haut à l'horizon.* **3.** La lumière, la chaleur du soleil : *Viens à l'ombre : si tu restes au soleil, tu vas prendre un coup de soleil.*

solennel, elle [sɔlanɛl, ɛl], adj. ♦ **1.** Qui est célébré publiquement, avec une certaine pompe : *Au cours d'une séance solennelle aura lieu la remise des décorations.* — SYN. officiel, public. — CONTR. familier, intime, privé. **2.** Qui engage fortement : *Tous, ils firent une promesse solennelle de fidélité au chef de la bande.*

solennellement [sɔlanɛlmɑ̃], adv. ♦ D'une manière solennelle.

solennité [sɔlanite], n. f. ♦ **1.** Caractère de ce qui est solennel. — SYN. apparat, pompe. **2.** *Une solennité,* une fête, une cérémonie officielle : *Voici le programme des solennités.*

solfège, n. m. ♦ Art de lire la musique, de déchiffrer les partitions.

solidarité, n. f. ♦ Entraide : *Un grand mouvement de solidarité a permis de venir en aide à ces sinistrés.*

solide, adj. *ou* n. m. ♦ **1.** Qui ne casse pas facilement. — SYN. robuste. — CONTR. fragile. **2.** Qui n'est ni liquide ni gazeux, mais qui a une forme propre : *La glace est l'état solide de l'eau.* ● *Un solide :* un corps à l'état solide.

solidifier (se), v. ♦ Passer à l'état solide. — CONTR. se liquéfier, s'évaporer, se vaporiser.

solidité, n. f. ♦ Caractère de ce qui est solide, sens 1. — SYN. résistance, robustesse. — CONTR. fragilité.

soliste, n. m. *ou* f. ♦ Celui, celle qui joue tout seul d'un instrument ou qui chante tout seul, avec ou sans accompagnement.

solitaire, adj. *ou* n. ♦ Qui vit seul, sans famille, sans amis, à l'écart : *Un vieillard solitaire habitait cette maison isolée.* ● *Le ver solitaire :* long ver, parasite de l'intestin, qui existe toujours tout seul.

solitude, n. f. ♦ **1.** État d'une personne solitaire, seule : *C'est dans la solitude qu'on réfléchit le mieux.* — SYN. isolement. — CONTR. compagnie, société. **2.** Endroit isolé où il n'y a personne : *C'est dans ces solitudes boisées que vivaient jadis de pieux ermites.*

solive, n. f. ♦ Chacune des poutres qui soutiennent un parquet.

solliciter, v. ♦ Demander : *Elle sollicita un emploi dans une entreprise de travaux publics.*

solliciteur, euse, n. ♦ Celui, celle qui sollicite quelque chose.

sollicitude, n. f. ♦ Attention affectueuse qu'on apporte aux soins qu'on donne à quelqu'un : *Avec quelle tendre sollicitude cette grand-mère veillait sur ses petits-enfants !*

solo, n. m. ♦ Morceau de musique interprété par un musicien ou un chanteur qui l'exécute seul.

solstice, n. m. ♦ *Le solstice d'hiver :* le 21 ou le 22 décembre, moment où les jours sont le plus courts. ● *Le solstice d'été :* le 21 ou le 22 juin, moment où les jours sont le plus longs.

soluble, adj. ♦ Qui peut fondre dans un liquide — CONTR. insoluble.

solution, n. f. ♦ **1.** Résultat d'un problème, d'une équation. **2.** Ce qui permet de résoudre une difficulté, une question : *Y a-t-il une solution à ce problème?* **3.** Liquide qui contient un solide dissous : *L'eau de mer est une solution naturelle de sel.*

sombre, adj. ♦ **1.** Peu éclairé. — SYN. obscur. — CONTR. clair, lumineux. ● *Allume* _donc la lampe : ici, **il fait sombre.** 2._ Foncé : _La salle était tendue de draperies rouge sombre._ — CONTR. clair. _3._ Très triste : _Tu es sombre, Damien : quelle pensée t'attriste?_ — SYN. mélancolique, morne, morose, triste. — CONTR. gai, joyeux, rieur. _4._ Peu rassurant : _L'avenir s'annonçait sombre._ — SYN. inquiétant, menaçant. — CONTR. brillant, éclatant, heureux, riant.

sombrer, v. ♦ _Le navire sombre,_ va au fond de l'eau. — SYN. couler.

1. sommaire, adj. ♦ **1.** Très court : _Dans un exposé sommaire, elle nous indiqua les grandes lignes du sujet._ — SYN. bref, concis, condensé, succinct. — CONTR. détaillé, diffus, long. **2. Exécution sommaire :** exécution d'un homme sans jugement régulier.

2. sommaire, n. m. ♦ Résumé placé en tête d'un texte.

sommation, n. f. ♦ Ordre de se rendre ou de se disperser : _Un officier fit les sommations d'usage, puis les policiers chargèrent._

1. somme, n. f. ♦ **1.** Total : _Faisons la somme des dépenses._ **2.** Quantité d'argent : _Deux cent mille dollars! C'est une grosse somme!_

2. somme, n. f. ♦ _Bête de somme :_ animal qui porte des charges sur son dos (cheval, mulet, âne, chameau, etc.).

3. somme, n. m. ♦ Sommeil de courte durée.

sommeil, n. m. ♦ État d'une personne ou d'un animal qui dort. ● _Avoir sommeil :_ avoir envir de dormir. ● _Tomber de sommeil :_ avoir une très grande envie de dormir.

sommeiller, v. ♦ Dormir peu profondément. — SYN. somnoler.

sommelier, ière, n. ♦ Dans un grand restaurant, la personne qui est chargée du service des vins et des liqueurs.

sommer, v. ♦ Donner un ordre dans les formes requises et officielles : _L'huissier vint sommer le locataire de partir._ ● Demander de manière très impérative : _Je te somme d'obéir._

sommet, n. m. ♦ **1.** Point le plus haut d'un arbre, d'un édifice. — SYN. cime ● Mont isolé : _Quel est le principal sommet des Laurentides?_ **2. Sommet d'un triangle :** angle opposé au côté qui est considéré comme la base.

sommier, n. m. ♦ Partie du lit qui soutient le matelas.

somnambule, n. m. _ou_ f. ♦ Celui, celle qui marche, fait des gestes tout en dormant.

somnifère, n. m. ♦ Médicament qu'on prend pour bien dormir.

somnolence, n. f. ♦ État d'une personne qui somnole.

somnolent, ente, adj. ♦ Qui somnole.

somnoler, v. ♦ Être dans un état intermédiaire entre la veille et le sommeil : _A la fin du repas, grand-père somnole sur sa chaise._ — SYN. sommeiller.

somptueux, euse, adj. ♦ Très beau et très riche. — SYN. fastueux, luxueux, magnifique, splendide, superbe. — CONTR. dépouillé, pauvre, simple.

1. son, sa, ses, adj. possessif. ♦ Adjectif possessif de la troisième personne du singulier : _Elle est venue avec son cahier, sa règle et ses crayons._ — REM. Devant un nom féminin qui commence par une voyelle ou un _h_ muet, on emploie _son_ et non _sa :_ _Son amie. Son haleine._

2. son, n. m. ♦ Bruit, généralement musical : _Le son du piano s'arrêta brusquement._

3. son, n. m. ♦ Résidu de la mouture des céréales, formé par l'enveloppe des grains broyés, qui est utilisé normalement pour l'alimentation du bétail ou de la volaille. ● *Pain de son :* pain qui contient du son, utilisé comme aliment de régime.

sonate, n. f. ♦ Œuvre musicale, à trois ou quatre mouvements, de structure déterminée, pour un ou deux instruments.

sondage, n. m. ♦ Action de sonder. ● *Sondage d'opinion,* enquête statistique faite sur un échantillon représentatif de la population : *D'après le dernier sondage, les enfants aiment une certaine discipline.*

sonde, n. f. ♦ **1.** Appareil, instrument destiné à mesurer la profondeur de l'eau ou à prélever un échantillon des roches du sous-sol. **2.** Ballon ou fusée qu'on envoie dans l'atmosphère ou dans l'espace pour recueillir des renseignements scientifiques. ● *Ballon-sonde.* ● *Sonde atmosphérique.* ● *Sonde spatiale.* ● *Sonde interplanétaire.*

sonder, v. ♦ Examiner, mesurer avec une sonde : *Je viens de sonder : nous n'avons que deux mètres de fond.*

songe, n. m. ♦ **1.** Synonyme de *rêve* : *Cette nuit, j'ai eu un songe surprenant.* **2.** Rêverie : *Quel songe peut t'absorber ainsi, Monique ?*

songer, v. (conjugaison 16) ♦ Penser à quelque chose, avoir un projet : *Mais oui ! Lucienne songe à écrire un roman !* ● *Sans songer à mal :* sans avoir aucune intention blâmable.

songeur, euse, adj. ♦ Rêveur : *Alors, Sylvie, tu restes toute songeuse dans ton coin ?* ♦ *Un air, un regard songeur.*

sonner, v. ♦ **1.** Émettre, faire entendre une sonnerie : *Les cloches sonnent à toute volée.* ● *La pendule a sonné cinq heures.* **2.** Faire marcher une sonnette pour avertir : *On a sonné à la porte, qui est-ce ?*

sonnerie, n. f. ♦ Bruit d'une cloche, d'une pendule, d'un réveil, d'une sonnette, d'un téléphone.

sonnet, n. m. ♦ Poème de quatorze vers qui comprend deux strophes de quatre vers chacune (les *quatrains*) et deux strophes de trois vers chacune (les *tercets*), la disposition des rimes étant soumise à des règles strictes.

sonnette, n. f. ♦ Mécanisme qu'on actionne pour produire un bruit qui avertit.

sono, n. f. ♦ Abréviation familière de *sonorisation.*

sonore, adj. ♦ Qui a un son fort et clair, qui fait du bruit : *La voix sonore du chef résonne dans la salle.* — SYN. retentissant. — CONTR. étouffé, mat, sourd.

sonorisation, n. f. ♦ Ensemble des dispositifs et des appareils qui servent à amplifier et à diffuser le son et la musique dans un lieu, dans une salle de spectacle.

soporifique, adj. ♦ Qui fait dormir. ● *Un médicament soporifique.* — SYN. un somnifère.

sorbet, n. m. ♦ Glace sans lait.

sorbier, n. m. ♦ Arbre qui produit des baies rouge orangé.

sorcellerie, n. f. ♦ Ensemble de pratiques magiques qui sont le fait des sorciers. — REGARDER *magie.*

sorcier, ière, n. ♦ Celui, celle qui est supposé, dans les croyances primitives ou populaires, disposer de pouvoirs surnaturels et magiques, qui peut, croit-on, jeter des sorts, etc., souvent grâce à un pacte avec les esprits infernaux. — REGARDER *magicien.*

sordide, adj. ♦ Extrêmement sale et pauvre : *Plusieurs familles de misérables s'entassaient dans ce taudis sordide.* — SYN. dégoûtant, misérable. — CONTR. beau, luxueux, propre.

sorgho, n. m. ♦ Céréale des pays chauds d'Afrique et d'Asie.

sornettes, n. f. pl. ♦ Sottises. — SYN. des balivernes.

sort, n. m. ♦ **1.** Hasard : *C'est le sort qui a fait que nous nous sommes rencontrés.* ● *Tirer au sort :* laisser le hasard choisir ou décider, par exemple en jouant à pile ou face, en tirant à la courte paille. **2.** Destin, destinée, vie : *Le sort des travailleurs, au XIXe siècle, n'était guère enviable.* **3.** *Jeter un sort :* essayer de faire du mal, du tort à quelqu'un, par un procédé de sorcellerie.

sorte, n. f. ♦ **1.** Catégorie : *Il y a beaucoup de sortes de bateaux.* — SYN. espèce, genre. ● *Dans le port, il y a toutes sortes de bateaux.* **2.** *Une sorte de,* une espèce de : *Pour la fête du mardi gras, Cyrille s'est mis sur la tête une sorte de casque de pompier.* **3.** *De telle sorte que,* de telle manière que : *Gisèle a amarré son bateau de telle sorte que personne ne peut dénouer les cordages.* ● *Faire en sorte que,* agir de manière que : *Catherine, fais en sorte que ta chambre soit propre et rangée.*

sortie, n. f. ♦ **1.** Action de sortir : *Les rues sont encombrées au moment de la sortie des bureaux et des usines.* **2.** Promenade : *Tous les mercredis, nous faisons une sortie.* **3.** Passage, porte par où l'on sort : *Pour attendre l'oncle Gustave, nous nous mettrons devant la sortie de la gare.* — CONTR. entrée.

sortilège, n. m. ♦ **1.** Action magique d'un sorcier : *Par quel sortilège la magicienne rendit-elle amoureux le jeune homme ?* — SYN. charme, sort, maléfice. **2.** Enchantement quasi magique : *Les garçons sont souvent insensibles aux sortilèges de la poésie.*

sortir, v. (conjugaison 42) ♦ **1.** Aller dehors : *Ma grand-mère évite de sortir par mauvais temps.* — REM. On évitera l'emploi, très incorrect, de la forme pronominale *se sortir.* On dira *se tirer d'affaire* et non « s'en sortir ». **2.** *Au sortir de,* à la fin de : *Au sortir de l'hiver, la nature endormie est prête à renaître.* — CONTR. à l'entrée de. **3.** Aller au spectacle, à des réceptions, etc. : *Nos voisins ont beaucoup d'amis : ils sortent souvent.*

S.O.S. [ɛsoɛs], n. m. inv. ♦ Signal de détresse que l'on envoie pour demander du secours : *Le signal ... _ _ _ ... signifie S.O.S. en morse.*

sosie, n. m. ♦ Personne qui ressemble exactement à une autre.

sot, sotte, adj. *ou* n. ♦ Peu intelligent. — SYN. bête, idiot, imbécile, stupide, — CONTR. avisé, fin, intelligent, malin.

sottise, n. f. ♦ Action ou parole qui témoigne d'un manque de réflexion : *Avance donc, au lieu de dire des sottises !* — SYN. bêtise.

sou, n. m. ♦ **1.** Pièce de monnaie d'un cent. — SYN. sou noir. **2.** *Des sous,* synonyme familier de *argent : Donne-moi des sous, je veux m'acheter un croissant.* ● *Sans un sou :* sans argent, sans la moindre somme. ● *Un trente sous :* une pièce de 25 cents.

soubassement, n. m. ♦ Partie inférieure du mur, qui s'élève un peu au-dessus du sol.

soubresaut, n. m. ♦ Mouvement involontaire, brusque ; secousse : *Son corps était secoué par les soubresauts d'un fou rire.*

souche, n. f. ♦ **1.** Partie basse du tronc qui reste quand on a coupé un arbre. **2.** Origine : *Notre voisin s'appelle Van der Weyden, sa famille est de souche flamande.* **3.** *Carnet à souches :* carnet de billets de tombola, de reçus, etc., dont chaque feuille comprend une partie détachable et une partie qui reste fixée au carnet, la *souche.*

1. souci, n. m. ♦ **1.** Chose qui préoccupe et qui est ennuyeuse : *En ce moment, mon oncle Théodore a de graves soucis d'argent.* — SYN. inquiétude, préoccupation, tracas. ● *Se faire du souci :* s'inquiéter. **2.** Chose à laquelle on accorde beaucoup d'importance : *Mon principal souci est de ne pas rater mon train.*

2. souci, n. m. ♦ Fleur à pétales nombreux, de couleur jaune ou orangée.

soucier (se), v. (conjugaison 20) ♦ Se préoccuper de : *Arlette se soucie peu de ses études : elle ne s'intéresse qu'au jeu.* — SYN. s'inquiéter de, se tourmenter pour.

soucieux, euse, adj. ♦ Qui a des soucis : *L'oncle Théodore est soucieux : il ne sait comment payer ses dettes.* — SYN. inquiet, préoccupé, tourmenté. — CONTR. désinvolte, joyeux, tranquille. ● *Elle a un visage soucieux* — SYN. pensif.

soucoupe, n. f. ♦ **1.** Toute petite assiette qu'on met sous une tasse. **2.** *Soucoupe volante :* engin volant supposé venir d'une autre planète.

soudain, aine, adj. *ou* adv. ♦ **1.** Qui se produit brusquement : *Une clameur soudaine attira mon attention.* — SYN. brusque, subit. — CONTR. progressif. **2.** D'un seul coup : *Soudain, un hurlement éclata dans la nuit.* — SYN. brusquement, soudainement, subitement. — CONTR. progressivement.

soudainement, adv. ♦ D'un seul coup.

souder, v. ♦ Coller deux pièces métalliques en faisant fondre leur surface de contact ou en les unissant par du métal fondu : *Avec un chalumeau, on soude les plaques de la coque du navire.* ● *Un fer à souder.*

soudeur, euse, n. ♦ Ouvrier, ouvrière qui soude.

soudure, n. f. ♦ **1.** Action de souder. **2.** Endroit où deux éléments métalliques sont soudés ensemble.

souffle, n. m. ♦ **1.** Mouvement de l'air : *Le souffle de la brise me caresse le visage.* **2.** Respiration : *On entendait le souffle haletant du coureur de marathon.* ● *A bout de souffle :* épuisé et incapable de respirer, de poursuivre son effort.

soufflé, n. m. ♦ Mets fait avec une pâte légère qui se gonfle à la cuisson. ● *Un soufflé au fromage.* ● *Un soufflé au chocolat.*

souffler, v. ♦ **1.** *Le vent souffle, la brise souffle :* il y a du vent, de la brise. **2.** Respirer, se reposer : *Une minute ! Laisse-moi le temps de souffler !* — SYN. reprendre haleine. **3.** Expirer de l'air : *Elle souffla les bougies de son gâteau d'anniversaire.* **4.** Dire tout bas à quelqu'un ce que cette personne doit dire : *Quand un acteur oublie son texte, on lui souffle sa réplique.*

soufflet, n. m. ♦ **1.** Instrument dont on se sert pour produire de l'air destiné à activer le feu **2.** Couloir flexible unissant deux voitures de chemin de fer.

souffleur, euse, n. ♦ Au théâtre, celui, celle qui, installé(e) sous le devant de la scène, souffle leur texte aux acteurs, quand ceux-ci ont un trou de mémoire.

souffleuse, n. f. ♦ Chasse-neige qui souffle la neige.

souffrance, n. f. ♦ **1.** Douleur physique ou morale. **2.** *Lettre, colis en souffrance,* qui reste à la poste ou dans une gare et qu'on n'achemine pas (par exemple, en raison d'une grève).

souffrant, ante, adj. ♦ Qui est légèrement malade.

souffre-douleur, n. m. inv. ♦ Celui qui est maltraité sans cesse par les gens qui l'entourent.

souffreteux, euse, adj. ♦ Qui a une santé fragile, qui est peu robuste : *Cette fillette souffreteuse a besoin de soins.* — SYN. chétif, maladif, malingre. — CONTR. fort, robuste, sain.

souffrir, v. (conjugaison 33) ♦ **1.** Avoir mal : *Si tu souffres trop, prends ce comprimé.* ● *Ma tante Hortense souffre de rhumatismes.* **2.** Avoir beaucoup de peine : *Françoise souffre beaucoup de voir partir* son amie. **3.** Subir des dégâts : *Quelle chute de grêle! Les cultures ont beaucoup souffert!* **4.** Supporter : *Il est odieux, je ne peux pas le souffrir.*

soufre, n. m. ♦ Produit chimique jaune qui brûle avec une flamme bleue, en produisant une vapeur âcre.

soufrière, n. f. ♦ Lieu (généralement situé près d'un volcan) où l'on extrait le soufre.

souhait, n. m. ♦ Parole par laquelle on exprime ce qu'on désire voir se produire : *J'espère que tes souhaits vont se réaliser.* — SYN. vœux.

souhaitable, adj. ♦ Qui est une bonne chose : *Il est souhaitable que ces pluies prennent fin.* — CONTR. fâcheux.

souhaiter, v. ♦ **1.** Désirer vivement : *Je vous souhaite de réussir. Je souhaite que tu guérisses vite.* ● *Souhaiter la bonne année à quelqu'un,* lui offrir ses vœux à l'occasion du Jour de l'An.

souiller, v. ♦ **1.** Salir : *Les projections de cambouis souillent le trottoir.* **2.** Déshonorer, ternir : *Ce crime souille à jamais la gloire de cet homme.*

souillure, n. f. ♦ **1.** Tache, saleté qui souille. **2.** Chose impure.

souk, n. m. ♦ Dans un pays arabe, marché couvert où sont groupés les magasins, les ateliers d'artisans.

soûl, soûle, [su, sul], adj. ♦ Ivre. — REM. Évitez la graphie *saoul, saoule.*

soulagement, n. m. ♦ **1.** Action de soulager : *Ce médicament m'a apporté un réel soulagement.* **2.** Chose qui soulage : *Ces paroles bienveillantes furent un soulagement à sa peine.* — SYN. adoucissement, allégement. — CONTR. aggravation. **3.** État où l'on se sent mieux : *J'éprouvai un certain soulagement en apprenant que l'affaire était enfin réglée.*

soulager, v. (conjugaison 16) ♦ **1.** Atténuer la douleur, la souffrance, la peine : *Ces comprimés m'ont soulagé : je n'ai plus mal à ma jambe.* **2.** Enlever l'inquiétude : *Cette bonne nouvelle m'a soulagé.* — SYN. apaiser, rassurer. — CONTR. alarmer, angoisser, inquiéter.

soûler (se), v. ♦ S'enivrer. — REM. Évitez la graphie *saouler.*

soulèvement, n. m. ♦ Révolte. — SYN. insurrection, rébellion, révolte, révolution.

soulever, v. (conjugaison 12) ♦ **1.** Mettre un peu plus haut, pour un bref instant : *Cela sent bon quand on soulève le couvercle. Qu'est-ce qui mijote là?* — CONTR. poser. **2.** Faire monter au-dessus de la surface, pour un bref instant : *La tempête soulève des vagues énormes.* **3.** Susciter, provoquer : *Le discours de l'oratrice souleva l'enthousiasme.* **4.** Se soulever, se révolter : *Écrasés d'impôts, les paysans se soulevèrent contre le roi.* — SYN. s'insurger, se rebeller, se révolter. — CONTR. se soumettre.

soulier, n. m. ♦ Chaussure à semelle résistante.

souligner, v. ♦ **1.** Tirer un trait sous un ou plusieurs mots : *Le maître souligne de rouge les phrases mal construites.* **2.** Attirer l'attention sur quelque chose, mettre en valeur : *L'orateur a souligné l'importance de ce fait.*

soumettre, v. (conjugaison 99) ♦ **1.** Mettre dans un état de dépendance : *Les Romains soumirent les peuples du Bassin méditerranéen.* — SYN. asservir, subjuguer. — CONTR. affranchir, délivrer, libérer. ● *Se soumettre :* accepter la domination d'une autre personne, d'un autre État, accepter d'obéir à une autorité. — CONTR. s'insurger, se rebeller, se révolter, se soulever. **2.** Présenter au jugement de quelqu'un : *J'ai soumis cette question à une spécialiste.*

soumis, ise, adj. ♦ Docile, obéissant. — CONTR. rebelle.

soumission

soumission, n. f. ♦ **1.** Action de se soumettre : *Le chef des rebelles va faire sa soumission* (= se rendre, se soumettre). **2.** Docilité, obéissance : « *Oui, monsieur* », *dit-il avec soumission.*

soupape, n. f. ♦ Mécanisme qui laisse passer un liquide ou un gaz, automatiquement et dans un seul sens, quand la pression atteint une certaine force.

soupçon, n. m. ♦ **1.** Idée que quelqu'un a peut-être fait quelque chose : *Odile nous a peut-être trahis, mais c'est seulement un soupçon.* **2. Un soupçon de,** un tout petit peu de : *Mets encore un soupçon de poivre dans la sauce.*

soupçonner, v. ♦ Avoir un soupçon : *Je te soupçonne fortement de tricher au jeu, tu gagnes toujours !*

soupçonneux, euse, adj. ♦ Porté à avoir des soupçons. — CONTR. confiant.

soupe, n. f. ♦ Aliment chaud, liquide ou épais, fait avec des légumes et du pain ou des pâtes. — SYN. potage. — REGARDER *bouillon.*

1. souper, n. m. ♦ **1.** Autrefois ou dans certaines régions, synonyme de dîner, repas du soir. **2.** Petit repas qu'on prend la nuit, après le spectacle.

2. souper, v. ♦ Prendre le repas appelé « souper » : *Grand-mère s'écria : « Il est sept heures, les enfants, on va souper ! »*

soupeser, v. (conjugaison 12) ♦ Soulever pour évaluer le poids : *Gilles soupesa la citrouille : « Elle pèse bien quinze kilos ! »*

soupière, n. f. ♦ Grand récipient dans lequel on apporte la soupe sur la table.

soupir, n. m. ♦ Respiration longue qui exprime le soulagement, la tristesse, etc. ● *Pousser un soupir de soulagement.* ● *Rendre le dernier soupir :* mourir.

soupirail, n. m. ♦ Petite ouverture qui donne un peu d'air et de lumière à une cave. — PLUR. *des soupiraux.*

soupirant, n. m. ♦ L'amoureux d'une jeune fille, d'une femme, qui lui fait la cour.

soupirer, v. ♦ **1.** Pousser un soupir. **2. Soupirer après une chose,** la désirer vivement : *Nous soupirons tous après le bonheur.* — SYN. aspirer à.

souple, adj. ♦ **1.** Qui se plie facilement — SYN. flexible. — CONTR. raide, rigide. ● Qui a un corps et des membres qui peuvent prendre toutes les positions : *Tu es jeune et souple, tu peux passer par-dessous la barrière.* **2.** Docile et capable de s'adapter aux circonstances : *Pour s'adapter à une nouvelle classe, il faut être très souple.*

souplesse, n. f. ♦ Caractère d'une chose ou d'une personne souple. — CONTR. raideur, rigidité.

source, n. f. ♦ **1.** Eau qui sort de terre. ● Endroit où un cours d'eau prend naissance. **2.** Cause, origine : *Le mensonge est la source de bien des maux.*

sourcil [suRsi], n. m. ♦ Ensemble des poils qu'on a en bas du front, au-dessus des yeux.

sourcilière [suRsiljɛR], adj. f. ♦ *Arcade sourcilière :* — REGARDER *arcade,* sens 2.

sourciller [suRsije], v. ♦ *Sans sourciller :* sans montrer d'hésitation ni d'émotion.

sourd, sourde, adj. *ou* n. ♦ **1.** Qui est privé du sens de l'ouïe. ● *Crier comme un sourd :* crier très fort. ● *Rester sourd aux prières, à l'appel de quelqu'un,* ne pas y répondre. **2.** Peu sonore : *Le bruit sourd des pas dans la neige trouble seul le silence.* — SYN. amorti, assourdi, mat. ● *Une voix sourde.* — CONTR. éclatant, sonore. **3.** Peu éclatant : *J'aime les teintes sourdes : le gris-bleu sombre, le brun foncé, le vert presque noir.* — CONTR. éclatant, vif.

soustraction

sourdine (en), loc. adv. ♦ Sans faire beaucoup de bruit : *Dans la pénombre, l'orchestre jouait en sourdine un tango.*

sourd-muet, sourde-muette, adj. *ou* n. ♦ Qui est à la fois sourd et muet.

souriant, ante, adj. ♦ Qui sourit. — SYN. rieur. — CONTR. grincheux, hargneux, renfrogné.

1. sourire, v. (conjugaison 51) ♦ **1.** Faire un sourire. **2.** Être favorable : *Tout va bien, la chance nous sourit !* **3.** Plaire : *Aller en promenade ? Voilà une proposition qui me sourit !*

2. sourire, n. m. ♦ Mouvement des lèvres, petit rire silencieux, qui indique que l'on est content.

souris, n. f. ♦ Animal rongeur à museau pointu et à longue queue, qui ressemble à un rat de petite taille.

sournois, oise, adj. ♦ **1.** Pas franc. — SYN. dissimulé, faux, fourbe, hypocrite. — CONTR. franc, loyal. **2.** Qui fait du mal, sans qu'on s'en aperçoive tout de suite : *Cette maladie sournoise faisait lentement son œuvre.* — CONTR. brutal, spectaculaire.

sous, prép. ♦ **1.** Plus bas : *Sous sa maison, il y a une grande cave.* — CONTR. sur. **2.** En étant le subordonné de quelqu'un : *Il travaillait sous la direction d'une ingénieure.* **3.** Pendant le règne d'un souverain, à l'époque d'un roi, d'un gouvernement ou d'un homme d'État : *Cette loi a été votée sous le gouvernement libéral.*

sous-alimenté, ée, adj. ♦ Qui n'a pas une nourriture suffisante.

sous-bois, n. m. inv. ♦ Ensemble des buissons et des arbustes qui croissent sous le feuillage des grands arbres d'un bois.

souscription, n. f. ♦ Action de souscrire. ● *Livre vendu en souscription.*

souscrire, v. (conjugaison 48) ♦ **1.** S'engager à acheter en versant le prix à l'avance :

Mon oncle a souscrit à une Histoire de l'art *en quinze volumes.* **2.** Approuver : « *Allons nous baigner* » : *tout le monde souscrivit à cette proposition.* — SYN. acquiescer. — CONTR. refuser, rejeter.

sous-entendre, v. (conjugaison **81**) ♦ **1.** Laisser entendre, sans dire expressément : *Je ne sous-entends aucun jugement, croyez-moi.* — SYN. insinuer. **2.** Ne pas exprimer un mot : *Dans cette phrase, on a sous-entendu le verbe.*

sous-entendu, n. m. ♦ Chose qu'on sous-entend : *Je n'aime guère ses sous-entendus malveillants et calomnieux.* — SYN. insinuation.

sous-estimer, v. ♦ Estimer au-dessous de la grandeur, de la valeur réelle : *Nous avons sous-estimé les difficultés de l'entreprise.* — CONTR. surestimer.

1. sous-marin, n. m. ♦ Bâtiment de guerre capable de naviguer en plongée. — SYN. submersible. — PLUR. *des sous-marins.* ● Sandwich fait avec un petit pain allongé, de la charcuterie, du fromage, des feuilles de salade, etc.

2. sous-marin, ine, adj. ♦ Qui existe, qui se fait au-dessous du niveau de la mer. ● *Des câbles téléphoniques sous-marins.* ● *La plongée sous-marine.*

sous-ministre, n. ♦ Haut fonctionnaire qui aide un ministre à diriger les affaires d'un ministère.

sous-officier, ière, n. ♦ Militaire gradé de grade inférieur à celui d'officier. — PLUR. *des sous-officiers.*

sous-sol, n. m. ♦ **1.** Partie profonde de la terre, du sol : *Le sous-sol de ce pays recèle du pétrole, de l'uranium et du charbon.* **2.** Étage situé au-dessous du rez-de-chaussée et qui n'est pas une cave. — PLUR. *des sous-sols.*

soustraction, n. f. ♦ Opération qui consiste à chercher la différence entre deux nombres. — CONTR. addition.

soustraire

soustraire, v. (conjugaison 57) ◆ **1.** Enlever un nombre d'un autre. — SYN. déduire, ôter, retrancher. — CONTR. additionner. **2.** Prendre, voler : *Le comptable a soustrait frauduleusement 200 000 dollars.* **3.** *Se soustraire à*, échapper à : *Aurélie n'a pu se soustraire à l'obligation d'assister à la réunion.*

sous-verre, n. m. inv. ◆ Support d'une photographie, d'un dessin, qui est constitué par une plaque de verre et une plaque opaque, entre lesquelles l'image est serrée.

sous-vêtement, n. m. ◆ Vêtement qui se porte à même la peau, sous d'autres vêtements. — PLUR. *des sous-vêtements.*

soutane, n. f. ◆ Longue robe des ecclésiastiques catholiques : *Le pape porte une soutane blanche.*

soute, n. f. ◆ Partie d'un navire où l'on met le charbon, le mazout, les munitions. ● Partie d'un avion de transport où l'on met les bagages.

soutenir, v. (conjugaison 44) ◆ **1.** Tenir ce qui est au-dessus : *Douze colonnes soutiennent le toit du temple.* — SYN. maintenir, porter. ● Empêcher de tomber : *Deux infirmières soutenaient le vieillard chancelant et l'aidaient à marcher.* **2.** Défendre, aider dans son action : *Plusieurs organisations soutiennent ta candidate.* **3.** Affirmer : *Moi, je soutiens qu'il faut partir, et tout de suite !* — SYN. prétendre. — CONTR. nier.

souterrain, aine, adj. *ou* n. m. ◆ **1.** Qui est au-dessous du niveau du sol : *Défense de traverser les voies : empruntez le passage souterrain.* **2.** *Un souterrain :* une galerie souterraine, un passage souterrain.

soutien, n. m. ◆ Aide, appui, secours qu'on apporte à quelqu'un, à une œuvre.

soutien-gorge, n. m. ◆ Sous-vêtement féminin destiné à soutenir ou à couvrir les seins. — PLUR. *des soutiens-gorge.*

soutirer, v. ◆ **1.** *Soutirer un liquide*, le transvaser doucement, de manière à laisser dans le premier récipient les matières qui sont en suspension. **2.** Obtenir adroitement et peu honnêtement : *Cet escroc a réussi à soutirer de l'argent à des hommes d'affaires naïfs.*

1. souvenir (se), v. (conjugaison 44) ◆ Se rappeler : *Je me souviens bien de mon premier voyage en bateau.* ● *Il me souvient de ce voyage.* — CONTR. oublier.

1. souvenir, n. m. ◆ **1.** Ce que l'on garde en mémoire : *Le vieillard évoquait les souvenirs de sa jeunesse heureuse.* **2.** Objet que l'on garde pour se souvenir de quelqu'un ou de quelque chose : *Ce collier de coquillages est un souvenir de vacances.*

souvent, adv. ◆ **1.** A de nombreuses reprises : *Il pleut souvent en Colombie britannique.* — SYN. fréquemment. — CONTR. rarement. **2.** *Le plus souvent :* dans la plupart des cas. — SYN. généralement. — CONTR. exceptionnellement.

souverain, aine, adj. *ou* n. ◆ **1.** Supérieur, tout à fait efficace : *Ce sirop est souverain contre la toux.* **2.** *Un État souverain :* un État indépendant. **3.** *Un souverain, une souveraine :* celui, celle qui règne sur un pays. — REGARDER *empereur, monarque, roi.*

souveraineté, n. f. ◆ Caractère d'un État souverain. ● Autorité légitime d'un État sur un territoire.

soviétique, adj. *ou* n. ◆ **1.** *Union soviétique :* vaste État multinational d'Europe orientale et d'Asie. — SYN. U.R.S.S. **2.** D'Union soviétique : *Le gouvernement soviétique souhaite une conférence au sommet.* ● *Les Soviétiques :* les citoyens de l'Union soviétique.

soyeux, euse [swajø, øz], adj. ◆ Qui a l'aspect doux, lisse et brillant de la soie.

spacieux, euse, adj. ◆ Vaste : *Elle habite une belle maison de campagne.* — CONTR. exigu.

spaghetti, n. m. inv. ◆ *Des spaghetti :* pâtes alimentaires longues et minces.

spatial, ale, aux, adj. ♦ Dans l'espace, hors de l'atmosphère terrestre : _Le vol spatial a parfaitement réussi._ • _Un vaisseau spatial._

spatule, n. f. ♦ Outil large et plat qui sert à étaler une matière pâteuse.

spécial, ale, aux, adj. ♦ **1.** Adapté à un usage particulier : _Pour traverser ces terrains marécageux, il faut des véhicules spéciaux._ — SYN. particulier. **2.** Rare : _Patrick veut mettre une cravate à fleurs ! C'est un cas spécial !_ — SYN. exceptionnel, particulier. — CONTR. banal, commun, courant, général, habituel, ordinaire.

spécialement, adv. ♦ Particulièrement : _J'aime tous les fruits, et plus spécialement les cerises._

spécialiser (se), v. ♦ Se consacrer plus particulièrement à telle activité.

spécialiste, n. m. _ou_ f. ♦ Personne qui s'est spécialisée dans telle activité, telle science particulière : _Notre voisine est journaliste : c'est une spécialiste des questions économiques._

spécialité, n. f. ♦ **1.** Secteur d'activité ou domaine de la connaissance dans lequel on est spécialisé : _La spécialité de ce garagiste ? L'entretien des grosses voitures de sport._ **2.** Plat propre à un pays : _Les fèves au lard sont une spécialité québécoise._

spécifier, v. (conjugaison 20) ♦ Préciser : _Dans le bon de commande, veuillez spécifier la taille et la couleur._

spécimen [spesimɛn], n. m. ♦ Objet qui donne une idée de tous les objets de la même catégorie : _Regardez cet arbre : c'est un beau spécimen de mélèze._

spectacle, n. m. ♦ **1.** Séance de théâtre, de cinéma, etc. : _Nos voisins sortent souvent : ils vont au spectacle deux fois par semaine._ • _Une salle de spectacle._ **2.** Tout ce qu'on peut regarder : _Un vol d'oies sauvages est un spectacle extraordinaire._

spectaculaire, adj. ♦ Qui est très visible et attire fortement l'attention. — SYN. étonnant, frappant. — CONTR. discret, insensible.

spectateur, trice, n. ♦ Celui, celle qui assiste à un spectacle, à un match, etc.

spectre, n. m. ♦ **1.** Fantôme, revenant. **2.** Ensemble des couleurs de l'arc-en-ciel.

spéléologie, n. f. ♦ Exploration des gouffres et des cavernes.

spéléologue, n. m. _ou_ f. ♦ Celui, celle qui explore les gouffres et les cavernes.

sphère, n. f. ♦ Boule : _Un ballon de soccer a la forme d'une sphère._

sphérique, adj. ♦ En forme de sphère. — SYN. rond.

sphinx [sfɛ̃ks], n. m. ♦ Dans l'art antique, statue représentant un monstre à tête humaine et à corps de lion.

spirale, n. f. ♦ Courbe de forme particulière. • _Ressort en spirale._

spiritisme, n. m. ♦ Ensemble des pratiques et des croyances relatives à l'évocation des esprits, des fantômes, etc.

spirituel, elle, adj. ♦ **1.** Qui est de la nature et du domaine de l'âme, de l'esprit. — CONTR. corporel, matériel. **2.** Amusant et bien trouvé : _Bravo ! voilà une plaisanterie spirituelle !_ • Qui a beaucoup d'esprit : _J'aime les gens spirituels et gais._

splendeur, n. f. ♦ **1.** Caractère de ce qui est très beau. — SYN. magnificence, somptuosité. — CONTR. hideur, laideur. **2.** Chose très belle : _Ce palais recèle des splendeurs que bien des gens ignorent._ — SYN. merveille, trésor. — CONTR. horreur.

splendide, adj. ♦ Très beau. — SYN. magnifique. — CONTR. hideux, horrible, laid.

spongieux

spongieux, euse, adj. ♦ Qui est mou et s'imbibe d'eau, comme une éponge : *Nos pieds s'enfonçaient dans le sol spongieux du marécage.*

spontané, ée, adj. ♦ **1.** Qui se fait sans qu'il y ait d'ordre donné, de préparation : *Une révolte éclata : était-elle spontanée?* — CONTR. provoqué. **2.** Qui agit et parle en se laissant aller à son humeur du moment, sans rien calculer ni prévoir : *Juliette est une fille très franche et très spontanée.* — SYN. naturel. — CONTR. compassé, guindé.

spontanéité, n. f. ♦ Caractère d'une personne ou d'une chose spontanée.

spontanément, adv. ♦ Sans y être forcé, naturellement.

sporadique, adj. ♦ Qui se produit très rarement, de temps en temps. — CONTR. constant, permanent, fréquent, répété.

sport, n. m. ♦ Activité physique qu'on pratique pour son plaisir ou pour la compétition.

sportif, ive, adj. *ou* n. ♦ **1.** Qui concerne le sport. **2.** *Un sportif, une sportive :* celui, celle qui pratique un sport.

sprint [spRint], n. m. ♦ Partie finale de la course, celle où l'on va le plus vite possible.

squale [skwal], n. m. ♦ Requin.

square [skwaR], n. m. ♦ Petit jardin public établi sur une place, dans une ville.

squelette, n. m. ♦ Ensemble des os d'un être humain ou d'un animal.

squelettique, adj. ♦ Très maigre, qui n'a plus que la peau sur les os.

stabiliser, v. ♦ Rendre stable.

stabilité, n. f. ♦ Caractère de ce qui est stable. — CONTR. instabilité.

stable, adj. ♦ **1.** Qui est bien en équilibre et qui ne risque pas de tomber : *La pile de cartons et de caisses n'était pas stable : elle s'écroula avec fracas.* — CONTR. branlant, instable. **2.** Fixe, solide, qui dure : *Mon cousin Jérôme est content : il a enfin un emploi stable.* ● *Un régime politique stable.* — CONTR. fragile, instable, précaire.

stade, n. m. ♦ **1.** Terrain aménagé pour la course à pied, pour la pratique des sports. **2.** Dans la Grèce antique, mesure de longueur qui valait environ 180 mètres. **3.** Chacune des périodes, des étapes d'une action ou d'un déroulement des faits : *Nous allons étudier les stades successifs du développement de la plante.* — SYN. degré, moment, phase.

stage, n. m. ♦ Période assez courte pendant laquelle une personne travaille dans une entreprise ou dans un service pour s'initier à son futur métier ou pour se perfectionner.

stagnant, ante [stagnã, ãt], adj. ♦ *Eau stagnante,* qui ne coule pas (eau des mares, des marais, etc.). — CONTR. eau courante, eau vive.

stagnation [stagnasjɔ̃], n. f. ♦ Absence de progrès de l'économie, médiocre activité des affaires. — SYN. marasme. — CONTR. prospérité, progrès, relance, reprise.

stagner [stagne], v. ♦ **1.** *L'eau stagne,* reste sur place sans couler. **2.** *Les affaires stagnent,* ne vont pas fort.

stalactite, n. f. ♦ Concrétion calcaire, qui descend de la voûte d'une grotte.

stalagmite, n. f. ♦ Concrétion calcaire, analogue à la stalactite, qui se dépose sur le sol d'une grotte.

stalle, n. f. ♦ Dans le chœur de certaines églises, chacun des sièges fixes, disposés en une ou en deux rangées, de chaque côté, faits en bois sculpté, séparés les uns des autres par une petite cloison et munis d'un dossier très haut.

sténodactylo

1. stand [stãd], n. m. ♦ Endroit aménagé pour le tir à la cible (au fusil, au pistolet).

2. stand [stãd], n. m. ♦ Emplacement réservé à un exposant et aménagé pour la présentation des articles, dans une exposition.

1. standard, adj. inv. ♦ Conforme à un modèle reproduit à un grand nombre d'exemplaires : *A cette course de canots automobiles, les concurrents utiliseront des modèles standard.*

2. standard, n. m. ♦ Dispositif qui, dans une entreprise ou un édifice administratif, reçoit les communications téléphoniques de l'extérieur et les répartit entre les différents postes intérieurs.

standardiser, v. ♦ Uniformiser en rendant semblable à des modèles standard.

standardiste, n. m. *ou* f. ♦ Celui, celle qui s'occupe du standard téléphonique.

star, n. f. ♦ Vedette de cinéma.

starlette, n. f. ♦ Jeune actrice qui essaie de devenir une star de cinéma.

station, n. f. ♦ **1.** Endroit où s'arrête un autobus, le métro. — REGARDER *gare, halte.* **2.** Localité caractérisée par une activité particulière. ● *Une station thermale.* ● *Une station balnéaire.* ● *Une station météorologique.* ● *Une station de sports d'hiver.* **3.** Ensemble des installations servant aux émissions de radio ou de télévision.

stationnaire, adj. ♦ *État stationnaire :* état de santé qui n'évolue pas, qui ne s'améliore pas et qui ne s'aggrave pas.

stationnement, n. m. ♦ Action de stationner.

stationner, v. ♦ Rester arrêté au même endroit : *Deux gros camions stationnent dans la cour de l'usine.* — CONTR. circuler.

station-service, n. f. ♦ Établissement, installé en bordure d'une rue, d'une route ou d'une autoroute, où l'on vend de l'essence, où on lave les pare-brise, où on regonfle les pneus, etc. — PLUR. *des stations-service.*

statistique, n. f. ♦ État chiffré concernant des phénomènes portant sur des grands nombres : *D'après cette statistique, deux millions de Canadiens n'ont pas le téléphone.*

statue, n. f. ♦ Représentation sculptée d'un être humain, d'une divinité ou d'un animal.

statuer, v. (conjugaison 19) ♦ Décider : *Le conseil de classe va statuer sur le passage des élèves en classe supérieure.*

statuette, n. f. ♦ Petite statue qui sert de bibelot.

statu quo [statykwo], n. m. inv. ♦ État actuel des choses.

stature, n. f. ♦ Taille (du corps humain) : *Le maître-nageur est un gaillard de haute stature.*

statut, n. m. ♦ Ensemble des règles qui régissent une association. ● Ensemble des règles qui définissent la situation, les droits et les obligations d'une personne ou d'une catégorie de personnes.

steak [stɛk], n. m. ♦ Bifteck.

stèle, n. f. ♦ Pierre dressée, debout, qui porte une inscription, un ornement sculpté. ● *Stèle funéraire.*

1. sténo, n. f. ♦ Forme abrégée et usuelle de *sténographie.*

2. sténo, n. ♦ Forme abrégée et usuelle de *sténographe.*

sténodactylo, n. ♦ Personne qui prend en sténo les textes qu'on lui dicte et qui les tape à la machine.

sténographe

sténographe, n. m. *ou* f. ♦ Celui, celle qui pratique la sténographie.

sténographie, n. f. ♦ Technique qui consiste à écrire très vite sous la dictée de quelqu'un en usant d'un système de signes spéciaux.

sténographier, v. (conjugaison 20) ♦ Écrire au moyen de la sténographie : *Le discours prononcé à l'Assemblée fut sténographié et publié.*

steppe, n. f. ♦ Grande plaine des pays assez secs couverte d'une herbe courte et dépourvue d'arbres.

stère, n. m. ♦ Unité de volume du bois de chauffage et du bois de charpente qui est égale à un mètre cube (symbole : *st*).

stéréo, n. f. ♦ Abréviation familière de stéréophonie.

stéréophonie, n. f. ♦ Technique de l'enregistrement, de la reproduction et de la diffusion des sons, destinée à donner l'impression que les sons entendus viennent de différents points de l'espace.

stérile, adj. ♦ **1.** *Sol stérile, terre stérile,* qui ne produit rien, où ne croît aucune plante. — CONTR. fécond, fertile. **2.** Inutile. — SYN. vain — CONTR. fécond, profitable. **3.** Inapte à la reproduction : *Le mulet est stérile.*

stériliser, v. ♦ **1.** Rendre propre, en débarrassant de tout germe microbien. **2.** Rendre une personne ou un animal incapable de reproduction.

stérilité, n. f. ♦ Caractère de ce qui est stérile. — CONTR. fécondité, fertilité.

sternum [stɛRnɔm], n. m. ♦ Os situé au milieu de la poitrine, sur lequel se réunissent les côtes.

stéthoscope, n. m. ♦ Instrument avec lequel le médecin ausculte ses patients.

stimulant, ante, adj. *ou* n. m. ♦ Qui stimule : *L'air vif et stimulant de la mer te fera du bien.* ● *Un stimulant.*

stimuler, v. ♦ **1.** Donner un « coup de fouet », une nouvelle vigueur à l'organisme : *L'air de la mer stimule les enfants anémiques.* **2.** Encourager : *Le rôle d'un entraîneur sportif est de stimuler son équipe, non de la décourager !*

stock, n. m. ♦ Réserve de marchandises.

stocker, v. ♦ Mettre en réserve.

stoïque [stɔik], adj. ♦ Qui affronte les malheurs et la souffrance avec dignité et sans se plaindre. — SYN. impassible.

1. stop, n. m. ♦ **1.** Panneau, placé avant un croisement, qui ordonne à l'automobiliste de s'arrêter avant de couper l'autre route. **2.** Signal rouge, placé à l'arrière d'un véhicule, qui s'allume quand on freine.

2. stop, n. m. ♦ Abréviation familière de *auto-stop.*

stopper, v. ♦ Arrêter le mouvement d'une machine de navire, d'une chaîne d'ancre : « *Stoppez la machine* », *cria le capitaine du paquebot.* — REM. Évitez d'employer ce verbe au sens de « arrêter» ou de « s'arrêter ». Ne dites pas : *Stopper sa voiture. Le camion stoppe.*

store, n. m. ♦ Rideau extérieur en matière solide (grosse toile, lamelles, etc.), qui protège une fenêtre, un magasin.

strabisme, n. m. ♦ Petite infirmité de ceux dont les yeux louchent.

strapontin, n. m. ♦ Petit siège fixe et repliable (dans un véhicule, une salle de spectacle).

stratagème, n. m. ♦ Ruse de guerre. ● Ruse, moyen détourné et habile qu'on emploie pour atteindre ses fins.

stratège, n. m. ♦ **1.** À Athènes, haut magistrat chargé notamment des questions militaires. **2.** De nos jours, chef militaire de haut grade qui commande des armées. ● Chef de guerre habile en stratégie.

stratégie, n. f. ♦ **1.** Art de conduire l'ensemble des opérations militaires, pendant une guerre. — REGARDER _tactique._ **2.** Ensemble d'actions que l'on coordonne pour obtenir un résultat : _Augmenter le nombre des points de vente et développer les actions publicitaires, telle est la nouvelle stratégie commerciale de cette société._

stratégique, adj. ♦ Qui relève de la stratégie. ● _Point stratégique, position stratégique,_ qui a une importance capitale pour l'issue de la guerre.

stratosphère, n. f. ♦ Partie haute de l'atmosphère, entre 10 et 50 km d'altitude.

strict, stricte, adj. ♦ **1.** Qui laisse très peu de liberté, qui est très sévère : _Au pensionnat, la discipline est stricte !_ — SYN. astreignant, rigoureux. — CONTR. lâche, libéral. **2.** Correct et un peu austère : _Costume gris, chemise blanche, cravate bleu marine : la tenue de Julien est stricte._ — CONTR. fantaisiste, débraillé, négligé. **3.** _Le strict nécessaire :_ ce qu'il faut, et rien de plus.

strident, ente, adj. ♦ À la fois très fort et très aigu : _Un cri strident perça la nuit._

strie, n. f. ♦ Petite rainure, petite rayure.

strié, ée, adj. ♦ Qui porte des stries à sa surface.

strophe, n. f. ♦ Chacun des éléments (groupe de vers) qui composent certains poèmes et qui sont semblables les uns aux autres par la disposition des rimes, la longueur des vers.

structure, n. f. ♦ Agencement des divers éléments d'un ensemble, matériel ou non : _Nous allons étudier la structure d'une_ église gothique. ● _Structure métallique d'un hall, d'un navire._ — SYN. armature, carcasse, charpente.

studieux, euse, adj. ♦ Qui étudie et travaille beaucoup. — SYN. appliqué, laborieux, sérieux, travailleur. — CONTR. négligent, paresseux.

studio, n. m. ♦ **1.** Atelier de photographe. ● Atelier d'artiste. ● Local, édifice où l'on fait des prises de vues, des films, où l'on enregistre les émissions de radio ou de télévision. **2.** Logement qui comprend une seule pièce principale servant de chambre et de salle de séjour.

stupéfaction, n. f. ♦ Très grand étonnement. — SYN. stupeur.

stupéfait, aite, adj. ♦ Très étonné.

1. stupéfiant, ante, adj. ♦ Qui étonne beaucoup. — SYN. ahurissant, étonnant, extraordinaire, surprenant. — CONTR. attendu, prévu, banal, ordinaire.

2. stupéfiant, n. m. ♦ Drogue telle que l'opium, la morphine, l'héroïne, la cocaïne, etc.

stupéfier, v. (conjugaison 20) ♦ Étonner beaucoup.

stupeur, n. f. ♦ **1.** État d'engourdissement où l'on ne peut ni ne veut parler, penser, réagir. — SYN. torpeur. **2.** Très grand étonnement. — SYN. ahurissement, stupéfaction, surprise.

stupide, adj. ♦ Très sot ; abruti. — SYN. bête, idiot, imbécile. — CONTR. intelligent. ● _Un regard stupide._ — SYN. abruti. — CONTR. éveillé.

stupidité, n. f. ♦ Très grande sottise.

style, n. m. ♦ **1.** Manière de s'exprimer (spécialement par écrit) : _Dominique est très forte en français : son style est clair, élégant, poétique et spirituel à la fois._ **2.** Ensemble des caractères propres à une époque, en

style

matière d'œuvres d'art : *J'aime beaucoup cette façade de style Louis XV.* **3.** Manière particulière de courir, de sauter, de nager, etc., propre à un sportif. **4.** Manière particulière de se comporter : *Elle a un style de vie très désinvolte.*

stylé, ée, adj. ♦ *Un serveur stylé, bien stylé,* qui sait servir, faire son métier selon les règles.

stylisé, ée, adj. ♦ Représenté d'une manière simplifiée : *Le papier peint de la salle à manger représente des oiseaux stylisés.*

stylo, n. m. ♦ Forme abrégée et usuelle de *stylographe.*

stylographe, n. m. ♦ Porte-plume à réservoir d'encre ou à cartouche d'encre.

subalterne, adj. *ou* n. m. ♦ Qui est placé à un rang inférieur dans une hiérarchie, qui a un grade relativement peu élevé. ● *Les officiers subalternes :* les sous-lieutenants, les lieutenants et les capitaines. — CONTR. officier supérieur. ● *Un subalterne :* une personne placée à un rang inférieur. — SYN. un inférieur. — CONTR. un supérieur.

subir, v. (conjugaison 25) ♦ **1.** Recevoir un châtiment, éprouver des ennuis : *Les criminels que voici vont subir un châtiment exemplaire.* ● *Subir des revers.* — SYN. éprouver. **2.** *Subir un examen médical, une visite médicale, un interrogatoire :* passer un examen médical, une visite médicale ; être interrogé. **3.** Accepter passivement : *Les lâches et les faibles subissent les événements, les forts luttent.*

subit, ite [sybi, it], adj. ♦ Qui se produit brusquement, sans qu'on s'y attende : *L'orage éclata, provoquant une montée subite des eaux.* — SYN. brusque, brutal, soudain. — CONTR. lent, progressif.

subitement, adv. ♦ De manière subite, brusque, inattendue. — SYN. brusquement, brutalement, soudain, soudainement. — CONTR. lentement, progressivement.

subjonctif, n. m. ♦ L'un des modes du verbe, qui exprime le souhait, la volonté, le doute.

sublime, adj. *ou* n. m. ♦ Très beau et très grandiose : *Ce film à grand spectacle est sublime :* ● *Le sublime,* ce qui est sublime : *Cette poésie atteint souvent au sublime.*

submerger, v. (conjugaison 16) ♦ **1.** Recouvrir d'eau : *Le fleuve déborde et submerge les prairies et les champs.* — SYN. inonder, noyer. **2.** Accabler : *Des lecteurs mécontents submergent la directrice du journal de lettres de protestation.*

submersible, n. m. ♦ Sous-marin.

subordination, n. f. ♦ **1.** Le fait d'être placé sous l'autorité d'une autre personne, d'un autre groupe. **2.** Lien qui unit une proposition subordonnée à la proposition principale. ● *Conjonction de subordination.*

subordonné, ée, adj. *ou* n. ♦ **1.** *Proposition subordonnée,* qui dépend d'une proposition principale. **2.** *Un subordonné, une subordonnée :* celui, celle qui dépend d'une autre personne de rang hiérarchique plus élevé. — SYN. inférieur, subalterne. — CONTR. chef, supérieur.

subordonner, v. ♦ Faire dépendre de : *Nous subordonnons la signature du contrat à l'addition de cette clause.*

subreptice, adj. ♦ Qui se fait vite, par surprise et en cachette : *D'un geste subreptice, il s'empara du document.* — SYN. caché, clandestin, furtif, secret. — CONTR. ostensible, visible.

subside, n. m. ♦ Argent fourni : *Cette association culturelle a besoin de subsides.*

subsidiaire, adj. ♦ Secondaire, moins important qu'une autre chose : *Voici la question subsidiaire ; elle départagera les candidats qui auront bien répondu à la question principale.* — SYN. accessoire, annexe. — CONTR. capital, principal.

succession

subsistance, n. f. ✦ Ce qui permet de vivre : *La pauvre vieille n'avait aucun moyen de subsistance.* — SYN. ressource. ● *La vieille Marion en était réduite à chercher sa subsistance dans les poubelles.*

subsister, v. ✦ 1. Continuer d'exister : *Le château fort a été détruit; seul subsiste un pan de mur.* — SYN. demeurer, rester. 2. Vivre, se procurer de quoi vivre : *Le vieux musicien subsistait en donnant des leçons de violon.*

substance, n. f. ✦ 1. Corps, matière : *Le soufre est une substance de couleur jaune.* 2. Contenu, réduit à l'essentiel, d'un livre, d'un discours : *Quelle est la substance de son exposé?* ● *En substance,* en bref, en résumé : *En substance, quel est le contenu de son texte?*

substantiel, elle, adj. ✦ Assez grand, considérable : *Il a réalisé un gain substantiel.* — SYN. notable. — CONTR. faible, maigre, petit. ● Copieux : *Après un substantiel dîner, il alla se coucher.* — SYN. plantureux. — CONTR. frugal, léger, maigre.

substantif, n. m. ✦ Synonyme de *nom,* dans la langue de certains grammairiens : *L'adjectif s'accorde avec le substantif.*

substituer, v. (conjugaison 19) ✦ Mettre à la place de. — REGARDER remplacer.

substitution, n. f. ✦ Action de substituer : *La substitution de la traction électrique à la traction à vapeur a permis d'accroître la vitesse des trains.*

subtil, ile, adj. ✦ 1. Très fin et pénétrant : *Il faut avoir l'esprit subtil pour discerner ces nuances de sens!* — SYN. délié, habile, ingénieux, perspicace, sagace. — CONTR. épais, grossier, lourd. 2. Difficile à discerner : *Cet écrivain excelle dans l'analyse des nuances les plus subtiles du sentiment.* — SYN. délicat. — CONTR. gros.

subtiliser, v. ✦ Prendre, voler habilement et discrètement : *L'espionne subtilisa un document confidentiel sur le bureau du directeur.*

subtilité, n. f. ✦ Qualité d'une personne subtile; caractère d'une chose subtile.

subvenir, v. (conjugaison 44) ✦ *Subvenir aux besoins de quelqu'un,* lui fournir ce qu'il faut pour vivre : *Ce sont les parents qui subviennent aux besoins de leurs enfants.*

subvention, n. f. ✦ Somme d'argent fournie par un organisme ou par les pouvoirs publics.

subventionner, v. ✦ Soutenir en versant une subvention : *La commune subventionne le club d'athlétisme de notre ville.*

suc, n. m. ✦ 1. Liquide qui est dans l'intérieur des plantes ou de la viande. 2. *Suc gastrique :* liquide, sécrété dans l'estomac, qui sert à la digestion des aliments.

succéder, v. (conjugaison 11) ✦ 1. Venir après une autre personne, une autre chose : *A cette plaine sans arbres succède une zone de collines boisées.* — SYN. suivre. — CONTR. précéder. 2. *Se succéder,* venir les uns après les autres : *Les semaines se sont succédé sans apporter de changement dans la situation* (participe toujours invariable).

succès, n. m. ✦ 1. Résultat favorable, victoire. — SYN. réussite. — CONTR. échec. 2. *Avoir du succès,* trouver un public nombreux et lui plaire : *Ce film sur Mozart a eu un succès extraordinaire.*

successeur, n. m. ✦ Celui qui succède à une autre personne dans une fonction, un commerce. — CONTR. prédécesseur.

successif, ive, adj. ✦ Qui se suivent, qui se succèdent : *On entendit trois éclats de tonnerre successifs, à quelques secondes d'intervalle.* — CONTR. simultané.

succession, n. f. ✦ 1. Ensemble d'éléments qui se succèdent : *Une succession de pannes, voilà ce qui nous a retardés.* — SYN. série, suite. 2. Héritage : *La notaire s'occupe de la succession de ma tante. La succession se monte à 65 000 dollars.*

successivement, adv. ♦ À la suite l'un de l'autre ou l'un après l'autre : *Un chalutier, un bateau de plaisance et un caboteur sortirent successivement du petit port.*

succomber. v. ♦ **1.** Mourir : *L'oiseau blessé a succombé à ses blessures.* **2.** Ne pas résister : *Petit Paul a succombé à la tentation : il a volé les chocolats dans l'armoire.* **3.** Être écrasé, battu, tué : *Entouré de trente ennemis, le vaillant chevalier succomba sous le nombre.*

succulent, ente, adj. ♦ Très bon à manger. — SYN. délicieux, savoureux, — CONTR. fade, insipide, immangeable, infect.

succursale, n. f. ♦ Chacun des établissements ouverts au public qui dépendent d'une même société.

sucer, v. (conjugaison 17) ♦ **1.** Mettre dans sa bouche et aspirer : *Louise suce le bout du crayon.* **2.** Faire fondre lentement dans sa bouche : *Tu as mal à la gorge? Tiens, suce donc l'une de ces pastilles.*

sucette, n. f. ♦ Gros bonbon à sucer, fixé au bout d'un bâtonnet mince.

sucre, n. m. ♦ Substance à goût très agréable, tirée de la canne à sucre ou de la betterave. • *Partie de sucre :* fête à la cabane à sucre pendant la récolte de la sève d'érable. • *Sucre à la crème :* bonbon fait de sucre d'érable et de crème. • *Sucre d'érable* ou *sucre de pays :* sève d'érable bouillie qui donne le sucre. • *Les sucres :* période de récolte et de transformation de la sève d'érable.

sucré, ée, adj. ♦ **1.** Où l'on a mis du sucre, qui contient du sucre : *Je trouve ce chocolat trop sucré, je préfère le chocolat amer.* **2.** Qui a le goût du sucre : *Les reines-claudes sont des prunes très sucrées.*

sucrer, v. ♦ Mettre du sucre dans quelque chose.

sucrerie, n. f. ♦ **1.** Friandise à base de sucre (bonbon, etc.). **2.** Usine où l'on fabrique le sucre. **3.** *Cabane à sucre;* érablière.

1. sucrier, ière, adj. ♦ *L'industrie sucrière :* l'industrie qui fabrique le sucre.

2. sucrier, n. m. ♦ Récipient dans lequel on met les morceaux de sucre quand on sert le café, le thé ou une infusion.

sud, n. m. *ou* adj. inv. ♦ **1.** L'un des points cardinaux, celui qui est opposé au nord : *Notre façade est exposée au sud : elle est très ensoleillée.* — SYN. midi. — CONTR. nord. • Qui est au sud : *Je connais bien la côte sud de la Gaspésie.* — SYN. méridional. — CONTR. septentrional. **2.** *Le Sud,* la partie d'un pays située au sud : *J'ai deux amis italiens : l'un est originaire de Milan, l'autre vient d'une petite ville du Sud.* • *L'Italie du Sud. L'Amérique du Sud.*

sud-est, n. m. ♦ Point cardinal intermédiaire entre l'est et le sud.

sud-ouest, n. m. ♦ Point cardinal intermédiaire entre l'ouest et le sud.

suédois, oise, adj. *ou* n. ♦ De Suède, pays scandinave : *C'est un cinéaste suédois qui a réalisé ce film.* • *Les Suédois. Un Suédois. Une Suédoise.* • *Le suédois :* langue de la famille germanique et du groupe nordique parlée en Suède.

suer, v. (conjugaison 19) ♦ Transpirer.

sueur, n. f. ♦ Liquide qui sort par les pores de la peau quand on a chaud ou quand on fait un effort intense.

suffire, v. (conjugaison 52) ♦ Être en assez grande quantité pour qu'une chose puisse être faite : *Pour finir mon tricot, deux pelotes suffiront.* • *Il suffit de,* il n'y a pas besoin de faire autre chose : *Pour maigrir, il suffit de moins manger et de faire un peu de jogging.*

suffisamment, adv. ♦ Assez.

suffisant, ante, adj. ◆ **1.** Qui est en assez grande quantité pour qu'une chose soit faite : *Quatre œufs seront bien suffisants pour faire une omelette pour nous deux.* — CONTR. insuffisant. **2.** Vaniteux et prétentieux.

suffixe, n. m. ◆ Élément de formation qui se place après le radical du mot pour former un dérivé, par exemple le suffixe péjoratif *-ard* s'ajoute au radical de *vant-er* pour former le dérivé *vantard.* — REGARDER *préfixe.*

suffocant, ante, adj. ◆ Qui fait suffoquer.

suffoquer, v. ◆ Respirer avec peine : *Angèle avala un noyau de prune et faillit s'étouffer : déjà elle suffoquait quand on vint à son secours.*

suffrage, n. m. ◆ **1.** *Le suffrage universel :* système dans lequel tous les citoyens majeurs ont le droit de voter. **2.** Voix (à une élection) : *Cette liste a recueilli 51 % des suffrages exprimés.*

suggérer [sygʒeʀe], v. (conjugaison 11) ◆ **1.** Conseiller, donner l'idée de faire quelque chose : *Arnaud est maigre et pâle, je lui ai suggéré d'aller voir un médecin.* **2.** Faire penser à une chose, sans la nommer ni la décrire expressément : *Voyez comme le rythme des vers de ce poème suggère le mouvement furieux des vagues.*

suggestion [sygʒɛstjɔ̃], n. f. ◆ Idée que l'on suggère. — SYN. conseil, proposition.

suicide, n. m. ◆ Acte de celui qui se tue volontairement.

suicider (se), v. ◆ Se donner volontairement la mort.

suie, n. f. ◆ Dépôt noir que laisse la fumée sur les parois intérieures des conduits des cheminées.

suintement, n. m. ◆ Écoulement d'un liquide qui suinte.

suinter, v. ◆ Couler lentement, à travers une fissure, un petit trou : *L'eau suintait le long des murs de la vieille maison abandonnée.*

suisse, adj. *ou* n. ◆ **1.** De la Suisse : *Lausanne est une ville suisse.* — SYN. helvétique. ● *Les Suisses. Un Suisse. Une Suisse.* — REM. La forme *une Suissesse* est vieillie. **2.** *Un suisse :* dans une église, employé portant un uniforme spécial, qui est chargé de précéder et d'escorter le prêtre, de veiller à l'ordonnance des cérémonies. — SYN. bedeau. **3.** *Un suisse :* petit écureuil rayé, appelé aussi tamia rayé.

suite, n. f. ◆ **1.** Ensemble d'éléments, d'événements qui viennent les uns après les autres : *Cette suite de brillants succès doit te donner confiance pour l'avenir.* — SYN. succession. **2.** Ce qui continue une chose, un récit, un texte : *Suite de l'article, page 6, colonne 2.* **3.** Conséquence : *L'affaire est arrangée, elle n'aura pas de suites fâcheuses.* **4.** Continuité, stabilité et cohérence : *Voyons, il faut avoir de la suite dans les idées.* **5.** *Prendre la suite de quelqu'un,* être son successeur dans un commerce, une affaire, une profession. **6.** *La suite de quelqu'un,* les serviteurs, les courtisans... qui l'entourent, l'accompagnent, se déplacent avec lui. **7.** *A la suite :* les uns après les autres. ● *De suite,* sans interruption entre deux actions : *Elle a reçu quatre visiteurs de suite.* ● *Tout de suite :* immédiatement. ● *A la suite de,* après : *A la suite d'un orage, l'eau dévala en torrent dans la ruelle.* ● *Par suite de,* en conséquence de : *Par suite de la grève, le courrier ne sera pas distribué.*

1. suivant, ante, adj. *ou* n. ◆ Qui vient après une autre personne ou une autre chose : *Cette question sera examinée dans le chapitre suivant.* — CONTR. précédent. ● *Au suivant, s'il vous plaît !*

2. suivant, prép. ◆ **1.** En fonction de : *Suivant les circonstances, elle était audacieuse ou prudente.* — SYN. selon. ● *Suivant que Marcel a affaire à un faible ou à un puissant, il est audacieux ou prudent.* — SYN. selon que. **2.** D'après ce qui est dit par

suivant

quelqu'un, d'après son opinion : *Suivant cet auteur ancien, la Terre serait ronde et plate, comme un disque.* — SYN. d'après, selon.

suivi, ie, adj. ◆ **1.** Régulier, sans à-coups, sans interruption : *Grâce à un entraînement suivi, Virginie a gagné le tournoi de ping-pong.* — CONTR. irrégulier. **2.** Cohérent, logique : *Ce qu'il faut dans une rédaction, c'est un raisonnement suivi.* — CONTR. décousu, désordonné, incohérent.

suivre, v. (conjugaison 103) ◆ **1.** Aller derrière, venir après : *Quand je me promène, mon chien me suit, à quelques pas derrière moi. Une belle éclaircie a suivi l'orage.* — CONTR. précéder. **2.** Se produire ensuite : *Voici les événements qui ont suivi la mort de César.* **3.** Se suivre, venir les uns derrière les autres, les uns après les autres : *Les jours se suivent et ne se ressemblent pas.* — SYN. se succéder. **4.** Être parallèle à une chose : *La voie ferrée suit le canal.* **5.** Obéir à un ordre, à un conseil : *Au lieu d'écouter Mathieu, suis donc plutôt les conseils de ta tante.* **6.** S'occuper d'une manière continue du déroulement d'une affaire : *C'est la directrice elle-même qui va suivre cette affaire.* **7.** Assister à des cours : *Ma sœur suit des cours d'histoire de l'art.* **8.** Obtenir des résultats satisfaisants en classe : *Il a du mal à suivre la classe : il devra redoubler.* **9.** Être attentif à ce qui se dit : *Au lieu de suivre le cours d'histoire, Mariette rêve de ski.*

1. sujet, ette, adj. ◆ *Sujet à,* qui peut faire ou subir (une chose plus ou moins fâcheuse) : *Je suis sujet à l'erreur, comme tout le monde !*

2. sujet, ette, n. ◆ **1.** *Les sujets d'un souverain,* les citoyens du pays qu'il gouverne. **2.** Ressortissant d'un pays : *M. John Smith est sujet britannique.*

3. sujet, n. m. ◆ **1.** Ce sur quoi l'on a à parler, à écrire, à répondre ; ce dont on parle ; question qu'on traite : *Quel était le sujet de ton devoir ?* — SYN. question. ● *Voici le sujet abordé dans ce conte.* — SYN. thème. **2.** Ce sur quoi s'exerce une

action, ce à quoi s'applique une pensée : *Quel est le sujet de ta colère ?* — SYN. motif, occasion, objet, raison. ● *Peut-on avoir sujet de se plaindre d'elle ?* **3.** Nom ou pronom qui désigne l'être ou la chose qui accomplit l'action : *Le verbe s'accorde en personne et en nombre avec son sujet.*

sultan, n. m. ◆ Souverain musulman.

sultane, n. f. ◆ Épouse d'un sultan.

super [sypɛʀ], n. m. ◆ Abréviation familière de *supercarburant.*

superbe, adj. ◆ **1.** Orgueilleux. — CONTR. humble, modeste. **2.** Très beau : *Les parterres de ce parc sont superbes.* — SYN. magnifique, splendide. — CONTR. affreux, hideux, laid, monstrueux.

supercarburant, n. m. ◆ Essence de qualité supérieure.

supercherie, n. f. ◆ Tromperie : *Il se faisait passer pour le cousin du roi, mais la supercherie fut découverte.* — SYN. imposture.

superficie. n. f. ◆ Surface.

superficiel, elle, adj. ◆ **1.** Qui n'est pas profond : *La partie superficielle du sol est riche en matières organiques.* **2.** Peu sérieux et peu détaillé : *Vous traitez le sujet d'une manière trop superficielle.* — CONTR. approfondi, détaillé, fouillé, sérieux.

superflu, ue, adj. ou n. m. ◆ **1.** Qui n'est pas du tout utile : *Cet achat me paraît bien superflu.* — SYN. inutile. — CONTR. indispensable, nécessaire. **2.** Qui est en trop : *Il faut savoir donner de son superflu à ceux qui n'ont même pas le nécessaire.*

supérieur, eure, adj. ou n. m. ◆ **1.** *Étage, niveau supérieur,* situé plus haut. — CONTR. inférieur. **2.** *Un supérieur :* une personne située à un rang plus élevé dans la hiérarchie. — CONTR. un inférieur, un subordonné. **3.** Plus grand : *Tous ces avions volent à une vitesse supérieure à la vitesse* _du son._ — CONTR. inférieur. **4.** Plus fort, plus habile : _Ce coureur cycliste est supérieur à tous ses adversaires._ — CONTR. inférieur.

supériorité, n. f. ♦ Qualité, situation d'une personne ou d'une chose supérieure à une autre. — CONTR. infériorité.

superlatif, n. m. ♦ L'un des degrés de l'adjectif ou de l'adverbe. ● _Superlatif absolu,_ par exemple : _Il est très beau. Il est fort aimable. Elle est bien gentille. Nous courons très vite._ ● _Superlatif relatif,_ par exemple : _Tu es le plus rapide coureur de la classe. C'est elle qui travaille le mieux._

supermarché, n. m. ♦ Magasin libre-service.

superposer, v. ♦ Mettre l'un sur l'autre : _Pose ces livres les uns à côté des autres, au lieu de les superposer._

supersonique, adj. ♦ _Avion supersonique,_ qui va plus vite que le son.

superstitieux, euse, adj. ♦ Qui croit aux superstitions.

superstition, n. f. ♦ Croyance fondée sur la seule crédulité et sans fondement scientifique.

superviser, v. ♦ Contrôler, surveiller, vérifier en tant que chef : _La directrice supervise toutes ces opérations, mais laisse aux exécutants le soin de s'occuper des détails._

supplanter, v. ♦ Remplacer en chassant, en éliminant : _Sophie voulait supplanter Marie dans mon amitié._

suppléant, ante, n. ♦ Remplaçant.

suppléer, v. (conjugaison 19) ♦ **1.** _Suppléer quelqu'un,_ le remplacer en cas d'absence, de maladie. **2.** _Suppléer à quelque chose,_ remplacer ce qui fait défaut : _Ce boxeur est lent, mais il supplée à la vitesse par sa puissance exceptionnelle._

supplément, n. m. ♦ Ce qui s'ajoute à une autre chose : _Si tu ranges bien ta chambre et si tu la balaies, tu auras un supplément de dessert._ — REGARDER complément. ● Ce qu'on paye en plus du prix habituel : _Pour une chambre avec bain, il faut payer un supplément._ ● _En supplément :_ en plus de ce qui est prévu. — SYN. en sus.

supplémentaire, adj. ♦ Qui vient en supplément.

supplication, n. f. ♦ Action de supplier, prières par lesquelles on supplie. — SYN. adjuration.

supplice, n. m. ♦ Exécution capitale. ● Mise à mort avec des raffinements de cruauté. — REGARDER torture.

supplicier, v. (conjugaison 20) ♦ Mettre à mort un condamné. — SYN. exécuter. ● Faire périr dans les supplices.

supplier, v. (conjugaison 20) ♦ Prier, demander de manière pressante : _Ses parents supplièrent leur fils de ne pas partir._ — SYN. adjurer, conjurer, implorer.

support, n. m. ♦ Objet qui en soutient un autre.

supportable, adj. ♦ Qui n'est pas excessif, qu'on peut supporter. — SYN. tolérable. — CONTR. insupportable, intolérable.

1. supporter, v. ♦ **1.** Soutenir : _Ces énormes colonnes de marbre supportent le fronton du temple._ **2.** Accepter, tolérer : _Je ne supporte pas qu'on insulte mes amis._ **3.** Subir : _Ainsi, il faudra supporter la présence de cet importun !_ **4.** Subir sans inconvénient : _Un vrai montagnard peut supporter le froid et la fatigue._

2. supporteur ou **supporter** [syportɛR], n. m. ♦ Celui qui encourage un sportif ou une équipe au cours d'un match.

supposer, v. ♦ **1.** Imaginer : _Suppose qu'on t'offre un voyage, où aimerais-tu aller ?_ **2.** Penser, sans être absolument sûr : _Nous_

supposer

avons fait ce devoir il y a huit jours, je suppose que nous aurons les résultats bientôt. — SYN. présumer. **3.** Avoir pour condition nécessaire : *Faire l'ascension de ce sommet suppose qu'on soit un alpiniste entraîné.* — SYN. demander, exiger, nécessiter.

supposition, n. f. ♦ Chose que l'on suppose : *Je fais une supposition : la Terre cesse de tourner sur elle-même. Que se passe-t-il?* — SYN. hypothèse.

suppositoire, n. m. ♦ Médicament qu'on prend en l'introduisant par l'anus.

suppression, n. f. ♦ Action de supprimer. — SYN. abolition, annulation. — CONTR. établissement, instauration, maintien.

supprimer, v. ♦ Faire cesser d'exister : *On a supprimé certains examens.* — SYN. abolir, abroger. — CONTR. établir, instaurer, garder, maintenir. ● *On a supprimé la sortie du mercredi.* — SYN. annuler. ● *On va supprimer le mur du fond du parc.* — SYN. démolir, détruire. — CONTR. construire, créer, édifier.

suprématie, n. f. ♦ Supériorité de puissance, de rang.

suprême, adj. ♦ **1.** Qui est au-dessus de tous les autres, qui n'a personne au-dessus de lui. **2.** Le dernier : *Dans un suprême effort, il parvint à maîtriser son adversaire.*

1. sur, prép. ♦ **1.** Contre la face supérieure : *Pose le paquet sur la table.* — CONTR. sous. **2.** Contre la surface d'une chose : *Il y a une grosse tache de boue sur la portière de la voiture.* **3.** Au sujet de : *Voici un documentaire sur la vie des castors.* **4.** En direction de : *Le gros chien fonça sur le facteur.* **5.** Pour un total de : *Sur quinze personnes interrogées, deux seulement savaient qui était Charlemagne.*

2. sur, sure, adj. ♦ Un peu aigre, un peu acide : *Ces pommes ont un goût sur.*

sûr, sûre, adj. ♦ **1.** Certain : *Tous les ans nous sommes plus vieux que l'année précédente : c'est une chose sûre !* — CONTR.

douteux, incertain. ● **Bien sûr!** évidemment. **2.** Assuré, qui ne doute pas : *Je suis sûre que tu peux réussir, à condition de travailler.* ● *Être sûr de soi.* **3.** Qui ne comporte aucun risque : *Ma grand-mère ne sort pas sans son parapluie, le temps n'est pas sûr.* ● *Elle a mis ses économies en lieu sûr.*

surabondance, n. f. ♦ Très grande abondance, trop grande abondance.

surabondant, ante, adj. ♦ Très abondant, trop abondant.

surabonder. v. ♦ Être en très grande ou en trop grande quantité.

suraigu, uë, adj. ♦ *Cri, bruit suraigu,* très aigu. — SYN. strident.

surajouter, v. ♦ Ajouter en plus ou ajouter après coup, après l'achèvement : *Tu as surajouté un long paragraphe à ta rédaction, après la conclusion. C'est bien inutile.*

surcharge, n. f. ♦ Charge excessive.

surcharger, v. (conjugaison 16) ♦ **1.** Charger de manière excessive : *Tu as surchargé ta remorque, et tu ne peux plus la tirer !* **2.** Accabler de travail, de besogne : *Je suis surchargée en ce moment, je n'ai plus une minute à moi !*

surchauffer, v. ♦ Chauffer de manière excessive : *La salle était surchauffée : le thermomètre marquait 35° !*

surcroît, n. m. ♦ **1.** Supplément un peu excessif : *Ce surcroît de travail m'a fatigué.* **2.** *Par surcroît, de surcroît :* de plus, en outre.

surdité, n. f. ♦ Infirmité du sourd.

sureau, n. m. ♦ Arbuste ou petit arbre dont la tige contient un canal plein de moelle molle et qui produit des baies rouges ou noires, disposées en grappes.

surélever, v. (conjugaison 12) ◆ Rendre plus haut en ajoutant quelque chose : _On va surélever le mur de la cour._

sûrement, adv. ◆ **1.** Certainement : _Si tu rentres trop tard, ta mère va sûrement s'inquiéter._ **2.** Sans risque : _Va lentement, et tu iras sûrement._

surestimer, v. ◆ Estimer au-dessus de sa valeur ou de sa grandeur réelle. — CONTR. sous-estimer.

sûreté, n. f. ◆ **1.** _En sûreté :_ dans un endroit où il n'y a pas de risque. **2.** _Serrure de sûreté,_ difficile à ouvrir si l'on n'a pas la bonne clef.

surexcité, ée, adj. ◆ Très excité.

surf [sœʀf], n. m. ◆ Sport qui consiste à se tenir debout sur une planche spéciale et à se laisser porter à la surface de la mer, en étant poussé par le mouvement de la vague qui va vers le rivage.

surface, n. f. ◆ **1.** Partie la moins profonde, qui forme la limite d'une chose : _Il a gelé : il y a du givre à la surface du sol._ — SYN. superficie. — CONTR. profondeur. **2.** Quantité qui mesure la superficie : _Quelle est la surface de cette toile de tente? — 22 mètres carrés._ — SYN. aire, superficie.

surfait, aite, adj. ◆ _Réputation surfaite,_ surestimée.

surgelé, ée, adj. _ou_ n. m. ◆ _Un aliment surgelé_ ou _un surgelé :_ un aliment qu'on a congelé brusquement en le portant à très basse température, pour le conserver.

surgir, v. ◆ Apparaître brusquement : _Une voiture surgit au coin de la rue._ — SYN. jaillir.

surhumain, aine, adj. ◆ Qui dépasse de beaucoup ce qui est le propre d'un être humain normal : _Le géant était d'une force surhumaine : d'un coup de son épée, il trancha le tronc énorme du chêne._

sur-le-champ, adv. ◆ Immédiatement et sans attendre.

surlendemain, n. m. ◆ Le jour qui suit le lendemain.

surmenage, n. m. ◆ **1.** Action de surmener ou de se surmener. **2.** État d'une personne surmenée.

surmener, v. (conjugaison 12) ◆ Fatiguer par un travail ou un effort excessif ou trop long. ● _Repose-toi, Nicole, il ne faut jamais se surmener._

surmonter, v. ◆ **1.** Être placé au-dessus de : _Un toit pointu surmonte le clocher de l'église._ **2.** Vaincre : _Bravo! Lucie! Tu as surmonté toutes les difficultés!_

surnaturel, adj. ◆ Qui ne peut s'expliquer par les lois de la nature.

surnom, n. m. ◆ Nom de fantaisie qu'on applique à quelqu'un : _Ce professeur est connu par tous les élèves sous le surnom de « Monsieur n'est-ce pas »._ — SYN. sobriquet.

surnommer, v. ◆ Donner un surnom.

surnombre (en), loc. adv. ◆ Au-delà du nombre autorisé.

suroît, n. m. ◆ **1.** Vent du sud-ouest, qui amène souvent la tempête en mer, sur les côtes de l'Atlantique. **2.** Chapeau imperméable que portent les marins par gros temps.

surpasser, v. ◆ Obtenir des résultats meilleurs que ceux d'un autre : _Bravo, Élise! Tu surpasses tous tes camarades à la course et au judo._ ● _Se surpasser,_ faire mieux que d'habitude : _Tu t'es surpassée, Béatrice : ta tarte est délicieuse!_

surpeuplé, ée, adj. ◆ Où il y a trop d'habitants, trop d'occupants entassés.

surplomb, n. m. ◆ Ce qui surplombe. ● _En surplomb :_ en saillie par rapport à la verticale de la base.

surplomber

surplomber, v. ♦ Être en surplomb : *La corniche surplombe la façade.*

surplus [syʀply], n. m. **♦** Ce qu'il y a en plus de la quantité nécessaire. — SYN. excédent.

surprenant, ante, adj. **♦** Très étonnant. — SYN. imprévu, inattendu, saisissant. — CONTR. attendu, banal, prévu.

surprendre, v. (conjugaison **104**) **♦ 1.** Arriver à quelqu'un qui ne s'y attend pas et qui n'est pas préparé à réagir : *L'averse nous a surpris. Nous n'avons pas eu le temps de nous mettre à l'abri.* **2.** Trouver brusquement quelqu'un en train de faire quelque chose : *J'ai surpris Thomas en train d'écouter à la porte.* — SYN. prendre sur le fait. **3.** Étonner beaucoup : *Anne a perdu : voilà qui me surprend!*

surprise, n. f. **♦ 1.** Grand étonnement. **2. *Par surprise :*** en agissant sans que quelqu'un s'y attende. — SYN. à l'improviste. **3.** Cadeau ou plaisir que l'on fait à quelqu'un, sans qu'il s'y attende.

sursaut, n. m. **♦ 1.** Mouvement brusque et involontaire causé par la surprise. **2. *En sursaut,*** brusquement : *Le pétard lancé dans la rue me réveilla en sursaut.* **3.** Accès de colère, d'indignation, violent, mais bref.

sursauter, v. **♦** Avoir un sursaut : *Le bruit du pétard lancé dans la cour fit sursauter toute la classe.*

sursis [syʀsi], n. m. **♦** Délai accordé à quelqu'un. **• *Condamnation avec sursis :*** condamnation qui n'implique pas la nécessité de subir la peine, si le condamné ne commet pas de nouveau délit au cours d'une période de trois ans après le jugement.

surtout, adv. **♦ 1.** Avant tout : *Et surtout, pas d'imprudence!* **2.** Principalement, particulièrement : *Ma sœur aime pratiquer tous les sports, mais surtout la natation.*

surveillance, n. f. **♦** Action de surveiller.

surveillant, ante, n. **♦** Celui, celle qui surveille.

surveiller, v. **♦ 1.** Veiller sur quelqu'un, sur quelque chose, pour protéger ou pour être sûr que tout se passera bien : *Je vais faire les courses : surveille bien ta petite sœur.* **2.** Observer pour savoir ou pour empêcher de s'enfuir : *Cachés dans une camionnette, deux inspecteurs surveillaient les allées et venues du suspect.*

survenir, v. (conjugaison **44**) **♦** Arriver, se produire, *Quand cet incident est survenu, le surveillant n'était pas là.* — SYN. avoir lieu.

survêtement, n. m. **♦** Tenue de sport (blouson et pantalon), facile à mettre et à enlever, qu'on enfile par-dessus le maillot et le short pour se protéger du froid. — REGARDER jogging.

survivant, ante, n. **♦** Personne qui survit, qui est encore vivante : *L'avion s'est écrasé contre le flanc de la montagne : y a-t-il des survivants?* — SYN. rescapé.

survivre, v. (conjugaison **104**) **♦ 1.** Continuer de vivre, malgré les difficultés et les dangers : *Comment a-t-il pu survivre, seul, perdu dans la forêt vierge?* **2.** Continuer d'exister : *Cette vieille coutume survit encore dans quelques coins perdus de nos campagnes.* — SYN. persister, subsister.

survol, n. m. **♦** Action de survoler.

survoler, v. **♦ 1.** Passer au-dessus d'un endroit en volant : *L'avion, ce moment, survole les Rocheuses.* **2.** Lire rapidement : *Je n'ai fait que survoler l'article du journal.*

sus (en) [sy], loc. adv. **♦** En plus du prix indiqué. — SYN. en plus.

susceptibilité, n. f. **♦** Caractère, défaut d'une personne susceptible.

susceptible, adj. **♦ 1.** Qui peut subir, recevoir telle action : *Ce texte est sûrement* susceptible d'améliorations. **2.** Qui se fâche, se vexe très facilement : _Ne traite pas Laurent de cette façon, il est très susceptible._

susciter, v. ♦ Provoquer, créer : _Traverser le Canada à pied et ramasser de l'argent pour la recherche sur le cancer, voilà qui suscite l'admiration de tous._

suspect, ecte [syspɛ, ɛkt], adj. _ou_ n. ♦ **1.** Qui n'a pas l'air bon ou vrai : _Ce champignon me paraît suspect._ — SYN. douteux. **2.** Qui peut être soupçonné : _Deux suspects ont été longuement interrogés par la police._

suspecter, v. ♦ Soupçonner.

suspendre, v. (conjugaison 81) ♦ **1.** Accrocher, attacher par le haut à quelque chose qui soutient au-dessus du sol : _Des boîtes de conserves vides, qu'on avait suspendues aux branches des arbres fruitiers, s'entrechoquaient au moindre souffle d'air, et leur bruit éloignait les oiseaux._ — SYN. pendre. — CONTR. dépendre. ● _Suspends-toi à la corde et balance-toi._ **2.** Interrompre pour un temps plus ou moins long : _Le chahut était tel que la présidente a dû suspendre la séance._ **3.** Relever de ses fonctions pour un temps plus ou moins long : _Le ministre a suspendu ce commissaire de police._

suspendu, ue, adj. ♦ **1.** _Jardin suspendu,_ installé sur une terrasse haute, sur le sommet d'une muraille, etc. **2.** _Pont suspendu,_ dont le tablier est suspendu à des piliers par un système de câbles et ne repose pas sur des piles. **3.** _Véhicule bien (mal) suspendu,_ dont la suspension amortit bien (mal) les cahots de la route.

suspens (en) [syspã], loc. adv. ♦ _Être, rester en suspens,_ n'être pas encore décidé, être interrompu pour un temps plus ou moins long : _L'affaire est en suspens._

suspense, n. m. ♦ Dans un film, caractère du récit qui fait naître un sentiment d'attente anxieuse : _Il y en a, du suspense, dans ce film de Hitchcock !_

suspension, n. f. ♦ **1.** Action de suspendre ; durée pendant laquelle une chose est suspendue. ● _Une suspension de séance._ **2.** _Points de suspension :_ signe de ponctuation, constitué par trois points (...), qui indique que, volontairement, on laisse la phrase inachevée ou bien qu'on ménage un effet de surprise. **3.** Lustre : _Le salon était éclairé par une suspension en bronze._ **4.** Ensemble des ressorts et des amortisseurs qui, sur un véhicule, servent à atténuer les cahots de la route.

suture, n. f. ♦ _Points de suture :_ points de couture qui servent à recoudre les deux bords d'une plaie.

suzerain, aine, n. ♦ À partir du XIVe siècle, nom donné au seigneur ou à la dame dont un autre seigneur était vassal.

svelte, adj. ♦ Mince et élancé. — SYN. fin, gracile, léger. — CONTR. épais, gros, large, lourd, massif, trapu.

syllabe, n. f. ♦ Son ou groupe de sons qui se prononce d'une seule émission de voix : _Le mot chaudière a deux syllabes :_ [ʃo] et [djɛʀ].

symbole, n. m. ♦ **1.** Objet, image qui représente et rend sensible une chose abstraite : _Une allumette est le symbole du feu._ — REGARDER emblème. **2.** Dans les sciences, notation utilisée comme abréviation, par exemple ; _cm_ est le symbole du centimère, _Na_ est le symbole du sodium.

symbolique, adj. ♦ Qui a valeur de symbole.

symboliser, v. ♦ Représenter par un symbole : _La charrue sculptée ici, sur ce monument, symbolise les travaux de l'agriculture._ — REGARDER matérialiser, personnifier.

symétrie, n. f. ♦ Caractère de ce qui est symétrique : _La symétrie caractérise les façades des églises classiques._ — CONTR. asymétrie, dissymétrie.

symétrique

symétrique, adj. ♦ Dont les deux côtés sont semblables. — CONTR. asymétrique, dissymétrique.

sympathie, n. f. ♦ Attirance spontanée pour une personne, qui est fondée sur un certain accord des caractères. — CONTR. antipathie.

sympathique, adj. ♦ Qui inspire de la sympathie. — CONTR. antipathique.

sympathiser, v. ♦ Bien s'entendre avec une personne avec laquelle on est en accord de caractère : *J'ai sympathisé avec une camarade plus jeune que moi, mais si gentille.*

symphonie, n. f. ♦ Longue œuvre de musique composée de plusieurs parties appelées « mouvements » et jouée par un orchestre.

symphonique, adj. ♦ *Orchestre symphonique,* qui comprend tous les musiciens qu'il faut pour jouer une symphonie.

symptôme, n. m. ♦ Chacun des signes (fièvre, douleur, etc.) qui permettent au médecin de déterminer quelle est la maladie dont souffre le patient.

synagogue, n. f. ♦ Édifice religieux du culte israélite.

synchroniser [sɛ̃kRɔnize], v. ♦ Faire se produire, faire fonctionner en même temps : *Toutes ces opérations doivent être synchronisées minutieusement.*

syncope, n. f. ♦ Évanouissement.

syndical, ale, aux, adj. ♦ D'un syndicat, des syndicats.

syndicat, n. m. ♦ Organisation qui a pour but la défense des intérêts des membres d'une profession, et notamment la défense des intérêts des travailleurs salariés.

syndiqué, ée, adj. *ou* n. ♦ Qui fait partie d'un syndicat.

synonyme, adj. *ou* n. m. ♦ *Des mots synonymes* ou *des synonymes,* qui ont le même sens (ou presque) ; par exemple : les adjectifs *magnifique, splendide, superbe.*

syntaxe, n. f. ♦ Partie de la grammaire qui étudie les règles d'accord, la construction des phrases, etc.

synthèse, n. f. ♦ **1.** Opération par laquelle on combine des éléments divers pour former un tout : *Nous allons faire la synthèse de tous ces documents et de toutes ces informations.* — CONTR. analyse. **2.** *Produit de synthèse,* fabriqué industriellement et non obtenu par exploitation directe d'une ressource naturelle. ● *Caoutchouc de synthèse.*

synthétique, adj. ♦ *Produit synthétique :* produit de synthèse. — SYN. artificiel. — CONTR. naturel. ● *Les textiles synthétiques.*

synthétiseur, n. m. ♦ Appareil électronique qui sert à produire artificiellement des sons musicaux.

systématique, adj. ♦ Qui n'est pas fait au hasard, en désordre et partiellement, mais qui est fait avec méthode, de manière complète : *Vous ferez un relevé systématique de toutes les métaphores de ce recueil de poèmes.* — SYN. méthodique.

système, n. m. ♦ Ensemble cohérent d'éléments, matériels ou non matériels : *Un moteur est un système. Une langue aussi est un système.* ● *Le système solaire.*

T

t', pronom personnel. ♦ Forme élidée de *te* : *Je t'appelle*.

ta, adj. possessif. ♦ Féminin singulier de *ton* : *Voici ta chemise*.

tabac, n. m. ♦ **1.** Plante dont les feuilles contiennent de la nicotine. **2.** Substance, faite avec les feuilles de cette plante, que l'on fume, que l'on prise ou que l'on chique.

tabagie, n. f. ♦ **1.** Pièce ou salle pleine de fumée de tabac. **2.** Magasin où l'on vend du tabac, des cigarettes, divers articles de fumeurs et d'autres articles (journaux, revues, etc.).

tabagisme, n. m. ♦ Abus de tabac.

tabatière, n. f. ♦ Petite boîte où l'on met le tabac à priser.

tabernacle, n. m. ♦ Dans la religion catholique, petite armoire, située au-dessus de l'autel, dans laquelle le prêtre met le ciboire, vase qui contient les hosties consacrées.

table, n. f. ♦ **1.** Meuble qui comprend une surface horizontale, supportée par des pieds, et sur lequel on mange, on écrit. ● *Il est l'heure de se mettre à table* ● *Une table ronde :* réunion où l'on discute, à égalité, de certaines questions. **2.** Liste. ● *Table de multiplication.* ● *Table des matières* (à la fin d'un livre).

tableau, n. m. ♦ **1.** Peinture dans un cadre : *Ce tableau romantique représente une bohémienne jouant du violon.* **2.** Panneau sur lequel sont portés certains renseignements : *Dans le hall de la gare, un tableau indique les horaires des trains.* **3.** Panneau sur lequel on écrit avec un morceau de craie. **4.** *Tableau de bord :* plaque ou panneau portant les cadrans et certaines commandes, dans un avion ou dans une voiture.

tablette, n. f. ♦ **1.** Plaque horizontale sur laquelle on peut poser quelque chose. **2.** *Tablette de chocolat :* plaque de chocolat, moulée et divisée en côtes ou en petits carrés.

tablier, n. m. ♦ **1.** Vêtement qui couvre le devant du corps et qui protège les autres vêtements. **2.** Partie horizontale d'un pont, celle sur laquelle est établie la chaussée. **3.** Rideau vertical, fait de plaques de tôle mobiles, qui ferme une cheminée d'appartement. ● *Rendre son tablier :* donner sa démission.

tabou, adj. *ou* n. m. ♦ **1.** Interdiction religieuse ou sociale. **2.** Chose ou personne dont il est pratiquement interdit de parler : *L'argent et le sexe étaient des sujets tabous !*

tabouret

tabouret, n. m. ♦ Siège sans bras et sans dossier, pour une personne. — SYN. escabeau.

tache [taʃ], n. f. ♦ **1.** Marque sale : *Les cahiers de Cyrille sont pleins de taches d'encre.* **2.** Marque plus ou moins ronde. ● *Des taches de rousseur :* petites taches rondes, plus sombres, sur la peau de certaines personnes.

tâche [tɑʃ], n. f. ♦ Travail ou mission à accomplir : *Que chacun remplisse sa tâche quotidienne.* — SYN. besogne.

taché, ée [taʃe, e], adj. ♦ Sali par une tache, des taches.

tacher [taʃe], v. ♦ Salir en faisant des taches. — CONTR. détacher, nettoyer, laver. ● *En remplissant son stylo, Élisabeth s'est tachée.*

tâcher [tɑʃe], v. ♦ *Tâcher de,* essayer de, s'efforcer de : *Tâche d'être à l'heure, sinon tu vas rater le feuilleton à la télé.*

tacheté, ée [taʃte, e], adj. ♦ Qui porte des marques rondes sur un fond de couleur différente : *Mon chat est noir tacheté de blanc.*

tacite, adj. ♦ Qui n'est pas exprimé formellement, mais qui est sous-entendu : *Essayez au moins d'obtenir son autorisation tacite.* — SYN. implicite. — CONTR. explicite, exprès, formel.

taciturne, adj. ♦ Qui n'aime pas beaucoup parler, qui ne dit rien. — SYN. muet, renfermé. — CONTR. bavard, communicatif, expansif, exubérant, loquace.

tact [takt], n. m. ♦ Délicatesse, finesse et prudence dont on fait preuve dans les relations avec les autres, quand on veut ne pas les vexer ni leur faire de la peine. — SYN. doigté.

tactique, n. f. ♦ Partie de l'art militaire qui concerne la disposition des troupes et la manœuvre au contact de l'ennemi, ainsi que la technique du combat. — REGARDER *stratégie.* ● Marche à suivre pour arriver à un but.

taie, n. f. ♦ **1.** Enveloppe d'oreiller, en étoffe. **2.** Tache opaque qui se forme parfois sur le devant de l'œil.

taille, n. f. ♦ **1.** Action de tailler, manière de tailler : *Prends ton sécateur, c'est la saison de la taille des rosiers.* ● *Une pierre de taille :* pierre qu'on a taillée, pour la construction. **2.** Avant la Révolution française de 1789, impôt payé au seigneur et au roi par les roturiers. **3.** Hauteur d'une personne : *Mon oncle est un homme de haute taille. Sa taille est de 1,82 m.* ● Grandeur, grosseur d'un animal : *La souris est un rongeur de petite taille.* **4.** Grandeur d'un vêtement : *Quelle est ta taille ? Cette veste n'est pas à ma taille : elle est deux fois trop grande !* ● *Tour de taille :* tour de ceinture.

taille-crayon, n. m. ♦ Instrument qui sert à tailler les crayons. — PLUR. *des taille-crayons.*

tailler, v. ♦ **1.** Donner une certaine forme en coupant, en enlevant de la matière : *On savait tailler la pierre, à l'époque des cathédrales !* **2.** Couper : *Margot s'est taillé un bâton dans une branche de noisetier.* **3.** Couper à la forme voulue les pièces qui constitueront un vêtement : *La couturière a taillé ma robe.* **4.** *Tailler un arbre, un arbuste,* en couper certaines branches, certains rameaux, pour lui donner la forme voulue ou pour lui faire donner plus de fleurs ou plus de fruits.

tailleur, euse, n. ♦ **1.** *Tailleur de :* celui qui taille (telle matière). ● *Un tailleur de pierre.* ● *Un tailleur de diamants.* **2.** Celui dont le métier est de faire les vêtements d'homme sur mesure. ● *S'asseoir en tailleur :* s'asseoir sur le sol, les jambes repliées et croisées à plat sur le sol. **3.** *Un costume tailleur* ou *un tailleur :* vêtement de femme qui rappelle un peu l'aspect d'un costume d'homme et qui comprend une veste et une jupe faites de la même étoffe.

tamponner

taillis, n. m. ♦ Ensemble d'arbres minces, issus des souches des gros arbres qu'on a coupés. ● Partie d'une forêt constituée par ces arbres minces.

tain, n. m. ♦ Couche de substance métallique qui recouvre l'une des faces du verre d'un miroir.

taire (se), v. (conjugaison **56**) ♦ **1.** Cesser de parler, ne rien dire. — CONTR. parler. ● _Faire taire quelqu'un,_ l'empêcher ou lui interdire de parler. **2.** Être silencieux, cesser de se faire entendre : _C'est le soir : l'ombre envahit les bois, et les oiseaux se taisent._

talc [talk], n. m. ♦ Poudre très blanche faite d'un sel naturel de magnésium, qu'on utilise notamment pour assécher et assainir la peau quand elle est humide et irritée.

talent, n. m. ♦ Aptitude naturelle : _Tu as du talent pour la peinture ? C'est bien, mais cela ne suffit pas pour devenir un peintre ; l'étude aussi est nécessaire._ ● Ingéniosité, habileté : _Tu as vraiment du talent pour esquiver les corvées !_

talisman, n. m. ♦ Objet magique doté de pouvoirs spéciaux et qui est supposé porter bonheur. — SYN. amulette.

talle, n. f. ♦ Taillis, bosquet, touffe de plantes : _Il y avait dans le fond du jardin une talle odorante de framboisiers._

talon, n. m. ♦ **1.** Partie arrière saillante et arrondie du pied. ● _Le talon d'Achille de quelqu'un,_ son point faible, le domaine où il est vulnérable. **2.** Partie arrière et inférieure d'une chaussure, plus épaisse que le reste de la semelle. **3.** _Talon d'un chèque :_ la partie qui reste fixée au carnet, quand on a détaché l'autre partie. — REGARDER souche.

talonner, v. ♦ Suivre de très près : _Raïssa aborde la ligne droite. Elle est en tête, mais Ferdinand la talonne._

talus, n. m. ♦ Bande de terrain en forte pente, aménagée le long d'une route, d'une voie de chemin de fer.

tambour, n. m. ♦ **1.** Instrument de musique à percussion sur lequel on frappe avec des baguettes, pour produire des roulements ou un bruit rythmé. **2.** Celui qui joue du tambour. **3.** Dispositif en bois ou en verre, constitué de deux portes, l'une donnant sur l'intérieur de l'édifice, et l'autre sur l'extérieur : _Le portier déposa les bagages devant le tambour de l'hôtel._

tambourin, n. m. ♦ Tambour haut et étroit dont on joue en en frappant la peau avec une seule baguette.

tambouriner, v. ♦ Frapper en donnant une série de petits coups rapides : _Avec ses deux petits poings, le bambin tambourinait à la porte._

tamia, n. m. ♦ Écureuil. — REGARDER suisse.

tamis, n. m. ♦ Objet qui sert à tamiser.

tamisé, ée, adj. ♦ _Lumière tamisée,_ adoucie par un écran, un abat-jour.

tamiser, v. ♦ Traiter une matière pour en éliminer les particules trop grosses ou trop petites, en faisant passer les particules les plus petites à travers les trous ou les mailles d'un instrument appelé « tamis » : _On tamise le sable pour en éliminer les graviers._

tampon, n. m. ♦ **1.** Petite masse, plus ou moins ronde, d'étoffe, d'ouate, etc. **2.** Objet qu'on encre et avec lequel on imprime un cachet. **3.** Chacun des dispositifs fixés à chaque extrémité d'une locomotive ou d'un wagon et qui, munis de ressorts puissants, servent à maintenir l'écartement des véhicules ferroviaires en évitant les chocs au moment de l'arrêt du train.

tamponner, v. ♦ **1.** Essuyer avec un tampon (au sens 1) : _La fermière se tamponna le visage avec son mouchoir._ **2.** Imprimer un cachet avec un tampon : _Le policier tamponnait négligemment les passeports des touristes._ **3.** Heurter : _La camionnette du laitier a tamponné la voiture de ma sœur._

tam-tam, n. m. ◆ Tambour africain.
— PLUR. *des tam-tams.*

tanche, n. f. ◆ Poisson d'eau douce
qui vit dans les étangs et les eaux calmes à
fond vaseux.

tandis que [tãdikǝ], loc. conj. ◆ **1.** Pendant que : *Tandis que Guy lave la vaisselle,
Arthur l'essuie et la range.* **2.** Marque l'opposition : *Tandis que Monique est gentille
avec tout le monde, Ghislaine se montre
désagréable avec son entourage.* — SYN.
alors que.

tangage, n. m. ◆ Mouvement d'un
navire qui tangue. — REGARDER *roulis.*

tangent, ente, adj. *ou* n. f. ◆ *Cercles
tangents,* qui se touchent en un point.
● *Droite tangente à un cercle,* qui touche ce
cercle en un point. ● *Une tangente :* une
droite tangente à un cercle.

tangible, adj. ◆ Évident, sûr et solide : *Nous voulons des preuves tangibles.*

tango, n. m. ◆ **1.** Danse originaire
d'Argentine. **2.** Musique sur laquelle on
exécute cette danse.

tanguer, v. ◆ *Le navire tangue :*
l'avant descend et se redresse, tandis que
l'arrière fait les mouvements inverses. —
REGARDER *tangage, roulis.*

tanière, n. f. ◆ **1.** Caverne, trou, etc.,
où vit une bête sauvage. — SYN. antre, gîte,
repaire, terrier. **2.** Maison isolée, sale, en
mauvais état, où une personne ou une famille vit dans la solitude : *Le vieux solitaire
ne sortait de sa tanière que pour venir au
village acheter sa nourriture.* **3.** Repaire de
malfaiteurs : *C'était le soir, les brigands
sortaient de leur tanière.*

tanin, n. m. ◆ Substance, extraite de
l'écorce de certains arbres, qui sert à tanner
le cuir.

tank, n. m. ◆ Char d'assaut.

tannant, ante, adj. *ou* n. ◆ Fatigant,
lassant, agaçant. Casse-pied.

tanné, ée, adj. ◆ Fatigué, lassé. *Je
suis tanné d'entendre toujours la même
histoire !*

tanner, v. ◆ *Tanner les peaux, les
cuirs,* les traiter avec des substances appropriées, pour les conserver. ● *(Se) tanner,* v.
(se fatiguer), (se) lasser. *Lyne est toujours
en retard, ses amis se tannent d'attendre.*

tannerie, n. f. ◆ Atelier, usine où
l'on tanne le cuir.

tanneur, euse, n. ◆ Celui, celle qui
tanne le cuir.

tant, adv. ◆ **1.** À un tel point : *Cette
nuit, mon petit frère a tant hurlé qu'il a
réveillé tout le quartier.* **2.** *Tant de,* une si
grande quantité : *Nous avons mangé tant de
chocolat que nous n'avons plus faim.* **3.** *Tant
qu'on peut,* autant qu'on le peut, aussi vite,
aussi fort qu'on le peut : *Poursuivi par le
gros chien noir, le chat courait tant qu'il
pouvait.* **4.** *Tant que,* aussi longtemps que :
Tant qu'il y a de la vie, il y a de l'espoir,
dit-on. **5.** *Tant mieux !* exprime qu'on se
réjouit d'une chose. ● *Tant pis !* indique
qu'on déplore une chose ou qu'on en prend
son parti.

tante, n. f. ◆ Sœur du père ou de la
mère. — REGARDER *oncle, neveu, nièce.*

tantinet, n. m. ◆ *Un tantinet :* synonyme familier de *un peu.*

tantôt, adv. ◆ *Tantôt..., tantôt,* à certains moments..., à d'autres moments : *Elle
arrivait en toute hâte, tantôt en courant,
tantôt en marchant à grands pas.*

taon [tã], n. m. ◆ Grosse mouche dont
la femelle pique la peau de l'homme et des
animaux pour sucer le sang.

tapage, n. m. ◆ Grand bruit qu'on
fait en criant, en tapant sur quelque chose,
etc. — SYN. fracas, vacarme.

tapageur, euse, adj. ♦ Qui attire l'attention d'une manière peu discrète et avec mauvais goût : _La publicité tapageuse pour ce produit m'irrite._ — SYN. criard, voyant. — CONTR. discret, effacé, sobre.

tape, n. f. ♦ Coup plus ou moins fort donné avec la paume de la main appliquée à plat.

taper, v. ♦ **1.** Donner des coups : _Quand je joue du violon, je tape du pied sur le plancher pour marquer le rythme._ — SYN. cogner. **2.** Écrire à la machine : _L'éditeur exige que les auteurs tapent leurs manuscrits._

tapinois (en), loc. adv. ♦ De manière que les autres ne s'aperçoivent de rien. — SYN. en cachette, à la dérobée.

tapioca, n. m. ♦ Substance alimentaire, faite avec la racine du manioc, qu'on emploie dans le potage, les bouillies, etc.

1. tapir (se), v. ♦ Se cacher en se faisant tout petit, en se ramassant sur soi-même : _L'enfant effrayée alla se tapir sous la table._ — SYN. se blottir, se pelotonner.

2. tapir, n. m. ♦ Animal long de deux mètres environ qui a une trompe courte et qui vit dans les régions chaudes d'Asie et d'Amérique.

tapis, n. m. ♦ Épaisse pièce d'étoffe dont on recouvre le sol. — REGARDER _carpette, moquette._

tapisser, v. ♦ Recouvrir une surface : _Nous allons tapisser les murs de la salle à manger d'un joli papier à fleurs._

tapisserie, n. f. ♦ Panneau décoratif en laine qui porte des dessins en couleurs. ● Ouvrage de dame à l'aiguille. ● Papier peint.

tapissier, ière, n. ♦ Celui, celle qui fabrique les tapis ou les tapisseries. **2.** Celui, celle qui recouvre d'étoffe les fauteuils, les canapés.

tapon, n. m. ♦ Tas, tampon, bouchon.

tapoter, v. ♦ Donner des petits coups, des petites tapes : _Quand je fais mon lit, je tapote mon oreiller._

taquet, n. m. ♦ Cale, butée en bois.

taquin, ine, adj. _ou_ n. ♦ Qui aime à taquiner les autres.

taquiner, v. ♦ Se moquer sans méchanceté; faire des petits tours pour rire : _Nous taquinons parfois notre camarade Gaétan pour sa lenteur à la course._

taquinerie, n. f. ♦ Plaisanterie, petit tour qu'on fait pour taquiner.

tarabiscoté, ée, adj. ♦ Plein de petits ornements compliqués.

tard, adv. ♦ Après le moment habituel ou normal; à un moment avancé, à une date avancée : _Hier, nous nous sommes levés tard : à dix heures du matin. Ces rosiers fleurissent tard dans l'été._ ● _Tôt ou tard :_ nécessairement, à un moment ou à un autre, dans l'avenir. ● _Trop tard :_ après le moment voulu. ● _Plus tard :_ à un moment situé dans l'avenir, mais non précisé. ● _Au plus tard,_ avant, peut-être, mais sûrement pas après : _L'oncle Christian arrivera samedi prochain au plus tard._

tarder, v. ♦ Mettre du temps à agir, à venir ou à se produire : _Ne tarde pas trop : je ne t'attendrai pas._ — CONTR. se dépêcher, se hâter.

tardif, ive, adj. ♦ **1.** Qui se produit tard : _Les gelées tardives du mois de mai ont fait beaucoup de mal aux arbres fruitiers._ **2.** _Une heure tardive,_ un moment qui vient bien tard : _Tante Marlène rentrait souvent à une heure tardive, vers minuit._ **3.** Qui fleurit ou qui donne des fruits tard dans l'année : _Ce poirier est tardif._ — CONTR. hâtif, précoce.

tare, n. f. ♦ **1.** Poids de l'emballage d'une marchandise. ● Poids à vide d'un camion. **2.** Défaut héréditaire qui affecte le corps, l'intelligence ou le caractère.

taré, ée, adj. *ou* n. ♦ Qui souffre d'une tare, d'un défaut flagrant.

targette, n. f. ♦ Petit verrou plat qui se manœuvre sans clef.

targuer (se) [taRge], v. ♦ Se vanter, de, prétendre avoir : *Elles se sont targuées de leur succès. Il se targue de n'avoir jamais cédé.* — SYN. se prévaloir.

tarif, n. m. ♦ Tableau des prix fixés. — SYN. barème. ● Prix fixé : *Quel est le tarif pour un voyage de Montréal à Winnipeg?*

tarir, v. ♦ **1.** Cesser de couler, d'avoir de l'eau : *Quelle sécheresse : tous les puits tarissent!* **2.** *Ne pas tarir de,* ne pas cesser de dire : *Le maître ne tarit pas d'éloges sur Thérèse : c'est une élève modèle.* **3.** Épuiser : *Si tu arroses autant tous les jours, tu vas tarir ton puits.* — SYN. assécher, épuiser. ● *La source s'est tarie.*

tartare, n. *ou* adj. ♦ **1.** *Les Tartares :* au Moyen Âge, nom donné à divers peuples turcs ou mongols d'Asie centrale. ● *Un Tartare.* ● *Une Tartare.* ● *Un chef tartare.* **2.** *Steak tartare :* viande de bœuf servie crue et hachée, avec des condiments. ● *Sauce tartare :* sauce très épicée, à base de mayonnaise, de moutarde, etc.

tarte, n. f. ♦ Gâteau pour plusieurs personnes, constitué par un fond de pâte plat, entouré d'un rebord et garni d'une couche de fruits, de confiture ou de crème.

tartelette, n. f. ♦ Petite tarte pour une personne.

tartine, n. f. ♦ Morceau de pain, recouvert de beurre, de confiture, de chocolat fondu, de fromage blanc, de pâté, etc.

tartiner, v. ♦ Étaler sur du pain pour faire une tartine : *Ce camembert est crémeux; il est facile à tartiner.*

tartre, n. m. ♦ **1.** Dépôt qui se forme sur la paroi interne des bouteilles ou des tonneaux contenant du vin. **2.** Dépôt dur qui se forme sur les dents mal brossées. **3.** Dépôt calcaire qui se forme dans les canalisations, les chaudières, les casseroles.

tas, n. m. ♦ Quantité, groupe de choses mises les unes sur les autres : *Nous allons mettre en tas les feuilles mortes du jardin.* — SYN. amas, amoncellement, monceau.

tasse, n. f. ♦ Récipient à anse dans lequel on boit le thé, le café, la tisane, etc.

tasser, v. ♦ Serrer une chose pour qu'elle tienne moins de place : *Tasse bien ces vieux chiffons dans le sac.* — SYN. bourrer.

tâter, v. ♦ **1.** Toucher avec ses doigts, en appuyant, pour savoir : *Tâte mon front pour voir si je me suis fait une bosse.* — SYN. palper. **2.** *Tâter le terrain :* essayer de voir si une chose est possible. **3.** *Tâter de quelque chose,* en faire l'expérience.

tatillon, onne, adj. ♦ Très minutieux, pointilleux. — SYN. maniaque.

tâtonner, v. ♦ **1.** Aller à tâtons, toucher les objets pour savoir où l'on va : *Sans torches, perdus dans le souterrain, nous tâtonnions dans le noir.* **2.** Agir sans bien savoir ce qu'il faut faire : *J'ai tâtonné beaucoup avant de mettre au point une méthode.*

tâtons (à), loc. adv. ♦ En tâtant les objets pour savoir où l'on va.

tatou, n. m. ♦ Mammifère qui vit en Amérique tropicale et dont le corps, long de trente centimètres, est couvert d'écailles en corne. — PLUR. *des tatous.*

tatouage, n. m. ♦ Motif durable dessiné sur la peau.

tatouer, v. (conjugaison 19) ♦ Faire un tatouage : *Le matelot s'est fait tatouer sur le bras un cœur percé d'une flèche!*

taudis, n. m. ♦ Logement misérable, sale, insalubre.

taupe, n. f. ♦ Animal insectivore qui creuse des galeries sous la terre.

taupinière, n. f. ♦ Petit monticule de terre que font les taupes en creusant.

taureau, n. m. ♦ Mâle de la vache.

tauromachie [tɔʀɔmaʃi], n. f. ♦ Art de combattre les taureaux dans l'arène.

taux, n. m. ♦ **1.** Pourcentage : _Ces obligations sont au taux de 7 %._ — RE-GARDER _intérêt._ **2.** Proportion : _Un taux de natalité de 2 pour 1 000, c'est faible._

taverne, n. f. ♦ Établissement où l'on peut boire de la bière et manger. — SYN. auberge, cabaret.

taxe, n. f. ♦ Nom de certains impôts, par exemple la taxe foncière, la taxe d'habitation, la taxe à la valeur ajoutée ou T.V.A.

taxer, v. ♦ **1.** Frapper d'une taxe : _Les produits de luxe sont plus taxés que les produits alimentaires de base._ **2.** Imposer un prix limite.

taxi, n. m. ♦ Voiture automobile conduite par un chauffeur qui emmène le client là où celui-ci veut aller.

tchécoslovaque, adj. _ou_ n. ♦ De Tchécoslovaquie : _Notre voisin est d'origine tchécoslovaque : il est né à Prague._ ● _Les Tchécoslovaques. Un Tchécoslovaque. Une Tchécoslovaque._

tchèque, adj. _ou_ n. ♦ De la partie de la Tchécoslovaquie constituée par la Bohême et la Moravie : _La civilisation tchèque fut fort brillante._ ● _Les Tchèques. Un Tchèque. Une Tchèque._ ● _Le tchèque :_ langue slave parlée par les Tchèques.

te, pronom personnel. ♦ Pronom personnel de la deuxième personne du singulier qui s'emploie comme complément d'objet direct ou indirect : _Je te soigne. Je te parle._

Tu te peignes. Tu te demandes qui est venu. — REM. _Te_ devient _t'_ devant une voyelle ou un _h_ muet : _Les mathématiques t'ennuient. Tu t'habilles._

technicien, ienne, n. ♦ Celui, celle qui est spécialiste d'une technique industrielle ou scientifique.

1. technique, adj. ♦ **1.** Qui concerne une technique bien spécialisée : _Il y a encore des difficultés techniques à résoudre pour mettre au point le guidage de la fusée._ ● _L'enseignement technique,_ celui qui prépare à l'exercice d'une profession de technicien. **2.** _Vocabulaire technique :_ ensemble des mots propres à un métier, connus et employés par ceux qui exercent ce métier. ● _Les mots techniques._

2. technique, n. f. ♦ Ensemble des moyens employés par les gens spécialisés dans une activité pour obtenir le résultat cherché : _Les techniques de l'électronique et de l'informatique font chaque année des progrès foudroyants._

technologie, n. f. ♦ Science qui a pour objet l'étude des outils, des machines et des procédés qu'on emploie dans les métiers et les industries. ● _Des technologies de pointe._ ● _Des technologies avancées._

teck, n. m. ♦ Bois brunâtre très dur, très lourd, qui ne pourrit pas et qui est fourni par un arbre des pays chauds. — REM. On écrit aussi parfois _tek._

teckel, n. m. ♦ Chien à pattes très courtes, sorte de basset.

tee-shirt [tiʃœʀt], n. m. ♦ Tricot de jersey de coton. — PLUR. _des tee-shirts._ — SYN. jersey, maillot, tricot.

teigne, n. f. ♦ Maladie qui est due à un champignon microscopique et qui fait tomber les cheveux.

teindre, v. (conjugaison 84) ♦ **1.** Donner une couleur à une chose en l'imprégnant d'une substance colorante : _On teignait autre-_

teindre

fois la laine en bleu avec de l'indigo. **2.** *Se teindre :* donner à ses cheveux une couleur différente de leur teinte naturelle.

teint, n. m. ♦ Couleur du visage.

teinte, n. f. ♦ Couleur ou nuance : *Les teintes vives des maillots des baigneurs contrastent avec les teintes délicates de la mer et du ciel.*

teinté, ée, adj. ♦ Qui est d'une couleur autre que le blanc. ● Qui n'est pas incolore. ● *Du verre teinté.*

teinter, v. ♦ Colorer : *L'aurore teinte le ciel de rose et d'orangé.*

teinture, n. f. ♦ **1.** Action de teindre : *La teinture des fibres textiles se fait dans de grandes cuves.* **2.** Produit qui sert à teindre.

teinturerie, n. f. ♦ **1.** Industrie de la teinture des textiles. **2.** Magasin de teinturier.

teinturier, ière, n. ♦ **1.** Artisan, industriel ou ouvrier qui teint les textiles. **2.** Celui, celle qui tient un magasin où l'on porte les vêtements qu'on veut faire teindre ou nettoyer.

tek, n. m. ♦ — REGARDER *teck.*

tel, telle, adj. ♦ **1.** Semblable : *J'ai retrouvé mon vieil ami Gustave tel que je l'avais connu : il n'a pas changé.* ● *Tel quel :* dans le même état, sans rien modifier. **2.** Semblable : *Qui aurait pensé que Thérèse aurait une telle audace?* **3.** Aussi grand, d'une nature pareille : *La chaleur est telle que, même dans l'eau, on a trop chaud.* **4.** *Rien de tel,* rien d'aussi efficace : *Rien de tel qu'un bon chocolat chaud quand il fait froid dehors.*

télé, n. f. ♦ Forme abrégée et usuelle de *télévision.*

télécommande, n. f. ♦ Système qui permet de manœuvrer un appareil à distance, par câble, par fil électrique, par ondes radio ou par des moyens électroniques.

télécommandé, ée, adj. ♦ Manœuvré à distance.

télécommunications, n. f. pl. ♦ Ensemble des moyens qui permettent de communiquer à distance : télégraphe, télématique et téléphone.

télécopie, n. f. ♦ Procédé qui consiste à transmettre à distance, par un système informatique, un document ou un dessin.

télédistribution, n. f. ♦ Transmission par câble des programmes de télévision.

téléférique, n. m. ♦ Système qui comprend une cabine mobile soutenue par un câble et qui permet de franchir une dépression, une vallée, dans une zone montagneuse. — REM. On écrit parfois *téléphérique.*

téléfilm, n. m. ♦ Film spécialement conçu et réalisé pour la télévision.

télégramme, n. m. ♦ Message transmis par télégraphe. — SYN. dépêche.

télégraphe, n. m. ♦ Dispositif qui, au moyen d'impulsions électriques envoyées par fil, permet de transmettre des messages très rapidement.

télégraphier, v. (conjugaison 20) ♦ Faire savoir par télégraphe : *Ma grand-tante nous a télégraphié qu'elle arriverait demain.*

télégraphique, adj. ♦ **1.** Qui concerne le télégraphe : *La route est bordée de poteaux télégraphiques.* **2.** *Style télégraphique :* manière d'écrire elliptique, analogue à celle qu'on emploie pour écrire les télégrammes.

télégraphiste, n. m. *ou* f. ♦ **1.** Employé, employée du télégraphe. **2.** Jeune garçon, jeune fille qui porte les télégrammes de la poste au domicile du destinataire.

téléguidé, ée, adj. ♦ Guidé à distance : *Une roquette téléguidée vint exploser contre la tourelle du char d'assaut.*

télématique, n. f. ♦ Ensemble des techniques qui utilisent l'informatique associée aux télécommunications.

téléobjectif, n. m. ♦ Objectif photographique qui sert à photographier les sujets éloignés.

téléphérique, n. m. ♦ REGARDER _téléférique._

téléphone, n. m. ♦ Dispositif qui permet de se parler à distance, le son étant transformé en courant électrique transmis par fil, ce courant étant ensuite transformé en son.

téléphoner, v. ♦ Parler, dire par téléphone : _Mon ami Bertrand m'a téléphoné pour me dire qu'il viendrait demain à six heures._

téléphonique, adj. ♦ Qui concerne le téléphone. ● _Une communication téléphonique._ ● _Un appel téléphonique._ ● _Une cabine téléphonique._

téléphoniste, n. m. _ou_ f. ♦ Employé, employée du téléphone. — REGARDER _standardiste._

télescope, n. m. ♦ Grand instrument d'optique qui rapproche beaucoup les objets et qui permet d'observer les astres.

télescoper, v. ♦ Synonyme familier de _heurter : Les deux voitures se sont télescopées._

téléscripteur, n. m. ♦ Appareil qui, automatiquement, écrit, comme une machine à écrire, les messages télégraphiques qu'il reçoit.

téléspectateur, trice, n. ♦ Celui, celle qui regarde la télévision.

télévisé, ée, adj. ♦ Transmis par la télévision.

téléviseur, n. m. ♦ Poste récepteur de télévision.

télévision, n. f. ♦ Système qui permet de transmettre les images à distance par la voie des ondes hertziennes, par câble ou par satellite. ● _Les télévisions privées._

télex, n. m. ♦ **1.** Système de dactylographie à distance, mis à la disposition des entreprises, qui constitue une sorte de télégraphe privé. **2.** Message transmis par ce procédé : _Envoyer un télex._

tellement, adv. ♦ A un tel degré : _J'ai tellement ri que j'ai mal aux côtes._ — SYN. tant.

tellurique, adj. ♦ _Secousse tellurique :_ qui concerne les tremblements de terre. — SYN. sismique.

téméraire, adj. ♦ Qui prend trop de risques : _Tu veux traverser à la nage le fleuve en crue? Tu es bien téméraire !_ — SYN. imprudent. — CONTR. prudent.

témérité, n. f. ♦ Caractère d'une personne téméraire. — SYN. imprudence. — CONTR. prudence.

témoignage, n. m. ♦ **1.** Déclaration, déposition d'un témoin. **2.** Texte ou parole qui nous renseigne sur quelque chose : _Selon les témoignages des contemporains, il fit si froid cette année-là que le Saint-Laurent était encore gelé en mai._ **3.** Preuve, marque : _Je vous remercie de tous les témoignages d'amitié que vous m'avez apportés._

témoigner, v. ♦ **1.** Faire une déclaration en tant que témoin : _Un prêtre est venu à l'audience témoigner en faveur de l'accusé._ **2.** Montrer, manifester : _Aurore m'a toujours témoigné de l'amitié._ **3.** _Témoigner de,_ être le signe, la preuve de : _Ces chefs-d'œuvre témoignent de la vitalité de l'art français._

témoin, n. m. _ou_ f. ♦ Celui (celle) qui dit ce qu'il (elle) a vu ou entendu, ce qu'il (elle) sait : _Deux témoins affirment que la voiture a brûlé le feu rouge._

tempe, n. f. ♦ Partie de la tête, sur le côté, au-dessus de la joue, entre le front et l'oreille.

tempérament, n. m. ♦ **1.** L'ensemble des traits de caractère qu'on possède depuis sa naissance : *Louise est calme : elle a un tempérament paisible.* — SYN. caractère, naturel. **2.** *À tempérament :* à crédit. — CONTR. comptant.

tempérance, n. f. ♦ Vertu de celui qui ne mange pas trop et surtout qui ne boit pas trop. — SYN. frugalité, sobriété. — CONTR. gourmandise, ivrognerie.

température, n. f. ♦ **1.** Chaleur ou froid qu'indique le thermomètre. **2.** Fièvre : *Antoine a de la température : 38°.*

tempéré, ée, adj. ♦ Ni trop chaud ni trop froid : *La France est située dans la zone tempérée.*

tempérer, v. (conjugaison 11) ♦ Rendre moins fort : *Elle a du mal à tempérer son impatience.* — SYN. atténuer, modérer. — CONTR. accroître, augmenter, renforcer.

tempête, n. f. ♦ Très mauvais temps, avec vent très violent. — REGARDER *cyclone, ouragan, tourmente.*

temple, n. m. ♦ Édifice religieux, d'une religion autre que le catholicisme, le judaïsme ou l'islam : *Le Parthénon est le plus célèbre des temples grecs.* ● *Un temple protestant.* — REGARDER *église, synagogue, mosquée.*

tempo [tĕpo], n. m. ♦ Indication des différents mouvements, plus ou moins rapides ou lents, d'un morceau de musique. ● Vitesse à laquelle doit être exécutée une œuvre musicale.

temporaire, adj. ♦ Qui ne dure qu'un temps assez bref. — SYN. momentané, passager, provisoire. — CONTR. définitif, durable.

temporairement, adv. ♦ Pour un temps assez bref.

temporiser, v. ♦ Faire traîner les choses en longueur pour gagner du temps :

Essayons de temporiser ; ensuite, nous attaquerons, quand nous serons les plus forts ! — CONTR. se hâter.

temps, n. m. ♦ **1.** Durée : *Pendant un temps assez long, trois mois je crois, ce magasin est resté fermé.* ● *Tout le temps :* sans arrêt. ● *Un certain temps :* une durée assez longue. **2.** Durée dont on dispose pour faire quelque chose : *Nous avons le temps de nous préparer : le train part dans trois heures.* ● *Prendre son temps :* ne pas se presser. ● *Perdre son temps :* faire une chose inutile. **3.** Moment, époque, période : *Cela se passait du temps de mon arrière-grand-père.* ● *Au temps de la Nouvelle-France on ne connaissait pas l'avion ni la télévision !* **4.** Moment où il faut faire quelque chose : *Il est temps de partir pour la gare : le train part dans une heure.* ● *Tante Murielle est arrivée à temps pour prendre le train.* **5.** *Les temps d'un verbe :* le présent, l'imparfait, le passé simple, le futur, etc. **6.** État de l'atmosphère : *Quel temps épouvantable ! Il vente, il neige et il fait froid.*

tenable, adj. ♦ Supportable. — CONTR. insupportable, intenable.

tenace, adj. ♦ **1.** Qui ne renonce pas et poursuit son action, malgré les obstacles et les difficultés. — SYN. ferme, obstiné, opiniâtre, persévérant. — CONTR. faible, inconstant, versatile. **2.** Qui dure et qui résiste : *Contre cette grippe tenace, il n'y a que les antibiotiques qui peuvent faire quelque chose.*

ténacité, n. f. ♦ Caractère d'une personne tenace. — SYN. fermeté, obstination, opiniâtreté, persévérance. — CONTR. faiblesse, inconstance, versatilité.

tenailler, v. ♦ Faire souffrir, tourmenter : *Vers le soir, la faim me tenaille.*

tenailles, n. f. pl. ♦ *Des tenailles :* outil à deux branches dont les mâchoires sont coupantes et qui sert à couper des tiges ou des fils métalliques et à arracher les clous.

tenancier, ière, n. ♦ **1.** Autrefois, celui qui exploitait une terre qui ne lui

tenir

appartenait pas, et qui versait une redevance au propriétaire. **2.** Celui qui tient un établissement soumis à une surveillance particulière : *La police interroga tous les tenanciers de bars.*

1. tenant, n. m. ♦ **1. D'un seul tenant :** fait d'un seul bloc, d'un seul morceau (et non formé de plusieurs parties séparées). **2. Les tenants et les aboutissants d'une affaire,** ses origines et ses conséquences.

2. tenant, ante, n. ♦ **Le tenant, la tenante du titre :** celui, celle qui a le titre de champion ou de championne. — SYN. détenteur.

tenante, adj. f. ♦ **Séance tenante :** immédiatement, sur-le-champ.

tendance, n. f. ♦ Disposition qui porte à agir de telle ou telle manière : *Jules a tendance à se mêler de ce qui ne le regarde pas.* — SYN. inclination, penchant, propension.

tendancieux, euse, adj. ♦ Qui déforme la vérité : *Ces informations sont présentées de manière tendancieuse.* — SYN. partial. — CONTR. impartial, objectif.

tendon, n. m. ♦ Extrémité dure d'un muscle, par laquelle il s'attache à un os.

1. tendre, v. (conjugaison 81) ♦ **1. Tendre un câble, une corde,** les tirer pour qu'ils soient absolument droits. ● **Tendre un ressort,** le mettre dans une position telle que, si on le lâche, il reviendra dans sa position initiale. ● **Tendre un arc.** — SYN. bander un arc. ● **Tendre un filet, un piège.** ● **Tendre un piège à quelqu'un,** préparer un piège contre lui. ● **Tendre une embuscade. 2.** Allonger et mettre droit : *Lève la jambe gauche et tends le bras droit en avant.* — CONTR. plier, replier. **3.** Donner en présentant : *Tends-moi le bout du câble, que je puisse l'attraper.* ● **Tendre la main à quelqu'un,** lui présenter la main pour une poignée de main. ● **Tendre la main :** mendier **4. Tendre vers,** évoluer vers : *La situation tend vers une*

certaine stabilisation. ● **Tendre à,** avoir pour but, pour objet : *Ces mesures tendent à réduire le chômage.*

2. tendre, adj. ♦ **1.** Qui n'est pas dur : *La craie est une roche tendre : tu peux la rayer avec l'ongle.* — SYN. mou. — CONTR. dur. ● *Ce morceau de bœuf est très tendre.* — CONTR. coriace, dur. **2.** Plein de douceur et d'affection ; qui s'émeut facilement : *D'un geste tendre, elle consola le bébé.* — SYN. affectueux, aimant, doux. — CONTR. cruel, dur, froid, sec.

tendresse, n. f. ♦ Caractère ou attitude d'une personne tendre.

ténèbres, n. f. pl. ♦ Obscurité. — CONTR. clarté, lumière.

ténébreux, euse, adj. ♦ Obscur, sombre : *C'est une affaire ténébreuse, on n'y voit pas clair.* — CONTR. clair, lumineux.

teneur, n. f. ♦ **1.** Ce qui est dit dans un texte, un discours : *Voici, résumée en quelques phrases, la teneur de sa lettre.* — SYN. contenu. **2.** Quantité, proportion d'une substance contenue dans une autre : *Quelle est la teneur de l'eau de mer en sel?*

ténia, n. m. ♦ Ver solitaire.

tenir, v. (conjugaison 44) ♦ **1.** Avoir dans sa main et empêcher de tomber, de partir : *Tiens bien le colis, qu'il ne tombe pas!* **2. Tenir à,** être bien fixé : *L'affiche tient au mur par quatre punaises.* ● **Tenir,** être solide, résister : *La pièce que j'ai collée pour boucher le trou a tenu.* ● **Tenir bon :** résister, ne pas céder. **3.** Être, rester à un endroit sans s'en écarter : *Quand tu marches sur une route, tu dois tenir ta gauche.* **4.** Occuper : *Cette grosse armoire tient beaucoup de place dans ta chambre.* **5.** Assurer la surveillance et le fonctionnement d'une chose : *Ah! c'est Joël qui tient la permanence du club, aujourd'hui!* **6.** Inscrire, écrire : *Élise tient un journal intime.* **7.** Garder, maintenir dans un état donné ou dans une certaine position : *Essaie de tenir propre*

835

ton casier. **8.** Rester fidèle, accomplir fidèlement : *Je tiens toujours mes promesses.* **9.** *Se tenir,* se conduire : *Olivier se tient mal à table.*

tennis, n. m. ♦ Sport qui consiste à envoyer une balle par-dessus un filet avec une raquette. ● *Tennis de table* (ou *ping-pong*).

tension, n. f. ♦ **1.** État de ce qui est plus ou moins tendu : *La tension était telle que le câble s'est rompu.* ● Pression du sang dans les artères : *Ne sale pas trop, grand-mère : cela risquerait de faire monter ta tension.* **2.** Mauvais rapports pouvant aller jusqu'à un conflit : *La tension internationale s'accroît : on craint un nouveau conflit.* — CONTR. détente.

tentacule, n. m. ♦ Chacun des « bras » de la pieuvre.

tentant, ante, adj. ♦ Qui tente beaucoup, qui donne une grande envie : *Ces choux à la crème sont très tentants.* ● *Une perspective tentante.* — SYN. alléchant, attirant, séduisant. — CONTR. rebutant.

tentation, n. f. ♦ Très grande envie de faire quelque chose (même si c'est mal) : *Tous ces gâteaux à la devanture du pâtissier ! Comment résister à la tentation d'en acheter un ?*

tentative, n. f. ♦ Essai : *Après trois tentatives infructueuses, elle renonça à faire tenir les boîtes en équilibre.*

tente, n. f. ♦ Abri de toile tendu sur des poteaux légers et tenu par des cordes attachées à des piquets.

tenter, v. ♦ Donner une forte envie : *Ce film me tente beaucoup.* — SYN. allécher, attirer. — CONTR. dégoûter, rebuter.

tenture, n. f. ♦ Pièce d'étoffe tendue le long d'un mur.

ténu, ue, adj. ♦ Mince, petit : *Un filet d'eau ténu coule et murmure entre les cailloux.* — SYN. fin. — CONTR. épais, gros, large, massif, puissant.

tenue, n. f. ♦ **1.** Manière de se tenir, de se conduire : *Antoine a une très mauvaise tenue en classe.* **2.** Ensemble des vêtements portés par une personne : *Géraldine fit sensation quand elle entra en tenue de jogging.*

ter [tɛʀ], adv. ♦ Se place après un numéro pour indiquer qu'il est le troisième numéro répété : *Notre voisin possède quatre immeubles : le 28, le 28 bis, le 28 ter et le 30 de la rue Saint-Charles.*

térébenthine [teʀebɑ̃tin], n. f. ♦ *Essence de térébenthine :* liquide extrait de la résine de certains arbres, qui sert à divers usages (fabrication de vernis, etc.).

tergiverser, v. ♦ Hésiter, retarder le moment d'une décision, d'une réponse : *Il est temps de s'engager, sans tergiverser davantage !*

terme, n. m. ♦ **1.** Borne, limite, fin : *Il faut mettre un terme à ce désordre.* ● *Au terme de sa vie.* — CONTR. début. **2.** Loyer : *La propriétaire nous demande de payer le terme tous les trimestres.* **3.** Relation : *Je suis en bons termes avec mes voisins.* **4.** Mot : *Beaucoup de termes de sport sont empruntés à l'anglais.* — SYN. vocable.

terminaison, n. f. ♦ Fin d'un mot, dernière partie d'un mot.

terminal, ale, aux, adj. *ou* n. ♦ **1.** Qui arrive, qui se produit à la fin : *Dans la phase terminale de la guerre, les soldats étaient tous épuisés.* **2.** *Un terminal :* appareil qui, relié à un ordinateur, recueille les données et affiche les résultats, les réponses ou les informations.

terminer, v. ♦ **1.** Mettre fin à quelque chose : *Je termine mon travail dans une heure.* — SYN. achever, finir. — CONTR. commencer. **2.** *Se terminer :* prendre fin. — SYN. finir. — CONTR. commencer.

terminus [tɛʀminys], n. m. inv. ♦ Point, gare, station où se termine une ligne de chemin de fer, d'autobus ou de métro. — CONTR. tête de ligne.

termite, n. m. ♦ Insecte qui vit en colonie et qui fait de graves dégâts en détruisant le bois.

termitière, n. f. ♦ Dans les pays chauds, monticule où vivent les termites et qui est fait de débris agglomérés.

terne, adj. ♦ **1.** Qui ne brille pas. — CONTR. brillant, luisant. **2.** Sans force et sans éclat : _Je n'aime pas le style terne de cet écrivain._ — SYN. plat. — CONTR. brillant, coloré, éclatant.

ternir, v. ♦ Rendre terne : _Une couche de crasse et de poussière avait fini par ternir les belles statues de bronze._

terrain, n. m. ♦ **1.** Sol : _Ici, le terrain est argileux et se prête mal à la culture de la vigne._ **2.** Étendue de terre non bâtie : _Tante Yseult a acheté un terrain pour y bâtir une villa._ ● Partie du sol aménagée pour un usage particulier. ● _Terrain de sport._ ● _Terrain de football._ ● _Terrain d'aviation._

terrasse, n. f. ♦ **1.** Plate-forme de terre surélevée et soutenue par un mur. **2.** _Cultures en terrasses :_ dans les pays montagneux, cultures établies sur des bandes de terre horizontales, étagées les unes au-dessus des autres et soutenues par des petits murs. **3.** _Toit en terrasse :_ toit plat, sur lequel on peut marcher. **4.** Grand balcon allongé, sur la façade d'un immeuble moderne. **5.** Espace sur le trottoir, devant un café, où il y a des tables et des chaises.

terrassement, n. m. ♦ _Travaux de terrassement :_ travaux qui consistent à déplacer de gros volumes de terre pour aménager le sol, le mettre au niveau voulu.

terrasser, v. ♦ **1.** Au cours d'une lutte, jeter et maintenir à terre son adversaire et le vaincre complètement : _Ce gaillard de cent kilos n'eut aucune peine à terrasser son adversaire._ **2.** Tuer ou abattre brutalement : _Une crise cardiaque l'a terrassée._ — SYN. foudroyer.

terrassier, ière, n. ♦ Ouvrier, ouvrière qui fait des travaux de terrassement.

terre, n. f. ♦ **1.** Matière friable qui forme la surface du sol : _Dans mon pays, il n'y a qu'une mince couche de terre sur le granit._ ● _Terre cuite :_ argile cuite. ● _Terre glaise :_ argile qui peut se modeler. **2.** Sol cultivable, exploitation agricole : _Notre voisin possède des terres en Abitibi._ **3.** Les profondeurs du sol : _Des galeries et des puits s'enfoncent dans la terre._ **4.** Le sol : _Il trébucha et tomba, **la face contre terre.**_ ● _J'ai laissé tomber mes lunettes **par terre.**_ ● _Dans les villes, les fils téléphoniques passent **sous terre.**_ **5.** Partie du globe où il n'y a pas de mer, d'océan : _Les passagers, sur le pont du paquebot, regardaient avec impatience la terre se rapprocher._ **6.** _La Terre :_ la planète sur laquelle nous vivons.

terreau, n. m. ♦ Terre fertile qui contient des végétaux pourris.

terre-neuvas [tɛʀnøva], n. m. inv. ♦ **1.** Marin qui va à la pêche à la morue près de Terre-Neuve. **2.** Navire sur lequel on va pêcher la morue près de Terre-Neuve.

terre-plein, n. m. ♦ **1.** Sommet horizontal d'un rempart. — PLUR. _des terre-pleins._ **2** Plate-forme surélevée, faite de terre rapportée, parfois soutenue par une maçonnerie. **3.** Trottoir central de certaines avenues ou trottoir établi entre la chaussée principale et la contre-allée. **4.** Partie surélevée qui sépare les deux chaussées d'une autoroute.

terrer (se), v. ♦ Se mettre à l'abri dans un terrier, un trou, une cachette.

terrestre, adj. ♦ **1.** Qui vit sur terre : _On doit distinguer les animaux terrestres, les animaux aquatiques et les animaux marins._ **2.** _Le globe terrestre :_ la planète Terre ou sa représentation sous la forme d'un globe. **3.** _La vie terrestre :_ la vie sur terre, par opposition à la vie dans l'au-delà, après la mort.

terreur, n. f. ♦ Très grande peur. — SYN. effroi, épouvante, frayeur.

terreux, euse, adj. ♦ _Teint terreux,_ grisâtre et terne.

terrible

terrible, adj. ♦ Très dangereux, qui cause une très grande peur, qui cause de grands malheurs. — SYN. affreux, effrayant, effroyable, épouvantable, terrifiant, tragique.

terrien, ienne, adj. ♦ De la terre, de l'agriculture. ● *Un propriétaire terrien,* qui possède des terres. ● *Une fortune terrienne,* qui consiste en terres.

terrier, n. m. ♦ Trou, galerie sous terre qui sert d'abri à certains animaux : lapins de garenne, renards, blaireaux, etc.

terrifiant, ante, adj. ♦ Qui cause une très grande peur ; terrible.

terrifier, v. (conjugaison 20) ♦ Causer une très grande peur.

terril [tɛʀi], n. m. ♦ Énorme tas, haut comme une colline, formé par la terre et les débris que l'on retire du sol quand on creuse une mine.

terrine, n. f. ♦ Récipient profond en terre cuite qui va au feu et dans lequel on fait cuire les pâtés.

territoire, n. m. ♦ Partie du sol, étendue de terre qui constitue un pays ou une région.

territorial, ale, aux, adj. ♦ *Les eaux territoriales :* la partie de la mer située près des côtes et sur laquelle un pays a des droits particuliers.

terroir, n. m. ♦ Petite région rurale, considérée du point de vue des produits agricoles, des habitudes locales, etc. : *Viens chez moi, dans l'Ungava : je te ferai goûter tous les produits du terroir.* ● *L'accent du terroir.*

terroriser, v. ♦ Faire vivre dans la terreur.

terrorisme, n. m. ♦ Activité des terroristes.

terroriste, n. m. *ou* f. *ou* adj. ♦ Celui, celle qui assassine, pose des bombes, etc., pour atteindre un but politique. ● Qui concerne les terroristes, qui est composé de terroristes : *La police a découvert une organisation terroriste.*

tertre, n. m. ♦ Petite élévation de terre. — SYN. butte, monticule.

tes, adj. possessif. ♦ Pluriel de *ton,* qui s'emploie pour le masculin et le féminin : *Tes oncles et tes tantes viendront à la petite fête.*

tesson, n. m. ♦ Morceau d'un récipient de terre cuite ou de verre qui s'est brisé.

test [tɛst], n. m. ♦ Épreuve destinée à s'assurer qu'une personne possède certaines aptitudes.

testament, n. m. ♦ Texte, rédigé ou dicté par une personne, par lequel cette personne déclare léguer ses biens à telle ou telle autre personne.

tester, v. ♦ Éprouver, essayer : *Pour tester la solidité du banc, nous nous sommes assis tous ensemble.*

tétanos [tetanɔs], n. m. ♦ Maladie très grave que l'on contracte par une blessure ou une écorchure, quand la peau est souillée de terre ou d'excréments : *Je te conseille de te faire à nouveau vacciner contre le tétanos.*

têtard, n. m. ♦ Animal qui sort de l'œuf de grenouille et qui, plus tard, se métamorphosera en grenouille.

tête, n. f. ♦ **1.** Partie du corps qui contient le cerveau et où se trouvent les cheveux, les yeux, les oreilles, le nez, la bouche. ● *Aller tête nue.* ● *Aller nu-tête.* **2.** Visage, expression du visage : *Le nouveau boulanger a une tête sympathique.* ● *Faire la tête :* manifester sa mauvaise humeur en étant triste, taciturne, peu aimable. **3.** Esprit : *Estelle s'est mis dans la tête de devenir chanteuse : elle devra apprendre le solfège.* ● *Perdre la tête :* s'affoler. ● *Ne pas avoir de tête :* être distrait, tout oublier. **4.** *Tenir tête à quelqu'un,* s'opposer à lui. **5.** *Tête du*

lit : partie du lit où est le traversin. — SYN. chevet. — CONTR. pied. **6. Tête d'un clou, d'une pointe :** partie la plus grosse, opposée à la pointe. **7.** Partie avant d'un convoi : _Montez donc en tête du train, vous aurez de la place._ — CONTR. queue. **8. Tête de ligne :** début de ligne de transport. — CONTR. terminus.

tête-à-queue, n. m. inv. ♦ Demi-tour que, dans certains cas, fait presque sur place un véhicule qui dérape.

tête à tête, loc. adv. ♦ Seul à seul : _J'ai déjeuné tête à tête avec mon parrain._

tête-à-tête, n. m. inv. ♦ Conversation entre deux personnes qui sont seules pour parler : _J'ai eu un tête-à-tête avec l'arbitre._

téter, v. (conjugaison **11**) ♦ Sucer le lait.

tétine, n. f. ♦ Embout de caoutchouc qu'on adapte au goulot d'un biberon.

têtu, ue, adj. ♦ Qui s'obstine à garder la même opinion, à ne pas changer d'avis, à ne pas obéir. — SYN. entêté, obstiné, opiniâtre.

texte, n. m. ♦ Ensemble de phrases écrites : _Voici le texte de la chanson que vous avez à apprendre._

textile, adj. _ou_ n. m. ♦ _Une matière textile_ ou _un textile :_ matière qui sert à faire les étoffes. ● _Industrie textile :_ fabrication des étoffes (filature, puis tissage).

textuellement, adv. ♦ En répétant les mots sans rien changer : _Voici textuellement ce qu'a dit le ministre._ — SYN. exactement, littéralement. — CONTR. en substance.

thé, n. m. ♦ **1.** Feuilles séchées et écrasées du théier. **2.** Infusion préparée avec ces feuilles. ● _Salon de thé._ — REGARDER _salon,_ sens 2.

théâtre, n. m. ♦ **1.** Art qui consiste à faire représenter des personnages par des acteurs qui parlent et agissent sur scène en disant le texte écrit par un auteur. ● _Une pièce de théâtre :_ tragédie, comédie, drame, etc. **2.** Édifice dans lequel on joue des pièces.

théier, n. m. ♦ Arbre des pays chauds dont les feuilles servent à faire le thé.

théière, n. f. ♦ Ustensile dans lequel on fait le thé.

thème, n. m. ♦ **1.** Sujet : _Quel thème l'auteure a-t-elle développé dans ce texte?_ **2.** Exercice qui consiste à traduire un texte dans une langue étrangère. — CONTR. version.

théorème, n. m. ♦ En mathématiques, proposition à démontrer.

théorie, n. f. ♦ **1.** Ensemble de propositions qui sert à expliquer quelque chose. ● _Une théorie philosophique._ — SYN. doctrine. **2.** _En théorie :_ selon ce qui est imaginé, prévu. — SYN. théoriquement. — CONTR. en pratique.

théorique, adj. ♦ Qui a peu d'intérêt pratique. — CONTR. pratique.

théoriquement, adv. ♦ Si tout se passe comme on l'a prévu.

thermal, ale, aux, adj. ♦ _Source thermale :_ source d'eau qui sert à soigner certaines maladies. ● _Station thermale :_ ville où il y a des sources thermales.

thermes, n. m. pl. ♦ **1.** Dans l'Antiquité, établissement de bains publics. **2.** Dans une station thermale, établissement où l'on soigne les malades par des bains d'eau de sources thermales.

thermique, adj. ♦ Qui concerne la chaleur. ● _Centrale thermique :_ centrale électrique dont les chaudières sont chauffées au charbon ou au mazout.

thermomètre, n. m. ♦ Instrument qui indique la température.

thermonucléaire

thermonucléaire, adj. ♦ *Bombe thermonucléaire :* bombe atomique à hydrogène, très puissante.

thermostat, n. m. ♦ Appareil qui règle la température et la maintient constante.

thèse, n. f. ♦ **1.** Opinion que l'on soutient : *Comment concilier ces thèses si opposées?* — SYN. doctrine, opinion. **2.** Texte, livre qu'on écrit sur un sujet spécialisé, quand on se présente au doctorat : *Ma cousine prépare une thèse sur la syntaxe du subjonctif.*

thon, n. m. ♦ Gros poisson de mer à la chair estimée qu'on consomme fraîche ou en conserve.

thoracique, adj. ♦ *Cage thoracique :* partie du corps, entre le cou et l'abdomen, qui contient le cœur et les poumons.

thorax, n. m. ♦ **1.** Poitrine, torse. **2.** L'une des trois parties du corps d'un insecte, entre la tête et l'abdomen.

thuya, n. m. ♦ Arbre de la famille des conifères. (Le thuya est appelé *cèdre* au Canada.)

thym [tɛ̃], n. m. ♦ Plante qui sent bon et qui sert à assaisonner certains plats.

tiare, n. f. ♦ Coiffure à triple couronne que le pape porte au cours de certaines cérémonies.

tibia, n. m. ♦ L'un des deux os de la jambe situés entre le genou et la cheville. (L'autre os est le péroné.)

tic, n. m. ♦ Petit mouvement, petite grimace que certaines personnes font souvent, sans y penser et sans le vouloir.

ticket, n. m. ♦ Petit rectangle de carton ou de papier épais qui sert de billet (pour le métro, pour l'entrée dans un cinéma, etc.). ● Petit billet émis par une caisse enregistreuse qui indique le prix de la marchandise achetée.

tiède, adj. ♦ Qui est d'une température entre le chaud et le froid.

tiédeur, n. f. ♦ Chaleur modérée, douce et agréable.

tiédir, v. ♦ Devenir tiède, un peu chaud : *Fais donc tiédir un peu ce lait.*

tien, tienne, pronom possessif *ou* n. m. pl. ♦ **1.** *Le tien (la tienne, les tiens, les tiennes),* celui (celle, ceux, celles) qui est (qui sont) à toi : *Ces chaussures ne m'appartiennent pas, ce sont les tiennes.* **2.** *Les tiens,* ta famille, tes amis : *Retourne chez les tiens.*

1. tiers, n. m. ♦ Chacune des trois parties égales en lesquelles un tout est divisé.

2. tiers, tierce, adj. *ou* n. ♦ *Une tierce personne ou un tiers,* une troisième personne, une personne autre que les deux dont il s'agit : *Ce secret doit rester entre toi et moi, il ne faut pas en parler à un tiers.*

tige, n. f. ♦ **1.** Partie principale d'une plante, qui part du sol et s'élève, portant les feuilles et les fleurs. **2.** Pièce de forme cylindrique. — SYN. tringle.

tignasse, n. f. ♦ Chevelure abondante, sale et mal peignée.

tigre, n. m. ♦ Grand fauve d'Asie très féroce au pelage jaune rayé de noir.

tigresse, n. f. ♦ Femelle du tigre.

tilleul, n. m. ♦ **1.** Arbre d'ornement dont la fleur sent très bon. **2.** Tisane faite avec la fleur de cet arbre.

timbale, n. f. ♦ **1.** Tambour en forme de demi-sphère. **2.** Gobelet métallique sans pied.

timbre, n. m. ♦ **1.** Sonnette : *Tu entends le timbre de la bicyclette? C'est Louis qui arrive.* **2.** Son particulier propre à une voix, à un instrument de musique : *J'aime le timbre argentin de la voix de Claire.* **3.** Petit

tirer

rectangle de papier gommé qu'on colle sur une enveloppe ou un colis pour affranchir l'envoi.

timbré, ée, adj. ♦ **1.** *Voix bien timbrée,* sonore, au timbre agréable. **2.** *Papier timbré :* feuille de papier qui porte un cachet et qui est exigée pour la rédaction de certains actes. **3.** *Enveloppe timbrée,* munie d'un timbre-poste.

timbre-poste, n. m. ♦ Synonyme de *timbre* (au sens 3). — PLUR. *des timbresposte.*

timbrer, v. ♦ Munir d'un timbre.

timide, adj. ♦ Qui manque d'audace. — SYN. pusillanime. — CONTR. audacieux, hardi.

timidité, n. f. ♦ Caractère, attitude d'une personne timide. — SYN. pusillanimité. — CONTR. audace, hardiesse.

timonerie, n. f. ♦ Partie d'un navire où se trouvent la roue du gouvernail et les instruments de navigation.

timonier, n. m. ♦ Celui qui tient la barre, la roue du gouvernail d'un navire.

tintamarre, n. m. ♦ Grand bruit, plus ou moins désagréable. — SYN. fracas, tapage, tumulte, vacarme. — CONTR. le calme, silence.

tintement, n. m. ♦ Bruit d'une cloche qui tinte.

tinter, v. ♦ *La cloche tinte,* sonne en faisant entendre un son clair ou aigu.

tir, n. m. ♦ **1.** Action de tirer (à l'arc, à l'arbalète, au fusil, au canon, etc.) : *Un tir nourri de boules de neige accueillit les assaillants.* **2.** Endroit où l'on s'exerce à tirer, où l'on peut tirer pour se distraire : *Allons donc à la fête foraine : il y a plusieurs tirs.*

tirage, n. m. ♦ **1.** Action de tirer au sort. • *Le tirage de la loterie, du loto*

2. Courant d'air dans le conduit d'une cheminée, qui fait monter la fumée et active la combustion. **3.** Nombre d'exemplaires d'un livre que l'on imprime. • Action de tirer une photo.

tiraillement, n. m. ♦ *Des tiraillements d'estomac :* des douleurs d'estomac pas très violentes.

tirailler, v. ♦ **1.** Tirer plusieurs fois, pas très fort : *Arrête de tirailler ton écharpe !* **2.** Faire hésiter entre deux solutions ou deux nécessités inconciliables : *Dans la vie, nous sommes souvent tiraillés entre le devoir et le désir.* **3.** Tirer à volonté de manière irrégulière : *Les fantassins tiraillaient, poursuivant les petits groupes d'ennemis qui s'enfuyaient.*

tirailleur, euse, n. ♦ Chacun des soldats chargés de harceler l'ennemi en tiraillant.

tirant, n. m. ♦ *Tirant d'eau :* profondeur à laquelle un bateau s'enfonce dans l'eau.

tire, n. f. ♦ Substance obtenue par épaississement du sirop d'érable. • Bonbon fait d'une pâte de sucre.

tire-bouchon, n. m. ♦ Instrument qui sert à ouvrir les bouteilles fermées par un bouchon de liège. — PLUR. : *des tirebouchons.*

tire-d'aile (à), loc. adv. ♦ *L'oiseau vole à tire-d'aile,* en battant des ailes sans arrêt et rapidement.

tirelire, n. f. ♦ Boîte ou objet creux qui a une fente, par laquelle on met les pièces de monnaie qu'on veut économiser.

tirer, v. ♦ **1.** Déplacer (en amenant vers soi, ou pour écarter d'une chose) : *Tire un peu la table, s'il te plaît : elle est trop près de la fenêtre.* — CONTR. pousser. **2.** Faire avancer une chose placée derrière : *La locomotive tire un train de 250 tonnes.* — CONTR. pousser. **3.** *Tirer un trait,* le tracer.

4. Imprimer : *On va tirer ce livre à 50 000 exemplaires.* **5.** *Tirer une photo,* la reproduire sur du papier, à partir du négatif. **6.** Prendre en faisant sortir : *Mariette tira de son cartable un beau livre tout neuf.* **7.** Extraire, obtenir, produire : *De cette colline, on tire une pierre de construction excellente.* **8.** *Tirer une affaire au clair,* obtenir l'explication qui la rend compréhensible. **9.** *Se tirer d'affaire :* résoudre les difficultés dans lesquelles on se trouve. **10.** *Tirer à sa fin :* être près de se terminer. **11.** *La cheminée tire :* l'air circule dans le conduit, de bas en haut, activant le feu et chassant la fumée vers l'extérieur. **12.** *Tirer au sort :* — REGARDER *sort,* sens 1. **13.** *Tirer sur,* se rapprocher de telle couleur : *Ce jaune tire sur l'orangé.* **14.** Lancer un projectile avec un arc, une arbalète, un lance-pierre, un fusil, un canon : *Le cow-boy tira en l'air pour donner le signal de l'attaque de la diligence.*

tiret, n. m. ♦ Signe de ponctuation en forme de petit trait horizontal qui indique, dans un dialogue, un changement d'interlocuteur.

tireur, euse, n. ♦ Celui, celle qui tire (avec une arme à feu).

tiroir, n. m. ♦ Casier qui glisse horizontalement dans un espace ménagé dans un meuble.

tiroir-caisse, n. m. ♦ Tiroir disposé dans le comptoir d'un commerçant et destiné à recevoir l'argent. — PLUR. *des tiroirs-caisses.*

tisane, n. f. ♦ Infusion que l'on prend pour se soigner, pour bien dormir, bien digérer.

tison, n. m. ♦ Morceau de bûche en partie brûlée.

tisonnier, n. m. ♦ Tige de fer qui sert à remuer le bois ou le charbon en train de brûler, pour activer le feu et faire tomber les cendres. — SYN. pique-feu.

tissage, n. m. ♦ Action de tisser.

tisser, v. ♦ Fabriquer une étoffe en croisant les fils : *Ma grand-mère tissait elle-même ses draps.*

tisserand, ande, n. ♦ Personne qui tisse la toile, les étoffes.

tissu, n. m. ♦ Substance faite de fils entrecroisés. — SYN. étoffe.

titan, n. m. ♦ **1.** *Les Titans :* personnages de la mythologie grecque. **2.** *Un travail de titan :* un ouvrage gigantesque.

titanesque, adj. ♦ Gigantesque : *Ce barrage est un ouvrage titanesque !* — SYN. colossal, cyclopéen. — CONTR. minuscule, lilliputien.

titre, n. m. ♦ **1.** Nom d'une œuvre (livre, film, chant, tableau, etc.) : *Quel est le titre de cette jolie chanson ?* ● Mots qui, placés avant un texte, en annoncent le contenu : *Le titre de la dictée ? « Un voyage en bateau ».* **2.** Dénomination qui correspond à une fonction, à un diplôme, etc. : *Elle aimerait bien avoir le titre de docteur en philosophie.* ● *Les titres de noblesse.* **3.** Rang de champion : *Quel est le tenant du titre de champion d'Europe des poids moyens ?* **4.** *A plus d'un titre :* pour plusieurs raisons valables. ● *Au même titre que,* tout autant que : *La cathédrale de Reims est un chef-d'œuvre de l'architecture, au même titre que le Parthénon.* ● *A titre de,* comme, pour servir de : *A titre d'exemple, je vais examiner le cas de la centrale de la baie James.*

titré, ée, adj. ♦ Qui a un titre de noblesse.

titrer, v. ♦ Porter tel titre (d'article de journal) : *Ce journal titre : « Changement d'horaire cette nuit. »*

tituber, v. ♦ Marcher de manière mal assurée, en zigzaguant : *Elle était tellement épuisée qu'elle titubait de fatigue.* — SYN. vaciller.

titulaire, adj. *ou* n. ♦ **1.** *Titulaire de,* qui possède (un titre, un diplôme, une autorisation, etc.) : *Les personnes titulaires de la*

carte de l'âge d'or voyagent à tarif réduit.
2. Qui est fonctionnaire à titre définitif : *Faute d'instituteurs titulaires, on a recours à des suppléants.* — CONTR. auxiliaire, suppléant.

titulariser, v. ♦ Nommer à un poste en donnant la qualité de titulaire : *On va titulariser ces fonctionnaires.*

toast [tost], n. m. ♦ **1.** Action de lever un verre en prononçant un vœu, un éloge : *La directrice porta un toast à la prospérité de l'entreprise.* **2.** Tranche de pain de mie grillée.

toboggan, n. m. ♦ Dispositif incliné le long duquel les enfants se laissent glisser, pour jouer.

1. toc, n. m. ♦ Imitation de bijou : *Sa rivière de diamants ? Mais c'est du toc !*

2. toc ! interj. ♦ Onomatopée qui imite le bruit qu'on fait en frappant des petits coups secs.

tocsin, n. m. ♦ Sonnerie de cloche répétée et précipitée qu'on sonnait pour annoncer un danger (incendie, approche de l'ennemi, etc.).

toge, n. f. ♦ **1.** Grande pièce d'étoffe dans laquelle les Romains se drapaient. **2.** Robe des avocats, des professeurs.

toi, pronom personnel. ♦ Pronom personnel de la deuxième personne du singulier. **1.** En fonction de sujet, constitue une forme d'insistance : *Toi, tu n'aimes pas les huîtres, je le sais. Moi, je les aime bien !* **2.** *C'est toi :* C'est toi qui seras le chef de groupe. **3.** S'emploie comme pronom réfléchi en fonction de complément direct après l'impératif à la forme affirmative : *Laisse-toi faire, voyons !*

toile, n. f. ♦ **1.** Tissu de chanvre, de lin, de coton. ● *Toile cirée :* toile revêtue d'un enduit spécial, lisse et imperméable. **2.** *Toile d'araignée :* réseau de fils dans lequel se prennent les proies de l'araignée. **3.** *Une toile,* un tableau : *Cette toile de Krieghoff s'est vendue à un prix exorbitant.*

toilette, n. f. ♦ **1.** Action de se laver, de se coiffer, de se raser. ● *Un cabinet de toilette.* **2.** Vêtement de femme : *Héloïse ne porte que des toilettes élégantes.* — SYN. tenue. **3.** *Les toilettes :* les W.-C. — SYN. les lavabos.

toise, n. f. ♦ Instrument qui sert à mesurer la taille d'une personne.

toison, n. f. ♦ Pelage laineux des moutons et de quelques autres animaux.

toit, n. m. ♦ **1.** Couverture d'un édifice. ● *Crier quelque chose sur les toits,* le répéter, le faire savoir à tout le monde. **2.** Surface supérieure d'un véhicule. ● *Toit ouvrant d'une voiture.*

toiture, n. f. ♦ Toit, couverture d'un édifice : *La maison est ancienne, mais la toiture vient d'être refaite à neuf.* — SYN. couverture.

tôle, n. f. ♦ Métal (fer, acier) en feuille. ● *Tôle ondulée :* tôle de forme spéciale qui sert à faire certaines toitures.

tolérable, adj. ♦ Supportable. — CONTR. insupportable, intolérable.

tolérance, n. f. ♦ Vertu, attitude, qui consiste à accepter que chacun ait l'opinion, la religion, la conduite qu'il a choisie. — CONTR. intolérance.

tolérant, ante, adj. ♦ Qui fait preuve de tolérance. — CONTR. intolérant.

tolérer, v. (conjugaison 11) ♦ Accepter, permettre à la rigueur : *En principe, le stationnement des véhicules est interdit sur le trottoir, mais, le dimanche, il est toléré.* — CONTR. défendre, interdire, prohiber.

tomate, n. f. ♦ **1.** Plante cultivée pour son fruit. **2.** Fruit rouge non sucré de cette plante, qui se mange comme légume, cru ou cuit. ● *Sauce tomate.*

tombal, ale, als, adj. ♦ *Pierre tombale :* grande dalle qui recouvre une tombe.

tombe, n. f. ♦ Lieu, fosse où est enterré un mort; monument qui est élevé à cet endroit : *Les tombes s'alignent de chaque côté des allées du cimetière.* — REGARDER *caveau, sépulture, tombeau.*

tombeau, n. m. ♦ **1.** Monument élevé au-dessus de l'endroit où est enterré un mort. **2.** *Rouler à tombeau ouvert,* à une vitesse excessive et dangereuse.

tombée, n. f. ♦ *Tombée du jour, de la nuit :* moment où arrive la nuit.

tomber, v. ♦ **1.** Faire une chute. **2.** Être tué : *Tant de soldats sont tombés au combat !* **3.** *Tomber de fatigue, de sommeil :* être très fatigué, avoir grande envie de dormir. **4.** *Tomber malade :* devenir malade brusquement. ● *Tomber amoureux :* devenir brusquement amoureux. **5.** Descendre très vite ou brusquement : *La pluie se mit à tomber.* ● *Il tombait des grêlons gros comme des noix !* **6.** S'écrouler. ● *La vieille tour a fini par tomber en ruine.* **7.** Avoir lieu, se produire : *Pâques tombe toujours un dimanche.*

tombereau, n. m. ♦ **1.** Voiture à cheval, à deux roues, qui servait à transporter du sable, du fumier, du bois, etc. **2.** Contenu de cette voiture : *Le père Mathieu acheta deux tombereaux de fumier pour fumer son jardin.* **3.** Véhicule qui sert au transport des matériaux et qui est un chariot à moteur se déversant par l'arrière, en basculant. ● Wagon de marchandises sans toit, à bords hauts.

tombola, n. f. ♦ Loterie qui a lieu au bénéfice d'une œuvre de bienfaisance et dans laquelle on gagne non pas de l'argent mais un objet.

tome, n. m. ♦ Chacun des volumes d'un même livre : *Voici une grande encyclopédie en douze tomes.*

1. ton, ta, tes, adj. possessif. ♦ Adjectif possessif de la deuxième personne du singulier : *J'ai rencontré samedi ton oncle, ta tante, tes cousins et tes cousines.* — REM.

Devant un nom féminin singulier qui commence par une voyelle ou un *h* muet, on emploie *ton* et non *ta* : *Ton équerre. Ton humeur.*

2. ton, n. m. ♦ **1.** Manière de parler qui, par le débit, les sonorités de la voix, exprime un sentiment, une disposition : *« Tout le monde descend ! » cria le chef de gare d'un ton enjoué.* — SYN. intonation, voix. **2.** Hauteur du son : *Recommencez le couplet, mais sur un ton plus haut.* ● *Donner le ton :* faire entendre la note sur laquelle il faut commencer à chanter ou à jouer. **3.** Nuance, teinte : *Stanislas porte toujours des habits dans les tons gris.* **4.** *Le bon ton,* ce qui est convenable : *Quand on est invité, il est de bon ton de remercier le maître et la maîtresse de maison.*

tonalité, n. f. ♦ **1.** Hauteur plus ou moins grande d'un son plus ou moins aigu ou grave. **2.** Bruit spécial qu'on entend au téléphone et qui indique qu'on a la ligne.

tondeuse, n. f. ♦ Instrument de coiffeur qui sert à tondre. ● *Tondeuse à gazon :* machine qui sert à tondre le gazon.

tondre, v. (conjugaison 91) ♦ **1.** Couper très court : *On va tondre le gazon; sinon la pelouse finirait par ressembler à un champ de foin !* **2.** Couper très court la chevelure d'une personne ou les poils, la toison d'un animal : *Les adeptes de certaines sectes se tondent le crâne.* ● *Tondre les moutons.*

tonifier, v. (conjugaison 20) ♦ Rendre plus fort, plus vigoureux : *Rien de tel qu'une douche bien froide pour tonifier l'organisme.* — SYN. revigorer, stimuler, vivifier.

tonique, adj. *ou* n. m. ♦ **1.** Qui donne des forces, de la vigueur : *Cette promenade en plein air fut particulièrement tonique.* — SYN. stimulant, vivifiant. — CONTR. amollissant. **2.** *Un tonique :* un médicament, une substance qui donne des forces. — SYN. un fortifiant.

tonnage, n. m. ♦ **1.** Capacité (en volume) d'un navire de transport, exprimée en tonneaux de jauge. — SYN. jauge. **2.** Quantité de marchandise évaluée en tonnes (poids de 1 000 kg) : *Le tonnage transporté par camions est considérable.*

tonne, n. f. ♦ **1.** Unité de poids qui vaut 1 000 kg (symbole : *t*). **2.** Unité de port en lourd (poids des marchandises que peut transporter un navire), qui vaut 1 000 kg : *Un navire de 5 000 tonnes est un navire qui peut transporter 5 000 tonnes de marchandises.* **3.** Unité de déplacement d'un navire : *Un croiseur de 5 000 tonnes est un navire qui déplace 5 000 tonnes d'eau, c'est-à-dire qui pèse 5 000 tonnes.* **4.** Grand tonneau.

tonneau, n. m. ♦ **1.** Récipient rond en bois. — SYN. baril, barrique, foudre, pièce. **2.** Contenu de ce récipient. **3.** *Un tonneau de jauge* ou *un tonneau,* unité de volume qui vaut 2,830 m³ et qui sert à exprimer la capacité intérieure utile au transport, sur un navire : *Un bateau de 800 tonneaux a une capacité utile de 2 264 m³.*

tonnelet, n. m. ♦ Petit tonneau.

tonnelier, ière, n. ♦ Artisan (artisane) ou ouvrier (ouvrière) qui fait les tonneaux.

tonnelle, n. f. ♦ Dans un jardin, sorte de grande cage sur les côtés et sur le toit de laquelle grimpent des plantes et à l'intérieur de laquelle on peut se mettre à l'ombre.

tonner, v. ♦ **1.** *Il tonne* : on entend le tonnerre. **2.** Faire un bruit sourd analogue à celui du tonnerre : *Le canon tonne.*

tonnerre, n. m. ♦ Bruit qui, au cours d'un orage, suit l'éclair.

tonte, n. f. ♦ Action de tondre les moutons, le gazon.

topographie, n. f. ♦ **1.** Technique du levé des plans, de la confection des cartes géographiques (sur un territoire d'étendue restreinte). **2.** Configuration d'un pays, d'un lieu.

toque, n. f. ♦ Coiffure cylindrique sans bord, plus ou moins haute. ● *Toque blanche :* toque de cuisinier.

torche, n. f. ♦ Bâton enduit de résine qu'on fait brûler pour s'éclairer. — SYN. flambeau. ● Grande lampe de poche cylindrique.

torchis [tɔʀʃi], n. m. ♦ Matériau de construction grossier fait d'argile mêlée à de la paille hachée.

torchon, n. m. ♦ Morceau de toile qui sert à essuyer la vaisselle.

tordre, v. (conjugaison 92) ♦ **1.** Tourner une chose sur elle-même : *Mélanie tordait le linge au-dessus de l'évier, pour en faire tomber l'eau.* **2.** Donner une forme qui n'est plus droite : *A la foire, j'ai vu un homme qui pouvait tordre une barre de fer avec ses mains.* **3.** *Se tordre* : se plier, se courber. ● *Se tordre de douleur :* souffrir beaucoup. ● *Se tordre de rire :* rire beaucoup.

tornade, n. f. ♦ Vent violent qui souffle en tournant. — SYN. cyclone, ouragan.

torpeur, n. f. ♦ État de demi-sommeil, d'engourdissement, qui se traduit par une incapacité à se mouvoir, par un ralentissement de la pensée. — SYN. engourdissement, léthargie, somnolence.

torpillage, n. m. ♦ Action de torpiller. ● Naufrage d'un navire torpillé.

torpille, n. f. ♦ Engin à moteur et à hélice qui se déplace sous l'eau et qui porte une charge explosive.

torpiller, v. ♦ Couler au moyen d'une torpille : *Le sous-marin torpilla deux cargos.*

torpilleur, n. m. ♦ Autrefois, petit navire de guerre, très rapide, armé de torpilles.

torréfaction, n. f. ♦ Action de torréfier.

torréfier, v. (conjugaison 20) ♦ Griller légèrement : *Les grains de café doivent être torréfiés.*

torrent, n. m. ♦ **1.** Ruisseau ou rivière de montagne à pente très forte, à courant très rapide. **2.** Grande quantité. ● *Un torrent de paroles. Un torrent d'injures.* — SYN. flot, déluge. ● *Il pleut à torrents :* il pleut très fort.

torrentiel, elle, adj. ♦ *Pluie torrentielle,* très abondante et très violente.

torride, adj. ♦ Très chaud : *Le soleil torride brûle l'herbe des prairies.* — SYN. ardent, brûlant. ● *La zone torride du globe terrestre.* — CONTR. glacial.

torsade, n. f. ♦ Chose longue tordue sur elle-même, à la manière des fils d'un câble.

1. torse, adj. f. ♦ *Colonne torse,* en forme de torsade.

2. torse, n. m. ♦ Partie du corps entre le cou et la ceinture. — SYN. buste.

torsion, n. f. ♦ Action de tordre.

tort, n. m. ♦ **1.** *Avoir tort,* dire ou penser une chose fausse : *Tu as tort, Simon, de croire que tu es le plus fort.* — CONTR. avoir raison. ● *Donner tort à quelqu'un :* dire qu'il a mal agi ou qu'il se trompe. — CONTR. donner raison. ● *A tort,* en disant ou en pensant une chose fausse : *Tu crois à tort que je te hais.* — CONTR. avec raison. ● *Être en tort :* être dans son tort, être en infraction. — CONTR. être dans son droit. ● *A tort ou à raison :* de manière vraie ou fausse (sans qu'on juge de la vérité de l'affirmation). ● *A tort et à travers :* de manière désordonnée, n'importe comment. **2.** Mauvaise action commise contre quelqu'un : *Elle a des torts graves à l'encontre de sa tante.* **3.** *Faire du tort à quelqu'un,* lui nuire.

torticolis [tɔʀtikɔli], n. m. ♦ Douleur vive au cou qui gêne pour tourner la tête.

tortiller, v. ♦ **1.** Tordre sur elle-même une petite chose : *Elle tortillait distraitement son mouchoir.* **2.** *Se tortiller :* se remuer constamment dans tous les sens.

tortionnaire, n. m. *ou* f. ♦ Celui, celle qui torture.

tortue, n. f. ♦ Reptile à pattes courtes, recouvert d'une carapace, qui marche lentement.

tortueux, euse, adj. ♦ Qui fait des détours, qui n'est pas droit. — SYN. sinueux. — CONTR. droit, rectiligne.

torture, n. f. ♦ **1.** Action de faire souffrir cruellement quelqu'un : *Autrefois, on employait la torture pour faire avouer les suspects.* **2.** Souffrance cruelle : *Ces rhumatismes, quelle torture !* — SYN. tourment.

torturer, v. ♦ Faire souffrir cruellement.

tôt, adv. ♦ Avant le moment habituel, normal ; à un moment qui vient au début d'une durée donnée : *Hier, nous nous sommes levés tôt : à cinq heures du matin. Ces arbustes fleurissent tôt au printemps.* ● *Tôt ou tard :* — REGARDER *tard.* ● *Trop tôt :* avant le moment voulu ● *Au plus tôt,* pas avant : *J'arriverai au plus tôt à six heures et demie.*

total, ale, aux, adj. *ou* n. m. ♦ **1.** Complet : *Notre échec est total !* — SYN. absolu, entier. — CONTR. partiel, relatif. **2.** Qui contient et comprend tout : *La dépense totale ne dépasse pas cent dollars.* **3.** *Le total :* la somme (de quantités qu'on additionne). ● *Au total,* tout compte fait : *Au total, ton année scolaire n'est pas mauvaise.*

totaliser, v. ♦ **1.** Avoir, obtenir au total : *Notre équipe totalise 21 victoires cette saison.*

totalitaire, adj. ♦ *Régime totalitaire :* régime politique dans lequel un chef, un groupe ou un parti unique détient tous les pouvoirs et gouverne sans laisser la moindre liberté aux citoyens.

totalité, n. f. ♦ L'ensemble de tous les éléments, sans exception.

totem [tɔtɛm], n. m. ♦ Chez certains peuples, animal ou végétal qui est considéré comme le protecteur de la tribu.

touche, n. f. ♦ **1.** Chacun des éléments ou des leviers d'un clavier sur lesquels on appuie avec les doigts. ● *Les touches d'un piano, d'une machine à écrire.* ● *Un téléphone à touches.* **2.** Coup de pinceau : *Ce peintre peint par larges touches.* ● Endroit qui est d'une couleur déterminée : *Une petite touche de rouge vient égayer ce tableau.* **3.** Action du poisson qui mord à l'hameçon : *Le flotteur s'enfonce : tu as une touche !* **4.** *Ligne de touche :* limite latérale d'un terrain de soccer.

1. toucher, v. ♦ **1.** Entrer, être en contact : *Tire un peu la table : elle ne doit pas toucher le mur.* **2.** Mettre la main, les doigts sur quelque chose : *Ne touche pas la belle nappe blanche avec tes doigts sales !* **3.** Prendre, manger, boire : *Lucette n'a pas faim : elle n'a pas touché à son goûter.* **4.** Recevoir de l'argent : *Nos voisins font la fête ; ils ont touché le gros lot.* **5.** Émouvoir : *Merci, cher ami, vos marques de sympathie m'ont beaucoup touché.*

2. toucher, n. m. ♦ L'un des cinq sens, celui par lequel on perçoit la forme, la dureté ou la chaleur des objets en les touchant.

touffe, n. f. ♦ Petite masse d'herbe, de poils, de cheveux.

touffu, ue, adj. ♦ Épais, serré : *Ici les buissons touffus nous barrent le passage.* — SYN. dru, fourni. — CONTR. clairsemé, maigre.

toujours, adv. ♦ **1.** Sans interruption : *Cette source ne tarit jamais : elle donne toujours de l'eau, même en été.* — SYN. constamment, continuellement, perpétuellement. — CONTR. jamais, parfois, quelquefois. **2.** Sans qu'il y ait de fin : *Je serai toujours*

ton ami fidèle. ● *Pour toujours.* — SYN. à jamais. **3.** A chaque fois : *Le samedi, nous mangeons toujours de la blanquette.* **4.** Encore : *Comment ! Onze heures du matin, et tu es toujours au lit !*

toundra, n. f. ♦ Plaine du Grand Nord couverte de glaces en hiver, de mousses et d'herbes en été.

toupet, n. m. ♦ **1.** Touffe de cheveux sur le sommet de la tête. — SYN. houppe. **2.** Synonyme familier de *audace, hardiesse, sans-gêne.*

toupie, n. f. ♦ Jouet qu'on fait tourner en équilibre sur sa pointe.

1. tour, n. f. ♦ Construction élevée, bien plus haute que large.

2. tour, n. m. ♦ Machine qui comprend un élément tournant sur lui-même et qui sert à façonner l'argile, à travailler le bois ou le métal.

3. tour, n. m. ♦ **1.** Parcours circulaire, parcours dans lequel on revient à son point de départ : *Encore deux tours de piste, et la course est finie !* ● *La muraille fait le tour de la ville fortifiée.* **2.** Action de tourner. ● *Elle ferma sa porte à double tour,* en tournant deux fois la clef. **3.** Promenade : *Il fait beau : allons donc faire un tour du côté de la rivière.* **4.** *A tour de rôle :* l'un après l'autre. ● *Que chacun vienne à son tour exposer son point de vue.* **5.** Farce : *Anne a joué un bon tour à son père.* **6.** *Tour du chapeau :* au hockey, action de marquer trois buts par le même joueur au cours d'un même match.

tourbe, n. f. ♦ Combustible, fait de végétaux décomposés, qui est extrait du sol de certaines régions marécageuses.

tourbière, n. f. ♦ Lieu où l'on extrait la tourbe.

tourbillon, n. m. ♦ Mouvement d'un fluide qui tourne sur lui-même. ● Mouvement d'une chose qui tourne sur elle-même, entraînée par l'eau ou le vent.

tourbillonner

tourbillonner, v. ♦ Tourner sur soi-même : *Le vent de l'équinoxe souffle par rafales, faisant tourbillonner feuilles mortes et papiers gras.* — SYN. tournoyer.

tourelle, n. f. ♦ Petite tour d'un château. **2.** Sur un navire de guerre ou un char, élément tournant sur lui-même, souvent blindé, qui porte un ou plusieurs canons.

tourisme, n. m. ♦ *Faire du tourisme :* voyage pour son plaisir.

touriste, n. m. ou f. ♦ Celui, celle qui fait du tourisme.

touristique, adj. ♦ Où l'on va faire du tourisme : *La Gaspésie est une région touristique.*

tourment, n. m. ♦ **1.** Supplice, torture. **2.** Cruelle souffrance. **3.** Vive inquiétude : *La fugue de mon chien m'a causé bien des tourments.* — SYN. angoisse.

tourmente, n. f. ♦ Violente tempête.

tourmenter, v. ♦ **1.** Faire souffrir, maltraiter, importuner : *Voyons, Louise, ne tourmente pas le chat, il va te griffer.* **2.** Inquiéter beaucoup. — SYN. angoisser.

tournage, n. m. ♦ Action de tourner un film, une scène.

tournant, n. m. ♦ Endroit où une route tourne. — SYN. courbe, virage.

tourne-disque, n. m. ♦ Appareil sur lequel on met les disques pour les écouter. — SYN. électrophone. — PLUR. *des tourne-disques.*

tournée, n. f. ♦ **1.** Déplacement qu'on fait selon un itinéraire donné, pour distribuer quelque chose, pour voir des gens, pour acheter, etc. : *Mon cousin est facteur : tous les matins, il fait sa tournée.* **2.** Série de représentations qu'on donne en divers endroits : *Cette troupe théâtrale revient d'une longue tournée à travers le pays.* ● *Être en*

tournée. **3.** Ensemble des consommations qu'on offre, dans un café : *Allez, jus d'orange pour tout le monde : c'est ma tournée !*

tournemain (en un), loc. adv. ♦ Très vite, en un rien de temps.

tourner, v. ♦ **1.** Se déplacer en faisant un mouvement circulaire ou en faisant un mouvement qui ramène au point de départ : *La toupie tourne, la Terre tourne, la tête me tourne, tout tourne !* **2.** Faire tourner, faire pivoter : *Tu n'as qu'à tourner la poignée pour ouvrir la porte.* ● Diriger : *Christophe tourna son regard de l'autre côté de la rue, vers le marchand de jouets.* **3.** Changer de direction : *Arrivé au croisement, le motocycliste tourna à droite.* **4.** Devenir aigre, se gâter : *Le lait est resté huit jours dans un bol sur la table : il a tourné !* **5.** *Bien tourner (mal tourner),* bien (mal) se terminer : *Enfin ! Les choses ont bien tourné pour nous !* **6.** Construire une phrase, exprimer quelque chose : *Fais confiance à Liliane, elle est habile à tourner un compliment.* **7.** *Tourner un film,* le réaliser en filmant les scènes qui le constituent, ou jouer comme artiste dans un film.

tournesol, n. m. ♦ Plante dont les grosses fleurs jaunes se tournent toujours vers le soleil et dont les graines fournissent une huile de table.

tourneur, euse, n. ♦ Ouvrier, ouvrière qui usine les pièces métalliques au moyen d'un tour.

tournevis, n. m. ♦ Outil qui sert à tourner les vis, pour visser ou dévisser.

tourniquet, n. m. ♦ Appareil tournant, disposé près d'une porte, qui ne laisse passer qu'une personne à la fois.

tournoi, n. m. ♦ **1.** Au Moyen Âge, combat entre des chevaliers, qui se battaient devant des spectateurs avec des armes faites pour ne pas blesser. **2.** De nos jours, compétition sportive ou jeu qui se dispute en plusieurs matches ou épreuves. ● *Un tournoi de tennis, d'échecs, etc.*

trac

tournoyer, v. (conjugaison 21) ♦ Se déplacer en faisant des cercles : *Emportées par le vent d'automne, les feuilles mortes tournoient.* — SYN. tourbillonner.

tournure, n. f. ♦ **1.** Manière de construire une phrase : *Évitez les tournures incorrectes quand vous écrivez.* **2.** *Prendre bonne (mauvaise) tournure,* commencer d'aller bien (d'aller mal) : *Dites, les choses prennent bonne tournure pour nous !* **3.** *Tournure d'esprit :* forme particulière d'esprit propre à chacun, qui fait qu'on juge, qu'on perçoit, qu'on comprend les choses d'une manière particulière.

1. tourteau, n. m. ♦ Masse de graines ou d'olives écrasées, qui est le résidu de la fabrication de l'huile et qui sert à la nourriture du bétail.

2. tourteau, n. m. ♦ Gros crabe comestible, à carapace lisse, des côtes de l'Atlantique.

tourterelle, n. f. ♦ Oiseau au plumage gris beige semblable à un petit pigeon.

tourtière, n. f. ♦ Sorte de tarte à deux croûtes à la viande hachée.

tous, adj. *ou* pronom indéfini. ♦ Pluriel de *tout.*

tousser, v. ♦ Rejeter l'air de sa gorge, brusquement et avec bruit.

toussoter, v. ♦ Tousser un peu.

tout, toute, tous, toutes, adj. *ou* pronom indéfini *ou* adv. *ou* n. m. ♦ **1.** L'ensemble des éléments, sans exception : *Tous mes cousins et toutes mes cousines viendront à la petite fête familiale.* ● *Tous viendront.* **2.** *Tout,* l'ensemble des choses : *Dans ce magasin, tout est beau, mais tout est cher.* ● *En tout,* en comptant tous les éléments : *La flotte comprenait deux cuirassés, six croiseurs et douze torpilleurs, soit, en tout, vingt navires.* ♦ *Le tout,* l'ensemble : *Gaétan tira de l'armoire ses chemises, ses costumes, ses chaussettes, et mit le tout dans une valise.* **3.** Très : *Nina est toute heureuse*

d'être élue déléguée de la classe. ● *Pierre est tout décoiffé.* — REM. On écrit *tout,* invariable, sauf devant un adjectif féminin commençant par une consonne ou un *h* aspiré : *Elle est toute joyeuse. Elles sont toutes joyeuses. Elle est toute honteuse.* **4.** *Pas du tout :* aucunement, absolument pas.

tout à coup, loc. adv. ♦ Brusquement — SYN. soudain, soudainement, subitement. — CONTR. par degrés, progressivement.

tout à fait, loc. adv. ♦ Complètement — SYN. entièrement, totalement. — CONTR. pas du tout, aucunement, nullement.

tout-à-l'égout, n. m. inv. ♦ Système qui consiste à envoyer dans les égouts, par des tuyaux, les eaux des éviers, des lavabos, des cabinets.

tout à l'heure, loc. adv. ♦ Immédiatement après ou immédiatement avant le moment où l'on parle.

tout de suite, loc. adv. ♦ Dans très peu de temps, immédiatement.

toutefois, adv. ♦ Malgré cela : *Albert est un bon élève ; toutefois il lui arrive d'avoir de temps en temps une note médiocre.* — SYN. cependant, néanmoins, pourtant.

toux, n. f. ♦ Action de tousser ; bruit qu'on fait en toussant.

toxicomane, adj. *ou* n. ♦ Drogué.

toxicomanie, n. f. ♦ Habitude de se droguer.

toxique, adj. *ou* n. m. ♦ **1.** Qui peut faire du mal en empoisonnant : *Les produits toxiques, tels que l'eau de Javel, ne doivent pas être laissés à la portée des enfants.* **2.** *Un toxique :* un poison.

trac, n. m. ♦ Peur paralysante qu'on éprouve avant de paraître sur scène, de parler en public.

tracas, n. m. ♦ Souci causé par des difficultés matérielles ou quotidiennes plus ou moins graves. — SYN. difficulté, ennui.

tracasser, v. ♦ Causer du souci : *Les mauvais résultats scolaires de ma sœur tracassent mes parents.*

trace, n. f. ♦ **1.** Marque que les pieds ou les roues laissent sur le sol. **2.** Vestige : *Ces débris de poteries sont les seules traces laissées par cette civilisation disparue.* — SYN. reste.

tracé, n. m. ♦ Ligne réelle ou imaginaire qui indique l'emplacement de quelque chose : *Des jalons de bois ont été plantés le long du tracé de la future route.*

tracer, v. (conjugaison 17) ♦ Faire une ligne, un signe : *Les Chinois tracent les caractères de leur écriture avec un pinceau.*

trachée, n. f. ♦ Conduit par où passe l'air qu'on respire, entre le larynx et les bronches. — REM. On dit aussi *trachée-artère.*

tract [tʀakt], n. m. ♦ Feuille de papier qu'on distribue et qui porte un texte de propagande.

tracteur, n. m. ♦ Véhicule, pourvu d'un moteur puissant, qui sert à tirer les machines agricoles, les remorques.

traction, n. f. ♦ **1.** Action de tirer : *Un effort de traction considérable est nécessaire pour rompre ce gros câble d'acier.* ● Manière dont est tiré un véhicule. ● *Traction animale* (par un cheval, par un bœuf). ● *Traction électrique.* **2.** A la barre fixe, au trapèze, aux anneaux, mouvement par lequel on se soulève en tirant sur ses bras.

tradition, n. f. ♦ Usage, coutume qui se transmet de génération en génération.

traditionnel, elle, adj. ♦ Conforme à la tradition.

traducteur, trice, n. ♦ Celui, celle qui traduit.

traduction, n. f. ♦ **1.** Action de traduire : *Certaines machines permettent de faire la traduction automatique des textes scientifiques.* **2.** Texte traduit : *Ce livre est une excellente traduction de l'*Iliade.

traduire, v. (conjugaison 46) ♦ Donner l'équivalent exact, dans une langue, du sens exprimé dans une autre langue : *Mon institutrice m'a traduit cette inscription latine.*

trafic, n. m. ♦ **1.** Commerce peu honnête ou interdit : *Le trafic de la drogue est sévèrement puni.* **2.** Mouvement des véhicules, des bateaux, des avions, qui vont et viennent : *Quel trafic sur l'autoroute, le dimanche soir !*

trafiquant, ante, n. ♦ Celui, celle qui fait du trafic.

trafiquer, v. ♦ Faire du trafic : *Cet individu a gagné une fortune en allant trafiquer je ne sais où.*

tragédie, n. f. ♦ **1.** Pièce de théâtre qui se termine par la mort violente d'un ou de plusieurs personnages. **2.** Très grave accident, événement très triste : *Encore une tragédie aérienne : un avion s'écrase dans les Alpes.* — SYN. catastrophe, drame.

tragique, adj. *ou* n. m. ♦ **1.** *Pièce, œuvre tragique* : tragédie. ● *Un auteur tragique, un poète tragique* ou *un tragique* : celui qui a écrit des tragédies. **2.** Très triste, qui constitue une catastrophe : *Tragique collision aérienne : 380 morts.* — SYN. dramatique.

trahir, v. ♦ **1.** Agir contre son pays, contre son camp, en aidant l'adversaire : *Ceux qui trahissent leur patrie sont des êtres méprisables.* **2.** Faire savoir une chose cachée : *Un peu de fumée, sortant par la cheminée, trahissait la présence de quelqu'un dans la vieille cabane qui semblait abandonnée.* — SYN. révéler. **3.** *Trahir un secret* : révéler, répéter ce qui aurait dû rester secret.

trahison, n. f. ♦ Action de trahir.

train, n. m. ♦ **1.** Allure, vitesse. ● _Les coureurs roulent à un train d'enfer ou à fond de train,_ très vite. ● _Nous allions si vite que la petite fille restait en arrière, ne parvenant pas à suivre le train._ **2.** _Mener grand train :_ vivre luxueusement. ● _Train de vie,_ manière de vivre, caractérisée par l'argent qu'on dépense : _Malgré sa fortune, il avait un train de vie modeste._ **3.** _En train :_ gai, plein de force et de vigueur. **4.** _En train de,_ exprime qu'une action est en cours d'accomplissement : _J'étais en train de t'écrire quand tu m'as téléphoné._ **5.** Succession de voitures de chemin de fer ou de wagons qu'on accroche ensemble et que tire une locomotive. ● _Train de voyageurs._ ● _Train de marchandises._ **6.** _Train d'atterrissage :_ ensemble qui comprend les roues et les supports de ces roues et qui est placé sous un avion.

traînard, arde, n. ♦ Celui, celle qui ne peut marcher aussi vite que les autres et qui reste à la traîne, en arrière.

traîne, n. f. ♦ **1.** _La traîne d'une robe :_ partie d'une robe longue (de mariée, de cérémonie) qui se prolonge derrière et traîne sur le sol ou bien que quelqu'un porte soulevée au-dessus du sol. **2.** _A la traîne,_ en retard, derrière les autres : _Que personne ne reste à la traîne !_ **3.** _Traîne (sauvage) :_ traîneau plat, luge.

traîneau, n. m. ♦ Véhicule, tiré par des animaux, qui, muni de patins, glisse sur la neige. ● Véhicule à patins que l'on fait glisser sur la neige.

traînée, n. f. ♦ Trace de forme allongée : _La limace avance, en laissant derrière elle une traînée de bave argentée._

traîner, v. ♦ **1.** Tirer et faire avancer ce qui est derrière soi : _La locomotive traînait quarante wagons._ ● Emmener de force : _Pour rentrer du parc, il faut traîner leur petite sœur._ **2.** Faire avancer une chose qui frotte par terre : _L'enfant traînait une dizaine de boîtes métalliques vides attachées à une ficelle._ ● _Traîner la jambe :_ boiter un peu, à cause de la fatigue. **3.** Aller jusqu'au sol :

Son grand manteau traînait par terre, soulevant la poussière. **4.** Être n'importe où, être mal rangé : _Enlevez-moi ces chaussettes sales qui traînent dans la salle de bains !_ **5.** Se promener, se trouver quelque part sans rien faire de bon : _Par ces belles soirées, beaucoup de jeunes gens traînent dans la rue._ **6.** Mettre du temps pour faire quelque chose.

traînerie, n. f. ♦ Chose qui traîne : _Ce n'est pas une traînerie : cela ne prend pas de temps._

traîneux, euse, n. ♦ Personne qui traîne, qui est lente, qui est paresseuse.

traire, v. (conjugaison 57) ♦ _Traire une vache, une chèvre,_ presser ses mamelles pour en tirer le lait.

trait, n. m. ♦ **1.** Petite ligne : _Barre ce paragraphe d'un trait oblique à l'encre rouge._ ● _Trait d'union :_ petite barre courte, qui unit les deux éléments d'un mot composé ou qui indique une coupure dans un mot, à la fin d'une ligne. **2.** _Les traits,_ la forme du visage : _Marinette a les traits délicats._ **3.** Ce qui caractérise : _La gaieté, tel est le trait dominant de son caractère._ **4.** _Avoir trait à,_ avoir rapport à, concerner : _Cette remarque a trait à l'accord des participes._ **5.** _Un trait de génie :_ une idée de génie qui surgit tout à coup. **6.** _Avaler, boire d'un trait,_ d'un seul coup.

traite, n. f. ♦ **1.** _La traite des Noirs :_ autrefois, activité qui consistait, pour les Européens, à aller acheter des Noirs captifs en Afrique, puis à les transporter en Amérique pour les revendre comme esclaves. **2.** Document par lequel on s'engage à payer à telle date une partie de la somme qu'on doit, quand on fait un achat à crédit. **3.** Action de traire les vaches. **4.** _D'une seule traite :_ sans s'arrêter en chemin.

traité, n. m. ♦ **1.** Accord entre deux pays. ● _Traité de paix._ ♦ _Traité d'alliance._ — SYN. alliance, entente, pacte. **2.** Livre qui parle d'un sujet savant : _Ma sœur fait ses études de médecine : elle a acheté un traité d'anatomie._

traitement, n. m. ♦ **1.** *Bons (mauvais) traitements :* action de bien traiter (de maltraiter) quelqu'un. **2.** Opération qu'on fait subir à une substance pour lui donner une qualité particulière. ● Ensemble d'opérations que l'on fait subir à des informations au moyen d'un ordinateur. ● *Traitement informatique.* ● *Traitement de texte.* **3.** Ensemble des moyens qui permettent de soigner une maladie : *Grâce à un traitement aux antibiotiques, la malade a été sauvée.* **4.** Salaire d'un fonctionnaire.

traiter, v. ♦ **1.** Agir de telle manière avec quelqu'un : *Les Romains traitaient avec dureté leurs esclaves.* **2.** Faire subir une opération à une substance pour lui donner une qualité particulière : *On traite les peaux à l'alun pour les conserver.* **3.** Soigner : *Il faut traiter cette grippe énergiquement dès le début.* **4.** Parler d'une question : *Le maître traitera la semaine prochaine la question du pluriel des noms composés.* ● *Traiter de,* avoir pour sujet : *Ce livre de géologie traite de la formation des chaînes de montagnes.* **5.** *Traiter de,* appeler : *Mon parrain s'est fait traiter de chauffeur du dimanche !* — SYN. qualifier de.

traiteur, euse, n. ♦ Commerçant, commerçante qui prépare des plats cuisinés qu'on emporte et qu'on mange chez soi.

traître, traîtresse, n. *ou* adj. ♦ **1.** Celui, celle qui trahit : *Cette femme était une traîtresse : elle fut fusillée.* **2.** *Prendre en traître,* par surprise : *L'orage nous a pris en traître* (invariable). **3.** Qui est dangereux, malgré les apparences : *Méfiez-vous : la rivière est traître.* — SYN. perfide, sournois. — REM. On rencontre parfois le féminin *traîtresse : Méfiez-vous de l'onde traîtresse.* **4.** *Pas un traître mot,* pas un seul mot : *De toute la soirée, elle n'a pas prononcé un traître mot.*

traîtrise, n. f. ♦ Caractère ou conduite d'une personne fourbe, déloyale. — SYN. déloyauté, fourberie. — CONTR. franchise, loyauté.

trajectoire, n. f. ♦ Chemin suivi par un projectile.

trajet, n. m. ♦ Chemin suivi ou à suivre.

trame, n. f. ♦ **1.** *La trame* ou *les fils de trame :* ceux des fils qui, dans une étoffe, sont établis dans le sens de la largeur du métier. **2.** *La trame d'un tapis :* les gros fils, sous les brins. **3.** Intrigue : *La trame de cette comédie est trop compliquée pour moi.*

tramontane, n. f. ♦ En France, dans le Languedoc et le Roussillon, vent froid et sec, comparable au mistral, qui souffle de la montagne vers la mer.

tramway [tʀamwɛ], n. m. ♦ Véhicule urbain de transport en commun qui roule sur des rails établis dans la chaussée : *A Toronto, on a remis en circulation une ligne de tramways.*

tranchant, ante, adj. *ou* n. m. ♦ **1.** Qui coupe. **2.** Partie (d'un outil, d'une arme) qui coupe : *Le tranchant de mon épée ne s'émousse jamais !* — CONTR. le plat (de l'épée).

tranche, n. f. ♦ **1.** Morceau, plus mince que large, coupé dans un ensemble : *Une tranche de rôti de porc froid, s'il vous plaît.* **2.** Chacune des trois faces d'un livre constituées par l'épaisseur des feuilles (sauf le dos) : *Ce livre rare est* **doré sur tranche.**

tranchée, n. f. ♦ Cavité longue et étroite creusée dans le sol, soit pour recevoir une canalisation, soit pour servir d'abri aux soldats à la guerre.

trancher, v. ♦ **1.** Couper net d'un seul coup : *D'un coup de hache, le pirate trancha la corde qui maintenait la planche.* **2.** Décider : *En cas de désaccord, il appartient à la présidente de trancher.* **3.** *Trancher sur,* constater avec : *La tenue stricte de Léon tranche sur le débraillé de ses camarades.*

tranquille, adj. ♦ **1.** Où il n'y a pas de bruit, d'agitation : *J'aimerais bien avoir un coin tranquille pour travailler !* — SYN. calme, paisible, silencieux. — CONTR. agité, bruyant tumultueux. **2.** Qui ne s'agite pas, qui ne fait pas de bruit : *Anselme est un* *gros bonhomme tranquille : ce n'est pas lui qui fera la révolution dans le quartier !* — SYN. calme, pacifique, paisible, placide, posé, sage. — CONTR. agité, exalté, violent. **3.** Qui n'est pas inquiet : *Je suis tranquille maintenant : le médecin m'a rassuré et m'a dit que ma sœur allait guérir.* — SYN. confiant, rassuré, serein. — CONTR. angoissé, anxieux, inquiet, soucieux, tourmenté. **4. *Laisser quelqu'un tranquille,*** ne pas l'importuner, ne pas le tourmenter.

tranquilliser, v. ♦ **1.** Rassurer : *J'ai reçu une lettre de ma tante : elle m'a tranquillisé sur sa santé.* — SYN. apaiser, calmer, rasséréner. — CONTR. alarmer, angoisser, inquiéter.

tranquillité, n. f. ♦ **1.** État d'une chose tranquille : *Rien ne vient troubler la tranquillité de ce vallon perdu.* — SYN. le calme, paix, silence. — CONTR. agitation, bruit, tumulte. **2.** État d'une personne tranquille : *Pour réfléchir à cette affaire, j'ai besoin d'une grande tranquillité d'esprit.* — SYN. sérénité. — CONTR. angoisse, anxiété, inquiétude, souci, tracas.

transaction, n. f. ♦ *Les transactions commerciales :* les affaires, les achats, les ventes. — SYN. échange.

transatlantique, adj. *ou* n. ♦ **1.** *Un paquebot transatlantique* ou *un transatlantique :* un paquebot qui assure la traversée de l'océan Atlantique, entre l'Europe et le Canada. **2.** *La course transatlantique* ou *la transatlantique :* course de voiliers à travers l'Atlantique.

transcanadien, ienne, adj. ♦ Qui traverse le Canada d'un océan à l'autre. ● *La Transcanadienne :* la route qui traverse tout le Canada.

transférer, v. (conjugaison 11) ♦ **1.** Faire changer de lieu : *A partir du 1ᵉʳ juillet, le magasin est transféré 19, rue des Érables.*

transfert, n. m. ♦ Action de transférer.

transfigurer, v. ♦ Transformer en donnant une beauté presque irréelle : *Le bonheur transfigurait la jeune mariée.*

transformateur, n. m. ♦ **1.** Appareil, dispositif qui sert à changer la tension du courant électrique. **2.** Construction, petit édifice qui abrite ce dispositif.

transformation, n. f. ♦ Grand changement. — SYN. métamorphose, modification, mutation. — CONTR. maintien, permanence.

transformer, v. ♦ Changer, modifier profondément : *On transforma ces marécages en terres cultivables.*

transfusion, n. f. ♦ Action d'injecter dans les veines d'une personne le sang prélevé sur une autre personne.

transgresser, v. ♦ Ne pas obéir à un ordre, à une interdiction : *Quiconque transgressera mes ordres sera châtié !* — SYN. contrevenir à, désobéir à, violer. — CONTR. obéir à, se soumettre à.

transhumance [tʀɑ̃zymɑ̃s], n. f. ♦ Mouvement, déplacement du bétail, qui, à la fin du printemps, quitte la plaine pour monter aux pâturages de montagne, puis qui, à la fin de l'été, redescend dans la plaine. — REGARDER *alpage.*

transi, ie [tʀɑ̃si], adj. ♦ Qui est engourdi par le froid : *L'enfant, transi, vint se réfugier près de la cheminée.*

transiger, v. (conjugaison 16) ♦ Céder, faire des concessions, accepter un accommodement : *Dans notre club, on ne transige pas sur le règlement.*

transistor, n. m. ♦ Poste de radio portatif.

transit [tʀɑ̃zit], n. m. ♦ *Marchandise en transit,* qui traverse un pays sans y être vendue ou consommée et pour laquelle on ne paye pas de droits de douane.

transitif

transitif, ive, adj. ♦ *Verbe transitif,* qui admet un complément d'objet direct ou indirect. — CONTR. intransitif.

transition, n. f. ♦ Paroles ou texte qui assurent le passage d'un développement à un autre.

translucide, adj. ♦ Qui laisse passer la lumière, mais qui ne permet pas de voir les objets : *Le fer est opaque, la porcelaine fine est translucide, le verre est transparent.*

transmettre, v. (conjugaison 99) ♦ Faire parvenir, communiquer : *Veuillez transmettre cette demande à la directrice.*

transmission, n. f. ♦ **1.** Action de transmettre. **2.** Mécanisme qui transmet le mouvement. **3.** *Les transmissions :* les communications par téléphone, par radio, par satellite.

transparence, n. f. ♦ Caractère de ce qui est transparent : *La transparence de l'eau est parfaite : on voit très distinctement le fond.*

transparent, ente, adj. ♦ Qui permet de voir les objets : *Le verre lisse est transparent, le verre dépoli est seulement translucide.* — CONTR. opaque.

transpercer, v. (conjugaison 17) ♦ Percer de part en part : *De son épée, il transperça le dragon.* — SYN. embrocher. ● *La pluie a même transpercé mon blouson.* — SYN. traverser.

transpiration, n. f. ♦ Production de la sueur.

transpirer, v. ♦ **1.** Produire de la sueur : *Quelle chaleur ! Je transpire à grosses gouttes.* — SYN. suer. **2.** Finir par être connu : *La nouvelle, longtemps tenue secrète, a transpiré.*

transplantation, n. f. ♦ Action de transplanter. ● *Transplantation cardiaque, transplantation rénale.*

transplanter, v. ♦ **1.** Enlever de terre pour replanter ailleurs : *On va transplanter ces jeunes peupliers dans le jardin public.* **2.** Installer dans un autre pays : *Les Américains étaient, à l'origine, des Européens transplantés.*

transport, n. m. ♦ **1.** Action de transporter : *La brouette est un mode de transport moins rapide que le camion !* ● *Des moyens de transport.* ● *Une compagnie de transports.* ● *Les transports en commun.* **2.** Vif mouvement de sentiment, de passion : *L'annonce de ton arrivée a provoqué des transports de joie.*

transporter, v. ♦ **1.** Porter, faire aller d'un endroit à un autre : *On transportait jadis les marchandises à dos de mulet.* **2.** Remplir d'enthousiasme, de joie : *Cette idée nous transporta de joie.*

transporteur, euse, n. ♦ Celui, celle dont le métier est de transporter des gens par autocar, des marchandises par camion.

transvaser, v. ♦ Verser un liquide d'un récipient dans un autre.

transversal, ale, aux, adj. ♦ **1.** *Axe transversal, coupe transversale,* dans le sens de la largeur. — CONTR. longitudinal. **2.** Qui est perpendiculaire à une route, à une rue, à une voie principale : *Les deux avenues parallèles sont reliées par plusieurs rues transversales.*

trapèze, n. m. ♦ **1.** Quadrilatère qui a deux côtés opposés parallèles. **2.** Appareil de gymnastique constitué par une barre de bois horizontale suspendue à deux cordes verticales parallèles.

trapéziste, n. m. *ou* f. ♦ Acrobate qui fait des exercices difficiles et périlleux au trapèze.

trappe, n. f. ♦ **1.** Piège qui sert à prendre des animaux et qui est constitué par un trou recouvert de branchages. **2.** Ouverture, ménagée dans un plancher ou un plafond, qui donne accès au niveau inférieur ou supérieur. ● Panneau qui se soulève et s'abaisse et qui ferme cette ouverture : _N'oublie pas de rabattre la trappe de la cave !_

trapper, v. ◆ Chasser à la trappe.

trappeur, n. m. ◆ Celui qui chasse les animaux sauvages pour vendre leur fourrure.

trapu, ue, adj. ◆ Large par rapport à la hauteur : _L'homme était petit, trapu, robuste._ ● _Un clocher trapu d'église romane de campagne._ — SYN. épais, lourd, massif, ramassé. — CONTR. élancé, fin, mince, svelte.

traquenard, n. m. ◆ Piège, danger caché. — SYN. embûche.

traquer, v. ◆ Poursuivre et essayer de coincer dans sa retraite : _Les chasseurs traquaient le sanglier._

travail, n. m. ◆ **1.** Activité qu'on exerce pour gagner sa vie. — SYN. emploi, métier, profession. **2.** Activité utile exercée en vue d'un but : _Il faut beaucoup de travail pour acquérir le diplôme de docteur en médecine._ — SYN. labeur. **3.** Résultat de ce qu'on a fait : _Cette armoire sculptée, quel beau travail !_ **4.** Ce qu'on a à faire : _Nous avons du travail pour six semaines au moins._ — SYN. besogne. ● _Chacun doit faire son travail._ — SYN. tâche. **5.** _Les travaux,_ les réparations et les transformations : _On fait des travaux dans notre appartement : on repeint les murs._ ● _Travaux publics :_ construction des routes, des ponts, etc. ● _Grands travaux :_ travaux publics qui demandent de grandes dépenses. **6.** _Les travaux :_ les recherches d'un savant et les livres qu'il écrit.

travaillant, ante, adj. _ou_ n. ◆ Travailleur.

travailler, v. ◆ **1.** Exercer un métier : _Ma cousine travaille comme comptable dans une entreprise d'électronique._ **2.** Exercer une activité en vue d'atteindre un but : _Pour réussir à son concours, Hélène a dû beaucoup travailler._ **3.** Mettre en œuvre une

matière pour fabriquer quelque chose : _Les Grecs travaillaient admirablement le bronze._ **4.** Se déformer : _La fenêtre ne ferme plus : le bois a travaillé._

travailleur, euse, adj. _ou_ n. ◆ **1.** Qui aime le travail. — CONTR. fainéant, paresseux **2.** Personne dont les ressources sont constituées principalement par les revenus de son travail. — CONTR. oisif, capitaliste, rentier.

1. travers, n. m. ◆ Nom qui sert à former diverses locutions. **1.** _A travers,_ en coupant, en traversant telle surface, tel terrain : _La route passe à travers une région boisée._ **2.** _En travers,_ dans le sens de la largeur ou en barrant le passage : _Grégoire a posé sa valise en travers du couloir._ **3.** _Au travers,_ en traversant : _L'eau passe au travers de la capote de la voiture._ **4.** _Par le travers,_ sur le côté, dans une direction perpendiculaire à celle que l'on suit : _Le cargo éperonna le chalutier par le travers._ **5.** _De travers,_ pas droit : _Arrange ta jupe : elle est tout de travers._ **6.** _A tort et à travers :_ — REGARDER _tort,_ sens 1.

2. travers, n. m. ◆ Petit défaut : _Tout le monde a ses petits travers et ses petites manies._

traverse, n. f. ◆ **1.** Chacune des pièces de bois sur lesquelles sont fixés les rails. **2.** _Chemin de traverse :_ chemin qui coupe au plus court. — SYN. raccourci. **3.** Lieu où il y a un service de traversier.

traversée, n. f. ◆ Action de traverser une étendue (mer, désert, forêt, ville).

traverser, v. ◆ **1.** Parcourir d'un bord à l'autre, d'un côté à l'autre : _Tu aimerais traverser l'Atlantique, seul sur un canot pneumatique ?_ — SYN. franchir. **2.** Vivre une période : _Actuellement, Élise traverse une mauvaise période : elle est sans cesse malade._ **3.** Percer de part en part : _Le vin répandu a traversé la nappe et a taché la table._ **4.** _Traverser l'esprit,_ venir à l'esprit pendant un temps très bref : _Un doute me traversa l'esprit._ — SYN. effleurer l'esprit.

traversier, n. m. ♦ Navire servant au transport de véhicules et de passagers d'une rive à l'autre d'une étendue d'eau.

traversin, n. m. ♦ Coussin cylindrique qui tient toute la largeur du lit.

travestir, v. ♦ **1.** *Se travestir :* se déguiser. **2.** *Travestir la vérité,* la déformer.

trébucher, v. ♦ **1.** Perdre l'équilibre en marchant : *Mon amie a trébuché contre une pierre et s'est étalée sur le chemin.* — SYN. buter. **2.** Échouer, être embarrassé : *Interrogé en classe, Alain a trébuché sur une question de géométrie.*

trèfle, n. m. ♦ **1.** Plante fourragère dont les feuilles comprennent trois lobes. **2.** L'une des « couleurs » du jeu de cartes : *J'ai le roi, la dame et le dix de trèfle.*

tréfonds, n. m. ♦ **1.** Ce qu'il y a de plus profond : *Il se sentait bouleversé jusqu'au tréfonds de lui-même.*

treillage, n. m. ♦ Assemblage de lattes de bois formant clôture, ou ensemble de fils de fer constituant le support d'une treille, d'une plante grimpante.

treille, n. f. ♦ Vigne qui est fixée à un treillage. ● *Le jus de la treille :* le vin.

1. treillis, n. m. ♦ **1.** Grosse toile très solide. **2.** Tenue militaire, en grosse toile, portée pour l'exercice ou le combat.

2. treillis, n. m. ♦ **1.** Assemblage à claire-voie de poutrelles métalliques. **2.** Fin grillage métallique.

treize, adj. numéral *ou* n. m. ♦ Au nombre de 13 : *Aux fiançailles de ma sœur, il y avait treize personnes à table.* ● Qui vient au treizième rang : *Ouvrez vos livres à la page 13.* ● Le numéro 13 : *Viens me voir : j'habite au 13 de la même rue que toi.*

treizième, adj. numéral ordinal *ou* n. m. *ou* f. ♦ Qui vient au treizième rang : *Mariette habite la treizième maison du chemin qui descend vers la rivière.* ● *C'est toi, Suzanne, qui es la treizième à passer la visite médicale.*

tréma, n. m. ♦ Signe, formé de deux points, qu'on place au-dessus d'une voyelle pour indiquer qu'elle se prononce de manière autonome. Ainsi, on écrit *je hais* [ʒəˈɛ], mais *haïr* [ˈaiʀ].

tremble, n. m. ♦ Peuplier dont les feuilles sont sans cesse en mouvement, agitées par le moindre souffle d'air.

tremblement, n. m. ♦ **1.** Mouvement d'une personne qui tremble. — SYN. frisson. **2.** *Tremblement de terre :* phénomène qui se produit quand la terre tremble. — SYN. secousse tellurique, séisme.

trembler, v. ♦ **1.** Être agité d'un mouvement de faible amplitude, répété, sous l'effet de la peur, du froid, de la colère, etc. — SYN. frissonner. **2.** Être agité par un mouvement de vibration de très faible amplitude : *Tout le feuillage murmure et tremble sous le vent.* — SYN. frissonner, vibrer. **3.** *La terre tremble,* est secouée, ce qui provoque l'écroulement des édifices, l'ouverture de crevasses dans le sol. **4.** Avoir peur : *Elle tremblait de déplaire à la reine.* — SYN. appréhender, craindre, avoir peur de.

trembloter, v. ♦ Trembler un peu, sous l'effet de la vieillesse : *Le vieillard signa sa lettre d'une main qui tremblotait.*

trémousser (se), v. ♦ S'agiter, se remuer vite, dans tous les sens : *Sur la piste de danse, quatre couples se trémoussaient au son d'une musique rock.*

trempé, ée, adj. ♦ Tout mouillé.

tremper, v. ♦ **1.** Plonger dans un liquide : *Je trempe toujours mon croissant dans mon chocolat.* **2.** Mouiller beaucoup : *L'orage m'a trempé.* **3.** Être plongé dans un liquide : *Les chemises trempaient dans de l'eau savonneuse, au fond de la cuvette.* **4.** Être mêlé à une affaire louche : *Cet homme avait trempé dans un complot.*

tremplin, n. m. ♦ Planche élastique sur laquelle on prend son élan avant de plonger ou de sauter.

trentaine, n. f. ♦ **1.** Au nombre de trente, environ. **2.** L'âge de trente ans, environ.

trente, adj. numéral _ou_ n. m. ♦ Au nombre de 30 : _D'ici à Kahnawake, il y a trente kilomètres._ ● Qui vient au 30e rang : _Ouvrez vos livres à la page 30._ ● Le numéro 30 : _Je connais la concierge du 30 de la rue des Poiriers._

trentième, adj. numéral ordinal _ou_ n. m. _ou_ f. ♦ **1.** Qui vient au 30e rang : _Par la population, notre ville est la trentième ville du Canada. Ma sœur est trentième à son concours. Elle est la trentième._ **2.** La partie d'un tout divisé en 30 parties égales : _Nous avons parcouru 5 kilomètres sur 150 : c'est tout juste le trentième du trajet à parcourir._

trépas [tʀepɑ], n. m. ♦ Synonyme littéraire de _la mort_ : _Nul homme n'échappe au trépas._ ● _Passer de vie à trépas :_ mourir.

trépasser, v. ♦ Synonyme littéraire et vieilli de _mourir_ : _Il a trépassé cette nuit, à quatre heures. Il est trépassé depuis dix ans._

trépidant, ante, adj. ♦ Très rapide et très agité, à cause du manque de temps : _Pourras-tu t'habituer à cette vie trépidante ?_

trépidation, n. f. ♦ Série rapide de petites secousses. — SYN. vibration.

trépider, v. ♦ Être agité par une trépidation : _La plate-forme de la locomotive trépidait._

trépied, n. m. ♦ Petit siège, petit guéridon ou support à trois pieds.

trépigner, v. ♦ Frapper le sol avec les pieds, en piétinant très vite, sous l'effet de la colère, de l'impatience : _La petite Patricia trépignait de rage._

très, adv. ♦ Au degré élevé : _Luc est très habile et très subtil._ — SYN. bien, fort.

trésor, n. m. ♦ **1.** Ensemble d'objets précieux. **2.** Ensemble de choses belles et précieuses (œuvre d'art, etc.) : _Aurait-on assez de toute une vie pour voir tous les trésors artistiques de l'Italie ?_ ● Grande quantité : _Il faut des trésors de patience pour dresser un chien._ **3.** _Trésor,_ employé comme terme d'affection : « _Viens, mon trésor, viens_ », _disait la grand-mère à son petit-fils têtu._

trésorerie, n. f. ♦ Ressources, argent dont une entreprise doit disposer pour assurer ses paiements.

trésorier, ière, n. ♦ Celui, celle qui s'occupe de gérer l'argent d'un club, d'une association.

tressaillement, n. m. ♦ Petit mouvement brusque et involontaire dû à la surprise, à une émotion vive, etc.

tressaillir, v. (conjugaison 30) ♦ Avoir un mouvement brusque et involontaire : _Un claquement sec fit tressaillir Gisèle._ — SYN. sursauter.

tresse, n. f. ♦ **1.** Ensemble formé par trois longues mèches entrelacées. — SYN. natte. **2.** Entrelacement de trois cordons qui sert à retenir, à attacher, à orner.

tresser, v. ♦ **1.** Entrelacer pour faire une tresse : _Accroupie dans un coin, Paola tressait des brins de laine multicolores._ **2.** Faire, en entrelaçant : _Tresser des paniers est le métier de l'artisan qui fait des vanneries._

tréteau, n. m. ♦ **1.** Support à quatre pieds. **2.** _Les tréteaux :_ estrade, scène sur laquelle jouaient les comédiens ambulants.

treuil, n. m. ♦ Cylindre qui est actionné par une manivelle ou un moteur et sur lequel s'enroule une corde, un câble.

trêve, n. f. ♦ **1.** Arrêt provisoire et momentané des combats. **2.** *Sans trêve,* sans arrêt : *La neige tombait, le vent soufflait, sans trêve.* **3.** *Trêve de plaisanterie :* cessons de plaisanter et parlons sérieusement.

tri, n. m. ♦ Action de trier : *Il faut faire un tri parmi ces vieux vêtements.* ● *Le tri postal.*

triage, n. m. ♦ *Une gare de triage* ou *un triage :* gare où l'on sépare les wagons de marchandises et où on les regroupe afin de former de nouveaux trains, en fonction de la destination des wagons.

triangle, n. m. ♦ Figure de géométrie qui a trois angles et trois côtés.

triangulaire, adj. ♦ Qui a la forme d'un triangle.

tribord, n. m. ♦ Le côté droit du navire : *Un écueil à tribord !* — CONTR. bâbord.

tribu, n. f. ♦ Dans certaines civilisations, ensemble des personnes qui sont supposées descendre d'un même ancêtre et qui sont commandées par un même chef.

tribulation, n. f. ♦ *Des tribulations :* ennuis, peines, aventures périlleuses ou désagréables. — SYN. mésaventure.

tribunal, aux, n. m. ♦ **1.** Groupe des personnes qui jugent ensemble : *Le tribunal a condamné l'accusé à deux ans de prison.* **2.** Édifice où l'on rend la justice.

tribune, n. f. ♦ **1.** Estrade sur laquelle est souvent installée une sorte de table et sur laquelle monte l'orateur pour parler. **2.** Ensemble de gradins garnis de sièges, où prennent place les spectateurs d'une épreuve sportive, d'une course de chevaux, etc.

tribut, n. m. ♦ Impôt qu'un peuple vainqueur imposait au peuple vaincu. ● Impôt que payait un peuple au souverain du peuple dont il dépendait, dont il était vassal.

tributaire, adj. ♦ *Être tributaire de,* dépendre de : *Ce pays au sol pauvre est tributaire de l'étranger pour son approvisionnement en blé.* — SYN. dépendant. — CONTR. autonome, indépendant.

tricher, v. ♦ Ne pas respecter la règle d'un jeu, d'un sport : *Quiconque aura triché sera disqualifié.*

tricherie, n. f. ♦ Action de tricher.

tricheur, euse, n. ♦ Celui, celle qui triche.

tricolore, adj. ♦ Qui est de trois couleurs. ● *Les feux tricolores :* les feux de croisement, qui comprennent un feu rouge, un feu orange et un feu vert.

tricot, n. m. ♦ **1.** Action de tricoter. **2.** Vêtement tricoté (chandail, gilet).

tricoter, v. ♦ Assembler et enchaîner des mailles de laine ou de coton, au moyen de grandes aiguilles, pour faire une sorte d'étoffe souple : *Grand-mère tricote de bonnes grosses chaussettes de laine pour ses petits-enfants.*

tricycle, n. m. ♦ Petite bicyclette d'enfant, qui a trois roues : une à l'avant, deux à l'arrière.

trident, n. m. ♦ Sorte de fourche à trois dents qui sert de harpon pour prendre le poisson.

trier, v. (conjugaison 20) ♦ Classer en faisant des groupes séparés, en fonction de la taille, de la couleur, de la qualité, de l'usage, etc. : *Avant de faire cuire ces haricots, il faut les trier un à un et enlever ceux qui sont gâtés.*

trimer, v. ♦ Travailler durement pour gagner sa vie.

trimestre, n. m. ♦ Période de trois mois.

trimestriel, elle, adj. ♦ Qui a lieu, qui est fait tous les trois mois. ● *Le bulletin trimestriel.*

tringle, n. f. ♦ Tige à laquelle est suspendu un objet ; tige sur laquelle glissent les anneaux d'un rideau.

trinquer, v. ♦ Heurter légèrement son verre contre celui d'une autre personne, avant de boire (en signe d'amitié) : *Ils trinquèrent à la santé de la mariée.*

trio, n. m. ♦ **1.** Groupe de trois personnes qui sont ensemble et agissent ensemble. **2.** Ensemble, groupe de trois musiciens ou de trois chanteurs. ● *Un trio à cordes.*

triomphal, ale, aux, adj. ♦ Qui accompagne ou qui constitue un triomphe : *Le vainqueur fit son entrée triomphale.*

triomphant, ante, adj. ♦ Qui exprime la joie de la victoire, du succès : *Simon annonça avec un sourire triomphant : « J'ai battu le record du saut en longueur ! »*

triomphe, n. m. ♦ **1.** A Rome, dans l'Antiquité, grands honneurs rendus au général en chef victorieux. ● *Un arc de triomphe.* **2.** Grande victoire, grand succès. **3.** *Porter quelqu'un en triomphe,* le porter sur ses épaules, au milieu des acclamations.

triompher, v. ♦ Vaincre de manière éclatante, brillante : *Nous avons triomphé de nos adversaires par 7 à 0 : quel succès !*

tripes, n. f. pl. ♦ *Des tripes :* morceaux de l'estomac et de l'intestin du bœuf préparés pour être mangés.

triple, adj. *ou* n. m. ♦ **1.** Qui est trois fois plus grand. **2.** *Le triple,* une quantité trois fois plus grande : *84 est le triple de 28.*

tripler, v. ♦ **1.** Multiplier par trois : *Une habile commerçante a su tripler son bénéfice en deux ans.* **2.** Être multiplié par trois.

tripoter, v. ♦ Toucher, manipuler sans

arrêt : *Cesse donc de tripoter mon chapeau : tu vas le salir !* — REM. Ce mot est péjoratif et assez familier.

trique, n. f. ♦ Gros bâton. — SYN. gourdin.

triste, adj. ♦ **1.** Qui a de la peine, du chagrin : *Ma sœur est triste : elle vient d'échouer à son examen.* — SYN. abattu, accablé, affecté, affligé, attristé, chagriné, découragé, malheureux, mélancolique, morose, navré, peiné, sombre. — CONTR. allègre, badin, content, enjoué, gai, guilleret, heureux, hilare, joyeux, réjoui, souriant. **2.** Qui évoque des idées désagréables, qui fait de la peine : *Qu'elle était triste, cette scène des adieux !* — SYN. accablant, affligeant, attristant, cruel, déchirant, décourageant, désolant, douloureux, dur, lamentable, navrant, pénible, pitoyable. ● *Ce vieux château était triste comme une prison.* — CONTR. gai, riant.

tristesse, n. f. ♦ **1.** Peine qu'on éprouve : *Nous avons éprouvé une grande tristesse en apprenant la mort de notre ancien maître.* — SYN. abattement, accablement, affliction, chagrin, désespoir, désolation, mélancolie, peine. — CONTR. allégresse, bonheur, contentement, gaieté, joie, liesse, plaisir, satisfaction. **2.** Caractère de ce qui est triste : *Elle se rappelait la tristesse de la salle d'attente de l'ancienne gare.*

triturer, v. ♦ Pétrir, déformer avec ses mains, en tordant, en tirant, en aplatissant : *L'enfant, timide, restait sans parler, en triturant le mouchoir qu'il tenait dans ses mains.*

trivial, ale, aux, adj. ♦ Très grossier et très vulgaire. — CONTR. distingué.

troc, n. m. ♦ Forme de commerce dans laquelle on échange des marchandises contre d'autres marchandises sans utiliser l'argent.

troène [trɔɛn], n. m. ♦ Arbuste à feuilles vert sombre, à fleurs blanches, à baies noires, qu'on emploie pour faire des haies taillées dans les jardins.

troglodyte

troglodyte, n. m. ◆ Celui qui loge dans une habitation creusée dans une colline rocheuse.

trognon, n. m. ◆ Partie centrale d'un légume ou d'un fruit, qui ne se mange pas.

trois, adj. numéral *ou* n. m. ◆ Au nombre de 3 : *Il y a trois rangées de tables dans ma classe.* ● Qui vient au 3ᵉ rang : *Ouvre ton livre à la page 3.* ● Le chiffre 3 ou le numéro 3 : *Tes 3 sont mal formés. Elle habite au 3 de l'avenue Rosemont.*

troisième, adj. numéral ordinal *ou* n. m. *ou* f. ◆ Qui vient au 3ᵉ rang : *La troisième maison est celle du sculpteur. Marielle est troisième au slalom. C'est toi, Henriette, qui es la troisième.*

trombe, n. f. ◆ **1.** Dans les pays tropicaux, sorte de colonne de nuages ou d'eau qui s'élève très haut et qui tourbillonne sous l'effet d'un vent violent. — REGARDER *cyclone, tornade.* **2.** *Partir, arriver en trombe,* très vite. — SYN. en coup de vent. **3.** *Des trombes d'eau :* une pluie très abondante, très violente. — SYN. déluge.

trombone, n. m. ◆ **1.** Instrument de musique à vent. ● *Trombone à pistons.* ● *Trombone à coulisse.* **2.** Petit objet en fil d'acier qui sert à attacher plusieurs feuilles de papier ensemble.

trompe, n. f. ◆ **1.** Instrument à vent, courbe, à cornet évasé. ● *Trompe de chasse* ou *trompe :* cor de chasse. **2.** Chez l'éléphant, prolongement très long du nez. ● Partie allongée de la bouche de certains insectes (mouches, etc.).

tromper, v. ◆ **1.** Induire volontairement en erreur en laissant ou en faisant croire une chose fausse : *Le vendeur m'a trompé en me disant que l'article était de bonne qualité.* — SYN. abuser, berner, duper, leurrer, mentir à, mystifier. — CONTR. désabuser, détromper. **2.** *Se tromper :* commettre une erreur. **3.** *Tromper la surveillance de quelqu'un,* échapper à sa surveillance. ● *Tromper l'attente de quelqu'un,* le décevoir.

tromperie, n. f. ◆ Action de tromper. — SYN. duperie, escroquerie, falsification, fourberie, fraude, imposture, mensonge, mystification, supercherie, tricherie.

1. trompette, n. f. ◆ **1.** Instrument de musique à vent, en cuivre. **2.** *Nez en trompette,* relevé du bout.

2. trompette, n. m. ◆ Militaire ou musicien qui joue de la trompette.

trompettiste, n. m. *ou* f. ◆ Celui, celle qui joue de la trompette, dans un orchestre.

trompeur, euse, n. *ou* adj. ◆ **1.** Celui qui trompe. — SYN. fourbe, hypocrite, perfide. **2.** Qui induit en erreur, qui cache une réalité très différente de l'apparence : *Méfie-toi : le calme de la mer est trompeur, une tempête peut éclater d'une heure à l'autre.* — SYN. traître.

tronc, n. m. ◆ **1.** Partie d'un arbre comprise entre le sol et les plus basses branches. — SYN. fût. **2.** Le corps, sauf la tête et les membres. **3.** Boîte munie d'une fente dans laquelle on glisse des pièces de monnaie à titre d'offrande ou de don (dans une église, au cours d'une quête).

tronçon, n. m. ◆ Partie d'un objet, nettement plus long que large, qui a été coupé ou divisé : *Le chevalier blessé tenait un tronçon de lance à la main.* ● Partie : *Un tronçon de la route a déjà été refait.* — SYN. section.

tronçonner, v. ◆ Couper en morceaux un objet nettement plus long que large : *A coups de hache, elle tronçonna les branches.*

tronçonneuse, n. f. ◆ Scie à moteur portative qu'on tient à la main pour scier les arbres, les branches.

trône, n. m. ◆ Fauteuil de cérémonie, très somptueux, sur lequel s'assied un souverain. ● *Monter sur le trône :* devenir roi. ● *Perdre son trône :* être détrôné, renversé et cesser d'être roi.

trouble

tronquer, v. ♦ Couper l'extrémité, le sommet d'une chose : *D'un coup de sécateur, il tronqua l'arbuste.* ● Couper un morceau de texte : *Si l'on tronque cette citation, on obtient un sens très différent.*

trop, adv. ♦ En excès, plus qu'il ne faut : *Tu as mis trop de sel dans la soupe : elle est immangeable.* ● *Éric est trop timide pour être délégué de classe.*

trophée [tʀɔfe], n. m. ♦ **1.** Armes ou drapeaux pris à l'ennemi qui servent de souvenir après une victoire. **2.** *Trophée de chasse :* tête empaillée d'un animal (cerf, sanglier, etc.) tué à la chasse. ● *Trophées sportifs :* coupes, médailles, etc., que l'on conserve en souvenir des victoires et des succès.

tropical, ale, aux, adj. ♦ De la partie de la Terre située entre les tropiques. ● *Les pays tropicaux.* ● *Climat tropical.* ● *Chaleur tropicale.*

tropique, n. m. ♦ **1.** *Le tropique du Cancer, le tropique du Capricorne :* lignes imaginaires, parallèles à l'équateur, qui font le tour de la Terre. (Le tropique du Cancer correspond à une latitude de 23° N, le tropique du Capricorne à une latitude de 23° S.) **2.** *Sous les tropiques :* dans les régions de la Terre situées près des tropiques.

trop-plein, n. m. ♦ **1.** Quantité qui excède ce qui est nécessaire. — PLUR. *des trop-pleins.* **2.** Dispositif qui permet d'évacuer l'eau ou un liquide quelconque en excédent, par exemple, *le trop-plein d'un barrage.* ● Réservoir qui reçoit l'eau ou un liquide quelconque en excédent.

troquer, v. ♦ Échanger : *Agnès a troqué ses timbres de collection contre un électrophone.*

trot, n. m. ♦ Allure du cheval, plus rapide que le pas, mais moins rapide que le galop.

trotter, v. ♦ **1.** *Le cheval trotte,* va au trot. **2.** Marcher vite, à pas pressés : *J'entends les enfants trotter dans le couloir.*

trotteur, n. m. ♦ Cheval de course qui participe aux courses où les chevaux trottent et ne doivent pas galoper.

trotteuse, n. f. ♦ Aiguille d'une montre qui indique les secondes et qui fait le tour du cadran en une minute.

trottiner, v. ♦ Marcher vite à petits pas pressés : *La petite Lise trottine comme une souris.*

trottoir, n. m. ♦ Plate-forme qui est légèrement surélevée par rapport à la chaussée et qui est réservée aux piétons.

trou, n. m. ♦ **1.** Endroit où quelque chose est percé. — SYN. orifice, perforation. **2.** Endroit où le sol forme une dépression. — SYN. cavité. **2.** *Trou de mémoire :* oubli momentané portant sur un point précis et dû à une défaillance passagère de la mémoire.

troubadour, n. m. ♦ Au Moyen Âge, dans le midi de la France, poète qui composait des œuvres en langue occitane. — REGARDER *trouvère.*

1. trouble, adj. *ou* adv. ♦ **1.** Qui n'est pas limpide, qui contient des fragments en suspension : *Il mangea, faute de mieux, des biscuits secs, en buvant de l'eau trouble puisée dans une mare.* — SYN. boueux, vaseux. — CONTR. clair, cristallin, limpide. **2.** Pas très clair, qui laisse penser qu'il y a quelque chose de mal : *Il y a quelque chose de trouble dans cette affaire.* — SYN. louche. — CONTR. clair, net, limpide. **3.** *Voir trouble :* voir les objets de manière confuse, comme à travers un brouillard.

2. trouble, n. m. ♦ **1.** Gêne, embarras qu'on éprouve quand on est très inquiet, très ému. — SYN. honte. — CONTR. assurance. **2.** Mauvais fonctionnement d'un organe. ● *Des troubles intestinaux.* **3.** *Des troubles,* de l'agitation et du désordre, des événements plus ou moins violents : *Cette décision du gouvernement provoqua des troubles : des grèves et des émeutes éclatèrent.*

trouble-fête

trouble-fête, n. m. inv. ♦ Celui, celle qui vient troubler la joie des autres et les empêche de s'amuser.

troubler, v. ♦ **1.** Rendre trouble (un liquide, la vue) : *Les enfants barbotent dans le ruisseau, ce qui trouble l'eau.* ● Rendre moins net, moins vif : *L'âge avait troublé sa mémoire.* — SYN. déranger, perturber, obscurcir. **2.** Jeter dans le trouble, l'embarras : *Je dois dire que son air sévère et dur m'avait troublé.* — SYN. déconcerter, embarrasser, gêner, inquiéter, intimider. — CONTR. mettre à l'aise. **3.** Jeter dans le désordre : *Le bon roi déplorait les soulèvements qui troublaient le royaume.* — SYN. agiter, bouleverser, désorganiser, perturber.

trouée, n. f. ♦ **1.** Grande ouverture (dans un fourré, un taillis) qui permet de passer. — SYN. échappée. **2.** Grande ouverture dans le dispositif de défense ennemi, qui est faite par le feu des armes ou par une attaque.

trouer, v. (conjugaison 19) ♦ Percer, en faisant un trou : *J'ai encore troué mes chaussettes !* — SYN. crever, perforer. — CONTR. boucher, obturer.

troupe, n. f. ♦ **1.** Groupe, bande : *La troupe des enfants était fort joyeuse.* **2.** *Une troupe théâtrale* ou *une troupe :* un groupe de comédiens qui jouent ensemble, font des tournées ensemble, sous la direction d'un même directeur. — SYN. compagnie. **3.** *La troupe,* les soldats, l'armée. ● *Un homme de troupe :* un simple soldat. ● *Les troupes,* l'armée : *Nos troupes approchent de l'objectif.*

troupeau, n. m. ♦ Groupe d'animaux (bœufs, vaches, moutons, chèvres) qui vivent ensemble.

trousse, n. f. ♦ **1.** Étui souple, en cuir ou en étoffe, où l'on met des objets, des outils, des instruments. **2.** *Aux trousses de :* à la poursuite de.

trousseau, n. m. ♦ **1.** Ensemble de clefs attachées à un même anneau. **2.** Ensem-

ble du linge et des vêtements qu'une jeune fille apportait autrefois dans son ménage quand elle se mariait, ou bien qu'un enfant apporte au pensionnat.

trouvaille, n. f. ♦ Objet qu'on est heureux de trouver, de découvrir : *Viens voir ma trouvaille : un coquillage nacré !* **2.** Invention, chose imaginée : *J'aime beaucoup les trouvailles de style du poète Apollinaire.*

trouver, v. ♦ **1.** Obtenir, découvrir ce qu'on cherchait : *Ça y est ! J'ai trouvé la solution du problème !* **2.** Rencontrer une personne ou une chose par hasard. ● *Les objets trouvés.* **3.** Inventer : *Béatrice a su trouver des expressions charmantes pour décrire le printemps à la campagne.* **4.** *Aller trouver quelqu'un,* aller le voir et lui parler. **5.** Juger (être tel ou tel) : *Je trouve Nicole très sympathique.* **6.** *Se trouver,* être à tel endroit : *Où se trouve Lausanne ? Mais en Suisse !* **7.** *Se trouver mal :* s'évanouir. — SYN. avoir une syncope, perdre connaissance. **8.** *Se trouver bien :* se plaire, être heureux, se sentir à l'aise à un endroit.

trouvère, n. m. ♦ Au Moyen Âge, dans la moitié nord de la France, poète qui écrivait des œuvres en langue d'oïl. — REGARDER *troubadour.*

truand, n. m. ♦ Individu très dangereux et malhonnête qui vole, trafique, etc. — SYN. gangster, malfaiteur, voleur, voyou.

truc, n. m. ♦ **1.** Moyen habile de faire quelque chose : *Pour faire entrer ces petits bateaux dans la bouteille, le vieux marin avait un truc.* **2.** Mot familier qu'on emploie pour désigner une chose qu'on ne peut ou ne veut désigner par son nom exact : *Tu vois le truc qui est à côté de la chose, là, juste au-dessus du bidule ? Eh bien ! ça s'appelle un, un... un... machin !*

trucage, n. m. ♦ Moyen employé au cinéma ou au théâtre pour donner l'illusion d'une chose qu'on ne peut réellement filmer ou représenter. — REM. On écrit quelquefois *truquage.*

truchement, n. m. ♦ *Par le truchement de :* par l'intermédiaire de (telle personne). — SYN. par l'entremise de.

truelle, n. f. ♦ Outil de maçon, de plâtrier, qui sert à étaler le ciment ou le plâtre.

truffe, n. f. ♦ **1.** Champignon noir qui pousse sous terre, au goût très délicat, qui sert à parfumer certains plats. **2.** *Truffe en chocolat :* bonbon en pâte chocolatée, de goût délicat. **3.** Extrémité du museau du chien.

truffer, v. ♦ **1.** Garnir de truffes ou de morceaux de truffes : *N'oublie pas de truffer la dinde !* **2.** Parsemer, garnir abondamment : *Ce livre est truffé d'anecdotes.*

truie, n. f. ♦ Femelle du porc.

truite, n. f. ♦ Poisson de rivière carnivore, qui vit dans les eaux vives et dont la chair est très délicate.

truquage, n. m. ♦ — REGARDER *trucage.*

truquer, v. ♦ Altérer frauduleusement : *Ces cartes sont truquées.*

tsar, n. m. ♦ Empereur de Russie (autrefois).

tsé-tsé, n. f. inv. ♦ **La mouche tsé-tsé :** mouche d'Afrique dont la piqûre transmet le microbe de la maladie du sommeil, terrible mal dont l'un des symptômes est une torpeur profonde.

tsigane, n. *ou* adj. ♦ *Les Tsiganes,* peuple nomade d'Europe centrale, apparenté aux Gitans : *Les Tsiganes sont originaires du nord-ouest de l'Inde.* ● *Les Tsiganes,* les gens qui appartiennent à ce peuple : *Les Tsiganes de Hongrie sont d'excellents musiciens.* — SYN. bohémiens, manouches, romanichels. ● *Un campement tsigane.* ● *Le tsigane :* langue parlée par les Tsiganes. — REM. On évitera d'écrire *tzigane.*

tu, pronom personnel. ♦ Pronom personnel sujet de la deuxième personne du singulier : *Tu as toujours été très gentil avec moi.*

tube, n. m. ♦ **1.** Cylindre long et creux dans lequel circule un liquide ou un gaz. — SYN. tuyau. **2.** Récipient cylindrique en métal ou en matière plastique : *Voici un tube de colle, un tube de pommade et un tube de dentifrice.*

tubercule, n. m. ♦ Masse, boule, sur la racine ou sur la tige d'une plante : *Les pommes de terre sont des tubercules.*

tuberculeux, euse, adj. *ou* n. ♦ Qui a la tuberculose.

tuberculose, n. f. ♦ Maladie infectieuse et contagieuse dont l'agent est le bacille de Koch et qui atteint surtout les poumons, mais aussi les os, la peau, les reins, la vessie, etc.

tué, n. m. ♦ Personne morte de mort violente, au cours d'une guerre, d'une catastrophe, d'un accident.

tuer, v. (conjugaison 19) ♦ **1.** Faire périr de mort violente : *La foudre a tué une vache.* ● Faire mourir : *La tuberculose tuait des milliers de personnes.* **2.** Fatiguer beaucoup : *Cette marche de dix kilomètres m'a tué !* **3.** *Tuer le temps :* s'occuper comme on peut, quand on n'a rien à faire et qu'on s'ennuie.

tuerie, n. f. ♦ Massacre : *A bas la guerre ! Arrêtons la tuerie !* — SYN. carnage, hécatombe.

tue-tête (à), loc. adv. ♦ *Crier, chanter à tue-tête,* très fort.

tueur, euse, n. ♦ **1.** Qui tue : *La mer, tueuse de marins, gronde éternellement entre les écueils noirs.* **2.** Celui qui tue les animaux dans un abattoir. ● Celui qui tue des gens. ● *Tueur à gages :* individu qu'on paye pour qu'il assassine quelqu'un.

tuile, n. f. ♦ **1.** Chacune des plaques de terre cuite qui servent à couvrir les maisons. **2. La tuile :** le matériau que constituent les tuiles.

tuilerie, n. f. ♦ Fabrique de tuiles.

tulipe, n. f. ♦ Fleur aux couleurs vives, à la corolle de forme particulière.

tulle, n. m. ♦ Tissu léger et transparent.

tuméfié, ée, adj. ♦ Enflé, meurtri : *Notre voisin est revenu du combat de boxe le visage tuméfié.*

tumeur, n. f. ♦ Grosseur anormale. ● *Tumeur cancéreuse.* ● *Tumeur bénigne.*

tumulte, n. m. ♦ Agitation, désordre et grand bruit. — SYN. brouhaha, chahut, effervescence, trouble, vacarme. — CONTR. le calme, ordre, paix, quiétude, silence, tranquillité.

tumultueux, euse, adj. ♦ Qui se fait avec du tumulte, qui est plein de tumulte. — SYN. agité, bruyant, chaotique, désordonné, troublé. — CONTR. calme, ordonné, paisible, silencieux, tranquille.

tunique, n. f. ♦ **1.** Dans l'Antiquité, vêtement de dessous ou de dessus, avec ou sans manches, qui ressemblait à une chemise plus ou moins longue. **2.** Veste d'uniforme à col de forme particulière. **3.** Vêtement de femme, sorte de corsage ou de robe de forme droite.

tunisien, ienne, adj. *ou* n. ♦ De Tunisie, État d'Afrique situé entre l'Algérie et la Libye : *Les villages tunisiens sont généralement pauvres.* ● *Les Tunisiens. Un Tunisien. Une Tunisienne.*

tunnel, n. m. ♦ Souterrain où passe une voie ferrée ou une route.

tuque, n. f. ♦ Bonnet de laine de forme allongée et muni d'un pompon.

turban, n. m. ♦ Coiffure orientale faite d'une pièce d'étoffe enroulée autour de la tête.

turbine, n. f. ♦ Moteur qui fonctionne par la pression de l'eau, de la vapeur ou d'un gaz agissant sur une roue à aubes (le rotor) qui tourne à l'intérieur d'une enveloppe métallique fixe (le stator).

turboréacteur, n. m. ♦ Type de moteur à réaction dans lequel les gaz éjectés agissent directement par réaction sur l'atmosphère, sans qu'il y ait d'hélice.

turbot, n. m. ♦ Poisson de mer à corps aplati, dont la chair est très fine.

turbulence, n. f. ♦ Agitation.

turbulent, ente, adj. ♦ Agitée, remuant : *Avant Noël, les enfants sont particulièrement turbulents.* — SYN. agité, bruyant, dissipé, espiègle, indiscipliné. — CONTR. calme, discipliné, docile, doux, gentil, paisible, sage, silencieux, tranquille.

turc, turque, adj. *ou* n. ♦ De la Turquie : *Cette belle mosquée turque est très fréquentée.* ● *Les Turcs. Un Turc. Une Turque.* ● *L'Empire turc* ou *Empire ottoman* (autrefois). ● *Être fort comme un turc,* très fort. ● *Le turc :* langue parlée par les Turcs.

turluter, v. ♦ Fredonner, chantonner.

turpitude, n. f. ♦ Action honteuse.

turquoise, n. f. *ou* adj. inv. ♦ **1.** Pierre précieuse d'un beau bleu tirant sur le vert. **2.** D'une couleur bleue tirant sur le vert : *Elles portent des robes turquoise.*

tutelle, n. f. ♦ Protection et surveillance exercées par le tuteur sur la personne et les biens de son pupille : *Ce mineur de seize ans est encore en tutelle.*

tuteur, trice, n. ♦ **1.** Celui, celle qui s'occupe d'un orphelin mineur (pupille) et gère les biens de celui-ci. **2.** Bâton auquel on attache la tige d'une jeune plante, d'un jeune arbre, pour qu'elle pousse bien droit.

tutoiement, n. m. ♦ Action, habitude de tutoyer quelqu'un. — CONTR. vouvoiement.

tutoyer, v. (conjugaison 21) ♦ _Tutoyer quelqu'un,_ lui parler en lui disant « tu » et non « vous ». — CONTR. vouvoyer.

tutu, n. m. ♦ Jupe de gaze, courte et évasée, portée par les danseuses d'opéra.

tuyau [tɥijo], n. m. ♦ Cylindre creux, tube, dans lequel circule un liquide ou un gaz. — SYN. conduite.

tuyauterie [tɥijotʀi], n. f. ♦ Ensemble de tuyaux.

tuyère [tɥijɛʀ], n. f. ♦ Conduit, tuyau, par lequel sortent les gaz d'un moteur à réaction d'avion ou de fusée, en assurant la propulsion.

tympan, n. m. ♦ Membrane qui ferme le conduit de l'oreille et que les sons font vibrer.

type, n. m. ♦ **1.** Sorte, modèle : _Il y avait plusieurs types de châteaux forts._ **2.** _Être le type même de,_ avoir tous les caractères de : _Jean est étourdi et distrait : il est le type même du rêveur._ **3.** Ensemble de caractères physiques propres à une race.

typhon [tifɔ̃], n. m. ♦ Cyclone des mers d'Extrême-Orient.

typique, adj. ♦ _Typique de,_ propre à : _Cette douleur au ventre est typique de l'appendicite._ — SYN. caractéristique.

typographe, n. m. ♦ Celui qui assemblait les caractères en plomb qui servaient à imprimer.

typographie, n. f. ♦ **1.** Art, métier du typographe. ● Technique de la composition en plomb. **2.** Choix des caractères, disposition des lignes, etc. : _La typographie de ce livre est très élégante : on a plaisir à le lire._

tyran, n. m. ♦ **1.** Dans l'Antiquité grecque, celui qui prenait le pouvoir par la force et exerçait une sorte de dictature, devenant souvent un roi. **2.** Celui qui exerce le pouvoir d'une manière trop autoritaire, avec brutalité et cruauté : _Ce tyran impitoyable faisait tomber les têtes par milliers._ — SYN. despote, dictateur, oppresseur.

tyrannie, n. f. ♦ Pouvoir, régime politique d'un tyran. — SYN. despotisme, dictature, oppression.

tyranniser, v. ♦ Exercer sur quelqu'un un pouvoir excessif et pénible : _Odile est très autoritaire : elle tyrannise toute sa famille._

tzigane, adj. _ou_ n. ♦ — REGARDER _tsigane._

$$u\ u\ u\ u\ u\ u\ u\ u$$
$$u\ u\ u\ u\qquad\qquad u$$
$$u\ u\ u\ u\qquad U\qquad u$$
$$u\ u\ u\ u\qquad\qquad u$$
$$u\ u\ u\ u\qquad\qquad u$$
$$u\ u\ u\ u\ u\ u\ u\ u$$
$$u\ u\ u\ u\ u\ u\ u\ u$$
$$u\ u\ u\ u\ u\ u\ u\ u$$

ukrainien, ienne, adj. *ou* n. ♦ De l'Ukraine, région de l'U.R.S.S. : *Dans la plaine ukrainienne, le blé s'étend à l'infini.* ● *Les Ukrainiens. Un Ukrainien. Une Ukrainienne.* ● *L'ukrainien :* langue slave, très proche du russe, parlée en Ukraine.

ulcère, n. m. ♦ Plaie de la peau ou d'une muqueuse qui ne cicatrise pas.

ulcéré, ée, adj. ♦ Qui a beaucoup de peine, d'amertume et de colère.

ultérieur, eure, adj. ♦ Qui vient plus tard : *La décision fut remise à une date ultérieure.* — SYN. postérieur. — CONTR. antérieur.

ultérieurement, adv. ♦ Plus tard. — SYN. postérieurement. — CONTR. antérieurement.

ultimatum [yltimatɔm], n. m. ♦ Sommation d'avoir à faire une chose, faute de quoi des mesures graves seront prises. — PLUR. *des ultimatums.*

ultime, adj. ♦ Qui vient tout à fait à la fin : *Demain, nous partons ; nous faisons aujourd'hui nos ultimes préparatifs.* — SYN. dernier, final. — CONTR. initial, premier.

ululement, n. m. ♦ **1.** Cri du hibou. **2.** Long hurlement qui ressemble au cri du hibou. — REM. On écrit aussi *hululement.*

ululer, v. ♦ **1.** *Le hibou ulule,* pousse son cri. — REM. On écrit aussi *hululer.* **2.** Pousser un long hurlement qui ressemble au cri du hibou.

1. un, une, des, article indéfini. ♦ Se place devant un nom pour le présenter de manière indéterminée : *En arrivant à la gare, j'ai demandé ce renseignement à un employé. Voici une belle maison. Je vois des élèves qui attendent devant l'école.*

2. un, une, article numéral *ou* n. m. ♦ Au nombre de 1 : *J'avais trois pommes, j'en ai mangé deux, il m'en reste une.* ● Qui vient au rang n° 1 : *Ouvre ton livre à la page 1.* — REGARDER premier. ● Le chiffre 1 ou le numéro 1 : *Qui a écrit ce 1 à la craie sur ma porte ? Elle habite au 1 de la rue Hilaire-Prunier.*

unanime, adj. ♦ Qui sont tous du même avis, de la même opinion : *Tous les membres du club, unanimes, ont adopté cette résolution par 37 voix contre 0.*

unanimité, n. f. ♦ La totalité des avis. ● *La résolution a été adoptée à l'unanimité.* ● *Cette motion peut faire l'unanimité.*

uni, ie, adj. ♦ **1.** Qui s'entendent bien : _Les membres de cette famille sont très unis._ — CONTR. désunis. **2.** Bien plat et bien lisse : _Sur un sol dur et uni, on roule bien à bicyclette !_ — SYN. égal. — CONTR. inégal, rugueux. **3.** D'une seule couleur, sans dessins, sans rayures : _Il porte un costume bleu, en tissu uni._

unification, n. f. ♦ Action d'unifier. — CONTR. démembrement.

unifier, v. (conjugaison 20) ♦ Fondre en un seul ensemble : _Bismarck voulait d'abord unifier l'Allemagne._ — CONTR. démembrer, diviser, scinder.

1. uniforme, adj. ♦ Dont tous les éléments sont semblables ; qui se ressemblent tous : _Dans cette cité nouvelle, les maisons sont uniformes : même forme, même couleur, même toiture._ — CONTR. varié, divers.

2. uniforme, n. m. ♦ Habit qui est le même pour tous les membres d'un groupe.

uniformément, adv. ♦ De la même manière.

uniformité, n. f. ♦ Caractère de ce qui est uniforme. — CONTR. diversité, variété.

unijambiste, adj. _ou_ n. ♦ Qui a perdu une jambe, qui n'a qu'une jambe.

unilatéral, ale, aux, adj. ♦ _Décision unilatérale,_ prise par une seule personne, un seul pays, sans qu'on ait demandé son avis à quelqu'un d'autre.

union, n. f. ♦ **1.** Action d'unir ; état de ce qui est uni : _L'union de ces deux partis doit leur permettre de l'emporter aux élections._ — SYN. alliance, assemblage, association, coalition, réunion. — CONTR. scission, séparation. **2.** Mariage : _Cette union fut féconde : ils eurent quatre enfants._ **3.** Bonne entente : _L'union règne entre les membres de cette famille._ — SYN. accord, concorde, entente, fraternité, harmonie. — CONTR. désaccord, discorde, mésentente.

unique, adj. ♦ **1.** Qui est tout seul : _Un unique wagon était accroché à la locomotive._ ● _Fils unique, fille unique,_ qui n'a ni frère ni sœur. ● _Rue à sens unique,_ où l'on ne circule que dans un seul sens. **2.** Sans équivalent, sans égal : _Ce joueur de football est unique : il ne manque jamais une passe._

uniquement, adv. ♦ Seulement : _C'est uniquement parce que je ne puis faire autrement que j'agis ainsi._

unir, v. ♦ **1.** Mettre ensemble : _Unissons nos ressources, nos efforts et nos talents, si nous voulons réussir !_ — SYN. assembler, associer, confondre, fondre, fusionner, lier, mêler, rassembler, réunir. — CONTR. disjoindre, disperser, diviser, séparer. ● _Unissons-nous !_ Ensemble, nous serons plus forts. — SYN. s'allier, s'associer, se coaliser, s'entendre. — CONTR. se diviser, se séparer. **2.** _S'unir,_ se marier : _Ils se sont aimés, ils se sont unis pour la vie et ils ont eu beaucoup d'enfants._ — CONTR. divorcer, se séparer. **3.** Établir des liens, une relation : _Rien ne rompra jamais l'amitié qui nous unit._ — SYN. joindre, lier. — CONTR. séparer. ● _Quel est donc le lien qui unit ces deux idées ?_ — SYN. associer, lier. — CONTR. dissocier. **4.** Avoir à la fois : _Cet homme de guerre unissait la vaillance à la ruse._ — SYN. associer, joindre.

unisson (à l'), loc. adv. ♦ **1.** _Chanter à l'unisson,_ avec des voix de même hauteur. **2.** _A l'unisson,_ avec des sentiments ou des idées semblables, en parfait accord : _Nos deux cœurs battaient à l'unisson._

unitaire, adj. ♦ Qui vise, qui tend à faire l'unité.

unité, n. f. ♦ **1.** État de ce qui est un, de ce qui forme un tout : _L'unité de la France s'est faite au cours des siècles par la réunion des provinces au domaine royal._ **2.** Grandeur qui sert de mesure : _Le mètre, le gramme, le litre, etc., sont des unités du système métrique._ **3.** Chiffre qui est le plus à droite, juste à gauche de la virgule : _On additionne les unités avec les unités, les dizaines avec les dizaines._ **4.** _Unité militaire,_ ensemble de soldats commandés par un même chef : *La section, la compagnie, le bataillon, le régiment, la brigade, la division et le corps d'armée sont des unités militaires.* ● *Unité* désigne parfois un navire de guerre : *Ce porte-avions est la plus belle unité de notre flotte.*

univers, n. m. ♦ **1.** L'ensemble de tous les pays. — SYN. le monde entier. **2.** L'ensemble de tout ce qui existe (la Terre, le Soleil, les étoiles, etc.) : *Combien y a-t-il d'étoiles dans l'univers?* — SYN. le cosmos.

universel, elle, adj. ♦ **1.** Qui concerne tous les pays de toute la terre : *Cette crise économique est universelle.* **2.** Qui concerne tout le monde : *L'amour, l'ambition et la peur de la mort sont des sentiments universels.*

universitaire, adj. *ou* n. ♦ **1.** Qui concerne l'Université, les universités : *Les examens approchent, l'année universitaire va se terminer.* **2.** *Un, une universitaire :* un professeur, notamment un professeur de l'enseignement supérieur.

université, n. f. ♦ **1.** *L'Université :* l'ensemble des institutions et des organismes qui assurent l'enseignement supérieur. **2.** *Une université :* un établissement d'enseignement supérieur. — SYN. faculté.

uranium [yʀanjɔm], n. m. ♦ Métal radioactif qui est employé dans les bombes atomiques, les piles atomiques et les centrales nucléaires.

urbain, aine, adj. ♦ **1.** De la ville, des villes : *Le métro est un moyen de transport urbain.* ● *La population urbaine.* — SYN. citadin. — CONTR. campagnard, rural. **2.** Poli, courtois : *M. Denis était un homme urbain, très aimable et très doux.* — CONTR. brutal, discourtois, grossier, impoli.

urbanisation, n. f. ♦ Développement des villes par afflux de la population venue de la campagne.

urbanisme, n. m. ♦ Science et technique de l'aménagement des villes, de la répartition des constructions, du tracé des rues, etc.

urbaniste, n. m. *ou* f. ♦ Spécialiste de l'urbanisme.

urbanité, n. f. ♦ Politesse, courtoisie. — CONTR. discourtoisie, grossièreté, impolitesse.

urgence, n. f. ♦ **1.** Caractère de ce qui est urgent. ● *Vite! Appelez d'urgence un médecin :* tout de suite. **2.** *Service des urgences :* dans un hôpital, service qui s'occupe des cas urgents.

urgent, ente, adj. ♦ Qui exige une action immédiate, des soins pressés; qui ne peut pas attendre : *Un besoin urgent de médicaments l'obligea à se rendre chez la pharmacienne.* — SYN. pressé.

urine, n. f. ♦ Liquide qui se forme dans les reins, qui s'accumule dans la vessie et qui est expulsé ensuite de l'organisme.

uriner, v. ♦ Expulser l'urine qu'on a dans la vessie.

urne, n. f. ♦ **1.** Vase, de forme plus ou moins ronde, qui, dans l'Antiquité, servait à divers usages. ● *Urne funéraire, urne cinéraire :* urne où l'on met les cendres d'un mort. **2.** Boîte, munie d'une fente, dans laquelle on dépose les bulletins de vote.

urticaire, n. f. ♦ Éruption de petits boutons qui démangent, produite parfois par la consommation de certains aliments (coquillages, fraises, etc.).

us, n. m. pl. ♦ *Les us et coutumes :* les usages en vigueur dans une province, un pays, un milieu, un secteur particulier d'activité. — REM. On prononce *us et coutumes* [yzekutym].

usage, n. m. ♦ **1.** Action de se servir d'une chose. ● *Objet hors d'usage,* usé, détérioré et incapable de servir. **2.** Coutume, habitude : *Chaque peuple a ses usages.* ● Ce qu'on a l'habitude de faire et qu'on doit faire : *Quand tu rencontres une personne que tu connais, l'usage veut que tu la salues.* ● *Les usages, le bon usage :* les règles de la politesse. — SYN. les bienséances. **3.** Emploi d'un mot : *Ce terme est vieux, il n'est plus en usage* ● *L'orthographe d'usage :* la manière d'écrire les mots (indépendamment des questions d'accord).

usagé, ée, adj. ♦ Qui a déjà servi, mais n'est pas usé : *Pour marcher dans la boue, prends des chaussures usagées.*

usager, ère, n. ♦ Celui, celle qui a l'habitude de se servir d'une chose, d'avoir recours aux services d'une entreprise. ● *Les usagers du téléphone. Les usagers du métro.*

usé, ée, adj. ♦ Détérioré par un usage prolongé. ● Affaibli par l'âge, les épreuves, le travail ● *Les eaux usées :* les eaux salies qui proviennent des éviers, des lavabos, des baignoires, des cabinets, etc.

user, v. ♦ **1.** *User de,* se servir de : *Jadis on usait de chandelles pour s'éclairer.* — SYN. employer. ● Consommer : *Il usait avec excès de somnifères.* **2.** Se servir d'une chose jusqu'à ce qu'elle ne puisse plus servir : *Ma tante marche beaucoup : elle use quatre paires de chaussures par an.* **3.** Amincir par le frottement : *Des milliers de pas ont usé les marches de pierre du vieil escalier.* **4.** *S'user,* s'amincir par le frottement : *Mes manches s'usent toujours au coude.* ● Se détériorer par l'usage : *Le meilleur moteur finit par s'user, à la longue.* **5.** Fatiguer : *Rien n'use plus un homme que les soucis et les tracas.*

usine, n. f. ♦ Établissement industriel où l'on fabrique quelque chose. — REGARDER *fabrique, manufacture.*

usiner, v. ♦ *Usiner une pièce métallique,* la fabriquer, lui donner sa forme au moyen d'une machine-outil (tour, fraiseuse, etc.).

usité, ée, adj. ♦ *Mot, sens usité,*

forme usitée, tour usité, qu'on emploie couramment ou assez couramment : *Le passé composé est usité dans la langue parlée, le passé simple est usité seulement dans la langue écrite.* — SYN. courant, usuel. — CONTR. inusité, rare.

ustensile, n. m. ♦ Objet qui sert pour faire la cuisine, le ménage, etc. (casserole, poêle, passoire, pelle à poussière, etc.).

usuel, elle, adj. ♦ Que l'on emploie souvent : *Le mot* jument *est un mot usuel, le mot* cavale *est un mot rare, littéraire ou poétique.* — SYN. courant, usité. — CONTR. inusité, rare.

1. usure, n. f. ♦ Pratique qui consiste à prêter de l'argent à un taux très excessif.

2. usure, n. f. ♦ **1.** Action d'user ou de s'user. **2.** État de ce qui est usé.

usurier, ière, n. ♦ Celui, celle qui pratique l'usure, qui prête de l'argent à un taux très excessif.

usurpateur, trice, n. ♦ Celui, celle qui a usurpé quelque chose.

usurpation, n. f. ♦ Action d'usurper.

usurper, v. ♦ Prendre, se donner, s'attribuer une chose à laquelle on n'a pas droit : *Il a été poursuivi pour avoir usurpé le titre de docteur en pharmacie.*

ut [yt], n. m. ♦ Synonyme de *do,* nom d'une note de musique.

utile, adj. ♦ Qui sert, qui peut servir : *Prends ce bâton, grand-mère, il te sera utile pour marcher dans la forêt.* — CONTR. inutile. ● *Animal utile,* qui rend service à l'homme. — CONTR. nuisible.

utilisable, adj. ♦ Dont on peut se servir.

utilisation, n. f. ♦ Action d'utiliser.

utiliser

utiliser, v. ♦ Rendre utile une chose qui risquerait de se perdre si l'on ne s'en servait pas : *Au lieu de les jeter, utilise donc tes vieux pantalons pour en faire des chiffons.*

utilitaire, adj. ♦ *Véhicules utilitaires :* camions, autocars, autobus.

utilité, n. f. ♦ Caractère de ce qui est utile ; ce à quoi peut servir une chose.

utopie, n. f. ♦ Chose très belle et très bonne en théorie, mais impossible à réaliser : *L'égalité absolue est-elle une utopie ?*

utopique, adj. ♦ Qui constitue une utopie. — CONTR. réaliste.

vacance, n. f. ♦ Temps pendant lequel un poste est inoccupé.

vacances, n. f. pl. ♦ Période pendant laquelle on ne travaille pas. — SYN. congé.

vacancier, ière, n. ♦ Personne qui est en vacances (dans un endroit où elle n'habite pas d'habitude). — SYN. estivant.

vacant, ante, adj. ♦ Qui n'est pas occupé : *Il y a un appartement vacant dans l'immeuble d'en face.* — SYN. disponible, libre.

vacarme, n. m. ♦ Grand bruit. — SYN. fracas, tapage, tumulte.

vaccin, n. m. ♦ Substance que l'on injecte pour immuniser contre une maladie infectieuse.

vaccination, n. f. ♦ Action de vacciner.

vacciner, v. ♦ Injecter du vaccin à quelqu'un : *Tu dois te faire vacciner contre le tétanos.*

vache, n. f. ♦ Femelle du taureau.

vacher, ère, n. ♦ Gardien, gardienne de vaches ; celui, celle qui soigne les vaches.

vacherie, n. f. ♦ Méchanceté. — REM. Ce mot est familier.

vaciller [vasije], v. ♦ Ne pas être solide dans la position verticale : *La pile de cartons vacilla, puis tomba.* ● *Vaciller sur ses jambes.* — SYN. chanceler.

va-et-vient, n. m. inv. ♦ Mouvement d'allées et venues : *Par la fenêtre, elle regardait le va-et-vient des passants.*

vagabond, onde, adj. *ou* n. ♦ **1.** Qui erre sans cesse : *Une tribu vagabonde de bohémiens s'est installée à la sortie du village.* ● *La brise vagabonde caresse la cime des arbres.* **2.** Celui, celle qui n'a ni domicile ni ressources et qui se déplace sans cesse dans les campagnes ou dans les villes. — SYN. clochard.

vagabondage, n. m. ♦ Action de vagabonder ; vie de vagabond.

vagabonder, v. ♦ Errer, aller un peu partout au hasard. — SYN. vaguer.

vagir, v. ♦ *Le nouveau-né, le bébé vagit,* pousse des petits cris.

vagissement, n. m. ♦ Petit cri que pousse le nouveau-né, le bébé.

vague

1. vague, n. f. ♦ **1.** Masse d'eau qui se soulève et forme une ondulation, laquelle se déplace : *Les vagues viennent se briser avec fracas contre les rochers, dans un jaillissement d'écume.* — SYN. lame. **2.** Ensemble d'actes ou de faits qui surviennent en même temps, en grand nombre : *Cette émission de télévision a soulevé une vague de protestations.* ● *Vague de froid, de chaleur :* période de froid, de chaleur.

2. vague, adj. ♦ *Terrain vague :* terrain, situé dans une ville ou près d'une ville, dans lequel il n'y a aucune culture et sur lequel on n'a édifié aucune construction.

3. vague, adj. ♦ **1.** Peu précis : *Ces indications sont bien vagues et ne nous renseignent guère.* — SYN. flou, imprécis. — CONTR. net, précis, rigoureux. **2.** Qui n'a pas les contours nets : *Des formes vagues apparaissent dans le brouillard.*

vaguelette, n. f. ♦ Petite vague : *Les vaguelettes viennent lécher le sable.*

vaguement, adv. ♦ D'une manière vague.

vaguer, v. ♦ Errer, vagabonder, aller au hasard : *Philippe laissait vaguer son regard sur la campagne environnante.*

vaillamment, adv. ♦ Avec vaillance.

vaillance, n. f. ♦ Courage au combat. — SYN. bravoure, héroïsme, valeur. — CONTR. lâcheté. ● Ardeur au travail. — CONTR. fainéantise, paresse.

vaillant, ante, adj. *ou* n. ♦ **1.** Courageux au combat. — SYN. brave, héroïque, valeureux. — CONTR. lâche, poltron. ● Ardent au travail. — SYN. courageux, laborieux, travailleur. — CONTR. fainéant, indolent, nonchalant, paresseux. **2.** Qui est en bonne santé et vigoureux.

vain, vaine, adj. ♦ **1.** Inutile, sans résultat : *Tous ses efforts restaient vains.* — SYN. infructueux. — CONTR. fructueux,

utile. **2.** Qui ne se réalise pas : *Tous ses espoirs demeuraient vains.* ● *De vaines promesses.* **3. En vain,** sans résultat : *Elle tenta en vain de résoudre ce problème.* — SYN. vainement.

vaincre, v. (conjugaison **101**) ♦ **1.** Battre un adversaire dans un combat ou remporter la victoire dans une compétition : *Les Grecs vainquirent les Perses à Marathon.* — SYN. triompher de. **2.** Surmonter : *Pour parvenir au but, tu devras vaincre un certain nombre d'obstacles.* — SYN. venir à bout de.

vaincu, ue, adj. *ou* n. ♦ Qui a été battu : *Le général vaincu dut accepter les conditions de l'ennemi.* — CONTR. vainqueur, victorieux. ● *Malheur aux vaincus !* ● *S'avouer vaincu :* reconnaître qu'on est le moins fort, reconnaître sa défaite.

vainement, adv. ♦ Inutilement, sans résultat. — SYN. en vain.

vainqueur, adj. m. *ou* n. m. ♦ Qui a vaincu l'adversaire dans un combat ou a gagné dans une compétition : *Il a été deux fois vainqueur au rallye Paris-Dakar.*

vaisseau, n. m. ♦ **1.** Autrefois, navire. ● Spécialement, grand navire de guerre à voiles, à trois ponts. **2.** *Vaisseau spatial :* engin qui permet de voyager dans l'espace. **3.** Chacun des petits canaux dans lesquels circule le sang. — REGARDER artère, veine.

vaisselier, n. m. ♦ Meuble qui sert à ranger la vaisselle.

vaisselle, n. f. ♦ Ensemble des assiettes, des plats, des tasses, des soucoupes, des bols, etc. ● *Faire la vaisselle :* laver et essuyer la vaisselle.

val, n. m. ♦ Synonyme vieilli de *vallée.* — REM. Le pluriel est *des vals,* sauf dans l'expression *par monts et par vaux :* REGARDER *mont.*

valable, adj. ♦ **1.** Acceptable : *Tout élève qui manquera la classe sans excuse*

valable *sera puni.* — SYN. recevable. **2.** Qui est en règle et peut encore servir : *Ta carte d'abonnement est valable jusqu'à la fin du trimestre.* — SYN. valide. — CONTR. périmé.

valet, n. m. ♦ **1.** Domestique de sexe masculin. — REGARDER *laquais.* **2.** L'une des figures du jeu de cartes.

valeur, n. f. ♦ **1.** Ce que vaut une chose : *La valeur de cette maison est estimée à 400 000 dollars.* ● *Des objets de valeur,* qui valent cher. **2.** *La valeur de,* l'équivalent de : *Il y avait sous le hangar la valeur de deux mètres cubes de bois de chauffage.* **3.** Ensemble des qualités d'une personne, d'une équipe : *Il nous faudrait un entraîneur de grande valeur.* — SYN. capacité, compétence. ● *Un homme de valeur, de haute valeur.* ● *Mettre quelqu'un en valeur,* faire apparaître les qualités d'une personne : *Cette affaire difficile l'a mise en valeur.* **4.** Courage au combat : *La valeur de nos troupes compensa l'infériorité de leur matériel.* **5.** Qualité d'une chose : *Nul ne met en doute la valeur de cette théorie.* ● *Sylvia a su mettre en valeur son visage en se faisant friser les cheveux.* **6.** *C'est (bien, donc) de valeur !* : c'est dommage, c'est regrettable, c'est malheureux, c'est difficile, c'est triste : *C'est donc de valeur que Joséphine ne soit pas avec nous autres !*

valide, adj. ♦ **1.** Qui est en assez bonne santé et qui a l'usage de ses membres : *Mon arrière-grand-mère a quatre-vingts ans, mais elle est encore bien valide.* — CONTR. impotent, infirme, invalide. **2.** En règle, non périmé et utilisable : *Attention, ta carte de demi-tarif n'est plus valide.* — SYN. valable. — CONTR. périmé.

valider, v. ♦ Rendre valide.

validité, n. f. ♦ Caractère de ce qui est valide (document, billet, etc.). ● *Une carte de tarif réduit en cours de validité,* encore valide.

valise, n. f. ♦ Bagage quadrangulaire, à poignée, que l'on porte à la main. ● *Faire ses valises :* ranger ses affaires dans une valise, avant de partir en voyage.

vallée, n. f. ♦ Dépression, couloir formé par un cours d'eau ou un glacier. — REGARDER *gorge, vallon.*

vallon, n. m. ♦ Petite vallée.

vallonné, ée, adj. ♦ *Pays vallonné, région vallonnée,* où il y a des collines et des vallons et où, donc, le relief n'est pas plat.

valoir, v. (conjugaison 73) ♦ **1.** Coûter tel prix, pouvoir être vendu tel prix : *Ce meuble ancien vaut au moins 5 000 dollars.* **2.** Avoir la même valeur que, être aussi fort que : *En mathématiques, Arthur vaut Philippe, mais en français, il est moins fort.* ● *Arthur et Philippe se valent en mathématiques.* **3.** Équivaloir à : *Le mètre vaut cent centimètres.* **4.** Attirer, procurer : *Cet acte de courage a valu à Béatrice les félicitations du professeur.* **5.** *Valoir la peine,* justifier telle action : *Ce livre vaut la peine d'être lu.* **6.** *Il vaut mieux,* il est préférable : *Il vaut mieux partir, Isabelle. Il vaut mieux que tu partes.*

valse, n. f. ♦ **1.** Danse à trois temps. **2.** Air sur lequel on danse la valse.

valser, v. ♦ Danser la valse.

valseur, euse, n. ♦ Celui, celle qui est en train de valser.

valve, n. f. ♦ **1.** Chacune des deux parties de la coquille de certains mollusques (huîtres, moules, coquilles Saint-Jacques). **2.** Dispositif qui laisse passer un fluide dans un seul sens.

vampire, n. m. ♦ Selon les vieilles légendes des pays balkaniques, revenant qui sort pendant la nuit de son tombeau pour aller sucer le sang des vivants endormis.

vandale, n. m. ♦ Celui qui détériore : *De jeunes vandales ont détruit une cabine téléphonique.*

vandalisme, n. m. ♦ Action, conduite de vandale.

vanille, n. f. ♦ Fruit exotique en forme de gousse, qui sert à parfumer les crèmes, les gâteaux. ● *De la crème à la vanille.*

vanité, n. f. ♦ Défaut du vaniteux. — SYN. fatuité, prétention, suffisance. — CONTR. humilité, modestie.

vaniteux, euse, adj. *ou* n. ♦ Qui tire orgueil de choses insignifiantes. — SYN. fat, prétentieux, suffisant. — CONTR. humble, modeste. ● *Un vaniteux.*

vanne, n. f. ♦ Dispositif qui permet de fermer ou de dégager une ouverture par laquelle s'écoule l'eau d'un barrage, d'un étang.

vanner, v. ♦ *Vanner le blé, le grain :* autrefois, secouer les grains de blé dans un panier spécial pour faire partir la paille, les déchets et la poussière.

vannerie, n. f. ♦ Art de tresser les paniers, les corbeilles.

vantail, aux, n. m. ♦ Chacun des deux battants d'une porte. — SYN. battant.

vantard, arde, adj. *ou* n. ♦ Qui se vante d'exploits imaginaires. — SYN. fanfaron, hâbleur. — CONTR. discret, effacé, modeste.

vantardise, n. f. ♦ Défaut du vantard.

vanter, v. ♦ **1.** Faire l'éloge de : *Le professeur vante l'application de Thérèse.* — SYN. louer. — CONTR. blâmer, critiquer, dénigrer. **2.** *Se vanter,* raconter qu'on a fait des choses qu'on n'a pas faites : *Gilles se vante d'avoir gagné la course cycliste.* — SYN. se flatter, prétendre, se targuer.

va-nu-pieds, n. m. *ou* f. inv. ♦ Homme, femme très pauvre, vagabond mal vêtu.

vapeur, n. f. ♦ Gaz formé par un liquide évaporé : *La vapeur d'eau est toujours présente, même invisible, dans l'atmo-*sphère. ● *Machine, locomotive à vapeur,* mue par la pression de la vapeur d'eau. ● *Des vapeurs d'essence.*

vaporeux, euse, adj. ♦ **1.** Couvert d'un léger voile de brume, de vapeur : *Les collines se perdent dans les lointains vaporeux.* **2.** Avec des formes floues : *Stella portait une robe légère, très vaporeuse.*

vaporisateur, n. m. ♦ Appareil qui sert à vaporiser un liquide (parfum, laque, insecticide, etc.). — SYN. pulvérisateur.

vaporiser, v. ♦ **1.** *Vaporiser un liquide,* le projeter sous forme de très fines gouttelettes. — SYN. pulvériser. **2.** *Se vaporiser :* passer de l'état liquide à l'état gazeux. — SYN. s'évaporer.

vaquer, v. ♦ *Vaquer à,* s'occuper de : *Elle vaque à ses occupations habituelles.*

varech [vaʀɛk], n. m. ♦ Algues que l'on récolte sur le bord de la mer pour les utiliser comme engrais. — SYN. goémon.

vareuse, n. f. ♦ **1.** Blouse courte de marin. **2.** Veste d'uniforme.

variable, adj. ♦ Qui varie. — CONTR. invariable.

variante, n. f. ♦ Chacune des formes différentes d'une phrase, d'un texte : *Il existe plusieurs variantes de cette chanson très ancienne.*

variation, n. f. ♦ Changement (surtout quantitatif) : *Ce dispositif permet d'éviter les variations brutales de pression.*

varice, n. f. ♦ Dilatation locale et permanente d'une veine.

varicelle, n. f. ♦ Maladie contagieuse et infectieuse qui provoque l'apparition de petits boutons sur la peau.

varié, ée, adj. ♦ Qui ne sont pas semblables les uns aux autres, qui sont de diverses sortes. ● *Des occupations variées.* — SYN. différent, divers. — CONTR. identique, pareil, semblable, monotone.

varier, v. (conjugaison 20) ♦ **1.** Faire changer pour rendre varié : *Dans vos rédactions, essayez de varier votre style.* **2.** Changer : *L'humeur de tante Mathilde varie selon son état de santé.* — SYN. se modifier, évoluer.

variété, n. f. ♦ **1.** Caractère de ce qui est varié. — SYN. diversité. — CONTR. monotonie. **2.** Catégorie qui est une subdivision de l'espèce biologique : *Cette variété de rose donne des fleurs très odorantes.* ● Espèce, modèle, sorte : *Dans cette station balnéaire, on trouve toutes les variétés de style architectural.* — SYN. catégorie, espèce, forme, sorte, type. **3.** *Un spectacle de variétés* ou *des variétés :* spectacle où il y a des chansons, de la danse, etc.

variole, n. f. ♦ Maladie infectieuse et contagieuse, épidémique, très grave et parfois mortelle. — SYN. petite vérole.

1. vase, n. m. ♦ **1.** Récipient décoratif, qui, en général, est fait pour recevoir des fleurs. **2.** *Vase de nuit :* récipient dans lequel on urine.

2. vase, n. f. ♦ Boue qui garnit parfois le fond d'une mare, d'un étang, d'un lac, d'un cours d'eau ou de la mer.

vaseline, n. f. ♦ Pommade grasse, incolore et douce, tirée de la paraffine.

vaseux, euse, adj. ♦ Constitué par de la vase, plein de vase : *Le fond de la mare est vaseux.*

vasistas [vazistɑs], n. m. ♦ Petit panneau qui est disposé sur une porte ou une fenêtre et qui peut s'ouvrir quand la porte ou la fenêtre est fermée.

vassal, aux, n. m. *ou* adj. ♦ **1.** Au Moyen Âge, celui qui dépendait d'un seigneur plus puissant. — CONTR. suzerain. **2.** Soumis, dépendant : *Cet empire était entouré d'États vassaux.*

vaste, adj. ♦ Très grand, très étendu. — SYN. immense, spacieux. — CONTR. exigu, minuscule, petit, resserré.

vaudeville, n. m. ♦ Comédie pleine de quiproquos et de rebondissements imprévus.

vau-l'eau (à), loc. adv. ♦ N'importe comment, sans surveillance : *Il laisse son entreprise aller à vau-l'eau : il se retrouvera en faillite !*

vaurien, ienne, ♦ Garçon, jeune fille, enfant malfaisant ou mal élevé. — SYN. chenapan, garnement.

vautour, n. m. ♦ Grand oiseau de proie, à la tête et au cou sans plumes, qui se nourrit de charognes.

vautrer (se), v. ♦ Se coucher, se rouler dans ou sur quelque chose.

vaux, n. m. pl. ♦ Pluriel de *val,* employé dans l'expression *par monts et par vaux :* REGARDER mont.

veau, n. m. ♦ **1.** Petit de la vache. **2.** Viande de cet animal.

vedette, n. f. ♦ **1.** Sentinelle qui, placée en avant, a pour mission d'observer. **2.** *Se mettre en vedette :* se mettre en valeur et faire parler de soi. **3.** Acteur, actrice, ou chanteur, chanteuse, qui est très célèbre. — SYN. étoile, star. **4.** Petit bateau rapide pour le transport des passagers sur une très courte distance. ● Petit bateau rapide utilisé pour la surveillance des côtes ou pour l'attaque par torpilles ou par missiles.

végétal, ale, aux, adj. *ou* n. m. ♦ **1.** Des plantes, des végétaux : *Quand la couverture végétale disparaît, le sol est vite détruit par l'érosion.* ● *Le règne végétal :* l'ensemble des plantes. **2.** *Un végétal :* toute plante, quelle qu'elle soit (arbre, herbe, mousse, champignon, algue).

végétarien, ienne, n. ♦ Celui, celle qui ne mange pas de viande.

végétation, n. f. ♦ **1.** Ensemble des plantes qui poussent à un endroit : *Dans* cette vallée tropicale, la végétation est particulièrement luxuriante. **2. Les végétations :** grosseurs qui bouchent en partie les fosses nasales et gênent la respiration.

végéter, v. (conjugaison 11) ♦ Vivre dans la médiocrité : *Il végète dans un ministère où il est modeste employé.* ● Ne pas être bien prospère : *Cette entreprise végète.*

véhémence, n. f. ♦ Violence, fougue, dans les sentiments ou dans leur expression : *Elle cria avec véhémence son opposition à ce projet.* — SYN. ardeur, chaleur, feu, impétuosité, passion. — CONTR. le calme, douceur, froideur, modération, tranquillité.

véhément, ente, adj. ♦ Qui fait preuve de véhémence, qui est empreint de véhémence : *L'oratrice devenait de plus en plus véhémente.* — SYN. ardent, enflammé, fougueux, impétueux, passionné, violent. — CONTR. calme, doux, froid, modéré, paisible.

véhicule, n. m. ♦ Tout ce qui sert à transporter des personnes ou des choses.

véhiculer. v. ♦ Transporter : *Prends donc un chariot pour véhiculer ces valises.*

veille, n. f. ♦ **1.** Période, moment pendant lequel on ne dort pas : *Pendant la veille, certains souvenirs sont oubliés, mais ils reviennent, pendant le sommeil, sous forme de rêves.* **2.** Surveillance : *L'homme de veille signala l'approche d'un navire dans le brouillard.* **3.** Jour qui précède un autre jour : *C'était le 22 janvier, veille de mon anniversaire, car je suis né un 23 janvier.* — CONTR. lendemain. ● Moment qui précède de peu quelque chose : *Cela se passait en juin 1914, à la veille de la Grande Guerre.*

veillée, n. f. ♦ Moment entre le repas du soir et le coucher. ● Réunion qui se tenait autrefois dans les campagnes, au coin du feu, le soir, entre le souper et le coucher. ● *Casseurs de veillée :* trouble-fête, personne dont le départ abrège la réunion, la fête.

veiller, v. ♦ **1.** Rester éveillé, ne pas dormir : *Ma grande sœur veille jusqu'à deux heures du matin, car elle prépare un examen*

très difficile. **2.** Monter la garde, assurer la surveillance : *Les guetteurs et les sentinelles veillaient, sur les remparts de la ville forte.* **3.** *Veiller sur,* surveiller pour protéger : *Il veille sur ses enfants comme une poule sur ses poussins.* ● *Veiller à,* faire le nécessaire pour : *Veillez à remettre votre devoir à la date prévue.*

veilleur, n. m. ♦ *Veilleur de nuit :* celui qui garde, pendant la nuit, un entrepôt, une usine, qui fait des rondes de sécurité dans un édifice.

veilleuse, n. f. ♦ Lampe qui éclaire très faiblement et qu'on laisse allumée toute la nuit. ● Flamme qui brûle constamment dans une chaudière à gaz, un chauffe-eau à gaz.

veine, n. f. ♦ **1.** Chacun des vaisseaux qui reconduisent le sang de la périphérie du corps vers le cœur. **2.** Chacune des lignes ou des bandes sinueuses, d'une couleur différente de celle du fond, qu'on voit à la surface du bois et du marbre. **3.** Filon mince d'un minéral, qu'on exploite ou qu'on peut exploiter dans une mine.

velléitaire, adj. *ou* **n.** ♦ Qui, faute de persévérance, ne va pas jusqu'au bout de ses intentions, de ses actions.

velléité, n. f. ♦ Action qui n'est pas menée, faute de volonté, jusqu'à son terme.

vélo, n. m. ♦ Synonyme, un peu familier, de *bicyclette.* ● Bicyclette de course.

vélocité, n. f. ♦ Qualité de ce qui est rapide. — SYN. rapidité, vitesse. — CONTR. lenteur, lourdeur.

vélodrome, n. m. ♦ Piste, entourée de gradins, où ont lieu certaines courses cyclistes.

vélomoteur, n. m. ♦ Véhicule à deux roues, muni d'un moteur dont la cylindrée est comprise entre 50 et 125 cm³.

velours, n. m. ♦ Tissu, très doux, dont une face est couverte de poils très serrés. ● *Le chat fait patte de velours :* il ne sort pas ses griffes.

velouté, ée, adj. ♦ **1.** Qui est doux au toucher et un peu pelucheux, comme du velours : *Les pêches ont une peau veloutée, les prunes ont une peau lisse.* **2.** Onctueux : *Un bon potage velouté, quoi de meilleur pour commencer le repas du soir?*

velu, ue, adj. ♦ Poilu.

venaison, n. f. ♦ Chair du gibier de grande taille (cerf, chevreuil, daim, sanglier).

vénal, ale, aux, adj. ♦ **1.** Qui peut s'acheter : *Autrefois, du temps des rois, beaucoup d'offices étaient vénaux.* **2.** Qui, moyennant de l'argent, accepte de faire des choses irrégulières.

vendange, n. f. ♦ *La vendange* ou *les vendanges :* la récolte du raisin qui sert à faire le vin.

vendanger, v. (conjugaison 16) ♦ Récolter le raisin, faire les vendanges.

vendangeur, euse, n. ♦ Celui, celle qui fait les vendanges.

vendetta [vãdɛta], n. f. ♦ Autrefois, en Corse, coutume selon laquelle les membres de la famille d'une personne tuée devaient se venger sur la famille du meurtrier.

vendeur, euse, n. ♦ Employé, employée de magasin, qui vend les marchandises aux clients.

vendre, v. (conjugaison 81) ♦ Céder quelque chose à quelqu'un en échange d'argent : *Voici la commerçante qui m'a vendu mon vélo.* — CONTR. acheter, acquérir.

vendredi, n. m. ♦ Jour de la semaine qui succède au jeudi et précède le samedi.

vénéneux, euse, adj. ♦ Qui peut empoisonner. ● *Des champignons vénéneux.*

vénérable, adj. ♦ Très respectable.

vénération, n. f. ♦ Très grand respect.

vénérer, v. (conjugaison 11) ♦ Éprouver un très grand respect pour quelqu'un.

vénerie, n. f. ♦ Art de la chasse à courre.

vengeance, n. f. ♦ Action de se venger.

venger, v. (conjugaison 16) ♦ *Venger quelqu'un,* punir celui qui lui a fait du mal. ● *Se venger :* faire du mal à quelqu'un qui nous a fait du mal.

vengeur, n. m. *ou* adj. ♦ **1.** *Le vengeur :* celui, celle qui venge quelqu'un. **2.** Qui exprime le désir de se venger, qui constitue une vengeance : *Et, sur ces mots vengeurs, il sortit et claqua la porte.* — REM. Dans ce sens, le féminin est *vengeresse : Une phrase vengeresse.*

véniel, elle adj. ♦ *Péché véniel, faute vénielle,* facilement pardonnable, peu grave.

venimeux, euse, adj. ♦ Qui peut injecter un poison en mordant, en piquant. ● *Des serpents venimeux.*

venin, n. m. ♦ Substance toxique que peuvent injecter certains animaux.

venir, v. (conjugaison 44) ♦ **1.** Aller à l'endroit où se trouve celui qui parle : *Viens donc chez moi samedi : nous nous amuserons bien.* ● *Faire venir,* commander une marchandise : *Nous allons faire venir une tonne de charbon.* **2.** Arriver, survenir : *L'heure est venue d'agir.* ● *Venir au monde :* naître. ● *Voici l'idée qui m'est venue à l'esprit.* ● *Voir venir,* attendre, ou prévoir : *J'avais vu venir ces événements.* ● *En venir à,* en arriver à : *J'en suis venu à m'interroger sur cette affaire.* **3.** Aller avec quelqu'un : *Viens avec moi, je vais t'emmener chez Estelle.* **4.** Provenir d'un lieu : *Ces bananes*

venir

viennent des Antilles. **5.** Avoir pour cause : *Ces maux de tête viennent d'une mauvaise digestion.* **6.** *Venir après,* succéder à : *Après l'orage viendra le beau temps.* **7.** *Venir de,* exprime le passé proche : *Il est 6 heures du matin, le jour vient de se lever.*

vent, n. m. ♦ **1.** Air en mouvement : *Le vent courbe les herbes et agite les branches.* ● *Venir en coup de vent :* venir brusquement, sans s'annoncer, pour repartir aussitôt. ● *Moulin à vent,* dont le mécanisme est mû par des ailes qui tournent sous l'effet du vent. ● *Arbre en plein vent,* qui n'est pas situé et appuyé contre un mur, comme un arbre fruitier *en espalier.* **2.** *Instruments à vent :* instruments de musique dans lesquels le son est produit par le souffle de l'air.

vente, n. f. ♦ Action de vendre. ● *Ce chocolat est en vente dans toutes les bonnes maisons d'alimentation.* ● *Mon père va chez la notaire pour signer l'acte de vente.* ● *Vente de charité :* réunion au cours de laquelle on vend des objets divers, le bénéfice allant à une œuvre de charité. ● *Vente aux enchères :* REGARDER *enchère.*

venter, v. ♦ *Il vente :* il y a du vent.

ventilateur, n. m. ♦ Appareil qui comprend des ailettes tournant vite, actionnées par un moteur, et qui fait du vent pour rafraîchir.

ventiler, v. ♦ Faire circuler ou faire entrer de l'air, renouveler l'air : *Il faut ventiler cette pièce pour chasser l'humidité.* — SYN. aérer.

ventouse, n. f. ♦ Organe qui permet à certains animaux d'adhérer à une surface : *Les tentacules de la pieuvre sont munis de ventouses.*

ventral, ale, aux, adj. ♦ Qui se trouve sur le ventre. — CONTR. dorsal.

ventre, n. m. ♦ **1.** La partie du corps qui se trouve au-dessous de la poitrine chez l'homme, en arrière de la poitrine chez

l'animal. ● *A plat ventre :* en étant couché ou étendu sur le ventre. **2.** Les viscères de la digestion (estomac, intestin, etc.). ● *Un mal de ventre.*

ventriloque, n. m. *ou* f. ♦ Personne qui parle sans remuer les lèvres, et dont le voix semble venir d'une autre personne.

ventripotent, ente, adj. ♦ Qui a un gros ventre. — SYN. ventru.

ventru, ue, adj. ♦ Qui a un gros ventre. — SYN. ventripotent.

venu, ue, adj. *ou* n. ♦ **1.** *Bien venu,* robuste, droit : *Un peuplier, bien venu, s'élançait d'un seul jet, au milieu du jardin.* ● *Bien venu,* beau et bien trouvé : *Cette tournure de phrase est particulièrement élégante et bien venue !* ● *Mal venu,* inopportun : *Il serait mal venu de faire de telles remarques.* **2.** *Nouveau venu,* celui qui vient d'arriver : *Ces filles sont des nouvelles venues dans notre école.* **3.** *Premier venu,* n'importe quelle personne sans valeur, sans notoriété : *Nos voisins ne sont pas des premiers venus : il sont tous universitaires !*

venue, n. f. ♦ Arrivée : *On nous annonce la venue d'une nouvelle professeure.*

vêpres, n. f. pl. ♦ Dans la religion catholique, office célébré dans l'après-midi : *Ce soir, nous irons à vêpres (ou aux vêpres).*

ver, n. m. ♦ Petit animal au corps allongé, comme celui d'un serpent, et démuni de pattes. ● *Un ver de terre :* un lombric. ● *Le ver solitaire :* le ténia. ● *Ver luisant :* larve d'un insecte, qui a la propriété de briller la nuit.

véracité, n. f. ♦ Caractère de ce qui est vrai : *Nous pouvons croire à la véracité de son témoignage.* — SYN. exactitude, fidélité, sincérité, vérité. — CONTR. fausseté, inexactitude.

véranda, n. f. ♦ Galerie, vitrée ou non, établie sur une plate-forme, contre la façade de certaines maisons.

verbal, ale, aux, adj. ♦ **1.** Exprimé par des paroles : *Toutes les consignes doivent être notifiées par écrit, aucune consigne verbale ne sera tenue pour valable.* **2.** Du verbe : *Les formes verbales* ayons *et* ayez *s'écrivent sans* i.

verbalement, adv. ♦ Par des paroles et non par écrit.

verbaliser, v. ♦ Dresser procès-verbal : *Les policiers ont fait arrêter l'automobiliste et ont verbalisé.*

verbe, n. m. ♦ Mot qui exprime une action ou un état et qui prend la marque de la personne, du temps et du mode : *En devoir de grammaire, nous avons eu à conjuguer les verbes* arguer, assener, asseoir, bouillir, choir et ouïr.

verbiage, n. m. ♦ Propos longs et inutiles. — SYN. bavardage.

verdâtre, adj. ♦ D'un vert peu joli.

verdict, n. m. ♦ Sentence : *Le tribunal a rendu son verdict : deux ans de prison.* — SYN. jugement.

verdir, v. ♦ Devenir vert.

verdoyant, ante, adj. ♦ Qui est très vert et plein d'une végétation abondante.

verdure, n. f. ♦ Les arbres, les plantes, l'herbe : *La mère de Didier habite une petite maison de campagne perdue dans la verdure.*

véreux, euse, adj. ♦ Où il y a des vers : *Pouah ! ces pommes sont véreuses !* ● Très malhonnête.

verge, n. f. ♦ **1.** Baguette qui sert à fouetter. **2.** Organe sexuel mâle. **3.** Unité de longueur valant trois pieds, soit 0,914 m.

verger, n. m. ♦ Jardin planté d'arbres fruitiers.

verglacé, ée, adj. ♦ Où il y a du verglas.

verglas [vɛʀgla], n. m. ♦ Mince couche de glace qui se forme sur le sol et sur laquelle on risque de glisser, de déraper.

vergogne (sans), loc. adv. ♦ Sans honte, sans gêne, sans retenue.

vergue, n. f. ♦ Pièce de bois oblique ou horizontale, fixée au mât, sur laquelle sont établies les voiles d'un navire.

véridique, adj. ♦ Conforme à la vérité : *Ce témoignage d'un contemporain est certainement véridique.* — SYN. authentique, fidèle, vrai. — CONTR. faux, infidèle, mensonger.

vérification, n. f. ♦ Action de vérifier. — SYN. contrôle.

vérifier, v. (conjugaison 20) ♦ S'assurer qu'une chose est vraie, correcte : *La comptable est en train de vérifier ses comptes.* — SYN. contrôler.

véritable, adj. ♦ **1.** Qui est vraiment ce qu'il a l'air d'être : *Voici une statue en véritable marbre.* — SYN. vrai. — CONTR. faux. **2.** Qui est vrai : *Il se faisait appeler Buffalo Bill, mais son véritable nom était William Cody.*

vérité, n. f. ♦ **1.** Conformité à la réalité : *Comment s'assurer de la vérité de cette affirmation ?* — CONTR. fausseté. **2.** Ce qui a eu lieu, ce qui s'est passé dans la réalité : *Les policiers essaient de découvrir la vérité.*

1. vermeil, eille, adj. ♦ D'un rouge à la fois clair et vif. ● *Des lèvres vermeilles.*

2. vermeil, n. m. ♦ Argent, recouvert d'or, de couleur jaune orangé : *Le comte avait un service de table en vermeil.*

vermicelle, n. m. ♦ *Du vermicelle :* des petites pâtes alimentaires, en forme de fils, que l'on met dans le potage.

vermifuge, n. m. ♦ Médicament qu'on prend pour chasser les vers parasites de l'intestin.

vermillon

vermillon [vɛʀmijɔ̃], n. m. *ou* adj. inv. ♦ **1.** Couleur rouge vif. **2.** De couleur rouge vif : *Elles portent des robes jaunes avec des dessins vermillon.*

vermine, n. f. ♦ Ensemble d'insectes parasites et sales (puces, poux, punaises, etc.).

vermisseau, n. m. ♦ Petit ver, petite larve d'insecte.

vermoulu, ue, adj. ♦ Mangé par les vers : *Le vieux meuble vermoulu fut remisé au grenier.*

verni, ie, adj. ♦ Couvert de vernis brillant. ● *Des meubles vernis.*

vernir, v. ♦ Couvrir de vernis : *Le menuisier va vernir le buffet.*

vernis, n. m. ♦ Sorte de peinture, colorée ou, souvent, transparente, dont on recouvre une surface pour la protéger ou la rendre lisse et brillante.

verre, n. m. ♦ **1.** Matière transparente produite par fusion du sable. — REGARDER *cristal.* ● *Papier de verre :* papier, enduit de verre broyé et collé, qui sert à poncer le bois. **2.** *Un verre :* récipient en verre dans lequel on boit. ● *Un verre à pied.* **3.** *Des verres,* des lunettes : *Amélie est myope ; elle doit porter des verres.* ● *Des verres de contact.*

verrerie, n. f. ♦ **1.** Usine où l'on fabrique des objets de verre. **2.** Ensemble d'objets de verre : *Voici un magasin de verrerie et de vaisselle.*

verrier, ière, n. ♦ Celui, celle qui fabrique du verre.

verrière, n. f. ♦ Toit ou plafond formé de plaques de verre maintenues par une charpente métallique.

verroterie, n. f. ♦ Ensemble de petits objets, de petits bijoux en verre coloré, de

faible valeur, qui, autrefois, servaient de monnaie dans les transactions avec certains peuples.

verrou, n. m. ♦ Grosse pièce de métal qui sert à fermer une porte, quand on la pousse dans une cavité spéciale ménagée dans l'encadrement de la porte.

verrouiller, v. ♦ Fermer au verrou : *Verrouille bien la porte derrière toi.*

verrue, n. f. ♦ Petite grosseur, molle à l'intérieur, recouverte d'une couche dure et colorée, qui se forme sur la peau.

1. vers, prép. ♦ **1.** Dans la direction de : *J'ai vu Octave qui courait vers sa mère en sortant de l'école.* **2.** Pas très loin de. ● Aux environs de (tel moment) : *Bertrand est arrivé vers midi.*

2. vers, n. m. ♦ Chacune des lignes qui composent un poème : *On met une majuscule au début de chaque vers.*

versant, n. m. ♦ Pente d'une montagne, d'une colline, d'une vallée. — SYN. flanc.

versatile, adj. ♦ Qui change souvent d'avis. — SYN. changeant, inconstant. — CONTR. constant, ferme, tenace.

versatilité, n. f. ♦ Défaut d'une personne versatile. — SYN. inconstance. — CONTR. constance, fermeté, ténacité.

verse (à), loc. adv. ♦ *Il pleut à verse,* très fort. — REGARDER *(une) averse.*

versé, ée, adj. ♦ *Versé dans,* qui s'intéresse beaucoup à une chose et qui la connaît très bien : *Ma grand-tante Marie-Cécile est très versée dans l'histoire de l'art.*

versement, n. m. ♦ Action de verser de l'argent ; argent que l'on verse. — SYN. paiement.

verser, v. ♦ **1.** Faire couler un liquide : *David versa un peu d'eau savonneuse* sur le carrelage. **2.** Payer : *Vous versez 200 dollars à la livraison.* **3.** Se renverser sur le côté : *Le camion a versé dans le fossé.*

verset, n. m. ♦ Chacun des paragraphes numérotés de la Bible, qui constituent des subdivisions d'un chapitre.

verseur, adj. ♦ *Bec verseur :* bec adapté à un récipient et qui permet de verser le liquide commodément.

version, n. f. ♦ **1.** Exercice qui consiste à traduire dans la langue maternelle un texte écrit dans une langue étrangère. — CONTR. thème. **2.** Chacune des formes différentes données d'un événement : *Il y a plusieurs versions des faits : où est la vérité?* **3.** *Version originale : film étranger non doublé.*

verso, n. m. ♦ Envers d'une feuille de papier. — CONTR. recto.

vert, adj. *ou* n. m. ♦ **1.** D'une couleur qui est celle de l'herbe, des feuilles vivantes. ● *Des jupes vert clair. Des robes vert foncé. Des écharpes bleu-vert.* **2.** La couleur verte : *J'aime le vert, mais je préfère le bleu.* **3.** *Fruit vert,* pas encore mûr. ● *Plantes vertes :* plantes d'appartement, cultivées pour leur feuillage, non pour leurs fleurs. ● *Bois vert,* pas bien sec.

vert-de-gris, n. m. *ou* adj. inv. ♦ **1.** Dépôt gris-vert qui se forme sur le cuivre ou le bronze exposé à l'air et qui est toxique. **2.** D'une couleur gris-vert.

vertébral, ale, aux, adj. ♦ *Colonne vertébrale :* partie du squelette formée par la chaîne des vertèbres.

vertèbre, n. f. ♦ Chacun des os qui constituent la colonne vertébrale.

vertébré, n. m. ♦ *Les vertébrés :* les animaux qui ont un squelette (poissons, batraciens, reptiles, oiseaux, mammifères).

vertement, adv. ♦ Avec rudesse et vivacité, et avec une franchise brutale : *Elle l'a vertement remis à sa place.*

vertical, ale, aux, adj. ♦ Qui est droit de haut en bas selon la direction du fil à plomb. — CONTR. horizontal.

vertige, n. m. ♦ Impression que tout tourne et que l'on va tomber ; sensation éprouvée parfois lorsqu'on est dans un lieu élevé dominant le vide.

vertigineux, euse, adj. ♦ Qui donne le vertige : *La falaise se dressait, verticale, jusqu'à une hauteur vertigineuse.*

vertu, n. f. ♦ **1.** Grande qualité : *Courage, générosité, désintéressement, ce grand homme avait toutes les vertus.* — CONTR. vice. **2.** Propriété que possède une chose : *Oui, mes enfants, disait la vieille Marion, l'eau de cette fontaine a la vertu de rendre amoureux ceux qui en boivent.* **3.** *En vertu de,* en application de : *En vertu du règlement, les demandes doivent être déposées au secrétariat avant le 1ᵉʳ juillet.*

vertueux, euse, adj. ♦ Qui a des vertus. — CONTR. vicieux.

verve, n. f. ♦ Vivacité brillante et créatrice : *Dans un discours plein de verve, elle ridiculisa ceux qui la critiquaient.* — SYN. brio. — CONTR. fadeur, froideur, platitude.

vésicule, n. f. ♦ *Vésicule biliaire :* organe annexe du foie où la bile se met en réserve avant de se déverser dans l'intestin.

vessie, n. f. ♦ Organe situé en bas du ventre, où s'accumule l'urine venant des reins. ● *Prendre des vessies pour des lanternes :* faire preuve d'une grande crédulité.

veste, n. f. ♦ Vêtement d'homme ou de femme qui couvre le haut du corps et se boutonne devant. — REGARDER *veston.*

vestiaire, n. m. ♦ **1.** Endroit où l'on change de vêtements (près d'un stade, dans une piscine, etc.). **2.** Endroit où l'on dépose son pardessus, son manteau, son parapluie, etc., avant d'entrer dans une salle de restaurant, de spectacle.

vestibule

vestibule, n. m. ♦ Pièce située à l'entrée d'un appartement, d'une maison. — SYN. antichambre, entrée.

vestige, n. m. ♦ *Des vestiges,* des ruines, ce qui reste d'un édifice : *Allons voir les vestiges du donjon féodal.* ● Ce qui subsiste d'une chose ancienne : *Ce pays a gardé des vestiges de sa puissance ancienne.*

vestimentaire, adj. ♦ Qui concerne les vêtements : *Par son élégance vestimentaire, Gaël s'est acquis l'admiration de ses camarades.*

veston, n. m. ♦ Veste d'homme.

vêtement, n. m. ♦ Ce qui sert à couvrir le corps et que l'on porte sur soi. — SYN. habit.

vétéran, n. m. ♦ **1.** Soldat qui a fait de nombreuses campagnes, qui a servi pendant longtemps. ● Ancien combattant : *Les vétérans des deux guerres se sont rendus au monument aux morts pour déposer une gerbe.* **2.** Celui qui a une longue pratique dans une activité : *Ce journaliste est un vétéran de la télé.*

vétérinaire, n. m. *ou* f. ♦ Médecin qui soigne les animaux.

vétille [vetij], n. f. ♦ Chose sans importance : *Pourquoi nous fâcher pour des vétilles?* — SYN. peccadille.

vêtir, v. (conjugaison 54) ♦ Habiller. ● *Se vêtir :* s'habiller. — CONTR. se déshabiller, se dévêtir.

veto, n. m. ♦ Opposition, refus prévu par la loi ou le règlement, qui empêche une mesure d'être prise ou appliquée.

vétuste, adj. ♦ Très vieux et en très mauvais état : *La maison, vétuste, s'est effondrée l'autre nuit.* — CONTR. neuf.

vétusté, n. f. ♦ État de ce qui est vétuste : *Pour cause de vétusté, cette masure n'est plus habitable.*

veuf, veuve, adj. *ou* n. ♦ Qui a perdu sa femme ou son mari : *Ce vieillard veuf vit seul dans sa petite maison.* ● *Un veuf. Une veuve.*

veule, adj. ♦ Qui manque d'énergie, de volonté. — SYN. mou. — CONTR. énergique.

veulerie, n. f. ♦ Défaut d'une personne veule. — SYN. mollesse. — CONTR. énergie.

veuvage, n. m. ♦ État d'une personne veuve.

veuve, adj. f. *ou* n. f. ♦ Féminin de *veuf.*

vexant, ante, adj. ♦ Qui vexe. — SYN. blessant, humiliant. — CONTR. flatteur.

vexation, n. f. ♦ Mauvais traitement : *Las de subir les vexations des nobles, les paysans se révoltèrent.* — SYN. abus, brimade, exaction.

vexatoire, adj. ♦ Qui a le caractère d'une vexation : *Ces mesures vexatoires poussèrent le peuple à la révolte.*

vexer, v. ♦ Heurter l'amour-propre de quelqu'un : *En disant à Anne qu'elle est trop grosse pour son âge, tu l'as vexée.* — SYN. blesser. — CONTR. flatter.

via, prép. ♦ Par tel endroit : *Je prends le train Montréal-Winnipeg via Sudbury.*

1. viabilité, n. f. ♦ **1.** *Viabilité d'une route,* bon état qui permet d'y circuler. **2.** *Travaux de viabilité :* travaux (de mise en état d'un terrain, d'adduction d'eau, de gaz, d'électricité, de construction des égouts, d'établissement des chaussées) qui permettent de construire sur le terrain.

2. viabilité, n. f. ♦ Caractère de ce qui est viable.

viable, adj. ♦ Qui peut vivre, durer, se développer, se réaliser : *Ce projet est viable.*

vidange

viaduc, n. m. ♦ Pont très haut ou très long.

viager, ère, adj. *ou* n. m. ♦ *Rente viagère,* versée régulièrement à quelqu'un jusqu'à sa mort. ● *Vendre un bien immeuble en viager,* le vendre à quelqu'un qui verse au vendeur une rente viagère, et qui entre en jouissance du bien à la mort du vendeur.

viande, n. f. ♦ Chair d'un mammifère ou d'un oiseau dont on se nourrit.

vibrant, ante, adj. ♦ Plein de chaleur, d'émotion et d'enthousiasme : *L'académicienne a rendu un vibrant hommage à l'écrivain disparu.* — SYN. chaleureux, ému, pathétique. — CONTR. froid, neutre, réservé.

vibration, n. f. ♦ Sorte de tremblement très rapide qui produit un son.

vibrer, v. ♦ **1.** Être le siège d'une vibration : *L'explosion fit vibrer toutes les vitres.* **2.** Être profondément ému : *Nous avons tous vibré en regardant à la télé ce feuilleton pathétique.*

vicaire, n. m. ♦ Prêtre catholique qui assiste le curé d'une paroisse.

vice, n. m. ♦ Très grave défaut. — CONTR. vertu.

vice-président, ente, n. ♦ Celui, celle qui a le rang immédiatement inférieur à celui du président, et qui peut éventuellement le remplacer, par exemple le vice-président des États-Unis. — PLUR. *des vice-présidents.*

vice-roi, n. m. ♦ Gouverneur d'une province lointaine, d'une colonie : *Le vice-roi du Pérou gouvernait au nom du roi d'Espagne.* — PLUR. *des vice-rois.*

vice versa [visevɛʀsa], adv. ♦ Réciproquement, inversement : *Pour le sport, la classe est divisée en deux groupes : quand le premier est au stade, le second est à la piscine, et vice versa.*

vicié, ée, adj. ♦ *Air vicié, atmosphère viciée,* qui contient des microbes, des fumées, du gaz carbonique et qu'il vaut mieux ne pas respirer. — SYN. pollué. — CONTR. pur.

vicieux, euse, adj. ♦ Qui a des vices. — CONTR. vertueux.

vicinal, ale, aux, adj. ♦ *Route vicinale, chemin vicinal :* petite route, chemin qui met en relation des villages, des hameaux.

vicissitudes, n. f. pl. ♦ *Les vicissitudes :* la succession des choses bonnes ou mauvaises que le hasard de la vie nous apporte.

vicomte, n. m. ♦ Noble qui a un titre traditionnellement considéré comme inférieur à celui de comte.

vicomtesse, n. f. ♦ Épouse d'un vicomte.

victime, n. f. ♦ **1.** Créature vivante que l'on immolait au cours d'un sacrifice. **2.** Personne qui a été tuée ou blessée (par agression ou par accident). **3.** Personne qui subit un tort : *Elle a été victime de la calomnie.*

victoire, n. f. ♦ **1.** Bataille où l'on a gagné : *Napoléon remporta de nombreuses victoires.* — SYN. succès. — CONTR. défaite, échec. **2.** Match que l'on a gagné : *Notre équipe vole de victoire en victoire : nous allons remporter le championnat.* — CONTR. défaite.

victorieux, euse, adj. ♦ Qui a remporté la victoire : *L'athlète victorieuse monta sur le podium.* — SYN. vainqueur. — CONTR. vaincu.

victuailles, n. f. pl. ♦ *Des victuailles :* des vivres, de la nourriture.

vidange, n. f. ♦ Action de vidanger une fosse d'aisances, un moteur. ● *Les vidanges :* les déchets, les poubelles, les ordures ménagères.

vidanger

vidanger, v. (conjugaison 16) ♦ Vider une fosse d'aisances en enlevant les excréments qui la remplissent. ● *Vidanger un moteur,* enlever l'huile usée qu'il contient et y mettre de l'huile propre.

vidangeur, euse, n. ♦ **1.** Celui, celle dont le métier consiste à vidanger les fosses d'aisances. **2.** Celui, celle qui ramasse les poubelles. — SYN. boueux, éboueur.

vide, adj. *ou* n. m. ♦ **1.** Où il n'y a rien : *On ouvrit l'armoire : elle était vide.* — CONTR. plein, rempli. ● *A vide,* sans être chargé : *Le camion revient à vide.* **2.** *Le vide,* espace où il n'y a rien que de l'air : *La parachutiste s'est lancée dans le vide sans hésiter.* ● Absence d'air, de gaz, de matière, dans un endroit : *Le professeur nous a montré comment on fait le vide dans une cloche de verre.*

vidéo, n. f. *ou* adj. inv. ♦ **1.** *La vidéo :* ensemble des techniques qui permettent d'enregistrer l'image et le son et de les reproduire sur un écran. **2.** Qui concerne la vidéo. ● *Les signaux vidéo.* ● *Les jeux vidéo.* ● *Les films vidéo.*

vidéocassette, n. f. ♦ Cassette qui contient une bande magnétique servant à enregistrer une émission de télévision ou un film vidéo qu'on peut ensuite regarder aussi souvent qu'on le désire. — REGARDER *magnétoscope.*

vidéo-clip, n. m. ♦ Mise en scène vidéo d'une chanson. — PLUR. *des vidéo-clips.*

vidéomatique, adj. ♦ Qui associe les techniques vidéo aux moyens des télécommunications : *Actuellement, on développe les réseaux de distribution vidéomatique.*

vide-ordures, n. m. inv. ♦ Tuyau vertical dans lequel on jette les ordures ménagères à partir d'un appartement.

vide-poches, n. m. inv. ♦ Petit objet dans lequel on place diverses choses (papiers, lettres, etc.), pour ne pas les laisser traîner.

vider, v. ♦ Enlever ce qu'il y a dans une chose ; faire tomber ou faire couler ce qui est dans un récipient. — CONTR. emplir, remplir.

vie, n. f. ♦ **1.** État d'un être qui respire, mange, remue, etc. — CONTR. mort. ● *Donner la vie à un enfant,* lui donner naissance. — SYN. donner le jour. ● *Perdre la vie,* mourir de mort violente, accidentelle : *Le comte perdit la vie dans un duel.* **2.** Vigueur, ardeur : *Ces enfants sont pleins de vie !* — SYN. vitalité. **3.** Durée qui va de la naissance à la mort : *La vie est trop courte pour qu'on la perde à de pareilles sottises.* **4.** Ce qu'il faut pour vivre (nourriture, etc.) : *Le prix de la vie augmente.* ● *Le coût de la vie.* ● *Gagner sa vie :* se procurer par son travail l'argent qu'il faut pour vivre. **5.** Manière de vivre, d'agir, de passer son temps, etc. : *Il est passionnant, ce livre sur la vie dans la Grèce antique !*

vieil, adj. m. ♦ REGARDER *vieux.*

vieillard, n. m. ♦ Homme âgé.

vieille, adj. *ou* n. f. ♦ **1.** Féminin de l'adjectif *vieux : Regarde la vieille maison.* **2.** *Une vieille :* une femme âgée.

vieillerie, n. f. ♦ Chose vieille et sans valeur : *Il faut débarrasser notre maison de campagne de toutes ces vieilleries poussiéreuses.*

vieillesse, n. f. ♦ Grand âge. ● *Mourir de vieillesse.*

vieilli, ie, adj. ♦ *Mot vieilli,* mot que l'on n'emploie plus guère, mais que l'on comprend encore : *Le mot aéroplane (= avion) est un mot vieilli.*

vieillir, v. ♦ **1.** Devenir vieux. — CONTR. rajeunir. **2.** Faire paraître vieux : *Les soucis et la maladie avaient vieilli le pauvre homme prématurément.* — CONTR. rajeunir.

vieillot, otte, adj. ♦ Un peu vieux, démodé et ridicule : *Elle feuilletait un livre du siècle dernier, orné de gravures vieillottes.*

vielle, n. f. ♦ **1.** Au Moyen Âge, instrument de musique à cordes, dont on jouait en se servant d'un archet : _Les ménestrels chantaient en s'accompagnant de la vielle._ **2.** Instrument de musique à cordes, muni de touches, dans lequel l'archet est remplacé par une roue tournée à la main : _La vielle est employée dans la musique folklorique, en Auvergne notamment._

vierge, adj. _ou_ n. f. ♦ **1.** _Une jeune fille vierge,_ qui n'a pas encore eu de rapports sexuels. ● _Une vierge._ **2.** _La Vierge Marie, la Sainte Vierge,_ ou _la Vierge :_ nom que les chrétiens donnent à Marie, mère de Jésus. **3.** Qui n'a pas encore servi : _Voici une cassette vierge pour faire l'enregistrement sur ton magnétophone._ ● _Une pellicule vierge._ ● _Une feuille de papier vierge._ **4.** _Forêt vierge :_ forêt très épaisse des pays équatoriaux. ● _Vigne vierge :_ REGARDER _vigne._

vieux, vieil, vieille, adj. _ou_ n. ♦ **1.** Qui est âgé, qui date d'il y a longtemps : _Le vieux grand-père marchait lentement, appuyé sur sa canne. Regarde ce vieux château : il date du XIV_e _siècle._ — REM. Au masculin, on emploie _vieil_ et non _vieux_ devant une voyelle ou un _h_ muet : _Un vieil arbre. Un vieil homme._ **2.** _Un vieux, une vieille :_ un homme âgé, une femme âgée. — CONTR. un jeune homme, une jeune fille, un enfant **3.** Qui n'est pas neuf : _Vêtu d'un vieux manteau rapiécé et multicolore, le clown avançait en sautillant._ — CONTR. neuf.

vif, vive, adj. _ou_ n. m. ♦ **1.** Remuant, rapide dans l'action : _Marinette est rieuse et vive, comme toutes les filles de Québec._ — SYN. actif, ardent, alerte. — CONTR. endormi, lent, lourd, mou. ● _Avoir l'esprit vif_ ou _être vif d'esprit :_ avoir une intelligence rapide. **2.** _Être brûlé vif :_ être brûlé vivant. **3.** _Froid vif :_ assez grand froid, qui « pique ». ● _L'air est vif :_ le vent et l'air sont assez froids. **4.** _Couleur vive,_ éclatante. — CONTR. pâle. **5.** _Entrer dans le vif du sujet :_ aborder l'essentiel du sujet. ● _Piquer au vif :_ vexer.

vigie, n. f. ♦ Marin qui est chargé de surveiller ce qu'il y a sur la mer : _Du haut du mât, la vigie cria : « Une terre à tribord ! »_

vigilance, n. f. ♦ Grande attention : _Il faut surveiller l'évolution de cette maladie avec la plus grande vigilance._ — CONTR. distraction, inattention, indifférence, négligence.

vigilant, ante, adj. ♦ Qui fait preuve de vigilance. — SYN. attentif. — CONTR. distrait, inattentif, négligent.

vigne, n. f. ♦ Plante dont le fruit est le raisin. — REGARDER _treille._ ● _Vigne vierge :_ plante grimpante décorative.

vignette, n. f. ♦ Petit papier, petite image qu'on colle sur une surface.

vignoble, n. m. ♦ Terrain planté de vignes.

vigogne, n. f. ♦ **1.** Animal d'Amérique du Sud, proche du lama. **2.** Tissu fait avec la laine de cet animal.

vigoureux, euse, adj. ♦ Plein de vigueur. — SYN. énergique, ferme, fort, puissant, robuste. — CONTR. chétif, faible, frêle, mou.

vigueur, n. f. ♦ Robustesse et force : _Malgré ses soixante-dix ans, ma grand-mère a gardé la vigueur de son jeune âge._ — SYN. énergie, fermeté, puissance. — CONTR. débilité, faiblesse, fragilité, mollesse.

vil, vile, adj. ♦ Qui inspire un grand mépris : _Il n'est pas d'action plus vile que de trahir son ami._ — SYN. abject, bas, ignoble, ignominieux, infâme, méprisable. — CONTR. beau, glorieux, honorable.

1. vilain, n. m. ♦ Au Moyen Âge, en Occident, paysan libre.

2. vilain, aine, adj. _ou_ n. ♦ **1.** Pas gentil : _Tu es vilaine d'avoir tiré les cheveux de ton petit frère._ ● _Mimi est une vilaine._ **2.** Pas beau : _Julie a attrapé un vilain bouton sur le nez._

vilebrequin, n. m. ♦ **1.** Outil en forme de manivelle qui sert à percer, à visser fortement. **2.** Axe qui reçoit le mouvement des bielles du moteur d'une voiture.

villa, n. f. ♦ **1.** Dans l'Empire romain, ensemble (comprenant la maison du maître, les dépendances et les bâtiments agricoles) qui était situé sur un domaine rural appartenant à un personnage riche. **2.** Belle maison de plaisance ou d'habitation, dans un jardin.

village, n. m. ♦ Agglomération de maisons, à la campagne. — REGARDER *bourg, bourgade, hameau, localité.*

villageois, oise, adj. *ou* n. ♦ **1.** D'un village : *La rue principale est embouteillée par la fête villageoise.* **2.** Personne de la campagne qui habite dans un petit village. — SYN. campagnard, paysan.

ville, n. f. ♦ **1.** Agglomération d'habitations et d'édifices divers qui n'a pas un caractère rural. — SYN. cité. **2.** Administration municipale : *Il appartient à la ville de faire entretenir les trottoirs et les chaussées des rues.*

villégiature, n. f. ♦ Séjour de repos et d'agrément à la campagne, à la mer, à la montagne : *Nous irons passer quinze jours en villégiature dans une localité du Vermont.*

vin, n. m. ♦ Boisson alcoolique fermentée faite avec du jus de raisin.

vinaigre, n. m. ♦ Liquide au goût acide qui sert à assaisonner les aliments.

vinaigré, ée, adj. ♦ Qui contient du vinaigre.

vinaigrette, n. f. ♦ Sauce faite d'un mélange d'huile et de vinaigre.

vindicatif, ive, adj. ♦ Enclin à se venger. — SYN. rancunier. — CONTR. indulgent.

vindicte, n. f. ♦ *La vindicte publique :* la poursuite et la punition des délits et des crimes par la justice. ● *Désigner quelqu'un à la vindicte publique,* l'accuser, le dénoncer publiquement devant l'opinion.

vingt, adj. numéral *ou* n. m. ♦ Au nombre de 20 : *D'ici à Chomedey il y a vingt kilomètres.* ● Qui vient au 20e rang : *Ouvrez vos livres à la page 20.* ● Le numéro 20 : *Je connais la propriétaire du 20 de la rue des Lilas.*

vingtaine, n. f. ♦ Nombre de vingt, environ.

vingtième, adj. numéral ordinal *ou* n. m. *ou* f. ♦ **1.** Qui vient au 20e rang : *Par la population, notre ville est la vingtième du Canada. Odile est vingtième au cross. Elle est la vingtième.* **2.** La partie d'un tout divisé en 20 parties égales : *Nous avons parcouru 30 kilomètres sur 600 : c'est tout juste le vingtième du trajet à parcourir.*

vinicole, adj. ♦ *Pays, région vinicole,* où l'on produit du vin. — REGARDER *viticole.*

vinification, n. f. ♦ Fabrication du vin.

viol, n. m. ♦ Action de violer.

violacé, ée, adj. ♦ D'une couleur violette pas très belle ; d'une couleur qui tire sur le violet.

violation, n. f. ♦ Action de violer un droit, un règlement, une loi, une frontière : *Cette mesure a été prise en violation des droits de l'homme.* ● *Violation de frontière.*

viole, n. f. ♦ Ancien instrument de musique à cordes et à archet.

violemment, adv. ♦ Avec violence.

violence, n. f. ♦ Caractère ou attitude d'une personne violente ; caractère d'une chose violente : *Par sa violence et sa cruauté, ce seigneur s'était fait haïr de tous les habitants du pays.* — SYN. brutalité, sauvagerie. — CONTR. bonté, clémence, douceur, gentillesse, humanité. ● *La violence de ses critiques nous a choqués.* — SYN. ardeur, impétuosité, véhémence, vivacité. — CONTR. douceur, mesure, modération. ● *La violence exceptionnelle d'une tempête.* — SYN. fureur, intensité.

violent, ente, adj. *ou* n. ◆ **1.** Qui agit en employant la force, qui se conduit avec brutalité. — SYN. brutal, sauvage. — CONTR. bon, clément, doux, gentil, humain. **2.** Extrême vivacité, absence complète de ménagements : *L'orateur s'est livré à de violentes critiques contre les privilèges.* — SYN. ardent, impétueux, véhément. — CONTR. calme, froid, mesuré, modéré. **3.** Grande force, grande puissance d'une chose qui peut faire beaucoup de mal : *Un violent incendie a ravagé la pinède.* — SYN. furieux, intense.

violer, v. ◆ **1.** Avoir des relations sexuelles avec une personne, contre le gré de celle-ci, en employant la violence, la menace, la contrainte. — SYN. abuser de. **2.** Ne pas respecter : « *Quiconque violera la Constitution sera puni* », *s'écria l'oratrice.* — SYN. transgresser. — CONTR. obéir à, respecter, se soumettre à, suivre. ● *Violer une frontière,* la franchir de manière illégale : *À plusieurs reprises, des commandos ennemis ont violé notre frontière.*

violet, ette, adj. *ou* n. m. ◆ **1.** D'une couleur intermédiaire entre le bleu et le rouge. — REGARDER mauve, violacé. **2.** La couleur violette : *Je n'aime pas ce violet criard.*

violette, n. f. ◆ **1.** Petite fleur de couleur violette qui sent très bon. **2.** Parfum tiré de cette fleur.

violon, n. m. ◆ Instrument de musique à cordes et à archet.

violoncelle, n. m. ◆ Gros violon aux sons graves.

violoneux, n. m. ◆ Violoniste de musique folklorique, de musique de danses carrées.

violoniste, n. m. *ou* f. ◆ Musicien, musicienne qui joue du violon.

vipère, n. f. ◆ Serpent venimeux commun en France.

virage, n. m. ◆ Tournant, généralement à rayon court : *Dans un virage en épingle à cheveux, la moto dérapa.* — SYN. courbe.

virement, n. m. ◆ Action de virer de l'argent. ● *Virement bancaire.*

virer, v. ◆ **1.** Tourner : *La voiture ralentit, vira à droite et s'engagea sur la route du moulin.* **2.** Changer de couleur. **3.** *Virer de l'argent,* le transférer d'un compte à un autre : *L'entreprise fait virer sur le compte des employés le montant de leur salaire.* **4.** Se transformer. ● *Virer de bord :* changer de direction, de bord, d'avis.

virevolter, v. ◆ Faire des demi-tours rapides : *En robe blanche à volants, Évelyne va, vient, court et virevolte.*

virgule, n. f. ◆ Signe de ponctuation (,) qui indique une légère pause, marque une petite séparation. — REGARDER *point-virgule.*

viril, ile, adj. ◆ **1.** Propre au sexe masculin. **2.** Fort, courageux.

virtuel, elle, adj. ◆ Qui existe, mais qui ne se manifeste pas : *Essayons de mettre en valeur tous nos talents virtuels !* — SYN. potentiel.

virtuose, n. m. *ou* f. ◆ Musicien qui joue très bien d'un instrument et en possède à fond la technique. ● Artiste (peintre, poète) maître de son art et capable de faire des choses techniquement difficiles.

virtuosité, n. f. ◆ Habileté du virtuose : *Avec quelle virtuosité cette pianiste a su rendre les nuances si délicates de cette mélodie !*

virulence, n. f. ◆ **1.** État d'un microbe qui est au maximum de sa nocivité. **2.** Méchanceté, dureté et violence. — CONTR. douceur, modération.

virulent, ente, adj. ◆ Méchant, dur, violent : *Ce journaliste s'est livré à une critique virulente de ce film.* — CONTR. mesuré, modéré.

virus [virys], n. m. inv. ◆ Très petit microbe qui provoque une maladie.

vis, n. f. ♦ Petite tige filetée qui sert à assembler.

visa, n. m. ♦ Cachet ou signature qu'on appose sur un document pour le rendre valable.

visage, n. m. ♦ Face de la tête : *Pierre a un bon visage souriant.* — SYN. figure. ● *Un visage connu :* une personne que l'on connaît.

vis-à-vis, adv. *ou* loc. prép. ♦ En face l'un de l'autre : *Elle et moi, nous étions assis vis-à-vis.* ● *Vis-à-vis de,* en face de : *J'étais assis vis-à-vis de la directrice.*

viscère, n. m. ♦ Organe de l'intérieur de la tête ou du corps (cerveau, poumons, cœur, estomac, foie, intestin, etc.).

visée, n. f. ♦ *Avoir des visées sur,* avoir l'intention d'obtenir telle chose : *Mon collègue a des visées sur le poste de directeur.*

viser, v. ♦ **1.** Essayer d'atteindre avec une arme ou un projectile : *L'oncle Théodule visa le lièvre, tira... et le manqua.* ● *Quand tu chasses le lion, vise à la tête !* **2.** Avoir l'ambition, l'intention d'obtenir : *Ma professeure vise un poste à l'université.*

viseur, n. m. ♦ **1.** Appareil qui permet de régler le lancement d'un projectile : *Avec ce viseur à laser, un bombardier peut lancer ses bombes avec une très grande précision.* **2.** Dans un appareil photographique, dispositif qui permet de bien cadrer le sujet.

visibilité, n. f. ♦ Possibilité de voir : *Légère brume ce matin sur la mer : visibilité limitée à deux milles.*

visible, adj. ♦ Que l'on peut voir, qui est facile à voir : *Le grand clocher de la cathédrale est visible à dix kilomètres à la ronde.* — CONTR. invisible.

visière, n. f. ♦ Partie d'un casque, d'une casquette ou d'un képi qui avance au-dessus du front et des yeux.

vision, n. f. ♦ **1.** La vue : *L'abus de ce médicament peut provoquer des troubles de la vision.* **2.** Manière de se représenter les choses : *Nous avons tous notre vision du monde, déterminée par notre milieu, notre tempérament, notre culture.* — SYN. représentation, image. **3.** Scène ou personnages que l'on croit voir : *Notre voisine a des visions : elle a vu saint Dominique en personne !* — SYN. apparition, hallucination.

visionnaire, n. m. *ou* f. ♦ Personne qui a des visions (au sens 3).

visionneuse, n. f. ♦ Appareil qui permet de regarder les diapositives.

visite, n. f. ♦ **1.** Action d'aller voir quelqu'un pour lui parler : *Demain, mes parents vont rendre visite à Mme Dupuis, une vieille connaissance.* ● *Ils vont lui faire une visite.* ● *Mme Dupuis va recevoir une visite.* ● *Mes parents seront en visite.* **2.** Action de visiter un pays, une ville, un monument. **3.** *Visite médicale,* examen par un médecin : *Demain, tous les élèves passent la visite médicale.*

visiter, v. ♦ Parcourir pour voir, pour connaître : *Cet été, j'ai visité le nord de l'Italie.* ● *Visiter une ville, un quartier, un musée.*

visiteur, euse, n. ♦ Celui, celle qui rend visite à quelqu'un.

vison, n. m. ♦ **1.** Petit animal carnivore qui ressemble au putois et qui a une très belle fourrure. **2.** Fourrure de cet animal.

visqueux, euse, adj. ♦ Qui colle, qui est gluant : *L'enfant puisait la confiture dans le pot avec ses mains, qui étaient toutes visqueuses.* — SYN. collant, gluant, poisseux. ● Qui est liquide, mais qui coule lentement : *Le miel visqueux gouttait de la tartine.* — SYN. sirupeux.

visser, v. ♦ **1.** Tourner une vis ou un objet qui a une rainure en forme de spirale, de manière à fixer, à serrer, à fermer : *Visse* bien à fond le bouchon du bidon. — CONTR. dévisser. **2.** Fixer avec des vis : *Nous allons visser le nouveau verrou sur la porte.*

visualisation, n. f. ♦ Présentation, sur un écran, des résultats d'une opération ou d'un traitement informatique. ● *Écran, console de visualisation.*

visuel, elle, adj. ♦ De la vue : *Tu veux être officier de marine? Alors, il faut que tu aies une bonne acuité visuelle.*

vital, ale, aux, adj. ♦ **1.** Qui concerne la vie, phénomène naturel : *Les phénomènes vitaux constituent le domaine de la biologie.* **2.** Indispensable au maintien de la vie : *Respirer, boire, manger, dormir sont des besoins vitaux.* **3.** Très important : *Supprimer le chômage, c'est une nécessité vitale !*

vitalité, n. f. ♦ Vigueur, énergie d'une personne qui remue, agit : *J'aime voir ces enfants crier, courir, sauter : ils sont pleins de vitalité !* — CONTR. atonie, faiblesse, langueur, mollesse.

vitamine, n. f. ♦ Chacune des substances qui sont nécessaires à la santé, en très petites quantités.

vite, adv. *ou* interj. ♦ Rapidement : *Avec ses longues jambes, Lysiane court vite.* ● *Stéphanie comprend vite et travaille vite.* — CONTR. lentement. ● *Allons, vite ! En route !*

vitesse, n. f. ♦ **1.** Distance parcourue par unité de temps : *Le turbo-train roule à la vitesse de deux cent cinquante kilomètres à l'heure.* **2.** Caractère, qualité d'une personne, d'un animal ou d'une chose rapide : *La gazelle est remarquable par sa vitesse à la course.* — CONTR. lenteur. **3.** *Faire de la vitesse :* rouler vite, à bord d'une voiture ou sur une moto. **4.** *Changement de vitesse :* mécanisme qui permet d'aller plus ou moins vite. ● *Boîte de vitesses (d'une automobile).* ● *N'oublie pas de débrayer quand tu dois passer les vitesses.*

viticole, adj. ♦ *Pays, région viticole,* où l'on cultive la vigne. — REGARDER *vinicole.*

viticulture, n. f. ♦ Culture de la vigne.

vitrage, n. m. ♦ Toiture, cloison, paroi constituée par des plaques de verre que soutient une armature métallique.

vitrail, aux, n. m. ♦ Assemblage de plaques de verre de diverses couleurs qui garnit une fenêtre et qui forme comme un tableau.

vitre, n. f. ♦ Plaque de verre qui garnit une fenêtre, une porte, une portière.

vitré, ée, adj. ♦ Garni de vitres : *Au fond du couloir s'ouvre une porte vitrée.*

vitreux, euse, adj. ♦ **1.** *Substance vitreuse,* qui a l'aspect du verre. **2.** *Regard vitreux,* terne.

vitrier, ière, n. ♦ Celui, celle qui pose les vitres, qui remplace les vitres brisées.

vitrifier, v. (conjugaison 20) ♦ Transformer en verre : *L'énorme chaleur du volcan a vitrifié les roches.*

vitrine, n. f. ♦ **1.** Panneau de verre d'une devanture. **2.** Endroit où un commerçant expose ses marchandises à la vue du public, derrière la vitre de sa devanture : *Zacharie aimerait bien avoir le joli chandail qu'il a vu dans la vitrine.*

vitupérer, v. (conjugaison 11) ♦ Critiquer vivement, âprement : *Les gouvernés vitupèrent les gouvernants, c'est dans l'ordre des choses !* — REM. Ne dites pas : *vitupérer contre quelqu'un.*

vivacité, n. f. ♦ Attitude, conduite d'une personne qui agit ou réagit vite : *Mariette court, saute, gambade, elle est toujours pleine de vivacité !* — SYN. activité, entrain, pétulance. — CONTR. apathie, inertie, lenteur.

vivant, ante, adj. *ou* n. ♦ **1.** Qui n'est pas mort : *Si je suis encore vivant*

vivant

l'année prochaine, dit mon arrière-grand-père, j'irai faire un voyage en Floride. — CONTR. mort. ● *L'humanité est composée, a-t-on dit, de plus de morts que de vivants.* **2.** Qui n'a pas cessé d'exister : *Cette coutume est encore bien vivante dans certains villages.* ● **Langues vivantes,** qu'on parle encore, par exemple le français, l'anglais, l'allemand, l'espagnol, le portugais, l'italien, le grec moderne, par opposition aux *langues mortes,* telles que le latin, le grec ancien. **3.** *Un être vivant :* un être humain, un animal ou une plante. **4.** Plein de mouvement, d'animation : *As-tu remarqué le style vivant de cette romancière?*

vive, interj. ♦ Marque l'approbation, l'acclamation : *Vive les mariés! Vive les champions!* — CONTR. à bas. — REM. On écrit parfois, en faisant l'accord : *Vivent les mariés! Vivent les champions!*

vivement, adv. ♦ **1.** Vite : *Il faut réagir fort, et vivement.* — SYN. rapidement. — CONTR. lentement. **2.** Avec un peu d'emportement : *Juliette est de mauvaise humeur : elle m'a répondu un peu vivement.* **3.** Avec force, avec ardeur : *Je désire vivement que tu guérisses.* ● Profondément : *Nous avons ressenti très vivement cette offense.* **4.** Suivi d'un nom, *vivement* s'emploie pour exprimer qu'on souhaite voir bientôt arriver quelque chose : *Vivement la retraite, dit mon grand-oncle, que je puisse aller m'installer à la campagne!*

vivier, n. m. ♦ Bassin où on élève des poissons, où on les garde vivants.

vivifiant, ante, adj. ♦ Qui donne des forces, de la vigueur : *L'air de ces montagnes est particulièrement pur et vivifiant.* — SYN. tonique.

vivifier, v. (conjugaison 20) ♦ Donner des forces, réveiller l'énergie : *Tu sais, ce mois de vacances au bord de la mer va te vivifier.* — CONTR. anémier.

vivipare, adj. ♦ *Animal vivipare,* dont les petits naissent en sortant du ventre de la mère et non en sortant d'un œuf. — REGARDER *ovipare.*

vivoter, v. ♦ Vivre avec de petites ressources : *La vieille demoiselle vivotait en donnant quelques leçons de piano.*

vivre, v. (conjugaison 104) ♦ **1.** Être en vie : *Un quart d'heure avant sa mort, il vivait encore!* **2.** Atteindre tel âge : *Son arrière-grand-tante a vécu près de quatre-vingt-quinze ans.* **3.** Habiter : *Mon oncle vit à Chicoutimi.* **4.** Agir, travailler, etc. : *Nous allons voir comment vivaient les Grecs à l'époque de Périclès.* **5.** Se procurer l'argent nécessaire aux besoins : *Pour vivre, il dut commencer à travailler en usine dès l'âge de quinze ans.*

vivres, n. m. pl. ♦ *Les vivres :* la nourriture qu'on emporte, ou la nourriture dont on dispose.

vivrier, ière, adj. ♦ *Cultures vivrières :* dans les pays tropicaux, cultures dont les produits servent à nourrir la population locale et ne sont pas destinés à être exportés vers les pays riches. Par exemple, le sorgho est une culture vivrière, le cacao une culture d'exportation.

vlan! interj. ♦ Onomatopée qui imite un bruit de coup.

vocabulaire, n. m. ♦ **1.** Livre scolaire qui contient des mots groupés selon le domaine d'activité, etc. **2.** Ensemble des mots employés par une personne : *Le vocabulaire de Sophie est très riche.* **3.** Ensemble des mots relatifs à un domaine d'activité, par exemple le vocabulaire de la pêche, de l'agriculture, de la musique, etc. — SYN. lexique.

vocal, ale, aux, adj. ♦ **1.** *Musique vocale,* destinée à être chantée. ● *Un ensemble vocal :* une chorale, un chœur **2.** *Les cordes vocales :* membranes du larynx qui vibrent quand on prononce certains sons.

vocation, n. f. ♦ Attirance, appel vers une activité, une profession : *C'est en voyant passer les grands navires dans l'estuaire que Jean-Marie sentit s'éveiller sa vocation de navigateur.*

vociférer, v. (conjugaison 11) ♦ Crier, tout en étant en colère.

vodka, n. f. ♦ Eau-de-vie faite avec du grain fermenté et fabriquée, à l'origine, en Russie et en Pologne.

vœu, n. m. ♦ Formule par laquelle on exprime ce qu'on désire voir se produire : _J'ai envoyé mes vœux de bonne année à tante Irma._ — SYN. souhait. ● _Une carte de vœux._

vogue, n. f. ♦ Mode, faveur du public. ● _Cette année, les pulls moulants sont de nouveau en vogue._

voguer, v. ♦ Naviguer.

voici, prép. ♦ **1.** Par opposition à _voilà,_ sert à présenter la chose la plus proche : _Voici, juste devant nous, le marché aux poissons, et voilà, un peu plus loin, la gare maritime._ **2.** Sert à présenter ce qui suit : _Voici ce que j'ai dit :_ « _Messieurs, il faut agir tout de suite._ » — REGARDER voilà. **3.** S'emploie devant un infinitif : _Voici venir l'hiver et la neige et la brume._ **4.** S'emploie derrière un pronom personnel : _Nous voici arrivés !_

voie, n. f. ♦ **1.** Route. ● _Les voies romaines._ **2.** _Voie ferrée_ ou _voie,_ ligne de chemin de fer : _A cet endroit, la voie franchit la vallée par un viaduc de pierre._ **3.** Ensemble des deux rails sur lesquels roule un train : _Notre train se trouve sur la voie n° 6._ **4.** Carrière, direction : _Quelle voie choisis-tu, Yvette, une carrière d'ingénieure ou le métier d'aviatrice ?_ **5.** _En bonne voie :_ en train de réussir.

voilà, prép. ♦ **1.** Par opposition à _voici,_ sert à présenter la chose la plus éloignée. — REGARDER voici. **2.** Sert à présenter ce qui précède : « _C'est tout de suite qu'il faut agir_ », _voilà ce que j'ai dit._ — REGARDER voici. **3.** S'emploie derrière un pronom personnel : _Ah ! te voilà, toi ! Il est bien temps d'arriver !_

1. voile, n. m. ♦ **1.** Morceau d'étoffe qui couvre la tête ou cache le visage, par exemple le voile blanc de la mariée, le voile noir d'une veuve ou le voile d'une femme musulmane. **2.** Masse plus ou moins épaisse, de brume, de fumée, qui empêche de voir distinctement : _Un voile de brume nous masquait l'autre rive du lac._

2. voile, n. f. ♦ Grande pièce d'étoffe sur laquelle agit le vent qui pousse un navire. ● _Faire voile,_ naviguer : _Le quatre-mâts faisait voile vers Rio._ — SYN. cingler. ● _La voile :_ le sport qui consiste à naviguer sur un voilier de plaisance. ● _Vol à voile :_ — REGARDER vol 1.

1. voilé, ée, adj. ♦ **1.** Qui porte un voile sur la tête ou sur le visage : _Une femme voilée passa furtivement dans l'ombre bleue, au pied de la mosquée._ **2.** _Ciel voilé,_ couvert d'un voile de nuages.

2. voilé, ée adj. ♦ Faussé, déformé : _La roue de mon vélo est voilée._

1. voiler, v. ♦ Cacher : _Un nuage passa, voilant le soleil. Clotilde enroula une serviette autour de ses hanches pour voiler sa nudité._

2. voiler, v. ♦ Fausser : _Le choc fut violent et voila la roue du vélo._ — SYN. déformer.

voilette, n. f. ♦ Petit voile à larges mailles attaché à certains chapeaux de femme.

voilier, n. m. ♦ Navire, bateau à voiles.

voilure, n. f. ♦ Ensemble des voiles d'un navire.

voir, v. (conjugaison 74) ♦ **1.** Percevoir par les yeux, par le sens de la vue : _Devant moi, je voyais la plaine, qui s'étendait à l'infini._ **2.** Rencontrer quelqu'un pour lui parler, le consulter : _Oscar, tu es fatigué ? Tu devrais voir le médecin !_ ● _Se voir,_ se rencontrer : _Gisèle et moi, nous nous voyons souvent, dans l'autobus._ **3.** Observer : _On a rarement vu des pluies aussi violentes._ ● _Un été aussi chaud se voit très rarement._

4. Comprendre : *Je vois maintenant pourquoi ta solution est fausse.* **5.** *Voyons,* formule qui exprime une exhortation, un reproche : *Voyons, Paul, ne mets pas tes coudes sur la table.*

voire, adv. ♦ Même : *Le loup aurait bien volontiers mangé un mouton, voire le berger.*

voirie, n. f. ♦ **1.** Ensemble des rues et des routes entretenues par l'Administration. **2.** Service municipal qui s'occupe de l'entretien des rues et des places publiques. **3.** Endroit où l'on dépose les ordures collectées dans la ville. — SYN. décharge publique, dépotoir.

voisin, ine, adj. *ou* n. ♦ **1.** Qui est proche : *Je passe mes vacances dans un village des Laurentides et je connais toutes les localités voisines.* — SYN. rapproché. — CONTR. éloigné, lointain. **2.** *Un voisin, une voisine :* celui, celle qui habite tout près. ● Personne qui occupe la place à côté : *Antoine, veux-tu cesser de tirer les cheveux de ta voisine !* **3.** Proche par l'aspect, la nature ; ressemblant : *L'alligator est un reptile voisin du crocodile.* — SYN. semblable.

voisinage, n. m. ♦ **1.** Espace qui s'étend autour d'un lieu : *Une lourde odeur de jasmin flotte au voisinage de l'usine de parfums.* — SYN. aux alentours, aux environs. **2.** L'ensemble des voisins.

voiture, n. f. ♦ **1.** Véhicule tiré par des chevaux (autrefois) : *Béatrice était riche et avait voiture et cocher.* **2.** Automobile. **3.** Véhicule de chemin de fer dans lequel sont transportés les voyageurs : *J'ai réservé ma place : c'est la place 64, dans la voiture 8.*

voix, n. f. ♦ **1.** Les sons que l'on émet lorsqu'on parle, considérés du point de vue de leur timbre, de l'intonation, etc. : *D'une voix sèche et dure, le chef donnait ses ordres.* ● Ce qui semble parler au-dedans de nous. ● *La voix du cœur.* ● *La voix de la conscience.* ● *La voix du sang :* l'appel, l'attirance qu'une personne ressent à l'égard d'une

autre personne de sa famille. **2.** Chacun des bulletins exprimant un vote : *Notre députée a été réélu triomphalement par 12 550 voix contre 4 506 à son adversaire.* **3.** *La voix active du verbe* (par exemple : *Le vent pousse le navire*). ● *La voix passive* (par exemple : *Le navire est poussé par le vent*). ● *La voix pronominale* (par exemple : *Il se poussa pour me faire de la place*).

1. vol, n. m. ♦ Mouvement d'un oiseau, d'un insecte, d'une chauve-souris, d'un avion, etc., qui vole : *Le vol de l'aigle est plus rapide que celui du milan.* ● *L'oiseau va **prendre son vol**,* s'envoler. ● *À vol d'oiseau,* en ligne droite : *D'ici au village voisin, la distance à vol d'oiseau est de trois kilomètres. Par la route, elle est de cinq kilomètres.* ● *Vol à voile :* sport qui consiste à voler sur un planeur.

2. vol, n. m. ♦ Action de voler, de dérober quelque chose : *Il a été condamné à six moix de prison pour vol.*

volage, adj. ♦ Infidèle en amour. — SYN. inconstant. — CONTR. constant, fidèle.

volaille, n. f. ♦ **1.** *La volaille :* ensemble des oiseaux qu'on élève dans la basse-cour pour leurs œufs ou leur chair (poules, canards, oies, dindes, pintades). ● *Une volaille :* l'un de ces oiseaux. **2.** *De la volaille :* de la chair d'un oiseau de basse-cour.

1. volant, ante, adj. ♦ **1.** *Appareil volant, machine volante,* qui peut voler (avion, hélicoptère). ● *Poisson volant :* poisson des mers chaudes dont les nageoires sont très grandes, qui peut sauter hors de l'eau et planer sur une distance de 200 à 300 mètres. — SYN. exocet. **2.** *Feuille volante :* feuille de papier isolée.

2. volant, n. m. ♦ **1.** Sorte de roue que l'on manœuvre pour faire tourner une voiture à droite ou à gauche. **2.** Bande d'étoffe dont un bord est cousu et l'autre libre, et qui est fixée sur une robe, une jupe ou un rideau pour servir d'ornement. ● *Une robe à volants.*

volatil, ile, adj. ♦ Qui s'évapore vite et facilement : _L'éther est extrêmement volatil._

volatile, n. m. ♦ _Un volatile :_ un oiseau.

volatiliser (se), v. ♦ S'évaporer : _Le parfum s'était volatilisé, et le flacon, mal bouché, était vide._

vol-au-vent, n. m. inv. ♦ Sorte de grand pâté en pâte feuilletée garni de viande ou de poisson, de champignons, de quenelles et de sauce.

volcan, n. m. ♦ Montagne qui, à son sommet, porte un trou, le _cratère,_ d'où il sort, quand le volcan est _en éruption,_ de la fumée, de la lave, des cendres, qui viennent des profondeurs de la Terre.

volcanique, adj. ♦ **1.** D'un volcan : _Une éruption volcanique détruisit la ville de Saint-Pierre, à la Martinique, en 1902._ **2.** _Roches volcaniques,_ qui proviennent de l'éruption d'un volcan.

volée, n. f. ♦ **1.** Groupe d'oiseaux qui volent ou qui se posent ou s'envolent ensemble : _Une volée d'étourneaux vint s'abattre sur le verger._ **2.** _À toute volée,_ très fort : _Les cloches sonnent à toute volée._ **3.** _Une volée de coups :_ une série de coups violents donnés à quelqu'un. **4.** _Reprendre la balle de volée,_ avant qu'elle n'ait touché le sol.

1. voler, v. ♦ **1.** Se déplacer dans l'air au-dessus du sol : _Regarde les mouettes qui volent au-dessus de la mer._ ● Piloter un avion : _Ma cousine veut apprendre à piloter : elle espère pouvoir voler dans un an._ **2.** Venir, aller très vite : _Va, cours, vole !_ **3.** Être soulevé par le vent : _Voici le vent d'équinoxe qui fait voler les feuilles mortes, les papiers gras et les robes légères._ ● _Le drapeau volait au vent._ **4.** _Voler en éclats,_ être brisé en plusieurs morceaux : _Sous le choc du caillou, la vitre vola en éclats._

2. voler, v. ♦ Prendre ce qui appartient à autrui : _Les policiers ont arrêté le voyou qui volait les sacs à main des vieilles dames._ — SYN. s'approprier.

volet, n. m. ♦ **1.** Chacun des panneaux de bois ou de fer qui peuvent se fermer pour protéger une fenêtre à l'extérieur. — SYN. persienne. **2.** Chacune des parties d'un dépliant qui peut se rabattre sur les autres.

voleter, v. (conjugaison 14) ♦ Voler dans diverses directions, sans aller très loin ni très haut : _Les moineaux volettent, çà et là, dans la cour._ — SYN. voltiger.

voleur, euse, n. ou adj. ♦ Celui, celle qui vole le bien d'autrui.

volière, n. f. ♦ Construction dont les parois sont constituées par du grillage et où l'on élève des oiseaux.

volley-ball [vɔlɛbol], n. m. ♦ Sport d'équipe dans lequel on lance le ballon avec les mains par-dessus un filet, sans le laisser toucher le sol.

volontaire, adj. ou n. ♦ **1.** Que l'on fait en le voulant, exprès : _Je n'ai pas parlé de cet incident, dans mon rapport. Cette omission est volontaire._ — SYN. délibéré, intentionnel, voulu. — CONTR. accidentel, fortuit, involontaire. **2.** Qui a beaucoup de volonté : _Marc était un garçon dur, volontaire, qui savait s'imposer et ne renonçait jamais._ — SYN. énergique, persévérant, tenace. — CONTR. faible, mou, velléitaire, versatile. **3.** _Un, une volontaire,_ celui, celle qui fait quelque chose sans qu'on l'y oblige, en se proposant de son propre mouvement : _On demande deux volontaires pour une mission périlleuse._ ● _Se porter volontaire :_ se proposer pour un travail, une mission. ● _Les volontaires :_ ceux qui s'engagent dans l'armée pendant une guerre, sans être appelés par un ordre de mobilisation.

volontairement, adv. ♦ Exprès, en le voulant bien. — SYN. délibérément, intentionnellement. — CONTR. accidentellement, fortuitement, involontairement.

volonté, n. f. ♦ **1.** Ce qu'une personne veut : _Je vais vous conduire à la Bastille, c'est la volonté du roi._ **2.** _De sa propre volonté :_ de sa propre initiative. **3.** Qualité de celui qui veut fortement ce qu'il veut et ne se laisse rebuter ni par les obstacles ni par les objections. — SYN. caractère, énergie, fermeté, persévérance, ténacité. — CONTR. faiblesse, mollesse, versatilité. **4. Bonne volonté :** désir de bien faire, attitude de celui qui a de bonnes intentions. ● **Bonne volonté :** attitude de celui qui fait quelque chose de bonne grâce et docilement. ● **Mauvaise volonté :** attitude de celui qui fait quelque chose en rechignant.

volontiers, adv. ♦ Avec plaisir : *Je reprendrais bien volontiers de ce délicieux gâteau.* — SYN. avec plaisir, de bon cœur. — CONTR. à contrecœur, malgré moi, malgré toi, malgré lui, etc.

volt, n. m. ♦ Unité de différence de potentiel électrique (symbole V).

volte-face, n. f. inv. ♦ **1. Faire volte-face :** Se retourner en faisant demi-tour, pour faire face. **2.** Changement brusque d'avis, de décision.

voltige, n. f. ♦ Acrobatie au trapèze, au-dessus du sol : *Tu as vu ces acrobates du cirque ? Quel fantastique numéro de voltige !*

voltiger, v. (conjugaison 16) ♦ **1.** Voleter : *Les papillons voltigent de fleur en fleur sous le soleil d'été.* **2.** Être soulevé, emporté dans tous les sens : *La tempête fait voltiger les dernières feuilles mortes.*

volubile, adj. ♦ Qui parle beaucoup et vite. — SYN. bavard, loquace. — CONTR. muet, silencieux, taciturne.

volubilité, n. f. ♦ Abondance et facilité de parole et rapidité du débit. — SYN. loquacité. — CONTR. mutisme.

volume, n. m. ♦ **1.** Place occupée dans l'espace par un corps à trois dimensions. **2.** Livre : *La bibliothèque municipale contient vingt-cinq mille volumes.*

volumineux, euse, adj. ♦ Qui occupe un grand volume : *Cette malle est trop*

volumineuse pour tenir dans le coffre de la voiture. — SYN. énorme, gros, encombrant. — CONTR. minuscule.

volupté, n. f. ♦ Grand plaisir des sens : *Isabelle se plongea avec volupté dans l'eau tiède et mousseuse du bain.* — SYN. délice.

voluptueux, euse, adj. ♦ **1.** Qui recherche les voluptés. **2.** Qui fait éprouver de la volupté, qui constitue une volupté.

volute, n. f. ♦ Chose en forme de spirale : *Les vagues déroulent leurs volutes le long du rivage.* ● Ornement en forme de spirale.

vomir, v. ♦ **1.** Rejeter hors de l'estomac les aliments ou les liquides : *Bébé a vomi sa bouillie.* — SYN. rendre. **2.** Rejeter hors de soi avec force : *Le volcan vomit à plein cratère la lave incandescente et d'énormes nuages de fumée noire.* **3.** Dire avec violence : *Elle se mit à vomir un flot d'injures.*

vomissement, n. m. ♦ Action de vomir.

vomissure, n. f. ♦ Chose qu'on a vomie.

vorace, adj. ♦ Qui mange beaucoup, avec avidité : *Les loups voraces mangèrent tous les moutons et même le chien.* — SYN. glouton, goulu. — CONTR. frugal, sobre.

voracité, n. f. ♦ Caractère, comportement d'une personne ou d'un animal vorace. — SYN. avidité, gloutonnerie. — CONTR. frugalité, sobriété.

vos, adj. possessif. ♦ Pluriel de « votre » : *Allez, les enfants, rangez vos livres et vos cahiers !*

votant, ante, n. ♦ Personne qui prend part à un vote : *Sur 1 200 inscrits, il y a eu 1 100 votants.*

vote, n. m. ♦ Action de voter : *C'est le vote des électeurs qui déterminera la composition de l'Assemblée.* — REGARDER élection, scrutin.

voter, v. ♦ **1.** Choisir ou décider en exprimant son avis au cours d'une consultation : *Les ouvriers ont voté à main levée contre la reprise du travail.* **2.** *Voter pour,* choisir tel candidat : *Mon père a voté pour une candidate qu'il estime et qu'il connaît bien.*

votre, vos, adj. possessif. ♦ Qui est à vous, de vous : *J'ai bien connu votre grand-oncle et vos cousines.*

vôtre, pronom possessif *ou* n. m. ♦ **1.** *Le vôtre, la vôtre, les vôtres,* pronom possessif de la deuxième personne du pluriel : *Nous avons nos livres, avez-vous les vôtres !* **2.** *Des vôtres,* avec vous : *Bien sûr ! pour la petite soirée, je serai des vôtres !* **3.** *Les vôtres :* les gens de votre famille.

vouer, v. (conjugaison 19) ♦ **1.** Consacrer : *Nous vouons à notre maître beaucoup de respect et de reconnaissance.* — SYN. porter, témoigner. ● *Le général romain, pour assurer la victoire, se voua aux dieux infernaux, et aussitôt il fut englouti dans les entrailles de la terre.* **2.** Employer entièrement : *Ces médecins et ces chercheurs ont voué leur vie à la lutte contre les maladies.* **3.** Destiner : *L'abondance de la main-d'œuvre et des ressources minières voue cette région à l'industrie lourde.*

vouloir, v. (conjugaison 75) ♦ **1.** Avoir l'intention, avoir fortement le désir, décider de (faire quelque chose) : *Je veux tenir la tête de la classe cette année.* **2.** Désirer, souhaiter, exiger : *« Je veux que chacun m'obéisse sans discuter », s'écria le chef des bandits.* **3.** Désirer obtenir, désirer acheter : *Madame, je voudrais deux cahiers de brouillon, s'il vous plaît.* **4.** Accepter, être d'accord : *Aller me baigner ? Oui, je veux bien.* **5.** *Vouloir du bien (du mal) à quelqu'un,* vouloir lui faire du bien (du mal), avoir de bonnes (de mauvaises) intentions à son égard. **6.** *En vouloir à quelqu'un,* éprouver de l'hostilité, de la rancune à son égard, ne pas l'aimer. **7.** *Vouloir dire,* signifier : *Que veut dire cette phrase latine gravée au fronton ?*

vous, pronom personnel. ♦ **1.** Pronom personnel de la deuxième personne du pluriel qui s'emploie quand il y a plusieurs interlocuteurs : *Toi, Hervé, et toi, Bertrand, vous irez trouver la directrice tous les deux.* ● *Vous irez vous-mêmes :* vous et personne d'autre. **2.** Pronom personnel de la deuxième personne du pluriel qui s'emploie quand on s'adresse à un seul interlocuteur qu'on ne connaît pas assez pour lui dire « tu » : *Merci, madame, vous êtes très gentille.* ● *Madame, vous êtes venue vous-même m'apporter ce paquet :* vous et personne d'autre.

voûte, n. f. ♦ Sorte de plafond qui n'est pas plat, mais qui a la forme d'un demi-cylindre, d'un berceau brisé, etc. : *Les piliers montent d'un seul jet vers les hautes voûtes de la cathédrale.*

voûté, ée, adj. ♦ **1.** Couvert d'une voûte. **2.** Courbé en avant, qui a le dos rond : *M. Lenoir était un grand vieillard maigre, un peu voûté.* ● *Alphonse, tu as le dos voûté.*

vouvoiement, n. m. ♦ Action, habitude de vouvoyer quelqu'un. — CONTR. tutoiement.

vouvoyer, v. (conjugaison 21) ♦ *Vouvoyer quelqu'un,* lui parler en lui disant « vous » et non « tu ». — CONTR. tutoyer.

voyage, n. m. ♦ **1.** Déplacement qu'on fait lorsqu'on va loin ou assez loin : *Mon amie est en voyage : elle est actuellement en Italie.* ● *Voyage d'affaires.* ● *Voyage d'agrément.* ● Trajet : *De Montréal à Toronto le voyage dure environ cinq heures.* **2.** Déplacement pour aller d'un endroit à un autre et revenir au point de départ : *Pour enlever toutes ces vieilles caisses qui encombraient ma cave, j'ai dû faire douze voyages.* **3.** *Avoir son voyage :* en avoir par-dessus la tête, en avoir assez, en avoir plein le dos : *J'ai mon voyage de toujours faire la même chose !* ● Exclamation de surprise, d'étonnement : *Ce n'est pas possible ? Si, alors là, j'ai mon voyage !*

voyagement, n. m. ♦ Voyage, allées et venues.

voyager

voyager, v. (conjugaison **16**) ◆ Faire un voyage : *J'aime mieux voyager par le train : c'est plus confortable que la voiture.*

voyageur, euse, n. *ou* adj. ◆ **1.** Celui, celle qui voyage. ● Celui qui emprunte un moyen de transport en commun (train, autocar, métro, autobus) : *Les voyageurs pour Ottawa changent de train.* — REGARDER *passager.* **2.** *Voyageur de commerce :* celui qui va rendre visite aux commerçants pour leur proposer les produits d'un fabricant et pour prendre les commandes. — SYN. représentant.

1. voyant, ante, adj. ◆ Qui se fait remarquer (et qui est souvent de mauvais goût) : *Je trouve ce chemisier un peu voyant.* ● *Des couleurs voyantes.* — SYN. criard, éclatant. — CONTR. discret, effacé, neutre.

2. voyant, n. m. ◆ Petite lampe qui s'allume pour signaler quelque chose : *L'appareil est branché : le voyant rouge est allumé.*

voyante, n. f. ◆ Femme qui prétend deviner l'avenir en tirant les cartes, en regardant dans une boule de cristal, en examinant le marc de café, etc.

voyelle, n. f. ◆ Son du langage tel que [a], [ɑ], [ɛ], [ɛ], [i], [o], [ɔ], [u], [y], [ɸ], [œ], [ɑ̃], [ɔ̃], [œ̃], [ɛ̃], [ə]. — CONTR. consonne. ● Lettre qui sert à noter ce son, par exemple : *a, e, i, o, u, y.*

voyons! interj. ◆ REGARDER *voir* (sens 5).

voyou, n. m. ◆ **1.** Enfant ou jeune homme mal élevé qui traîne dans les rues et se conduit mal. — SYN. chenapan, garnement, polisson, vaurien. **2.** Individu grossier, brutal, malfaisant, qui a des moyens d'existence suspects ou malhonnêtes : *Le voyou qui venait de cambrioler la bijouterie tira deux coups de feu sur le gardien.*

vrac (en), loc. adv. *ou* loc. adj. ◆ Sans emballage : *Le blé est transporté en vrac dans les cales du cargo.* ● *Des marchandises en vrac.*

vrai, vraie, adj. *ou* n. m. ◆ **1.** Conforme à la réalité : *Le récit que vous allez entendre est vrai.* — SYN. fidèle, véridique. — CONTR. erroné, faux, inexact, inventé, mensonger. ● *Le vrai,* la vérité : *Dans ce récit, essayons de démêler le vrai du faux.* ● *Être dans le vrai :* avoir raison. ● *A vrai dire :* si j'exprime ce que je considère comme la vérité. **2.** Qui est vraiment ce qu'il dit être ou ce qu'il paraît être : *Je me demande si ce billet est vrai ou faux.* ● *Mais oui, cette cheminée est en vrai marbre.* — CONTR. faux, imité. ● *Voici un vrai tableau de Raphaël.* — SYN. authentique. — CONTR. faux.

vraiment, adv. ◆ **1.** Dans la réalité : *Voyons, Sabine, que s'est-il vraiment passé au cours de la récréation?* **2.** Sert à renforcer une affirmation : *Sabine est vraiment très belle.*

vraisemblable, adj. ◆ Qui a l'air vrai et qui est sans doute vrai : *Après tout, cette histoire est tout à fait vraisemblable.* — CONTR. invraisemblable. ● *Il est vraisemblable qu'il refusera.* — CONTR. improbable.

vraisemblance, n. f. ◆ Caractère de ce qui est vraisemblable. — CONTR. invraisemblance.

vrille, n. f. ◆ **1.** Outil qui sert à percer des trous dans le bois. **2.** *L'avion est tombé en vrille,* en tournant sur lui-même. **3.** *Les vrilles de la vigne :* les tiges courtes qui s'enroulent autour du support.

vrombir, v. ◆ Produire un bruit prolongé ronflant et vibrant : *Les guêpes vrombissent en voltigeant autour des grappes.* — SYN. bourdonner. ● *Le moteur vrombit.* — SYN. ronfler.

vrombissement, n. m. ◆ Bruit prolongé de ce qui ronfle et qui vibre : *Ce vrombissement d'abeilles est assourdissant.* — SYN. bourdonnement. ● *Le vrombissement d'une moto.* — SYN. ronflement.

1. vu, vue, adj. ◆ *Bien vu :* bien considéré, estimé, aimé. ● *Mal vu :* mal considéré, méprisé, détesté.

2. vu, n. m. ♦ *Sur le vu de,* en voyant : *Sur le vu du livret scolaire, le jury a reçu le candidat, qui, pourtant, avait de mauvaises notes à l'examen.* ● *Au vu et au su de tout le monde :* au grand jour, sans se cacher. — CONTR. secrètement.

3. vu, prép. ♦ En raison de : *Vu les difficultés que nous rencontrons, mieux vaut changer de méthode.* — SYN. étant donné.

vue, n. f. ♦ **1.** L'un des cinq sens, celui par lequel sont perçues les formes et les couleurs par l'intermédiaire des yeux : *Si tu n'as pas une vue excellente, tu ne pourras pas être officier de marine.* — SYN. vision. ● *A perte de vue :* aussi loin que le regard peut s'étendre. ● *En vue,* bien visiblement : *Affiche cet avis bien en vue dans la classe.* ● *Un personnage en vue,* connu ou même célèbre. **2.** *La vue de,* l'action de voir (telle chose) : *La vue du chat qui approchait suffit à effrayer et à mettre en fuite les moineaux.* **3.** Paysage, ensemble de choses que l'on voit : *Montons sur la colline : de là-haut, la vue est magnifique.* **4.** Peinture, image, photographie d'un paysage, d'un édifice, d'une ville : *Voici une vue aérienne de notre ville.* **5.** Manière de se représenter par l'esprit et de juger les choses : *Il faut avoir une vue réaliste de la situation.* ● *Lucienne a souvent des vues originales.* — SYN. idée. **6.** *En vue de,* afin de, pour : *Mon frère apprend l'anglais, en vue d'obtenir le diplôme d'interprète.*

vulgaire, adj. ♦ **1.** *La langue vulgaire :* autrefois, la langue parlée par tout le monde (français ou dialecte), par opposition au latin, langue de l'Église et des savants. ● *Nom vulgaire (d'un animal ou d'une plante),* son nom en français, par opposition à son nom latin employé par les naturalistes : « *Huître* » est le nom vulgaire du mollusque dont le nom savant est Ostrea edulis. **2.** Qui manque de distinction : *Je te déconseille de mettre ce mot dans ta rédaction : il est un peu vulgaire.* — SYN. commun. — CONTR. distingué.

vulgarisation, n. f. ♦ Action de vulgariser une science, des connaissances.

vulgariser, v. ♦ Répandre, diffuser dans le public non spécialiste des connaissances sous une forme accessible.

vulgarité, n. f. ♦ Caractère d'une personne ou d'une chose vulgaire. — CONTR. distinction.

vulnérable, adj. ♦ Qui peut facilement être tué, blessé, endommagé, détruit, atteint, etc. — SYN. invulnérable.

wagon [vagɔ̃], n. m. ♦ Véhicule ferroviaire destiné au transport des marchandises. — REM. Le véhicule ferroviaire qui transporte des voyageurs s'appelle *voiture* dans la langue officielle et technique des chemins de fer. Dans la langue ordinaire, on l'appelle aussi *wagon de voyageurs* ou tout simplement *wagon*. ● *Wagon-lit :* voiture de chemin de fer où il y a des couchettes pour dormir. ● *Wagon-restaurant :* voiture de chemin de fer où l'on sert des repas.

wagonnet [vagɔnɛ], n. m. ♦ Petit wagon en forme de benne, roulant sur voie étroite, poussé à la main ou tiré par un tracteur léger, qui sert, dans les mines, les carrières ou sur les chantiers, à transporter le charbon ou le minerai, les pierres ou la terre.

wallon, onne [walɔ̃, ɔn], adj. *ou* n. ♦ **1.** De la Wallonie, moitié sud de la Belgique : *La population wallonne et la population flamande sont séparées par une frontière linguistique qui va d'est en ouest.* ● *Les Wallons :* les Belges qui parlent français, par opposition aux Flamands. **2.** *Le wallon :* ensemble des dialectes d'oïl parlés en Belgique. — REM. Ces dialectes ne doivent pas être confondus avec le français officiel parlé en Belgique, bien que les Belges qui parlent français soient appelés *Wallons*.

wapiti, n. m. ♦ Grand cerf d'Amérique du Nord.

water-polo [watɛʀpɔlo], n. m. ♦ Sport qui se joue dans l'eau entre deux équipes de nageurs et où il s'agit de faire entrer le ballon dans les buts de l'adversaire en le lançant à la main, comme au hand-ball.

watt [wat], n. m. ♦ Unité d'intensité électrique et de puissance.

W.-C. [vese], n. m. pl. ♦ *Les W.-C. :* les water-closets, les cabinets, les toilettes.

week-end [wikɛnd], n. m. ♦ L'ensemble formé par le samedi et le dimanche, jours de congé. — REGARDER *fin de semaine.*

western [wɛstɛʀn], n. m. ♦ Film dont l'action se passe au Far West, avec des cowboys, des bandits, des Indiens, etc.

whisky [wiski], n. m. ♦ **1.** Eau-de-vie de grain fabriquée en Amérique du Nord, en Écosse ou en Irlande. **2.** *Un whisky :* un verre de cette eau-de-vie. — PLUR. *des whiskies* [wiski].

wigwam, n. m. ♦ Tente ou hutte des Amérindiens.

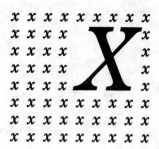

xénophobe [ksenɔfɔb], adj. *ou* n.
♦ Qui n'aime pas les étrangers.

xénophobie [ksenɔfɔbi], n. f. ♦ Haine à l'égard des étrangers.

xylophone [ksilɔfɔn], n. m. ♦ Instrument de musique constitué par une série de lames de bois (ou de métal), de longueur décroissante, sur lesquelles on frappe avec deux petits maillets.

Y

y, adv. *ou* pronom. ♦ **1.** A cet endroit : *Si je connais Lyon? Je pense bien! J'y ai vécu dix ans.* **2.** *Il y a,* il existe, il se trouve : *Il y a de jolis coins dans cette région.* **3.** A cela : *Téléphoner à Julie pour l'avertir? Oui, oui, j'y pense.*

yacht [jɔt], n. m. ♦ Grand et beau bateau de plaisance, à voiles ou à moteur.

yaourt [jauʀ], n. m. ♦ Lait qu'on a fait cailler au moyen d'un ferment spécial. — REM. On dit parfois *yogourt.* N'écrivez pas « yoghourt ».

yen, n. m. ♦ Monnaie japonaise.

yeux, n. m. pl. ♦ Pluriel de *œil.* ● *Avoir les yeux plus grands que le ventre :* voir trop grand, être incapable de faire ce que l'on désirait. ● *Coûter les yeux de la tête :* coûter très cher. ● *Fermer les yeux sur quelque chose :* faire semblant d'ignorer.

yoga, n. m. ♦ Sorte de gymnastique dont la mode nous vient de l'Inde.

yogourt, n. m. ♦ REGARDER *yaourt.*

yougoslave, adj. *ou* n. ♦ De Yougoslavie, État des Balkans : *Regarde, sur la photo, la jeune fille yougoslave en costume traditionnel.* ● *Les Yougoslaves. Un Yougoslave. Une Yougoslave.*

zèbre, n. m. ♦ Animal d'Afrique qui a la forme d'un cheval, avec un pelage rayé noir et blanc.

zébré, ée, adj. ♦ Marqué de rayures parallèles semblables à celles du zèbre. — SYN. rayé.

zébrure, n. f. ♦ *Des zébrures :* des rayures parallèles, semblables à celles du zèbre. — SYN. rayure.

zébu, n. m. ♦ Grand bœuf domestique de l'Inde, de l'Afrique et de Madagascar, qui a une bosse sur le garrot.

zèle, n. m. ♦ Ardeur vive, application à servir une cause, à faire quelque chose. — SYN. dévouement, empressement. — CONTR. incurie, indifférence, laisser-aller, négligence. ● *Grève du zèle :* appliquer le règlement de la façon la plus minutieuse possible. ● *Faire du zèle :* faire beaucoup plus que ce qui est demandé.

zélé, ée, adj. ♦ Plein de zèle. — SYN. appliqué, ardent, dévoué, diligent, empressé. — CONTR. indifférent, négligent.

zénith [zenit], n. m. ♦ Point du ciel situé à la verticale d'un lieu donné.

zéphyr [zefiʀ], n. m. ♦ Vent doux et léger. — REM. Ce mot est poétique.

zéro, n. m. ♦ **1.** L'un des dix chiffres de la numération décimale. **2.** Nombre nul. ● Dans l'échelle Celsius des températures, point de la glace fondante : *Quel froid! Il fait trois degrés au-dessous de zéro!* **3.** La note la plus basse qu'un élève puisse avoir.

zeste, n. m. ♦ Morceau d'écorce de citron ou d'orange qui sert à parfumer une boisson, une crème, un gâteau.

zézaiement, n. m. ♦ Défaut de prononciation de celui qui zézaie.

zézayer, v. (conjugaison 23) ♦ Prononcer [z], à la place de [ʒ], : *Mélie zézaye : elle dit « la zoue de Zules » au lieu de « la joue de Jules ».*

zibeline, n. f. ♦ **1.** Petit animal, semblable à la martre, qui vit en Sibérie et au Japon et qui a une belle fourrure brun sombre. **2.** Fourrure de cet animal.

zigzag, n. m. ♦ Ligne brisée à angles plus ou moins aigus.

zigzaguer, v. ♦ Marcher, se déplacer, rouler en faisant des zigzags, en n'allant pas droit.

zinc [zɛ̃g], n. m. ♦ Métal, de couleur blanc bleuâtre, qui résiste bien aux agents chimiques et atmosphériques et qui sert à faire des toitures, des tuyaux, des gouttières, des récipients, et aussi à galvaniser le fer.

zingueur, euse, n. ♦ Ouvrier spécialisé, ouvrière spécialisée dans le travail du zinc. ● *Un plombier-zingueur.*

zizanie, n. f. ♦ Mésentente, discorde. ● *Semer la zizanie : faire naître la discorde, la désunion.*

zodiaque, n. m. ♦ Ensemble de douze constellations, *les signes du zodiaque,* qui joue un grand rôle en astrologie.

zone, n. f. ♦ Partie d'espace caractérisée par quelque chose. ● *Les zones climatiques :* zone glaciale, zone tempérée, zone torride. ● *La zone tropicale.* ● *La zone équatoriale.* ● *Zone industrielle :* étendue de terrain située près d'une ville et réservée aux usines.

zoo [zoo], n. m. ♦ Abréviation familière de *(jardin) zoologique.*

zoologie, n. f. ♦ Science qui a pour objet l'étude des animaux.

zoologique, adj. ♦ *Jardin, parc zoologique :* parc dans lequel on élève et on présente au public des animaux rares, curieux ou exotiques. — SYN. ZOO.

zouave, n. m. ♦ **1.** Autrefois, fantassin de certains régiments français dont l'uniforme, à l'origine, était inspiré du costume algérien du XIXᵉ siècle. **2.** *Faire le zouave :* faire le clown, faire le malin. — REM. Cette expression est familière. ● *Les zouaves pontificaux :* contingent de soldats canadiens chargés de défendre les États pontificaux en 1868.

LES CONJUGAISONS

Les verbes précédés du signe • sont défectifs. On appelle verbe défectif un verbe qui ne se conjugue pas à toutes les personnes, à tous les modes ou à tous les temps (voir tableaux).

1 AVOIR

TEMPS SIMPLES	TEMPS COMPOSÉS
Indicatif présent	*Indicatif passé composé*
j'ai	j'ai eu
tu as	tu as eu
il, elle a	il, elle a eu
nous avons	nous avons eu
vous avez	vous avez eu
ils, elles ont	ils, elles ont eu
Indicatif imparfait	*Indicatif plus-que-parfait*
j'avais	j'avais eu
tu avais	tu avais eu
il, elle avait	il, elle avait eu
nous avions	nous avions eu
vous aviez	vous aviez eu
ils, elles avaient	ils, elles avaient eu
Indicatif passé simple	*Indicatif passé antérieur*
j'eus	j'eus eu
tu eus	tu eus eu
il, elle eut	il, elle eut eu
nous eûmes	nous eûmes eu
vous eûtes	vous eûtes eu
ils, elles eurent	ils, elles eurent eu
Indicatif futur	*Indicatif futur antérieur*
j'aurai	j'aurai eu
tu auras	tu auras eu
il, elle aura	il, elle aura eu
nous aurons	nous aurons eu
vous aurez	vous aurez eu
ils, elles auront	ils, elles auront eu

Conditionnel présent

j'aurais	nous aurions
tu aurais	vous auriez
il, elle aurait	ils, elles auraient

Conditionnel passé

1re FORME	2e FORME
j'aurais eu	j'eusse eu
tu aurais eu	tu eusses eu
il, elle aurait eu	il, elle eût eu
nous aurions eu	nous eussions eu
vous auriez eu	vous eussiez eu
ils, elles auraient eu	ils, elles eussent eu

Impératif présent	*Impératif passé*
aie	aie eu
ayons	ayons eu
ayez	ayez eu
Subjonctif présent	*Subjonctif passé*
que j'aie	que j'aie eu
que tu aies	aue tu aies eu
qu'il, qu'elle ait	qu'il, qu'elle ait eu
que nous ayons	que nous ayons eu
que vous ayez	que vous ayez eu
qu'ils, qu'elles aient	qu'ils, qu'elles aient eu
Subjonctif imparfait	*Subjonctif plus-que-parfait*
que j'eusse	que j'eusse eu
que tu eusses	que tu eusses eu
qu'il, qu'elle eût	qu'il, qu'elle eût eu
que nous eussions	que nous eussions eu
que vous eussiez	que vous eussiez eu
qu'ils, qu'elles eussent	qu'ils, qu'elles eussent eu

Infinitif présent	*Infinitif passé*
avoir	avoir eu
Participe présent	*Participe passé composé*
ayant	ayant eu

Participe passé

eu (eue, eus, eues)

2 Le verbe AVOIR, auxiliaire pour les temps composés actifs de la plupart des verbes.

Indicatif passé composé	*Indicatif plus-que-parfait*
j'ai aimé	j'avais aimé
nous avons aimé	nous avions aimé
Indicatif passé antérieur	*Indicatif futur antérieur*
j'eus aimé	j'aurai aimé
nous eûmes aimé	nous aurons aimé

Conditionnel passé

1re FORME	2e FORME
j'aurais aimé	j'eusse aimé
nous aurions aimé	nous eussions aimé

Impératif passé	*Subjonctif passé*
aie aimé	que j'aie aimé
ayons aimé	que nous ayons aimé
ayez aimé	

Subjonctif plus-que-parfait

que j'eusse aimé
que nous eussions aimé

Infinitif passé	*Participe passé composé*
avoir aimé	ayant aimé

3 ÊTRE

TEMPS SIMPLES	TEMPS COMPOSÉS
Indicatif présent	*Indicatif passé composé*
je suis	j'ai été
tu es	tu as été
il, elle est	il, elle a été
nous sommes	nous avons été
vous êtes	vous avez été
ils, elles sont	ils, elles ont été
Indicatif imparfait	*Indicatif plus-que-parfait*
j'étais	j'avais été
tu étais	tu avais été
il, elle était	il, elle avait été
nous étions	nous avions été
vous étiez	vous aviez été
ils, elles étaient	ils, elles avaient été
Indicatif passé simple	*Indicatif passé antérieur*
je fus	j'eus été
tu fus	tu eus été
il, elle fut	il, elle eut été
nous fûmes	nous eûmes été
vous fûtes	vous eûtes été
ils, elles furent	ils, elles eurent été

Indicatif futur	Indicatif futur antérieur
je serai	j'aurai été
tu seras	tu auras été
il, elle sera	il, elle aura été
nous serons	nous aurons été
vous serez	vous aurez été
ils, elles seront	ils, elles auront été

Conditionnel présent

je serais	nous serions
tu serais	vous seriez
il, elle serait	ils, elles seraient

Conditionnel passé

1re FORME	2e FORME
j'aurais été	j'eusse été
tu aurais été	tu eusses été
il, elle aurait été	il, elle eût été
nous aurions été	nous eussions été
vous auriez été	vous eussiez été
ils, elles auraient été	ils, elles eussent été

Impératif présent	*Impératif passé*
sois	aie été
soyons	ayons été
soyez	ayez été

Subjonctif présent	*Subjonctif passé*
que je sois	que j'aie été
que tu sois	que tu aies été
qu'il, qu'elle soit	qu'il, qu'elle ait été
que nous soyons	que nous ayons été
que vous soyez	que vous ayez été
qu'ils, qu'elles soient	qu'ils, qu'elles aient été

Subjonctif imparfait	*Subjonctif plus-que-parfait*
que je fusse	que j'eusse été
que tu fusses	que tu eusses été
qu'il, qu'elle fût	qu'il, qu'elle eût été
que nous fussions	que nous eussions été
que vous fussiez	que vous eussiez été
qu'ils, qu'elles fussent	qu'ils, qu'elles eussent été

Infinitif présent	*Infinitif passé*
être	avoir été

Participe présent

étant

Participe passé	*Participe passé composé*
été *(invariable)*	ayant été

4 Le verbe ÊTRE, auxiliaire pour les temps composés actifs de certains verbes intransitifs

Indicatif passé composé

je suis arrivé (arrivée)...
nous sommes arrivés (arrivées)...

Indicatif plus-que-parfait

j'étais arrivé (arrivée)...
nous étions arrivés (arrivées)...

Indicatif passé antérieur

je fus arrivé (arrivée)...
nous fûmes arrivés (arrivées)...

Indicatif futur antérieur

je serai arrivé (arrivée)...
nous serons arrivés (arrivées)...

Conditionnel passé

1re FORME

je serais arrivé (arrivée)...
nous serions arrivés (arrivées)...

2e FORME

je fusse arrivé (arrivée)...
nous fussions arrivés (arrivées)...

Impératif passé

sois arrivé (arrivée)
soyons arrivés (arrivées)
soyez arrivés (arrivées)

Subjonctif passé

que je sois arrivé (arrivée)
que nous soyons arrivés (arrivées)

Subjonctif plus-que-parfait

que je fusse arrivé (arrivée)
que nous fussions arrivés (arrivées)

Infinitif passé

être arrivé (arrivée, arrivés, arrivées)

Participe passé composé

étant arrivé (arrivée, arrivés, arrivées)

5 Le verbe ÊTRE, auxiliaire pour les temps composés des verbes pronominaux.

Indicatif passé composé

je me suis coiffé (coiffée)
nous nous sommes coiffés (coiffées)

Indicatif plus-que-parfait

je m'étais coiffé (coiffée)
nous nous étions coiffés (coiffées)

Indicatif passé antérieur

je me fus coiffé (coiffée)
nous nous fûmes coiffés (coiffées)

Indicatif futur antérieur

je me serai coiffé (coiffée)
nous nous serons coiffés (coiffées)

Conditionnel passé

1re FORME

je me serais coiffé (coiffée)
nous nous serions coiffés (coiffées)

2e FORME

je me fusse coiffé (coiffée)
nous nous fussions coiffés (coiffées)

Impératif passé

inusité

Subjonctif passé

que je me sois coiffé (coiffée)
que nous nous soyons coiffés (coiffées)

Subjonctif plus-que-parfait

que je me fusse coiffé (coiffée)
que nous nous fussions coiffés (coiffées)

Infinitif passé

s'être coiffé (coiffée, coiffés, coiffées)

Participe passé composé

s'étant coiffé (coiffée, coiffés, coiffées)

Le verbe ÊTRE, auxiliaire pour les temps simples et composés passifs des verbes transitifs.

6 TEMPS SIMPLES

Indicatif présent

je suis aimé (aimée)
nous sommes aimés (aimées)

Indicatif imparfait

j'étais aimé (aimée)
nous étions aimés (aimées)

Indicatif passé simple

je fus aimé (aimée)
nous fûmes aimés (aimées)

Indicatif futur

je serai aimée (aimée)
nous serons aimés (aimées)

Conditionnel présent

je serais aimé (aimée)
nous serions aimés (aimées)

Impératif présent

sois aimé (aimée)
soyons aimés (aimées)
soyez aimés (aimées)

Subjonctif présent

que je sois aimé (aimée)
que nous soyons aimés (aimées)

Subjonctif imparfait

que je fusse aimé (aimée)
que nous fussions aimés (aimées)

Infinitif présent

être aimé (aimée, aimés, aimées)

Participe présent

étant aimé (aimée, aimés, aimées)

7 TEMPS COMPOSÉS

Indicatif passé composé

j'ai été aimé (aimée)
nous avons été aimés (aimées)

Indicatif plus-que-parfait

j'avais été aimé (aimée)
nous avions été aimés (aimées)

Indicatif passé antérieur

j'eus été aimé (aimée)
nous eûmes été aimés (aimées)

Indicatif futur antérieur

j'aurai été aimé (aimée)
nous aurons été aimés (aimées)

Conditionnel passé

1re FORME

j'aurais été aimé (aimée)
nous aurions été aimés (aimées)

2e FORME

j'eusse été aimé (aimée)
nous eussions été aimés (aimées)

Impératif passé

aie été aimé (aimée)
ayons été aimés (aimées)
ayez été aimés (aimées)

Subjonctif passé

que j'aie été aimé (aimée)
que nous ayons été aimés (aimées)

Subjonctif plus-que-parfait

que j'eusse été aimé (aimée)
que nous eussions été aimés (aimées)

Infinitif passé

avoir été aimé (aimée, aimés, aimées)

Participe passé composé

ayant été aimé (aimée, aimés, aimées)

Nota. — Les tableaux que nous présentons ci-dessous ne contiennent que les temps simples des verbes. Pour la conjugaison des temps composés, se reporter aux tableaux précédents.

8 CHANTER

Indicatif présent

je chante	nous chantons
tu chantes	vous chantez
il, elle chante	ils, elles chantent

Indicatif imparfait

je chantais	nous chantions
tu chantais	vous chantiez
il, elle chantait	ils, elles chantaient

Indicatif passé simple

je chantai	nous chantâmes
tu chantas	vous chantâtes
il, elle chanta	ils, elles chantèrent

Indicatif futur

je chanterai	nous chanterons
tu chanteras	vous chanterez
il, elle chantera	ils, elles chanteront

Conditionnel présent

je chanterais	nous chanterions
tu chanterais	vous chanteriez
il, elle chanterait	ils, elles chanteraient

Impératif présent

chante, chantons, chantez

Subjonctif présent

que je chante	que nous chantons
que tu chantes	que vous chantiez
qu'il, qu'elle chante	qu'ils, qu'elles chantent

Subjonctif imparfait

que je chantasse	que nous chantassions
que tu chantasses	que vous chantassiez
qu'il, qu'elle chantât	qu'ils, qu'elles chantassent

| *Participe présent* | *Participe passé* |
| chantant | chanté (chantée, chantés, chantées) |

9 ALLER

Aux temps composés, ce verbe se conjugue avec l'auxiliaire ÊTRE : *je suis allé (allée), tu es allé (allée)...*

Indicatif présent

je vais	nous allons
tu vas	vous allez
il, elle va	ils, elles vont

Indicatif imparfait

j'allais	nous allions
tu allais	vous alliez
il, elle allait	ils, elles allaient

Indicatif passé simple

j'allai	nous allâmes
tu allas	vous allâtes
il, elle alla	ils, elles allèrent

Indicatif futur

j'irai	nous irons
tu iras	vous irez
il, elle ira	ils, elles iront

Conditionnel présent

j'irais	nous irions
tu irais	vous iriez
il, elle irait	ils, elles iraient

Impératif présent

va, allons, allez

Subjonctif présent

que j'aille	que nous allions
que tu ailles	que vous alliez
qu'il, qu'elle aille	qu'ils, qu'elles aillent

Subjonctif imparfait

que j'allasse	que nous allassions
que tu allasses	que vous allassiez
qu'il, qu'elle allât	qu'ils, qu'elles allassent

| *Participe présent* | *Participe passé* |
| allant | allé (allée, allés, allées) |

10 GELER

Se conjuguent sur ce type les verbes suivants : *celer, ciseler, congeler, déceler, dégeler, démanteler, écarteler, s'encasteler, marteler, modeler, peler, receler, regeler.* Les autres verbes en *-eler* se conjuguent comme APPELER.

Indicatif présent

je gèle	nous gelons
tu gèles	vous gelez
il, elle gèle	ils, elles gèlent

Indicatif imparfait

je gelais	nous gelions
tu gelais	vous geliez
il, elle gelait	ils, elles gelaient

Indicatif passé simple

je gelai	nous gelâmes
tu gelas	vous gelâtes
il, elle gela	ils, elles gelèrent

Indicatif futur

il gèlerai	nous gèlerons
tu gèleras	vous gèlerez
il, elle gèlera	ils, elles gèleront

Conditionnel présent

je gèlerais	nous gèlerions
tu gèlerais	vous gèleriez
il, elle gèlerait	ils, elles gèleraient

Impératif présent

gèle, gelons, gelez

Subjonctif présent

que je gèle	que nous gelions
que tu gèles	que vous geliez
qu'il, qu'elle gèle	qu'ils, qu'elles gèlent

Subjonctif imparfait

que je gelasse	que nous gelassions
que tu gelasses	que vous gelassiez
qu'il, qu'elle gelât	qu'ils, qu'elles gelassent

| *Participe présent* | *Participe passé* |
| gelant | gelé (gelée, gelés, gelées) |

11 CÉDER

Les verbes qui ont un *é* fermé à l'avant-dernière syllabe de l'infinitif changent *é* en *è* devant *e* muet, sauf à l'indicatif futur et au conditionnel présent.

Indicatif présent

je cède	nous cédons
tu cèdes	vous cédez
il, elle cède	ils, elles cèdent

Indicatif imparfait

je cédais	nous cédions
tu cédais	vous cédiez
il, elle cédait	ils, elles cédaient

Indicatif passé simple

je cédai	nous cédâmes
tu cédas	vous cédâtes
il, elle céda	ils, elles cédèrent

Indicatif futur

je céderai	nous céderons
tu céderas	vous céderez
il, elle cédera	ils, elles céderont

Conditionnel présent

je céderais	nous céderions
tu céderais	vous céderiez
il, elle céderait	ils, elles céderaient

Impératif présent

cède, cédons, cédez

Subjonctif présent

que je cède	que nous cédions
que tu cèdes	que vous cédiez
qu'il, qu'elle cède	qu'ils, qu'elles cèdent

Subjonctif imparfait

que je cédasse	que nous cédassions
que tu cédasses	que vous cédassiez
qu'il, qu'elle cédât	qu'ils, qu'elles cédassent

Participe présent	Participe passé
cédant	cédé (cédée, cédés, cédées)

12 LEVER

Les verbes en -ecer, -emer, -ener, -eper, -eser, -ever, -evrer changent e en è devant une syllabe muette, même à l'indicatif futur et au conditionnel présent.

Indicatif présent

je lève	nous levons
tu lèves	vous levez
il, elle lève	ils, elles lèvent

Indicatif imparfait

je levais	nous levions
tu levais	vous leviez
il, elle levait	ils, elles levaient

Indicatif passé simple

je levai	nous levâmes
tu levas	vous levâtes
il, elle leva	ils, elles levèrent

Indicatif futur

Je lèverai	nous lèverons
tu lèveras	vous lèverez
il, elle lèvera	ils, elles lèveront

Conditionnel présent

je lèverais	nous lèverions
tu lèverais	vous lèveriez
il, elle lèverait	ils, elles lèveraient

Impératif présent

lève, levons, levez

Subjonctif présent

que je lève	que nous levions
que tu lèves	que vous leviez
qu'il, qu'elle lève	qu'ils, qu'elles lèvent

Subjonctif imparfait

que je levasse	que nous levassions
que tu levasses	que vous levassiez
qu'il, qu'elle levât	qu'ils, qu'elles levassent

Participe présent	Participe passé
levant	levé (levée, levés, levées)

13 APPELER

Les verbes de ce type doublent le l devant un e muet, sauf celer, ciseler, congeler, déceler, dégeler, démanteler, écarteler, s'encasteler, marteler, modeler, peler, receler, regeler, qui se conjuguent sur le type GELER.

Indicatif présent

j'appelle	nous appelons
tu appelles	vous appelez
il, elle appelle	ils, elles appellent

Indicatif imparfait

j'appelais	nous appelions
tu appelais	vous appeliez
il, elle appelait	ils, elles appelaient

Indicatif passé simple

j'appelai	nous appelâmes
tu appelas	vous appelâtes
il, elle appela	ils, elles appelèrent

Indicatif futur

j'appellerai	nous appellerons
tu appelleras	vous appellerez
il, elle appellera	ils, elles appelleront

Conditionnel présent

j'appellerais	nous appellerions
tu appellerais	vous appelleriez
il, elle appellerait	ils, elles appelleraient

Impératif présent

appelle, appelons, appelez

Subjonctif présent

que j'appelle	que nous appelions
que tu appelles	que vous appeliez
qu'il, qu'elle appelle	qu'ils, qu'elles appellent

Subjonctif imparfait

que j'appelasse — que nous appelassions
que tu appelasses — que vous appelassiez
qu'il, qu'elle appelât — qu'ils, qu'elles appelassent

Participe présent — *Participe passé*

appelant — appelé (appelée, appelés, appelées)

14 JETER

Les verbes en *-eter* doublent le *t* devant un *e* muet, sauf *acheter, bégueter, corseter, crocheter, fureter, haleter, racheter.*

Indicatif présent

je jette — nous jetons
tu jettes — vous jetez
il, elle jette — ils, elles jettent

Indicatif imparfait

je jetais — nous jetions
tu jetais — vous jetiez
il, elle jetait — ils, elles jetaient

Indicatif passé simple

je jetai — nous jetâmes
tu jetas — vous jetâtes
il, elle jeta — ils, elles jetèrent

Indicatif futur

je jetterai — nous jetterons
tu jetteras — vous jetterez
il, elle jettera — ils, elles jetteront

Conditionnel présent

je jetterais — nous jetterions
tu jetterais — vous jetteriez
il, elle jetterait — ils, elles jetteraient

Impératif présent

jette, jetons, jetez

Subjonctif présent

que je jette — que nous jetions
que tu jettes — que vous jetiez
qu'il, qu'elle jette — qu'ils, qu'elles jettent

Subjonctif imparfait

que je jetasse — que nous jetassions
que tu jetasses — que vous jetassiez
qu'il, qu'elle jetât — qu'ils, qu'elles jetassent

Participe présent — *Participe passé*

jetant — jeté (jetée, jetés, jetées)

15 ACHETER

Les verbes de ce type changent *e* en *è* devant une syllabe muette. Se conjuguent sur ce type : *corseter, crocheter, fureter, haleter, racheter.* Tous les autres verbes en *-eter* se conjuguent comme JETER.

Indicatif présent

j'achète — nous achetons
tu achètes — vous achetez
il, elle achète — ils, elles achètent

Indicatif imparfait

j'achetais — nous achetions
tu achetais — vous achetiez
il, elle achetait — ils, elles achetaient

Indicatif passé simple

j'achetai — nous achetâmes
tu achetas — vous achetâtes
il, elle acheta — ils, elles achetèrent

Indicatif futur

j'achèterai — nous achèterons
tu achèteras — vous achèterez
il, elle achètera — ils, elles achèteront

Conditionnel présent

j'achèterai — nous achèterions
tu achèterais — vous achèteriez
il, elle achèterait — ils, elles achèteraient

Impératif présent

achète, achetons, achetez

Subjonctif présent

que j'achète — que nous achetions
que tu achètes — que vous achetiez
qu'il, qu'elle achète — qu'ils, qu'elles achètent

Subjonctif imparfait

que j'achetasse — que nous achetassions
que tu achetasses — que vous achetassiez
qu'il, qu'elle achetât — qu'ils, qu'elles achetassent

Participe présent — *Participe passé*

achetant — acheté (achetée, achetés, achetées)

16 MANGER

Les verbes en *-ger* se conjuguent avec intercalation d'un *e* après *g*, devant *a* ou *o*.

Indicatif présent

je mange — nous mangeons
tu manges — vous mangez
il, elle mange — ils, elles mangent

Indicatif imparfait

je mangeais — nous mangions
tu mangeais — vous mangiez
il, elle mangeait — ils, elles mangeaient

Indicatif passé simple

je mangeai — nous mangeâmes
tu mangeas — vous mangeâtes
il, elle mangea — ils, elles mangèrent

Indicatif futur

je mangerai — nous mangerons
tu mangeras — vous mangerez
il, elle mangera — ils, elles mangeront

Conditionnel présent

je mangerais	nous mangerions
tu mangerais	vous mangeriez
il, elle mangerait	ils, elles mangeraient

Impératif présent

mange, mangeons, mangez

Subjonctif présent

que je mange	que nous mangions
que tu manges	que vous mangiez
qu'il, qu'elle mange	qu'ils, qu'elles mangent

Subjonctif imparfait

que je mangeasse	que nous mangeassions
que tu mangeasses	que vous mangeassiez
qu'il, qu'elle mangeât	qu'ils, qu'elles mangeassent

Participe présent   Participe passé

mangeant	mangé (mangée, mangés, mangées)

17 PLACER

Les verbes en -cer changent c en ç devant a ou o.

Indicatif présent

je place	nous plaçons
tu places	vous placez
il, elle place	ils, elles placent

Indicatif imparfait

je plaçais	nous placions
tu plaçais	vous placiez
il, elle plaçait	ils, elles plaçaient

Indicatif passé simple

je plaçai	nous plaçâmes
tu plaças	vous plaçâtes
il, elle plaça	ils, elles placèrent

Indicatif futur

je placerai	nous placerons
tu placeras	vous placerez
il, elle placera	ils, elles placeront

Conditionnel présent

je placerais	nous placerions
tu placerais	vous placeriez
il, elle placerait	ils, elles placeraient

Impératif présent

place, plaçons, placez

Subjonctif présent

que je place	que nous placions
que tu places	que vous placiez
qu'il, qu'elle place	qu'ils, qu'elles placent

Subjonctif imparfait

que je plaçasse	que nous plaçassions
que tu plaçasses	que vous plaçassiez
qu'il, qu'elle plaçât	qu'ils, qu'elles plaçassent

Participe présent   Participe passé

plaçant	placé (placée, placés, placées)

18 ASSIÉGER

Les verbes en -éger changent é en è devant un e muet, sauf au futur et au conditionnel. En outre, un e s'intercale après g devant a ou o.

Indicatif présent

j'assiège	nous assiégeons
tu assièges	vous assiégez
il, elle assiège	ils, elles assiègent

Indicatif imparfait

j'assiégeais	nous assiégions
tu assiégeais	vous assiégiez
il, elle assiégeait	ils, elles assiégeaient

Indicatif passé simple

j'assiégeai	nous assiégeâmes
tu assiégeas	vous assiégeâtes
il, elle assiégea	ils, elles assiégèrent

Indicatif futur

j'assiégerai	nous assiégerons
tu assiégeras	vous assiégerez
il, elle assiégera	ils, elles assiégeront

Conditionnel présent

j'assiégerais	nous assiégerions
tu assiégerais	vous assiégeriez
il, elle assiégerait	ils, elles assiégeraient

Impératif présent

assiège, assiégeons, assiégez

Subjonctif présent

que j'assiège	que nous assiégions
que tu assièges	que vous assiégiez
qu'il, qu'elle assiège	qu'ils, qu'elles assiègent

Subjonctif imparfait

que j'assiégeasse	que nous assiégeassions
que tu assiégeasses	que vous assiégeassiez
qu'il, qu'elle assiégeât	qu'ils, qu'elles assiégeassent

Participe présent   Participe passé

assiégeant	assiégé (assiégée, assiégés, assiégées)

19 CRÉER

Les verbes en -éer, -ier, -ouer, -uer ont, conformément à la règle générale, un e muet à la fin du radical, au futur de l'indicatif et au présent du conditionnel : je créerai, j'associerai, je jouerai, je remuerai... ; je créerais, j'associerais, je jouerais, je remuerais...

Indicatif présent

je crée	nous créons
tu crées	vous créez
il, elle crée	ils, elles créent

Indicatif imparfait	
je créais	nous créions
tu créais	vous créiez
il, elle créait	ils, elles créaient

Indicatif passé simple	
je créai	nous créâmes
tu créas	vous créâtes
il, elle créa	ils, elles créèrent

Indicatif futur	
je créerai	nous créerons
tu créeras	vous créerez
il, elle créera	ils, elles créeront

Conditionnel présent	
je créerais	nous créerions
tu créerais	vous créeriez
il, elle créerait	ils, elles créeraient

Impératif présent

crée, créons, créez

Subjonctif présent	
que je crée	que nous créions
que tu crées	que vous créiez
qu'il, qu'elle crée	qu'ils, qu'elles créent

Subjonctif imparfait	
que je créasse	que nous créassions
que tu créasses	que vous créassiez
qu'il, qu'elle créât	qu'ils, qu'elles créassent

Participe présent	**Participe passé**
créant	créé (créée, créés, créées)

20 ASSOCIER

Les verbes en -ier prennent deux i à la première et à la deuxième personne du pluriel de l'indicatif imparfait et du subjonctif présent.

Indicatif présent	
j'associe	nous associons
tu associes	vous associez
il, elle associe	ils, elles associent

Indicatif imparfait	
j'associais	nous associiions
tu associais	vous associiez
il, elle associait	ils, elles associaient

Indicatif passé simple	
j'associai	nous associâmes
tu associas	vous associâtes
il, elle associa	ils, elles associèrent

Indicatif futur	
j'associerai	nous associerons
tu associeras	vous associerez
il, elle associera	ils, elles associeront

Conditionnel présent	
j'associerais	nous associerions
tu associerais	vous associeriez
il, elle associerait	ils, elles associeraient

Impératif présent

associe, associons, associez

Subjonctif présent	
que j'associe	que nous associions
que tu associes	que vous associiez
qu'il, qu'elle associe	qu'ils, qu'elles associent

Subjonctif imparfait	
que j'associasse	que nous associassions
que tu associasses	que vous associassiez
qu'il, qu'elle associât	qu'ils, qu'elles associassent

Participe présent	**Participe passé**
associant	associé (associée, associés, associées)

21 ABOYER

Les verbes en -oyer changent y en i devant un e muet (voir aussi ENVOYER).

Indicatif présent	
j'aboie	nous aboyons
tu aboies	vous aboyez
il, elle aboie	ils, elles aboient

Indicatif imparfait	
j'aboyais	nous aboyions
tu aboyais	vous aboyiez
il, elle aboyait	ils, elles aboyaient

Indicatif passé simple	
j'aboyai	nous aboyâmes
tu aboyas	vous aboyâtes
il, elle aboya	ils, elles aboyèrent

Indicatif futur	
j'aboierai	nous aboierons
tu aboieras	vous aboierez
il, elle aboiera	ils, elles aboieront

Conditionnel présent	
j'aboierais	nous aboierions
tu aboierais	vous aboieriez
il, elle aboierait	ils, elles aboieraient

Impératif présent

aboie, aboyons, aboyez

Subjonctif présent	
que j'aboie	que nous aboyions
que tu aboies	que vous aboyiez
qu'il, qu'elle aboie	qu'ils, qu'elles aboient

Subjonctif imparfait	
que j'aboyasse	que nous aboyassions
que tu aboyasses	que vous aboyassiez
qu'il, qu'elle aboyât	qu'ils, qu'elles aboyassent

Participe présent	Participe passé
aboyant	aboyé (aboyée, aboyés, aboyées)

22 ENVOYER

Envoyer et *renvoyer* se conjuguent comme ABOYER, sauf au futur et au conditionnel.

Indicatif présent

j'envoie	nous envoyons
tu envoies	vous envoyez
il, elle envoie	ils, elles envoient

Indicatif imparfait

j'envoyais	nous envoyions
tu envoyais	vous envoyiez
il, elle envoyait	ils, elles envoyaient

Indicatif passé simple

j'envoyai	nous envoyâmes
tu envoyas	vous envoyâtes
il, elle envoya	ils, elles envoyèrent

Indicatif futur

j'enverrai	nous enverrons
tu enverras	vous enverrez
il, elle enverra	ils, elles enverront

Conditionnel présent

j'enverrais	nous enverrions
tu enverrais	vous enverriez
il, elle enverrait	ils, elles enverraient

Impératif présent

envoie, envoyons, envoyez

Subjonctif présent

que j'envoie	que nous envoyions
que tu envoies	que vous envoyiez
qu'il, qu'elle envoie	qu'ils, qu'elles envoient

Subjonctif imparfait

que j'envoyasse	que nous envoyassions
que tu envoyasses	que vous envoyassiez
qu'il, qu'elle envoyât	qu'ils, qu'elles envoyassent

Participe présent	Participe passé
envoyant	envoyé (envoyée, envoyés, envoyées)

23 BALAYER

Les verbes en *-ayer* peuvent garder *y* à toutes les formes, mais l'usage moderne tend à le remplacer par *i* devant un *e* muet.

Indicatif présent

je balaie (balaye)	nous balayons
tu balaies (balayes)	vous balayez
il, elle balaie (balaye)	ils, elles balaient (balayent)

Indicatif imparfait

je balayais	nous balayions
tu balayais	vous balayiez
il, elle balayait	ils, elles balayaient

Indicatif passé simple

je balayai	nous balayâmes
tu balayas	vous balayâtes
il, elle balaya	ils, elles balayèrent

Indicatif futur

je balaierai (balayerai)	nous balaierons (balayerons)
tu balaieras (balayeras)	vous balaierez (balayerez)
il, elle balaiera (balayera)	ils, elles balaieront (balayeront)

Conditionnel présent

je balaierais (balayerais)	nous balaierions (balayerions)
tu balaierais (balayerais)	vous balaieriez (balayeriez)
il, elle balaierait (balayerait)	ils, elles balaieraient (balayeraient)

Impératif présent

balaie (balaye), balayons, balayez

Subjonctif présent

que je balaie (balaye)	que nous balayions
que tu balaies (balayes)	que vous balayiez
qu'il, qu'elle balaie (balaye)	qu'ils, qu'elles balaient (balayent)

Subjonctif imparfait

que je balayasse	que nous balayassions
que tu balayasses	que vous balayassiez
qu'il, qu'elle balayât	qu'ils, qu'elles balayassent

Participe présent	Participe passé
balayant	balayé (balayée, balayés, balayées)

24 APPUYER

Les verbes en *-uyer* changent *y* en *i* devant un *e* muet.

Indicatif présent

j'appuie	nous appuyons
tu appuies	vous appuyez
il, elle appuie	ils, elles appuient

Indicatif imparfait

J'appuyais	nous appuyions
tu appuyais	vous appuyiez
il, elle appuyait	ils, elles appuyaient

Indicatif passé simple

j'appuyai	nous appuyâmes
tu appuyas	vous appuyâtes
il, elle appuya	ils, elles appuyèrent

Indicatif futur

j'appuierai	nous appuierons
tu appuieras	vous appuierez
il, elle appuiera	ils, elles appuieront

Conditionnel présent

j'appuierais	nous appuierions
tu appuierais	vous appuieriez
il, elle appuierait	ils, elles appuieraient

appuie, appuyons, appuyez

Subjonctif présent

que j'appuie	que nous appuyions
que tu appuies	que vous appuyiez
qu'il, qu'elle appuie	qu'ils, qu'elles appuient

Subjonctif imparfait

que j'appuyasse	que nous appuyassions
que tu appuyasses	que vous appuyassiez
qu'il, qu'elle appuyât	qu'ils, qu'elles appuyassent

Participe présent   *Participe passé*

appuyant   appuyé (appuyée, appuyés, appuyées)

25 FINIR

Indicatif présent

je finis	nous finissons
tu finis	vous finissez
il, elle finit	ils, elles finissent

Indicatif imparfait

je finissais	nous finissions
tu finissais	vous finissiez
il, elle finissait	ils, elles finissaient

Indicatif passé simple

je finis	nous finîmes
tu finis	vous finîtes
il, elle finit	ils, elles finirent

Indicatif futur

je finirai	nous finirons
tu finiras	vous finirez
il, elle finira	ils, elles finiront

Conditionnel présent

je finirais	nous finirions
tu finirais	vous finiriez
il, elle finirait	ils, elles finiraient

Impératif présent

finis, finissons, finissez

Subjonctif présent

que je finisse	que nous finissions
que tu finisses	que vous finissiez
qu'il, qu'elle finisse	qu'ils, qu'elles finissent

Subjonctif imparfait

que je finisse	que nous finissions
que tu finisses	que vous finissiez
qu'il, qu'elle finît	qu'ils, qu'elles finissent

Participe présent   *Participe passé*

finissant   fini (finie, finis, finies)

26 BÉNIR

Ce verbe se conjugue comme *finir,* mais il a deux participes passés.

1. — *Bénit, bénite* s'emploie comme adjectif pour qualifier une chose qui a été l'objet d'une bénédiction de la part de l'Église : *du pain bénit ; de l'eau bénite ; un chapelet bénit ; une médaille bénite.* La forme *bénit, bénite* peut aussi s'employer, quand on parle d'une chose, comme participe à la forme passive, avec ou sans l'auxiliaire *avoir* et concurremment avec la forme *béni, bénie ; la chapelle est bénite (ou est bénie) par l'évêque,* ou *la chapelle a été bénite (ou a été bénie) par l'évêque.*

2. — *Béni, bénie* s'emploie quand on parle d'une personne *(béni soit le Seigneur)* ou quand on emploie l'auxiliaire *avoir,* dans un temps composé de la forme active : *l'évêque a béni la chapelle.*

27 FLEURIR

Ce verbe a deux formes d'indicatif imparfait et de participe présent. La première (radical FLEURISS-) s'emploie quand le verbe est pris au sens propre :

je fleurissais	nous fleurissions
tu fleurissais	vous fleurissiez
il, elle fleurissait	ils, elles fleurissaient

fleurissant

La seconde forme (radical FLORISS-) n'est usitée qu'aux troisièmes personnes (singulier et pluriel) de l'indicatif imparfait et au participe présent adjectivé, quand le verbe est pris au sens figuré de « prospérer, être en plein épanouissement » : *en ce temps-là, la poésie courtoise des troubadours florissait dans le Midi ; un pays florissant ; une bonne mine est l'indice d'une santé florissante.*

28 HAÏR

Indicatif présent

je hais	nous haïssons
tu hais	vous haïssez
il, elle hait	ils, elles haïssent

Indicatif imparfait

je haïssais	nous haïssions
il, elle haïssait	vous haïssiez
il haïssait	ils, elles haïssaient

Indicatif passé simple

je haïs	nous haïmes
tu haïs	vous haïtes
il, elle haït	ils, elles haïrent

Indicatif futur

je haïrai	nous haïrons
tu haïras	vous haïrez
il, elle haïra	ils, elles haïront

Conditionnel présent

je haïrais	nous haïrions
tu haïrais	vous haïriez
il, elle haïrait	ils, elles haïraient

Impératif présent

hais, haïssons, haïssez

Subjonctif présent

que je haïsse	que nous haïssions
que tu haïsses	que vous haïssiez
qu'il, qu'elle haïsse	qu'ils, qu'elles haïssent

Subjonctif imparfait

que je haïsse	que nous haïssions
que tu haïsses	que vous haïssiez
qu'il, qu'elle haït	qu'ils, qu'elles haïssent

Participe présent	Participe passé
haïssant	haï (haïe, haïs, haïes)

29 ACQUÉRIR

Se conjuguent sur ce type : *conquérir, s'enquérir, reconquérir, requérir.* — Le verbe archaïque *quérir* ne s'emploie plus de nos jours qu'à l'infinitif.

Indicatif présent

j'acquiers	nous acquérons
tu acquiers	vous acquérez
il, elle acquiert	ils, elles acquièrent

Indicatif imparfait

j'acquérais	nous acquérions
tu acquérais	vous acquériez
il, elle acquérait	ils, elles acquéraient

Indicatif passé simple

j'acquis	nous acquîmes
tu acquis	vous acquîtes
il, elle acquit	ils, elles acquirent

Indicatif futur

j'acquerrai	nous acquerrons
tu acquerras	vous acquerrez
il, elle acquerra	ils, elles acquerront

Conditionnel présent

j'acquerrais	nous acquerrions
tu acquerrais	vous acquerriez
il, elle acquerrait	ils, elles acquerraient

Impératif présent

acquiers, acquérons, acquérez

Subjonctif présent

que j'acquière	que nous acquérions
que tu acquières	que vous acquériez
qu'il, qu'elle acquière	qu'ils, qu'elles acquièrent

Subjonctif imparfait

que j'acquisse	que nous acquissions
que tu acquisses	que vous acquissiez
qu'il, qu'elle acquît	qu'ils, qu'elles acquissent

Participe présent	Participe passé
acquérant	acquis (acquise, acquis, acquises)

30 ASSAILLIR

Se conjuguent sur ce type : *défaillir, tressaillir.*

Indicatif présent

j'assaille	nous assaillons
tu assailles	vous assaillez
il, elle assaille	ils, elles assaillent

Indicatif imparfait

j'assaillais	nous assaillions
tu assaillais	vous assailliez
il, elle assaillait	ils, elles assaillaient

Indicatif passé simple

j'assaillis	nous assaillîmes
tu assaillis	vous assaillîtes
il, elle assaillit	ils, elles assaillirent

Indicatif futur

j'assaillirai	nous assaillirons
tu assailliras	vous assaillirez
il, elle assaillira	ils, elles assailliront

Conditionnel présent

j'assaillirais	nous assaillirions
tu assaillirais	vous assailliriez
il, elle assaillirait	ils, elles assailliraient

Impératif présent

assaille, assaillons, assaillez

Subjonctif présent

que j'assaille	que nous assaillions
que tu assailles	que vous assailliez
qu'il, qu'elle assaille	qu'ils, qu'elles assaillent

Subjonctif imparfait

que j'assaillisse	que nous assaillissions
que tu assaillisses	que vous assaillissiez
qu'il, qu'elle assaillît	qu'ils, qu'elles assaillissent

Participe présent	Participe passé
assaillant	assailli (assaillie, assaillis, assaillies)

31 BOUILLIR

Les composés *débouillir* et *rebouillir* se conjuguent sur ce type.

Indicatif présent

je bous	nous bouillons
tu bous	vous bouillez
il, elle bout	ils, elles bouillent

Indicatif imparfait

je bouillais	nous bouillions
tu bouillais	vous bouilliez
il, elle bouillait	ils, elles bouillaient

Indicatif passé simple

je bouillis	nous bouillîmes
tu bouillis	vous bouillîtes
il, elle bouillit	ils, elles bouillirent

je bouillirai	nous bouillirons
tu bouilliras	vous bouillirez
il, elle bouillira	ils, elles bouilliront

Conditionnel présent

je bouillirais	nous bouillirions
tu bouillirais	vous bouilliriez
il, elle bouillirait	ils, elles bouilliraient

Impératif présent

bous, bouillons, bouillez

Subjonctif présent

que je bouille	que nous bouillions
que tu bouilles	que vous bouilliez
qu'il, qu'elle bouille	qu'ils, qu'elles bouillent

Subjonctif imparfait

que je bouillisse	que nous bouillissions
que tu bouillisses	que vous bouillissiez
qu'il, qu'elle bouillît	qu'ils, qu'elles bouillissent

| *Participe présent* | *Participe passé* |
| bouillant | bouilli (bouillie, bouillis, bouillies) |

32 COURIR

Les composés de *courir (accourir, concourir, discourir, encourir, parcourir, recourir, secourir)* se conjuguent sur ce type.

Indicatif présent

je cours	nous courons
tu cours	vous courez
il, elle court	ils, elles courent

Indicatif imparfait

je courais	nous courions
tu courais	vous couriez
il, elle courait	ils, elles couraient

Indicatif passé simple

je courus	nous courûmes
tu courus	vous courûtes
il, elle courut	ils, elles coururent

Indicatif futur

je courrai	nous courrons
tu courras	vous courrez
il, elle courra	ils, elles courront

Conditionnel présent

je courrais	nous courrions
tu courrais	vous courriez
il, elle courrait	ils, elles courraient

Impératif présent

cours, courons, courez

Subjonctif présent

que je coure	que nous courions
que tu coures	que vous couriez
qu'il, qu'elle coure	qu'ils, qu'elles courent

Subjonctif imparfait

que je courusse	que nous courussions
que tu courusses	que vous courussiez
qu'il, qu'elle courût	qu'ils, qu'elles courussent

| *Participe présent* | *Participe passé* |
| courant | couru (courue, courus, courues) |

33 COUVRIR

Les composés de *couvrir (découvrir, recouvrir)*, ainsi que *ouvrir* (et ses composés *entrouvrir, rentrouvrir, rouvrir*), *offrir* et *souffrir*, se conjuguent sur ce type.

Indicatif présent

je couvre	nous couvrons
tu couvres	vous couvrez
il, elle couvre	ils, elles couvrent

Indicatif imparfait

je couvrais	nous couvrions
tu couvrais	vous couvriez
il, elle couvrait	ils, elles couvraient

Indicatif passé simple

je couvris	nous couvrîmes
tu couvris	vous couvrîtes
il, elle couvrit	ils, elles couvrirent

Indicatif futur

je couvrirai	nous couvrirons
tu couvriras	vous couvrirez
il, elle couvrira	ils, elles couvriront

Conditionnel présent

je couvrirais	nous couvririons
tu couvrirais	vous couvririez
il, elle couvrirait	ils, elles couvriraient

Impératif présent

couvre, couvrons, couvrez

Subjonctif présent

que je couvre	que nous couvrions
que tu couvres	que vous couvriez
qu'il, qu'elle couvre	qu'ils, qu'elles couvrent

Subjonctif imparfait

que je couvrisse	que nous couvrissions
que tu couvrisses	que vous couvrissiez
qu'il, qu'elle couvrît	qu'ils, qu'elles couvrissent

| *Participe présent* | *Participe passé* |
| couvrant | couvert (couverte, couverts, couvertes) |

34 CUEILLIR

Les composés de *cueillir (accueillir* et *recueillir)* se conjuguent sur ce type.

Indicatif présent

je cueille	nous cueillons
tu cueilles	vous cueillez
il, elle cueille	ils, elles cueillent

je cueillais	nous cueillions
tu cueillais	vous cueilliez
il, elle cueillait	ils, elles cueillaient

Indicatif passé simple

je cueillis	nous cueillîmes
tu cueillis	vous cueillîtes
il, elle cueillit	ils, elles cueillirent

Indicatif futur

je cueillerai	nous cueillerons
tu cueilleras	vous cueillerez
il, elle cueillera	ils, elles cueilleront

Conditionnel présent

je cueillerais	nous cueillerions
tu cueillerais	vous cueilleriez
il, elle cueillerait	ils, elles cueilleraient

Impératif présent

cueille, cueillons, cueillez

Subjonctif présent

que je cueille	que nous cueillions
que tu cueilles	que vous cueilliez
qu'il, qu'elle cueille	qu'ils, qu'elles cueillent

Subjonctif imparfait

que je cueillisse	que nous cueillissions
que tu cueillisses	que vous cueillissiez
qu'il, qu'elle cueillît	qu'ils, qu'elles cueillissent

Participe présent	*Participe passé*
cueillant	cueilli (cueillie, cueillis, cueillies)

35 DORMIR

Les composés de *dormir (endormir, redormir, rendormir)* se conjuguent sur ce type.

Indicatif présent

je dors	nous dormons
tu dors	vous dormez
il, elle dort	ils, elles dorment

Indicatif imparfait

je dormais	nous dormions
tu dormais	vous dormiez
il, elle dormait	ils, elles dormaient

Indicatif passé simple

je dormis	nous dormîmes
tu dormis	vous dormîtes
il, elle dormit	ils, elles dormirent

Indicatif futur

je dormirai	nous dormirons
tu dormiras	vous dormirez
il, elle dormira	ils, elles dormiront

Conditionnel présent

je dormirais	nous dormirions
tu dormirais	vous dormiriez
il, elle dormirait	ils, elles dormiraient

Impératif présent

dors, dormons, dormez

Subjonctif présent

que je dorme	que nous dormions
que tu dormes	que vous dormiez
qu'il, qu'elle dorme	qu'ils, qu'elles dorment

Subjonctif imparfait

que je dormisse	que nous dormissions
que tu dormisses	que vous dormissiez
qu'il, qu'elle dormît	qu'ils, qu'elles dormissent

Participe présent	*Participe passé*
dormant	dormi (*féminin et pluriel inusités, sauf pour les composés : endormie, endormis, endormies ; rendormie, rendormis, rendormies*)

. 36 FAILLIR

Indicatif présent (archaïque)

je faux	nous faillons
tu faux	vous faillez
il, elle faut	ils, elles faillent

Indicatif imparfait inusité

Indicatif passé simple

je faillis	nous faillîmes
tu faillis	vous faillîtes
il, elle faillit	ils, elles faillirent

Indicatif futur

je faillirai	nous faillirons
tu failliras	vous faillirez
il, elle faillira	ils, elles failliront

Conditionnel présent

je faillirais	nous faillirions
tu faillirais	vous failliriez
il, elle faillirait	ils, elles failliraient

Impératif présent inusité

Subjonctif présent inusité

Subjonctif imparfait (archaïque)

que je faillisse	que nous faillissions
que tu faillisses	que vous faillissiez
qu'il, qu'elle faillît	qu'ils, qu'elles faillissent

Participe présent inusité	*Participe passé*
	failli

37 FUIR

Le composé pronominal *s'enfuir* se conjugue sur ce type (aux temps simples).

Indicatif présent

je fuis	nous fuyons
tu fuis	vous fuyez
il, elle fuit	ils, elles fuient

Indicatif imparfait

je fuyais	nous fuyions
tu fuyais	vous fuyiez
il, elle fuyait	ils, elles fuyaient

Indicatif passé simple

je fuis	nous fuîmes
tu fuis	vous fuîtes
il, elle fuit	ils, elles fuirent

Indicatif futur

je fuirai	nous fuirons
tu fuiras	vous fuirez
il, elle fuira	ils, elles fuiront

Conditionnel présent

je fuirais	nous fuirions
tu fuirais	vous fuiriez
il, elle fuirait	ils, elles fuiraient

Impératif présent

fuis, fuyons, fuyez

Subjonctif présent

que je fuie	que nous fuyions
que tu fuies	que vous fuyiez
qu'il, qu'elle fuie	qu'ils, qu'elles fuient

Subjonctif imparfait

que je fuisse	que nous fuissions
que tu fuisses	que vous fuissiez
qu'il, qu'elle fuît	qu'ils, qu'elles fuissent

Participe présent	Participe passé
fuyant	fui (fuie, fuis, fuies)

. 38 GÉSIR

Indicatif présent

je gis	nous gisons
tu gis	vous gisez
il, elle gît	ils, elles gisent

Indicatif imparfait

je gisais	nous gisions
tu gisais	vous gisiez
il, elle gisait	ils, elles gisaient

Infinitif présent	Participe passé
gésir	gisant

Autres temps inusités

39 MOURIR

Se conjugue toujours avec l'auxiliaire ÊTRE aux temps composés.

Indicatif présent

je meurs	nous mourons
tu meurs	vous mourez
il, elle meurt	ils, elles meurent

Indicatif imparfait

je mourais	nous mourions
tu mourais	vous mouriez
il, elle mourait	ils, elles mouraient

Indicatif passé simple

je mourus	nous mourûmes
tu mourus	vous mourûtes
il, elle mourut	ils, elles moururent

Indicatif futur

je mourrai	nous mourrons
tu mourras	vous mourrez
il, elle mourra	ils, elles mourront

Conditionnel présent

je mourrais	nous mourrions
tu mourrais	vous mourriez
il, elle mourrait	ils, elles mourraient

Impératif présent

meurs, mourons, mourez

Subjonctif présent

que je meure	que nous mourions
que tu meures	que vous mouriez
qu'il, qu'elle meure	qu'ils, qu'elles meurent

Subjonctif imparfait

que je mourusse	que nous mourussions
que tu mourusses	que vous mourussiez
qu'il, qu'elle mourût	qu'ils, qu'elles mourussent

Participe présent	Participe passé
mourant	mort (morte, morts, mortes)

40 OUÏR

Ce verbe est devenu vieux et ne s'emploie plus guère qu'à l'infinitif et aux temps composés.

Indicatif présent

j'ois	nous oyons
tu ois	vous oyez
il, elle oit	ils, elles oient

Indicatif imparfait

j'oyais	nous oyions
tu oyais	vous oyiez
il, elle oyait	ils, elles oyaient

Indicatif passé simple

j'ouïs	nous ouïmes
tu ouïs	vous ouïtes
il, elle ouït	ils, elles ouïrent

Indicatif futur

j'ouïrai	ou j'oirai
tu ouïras	ou tu oiras
il, elle ouïra	ou il, elle oira
nous ouïrons	ou nous oirons
vous ouïrez	ou vous oirez
ils, elles ouïront	ou ils, elles oiront

Indicatif futur (archaïque)

j'orrai	nous orrons
tu orras	vous orrez
il, elle orra	ils, elles orront

Conditionnel présent

j'ouïrais	ou j'oirais
tu ouïrais	ou tu oirais
il, elle ouïrait	ou il, elle oirait
nous ouïrions	ou nous oirions
vous ouïriez	ou vous oiriez
ils, elles ouiraient	ou ils, elles oiraient

Conditionnel présent (archaïque)

j'orrais	nous orrions
tu orrais	vous orriez
il, elle orrait	ils, elles orraient

Impératif présent

ois, oyons, oyez

Subjonctif présent

que j'oie	que nous oyions
que tu oies	que vous oyiez
qu'il, qu'elle oie	qu'ils, qu'elles oient

Subjonctif imparfait

que j'ouïsse	que nous ouïssions
que tu ouïsses	que vous ouïssiez
qu'il, qu'elle ouït	qu'ils, qu'elles ouïssent

Participe présent	Participe passé
oyant	ouï (ouïe, ouïs, ouïes)

. 41 SAILLIR

1. — Au sens de « jaillir avec force » ou de « s'élancer » ou de « couvrir la femelle », ce verbe se conjugue comme FINIR et ne s'emploie qu'à l'infinitif et à la 3ᵉ personne du singulier et du pluriel, à tous les temps simples ou composés de tous les modes personnels (auxiliaire AVOIR).

2. — Au sens de « être en saillie », le verbe *saillir* ne se conjugue qu'à la 3ᵉ personne du singulier et du pluriel, selon le type ci-dessous.

Indicatif présent

il, elle saille	ils, elles saillent

Indicatif imparfait

il, elle saillait	ils, elles saillaient

Indicatif passé simple inusité

Indicatif futur

il, elle saillera	ils, elles sailleront

Conditionnel présent

il, elle saillerait	ils, elles sailleraient

Impératif présent inusité

Subjonctif présent

qu'il, qu'elle saille	qu'ils, qu'elles saillent

Subjonctif imparfait inusité

Participe présent	Participe passé
saillant	sailli *(féminin et pluriel inusités)*

42 SENTIR

Se conjuguent sur ce type tous les composés de *sentir (consentir, pressentir, ressentir)*, ainsi que *mentir (et son composé démentir), partir (et son composé repartir, mais non répartir), se repentir, sortir (et son composé ressortir)*.

Indicatif présent

je sens	nous sentons
tu sens	vous sentez
il, elle sent	ils, elles sentent

Indicatif imparfait

je sentais	nous sentions
tu sentais	vous sentiez
il, elle sentait	ils, elles sentaient

Indicatif passé simple

je sentis	nous sentîmes
tu sentis	vous sentîtes
il, elle sentit	ils, elles sentirent

Indicatif futur

je sentirai	nous sentirons
tu sentiras	vous sentirez
il, elle sentira	ils, elles sentiront

Conditionnel présent

je sentirais	nous sentirions
tu sentirais	vous sentiriez
il, elle sentirait	ils, elles sentiraient

Impératif présent

sens, sentons, sentez

Subjonctif présent

que je sente	que nous sentions
que tu sentes	que vous sentiez
qu'il, qu'elle sente	qu'ils, qu'elles sentent

Subjonctif imparfait

que je sentisse	que nous sentissions
que tu sentisses	que vous sentissiez
qu'il, qu'elle sentît	qu'ils, qu'elles sentissent

Participe présent	Participe passé
sentant	senti (sentie, sentis, senties)

43 SERVIR

Les composés *desservir* et *resservir* se conjuguent sur ce type, mais *asservir* se conjugue comme FINIR.

Indicatif présent

je sers	nous servons
tu sers	vous servez
il, elle sert	ils, elles servent

Indicatif imparfait

je servais	nous servions
tu servais	vous serviez
il, elle servait	ils, elles servaient

Indicatif passé simple

je servis	nous servîmes
tu servis	vous servîtes
il, elle servit	ils, elles servirent

Indicatif futur

je servirai	nous servirons
tu serviras	vous servirez
il, elle servira	ils, elles serviront

Conditionnel présent

je servirais	nous servirions
tu servirais	vous serviriez
il, elle servirait	ils, elles serviraient

Impératif présent

sers, servons, servez

Subjonctif présent

que je serve	que nous servions
que tu serves	que vous serviez
qu'il, qu'elle serve	qu'ils, qu'elles servent

Subjonctif imparfait

que je servisse	que nous servissions
que tu servisses	que vous servissiez
qu'il, qu'elle servît	qu'ils, qu'elles servissent

Participe présent	Participe passé
servant	servi (servie, servis, servies)

44 TENIR

Se conjuguent sur ce type tous les composés de *tenir* (*s'abstenir, appartenir, contenir, détenir, entretenir, maintenir, obtenir, retenir, soutenir*), ainsi que *venir* et ses composés : *advenir, circonvenir, contrevenir, convenir, devenir, disconvenir, intervenir, obvenir, parvenir, prévenir, provenir, redevenir, se ressouvenir, revenir, se souvenir, subvenir, survenir*.

Indicatif présent

je tiens	nous tenons
tu tiens	vous tenez
il, elle tient	ils, elles tiennent

Indicatif imparfait

je tenais	nous tenions
tu tenais	vous teniez
il, elle tenait	ils, elles tenaient

Indicatif passé simple

je tins	nous tînmes
tu tins	vous tîntes
il, elle tint	ils, elles tinrent

Indicatif futur

je tiendrai	nous tiendrons
tu tiendras	vous tiendrez
il, elle tiendra	ils, elles tiendront

Conditionnel présent

je tiendrais	nous tiendrions
tu tiendrais	vous tiendriez
il, elle tiendrait	ils, elles tiendraient

Impératif présent

tiens, tenons, tenez

Subjonctif présent

que je tienne	que nous tenions
que tu tiennes	que vous teniez
qu'il, qu'elle tienne	qu'ils, qu'elles tiennent

Subjonctif imparfait

que je tinsse	que nous tinssions
que tu tinsses	que vous tinssiez
qu'il, qu'elle tînt	qu'ils, qu'elles tinssent

Participe présent	Participe passé
tenant	tenu (tenue, tenus, tenues)

45 VÊTIR

Les composés *dévêtir* et *revêtir* se conjuguent sur ce type. Certains écrivains ont conjugué le verbe *vêtir* comme FINIR (*je vêtissais, tu vêtissais... ; vêtissant*), mais ces formes sont peu recommandées.

Indicatif présent

je vêts	nous vêtons
tu vêts	vous vêtez
il, elle vêt	ils, elles vêtent

Indicatif imparfait

je vêtais	nous vêtions
tu vêtais	vous vêtiez
il, elle vêtait	ils, elles vêtaient

Indicatif passé simple

je vêtis	nous vêtîmes
tu vêtis	vous vêtîtes
il, elle vêtit	ils, elles vêtirent

Indicatif futur

je vêtirai	nous vêtirons
tu vêtiras	vous vêtirez
il, elle vêtira	ils, elles vêtiront

Conditionnel présent

je vêtirais	nous vêtirions
tu vêtirais	vous vêtiriez
il, elle vêtirait	ils, elles vêtiraient

Impératif présent

vêts, vêtons, vêtez

Subjonctif présent

que je vête que nous vêtions
que tu vêtes que vous vêtiez
qu'il, qu'elle vête qu'ils, qu'elles vêtent

Subjonctif imparfait

que je vêtisse que nous vêtissions
que tu vêtisses que vous vêtissiez
qu'il, qu'elle vêtit qu'ils, qu'elles vêtissent

Participe présent *Participe passé*

vêtant vêtu (vêtue, vêtus,
vêtues)

46 CONDUIRE

Se conjuguent sur ce type tous les verbes en *-duire*, ainsi que *construire, cuire, détruire, instruire,* et aussi *luire, nuire, reluire,* mais ces trois derniers verbes ont pour participe passé respectivement *lui, nui, relui,* sans *-t* final. Ces trois participes passés n'ont pas de féminin ni de pluriel.

Indicatif présent

je conduis nous conduisons
tu conduis vous conduisez
il, elle conduit ils, elles conduisent

Indicatif imparfait

je conduisais nous conduisions
tu conduisais vous conduisiez
il, elle conduisait ils, elles conduisaient

Indicatif passé simple

je conduisis nous conduisîmes
tu conduisis vous conduisîtes
il, elle conduisit ils, elles conduisirent

Indicatif futur

je conduirai nous conduirons
tu conduiras vous conduirez
il, elle conduira ils, elles conduiront

Conditionnel présent

je conduirais nous conduirions
tu conduirais vous conduiriez
il, elle conduirait ils, elles conduiraient

Impératif présent

conduis, conduisons, conduisez

Subjonctif présent

que je conduise que nous conduisions
que tu conduises que vous conduisiez
qu'il, qu'elle conduise qu'ils, qu'elles conduisent

Subjonctif imparfait

que je conduisisse que nous conduisissions
que tu conduisisses que vous conduisissiez
qu'il, qu'elle conduisît qu'ils, qu'elles conduisissent

Participe présent *Participe passé*

conduisant conduit (conduite,
conduits, conduites)

47 DIRE

Le composé *redire* se conjugue comme DIRE. Les composés *contredire, dédire, interdire, médire, prédire* se conjuguent comme DIRE, sauf à la 2ᵉ personne du pluriel de l'indicatif présent et de l'impératif présent : *vous contredisez, contredisez...* Quant à *maudire,* il se conjugue comme FINIR, sauf au participe passé : *maudit, maudite.*

Indicatif présent

je dis nous disons
tu dis vous dites
il, elle dit ils, elles disent

Indicatif imparfait

je disais nous disions
tu disais vous disiez
il, elle disait ils, elles disaient

Indicatif passé simple

je dis nous dîmes
tu dis vous dîtes
il, elle dit ils, elles dirent

Indicatif futur

je dirai nous dirons
tu diras vous direz
il, elle dira ils, elles diront

Conditionnel présent

je dirais nous dirions
tu dirais vous diriez
il, elle dirait ils, elles diraient

Impératif présent

dis, disons, dites

Subjonctif présent

que je dise que nous disions
que tu dises que vous disiez
qu'il, qu'elle dise qu'ils, qu'elles disent

Subjonctif imparfait

que je disse que nous dissions
que tu disses que vous dissiez
qu'il, qu'elle dît qu'ils, qu'elles dissent

Participe présent *Participe passé*

disant dit (dite, dits, dites)

48 ÉCRIRE

Se conjuguent sur ce type : *circonscrire, décrire, inscrire, prescrire, proscrire, récrire, réinscrire, retranscrire, souscrire, transcrire.*

Indicatif présent

j'écris nous écrivons
tu écris vous écrivez
il, elle écrit ils, elles écrivent

j'écrivais	nous écrivions
tu écrivais	vous écriviez
il, elle écrivait	ils, elles écrivaient

Indicatif passé simple

j'écrivis	nous écrivîmes
tu écrivis	vous écrivîtes
il, elle écrivit	ils, elles écrivirent

Indicatif futur

j'écrirai	nous écrirons
tu écriras	vous écrirez
il, elle écrira	ils, elles écriront

Conditionnel présent

j'écrirais	nous écririons
tu écrirais	vous écririez
il, elle écrirait	ils, elles écriraient

Impératif présent

écris, écrivons, écrivez

Subjonctif présent

que j'écrive	que nous écrivions
que tu écrives	que vous écriviez
qu'il, qu'elle écrive	qu'ils, qu'elles écrivent

Subjonctif imparfait

que j'écrivisse	que nous écrivissions
que tu écrivisses	que vous écrivissiez
qu'il, qu'elle écrivît	qu'ils, qu'elles écrivissent

Participe présent	**Participe passé**
écrivant	écrit, (écrite, écrits, écrites)

. 49 FRIRE

Indicatif présent

je fris	*Les trois personnes*
tu fris	*du pluriel sont*
il, elle frit	*inusitées*

Indicatif imparfait inusité

Indicatif passé simple inusité

Indicatif futur

je frirai	nous frirons
tu friras	vous frirez
il, elle frira	ils, elles friront

Conditionnel présent

je frirais	nous fririons
tu frirais	vous fririez
il, elle frirait	ils, elles friraient

Impératif présent

fris

Subjonctif présent inusité

Subjonctif imparfait inusité

Participe présent	**Participe passé**
inusité	frit (frite, frits, frites)

50 LIRE

Se conjuguent sur ce type : *élire, réélire, relire.*

Indicatif présent

je lis	nous lisons
tu lis	vous lisez
il, elle lit	ils, elles lisent

Indicatif imparfait

je lisais	nous lisions
tu lisais	vous lisiez
il, elle lisait	ils, elles lisaient

Indicatif passé simple

je lus	nous lûmes
tu lus	vous lûtes
il, elle lut	ils, elles lurent

Indicatif futur

je lirai	nous lirons
tu liras	vous lirez
il, elle lira	ils, elles liront

Conditionnel présent

je lirais	nous lirions
tu lirais	vous liriez
il, elle lirait	ils, elles liraient

Impératif présent

lis, lisons, lisez

Subjonctif présent

que je lise	que nous lisions
que tu lises	que vous lisiez
qu'il, qu'elle lise	qu'ils, qu'elles lisent

Subjonctif imparfait

que je lusse	que nous lussions
que tu lusses	que vous lussiez
qu'il, qu'elle lût	qu'ils, qu'elles lussent

Participe présent	**Participe passé**
lisant	lu (lue, lus, lues)

51 RIRE

Le composé *sourire* se conjugue sur ce type.

Indicatif présent

je ris	nous rions
tu ris	vous riez
il, elle rit	ils, elles rient

Indicatif imparfait

je riais	nous riions
tu riais	vous riiez
il, elle riait	ils, elles riaient

Indicatif passé simple

je ris	nous rîmes
tu ris	vous rîtes
il, elle rit	ils, elles rirent

Indicatif futur	
je rirai	nous rirons
tu riras	vous rirez
il, elle rira	ils, elles riront

Conditionnel présent	
je rirais	nous ririons
tu rirais	vous ririez
il, elle rirait	ils, elles riraient

Impératif présent

ris, rions, riez

Subjonctif présent	
que je rie	que nous riions
que tu ries	que vous riiez
qu'il, qu'elle rie	qu'ils, qu'elles rient

Subjonctif imparfait	
que je risse	que nous rissions
que tu risses	que vous rissiez
qu'il, qu'elle rît	qu'ils, qu'elles rissent

Participe présent	Participe passé
riant	ri *(féminin et pluriel inusités)*

52 SUFFIRE

Les verbes *confire* et *déconfire* se conjuguent sur ce type, mais leurs participes se terminent par un -t : *confit, confite ; déconfit, déconfite*. Le verbe *circoncire* se conjugue aussi comme SUFFIRE, mais son participe est *circoncis, circoncise*.

Indicatif présent	
je suffis	nous suffisons
tu suffis	vous suffisez
il, elle suffit	ils, elles suffisent

Indicatif imparfait	
je suffisais	nous suffisions
tu suffisais	vous suffisiez
il, elle suffisait	ils, elles suffisaient

Indicatif passé simple	
je suffis	nous suffîmes
tu suffis	vous suffîtes
il, elle suffit	ils, elles suffirent

Indicatif futur	
je suffirai	nous suffirons
tu suffiras	vous suffirez
il, elle suffira	ils, elles suffiront

Conditionnel présent	
je suffirais	nous suffirions
tu suffirais	vous suffiriez
il, elle suffirait	ils, elles suffiraient

Impératif présent

suffis, suffisons, suffisez

Subjonctif présent	
que je suffise	que nous suffisions
que tu suffises	que vous suffisiez
qu'il, qu'elle suffise	qu'ils, qu'elles suffisent

Subjonctif imparfait	
que je suffisse	que nous suffissions
que tu suffisses	que vous suffissiez
qu'il, qu'elle suffit	qu'ils, qu'elles suffissent

Participe présent	Participe passé
suffisant	suffi *(féminin et pluriel inusités)*

53 BRAIRE

Indicatif présent	
il, elle brait	ils, elles braient

Indicatif imparfait	
il, elle brayait	ils, elles brayaient

Indicatif futur	
il, elle braira	ils, elles brairont

Conditionnel présent	
il, elle brairait	ils, elles brairaient

Infinitif présent

braire

Autres temps inusités

54 FAIRE

Les composés *contrefaire, défaire, forfaire, malfaire, méfaire, parfaire, redéfaire, refaire, satisfaire, surfaire* se conjuguent sur ce type.

Indicatif présent	
je fais	nous faisons
tu fais	vous faites
il, elle fait	ils, elles font

Indicatif imparfait	
je faisais	nous faisions
tu faisais	vous faisiez
il, elle faisait	ils, elles faisaient

Indicatif passé simple	
je fis	nous fîmes
tu fis	vous fîtes
il, elle fit	ils, elles firent

Indicatif futur	
je ferai	nous ferons
tu feras	vous ferez
il, elle fera	ils, elles feront

Conditionnel présent	
je ferais	nous ferions
tu ferais	vous feriez
il, elle ferait	ils, elles feraient

Impératif présent

fais, faisons, faites

Subjonctif présent

que je fasse	que nous fassions
que tu fasses	que vous fassiez
qu'il, qu'elle fasse	qu'ils, qu'elles fassent

Subjonctif imparfait

que je fisse	que nous fissions
que tu fisses	que vous fissiez
qu'il, qu'elle fît	qu'ils, qu'elles fissent

Participe présent *Participe passé*

faisant   fait (faite, faits,
       faites)

55 PLAIRE

Les composés *complaire* et *déplaire* se conjuguent sur ce type.

Indicatif présent

je plais	nous plaisons
tu plais	vous plaisez
il, elle plaît	ils, elles plaisent

Indicatif imparfait

je plaisais	nous plaisions
tu plaisais	vous plaisiez
il, elle plaisait	ils, elles plaisaient

Indicatif passé simple

je plus	nous plûmes
tu plus	vous plûtes
il, elle plut	ils, elles plurent

Indicatif futur

je plairai	nous plairons
tu plairas	vous plairez
il, elle plaira	ils, elles plairont

Conditionnel présent

ja plairais	nous plairions
tu plairais	vous plairiez
il, elle plairait	ils, elles plairaient

Impératif présent

plais, plaisons, plaisez

Subjonctif présent

que je plaise	que nous plaisions
que tu plaises	que vous plaisiez
qu'il, qu'elle plaise	qu'ils, qu'elles plaisent

Subjonctif imparfait

que je plusse	que nous plussions
que tu plusses	que vous plussiez
qu'il, qu'elle plût	qu'ils, qu'elles plussent

Participe présent *Participe passé*

plaisant   plu *(féminin et pluriel
       inusités)*

56 TAIRE

Indicatif présent

je tais	nous taisons
tu tais	vous taisez
il, elle tait	ils, elles taisent

Indicatif imparfait

je taisais	nous taisions
tu taisais	vous taisiez
il, elle taisait	ils, elles taisaient

Indicatif passé simple

je tus	nous tûmes
tu tus	vous tûtes
il, elle tut	ils, elles turent

Indicatif futur

je tairai	nous tairons
tu tairas	vous tairez
il, elle taira	ils, elles tairont

Conditionnel présent

je tairais	nous tairions
tu tairais	vous tairiez
il, elle tairait	ils, elles tairaient

Impératif présent

tais, taisons, taisez

Subjonctif présent

que je taise	que nous taisions
que tu taises	que vous taisiez
qu'il, qu'elle taise	qu'ils, qu'elles taisent

Subjonctif imparfait

que je tusse	que nous tussions
que tu tusses	que vous tussiez
qu'il, qu'elle tût	qu'ils, qu'elles tussent

Participe présent *Participe passé*

taisant   tu (tue, tus, tues)

. 57 TRAIRE

Se conjuguent sur ce type : *abstraire, extraire, retraire, soustraire.*

Indicatif présent

je trais	nous trayons
tu trais	vous trayez
il, elle trait	ils, elles traient

Indicatif imparfait

je trayais	nous trayions
tu trayais	vous trayiez
il, elle trayait	ils, elles trayaient

Indicatif passé simple inusité

Indicatif futur

je trairai	nous trairons
tu trairas	vous trairez
il, elle traira	ils, elles trairont

Conditionnel présent

je trairais	nous trairions
tu trairais	bous trairiez
il, elle trairait	ils, elles trairaient

Impératif présent

trais, trayons, trayez

Subjonctif présent

que je traie	que nous trayions
que tu traies	que vous trayiez
qu'il, qu'elle traie	qu'ils, qu'elles traient

Subjonctif imparfait inusité

Participe présent	Participe passé
trayant	trait (traite, traits, traites)

58 APERCEVOIR

Se conjuguent sur ce type : *concevoir, décevoir, percevoir, recevoir.*

Indicatif présent

j'aperçois	nous apercevons
tu aperçois	vous apercevez
il, elle aperçoit	ils, elles aperçoivent

Indicatif imparfait

j'apercevais	nous apercevions
tu apercevais	vous aperceviez
il, elle apercevait	ils, elles apercevaient

Indicatif passé simple

j'aperçus	nous aperçûmes
tu aperçus	vous aperçûtes
il, elle aperçut	ils, elles aperçurent

Indicatif futur

j'apercevrai	nous apercevrons
tu apercevras	vous apercevrez
il, elle apercevra	ils, elles apercevront

Conditionnel présent

j'apercevrais	nous apercevrions
tu apercevrais	vous aperceviez
il, elle apercevrait	ils, elles apercevraient

Impératif présent

aperçois, apercevons, apercevez

Subjonctif présent

que j'aperçoive	que nous apercevions
que tu aperçoives	aue vous aperceviez
qu'il, qu'elle aperçoive	qu'ils, qu'elles aperçoivent

Subjonctif imparfait

que j'aperçusse	que nous aperçussions
que tu aperçusses	que vous aperçussiez
qu'il, qu'elle aperçût	qu'ils, qu'elles aperçussent

Participe présent / Participe passé

Participe présent	Participe passé
apercevant	aperçu (aperçue, aperçus, aperçues)

59 ASSEOIR

Ce verbe, comme *rasseoir,* qui se conjugue de la même manière, est surtout employé à la forme pronominale.

Indicatif présent

j'assieds	*ou* j'assois
tu assieds	*ou* tu assois
il, elle assied	*ou* il, elle assoit
nous asseyons	*ou* nous assoyons
vous asseyez	*ou* vous assoyez
ils, elles asseyent	*ou* ils, elles assoient

Indicatif imparfait

j'asseyais	*ou* j'assoyais
tu asseyais	*ou* tu assoyais
il, elle asseyait	*ou* il, elle assoyait
nous asseyions	*ou* nous assoyions
vous asseyiez	*ou* vous assoyiez
ils, elles asseyaient	*ou* ils, elles assoyaient

Indicatif passé simple

j'assis	nous assîmes
tu assis	vous assîtes
il, elle assit	ils, elles assirent

Indicatif futur

j'assiérai	*ou* j'assoirai
tu assiéras	*ou* tu assoiras
il, elle assiéra	*ou* il, elle assoira
nous assiérons	*ou* nous assoirons
vous assiérez	*ou* vous assoirez
ils, elles assiéront	*ou* ils, elles assoiront

Conditionnel présent

j'assiérais	*ou* j'assoirais
tu assiérais	*ou* tu assoirais
il, elle assiérait	*ou* il, elle assoirait
nous assiérions	*ou* nous assoirions
vous assiériez	*ou* vous assoiriez
ils, elles assiéraient	*ou* ils, elles assoiraient

Impératif présent

assieds, asseyons, asseyez
ou assois, assoyons, assoyez

Subjonctif présent

que j'asseye	*ou* que j'assoie
que tu asseyes	*ou* que tu assoies
qu'il, qu'elle asseye	*ou* qu'il, qu'elle assoie
que nous asseyions	*ou* que nous assoyions
que vous asseyiez	*ou* que vous assoyiez
qu'ils, qu'elles asseyent	*ou* qu'ils, qu'elles assoient

Subjonctif imparfait

que j'assisse	que nous assissions
que tu assisses	que vous assissiez
qu'il, qu'elle assît	qu'ils, qu'elles assissent

Participe présent / Participe passé

Participe présent	Participe passé
asseyant *ou* assoyant	assis (assise, assis, assises)

. 60 CHOIR

Aux temps composés, ce verbe, devenu rare de nos jours, se conjugue avec l'auxiliaire AVOIR quand on veut insister sur l'action *(un fruit a chu sur le sol)*, ou bien avec l'auxiliaire ÊTRE quand on veut insister sur l'état : *les feuilles sont déjà chues.* Ce dernier tour est d'ailleurs extrêmement rare.

Indicatif présent

je chois
tu chois
il, elle choit
ils, elles choient

Les autres personnes sont inusitées

Indicatif imparfait inusité

Indicatif passé simple

je chus	vous chûmes
tu chus	vous chûtes
il, elle chut	ils, elles churent

Indicatif futur

je choirai	*ou (archaïque)* je cherrai
tu choiras	*ou (archaïque)* tu cherras
il, elle choira	*ou (archaïque)* il, elle cherra
nous choirons	*ou (archaïque)* nous cherrons
vous choirez	*ou (archaïque)* vous cherrez
ils, elles choiront	*ou (archaïque)* ils, elles cherront

Conditionnel présent

je choirais	*ou (archaïque)* je cherrais
tu choirais	*ou (archaïque)* tu cherrais
il, elle choirait	*ou (archaïque)* il, elle cherrait
nous choirions	*ou (archaïque)* nous cherrions
vous choiriez	*ou (archaïque)* vous cherriez
ils, elles choiraient	*ou (archaïque)* ils, elles cherraient

Impératif présent inusité

Subjonctif présent inusité

Subjonctif imparfait

qu'il, qu'elle chût

Participe présent	Participe passé
inusité	chu (chue, chus, chues)

. 61 DÉCHOIR

Aux temps composés, ce verbe se conjugue avec l'auxiliaire AVOIR quand on veut insister sur l'action *(c'est au XVᵉ siècle que cette ville a déchu)*, ou bien avec l'auxiliaire ÊTRE quand on veut insister sur l'état, ce dernier cas étant d'ailleurs le plus fréquent : *cette ville est bien déchue de son ancienne splendeur.*

Indicatif présent

je déchois	nous déchoyons *(rare)*
tu déchois	vous déchoyez *(rare)*
il, elle déchoit	ils, elles déchoient
ou (archaïque) il, elle déchet	

Indicatif imparfait inusité

Indicatif passé simple

je déchus	nous déchûmes
tu déchus	vous déchûtes
il, elle déchut	ils, elles déchurent

Indicatif futur

je déchoirai	*ou (archaïque)* je décherrai
tu déchoiras	*ou (archaïque)* tu décherras
il, elle déchoira	*ou (archaïque)* il, elle décherra
nous déchoirons	*ou (archaïque)* nous décherrons
vous déchoirez	*ou (archaïque)* vous décherrez
ils, elles déchoiront	*ou (archaïque)* ils, elles décherront

Conditionnel présent

je déchoirais	*ou (archaïque)* je décherrais
tu déchoirais	*ou (achaïque)* tu décherrais
il, elle déchoirait	*ou (archaïque)* il, elle décherrait
nous déchoirions	*ou (archaïque)* nous décherrions
vous déchoiriez	*ou (archaïque)* vous décherriez
ils, elles déchoiraient	*ou (archaïque)* ils, elles décherraient

Impératif présent inusité

Subjonctif présent

que je déchoie	aue nous déchoyions
que tu déchoies	que vous déchoyiez
qu'il, qu'elle déchoie	qu'ils, qu'elles déchoient

Subjonctif imparfait

que je déchusse	que nous déchussions
que tu déchusses	que vous déchussiez
qu'il, qu'elle déchût	qu'ils, qu'elles déchussent

Participe présent	Participe passé
inusité	déchu (déchue, déchus, déchues)

. 62 DEVOIR

Le composé *redevoir* se conjugue sur ce type.

Indicatif présent

je dois	nous devons
tu dois	vous devez
il, elle doit	ils, elles doivent

Indicatif imparfait

je devais	nous devions
tu devais	vous deviez
il, elle devait	ils, elles devaient

Indicatif passé simple

je dus	nous dûmes
tu dus	vous dûtes
il, elle dut	ils, elles durent

Indicatif futur

je devrai	nous devrons
tu devras	vous devrez
il, elle devra	ils, elles devront

Conditionnel présent

je devrais	nous devrions
tu devrais	vous devriez
il, elle devrait	ils, elles devraient

Impératif présent inusité

Subjonctif présent

que je doive	que nous devions
que tu doives	que vous deviez
qu'il, qu'elle doive	qu'ils, qu'elles doivent

Subjonctif imparfait

que je dusse	que nous dussions
que tu dusses	que vous dussiez
qu'il, qu'elle dût	qu'ils, qu'elles dussent

Participe présent	Participe passé
devant	dû (due, dus, dues)

. 63 ÉCHOIR

Ce verbe ne s'emploie qu'aux troisièmes personnes des temps composés et de certains temps simples, et au participe passé. Il se conjugue normalement avec l'auxiliaire ÊTRE *(le sort qui lui est échu)*, mais peut se conjuguer avec l'auxiliaire AVOIR, quand on veut insister sur l'action : *la part qui lui a échu ce jour-là.*

Indicatif présent

il, elle échoit	*ou (archaïque)* il, elle échet
ils, elles échoient	*ou (archaïque)* ils, elles échéent

Indicatif imparfait

il, elle échoyait *(très peu usité)*

Indicatif passé simple

il, elle échut	ils, elles échurent

Indicatif futur

il, elle échoira	*ou (archaïque)* il, elle écherra
ils, elles échoiront	*ou (archaïque)* ils, elles écherront

Conditionnel présent

il, elle échoirait	*ou (archaïque)* il, elle écherrait

ils, elles échoiraient	*ou (archaïque)* ils, elles écherraient

Impératif présent inusité

Subjonctif présent

qu'il, qu'elle échoie	*ou (archaïque)* qu'il, qu'elle échée

Subjonctif imparfait

qu'il, qu'elle échût

Participe présent	Participe passé
échéant	échu (échue, échus, échues)

. 64 FALLOIR

Indicatif présent

il, elle faut

Indicatif imparfait

il, elle fallait

Indicatif passé simple

il, elle fallut

Indicatif futur

il, elle faudra

Conditionnel présent

il, elle faudrait

Impératif présent inusité

Subjonctif présent

qu'il, qu'elle faille

Subjonctif imparfait

qu'il, qu'elle fallût

Participe présent inusité

Participe passé

fallu *(féminin et pluriel inusités)*

65 MOUVOIR

Les composés *émouvoir* et *promouvoir* se conjuguent comme MOUVOIR, mais les participes passés *ému* et *promu* s'écrivent sans accent circonflexe sur le *u.*

Indicatif présent

je meus	nous mouvons
tu meus	vous mouvez
il, elle meut	ils, elles meuvent

Indicatif imparfait

je mouvais	nous mouvions
tu mouvais	vous mouviez
il, elle mouvait	ils, elles mouvaient

Indicatif passé simple	
je mus	nous mûmes
tu mus	vous mûtes
il, elle mut	ils, elles murent

Indicatif futur	
je mouvrai	nous mouvrons
tu mouvras	vous mouvrez
il, elle mouvra	ils, elle mouvront

Conditionnel présent	
je mouvrais	nous mouvrions
tu mouvrais	vous mouvriez
il, elle mouvrait	ils, elles mouvraient

Impératif présent

meus, mouvons, mouvez

Subjonctif présent	
que je meuve	que nous mouvions
que tu meuves	que vous mouviez
qu'il, qu'elle meuve	qu'ils, qu'elles meuvent

Subjonctif imparfait	
que je musse	que nous mussions
que tu musses	que vous mussiez
qu'il, qu'elle mût	qu'ils, qu'elles mussent

Participe présent	Participe passé
mouvant	mû (mue, mus, mues)

. 66 PLEUVOIR

Verbe défectif. Le composé *repleuvoir* se conjugue sur le même type.

Indicatif présent

il, elle pleut   ils, elles pleuvent

Indicatif imparfait

il, elle pleuvait   ils, elles pleuvaient

Indicatif passé simple

il, elle plut   ils, elles plurent

Indicatif futur

il, elle pleuvra   ils, elles pleuvront

Conditionnel présent

il, elle pleuvrait   ils, elles pleuvraient

Impératif présent inusité

Subjonctif présent

qu'il, qu'elle pleuve   qu'ils, qu'elles pleuvent

Subjonctif imparfait

qu'il, qu'elle plût   qu'ils, qu'elles plussent

Participe présent	Participe passé
pleuvant	plu *(féminin et pluriel inusités)*

. 67 POUVOIR

Indicatif présent	
je peux *ou* je puis	nous pouvons
tu peux	vous pouvez
il, elle peut	ils, elles peuvent

Indicatif imparfait	
je pouvais	nous pouvions
tu pouvais	vous pouviez
il, elle pouvait	ils, elles pouvaient

Indicatif passé simple	
je pus	nous pûmes
tu pus	vous pûtes
il, elle put	ils, elles purent

Indicatif futur	
je pourrai	nous pourrons
tu pourras	vous pourrez
il, elle pourra	ils, elles pourront

Conditionnel présent	
je pourrais	nous pourrions
tu pourrais	vous pourriez
il, elle pourrait	ils, elles pourraient

Impératif présent inusité

Subjonctif présent	
que je puisse	que nous puissions
que tu puisses	que vous puissiez
qu'il, qu'elle puisse	qu'ils, qu'elles puissent

Subjonctif imparfait	
que je pusse	que nous pussions
que tu pusses	aue vous pussiez
qu'il, qu'elle pût	qu'ils, qu'elles pussent

Participe présent	Participe passé
pouvant	pu *(féminin et pluriel inusités)*

68 POURVOIR

Le composé *dépourvoir* se conjugue sur ce type.

Indicatif présent	
je pourvois	nous pourvoyons
tu pourvois	vous pourvoyez
il, elle pourvoit	ils, elles pourvoient

Indicatif imparfait	
je pourvoyais	nous pourvoyions
tu pourvoyais	vous pourvoyiez
il, elle pourvoyait	ils, elles pourvoyaient

Indicatif passé simple	
je pourvus	nous pourvûmes
tu pourvus	vous pourvûtes
il, elle pourvut	ils, elles pourvurent

Indicatif futur

je pourvoirai	nous pourvoirons
tu pourvoiras	vous pourvoirez
il, elle pourvoira	ils, elles pourvoiront

Conditionnel présent

je pourvoirais	nous pourvoirions
tu pourvoirais	vous pourvoiriez
il, elle pourvoirait	ils, elles pourvoiraient

Impératif présent

pourvois, pourvoyons, pourvoyez

Subjonctif présent

que je pourvoie	que nous pourvoyions
que tu pourvoies	que vous pourvoyiez
qu'il, qu'elle pourvoie	qu'ils, qu'elles pourvoient

Subjonctif imparfait

que je pourvusse	que nous pourvussions
que tu pourvusses	que vous pourvussiez
qu'il, qu'elle pourvût	qu'ils, qu'elles pourvussent

Participe présent	Participe passé
pourvoyant	pourvu (pourvue, pourvus, pourvues)

69 PRÉVOIR

Indicatif présent

je prévois	nous prévoyons
tu prévois	vous prévoyez
il, elle prévoit	ils, elles prévoient

Indicatif imparfait

je prévoyais	nous prévoyions
tu prévoyais	vous prévoyiez
il, elle prévoyait	ils, elles prévoyaient

Indicatif passé simple

je prévis	nous prévîmes
tu prévis	vous prévîtes
il, elle prévit	ils, elles prévirent

Indicatif futur

je prévoirai	nous prévoirons
tu prévoiras	vous prévoirez
il, elle prévoira	ils, elles prévoiront

Conditionnel présent

je prévoirais	nous prévoirions
tu prévoirais	vous prévoiriez
il, elle prévoirait	ils, elles prévoiraient

Impératif présent

prévois, prévoyons, prévoyez

Subjonctif présent

que je prévoie	que nous prévoyions
que tu prévoies	que vous prévoyiez
qu'il, qu'elle prévoie	qu'ils, qu'elles prévoient

Subjonctif imparfait

que je prévisse	que nous prévissions
que tu prévisses	que vous prévissiez
qu'il, qu'elle prévît	qu'ils, qu'elles prévissent

Participe présent	Participe passé
prévoyant	prévu (prévue, prévus, prévues)

70 SAVOIR

Indicatif présent

je sais	nous savons
tu sais	vous savez
il, elle sait	ils, elles savent

Indicatif imparfait

je savais	nous savions
tu savais	vous saviez
il, elle savait	ils, elles savaient

Indicatif passé simple

je sus	nous sûmes
tu sus	vous sûtes
il, elle sut	ils, elles surent

Indicatif futur

je saurai	nous saurons
tu sauras	vous saurez
il, elle saura	ils, elles sauront

Conditionnel présent

je saurais	nous saurions
tu saurais	vous sauriez
il, elle saurait	ils, elles sauraient

Impératif présent

sache, sachons, sachez

Subjonctif présent

que je sache	que nous sachions
que tu saches	que vous sachiez
qu'il, qu'elle sache	qu'ils, qu'elles sachent

Subjonctif imparfait

que je susse	que nous sussions
que tu susses	que vous sussiez
qu'il, qu'elle sût	qu'ils, qu'elles sussent

Participe présent	Participe passé
sachant	su (sue, sus, sues)

. 71 SEOIR

Ce verbe défectif n'a pas de temps composés. Il ne s'emploie qu'à la 3ᵉ personne du singulier et du pluriel. Le composé *messeoir* se conjugue sur le même type.

Indicatif présent	
il, elle sied	ils, elles siéent

Indicatif imparfait

il, elle seyait	ils, elles seyaient

Indicatif passé simple inusité

Indicatif futur

il, elle siéra	ils, elles siéront

Conditionnel présent

il, elle siérait	ils, elles siéraient

Subjonctif présent

qu'il, qu'elle siée	qu'ils, qu'elles siéent

Participe présent

séant ou seyant

72 SURSEOIR

Indicatif présent

je sursois	nous sursoyons
tu sursois	vous sursoyez
il, elle sursoit	ils, elles sursoient

Indicatif imparfait

je sursoyais	nous sursoyions
tu sursoyais	vous sursoyiez
il, elle sursoyait	ils, elles sursoyaient

Indicatif passé simple

je sursis	nous sursîmes
tu sursis	vous sursîtes
il, elle sursit	ils, elles sursirent

Indicatif futur

je surseoirai	nous surseoirons
tu surseoiras	vous surseoirez
il, elle surseoira	ils, elles surseoiront

Conditionnel présent

je surseoirais	nous surseoirions
tu surseoirais	vous surseoiriez
il, elle surseoirait	ils, elles surseoiraient

Impératif présent

sursois, sursoyons, sursoyez

Subjonctif présent

que je sursoie	que nous sursoyions
que tu sursoies	que vous sursoyiez
qu'il, qu'elle sursoie	qu'ils, qu'elles sursoient

Subjonctif imparfait

que je sursisse	que nous sursissions
que tu sursisses	que vous sursissiez
qu'il, qu'elle sursît	qu'ils, qu'elles sursissent

Participe présent	Participe passé
sursoyant	sursis (féminin et pluriel inusités)

73 VALOIR

Les composés *équivaloir, prévaloir* et *revaloir* se conjuguent sur ce type, sauf que *prévaloir* a un subjonctif présent différent : *que je prévale, que tu prévales, qu'il, qu'elle prévale, que nous prévalions, que vous prévaliez, qu'ils, qu'elles prévalent.*

Indicatif présent

je vaux	nous valons
tu vaux	vous valez
il, elle vaut	ils, elles valent

Indicatif imparfait

je valais	nous valions
tu valais	vous valiez
il, elle valait	ils, elles valaient

Indicatif passé simple

je valus	nous valûmes
tu valus	vous valûtes
il, elle valut	ils, elles valurent

Indicatif futur

je vaudrai	nous vaudrons
tu vaudras	vous vaudrez
il, elle vaudra	ils, elles vaudront

Conditionnel présent

je vaudrais	nous vaudrions
tu vaudrais	vous vaudriez
il, elle vaudrait	ils, elles vaudraient

Impératif présent

vaux, valons, valez

Subjonctif présent

que je vaille	que nous valions
que tu vailles	que vous valiez
qu'il, qu'elle vaille	qu'ils, qu'elles vaillent

Subjonctif imparfait

que je valusse	que nous valussions
que tu valusses	que vous valussiez
qu'il, qu'elle valût	qu'ils, qu'elles valussent

Participe présent	Participe passé
valant	valu (value, valus, values)

74 VOIR

Indicatif présent

je vois	nous voyons
tu vois	vous voyez
il, elle voit	ils, elles voient

Indicatif imparfait

je voyais	nous voyions
tu voyais	vous voyiez
il, elle voyait	ils, elles voyaient

Indicatif passé simple

je vis	nous vîmes
tu vis	vous vîtes
il, elle vit	ils, elles virent

Indicatif futur

je verrai	nous verrons
tu verras	vous verrez
il, elle verra	ils, elles verront

Conditionnel présent

je verrais	nous verrions
tu verrais	vous verriez
il, elle verrait	ils, elles verraient

Impératif présent

vois, voyons, voyez

Subjonctif présent

que je voie	que nous voyions
que tu voies	que vous voyiez
qu'il, qu'elle voie	qu'ils, qu'elles voient

Subjonctif imparfait

que je visse	que nous vissions
que tu visses	que vous vissiez
qu'il, qu'elle vît	qu'ils, qu'elles vissent

Participe présent

voyant

Participe passé

vu (vue, vus, vues)

75 VOULOIR

Indicatif présent

je veux	nous voulons
tu veux	vous voulez
il, elle veut	ils, elles veulent

Indicatif imparfait

je voulais	nous voulions
tu voulais	vous vouliez
il, elle voulait	ils, elles voulaient

Indicatif passé simple

je voulus	nous voulûmes
tu voulus	vous voulûtes
il, elle voulut	ils, elles voulurent

Indicatif futur

je voudrai	nous voudrons
tu voudras	vous voudrez
il, elle voudra	ils, elles voudront

Contidionnel présent

je voudrais	nous voudrions
tu voudrais	vous voudriez
il, elle voudrait	ils, elles voudraient

Impératif présent

veux *ou* veuille
voulons *ou* veuillons
voulez *ou* veuillez

Subjonctif présent

que je veuille	que nous voulions
que tu veuilles	que vous vouliez
qu'il, qu'elle veuille	qu'ils, qu'elles veuillent

Subjonctif imparfait

que je voulusse	que nous voulussions
que tu voulusses	que vous voulussiez
qu'il, qu'elle voulût	qu'ils, qu'elles voulussent

Participe présent

voulant

Participe passé

voulu (voulue, voulus, voulues)

76 BOIRE

Indicatif présent

je bois	nous buvons
tu bois	vous buvez
il, elle boit	ils, elles boivent

Indicatif imparfait

je buvais	nous buvions
tu buvais	vous buviez
il, elle buvait	ils, elles buvaient

Indicatif passé simple

je bus	nous bûmes
tu bus	vous bûtes
il, elle but	ils, elles burent

Indicatif futur

je boirai	nous boirons
tu boiras	vous boirez
il, elle boira	ils, elles boiront

Conditionnel présent

je boirais	nous boirions
tu boirais	vous boiriez
il, elle boirait	ils, elles boiraient

Impératif présent

bois, buvons, buvez

Subjonctif présent

que je boive	que nous buvions
que tu boives	que vous buviez
qu'il, qu'elle boive	qu'ils, qu'elles boivent

Subjonctif imparfait

que je busse	que nous bussions
que tu busses	que vous bussiez
qu'il, qu'elle bût	qu'ils, qu'elles bussent

Participe présent

buvant

Participe passé

bu (bue, bus, bues)

77 CROIRE

Le composé *accroire* se conjugue sur ce type.

Indicatif présent

je crois	nous croyons
tu crois	vous croyez
il, elle croit	ils, elles croient

Indicatif imparfait

je croyais	nous croyions
tu croyais	vous croyiez
il, elle croyait	ils, elles croyaient

Indicatif passé simple

je crus	nous crûmes
tu crus	vous crûtes
il, elle crut	ils, elles crurent

Indicatif futur

je croirai	nous croirons
tu croiras	vous croirez
il, elle croira	ils, elles croiront

Conditionnel présent

je croirais	nous croirions
tu croirais	vous croiriez
il, elle croirait	ils, elles croiraient

Impératif présent

crois, croyons, croyez

Subjonctif présent

que je croie	que nous croyions
que tu croies	que vous croyiez
qu'il, qu'elle croie	qu'ils, qu'elles croient

Subjonctif imparfait

que je crusse	que nous crussions
que tu crusses	que vous crussiez
qu'il, qu'elle crût	qu'ils, qu'elles crussent

Participe présent	Participe passé
croyant	cru (crue, crus, crues)

. 78 CLORE

Les verbes *déclore, éclore* et *enclore* se conjuguent sur ce type défectif, mais la 3ᵉ personne du singulier de l'indicatif présent ne comporte pas d'accent circonflexe : *il, elle déclot ; il, elle éclot ; il, elle enclot.*

Indicatif présent

je clos	*Les deux premières*
tu clos	*personnes du pluriel*
	sont inusitées
il, elle clôt	ils, elles closent

Indicatif imparfait inusité

Indicatif passé simple inusité

Indicatif futur

je clorai	nous clorons
tu cloras	vous clorez
il, elle clora	ils, elles cloront

Conditionnel présent

je clorais	nous clorions
tu clorais	vous cloriez
il, elle clorait	ils, elles cloraient

Impératif présent

clos	*Les deux personnes*
	du pluriel sont
	inusités

Subjonctif présent

que je close	que nous closions
que tu closes	que vous closiez
qu'il, qu'elle close	qu'ils, qu'elles closent

Subjonctif imparfait inusité

Participe présent	Participe passé
inusité	clos (close, clos, closes)

79 CONCLURE

Les verbes *exclure, inclure, occlure* et *reclure* se conjuguent sur ce type, mais le participe passé de *inclure* est *inclus, incluse,* celui de *occlure* est *occlus, occluse,* celui de *reclure* est *reclus, recluse.*

Indicatif présent

je conclus	nous concluons
tu conclus	vous concluez
il, elle conlut	ils, elles concluent

Indicatif imparfait

je concluais	nous concluions
tu concluais	vous concluiez
il, elle concluait	ils, elles concluaient

Indicatif passé simple

je conclus	nous conclûmes
tu conclus	vous conclûtes
il, elle conclut	ils, elles conclurent

Indicatif futur

je conclurai	nous conclurons
tu concluras	vous conclurez
il, elle conclura	ils, elles concluront

Conditionnel présent

je conclurais	nous conclurions
tu conclurais	vous concluriez
il, elle conclurait	ils, elles concluraient

Impératif présent

conlus, concluons, concluez

Subjonctif présent

que je conclue	que nous concluions
que tu conclues	que vous concluiez
qu'il, qu'elle conclue	qu'ils, qu'elles concluent

Subjonctif imparfait

que je conclusse	que nous conclussions
que tu conclusses	que vous conclussiez
qu'il, qu'elle conclût	qu'ils, qu'elles conclussent

Participe présent	Participe passé
concluant	conclu (conclue, conclus, conclues)

80 ÉPANDRE

Le composé *répandre* se conjugue sur ce type.

Indicatif présent

j'épands
tu épands
il, elle épand

nous épandons
vous épandez
ils, elles épandent

Indicatif imparfait

j'épandais
tu épandais
il, elle épandait

nous épandions
vous épandiez
ils, elles épandaient

Indicatif passé simple

j'épandis
tu épandis
il, elle épandit

nous épandîmes
vous épandîtes
ils, elles épandirent

Indicatif futur

j'épandrai
tu épandras
il, elle épandra

nous épandrons
vous épandrez
ils, elles épandront

Conditionnel présent

j'épandrais
tu épandrais
il, elle épandrait

nous épandrions
vous épandriez
ils, elles épandraient

Impératif présent

épands, épandons, épandez

Subjonctif présent

que j'épande
que tu épandes
qu'il, qu'elle épande

que nous épandions
que vous épandiez
qu'ils, qu'elles épandent

Subjonctif imparfait

que j'épandisse
que tu épandisses
qu'il, qu'elle épandît

que nous épandissions
que vous épandissiez
qu'ils, qu'elles épandissent

Participe présent

épandant

Participe passé

épandu (épandue, épandus, épandues)

81 FENDRE

Se conjuguent sur ce type : *apprendre, attendre, condescendre, défendre, dépendre, descendre, détendre, distendre, entendre, étendre, mévendre, pendre, pourfendre, prétendre, redescendre, refendre, rendre, reprendre, retendre, revendre, sous-entendre, sous-tendre, suspendre, tendre, vendre.*

Indicatif présent

je fends
tu fends
il, elle fend

nous fendons
vous fendez
ils, elles fendent

Indicatif imparfait

je fendais
tu fendais
il, elle fendait

nous fendions
vous fendiez
ils, elles fendaient

Indicatif passé simple

je fendis
tu fendis
il, elle fendit

nous fendîmes
vous fendîtes
ils, elles fendirent

Indicatif futur

je fendrai
tu fendras
il, elle fendra

nous fendrons
vous fendrez
ils, elles fendront

Conditionnel présent

je fendrais
tu fendrais
il, elle fendrait

nous fendrions
vous fendriez
ils, elles fendraient

Impératif présent

fends, fendons, fendez

Subjonctif présent

que je fende
que tu fendes
qu'il, qu'elle fende

que nous fendions
que vous fendiez
qu'ils, qu'elles fendent

Subjonctif imparfait

que je fendisse
que tu fendisses
qu'il, qu'elle fendît

que nous fendissions
que vous fendissiez
qu'ils, qu'elles fendissent

Participe présent

fendant

Participe passé

fendu (fendue, fendus, fendues)

82 PRENDRE

Se conjuguent sur ce type : *apprendre, comprendre, désapprendre, entreprendre, s'éprendre, se méprendre, réapprendre, reprendre, surprendre.*

Indicatif présent

je prends
tu prends
il, elle prend

nous prenons
vous prenez
ils, elles prennent

Indicatif imparfait

je prenais
tu prenais
il, elle prenait

nous prenions
vous preniez
ils, elles prenaient

Indicatif passé simple

je pris
tu pris
il, elle prit

nous prîmes
vous prîtes
ils, elles prirent

Indicatif futur

je prendrai
tu prendras
il, elle prendra

nous prendrons
vous prendrez
ils, elles prendront

Conditionnel présent

je prendrais
tu prendrais
il, elle prendrait

nous prendrions
vous prendriez
ils, elles prendraient

prends, prenons, prenez

Subjonctif présent

que je prenne	que nous prenions
que tu prennes	que vous preniez
qu'il, qu'elle prenne	qu'ils, qu'elles prennent

Subjonctif imparfait

que je prisse	que nous prissions
que tu prisses	que vous prissiez
qu'il, qu'elle prît	qu'ils, qu'elles prissent

Participe présent	*Participe passé*
prenant	pris (prise, pris, prises)

83 CRAINDRE

Se conjuguent sur ce type : *contraindre* et *plaindre*.

Indicatif présent

je crains	nous craignons
tu crains	vous craignez
il, elle craint	ils, elles craignent

Indicatif imparfait

je craignais	nous craignions
tu craignais	vous craigniez
il, elle craignait	ils, elles craignaient

Indicatif passé simple

je craignis	nous craignîmes
tu craignis	vous craignîtes
il, elle craignit	ils, elles craignirent

Indicatif présent

je craindrai	nous craindrons
tu craindras	vous craindrez
il, elle craindra	ils, elles craindront

Conditionnel présent

je craindrais	nous craindrions
tu craindrais	vous craindriez
il, elle craindrait	ils, elles craindraient

Impératif présent

crains, craignons, craignez

Subjonctif présent

que je craigne	que nous craignions
que tu craignes	que vous craigniez
qu'il, qu'elle craigne	qu'ils, qu'elles craignent

Subjonctif imparfait

que je craignisse	que nous craignissions
que tu craignisses	que vous craignissiez
qu'il, qu'elle craignît	qu'ils, qu'elles craignissent

Participe présent	*Participe passé*
craignant	craint (crainte, craints, craintes)

84 PEINDRE

Se conjuguent sur ce type : *astreindre, atteindre, ceindre, dépeindre, déteindre, empreindre, enceindre, enfreindre, épreindre, éteindre, étreindre, feindre, geindre, repeindre, restreindre, reteindre, teindre.*

Indicatif présent

je peins	nous peignons
tu peins	vous peignez
il, elle peint	ils, elles peignent

Indicatif imparfait

je peignais	nous peignions
tu peignais	vous peigniez
il, elle peignait	ils, elles peignaient

Indicatif passé simple

je peignis	nous peignîmes
tu peignis	vous peignîtes
il, elle peignit	ils, elles peignirent

Indicatif futur

je peindrai	nous peindrons
tu peindras	vous peindrez
il, elle peindra	ils, elles peindront

Conditionnel présent

je peindrais	nous peindrions
tu peindrais	vous peindriez
il, elle peindrait	ils, elles peindraient

Impératif présent

peins, peignons, peignez

Subjonctif présent

que je peigne	que nous peignions
que tu peignes	que vous peigniez
qu'il, qu'elle peigne	qu'ils, qu'elles peignent

Subjonctif imparfait

que je peignisse	que nous peignissions
que tu peignisses	que vous peignissiez
qu'il, qu'elle peignît	qu'ils, qu'elles peignissent

Participe présent	*Participe passé*
peignant	peint (peinte, peints, peintes)

85 JOINDRE

Les composés de *joindre* (adjoindre, conjoindre, disjoindre, enjoindre, rejoindre) se conjuguent sur ce type, ainsi que les verbes archaïques *oindre* et *poindre*.

Indicatif présent

je joins	nous joignons
tu joins	vous joignez
il, elle joint	ils, elles joignent

Indicatif imparfait

je joignais	nous joignions
tu joignais	vous joigniez
il, elle joignait	ils, elles joignaient

Indicatif passé simple

je joignis	nous joignîmes
tu joignis	vous joignîtes
il, elle joignit	ils, elles joignirent

Indicatif futur

je joindrai	nous joindrons
tu joindras	vous joindrez
il, elle joindra	ils, elles joindront

Conditionnel présent

je joindrais	nous joindrions
tu joindrais	vous joindriez
il, elle joindrait	ils, elles joindraient

Impératif présent

joins, joignons, joignez

Subjonctif présent

que je joigne	que nous joignions
que tu joignes	que vous joigniez
qu'il, qu'elle joigne	qu'ils, qu'elles joignent

Subjonctif imparfait

que je joignisse	que nous joignissions
que tu joignisses	que vous joignissiez
qu'il, qu'elle joignît	qu'ils, qu'elles joignissent

Participe présent	Participe passé
joignant	joint (jointe, joints, jointes)

• 86 ABSOUDRE

Se conjugue aussi sur ce type : *dissoudre*.

Indicatif présent

j'absous	nous absolvons
tu absous	vous absolvez
il, elle absout	ils, elles absolvent

Indicatif imparfait

j'absolvais	nous absolvions
tu absolvais	vous absolviez
il, elle absolvait	ils, elles absolvaient

Indicatif passé simple inusité

Indicatif futur

j'absoudrai	nous absoudrons
tu absoudras	vous absoudrez
il, elle absoudra	ils, elles absoudront

Conditionnel présent

j'absoudrais	nous absoudrions
tu absoudrais	vous absoudriez
il, elle absoudrait	ils, elles absoudraient

Impératif présent

absous, absolvons, absolvez

Subjonctif présent

que j'absolve	que nous absolvions
que tu absolves	que vous absolviez
qu'il, qu'elle absolve	qu'ils, qu'elles absolvent

Subjonctif imparfait inusité

Participe présent	Participe passé
absolvant	absous (absoute, absous, absoutes)

87 COUDRE

Les composés de *coudre* (*découdre* et *recoudre*) se conjuguent sur ce type.

Indicatif présent

je couds	nous cousons
tu couds	vous cousez
il, elle coud	ils, elles cousent

Indicatif imparfait

je cousais	nous cousions
tu cousais	vous cousiez
il, elle cousait	ils, elles cousaient

Indicatif passé simple

je cousis	nous cousîmes
tu cousis	vous cousîtes
il, elle cousit	ils, elles cousirent

Indicatif futur

je coudrai	nous coudrons
tu coudrais	vous coudrez
il, elle coudra	ils, elles coudront

Conditionnel présent

je coudrais	nous coudrions
tu coudrais	vous coudriez
il, elle coudrait	ils, elles coudraient

Impératif présent

couds, cousons, cousez

Subjonctif présent

que je couse	que nous cousions
que tu couses	que vous cousiez
qu'il, qu'elle couse	qu'ils, qu'elles cousent

Subjonctif imparfait

que je cousisse	que nous cousissions
que tu cousisses	que vous cousissiez
qu'il, qu'elle cousît	qu'ils, qu'elles cousissent

Participe présent	Participe passé
cousant	cousu (cousue, cousus, cousues)

88 MOUDRE

Les composés *émoudre* et *remoudre* se conjuguent sur ce type.

Indicatif présent

je mouds	nous moulons
tu mouds	vous moulez
il, elle moud	ils, elles moulent

Indicatif imparfait

je moulais	nous moulions
tu moulais	vous mouliez
il, elle moulait	ils, elles moulaient

Indicatif passé simple

je moulus	nous moulûmes
tu moulus	vous moulûtes
il, elle moulut	ils, elles moulurent

Indicatif futur

je moudrai	nous moudrons
tu moudras	vous moudrez
il, elle moudra	ils, elles moudront

Conditionnel présent

je moudrais	nous moudrions
tu moudrais	vous moudriez
il, elle moudrait	ils, elles moudraient

Impératif présent

mouds, moulons, moulez

Subjonctif présent

que je moule	que nous moulions
que tu moules	que vous mouliez
qu'il, qu'elle moule	qu'ils, qu'elles moulent

Subjonctif imparfait

que je moulusse	que nous moulussions
que tu moulusses	que vous moulussiez
qu'il, qu'elle moulût	qu'ils, qu'elles moulussent

Participe présent	Participe passé
moulant	moulu (moulue, moulus, moulues)

89 RÉSOUDRE

Indicatif présent

je résous	nous résolvons
tu résous	vous résolvez
il, elle résout	ils, elles résolvent

Indicatif imparfait

je résolvais	nous résolvions
tu résolvais	vous résolviez
il, elle résolvait	ils, elles résolvaient

Indicatif passé simple

je résolus	nous résolûmes
tu résolus	vous résolûtes
il, elle résolut	ils, elles résolurent

Indicatif futur

je résoudrai	nous résoudrons
tu résoudras	vous résoudrez
il, elle résoudra	ils, elles résoudront

Conditionnel présent

je résoudrais	nous résoudrions
tu résoudrais	vous résoudriez
il, elle résoudrait	ils, elles résoudraient

Impératif présent

résous, résolvons, résolvez

Subjonctif présent

que je résolve	que nous résolvions
que tu résolves	que vous résolviez
qu'il, qu'elle résolve	qu'ils, qu'elles résolvent

Subjonctif imparfait

que je résolusse	que nous résolussions
que tu résolusses	que vous résolussiez
qu'il, qu'elle résolût	qu'ils, qu'elles résolussent

Participe présent	Participe passé
résolvant	résolu (résolue, résolus, résolues)

90 PERDRE

Le composé *reperdre* se conjugue sur ce type.

Indicatif présent

je perds	nous perdons
tu perds	vous perdez
il, elle perd	ils, elles perdent

Indicatif imparfait

je perdais	nous perdions
tu perdais	vous perdiez
il, elle perdait	ils, elles perdaient

Indicatif passé simple

je perdis	nous perdîmes
tu perdis	vous perdîtes
il, elle perdit	ils, elles perdirent

Indicatif futur

je perdrai	nous perdrons
tu perdras	vous perdrez
il, elle perdra	ils, elles perdront

Conditionnel présent

je perdrais	nous perdrions
tu perdrais	vous perdriez
il, elle perdrait	ils, elles perdraient

Impératif présent

perds, perdons, perdez

Subjonctif présent

que je perde	que nous perdions
que tu perdes	que vous perdiez
qu'il, qu'elle perde	qu'ils, qu'elles perdent

Subjonctif imparfait

que je perdisse	que nous perdissions
que tu perdisses	que vous perdissiez
qu'il, qu'elle perdît	qu'ils, qu'elles perdissent

Participe présent	Participe passé
perdant	perdu (perdue, perdus, perdues)

91 FONDRE

Se conjuguent sur ce type *confondre, correspondre, se morfondre, pondre, refondre, répondre, retondre, tondre.*

Indicatif présent

je fonds	nous fondons
tu fonds	vous fondez
il, elle fond	ils, elles fondent

Indicatif imparfait

je fondais	nous fondions
tu fondais	vous fondiez
il, elle fondait	ils, elles fondaient

Indicatif passé simple

je fondis	nous fondîmes
tu fondis	vous fondîtes
il, elle fondit	ils, elles fondirent

Indicatif futur

je fondrai	nous fondrons
tu fondras	vous fondrez
il, elle fondra	ils, elles fondront

Conditionnel présent

je fondrais	nous fondrions
tu fondrais	vous fondriez
il, elle fondrait	ils, elles fondraient

Impératif présent

fonds, fondons, fondez

Subjonctif présent

que je fonde	que nous fondions
que tu fondes	que vous fondiez
qu'il, qu'elle fonde	qu'ils, qu'elles fondent

Subjonctif imparfait

que je fondisse	que nous fondissions
que tu fondisses	que vous fondissiez
qu'il, qu'elle fondît	qu'ils, qu'elles fondissent

Participe présent	Participe passé
fondant	fondu (fondue, fondus, fondues)

92 MORDRE

Se conjuguent sur ce type : *démordre, détordre, distordre, remordre, retordre, tordre.*

Indicatif présent

je mords	nous mordons
tu mords	vous mordez
il, elle mord	ils, elles mordent

Indicatif imparfait

je mordais	nous mordions
tu mordais	vous mordiez
il, elle mordait	ils, elles mordaient

Indicatif passé simple

je mordis	nous mordîmes
tu mordis	vous mordîtes
il, elle mordit	ils, elles mordirent

Indicatif futur

je mordrai	nous mordrons
tu mordras	vous mordrez
il, elle mordra	ils, elles mordront

Conditionnel présent

je mordrais	nous mordrions
tu mordrais	vous mordriez
il, elle mordrait	ils, elles mordraient

Impératif présent

mords, mordons, mordez

Subjonctif présent

que je morde	que nous mordions
que tu mordes	que vous mordiez
qu'il, qu'elle morde	qu'ils, qu'elles mordent

Subjonctif imparfait

que je mordisse	que nous mordissions
que tu mordisses	que vous mordissiez
qu'il, qu'elle mordît	qu'ils, qu'elles mordissent

Participe présent	Participe passé
mordant	mordu (mordue, mordus, mordues)

• 93 SOURDRE

Ce verbe défectif ne s'emploie qu'à l'infinitif et à la 3e personne du singulier et du pluriel de l'indicatif présent : *il, elle sourd ;, ils, elles sourdent.*

94 CONNAÎTRE

Se conjuguent sur ce type les composés de *connaître (méconnaître, reconnaître)*, ainsi que *paraître* et ses composés *(apparaître, comparaître, disparaître, réapparaître, recomparaître, reparaître, transparaître).*

Indicatif présent

je connais	nous connaissons
tu connais	vous connaissez
il, elle connaît	ils, elles connaissent

Indicatif imparfait

je connaissais	nous connaissions
tu connaissais	vous connaissiez
il, elle connaissait	ils, elles connaissaient

Indicatif passé simple

je connus	nous connûmes
tu connus	vous connûtes
il, elle connut	ils, elles connurent

Indicatif futur

je conaîtrai	nous connaîtrons
tu connaîtras	vous connaîtrez
il, elle connaîtra	ils, elles connaîtront

Conditionnel présent

je connaîtrais	nous connaîtrions
tu connaîtrais	vous connaîtriez
il, elle connaîtrait	ils, elles connaîtraient

Indicatif présent

connais, connaissons, connaissez

Subjonctif présent

que je connaisse	que nous connaissions
que tu connaisses	que vous connaissiez
qu'il, qu'elle connaisse	qu'ils, qu'elles connaissent

Subjonctif imparfait

que je connusse	que nous connussions
que tu connusses	que vous connussiez
qu'il, qu'elle connût	qu'ils, qu'elles connussent

Participe présent	Participe passé
connaissant	connu (connue, connus. connues)

95 NAÎTRE

Se conjugue toujours avec l'auxiliaire ÊTRE aux temps composés. Le composé *renaître* se conjugue comme NAÎTRE aux temps simples, mais n'a pas de participe passé et il est inusité aux temps composés.

Indicatif présent

je nais	nous naissons
tu nais	vous naissez
il, elle naît	ils, elles naissent

Indicatif imparfait

je naissais	nous naissions
tu naissais	vous naissiez
il, elle naissait	ils, elles naissaient

Indicatif passé simple

je naquis	nous naquîmes
tu naquis	vous naquîtes
il, elle naquit	ils, elles naquirent

Indicatif futur

je naîtrai	nous naîtrons
tu naîtras	vous naîtrez
il, elle naîtra	ils, elles naîtront

Conditionnel présent

je naîtrais	nous naîtrions
tu naîtrais	vous naîtriez
il, elle naîtrait	ils, elles naîtraient

Indicatif présent

nais, naissons, naissez

Subjonctif présent

que je naisse	que nous naissions
que tu naisses	que vous naissiez
qu'il, qu'elle naisse	qu'ils, qu'elles naissent

Subjonctif imparfait

que je naquisse	que nous naquissions
que tu naquisses	que vous naquissiez
qu'il, qu'elle naquît	qu'ils, qu'elles naquissent

Participe présent	Participe passé
naissant	né (née, nés, nées)

. 96 PAÎTRE

Les temps composés sont inusités.

Indicatif présent

je pais	nous paissons
tu pais	vous paissez
il, elle paît	ils, elles paissent

Indicatif imparfait

je paissais	nous paissions
tu paissais	vous paissiez
il, elle paissait	ils, elles paissaient

Indicatif passé simple inusité

Indicatif futur

je paîtrai	nous paîtrons
tu paîtras	vous paîtrez
il, elle paîtra	ils, elles paîtront

Conditionnel présent

je paîtrais	nous paîtrions
tu paîtrais	vous paîtriez
il, elle paîtrait	ils, elles paîtraient

Impératif présent

pais, paissons, paissez

Subjonctif présent

que je paisse	que nous paissions
que tu paisses	que vous paissiez
qu'il, qu'elle paisse	qu'ils, qu'elles paissent

Subjonctif imparfait inusité

Participe présent	Participe passé inusité
paissant	

97 REPAÎTRE

Indicatif présent

je repais	nous repaissons
tu repais	vous repaissez
il, elle repaît	ils, elles repaissent

Indicatif imparfait

je repaissais	nous repaissions
tu repaissais	vous repaissiez
il, elle repaissait	ils, elles repaissaient

Indicatif passé simple

je repus	nous repûmes
tu repus	vous repûtes
il, elle reput	ils, elles repurent

Indicatif futur

je repaîtrai	nous repaîtrons
tu repaîtras	vous repaîtrez
il, elle repaîtra	ils, elles repaîtront

Conditionnel présent

je repaîtrais	nous repaîtrions
tu repaîtrais	vous repaîtriez
il, elle repaîtrait	ils, elles repaîtraient

Impératif présent

repais, repaissons, repaissez

Subjonctif présent

que je repaisse	que nous repaissions
que tu repaisses	que vous repaissiez
qu'il, qu'elle repaisse	qu'ils, qu'elles repaissent

Subjonctif imparfait

que je repusse	que nous repussions
que tu repusses	que vous repussiez
qu'il, qu'elle repût	qu'ils, qu'elles repussent

Participe présent	Participe passé
repaissant	repu (repue, repus, repues)

98 BATTRE

Les composés de *battre (abattre, combattre, contre-battre, débattre, s'ébattre, embattre, rabattre, rebattre)* se conjuguent sur ce type.

Indicatif présent

je bats	nous battons
tu bats	vous battez
il, elle bat	ils, elles battent

Indicatif imparfait

je battais	nous battions
tu battais	vous battiez
il, elle battait	ils, elles battaient

Indicatif passé simple

je battis	nous battîmes
tu battis	vous battîtes
il, elle battit	ils, elles battirent

Indicatif futur

je battrai	nous battrons
tu battras	vous battrez
il, elle battra	ils, elles battront

Conditionnel présent

je battrais	nous battrions
tu battrais	vous battriez
il, elle battrait	ils, elles battraient

Impératif présent

bats, battons, battez

Subjonctif présent

que je batte	que nous battions
que tu battes	que vous battiez
qu'il, qu'elle batte	qu'ils, qu'elles battent

Subjonctif imparfait

que je battisse	que nous battissions
que tu battisses	que vous battissiez
qu'il, qu'elle battît	qu'ils, qu'elles battissent

Participe présent	Participe passé
battant	battu (battue, battus, battues)

99 METTRE

Les verbes *admettre, commettre, compromettre, démettre, émettre, s'entremettre, omettre, permettre, promettre, réadmettre, remettre, retransmettre, soumettre, transmettre* se conjuguent sur ce type.

Indicatif présent

je mets	nous mettons
tu mets	vous mettez
il, elle met	ils, elles mettent

Indicatif imparfait

je mettais	nous mettions
tu mettais	vous mettiez
il, elle mettait	ils, elles mettaient

Indicatif passé simple

je mis	nous mîmes
tu mis	vous mîtes
il, elle mit	ils, elles mirent

Indicatif futur

je mettrai	nous mettrons
tu mettras	vous mettrez
il, elle mettra	ils, elles mettront

Conditionnel présent

je mettrais	nous mettrions
tu mettrais	vous mettriez
il, elle mettrait	ils, elles mettraient

Impératif présent

mets, mettons, mettez

Subjonctif présent

que je mette	que nous mettions
que tu mettes	que vous mettiez
qu'il, qu'elle mette	qu'ils, qu'elles mettent

Subjonctif imparfait

que je misse	que nous missions
que tu misses	que vous missiez
qu'il, qu'elle mît	qu'ils, qu'elles missent

Participe présent	Participe passé
mettant	mis (mise, mis, mises)

100 CROÎTRE

Les verbes *accroître* et *décroître* se conjuguent comme *croître*, mais les formes suivantes se distinguent des formes correspondantes de *croître* par l'absence d'accent circonflexe : *j'accrois, tu accrois ; j'accrus, tu accrus ; il, elle accrut ; ils, elles accrurent ; accru, accrue ; — je décrois, tu décrois ; je décrus, tu décrus ; il, elle décrut, ils, elles décrurent ; décru, décrue.*

Indicatif présent

je croîs	nous croissons
tu croîs	vous croissez
il, elle croît	ils, elles croissent

Indicatif imparfait

je croissais	nous croissions
tu croissais	vous croissiez
il, elle croissait	ils, elles croissaient

Indicatif passé simple

je crûs	nous crûmes
tu crûs	vous crûtes
il, elle crût	ils, elles crûrent

Indicatif futur

je croîtrai	nous croîtrons
tu croîtras	vous croîtrez
il, elle croîtra	ils, elles croîtront

Conditionnel présent

je croîtrais	nous croîtrions
tu croîtrais	vous croîtriez
il, elle croîtrait	ils, elles croîtraient

Impératif présent

croîs, croissons, croissez

Subjonctif présent

que je croisse	que nous croissions
que tu croisses	que vous croissiez
qu'il, qu'elle croisse	qu'ils, qu'elles croissent

Subjonctif imparfait

que je crûsse	que nous crûssions
que tu crûsses	que vous crûssiez
qu'il, qu'elle crût	qu'ils, qu'elles crûssent

Participe présent / Participe passé

croissant	crû *(féminin et pluriel inusités)*

101 VAINCRE

Le composé *convaincre* se conjugue sur ce type.

Indicatif présent

je vaincs	nous vainquons
tu vaincs	vous vainquez
il, elle vainc	ils, elles vainquent

Indicatif imparfait

je vainquais	nous vainquions
tu vainquais	vous vainquiez
il, elle vainquait	ils, elles vainquaient

Indicatif passé simple

je vainquis	nous vainquîmes
tu vainquis	vous vainquîtes
il, elle vainquit	ils, elles vainquirent

Indicatif futur

je vaincrai	nous vaincrons
tu vaincras	vous vaincrez
il, elle vaincra	ils, elles vaincront

Conditionnel présent

je vaincrais	nous vaincrions
tu vaincrais	vous vaincriez
il, elle vaincrait	ils, elles vaincraient

Impératif présent

vaincs, vainquons, vainquez

Subjonctif présent

que je vainque	que nous vainquions
que tu vainques	que vous vainquiez
qu'il, qu'elle vainque	qu'ils, qu'elles vainquent

Subjonctif imparfait

que je vainquisse	que nous vainquissions
que tu vainquisses	que vous vainquissiez
qu'il, qu'elle vainquît	qu'ils, qu'elles vainquissent

Participe présent / Participe passé

vainquant	vaincu (vaincue, vaincus, vaincues)

102 ROMPRE

Les verbes *corrompre* et *interrompre* se conjuguent sur ce type.

Indicatif présent

je romps	nous rompons
tu romps	vous rompez
il, elle rompt	ils, elles rompent

Indicatif imparfait

je rompais	nous rompions
tu rompais	vous rompiez
il, elle rompait	ils, elles rompaient

Indicatif passé simple

je rompis	vous rompîmes
tu rompis	vous rompîtes
il, elle rompit	ils, elles rompirent

Indicatif futur

je romprai	nous romprons
tu rompras	vous romprez
il, elle rompra	ils, elles rompront

Conditionnel présent

je romprais	nous romprions
tu romprais	vous rompriez
il, elle romprait	ils, elles rompraient

Impératif présent

romps, rompons, rompez

que je rompe	que nous rompions
que tu rompes	que vous rompiez
qu'il, qu'elle rompe	qu'ils, qu'elles rompent

Subjonctif imparfait

que je rompisse	que nous rompissions
que tu rompisses	que vous rompissiez
qu'il, qu'elle rompît	qu'ils, qu'elles rompissent

Participe présent	Participe passé
rompant	rompu (rompue, rompus, rompues)

103 SUIVRE

Les composés *s'ensuivre* et *poursuivre* se conjuguent sur ce type, mais *s'ensuivre* ne s'emploie qu'à la 3e personne du singulier et du pluriel et à l'infinitif

Indicatif présent

je suis	nous suivons
tu suis	vous suivez
il, elle suit	ils, elles suivent

Indicatif imparfait

je suivais	nous suivions
tu suivais	vous suiviez
il, elle suivait	ils, elles suivaient

Indicatif passé simple

je suivis	nous suivîmes
tu suivis	vous suivîtes
il, elle suivit	ils, elles suivirent

Indicatif futur

je suivrai	nous suivrons
tu suivras	vous suivrez
il, elle suivra	ils, elles suivront

Conditionnel présent

je suivrais	nous suivrions
tu suivrais	vous suivriez
il, elle suivrait	ils, elles suivraient

Impératif présent

suis, suivons, suivez

Subjonctif présent

que je suive	que nous suivions
que tu suives	que vous suiviez
qu'il, qu'elle suive	qu'ils, qu'elles suivent

Subjonctif imparfait

que je suivisse	que nous suivissions
que tu suivisses	que vous suivissiez
qu'il, qu'elle suivît	qu'ils, qu'elles suivissent

Participe présent	Participe passé
suivant	suivi (suivie, suivis, suivies)

104 VIVRE

Les composés *revivre* et *survivre* se conjuguent sur ce type.

Indicatif présent

je vis	nous vivons
tu vis	vous vivez
il, elle vit	ils, elles vivent

Indicatif imparfait

je vivais	nous vivions
tu vivais	vous viviez
il, elle vivait	ils, elles vivaient

Indicatif passé simple

je vécus	nous vécûmes
tu vécus	vous vécûtes
il, elle vécut	ils, elles vécurent

Indicatif futur

je vivrai	nous vivrons
tu vivras	vous vivrez
il, elle vivra	ils, elles vivront

Conditionnel présent

je vivrais	nous vivrions
tu vivrais	vous vivriez
il, elle vivrait	ils, elles vivraient

Impératif présent

vis, vivons, vivez

Subjonctif présent

que je vive	que nous vivions
que tu vives	que vous viviez
qu'il, qu'elle vive	qu'ils, qu'elles vivent

Subjonctif imparfait

que je vécusse	que nous vécussions
que tu vécusses	que vous vécussiez
qu'il, qu'elle vécût	qu'ils, qu'elles vécussent

Participe présent	Participe passé
vivant	vécu (vécue, vécus, vécues)